English
Français
Deutsche
Italiano
Español
Português

# www.forgottenbooks.com

**Mythology** Photography **Fiction**
Fishing Christianity **Art** Cooking
Essays Buddhism Freemasonry
Medicine **Biology** Music **Ancient
Egypt** Evolution Carpentry Physics
Dance Geology **Mathematics** Fitness
Shakespeare **Folklore** Yoga Marketing
**Confidence** Immortality Biographies
Poetry **Psychology** Witchcraft
Electronics Chemistry History **Law**
Accounting **Philosophy** Anthropology
Alchemy Drama Quantum Mechanics
Atheism Sexual Health **Ancient History**
**Entrepreneurship** Languages Sport
Paleontology Needlework Islam
**Metaphysics** Investment Archaeology
Parenting Statistics Criminology
**Motivational**

ISBN 978-0-666-52207-8
PIBN 11044817

# FRANÇAIS - BRETON.

essaire à tous ceux qui veulent apprendre à traduire le français en celtique, ou en langage breton, pour prêcher, catéchiser et confesser, selon les différents dialectes de chaque diocèse; utile et curieux pour s'instruire à fond de la langue bretonne, et pour trouver l'étymologie de plusieurs mots français et bretons, de noms propres de villes et de maisons, etc.

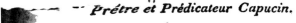

PAR LE P. F. GRÉGOIRE DE ROSTRENEN,
*Prêtre et Prédicateur Capucin.*

## TOME PREMIER.

## A GUINGAMP,

CHEZ BENJAMIN JOLLIVET, IMPRIMEUR ET LIBRAIRE-ÉDITEUR
1834.

e 96 90/:

PB 2837
G 7

# A NOSSEIGNEURS

## DES ÉTATS DE BRETAGNE.

## Messeigneurs,

Lorsque j'ai l'honneur de vous dédier un Dictionnaire de la langue primitive de nos Bretons, je ne fais que remplir les devoirs de la justice et de la reconnaissance. Un Breton ne serait-il pas accusé d'injustice de chercher d'autres protecteurs que ses Seigneurs naturels ; et la manière généreuse dont vous en avez agi, n'exige-t-elle pas toute ma gratitude? Il est vrai, Messeigneurs, que j'ai senti tout le poids de mon dessein encore plus que celui de mon travail, et si je n'avais pas eu d'heureux téméraires pour prédécesseurs, je n'aurais jamais osé tenter une entreprise si difficile et si délicate. S'il ne convenait qu'à l'Orateur romain de louer dignement l'auguste assemblée du sénat de Rome, me convenait-il de hasarder l'éloge de votre auguste assemblée, qui nous retrace si dignement l'idée de ce que l'ancienne et la nouvelle Rome avaient de majestueux et de respectable ? Un Clergé qui fait revivre la foi pure, la piété et l'érudition des plus beaux jours de l'Église; une Noblesse qui, par l'ancienneté et la pureté de son sang, sa valeur et sa fermeté, ferait, dans la situation d'Alexandre, taire toute la terre en sa présence, selon l'expression sublime de l'Esprit saint; un Tiers-État qui, par ses lumières et sa sagesse, va bien au-delà des Ediles romains. Cette faible ébauche ne fait-elle pas sentir le besoin d'une plume hardie, diserte et délicate? Mon parti le plus sage n'est-il pas, dans cette source féconde d'éloges brillants, de me renfermer dans un respectueux silence? Mais si je ne trouve point dans mon esprit des ressources assez heureuses, je trouve dans mon cœur des motifs assez pressants pour le faire parler: son langage, plus simple et plus aisé, est plus de ma portée.

Lorsque je vous regarde, Messeigneurs, partagés entre les soins de l'État, qu'un Monarque tendre et bienfaisant ne vous représente qu'avec peine, et le soulagement des peuples dont vous êtes les pères : la première vue excite mon admiration, en vous voyant remplir avec la prudence la plus consommée les devoirs de sujets les plus soumis et les plus zélés; la seconde excite dans mon cœur et dans tous ceux de notre province, une reconnaissauce qu'il est plus aisé de sentir que d'exprimer.

Ne la mesurez pas, Messeigneurs, cette reconnaissance, par le petit présent que j'ai l'honneur de vous offrir. Je sais qu'un Dictionnaire n'emporte pas une idée fort élevée; je me flatte cependant qu'il ne sera pas désagréable ni inutile à ceux d'entre vous qui conservent de l'estime pour une langue que vos illustres ancêtres ont parlée. Il sera utile surtout à ceux qui travaillent au salut des peuples, en leur apprenant la vraie religion de leurs pères, dont vous êtes les défenseurs zélés, et les sectateurs fidèles. Plusieurs y verront avec plaisir, dans l'étymologie des mots et des noms propres, des preuves de l'antiquité de leurs noms et de leurs maisons.

Au surplus, j'espère, Messeigneurs, qu'un ouvrage qui a mérité l'éloge d'un des plus beaux esprits de l'Académie française*, pourra mériter votre attention; et que si cet illustre Académicien à qui mon Dictionnaire est étranger, l'a pourtant jugé digne d'être placé dans la bibliothèque du Roi confiée à ses soins, vous, Messeigneurs, auxquels cet ouvrage est familier, vous ne le jugerez pas indigne d'être imprimé sous votre protection. Toutes les nations ont tant de zèle pour conserver leur ancien idiome, la nôtre en aurait-elle moins pour perpétuer sa première et si ancienne langue? Je laisse à une plume habile à rechercher les antiquités et les époques célèbres de nos Eglises; l'éclat et la gloire que la noblesse la plus pure du royaume s'est acquise dans les siècles les plus reculés; la sagesse de nos lois et de nos coutumes : travaillant par vos ordres, on ne peut mal faire, vous en avez porté le jugement que méritait ce gros ouvrage.

Recevez favorablement, Messeigneurs, celui que j'ai l'honneur de vous offrir; votre approbation sera son mérite et pourra exciter nos compatriotes à entreprendre des ouvrages plus considérables et plus utiles à la patrie. Si le mien est assez heureux pour ne pas vous déplaire, je serai glorieusement récompensé de mon travail et de mes veilles, surtout par l'honneur qu'il me procure de vous protester le très-profond respect avec lequel je suis,

MESSEIGNEURS,

*M. l'abbé Bignon, doyen des Conseillers d'État, etc.

Votre très-humble et très-obéissant serviteur,

F. GRÉGOIRE de Rostrenen,

Prêtre et Prédicateur capucin.

# PRÉFACE.

Quoiqu'on ait tellement décrié depuis quelque temps les préfaces des livres, que divers auteurs se sont dispensés d'en mettre au commencement de ceux qu'ils ont donnés au public, j'ai cru néanmoins que je ne devais pas les imiter en cela, et qu'il y a bien des choses qui regardent la langue dont je traite dans cet Ouvrage, qu'il était important de faire remarquer à ceux qui se donneront la peine de le lire, aussi bien que l'ordre que j'y ai gardé, et ma manière d'orthographier.

Je dois avouer de bonne foi que ce n'est point une démangeaison d'écrire, genre pour lequel je n'ai aucun talent, qui m'a engagé à composer ce Dictionnaire; c'est uniquement l'ordre d'un de mes supérieurs, le très-revérent P. François-Marie, de Saint-Malo, quatre fois Provincial des capucins de Bretagne et Définiteur général de l'ordre, qui m'y a déterminé : afin, disait-il, d'aider, par ce moyen, nos jeunes religieux et plusieurs ecclésiastiques zélés du pays, à traduire leurs sermons français en breton, pour pouvoir prêcher au peuple de la basse-province, dont la plus grande partie ne sait pas la langue française, et qui cependant est très-avide de la parole de Dieu. Je me fis un devoir de lui obéir, quelque difficultés que je prévisse dans l'exécution de cet ordre; et quoique fondé sur l'expérience de plusieurs autres, je n'ignorais pas qu'au lieu de la consolation qu'espèrent retirer de leur travail ceux qui, poussés d'un louable zèle de servir le public, font imprimer leur ouvrage pendant leur vie, il ne leur en revient le plus souvent que du mécontentement et du mépris : des censeurs chagrins et outrés, quelquefois injustes, se font honneur de répandre un ridicule sur l'ouvrage et sur l'auteur. Entre ces critiques, je m'attends particulièrement d'y trouver ceux qui s'imaginent posséder entièrement la *langue bretonne*, parce qu'ils la savent bien de la manière qu'on la parle chez eux, ou au plus à cinq ou six lieues autour du lieu de leur naissance. Néanmoins la soumission que je devais au supérieur que j'ai cité plus haut et à ceux qui lui ont succédé dans les mêmes charges, m'a fait passer sur cette considération : je veux dire, sur ce que les mal-intentionnés pourraient dire, et m'exposer à la censure de quelques particuliers, dans l'espérance de procurer le bien de plusieurs autres. Je ne me flatte pas d'y avoir bien réussi; je sais que tout homme a ses défauts, et qu'un livre, quelque utile et quelque excellent qu'il soit, n'a pas le privilège de la manne, d'être agréable à toutes sortes de goûts ; et souvent certaines expressions qui plaisent aux uns, sont désagréables et souvent insupportables aux autres.

Mais pour vous donner quelque idée de la *langue celtique*, dont plusieurs ne connaissent que le seul nom, il faut d'abord supposer ce que saint Jérôme, saint Augustin et les théologiens tiennent communément : qu'au temps de la construction de cette fameuse tour, à laquelle on a donné le nom de *Babel*, qui veut dire, en hébreu, *confusion*, parce que Dieu, pour châtier l'orgueil et l'impiété des hommes, mêla et confondit alors le seul langage qu'il y avait eu au monde depuis sa création jusqu'à ce temps-là : *Erat autem terrâ labii unius et sermonum eorumdem* 1. Ils soutiennent, dis-je, qu'en un moment Dieu forma dans l'esprit des hommes autant de langues qu'il y avait de générations descendues des enfants de Noé. Or, son

1 G. nèse, chap. 11, v. 1.

fils aîné Sem eut trente-une générations qui peuplèrent l'Asie; Cam, le second, vingt-sept qui passèrent en Afrique; et Japhet, le troisième, en eut quatorze qui descendirent en Europe, et y apportèrent quatorze langues, du nombre desquelles est la *celtique*, qui, après la révolution de 4,000 ans, s'est conservée jusqu'à nous chez les *Armoricains* et chez les *Gallois*, autrement dits *Cymbres*, *Walles* ou *Wallons*, dans la partie occidentale de la Grande-Bretagne.

C'est donc une des langues primitives que Gomer, fils aîné du patriarche Japhet, a transmises à ses descendants les *Gomariens*, desquels les *Celtes* ou *Gaulois* ont pris leur origine, selon Callimaque[1], selon Joseph, dans ses *Antiquités judaïques*[2], et après eux Eustate d'Antioche, le grand saint Jérôme, saint Isidore de Séville, le cosmographe Mérula et quelques autres.

Il est vrai qu'avant d'avoir le nom de *langue celtique*, qu'elle n'a eu proprement que dans les provinces de l'Europe qui sont vers l'Occident, elle a été dans l'Asie premièrement la langue des *Gomariens* ou *Gomarites*, que quelques auteurs appellent *Comariens* et *Gamarites*, pendant qu'ils habitèrent cette province; et puis des *Saques* ou *Saces*, c'est-à-dire, larrons, nom qu'on leur donna lorsque par la force des armes et sans aucun titre légitime, ils envahirent le pays des Parthes. En troisième lieu, elle s'appela la langue des *Titans*, nom qu'ils se donnèrent eux-mêmes pour se faire craindre et respecter par les autres peuples, et qui signifie fils de la terre, ou nés de la terre, dans la *Cappadoce*, dans la *Phrygie*, dans la *Grèce*, dans la *Thrace* ou *Romanie*, et dans l'isle de *Crète*, aujourd'hui *Candie*, qu'ils conquirent ensuite, et où cinq à six générations consécutives de ces *Titans* régnèrent pendant l'espace d'environ 300 ans, au temps de Nachor, de Tharé, d'Abraham et des autres patriarches; et où on les nomma aussi *Celtæ*, *Galli*, *Galatæ*, termes synonymes qui tous signifient puissants, valeureux, vaillants guerriers. En effet, tous les anciens auteurs qui en ont parlé, témoignent qu'ils étaient d'une taille si robuste et si avantageuse, ou plutôt d'une grandeur si extraordinaire, qu'on les appelait des géants, desquels le prophète Isaïe a dit autrefois[3]: *Gigantes terræ dominati sunt*, que les anciens géants avaient dominé sur toute la terre et qu'ils avaient chassé de leur trône les rois des nations. Ce sont ces mêmes géants que Judith[4] appelle les enfants des Titans. Ils sont assez souvent nommés dans la sainte Écriture, et principalement dans la version des *Septantes Interprètes*, les Géants, les Titans, nés de la terre ou enfants de la terre.

Ce n'est donc pas merveille si, après tant de belles actions qu'on faites les Titans, et s'être fait une réputation aussi glorieuse dans le monde, les poètes, et, après eux, les peuples, ont fait des dieux de leurs chefs Urane, Saturne, Jou ou Jupiter, Dis, Theutat ou Mercure; noms qui, étant tous pris de la langue des Celtes, et même celui des Titans, font une si forte et si puissante preuve que les Celtes ou Gaulois sont descendus des Titans, qu'elle vaut mieux elle seule que l'autorité de plusieurs anciens qui le disent en termes précis : comme Callimaque[5], qui était très-habile, l'a fort bien remarqué: et après lui le Scoliaste grec[6]. Comme Jules César[7] le témoigne, *Galli se omnes ab Dite patre prognatos prædicant*. Comme Lactance[8], Strabon[9], et plusieurs autres l'assurent.

---

1 Hymn. in delom et scho. ibid.
2 libro 1, cap. 7.
3 Isaï cap. 14, v. 9.
4 Judith, c. 6, v. 6 et 7.
5 Hymn. in D. a v. 170. a 187,
6 ibid.
7 Commentar., lib. 6.
8 Divin. Inst., lib. 1, ca. 11.
9 Géograph., lib. 3.

Que les noms des chefs de cette nation fameuse soient celtiques ou bretons, comme je l'ai avancé, il est clair et évident, car *Titan* ou *Titèn*, *Ti-
tanos* ou *Titènes*, viennent de *tit*, terre, et de *ana*, mère ; et alors *tit-an* serait la terre leur mère ; ou *titèn* de *tit*, terre, et de *dèn*, homme ; et ainsi
*tit-dèn* serait de terre-homme, ou homme de la terre, né de la terre, enfants de la terre ; les Titans, les enfants de la terre, ou nés de la terre.
*Aémon* ou *Abman*, père d'Uran, ou Uren, c'est-à-dire, fils de *Mane* ; de *ao*
ou *ab*, fils, et de *mon* ou *man*, homme ; parce qu'en effet quelques historiens regardent *Mane* comme le père d'Uran et le bisaïeul de Saturne. *Uran*
ou *Uren* signifie homme du ciel ; de *ur*, homme, qu'on prononçait *our*,
et de *en*, ciel. D'où les Grecs ont appelé le ciel *ouranos*. *Saturne*, fils d'U-
rane, ou *Satorn* et *Sadorn*, appelé *Crone* les Grecs, veut dire puissant guerrier. *Jou* ou *iou*, c'est-à-dire, jeune, qui détrôna son père Saturne, et que
les Romains ont depuis appelé *Jupiter*, c'est-à-dire, Jou-pater, Jou-père.
*Di* ou *Dis*, frère de Jou, signifie lumière, jour ; il nous est plus connu sous
le nom de *Pluton*, qui en grec signifie riche ; aussi l'a-t-on regardé comme
le dieu des richesses, tant chez les Grecs que chez les Latins. *Mercure*, fils
de Jou, veut dire homme de commerce : *Mercur*, de *merç*, marchandise,
et de *ur*, homme. On l'a nommé aussi *Theutat*, c'est-à-dire, père du peuple ; de *teut* ou *tud*, peuples, et de *tat* ou *tad*, père : parce qu'il donna des
lois à ses peuples, qui ne respiraient que la guerre, pour adoucir par là
leur humeur féroce et barbare, et pour leur inspirer l'amour de la paix,
de la tranquillité, l'application au commerce et aux arts. En Italie, on
l'appela *Faun*, dieu des bois. Ce nom est encore breton, puisqu'il y a toute
apparence qu'il vient de *faouën*, pluriel *fau*, hètre, qui est le bois le plus
commun dans les forêts.

Que si après tout cela on est curieux de savoir comme ces grands hommes ont passé dans l'Occident, Servius [1], Julius Firmicus [2] et un
grand nombres d'autres nous apprennent que, sous le nom de *Celtes* et
de *Gaulois*, qu'on leur avait donné dans la Grèce, une de leurs colonies
passa en Italie vers le milieu de la vie d'Isaac, ou quelques années après
la mort d'Abraham, avec leur roi *Saturne* qui, au rapport de Tertullien
même [3], régna en Italie avec le second *Janus*, jusqu'à sa mort ; je veux
dire *Saturne*, père de *Jupiter*, ou plutôt *Jou*, lequel, après avoir détrôné son
père, resta empereur d'Orient, et *Dis* ou *Pluton*, qui après la mort de son
père *Saturne*, fut empereur d'Occident, à savoir, de l'Italie, des Gaules
d'Espagne. Et de toutes ces différentes demeures et possessions de pays,
où comme les autres conquérants, ils introduisirent leurs lois, leurs coutumes, leurs mœurs et leur langue, vient que dans le grec, dans le teuton ou
l'allemand et dans les autres langues d'Europe, il se trouve une infinité
de mots celtiques qui sont plus simples que les leurs ; puisque la plupart
ne sont que d'une syllabe, et que ceux des Grecs et des Latins qui en
viennent (pour ne rien dire des autres) sont de deux ; que si les mots
celtiques sont deux syllabes, ce qui n'est pas si fréquent, l'on voit alors
que les autres en ont trois. Et c'est une règle assez générale dans presque
toutes les langues, que les mots les plus longs et les plus étendus viennent
des plus courts et des plus simples, qui en sont par conséquent les racines
et les primitifs.

Les Grecs et les Latins avouent franchement qu'ils ont pris beaucoup de

---

[1] In lib. 8 Æneid.    [2] lib. de err. prof. rel. circà medium. [3] Apologet. c. 10 et alibi.

mots des Barbares : car c'est de ce nom qu'ils appelaient les Celtes, et
tous les autres peuples qui n'étaient pas policés comme eux 1. Platon,
philosophe grec, et plus jaloux qu'un autre de l'honneur de sa langue,
tombe d'accord, dans son *Cratyle*, vers le milieu, que les Grecs ont pris
plusieurs mots des Barbares : *Reor equidem multa nomina Græcos à Barbaris
habuisse;* et ainsi que c'est en vain qu'on recherche l'étymologie de ces
noms dans la langue des Grecs. Denys d'Halicarnasse, dit de même des
Romains : leur langue, dit-il, n'est ni entièrement barbare, remarquez
ce mot, ni entièrement grecque, mais elle est mêlée de l'une et de l'autre,
sinon qu'en beaucoup de choses elle a imité bien plus la langue éolique,
qui selon Ennius, rapporté par Pompéius Festus 2, était la même que la
latine, hormis la prononciation qui en était un peu différente. *Romani
autem sermone*, dit d'Halicarnasse 3, *nec prorsus Barbaro, nec absoluté
Græco utuntur, sed ex utroque mixto, accedente in plerisque ad proprietatem lin-
guæ æolicæ.* Varron, quelques autres Romains, et saint Isidore de Séville 4, lorsqu'ils parlent de l'origine de la langue latine, disent à peu
près la même chose.

. On voit donc bien par toutes ces remarques, que la langue des *Celtes*
établie dans les Gaules, et qui a prêté tant de mots aux autres langues,
à été dès les premiers siècles la langue des *Gomariens*, postés ordinairement
dans la haute Asie, vers l'Hyrcanie et la Bactriane; et la langue des *Gomariens* a sans doute été celle de *Gomer* : il faut donc qu'elle soit une de
celles qui sont nées dans la confusion ou multiplication des langues arrivées
au pays de *Sennaar* ou *Babylone*. Toutes ces inductions qui me paraissent
suivies et naturelles, trouvent leur appui et leur confirmation dans la
sainte Ecriture : car Moïse après avoir fait au dixième chapitre de la Génèse, le dénombrement des enfants de *Japhet*, et de quelques-uns de leurs
descendants, à la tête de tous lesquels il place *Gomer*, dit peu après : ce
sont eux qui se sont dispersés en divers pays dans les iles des nations', et
chacun y a eu sa langue, ses familles et ses peuples : *Ab his*, dit Moïse 5,
*divisæ sunt insulæ gentium in regionibus suis, unusquisque secundum linguam
suam et familias suas in nationibus suis 6.* Par les iles des nations, selon le langage des Hébreux, qui est si commun dans les Ecritures, on entend proprement les provinces et les régions maritimes, c'est-à-dire, tous les pays
où l'on va par mer, comme la petite Asie, la Grèce, la Syrie, l'Italie,
la Grande-Bretagne, l'Espagne et autres lieux semblables. .

. Si vous me demandez à présent par quel hasard et de quelle manière
la langue des *Celtes* qui se parlait dans toute la Gaule celtique ne s'y
parle plus, et se trouve depuis quelques siècles réduite à deux recoins de
France et d'Angleterre, il me semble qu'il est aisé de vous satisfaire, et
qu'il suffit pour l'apprendre de remarquer premièrement ce que dit Strabon, qui vivait cinquante ans après César, et lorsque le Sauveur du monde
était sur la terre. Cet auteur, qui était Grec de naissance et qui avait
beaucoup voyagé, dit dans sa Géographie, livr. 3°, que de son temps , la
langue des *Celtes* ou *Gaulois*, et des habitants de la Bretagne, aujourd'hui
l'Angleterre, était la même. Il faut remarquer, en second lieu, que Jules
César après avoir conquis les Gaules, y avait introduit sa langue latine,
mais qui n'y fit point assez de progrès pour en éteindre la langue natu-

---

1 Barbari dicebantur antiquitùs omnes gentes, exceptis Græcis. Pomp. fest. de verb. sig.
v. Barb. 2 Plautus (Rom) Nævium poëtam latinum barbarum dixit. Pomp. fest. ib. 3 de verb.
significe. 4 Dyonis. antiquit. Rom. lib. 1, in fine. 5. Isidor orig. lib, 9, c. 1. 6 Gen. c. 10, v. '

relle : l'effet que cette introduction produisit, fut de faire dans le pays un
mélange du gaulois et du latin; et de là il paraît que les Gaulois ne quit-
tèrent entièrement leur langue celtique, que lorsqu'au commencement
du cinquième siècle les *Francs*, venus des environs du Rhin, établirent
leur monarchie dans la Gaule celtique et s'y firent une langue, comme
disent communément les auteurs, composée de teuton, de latin et de
gaulois. Et alors, de même que l'ancien espagnol, qui est une langue matrice, a été confiné dans le pays des Basques et de Béarn, la langue celtique
se resserra aussi dans la Bretagne Armorique; aussi bien que dans la Cam-
brie, ou Wall, ou Galles, lorsque les Saxons envahirent l'Angleterre, et
eut alors le nom de *langue bretonne*, du nom des habitants de la grande et
de la petite Bretagne.

De tout ce que nous avons dit jusqu'ici, nous pouvons à bon droit conclure avec Paul Merula, dans sa cosmographie, et avec tous les savants
dans les langues, que la *Celtique*, ou si voulez, la *Bretonne*, est une langue
matrice ou une langue mère.

La première preuve de cette vérité, est qu'outre qu'elle est une des primitives, donnée de Dieu à Japhet et à ses descendants, et non inventée
et composée par les hommes, comme plusieurs autres langues, elle a encore actuellement, non-seulement la plupart, mais presque tous ses mots
de son propre fonds; je dis presque tous, pour excepter en premier lieu
les termes d'art, dont plusieurs ont été inventés fort tard; en second lieu
plusieurs termes de dévotion, qui effectivement manquent à notre langue,
et qu'elle a empruntés du latin; parce que les Celtes ont été pour la plupart païens jusqu'environ le quatrième siècle; et à la fin du sixième, le
paganisme régnait encore dans plusieurs quartiers de la Bretagne Armo-
morique. Une seconde preuve que la langue celtique ou bretonne est une
langue mère, c'est qu'elle avait dans les temps anciens, et jusqu'à ce que
César se rendit maître des Gaules, ses caractères propres, au nombre de
vingt-quatres lettres et de deux autres doubles, entièrement différentes
des lettres romaines, des arabiques, des grecques et des hébraïques,
comme on peut le voir plus loin. Que si César 1 dit que les Druides se
servaient des lettres grecques pour écrire les vers saturniens et les mystères de la religion, c'était, ajoute-t-il, afin d'en ôter la connaissance au
public, à qui ces caractères, empruntés des Marseillais, étaient inconnus.
*Quod neque in vulgum disciplinam effere velint.* Jugez de là quel état on doit
faire des discours peu censés de quelques personnes, disons mieux, de
certains malins ou plutôt ignorans, qui appellent la langue bretonne un
*jargon*, parce qu'ils ne l'entendent point ou qu'ils n'en connaissent pas
le mérite : *Hi autem quæcumque quidem ignorant, blasphemant 2.*

Si le lecteur a quelque doute touchant ces choses, dont je n'avance la
plus grande partie qu'après le R. P. Dom Paul Pezron, natif de Henne-
bond, au diocèse de Vannes, religieux de l'ordre de Cisteaux, docteur
en théologie de la faculté de Paris et abbé de la Charmoye, il ne faut
que se donner la peine de lire son livre intitulé *Antiquité de la Nation et de
la langue des Celtes, autrement appelés Gaulois*, imprimés à Paris, rue Saint-
Jacques, chez Prosper Marchand et Gabriel Martin, l'an 1703; là, il
prouve fort au long, mais évidemment et invinciblement, ce que je viens

---

1 Lib. 6 de bello Gallico, pag. 127; impression de Lyon. 1542.

2 Jud. Epist. cafhol. v. 10.

de rapporter brièvement. Là il cite de très-anciens auteurs grecs et latins,
phéniciens et juifs, comme les *Curetes*, plus de deux mille ans avant Jésus-Christ, *Orphée*, et *Sanchoniathon* qui ont précédé la guerre de Troye,
et ont écrit treize cents ans avant le temps de Jésus-Christ; *Hésiode* et
*Homère*, quelques siècles après; *Platon*, *Hérodote*, *Pausanias*, *Possidonius* et
une foule de poètes et d'historiens, qui presque tous ont devancé l'incarnation du Fils de Dieu. Il cite *Strabon* qui vivait du temps de Jésus-Christ,
*Josephe*, juif, qui le suit de près, et enfin un grand nombre d'auteurs et de
pères de l'Eglise des premiers siècles du christianisme. Après tant d'autorités
rapportées par ce révérend Père, aussi exact dans ses citations que savant dans les lettres, il me paraît que l'on ne peut pas, sans témérité,
révoquer en doute ce qu'il dit au sujet de la langue celtique, dont il s'est
fait une étude particulière.

Cette langue celtique ou bretonne, sur laquelle je me suis beaucoup
étendu en cette préface, en faveur uniquement de ceux qui ne sont pas suffisamment fournis de livres, se parle peu ou beaucoup dans sept des neufs
diocèses de la Bretagne; et il n'y a que les seuls évêchés de Rennes et de
St-Malo, où on ne la parle point du tout. C'est le langage de tout le diocèse
de Tréguier, de celui de Léon, de celui de Quimper, hormis quatre paroisses, de celui de Vannes, si vous en exceptez quatorze ou quinze paroisses. On parle cette langue dans treize ou quatorze paroisses du diocèse de St-Brieuc; dans un quartier de celui de Nantes et dans plusieurs
paroisses de Dol, situées dans les enclaves des autres diocèses. Il est vrai
que le breton a cela de commun avec toutes les autres langues vivantes,
qu'il se parle différemment selon les différents cantons; car chaque diocèse semble avoir son dialecte particulier, et les mots qui lui sont propres
ou spécifiques, ne se prononcent pas toujours de la même façon dans les
deux extrémités d'un même diocèse.

La différence de ces idiômes n'est cependant pas considérable; et si vous
exceptez quelques mots qui sont particuliers à certains quartiers, elle
consiste principalement dans la terminaison des infinitifs des verbes, des
singuliers et des pluriels des substantifs et de la manière de prononcer
trois lettres, dont je dois vous dire quelque chose, en attendant vous donner la *Grammaire Française-Bretonne*, à laquelle je travaille actuellement [1].

La terminaison régulière des infinitifs est en *a* et en *i*, dans le diocèse
de Léon et dans la Basse-Cornouaille; en *añ* et en *iñ*, dans les diocèses
de Tréguier et de Saint-Brieuc; en *o* dans la Haute-Cornouaille et même
le long de la côte depuis le hàvre de Benn-Odet jusqu'à Quimperlé; en
*eiñ* dans le Haut-Vannes; en *eiñ* et en *eign* dans le Bas-Vanne. *Exem-*
*ples :* goasqa, *presser*, meuli, *louer*, en Léon et dans la Basse-Cornouaille;
se dira en Tréguier et en Saint-Brieuc : goasqañ, meuliñ; dans la Haute-Cornouaille : goasqo, meulo; dans la partie orientale de Vannes,
goasqeiñ, meuleiñ, meleiñ; dans l'occidentale : goasqeign, meuleign,
meleign, et ainsi des autres infinitifs réguliers, car il y en a plusieurs qui
sont anomaux ou irréguliers, terminés ordinairement en *al*, en *at*, en *el*,
en *et* et en *oat*. Ces différentes terminaisons des infinitifs réguliers ne peuvent venir que de l'ancienne orthographe qui mettait toujours deux *ff* à
la fin d'un infinitif régulier; on écrivait : goasqaff, meuliff, esaff, dibriff,
etc. Je ne sais comme nos anciens Bretons prononçaient ces deux *ff* ou si

[1]. Cette grammaire a été également éditée par B. JOLLIVET, imprimeur à Guingamp; Pr. 3 fr.

elles leur étaient inutiles, mais je sais que les Léonnais ne les prononcent point et disent goasqa, meuli, efa, eva, dibri, etc. Je sais que les Tréguerois et les Briochins prononcent comme un *n* avec un accent circonflexe : goasqañ, meuliñ, efañ, dibriñ, etc. ; les Vannetais presque de la même manière en y ajoutant un *e*, goasqeiñ, meuleiñ, eveiñ, débreiñ, etc. Mais pour les substantifs qui finissent par *ff*, comme haff, *été* ; goaff, *hiver* ; eff, *ciel* ; etc., tous les prononcent comme une ñ, hañ, goañ, eñ, etc.

La terminaison des singuliers et des pluriels des substantifs cause aussi cette différence ; car les substantifs dont les singuliers, en Léon, se terminent en *eur*, comme barneur, goüarneur, pec'heur, etc., sont terminés en Tréguier, en Saint-Brieuc et en Basse-Cornouaille en *er* ; ainsi on dit : barnèr, goüarnèr, pec'her ; en la Haute-Cornouaille et en Vannes en *our*, et on y dit barnour, goüarnour, pec'hour, etc., de *our*, homme, et du verbe. Les pluriels de cette sorte de substantifs se terminent partout en *yen*, barneuryen, goüarneurien, pec'heuryen ; barnéryen, goüarnéryen, pec'héryen ; excepté le Haut-Vannetais où ils se terminent en *yon* : barneryon, goaneryon, pec'heryon ; et le Bas-Vannetais en *yan*, barnouryan, goüarnouryan, pehouryan.

Les substantifs dont les pluriels sont terminés en *ou*, en Léon et en Basse-Cornouaille, se terminent en *o* en Tréguier et en Saint-Brieuc ; en *au* dans la Haute-Cornouaille et en *eü* à Vannes. *Exemples :* parcqou, prajou, etc., en Léon et en Basse-Cornouaille, se disent parcqo, prajo, etc., en Tréguier et en Saint-Brieuc ; parcqo, prajo, etc., en Haute-Cornouaille ; et parcqéü, prajéü, pradéü, etc., en Vannes, ainsi du reste.

Pour ce qui est de la manière de prononcer certaines lettres, qui est aussi une des causes de la différence des idiomes ou dialectes, il faut remarquer que toutes les lettres y ont le même son qu'en français, excepté trois : *u, h* et *q*.

L'*u* se prononce communément parmi les Bretons en *u* à la manière des Français ; souvent en *ou*, surtout dans le Bas-Léon, et toujours en *ou* chez les Tréguerois, excepté trois lieues de Morlaix. *Exemples :* güerc'hès, guin, avel, etc., se prononceront toujours comme ils sont écrits ; mais les Tréguerois prononceront toujours comme si on écrivait : goüerc'hès, goüin, aoüel, etc.

La lettre *h* est naturellement gutturale dans notre langue, si vous exceptez le dialecte de Vannes qui ne l'aspire qu'à demi ; quoique d'ailleurs tous les Vannetais témoignent affectionner si fort cette lettre, qu'ils la placent dans presque tous les endroits où les Léonnais mettent des *c* pour adoucir leur idiome ; *z* que les Tréguerois, les Briochins et les Cornouaillais ne prononcent point ou que très-rarement. Mais l'*h* qui s'aspire naturellement, s'aspire doublement lorsqu'elle est précédée d'un *c* avec une apostrophe : c'h, est pour suppléer au *ck* ou au simple *k* qui était de l'ancienne orthographe. *Exemple :* marc'h, *cheval*, qu'on écrivait autrefois marck ou simplement mark, et qui se prononçait de tout le gosier.

La lettre *q* a le même son chez les Bretons et se prononce aussi fortement que le *k*, hormis dans Vannes et dans la Haute-Cornouaille où on prononce le *q* comme les Français. De là vient qu'un Breton prononce ces mots français : quel, quelle, qui, quinte, quinze, etc., comme si l'on écrivait kel, kelle, ki, kinte, kinze, etc. Et il n'en coûte pas moins à un Léonnais de prononcer le *q* à la française, qu'à un Vannetais ou à un Haut-,

Cornouaillais de prouoncer le *q* en *k*, comme il faut le fa
bien prononcer le breton.

Pour finir ce qui regarde la prononciation, il faut remarc
cent þreton est tout opposé au français qui fait toujours
syllabe brève, au lieu que notre langue la fait toujours lo
palement en Léon et partout où l'on parle bien. Néanmoins
Cornouaille la pénultième syllabe d'un mot est toujours
Vannes encore plus brève; ce qui fait que les autres Breto
qu'ils parlent si vite qu'ils ne peuvent les entendre.

Si après ces différences, ou ces causes de la différence de
vous me demandez lequel est le meilleur, je serais emba
répondre, ne voulant désobliger personne, car chaque dioc
dialecte le meilleur : cependant il me paraît que celui de Lé
préférence, parce qu'il est effectivement plus méthodique q
et beaucoup plus doux, à cause de la multitude des *z* don
parsemé ses mots : mais que celui de Vannes, quoique très-é
les autres, plus rude qu'aucun autre, à cause de l'abonda
devrait passer pour le meilleur, contre le sentiment des Bret
rent; par la raison que les langues n'étant instituées que pc
naître les pensées et les sentiments du cœur des uns des autres,
d'une langue qui les font comprendre sont courts, plus u
même un dialecte doit être estimé au-dessus des autres ; or
de Vannes est le plus court de tous sans contredit. Cependa
donne la préférence au breton de Morlaix sur tous les autres
bien considérer, ce n'est qu'un mélange de l'idiome de Léo
ce qu'il paraît avoir de trop long, et celui de Tréguier, dég
au lieu d'*u* qui le rendent trop gras et trop lourd. J'ajoutera
pèce de dissertation, qu'il y a un ancien proverbe qui prétend
de Taulé, paroisse à une lieue de Morlaix et à deux de Saint-
est le plus joli breton qui se parle en Bretagne.

      Er Berres a Daulé éñtre an daou dreiz,
      Ez ma ar bravâ brezôneeg a so cñ Brèyz.

Le lecteur, s'il est habile dans la langue bretonne, en jug
y a de sûr, c'est que le breton de Taulé est le plus court et
de tout Léon.

Il est temps de vous parler de l'ordre que j'ai observé dans l
Dictionnaire, et de l'orthographe que j'y ai gardée. Sur quoi j
premièrement, que je n'ai pas suivi l'ordre des racines, ni c
ni des matières, comme ont fait plusieurs dans leurs lexiqu
gardé l'ordre le plus commun, qui est celui de l'alphabet;
mots bretons, j'ai mis sur les français communément les mots
premiers, et toujours ceux qui se disent le plus ordinairec
de Vannes les derniers, comme étant spécifiques à un seul c
moins quant à la terminaison et à la prononciation; mais c
sont point différents de ceux qu'on usite ailleurs, je n'en ai p
ticles à part.

Les mots qui se disent dans le sens propre, sont toujours le
ceux qui ne s'usitent que dans le figuré, se trouveront les

Il en est de même des phrases, qui souvent sont prises d
Ecriture en faveur des prédicateurs, quelquefois d'ailleurs;
solument nécessaires pour faire voir les diverses acceptions de

les différentes manières de conjuguer : quelques-unes sont peu françaises,
pour exprimer en moins de mots d'autres phrases bretonnes d'un style différent de celui de la langue française. Nous avons trois verbes auxiliaires,
*avoir*, *être*, *faire*, qui, servant à conjuguer les autres verbes, seront en leur
lieu conjugués selon leurs modes et leurs temps. Si je cite quelques traits
d'histoire, c'est uniquement par occasion et en peu de mots : je les rapporte
sur la foi des historiens du pays, comme d'Alain Bouchart, en ses Annales de la Grande et de la Petite Bretagne; de Pierre le Baud et d'Argentré,
dans leurs Histoires de Bretagne; du P. Augustin du Paz, en son Histoire
généalogique des Maisons illustres de Bretagne; du P. Albert le Grand, en
ses Vies des saints de Bretagne; du P. Lobinau, Vies des saints de Bretagne.

Pour ce qui regarde ma manière d'orthographier, je prie de remarquer
deux choses : la première est qu'au lieu de me servir de deux *ss*, comme les
Français et les Latins, j'ai mis, ainsi que tous les livres bretons qui ont
paru avant l'an 1650, un *ç* avec un *z*, de cette façon *çz*, qui a été de tout
temps l'orthographe celtique, et qui d'ailleurs forme le même son que *ss*.
La seconde remarque est qu'à la place de la lettre *k*, qui à la vérité est naturelle à notre langue et a été de l'ancienne orthographe, je me sers de la
lettre *q*, sans y ajouter un *u* avant une voyelle, parce que cette lettre ( si
vous exceptez l'évêché de Vannes et de la Haute-Cornouaille, où le *k* même
ne se prononce pas plus fortement que le *q* ) a le même son chez les Bretons et la même force que le *k*, et ne défigure pas tant les mots. Ainsi
j'écris : *qelenn*, *qement*, etc., au lieu de mettre *quelenn*, etc., dont il faudrait prononcer l'*u* en *ou*, ou simplement en *u*, comme font les Français;
parce qu'en notre langue il n'y a point de lettre inutile : s'il s'y trouve assez souvent deux *nn* ou *cq*, à la fin des mots, c'est pour renforcer la prononciation. Ainsi il s'ensuit, selon moi, qu'il faut orthographier de la sorte,
ou bien se servir de la lettre *k*, et alors écrire : *kelenn*, *kement*, etc.

J'ai lieu de croire que cette préface devient fatigante, ainsi, après vous
y avoir expliqué ce que c'est que notre langue bretonne, quel est l'ordre
que j'ai gardé dans ce Dictionnaire, et ma manière d'orthographier, je la
finis, en vous avertissant de lire les explications suivantes dont j'ai fait des
articles à part, parce que dans la lecture de ce livre on est souvent obligé
d'y avoir recours.

# EXPLICATION

## Des Accents dont on a marqué les mots de ce Dictionnaire.

L'accent circonflexe marque que l'*â* et l'*ê* sur lesquels il se trouve assez
fréquemment, se prononce long. *Ex.* amâ, ici, hemâ, celui-ci, qentâ, premier, divezâ, dernier, coandtâ, le plus joli, vilâ, le plus laid, et ainsi de tous
les superlatifs en *â*. è kær, èn kær, en ville; cè, ciel, etc. Lorsque cet accent est sur une *ñ*, il montre que cette lettre ne se prononce qu'à demi et
un peu du nez *Ex.* hañ, goañ, été, hiver; amañ, qentañ, ici, premier, iû-
gal, inñtañv, igal, zeuf. Cet accent se trouve sur la dernière lettre des infinitifs réguliers des diocèses de Tréguier et de Vannes. *Ex. A Tréguier*,
goasqañ, stardañ, efañ, dibriñ, meuliñ, tuiñ; à *Vannes*, goasqeiñ, star-
deiñ, eûeiñ, débreiñ, melciñ, lueiñ, etc.

L'accent grave, qui ne se trouve ordinairement que sur un *è*, marque

que cette lettre se prononce en abaissant un peu la voix. *Ex.* carantè, ca-
rantèz, *amour;* madélèz, *bontè;* puilhéntè, puilhéntèz, *abondance;* èr, èn, *dans.*

   L'accent aigu sur un *é*, fait voir que cet é se prononce d'une manière
fort claire, ce qui est ordinaire à l'*e final* des prétérits imparfaits des verbes actifs et des plusque-parfaits des subjonctifs. *Ex.* me a garé, *j'aimais,*
te a garé, *tu aimais,* é a garé, *il aimait;* me a garré, *j'aimerais,* te a garré,
*tu aimerais,* é a garré, *il aimerait;* me am bezé caret, *j'aurais aimé,* te ê pezé
caret, *tu aurais aimé,* é èn bezé caret, *il aurait aimé.*

   L'*e obscur* n'a point d'accent. *Ex.* caret, *aimer,* lavaret, *dire,* moûnet,
*aller,* doûnet, *tenir,* ober; *faire,* etc.

   Il n'y a point d'*e muet* en breton, sinon dans quelques quartiers du diocèse de Vannes, du côté de la mer.

---

# EXPLICATION

## *Des Abréviations qui se trouvent dans ce Dictionnaire.*

*Léon*, signifie que le mot suivant se dit dans le dialecte de Léon et quelquefois ne se dit que dans celui-là.

*Trég., Corn., Van., S.-Br.,* dénotent que le mot suivant, tel qu'il
se trouve écrit, n'est d'usage qu'en Tréguier, qu'en Cornouaille; qu'à
Vannes, qu'à Saint-Brieuc.

*H.-Léon,* veut dire le Haut-Léon; *B.-Léon,* le Bas-Léon.

*H.-Corn.,* signifie la Haute-Cornouaille; *B.-Corn.,* la Basse-Cornouaille,
ou le haut et le bas du diocèse de Quimper.

*H.-Van.* et *B.-Van.* signifient le Haut-Vannetais et le Bas-Vannetais.

*pl.* que l'on trouvera après les substantifs, signifie pluriel, et *ppl.,* pluriels.

*oc'h, à, an;* et, après les mots de Vannes, *och, an, aon,* qu'on trouvera
après les adjectifs, signifient le comparatif et le superlatif; car *oc'h* ou *oh*
surajouté au positif, fait le comparatif, *à,* en Léon, et partout ailleurs *an*
( exceptez de cette règle le Bas-Vannetais, où c'est *aon.* ) surajouté au positif, fait le superlatif. *Exemples :* caër, *beau,* caëroc'h ou caëroh, *plus beau;*
caërà ou caërañ, ou avec l'article *le,* ar c'haëra, ar c'haërañ, *le plus beau;*
et pour le féminin, ar gaërà, ar gaërañ, *la plus belle.* Dans l'évêché de
Vannes on dit : caër, caëroh, caërañ, caëraoñ; ou avec l'article *le,* er
haëruñ, er haëraoñ; avec l'article *la,* er gaërañ, er gaëraoñ.

Les superlatifs qui se forment en français par les particules *fort* et *très,*
avec le positif, comme très-beau, fort-belle, etc., s'expriment en breton
par les adverbes *meurbed, cals, bràs, forz,* et à Vannes, *merbed, mar, marbed, mer, forh, cals, bràs,* surajoutés au positif : caër meurbed, caër cals,
caër bràs, forz caër, *très-beau, très-belle, fort beau; fort belle;* et à Vannes,
caër marbed, caër merbed, mar a gaër, mer a gaër; forh caër, caër cals,
caër bràs, forz, forh et cals, signifient *beaucoup,* bràs, *grandement.*

*pr.* qui se trouve immédiatement après un verbe, ou *ppr.* après plusieurs
verbes, veulent dire prétérit parfait, prétérits parfaits. Il a fallu mettre
cette marque pour désigner le participe passif, qui est toujours le même
que le prétérit parfait. Souvent, au lieu de mettre tout au long ce prétérit
parfait, on se contente de le mettre en abrégé, *et* ou *éet,* c'est-à-dire, la
terminaison de l'infinitif changée en *et* ou en *éet. Exemples :* eva, *boire,*

*pr.* evet, *bu;* ou eva, *pr.* et. claûvaat, *tomber malade; pr.* claûveêt, *tombé malade;* ou claûvaat, *pr.* eêt.

On a suivi cette même marche pour indiquer le pluriel des substantifs. *Exemples :* cannadur, *ambassade, pl.* cannaduryou; ou cannadur, *pl.* you.

D'ordinaire, le participe passif et l'adjectif s'expriment par le prétérit parfait, excepté quelques participes français qui s'expriment en breton par des adjectifs différents des prétérits parfaits.

*Al.* c'est-à-dire, *alias,* autrefois. Cette abréviation se met pour faire entendre que le mot suivant a été d'usage et ne l'est plus, que je sache, en la Bretagne Armorique, quoiqu'il le soit dans la Galle, comme je l'ai vu dans le dictionnaire et dans quelques autres livres bretons de ce pays-là. On met aussi cet *alias,* non-seulement pour faire voir que notre langue n'a pas toujours été si stérile en expressions qu'on veut bien le faire accroire, mais de plus pour faire connaître la racine de plusieurs mots tant bretons que français, qui en sont dérivés ou composés. Souvent même on y trouve la véritable signification de plusieurs surnoms et de noms de très-anciennes maisons.

*v.* signifie voyez; *v.-y.,* voyez-y. *t.* signifie terme.

# LISTE

*De la plupart des Auteurs, des Livres ou Manuscrits dont je me suis servi pour composer ce Dictionnaire.*

J'avoue que j'ai tiré bien des secours des livres qui ont été faits sur notre langue en divers temps par les anciens et par les modernes; j'en rapporterai un nombre pour satisfaire la curiosité de plusieurs personnes, et en même temps pour détromper celles qui pourraient s'imaginer que j'aurais été capable d'inventer les mots qu'elles ignorent. Je dis qu'elles ignorent, car je suis persuadé qu'il n'est personne qui sache entièrement tous les mots de sa langue maternelle, quelque langue qu'elle puisse être.

Ce que j'ai trouvé de plus ancien sur la langue celtique ou bretonne, c'est le livre manuscrit, en langue bretonne, des prédictions de *Guinclan,* astronome breton, très-fameux encore aujourd'hui parmi les Bretons, qui l'appellent communément le prophète Guînclan. Il marque, au commencement de ses prédictions, qu'il écrivait l'an de salut 240, demeurant entre Roc'h-Hellas et le Porz-Guenn ( c'est au diocèse de Tréguier, entre Morlaix et la ville de Tréguier).

Les statuts synodaux du diocèse de Léon, du 13ᵉ, 14ᵉ et 15ᵉ siècle, écrits à la main sur vélin, en latin, mais dont une partie était traduite en breton en faveur de ceux qui n'entendaient pas bien le latin.

Une Bible bretonne, qui contenait tous les livres canoniques, sans aucune altération, imprimée à Londres au commencement du 16ᵉ siècle.

Un Dictionnaire breton, selon qu'on le parle chez les Gallois, qui contient aussi le latin et l'anglais; fait par Jean Daviès, imprimé à Londres l'an 1632.

Une Grammaire bretonne-galloise, par Daviès, imprimée l'an 1621.

Un fragment du Dictionnaire breton-français-latin, compilé par D. Yves Lagadec, prêtre, selon quelques-uns, et selon d'autres par M⁰ Auffret Coadqueveran, chanoine de Tréguier, imprimé à Tréguier l'an 1499.

Une tragédie en vers bretons, de la Passion et de la Résurrection de Jésus-Christ, du Trépas de la Sainte-Vierge et de la Vie de l'Homme; imprimée à Paris en gothique, l'an 1530, chez Yves Quilleveré.

Trois autres anciens livres bretons, dont le premier imprimé à Morlaix, l'an 1570, traitait des quatre fins de l'homme, en vers; le second contenait la vie de saint Guénolé, et le troisième la vie de sainte Barbe; l'un et l'autre en vers et disposé en tragédie.

Un livre latin, où il se trouve beaucoup de breton-gallois, imprimé à Cologne, chez Jean Birckman, l'an 1572, qui traite de la nation et de la langue bretonne, et qui est intitulé : *Commentarioli britaitannicæ descriptionis fragmentum, authore Hunfredo Lhuyd Denbyghiense Cambro-Britanno.*

L'Antiquité de la nation et de la langue celtique ou gauloise, par le R. P. D. Paul Pezron, de l'ordre de Cîteaux, imprimée à Paris l'an 1703.

La traduction bretonne du Catéchisme de Bellarmin, par Yves le Bællec, aumônier de M. de Bourgneuf, évêque de Nantes, imprimée en 1616 et 1618.

Le *Nomenclator Hadriani Junii Medici*, en latin et en français; où Guillaume Quiquier, natif de Roscof, ajouta le breton l'an 1633.

Les Colloques français et bretons du même Quiquier, à-peu-près du même temps, imprimés à Morlaix et à Londres.—Le Dictionnaire français-breton du R. P. Julien Maunoir, jésuite, imprimé à Quimper l'an 1659. —Le Dictionnaire français-breton du diocèse de Vannes, imprimé en 1723. —Une traduction bretonne manuscrite de l'Evangile selon saint Mathieu, saint Marc et saint Luc, et de 3 ou 4 épitres de saint Paul, faite par un ecclésiastique de Léon, au commencement du 17ᵉ siècle.—Deux petits Dictionnaires manuscrits faits depuis peu d'années, l'un par le R. P. Christophe Huchet, récolet, natif de Quimper; l'autre par M. Robert Harinquin, de Motreff, près Carhaix.—Tous les livres bretons qui sont venus à ma connaissance.—Un recueil de mots bretons de tous les diocèses où l'on parle la langue de nos aucêtres, que je faisais depuis l'an 1700, par la raison que mon breton était peu intelligible, sinon dans l'évêché de Vannes, où j'avais passé mes premières années. J'ajouterai à cela que partout où j'ai demeuré, j'ai consulté les plus habiles dans la langue bretonne, tant pour les mots et la construction des phrases; que pour la pronociation, afin de pouvoir prêcher la parole de Dieu d'une manière intelligible en tous lieux, de trouver ma patrie partout, et de n'être barbare nulle part; car nous le sommes souvent les uns à l'égard des autres; et les Egyptiens ne sont pas les seuls qui appellent barbares tous ceux dont ils n'entendent pas le langage. Toutes ces précautions n'empêchent pas que je n'ignore une infinité de mots bretons; mais quelque savant dans la langue, qui voudra se donner la peine de joindre ce qu'il sait à ce qu'il trouvera ici digéré, sera en état de faire un autre Dictionnaire beaucoup plus ample, plus recherché et plus utile au public.

Pour moi, j'estimerai les peines que je me suis données jusqu'ici bien payées, le temps de douze années entières que j'ai employées à cet Ouvrage et les désagréments que j'y ai eus, suffisamment récompensés, s'il est utile, comme j'ose me le promettre, à tous ceux qui voudront s'appliquer à la prédication bretonne et à la confession, pour convertir à Jésus-Christ les âmes qui ont été rachetées par son précieux sang; puisque tel a été ma première intention, pour ne pas dire mon unique dessein, et le seul but que je me suis proposé en cet Ouvrage.

# ALPHABET DES BRETONS,

*Ou figure et Valeur des lettres, tant simples que doubles, dont se servent les Armoricains.*

| FIGURE. | VALEUR. |
|---|---|

**A. a.** L'*a* des Latins et des Français.

**Æ. æ.** *A. e.* en abrégé, depuis deux cents ans, ou environ, à l'imitation des Latins, qui ont joint aussi ces deux lettres.

**·Ai.** *Ai* ne signifient point *e*, comme chez les Gallois, mais ils font deux syllabes dans les diminutifs terminés en *aicg*. Ex. Annaïcg, barhaïcg, Francesaïg, mammaïcg, papaïcg, Renaïcq, tadtaïcg, Yvonnaïcg, etc. Dans les substantifs terminés en *aich*, comme bugaleaich, couraïch, deanaich, haich, mililyaich, paich, etc., l'*i* après l'*a* ne se prononce pas, mais seulement se fait sentir.

**·Au.·** *Au* se prononce plus légèrement que *aou*, et même que *ao*; ainsi on dit : caul, Paul, taul, etc., et non caoul, Paoul, taoul, ni même eaol, Paol, taol; non plus que col, Pol, tol, si l'on veut bien parler.

**B. b.** ·Le *b* des Latins et des Français, mais qui est une lettre mute ou muable. Voyez la règle des mutes dans la Grammaire.

**C. c.** Le *c* des Latins et des Français, mais qui est mute.

**·Ç.** L'*s* des Latins et des Français, quoiqu'il se prononce un peu plus fortement. Ex. aç, goaç, gronç, etc.

**Ch.** Le *ch* des Français, qui disent : charité, chez, choux, etc. De même, les Bretons disent : chadeun, chetu, chomm, etc.

**C'h.** Le *c'h* qui nous est fort ordinaire, s'aspire fortement, et se prononce du gosier. Ex. c'hoant, c'hoar, c'huez, c'houy, etc.

**çz.** Les deux *ss* des Français. Ex. douçz, douçzoq'h, guaçz, etc.

**·D. d.** Le *d* des Latins et des Français.

**E. e.** ·L'*e* des Latins et des Français.

**F. f.** L'*f* des Latins et des Français. Lettre mute.

**ff.** Les deux *ff* se prononcent fortement. Ex. aff, affeilh, goff, hanaff, etc. Mutes.

**G. g.** Le *g* des Latins et des Français. Mute.

**Gue. gui.** C'est le Gamma des Grecs et le Gain des Arabes, que l'on prononce d'un ton plus ferme que les mots français, guerre, guérir, guide, guitarre, etc. Ex. guéaud, guenel, guer, guer, gueryou, tu-guin, guinivelez, eguit, guiz, etc.

**Guë. guï.** Ces diphtongues sont très communes chez les Bretons; ainsi on dit : guëa, guënn, guënneecq, guëro'h, guërz, guëz, etc.; guïad, guïber, guïcq, guïn, guïniz, guïsqa, etc.

**H. h.** L'*h* généralement est une lettre gutturale, qui au milieu et à la fin des mots se prononce avec le gosier : et quoiqu'ordinairement lorsqu'elle commence le mot, elle se prononce comme chez les Latins et les Français; quelquefois néanmoins elle s'aspire alors aussi, ne serait-elle pas même précédée d'un *e* avec une apostrophe.

**I. i.** ·Le *j* consonne et l'*i* voyelle des Latins et des Français.

**K. k.** C'est le Kappa des Grecs, qui est une lettre mute.

| FIGURE. | VALEUR. |
|---|---|
| K. | C'est en abrégé kær, qui signifie ville, que les Bretons ont aussi communément au commencement de leurs noms, que les Normands ont ville à la fin des leurs. |
| I. l. | C'est l'l des Latins et des Français. |
| ll. | Deux ll au milieu ou à la fin des mots se prononcent fortement, et aucune ne se mouille. Ex. collad, collidignez, dalléntez, folléntez, coll, dall, foll, guell, etc. |
| Lh. | Lh se mouillent et se prononcent fortement comme les deux ll chez les Français qui disent : Guillaume, quille, taille, etc., et nous disons de même : Gouilhelm, qilh, tailh, etc. |
| M. m. | L'm des Latins et des Français, qui, si elle est double, se prononce fortement, de même que l'n; car les Bretons n'ont aucune lettre superflue ou inutile. L'm est une lettre mute. |
| N. n. | L'n des Latins et des Français. |
| O. o. | L'o des Latins et des Français; mais il a souvent une prononciation plus obscure, comme dans coz, vieux; mogued, fumée; mor, mer; moc'h, pourceaux, etc. |
| Ou. | L'ou des Français. |
| P. p. | Le p des Latins et des Français; c'est une lettre mute. |
| Ph. | C'est le phi des Grecs. |
| Q. q. | C'est le kappa des Grecs, excepté dans le diocèse de Vannes et dans la Haute-Cornouaille, où il se prononce comme chez les Français. C'est une lettre mute qui a les mêmes règles aussi bien que le même son que le K. |
| R. r. | L'r des Latins et des Français. |
| S. s. | L's des Latins et des Français, mais au lieu de ss nous nous servons de ſſ. |
| T. t. | Le t des Latins et des Français, c'est une lettre mute. Voyez la règle des mutes dans la Grammaire. |
| V. u. | L'v consonne et l'u voyelle des Latins et des Français, il faut néanmoins remarquer que les Tréguerois et les Vannetais n'ont que très-rarement de v consonnes après les articles ar et ur, les premiers les changeant en ou, et les seconds en a voyelles. Ex. ar verc'hès, la vierge; ur verc'hès, une vierge; à Tréguier, on dira : ar ou ur ouerchès; à Vannes : ar ou ur uërc'hès, etc. |
| X. x. | L'x des Latins, et qui se prononce de toute la bouche. |
| Y. y. | L'y nous est très-familier, et eu particulier termine les substantifs en i, et les pluriels en iou. Ex. dimizy, fazy, goarizy, ppl. dimizyou, fazyou, goarizyou. |
| Z. z. | C'est le zeta des Grecs, qui se prononce beaucoup plus doucement que l's, en touchant de la langue le dessous des dents, et resserrant un peu les lèvres. Cette lettre est d'un grand usage chez les Bretons, particulièrement parmi les Leonnais qui en ont comme farci leur idiome, ce qui le rend effectivement plus doux qu'un autre. |
| ZZ. zz. | Cette double lettre se trouve quelquefois en certains mots bretons, mais toujours aux prétérits parfait et plusque-parfait de l'optatif du verbe Bexa, être; ra vezzen bet, que j'eusse été; ra vezzès bet, que tu eusses été; ra vezzè bet, qu'il eût été, etc. |

Voyez les anciens caractères des Bretons.

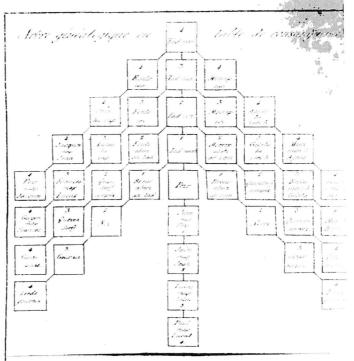

Arbre généalogique ou ... table de ...

## Alphabet des anciens Bretons.

*On lit un votre de l'abbaye de Landevenec ... d'une croix de pierre ... 2 lieues de Brest, au château de Lesneven près de Landerneau ... en 1708 étant toutes marquées de ces caractères, et de quelques autres ... monumens de la Bretagne.*

| A | B | C | D | E | F | G | H | I | K | L | M | N |
|---|---|---|---|---|---|---|---|---|---|---|---|---|

| P | Q | R | S | T | V | X | Y | Z | & | KH | U |
|---|---|---|---|---|---|---|---|---|---|---|---|

# PRÉFACE

## DE L'ÉDITEUR.

J'aurais désiré n'avoir point à grossir encore cet Ouvrage déjà si volumineux. Les préfaces, d'ailleurs, inspirent généralement peu d'intérêt, et la plupart des lecteurs négligent de les parcourir. Quoi qu'il en soit ; invité, par quelques-uns de mes souscripteurs, à ne faire aucun changement à ce Dictionnaire, et, par un bien plus grand nombre d'entre eux, à en faire disparaître entièrement le français, je regarde comme un devoir de rendre compte aux uns et aux autres des changements que j'ai opérés, des corrections que j'ai, à dessein, négligé de faire, et des motifs qui m'ont dirigé dans ce travail.

En publiant une édition exactement semblable, quant au français, à celle imprimée à Rennes, en 1732, chez M. Julien Vatar, assurément je me serais épargné bien des fatigues et bien des veilles ; mon travail typographique eût aussi été de beaucoup plus facile, plus prompt, et mes dépenses, aujourd'hui, s'élèveraient infiniment moins : mais alors j'aurais à regretter de n'avoir livré au public qu'un ouvrage où les fautes d'orthographe et de français ; où les définitions inexactes, et, par suite, les contresens, se fussent rencontrés par milliers...

Cette assertion, je m'y attends, étonnera tout d'abord les personnes qui ne connaissent point l'ancienne édition du Dictionnaire du P. Grégoire : elles se demanderont s'il est possible qu'un ouvrage qui mérite, à si justes titres, d'être regardé comme une œuvre d'érudition profonde, renferme tant d'incorrections ; mais qu'elles veuillent bien prendre la peine de considérer que le P. Grégoire écrivait il y a plus de cent ans, et tous leurs doutes à cet égard, disparaîtront promptement, je pense.

Au surplus, j'offrirai, dans cette Préface, des preuves de ce que je viens d'avancer ; car je comprends que, dans un travail de cette importance, il ne s'agit pas simplement de dire : « des fautes existaient en grand nombre ; je les ai fait disparaître. » Il me faut, de plus, montrer au public les corrections que j'ai faites ; pour qu'il puisse, par lui-même, juger de leur utilité et de leur mérite ; ce sera, d'ailleurs, une réponse aux critiques que j'ai, moins que personne, la prétention de me croire capable d'éviter.

D'après ce que je viens de dire, on ne s'attend pas, sans doute, à me voir dérouler une liste des *quarante et quelques mille corrections* que j'ai faites. Il me faudrait, pour cela, plusieurs centaines de pages, que je crois inutile d'ajouter à cet Ouvrage. Je me bornerai à en signaler quelques-unes, et cela suffira, je l'espère.

## DES FAUTES D'ORTHOGRAPHE.

Ancre, pour écrire, *au lieu de* Encre. Arcenac, *au lieu de* Arsenal. Eguière, Eguillon, *au lieu de* Aiguière, Aiguillon. Balier, *au lieu de* Balayer. Ancestres, *au lieu de* Ancêtres. Appurer, *au lieu de* Apurer. Aquérir, *au lieu de* Acquérir. Asne, *au lieu de* Ane. Bailliveau, *au lieu de* Baliveau. Eguille, *au lieu de* Aiguille. Bacqet, *au lieu de* Baquet. Appetisser, *au lieu de* Apetisser. Arres, *au lieu de* arrhes. Appercevoir, *au lieu de* Apercevoir. Apostres, *au lieu de* Apôtres. Ayeux, *au lieu de* Aïeux, etc., etc.

Cette orthographe vicieuse avait, comme on le voit, le double inconvénient et d'induire en erreur les personnes qui ne connaissent pas parfaitement la langue française, et de rendre, pour celles qui en possèdent l'orthographe, les recherches d'une difficulté presque insurmontable. Se serait-il avisé, en effet, celui qui connaît sa langue, d'aller chercher, par exemple, le mot *Aiguille*, à la lettre E, c'est-à-dire, trois ou quatre cents pages plus loin que la place assignée à ce mot par sa véritable orthographe?— Non, sans doute.

C'était donc un Dictionnaire à refaire entièrement; et je compris qu'il ne suffisait pas de rectifier l'orthographe défectueuse de ces mots, mais qu'il me fallait de plus en changer le classement. C'est aussi ce que j'ai fait : ainsi, les art. *Aiguillon*, *Aiguière*, etc., qui se trouvaient page 326, ont repris, en changeant d'orthographe, leur véritable place, pages 23 et suivantes. De même que le mot *Encre* pour écrire, confondu avec *ancre* de navire, fait maintenant un art. à part, et se trouve classé, suivant l'ordre alphabétique, à la lettre E. Ainsi des autres.

Nul, je pense, n'hésitera à reconnaître que ces changements étaient d'une nécessité absolue, et qu'ils ajoutent incontestablement au mérite de cet Ouvrage. Je passe à des corrections d'une autre espèce.

### FAUTES DE FRANÇAIS.

Soulcil de porte, *pour* linteau de porte. Sonner du tambour, *pour* battre du tambour. Si est-ce que, *pour* toutefois. Spéculateur, qui médite, qui contemple, *pour* contemplateur. Copieux, qui copie, *pour* copiste. Cahuette, petite cabane, *pour* cahutte. Pas guères, *pour* guères. Caillebot de sang, *pour* caillot de sang. Se défaire, *pour* se détruire. Cerner des noix, *pour* écaler des noix. Temples, parties latérales de la tête, *pour* tempes. Désinition, *pour* détermination, etc., etc.

### FAUSSES DÉFINITIONS.

JUSTICIER, exécuter à mort, *pour* punir en exécution d'une sentence.
PROVOQUER, obliger à se battre, *pour* défier, exciter à se battre.
BRIGUE, désir ambitieux et adroit pour obtenir quelque dignité; *au lieu de* poursuite vive, opiniâtre pour obtenir quelque chose.
CARCAN, supplice des banqueroutiers, *pour* collier de fer, etc.

MIJORÉE, laide, sotte, *pour* femme dont les manières sont affectées.
BIGAME, marié deux fois, *pour* marié à deux personnes en même temps.
CLINQUANT, broderie d'or et d'argent, *pour* faux brillant, etc., etc.

J'abandonne au public le soin de prononcer sur le mérite de ces corrections. Je m'abstiendrai de toute réflexion pour les justifier ; seulement, je ferai observer que les définitions substituées par moi à celles de l'ancienne édition, sont presque toujours rendues mot à mot par le breton même du P. Grégoire. Ex. BRIGUE, poursuite vive, opiniâtre pour, *poursu agadus evit.*
CARCAN, collier de fer, *colyer*, etc.

Ainsi donc, non seulement les nouvelles définitions que j'ai données ont le mérite d'être exactes, mais encore celui d'être rendues presque toujours mot à mot par la traduction bretonne du P. Grégoire lui-même ; traduction qui n'a, pour cela, souffert aucune altération.

FAUSSES DÉFINITIONS, QUE J'AI, À DESSEIN, NÉGLIGÉ DE CORRIGER.

EMPHASE, expression forte et qui dit beaucoup en peu de mots.
PROSCRIRE, mettre à prix la tête de ses ennemis.
CAMPAGNARD, gentilhomme qui n'a pas hanté le beau monde des villes.
PRUDE, sage, etc., etc.

Ces définitions, qui ne sont rien moins que des contre-sens, se trouvent traduites mot à mot par le breton. Je ne pouvais donc les changer sans faire disparaître en même temps la traduction. Mais il m'a semblé qu'il y aurait à en agir ainsi un inconvénient très-grave ; et ; ne me trouvant de choix qu'entre ces trois partis : ou de ne rien changer, ou de retrancher tout-à-fait ces articles, ou d'en remplacer la traduction, j'ai adopté le premier parti par les motifs que je vais faire connaître.

Retrancher totalement ces articles, c'eût été priver d'une infinité de mots dont la connaissance est nécessaire. Il n'y fallait donc pas songer. Remplacerai-je, me suis-je dit, ces définitions inexactes ? Le français, assurément, ne peut que gagner beaucoup à cela ; mais il me faudra alors, pour rendre les nouvelles définitions, introduire dans ce Dictionnaire un breton de localité, qui n'aura pour règles que le caprice d'une ou de quelques personnes au plus. Je pensai, je le répète, que ce serait là une faute grave, immense ; car, telle est du moins ma conviction la plus intime, le Dictionnaire du P. Grégoire, fruit de longues et savantes recherches, résultat de notions approfondies avec soin et puisées dans les meilleurs Auteurs, est destiné, maintenant surtout qu'il n'existe plus d'Académie bretonne, à servir d'autorité, et à transmettre pure la langue des anciens Celtes.

Il est indispensable, en effet, de faire choix d'un auteur recommandable, d'adopter ses règles et son orthographe, et de reconnaître qu'on ne saura désormais s'en écarter sous peine de faire mal. Sans cela, chacun se croyant capable de faire des corrections, se créera une orthographe et des règles à sa manière ; et cette langue, si ancienne, si énergique, si féconde en étymologies, ne sera bientôt plus qu'un jargon dont l'étude de-

viendra impossible. Et ce ne sera pas là l'unique inconvénient : à travers
cette confusion d'orthographes, toutes différentes, toutes vicieuses, qui
pourra, je le demande, se livrer à des recherches étymologiques ?

Il me reste à parler d'une centaine d'articles que j'ai conservés, bien
qu'ils ne se trouvent dans aucun dictionnaire. Mais pour indiquer que ces
mots ne sont pas français, je les ai fait précéder d'une astérisque, de cette
manière : * ABBÉCHER, etc. Il résulte, comme on voit, de cet arrangement, que, tout en conservant une quantité de mots bretons d'un usage
journalier, j'ai rendu toute erreur impossible quant au français.

J'ai fait connaître les motifs qui m'ont engagé à conserver plusieurs définitions inexactes, ainsi que quelques locutions anciennes, que l'usage
n'admet plus. Je dois ajouter que ces exemples ne sont pas tellement nombreux, que cet ouvrage ne puisse encore, tel qu'il est, servir aussi de dictionnaire français. On reconnaîtra, au contraire, en le parcourant, qu'on
peut sans crainte le consulter sur l'orthographe usuelle des mots, et sur
l'orthographe grammaticale, partout conforme aux règles. Le classement
de ce Dictionnaire est celui adopté pour nos éditions les plus modernes :
l'I et le J, l'U et le V, autrefois mêlés ensemble, sont maintenant séparés.
Chaque article est imprimé en lettres majuscules, pour en faciliter les recherches. La préface de l'auteur a été reproduite en entier. L'arbre généalogique et l'alphabet breton lithographiés avec soin. Plusieurs erreurs de
date, reconnues plus tard par le P. Grégoire lui-même, ont été rectifiées.
Partout où les définitions inexactes ont été changées, la traduction bretonne n'a subi aucune altération. Les accents, négligés de nos jours par
les écrivains bretons, ont été conservés pour faciliter aux Français la prononciation du breton ; j'ai poussé le scrupule à cet égard jusqu'à faire
fondre exprès des lettres accentuées qui n'existent pas dans le français.
Enfin l'orthographe bretonne du P. Grégoire a été partout conservée sans
le moindre changement.

Maintenant, ai-je bien compris ma tâche ? l'ai-je remplie convenable-
ment ?—C'est au public à prononcer. Puisse-t-il me tenir compte des difficultés sans nombre qu'il m'a fallu vaincre, et ne pas se montrer exigeant
à ce point de trouver que c'est peu de *quarante et quelques mille corrections.*

Découragé cent fois et par les obstacles que je voyais naître à chaque
pas, et par la privation des talents que cette importante entreprise rendait
nécessaires, si je n'ai abandonné mon travail, c'est qu'avant d'en pouvoir
comprendre toute l'étendue et toutes les difficultés, j'avais pris des enga-
gements que mon devoir me prescrivait de remplir. J'ai compté sur l'indulgence que les gens de bien ne sauraient manquer d'accorder à mes
efforts ; et, fort de cet appui, je n'ai pas craint de m'exposer aux traits
de ces hommes qui, à défaut de mérite réel, cherchent à se donner de
l'importance en blâmant ce qu'ils ne comprennent pas.

B. JOLLIVET.

# DICTIONNAIRE

## FRANÇAIS-CELTIQUE,

#### OU

## FRANÇAIS - BRETON.

### Remarques sur la Lettre A:

A, première lettre de l'alphabet, est, ou verbe ou particule ; lorsqu'il est verbe, il s'exprime par les verbes *Avoir*, Cahout, *prét.* bet, et *Etre*, Be-ra, *prét.* bet. *Exemples* : *Il a de l'argent*, arc'hand èn devens, arc'hand èn deus, èn devout a ra arc'hand; beza èn deveus arc'hand ; bez'èn deus arc'hand. — *Il y a un seul Dieu*, un Doûe hep-qen a so, beza eus un Doûe hep-qen, bez'ez eus un Doûe hep muy qen.

Lorsque la lettre A est particule, elle a plusieurs acceptions : 1° A marque souvent le datif et s'exprime ordinairement par l'article *da*, quelquefois aussi par *en* ou par *ouc'h*. *Exemples* : *Donnez cela à votre père*, roit au-draze do tad : mais plus souvent par élision : d'ho tad. — *Semblable à son frère*, hével ouc'h e vreuzr. — *Pourvoir à son salut*, lacât urz èn esilvidiguez. — *Prolonger la vie à quelqu'un*, asten e vuez da ur re-bennac.

2° A, signifie le lieu, par rapport à la question *ubi*, ou à la question *quo*, où, et à la question *quâ*, par où. A, par rapport à la question *ubi*, où, s'exprime par *è*, *en* ou *èr* ou *var*. *Exemples* : *Il est à la ville*, è ma è kær, è ma èn kær. — *A l'église, à la foire*, èn ilis, èr foar. — *Au marché, à la place du marché*, èr marc'had, èr marc'hallac'h. — *A Rome, à Paris*, è Roum, è Paris *ou* èn Paris. — *A la maison*, èr guær, èr guear. — *A la campagne*, var ar meas, var ar mæs. — *A terre*, var zoûar, var an doûar. — *A ma maison*, èm zy, *id est*, è ma zy. — *A sa maison*, èn e dy, èn e dy-è. — *A votre maison*, en ho ty, èn oz ty, èn ho ty-hu. — *A notre maison*, èn hon ty, èn hon ty-ny.

A, par rapport à la question *quo*, où l'on va, s'exprime par *da*, *èn*, *var*. *Aller à la ville*, monet èn kær, monet è kear. — *A l'église, à la foire*, da'n ilis, da'r foar, *id est*, da an Ilis, da ar foar. *Au marché*, d'ar marc'had. — *A Rome, à Paris*, da Roum, da Baris. — *A la maison*, d'ar guær. — *A la campagne*, var ar mæs. *A terre*, d'an doûar. — *A ma maison*, Dam-zy, *id est*, da ma zy, d'am zy-me. — *A sa maison*, d'e dy, *id est*, da e dy, d'edy-è. — *A votre maison*, d'ho ty, d'ho ty-hu. — *A notre maison*, d'hon ty, d'hon ty-ny.

A, par rapport à la question *quâ*, où l'on passe, s'exprime par *dre*. *Ex.* *S'il passe à Rome ou au Conquet*, mar trémen dre Roum pe dre Coneq.

3° A, marquant le lieu, l'endroit

ou le côté, s'exprime par *é, èn, èr, a.*
*Ex. A la porte d'une église, d'une ville,*
*d'une maison, è ou èn* toull dor un ilis,
ur guær, un ty. — *Blessé à la tête,*
goulyet èr peñ. — *Boire à la fontaine,*
eva èr feunteun. — *A côté, à droite,*
*à gauche,* a gostez, a zehou, a gleiz.

4° A, signifiant l'espace ou distance
du lieu, à la question *où,* s'exprime
par *tar hed,* par *hed* et quelquefois on
ne l'exprime point du tout. *Ex. A*
*trois lieues de Quimper.,* var hed teir
léau diouc'h Kemper, hed-teir léau
diouc'h Kemper, teir léau diouc'h
Kemper. — *A un jet de pierre,* var hed
un taul méan, hed un taul mæn. —
*A deux pas d'ici,* var hed diou gamed
ac'hanen, diou gamed-ac'han.

5° A, signifiant le temps précis, à
la question *quando,* s'exprime par *da,*
abeñ. *Ex. A cinq heures, à midi,* da
bemp heur, da grez deiz. — *A quelques*
*jours de là,* Abeñ neubeut goude, abeñ
nemeur goude-ze. — *D'ici à trois ans,*
abeñ try bloaz ac'han.

6° A, signifiant le prix ou la valeur,
s'exprime par *peguement, diouc'h, her-*
*vez, a, evit. Ex. A prix fait,* hervez ar
prix-græt, diouc'h ar priz great. — *A*
*combien cela est-il?* Peguement e c'his-
timer an dra-ze? — *A bon marché, à*
*dix livres l'aune,* a varc'had mad, evit
dec livr ar voaleñ.

7° A, signifiant *avec,* s'exprime par
gand ou gad. *Ex. Prendre à l'hameçon,*
quemer gand au hygueñ. — *Mesurer*
*à la perche,* musula gad ou gand ar
berc'heñ. — *Fait à l'aiguille,* græt gand
an nadoz.

8° A, signifiant la manière ou façon,
à la question *comment?* s'exprime par
*é, er, èn, hervel, evel, è qiz, diouc'h. Ex.*
*A ma façon,* èm c'hiz, id est, è ma qiz,
hervez va c'hiz, diouc'h va c'hiz-me.
— *A ta façon,* èu da guiz. — *A la fa-*
*çon des Grecs,* evel Grecyaned, è qiz
ar Grecyaned. — *Un habit à la mode,*
un habid èr c'hiz. — *A la française,*
è qiz gall, è qiz françz. — *A la villa-*
*geoise,* è guiz var ar meas, è qiz ploüisis, è c'hiz ploüisyen, evel var ar ploue.

— *A la royale, è* c'hiz ar roüanez.

9° A, signifiant *selon* ou *selon que,*
s'exprime par *hervez, evel, diouc'h, tar,*
*da, èn, hervez ma, diouc'h a, tar a, evel*
*a. Ex. A votre volonté,* evel ma ou evel
a, bligeo guenoc'h, diouc'h a guerot.
— *A mon avis,* da'm avis, *id est,* da ma
avis, var va meno. — *A son avis,* èn
e lavar, var a lavar, diouc'h e lavar,
hervez e lavar, hervez a lavar, hervez
ma lavar. — *A ce que je vois,* var a
velañ, diouc'h a velañ, hervez a velañ, evel a velañ.

10° A signifie quelquefois *pour* ou *si,*
alors il s'exprime par *evit, mar, ma,*
*ouc'h, da. Ex. A dire vrai,* evit lavaret
guir, evit guir. — *A le bien prendre,*
mar eulenter ervad qemen-ze, o consideri mad pep tra. — *A l'entendre*
*parler,* tons diriez que, ouc'h e glévet
o parlant, e lavarséc'h penaus, ma èr
c'hléffec'h o presecq, e lavarec'h penaus. — *Beau à voir,* caër da vellet.
— *Difficile à trouver,* diæz da gavout.

11° A, signifiant *qui a* ou *ayant,*
s'exprime par *en deus, he deus,* ou par
l'adjectif composé. *Ex. Monstre à trois*
*têtes,* mounstr èn deus try pheñ,
mounstr tryphennecq. — *Vaisseau à*
*trente rames,* lestr èn deus tregont
roeñv, lestr tregont-roëñvyad. — *Four-*
*che à trois branches,* forc'h he deus try
bès, forc'h try-besec ou try-besoc.

12° A, signifiant *l'usage,* s'exprime
par da. *Ex. Plume à écrire,* pluven d'
scriva. — *Cuve à se baigner,* qibell d'
guibellat. — *Chaise à s'asseoir,* cador
da aseza.

13° A, signifiant *être à* ou *apparte-*
*nir,* s'exprime par *da. Ex. Ce livre est*
*à moi,* al levr-mâ a so din-me, *id est,*
da oun me. — *Donnez cela à votre père,*
roit andraze d'ho tad, *id est,* da ho
tad. — *Donnez à Pierre, au maitre,* roit
da Bezr, d'ar mæstr.

14° A, signifiant une enseigne de
maison, s'exprime par *é, èn, èr. Ex.*
*A la Croix-d'Or,* èr Groas-Aour. — *A*
*l'Image Saint-Jean,* è Limaic'h Sant
Jan. — *Au Lion-Rouge,* el Leon-Ruz

15° A, devant un nombre, signi

, fiant partage, s'exprime par *èntre*. *Ex.*
*Nous avons un plat à quatre*, ur pladad
hon eus èntre pévar.

16° A, entre deux nombres égaux,
s'exprime par *ha*, *hac*, *pep*. *Ex. Un à
un*, unan hac unan, unan pep unan,
hiny pep hiny. — *Deux à deux*, daou
ha daou — *Trois à trois*, try ha try.

17° A, entre deux nombres inégaux,
s'exprime par *è-tro*, *vardro*, *hogos*, *pe.*
*Ex. Neuf à dix mille*, è tro dec mil,
vardro dec mil, nao pe zec mil. —
*Cinq à six cents*, var-dro c'hüec'h cant,
hogos c'hüec'h cant, pemp pe c'hüec'h
cant.

La lettre A a quelques autres usages
qui se verront suivant l'ordre alphabétique du substantif, ou du verbe qui
précède, ou qui suit.

**A**

**ABAISSEMENT**, Iselded, *pl.* isel-
dedou. Iselidiguez, *pl.* iselidiguezou.
*v. humiliation. Van.* Inselded, iselded.
*r. rabaissement.*

**ABAISSER**, *faire descendre ou
diminuer de la hauteur.* Iselaat, *prét.*
iseléet, gouziza, *pr.* gouzizet. *Van.*
Devalein, gouzyeiñ, *pr.* gouzyet, in-
sellat. *Ce mur a été abaissé*, iseléet eo
bet ar vur-ze. — *Le vent s'est abaissé*,
gouzizet co an avel, iseléet eo an avel.
*Van.* devaléet cû cu aüél. — *Abaisser
les voiles.* amena, *pr.* amenet. — *A-
baisser*, *rataler l'orgueil de quelqu'un*,
ravali ur re-keunac, *pr.* ravalet. *Van.*
Ravaleiñ, *pr.* ravalet. — *S'abaisser*,
*se baisser*, Stoüi, *pr.* stoüët, soubla,
*pr.* soublet. — *S'abaisser*, *diminuer*,
iselaat, *pr.* iseléet; biannaat, *pr.* bian-
néet. — *S'abaisser*, *s'humilier. V.-y.*

**ABANDON** *de Dieu*, Abandoun, an
abandoun a ra Doüe. — *Abandon*,
*abandonnement*, *cession de ses biens, etc.*
Dilès. *Van.* Dilès. — *Faire abandonnement de ses terres*, ober dilès eus e
zoüarou, ober dilès eus e dra, *pr.* græt.

**ABANDONNEMENT**, *l'action d'abandonner*, dilesidiguez. *Van.* Dilesidigueh.

**ABANDONNER**, *délaisser*, dilesel, *pr.*

dileset, quytaat, *pr.* quytéet. *Van.* de-
lesél, dilesél, — *Il est abandonné de tous
ses amis*, dileset eo gand e oll vignouned. — *Il est abandonné des médecins*,
disêmpret eo ou dileset eo ou côndau-
neteo, gand ar vidicined. — *Etre abandonné de Dieu*, beza abandounet gand
Doüe, *pr.* bet. — *Abandonner le pays*,
quytaat ar vro, dilesel ar vro. — *Abandonner le parti de la vertu*, dilesel an
hend eus ar vertuz. — *Abandonner*,
*livrer en proie*, lesel è preyz. — *S'abandonner au hasard*, heul ou heulïa fortun, *ppr.* heulyet, avanturi, *pr.* avanturet. — *S'abandonner à la providence*,
èn emlaqaat èntre daoüarn Doüe, laqaat e oll fizyanz e Doüe, *pr.* leqéet.
— *S'abandonner à la tristesse*, èn em
réid'an dristidiguez, *pr.* èn em roet,
èn em nec'hi, *pr.* èn em nec'het. —
*S'abandonner au vice*, èn em réi d'ar
viçz.

**ABATAGE** *de bois*, discar-coad. —
*C'est à l'acheteur de payer l'abatage*, da
nep a brèn ar c'hoad, eo paêa e ziscarr ou paëa an discarr anezañ.

**ABATARDIR**, *gâter*, *altérer*, goasta,
*pr.* goastet, lacât da goll, *pr.* leqéet.
— *S'abâtardir*, *se corrompre*, mônet da
goll, *pr.* ëët. — *S'abâtardir*, *dégénérer*,
diligneza, *pr.* dilignezet, bastardi, *pr.*
bastardçt. *Van.* dilinezein, *pr.* diline-
zet. *v. dégénérer.*

**ABATARDISSEMENT** *de courage*,
bastardiz, dilignezanz.

**ABATIS**, *démolition*, *renversement*,
discar, *pl.* discarrou, distruieh, *pl.*
distruigeou. — *Un grand abatis de bois*,
un discarr bras a goad.

**ABATTEMENT**, *manque de force. V.
accablement.*

**ABATTEUR**, *qui abat*, discarer, *pl.*
discarryen. — *Abatteur de quilles. V.
hâbleur*, *fanfaron.*

**ABATTRE**, *faire tomber*, discarr,
*pr.* discarret. *Van.* discarr, discarreiñ,
*ppr.* discarret. — *Abattre*, *coucher par
terre*, discar d'an doüar, doüara, *pr.*
doüaret. *V. abaisser.* — *Abattre*, *affaiblir*, semplaat, *pr.* sempléet. — *Abattre*, *rabattre le caquet à quelqu'un*, sarra

e c'henou da·ur re, *pr.* sarret, trouc'ha e déaud da ur re, *pr.* trouc'het. — *S'abattre, se ralentir,* sémplaat, *pr.* sémpléet, coll couraich, *pr.* collet. —*S'abattre, tomber,* diflaqua, *pr.* diflaquet.

ABAVENTS, stalaphou - preuest, preneçhou a ziavez.

ABBATIAL, a aparchant ouc'h an abad, pe, ouc'h an abadès. — *Maison abbatiale,* ty an abad, ty an abadès.

ABBAYE, *monastère,* abaty, *pl.* abatyou. — *Abbaye de filles,* abaty-leanesed, *pl.* abatiou-leanesed. *V. couvent, monastère.* — *Abbaye, bénéfice et revenu d'un abbé,* abatyaich, *pl.* abatyaichou. — *Il a obtenu pour son fils une Abbaye de dix mille livres de rente,* bez'en deus bet evit e vap un abatyaich a zeo mil livr leve.

ABBÉ, *supérieur d'un monastère érigé en prelature,* abad, *pl.* abaded. — *Abbé crossé et mitré,* abad-esgop, *pl.* abadedesgeb. — *Abbé de confrairie,* abad, *pl.* abaded.

\* ABBECHER, *donner la becquée à un oiseau,* boëta ul laboucjic, *pr.* hoëtéet, rei begadou da ul laboucjic. *pr.* roët, pasqa, *pr.* pasquet. *Van.* Pasqein ur pichon.

ABBESSE, *supérieure d'un monastère de filles,* abadès, *pl.* abadesed.

ABC, *alphabet,* an ABC, *V. alphabet.* —*Le petit livre de l'ABC,* levric an ABC.

ABCÈS, *humeur interne,* puguès. *Van.* Apotum, *pl.* apotumeu. *V. aposthume.*

ABDICATION, *démission d'une charge,* dilès, *Van.* Dilès. — *Faire abdication de sa charge,* ober dilès eus e garg, *pr.* græt, dilesel e garg, *pr.* dilesct. *Van.* Gober dilès ag e garg, dilesel ou delesel e garg. *V. se démettre.*

ABDIQUER, *V. abdication.*

ABEILLE, guenanen, *pl.* guenan. *Van.* Güinenecn, *pl.* güinein, güereuen, *pl.* güerein. — *Le bruit des Abeilles,* boudérez. — *Faire du bruit comme les abeilles,* boudal, *pr.* houdet. *v. essaim.*

ABEL, *nom propre,* Abel, Avel. — *Abel ne vieillit point,* Abel a varvas yaouanc, Abel a drémenas evel an avel.

AB HOC *et ab hac, confusément, sans*

ordre, a dreus hac a hed, hurlu-burlu.

ABHORRER, Argarzi, *pr.* argarzet, cahout crès ouc'h, cahout horreul ouc'h, cahout euz ouc'h, *pr.* bet. *V. détester.*

ABIBOND (saint), sant Diboan, sant Diboen.

ABIME, *fond immense,* Isfound, *pl.* isfounchou, abym, *pl.* abymou. — *Abîme dans les enfers,* isfountet ou confountet è goëjed puncz an ivern. — *Abîmé dans la terre,* isfountet èn doüar, louuqet gand an doüar.

ABIMER, *tomber dans un abîme et s'y perdre, jeter dans un abîme,* abyma, *pr.* abymet, isfounta, *pr.* isfountet ( ab is, dessous, et founta, fondre ), coubfouti, *pr.* confountet, cacz d'ar goëled, *pr.* caçzet, mônet d'ar goëled, *pr.* eet. *Van.* Beciñ, *pr.* beet; monet der sol', caçz der sol. — *Comme il y a eu plusieurs villes abimées par les tremblements de terre, quel inconvénient que la ville d'Is l'ait été?* pa'z eus bet è lez a guæryou isfountet gand ar c'hrènou-doüar, pe rac tra ne vezqet arru qement all gand ar guear a Is.

ABJECTION, displedded, displedurez.

ABJECT, *méprisable,* displed, oc'h, à. *Van.* Insel, isel.

ABJURATION *d'une erreur,* ajuracion.

ABJURER, *renoncer solennellement à l'hérésie,* ajurian hugunodaich, *pr.* ajuret, quytaat e lésen faus, *pr.* quytéet, renonç d'e fals-lésen, *pr.* renoncet. *Van.* Renonceyiñ.

ABLUTION, *l'action de laver,* goëlc'hidiguez, goëlc'hadur. *Van.* golhedigueach.

ABNEGATION, *terme de dévotion,* renoncy de voall-inclinacionou, ad'an oll bligeaduryou, renoncy d'e-unan.

ABOI ou Aboiement, *cri d'un chien,* harz. *Van.* harh. — *Aboi de chiens lorsqu'ils chassent,* chilpérez, chalpérez, chinqerez. *Van.* chilpereach, harherch.

ABOIS, *extrémité d'une personne,* fiuvez, alanad divezâ, c'huanad divezâ, such divezañ, armouich. *Al.* estrevan. — *Il est réduit aux abois,* ema èn e sach divizañ, bez'ema èn o c'huanad divezà, ema ar maro gantâ, dare eo, dare eo da vervel, ema darô, ez ma rentet bedo ar mouich.

ABOLI, *hors d'usage*, disgustum, oc'h, à, lamer, torret, defoulet.

ABOLIR, *mettre quelque chose hors d'usage, l'abroger, l'annuler, supprimer*, lemel, pr. lamet, térri, pr. torret, defoula, pr. defoulet. *Van.* lameiñ, lamein, lemel, torreiñ. — *Abolir, détruire, anéantir*, distruigea, pr. distruiget, neanta, pr. neanlet. *Van.* distrugein. — *Abolir, effacer la mémoire et le souvenir des choses passées*, difaçza au traou tromenet, pr. difaçzet, ober ancouñ.hat en traou trêmenet, pr. græt.

ABOLISSEMENT *d'une loi, d'une coutume*, terridiguez vès a ul léseñ *ou* vès a ur gustum, defoulañçz. *Van* Torradur.

ABOLITION, graçz. — *Lettres d'abolition*, lizerou a c'hraçz. — *Avoir l'abolition d'un crime*, beza guënnet eus a ur c'hrim gand lizerou a c'hraçz, *pr.* bet.

ABOMINABLE, euzic, oc'h, à; argarzus, oc'h, à; milliguet, oc'h, â. *Van.* Ehus, oc'h, àn, aôn.

ABOMINABLEMENT, èn ur fæçzoun euzicq, gand euz.

ABOMINATION, *exécration*, euz, milligadeñ. — *Avoir quelqu'un en abomination*, cahout euz ouc'h ur re-bennac, pr. bet, argarzi ur re-bennac, pr. et.

ABONDAMMENT, fonnus, ê foñ, gand fondèr, graçz-Doüe ê leiz. *Van.* helléiñ, gued, largante, paut.

ABONDANCE, foundèr, raudonad püildéd, founded. *Van.* largante, pillante. — *Il y a abondance de blé, de vin de fruits cette année*, er bloaz-mâ 'ez eus foundèr a êd, a viu, hac ar froüez; founnus eo au êd, ar güin, hac ar froüez èr bloaz-ma; ê leiz a êd, a viu, hac a froüez a so êr bloaz-mâ; ur bloazvez mad a êd, a viu, hac a froüez hon eus; ed, güin, ha froüez a so êr bloaz-mañ, graç Doüe.

ABONDANT, founn, fonnus, püilh. oc'h, â. *Al.* Cangant. *Van.* pill, larg.

— *Une pluie abondante*, ur glao stano ha fonnus, glao pil. — *Pays abondant en blé*, bro edus, bro crê èn èd.

ABONDER, founna, pr. founnet, cahout fouñ, cahout foundèr, pr. bet. *Al.* cougaff, pr. couguet, caougaff, caugaff, ppr. et. — *Abonder en toutes choses*, founna ê pep tra, cahout foundèr a bep tra. — *Abonder dans son sens*, founna èn e ompinion, derc'held mad d'e ompinion, hep ne prêt discregui.

ABONNIR, *rendre ou devenir meilleur*, güellaat, pr. güelléèt. *Van.* güellat.

ABORD, *accès, approche*, diguemèr, diguemered, taustidiguez. *Van.* diguemèr. — *Un homme de facile abord*, un den a ziguemèr mad, un den a ziguemered mad, un den cuñ, un den hegarat, *pl.* tud, etc. *Van.* un deen a ziguemer mad, *pl.* tud a, etc. — *Un homme de difficile abord*, un den a voalldiguemer, un den a so diæz taustaat ountâ, un den garo, *pp.* tud, etc. — *Au premier abord il me dit que*, qentre ma èr güellis, e lavaras din penaus. — *D'abord, aussitôt*, qerqent, qentre, qentiz, en heur. *Van.* qentéh, qentih. — *D'abord que*, qerqent ma, quentre ma, qentiz ma, èu heur ma, qentâ ma.

ABORDABLE, *accostable*, taustapl.

ABORDAGE, *t. de marine*, abourdaich. — *Aller à l'abordage*, mônet d'an abourdaich, pr. èet.

ABORDER, *prendre terre, venant de la mer*, doüara, pr. doüaret, dônet èn aud, pr. deuët. *V.* ancrer, relâcher. — *Aborder, venir à bord d'un vaisseau*, dônet d'ar bours, pr. deuët, déut. — *Aborder, accoster quelqu'un*, taustaat ouc'h ur re, pr. taustéet.

ABOUCHEMENT, prezec façz ouc'h façz, *pl.* prezegou façz ouc'li façz.

ABOUCHER, *conférer avec quelqu'un bouche à bouche*, prezec façz ouc'h façz ouc'h ur re-beunac, pr. prezeguet, divisa gand ur re, *pr.* diviset.

ABOUTIR, sqei var, etc. *pr.* sqoët, touich ouc'h. *Van.* couchein. — *Cette maison aboutit au grand chemin*, an ty-ze a sqo var an hend meur; an ty-ze a deüich ouc'h an hend bras. *Van.* eu ty-ze è goûeh var en hent bras.

ABOUTISSANT, *terme, limite.* V.-y.

ABOYER, *japper,* harzal, *pr.* harzet. *Van.* harhal, harheiñ, *ppr.* harhet. — *Aboyer, parlant de chiens de chasse ou des petits chiens,* chilpat, *pr.* chilpet; chalpat, *pr.* chalpet; chinqat, *pr.* chinquet. *Van.* chilpeiñ, chilpat.

ABOYEUR, *qui aboie,* harzer, *pl.* harzéryen. *Van.* harhour, *pl.* harheryon. — *Aboyeur, parlant des chiens de chasse ou de jeunes chiens,* chinqer, *pl.* chinqérien; chilper, chilpérien, *deld* chilperic. *qui querelle sans cesse.*

ABRAHAM, *nom propre,* Abraham. *Al.* Avream. — *Sara était la femme d'Abraham,* grec ar patryarch Abraham a voüé henvet Sara.

ABREGÉ, *sommaire, abréviation,* bèrradurez, divérradur, *pl.* divérraduryou, abréich, *pl.* abréichou. *Van.* berradur. — *En abregé,* è bèrr gompsyou.

ABREGER, bérraat, *pr.* bérréet, divérrât, *pr.* divérréet; crénna. *pr.* crènnet; trouc'ha bèrr. *pr.* trouc'het berr. *Van.* berrein, *pr.* berret.

ABRÉVIATEUR, *qui abrège un livre,* divérrér, *pl.* divérréryen. *Van.* berrour, *pl.* berreryou.

ABRÉVIATION. V. *Abregé.*

ABREUVER, doura ar chatal, *pr.* douret. *Van.* deüra, deüreiñ. Abeuri, *pr.* et. — *Abreuver, humecter.* V.-y.

ABREUVOIR, dourlec'h, *pl.* dourlec'hyou; leñ ar c'hesec, *pl.* lennou ar c'hesec; leñ da zoura ar chatal. *Van.* abrehüer, *pl.* abrehücreü; abeurouër, *pl.* abeurouëron.

ABRI, Ayry, abry, erbec'h.

ABRI, *lieu à couvert du Soleil,* dishéaul. *Van.* dichaul. — *Se mettre à l'abri du soleil,* dishéaulya, *pr.* dishéaulyet; èn em lacaât èn dishéaul, *pr.* èn em leqeet. *Van.* dichauleiñ, *pr.* et. — *Abri à couvert de la pluie,* disc'hlao, disglao, lec'h disglavec, *pr.* lec'hyou disglavec. *Van.* dilaü. — *Se mettre à l'abri de la pluie,* disglava, *pr.* disglavet; disc'hlavi, *pr.* et; èn em lacât èn disc'hlao, *pr.* èn em leqéet. *Van.* dilaüeiñ, dihlaueiñ. — *Abri à couvert du*

rent, *de la grêle,* goasqed, *pl.* goasqedou; lec'h . cled, *pl.* lec'hyou cled, èrbérc'h, *pl.* èrbérc'hyou. *Van.* goüasqedeñ, goüasqed, *pp.* goüasqed. — *Se mettre à l'abri du vent,* goasqedi, *pr.* goasqedet, èn em lacaât èr goas-qed, *su* èn erbérc'h, *pr.* èn em leqèet. *Van.* goüasqedeiñ.

ABRICOT, *fruit,* briqesen, *pl.* briqès; abriqesen, *pl.* abriqès.

ABRICOTIER, *arbre,* guëzen briqès. *pl.* guëz briqès, guëzen abriqès.

ABROGATION, V. *abolissement.*

ABROGER, V. *abolir.*

ABRUTIR, *rendre bête, stupide,* brutaat, *pr.* brutéet; açzoti, *pr.* açzotet. *Van.* açzotein, *pr.* et.

ABRUTISSEMENT, brutançz, açzotamand.

ABSALON, *nom propre,* Absalom, Absalom, map d'ar roüe David.

ABSENCE, ezvezançz, *de* bezançz, *présence.* — *En mon absence,* em ezvezançz, *id est,* è ma ezvezançz, pa edoan ezvezand, pa n'edoa'n qèt eno. — *Absence d'esprit, distraction,* dibarfeded, disounch. *Van.* dijonch, disonchted.

ABSENT. ezvezand, *pl.* ezvezanded. — *Il était absent.* ezvezand edo, n'edo qet eno, bez'edo è leac'h all. — *Etre absent,* beza ezvezand, *pr.* bet. — *Les absents,* an ezvezanded, ar re ezvezand. — *S'absenter,* tec'hel, tec'het, *ppr.* tec'het, manqout d'en em gavout, *pr.* manqet; ober defaut, *pr.* græt, great.

ABSINTHE, *plante,* an huelen c'hüero, an huffelen, ar vuélen. *Van.* leseüen ervaw. — *Du vin d'absinthe,* güin c'hüero, güin ar vuélen.

ABSOLU, *Souverain, impérieux,* absolut, grouçz, oc'h, â. — *Un homme absolu,* un den gronçz *ou* absolut.

ABSOLUMENT, gronç a greü, hep dispançz e-bet. *Van.* a grean.

ABSOLUTION, absolueñ, *pl.* absolvénnou. *Van.* açzoiven, *pl.* aszolveuëü. — *Donner l'absolution,* rei'an absolveñ, *pr.* roët. — *Il y en a qui donnent trop d'absolutions, et d'autres qui en donnent trop peu,* hinyennou a ro re a absolvénnou, liac hinyennou all a ro re neubeud. — *Recevoir l'absolution*, receo an absolveñ , *pr.* recevet; cahout an absolveñ, *pr.* bet. — *Ne pas recevoir l'absolution*, *être différé ou renvoyé*, cahout corbél, cahout ijt, cahout pil, cahout térmen, cahout an absolveñ gleiz, *pr.* bet; cahout appell, beza appellet, beza savet, beza dalhet.

ABSORBER , *engloutir*, lounqa , *pr.* lounqet. — *Absorber*, *dissiper*, *consumer*, dispigu, *pr.* dispignet; dismanta, *pr.* dismantet ; teuzi, *pr.* teuzet ; dismantra , *pr.* et.

ABSOUDRE , *décharger d'une accusation*, *de la peine d'un crime*, guëñna, *pr.* guëñnet. — *Absoudre un penitent*, absolf , absolvi, *ppr.* absolvet. *V.* lier et *mouñie.*

ABSOUTE, *l'absolution du jeudi-saint*, an absolveñ veur, absolveñ yaou guemblyd.

ABSTÈME , ncp ne all qct eva guïn, gand crès ountâ. *Van.* en hany n'all qet andureiñ en hueh es er guïn. — *S'abstenir de*, trémen hep, trémen hep qet, *pr.* trémenej; èn em dremen eus a, *pr.* èn em demenet en;em viret ouc'h, *pr.* id. — *S'abstenir de vin*, tremen hep guïn; trémen hep qet a vin; èn em drémen eus a vin. — *S'abstenir de pécher*, èn cin viret ouc'h pec'hed.

ABSTINENCE, *lorsqu'on s'abstient de quelque chose*, abstinançz, miridiguez, dalc'hadur. — *Abstinence*, *privation de chair aux jours défendus*, vigel. *Van.* vigil. — *Le jour de saint Marc on fait abstinence*, da voüel sant Varc e rear vigel.

ABSTINENT, *V. Tempérant.*

ABSTRAIT,*distrait*,*rêveur*,disounch, oc'h , â. *Van.* dijouchus, oh, añ, aoû. *V. distrait.*

ABSURDE , *ce qui choque le sens commun*, disésoun, oc'h , â. *Van.* id.

ABSURDITÉ, tra dirésoun,*pl.*traou dirésonn , un dra disaçzoun, *pl.* traou disaçzun.

ABUS, *déréglement*, disurz, *pl.* disurzyou; direizamant, *pl.* direizamanchou.—*Abus*,*mauvais usage d'une chose*, abusion, *pl.* abusionou; goall usaich, *pl.* goall usaichou. — *Abus*,*tromperie*,

troumplérez , *pl.* troumplérezóu. — *Abus*,*erreur*, fazy,*pl.* fazyou; errol, *pl.* errolyou ; sorc'héu , *pl.* sorc'hennou; rambrérez,*pl.*rambrérezou.—*C'est un abus de dire que*, rambrérez eo *ou* eur folléntez eo, lavaret penaus.

ABUSER, abusi, *pr.* abuset. *Van.* abuseiñ , *pr.* et. — *Abuser de la patience de Dieu*, *des Sacrements*, abusi eus a bacianded Doüe, eus ar sacramanchou. — *Abuser d'une fille*, goalla ur plac'h, *pr.* goallet; drouc-ober gand ur plac'h, *pr.* drouc-c'hræt, drouc-græt ; troumpla ur verc'h,*pr.*troumplet. *Van.* disinoureiñ ur verh.

ABUSEUR, *qui séduit* , abuser, *pl.* abuserjen ; affrounter, *pl.* affrountéryen. *Van.* lorbour, *pl.* lorberyon, lorbouryan.

ABUSIF, *oû il y a de l'abus*, abusus, oc'h, â. — *Une chose abusive*, un dra abusus.

ABUSIVEMENT, gand abùsion, èn ur fæçzoun abusus.

ACADEMICIEN, academicyan, *pl.* academicyaned.

ACADÉMIE, academya,*pl.* academyou. *V. collége.*

ACADÉMIQUE, a aparchant ouc'h an academya , vès au ardou hac ar sqyanchou.

ACARIATRE, *V. Bisarre.*

ACCABLEMENT, grevéntez, grevidiguez, lazidiguez, semplidiguez. *Van.* fallidigueh. — *Accablement d'esprit*, grevéntez-penn, fillidiguez. *Van.* disconfort.

ACCABLER, greva, *pr.* grevet, carga, *pr.* carguet; samma, *pr.* sammet ; éncqa, *pr.* éncqet; goall ausa,*pr.* goallauset. *V. opprimer.* — *Il est accablé de dettes et d'affaires*, carguet co a zle ha leun a æfferyou. — *Elle est accablée de douleur*, mantret eo he c'haloun gand glac'har, glac'haret terrub eo, hantervaro eo gad ar glac'hard.

ACCELERATION, hastidignez.

ACCELERER,*presser une affaire*, hasta un dra, *pr.* hastet. — *On a accéléré son jugement*, hastet eo bet e varnidiguez.

ACCENT, *inflexion de voix*, ton, *pl.*

tonyou, an ton eus ar voüez.

ACCENT, *marque que l'on met sur les syllabes*, tired, *pl.* tiredou.

ACCENTUER, lacât tiredou var ar syllabénnou, *pl.* laqéet.

ACCEPTABLE, *recevable*, gradabl, oh, â.

ACCEPTATION, grad, recevidiguez.

ACCEPTER, coumeret, *pr.* id.; recef, *pr.* recevet.

ACCEPTION, resped evit ur re. — *Sans acception de personne,* hep respedi necun *ou* gour.

ACCÈS, abord, entr ée. *V.* abord. — *Accès de rage,* cahoüad counnar. *Van.* cohad, *pl.* cohadeü. — *Accès de fièvre,* cahoüad térzyen, *pl.* cahoüageou terzyen; barr térzyen, *pl.* barrou térzyen. *Van.* cohad terhian, *pl.* cohadeü terhian. — *Accès de goutte,* barr goutou, *pl.* barrou goutou.

ACCIDENT, *événement fortuit,* daryout, *pl.* darvoudou. *Van.* accidant, *pl.* accidanteü. — *Accident fâcheux,* goall, fortun, ur goall darvoud. — *Par accident,* dre zarvoud. — *Arriver par accident,* darvezout, *pr.* darvezet.

ACCIDENTEL, fortuit, darvoudus, oc'h, â, añ.

ACCOLADE, *embrassement,* bryata, *pl.* bryataou (a breac'h bras). — *Une douce accolade,* ur bryata clos.

ACCOLER, *embrasser,* bryatât, bryata, *ppr.* bryatéet. — *S'accoler l'un l'autre,* èn em vryata, *pr.* èm vryatéet; èn em strinqa an eil dac'houzouc eguile, *pr.* èn em strinqet.

ACCOMMODABLE, ausapl, oc'h, â; a allér da ausa. *Van.* ausabl, oh, añ.

ACCOMMODANT, *condescendant,* Æcz, hegar ar, ec'h, â.

ACCOMMODEMENT, *ajustement,* qempénnadurez, ausidiguez. — *Accommodement, réconciliation,* accord, *pl.* accordou. *Van.* accommodation, *pl.* eü.

ACCOMMODER, *arranger,* qempeñ, *pr.* qempennet; ausa, *pr.* auset; reneqat, *pr.* reneqet. *Van.* dreçzcin, *pr.* et. *V* attifer. — *Accommoder, préparer, apprêter,* ausa, *pr.* auset; dispos, *pr.* disposet; avén, *pr.* avecet. *Van.* auscin,

---

*pr.* auset. *B.-Léon.* farda, *pr.* fardet. *V.* cuire.—*Accommoder à dîner;* ausa lein, avén lein, darevi lein, *pr.* darevet; ficha *ou* farda lein. — *Accommoder, terminer un procès, une querelle,* accordi, *pr.* accordet. *Van.* accordein, *pr.* et. — *S'accommoder, prendre ses aises,* commeret e æzamand, *pr.* id.; èn em lacât èn e æz, *pr.* èn em leqeet. *Van.* him accommodeiñ. — *S'accommoder au temps,* èn em ober diouc'h an amser, *pr.* èn em c'hræt; qemeret an auser evel ma teu; amserya, *pl.* amseryet. — *S'accommoder à l'humeur de quelqu'un,* trémen diouc'h ur re, *pr.* trémenet; em ober diouc'h ur re, *pr.* em c'hræt, réiza diouc'h ur re, *pr.* reizet.—*S'accommoder, se plaire;* bourra. *Van.* bourreiñ, *pr.* et.

ACCOMPAGNER *quelqu'un,* compaignunegât ur re, *pr.* compaignunegéet. — *Être accompagné de quelqu'un,* beza compaignuqéet gand ur re, *pr.* bet; cahout ur re-bennac en e gompaignunez, *pr.* bet.

ACCOMPLI, *fini,* æchu, aichu, perc'hreat, fourniçz, peur-æchu. *Van.* achiv.—*Elle a douze ans accomplis,* daouzee vloaz fourniçz he deveus, peuræchu eo he daouzec vloaz. — *Accompli, parfait, sans défaut* (parlant de choses), parfet, fourniçz, difaut, digabal, clocq, oc'h, a, añ. — *Une église accomplie,* un ilis parfet *ou* fourniçz *ou* difaut *ou* digabal *ou* clocq. — *Accompli* (parlant d'une personne). parfet, ampart, isquyt, difant, digabal, oc'h, â.

ACCOMPLIR, *finir entièrement,* peur æchui, *pr.* peur-æchuet; peur-ober, *pr.* peur-c'hreat, peur-c'hræt; apuri, *pr.* apuret. *Van.* pérachiv, *pr.* et. — *Accomplir sa promesse,* peur derc'hel e bromeçza, *pr.* peur dalc'het; obere c'herr, *r.* great, græt. — *Accomplir son vœu,* èn em acquyta eus e voëstl, *pr.* èn em acquytet.

ACCOMPLISSEMENT, *exécution,* oberidiguez, ober. — *Accomplissement, achèvement,* finvez, difin, peur-oberidiguez, peur-ober. *Van.* achiment. — *Le vin d'accomplissement* (vin qu'on donne aux maçons, charpentiers et cou-

vreurs, quand ils ont fini un ouvrage)
ar güin-aichu, ar maoud.

ACCORD, *bonne intelligence, union,*
accord, unvanyez. *Van.* reinded, rein-
ted. — *Être d'accord, de bonne intelli-*
*gence avec les autres,* beza accord gand
ar reall; beza a unan gand ar reall;
beza unvan *ou* urvan gand ar reall,
*pr.* bet. — *D'un commun accord,* gand
grad vad an oll; ayoul pep hiny. —
*Accord, pacte, convention,* accord, *pl.*
accordou; divis, *pl.* divisou.

ACCORDANT, *ante,* accordt, oc'h,
á. — *Une voix accordante,* ur vouez accordt, *pl.* mouezyou accordt.

ACCORDER, *mettre d'accord,* accordi, *pr.* accordet; unvani, *pr.* unvanet.
— *S'accorder.* v. *convenir.* — *Accorder,*
*octroyer,* autren, *pr.* autrëet; autrezi,
*pr.* autrezet; accordi, *pr.* et.

ACCORDOIR, *petit instrument pour*
*accorder les instruments de musique,* ac-
cordouër, *pl.* accordouërou, un accor-
douëricq.

ACCORD. v. *civil.*

ACCOSTER, *approcher de quelqu'un,*
*etc.,* mônet da guichen ur re, evit, *pr.*
ëet, eat; taustaat ouc'h ur re, evit, *pr.*
taustéët. *Van.* denecheiñ doh unon-
benac, eit, etc., *pr.* denechet.

ACCOUCHEMENT, *enfantement,*
güilyoud, güeleoud. *Van.* gulvoud,
gulyoud.

ACCOUCHER, *enfanter,* güilyoudi,
*pr.* güilyoudet; guenel, *pr.* ganet. *Van.*
ganeiñ, *pr.* ganet; gulvoudeiñ, *pr.* gul-
voudet. — *Accoucher une femme avant*
*terme,* güilyoudi ur c'hrec qent he'amser *ou* diaguent ha zermen. — *Elle a*
*accouché,* güilyoudet he deus; bëz'he
deus bet he bugale; guenel he deus
græt; beza he deus güëleoudet ( *de*
güêlc, *lit* ).

ACCOUCHEUSE. v. *sage-femme.*

ACCOUDER (s'), *s'appuyer sur les*
*coudes,* helmoï, *pr.* helmoët. ( *ab hel-*
*guez,* menton.) Daoüilina, *pr.* daoüili-
net; groingea, *pr.* groinget. *Van.* gron-
geiñ, *pr.* gronget.

ACCOUDOIR, bancq. *pl.* bancqou; hel-
mouër, *p.* helmoüz.eu. *Van.* harp, *p.* eü.

ACCOUPLEMENT, qemescadur a
zaou par, coubladurez. — *Accouple-*
*ment, l'action d'accoupler des bœufs, etc.,*
coubladur, coublidiguez, coublérez.

ACCOUPLER, *joindre ensemble deux*
*choses de pareille nature,* coubla, *pr.* cou-
blet; parat, *pr.* paret.

ACCOURCIR, *rogner, retrancher.* v.
raccourcir. — *Accourcir, resserrer,* stri-
za, *pr.* Strizet; cüilha, *pr.* et; éneqaat,
éncéet. — *S'accourcir.* v. *décroître.*

ACCOURCISSEMENT. v. raccourcissement.

ACCOURIR, *venir promptement,* dônet èn ur red, dônet èn ur redadeñ,
dont èn ur peñ-red, dont èn un taul-red,
dont èn ur redec, *pr.* deuët, deut; di-
redec, *pr.* diredet; diredeo mibin, *pr.*
diredet mibin.

ACCOUTRER. v. *habiller, orner.*

ACCOUTUMANCE, accustumancz,
*pl.* accustumanchou. v. *habitude, cou-*
*tume.*

ACCOUTUMER. v. *habituer.*

ACCREDITER *quelqu'un,* brudi mad
ur re; *pr.* brudet mad; lacât ur re-
bennac èn istim *ou* var un troad mad,
*pr.* leqeet.

ACCROC, *déchirure,* rog, *pl.* rogou;
reug, *pl.* ou.

ACCROCHE. v. *embarras, retarde-*
*ment.*

ACCROCHEMENT, *action d'accro-*
*cher,* croguidiguez, crogadur, crog.

ACCROCHER, *attacher à un crochet,*
*etc.,* lacaat a ispill ouc'h ur c'hrocq,
*pr.* leqéet; croguénna, *pr.* croguénnet.
— *Accrocher, attacher à quelque chose de*
*ferme,* staga ouc'h, *pr.* staguet. — *Ac-*
*crocher, prendre avec un croc,* cregui, *pr.*
croguet; qemeret gand ur c'hroc, *pr.*
id.; *Van.* Crappeiñ, *pr.* crappet, crogueiñ, *pr.* et. — *Accroché l'un d l'autre,*
stag-ouc'h-stag, croc-ouc'h-croc.

ACCROIRE, *faire accroire,* réi da gridi, *pr.* roët. *Van.* reiñ de gredeiñ. —
*On lui fait accroire ce qu'l'on veut,* réi
a rear dezañ da gridi qement a garér,
bez'e roër ar pez a guereur, doüA da
gridi, térrupl eo credus. — *Il est diffi-*
*cile de lui en faire accroire,* ne deo qet

caz réi, dezâ da gridi; discridic eo térrupl, ncqet ez e droumpla. — *S'en
faire accroire*, èn em istimout cals, pr.
èn em istimet. v. *s'énorgueillir.*

ACCROISSEMENT, *agrandissement,*
*augmentation,* cresq, cresqànçz, cresqadur, cresqadurez, asténnadur. Van.
cresqadur. — *Souffrir pour l'accroisse-*
*ment de la foi et mourir pour sa défense,*
c'est être martyr, merzer véz nepa souffr
evit cresqadurez ar feiz hac a vèrv evit
hé difennadur.

ACCROITRE, *s'accroître,* crisqi, cres-
qa, *ppr.* cresqet; astéñ, *pr.* asténnet.
Van. cresqeiñ; cresqat, *ppr.* cresqet.

ACCROUPIR (s'), pucha, *pr.* pu-
chet; clucha, plucha, *ppr.* ét. Van.
clucheiñ, *pr.* cluchet.

ACCROUPISSEMENT, puchadur,
cluchérez, pluchadur.

ACCUEIL, *traitement, réception,* diguemered, diguemer, recevidiguez.

ACCUEILLIR, diguemeret, *pr.* id;
receff, receo, *ppr.* recevet. Van. re-
cêüeiñ, *pr.* et. —*Accueillir bien,* diguemeret èrvad, ober un diguemer mad;
ober un diguemered mad, *pr.* græt.
Van. diguemereiñ ér had, *pr.* diguemc-
ret érhad.

ACCULER, *réduire à ne pouvoir reculer,*
aculi, acûla, *ppr.* aculet; cula, *pr.* culet; éncqat, *pr.* éncqéet. v. *reculer.*

ACCUMULATION. v. *entassement.*

ACCUMULER. v. *entasser, amasser.*
— *Accumuler crime sur crime, péché sur*
*péché,* mônet a dorfed-e-torfet, lacaat
pec'hed var bec'hed; ober crimou
guisq-var-guisq.

ACCUSATEUR, *qui poursuit en jus-*
*tice criminellement,* accusèr, *pl.* accu-
sérien; accusour, *pl.* yen. v. *demandeur.*

ACCUSATION, accus, *pl.* accusou.

ACCUSÉ, *l'accusé en justice,* un accuset, *pr.* ar re accuset. v. *défendeur.*

ACCUSER, accusi, accus, *ppr.* accuset; ac'hus, *pr.* ac'huset. —*Accuser*
*faussement,* accusi è faus, accus è fals;
fals-accusi, *pr.* fals-accuset. — *Être*
*accusé de larcin,* beza accuset a laëroncy; beza accuset da veza laër, *pr.* bet;
béza tamelet a laëroncy.

* ACENSE, *héritage ou ferme à titre*
*de cens,* cens, cenéo, doüar-zéns.

* ACENSER, *donner à cens,* acénsi,
*pr.* acénset, rei var zéns, *pr.* roët.

ACERER, *garnir d'acier un outil de*
*fer,* direnna, *pr.* dirénnet; dizra, *pr.*
dizret; dira, *pr.* diret. Van. direiñ, *pr.*
diret.

ACHALANDER, *attirer les marchands*
*à une boutique,* goüñit hostisyén, *pr.*
goüñezet; brudi ur stal, *pr.* brudet ;
hostisa, *pr.* hostiset.— *Un marchand bien*
*achalandé,* ur marc'hadour èn deus cals
a hostisyén, ur marc'hadour a so brudet
made stal, ur marc'hadour hostiset mad

ACHARNER. v. *animer, irriter.* —
*S'acharner contre quelqu'un,* stourma
ordinal ouc'h ur re, *pr.* stourmet; binima oüc'h urre, *pr.* binimet; couñari
ouc'h urre-bennac, *pr.* couñaret. Van.
arraggeiñ doh unan-bennac, *pr.* arraget

ACHAT, *acquisition,* prén, *pl.* prénou.
Van. prén, *pl.* préneü; preañ, pérñ, *pl.* eü.
—*Faire un achat,* ober ur prén, *pr.* græt.
Van. gobér ur prean, *pr.* groeit, greit.
— *Achat, action d'acheter,* prénadurez,
prénidiguez, prén. Van. preañ, prêne-
diguéah.

ACHE, *espèce de persil,* aich, an aich,
an ach.

ACHÉE, *ver de terre, petit insecte qui*
*pousse de la terre en dehors,* buzuguen,
*pl.* busug. Van. buhiguen, *pl.* buhi-
guet, buhug. — *Achée de mer,*
lançon qui se mange et qui sert d'appât,
talareg, *pl.* talaregued. — *Tirer ces*
*grosses achées du sable avec une faucille,*
talaregueta, *pr.* talareguetet. — *Celui*
*qui tire les lançons du sable,* talaregue-
ter, *pl.* talareguetéryen.—*Celle qui les*
*tire,* talaregueterès, *pl.* talareguetere-
sed.—*L'action de les tirer,* talareguetéez.

ACHEMINER (s'), èn em lacât èn
hend, *pr.* èn em leqeat, qemeret e
hend, *pr.* id.

ACHETER, préna, *pr.* prénet. v. *a-*
*chat.* Van. préneiñ, *pr.* pérneiñ. —*Ache-*
*ter argent comptant,* préna gand ar-
c'hand countant. — *Acheter à crédit,*
préna var dérmen.—*Acheter bien cher,*
préna qêr. — *Acheter à bon marché,* pré

na a varc'had mad. — *J'ai acheté ce*
*plaisir bien cher*, ar bligeadur-zè a so
coustet qèr din-me, qèr eo bet güerzet ar bligeadur-ze din-me.

ACHETEUR, *préner*, *pl.* preneryen,
préneur, prénour, *ppl.* yen. *Van.* Per-
nour, *pl.* yon, yan.

ACHETEUSE, *prénerés*, *pl.* préne-
resed. *Van.* pernoures, *pl.* ed.

ACHEVÉ. *v.* accompli.

ACHEVER, *finir*, *terminer*, æchui,
*pr.* æchuèt; aichui, *pr.* et ; finiçza, *pr.*
finiçzel; finveza, *pr.* finvezet; lacaât fin
da, *pr.* leqéet; ober fin da , *pr.* græt.
*Van.* achiv. *pr.* Achivet. — *Achever*, *fi-*
*nir entièrement*. *v.* accomplir. — *Achever*
*de payer*, peur-baëa , *pr.* peur-baëet.
*Van.* Perbéiñ, *pr.* et. — *Achever de char-*
*ruer*, peur-arat, *pr.* peur-aret. *Van.*
per-areiñ, *pr.* Per-aret. — *Achever de*
*semer*, peur-hada, *pr.* peur-hadet. *Van.*
per-hadeiñ, *pr.* Per-hadet. — *Achever*
*de battre les blés*, peur-zôrna, *pr.* et. *Van.*
per-dorneiñ, *pr.* et. — *Achever de man-*
*ger*, peur-zibri, *pr.* peur-zébret. *Van.*
per-debreiñ, *pr.* et. — *Achever de boire*,
peur-eva, *pr.* peur-evet. *Et ainsi du reste*
*d'une infinité de composés des verbes et de*
peur, *qui est le* per *des Latins, en* perfi-
cere, *parfaire*, perlegere, *achever de lire*.

ACHOPPEMENT, *l'action de broncher*,
açzonpadur. *Van.* heurtad, heurtadur.
— *Achoppement*, *occasion de faute, pierre*
*d'achoppement* , bunt, *pl.* buntou ; açzoup, *pl.* açzoupou, abec da fazy. *Van.*
heurt, *pl.* heurteü. — *Cette maison est*
*une pierre d'achoppement pour lui*, an ty-
ze a so ur bunt *ou* un açzoup evitañ; an
ty-ze a zoug peurvuyà goall-chançz deza; an ty-ze a so qiryoc d'czroucëuryou.

ACIDE, *aigre*, suŕ, oh, à. *Van.* hüerv,
trèncq, treancq.

ACIDITÉ *qualité aigre*, surony. *Van.*
hüerhñouy, treancqadur.

ACIER, *fer rafiné*, dizr , dür. *Van.*
dir. — *Lame d'acier*, dizreñ, *pl.* dizréu-
nou; lameñ dizr, *pl.* lamennou dizr. —
*Des cœurs d'acier*, calonnou dizr, calounou qer caled evel uu dizr.

ACOQUINER, *rendre fainéant*, rénta
didalvez, rénta loüaut; rénta loüidic,

*pr.* réntet. — *S'acoquiner*, *devenir ou*
*faire le fainéant*, didalvoudecqât, *pr.* di-
dalvoudecqeet; didalveza, *pr.* didalve-
zet; loüauti, *pr.* loñautet; loüaudi, *pr.*
et. *Van.* donnet de vout didalve, *pr.*
déit

ACQUEREUR, acquysitèr, *pl.* acquy-
sitéryen; acquysitour, *pl.* yeu. *v. ache-*
*teur.*

ACQUERIR, acquysita, *pr.* acquysitet. — *Acquérir une terre*, acquysita ur
plaçz. — *Acquérir une pièce de terre*, acquysita ur pez-doüar. — *Acquérir In-*
*justement*, rastellat madeu a gleiz hao
a zehou. — *Acquérir les bonnes grâces*
*de quelqu'un* , gounit carantez ur re ;
gounit caleun ur re-bennac, *pr.* gounezet. — *Acquérir de la gloire*, délle-
zout gloar; déllézout meuleudy , *pr.*
déllézet.

ACQUET, acquyd, *pl.* acquydou,
acquygeou; prén, *pl.* prénou. — *Faire*
*des acquêts. v.* acquérir.

ACQUIESCEMENT, *consentement*,
grad', autreadur, autrenadur, autrezidiguez, açzand.

ACQUIESCER, *consentir*, açzandti,
*pr.* et.

ACQUIS, *obtenu*, acquysitet , bet ,
gounezet. — *Richesses bien acquises*, pin-
vidiguez.ou gounezet mad, pinvidiguezou leal, pinvidiguezou deut a berz
vad. — *Le bien mal acquis s'en va comme*
*il est venu ; ce qui vient au son du tambour*,
*s'en va au son de la flûte*, ar madou goall
acquysitet, a ya èn nos d'o hend; ar
pez a zéstumér gand ar rastell, a zis-
mentér gand ar forc'h.

ACQUISITION. *v.* achat, acquêt.

ACQUIT, *billet de décharge*, acquyt,
discarg. *Van.* spléit. — *Pour l'acquit de*
*sa conscience*, evit en discarg eus e goustiançz. — *Par manière d'acquit*, èn un
dremen , divar faë, dreist pénn-bis,
dre ur manyel acquyt. *v. manière.*

ACQUIT, *de l'acquit*, abilded, capablded.

ACQUITTER, *payer une dette*, acquyta, *pr.* acquytet. — *Acquitter quel-*
*qu'un, le rendre quitte de ses dettes*, acquyta ur re, paëa dleou ur re-bennac.

—*S'acquitter de sa promesse, de son vœu,*
*v. accomplir.* — *S'acquitter de son de-*
*voir,* èn em acquyta èn e zever, *pr.* èn
em acquytet; ober e zever, ober e garg,
*pr.* great, græt.

ACQUITTÉ *de son vœu,* quyt eus e
voëstl.

ACRE, *piquant, mordicant,* picotus,
crogus, oc'h, â. *v. piquant.*

ACRIMONIE, *aigreur piquante,*
tréncqder picotus, surony.

ACTE. *v. action.* — *Acte de vertu,*
ac, act, *ppl.* actou, actuyou. — *Un acte*
*d'humilité,* un ao a humilité. — *Un acte*
*de foi,* un ac a feiz. — *Produire des actes*
*d'amour de Dieu,* ober actou *ou* actuyou
a garantez Doûe. — *Acte, en terme de*
*palais,* acta, *pl.* actayou. — *Faux acte,*
acta faus, fals acta, *ppl.* actayou faus,
fals actayou. — *Actes publics, registres,*
dyellou, gistrou, actou. — *Les actes du*
*concile de Trente,* dyellou ar c'honcil a
Dranta, actou ar c'honcil a Dranta.

ACTEUR, *comédien,* actor, *pl.* actored.

ACTIF, *agissant,* oberiand, oc'h, â,
*pl.* oberyanded; striyvant, oc'h, â, *pl.*
tud stryvant. *Van.* Hastiv, difreabl,
ampert. — *Actif, esprit vif,* beo, prim,
prount, oc'h, â, *pl.* tud, etc. *Van.* prim,
prount. — *Voix active et passive,* moûez
da rei ha da receo. — *Il a voix active*
*et passive dans cette élection,* e voûez a
all da rei èn dihus-ze, ha receo yvez
moûezyou ar reall; bez'e all c'hoas ha
beza choaset; monèz èn deus da rei
ha da receo. — *Qui a des dettes actives*
*et passives,* nep a dle hac a sodlcat dezâ.

ACTION, *mouvement de la puissance*
*active,* ober, *pl.* oberyou; accion, *pl.* ac-
cionon, gestr. — *Action, force d'agir,*
nerz, taul. — *Action, en choses morales.*
*v. œuvre.* — *O la belle action!* coantâ
'tra ! caërâ teuzl ( de *teuz,* fonte.) — *Ac-*
*tion, gestes, contenances,* gestr, *pl.* gestrou. — *La vie et les actions des saints,*
buhez ha gestrou ar sént. — *Action trop*
*libre,* goall gestr, *pl.* goall gestrou;
drouc-gest, *pl.* drouc-gestrou. — *Celui*
*qui fait des actions trop libres,* goall-ges-
traoüer, *pl.* goall gestraoüeryen, nep
a ra goall gestrou, nep a ra drouc-ges-

trou. — *Il est toujours en action,* ema
atau o gestraoüi, e mab e pret'e qeulusq, bepret e ma finv-finv, e ma atau
mont-dont, atau ober, pe disober. —
*Action de grâces,* meulidiguez, trugarez.
— *Rendre action de grâces,* trugarcqaat,
*pr.* trugarcqéet; ober meulidiguez, *pr.*
græt; renta graçz, *pr.* réntet. — *Je*
*vous rends mille actions de grâces,* hac ho-
trugarez cant mil gueich. — *Action,*
*en justice,* accion, intimacion. *Van.* id.
— *Faire action, actionner,* rei accion, *pr.*
roët; intima, *pr.* et. *Van.* intimein, *pr.* et.

ACTIVITÉ, *vertu d'agir,* oberidiguez.
— *Activité, vivacité en agissant,* beodèr,
prountidiguez, primdèr. *Van.* bivdér,
beüdèr. — *L'activité du feu,* nérz an
tan, tomdèr an tan.

ACTUEL, *réel et effectif,* güiryon, a
so é güiryonez, a so èn effet, real, presant. — *Une chaleur actuelle,* un dom-
dèr bresant. — *Une grâce actuelle,* ur
c'hraçz evit un occasion bresant. — *Le*
*péché actuel,* ar pec'hed actuel, pec'hed
great abaoüé an oad a résoun.

ACTUELLEMENT, *véritablement ef-*
*fectivement,* é güiryónez. — *Actuelle-*
*ment, présentement,* brémâ, brémañ èn
déun, brémâ memesamaut, bremaïcq,
presanticq.

ADAM, *nom d'homme, qui signifie terre*
*rouge,* Adam. *v. infus.* — *Notre père*
*Adam,* hon tad qentâ Adam. — *Si Adam*
*n'avait pas péché, peut-être que le Fils-Dieu*
*ne serait pas incarné,* ma n'en devezé qet
bet pec'het hon tad qentâ Adam, map
Doûe n'en devezé que marteze èn em
c'hreat den.

ADAPTER, *v. ajuster.*

ADDITION, cresqançz, laquidiguez
a nevez.

ADDITIONNER, *t. d'arithmétique,*
eus a veur a soum ober unan hep muyqen.

ADHERENT, *attaché à,* stag ouc'h,
azalc'h ouc'h, dalc'h oud. *Al.* eñglen.

ADHERER, beza joëntr, beza taust
e daust, *pr.* bet. *Al.* eñglenaff, *pr.* et.
— *Adhérer aux sentiments de quelqu'un,*
cahout memès ompinion gand un all,
or. bet; èn em zouguen evit ur re, *pr.* et.

ADHESION, *liaison,* stagadu, ereadur. *Al.* glen.

ADIEU, qimyad, *pl.* qimyadou, qi-
myadur, adeo. *Les petits enfants disent*
ada. *Van.* joé, quen nc vo cr hietañ.
— *Adicu, mon père,* adeo, va zad ; oz
qimyada a rañ, va zad. *Van.* joé ma
zad. — *Adicu, mes amis, jusqu'au revoir,*
adeo va mignounned, qen navezo; qen
navezo arc'hentà guëlled.—*Dire adieu,*
qimyada, qimyadi, *ppr.* qimyadet; *id.*
*est,* qemeret a deo, *prendre congé, en se*
*recommandant à Dieu,* lavaret a deo, *pr.*
id. — *Dire le dernier adieu,* qemyada
evit mad ; ober ar c'himyad diveza, *pr.*
great, græt.—*Sans dire adieu à son frère,*
hep qimyad, e vreuzroudigand e vreuzr.
— *Celui qui dit adieu,* qimyadér, *pl.* qi-
myadéryen. — *Celle qui fait ses adieux,*
qimyaderès, *pl.* qimyaderesed.

ADJACENT, *e, contigu,* nès da, taust
da, stagou'h, dalc'h oud. *Van.* nès dc
taust de.

ADJECTIF, *t. de grammaire,* hano
goüan, adjectiff.

ADJOINT, *associé,* qènseurd, *pl.* qèn-
seurdet; coumpaignun , *pl.* coumpai-
gnúded. *Van.* consort, *pl.* consorted.

ADJUDICATAIRE, nep a chom an
dra ganta, ajudicater, ajudicatour, *pl.*
yen.

ADJUDICATION, ajudicaciòn.

ADJUGER, *donner une chose à quel-*
*qu'un dans les formes de la justice,* réi dre
ziscléracion justiçz un dra-bennac da
ur re, *pr.* roët; ajugi un dra da ur rè, *pr.*
ajuget. — *Adjuger à éteinte chandelle,*
ajugi èr mouich *ou* diouc'h ar mouich
*ou* diouh ar goulou.

ADMETTRE, receo, *pr.* recevet. *Van.*
receüeiñ, *pr.* receüet.

* ADMINICULE, *commencement de*
*preuve,* prouff dibarfed.

ADMINISTRATEUR, *qui régit les*
*biens de quelqu'un,* goüarner var madou
n r re-bennac, *pl.* goüarnéryen var vadou re all; mæstr var glad, *pl.* mistry
var glad; éveçzaër var vadou, *pl.* éveç-
zaéryen. *Van.* goüarnour, *pl.* yon, yan.

ADMINISTRATION, goüarnamand
var vadou; mæstrouny var glad *ou* var

vadou. *Van.* goüarnaciòn. *v. conduite.*
— *Rendre compte de son administration,*
rénta count eusar pez a so èntre e zaoüarn *ou* eus e c'houüarnamant, *pr.*
rentet.

ADMINISTRER, *gouverner les affai-*
*res, manier les biens d'une personne ou*
*d'une communauté,* cundui un æffor, *pr.*
cunduet; goüarn madou ur re, *pr.*
goüarnet; cahout mæstrouny var vadou ur re, *pr.* bet. *Van.* goüarneiñ, *pr.*
et. — *Administrer les Socrements dans*
*l'Eglise,* réi ar Sacramanchou, *pr.* roët.
— *Administrer les Sacrements au-dehors,*
caçz ar sacramanchon, *pr.* caçzet.

ADMIRABLE, soüezus, admirapl,
oc'h, à; diñ da veza admiret; a vilit
beza admiret. *v. merveilleux, étonnant.*

ADMIRABLEMENT, en ur fæçzoun
admirapl. — *Admirablement bien,* manivic, eçzelant.

ADMIRATEUR, *celui qui admire,* soüez,
oc'h, à; admirèr, *pl.* admiréryen, con-
témplèr, *pl.* contempléryen. *Al.* marvailher, *qui veut dire à présent* hâbleur.

ADMIRATION, *action d'admirer,*
soüez, éstlamded. *Van.* soüeh. *v. éton-*
*nement.*—*Admiration, merveille,* marz,
soüez. *Van.* soüeh, soüeh-bras.—*C'est*
*admiration ou merveille que, etc.,* trede
marz eo, ma. *v. merveille.*—*Donner de*
*l'admiration aux gens,* soüeza an dud,
*pr.* soüezet. *Van.* lacqat de vout souhch
*ou* souhet. — *Avec grande admiration,*
gand éstlam bras, gand ur'soüez vras,
gand un éstlamded dreist ordinal.

ADMIRER, *considérer avec surprise,*
admira , *pr.* admiret. *Trég.* admirañ,
*pr.* et.—*Admirer, s'émerveiller,* soüeza,
*pr.* soüezet; saoüzani, *pr.* saoüzanet ;
beza soüezet, beza saoüzanet. *al.* mar-
vailhaf, *pr.* et. bout souhet, *pr.* bet.

ADMIS, *reçu,* recevet, diguemeret.

ADMISSIBLE, recevus, recevapl,
oc'h, à.

ADMONETER, *admonition. v. avertir.*

ADOLESCENCE. *v. âge.*

ADOLESCENT, den yaoüancq adalec an oad a bévarzec vloas bede pemp
var'n-uguent. — *S'adonner à quelque*
*chose,* èn em réi da un dra, *pr.* èn em

roët da, èn em accustumi diouc'h un-qat en harz.
dra, *pr.* èn em accustumet. — *Être a-*
*donné à*, beza roët da, beza sugĕd da,
beza accustum diouc'h, beza toüéllet
gand un dra. — *Il est adonné aux fem-*
*mes*, sugeteo d'ar bligeaduryou brutal,
toüéllet eo gand ar merc'hed.—*Adonné*
*au vin et à ses plaisirs*, roët d'ar güin ha
d'e bligeaduryou.

ADOPTER, qemret da vap, *pr. id.*
*Van.* qemèr de vad, *pr.* qemeret. *al.*
mabiff.—*Être adopté*, beza qemeret da
vap *ou* da verc'h, *pr.* beţ; beza græt
map *ou* merc'h. *Van.* bout qemeret de
vap *ou* de verh.—*Par les mérites de Jé-*
*sus-Christ, nous sommes adoptés enfants*
*de Dieu, nous avons part à l'héritage cé-*
*leste*, dre vilidou Jesus-Christ ez oump
græt bugale da Zoüe, hon eus güir
var roüantélez an eê.

ADOPTIF, *qu'on a adopté*, qemeret
da vap, great map. *al.* mabet.

ADOPTIVE, qemeret da verc'h,
grect mere'h.

ADORABLE, adorapl, oc'h, à; din da
veza adoret. *Van.* adorabl, oh, añ, aoñ.
—*L'adorable sacrement de nos autels*, ar
sacramant adorapl eus an auter.—*A-*
*dorable, vénérable*, enorus, oc'h, à..

ADORATEUR, adorèr, *pl.* adorèryen;
nep a ador, nep a zeu da adori.

ADORATRICE, adorerès, *pl.* ado-
reresed.

ADORATION, adorérez, *pl.* adoré-
rezou; adoracion, *pl.* adoracionou. *Van.*
adoracion, *pl.* eü.—*Adoration, vénéra-*
*tion*, enor, *pl.* enoryou; resped bras,
*pl.* respegcou bras.

ADORER, *rendre un hommage souve-*
*rain*, adori, *pr.* adoret. *Van.* adoreiû,
*pr.* et. — *Il faut adorer Dieu*, redd eo
adori Doüe. — *Offrir des sacrifices à*
*Dieu ou aux idoles, en signe d'adoration*,
azeuli ar güir Doüe pe an idolou, *pr.*
azeulet. ( Azeuli, adeuli, *ab adolere.* )
*v. sacrifier.*—*Adorer, rendre un culte su-*
*balterne*, enori, *pr.* enoret, douguen
ur resped bras, *pr.* douguet.

ADOSSER, *mettre le dos contre quel-*
*que chose*, harpa e gueiu ouc'h un dra,
*pr.* harpet. *Van.* harpeiñ, harzeiû, la-

ADOUCIR, *rendre plus doux, moins*
*rude*, douçzaat, *pr.* douçzéët; soubla,
*pr.* soublet. *Van.* douçzaat. — *Adoucir*
*l'eau de mer*, douçzaat an dour-vor.—
*Adoucir le fer*, soubla an houarn. —
*Adoucir, apaiser, s'apaiser*, habasqaat,
*pr.* habasqéët; soublaat, *pr.* soubléët;
hegaſaat, *pr.* hegaréët. *v. apaiser*—*Son*
*humeur s'est adoucie*, soubléët eo e gouraich.

ADOUCI, *plus doux ou goût*, c'hüec-
oc'h, douçzoc'h.—*Adouci, apaisé, con-*
*solé*, freals, oc'h, à.

ADOUCISSEMENT, *l'action d'adou-*
*cir*, douçzadur, soubladur, habasqa-
dur.—*Adoucissement, soulagement, di-*
*minution de peine*, frealsidiguezou;
alsidiguezou; habasqdec, *pl.* habasq-
dedou. — *Adoucissement, correctif*,
courrich, *pl.* courrigeou.

ADRESSE, *dextérité, industrie*, iñgin, igin, mibilyaich, spered.—*Adresse*
*vaut mieux que force*, guéll eo iñgin e guit
nerz. — *Adresse, finesse de l'esprit, pru-*
*dence*, soutilded.—*Adresse, suscription*
*des lettres*, adreçz, *pl.* adreçzou.—*Met-*
*tre l'adresse sur une lettre*, laqaat an
adreçz var ul lizer, *pr.* leqeat.

ADRESSER, *envoyer à*, caçz da, *pr.*
caçzet da; digaçz da, *p.* digaçzet da.—
*Je vous ai adressé une personne pour*, caçzet am eus deoc'h un den evit, caçzet
am eus un den d'ho cavout evit.—*Vous*
*m'avez adressé une personne, dont*, un
den oc'h eus digaçzet digu, peus a
hiny.—*Adresser, recommander*, erbedi,
*pr.* erbedet.—*S'adresser à quelqu'un*,
mônet da gavout ur re-bennac, *pr.* éët,
eat; prezec ouc'h ur re, *pr.* prezeguet.
—*Ce discours s'adresse à vous*, ar c'hompsyou mà a sell ac'hanoc'h.

ADROIT, *industrieux*, iñginus, igignhus, mibilyus, oc'h, à. *Van.* ampert,
apert.—*Adroit, entendu*, un den enten-
ted mad, *pl.* tud. — *Adroit, politique*,
pliant, güézn, oc'h, à.—*Adroit, rusé*,
soutil, fin, oc'h, à.

ADROITEMENT, *avec adresse*, en ur
fæçzoun igignhus, ez soutil, gand soutilded.

**ADVERBE**, rag-verb, rhag-verv. *Re-marque : les adverbes s'expriment ordinai-rement en breton de trois façons ; 1. par le substantif et la préposition conjonctive avec,* gand. *Ex.* Promptement, gand prounti-diguez, *avec promptitude;* 2. *par l'adjectif, doublement; ou en y préposant la préposi-tion* èn, ez *ou* ê. *Ex.* Promptement, ez prount, ê prount ; *quelquefois même sans cette prép. Ex.* Promptement, prount ; 3. *par l'adjectif, en y joignant la manière,* en ur fæçzoun. *Ex.* Promptement, èn ur fæçzoun prount ; *et ainsi des autres.*

**ADVERSAIRE**, adversour, *pl.* adver-souryen. *al.* azroüand, *pl.* ezrevend, *qui ne veut dire à présent que diable, notre adversaire par excellence, qui s'appelait au-trefois* azroüand an ivern, *l'adversaire qui est en enfer.*—C'est mon adversaire, va adversour eo. *Van.* M'aversour ëu.—*Adversaire, parlant d'une femme,* adver-sourès, *pl.* ed. *Van.* aversourès, *pl.* ed.

**ADVERSE**, *contraire, opposé,* coun-troll, ænep. — *Partie adverse,* qeffren countroll, *pl.* qeffrénnou countroll, qevreñ ænep, *pl.* qevrennou ænep.—*Procureur adverse,* proculér ænep, *pl.* proculeryen ænep.

**ADVERSITE**, countrolyez, *pl.* coun-trolyezou ; drouc'hraçz, *pl.* ou ; goall fortun, *pl.* goall fortunyou ; fortun countroll, *pl.* fortunyou countroll. *Van.* trebil, *pl.* trebilcŭ. ( droulançz, drou-laçz.—*Job souffrit patiemment ses adver-sités,* an den santel Job a c'houzàvas gand ur bacianded vras e voall-fortu-nyou.

**ADULATEUR.** *v.* flatteur.

**ADULTE,** *qui entre dans l'adolescence,* leun a résoun, nep sobras avoalc'h evit anaout an drouc diouc'h ar mad, nep èn deus an oad a résouñ.—*Le baptême des adultes,* ar vadizyand a roër d'ar re a yoa leun a sqyant *ou* a voüé leun a re-soun, badizyand nep o deus an oad a résoun.

**ADULTÈRE,** *crime,* avoultryez, *pl.* ou ; avoultrérez, *pl.* ou ; avoultryaïch, *pl.* ou.—*Adultère, qui commet ce crime,* avoultrer,ès, *pl.* ed.—*Commettre un a-dultère,* avoultri, *pr.* avoultret; ober

avoultryez, ober avoultrérez, *pr.* great ou græt ; ober avoultryaich, couëza èñ avoultryaich, *pr.* couëzet.—*Fils né d'un* adultère, avoultr, *pl.* avoultréyen, a-voultred. *v. bâtard.*—*Fille née d'adul-*tère, avoultrès, *pl.* avoultresed.

**ADUSTE,** *brûlé,* losqet. — *Un sang* aduste, goad losqet.

**AÉRER,** *donner de l'air,* aëra, *pr.* aë-ret; æra, *pr.* æret; eara, *pr.* earet; a-veli, *pr.* avelet. — *Maison bien aérée,* ty earet-mad, ty aëret-mad, ty æret-mad, ty avelet-mad, *pl.* tyez earet-mad. — *Aérer du blé, l'exposer à l'air,* aveli ed. *pr.* avelet; dilouëdi ed, *pr.* dilouëdet. — *Aérer une maison, en y brûlant des senteurs,* disuspedi un ty, *pr.* disuspe-det. *id est, faire qu'une maison suspecte à raison d'une peste précédente, ne le soit plus.* Diavela un ty, *pr.* diavelet; avela un ty, *pr.* avelet.

**AÉRIEN,** eus a ear, furmet gand ear.

**AÉROMANCIE,** *divination par l'air,* sqyand da zivina dre'r voyen eus en ear.

**AFFABILITÉ,** *honnêteté avec laquelle un supérieur reçoit son inférieur,* hegara-ded, cuñvélez, cuñvidiguez. *Van.* de-guemér-vad, diguemer-vad.—*Avec af-fabilité,* gand cuñvélez, ez cuñ, èn ur fæçzoun cuñ *ou* hegarad.

**AFFABLE,** *honnête avec ses inférieurs,* cuñ, hegarad, c'huëc, oc'h, à. *Van.* un deen a ziguemér mad. — *Devenir* ou *rendre affable,* cunhaat, *pr.* cunhëët; c'huëcqât, *pr.* c'huëcqéët; hegaraddi, *pr.* hegaraddet.

**AFFADIR,** *rendre fade et insipide,* di-saoüra, *pr.* disaoüret, disaçzuni, *pr.* disaçzunet; rènta disaour ha disaçzun, *pr.* réntet.

**AFFAIBLIR,** fallaat, *pr.* ëët; sem-plaat , *pr.* ëët; toc'hori, *pr.* et. diñérza, *pr.* et. *Van.* diñérheiñ, *pr.* dinerhet; falleiñ, fallat, *ppr.* fallet; goañneiñ.

**AFFAIBLISSEMENT,** semplidiguez, fillidiguez, torc'horidiguez, diuerzidi-guez. *Van.* goañnidigueah, dinerhidi-gueah, fallidigneah

**AFFAIRE,** æffèr, *pl.* æfféryou, af-fèr, *pl.* afféryou; tra, *pl.* traou, tréou. *Al. pl.* traëzou. D'où vient qu'en Trég.

on *dit* trèou *et* tréo. — *Une petite affai-*
*re*, un æfferic, *pl.* æfferyouïgou ; un
draic, *pl.* traoüigou. — *Une affaire sca-*
*breuse*, un æffer mibilyus *ou* amgestr.
— *Faire une affaire, en venir à bout*, ober
un æffer, *pr.* græt ; dont abeñ eus a un
dra , *pr.* deuët, deut.—*Faire bien ses af-*
*faires*, ober èr vad e afferyou, *pr.* græt ;
cahout un içzu mad èn e afferyou, *pr.*
bet. *Van.* gobér erhad e afféryéñ.—
*Faire mal ses affaires*, goall-ober e æfferyou, *pr.* goall-c'hræt ; drouc-ober e
æfferiou, *pr.* drouc-græt. — *Avoir af-*
*faire, être occupé*, cahout æffer, *pr.* bet.
—*J'ai affaire, je ne puis pas*, æffer am
eus, ne allañ qet.—*Étre accablé d'af-*
*faires*, cahout æfferyou dreist-peñ, *pr.*
bet.—*J'ai affaire à lui et à elle*, æffer
am eus oun-tâ hac oun-ty, da ober am
eus oud-tâ hac oud-hy. *Van.* d'obérem
es a nehou hac a nehy. — *Un homme*
*d'affaires, qui sait les affaires*, un den a
æffer, *pl.* tud a æffer ; un den a entent
an æfferyou , *pl.* tud a entent an æfferyou. — *Affaire, besoin*, affer, yzom ,
ezom , da-ober. *Van.* d'ober.—*J'ai af-*
*faire d'un livre*, affer am eus vès a ul
levr, yzom am eus vès a ul levr, ul
levr a zefaut din , ul levr á'rencqañ, da
ober am eus vès a ul levr. — *Affaires,*
*dettes, embarras*, dleou, reustlou, luzyou, tregaçz. — *Affaire, procès*, procès ; *pl.* procèsou ; caus, *pl.* causyou.
*Van.* id. *pr.* èu.—*L'affaire est sur le bu-*
*reau*, e ma eur var dro ar procès, ebarz
nemeur e c'halvor ar gaus ; e ma an tau
ès fournez, tizmad e scoqr var an tom.
AFFAIRÉ, *qui a beaucoup d'affaires*,
æfféryet bras, nep so afferiet bras,
carguet a afferyou, nep èn deus afferyou dreist peñ.
AFFAISSEMENT, *abaissement*, diasez, iselidiguez. *Van.* diasc.
AFFAISSER ( s' ), *s'abaisser par sa*
*propre pesanteur*, diaseza, *pr.* diasezet ;
iselaat anezà e-unan, *pr.* iscléét anezà
e-unan ; plega gaud ar beac'h, *pr.* pleguet. *Van.* diaseciñ, *pr.* diaséet.
AFFAMÉ, *habituellement*, naoüñec,
*pl.* naoüñéyen, naoüñegued. *Van.* nan-
nec, naûnec ; *on écritait* naffnec. — *Af-*

*famée*, naoüñegues, *pl.* naoüñeguesed.
*Van.* nannegues, naüñegues, *pl.* ed. —
*Affamé, actuellement*, naoüñyet, *pl.* tud
naoüñyet ; maro gand an naoun , *pl.*
tud maro gand an naoun. — *Affamé,*
*qui désire ardemment quelque chose*, naoüñec, youlus, oc'h, à.
AFFAMER, *faire souffrir une faim in-*
*supportable* , naoüñya , *pr.* naoüñyet ;
naoüña, *pr.* naounet. *Al.* naffna, *pr.*
naffnet. *Deld peut-être* Naffuet, *Nantes,*
*v.* Nantes. — *Affamer une ville* ,
naounya ur guær, naouña ur guear ,
qemeret ur guear gaud an naoun , *pr.*
id. *Van.* nanneiñ ur guær ; naüneiñ
ur guær, *pr.* ét.
\* AFFEAGEMENT, féch, *pl.* fégcou,
féchou. Féch *vient de* fé, *foi, hommage.*
\* AFFEAGER, *donner à féage, prendre*
*à féage*, ober féch, *pr.* græt ; fégi, *pr.*
féget ; fécha, *pr.* fèchet ; ober féaich ;
féachi, *pr.* féachet.
\* AFFEAGEUR, fégeour, *pl.* fégeou-
ryen ; féagèr, *pl.* féacheryen, féagéryen.
AFFECTANT, restudius, resourcyus.
AFFECTATION, *désir véhément dont*
*on donne trop de marques* , ur c'hoand
direiz hac aznat, da gahout un dra.—
*Affectation, recherche trop étudiée*, re vras
studi da , re vras sourcy evit, fæçzonyou. — *Avec affectation*, gand re vras
study, gand re a sourcy, gand re a fæçz-
zounyou, ez re studyus, è re sourcyus.
AFFECTER, *souhaiter et rechercher*
*avec empressement et ostentation*, c'hoantaat cals ha clasq gand re a studi hac
a fougue, un dra-bennac, *ppr.* c'hoantéét ; clasqet ; caret re cahout, *pr.* id. ;
caret, ha salvezout cahout. — *Jésus-*
*Christ blâmait les Pharisiens d'affecter les*
*premiers rangs dans l'assemblée*, hon salver a rebeché d'ar Pharisyaned , e
c'hoantéént cals, hac e clasqent gand
re a study hac a fougue ar plaçzou
qentá ebars èr c'houmpaignunezou.
Jesus-Christ a damalé ar Pharisianed
da garet re ar plaçzou enoraplà er
c'houvyou. — *Affecter, faire les choses*
*arec dessein et artifice*, è n'em goumporti
gand fineçzaou ha troydellou, *pr.* è n'em
goumportet ; simula, *pr.* et. — *Affecter,*

attribuer, *hypothéquer*, rei, *pr.* roët; açzina, *pr.* açzinet; oarga, *pr.* oarguet.

**AFFECTIF**, *qui touche*, toüichus, oc'h, á; nep a barlant a galoun, toüichus dre natur.

**AFFECTION**, *amour, bonne volonté*, carautez, mignony, inténcion vad, evit ur re. *v.* amitié, cordialité. — *A voir de l'affection pour quelqu'un*, cahout carantez *ou* intencion vad evit ur re, *pr.* bet; caret ur re, *pr.* id. *Van.* careiñ, caret.—*Si vous avez quelque affection pour moi*, mar oc'heus ur garantez-bennac evidoun, marèm c'hirit é nep fæçzoun, mar qirit ac'hanoun cals pe neubeud, mar douguit an distérá mignouny din. — *Affection mutuelle*, qen-garantez, carantez an eil evit eguile. — *L'affection mutuelle qu'ils se portent*, ar guen-garantez a so èntrezo, ar garantez a so qèn entrezo, ar garantez o deveus an eil evit eguile, ar garantez a zoug an eil da eguile anezo. — *Avec affection*, gand carantez, èn ur fæçzoun carantec. *v.* cordialement. — *Avec toute l'affection possible*, gand pep carantez a Zoüe, a bep carantez. — *Avoir de l'affection pour quelque chose*, caret un dra, carout un dra, *ppr.* caret; c'hoantaat un dra-bennac, *pr.* c'hoantéét; beza douguet da un dra, *pr.* bet.

**AFFECTIONNÉ**, *qui a de l'affection*, carantecq, oc'h, á; nep èn deus carantez. — *Il est fort affectionné pour nous*, carantecq eo terrup èn hon andred, ur garantez vras en deus evidomp, hon c'haret a ra meurbed. — *Qui n'est pas affectionné*, digar, oc'h, á.—*Étre mal affectionné pour quelqu'un*, beza digar è qèver ur re, *pr.* bet. *Van.* ne gareiñ qet unon-bennac.

**AFFECTIONNER.** *v.* affection, affectionné.

**AFFECTUEUSEMENT**, èn ur fæçzoun toüichus ha carautez. *v.* cordialement.

**AFFECTUEUX.** *v.* affectif, affectionné.

**AFFERMÉ**, fermet, feurmet. — *Qui n'est pas affermé*, diferm, difeurm.

**AFFERMER**, *donner ou prendre à ferme.* *v.* ferme.

**AFFERMIR**, *rendre ferme*, stardá, *pr.* stardet; açzuri, *pr.* açzurot, rénta stabyl *ou* parfedt *ou* ferm, *pr.* réntet. — *Affermir, rendre plus ferme*, stardaat, *pr.* stardéét; créaat, *pr.* créét; parfetaat, *pr.* parfetéét; stabylya muy-oh-muy, *pr.* et; rénta stabyloc'h.

**AFFERMISSEMENT**, stardadur, açzurançz, creffadur. *v.* fermeté.

**AFFETERIE**, *manières recherchées.* *v.* affectation.

**AFFICHE**, *placard attaché en lieu public*, placard, *pl.* placardou; fiñchen, *pl.* fiñch.

**AFFICHER**, *mettre des affiches*, placarda, *pr.* et; staga placardou èr plaçzennou, *pr.* staguet. *Van.* stagueiñ doh, *pr.* staguet; fiñcha, *pr.* fiñchet.

**AFFICHEUR**, *celui qui affiche*, placardèr, *pl.* placardéryen; placqer, *pl.* placqérien; fiñchèr, *pl.* fiñchéryen.

**AFFILER**, *donner le fil à un couteau, à une hache*, lémma, *pr.* lémmət. *Van.* lémmeiñ, luémmein, *ppr.* et. — *Affiler une faucille, une faux à faucher*, lémma ur fals; goulaza ur falc'h, *pr.* goulazet; güéllaat ur falc'h, *pr.* güélléét. *v.* faux. — *Affiler un peu, redresser un peu le fil*, ober ul lem, ober ul lémmic, *pr.* græt. — *Qui est affilé*, lém, oc'h, á. *Van.* lémm, luém, oh, añ, aoñ. — *Celui qui affile*, lémmèr, *pl.* lémméryen. *v.* émouleur. — *L'action d'affiler*, lémmidiguez, lémmadur, lémmadurez. — *Affiler de l'or, mettre le lingot d'or ou d'argent dans la filière*, goaligna aour pe arc'hand, *pr.* goaleiguet; neudenna aour, *pr.* neudennet. — *Affiler des arbres, les planter à la ligne*, liguénna guez, *pr.* lignénnet; réacqa güéz, *pr.* réncqet.

**AFFINAGE** *ou* affinement, action d'épurer, purérez, puradúr.

**AFFINER**, *rendre plus pur*, puraat, *pr.* puréet. *Van.* purat, *pr.* et. — *Affiner, rendre plus fin*, finaat, *pr.* finéét. *v.* déniaiser.

**AFFINERIE**, puridiguez.

**AFFINEUR**, purér, *pl.* puréryen.

**AFFINITÉ**, *alliance, parenté*, neçzanded, *pl.* neçzandedou. *Van.* neçz

3

xasded. *v. alliancs.*

**AFFINOIR,** *seran dont les brochis sont serrées,* cribin fin, *pl.* cribinou fin.

**AFFIQUETS,** *ornemens de femme,* pinférèz, *pl.* pinférezou; atourm, *pl.* ou; stipérez, *pl.* ou; qinclérez, *pl.* ou; attiférez, *pl.* ou; braguérez, *pl.* ou; braventez, *pl.* ou; paridiguez, *pl.* ou. *Van.* braguereh, *pl.* braguereheü; Iraguericz, *pl.* bragueriçzeü.

**AFFIRMER,** açzuri un dra, *pr.* et.

**AFFLICTION,** *peine de corps,* trubüilh, *pl.* ou; fatig, *pl.* ou; glas, gloas. *Van.* trebil, trebill, *pl.* trebilleü. *Affliction, peine d'esprit,* encrès, *pl.* éncrèsyou; anqeñ, *pl.* anqeüñyou; glac'har, *pl.* ou; nec'hamand, *pl.* nec'hamanchou; nec'h, *pl.* nec'hyou. *Van.* chiff, *pl.* eü; glahar. — *Le sage dit que toutes les choses de ce monde ne sont que vanité et affliction d'esprit,* qement tra a so èr bed-mâ, ne dint nemed veanded hac encrès, eme Salomon ar fur.

**AFFLIGEANT,** aflijus, nec'hüs, éncrèsus, anqennyus, glac'harus, trubüilhus, fatigus, gloasüs, tourmantus, oc'h, á. *Van.* anqenus, chiffus, glaharus, oh, añ, aoñ. — *Très-affligeant,* aflijus meurbed, nec'hus-bras.

**AFFLIGER,** afligea, *pr.* afliget; nec'hi, *pr.* et; éncrèsi, *pr.* et; anqeñya *pr.* et; glac'hari, *pr.* et; trubüilha, *pr.* et; fatiga, *pr.* et; glasa, gloasa, tourmanti, *ppr.* et. *Van.* anqenyciñ, *pr.* et. *v.* attrister. — *Assister les affligés,* douguen minic'hy, *pr.* douguet.—*Être affligé,* beza afliget, beza nec'het, beza encreset, *pr.* bet.—*S'affliger. v. attrister.*

**AFFLUENCE,** *grand concours de monde,* darémpred-bras, ingroës, ul lod bras a dud. *Van.* un tol bras a bobl, un eñfin a dud.—*Affluence de biens,* founder a vadou. *v. abondance.* — *Affluence de paroles,* compsiou hep fin, è leiz a gaqetérez, ur gromps ne c'horto qet heben, *Van.* hileib a gomseü.

**AFFLUER,** èn em gavout stancq èn ul'leac'h, *pr.* èn em gavet; beza paul Ju ul lech.

**AFFOLER,** *rendre successivement passionné pour une chose,* lacaat da veza

touellèt *ou* trelatet gand un dra, *pr.* leqéèet. *Van.* folleiñ guet un dra-bennao, *pt.* follet. — *Affoler d'amour, aimer passionnément,* orguedi, *pr.* orguedet; folla gand an amourousded, *pr.* follet; beza touellet gand an amourousded, trelati gand an ou gued, beza trelatet gand, *pr.* bet. *Van.* folleiñ gued en amourousted.

**AFFOLIR,** *devenir fou,* coll e sqyand, *pr.* collet; pensaudi ( *a penn, tête, et* saud, *bête à cornes, id est, devenir semblable aux bêtes* ), disqyanta, *pr.* et. *Van.* disqyenteiñ, disguénteiñ, *ppr.* et, trelateiñ. — *Cet homme me fait affolir,* coll a rañ va sqyand gand hemmâ, an dèn-mâ a lacâ ac'hanoun da beñsaudi, pensaudi a raé un den gand hemmâ.

**AFFRANCHIR,** *rendre franc et libre,* exempter de quelque engagement,* quyta, *pr.* quytet; quytàt, *pr.* quytéèt; ober quyt, *pr.* græt; franchiçza, *pr.* et. — *Terre affranchie,* doüar quyt, *pl.* doüarou quyt. *v. afféager.*

**AFFRANCHISSEMENT,** quytadurez, dilivridiguez, franchiçzamand.

**AFFREUX. *v. effroyable.***

**AFFRETER. *v. freter.***

**AFFRIANDER,** accustumi diouc'h al lipousérez *ou* diouc'h al lichézrez, *pr.* accustumet; renta lichezr, rénta lipous, *pr.* réntet; coll gand friandiz, coll gand friantaich, *pr.* collet; friantaat, *pr.* frianteet; renta friant, *pr.* rentet. *Van.* gounit gued friantach, *pr.* gounñect. — *Affriander, attirer des enfants par douceurs,* gounit gand madigou, *pr.* gounezet. *Van.* ténneiñ gued friantac'h, *pr.* ténnet. *v. allécher.*

**AFFRONT,** *outrage,* affrond, *pl.* affronchou; dismeganç, *pl.* dismeganço-zou. *Van.* affront. *pl.* eü.—*Affront, tromperie malicieuse et fine, mensonge pernicieux,* affrontérez. *Van.* tromperéh, affronteréh.

**AFFRONTER,** *faire un affront,* affrounta, *pr.* affrounter; ober un affrond, *pr.* græt. *Van.* affronteiñ, *pr.* et; trompeiñ, trubardi, *pr.* et. — *Être affronté, recevoir un affront,* beza affrountet, *pr.* bet; cahout un affrount, *pr.*

bet ; recco un affrount, *pr.* recevet.

AFFRONTEUR, affrounteur , *pl.* affrounteryen ; trubard , *pl.* trubarded. *Van.* affrontour, trompour, *ppl.* eryon, ouryan.

AFFRONTEUSE, affrounterès, *pl.* ed. *Van.* affrontourè, trompourès, *ppl.* ed.

AFFUBLER, *couvrir entièrement*, golo *ou* goléi peñ ha corf, *pr.* goloët ; goléi peñ qilh ha-troad. — *S'affubler*, èn em c'holéi peñ-e-ben gand ur güiscamand-bennac, *pr.* èn em c'holoët, en em c'hloéi peñ qilh-ha-troad.

AFFUT *de canon*, fust-canol, *pl.* fustou-canol ; güele-canol , *pl.* güëleoucanol ; affud, *pl.* affudou, affujou. *Van.* affut, *pl.* affutéü. — *Affût, en terme de chasse*, spy evit gortos al loëzned goëz, *pl.* spyou, par. *Van.* spy, *pl.* spyeu. — *Être à l'affût*, beza è spy evit laza loëzned goëz, *pr.* bet ; spya loezned goëz, *pr.* spyet ; guedal loëzned goëz , *pr.* guedet ; beza è par evit. *Van.* spyen, spyal, bout è spy.

AFFUTER *les canons, les mettre en mire pour tirer*, fusta ar c'hanolyou, *pr.* fustet ; affudi ar c'hanolyou , *pr.* affudet ; poënta ar c'hanolyou, *pr.* poëntet. *Van.* poëntéiü er hanon. — *Affûter des outils. v. affiler.*

AFIN, *pour, à dessein*, evit, d'ar fin. *Van.* eüit, eüeit, aveit, eit. — *Afin d'être sauvé*, evit beza salvet. — *Afin d'aimer Dieu*, evit caret Doüe, d'ar fin ma caret Doüe, d'ar fin ma vezo caret Doüe. — *Afin que*, evit ma. — *Afin que je sache*, evit ma houffẽn, evit ma hoüveziñ. — *Afin que j'étudie*, evit ma studyén. — *Afin que je n'aille pas*, evit ne daén qet.

AGACE, *pie grièche*, pic spern, *pl.* pigued spern.

AGACEMENT *des dents*, tosonnadur, cloc'hadur an dént. — *Agacement, irritation*, heg, attahinadur, hesqinérez.

AGACER *les dents*, tosonna an dénd, *pr.* tosonnet ( a toas, *pâte* ) ; toüesella an dénd, *pr.* toüeséllet ; cloc'ha an dénd, *pr.* cloc'het. *Van.* trechonneiñ.

— *Agacer, provoquer, irriter*, attahina, *pr.* attahinet ; hersqina, *pr.* et ; esqignat ; *pr.* et ; hesqinat, *pr.* et ; hegal ,

*pr.* heguet ; ober an heg , *pr.* grẽt ; hegazi, *pr.* hegazet ; argadi, *pr.* et. *Van.* a tahinein, *pr.* et ; jahineiñ, *pr.* et. — *Celui qui agace*, hegazér , *pl.* hegazéryẽ ; attaynèr, *pl.* yen ; hisqinèr, *pl.* yen. *Van.* ata hinour, *pl.* ata hineryon ; tacon,*pl.* taconñed ; tatiner, *pl.* yen. — *Celle qui agace*, attaynerèa , *pl.* ed ; hisqinerès, *pl.* ed ; hegazerès, *pl.* ed. *Van.* ata hinoures, *pl.* ed. — *Celui ou celle qui est sujet à agacer les autres*, hegazus, attaynus, hisqinus, oc'h, à ; tatinus, noëzus, cavailhus, debatus, campaignus, oc'h, à.

AGATHE, *pierre précieuse*, agateñ, *pl.* agatennou.

AGATHE, *nom de femme*, Agata.

AGE, *la durée ordinaire de la vie de l'homme*, oad , *pl.* oageou ; hoazl, hoazlou. *Van.* oüéd , *pl.* oüédeü ; oéd, *pl.* oédeü. — *L'âge de l'homme a été borné à* 120 *ans. Génèse, ch.* 3. *v.* 6, an A. Doüe èn deus disclæryet ebars ar scritur sacr, ne drémenzé qet an dèn an oad a c'huëc'huguent vloaz. — *L'âge de l'enfance, jusqu'à* 7 *ans*, bugaléérez, an oad a vugale, an oad qentâ, an oad tener, bede an oad seiz vloaz , bugaleaich. — *L'âge de discrétion*, an oad a sqyand , an oad a résoun. — *L'âge de puberté, l'adolescence, de* 14 *à* 25 *ans*, an eil oad, an oad creñ. — *L'âge nubile*, an oad dimizi, an oad da allout dimizi. — *La fleur de l'âge, la jeunesse, jusqu'à* 30 *ou* 35 *ans*, an oad flour, yaoüanctiz, creiz an oad, an oad ham. — *L'âge viril, jusqu'à* 50 *ans*, an oad furm, an oad parfed. — *Il est bientôt dans l'âge viril*, deut eo pelloc'h d'an drede hoad, ou d'an oad kenterr. — *Entre deux âges*, entre daou oad, èn hanter oad, è creiz an nerz, na cozna yaoüancq. — *Avancé en âge*, avancet èn oad, cozicq. *Van.* cohicq. — *Fort avancé en âge*, hirr-oazlet. *Van.* coh. — *Le déclin de l'âge, depuis la cinquantième année, qui fait la vieillesse*, an discarr-oad, an oad discarr, cozny, ar bévare oad. — *Grand âge, long âge*, hir-hoazl, hoaël-hirr. — *Être hors d'âge*, beza èr meas a voad ou a oad, beza èr maes a hoazl ou a hoaël. — *Age décrépit, au-dessus de* 75 *ans*, an

oad eripoa, an oad crepon, an oad hûéal
an divezâ oadeus an den, an oad difin.
— *Age, siècle,* oad, *pl.* oageou; cantved, *pl.* cantvegeou. *v. siècle.*

AGÉ, *qui a de l'âge,* oaget, hoazlet,
oo'h, â. *v. décrépit. Van.* oüédet.—*Être*
*âgé,* beza oaget. *Van.* bout oüédet. —
*Agé de vingt ans,* uguent vloazyad, oaget a uguent vloaz.—*Agé, parlant d'une*
*famille où l'on vit ordinairement long-tems,*
hirr-oazlus, hirr-oaëlus. — *Il est plus*
*âgé que l'autre,* oagetoc'h *ou* cozzoc'h,
eo eguet eguile.—*Le plus âgé,* ar c'hoz-
zâ, an oagetâ.—*La plus âgée,* ar gozzâ,
an oagetâ. — *Le moins âgé,* an neubeu-
tâ oaget, ar yaoñancqâ. — *La moins*
*âgée,* id. — *Très-âgé,* oaget bras, coz
meurbed. — *Agé et débile,* nep so trémenet pell so an héaul divar e dreuzou ; oaget ha sempl meurbed. *v. dé-*
*crépit.*

AGENCEMENT, *ajustement,* qempénnadurez, réizidiguez, fichérez, pinfa-
durez, qinclérez, disposidiguez.

AGENCER, *disposer les choses d'une*
*manière qui les rende agréables,* qempeñ,
*pr.* et; réiza, *pr.* réizet; afféçzouni, *pr.*
afféçzounet; pinfa, *pr.* pinfet; ficha, *pr.*
fichet ; qincla , *pr.* qinclet. *Van.* aligeiñ, *pr.* aliget; dreçzeiñ, *pr.* et. —*S'a-*
*gencer, s'ajuster,* èn em guempeñ, *pr.*
èn em guempeñet; èn em ficha, *pr.* èn
em fichet; èn em lacât mistricq, *pr.*
èn em leqeat mistricq.

AGENOUILLER (s'), *se mettre à ge-*
*noux,* daoülina, *pr.* daoulinet; mônet
d'an daoülin, *pr.* eat; stoüa d'an daoülin, *pr.* stoüet; em strinqa d'an daoülin *ou* var an daoülin, *pr.* em strinqet.
*Van.* acclineiñ, *pr.* acclinet; stoüeiñ
ar en eü-lin, *pr.* stoüet.

AGENT, *commis pour faire les affaires*
*de quelqu'un,* nep èn deus urz ha galloud da ober æfferyou ur re-bennac
*ou* da ober evit ur re-bennac.

AGGRAVANT, e, a rént grevuçzoc'h,
grevus, oc'h, â. —*Les circonstances ag-*
*gravantes du péché,* ar pez a rénd grevuçzoc'h ar pec'hed. *v. circonstance.*

AGGRAVATION, *censure ecclésiasti-*
*que,* crisançz. *v. Monitoire.*

AGGRAVER, *rendre plus coupable,*
rénta grevuçzoc'h, *pr.* rentet; grevuç-
zaat, *pr.* grevuçzéét. *Van.* goaheiñ,
goahat, *ppr.* goahéet, goaheit. — *Ag-*
*graver, augmenter les peines,* crisa, *pr.*
criset. *v. Monitoire.*

AGILE, *léger, dispos,* scañ, scañvoc'h, scanvâ, soubl, soutil, oc'h, â ;
distac, gardis, och, â. *Van.* scañ, oh,
añ, aoñ. *v. alerte.*

AGILEMENT, *ex* scañ, gand scañvder.

AGILITÉ, scañvder, soutilded, soublded, buander. — *Les livres ne sauvent*
*leur vie que par leur agilité,* ar gadon a
so buez é peñ o xrei â, ar guedon a dle
o puez d'o buander *ou* d'o scañvder.

AGIR, *être dans l'action,* ober, *pr.* great,
græt, groët. *Van.* gobér, *pr.* groëéit.
*v. remuer, se comporter, opérer.*—*J'agis*
*et tu agis,* ober a rañ hac ober a rès,
bez'e rañ ha bez'e rès, *pour* beza ez
grañ *ou* é c'hrañ, ha beza ez grès *ou* é
c'hrès; me a ra, ha te ara, *pour* me a
gra *ou* a c'hra ha te a gra *ou* a c'hra;
me az gra ha te az gra. — *S'agir de,*
*être question de,* beza qistion, beza, *pr.*
bet ; darvezout, *pr.* darvezet; d'arvout,
*pr.* darveët ; c'hoarvezout, *pr.* c'hoarvezet. — *Il s'agit de,* qistion eo, pe-
nnaus, beza eus, bea so, darvezout a rí
penaus, darvout a ra penaus, c'hoarvezout a ra penaus. — *De quoi s'agit-i*
*entre vous ?* pe eus a dra *ou* p'ez a dra
eo qistion èntrezoc'h? petra a zarve en
trezoc'h ? pe tra c'hoare gueneoc'h?

AGISSANT, *actif,* oberyant, ober
oc'h, â. *v. éveillé.*

AGITATION, caçz, fourgaçz, qel
flusq, melladur. *Van.* Caçz. — *Grand*
*agitation,* caçz-digaçz, melladur vras
qefflusq terrupl, fourgaçz horrupl. *Van.*
caçz guet neth, caçz a bep tu.

AGITER, *pousser deçà et delà,* fou
gaçzi, *pr.* fourgaçzet; caçz-digaçz, p
ca çzet ha digaçzet; menat ha divella
*pr.* mellet ha divellet. *v. mouvoir, remue*

AGNEAU, oan, *pl.* oaned, æin. *Va*
oën, oin, *ppl.* ein. — *Petit agneau,* o
nic, *pl.* oanedigou, æinigou. *Van.* o
nic, *pl.* einiguéü. — *Agneau de lait,* oa
læz, *pl.* oanedlæz. —*De l'agneau,* eu

d'agneau, oan, qycoan. — Peau d'agneau,
feur. Al. oan-qen, oan-guen. — Manteau doublé de peaux d'agneaux, mantel
feuret, pl. mentel feuret.

AGNELER, parlant de la brebis qui
fait son agneau, eala, ala, ppr. ealet, alet.
Van. aleiñ, oëneiñ, pp. et. — Cette brebis n'a pas encore agnelé, ne ueo'qet alet
c'hoas an dàvades-ze.

AGNUS DEI, reliques ou autres choses bénies, enfermées dans quelque petite
pièce d'étoffe, anus-dei, pl. anusou-dei.

AGONIE, prises avec la mort, paçzion,
angony, éncqou. Van. poënd er marv.
e. extrémité, trépas. — Il est à l'agonie,
ê ma èn e baçzion, bez'e ma èn angony, e ma èn éncqou; éncqou, abéncq,
étroit; èn éncqou, id est, dans les détres-
ses de la mort; delà Ancou, la parque qui
coupe le fil de notre vie. Van. bout e ma
e ténneiñ doh er marv e ma e poënd
er. marv. — Sonner l'agonie, séni ar
baçzion ou an angony, pr. sénet. — La
cloche qui sonne d'ordinaire l'agonie, cloc'h
ar baçzion, cloc'h an angony.

AGONISANT, e, nep so èn e baçzion, nep so èn argony, nep so èn éncqou. — Confrairie des Agonisants, breuz-
riez an angony, breuzryez ar baçzion.

AGRAFFE, crochet, cloched, pl. clo-
chedou. — Un crochet, les crochets, ur
c'hloched, ar c'hloshedou.

AGRAFFER, attacher avec une agraffe,
clochedi, pr. clochcdet. Van. croche-
teiñ, pr. crochetet. — Oter les agraf-
fes, diglochedi. Van. digrochetein, pr. et.

AGRANDIR, rend-e plus grand, braçzaat, pr. braçzéët. v. accroître. — S'a-
grandir, crisqi e fortun, pr. cresqet. v.
s'enrichir.

AGRANDISSEMENT. v. accroissement.

AGREGATION, l'action d'agréger, recevidiguez èn ur stad-bennac. Van. consortiçz.

AGREGÉ. v. adjoint.

AGREGER, associer à un même corps,
receo e mémes stad ou èn ur vreuzryez,
pr. recevet; qemeret da guenseurd, pr.
id. Van. qemér de gonsort, pr. qemeret.

AGRESSEUR, celui qui a commencé la
querelle, attaynèr, pl. yen; ar c'hentâ

a zeu da attaqi. Van. attahinou, tahi-
nour, ppl. yon, yan; attacqèr, pl. yen.

AGRESSION; attacq, pl. attacqou.
Van. atahyn.

AGRÉABLE, qui plait, greapl, hetus,
hetëus, agreapl, oc'h, á, añ.

AGRÉABLEMENT, èn ur fæçzoun
greapl, èn ur fæçzoun hetus, gand pli-
geadurez.

AGRÉER, plaire, pligeout, pr. pliget;
heta, hetout, ppr. hetet; beza greapl,
beza hetus, beza agreapl, pr. bet. —
Cela m'agrée, an dra-ze a blich dign, an
dra-ze a het dign, va grad eo qemen-ze.
— Agréez que je fasse, pligét ganeoc'h
e raën ou ma raffén, qivit mad e raén.
— Agréer, trouver bon, grataat, pr. gra-
téët; cavoud mad, pr. cavet; aprouff,
pr. aprouët; caffout da, pr. cafet. v. gré.
— Faire agréer, ober ma cavor mad,
ober ma caffét mad, pr. græt; lacât
cavout mad, pr. leqéët. — Agréer un navire, lui mettre ses agrès, grea ul lestr, pr.
greët; paramanti ul lestr, pr. paraman-
tet; qempeñ ul lestr, pr. qempénnet;
goarniçza ul lestr, pr. et. Van. goarniçzeiñ ul lestr.

AGRÉMENT, greançz, pl. greançzou;
greamand, pl. greamanchou. v. ornement. — Agrément, consentement, grad,
autreadur.

AGRÈS, voiles, cordages d'un vaisseau
pour être en état d'aller à la mer, paramanchou ul lestr, qempénnadurez ul
lestr. Van. coarniçzadur ul lestr, greou
ul lestr.

AGRICULTURE, art de cultiver la terre,
gounidèguez, sqyand da labourat an
doüar, labouraich. Van. labour-ter-
ryen, pl. laboureü-térryen.

AGRIPPER, prendre avec une main avide, crabana, pr. crabanet; happa, pr.
et. Van. happeiñ, pr. et.

AGUERRIR, apprendre, accoutumer aux
travaux de la guerre, disqi da vresellec-
qat, pr. desqet; accustumi da vresel-
lecqat, pr. accustumet; ober diouc'h
ar bresell, pr. græt.

AGUERRI, accustum dionc'h ar fa-
tiq eus ar bresell, great diouc'h ar bresell, reiz dious'h ar bresell.

**AGUETS,** *observation de ce qui se passe,*
spy, evez. *Van.* eüeh. —*Être aux aguets,*
spya, *pr.* spyet; beza ô spy, beza é par,
*pr.* bet; gueda, guedal, *ppr.* guedet. *Van.*
bout en eüeh, *pr.* bet; eüehat, eüehein,
*ppr.* eüehet.

* **AGUILLANNEUF,** *gui de chêne que
les Druides bénissaient et distribuaient au
peuple, comme une chose sainte, le premier
jour de janvier, en criant : au gui! l'an
neuf!* hoguillane, hanguilhane.

  **AH,** *interjection,* ah! oh! ay!

  **AHAN,** *peine qui fatigue et fait quelquefois perdre l'haleine,* térmérez, terma-
dur, térm, bérr alan, beac'h, stryff. *Van.*
termereh.

  **AHANER,** térmal, *pr.* térmet; bèrr-
alani, *pr.* bérr-alanet; cahout beac'h
gand, *pr.* bet. *Van* termeiñ, termal.—
*Cela nous fait bien ahaner,* beac'h a so
bet gand hy, térmal hon eus græt gadhy, bèrr-alani a so bet red gad hy.—*Il
a beaucoup ahané d consentir,* térmal èn
deus græt o haçzanti, beac'h a so bet
ouc'h e lacât da açzanti.

  **AHEURTEMENT,** *opiniâtreté,* aheurtançz, aheurtamand. *Van.* obstinacion,
aheurtançz.

  **AHEURTER (s'),** *se préoccuper fortement d'une opinion,* derc'hel stard d'e
ompinion; *pr.* dalc'het; em aheurta,
  *pr.* ém aheurtet. *Van.* him aheurtein,
him obstineiñ.

  **AHEURTÉ,** aheurtet, pénvers, qilvers, pénnec, qilbénnec, oc'h, â; peñ-
mul.

  **AHI,** *interjection,* ay, ayou, ayou'ta,
ayaoüié, ayou-doüe, au.

  **AIDANT,** *Dieu aidant,* Doüe arauc,
gand graçz Doüe, gand sicour Doüe,
mar plich gand Doüe.

  **AIDE,** confort, sicour. *Al.* cannerth,
*Id est,* qen-nerz, *seconde force, aide. Van.*
secour, *pl.* eü.—*Avoir de l'aide,* cahout
sicour, *pr.* bet. — *Un aide, un second,*
un eil, un azistand. — *Sans aide,* hep
sicour, disicour. *Van.* hemp sicour, disconfort, disuport. — *Aides, impositions
de deniers extraordinaires,* an sicouryou,
impodou. *Al.* an goall virou. — *Recevoir des aides,* recevèr an sicouryon, im-

podèr, *pl.* yen. — *L*
an sicouryou.

**AIDER,** **sîcour,** *a*
secoureiñ. — *Qui aim*
sicourus, oc'h, â. —*s*
cour, *pr.* èn em sicour
em sicouret. *Al.* hem
der l'un l'autre, em sic

**AIEUL,** grand père, t
coh.—*Mon aieul,* va z
zad-coh.— *Ton aieul,*
tad-coz. *Van.* te dad-c
e dad-coz; *parlant d'une*
**AIEULE,** grand'mère, n
mamm goh. *Al.* nain, no
va mamm-goz. *Van.* r
*Trég.* ma momm-goz. ·
vamm-goz, daz mamr
vamm goh. *Trég.* da vom
aieule, e vamm-goz; *parla*
mamm-goz. —*Aieule pat*
goz a berz-tad. *Van.* man
en tad. — *Aieule materne*
a berz mamm. *Van.* man
èr vamm, mammyéü.—*s*
mammou-coz. *Van.* ho
coh, hur mammeü-coh.—
mammou-coz. *Van.* hou r
—*Leurs aieules,* o mamn
ou mammeü coh, ou ma
**AIEUX,** grands pères, t,
gourdadéü, gourdadicü. ·
cêtres, re-goz, tadou-coz
diaraug, hon tud diaraug
mes ancêtres, va re-goz, va
va zud-coz.—*Tes aieux,* d
dadou-coz, daz tud coz,
— *Ses aieux,* e re-goz, e
parlant d'une fille, he re-go
coz.—*Nos aieux; nos ancê*
goz, hon tadou-coz, ho
*Van.* hur gourdadiéü, houn
—*Vos aieux,* ho re-goz, ho
ho reguent, ho tud coz.—*s*
o re-goz, o zadou coz. *r. ancêt*
paternels, tadou coza berz t
maternels, tadou coz a berz

**AIGLE,** le plus grand, le pi
plus vite des oiseaux de proie, l
érèr, *pl.* érered; eryr, *pl.* éryr
gle hait le roitelet et en a peur,

gaçza al haoüenan hao éñ deus aouu razañ. —*Pierre d'aigle, qui se trouve dans le nid des aigles*, ur mæn ér, *pl.* mæin ér, ur mæn éryr, ur mæn érer. —*Aiglon, le petit d'unaigle*, éric, *pl.* éredigou, éredigou-vunud, labouçz ér, *pl.* labouçzed ér; pichon érer, *pl.* ed. — *Le renard mit le feu à l'arbre et les aiglons tombèrent tout rôtis,* alanic al loüarn a leqeas an tan èr vezen hac e coüezas d'an-doûar an éredihou hao y rostet-suilh.

AIGRE, *acide,* tréncq, oc'h, â. *Van.* treancq, treucq; égr. *v. acide.* — *Rendre ou devenir aigre,* tréncqaat, *pr.* trénc qéét; égri, *pr.* égret. *Van.* treancqeiñ.
— *Cela sent l'aigre,* c'huéz an tréncq a so gand an dra-ze, ur c'huéz égr a so gad an dra-ze. — *Vinaigre,* guin-égr. —*Mélange de choses aigres,* tréncqailhès, égraich. —*Aigre d'humeur et de paroles,* tréncq a ymeur hac a gomps, tréncq èn e ymeur hac en e gompsyou, rust, garo, garv, oc'h, â

AIGREMENT, gand tréncqdèr, gand garvéntez; gand rusdony, ez tréncq, ez rust.

AIGRET, *médiocrement aigre,* tréncqic, un neubeud, tréncq, égricq, sur. —*Fruits aigrets,* froüez sur.

AIGRETTE, *espèce de héron blanc, qui a la voix aigre,* hérlicon, *pl.* hérliconed. —*Aigrette, panache,* plumaicheñ, *pl.* plumaichennou, plumaich.—*Aigrette de crin qu'on met sur la tête des chevaux,* plumaich run, cribellou roncééd.

AIGREUR, tréncqdèr, tréncqded. *Van.* treancqadur, égrded. *v. acidité.*— *Aigreur dans les discours,* garventez, c'huérvdèr, rusdony.

ALGRIR,*rendre ou devenir aigre,*tréncqa,*pr.* trèncqet; trénqaat, *pr.* éét. *Van.* treancqeiñ, treincqeiñ.—*Aigrir, irriter,* guaçzaat, *pr.* éét. *v. agacer.*

AIGU, *pointu,* beguec, lémm, oc'h, â; moan dre ar bec. *Van.* lémm, luemm, oh, añ, aoñ.—*Aigu, parlant de la voix,* lémm, sqiltr, oc'h, â.—*Aigu, parlant de la vue,* lémm, cracq, oc'h, â.
—*Il a la vue aiguë comme un pigeon,* qer cracq co e lagad evel hiny ur goulm.
—*Un vent aigu,* un avel lémm. *Van.* un

aûél lnémm.—*Aigu, parlant de l'esprit,* lémm, soutil, oc'h, â.

AIGUADE, *eau douce dont on fait provision pour aller à la mer,* pourvision a zour douz ou a zour fresq. — *Faire alguade pour un voyage de mer,* pourvezi dour fresq evit merdéi, *pr.* pourvezet; ober pourvez a zour fresq, ober pourvision a zour fresq, *pr.* græt.

AIGUIÈRE, ra«e, bouilhouér, *pl.* ou; potéo, potév, *ppl.* potévyou. *On écrivait* podtelf.—*Aiguière d'argent, de faïence, d'étain,* ur bouilhouer-arc'hand, ur potév-arc'hand, ur bouilhouér feilhançz, stean, ur potéo feilhançz, stean.

AIGUIÉRÉE, *plein l'aiguière,* bouilhuonérad, *pl.* ou; potévad, *pl.* ou.—*Aiguiérie d'eau,* ur bouilhouérad, ur potévad dour.

AIGUILLE, *outil d'acier pour coudre,* nadoz, *pl.* you; nadoé, *pl.* you. *Van.* adoué, *pl.* adoueyeu. *v. cul.*—*Un point d'aiguille,* ur c'hrafnadoz, ur gry. *Van.* ur hraf adoué, ur goury. — *Aiguille à tricoter,* brochenn, *pl.* brochennou; broechenn,*pl.*broechennou.—*Aiguille de tête,* nadoz-bléau, *pl.* nadozyou bléau.—*Aiguille à emballer,* nadoz balin, nadoz pacq, nadoz golc'hedenn. —*Aiguille de montre,* nadoz orolaich. — *Aiguille de cadran,* goalen cadran, *pl.* goaleigner cadran; nadoz cadran. —*Aiguille aimantée,* nadoz mœntouichet, goalen mœntouichet.—*Aiguille de clocher,* tour beguecq, *pl.* touryou beguecq; goalen an tour.—*Aiguille, poisson de mer,* nadoz-vor, *pl.* nadozyou vor; acuilhetenn-vor, *pl.* acuilhetennou-vor, acuilhetou-vor.

AIGUILLÉE, nadozyad, *pl.* ou; —*Aiguillée de fil,* un nadozyad neud. — *Une aiguillée de soie,* un nadozyad seyz.

AIGUILLIER, *qui fait des aiguilles,* nadozyer, *pl.* nadozyéryen. *Van.* adoéyour, *pl.* yon, yan.

AIGUILLETIER, *qui ferre les aiguilles et les lacets,* acuilheter, *pl.* téryen.

AIGUILLETTE, acuilhetenn,*pl.*ou, acuilheton. *Van.* anguilheteñ, *pl.* éu. —*Aiguillette de soie,* acuilhetenn seyz. —*Fer d'aiguillette,* acclaoétenn, *pl.* ou;

claoën acuilhetenn, *pl.* clao acuïlhe-
tou. — *Nouer l'aiguillette*, coulma *ou*
scoulma an acuïlhetenn, *ppr.* et.—*Dé-*
*nouer l'aiguillette, lever le maléfice*, discoulma au acuïlhetenn, *pr.* et.

AIGUILLON, *bâton de bouvier où il y*
*a une pointe de fer*, garzou, *pl.* yer; goaleñ garzou, *pl.* goaleigner garzou. *Van.*
garhëu, *pl.* yer; garhouein, *pl.* yëu.—
*Aiguillon pour charruer, longue gaule qui*
*a une pointe de fer, et à l'autre bout une*
*fourchette pour décharger le coutre de la*
*charrue*, carpenn, *pl.* ou. *Van.* garh-
prenn, *pl.* garhprennëu; garëu gras-
pennecq. *Léon.* baz carzeurès, *pl.* bizyer carzeurès.—*Piquer les bœufs avec*
*l'aiguillon*, brouda, *pr.* et. *Van.* broudeiñ, brudeiñ. — *Aiguillon d'abeilles*,
flemm, *pl.* ou; broud, *pl.* ou. *Van.* flem,
*pl.* ëu.—*Aiguillon de couleuvre*, nadoz
aër, *pl.* nadozyou aër; flemm, *pl.* ou.
*v. papillon.*—*Piquer avec l'aiguillon, par-*
*lant des mouches*, brouda, *pr.* et, flemm-
ma, *pr.* et. *Parlant de la couleuvre,*
flemma picqat, *pr.* picqat.

AIGUILLONNER, *exciter, enflam-*
*mer*, brouda, *pr.* et; qentraouï, *pr.* ët.

AIGUISER. *v. affiler.*—*Aiguiser l'es-*
*prit, le rendre plus subtil*, lémma ar
spered, *pr.* lëmmet.

AIL, *sorte d'oignon sec et chaud*, qingnen. *Van.* qigneen.—*Un grain d'ail*,
qingnenen, *pl.* qiugnen.—*Gousse d'ail*,
péñ qingnen, *pl.* pénnou qingnen; torchad qingnen, *pl.* torchadou qingnen;
bochad qingnen, *pl.* bochadou qingnen. *Van.* peñ-qigneen, ivin-qigneen,
*ppl.* eü.—*Mété d'ail*, qenesqet a guin-
gnen, qingnen mesq-è-mesq.—*Frotté*
*d'ail*, frotet gand qingnen.—*Lieu planté*
*d'ail*, qingnénnec, *pl.* qingnénnegou;
qingnénnoc, *pl.* gou.

AILE *d'un oiseau*, asqéll, *pl.* æsqéll;
divasqéll, divæsqéll.—*Battre des ailes*,
dispafalat an æsqéll, *pr.* dispafalet. —
*Une aile de poulet bien rôti*, un asqéll
bouncin rostet mad.—*Aile d'un moulin*
à *vent*, qorn, *pl.* qérnyel; bañ, *pl.* bannou; breac'h, *pl.* you. *Van.* branqeü ur
velin, brehyeü-melin. — *Voler à tire-*
*d'aile*, mônei a deñ asqéll, *pr.* eat, cët,

æt; nigeal a deñ æsqéll, *pr.* et; nigeat
èn ur bom, ober ur bom-nich.—*Ailes*
*d'un édifice*, casell, *pl.* you, ur maner.
—*Aile d'une armée*, qorn, *pl.* qérnyou;
costez, *pl.* you. — *L'aile droite de l'ar-*
*mée*, costez dehou an arme. — *L'aile*
*gauche*, ar c'hostèz cléiz vès an armé.
—*Les deux ailes de notre armée étaient*,
an daou gorn *ou* au daou gostez eus
hon arme a yoa.

AILÉ, *qui a des ailes*, æsqéllet, èn
deus æsqéll.—*Pégase est un cheval ailé*,
ar marc'h Pegasus a so æsqéllet *ou* èn
deus æsqéll.—*Fourmies ailées*, méryen
æsqéllet. — *Les Bonites sont des poissons*
*ailés*, ar Bonided a so pesqed æsqellet
hac a nigh.

AILERON, *petite aile*, asqéllic, *pl.*
æsqélligou.—*Aileron, bout d'aile*, peñ
asqéll, *pl.* pénnou æsqéll.—*Aileron de*
*poisson, nageoire*, bréncq, *pl.* ou; bréncq
pesq, *pl.* brencqou pesqed. *Van.* nean-
nerès, *pl.* éd. — *Aileron d'une roue de*
*moulin*, pal-rod, *pl.* palyou-rod; pazeñ-
rod, *pl.* pazeigner-rod.

AILLEURS, *autre part*, è leac'h all,
èn un tu all.—*Par ailleurs*, dre leac'h
all, dre un hend all, èn hend all. —
*D'ailleurs, d'autre part*, a hend all, a
leac'h all, eus a leac'h all. *Van.* a hend
arall, a du arall.—*D'ailleurs, de plus*,
ouc'hpeñ, ouc'hpeñ a so, ouzpenn. *Van.*
dohpeen.—*Quelque part ailleurs*, èn ul
leac'h all bennac, èn un tu bennac
all, èn ul-leac'h.

AIMABLE, din da veza caret, di-
noc'h, à. *On devrait dire* carapl, *mais*
*il n'est pas d'usage.*—*Très-aimable*, din
meurbed da veza caret.

AIMANT, *pierre minérale*, mæntoüich
*pl.* mæintoüich. *Van.* id.—*L'aimant at-*
*tire le fer*, ar mæntoüich a deñ an
hoüarn da vétá *ou* da vitâ.

AIMANTER, *frotter d'aimant*, frota
un nadoz coumpas gand ar mæntoüich.

AIMER, caret, carout, *ppr.* caret.
*Van.* careiñ, *pr.* caret. — *Il faut aimer*
*Dieu de tout son cœur et son prochain comme*
*soi-même*, red eo caret Doüe a gréiz e
galoun hac e neçzá evel e unan.--*Aimer*
*tendrement*, caret gand ur galoun tener-

ghz.—*Aimer fort*, caret meurbed, caret crê, caret stard, caret cals.—*Aimer éperduement*, caret terrupl, caret orrupl, caret dreist peů.—*Porté naturellement à aimer*, carus, oh, aů.

AIMÉ *de tout le monde*, caret gand ar bed oll, qèr d'an oll.—*Qui n'aime point*, digar, oc'h, à.—*S'aimer*, èn em garet, em garet, *ppr*. id.—*Cette femme s'aime bien*, terrupl èn em gar ar c'hrec-hoůt, orrupl ez plich ar c'hrecq-hont dezy henuaů. — *Les éléphants ne s'aiment point dans les pays froids*, an olyfanded ne garont qet ar broezyou guien; an olyfanded n'en em bligeont qet èr broyou yen, an olyfanded ne blich qet ar broyou yen dézo.—*Aimer mieux*, cavout guěll, beza guěll, *pr.·*bet; caret qent, *pr.* id. —*Il aime mieux boire que dormir*, guěll eo gantaů eva eguet ne deo cousqet, guěll e car eva evit cousqet. — *J'aime mieux la paix que la guerre*, qent e caraů ar peoc'h eguet ar bresell, guěll eo guenê ar peoc'h evit ar bresell, ar peoc'h à garaů müguet ar bresell, bez' e histimaů ar peuc'h dreist an trous *ou* dreist ar safar.

AINE, *partie du corps où la cuisse et la hanche s'assemblent*, pleg ar vorsed, toull an morsed. — *Les aines*, pleg an niou vorsed, toull an niou vorsed.— *Glandes* ou *émonctoire de l'aine*, güerblen, *pl.* güerbl; güerbl toull ar vorsed. — *Avoir l'aine enflée*, cahout ar güerbl, cahout ar verbl, *pr.* bet; beza claů gand ar verbl.—*Guérir l'aine enflée, par maléfice*, discounta ar verbl, *pr.* et. *On suppose une déesse appelée en breton ar verbl, qu'on dit pour* Véner, Vénus, *et qui avait neuf filles, qu'il faut réduire d'une seule haleinée, de neuf à une et d'une à point.* Ar verbl he devoa nao merc'h; a nao teuas da eiz, a eiz da seiz, etc., a ziou da unan, a unan da qet. *Mais tout cela suppose un pacte précédent, sans quoi ce n'est qu'une réceriε, qui néanmoins est répandue dans toute la Basse-Bretagne.*

AINÉ, henâ, henaů, henaſſ, henaour; *pl.* yen. *Tous ces mots sont des superlatifs de* hén *ou* hyn, *aîné, vieux, excepté* hénaour, *qui est un substantif. De* là le henaů, *près* Pondaven, *id est, le château de l'aîné; de* là henaů-sal *et* henaů le bihaů, *en S.-Brieuc, id est, la maison noble de l'aîné du premier lit; et la maison de l'aîné du second lit de* sal, *maison de noblesse, et de* bihan, *petit.*—*Les aînés des maisons;* an henaouryen vés an tyez, ar mibyen henâ eus an tyez. — *L'aîné, le plus âgé*, ar c'hozza, an henâ, ar map cozzâ, ar map qentâ. *Van.* er bohaů.—*Aînée de maison*, henaoürès, *pl.* ed, merc'h henâ, ar verc'h henaů. —*L'aînée, la plus âgée*, ar gozzâ, ar verc'h cozzâ, ar verc'h qentâ. *Van.* er verh cohaů, er gohaů.

AINESSE, *droit d'aînesse*, henanded, henavælez. *Al.* henaſſded, henaſſaelez. (güir an henaour *ou* güir an henaourès.—*Esaü vendit son droit d'aînesse pour une écuelle de lentilles*, Esaü a verzas e henanded evit ur scudellad pisigou roůs. *v. lentille.*

* AINS, *hameçon*, higueů, *pl.* higuénnou. *Van.* id. *pl.* eů.

AINSI, *de la sorte, de cette sorte*, evelze, è guiz-ze, è c'hiz-ze, èr fæçzounze. *Van.* el-ze, ehal-ze, evel, evel-ze, esta-ze, estat-ze.— *Ainsi, de cette manière-ci*, evél-hén, èr guiz-mâ, è c'hiz-mâ, èr fæçzoun-mâ.—*Il est ainsi*, evelze ez ma ar bèd, evél-ze è m'ar bèd, è c'hiz-ze è m'an traou.—*Les choses étant ainsi*, pep tra o veza è c'hiz-ze.— *Qu'ainsi soit*, evél-ze bezét.—*Ainsi soit-il*, evél-ze bezét great, evél-hén bezét græt, ayoul, amen.—*Ainsi soit-il, imprécation*, ac'h-amen!

AIR, *élément*, ear, æa, avel. *Van.* éèr, en éér. *B.-Léon*, aër.—*Aller à l'air*, mont en avel, *pr.* eat, eët. *B.-Léon*, mont èn aél *ou* èn aër.—*Prendre l'air*, qemeret avel, *pr.* id. — *Respirer l'air*, ruſſla an ear, *pr.* et; ténna an ear gand e qevend, *pr.* et; ruſſia an avel, ténna e alan, ruſſla an aër.—*Air pur, air frais*, ear pur, ear fresq. *B.-Léon*, aër fresq.—*Air froid, air chaud*, ær yen, ær tom. *B.-Léon*, aër guïen, aër tom. —*Air subtil, air vif*, ear tano, ear beo ou beſſ.—*L'air y est trop subtil*, re veſſ eo an ear eno.—*Air grossier, air sain,*

èar teo *ou* teff, ear yac'h, ear yec'hé-
dus.—*L'air y est malsain*, ne deo qet
mad an ear eno, goall æra so eno, ne
de qet yec'hedus an œr eno.—*Air natal*, ear natur, ear natural. — *Aller
prendre son air natal pour retrouver sa
santé*, monet da ruffla e ear natur evit
allout cahout e yec'hed, mont da goumeret e ear natur, *pr.* eat, eët.—*Changer d'air*, ceinch cartèr *ou* cartèl, *pr.*
et. — *Air bien tempéré*, ear mad, ear
témpset mad; un témps mad aër. —
*Air doux*, ear douçz.— *Voler en l'air*,
nigeal èn ear, *pr.* et. — *Des paroles en
l'air*, compsyou dibrofid, compsyou
collet.—*D'air, qui est d'air*, vès a ear,
furmet gand ear.—*Un corps formé d'air*,
ur c'horf furmet gand ear.—*Les esprits
de l'air*, sperejou an ear, an dronc-
sperejou a so hac a vezo èn ear teval,
ac'hand da deiz ar varn.—*Air, mine*,
drémm, fæçzoun, tailh. *v. façon.* — *Il
a l'air le plus doux*, un drémm èn deveus an douçzå *ou* evit an douçzå, an
drénim aueza a so leun a zourder.—*Il
a l'air d'un saint*, ah drémm vès a ur
saut a so gantå, an dailh vès a ur sant
a so varnezå. — *Il a l'air rude*, rust eo
an drémm anezå, ur bop sperm èn
deus è creiz e dal.—*Air, ressemblance*,
liceveledigucz, fæçzoun. — *Air, chanson, son, pl.* sonyou; sonenn, *pl.* ou.
—*L'air d'une chanson*, ear, ton, toun.

AIRAIN, *cuivre rouge*, arm, arem.
*Van.* araim.—*Qui est d'airain*, a arm,
great gand arem.—*Siècle d'airain*, amser caled, amser garo.—*Le ciel est d'airain pour eux*, an eê a so dic'hraçz evi-
tô *ou* èn o andred.—*Les injures s'écri-
rent sur l'airain et les bienfaits sur le sable*,
an injuriou a recevér, a scrifér var an
arem hac ar mad-oberiou a scrifér var
an treaz, ar mad-oberyou recevet a
ancounec'hérprest hac a drouc recevet a zalc'her pell-amser sounch anezå.

AIRE, *toute superficie plaine sur laquelle
on marche, le sol*, leur, *pl.* leuryou; leurenn, *pl.* ou. *Van.* lér, *pl.* léryeü.-
*Aire de maison, le plain où l'on marche*,
leur an ty, leurenn an ty. *Van.* lér en
ty.—*Le bas de l'aire de la maison*, lost an

ty.—*L'aire d'une ville ou d'un village*,
leur-guær, *pl.* leuryou-kær; vilér, *pl.*
you. *Van.* leurhé, *pl.* leuréeü. *v. issue.*
—*Le haut de l'aire d'une ville*, lein leur-
guær, nec'h leur guær. *Van.* leign el
leurhé, penhér.—*Le bas de l'aire d'une
ville*, lost leur-guær, penn ar vilær.—
*Aire, place pour battre les grains*, leur,
*pl.* you.; leurda zôrna ed. *Van.* lér, *pl.*
léryeü.—*Étendre le blé sur l'aire pour le
battre*, lacaat al leuryad, *pr.* laqéët;
diaseza al leuryad, *pr.* et; asten al
leuryad, *pr.* astennet. *Van.* lacqat el
léryad, ledecc er ban, *pr.* ledet.—*Leter la paille de sur l'air, quand on a battu*, sevel al leuryad, *pr.* savet. *Van.*
saüeiñ el léryad, seüel er bann, *ppr.*
saviet.—*Balayer l'aire pour y étendre du
blé*, scuba al léur, *pr.* et. *Van.* scubeiñ
el lér.—*Balayer les grains de sur l'aire*,
scuba al leuryad.—*Airée de blé battu,
ou blé à battre sur l'aire*, leuryad, *pl.*
ou; leuryad ed, *pl.* leuryadou ed. *Van.*
léryad, *pl.* eü; bann, *pl.* eü; bann ed,
*pl.* eü ed.—*Aire de vent. v. rumb.*

* AIRETTE *de jardin, planche, couche
pour mettre des fleurs, etc.*, erven-jar-
drin, *pl.* ervennou-jardrin, irvy-jar-
drin, guëlead-bocquedou, guëlead-
lousou, *pl.* gueleadou. *Van.* aileten,
*pl* ailetenceü, èretenn, *pl.* eü; érüen,
*pl.* iruy; plauchenn, *pl.* eü.

AIS, *planche*, plancquen, *pl.* plench;
plencqod, plancqoëd.—*Coucher sur des
ais*, gourvez var ar plench, *pr.* et. —
*Dormir sur des ais*, cousqet var ar plench,
*pr.* id. — *Ais, cloison faite d'ais pour se
garantir du vent*, speur, *pl.* speuryou;
speur-preñ, *pl.* speuryou-preñ; speu-
reñ, *pl.* speurennou; draff, *pl.* drèven.

AISANCE, *facilité à faire les choses*,
æzans, eazamand, æçzony.—*D'un air
d'aisance*, gand æzans, gand un æzans
vras, gand æçzony.—*Aise, plaisir, commodité*, pligeadur, *pl.* you; æzamand,
*pl.* æzamanchou; eaz, æz. *Al.* corfoadur, corvoadúr. — *Chercher ses aises*,
clasq e æzamanchou, clasq e bligeadur, *pr.* et. — *A votre aise, lentement*,
var ho pouëz. *Van.* ar hou coar.—*Vous
ferez cela à votre aise*, andra-ze a reot

en oc'h eas *ou* en oc'h æz; an dra-ze
a reot, pâ guerot *ou* pa bligeo gueneoc'h *ou* pa vezo vac var noc'h.*Van.* en
dra-ze e réhet ar hou coar *ou* ar hou
coregueach.—*Aise*, *joie*, joa. *v. joie.*—
*Tressaillir d'aise*, dridal gand joa, *pr.*
dridet.—*Être ravi d'aise*, cahout ur joa
dreist ordinal, *pr.* bet; lammet gand
ar joa, *pr. id.* — *Être bien aise, avoir de*
*la joie de*, cahout joa eus.—*Je suis bien*
*aise de savoir que*, joa eo gueneñ gouzout penaus.—*Vous serez bien aise de l'a-*
*voir fait*, joa a vezo gueneoc'h e veza
græt.—*Vous le ferez bien aise*, joa a reot
dezâ, joa a root dezâ, joaüs èn réntot,
joaüs e rentot anezañ.—*A l'aise. v. ai-*
*sément.*

AISÉ, *qui est à son aise*, a so èn e æz.
*v. riche.*—*Aisé, facile*, æz, reiz, habasq,
oc'h, â. *Léon.* eaz. *Trég.* æzet. *Van.*
æz, oh, añ.—*Aisé à dire*, æz da lavaret, æzet da laret, æz da lareiñ.—*Aisé*
*à faire*, eaz *ou* æz da ober, æz d'obér.
— *Aisé en ses manières*, reiz, habasq,
oc'h, â; dijayn, dijaynus.

AISEMENT, æz, reiz, èn æz, ez
reiz, gaud æzamand.

AISSELLE, *creux sous le bras*, cazéll,
toull an gazéll. *Van.* cazal, *pl.* casalyeü,
er gazal, *pl.* er hazalyeü.—*Les deux ais-*
*selles*, an diou gazéll, an niou gazéll,
toullou ar gazéll, toull an niou gazéll,
ar gazellyou. — *Ce qu'on peut tenir ou*
*porter sous l'aisselle*, cazéllyad, *pl.* ou.

AJOURNEMENT, *assignation à com-*
*paraître en justice*, intimacion, *pl.* ou.
*Van.* intimacion, *pl.* intimacioneü.

AJOURNER, intima, *pr.* et. *Van.*
intiméiñ, *pr.* intimet.—*Être ajourné*,
beza intimet, *pr.* bet.—*Il est ajourné*,
intimet eo. — *Il a été ajourné*, intimet
eo bèt.

AJOUTER, *joindre à quelque chose*,
lacaat gand, lacaat è peñ, lacaat ouc'h
peñ, *pr.* leqeat, leqéët. *Van.* joënteiñ,
*pr.* et; jeuteiñ, *pr.* et.—*Ajouter l'un à*
*l'autre*, lacaat an eil gand eguile, lacât è peñ eguile, lacât peñ ouc'h peñ,
lacqât an cil ouc'h peñ eguile.—*Ajou-*
*ter foi à quelqu'un*, cridi ur re-bennac,
cridi da gompsyou ur re, *pr.* credet.

AJUSTEMENT. *v. agencement.*

AJUSTER, *rendre juste et égal*, ajusta, *pr.* et; ingali, *pr.* et; reiza, *pr.* et.
*v. agencé.*—*Personne qui est bien ajustée*,
coujourn, qempenn.

ALAIN, *nom d'homme*, Alan, Alon.
—*Petit Alain*, Alanic.*C'est aussi le nom*
*qu'on donne au renard:* Alanic al loüarn;
*comme celui de* Guillaume *au loup:* Güil-
lou ar bleiz, Güillaoüic ar bleiz.—*Saint*
*Alain*, sant Alan.

ALAMBIC, *vaisseau pour distiller*,
lambic, *pl.* lambigou.—*Tirer par l'a-*
*lambic, distiller*, lambicqa, *pr.* et; strilha gand al lambic, *pr.* et. *v. distiller.*
— *S'alambiquer l'esprit, s'embarrasser*
*l'esprit pour chercher quelque invention*
*nouvelle*, jayna e spered evit clasq, *pr.*
et; sipa e spered da soungeal penaus,
*pr.* sipet.

ALARME, *terreur*, spound, *pl.* spounchou, spountou. *Van.* spond, sqond.—
*Alarme, cri pour faire prendre les armes*,
azroüez evit mônet d'an armou.

ALARMER, *donner l'alarme à quel-*
*qu'un*, spounta ur re, *pr.* et; rei spound
daur re, *pr.* roët.*Van.* sponteiñ, sponto,
sponteiñ.—*S'alarmer*, spounta, *pr.* et;
beza spountet gand, *pr.* bet; cahout
spound, *pr.* bet; qemeret spound, *pr.* id.

ALBATRE, *sorte de marbre tendre et*
*blanc*, alabastr.—*Blanc et luisant comme*
*l'albâtre*, güen cann evel an alabastr. --
*Une statue d'albâtre*, ul limaich alabastr.

ALBIGEOIS, *hérétiques*, albyzis, par-
pailloded alby, an albyzed.

ALCORAN, *le recueil des écrits de Ma-*
*homet*, an alcorana, scrigeou ar fals prophed Mahomed, levr lézeñ an durqed,
lèsen an Mahometaned, ar Mahomedaich.

ALCOVE, *endroit retiré dans une*
*chambre où le lit est placé*, ur güele alcof,
*pl.* güelleou alcof; alcof, *pl.* alcofou.

ALEGRESSE, *joie, plaisir*, joaüsded,
levenez. — *Les sept alégresses, certaines*
*prières à la sainte Vierge*, ar seiz joaüsded, seiz joaüsded ar Verc'hès, seiz
levenez ar Verc'hès, levenezou an y-
troun Varia.

ALÈNE, menaoüed, *pl.* menaoüe-

**dou.** *Van.* **menéüed,** *pl.* **menéüedéû. —**
*Petite alène,* **menaoüedic,** *pl.* **menaoüe-**
**doú-lgou, menaoüed bihan.—***Percer d*
*coups d'alène,***menaoüedi,** *pr.* **menaoüe-**
**det.**

**ALENIER,** *faiseur d'aleines et d'aiguil-*
*les,* **menaoüeder,** *pl.* **menaoüederyen.**

**ALERTE,** *dispos,* **coujourn, blyou,**
**dispos, grezn, oh, â, añ. —** *Alerte,*
*éveillé, vigilant,* **evezyand,** *pl.* **ed, dihun**
**da bep mare, atau var evez, atau var**
**vale, feul, oc'h, â. —** *Alerte!* **qu'on se**
*tienne prêt,l'ennemi approche,***var añ evez;**
**cetu an adversouryen, var vale, cetu.**
**—** *Être alerte, être sur ses gardes,* **beza**
**var evez,** *pr.* **bet; lacqât evez mad,** *pr.*
**lacqéët; evezzât èrvad,** *pr.* **evezzéët.**

**ALEVIN,** *menu poisson pour peupler un*
*étang,* **had pesqed, pesqedigou munud,**
**munus.**

**ALEVINER** *un étang,* **lacqât munus**
**èn ur stancq,** *pr.***lecqeët.** *v. empoissonner.*

**ALEXIS,** *nom d'homme,* **Alexis. —**
*Saint Alexis,* **saut Alexis.**

**ALEZAN,** *cheval bai,* **bayan,** *pl.* **baya-**
**ned; marc'h bayan,** *pl.* **qevec bayan.**
*v. bai. Van.* **liû ar er ru.**

**ALGARADE,** *sorte d'insulte,* **arga-**
**déñ,** *pl.* **argadénnou; psalméñ,** *pl.* **psal-**
**ménnou.** *v. course.—Faire une algarade,*
**argadi,** *pr.* **argadet; cana psalménou**
**da ur re,** *pr.* **canet.**

**ALGEBRE,** *espèce d'arithmétique,* **un**
**seurd arismeticq.**

**ALGUAZIL,** *sergent,* **sergeand,** *pl.* **ed.**

**ALGUE,** *goëmond, varech ou sar,* **felu**
**mor, bézin.** *v. goëmond.*

**ALIBI** *ou alibi forains, défaite, échap-*
*patoire,* **digarez,** *pl.* **digarezyou; diso-**
**bér,** *pl.* **disoberyou.** *Van.* **fall-digare,**
*pl.* **fall-digareü.**

**ALIENATION,** *rente, donation,* **guër-**
**zidiguez,** **dounéson. —** *Aliénation des*
*affections,* **guienyen vras, yenigeñ vras;**
**hèrès, droucrançz.**

**ALIENER,***transporter la propriété d'une*
*chose,* **guërza, pe rei è dounésonn,***ppr.*
**güërzet pe roët. —** *Aliéner quelqu'un de*
*soi,* **lacqât ur re da guiennat ountâ,***pr.*
**lacqéët, lecqéët, lecqéëi; 4énna var-**
**nezañ** *ou* **var v-unan, hetès ûr re-ben-**

**nac,** *pr.* **ténnet; coll carantez ur re,**
*pr.* **collet.**

**ALIGNEMENT,** *action de mettre les*
*choses en ligne droite,* **lignénnadur, rencq-**
**qadurez, lignadur.**

**ALIGNER,** *tirer en ligne droite,* **li-**
**gnénna,** *pr.* **lignénnet; linéna,** *pr.* **et ;**
**rencqa,** *pr.* **et; ligneza,** *pr.* **et; cundui**
**diouc'h al ligneñ,** *pr.* **cunduet.** *Van.*
**linenneiñ, tenneiñ el linenn.**

**ALIMENT,** *nourriture,* **bevançz, ma-**
**gadur, magadurez, boët.** *Van.***beüançz,**
**magadur, magaduréh, bouid. —***Aucun*
*aliment, point du tout d'aliments,* **esqeñ,**
**tamm-tout, brienen.** *Van.* **braoünen,**
**graoünen, tam-bloc'h.**

**ALIMENTER,** *nourrir,* **mézur,***pr.* **et.**
**maga,** *pr.* **maguet; boëdta,** *pr.* **boëdtet;**
**boëdtât,** *pr.* **boedtéët; beva,** *pr.* **bevet.**
*Van.* **boëteiñ, boëta, boüita,***ppr.* **et.**
**magueiñ,** *pr.* **et.**

**ALIMENTEUX,** *t. de médecine,* **ma-**
**gus, oc'h ; â ; boëd magus, remed ma-**
**gus, boëdus.** *Van.* **boëdecq, boüidecq.**

**ALITER,** *garder le lit,* **dero'hel èn e**
**vele, derc'hel ér güele,** *pr.* **dalc'het;**
**chomm var ar güele.** *Van.* **chom er**
**guele.—***Cette plaie l'a alité pendant trois*
*mois,* **ar gouly-hont èn deus e zalc'het**
**èr güele a hed try miz, e pad try mis**
**ez eo bet èn e vele** *ou* **var ar guële; gand**
**ar gouly-hont. —** *S'aliter,* **chom èn e**
**vele,** *pr.* **chomet.**

**ALLANT,** *e, qui va et qui vient,* **a ya**
**hac a zeu, a gar mont ha dont, a gar**
**bale; baleand,** *pl.* **baleanded. —** *La*
*porte est ouverte à tout allant et venant,*
**digor eo atau an** *ou* **da guement a ca**
*ou* **a ya hac a zeu. —** *C'est un allant*
*qui aime'd aller,* **un dèn hac a gar bale**
**eo; mont ha dont a gar, ur baleand**
**eo, ur baleeur eo.**

**ALLAITER,** *nourrir de son lait,* **bron-**
**na,** *pr.* **bronnet; maga,** *pr.* **maguet.**
*Van.* **léheiñ, lého, léaha,***ppr.* **et.—***Bien-*
*heureux le sein qui a porté le Fils de Dieu,*
*et les mamelles qui l'ont allaité,* **cürus**
**mil ha mil güeich ar c'horff èn deus**
**bet douguet map Doüe, hac ar poul.**
**galoun pchiny èn deus e vaguet.**

**ALLECHEMENT.** *v. attrait.*

**ALLÉCHER**, *amadouer, attirer par caresses*, gounit gand compsyou caër, *pr.* gounezet; toüella, *pr.* toüellet. *Van.* ténueiñ dre friantach, *pr.* ténnet, gounit gued friantach.

**ALLÉE** *et venue*, mônediguez ha dônediguez, mont ha dont, mônet ha dôvet. — *Il y en a qui emploient tout leur temps en allées et venues*, be'ez eus hinyénnou pere a drémeno amser o vont hac o tont. — *Allée, galerie ou corridor;* pour aller en plusieurs chambres de suite, pondalez, *pl.* pondalezyou; trepas, *pl.* trepasyou. — *Allée de jardin ou avenue plantée*, alez, *pl.* you. *Van.* rabin, *pl.* eū. — *Allée de front*, alez abénn, an alez abénn. — *Allée de traverse*, alez a dreuz, an aledreuz, alez a gostez. — *Allée couverte*, alez goloët.

**ALLEGEMENT**, *alléger. v. adoucissement, adoucir.*

**ALLEGUER**, *citer une loi, une autorité, un exemple*, raporti, *pr.* raportet; lavaret, *pr.* id.; heuvel, *pr.* henvet, hanvet. — *Ci-dessus allégué*, diarauc raportet, amâ diarauc henvet, diarauc lavaret.

**ALLELUIA**, *mot hébreu qui veut dire en latin*, Laudate deum, *et en breton* Mèulit Doüe.

**ALLEMAGNE**, *pays*, Alamaign, Flàndrès-vras.

**ALLEMAND**, *langue*, langaich alamaign, langaich teut, teutaich, flamancqaich. — *Allemand, qui est d'Allemagne*, Flamancq, *pl.* Flamancqed ; Teut, *pl.* ed. — *Allemande*, Flamancqès, *pl.* Flamancqesed; Teutes, *pl.* ed.

**ALLER**, mônet, mont, *ppr.* eat, eêt, æt. *Van.* monnet, *pr.* oüeit, üeit, eit. *J.* rais, tu ras, il va, me az ea, me a ya; beza ez añ, mont a raū; te az ea, te a ya; beza ez és; mont a rès; eū az ea, ê a ya; bez' ez a; mont a ra. *Nous allons*, ny a ya, bez' ez eomp, mônet a reomp. *Vous allez*, c'huy a ya, bez' ez it, mont a rit. *Ils vont*, y a ya, bez' ez eoñt, mônet a reont. — *J'allais*, me ayé *ou* me ayea, bez' ez ean, mont a rean *ou* mônet a réeu. *Tu allais*, te ayé, te ayea, bez' ez eas, mônet a reas *ou* a réés. *Il*

*allait*, ê ayé, eū ayea, bez' ea, mont a rea, mont a réé. *Nous allions*, ny a yé, ny a yea, bez' ez eamp, mont a reamp. *ou* a réémp. *Vous alliez*, c'huy a yé, bez' ez eac'h, monet a reac'h. *Ils allaient*, y a yé, bez' ez eant, mont a reant. — *Je fus*, me a oüé, me a voüé, bez' ez is, mônet a ris. *Tu fus*, te a voüé, bez' ez oas, bez' ez voüés, mônet a resoud. *Il fut*, eū a voüé, bez' ez voüé, bez' ez oa , mônet a reas, mônet a eureu. — *J'ai été, je suis allé*, me a so eat, bez' ez oun eat, eat oun. *Tu as été, tu es allé*, te a so eat, bez' ez oud eat, eat oud. *Il est allé*, eū so eat, bez' eo eat, eat eo. *Nous sommes allés*, ny a so eat, bez' ez oump eat, eat oump. *Vous étes allés*, c'huy a so eat, bez' ez oc'h eat, eat oc'h. *Ils sont allés*, y a so eat, bez' ez int eat, eat int. — *J'irai*, me a yalo, me a yélo, me ez ay, bez' ez ayñ, mont a rayñ, mont a riñ. *Tu iras*, te a yalo, te a yélo, bez' ez y, mônet a ry. *Il ira*, ê a yélo, bez' ez ay mont a ray. *Nous irons*, ny a yalo, ny a yélo, bez' ez aimp, mont a raymp. — *Que j'aille, etc.*, ra'z in, ra'z y, ra'z ay. — *J'irais*, me a yaé, bez' ez a én, bez' ez aûén, mont a raén, mont a raûén. *Tu irais*, te a yaé, te a yaffé, bez' ez aés, bez' ez aûés, mont. a raés *ou* a ràûés. *Il irait*, eū ayaé *ou* ayaffé, bez' ez aé *ou* ez aûé , mont a raûé. *Nous irions*, ny a yaé, ny a yaffé, bez' ez aémp *ou* ez aûémp, mont a raémp. — *Vous iriez*, c'houy a yaé, bez' ez aéc'h, mont a raéc'h. *Ils iraient*, ya yaé, bez' ez aén, mont a raént. — *Que j'allasse*, ez aén. *Que tu allasses*, ez aés. *Qu'il allât*, ez aé. — *Que je sois allé*, ez vezén eat, ê vén eêt. *Que tu sois allé*, er vezés eat. *Qu'il soit allé*, ez véz eat. — *Que j'aie été, ez vezén bet. Que tu aies été*, ez véz bet, ê vez-te bet. *Qu'il ait été*, ez véz bet, ez véz-hê bet. — *Je serais allé, je fusse allé*, me a vezé eat. *Tu serais allé*, te a vezé eat. *Il serait allé*, eū a vezé eat *ou* eat vezén, eat vezés, eat vezê. *Nous serions allés*, ny a vezé eat, eat vezémp. — *Vous seriez allés*, c'huy a vezé eat, eat vezéc'h. — *Ils seraient allés*, y a vezé eat, eat vezént. — *J'aurais*

été, j'eusse été, me a vezé bet, bet a vezén, bez' ez vezén bet. Tu aurais été, te
a vezé bet, bet a vezés, bez' ez vezés bet.
Il aurait été, eñ a vezé bet, bet a vezé,
bez' ez vezé bet. Nous aurions été, ny a
vezé bet, bet vezémp, bez'e vezemp bet,
etc. — Je serai allé, me a vezo eat, eat
vezin, bez ez vezin eat. Tu seras allé, te
a vezo eat, eat vezi, bez e vezi eat. Il
sera allé, eñ a vezo eat, eat a vezo, eat
vezo, bez'e vezo eat. Nous serons allés, ny
a vezo eat, eat a vezimp, bez'e vezimp
eat. Vous serez allés, c'huy a vezo eat,
eat a vezot, eat viot, bez'e viot eat, bez'e
vezot eat. — J'aurai été, me a vezo bet,
bet a vezyn, bez' ez vezin bet. Tu auras
été, te a vezo bet, bet a vezy, bez'e vezy,
bez'e vezy bet. Il aura été, e a vezo bet,
bet, bet a vezo, béz'e vezo bet. Nous
aurons été, ny a vezo bet, bet a vezimp,
bez'e vezimp bet, bez'e vihomp bet. Vous
aurez été, c'huy a vezo bet, bet a vezot,
bet, bet a vihot, bez'e vezot bet, bez'e
vihot bet. Ils auront été, y a vezo bet,
bet a vezint, bet a vihont, bez'e vezint
bet, bez'e vihont bet. — Va, qea, qe. Allez, qiit, iit, et. Van. oüèt, et. — Qu'il
aille, qu'elle aille, eat, éét. Qu'ils aillent,
qu'elles aillent, eant, ëént. — Il ou elle
est allé ou allee, eat eo, éét eo. Ils ou elles
sont allés ou allées, eat int, ëét int. —
Plût à Dieu que j'allasse, ra'z aén pour
ra ez aén, a youl ez aén, pligé gand
Doūe ez aén.
  Aller en ville ou à la campagne, mônet
è kær pe var ar meas. — Aller à Rome
ou au Conquet, mônet da Roum pe da
Goncq. — Aller dehors ou dedans, mont
èr mæs pe ebarz. — Aller souvent à la
chasse, mont alyes da hemolc'h, mont
alyes da chaçzeal. — Aller deçà et delà,
mont du-hont da dumâ, mont tu-hont
ha tu-mâ. — Aller à pied et à cheval,
mont var droad ha var varc'h. — Aller
bellement, mont a doc e gam, mont gous-
tadic, mont gorreguic, mont var e
c'horréguez, mont var é naou. — Aller
vite, mont buhan, mont mibin, mont
affo. — Aller devant ou après, mont arauc
pe varlec'h. — Aller au devant de quelqu'un, mont-da xiarbeñ ur re. Van.

mônet a-been d'ur re-bennac. — Aller
conduire ceux qui s'en vont, mont-da am-
brouc ar re a guyta ou a ya quyt. — Aller par mer et par terre, mont divar vor
ha divar zoūar. — Aller se promener ou
faire les cent pas, mônet da vale pe da
gantreal. — Aller se coucher, mônet da
c'hourvez. — Aller dormir, mont da
gousqet. — Aller, marcher, qerzet, pr. id.
mônet. — Aller et venir, mont; ha dont,
ppr. eat ha deut. — Je suis toujours allant et venant, e ma oun atau mont-dont,
bepred ez oun o vont hac o tont. v. allant. — En allant ou en venant, en ur vônet pe èn ur zónet, o vont pe o' tont.
— S'en aller, quytaat, pr. quytéët; mont
quyt, pr. eat quyt. — Commencer à s'en
aller, sortir du lieu pour s'en aller, dépla-
cer, lusqi, lusqi da vont quyt, pr. lusqet, deūi qeulusqi, Mouvoir, bouger. —
Il est allé tout-à-l'heure, il vient de dépla-
cer, lusqet eo, lusqet eo da vont. — Le
temps s'en va, se passe, an amser a dré-
mén, trémen a ra an amser. — Le vin
s'en va finir, ar gūin a æchu, pare ar
gūin, isellaat a ra ar gūin, isellic eo ar
gūin, dare eo ar gūin. — Aller de mieux
en mieux, mônet vell-oc'h-vell, mont
güell-oc'h-güell. — Aller de pis en pis,
mônet goaçz-oc'h-goaçz, mont goaçz-
oc'h-oaçz.
  ALLEU ou Aleu ou Alodes, propriété
héréditaire, perc'henyaich, aberz tad
ha mam. v. lot. — Franc-aleu, terre qui
ne doit ni charge, ni redevance, ni droits
seigneuriaux, mais qui est seulement sujette à la juridiction, doūar quyt, pl. doūa-
rou quyt. Van. doūar-nobl, pl. doūa-
reü nobl; doūar quit.
  ALLIAGE, mélange de divers métaux,
qemescadur-metall. Van. qéigereah,
qéigeadur.
  ALLIANCE, union de personnes pour
leurs intérêts particuliers, alyançz, pl. a-
lyançzou. — Faire alliance, ober alyançz,
pr. græt. v. s'allier. — Alliance, affinité,
neçzanded, neçzandedou. Al. neçzaff-
ded, neçzaffalez. Van. neçzanded, allyançz. — L'arche d'alliance qui contenait les coffres où étaient les tables de la
loi, la manne, la verge d'Aaron, etc., au

arc'h a alyançz. — *Alliance, affinité qui se contracte par le baptême ou compaterni-té*, fizyolded, nèçzanded-badez. *Van.* allyançz. — *Alliance, contention, confé-deration*, allyançz, accord, divis, *ppl.* ou. ALLIÉ, nès, *pl.* tud nès. *Van.* qerent dre allyançz.

ALLIER, *fondre différents métaux en-semble pour les mêler ou les joindre*, teuzi metallou dishêvel è natur, evit o c'he-mesq, *pr.* teuzet; alya metal, *pr.* alyet; qemesq metallou, *pr.* qemesqet. — *Al-lier, joindre ensemble*, lacqât guevret, lecqéèt; joëntra açzamblès, *pr.* joën-tret; alya, *pr.* alyet. *Van.* Allyeiñ, pr. et. — *S'allier, contracter alliance par quel-que mariage*, countradi nèçzanded, *pr.* countradet; nèçzaat, *pr.* nèçzéèt; dô-net da veza nèçz, *pr.* deuèt, deut; ober alyançz, *pr.* græt. *Van.* him allyeiñ, gobér allyançz. — *S'allier, faire société, se confedérer*, ober alyançz guevret, *pr.* great; divisa, *pr.* diviset; accordi açzamblès, *pr.* accordet.

ALLONGE, *pour rendre plus long*, asteñ, *pl.* asténnou; hented, *pl.* hente-dou. — *Mettre une allonge à une jupe*, la-cât uu astéñ ouc'h ul lostéñ; lacât un hented, *pr.* lacqeêt, lecqeêt.

ALLONGEMENT, *action d'allonger*, asténnadur.

ALLONGER, asteñ, *pr.* asténnet. *Van.* ı steñeiñ, hirât, hireiñ, *ppr.* hireet. — *S'allonger* en em astéñ, *pr.* èn em as-ténnet. — *S'allonger, croître en longueur*, ısteñ, *pr.* et; hirraat, *pr.* hirréèt. — *Un cheval bien allongé*, ur marc'h astén-ı et mad.

ALLORE, *nom d'homme*, Allor. — ɔ. *Allore, évêque de Quimper*, sant Allor. * ALLOUÉ, *baillif*, alouër, *pl.* yen.— *Monsieur l'alloué*, an autrou'n alouër.

ALLUMER, ellumi, *pr.* ellumet. — *Allumer du feu*, ellumi tan, ober tan, *pr.* græt. — *Allumer du feu de quelque étincelle qui restait du feu précédent*, daç-ɔrc'h tan, *pr.* daçzorc'het. *Ab assur-re*, assourge daçzorc'eh; *ce mot est de rozon et du B.-Léon.* — *Allumer une candelle*, ellumi ur c'houlaoüen, en ɔui ur gantoull, *pr.* enaoüet. v. ani-

mer. — *Allumer la guerre, causer du bruit*, ellumi bresell, lacqât drouc, lacqât trous, *pr.* lecqéèt; accausionni trous, accausionnet.

ALLUMETTE, ellumetesen, *pl.* ellù-metès.

ALLURE, *démarche*, camm, qerzed. *v. démarche.* — *A son allure je vois bien*, diouc'h e gamm *ou* diouc'h e guerzed, me a vell èrvad penaus.

ALMANACH, armanac, *pl.* arma-nagou.

ALOÈS, *plante*, aloüed, an aloüesen.

ALOI, *certain degré de bonté, qui ré-sulte du mélange de plusieurs métaux*, qe-mescadur mad a vetall. — *Qui est de bon aloi*, a so mad, a boüe, vad, a dailh vad. — *Qui est de mauvais aloi*, a so faus, a so a fals poües, a so didailh.

ALORS, *en ce temps-là*, neuze, èn amser-ze. *Van.* neze. — *Jusques alors*, bede neuze. *v. lors.*

ALOSE, *poisson de mer qui au prin-temps monte par les rivières*, allouse, *pl.* alloused; allouseñ, *pl.* allousenned.

ALOUETTE, *oiseau*, alc'huëder, *pl.* alc'huèdes; c'huëder, *pl.* c'huèdes; c'huéderic, *pl.* c'huéderigued,'ec'huè-des. *Van.* cabelec, *pl.* cabelegui; co-dioh, *pl.* codiohed; coguennec, *pl.* co-guennegui, *id est*, coq-eznéc, coq-d'oi-seau. — *Le chant de l'alouette*, can an alc'huëder.

ALOYAU, *pièce de bœuf qu'on coupe le long des vertèbres, au haut-bout du dos de cet animal*, craoüenn vévin, *pl.* ou. — *Aloyau bien goûté*, craoüen vévin saoürecq.

ALPHABET, *disposition par ordre des lettres d'une langue*, reiz al lizerénnou eusa ul laugaich. — *Alphabet, petit livre qui contient l'alphabet*, ABC, levric an ABC. - *Alphabétique*, reiz al lizerou.

ALTÉRANT, *qui peut causer la soif*, sec'hedus, oc'h, â; boëd sec'hedus.

ALTÉRATION, *soif*, sec'hed. *Van.* sehed, sihed. — *Altération, corruption, changement*, goastadur, boutadur, cein-chamand.

ALTERCATION. *v. debat.*

ALTÉRER, *causer de la soif*, reï se-

c'hed, *pr.* roēt; digaçz sec'hed , *pr.* digaçzet. *Van.* Balbeiñ, *pr.* balbet.—*Être
altéré, avoir soif,* cahoūt sec'hed, *pr.* bet.
— *Habituellement altéré,* sec'hedic, se-
c'hidic, oc'h , à *Van.* balbeséh , sehe-
dic. — *Je suis si altéré que je meurs de
soif,* marv oun gand ar sec'hed. *Van.*
balbed oun guet sehed.—*Altérer, cor-
compre , changer ,* goasta, *pr.* goastet ;
ceinch, *pr.* et. *Van.* goasteiñ, *pr.* goastet. — *Altérer, parlant de chair cuite ou
de poisson,* bouta, *pr.* boutet. — *De la
viande altérée,* qic boutet, qic coumancet da vreina, qic a sɔ c'huez al
louēd gand-hâ, qic a so blas al louē-
ded gand-ha. — *Poisson altéré,* pesq
boutet. *pl.* pesqed bouted.

ALTERNATIVEMENT, *tour-à-tour,*
an eil goude eguile, bep eil vech. *Van.*
bep eil güch.

ALTESSE, *titre de prince, comme hautesse est celui du grand seigneur ou du grand
Turc,* uhélded.—*Votre altesse, monseigneur,* o c'huelded, autrou'r-prinç.

ALTIER. *v. fier, orgueilleux.*

ALUN, *sel minéral,* alum. *Van.* mæn-
alum. — *Qui tient de l'alun,* alumecq.

ALUNER, *faire tremper dans l'alun,*
alumi, *pr.* alumet. *Van.* alumeiñ, *pr.* et.

AMABILITÉ, *qualité qui rend une personne aimable,* carantélez.

AMADOUER. *v. allécher.*

AMAIGRIR, *rendre ou devenir maigre,*
treudi, *pr.* treudet; treutaat, *pr.* treu-
tēēt.

AMANDE, *semence de tous les arbres
à noyau,* craoūen , *pl.* craoūñ; asqorn,
*pl.* æsqorn, boēdeñ an asqorn, caloū-
nenn. — *Amandes, fruit d'amandier,* a-
lamandès, craoūñ alamandès. *Van.* alamantès. — *Amandes douces,* alamandès
douçz. — *Amandes amères,* alamandès
c'huéro.

AMANDIER, *arbre,* alamandezen, *pl.*
ned; güezen alamandès, *pl.* güez. *Van.*
güén. alamantès, *pl.* güe alamantès.

AMANT, douçz, *pl.* ed: amourouz, *pl.*
ed. — *C'est votre amant,* ho touçzeo, ho
c'hamourous co, ho servicher eo.

AMANTE, douçz, *pl.* ed; coantiz, *pl.*
ed; mæstrès, *pl.* mæstresed.

AMARANTE, *fleur,* pasvoulous.

AMARRER, *lier, attacher fortement
avec un cordage,* amarra , *pr.* amarret.
*Van.* amarreiñ. *v. lier.*

AMARRES, *cordages,* amarr, *pl.* ou.
*Van.* id., *pl.* éü.

AMAS, *beaucoup de choses ou de personnes assemblées,* bern , lod-bras, rum
terrupl. *Van.* un dastum, *pl.* dastumeu.
— *Il y avait là un amas considérable de
monde,* ur rum bras a dud *ou* rum terrupl a dud a yoa eno, ul lod tud a yoa
eno, un taulaud terrupl a dud a vouē
eno. — *Amas d'ordures,* bern viltançz,
bern atregeou, ul lod atregeou.

AMASSER, *accumuler,* destumi, *pr.*
destumet; dastum, dastumi, *ppr.* dastumet; daspuign, *pr.* daspuignet. *Van.*
dastum, *pr.* dastumet; yoheiñ, *pr.* et,
teçzein. — *Amasser du bien,* destumi
madou. *Van.* dastum dañue. *v. acquérir.* — *Amasser du foin ou de la paille à
brassées,* gronna foēn pe colo, *pr.* gron-
net. *Van.* gronnein *ou* gronnat foēn pe
plous, *ppr.* et.—*Amasser, lever quelque
chose de terre,* sevel un dra, *pr.* savet;
gourren, *pr* gourroēt; gorren, *pr.* gorroet. — *Amasser une chose pour la conserver,* serra un dra, *pr.* serret; goūarn
un dra, *pr.* goūarnet.—*Celui qui amasse, qui accumule,* destumer, *pl.* yen; das-
tumēr , *pl.* yen. — *S'amasser, s'attrouper, s'assembler,* èn em destumi, *pr.* èn
em destumet.

AMATEUR, *qui aime,* a gar, carus.
— *Il est amateur de l'étude,* ar studi a
gar, caret a ra ar study, bez'e car ar
study, carus eo eus ar study.

AMAZONE, *femme courageuse,* grec-
ozæc'h, *pl.* graguez-ezæc'h; grec calounecq, *pl.* graguez calounecq.

AMBASSADE, *envoi d'un souverain à
un autre,* cannadur, *pl.* you. — *Il est
allé en ambasse en Angleterre,* eat eo é
cannadur da lès ar roūe eus a Vro-saus.
— *Ambassade, charge, fonction d'ambassadeur,* cannadur, carg ur gannad.

AMBASSADEUR, *ministre public, envoyé en ambassade,* cannad, *pl.* ou , eu;
orator, *pl.* ed; ambaçzador, *pl.* ed. *Van.*
ambaçzadour, *pl.* ed.

AMBIGU, *obscur*, *équivoque*, dianaff, goloët, oc'h, â.—*Un homme ambigu, qu'on ne sait pas bien ce qu'il est ni ce qu'il veut*, un dèn dianaff, un dèn goloët. — *Des paroles ambiguës*, compsyou goloet, compsyou a zaou façz.

AMBIGUITÉ, *abscurité de paroles*, goloadur, compsyou dientend.

AMBITIEUSEMENT, gand ambicion, èn ur fæçzou ambicius.

AMBITIEUX, *passionné pour l'honneur*, ambicius, ambicionus, oc'h, â.

AMBITION, *passion déréglée qu'on a pour la gloire ou pour la fortune*, ambicion. — *L'ambition passe pour une vertu parmi les grands*, an dud vras o veza dre natur ambicius, a guemer an ambicion evit ur vertuz.

AMBITIONNER, ambicioni, *pr.* ambicionet. *Al.* ambiciaff, *pr.* ambiciet.

AMBITIONNÉ, e, ambicionet.

AMBLE, *allure de haquenée*, pas-æz, ar pas-æz. — *Cheval d'amble*, marc'h a ya d'ar pas æz, hincane.

AMBRE ou *karabé*, goularz.—*Ambre jaune*, goularz melen.—*Ambre gris*, goularz gris. — *Chapelet d'ambre*, chapeled goularz. *pl.* chapeledou goulard.

AMBROISIE, *viande exquise des dieux*, boëd ha güin an doüeed en cèvou.

AMBULANT, *errant*, *vagabond*, baleand, *pl.* baleanded.—*Ambulant, commis des fermes*, poënter, *pl.* poënteryen; mercour, *pl.* mercouryen.

AME, *principe interne de toutes les opérations des corps vivants*, ene, *pl.* enéou, enevou, anaoun. *Al.* eneff, *pl.* eneffou; anaff, *pl.* anaffou, anaffoun. *Trég.* ine, *pl.* inéo. *Van.* inañv, inéuñ, *pl.* inevëu, inéëu; ineau, *pl.* ineanéu.—*L'âme est du genre masculin en breton*, an ene a so eus ar c'hentâ gener èn hon langaich. — *Deux âmes, trois âmes, quatre âmes*, daou ene, try ene, pévar ene. — *L'âme raisonnable*, an ene résounapl, ene an dèn, ene map dèn. — *L'âme végète, sent et raisonne*, an ene a vef, a sant hac a résoun; beva, santout, ha résouni a ra an ene. — *L'âme sensitive ou celle des bêtes*, buez an anevaled. *v.* sensitif.—*L'âme végétative*, buczarguëz, aryéaud,

hac an lousou. — *Ame, une personne particulière*, dèn, christen. — *Il y a 30,000 âmes dans cette ville*, tregond mil dèn a so èr guær-mâ, èr guær-mâ ez eus hardiz tregond mil dèn. — *Je n'ai vu âme vivante ou âme qui vive*, n'am eus guëllet dèn *ou* necun, n'em eus qet guëllet ur c'hristen *ou* ur c'hristen-Doüe *ou* ur c'hristen da Zoüe, n'em eus guëllet c'hristen, n'am eus guëllet gour èn oll.

— *Ame, conscience*, consiançz, coustiançz.—*Une bonne âme*, un dèn a ur goustiançz vad, un dèn coustiançzus, un dèn nès d'e goustiançz, ur c'hristen guïryon.
— *Un homme sans âme*, un dèn digousiançz, un dèn digoustiançz, ur c'hristen fall a zen. — *Les âmes des trépassés*, an anaoun drémened, an anaoun. *Van.* en inéanéū drémenet, en inevéu dremenet. — *Les âmes du purgatoire*, an anaoun vad, enevou *ou* enêou ar purgator. *Van.* inevëu er plicatoër. — *Les âmes bienheureuses*, an enêou guenvidic, an enêou eürus. — *Les âmes damnées*, an enevou collet, an enêou daubnet. — *Ame, vigueur, force*, nérz, couraich. *Van.* nero'h. *v.* animer. — *Sans âme, sans vigueur, sans force*, dinerz, digouraich, sempl, oc'h, â. — *Ame, ce qui fait le milieu d'une chose*, caloumenn, ar galonenn.

AMELIORATION, güelahèñ, *pl.* güellahénnou.— *Quand on retire une terre, il faut compenser les améliorations utiles et nécessaires qu'y avait faites le possesseur de bonne foi*, pa acquyter un doüar e renqèr derc'hel cound eus ar guëllahennou mad ha redd da ober, d'an hiny èr poçzedè aberz.vad hac â lealded diaguent.

AMELIORER, *faire des améliorations*, güéllaat, *pr.* güélléet; rénta güéll, *pr.* rénlet; lacqat da dalvezout muy, *pr.* lecqéet; ober güëllahenn, *pr.* græt.

AMEN, *terme d'église*, amen. *Van.* amẽen. *v.* ainsi-soit-il.

AMENDE, *peine pécuniaire*, amand.— *Payer l'amende*, paëa an amand, *pr.* paëet — *Amende honorable, réparation publique*, amand enorapl. — *Faire amende honorable, la torche au poing*, ober amand enorapl; gand ar flambezen èn daou xourn, pr. græt.

AMENDEMENT, *changement*, guélli-
diguez, ceïnchamand.—*Dieu veut l'a-
mendement du pécheur et non pas sa perte*,
Doüe a houlen digand ar pec'her guëllidiguez a vuez *ou* ceïnchamand a gundu ha nan pas e gollidiguez; Doüe ne
fell qet dezà coll ar pec'her, goulen a ra
hemy qen e tué da ceinch buezéguez.—
*Amendement,engrais*, guëllaeü.*v.engrais*

AMENDER, *améliorer*, guéllaat, pr.
guélléët. — *Il a bien amendé celte terre*,
guélléët mad èn deus an doüar-hont,
guélléët mad eo an doüar-hont gand-
hañ. —*Amender sa vie, s'amender, se corriger*, güellaat e vuezéguez, mônet var
véllaat, pr. eat; dônet da véll, pr. deut;
ceinch, pr. ceïnchet; ceinch-buéz, quytât e voall vuez, pr. quytéët; distrei a
barfeded *ou* a zévry, pr. distroët; hem
gourrigea, pr. hem gourriget. *Van.* him
gorrigeiñ, chanch buhe. —*Amendé, se
porter mieux*, guéllaat, francqaat, pr.
francqéët. — *Ce malade n'amende point*,
ne vélla qet d'an dèn clañ hont, ne
francqa qet var an dèn clañ hont. —
*Il lui a amendé*, guélléët eo dezà, francqéët eo varnezà.

AMENER, *conduire, mener*, gaçz, pr.
oaçzet ; rèu, pr. reët. —*Amener, atti-
tirer à soi*, digaçz, pr. digaçzet; direu,
pr. direët. *v. apporter*. —*Amener, abaisser les voiles et le pavillon*, amena, pr. a-
menet. —*Les Allemands nous ont amené
l'imprimerie, les Italiens la chicane, l'usure
et la maltôte*, an Flamanqued o deus digaçzet deomp ar mouladur, hac an
Italianed o deus roët deomp ar cicané-
réz, an usurérez hac an truaigeou.

AMENUISER, *rendre plus menu*, divoëda, *pl.* divoëdet; moannaat, pr. mo-
annéet; munudi, pr. munudet; moë-
naat, pr. moenéët. *Van.* munudein,
tenaüein, tenaoñat.

AMER, *ère*, c'huéro, c'huérv, oc'h,
à. *Van.* huerv, oc'h, añ. — *Un peu amer*,
c'huervic, un neubeud c'huéro.—*Rendre ou devenir amer*, c'huérvaat, pr. c'hu-
ervéët.

AMEREMENT, en ur fæçzoun anqeñius, gand glac'har bras.—*S. Pierre*

pleura *amèrement sa faute*, sant Pezr a
voëlaz e bec'hed gand ur glac'har bras,
sant Pezr a scuilhas dazlou druz hac
anqeñius var e bec'hed , sant Pezr a
vouelas dourecq e bec'hed.

AMÉRIQUE, *une des quatre parties du
monde*, an doüar-nèvez. — *Vaisseau qui
va ou qui revient d'Amérique*, doüar-ne-
vezyad, *pl.* doüar-nevezys, doüar-ne-
vezidy.

AMERTUME, c'huérvdèr, *pl.* you;
c'huérventcz, *pl.* you. *Van.* huerhuony.
—*Amertume,douleur,déplaisir*, glac'har,
anqeñ, nec'hamand.

AMEUBLEMENT, *meubles dont on
garnit une chambre*, an arrebeury, meublaich, *pl.* meublaichou. *v. meuble*.

AMI, mignouu, *pl.* ed. *Van.* id. —
*Ami intime*, mignoun qèr, mignouu
bras.—*Je n'ai pas de plus grand ami*, n'am
eus qet braçzoc'h mignoun.—*Mon compère, mon ami*, va c'hompaér, va mignoun
—. *Ils sont bons amis*, mignouñed int.

AMIABLEMENT *ou à l'amiable, avec
douceur*, ê peoc'h, gand peoc'h, hep qet
a argu, hep arguz.

AMICT, *linge que le prêtre met sur la
tête avant que de prendre l'aube*, goël ar bælec, *pl.* goëlyou-bælec; amid, *pl.* ou.

AMIDON, *pâte pour raidir le linge*,
ampès guen.

AMIE, *celle qui aime et qui est aimée*,
mignounès, *pl.* ed. *Van.* id.

AMIGDALES, *petites glandes aux côtés du conduit du gosier*, mèseunou grizyen an téaud, mesénnoü an gouzoucq.
— *Les amigdales enflées*, ar gorou.—*Il a
les amigdales enflées*, ema ar gorou gandhá, coëznvet eo mesennou ec'houzoucq

AMIRAL, *qui commande en chef les armées navales*, aminal, *pl.* ed. — *Amiral
de France*, aminal a Françz. —*Vice-
amiral, viç-aminal, pl.* viç-aminaled.—
*Vaisseau amiral, le principal de la flotte*,
lestr aminal, *pl.* listry aminal.

AMIRALE, *galère que monte l'amiral
des galères*, gale-aminal, ar gale-amï-
nal, gale a aminal. —*Amirale, épouse
de l'amiral*, aminalès, ap-aminalès.

AMIRAUTÉ, *charge d'amiral*, carg an
aminal, oviçz an aminal. —*Amirauté*,

*jûridiction de l'amiral*, aminautéz, dalc'h au aminal.

AMITIÉ, *affection*, mignounaich, *pl.* ou; carantez, *pl.* you; amintiaich, *pl.* ou. *v. affection.*—*Amitié suspecte, en matière d'amour*, mignounyaich, *pl.* ou.— *Sans amitié, qui n'aime pas*, digar, oc'h, à.—*Ils ont trop d'amitié l'un pour l'autre*, *parlant d'un garçon et d'une fille*, mignounyaich a gavañ a so èntrezo, àoun am eus ne véz muy a vignounyaich egûed a vignounaich qen-èntrezo.

AMNISTIE, *pardoun general* a ro ir roûe, eus an drouc great diarauc ı enep e léséunou.

AMOINDRIR, *diminuer*, goaçzaat, *ır.* éet; biannaat, *pr.* éet; distæraat, *ır.* éet. *Van.* tenaûat, tenaûeiñ.

AMOINDRISSEMENT, *diminution*, limunu.

AMOLLIR, *rendre moins dur*, digaedi, *pr.* et; goacqaat, *pr.* éet; bougıaat, *pr.* éet; rénta goac *ou* boug *ou* lod *ou* foësq *ou* youst, *pr.* réntet; bloa, *pr.* et; teneraat, *pr.* teneréet. *Van.* lodeiñ, blotât, digaledeiñ.—*S'amolr*, *devenir moins dur*, bougqaat, goacaat, blotaat, *pr.* blotéet; teneraat. *'an.* tinérat, tenérat.

AMOLLISSEMENT, goacded, ougded, blodadur.

AMONCELER. *v. entasser.*

AMORCE, *appât pour la chasse ou pour pêche*, boëd *ou* pascadur evit derc'hel czned goëz *ou* pesqed. *v. resure.*—*Aorce, pourdré fine pour le bassinet des mes à feu*, amorch, *pl.* ou; emors, *pl.* norsou, emorchou.—*Amorce, appât ıi attire et qui persuade*, emors, amorch, ısc adur.— *L'argent et les plaisirs sont* ı *amorces du vice*, au arc'hand hac ar igeadur a so an emorz eus ar viçz *ou* so pascadur ar viçz, au arc'hand hae bligeadur a guadu d'ar viçz *ou* a ra uéza èr viçzou.

AMORCER, *mettre de l'amorce*, aırcha, emorsa, *ppr.* et.

AMORTIR *une rente, etc. v. affranchir.* *Amortir les passions*, mouga au drouc :liuacionou, *pr.* mouguét.—*S'amor-* *, s'eteindre*, mouga, *pr.* mouguet;

mervel, *pr.* maro, marv; mônet da netra, *pr.* eat; dismanta, *pr.* et.

AMORTISSEMENT. *v. affranchissement.*—*Amortissement, extinction*, mougadur, dismand.

AMOVIBLE, *qui peut être révoqué*, A allér da ceinoh, a allér da lamet èr mæs à garg, ceiñchapl, oc'h, à.

AMOUR, carantez. *Van.* carante. *v. affection, amourette.*—*Avoir de l'amour pour quelqu'un*, cahout carantez evit ur re, *pr.* bet.—*L'amour de Dieu pour nous*, carantez Doûe evidoump, ar garantez a Zoûe evidomp.—*L'amour des hommes pour Dieu*, carantez Doûe, carantez evit Doûe, carantez ê qêver Doûe, ar garantez a dleomp da zouguên da Zoûe ou da gahout evit Doûe.—*Pour l'amour de Dieu*, abalamour da Zoûe, palamour da Zoûe, èn hano da Zoûe, èn han-Doûe, evit Doûe, dre pep carantez a Zoûe.—*Pour l'amour de lui ou d'elle*, abalamour dezâ pe dezy, evithâ pe evithy. *Pour l'amour de moi*, abalamour diû me, evid-oun-me.—*Amour-propre*, *amour de soi-même*, carantez e-unan, carantez evit e-uûan, mignouny e-unan.— *L'amour-propre vous perd*, carantez o c'hunan o coll, re a garantez evit o c'hunan o coll, gand mignouny evit o c'hunan ez ouc'h collet.—*Faire l'amour*, ober al lès, *pr.* græt. *Van.* gobér el lès, tailhéiñ. *v. labourage.*—*Faire l'amour et se marier*, *parlant des pauvres gens*, frita paourentez èr billic a garantez, pilheñ o c'hober al lès dra drüilheû. *v. faim.*—*La passion d'amour*, orgued, au orgued.

AMOURETTE, *fol amour*, amourousded, *pl.* ou; orgued, *pl.* ou; oryadez, *pl.* ou; mignounyaich, *pl.* ou. *Van.* amourusted, carante-dall. — *Avoir des amourettes*, cahout amourousded, cahout orgued, cahout oryadez, cahout mignounyaich, *pr.* bet; orguedi, *pr.* et; beza leun a ergued, *pr.* bet. — *Elle a des amourettes*, croguet eo an orgued eñ hy.

AMOUREUSEMENT, gand carantez, gand orgued. *Van.* camnteûsemant.

AMOUREUX, amourous, oc'h, à ,

*pl.* amoureused. *Van.* amourus.—*L'a-mourous et sa maitresse*, an amourous hac e væstrès.—*Amoureux, plein de folles amours*, erguedèr, *pl.* arguedéryen; oryad, *pl.* ed; leun a amourousded, clañ gand orgued, clañ gand an amourousded.—*Amoureux de l'étude*, nep a gar ar study, nep èa deus carantez evit ar study, carus eus ar study.

AMOUREUSE, amourousès, *pl.* ed; oryadés, *pl.* ed; orguedès, *pl.* ed; nep so croguet ar bioq èn he scoûarn.

AMPHIBIE, *qui vit sur terre et dans l'eau*, a vef èn dour ha var zoûar.—*La loutre, le veau-marin sont des animaux amphibies*, ar c'hy-dour, al lue-vor a so a-nevaled pere a vef èn dour ha var zoûar.

AMPLE, *qui est grand et étendu*, franc, spaoius, oc'h, à; bras a ledan, hirr ha ledan. *B.-Léon*, ec'hon. *Van.* fourniçz.—*Une ample matière, un ample sujet*, ur matery founnus, ur suged var pe hiny ez ous cals a draou da lavaret.

AMPLEMENT, *largément*, ez spaçz, ez hirr, cals traou.

AMPLIFICATEUR, *qui amplifie*, cresqèr, *pl.* yen; astennèr, ledèr, hedèr, *ppl.* yen. *Van.* gresfour, *pl.* gresferyon.

AMPLIFICATION, cresqançz, hed, led, astennadur.

AMPLIFIER, *étendre, augmenter dans le discours*, crisqi an traou, *pr.* cresqet; c'huéza an traou, *pr.* et; astenn, *pr.* et; leda, *pr.* et; heda, *pr.* et; réi styl, *pr.* reët; lacqât styl var gan, *pr.* lacqeet. *Van.* gresfeiñ.

AMPOULE, *petite bulle qui se forme sur l'eau*, c'huëzeguell, *pl.* ou; c'hüiziguenn, *pl.* ou; clogorenn, *pl.* ou; lagaden-dour, *pl.* lagadennnou-dour. *Al.* builh, bulh. — *Ampoule, élevure pleine d'eau qui vient aux pieds et aux mains*, c'hüiziguen, *pl.* ou; clogoreü, *pl.* ou; gloéveü, *pl.* ou. *Van.* gloüéüénn, *pl.* éü.—*Ampoule qui vient sous la langue des bêtes à cornes et qui les fait mourir si l'on n'y remédie*, ar c'hüiziguen, ar gloéveñ, ar vloéveñ. *De là* boëd ar c'hüiziguen, boëd ar vloéveñ, *reste de cette maladie.*—*Petite ampoule*, c'hüezeguellic, *pl.* c'hüezeguellouïgou; c'hüizi-guennic, *pl.* c'hüiziguennoüigou; clogorennic, *pl.* clogorennoüigou. —*La sainte ampoule, vase où est l'huile sainte dont on sacre les rois de France*, an oléau sacr evit sagra àr roüanez a Françz.

AMPOULÉ, *enflé*, coënvet, c'hüezet.—*Un discours ampoulé*, compsyou c'hüezet, un divis c'hüiziguenuet. —*S'ampouler, parlant de l'eau lorsqu'il pleut*, c'hüiziguenna, *pr.* et, clogorenna, lagadenna, *ppr.* et.

AMULETTE, *médicament composé de simples, qu'on se met au cou*, lousou è qelc'hen ar gouzouc.

AMURER, *bander les cordages des voiles*, amura, *pr.* et. *Van.* amurciñ.

AMURÉ, *part. et adj.* amuret.

AMURES, *trous pour amurer*, amur, *pl.* ou. *Van.* id., *pl.* éü.

AMUSEMENT, *occupation pour passer le temps*, diverramand, *pl.* diverramanchou; diduéll, *pl.* ou; divus, *pl.* ou; lugudérez, *pl.* ou; belbyaich, *pl.* ou.—*Amusement, retardement*, dale, *pl.* ou; luzy, *pl.* luzyou.—*Amusement d'enfants*, rabadiéz, *pl.* ou; mibilyaich, *pl.* ou; bugaleaich, didüellou - bugale, c'hoaryell, *pl.* ou.

AMUSER, *arrêter quelqu'un*, dalea ur re, *pr.* daleet; dalea ur re-bennac, *pr.* daleet. *Van.* daleiñ, *pr.* et; dalheiñ derhél, *ppr.* dalhet.—*Amuser quelqu'un, lui faire passer le temps à quelque occupation légère*, dihus ur re, *pr.* et; divu ur re-bennac, *pr.* divuset.—*Amuser u enfant*, divus ur buguel, diduélla u buguel ou ur c'hroüadur; *pr.* diduéllet.—*S'amuser, s'arrêter*, dale, *pr.* daléet *Van.* daléeiñ, *pr.* et; dalheiñ, *pr.* et—*S'amuser à causer ou à quelque chose d'inutile*, musal, *pr.* muset; lugudi *pr. v.* begasder.—*S'amuser, retardé par les chemins ou à faire quelque chose* landrei; *pr.* landrëet; lugudi, *pr.* et

AMUSEUR, *qui amuse, qui trompe* abuser, *pl.* yen; abusour, *pl.* yen; frountèr, *pl.* yen.—*Amuseur, qui s'muse à des bagatelles, ou qui est lent* tout, lugudèr, *pl.* yen; musèr, *pl.* ye laudreand, *pl.* ed; chuchuenn, *pl.* ed. *Petit amuseur*, lugudericq, chuchuer

nicq.—*Amuseuse, qui s'amuse*, hugnde-
rès, *pl.* ed; chuchuéñ, *pl.* ed; lan-
dreandès, *pl.* landréandesed.

AN, *l'espace de 12 mois*, bloaz, *pl.*
you. *Van.* blé, *pl.* bléyeü. *Trég.* bloa,
bla, *pp.* yo.—*L'espace d'un an*, hed ur
bloaz, hed ur bloa, hed ur bla. *Van.*
hed ur blé. — *Pendant un an*, a hed ur
bloaz, o pad ur bloaz, a doc ur bloaz, è
spaçz ur bloaz. — *Agé de 3 ans, de 10
ans*, try-bloazyad, dec-vloazyad.—*Douse ans accomplis*, daouzec · vloaz creñ,
daouzec vloaz fourniçz. — *Qui est d'un
an, de deux ans*, ur bloazyad, daou-vlo-
azyad, en deus ur bloaz, daou vloaz.
—*Qui sont d'un an, de deux ans*, bloazi-
dy, daou-vloazidy, o deus ur bloaz,
daou-vloaz. — *Il a vécu cent ans*, bevet
èn deus cand vloaz. — *Elle a vécu cent
ans*, bevet he deus cand vloaz.

ANACHORÈTE, *qui vit seul dans le
désert*, ermid, *pl.* ermided.

ANALOGIE. *rapport*, héveledíguez.

ANALOGIQUE, *qui a du rapport*, hével ouc'h.

ANARCHIE, *état sans prince, sans magistrats*, stadau hep peñ é-bed, stadou
pere e vef, pep Liny diouc'h e roll.

ANATHÉMATISER, *excommunier*,
escumunuga, *pr.* uet; anaoüea, *pr.* et.
—*Anathématiser, détester, maudire*, argarzi, *pr.* et; millizyen, *pr.* milliguet.

ANATHÈME, *excommunication*, escu-
munugueñ, *pl.* ou; anaoüe, *pl.* ou, *qui
veut dire monitoire*.

ANATOMIE, *connaissance du corps par
la dissection faite avec ordre*, anaoudéguez
eus a oll guevrennou ar c'horf, dre an
trouc'hidiguez anézo.

ANCÊTRES, *aïeuls*, ar re goz, an
tadon coz, ar re guent. *Van.* en ancien
tadeü, en tadeü coh. *v.* aïeul.—*C'était
la coutume de nos ancêtres*, qiz hon re goz
voa, qiz hon re guent voa, qiz hon tadon coz a voué, qiz ar re diarauzomp voa

ANCHE, *petite languette par laquelle on
donne le vent aux haut-bois*, hancheñ, *pl.*
hanchénnou.

ANCHOIS, *petit poisson de mer semblable aux petites sardines*, gliziguen, *pl.*
glizigou, glizicq. — *Manger des anchois*,

dibri glizicq.

ANCIEN, enne, coz, oc'h, à. *Van.*
coh, oc'h, aoñ; ancien, éc'h, aoñ. *Al.*
henn, en. —*Les anciens*, ar re goz. *Van.*
er re goh. — *L'ancien des jours*, Doüe
coz. — *Seigneur, que la sainte Ecriture
appelle l'ancien des jours*, autrou Doüe,
Doüe coz.

ANCIENNEMENT, güeichall, tro-
all, èn amser goz. *Van.* en amsér-goh.

ANCIENNETÉ, *ce qui est d'un temps
immémorial*, amser-bet, amser goz, amser drémenet, ancyandéd. — *De toute
ancienneté*, a bep amser, a bep memor
dèñ, a vepred, a viscoaz, a bep ancyanded.—*Ancienneté, temps qu'une personne
est reçue dans une charge ou dans une compagnie*, ancyanded, oad a recevidiguez.
— *L'ancienneté règle les rangs*, diouc'h
an ancyanded e zaar rencq, diouc'h an
oad a recevidiguez e roer e réncq da
bep unan.

ANCOLIE. *v. Gants-Notre-Dame.*

ANCRAGE, *lieu propre à jeter l'ancre*,
eauraich, héauraich. — *Payer le droit
d'ancrage*, paéa güir an éauraich, *pr.*
paéet.

ANCRE *de vaisseau*, héaur, *pl.* héau-
ryou. *Van.* your, *pl.* eü; ihaur, *pl.* eü-
ivor, *pl.* eü. *Al.* ancor, angor.—*Étre à
l'ancre*, paoüesa, paoües, *ppr.* paoüe-
set, beza var e héaur. —*Lever l'ancre*,
sevel an éaur, *pr.* savet; apareilha, *pr.*
apareilhet. *v. ancre, au mot native.*

ANCRER, *mouiller, jeter l'ancre*, hé-
auri, *pr.* héauret; teurl an éaur, *pr.*
taulet; glibya, *pr.* glibyet. *Van.* turul
en your, *pr.* taulet; teurel en ihaur, *pr.*
taulet.

ANDOUILLE, andüilhén, *pl.* anduilh,
anduilhennou.

ANDRÉ, *nom d'homme*, Andre, An-
dreo, Andrev.

ANDROGYNE. *v. hermaphrodite.*

ANE, *bête de somme*, asénn, *pl.* æsenn.
*Van.* aseen, *pl.* ed, æsenn. —*Ane sauvage*, aseun-goëz, *pl.* æsenu-goëz. —
*Braire comme un âne. v. braire.* — *Ane,
stupide, grossier, ignorant*, aseun, *pl.* ed;
asenn-gornecq, péeu-asenn, divscou-
arn-asenn; scoüarnec, *pl.* scoüarnéven.

ANÉANTIR, *réduire au néant, ou à
peu de chose,* neanta ; *pr.* et ; lacqât da
nep tra, *pr.* lecqéet ; caçz da netra, *pr.*
caçzet ; lacqât da guet. *Van.* caçz de
qet, laqat de netra. — *S'anéantir, aller
à rien,* neantât, *pr.* néantéet ; mont da
netra, *pr.* éet. *v. s'humilier.*

ANÉANTISSEMENT, *réduction au
néant,* neantadur. *Van.* netra. — *Il n'y
a que Dieu qui puisse faire un entier anéantissement,* an neantadur parfed ne all
beza græt nemed gand Douë hepqen.
— *Anéantissement de soi-même, grande
humilité,* humilite parfed, disprisanz
vras anezâ e-unan.

ANEMONE, *fleur,* coculoçz. — *Anemone sauvage,* cuculoçz goëz.

ANESSE, asennés, *pl.* æsénnesed,
asennesed. *Van.*id. — *Petite ânesse,* anenesiq, *pl.* asénnesedigou. — *Lait d'ânesse,* leaz asénnés. *Van.* leah asenés.

ANGE, *substance spirituelle et intelligente,* eal, *pl.* ælez ; æl, *pl.* ez ; aël, *pl.*
ed. *Van.* æl, *pl.* ed, æle. — *L'ange gardien,* an eal mad, an æl mad, *pl.* an
ælez vad, æl mired. *Van.* en æl mad. —
*Un ange de lumière, un bon ange,* un æl
guën, un æl mad. *Van.* id. — *L'ange
de ténèbres, le diable,* an æl du, an æl du
cornec, ar goall æl. *Van.* id. — *Les anges du ciel ;* ælez ar barados, an ælez
benniqued. — *Les mauvais anges,* an
drouc speregeou, ar goall ælez. — *Ange, poisson de mer, dont on tire de l'huile
admirable pour les plaies,* loérec, *pl.* loéregued. — *De l'huile d'ange,* eol loérec.
— *Huile d'ange à brûler dans un lampion,*
goulou loérec, mord-lard.

ANGELIQUE, *qui tient de l'ange, s*
aparchand ouc'h an ælez. *Il faudrait
dire* ælecq, *mais ce mot n'est point en
usage, du moins que je sache.* — *La salutation angélique,* an ave maria, an angelus, saluh en eal d'ar verc'hès. —
*Mener une vie angélique,* beva var an douar
evel an ælez èr barados, *pr.* bevet. —
*Angélique, plante,* angelica, an angelica.
— *Angélique sauvage, plante,* âr parisilhen verlestæn, talbod.

ANGELUS, *prière à la Vierge,* an angelus. — *Sonner l'angelus le matin et à*

midi, sénni an angelus, *pr.* sénnet ; son
an augelus da vintin ha da grez deiz,
*pr.* sonet. — *Sonner l'angelus le soir,* sénni qeulfe, sénni cuërfe. *v. couvre-feu.*

ANGLAIS, *qui est d'Angleterre,* Sauz,
*pl.* Sauzon, *id est, Saxe, Saxons ; de même
que* Bro-sauz, *pays des Saxons, d'Anglo-Saxons, de Sauzons, vient* Ysauzon, *nom
d'une maison noble et ancienne.* — *Anglais,
langue anglaise,* sauznec, sauzmec, lonaich sauz, yez Bro-saus, sauzmegaich.
*En Galles,* saësounaeg.

ANGLE, *rencontre de deux lignes inclinées,* coign, *pl.* ou ; corn, *pl.* you. *v.
triangle.*

ANGLETERRE, *royaume,* Bro-saus.
*Van.* Ber-saus. — *D'Angleterre,* a Vro-saus, eus a Vro-saus. — *Le parlement
d'Angleterre,* parlamand Bro-saus, ar
parlamand eus a Vro-saus.

ANGOISSE, *douleur violente* gloasou.
*v. détresse,* transe.

ANGUILLE, *poisson de rivière,* silyen,
*pl.* silyou. *Van.* silyen, *pl.* silyeü ; *H.-
Léon.* qeurusen, *pl.* qeurus. — *Pêcher
des anguilles,* silyaoüa, *pr.* silyaoüet. *Van.*
silyéüeiû, silyéüa. *H.-Léon.* qeurusa.
— *Aller à la pêche d'anguilles,* mônet da
silyaoüa, *pr.* éet. — *Anguilles salées,*
silyou sall.

ANGULAIRE, *qui a des angles,* coïgnec, cornec, oc'h, à, *pr.* coïgnegued,
cornegued. — *Pierre angulaire, pierre
fondamentale qui fait l'angle ou le coin du
bâtiment,* mæn coignec, *pl.* mæin coïgnec ; mean cornecq, *pl.* mæin cornecq.
— *Jésus-Christ est la pierre angulaire de
l'église,* hon salver a so evel ma lavaréc'h, ar mean coignec, pe var hiny
ez eo fountet ha diasezet an ilis.

ANIMAL, *ce qui a une âme et des sens,*
aneval, *pl.* ed. *Van.* eneval, aneval, enal,
*pl.* eneval, enal, enaleü. — *L'homme est
un animal raisonnable,* an dèn a so un
aneval résounapl. — *Animal, bête,* aneval mad, *pl.* anevaled mud ; lozn, *pl.*
ed ; loëzn, *pl.* ed. — *Animal aquatique,*
loëzn a vef ordinal èn dour, aneval
dourecq. — *Animal à quatre pieds,* aneval pévar-zroàdec. — *Animal qui a de
la corne aux pieds,* aneval carnec.

*Van.* èneval carnec. — *Animal qui a une marque blanche au front*, bailh. *Pour le fem.* bailhès; aneval bailh, *pr.* éd. — *Les animaux domestiques*, an aoevaled doñ, al loëzued doñ. — *Les animaux domestiques, tant chevaux, bêtes de somme, brebis, pourceaux, que bêtes à cornes*, an anevaled, al loëzued, ar c'hantal, ar chatal, ar chatalou. *Van.* enaled, lôñned, er chetal. — *Les animaux domestiques, les bêtes à cornes*, ar saoud, *Van.* erséüd. — *Animal blessé par le loup*, aneval plaouyet gad ar bleiz.

ANIMATION, *infusion de l'âme*, enaoüidiguez. — *L'animation du fœtus n'arrive qu'après les quarante jours*, an enaüidiguez ne véz nemed daou-uguent deiz ar véz bet concevet ar c'broüarduricq.

ANIMER, *infuser l'âme dans un corps organisé*, enaoüi, *pr.* enaoüet; enaoüi ur c'horf peur-furmed; enaoüi, abené, *âme, delà* enaoüi ar goulou, *allumer la chandelle.* — *Animer, encourager quelqu'un*, rei couraich da ur re, *pr.* roët; lacqàt courraich èn un dèn, *pr.* lecqéet; nerza ur re, *pr.* nerzet. — *Animez vous donc?* licqit un ene èr c'horf-ze eta? liqit courraich èr c'horf-ze eta?— *S'animer, prendre courage*, qemeret courraich, *pr.* id. τ. *s'évertuer.* — *Animer, exciter, irriter*, atisa, *pr.* atiset; facha, *pr.* et; lacqaat da facha, lacqaat da vuauecqaat.—*Animer les uns contre les autres*, malicza an eil ouc'h eguile. lacqaat an eil da valicza ouc'h eguile. —*S'animer contre quelqu'un*, tana ouc'h ur re, *pr.* et; malicza ouc'h ur re, *pr.* et; tæri ouc'h ur re, *pr.* tæret.

ANIMOSITÉ, *haine, aversion*, tanigeñ, tærigeñ, drouguiez. *Van.* rancu, rancun.

ANIS, *plante*, anis. — *Grain d'anis*, anisen, *pl.* anis; greun anis, had anis.

ANISER, *mêler de l'anis dans quelque chose*, anisa, *pr.* aniset. *Van.* aniseiñ.

ANNALES, *histoire de ce qui s'est passé chaque année*, annalyou, an histor-hervez ar reiz eus ar bloazyou.

ANNALISTE, *compositeur d'annales*, historyan, *pl.* ed; historyan diouc'h ar reiz eus ar bloazyou.

ANNATE, *le revenu d'un an d'un bénéfice vacant*, ar bloavez qentà eus a dalloudeguez ur benevicz vacq a renqér da baëa; annad, *pl.* ou; bloavez an annad. — *Pendant l'annate*, a-doo bloavez an annad.

ANNE, *nom de femme*, anna.—*Sainte Anne*, santès Anna.—*Sainte Anne, près d'Auray*, Santès Anna Alré, Santès Anna-Bell. —*Sainte Anne de Foësnant*, Santès Anna Foënant, Santès Anna-Daust.

ANNETTE, *petite Anne*, Annaicq, Annaocq. *En Bas-Léon les diminutifs sont tous en ocq et non en icq comme ailleurs.*

ANNEAU, *bague*, bezou, *pl.* bezayer; bizou, *pl.* bizayer, bizouyer. *Ces deux mots tiennent de bès et de bis, doigt. Van.* bizeü, *pl.* yer; goaleeñ, *pl.* eü; letton, *pl.* ed.—*Chaton d'un anneau, où est la pierre*, peñ ur bizou, lagadeñ ur bezou, —*Anneau de l'évêque*, goalen an escop; bezou an escop. — *Anneau, cercle pour attacher*, lagadeñ, *pl.* ou. *v. cercle.*

ANNÉE, *an*, bloazvez, *pl.* you. *Van.* bleüch, *pl.* bléüehéü) blizenn, *pl.* ou. — *Le commencement de l'année*, dézrou an bloazvez, dézrou ar bloaz névez. *Dieu vous donne bonne année*, bloazvez mad deoc'h digand Doüe. — *Je vous souhaite une bonne et heureuse année*, ur bloazvez mad a reqetañ deoc'h digand Doüe. *En termes grotesques, on dit:* bloazvez mad deoc'h ha tyéguez dilogod.— *D'année en année*, a vloazvez-è-bloazvez, a vloavez-da-vloavez. *Van.* a vlé-de-vlé.—*Cette année*, bevlene, èr bloaz-má.—*L'année passée*, varlene, èr bloaz trémened.—*D'aujourd'hui en un an*, èn deiz-má peñ-lizenn, èn deiz-má peñ-bloaz ou peñ-blizenn.—*Chaque année*, pep lizenn, pep blizenn, pep bloazvez, pep bloaz. ( blizenn, *id est*, bloezen, bloezen.

ANNELET, *petit cercle*, lagadennic, *pl.* lagadennoüigou.

ANNEXE, *ce qu'on ajoute à une chose*, ar pez a staguer ouc'h un all, stag ouc'h un dra. *Van.* joënt. —*Lambaut est une annexe de Guimilyau, en Léon,* lanbaul ar guivigéryen a so un dré stag ouc'h parrés Güimiliau è escopty Leon. *v. saccursale.*

ANNEXER, *joindre,* staga ouc'h, *pr.* staguet ouc'h, joëntra gand, *pr.* et. *Van.* joenteiñ, jeüteiñ.— *Le roi Charles VIII annexa la Provence d la couronne, en* 1486, ar roüe Charlès eizved èn hano a stagas Provança ouc'h ar rouantélez à Françz, èr bloaz pèvarzec cand c'huec'h ha pévar uguent.

ANNIVERSAIRE, *service qu'on fait tous les ans pour un mort,* deiz·ha bloaz evit ur re, seřvich deiz ha bloaz evit ün dèn·maro.

ANNONCER, *apporter des nouvelles à une personne,* digaçz qéhézlou da ur re, digaçz mæneé da ur pèrsonnaich, *pr.* et.—*Annoncér. v. publier.*

ANNONCIATION, *une des fêtes de la Sainte-Vierge,* goël Marya'-meurs.*v.fête.*

ANNOTATION, *remarque,* remercq. *pl.* remercqou.

ANNUEL, *le, ce qui revient tous les ans,* a erru bep bloaz, bloazyecq. — *Rente annuelle,* rend a baëér bep bloaz; rénd blouzyec, *pl.* rénchou bloazyecq.—*Le droit annuel, la paulette qu'on paie tous les ans aux parties casuelles, pour conserver sa charge à ses héritiers,* ar guir bep bloaz, ar güir abaër bep bloaz divar ur garg evit he miret d'e hæred, ar guir bloazyec divar ur garg, ar paolet. *v. paulette.* — *Annuel, messe qu'on dit pendant un an pour un mort,* uroſureñ bemdez hed ur bloaz evit nep so eat d'an anaoun.

ANNULÉ, *e, part. et adj.* Torret.

ANNULER, *casser.* terri, *pr.* torret. *v. abolir. Van.* Torreiñ, *pr.* torret.—*Annuler un acte,* terri un acta.

ANOBLIR, *rendre noble,* nobla, *pr.* el; noblaat, *pr.* éet; nobliçzaat, *pr.* éet. *Van.* noblat, *pr.* et.—*Étre anobli,* beza noblet *ou* nobléet; *pr.* bet; beza græl digentil-nobl.—*Anoblir une langue, la rendre plus belle,* noblaat ul langaich, parfedi ul langaich. *p.* parfedet.

ANOBLISSEMENT, *l'action d'anoblir,* nobladurez, noblidiguez.

ANODIN, *remède topique,* lousou habasqaat dezả.

ANOMAL, *irrégulier, parlant des verbes,* disegal, direiz, verb disegal, verbou direiz. — *Il y a dans toutes les langues des verbes anomaux,* è pep langaich ez eus verbou disegal *ou* direiz.

ANON, *petit et jeune âne,* asénnic, *pl.* æsénnigoñ; asen bihan, *pl.* æsenu bihan; asen yaoüancq.

ANONNER, *faire un ânon,* asénna, *pr.* et; trei, *pr.* troët. — *Notre ânesse a ânonné,* troët eo hon asénnès, asénnet he deus hon asénnès. —*Anonner, lire ou parler avec peine,* asénna, *pr.* et.— *Cesser d'ânonner,* diasénna, *pr.* et.

ANONYME, *sans nom,* dishanv, hep hano, dishano.—*Un livre anonyme,* ul levr dishanv *ou* dishano *ou* hep hano.

ANSE, *saillie qui sert à porter un vase,* dourgueuñ, *pl.* ou ( a·dourn, main); croumell, *pl.* ou; croumellenn, *pl.* ou. ( a croum, *courbé* ) croguenn, *pl.* ou; scoüarn, *pl.* ou.—*Anse d'un pot,* dourguenn ur pod, croguennur pod.—*Anse de réchaud,* scoüarn ur brasoüer.—*Anses dé baratte,* scoüarnou ur c'helorn. — *Anse de marmite,* drezenn ur pod houärn, *pl.* drezennou; croumell *ou* croumellenn ur pod houärn. — *Anse de mer, golfe peu profond,* pleg-mor, *pl.* plegou mor. *v. baie. Van.* ouff, *pl.* eü. — *L'anse de Plouzevet, près d'Audierne,* pleg ar mor è Plouzevet. — *I. est dans l'anse,* e ma ér pleg-mor, ea ma ebarz ar pleg-mor.

ANTAGONISTE, *opposé,* countrollyer, *pl.* countrollyéryen.

ANTARCTIQUE, *pôle antarctique ou méridional,* an eil abél eus ar bed, ar eil peñ *ou* ar peñ isélả eus ar bed, her vez ar vro-mả, an eil muduruu var be hiny e feintér e tro ar bed.*v.* arctique.

ANTECHRIST, *l'homme de péché,* l fils de perdition, an Antichrist. *Van.* er Antecrist.—*L'Antechrist doit établir so trône dominant d Babylone,* è Babylon ez vezo an tron eus a rèn an Antichrist — *L'Antechrist doit régner trois ans demi,* rèn an Antichrist a dle padou try bloaz'-hanter.

ANTENNE, *vergue de navire*, delez, *pl.* you.—*Antenne, voile latine qui a la pointe en haut*, tellou, goüel-cornecq.

ANTÉPÉNULTIÈME, *t. de grammaire*, syllaben n'he deus nemed diou all var he lerc'h.

ANTÉRIEUR, a so araucq ar reall, an diaraucq.—*La partie antérieure de la tête*, an diaraucq eus ar peñ.

ANTÉRIEUREMENT, diaraucq, a ziaraucq.

ANTICHAMBRE, *chambre qui précède celle du maître*, campr a ziaraucq, *pl.* camprou a ziaraucq.

ANTICIPER, *faire une chose avant le temps*, ober un dra re guentrad *ou re* abred, ober un dra qent-térmen, *pr.* græt; diarbeñ, *pr.* et.—*Anticiper, empiéter*, mahomi, *pr.* et. a maha, *fouler.*

ANTIDATE, *date antérieure à la vraie*, dat a ziarauc, fals-dat.

ANTIDATER, *mettre une date antérieure*, falsdati, *pr.* et; dati a ziaraucq, *pr.* datet a ziaraucq.

ANTIDOTE, *contre-poison*, remed ouc'h an ampoësounn *pl.* remegeou ouc'h an.

ANTIENNE, *t. d'église*, antifonenn, *pl.* ou; anténn, *pl.* ou.—*Commencer une antienne*, boulc'ha un anténn, *pr.* et.

ANTIMOINE, *métal composé de soufre et de mercure*, antimoan. —*Antimoine préparé, émétique*, quyt-pe-zoubl, lousou tu-pe-du.

ANTIPAPE, *concurrent illégitime du pape*, fals-pab, *pl.* fals-pabed.

ANTIPATHIE, *inimitié naturelle, opposition de tempéraments*, herès-natur, *pl.* herésyou-natur, ur manyel herès. *Van.* caz, cazçony. *v. animosité.*—*Avoir de l'antipathie pour quelqu'un*, herèsi •dre natur ur re-bennac, *pr.* et; cahout un herès-natur ouc'h ur re, *pr.* bet.

ANTIPATHIQUE, *qui a de l'antipathie*, herèsus-natur, eresus dre natur. — *Ils sont antipathiques*, eresus-natur co an cil da egüile, em eresi a reont dre natur.

ANTIPHONIER, *livre où les antiennes sont notées*, antifonal, *pl.* you.

ANTIPODES, *ceux qui marchent sous l'hémisphère qui nous est opposé*, nèp so o zreid ouc'h hon re, èn tu all d'an doüar. *Quelques-uns les appellent* ar gorriqed, *id est*, *les nains.*

ANTIQUAILLE, *pièces antiques, vieux meubles*, cozqailhès.

ANTIQUAIRE, *qui possède la connaissance des monuments anciens*, nep so aznaoudeo eus ar c'hozqailhès, nep so entented-mad èn amseryou goz.

ANTIQUE, *ancien*, coz, oc'h, â. *Van.* coh.—*A l'antique, à la vieille mode*, èr c'hiz coz: è qiz an amser goz.

ANTIQUITÉ, *les siècles passés*, an amser goz, an amser bet, an amser gueichall, anciandéd.—*De toute antiquité*, a bep anciandéd, a bed amser.—*L'antiquité, les anciens*, an dud gueichall, an dud bet, an dud diarapocq, hon re güent.

ANTOINE, *nom d'homme*, Auton. *Van.* Antoën.—*Petit Antoine*, Antonic, Tonic.—*Saint Antoine l'ermite*, sant Anton an ermid, sant Anton goz.—*Religieux de Saint-Antoine*, religiused Sant-Anton.—*Saint Antoine de Padoue*, sant Anton a Badoü, sant Anton a Lichbon. — *On prie saint Antoine de Padoue pour trouver les choses égarées*, pidi a rear sant Anton a Badou, evit cavout an traou diancqed.

ANTRE, *grotte creusée par la nature*, cavargn-natur, *pl.* cavargnou-natur. *Van.* goarémm, *pl.* goaremméu; groh, *pl.* groeü. — *Herrera dit qu'il y a un antre au Mexique, qui règne sous terre plus de 200 lieues*, è Meçziqa èn Indès ez eus èr gavargn-natur pchiny he deus muy evit daou c'haud léau hed, var a raport Herrera.

ANTROPOPHAGE, *qui mange les hommes*, débrer tud, *pl.* débréryen tud; savaich a zébr an dud, *pl.* savaiched; savaged a zébr an dud all cc'hiz guès cléved.—*Dans l'Afrique et dans l'Amérique il y a beaucoup d'antropophages*, èn Africa hac èn doüar-névez, ez eus e leiz a savaged pere a zébr an dùd.

ANUIT, *vieux mot qui signifie* aujourd'hui, *et qui vient de l'ancien usage des*

6

*Gaulois de compter le temps par nuits et non par jours; de là vient que* semaine *en breton veut dire sept sommeils ou sept* nuits, *sizun*, id est, *seiz hun* : *le lende-main*, *le tour de la nuit étant fait*, tro-nos, an tro-nos. *Pour dire qu'une chose se fera ou ne se fera pas aujourd'hui, l'on dit*, avant la nuit, fe-nos; fenos e vezo græt, fenos ne vezo græt.

ANUS, *fondement*, toull ar fonçz.

AON ou *Aune, rivière de Carhaix et de Châteaulin*, Aon, Stær Aon ( hinc tra-Aon, *maison dans un* circuit, *ou replis de la rivière d'Aune.* )

AOUT, *huitième mois de l'année*, eaust, miz eaust, æst, miz æst. *Van.* æst, miz-æst. — *La mi-août*, hanter-éaust. *Van.* creis-est, antér-est. — *Août*, *ré-colte*, *moisson*, eaust, trévad. *Van.* æst. —*Bon août*, un éaust mad, un trévad mad. —*Un* mauvais août, ur goall éaust, un éaust distér, hanter-drévad.—*Faire l'août*, eausta, eausti, *ppr.* et; ober an éaust, *pr.* græt; destumi an éaust, *pr.* et; qeulelya an éaust, *pr.* et. *Van.* æs-teiñ, *pr.* æstet. — *Cette année on a eu* beau temps pour faire l'août, èr bloaz-mà cetu ez eo bet qentelyet brao an éaust ou destumet manivic an éaust.

AOUTERON, *ouvrier loué pour la ré-colte*, éauster, *pl.* yen. *Van.* æstour.

APAISER, *pacifier*, peoc'hat, *pr.* et; Jacqât ar peoc'h, *pr.* lecqéet; digaçz ar peoc'h, *pr.* et. — *Apaiser*, *calmer*, *adoucir*, cuñhaat, *pr.* éet; hegaraat, *pr.* éet; lacqât da zifacha, *pr.* lecqéet; *Van.* distaoüeiñ, distañnein, *pr.* et.— *Apaiser la douleur*, habasqaat, *pr.* éet; lacqât da franqaat, diboanya, *pr.* et. —*S'apaiser*, *se calmer*, habasqeat, *pr.* éet; difacha, *pr.* et; trémen e gour-raich, trémen e bénnac courraich, *pr.* et; èn em beoc'hat, *pr.* èn em beoc'het. —*Apaisez-vous si vous pouvez*, ayez honte de vous-même, de vos transports, habas-qaît daviañ ha ne véz nemed gand ar vez, èn em beoc'hit da vianà, mar gnillit.

APANAGE, *ce qu'un souverain donne* à ses puinés pour partage, partaich ar roüaéryen eus al liguez roëyal. *Al.*

pennaich; a penn, *chef. C'est-à-dire*, ce qu'on reçoit pour sa subsistance, du chef du royaume dont on descend immédiatement.

APERCEVOIR, *découvrir de loin*, re-connaître, güellet a bell, *pr.* id. aznaout, *pr.* aznavezet; santout a ziabell, *pr.* eantet; merzout, *pr.* merzet. *v.* imper-ceptible.—*Il s'aperçut que*, santout a eu-reu penaus, aznaout a eureu penaus, merzout a eureu penaus.

APERITIF, *qui fait uriner*, stautus, oc'h, â.—*Le citron*, la rave et le vin blanc sont apéritifs, ar citrouns, ar rabès hac ar güin güeñ a so stautus.

APETISSER, *devenir ou rendre plus petit*, bihannaat, *pr.* éet.

APHORISME, *sentence énoncée en peu de mots*, setançz berr ha güiryon.

APLANIR, *unir*, plænaat, *pr.* éet; coumpesa, coumpesi, *ppr.* et; coum-poësi; *pr.* et; ingali, *pr.* et.*v.* impossible. —*L'action d'aplanir*, plænadur, coum-pesidiguez, plænidiguez. — *Celui qui* aplanit, plænér, *pl.* yen; coumpesér, *pl.* yen.—*Celle qui aplanit*, coumpese-rès, *pl.* coumpeseresed.

APLATIR, *s'aplatir*, plada, *pr.* et; *Van.* pladeiñ.

A PLOMB, *perpendiculairement*, a soun, a darz, a bloum.—*Le soleil don-nait à plomb sur sa tête*, an héaul a sqoé a bloum ou a darz ou a soun, var e beñ. —*Aplomb*, partant d'un mur, soundér. —*Ce mur tient bien son aplomb*, il ne fait point ventre, ar voguer-hont a vir e soun-der, ne deo qet bolsennet.

APOCALYPSE, *livre des révélations de saint Jean l'Évangéliste*, levr revela-cionou sant JanAvyeler. — *Dit saint* Jean dans l'apocalypse, chapitre 12, ervez sant Jan èn e revelacionou, daouzec-ved jabist; eme sant Jan èl levr eus e révelacionou, daouzecved jabist.

APOCRYPHE, *caché*, secret, inconnu, dianaff, doüetus, oc'h, â.—*Livres apo-cryphes*, levryou dianaff, levryou pe eus a re ne anavezér qet an aulored, le-vryou doüetus, levryou pere a so doüe-tus hac y a so great gand hen-a-hen, pe gand un all, levryou è pere ez eus traou doüetus.

APOGÉE, *le point le plus haut et le plus éloigné du centre du monde*, ar poend an uhélâ, an andred uhélâ ha pellâ diouc'h caloun an doûar, ma ell pignat an héaul hac ar planedennou all. — *Cet homme est dans son apogée, au plus haut point d'honneur où il peut parvenir*, e ma eat uhélâ ma allé mônet, e ma var lein ar menez, e ma var becq an tour

APOLOGIE, *justification de quelqu'un par écrit ou de vive voix*, diveñ dre scrid pe dre gomps, *pl.* divénnou; évit ur re-bennac.

APOLOGISTE, *celui qui fait une apologie*, divénner, *pl.* yen; difennour, *pl.* yen.

APOPLEXIE, *maladie qui étouffe ou qui rend paralytique*, apopleçys, cleñved pehiny a deu prest pe da vouga, pe da seiza un dèn.

APOSTASIE, *abandon de la vraie religion*, dilés eus ar feiz christen, renoncy d'ar güir feiz. *Van.* renoncy d'er fe.—*Apostasie d'un ordre religieux*, dilés eus e urz, renoncy de væuou.

APOSTASIER, *abandonner la vraie foi*, dilesel ar güir feiz, *pr.* et; renonç d'ar feiz christen, *pr.* et. *Van.* renoncycit d'er fe. *v. se pervertir.*—*Apostasier*, *quitter un ordre religieux sans dispense légitime*, dilesel e urz, *pr.* dileset; renonç d'e vœuou, *pr.* et; teurl arfroc èl linadec, *pr.* taulet.—*Luther apostasia non seulement de sa religion, mais aussi de la foi catholique*, Luther ar fallacr a zilesas qèn e urz, qen an feiz catolicq.

APOSTAT *de la foi*, renegad, *pl.* ed. *Van.* id.—*Apostat d'un ordre religieux*, difrocqed, *pl.* ed; manac'h difrocqed, menec'h difrocqed.

APOSTER, *attirer quelqu'un pour épier ou tromper quelqu'autre*, gounit ur re evit guedal, pe troumpla, pe surpren un all-bennac, *pr.* gounezet; rei carg da ur re da c'hedal, pe da droumpla, *pr.* roët.

APOSTOLAT, *dignité ou ministère d'apôtre*, abostolyez, oviçz *ou* carg a abostol, abostolaich.—*Nous avons reçu de notre seigneur Jésus-Christ, dit saint Paul, la grâce de l'apostolat, que nous*

exerçons en son nom, bez'hon eus reoevet digand Jesus-Christ, eme sant Paul, ar c'hraçz a abostolaich, pehiny yvez a eçzerçomp èn e hano sacr.

APOSTOLIQUE, *qui est d'apôtre*, abostolicq.—*L'église catholique, apostolique et romaine*, an ilis catolicq, abostolicq ha romen.—*Le siège apostolique*, ar sich abostolicq, ar sichen abostolicq. —*La doctrine, la foi apostolique*, an descadurez abostolicq, ar feiz abostolicq. —*Missionnaire apostolique*, miçzyoner abostolicq, *pl.* myçzyonéryen abostolicq.—*Notaire apostolique*, noter abostolicq, *pl.* notéryen abostolio, notered abostolicq.

APOSTOLIQUEMENT, e c'hiz an ebestel, evel da un abostol, èn ur faeçzoun simpl ha santel, èn ur faeçzoun abostolicq.

APOSTROPHER, *adresser la parole à quelqu'un dans un discours ou dans un écrit*, douguen ar gomps da ur re, *pr.* douguet.

APOSTUME, *tumeur*, gor, *pl.* ou, góryou. *Van.* apotum, *pl.* eü. *v. abcès.* —*Il se forme une apostume*, ur gor a sao, ur gor èn em furm. — *L'apostume a crevé*, tarzet eo ar gor, didarzet eo ar gor. *Van.* didarhet eü er gor *ou* en apostum.

APOSTUMER, *s'enfler, s'enflammer*, güiri, *pr.* goret. *Van.* goreiñ, *pr.* goret. — *Apostumer, s'ouvrir*, tarza, *pr.* tarzet; didarza, *pr.* didarzet. *Van.* tarheiñ, *pr.* tarhet; didarheiñ, *pr.* et. — *Apostumer, suppurer*, rénta-lizn *ou* liin, *pr.* réntét.

APOTHICAIRE, nép a ra lousou evit an dud clañ, bac a ro gand e stringell lavamanchou, midicin a verz louzou, *pl.* midicined a, etc.

APOTHICAIRERIE, stal al lousou, campr al lousou, campr ar remegeou.

APOTHICAIRESSE, *religieuse qui a soin de l'apothicairerie*, midicinès al leandy. — *Une apothicairesse n'est pas sans besogne*, ur vidicinès èn ul leandy ne deo qet dilabour.

APPARAITRE, *se rendre visible*, apariçza, *pr.* et; em ziscüez, *pr.* em ziscüeeet; em rei da anźout, *pr.*em roët.

**APPAREIL**, *éclat, pompe,* poumpad, *pl.* ou; *fougue. Van.* foëtt, foëtt bras.
— *Appareil, préparatif,* qempennidiguez, *pl.* ou; aprestamand, *pl.* aprestamanchou; avennidiguez, *pl.* ou; qempennadurez, *pl.* ou. — *Appareil, linges et médicaments pour panser une plaie,* palastr, *pl.* ou. — *Mettre l'appareil,* lacqât ar palastr var ar gouly, *pr.* lecqéet; palastra ur gouly, *pr.* et. — *Lever l'appareil,* sevel ar palastr, *pr.* savet. — *Lever le dernier appareil,* dibalastra, *pr.*et.

**APPAREILLER**, *assortir,* parat, *pr.* et; coubla, *pr.* et; açzorti, *pr.* et. *Van.* açzorteiñ, *pr.* et; campéenein, *pr.* et; geaugeiñ, *pr.* et; parat. — *Appareiller des bœufs,* coubla egénned, parat egénned. — *Appareiller des gants, des chausses,* parat manegou, lérou. — *Celui qui appareille,* açzorter, *pl.* yen; coubler, *pl.* yen; parer, *pl.* yen. *Van.* açzortour, *pl.* yon. — *Appareiller un vaisseau,* aparailha, *pl.* et.

**APPAREILLEUR**, *celui qui appareille,* aparailher, *pl.* aparailhéryen, mæstr maçzouner, *pl.* mistry maçzounéryen.

* **APPAREILLEUSE**, *celle qui par des commerces d'amour prépare les plaisis des autres,* houlyerès, *pl.* ed.

**APPARENCE**, *la surface extérieure des choses,* spès, neus, tailh, sæçzoun. — *Il a l'apparence d'un konnête homme,* ar spès a zen honest èn deus, douguen a ra ar spès a zen honest, sæçzoun dèn honest a so gand-hâ, bez'e ma an dailh a zèn honest varnezâ. — *Il n'a seulement pas l'apparence de vertu,* n'èn deus qet hemyqen ar spès a vertuz; n'en deus qet an neus mémes eus ar vertuz. — *En apparence, vraisemblablement,* hervez sæçzoun, var a véler, nemed chançz, mechançz, merrat. *Van.* merhad. ( e-michançz, nemed-chançz. )

**APPARENT**, *visible, certain, évident,* aznat, baznat, patant, oc'h, à. *Al.*gnou. — *Apparent, vraisemblable,* guir-hèvel, oh, à. — *Apparent, qui n'est qu'en apparence,* feintet, hervez ar spes hep muyqen, hervez sæçzoun hep qen, hevelep, sæçzounius. — *Les plus apparents d'une*

ville, ar re guentâ ar guear, ar re miliduçzâ a guær.

**APPARENTÉ**, *de bonne naissance,* a guirintyez vad, a guirintyez vras.

**APPARESSER**, *rendre l'esprit paresseux,* lourdaat a beñ, *pr.* lourdéet.

**APPARIER** (s'), *se mettre, se joindre deux à deux, parlant des oiseaux,* èn em goubla, *pr* en em goublet; em barat, *pr.* em baret. *Van.* parat, him baret. — *Voici la saison ou les perdrix s'apparient,* cètu deut an amser ma teu ar c'hlugiry d'en em barat *ou* d'en em goubla *ou* d'en em lacqât diou ha diou. — *La Tourterelle qui a perdu son pair ne s'apparie plus,* pa-véz ur véaich collet he phar gand an durzunell, ne guemer muy uecun.

**APPARIEMENT**, *l'action d'aparier,* paraich, açzortamand.

**APPARITION**, *vision vraie ou fausse,* aparicion, *pl.* ou, disquëzidiguez, *v. vision.* — *L'apparition des anges aux anciens patriarches, à la sainte Vierge, à saint Joseph,* aparicion an ælez *ou* disquëzidiguez an ælez, d'ar batryarched ancien, d'an introun Varya, d'an autrou sant Josep. — *Les apparitions de Notre Seigneur à ses disciples,* disquëzidiguezou hon Salver *ou* aparicionou hon Salver d'e zisqibled.

**APPARTEMENT**, *portion d'un grand logis,* demeurançz, penn eus à un ly-bras. — *L'appartement d'en-haut,* an demeurançz uhélâ vès an-ty. — *L'appartement d'en-bas,* an demeurançz var zoüar. — *L'appartement de devant,* ur peñ araucq. — *L'appartement de derrière,* ar peñ a drê.

**APPARTENANCE**, *connexité, dépendances,* aparchand, *pl.* aparchandou. — *Le moulin est une des appartenances, de cette terre,* ar vilin a so unan vès a aparchandou an doüar-hont. — *Il a eu pour partage la maison principale avec toutes ses appartenances,* evit e rañ en deus bet an ty meur gand e oll aparchand, evit e lod èn deus bet ar penlec'h gand e oll virou.

**APPARTENANT**, *qui appartient à,* a aparchant ouc'h. — *Les biens apparte-*

nant à l'église, à la couronne sont inalié-
nables, ne allér na rei ê douméson, na
guërzz ar madou a aparchant ouc'h
an ilis, nac ouc'h ar roüe.

APPARTENIR, être à quelqu'un, a-
parchanta, aparchantout, ppr. aparchantet; beza ê qerz ur re-bennac, pr.
bet, beza da. Van. aparteneiñ, pr. apar-
tenet. — Cette maison m'appartient, an
ty ze a aparchant ouzon ou ouzin ou
ouzin-mè, aparchantout a ra an ty-ze
ouzon, an ty-ze a so em c'herz, em
c'herz-me e ma an ty-ze, ac'hanoun-
me e tepand an ty-ze, an ty-ze a so
din-me, me so perc'hen an ty-ze. —
Il m'appartient de répondre, din-me eo da
respount. — Comme il appartient, evel
m'az eo dleat, evel ma haparchant.—
Voilà ce qui vous appartient, cetu aze ho
c'haparchand, cetu eno ar pez a aparchand ouzoc'h. — Vous et ceux qui vous
appartiennent, c'huy hac o c'haparchand. — Vous et tous ceux qui vous appartiennent, c'huy hac o c'holl aparchant, c'huy ha qement a aparchant
ouzoc'h. — Il n'appartient pas à tout le
monde de juger des affaires d'état, ne a-
parchant qet ouc'h peb unan èn em
emellout eus a æfferyou ar roüe,
ne dere qet ouc'h pep hiny deuguen
setançz var æfferyou ar roüantélez.

APPAT· v. amorce.

APPAUVRIR, rendre pautre, paouraat, pr. paouréet; renta paour, rénta
lavantee, pr. réntet. Van. péürât, pr
péüréet. — Appautrir, réduire à l'aumône, lacqât d'an aluseun, lacqât da vont
d'an aluseun, lacqât da glasq an alu-
sénn, lacqât da glasq e voëd, pr. lecqéet. — Appautrir, devenir pautre, pa-
oüraat, pr. paoüréet, donet da baoür,
donet da veza paoür ou lavantee, pr.
deuët. Van. péürât, donet de béür,
mont de béür.

APPEL ou appellation, recours à un
juge supérieur, galv, pl. ou; cñgalv, pl.
ou; apell, pl. ou. — Signifier un quart
d'appel à la cour, sinifia ou sinifiout ur
c'hard apell d'ar parlamant, ppr. sini-
fiet. — Sans appel, hep galv, pep cñgalv, hep apell.

APPELANT, e, qui appelle d'une sentence, a c'halv vès a ur setançz, a daul
appel vès a ur setançz.

APPELER, nommer, henvel, pr. henvet, hanvet; guervel, pr. galvet. Van.
galüein, pr. galüet; hannüeiñ, pr. han-
nüet. — Il faut l'appeler Jean, red eo e
henvel Yan. — Je m'appelle Gregoire,
Gregoreo va hano, Gregor a rearac'hanoun, Gregor am henvér, Gregor oun
hanvet, Gregor oun, Gregor em galver.
— Appeler les domestiques, guervel tud
an ty. — Je les ai appeles à pleine tête,
galvet am eus y a boës penn. v. hucher.
— Appeler à témoins, difenn da dèst, pr.
et ; guervel da dèst, pr. galvet. — Cette
cloche nous appelle au sermon, ar c'hloc'h
hont hon galv ou a c'halv ac'hanoump,
d'ar brezeguezn. — Appeler, surnommer, lèsheuvel, pr. lèshenvet, lèshan-
vet. — Appeler en justice, guervel ê justiçz, guervel ê yusticz, pr. galvet.— On
a appelé ma cause, galvet eo bet va c'haus.
— Appeler d'un juge supérieur, guervel
da ullès uhéloc'h, teurl, apell, pr. taulet; apell, pr. et.

APPENDRE, pendre, attacher quelque
chose dans une église, scourra un dra-
bennac ouc'h, pr. scourret; crouga
ouc'h, pr. crouguet; staga ouc'h, pr.
staguet; lacqât ê scrour, lacqât ê croug,
lacqât a ispilh ouc'h, pr. lecqéet. Van.
scoureiñ, pr. scouret; lacqeiñ ê scour,
pr. lacqet.

APPENTIS, toit qui n'a de pente que
d'un côté, lapp, pl. ou; carty, pl. ou;
carzy, pl. ou; apantéiz, pl. ou; apatéiz,
pl. ou. v. auvent.

* APPERTEMENT, clairement, sclær,
éz clær, solan, ez solan, ê patant.

APPESANTIR et s'appesantir, devenir
et rendre plus pesant, plus lourd, pouné-
raat, pr. pounéréet. Van. ponnérat, pr.
et. — Dieu appesantit quelquefois sa main
sur le pécheur, an A. Doüe a zeu a vizyou
da astenn e zourn var ar pec'heur.

APPETISSANT, qui réveille l'appétit,
a ro c'hôand-dibri, a ro c'hoaud da
zibri, a zigor caloun an dèu.

APPÉTIT, puissance de désirer, ar facultez eus an ene pehiny a zeu da c'ho-

antaat, ar c'hoand, an youl, an apetid.
— *L'appétit raisonnable*, an apétid résounapl, ar c'hoand résounapl, an youl
résounapl. — *L'appétit sensitif*, an apetid santus, ar c'hoand santus *ou* sæntus, an youl santus. — *L'appétit concupiscible*, an apetid hoantaüs *ou* hoantus, ar c'hoand a glasq ar mad, an youl
hoantus. — *L'appétit irascible*, an apetid buañecqaüs, an apetid aoünic, ar
c'hoand a glasq tec'het diouc'h an
drouc, an youl buanecqaüs. — *Les ap-
pétits charnels et sensuels*, an apetidou
qigus, an apetidou-liq, ar c'hoanchou
disordren, youlou ar c'hic. — *Appétit,
désir de manger*, c'hoand - dibri,
e'hoand da zibri. *v. faim.* — *Avoir de
l'appétit*, cahout c'hoand-dibri *ou* c'ho-
and da zibri, *pr.* bet. — *Exciter l'appétit*, rei c'hoand-dibri, rei c'hoand da
zibri, *pr.* roët; digaçz c'hoand da zibri, *pr.* digaçzet. — *Perdre l'appétit*, coll
ar c'hoand-dibri, *pr.* et; cahout erès
ouc'h ar boëd, *pr.* bet. — *En mangeant,
l'appétit vient*, o tibri e teu ar c'hoand-
dibri, ar boëd a ro c'hoand da voëta,
seul-vuy en deus un dèn, seul-vuy a
fell dezâ da gahout. — *Il n'est sauce que
d'appétit*, naoun a guef mad pep tra,
bouzellou goullo ne voant biscoas figus.

APPLAUDIR, discüez dre ar stlaqê-
rez eus an daouzourn, e c'haprouér un
dra, *pr.* discnêzet ; meuli ur re gand
mercou aznat, *pr.* meulet. *Van.* melleiñ, *pr.* mellet.

APPLAUDISSEMENT, meuleudi-
guez, *pl.* ou; stlaqérez an daoüarn evit
aprouff un dra-bennac.

APPLICATION, action d'*appliquer à*,
placqadur, finchadur. — *Application
d'une emplâtre*, placqadur ur palastr. —
*Application d'esprit ou de corps*, poëllad,
*pl.* ou; study, *pl.* studyou. — *Avec beaucoup d'application*, gand poëllad bras,
gand cals a study. — *Faute d'application*,
defaud poëllad, defaud lacqât e boan.

APPLIQUER, *attacher quelque chose
à une porte, pour être vûe de tout le monde*, placa, *pr.* plaqet ; fiñcha, *pr.* fin-
chet. *v. afficher.* — *Appliquer un homme
au carcan*, lacqât un dèn èr c'holyer,

*pr.* lecqéet. — *Appliquer un homme à la
question*, jayna un torfetour, *pr.* jaynet.
*v. gêhe.* — *Appliquer, frapper*, placqa,
*pr.* placqet. *v. frapper, souffleter.* — *Appliquer un coup de pied à quelqu'un*, planta un taul-troad gand ur re, *pr.* plantét;
distaga un taul-troad diouc'h ur re, *pr.*
distaguet; rei un taul-troad da ur re,
*pr.* roët. *Van.* reiñ un taul tred d'unan-
bennac, *pr.* reit. — *Appliquer son esprit
à quelque chose*, sypa e spered da soungeall èn un dra, sypa e spered da ober
un dra, *pr.* sypet; lacqât e study da,
lacqât e faltasy da, *pr.* lecqéet; èn em
rei da un dra, *pr.* èn em roët; poëllaat
da obér un dra, *pr.* poëlléet; qemeret
poell *ou* poëllad, da zont a beñ eus a
un dra, *pr.* id.; poëlladi da ober un
dra, *pr.* poëlladet.

APPOINTEMENT, *salaire*, apoëntamand, *pl.* chou; pancioun, *pl.* ou. —
*Appointement, t. de palais*, ordrenançz,
réglamand.

APPOINTER, *régler*, poënta, *pr.* et;
rei un ordrenançz, *pr.* roët.

\* APPORTAGE *de quelque fardeau*,
douguerez. — *Payer l'apportage*, paëa
an douguerez, *pr.* paët.

APPORTER *d'un lieu dans un autre*,
digaçz, *pr.* digaçzet; dizouguen, *pr.*
dizouguet; diouguen, *pr.* diouguet. *Van.*
digaçz, digaçzein, *ppr.* digaçzet. *v. porter.* — *Apporter des fardeaux*, dizouguen
beac'hyou, diouguen fardellou. — *Apporter des nouvelles*, digaçz qéhézlou, digaçz menecq; menecq *est du B.-Léon.*
— *Apporter de la joie ou de la tristesse*,
rei joa pe nec'hamad, *pr.* roët; digaçz
joa pe dristidiguez.

APPOSER, *terme de pratique*, lacqât,
*pr.* lecqéet. — *Apposer un scellé*, lacqât
ar syell, syella, *pr.* syellet. *Van.* lacqeiñ er syell, syelleiñ.

APPOSITION, *action d'apposer*, lac-
qidiguez. — *L'apposition du scellé*, al lac-
qidiguez eus ar syella, syellidiguez,
syelladur.

APPRECIATEUR, *celui qui met le
prix légitime aux choses*, prisour, *pl.* yen;
istimèr, *pl.* yen; prisér, *pl.* yen; am-
preciatour, *pl.* yen.

APP

APPRECIATION, *estimation*, istim, prisidiguez, amprecy, *ppl.* ou.

APPRECIER, *mettre la valeur aux choses*, prisa, prisout, *ppr.* priset; istima, istimout, *ppr.* istimet; lacqât pris da un dra, *pr.* lecqéet; amprecia, *pr.* ampreciet. *Van.* estimeiñ, *pr.* estimet; istimeiñ, priseiñ.

APPREHENDER, *craindre*, dougea, *pr.* douget; cahout aoun rac, *pr.* bet. *Van.* dougeiñ, *pr.* dougét. — *Apprehender*, *t. de palais*, Qemeret, *pr.* id.; sezya, *pr.* sézyet.

APPRÉHENSION, *crainte*, dougeauçz, aoun.

APPRENDRE, *enseigner*, *instruire*, disqi, *pr.* disqet; qeleñ, *pr.* qelénnet; scolya, *pr.* scolyet; qéntelya, *pr.* qéntelyet. *Van.* desqeiñ, scolyeiñ, *ppr.* et. — *Apprendre le breton*, disqi ar brezounecq. — *Apprendre la jeunesse*, qeleñ *ou* scolya ar yaoüanctiz, qéntelya an dud yaoüancq. — *Apprendre de soi-même ou être enseigné*, disqi, *pr.* disqet; desqet; béza qelenet, beza scolyet, beza qentelyet, *pr.* bet; qemeret scol, qemeret qentel, *pr.* id.—*Apprendre le latin*, disqi al latin. *Trég.* disqiñ al latin. *Van.* desqeiñ el latin. — *Apprendre par cœur*, disqi dre'n evor, disqi dian evor *ou* didan evor. *Van.* desqeiñ dre'n evor. — *Des enfants bien appris*, bugale desqet mad, bugale qelénet mad *ou* scolyet mad *ou* qéntelyet mad. *Van.* bugale disqét mad. *v.* eleté. *Des enfants mal appris*, bugale goall desqet, bugale drouc-qelénnet, bugale drouc-scolyet, bugale ne dint qet qéntelyet mad *ou* scolyet mad *ou* desqet mad. *Van.* bugale goal-disqet. — *Apprendre à ses frais*, disqi divar e goust, abilâat divar e goust. *pr.* abiléct.

APPRENTI, *qui est novice dans les arts ou dans les sciences*, scolaër, *pl.* yen; disqibl, *pl.* ed. *Van.* disguibl, *pl.* ed. — *Apprenti, qui apprend un métier sous un maître*, ncp a so o tisqi mecher, pautr mecherour. — *C'est un apprenti, il est en apprentissage*, ez ma o tisqi mecher.

APPRENTISSAGE, descadurez, desqouny.—*Mettre en apprentissage*, lacqât da zisqi micher *ou* mecher, *pr.* lecqéet.

* APPRENTISSE, *celle qui apprend un métier*, plac'hic a so o tisqi micher, *pl.* plac'hedigou a so o tisqi micher.

APPRÊT, *préparatif. v. appareil.*

* APPRÊTES, *petits morceaux de pain en long pour manger des œufs à la coque*, drailhenoüi-gou-bara evit dibry vyou tano.

APPRETER, *préparer*, apresta, *pr.* aprestet'; qempeñ, *pr.et.v.accommoder.* — *Apprêter*, *assaisonner*, saçzuni, *pr.* saçzunet; témpsi, *pr.* témpset.—*S'apprêter, se préparer*, em apresta, *pr.* em aprestet; èn em guempeñ, *pr.* ét; em zispos, *pr.* et.

APPRIVOISÉ. *v. privé.*

APPRIVOISER, *adoucir le naturel suvage*, doëva, *pr.* doëvet; doñvi, *pr.* doñvet; doñvaat, *pr.* doñvéet; douñhaat, *pr.* douñhéet. *Van.* doñnat.—*S'apprivoiser, se rendre plus familier*, cuñhaat, *pr.* cuñhéet; douñhaat, *pr.* douñhéet. — *S'apprivoiser*, *s'accoutumer*, boasa diouc'h, *pr.* boaset; bourra gand, bourra diouc'h, *pr.* bourret. *v. s'habituer.*

APPROBATEUR, aprouffér, *pl.* yen; aproüer, *pl.* yen; amproüer, *pl.* yen.

APPROBATION, aprouff, *pl.* ou, aprouvou; aproüérez, aprouffidiguez, amprouïdiguez.

APPROBATRICE, aproüerès, *pl.* ed; amproürès, *pl.* ed.

APPROCHANT, e, *qui approche de quelque lieu*, a so taust da, a so a daust da, nès, oc'h, â; nès da; a so nès da, taust, oc'h, â; taust da. — *Approchant, qui a du rapport à*, hével ouc'h, a so hével ouc'h, hével honestamant ouc'h. — *Approchant de, environ*, taust-da-vad, vardro, ê-tro, taust-da. — *Approchant mille écus*, taust da vil scoëd, var dro mil scoëd, ê-tro mil scoëd.—*Il a mille écus ou approchant*, bez'en deus mil scoëd pe taust da vad.

APPROCHE, *action d'approcher*, taustidiguez, taustadur. — *L'approche de l'hiver*, taustidiguez ar goan, an taustadur eus ar goañ. — *Aux approches de la mort*, pa dausta ar maro, pa véz taust *ou* nés ar maro.

APPROCHER *de, s'approcher de,* taus-taat ouc'h,*pr.*taustéet;dineçzaat ouc'h, *pr.* dineçzéet. *Van.* deneçzeiñ, dene-cheiñ, *ppr.* et; didaustaat ouc'h, *pr.* êet.—*Approchez-vous de là ou d'ici,* taus-taït du-ze pe du-mâ, dineçzaît tu-ze pe tu-mâ, didaustaït tu-ze pe tu-mâ. — *S'approcher par quelque alliance,* neç-zaat, *pr.* nèçzéet. *Van.* id.

APPROFONDIR, *creuser plus avant,* dounaat, *pr.* dounëet. *Van.* déünein, *pr.* déünet, doñnât, *pr.* et; qeüat. — *Approfondir, examiner à fond,* eñclasq piz, *pr.* eñclasqet; sellet èr vad un æf-fer, *pr.* id.

APPROPRIATION, *action de s'appro-prier,* perc'héntyęz, aproprianz.

APPROPRIER,*rendre propre, net,* næ-taat, *pr.* nætéet; qempenn, *p*. qem-pennet; torcha, *pr.* torchet; sécha; *pr.* séc'het. *Van.* honesteiñ, *pr.* et; neet-tiñ, neettat. — *L'action d'approprier,* qempennadurez, nætadur. — *S'appro-prier, se rendre le maître d'une chose,* pér-c'hénta un dra, *pr.* pérc'héntet, em o-ber pérc'hen da un dra, *pr.* em c'hræt, hem apropria un dra, *pr.* apropriet.— *Appropriez-vous cet argent,* pérc'hentit an arc'hand-ze, em c'hrit pérc'hén d'an arc'han-ze. — *Il s'approprie les ouvrages d'autrui, il se les attribue,* pérc'henta a ra labour ar reall.

APPROUVER,aprouff, *pr.*et;aproüi, *pr.* aproüet; rei e aprouffidiguez, *pr.* roët.--*Approuvé,loué,*meuli,*pr.*meulet.

APPUI, *soutien d'une poutre, d'une muraille,* scoazéll, *pl.* ou (a scoaz,*épau-*le). — *Appui, qui est à hauteur d'appui, pour empêcher de tomber,* harp, *pl.* ou; apoë, *pl.* ou.

APPUYER, *mettre un appui à quelque chose,* scoazya, *pr.* scoazyet; scoazélla, *pr.* scoazéllet. *Van.* harpein. *v. épauler.* — *Appuyer un mur qui menace de tomber,* scoazya ur vur, scoazélla ur voguer balsénnet. *Van.* harzeiñ. — *Appuyer, peser sur quelque chose,* harpa, *pr.* har-pet. *Van.* harpeiñ. — *Cette poutre ap-puie sur mon mur,* an treust-ze a harp ouc'h va moguer.—*Appuyer,soutenir, épauler,* scoazya. — *Appuyer, soutenir*

*un effort,*hersel, *pr.* harset, hersel ouc'h, derc'hel, *pr.* dalc'het. — *S'appuyer à dents sur un petit mur. v. s'accouder.* — *S'appuyer sur bâton pour marcher,* em harpa *ou* èn em harpa, var ur vaz, *ppr.* em harpet, èn em harpet.—*S'appuyer sur un roseau, avoir des espérances mal fondées,* èn harpa var ur blousen.

APPUREMENT, *la clôture d'un comp-te, le reliquat payé,* an difin vès a ur gound, an æchu eus a ur gound.

APRE, *rude,* rust, garo *ou* gary,oc'h, à. *Van.* id. — *Apre au goût,* criz, di-saçzun, rust, oc'h, à.—*Apre d'humeur,* garo, criz, téñ, divad, oc'h, à.

APREMENT, en ur sæçzoun garo, gand garvder.

APRÈS, *préposition,* goude,varlérc'h. *Van.* goude, arlerh, diar.—*Les Sergents sont après lui pour le suivre,* ez ma ar sergeanted var e lerc'h. — *Le temple de Salomon fut commencé* 480 *ans après la sor-tie d'Égypte,* an templ caër a Salomon a yoa coumancet pévar c'hand ha pé-var uguend vloaz goude ma voüé deut ar bopl a Israël èr meas vès an Egyp. — *Après quoi nous dînâmes,* goude petra e leinzomp.—*Après cela, dans là suite, ensuite,* goude-ze, goude qemen-ze.— *Après ceci, désormais,* goude-hen, goude qemen-mâ, pelloc'h, hiyizyqen. — *Ve-nez après moi,* deut var va lec'h, deuïd va goude. *Van.* deit ar me lerh, deit men goude. — *Un peu après,* un neu-beud goude. — *Long-temps après,* péll goude, péll goude-ze. — *Après tout, enfin,* èn ur guer, èn déon, pep tra sel-let mad, pep tra o veza consideret piz. —*L'un après l'autre,* an eil goude egui-le.—*Après demain,* antronos varc'hoas, goude varc'hoas. *Van.* diar *ou* goude. arhoah. — *Après-dîner,* goude leyn. *Van.* diar leign.

APRETÉ, garvder, crizdér, rusdony, garvéntez.

APTITUDE. *v. adresse.*

APURER, *clore un compte,* peur-æ-chui ur gound, ar restalou o veza pa-éét, *pr.* peur-æchuet.

AQUATIQUE, *qui est dans les eaux, qui fréquente les eaux,* dourecq, dourocq, a gɩr án dóur, leun a zøur, a zarcmprcd an doureyer. *v. animal.*

AQUEDUC, *conduit pour mener les eaux,* san, *pl.* you; san-dour, *pl.* sanyoudour. *v. canal.*

AQUEUX, *de la nature de l'eau, plein d'eau,* douçus, dourecq. — *Tumeur áqueuse,* coënv dourus, gor douree.

AQUILIN, *en forme de bec d'aigle,* evel bec unér, croum evel becq un érer. —*Nez aquilin,* fry croum, fry ibilyet, fry sparfell. *Van.* fry crom, *pl.* eü.

AQUILON, *vent de nord-nord-est,* bis, avel ñis, avel vis-nord

ARABE, *qui est d'Arabie,* Arab, *pl.* ed. — *L'arabe, la langue arabique,* arabaich, langaich Arabya, lɩngaich an arabed. — *La langue arabe est si féconde qu'elle a mille noms pour signifier épée, cinq cents pour lion,* 200 *pour le serpent et* 80 *pour le miel,* an arâbaich a so ullangaich qer fourniçzmaèn deus mil hano evit ur c'hleze, pémp cand evit ulleon, daouc'haud evit ar sarpand, ha pévaruguend evit ar mèl.

ARABESQUE, *qui est à la manière des Arabes,* ê qiz an Arabed.

ARABIE, *pays d'Asie,* Arabia, an Arabya.—*L'Arabie deserte,* an Arabya deserz. — *L'arabie pétrée,* an Arabya mæinecq.—*L'Arabie heureuse,* an Arabya eürus.

ARABIQUE, *qui est en langue arabe,* a so en arabaich. — *Le golfe arabique,* ar mor ruz, golf an Arabya.

ARAIGNÉE, *insecte venimeux qui a six ou huit pieds et autant d'yeux,* qifniden, *pl.* qifnid; qeoniden, *pl.* qeonid. *Van.* qañvniden, *pl.* qañvnid. — *Toile d'araignée,* guyaden qifnid, *pl.* guyad qifnid; lyen qivnid. *Van.* qanived, guyad ganived.

ARBALÈTE, *arme qui n'est pas à feu,* arbalasic, *pl.* ou. *Van.* id., *pl.* éü. — *Tirer de l'arbalète,* arbalastra, *pr.* arbalastrel; goarega, *pr.* goareguet.

ARBALETRIER, *homme armé d'arbalète,* arbalaster, *pl.* yen. *v. archer.*

ARBITRAGE, arbitraich. *Van.* id.

ARBITRAIRE, *qui dépend de l'estimation des hommes,* a zepand eus a volon-

tez an dud, evel a gareur.

ARBITRAL, *jugement arbitral, sentence arbitrale,* setançz-ārbitraich, setançz-arbitréyen.

ARBITRE, *juge choisi pour terminer un différent à l'amiable,* arbitrer, *pl.* yen. *Van.* arbitrour, *pl.* arbitreryou, arbitrouryan.—*Arbitre, volonté,* ar volontez eus an dèn. — *Le libre arbitre ou le francarbitre,* ar volontez libr eus an dèn; ar volontez francq vès an dèn, al libertez francq èn deveus roët Doñe d'an dèn evit ober ar mad, pe an droucq, an hiny a garo da choas.

ARBRE, güezeñ, *pl.* güez. *Van.* güen, *pl.* güe; ur üen. *Trég.* goën, *pl.* goué. — *Petit arbre,* güezénnic, *pl.* güezénnigou, güezigou. *Trég.* goüennic, *pl.* goüennigo.—*Grand arbre,* guëzen vras, *pl.* guëz bras. — *Haut arbre,* guëzeñ uhel, *pl.* guëz uhel.—*Arbre nain,* guëzeñ isell, *pl.* guëz isell, güëzigou isell. — *Arbre fruitier,* guësen froüez, *pl.* guëz froüez. *Van.* güen freh, *pl.* guë freh.—*Arbre qui d'habitude porte beaucoup de fruits,* guëzeñ - speryus, guëzeñ froüezus. — *Arbre qui ne porte point de fruits,* guëzeñ difroüez. — *Arbre sec,* sec'heñ, *pl.* ed. — *Arbre creux,* cleuzeñ, *pl.* ed, cleuzennou, coz cleuzeñ, *pl.* coz cleuzennou.—*Un jeune arbre,* ur vezen yaoüancq.—*Un vieil arbre,* coz guëzen, *pl.* coz gües, ur goz güezen.—*Lieu planté nouvellement d'arbres,* planteiz, ur planteiz, *pl.* planteizou. *Van.* planteriçz, *pl.* éü. — *Lieu abondant en arbres,* güezennec, *pl.* güezénnegou; güezecq, *pl.* güezegou, le- ac'h güezus, *pl.* leac'hyo güezus. —. *Decouronner un arbre, en ôter la cime,* divega ur vezen, *pr.* divegued.—*L'arbre de la science du bien et du mal,* guëzen an drouc hac ar mad, ar ʼvezen divennet. — *L'arbre de vie du paradis terrestre,* ar vezen a vuhez, ar vezen a zougué ar froüez a vuhez èr barados terès. — *L'arbre de la croix,* lam-groaz, al lamgroas. — *Origène, saint Cyprien, saint Epiphane, saint Athanase et saint Ambroise soutiennent formellement que l'arbre de la croix fût planté dans le même endroit où

7

*avait été enterré notre père Adam*, Ori-
genes, sant Epiphan, sànt Athanas,
sant Cipryan ha sant Ambroaz a lavar
guer-evit-guer ez eo bet plantet al lamgroas èr memes leac'h ma edo bet èn-
ferret hon tad qentâ Adam. Sant Augustin el lavaŕ yvez. — *L'arbre de con-*
*sanguinité*, gùezénn an guiryntyez *ou* an
guirynlyaich. *v. ligne, fils et fille.*

ARBRISSEAU, *petit arbre*, brusgüe-
ℓèñ, *pl.* brusgüez; brourguezeñ, *pl.*
broüsguez. *Van.* guèn vihan, *pl.* guè
b.han.

ARBUSTE, *diminutif de l'arbrisseau.*
bodeñ, *pl.* ou; plantenic, *pl.* plantén-
nouïgou. *Van.* bodic, *pl.* bodiguéü

ARC, *arme très-ancienne pour tirer des*
*flèches*, goarec, *pl.* goaregou; goarac, *pl.*
goaragou. *Van.* goarec, *pl.* goaregui,
goareguéü. — *Bander l'arc*, steigua ar
voarec, *pr.* steignet. — *Dieu tient son*
*arc bandé sur les pecheurs*, steignet eo
goarec an A. Doüe evit lança gand ar
bec'heurien. — *Débander l'arc*, disteigna ar voarec, *pr.* disteignet. — *Tirer*
*de l'arc*, goarega, *pr.* goareguet; goa-
raga, *pr.* et; ténna gand ar voarec, *pr.*
ténnet.—*Il a toujours l'esprit bandé com-*
*me un arc*, steignet eo atau e spered ê
c'hiz da nr voarec. — *Arc de bâtiment,*
*voûte et trompe courbées en rond*, goarec,
*pl.* goaregou. *v. voûte.*

ARC-BOUTANT, *pilier qui finit en*
*demi arc*, scoazell-blec, *pl.* scoazellou-
plec; scoazell-vols, *pl.* scoazellou-vols.
*v. pilier et arc de bâtiment.*

ARC-EN-CIEL, canevedeñ, *pl.* ca-
nevedennou; goarec-ar-glao, *pl.* goa-
regou-ar-glao. *Van.* goarec er glaü,
croannetteñ, goarem er glaü.

ARCADE, *voûte courbée en arc*, bols-
goarec, *pl.* bolsyou-goarec. *Van.* goarec, *pl.* goaregui; goarecq, *pl.* goaregou

ARCHAL, *orgeal. Van.* orchâl. —
*Fil d'archal*, fil de laiton passé par la fi-
*lière*, neud-orchâl. *Van.* ned orchâl.

ARCHANGE, *esprit au-dessus des an-*
*ges*, arc'heal, arc'hæl, *ppl.* arc'hælez.
*Van.* arhél, *pl.* arhéled.

ARCHE *d'un pont*, bols ur pound,
*pl.* bolsyou-pound; goarec ur pound,

*pl.* goaregou pound. — *L'arche de Noé,*
arc'h Noë, lestr ar patryarch Noë. —
*L'arche de Noé avait trois cents coudées de*
*long, cinquante de large, trente de hauteur,*
*et sa fenêtre d'une coudée*, lestr ar patryarch Noë ( o counta dre bep ilinad
un troadad-hanter ) én devoa pévar
c'hand hac hanter-chand troadad hed,
pémzeo troadad ha try-uguend a ledander, pémp troadad ha daou-uguent
a uhélded, hac ar prenest anezâ èn
devoa un troadad-hanter. *v. coudée.*—
*L'arche d'alliance*, an arc'h a alyançz.

ARCHER, *qui tire de l'arc*, goareguer,
*pl.* yen; goaraguer, *pl.* yen. *Van.* goa-
regour, *pl.* yon, yan.—*Archer de prévôt,*
archèr, *pl.* archéryen ar provost. *Al.*
goaregueryen an proffost.

ARCHET, *instrument pour faire réson-*
*ner un violon, etc.*, arched, *pl.* ou.

ARCHEVÊCHÉ, *dignité, bénéfice d'un*
*archevêque*, arc'hescobyaich, *pl.* ou. —
*archevêché, palais d'un archevêque*, arc'hescopty, *pl.* ou.

ARCHEVÊQUE, *prélat métropolitain,*
arc'hescop, *pl.* arc'hesqep. *Van.* arhes-
cop, *pl.* arhescobed.

ARCHIDIACONAT, *dignité et office*
*d'un archidiacre*, arryagounaich, *pl.* ar-
ryagounaichou.

* ARCHIDIACONÉ, *étendue des pa-*
*roisses sujettes à un archidiacre*, arrya-
goundy, *pl.* arryagoundyou.

ARCHIDIACRE, arryagoun, *pl.* ar-
ryagouned, *id est*, var *ou* ar diagon, au-
*dessus de diacre.*

ARCHIDUC, *le plus considérable des*
*ducs*, ar c'hentâ duc, ar c'hentâ eus an
dugued, an archiduc, *pl.* archidugued.

ARCHIDUCHESSE, ar guentâ du-
gués, an archiduguès, *pl.* ed.

ARCHIEPISCOPAL, *qui regarde l'a-*
*chevêque*, a aparchant ouc'h an arc'hescop.

ARCHIPRÊTRE, *doyen rural*, arc'h-
bælecq, *pl.* arc'hbælyeñ.

ARCHITECTE, *qui sait l'art de bâtir,*
achitéd, *pl.* ed; mæstr an eulfr, mæstr
ar vaçzounéryen, vaçzounyaich.

, ARCHITECTURE, *l'art de bien bâtir,*
sqyand da ober ediviçzou, maçzouny-

- aich , achitedur. — *Un beau morceau d'architecture,* ur pez caër a vaçzouny-aich , ur pez maçzounyaich ar c'haëra ou evit ar c'haerå, un achitédur gaër.

ARCHIVES, *lieu où l'on garde les titres et papiers d'une maison,* cabined au dy-éllou, campr au dyéllou, armell au uy-éllou.

ARÇON , *morceau de bois plat et cour-be, qui soutient la selle du cheval,* crou-méllcñ dibr, *pl.* ou: corbell, *pl.* ou; cor-bell-dibr, corbell-baçz. *v.* courbet. — *Arçon de devant,* corbell a ziarac. —*Ar-çon de derrière,* corbell a ziadrêat.—*Faire perdre les arçons à un cavalier,* discar un marheguer divar e varc'h , *pr.* discar-ret; pilat ur marheguer d'an doüar, *pr.* pilet. *Al.* divarc'haff ur marheguer, *pr.* divarc'het. *Cette expression est encore u-sitée dans la H.-Corn. , quoiqu'on ne la prononce pas ainsi; car ils disent :* divarho or maregour.

ARCTIQUE. *pôle arctique ou septentrio-nal,* ar c'heñtå ahélcus ar bed, ar c'hen-ta péñ *ou* ar péñ uhélå eus ar bed, her-vez ar vro-må, ar guentå mudurun pe var hiny e fcintér e tro ar bed. *v. antarc-tique.*

ARDEMMENT, gand ardor. beoder.

*ARDENS, les ardens, feux-follets qui parais\ent la nuit et font égarer; sorte de météores errants,* qelereñ, *pl.* ou.

ARDENT, *qui brûle, qui échauffe beau-coup,* lisqidic, oc'h, å ; tom-bras, tom-scaut. *Van.* losqedic, poëh. — *Charbons ardents,* glau beo. — *Feu ardent,* tan lis-qidic. *Van.* tan losqedic, tan poëh. — *Ardent d'humeur, vif, bouillant,* beo, bir-vidic. oc'h , à.

ARDEUR, *grande chaleur,* tomder-vra\, groës-vras. *Van.* tuémdèr-bras. —*Ardeur du feu,* fo an tan ; *de là* affo, *ravitement;* alfo, *délire* ; lesqidiguez, les-·qidinez.—*Ardeur, passion, vivacité, fou-gue,* ardor, birvidiguez, froudeñ.

ARDILLON, *pointe au milieu de la boucle,* dreand, nadoz, dræn-boucl, *pl.* dræin-boucl; nadoz-boucl , *pl.* nado-zyou-boucl. *Van.* dreen ur boucl.

ARDOISE, *pierre bleue et fossile,* mæn-glas, *pl.* mæin-glas; mæa-sqleand, *pl.*

mæin-sqlééñd ; mæn-to, *pl.* mæin-to. —*Qui tient de l'ardoise,* sqlætin, oc'h, å.

ARDOISIERE, *lieu d'où l'on tire l'ar-doise,* mængléuz-glas, *pl.* mængleuzyou-glas. *Van.* meugle, menglas, *pl.* men-gleyeû.

ARE, *montagne,* menez Are, Qein-breyz. *Van.* mane Are.

ARÊTE, *os, en forme d'épine, qui arrête et soutient la chair du poisson ordinaire,* drean, dræn, *ppl.* dræin ; drein-pesq , dræin-pesqed. *Van.* id. — *Arête, vives arêtes ou les angles vifs des pierres ou de bois solides taillés en angle,* kèr, *pl.* you.

ARÊTIER, *pièce de bois qui forme l'a-rête ou l'angle des couvertures qui sont en croupe ou en pavillon,* ur pez-kér, *pl.* pe-zyou-kér.

ARGENT, *métal le plus dur et le plus précieux après l'or,* arc'hand. *Van.* ar-gand ; burlesqt, lousou, c'houïbus. — *Argent monnoyé,* arc'hand, *pl.* arc'han-chou, arc'hand mouneizet. — *Argent comptant,* arc'hand presand, arc'hand countand, arc'hand countet, arc'hand disolo.—*Argent emprunté,* arc'hand qe-meret ê prest, arc'hand émprestet. — *Argent prêté,* arc'hand prèstet. — *Don-ner ou prêter de l'argent à intérêt,* rei ar-c'hand var campy, rei arc'hand var in-terest, *pr.* roët.—*Argent oisif,* arc'hand disimplich, arc'hand cuz, arc'hand se-ac'h, arc'hand louëdet. — *J'ai quelque argent sur champs,* arc'hanchou ou ar-c'hanchouigou, am eus var ar meas.—*Aller à la campagne chercher de l'argent dů,* mônet da arc'hanta, *pr.* eat. — *Ri-che en argent, pécunieux,* arc'handtus, oc'h , å. — *D'argent, fait d'argent,* a arc'hand. —*Croix d'argent,* croaz ar-c'hand, *pl.* croazyou-arc'hand. — *Toile d'argent,* lyen-arc'hand. — *Veine d'ar-gent,* goazeñ arc'hand, *pl.* goazennou arc'hand, goazyeñ arc'hand. — *Mine d'argent,* mængleuz arc'hand, *pl.* mæn-gleuzyou arc'hand. — *Argent vif, mer-cure,* vivergeand. *Van.* liv-argaud.

ARGENTER, *couvrir d'argent,* arc'han-ta, *pr.* arc'hantet; golei gand arc'hand, *pr.* goloët; goarniçza gud arc'hand ou a arc'hand, *pr.* et.

**ARGENTERIE**, *vaisselle ou ustensiles d'argent*, arc'hantiry. *Van.* argantery.

**ARGENTIN**, *qui a le son clair et aigu*, sqiltr, sqlæntin. r. *ardoise.* — *Un son argentin*, ur soun sqleand, ur soun sqiltr ur soun sqlæntin.—*Une voix argentine*, ur voüez sqiltr, ur voüez sqlæntin ou sqleand.

**ARGENTINE**, *plante*, lousaoüen ar goazy.

**ARGENTON**, *port de mer en B.-Léon*, Arc'hantell, an Arc'hantell. — *Les habitants d'Argenton*, Arc'hantellidy.

**ARGILE**, *terre grasse propre à faire des pots*, pry. *Van.* pry. — *Argile jaune*, pry melen. — *Argile brun*, pry glas. — *Garnir d'argile*, prya, *pr.* pryet.

**ARGILEUX**, *qui est de la nature de l'argile, plein d'argile*, pryec, pryoc, oc'h, à. *Van.* pryec, pryelec. — *Terre argileuse*, doüar pryec. *Van.* doüar pryelec ou pryec.—*Une terre plus argileuse qu'une autre*, pryecoc'h eo an eil doüar evit eguile. — *Lieu argileux*, pryeg, *pl.* ou.

**ARGOT**, *le langage des gueux*, luhaich. r. *narquois.*

**ARGUMENT**, *raisonnement qui a deux ou trois propositions*, arguamand, *pl.* arguamanchou. — *Argument démonstratif*, arguamand aznad, arguamand fæzus.—*Argument sophistique*, arguamand trounplus, fals-arguamand, *pl.* fals-arguamanchou.

**ARGUMENTATEUR**, argüer, *pl.* yen, arguamanter, *pl.* yen; dispute, *pl.* yen.

**ARGUMENTATION**, arguz, *pl.* arguzou; argu, *pl.* arguou, argüez.

**ARGUMENTER**, *faire des arguments*, arguzi, *pr.* arguzet; argui, *pr.* arguet; argüamanti, *pr.* arguamantet. v. *disputer.*

**ARIDE**, seac'h, treud, oc'h, à; hesq, oc'h, à; *de là* avesqen, *sache. Al.* criu.

**ARIDITÉ**, sæc'hor, seac'hded. *Van.* sehour, sehded. *Al.* crinded.

**ARISTOCRATIE**, *gouvernement politique qui est entre les mains des principaux de l'etat*, fæçzoun da c'houarn ur roüantelez dre voyen ar re guenta hac an honestá tud, stad goüarnet gad ar re guentá anezan. r. *démocratie.* — *Etat*

aristocratique, *république*, stadou goüarnet gand ar re guentá hac an honestá tud vès ar memes stadou.

**ARISTOLOCHE**, *plante*, avaloüdoüar.

**ARITHMETICIEN**, *qui sait bien l'arithmetique*, arismeticyan, *pl.* ed.

**ARITHMETIQUE**, *art de bien et facilement supputer*, arismeticq, sqyand a zes; da gounta ervad.

**ARMATEUR**, *qui commande ou qui arme un vaisseau en course*, armator, *pl.* ed; armater, *pl.* ed; bourc'his ur c'hourser, *p.l.* bourc'hisyan.

**ARME**, *instrument de guerre*, arm, *pl.* ou. *Van.* arm, *pl.* arméñ. *Al.* glaif, glæff. — *Petite arme*, armic, *pl.* armoüigou. — *Deux, trois armes*, daou, try arm. — *Armes offensives et defensives*, armou da açzailh ha da divenn. — *Armes enchantées*, armou chalmet. — *Armes dont on a ôté l'enchantement*, armou dichalmet. — *Prendre les armes*, coumeret an armou, *pr.* id. — *Prendre promptement les armes*, redec d'an armou, *pr.* redet. — *Aux armes, aux armes!* d'an armou, d'an armou! —*Être sous les armes*, beza dindan an armou, *pr.* bet. — *Passer un soldat par les armes*, trémen ur soudard dre'n armou, *pr.* trémenet.—*Sans armes*, disarm, diarm.

**ARMÉ**, *qui a des armes*, armet. — *Armé de pied en cap*, armet pénn-qilh-ha-troad.

**ARMÉE**, arme, *pl.* arméou. *Al.* ost, *pl.* au; luydd, *pl.* au. r. *aile.* — *Armée sur terre*, arme-zoüar, *pl.* arméou-zoüar, arme var zoüar, *pl.* arміou var zoüar. — *Armée navale*, arme-vor, *pl.* arméou-vor. — *Petite armée*, armeic, *pl.* arméouïgou. *Al.* ostic, ost bihan.

**ARMEL**, *nom d'homme*, Arzel, Armel, Armaël. *Hinc* plou-arzel, plou-armel. —*Saint Armel*, sant Arzel, sant Armel.

**ARMER**, arma, *pr.* armet. *Van.* armeiñ. — *On arme partout*, arma a rear dre-oll ou a bep-tu. — *Armes d'un sanglier, ses défenses*, sqilfeu an houc'hgoüez.

**ARMES**, *armoiries*, armoryou. r. *écu.* --*Les armes de France*, armoryou-Françz, an armoryou a Françz et a C'hall.

ARMET. *télière*, maueryou. *pl.* ou ; tocq-bouarn. *pl.* tocqou-bouarn.

ARMOIRE. *ærmbíe de bois.* armell. *pl.* you. *Ven.* armeler, *pl.* yéo; credann. — *Petite armoire.* armellic. *pl.* armellouigou. — *Grande armoire, à deux battanls ou à quatre panneaux*, preçz. *pl.* preçzou.

ARMOIRIES. *armes*, armoryou. *r.* rea. *pr.*

ARMOISE *et herbe Saint-Jean*, plante. *pr.* an nhélen-vén. *r.* absinthe.

ARMORIER. *peindre en guise des armoiries*. lacqât armoryou, *pr.* lecqéet. *ven.* liva armoryou. *pr.* livet.

ARMORIQUE. Armoricq. an Arroricq. *r.* Bretegne.

ARMURE. *armes défensires*, cosque, cuirasse, etc., harnès, *pl.* iou. *Al.* conn. *Ven.* harnés. *pl.* eû. — *Sa armure était forte et claire*, alavûret ha qiséllet a voué e harnès. — *Armure de la poitrine*, bruzerd, etrellet, halezr-d. *ou*; peulrail. *pl.* you; petraill-bruûarn. *pl.* petralyou-bouarn. — *Armure des cuisses et des jambes*, brunenn-ho-diern. morzelenn. *pl.* ou. *Ven.* morbeleun. *pl.* eù.

ARMURIER. *qui fait ex qui rend les armes*. armurer. *pl.* armuridy; limer. *pl.* limeryen.

AROCHE. *herbe potagère*, caul-goûin. caul-heredâ.

AROMATES. *ce qui a une senteur disiriférente*. c'huezyou mad. c'huezyou mad, ar préz a so c'huéz vad mad. — *Herbes et autres aromates, son fin. Vousou a sec'huéz c'réhac bûezvad mad ha.*

ARPENT. *certaine mesure de terre. Un arpent en Bretagne est de vingt cordes en long. Ven. urz. pla.* — *Arpent de largeur cieque cordes d'erreur.* *et de quatre pieds; c'est à dire mesure egalement qu'un journal.* qever-doûar. *pl.* qever-dou-darr. pinguenn. *pl.* pennaenn. *Ven.* qever-doûar. *pl.* qever-dodar. *ur* bever-douâr. — *Un arpent à quatre pieds de long* c'r il çô de ergur, er c'haver-réarmde d. mar os er pinguenn en dou peter. *Al.* — *Arpent, ce c'hand la jever-répeird trouded beduies.*

c'hmenez ba pevar-uguend a ledader. — *Un demi-arpent*, un hanter-qever-doûar. un hanter-penguenn.

ARPENTAGE. *mesure des terres par arpents*, musulsadur-doûar. *r.* musul-pl. eû.

ARPENTER. *mesurer les terres*, musula doûar. *r.* musulet. *ven.* musula.

ARPENTEUR. *mesureur en doûar*, pena-musur. *pl.* pena-musurien. *r.* vea.

ARQUEBUSADE. *coup d'arquebuse*, tenn-a-harquebuz. *r.* teunou-arquebuz.

ARQUEBUSE. *arme à feu*, arquebuz. *pl.* ou; arquebuzou. *r.* ou. *Ven.* arquebuz-tenn. *pl.* arqebus.

ARRACHEMENT. *action d'arracher*, diframm, diframadur, etc.

ARRACHER. *tirer avec effort*, diframma. *pr.* diframmet; dibunenn-ou; dibuñadur. *ve.* touncher. *tenpl.* — *Arracher le cœur à un homme*, frana e galoun ous e grisoulla en tan, *pr.* tennet.

ARRACHEUR. *celui qui tire avec effort*, diframmer. *r.* yen; c'ha-tenner. *pl.* yen; tenner. *r.* yen. — *Arracheur de dents*, tenner an dent pena-tenner-deñt.

ARRACHER-deñt. *Ven.* tenner an dereñt. *pl.* tennerien an dereñt. — *L'arrachement au devoil.*

ARRANGER *et avoir été*, *toujours*. qempen. *r.* t.

ARRANGEMENT. *ordre, méthode, renquadur*. — *Arrangement, d'action*, renequadur, maneqaduez.

ARRANGER. *mettre en ordre en son rang*, renequa. *pr.* renequet; rancqa. *r.* t. *Ven.* renqein.

ARRÉRAGES. *arriéré de revenu c'h*mount ou resultat-d. *ou*.

— *Arrérages, ce qui reste à payer des impots de terre et de maisons*, restalou, restadou, arelaichou. *Van.* restadéu, restagéu, restéu.

ARRÊT, *ce qui retient*, harp, *pl.* ou; dalc'h, *pl.* ou. — *Arrêt, retenue*, poëll, arest. — *Avoir de l'arrêt, de la retenue*, poëlladi, *pr.* poelladet. — *Sans arrêt, sans retenue*, diboëll, hep poëll, hep arest e-bet, hèp a~estamaud. —*Arrêt, jugement souterain*, arred, *pl.* arr. jou; arest, *pl.* ou. *Van.* arrest, *pl.* éü. — *Arrêt saisie*, arest, arestamaud. v. *saisie.*— *Faire un arrêt sur des meubles*, lacqaat árest èntre daouarn ur re, *pr.* lecq:et; sézya meubl ur re-bennac, *pr.* sézyet.

·ARRÊTÉ, *conclu, déterminé*, græt, statudet. — *C'est une chose arrêtée*, statudet 'eo, uu dra c'hræt eo. — *Aujour* **arrêté**, d'an deiz statudet *ou* mercqet *ou* lecqéet. — *Arrêté à la parole*, gagouilh, óc'h, á, *pl.* gagouilhed, tud gagouilh.—*Arrêtée à la parole*, gagouilhès, oc'h, á, *pr.* gagouilhesed. —*Être arrêté à la parole*, gagouilha, *pr.* gagouilhet; beza gagouilh, *pr.* bet.

ARRÊTER, *empêcher d'aller plus loin*, bersel, *pr.* harset; derc'hel, *pr.* dalc'het. *Van.* harsein, *pr.* et; dalheiñ, *pr.* dalhet. *Al.* hybu. — *Arrêter, faire prisonnier*, prisouna, *pr.* prisounet; prisounya, *pr.* et; lacqât er prisoun, *pr.* lecqéet. — *Arrêter le sang*, stancqa ar goad, *pr.* stancqet.— *Arrêter, conclure*, statudi, *pr.* statudet; ober, *pr.* græt.— *Arrêter, retenir*, derc'hel, *pr.* dalc'het. *Van.* dalheiñ, *pr.* dalhet; derhél, *pr.* dalhet. — *Arrêter, retarder*, dalea. dale, *ppr.* daleet. *Van.* dalîeiñ, *pr.* dalcet.— *S'arrêter, demeurer, n'aller pas plus loin*, chomm, *pr.* et; chemel, *pr.* chemet; chomm hep mont pelloc'h. — *S'arrêter, prendre haleine*, ehana, *pr.* eñanet. *Van.* ehanein.—*S'arrêter, cesser de faire quelque chose*, paoüesa, paoües, *ppr.* paoüesel; dibaoües, *pr.* dibaoüeset. *Van.* poëzeiñ, *pr.* poëzet. — *S'arrêter, s'amuser*, dalea, dale, *ppr.* daleet. v. *s'amuser.*

.ARRHES, *assurances, gages*, érrés, arrès. — *Donner des arrhes*, arrési, *pr.* errèset; rei arrès, *pr.* roët. *Van.* arroeiñ, *pr.* et.

ARRIÈRE, *loin d'ici*, péll a c'han, péll diouzomp. *Van.* pell ahan, pell ahanneman.—*Arrière, en reculant*, adré, a-dreff, a-guil, a-dre qein. *Van.* ar guil, ar druñ, a-draouñ. — *Marcher en arrière*, arguila, *pr.* et; qerzet a guil, *pr.* id. mônet var e guil, *pr.* eat. *Van.* arguileiñ, *pr.* eet.—*Arrière, parlant aux chiens de chasse*, a-dré.—*Arrière, parlant aux chevaux attelés*, cul, cula.—*Arrière parlant aux bœufs attelés*, hoüich.— *Arrière, poupe*, driadré ul lestr. — *Un bel arrière de vaisseau*, un diadré caër a lestr. —*Arrière-ban, convocation de la noblesse*, bann ar re-nopl.—*Convoquer l'arrière-ban*, açzina bann ar re-nopl, *pr.* et; açzina ar bann. — *Arrière-boutique, magasin de derrière*, stal a-dré, *pl.* s!a'you a-dré; an diadré eus ar stal.—*Arrière-cour*, porz a-dré, *pl.* perzyer a-dré. — *Arrière-faix*, guële ar c'hroüadur é coff e vamm. v. *délivré.*—*Arrière-feu*, *plaque de fer ou de pierre pour conserver la cheminée*, mæn-forniguell, *pl.* mæin-forniguell; houarn-forniguell, *pl.* houarnou-forniguell, hearn-forniguell.—*Arrière-fief*, dalc'h isélá. — *Arrière-garde*, gard à-dré, ar gard a-dré.—*Arrière-main, revers de main*, qildórn.— *Coup de l'arrière-main*, qildórnad, *pl.* ou.—*Arrière-saison*, ar finvez *ou* an discarr, eus ar saëzoun *ou* eus ar saçzun. *Van.* en dilost ag er blé *ou* er blé.— *Sur l'arrière-saison*, var ar finvez *ou* an discar, eus ar saézoun, diouc'h an divez eus ar saçzun. *Van.* ar en dilost ag er blé. — *Cet homme est sur son arrière-saison*, cma an den-hont var e ziscarr *ou* var an discarr eus e vuez *ou* var e zistro.

ARRIVÉE, *venue*, dounediguez, *pl.* ou; arru, *pl.* arruou. *Van.* donnegueh.

ARRIVER, *arrivout*, *pr.* arrivet; arrúout, *pl.* arruet; arru; errúout, *pr.* et, erru. *Van.* arriv, arriveiñ, *pr.* et. — *Arriver au port*, erruout èr porz, dónet èr porz. *Van.* arriv èr porh.—*Arriver par hasard*, c'hoarvezout, *pr.* ôt; digoüczout. *pr.* digoüezet.

ARROGAMMENT, ez ráuq, èr ur fæçzoun ráuq, gand roguentez, gand rogouny, gand morguentez.

ARROGANCE, roguentez, rogouny, arabad, *pl.* arabadou. *Van.* randou.

ARROGANT, rauq, morgant, oc'h, à. ( *hlns* mary-morgant, *sirène.* ) arabadus, oc'h, à. *Van.* randonus. — *S'arroger, s'attribuer, usurper,* pérc'hénta, *pr.* et; mahòmi, *pr.* et; pérc'héuna, *pr.* et.

ARRONDIR, crénna, *pr.* et; roundtaat, *pr.* éet. *Van.* rondiçzal, *pr.* et. — *Celui qui arrondit,* crénuèr, *pl.* yen ; roundtaër, *pl.* roundtaéryen.

ARRONDISSEMENT, roundtladur, crénnadurez, crennadur, crénnidigt.ez. *Van.* rondiçzeréh.

ARROSER, doura, *pr.* et; trémpa, *pr.* et. *Van.* deüra, deüreiñ,*pr.* deüret.

ARROSOIR, doulcil, *pl.* ou. *id est,* dour-zizl, *eau de passoire, ou* douçz-sizl, *passoire douce.*

ARSENAL, *magasin d'armes,* arsanal,*pl.* you. *Van.* arsenal, *pl.* yeü.

ARSENIC, *poison très-violent,* orpiménd-guenu.

ART, arz, ard, *ppl.* ou; sqyand, *pl.* sqyauchou. *Van.* ard, *pl.* ardéü; sqyandt,*pl.* sqyandtéü. *v. métier.—Les arts libéraux,* ar sqyanchou nobl hac honest. *Van.* en ardéü honest. *Trég.* ar sqyaucho nobl hac honest. — *Les arts mécaniques,* ar mecheryou.—*Il a appris un bon art,* ur vecher vad en deus des qet.—*L'art magique,* sqyand da ober :raou dreist ordinal gand sicour an lrouc-spered, an arz a vagicyan.

ARTÈRE, goazenn-vras, *pl.* goazénrou-bras. — *Van.* goüahyen-vras, *pl.* ;oüahyed-bras.—*La trachée-artère,* an reuz - gouzouc, sutell an gouzouc, oul-gouzouc. *v. trachée.*

ARTICHAUT, *p ante,* artichauden, *l.* artichaud. *Van.* id.—*Cul d'artichaut* ,énn-artichaud,*pl.* péunou-artichaud.

ARTICLE, *particule,* le *ou* la, *qu'on* ret *devant les noms, et s'exprime en bre*on *par* an *ou* ar, *pour tous genres et ombres, et qui se décline de même ma*ière *au singulier et au pluriel. Ex.*

*Singulier.*

Iom. *L'or,* an aour.

Gén. *De l'or,* eus an aour.
Dat. *A l'or,* d'an aour.
Acc. *L'or,* an aour.
Voc. *O or,* ò aour.
Abl. *De l'or,* cus an aour.

*Cet article* an *se met presque toujours devant les voyelles, et* ar *ordinairement devant les consonnes.*

*Exemple du singulier et du pluriel.*

Nom. *La vierge,* ar verc'hès.
Gén. *De la vierge,* eus ar verc'hès.
Dat. *A la vierge,* d'ar verc'hès.
Acc. *La vierge,* ar verc'hès.
Voc. *O vierge,* ò güerc'hès.
Abl. *De la vierge,* eus ar verc'hès.

*Pluriel.*

Nom. *Les vierges,* ar güerc'hesed.
Gén. *Des vierges,* eus ar güerc'hesed.
Dat. *Aux vierges,* d'ar güerc'hesed.
Acc. *Les vierges,* ar güerc'hesed.
Voc. *O vierges,* ò güerc'hesed.
Abl. *Des vierges,* eus ar güerc'hesed.

*Devant un nom qui commence par* l, *on* met toujours al, *excepté en Bas-Leon, où* on ne se sert presque jamais d'ar ni d'al, mais seulement d'an.

*Exemple du singulier et du pluriel.*

Nom. *Le lion,* al leoñ.
Gén. *Du lion,* eus al leon.
Dat. *Au lion,* d'al leon.
Acc. *Le lion,* al leon.
Voc. *O lion,* ò leon.
Abl. *Du lion,* eus al leon.

*Pluriel.*

Nom. *Les lions,* al leoned.
Gén. *Des lions,* eus al leoned.
Dat. *Aux lions,* d'al leoned.
Acc. *Les lions,* al leoned.
Voc. *O lions,* ò leoned.
Abl. *Des lions,* eus al leoned.

*Article, clause, v.-y.—Article, partie de chapitre,* articl, *pl.* ou. — *Les douze articles du symbole,* au daouzecq articl eus ar gredo. — *Article, temps et moment de la mort,* articl ar maro, an articl eus ar maro, poënd ar maro, ar poënd eus ar maro, trémenvan. *Van.* poend da vervél, ar poend ez e marv' ou ag er marv.—*Article, jointure des os du corps humain,* méll,*pl.* méllou. *Van.* méll, *pl.* éü.—*Plein d'articles,* méllec, oc'h, â. *Van.* id.

ARTICULER, *prononcer distinctement,* comps freaz, *pr.* et. *Van.* comps reilh.

ARTIFICE, *adresse, industrie,* artiviçz, igign. *Van.* artifiçz.—*Feu d'artifice,* tan artïviçz, tan igignus.—*Artifice, mauvaise finesse,* finéçza, *pl.* finéçzaou; troydell, *pl.* troydellou.

ARTIFICIEL, *qui se fait par artifice,* arzus, ardus, oc'h, â; great gand ar ou gand artiviçz.

ARTIFICIELLEMENT, gand artiviçz, gand igign, gand ard, èn ur fæçzon ardus.

ARTIFICIEUX, *fin, adroit, rusé,* artiviçzius, óc'h, â.

· ARTIFICIEUSEMENT, èn ur fæçzoun artiviçzius, gand finéçzâ.

ARTILLERIE, *toutes sortes de gros et de petits canons,* canolyou àn arme, canolyou-bresell, an artilhiri.—*L'artillerie a été inventée par Bartol de Swartz, cordelier chimiste, l'an 1354; ou, selon d'autres, par Constantin Anclitzen, l'an 1380; l'un et l'autre était Allemand.* an segred da ober canolyou a so bet cavet gand un Flamancq èr bloaz trizec cand pévar hac anterc'hand; pe, è-tro ar bloaz trizec cand ha pevar-uguend.

ARTIMONT, *mât de navire.* v. *mât.*

ARTISAN, *qui travaille aux arts mécaniques,* micherour, mecherour, *pl.* mecherouryen; artisan, *pl.* artisaned.

ARTISANE, *femme d'artisan,* artisanès, *pl.* artisanesed.

ARTISON, *petit ver qui s'engendre dans le bois et qui le perce,* prénv-coad, *pl.* prénved-coad. *On écrirait* preff coët.

ARTISTE, *ouvrier qui travaille avec esprit et avec art,* artilhèr, *pl.* yen, ur mecherour mibilyus, *pl.* yen mibilyus.

ARTISTEMENT, *avec art,* gand igign, gand ard, èn ur fæçzoun ardus *ou* igighus. *Van.* gued ard, gued esprid, gued spered.

· AS, *carte ou face de dé marquée d'un seul point,* ur born, *pl.* borned.

ASCENDANT, *le dessus, supériorité sur un autre,* levéson. v. *le dessus.*

ASCENSION, *élévation en haut, action de s'élever,* pignidiguez, pign du-

rez.—*L'ascension de no·* gnidiguez hou Sálver ( de *l'Ascension,* yaou-Ph solen ma pignas hou S yéubasq, *id est, je jeu excellence du temps pas*

ASILE, *refuge,* mi *semble venir de* meneh *moines, ou de* menehy, *joignant le monastère. v.* ner *asile à quelqu'un,* da ur re-bennac, rei re-bennac. *pr.* dougu

ASPERGE, *plante, z* perge *sauvage,* an asper

ASPERGER, strincq barr, *pr.* striucqet; sp *Asperger le peuple d'eau* bénniquet d'ar bopl, j ar bopl.—*Asperger des* dôur gand ur bàrr var

ASPERSOIR, *ou as; pour jeter de l'eau bénite Van.* esperch, *pl.* espe

ASPIC, *petit serpen* aëspicq, *pl.* aëspigued; pigued, *id est,* aër a b *pique.*

ASPIRANT, *qui asp* spyéryen; sperour, *pl.*

ASPIRATION, *respi Aspiration dévote de l'ar* deñ verr ha birvidic a i da Doüe.—*Aspiration, ;* spy, *pl.* spyou; speran

ASPIRER, *respirer. v. prétendre à une chose,* sp et; lacqaat e spy hac u un dra, ur garg, etc. *pr.*

· ASSABLER, *comble* ga a dræz, *pr.* carguet; træzi, *pr.* et.— *La mer port de l'ancienne ville de la cause de sa ruine,* ar carguèt a dreaz porz Pen caçzet ar guear-ze da n bler, *s'engraver,* sqei va; sqoët; chomm var ar *Van.* chomm èr sablecq

ASSAILLANT, *qui a roque,* açzoülhér, *pl.* aç

ASSAILLIR, *attaquer*, açzailh, pr. açzailhet ; stourma ouc'h, pr. stourmet, sailhet ouc'h, pr. id.

ASSAISONNÉ, *bien assaisonné*, saçzun, oc'h, à. — *Mal assaisonné*, disaçzun, oc'h, à.

ASSAISONNEMENT, *manière de préparer les viandes*, saçzunyez, témpsidiguez.

ASSAISONNER, saçzun, saçzuni, ppr. saçzunet ; témpsi, pr. témpset.

ASSASSIN, *qui tue en trahison, de guetapens ou avec avantage*, muntrèr a vetepanz, pl. muntréryen a vetepanz, nep a laz é traytouréz ; açzaynèr, pl. yen.

ASSASSINAT, muntra vetepanz, pl. muntrou a vetepanz, muntr great é traytouréz ; açzayn, pl. açzaynou.

ASSASSINER, muntra a vetepanz, pr. muntret ; laza é-traytouréz, pr. lazet ; laza ur re, o cahout an avantaich varnezà ; açzayna, pr. açzaynét.

ASSAUT, *attaque d force d'armes*, açzaih, pl. ou. — *Aller d l'assaut*, mônet d'an açzailh.

ASSEMBLAGE, açzamblésoun, açzamblaich. v. *jointure*. — *Faire l'assemblage des sciences et des vertus*, ober un açzamblésoun eus ar sqyanchou hac ar vertuzyou, pr. græt. — *La béatitude est un état parfait, par l'assemblage et le mélange de tous les biens*, ar guenvidiguez ou an eürusded, a so un açzamblaich hac ur c'hemescadur parfed evous an oll vadou.

ASSEMBLÉE, açzemble, pl. açzembléou ; coumpaignunez, pl. ou ; bagad tud, pl. bagadou tud ; toullad tud, pl. toulladou tud. — *Assemblée de nuit, veillée*, fest-nos, pl. festou-nos. *Van.* fest-nos, pl. festeü-nos.

ASSEMBLER, *joindre*, açzambli, pr. açzamblet. v. *joindre. Van.* jeütein, pr. et ; joëntciñ. — *Assembler les lettres, épeler*, diguech, pr. digueget ; diguigea, pr. diguiget. — *Assembler les syllabes, commencer d lire*, plena, pr. plenet ; syllabifya, pr. syllabyflet. *Van.* diguich, pr. diguiget.—*Assembler, ramasser*, dastum, pr. dastumet ; déstum, déstumi, ppr. déstumet ; daspuign, pr. daspui-

guet. — *S'assembler*, ém açzambli, pr. em açzamblet ; èn em zéstum, pr. èn èm zéstumét.

ASSEOIR, *poser sur*, diaseza, pr. diasezet.—*Asseoir une taille, une taxe*, diaseza un téll, ur roll, un taçz ; iñgali un taçz, pr. iñgalet ; lacqât un d'ailh, pr. lecqéet. r. *régaler*. — *Celui qui asseoit une taille ; assesseur*, diasezèr, pl. diasezéryen — *S'asseoir, se placer*, aseza, pr. asezet. *Van.* aseeiñ, pr. aseet ; chouqeiñ, pr. choucqet.

ASSEZ, *suffisamment*, avoalc'h, arhoalc'h ; a goalc'h, *rassasiement, soül;* açz, açzès. *Van.* erhoüalh, açzés. — *Assez. v. abondamment.* — *Assez, passablement*, honestamand, peus. — *Assez honoré*,énoret honestamand,peus enoret. — *Assez propre*, peus qempen. — *Assez bu*, peus evet ; evet honestamand.

ASSIDU, *qui s'applique fortement d quelque chose*, aqetus, aquedus, oc'h, à. — *Assidu, exacte, ponctuel*, strivant, aquedus, oc'h, à.—*Être assidu*, aqueti, pr. aquetét ; aqedi, pr. et ; beza aqedus, beza strivant, pr. bet.

ASSIDUEMENT, gand aqed, é aqedus, èn ur sæçzoun aquedus.

ASSIDUITÉ, *application continuelle*, aqued, pl. aqedou, aquejou.

ASSIEGEANT, *qui assiége*, sichèr, pl. sichérien. — *Les assiégeants ont été repoussés et poursuivis*, ar sichéryen a so bet pelleet diouc'h kær ha poursuivet.

ASSIÉGER, *mettre le siége devant une place*, sicha, pr. sichet ; sigea ur guear, pr. siget. *Van.* siégeiñ, pr. et.

ASSIETTE, *situation où est bâtie une place*, diasez, sicheñ. *Van.* diase.—*Cette ville a une assiette avantageuse*, un diasez caër he deus ar guær-hont.—*Mettre le verre droit sur son assiette, sur sa patte*, lacqât ur vereñ dréçz var he sicheñ, pr. lecqéet.—*Assiette, ustensile de table*, açzyed, pl. ou. *Van.* id. pl. éü. — *Assiettes d'argent*, açzyedou - arc'hand. — *Assiettes d'étain ou de terre*, açzyedoustean pe pry. — *Petite assiette*, açzyedic, pl. açzyedoüigou. — *Petite assiette de bois pour écrèmer le lait*, joçzer, pl. joçzeryou ; jocher, pl. jocheryou ; jochen,

8

*pl.* jochénnou ; loa leas, *pl.* you leàs.

: ASSIETÉE, *plein une assiette ,* açzyedad, *pl.* ou. *Van.* id., *pl.* éü. — *Une assiêtée de soupe ,* un açzyedad soubeñ.

- ASSIGNATION, *ajournement ,* intimacion, *pl.* ou ; açzinacion, *pl.* ou. *Van.* id. , *pl.* éü. — *Assignation, rendez-vous,* açzinacion, *pl.* ou. *Van.* id., *pl.* éü.

ASSIGNER, *ajourner,* intima, *pr.* intimet; açzina, *pr.* açzinet; rei un intimacion, rei un açzinacion,*pr.* roët. *Van.* açzineiñ, intimeiñ, *ppr.* et. — *Assigner, donner, destiner,* açzina, *pr.* et; rei, *pr.* roët; merqa, *pr.* et.—*Manquer à son assignation,* desfailla , *pr.* desfaillet; ober defaud, *pr.* græt; lesel qemeret defaut, *pr.* leset.

: ASSISE, *rang de pierres de tailles dans un mur,* diasez, *pl.* ou; réncqad mæin bénérez èn ur voguer, *pl.* rencqadou. *Van.* diase.

. ASSISES, *séance d'un juge supérieur,* dalc'h-justiçz dreist-ordinal ; dalc'h dreist ordinal eus ar pen-barnéryen , ar breujou bras.

ASSISTANCE, *secours , protection,* azystançz, sicour, conford. *Van.* sicour, secour (minihy).—*Assistance, présence,* azystançz.

ASSISTANT, *qui assiste, qui est présent,* azystant, *pl.* ed. *Van.* id. — *Assistant, spectateur,* arvestyad, *pl.* arvestidy. *Van.* sellour, *pl.* selleryon.—*Assistant, aide de sergent,* record, *pl.* ed.

· ASSISTANTE, *religieuse qui fait les fonctions de la mère-supérieure en son absence,* an azystantès, ar vamm azystantès

· ASSISTER, *prêter secours, être présent, secourir,* *pr.* et; azysta, *pr.* azystet. *Al.* amuyn. — *Dieu vous assiste, parlant à un pauvre,* Doüe r'ho c'hazysto, Doüe r'ho pénnigo. — *Assister les persécutés,* douguen minic'hy, *pr.* douguet. — *Dieu vous assiste, quand on éternue,* Doüe r'ho c'hazysto, Doüe r'ho countanto. *Pour un petit enfant:* Doüe r'ho pénnigo, Doüe r'ho cresqo, Doüe r'ho cresqo qer bras, -evel ar bælec o padezas.

· ASSOCIATION. *v. agrégation.*

· ASSOCIER. *v. agréger.*

.ASSOCIÉ, qen-seurd, *pl.* qen-scur-

ded; consort, *pl.* ed ; compaignun, *pl.* ed. *Van.* consort, *pl.* ed.

ASSOMMER, *tuer avec une massue, donner une mort violente,* açzouma, *pr.* açzoumet; bréva, *pr.* brévet. *v.* tuer.

ASSOMPTION ( l' ) *de Notre-Dame au ciel,* gorroydiguez ar Verc'hès-Sacr èn eê. — *La fête de l'assomption,* goüel Marya hanter-éaust.

ASSORTIMENT, paraich , açzortamand, dereadéguez. *Van.* geauch , geaugeac'h.

ASSORTIR. *v. appareiller.*

ASSORTI, *convenable,* deread, jaugeapl, oc'h, a dere, a jauch. *Van.* campeen. — *Mal assorti,* dijauch, dijaugeabl , oli, añ, amzere.

* ASSOTER, *rendre sot,* açzoti, *pr.* açzotet; trelati, *pr.* trelatet.—*Il est tout assoté,* açzotet eo oll, trelatet co ènoll-d'an-oll, gand, etc.

ASSOUPIR, *donner une pente au sommeil,* morredi, *pr.* morredet; rei c'hoandcousqed, *pr.* roët; digaçz c'hoand-cousqed, *pr.* digaçzet; lacqât da vori, *pr.* lecqeat. *Van.* digaçz er housqet, reiñ bornicq, *pr.* reit. — *Le pavot assoupit,* ar ros-moc'h a zeu da vuredi un dèn, ar ros-moc'h a ro *ou* a zigaçz ar c'hoand-cousqed, ar ros-moc'h a ra mori *ou* a lacqa da vori. — *Assoupir, appaiser,* peoc'hat, *pr.* peoc'het. — *S'assoupir, s'endormir à demi,* morredi, *pr.* morredet; mori, *pl.* moret; morgousqét, *pr.* id.; dargudi, *pr.* dargudet. *Van.* morgousqeiñ. — *S'assoupir un peu,* ober ur morgousqiq, *pr.* græt. — *Assoupi , un esprit assoupi et sans vivacité,* ur morgousqed a zèn, un dèn morgousqed , ur morgousqed. *Van.* ur housqet. — *Qui n'est pas assoupi,* divórrèd. *v.* éveillé.

ASSOUPISSANT, *qui assoupit,* morrus, morredus, morgousqus, dargudus, oc'h, à. *Van.* cousqedus, cousqedic.

ASSOUPISSEMENT, morred, morgousq, morgousqed, d'argud. *Van.* morgousq.

ASSOUVIR, *rassasier, soûler,* goüal'c'ha, *pr.* goüalc'het; leunya, *pr.* leunyet. *Van.* goalheiñ, *pr.* goalhet.—*Assouvir ses passions,* countanti ezrouc-you

lou, *pr.* countantet; heulya èn-oll-
dan-oll e voall-inclinacionou, *pr.* heulyet. *Van.* him *ou* hum goutañteiñ, *pr.*
hum goutañtet.

ASSOUVISSEMENT, *action d'assou-*
*rir ses passions,* countantamand an drouc
youlou.

ASSUJETTI, suget. *Van.* id.

ASSUJETTIR, *vaincre, soumettre,* tré-
c'hi da, *pr.* tréc'het; plega, *pr.* pleguet;
lacqât da sugea, *pr.* lecqéet. *Van.* dalheiñ, *pr.* dalhet; gourmacheiñ, *pr.* et;
sugetiçzeiñ. — *S'assujettir, se captiver,*
*se soumettre,* sugea, *pr.* suget, sugea, da.

ASSUJETTISSEMENT, sugidiguez.
*Van.* dalhediguch. — *Ils n'aiment point*
*l'assujettissement,* ne gueront qet ar sugidiguez, ne garont qet sugea, ne sell
qet dezo sugea. *Van.* ne fall qet déhé
bout dalhet *ou* sugetiçzet.

ASSURANCE, *sûreté,* surèntez. —
*Assurance, gages,* goëstl, *pl* goëstlou. —
*Donner des assurances,* rei goëstl, rei
goëstlou, *pr.* roët. — *Assurance, certi-*
*tude,* açzurançz. — *Assurance, précau-*
*tion,* surèntez, musul, *pl.* musulyou. —
*Prendre ses assurances,* qemeret e vusulyou, *pr.* id.—*Assurance, hardiesse,* hardizéguez. — *Avoir de l'assurance, n'être*
*pas timide,* cahout hardizéguez, *pr.* bet;
beza disaoüsan, *pr.* bet.

ASSURÉ, *sûr,* sur, oc'h, â. *Al.* dioü-
guell. — *Assuré, certain,* açzur, oc'h,
â. — *Assuré, hardi,* disaoüsan, oc'h, â.

ASSUREMENT, a-dra-sur, ez sur,
sur, evit sur. *Van.* açzuret.

ASSURER, *rendre ferme, rendre cer-*
*tain,* açzuri, *pr.* açzuret; stabylya, *pr.*
stabylyet; renta slabyl, *pr.* réntet. —
*J'ai assuré cette table,* açzuret am eus,
parfetéet am eus an daul-hont, stabylyet am eus *ou* stabyl am eus rentet an,
etc.—*Je vous en assure,* m'en açzur deoc'h, em güiryonez. — *Assurer, mettre*
*en lieu de sûreté,* lacqât ê leac'h sur, *pr.*
lecqéet. — *Assurer un vaisseau et ses*
*marchandises sur mer,* açzuri, *pr.* et; goaranti, *pr.* goarantet. —*Assurer, rassu-*
*rer quelqu'un,* hardizzaat ur re, *pr.* har-
dizzéet; peoc'hat ur re-bennac, *pr.* peo-
c'het. — *S'assurer, tenir pour certain,*

dero'hel evit sur *ou* evit açzur, *pr.* dal-
c'het; cridi stard *ou* ferm, *pr.* credet.
— *S'assurer de quelqu'un,* èn em açzuri eus a ur re, *pr.* èn em açzuret; beza sur eus a ur re-bennac, *pr.* bet.

ASSUREUR, *qui répond d'un vaisseau*
*qui est à la mer,* açzurér, *pl.* yen; goa-
rantèr, *pl.* goarantéryen.

ASTHME, *obstruction du poumon qui*
*produit une fréquente et difficile respira-*
*tion sans fièvre,* berr-alan, ar bérr-alan.
*Van.* ber-benal. — *Qui est malade d'un*
*asthme, asthmatique,* bérr-alanus, bérr-
alaneq, *pl.* tud; pouçzed, *pl.* tud pouçzed, pouçzidy. *Al.* pantès, *pl.* pantèsed.
— *Il a un asthme, il est asthmatique,* ar
bérr-alan a so gantâ, bérr-alaneq eo,
bérr-alanus eo, pouçzed eo, berr-alani a ra. *Al.* pantès eu. — *C'est un pau-*
*tre asthmatique,* ur pouçzed paour a zèn
eo, ur paur qeaz a verr-alanec eo.

ASTRE, *étoile,* stereden, *pl.* ou; steren, *pl.* stered. Stereden, *qui n'est qu'en*
*Leon,* est proprement constellation, *et*
non astre *ou* étoile. *Van.* Stiren, *pl.* eü,
stired, stir. — *Contempler les astres,* e-
vezzaat ouc'h ar stered, *pr.* evezzéet,
teurl evez ouc'h ar stered, *pr.* taulet.
*Van.* eücheiu dor er stir, eüchat dor er
stired.

ASTREINDRE, *contraindre, obliger à*
*quelque chose,* countraign, da, *pr.* countraiguet. — *S'astreindre à quelque chose,*
sugea, da, etc., suget; em jayna da ou
evit, etc., *pr.* em jaynet.

ASTRINGENT, *remède qui resserre les*
*pores,* remed evit closa ar c'hoff, *pl.* remegeou; remed closus, *pl.* remeijou.

ASTROLOGIE, *divination par l'ins-*
*pection des astres,* an astrology, sqyand
ar stered, sqyand a ro da aznaout ar
vertuz hac an nerz eus ar stered, hac
ar vad pe an dronc a allont da ober d'an-
traou téryen. *v. judiciaire.*

ASTROLOGIQUE, a aparchand
ouc'h sqyand ar stered.

ASTROLOGUE, *qui prédit les événe-*
*ments par le moyen des astres,* astrology-
an, *pl.* ed; nep a zeu da diougani au
traou da zonet, dre an evez ouc'h ar
stered.

ASTRONOME, *celui qui observe les astres,* astronomyan, *pl.* ed.

ASTRONOMIE, *science qui enseigne le cours et la position des astres ,* an astronomya.

ASTRONOMIQUE , a aparchand ouc'h an astronomya.

ASTUCE, *finesse, ruse,* fineçza , *pr.* fineçzaou, barrath.— *Les astuces du démon,* fineçzaou an diaoul, barrath sathan, drouc-oberyou satbanas.

ATELIER, *lieu où plusieurs ouvriers travaillent ensemble,* labouradeoq, *pl.* labouradegou; astellouër, *pl.* ou.

ATHÉE, *qui nie la divinité,* nep na credef Doüe e-bed, nep na gred na Doüe na diaoul, nep n'en deus na feiz na reiz. *Van.* hemp Doüe na leseen;athead, *pl.* atheidy, atheïs.

ATHÉISME, *opinion des athées,* credeñ nep ne ene qet Doüe, credenn an atheidy, credenn an athéis; athéym. *v. terre.*

ATOME , *petit corpuscule indivisible,* poultrénniq, *pl.* poültrennigou, poultrigou. *v. corpuscule.* — *Un seul atome,* ur boültrennic hepqèn. — *Les atomes que nous voyons dans un rayon de soleil,* poultrigou an héaul, poultrigou an ear.

ATOUR, *ornements de femme. v. affiquets.*

ATRABILAIRE, soungeard, *pl.* soungearded. *Van.* cousqet, ur housqet, *pl.* tud cousqet. *v. mélancolique.* — *C'est un atrabilaire ,* ur soungeard a zèn eo. *Van.* ur housqet a zeeu eü.

ATRE. *v. foyer.*

ATROCE, *énorme ,* grévus , direiz , oc'h, à. *v. énorme.—Injures atroces,* injuryou grevus *ou* bras.

ATROCITÉ, grevusder, brasder.

ATTACHE, *lien qui joint deux choses ensemble,* amarr, *pl.* ou; ere. *pl.* ou. *Van.* stag. *pl.* stagueü;staguell, *pl.* eü.*v.lien.* — *Chien d'attache, chien qu'on tient attaché pendant le jour,* qy-stag, *pl.* chaçz-stag. — *Attache, pour attacher les bestiaux à l'étable ou aux champs,* nasq, *pl.* ou ; stag-saoud , *pl.* stagou-saoud. — *Attache, affection,* attaich , carantez. *Attache et attaich viennent d'at, terre ,*

et *de* taich, *cloud ; id est, cloud qui attache à la terre. Attachement et attacher ont la même étymologie. v. terre, cloud.* — *Attache, peine, application d'esprit ou de corps,* poëllad, *pl.* ou.

ATTACHÉ, *qui est attaché à,* stag ouc'h. *Van.* stag doh, staguet doh. — *Attaché l'un à l'autre ou les uns aux autres,* stag-ouc'h-stag. — *Qui n'est point attaché,* distag, disere, disamar. *Van.* distag, distaguet. — *Attaché, appliqué,* qui s'applique à, poëlladus, oc'h, à.

ATTACHEMENT, *attache, affection,* carentez, carantez evit, etc.; re vras carantez evit, attaioh. — *Qui a de l'attachement pour les biens de ce monde,* nep èn deus ur garantez disorden evit madou ar bed-má, nep a so stag e galoun ouc'h madou ar bed-má, nep èn deus attaich evit madou ar bed.

ATTACHER, *lier,* staga, *pr.* staguet, staguella, *pr.* staguellet; amarra , *pr.* amarret; ereèn, erèn, *ppr,* ereet. *Van.* staguein, staguelleiñ, amarreiñ, *ppr.* et. *v. attache.* — *Attacher à quelque chose,* staga ouc'h, amarra ouc'h un dra, creü ouc'h. *v. appliqué à. Van.* staguein doh. — *Attacher des bestiaux dans l'étable,* nasqa ar saoud, *pr.* nasqet; staga ar saoud, *pr.*et. *Van.* staguein er séud. —*S'attacher à,se joindre à,*èn em staga ouc'h, *pr.* èn em staguet ouc'h. *Al.* énglena. —*Qui s'attache aisément à,* stagus, pegus, oc'h, à. *Van.* id. — *S'attacher à, s'appliquer à,* èn em rei da, *pr.* èn em roët da. *v. appliquer.*

ATTAQUANT,*agresseur,*attacqus,attaqer, *pl.* yen. *v. agresseur.*

ATTAQUE, attacq, *pl.* ou. *Van.* id., *pl.* eü.

ATTAQUER, *commencer une querelle,* attacqi, *pr.* attacqet. *v. provoquer.* — *Attaquer en paroles,* qintéal. *pr.* qintéet; huerui, *pr.* huernet; cavailha, *pr.* cavailhet. — *Qui attaque de paroles. v. hargneux.*

ATTEINDRE, *parvenir à quelque chose,* tizout , *pr.* tizet ; dirès, *pr.* dirèset. *Al.* diraes, *pr.* et. *Van.* ampoigneiñ.— *Atteindre un autre,* tizout un all, dirès un all. — *Atteignez-moi cette corbeille qui* est là-haut, lizit ar baner-ze din, dirè-sit ar baner-ze diñ.

ATTEINT de maladie, sqoët gand cleûved, sqoët gand ur barr-clêved. Van. sqoet ou sqoeit gued clehuëd ou gued clihued. — Atteint, convaincu d'un crime, fçazet ou fæzet var uu torfed, amprouët crim varnezà. — Atteinte, légère attdque, soit de maladie, soit de paroles, barricq. taulicq, ur foedtadicq.

ATTELAGE, assemblage d'animaux pour tirer, açzortamand anevaled, paraioh anevaled da sterna ou da staga. v.-harnais.

ATTELER des chevaux à une charrette, sterna ar c'hesecq,. pr. steruet; starna qesecq, pr. starnet. Van. stagueiñ en ohein ou en ejou ou en añhein.

ATTELLE, pour panser et tenir les fractures des os, scliçzeñ, pl. scliçzénnou; scliçzénnic, pl. scliçzènnigou. — Attelle, éclat de bois fendu, ustell, pl. æstel; astelleñ, pl. æstellennou; ascloedeñ, pl. ascloed; squëzreñ, pl. squëzryou; sqiryeñ, pl. sqiryou; sqeltreñ, pl. sqeltrou; sqiltreñ, pl. sqiltrou, sqiltrennou. Van. sqirhyeñ, pl. sqirhyéû. — Certaines attelles, æstellénnou, asclodénnou, sqiryennou, sqiltrennou. — Attelle, bâton pour mêler la bouillie, croc-yod, pl. creguer-yod; astell-youd, pl. æstell-youd. — Attelle, espatelle pour tourner les crêpes sur la galettoire, spanell, pl. ou; scliçzeñ, pl. scliçzénnou; astell-grampoës, pl. æstell-grampoës. v. tournette. — Attelle plate et aiguë pour peseler du lin, paluheñ, pl. paluhénnen, ur baluheun. Van. id.; pl. éü. — Attelles, les ais qu'on met au-devant du collier des chevaux de charrettes, paron, pl. ou. v. bourrelet.

ATTENANT, e, qui tient à un autre, lalc'h, stag, dalc'h-ouc'h-dalc'h, stag-ouc'h-stag. Van. harzant. v. contigu, oignant, tenant.

ATTENDANT (En), etretant. Van. tretant, cletant. — Prenez toujours cet, en attendant mieux, qimirit atau qo-qen-ze, etretant véll.

ATTENDRE, demeurer jusqu'à ce que, ortos, pr. gortoset, gortoet, deport,

pr. et; guedal, pr. guedet. Van. gortein, gortos. — J'attends ici Corentin, ez ma oun amà o c'hortos ou o c'hedal Caurintin. — Attendre, espérer, esperout, pr. esperet; spera, sperout, ppr. speret; guedal, pr. guedet; spya, pr. spyet. — Il attendait cette charge, esperout a rea, ar garg-hont, edo o spya ou o c'hedal ar garg-hont. — Je ne m'attends pas qu'il vienne, n'esperañ qet e tué. — Je m'attends bien que oui, demande et réponse dédaigneuse, ma na véz yvez, ya a brès, vo brès. En lat. quasi verò.

ATTENDRIR, rendre ou devenir tendre, teneraat, pr. teneréet. Van. tinérat, tenérat, ppr. eët, et. — Attendrir, exciter la compassion, touïch gand truez, pr. touïchet. — S'attendrir de compassion, beza touïchet gand truez, pr. bet. Van. bont touchet gued truhe, pr. bet.

ATTENDRISSEMENT, teneridiguez, teneradur. Van. tinéredigueah.

ATTENTAT, outrage, outraich, pl. outraichou. Van. outrach, pl. outrageû. Attentat, entreprise hardie, hardizëguez dreist musur, divergontiz dreist ordinal. Van. hardehted divergondt. — Attentat, usurpation, mahomérez.

ATTENTE, action d'attendre, gortosidiguez. — Attente, espérance, espèr, esperançz. Van. gorto. — Etre en attente de, beza èn espèr eus. Van. bont é gorto ag. — Contre l'attente de tout le monde, a enep éspèr ar bed oll, a enep, ar pez a espèrét. — Attente, gortosidiguez. v. impatience. — Pierres d'attente, pour y attacher un autre mur, danteñ, pl. ou; strèilh, pl. streilhou.

ATTENTER, entreprende de nuire, attémpi, pr. attémplet; dreçza spyouda ur re, pr. dreçzet. — Il a attenté à mon honneur, attémplet êu deus var va enor, falvezet eo bet dezà va disenori, Attenter à la vie de quelqu'un, attémpli var buez ur re, falvezout laza ur re, falvezout lémel e vuez digand ur re, pr. falvezet. — Attenter à quelque chose contre l'autorité de la loi, ober un dra bennac é disprisançz al léseñ, pr. græt.

ATTENTIF, qui écoute avec soin, attantif, oc'h, à. — Fort attentif, evez

*grande attention*, attautif-bras, allan-
tif meurbed. — *Attentif à ses prières*,
parfed èn e bedénvou. — *Attentif, circonspect, pensif*, pridiryus, oc'h, à; son-
jus, sellus.

ATTENTION, *application de l'esprit*,
*ou de l'oreille*, attanciou, parfediguez,
parfeded. *H.-Corn.* pledt. — *Donner ou*
*faire attention*, teureul pledt, *pr.* taulet.
— *Attention, application des yeux*, evez,
evez-mad. *Van.* eñeh. — *Donnez attention à votre ouvrage*, liqit evez-mad ouc'h
ar pez a rit, tauletpledt oar ho labour
ou ouz ho labour. — *Exacte attention*,
pridiridiguez, evez acqedus, attancion
vras.

ATTENTIVEMENT, piz, attantif,
gaud attancion, gand cals a evez, gand
pridiridiguez.

ATTÉNUATION. *v. affaiblissement.*

ATTENUER. *v. affaiblir, diminuer.* —
*Atténuer de maigreur, de misère*, esteuzi,
*pr.* esteuzet; steuzi, *pr.* steuzet; teuzi,
*pr.* teuzet. *Van.* teuéiñ, *pr.* teuët.

ATTERAGE, *l'endroit où un vaisseau*
*prend terre*, doüaraich. *Van.* doarach.

ATTERIR, *prendre terre*, doüara,
*pr.* et. *Van.* doüareiñ.

ATTERRER, *renverser. v. terrasser.*

ATTESTATION, *témoignage par écrit*
*d'une vérité*, testeny dre scrid, *pl.* testenyou dre scrid; testeuny é scrid, *pl.*
testeunyou é scrid. *Van.* testany dre
scryd, testony scrihuët.

ATTESTER, *rendre témoignage de la*
*vérité d'un fait*,tésteunya, *pr.* et; tés-
tenya, *pr.* et; téstenyecqat, *pr.* éet;
rénta testeny, *pr.* et. *Van.* testanyeiñ,
*pr.* testanyet. — *Attester, appeler à témoin*,
difen da dèst, divèñ é tèst, *ppr.* et; guervel da dèst, *pr.* galvet; qemeret da
dèst, qemeret evit test, *pr.* qemeret.

ATTIÉDIR, *rendre tiède*, cloüaraat,
*pr.* éct. *Van.* mingleiñ, *pr.* minglet.
*S'attiédir, devenir tiède*, cloüaraat, *pr.*
éet; dônet da glouaràt, *pr.* deuët.

ATTIEDISSEMENT, cloüarded,
cloüarder. *Van.* mingladur.

ATTIFER, *parer*, para, *pr.* et, qincla, *pr.* et; pinfa, fincha, ficha, tifa,
stipa, attifa, *ppr.* et.

ATTIFET. *v. affiquets.*

ATTIRANT, *qui engeole*, licaoüs,
oc'h, à. *v.* attrayant.—*La volupté, la
débauche est attirante*, pligeadurezou ar
c'horf a so licaoüus.

ATTIRER, *tirer à soi*, ténna da ve-
tañ, *pr.* et; didenna, *pr.* et.—*L'aimant*
*attire le fer et l'ambre attire la paille*, ar
mœn-toüiçh a déñ an hoüarn hac ar
goularz a déñ ar c'holo da vétan, ar
mœn-touich a zidenn au hoüarn hac
ar goülarz ar plous.—*Attirer, prendre*
*doucement et sans violence*, hoalat; *pr.*
et.—*Attirer par caresses. v. allécher.*—
*S'attirer*, ténna var e béñ, ténna var
e-unan, *pr.* et; didenna, *pr.* et. — *Ils*
*se sont attiré ce malheur*, ténnet o deus
an drouc-éür-ze var ho phéñ, en ho c'hiryéguez eo arru an diveür-ze gadto.

ATTISER *le feu*, attisa au tan, *pr.*
et. *Van.* attiseiñ en tan.—*Attiser, exciter*, attisa, *pr.* et.

ATTOUCHEMENT, *le toucher*, toüich, an toüich.—*Attouchement déshonnête*, attoüichamandlic, *pl.* attoüicha-
manchou lic; embreguérez lous, *pl.*
embreguerézou lous.—*Faire des attou-
chements déshonnêtes*, ober attoüicha-
manchou lic, ober embreguerézou
lous, *pr.* græt; dôrnata, *pr.* et.

ATTRAIT, *qualité qui attire*, amorch,
emors, crampinell, *pl.* ou; dudy, deduy, chalm, attis. — *L'argent est un*
*puissant attrait pour les avares, et le plai-
sir sensuel en est un autre pour les voluptueux*, an arc'hand a so un amorch
bras evit an dud avaricius, hac ar pli-
geaduryoulic, ur grampinellivinec evit
ar re lubric sioüas. — *Les attraits de*
*creatures charment la plupart du monde*,au
darnvuyl eus au dud a so borrodet hac
aczotet gaud ar pligeduryou veau eus
ar bed.—*Les attraits de la grâce*, au e-
mors vès a c'hraçz Doüe, an douzdé-
nerzus eus ar c'hraçz, an toüich eu
ar c'hraçz, an attisou eus ar c'hraçz

ATTRAPER, *tromper, surprendre*
attrap, *pr.* attrapet. *Van.* attrapeiñ.—
*Attraper, atteindre. v.-y.*

ATTRAYANT, *ante. qui attire au*
*douceur*, licaoüus, hoalaüs, hoalus

dudyns, didennus, oh, â, añ.

**ATTRIBUER**, *donner, imputer*, rei, *fr*. roet; staga, *pr*. staguet.—*On a attribué plusieurs priviléges à cette charge*, meur a faver a so staguet bet ouc'h ar garg-hont. — *On attribue aux généraux tout l'honneur du gain d'une bataille*, beza e roèr d'ar generaled an oll enor vès a ur c'houmbad gounezet.—*Attribuer quelque faute à un autre*, rei abec da un all, var, etc., *pr*. roët; teurl abec var un all, *pr*. taulet; teurl ar gaou var un all, tamal un all, var, etc., *pr*. tamalet.—*S'attribuer, s'arroger quelque chose*, perc'hénna un dra, *pr*. et; mahomi un dra-bennac, *pr*. et.—*S'attribuer l'honneur d'une chose*, qemeret an enor eus a un dra, *pr*. id.

**ATTRIBUT**, *symbole qui marque le caractère d'une chose*, azt oüez, *pl*. ou.—*Attribut divin*, perfeccion ê Doüe.—*Les attributs de Dieu*, perfeccionou Doüe. *Van*. perfecioneü Doüe.

**ATTRISTER**, *donner des sujets de tristesse à quelqu'un*, tristaat ur re, *pr*. éct; qeuzia ur re, *pr*. et; melconya, *pr*. et; *H.-Corn*. chyffal, *pr*. chiffet. *S.-Brieuc*, aniñval, *pr*. niñvet. *Van*. chiffeiñ, *pr*. chiffet.—*S'attrister*, èn em nec'hi *pr*. èn em nec'het; qeuzya, *pr*. qeuzyet; em velconya, *pr*. et; moro'hedi, *pr*. et; èn em chyffal, *pr*. èn em chyffet. *Van*. him chiffeiñ, hum chiffeiñ, *pr*. him chiffet.

**ATTRITION**, *contrition imparfaite*, glac'har dibarfed eus e bec'hegeou. *v.* contrition.

**ATTROUPER**, *assembler en un même lieu*, destumi èu ur vandeñ, destum a rumou, *ppr*. destumet. *Van*. dastum a vandenneü, *pr*. dastumet.— *S'attrouper*, em destum èn ur vandeñ ou èn ur bagad ou èn ur rum ou a rumou ou a vandennou, *pr*. em destumet. *Van*. him dastum a vandenneü.

**AU**, *article du datif singulier*, da.—*Au maitre*, d'ar mæstr. *id est*, da ar mæstr.—*Au roi*, d'ar roüe ( da ar roüe. )—*Au, marquant le lieu*, èr, ebarz, èn.—*Il est au marché*, e ma èr marc'had.—*Il est au jardin*, beza ez ma èr jardrin,

ez ma ebarz ar jardin *ou* ebarz èr jardin.—*Au logis*, èr guær, èn ty, ebarz an ty. *v.* a *dans tous ses articles*.

**AUBADE**, hobadenn, *pl*. ou; soneñ, *pl*. ou. *Van*. hobadeeñ, *pl*. eü.

**AUBAIN**, *étranger non naturalisé*, estraugcour, *pl*. yen; a ziavæs-bro.

**AUBAINE**, *succession d'un étranger qui meurt dans un pays où il n'est pas naturalisé*, hiritaich un estrangeour, *pl*. hiritaichou estrangeouryen; disherançz evit an autrou.—*Droit d'aubaine*, güir var vadou un estrangeour maro, güir a zisherançz d'an autrou, pe d'ar roüe.—*Aubaine, avantage inespéré*, chançz vad diouc'h, güir chançzus, *pl*. güiryou chançzus; digoüez na esperet qet.

**AUBE**, *le point du jour, l'aurore*, goulou deiz, tarz an deiz, poènd an deiz. *Van*. goléü dc.—*Aube, vêtement d'ecclésiastique*, camps, *pl*. you. *Van*. camps, *pl*. campseü.

**AUBERGE**, tavargn, *pl*. ou. *Al*. herberc'h, *qui veut dire d présent abri. De là, auberge. Van*. tavarn, *pl*. eü.—*Loger en auberge*, logea èn davargn, *pr*. loget. *Al*. herberc'hya, *se mettre à l'abri. De là, héberger*.

**AUBERGISTE**, *qui tient auberge*, tavargner, *pl*. yen. *Al*. heberc'hyad, *pl*. herberc'hidy. *Van*. tavarnour, *pl*. tavarneryon, tavarnouryan.

**AUBÉPINE**, *épine blanche*, spérneñveñ, *pl*. spérn-güeñ, spérnénned-véñ. *Van*. id.—*De l'aubépine*, spérn-güénn.

**AUBIER**, *le bois blanc qui se trouve entre le vif de l'arbre et l'écorce*, güignen, güen-goad. *Van*. coëd güen.

**AUBIN**, *le blanc de l'œuf*, güenn-vy.—*Aubin, nom d'homme*, Albin.—*Petit Aubin*, Albinic, Albicq.—*Saint Aubin*, Sant Albin.— *Saint Aubin etait de la Bretagne armorique et saint Alban de la Grande-Bretagne*, sant Albin ayoa gu'nidic a Vreyz-Arvoricq ha sant Alban a Vreyz-Veur.

**AUCUN**, *quelqu'un*, unan-bennac, urre, ur re-bennac, dèn-ebed. *Van*. ic.—*Y a-t-il aucun qui dise que*, ha beza ez eus ur re-bennac a lavarré penaus, hac unan-bennac aso a lavarfé penaus,

ha den e-bed a so a guement a lavarfé
penaus. — *Aucun, nul,* nicun, gour,
nep hiny, nep den, den e-bed, christen. *Van.* nicun, hany, hany-bed. *v.
nul.—Je n'ai vu aucun,* nam eus güellet necun *ou* nicun *ou* gour *ou* christen,
n'em eus qet güellet ur c'hristen.—*En
aucun lieu,* é nep tu, é nep leac'h, é
nep lec'h.—*En aucune façon,* é nep fæçzoun, é nep qiz, é fæçzoun e-bed, é
qiz e-bed.—*Aucune fois, quelquefois,* a
vizyou, a veichou, a vechou, a vareadou, a daulaou. *Van.* güehavé, guhavé, a û ehéû, a üehiguëü.

AUCUNEMENT. *v. en aucune façon.*

AUDACE, *hardiesse mêlée d'insolence
et de témérité,* divergontiz, hérder, re
vras hardizéguez.—*Audace, hardiesse,*
hardizéguez, courraich.—*Audace, entreprise hardie,* taul hardiz, *pl.* taulyou
hardiz.

AUDACIEUSEMENT, gand hérder,
gand divergontiçz, èn ur fæçzoun divergond, gand-re vras hardizéguez.

AUDACIEUX, *euse, hardi,* hardiz,
oc'h, á. *Al.* crès, crèt. —*Audacieux,
effronté,* hêr, divergond, oc'h, á; re
hardiz, re fyer.

AUDIENCE, *action d'écouter,* sezla-
oüidiguez. — *Donner audience á quelqu'un,* sezlaoü ur re, *pr.* sezlaoüet.—
*Audience, lieu où l'on plaide,* lès, *pl* you.

AUDIENCIER, *huissier qui appelle les
causes,* audiancer, *pl.* yen; hucher-
audiancer.

AUDIERNE, *petit port de mer en la
Basse-Cornouaille,* Goazyen, Goayen.
id est, braz *de mer ou ruisseau froid.*
—*Qui est d'Audierne,* Goazyanad, *pl.*
Goazyanis. *En termes ironiques, on dit :*
Penn-merlus, *pl.* pennou-merlus, *à cause
de l'abondance des merlus qu'on y pêche.*

AUDITEUR, *qui écoute,* auditor, *pl.*
auditored.

AUDITOIRE, *auditor, pl.* you.

AUGE, néau, *pl.* névyou; néff, *pl.*
néffyou; laoüer, *pl.* laoüeryou; comm,
*pl.* ou. *Van.* loëbér, *pl.* yeü; off, *pl.* eü;
offeñ, *pl.* eû. — *Auge de pierre,* néau,
*pl.* névyou; néau-væn, *pl.* névyou-væn;
laoüer-væn, *pl.* laoüeryou-væn; comm-

mæn, *pl.* commou-mæn. — *Auge de
bois,* laoüer, *pl.* you ; laoüer-brén, *pl.*
laoüeryou-brén ; laoüer-goad , *pl.*
laoüeryou-goad; néau-brén, *pl.* névyou-
brén; comm-prén. *Van.* loar, *pl.* loa-
reü; loëbér, *pl.* yeü; loüér, plétrin.

AUGÉE, *plein une auge,* névyad, *pl.*
ou ; laoüeryad, *pl.* ou; commad, *pl.*
ou. *Van.* loüériad, *pl.* eü; leih ul loüér,
offad, ovad, offenad, *ppl.* eü.

AUGMENTATION. *v. accroissement.*

AUGMENTER. *v. accroître.*

AUGURE, *divination par le vol, le chant
et le manger des oiseaux,* divinadur, *pl.*
you. — *Bon augure,* sin vad. —*Augure,
qui tire des augures ou des présages du vol
des oiseaux,* diviner, *pl.* yen; divinour,
*pl.* yen. — *Plein d'augures, de conjectu-
res, de présages,* divinus, oc'h, á.

AUGURER, *conjecturer, prédire quelque chose,* divina, divinout, *ppr.* divi-
net. *v. prédire.* — *Cela nous augure telle
chose,* qemen-ze a lavar deomp an dra-
mañ-dra.

AUGUSTE, *majestueux, vénérable,*
poumpus, enorus, oc'h, á.

AUGUSTIN, *nom d'homme,* Augustin. — *Saint Augustin,* sant Augustin,
an autrou sant Augustin.—*Augustins,
religieux,* tadou sant Augustin, religiused sant Augustin, sant Augustinad,
*pl.* sant'Augustinis. — *Chanoines réguliers de saint Augustin,* chalounyed sant
Augustin.—*Augustins noirs,* meneo'h
sant Augustin. — *Augustins déchaussés,*
ermided sant Augustin.—*Augustines,
religieuses,* leanesed sant Augustin. —
*Nouveaux disciples de saint Augustin,* dis-
qybled névez sant Augustin, ar jansenisted.

AUJOURD'HUI, *H.-Léon* hiryo, hizyo. *B.-Léon* hizyv, hizyo. *Trég.* hirye.
*S.-Br.* hirye, havre, avre. *B.-Corn.* hiryo, hyo, herouë. *H.-Corn.* hiryv. *B.-
Van.* hiryv, hiryü, hiru. *H.-Van.* hiryü, hiniu, hizyhn. — *D'aujourd'hui il
ne partira,* veteiz *ou* feteiz ne zispartyo.
*Il ne viendra pas d'aujourd'hui,* feteiz *ou*
fenos ne zui *ou* ne zuyo. *v. anuit.* —
*Le jour d'aujourd'hui, le jour présent,* an
deiz a hiryo, en deiz-ma a sclæra aha-

nomp. — *Aujourd'hui en un mois*, en deiz-má penn miz. — *Aujourd'hui en un an*, en deiz-má penn lizen, en dez-má penn bloaz. *v. année.* — *Aujourd'hui á moi, demain á toi*, an deiz a hyriau din a so; an deiz a varhoas did a vezo.

AUMONE, aluseñ, *pl.* ou; alúson, *pl.* ou. *Van.* aléson, alyson, *ppl.* éü. — *Aumône réglée qu'on donne en des maisons á de certains jours, en argent ou autrement*, caritez, *pl.* ou; carite, *pl.* ou. *Van.* carite, *pl.* éü. — *Donner l'aumône*, rei an aluséñ, rei ar garitez, *pr.* roët. — *Demander l'aumône de porte en porte*, gouleñ an aluséñ a zor-ê-dor ou a zor-da-zor, *pr.* goulénnet. — *Aller á l'aumône*, mônet d'an aluséñ, mônet da glasq e voëd, mont da glasq an aluseñ, *pr.* éet, eat. — *Vivre d'aumône*, beva divar an aluséñ, *pr.* bevet.

AUMONIER, *charitable. envers les pauvres*, alusénnus, oc'h, á, *pl.* tud alusénnus; mad evit ar béauryen, mad é qêver ar béauryen, *pl.* tud vad evit, etc., *ou* é qêver, etc. *Van.* alysonnus, *pl.* tud alysonnus. — *Aumônier de princes, d'évêques, d'abbayes*, alusunèr, *pl.* yen. *Van.* alysonnour, *pl.* alysonneryoû. — *Aumônier du roi*, alusunèr ar roúe. — *Le premier aumônier de la reine*, qentâ alusunèr ar roüanès. — *Grand aumônier du roi*, alusunèr bras ar roûe, an alusunèr bras a Françz. — *Aumônier de vaisseau*, bælec ul læstr, *pl.* bælcyen al listry; alusunèr ul lestr, *pl.* alusunérycn-lystry. — *Saint Jean l'aumônier*, sant Jan an alusunèr.

AUMUSSE, *fourrure de chanoines et de chanoinesses*, croc'hen feuret, *pl.* créc'hin feuret; croc'hen ur chalouny, *pl.* créc'hin ar chalounyed.

AUNAGE, *l'action d'auner les étoffes*, musulaich, musuraich, goalènnaich.

AUNAYE, *lieu planté d'aunes*, güern, *pl.* güernnyo; güernecq, *pl.* güernegou. — *L'aunaye*, ar vern, ar vernecq. — *La maison de l'aunaye*, maner ar vern. — *Monsieur de l'Aunaye*, an aulrou'r vern.

AUNE, *arbre qui vient dans les lieux* humides *et marécageux*, güerneñ, *pl.* güerménned, güernénnou, güern. — *De l'aune*, güern, coad güern. — *De l'aune noir*, güern du.

AUNE, *pour mesurer l'étoffe*, goaleñ, *pl.* goaleigner; goaleñ-vusul, *pl.* goaleigner-vusul. *Van.* goaleen, *pl.* éü; goaleñ-mehér *ou* mihér. — *Acheter á l'aune*, préna diouc'h ar voalen, *pr.* prénet. — *Aune, chose mesurée de la longueur d'une aune*, goalénnad, *pl.* ou. — *Une aune d'étoffe*, urvoalénnad mezer. *Van.* ur galennad-mehér, *pl.* goalennadeü-meher. — *Dix aunes de toiles*, deq goalénnad lyen. — *Mesurer les autres á son aune*, musula, ar re all diouc'h e-unan, *pr.* musuret; musula gand ar voaleñ, *pr.* musulet; goalena, *pr.* et. *Van.* goalennadeiñ, goalenneiñ, *ppr.* et.

AUNEUR, *employé pour marquer et visiter les aunes des marchands*, ar mæstr musuler, ar mæstr goalénner, bisiter ar goaleigner-vusur.

AUPARAVANT, *avant, toutes choses*, qent, gueñtâ, da qentâ. *Van.* qent, de guentañ, de guetañ. *v. avant.* — *Long-temps auparavant*, pell qènt. — *Peu de temps auparavant*, un nebeud qènt, un nebeud amser diagnent. — *Ne fallait-il pas auparavant parler avec moi de cette affaire*, ha ne dleyét qet da guentâ parlant ouzon-me var guemen-ze? *v. devant que, avant que.* — *Tout comme auparavant*, evel qènt ha goude. — *Au pis aller*, d'ar goaçza oll, goaçzá hac a allé da erruout.

AUPRÈS, *préposition*, taust, a daust, é harz, é qichen, é qichan, hogos, gos, é tal, lèz. *Van.* é tal, é qichan, é qichaon, é harh, harzic, en harç. — *Auprès du feu*, é tal an tan, taust d'an tan, a daust d'an tan, é harz an tan, é qichen an tan, hogos an tan. — *Auprès de Quimper*, é tal Qemper, léz Qemper, é harz Qemper, taust da Qemper, a daust da Qemper, é qichanQemper, hogosQemper. *De hogos* Qemper, *vient* Gos-Qemper, *village á cinq lieues de Quimper, sur la route de Quemenecen, près la rivière du Theyr et que le peuple s'imagine vouloir dire l'ancien Quimper, de* cos, *ancien, et*

**2.**

*di* Qemper, *Quimper.* — *Auprès de la côte de la mer*, lèz an arvor, *De là, la maison de* Leznarvor, *en Corn.* — *Tout auprès,* taustic, a daustic, ê harzic, ê harzic-harz, ê qichanic; ê talic, hogo-sic, gosic. *Van.* ê qichanic, ê harhicq, ê harzic, *en* harzic. *B.-Léon* or harz-dor harz. — *D'auprès,* a dal , a harz , a guichen. — *D'auprès de Concarneau ,* a dal Concq, a harz Concq, a guichen Concq. *Auprès de , en comparaison de,* ê acoaz. — *Auprès de Paul, en comparai-son de Paul,* ê scoaz Paul.

· AURAY, *ville de Bretagne très-ancien-ne. En latin,* Aula regia, *d'où venait* Au-le-roy *et tient.* Auray, Alré. — *Qui est d'Auray,* Alréad, *pl.* Alreis. —*La char-treuse près d'Auray,* ar ohamp. *Ce champ veut dire : le camp de l'armée des ducs,* Jean de Montfort *et* Charles de Blois, *de même que* Grand-Champ, *paroisse à deux lieues de là, qu'ils appellent* Kær-gamp, *er* Guær-gamp, *id est , ville du camp.*

AURÉOLE, *couronne des docteurs, des vierges et des martyrs au ciel, ou gloire accidentelle,* curun-aoûr, *pl.* curunou.

AURICULAIRE, *qui regarde l'oreille,* a aparchant ouc'h an div scoüarn. — *La confession auriculaire ,* ar goveçzion segred , an discléracion eus e bec'hé-geou great ê scoüarn ur bælecq.—*La confession auriculaire est bien-plus douce que la confession publique,* douçzoc'h eo cals ar goveçzion a rear ê scoüarn ur bælecq, eguet an hiny a rear dirac ar bopl.

AURONNE, *plante,* afron, avron, lousouen an dræn.

· AURORE, *l'aube du jour.* v. aube.

· AUSPICES, *conduite, protection ,* pa-tronyaich, favér, cundu. — *J'irai sous vos auspices,* me a yêllo gand ho favér *ou* dindan ho cundu *ou* dindan ho pa-tronyaich.

AUSSI, *conjonction,* yvez, yve. *Van.* eüe. *Treg.* yve, yoüe. *H.-Corn.* üe, eüe. — *Nous irons aussi,* ny a yéllo yvez, mô-net raymp yve, bez' ez aymp yvez. — *Aussi bien, c'est pourquoi,* rac-ze, qént-ze. — *Aussi bien, car, au reste,* rac, qér-couls. — *Aussi bien, que faut-il ici?* rac

petra a glasq-ê amâ? qèr couls petra ra-ê amañ? — *Aussi, conjonction com-parative,* qèr , qèn. — *Aussi docte que vous,* qèr goüizyec ha c'huy, qèn abil ha c'huy. —*Aussi hardi que l'autre,* qèn hardiz hac eguile *ou* evel eguile.

AUSSITOT, *incontinent ,* qèr-qènt, qèn-tiz, qèntre. *Van.* qeintéh, qentih. — *Aussitôt que, dès-que,* qentre ma, qer-qent ma , qerqent ha ma, adal ma , qentiz ha ma, qer buan ha ma. *Van.* qentéh-ma, qentih-ma. — *Aussitôt que je le vis,* qentre ma èr güellis, qerqent ma vellis anezâ, adal ma èr güellis, qerqent ha ma èr güellis, qentiz ha ma vellis aneza. — *Aussitôt que moi,* qer-qent ha me, qer buan ha me, qentiz ha me. —*Aussitôt que lui,* qerqent hac ê.

AUSTÈRE, *rude, sévère,* garo, garv, rust, ténn, calet, oc'h, à. *Van.* id. — *Mener une vie austère,* cundui ur vuez ga-ro *ou* caled *ou* tén *ou* rust, *pr.* cunduet. *v. face austère.* — *Etre austère pour soi-même et doux pour les autres,* beza rust èn andred e-unan, hac habasq ê qèver ar re all, *pr.* et.

AUSTÈREMENT, gaud garvéntez, èn ur sæçzoun garv *ou* rust.

AUSTÉRITÉ, *sévérité,* garvéntez, *pl.* garvéntezou, garventezyou ; rusdony, *pl.* rusdonyou. — *Austérités corporelles,* garvéntezyou bras , pinigénnou caled. *Al.* garvéntezou corffus.

AUSTRAL, e, *méridional,* diouc'h ar c'hrez-deiz. — *Terre australe,* br ) ar c'hrez-deiz, *pl.* broezyou ar c'hrez-deiz, doüar ar c'hrez-deiz.

AUTANT, *comme, aussi, de même,* qe-ment, qéhyd ; qement, *id est ,* qenu-ment, *pareille taille.* —*Autant qu'est vas-te l'étendue qui est entre le ciel et la terre, autant est grande et infinie la miséricorde d. Dieu sur ceux qui le craignent,* qement a ma ez eo bras an hed a so èntre an céhzo an doüar, qement ez eo bras hac infinit au drugarez a Zoüc èn andred ar rea deu da douçza anezañ. — *Autant qu d'ici à Saint-Pol-de-Léon,* qéhyd evel ac'hanen da Gastel-Pol. — *Une fois au-tant,* qéhyd ur veach all, qement all, qéhyd all, ur guehid all. — *Autant!*

*pareil nombre,* qement all. — *Il envoya deux mille Bretons et autant d'Ecossais,* daou vil dèn a gaçzas a Vréyz, ha qement all a Scoçza. — *J'en donne autant,* me a ro qement all anezâ. — *Autant que lui, si grand que lui,* qement hac è, qer bras hac è. — *Il coûte autant que l'autre,* qement a goust evel eguile ou hac eguile.—*J'en donne autant,* qement ha qement a roañ anezâ. — *Autant que je puis,* qement ha ma allañ.—*Autant que je puis, de toute ma force,* èn dra allañ, muyâ hac a allañ.

AUTEL, *lieu du saint sacrifice,* auter, *pl.* you.—*Le grand autel,* an auter vras, an auter-mæstr. — *Le second autel,* an eil auter. — *Etre d l'autel,* beza ouc'h an auter, *pr.* bet.—*Pierre d'autel,*mean-auter, *pl.* mæin-auter; mean biniguet, *pl.* mæin biniguet. *Van.* mæn beniguet.

AUTEUR, *qui a fait une chose,* autor, *pl.* ed. —*Auteur d'un libelle diffamatoire,* autor ur scrid iffamant, an autor vès a ul levriq iffamus. — *Premier auteur d'une chose,* péñcaus, *pl.* péñnou-caus, peñcausyou. — *Le premier auteur de la guerre présente,* ar péñcaus eus ar bresell-mâ. — *Il est l'auteur, la cause du procès,* èn e guiryéguez ez eo bet savet ar procès, ê a so qiryec ou caus d'ar procès.

AUTHENTIQUE, *qui mérite que l'on y ajoute foi;* sur, açzur, oc'h, â; aproüet;amproüet mad;din da veza credet.

AUTHENTIQUE, *attesté,* testenyet, testeniecqéét, aproüet mad.

AUTOMATE, *machine qui a en soi le principe de son mouvement,* iñgin natural pebiny a gueulusq anezâ e-unan, *pl.* iñginou natural, pere a gueulusq a nézo o-unan. — *Les bêtes sont de purs automates, selon Descartes,* alloëzned ne dint netra nemed iñginou natural, var a lavar an autrou Descartes.

AUTOMNAL, *e,* a âparchant ouc'b an discarr-amser.

AUTOMNE, *troisième saison de l'année,* discarr-amser, dilost-hañ, dibeñéaust, ragéaust, dianéaust, mare sculdelyou, raz-arc'h. *Van.* dibeñ-æst, dilost-hañ,dilost-hañû, er mizé ü du. —

*Le printemps, l'été, l'automne et l'hiver,* an névez-amser, an hañ, an discaramser, hac ar goañ. — *Au commencement de l'automne se font les vendanges,* è dezrou an discar-amser, e vèz labour ar venlager.

AUTORISER, *donner puissance de faire quelque chose,* goaranti, *pr.* goarantet; autorisa, *pr.* autoriset. — *Une femme doit être autorisée par son mari, ou, d son refus, par justice,* ur c'hrec a renq beza goarantet *ou* autoriset gand he ozach pe gand justiçz, evit ober, etc. — *Le père a autorisé son fils,* an tad èn deus goarantet e vap. — *Autoriser le crime par son exemple,* lacqât pec'hi dre e egzempl, *pr.* lecqéet; renta ar c'hrim dibunis dre e voall eçzempl, *pr.* rentet.— *Autoriser, approuver,* aprouff, *pr.* aproüet.

AUTORITÉ, *pouvoir,* galloud, galloudez, nerz. — *Il faut se soumettre d l'autorité,* red eo plega diudan nerz. — *Autorité, maîtrise,* mæstrony, mæstronyez, mætronyaich. — *Autorité, crédit,* galloud, poüès.

AUTOUR, *aux environs,* var dro, eñ dro. *Van.* ar-dro. — *Autour de,* endro da, vardro ar *ou* an. *Van.* ar-dro er *ou* en. — *Autour de la maison,* èn dro d'an ty, vardro an ty.—*Autour de la muraille,* èn dro d'ai vur, var dro ar voguer.— *Autour de vous,* èn dro deoc'h, var ho tro. — *Autour de lui,* èn dro deza, var e dro. — *Autour de moi,* èn drò digu, var va zro. — *Tout autour,* tro-var-dro, eñ dro.*Van* tro-ha-tro,tro-ar-dro.—*Tout autour de la paroisse,* tro-var-dro ar barrès, èn drò d'ar barrès.

AUTRE, *pronom relatif, différent, contraire,* dishével, oc'h, â; dishañval. — *Ils sont d'une autre nature que,* bez' ez int vès a un natur dishével dioc'h, hével brasint. — *Autre, second,* eil, all. *Un autre, un second, un* eil.—*Un autre, un* all. *Van.* un arall, un arel, un érell.— *D'autres,* re all, re arall. — *Les autres,* ar re all, ar re arall.—*L'autre,* eguile, an all, an arall, an eil. — *L'un et l'autre,* an eil hac eguile. *Van.* eu eil hæ en aral. — *Les uns et les autres,* qeñ au.

eil, qen eguile, qen ar re-má, qen ar re-hont. *Van.* hac henan hac henont, hac er re-man hac er re-hont. — *Autre chose*, tra all. — *Une autre chose*, un dra all. — *Il y a autre chose*, tra all a so. — *Je n'ai autre chose*, n'am eus netra qen, n'am eus tra qen, n'em eus qen. —*Autres ou autres que moi*, estrevit-oun, estregued-on. — *Autres que vous*, outre vous, estregued-oc'h, estrevit-oc'h. — *Autres que lui*, estreguetâ, estrevit-añ. — *Autres que nous*, estregued-omp, estrevid-omp. — *Autres qu'eux*, estregued-o, estrevit-o.

AUTREFOIS, *une autrefois*, ur veach all, ur veich all, èn dro.all. — *Autrefois, anciennement*, güeachall, güeichall, güeehall, tro-al. *Van.* güeh-arall, güeh éréll, én amsér-goh. *Trég.* gouéch-all.

AUTREMENT, *d'une autre manière*, è fæçzoun all, èn ur fæçzouu all. — *Autrement, ou bien, sinon*, pe, peautramant. *Van.* p'autremant.

AUTRUCHE, *grand oiseau qui a des ailes courtes, mais qui ne lui servent qu'à courir plus vite, lorsque le vent lui est favorable*, lotruçz, *pl.* ed.—*Des œufs d'autruche*, vyou-lotruçz.—*Des plumes d'autruche*, pluñ lotruçz. — *Estomac d'autruche*, stomocq lotruçzecq.

AUTRUI, *ce mot s'exprime par* l'autre, les autres, le prochain. *v.-y.* — *Le bien d'autrui*, madou un all, madou re-all, madou ar re-all. madou an neçza.

AUVENT, *petit toit de planches qu'on met au-dessus des boutiques pour les garantir de la pluie*, apoûeilh, *pl.* apoûeilhou ; baled, *pl.* balegeou, baledou apateiz , *pl.* ou.

AUX, *article*, da, da an, da ar. *r. d.*

AUXILIAIRE, *qui vient au secours*, a zen da sicour. — *Des troupes auxiliaires*, soudardet a ziavæs-bro; bresellidy a ziavæs-bro, evit sicour ur stad-bénnac. — *Verbe auxiliaire*, verb a sicour, verv a sicour, *pl.* verbou, vervou.

· AVALER, *faire descendre par le gosier*, louncqa, *pr.* et. *Van.* lonçciñ.—*Action d'avaler*, louncqadur, louncqidiguez. *Van.* loncqereah. — *Avaler, descendre* aral, disqeñ, *pr.* et. *Van.* disqenneiñ.

AVALEUR, *goinfre*, louncqer, *pl.* yen. *Van.* loncqour, loncqér, *ppl.* loncqeryon. *v. gosier.*

AVANCE, *anticipation, priorité*, avançz, diarauc. *Van.* iñraucq.—*Faire les avances*, ober an avançz, *pr.* græt. —*Payer d'avance*, paëa diarauc, paëa dre avançz, *pr.* paëct

AVANCEMENT, *progrès*, profid. *Van.* iñraucq. — *Avancement dans la vertu*, profid èr vertuz.

AVANCER, avançz, *pr.* et; araucqât, *pr.* et; iñraucqât, *pr.* et. *Van.* avanceiñ, *pr.* et; iñraucqeiñ. — *Avancer, presser, hâter*, hasta, *pr.* et; diffræa, *pr.* et; depeich, *pr.* et. — *Avancer son chemin*, gounit hind, *pr.* gounezet. —*Faire avancer*, caçz arauc, *pr.* caçzet. — *S'avancer*, èn em avançz, *pr.* èn em avaucet; mônet a rauc, *pr.* ëet.

AVANIE, *perfidie, affront*, dislealded, *pl.* ou ; affroud, *pl.* affrounchou. *Van.* trèitouréh, affrontereh.

AVANT, abarz, diarauc, qènt, diaguent. *Van.* qeent, qent. — *Avant le jour*, abarz an deiz, diarauc an deiz, qent an deiz, diaguent an deix. *Van.* qeent en de, qent en de. — *Avant le temps*, qent evit an amser, abarz cours, diaguent an termen, qent pred, reabred, re-guentrat.—*Avant que*, qént evit ma, qént ma, diaguent ma, abarz ma.—*Avant que je mange*, qènt evit ma tébriñ, qent ma tébriñ, diaguent ma tébriñ, abarz ma tébriñ. — *Avant que de lire*, abarz leeñ, diaguent leeñ. — *D'ici en avant*, pelloc'h, hivizyqen. — *Avant, profondément*, doun. *Van.* larg, larcq. — *Avant dans la terre*, doun èn doûar. *Van.* larg en doûar. — *Avant, par dedans*, doun a ziabarz.—*Bien avant*, doun meurbed, larcq, larqic, larcqmad.—*Plus avant, plus profondément*, dounoc'h, larcoc'h.—*Bien avant, bien loin*, pell-bras, pell-meurbed, larcqbras.—*Plus avant, plus loin*, pelloc'h , larcoc'h. — *Si avant, si profondément*, qèr doun, qéhyd, qer larcq.—*Si avant que*, qèr pell ma, qéhyd ma.—*L'avant d'un vaisseau*, an diarauc eus a ul lestr. — *D'avant, par-devant*, a ziarauc, dre ziarauc.—*Avant-cour*, ar qentå porz, ar porz araucq. — *Avant-coureur de la mort. Van.* sinifiançz.—*Avant-fossé*, ar c'hentå.doües, an doües araucq.—*A-vant-garde*, ar gard a ziarauc, pénn qentå an arme, ar penn arauc eus an arme.—*Avant-hier*, derc'hent deac'h, eñ dec'hent dec'h, eñ derc'hent. — *Avant-jour*, qènt an deiz, qènt goulou deiz. — *Avant midi*, qènt crezdeiz, qènt creizdez. — *Avant-propos*, *préface*, qe-lennadurez a ziarauc, an disculyèr.—*L'avant-veille*, an derc'hent dèac'h.

AVANTAGE, *profit*, profid, *pl.* ou; gounid, *pl.* ou; avantaich, *pl.* ou; tal-voudéguez. *Van.* spleidt. — *Avantage*, *victoire*, victor, *pl.* you.—*Avantages naturels*, donésonou natur, douésonou a-berz an natur. — *Avantages*, *qualités louables*, eçzelançou, qaliteou meulabl. —*Avantage*, *degré d'élévation*, levèsonn.

AVANTAGER, *donner plus d'l'un qu'd l'autre*, avantagi unan-bennac. *pr.* et; rei da unan dreist da eguile, *pr.* roet; rei muy d'au eil eguet da eguile, dou-nézoni an eil mu'guet eguile, *pr.* et.— *La nature l'a fort avantagé*, pourvezet mad eo bed gand an natur, dounéso-net mad eo bet aberz an natur. *v. douer.*

AVANTAGEUSEMENT, èn ur fæçzoun profitabl, gand profid, èrvad.— *Parler avantageusement de quelqu'un*, pre-zec èr-vad eus a ur re, *pr.* prezeguet.

AVANTAGEUX, *euse*, talvoudec, profitapl, oc'h, à. *Van.* profitabl.

AVARE *ou avaricieux*, avaricîus, crèz, oh, à, añ. crez, *de Cresus*, *probablement.*

AVARICE, *passion déréglée pour les richesses*, avariçzded, avariçz, avaliçz. *v. chichetee.* — *Avarice sordide*, crezny, crezny, *de Cresus. Van.* avariçz brein. —*L'avarice fait rechercher avec soin et ai-mer ardemment les richesses*, an avariçz-ded a zoug an dèn da qéhéla an pin-vidiguezou, an avariçz a ra clasq gand acqed, ha caret stard an madou.

AVARIE, *dommage arrivé à un vaisseau ou à des marchandises*, avaryou. *Van.* avaryëu.

AVE, *l'Ave, Maria*, an Ave Marya.

AVEC, gand, gad. *Van.* gued.—*A-*

rec moi, guené, gueneñ, guené-me, ganign, guenign, ganiñ-me, gueniñ-me. *Ce me se met surtout quand il y a interrogation. Van.* gueneiñ, gueni-me. —*Avec toi*, guencz, ganez, gucnez-te, ganez-te, guene-te. *Van.* gucnid, gue-nide. —*Avec lui*, gantå, gantañ, ga-tañ. *S'il y a interrogation*, gantå-è. *Van.* guedhon, guedhou.—*Avec elle*, gand-hy, gadhy. *S'il y a interrogation*, gand-hy-hy. *Van.* guedhy. —*Avec nous*, gue-neomp, ganeomp; gueneomp-ny, ga-neomp-ny, gueuemp-ny. *Van.* gue-nemp, guenamp.—*Avec vous*, guene-oc'h, ganeoc'h, guenec'h; gueneoch'-hu, gueneoc'h-huy, ganeoc'h-hu, guenec'h-hu. *Van.* gueneeh, gueneah, guenehuy.—*Avec eux*, *avec elles*, gand-ho, gadho, gandhé, gadhé, gandheu, gadheu. *Van.* guedhé, guidhé. *v. sans.* —*Avec qui?* pe gand piou? gand piou? *Van.* gued piv? gued piü-héû. — *Avec lequel*, *avec laquelle?* pe gand hiny? gand pehiny? *Van.* gued pehany? — *Avec celui*, *avec celle qu'il vous plaira*, gand an hiny a guerot, gand an hiny a bligeb gueneoc'h. — *Avec ceux*, *avec celles que vous voudrez*, gand ar re a gue-rot, gand ar re a bligeo gueneoc'h. — *Avec une hache ou une épée*, gand ur vo-c'hal, pe gand ur c'hlezé.—*Avec l'aide de Dieu*, gand sicour Doûe. — *Avec le respect que je vous dois*, gand ar resped a dleañ deoc'h. — *Il faut avoir la paix avec Dieu*, *avec le prochain et avec soi-même*, red eo cahout ar peoc'h *ou* ar peoc'h a renqèr da gahout gand Doûe, gand an neçzå ha gand e-unan.—*Il a pris mon manteau et s'en est allé avec*, va mantell èn deus qemeret hac ez eo eat quyt gand-hå.

AVELINE, *grosse noisette*, craoüen qelvez, *pl.* craoun qelvez. *Van.* qnéüen gaïh, *pl.* qnéü garb. — *Des avelines*, craoun qelvez caër. *Van.* knéü garh.

AVENANT, *ante*, *gracieux*, *qui a bon air*, sevénn, dereat, oc'h, à.—*C'est un homme fort avenant*, *qui est bien venu partout*, un dèn sevénn eo terrupl hao a so deut mad é pep leac'h. — *Air ave-nant*, sevénnidiguez.—*Cette étoffe n'est pas avenant, elle ne sied pas bien avec celle-là*, an eûtoff-ze ne deo qet deread, ne dere qet gand éguile. *v. violet.* — *Être avenant, beza sevénn, pr.* bet. — *Être avenant, propre, bienséant*, dereadecqât, *pr.* eet; dereoût, *pr.* dereet; beza deread, *pr.* bet; cahout dereadéguez, *pr.* bet.

AVÉNEMENT, dounediguez. *Van.* donnedigueh. — *Le premier avènement de Jésus-Christ*, donediguez hon Salver, ar c'hentâ donediguez eus hon Salver. — *Le second avènement de Jésus-Christ*, donediguez ar Barner, an eil donediguez eus hon Salver. *Van.* en eil donnedigueah es hur Salvér *ou* ag hon Salvèr.

AVENIR, *arriver*, digoüezout, *pr.* digoüezet; c'hoarvezout, *pr.* c'hoarvezet. *Van.* digoëhout, *pr.* digoëhet. — *S'il avient que je meure*, mar digoüez guené mervel, mar c'hoarvez ganign *ou* mar c'hoare guené, mervel. — *Avenir, le temps à venir*, an amser da zont. *Van.* an amsér de zonet. — *A l'avenir, désormais*, pelloc'h, goude-hén, hiviziqén, evizyqén. *Van.* peelloh.

AVENT, *le temps des avents*, azvénd, avénd. *Van.* aveént. — *Les avents sont pluvieux*, an azvénd a so peurvuyâ glavus, an azvènd a so custum da reiglao. — *Prêcher les avents*, prezeq an azvénd, *pr.* prezeguet. *Van.* predec añ aveént.

AVENTURE, *chose qui arrive inopinément*, avantur. *Van.* id. — *D'aventure, par hasard*, dre'n avantur, divar an avantur. — *A toute aventure, quoi qu'il en puisse arriver*, d'an avantur. — *Bonne aventure*, avantur-vad. — *Triste aventure*, goall, goall avantur. — *La bonne aventure, la destinée*, an avantur-vad, an deztinadur, an destinadurez, ar blauedenn. *Ce dernier mot n'est qu'en Léon.* — *Dire la bonne aventure à quelqu'un*, lavaret e avantur-vad da ur re, lavaret an destinadur da ur re-bennac, lavaret e blanedenn da ur re, *pr.* id. — *Donner la main aux Egyptiens pour se faire dire la bonne aventure*, discüez e zourn d'ar Gypcianed, evit clévet e zestinadurez, *pr.* discüezet. — *Diseur de bonnes aventures*, destiner, *pl.* yen.; Gypcian, *pl.* ed. — *Diseuse de bonnes a-*

*-ventures*, destinérès, *pl.* ed; Gypcianès, *pl.* Gypcianesed.

AVENTURER, *risquer*, avanturi, *pr.* avanturet. *Van.* avanturciñ, *pr.* et.

AVENTURIER, *qui court les aventures*, avanturer, *pl.* yen. *Van.* avanturour, *pl.* avanturcryou, avanturouryan.

AVENUE, *passage*, hend, *pl.* hinchou; trepas, *pl.* trepasyou. — *Avenue, allée d'arbres plantée en droite ligne*, baly, *pl.* you; alez, *pl.* you. *Van.* rabin, *pl.* eü. *Trég.* paramailh, *pl.* paramailho.

AVÉRER, *vérifier*, discüez ez eo güiryet un dra, *pr.* discüezet; güirya un dra, *pr.* güiryet. — *On a avéré le crime*, güiryet eo bet ar c'hrim.

AVERSE, qen na fu, a c'hoary-gaër, a bil. — *Il pleut à verse*, glao a ra qen na fu, glibya a ra a c'hoary-gaër, glao pil a ra.

AVERSION, *haine*, caçzony, caz. *Van.* id. — *Avoir de l'aversion pour quelqu'un*, caçzaat ur re, *pr.* éet; cahout caçzony ouc'h ur re, *pr.* bet. *Van.* glaseiñ doh unan-bennac, *pr.* glaset. — *Aversion, horreur*, euz. — *Aversion de quelques mets*, danger, heug, reqed, regred. — *Avoir de l'aversion*, cahout euz, ouc'h. — *Aversion, répugnance*, herès, heug. *v.* soulever. — *Avoir de l'aversion*, heresi, *pr.* et; hengui, *pr.* et; cahout herès *ou* heug, *pr.* bet. — *Aversion, antipathie*, herès natur.

AVERTIR, avertiçza, *pr.* et, qeleñ, *pr.* et; qentelya, *pr.* et; rei qentel da, rei avis da ur re, *pr.* roët. *Van.* qeleñneiñ, averticzeiñ, *pr.* et.

AVERTISSEMENT, avis, *pl.* ou; qelcñadurez, *pl.* you; qentel, *pl.* you. *Van.* qelenn, *pl.* eü.

AVEU, *reconnaissance, confession*, aznaoudeguez, disclæracion. — *Aveu, consentement*, grad, grad vad. *Van.* id. — *Aveu, hommage*, goazounyez, *pl.* ou. goazounyez *vient de goaz, homme, comme* hommage *vient d'homme. Les Léonnais disent* hommaiçh. — *Rendre aveu, fournir aveu d'un seigneur*, ober goazounyez da un autrou, *pr.* græt; aznaout un autrou, *pr.* aznavezet; aznaout un au-trounyez. *Léon*; ober hommaich, *pr.*

great. *Van.* reiñ *ou* gobér aveu.

AVEUGLE, dall, *pl.* ed. tud dall. *Van.*
jd.—*Aveugle-né*, ganet dall, deut dall
èr bed.—*Saint Hervé naquit aveugle*, sant
Herve a zuas dall èr bed.—*Aveugle par
accident*, dall dre voall, dallet gand
goall, dall dre zarvoud.— *Franc aveugle*, *étourdi*, dall dre natur.—*En aveugle*, *aveuglément*, evel un dall, è c'hiz
da un dall, è guiz da un dèn dall.

AVEUGLEMENT, *privation du sentiment de la vue*, dalléntez, dallidiguez.
*Van.* dalligeñ, dallidiguéh, dalléh. —
*Aveuglement d'esprit et endurcissement de
cœur*, dalléntez ar spered ha caleder a
galoun.

AVEUGLER, dalla, *pr.* dallet. *Van.*
dalleiñ, *pr.* et.

AVEUGLÉ *par l'avarice*, *par la colère*,
dallet gand an avariçded, gand ar
vuanéguez. — *Rien n'aveugle plus l'esprit
et n'endurcit le cœur*, *que le péché de la
chair*, netra ne zeu da zalla qement spered ur c'hristen, na da galedi muyoc'h
e galoun, eguet ar pec'hegeou cus ar
c'hicq, ha dreist qemen-ze ar sacrilejou.
—*S'aveugler*, èn em dalla, *pr.* dallet; em
zalla, *pr.* em zallet. *Van.* him dalleiñ.

AVIDE, *goulu*, lontrec, oc'h, à, *pl.*
lontregued, lontréyen. *Van.* gourhambl, *pl.* ed ; lontec, *pl.* lontigued.—
*Avide*, *qui désire avec passion*, youllus
meurbed, youlleq meurbed, *pl.* tud
youlleq meurbed.

AVIDEMENT, *goulument*, e lontreq,
èn ur sæçzoun gloutonius, gand près
bras.—*Avidement*, *avec un désir ardent*,
ayoull vras, gand nn youll grè, gand
près bras. *Al.* a oll caouded.

AVIDITÉ, *désir ardent*, youll bras,
youll crè, youll ardant, près vras, hastidiguez; re vras hastidiguez. *Al.* avyd.

AVILIR, *rendre vil*, répta displed,
*pr.* et ; distéraat, *pr.* éet.—*S'avilir*, *se
rendre méprisable*, displetaat, *pr.* éet; dis-
leberi, *pr.* et; dishevelebecqât, *pr.* éet.

AVILISSEMENT, *mépris*, dispriz,
disprisanez. *Van.* id.

AVINÉ, *abreuvé de vin*, græt diouc'h
ar guîn, guînet.—*Un tonneau aviné*, tô-
nell græt diouc'h ar guîn, un doñnell

guïnet, *pl.* toûnellou gûïnet *ou* græt
diouh ar guîn.

AVIRON, *rame*, Aviron *est proprement
pour les rivières et* rame *pour la mer*, ro-
êff, *pl.* you; roeñv, *pl.* you; roñ, *pl.* you.
*Al.* rueff, rodl. *Van.* roûan, *pl.* eü;
roûañv, *pl.* eü. — *Le manche ou la poignée de l'aviron*, fust ar roeñv, cadran
*ou* lost an roûeff. — *La palée ou le bout
plat et large de l'aviron*, ar palmès, palmès an roûeff. — *Le touret qui arrête
l'aviron*, toulled, *pl.* ou.— *Tirer à l'aviron*, *ramer*, roêvat, *pr.* roêvet; roêñvat,
*pr.* roêñvet; réffyat, *pr.* réffet; roñat,
*pr.* roñnet. *Van.* roûanuciñ, roûanat,
*ppr.* roûannet. — *Mener un bateau avec
un seul aviron*, *en louvoyant*, lévya, *pr.*
levyet. *Van.* levyet. lévyat, *ppr.* lévyet.

AVIS, *sentiment*, *opinion*, avis, *pl.* ou;
ompiniou, *pl.* ompinionou, meno, menos. *Van.* avis, *pl.* eü. — *A mon avis*,
*selon mon sentiment*, d'am avis, d'am
meno, var va meno. — *A mon avis*, *j'é-
tais près de l'avoir*, var va meno ez oan
prest d'e gahout. — *Il m'est avis que*,
*il me semble que*, me a sounch digne penaus, me a seblant dign penaus, me a
ra avis din penaus. —*A votre avis*, d'oc'h
avis, d'ho meno, var ho meno. — *A
son avis*, d'e avis, d'e veno, var e veno.
— *A leur avis*, d'o avis, d'o meno, var
o meno. — *A notre avis*, d'hon avis,
d'hon meno, var hon meno. — *Avis*,
*conseil*, *avertissement*, avis, cusul, qentell.
—*Avis*, *nouvelles*, meneq, qéhézl, *pl.* qéhézlou; menecq *ne se dit qu'en B.-Léon.*

AVISER, *prendre une résolution après
quelque délibération*, avisa, *pr.* aviset.
*Van.* avisiñ. *Trég.* avisañ, *ppr.* aviset.
— *S'aviser*, *songer*, èn em avisa, *pr.* èn
em aviset; em avisa, *pr.* em aviset; ober
e avis, ober e sonch, *pr.* græt.

AVISÉ, *e*, *sage*, *prudent*, aviset mad,
fur. — *Mieux avisé*, *plus avisé*, güell a-
viset, furoc'h. — *Mal-avisé*, *e*, *inconsidé-
ré*, *e*, dievès, diavis, oc'h, à.

AVITAILLER, *approvisionner*.—*Avitailler un vaisseau*, bitailha ul lestr, *pr.*
bitailhet. *Van.* vitailheiñ ul lestr.

AVIVES, *enflures aux glandes qui sont*

*près du gosier du cheval,* an avys. *Van.*
ayvès, avyès.

AVOCASSER, *faire les fonctions d'a-*
*vocat,* alvocaçzi, *pr.* alvocaçzet.

AVOCASSERIE, *profession d'avocat,*
alvocaçzérez.

AVOCAT, alvocad. *pl.* ed; elvocad,
*pl.* ed; patrom, *pl.* où. *Van.* avocad, *pl.*
ed. — *Avocat écoutant, celui n'a point en-*
*core de pratique,* alvocad dilabou, alvocad dibrès, *pl.* alvocaded, etc. — *Avo-*
*cat plaidant,* alvocad breutaër, *pl.* alvocaded breutaëryen. — *Avocat consul-*
*tant,* alvocad cusuler, *pl.* alvocaded cu-
suléryen; patrom, *pl.* ou, patromed. —
*Avocat-général,* alvocad-general. — *A-*
*vocat du roi,* alvocad ar roüe.

AVOCATE, alvocadès. — *La sainte*
*Vierge est notre avocate près de son cher*
*fils,* ar Verc'hès sacr a so hon alvocadès dirac he map bénniguet. — *Avo-*
*cate, la femme de l'avocat général,* an al-
vocadès-general.

AVOINE, *espèce de menu grain,* qérc'h
*Van.* qérh. *v.* Quintinais. — *Planté d'a-*
*voine,* qérc'heñ, *pl.* eü. *Van.* qerheñ, *pl.*
eü. — *Bouillie d'avoine,* yod qerc'h, yod
sizlet. *Hors de Léon,* youd sylet. — *Pain*
*d'avoine,* bara qerc'h *Van.* id. — *Champ*
*d'avoine,* qerc'hcg, *pl.* ou. *Van.* qerhec,
*pl.* qerhegui, er guerhec, er herhegui.
— *Le cheval mange actuellement son avoi-*
*ne,* e m'ar marc'h o tibri e guerc'h. —
*Avoine sauvage,* qerc'h goëz.

AVOIR, *verbe auxiliaire,* cahout, *pr.*
bet. *Al.* bezet; èn devout, en devezout,
èn deffout. *Van.* qéhut, en deveut. —
*Avoir de grandes richesses,* cahout pinvidiguezou bras, beza pinvidic bras,
*ppr.* bet. — *Avoir tout à souhait,* cahout
pep tra dionc'h e choand. — *Avoir, pos-*
*séder,* piaoüout, cahout. *v.* posséder. —
*Il a beaucoup d'esprit,* cals a spered èn
deveus, ur spered bras èn deus, terrupl ar spered èn deus, en devezout
a ra cals a spered, en devou a ra *ou* en
deffout a ra cals a spered. — *Il aura un*
*grand jugement,* ur sqyand bras èn devezo *ou* èn deffo, èn deffout a raïo *ou*
èn devezout a ray cals a sqyand, sqyan-
tecq vezo gad am amser. — *Qu'as-et-*

*vous?* petra oc'h eus-h
re gueneoc'h-hu? —
me am eus pe a dra dé
*voir point, manquer de,* l
bet; manqout a, *pr.* m
gahout qet, ne guélu
voüt qet. — *Qui n'est* l
so hep qet. — *N'avoir*
*passer de,* trémen hep, p
em drémen hep, *pr.* é
hep. — *Il y a un homm*
un dèn pehiny, bez' e
ny, un dèn a so pehiny.
*sonne qui ne dise que,* ne
varo penaus. — *Il y un a*
ur bloaz a so aba ze m;
bloaz ez eo maro, marv
— *J'ai, tu as, il a,* me
eus, è eñ deus *ou* beza a
c'heus, beza èn deus. N
avez, ils ont, ny hon et
eus, y o deus. — *J'avai*
*vait,* me am boa, te a po
*elle avait,* hy he devoa *ou*
beza ez poa, beza èn de
voa, etc. *Nous avions,* vo
*vaient,* ny hon boa, c'hi
devoa. — *J'ai eu, tu as e*
am eus bet, te ez eus be
bet *ou* beza am eus bet, e
eus, etc. *Nous avons eu,* vo
ont eu, ny hon eus bet; c
bet, y o deus bet. — *J'eus*
me am boa, te ez poa, è e
èn deffoa, etc. *Nous eume*
boa, c'huy o poa, y o dev
*eu, tu avais eu, il avait eu,*
bet, te ez poa bet, è èn de
*avait eu,* hy he devoa bet.
*eu, etc.,* ny hon boa bet;
bet, etc. — *J'aurai, tu au*
me am bezo, ez pezo *ou*
è èn devezo. *No aurons,* to
ny hon bezo, c'h iy o pezo
— *Aie, ayons, a) ;, da péz*
ho pét. — *Plût à Dieu que* j
*eusses, qu'il eût,* r'am béz, :
deffé. *Que nous eussions eu,*
siez eu, etc., r'hon bezé be
bet, r'ho devezé bet. — *En*
eu, que tu aies eu, etc., pegu

\_ nac ma am béz bet; ma *çt* pez bet *ou* ma az péz bet, me èn deffé bet *ou* ma èn devéz bet. *Qu'elle ait eu,* ma he deffé bet. — *J'aurais eu, tu aurais eu, etc.,* me am bezé bet, te ez pezé bet *ou* te az pezé bet, è èn deffé bet *ou* è èn devez bet;*elle aurait eu,*hy he devezé bet *ou* hy he deffé bet. *Nous aurions eu, etc.,* ny hon bez bet, c'huy o péz bet; y o deffé bet *ou* y o devéz bet. — *Avoir,* cahout, en devout, en devezout. — *Avoir eu,* beza bet. —*D'avoir,* da gahout. — *Ayant,* o cahout *ou* èn ur gahout. — *Pour avoir,* da gahout *ou* evit cahout. *v. ce verbe dans la Grammaire.* — *J'ai d étudier,* da studia am eus, beza am eus *ou* bez' am eus da studya. — *Vous avez à lui parler,* da gomps oc'h eus ountâ, beza oc'h eus da brezec outañ. — *Il a affaire,* æffer èn deus, beza èn deus affer, bez' èn deus æffer.

AVORTEMENT, *fausse couche,* diforc'hidiguez, diforc'hidiguez divar bugale, coll, *pl.* ou; collad, *pl.* ou.

AVORTER, *faire de fausses couches,* coll bugale, diforc'h divar bugale,*ppr.* et;.ober ur c'hollad, *pr.* græt. —*Faire avorter,* lacqât da difore'h, *pr.* lecqéet. *Van.* gôher coll ur hroédur, *pr.* groéit. — *Avorter, parlant d'une bête,* avorti, *pr.* avortet; diforc'h, *pr.* diforc'het.

AVORTON, *enfant né avant le terme,* collidic, *pl.* collidyen. *Van.* croédur collet; ur c'hollad,*pl.*colladou, collidy.

AVOUTRE', *bâtard,* avoultr, *pl.* ed, avoultréyen. *v. bâtard.*

AVOUER, *demeurer d'accord d'une chose,* anzaf, anzao, anzavout,*ppr.* anzavet, avoei, *pr.* avoëet. *Van.* avoeiñ. *Al.* aff, affout, *de ld* anzaff, anzaffout. —*Ne pas avouer, manquer d'avouer,* manqout da anzao,*pr.* manqet; chom hep anzaf, *pr.* chomet. — *Ne pas avouer, désavouer,* dianzaff, dianzao, dianzavout, *ppr.* dianzavet.

AVRIL, *quatrième mois de l'année,* ebreul, ebrel, miz ebreul, miz ebrel. *Van.* imbrél, imbréil, miz imbrél.

AXIOME, *principe qu'on a établi dans un art ou dans une science, qui est indu-*

bitablé *ou tenu pour tel,* preposicion pehiny a *s*o,*p*e a drémen evit beza, aznad ha patant; preposicion aznad, *pl.* preposicionou aznad; lavar patant, *pl.* lavarou patant; dicton, *pl.* dictoñnou ; dicton coumun,*pl.*dictoñnou coumun.

AYANT, *participe du verbe avoir; on l'exprime par le verbe* beza, *être, avec l'a-licle* o *ou avec l'adverbe* goude, *après; en* Trég. *par le verbe* beañ, *être, et l'art.* e; *en Van.* par bout, *être, et l'art.* e.— *Ayant dit,* o veza lavaret, goude beza lavaret. *Van.* e vout laret, goude beza laret. *Trég.* e veañ lavaret *ou* laret.— *Ayant fait,* o veza græt, goude beza græt. *Trég.* e veañ græt, goude beañ græt. — *Ayant écrit,* o veza scrivet, goude beza scrivet. *Van.* goude bout scrivet, e vout scruivet.—*Ayant été dit,* o veza bet lavaret, goude beza bet lavaret. *Van.* e vout bet laret, goude bout bet laret. — *Ayant été fait,* o veza bet great, goude beza bet græt.—*Ayant été écrit,* o veza bet scrivet, goude beza bet scrivet. *On peut encore exprimer ce participe par* pa, *puisque.—Ayant dit, puisqu'il avait dit,* pa èn devoa lavaret. *Van.* p'en devoé laret, p'en doé laret.— *Ayant été dit, puisqu'il avait été dit,* pa voa bet lavaret. *Van.* pe oé bet laret.

AYE, *ou* aie, ayou, ayou-doûe, ay, ay-ay, ayaoüicq.— *Aie, vous me faites mal !* ay-ay, drouc a rit diñ; ayou, va glasa a rit; ayou doüe cta, poan a rit dign; ayaoüicq, pistiga a rid ac'hanon.

AZENOR,*ou Eléonore, nom de femme,* Azenor, Henory. Henory *se dit aussi pour* Honorée.—*Sainte Azenor, ou Eléonore, mère de saint Budoc,* santés Azenor, santès Henory. *v. Honorée.*

AZIME, *sans levain,* panen, hep goëll, bara panen, bara hep goëll, bara can, *id est,* evit cana an oferen, *pour consacrer à la messe chantée ou solemnelle; parce qu'anciennement il n'y avait point de messe privée sans chant et solemnité. v. pain.*

AZUR, *pierre minérale dont on fait un bleu vif et précieux,* pérs, lyou-pérs, lyou an oabl. *Van.* glas.

AZURÉ, *ée, peint d'azur,* livet ê pérs, lecqeat ê pérs. *Van.* livet ô glas.

**B**

**BABEURE**, *lait de beurre*, leaz-ribod. *Van.* léah ribaud. — *Le babeure est rafraichissant*, fresqus eo al leaz-ribod. *Van.* el leah ribod a so fresqus.

**BABIL**, *superfluité de paroles*, cacqed, caqetérez, fistilh, fistilhérez. *Van.* laugach, *pl.* langagéû.

**BABILLARD**, *qui a du babil*, cacqetaër, *pl.* yen; fistilher, *pl.* yen; trabelloq, *pl.* trabelléyen. *Van.* langagérbras, lavarour, *ppl.* yon, yan; marvailhour. *v. hableur.*

**BABILLARDE**, *qui babille*, cacqetaërès, *pl.* ed; fistilherès, *pl.* ed; sergounerès, *pl.* ed; trabell, *pl.* ou. *Ce dernier mot, qui est dans le sens figuré, veut dire, dans le propre, un moulinet de jardin pour chasser les oiseaux. De là vient aussi* trabelloq, babillard.

**BABILLER**, *parler sans cesse et de bagatelles*, fistilha, *pr.* et; caqetal, *pr.* et. *Van.* langageiñ, marvailheiñ.

**BABINE**, *lèvre de chien, etc.*, musell, *pl.* ou. *Van.* id. *pl,* eû.

**BABIOLE**, *chose de peu de valeur et puérile*, rabadyez, *pl.* ou; bagaich, *pl.* ou; diotaich, *pl.* ou. *Van.* distérach, *pl.* distérachéû. *v. amusement d'enfants.*

**BABOUIN**, *marmouset*, babous, *pl.* ed.

**BAC**, *grand bateau plat*, bag, *pl.* ou; bag rras, *pl.* bagon bras; bag ar gordeñ.

**BACCALAUREAT**, *degré de bachelier*, bachelaich.

**BACCHANALES**, *fêtes de Bacchus chez les Payens*, festou Bacchus, festou ha banvezyou èn enor d'ar fals doûe Bacchus. *Al.* festau an doë Bahh.

**BACCHUS**, *dieu du vin, chez les Payens*, fals-doûe or gûin, Bacchus. *Al.* Bac'hh. —*Bacchus et Vénus vont de compagnie*, ar gûin hac allousdonya so bugale ur memes cofad, ar gûin a gundu d'ar viltançz

**BACHELIER**, *celui qui a le degré de baccalauréat*, hacheler, *pl.* yen; baçzeler, *pl.* yen.—*Bachelier en théologie*, baçzeler èn deology, *pl.* baçzeléryen, etc.

**BACHIQUE**, a aparchant ouc'h **Bacchus.**

**BACHOT**, *petit bateau*, bag-treiz, *pl.* bagou-treiz; baguiqan treiz, *pl.* bagouïgou. *v. bac.*

**BACILE**, *plante maritime*, scaoûrac'h, fanoûih-vor.

**BADAUD**, *sot, niais*, badaüer, *pl.* yen. *Van.* baguenaud, *pl.* ed; beec-lé, *pl.* begueü-lé. — *Les badauds de Paris*, badaüéryen Paris.

**BADAUDE**, badaoüerès, *pl.* ed.

**BADAUDER**, *faire le badaud*, badaoüi, *pr.* badaoüet. *Van.* baguenaudal, gobér er beec-lé

**BADAUDERIE**, *action de badaud*, badaoüérez, *pl.* ou; badamand, *pl.* badamanchou; taryell, *pl.* ou. taryell *est du quartier de Châteaulin.*

**BADIN**, *qui fait des plaisanteries*, ebater, *pl.* yen; c'hoaryer, *pl.* yen. *Van.* badinour, *pl.* yon; dibarfed, tud dibarfed; hoaryouricq.—*Badin, folâtre*, dienpen, soañbeñ, rambreüs, oc'h, à; girfoll, *pl.* ed. girfoll *est de la H.-Corn. Van.* drujour.—*Badin, sot, ridicule*, rambreër, *pl.* yen; loüad, *pl.* ed. *Van.* diot, *pl.* dioded; tud diot.

**BADINE**, *peu sérieuse, folâtre*, ebaterès, *pl.* ed; scañbeñ, *pl.* ed; loüadès, *pl.* ed; girfollès, *pl.* girfollesed.

**BADINAGE**, *divertissement peu sérieux*, ebat diod, *pl.* ebatou diod; c'hoaryell, *pl.* ou. *Van.* badinaich.—*Badinage, folâtrerie*, scañbénnidiguez, *pl.* ou; girfollez, *pl.* ou. *Van.* folléh, drugereah. — *Badinage, manière sotte et ridicule*, rambrérez, *pl.* ou; loüadérez, *pl.* ou. *Van.* diotach.—*Badinage, folâtrerie de la main*, c'hoary, *pl.* c'hoaryou; dòrnatérez, *pl.* dórnaterezou.

**BADINER**, *faire le badin*, ebata, *pr.* et; loüadi, *pr.* et; rambreal, *pr.* rambreët; c'hoary, *pr.* c'hoaryet. *Van.* diotat, *pr.* et; drugeal, *pr.* druget. *v. les différents mots sur badinage, pour voir le véritable sens de ces verbes. — Badiner quelqu'un. v. moquer.*

**BAFOUER**, *traiter injurieusement*, baffoüa, *pr.* et. *Van.* baffoüeiñ, *pr.* et.

**BAGAGE**, *hardes, etc. de voyage*, pacq, *pl.* ou; trouçzad, *pl.* ou; pacqaich, *pl.* ou; bagaich, *pl.* ou. — *Plier bagage*, ober e bacq, ober e drouçzad, ober e bacqaich, ober e vagaich, *pr.* great, græt.—*Il a plié bagage, il est mort*, pacqet eo, great eo auezà, ez ma rentet èr monich. — *Bagage, équipage de gens de guerre*, aqipaich bresellidy, *pl.* ou. .

BAGATELLE, *chose frivole*, bagàich, *pl.* ou ; diotajch, *pl.* ou, tra disneus, *pl.* traou disneus.—*Petite bagatelle*, bagaichic, *pl.* bagaichoŭigou; diotachic, *pl.* diotachoŭigou.—*Bagatelles*, mà na véz yve, y'o'-brès ( *id est*, ya a brès. ) tra-tra.

BAGUE, *anneau*, goalen, *pl.* goaleiguer. *Van.* goaleeñ. , *pl.* eü ; beseü, *pl.* biseüyer; letton, *pl.* ed.—*Bague de noces*, goalen eured *ou* eureud, *pl.* goaleigner eured.— *Petite bague*, goalénnic, *pl.* goalénnigou, goaleignerigou. — *Bagues saures*, hep ma véz coustet netra da ur re, digoust.—*Il s'en est venu vie et bagues sauves*, deut eo qnyt leun a yuez ha digoust. — *Les assiéges sortirent de la place par capitulation, vie et bagues saures*, ar re a voa bet sichet a sortyas a guear dre accord, gand qement a alzont da gaçz gandho.

BAGUETTE, *báton long et délié*, goalénnic, *pl.* goaléignerigou.*v. houssine.*— *Une petite baguette*, ur voalénnic vihan. —*Baguette blanche*, goalénnic-vén, *pl.* goalénnyerigou-vén.—*Baguette de tambour*, baz-taboulin, *pl.* bizyer-taboulin. — *Baguette divinatoire, branche de coudrier fourchue pour trouver de l'eau, etc.* goalénnic fourchecq, goalennic divinus.—*Manier la baguette divinatoire, s'en servir pour trouver*, c'hoari gand ar voalénnic fourchecq, *pr.* c'hoaryet; clasq dour, eto. gand ar voalénnic fourchecq, *pr.* clasqet.—*Commander à la baguette*, goüarn gronçz, goüarn èn ur sæçzoun absolut, *pr.* goüarnet.

BAHUT, *coffre en forme de voûte*, coufr qeynecq, *pl.* coufrou qeynecq ; bahus, *pl.* ou ; bahud, *pl.* bahudou.

BAI, *couleur de châtaigne*, guell. *v. a-lezan.* — *Cheval bai*, marc'h guell, *pl.* qesecq guell. — *Cavale baie*, qasecq guell, *pl.* qcsecqenneñ guell. *A l'île de Bas*, *pl.* qesecq guell.

BAIE, *petit golfe*, boé, *pl.* boéou ; baé, *pl.* baéou. —*La baie de Cadix, de tous les Saints, au Brésil*, boë Calis, boë an oll Séeut, baë Calis, baë an oll Sént.—*La baie de Douarnenez, ou de Pol-David*, boë Douarnenez, boë Poull-Dàhuth.—*La baie de Poulmic, de Landevenec*, boë Poulmicq, boë Landevénnecq; baë Poulmicq, baē Landeveñecq.

BAIGNER, *mouiller, tremper*, glibya, *pr.* et; trémpa, *pr.* et. *Van.* gloebeiñ, trampeiñ, gluebeiñ, glubeiñ, *pr.* et.— *Baigner, tremper dans l'eau et retirer de suite*, soubouïlha, *pr.* et; sourbouïlha, *pr.* et; soubilha, *pr.* et. *Van.* soubeiñ. — *Baigner, donner le bain à quelqu'un dans la maison*, qibéllat ur re, *pr.* et.— *Se baigner, prendre le bain dans la maison*, qibéllat, *pr.* et; em guibellat, *pr.* em guibellet. —*Se baigner à la rivière ou à la mer*, gouronqedi, *pr.* et; couroncqa, *pr.* et; coroncqat, *pr.* et; *De là*, lêñ ar coroncq, *l'étang du Coronc, en Glomel, près Carhaix.*

BAIGNÉ *de larmes*, beuzet gand an dazlau, goloët a zaëlou, e zaoulagat vàr flot.

BAIGNEUR, *qui se baigne dans la maison*, qibeller, *pl.* yen. — *Baigneur, qui se baigne en belle eau*, gouroncqeder, *pl.* yen; coroncqer, *pl.* yen.

BAIGNOIRE, *vaisseau où l'on se baigne*, qibell, *pl.* ou. *v. bain.*—*Maison à bains*, ty-guibell, *pl.* ty-guibellou; qibellec'h, *pl.* qibellec'hyou.

BAIL, *contrat de louage*, lizer-ferm, *pl.* lizerou-ferm; ferm, *pl.* ou; feurm, *pl.* feurmou.

* BAILLÉE, *t. de Corn.*, *cont-at passé par-devant notaire avec un seigneur, pour avoir sa tenue pendant neuf ans, et en expulser le premier tenancier*, bailhe, *pl.* ou. —*Faire une baillée, faire des baillées*; expulser un tenancier à domaine congéable, par baillée*, ober bailhe, ober bailhéou, *pr.* græt; caçz èr meas dre vailhe; caçz èr mæs dre voaleü, *pr.* et. *v. congédier.*

BAILLEMENT, dislévérez, an dislévy-gŭeñ, bazailhérez, barilhérez. *Van.* bahailheréh, badailheroah.

BAILLER, dislévi-gŭeñ, *pr.* dislévetgüeñ; dislévi-yen, *pr.* dislévet-yen; bazailhat, *pr.* et; barilhat, *pr.* et. *Van.* bahailhat, badailhat, badailheiñ, bahailheiñ, *ppr.* et. — *Bailler*, *v.* donner. —*Bailler*, *donner à ferme. v. ferme.*

**BAILLI,** *juge d'un bailliage*, belly, *pl.* ed.—*Monsieur le bailli,* an autrou'r velly.—*Le grand bailli de Nantes,* ar velly bras a Naoüned.—*La femme du bailli,* bellyès, *pl.* ed; ar vellyès, an itroun ar vellyès.

**BAILLIAGE,** *l'étendue de la juridiction d'un bailli,* bellyaich, *pl.* ou; ar vellyaich

**BAIN,** *endroit propre à se baigner,* coroncqeñ, *pl.* coroncq; couroncq-lec'h, gouzrou-lee'h, *ppl.* you.—*Bain, l'action de prendre ou de donner les bains dans la maison,* qibelladur, qibelladurez. — *Bain, l'action de se baigner en belle eau,* gouroncqérez, gouzroncqérez.—*Bains chauds,* dour zom dre natur evit qibellat. *Al.* peñboyl.—*Le lieu où l'on prend les bains chauds,* qibell-dom, *pl.* ou-tom.

**BAJOUE,** *joue du cochon,* jod-voc'h, *pl.* divjod-voc'h. *Van. id.*

**BAISE-MAIN,** *hommage,* gourc'hemennou. *Van.* gourhyemennéñ, grohameunéñ.—*Faites-lui mes baise-mains, je vous en prie,* grit va gourc'hemennou dezañ, me oz ped ou mar plich gueneoc'h

**BAISER,** *un baiser,* pocq. ou; bouch, *pl.* ou; aff, *pl.* ou. *Van.* bocq, *pl.* éü. *Al.* cus. *Baiser impudique,* pocq licq, *pl.* pocqou licq; bouch sot, *pl.* bouchou asot.—*Baiser, donner un baiser,* pocqet, *pr.* id.; bouchet, *pr.* id.; affet, *pr.* id. *Van.* bocqeiñ, *pr.* bocqet; boucheiñ, *pr.* et.—*Je vous baise les mains, je vous remerciv,* hac ho trugarez, ho trugivecqit, cant trugarez a rañ deoc'h evit hoc'h oll madelézyou.

**BAISOTTER,** *donner des baisers fréquents,* beza atau o pocqet, *pr.* bet; pocqet alyès, *pr.* id. pocqedal, *pr.* pocqedet. *Van.* bocqeiñ lyès. *Trég.* pocqiñ alyes.

**BAISOTTERIE,** pocqérez, pocqérez stancq. *Van.* pocqereah, boucheréh.

**BAISOTTEUR,** *que baisotte,* pocqer, *pl.* pocqéryen; affer, *pl.* yen; boucher, *pl.* yen. *Van.* pocqour, *pl.* pocqeryon; bocqour, *pl.* yon.

**BAISSER.** *v. abaisser, s'abaisser.*

**BAISURE,** *la marque qui est au pain lorsqu'il est pressé au four,* affedenn, ambouchenn. *Le premier mot vient de* affet, *baiser, et le deuxième vient de* bouc'h, *entamure.*

**BAL,** *assemblée pour danser,* bal, *pl.* you. *Van.* id., *pl.* éü.—*Saint Jean-Chrisostôme dit qu'il n'y a rien de plus pernicieux que les bals et les divertissements nocturnes,* ne deus netra goaçz, hervez sant Jan-Crysostom, eguet ar balyou hac ar c'hoaryou-nos. —*Aller au bal,* mônet d'ar bal, *pr.* ëet.—*Donner le bal à quelqu'un,* rei ar bal da ur re-bennac, *pr.* roët.—*La reine du bal,* roüanès ar bal

**BALADIN,** *danseur de théâtre, bouffon,* barz, *pl.* ed; furluqin, *pl.* ed. *v. farce.*

**BALADINE,** *danseuse publique,* barzès, *pl.* ed; furluqinès, *pl.* ed.

**BALAFRE,** *taillade sur le visage,* boulc'hadur, *pl.* you; boulc'h èr façz, *pl.* boulc'hou èr façz; tailhadur èr façz, *pl.* tailhaduryeu èr façz.

**BALAFRÉ,** *visage balafré,* cleyséneq, *pl,* cleyzénnéyen, cleyzénnegued; boulc'het, *pl.* boulc'henéyen; bisaich clevzénnet, bizaich aret, *pl.* bisachou.

**BALAFRER,** *faire des balafres sur le visage de quelqu'un,* boulc'ha façz ur re, *pr.* boulc'het; cleyzénna façz ur re, *pr.* et; tailha façz ur re, *pr.* et; arat bisaich ur re-bennac, *pr.* aret. *Van.* areiñ ou boulheiñ èr façz, *ppr.* et.

**BALAI,** *pour nettoyer les maisons,* scubellenn, *pl.* ou; scubell, *pl.* ou; balaënn, *pl.* ou. *Ce dernier mot vient de* balan, genêt, *matière ordinaire des balais. De là le mot français* balai. *Al.* sgub, isgub.—*Balai de houx,* garvénn, *pl.* ou.

**BALAYER,** *nettoyer avec un balai,* scuba, *pr.* et. *Van.* scubeiñ, scupeiñ. —*L'action de balayer,* scubérez, scubadurez.

**BALAYEUR,** *celui qui balaie,* scuber, *pl.* yen. *Van.* scubour, scuberyon, scubouryan.—*Balayeur, qui vend des balais,* scubeller; *pl.* yen.

**BALAYEUSE,** *celle qui balaie,* scuberès, *pl.* ed. — *Balayeuse, vendeuse de*

*balais*, scubellerès, *pl.* ed.

BALAYURE, *ordure balayée*, scu-hyenn, *pl.* ou; scubadur, *pl.* you; pail-héür, *pl.* you; atred, *pl.* atregeou, a-tredou. *Van.* scubiguell, *pl.* au, eü.— *Oter les balayures*, diatreta, *pr.* et.

BALANCE, *instrument pour peser*, ba-lançz, *pl.* ou.—*Le fléau d'une balance*, lançz, al lançz, lançz ar balançz. *Van.* goaleenn ur balançz. — *Plateau de balance*, scudell ar balançz, *pl.* scudellou ou scudily ar, etc. *Al.* diag, *pl.* disgau.

BALANCER, *être en suspens*, balançzi, *pr.* et; beza ê douéd, beza ê pridiry, *pr.* bet.

BALANCIER, *verge d'une horloge*, ba-lançzer, *pl.* ou; balançz an horolaich, *pl.* balançzou-horolaich,

BALBUTIER, *bégayer.* v.-y.

BALCON, *saillie sur le devant d'une maison*, pondalez aziavæz, *pl.* you.

BALEINE, *bête marine, longue ordinairement de 54 pieds, épaisse de 12, avec une ouverture de gueule de 8, et deux grandes nageoires sous le ventre*, baleñ, *pl.* baleñed; balum, *pl.* ed. — *De la baleine*, balenn, balum.

BALEINON, *une jeune baleine*, balen-nic, *pl.* baleñedigou; balenn yaoüancq, *pl.* balenneq yaoüancq; balumicq, *pl.* balumedigou.

BALISTE, *machine de guerre pour jeter des pierres*, mangounell, *pl.* ou.

BALIVEAU, *jeune chêne au-dessous de 40 ans, dans les bois de coupe*, balizenn, *pl.* balizennou, balüaich, *pl.* balüai-chou.

BALIVERNES. *v. sornettes.*

BALLE *de fusil, de pistolets, etc.*, bo-led-plom, *pl.* boledou-piom; bilyenn-blom, *pl.* bilyennou-plom, bily-plom. — *Boulet de canon*, boled, *pl.* ou; bo-led-canol, *pl.* boledou-canol. — *Balle ramée*, boled sparlet, *pl.* boledou spar-let; boled-guevell, *pl.* boledou-guevell, guevell, *jumeau*; boled-pennecq, *pl.* boledou-pennecq. — *Balle, pelotte pour jouer à la paume*, bolod, *pl.* ou. *Van.* blotteen, *pl.* eü. *v. éteuf.* — *Balle de mercier*, paner, *pl.* ou; panèr ar mercèr.

BALLE *de grain de blé*, pell.—*Brin de*

*balle*, pellénn, *pl.* ou, pell. — *Petit brin de balle*, pellénnic, *pl.* pellénnoüigou. *Couette de balle*, golo'hed pell. — *Couvert de balle*, pellénnecq; pellecq.

BALLOT, *grande balle de marchandises*, pacqad, *pl.* pacqageou; balod, *pl.* ou, balojou. —*Ballot, petite balle*, pac-qadic, *pl.* pacqageoüigou; balodicq, *pl.* balodouïgou. — *Ballot, petite balle de mercier*, panéricq ur mércèr, *pl.* panc-rouïgou mércèr. — *Voilà votre vrai ballot, c'est votre fait*, cétu eno o c'haffer, cétu ar pez a faut deoc'h, cetu ar pez a dere ouzoc'h.

BALLOTTER, *se renvoyer la balle l'un d l'autre sans jouer partie au jeu de la paume*, bolodi, *pr.* bolodet. *Van.* tauleiñ er blodteen en eil d'eu arall, *pr.* taulet. —*Ballotter quelqu'un, se jouer de lui*, bo-lodi ur re, *pr.* bolodet; ober goap vès a ur re, *pr.* græt. *Trég.* bolodiñ ur re. *Van.* gober goap ez ou ag unon-bennac.

BALUSTRADE, balusd, *pl.* balus-dou, balugeou.

BALUSTRE, *bois tourné pour faire une balustrade*, guërzid, *pl.* guërzidy.

BAMBOCHES, *marionnettes*, ma-ryoueiès. *Van.* marionneteseü.

BAN *et arrière-ban, convocation des nobles et des non-nobles qui tiennent des fiefs à la charge de servir le roi à leur dépens, dans les besoins de l'état*, baü ar re-nopl, bann an noblançz, ar bann. — *Convoquer le ban et l'arrière-ban*, açzina bann ar re nopl, açzina bann an no-blançz, *pr.* açzinet, açzina ar bann.— *Ban, publication d'haute voix*, embann, *pl.* ou. — *Ban de mariage*, embann-di-mizy, *pl.* émbannou-dimizy. *Van.* bann, *pl.* eü. — *Four à ban, four du seigneur, où les vassaux sont obligés de tenir cuire*, fourn bañnal, forn an autrounyaich, fôrn boutin. — *Moulin à ban*, milin bañ-nal, milin an autrounyaich, milin boutin.

BANAL, *qui est commun à tout le monde*, banal, boutin.

BANC, *siège pour plusieurs*, bancq, *pl.* ou, bancqeyer. *Van.* id., *pl.* banc-qéü. *Trég.* bancq, *pl.* bancqo.— *Banc de sable, amas de sable sous l'eau*, bancqtrez, *pl.* bancqou-trez; trœazenn, *pl.* treazennou.

**BANCELLE**, *petit banc long et étroit,* bancqiq, *pl.* bancoüigou; bancq striz, *pl.* bancqou striz.

**BANDAGE**, *lien qui sert à bander les plaies,* gouriçz-fusjen, gouriçz-hoüarn, *pl.* gouriçzou, etc., gouriçz ouc'h an avelenn. *v. hernie.*

**BANDAGISTE**, *faiseur de bandages,* gourizèr, *pl.* yen.

**BANDE**, *pièce d'étoffe coupée en longueur et qui a peu de largeur,* bandenn, *pl.* ou; bandenn-mezer, *pl.* bandennou-mezer.—*Bande de toile,* bandenn-lyen, *pl.* bandénnou-lyen; lyenenn, *pl.* lyenénnou.—*Bande de fer pour les roues de charrettes,* bandenn-rod, *pl.* bandénnou-rod; bandenn-hoüarn, *pl.* bandénnou-hoüarn. — *Bande, une troupe de gens associés,* bandenn, *pl.* ou; banden-tud, *pl.* bandénnou-tud; rumad-tud, *pl.* ou; lodad-tud, *pl.* ou; bagad tud, *pl.* ou; bagath *signifie en Hébreu* troupe. — *Une bande de voleurs,* ur vanden laëron, *pl.* bandénnou-laëron. —*Une bande de bêtes à cornes,* ur-vandenn saoüd, ur bagad saoüd. *Van.* ur vandeen séüd.—*Par bandes,* a vandénnou, a vagadou.—*De bande en bande,* a vandeñ-e-bandeñ, a vagad, da vagad.—*Bande de tête ou bandelette, dont les femmes du commun se servent pour se coiffer,* banden-coëff, *pl.* bandéunou-coëff; linenn-penn, *pl.* linénnou-penn; taledenn, *pl.* ou; nahenn, *pl.* ou. *Si elle est de soie,* seyzenn, *pl.* ou.

**BANDEAU**, *bande qu'on met sur le front,* talguènn, *pl.* ou; taled, *pl.* ou; taledenn, *pl.* ou. — *Bandeau, qu'on met sur les yeux,* goël, *pl.* you.

**BANDELETTE**, *petite bande,* bandènalcq, *pl.* bandènnoüigou.

**BANDER**, *lier avec une bande,* bandènna, *pr.* bandénnet; stardta gand ur vanden, *pr.* stardet.—*Bander une plaie,* lyena ur gouly, *pr.* lyenet; bandenna ur gouly, *pr.* et. — *Bander une arme,* banta, *pr.* bantet. — *Bander un fusil,* banta ur fusuilh. — *Bander un arc, une arbalète,* steigna ur vvarecq, steigna un

arbalastr, *pr.* steignet. — *Se bander, se liguer, se soulever contre quelqu'un,* banta ouc'h ur re, *pr.* et; beza a unan a enep ur re, *pr.* bet; em lacqât a unan a enep ur re, *pr.* em lecqéet; sevel oud ur re; sevel a enep ur re-bennac, *pr.* savet. — *Ils étaient tous bandés contre lui,* bantet a voant oll ountà, bez'edont oll a unan a enep dezâ, oll o devoa em lecqéet a unan a enep dezâ, tout ez voant savet oud-hâ.

**BANDIT**, *voleur, assassin, brigand, pl.* ed; dirober, *pl.* dirobidy.

**BANDOULIER.** *v. bandit, fripon, vagabond.*

**BANDOULIÈRE**, *bande de cuir qui croise sur le baudrier,* bandolyer, *pl.* bandolyerou. *Trég.* id., *pl.* o. *Van.* id., *pl.* éü.

**BANLIEUE**, *étendue de la juridiction d'une ville,* al leau-varn, ar bann-léau.

**BANNERET**, *qui a assez de vassaux pour former une compagnie,* bannèr, *pl.* ed; bannéryen; bannyeler, *pl.* yen; banner de bann, *haut.*

**BANNIÈRE**, *étendard,* bannyel, *pl.* ou. *Van.* id., *pl.* eü. *Al.* bannyar, *pl.* au; *de* bann, *haut, élevé.* —*Bannière de France,* bannyel Françz. —*Bannière de la paroisse,* bannyel ar barrès. *En B.-Léon on appelle les croix et les bannières :* an armou, armou an ilis. — *La bannière du rosaire,* bannyel ar roséra.

**BANNI**, *exilé,* forban, *pl.* ed; forbanidy. *Al.* parth.

**BANNIE**, *publication,* embann, *pl.* ou. *v. ban.*

**BANNIR**, *publier,* embanna, embanni, *ppr.* embannet; ober emban, *pr.* græt. *Van.* banneiñ, *pr.* bannet.— *Pierre et Marie ont été bannis à la grand' messe pour la première fois,* Pezrès ha Mary a so bet ambannet èr proñ evit ar veach qentâ, beza eo bet great ên ovérén-bred ar c'hentâ em ban eñtre Pezrès ha Mary. — *Bannir, exiler,* forbana, *pr.* forbañet; forbanizet; ober forban, *pr.* græt forbann. *Van.* forbanneiñ, forbanniçzein, *ppr.* et. *Al.* parthu. — *Bannir, chasser quelqu'un d'un lieu,* harlua ur re, *pr.* harluet; caçz ur re èr mæs, *pr.* caçzet.

BANNISSEMENT, *exil*, forbannidi-guez, forbannérez, forbannadur.

BANQUE, *trafic d'argent contre du papier*, bancq. *v. change.* — *Lieu où est la banque*, au ty-ccinch, ar bancq.

BANQUEROUTE, *fuite d'une personne qui emporte le bien de ses créanciers*, bancq, têcq *ou* tec'hidiguez flaudus ha malicius. — *Faire banqueroute*, ober bancq, *pr.* græt; tec'helgand flaud ha maliçy, *pr.* tec'het; mont quyt hep paëa e zlëou, *pr.* ëet; leusqueul ar gouriz, *pr.* leusqet; douguen ar gouriz plous, douguen ar boned glas, *pr.* douguet.

BANQUEROUTIER, nep a ra bancq, bancqèr a ra bancq, bancqer flaudus ha malicius, *pl.* bancqéryen; flauder, *pl.* flaudéryen.

BANQUEROUTIÈRE, flauderés, *pl.* flauderesed.

BANQUET, *festin*, banvez, *pl.* you; bancqed, *pl.* bancqegeou. *Van.* fest, *pl.* eü. *v. festin.*

BANQUETER, *faire grande chère avec ses amis*, bancqegeal, *pr.* bancqeget; bancqetal, *pr.* banqetet.

BANQUIER, *qui tient la banque*, bancqèr, *pl.* banqéryen; bancqour, *pl.* bancqouryen. *Al.* payvod, *pl.* ed.

BAPTÊME, *le premier des sacrements de l'église*, badizyand, ar sacramand a vadizyand. *Van.* badient, *pl.* eü. — *Tenir sur les fonts de baptême quelque enfant*, derc'hel ouc'h vadez, derc'hel var ar vadizyand, *pr.* dalc'het; derc'hel var ar mænfôndt. — *Il y a eu plusieurs baptêmes aujourd'hui*, cals badizyanchou *ou* cals a vadizyanchou *ou* meur a vadizyand, a so bet hizyau. — *Baptême qu'on donne dans la maison*, gour vadez, *id est*, *petit baptême*, *baptême sans solennité*, badizyand an ty. *v. ondoyer, petit.*

BAPTISER, badeza, badezi, *ppr.* badezet. *Al.* badezaff, badeziff. *Van.* badëeiñ, *pr.* badeet. *Trég.* badeiñ, *pr.* et. — *Baptiser dans la maison ou dans le sein de la mère*, gour-vadeza, *pr.* gour-vadezet; christena, *pr.* christenet; rei badizyand an ty, *pr.* roet; badeza èn ty pe coff e vamm, *pr.* badezet èn ty pe,

etc. *Van.* chrichenyen, *pr.* chrichenyet. *v. ondoyer.*

*BAPTISTE, qui baptise*, badezour, badeour. — *Saint Jean-Baptiste*, sant Jan-Vadezour, sant Yan badezour *ou* badëour.

BAPTISTÈRE, *registre des baptêmes*, levric ar badizyanchou, *pl.* levrigou ar, etc., gistrou ar vadizyand. — *Extrait baptistère*, paper badizyand.

BAQUET, *petit cuvier*, baraçz, *pl* you; qelorn, *pl.* you; bailh, *pl.* ou. *Van.* bailhoc, rangeod, barrod, pelestr. *Al.* ploumeiz.

BAR, *poisson*, dræneq, *pl.* dræneged, braoc, *pl.* braogued; meilh-mæn, *pl.* meilhed-mæn; yann, *pl.* yanned.

BARAGOUIN, *langage qu'on n'entend pas bien*, luhaich. *Ce mot est de Trég. où* (*comme on prononce tous les* u *en* ou) *pour dire* pain, vin, *on prononce* bara gouin, *pendant que dans les autres évêchés on dit* bara guin. *Van.* gregach.

BARAGOUINER, luhaicha, *pr.* et; comps luhaich, *pr.* et. *Van.* gregageiñ, *pr.* gregaget.

BARATTE, *vaisseau à battre le beurre*, ribod, *pl.* ou. *Si le vaisseau n'est pas en argile cuite, mais en bois, c'est* baraz, *pl.* you. *v. baquet.*

BARATTÉE, ribotadenn, *pl.* ou.

BARATTER, *battre le beurre*, ribotat, *pr.* ribotet. — *L'action de baratter*, ribodérez, ribodtérez. — *Celui qui baratte*, ribodèr, *pl.* yen; ribotèr, *pl.* yen. — *Celle qui baratte*, riboterès, *pl.* ed.

BARATTIER, *faiseur de barattes et de baquets*, barazèr, *pl.* yen.

BARBACANE, *petite ouverture pour faire écouler les eaux*, tarzell, *pl.* ou. *Van.* tarhell, *pl.* eü.

BARBARE, *étranger, sans police, grossier*, barbar, *pl.* ed. — *Les Barbares*, ar varbared, ar bopl barbar. — *Barbare*. *v. cruel, inhumain.*

BARBARIE, *pays de Barbarie*, Barbary, bro ar Varbared. — *Cheval de Barbarie*, marc'h barbèr, *pl.* qesecq barbèr, qesecq Barbary. — *Barbarie, cruauté*, cruelded, crizder, barbaryaich, barbaraich.

**BARBARISME**, *vice contre la pureté du langage*, guerr barbar, *pl.* guerryou barbar; barbarym, *pl.* ou.

**BARBE**, *poil du menton*, barv, baro, *ppl.* barvou. *Van.* barv. *v. cheveu.* — *Barbe longue*, baro hirr, *pl.* barvou hirr. — *Petite barbe*, barvic, *pl.* barvouigou. — *Celui à qui la barbe commence à venir*, qæzourec, *pl.* qæzouregued, qæzouré-yen. — *Le traître Judas avait les cheveux rouges et la barbe noire*, Yuzas an tray-tour ayoa ruz e vléau, ha du e varo, ar pez a soaënep natur. — *Se faire faire la barbe*, lacqât ober e varo, *pr.* lec-qéet. — *Arracher la barbe à quelqu'un*, divarva ur re, *pr.* divarvet. — *Tirer la barbe à quelqu'un*, ténna e varo da ur re, *pr.* ténnet; saicha baro ur re, saicha var baro ur re, saicha e varo da ur re, *pr.* saichet. — *A sa barbe, en sa présence, malgré lui*, dirazañ, dirac e zaoülagad, èn desped dezà, èn despez d'e zaoülagad. — *Sans barbe, qui n'a point de barbe*, divarv, divarveq, *ppl.* divarvegued, divarvéyen; spaz, *pl.* spa-zéyen. — *Qui n'a point de barbe parce qu'il l'a perdue*, divarvet, *pl.* tud divarvet. — *Une personne de l'un ou de l'autre sexe, qui n'a ni barbe ni poil qu'à la tête*, bar-boüron, *pl.* ed. *v.* barbue. — *Barbe de bouc ou de chèvre*, bouchic gavr. *v. coq.* — *Barbe de coq*, barv ar c'hilhocq. *v. coq.*

**BARBE**, *nom de femme*, Barba, Ear-ban. — *Barbe, nom d'une petite fille*, bar-baïcq. — *Sainte Barbe, vierge et martyre*, santès Barba, santès Barban.

**BARBEAU**, *poisson d'eau douce*, dræ-necq, *pl.* dræengued.

**BARBET**, *chien à poil frisé*, barbed, barbeded. *Van.* id. *H.-Corn.* qy fou-touilhecq, *pl.* chas foutouilhecq.

**BARBIER**, *celui qui fait la barbe*, bar-bèr, *pl.* barbéryen; barvèr, *pl.* yen. *Van.* rahour, *pl.* raheryon, raheryan.

**BARBON**, *vieillard*, coz-barvec, *pl.* coz-barvéyen, coz-barvegued. *Van.* coh-barüec.

**BARBOTER**, *se dit du bruit que font les canards lorsqu'ils fouillent dans la boue*, grozvolat, *pr.* grozvolet; foûtoüil-hat, *pr.* foutoüilhet. — *Barboter, parler*

entre ses dents, grumusât, *pr.* grumuset.

**BARBOTINE**, *semence réduite en poudre pour tuer les vers*, lousaoüen arc'hest, lousouqest, lousaoüen ouc'h ar prêved.

**BARBOUILLAGE**, *action de barbouiller*, barboüilhaich, stlaberez.

**BARBOUILLER**, *peindre grossièrement*, barboüilha, *pr.* barbouilhet. — *Barbouiller, gâter, souiller*, barboüilha, *pr.* et; sautra gand lyou, *pr.* sautret. *Van.* balibouseiñ, *pr.* balibouset; bas-troüilheiñ, *pr.* et; stlabeza, *pr.* stla-bezet.

**BARBOUILLEUR**, *mauvais peintre*, coz-liver, *pl.* coz-livéryen. *Van.* bali-bous, *pl.* ed; bastroüilher, *pl.* yon. — *Un franc barbouilleur*, ur c'hoz liver, marboa biscoaz. — *Barbouilleur de papier*, barboüilher, *pl.* yen.

**BARBU**, *qui a de la barbe*, barvéc, *pl.* barvéyen, barvegued. *Van.* barhüecq, *pl.* barbuïgued.

**BARBUE**, *fille ou femme qui a de la barbe*, barveguèz, *pl.* barveguesed. En *termes burlesques*, on dit badezet gand oléau map. On dit de même d'un homme *sans barbe*, badezet gand oléau merc'h. *La raison de ces deux expressions vient de ce que le peuple royant deux fioles dont le prêtre prend les saintes huiles pour les cérémonies du baptême, croit qu'il y a deux huiles différentes pour les deux sexes, et se figure que le prêtre s'est trompé et a pris de celle qu'il ne fallait point au baptême d'une fille qui a de barbe ou d'un homme qui n'en a pas.*

**\* BARBUQUET**, *petite gale sur le bord des lèvres*, countamm, contamm.

**BARDANE**, *plante dont les fruits ou les têtes s'attachent aux habits*, ar sta-guerès-vras, ar saraguezrès vras, ar sereguezn vras, lousaoüen an tign. — *Fruit de bardane*, specq, sergeanted, carantez.

**BARDE**, *armure d'un cheval de gens armés de toutes pièces*, harnès, *pl.* you. *Van.* harnes. — *Barde, tranche de lard*, gelqenn qyc-moc'h, *pl.* ou.

**BARDEAU**, *petit ais dont on se sert au lieu de tuiles ou d'ardoises pour couvrir une maison*, duvellen-creñn, *pl.* duvad erenn; bardellenn, *pl.* ou, bardell.

BARDER, *armer un cheval d'une barde*, harnesi ur marc'h, *pr.* harneset. — *Barder un chapon, bris-largeza ur c'haboun, pr.* bris-largezet.

BARGUIGNER, *marchander sou d sou quelque chose*, chipotal, *pr.* chipotet. — *L'action de barguigner*, chipotérez.

· BARGUIGNEUR, chipoter, *pl.* chipotéryen. *Van.* barguignour, *pl.* yon *Léon* bindeder, *pl.* yen; bindeda, *barguigner.*

BARGUIGNEUSE, chipoteres, *pl.* ed. *Van.* barguignoures, *pl.* ed. *Léon* bindederès, *pl.* ed. v. *trébucher.*

BARIL, *petit tonneau*, barilh, *pl.* ou. *Van.* baroüilh. — *Un baril*, ur varilh; barazic, *pl.* barazoüigou. *Van.* ur barrod, ur baroüilh. — *Plein un baril*, barilhad, *pl.* ou. *Van.* baroüilhad, barrodad, *ppl.* éü. — *Plein un baril de poudre*, ur varilhad poultr, *pl.* barilhadou.

BARNABÉ, *nom d'homme*, Barnabasq. — *Petit Barnabé*, Basqicq. — *Saint Barnabé*, sant Barnabasq, sant Bernabé, sant Bernabas.

BARON, *qui a un degré de noblesse au-dessus des simples gentilshommes et des châtelains*, baroun, *pl.* ed. *Al.* ber, berd, *ppl.* berded. *Quelque chose que l'on dise de l'étymologie du mot baron, il y a apparence qu'il vient de baroun, qui a été fait de ber ou de barn, juger; parce qu'ils administraient la justice dans les terres de leurs dependances; de même que bern, defense, et bersa, defendre, viennent de ber.*

BARONNE, *femme de baron*, barounès, *pl.* ed. *Al.* gruëc berd *et* oureg berd. — *Madame la baronne, an itroun ar varounès. — La baronne de Rostrenen*, barounès Rostreen, ar varouncsa Rostrezen, an ytroun ar varoûnès eus a Ros-drezèn

BARONNIE, *terre et seigneurie du baron*, barounyaich, *pl.* ou.

BARQUE, *petit natire*, barcq, *pl.* aoü, oü, aoüed, eyer. — *Barque frégatée*, barcq fourgadet, barcq fourgadennet.

BARRE, *levier de métal ou de bois*, barren, *pl.* barreigner, barrénnou; sparl, *pl.* ou; loc'h, *pl.* yon, ou. *Van.* latteñ, *pl.* eü; sparl, *pl.* eü. v. *levier.* — *Barre*

*de fer*, barren houärn, *pl.* barreiguer houärn. — *Barre de fer grosse et courte*, loc'h-houärn, *pl.* loc'hyou-houärn.— *Barre de bois*, sparl, *pl.* ou; loc'h preen, *pl.* loc'hyou preen.—*Barre de bois, grosse et courte*, sparl-créñ, *pl.* sparlou-créñ. *Barres de bois ou de fer qu'on met de travers dans la cheminée*, trancql, *pl.* ed; an trancqled; crazunell, *pl.* ou, crazunellou ar ciminal; sparl-treuz, *pl.* sparlou-treuz. т. *traversières.* — *Barres de métal*, barreñ metall, *pl.* barreiguer metal. v. *lingot.* — *Barre, entrée d'un port de mer, empêchée par les bancs et les rochers*, barreñ, *pl.* ou; barr, *pl.* ou. — *Il a péri sur la barre*, em gollet eo var ar varreñ *ou* var ar barr. — *Barre, juridiction subalterne*, barn, *pl.* you, ou. *Van.* barn, *pl.* éü. *Trég.* barn, *pl.* o. — *Jouer aux barres, jeu ou course, où les deux parties se placent toujours en des lieux opposés*, c'hoari sausicq, *pr.* c'hoaryet.

BARREAU, *espèce de grille ou de balustrade*, treilh, *pl.* ou; kaél, *pl.* ou, you, y, kily; bardell, *pl.* ou. — *Barreau, le barreau ou les bancs et le parquet dans les chambres d'audiences*, campr ar varn, bardell ar varn, bardell an lès.—*Barreau, le barreau, le palais, lès, al lès. Van.* id. — *Suivre le barreau*, em ober den a lès, *pr.* em c'hræt; beza dèn a lès, *pr.* bet.

BARRER, *mettre une ou plusieurs barres*, sparla, *pr.* sparlet; barréña, *pr.* barrénnet. *Van.* sparleiñ, *pr.* et.—*Barrer une porte, une fenêtre*, sparla un or, ur prenest; barénna un or, ur prenest. — *Barrer un tonneau*, barrénna un donell. — *Barrer les roues d'une charrette dans une descente glissante et raide*, sparla ar rodou-carr, scolya ar c'harr.

BARRETTE, *bonnet d'Italie*, boned, *pl.* ou. — *La barrette d'un cardinal*, boned ruz ur c'hardinal.

BARRICADE, *retranchement pour empêcher le passage ou l'abord de l'ennémi*, bardell, *pl.* ou; blocal, *pl.* you. v. *bloquer, blocus.*

BARRICADER, *faire une barricade*, bardella, *pr.* bardellet. — *Barricader une rue ou un chemin*, bardella ur ru pe

11

un hend, ober brocalyou èn ur ru pe
èn un hend, *pr.* græt.

BARRIÈRE, *sorte de fortification qui
se fait à un passage,* bardell, *pl.* ou. *Van.*
barryell, *pl.* eü. — *Barrière au bout de
l'avenue d'une maison,* porz-rastell, *pl.*
perzyer-restell, porzyou-rastell. *Van.*
barryel, *pl.* eü.

BARRIQUE, *gros tonneau,* barriqeñ,
*pl.* ou. *Van.* id, *pl.* eü. — *Une barrique,*
ur varriqeñ. — *Plein une barrique ou
barrique pleine,* barriqénnad, *pl.* ou;
barriqad, *pl.* barricadou.

BARTHELEMY, *nom d'homme,* Bartele, Bertelè. — *Saint Barthelemy, apôtre,* sant Bertele, an apostol sant Ber-
teleme.

BAS, *se, qui n'est pas haut,* isell, oc'h,
à. *Van.* isél, iñsél. — *Toit fort bas,* toëñ
a so isel meurbèd.—*L'eau est bien basse,*
terrupl eo isel an dour. — *Plus bas au-
dessous,* iséloc'h, diannaou.—*Bas, lieu
bas,* isélenn, *pl.* ou. — *Ville qui est dans
un bas,* kær a so én un isélenn. — *Le
bas, parlant d'une maison,* an traoün,
an diaz; diaz *de* diazez, *qui veut dire
le sol, le fondement. Van.* en dihaz,
en dias, en diaüneü. — *En bas, à bas,*
en traoun, eü diaz. *Van.* en dihas, on
dias, d'en dihas, d'en guias.—*En bas,
au bas, parlant d'un chemin,* eü dinaou,
èn diaou eüs an hend, ouc'h traoun,
var boües traoun. *Van.* en deval, en
diaüneü. — *Au bas de la page,* e lost ar
bageñ, è difin ar bageñ, èn difin eus
ar bageñ. — *Parler bas,* comps iscl,
comps isélic, prezec è sioül, *pr.* prezeguet; cusula, *pr.* cusulet, comps è cusul. — *Voler bas,* darnigeal, *pr.* darniget. — *Le haut et le bas,* añ neac'h hac
an traoun, ar c'hreac'h hac an traoun.
*Al.* kneh ha tnou. — *Du haut en bas,*
eus an neac'h d'an traou. — *Par le bas,*
dre an traoun. *Van.* dre ziaüneü. —
*Aller par haut et par bas, dans quelque
indisposition,* mont dre'n neac'h ha
dre'n traoun, *pr.* èet; mont dre au daou-
beñ, mont dre'n naou beñ. — *Bas, pro-
fónd,* deun, oc'h, à. *Van.* d'on. — *Un
puits bas,* ur punçz doun. — *Une cave
basse,* ur c'hao doun. — *Bas, malhon-*

nête, rampant, abject,* d
sonest, disenorus, oc'h
*bas, parlant des chiennes,
Van.* nodeiñ, *pr.* nodet..
*pr.* qelinet; qolenni, *pr*

BAS, *vêtement,* loézr,
sou, baséyer. *Van.* lor, l
— *Une paire de bas,* ur r
ur re lézro. *Van.* ur re l
*soie,* lezrou seyz. — *Bas d*
stam, basou stam. — *L*
lézrou mezer. — *Des ba*
rou lyen.

BASANÉ, *hâlé, brûlé p*
qet gand an hèaul, rous
rous.—*Basané, qui a le tei*
*brun,* duard, *pl.* ed; rou

BASANÉE, duardès, ¡
*pl.* rousenned.

BAS-BORD, *le côté gau*
*par rapport au piloté qui est*
bourz. *Van.* babourh. *v.*

BASE, *fondement, appu*
désoun.

BASILE, *nom d'homme*

BASILIC, *serpent,* basi
gued; un aér-basilicq, *pl.* a

BASILIC, *plante odorifé*

BASIN, *toile de coton e*
futen fin.

BASQUE, *pan d'un h*
porpand, *pl.* pastellou-po

BASQUE, *qui est de B*
*pl.* éd; Vasq, *pl.* ed; Oua
*Courir comme un Basque,*
Basq, redec qer buan eve
redet. — *Langue basque,*
ouasqaich.

BASSE-COUR, porz a
zyer adrè; porz isélà, *pl.*
porz an harnès, porz ar

BASSE-BRETAGNE, Br
Breih-Isél. — *Qui est de Bo*
Bas-Breton, Breyz-Isélad,
lis, Breyz-Iselidy. *Van.*
péütred er vah, péütred

BASSE-FOSSE, *prison i*
zèfos, *pl.* baçzèfosyou.

BASSESSE, *ce qui est c*
*tion,* isélded. *Van.* iñsélde
*Bassesse, état bas et obscur,*

terbez, displedurez.` — *Bassesse, fai-*
*blesse,* semplded. — *Basseise, lâcheté,*
poltrounyez, poëltronyez, lausqéntez,
poltronyaich.

BASSET, *chien de chasse,* baçzed, *pl.*
ed; qi-baçzed, *pl.* chaçz-baçzed, qy-
doûar, *pl.* chaçz-doüar.

BASSIN ; *grand plat mince,* plad go-
élc'her; *pl.* plageou goelc'her. — *Bassin*
*à barbe,* plad-barber, *pl.* plageou-bar-
ber. — *Bassin pour les offrandes à l'égli-*
*se,* plad ar proff, *pl.* plageou ar proff ;
ur plad-proff, *pl.* plageou proff. — *Bas-*
*sin de rôtisseur,* baçzin, *pl.* ou; pilic, *pl.*
piligou, pilyou. — *Bassin étamé,* baçzin stamet, ur vaçzin stamet, pilic stamet, ur bilic stamet. — *Bassin de cuivre*
*à faire la bouillie,* baçzin, *pl.* ou; pilic,
*pl.* pilyou, piligou; pilic yod, *pl.* pilyou
yod; pilic-couéz, baçzin-coüez, pilic-
cuévr, *pl.* pilyou-coüevr. *Van.* bilic, *pl.*
bilyeü; belic, *pl.* belyeü.—*Le petit bas-*
*sin,* ar vaçzin vihan, ar bilic vihan ;
pilic *ou* pillic *est proprement pour dire*
bassin de fer; *et* baçzin , *bassin de cui-*
*vre.* — *Le grand bassin,* ar vaçzin vras,
ar bilio vras. — *Plein un bassin,* baçzi-
nad, *pl.* baçzinadou; pilyad, *pl.* ou.

BASSINER, *échauffer un lit,* toma ar
guële, *pr.* tomet. *Van.* tuémeiüer gule.
— *Bassiner une plaie.* v. *étuver.*

BASSINET, *lieu de l'amorce dans une*
*arme à feu,* oaled, *pl.* olegeou; an oaled. — *Bassinet, plante,* bau-bran. *v.*
*grenouillette.*

BASSINOIRE, *instrument pour bassi-*
*ner un lit,* pilic goloet evit toma ur
guële, baçzin goloet evit toma ur guële;
baçzin-vele, *pr.* baçzinou-vele.

* BASTANT, *qui suffit, qui convient,*
bastand.

* BASTER, *suffire;* bastout, *pr.* bas-
et; basta, *pr.* bastet. — *Baster, réussir,*
bastout, *pr.* bastet. — *Son procès baste*
*bien,* bastout mad a ra e brocès, mad
z a e brocès, ne huyt qet e brocès. —
*Son procès baste mal pour lui,* ne vast qet
nad e brocès, ne da qet mad.

BASTIDE, *maison de plaisance,* qenqiz.

BASTION, *ouvrage de fortification,*
ouloüard, *pl.* ou.

BASTONNADE, taulyou baz, bazadou, fustadou. *Van.* taulyéü bah, fus-
tadéü.

BAT, *pour une bête de somme,* baçz,
*pl.* ou. *Van.* id, *pl.* éü. — *Bât sans four-*
*rure,* prañ-baçz, *pl.* prennou-baçz,
baçz divoarniçz, coad baçz. — *Courbet*
*de bât,* corbell, *pl.* ou ; corbell-vaçz ,
*pl.* corbellou-baçz. — *Courbet de devant,*
corbell a ziarauq. — *Courbet de derrière,*
corbell a ziadrê. — *Panneau de bât,* panell, *pl.* ou; panell-vaçz, *pl.* ou. — *Met-*
*tre le bât sur l'âne,* baçza an asen, *pr.*
baçzet. — *Être blessé du bât, se ressentir*
*d'un rude métier que l'on fait,* louc'ha
*ou* loc'ha gand ar baçz, *pr.* louc'het,
loc'het; *cette expression est de Léon.*

BATAILLE, *combat,* coumbad , *pl.*
combageou. *Al.* stourm, *pl.* ou; storm
*pl.* au. — *Le Champ de bataille, le terrain*
*où l'on combat,* camp, ar c'hamp, camp
ar c'houmbad, plaçz ar c'houmbad.
*Van.* camp, er champ. *Et de là vient*
*qu'ils appellent, en Vannes, la* char*treuse*
*d'Auray,* er Champ. — *Obliger l'enne-*
*mi d'abandonner le champ de bataille,* gounit ar c'hamp var an adversouryen, *pr.*
gounezet.

BATAILLON, soudarded var droad
réucqeat ha pare da goumbati, ur ba-
tailhonn, *pl.* batailhoûnou.

BATARD, *fils naturel,* bastard , *pl.*
besterd, bastarded. *Al.* bord , *pl.* ed.
*de là* bordel. — *Bâtard, fils provenu d'a-*
*dultère,* avoultr, *pl.* ed, avoultréyen.

BATARDE, *fille naturelle,* bastardès,
*pl.* ed, besterdesed. — *Bâtarde, prove-*
*nue d'adultère,* avoultrès, *pl.* ed.

BATARDEAU, *digue de pierres,* sclo-
tur-dour, *pl.* scloturyou-dour.

BATARDIÈRE, *plans d'arbres greffés,*
emboudénneq , *pl.* emboudénnegou ;
iboudénneq, imboudenneq, *ppl.* gou.
*v. pépinière.*

BATARDISE, *état du bâtard,* bastardyaich. *Van.* id; — *Droit de bâtardise,*
*droit du roi de France de succéder aux bâ-*
*tards,* güir ar bastardyaich.

BATE à *beurre,* *bâton pour battre la*
*crème,* haz-ribod, *pl.* bizyer-rihod.

BATEAU, bag, *pl.* ou, ayor. *v.* bac,

*esquif.* — *Bateau de passage,* bag an treiz. — *v. bachot.* — *Bateau de pêche,* bag-pesqer, *pl.* bagou-pesqer ; qavel-pesqed, *pl.* qevel-pesqed. —*Aller en bateau,* ba-guea, bagueal, *ppr.* bagueet. — *Celui qui aime à aller en bateau,* baguecr, *pl.* yen. — *L'action d'aller en bateau,* ba-gueérez.

 * BATÉE, *ce qu'on bat à la fois,* piladeq, *pl.* piladegou. — *Une batée de papier,* ur biladeq paper. — *Une batée de pommes pour faire du cidre,* ur biladeq avalou. — *Des batées de jan pour les chevaux,* piladegou lañ.

BATELÉE, *plein un bateau,* bagad, *pl.* ou. — *Une batelée de monde,* ur vagad fud. — *Deux batelées de poissons,* diou vagad pesqed.

BATELEUR. *v. baladin.* ·

BATELIER, *qui conduit un bateau,* ba-gueer, *pl.* yen. — *Batelier de passage d'un gué,* tréyzer , *pl.* yen ; treyzour, *pl.* yen. — *Les bateliers de la Loire,* baguee-ryen al Loar. — *Bateliers de rivière,* ba-gueer an dour-douçz, *pl.* bagueeryen an dour-douçz. — *Batelier qui va à la mer,* bagueer-vor, *pl.* bagueeryen-vor.

BATER, *mettre le bât sur le dos d'une bête de somme,* baçza ul loëzn, *pr.* baçzet.

BATIER, *faiseur de bâts ,* baçzer , *pl.* yen ; baçzeer, *pl.* yen.

BATIMENT, *édifice,* ediviçz, *pl.* ou. — *Bâtiment, navire,* lestr, *pl.* listry, batymand, *pl.* batymauchou.

BATIR, *construire,* sevel, *pr.* savet ; ober, *pr.* græt ; batiçza, *pr.* batiçzet ; sablicqa, *pr.* sablicqet. — *Il a bâti une belle maison,* un ty caër en deus savet ou èn deus græt ou èn deus baticzet o sablicqet. — *Voilà un homme bien bâti,* mots burlesques, pour dire mal bâti, coezta dèn, eçeu un dèn coant, mar bi bisooaz, peb ez troezad d n.

BATOIR, *pour laver,* colvaz, *pl.* you colvizyer ; golfaz, *pl.* you ; golfaz, *pl.* you ; baz-canverès, *pl.* bizyer canverès. *Van.* bah dilhad, bah canveres, *pl.* bihér dilhad, etc.

BATON, *pour se soutenir,* baz, *pl.* bi-zyer. *Van.* bah, ur vah. *Al.* cañ; de la cannu, *battre,* bagl, *pl.* au. — *Un b n*

bâton, ur vaz vad, *pl.* bizyer mad. — *Bâton à deux bouts ,* baz a zaou beñ, *pl.* byer a zaou béñ. *Van.* bah a zeü been. —*Bâton court qui a un gros bout et sert pour se battre,* créñ-vaz, *pl.* créñ-vizyer ; baz-penneq, *pl.* bizyér-pénneq ; fust *pl.* fustou ; peñ-god, *pl.* peñ-godou , *id est,* peñ-scod ; selvyedeñ, *pl.* ou. *Van.* peeñ-bah, peeñ-god. — *Un donneur de coups de bâton ,* bazataër, *pl.* yen ; pautr ar peñgod, pautr ar vaz a zaou benn, *pl.* pautred, etc. ; raouënner, *pl.* yen.— *Bâton de maréchal de France,* goaleñ ur marichal a Françz, *pl.* goaleigner ma-richaled. — *Bâton pastoral, crosse d'un évêque,* croçz un escop, *pl.* croçzou esc-qeb. — *Bâton de chantre ,* baz ur c'hi-nyad, *pl.* bizyer qinyaded. — *Bâton de croix,* troad ar groaz, *pl.* treid croaz.— *Bâton de confrairie,* bar ar sant, baz ar vreurycz. — *A bâtons rompus,* pez-e-bez, ne deus peñ diouc'h lost , a ben-nadou, a rábinadou, a dauladou, pep eil penn.

BATONNER, *donner des coups de bâ-ton,* bazata, *pr.* bazatéet, bazatet; fus-ta, *pr.* fustet; rei bazadou, rei taulyou baz, reï fustadou, reï e gaul-pour da ur re, reï e guerc'h-spaign da ur re , *pr.* roët. *Van.* harzeleiñ, fusteiñ. — *Il a été bâtonné qu'il n'y manquait rien,* ba-zatéet eo bet qen na fué, fustet eo bet qen na stracqlé, fiblet caër eo bet, ra-aouënnet eo bet a dailh, frotet eo bet gad eol-garz qen na lufré.

BATONNIER, *chef élu pour présider un corps,* abad, *pl.* ababed, nep èn deus baz ar sant.

 ' BATTANT, *qui bat habituellement ,* cannus, oc'h, à. — *Je ne suis point bat-tant de peur d'être battu,* me ne doun qet cannus, rac aoün da veza cannet va-unan. —*Battant de cloche,* bazouleñ, *pl.* ou; bazoul, *pl.* ou; batailh, *pl.* ou. — *Battant d'une porte, l'un des côtés d'u-ne porte qui s'ourre en deux,* stalaph-dor, *pl.* stalaphou-dor. *Van.* doriqell , ori-qell, *ppl.* doriqelleü, oriqelléü.— *Bat-tant d'une fenêtre,* stalaph prenest , *pl.* stalaphou prenest.

BATTEMENT *des mains,* stlacqéreз

an daouzôrn. — *Battement de cœur, palpitation,* lamm, *pl.* ou. — *Battement de pouls,* caçz goazyen ar meud. *Van.* caçz er goahyed. — *J'ai des battements de cœur,* va c'haloun a ra lammou en c'hreiz, lammet a ra va c'haloun énnoun.

BATTERIE, *action de ceux qui se battent,* emgann, *pl.* ou; cann, *pl.* ou; frotérez. *Van.* cann, *pl.* eû. — *Il y a eu une cruelle batterie,* un emgan dinalur a so bet. — *Batterie de canon,* batiry, ar batiry. — *Batterie de cuisine,* listry ar guiguin.

BATTEUR, *qui bat,* canner, *pl.* yen. — *Batteur de blé,* dourner, *pl.* yen; dôrner, *pl.* yen. *v.* battre. *Van.* dournour, *pl.* eryon; dornér, *pl.* yan. — *Batteur de chemins, batteur de pavés,* baleand, *pl.* baleanded; ribler, *pl.* ribléryen.

BATTEUSE *de grains,* dournerès, *pl.* dournered; dôrnerès, *pl.* ed.

BATTRE, *frapper, maltraiter,* sqei, *pr.* sqoët; darc'hav, *pr.* darc'havet; canna, *pr.* et; pila, *pr.* pilet; dôrna, *pr.* et. *Van.* dourneiñ, *pr.* dournet; pileiñ, pilat. — *Battre à bons coups, tous portant,* fibla, *pr.* et; fusta, frota, torcha, *ppr.* et. — *Celui qui bat,* canner, *pl.* yen; froter, fibler, fuster, dôrner, torcher, *ppl.* yen. — *Battre le fer,* sqei var an hoûarn, var, etc., *pr.* sqoët. — *Battre du blé,* dôrna, *pr.* dôrnet; dourna ed, *pr.* dournet. *Van.* dôrneiñ, *pr.* dornet; dourneiñ ed, *pr.* et. — *Battre monnaie, en fabriquer,* sqei mouneyz, *pr.* sqoel; fablicqa mounéyz, *pr.* et. — *Battre la caisse,* sqei an daboulin. — *Battre des mains, applaudir,* stlacqa an daoûarn, *pr.* stlacqet; stéqi an daou zoûrn, *pr.* stoqet. — *Battre les ennemis,* feaza *ou* fæza adversouryen ar roûantélez, *ppr.* feazet, fæzet; trec'hi an adversouryen, *pr.* trec'het. — *Les ennemis ont été battus,* feazet *ou* fæzet *ou* tréc'het eo bet an adversouryen. *Al.* fæzet int bet an ezrevend. — *Battre le pavé,* bale hed an deiz, *pr.* baleët; ribla, *pr.* riblet. — *Se battre,* em ganna, *pr.* em gannet; em ganna ouc'h ur re-bennac, èn em frota, *pr.* èn em frotet; em dorcha gand urre, *pr.* em dorchet. — *Se battre à coups de poings,* èn em zôrna, *pr.* èn zôrnet;

em ganna a daûlyou dorn, *pr.* em gannet a daûlyou dôrn, èn hem dournata, èn hém grabanata. — *Se battre en duel,* em ganna èn ul leac'h distro gand un all; trouc'ha an acûilheten gand un all, *pr.* trouc'het. *v.* duel. — *On se bat à qui aura cette charge,* èn em ganna a rear divar-benn ar garg-hont. — *Etre battu,* beza cannet gand ur re-bennac, *pr.* bet. — *Chemin battu,* hend güenn, hendfraëet, hend pilet; hend cannet, *pl.* hinchou, etc. — *Avoir les yeux battus, livides,* cahout an dro eus e zaoûlagad bronzuet, cahout daoûlagad distronc-qet *ou* dislivet. — *J'ai les oreilles battues et la tête étourdie de toutes ces choses,* torret eo va-livscoûarn, ha va phénn gand an traou-ze oll, borrodet oun gand an traou-ze oll.

BAUDET. *v.* âne.

BAUDRIER, *pour tenir l'épée,* bodrèr, *pl.* ou; bodryel, *pl.* ou.

BAUGE, *retraite des sangliers,* toull an houc'h goëz, *pl.* toullou ar moc'h goëz; bogenn, *pl.* ou. — *Bauge ou bauche, maison faite de terre franche et de paille* petries, ly-doûar, *pl.* tyès-doûar; barraçzenn, *pl.* ou *v.* torchis.

BAUME, *suc d'un arbre qui est merveilleux pour plusieurs maux,* balsam, baûma.

BAVARD, *qui parle sans discrétion,* baffard, *pl.* ed; bavardér, *pl.* yen; téaudeq, *pl.* téaudéyen. *v.* babillard.

BAVARDE, baffardès, *pl.* ed; bavarderès, *pl.* ed; lanchenneguès, *pl.* ed. *v.* babillarde.

BAVARDERIE, bavardiez, *pl.* ou; baffardyaich, bavardyaich, *pl.* bavardyaichou; bavardérez, *pl.* ou.

BAVE, *salive qui coule de la bouche,* glaouren, glaour, baff. *Van.* bao, baû. — *Essuyer la bave de la bouche d'un enfant,* divabouza, *pr.* divabouzet; dic'h-laoüra, *pr.* dic'hlaoüret.

BAVER, *jeter de la bave,* glaoûra, glaoûri, *ppr.* glaoûret; baffa, *pr.* baffet. *Van.* baoûseiñ.

BAVETTE, *linge qu'on met aux enfants devant l'estomac,* divabouz, *pl.* ou.

BAVEUSE, glaoüreguès, *pl.* ed; baf-

ferès, *pl. ed. Van.* baoûseres; *pl.* ed ;
baouses, *pl.* ed.

BAVEUX, glaoüreq, *pl.* glaoüreyen.
glaoüregued; baffer, *pl.* yen, baffec, *pl.*
baffegued. *Van.* baoüs, *pl.* ed; baoü-
sér, *pl.* yon.

BAVOLET, *coiffure de paysannes, qui
a une longue queue pendante sur les épaules,* gouzouguenn, *pl.* ou.

BAYONNETTE, *dague de Bayonne,*
bayonetès, *pl.* ou. — *La bayonnette au
bout du mousquet ,* ar vayonetès ê beg
ar mousqed.

BEAT. *v. bienheureux.*

BEATIFICATION, disclæracioneus
a santélez un anaoun, græt gand hon
tad santel ar pap.

BEATIFIER, disclærya sant, *pr.* disclæryet sant.

BEATIFIQUE, *qui rend bienheureux,* a
aparchant ouo'h ar guenvidiguez, a
rênt guenvidicq. — *La vision béatifique,
la béatitude éternelle ,* ar guenvidiguez
eus ar barados, an eüsrusded eternal.

BEATILLES, qygoùigou dilicat da
lacqaat ê pastezyou, ê soubénnou, ê
meusyou.

BEATITUDE, *félicité éternelle,* guenvidiguez, guinvidiguez, êurusded. —
*Les béatitudes dont parle l'évangile ,* ar
guenyidiguezou pe eus a ree e preseg an
avyel. — *Les huit béatitudes,* an eiz guinvidiguez. — *Le sermon des huit beatitu-
des que fit NotreSeigneur à ses disciples,* an
eiz qelénnadurez.

BEAU, *bel, belle,* caêr, oc'h, â. *Al.*
berth, qan, qen, qaen, *de là* qened, —
*beauté;* can al loar, güeü-cann. *Al.* frau,
*de là* brao. — *Un bel esprit,* ur spered
caêr, *pl.* speregeou caêr; ur spered caêr
a zen, caêrâ spered dèn. — *Une fille
belle par excellence,* ur plac'h caêr meurbed. *Al.* wenner. *v. Vénus.* — *Fort beau,
fort belle,* caêr meurbed. *Vant.* forh caêr.
— *Beau temps,* amser gaêr. *Van.* amser
gaêr. — *Un beau temps , un temps serein,*
un amser gaêr hâ sclær, un amser
gaêr, Doüc r'er binnigo. *Al.* hynon.—
*Il fait beau ,* caêr eo anezy. *Van.* kæer
enihy. — *Beaux chemins,* hiñchou caêr.
*Van.* hcndtéü caêr. *Trég.* hiñcho caêr,

hencho caêr.—*Beau, bienséant,* dereat,
oo'h, â. — *Beau, propre,* mistr, qempenn, oc'h, â. — *Un bel homme, proprement mis,* un dèn mistr, *pl.* tud mistr;
un dèn qempen, *pl.* tud qempen. —
*Beau, joli,* cqant, brao, oc'h, â. *Van.*
braü, oh, añ, aoñ. — *Un bel homme, un
joli homme,* un dèn coant, *pl.* tud coant;
un dèn brao, *pl.* tud vrao. —*Beau temps,*
amser vrao. — *Une belle fille, jolie fille,*
ur plac'h vrao , *pl.* plac'hed vrao ; ur
plac'h coant, *pl.* plac'hed coant. —*Assez beau, assez belle ,* peus-coant , peus
brao. — *Une femme assez belle, assez jolie,*
ur c'hrec peus-coant, ur c'hrec peus-
brao , *pl.* graguez peus-coant , peus-
brao. — *Assez beau, assez propre,* peus-
qempen, peus mistr. — *Un assez bel
homme,* un dèn peus-qempen, un dèn
peus-mistr, *pl.* tud peus, etc.—*Tout
beau , bellement, modérément,* gouesta-
dic, var ho poës, var ho correguez,
gand moder, deportit, gortoit, habas-
qic, goustad, a doc o cam. *Van.* ha-
basqic, doucicq, doncicq.—*Beau, avec
le verbe avoir,* caêr. — *Vous avez beau dire,
je n'en ferai rien,* caêr oc'h eus lavaret,
n'er griñ qet. — *Ils ont beau faire , ils
n'en viendront pas à bout,* caêr o deus o-
ber, ne zuint qet a benn anezâ *ou* eus
a guemen-ze.

BEAUCOUP, *grandement, avec excès,*
meurbed, cals, forz, terrupl, horrupl,
estrainch. *Van.* cals, forh, orripl. — *Il
l'aime beaucoup,* e garet ara meurbed *ou*
cals *ou* terrupl *ou* estrainch, meurbed
èr c'har, meurbed ê car anezâ, forz ê
car anezâ , terrupl *ou* horrupl *ou* estrainch ê car anezâ *ou* èr c'har. *Si c'est
une fille qu'il aime,* he c'haret ara meurbed, etc., meurbed he c'har, meurbed
ê car anezy. — *Il la haïssait beaucoup,*
he c'haçzât a rea meurbed *ou* terrupl
*ou* estrainch, etc., meurbed *ou* horrupl,
etc., he c'haçzée, cals *ou* meurbed, etc,
ê caçzée anezy *ou* anizy. — *Beaucoup,
plusieurs,* cals, forz, dreist peñn, meur,
ê leiz, ar-bed, ul lod-bras. *Van.* ahioh,
ayoh, cals,helleih, averreiñ, forh, paut,
lilleih. — *Beaucoup de choses ,* cals a
draou , forz traou, cals traou , traou

dreist pen, meur a dra, meur a draou, é leiz a draou, ar-bed a draou, ul lod bras a draou. — *Ils sont beaucoup de personnes*, cals int, forz int, è leiz int, cals a so anézo, forz so anézo, è leiz so a-nézo, meur a so anezo, ar bed a so a-nézo, ul lod bras so anézo, paut int, stancq int, founus int. — *Beaucoup de travail et de peine*, cals a labour hac a boan, forz labour, ha forz poan. — *Beaucoup plus*, cals muy, muyoc'h cals. — *Beaucoup moins*, cals nebeutoc'h, nebeutoe'h cals. *Van.* cals bihanob. — *Il surpasse les aùtres de beaucoup*, trémen a ra cals a re all, cals eo treac'h d'ar re all, pell ez a èn tu-hont d'ar re all. — *Il s'en faut de beaucoup*, cals a faut, ar bed a faut, meur a faut, forz a vancq, cals a zefaut, è leiz a faut.

**BEAU-FILS**, *fils de la personne qu'on épouse*, map-caër. *pl.* mibyen-gaër; mabeo, *pl.* mabegued; lesvap, *pl.* lesvibyen.—*Beaux-fils et belles-filles*, les-vugale.—*Beau-fils, gendre*, map caër, *pl.* mibyeñ-gaër; deuñ, *pl.* deuñêd. *Van.* dañ, *pl.* dañêd; mabec, *pl.* mabigued, mabegued; map caër.—*Beau-fils, mot burlesque et satyrique*, ur pautr-coant, coantà pautr, coantà map. *v. belle-fille.*

**BEAU-FRÈRE**, *qui est d'un autre lit*, hanter-vreuzr, *pl.* hanter-vreuzdeur. *Van.* breurec, brérec, *pl.* bréregued, brérigued.—*Beau-frère, frère par alliance*, breuzr-caër, *pl.* breuzdeur-caër. *Van.* brérec, breurec. *v. belle-sœur.*

**BEAU-PÈRE**, *second mari de notre mère*, lestad, *pl.* ou. id est, è lec'h tad, *au lieu de père, pour père.* tad-caër, *pl.* tadou-caër. *Van.* tadec, *pl.* tadigued.—*Beau-père, père du mari ou de la femme*, tad-caër, *pl.* tadou-caër. *Van.* tadec, *pl.* tadigued. — *Vos beau-père et belle-mère*, ho tud-caër. *Van.* hou tadec hac hou mamec.

**BEAUPRÉ**, *mât de devant. v. mât.*

**BEAUTÉ**, *qualité de ce qui est beau*, caërder, caèrded, caènedd. *Al.* caènedd. *Van.* caërded, coëntiçz, coantiçz. — *Beauté du corps*, qened. *Van.* qened, qined. *Al.* prydh, predh. —*La beauté de cette fille*, qened ar plac'h-ze, ar gue-

ned eus ar verc'h-ze. — *Qui n'a point de beauté de corps*, dic'hened, hep guened. —*La beauté du jour*, caèrded an deiz, caërder an deiz (*peu usité, mais bien par l'adjectif*) deiz caër, beaù jour; *de même que, la beauté de l'esprit*, spered caër, bel esprit. — *Beauté, éclat. v.-y.* — *Une beauté, une maîtresse*, coantiz; *pl.* ed ; mæstrès, *pl.* ed; douçz, *pl.* ed; douçziq.

**BEC** *d'un oiseau*, beg, *pl.* begou. *Al.* gupp, *pl.* au.—*Des becs d'oiseau*, begou aboucżed. — *Faire le bec d quelqu'un, l'instruire*, ober e vecq da ur re, *pr.* græt; qelenn ur re, *pr.* et.—*Tenir le bec dans l'eau d quelqu'un, l'amuser*, divus ur rebennac, *pr.* divuset.

*BÉCARD, femelle de saumon*, begueq, *pl.* beguegued, begueyen; becqed, *pl.* becqueded.

**BÉCASSE**, *oiseau de passage*, qeffelecq, *pl.* qeffelegued. *Van.* id.—*Se tenir droit sur ses pieds commé une bécasse*, sevel var e ellou dreçz evel ur c'heffelleq, *pr.* savet. (*ellou vient d'ell*; ell, *d'esell*, *pl.* esellou, *ou* isil, *pl.* isily, silly, *membre. v. ergot, ergoté.*) *Bécasse de mer, oiseau plus gros qu'un canard*, qeffeleq-vor, *pl.* qeffelegued-vor, *v. corlieu.*

**BÉCASSINE**, *oiseau passager*, qioc'h, *pl.* qioc'héd; guioc'h, *pl.* qioc'h-ed.—*Bécassine de mer*, qioc'h-vor, *pl.* qioc'hed-vor; guioc'h-vor, *pl.* guioc'hed-vor.

**BECFIGUE**, *oiseau avide de figues*, becfiès, *pl.* becfiesed. *En latin,* ficedula.

**BÊCHE**, *outil de jardinier*, roëv, *pl.* you.; pal, *pl.* you. — *Béchée de terre*, palad-doüar, *pl.* paladou-doüar.

**BÊCHER**, *remuer la terre avec la bêche*, roëvat, *pr.* et; palat, *pr.* et.

**BECQUÉE** *d'oiseau*, begad, *pl.* ou.— *Donner la becquée à un oiseau*, begadi ul labouçzic, *pr.* et; réi ur begad *ou* rei begadou da, rei da zibri da ul labouçzic, *pr.* roćt ; boèta ul labouçz. *Van.* boèta ur pichon.

**BECQUETER**, *donner des coups de bec*, becqat, *pr.* et; becqetal, *pr.* et. *Van.* pigoçzeiñ, pigoçzal.

**BEDAINE**, *gros ventre*, teurenn, *pl.* ou; teur, *pl.* ou; tor, *pl.* ou. *Van.* tor, *pl.* eü; coff teü, *pl.* coffeü teü.—*Celui*

qui *a une grosse bedaine*, teurénnecq, *pl.*
teurénnegued, teurennéyen. *Van.* to-
rec, *pl.* toregued, torigued; coffec, *pl.*
coffegued, coffegueü.

BEDEAU, *bas-officier d'église*, bedell,
*pl.* ed; sergeant an ilis, *pl.* sergeanted.

\* BÉER, *ouvrir la bouche d'une façon
niaise et admirative*, guenaoüi, *pr.* et.
*Van.* digor er becq, *pr.* digoret.—*C'est
un badaud qui ne fait que béer*, ur bada-
oüer eo pehiny na oar, na ne ra, nemed guenaoüi. *v. begauder.*—*Béer*, *regarder au lieu de travailler*, guenaoüi ha
laëres an amser, rei bronn de ball, rei
bronn de vénvecq, *pr.* roët; bronna e
bal *ou* e roëv, bronna e vénvecq, *pr.* et.

BEFFROI, *charpenterie qui soutient les
cloches*, coadaich ar c'hleyer.—*Beffroi,
cloche destinée à sonner l'alarme*, cloc'h
an effreyz, cloc'h an tocsin.

BÉGAIEMENT, *prononciation imparfaite*, gagoüilhaich, bestéaudaich.

\* BÉGAUD, *niais, badaud*, bargueder,
*pl.* yen; begueg, *pl.* begueyen. *v. buse.*

\* BEGAUDER, *s'arrêter d'une façon
niaise à regarder ce qui se passe*, bargue-
di, *pr.* barguedet.

\* BÉGAUDERIE; *lieu commode pour
causer et voir ce qui se passe*, bargued *pl.*
ou. *De là, coz-ty-bargued, lieu à l'a-
bri, au bout du quai, à Roscoff, et veut
dire vieille maison de begauds, ou ancienne
begauderie. v. buse.*

BÉGAYER, *mal articuler*, bestéaudi,
*pr.* et; gagoüilha, gagoüilhat, *ppr.* et.
*Van.* gaguilhaudeiñ, *pr.* et; haeqeiñ.
*v. bredouiller, gazouiller.*

BEGUE, *qui bégaye*, bestéaud, *pl.*
bestéaunded, bestéaudou. *id est*, besq-
téaud, *courte-langue ou langue écourtée.*
gagoüilh, *pl.* ed; *id est*, arrété au gosier.
nep so staq e déaud ouc'h e vouzellou.
*Van.* gaguilhaud. *pl.* ed. *v. bredouilleur.*

BEGUIN, *coiffe d'enfant*, cabell, *pl.*
ou. —*Béguin, coiffe de toile qu'on met
par-dessus le bonnet des enfants pour les
garantir du hâle*, jobélinenn, *pl.* ou.—
*Béguin, petite coiffe dont la pointe vient
sur le milieu du front, et qui se met sous
la grande coiffe*, coëff bihan, *pl.* coëffou
bihan; coëffbeguec, *pl.* coëffoubeguec.

BEGUINE, *fausse dévote*, fals-dévo-
dès, *pl.* fals-devodesed; bris-devodès,
*pl.* bris-devodesed; crac-devodès, *pl.*
crac-devodesed; dem-devodès, *pl.*
dem-devodesed.

BEIGNET, bignesen, *pl.* bignès. *Van.*
id.—*Deux ou trois beignets*, diou'pe deïr
bignesen. — *Deux beignets seulement*,
diou bignesen hep qèn.

BÊLEMENT, *cri des moutons*, leñv,
*pl.* leñvou; bey, *pl.* beyou.

BÊLER, *faire un bêlement*, béyat, *pr.*
et; leñva, *pr.* et; beguelyat, *pr.* et.

BELETTE, *animal sauvage*, caërell,
*pl.* ed; cazrell, *pl.* ed. *Van.* carel, *pl.*
ed; coantig, *pl.* ued; mac'harid coant.

BELIER, *mâle de la brebis*, tourz, *pl.*
ed; maoud tourc'h, *pl.* méaud tourc'h.

BELIÈRE, *anneau qui suspend le battant d'une cloche*, lagadenn ur c'hloc'h,
*pl.* lagadennou cleyèr.

BELITRE, *gueux*, caymand, *pl.* ed;
divalo, *pl.* tud divalo; mastoqin, *pl.* ed.

BELLE ( *de plus* ), *mieux que de coûtume*, güell-pe-vell. —*Il recommence de
plus belle à jurer*, dônet a ra adarre da
doüet güell-pe-vel; güell-pe-vell c
toüe adarre.

BELLE-FILLE, *fille d'un autre lit*,
merc'h-caër. *Van.* merhec. *Léon*, les-
verc'h, *pl.* ed; les-vugale.—*Belle-fille*,
bru, gouhez. *pl.* ed; merc'h-caër, *pl.*
merc'hed-caër. *Van.* gouhée, goüehè.

BELLEMENT, *lentement.* *v. tout beau.*

BELLE-MÈRE, *mère par alliance*, lesvamm, *pl.* les-vammou. *id est*, è lec'h
mamm, *au lieu de mère*, mamm-gaër,
*pl.* mammou-gaër. *Van.* mammecq, *pl.*
mammegued, mammeguéu. —*Belle-
mère*, *mère du mari ou de la femme*,
mamm-gaër. *Van.* mammecq.

BELLE-SŒUR, *fille d'un autre lit*,
hanter-c'hoar, *pl.* hanter-c'hoaresed.
*Van.* hoërec, *pl.* hoéregued. — *Belle-
sœur, la femme de notre frère*, c'hoar-
gaër, *pl.* c'hoaresed-caër. *Van.* hoérec.

BELLIQUEUX, *qui aime la guerre*,
breselyad-vailhant, *pl.* breselidy-vail-
hant. *v. guerrier.*

BELLE-ILE, *île à la côte de Vannes*,
*autrement dite Belle-Ile-en-Mer*, enès ar

, guar-venr, id est, ile de la ville capitale. Al. guëdel. — *Belle-Ile-en-Terre, gros bourg,* Benac'h, Beneo'h.

BELLISSIME, *très-beau, très-belle,* caër meurbed, caër marboa güellet biscoaz, caër pe gaeroh, caër dreist pep tra gaër.

BELLOT, *te, diminutif de beau,* caëricq, coanticq.

BELVEDÈRE, *plante de la Chine,* belverdera.

BENEDICITÉ, *prière avant le repas,* ar benedicite, heacdiccion an daul.— *Tout bon chrétien doit dire bénédicité et grâces,* pep güir gristen a dle lavaret atau e venedicite hac e c'hraçzou, ne deo qet güir gristen nep piou-bennac a vanoq da lavaret e venedicite qent e bred hac e c'houde da drugarecqât doüe

BENEDICTINES, leanesed sant Benead. — *Bénédictines du calvaire, fondées par le Père Joseph de Paris, capucin, qui, outre ses constitutions, leur a donné la règle de saint Benoît,* leanesed ar c'halvar, leanesed ar c'halvéra.

BENEDICTINS, *religieux fondés par saint Benoît,* menec'h sant Benead, tadou sant Benead, sant Beneadad, *pl.* sant Beneadis.

BENEDICTION, bennos, *pl.* you; benediccion, *pl.* ou. *Van.* benoëh, *pl.* eü; benoh, *pl.* eü. — *La bénédiction des anciens patriarches d leurs ainés,* bennos ar batryarched *ou* bennos an tadou ancyen d'o bugale henâ. — *La bénédiction d'une cloche,* benediccion ur c'hloe'h — *Dieu vous donne sa bénédiction,* bennos Doüe gueneoc'h, Doüe r'ho pennigo. — *Bénédictions de Dieu, ses bienfaits envers les hommes,* mad-oberyou an autrou Doüe ê qêver ar bed *ou* ê qêver an dud. — *Bénédiction, louange à Dieu, remerciement,* meuleudi da Zoüe, trugarez. — *Bénédiction, souhait, prière,* reqed, pedenn.

BENEFICE, beneviçz, *pl.* ou; benefiçz, *pl.* ou. — *Bénéfice simple,* beneviçz simpl, beneviçz hep carg a eneou. — *Bénéfice d charge d'âmes,* beneviçz èn deus carg a enêou, beneviçz pe èn hyry ez eus popl da c'houarn.—*Bénéfice*

*régulier,* beneviçz ê reiz, beneviçz pehiny ne all beza poçzédet nemed gand ur religius, pe gand nep a fell dezañ beza religius, pe gand ur c'hardinal.— *Bénéfice séculier,* beneviçz a dle beza poçzedet gand un dèn a ilis pehiny ne deo qet religius. — *Donner un bénéfice à quelqu'un,* binifya ur re, *pr.* binifiet. —*Bénéfice d'inventaire,* beneviçz-inventor.— *Bénéfice du ventre,* flus-coffa zou a nezâ e-nnan.

BÉNÉFICIAL, e, a aparchant ouc'h ar beneviçzou.

BÉNÉFICIER, benefiçzèr, *pl.* yen; benefiçzour, *pl.* yen.

BENÊT, sot, luë, *pl.* ou; luguen, luëguen, sot. *Van.* begueq, *pl.* beguigued. *v. jauru.* — *Un grand benêt de fils, aussi sot que son père,* ul luë bras a vap qer sot hac e dad, ur begueq a vap qer couls evel e dad. — *Eh bien, mon benêt?* A-han-'taYan al luë? a-han-'ta Matyas ou Nicolas? *v. galimatias.*

BENIGNEMENT, ez cuñ, gand cuñvélez.

BENIGNITÉ, *humanité, douceur,* cuñhadur, cuñhadurez, cuñvélez. *Van.* materiçz truhe. — *Ces sortes de bénignités ne plaisent guères,* un seurd cuñvélez ne blich nemeur, un hevelep cuñhadurez, mar deo cuñhadurez, ne blich qet cals.

BENIN, *igne, affable, doux, débonnaire,* cuñ, hegarad, oc'h, â. *Van.* truhéus, oh, añ, añ. — *Devenir bénin,* douçzaat, *pr.* douçzéet; cloüarat, *pr.* cloüaréet. *v. affable.*

BENIR, binizyen, *pr.* biniguet. *Van.* benigneiñ, *pr.* beniguet. — *Bénir un enfant,* binizyen ur bugüel, croaza ur c'hroüadur, *pr.* croazet; binifya ur buguel, *pr.* binifyct. — *Bénir une église,* binizyen un ilis.—*Bénir un malade, etc., guérir par des oraisons,* binizyen ou binigal gand orésonou, *pr.* biniguet; croaza, *pr.* et; discounta, *pr.* discountet; diguech ar baler, etc. *Van.* disconteiñ, *pr.* et. — *Bénir Dieu, le louer, le remercier,* meuli Doüe, *pr.* meulet; trugarecqât Doüe, *pr.* trugarecqéet. *v. bénédiction.* — *Dieu veuille bénir votre mort, vous donner une sainte mort*, goude Doùe va bennos ér poull ma c'hourvezo ho penn.

BENI, *bénis*, benniguet, biniguet, binifyet. — *De l'eau bénite*, dour benniguet. *Van.* dęür béniguet. — *De l'eau à bénir*, dour da vinizyen. — *Pain bénit*, bara bennigued. — *Une abbesse bénite*, un abadès a so bet benniguet. — *Donnez-moi, je vous prie, quelque chose qui soit bénie*, deut un dra-bennao a véz benniguet dign, me os pęd.

BENITIER, *vaisseau d mettre de l'eau bénite*, piñcin, *pl.* ou. — *Petit bénitier*, piñcinic, *pl.* piñcinoüigou; ur piñcincampr, *pl.* piñcinou-campr.

BENOIT, *nom d'homme*, Benead. — *L'ordre de saint Benoît*, urz sant Benead. — *La règle de saint Benoît*, reol sant Benead, reiz ap autrou sant Benead. *v. bénédictins.*

BEQUILLARD, bazqilhard, *pl.* bazqilharded, nepa guerz gand ur vazqilh.

BEQUILLE, *bâton en forme de potence*, baz-qilh, *pl.* bizyer-qilh, baz-qilhou; bazloayecq, *pl.* bizyer-loayecq. — *Béquille qu'on met sous les aisselles pour se soutenir*, ilac'h, *pl.* ilac'hou; branell, *pl.* ou; baz loayecq, *pl.* bizyer-loayecq; bax-bouzellennecq, *pl.* bizyer-bouzellennecq. *Van.* maleü.

' BERCAIL. *v. bergerie.*

BERCEAU, qavell, qevell, qevellou, qavellou. — *Petit berceau*, qavellic, *pl.* qevelligou. — *Dès le berceau, dès sa plus tendre jeunesse*, a vihannicq, a bep ambèr, a vepred. — *Berceau en treillage*, a lez goloët, *pl.* alezyou goloët. *v. tonnelle.*

BERCER, *bercer un enfant*, lusqat, *pr.* lusqet; lusqellat, *pr.* lusqellet; husqellat, *pr.* et; lusqat ur buguel, lusqellat ur c'hroüadur. *Van.* lusqenn, lusqenneiñ, lusqeunat, lusqelleiñ, lusqellat. — *Celui qui berce*, lusqeller, *pl.* yen; lusqer, *pl.* lusqeryen. *Van.* lusqennour, *pl.* yon, yan. — *Celle qui berce*, lusqellerès, *pl.* ed; lusqerès, *pl.* ed. *Van.* lusqennourès, *pl.* ed. — *L'action de bercer*, lusqellérez, lusqérez, lusqadur. *Van.* lusqennercah. — *Les navires qui étaient dehors cette nuit ont été vilainement bercés.*

al listry-vor a so bet lusqellet orrupl èn nos divezâ-ma trémenet.

BERGAME, *tapisserie*, tapiçziry-bergam, tapiçziry-roüan.

BERGER, *qui garde les moutons*, mirer an dêved, *pl.* miréryen an dêved; pautr an dêved, *pl.* ed; buguell an dêved, *pl.* yen. *Van.* bugul en deved os en devend. — *Berger, pâtre, qui a son de mener au pâturage les bêtes de quelqu espèce qu'elles soient*, mæçzaèr, *pl.* yen; *ce mot vient de mæs, dehors, champs. Van.* bugul, *pl.* buguelyon, buguelyan. *t. pasteur, boussier, vacher.*

BERGERE, *celle qui garde les moutons*, mirerès an devèd, *pl.* mireresed an deved; buguelès an dêved, *pl.* buguelesèd; pautrès an dêved, *pl.* pautresed; plac'h an dêved, *pl.* plac'hed. *Van.* bugules, *pl.* bugulesed en devend. — *Bergère, fille publique*, gadalès, *pl.* gadalesed; charlesenn, *pl.* ed; pautrès, *pl.* ed; cailhebodenn, *pl.* ed; fléryadenn, *pl.* ed; plac'h-gadal, *pl.* plac'hed-gadal; plac'h-fall, *pl.* plac'hed-fall; gouhin, *pl.* gouhinou, pez lezr.

BERGERIE, *étable de moutons*, craoü-dêved, *pl.* crévyer-dêved; craoüyer-dêved, craou an dêved, *pl.* crévyér an dêved. *Van.* créü devend, *pl.* créüyér devend. *B.-Léon* soudt, *pl.* ou. — *Bergerie, troupeau de brebis*, tropell-dêved, *pl.* tropellou-dêved; baudennvras a zèved, *pl.* bandennou-bras a zèved; bagad-dêved, *pl.* bagadou-dêved. *Van.* bandenn deved, *pl.* bandenneü deved ou devend.

BERGERONNETTE, *petit oiseau noir et blanc*, foëteresic an dour, canneresic ar bælecq.

BERLE, *plante aquatique*, belér.

BERNARD, *nom d'homme*, Bernard. *B.-Léon*, Bernez. — *Saint Bernard*, sant Bernez, sant Bernard.

BERNARDINS, *religieux de Citeaux*, menec'h sant Bernard, tadou sant Bernard *ou* sant Bernez, menec'h Cito.

BERNARDINES, leanesed sant Bernard, leanesed Cito.

BERNER. *v. moquer.*

BERTAUME, *château près de Brest*,

kastell Perzell.

BERTRAND, *nom d'homme*, Bertram, Bertrand, Bertrom. — *Petit Bertrand*, Bertramicq, Bertromicq.

BESACE, biçzac'h, *pl.* biçzeyér;maletenn, *pl.* ou. — *Porter la besace, être réduit à la mendicité*, douguen ar valetenn hac ar pengod, *pr.* douguet.

BESI - D'HERI, pèr herry, pèr besy.

BESOGNE, *travail, peine*, labour, travel, poan. — *Il fait plus de bruit que de besogne*, muy à drous a ra eguet a labour. — *Il aime besogne faite*, labour c'hræt a gar.

BESOIN, *nécessité, disette*, yzom, ezom, dieznez. *Van.* ehom, ehomigueh. — *Besoin, affaire*, da-ober, æffer. *Van.* d'obér. — *Avoir besoin*, yzomecqât, *pr.* yzomecqéët;cahout yzom,cahout dieznez, *pr.* bet; beza yzomec, *pr.* bet; cahout da ober. — *Il est besoin d'avoir de l'argent pour*, red eo cahout arc'hand evit, yzom a so a arc'hand evit, da ober a so a arc'hand evit. — *Il n'est pas besoin*, ne deo qet red, ne deus qet ezom, ne faut qet, ne deo qet ar boan. — *J'ai besoin de lui*, da ober am eus anezañ.

BESTIALITÉ, *bêtise*, loëznyaich, chatalérez.

BESTIOLE, *petite bête*, sot, dyot. — *Bestiole, insecte*, amprevan, *pl.* amprened.

BÉTAIL, *bestiaux, bœufs, vaches, brebis*, an anevaled, al loëzned, ar miled, ar c'hantal, ar saoud. *Ce dernier mot ne se dit proprement que pour les bêtes à cornes*. *Van.* chetal, er chetal, er séût; miled *est de la H.-Corn.*

BÊTE, *animal irraisonnable*, loëzn, *pl.* ed; aneval, *pl.* ed. *Trég. et Corn.* mil, *pl.* ed; aneval-mud, *pl.* anevaled-mud. *Van.* eneval, *pl.* ed; enal, *pl.* ed; lonn, *pl.* loñned. — *Bête sauvage*, loëz goëz, *pl.* loézned-goëz.—*Bête à cornes*, saoud, loëzn-cornecq. *Van.* séût. — *Donner à manger aux bêtes*, boëta ar chatal, boëta al loëzned, boëta ar saoud, *pr.*, et, ëet; rei boët d'ar chatal, rei boët d'al loëzned, rei da voëta d'ar saoud,

d'al loëned, *pr.* roët.—*De tout poil bonne bête*, a bep lyou marc'h mad.—*Jean bête est mort, mais il a bien laissé des héritiers*, maro eo Yan al luë, hoguen cals hiritouryen èn deus, meur a sot a so c'hoaz var an doüar.—*Bête chimérique dont on fait peur aux enfants*, barbaou, ar barbaou.—*Bête à quatre pieds*, loëzn pévar-zroadec.—*Bête à deux pieds*, loëzn daoudroadecq.

BETHLÉEM, *ville de la Judée*, Belzeem.

BÊTISE, *stupidité, sottise*, sotouny, *pl.* ou; follez, *pl.* you; luëaich, *pl.* ou. *Van.* enevaligueh, lourdiçz.

BETOINE, *plante odoriférante*, betonicq, ar vetonicq.

BETTE, *plante potagère*, beotès, betès, caul beotès, caul-betès. — *Une feuille de bette*, beotesen, ur veotesen, un delyen beotès.

BETTERAVE, *racine grosse et rouge*, boëtrabésen, *pl.* boëtrabès.

BEUGLEMENT, *cri du bœuf*, bucelladeñ, *pl.* ou; mucelladeñ, *pl.* ou; mucelladur, *pl.* you; blegérez, richañ. *Al.* bugadd. *Van.* mucell.

BEUGLER, *pousser des beuglements*, richanat, *pr.* et; bucellat, buñcellat, mucellat, muñcellat, *ppr.* et; blégeal, *pr.* bléget; bleugeal, *pr.* et. *Al.* bugadi. *Van.* mucellat.

BEURRE, amañ. *Van.* amonén, amenén.—*Préparer le beurre après l'avoir retiré de la baratte*, ausa an amañ, *pr.* auset; mérat an amañ, *pr.* et. — *Oter le lait du beurre*, dilæsa an amañ, *pr.* et. — *Oter le poil du beurre*, divlévi an amañ, *pr.* et.—*Saller le beurre*, salla an amañ, *pr.* et. — *Beurre sans sel*, amañ disall.—*Le marché au beurre*, marc'had an amañ, plaçz an amañ.—*Beurre salé*, amañ sall, amañ sallet. — *Beurre dessalé*, amañ disallet. — *Beurre frais*, amañ fresq.—*Du beurre tout frais*, amañ fresq-beo.—*Beurre de pot*, amañ pod.—*Beurre fort, qui est gâté*, amañ ténn, amañ cré.—*Vieux beurre*, amañ coz.—*Beurre tchauffé et sans liaison*, a-mann broutac'het, amann arncuét.—*Beurre de la semaine blanche et des roga-*

*tions; beurre que l'on dit médicinal à cause de l'excellence du paturage dans ce temps-là,* amann ar sizun-vénn. *Van.* amo-men er suhun ûenn.—*Beurre d'Irlande,* amañ Island.—*Beurre de chèvre,* amañgavr *ou* gaour. —*Devenir en beurre, parlant du lait qu'on baratte,* amañéña, pr. et. — *La crême commence à se former en beurre,* amannénna a ra al leaz *ou* an dyen.—*Pot à beurre,* pod amann, *pl.* podou amann.—*Potée de beurre,* podad amann, *pl.* podadou amann. *Van.* podad amoneen, *pl.* podadéu.

BEURRÉE, *pain couvert de beurre,* barà amannénnet, pez bara-hac-amann, *pl.* pezyou, etc.; bara-hac-amann. — —*Une petite beurrée,* un tam bara-hacamann. — *Une grande beurrée,* pastell bara amannénuet, pastell bara-hac-amann, *pl.* pastellou bara, etc.

BEURRER, *étendre du beurre sur le pain,* amanuénna, pr. et; amannénna bara, crampoës. *Van.* amoneneiñ bara, etc.. pr. et.

BEURRIER, *qui vend du beurre,* amannénner, *pl.* yen. *fém.* amaunénneres, *pl.* ed; mars'hadour amann, *pl.* marc'hadouryen aman. *fém.* marc'hadourès aman, *pl.* ed.—*Beurrier, vase à mettre du beurre,* beuzyer, *pl.* ou; closenn-amaun, *pl.* closennou-amann. *Van.* amouenaour, *pl.* yon.—*Couvercle de beurrier,* goulc'her, *pl.* ou; golo-closenn, *pl.* goloou-closenn; golo-beuzyer.

BÉVUE, *faute grossière,* faxy, *pl.* ou; lourdony, *pl.* ou; dievezded.

BEUZI, *nom d'homme,* Buzy.—*Saint Beuzy,* sant Buzy, sant Bieuzy.

BIAIS, *obliquité,* besqellec, a so a vyés. *Al.* bihays.—*Champ qui a du biais,* besqellec, *pl.* besqellegou; parcq-besqellec, *pl.* parcqou-besqellec; parcq ar besqellou, *pl.* parcqou ar besqellou. —*De biais, de travers,* a-dreuz, a-dro, a-viès. *Van.* a-dres.—*Il fait tout de biais,* pep tra a ra a-dreuz *ou* a-viés, a-dreuz *ou* a-viès e ra pep tra *ou* ez a pep tra gand-hâ. — *Biais, côté,* tu, fæçzonn, tailh,—*Prendre l'affaire d'un autre biais,* conmeret an æffer dre un tu all, pr. id.; èn em guemeret gand-hy dre un

tu all *ou* èn ur fæçzoûn all *ou* èn un dailh all. pr. id. — *De tous les biais,* a bep tu, é pep-tailh, a bep fæçzoun.—*Biais, ruse frauduleuse, moyen injuste,* rigoll, *pl.* you; treuzell, *pl.* ou; troydell, *pl.* ou. *Van.* biéseeñ, *pl.* biésenneû.— *M. l'avocat, donnez-moi un biais, un moyen pour appeler de cette sentence juste prononcée contre moi,* Autrou, roït rigoll diñ, mar deo poçzubl; Autrou'n alvocad, ha ne véz qet moyen da gahout un tammiq rigoll.

BIAISER, *n'être pas droit, être posé obliquèment,* beza a-viés, beza a-dreuz, beza a-gostez, pr: bet; mônet a-viès, pr. éet; biésal, pr. biézet. — *Biaiser, n'agir pas sincèrement,* biésal, pr. biéset, mont a-dreuz gand-hy, mont a-viés gand-hy, pr. éet; ober un taul fobiès, ober taulyou fobiés, pr. græt; rigolat, pr. et; treuzi, pr. et; troydellat, pr. et; boulina. pr. et. *Van.* biézeiñ, pr. et; trociñ a goste, pr. troéit.

BIBERON, *vase qui a un tuyau cube par lequel on boit,* pod bronnecq, *pl.* podou bronnecq; podiq bronnecq, *pl.* podoûigou bronnecq. — *Biberon d'un vase,* bronn, bronn ur pod.

BIBLE, *livre contenant l'ancien et le nouveau Testament,* vibl, ar vibl, an oll scritur-sacr. v. *vulgate.*

BIBLIOTHÉCAIRE, mæstr al levryou, nep èn deus soucy eus al levryou.

BIBLIOTHÈQUE, *lieu destiné pour des livres,* cambr al levryou. *Van.* camb el léuréû.—*Bibliothèque, grand nombre de livres,* cals a levryou, forz levryou, é leiz a levryou.

BIBUS, *tra dister,* *pl.* traou dister; tra disprizus, *pl.* traou disprizus; un netra, ur faryenn, *pl.* faryennou. — *Des raisons de bibus,* résounyou dister, résounyou vean ha disprizus, faryennou. — *Un poète de bibus, un mauvais poète,* ur poëtryan dister, ur poëtryan disprizus, ur poëtryan paour, *pl.* ed.

BICHE, *femelle du cerf,* earvès, *pl.* carvesed, qervès. *Van.* demmes, *pl.* ed; dumes, *pl.* ed.—*Biche qui n'a pas eu de faon,* heyzès, *pl.* ed; heyès, *pl.* ed. — *Faon d'une biche,* menn ur garvès, *pl.*

menned-kervès; karviq, *pl.* kirvigou; heyzesíq, *pl.* gou. *v. faon.*—*Fuir comme une biche*, redec evel un heyzès, *pr.* redet; lamet ec'hiz da un heyzès, *pr.* id.

BICOQUE, *place sans défense*, kæric dístér, kæric dinerz, *pl.* kæryoüigou; clocenn-guær, ur glocenn-guær.

BIDET, *cheval de petite taille*, bided, *pl.* ed; marc'hicq, ronceíq, *ppl.* roncedigou.

BIDON, *broc*, bidon, *pl.* bidonou.

BIEN, *ce qui est bon à faire*, ar mad. —*Il faut faire le bien et laisser le mal*, red eo ober ar mad ha lesel an drouq, ar mad a rencqear da ober hac an drouq da lesel. —*Le souverain bien*, ar mad dreist pep mad, ar mad dre eçzelançz. —*Dieu est le souverain bien*, an autrou Doüe a so ar mad souveren, Doüe a so ar mad dre eçzelançz.—*Bien, héritage, possesion*, tra, hiritaich, qerz, glad, *pl.* gladou. *Al.* rob, robau.—*C'est mon bien, mon patrimoine*, va zra eo, va hiritaich eo, va c'herz eo, em c'herz ema hac e tle beza, va glad eo. *Al.* ma rob eu. —*Bien de quoi*, glad, pe-a-dra, madou, danvez.—*Il n'a point de bien*, n'en deus glad, n'en deus qet a beadra, n'en deus qet a vadou, n'en deus qet a zanvez, n'en deus mad, n'en deus man, n'en deus netra, n'en deveus qet a c'hlad.—*Avoir du bien raisonnablement*, cahout peadra, cahout madou honestamant, cahout danvez, *pr.* bet; cahout glad.—*Biens de prêtre, provenus uniquement de l'église, ne prospèrent point en mains laiques*, madou bæleyen ha bléau qy, pe da dra e télont y; madou bæleyen ha plous guinis-du, a ya atau var an diminu.—*Biens, richesses*, pinvidiguez, *pl.* ou; madoubras, ur madou-bras. *Van.* pinhuïdigueah, madeü. *Al.* robau. *De là*, diroba, *pr.* et, *qui signifie dérober.*—*Avoir beaucoup de biens*, cahout pinvidiguez, cahout madou-bras, *pr.* bet; beza pinvidic, beza pinvidic-hras, *pr.* bet.—*Il a beaucoup de biens*, ur madou-bras èn deus, pinvidic bras eo; pinvidiguez èn deus, qement hac a gar.—*Bien, plaisir*, bienfait, vad; pligeadur, ebad.

—*Faire du bien à quelqu'un*, ober vad da ur re, ober pligeadur da ur re-bennac, *pr.* græt. — *Cela me fait du bien*, vad a ra qemen-ze diñ, an dra-ze a ra vad diñ, ebad eo qemen-ze guené.— *Un homme de bien*, un dèn honest, un dèn vertuzus, *pl.* tud honest. — *Très-homme de bien*, un dèn leun a vertuz, un dèn an honestâ, *pl.* tud ar re honestâ; un dèn evit an honestâ, an honestâ evit unan.—*Une femme de bien et de probité*, ur c'hrec'h honest ha vertuzus, graguez evit ar re honestâ, ur c'hrecq honest mar deus èr c'hantonn.—*Bien, adv., comme il faut, de la bonne manière*, mad, brao, manivic, èr fad, èr vad, digabal, clocq. —*Très-bien*, güell-pe-velloc'h, cocaign, clocq.—*Il est bien, parlant d'un homme qui a trop bu*, è ma var e du, è ma e-barz, ez ma ebarz, è ma gand-hy, è ma eat gand-hy, trémenet eo.—*Bien, commodement*, eaz, æz, èn eaz, èn æz.—*Bien, beaucoup, fort, très*, cals, forz, meurbéd, bràs, meur, eçzelant. — *Bien de la peine*, cals a boan, poan-vras, poan è leiz.—*Bien sarant*, abil-bràs, goüizyec meurbed. — *Bien du monde*, meur a hiny, meur a dud. — *Très-bien logé*, loget eçzelant, loget dereadt.—*Bien, bien, en se moquant ou menaçant*, mad-mad, list da ober. —*Eh! bien donc!* ahan'ta! *Van.* ha-mata! — *Hé bien, soit*, mad, bézót. *Van.* ha-ma.—*Aussi bien que*, qer couls ha. —*Bien dire, dire de bonne grâce*, cahout graçzvad ô lavaret, *pr.* bet. *Van.* comseiñ-caër, *pr.* comset; comseiñ braü, distilheiñ caër.—*Bien-dire, langage poli et éloquent*, locançz, langaich coant, langaich trémenet dre ar vurutell. —*Bien-disant, éloquent*, elavar, un dèn elavar, *pl.* tud elavar. *Van.* comsour-caër, ur homsour-caër, *pl.* comseryon; distilhour-caër.—*Bien faire, réussir en ce qu'on fait*, èn em acquyta èn e zever, *pr.* èn em acquytet; cahout un issu mad eus ar pez a rear, *pr.* bet; ober èr-vad ar pez a rear, *pr.* græt.— *Bien faire, faire de bonnes œuvres*, ober vad, *pr.* græt-vad, græt-mad; ober èr-vad, *pr.* græt èr-vad, praticqa ar ver-tuz, *pr.* et. — *Bien fait, fait comme il faut,* græt-mad, great ec'hiz ma dere, græt evel ma faut, græt diouc'h an dibab, cocaign. — *C'est bien fait pour lui,* bèvez eo evitâ. — *Bien fait, bien faite,* brao, gentil, coant, oc'h, â. — *Un esprit bien fait;* ur spered mad, *pl.* speregeou mad.—*Un cœur bien fait,* ur galoun vad, ur galoun vad a zèn. *Van.* id.

BIENFAISANT, mad-oberus, dou-gued da ober vad, madecq.

BIENFAIT, *faveur, plaisir,* mad-ober, *pl.* mad-oberyou; ober-mad, *pl.* oberyou-mad; madélez, *pl.* you; fa-ver, *pl.* you. *Van.* plijaduréh, made-léh, *ppl.* éû.

BIENFAITEUR, mad-oberèr, *pl.* yeu; mad-oberour, *pl.* yen. *Van.* oberour-mad, *pl.* oberreryon-vad. — *C'est mon bienfaiteur,* va mad oberèr eo. *Van.* me oberour-mad eû.

BIENFAITRICE, mad-obererès, *pl.* ed; mad-oberourès, *pl.* ed. *Van.* obe-rourès-vad, *pl.* oberouresed-vad.

BIENHEUREUX, *homme de sainte vie,* un dèn santel, *pl.* tud santel; nep a gundu ur vuez santel ha direbech. — *Bienheureux, qui a un grand-bonheur,* eûrus, oc'h, â. — *Bienheureux dans le ciel,* guenvidic, *pl.* guenvidyen; eûrus, *pl.* ar re eûrus.—*Les esprits bienheureux,* ar guenvidyen, ar re guenvidic, ar guinvidyen, ar re eûrus, ar séent hac an ælez guenvidic, an ælez hac ar séent eûrus.—*Les corps bienheureux,* ar c'horfou eûrus, ar c'horfou guenvidic, ar c'horfou glorius, corfou ar séent benniguet.—*Rendre ou devenir bienheureux,* guenvidicqât, *pr.* éet; rénta eûrus, *pr.* et; dônet da veza eûrus, *pr.* deuët.

BIEN-LOIN, *au lieu de,* ê lec'h, ê leac'h.—*Bien loin de l'apaiser, il l'irrite,* ê lec'h e habasqaat, èl lacqa da vua-necqât. — *Bien loin que, tant s'en faut que,* cals a faut ma, pell-bras da. *Bien loin qu'il soit homme de bien, il est très-vicieux,* cals a faut na vèz dèn ho-nest, èr c'hontroll-beo vicius-bras eo; pell-bras da veza dèn honest, ez eo èr

c'hontroll vicius meurbèd.—*Bien que, quoique, encore que,* peguement-bennac, petra-bennac, ma.—*Bien que je l'aime,* peguement-bennac ma èr c'harañ, pe-tra-bennac ma carañ anezâ, evidoun de garet *ou* da garet anezaû. *S'il s'agit d'une femme,* peguement-bennac ma he c'harañ, petra-bennac ma carañ anézy, evidoun d'he c'haret, evidoun da garet anézy.

BIENSÉANCE, *convenance de paroles et d'actions,* dereadéguez, honestiz, ar pez a dere ouc'h.—*La bienséance exige de nous plusieurs devoirs,* an dereadéguez *ou* an honestiz a oulen cals a draoû di-gueneomp, *ou* a oulen e raèmp meur a dra pe re ne raèmp qet anez.—*Bien-séance, ce qui est commode et utile,* ar pez a dere, ar pez a so deread. — *Cette maison était d sa bienséance,* an ty-hont a zerée ountâ, an ty-hont a voüe de-read evitâ *ou* dezâ.—*La vigne de Nabot était bienséante d Achaz,* guinyen Nabot a zerée oud ar roüe Achaz.

BIENSÉANT, *qui sied bien â,* deread, honest, oc'h, â. *Van.* honest, oh, añ, aoñ. — *Étre bienséant,* dereout, *pr.* de-réet, beza deread, beza honest, *pr.* bet. *Van.* bout mad, bout honest, *pr.* bet. — *Il est bienséant d une fille d'être mo-deste,* dereout a ra ouc'h ur plac'h beza modest, ar vodesti *ou* an honestiz a ze-re ouc'h ur plac'h *ou* a so deread da ur plac'h. — *Qui n'est pas bienséant,* am-zere, amsereat, oh, â.

BIENTOT, *dans peu de temps,* sou-deñ, soudenniq, abarz-nemeur, a-beñ nemeur, hep dale. *Van.* a-brest, a-bres-tic, touc'hantic.

BIENVEILLANCE, *affection, amitié,* carantez, grad-vad, volontez-vad, graç-zou-vad. — *Il a de la bienveillance pour moi,* carantez *ou* volontez vad èn deus evidoun, carantez a zoug diñ, e c'hraç-zou-vad am eus. — *Avoir la bienveil-lance de son seigneur,* cahout grad-vad e autrou, cahout graçzou-mad e autrou, *pr.* bet. — *Un prédicateur dans son exorde doit gagner la bienveillance de ses auditeurs,* ur prezegour a dle a dalec coumançzamande brezeguezn, gounit grad-vad

e auditored,'mar fell dezâ goudezè gounit un dra-bennac var ho c'halounou.
*v. grâces, bonnes grâces.*

BIENVENU, deuët-mad, deut-mad,
diguemeret-mad. *Van.* deit-mad. —
*Un honnête homme est toujours bienvenu
partout,* un dèn-honest a so atau deut-
mad è pep leac'h *ou* diguemeret-mad
è pep leac'h. — *Soyez le bienvenu,* deut-
mad ra viot.

BIENVENUE, *heureuse venue, entrée,*
dônediguez-vad, dôned-vad. *Van.* do-
nemad, donedigueh-mad. — *A leur
bienvenue,* d'o dônediguez-vad. — *Payer
sa bienvenue,* paêa e zônediguez-vad, *pr.*
paeët.

BIÈRE, *cercueil,* arched, *pl.* ou; arc'h,
*pl.* ou. *H.-Corn.* laoür, *pl.* ou, de laoüer,
*auge. Al.* byere, *pl.* byerau; fyetr, *pl.* au.

BIÈRE, *cervoise,* byèr, bèr. *Van.* bir.
— *De la bière nouvellement faite ou trop
vieille nuit à la santé,* byèr re fresq pe
re goz, ne voa biscoaz yac'hus; bèr né-
vez-great, ha bèr eatda goz, ne dint tam
yec'hedus. — *Petite bière,* byorc'h bye-
ricq, bèricq. — *Bière double,* byèr doubl,
byèr Flandrès. *Van.* bir doubl.

BIÈVRE, *animal amphibie,* byeuzr,
*pl.* ed; avancq, *pl.* ed.

BIEZ, *canal par où l'eau tombe sur la
roue d'un moulin,* can, ar c'han, caon,
arc'han, *ppl.* canyou, caonyou. *Van.* id.

BIFFER, *rayer, effacer,* difaçza, *pr.*
difaçzet; dispaçz, *pr.* dispaçzet; croaza,
*pr.* croazet. *Van.* croéseiñ, *pr.* croéset.

BIGAME, *marié à deux personnes en
même temps,* diou veach demezet, azdemezet, haddemezet, demezet un eil
güeach.

BIGAMIE, *état d'un bigame,* azdimizy, *pl.* ou; haddimizy, *pl.* ou; eil-dimi-
zy, *pl.* eil-dimizyou. — *La bigamie exclut des ordres majeurs,* an azdimizy a
ampeich da veza bælec *ou* da guemeret an urzou-sacr.

BIGARADE, orangès vras, orangès
mentecq.

BIGARREAU, qignesen briz, *pl.* qignès, qiguèz marellet, calounou.

BIGARREAUTIER, *arbre,* qignesen
vriz, güesen qignès briz, *pl.* güès, etc.

BIGARRER, *mettre ensemble plusieurs
couleurs mal assorties,* marella un abid,
etc., *pr.* marellet.

BIGARRURE, *mélange de couleurs,*
marelladur, *pl.* you.

BIGLE. *Trég.* loacr. *Ailleurs,* luich,
luch, oc'h, á, *pl.* luched, luiched, lu-
cheyen. *En termes burlesques,* on dit bara-hac-amann, baragamann, *parce
qu'un bigle regardant en deux endroits,
voit en même temps deux choses, désignées
par le pain et le beurre, qui dans une beurrée n'en font qu'une.* On dit encore d'un
bigle rivy-strivy, risu-uisu, *quand la
vue de chaque œil croise par-dessus le nez.,
Van.* luoh, loüiçz, lués. — *Petit bigle,*
luichic, *pl.* luichedigou; luchic, *pl.* lu-
chedigou; gadic, *pl.* gadonigou. *Van.* luchic, loüizzic, luésic.

BIGLER, *loucher,* luicha, *pr.* luichet;
lucha, *pr.* luchet; sellet risu-uisu, sellet rivy-strivy, *pr.* sellet. *Van.* blingueal, blingueiñ, *ppr.* blinguet, lueiseiñ.
*Trég.* loacriñ, *pr.* et. — *L'action de bigler,* luichérez, luchérez, luichadur.,
*Trég.* loacrérez.

BIGORNE, *enclume à deux bouts,* bi-
gorn, *pl.* ou; anneu-cornecq, *pl.* an-
neuyou-cornecq.

* BIGORNEAU, *petite enclume,* bi-
gornic, *pl.* bigornoüigou.

BIGOT, *faux dévot,* fals devod, *pl.*
fals devoded; brizdevod, *pl.* ed. *Van.*
bigod, *pl.* ed. — *Bigot, qui a une dévotion outrée,* bigod, *pl.* ed. *Van.* id.

BIGOTE, fals-devodès, *pl.* fals-devodesed; bigodès, *pl.* ed. — *Faire la bigote
ou le bigot,* bigodal, *pr.* bigodet.

BIGOTERIE, *fausse dévotion,* bigo-
dérez, bigodaich.

BIGUER, *changer, troquer,* trocqla,
*pr.* trocqlet; troqa, *pr.* trocqet. *Van.*
trocqeiñ. *Trég.* trocqlañ, trocqañ, *ppr.* et.

BIJOU *d'enfants, objets pour les divertir,* brabrao, hoaryel, *pl.* hoaryellou. —
*Bijou de femmes, ce qui sert à les parer,*
parjiguezou, joayuzou. *v. affiquets.*

BILE, *humeur,* apotum, apotumme-
len. *En Léon,* on dit byl. — *Bile noire,
mélancolie,* apotum du, ly ar goad, ly
goad. — *La bile lui monte à la tête,* cou-

mançz a ra plantou e dreid da doma-
dezañ.

BILIEUX , apotumus, oc'h, à; ac-
oustum d'an apotum. — *Bilieux, colérique.* bouilhus, toarus, turus, oc'h, à.

BILLARD, *jeu*, ur c'hoary-bilhard.
— *Billard, la table sur laquelle on joue*,
bilhard, *pl.* ou.

BILLE, *boule d'ivoire d'un jeu de billard*, bilh, *pl.* ou. — *Bille, bâton pour
serrer les ballots*, stardéres, *pl.* ou.

BILLET, *petite lettre sans cachet et
bien souvent sans incription*, bihetenn, *pl.*
ou; bilhed, *pl.* bilhegeou. — *Billet de
banque*, bilhed - bancq, bilhed-mou-
neys, *pl.* bilhegeou, etc. — *Billet doux,
billet galant*, bilhed amourous, *pl.* bil-
hegou amourous; lizer-douçz, *pl.* lizerou tener-gliz. — *Billet, promesse sous
seing privé*, bilheteñ, *pl.* ou.—*Billet pour
tirer au sort*, billhetenn, *pl.* ou. —*Billet
blanc, billet noir*, bilhetenn venn, bilhetenn du. — *Tirer aux billets*, ténna
d'ar sord , *pr.* ténnet. — *Il a eu un billet noir*, ur vilheten du èn deus tennet.

* BILLETTE, *bois coupé, jeune et court,
pour faire du charbon ou pour brûler*, bil-
hetesen, *pl.* bilhetès. — *Couper le bois
en billettes , faire des billettes*, bilheta ,
*pr.* bilhetet.

BILLOT, *morceau de bois gros et court*,
pilprenn, *pl.* pilou-prenn, pil-prennou.

BINAIRE, *nombre binaire*, eilvedèr,
an niver eus a zaou.

BIS, *bise, qui est brun*, gris.

BISAIEUL, *le père du grand-père ou
de la grand'mère*, tad-cuñ, *pl.* tadou-cun.

BISAIEULE, *la mère de la grand'mère ou du grand-père*, mamm-gun , *pl.*
mammou-cun; cun, *benin, debonnaire.*

BISCUIT, güispeden , *pl.* guispid;
bispeden , *pl.* bispid. — *Biscuit de
vaisseau*, güispid-vor, güispid-lestr, bis-
pid-vor. — *Biscuit, pâtisserie faite de farine, d'œufs et de sucre*, güispid-sucret,
bispid suñcret.

BISE, *vent du nord*, bis, avel-vis.

BISSAC, biçzac'h, *pl.* biçzéyer; ma-
letenn, *pl.* ou ; ezeff.

BISSEXTE, *jour ajouté tous les quatre
ans au mois de février*, biséaust, bisést.

—*Année bissextile*, bloaves ar biséaust,
bloavet ar bisést.

BITUME, *fossile huileux et inflamme-
ble*, bituma.

BIZARRE , *fantasque, extraordinaire*,
culadus, pennadus, stulténnus , froudennus, maritellus, oc'h, à. *Van.* peennadus, oh, añ, aoñ. — *Il est d'une humeur fort bizarre*, froudennus eo terrupl, estranch eo culadus, stulténnus
eo dreist penn, stulténnyaich èn dalc'h.

BIZARRERIE, *caprice, fantaisie*, culad, *pl.* culadou; stulténnyaich, *pl.* stul-
ténnyaichou; froudénnyez, *pl.* ou.

BLAISE, *nom d'homme*, Bleas, Blas.
*Pour une fille*, Blæzoù. — *Saint Blaise,*
sant Bleas.

BLAISOT, *petit Blaise*, Bleasic.

BLAISOTE, *petite fille nommée Blaise*,
Blæzaoüicq, Blæzoüicq.

BLAMABLE, din a vlam, din da veza tamalet. *v. reprochable.*

BLAME, blam, gaou. — *Donner le
blâme d'une chose à quelqu'un* , rei ar
blam eus a un dra da ur re, *pr.* roët;
teurl ar blam var ur re, *pr.* taulet; lacqât ar blam vès a un dra var guein ur
re-bennac, *pr.* lecqéet ; tamal ur dra
da ur re, *pr.* tamalet; rei ar gaou vè
a un dra da ur re. *Van.* temalein un
dra d'unon-bennac.

BLAMER, *tamal, pr.* tamalet. *Van.*
earëeiñ unan-bennac, *pr.* careet ; tamaleiñ, temalaiñ, *ppr.* et. —*Etre blâmé de*, beza tamalet vès a, *pr.* bet. *Van*
bout careet , bout temalet, *pr.* bet.

BLANC, *blanche*, güenn, oc'h, à, cann.
*Al.* alp, cain, caen. — *Blanc à reluire,
à briller, tout-à-fait blanc*, güenn-cann,
*de là, le plein ou le brillant de la lune*, cann
al loar; *de là*, canna, *laver, rendre tout-
à-fait blanc le linge , le bien blanchir.* —
*Beau blanc, bien blanc, Van.* can, güen
can. — *Blanc comme un satin*, qer güen
evel ar satin. — *Blanc comme un cygne,
parlant du poil*, güen-cyn. — *Blanc comme ivoire , parlant des dents*, qer güen
evel an olifant. — *Blanc comme neige,
parlant du linge*, güen ee'hiz d'an earc'h
qer güenn evel an earc'h ou an erc'h
*Blanc comme albâtre , parlant du front*

qer güen hac an alabastr. — *Il crache blanc comme coton, parlant de la salive*, crainchat a ra güen evel ar c'hotou. — *Blanc comme le lait*, qer güen hac al leaz. — *Cheveux blancs et lunettes ne plaisent point aux fillettes*, bléau güen ha lunedou ne bligeont qet d'ar merc'hegeou. — *Devenir blanc*, güennaat, *pr.* güennéet. *v. chenu, grisonner.* — *Vêtu de blanc*, güisqet ê güen. — *Blanc, ce qui n'est ni sale, ni gâté*, güen, fresq, néat, næt. — *Du papier blanc*, paper güen. —*Du linge blanc*, lyenaich fresq. — *Chemise blanche, pour un homme*, roched fresq; *pour une femme*, hivis veñ, hivis fresq. — *Mouchoirs blancs*, mouchouerou fresq. — *Assiettes blanches*, açzyedou neat, açzyedou næt, açzyedou fresq. — *Le blanc de l'œuf*, güenvy, ur güen-vy.—*Le blanc de l'œil*, güen al lagad. — *Blanc de Paris, blanc de plomb*, güen Paris. — *Blanc, marque d'un but pour y tirer*, güen. — *Tirer au blanc*, ténna d'ar güen, *pr.* tennet. — *Donner dans le blanc*, sqei èr güen, *pr.* sqoet. — *Marque blanche au front d'une bête*, bailh.

BLANCHATRE, *qui tire sur le blanc*, démveñ, güennard, a deñ var ar guen, peus-güenn, az-güenn.

BLANCHEUR, güender. *Trég.* goüender. *Van.* guénder, guénded.

BLANCHIR, *faire devenir blanc*, güenna, *pr.* güennet. *Van.* gueneiñ, *pr.* güenet. *Trég.* goüennañ, *pr.* goüennet. — *Blanchir de la cire, du fil, de la toile*, güenna coar, neud, lyen. — *Blanchir une chambre, une maison*, güenna, güispôna, *pr.* güispônet. — *Blanchir, devenir blanc, devenir vieux*, güennaat, *pr.* güennéet; glasa, *pr.* glaset; loüedi, *pr.* loüedet. *Van.* güenneiñ, loüedeiñ, *ppr.* et. — *Blanchir, justifier*, güenna, *pr.* güennet; disclærya güeñ, disclærya divlam, *pr.* disclæryet.

BLANCHISSAGE, *action ou salaire de celui ou de celle qui blanchit*, güennadurez, güennadur, güennérez, güennidignez. *Van.* cannereh. — *Blanchissage d'une chambre, d'une maison*, güennadur, güispônadur. *Van.* güennereh.

BLANCHISSERIE, *lieu où l'on blanchit*, güennadeg, *pl.* ou; güennérez, *pl.* güenneresou.

BLANCHISSEUR, güenner, *pl.* yen. *Van.* guénnour, *pl.* guénneryou. — *Blanchisseur de fil, de toile, de cire*, güenner neud, güennèr lyen, güennèrcoar. — *Blanchisseur de parois*, güennèr, güispônèr, *ppl.* you.

BLANCHISSEUSE, güennerès, *pl.* ed; cannerès, *pl.* ed; coüezeurès, *pl.* od; coüezerès, *pl.* ed. *Van.* cannerès, *pl.* ed.

BLANQUETTE, güin güen dilicat.

BLASON, blasoun, sqyand a zesq da aznaout an armoryou. — *Savoir le blason*, gouzout ar blasoun, *pr.* gouvezet; aznaout an armoryou, *pr.* aznavezet.

BLASONNER, *expliquer les armoiries*, clasq armoryou ur re, *pr.* clasqet; dônet a beñ da gavout armoryou ur re, *pr.* deuët.

BLASPHEMATEUR, blasphemèr, blasphemour, *ppl.* yen. *v. jureur.*

BLASPHÈME, *parole injurieuse*, blasphem, *pl.* ou. *v. jurement.*

BLASPHEMER, blasphemi, *pr.* blasphemet. *Van.* blasphemeiñ, *pr.* et. *Trég.* blæsphemiñ, *pr.* et. *v. jurer.*

BLATIER, *celui qui transporte et revend des blés dans les marchés*, portezèr, *pl.* portezidy; porteour, *pl.* yen; portezer-ed; *pl.* portezidy-ed; portéourèd, *pl.* portéouryen-ed; marc'hadourèd, *pl.* marc'hadouryen-ed. *Van.* porteour, *pl.* portizyon.

BLAVET, *rivière du Port-Louis*, Blaoüed. *Van.* Blaoüah.

BLÉ, ed, *pl.* ou; yd, *pl.* ou. *Van.* ed, *pl.* edëu. *v. plaine, vallée.* — *Blé méteil, froment et seigle ensemencés ensemble*, mistilhon, sègal-viniz. — *Grain de blé*, edenn, *pl.* ou; ydenn, *pl.* ou. — *Blés blancs*, edou güen, an edou güen. *Trég.* an edo goüen, an ydo goüen. — *Petits blés, orge, avoine, vesse*, an edou munud, an ydou munud. — *Blé échaudé*, ed scaulet, ed goallet gand ar scaut. *Van.* ed corbonnet, ed sqéütet. — *Ce qui échaude les blés, savoir: le soleil pa-*

raissant *tôl après une brume*, scaût. *Van.*
corbon, sqéut. — *Blés de Turquie, maïs*,
ed-Turqy, ed-Turucq. — *Blé noir ou
blé sarrazin*, ed du, güinis du. *Van.*
gunuh-du, guneh-du. — *Les vents et
les pluies ont abattu les blés*, flèét eo an
èdou gand ar glao hac an avel. *Van.*
èr glaü hac en aüél hou des discaret
en edéü. — *Les blés tombent*, flèa a ra
an ydou. *Trég.* flèañ *ou* coüañ á ra an
èdô. *Van.* coëheiñ a ra an edéü.

BLÊME, *pâle*, glas, disliv, oc'h, à,
ppl. glaséyen, tud disliv, drouc-lived,
goal-lived, ppl. tud. *Van.* blêm, ôh, añ;
diliü, oh, añ. — *Être naturellement blême*, beza disliv, beza drouq-lived *ou*
goal-liveddre natur, *pr.* bet. *Van.* bout
diliü dre nátur.

BLÊMIR, *devenir pâle*, glasa, *pr.* glaset; güisqa goal-lyou, *pr.* güisqet. *Van.*
qéhut ur façz blêm, glaseiñ, *pr.* glaset;
stæna, *pr.* stænet.

* BLÉMISSEMENT, *pâleur naturelle*,
ûrouq-lyou, goal-lyou. *Van.* blémdér.
*Blémissement*, *action de blémir*, glaséntez , glasder, glasidiguez, stcana-
dur. stænadur. *Van.* glascdigueh.

BLÉREAU ( *actuellement Blaireau* ),
*petit animal puant*, broc'h, *pl.* ed; lous,
*pl.* ed. *Van.* bourbouten, *pl.* bourbou-
t·d; louh , *pl.* ed; broh, *pl.* ed. — *Le
bruit des blaireaux lorsqu'ils transportent
du blé noir dans leurs tannières*, charre-
broc'hed, *pl.* charrëou-broc'hed. — *Il
est puant comme un blaireau*, flærya a ra
evel ur broc'h, qer flearyus eo evel ur
broc'h *ou* hac ul lous.

BLESSER, goulya, *pr.* goulyet;
bleçza, *pr.* bleçzet. *Van.* blezeiñ, goul-
lyeiñ, *pr.* et. — *Incommoder de façon à
être presque blessé*, pistiga, *pr.* pistiguet;
glasa , *pr.* glaset; gloasa, *pr.* gloaset;
loc'ha, *pr.* loc'het. — *Être blessé à mort*,
beza goulyet d'ar maro, beza bleçzet
d'ar maro. — *Facile à blesser*, pistigus,
oc'h, à; eaz da c'houlya *ou* da vleçza.
— *Celui qui blesse*, pistiguèr, *pl.* yen;
goulyèr, *pl.* yen. — *Se blesser*, èn em
c'houlya, em vleçza, *pr.* em vleçzet ;
èn em bistiga, *pr.* èn em bistiguet. —
*Blesser, faire tort, endommager*, ober

gaou, *pr.* græt; offanci, *pr.* offancet.
— *Blesser une bête*, plaouya, *pr.* plaouyet; blezça, *pr.* bleçzet. — *Avoir soin
des blessés*, cahout souroy·eus ar re
goulyet *ou* pistiguet, *pr.* bet; sourcyal
ar re-vleçzet, *pr.* sourcyet. — *Sujet à
blesser quand il frappe*, goulyus, pistigus,
oc'h, à.

BLESSURE, gouly, *pl.* ou; bleçz, *pl.*
ou. *Van.* bleçz, gouly, ppl. ëu; ur bleçz,
ur ouly. — *Blessure mortelle*, gouly
marvell, *pl.* goulyou marvell; bleçz
marvell, *pl.* bleçzou, etc. — *Blessure,
injure*, offançz, *pl.* ou; outraich, *pl.*
outraichou.

BLETTE, *plante rouge et blanche*,
bluyt. — *Les blettes ont perdu les blés*,
collet an ydou gand ar bluyt.

BLEU, *bleue*, glas, lyou glas. *Van.*
glas, liv-glas. — *Un habit bleu*, un abid
glas, *pl.* abichou glas. — *Etoffe bleue*,
mezer glas, entoff glas. *Van.* miber
glas. —*Manteau bleu*, mantell glas , *pl.*
mentell glas.—*Bleu céleste*, pers, lyou
pers. *Van.* glas.

BLEUATRE, glasard, dém-glas, a
dèn var ar glas, azglas.

BLOC, *en bloc, tout ensemble*, a dreuz,
var-un-dro, an eil-dre-eguile, èblocq.
— *Il a acheté toute cette boutique en bloc*,
prénet èn dous ar stalad-hont oll a
dreuz, ar stalyad marc'hadourez-hont
èn deus prénet oll a dreuz-varc'had.
*Van.* prénet en dès er voutic-hont bloh
eguis me ma.

BLOCAILLE, *cailloux pour remplir
une muraille entre les parements*, pasturaich, boëd, mæin-pastur, mæin-ma-
tery.

BLOCUS, *siège qui consiste à garder les
avenues d'une ville*, eñcernadur eus a ur
guear, sézy eus a dro ur guær, bloc-
qadur vès a ur guær; blocq, *pl.* bloc-
qou. *v. barricade*.

BLOND, *couleur entre le blanc et le
roux*, melen, oc'h, à; lyou melen. *Van.*
id. — *Une chevelure blonde* , ur pennad
bléau melen. — *Devenir blond*, melennaat, *pr.* melennéet.

BLONDE, ur plac'h he deus bléau
melen, plac'h a so melen he bléau, *pl.*

* plac'hed. — *Perruque blonde*, perruqeū velen, *pl.* perruqeunou melen.

BLONDIN, pautr yaoüanc én deus blèau melen, dèn yaoüancq a so melen e vléau; ur melennecq, *pl.* melennéyen.

BLOQUER, *faire un bloqus autour l'une ville*, bloqal ur guær, *pr.* blocqet; eñcerna ur guær, *pr.* eñcernet; sézisa tro **k**ær, *pr.* seziset. *v. barricade.*

BLOTIR, *se tapir, se ramasser*, soucha, *pr.* souchet; scoacha, *pr.* scoachet; èn em zéstumi èn ur blocq, *pr.* èn em zestumet.

BLOUSE, *trou d'un billard, où on jette la bille*, yalc'h ur bilhard; *pl.* ile'hyer ur bilhard. — *Blouse, trou d'un tripot, où l'on jette les balles*, toull-bolod, *pl.* toullou-bolod.

BLOUSER, *pousser une bille dans la blouse*, laoqât ur vilh èr yalc'h, *pr.* lecqéet, poulsa ur bolod èn toull, *pr.* poulset. — *Se blouser, se méprendre*, fazya, *pr.* fazyet; em droumpla, *pr.* em droumplet.

BLUET, *plante*, blaveola.

BLUETTE, *petite étincelle de feu*, elyeneū, *pl.* ou; ulyenenn, *pl.* ou; elvenn, *pl.* ou; fulenn, *pl.* ou; elyenen dan, ulyenenn-dan, elvenn-dan, fulenndan. *Van.* fulen, *pl.* fulad; fluminenn, *pl.* fluminenneū. — *Petite bluette presque imperceptible*, broud tan, *pl.* broudoutan; elyenennic, *pl.* elyennoüigou; elvennic, *pl.* elvennoüigou; broudictan, *pl.* broudoüigou-tan. *Van.* fulennic, fluminennic, *ppl.* eū. — *Bluette ou étincelle de feu ou petits éclats qui sortent du fer chaud quand on le bat*, sclizzeñn-dan, *pl.* scliczennou-tan; scliczenu-hoüarn-tom, *pl.* scliczennou-hoüarn-tom. — *Bluette de cendre volante ou soufflée doucement*, elf, elv. — *Il n'a pas une bluette ou une étincelle de bon sens*, n'en deus qet un elyénen a sqyand-vad, n'en deus qet un elvenn a sqyand-vad, n'en deus qet un tam sqyand-vad.

BLUTEAU *ou blutoir, sas cylindrique*, burutell, *pl.* ou; brutell, *pl.* ou; tamoëz fin, *pl.* tamoëzou fin. —*Plein un*

blutoir, brutellad, *pl.* ou; burutellad, *pl.* ou.

BLUTER, *passer de la farine dans un bluteau*, burutella, burutellat, *ppr.* burutellet; tamoëza gand ar vrutel, *pr.* tamoëzet; trémen dre ar vrutell, trémen dre an tamoëz-fin, trémen dre an tamoëz-stancq, *pr.* trémenet.

BLUTERIE, *lieu où on blute la farine*, burutellérez, brutelliry, tamoëzérez.

BOBÈCHE, *partie du chandelier où se met la chandelle*, toull ar c'houlaoüeñ, toull ar c'hantolor. — *Il faut curer la bobèche*, red eo scarza toull ar c'houlaoüeñ *ou* toull ar c'hantolor.

BOBO, *t. enfantin, petit mal*, boubou, bouboüicq. — *Vous avez bobo, mon petit fils*, ya, boubou oc'h eus, va mabic; penaus bouboüicq oc'h eus, va mabiq-me.

BOCAGE, *petit bois*, bruscoad, *pl.* bruscoageou; broscoad, brouscoad, *pl.* geou; coadic-stancq, *pl.* coadigoustancq. *v. bosquet.* — *Pays plein de bocages*, cantoun bruscoadcq, *pl.* cantounyou bruscoadeq, carter leun *ou* goloët a vruscoagcou, *pl.* carteryou.

BOEUF, egeñ, *pl.* ed. *Trég. et H.-Corn.* igen, *pl.* ohen, ouhen. *Van.* ejan, ejon, *pl.* èchein, ohin, añhén. *Al.* bu. — *Jeune bœuf, bouvillon*, creñ-egen, *pl.* creū-egenned; egeñ yaoüancq, *pl.* ed, ouhen yaoüancq; bougorn, *pl.* ed, *id est*, blot-coru, corne molle. *B.-Léon*, cogenn, *pl.* ed. — *Bœuf écorné*, egeñ bescorn, egeñ bescornet, egeñ discorn; egeñ discornet, *pl.* egenned, etc. *v. bourrelet.* — *Chair de bœuf*, bévin, qyc-bévin. *Van.* béüin, qyc-béüin. *Trég.* béoüin.—*Du bœuf d'Irlande*, bévin-marc'h, qyc-marc'h. *Trég.* byouïn-marh. —*Bœuf salé et fumé*, bévin-saëzon. *v. salé.* —*Du bœuf frais*, bévin-fresq, bévindisall. *Trég.* béoüin *ou* biouïn fresq. —*Bœuf marin*, egen-vor, *pl.* egennedvor. —*Al.* bu-vor, *pl.* bued-vor.

BOGUE, *la couverture piquante de la châtaigne*, cloçzeñ-qistin, *pl.* cloçz-qistin; cloren-qesten, *pl.* olor-qesten. *v. éboguer.*

BOHEMIEN, *gueux libertin et errant*,

*qui se mêle de dire l'horoscope,* Boëm, *pl.*
ed; Gypçian, *pl.* ed; Boémer, *pl.* Boé-
mldy. *v. ensorcelé.*

BOHEMIENNE, *gueuse errante et li-*
*bertine,* Boémès, *pl.* ed; Gypcianès, *pl.*
Gypcianesed.

BOIRE, eva, *pr.* evet. *Trég.* efañ,
*pr.* efet. *B.-Corn.* efa, *pr.* efet. *H.-Corn.*
evo, *pr.* evet; efo, *pr.* efet. *Van.* ëuëiñ,
*pr.* ëuët. *Tous ces mots viennent de l'an-*
*cien mot* efaff. — *Donner à boire,* rei da
eva, *pr.* roët. — *Verser à boire,* discarga da eva, *pr.* discarguet; dinaou da
eva, *pr.* dinaouët. — *Je boirai bien ma*
*bouteille,* evit va boutaillad a yello brao
guenê, va boutailhad a eviñ. — *Il boit*
*assez joliment,* braoahoalc'h ez a e vanne gantâ, brao ahoalc'h e o'hev. —
*Bois,* ev, ef. *Van.* eü. — *Buvez,* evit,
ivit, efit, evet, efet. *Van.* eüet. —*Boire*
*d sa soif,* eva d'e sec'hed. — *Boire par*
*excès,* eva re, *pr.* evet re; gloutonnya,
*pr.* gloutonyet. — *Boire, dépenser son*
*bien,* foêta e drantell, *pr.* foêtet; teuzi
e dra ô c'heva, *pr.* teuzët; dispign e dra
gad ar guin. — *Boire à la santé de Pier-*
*re,* eva da yec'hed Pezr, eva da o'braç-
zou-mad Pezr. — *Trinquer en buvant,*
drioqa, *pr.* dricqet; trincqa, *pr.* trinc-
qet. *Van.* trinqeiñ, *pr.* et. — *Tu as*
*fait la folie, tu l'as boiras,* great a heuz
ar follentez, he phaêa a rencqi; bez'
ez heuz græt ar faut ar boan anezâ
a zougui. — *Le boire,* an eva, *v. boisson.*
— *L'excès du boire,* evérez, an everez,
re vras eva. — *Elle lui apprête son boire*
*et son manger,* hy a ave dezañ ou'hy a
zispos dezañ e zibri hac e eva; hy a
aus e voëd dezâ; hy a fich ou a fard
e voëd dezâ. *Cette dernière locution est*
*de Léon.*

BOIS, *du bois,* coad, coët, preen,
preñ. *Al.* lamm; *de là* lambrusq, lambris, *etc.,* caje. *v. couverture de maisons.*
— *De bois, fait de bois,* a goad, a goët,
a breen, a breñ. — *Le milieu du bois,*
*le cœur du bois,* creizen, calounen, creizeñ ar c'hoad, calounen ar c'hoad. —
*Le plus dur du bois,* derc'h, derc'h ar
c'hoad. — *Un bois, une forêt, un bois*
*de haute-futaie,* coad, *pl.* coageou, u:

c'hoad, ooad-uhèl, *pl.* coageou uhel;
ur c'hoad bras, *pl.* coajou bras. — *Un*
*grand bois,* ur c'hoad bras. *Van.* ur hoëd bras, *pl.* coëdéu bras. — *Bois épais,*
coad stancq. *Van.* coëd stancq. — *Un*
*petit bois,* ur c'hoad bihan, *pl.* coageou
bihan; coadic, *pl.* coagcoûigou, coa-
digou. *Plusieurs anciennes moisons tirent*
*leurs noms de ces mots :* coad, coat, coëd,
coët, coadou, coëdau, coadic, coëdic.
— *Bois taillis,* coad-tailh, *pl.* coageou-
tailh; coad-med, *pl.* coageou-med;
med *de* medi, *seier;* coad tailhiriz, *pl.*
coageou tailhiriz. *Van.* coët tailh, *pl.*
coëdeû-tailh; taiheriz, *pl.* tailherizeü.
— *Bois de charpente, bois propre à bâtir,*
coad-matery, *pl.* coagcou-matery. —
*Bois de sciage,* coad-hesqeñ, *pl.* coageou-
hesqeñ. — *Bois courbe,* coad camm,
coëd cromm. — *Pièce de bois longue et*
*d proportions étroites,* coadeñ, *pl.* ou,
ed. — *Bois de fente,* coad-faut, coad-
drailh, *ppl.* etc. — *Fendre du bois,* fauta
coad, *pr.* fautet. — *Fendre du bois à*
*brûler,* fauta qeuneud, drailha qeuneud, *pr.* drailhet. — *Jeune bois nouvel-*
*lement planté,* planteyz, *pl.* ou. — *Bois*
*pelé, dont on a pris l'écorce,* coad-qign.
*v. pelard.* — *Bois de chauffage, gros bois,*
qeuneuden calet, *pl.* qeuneud calet. *Van.*
qened, qaned. — *Bois de chauffage, bran-*
*ches, fagots, bourrées,* qeuneud, brinc-
zad. *Van.* qened. — *Amasser ce bois,*
qeuneuta, *pr.* et. *Van.* qenedta, qanc-
teiñ. — *Bois de chauffage, dans les côtes*
*maritimes, du goëmon lavé en eau douce*
*et seché au soleil,* qeuneud-mor, bèzin.
*Des mottes,* qeuneud-douâr, mouded.
*De la fougère sèche,* qeuneud lacqa-lacqa, raden-seac'h. *De la bouse de vache,*
*qu'ils appellent du bois court et facile à*
*rompre, parce qu'il ne faut ni harpon, ni*
*scie, ni hache pour le couper,* qeuneud-
ber, beuzeul. — *Du bois de terre ferme,*
qeuneud-coad. *v. bouse à brûler.* — *Bois*
*à chauffer le four,* gor, qeuneud gor.
qeuneud da viri ar fourn.—*Ramasseur*
*de bois de chauffage,* qeuneutaër, *pl.*
yen. *Van.* qeuedtaour, *pl.* yon. — *Bois*
*de lit, châlit,* arc'h-güele, stearn güele,
coad güele. *v. lit.* — *Bois d'un cerf.*

qorn-qaro, *pl.* qernyel-qaro, qernyel-qirvy. *Van.* coët ur harv, *pl.* coët qervy, coët er hervy. — *Le bois d'un tamis, le cercle d'un tamis,*cand un tamoez. — *Le bois d'un crible,* cand ur c'hroëzr. —*Bois courbé pour-une anse de panier,etc.,* croumell. *v. anse. Van.* plegueñ, *pl.* eü.

BOISAGE *d'une maison, charpente,* coadaich, ar c'hoadaich, coad un ty, ar c'hoad eus a un ty, fram, fram an ty, ar fram eus an ty. — *Boisage , menuiserie,* coadaih, munusérez.

BOISER *une maison,* coada un ty, *pr.* coadet; coadta un ty, *pr.* coadtet, coadtat un ty, *pr.* coadtéet. *Van.* coëttat un ty, *pr.* coettet, coëtteit.

BOISEUX, *t. de jardinier,* coadecq, oc'h , â.

* BOISIER, *homme qui travaille dans les bois,* coadtaër, *pl.* yen.

BOISSEAU, *mesure,* boësell, *pl.* ou. r. *garcie.* — *Un boisseau de blé, plein un boisseau,* boësellad ed. *pl.* ou.—*Un boisseau d'argent,* ur boësellad-arc'hand, *pl.* ou.—*Un demi-boisseau plein,* un hanter-boësellad. —*B.-Léon,* un astelkad. — *Un boisseau et demi,* ur boësellad-hanter.

BOISSELIER, *qui fait et qui vend des boisseaux, etc.,* boëseller, *pl.* yen.

BOISSON, beuvaich, *pl.* ou; breuvaich, *pl.* ou; an eva. *Van.* ivach, evach, éuach ; braoûhed — *L'eau est la boisson ordinaire,* an dour eo ar beuvraich ordinal *ou* an eva ordinal. — *La boisson ne vaut rien,* ar breuvaich ne deo qet mad *ou* ne dal mad. ar breuvaich ne dal man, an eva ne dalv tra, ne dal tra an braoüed mâ. — *Boisson faite de prunelles,*dour-irin.—*Boisson faite d'eau, de marc de pommes, etc.,*piquetès. —*Boisson faite d'eau et de racines,* breuvraich, breuvraich cridyennus.—*Boisson faite d'eau bouillie, de racines, de miel et de blé ou de farine,*barbantez, beuvraich milligued, beuvraich digaloun. — *Il aime la boisson, le vin,* caret a ra ar resineñ, ar braoüed a gar.

BOITE, boestl, *pl.* ou; boest, *pl.* ou. *Van.* boeist, *pl.* eü. — *Boite d'argent,* boestl-arc'hand, *pl.* ou. —*Boite de bois,*

boest-coad, *pl.* ou ; boestl-proen, *pl.* boestlou-proen *ou* preñ. — *Couvercle de boite ,* golo-boestl , *pl.* goloou-boestl ; goulo'her-boestl, *pl.* you. — *Boite à poivre,* boestl ar pebr, *pl.* ou. — *Boite à moutarde,* boestl ar cézo, *pl.* boestlou-cézo. — *La boite aux cailloux,* ar prisoun, boest-mæynecq.—*Boite, le point, le temps où le vin est ben' d boire,* tro ar guïn, tu ar guïn, blas ar guïn. — *Ce vin est en sa boite,* e ma ar guïn mâ èn e dro *ou* var e du ou èn e vlas. — *Ce vin est trop vert, il ne sera dans sa boite que dans trois mois,* re c'hlas eo c'hoaz ar guïn mâ, ne vezo èn e dro *ou* var o du *ou* èn e vlas *ou* mad da eva, nemed a-beñ try miz ac'han.

* BOITÉE, *plein une boite,* boestlad, *pl.* ou; boestad, *pl.* ou..

BOITEMENT, *action de boiter,* cammadur.

BOITER, *clocher,* camma, *pr.* et ; beza camm, *pr.* het. *Van.* cammeiñ, bout camm.—*Il boite depuis,* camma a ra aboué, aboué ez eo camm *ou* ez camm. *Van.* cammeiñ a ra a oudeüeh.

BOITEUX, camm, oc'h, â, *pl.* camméyen, cammed; gargamm, *pl.* ed ; gaul-gamm, *pl.* gaul-gammed; gilgamm, *pl.* ed. *Van.* camm, gourgam. ( logamm, *pl.* ed. )—*Saint Pierre guérit un boiteux né,* saut Pezr a véllaaz da ur c'hramm-dre natur.—*Boiteux, paralytique d'un côté,* ouël'h. *fém.* ouël-chès et ouëlch.— *Le diable boiteux,* an diaulcamm.—*Boiteux d'un côté,*camm. burlesq. falc'her ar pirisilh-aud.—*Boiteux des deux côtés, par faiblesse de hanches,* camm-gilgam , gaulgam , camm èn naou-du *Van.* cam-gourgam.—*Étre boiteux des deux côtés,* gaulgamma , gilgamma, *ppr.* et; beza cam-gilgamm, *pr.* het. *Van.* bout cam-digam , bout cam-gourgam, cammeiñ en néü du.

BOITEUSE, *celle qui boite,* cammell, *pl.* cammelesed; cammès, *pl.* ed.— *Boiteuse des deux côtes ,* cammell *ou* cammès èn daou du *ou* èn naou du.

BOITOUT, *verre dont la patte est cassée,* guëzren dilostet, *pl.* guëzr-dilostet.

BOITTE, *appât pour prendre le poisson,*

boëd, boëd-besqed. *v. résure. Le mot de* bolle *est purement breton ; et est le même que* boëd *ou* boët, *qui sign.* maogeaille.

BOL, *t. de médeeine*, lousou fetiçz a guemerér gand bara-can, midiciné-rez-boug da loncqa. — *Bol d'Arménie*, *terre d'Arménie*, boulyerminy.

BOMBANCE, *régal, bonne chère*, bombançz, *pl.* ou. *Van.* bobançz, *pl.* eü.—*Faire bombance*, bombanci, *pr.* et. *Van.* bobançeiñ, bobançal.

BOMBARDE, *pièce d'artillerie ancienne*, boumbard, *pl.* ou.

BOMBARDER, *lancer des bombes dans une place*, lançza boumbés var ur guear, *pr.* lançzet ; lesqi ur guær gand boumbès, *pr.* losqet ; boumbarda, *pr.* et.

BOMBARDIER, *qui jette des bombes*, boumbesèr, *pl.* boumbeséryen ; bombesour, *pl.* yen ; boumbardèr, *pl.* yen.

BOMBE, *grosse boule de fer remplie de poudre*, boumbòşen, *pl.* boumbès.

BON, *bonne*, mad, *meilleur*, güell; *le meilleur*, ar güellà; *très-bon*, mad meurbed. *Van.* mad, guëll, er güëllañ, mad braz. *Al.* da. *De là*, les daës, *peuple, etc.* — *Il n'y a que Dieu seul qui soit bon*, ne deus nemed Doüe a vèz mad; eme hon Salver èn avyel, hervez sant Vaze, jabist naontecved ; ne deus nemed Doüe a guemend a véz mad dre natur *ou* parfed dreiz e-unan, e-me Jesus-Christ.-*Celui qui est naturellement bon et bienfaisant*, madec.—*Une bonne chose*, un dra-vad, *pl.* traoü-mad. —*Un bon homme*, nn dèn mad, *pl.* tud-vad.—*Bonne femme*, grec-vad, *pl.* graguez-vad. — *Bon homme, vieillard*, dèn coz, *pl.* tud coz.—*Les bonnes gens*, an dud coz, ar re-goz. — *Ce sont de très-bonnes gèns*, tud vad int-terrupl.— *De bon cœur*, a galoun-vad, a vir galoun, a galoun c'huëcq ha saçzun, a youl-francq. — *A quoi bon parler de cela*, pe la dra e-talv prezeq *ou* comps a guemen-ze ! pe evit tra parlant eus an dra-ze. — *Trouver bon, approuver*, cavout mad, *pr.* caved mad; aprouff, *pr.* aprouffet, aprouet.—*Je lui ferai trouver bon cela*, me rai dezañ cavout mad qemen-ze ; mé rai ma aprouo an dra-ze.

—*Je choisirai qui bon me semblera*, me a choaso nep a guiriñ, me a goumero nep a guiviñ mad, dius a rin nep a bligeo guenê.—*Tout de bon, sans feinte*, e guiryonez, da vad-ha-caër, hep farçz e-bed, a zévry-beo, pep farçz è-meas, a-barfeded.—*Tout de bon, à dessein*, a zévry, a-vetepançz, a-benn-qeffridy, a-ratoz-mad, a-ratoüez-caër. *Van.* a-ratoueh mad.—*Bon, quand on approuve*, mad, ma.-*Bon, bon*, mad-mad, ma-ma.

BONBON, *friandise*, madic, *pl.* madigou. *Van.* fryantach.

BONACE, *calme sur mer*, amser syou!, amser disavel ha mor pleañ, calm. —*Bonace, sans vent*, calm-gueñ, calm-micq.

BOND, *rejaillissement*, lamm, *pl.* ou; sailh, *pl.* ou. *Van.* sailh. *pl.* eu.

BONDE, *pièce de bois pour faire écouler l'eau d'un étang*, laërès, laër, sclutor, sclotur, sclotoüer.—*Leter la bonde*, se. el ar sclotoüer, *pr.* savet.

BONDIR, *faire des bonds*, lammet, *pr.* id. ; lammet a-souñ; sailha è-souñ, sailhet è-souñ, sailhet a soun; bounda, *pr.* et ; boundiçza, *pr.* et. *Van.* bondiçzal, *pr.* et.—*Le cœur me bondit, me palpite*, lammet ou sailhet ara va c'haloun em c'hreiz, boundiçza ara va c'haloun em c'hreiz.—*Le cœur me bondit, me soulève*, sevel ara va c'haloun, heugui ara vá c'haloun, heug am eus. *Van.* donger em es.

BONDISSEMENT *du cœur*, heug, heucq. *Van.* dongér.

BONDON, *ce qui bouche le trou qui est sur un tonneau*, bound, *pl.* ou. — *Oter le bondon*, divounda, divoundta, *ppr.* et. *Van.* divoundeiñ, *pr.* et.—*Bondon, le trou du tonneau bouché*, toull-bound, *pl.* toullou bound; toull ar bound, an toull-bound.

BONDONNER, *boucher un tonneau*, bounda, *pr.* et ; boundta, *pr.* et ; stoufa an toull-bound, *pr.* stoufet.

BONHEUR, *eurded*, eur-vad, chançz-vad.—*Il a du bonheur*, eurus eo, eurded èn deveus, chançz-vad èn deus, chançz vad aso oud e henl.—*Je vous souhaite toutes sortes de bonheur*, cant eur-vadr'ho e'hoeulyo, *ou* chançz-vad deoc'h digand Doüe, pep eurde i a reqetañ deoc'h digand Doüe.

BONJOUR, *salut*, demateoc'h, demaddeoc'h-oll. — *Donner le bonjour*, lavaret demaddeoc'h da, etc., *pr.* id.

BONNAVENTURE, *nom d'homme*, Bonaventura, Bonavéntura. — *Saint* Bonnaventure, *docteur et cardinal*, sant Bonavéntura, doctor seraphicq ha cardinal eus an ilis.

BONNE, *nom de femme*, Bona. — *Petite bonne*, Bouaïcq, Bonicq.

BONNEAU, *bois ou liége flottant qui désigne l'ancre mouillé*, boé, boa.

BONNEMENT, *simplement*, *de bonne foi*, gand simplded, è guiryon, è güiryonez. *Burlesq.* rube-rubene.

BONNET, boned, *pl.* ou. *Van.* id.,*pl.* éu. — *Petit bonnet*, bonedic, *pl.* bonedouigou. — *Bonnet à la dragonne*, boneddragoun, *pl.* bonedou dragoun. — *Bonnet quarré*, boned cornecq, *pl.* bonedou cornecq. — *Bonnet de nuit*, bonednos, *pl.* bonedou-nos. — *Triste comme un bonnet de nuit sans coiffe*, qer trist evel ur boned-nos disoupl. — *Bonnet à oreilles*, boned scouarnecq, *pl.* bonedou scouarnecq. — *Bonnet blanc*, *blanc bonnet*, memes-tra.

BONNETIER, boneder, *pl.* yen.

BONETIÈRE, bonederès, *pl.* ed.

BONREPOS, *abbaye de l'ordre de Cîteaux*, *en Cornouaille*. Berrepos, Borepos, Guellrepos, abaty Velrepos, abaty Verrepos, abaty Vorepos.

BONS-HOMMES, *religieux de saint François de Paul*, minimed, ar vinimed. — *Bons-hommes*, *fleur jaune*, feon, freon. — *Bons-hommes doubles*, feon doupl. — *Bons-hommes simples*, feon disoupl.

BONSOIR, *salut*, nos-vad-dec'h, nos-vez-vad-deoc'h. *Trég. et H.-Corn.* nos-vad-dac'h. — *Je vous donne le bonsoir*, *Monsieur*, nos-vad-deoc'h gand Doüe, Autrou.

BONTÉ, *disposition à faire le bien*, ma délez, volontez vad, grad-vad. *Van.* madeléh, madtériça. *B.-Léon*, madaleaz, madeleaz. — *Bonté*, *qualité de ce qui est bon*, madélez. — *Je vous suis obligé de*

toutes vos bontés, obliget-bras oun deoc'h evit o c'holl madelézyou, hac ho trugarez eus o c'holl madelézyou. — *Trop de bonté*, re a vadélez, re vras madélez. — *Bonté*, *doueur*, douçzder. *Van.* id. — *Bonté*, *excellence*, eçzelançz.

BORD, *extrémité d'une chose*, bord, *pl.* ou; lèz, *pl.* ou; costez, *pl.* you; ribl, *pl.* ou; or, orée. — *Bord-à-bord*, or harz dor harz, qichen-è-qichen. — *Bord d'un puits*, *d'une fontaine*, bord ar punçz, costez ar punçz, bord ar feunteun, costez ar feunteun. — *Sur le bord de l'eau*, var bord an dour, var ribl an dour, var or an dour. *Van.* ar bord en deur, ar bordeeñ en deür. — *Bord d'une rivière*, ribl, *pl.* ou; glañ ur stær, *pl.* glannou ur stær; claign, *pl.* ou. De là, dic'hlaign, *débordement. v. rive*. — *Bord de la mer*, lèz ar mor, lèz an ar vor, rez ar mor, bord ar mor. *De là*, *la maison de Lez'n-ar-vor*, *en B.-Corn. v. rivage*, *côte*. — *Bord d'un chapeau*, bord un tocq. — *Bord d'argent*, bord arc'hand, *pl.* bordou arc'hand. — *Le bord de la forêt*, orée ar c'hoad, lèz ou bord ar c'hoad. — *Bord*, *navire*, bourz, bourz al lestr. — *Aller à bord*, mônet d'ar bourz, *pr.* éet, eat. — *Il est à bord*, ema èr bourz. — *On lui tua* 50 *hommes sur son bord*, hanter-c'hant dèn a yoa lazet dezâ var e vourz. — *Bord-à-bord*, bourz oc'h bourz, bord oc'h bord, or harz dor harz. — *Être sur le bord de sa fosse*, beza var bord è fos.

BORDAYER, *courir des bordées*, loucoyer, ober bordeadou, ober bourdeadou, *pr.* græt; bourdeal, *pr.* bourdéet.

BORDEAUX, *ville*, Bourdell. — *Du vin de Bordeaux*, guin Bourdell. En t. *burlesque*, Yan-Vourdell. — *Aller à Bordeaux*, mont da Vourdell, *pr.* éet, eat.

BORDÉE, *le cours d'un vaisseau*, *depuis un virement jusqu'à l'autre*, bordead, *pl.* ou; bourdead, *pl.* ou. — *Bordée*, *tous les canons qui sont d'un côté du vaisseau*, bordead, bourdead, *ppl.* ou. — *Il lâcha sa bordée*, leusqel a eureu e vourdead.

BORDEL, *lieu de débauche*, bordell, *pl.* ou. *v. bâtard*.

BORDER, *courir le bord de quelque*

*chose*, borda, *pr. et. Van.* bordeiñ. *Trég.* bordañ, *pr. et.*—*Border un chapeau, une jupe*, borda un tocq, borda ul losteñ. —*Border, être au bord*, beza èr bord , beza var ar bord, *pr.* bet. *Trég.* beañ oar ar bord. *Van.* bout ar er bord, *pr.* bet.

BORDURE, bordeur.

BORGNE, born, *pl.* bornéyen, borned , tud vorn. *Van.* born, bornigued, tud born.—*Femme borgne*, bornès, *pl.* ed.

BORGNESSE, *t. injurieux*, bornès, *pl.* ed.—*Devenir borgne*, dont da veza born, *pr.* deuët; coll ul lagad, *pr. et*; borni, *pr. et.*—*Rendre borgne*, borna, *pr. et.*

BORNE, *limite*, termeñ, *pl.* you; bevenn, *pl.* ou; lèz, *pl.* ou; lèzenn, *pl.* ou. *Van.* termin, termén.

BORNER, *terminer un champ, une province*, bevenna, *pr. et*; lézénna, *pr. et*; lacqât un termen da, lacqât ul lèz, *pr.* lecqéet ; ober ur vevenn da, ober ul lézenn da, *pr.* græt.—*Se borner, se fixer, se régler*, èn em zerc'hell da, *pr.* èn em zalc'het ; em goutanti eus a, *pr.* em goutantet.—*Esprit borné*, spered berr, *pl.* speregeou; berr, ur sperediq bihan, *pl.* speregeouigou bihan. — *Une maison dont la vue est bornée*, un ty berr-velled; *pl.* tyès berr-velled; un ty pe eus a hiny ne velleur qet pell.—*Son ambition est bornée*, ne deo qet bras e ambicion, ne deo qet cals ambicius.

BOSQUET, *petit bois*, bruscoadic, *pl.* bruscoageouigou , bochad-coad, *pl.* bochadou-coad; bodad-guez, *pl.* bodadou-guez; bod-guez, *pl.* bodou-guez. *De là, la maison du* Bot-Guez.

BOSSE, *grosseur*, boçz, *pl.* ou.—*Il en a eu sur sa bosse*, bet èn deus *ou* atrapet èn deus var e voçz.—*Sur sa bosse, parlant d'une femme*, var he boçz.—*Bosse d la tête*, boçz, boçziguern.—*Faire une bosse d la tête de quelqu'un*, boçza penn ur re, *pr. et* : boziguerni e benn da ur re, *pr. et.*—*Bosse, enflure*, coenv, coenvadur, coenvadenn.—*Petite bosse dure*, coenvadenniq caled ; caledenn, *pl.* ou. — *Bosse, tumeur*, gor, *pl.* ou, you ; c'huizyguenn, *pl.* ou.—*Bosse d la vaisselle*, coaguenn, *pl.* ou ; boçz, *pl.*

ou ; boçziguern, *pl.* ou. — *Bosse d un bâton*, boçz, *pl.* ou. — *Bâton plein de bosses*, baz boçzeq, *pl.* bizyer boçzeq : ur vaz boçzeq, ur vaz leun a voçzou, *pl.* bizyer, etc.—*Arbre plein de bosses*, guezen boçzeq, *pl.* guez boçzeq : guezenn ulmennecq *ou* leun vès a ulmennou.—*Bosse d'arbre, nœud*, ulmenn, *pl.* ou ; ulmenn-coad ; boçz, *pl.* ou; boçz-coad.—*Bosse de terre, élévation, butte*, turumell, *pl.* ou; doroçzenn, *pl.* ou. r. tertre, colline. —*Pays inégal, plein de bosses, de collines*, cantoun turumelleq *ou* doroçzennus, bro digompès, bro doroçzennus *ou* turumelleq, bro tunyennecq, bro tunyecq.—*Bosse, bas-relief*, both.—*Figure relevée en bosse*, limaich-both, *pl.* limaichou-both. — *Bosse, loupe qui vient aux jeunes choux*, lornoz, boçz, paterenn, *pl.* ou.

BOSSU, *qui a une bosse*, boçzeq, *pl.* boçzegued, boçzéyen; boçzet, *pl.* tud boçzet ; tort, *pl.* torted.

BOSSUE, *celle qui a une bosse*, boçzeguès, *pl.* boçzeguesed; tortès, *pl.* ed. — *Devenir bossue*, boçzât, *pr.* boçzéet. *v. courber*. — *On prétend que les bossus ont le poumon mauvais*, lavaret a rear, penaus ne deo qet yac'h a sqevend ar boçzéyen *ou* an dorted.

BOSSUER, *faire une bosse à la vaisselle*, boçza, *pr.* boçzet; gouara, *pr.* gouaret; coaga , *pr.* coaguet ; boçziguerni, *pr.* boçziguernet; coagri , *pr.* coagret.—*La vaisselle d'étain, d'argent, est toute bossuée*, boçzet *ou* gouaret èo al listry, boçziguernet eo oll al listry, coaguet eo *ou* coagret eo ar stean, coaguet eo an arc'hantiry.

BOT, *pied bot, pied mal-tourné*, troad potin, troad-boul. — *Un pied-bot, un homme estropié d'une jambe*, pogam, *pl.* ed; id est, pau-camm, patte boiteuse. potin, *pl.* ed; id est, pau-dèn, patte d'homme.

BOTTE, *chaussure de cuir*, heuz, *pl.* heuzou, heuzaou. *Van.* héz, *pl.* heséu; houz, *pl.* houzéu.—*Prendre ses bottes*, qemeret e heuzou, *pr. id.* — *Il n'avait pris qu'une botte*, n'en devoa conmeret nemed un heuz *ou* nemed unan eus e heuzou, n'en devoa guisqet nemed un heuz. — *Faire des bottes*, heuzaoüa, heuzaoüi, *ppr.* heuzaoüet; ober heuzou, *pr.* græt. *Van.* hézéüéiñ; gobér hézéü — *Faiseur de bottes*, heuzaoüer, *pl.* yen. — *Une paire de bottes*,ur re heuzou. — *Botte, fuisceau*, ordenn, *pl.* ou; beac'h, *pl.* you; fardell, *pl.* ou. — *Botte de foin*, boüetell-foën, *pl.* ou; tortell-foën, *pl.* ou. *Van.* bottel-foën, *pl.* eü. bottelleeu, *pl.* eü. — *Botte, en t. d'escrime, estocade, coup qu'on porte avec un fleuret*, taul-feucq, *pl.* you; taul eütoe, *pl.* you. — *Porter une botte à quelqu'un*,feucqa ur re, *pr.*feucqet; rei gand igin un taul-eütocq da ur re, *pr.* roet.

BOTTELER, *mettre en bottes*, ordenna, *pr.* ordennet. *Van.* botelleiñ,pr.et. —*Botteler du foin*, ordenna foenn, boüetella foën, *pr.* boüetellet; tortella-foënn, *pr.* tortellet.

BOTTELEUR *de foin*, bouteller, *pl.* yen; torteller foënn, *pl.* yen.

BOTTER, *mettre des bottes à quelqu'un*, heuza ur re , *pr.* heuzet. — *Celui qui metles bottes à un autre*, heuzèr, *pl.* yen. — *Botter, faire des bottes à quelqu'un*, heuzaoüi ur re bennac, *pr.* heuzaoüet. — *Se botter, prendre ses bottes*, qemeret e heuzou, *pr.* id.

BOTTINE, *petite botte*, bodrè , *pl.* ou; heuzic, *pl.* heuzoüigou.— *Une paire de bottines*, ur re vodreou, ur re henzoüigou.

BOUC, *le mâle de la chèvre*, boue'h, *pl.* ed; boc'h, *pl.* ed. — *Puant et lascif comme un bouc*, flæryus ha luxurius evel ur bouc'h. — *Vieux bouc*, coz bouc'h. *Van.* ur boh bouh.

BOUCAN. *gril fait de bois dont se servent les Américains*, grilh coad evit rosta pe suilha qycq, *pl.* grilhou-coad.

BOUCANER, *faire cuire de la chair ou du poisson à la manière des sauvages*, grilha qycq pe pesqed var ur c'hrilh goad savet try zroadad dreist au-tan.— *Chair boucanée*, qicq grilhet ou suilhet.

BOUCHE, guenou, guenaon. *En breton d'Angleterre*, guen, guenau. *Van.* becq, guineü. *H.-Corn.* becq, *pl.* begau, guenau. — *Grande bouche*, guéol.

gueol *vient de* béol, *cuve, ea de* bec-oll, *tout en bouche*. *Van.* becq digor, becq-fourn. —*Celui qui a une grande bouche*, guéoleq, *pl.* guéoléyen; guenaoüeq, *pl.* guenaouéyen, guenaoüegued; begueg, *pl.* beguéyen. — *Petite bouche*, beg, *pl.* begou; guenaoüic, *pl.* guenaoüigou.— *Ouvrir la bouche*, digueri ar guenou, *pr.* digoret. — *Il a la bouche ouverte quand il dort*, cousqet a ra e c'henou digor. — *Fermer la bouche*, serra ar guenou, *pr.* serret. *Al.* mu. — *Fermer la bouche à quelqu'un, le faire taire*, sarra ou serra e c'henou da ur re, *ppr.* sarret, serret. *Van.* cherreiñ e veecq d'unon bennac. *Al.* mu, *pr.* muët. *de là* muet, etc. — *Garder un bon morceau pour bonne bouche*,miret un dra-vad evit an tamm divezâ, *pr.* id. — *La bouche d'une bête*, beg, *pl.* ou. — *La bouche d'un cheval ou d'un mulet*, beg ur marc'h pe beg ur mul. — *La bouche d'un saumon, d'une carpe, d'une grenouille*, beg ur samon, beg ur garpen, beg ur ran. — *De bouche, de parole* , ac'henou, ac'hinou. — *De bouche en bouche* , ac'henou da c'henou, a c'hénou-è-guénou. — *Bouche à bouche, tête-à-tête*, beg-ouc'h-veg.

BOUCHÉE, *plein la bouche*, guenaoüad, *pl.* ou; guinauad, *pl.* ou; leiz ar guinou. —*Petite bouchée*, begad, *pl.* ou; begadic, *pl.* begadoüigou; tamm, *pl.* ou.

BOUCHER , *fermer une ouverture* , stancqa, *pr.* stancqet; closa, *pr.* closet; stoufa, *pr.* stoufet; steffya, *pr.* stef-fyet; stévya, *pr.* stevyet. *Van.* stanqeiñ. stouïceiñ, closeiñ,*ppr.* et; sleüeiñ, steüïeiñ. — *Boucher une bouteille*, stévya ur voutailh, stoufa ur voutailh.— *Qui n'est pas bouché*, distouff, disteff.— *Boucher un fût qui coule* , stancqa. — *Qui n'est pas bouché*, distancq. — *Boucher un fossé ouvert*, steffya, stévya, stoufla. — *Se boucher les oreilles* , stancqa e zivscoüarn, stoufla e zivscoüarn.

BOUCHER, *celui qui tue le betail* , boçzèr, *pl.* yen. — *Boucher, celui qui vend de la viande*, qyguer, *pl.* yen.

BOUCHÈRE, *celle qui vend la viande*, qyguerès, *pl.* ed.

14

BOUCHERIE, *lieu où l'on tue le bé-*
*tail,* boçzérez, *pl.* ou; boçzery, *pl.* ou.
*Van.* bocereh, *pl.* eû. — *Boucherie, lieu*
*où l'on vend la viande,* qyguérez, *pl.* ou;
qyguery, *pl.* ou. *Van.* bocereh.—*Bou-*
*cherie, grand massacre d'hommes,* boçzérez,lazérezvras.*Van.* bocereah,lahereh.

BOUCHOIR, *plaque de fer pour bou-*
*cher un four,* dor-fourn, an or fôrn,mæn-
fourn, ar mæn fôrn.

BOUCHON, *ce qui sert à boucher un*
*vase,* steff, *pl.* you; stouff, *pl.* ou; stouf-
failh, *pl.* ou; bistouff, *pl.* ou. *Van.* steff,
steû, *pl.* eû. — *Bouchon de paille, de*
*foin,* torchad-colo, *pl.* torchadou-co-
lo; torchad-plous, *pl.* ou; torchad-foen,
*pl.* ou. — *Bouchon de cabaret,* bod, *pl.*
ou; barr, *pl.* ou; açzaigu-tavargn, *pl.*
ou; brandon, *pl.* ou.

BOUCHONNER, *frotter avec un bou-*
*chon,* torcha, pr. torchet. *Trég.* torchañ.
*Van.* torcheiñ, ppr. et. — *Bouchonner le*
*linge dressé,* chiffouna, pr. chiffounet.
*Van.* dramoüilleiñ, pr. et. *v.* chiffonner.

BOUCLE, *pour fermer les souliers,*
*pour mettre à des sangles, etc.,* boucl, *pl.*
ou. — *Hardillon d'une boucle,* dræn-
boucl, *pl.* dræin-boucl; nadoz-boucl,
*pl.* nadozyou-boucl. — *Boucle de cavale,*
lagadennou. — *Boucle de pourceau, lan-*
*guette de cuivre qu'on lui met au grouin*
*pour l'empêcher de tourner la terre.,* mi-
noüer, *pl.* ou. *Corn.* minell, *pl.* ou.
*Trég.* minoc'hell, *pl.* minoc'hello. *Van.*
myuell, *pl.* eû. — *Boucle de porte, an-*
*neau de fer attaché, qui sert pour heurter,*
lagadeñ, *pl.* ou; lagadeñ-dor, *pl.* ou.
— *Boucle de cheveux,* rodell-bléau, *pl.*
rodellou-bléau.

BOUCLER, *fermer avec une boucle,*
boucla, pr. bouclet. — *Boucler des sou-*
*liers,* boucla ar boutou, boucla e vou-
tou-lezr. — *Boucler une cavale,* boucla
ur gasecq, lagadenna lost ur gasecq,
*pr.* lagadennet. — *Boucler les grouins*
*des pourceaux,* minoüera moc'h, pr. mi-
noüeret; minella moc'h, pr. minellet;
minoc'hellañ moc'h, evit miret outo
da oc'hellât, *pr.* minoc'hellet. *Van.*
mynelleiñ moh, pr. et. — *Boucler des*
*cheveus, les friser par anneaux,* rodella

bléau, *pr.* et; goffri bléau, *pr.* goffret.

BOUCLIER, *arme défensive,* boucq-
ler, *pl.* ou; rondachenn, *pl.* ou. *v.* targe, *pavois.*

BOUCON, *poison,* ampoësoun. *Van.*
poüison. — *Donner le boucon,* ampoësouni, *pr.* ampoësounet. — *Avaler le*
*boucon,* louncqa an ampoësoun, *pr.*
louncqet.

BOUDER, *témoigner qu'on est fâché,*
*sans se plaindre, ni en dire la cause,* mouza, *pr.* mouzet. *Van.* mouheiñ, *pr.*
mouhet. — *Il boude,* mouzet eo. *Bur-*
*lesq.* eat eo da guær-vouzicq. — *Il boude*
*pour peu de choses, pour rien,* mouza a ra
evit bihan-dra, evit netra. — *Celui qui*
*boude,* mouzèr, *pl.* yen. *Van.* mouhèr,
*pl.* yon, yan. — *Celle qui boude,* mou-
zerès, *pl.* ed. *Van.* mouheres, *pl.* ed.
— *Sujet à bouder,* mouzus, oc'h, à. —
*L'action de bouder, bouderie,* mouzérez.
*Van.* mouhereh.

BOUDIN, goadeguenn, *pl.* ou. *Van.*
goëdiguen, *pl.* eû. *Ce mot vient de* goad,
*sang, et de* qen, *peau.* — *Boudin blanc,*
goadeguen-vènn, *pl.* goadeguennou-
güen; læzeguennn, *pl.* ou. — *Régal de*
*boudins,* fest ar goadeguennou; fest an
houc'h, *pl.* festou-moc'h.

BOUDINIÈRE, *petit entonnoir pour*
*faire des boudins,* corsenn-goadeguen-
nou, *pl.* corsennou.

BOUE, *terre trempée d'eau,* fancq,
boüilhenn, *pl.* ou. *Van.* boüilhenn, *pl.*
eû; fancq, fancqiguell, *pl.* eû; cam-
poulenn, *pl.* ou. — *Menue boue sur la*
*surface de la terre seulement,* frigaçz,
caïlhar, stlabez. *Van.* stracq. — *Salir*
*de boue,* francqa, *pr.* fancqet; caïlhara,
*pr.* cailharet; stlabeza, *pr.* stlabezet.
*Van.* boüilhenneiñ, stracqeiñ, ppr. et.

BOUEUR, *celui qui ôte les boues des*
*rues,* fancqeguer, *pl.* yen; cailharéguer,
*pl.* yen.

BOUEUX, *lieu rempli de boue habi-*
*tuellement,* boüilhennus, cailharus,
fancqus, oc'h, à. — *Un peu boueux,*
frigaçzus, oc'h, à. — *Boueux, qui est*
*plein de boue*, fancqecq, cailhareq,
boüilhenneq, oc'h, à. *Van.* boüilhon-
neq, ob, añ, aoñ. *Trég.* campoulen-

necq.

BOUFFÉE, *égitation subite et passa-gère de l'air*, cahoüad-avel, *pl.* cahoüa-geou-avel; fourrad-avel, *pl.* fourradou-avel; taul-avel, *pl.* taulyou-avel; tau-lad-avel, *pl.* tauladou-avel; barr-avel, *pl.* barrou-avel; barrad-avel, *pl.* barra-dou-avel; bouilh-avel, *pl.* bouilhou-avel; bouilhaçz, *pl.* bu. — *Bouffée de feu*, tauled-tan, *pl.* ou; bouilh-tan. — *Bouffée de fumée*, bouilh-mogued, *pl.* bouilhou-mogued. — *Bouffée de mala-die*, *maladie subite et de peu de durée*, barr - cleñved, *pl.* barrou-cleñved; barrad-clêved, cahoüad-clêved. *Van.* ur pecnnad-clenhuēd *ou* clihüed.

BOUFFER, *enfler les joues*, c'huēza an divoo'h *ou* an divjod, *pr.* c'huēzet. *Van.* huēheiñ en dichod, *pr.* huēhet. — *Bouffer, souffler*, c'huēza un egen etc., *pr.* c'huēzet. — *Bouffer, être de nautaise humeur*, peñbouffi, *pr.* peñ-bouffet; beza peñbouffet, *pr.* bet. *Il bouffe, ou il est bouffi de colère*, penn-bouffet eo gand buaneguez, c'huēzet eo gand ar vuanéguez. — *Il bouffe d'or-gueil*, penn-bouffet eo gand an our-çoüilh c'huēzet *ou* stoignet eo gand an ivel, evel goël ul lestr.

BOUFFIR, *enfler, parlant du visage*, c'huēza, *pr.* c'huēzet. *v. enfler.* — *Il a le visage tout bouffi*, c'huēzet eo oll e façz, coēnvet eo e façz, coēnv a so en e façz *ou* en e visaich.

BOUFFISSURE, *enflure du visage*, c'huēzàdur, coēnvadur, c'huēz.

BOUFFON, *celui qui divertit le public par ses plaisanteries*, farvell, *pl.* farvelled. *Van.* furluqin, *pl.* ed. *v. baladin.* — *Bouf-fon, qui plaisante*, farcér, *pl.* yen; bour-dus, *pl.* tud bourdus; bouffon, *pl.* ed.

BOUFFONNE, *celle qui plaisante*, far-cerès, *pl.* ed; bouffonès, *pl.* ed.

BOUFFONNER, *faire le bouffon sur un théâtre*, furluqinat, *pr.* furluqinet; bouffoñni, *pr.* bouffoñnet. — *Bouffon-ner, plaisanter de paroles*, farçzal, *pr.* farçzet; bouffoni, *pr.* bouffonet. — *Bouf-fonner, faire des plaisanteries*, ober farç-ou, ober bourdou-coant, *pr.* græt; bouffoñni, *pr.* et.

BOUFFONNERIE *de théâtre*, farvel-lérez, furluqinaich, bouffonnérez, *pl.* ou. — *Bouffonnerie, plaisanterie de paro-les*, farçx, *pl.* ou; bouffonnérèz, *pl.* ou. — *Bouffonnerie, action plaisante*, farçz-coant, *pl.* farçzou-coant; bourd-coant, *pl.* bourdou, etc.

* BOUFFONNESQUE, *de bouffon*, farçzus, oc'h, à. *Parlant d'un bouffon de théâtre*, furluqinus, bouffoñnus, oc'h, à, añ.

BOUGE, *réduit obscur*, campric, *pl.* camproüigou.

BOUGEOIR, *petit chandelier sans pied*, bougyod, *pl.* eu.

BOUGER, *se remuer*, flaicha, flaich, *ppr.* flaichet; fiñval, *pr.* fiñvet. *Van.* boulgeiñ, *pr.* boulget. *Léon*, cabalat, *pr.* cabalet. — *Monsieur, ne bougez pas*, ne flaichit qet, autrou; autrou, ne gaba-lit qet. — *Ne bougez pas, ni peu, ni beau-coup*, ne fiñvit qet, ne fiñvet qet, na cals, na neubeud, ne gabalit qet, list ho cabal a-greñ. — *Ce débauché ne bou-ge pas du cabaret*, an dibochet-hont ne flaich qet eus an davargn, ar glouton-hont a so ataü èn ostalliry.

BOUGETTE, bougeden, *pl.* ou. *Al.* boulgan, *pl.* au.

BOUGIE, bougy, gouloüigou-coar. — *Bougie, chandelle de cire blanche*, gou-lou-bougy, goulaoüen-coar, *pr.* gou-lou-coar. *Van.* goleü-ooër.

BOUGRAN, *toile forte et gommée*, bou-garan, bougaren.

BOUILLANT, *qui bout*, a vérv, béro, bérv, berff. — *De l'eau bouillante*, dour a vérv, dour béro, dour bérv, dour bérff. — *Bouillant, ardent d'humeur, de tempé-rament*, birvidic, bouilhus. *Van.* bé-rûant, bérhüidant, oo'h, añ. — *Cet homme est bien bouillant*, terrupl eo bir-vidic an den-hont, bouilhus eo terrup an den-hont. — *Être tout bouillant de colère*, birvi gand coler.

BOUILLIR, birvi, *pr.* bervet. *Van.* bérhüeiñ, *pr.* bérhüet. *v. consumer.* — *Faire bouillir ou cuire quelque chose dans l'eau*, paredi, *pr.* paredet. *Van.* pare-deiñ. *Trég.* paredñi. — *Le sang lui bout dans les veines*, birvi a ra e e'head èn e

oaryed, bírvi a ra e voad èn c gorf ou
èn e voaryed, e voad a vérv èn e greiz.

BOUILLI, *qui a bouilli*, bérvet , béro. — *Du lait bouilli*, leaz bervet. — *De*
*l'eau bouillie*, dour-béro, dour-bervet.
— *Bouilli dans l'eau*, paredet. — *Du*
*bouilli, de la viande bouillie*, qycq béru.
berv, béro, qycq pared, qycq paredet.
— *Le rôti est plus sain que le bouilli*, ya-
c'huçzoc'h eo ar rost eguet ar béro, ne
deo qet qèr yeo'hedus ar o'hyoq-béro,
eo'hls ar c'hyeq-rost.

BOUILLIE, *de la bouillie*. Léon, yod.
*Ailleurs*, youd. *Van.* pouls, youd. *Al.*
puls, pap. — *Bouillie d'avoine ou bouil-*
*lie passée*, yod sizlet, yod-qerc'h , youd
sllet, youd-go. *v. mélange.* — *Bouillie*
*de froment*, yod güinis. *Van.* youd gunuh, youd gunih. — *Bouillie de lait*,
yod dre leaz; youd dre læz, cot, youd
cot. — *Bouillie de petits enfants*, pap,
papa, papaïcq, yodicq, yod bugale vunud. — *Bouillie de sarrasin*, yod güinis-
du, yod ed-du. — *Bouillie de millet*, yod
mèll. *Van.* pouls mèll, youd mèll, pouls.
— *Bouillie de seigle*, yod-segal, youd-
segal. — *Bouillie de châtaignes*, yod-
qistin, youd-qesten.

BOUILLON, *l'action de bouillir*, berff,
berv, béro, bérvadeñ, birvidiguez. —
*Il ne faut que deux ou t-ois bouillons*, ne
faut nemed daoû pe dry bèro, ne saut
nemed diou pe deyr bervadeñ. — *Le*
*pot bout à gros bouillons*, birvi caër a ra
ar pod. — *Bouillon, potage clair*, sou-
ben-sclær. — *Apportez-ici du bouillon*,
digaçzit soubeñ-sclær amâ. — *Bouil-*
*lon, potage sans pain*, boûilhonçz, *pl.* ou.
— *Prendre un bouillon rafraîchissant*,
qemeret ur boûilhonçz refresqus. —
*Bouillon de sang*, bouilh-goad, *pl.* ou. —
*Le sang sortait à gros bouillons de sa plaie*,
ar goad a zoûé a vervadénnou bras eus
e c'houly, dônet a rea sounnus ar goad
vès e c'houly, ar goad a ziredc a vouil-
hou bras eus e c'houly. — *Bouillon d'un*
*jet d'eau*, bouil-dour, *pl.* ou. — *Bouil-*
*lon, plante médicinale*, gore, an inam-
men. — *Bouillon blanc*, ar gorc-venn,
ar c'hore-venn, an inammen-venn.
*v. molène.* — *Bouillon noir*, gorc-du, ar

gore-du, ar c'hore-du, an inammen-du.

BOUILLONNEMENT, *action de bouil-*
*lir*, bérv, birvidiguez, bervadur.

BOUILLONNER, birvi-caër, *pr.* ber-
vet-caër; birvi qen na fu, birvi qen na
zeu èr mrs eus ar pod. — *Le sang*
*bouillonne dans les veines des jeunes gens*,
ar goad a vérv dreist musur è goazyed
an dud yaoûancq, hac y n'er c'hre-
dont qet.

BOULAIE, *lieu abondant en bouleaux*,
bézvennec. *pl.* bézvennegou; bévennec,
*pl.* bévennegou. *Trig.* béoüenec, *pl.*
béouennego.

BOULANGER, *faire du pain*, boulon-
gi, *pr.* boulongct; ober bara, *pr.* græt.

BOULANGER, *celui qui fait du pain*,
baraër, *pl.* yen; boulonger, *pl.* yen.
*Van.* pobér, *pl.* yon.

BOULANGÈRE, baraêrès, *pl.* ed;
boulongerès, *pl.* ed.

BOULANGERIE, baraêrez, *pl.* ou;
boulongery, *pl.* ou.

BOULE, boul, *pl.* ou. *Van.* boulen ,
boul, *pl.* eû. *Al.* globyn. — *Petite boule*,
boulic , *pl.* bouloûigou; boul-vihan,
*pl.* boulou-vihan. — *Jeu de boule*, c'hoa-
ry-boulou, *pl.* c'hoaryou-boulou. —
*Jouer à la boule*, c'hoary boulou, *pr.*
c'hoaryet. *Al.* hoari d'an boulou.

BOULEAU, *arbre*, bézvenn, *pl.* ed;
bévenn, *pl.* ed, ou. *Trig.* béoüeñ, *pl.*
béoüenno. *Van.* béücenn, *pl.* béüeu-
néû, béû. — *Du bouleau*, bézv, bézo,
coad bézo, coad-güeñ, coad béau. *Var.*
béû, coëd béû. — *Verge de bouleau*, guya-
lenn-bézo, *pl.* guyalennou-bezo.

BOULET, *boule de fer pour charger l*
*canon*, boled, *pl.* ou; boled-canol, *p*
boledou-canol. — *Boulet, la jointure l*
*plus près du paturon du cheval*, boul-tre
nd ar marc'h. — *Les entorses se font a*
*boulet*, ar fals-varchadsunou èn es
gueff è houl an troad.

BOULEVARD, *rempart*, bouloûard
*pl.* ou. — *Faire un boulevard*, sevel i
bouloûard, *pr.* savet.

BOULEVERSEMENT, *renversement*
disurz, *pl.* disurzou; cenohamand
bras, *pl.* ceinchamanchou-bras.

BOULEVERSER, lacqât peñ-evi

peñ. *pr.*,lecqéet: discarr dreist peñ d'an dodar, *pr.* discarret.

BOULIMIE, *faim désordonnée, dont l'odeur de pain chaud ou le manger d'un seul morceau guérit*, naoun-bara. *Le vulgaire appelle ce mal* faim-vale, *qui est une maladie de chevaux*, an divoalch, an affamyn.

BOULIN, *trou de pigeons dans un colombier*, toull-coulm, *pl.* toullou-coulmed. — *Boulin, trou d'échafaud*, toull-chaffaud, *pl.* toullou-chafaud.

BOULINE, *voile de biais pour recevoir le vent de côté*, boulin, goël-boulin, goël costezet. — *Vent de bouline*, avel voulin, avel-gostez.

BOULINER, *aller à la bouline*, boulina, *pr.* boulinet ; costeza an goëlyou, *pr.* costezet; ober costez a dreuz, ober costez a dreuz gand an goëlyou, *pr.* græt; loffi, *pr.* loffet; aloffi, *pr.* aloffet. — *Bouliner, biaiser dans les affaires; n'aller pas droit*, boulina, *pr.* et; costeza, *pr.* et. *v.* biaiser.

BOULON, *grosse cheville de fer*, sergeant, *pl.* ed; gougeon, *pl.* ou.

BOUQUET, *assemblage de fleurs arrangées*,boqed, *pl.* boqegeou, boqedou. *Van.* bocqed, *pl.* éü. *Trég.* bocqed, *pl.* bocqedo. — *Bouquet artificiel*, boqed livet , *pl.* boqedou livet ; boqed goude natur, *pl.* boqedou goude natur; bocqed artiviçz, *pl.* bocqedou artiviçz.

BOUQUETIÈRE, *celle qui fait et vend des bouquets*, boqederès, *pl.* ed.

BOUQUETIN, *bouc sauvage*, bouc'h-goëz, *pl.* bouc'hed-goëz.

BOUQUIN, *vieux bouc*, bouc'h-coz, *pl.* bouc'hed coz; coz-bouc'h, *pl.* coz-bouc'hed. — *Bouquin, vieux livre*, cozlevr, *pl.* coz-levryou.

BOURACAN, *gros camelot*, bouracan. — *Manteau de bouracan*, ur vantell bouracan.

BOURBE, laguenn, *pl.* ou; poull, *pl.* ou; fancqiguell, *pl.* ou; bouilhenn, *pl.* ou. *Van.* bouilhenn, *pl.* éu.

BOURBEUX, laguennus, fancqiguellus, oc'h, à. *Van.* boüilhonnus, oh, añ, aoñ. *Trég.* campouleunnus.

BOURBIER, *r. bourbeux*, bourbe.

BOURCETTE, *plante*, yalc'h ar persoun, bourcetès.

BOURDAINE, *arbrisseau qui sert à faire de la poudre à canon*, evlenn, *pl.* ed, evor. *Van.* evo. — *De la bourdaine*, evleñ, evor, coad-evor. *Van.* coët evo.

BOURDE, *mensonge*, bourd, *pl.* ou.

*BOURDER, *demeurer dans un bourbier, dans une montée*, scolya, *pr.* scolyet; colya, *pr.* colyet; cola, *pr.* colet. — *Bourder, demeurer court, parlant d'un prédicateur qui perd ses idées*, cola, *pr.* colet; chom ouo'h an drez, *pr.* chomet; coll pen e neudenn, *pr.* collet; coll e boëll, chomm dilavar. *v.* hésiter.

BOURDON, *bâton de pèlerin*, bourdon, *pl.* ou. — *Le bourdou de saint Jacques*,bourdon santJacqès,bourdon sant Jalm. — *Bourdon, grosse mouche-guêpe*, guêspeden-vras, *pl.* guêsped-bras. *v.* taon. — *Le gros bourdon*, corn-boud, ar c'horn-boud.

BOURDONNEMENT, *bruit des hommes et des mouches qui murmurent sourdement*, boudérez, *pl.* ou. — *Bourdonnement d'oreilles*, boudérez an divscoüarn. *Van.* corneréh an discoharn, bourdonnereh.

BOURDONNER, *faire un bruit sourd*, boudal, *pr.* boudet.

BOURG. *Léon*, bourg, *pl.* ou. *Ailleurs*, bourc'h, *pl.* ou. *En Léon ils disent encore* guyc, *mais toujours joint au nom de la paroisse; par exemple :* Guyc-Neventer,Guyc-Lan,Guyc-Névez, etc., *pour* Bourg-Neventer, Bourg-Lan, Bourg-Névez, etc.; *ils disent également* plou *comme* Plou-Neventer, Plou-Lau, Plou-Névez, etc.; *l'un et l'autre de ces deux mots se dit en latin*, guyc, *civitas, et* plou, *plebs*, plebs. Guyc *signifie proprement cité, d'où l'on a fait* Guyc-qadell, *citadelle, forteresse*. Plou *vient de* ploué, *campagne habitée, d'où l'on dit* var ar ploué, *à la campagne;* tud divar ar ploué *et* plouïs *et* ploüisis, ploüisyen, *gens de la campagne. Van.* bourh, *pl.* éu. *Trég.* bourh, *pl.* o.

BOURGADE, *gros bourg*, bourgadeñ, *pl.* ou.

BOURGEOIS, bourc'his, *pl.* yen-

*Van.* **bourhin**, *pl.* bourhisyon, bourhi-syan.

BOURGEOISE, bourc'hisès, *pl.* ed.

BOURGEOISIE, *le corps des bourgeois.* ar vourc'hisyen, bourc'hisyen-kær.—*Bourgeoisie, qualité des bourgeois,* bourc'hiséguez, güir a vourc'hiz.

BOURGEON, *bouton épanoui,* bronçz, *pl.* ou; brouçz, *pl.* ou; broust, *pl.* ou. *Van.* broncen, *pl.* bronç.

BOURGEONNER, *pousser des bourgeons,* brouza, *pr.* brouzet; brouçza, bronçza, brousta, *ppr.* et; didinvi, *pr.* didiñvet; didiñvi *de* teon, *scéra. Al.* tiñva, *pr.* tiñvet, *qui vient également de teon, mais qui ne se dit à présent, que je sache, que de la chair qui revient à une plaie qui se guérit. Van.* bronceiñ, *pr.* bronçet.

BOURGMESTRE, *premier magistrat des villes de Flandre, de Hollande et d'Allemagne,* bourgmæstr, *pl.* bourgmistry; mear, *pl.* meared, mæred. — *Bourgmestre, bourgeois considérable d'une ville de Bretagne,* bourgmæstr, *pl.* bourgmistry, ur mailh bourgmæstr.

BOURRACHE, *plante,* caulgaro. *v.* buglose. — *Une feuille de bourrache,* caulen-garo, un delyen caul-garo.

BOURRADE, *coup que l'on porte à quelqu'un,* taul-feucq. *pl.* taulyou-feucq; taul-peucq, *pl.* taulyou-peucq; taul-focq, taul-foc'h, *ppl.* taulyou, etc.; taul peuc *est le meilleur mot.* — *Donner des bourrades, bourrer quelqu'un,* peucqa-ur re-bennao, *pr.* peucqet; feucqa ur rè, *pr.* feucqet; rei taulyou peucq, rei taulyou-feucq, *pr.* roët; peucqa *est le meilleur mot.*

BOURRASQUE, *tempête soudaine et violente,* tourmand bras ha prim, *pl.* tourmanchou bras ha prim; barr avel, *pl.* barrou avel.

BOURRE, *poils de bœuf, de vache, etc.,* bourell. — *Bourre, ce qui se met sur la poudre, en chargeant un fusil,* bourell.

BOURREAU, *maître des hautes œuvres.* bourréau, *pl.* bourrévyen. *Van.* borév, *pl.* bourrévyon, bourrévyan. — *On appelle le bourreau maître des hautes œuvres, parce qu'il travaille ordinairement, et principalement en hauts lieux; et le vi-*

dangeur *d'une ville, maître des basses œuvres, parce qu'il fait son office en bas lieux,* al bourreau a c'helveur mæstr an oberyou-uhel, dre'n abeo ma ra e daulyou-micher peurvuyâ e leac'h uhel; ha scarzer ar privegeou a henveur mæstr an oberyou-isel, abalamour ma ra e garg è leac'h-isel. — *La femme du bourreau,* gree ar bourréau. — *Brave comme un bourreau qui fait ses pâques,* güisqet-mad evel ar bourréau pa ez a da ober e basq.

BOURRÉE, *petit fagot de menu bois,* fagodeñ-brinçzat, *pl.* fagodennou.

BOURRELER, *tourmenter,* bourrévya, *pl.* bourrévyet; goal-dourmanti, *pr.* goal-dourmantet. *Van.* bourréüeiñ, *pr.et.-Être bourrelé par l'image de son crime,* beza bourrévyet gand ar sonch eus e dorfet, *pr.* bet.

*BOURRELLERIE, *tourment,* bourrévyaich, bourrévyez.

BOURRELET, *pour se coiffer* bourled, *pl.* ou. *Al.* bourrelled.*pl.* au.— *Bourrelet de docteur, de magistrat,* bonrled, *pl.* ou; cabell, *pl.* ou.—*Bourrelet d'enfant,* bourled, *pl.* ou. — *Bourrelet de chevaux de charrette, collier,* goacoll, *pl.* you; bourellenn, *pl.* ou. *Van.* bourel, *pl.* eü; er vourel. *v.* attelles.—*Bourrelet qui se met sur la tête des bœufs pour soutenir le joug,* coldre, *pl.* ou; couldre, *pl.* ou; tocq-egenn, *pl.* tocqou-egeñed.

BOURRELIER, *qui fait des harnois,* boureller, *pl.* yen; goacolyer, *pl.* yen.

*BOURRELLE, *femme de bourreau,* grec ar bourréau, ar vourrévès.—*Van.* bourréües, er vourréües.—*Bourrelle, femme cruelle et inhumaine,* bourrévès, *pl.* bourrévescd.

BOURRER, *mettre de la bourre,* bourrella, *pr.* et. — *Chaise bourrée,* cadorvourell, *pl.* cadoryou-vourell; cadorreun, *pl.* cadoryou-reun. — *Bourrer, donner des bourrades. v.* bourrade.

BOURRIER, *brin de paille,* pailhéür. — *Bourriers, ordures mêlés avec le blé,* atred. *pl.* atregeou; pailhéür.

BOURRIQUE. *v.* ânesse.—*Bourrique, instrument de maçon,* cravaçz mançzouer, *pl.* cravaçzou mançzoner.—*Bour-*

*rique, instrument pour placer les ardoises,* caçzed, ur chaçzed , *pl.* caçzedou.

**BOURRU.** *v. bizarre.* — *Vin bourru*, güin-güen douçz ne deo qet dilyet, güin-foll, güin drouc-ha-mad.

**BOURSE,** yalc'h , *pl.* ilc'hyer. *Van.* yalh, *pl.* eù. *Al.* purs, bours.—*Petite bourse,* yal'chic, *pl.* ilchyerigou. —*La bourse de Judas,* yalc'h Yuzas.—*Bourse commune,* yalc'h boutin. — *Bourse d mettre les cheveux,* stoliquen, *pl.* ou.— *Bourse d l'évêque, plante,* yalc'h a persoun. — *Bourses, le scrotum,* lyanenguicq un dèn.

**BOURSIER,** *qui fait et vend des bourses,* yalcher, *pl.* yalchéryen.

**BOURSILLER,** *se cotiser pour une dépense commune,* lacqaat guevret ou lacqât qement-ha-qement , evit æchui ur som , *pr.* lecqéet; sevel ur som divar' pep hiny, *pr.* savet. *Van.* him gotiçzeiñ , *pr.* him gotiçzet.

**BOURSON,** *gousset,* boursicod, *pl.* ou. *Van.* boursicod, *pl.* boursicodeù.

**BOURSOUFLÉ,** *ée. enflé par suite de maladie ,* c'huēzet , coêuyet.

**BOUSE,** *fiente de bœufs et de vaches,* beuzeul, beuzel, bouzel. *Van.* bouzilseūt. — *La bouse est propre contre les piqûres des mouches à miel et pour résoudre les apostumes,* ar beuzeul a so mad ouc'h flémmadur ar guēnan hac evit lacqât ar gorou da darza.—*Bouse pour brûler,* glauoēd , beuzeul.

**BOUSILLAGE,** *construction faite de terre et de boue,* pryenn, *pl.* pryennou.

**BOUSILLER,** sevel un ty doūar, *pr.* savet.

**BOUSILLEUR,** *qui fait des bousillages,* mançzoner-pry,*pl.* mançzonéryen-pry.

**BOUSSOLE,** *cadran de mer ,* compas, *pl.* you; nadoz-vor, *pl.* nadozyou-vor; cadran-vor , *pl.* cadranou-vor.—*Noms des vents : nord,* nort; *nord nord-est,* bis-nort; *nord-est,* bis; *est nord-est,* bis reter; *est,* reter; *est sud-est ;* reter guevret; *sud-est,* guevret; *sud sud-est,* suguevret; *sud,* sud, su; *sur sur-ouest,* su-mervent; *sur-ouest,* mervent, sul-vest; *ouest sur-ouest,* mervent cornauo; *ouest,* cornauo; *ouest nord-ouest,* goa-lorn-cornauo; *nord - ouest,* goalorn, goalern; *nord nord-ouest,* nor-goalorn. —*Il y a seize autres vents aisés à suppléer, savoir : les quarts, qui s'appellent* palevarz-avel, *et les demi-quarts, qui s'appellent* hanter-palevarz-avel.

**BOUT,** *extrémité,* peñ. *Van.* peen, blin.—*Les bouts , les extrémités ,* ur pennou. *Van.* er penneù, er blineù.—*Les deux bouts,* an daou-benn, an naou-benn. *Van.* en deù beeñ, en deù blin.— *Petit bout,* pennic, *pl.* pennouigou. *Van.* peennic, peennigueù.—*Les bouts de la poutre sont pourris,* brein eo an naou-benn eus an treust.— *Le bout de la maison,* penn an ty. — *Le bout de la rue,* penn an ru, penn ar ru.—*Le bout d'en-haut,* ar penn uhélâ, ar penn diouc'h an neac'h *ou* diouc'h creach, ar penn.—*Le bout d'en-bas,* ar penn iséla, ar penn diouc'h traouñ , al lost.—*Bout pour bout,* pep eil penn, penn evit penn. *Van.* id.—*Le bout du nez,* penn an fry *ou* ar fry.—*Bout à bout,* penn-ouc'h-penn. *Van.* peen-oh-peen. — *Bout de corde,* penn-cordenn, penn-fard.— *Toucher du bout du doigt,* toñioh gand penn ar bis *ou* gand penn ar bès, *pr.* toüichet. — *Goûter du bout des lèvres,* tañva gand pennic an téaud *ou* gand beguic an téaud, *pr.* tañvet, tañvoet. —*Je l'avais tout-à-l'heure sur le bout des lèvres,* edo bremaïcq var benn va sâaud. —*Jusqu'au bout,* bede'r penn, bede'r pal, bede'r fin.—*Depuis un bout jusqu'à l'autre,* penn-é-benn, penn-da-benn, hed-ha-hed, a-daleq an eil penn bed' eguile. *Van.* penn-der-benn.—*Au bout de quinze jours,* a-benn pemzeo deiz.— *Bout de l'an,* penn-bloaz, penn ar bloaz, penn-blizeñ, penn-lizenn. blizen, *id est ,* bloazen, blæzen, blizen, *année , et de* blizen *, par syncope,* lizen.—*A tous bouts de champ,* da bep-eur, da bepmare, da bep-moumént, atau, hep cecz. — *Venir à bout de quelque chose,* dont a benn vès a un dra-bennac, *pr.* deut.—*Je n'en puis venir à bout,* ne allañ qet outy, ne allañ qet dont a benn a-nezâ, *ou , si c'est un féminin,* anezy.— *Pousser la patience de quelqu'un à bout ;*

lacqàt ur re da goll pacyandcd , *pr.* lecqéet; countraign ur re da gahout pa-
, cyanded Doüe , *pr.* countraiguet.

BOUTADE, *caprice*, pennad , *pl.* ou;
froudenn , *pl.* ou. *Van.* fantasy, peennad , *pl.* eü. r. *fougue.* — *Suivre sa bou-*
*tade*, mônet a rauc e benn, *pr.* éet, eat;
heul e bennad , *br.* heulyet. — *Sujet à*
*des boutades*, froudennus, pennadus,
oc'h , à. *Van.* peennadus, oh , aû. —
*Boute-feu, incendiaire* , eûlanèr, *pl.* yen.
— *Boute-feu, querelleur*, eûtanèr, *pl.*
yen; atiser-tan, *pl.* atiséryen-tan.

BOUTEILLE, boutailh , *pl.* ou. (*B.-*
*Léon*, boutouilh , *pl.* ou. ) ur voutailh,
ur voutouilh.—*Petite bouteille*, boutail-
hic, *pl.* boutailhouigou. — *Plein une*
*bouteille*, boutailhad , *pl.* ou. — *Une*
*bouteille de vin*, ur voutailhad-guin.

BOUTIQUE, stal, *pl.* stalyou; bou-
ticl, *pl.* ou. *Van.* stal, *pl.* yeü, staléu.
—*La pierre de la boutique sur laquelle on*
*étale*, mæn-stal. *Van.* id. — *Étaler les*
*marchandises d'une boutique*, stalya , *pr.*
et; stala, *pr.* et. *Van.* staleiñ, *pr.* et.—
*Fouetter sa boutique, dépenser ce qu'on a,*
foèta e drantell, foèta e dra , *pr.* et ;
teuzi e oll-dra, *pr.* teuzet; bévezi e vadou, *pr.* et. *Van.* fuédteiñ e vouticq,
*pr.* foēdtet.

BOUTOIR, *instrument de maréchal,*
parouer, *pl.* ou; raclouer, *pl.* ou.

BOUTON *d'habit*, nozélenn, *pl.* ou;
bouton, *pl.* ou.—*Bouton de fleurs*, bou-
tounenn, *pl.* ou. v. *bourgeon.*—*Bouton*
*qui vient au visage*, bulbüen-ruz, *pl.* ou;
drean-qycq , dræn-qycq, *ppl.* dræin-
qycq. — *Nez plein de boutons*, fry bulbuennecq, *pl.* fryou bulbuennecq;
fry-ruz, *pl.* fryou-ruz; fry ruz-glaou ,
fry leun a zræin-qycq.—*Visage couvert*
*de boutons*, dremm-ruz, *pl.* dremmou-
ruz; façz goloët gand dræin-qycq, bisaich bulbuennecq. — *Serrer le bouton*
*à quelqu'un, le presser avec vigueur*, star-
da-caèr ur re , *pr.* stardet ; goascqa-
stard ur re , *pr.* goascqet-stard; discounta boutonou ur re, *pr.* discountet.

BOUTONNER, boutounénni, *pr.* et.
v. *bourgeonner.*—*Boutonner un habit*, no-
zelénna, *pr.* et ; boutoni, *pr.* et.

BOUTONNIER, *qui fait des boutons*
boutonèr, *pl.* boutonéryen.

BOUTONNIERE, *ouverture pour les*
*boutons*, toul-bouton, *pl.* toullou, etc.

BOUTURE, *branche qui, replantée,*
*prend racine*, coad-red , scoultric-red .
*pl.* scoultrigou-red. — *Fruit d'un arbre*
*tenu de bouture*, froüez-red.

BOUVERIE, *étable de bœufs*, staul au
egenned, craoü an egenned, craoü an
oulien.

BOUVET, *rabot à rainure*, boved ,
*pl.* bovedou.

BOUVIER, *qui soigne les bœufs*, bouffare, *pl.* bouffaréyen, bouffaregued ;
pautr ar saoüd , *pl.* pautred, etc. ; buguell an saoüd, *pl.* buguellyen, etc.—
*Bouvier, grossier , rustre , mal-propre,*
bouffare,*pl.*bouffareyen, bouffaregued

BOUVIERE, v. *vachère.*

BOUVILLON, *jeune bœuf.* B.-*Léon*,
cogenn , *pl.* ed; *id est,* hogos-egenn,
*presque bœuf.* v. *bœuf.*

BOYAU, *partie de l'animal qui reçoit*
*les excréments*, bouzellenn, *pl.* bouzellou; buëlen, *pl.* boëlaou, boëlou. *Van.*
boëllen, *pl.* boëlleü.—*Certains boyaux,*
certen bouzellennou. *Van.* boëlleneu.
*Treg.* boëleuno. — *Gros boyaux* , ar
bouzellou bras. *Van.* er boelleü bras.—
*Les boyaux grêles*, ar bouzellou munud. *Van.* er boëlleü bihan.—*Le boyau*
*colon ou culier*, bouzellen an réfr. *Léon*,
an youl-lec'h. *Van.* boëllen èr reür.—
*Tripes et boyaux*, stripou ou stlipou ha
bouzellou, stlipaou ha boëlaou. — *Ar-*
*racher les boyaux*, divouzella, *pr.* divou-
zellet. *Van.* diboëlleiñ, divoëlleiñ, *ppr.*
et.

BRACELET, *ornement de bras*, jaden-
nic, *pl.* jadennouigou; jadennic-bre-
ac'h, *pl.* jadennouigou-divreac'h.

BRACHMANES, *prêtres et philosophes*
*indiens*, bæléyen au Indès, ministred
an Indesidy.

BRAI, *goudron noir*, braē, tær-du.
*Van.* goüiltron-du, bré.

BRAIES, *haut-de-chausses*, braguez,
bragou.

BRAILLER, v. *criailler.*

BRAIRE, *pour exprimer le cri de l'âne,*

ĥinnoaĺ, *pr.* ĥinnoĕt; breŭguĭ, *pr.* ɔreuguet; braĕĥat, *pr.* braĕllet; scri-ɟcaĺ, *pr.* scriget. — *L'action de braire*, ĥinuod, breuguerez, scrigérez, scri-geadur, braĕlladur.

BRAN, *du son*, breñ. — *Un brin de bran*, brenneñ, *pl.* breñ. — *Bran de Judas. v. rousseur.*

BRANCARD, brancqard, *pl.* ou. Ce mot vient de bral-carr, *branlement de charrette. Al.* fyertr, *pl.* au.

BRANCHAGE, brancqou, barrou, brancqoũigou, barroũigou, branqaich, braĥcqajou.

BRANCHE, brancq, *pl.* on, éyer; barr, *pl.* ou. *Van.* brancq, *pl.* eũ. — *Branche coupée pour faire des fagots, etc.*, scoultr, *pl.* ou; discoultr, *pl.* ou; scourr, *pl.* ou; scoultrou-guĕz, *pl.* scourrou-guĕz. — *Petite branche*, brancqic, *pl:* brancqoũigou; barric, *pl.* barroũigou; scoultric, *pl.* scoultroũigou. — *Branche d'olivier*, barr-olivès, barroliff. — *Branche de palmier*, barr-palmès. — *Branche de laurier*, barr-lore. — *Branche de myrthe*, barr-mytrès. — *Branche de vigne qui a du fruit*, barr-résin. — *Branche de vigne sans fruit*, barr-guïny. — *Branches de vignes mortes ou coupées*, guïnyseac'h.

BRANCHER, *pendre d'un arbre*, crouga ouc'h ur vezeñ, *pr.* crouguet; scourra ouc'h ur vezeñ, *pr.* scourret; lacqát da vervel è scourr ouc'h ur brancqbennaŏ, *pr.* lecqéet.

BRANCHU, e, brancqec, barrec, oc'h, á.

BRANDAN, *nom d'homme*, Brevalarz. En latin, Brandanus. — *Saint Brandan ĥait de la Grande-Bretagne*, sant Brevalarz ou Brevalez a yoa eus a Vreiz-Veur. — *Le nom de Brandan est fort commun en Léon*, an hano a Vrevalazr a so ĥtancq ha paut èn escoply a Leon.

BRANDEBOURG, *grosse casaque*, ur ɔrandebourg; manteĺl disc'ĥlao, *pl.* mentell disc'ĥlao.

BRANDILLEMENT, *agitation*, branɔcĥadur, brancélléres, ĥorelladur.

BRANDILLER, *se brandiller*, *s'agiter en l'air sur des branches nouées, sur une ɔorde, etc.*, brancellat, *pr.* brancellet;

horellat, *pr.* horrellet; em vrancellat, *pr.* em vrancellet; orgellat, *pr.* orgellet.

BRANDILLOIRE, *ce qui sert à se brandiller*, brancell, *pl.* ou. *Van.* id., *pl.* eũ; orgell, *pl.* orgellou.

BRANLE, *mouvement de ce qui branle*, brall, lusq, qeulusq, brancelladur, orén. *Van.* orein, ur brein. — *Le branle d'une cloche*, brall ar c'ĥloc'ĥ, bole ar c'ĥloc'ĥ. — *Le branle d'un navire*, brall al lestr, brancelladur al lestr. — *Donner le branle à une affaire*, rei ar brall da un æffer, rei al lusq da un dra, *pr.* roĕt. — *Branle, sorte de danse en rond*, brall, brall-camm, brall-camm. — *Danser un branle*, ober ar brall-cam, *pr.* grœt; dansal ur brall ou ur brœll, *pr.* danset. — *Branle, lit suspendu par des cordes sous le pont du vaisseau*, cabaueñ, *pl.* ou; brancell, *pl.* ou; gũele-scour, gũele-ispilh, *pl.* gueléou, etc.; brall, *pl.* ou.

BRANLEMENT. *v. branle.*

BRANLER. *v. trembler.* — *Branler, mouvoir, secouer, agiter*, hegea, *pr.* heget; qeulusqi, *pr.* qeulusqet. — *Branler la tête*, hegea e benn, orgellat e benn, *pr.* orgellet. — *Branler, chanceler*, orgellat, *pr.* orgellet; brancéllat, *pr.* brancellet; pencana, *pr.* penncanet; horellat, *pr.* horellet. *Van.* brancellat, horiqellat, coriqellat. — *Il a tant bu, qu'il en branle*, qement èn deus evet, ne ra nemed orgellat ô vonet d'ar guœr; qer mad eo evet dezá, ne guerz nemed èn ur vrancellat; penncana a ra gand e goffad guïn; ar guïn el lusqa da hanvellat. — *Si tu branles, je te tue, dit le voleur*, mar flaiches, eme ar brigand, me ez laz ou me az laz. — *Branler dans le manche, n'être pas ferme dans sa résolution*, orgellat, *pr.* orgellet; balanci, *pr.* balancet; beza arvar, *pr.* bet. — *Celui qui branle*, qeulusqer, heger, orgeller, branceller, flaicher, balancer, *ppl.* yen; nep a vrancell, à hech, etc.

BRAQUEMART, *épée courte et large*, braoqémard, *pl.* ed.

BRAQUER, *pointer un canon*, bracqal, *pr.* bracqet ar c'ĥanolyou; poenta ar e'banolyou, *pr.* poëalot. ·

**BRAS**, *membre du corps*, breac'h, *pl.*
diou-vreac'h; bræc'h, *pl.* diou-vræc'h.
*Van.* breh, *pl.* diü vreh.—*Les bras, les deux*
*bras,* an diou-vreao'h , an diou-vræc'h,
an niou-vreac'h, an niou vræc'h—*Petit*
*bras,* breac'hio, *pl.* divreac'hio; bræc'hic,
*pl.* divræc'hio. *Van.* brehioq, *pl.* diüvre-
hicq dehéu.—*Bras droit,* breac'h dehou.
*Trég.* bræhdeho. *Van.* breh dehéü.—*Bras*
*gauche,* breac'h cleiz. *Van.* breh cléy.
— *Le grand os du bras,* guērzyd vras an
vreac'h. — *Le petit os du bras,* guērzyd
vihan an vreac'b. — *Le petit fossile de*
*l'avant-bras,* azcôrniq'moan ar vreac'h.
— *Les os des bras,* guērrydy an divreac'h. — *Le partie charnue du bras,* coff
an vreac'h. — *Se rompre le bras,* terri
e vreac'h, *pr.* torret. — *Il a le bras en*
*tcharpe,* beza ez ma ou bez' e ma, e
vreac'h gand ha èn eûchelp, *pr.* bet.
— *Il s'en va les bras pendants,* qerzet a
ra, e ziyreac'h a ispillh ; peurvuyā ez
a, evel ul landreand, gand e zivræc'h
a ispillh. — *Etendre les bras,* astenn an
divræc'h, *pr.* astennet. — *Bras d'une*
*chaise,* breac'h an gador, *pl.* divreac'h.
— *Bras de mer,* bræc'h-vor, *pl.* bræ-
c'hyou-vor; goazenn-vor, *pl.* goazen-
nou-vor; goazyonn-vor, *pl.* goazyennou-
vor; goaz-vor, *pl.* goazyou-vor; froud-
vor, *pl.* frougeou-vor; canol-vor, *pl.* ca-
nolyou-vor. — *Le bras de Dieu s'est ap-*
*pesanti sur ce criminel,* Doüe èn deus as-
ténnet e vreac'h var ar reuzeudic-ze.
—*Se jeter entre les bras de la miséricorde*
*de Dieu,* en em deurel eûtre divreac'h
an autrou Doüe, *pr.* èn em daulet;
em laeqât dindan trugarez an autrou
Doüe, *pr.* em lecqéet. — *Le bras sécu-*
*lier, la puissance temporelle et laïque,* ar
varnéryen licq, justice ar'roüe. — *On*
*l'a abandonné au bras séculier,* lecqeat eo
eñtre daoüarn ar varneryen licq ou eñtre daoüarn-justiçz. — *Lông comme le*
*bras,* qen hirr hac ar vræc'h. — *Il lui*
*a donné un soufflet à tour de bras,* ur vo-
e'had èn deus distaguet diountâ ar
c'haërâ, ur bouguennad èn deus dia-
velen dioutañ *ou* diouty gand oll uerz
e vræc'h.

**BRASIER**, *la braise du feu,* regu
zen, *pl.* reguez. — *Brasier,* réchaud
brasoüer, *pl.* ou.

**BRASSARD**, *armure ancienne qui cou-*
*vrait les bras d'un cavalier armé,* harne
an divreac'h.

**BRASSE**, *la longueur des deux bra*
*étendus,* goured, *pl.* ou, *id est,* goured
*longueur d'homme, qui est la même qu*
*celle de ses bras étendus ; de* gour, *hom-*
*me, et de* hed, *longueur; aussi écrira:*
on gour-hed. *Van.* id., *pl.* éü. — *Un*
*brasse se compte cinq pieds, douze brasse*
*soixante pieds,* ur goured *ou* ur gourhed, a gountér pemp troadad ha daouzec goured, tri - uguent troadad
hed. — *Mesurer avec une sonde la mer,*
*pour savoir combien elle a de brasses de*
*profondeur,* goureda er mor, *pr.* goure-
del; gour-heda, *pr.* gour-hedet.

**BRASSÉE**, bryad, *pl.* ou ; breyad.
*pl.* ou ; brehad, *pl.* ou. *Le premier mot*
*est le meilleur. Van.* brehad, ur vrehad,
*pl.* brehadeü. — *Brassée de paille, de*
*bois, etc.,* ur vryad colo, ur vryad qeuneud, etc. , *pl.* bryadou colo ou qeuneud, etc. — *Prendre à brassée,* qeme
ret a vryad, *pr.* id.

**BRASSER**, *faire de la bière,* ober byèr
*pr.* græt; birvi bèr, *pr.* bèrvet; breçza
*pr.* breçzet. — *Brasser la mort de quel-*
*qu'un,* lacqât e study da gâhout buez
ur re, *pr.* lecqéet.

**BRASSERIE**, *lieu où l'on fait la bière,*
breçzérez, *pl.* ou.

**BRASSEUR** *de bière,* breçzèr, *pl.* yen
byerér, byerour, *ppl.* yen.

**BRASSEUSE,** *femme de brasseur,* breç
zerès, *pl.* ed.

**BRASSIÈRES,** roqeden-maoüès, *p*
roqedennou-maoües. *H.-Corn.* mao
chaou, manchau.—*Brassières, espèce d*
camisole de nuit, roqedenn-nos, *pl.* ro
qedennou-nos.

**BRASSIN,** *cuve pleine de bière,* béo
lad-byér, *pl.* béoladou-byér; breçzad
*pl.* breçzadou. — *Brassin, vaisseau où*
*les brasseurs font la bière,* breçz, *pl.* ou
béol-breçz, *pl.* béolyou-breçz. ·

**BRAVADE,** *menace d'un fanfaron*
fougaçzérez, *pl.* fougaçzerezou, ma

aaupz fougaçzus , *pl.* ou fougaçrus.

, BRAVE, *courageux*, vailhant, calou-necq, conraichus, oc'h, â. — *Brave*, *honnête; galant*, honest, gracius, oc'h, â; un dèn-brao, un dèn a fæçzoun, *pl.* tud vrao, tud a fæçzoun. *v. beau.* — *Brave, leste, bien vêtu*, brao, mistr, güisqet-mad, oc'h, â. — *Être brave, leste*, bragal, *pr.* braguet ; beza brao, beza mistr, beza güisqet-mad, *pr.* bet. *Trég.* beañ brao. *Van.* bout braū. — *Faire le brave, le fanfaron*, fougueal, *pr.* fouguéet ; fougaçzi , *pr.* fougaçzet; pompadi, *pr.* pompadet; bugadi, *pr.* bugadet ; ober bugad, *pr.* græt. *Van.* çobér e bautr.

BRAVEMENT, *de la bonne sorte*, mañvicq, a dailh, a fæçzoun, evel ma dere.

BRAVER, *insulter, se moquer*, ober aë eus a ur re, *pr.* græt: disprizout ur e, *pr.* disprizet; comps diver faë ouc'h ur re, *pr.* compset; dispriza ur re-ben-ıac.

BRAVERIE, *beaux habits*, braguerez, ravéntez, guiscamanchou-caër, dilad-brao.

BRAVOURE, *valeur*, vailhandiçz, ailhantiçz.

·*BRAYE, *instrument à broyer le lin et le chanvre*, braë, *pl.* ou; bræ, *pl.* ou. *C'est ce qu'on appelle ailleurs* : brisoir; *e même que* briser, *pour* brayer.

*BRAYER, *concasser le lin et le chanvre avec une braye*, braëat, *pr.* braëet; bræat, *.*. bræet. — *Celui qui braye*, braëer, *pl.* cn; bræour, *pl.* yen. — *Celle qui braye*, raëeres, *pl.* ed. — *L'action de brayer*, raëeadur, bræeadur.

BRAYER, *enduire un vaisseau de brai*, raëa, *pr.* braëet. *Van.* coüiltronneiû, *.* coüiltronnet.

BRAYETTE, *fente de haut de chaus-s*, toull-braguez.

BRÉ, *mont près Guingamp*, Mene-Brè, *est.* mone-braur, *à cause de l'ermite* int Hervé, *dit* breur, *moine*.

BREBIS, *femelle du bélier*, dañvadès, . ed; dávadès, *pl.* ed. *Van.* avad, *pl.* eved, devend. — *Brebis, faisant abs-* action du mâle et de la femelle, dañvad, deûved; dávad, *pl.* dêved; ur pean-

dañvad, *pl.* peñnou-dêved; peañ-dê-ved, *pl.* dêved. *Van.* peen-deved, *pl.* deved. *v. mouton*. — *Brebis galeuse*, peñdañvad galus, *pl.* pennou-dêved galus; ur peñ-dêved galous, *pl.* dêved galous. — *Notre Seigneur dit à saint Pierre, et en sa personne à ses successeurs : pais mes brebis*, hen Salver a lavaras da sant Pezr, e vicqal èn doüar, hac è memes'am-ser d'ar re a vezè e vicqælyen e c'hou-de : pasqa vâ dêved, ro dézo ar boëd spirituel hac ar c'heleñadurezyou ne-cecezerr evit silvidiguez o enêou.

BRÈCHE, *rupture de quelque partie d'une clôture*, disao'h, *pl.* disac'hou; disac'hadur. *Van.* breic'h. — *Brèche faite par violence*, freuz, *pl.* ou; frez, *pl.* ou, freuzadur; difreuz, *pl.* difreuzyou, difreuzadur. *Al.* brisq *et* brix; *de là*, bresq, brex *et* brusq, *cassant*. — *Faire une brèche dans une muraille de ville as-siégée*, ober un difreuz e muryou-kær, *pr.* great, græt. *Al.* ober ur brisq, ober ur brix, ober ur brux, ober ur brusq. — *Une petite brèche dans une muraille de ville*, un toul-freuz, *pl.* toullou-freuz; un difreuzic, *pl.* difreuzoüigou. — *Dé-fendre la brèche*, difeñ an toul-freuz, difeñ an difreuz, *pr.* difennet. — *Brè-che, crevasse dans une muraille causée par un ventre*, bolseñ, *pl.* bolsennou; scar-bolsennecq, *pl.* scarrou-bolsennecq, bolseñ disac'het. — *Brèche, ouverture dans un fossé pour le passage d'une seule bête à la fois*, ode, *pl.* odéou; toull-sa-oud, *pl.* toullou-saoud; ribincq, *pl.* ou; ribin, *pl.* ou. — *Brèche, entamure, di-minution*, boulc'h. *Van.* boulh, breich. — *Il a fait une grande brèche à ce pain*, ur boulc'h terrupl èn deus græt d'ar ba-ra-mañ, ur frapad terrupl èn deus roët d'ar bara mañ.

BRECHE-DENT, *à qui il manque des dents, surtout sur le devant*, ratous, *pl.* ed.

BRECHET, *extrémité inférieure du sternum*, brennid; *pl.* ou; brénid , *pl.* ou; bruched, *pl.* ou. — *Cachez votre bréchet*, serrit ho prénid, serrit ho pru-ched.

BREDOUILLEMENT, *vice de langue qui empêche de prononcer bien*, balbouetrez, tatoûilhéres. *Van.* balibousach.

**BREDOUILLER**, *prononcer mal*, bal-bousa, *pr.* balbouzet. *Van.* balibouseiñ, *pr.* balibouset ; tatoûilhat, *pr.* tatoûilhet. *v. bégayer.*

**BREDOUILLEUR**, balbouzèr, *pl.* yen ; tatoûilher, *pl.* yen. *Van.* bali-bous, balibousér.

**BREDOUILLEUSE**, balbouzerès, *pl.* ed; tatoûilherès, *pl.* ed. *Van.* bali-bouses, *pl.* ed; balibouseres, *pl.* ed.

**BREF**, *lettre pastorale du pape*, bref a-berz ar pap, *pl.* brefou. — *Bref, en t. de marine*, brieuz, brëou. *o.* brieuz. — *Bref, qui est de petite étendue*, berr, oc'h, â. — *Un bref délai*, un termen berr.— *Bref, dans peu de temps*, è-berr, è berr-amser, ê verr, ê verr-amser. — *Bref, enfin, pour abréger*, èn ur guer, evit di-verrât, èn ur guerr, hae ur guerr a daiv cant.

**BREHAIGNE**, *stérile*, brehaign, *pl.* ed. *Van.* brehaigu, marhaigu. — *Biche brehaigne*, hyezès brehaiga, *pl.* hye-zesed brehaigu.—*Brebis brehaigne*, dâ-vadès brehaigu, *pl.* ed brehaigu.

**BRELAN**, *sorte de jeu de cartes*, ber-lan, c'hoary-berlan. — *Brelan, lieu où 'on tient académie pour le jeu*, tablez, *pl.* tablezou.

**BRELANDIER**, brelandièr, *qui tient académie pour le jeu*, tablezèr, *pl.* yen; tablezerès, *pl.* ed. — *Brelandier, qui fréquente le jeu*, c'hoaryèr, *pl.* yen.

**BRELANDIÈRE**, *joueuse*, c'hoarye-rès, *pl.* c'hoaryeresed.

\* **BRELIQUE-BRELOQUE**, *inconsi-dérément*, bourlicq-ha-bourlocq.

**BRÊME**, *poisson d'eau douce*, bremm, *pl.* bremmed.

\* **BRENACHE**, *oiseau de mer*, garre-ly, *pl.* ed. *Ce mot vient de* prennaich, *qui tient du bois*, proun; *ou de* brei-naich, *pourriture.*

**BRENEUX**, *sale*, brénnec, *pl.* brén-negued; *de* brenn, bran, *de même que* broneux.

**BRESIL**, *pays de l'Amérique méridio-nale*, Brisilh, ar Brisilh. — *Bois de Bré-sil, bois rouge*, coad-Brisilh. — *Tabac de Brésil*, butum-Brisilh.

**BREST**, *ville et port de mer en Basse Bretagne*, Brèst. — *La ville de Brest*, ... guear a Vrèst. — *La tour de César* ... château de Brest, tour Cesar, tour sav... bet gand Cesar. — *La rade de Brest*, rad Brèst. — *L'entrée de la rade, le go...* let, mulgul, ar mulgul.

**BRETAGNE**, *province de France, au-trement dite Bretagne Armorique*, Breyz Breyz-Arvoricq, ar brovinçz a Vreyz *Van.* Breih. *Ce nom de Breiz peut venir de* Briz, *qui veut dire coloré, peint de di-verses couleurs; s'il est vrai, comme quel-ques-uns ont prétendu, que les anciens Bre-tons se peignaient le corps comme les Pic-tes d'Ecosse.*— *Qui est de Bretagne*, Brey-zad, *pl.* Breyzis; Breton, *pl.* ed. *v. pein-côte.* — *Haute-Bretagne*, Breyz-Uhel, Bro-Gall, Bro-C'hall, Bro ar C'hallao-ued, Gore-Breyz. — *Habitant de la Hau-te-Bretagne*, Breyz-Uhélad, *pl.* Breyz-Uhélis; Gall, *pl.* Gallaoued, Gallaouis — *Basse-Bretagne*, Breyz-Isel, Traou-Breyz. — *Qui est de la Basse-Bretagne*, Breyz-Isélad, *pl.* Breyz-Isélis; Bretos *pl.* ed. — *Le parlement de Bretagne*, par-lamand-Breyz. — *La Grande-Bretagne*, Breyz-Meur, Breyz-Veur. *Van.* Breih Mer. *v. Angleterre.* — *La Grande-Bre-tagne était autrefois une pépinière de saints*, Breyz-Veur ayoa güeachall bro ar sa... ent, güeichall edo qer sianq ar sect è Breyz-Veur, è c'hiz pa vez... bed h... det ou è c'hiz pa zeuzyent divar ha... — *Le breton que l'on parle en la prin... pauté de Galles, en la Grande-Bretagne n'est pas fort différent de celui de la Bre-tagne Armorique*, ar Brezounecq gompseur ebarz è prinçzélez Oüal Breyz-Veur, ne deo qet dishével br... diouc'h hiny Breyz-Arvoricq.

**BRETELLE**, *corde ou sangle pour po...* ter une hotte, bricolou-boutecq.

**BRETON**, *qui est de Bretagne Armo-rique, ou de Galles, en Angleterre*, Bre-ton, *pl.* ed; Breyzad, *pl.* Breyzis, Bre-zidy. *v. Bretagne.* — *Breton, la lan...* bretonne, brezounecq, ar brezoned langaich-brezonecq. *Van.* brehonec. — *Le breton est la langue celtique ou de anciens Gaulois*, al langaich brezou...

necq eo an hiny a gompsé güéachall ar c'hallaoäed ancyen. *v. Grec.* — *La langue bretonne n'est pas une langue composée comme la française, l'anglaise*, etc., *mais une mère-langue, qui a la plupart des mots de son propre fonds,* ar brezounecq ne deo qet ul langaich péncelyet ha marellet, pe great eus a veur a hiny-all, ec'hiz ar gallec, ar saus-necq, etc., hoguen bez' ez eo ul langaich-vamm, pehiny èn deus anezá e-unan an darn-vuyá eus e c'heryou, ha n'en deus qemeret nemed bihan dra digand al langaichou all. *v. alphabet.* — *Le breton de Vennes,* brezounecq Guëned, Blohaich. — *Des neuf évêchés de Bretagne, il n'y en a que deux, savoir: Rennes et Saint-Malo, où l'on ne parle breton peu ou beaucoup,* ne deus è Breyz nemed daou escopty, da c'hou-zout eo, Roazoun ha Sant-Malou, è pere ne gompsér cals pe neubeud ar brezounecq.

BRETTE, *femme de Bretagne,* bretonès, *pl.* ed; grec eus a Vreyz. — *Basse-Brette,* grec a Vreyz-Isel, *pl.* graguez a Vreyz-Isel; grec a draoun Breyz.

BRETTE, *longue épée,* cleze-hirr, *pl.* clezéyer-hirr, clezéyer a so mad e-vit trouc'ha an acqüilhetenn.

BRETTEUR, *qui aime à se battre,* clezéyad, *pl.* clezéydy. *Van.* cleañour, *pl.* yon.

BREUVAGE. *v. boisson.* — *Breuvage, potion médicinale,* breuvraich, *pl.* ou; midicinérez, lousou da eva, breuvraichou-c'huéro, beuvraichou disaçzun. *Van.* evaich, evach.

BREVET, *écrit qui contient la grâce ou le don que le roi fait,* bréou.

BREVIAIRE, brevyel, *pl.* ou. *v. Diurnal.* — *Etre obligé de dire le bréviaire,* beza d'alc'het da lavaret ar breviel.

BRIAC, *nom d'homme,* Bryacq. — *Saint Briac, saint Mathurin et saint Colomban, s'invoquent pour la folie,* caçz a rear au dud foll da Vourbryac, da Voncontour ha da Lomenec'h evit cahoüt o sqyaud-vad, *pr.* caçzet; pidi a rear saut Bryacq, sant Matelin ha sautColumban, evit ar re foll, *pr.* pedet.

BRIBE, *morceau de pain,* tammiobara, *pl.* tammoùigou-bâra; bryeneñ-vara, *pl.* bryenennou-vara. — *Une grosse bribe de pain,* ur piool-pez bara, *pl.* piool-pezyou bara.

BRICOLES, *bandes de cuir de porteur de chaises,* bricolou, bricolou ar portezidy. — *Bricole, tromperie,* bricol, *pl.* ou, you; rigol, *pl.* you, ou. — *Bricole, excuse frivole,* digarez, *pl.* you.

BRICOLER, *biaiser,* bricolat, *pr.* bricolet; rigolat, *pr.* rigolet. *v. biaiser.* — *Faire bricoler, inspirer de la mauvaise foi,* rei rigol, rei bricol, *pr.* roët.

BRIDE, *pour un cheval,* brid, *pl.* ou; brid-morz, *pl.* bridou-morz. *Van.* brid, *pl.* eü, brid-morh. — *Mors d'une bride,* morz, *pl.* ou. *Van.* morh, *pl.* éu. — *Rênes de bride,* rangeñ, *pl.* ou; lezreñvrid, *pl.* lézrénnou-vrid. — *Têtière de bride,* peñ ar brid. — *Tenir la bride,* derc'hel ar brid, *pr.* dalc'het. — *Lâcher la bride,* leusqel brid gaud ar marc'h, *pr.* lausqet. — *Bride pour un cheval attelé à une charrette,* brid-carr, *pl.* ou. — *A toute bride,* en dra al ar marc'h mont, buaña ma al mont ar marc'h, a oll nerz ar marc'h. — *Bride, frein,* dalc'h. — *Mettre une bride aux désordres de quelqu'un,* rei un dalc'h da ur re-disordren, *pr.* roët. *Tenir la bride à quelqu'un,* derc'hel-berr gand ur re-bennac, *pr.* dalc'het. — *Mettre la bride sur le cou de quelqu'un,* lacqât ar c'habestr var e voüe da ur re-bennac, *pr.* lecqéet; leusqeul cabestr gand ur re, *pr.* lausqet. — *Bride-à-veau, raisons pour persuader les sots,* bris-résonyou, diotaichou, luéaichou, diduellou.

BRIDER, *mettre une bride à un cheval,* etc., brida, *pr.* bridet; rangenna ur marc'h, *pr.* rangennet; brida ur marc'h, etc. *Van.* brideiñ ar marh ou ur jau.

BRIEUC, *nom d'homme,* Briecq, —. *Petit Brieuc,* Brinnicq. — *Saint Brieuc, patron de Biduce-des-Vaux, ou de Saint Brieuc,* sant Bryccq.

BRIEUC (saint), *ville épiscopale de Bretagne, autrefois appelée Biduce-des-Vaux, Biducium vallium,* Sant-Bryeo. — *Qui est de S.-Brieuc,* Sant-Bryegad, *pl.* Bryeguis.

BRIEUX, *t. de marine*, breff, breou, ur breou. *De* breff *on a fait* brév, *et de* brév, breou, *en prononçant le* v *en* ou. — —*Parler aux hébrieux, t. burlesques, pour dire :* demander un brieux ou congé au commissaire. gouleñ ur breou, *pr. et.*

BRIEVEMENT. *v.* bref.

BRIEVETÉ, *le peu de temps que dureune chose*, berridiguez, ber-padélez, beramser, berrded, berrder. *Van.* berded.

BRIFER, *manger avidement*, brifal, *pr. et*; danta-caër, *pr.* dantet-caër; *pr.* dantet-caër; loueecqa evel ur rancqlès, *pr. et*; frippal, *pr.* frippet.

BRIFEUR, *qui mange gouluement*, brifaud, *pl.* ed; danter-caër, *pl.* danteryen-gaër. *v. mangeur.*

BRIGADE, *cavaliers sous le commandement d'un brigadier*, brigadeñ, *pl.* ou.

BRIGADIER, *qui commande une brigade*, brigadèr, *pl.* brigadéryen,

BRIGAND, *voleur d main armée*, brigand, *pl.* ed.—*Petit brigand, petit voururien*, brigandic, *pl.* brigandedigoù.

BRIGANDAGE, *vol à main armée*, brigandaich, brigantaich, brigandérez, brigantérez, riblérez. *v. détrousser.*

BRIGANTIN, *vaisseau de bas bord*, briñgantin, *pl.* où; fust, *pl.* ou.

BRIGITE, *nom de femme*, Berc'hed, Bergued.—*Les révélations de sainte Brigite*, revelacionou santes Berc'hed.

BRIGNOLE, *prune*, prun brignolès.

BRIGUE, *poursuite vive pour obtenir quelque chose*, poursu aqedus evit cahout ur garg, *pl.* poursuoñ aqedus; poëllad soutil evit dont a-beñ da gahout ur garg, *pl.* poëlladou soutil; study arc'hant evit dônet a-beñ da gahout ur garg-bennac. *v. cabale.*

BRIGUER, *tâcher d'obtenir quelque chose par brigue*, complodi evit cahout un dra, *pr. et*; poursu gand acqedbras un dra-bennac *ou* ur garg-bennac, *pr.* poursuët; poëlladi è soutil evit cahout un dra, *pr. et*; lacqât e sjudy *ou* e boëllad evit dônet a-benn da gahout un dra, *pr.* lecqeet; cavailha evit cahout ur garg, *pr.* cavaillhet.

BRIGUEUR, complodèr, *pl.* yen; cavailher, *pl.* yen.

BRILLANT, *te, qui réfléchit la lumière*, luguernus, sqedus, steredennus, oc'h, à: r. *éclatant, luisant.*—*Le brillant de la lune, des étoiles*, cann ar loar, cann ar stered, sqed an loar, lufr an stered. —*Le brillant d'un corps lumineux*, sqed, cann, ar sqed, ar c'hañ, lufr, al lufr. —*Brillant, vif, plein de feu, plein d'esprit, enjoué*, beo, leun a spered, drant flam, oc'h, à.—*Un visage brillant*, ur façz flam *ou* drant.—*Brillant, ce qu'un esprit a de plus vif et de plus subtil*, beoder, uhélded, soutilded.

BRILLER, *éclater, reluire*, sqeda, *pr. et*; luguerni, *pr. et*; steredenna, *pr. et*; lufra, *pr. et. v. luire.*—*Briller, paraitre avec éclat*, flamma, *pr. et.*—*La jeunesse brille sur son visage*, flamma a ra e façz gand ar yaoüancqliçz, qer flamm eo gand ar yaoüancliçz.—*C'est un esprit qui brille*, ur spered flamm eo, ur spered drant eo, flâmma a ra e spered.

BRIMBALER, *agiter, secouer*, brimbalat, *pr. et*; bynbalat, *pr. et.*

BRIMBORIONS, *colifichets, babioles*, mibilyaichou, rabadiczou, turubailhou

BRIN, *petite partie de quelque chose*, bryenenn, *pl.* bryenennou, bryennou, bryenn. *Van.* brinen, ur vrinen. *B.-Van.* braounen, ur vraoüñen. — *Brin d'herbe*, guéauteñ, *pl.* ou.—*Brin de bois*, brechenn, *pl.* brechad. *Van.* brochcoët, — *Brin, parlant de pain*, tamm, esqeu, bryenenn.—*Je n'ai eu brin, aucun morceau de pain, etc.*, n'am eus bet tamm *ou* esqen *ou* bryenenn. — *Petit brin*, bryenennic, *pl.* bryenennoüigou. *Van.* brinenic, ur vrinenic, ur vraoünenicq.—*Brin à brin*, bryeneñ è bryeneñ, bryenenn da vryeneñ, an cil bryeneñ goude he-ben.

BRION, *t. de mar.*, boçzard. *v. narire.*

BRIQUE, *pierre factice qui sert à bâtir*, briqenn, *pl.* ou. *Ce mot vient de* prieñ, *pl.* eu; *ouvrage fait d'argile.*—*Murailles faites de briques*, muryou-bricqeñ.

BRIQUETERIE, *lieu où l'on fait la brique*, bricqennérez, *pl.* ou; bricqénniry, *pl.* ou: bricqénnery, *pl.* you.

BRIQUETIER, *qui fait de la brique*,

brieqennèr. *pl.* bricqennéryén.

BRIS, *perte d'un vaisseau à la côte*, péncè; *pl.* ou; pacè, *pl.* ou. *Le premier mot est dû Léon, le second est de Corn.—Faire bris, échouer, se perdre à la côte*, péncéa, *pr.* péncéet; ober péncè; ober pace, *pr.* græl; pacea, *pr.* paceët. —*Aller au bris*, mont d'ar péncè; mônet d'ar pace, *pr.* eat, éet. —*Les habitants de l'Ile-Sein, sur le bord du Rat d'Audierne, qui sont assez pauvres, disent, quand il y a quelque bris à leur côte, que Dieu les visite*, deut eo Doüe d'hor güellet, deut eo græç Doüe davedomp.

BRISANT, *rocher où se brisent les flots de la mer et les vaisseaux*, tarz, *pl.* ou.

BRISE-COU, *pas difficile*, torrod, *pl.* torrogeou; tor-gouzoucq, *pl.* torrougouzoucq.

. BRISE-VENT, *clôture pour garantir du vent*, diaveloüer, *pl.* ou.

BRISÉES. *v. traces.* —*Aller sur les brisées de quelqu'un*, qerzet var seulyou un all, *pr.* id; lacqât dour è güin un all, *pr.* lecqéet. —*Brisement de cœur, componction*, mantr, mantradur a galoun, tarzadur-caloun, sautadur-caloun, qeuzediguez-güiryou, glac'har güiryon.

BRISER, *froisser, fracasser*, brousla, *pr.* et; brévi, *pr.* et; fricqa, *pr.* et. —*Briser, rompre*, terri, *pr.* torret; fricqa, *pr.* et. *Van.* torciñ, moustreiñ, flastreiñ, foëltreiñ, *ppr.* et. — *Briser, réduire en petits morceaux*, munubi, *pr.* et; drailha, *pr.* et. *Van.* drailheiñ, *pr.* et.—*Briser, réduire en poussière*, brutuna, *pr.* et. *Van.* berhonneiñ.—*L'action de briser*, torradur, brusunadur, drailhérez. *Van.* drailherch, drailhadur, drailhach.—*Briser, échouer, parlant des vaisseaux*, péncéa; *pr.* péncéet; pacea, *pr.* pacéet; ober pènce, ober pace, *pr.* græl. *v. bris.*—*Briser, rompre un discours commencé*, terri var ur gaus, *pr.* torret; distrei divar un devis, *pr.* distroët. — *Brisons-là, Monsieur!* torromp var ar gaus-ze, Autrou! distroomp divar an devis-ze *ou* divar guemenze, lezomp an dra-ze aze.—*Tant va la cruche à l'eau, qu'enfin elle se brise*, qen

alyez ez à ar pod d'ar feunteün, ma teu èr fin da derri. .

BROC, *grand vase*, brocq, *pl.* ou; pod, *pl.* ou; pod-dour, *pl.* podou-dour. —*Broc plein*, brocqad, *pl.* ou; podad, *pl.* ou. — *Un broc de vin*, ur brocqadgüin, *pl.* brocqadou-güin. — *Un broc d'eau*, ur brocqad-dour, *pl.* brocqadoudour; podad-dour, *pl.* podadou-dour. — *Broc de chair, bouton*, drean qicq, drean qicq, *ppl.* drein qicq. *v. bouton.*

BROCARD, *raillerie piquante*, comps goapaüs ha lemm, *pl.* compsyou goapaüs ha lemm; picqaïlhès.

BROCARDER, *dire des brocards à quelqu'un*, goapaat ha flémma ur re, *ppr.* goapeët ha flémmet; flémma divar farçzal, *pr.* flémmet divar farçzal; flémma divar farçz, flémma digarez farçzal, danta digarez farçzal, *pr.* dantet; picqaïlhat, *pr.* et.

BROCARDEUR, *diseur de brocards*, goapaër - flémmus, *pl.* goapaëryenflémmus; godiçzer-dantus, *pl.* godiçzéryen-dantus; farçzér-lémm, *pl.* farçzeryen-lemm; picqaïlhèr, *pl.* yen.

BROCART, *étoffe à fleurs*, brocard, eütof-brocard. *Van.* brocard, mihér brocard.

BROCATELLE, *étoffe qui imite le brocart*, brocardell.

BROCHE à rôtir, bèr, *pl.* you. *Van.* bir, *pl.* eü.—*Mettre la broche*, lacqât ouc'h ar bèr, *pr.* lecqéet; bèrya qicq, *pr.* et.—*Mettre la broche*, lacqât ar bèr ouc'h an tan.—*Tourner la broche*, treï ar bèr, *pr.* troët. — *Il ne faut que deux tours de broche à cela*, ne faut nemet diou dro-vèr d'an dra-ze. — *Tourne-broche*, marmitounic, *pl.* marmitounedigou; foüilhemard, *pl.* ed. — *Oter la broche du feu*, tenna ar bèr diouc'h an tan, *pr.* tennet.—*Broche de cordonnier, grosse alène*, broch, *pl.* ou; ar broch evit ar seuzlyou.

BROCHÉE, *plein une broche*, bèryad, *pl.* ou; bèryad-rost, bèryad-qycq-rost. — *Broche de tricoteuse*, broëchou, nadoz, *pl.* nadozyou.

BROCHER, *travailler avec des aiguilles à tricoter*, broëchat, *pr.* et; oberitam;*pr.*

græt.v. *tricoter*.—Brocher, *faire à la hâ-*
*te*, broĕchat, *pr.* et; ober gand hast,
ober a dreuz haë a hed, è c'his ma teu,
*pr.* great, græt. — Brocher, *faire à la*
*hâte et avec négligence, comme quand on*
*travaille pour un prêtre ou pour un gentil-*
*hómme, qui font valoir leurs terres par*
*mains*, ober a dreüz haë a hed, ober
labour bæleo, ober .labour digentil,
ober labour dreist penn bis, *pr.* græt.

BROCHET, *poisson d'eau douce*, becqed, *pl.* becqeded.

BROCHETON, *petit brochet*, becqe-
dicq, *pl.* becqedigou.

BROCHETTE, *morceau de bois pointu*
*pour faire tenir la viande à la broche*, bro-
éhénn, *pl.* ou; brochénnie, *pl.* bro-
chéhnofiigou; brèchad, *pl.* igou.

BROCHEUR, *tricoteur*, broĕcher,
*pl.* yèn; stamer, *pl.* yen.

BROCHEUSE, *tricoteuse*, broĕche-
rès, *pl.* ed; stamerès, *pl.* ed.

BROCHOIR, *marteau de maréchal*,
mòrtoll da hoüarna qesecq, *pl.* you.

BROCOLI, *rejeton de vieux chou*,
bourc'hoçzen, *pl.* bourc'hoçz; brouçz-
caul, *pl.* brouçzou-caul. — Une salade
*de brocoli*; ur saladeñ-bourc'hoçz, ur
saladeñ-brouçz-caul, *pl.* saladennou.

* BRODE, *femme dont le teint est noir*,
duardès, *pl.* duardesed.—Elle est bro-
*de*, un duardès eo.

BRODEQUIN, *chaussure ancienne*,
brodiqin, *pl.* ou.—Brodequin, *torture*,
brodiqinou-preñ, jahyn.

BRODER, *travailler en broderie*, brouda eñtoff, *pr.* et; brouda gand an nadoz, peinta gand an nadoz, *pr.* et. —
*Broder, embellir un conte, une histoire*,
brouda un histor, *pr.* et; lacqât styl
var gan, *pr.* lecqeat, lecqeĕt.

ⵏ BRODERIE, *ouvrage de brodeur*, brou-
deur, brondérez. *Van.* brodereh. —
*Broderie, embellissement d'un discours*,
broudeûr, broudérez, styl var gan.
styl var gan, *id est, faire valoir la note,*
*ou fredonner en chantant, appliqué mé-*
*taphoriquement à broderie.*

BRODEUR, broudèr, *pl.* yen.

BRODEUSE, broudèrès, *pl.* éd.

BRONCHEMENT, açzoupadur, fals-
varchadeñ, açzoupadeü, *ppl.* ou; tra-
buchamand.

BRONCHER, *faire un faux pas*, açzoupa, *pr.* et; fals-varcha, *pr.* fals-var-
chet. *Al.* fals-marc'haff. *Van.* açzoupeiñ, *pr.* açzoupet; strebauteiñ, stre-
bautou. *v.* trébucher. — Broncher, *man-*
*quer*, fazya, *pr.* et.

BRONZE, *alliage de cuivre et d'étain*,
brongz, metal-cloc'h.—Statue de bron-
*ze*, limaiche-brongz, *pl.* limaichou-
brongz; imaich-brongz, *pl.* ou.

BRONZER, brongza, *pr.* et. De là,
brongua, *meurtrir.*

BROSSE, *vergette pour nétoyer les ha-*
*bits*, barr, *pl.* ou; pouçzed, *pl.* ou;
barr-scubèr, *pl.* barrou-seubèr; barr-
scuberès, *pl.* barrou-scuberès.

BROSSER, frota gand ur barr, *pr.*
et; nætaat gand ur pouçzed, *pr.* næ-
têet; trémen ar barr, var, etc. , *pr.* et.

* BROSSER, *courir dans les bois*, re-
dee a dreuz d'ar broustou *ou* d'ar
brouaguêz, *pr.* reded.

BROU, *enveloppe qui couvre les noix*,
plusqenn glas ar graoüenn, *pl.* plusq-
glas; croc'henenn glas, *pl.* crèo'hin-
glas; croc'henenn ar c'hraoüñ.

BROUAILLES, *intestins de poissons ou*
*de volailles*, stlypou pesqed, stlypou yèr.

BROUÉE, *petite pluie*, cahoüadic-
glao, *pl.* cahoüadoüigou-glao; brumeñ-
gleb, *pl.* brumennou-gleb. *Van.* brumenn, *pl.* eü.

BROUET, *bouillon clair*, brahoüed,
*pl.* braoüedou, braoüegeou.

BROUETTE, *crafaçz ou cravaçz* rodellecq, *pl.* crafaçzou *ou* cravaçzou rodellecq; carriqell, *pl.* ou. *Van.* cari-
qell, *pl.* cariqelleü.

BROUETTER, carriqellât, *pr.* et.

BROUILLAMINI, *désordre*, broüilheyz, reustladeu, luzyadoü.—Brouil-
*lamini, bol d'Arménie*, boulyerminy.

BROUILLARD, brumenn, *pl.* ou.
*Van.* monstrach, *pl.* eü. *v.* nuage. —
*Le brouillard tombe fort lentement*, ar
vrumenn a goües a neubeud-è-neu-
beud. *Van.* er monstrach a goch a nebedigueü.—Brouillard, *papier gris*, papèr stoup, papèr spluyus.

**BROUILLER**, *mettre de la confusion*, brella, brella an traou, *pr.* brellet; reustla, *pr.* reustlet; luzya, *pr.* luzyet; luya, *pr.* luyet. — *Brouiller, mêler plusieurs choses ensemble*, qemescqa, *pr.* qemescqet. *Van.* qéigeiñ, *pr.* qéiget. — *Brouiller, gâter du papier inutilement*, broüilla, *pr.* broüilhet. — *Brouiller, mettre de la dissention*, lacqât drouq eñtre ur re, *pr.* lecqéet. — *Étre brouillé avec quelqu'un*, beza ê droucrançz gand ur rebennac, *pr.* bet. — *Ils sont brouillés*, droucrançz a so eñtrezo *ou* qèn-eñtrezo, yenyen *ou* glasentez a so eñtrezo, tærigen a so qen-eñtrezo.

**BROUILLERIE**, *état de choses embrouillées, comme de fil*, reustl, *pl.* ou; luzy, *pl.* ou; luy, *pl.* ou, reustladur, luzyadur. *Van.* broüilh. — *Brouillerie, dissention*, drouq, droucrançz, broüilheyz. *Van.* broüilh. — *Brouilleries, affaires, dettes, etc.*, æfferyou, reustlou, luzyou. *Van.* broüilheü, luyeü, afferyeü, dleïeü.

**BROUILLON**, *celui qui met les choses en désordre, en confusion*, brell, *pl.* eyen, brel'eï, tud brell. — *Petit brouillon, petit garçon qui est brouillon*, brellie, *pl.* brelledigou. — *Brouillon, remuant, séditieux*, séañvelard, *pl.* ed; eûtanèr, *pl.* yen. — *Brouillon, papier sur quoi l'on jette ses premières pensées, qu'on corrige, qu'on efface, qu'on retouche*, broülhed, *pl.* broüilhegeou.

**BROUIR**, *brûler, parlant des blés, après la bruine, etc.*, scaula, *pl.* scautet. *Van.* sqéüteiñ, *pr.* et. — *Les blés sont brouis*, scautet eo an edou.

**BROUISSURE**, *le dégât de la bruine*, scaut. *Van.* sqéüt.

**BROUSSAILLES**, *touffe de ronces, d'épines, etc.*, bruscoageou, brousgaẽr, broustou. *Van.* bodadeü. *v.* buisson. — *Lieu plein de broussailles*, broustecq, brousguẽzecq, bruscoadecq, leac'h bodoecq. — *Broussailles, restes de menu bois, bois abandonné, qui n'est bon qu'd faire du feu*, brechenn, *pl.* brechad; brecheunie, *pl.* brecheunigou, brechadigou; pichlenn, *pl.* picholou, picholigou.

**BROUT**, *pâture des bêtes fauves, dans les jeunes bois qui repoussent au printemps*, broust, brouz.

**BROUTER**, *manger le brout*, brousta, *pr.* broustet; brouza, brouzal, *ppr.* brouzet. — *Brouter, paître l'herbe*, peuri, *pr.* peuret; brousta guéaud, brousta yéaud. — *Il faut que la bête broute où elle est attachée*, redd eo peuri èl leac'h ma vezér staguet, redd eo brousta el leac'h ma vezeur staguet.

**BROYER**, *casser menu*, munudi, *pr.* munudet; brusuna, *pr.* brusunet. *Van.* brehonneiñ, *pr.* brehonnet, munudeiñ. — *L'action de broyer*, brusunadur, munudadur. *Van.* brehonnadur.

**BRU**, *belle-fille*, gouhez, merc'h-oaẽr. *Van.* goüehél, gouhé, goëhé.

**BRUANT**, *oiseau*, bruand, *pl.* ed.

**BRUINE**, *petite pluie froide et dangereuse pour les grains*, glavig yen, *pl.* glavigou yen.

**BRUINER**, *faire de la bruine*, glava yen, *pr.* glavet yen; ober ur glavig yen, *pr.* græt. *Van.* brumenneiñ, *pr.* et.

**BRUIRE**, *faire un petit bruit sourd et confus*, soroc'hat, *pr.* et.

**BRUIT**, *grand bruit, crierie, tintamarre*, tourny, *pl.* ou, trous-bras, turubailh, tintamarr, *pl.* tintamarrou; safar, *pl.* ou; savar, *pl.* ou. *Van.* trous, carell, safar. — *Bruit sourd et confus*, soroc'h, soroc'herez, hiboudérez. — *Bruit ordinaire*, trous. — *Faire un grand bruit*, tournyal, *pr.* tournyet; turubailha, *pr.* turubailhet; ober tourny, ober trous-bras, ober turubailh, ober tintamarr, *pr.* græt; safari, *pr.* et. — *Faire du bruit*, trousal, *pr.* trouset, obertrous. — *Bruit d'une charrette*, güigour, chourieq. — *Faire le bruit d'une charrette*, güigourat, *pr.* güigouret; chouricqat, *pr.* chouricqet. Chouricqat et chouricq *sont de la H.-Corn.* — *Bruit de l'eau qui coule*, hibouderez, trous an dour. *Van.* trous en déüc. — *Faire le bruit de l'eau*, hiboudal, *pr.* hiboudet; *de ld* hiboudérez, *murmure, et* hiboudal, *murmure d petit bruit.* — *Bruit de la mer*, mordrous, trous ar mor. — *La mer fait grand bruit*, ur mordrous terrup a ra.

16

— *Bruit des mouches et des abeilles*, boudérez. — *Faire le bruit des mouches*, boudal, *pr.* boudet; *de la* bouderez, *bour-*
*donnement d'oreilles, et* boudal, *avoir un*
*bourdonnement d'oreilles.* —*A petit bruit*,
didrous, è didrous, hep troûs, è syoul,
syoul, è syoullyq, syoulicq. *Van.* diçzonicq. *Al.* eosqor. *v. doucement.* — *Qui*
*est sans bruit*, didrous, syoul, syoulicq,
oc'h; à. *Van.* diçzon, diçzonicq, oh,
aû.—*Ne pas faire de bruit*, beza didrous,
*pr.* bet; rei peoc'h, *pr.* roët. — *Ne fai-*
*tes pas de bruit*, taisez-vous, roït peoc'h,
list ho trous. — *Repandre un bruit*, bru-
da un dra. *Van.* brudeiñ, *ppr.* brudet.
— *Bruit qui se répand*, brud, *pl.* ou.—
*Ce bruit est commun*, paut eo ar brud-
ze. — *C'est un bruit qui court toute la*
*France*, ar brud-ze a so a bep tu è Françz,
ar brud-ze a a so drc-oll è gall, a bep tu
eo brudet qemen-ze. — *Bruit, réputa-*
*tion, renommée*, brud, hano. *Van.* brud.
— *Il a bon bruit, bonne renommée*,
brud-mad èn deus, hano-mad èn deus.
— *Il a mauvais bruit*, goal-vrud èn deus,
goal-hano èn deus, ne'n deus qet brud-
vad, ne'n deus qet hano-mad. —*Bruit*,
*querelle*, trous, scandal, *pl.* scandalou.
*Van.* grond, *pl.* grondeû, noesereah.
— *Avoir du bruit pour rien*, cahout
trous *ou* scandal evit netra *ou* evit bihan-dra, *pr.* bet.

BRULANT, *qui brûle, qui est fort*
*chaud*, lisqidic, oc'h, à. *Van.* losqedic.
— *Brûlant et ardent*, lisqidicq ha birvidicq.

BRULÉ, *chose cuite et un peu brûlée*, poaz,
suilh, oc'h, à: poazet, suilhet, sulyet,
losqet, losqadur, losq. — *Omelette qui*
*sent le brûlé*, alumeñ a so c'huëz al losq
*ou* c'huëz al losqadur gand-hy. —*Voilà*
*qui est brûlé*, celu amâ a so poaz *ou* a
so suilh *ou* a so poazet *ou* a so suilhet
*ou* a so sulyet *ou* a su losqet.

BRULER, *consumer par le feu*, lesqi,
lisqi, *ppr.* losqet; dézvi, *pr.* dézvet; dévi, *pr.* dévet. *Van.* losqeiñ, *pr.* losqet,
poéheiñ. — *Brûler vif*, lesqi beo-buë-
zecq. *Van.* losqeiñ *ou* poéheiñ, beü-bu-
hecq. — *Brûler, consumer entièrement*,
peur-lesqi, *pr.* pour-losqet; lisqi bede

*al* indu. — *Brûler à demi*, gour-lesqi,
*pr.* gourlosqet; hanter-lesqi, *pr.* hanter-losqet; suilha, *pr.* suilhet. *Van.* han-
tèr-losqeiñ, sulyeiñ. — *Brûler au soleil*,
dézvi gand an héaul, lesqi gand an
héaul, *ppr.* et; poaza gand an héaul,
*pr.* poazet.—*Brûler de désir*, dévi gand
ar c'hoant, birvi gand ar c'hoant, birvi gand an youl, *pr.* bervet. — *Brûler*
*d'amour*, birvi gand an amourousded
*ou* gand orgued, *pr.* bervet. *v.* amourette. —*Brûler quelque maison, y mettre*
*le feu*, eñtana ur re-bennac, *pr.* eñtanet; lacqât an tan var ur re, *pr.* lecqéet; lesqi un ty-bennac, *pr.* losqet.—
*Brûler, saccager, mettre à feu et à sang*,
eñtana ha laza, *ppr.* eñtanet ha lazet.
— *L'action de brûler*, poazidiguez, lisqi-
diguez, lisqidinez, dézvadur, eñtanadur

BRULEUR, *incendiaire*, eñtaner, *pl.*
yen; losqer-aznad, *pl.* losqéryen-aznad.

BRULURE, poazadur, losqadur, dévadur, scautadur, *ppl.* ou; tanigen, *pl.*
ou; lesqidiguez. *Van.* losqadur.—*Brû-*
*lure dans l'estomac*, caloun-losq.

BRUME, brumenn, *pl.* ou. *v.* nuage.

BRUN, *qui est couleur presque noire*,
démzu, duard, a dèn var an du, azdu,
rous. — *Un drap brun*, mezer démzu *ou*
azdu, mezer rous. — *Celui qui est de*
*couleur brune, qui a des cheveux bruns*,
azduard, *pl.* ed. — *C'est un beau brun*,
un duard brao eo, un azduard coand t eo

BRUNE, *celle qui a le teint brun, les*
*cheveux bruns*, duardès, *pl.* ed; azduardès, *pl.* ed. — *C'est une fort jolie brune*,
un duardès vrao eo, un azduardès coandt eo. — *Sur la brune, sur le soir*, diouc'h an nos. *v. soir*.

BRUNETTE, *petite brune*, duardesic,
*pl.* duardesedigou.

BRUNIR, *rendre brun, devenir brun*,
duhât, *pr.* duhéet; azduhât, *pr.* azdu-
heet; rousaat, *pr.* rouséet. — *Brunir*
*polir l'or, l'argent, le fer, avec le brunis-*
*soir, pour lui donner de l'éclat*, pouliçz,
listry-aour, listry-arc'hand, houârn
etc., evit o lacqât da lufra *ou* da lin
tra, *pr.* pouliçzet. — *Brunir l'or*, pou
liçza an aur.

BRUNISSAGE, *ouvrage de brunisseur*

pouliçzérez, pouliçzadur.

BRUNISSEUR, *ouvrier qui brunit la vaisselle d'argent*, etc., pouliçzœr al listry-arc'hand, *pl.* pouliçzéryen.

BRUNISSEUSE, pouliçzerès, *pl.* ed.

BRUNISSOIR, *ce qui sert à brunir*, pouliçzoüer, *pl.* ou.

BRUNO, *nom d'homme*, Brunéau. — *Saint Bruno est le fondateur des Chartreux*, sant Brunéau eo patryarch ar Chartouzed. — *La Chartreuse de saint Bruno*, Chartouzy an autrou sant Brunéau.

BRUSE, *arbrisseau qui est une espèce de houx-frêlon*, goëguelen, buguelenvihan.

BRUSQUE, *un peu rude*, brell, *pl.* éyeu, rust, oc'h, â, *pl.* tud rust. — *Brusque*, *vif, un peu précipité*, haslicq, primm, tear, tœr, brusq, oh, â, añ. *Van.* brusq.

BRUSQUEMENT, gand rusdony, gand hast, ez prim, ez rust, ez brell, dre happ. — *Prendre brusquement quelque chose*, happa un dra, *pr.* happet; qemeret un dra-bennac dre happ, *pr.* qemeret.

BRUSQUERIE, rusdony, primded, primder, tærigeûn, *ppl.* ou. *Van.* brusqereh, *pl.* eû. (brusqérez, brusqoûny.)

BRUT, âpre, *raboteux*, rust, garo, boçzecq, dibouliçz, oh, â, añ.

BRUTAL, *qui contient d'une bête brute*, a aparchant ouo'h ul loëzn brutal. — *Un homme brutal*, brutal, oc'h, â, *pl.* brutaled; dèn brutal, *pl.* tud brutal. — *Bratal*, *étourdi*, abaff, *pl.* ed; açzoted, *pl.* tud açzote i. *v. étourdi.*

BRUTALEMENT, ez brutal, è brutal, èn ur sæçzoun brutal, ô c'hiz da un aneval, evel da ul loëzn.

BRUTALITÉ, accion brutal, *pl.* aocionou brutal; comps brutal, *pl.*comspyou brutal.—*Brutalité*, *étourdissement*, badamand, açzotamand, lourdony, rusdony, brutaléntez, brutalded. *Van.* brutaldér, brutalded.

BRUTE, *bête à quatre pieds qui se nourrit d'herbe*, loëzn, *pl.* ed ; loëznbrutal, *pl.* loëzned-brutal; aneval-mud, *pl.* ed. *Van.* loûn, *pl.* ed.

BRUYANT, e, trousus, safarus,

tournyus. — *Bruyant*, *celui qui fait du bruit*, trouzèr, *pl.* yen; safarèr, *pl.* yen; tournyèr, *pl.* yen.

BRUYÈRE, *plante sauvage*, brug, *pl.* ou. — *Brin de bruyère*, bruguenn, *pl.* ou. — *Une bruyère*, *lieu plein de bruyère*, bruguec, *pl.* bruguegeou.

BUANDERIE, *lieu pour faire la lessive*, couëzérez, bugadery, bugadérez. — *Buanderie*, *maisonnette dans laquelle passe un ruisseau, et où l'on fait la lessive, pour blanchir le fil et la toile*, candy, *pl.* ou, *id est*, ty da ganna, *maison à laver, à blanchir*.

BUANDIER, *blanchisseur*, güennèr, *pl.* yen; bugadèr, *pl.* yen.

BUANDIÈRE, *blanchisseuse*, güennerès, ed; cannerès, *pl.* ed; coüezeurès, *pl.* ed; bugaderès, *pl.* ed. — *Buandière*, *blanchisseuse de fil, de toile*, etc., oandyerès, *pl.* ed.

BUBE, *petite élevure sur la peau, sur les lèvres*, bulbueñ, *pl.* ou; *si elle se corrompt*, goric, *pl.* gorigou, goryoüigou. *Van.* goric, *pl.* gorigueû.

BUBON, *tumeur aux glandes des aines*, drouq ar guêrbl, ar guêrbl, ar verbl, gor èr guerbl, *pl.* goryou ; gorou èr guêrbl. *v. aine.*

BUCHE, *morceau de bois propre à brûler*, caledeñ, *pl.* ou; qeuneuden-caled, *pl.* qeuneud-caled; qeuneuden-teo, *pl.* qeuneud-teo; treügeñ, *pl.* treugennou, treujou. — *Grosse bûche à mettre derrière le feu*, etéau, *pl.* etévyen, etivy; caledeñ, *pl.* ou. *Van.* scod, *pl.* eû. — *La bûche de Noël*, etéau-nedelecq, scod-nedelecq. — *Des bûches de bois*, treujou. *De là*, treujoliff, tron-joly, *maison noble et ancienne*. — *Bûche, sot, âne*, qeuneudeñ, peñ-scod, peñ-baz.

BUCHER, *pile de bois pour brûler un criminel*, bera-qeuneud, *pl.* bernouqeuneud; grac'hell-guenneud, *pl.* grac'hellou-qeuneud. — *Bûcher*, *lieu où l'on met le bois de chauffage*, qeuneudec, *pl.* qenneudegou; qeuneudeuc, *pl.* qeuneudeugou.

* BUCHER, *abattre du bois*, discarr coad; discarr qeuneud, *pr.* discarret.

BUCHERON, discarrer-qeuneud, *pl.*

discaréryen qeuneud; fauter-qéuneud, pl. fauléryen-qeuneud.

BUCOLIQUES de Virgile, ses dix églogues, vers où il fait parler des bergers, bucolicou Virgila, güersou Virgila vâr ar mæçzaëryen, o implich hac o amourousded.

BUDOC, nom d'homme, Buzoc, Benzeuc, Beuzec. — Saint Budoc, archevêque de Dol, sant Buzoc, sant Beuzeuc, sant Beuzec, arc'hescop a Zol; de là, Bauzec-cap-sizun, Beuzec-cap-eaval, Beuzec-concq, paroisses dont saint Budoc est le patron. Tout ces mots signifient: qui devait être noyé.

BUÉE, lessive, coûez, pl. couëgeou; bugad, pl. ou. Van. bugad, pl. eû. — Faire la buée, coüezya, pr. coüezyet; bugadi, pr. bugadet; ober coüez, ober bugad, pr. græt. Van. bugadeiñ, pr. bugadet. — Couler la buée, redec ar c'hoüez, pr. redet. — Sécher la buée, séc'ha ar c'hoüez, pr. séc'het. Trég. séc'hañ ar c'houé. Van. seheiñ er bugad, pr. sehet. — Le lieu où l'on séche la buée, séc'horecq, ar séc'horeq, pl. séc'horegou.

BUFFET, sorte d'armoire, armeler, pl. you; armell al listry, pl. armelyou-listry. v. vaisselier. — Buffet, table où l'on étale la vaisselle d'argent, etc., avant le repas, dreçzoüer, pl. ou; taul-armell, pl. taulyou-armell. — Buffet d'orgue, dreçzoüer corsénnou an ogrou, pl. dreçzoüerou.

BUFFLE, animal sauvage ressemblant au bœuf, bual, pl. ed; bu-al vient de bu, qui signifie bœuf. — Buffle, cuir de buffle, lezr bual.

* BUGALE, petit vaisseau ponté ( ce mot est breton ), bagale, pl. bugalëou. r. enfant.

BUGLOSE, plante médicinale, téaud-egeñ, buglosa.

BUIS, petit arbre, beuzeñ, pl. beuz. Van. id. Al. box.—Boîte de buis, boëstl-beuz, pl. boëstlou-beuz. — Manche de buis, troad-beuz, pl. treid-beuz; fustl-beuz, pl. fustou-beuz.—Peigne de buis, crib-beuz, pl. cribou-beuz. — * Buissière, lieu plein de buis, beuzid, beuzeñ,

ar veuzid, ar veuzeñn.

BUISSON, touffe d'arbrisseaux épineux, bod-coad, pl. bodou-coad; bod-spern, pl. bodou-spern; bod-drez, pl. bedou-drez;bod-drein,pl.bodou-drein. Van. bo.l, pl. cü; bod-spern, bod-drein; bodad, pl. cü; dreineg, pl. eü. — Buisson de jan, bod-lann, pl. bodou-lann. Van. bod-lan.— Lieu couvert de buissons, bodenneg, pl. ou; bodeg, pl. bodegou.

— Buisson ardent, buisson où Dieu parut à Moïse, que les rabbins disent avoir été une aubépine, d'où cet arbrisseau aussi prit son nom, bod-eñtanet, bodad-tan, bod spern-guënn eûtanet, bodeñ-tan, ar vodeñ-tan. De ce sentiment des rabbins peut venir celui du peuple, de ne pas craindre le tonnerre sous une épine blanche, ou s'ils en ont une branche en main. — Buisson ardent, aubépine, spern-güen, bod-spern ardant. — Buissons de jardins, guëzigou munud a leqear hed an alezyou; bodenn, pl. ou; bodad, pl. ou.

BULLAIRE, recueil de plusieurs bulles des Papes, par Chérubin, büilher, ar büilher.

BULLE, büilh, pl. ou. — Une bulle, ur büilh, ur vüilh. — Les bulles, ar büilhou eus ar Babed.

BULLETIN, attestation par écrit, testeny dre scrid digand pennou-kær ou digand ar pennou eus ar guær. — Bulletin, remarques particulières mises par écrit, compod, pl. ou. — Je l'ai marqué sur mon bulletin, ez ma ebarz em c'hompod, ez ma em c'hompod.

BURAT, grosse étoffe grise, mezer cabucined ha recolezed, burell rous.

BURE, étoffe grossière, burell, burell guënn, burell bras.

BUREAU, table pour écrire, buréau, pl. burévyou. Van. tablèr, pl. yeu.

BURETTE, petit vase, bured, pl. ou. Van. burèd, pl. eü. v. fiole. — Une jolie burette, ur vured coant. — Une petite burette, ur vuredicq, pl. buredouigou. — Burette pour la messe, orçzull, pl. you; orçzell, pl. you.

BURIN, outil d'acier pour graver, eûzraffoüer, pl. ou; burin, pl. ou.

BURINER, graver, eñgraffa, pr. eûgraffet; eñgravi, *pr.* eñgravet; burina, *pr.* burinet.

**BURLESQUE,** *plaisant,* farçzus,oc'h, à. *Van.* id. —*Style burlesque,* fæçzoun-farçzus da açriva. — *Vers burlesques,* guërzou farçzus.

**BUSC,** *petite planchette que les dames mettent dans leur corps de robe, devant leur estomac, pour se tenir droites,* busq, *pl.* ou, ur busq. — *Busc d'ivoire, de baleine,* busq-olyfand, busq-balen.

**BUSE** ou *busard, oiseau de proie,* bargued, *pl.* ed; bargued-moc'h, *pl.* bargueded-moc'h; busard, *pl.* ed.

**BUSQUIÈRE,** toull ar busq, *pl.* toul-lou-busq.

**BUSTE,** *sculpture qui représente la tête, les épaules et la poitrine,* hanter-gorf é sc ultérez, hanter-dèn.

**BUT,** *point où l'on vise,* bunt, *pl.* ou; bunt, *pl.* ou. — *Donner dans le but, tirer dans le but,* tenna èr güeñ, *pr.* tennet; sqei èr buntouèr but.—*Il met d tous coups sur le but,* da bep taul e véz èr pal, da bep taul e vez var ar mæstr; atau e c'hoari var ar mæstr, atau ez vés var ar bunt. — *But d but,* bisicq-ba-bi-sicq, toüich-é-toüich, bunt-ha-bunt. — *But, fin, dessein,* pal, déso, sounch. — *Le but d'un chrétien est de parvenir au ciel,* ar pal; pe èn hiny e tle ur c'hris-ten arruout, eo ar barados; ar bara-dos eo ar pal hac al leae'h pe da hiny e tle pep christen visa, hac ober e boeç-zup evit mont dezâ. — *Il n'a d'autre but que d'éviter le travail,* n'en deus qen déso eñ qeu sounch, nemed da déc'het diouc'h al labour, e oll sounch a lacqa da déc'het diouc'h al labour, bez' e lacqa e oll spy da dec'het dioud an labour. — *But d but, sans avantage,* en ur fæçzoun ingal, hep profid, hep dis-tro, bisicq ha-, isicq. — *Il joue contre un *tel, but d but,* c'hoari a ra ouc'h hen-n-hen èn ur fæçzoun ingal *ou* hep rei, na cahout profid, bisicq-ha-bisicq ez coari gad eguile. — *Ils ont fait un troc but d but,* uu trocl o deus græt hep dis-tro, trocqlet e deus hep distro, un trocql igeutil o deus great. —*De but en blanc,* out droit, sans biaiser, cüu d'ar pal, ru-

be-ruben. —*De but en blanc, en étourdi,* evel un açzotet, è c'hiz da ul lochore, gand dievezded, è dievez.

**BUTER,** *viser d un but,* tenna da un dra, tenna da ur pal, *pr.* tennet ; bisa da ur bunt, *pr.* biset; bulta, *pr.* buttet. — *Buter, mesurer, pour voir qui est le plus près du but ou du maitre,* musula, *pr.* musulet; musura, *pr.* musuret. *Van.* musuleiñ, mesureiñ, *ppr.* et ; buta, *pr.* et. — *Se bien buter, prendre bien ses me-sures pour venir d bout de quelque chose,* bisa éun d'ar pal, *pr.* biset; tenna éun d'ar pal, *pr.* tennet; qemeret èr-vad e vusulyou evit dont-a-beñ vès a un dra, *pr.* id.; buta èr-vad, *pr.* butet.

**BUTIN,** *ce qu'on prend sur l'ennemi,* préyz, *pl.* ou; pilhaich, *pl.* pilhageou; dibouilh, *pl.* ou.

**BUTINER,** *faire du butin,* préyza, *pr.* préyzet; pilha, *pr.* pilhet. *Van.* pilheiñ, *pr.* pilhet.

**BUTOR,** *gros oiseau, sot et paresseux, qui est une espèce de héron,* pongors, *pl.* ed; ur boungors. *Ce mot est aussi une injure qu'on adresse d un maladroit.*

**BUTTE,** *petit tertre, petite hauteur,* turumellic, *pl.* turumelloüigou; doroç-zennie, *pl.* doroçzennoüigou; mouden, *pl.* ou, ed ; crec'hennic, *pl.* crec'hen-noüigou; torguenn, *pl.* ou; torguen-nicq. *pl.* torguennoüigou; un dorgueü. *Al.* both,

**BUVETTE,** hostaliryiq é palès ur par-lamand, *pl.* hostaliryoüigou é palesyou parlamand; efflec'h, *pl.* you, *id est,* lec'h da efa; tinell, *pl.* ou. *Van.* evach.

**BUVETIER,** *qui tient la buvette,* ti-neller, *pl.* yen; hostis an dinell, ho-tis an efflec'h, *pl.* hostisyen, etc.

**BUVEUR,** effer, *pl.* yen; evèr, *pl.* yen; efour, *pl.* yen; sac'h-güin, *pl.* seyer-güin. *v.* entonner.

**BUVEUSE,** *femme qui aime d boire,* everès, *pl.* ed; coumaër an dinell, *pl.* coumaëresed an dinell, sac'h-güin. — *Lorsqu'une buveuse voit quelqu'une de ses associées mettre de l'eau dans son vin pour le tremper, elle lui dit de prendre courage, et d'éviter tous frissons, appelant le vin courage, et l'eau frisson,* qimirit couraich,

ya c'hoummaër, ha list ar gridyen. —
*Il ne se trouve point de buveuses dans ce*
*temps-ci*, ne deus qeta everesed èn amser mâ, doüe a oar, ha ny yvez.

BUVOTER, *boire souvent, mais à pe-*
*tits coups*, eva alyes, ha neubeud bep
veao'h, *pr.* evet. — Buvoter, *faire sem-*
*blant de boire*, muz-eva, *pr.* muz-evet;
nuz-eva, *pr.* nuzevet.

* BUVOTERIE, *action de boire sou-*
*vent*, évérez.

## C

ÇA, *adverbe de temps et de lieu*, amâ,
amañ. *Van.* aman, eman. — *Venez çà*,
deuit amâ, deut amâ, deut amañ. *Van.*
déit aman, dét eman. — *Çà et là, ou*
*deçà et de là*, amâ hac ahont, amañ
ha tu-hont, èn tu-mâ hac èn tu-hont.
*Van.* tu-hont ha tu-man. — *Çà et là,*
*de ce côté-là et de cet autre*, tu-ze ha tu-
mâ, tu-hont ha tu-mañ, du-hont
ha du-man, èn tu-hont hac èn tu-
mâ, èn eil tu hac èn eguile. — *Aller*
*çà et là*, mônet tu-hont ha tu-mañ,
*pr.* eat, eët; cantreal, cantren, *ppr.*
cantreët. — *Voltiger çà et là*, scourni-
geal èn eil tu hac èn eguile, *pr.* scour-
niget. — *Çà, particule pour exciter*, açza, orçza. — *Çà, commençons*; çà, ça,
commençons, açza *ou* orçza, coumanç-
çomp, açza-çza, coumançzomp, açza,
deomp gandhy. *Al.* açza dezraoüomp.

CABALE, *science secrète, vaine et su-*
*perstitieuse des rabbins*, cavailh an Hebreed, cavailh an doctored Hebre,
sorc'hennou ar Yuzévyen, cavailh an
rabŷned. — *Cabale, pratique secrète*,
cavailh, *pl.* ou; complod, *pl.* ou. *Van.*
complod, *pl.* teü. — *Cabale, intrigue*,
qensortiçz, *pl.* ou; consortiçz, *pl.* ou.

CABALER, *faire une cabale, une cons-*
*piration*, cavailha, *pr.* cavailhet; cavailha è cuz; complodi, *pr.* complodet;
complodi è cuz; ober ur c'homplod
segred, *pr.* great, græt. *Van.* complodteiñ, *pr.* et. *v. faction.*

CABALEUR, *celui qui cabale*, cavailh-
her, *pl.* yen; comploder, *pl.* yen. *Van.*
complodtour, *pl.* yon, yan. — *Caba-*
*leur, celui qui est porté, disposé, sujet à*

cabaler, cavailhus, complodus, oo'h,
à, añ. *v. factieux.*

CABALISTE, *qui sait la science de la*
*cabale hébraïque*, mæstr ar c'havailh,
*pl.* mistry ar c'havailh. *v. rabbin.*

CABAN, *manteau*, mantell dizo'hlao,
*pl* mentell disclao.

CABANE, *chaumière*, ty-soul, *pl.* tyès-
soul; tyic-soul, *pl.* tyesigou-soul; ty-
plous, *pl.* tyer-plous. *Van.* caban,
*pl.* eü; logig, *pl.* logiegueü; log,
*pl.* eü; caban, *pl.* ou; cabanen, *pl.*
ou. — *Cabane de verger, pour garder la*
*fruits, etc.*, godoer. *pl.* ou; logell, *pl.*
ou. *Van.* logig, *pl.* logicgueü. — *Ca-*
*bane , logement de pilotes, etc., dans un*
*vaisseau*, cabannenn, *pl.* ou.

CABARET, *auberge*, tavargñ, *pl.* ou.
*Van.* tavarn, *pl.* eü. *v. auberge.* — *Ca-*
*baret borgne, un méchant cabaret*, coz-ta-
vargn, *pl.* coz-tavargnou; cos-tinell,
coz-tinellou. *Van.* coh-tavarn, *pl.* eü.
— *Lieu près du cabaret, où les ecclésias-*
*tiques vont boire*, an oremus, campr ar
væleyen.

CABARETIER, tavargneur, *pl.* yen;
tavargner, *pl.* yen. *Van.* tavarnour, *pl.*
yon, yan.

CABARETIÈRE, tavargneurès, *pl.*
ed; tavargnerès, *pl.* ed. *Van.* tavar-
noures, *pl.* ed.

CABAS, *panier de jonc*, cabaçz, *pl.*
ou; cabaçzenn, *pl.* ou.

CABESTAN, cabestan, *pl.* ou.

CABINET, cabined, *pl.* ou. *Van.* id.,
*pl.* cabinedeü. — *Cabinet, étude*, study, *pl.* ou.

CABLE, *cordage d'ancre*, chabl, *pl.*
ou; rabancq-teo, *pl.* rabancqou-teo.

CABOCHES, *vieux clous*, pennou-
taich, coz-taichou.

CABOTER, *aller de cap en cap*, mônet a veeq-è-becq, mont a borz-è-
borz, mont a gap-da-gap. — *Les vais-*
*seaux qui croisent ne font que caboter*, ar
gourcéryen ne reont nemed mônet a
borz-è-borz pe a vecq-e-becq *ou* a gap-
da-gap.

CABRER, *faire cabrer un cheval*, lacqât ur marc'h da sqabri, *pr.* lecqeat,
lecqeet, lucqât ur marc'h da sevel var

! e zaou droad a-dre *ou da gablÃ«.* — *Se*
*cabrer, parlant d'un cheval,* sqabri , *pr.*
! sqabret; sevel var e zaou droad a-dre,
*pr.* savet; cabli , *pr.* cablet. — *Chetal*
*qui se cabre souvent,* marc'h cablus ,
marc'h sqabrus, *pl.* qesecq , etc. —
*Homme sujet Ã  se cabrer,* un dÃ¨n cablus,
un dÃªn sqabrus, oc'h, Ã , aÃ±, *pl* tud cablus, tud sqabrus.

CABRI , *jeune chevreau ,* gavrio , *pl.*
guevrigou. *v. chevreau.*

CABRIOLE , lamm-gavr , *pl.* lam-
mou-gavr ; campryolenn, *pl.* ou.

CABRIOLER , *faire des cabrioles, par-*
*lant des chÃ¨vres,* lammet , sailhet , *ppr.*
id. — *Cabrioler , parlant d'un homme,*
sailbet *ou* lammet evel ur c'havr, lammet ha dilammet; campryola, *pr.* cam-
pryolet. *Van.* campryoleiÃ±. — *Celui qui*
*cabriole ,* lamm-dilamm , lammericq,
eampryoler , *pl.* yen. *Van.* campryo-
lour, *pl.* yon, yan.

CACA, *excrÃ©ment d'enfants.* eac'h, an
eac'h. — *C'est du caca,* eac'h an dra-
ze, ema an eac'h aze, va mabic-me

CACADE , *dÃ©charge du ventre , mau-*
*vais succÃ¨s d'une folle entreprise,* cac'hadenn, *pl.* ou.

CACHE , *une coche,* cuz, *pl.* you; cu-
zyad , *pl.* ou; euzyadell , *pl.* ou. *Van.*
cuh , *p'.* eÃ¼; cuhadell , cuÃ«byad, coa-
chad, *ppl.* eÃ¼.

CACHÃ‰, *couvert , parlant d'un hom-*
*me,* cuzet, goloet, diÃ§zumul , *pl.* tud
cuzet, etc. ; scoachet, ur scoachet a
zen, un dÃªn coachet. — *Lieu cachÃ©, lieu*
*secret,* cuz-lec'h, *pl.* cuz-lec'hyou; plaÃ§z
diÃ§zumul , disvell. — *L'Ecriture dit*
*qu'il n'y a rien de si cachÃ© qui ne se rÃ©vÃ¨le,*
n'e deus tra qÃ¨r euzet , eme ar Scritur-sacr, ne zizoloor, ha ne anauezor
un deiz,

CACHER, cuzet, cuza, *ppr.* cuzet ;
nacqat, *pr.* nacqet. *Van.* cuheiÃ±, *pr.*
cuhet; coacheiÃ¹ , *pr.* coachet. *Al.* cu-
taff, *pr.* cutet; cuddyo, *pr.* cuddyet.
*L'action de cacher,* cuzidiguez, cuzadur.
— *Se cacher,* coacha, *pr.* coachet ; cuzet, cuza, em guzet, Ã¨m nacqat. *Van.*
him coacheiÃ±, him guheiÃ±. *Al.* amdo.
— *Il s'est cachÃ©,* cuzet eo, hem guzet Ã¨n

---

dem , nacqet eo, eat eo da guÃ¯, Ã«et
eo da guzet, coachet eo. *En termes bur-*
*lesques, on dit :* eat eo da hÃ«gu. *Van.*
ouÃ©it eÃ¼ de guh ou da guheiÃ±.

CACHET , *pour cacheter des lettres ,*
cached, *pl.* ou. *Van.* id. *pl.* cachedteÃ¹. —
*Cachet volant,* cached distacq, *pl.* ca-
chedou distacq. *Van.* id. — *Cachet, sceau,*
syell, *pl.* ou. — *Lettre de cachet, lettre*
*cachetÃ©e par le roi, etc.,* lizer-syell a-
berz ar roÃ«, *pl.* lizerou-syell. etc.

CACHETER *des lettres ,* cachedi, *pr.*
et. *Van.* cacheteiÃ±, *pr.* et. — *Cacheter ,*
*sceller,* syella, *pr.* et. *Van.* syelleiÃ±, *pr.* et.

CACHETTE, *cache,* cuzyadell, *pl.* ou.
*v. cache.* — *En cachette,* e-cuz, Ã¨n disvÃ¨ll,
Ã¨n amc'boulou. *Van.* Ã¨-cuh.

CACHOT, *prison,* -du, *prison* to-
val, *pl.* prisounvou-du, etc.

CACOCHYME , *plain d'humeurs et*
*maladif,* corf leun a voall humoryou,
corf claÃ±vus , ur c'horf paour a zÃªn,
*pl.* corfou , corvou.

CACOPHONIE, disaccordanÃ§a, dis-
corded, discordanÃ§a, *ppl.* ou.

CADAVRE, corf-maro. *pl.* corfou, etc.

CADENAS, cadranaÃ§z, *pl.* ou; ca-
dranad , *pl.* cadranadtou. *Al.* qeusvez.

CADENASSER, cadranaÃ§zi, *pr.* et;
*Al.* qeusvezaÃŸ.

CADENCE, cadanÃ§z. — *En cadence,*
e cadanÃ§z. gand cadanÃ§z.

CADENE, chadÃªn ur galeour, *pl.*
chadennou galeouryen.

CADET. *puÃ®nÃ©,* yaouÃ«r, *pl.* yen. yaouaÃ«r , *id est,* jeÃ¼anq-bÃ«r , jeune hÃ©-
ritier, hÃ©ritier puine. *Van.* caded, *pl.*
eÃ¼, ur haded. — *Le premier cadet,* ar
c'hentÃ  yaouaÃ«r. — *Ce sont les cadets*
*d'un tel.* yaouaÃ«ryen hen-a-ben int. —
*Le dernier cadet,* ar minor, ar yaouanc-
qÃ  eus ar mibyen, an divezÃ  yaouaÃ«r.
*Van.* er minour. — *Les derniers cadets,*
an divezÃ  youÃ¤aÃ«ryen. *v. JuvÃ¨igneur.*

CADETTE, *puÃ®nÃ©e,* yaouaÃ«res , *pl.*
ed. *Van.* minoures, *pl.* ed.

CADIX, *ville et port de mer d'Espa-*
*gne,* Calis. — *Le vaisseau est parti pour*
*Cadix,* eat eo al lestr da Galis.

CADO, *nom d'homme,* Cadou, Ca-
duod. *Van.* CadeÃ¼, Cadau. — *Saint*

*Cade de l'ile*, sant Cadou an enès.

CADRAN *solaire*, cadran, *pl.* ou; horolaich-héaul, cadran-héaul, cadran-héauliecq. *Van.* calandèr, *pl.* yeü. — *Le cadran*, ar c'hadran. *Van.* èr halandèr. — *Le style du cadran*, nadoz ar c'hadran, goaleñn ar c'hadran, styl ar c'hadran. — *Cadran, montre d'horloge*, cadran an horolaich.

CADRE, cadrenn, *pl.* ou. ( *Van.* cadreenn, *pl.* éü. ) qarre, *pl.* ou. — *Un beau cadre*, ur gadrenn gaër, ur c'harre caër.—*Cadre de tableau*, stærn un daulenn, stærn-daulenn, *pl.* stærnou, etc.

CADRER, *se rapporter justement*, hevelout, *pr.* hevelet ; beza hèvel èn oll d'an oll, beza just, beza a dailh, beza coqaign, *pr.* bet ; dereout, *pr.* dereët. *Van.* jaugeiñ.—*Cette garniture ne cadre pas bien avec cet habit*, ar paramand-ze ne dere qet ou ne hèvel qet oud ar guisqamand-ze. *v. violet.*

CADUC, uset gand corny *pe gand* élenved, dinerz, coz, oc'h, à, añ. *Van.* coh, dinerh, fall, oh, aoñ. — *Le mal caduc*, an droucq uhel, droucq sant, droucq sant Yan:—*Il est attaqué du mal caduc*, oouëza a ra é drouc-sant, è ma droucq sant Yan gandhâ, an droucq uhel a so gand-hañ.

CADUCITÉ, cozny, discarr, dinerz-ded. *Van.* cohony, cohny, dinerhted.

CAFARD, cañfard, *pl.* ed; *id est*, cañvard, *de nature de deuil.* Burlesq. pilpous, *pl.* ed. pilpous, *dans le propre, est un tissu de fil et de laine effilée.*

CAFARDE, canfardès, *pl.* ed; pilpousès, *pl.* ed.

CAFÉ, caffe. — *Prendre une prise de café*, qemeret ur banne caffe, eva caffe, *pr. evet.* *Van.* qemer ur uëh caffe, *pr.* et.

CAFETIÈRE, caffetyereñ, *pl.* ou.

CAGE, caoüed, *pl.* caoüegeou, caoüedou. *Van.* qaoüidell, qéhuydell, *ppl.* eü.—*La cage est bonne*, mad eo ar gaüed. — *Cage d'un vaisseau*, hune, castell-lestr, *pl.* qestel-listry.

CAGÉE, *plein une cage*, caoüedad, *pl.* caoüedadou.

CAGOT, *s. v. bigot, bigote.*

CAGOTERIE. *v. bigoterie.*

CAHIER, cayer, *pl.* ou. — *Petit cahier*, cayericq, *pl.* cayerigou, cayeroüigou.

CAHIN-CAHA, *tant bien que mal.* *Van.* caheiñ. *Al.* caha.

CAHUTTE, *cabane*, tyic, *pl.* tyesigou.

CAILLE, *oiseau de passage*, coailh, *pl.* ed. *Van* id. *A cause de son chant, on l'appelle aussi :* pemp-g'hennecq.—*Une caille est de chaude complexion*, ur c'hoailh ou ur goailh a so tom-bras dre natur.

CAILLEBOTTE, *lait caillé*, leaz caoüled, leaz-tro. *Van.* leah céuled, léh-caoüled. *v. lait.*—*Caillebotte, caille de lait*, caoüledeñ, *pl.* caoüled.

CAILLER, *parlant du sang*, pouloudenna, *pr.* et; caledi, *pr.* et. *Van.* caouleiñ, couailheiñ, *ppr.* et.— *Sang caillé*, goad pouloudennet, goad caledet. *Van.* Goëd caoulet, goed ceulet.—*Cailler, parlant du lait*, caouledi, *pr.* et. *Van.* couailheiñ, céuleiñ, caoüleiñ, *ppr.* et.

CAILLETEAU, *jeune caille*, coailhicq, coailhedigou.

CAILLOT, *sang coagulé*, pouloudeñgoad, *pl.* pouloudennou-goad. *Van.* caouledenn-goed, *pl.* caouledenneügoëd.

CAILLOU, *pierre dure et polie*, bilyenn, *pl.* bilyennou, bily. — *Gros caillou*, mæn-cailhastr, *pl.* mæin-cailhastr.

CAIMAND, *gueux*, truand, *pl.* truandted; corcq, *pl.* corcqed. *Van.* caymant, calimant, *ppl.* ed. *v. gueux.*

CAIMANDE, truantès, *pl.* ed; corcqès, *pl.* ed. *Van.* caymantes, calymantes, *ppl.* ed.

CAIMANDER, *gueuser*, truanti, *pr.* et; corcqa, *pr.* et. *Van.* caymandteiñ.

CAISSE, boëstl, ou; couffric, *pl.* couffrouigou. *Van.* boëst, *pl.* eu. — *Caisse de sapin*, boëstl-sap, couffric-sap. — *Caisse pour mettre de l'argent*, couffr an arc'hand, *pl.* couffrou; couffr houarnet. — *Caisse militaire*, arc'hand ar bresellidy, arc'hand an dud a vresell.—*Caisse, tambour*, taboulin, *pl.* ou.

CAISSIER, evézyad an arc'hand, *pl.* evezydy; dispançzer an arc'hand, *pl.* dispançzeryen, etc.

CAJOLER,. *caresser quelqu'un pour en avoir quelque chose* , eangeoli, pr. cangeolet; gounit gandcomsyou caër ur re-bennac, pr. gounezet; rei lorc'h da ur re evit, etc., *pr.* roet; lubani, pr. lubanet. *v. caresser.* — *Cajoler une fille,* cangeoli, *pr.* cangeolet; licaoüi, pr. licaoüet. *Ce dernier mot tient de* licq, *sensuel, impudique.* Godieza merc'hed, pr. godiczet. — *La faiblesse des femmes, c'est d'aimer qu'on les flatte et qu'on les cajole,* ne deus tra a gar qement ar merc'hed, evel eahout lorc'h ha beza cangeolet.

CAJOLERIE, *à l'égard de quelqu'un,* lorc'h evit gounit ur re, compsyou caër da ur re-bennac evit e c'hounit, lubanérez. — *Cajolerie, à l'égard de quelqu'une* , cangeolérez, licaoüérez, ppl. ou. — *Une fille doit craindre toutes les cajoleries des hommes* , ur verc'h honest ne dle souffr cangeolérez e-bet a-berz an disterà goaz.

CAJOLEUR, luban, *pl.* ed; cangeoler, *pl.* yen; licaoüer, *pl.* yen; troumpler gand compsyou çaër, *pl.* yen; godiczer, *pl.* yen.

CAL, *durillon,* caledenn, *pl.* ou. *Van.* id. *pl.* caledenneu.

CALAMITÉ, reuz, *pl.* ou; reuzeudiguez, *pl.* ou.

CALAMITEUX, reuzeudic, oc'h, à, an; suged da voall.

CALANDRE, *machine pour lustrer le drap,* goaguennoüér, *pl.* ou; lustrouër, *pl.* ou; luffrouër, *pl.* ou. — *Calandre, ver. v. cosson.*

CALCINER; ceinch ar metall gand an tan, é raz pe é poult ar finà, *pr.* ceinchet.

CALCUL, *supputation, décompte,* compod, *pl.* ou; count, *pl.* counchou; gett, *pl.* ou

CALCULER, compodi, *pr.* compodet; teurl d'ar gett, *pr.* taulet; counta, nivera, niveri, *ppr.* et; jedi, *pr.* jedet. — *Celui qui calcule, calculateur,* compoder, *pl.* yen; nivèrer, *pl.* yen; counter, *pl.* yen.

CALE, *le fond de cale, le lieu le plus bas du vaisseau,* strad al lestr, lastr-plaçr.

— *Cale, rampe dans un quai pour embarquer, etc.,* eal, *pl.* you. *v.* bois, *port de mer.* — *Il est à la cale,* ema òr c'hal, bez' e ma var'ar c'hal.

CALEBASSE, *courge vidée et séchée,* couloudrenn, *pl.* ou. — *Plein une calebasse de vin,* ur goulourdrennad guïn, *pl.* conlourdrennadou-guïn.

CALÈCHE, redeuric, *pl.* redeurigou; *de* redeo, *courir.*

CALEÇON, calçonou, *sans singulier.* *Van.* calçoneü. — *Une paire de caleçons,* ur re galçonou, ur c'halçonou.

* CALÉMAR, *casse d'écritoire,* cor-, se n-scritor, *pl.* corsennou-scritor; corsenn-bluñ, *pl.* corsennou-pluñ.

CALENDES, *le premier jour de chaque mois,* kal, ar c'hentà deiz eus a bep miz. *v. étrennes.* — *Calendes de janvier, mars, mai et novembre,* kal guenveur, kal meurs, kal maê, kal goañ. Kal *ne s'usite guère pour les autres mois.*

CALENDRIER, kalander, ur c'halander, *pl.* kalanderyou; compod, *pl.* ou, compojou. *v. Grégorien.*

CALER, *baisser les voiles d'un vaisseau,* amena, *pr.* amenet.

CALFAT, *ouvrier qui calfate,* calafetèr, *pl.* yen. *Van.* calfetour, *pl.* yon, yan.

CALFATER *ou calfeutrer, boucher les fentes d'un vaisseau,* calafetì, *pr.* calafetet. *Van.* calfeteiñ, *pr.* calfetet.

CALIBRE, *grandeur, largeur, grosseur, etc., d'une chose,* mént, poües. *Van.* calibr. — *Ce canon, ce boulet, etc.* *est d'un grand calibre,* ar c'hanol-ze, ar boled-ze, etc., a so mén tecq ha poüesus.

CALICE, calizr, *pl.* calizrou; ealèr, *pl.* ou. *Van.* caliçz, *pl.* eü; calèr, *pl.* éü. — *Calice ciselé et doré,* calizr qisellet, hac ulaoüreset. — *Il faudra boire le calice,* red a vezo eva ar c'halizr, red a vezo ober un dra evit pehiny e santer un erès vras.

CALIFOURCHON, *jambe d'un coté,* jambe d'un autre, d'ar fourch, a c'haulad, a c'haulyad. — *Aller à cheval à califourchon,* mônet d'ar fourch var varc'h, *pr.* eat, eet; mareguea d'ar fourch *ea* a c'haulad, *pr.* mareguet; mônet a chaulyad var varc'h.

CALME, *bonace sur mer*, amaer nyoul, *pois, etc.*, stringell, *pl.* ou ; pistolenn-scao, *pl.* pistolennou-scao.
amser disavelha mor plean, calm, calm güeñ, calm-micq. *Van.* ealm. *s. bonace.* — *Calme, tranquillité*, peoch, diascrded, reposvan, calmigenn. — *Calme, tranquille*, peoc'hus, oc'h, à, añ; diasezet-mad, calm.

CALMER. *parlant du gros temps*, syoulat, *pr.* syoulet; calmi, *pr.* calmet; calmigea, *pr.* calmiget. — *Le temps se calme*, syoulat a ra an amser, gouziza a ra an avel, calmi a ra, calmi a ra an amser, an amser a zeu da galmi ou da galmigea. — *Calmer, rendre tranquille*, peoc'hat, *pr.* peoc'het; lacqât é peoc'h, *pr.* lecqeet, renta peoc'hus, *pr.* rentet; douçzaat, *pr.* ëët; calmi, *pr.* calmet.

CALOMNIATEUR, falsèr, *pl.* yen; nep a lavar gaou var goust ur re, nep a lavar falsentez *ou* traou faus, var bouez ur re-bennac, accusèr é faus, fals-accusèr, *pl.* fals-accuséryen. *v. inventeur.*

CALOMNIATRICE, fals-accuserès, *pl.* ed.

CALOMNIE, falséntez. *pl.* ou, a enep ur re; fals-accus, *pl.* fals-accusou, falséntez pouñér, falséntez grevus; gaoupouñer var boües ur re-bennac, *pl.* guévyer-pouñér, duder, duadur.

CALOMNIER, accusi é faus, accus é faus, *ppr.* accuset; ac'hus é faus *ou* é fals, *pr.* ac'huset; fals-accusi, fals-accus, *ppr.* fals-accuset; falsa var boües ur re, *pr.* falset; lavaret traou faus *ou* falsentez var gous ur re, *pr.* id.; lavaret guévyer grevus var goust ur re, dua ur re-bennac, *pr.* duet.

CALOMNIEUX, falsus, oc'h, à, añ; leun a falséntez; leun a fals-accusou; leun a c'hévyer grevus *ou* a c'hévyer pouñer.

CALOMNIEUSEMENT, gand falséntez, à faus, é gaoû, èn e chaoû, var e c'haoû. — *Il l'a dit calomnieusement*, gand falséntez *ou* é faus ou é gaoû en deus é lavaret, èn e c'haou èn deus e lavaret, var e c'haou ez co bet lavaret gaud-hé.

* CALONIERE, *petit tuyau creux de sureau, avec lequel les enfants jettent des*

* CALOTARD, *vieillard*, caloténnecq, *pl.* caloténnéyen.

CALOTTE, calotenn, *pl.* ou. *Van.* caloteen, *pl.* éü. — *Porter la calotte*, douguen ar galotenn, *pr.* douguet. — *Prendre sa calotte*, güisqa e galoteñ, *pr.* güiscqet; qemeret e galoteñ, *pr.* id.

* CALOTTIER, *marchand de calottes*, calotennèr, *pl.* yen; bonedèr, *pl.* yen.

CALVAIRE, *montagne hors de Jérusalem, du temps de Jésus-Christ, et qui est à present dans la ville*, Calvar, Menez-Calvar. — *Au Calvaire*, èr C'halvar, é Menez-Calvar. — *Notre Sauveur a souffert la mort sur le mont du Calvaire pour notre rédemption*, hon Salver èn deus bet gouzavet ar maro var Menez-Calvar, evit hon dazpréna oll.

CALVILLE, *pomme rouge au-dedans et au-dehors*, aval puñsecq, *pl.* avalou.

CALVINISME, hugunodaich, parpailhodaich.

CALVINISTE, *hérétique qui suit la doctrine de Calvin*, hugunod, *pl.* ed; parpaïlhod, *pl.* ed.

CALVITIE, *etat d'une tête chauve*, moalidiguez, moalder, moaladur.

CAMAIL, *mantellic glas a zoug un escop dreist e rocqed*, *pl.* mentelligou glas; camailh, *pl.* ou. — *Camail d'ecclésiastique*, un domino, *pl.* dominogeou.

CAMALDURE, *religieux de l'ordre de Camaldoni*, manac'h eus a urz sant Romuald, manac'h sant Romual, *pl.* menec'h; camaldolyd, *pl.* ed; menec'h camaldoly.

CAMARADE, camarad, *pl.* ed; *fém.* camaradès, *pl.* ed.

CAMARD, *camus*, fry toüign, *pl.* fry ou toüign; fry plad; fry taltous, fry lurcq, *ppl.* fryou, etc. *Van.* fry berr, fry plad, fry tartous, *ppl.* fryéü. *v. nez.*

CAMARDE. *Les mêmes que pour le masculin Van.* camusell, *pl.* ed.

CAMBOUIS, *vieux oing dont on graisse les roues de carosse, etc.*, lard-coz, lard-carr. *Van.* lart coh.

CAMBRER, *se déjeter, parlant du bois*, èn cm deurl, *pr.* èn em daulet. — *Ce bois, cette porte s'est cambrée,* èn em daü-let co ar c'hoad-mâ, an or-mâ. — *Cambrer, creuser,* cava, *pr.* cavet.

CAMELOT, *étoffe faite de poil de chèvre avec laine ou soie,* camolot, camoulot.

CAMISOLLE, *chemisette,* hivysenn, *pl.* ou. *Van.* jumesoteñ, *pl.* cû.

CAMOMILLE, *plante odoriférante,* cramamailh, cramamilla. *B.-Léon,* tro'n-héaul. — *De l'huile de camomille,* eol-cramamailh, eol tro'u-héaul.

CAMP, *lieu où campe une armée,* camp, *pl.* ou. *Van.* champ, *pl.* eü. *v.* Auray. — *Le camp,* ar c'hamp. *Van.* er champ, er hamp. — *Camp volant,* camp mont-dont, mont-dont *pour* mônet ha dònet; arme vihan-a ya hac a zeu atau.

CAMPAGNARD, *gentilhomme qui n'a point hanté le beau monde d'une ville,* digentil divar ar meas, digentil divar ar ploüe, *pl.* tuchentil divar, etc.

CAMPAGNARDE, itroun divar ar meas, *pl.* introuneset divar ar meas; demesell divar ar ploüe, *pl.* dimeselled.

CAMPAGNE, *ce qui est dehors des villes,* meas, *pl.* you; mæs, *pl.* you; ploüe, ou. *Van.* mæs, *pl.* eü. — *A la campagne, dehors des villes,* var ar ploüe, var ar meas, var ar mæs. *Van.* ar er mæs. — *Rase campagne, plaine,* mæasyou, mæsyou, mæsyadou. *Van.* mæsyadeü, mæxadeü, mæxcû. — *Vaste campagne,* mæsyou bras, mæsyadou caër, mæzéyer bras. *Van.* mæseü caër. — *Maison de campagne,* maner, *pl.* you. *v.* bastide. — *Homme de la campagne,* ploüesad, *pl.* ploüisis; ploüisiad, *pl.* ploüisyen; dèn divar ar ploüe, dèn divar ar meas, dèn divar ar mæs, *pl.* tud divar, etc. *Van.* den diar er mæs. dèn diar er mæseü, *pl.* tud diar, etc. *Le mot de* ploüe *dans ses compositions est* plou. — *Campagne, année de service dans l'armée,* campaign, *pl.* ou. — *Faire une campagne au service du roi,* ober ur c'hampaign, *pr.* great, græt.

CAMPEMENT, *logement d'une armée dans ses quartiers,* campadur.

CAMPER, *parlant d'une armée,* campa, *pr.* campet; diazeza ar c'hamp on ar camp, *pr.* diazezet. — *Camper, se*

*placer hardiment en quelque lieu,* èn em blanta èn ul leac'h, èn em blaçza èn un tu-bennac, em fourra èn ul leac'h-bennac, *ppr.* et.

CAMUS, *e. v. camard, e.*

CANAILLE, *vile populace,* canailhes, livastred, loüidven, hailheboded, tud distér. *Van.* hailhoned, bagach.

CANAL, *lit d'une rivière, d'un ruisseau,* can, *pl.* you; canol, *pl.* you; froud, *pl.* frougeou, froudou; canol-dour, *pl.* you; aos, *pl.* you. *Van.* canol, *pl.* eü. — *Grand canal, ou fort courant d'eau,* canol vras, *pl.* you; froud-veur, *pl.* frougeou-meur. — *Petit canal,* canol vihan, froud-bihan, aos, *pl.* you. *v.* *ruisseau.* — *Canal blanc, dont le fond est de sable blanc,* canol-veñ, froud-veü. — *Canal noir, dont l'eau est profonde,* canol du, froud du. — *Canal d'Is, ou l'Iroise,* canol Ys, cànol Ilès. *v.* Iroise. — *Canal de mer, filière ou bras de mer,* canol-vor, froud-vor, breac'h-vor. *Ce mot de* froud *a donné le nom à plusieurs églises et maisons situées près des canaux, rivières ou ruisseaux; de la Notre-Dame-du* froud, *à Carhaix, à la descente de la ville, à la rivière; de la l'église priorale de* cauffroud, *id est,* can-froud, *sur le bord de la rivière de Landerneau; de là, la maison du* froud-veñ, *en Guipavas; celle du* froudmeur, *près de Landivisyau, l'une et l'autre dans l'ancien évêché de Léon;* Sainte-Anne-du dour-froud, *près de Lesneven et plusieurs autres.* — *Canal, conduit, aqueduc de pierres, de briques, de plomb, etc.,* san, *pl.* you; can, *pl.* you; sandour, *pl.* sanyou-dour; caoun, *pl.* you; caon-plomm, *pl.* caonyou-plomm; can-mæn, can-pry, can-bricqeñ, *pl.* canyou-mæn, etc. — *Canal de plomb, etc. au bas des toits des maisons pour conduire les eaux pluviales,* can, *pl.* you; caon, *pl.* caoniou.

CANARD, *oiseau aquatique,* hoüad, *pl.* hoüidy. *Van.* hoüéd, *pl.* y. — *Un canard, un* hoüad, ur peñ hoüad. — *Canard, mâle de la canne,* mailhard, *pl.* ed. — *Petit canard, jeune canard,* hoüadie, *pl.* hoüidijou, peñ-hoüadie. — *Petit canard, jeune mâle,* mailhardicq, *pl.*

maillardédigou. — *Canard sauvage*, hoûañ-goez, peñ-hoûad goez, *pl.* hoûidy.

CANARDER *quelqu'un*, ténna é cuz var ur re-bennac, *pr.* tennet. *Van.* teenneiñ ê cuh ar unañ-bennac, *pr.* teennet. *Trig.* tennaû eü cuz oar ur re bennac.

CANCER, *maladie qui mange les chairs petit à petit, comme une espèce de gangrène*, male-toûich, ar male-toûich, crignbeo, ar c'hrign-beo. r. *gangrène*.

CANCRE, *sorte d'écrevisse de mer*, crancq, *pl.* ed. *Van.* cangr, *pl.* ed.

CANDEUR, *bonté sincère*, francqiz, francqiz a galoun, sclærder a galoun, éünder, gûiryonez, simplded.

CANDIDE, *qui est franc, sincère, qui aime la vérité*, francq, éün, guyryon, oe'h, à, añ. *Van.* id.

CANDIDEMENT, gand francqiz, è gûiryonez, a galoun leal, gand éünder ha simpdded.

CANE, *femelle du canard*, hoûadès, *pl.* hoûadesed. *Van.* hoéden, *pl.* ed.

\* CANETAIE, *petite herbe fort mince qui croit dans les eaux vives qui ne s'écoulent pas, et que les canes et canards mangent*, boëd hoûidy. *Van.* boüid houëdy.

CANETTE, *petite cane*, hoûadesic, *pl.* hoûadesedigou.

CANEVAS, canavas, léyen, toûaith.

CANICULE, *constellation*, stercedeñ ar c'hy. — *La canicule commence le 24 juillet, et finit le 25 août*, stercedeñ ar c'hy a vez o reû a dalec ar bévare deiz var n'uguent eus a viz goüez-re, bede an drede var n'aguent a viz éaust.

CANIF, traïnch-pluñ, *pl.* traïnchoupluñ; ganived, *pl.* ou.

CANIN, *e*, a zalc'h eus ar c'hy. *Un ris canin*, serigû, *pl.* ou, scrignérez, ur c'hoarz qy. — *Qui est sujet à faire un ris canin, à montrer les dents en riant*, scrignecq, *pl.* scrignéyen. — *Une faim canine*, un ilboëd terrupl, ur c'hofad ernel a naoun, un naoun qy. — *Dents canines, deux dents pointues qui sont entre les dents tranchantes et les molaires*, dant al lagad, *pl.* déut un daoûlagad.

CANNE, *jet d'un arbre du même nom*, cauneñ, *pl.* eü. v. *bâton.* — *Donner des*

coups de cannes à quelqu'un, reï taulyou caneü da ur re, *pr.* roet. — *Canne qu renferme une épée*, caneñ-gleze, *pl.* caneñ-nou-cleze; baz-clezo, *pl.* bizyer-cleze. — *Canne qui porte le sucre*, corseñ-sucr, *pl.* corsennou-sucr, cors-sucr. — *Canne, roseau*, rauscleñ, *pl.* rauscl; corseñ, *pl.* cors. *Van.* corseeñ, *pl.* eü. *Canne ou roseau, qui porte à sa cime au bout noir, long de quatre à cinq pouces*, penduenn, *pl.* ou. *Ce mot est composé de* peñ, *tête, et de* du, *noir*.

CANNELER, *creuser des cannelures*, divoëda; *pr.* divoëdet; divoëda couleunennou, etc.

CANNELLE, *écorce d'un arbrisseau*, canell. — *Cannelle, sur quoi on dévide les écheveaux de fil*, canell, *pl.* ou. *Van.* id., *pl.* eü. — *Cannelle couverte de fil*, canellad, *pl.* ou; canellad neud. — *Cannelle ou canulle, tuyau qu'on met à un tonneau qui est en perce*, tuelleñ, *pl.* ou; alc'huëz-barriqeñ, *pl.* alc'huëzyoubarriqeñ. *Si la cannelle est de bois creusé, c'est* tuelleñ bren, *pl.* tuellennou-pren; scavenn, *pl.* ou. — *Robinet d'une cannelle, clef pour ouvrir et pour fermer la cannelle*, pluenn, *pl.* ou; touchenn, *pl.* touchennou.

CANNELURE, *cavité perpendiculaire faite dans une colonne*, divoëdadur. — *Faire des cannelures*, divoëda, *pr.* et.

\* CANNELLIER, *instrument qui comprend une douzaine de cannelles de fil pour ourdir une pièce de toile*, marc'h-cannelier

CANON *de la messe*, al lodenn secretâ ha principalâ eveus an overenn. — *Canons de l'église, lois ecclésiastiques et décrets des conciles, etc.*, reol, *pl.* you; lesénnou an ilis, reolyou an ilis. — *Droit canon*, gûir an ilis, gûir reol an ilis. v. *droit.* — *Canons des livres de la Bible*, ar roll eus al levryou sacr, disclæryet gañd an ilis. v. *apocryphe.* — *Canon, pièce d'artillerie, de fer ou de fonte*, canol, *pl.* you. *Van.* canon, *pl.* eü. — *La bouche du canon*, becq ar c'hanol. — *La lumière du canon*, oaled ur c'hanol, an toull-tan. — *Coup de canon*, tenn-canol, *pl.* tennou-canol. *Van.* tenn-canou, *pl.* teñneü. — *Braquer le canon*, poëñta ar

c'hanol, *pr.* poëntet. — *Canons de fer,*
canolyou hoüarn. — *Canons de fonte,*
canolyou fondt. — *Canons de fusil,* ca-
nolyou-fusuilh. *Van.* danoneü-acqe-
but. — *Canon, gouttière de plomb,* can,
*pl.* you; caon, *pl.* you.

CANONIAL, *e,* u aparchant ouc'h
ar chalounyed. — *Maison canoniale ou*
*prebendiale,* ty a aparchant ouc'h ar
chalounyed, ty ur chalouni, *pl.* tyès,
tyèr. — *Heures canoniales,* euryou an
ilis an oviçz diin.

CANONICAT, *prebende,* chalouny-
aich, *pl.* ou. *Van.* chanoïnach, *pl.* eü.

CANONIQUE, *livre sacré de la Bible*
*autorisé de l'église,* levr sacr recevet hac
aproüet gand an ilis, *pl.* levryou sacr,
etc· — *Canonique, conforme aux canons*
*de l'église,* hervez reolyou an ilis.

CANONISATION, *d'un saint,* disclæracion eus a santélez ur re, græt
gand hon tad santel ar pap.

CANONISER, disclærya sant ur re-
bennac, *pr.* disclæryet; lacqât ur re-
bennac è roll ar sænt, *pr.* lecqeat, lecqeet.

CANONISTE, *docteur en droit canon,*
*ou qui a beaucoup écrit sur le droit canon,*
gûiraoux, *pl.* yen; doctor èr gûir, doctor è guir an ilis, *pl.* doctored. — *Ca-*
*noniste, juriste, docteur en droit canon et*
*droit civil,* doctor èr gûiryou, *pl.* doctored è gûiryou.

CANONNADE, ten-canol, *pl.* tén-
nou-canol.

CANONNER, *battre à coups de canon,*
canolya, *pr.* canolyet; em ganna a dennou canol, *pr.* em gannet; teanna ar
c'hanol var, *pr.* tennet.

CANONNIER, canolyèr, *pr.* yen.
*Van.* canonyer, *pl.* yon.

CANOTS, baguic livet, *pl.* bâgoüi-
gou livet; canod, *pl.* ou, canojou.

CANTHARIDE, *mouche vénimeuse,*
c'huil-glas binimus, *pl.* c'huyled, etc

CANTINE, *buvette pour les soldats,*
cantina. — *Aller boire à la cantine,* mont
da evat d'ar c'hantina. — *Celui qui tient*
*la cantine,* cantinèr, ar c'hantinèr, *pl.*
yen. — *Femme qui a la cantine,* cantine-
rèz, ac gantinerèz, *pl.* ed.

CANTIQUE, *chant spirituel,* güer-
spirituel, *pl.* guerzyou-spirituel; ean-
ticq, *pl.* ou. *Van.* guërhenn , *pl.* eü.;
canepn, *pl.* eu. — *Les çantiques de l'é-*
*criture,* cantieqou ar scritur-sacr.

CANTON, *quartier d'une ville ou d'un*
*pays,* canton, *pl.* you ; carter, *pl.* you.
*Canton, pays,* bro, *pl.* broëzyou, broé-
you, broyou. *Van.* cântonu, *pl.* eü.

CANTONNER, *se cantonner,* èn em
logea èn ul leac'h crè, *pr.* èn em loget èn ul, etc.

CAP, *tête,* penn. — *De pied en cap,*
adalec en treid bede'r penn, penn-da-
benn. *Van.* adal an treid beta er peñ;
penn-qilh-ha-troad. r. armé. — *Cap d'un*
*navire, l'avant, l'éperon,* diaraue ul lestr,
bec ul lestr, al ligorn. — *Nous avions*
*le cap au vent,* becq hon lestr a yoa éün
d'an avel, an avel a yoa a benn caër
deomp. — *Cap, promontoire,* becq, becq
doüar, *pl.* begou, begou-doüar; cap,
*pl.* ou. — *Le cap de Bonne-Espérance,*
becq Sperançz-Vad, cap Sperançz-
Vad. — *Le cap de Saint-Vincent,* becq
Sant-Viçzant, cap Sant-Viçzant. — *Le*
*cap de Fin-de-Terre,* becq Fin-ar-bed;
cap Fin-an-doüar. — *Le cap d'Oües-*
*sant,* becq Heüçza. — *Le cap Sizun ou*
*la pointe du Rat,* cap Sizun, becq ar Raz.
— *Doubler le cap,* trémen ar becq, trémen ar c'hap, *pr.* tremenet; para ar
becq, *pr.* paret. — *Les corsaires vont au*
*cap de grippe,* ar c'hourséryen a ya alyès
da vecq al laeron.

CAPABLE, eapapl, oc'h, á, an. *Van.*
id. — *Capable, propre à,* capapl etis a,
capapl da, mad evit, dineus a. — *Ca-*
*pable, savant,* goüizyecq, oc'h, â añ.

CAPACITÉ, *étendue d'un lieu,* brasder, ment, hèd ha ledander ul leac'h.
— *Capacité, portée de l'esprit,* sqyand
bras, eûteñtamant. — *Capacité, habi-*
*leté,* abilded, goüizyeguez, capablded.

CAPARAÇON, *housse de chevaux,* pal-
lenn-varc'h, *pl.* palleiguer-qeseq.

CAPE *à hommes,* cabell, *pl.* ou ; bi-
gorn, *pl.* ou. *Al.* cougoul, *pl.* yan; po-
ñuezon, *pl.* au. — *Cape de matelot,* ca-
bell-merdead, *pl.* etc.; capod-merde-
ad, *pl.* capedou. — *Cape de femme,* ca-

**bell-greeq**, *pl.* cabellou-gree, cabellou-
gragues; spaignolean, *pl.* ou. *Van.*
cap, *pl.* ed. — *Se couvrir d'une cape*,
cabella, *pr.* cabellet. — *Cape*, *voile du
grand mât*, cap.

**CAPEER**, *mettre le vaisseau à la cape*,
capeal, *pr.* capeel; ober eostez a dreuz,
*pr.* great, græt.

**CAPELAN**, *prêtre pauvre*, chapalan,
*pl.* ed.

**CAPILLAIRE**, *plante*, goez-radennen,
nen, vihan, *pl.* goez-radenn. — *Sirops
de capillaire*, sirop goez-radenn.

**CAPITAINE**, cabitan, *pl.* ed. —
*Charge, office, brevet de capitaine*, cabi-
taniach, *pl.* ou.

**CAPITAL**, *e*, ar pèn vès a un dra,
ar vammenn eus a un dra-bennac, ar
e'hentá eus a, etc. — *La ville principale du royaume, de la province*, ar penn-
kær eus ar rouantelez, eus ar brovinçz,
ar guenta kær eus ar roüantélez,
eus ar brovinçz. — *Un crime capital*, torfed a zimilit ar maro, *pl.*
torfedou a zimilit ar maro. — *Les
sept péchés capitaux*, ar seiz pec'hed marvel.

**CAPITANE**. *la principale galère d'une
escadre*; ar penn-lestr eus ar galeou.

**CAPITATION**, *imposition par tête*,
taçz dre benn, an taçz dre benn.

**CAPITULATION**, divis, *pl.* ou; mar-
e'had, *pl.* marc'hageou; accord, *pl.* ou.

**CAPITULER**, *traiter avec les assiégeants*,
divisa, *pr.* diviset; marc'hata gand,
etc., *pr.* marc'hatet, marc'hatéet; accordi, *pr.* accordet.

**CAPORAL**, *bas officier d'infanterie*,
caporal, *pl.* ed; corporal, *pl.* ed.

— **CAPOT**, *honteux, à ne rien dire*, me-
zuz, besq, féaz, fæz. *Van.* sæhet, fæh,
mehus.

· **CAPRE**, *petit fruit vert et aigret*, ca-
prèsen, *pl.* caprès, capresennou. — *Une
salade de câpres*, ur saladenn caprès,
saladennou caprès.

, **CAPRICE**, *déréglement d'esprit*, pennad, *pl.* ou. *Van.* peonnad, *pl.* eü.

· **CAPRICIEUX**, pennadus, oc'h, à,
añ. *Van.* id. v. *bizarre*.

**CAPRIER**, *arbre qui porte des câpres*,

güezen caprès, *pl.* güez caprès.

* **CAPRIOLE**, *plante*, ar gampryolen.

**CAPTIEUX**, troumplus, oc'h, à,
añ. *Van.* troumpus, oc'h, à, aou.

**CAPTIEUSEMENT**, gand troumplérez, dre droumplérez. *Van.* dre drom-
pèreh.

**CAPTIF**, *esclave*, sclaff, *pl.* sclaffed;
qemeret gand adversouryen ar stadou.

**CAPTIVE**, sclaffès, *pl.* sclaffesed.

**CAPTIVER**, *faire des captifs*, qemeret
sclaffed, *pr.* id. ober sclaffed, *pr.* græt.
— *Captiver, assujétir*, plega, *pr.* pleguet;
lacqât da blega, lacqaat da sugea, *pr.*
lecqéet. *Van.* sugetizeiñ, *pr.* et. — *Se
captiver*, sugea, *pr.* sugeet; hem gountraign, *pr.* em gountraignet.

**CAPTIVITÉ**, *esclavage*, sclaffaich,
sclavaich. — *Captivité, sujétion*, sugidiguez, sugidiguez vras.

**CAPTURE**, dalc'h, qemeridiguez.
*Van.* qemér. — *Faire une capture*, ober
un dalc'h, *pr.* græt; qemeret ur re pe
un dra; dere'hel, *pr.* dalc'het; pacqa,
*pr.* et. ober ur hemér, qemerein, *pr.* et.

**CAPUCHON**, pichourell, *pl.* ou; ca-
buch, *pl.* ou. *Al.* cougoul. v. *cape*.

**CAPUCIN**, *religieux de l'ordre de St.-
François*, cabucin, *pl.* ed.

**CAPUCINE**, *religieuse de l'ordre de
Sainte-Claire*, cabucinès, *pl.* ed.

**CAQUE**, *baril à harengs*, baraz. *pl.* ou.
— *La caque sent toujours le hareng*, c'hué
au harincq a chom atau gand ar varaz.

* **CAQUEROLLE**, podès-cuëvr, *pl.*
poseded-cuëvr; caçzrolen, *pl.* ou.
*Van.* caçz, *pl.* eü.

**CAQUET.** v. *babil.*

**CAQUETER**, *parlant des poules qui
veulent pondre*, richanat, *pr.* et. — *Caqueter, parlant du bruit que font les poules
dès qu'il fait jour*, raclat, godal, *ppr.* et.

**CAR**, *conjonction*, rac, rag. *C'est le
mot grec renversé*.

**CARABINE**, *arme à feu*, carabinen,
*pl.* ou; grondin, *pl.* ou, ed. — *Vieille
carabine, injure*, coz-carabinenn.

**CARACTÈRE**, caracter, *pl.* you. —
*Caractère d'imprimerie*, moul, *pl.* ou. —
*Gros caractères*, lizerennou bras. — *Pe-
tits caractères*, lizerennou munud.

CARADEC, *nom d'homme*, Caradec, Caradoc. — *Saint Caradec*, sant Caradec, sant Caradeuc, sant Caradoc, sant Collodoc, sant Collodan.

CARAFE, boutailhic-güezr, *pl.* boutailhoüigou-güezr.

CARCAN, *collier de fer*, colyer, *pl.* on. *Al.* torch. — *Attacher quelqu'un au carcan*, lacqaat'ur re èr c'holyer, *pr.* lecqeat.

CARCASSE, *corps desséché d'un animal mort*, releguezenn, *pl.* ou; relecq, *pl.* relegou. — *Carcasse de cheval*, relegou-marc'h, releguenn-varc'h. — *Carcasse, vieille personne fort maigre*, releguen, *pl.* ou; ur sac'had æsqern, *pl.* sac'hadou æsqern; sec'henn, *pl.* ed.

CARDE, *côtes de plantes*, costou-lousou — *Cardes d'artichauts*, costou artichaud. — *Cardes de bettes*, costou beotès. — *Carde, peigne de cardeur*, eñcardouer, *pl.* eñcardouerou, eñcardou.

CARDER, *démêler la laine, etc.*, eñcarda, *pr. et. Van.* iñeardeiñ, *pr. et.* — *Laine cardée*, gloan iñcardet. *Van.* gloan iñcardet.

CARDEUR, *qui carde*, eñcardèr, *pl.* yen. *Van.* iñcardour, *pl.* yon, yan.

CARDIAQUE, *cordial*, conford evit ar galoun, un dra heal, un dra calounus, *pl.* traou. — *Le vin est un grand cardiaque*, ar güin a so ur c'honford bras d'ar galoun *ou* evit ar galoun; ar güin a so heal da galoun an dèn; ar güin a so calounus; ar güin a so mignoun da galoun map dèn, pa guemerenr anezà gad moder.

CARDINAL, ale, ar penn vez a un dra, an diasez, vez a un dra, ar peñdiasezevenz a un dra. — *Les quatre vertus cardinales*, ar peder vertuz cardinal: furnez, justiçz, nerz ha témperançz. — *Les quatre vents cardinaux*, ar pevar penn-avel, ar pevar qentà avel: reter, cornauc, su ha nord. — *Cardinal, prince de l'église*, cardinal, *pl.* ed. *Van.* id. — *Avoir un chapeau de cardinal*, cahout ur re c'hardinalaich, *pr.* bet.

CARDINALAT, *dignité de cardinal*, cardinalaich.

— CARÊME, corayz, *pl.* you. *Van.* co-areis, *pl.* eoarezeü; hoareih, *pl.* eü. — *Jeûner le carême*, yun ar c'hoarys. *Van.* yuneiñ er hoareiz, yunign en hoareih, *ppr.* yunet. — *Les quatre premiers jours de carême*, an talazrou. *Van.* en talareü.

CARÊME-PRENANT. *v. carnaval.*

CARÈNE, guërlincq, querlinq, garlincq, *ppl.* ou.

CARENER, *un vaisseau, le calfater*, ausa ul lestr, *pr. et;* oalafeti, radoübli, soavi, *ppr. et.*

CARESSANT, ante, cheriçzus, oc'h, à, añ. *Van.* id.

CARESSE, *démonstration d'amitié*, chèr, *pl.* ou; mignouny, mignounaich. *Van.* mignonnyach, mignonnach, chèr. *v. amitié.* — *Caresses amoureuses*, mignounyaich, *pl.* ou. *v. cajolerie.*

CARESSER, cheriçza, *pr. et;* dorlota, *pr. et;* ober lid'da ur re, *pr.* great, græt. *Van.* cheriçzeiñ, dorloteiñ, mignonneiñ, *ppr. et. v. cajoler.* — *Celui qui caresse*, cheriçzer, dorloter, *ppl.* yen. — *Caresser, comme les petits enfants*, ober allasicq, *pr.* græt. — *Caressez donc votre mère, mon petit*, grit allasicq d'ho mam eta, va mabic-me.

CARGAISON, *charge d'un vaisseau*, carg, *pl.* ou, carg ul lestr. — *Cargaison, temps convenable pour charger les navires*, an amser da garga, ar c'hours da garga listry.

CARGUER, *trousser les voiles d'an vaisseau*, carga ar goëlyou, *pr.* carguet.

CARILLON, *son de cloches*, brinbalérez, *pl.* brinbalerezou; bynbalérez. — *Carillon, parlant d'une femme qui se fâche*, brinbaléréz ur c'hreeq, tourny *ou* trous ur c'hrecq.

CARILLONNER, brinbalat ar c'hleyer, brinbalat ar c'hleyer gand cadançz, *pr.* brinbalet; bynbalat, *pr. et.*

CARILLONNEUR, brinbaler, *pl.* yen; bynbaleur, bynbalour, *pl.* yen.

CARHAIX, *ville bâtie par la princesse* Ahès, Kær-Ahès. *Par corruption*, Car-Aës. *En latin*, Urbs-Æsia. *Van.* Carhés

* CARISÉ, *sorte de frise*, qereçze. — *Habit de carisé du courtil*, habid qereçze al lyorz, habid lyeu.

CARME, *religieux de l'ordre du Mont-*

Carmel, carmesad, pl. carmesis; car-
mesyad, pl. carmisidy; carministr, pl.
ed—L'ordre des Carmes, urz Carmès.
—L'église des carmes, ilis carmès.—No-
tre-Dame-des-Carmes, an Introun-Va-
rya-Garmès.

CARMEL ( Mont ), Carmel, ar
C'harmel, Menez-Carmel.

CARMELITE, carmesès, pl. ed; leanès santès Teresa, pl. leanesed, etc.

CARMIN, lyou rus-beo; carmyn.

CARNASSIER, qui vit de chair, qigus, oc'h, à, añ; aneval qigus, pl. a-
nevaled, qigus; laouçz qigus, pl. la-
bouçsed, etc. dèn qigus, pl. tud, etc.

CARNAGE, lazérez, muntrérez,
boçzérez.

CARNAVAL, meūr-largez, morlargez, allard, ened, ezned. Van. malarde.

CARNOSITÉ, excroissance, qiguenn,
cresqenn, ppl. ou; cicq-cresq.

CAROGNE, injure, flœryadenn, pl.
ou, ed; pelletenn, pl. ed; coz-flutem,
pl. coz-flutenned, coz-flutennou. Van.
carvan, coh-carvan, peh-breing.

CAROLUS, monnaie, sur Charles 8,
ur pez a zec diner, pl. pezyou, etc.

CAROTTE, plante, pastounadez.

CARPE, poisson, carpeñ, pl. carped.

CARQUOIS, étui d flèches, botinell
birou, pl. botinellou; sae'h ar birou,
pl. seyer.

CARRÉ, qui a quatre côtés, carre, pl.
ou.—Un carré long, ur c'harre hirr.—
En carré, ecarre.—Bonnet carré, boned
qornecq —Maison carrée, ty carre, ty
pévar c'hornecq. — Carré de jardin,
carrez, pl. you.

CARREAU, vitre, carrauzeñ-güezr,
pl. carrauzennou-guezr; carrezennu-
güezr, pl. carrezennou-güezr. Le dernier mot est le meilleur.—Carreau de marbre, etc., carrezenn, pl. ou; carrauzen,
pl. ou. Van. carre, pl. eü; ur harre. v.
tuile. — Carreau, pierre de taille de médiocre grandeur, carrell, pl. ou; carrezenn, pl. ou.—Carreau, le pavé, la rue,
la terre, pavez, ru, doüar, tachenn.
—Jeter quelqu'un sur le carreau, astenn
ur re var an dachenn, pr. astennet;
lacda ur re-bennac var an doüar, pr.

lladet; doüara ur re, pr. et; lacqât corf
ur re da vusula an doüar, pr. lacqeat,
lecqeat, lecqeet.— Jeter les meubles de
quelqu'un sur le carreau, teurl meuble
ur re var ar pavez ou var ar ru, pr.
taulet. — Carreau, coussin de velours,
carrauzenn-voulous, pl. carrauzennou-
voulous.— Carreau, foudre, mæn-gu-
run, pl. mæin-gurun, ar parfoultr,
ar parfin-foeltr. — Carreau, au jeu de
cartes, caro. — Le roi de carreau, la reine
de carreau, ar roüe garo, ar roüanès a
garo.

CARREFOUR de rue, penn-ruyou,
pl. pennou-ruyou; croaz-ru, pl. croaz-
ruyou. — Carrefour de chemins, où aboutissent plusieurs chemins, croaz-hend, pl.
croaz-hinchou. Van. croéz-hend, pl.
croéz-hentéü.

CARRELAGE, application des carreaux
d'une chambre, carrelladur, carrelléres,
carrezérez. Van. carreréh.

CARRELER, paver de carreaux, car-
rella, pr. carrellet; carreza, pr. carrezet. — Carreler paver de tuiles, téolya,
pr. téolyet; teulya, pr. et. Van. téuleüñ,
pr. teulet. — Carreler des souliers, crénna boutou, pr. crénnet; carreza botou,
pr. carrezet; carrea botou, carrea boutou; pr. carrëet. v. rabiller.

CARRELEUR, qui pose les carreaux,
carrellèr, pl. yen; carrezèr, pl. yen. —
Carreleurs de souliers, crénnèr, pl. yen;
crénnour, pl. yen; crenner-botou; car-
rezer botou, pl. yen. v. rabilleur.

CARRELURE. v. carrelage. — Carrelure, rementage de souliers, de bottes, cren-
nadour, crennadurez-bouteyer, carre-
zadur-botou, carreadur-botou. — Carrelure du ventre, coffad, pl. ou.

CARRER, réduire en carré, carrea, pr.
carreet; ober carre, pr. great, græt. —
Se carrer, marcher avec affectation, rodal, pr. rodet; paüni, pr. paünet.

CARRIER, qui tire la pierre, mæn-
gleuzyèr, pl. mængleuzyeryen; mæn-
gleuzèr, pl. mængleuzéryen, mæn-
gleuzidy.

CARRIÈRE, lieu pour tirer des pierres, mængleuz, pl. mængleuzyou; mæin-
gleuz, pl. you; ur mængleuz; ur mæin-

gleuz. *Van.* mengle, *pl.* meñgleyeū, ur veñgle. — *Carrière, étendue de terrain où l'on peut courir,* redadenn, *pl.* redadennou, tachenn, *pl.* ou.

CARRIOLE, carryolenn, *pl.* ou.

CARROSSE, *voiture commode,* carroçz, *pl.* ou ;. carronçz, *pl.* ou. *Ce mot vient de* carr, *charrette, et de* ronçz *ou de* ronçze, *qui fait au pluriel* ronçzeed, *cheval, chevaux, id est, charrette à chevaux.* — *Les cuirs d'un carrosse,* lezr ur c'harronçz,*pl.*lezrennou ur c'harronçz. *Van.* courhenneū ur hárroçz. — *Aller en carrosse,* mōnet ê c'harronçz, *pr.* éet.

CARROSSIER, *ouvrier qui fait des carrosses,* carroçzér, *pl.* yen ; carronçzèr, *pl.* yen.

CARRURE, carrēur.

CARTE, *papier,* paper. — *Carte de géographie,* carten an doūar, carten ar bed, *pl.* cartennou. — *Carte hydrographique, carte marine,* cartenn-vor, *pl.* cartennou. — *Carte universelle, mappemonde,* cartenn an oll bed. — *Savoir la carte,* aznaout ar garteñ, gouzout ar garteñ. — *Savoir la carte, connaître les intrigues d'un état, le train des affaires d'un quartier, d'une maison,* gouzout ar garteñ, gouzout an doaréou, gouzout an treçz, gouzout ar stecq, *pr.* gouvezet. — *Celui-ci sait la carte,* hemā e enef ar garteñ, emā a oar ar gartenn *ou* en doare *ou* an doaréou *ou* an treçz *ou* ar stecq.—*Carte à jouer,*cartenn,*pl.*cartou. *Van.* id.,*pl.*éū. — *Certaines cartes,* earténnou. — *Jouer aux cartes,* c'hoari 'r c'hartou, *par abrégé de* c'hoari da ar c'hartou, *pr.* c'hoaryet. —*Jeu de cartes,* c'hoary cartou, *pl.* c'hoaryou-cartou.

CARTEL, *défi pour se battre en duel,* dify dre scrid, evit èn em gafout da drouc'ha an acqüibetenn, *pl.* difyou dre scrid.

CARTIER, *faiseur ou vendeur de cartes à jouer,* cartaoūer, *pl.* yen.

CARTILAGE, *partie de l'animal, entre la chair et les os* grigonçz, *pl.* ou; bourlançz, *pl.* ou, migourn, *pl.* ou.

CARTILAGINEUX, *formé de cartilages,* grigonçzus, migournus, bourlançzus, oc'h, â, añ.

CARTON, *fait de papier collé,* cartoun, paper cartoun, paper-doubl, paper-cot. — *Carton, feuillet réimprimé d'un livre,* eartoun, *pl.* ou.

CARTULAIRE, *recueil de chartes, titres, etc.,* levr an dyellou vès a un ilis bennac, vès a ur voustèr, vès a un autrounyaich; cartular, *pl.* you.

CARVI, *cumin des prés,* pastounadès melen. *v. panais sauvage.*

CAS, *evenement,* avantur, *pl.* you. *v. accident.* — *Cas, condition stipulée,* cas, qeñ-cas. — *Le cas avenant que, au cas que, en cas de,* ê qenn-cas ma, ê cas ma. — *En cas que cela arrive,* ê qenn-cas ma harruē qemen-ze, ê cas ma digoūeçzē *ou* ma herruffé an dra-ze. — *Cas, estime,* cas, stad, istim. — *On fait cas de cet avocat,* stad *ou* istim a rear eus an alvocad-hont. — *Qui ne fait pas cas de,* digas ê qêver, oc'h, â, añ. — *Il ne fait point cas de moi,* ne ra cas ac'hanoun, ne ra qet a gas ac'hanon-me, ne ra *ou* ne zalc'h stad e-bed ac'hanon-me, digas eo em c'hever-me. — *Cas, ce qui convient à quelqu'un,* affer, ïett. — *C'est-là votre cas, ce qui vous convient,* cetu eno ho c'haffer, ho ïett eo qemen-ze. — *Cas, espèce d'une loi,* cas, *pl.* you. *Van.* cas, *pl.* eū. — *Ce n'est pas là le cas,* ne deo qet eno ema ar c'has. — *Il y a de certains cas où, etc.,* bez' ez eus certenn casyou ê pe re *ou* pe-ê-re, etc. — *Cas royaux, cas prévotaux,* casyou-roue, casyou-provost. — *Cas de conscience,* cas a goustiançz, *pl.* casyou a, etc. — *Cas réservé,* cas reselvet, *pl.* casyou reselvet. *En termes burlesques,* cas du, *pl.* casyou du. *v. un dictum surmounée.* — *Cas de grammaire, le nominatif, le génitif, le datif, etc., en breton, de même qu'en français, ils ne diffèrent que par l'apposition des articles.*

CASANIER, *fainéant, qui ne sort point de sa cage, du coin de son feu,* luduecq, didalvez, oc'h, â, *ppl.* luduéyen, didalvezidy.

CASAQUE, *manteau à manches,* casacqenn, *pl.* ou. *v. jaquette.* — *Il nous a tourné casaque,* troēt èn deus güeūu

18

deomp, diléset èn deveus ac'hanomp, troët èn deus qeĩn deomp.

. .CASAQUIN, casacqennieq, *pl.* casacqennoüigou.. — *On lui a donné sur le casaquin,* bez'en deus bet var e guein, fustet eo bet. *v. bastonnade.*

. CASE, *maison,* ty, *pl.* tyès, tyèr.

CASERNE, logeiz soudarded, cazern, *pl.* cazernou, ar e'hazern, ar gazern.

. CASQUE, *armure de tête,* mauryon, *pl.* ou ; boned-hoüarn , *pl.* bouedou; casqenn, *pl.* ou, casqed. *Van.* casqed, *pl.* eü. *v.* heaume, têtière.

CASSABLE, *qui peut se casser,* torrap, oc'h, à. *Van.* id.

CASSADE, *mensonge,* disober; *pl.* disoberyou.

.CASSANT, torrus, bresq, brex, brusq, oe'h, à, añ. — *Fer cassant,* houarn bresq, hoüarn torrus. — *Bois cassant,* coad bresq, coad brusq. *Al.* lamm brusq, *et de là* lammbrasq, *lambris.*

.CASSATION, *abolissement,* terridiguez. *Van.* torradur.

. CASSER, *rompre,* terri, *pr.* torret; friugina, *pr.* fringinet. *Van.* torreiñ, *pr.* torret. — *Casser, ôter de place,* diblaçza, *pr.* diblaçzet. — *Casser.* v. *abolir.*

CASSÉ *de vieillesse,* uset gand an hirhoazl, discarret gand cozny. — *Un verre cassé,* ûr verenn dorret.

* CASSE-PIERRE, *plante qui vient au bord de la mer,* tor-væn, mæn-tarz, grimilh, lousou-aud, pirieilh-aud. *Van.* arrme.

CASSE-TÊTE, *vin fumeux,* guin-moguedus.

CASSETTE, caçzed, *pl.* ou, couffricq, *pl.* couffroüigou ; cazz, *pl.* ou; scrin, *ppl.* ou. *Al.* Ĺist, sgrin, isgrin, *ppl.* ou.

CASSONNADE, *sucre non-rafiné,* castounadès.

CASTILLE, *petit différent.* v. *grabuge.*

CASTOR, *animal amphibie,* byeuar, avaocq. v. *bièvre.*

CASUEL, *accidentel, fortuit,* chançzus. — *Casuel d'un bénéficier,* profid an diabarz eus an ilis, casual, ar c'hasual.

.CASUISTE, teologyan argoustiañçz. *pl.* teologyaned; doctor ar goustiança,

*pl.* doctored.

CATALEPSIE, *espèce d'apoplexie,* ar c'housqed-foll. r. *léthargie.*

CATALOGUE, roll, *pl.* rollou. *Van.* roll, *pl.* rolleü.

CATAPLASME, palastr, *pl.* ou.

CATARACTE, *taie sur l'œil.* v. *taie.*

CATARRHE, *gros rhume,* catarr, *pl.* catarrou. — *Catarrhe, fluxion sur les yeux,* catarr, an denedéau, goezreu.

CATARRHEUX, *euse, sujet aux fluxions,* catarrus, oc'h, à, añ.

CATECHISER, catecisa, *pr.* catecjset; ober ar c'hatecis, *pr.* græt; disqi ar gredenn d'an dud, *pr.* desqet, disqet. .

CATECHISME, *instruction des principes et des mystères de la foi chrétienne,* catecis, *pl.* ou; catecism, *pl.* ou; oredenn, *pl.* ou; ar gredenn christenn. — *Dites votre catéchisme,* livirit ho credenn. — *Catéchisme, livre qui contient le catéchisme,* levr ar gredenn-gristenn, levr ar c'hatecis.

CATECHISTE, catecisèr, *pl.* yen ; bæleo ar c'hatecism, *pl.* bæleyen; nep a zesq ho c'hredennou d'ar vugale.

CATECHUMÈNE, nep a oar an oll gredenn gristen hac a c'hoanta beza badezet.

CATHEDRALE, *l'église qui est le siége d'un évêque,* an ilis veur, *pl.* ilisou meur; ar penn-ilis eus an escopty; an ilis catredal.

CATHOLIQUE, *universel, général,* catolicq. — *Un prince catholique,* ur prinçz catolicq. — *Véritable catholique,* güir gatolicq, *pl.* güir gaticqed. — *La foi catholique, apostolique et romaine,* ar feiz catolicq, abostolicq ha romen. — *Un catholique d gros grains,* briz-catolicq, *pl.* briz-catolicqed; fals-catolicq, *pl.* fals-catolicqed; catoliq bihan-boaz, *pl.* catoliqed bihan-boaz; catolicq trémenet dre ar rydell.

CAUCHEMAR, *oppression d'estomac, qui fait croire à ceux qui dorment que quelqu'un est couché sur eux; et que les simples attribuent au démon Incube,* ar moustrericq, ar mac'hericq. v. *Incube.*

CAUSE, *principe, cause principale, première cause,* penn, *pl.* ou ; peun-caus, *pl.* peunou-caus, penn causyou. *Al.* causeant. — *Dieu est la première cause de toutes choses, la cause des causes,* Doüe a so ar penn hac ar penn-caus, a bep tra. — *Telle cause, tel effet,* pep tra a denn d'e had ha d'e natur, diouc'h ar goüenn, ar brancqou; alla tenna, alla goüenna, *id est,* ne allèr tenna nemed diouc'h ar voüenn.-*Cause, sujet, occasion,* caus, accausion. qiryéguez, abecq, qiryocq, qiryecq. *Van.* caus, abecq. — *Vous avez été la cause de ce mal,* c'huy a so bet caus *ou* accausyon *ou* qiryocq *ou* qiryecq d'an droucq-ze, èn ho qiryéguez ez eo arruet an droucq-ze, c'huy a so bét abecq d'an droucq-ze, èn a-becq deoc'h *ou* dr'en abecq deoc'h eo c'hoarvezet an droucq-ze. — *A cause de,* rac, divarbenn, palamour, abula-mour da, èn accausien da, èn abecq da, dre an abecq da, dre'n abecq da. — *A cause de Dieu, pour l'amour de Dieu,* palamour da Zoüe, abalamour da Zoüe, evit Doüe. — *A cause de moi,* divar-benn oun-me, palamour din-me, abalamour din-me, ra'zoun-me, *id est,* rac oun me. — *A cause de lui,* palamour dezâ, èn accausion deza, èn abecq dezâ, dre'n abecq dezâ, ra-'zañ, *id est,* rac an ez añ. — *A cause de lui, par sa faute,* èn e guiryéguez. — *A cause que,* dre an abec ma, divar benn ma. — *Vous êtes cause que,* qiryocq oc'h bet ma, caus oc'h bet ma, accausion oc'h bet ma. —*A cause qu'il est trop bon,* dre'n abecq ma zeo re vad. —*A cause de cela, pour cela,* rac-ze, dre-ze, dr'en abecq-ze, dren an abecq a ze, dre an accausion a guemeut-ze, palamour d'an dra-ze, divar-ben qemen-ze. — *A cause de cela même,* rac-ze èn-deün, dre-ze mêmès. — *A cause, de la crainte, de crainte que,* gand aoun ne, rac aoun na. — *Pour la cause que je ne puis, je ne dois, ou je ne veux dire,* rac, rac-ric-rac. — *Cause, procès,* caus, *pl.* you. — *Appeler une cause,* guervel ur gaus, *pr.* galvet.— *Plaider une cause,* breutât ur gaus, *pr.* breutéet. — *Plaideur de causes,* breutaër, *pl.* yen. *v.* avocat. — *Cause gagnée,* caus gouneizet. — *Donner cause gagnée à quel-*

*qu'un,* rei caus gounezet da ur're, *pr.* roët.

* CAUSEANCIER, causeant, *pl.* ed.

CAUSER, *être cause,* accausioni, *pr.* accausionet; beza caus, beza qiryocq, *pr.* bet. *Van.* bout caus, bout accausion, *pr.* bet. — *Les grands peuvent causer beaucoup de bien et de mal,* ar re vras ha galloudus all accausioni oals a vad, ha cals a zroucq, ar re vras a ell beza caus *ou* beza qiryocq *ou* beza accausion, da gals a vad, ha da gals a zroucq. — *Causer, parler,* causeal, *pr.* causéet; prezecq, *pr.* prezeguet; parlant, *pr.* parlantet. — *Causer, babiller,* fistilha, *pr.* fistilhet; caqetal, *pr.* caqetet. — *Elle cause comme une pie borgne,* caqetal a ra eo'hiz da ur bioq-spern. —*Causer, hâbler,* marvailha, *pr.* marvailhet; distaga, *pr.* distaguet.

CAUSERIE, causérez, fistilhérez, caqeterez. — *Causerie, babil,* caqetérez; corsead, *pl.* ou. *Ce dernier mot est du cap Sizun.*

CAUSEUR, *qui parle trop ou indiscrétement,* caqeter, *pl.* yen; caqetetaër, caqetour, *ppl.* yen. *v.* babillard, hâbleur.

CAUSEUSE, caqétéres, *pl.* ed. *v.* babillarde.

CAUSTIQUE, *qui a la vertu de brûler,* lisqidicq, oc'h, â, añ. — *Pierre caustique,* maen lisqidic, *pl.* maein lisqidic; maen-tan, *pl.* maein-tan. —*Pou-d-es caustiques,* poultr lisqidic, poultr lisqidic ha crignus.

CAUTÈRE, cautèr, *pl.* you. *Van.* cautér, *pl.* yeü. — *Avoir un cautère,* cahout ur gautèr, cahout ur feunteun, *pr.* bet. *Van.* endevout ur gautèr, *pr.* en des bet.

CAUTÉRISER, eber ur gautèr, *pr.* great, græt.

CAUTION, *qui s'oblige de payer pour un autre,* cred, *pl.* ou. *Van.* cred, *pl.* eü; ur'hred, *pl.* er hredeü. *v.* garant. —*Etre caution,* beza cred, *pr.* bet. *Van.* bout cred, *pr.* bet. — *Etre mis caution,* beza lecqeat da gred *ou* da veza cred. — *Caution, assurance pour un prêt, etc.,* credounyaich, *pl.* ou; credounyez, *pl.* ou; goëstl, *pl.* ou. *Van.* credaich, *pl.* eü.

— *Fournir caution, assurance de,* rei credounyaich, rei goëstl, *pr.* roët. — *Fournir caution, un répondant,* fourniçza cred, *pr.* fourniçzet.

CAUTIONNER, *s'obliger pour un autre,* credtaat, *pr.* crediëet; credtaat evit un all. *Van.* eretat, *pr.* cretet.

CAVALCADE, marecqadeñ, *pl.* ou. — *Faire une cavalcade,* ober un varecqadeñ, *pr.* great, græt.

CAVALERIE, cavaliry, ar soudarded var varo'h, ar marheguéryen.

CAVALIER, *soldat à cheval,* marheguer, mareguer, *pl.* yen. *Al.* marhec, *pl.* marhéyen. — *Cavalier, gentilhomme qui porte l'épée et qui est habillé en homme de guerre,* cavailher, *pl.* yen. — *C'est un brave cavalier,* ur c'havailher a fæçzon eo. — *Cavalier, homme qui manie bien un cheval,* marecaour, *pl.* mareoqaouryen. *Van.* marecqour, *pl.* marecqouryon, marecqouryan. — *Cavalier, en terme de fortification,* cavailher, *pl.* ou, ur c'havailher.

CAVALIÈRE, *femme qui va bien à cheval,* mareguerès, *pl.* mareguercsed. marecaourès, *pl.* ed. *Van.* maregoures, *pl.* ed.

CAVALIÈREMENT, diresped, hep resped, gand roguentez, libr ha rog, gad morguentez.

CAVALE, qaseoq, *pl.* qesecqonned, A *l'île de Bas,* *pl.* qesec.

CAVE, eaff, *pl.* you; cao, *pl.* cavyou; ar c'haff, ar c'hao. *Van.* cañ, *pl.* cañeü, er haü. — *Cave, concave, creux,* toull, cleuz.

CAVEAU, cavicq, *pl.* cavyoüigou.

CAVEÇON, *espèce de bride ou de muserole qu'on met sur le nez du cheval, pour le dompter,* goasqell, *pl.* ou; moraïlh, *pl.* ou; morsaïlh, *pl.* ou.

CAVER, *creuser petit à petit,* cava, *pr.* cavet; cleuza a neubeud-é-neubeud, *pr.* cleuzet. *Al.* caffa, *pr.* caffet. — *Les gouttes d'eau cavent insensiblement la pierre la plus dure,* ar beradou dour a zeu a-benn da gava ar mean ar c'haletå *ou* da gleuza a neubeud-é-neubeud ar væin ar re galetå.

CAVERNE, cavargn, *pl.* ou; cavarn,

*pl.* you; caffargn, *pl.* ou. *Van.* goarémm, *pl.* eü; grog, groh, *pl.* gruhed; v, antre. — *Se retirer dans une caverne* èn em denna èn ur c'havargn *ou* èn ur gavarn. *pr.* èn em dennet.

CAVITÉ, cleuzadur, toull, *pl.* ou; cleuz, *pl.* you; ur c'hleuz. *v. enfoncement.*

CAYEU , *mieux Caieu* , torchado'gnon , *pl.* torchadou – oignon ; bochad-oignon, *pl.* bochadou. etc.

CE, *pronom démonstratif. Il s'exprime en diverses manières :* 1° *Si la personne ou la chose en question vous touche, ou est entre vos mains,* on dit må et mañ ; 2° *Si elle est devant vous et près de vous,* on dit ze; 3° *Si elle est absente ou éloignée,* on dit hont. *Et tous ces pronoms,* må, mañ, ze, hont, *se mettent toujours à la fin du mot, comme une espèce d'enclitique et s'y attachent par une division; parce que si on les séparoit dans la prononciation, ils feraient un contre-sens. Exemples : Le livre que j'ai en main,* al levr-må, al levr mañ. *Van.* el livr-man, el leüer-man. — *Cet homme qui me joint,* an den-mâ. an den-mañ. *Van.* èn deen-man. — *Ce livre ou ce livre-là que je vois sur cette table,* al levr-ze. — *Cet homme à deux pas de moi,* an den-ze. *Van.* en deen-ze. — *Ce livre loin de moi où que je ne vois plus,* al levr-hont. — *Cet homme absent ou éloigné,* an den-hont. *Van.* en deen-hont. — *Ce que, signifiant en latin quod, s'exprime par pez ou tra. Exemples : Ce que j'estime, c'est la vertu,* ar pez a istiman eo ar vertuz. — *Ce que je hais le plus, c'est le vice,* an dra ou ar pez a gac zañ muya, eo ar viçz. — *Je ne sais ce qu'il a fait,* ne oun qet pe tra èn deus græt. — *Pensez à ce que vous dites,* songit pe tra a livirit, songit èr péz a livirit, songit ebarz ar pez a livirit. — *Á ce que, signifiant comme, sur, selon s'exprime par evel, é c'hiz ou é guiz,* var hervez, dioue'h. *Exemples : À ce que je crois,* evel a vellañ, é c'hiz a vellañ, guiz a vellañ, var a vellañ, hervez a vellañ, dioue'h a vellañ. — *Á ce qu'on dit,* var a lavarér, hervez a lavarér, dioue'h a lavarér, é c'hiz a lavarér, é guiz a lavarér. — *Et ce,* hac an dra

ze , ha qemen-ze. — *Je l'aime et ce d*
*cause de sa vertu, e garet a ran hac an*
dra-ze *ou* ha qemen-ze dre'n abecq
ma'z eo vertuzus, caret a rañ anezâ
palamour d'e vertuz. — *C'est moi qui*
*dit cela,* me eo a lavaran dra-ze ou qemen-ze. — *C'est toi, c'est lui,* te èo, eñ
eo. — *C'est nous, c'est vous,* ny eo, c'huy
eo. — *Ce sont eux, ce sont elles,* Y eo *ou*
int eo. — *Ce n'est pas moi,* ne deo qet
mê eo. — *Ce n'est pas toi,* ne deo qet
te eo. — *Ce n'est pas lui,* ne deo qen eñ
eo. — *Ce n'est pas elle,* ne deo qet hy
eo, etc. *v. celui-ci, celui-ld.* — *C'est tout*
*un , il n'importe,* ne deus cas, ne deus
forz, ne vern qet, *id est ,* ne varn qet,
ne barn qet. — *Ce m'est tout un ,* ne
rañ forz, un van *ou* ur van eo din qemen-ze. — *Ce n'est pas que,* ne deo qet
ma ne de qèt ma, ne qet ma. — *Si*
*je dis cela, ce n'est pas que je doute,*
mar lavarañ qemen-ze, ne deo qet ma
em béz doüetançz; ne de qet an doüet
*ou* ne qet an doñet, a ra din lavaret
un dra-ze, — *C'est-à-dire ,* da lavaret
eo, da c'houzout eo. — *C'est pourquoi,*
rac-ze, dre-ze, hac evel-ze, pe rac tra.

CEANS, *ici,* amañ, amâ. *v. ici, d'ici.*
— *De ciens, d'ici,* ac'halen, ac'hanen,
ac'han.

CECILE, *nom de femme,* Aziliçz, Ce-
cilia. — *Sainte Cecile,* santès Aziliçz,
güerc'hès ha merzerès, santès Cecilya
pe Cecila.

CECI, an dra-mañ, an dra-mâ. *r.*
*cela.* — *Celui,* celui-ci, hemâ, hemmâ,
hemañ, hemmañ. *v. celui-ci.*

CEDANT, *e,* uep a lès *pe* a ro e vir
da un all; dilèser, dilesour, *ppl.* yen.

CEDER, *faire cession,* ober dilès, *pr.*
græt; dilèsel, *pr.* dilèset. — *Céder, trans-*
*porter son droit à un autre,* lesel e vir gand
un all, *pr.* lesel; rei e vir da un all, *pr.*
roët. *r. cessionnaire.* — *Je vous cède la*
*place,* me a lès ar plaçz gueneoc'h. —
*Céder au temps,* trémen diouc'h an amser, *pr.* trémenet; lesel an amser da
ober. *v. temporiser.*

CEDRE. *arbre incorruptible,* cedreñ,
*pl.* ou, cedrès. — *Du bois de cèdre,* cedrès, coad cedrès.

CÉDULE, *billet sous seing privé,* bilheteñ, *pl.* ou.—*Cédule, minute d'obliga-*
*tion,* oblich, *pl.* obligeou. *Van.* aublich,
*pl.* aublicheü.

CEINDRE, *mettre une ceinture,* gouriza, *pr.* gourizet. *Van.* grouyzeiñ. —
*Ceindre, environner',* eñcerna, *pr.* encer-
net; cerna ên dro, *pr.* cernet.

CEINTURE , gouriz, *pl.* ou. *Van.*
groüiz, *pl.* yeü. — *Ceinture, le milieu*
*du corps,* an dargreiz, ar vandenn. —*Il*
*était dans l'eau jusqu'à la ceinture ,* bez'
edo èn dour bede añ dargreiz *ou* ar
vandenn. — *Ceinture de muraille , de*
*fossés,* cern, *pl.* ou. —- *Ceinture funèbre,*
gouriz-cañv, *pl.* gourizou-cañv; gourizt
amoryet, *pl.* gourizou; bàndeñ-cañv ,
*pl.* bandennou.

CEINTURIER, *qui fait et qui vend des*
*ceintures,* gourizer, *pl.* yen; bodrëer,*pl.*
yen.

CEINTURON, *pour l'épée,* gouriz-
clezef, *pl.* gourizou-clezef.

CELA, *qui est en ma présence,* an dra-
ze, qemen-ze, hennes. *Van.* en dra-ze,
heneb, heneah. — *Cela, qui est éloigné*
*de moi,* an dra-hont, qement-hont, hennont. *Van.* id. — *Cela n'y fait rien,* evit
qemen-ze netra; qemen-ze netra , na
muy , na més, ne vern qet. — *Ceci et*
*cela, choses et autres,* an dra-mañ hac an
dra-hont ha cals-traou all.

CÉLÉBRANT, *prêtre qui officie,* oviç-
ziand. *pl.* ed.

CÉLÉBRATION, *solennité,* solénnyez,
solénnyaich.

CÉLÈBRE, *fameux,* brudedt, soleñ,
oc'h, â, añ.

CÉLÉBRER, *honorer quelqu'un par*
*des louanges, etc.,* ober meuleudyou ur
re, *pr.* græt. — *Célébrer les fêtes,* solénni ar goëlyou, *pr.* solennet ; miret ar
goëlyou ez soleñ, miret ar goëlyou gand
solénnyez, miret ar goëlyou èn ur fæçzoun devod ha soléñn, *pr.* miret. — *Cé-*
*lébrer la sainte messe ,* lavaret an ovéreñ, *pr.* Id. — *Mariage célébré en face de*
*l'église,* dimizy great ê façz au ilis.

CELER, *tenir quelque chose cachée, se*
*taire sur une chose, la nier,* cuzet *ou* cuza un dra , *pr.* cuzet; macqat un dra,

*pr.* maeqet ; tevel var un dra, *pr.* tavet;
golei un dra, *pr.* goloët; nac'h un dra,
*pr.* nac'het ; dinae'ba un dra, *pr.* dina-
o'het. — *Cet homme se fait souvent céler,
er persounaich-hont a lacqa alyès lavaret ne véz qet èr zuær, an dèu-hont
à ya alyès da guær-guz.* — *L'action de
céler, de nier,* nac'hidiguez.

CÉLERI, *plante qui se mange en salade, et qui est la même que le persil de Ma-
cédoine,* aich, ach, an aich, an ach.

CÉLÉRITÉ, *vitesse, diligence,* prountidiguez, buanded.

CÉLESTE, *du ciel,* celestyel, a aparchant ouc'h an eñ.

CÉLESTIN, *reforme de Cisterciens par
le pape Célestin V, l'an 1244,* Celestin,
Celestined, urz ar Celestined.

CÉLIBAT, *état d'un homme qui vit
hors du mariage,* stad an dud disemez,
disemizydiguez. — *Garder le célibat,* beva disemez, *pr.* bevet. — *Les ecclésiastiques sont obligés de garder le célibat,* an
dud a ilis a so obliget da veva disemez.

CELLE, *pronom,* an hiny, *pl.* ar re.
*Van.* èn hany, *pl.* er re. — *Celle qui,
celles qui,* an hiny pehony, ar re pe-re.
— *Celle-ci,* houman, houmâ. *Van.* ho-
nan, honâ. — *Celle-là, près de vous,* hounès. *Van.* honeh, houés. — *Celles-là,
près de vous,* ar re-ze. *Van.* er re-ze. —
*Celles-là, loin de vous,* hounont. *Van.* id.
— *Celles-là, loin,* ar re-hont. *Van.* er
re-hont

CELLÉRIER, *office claustral d'un moine,* celeryer.

CELLIER, *lieu pour le vin, etc., moins
profond qu'une cave,* cellyer, *pl.* cellye-
rou; ceilhèr, *pl.* ceilherou.

CELLULE, campr ur religius, *pl.*
camprou ar religiused; orator ur religius. *pl.* oratoryou.

CELUI, *pronom démonstratif,* an hiny. *Trég. et H.-Corn.* an hany. *Van.*
èn hany. — *Celui qui,* an hiny, pe-hiny. *Van.* èn hany, pe hany. — *Celui-
ci,* hemmañ, hemmâ. *Van.* hennan. *r.
demeure.* — *Celui-là, près de vous,* hennès. *Van.* hennec'h. — *Celui-là, loin de
vous,* honnont. *Van.* id. — *Celui ou celle,*
nep, nep-piou-bennac.

CEUX, ar re. *Van.* er re.— *Ceux qi*
ar re pe-re. *Van.* er re pe-re. — *Ceu*
ci, ar re-mâ. *Van.* er re-man. — *Ce*
là, près de vous, ar re-ze. *Van.* er re-ze
— *Ceux-là, loin,* ar re-hont. *Van.* e
re-hont. — *Ceux de la ville,* re guæ
ar re eus a guear ou eus a guær. *Va*
re guær, er re ag er guær. — *Tous ce*
de la ville, qement peñ a so añ kær.
*Ceux de la maison,* re an ty, ar re ens u
ty, tud an ty, tud en tyéguez. *Van.* n
en ty, er re ag en ty, tud en ty, tud e
tiégueh.

CÉNACLE, *lieu où Jésus-Crist fit l*
cène, coan-lec'h, ar goan-lec'h, id es
*le lieu du souper par excellence.* Camp
lyd, ar gamb-lyd, *id est,* la chambre d
*la solennité; on sous-entend, de l'institu*
*tion du très-saint Sacrement de l'autel;*
*de là vient que le Jeudi absolu s'appelle,*
yau gamb-lyd, *d'où on a fait,* yau gu
emb-lyd.

CENDRE, ludu. *Van.* id. — *Brin d*
*cendre,* luduen, *pl.* ou; elven, *pl.* elv.—
*Cendre chaude,* ludu-broud. — *Réduir*
*en cendres,* ludua, *pr.* luduet; lacqat è
ludu. *pr.* lecqet è ludu. — *Acheter de l*
*cendre,* ludua, *pr.* et ; préna ludu, *pr.*
prenet. *Van.* prèneiñ ludu. — *Vendre*
*de la cendre,* güerza ludu, *pr.* güerzet.
*Van.* güerheiñ ludu, *pr.* et. — *Marchand*
*de cendres,* luduaër, *pl.* yen. *Van.* ludu-
hér, *pl.* yon. yan. — *Qui est toujours
dans les cendres, frileux,* luduecq, *pl.* luduéyen; *femin.* ludueñ, *pl.* ed.—*Le jour
des cendres,* demerc'her al ludu, a
merc'her meur, demerc'her an meur.
meur, *grand, par excellence.*

CENDRÉ, *de couleur de cendre,* liou
ludu, a liou ludu.

CENDREUX, luduecq, luduet, go
loet a ludu, carguet a ludu. — *Petit*
*chat cendreux,* caz luduecq, *pl.* qizyc
luduecq; cazicq luduecq, *pl.* qizyeri
gou luduecq.

CÈNE, *dernier souper du Sauveur ave
les apôtres, dans le cénacle,* diverzâ coa
hon Salver gand e ebestel ebarz a
goanlec'h. *Van.* diüehaoñ coèn hu
Salvér gued e abosloled ebarh er ce
nacl.—*Faire la cene calviniste,* dibri n

drailhennicq vara hac eva un taçzad ;üin, benniguct gand ur ministr hu-;unod, è memor da hon Salver.

CENS, *rente seigneuriale et foncière*, :èns, ceneo, doüar-zéns. *v. acencer.*—*Cens payable en brebis, chevreauź, mén-*aad, *pl.* ou. De men, *chevreau, agneau.*

CENSE, *métairie donnée à cens mo-*yennant une redevance, merury var zéns, ol. meruryou var zéns.

CENSÉ, *ée*, istimet.—*Censé présent*, istimet presant, istimet beza var al le-ac'h, qement evel pa véz un dèn var al lec'h.

CENSEUR, *critique*, counteroler, ol. counteroleryen.

CENSIER, *tenancier d titre de cens*, :ènser, *pl.* cénséryèn.

CENSURE, *jugement par lequel on* :ondamne, notadur, condaunacion, :ènsur.—*Censure, critique*, countero-yez, *pl.* ou.—*Censure ecclesiastique*, notadur an ilis; *pl.* notaduryou an ilis; :ènsur an ilis, *pl.* cénsuryou an ilis.

CENSURER *un livre*, counterolya ul levr. *pr.* et; condaouni ul levr, *pr.* et; difeñ, *pr.* et; céusuri, *pr.* et.—*Censu-rer, critiquer*, reprén, *pr.* et; tamal, *pr.* et; counterolya, *pr.* et, dre gestr ce dre gomps; cavout da lavaret, cavout abecq, *pr.* cavet. *Van.* caveiñ de laret.

CENT, *t. numéral*, cant. *Van.* id.—*Un cent*, ur c'hant. *Van.* ur hant.—*Cent ans font un siècle*, cant vloaz a ra ur c'hanved.—*Deux cents, trois cents*, daouc'hant, tric'hant.—*Cent mille*, cant mil.

CENTAINE, ur c'hant, cantveder.—*Une centaine de pistoles*, ur c'hant pis-tol, cant pistol.—*Le monde sortait de la* :ille à centaines, an dud a zeué sant ha :ant èr meas a guear.

CENTAURE, *monstre fabuleux*, han-ter-dèn hac hanter-varc'h.

CENTAURÉE, *plante médicinale*, :antorea, guestl an doüar.—*La petite* :entaurée vaut mieux que la grande, güell ao ar santorea vihan eguit ar santorea vras.

CENTENAIRE, *qui a cent ans*, cant-iloazyad, *pl.* cantvloazidy, nep èn deus cantvloaz. —*Un vieillard centenaire*, ur c'hantvloazyad, un dèn èn deus cant-vloaz.—*Le nombre centenaire*, cantve-der, an niver a gant.

CENTENIER, candener, *pl.* yen; candenyer, *pl.* yen; cabitan eus a ur gompaignunez a gant soudard, *pl.* ca-bitaned; mæstr var gant soudard, *pl.* mæstry, mistry.—*Jésus-Christ guérit la fille du centenier*, hon Salver a rèntas ar yec'hed da verc'h ar c'handener.

CENTIÈME, cantved.—*Le centième denier*, ar c'hantved dinér, ar c'han-ved eus ar madou.—*La centième année, la dernière année d'un siècle*, bloasvéz ar c'hantved. — *Tous les centièmes*, pep cantved.

CENTRE, *le point du milieu*, crei-zenn, creizic-creiz, calouneñ, caloun.-*Le centre d'un cercle*, creizeñur c'helc'h.—*Le centre de la terre*, creizenn añ doüar, caloun an doüar, creizic-creiz an doüar.—*Je voudrais être au centre de la terre ( phrase proverbiale )*, me a garrê beza è caloun an doüar *ou* è creizenn an doüar.

CENTUPLE,*cent fois autant*,cant, doubl cant qement unon. *Van.* cant evit unon.—*Dieu vous donne le centuple en ce monde et la vie éternelle en l'autre*, Doüe raz aütreo dec'h ar c'hantdoubl èr bed-mâ hac ar guenvidiguez èr bed-hont, di-gand Doüe e reqetañ dec'h cant qe-ment all var an doüar hac ar barados goude ho maro.—*Au centuple*, è cant-doubl, èr c'hant doubl.

CEP, *pied de vigne*, qeff güiny, *pl.* qeffyou güiny, qivzou güiny, bod güi-ny, *pl.* bodou. *Van.* scod güin, *pl.* eü.

CEPENDANT, *néanmoins, toutefois*, gouscoude, couscoude, cousgoude, *Van.* neoüah, naoüah.

* CEPS, qeff, *pl.* qeffyou, qiviou; qeff houarn, *pl.* qivyou, etc.; potail-hou an dorfetouryen.—*Mettre les ceps aux mains des criminels*, lacqât ar c'heff ou ar c'heffyou var daoüarn ar grimi-naled, *pr.* lecqeet; potailha daouzourn an dorfetéryen, *pr.* potailhet.—*Mettre les ceps aux pieds des prisonniers*, lacqât an houarn-bras è treid ar brisounérven,

potailha treid an drouc-oberéryen.

CERBÈRE, *chien fabuleux à trois têtes*, qui garde les enfers, doguès vras an ifern.

CERCEAU, *cercle de tonneau*, qelc'h, *pl.* you. *Van.* qerl, *pl.* qerleü, ur herl.
—*Cerceau de bois*, qelc'h preñ, qelc'h you prenn. — *Cerceau de fer*, qelc'h hoüarn, *pl.* you, etc.—*Mettre des cerceaux à une barrique*, qelc'ha, *pr.* et; qelc'hya ur varriqenn, ur c'helorn, *pr.* et; lacqat ur c'helc'h, *pr.* eët. *Van.* qerleiñ, *pr.* qerlet.

CERCELLE, *oiseau aquatique ressemblant au canard*, grec'hoüad, *pl.* grec'hoüidi; cracqhoüad, *pl.* crachoüidy.

CERCLE, *ligne tirée en rond*, qelc'h, *pl.* you; cern, *pl.* ou; ligneñ-round, *pl.* ligneñnou-round; furm round, *pl.* ou. —*En cercle*, *en rond*, ê cern, ê round. —*Cercle*, *anneau de fer attaché à une muraille*, lagadenn, *pl.* ou; lagadennhoüarn, *pl.* lagadennou, etc. — *Les cercles de l'empire d'Occident, les provinces et les principautés qui ont droit de se trouver aux diètes*, provinçzou ha prinçzelezou eveus a stadou an ampalazr.

CERCUEIL, *coffre de plomb pour mettre un corps mort*, arched ploum, *pl.* arched ou ploum. *Al.* fiertr, au. — *Cercueil de bois. v. bière.*

CÉRÉMONIAL, levr ar cerimonyou.

CÉRÉMONIE, *en matières ecclésiastiques*, cerimony, *pl.* ou.—*Les cérémonies des Juifs*, cerimonyou ar Juzévryen, qizyou ar Yuzévyen.—*Cérémonie. pompe*, pompad, *pl.* ou.—*Sans cérémonie*, hep pompad, hep pompad e-bet.—*Cérémonie, façon*, contanançz, *pl.* ou; fæçzoun, *pl.* you. — *Faire des cérémonies, des façons*, ober contanançzou, ober fæçzounnyou, *pr.* græt.—*Sans cérémonie, sans façon*, hep contanançz, hep fæçzounnyou.

CÉRÉMONIEUX, contanançzus, fæçzounvus, oc'h, à, añ. *v. grimacier.*

CÉRÈS, *déesse des Payens*, doüeces an ed, doüees an gounidéguez. Cerès.

CERF, *animal sauvage, fort léger*, qaro, *pl.* qirvi; qarv, *pl.* qerved. *Van.* qarv, qervy; ur harv. *Al.* qarvanan, qarvan, qarff.—*Le bois d'un cerf*, qorn,

*pl.* qornyou, qernyel. *Van.* qorn harv, coët ur harv.—*Il est logé à la Tête de-Cerf*, ez ma ê ostalliry ar Peñ-Qar

CERF-VOLANT , *insecte* , c'huy qornecq, *pl.* c'huyled-qornecq. *Van.* k

CERFEUIL, *plante potagère*, cerfu

CERISAIE, *lieu planté de cerisiers* qereseg, *pl.* ou. — *Dans la cerisaie*, c gquereseg.

CERISE, *fruit*, qereseñ, *pl.* qerès qirisen, *pl.* qiris.

CERISIER, *arbre*, qeresenn, *pl.* ce ed; güezen qerès, *pl.* güez qérès.— *I est sur le cerisier*, ez ma ér gueresenne e ma ebarz ar vezen guerès.

CERNE, *rond. v. cercle.*

CERNEAU, *noix verte*, craoüen glas *pl.* craoüñ glas. — *Ecaler des noix*, dé blusqa craoüñ glas, *pr.* et.

CERNER, *environner, bloquer*, eñ cerna, *pr.* et; cerna, *pr.* et. *Van* cha reiñ ou cherreiñ tro-ha-tro, *ppr.* et.

CERTAIN, *constant, véritable*, assu ré, certen, güiryon, açzur, sur, oc'h à, añ. *Van.* açzuret, certecn, oh, an aoñ. — *A certain temps*, da ur zerten amser, èn ur certen amser.— *Un certain*, ur certen.—*Un certain quidam*, certen persounaich, *pl.* certen per sounaichou; ur certen dèu, *pl.* certen tud. — *De certains*, hinyennou. — *D certains philosophes*, hiuyennou eus a philosophed, certen philosophed.—*Une certaine chose, dont le nom ne revient pas*, ur pe-hano, petr'-effé, ur, ur, ab

CERTAINEMENT, *certes*, ez certen certen, evit certen, a-dra-sur, evi sur, hep mar, hep mar e-bet, he faut e-bet, hep fazy, hep qet a fazy hep fazy e-bet, hep mancq, hep qe a vancq, hep mancq e-bet, hep qet faut, hep qet a var, seder.

CERTIFICAT, certenyaich, cerle nyaich dre scrid, testeny dre scrid.

CERTIFIER, certenya, *pr.* et; ri certenyaich à c'henou pe ê scrid, r roel; rénta testeny dre gamps pe d scrid, *pr.* réntet; testenyecqât, *pr.* ee

CERTITUDE, certenyez, açzurançz

CERVEAU, *substance molle dans* crâne, empenn. *En quelques endroits*

n dit cerval, boëdenn ar penn , boë-
ienu-benn.— *Petit cerveau, petite cer-*
*elle* , peñ scañ, avelocq, scaûben ,
cañbennocq. *Van.* scañ'a'been.—*Sans*
*erelle*, diempenn, *pt.* diempennéyen,
ud diempeñ,hepboéden-peñ,dicerval.
CERVELAS,*boudin épice*,peñsac'heñ,
*pl.* ou; peñsac'hen spiçzet , *pl.* ou.
CERVELET, *la partie de derrière du*
*erreau*, ilpenn, an ilpenn.—*Tomber à*
*'a renverse, de manière que le derrière de*
*'a tête porte à terre*, coûeza var an ilpenn , *pr.* coûeset.
CERVELLE, *terme qui se dit au pro-*
*re des bêtes*, empenn, cervall,*ppl.* em-
pennou loëzned, cervallou añevaled.
*. cerveau.*
CERVOISE, *petite bière, boisson faite*
*le blé, d'orge et de houblon*, byoro'h, bèr.
CERUSE, *blanc de Paris*, güeñ Paris.
CESAR, *nom d'homme*, Cesar. — *Les*
*nciens César*, ar Cesared güeachall,
in impalazred qentâ eus a Roum. —
*Rendez donc à César ce qui appartient à*
*César, et à Dieu ce qui est dû à Dieu*,
réntit eta da Cesar, id est, d'an hén-
léz, ar pez a aparchant ounta, ha da
Zoûe ar pez a so dleat dezâ. — *Sa ma-*
*jesté césarienne*, an impalazr, an empalaër, majestez an impalaër. — *Faire*
*l'opération césarienne*, sqeigea coff ur
o'hrécq ê poan vugale, evit tenna he
buguel anezy, *pr.* sqeiget.
CESSATION, *discontinuation, inter-*
*ruption*, spanaënn, *pl.* ou; span, *pl.* ou;
paoûez, ehan. *B.-Léon*, astal.
CESSE, *sans cesse*, hep cecz, hep
ehana, hep span, hep spanaëñ, atau-
atau, hep paoûez.
CESSER, *discontinuer, arrêter le cours*
*de quelque chose*, ehana, *pr.* ehanet; spanaat, *pr.* spanaet ; paoûes, *pr.* et; dibaoûes, *pr.* et. — *La pluie a cessé*, spanaet eo ar glao, tavet eo ar glao, pa-
oûset eo ar glao. — *Ce garçon ne cesse*
*point, il ne fait que faire du mal*, ar pautr-ze na ehan tam *ou* ne spana esqeñ
*ou* ne baoûes meur *ou* ne dibaoûes na
cais na neuboud *ou* n'en deûs qet a
dibaoûez.
CESSION, *transmission de ses droits*

d un autre , roydiguez eus e vir da un
all, dilès ê faver un all. — *Faire cession*
*de ses droits*, rei e vir da un all, *pr.* roët;
ober dilès ê faver un all eus e vir. —
*Cession, abandonnement de tous ses biens,*
dilès. *Van.* id. — *Faire cession de ses*
*biens*, ober dilès eus e dra, *pr.* great,
græt. — *Celui qui fait cession, le cédant*,
dilesèr, *pl.* yen; dilesour, *pl.* yen ; nep
a lès e dra *ou* e vir gand un all.
CESSIONNAIRE, *celui à qui on fait*
*une cession*, dilesyad, *pl.* dilesidy.
CET, *cette, pronom démonstratif*, mâ,
mâñ, ze, hont. — *Cet homme que voici*,
an den-mâ, an den-mañ. — *Cette fem-*
*me-ci*, arc'hrecq-mâ, ar c'hrecq-mañ.
— *Cet homme que voilà*, an den-ze. —
*Cette femme-là*,arvaoûes-ze,ar c'hrecq-
ze. — *Cet homme éloigné de vous*, an dèn-
hont. — *Cette femme absente ou éloignée*,
ar c'hrecq-hont, ar vaoûes-hont. *v.*
*ce, celui, cette.*
CÆTERA(ET), hac ar rest, hac an
demorant, hac an nemorant.
CHACUN, *chacune, pronom singula-*
*risant*, pep-hiny, pep-unan, pep-a. *v.*
*chaque.* — *A chacun le sien*, e hiny da
bep-hiny, da bep-hiny e dra. — *Cha-*
*cun un*, pep-a hiny, pep-a unan. —
*Nous avons eu chacun notre croix*, pep-a
groaz hon eus bet.—*Chacun trouve bon son*
*ouvrage, quelque mauvais qu'il soit*, pep-
hiny a gueff great mad e labour, peguer fall-bennac a véz. *Proverbia-*
*lement, on dit* : pep loudoureñ a gueff
mad-he c'hevalen *ou* he c'heustoureñ
*ou* he c'hustern. — *Tous en général, et*
*chacun en particulier*, oll , ha guytibu-
unan, *id est*, bede-hac-unan, *tous, et*
*jusqu'à un.*
CHAGRIN, *tristesse, ennui*, tristid:-
guez, *pl.* ou ; nec'hamand, *pl.* nec'hamanchou; nec'h, *pl.* you; melcony, *pl.*
ou ; moro'hed , *pl.* ou ; niñv, *pl.* ou ;
chiff, *pl.* ou; tristez, *pl.* ou. — *Chagrin,*
*inquiétude*, enorès, *pl.* you ; sourcy, *pl.*
ou; pridiry, *pl.* ou; preder, *pl.* you; balecq, beac'h var ar spered, rée'h, molest. —*Chagrin, mauvaise humeur*, guyn;
réc'h. — *Chagrin, ine , qui est de mau-*
*vaise humeur*, huernus, craignus, jalus,

.19

graignotâ, oc'h, à, añ; réc'hus. Ce dernier est de Léon. — Chagrin, triste d'habitude, guyned, nec'hus, moro'hedus, meleonius, trist, oc'h, à, añ. — Chagrin, inquiet, direpos, eñeresus, pridiryus, sourcyus, oc'h, à, añ. v. inquiet. — Etre chagrin, triste, moro'hedi, pr. moro'hedet: S.-Br. niñval, niñvo, ppr. niñvet; chiffal, pr. chiffet.

CHAGRINER, nec'hi ar reall, pr. nec'het; eñcresi, pr. eñcreset; moro'hedi, pr. moro'hedet. Van. anqenyeiñ, pr. anqenyet; rec'hi, pr. et. — Se chagriner, hen-em nec'hi, hem nec'hi, ppr. hem nec'het; hem velconya, pr. hem velconyet; chiffal, pr. et; qemeret nec'hamand ou nec'h ou chiff.

CHAINE, chadenn, pl. ou; jadenn, pl. ou. Van. chadenn, chaleenn, cheingeen, ppl. eü. Al. cadenn. — Petite chaine, chadennicq, pl. chadennoüigou; jadennicq, pl. jadennoüigou. Van. chadennicq, pl. chadennigueïr; chaleünicq, cheingennicq, ppl. eü.—Chaine d'or, chadeñ-aour. — Chaine d'argent, chadeñ-arc'hand. — Chaine de fer, chadenn-hoüarn. — Chaine, troupe de galériens, jadenn ar galeouryên. — Mettre à la chaine, enchainer, chadenna, pr. chadennet; jadenna, pr. et. Van. chadenneiñ, chalenneiñ, cheingenneiñ, ppr. et. — Chaine de la toile, steüeñ, pl. ou. Van. steuenn, pl. eü. v. ourdir, tramer.—Chaine de montagnes, ur rum menezyou diouc'h-tu, ur jadennad menezyou.

CHAINETTE. v. petite chaine.

CHAINON, anneau de chaine, lagadenn, pl. ou; lagadenn-jadenn, pl. lagadennou-jadenn.

CHAIR, partie de l'animal molle et rouge, qicq. —La chair est engendrée du sang, ar c'hicq a zeu eveus ar goad. — La chair, le corps opposé à l'esprit, ar c'horf, qicq corf-dèn. — La chair humaine, corf-dèn, qicq corf-dèn. — Entre cuir et chair, eûtre qicq ha croc'henn. Sur sa chair nue, var e grochenn noaz. — La concupiscence de la chair, ar c'hicq c'hoantaüs, ar goall inchnacion eus

ar c'hicq, an inclinacion disordren eus ar c'hicq ou eus ar c'horf. v. concupiscence.—Les plaisirs de la chair, pligeaduryou ar c'hicq, pligeaduryou ar c'horf, ar pligeaduryou disordren eus ar c'hicq. — Prendre chair, parlant d'un plaie, qiga, pr. qiguet; tiñva, pr. tiñvet. — La chair revient à la plaie, qiga a ra ar gouly, tiñva a ra ar c'hicq. — Garni de chair, qignecq, oc'h, à, añ. — Qui tient de la chair, charnel, qigus, oc'h, à, añ. — Homme de chair et de sang, dèn qigus. — Chair, viande, qicq, pl. qigou. Van. qicq, pl. qigueü. — Chair bouillie, qicq béro, qicq berv, qicq paredet, qicq pared. — Chair cuite, qicq poaz, qicq pared. — Chair cuite dans son jus, qicq rediçzet. — Chair rôtie, qicq rost, qicq bèr. — Chair fricassée, qicq fritet. — Du bouilli et du rôti, rost ha béro. — Chair fraiche, qicq fresq. — Chair qui commence à sentir, qicq boutet, qicq goastet. — Chair gâtée par les vers, qicq contrônet. — Chair corrompue, qicq brein. — Chair crue, qicq criz, qicq beo. — Chair toute crue, qicq criz-beo. — Chair de mouton, qicq maut. — Chair de chèvre, qicq gavr, qicq gaour. — Chair de bœuf, qicq bévin. Trég. qicq béoüin, qicq bioüin. — Chair de vache, qicq bioc'h. — Chair de génisse, qicq qunner. — Chair de veau, qicq lue. — Chair d'agneau, qicq oan, oan-læz. — Chair de jeune porc non encore salé, qilheyardoun. — Chair de pourceau, qicq moc'h, qicq sall. — Chair fumée, qicq moguedet. — Chair de bœuf fumée, bevin saëzon. — Aller quiter de la chair, mônet da qicqa.

CHAIRE, siège pontifical, ar sich abostolicq, ar sichenn abostolicq. Al. cadarn an pap.

CHAISE de prédicateur, cador ar prezegueur, cador au breuzr, pl. cadoryou. Van. cadoër prédegour ou er prezgour, — Chaise de confesseur, tribunal, cador ar c'houveçzor. — Chaise de juge, cador. Al. cadarn, sustaru. — Chaise pour s'asseoir, cador, pl. you. Van. cadoér, pl. yeü. — Chaise à roulettes, cador-réd, cador ruilherés. — Chaise à bras; *fauteuil*, cador-vreac'h, *pl.* cado-ryou-vreac'h. — *Chaise de bois*, cador-brenn, cador-goad., cador-loüargad. *Van.* ca lodr-goöt. — *Chaise bourrée*, cador-vourell, cador vourellet, — *Chaise garnie*, cador goarniçzet. — *Chaise percée*, cador-doull, cador an se-crejou. — *Chaise d porteur*, cador-dou-guerès.—*Porte-chaise*, porlezer, *pl.* portezidy. — *Chaise de poste*, redeuricq, *pl.* redeurigou.

CHALAND, *bateau plat de transport*, chalan, *pl.* ou; sqaff, *pl.* you; gobar, *pl.* gobiry; cobar, *pl.* cobiry. — *Chaland, qui a coutume d'acheter chez le même marchand*, ostis, *pl.* yen.

CHALANDE, ostisès, *pl.* ed. — *S'attirer des chalands*, ostisa, ober ostisyen.

CHALANDISE, *concours de personnes qui vont acheter dans une même boutique*, ostisérez, an ostisyen eüs a ur stal.

CHALEUR, tomder, groës. *Van.* tuëmdér. — *Petite chaleur*, tomigenn, *pl.* ou. — *Chaleur excessive*, tomder vras, tomder orrupl. — *Au fort de la chaleur*, è creiz an domder, dre greiz an domder, dre greiz ar broües. — *Chaleur brûlante, causée par les orties*, sqaut, sqautadur.

CHALIT. *v. bois de lit.*

CHALOUPE, chalop, *pl.* ou; chalanicq, *pl.* chalanoüigou; bag-lestr, *pl.* bagou-listry, — *Maître de chaloupe*, patrom, *pl.* ed; lévyer, *pl.* yen.

CHALUMEAU, *tuyau de blé*, corsen, *pl.* ou; coloënn-doull, *pl.* coloënnoudoull. — *Chalumeau, flûte champêtre*, flaüt-cors, *pl.* flaütou-cors. — *Chalumeau, où les doigts jouent*, levryad, *pl.* ou. *v. haut-bois.*

*CHAMELEON *blanc ou Carline, plante médicinale, espèce de chardon*, an ascolen-venn, ascol-güen, lousaoüen ar boçz,—*Chaméléon noir ou chardonnette, plante, au ascolen du, ascol du, lousaoüen ar pabaoür.

CHAMAILLER, *se chamailler*, stourma an cil ouc'h eguile, *pr. et. v. se battre.*

CHAMAILLIS, *choc, démêlé*, stourm, *pl.* ou. *v. débat.*

CHAMARRER *un habit*, paçzaman-ti, *pr.* paçzamantet un abid; galonçza un abid, *pr.* galonçzet. ...

CHAMARRURE, paçzamand, *pl.* paçzamunchou; galonçz, *pl.* ou.

CHAMBELLAN, *grand chambellan, premier officier de la chambre du roi*, cambrelan-bras, *pl.* cambrelaned-vras.

CHAMBRE, campr, *pl.* ou. *Van.* cambr, *pl.* eu. — *Petite chambre*, campr-vihan, *pl.* camprou-bihan. — *Petite chambre*, chambrette, campricq, *pl.* camprouïgou. — *Plein une chambre*, camprad, *pl.* ou. — *Petite chambre attenant au pignon de la maison*, sqiber, *pl.* you. — *Valet de chambre*, dèn a gampr, *pl.* tud a gampr. — *Femme-de-chambre*, plac'h a gampr, *pl.* plac'hed a gampr. — *Chambre garnie*, campr goarniçzet. — *Chambre tapissée*, campr steignet, campr tapiçzet. — *Chambre détendue*, campr disteignet. — *Chambre qui n'a pas coutume d'être tendue*, campr disteign. — *Chambre sur terre*, campr var zoüar, ar gampr var zoüar. — *Chambre haute*, cambr d'an neac'h, campr oud creac'h *ou* var luëz. — *Chambre joignant le four*, erasunell, *pl.* ou. — *Chambre de tournelle*, campran dro, campr-crim. — *Chambre des enquêtes*, campr an eüclasqou. — *Chambre des requêtes*, campr ar reqezeou.— *Grand'chambre*, campr veur, ar gampr veur, ar gampr vras. — *Chambre de la question*, campr ar jayn, camp an toüich-tan. — *Chambre ardente*, camprcrim. — *Chambre des comptes*, campr ar c'honchou.

CHAMBRÉE, camprad, *pl.* ou, *ou* camprageou.

*CHAMBRIER, *locataire d'une chambre*, camprer, *pl.* yen; campraour, camprour, *ppl.* yen.

*CHAMBRIÈRE, camprerès, *pl.* ed; campraourès, camprourès, *ppl.* ed. — *Chambrière, servante*, servicherès, *pl.* èd; plac'h, *pl.* ed; matès, *pl.* mitisyen. —*Chambrière mesquine*, matourc'h, *pl.* ed.

CHAMBRILLON, *petite servante*, masicq, *pl.* mitisyennigou.

CHAMEAU, *animal fort grand*, cañval, *pl.* ed. *Van.* id. — *Un chameau pas-

serait plus aisément par le chas d'une ai-
guïlle, qu'un riche n'entrerait dans le
royaume des cieux, dit Jésus-Christ, en
Saint Matth., 19, 24; eaqzoo'h e fré-
mené ur c'hañval dre glao un nados,
eguet ne daé un dèn pinvidioq d'ar ba-
ra·los.

‹ CHAMOIS, chèvre sauvage, gavr-goëz,
pl. gaevr-goëz.—Du chamois, lezr gavr-
goëz.

CHAMP, pièce de terre propre à être labourée et ensemencée de grains, parcq,
pl. paroqou, paroqéyer. Van. parq, pl.
parqeü. Al. qaevæs, id est, qaé-ö-mæs,
clôture dehors. De là vient probablement le
droit de quevaise; eu de qever, arpent
de terre. Al. acre. — Champ cultivé,
doüar-gounidéguez, doüar siu, pl. douarou, etc.; parq labouret, pl. paroqou labouret. — Champ en friche, léton, pl. ou; tiryeñ, pl. ou; doüar yen,
pl. doüaron yen. v. jachère. — Grand
champ, étendue de terre close, où il y a plusieurs portions marquées par des pierres
bornales, mæs, pl. you, yadou, eyer;
trest, pl. ou, parou. Van. mæs, pl. éü,
mæsyadeü, mæsadeü. v. Auray.—Petit champ, parq bihan, pl. parcqou bihan; parc munud, pl. parqou munud;
parcqioq, pl. paroqoüigou, paroqéye-
rigou. Van. paroq bihan, parqioq, pl.
parcqéüigueü, parcqigueü. — Champ
en équerre, où il y a du biais, ur besqellecq, pl. besqellegou; paroq besqellecq, pl. paroqou besqellecq, parq ar
bezqellou.—Champ, place publique, plaç-
zeü, pl. ou.—Le Champ-de-Mars, Plaç-
zenn-Meurz.

CHAMPS, hors la maison, er mæs,
var ar mæs. Van. er mæs, ar er mæs.
v. campagne. — Aller aux champs, mônet var ar mæs, mônet var ar meas,
pr. eat, ëet. — Il est aux champs, il est
dehors, ez ma èr mæs ou èr meas. —
Les Champs-Elysées, barados ar bayaned; var a gredént, sioüas dézo. —
A travers champs, hors des routes, a-dreuz
da'r parqou. — A tout bout de champ, à
tout instant, da bep mare, heure-ze, da
bep cur, bepred. — Sur-le-champ, à
l'instant, var an tom, èr moumént, qer-

qent. Van. ar en tuëm, prest.

CHAMPART, droit seigneurial, cam-
pars, campard, champas, champard,
deaug ar c'hampars, güir ar c'ham-
pard, ar güir a champars. En latin,
campi pars. Enebarz, pl. ou.

CHAMPARTER, lever la dixième, la
treizième ou la quinzième gerbe dans la
moisson de ses tenanciers, champardi, pr.
et; campardi, pr. et; camparsi, pr. et;
sevel güir ar champard, sevel deaug
ar c'hampars, pr. savet; enebarzi, pr. et.

CHAMPARTEUR, commis pour lever
le droit, camparter, pl. yen; champar-
sour, pl. yen; anebarser, pl. yen.

CHAMPIGNON, potiron, qabell-
touçzecq, pl. qebell-touçzecq. Van. id.,
pl. qabeleü-touçzeo.

CHAMPION, guerrier brave et généreux, campyon, pl. ed. — Un vaillant
champion, ur c'hampyon vaillant, pl.
campyoned vaillant.

CHANCE, rencontre avantageuse et
fortuite, chançz, pl. ou; eür, pl. you.—
Bonne chance, chançz-vad, eür-vad.—
Mauvaise chance, goall-chançz, drouc-
eür, dis-eür.

CHANCEAU ou chancel, espace d'une
église entre le grand-autel et la balustrade qui la ferme, chantele, chantelo,
chœur. — Dans le chanceau, ebarz ar
c'hœur, ebarz ar chantele, ebarz ar
chantelo. v. chant.

CHANCELANT, e, dibarfedt, dista-
bil, oc'h, à; arvar.

CHANCELER. v. branler.

CHANCELIER, chanceilher, can-
celler, pl. yen.

CHANCELLERIE, cancellery, chan-
cellery.

CHANCEUX, euse, chançzus, oc'h,
à, añ.

CHANCRE, ulcère qui ronge les chairs,
chancr, ar chancr. —Mangé, rongé par
le chancre, chancqret, debret gad ar
chancr.

CHANCREUX, euse, chancrus, oc'h,
à, añ. — Arbre chancreux, güez chancrus.

CHANDELEUR, fête, ar chandelour,
goüel ar chandelour, goüel Marya ar

Chandelour.

**CHANDELIER**, *qui fait des chandelles*, goulaouyer, *pl.* yen. *Van.* goleühér, *pl.* yon, yaïn. — *Chandelier, pour mettre des chandelles*, cantolozr, *pl.* you; cantolezr, *pl.* you. *Van.* cantulér, cantoulér, *ppl.* yeu. — *Verge de chandelier*, goaleü au cantolozr, *pl.* goaleigner.— *Patte du chandelier*, sichen ar c'hantolozr, *pl.* sichennou cantolozr.

**CHANDELLE**, gouloücü, *pl.* ou, goulou; cantol, *pl.* you; cantoul, *pl.* you. *Van.* goleüen, *pl.* golleü. — *Allumer une chandelle*, e'lumi ur c'hoülaoüeü, *pr.* e'lumet; enaoüi ur gantol, *pr.* enaoüet. *v. animer.* — *Chandelles de suif*, goulou soa. — *Chandelles de résines*, goulou rouçzin. — *Chandelles de cire*, goulou coar. — *Vendre à éteinte chandelle*, guërza diouh ar mouich. — *Chandelles de glace, eaux glacées pendantes au bords des toits*, hinqin, *pl.* you.

**CHANGE**, *troc de meubles;* trocq, *pl.* ou; trocl, *pl.* ou; eceinch, *pl.* ou. — *Change, menue monnaie qu'on donne pour la grosse*, mouneiyz, ceiñch, eceñch. — *Change, commerce d'argent d'un banquier*, ceiñch, cheñch. — *Lettre de change*, lizer-ceiñch,*pl.* lizerou-ceiñch. —*Maison de change, la bourse*, ty-ceiñch, an ty-ceiñch, ar bancq. — *Rendre le change, rendre la pareille*, rénta an esqem, rénta-trocq evit trocq,*pr.* réntet; rei trocq ouc'h trocq, *pr.* roët.

**CHANGEANT**, *e*, ceñchus, ceiñchus, oc'h, á, añ. *Van.* chanchus, chaujus. *v. inconstant.*

**CHANGEMENT**,ceiñchidiguez,ceñchamand. *v. inconstance.*

**CHANGER**,ceiñch,*pr.* et; ceñch, *pr.* et; cheñch, cheiñch, *ppr.* et. *v. amander.* --*Changer de place*,ceñch plaçz.—*Changer, troquer*, trocla, *pr.* et; trocqa, *pr.* et. *Van.* trocqciñ, *pr.* et.—*Changer, parlant des monnaies*, ceñch, echeñch, eceñch, *ppr.* et. — *Changer de sentiment*, ceiñch avis, coiñch ompinion , distrei divar e ompinion, *pr.* distroët. *Van.* distroeiñ diar e opinion, *pr.* distroët, distreit.

\* **CHANGEOTTER**, *changer à tous moments*, cheueh-dicheñch.

**CHANGEUR**, *qui fait trafic de changer les espèces de monnaies*, ceñoher, *pl.* yen; cheñoher, *pl.* yen. *v. banquier.*

- **CHANOINE**, chalouny, *pl.* ed; chalony, *pl.* ed. *Van.* chanoëny, *pl* ed. — *Chanoine régulier de l'ordre de saint Augustin*, chalony sant Augustin, *pl.* chalonyéd. — *Chanoine régulier de l'ordre de Premontré*, chanony sant Norberd, *pl.* chalonyed.

**CHANOINESSE**, chalonyès, *pl.* ed. *Van.* chanoënyes, *pl.* ed.

\* **CHANOINIE**, *canonicat*, chalonyaich, *pl.* ou.*Van.* chanoënac'h,*pl.* eû.

\* **CHANSIR**, *moisir, parlant des confitures*, loüedi, *pr.* loüedet. *Van.* loüedeiñ, *pr.* et.

\***CHANSISSURE**,louedadur *v.rance.*

**CHANSON**, canaoueñ, *pl.* ou. *Van.* caneñ , *pl.* eü ; guerhen, *pl.* eü; guerzeen, *pl.* eü. — *Chanson à danser*, son, *pl.* you; sonen, *pl.* ou. *Van.* canen, *pl.* eü.—*Mauvaises chansons*, goall sonyou, canaouenou dishonest. — *Chanson spirituelle. v. cantique.* — *Couplet de chanson*, coublad, *pl.* ou; coublad-canaoüen. *Van.* coblead-canenn, *pl.* coblenadeü-canen.

**CHANSONNETTE**, canonennieq, *pl.* canaouennouigou; sonicq, sonennicq, *ppl.* ou. *Van.* canennicq, *pl.* canennigueu.

**CHANT**, *le chant*, can, ar c'han. — *Le plain-chant ou le chant grégorien*, ar c'han plean, ar c'han plæn, ar c'han gregoryan. *Van.* er han plæn. —*Chant musical*, can-musicq, ar chant musicq, ar c'han bommus, ar c'han boundus, ar c'han digompès. —*Le lieu du chant, le chœur*, ar c'hœur, al lutrin, ar chantele, ar chantelo,ar chanteleo.—*Chant gai*, can laouen. — *Chant funèbre*, can cañvaouys. — *Le chant des oiseaux*, can al laibouçzed, gueyz al laibouçzed, gueyd al laibouçzed. *v. ramage. ramager.* — *Le chant du coq*, can ar c'hilhocq, can ar c'hilhecq. *Van.* can er hocq.

**CHANTEAU**, *coin, partie retranchée*, corn, *pl.* you; chantènu, *pl.* ou. *Van.* chantell. — *Chanteau de pain, l'entamure d'un pain*, boulc'h-bara, corubara, chantenn vara. *Van.* chantell-vara.

CHANTEPLEURE, *sorte d'entonnoir à longue queue,* foulin-sizl, *pl.* foulinou-sizl. — *Chautepleure, fente faite dans une muraille qui soutient une terrasse,* tar-zell, *pl.* tarzellou; garan, *pl.* ou.

CHANTER, cana, *pr.* canet. *Van.* cañneiñ. —*Chanter en plain-chant,* ca-na ar chan plean. — *Chanter en musi-que,* cana ar musicq. — *Il ne chante ni ne danse,* ne gan na ne c'huiban, ne brezecq na ne gofes, ur fauter qeu-neud eo. — *Chanter à danser,* son, *pr.* sonet; cana, *pr.* canet. — *Chante, siffle, mon ami, expression de mépris,* c'huitel guilhou. — *Chanter la palinodie, se re-tracter,* discana, *pr.* et. — *Chanter, par-lant des poules et des coqs,* cana, *pr.* et. *v.* caqueter. — *Chanter, parlant des oi-seaux,* cana, *pr.* canet; gueyza. *pr.* et; gazouilha, *pr.* gazouilhet. *Van.*canciñ.

CHANTERELLE *d'un violon, etc.,* ar gorden voanâ eus a ur rebed, etc.

CHANTEUR, *qui chante des airs, etc.,* caner, *pl.* yen.

CHANTIER, *chevalet de charpentier,* esqemenn, *pl.* ou; hesqemer, *pl.* yen; *id est;* hesqenn-qemer, *soutien de scie.* — *Chantier, soutien de navire qu'on cons-truit, ou de tonneaux de vin,* chanter. *pl.* ou. — *Il est sur le chantier,* ez ma var ar chanter.

CHANTRE, *qui chante dans un chœur d'église,* qinyad, *pl.* ed, *id est,* canyad, *de* cana, *chanter.* — *Chantre, dignité d'un chapitre,* chantr. — *M. le chantre,* an autron'r chantr.

CHANTRERIE, *dignité,* carg an au-trou ar chantr.

CHANVRE, *plante,* canab. *Van.* coü-arh, coarh.—*De chanvre,* a ganab. *Van.* a goüarh. *v.*chenevière. — *Rouir le chan-vre,* doura, *pr.* et; eaugui ar c'hanab. *pr.* eauguet; lacqât ar c'hanab da can-gui, *pr.* lecqeet. *Van.* augueiñ er hoü-arh.—*Broyer le chanvre,* brava ar e'ha-nab, braat, *ppr.* braet. *Van.* bræeiñ. —*Tiller le chanvre,* tilha canab, *pr.* et. *Van.* tilheiñ, tilheiñ coüarh.

CHAOS, *ce qui est confus, embrouillé,* qemescadur ha broüilheiz, direiza-mand, reustladur disordren.

CHAPE, *vêtement,* chap, *pl.* ou. *Van.* cap, *pl.* eü; ur hap, *pl.* er hapeü.

CHAPEAU, tocq, *pl.* tocqou, toc-qéyer. *Van.* tocq, *pl.* eü.— *Chapeau de feutre,* tocq-feltr. — *Chapeau de paille,* tocq-colo, tocq-plous. — *Chapeau de vigogne,* tocq-gloan.—*Cha-peau d'Albanais, à longue forme,* tocq-bichourellecq, tocq-beguecq. — *Cha-peau tombant sur les épaules,* tocq tra-bellocq.—*La forme d'un chapeau,* moul an tocq.—*Les bords d'un chapeau,* bor-dou an tocq. — *Chapeau bordé,* tocq bordet. — *Petit chapeau,* tocq bihan, tocqicq, *pl.* tocqoüigou.—*Plein le cha-peau,* tocqad, *pl.* ou; le z an tocq.'—*Plein le chapeau d'argent,* un tocqad ar-c'hand, leiz an-tocq a arc'hand.

CHAPELAIN, chapalan, *pl.* ed.

CHAPELER, *ôter la croûte du pain,* pala bara, *pr.* et. *Van.* digreuhenneiñ bara *pr.* et. *v.* écroûter.

CHAPELET, chapeled, *pl.* ou.— *Chapelet de cinq dizaines,* chapeled a bemp digenes, chapeled simpl.—*Cha-pelet du rosaire,* chapeled ar rosera, ar chapeled bras, ur rosera. *Van.* ur sau-tier. — *Chapelet de douleur,* chapeled a gueuz. — *Chapelet de joie,* chapeled a joa. — *Chapelet de gloire,* chapeled a c'hloar. — *Petit chapelet,* chapeled bi-han, chapeledicq, *pl.* chapeledoüigou. —*Enfiler un chapelet,* stropa ur chape-led, *pr.* et. *Van.* cordenneiñ ur chape-led., *pr.* cordennet.—*Chapelet non enfi-lé,* chapeled distrop. *Van.* chapeled di-gordennet.— *Faiseur de chapelets,* cha-peledter, *pl.* chapeledtéryen.

CHAPELIER, *marchand de chapeaux,* tocqer, *pl.* yen. *Van.* tocqour, *pl.* toc-qeryon, tocqeryan.

CHAPELLE, chapel, *pl.* you, ou.

CHAPELLENIE, *bénéfice de chapelain,* chapalany, *pl.* chapalanyou.

CHAPELURE *de pain,* paladur bara, *pl.* paladuryou bara. *Van.* digreuhe-nadur bara.

CHAPERON, *coiffure ancienne,* ca-

bell, *pl.* ou; cougoul,-*pl.* you.—*Cha-*
*peron de docteur*, cabell un doctor, *pl.*
cabellou au doctored; bourled, *pl.* ou
CHAPIER, *qui porte chape*, chaper,
*pl.* chaperyen.
CHAPITEAU, *ornement d'architectu-*
re, goloënn, *pl.* ou.—*Chapiteau d'une*
*colonne, d'une maison, d'un mur*, goloëñ
ur goulouneñ an ty, ur voguer *ou* vur.
CHAPITRE, jabist, *pl.* ou; jabistr,
*pl.* ou. *Van.* chabistr, *pl.* chabistreü.
CHAPITRER, *réprimander*, jabistra,
*pr.* jabistret.
CHAPON, caboun, cabon, *ppl.* ca-
bôned. *Van.* id. — *Petit chapon*, cabô-
nicq, *pl.* cabônedigou.—*Chapon rôti*,
caboun rostet.
CHAPONNER, cabouna, cabôna,
*pr.* cabônet? *Van.* caboneiñ, *pr.* et.
CHAQUE, *pronom*, pep, bep. *Van.*
id.— *Chaque chose*, pep tra. — *Chaque*
*jour*, pep deiz, bep dervez. — *Chaque*
*fois*, bep veaich, bep veich. — *Chaque*
*le sien*, bep-a-hiny, pep hiny e hiny,
peb-a-unan, peb unan e hiny.—*Cha-*
*que peu*, peb-a-neubeudicq. *r.* chacun.
CHAR, qarr pompus, *pl.* qiry, etc.
CHARBON, glaoüenn, *pl.* glaoü.
*Van.* gléün, *pl.* gléü. — *Certains char-*
*bons*, glaoüennou.—*Petit charbon*, gla-
oüenuicq, *pl.* glaoüeunigou. v. *bluette.*
— *Charbons de terre*, glaoü-doüar.—
*Charbons allumes*, glaoü-beo. — *Char-*
*bons eteints*, glaoü maro. — *Faire du*
*charbon*, ober glaoü, *pr.* græt.—*Char-*
*bon dans le ble*, duot, scaud-du, corbon. *Van.* luheden, *pl.* luhed.—*Char-*
*bon pestilentiel*, burbueun ar bocz.—*Il*
*a la peste, le charbon parait dans l'aine, et*
ma ar bocz gantâ, guellet a rear ar vur-
bueñ é pleg e vorsed *ou* ê toull e vorzed.
CHARBONNER, *noircir de charbon*,
dua gand glaoü, *pr.* duet; glaoüa, *pr.*
et.—*Charbonner, brûler un peu*, gour-
losqi, *pr.* gour-losqet; scauddua, *pr.* et.
CHARBONNÉ, *parlant du blé*, scaud-
duet. corbônet. duet. *Van.* luhedet.
CHARBONNERIE , glaoüaërez ,
glaoüaëry.
CHARBONNIER, glaoüaër, *pl.* yen.
— *Femme de charbou..r*, glaoüaëres,

*pl.* ed.—*Avoir la foi du charbonnier*, oridi
é general qement ira a gred an ilis é
detailh.
CHARBONNIÈRE , plaçz ar glaoü
èn ur c'hoad.
CHARCUTER, trouc'ha ar c'hicq
evel ur c'higuer-moc'h, *pr.* trouc'het.
CHARCUTIER, *qui vend la chair du*
*porc*, qiguer-moc'h, *pl.* yen-moc'h
CHARDON, *plante piquante*, an ascolen, *pl.* ascol.—*Chardon béni*, an ascolen benniguet, lousaoüen ar c'bas.
v. *laiteron.* — *Chardon-notre-dame*, an
ascolen vriz.—*Chardon sauvage*, an ascolen garo.
CHARDONNERET, *oiseau*, pabaour,
pabour., *ppl.* ed; cahaber, *pl.* yen.
CHARDONNETTE. v. *chaméléon.*
CHARENÇON, *insecte.* v. *cosson.*
CHARGE, *fardeau*, beac'h, carg,
poües *Van.* carg, beh. — *Charge d'un*
*homme*, beao'h, *pl* beéchyou; carg,
*pl.* ou. *Van.* beh, *pl.* beheü; carg, *pl.*
cargueü. v. *fardeau.*—*Charge d'un che-*
*tal*, samm, *pl.* ou. *Van.* samm, *pl.* eu.
— *Charge d'une voiture*, carrad, *pl.* ou;
carg, *pl.* ou.—*Charge d'un navire*, les-
trad, *pl.* ou; carg ul lestr.—*Séparations*
*de la charge d'un navire*, grignolaich, *pl.*
ou. *Van.* stivach, *pl.* eu.—*Faire ces se-*
*parations*, ober grignolaichou, *pr.* græt.
*Van.* stiveiñ, *pr.* stivet.—*Charge, accu-*
*sation*, carg, *pl.* ou; clemm, *pl.* ou.
*Van.* id., *pl.* eü.—*Charge, office, digni-*
*té*, carg, *pl.* ou. *Van.* id. — *Il est en*
*charge*, ez ma ê carg. — *Il est hors de*
*charge*, ez ma èr meas a garg, discarg
eo.—*Les charges*, ar c'hargou. *Van.* er
hargueu. — *Charge, commission*, carg.
—*J'ai charge de faire ceci*, beza em eus
carg da ober qement mâ, carguet oun
da ober ar pez a rañ.—*A la charge de*
gand condicion ma, eû diyis ma.—*A*
*la charge de vous rendre promptement*, eñ
divis ma èn em rentot prèst, gand condicion ma èn em rentot tizmad.
CHARGEANT, *te*, cargus, pouesus,
oc'h, à, añ.—*Viande chargeante*, qicq
cargus, boëd cargus. — *Cela est trop*
*chargeant*, re gargus eo qemen-ze.
CHARGER, *mettre un fardeau*, car-

ga, pr. carguet. *Van.* cargueiñ, pr. et.
—*Le blé charge bien le plancher*, an ed a
garg terrupl ar plainch-ze, terrup eo
carguet an doubl gand an ed-hont.—
*Charger an homme*, carga da un dèn,
beoc'hya ur re—*Charger un cheval*, samma, samma ur marc'h, pr. et.—*Charger une charrette*, carga ur c'harr. —
*Charger un navire*, farda ul lestr, pr.
et; carga ul lestr. — *Charger, déposer
contre un criminel*, carga, pr. et; ober
clemm, pr. græt. *Van.* cargueiñ, gobér clêmm, pr. groëit. — *Charger une
personne de faire quelque chose*, carga un
dèn da ober un dra, rei carg da ur re
da ober un dra, pr. roët.—*Se charger
de*, hem garga eus a.

CHARGEUR, *qui charge*, carguer,
*pl.* yen. *Van.* cargour, *pl.* yon, yan.

CHARIOT, carronçzieq, *pl.* car-
ronçzouigou.

CHARITABLE, *qui aime à soulager*,
earantezus è qêvere hentez, earéntezus,
alusennus è qêver e neçzâ, och, â, añ.

CHARITABLEMENT, gand carantez
ez carantez, èn ur fæçzoun carantezus.

CHARITÉ, *vertu*, carantez. — *La
charité consiste à aimer Dieu de tout son
cœur, et à aimer son prochain comme soi-
même*, ar vertuz a garantez hon oblich
da garet Doue a greiz hon c'haloun
hao hon neçzañ evel hon-unan.—*Charité, amour, amitié*, carantez, caréntez,
*ppl.* ou. *Van.* carante. *v.* amour.—*Par
charité*, dre garantez—*Par charité divine*, dre pep carantez a Zoue.—*Charité, aumône, secours*, caritez, *pl.* ou;
carintez, *pl.* ou. *Van.* carite, *pl.* eu. *v.*
aumône.—*Les filles de la charité*, mer-
c'hed ar garitez.

CHARIVARI, *bruit que l'on fait, lorsque des personnes d'un âge inégal se marient*, gill-vary; *id est, Gilles et Marie.*
—*Faire charivari la nuit d'après les noces*,
ober gilivary, ober gilivary d'an ete-
uyen goz, pr. great, græt.—*Charivari,
tapage*, jolory, *pl.* ou; safar, *pl.* ou.

CHARLATAN, tryacqler, *pl.* yen.
*v.* jongleur, empirique.

CHARMANT, *te*, chalmant, oc'h,
â; caër meurbed, admirapl, oc'h, â, añ.

CHARME, *enchantement*, chalm, *pl.*
ou; achantourez, *pl.* ou. — *Charme,
attrait*, chalm, dudy, deduy.—*Charme,
arbre*, favenn-pudt, *pl.* fau-pudt. —
*Du charme*, fau-pudt.

CHARMER, *plaire*, chalmi, chalma,
*ppr.* et; boëmi, pr. et. *Van.* bameiñ.
—*Charmer, gagner par ses attraits*, chalmi, touëlla, *ppr.* et. *v.* allécher.

* CHARMEUR, *sorcier*, chalmer, *pl.*
yen; boëmer, *pl.* yen. *Van.* bamour,
*pl.* yon. *v.* enchanteur, sorcier.

CHARMILLE, planczonnennoui-
gou fau-pudt, plandt fau-pudt.

CHARNEL (*frère*) breudeuzr compès, breudeuzr a-berz tad a mamm.

CHARNEL, *sensuel*, qigus, licq, lichezr, oc'h, â.—*Des esprits charnels*,
calounou qigus ha licq.—*Les gens sensuels ne goûtent point les choses de la religion, ou qui regarde Dieu et le salut, dit
saint Paul*, tud lichezr èn hem ro d'o
natur, tud pere o deveus calounou qigus, n'o deus nemed lentéguez ha yenyen è qêver Doue hao è qêver ho silvidiguez, eme an abostol sant Paul.

CHARNELLEMENT, èn ur fæçzoun
qigus.

CHARNIER, *reliquaire*, carnell, *pl.*
you. *Van.* carnél, *pl.* eû.—*Le charnier,
ou reliquaire*, ar garnell. *Van.* er harnél.—*Charnier où l'on met la viande salée*, charnell, *pl.* ou. *Van.* carnél,
charnél, *ppl.* eu.

CHARNU, qiguecq, lard, och, â, añ.

CHAROGNE, *animal mort, dont le
corps est corrompu*, caigu, *pl.* ou; gaign,
*pl.* ou. *Van.* goann, *pl.* en; carvan, *pl.*
ed. *De* caign *vient* map-caign, *puant,
pourri*.—*Qui sent la charogne*, caignard,
haignard. *Quand ces mots s'appliquent
aux personnes, ils ont leur pluriel*, cai-
gnarded, gaignarded. *De là, le nom
d'Alain Caignard, duc de Bretagne, et
celui de plusieurs autres familles.*

CHARPENTE, *bois de construction*,
coad-matery, *pl.* coageou - matery ;
sourin, *pl.* ou, ed.—*La charpente d'une
maison*, fram an ty, coad an ty; coadaich an ty.

CHARPENTER, qilvizyat, *pr.* et;

qalvisyat, *pr.* et. *Van.* oalveat, *pr.* çël. *x. 'equurrir*, *couper.*

CHARPENTERIE, *art*, qïlvigérez. *Van.* qalverch, qalüehach.

CHARPENTIER, qalvex, *pl.* qilvixven. *Van.* qalve, *pl.* qelveyon.—*Herbe au charpentier*, lonsaoüen ar c'halvez

CHARPIE, *filaments de linge*, chalpis.

CHARRÉE, *cendre de lessive*, stloacq. *Van.* coëred.

\* CHARRER, *jaser*, cacqetal, *pr.* cacqelet.

CHARRETTE, qarr, *pl.* qirry. *Van.* id. — *Une, deux, trois charrettes*, ur c'harr, daou garr, try c'harr —*Charrette ferrée*, qarr hoüarnet, *pl.* qiry, etc. — *Charrette qui n'est pas ferrée*, qarrmoulou, qarr-preñ, qarr-dishoüarn. — *Charrette couverte*, qarr goloët. — *Charrette de rouliers*, qarr-viturèr. — *La charrette est versée*, tumpettet eo ar c'harr, coüezet eo ar c'harr. — *Barrer une roue, ou les deux roues d'une charrette dans une descente trop raide*, scolya ar c'harr, *pr.* scolyet; sparla ar rodouqarr, *pr.* sparlet. *Van.* squrzeiñ, ar squrzet. *v. letier.*— *La charrette est arrêtée dans une boue*, colyet *ou* colet eo ar c'harr, chalet eo ar c'harr. — *Détourner la charrette d'un bord*, aveti, *pr.* et; distrei gad ar c'harr. — *Petite charrette*, qarricq, *pl.* qirrijgou, qarr bihan, qarricq munud. *v. chartil.* — *Une paire de roues de charrette*, ur moul-qarr, moulou qarr, ur re voulou. —*Le corps de la charrette*, castell-qarr. — *Le fond de la charrette*, leur *ou* leureñ, *pl.* leurryou qarr. — *Deux limondes*, liçzenn, liçzennon, estelleñ, estellennou. —*La planche du milieu*, creizeñ. — *Gaule de charrette*, goaleñ-garr, *pl.* goalennou qarr, goaleiguer-qarr. — *Le timon*, limon, *pl.* ou. — *Le limon ou l'atteloir*, ar cleür, cleür, *pl.* ou. — *Les quesseux*, corsou, ar gorsou. — *Les barres*, clezren, *pl.* clezrad, clezr. — *Roue*, rod, *pl.* ou. — *Les courbes où les jantes qui font le tour de la roue*, camed, *pl.* camegeou, camedou. — *Gougeon*, cheville qui joint les jantes, tarval, *pl.* ou. — *Rayons qui joignent les jantes et le*

moyeu, squin, *pl.* ou; empren, *pl.* emprim. — *Le moyeu*, béndell, *pl.* ou; tnoëll, *pl.* ou.—*Deux bouts de planches qui couvrent les bouts des moyeux*, dilardérez, *pl.* dilarderezou. — *Les boites de fer dans le moyeu*, qib, *pl.* ou. — *Cercles de fer sur les deux bouts du moyeu*, fredt, *pl.* ou; qelc'h, *pl.* you. — *L'essieu*, ahel, aël, *pl.* you. — *Bande de fer*, bandeñ, *pl.* ou. — *Lien de fer*, liam, *pl.* ou. — *Deux crocs de fer attachés à l'essieu*, breoll, *pl.* you.—*Les étingues, roulettes de fer minces et flottantes sur l'essieu*, rüuilhen, *pl.* ou; rüilheròs, *pl.* ou.—*Les esses, chevilles de fer aux bouts de l'essieu*, güiber, *pl.* ou, etc. *v. mener.*

CHARRETÉE, qarrad, *pl.* ou; carg, *pl.* ou. *Van.* id:, *ppl.* eü. — *Une charretée de bois de chauffage*, ur c'harrad qeuneud, ur garg qeuneud.—*Dix charretées de blé*, decq qarrad ed, decq carg ed.

CHARRETIER, charreter, *pl.* yen; charrater, *pl.* yen. *Van.* charretour, *pl.* yon, yan.

\* CHARRIER, *grande pièce de grosse toile qui contient la charrée*, sizldroüeròs, *pl.* ou.

CHARRIER, *voiturer par charrettes*, charreat, *pr.* charreet. *Van.* charreeiñ.

CHARROI, charre, *pl.* charreou. *Van.* charre, *pl.* charreéü.

CHARRON, *faiseur de charrettes*, etc., qarrer, *pl.* yen. *Van.* qarrour, *pl.* yon, yan. — *Le charron*, ar c'harrer.—*Les charrons*, ar garréryen.

CHARRONNAGE, *ouvrage de charron*, qarreraich, *pl.* qarrourach.

CHARRUE, alazr, *pl.* ælezr; arazr, *pl.* ærezr. *Van.* arér, *pl.* érér. — *La fourche de la charrue*, cravaçz, heal; hæl, lavrecq, gaul an alazr. — *Le manche ou la grande branche de la fourche de la charrue*, ar pau-bras, scoüarn vras an a-lazr. — *La petite branche*, ar pau-bihan, ar scoüarn vihan. — *Les deux branches sans distinction*, pogueñ, *pl.* ou ; dorpell, *pl.* ou; laz, *pl.* you; divscouarn an alazr, paoüyou an arazr. — *Deux chevilles qui passent dans le bois du soc*, ar goaragou. — *Le soc*, ar souc'h, *pl.* you; sob, *pl.* you. — *Le bois qui entre dans le* soe, qeûver, qêver, ar c'hêver, ar c'heñver. — *Un bois qui joint le côté gauche du soc*, qig-naval, ar c'hign-aval. — *Le coutre*, coultr, *pl.* ou; ar c'houltr, ar c'houltr, ar gontell-coultr, contell an alarr. — *La fourchette pour décharger le coutre et le soc*, carpeñ, *pl.* ou; casprenn, *pl.* ou; carprenn, *pl.* ou; baz carzeurès. — *La latte ou le gaule de la charrue*, laz-alazr, *pl.* laz-ælezr, an laz-a-lazr, allaz-alazr. — *Le traversier où est appuyée la latte*, ar braoell. — *La première cheville qui est dans la latte*, an digarez. — *La seconde cheville*, an escop. — *Une chaine de bois faite de branches retorses qui attache la latte au chariot*, güigadenn, *pl.* ou; güeadenn, ar vigadenn. — *L'œillet de cette chaîne où entre la latte*, lagadenn ar vigadenn. — *Le chariot*, qhil-horou, ar c'hûûlhorou. — *Le timon du chariot*, ar peller. — *Le traversier*, ar sparl. — *Le chevalet pour supporter la charrue par les chemins*, març'h-alazr, an douguer, ar c'havr, ar allegell. — *Tout l'attirail d'une charrue sans distinction*, oléau, ar c'hléau. — *Gouverner la charrue pour charruer*, hoalat, *pr.* hoalet; bælat, *pr.* hælet; beza ê gaul an alazr. *v. mener.* — *Celui qui gouverne la charrue*, hoaler, *pl.* yen; hæler, *pl.* yen.

\* CHARRUER, azrat, *pr.* azret, hæ-lat, *pr.* hoalat. — *Ils charruent*, bealat a reont, ez ma int ou bez' enta int o c'hæ-lat ou o c'harat.

CHARTIL, *grande charrette pour les foins et les blés*, qastell-hañ, *pl.* qæstell-haû, qastell-éaust; qarr-æstecq, *pl.* qirry-æstecq; — *Chartil à vin*, broëau, *pl.* broevyou, ur vroéau. — *Chartil, lieu où mettre les charrettes, charrues, herses, etc.*, log-qarr, *pl.* logeou-qirry; grainch-qarr, *pl.* grainchou-qirry; qarr-zy, *pl.* qarr-zyou. *v. appentis.*

CHARTRE, *titres, etc.*, an dyellou coz, teuzlyou coz, scrigeou coz. *Van.* oh titreü, paperyeü coh. *v. cartulaire.*

— *Chartre normande*, dyellou coz an ormanted.

· CHARTREUSE, *maison de chartreux*, manac'h-ty sant Brunéau; chartouzy, *pl.* ou. — *La chartreuse d'Auray*, ar

C'hamp, charfouzy Alré. *Van.* er Champ, *v. Auray.*

CHARTREUX, *religieux*, manac'h sant Brunéau, *pl.* mænec'h sant Brunéau; chartous, *pl.* ed.

CHARTRIER, *trésor des chartres d'une abbaye, etc.*, campr an dyellou. — *Chartrier, officiel claustral, etc.*, nep èn deus soucy eus en diellou, an dyeller, *pl.* yen.

CHASSE, *pour mettre les saintes reliques*, boëstl ar relegou, boëstl-relegou, *pl.* boëstlou-relegou; fyertr, *pl.* aou. — *Chaîsse de lunèttes, la corne, etc.*, *où sont enchassées les lunettes*, moul lunedou, *pl.* moulou lunedou.

CHASSE, *poursuite des bêtes courantes et gibier*. Léon, hemolc'h, *pl.* you; *de là vient que parlant d'une vache qui est en chaleur; on dit, même hors de Léon, he-molc'h a ra ar vioc'h, id est, la vache chasse le taureau; en Corn. et en Trég. on dit :* chaçze, *pl.* chaçzeou. *Van.* gibo-eçz, *pl.* eû. — *La chasse aux loups qui se fait par battues*, hu, *pl.* you; hus, *pl.* ou. — *Pays de chasse*, canton mad da hemolc'h *ou* mad da chaçzeal *ou* mad evit ar chaçze, canton mad da gibyera *ou* da gibera. — *Chasse, en termes de marine*, ehaçze, ær, poursu. — *Donner la chasse à un vaisseau ennemi*, rei chaçze, *pr.* roët; rei ær da ur c'hourcèr, pour-su ul lestr, *pr.* poursuët. — *Prendre chasse*, tec'het diouc'h al lestr adver-sour, *pr.* id.; qemeret an teac'h. *Proverb.* içz gantâ, ma tec'h; ha ma na deac'h, dideac'h.

\* CHASSE-COQUIN, *bedeau d'église*, bedell, *pl.* ed; sergeant a ilis, *pl.* sergeanted a ilis.

CHASSE-COUSINS, *méchant vin*, guin fall, guin digouvy.

CHASSE-MARÉE, vitarer-pesqed, *pl.* vituréryen-pesqed; portezer-pesqed, *pl.* portezidi-pesqed.

\* CHASSE-RAGE, *plante*, an di-gounnar, an igounnar.

CHASSER, *obliger à se retirer*, chaç-zeal, *pr.* chaçzeet; caçz èr meas, *pr.* caçzet; teurl ur re èr mæs, *pr.* taulet. *Van.* handeciñ, *pr.* handeet. — *Chas-ser, éloigner*, harhaa, *pr.* harluet; pel-

lant, *pr.* pelléet ; caçz pell, *pr.* caçzet
pell. — *Chasser, poursuivre du gibier,*
hemolc'h, *pr.* hemolc'het ; chaçzeal,
*pr.* chaçzeet; ober nr chaçze, *pr. graet.*
*Van.* giboeçz, *pr.* et; gibyera, *pr.* et. —
*Chaser des oiseaux,* eznata, *pr.* eznetet;
labouçzela, *pr.* labouçzetet. *Van.* enetat, eneteiñ, *ppr.* enetet. — *Chasser à*
*la perdrix,* clugerya, *pr.* et. — *Chasser*
*à la bécasse,* qeffelecqat, *pr.* qeffelec-
qeët. — *Chasser aux lièvres,* gadona, *pr.*
gadonet. — *Chasser, en termes de ma-*
*rine,* rei chaçze da ur c'hourcèr, *pr.*
roët. *r. chassé.*

CHASSEUR, hemolc'hiad, *pl.* hemolc'hidy; chaçzeèr, chaçzeour, *ppl.*
chaçzæryen. *Van.* giboeçzour, *pl.* gi-
boeçzeryon, giboëzouryan. — *Maître*
*chasseur,* guyner, *pl.* yen.

CHASSIE, *humidité risqueuse qui sort*
*des yeux et colle les paupières,* picqous,
ar picqous, picqousen, ar bicqousen.
— *Avoir la chassie,* picqousa, *pr.* et;
cahout ar picqous, *pr.* bet; beza pic-
qousccq, *pr.* bet.

CHASSIEUX, picqouseçq, *pl.* pic-
qouséyen; picqous, *pl.* ed. — *Des yeux*
*chassieux,* daoülagad picqous, drem
picqouseçq.

CHASSIEUSE, picqousès, *pl.* ed.

CHASSIS *de fenêtre,* stearn-prenest,
*pl.* stearnou-prenest; stærn-prenest,
*pl.* stærnou-prenest. — *Chassis garni*
*de verre,* stærnou-guëzr. — *Chassis de*
*porte,* stearn-dor, stærn-dor, *pl.* stær-
nou-dor, stærnyou-dor. — *Chassis à*
*broderie, metier sur lequel on étend de la*
*toile, etc., pour broder,* stearn, stærn,
stærn-broud, stærn-brouderez.

CHASTE, *honnête, sans souillure,*
chast, honest, og'h, à, añ, *r. pur, vier-*
*ge.* — *Chaste, qui n'est point adonné à*
*la paillardise,* dibailhard, honest, *pl.*
tud, etc.

CHASTEMENT, en ur. fæçzoun
chast.gand honesticz,hep pailhardyez.

CHASTETÉ, *vertu chrétienne et mo-*
*rale, par laquelle on s'abstient des plaisirs*
*illicites de la chair, et on use moderément*
*des legitimes,* chastetez, honesticz, di-
bailharhyez. *r. pureté, virginité.—Faire*

vœu de chasteté, ober vou a chastetez,
*pr.* great, græt; goëstla e chastetez da
Zoue, *pr.* goëstlot. *Al.* ober goyuçez
a c'hastetez.

CHASUBLE, *ornement d'église,* casul, *pl.* you. *Van.* casul, *pl.* yeü, eü.

CHAT, *animal domestique,* qaz, *pl.*
qizyer, ur myaoü. *Van.* qah, *pl.* qihér.
*Al.* oat. — *Petit chat,* qazicq, *pl.* qizye-
rigou; qaz bihan, *pl.* qizyer bihan; ur
c'haz bihan. *Van.* qahicq, *pl.* qihéri-
gueü; ur hah bihan, *pl.* er hihér bihan,
lapous cah, cochou cah, *ppl.* lapoused
cah,cochonned cah. — *Chat sans oreil-*
*les et chien sans queue, ne sont pas progres*
*pour la chasse,*

Qy besq ha qaz discoüarnet,
N'int mad nemed da zibri boëd.
— *Le chat miaule,* miaoüal a ra ar c'haz.
— *Chat, chat-chat, pour chasser le chat,*
echegad, chegad, chat, chat, gaz. —
*Chat sauvage,* qaz goëz, *pl.* qizyer goëz.
— *Chat de mer, poisson,* qaz-vor, qi-
zyer-vor, mor-c'hast, *pl.* mor-chisty.
— *A bon chat bon rat,* craf evit craf, oreg
evit erog, ivin ouc'h ivin, eo'hiz a rayo
a gafo.

CHATAIGNE, *fruit,* qistineñ, *pl.*
qistin. *Van.* qestenén, *pl.* qesten; qis-
tenén, *pl.* qisteeü. — *Une châtaigne,* ur
guistineñ. — *Châtaigne ou maron d'In-*
*de,* qistin-Indès. — *Chercher des châtai-*
*gnes,* qistina, *pr.* et. — *Aller chercher*
*des châtaignes,* moûnet da guistina, *pr.*
eat, éet.

CHATAIGNERAIE,qistinid,ar guis-
tinid, qistinecq, ar guistinecq, qes-
tenecq.

CHATAIGNIER, *arbre,* gûenen-qis-
tin, *pl.* gûen qistin ; qistineñ, *pl.* ou,
qistinenned. *Van.* qesteneñ, *pl.* eü, ed.

CHATAIN, *couleur entre le blond et le*
*noir, roux, rousard,* guell-qistin.

CHATEAU, qastell, *pl.* qestell; qes-
telly, qistilly. — *Les mariages qui se font*
*au loin ne sont que forteresses et châteaux,*
id est, *monts et merveilles, plus de biens*
*en apparence qu'il ne s'y en trouve en ef-*
*fet. Proverbe.*

An dimizyeu a-bell
Ne diut nemed touryou ha qestell.

CHATEAULIN, *ville royale*, Qastellin, ar C'hastellin. — *Les habitans de Chéteaulin*, Qastellinis. *Par derision :* peñ-eeucq *ou* peñ-eaucq, *id est, tête de soumon*. — *La rivière de Châteaulin :* *Aune*, Stær Aou, stear ar C'hastellin, *d'*Aon,*fils de Neptune, ou d'*Avon, *rivière, fleuve*.

CHATEAUNEUF, *bourg*, Qastell-Névez, ar C'hastell-Névez.

CHATEAU-VIEUX *ou vieux château*, Coz Qastell, ar c'hoz Qastell. — *M. de Châteauvieux*, an autrou'r C'hoz-qastell.

CHATELAUDREN, *bourg*; Qastell-Audren.

CHATELET, *petit château*, qastellicq, *pl.* qestelligou; qastell-bihan, *pl.* qestell bihan.

CHATELAIN, *seigneur d'une terre qui a un degré d'élévation*, qastellan, *pl.* ed.

CHATELLENIE, *seigneurie*, qastellanyaich, qastellanaich.

CHAT-HUANT, *oiseau de nuit*, qaoüenn, *pl.* ed. *Van.* qohan, *pl.* ed; qouhan, *pl.* ed. — *Un chat-huant*, ur gaoüeñ. *Van.* ur goühan. — *Le chant du chat-huant*, can ar gaoüenn. *Van.* can er gohan. — *La femelle du chat-huant*, qaoüennès, *pl.* ed. *Van.* qohanès, *pl.* ed. — *Quartier plein de chats-huants*, qaoüennecq.

CHATIABLE, *qui mérite châtiment*, castizapl, oc'h, à.

CHATIANT, *qui châtie souvent*, castirus, oc'h, à, añ.

CHATIER, castiza, *pr.* castizet, *Van.* castizeiñ.

CHATIÉ, *e*, castiz, oc'h, à, añ.

CHATIERE, toull-qaz, *pl.* toullouqaz, toullou qizyer, toull ar e'haz. *Van.* toull qah, *pl.* toulleü qihér, toull er hah.

CHATIMENT, castiz, *pl.* ou. *Van.* casty, *pl.* eü.

CHATON, lagad-bezou, lagad ar bezou, penn-bezou, penn-bezéyer.

CHATOUILLEMENT, *action de chatouiller quelqu'un*, hilligadur. *Van.* hicqadur. — *Chatouillement, sentiment qui naît de cette action*, hillicq, *pl.* hilligou. *Van.* en hicq.

CHATOUILLER, hilligat, *pr.* hilliguet. *Van.* hicqal, *pr.* hicqet; hicqein, *pr.* et.

CHATOUILLEUX, *euse*, hilligus, oc'h, à, añ. *Van.* hicqus, oh, à, añ.

CHATRER, spaza, *pr.* spazet. *Van.* spahoiñ, spaoüeiñ, spaheign, *pr.* spahet, spaoüet.

CHÂTRÉ, spaz, *pl.* spazéyen. *v.* eunuque. — *Animal à qui on n'a ôté qu'un testicule*, rangoüilh, *pl.* ed. — *Coq à demi-châtré*, qilhocq, rangoüilh, *pl.* qilheyen rangoüilh ; gilgocq, *pl.* gilgueguer, gilguegui.

CHATREUR, spazer, *pl.* yen. *Van.* spahour, *pl.* yon, yan. — *Châtreur de truies*, spazer ar güisy.

CHATTE, *femelle du chat*, qazès, *pl.* ed. — *La chatte a fait ses petits*, dozvet he deus ar gazès.

CHATTEMITE, *qui fait l'humble, le dévot, etc., pour tromper les autres*, mitoüicq, mitaoüicq. — *Faire la chattemite*, ober ar mitaoüicq, *pr.* græt. — *Elle est là à faire la chattemite*, ez ma ahont o c'hober he mitoüicq.

CHAUD, *e*, tom, oc'h, à, añ. *Van.* tuém, toüém, oh, añ, aoñ. — *Il fait chaud*, tom eo, tom eo anezy, tom eo an amser, sqarla a ra, groès a so. *Van.* tuém eü, tuém eü auehy, tuém en amser. — *Il fait très-chaud*, tom bras eo, tom squut eo, tom eo orrupl, birvidicq eo an amser, sqarla a ra, birvi a ra. — *Chaud, ardent, bouillant, parlant d'une personne*, birvidicq, oc'h, à, añ. *Van.* tuém bras. — *Devenir chaud, rendre chaud*, toma, *pr.* tomet. *Van.* tuemmeiñ, *pr.* tuemmet. — *Avoir grand chaud*, cahout tomder vras. *Van.* endevout tuem:der, *pr.* bet. — *J'ai grand chaud*, tom bras eo dign ; un domder vras am'eüs. — *Fièvre chaude qui cause le transport au cerveau*, clèved tom, terzyenn-alter. — *A la chaude*, var ar tom. *Van.* ar en tuém.

CHAUDEMENT, tom, ez tom. *Van.* tuém. — *Un peu chaudement*, tomicq. *Van.* tuemmicq.

CHAUDIERE, ganter, *pl.* you. — *La chaudière*, ar ganter. — *Mettre la*

*Fraudière au feu ou la marmite pour faire
la* la soupe, *pour cuire de la viande, etc.,
*Ober* cauter, *pr.* græt; lacqât ar gauter
*var* an tan, *pr.* lacqëat, lecqëet. —
*Faire chaudière, t. de marine,* ober cauter, ober cher vad, *pr.* great, græt. —
*Celui qui a soin de faire bouillir la chau-
dière,* pautr ar gauter.

CHAUDRON, *ustensile de cuisine,*
chaudouron.*pl.ou Van.*chodron,*pl* eü.

CHAUDRONNERIE, *métier et marchandise de chaudronnier,* miutérez.

CHAUDRONNIER, minter, *pl.* yen;
piliguer, *pl.* yen; pilyer, *pl.* yen; jalod,
*pl.* ed; maignouner, *pl.* yen.

CHAUFFAGE, *bois de chauffage,* qeuneud, coad-losqq. *Van.* qaned. *v. bois.*
— *Faire la provision de bois de chauffage,*
qeuneuta, *pr.* qeuneutet; qeuneuda,
*pr.* et. — *Le lieu où l'on fait cette provision de bois de chauffage,* qeuneudecq,
*pl.* qeuneudegou. *B.-Léon,* qeuneu-
*alocq,* ar gueuneudocq.

CHAUFFER, toma, *pr.* tomet. *Van.*
tuemmeiñ, *pr.* tuemmet. — *Faire chauffer,* lacqât da doma, *pr.* lecqëet; ober
toma, *pr.* græt. — *Chauffer le four,* toma ar fôrn, güiri ar fourn, *pr.* goret.
*Van.* goreiñ er fôrn. — *Durcir et dessecher à force de chauffer,* craza, *pr.* crazet.
*Van.* craheiñ.

CHAUFFÉ *et durci,* craz. *Van.* crah.
*Chauffé et à demi-brûlé,* gourlosqet.

CHAUFFERETTE, *boîte percée en-
dessus, où l'on met du feu pour se chauffer
les pieds,* un tomericq, *pl.* tomerigou.

*CHAUFFETTE,* réchaud, brasoüer,
*pl.* ou. *Van.* choffet, *pl.* eü.

CHAUFFOIR, *terme de communauté,*
un oaled coumun, *pl.* oalegeou coumun; chofoüer, *pl.* ou.

CHAUFOUR, *four à chaux,* fourn-
raz, *pl.* fournyou-raz.

CHAUFOURNIER, razer, *pl.* yen;
nep a ra poazat ar raz.

CHAUME, *paille qui reste après qu'on
a coupé le blé,* soul, saoul. *Van.* séül.
— *Brin de chaume,* soulen, *pl.* soul; sa-
oulen, *pl.* saoul. *Van.* séülen, *pl.* séül.
— *Champ plein de chaume,* soulecq, *pl.*
soulegou; saoulecq; *pl.* saoul-gou.

açzoulenn, *pl.* ou. *Van.* seüleeq, *pl.*
seülegueü.

CHAUMER, *couper, arracher le chaume,* soula, *pr.* soulet; saoula, *pr.* et.
*Van.* seüleiñ, *pr.* et. *v. étrape.* — *L'instrument pour chaumer,* inglod, *pl.* ou.

CHAUMIÈRE, *petite maison couverte
de chaume,* ty-soül, *pl.* tyes-soul. *v. cabane.*

CHAUSSE, *bas,* loëzr, *pl.* ou; bas,
*pl.* ou, éyer. *Van.* lozr, loër, *pl.* léreü.
*v. bas.* — *Chausses ou haut-de-chausses,*
braguès, bragou, ur braguès, ur bragou, lavrecq, hautou. *Van.* hauteü,
marinedeü, galimacheü, lavrecq. *r.*
germe, germer. — *Haut-de-chausses étroites. v. culotte.* — *Haut-de-chausses ou-
vertes,* bragou digor, bragou qarre. —
*Haut-de-chausses amples et plissées à la mo-
de de Léon,* braguès rodellecq. — *Une
paire de chausses,* ur re vragues, ur re
vragou, ur re hautou. — *Prendre ses
chausses ou ses haut-de-chausses,* braguc-
za, *pr.* bragueset; bragaoüi, *pr.* bra-
gaoüet; lavrega, *pr.* lavreguet; güïscqa
e vragues, etc., *pr.* güïsqet. *Van.* la-
vregneiñ, *pr.* et. — *Quitter ses chausses,*
divraguexa, *pr.* divraguezet; divraga-
oüi, *pr.* et; dilavrega, *pr.* et. *Van.* dita-
vregneiñ, *pr.* et; diüisqeiñ e lavrecq.
é hauteü, etc., *pr.* et. — *Va-t-en, tire
tes chausses,* qea da vale, tenn da lezrou, teac'h qea da aveli daz lezrou. —
*La femme porte le haut-de-chausses,* gaud
hy ez ma ar bragues, ac c'hrecq a visq
ar bragou, ar c'hrecq eo ar væstrès.

CHAUSSÉE, *digue d'un étang,* chauçzer, *pl.* you. *Van.* id., *pl.* chauçzeryeü.
— *Faire des chaussées,* chauçzerya, *pr.*
chauçzeryet; ober ur chauçzer, ober
chauçzeryou, *pr.* great, græt. — *Etancher une chaussée qui laisse perdre l'eau,*
staneqa ur chauçzer, *pr.* stancqet. —
*Le rez-de-chaussée,* rez an doüar, rezzed an doüar, è rez an doüar.

CHAUSSER *quelqu'un, lui faire des
souliers,* arc'hena ur re, *pr.* arc'henet,
ar-c'hen, *il est,* var arc'ben ou var'qen,
*sur la peau;* boutaoüi ur re-bennac, *pr.*
boutaoüet. — *Chausser, se chausser,* ar-
c'hena, boutaoüi, hem arc'hena, hem

voutaoüi, *ppr.* et; arc'hena *comprend la* chaussure *du pied et de la jambe;* boutaüi, *celle du pied seulement.*

CHAUSSÉS ( Carmes ) *et Carmes déchaussés,* Carmisis are'henet ha Carmisis diarc'hen. — *Franciscains chaussés et déchaussés,* sant Françesis arc'henet, ha sant Françesis diarc'hen. — *Chausser des arbres,* lacqat teil *pe* teildoüar ouc'h treid ar güez, *pr.* lecqeët.

CHAUSSE-TRAPPE, *plante,* ascol garo. *v.* chardon. — *Chausse-trappe, piége d prendre les loups,* etc., poull-strap, *pl.* poullou-strap; fals-trap, *pl.* falstrapou; traped, *pl.* ou. *v. piége.*

CHAUSSETTE, guetrou lyen, lézrou lyen eñ lan re all.

CHAUSSON, cousignon, *pl.* ou; cofignon, *pl.* ou.

CHAUSSURE, *bas, souliers,* arc'henad, *pl.* ou. *v. chausser.* — *Ce valet a, outre ses gages,* un écu pour sa chaussure, ar mevell-hout èn deus dreist e gommanand, ur sqoed evit e arc'henad.— *Cet homme a trouvé chaussure d son pied,* an den-hont èn deus cafet e bar.

CHAUVE, moal, tarvoal, *pl.* tud moal, tud tarvoal. ( tar-voal, *id est.* tal moal, *front chauve.* ) *Van.* moël, diléü. — *Téte chauve,* penn moal, *pl.* peunou moal. — *Devenir chauve,* moalât, *pr.* moalcët. *v. calvitie.*

CHAUVE-SOURIS, asqell-groc'hen, *pl.* æsqell-groc'hen; logodenn-dall, *rl.* logod dall, logodennou dall. *Van.* logodenn penn dall.

CHAUVIR, *dresser les oreilles,* sevel an divscoüarn, *pr.* savet.

CHAUX, raz. *Van.* ra. *Al.* calc'h.— *Chaux faite de pierres,* raz-mæn.— *Chaux faite de coquillages,* raz-créguin.— *Chaux vive,* raz beo, raz criz.— *Chaux éteinte,* raz distanet, raz distan.— *Éteindre la chaux,* distana raz, *pr.* et.— *Mortier de chaux et d'argile,* pry-raz.— *Une affaire bien cimentée,* un dra cimantet mad.

CHEF, *tête,* penn, *pl.* ou. *Van.* id. *pl.* eü. — *Je ne le ferai pas de mon chef,* n'er griñ qet ao'hanon va-unan.— *Il dit cela de son chef,* anezañ e-unan e lavar qersen-ze. — *Chef, qui tient le premier*

rang, penn. *pl.* ou. *Van. Al.* dug, *pl.* au.— *Le chef de l'église,* ar penn eus an ilis. —*Jesus-Christ est le chef invisible de l'église; le pape en est le chef visible,* Jesus-Christ a so ar penn invisibl eus an ilis, hac e viqel ar pap a so ar penn visibl anezy. *Ces deux termes invisibl et visibl, quoiqu'ils ne soient pas bretons, sont consacrés en ce sens.*—*Le chef de la paroisse,* ar penn eus ar barrès.—*Les chefs d'une ville,* pennou-kear, ar pennou eus a guear *ou* eus a guær.—*Chef de famille,* penn tyéguez, *pl.* penñou tyéguez. *Van.* penn-tyegueah, *pl.* penneü-tyegueah. — *Chef d'une famille,* qeff-cumun, *pl.* qivyou cumun; qeff lignez, *pl.* qeffyou lignez. *v. souche.*

CHEF-D'OEUVRE, un taul-micher, *pl.* taulyou, etc.; peur-ober, peur-oberyou; penn-æuvr, *pl.* penn-æuvryou; pez micher. —*Faire son chef-d'œuvre,* ober e daul-micher, *pr.* græt; disqüez e beur-ober *ou* e benn-æuvr, *pr.* et.

CHEF-LIEU, penn-lech, *pl.* you.

CHÉLIDOINE, *ou éclaire, plante,* ar sclær; lousaouen ar güimilyed, lousaouenn an daoulagad.—*La petite chélidoine,* ar sclæricq, lousaoüeñ andervoïd

CHEMIN, hend, *pl.* henchou, hinchou. *Van.* hendt, *pl.* henteü *B.-Leon,* eu, *pl.* ruyou.—*Chemin dans un village,* ru, *pl.* ruyou. — *Grand chemin,* hend bras, *pl.* hinchou bras; hend meur, *pl.* hinchou meur. — *Chemin où les voitures peuvent passer,* stread, *pl.* ou; qarr-hend, *pl.* qarr-hinchou, qarr henchou; qarhoud, *pl.* qarhonchou.— *Chemin étroit,* streadicq, *pl.* streadoüigou, streadigou; qarr-henticq, *pl.* qarrhenchoüigou, hendticq striz. — *Chemin étroit,* hend qéau, *pl.* hinchou qéau, *id est,* hend qéau *ou* qaçou, *chemin de buissons; de là,* chapell-coët-qéau, *en* Scrignac. *De là,* feuteun-qéau, *entre* Quimper et Coré. — *Chemin large,* hend francq. — *Chemin que la princesse Ahès, fondatrice de Carhaix, fit faire depuis cette ville jusqu'à Nantes, d'un côté, et jusqu'à Brest de l'autre,* hend Ahès.— *Le droit chemin,* an hend enepeu vatant *ou* eün.—*Le plus droit chemin,* an enepa eü an éūñá hend.—*Beau chemin*, hend caër, pl. hinchou caër.—*Chemin sale*, hend lous. — *De mauvais chemins*, goall hinchou.--*Chemin fourchu*, hend forc'hecq, hend fourchellecq, hend fourchecq.— *Chemin de traverse*, hend treuz. — *Cul de sac*, hend dall, pl. hinchou dall; gour-stréad, pl. gour-streadou; gour-hend, pl. gour-henchou. Van. hend dall, ru dall.—*Chemin de voiture à travers un fossé*, un ode-garr, pl. odeougarr; .toull-qarr, pl. toullou-qarr. — *Chemin où il est facile de s'égarer*, hend fazyus.—*S'égarer sur le chemin*, saou-zana var an hend, pr. et; fazya var an hend, pr. et. — *Quitter son chemin pour en prendre un autre*, dihincha, pr. et; dishincha, pr. et.--*A tancer chemin*, gounit-hend, pr. gounezet. — *Passez votre chemin*, trémenit, qyt ou yt gand o c'hend, trémenit hend. — *Montrer le chemin à quelqu'un*, hincha ur re, pr. et; harlua, avisa, ppr. et. — *Guide pour montrer le chemin*, hincher, pl. yen; harluer, aviser, pl. yen.—*Dix journées de chemin*, decq dervez qerzed.—*Moins de deux lieues, à Vannes et dans le Haut-Vannelais*, ur gaselyad hend. — *Près d'une lieue de chemin*, ur gaselyadicq hend.—*Environ une demi-lieue, etc.*, un taul c'huytell, id est, un coup de sifflet. —*Le chemin de saint Jacques*, hend sant Jalm, hend sant Jacqès.—*Le chemin du ciel est étroit et glissant*, hend an eñ eê ou hend ar barados a so striz ha lampr, an hend a gundu d'ar barados a so encq ha rielus.

CHEMINÉE, ciminal, pl. ou. Van. cheminal, sqiminal, pl. oü.—*La cheminée fume*, moguedi ou divoguedi a ra ar ciminal, ppr. et.—*Le feu est à la cheminée*, e ma an tan èr ciminal.—*Ramoner la cheminée*, scarza ar ciminal, pr. et. v. *barre*,

CHEMINER, ober hend, pr. græt. —*Cheminer, se promener*, cantren, cantreal, ppr. cantreet. Van. cantreiñ, pr. et; bale, pr. cët.—*S'écarter de sa route*, dihincha, pr. et.

CHEMISE, *pour les deux sexes*. Van. crés, pl. yeü; creis, pl. yeü.—*Chemise d'homme*, roched, pl. ou. Van. id., pl. eü.—*Chemise de femme*, hiviz, pl. you. Van. hiviz, hiñviz, ppl. yeü.

CHEMISETTE, hivizenn, pl. ou.

CHENAIE, *lieu planté de chènes*, dervennecq, pl. egou; dervennocq, pl. gou. Van. derhüecq, pl. gueü, gued.

CHENE, *arbre*, dervenn, pl. ou, ed. Leon, tañ, guëzen dann. De ld, tan, tanner, tanneur. Van. derveen, pl. derv. Al. drus. De ld, druïde. — *Du chène*; derv, derñ, déro, coad déro. Van. coëd derv. — *Branches de chène*, glastren, garz-glastren, id est, glas-pren, vert bois. —*Fait de chène*, a zéro, græt a zéro.— *Chène vert*, glastenneñ, pl. ou. id est, glas stæn, vert d'étain. déro-spaign. Trég. taousen, pl. taous.

CHENET, *ustensile de foyer*, landèr, pl. you; landre, pl. landreou.

CHENEVI, *graine*, had canap. Van. had coarh.

CHENEVIÈRE, canabecq, pl. canabegou. Van. coarhecq, pl. coarhegueü. —*Epouvantail de chenetière*, spountailh canabecq. pl. spountailhou.

CHENIL, *écurie, etc.* craou ar chaçz, pl. crévyer-chaçz.

CHENILLE, *insecte vénimeux*, viscoulen, pl. viscoul; preñv blevecq, pl. preñved blévecq. Van. chacheplousen, pl. chacheploused. — *Chenille verte*, preñv-caul, pl. ed; preñv-glas blévecq, pl. preñved, etc.; viscoulen-gaul.

CHENU, ue, *blanc de vieillesse*, güeñ gand cozny, güeñnet gand an hir-hoazl.

CHEOIR, *tomber*, coueza, pr. et. Van. coëheiñ, coëhel, ppr. coëhet.

CHER, *de grande valeur*, qèr, oc'h, à, añ; qèr bras, qèr meurbed.—*Vendre trop cher*, re verza. Van. soul-uerheiñ. — *Cher, aimé tendrement*, qèr, oc'h, à, añ; qeaz, qæz. Van. qer, qeah. Al. qar. — *Il m'est très-cher, je l'aime beaucoup*, qèr eo dign meurbed. v. *aimer*.—*Mon cher fils, vous me coûtes beaucoup*, va map qèr, qèr bras ouc'h dign; va map qeaz, cals a goustit din. —*Ha! mon cher., qu'avez-vous fait?* ha va c'heaz, petra oc'h-eus-hu great? ha ma e'Hæz, petra oc'h-eus-hu græt? Van.

ah me heah, petra hou hues-huy groëit?

**CHERCHER**, clasq, *pr. et. Van.* id.
— *Chercher avec diligence et exactitude.*
eñclasq, *pr. et. Van.* pource , *pr. et ;*
pourceiñ, *pr. eet.* — *Chercher en fouillant partout,* clasq *ou* eñclasq èn ur furchall è pep leac'h. — *Chercher un expédient pour,* clasq ur voyen evit. *Van.*
clasq en tu eit.

**CHERCHEUR**, clasqer, *pl.* yen; eñclasqer, *pl* yen. *Van.* clasqour *pl.* yon,
yan. — *Chercheur de franches lippées,* toupiner , *pl.* yen; lipper , yen. *Van.* crennour , *pl.* yon ; ur hrennour.

**CHERCHEUSE** , clasqerès, *pl.* ed.
*Van.* clasqoures, *pl.* ed.

**CHERE** , *accueil gracieux ,* un diguemered greapl, chèr. — *Chère , repas,*
chèr, *pl.* ou. *Van.* cher, fest. — *Bonne chère,* cher vad, *pl.* cherou vad — *Faire bonne chère ,* ober cher vad , *pr.* great,
græt. *Van.* gobér cher vad, gobér fest,
*pr.* groëit ; festailheiû, *pr. et.* — *Bonne chère pour une noce, Van.* festailheû. —
*Donner bonne chère d une noce,* festailheiû tud eu ered. — *Il lui fait grande chère,* il est d pot et d écuelle avec lui , en
e qers ez ma , cher vad a r1 dezañ ,
unvan int ho daou. — *Il fait mauvaise chère,* cher drist a ra.

**CHÈREMENT**, qèr, ez qèr. — *Il a vendu chèrement sa vie,* qèr èn deus güerzet e vuëz.

**CHÉRIR**, *aimer tendrement qu lqu'un,*
cheriçza, *pr.* cheriçzet. *Van.* cheriçzeiñ. *v. caresser.*

**CHERTÉ**, qerñez , qernidiguez ,
qeraoüeguez, qeraoüez. *Van.* qerïery.
— *L'année de la cherté fut en 1662,* bloazvez ar guernez a voüe èr bloaz mil c'huec'h cant daou ha try-uguent.

**CHERUBIN**, *esprit celeste ,* qerubin,
ed. — *Rouge et enflammé comme au chérubin,* qer ruz hac ur c'herubiñ , ruspiñ, ruz-glaoû.

**CHERVIS**, *plante. v. carvi.*

**CHÈMER**, *gémir, criailler , se plaindre comme les petits enfants, chagrins et dégoûtes,* clémmichat, ckmmichal ,
*ppr.* clémmichet.

**CHETIF**, *ive, qui est peu de chose,*

distér, oc'h, à, añ; bihan-dra. *Van.* distér, oh, añ. — *Chétif, défait, usé,* disleber, oc'h, à, dislebet. — *Chétif, pauvre et misérable,* reuzeudicq-paour , *pl.*
reuzeudigued-paour; qeaz , qæz , *ppl.*
qeiz. *Van.* qeah , qæh, *pl.* qeih ; peürqæh, *pl.* peüryou qeih. *Leon,* iñcruñsun, *pl.* ed.

**CHETIVETÉ,** distérvéz, astu. — *Chétiveté, misère qui fait compassion,* qæznez,
qæznéd, iñcruñsunyaich.

**CHEFFON**, *petite layette au haut d'un coffre,* arched, *pl.* ou; scryn, *pl.* ou.

**CHEVAL**, *animal,* marc'h , *pl.* qesecq. *Il y a apparence que* marc'h , *faisait autrefois* marc'haou; *car de là vient*
marchauçz, *écurie, id est,* marc'haully, *maison à chevaux ; ronce, pl. ed ; ce singulier ronce, n'est pas commun, mais il est en usage du côté de Châteauneuf,
Plounecez-du-Faou , etc. Van.* marc'h ,
jau, *ppl.* qesecq, jauéd. — *Petit cheval,* marc'hicq, *pl.* qesecguigou , ronceedigou. — *Cheval anglais,* marc'h
saus, *pl.* qesecq saus. — *d'Espagne,* marc'h
Spaign, *pl.* qesecq Spaign. — *de Barbarie,* marc'h barber. — *baie,* marc'h
guell, marc'h bayan. — *alezan,* marc'h
bayan, marc'h alezan. — *gris,* marc'h
glas. — *gris pommelé,* marc'h glas marellet. — *noir,* marc'h du. — *blanc,*
marc'h güenn. — *marqué de blanc au front,* marc'h bailh. — *pie,* marc'h
picq. — *de poste,* marc'h poster. —
*qui va le trot,* marc'h trodt. — *qui va l'amble,* hincqane, marc'h a ya d'ar
pas æz. — *de carrosse,* marc'h qarronçz. — *limonnier,* marc'h limon. —
*du milieu de l'attelage,* marc'h
creiz. *Treg.* marc'h an tret qarr. — *qui est le premier de l'attelage,* marc'h bleyner, marc'h bleyn. *Treg.* marc'h ambilh. — *de somme,* marc'h samm. — *de louage,* marc'h louaich. — *de voiturier,*
marc'h viturèr, marc'h vitnr. — *entier,*
marc'h qalloc'h , marc'h anterin ,
marc'h sailher. — *hongre,* marc'h spaz,
*pl.* qesecq spaz, marc'h spazet; spazard, *pl.* ed. *Van.* spaoûard, *pl.* ed ;
marh spah, marh spahet, marh spa-
euet. — *vicieux,* marc'h vyus. *Van.* marh

en des yeü. — *poussif*, marh pouçzel. — *morteux*, marc'h morus, marc'h mormous, marc'h morvous. *Van.* marh morous. — *ombrageux*, marc'h spouuticq.—*Brider un cheval*, brida ur maro'h, *pr.* et.—*Seller un cheval*, dibra ur marc'h, *pr.* dibret. — *Désseller et débrider un cheval*, disibra ha divrida ur marc'h. — *Aller à cheval*, moñnet var varh, *pr.* eat. *Van.* monnet ar varh, *pr.* oüeit. — *Réprimer un cheval*, réngénna *ou* rangénna ur marc'h, *ppr.* et. r. *éperon.* — *Descendre de cheval*, disqenn divar varc'h, *pr.* disqennet. — *Cheval marin, poisson de mer, et qui broute l'herbe*, marc'h-vor, *pl.* qesecq-vor.

CHEVALERIE, *ancienne noblesse*, marheguiez. *Ce mot vient de* marh, *cheval; de même que* marhecq, *chevalier, et* marheguès, *femme d'un chevalier.*

CHEVALET *de charpentier*, etc , hesqemer, *pl.* you, marc'h-coad. — *Chevalet, supplice*, qasecq-coad, *pl.* qeseqenned-coad.

CHEVALIER, *membre d'un ordre de chevalerie*, marhecq, *pl.* marhéyen. *La femme d'un chevalier*, marhegues, *pl.* ed. — *Le premier chevalier du royaume*, prinçz an marhéyen. *Al.* tyern an marhéyen. — *Chevalier du guet*, marhecq an guedou, marhecq an evezyanted, marhecq an steren. — *Chevalier, premier cadet d'une maison noble*, yaoüaër, *pl.* yen. r. *cadet.* — *Chevalier, oiseau de mer*, clugear-vor, *pl.* clugiry-vor. — *Petit chevalier, oiseau de mer*, ingued, *pl.* ed; chilpvon, *pl.* ed. — *Chevalier d'eau douce*, moullecq, *pl.* moullegued.

CHEVAUCHÉE, *une course à cheval*, marrecqadeü, *pl.* ou; ur pennad marheguez, *pl.* pennadou marheguez.

CHEVAUCHER, *aller à cheval*, marhecqát, *pr.* marhecqeët; marheguez, *pr.* marheguet. *L'h ne s'aspire point.*

CHEVAU-LÉGERS, *ancienne troupe du roi*, marhegueryen armet scañ.

CHEVELURE, pennad-bléau, *pl.* pennadou-bléau. — *Une belle chevelure*, ur pennad caër a vléau. — *Longue chevelure*, ur peñnad-bléau hirr, bléau hirr.—*Chevelure blonde*, pennad-bléau

mélen. — *Absalon avait un belle chevelure blonde qui pesait deux cents sicles, qui font, selon Genebrard, le poids de cinq livres*, Absalon map d'ar roüe David èn devoa ur pennad caër a vléaü melen, qer fourniçz ma poüezé pemp livr; petra bennac, hervez Josep an historyan, ma èn trouc'hé bep eiz miz.

CHEVET, *traversin de lit*, pluffecq, *pl.* pluffegou; pluvecq, *pl.* pluvegou; treuz-pluvecq, *pl.* treuz-pluvegou. *S'il n'est pas de plume, mais de bourre, de balle, etc.*, penn-vele, *pl.* penn-veléou.

CHEVÊTRE, *licou*, cabestr, *pl.* ou.

CHEVEU, *poil de la tête*, bléven, *pl.* bléau; bléau penn; bléau ar penn. *Al.* bleffen, *pl.* bleff. *Van.* bléüen, *pl.* bléü, bléau. — *La pointe des cheveux*, peñ ar bléau, becq ar bléau. — *Le haut des cheveux*, barr ar bléau. —*Cheveux naissants*, bléaüigou. *Van.* bléüigueü. — *blonds*, bléau melen. — *noirs*, bléau du. — *gris*, bléau glas. — *blancs*, bléau güeñ. — *rouges ou poil vert*, bléau ruz, bléau brun. — *Judas, dit un auteur espagnol, avait les cheveux rouges et la barbe noire*, Yuzas an traytour èn devoa ur pennad bléau ruz hac ur varo zu. — *Cheveux crépus*, bléau fuilbet *ou* fuilh. — *frisés*, bléau rodellecq, bléau friset. — *frisés par artifice*, bléau rodellet, bléau friset a-ratoz. — *Friser les cheveux*, rodella e vléau, *pr.* rodellet; frisa e vléau, *pr.* friset. — *Cheveux châtains*, bléau guell-qistin, bléau rous. — *touffus*, bléau soutoüilhecq. — *tressés*, bléau-tortiçzet; bléau planzounennet, bléau treçzennet — *Tresser ses cheveux*, treçzenna e vléau, *pr.* et; tortiçza e vléau, plançzounenna e vléau, *ppr.* et. — *Se prendre aux cheveux l'un l'autre*, hem blcoata. — *Entortillement de cheveux*, hoguenn, *pl.* ou; treçzadur bléau.

CHEVILLE, hibil, *pl.* yen, you. *Van.* hibil, *pl.* ieü. — *Cheville de bois*, hibilpreñ, *pl.* hibilyen-preñ. — *de fer*, hibil-hoüarn. — *du pied*, ufern, an ufern, an uvern, hibil troad. *Van.* en hibiltroëd, er mouiyod troëd, morinod eu troëd. — *Les chevilles des pieds*, an daou ufern, an hibilyen treid, hibilyen au-

treid. — *J'ai la cheville du pied démise*, dislec'het eo va ufern, dilec'het eo hibil ma zroad.

CHEVILLER, *mettre des chevilles*, hibilya, *pr.* et. *Van.* hibilyeiñ, *pr.* et.

CHÈVRE, *femelle du bouc*, gavr, *pl.* guevr; gaour, *pl.* gueor; bicq, *pl.* ed, au. *Van.* id. — *Petite chèvre*, gavricq, *pl.* guevrigou; gavr vihan, *pl.* guevr bihan, bycqicq bycqau. — *Barbe de chèvre*, bouchicq-gavr. — *Peau de chèvre*, gaour-qen, croc'hen-gavr. —*Crotte de chèvre*, cagal. — *Chèvre sauvage*, chamois, gavr goëz, *pl.* guevr goëz.

CHEVREAU, *petit d'une chèvre*, gavricq, *pl.* guevrigou; menn-gaour, *pl.* menued-gaour, meunou-gaour. — *Petit chevreau*, gavricq-vihan, *pl.* guevrigou vihan; mennicq-gaour, *pl.* mennedigou-gaour. — *Du chevreau, viande*, gavricq, qicq-gavricq, menn, qicq-menn.

CHEVRE-FEUILLE, *arbrisseau*, guyzouden, *pl.* guyzoud; guyouden, *pl.* guyvoud; guëzvouden, *pl.* guëzzvoud, gueouden, *pl.* guëoud. — *La fleur de chèvre-feuille*, leaz-gavr, lez-gaour. *Trég.* læz gaour, læz coucou.

CHEVRETTE, *de mer, poisson*, gaourvor, *pl.* guevr-vor. — *Petite chevrette de mer et d'eau douce*, chéor. — *Chevrette, femelle du chevreuil*, yourc'hès, *pl.* ed; bisouc'h, *pl.* ed. *Van.* duémes, *pl.* ed. — *Petite chevrette*, yourc'hesicq, *pl.* youro'hescdigou.

CHEVREUIL, *le mâle de la chevrette*, youc'h, *pl.* ed. *Van.* duém, *pl.* ed. *v. daim.* — *Petit chevreuil*, yourc'hicq, *pl.* yourc'hedigou; mein-dein, *pl.* menned.

CHEVRIER, *qui garde les chèvres*, pautr ar guevr, *pl.* pautred ar guevr.

CHEVRON, *pièce de bois qui soutient les lattes d'une maison*, guifil, *pl.* ou; *en quelques endroits, on dit* : qebr, *pl.* ou . *qui est proprement solive; et là ils disent* güifil *pour solive.*—*Petit chevron*, güifilicq, *pl.* güifilouigou. — *Plein de chevrons*, güifilicq. —*Faire des chevrons*, güifila, *pr.* et.

CHEVROTER, *se fâcher, se mettre en colère légèrement*, lammet dreist-penn,

pr. id.; mont dreist peü, *pr.* eat, **ët** ; peüsaudi, *pr.* et.

CHEVROTIN, *peau de chevreau préparée*, croc'hen-gavricq trémenet.

CHEZ. *préposition*, en, eñ, ê, da. *Van.* id. — *Chez moi*, em zy, em zy-me, *il est, ê* ma ly.'— *Chez toi*, eñ da dy, eñ da dy-de. — *Chez lui*, èn e dy, èn e dyê. — *Chez nous*, èn hon ty, èn hon ty-ny. — *Chez vous*, èn ho ty, èn ho ty-hu. — *Chez eux ou chez elles*, èn ho zy, èn ho zy-y. — *Allons chez lui*, deomp d'e dy ou d'é dy-ê. — *Il vient chez nous*, doñet a ra d'hon ty-ny. — *Il ira chez vous*, mônet a rayo d'ho ty ou d'ho ty-hu. — *Chez Pierre*, da dy Pezr. — *De chez, eus a dy.* — *De chez moi*, eus va zy-me. — *De chez vous*, eus ho ty-hu. — *De chez lui*, eus o dy, eus ê dy-eñ. — *Il n'est rien tel que d'avoir un chez soi*, ne deus tra par ê c'hiz cahout e dy dezâ e-unan. — *Chez, pris figurément*, e-barz, ê-toüez. — *C'était une coutume chez les romains*, ar c'hiz voa ê toüez ar Romaned, bez' e voa qiz ar Romaned. —*On trouve chez les auteurs*, cavout a rear ebarz an autored', beza eź leennomp ebarz an autored ou ê levryou an autored.

CHICANE, *abus de procédures judiciaires*, cicanérez, *pl.* ou; cican, *pl.* ou. *Van.* chicanereh, *pl.* cü.

CHICANER, cicana, *pr.* et. *Van.* chicaneiñ, *pr.* et. *v. plaider.*

CHICANEUR, *qui use de chicane*, cicaner, *pl.* yen. *Van.* chicanour, *pl.* yon, yan. — *Chicaneur en titre d'office*, bouzélenn brocès.

CHICANEUSE, cicanerès, *pl.* ed. *Van.* chicanourès, *pl.* chicañéresed.

CHICHE, *qui craint de dépenser*, piz, pérvez, prim, taust, dalchus, oc'h, à, añ; caoüenn, *pl.* ed; nep so stag e groc'hen ouc'h e guein. *Van.* pih, peh', c'hen ouc'h e guein. — *Pois chiches, pois gris dont on fait de la purée*, pesen cicès, *pl.* pès cicès, pisen cicès, *pl.* pis cicès.

* CHICHETÉ, *trop grande épargne*, pizony, pizder, pizdery, dalc'hadur, laustidiguez, caoüennidiguez, binde-

daich, bindérez. *v. trébuchet.*

CHICORÉE, *plante,* cicorea.— *Chicorée d larges feuilles,* cicorea, cicorealedan. — *d feuilles étroites,* sqaryolès.

—*sauvage,* cicorea c'huéro, cicorea goëz

CHICOT, *tronc d'un arbre coupé,* scod, *pl.* ou; penn-scod, *pl.* penn-scodou, pennou-scod. *Van.* scod, *pl.* eū.—*Chicot de dent arrachée,* scodicq -dant , *pl.* scodigou dént; grizyen-dant, *pl.* grizyennou-dant ou dént.

CHIEN, *animal domestique,* qy, *pl.* chaçz, qun, qon. Qon, *pluriel de* qy, *n'est plus en usage que pour dire* bara-qon, *pain pour les chiens; et pour* dour-gon, *loutre ou chien d'eau, ainsi que dans quelque chanson, comme* deut da vellet coanta lozu èn deus bet boëd ar c'hon. — *Petit chien,* qolen-qy, *pl.* qeliu-chaçz; qy bihan, *pl.* chaçz bihan; qyicq, *pl.* chaçzigou. *Van.* qoleu-qy, *pl.* qelein chaçz; qolennicq, *pl.* qeleinigueū. r. *petit.* —*Petit chien de dame,* qyicq loufericq, *pl.* chaçzigou loufericq; qyicq diloufericq, *pl.* etc.; qyicq demesell , *pl.* chaçzigou demeselled.—*Jeune chien,* qy yaoüancq, *pl.* chaçz yaoüancq. — *Chien de chasse,* qy-red, *pl.* chaçz-red; qy-chaçze, qy da kemolc'h. —*courant,* qyréd, puze, *pl.* puzeod. — *couchant,* qy choucqant, qy couchant. — *de berger,* mastin , *pl.* ed; qy en déved. — *d'Angleterre,* qy Saus, *pl.* chaçz Saus. — *écourté,* qy besq, qy dilostet. *v. chat.* — *enragé,* qy claū, *pl.* chaçz claū. — *Pain de chien,* bara qon. — *Entre chien et loup, sur la brune,* eūtre deiz ha nos, da vare ar rollegou.— *Chien d'eau douce, loutre,* dour-qon, *pl.* ed; dour-qy, *pl.* dour-chaçz; qy-dour, *pl.* chaçz-dour. *Van.* qy-déūr, *pl.* chaçz-déūr.— *Chien de mer, poisson,* qy-vor, *pl.* chaçz-vor. r. *requin.*

CHIEN-DENT, *herbe,* treuzyaud. id est, treuz-gueaud, *herbe traversante.*

CHIENNE, qyès, *pl.* ed. *Van.* id.— *Petite chienne,* qyesicq, *pl.* qyesedigou. *Chienne en queue,* qyès lupr, *pl.* qyesed lupr; qyès sautr, qyès ê rut.

CHIENNER, qolenni, qelina, *ppr.* et.

CHIER, cac'het, *pr.* id. *Van.* ca-

heiñ, *pr.* et. *v. lâcher.*

CHIEUR, cac'her, *pl.* yen. *Van.* cahour. *pl.* yon, yan.

CHIEUSE, cac'herès, *pl.* ed.

CHIFFON, *vieux morceau d'étoffe,* drailheñ-vezer, *pl.* drailhennou mezer, drailhou mezer; ratailheñ-vezer, *pl.* ratailhennou ou ratailhou, etc.—*Chiffon de toile,* drailhenn-lyen, *pl.* drailbennou-lyen, drailhou lyen; ratailheñ-lyen, *pl.* ratailhennou-lyen, ratailhou lyen. *Van.* coh dilhad, coh ratailh.

CHIFFONNER, *bouchonner du linge, etc.,* chiffouna, ciffouna, moustra, *pr.* et. *Van.* dramoūilheiñ, damoucheiñ, gourfouleiñ, guerfouleiñ, *ppr.* et.

CHIFFONNEUR, moustrer, ciffouner, *ppl.* yen.

CHIFFRE, *caractère pour exprimer les nombres,* chyfr, cyfr, *ppl.* ou.—*Chiffre arabe,* chyfr-berr, chyfr-Indès, cyfr berr. —*Chiffre romain,* chyfr roman, cyfr roman.

A *signifiait cinq cents.* Al lizereñ A, a signifié, pemp cant; evel a zisqūez ar vers-mâ : *Possidet* A *numeros quingintos, ordine recto.*

A *cinq mille.* pemp mil.

B *trois cents.* try cant. *Et* B *trecentum per se retinere videtur.*

C *cent.* cant. *Non plus quam centum,* C *littera fertur habere.*

C *cent mille.* cant mil.

D *cinq cents.* pemp cant. *Littera* D *velut* A*, quingentos significabit.*

D *cinq mille.* pemp mil.

E *deux cent cinquante.* daou c'hant hao hanter-c'hant. E *quoque ducentos et quinquaginta tenebit.*

F *quarante.* daou uguent. *Sexta quaterdenos gerit* F *quæ distat ab alphâ.*

F *quarante mille.* daouguent mil.

G *quatre cents.* pévar c'hant. G *quadringentos demonstratica tenebit.*

G *quarante mille.* daouguent mil.

H *deux cents.* daou c'hant. H *quoque ducentos per se designat habendos.*

H *deux cent mille.* daou c'hant mil.

I *cent.* cant. I, C, *semper erit et centum significabit.*

K *deux cent cinquante.* doe ha daouze

uguent. K *quoque ducentos et quinqua-*
_ *ginta tenebit.*
K *cent cinquante mille.* cant hac hanter-
c'hant mil.
L *cinquante.* hanter-c'hant. *Quinquies*
_ L *denos numero, designat habendos.*
L *cinquante mille.* hanter c'hant mil.
M *mille.* mil. M *caput est numeri, quem*
_ *scimus mille tenere.*
M *mille fois mille.* mil güeach mil.
N *neuf cents.* nao c'hant. N *quoque non-*
_ *gentos numero demonstrat habendos.*
N *nonante mille.* dec ha pévar-uguent mil
O *onze.* unnecq. O *numerum gestat, qui*
_ *nunc undecimus extat.*
Ō *onze mille.* unnecq mil.
P *quatre cents.* pévar c'hant. P *similem*
_ *cum G numerum monstratur habere.*
P *quatre cent mille.* pévar c'hant mil.
Q *cinq cents.* pemp cant. Q *velut A cum*
_ D *quingentos vult numerare.*
Q *cinq cent mille.* pemp cant mil.
R *quatre-vingt.* pévar-uguent. *octoginta*
_ *dabit tibi* R *si quis numerabit.*
R *quatre-vingts mille.* pévar-uguent mil.
S *sept.* seiz. S *verò septennos numeratos*
_ *significabit.*
T *cent soixante.* eiz-uguent. T *quoque*
_ *centenos et sexaginta tenebit.*
T *cent soixante mille.* cant ha try-
uguent mil.
V *cinq.* pemp. V *verò quinque dabit tibi,*
_ *si rectè numerabis.*
ı *cinq mille.* pemp mil.
X *dix.* decq. X *supra denos numero tibi*
_ *dat retinenda.*
X *dix mille* decq mil.
Y *cent cinquante.* cant hac hanter-
c'hant. Y *dat centenos et quinquaginta*
_ *notenos.*
Y *cent cinquante-mille.* cant hac hanter-
cant mil.
Z *deux mille.* daou vil. *Ultima* Z *canens*
_ *finem, bis mille tenebit.*
Z *deux mille fois.* diou vil güeach.
⟨ CHIFFRER, *marquer par chiffres,*
chyfra, cyfra, *ppr.* et.
CHIFFREUR, cyfrer, chyfrer, *ppl.*
yen. *Van.* chyfrour, *pl.* you, yan.
CHIGNON, *le derrière du cou,* chouaq.
archoucq, choucqarc'hyl;chiqanaden

CHIMÈRE, faltasy sot, *pl.* faltasyou
sot; ompinion diot, *pl.* ompinionou.
CHIMERIQUE, *qui n'existe que dans*
*l'imagination,* fallazyus, ompinionus,
oc'h', a, añ; vean. *Van.* vaën. — *Des*
*êtres chimériques,* traoü vean, traou
fallazyus, traou vaën.
CHIMIE, alqemy.
CHIMIQUE, a aparchant ouc'h an
alqemy.
CHIMISTE, alqémist, *pl.* ed.
CHINE, *empire d'Asie,* Cina, roüantélez Cina.
CHINOIS, Cinays.
CHIOURME, *bande de forçats d'une*
*galère,* galead, *pl.* galeadou.
CHIQUENAUDE, *coup du doigt sur*
*le nez,* chiqenauden, chifrauden, fryad, *ppl.* ou. *Van.* chiqenaudenn, chi-
flaudenn, *ppl.* eü.
CHIROMANCIE, *divination par l'ins-*
*pection de la main,* sqyand da anaout an
avantur dre al lignennou eus an dourn.
CHIROMANCIEN, nep a deu da
divina an avantur diouch an dourn.
CHIRURGIE, *art du chirurgien,* me-
zecnyez, medecnyez, midicinérez, sur-
gyanaich. *Les 2pn emfers mots sont inusités.*
CHIRURGIEN, *qui exerce la chirur-*
*gie,* surgyan, midicin, *ppl.* ed; mezecq, *pl.* mezegued, mezéyen.
CHOC, stocq, heurd, *pl.* ou. *Van.*
stocq, *pl.* eü.
CHOCOLAT, *pâte composée de cacao,*
*etc.,* chocolat.
CHŒUR, *principale partie d'une église,*
chœur, ar chœur; chantele, chanteleo, chantelo. *Al.* chor, cor.—*Enfants*
*de chœur,* maçzicod, *pl.* ed. *Van.* cloër
munud.—*Les 9 chœurs des anges,* chœu-
ryou an æiez, an nao guœur eus an æiez.
CHOISIR, choasa; choas, *ppr.* et;
diuis, *pr.* diviset; dihüis, diusa, *ppr.*
diuset; autren, *pr.* autrëet.—*Choisir,*
trier, dilenn, dibab, dibarz, *ppr.* et.—
*Qui peut être choisi,* diusapl, choasapl,
autreapl. — *Celui qui choisit,* diuser,
choaser, *ppl.* yen; nep a choas, nep a
dius, nep a dibab; nep a dibarz, au-
trëer, *pl.* yen. — *Des gens choisis,* tud
diouc'h an dibab, tud evit arre velli-

CHOIX, choas, divis, dius, autre.

—*Vous avez le choix*, ar choas oc'h eus, an divis oc'h eus, deoc'h eo da zivis.— —*Ils ont choisi*, diuset ho deus, bez'o deus c'hoaset. — *A votre choix*, déust deoc'h, divis deoc'h, diouc'h ho tivis. *Van.* déust doc'h, daouest doh, daoust dihuy.

CHOMABLE, *jour qui se garde*, miraple, berz, test, gourc'heménnet, deiz e rencqer chomm heplabourat. *v. fête.*

CHOMAGE, *état d'une chose qui est sans agir*, chommaich, chommidiguez.

CHOMER, *ne pas travailler certains jours*, chomm hep labourat da zerten deizyou, *pr.* et; ober goüel, *pr.* græt; miret ar goüelyou, *pr.* id.; berza an deizyou goüel, *pr.* et; difenn zerten deizyou, *pr.* difennet.

CHOPINE, *mesure*, chopin, *pl.* ou. —*Chopine pleine*, chopinad, *pl.* où. *Van.* chopinad, *pl.* eü. — *Boire chopine*, eva chopinad, *pr.* evet; chopinal, chopinat, *pr.* et.

CHOPPER, *donner du pied contre quelque chose*, sqei e droad ouc'h, *pr.* sqoët; heurta e droad ouc'h un dra, *pr.* et. *Van.* heurteiñ e dröcd doh.—*Choper, parlant d'un cheval*, açzoupa, *pr.* et. *Van.* açzoupeiñ.— *Choper la tête*, sommeiller, argudi, morredi, *ppr.* et; morgousqet. *pr.* id.

CHOQUANT, ante, *qui offense*, offançzus, oc'h, â, añ. *Van.* id. — *Cet homme est fort choquant en ses conversations*, offançzus-bras eo an den-hont gand e gompsyou.

CHOQUER, *heurter avec violence*, heurta, heurda, *ppr.* et; stecqi, *pr.* stocqet; sqei terrup. *pr.* sqoët terrup. *Van.* stoqeiñ, *pr.* et.— *Choquer sa tête contre le mur*, stecqi e benn ouc'h ar voguer. *Van.* stocqeiñ e beñ, doh er vangoér.—*Se choquer*, hem stecqi, *pr.* hem stocqet. — *Les deux armées se sont choquées*, an daou arme o deveus hem stocqet. — *Choquer, offenser*, offanci *pr.* et.—*Cela choque les esprits*, an draze a offançz pep hiny.

CHORISTE, *prêtre chantant au chœur*, Cu a goeur, *pl.* tud a gœur, tud ar o'hœur.

CHOSE, tra, *pl.* ou. *Trég.* trao, *pl.* træo. *Van.* tra, *pl.* træü. *Al.* traz, traëz, *ppl.* traëzou, trazou. — *Une petite chose*, traycq, *pl.* traoüygou. — *Donnez-moi quelque petite chose, s'il vous plaît*, deut un draycq dign, mar plich gueueoc'h; un draycq din, mar plich. — *Sans aucune chose, qui n'a rien*, didra, *pl.* tud didra, hep nep tra, hep netra, hep tra, hep tra e-bet. — *C'est une belle chose que de voir*, un dra gaër eo ar güelled. — *Toute chose de nul prix*, robe; *de la dérober*. — *Chose, ce que, pez*, ar pez.— *Chose, dont on ne se rappelle pas le nom*, pe-hano, petr'-effé, penn-ime. — *Avant toutes choses, sur toutes choses*, dreistpep-tra, ispicyal.— *En parlant de choses et d'autres*, o prezecq eus a veur a dra, ô parlant eus a gals traou. — *Chose étrange! chose inouïe!* tra dreist ordinall! tra a-dra-sur névez hac estranch! — *Je ne le ferais pas pour chose du monde*, ne'-r graën qet evit pep tra, ne raffen qet an dra-ze evit va phoës a aour *ou* evit oll vadou ar bed-mâ.

CHOU, *plante potagère*, cauleñ, *pl.* caul. *Van.* colen, *pl.* col. *Al.* bresych. — *Un chou*, ur gauleñ, ur penn-caul, — *Petit chou*, caulennicq, *pl.* caulennigou; pennicq-caul, *pl.* pennoüigoucaul, ur caulennicq, ur pennicq-caul. — *Gros choux*, caul stlech, caul bras. — *Choux à pommes*, caul-poumez. *Van.* col-pommet. — *Choux crépus*, caul dantecq, caul-fresci.ecq. — *Choux de Milan*, caul-milan. — *Choux plein de bosses*, caul lovret, caul loret *ou* grac'het. — *Choux-fleurs*, caul bri-guenecq, caul boëdec. — *Planter des choux*, planta caul, *pr.* plantet. *Van.* plenteiñ col. — *Le quartier des choux, dans un jardin*, caulecq, *pl.* caulegeou, ar gaulecq.

CHOUCAS *ou geai*, *oiseau*, qeguin, *pl.* ed, ur gueguin.

CHOUETTE, *oiseau de nuit*, cavan, *pl.* ed. v. chat-huant, corneille.

CHRÊME, *l'huile consacrée par l'évêque*, oléaüsacr, an oléaüsacr, an oléaü.

CHREMEAU, *petite coiffe que l'on met*

*aux enfants que l'ôn baptise*, cabell-badez, *pl.* cabellou-badez; cabell-badizyand, *pl.* cabellou-badizyand.

CHRETIEN, cristen, *pl.* yen, *Van.*
cristeen, *pl.* cristenyon, cristenyan;
crechen, crichen, crichan, *ppl.* yon;
ur hristeen, ur hrechen, ur hrichen,
ur hriohan. —*Faux chrétien*, fals-chris-
ten, *pl.* fals-christényen. —*Manière de*
*chrétien*, briz-cristen, *pl.* briz-cristé-
nyen. — *Chrétien à gros grains*, cristen
bihan-boaz, *pl.* cristényen bihan boaz.
— *Embrasser la religion chrétienne*, en
hem ober christen, *pr.* en em c'hreat;
hem ober christen, *pr.* hem c'hræt.—
*Le roi très-chrétien*, ar roüe güir-gris-
ten.

CHRETIENNE, cristenès, *pl.* ed.
*Van.* cristenes, chrichenes, crebenes,
crichanes, *ppl.* ed.

CHRETIENNEMENT, e güir gris-
ten, é cristen güiryou. *Van.* el ur güir
grichen.

CHRETIENTÉ, *tout le pays habité par*
*les chrétiens*, cristenéz, ar gristenéz.
*Van.* crichench, er grichench.

CHRISTIANISME, *la doctrine de Jé-*
*sus-Christ, la foi, la religion chrétienne*,
cristenyez, cristenyaich, al lésen gristen, lesen hon Salver. *Van.* el lésen a
grichench.

CHRONIQUE, *histoire selon l'ordre*
*des temps*, coronicq, *pl.* ou; histor hervez ar reiz ens an amser. — *Les chro-*
*niques de saint François*, coronicqou sant
Francès, ar c'horonicqou eus a urz sant
Francès.

CHRONOLOGIE, *doctrine des temps*,
*des époques*, taulen-verr ha leal, evcus
an traou trémenet, hervez pep amser.

CHUCHOTER, *parler bas à quelqu'un*,
*en présence d'autres personnes*, cusulat,
cusulyat, *ppr.* et.

CHUCHOTEUR, cusuler, cusulyer,
*ppl.* yen.

CHUCHOTEUSE, cusulyerès, cusu-
lerès, *ppl.* ed.

CHUT, *silence*, gricq, gricq-gricq,
st, st-st. *Van.* gricq, cricq.

CHUTE, coüez. *Van.* coüch. — *La*
*chute des eaux*, ar c'hoüez eus an dou-

réyer. *Van.* er hoëh ag en déür *eu es*
déürcü. — *A la chute des feuilles*, d'ar
c'hoüez an delyou. On s'exprime *mieus*
*par le verbe* coüeza, *choir*. Pa goüezo an
delyou, pa zui an delyou da goüeza,
dan discar-amser. — *Chute d'une per-*
*sonne*, lamm, *pl.* ou. —*La chute dans*
*le péché*, ar c'hoüez er pec'hed, ar c'ho-
üeza ebarz ar pec'hed, coüeza é pec'hed
— *Bienheureux le pecheur à qui Dieu fait*
*la grâce de se relever après sa chute*, guenvidicq nep piou-bennac o veza coüezet é pec'hed, en devens an amser hac ar
c'hraçz da sevel eus e boull da stad vad.

CHYLE, *sustançz* ar boëd pehiny
én hem ceinch é goad.

CI, *adverbe de lieu et de temps*, amâ,
hamañ. *De* ham, *demeure*, tient aman,
*ici*; a-hann, *d'ici*; hamell, *hameau*, etc.
— *Cigît*, amañ ez ma, bez'è ma hamâ.
— *La lettre ci-jointe*, al lizer amâ-le-
qeat, al lizer-mâ amañ. — *Ci-après*,
amâ var lerc'h, goude-hen. — *Ci-de-*
*vant*, amâ-diaraucq. — *Ci-dessus nom-*
*mé*, amâ-diaraucq heñvel. — *Ci-des-*
*sous rapporté*, hama iséloc'h raportet.—
*Celui-ci*, hem'-mâ, hem'-man *v. celui.*

CIBOIRE, custod, *pl.* ou. *Van.* ci-
boér, *pl.* yeü, eü.

CIBOULE, *petit oignon*, civolesen, *pl.*
civolès. *Van.* sibpsclen, *pl.* cibolès.

CIBOULETTE, *petite ciboule*, civóle-
sennicq, *pl.* civolesennigou, civolesigou

CICATRICE, *marque d'une plaie*, cleyzenn, *pl.* ou. —*Une cicatrice*, ur c'hleyzenn.— *Couvert de cicatrices*, cleyzen-
necq, *pl.* cleyzeñéyen, tud cleyzeñecq.

CICERON, *nom d'homme*, Ciceron,
Cicerona. — *Ciceron, orateur romain*,
*mourut* 41 *ans avant la naissance de No-*
*tre-Seigneur*, Ciceron, alvocad eçzelant pe orator leun a loqançz é Roum,
a varvas ur bloas ha daou-uguent diaraucq guinivélez hon Salver.

* CICOGNE, *machine pour puiser l'eau*
*d'un puits*, guynteiz-punçz, *pl.* guyn-
teizou-punçz; guynteriçz, *pl.* ou.

* CIDRAILLER, *boire du cidre*, cis-
tra, cistrailha.

CIDRE, *boisson*, cistr, *pl.* ou. *Van.*
gistr, gist. *v. sorme.* — *Cidre de poire*

*ou poiré*, cistr-pèr, cist-pèr.

CIEL, eè, *pl.* evou; eñ, *pl.* eñvou, eñvaou. *Van.* eñv, ean, *ppl.* eûveü, eaneû. *Al.'*eff, *pl.* aou; neff, *pl.* aou. *v. monde.* — *Le ciel, tout ce qui paraît au-dessus de nous*, an oabl, an eñ. *v. région de l'air.* — *Le ciel des étoiles, le firmament*, oabl ar stered, an oabl steredet, an eè steredet. — *Le ciel des nues*, oabl ar c'houñabr, au eè couñabrecq. — *Le ciel empiré*, au eè imperyal, ar barados, an eñ, plaçz ar re èurus.—*Du ciel, ou qui appartient au ciel*, celestyel. — *Ciel de lit*, stél, cél, stél ar güele, *pl.* stélou güele, célou güele.' —*Sur le ciel du lit*, var ar stél, var ar cél. — *Un ciel brodé*, ur stel broudet, *pl.* stélou broudet; ur cél broudet, *pl.* cèlou broudet.

CIERGE, piled, *pl.* ou; piled-coar, *pl.* piledou-coar; goulaoüen-coar, *pl.* goulou-coar. *Van.* goléüenn-coér, *pl.* goleü-coér. — *Cierges blancs*, piledou güenn, goulou-coar güenn. — *Cierges jaunes*, piledou melen, goulou-coar melen.— *Cierge béni*, piled benniguet, goulou binniguet, cantol benniguet. — *Le cierge de Pâques*, cantol-Basq, ar gantol-Basq, piled-Pasq.

* CIERGIER, *cirier;* coarer, *pl.* yen; goulaoñyer-coar, *pl.* goulaoüyeryen-coar. *Van.* coérour, *pl.* yon, yan; goléüher, *pl.* yon.

CIEUX, an evou, an evaou. *v. ciel.*

CIGALE, *insecte qui vole et qui chante*, grilh-doüar, *pl.* grilhed-doüar.

CIGNE, *oiseau*, cyn, *pl.* ed. *Van.* cygn, *pl.* ed.

CIGOGNE, *oiseau*, cigoüign, *pl.* ed.

CIGUE. *plante vénimeuse, ressemblant au persil*, chagud, piricilh-qy, lousaoüen ar pemp-bis.

CIL, *le poil des paupières*, malvenn, *pl.* ou; malfenn, *pl.* ou.

CILICE, *ceinture faite d'un tissu de crin*, gouriz-reun, *pl.* gourizou-reun; gouriz blèau-gavr, *pl.* gourizou blèaugavr. *v. haire.* — *Cilice fait de fil d'archal avec des pointes*, gouriz neud-orgeal, gouriz-hoüarn.

CILLER, *remuer les paupières*, siñval ar malvennou, *pr.* siñvet; siñval-mu-

nidicq malvennou an daoulagad.

CIME, *ce qui est le plus élevé dans un bâtiment*, leïn an ty, nein an ty, leinicq an ty. *Van.* leign en ty, leignicq-leign en ty. — *La cime d'une tour*, becq an tour, leïn an tour.—*La cime d'une montagne*, barr ar menez, leïn ar menez, nein ar menez, blincheñ ar menez, qern ar menez, crousell ar menez, talpenn ar menez. *Al.* alt. — *La cime d'un arbre*, becq ar vezen, leïn ar vezèn; blinchenn ar vezen.

CIMENT, *mortier de brique pilée et de chaux*, ciment, pry-briqenn.

CIMENTER, cimanti, cimanta, *ppr.* cimantet.

CIMETERRE, *sabre recourbé*, cemetéra, *pl.* ou; bracqemard bras, *pl.* bracqemarded vras.

CIMETIÈRE, bézred, *pl.* ou, bézregeou; béred, *pl.* ou. Bez-red, *id est*, *tombe où l'on court; ou bien*, bez-red, *tombeau nécessaire. v. enterrer.* — *Dans le cimetière*, ebarz ar vézred, ebarz èr véred.

CIMIER, *pièce de chair qui se lève le long du dos d'un animal jusqu'à la queue*, melqein, *pl.* ou.— *Un cimier de sanglier*, ur melqein houh-goëz.

CINGLER, *naviguer à pleines voiles*, cincla, *pr.* cinclet; cincla caèr, cincla gand avel fresq; merdei vatant, *pr.* merdeet, merdeat.

CINQ, *terme numéral*, pémp. *Van.* peemp. En Galles, pump. — *Cinq cents*, pèmp cant. — *L'an cinq cents*, er bloazvez pémp cantvet. — *Cinq fois*, pémp güeach. *Van.* peemp güeh. — *Cinq fois autant*, pemp güeach qement all.—*De cinq ans en cinq ans*, a bemp-è-bemp bloaz, da bep pemp bloaz.

CINQUANTAINE, un hanter-cant. — *Quelques cinquantaines*, un hanter-cant-bennac.

CINQUANTE, hanter-cant. *Van.* id.

CINQUANTIÈME, *nombre d'ordre*, hanter-cant-vet, hanter-c'hant-vet. *Van.* id.

CINQUIÈME, pempvet, pempet. *Van.* peempet.

CINQUIÈMEMENT, da'r bempvet,

da'-r bempet.

CEINTRE , *figure qu'on donne à une route*, cintr, *pl.* ou. *v. étançon.*

CINTRER, cintra, *pr.* cintret. *Van.* cintreiñ, *pr.* et. *v. étançonner.*

CIRAGE, *application de cire sur quelque chose*, coaraich. *Van.* coërach.

CIRCONCISION, *fête*, ar c'heñtâ deiz eus ar bloaz.

CIRCONFÉRENCE, an dro eus a ur round. — *La circonference d'un rille*, an dró eus a ur guear.

CIRCONLOCUTION, *périphase*, cals a gompsyou è leac'h unan, ur prezecq troydellus, evit ur gomps pe zyou, tro èr c'hompsyou, *pl.* troyou èr, etc.

CIRCONSPECT, *cte, prudent en ses paroles et en ses actions*, pridiryous, fur abep failh, oc'h, à, añ; nep a lacqa evez petra a ra ha petra a lavar.

CIRCONSPECTION, *discrétion en ses paroles et en ses actions*, pridiridiguez, mëurded, evez-mad, evez-bras. — *Avoir de la circonspection, être circonspect*, pridirya, *pr.* pridiryet; beza pridiryus, beza var e evez, *pr.* bet, cahout pridiridiguez, *pr.* bet; lacqât evez-mad, *pr.* lecqëet.·

CIRCONSTANCE, circonstancz, *pl.* ou. — *Circonstances qui changent l'espèce du péché*, circoustançzou perc à ceñch ar speçz eus ar pec'hed. — *Circonstances aggravantes*, circonstançzou grevus, circonstançzou perc a rént un dra grevuçzoc'h

CIRCONSTANCIER, lavaret ar circonstançzou, *pr.* id.

CIRCONVALLATION, lignenn tennet èn dro da ur plaçz, da ur guear, da ur c'hastel, *pl.* lignennou tennet, etc. — *Des lignes de circonvallation*, lignennou èn dro da ur guear, etc.

CIRCONVENTION, troumplérez, *pl.* troumplérezou,

CIRCONVOISIN, nés tro-var-dro, nep so var dro, ar pez a so var dro, ar pez a so èn dro.

CIRCUIT, tro, *pl.* you. — *La rille de Brest a une lieue de circuit*, muryou Brest o deus ul léau-dro.

CIRCULATION, *mouvement du sang*,

troadur ar goad ebarz ar goazyed, troydelladur ar goad. *Van.* er boulch ag er goéd, er mouet hac en douet ag er goed.

CIRCULER, *parlant du sang*, mont ha dont, *pr.* ëet ha deuët; trei ha distrei, *pr.* troët ha distroët; redecq ha diredecq, *pr.* redet ha diredet. — *Quand le sang ne circule plus*, c'en est fait de la vie d'un homme, pa ne da ha ne zeu muy ar goad dre ar goazyed, ez eo pacqet un dèn, pa ne dro ha ne zistro muy ar goad *ou* pa ne red ha ne zired muy ar goad è corf un dèn, ez ma ar maro gand hâ *ou* ez ma rentet èr mouich.

*CIRCUM-CIRCA, taust-da-vad, &-tro, var-dro.

CIRE, *outrage d'abeilles*, coar. *Van.* coër. — *Pain de cire*, torz-coar. *pl.* torzyou-coar; coarenn, *pl.* ou *Van.* torh-coér, *pl.* torheü coër. — *Petit pain de cire*, torzicq-coar, *pl.* torzyoüigou-coar. coarennicq, *pl.* coarennoüigou. *Van.* torhicq-coër , *pl.* - torheüigueü-coér, torhigüeü-coër. — *Cire vierge qu'on tire des ruches sans avoir passé au feu*, coar güérc'h. — *Qui appartient à la cire*, coareèq. — *Cire d'Espagne*, coar Spaign, goum Spaign. — *Il est jaune comme cire, il a la jaunisse*, meleu-coar eo, meleu-aour yo. — *Aux pèlerinages on dépense plus de vin que de cire*, muy a vin a zispigner èr pirc'hirinaichou, egued a goar; an dibauch qent eguid an devocion a gaçz alyès meur a hiny da bardouna. — *Cette vieille chassieuse fait de la cire des yeux*, daoulagad coârecq he deus ar c'hrac'h picqouseq-hont.·

CIRER, *enduire de cire*, coara , *pr.* coaret. *Van.* coéreiñ, *pr.* coéret.

CIRIER, *ciergier, etc.*, coarer, *pl.* yen. *v. ciergier.*

CIRON, *sorte de vermisseau qui s'engendre dans la chair*, grec'h, *pl.* end, éd; gruec'h, *pl.* ed. *Van.* groëh, *pl.* ed. — *Un avare tondrait sur un ciron, un dèn pervez a guigné ur grech evit cahout e groc'hen.

CIRQUE, *lice*, lançz, linçz, liçz. ·

CIRURE. *v. cirage.*

CISEAU, *instrument de menuisier , de maçon*, qisell, *pl.* ou. *Van.* id., *pl.* eü.

— *Ciseau à froid*, qisell-yen. — *Ciseau l'acier*, qisell-yen, *pl.* qisellou yen. — *Petit ciseau*, qisell viban, *pl.* qisellou sihan ; qisellicq, *pl.* qisellouïgou. — *Travailler avec le ciseau*, qisella, *pr.* et. — *Ciseaux, deux taillants joints par un clou rivé*, cisailh, *pl.* ou. *Van.* id., *pl.* eü. — *Petits ciseaux*. cisailhicq, *pl.* cisailhoüigou. — *Une paire de ciseaux*, ur cisailhou, ur re cisailhou. — *Deux paires de ciseaux*. diou cisailh, daou re cisailhou. — *Travailler avec des ciseaux*, cisailha, *pr.* et. — *Ciseaux de tailleur*, *etc.*, guëltle, *pl.* ou ; guënlle, *pl.* ou ; guëltrez, guëltre, *pl.* ou. *Van.* guëltaûv, *pl.* guëltanûcû.

CISELER, *graver avec le ciseau*, *etc.*, qisella, *pr.* et. *Van.* danteilleiñ, *pr.* et. — *Un calice ciselé*, ur c'halizr qisellet. *Van.* ur halicz dantellet.

CISELURE, qiselladur. *Van.* danteilladur. — *Ciselure, l'action de ciseler*, qiselladurez.

CITADELLE, çuycqadell, *pl.* ou. v. *forteresse*. — *La citadelle du Port-Louis*, guycqadëll ar Porz-Loyz. *Van.* qastéll er Porh-Loïyz.

CITÉ, *ville*, kear. *pl.* you; kær, *pl.* you. *Van.* hær, *pl.* yeü. *Al.* guycq, *pl.* ou. v. *bourg*.

CITER, *donner assignation*, intima, *pr.* et. — *Citer, alléguer*, raporti, *pr.* et; lavaret, *pr.* id.; henvel, *pr.* hanvet.

CITERNE, *réservoir d'eau de pluie*, pünçz-glao, *pl.* punçzou-glao; punçz-dour-glao, *pl.* punçzou dour-glao.

CITOYEN, bourc'his, *pl.* yen. *Al.* guycqal.

CITOYENNE, bourc'hisès, *pl.* ed. *Al.* guycqès, *pl.* ed.

CITRON, *fruit*, citronçz, aval-citronçz. *pl.* avalou-çitronçz.

CITRONNIER, *arbre*, guëzen-citronçz, *pl.* guëz-citronçz; avaleñ-citronçz, *pl.* avalennou-citronçz.

CITROUILLE, *gros fruit rampant sur terre*, citroüilhéseu, *pl.* citroüilhes; conlourdrenn-vras, *pl.* coulourdrennou-vras.

CIVADIÈRE, *voile du mât de beaupré*, misan baloûin.

CIVETTE, *animal duquel on tire un parfum*, civeta. — *Civette, parfum*, civetès. — *Civette, herbe*, oüignonetès.

CIVIÈRE *à bras*, crafaçz, cravaçz, *ppl.* ou ; cravaçz daoubennecq, *pl.* cravaçzou daoubeunecq. — *Civière à roues, brouette*, cravaçz rodellec, *pl.* cravaçzou rodellecq. — *Bras d'une civière*, bann-cravaçz, *pl.* bannou-cravaçz; ooslezeñ-cravaçz, *pl.* costezennou-cravaçz; costez-cravaz. *pl.* costezyou-cravaçz.

CIVIL, *e*, *qui concerne les citoyens*, civil, ar civil. — *La loi civile*, al lésenn civil. — *Juge civil*, barner civil, *pl.* yen civil. — *Requête civile*, reqed civil, *pl.* reqegeou civil. — *Civil, e, honnête et raisonnable*, honest; deread, sevenn, gracius, oc'h, à, añ. v. *courtois*.

CIVILEMENT, *non criminellement*, ez civil, hervez ar civil. — *Poursuivre civilement*, poursu ez civil, *pr.* poursuet. — *Mort civilement*, maro hervez ar civil. — *Civilement, honnêtement*, gand honestiz, èn ur fæçzoun honest, gand dereadéguez, èn ur fæçzoun deread, gand graciusded.

CIVILISER, *rendre civil ou le devenir*, honestaat, *pr.* honestéet; dereadecqât, *pr.* dereadecqéet; sevenni, *pr.* sevennet; sevennaat, *pr.* sevenneët. — *Civiliser un procès criminel*, lacqât ê civil ur procès a yoa ê crim, *pr.* lecqeat; digaçz ur procès eus a gampr an dro da gampr an englasqou, *pr.* digaçzet.

CIVILITÉ, *manière honnête*, honestis, honested, dereadéguez, sevennidiguez, graciusded, contenançz vad, cadançz, courtezy. — *La civilité a son mérite*, honestis he deus he phris, un tammicq honnestis a rear hep mis, un tammicq honestis ne goust qet cals.

CLABAUDER, *criailler, faire grand bruit*, safari, safaret, trousal, *ppr.* trouset.

CLABAUDEUR, *grand criailleur*, trouser, safarer, tournyer, *ppl.* yen.

CLAIE, *tissu d'osier, etc.*, caëll, *pl.* ou; cloñeden, *pl.* ou. — *Claie pour fermer un parc*, cloüed, *pl.* cloüegeou. B.-Léon, draff, dréven. *Van.* cloëd, *pl.* eü; clued, cled, *ppl.* eü. — *Bras d'une claie*,

22

bann-clouĕd, *pl.* bannou-elouĕd; cos-
tes-clouĕd. *pl.* costexyou-clouĕd; cos-
tezeñ-clouĕd, *pl.* costezennou-clouĕd.
— *Gaule d'une claie*, baz-clouĕd, *pl.*
bizyer-clouĕd; goaleñ-clouĕd, *pl.* goa-
leigner-clouĕd. — *Pieu qui soutient ou
qui ferme la claie*, post-clouĕd, *pl.* pos-
tou-clouĕd. *B.-Léon*, post draff, *pl.*
pézyer dréven. — *Claie attachée au plancher pour y mettre du lard, etc.*, clouĕ-
denn, *pl.* ou; trancql, *pl.* ed. *Van.* clo-
ĕdell. *pl.* eü.

CLAIR, *e*, *qui est plein de lumière*,
sclear, sclær, oc'h, à, añ. *Van.* sèlær,
splañ, oh, añ. *B.-Léon*, sclaer. — *Devenir clair*, sclæraat, *pr.* sclærĕet. *Van.*
sclæreiñ, splanneiñ, *ppr.* et. — *Clair*,
*resplendissant*, sqodus, lufrus, luguernus, steredennus, oc'h, à. — *Devenir
clair*, sqeda, *pr.* sqedet; lufra, *pr.* lu-
frĕt; luguerni, *pr.* et; steredenni, *pr.* et.
— *Clair*, *transparent*, splann, sclær,
oc'h, à, añ; licrus. *Van.* spann, sclær.
— *Devenir clair*, *transparent*, splañaat,
*pr.* splannĕet; sclæraat, *pr.* sclærĕet.
*Van.* splanneiñ, sclæreiñ. — *Clair*, *aigu*, sqiltr, sqlentin, sclæar, oc'h, à,
añ. — *Un son clair*, un son sqiltr, ur
son sclæar, un son sqlentin, *pl.* sonyou.
sqlentin *de* sqlent, *ardoise fine*. — *Une
voix claire*, ur voüez sqiltr, ur voüez
sclæar, moüez sqlentin, ur voüez sqiltrus, ur voüez sclæar ha neat, ur voüez
sclær ha næt, *pl.* moüezyou. — *Clair*,
*évident*, aznadt, patant, oc'h, à, añ.
*Van.* reih, oh, añ. *Al.* gnou. — *Clair*,
*aisé*, eacz, reiz, oc'h, à. *Van.* reih. —
*Clair*, *qui n'est pas épais*, rouez, scarz,
tanan, oc'h, à. *Van.* tenaü, oh, añ. —
*Devenir ou rendre clair*, rouĕzzât. *pr.*
rouĕzzĕet, scarzât, *pr.* ĕet; tanaoüât,
*pr.* ĕet. *Van.* tenaüat, tanaüat, *pr.* ĕit.
— *Le clair de la lune ou des étoiles*, ar
sclæar eus al loar pe eus ar stered,
sclærder al loar pe ar stered.

CLAIR (saint). *évêque de Nantes; on
le prie pour le mal d'yeux*, sant Sclær.

CLAIRE (sainte) *d'Assise*, *fondatrice
des Clairines*, santès Sclæra, abbadès.

CLAIREMENT, ez sclear, è sclær,
patant, aznad, reiz, splann.

CLAIRET, *vin clairet*, guïn ruz, guïn
sclæricq, guïn ruz sclær.

CLAIRIERES, *lieux dans les forêts
dégarnis d'arbres*, lec'hyoù digoadet.

CLAIRON, *trompette qui a le son aigu*,
trompilh sqiltr, *pl.* trompilhou sqiltr.

CLAIRVOYANT, *e*, nep èn deus ur
spered lem, nep èn deus ur spered soutil, nep a vell sclær.

CLAMEUR, *cri public et tumultueux*,
cry safarus, *pl.* cryon safarus. — *Clameur de haro*, *procéduré de Normandie*,
haraou, cry haraou, a c'hry a haraou.
— *Clameur*, *cri pour appeler*, hopp,
opp, *ppl.* ou.

CLANDESTIN, *e*, *qui se fait secrètement*, cuz, cuzet, segred. *Van.* cuhet.
— *Mariage clandestin*, dimizy-cuz, *pl.*
dimizyou-cuz, dimizy-cuzet, dimizy
great è cuz. *Van.* himen é-cuh, dimen
è cuh; *de himen vient* dimizy, dimèzy,
dimiin, dimeiñg, etc. — *Banquereute
clandestine*, bancq flaudus ha maliçzius
great è cuz, *pl.* bancqus flaudus, etc.

CLANDESTINEMENT, è cuz, hep
gouhout da zen. *Van.* è cuh.

CLAQUE, *coup avec la paume de la
main*, palfad, *pl.* ou; stlafad, *pl.* ou.

CLAQUE-DENT, stlaqérez an dént,
gringunçzérez an dént.

CLAQUEMENT, *bruit des mains, etc.*,
stlacqérez, stracqlérez, strap.

CLAQUER, *faire du bruit avec les
mains, etc.*, stlacqa, *pr.* et; stracqa, *pr.*
et. *Van.* straqeiñ, straqïl, *ppr.* s:raqet.

CLAQUET *de moulin*, stlacqérez,
stracqlérez qern ur vilin, ar-ganell.

CLAQUE-OREILLE, *chapeau à bords
pendants*, tocq trabellocq, *pl.* tocqou
trabellocq, tocq diflancqet, tocq di-
flaqet.

CLARIFICATION, *l'action de rendre
une liqueur claire*, sclæridiguez, sclæ-
radurez.

CLARIFIER, *rendre clair et net*, sclæraat, *pr.* eĕt; sclæraat muyoc'h-muy;
rénta sclæroc'h, *pr.* rentet.—*Clarifier*,
*mettre en honneur et en éclat*, oberenori
ha respedi, *pr.* græt; lacqat rénta an
enor hac ar resped a so dleat da ur re
bennae; *pr.* leeqeat, lecqĕet. — *Pére.*

*Éternel clarifiez votre fils, afin que votre fils vous clarifie,* en S. Jean, ch. 17, v. 1.
Va Zad Eternal, grit enori ha respedi ho map, deut eo an amser, evit ma licq'gn yvez renta deoc'h an enor, ar respéd hac an adoracion a so dleat d'ho magestez..

CLARINE, *clochette qu'on pend au cou des animaux,* cloc'hicq-cuëvr, *pl.* cleyerigou-cuëvr; cloc'hic an difazy, cloc'hicq ar glaou, cloc'hicq ar bleiz.

CLARTÉ, *lumière, éclat,* solærigeñ, sclærder, sclærded. *Van.* sclærdér, sclærigean. — *La clarté du soleil effusque toute autre lumière,* sclearder an héaul a zeu da tévalaat an oll sclærigennou all. — *Notre-Dame-de-la-clarté,* an Itroun Varia a'sclærded. —*Aller à la chapelle de Notre-Dame-de-la-clarté,* mônet da sclærded, mônet da dy an Introun Varya'-sclærded, *pr.* eat, ëet. —*Clarté, transparence,* splandèr, sclæryeñ. *Van.* splandèr, sclærizyon.

CLASSE, *distinction des personnes ou des choses,* réncq, *pl.* ou. — *Des auteurs de première classe et d'autres d'une classe au-dessous,* autored evens ar c'henta réncq ha re all eveus a ur réncq iseloc'h. — *Classe, école,* claçz, *pl.* ou; sclaçz, *pl.* ou. — *Aller en classe,* mônet d'ar c'hlaçz, mont ô sclaçz. — *Classe, parlant des matelots,* claçz, *pl.* ou.

CLASSER *des matelots, les enrôler, etc.,* claçza merdaidy, *pr.* claçzet.

CLAUDE, *nom d'homme,* Glauda. *Petit Claude,* Claudichon, Glaudaïcq.

CLAVECIN, *instrument de musique,* claffcin, *pl.* ou.

CLAVIER, *ce qui sert à joindre plusieurs clefs ensemble,* claouyer alc'huezybu, *de* clao, *ferrement.* — *Clavier d'orgue, etc.,* claouyer an touchennou, *pl.* claouyerou.

CLAUSE, *stipulation particulière d'un contrat, etc.,* clansulenn, *pl.* ou; divis, *pl.* ou.

CLAUSTRAL, *e,* reizus, reiz, a aparchant ouc'h ar c'laustr *ou* ouc'h ar c'hloastr *ou* ouc'h ar reiz. *v. règle, régulier.* — *Prieur claustral,* pryol reiz, *pl.* pryoled reiz; pryol clauster. — *Of-*

fices claustraux, officzou clauster ou claustral.

CLAYON, panericq osilh evit lacqât da zivera ar paz bet paredet, *pl.* panerouïgou-ausilh.

CLEF, alc'huëz, *pl.* you. *Trég.* alc'houë, *pl.* au; alïe, *pl.* au. *Van.* alhuë, *pl.* éü. — *La clef de l'armoire,* alc'huëz an armell. — *Fermer à clef,* alc'huëza, *pr.* alchuëzet. *Van.* alhuëeiñ, *pr.* alhuëet. — *Ouvrir ce qui est fermé à clef,* dialc'huëza, *pr.* dialc'huëzet. *Van.* dialhuëeiñ. — *Ce qui n'est pas fermé à clef,* dialc'huëz. — *Fausse-clef,* fals-alc'huëz, *pl.* fals-alc'huëzyou; alc'huëz-cuz, eil alc'huëz. — *L'anneau d'une clef,* lagad un alc'huëz, lagadeñ un alc'huëz, penn an alc'huëz. — *La tige d'une clef,* goalenn an alc'huez, troad an alc'huëz, garr an alc'huëz. — *Le panneton d'une clef,* ar paleton, paleton an alc'huez. — *Clef d'une voûte, la dernière pierre,* bonn, *pl.* ou; mæn-bonn, *pl.* mæin-boñ; beguel-bols, *pl.* beguelyoubols; beguel ur vols.

CLEMATITE, *plante médicinale,* ar rouänès.

CLEMENCE, *douceur de supérieur envers son inférieur,* euñvélez, hegaradded, douçzder meulapl, o'huëcqder. CLEMENT, *e,* cuñ, hegaradd, o'huëcq, oc'h, â, añ.

CLEMENT, *nom d'homme,* Cleménçz.

CLEMENTINES, constitucionou ar pap Cleménçz pempvet ên hano, pera a ra lod eus a vir an ilis.

* CLENCHE, *loquet d'une porte,* licqed, *pl.* ou. *v. loquet.*

CLEPSYDRE, *horloge d'eau,* doulsizl, *pl.* ou.

CLERC, *qui est tonsuré,* cloarecq, *pl.* cloër, cloarigen. *Van.* cloërecq, *pl.* cloër, cloërigean. — *Clerc, ecclésiastique,* cloarecq, *pl.* cloër. *Van.* cloerecq, *pl.* cloer. — *Les clercs, le clergé,* ar c'hloër, an dud a ilis. — *Clerc, commis,* cloarecq, cloaréyen, cloarigenn; copist, *pl.* ed. — *Faire un pas de clerc,* ober dismeganęz; fazya dre dioüizyéguez, *pr.* fa-, zyet; ober faut dre inoranęz, *pr.* græt. — *Parler latin devant les clercs,* latinat dirac an dud godizyocq, *pr.*, latinet; -comps latin ê presançz ar re abil, *pr.* compost. *Ce proverbe vient de ce qu'an- ciennement* clorc *voulait dire, savant ; de même que* clergie, *science, doctrine.*

CLERGÉ, *le corps des ecclesiastiques,* cloër, tud a ilis, ar c'hloër, an dud a ilis. — *Le clergé séculier, les ecclesiastiques qui vivent hors des cloîtres,* ar c'hloër, an dud a ilis. — *Le clergé régulier, les ecclésiastiques qui vivent dans les cloîtres,* ar c'hloër reiz, ar c'hoër ê reiz, an dud a ilis a vef ê reiz *ou* dindan reiz. — *L'évêque à la tête de son clergé,* an escop gand e gloër. — *Le recteur et tout son clergé,* ar personn hac e oll vælëyen, ar person hac e gloër.

CLÉRICAL, *e,* a aparchant ouc'h ar o'hloër.

CLÉRICATURE, *profession d'ecclé- siastique,* cloareguiez, cloareguiaich.

CLET, *nom d'homme,* Cleden. — *Petit Clet,* Cledennieq, Cledicq, Clidicq. — *Saint Clet,* sant Cleden.

CLIENT, *qui est sous la protection d'un patron,* goar, *pl.* güizyen. — *Client, plaideur,* breutaër, *pl.* yen. *Van.* breu- tér; bertér, *ppl.* yon, yan.

CLIGNEMENT, *mouvement de la pau- pière,* güilgadur, cüilc'hadur. — *Cli- gnement de l'œil, pour faire signe,* güi- gnadur, güign-lagad, ur sin-lagad. *Van.* blinguadell, *pl.* eü.

CLIGNER, *fermer l'œil à demi,* cüilc'hat an daoulagad, cuilc'hat, *pr.* cüilc'het; güilgat, *pr.* güilguet; güilgat an daoulagad. — *Cligner quelqu'un, faire signe des yeux à quelqu'un,* güignal ur re, *pr.* güignet; sina ur re gaud al la- gad, *pr.* sinet. *Van.* blingueal, blin- gueiñ, *ppr.* blinguet. — *Celui qui cli- gne,* güigner, *pl.* yen. *Van.* blinguer, *pl.* yon.

CLIMATÉRIQUE ( année ), bloaz- vez dangerus da drémen, pehini a er- ru bep seiz bloaz. — *Les années* 49, 56 *et* 63 *sont les plus dangereuses, selon les astrologues, parce qu'on est plus avancé en âge,* ar bloazyou navet ha daouuguen, ha tryuguent, a so, hervez an as'rolo-

gyaned, ar re dangeruçzá da drémen abalamour nja vezér nouse on geioc'l — *Saint Augustin, saint Ambroise, Boece, disent que cette observation n'a point superstitieuse,* an doctorèd sant Au gustin, sant Amgroaz, Beda ha Boë cius, a zisclery deomp, penaus remerc an astrologyaned var ar poücnd-ma ne deo qet ur fals-credon.

CLIMAT, *espace de terre où les plus grands jours d'été vont jusqu'à une cer- taine heure,* canton pe èn hiny an hir rá deizyou èn hañ a bad bede ur zer ten eur. — *Un climat n'est différent de celui qui est le plus proche de lui, qu'en ce que le plus grand jour d'été est plus long et plus court d'une demi-heure en un endroit qu'en l'autre,* ne deus lavaret eñtre da- ou ganton nès, ne med un hanter-eur deiz, muy pe vihanoc'h, en hañ. — *Climat, pays, région,* bro, *pl.* broëzyou, broyou. *Van.* bro, *pl.* yeü. — *Ce climat est plus chaud que le nôtre,* tommoc'h eo ar vro-ze eguid hon hiny. — *Il a voyagé en des climats éloignés,* béaget en deus ou beza eo bet, ê broëzyou-pell, baléet en deus ê pell-bro.

CLIN-D'OEIL, *prompt mouvement de l'œil,* ur serr-lagad. *Van.* uu taul-lagad. — *En un clin-d'œil,* e spaçz ur serr-la- gad, èn ur serr-lagad. *Van.* èn un taul- lagad.

CLINQUANT, *faux-brillant,* clicqant, clincqant.

* CLINQUANTER, *charger un habit de clinquant,* clicqanta un abid, *pr.* et.

CLIQUETIS, *bruit d'armes qui se cho- quent,* strap, stlacqérez, strap ar c'he- zéyer, stlacqérez au armou, tricq-tracq au armou.

CLOAQUE, *égout d'une ville,* laguen, *pl.* ou; laguen-kær. *Van.* id., *pl.* eu. — *Cloaque, lieu puant,* poull-brein, *pl.* poullou-brein; laguen, *pl.* ou. *De là,* mesq-laguen *et* mesq-cloaguen, *nom de la boucherie de Quimper.* mardos, *pl.* you, il est. mardosa. — *L'enfer, qui est au centre de la terre, est le cloaque où se déchargent toutes les immondices du monde,* an ifern pehiny a so ê caloun an douar, eo al laguen pe ca hiny e coüez an oll villançzou eus ar bed.

CLOCHE, cloc'h, *pl.* cleyer. *Trég.*
*pl.* clec'hy. *H.-Corn. pl.* clec'h. *Van.*
cloh, *pl.* clehér, cloheü. — *Une cloche,*
ur c'hloc'h, ar c'hleyer. *Van.* ur hloh,
er hloh, *pl.* er hlehér. — *Petite cloche,*
cloc'hic, *pl.* cleyerigou, cleyer munud.
— *La grosse cloche*, ar c'hloc'h bras,
*pl.* ar c'hleyer bras, — *La petite cloche,*
ar c'hloc'h bihan, *pl.* ar c'hleyer bihan.
— *La cloche moyenne,* ar c'hloc'h creñ.
— *Son de cloche,* son, *pl.* you. *Van.* clo-
had, *pl.* eü ; ur hlohad. — *Son de cloche en branle,* bole, *pl.* ou; brall, *pl.* ou.
— *Sonner la cloche,* son ar c'hloc'h, *pr.*
sonet ; seuni ar c'hloc'h , ar c'hleyer.
*pr.* séunet; sini ar c'hloc'h, ar c'hleyer,
*pr.* sinet. — *Sonner les cloches en branle,*
bolei, boleat. *ppr.* boléet; bolei ar c'hleyer, boleat ar c'hleyer, bralla ar c'hleyer, *pr.* brallet. *H.-Corn.* son ar c'hloc'h
èn naou du, *pr.* souet. — *Sonner à
coups, tinter,* gobedi, *pr.* et; sénni divar-
benn, *pr.* et; diñsal , *pr.* diñset. *Van.*
diñseiñ, *pr.* set. — *Carillonner les cloches,* briûbalat ar c'hleyer, *pr.* et; seuni ar c'hleyer gand cadançz. — *Le son-
jour du vendredi-saint on ne sonne point
les cloches, parce qu'autrefois en ne les son-
nait pas pendant le deuil,* ne sonèr qet
ar c'hleyer d'ar véner ar groàz, pehiny eo deiz canvou hon Salver, rac gu-
êachall n'edo qet ar c'hiz èn ilis da senni glas. — *Sonneur de cloches,* cloc'hèr,
*pl.* yen; cominis, *pl.* yen. *Van.* clohèr,
*pl.* you, yan. *Al.* cloc'h-man de man,
*homme, et de* cloc'h, *cloche. — Le sonneur de cloches ,* ar c'hloc'her. *Van.* er
hloher. — *A cloche-pied,* carricq-camm,
var garricq-camm. — *Aller à cloche-
p ed, marcher en sautant sur un pied,* mô-
uet var garricq camm, *pr.* êet, eat.

CLOCHER, *tour d'église ,* tour, *pl.*
you. *Van.* cloher, *rl.* yeü ; ur hlohér.
*On écrivait* tur, *pl.* you.

CLOCHER. *v. boiter.*

CLOCHETTE. *petite cloche,* cloc'hicq,
*pl.* cleyerigou. *Van.* clohicq, cleheri-
gueü, clohigueü. *v. clarine.*

CLOISON, *séparation d'une chambre,*
speur, *pl.* you; sp urçun, *pl.* eu ; selu-

tur, *pl.* you. *Van.* distremeiñ, *pl.* eü. —
*Cloison d'ais et de charpente,* speur-pren,
*pl.* speuryou-preñ; speureñ-goad, sclo-
tur-brenn. *Van.* distrémeiñ-coëd , *pl.*
eü. — *Cloison faite de mortier,* pryenn,
*pl.* ou ; speur-bry , *pl.* speuryou-pry;
barraçz , *pl.* ou; tilheñ , *pl.* tilh; tortiç-
zen, *pl.* tortiçz. *Van.* torchis, *pl.* eü.

CLOITRE, claustr, *pl.* ou ; cloastr ,
*pl.* ou. *Van.* cloëstr , *pl.* eü. — *L'intérieur du cloître,* an diabarz eus ar c'hlaustr *ou* eus ar c'hloastr. *Van.* en diabarh ag er hloëstr.

CLOITRER, *enfermer dans un cloître,*
claustra, *pr.* claustret; cloastra, *pr.* et;
lacqat èr c'hlaustr, *pr.* lecqêet. *En termes burlesques, parlant d'une fille :* laoqat èr c'hèl. *Van.* cloëstreiñ, *pr.* et.

CLOITRIER, *religieux qui habite effectivement dans le cloître,* claustrer, *pl.*
yeu; cloastrer, *pl* yeu.

CLOPORTE, *porcelet, insecte à plusieurs pieds, qui s'engendre sous les pierres,
sous les écorces sèches d'arbres, autour des
muids de vin ,* aoüen-dar, laoü-dar, *id*
*est, pou de masure,* grac'h, *pl.* ed. — *Cloportes de mer,* morc'huen, *pl.* moc'hedigou, laoü-dar. *v. puceron de mer.*

CLORRE, *fermer, boucher,* closa, *pr.*
closet. *Van.* closein, *pr.* et. *v. boucher.*
— *Clorre l'œil,* serra al lagad, *pr.* et.
— *Clorre, enfermer un espace de terre,*
closa, *pr.* closet; qâea, *pr.* qaëet. *Van.*
closeiñ, serreiñ, cherreiñ, *ppr.* et. —
*Clôrre la bouche à quelqu'un,* serra o`
c'heuou da ur re, *pr.* serret; trouc'ha
e dêand da ur re bennac, *pr.* trouc'het.

CLOS, *parc ou champ clos,* parq , *pl.*
ou; clos, *pl.* you; cern , *pl.* ou. *Van.*
clos, *pl.* cleyer, clesér. — *Un clos,* ur
parcq, ur clos, ur cern. *Van.* ur hlos,
*pl.* er hlesér. — *Clos, e, qui est bien fermé,* clos, oc'h, à, añ. *Van.* id. — *Clos,
que l'on a fermé,* closet, serret, qaëet.
— *A yeux clos,* hep sellet, evel un dall.

CLOSERIE, *petite métairie,* mérury
vihan , *pl.* méruryou vihan ; méroury
vihan, coumanantieq, *pl.* coumanan-
choüigou. *Van.* meiñtoury vihan, *pl.*
meiñtouryeü vihan.

CLOTURE, *enclos,* sclotur, *pl.* you;

qaē,*pl.* qaëou ; cern, *pl.* eu.—*Clôture
de religieuses*, sclotur leanesed.—*Faire
une clôture*, qaēa,*pr.* et ; ober ur c'haē,
*pr.* græt ; ober ur sclotur, ober ur
c'hlos ; closa, *pr.* et.

CLOU, taich, *pl.* ou, *Van.* tach, *pl.*
eü. — *Un petit clou*, taichicq, *pl.* tai-
choüigou.—*Clou de broquette,petit clou*,
taichicq munud, *pl.* taichouigou, etc.
—*de souliers*, taich botou, *pl.* taichou
boutou, taichou bodtou.—*plat*, taich
plad, *pl.* taichou plad.—*à tête*, taich
pennecq, *pl.* taichou pennecq. — *de
deux deniers pièce*, taichou-liçzeñ. — *à
crochet*, taichou-crocq. — *Clous à vis*,
taichou var viñs.—*rivés*, taichou riñ-
vet.—*de maréchal*, taichou marc'h. —
*de rue, qu'un cheval se fiche dans le pied*,
elao, *pl.* claouyou. De là, enclaoui,
*enclouer.*—*de charrette*, taichou qarr.—
*de latte*, taichou goulas, taichou to.—
*de vitrier*, broud, *pl.* ou.'— *de navire*,
taichou lestr.—*Mettre un clou*, planta
un taich, planta taichou, *pr.* et.—*Clou
de girofle*, taich genofl, *pl.* taichou, etc.
*petit furoncle*, hesqedicq, *pl.* hesqedyi-
gou.—*qui suppure*, goricq, *pl.* goroüigou.

CLOUER, *attacher avec des clous*, taicha, *pr.* et. *Van.* tacheiñ, *pr.* et.—*Qui
n'est pas cloué*, didaich. v. *déclouer.*

. CLOUTERIE, taichérez. *Van.* tache-
réh.—*La rue de la clouterie*, ru an dai-
chérez.

CLOUTIER, taicher, *pl.* yen. *Van.*
tachour, *pl,* yon, yan.

CLOUTIÈRE. *femme de cloutier*, tai-
cherès, *pl.* ed.— *Cloutière, pièce de fer
percée pour former les têtes des clous*,moul-
taichou, *pl.* moulou-taichou; claoü-
yer, *pl.* ou. *De* clao, *ferrement.*

CLYSTÈRE, *lavement.* crystal,*pl.* ou;
crysal, *ppl.* you. — *Donner un clystère*,
rei ur c'hrystal, *p.* roël;strinqellat ar
bouzellou, *pr.* et.—*Prendre un clystère*,
qemeret ur c'hrystal, *pr.* id. receo ur
c'hrystal, *pr.* recevet.

COADJUTEUR, *prélat adjoint à un
autre pour l'aider*, qeu-escop, *pl.* qen-
esqep; qen-brelad, *pl.* qen-breladed.
—*Un coadjuteur d'évêque*, ur c'hen-escop.
—*d'abbé*, qen-abad, *pl.* qen-abaded.

COADJUTRICE *d'abbesse*, qen-aba-
dès, *pl.* qen-abadesed.

COADJUTORERIE, carg ur c'hen-
escop, carg ur c'hen-abad, carg ur
guen-abadès.

COAGULATION, *action de se cailler*,
calidiguez, fetiçztidiguez,cauledìguez.

COAGULER, *cailler*, lacqât da fetiçzaat, lacqât da galedi, lacqât da
gauledi, *pr.* lecqeat, lecqëet..

COASSEMENT,*cri des grenouilles*,rac-
qaich, rogaich,can ar raned, reugaich.

COASSER, *crier comme les grenouilles*,
racqat,*pr.* et ; roga , *pr.* roguet; roëga,
*pr.* et ; cana, *pr.* canet.

COCHE,*voiture*, coich, *pl.* ou; qarronçz, *pl.* ou. — *Coche d'eau, bateau*,
coich-dour, *pl.* coichou-dour.—*Coche,
vieille truie*, guës coz mad da laza , *pl.*
güizy coz mad da laza; coz-güis lard,
*pl.* coz-güisy lard; groll-goz , *pl.* grol-
let-coz.—*Coche, entaille*, cran, *pl.* ou;
coch, *pl.* ou; trouc'h, *pl.* ou. v. *entaille.*

COCHENILLE, *graine qui sert à teindre en écarlate*, glastennen, tanè.

COCHER, *qui conduit un carrosse*,
coicher, *pl.* yen. *Van.* cocher, *pl.* yon,
yan.—*Cocher, faire des coches*, cocha ,
*pr.* et; ober ur c'hoch, ober cochou ,
*pr.* græt.

COCHET, *petit coq*, qilhoguich, *pl.*
qilhéyennigou; ur c'hilhoguicq. *Van.*
coguic, *pl.* coguiguëu, ur hoguic.

COCHON, *porc*, porc'hell, *pl.* per-
chell.*Léon*, souyn, *pl.* ed. *Van.* por-
hellicq, *pl.* porhelligueü. — *Cochon de
lait*, porc'hellicq-leaz, *pl.* perc'helli-
gou-leaz. *Van.* porhellicq-leah. — *Le
dernier des petits cochons*, ar guydor-oc'h,
ar guydor-oc'hicq. *Burlesquement, ces
deux mots se disent du dernier enfant d'une
femme. v.-porc, culot.*

COCHONNER, *faire des petits cochons*,
moc'ha, *pr.* et; ober moc'h munud, *pr.*
græt. *Van.* nodeiñ ,'*pr.* nodet. H,-Corn.
doï, *pr.* doët. *Léon*, dosvi, *pr.* et.

· COCO, *arbre et fruit*, cocos.—*Chapelet de coco*, chapeled cocos,*pl.* chapeledou cocos.

COCTION, *cuisson*, poazadur, poa-
zadurez. — *Coction , digestion*, poam-

dur ar boĕd *ou* guyridiguez ar boĕd, è poull ar galoun. *v. digestion.*

COCU, *t. injurieux.* dogan, *pl.* ed. *id est,* toc-an-all, *le chapeau de l'autre.* goaz a doucq tocq ha boued, *pl.* goazed a doncq, etc. *v. couvre-pot.*

COCUAGE, doganaich, doganyez.

CODE, *recueil de lois, ordonnances, etc.*, un dastum eus a lĕsennou an impalazred hac ar roûanez var fedt eus ar justiçz, an traficq hac ar merdeadurez, *pl.* dastumou.—*Le code Justinien,* dastum an impalazr Justinian. — *Le code Louis,* ordrenançzou ar roûe Loyz pevarzecvet èn hano.

COEGAL, *t. de théologie,* qen-ingal. — *Le Fils est coëgal au Père,* ar Map a so qen-ingal d'an Tad.

COETERNEL, qen-eternal.—*Le Fils et le Saint-Esprit sont coëternels au Père,* ar Map hac ar Spered-Santel a so qeneternal d'an Tad, ar Map hac ar Spered glan a so eternal ho daou evel an Tad.

CŒUR, *partie noble de l'animal.* caloun, calon, *ppl.* ou. *Van.* id., *pl.* eü. — *Petit cœur,* calounicq, *pl.* calounouigou.—*Mon petit cœur, t. de tendresse,* va c'halounicq, va c'harantez.—*Cœur ardent,* calon birvidicq ha lisqidicq.—*Cœur tendre,* calon tener *ou* tener-gliz. —*Le cœur,* ar galon, *pl.* ou. — *Avoir mal au cœur,* cahout poan-galon, cahout poan èn e galon; cahout droucq calon, cahout droucq èn e galon, *pr.* bet.—*Le cœur me soulève,* heugui a ra va c'halon, sevel a ra va c'halon èm c'hreiz. — *La bile me brûle le cœur,* calou-losq am'eus.—*Plein le cœur de joie,* calounad joa. leiz ar galoun a joa, cahoüad joa.—*Plein le cœur de douleur,* calonad-glac'har, *pl.* calonadou-glac'har; cahoüad-glac'har, *pl.* cahoüageou, etc. —*Jusqu'au fond du cœur,* bede creiz a galoun, bede goëled ar galoun. *Al.* bete grizyou ar c'haoudet.—*Crève-cœur, grand déplaisir,* tarz-calon, calounad vras a c'hlac'har, cahoüad terrupl a c'hlac'har. — *Ces paroles me percent le cœur,* ar c'hompsyou-ze a dreuz va c'haloun.—*De bon cœur,* a galon vad, a youl-vad, a youl-franeq, a hedd, a

hedtanez, gand hedtanez. *Van.* gred, a gred. *Al.* è cauded. — *Cœur à cœur,* caloun ouc'h caloun, calon ha calon. —*De tout mon cœur,* a greiz va c'haloun, a vir galon, a oll galon, eus va oll c'halon. — *De tout son, etc.,* eus a greiz e galon.—*De tout votre, etc.,* eus a greiz ho calon, a greiz ho calon, eus ho c'holl galon.—*A contre-cœur,* e enep va grad, èn despid diñ, a enep va meno. — *avec répugnance,* gand donger, gand reqedd, gand heug, gand herès. —*Un homme de, etc.,* calounecq, couraichus, vaillant, oc'h, à, añ. — *Qui n'a point de, etc.,* digaloun, digouraich, oc'h, à, añ.—*Perdre, etc.,* coll calon, coll couraich, *pr.* et. — *Un homme d'un cœur bienfaisant,* calonus, un den èn deusur galon vad, *pl.* tnd, etc.—*Cœur endurci,* caloun caledet, *pl.* calonou caledet.—*Cœur, mémoire,* evor, memor. — *Dire par cœur,* lavaret dre'n evor. *id est,* dre an evor, lavaret didan evor, lavaret dian evor, *pr.* id.—*Le cœur de la ville,* creiz-kær. *De là, Notre Dame de Creiz-Kær, à Saint-Pol-de-Léon; de là, regaire, juridiction des regaires, qui s'exerçait au milieu des villes épiscopales.*—*Au cœur de l'été,* e creiz an hañ, var greiz an hañ.—*Sur le cœur du jour,* e creiz an deiz, var greiz an deiz, var gorf an deiz.—*Le cœur d'un arbre,* boell ur vezen, *pl.* boellou guez; boedenn ur vezen, *pl.* ou; calon ur vezen, *pl.* calonou guez; calonenn ur vezen, *pl.* calonennou guez; creiz ur vezen, creizenn ur vezen.

COFFRE, *meuble,* couffr, *pl.* ou. *Van.* couffr, coffr, *pl.* eü.—*Un, deux, trois coffres,* ur c'houffr, daou gouffr, try c'houffr. *Van.* ur houffr, dĕu gouffr, try houffr.—*Petit coffre,* couffr bihan, *pl.* couffrou bihan. — *Coffre de bahut,* couffre qéinecq, *pl.* couffrou qéinecq. *Coffre, harche,* arc'h, *pl.* ynu, ou. *Van arh,* *pl.* arheü.—*Coffre fort,* couffr hoüarnet, *pl.* couffrou, etc. — *Les coffres du roi,* tennzor ar roüe.

COFFRER, *mettre en prison,* couffra, *pr.* couffret.

COFFRET, *petit coffre,* couffricq,

pl. couffrouïgou. *Van.* couffricq, *pl.*
couffrigueü.

COFFRETIER, *qui fait ou qui vend
des coffres,* couffrèr, *pl.* yen.

COGNASSIER, *arbre qui produit le
coing,* avalenn-stoup, *pl.* avalennou-
stoup; guëzen avalou stoup, *pl.* guëz
avalou-stoup, guezen-coüign, guezen
avalou coüign.

COGNÉE, *hache à long manche,* bo-
c'hal, *pl.* boc'halyou, boc'hily. *Van.*
bohal, bohél, *ppl.* yéü.—*Jeter le manche après la cognée,* strincqa an trebez
var lerc'h ar vaçzin, teurl ar boned
var lerc'h an tocq, *r.* taulet.

COGNER, sqei gand ur morzoll,
sqei crè gand ur morzoll, *pr.* sqoet,
sqoet crè; pigoçzat, *pr.* et. — *Cogner,
mettre des coins dans quelque chose,* guenna, *pr.* et.—*Cogner à la porte,* sqei var
an or.—*Cogner, battre,* goasqa, *pr.* et;
maçzônat, *pr.* et. *Van.* cognal, *pr.* co-
gnet. — *Il vaudrait autant se cogner la
tête contre un mur, que de vouloir faire,*
couls a véz sqei e benn ouc'h ur voguer, evel salvezout ober.

COHERITIER, *qui hérite avec un autre,* qetaér, *pl.* ed. *Ce mot est composé
de* qen, *avec, et de* er *ou* her, *héritier.
Van.* lodecq, *pl.* lodéyou.

COHERITIERE, qetaérès, *pl.* ed.

COHUE, *assemblée tumultueuse,* co-
huy, covy, coüy. *Van.* cohu.

COIFFE, *couverture de tête,* coeff, *pl.*
ou; cabell, *pl.* ou. *Van.* id., *pl.* eü.—
*Petite coiffe,* coeff bihan, *pl.* coeffou
bihan; coefficq, *pl.* coeffoüigou. —
*Coiffe à dentelle,* coeff-dantelès, *pl.*
coeffou-dantelès.—*de deuil,* coeff cañv.
—*de deuil pour les femmes de la campagne,*
couricher, *pl.* ou. *Van.* courehèr, *pl.*
yeü; beguin, *pl.* eü.—*noire,* coeff du,
*pl.* coeffou du; cabell du. —*de nuit,*
coeff nôs, *pl.* coeffou nos.—*Les barbes
d'une coiffe,* stolieqenn, *pl.* ou. *Van.* id.,
*pl.* eü.—*Petite coiffe d'un enfant qu'on
va baptiser,* cabell-badez, *pl.* cabellou-
badez; cabell-badizyand. *Van.* cabell-
badyen. — *Coiffe ouverte,* coeff digor,
*pl.* coeffou digor. *Burlesquement,* coeff
sparlet, *pl.* coeffou sparlet.

COIFFER, coeffa, cabella, *ppr.* et.
—*Se coiffer,* hem goeffa, èn hem goeffa, *ppr.* hem goeffet, èn hem goeffet.
—*Elle se coiffe à l'ancienne mode, à sa
mode,* hem goeffa a ra èr c'hiz coz, èn
he c'hiz. —*Se coiffer, se préoccuper,* hem
abusi, *pr.* hem abuset; hem aheurti,
*pr.* hem aheurtet; qemeret, *pr.* id.;
èn hem rei, *pr.* èn em rost. *Van.* pen-
nadeiñ, *pr.* pennadet.—*Les jeunes gens
se coiffent volontiers des nouvelles opinions,*
an dud yaouancq a guemer eaz om-
pinyonou névez. —*Ce vieillard s'est coiffé
de sa servante,* abuset eo an den coz-
hont gant e vatès.—*Il s'est coiffé d'un
froc,* qemeret èn deveus ar frocq,
frocqet eo, eat eo da vanac'h.

COIFFÉ, ee, coeffet, cabellet. —
*Non coiffé,* discabell, *pl.* discabelleyen,
tud discabel. v. *décoiffé.*

COIFFEUR, euse, *qui fait métier de
coiffer,* coeffer, *pl.* yen. *Van.* coeffour,
*pl.* yon, yau. *fém.* coefferès, *pl.* ed.
*Van.* coeffourès, *pl.* ed.

COIFFURE, coeffeur. *pl.* yon. —
*Coiffure haute,* coeffeur uhel, criben-
nou merc'hed, tourellou merc'hed.

COIN, *angle,* coign, *pl.* ou; corn,
*pl.* you. *Van.* cogn, *pl.* eü, corn, *pl.*
eü. —*Coin de l'œil,* freilh al lagad,
coign al lagad, corn al lagad. *Van.*
corn el lagad.—*Regarder du coin de l'œil,*
sellet a gorn-lagad, sellet a gorn, sellet a dreuz, sellet gand freilh al lagad,
*pr.* id. —*Le coin d'un bois,* corn ur
c'hoad.—*Coin de rue, de maison,* corn
ur ru, corn un ty, coign un ty. —*Le
coin de la chambre,* coign ar gampr. —
*Coin, lieu retiré,* distro, *pl.* distrogeoü.
*Van.* ouff, *pl.* eü.—*Coin, bois aigu qui
sert à fendre,* guenn, *pl.* ou; guennu-
prenn, *pl.* guennou-prenn. *Van.* güen-
noed, *pl.* guenneü. etc.—*Coin de fer,*
guenn-houarn, *pl.* guennou-houarn.
—*Mettre des coins en une bille de bois pour
la fendre,* guenna ur villi-goad evit he
fauta, *pr.* guennet; planta guennou èr
pilprenn evit e fauta, *pr.* plantet.—
*Mettre un coin dans un manche d'instru-
ment pour l'affermir,* guenna troad ur
benvecq evit e starda.

COL.

COING, *fruit du cognassier*, aval-stoup, *pl.* avalou-stoup; aval-coüign, *pl.* avalou-couign.

* COINT, *cointe, vieux mot qui voulait dire beau, belle*, coënt, coaut, oc'h, **à**, añ. *Van.* id.

COIT, coubladur, eñgueheñtadur. *v. génération, engendrer.* .

COLÈRE, *émotion violente*, buanéguez. *Van.* buhaniguéh, colér. — *Petite, mouvement de colère qui passe vite*, brouëz. *pl.* ou. *Van.* un tammicq colér. —*Elle etait en une grande colère*, ur vuanéguez vra⁵ he devoa, buaneqeët terrupl edo, un droucq bras a yoa ènhy. — *Mettre en colère*, lacqât da vuanecqaat, *pr.* lecqeat. *Van.*colereiñ, *pr.* coleret. — *Se mettre en colère*, buanecqaat, *pr.* ëet. *Van.* him goléreiñ, hum goléreiñ. *v. s'emporter.* — *Se mettre un peu en colère*, brouëza, *pr.* et. *Van.* him lacqeiñ un tammic *ou* un nebed ê colér, *pr.* him lacqet; teari, *pr.* tearet; tæri, *pr.* tæret; glasa,*pr.*glaset. —*Mettre quelqu'un un peu en colère*, lacqaat ur re da vrouëza, *pr.* lecqëet; lacqaat da dæri *ou* da c'hlasa. — *Colère, fougueux, emporté*, buanecq, buañocq, colerus, oc'h, â, añ; tærus, bouilhus. *Van.* colerus. — *Très-colère*, buanecq meurbed; colerus-bras. *Van.* forh colerus.

COLIFICHET, *babiole*, drailhéür.

COLIN-MAILLARD, *jeu d'enfants*, mouchicq-dall. — *Faire le jeu de colinmaillard*, c'hoari mouchicq-dall, *pr.* c'hoaryef. .

COLIQUE, droucq-colf, poan-goff. —*Colique de miserere*, au droucq dibech, poan-goff dibech. — *Il a une colique de miserere*, an droucq dibech a so gandhâ.

COLLATÉRAL, e, a gostez, a so a gostez. — *Vent collatéral*, avel-gostez. ável a gostez, avel a c'hüëz a gostez. — *Ligne collatérale*, ligneñ a gostez. *v. ligne.* — *Succession collatérale*, dishér a gostez, un digoüez a gostez.

COLLATEUR, nep a ro beneviçzon, —nep a bourvez d'ar beneviçzou *ou* da ur beneviçz-bennac, pourvezer d'ar be-

COL.                                    177

neviçzou, *pl.* pourvezeryen; pourveour da ur beneviçz, *pl.* pourveouryen; patrom ur benevjçẑ, *pl.* patromed, patromou; biuifvour, *pl.* yen. *v. bénéfice.*

COLLATION, *titre, collation d'un bénéfice*, pourvez, *pl.* you; pourvisyon, *pl.* ou. — *Collation, le droit de conférer*, ar guir da bourvezi ur beneviçz *ou* beneviçzou. — *Collation, la représentation d'une copie à son original*, collation ur c'hopy, ar goarantiz eus a un doubl, comparaich. — *Collation, repas du soir d'un jour de jeûne*, collacidn, *pl.* ou.—*Collation, repas entre le dîner et le souper*, merenn, *pl.* ou; mereñ vihan, *pl.* merennou vihan. *Corn.* gortozeñ, *pl.* ou, id est, attente du souper. En quelques endroits :* qavalenn, *pl.* ou. *Van.* mereen, mireen, *ppl.* eü. — *Collation de fruits en été*, meus frouëz, *pl.* meusyou frouëz. — *Collation, réveillon*, azcoen, *pl.* you; had-coan, *pl.* had-coanyou.

COLLATIONNER, *donner la collation d'un bénéfice*, rei ur beneviçz, *pr.* roët; pourvezi da ur beneviçz *ou* d'ar beneviçzou, *pr.* pourvezet ;. rei ar pourvez eus a ur beneviçz.—*L'ordre de Citeaux dine bien, mais il collationne mal*, an abatyou eus a urz sant Bernad, petra-bennac pinvidicq bras, n'o deus qet cals a veneviçzou da bourvezi. —*Collationner, comparer une copie à son original*, collacioni ur c'hopy, *pr.* et; goaranti un doubl, *pr.* et; comparagi, *pr.* et; ober ar c'humparaich, *pr.* græt. — *Collationner, faire un petit repas le soir d'un jour de jeûne*, collacioni, *pr.* et.— *Collationner, faire un repas entre le dîner et le souper*, merenni, *pr.* et. dibri mereñ vihan, *pr.* débret; qemeret ar c'hortozenn, *pr.* id.; dibri cavalenn. *Van.* merenneiñ, mirenneiñ, *ppr.* et. — *Collationner, réveillonner*, azcoanya, *pr.* et; hadcoanya, *pr.* et.

COLLE, *matière gluante qui sert à joindre du papier, etc.*, colz. *Van.* coll.— *Colle forte*, codt crè, codt troad egen.

COLLECTE, *levée des tailles dans une paroisse*, an dastum eus au dell.

COLLECTEUR, *qui assoit et lève la taille*, diasezer an dell, *pl.* yen; diase-

23

xour, *pl.* **you.** *Van.* **èn diaseour ag èn** dailh, *pl.* **yon, yan.**

· COLLECTION, *recueil*, **dastum**, *pl.* **ou.** *Van.* **dastum**, *pl.* **eü.**

COLLÉGE, *assemblée de certains corps ou sociétés*, **collaich**, *pl.* **ou.** — *Le collége des cardinaux*, **collaich ar gardina-led; ar c'hollaich sacr eus ar gardina-led.** — *Le collége de Navarre*, **collaich Navarra.** — *Les écoliers du collége*, **scolaëryen ar c'hollaich.**

COLLEGIALE, *église collégiale*, **un ilis peen-hiny ez eus ur c'hollaich a chalonyed; ilis diservichet gand chalonyed, hep qet a escop.**

COLLEGUE, *associé avec un autre dans le même emploi*, **qenseurd**, *pl.* **ed.** *Van.* **eonsort**, *pl.* **ed.**

COLLER, *joindre avec de la colle*, **codta**, *pr.* **codtet.** *Van.* **colleiñ**, *pr.* **collet.**

COLLERETTE, *collet de femme pour se couvrir la gorge*, **gouzouguenn**, *pl.***ou; mouchouër-gouzoucq**, *pl.* **mouchouërou-gouzoucq.** *Van.* **mouchoër-goucq**, *pl.* **mouchoëreü-goucq**

COLLET *de chemise, de manteau, etc.*, **collyer**, *pl.* **ou.** *Van.* **id.**, *pl.* **eü.** — *Collet, rabat*, **rabaçz**, *pl.* **ou; collyer**, *pl.* **ou.** — *Collet, le cou*, **qero'henn, gouzoucq, choucq, qelc'hen-gouzoucq.—** *Sauter du collet de quelqu'un*, **lammet da guerc'henn ur re**, *pr.* **id.** *Van.* **sailheiñ de houcq ur re-bennac.** — *Prendre quelqu'un au collet*, **qemeret ur re dre ar choucq ou dre ar gouzoucq**, *pr.* **id.; teurl an dourn var ur re**, *pr.* **taulet; cregui èn ur re-bennac**, *pr.* **croguet.—** *Prêter le collet d'un autre*, **musula e nerz gand un all**, *pr.* **musulet.**

COLLETER, *se prendre au collet*, **ober ur c'hrocq guevret**, *pr.* **græt; èn hem gregui**, *pr.* **èn greguet; hem gregui**, *pr.* **hem-groguet.—** *Colleter quelqu'un*, **cregui èn ur re**, *pr.* **creguet; reï ar c'hrocq da ur re**, *pr.* **roët; ober ur c'hrocq èn ur re-bennac**, *pr.* **græt.**

COLLETIN, *pourpoint sans mauches*, **corqeun**, *pl.* **ou; porpand divainch**, *pl.* **porpanchou divainch.** *v. jaquette.*

COLLIER, *ornement que les femmes portent à leur cou*, **collyer**, *pl.* **ou; cha-**

peled, *pl.* **ou.** — *Collier de perles fines*, **chapeled perlez fin**, *pl.* **chapeledou perlez fin, collyer perlez fin,** — *Un collier d'ambre*, **ur chapeled goularz.—** *Un collier de corail*, **ur chapeled goural.** — *Collier d'un ordre militaire*, **collyer un'urz a vresell.** — *Le collier d'un chien*, **collyer ur c'hŷ**, *pl.* **collyerou chaçz.—** *Collier de cheval*, **goacqol**, *pl.* **you; bourell**, *pl.* **ou.**

COLLIGER, *recueillir, extraire d'un livre, etc.*, **destumi**, *pr.* **et; tenna**, *pr.* **et.** *v. compiler.*

COLLINE, *éminence de terre*, **tunyenn**, *pl.* **ou; creo'henn**, *pl.* **ou; knehen**, *pl.* **ou; tun**, *pl.* **you; dun**, *pl.* **you.** — *Une belle colline*, **un dunyenn gaër, ur greo'henn gaër, un dun gaër.**

COLLOCATION, *action de ranger par ordre, etc.*, **plaçzidiguez, reizidiguez, aplaçzamand.**

COLLOQUE, *conférence*, **prepos**, *pl.* **you; divis**, *pl.* **ou.**

COLLOQUER, *placer, arranger*, **plaçza**, *pr.* **plaçzet; rencqa**, *pr.* **rencqet.**

COLLUDER, *s'entendre avec une partie plaidante au préjudice d'une tierce personne*, **èn hem glévet gand ur guevreñ, ê doumaich un drede**, *pr.* **id.; complodi gand un breutaër, ê gaou un trede**, *pr.* **complodet.**

COLLUSION, *intelligence de deux parties au préjudice d'un tiers*, **complod èndre daouzèn evit flauda un trede qevreñ eus e vir, èntentidiguez segred èntre daou guevreun ê doumaich un trede.** — *Il y a de la collusion entre eux deux, en fraude d'un tel*, **èn em c'hreat int ha daou, evit flauda hen-a-hên; a-unan int ho daou, a e nep hen-a-hen, ur c'homplod segred a so qen-èntrezo, evit ober gaou hen-a-hen.**

COLLYRE, **lousou ouc'h an droucq-daoulagad.**

COLOMBAN, *nom d'homme*, **Coloumban, Coulm.** — *Petit Colomban*, **Coloumbanicq, Coloumbicq, Coulmicq.—** *Saint Colomban*, **sant Coloumban, sant Coulm.**

COLOMBE, *femelle de pigeon*, **coulm**, *pl.* **ed.** — *Il a les yeux aussi perçans**

*qu'une colombe,* qer beo ha qer cracq
eo e zaoülagad evel re ur goulm.'— *Le*
*Saint-Esprit apparut en forme de colom-*
*be sur la tête du Sauveur, quand il fut*
*baptisé par saint Jean,* ar Spered Santel
a gommeras ar fur vès a ur goulm e-
vit disqeñ var benn hon Salver, pa voa
badezet gand sant Jan, èr Jourdrénn.

COLOMBIER, couldry, *pl.* ou. *Van.*
clomdy, *pl.* eü; colomèr, clomér, *ppl.*
yeü; ur hlomdy, ur holomér, ur hlo-
mér.

COLON, *le boyau colon,* bouzellenn
an réfr, bouëllenn toull ar réor. *v. boyau.*

COLONEL, *celui qui commande un ré-*
*giment,* coronal, *pl.* ed. — *Colonel gé-*
*néral,* coronal general. — *Lieutenant-*
*colonel,* letanand-coronal, *pl.* letanan-
ded-coronal.

COLONELLE, *la première compagnie,*
ar guentâ compaignunez eus a ur regimand.

COLONIE, *peuplade d'émigrés volon-*
*taires ou forcés,* poblad, *pl.* ou.

COLONNE, coulounenn, *pl.* ou. *Al.*
olh. *v. pilier, page.* — *Petite colonne,*
coulounennicq, *pl.* coulounennouïgou.
*Al.* olhicq. — *Colonne cannelée,* coulounenn divoēdet. *v. cannelure.*

COLOQUINTE, *courge sauvage,* goëz-
irvinen, *pl.* goez-irvin; coulourdren-
nicq goëz, *pl.* couloudreñouïgou goëz.

COLORANT, *e, qui donne de la cou-*
*leur,* livus, oc'h, â, añ.

COLORER, *donner la couleur,* liva,
*pr.* livet; rei al liou, *pr.* roët. *Van.* li-
uëiñ, *pr.* liuët. — *Colorer, feindre, pré-*
*texter,* digarezi, *pl.* digarezet. *Van* di-
gàreciñ, *pr.* ēet. — *Colorer sa paresse,*
digarezi e leziréguez ou e ziegui.

COLORÉ, *apparent,* hével ouc'h güir,
güir-hével.

COLORIS, *résultat de l'emploi des*
*couleurs,* livadurez. — *Coloris,* teint rou-
*ge et vif,* liou ruz ha beo, liou flamm.
—*Il a beaucoup de coloris,* ruspin eo, ruz
ha beo eo e liou, flamm eo.

COLOSSE, limaich eus a ur véndd
dreist-ordinal, limajch eus a véndd ur
gigand, *pl.* limaichou. — *Le colosse de*
*Rhodes,* limaich Apollon a yoa é Rhe-

dès güeachall, qer bras, ha qen-uhel
ma trémené al listry dindan o goëlyou,
dre zindannâ. — *Cet homme est un véri-*
*table colosse,* ur gigand eo an dèn-hont
è guiryonez, *pl.* giganted.

COLPORTER, douguen var e guein
*pe* var boües e c'houzoucq, ur banerad mercèrez, *pr.* douguet.

COLPORTEUR, mercèr, *pl.* yen;
contreportèr, *pl.* en; contrportexer,
*pl.* contrportezidy.

COMBAT, *différend qui se vide par la*
*voie des armes,* coumbad, *pl.* coumba-
geou. *Van.* combadt, *pl.* eü. *Al.* stourm, *pl.* ou; storm, *pl.* ou; camp, *pl.*
au. — *Combat singulier,* emgann èntre
daou zèn; duffell, *pl.* ou. — *Combat,*
*batterie,* emgann, *pl.* ou. *Van.* cann,
*pl.* eü; himgann, *pl.* ou. — *Combat*
*natal,* coumbad var vor. — *Combat sur*
*terre,* combad vér zoüar. — *Présenter*
*le combat,* presanti ar c'hombad, *pr.*
et; hegal an adversouryen da goum-
badti, *pr.* heguet. — *Accepter le com-*
*bat,* diguemeret ar o'houmbad, *pr.* id.
— *Lieu de combat,* luydd, oamp.

COMBATTANT, coumbater, *pl.* yen.
*Al.* stourmer, *pl.* yen. — *Vaillant com-*
*battant,* campyon, *pl.* ed; ur c'hampyon.
— *Combattant, soldat,* soudard, *pr.* ed.

COMBATTRE, coumbadti, *pr.* et;
combadti, *pr.* et. *Van.* combatciñ, *pr.*
et. *Al.* stourmañ, *pr.* stourmet; storm,
*pr.* et; compañ, *pr.* et. — *Combattre*
*pour la foi,* coumbadti evit ar feiz, combadti evit feiz Jesus-Christ. — *Il faut*
*combattre ses passions et les vaincre,* red
eo ober penn d'e inclinacionou disordrenn ha treèc'hi dézo; red eo bresc-
lecqat ouc'h e voall inclinacionou, etc.

COMBIEN. En *latin, quantùm.* Peguement. *Van.* peguement, piguement.
*Combien l'estimez-vous?* peguemend ez
rid-hu anezâ? pàguemend en istimid-
hu? peguemend ez istimid-hu anezâ?
— *Combien en donnez-vous?* peguemend
a roid-hu anezañ? — *Combien. En la-*
*tin, quàm, avec un adjectif,* pe-guen,
*devant une voyelle.* Pe-guer, *devant une*
*consonne.* — *Je sais combien il est timide,*
me a oar pe-guen aeunicq eo, me a e-

nef pe-guer saouzan eo. — *Combien l'ambition est misérable*, peguer reuzeudicq eo an ambicion. — *Combien*, ped. *Van.* ped. — *Combien sont-ils?* ped int-y? ped so anézo? *Van.* ped int-y ? ped so anéhé?—*Combien êtes-vous?* ped oc'h-hn? *Van.* ped ouhuy? — *Je sais combien ils sont*, me a enef ped int, me a oar ped so anézo. — *On ne sait combien*, *plusieurs*, na ouz ped, è leiz, cals, forz. *Van.* helleih, forh. — *Combien de fois?* ped guêach? ped guëch? *Van.* ped guëh? — *Combien*, pe-guéhyd. — *Combien de temps a-t-il demeuré ici?* peguéhyd amser effè bet amâ ? peguéhyd èn deus è chommet amâ *ou* manet amañ? — *Sous combien de temps?* pe a-benn peeur? a-benn peguéhid amser? a-beñ peguéhid? — *Combien, signifiant quelle distance*, pe guéhid, pe qéhyd? *Van.* id. — *Combien y a-t-il d'ici à Rennes ou à Paris?* pe guéhyd a so ac'hanen da Reazoun pe da Baris ?

COMBINAISON, *assemblage*, *etc.*, paridiguez.

COMBINER, *mettre deux à deux*, parat, *pr.* paret; lacqât daou ha daou. *Pour le fémin.* lacqât diou ha diou, *pr.* lecqeèt.

COMBLE, *le haut d'une maison, etc.*, lein an ty. *Van.* leign en ty. — *Comble, mesure comble*, barr, *pl.* ou. — *Un comble de froment*, ur barr güinis. — *Deux combles de seigle*, daou var ségal. — *Des combles de blé*, barrou ed. — *Le comble des honneurs*, barr an enor, ur barrad enor, *pl.* barradou enor. — *Comble de joie*, barr ar joa, ur barrad joa, ur barrad levenez, *pl.* barradou joa, *etc.* — *Comble de douleur*, barr ar glac'har, ur barrad glac'har, *pl.* barradou glac'har.

COMBLER, *faire des mesures combles*, barra, *pr.* et; obermusur barr. *pr.* gret; lacqât musur barr, *pr.* lecqeat, lecqèet. — *Combler, remplir*, indui, *pr.* et; carga, *pr.* carguet; stancqa, attredi, *ppr.* et. — *Combler un puits*, indui ur punçz. — *Combler un vaisseau*, leuny, *pr.* leunyet; carga, *pr.* carguet. — *Combler d'honneur, de joie, de biens, de douleur*, carga a enor, a joa, a vadou, a c'hlac'har, *pr.* carguet a enor, etc.; leunya a enor, a joa, a vadou, a c'hlac'har, *pr.* leunyet a enor, etc. — *Dieu comblera les bienheureux de joie et de gloire*, Doüe a leunyo ar guenvidyen a joa hac a c'hloar.

COMBUSTIBLE, *propre à prendre feu*, dezvus, losqus, oc'h. à. añ.

COMBUSTION, *brûlure*, losqadur, dévadur. — *Combustion, désordre*, disurz. — *Combustion, sédition*, droucrançz, ravolt.

COMEDIE, comidy, *pl.* ou.

COMEDIEN, comhidyan, *pl.* ed.

COMEDIENNE, comidyanès, *pl.* ed.

COMÉTE, *corps lumineux*, steredeñ, *pl.* ou; sterenn luguernus, *pl.* sterennou luguernus. — *Comète caudée*, steredenn lostecq, sterenn lostecq.—*Comète barbue*, steredenn barvecq.—*Comète chevelue*, steredenn blévecq, sterenn blévecq. — *En 1680, parut une comète caudée pendant un temps assez considérable*, er bloaz mil c'huec'h cant ha pévar-uguent ez voa güellet ur steredeñ lostecq hac a badas pellicq a voalc'h.

COMIQUE, a aparchant ouc'h ar gomidy. — *Comique, plaisant, récréatif*, farçzus, oc'h, à, añ; un dra farçzus, *pl.* trao-farçzus.

COMITE, *officier qui commande la chiourme*, oviçzer ur galead, *pl.* oviçzeryen ar galeadou; oviçzer ar galeouryen

COMMANDANT, *qui commande une place, des troupes, etc.*, coumandandt, *pl.* ed. — *M. le commandant, au autrou* ar c'houmandandt, an autrou'r c'houmandandt.

COMMANDEMENT, gourc'hemeñ, *pl.* ou. *Van.* gourhemeñ, gourhemceñ, grohamenn, *ppl.* eü. — *Les commandements de Dieu*, gourc'hemennou Doüe. — *Les dix commandements de la loi*, deeq gourc'hemenn ar reiz, añ deeq gourc'hemeñreiz. — *Commandement dit roi, ordonnance, édit*, ordrenançz a-berz ar roüe, *pl.* ordrenançzou a-berz ar roüe. — *Commandement, pouvoir, autorité*, mæstro: y, var, etc.; goüarnamand eñs, etc. *Van.* goüarnacion. — *Ce général a le commandement beau,* ar general-hont bin deus ur goüarnamand caër. — *Capable de commandement,* capabl da c'houibi rn, capapl a væstrouy.

COMMANDER, *ordonner,* gourc'hemenn, coumandi, ordreni, *ppr. et. Van.* gourhemenneiñ, commandein, *ppr. et.* — *Une chose commandée,* un dra gourc'hemennet, *pl.* traou gourc'hemennet. — *Qu'on peut commander,* gourc'hemenna pl-ordrenapl. — *Celui qui commande,* gourc'hemenner, *pl.* yen.

COMMANDERIE, *bénéfice offert à un ordre,* commandiry, *pl.* ou.

COMMANDEUR, *qui possède une commanderie ;* commandèr, *pl.* yen. — *Le commandeur,* ar c'hommandèr.

COMME, *adverbe, ainsi, de même,* evel, eval, é-guiz, é c'hiz. *Van.* el, evel. — *Comme, selon,* hervez, diouc'h. — *Comme on dit,* evel ou eval, a lavarér, e-guiz, e-c'hiz a lavarér, hervez ou diouc'h a la vareur. — *Comme il est,* evel ma ez co, evel ma zeo, e c'hiz, ma ez idy, e-guiz ma zidy, eval ma ez ma, evel ma erua, evel ma ma. *Van.* el meide. — *Comme il est h mme,* evel ma ez eo dèn, evel ma ez eus dèn euezañ *Van.* el meide deen, el me hes deen auehoun. — *Comme lui,* evel dañ, guiz dezañ, e-c'hiz dañ. — *Comme elle,* evel-dy, eguiz dezy, ec'hiz dy. — *Comme moi,* evel-doun, evel-doun-me. — *Comme toi,* evel-doud, evel-doud-te. — *Comme vous,* evel-doc'h, evel-doc'h-hu. — *Comme nous,* evel-domp, evel-domp-ny. — *Comme eux,* comme elles, evel-do, evel-do-y, evel deu, evel-dé. — *Comme ceci,* evel-heñ, ér c'hiz-mà, è guiz-mà, èr guiz-mañ. — *Comme cela, près de vous,* evel-ze, e-c'hiz-ze; èr c'hiz ze, èr guiz-ze. *Van.* el-ze, evel, evel-ze. chal-ze, è sta-ze. è-stat-ze. — *Comme cela , loin de vous,* evel-hont, é-c'hiz-hont, èr c'hiz-hout, èr guiz-hont. *Van.* evel-hont, è halzout. — *Comme si,* evel pa, é-c'hiz pa, é-guiz-pa. — *Comme si j'atais charge de,* evel pa èm bòz-me carg da. — *Comme si j'eusse été,* e-c'hiz pa vezèn bet eno.

COMMÉMORATION, sonch, eirmor.

COMMENCEMENT, dezrou, coumançzamand, penn-caus. — *Dieu n'a ni commencement ni fin et est le commencement, le principe de toutes choses ,* an autrou Doüe n'en deus na dezrou na finvez hac a so ar penn-caus a-bep tra. — *L'homme connait son commencement, mais il ne connait pas sa fin,* än dèn a enef e zezrou, ha na enef qet e finvez. — *Au commencement ,* èn dezrou, er c'houmançzamand. — *Au commencement de l'année on donne les bonnes étrennes,* e dezrou ar bloaz nevez ez roèr an dezrou mad.

COMMENCER, dezraoüi, *pr.* et; coumançz, *pr.* et. *Al.* dezrou, *pr.* et. — *Commencer à se mettre en chemin,* lusqet da vônet èn un tu-bennac, *pr.* id; qemeret au hend da, *pr.* id. *Van.* lusqeiñ, *pr.* et.

COMMENDATAIRE, *abbé commendataire ,* abad pehiny ne deo qet religius, *pl.* abaded. — *Prieur commendataire,* pryol pehiny ne deo qet religius, *pl.* pryoled.

COMMENDE, *titre d'un bénéfice, etc.,* benevicz e reiz, roët gand ar pap da nep ne deo qet religiüs. *v. bén fice.* — *Donner un bénéfice en commende, le tirer de la règle pour en pourvoir un seculier ,* un prélat, rei ur benevicz é reiz, da nep ne deo qet religius, *pr.* roët; lacqat ur benevicz èr meas a reiz , *pr.* lacqoat, lecqëet.

COMMENT, *de quelle manière ,* penaus, pe-è-tailh, pe-è-fæçzoun, pe-è-guiz. *Van.* penos, pennes. — *Comment vous portez-vous?* penaus ac'hanoc'h ? penaus a rit-hu? *Van.* ha huy gailhard? — *Je me porte bien, à votre service ,* B.-Léon, rust. H.-Leon, laoüën. Landerneau, bagol. Landivizyau. mao, mau. Trég. seder. B.-Corn. yac'h, gailhard, èn ho courc'hemenn, èn ho servich. H.-Corn. ne huytañ qet, èm-fee, no huytañ qet. *Van.* ne huytañ qet, ne huytaoñ qet, èn ho courhiemeu, gailhard. gailhard honestemant, eu dasiñüal e ramp berped, en-do siñüal e ramp bloh. — *Comment , est-il possible qne, etc.,* penaus ha poçzub véz, etc.

—*Comment, comme*, penaus, peêfæç-
zoun, evel, ê-c'hiz, ê-guiz.

·COMMENTAIRE,*interprétation,éclair-
cissement*, disclæracion eus a un test
bennac, *pl.* diŝclæracionou. — *Commentaire, histoire écrite par celui qui y a
eu la plus grande part*, histor eus e vuêz
e-unan hac eus ar re all, lecqèat dre
scrid, *pl.* historvou. — *Les commentai-
res de César*, histor pemdezyecq an impalazr Cesar. — *Commentaire, addition
que fait de son crû d'une histoire celui qui
la raconte*, broüdênr, cresqançz.

COMMENTATEUR, *qui commente*,
disclærycr eus a test-bennac, *pl.* yen.

COMMEN·TER, *faire un commentaire*,
disclærya un test-bennac *ou* ul levr-
bennac,*pr.*disclæryet.—*Commenter,a-
jouter à la vérité d'une chose*, brouda un
histor, *pr.* et ; cresqi un dra, *pr.* et ;
c'huêza un dra, un histor, urgonchen,
*pr.* c'huêzet.

COMMERCE, *négoce*,traficq,*pl.*ou.—
*Commerce,communication,société*,henta-
durez, *pl.* ou; compaignonez, *pl.* ou.
*Al.* cyveithas. — *Je n'ai aucun commerce
avec lui*, me n'em eus hentadurez e-
bed gandhâ, nac ên'e dy.

COMMERCER, *trafiquer*, traficqa,
*pr.* et; ober trafficq, *pr.* græt; cundui
trafficq , *pr.* cunduet. Van. trafficqeiñ,
*pr.* et. — *Celui qui commerce*, trafficqèr,
*pl.* yen; trafficqour,*pl.* yen; nep a draf-
ficq, nep a ra trafficq, nep a gundu
trafficq.— *Commercer, avoir communication avec quelqu'un*, henti ur re,*pr.* et;
cahout hentadorez. gand ur re-bennac, *pr.* het.

COMMERE, coumaër,*pl.* esed. Van.
comméér, *pl.* esed. — *Une bonne commère, par ironie*, ur goumaër vad; Doûe
oar. ha me yvez. — *Prenez du vin pur,
ma commère, et n'y mettez point d'eau*,
qimien couraich, va c'hou0aër, Haacçz,
hesit ar goidyen eu an neo'hamand.
*Phrase de Landivizyau.*

COMMETTRE, *faire une faute*, ober
ur faut, ober ur fazy, *pr.* græt ; fazya
*pr.* et; coumeti ur faut, urpec'hed,*pr.*
et.—*Commettre un crime*,ober ur c'hrim,
coumei un torfed. — *Commettre, pri-*

poser, rei urz ha galloud da ur n
var, etc., *pr.* roët. — *Se commettre, k
confier*, èn hem esposi da, *pr.* èr
hem esposet ; hem lacqàt ê tailh
da, hem lacqât ê danger da, *pr.* hen
lecqêet.

COMMIS, *aide de bureau*, commis,
*pl.* ed; ur c'hommis. — *Commis, scribe,
copist*, *pl.* ed; cloarecq, *pl.* cloaréyen,
cloarigeñ.

COMMISSAIRE , commiçzer, *pl.*
yen. — *Le commissaire le veut*, ar c'hom-
miçzer a fell dezâ. — *Commissaire du
vivres*, commiçzer an bitailh, commiçzer an bevançz. — *Commissaire des guerres*, commiçzer a vrezell. ;

COMMISSION, *chose commise*, goall-
ober,*pl.* goall-oberyou; goall-oberidi-
guez, *pl.* goall-oberidiguezou ; fals-o-
ber, *pl.* fals-oberyou; fals-oberidiguez,
*pl.* on. — *Commission, ordre*, urz,*pl.* ou.
— *Commission, pouvoir donné pour un
temps d'exercer quelque charge*, qemenadurez , *pl.* ou; commiçzion. — *Cette
charge n'est exercée que par commission*,
na eezercér ar garg-hout nemed dre
guemenadurez *ou* dre gommiçzion.—
*Commission, message*, qeffridy, *pl.* ou;
qévridy, *pl.* ou; cannadur, *pl.* you, ou.
—*J'ai fait votre commission*,great am eus
ho qévridy,bez'em eus græt ho cañadur

COMMISSIONNAIRE, cannad, *pl.*
ou. — *Commissionnaire de marchands*,
facteur, factor, *pl.* ed; facter, *pl.* yen.
factour, *pl.* yon, yan.

COMMODE, *aisé, facile*, eaçz, æçz.
diboan, difaticq, oc'h, â,·añ. *Van.* æz,
oh, añ. *Trig.* æzet. — *Commode, propre, avantageux*, mad, guêll, mad meurbed. ar guéllâ, talvoudecq, profidus,
profitapl, oc'h, à. añ.

COMMODEMENT, èn ur fæçzoun
eaçz *ou* æçz *ou* diboan *ou* difaticq; èn
eaçz, èn æçz, ez difaticq. *Van.* æz.
*Trig.* æzet. èu æz.

COMMODITÉ, *aise, facilité*, eaz, ea-
zamañd,æz, æzamañd.*Van.*æsemañd.
— *Vous ferez cela à votre commodité*, az
draze a reot èn o c'heaz *ou* èn o c'he-
azamand. —*Commodité,latrines*, campt
æz. — *Commodité, avantages*, profid, tal

voudéguez, avantaich. — *Commodité*, *voiture*, vitur, vituraich, *ppl.* ou.—*Commodités*, *biens*, pe-a-dra, madou, æzoñ-ny. *Al.* corvoadur. — *Commodité*, *bien-séance*, dereadéguez, ædere. — *Qui n'est pas à la commodité*, na dere qet. *Van.* diamein.

COMMOTION, qefflusq. *v. agitation.*

COMMUER, ceiñch ur boan èn un all, *pr.* ceiñchet. — *Commuer un vœu*, eceiñch ur goëstl èn un dra vad all, *p*. eceiñchet.

COMMUN, *e*, *ce qui n'est pas plus à l'un qu'à l'autre*, coumun, cumun.— *La terre est notre mère commune*, hon mamm goumun eo an doüar. — *Le pape est le père commun des chrétiens*, an pap a sò tad coumun d'ar gristényen, ar pap a so tad deompoll. — *Commun à plusieurs*, coumun, cumun, boutin, bannal, qenn, oc'h, à, añ. —*Four commun*, fourn boutin, fourn bannal, qenn-fourn, fôrn cumun. —*Moulin commun*, milin boutin, milin banal, milin coumun; meilh cumun, *pl.* milinyou, meilhou; qenn-vilin, *pl.* qenn-vilinou.-*Vivre en commun*, beva boutin, beva ez boutin, *pr.* bevet; cunduibuhezeguez boutin, *pr.* cunduet; qenn-veva, *pr.* qenn-vevet.— *Ils vivent en commun*, tout est commun entr'eux, boutin eo pep tra èntrezo, pep tra a so qenn èntrezo, ne deus netra disparty èntrezo. — *Ils commercent, ils travaillent en commun*, boutin ez trafficqont, boutin ez labouront; an trafficq, al labour a so boutin, èntrezo ou a so qenn èntrezo. — *Commun*, *public*, connu du public, haznad, coumun, paut, oc'h, à, añ. — *Commun*, *ordinaire*, ordinal, paut, puilh, oc'h, à, añ.—*Ce péché est commun*, *ordinaire*, paut, eo ar pec'hed-ze, ar pec'hed-ze a so puilh, ordinal-bras eo ar pec'hed-ze, sioüas.—*Commun*, *journalier*, pemdezyecq.—*vulgaire*, cumun, coumun. — *Le commun*, ar bopl, ar goumun, ar gumun. *Van.* er bobl munud.—*Il est du commun*, *du petit peuple*, bilen eo, eus ar gumun eo. *Van.* ager l'obl munud ëu.

COMMUNAUTÉ, *société de personnes qui vivent ensemble*, coumunitez, *pl.* ou; nep a vefè coumun; coumunaute, *pl.* ëou. — *Communauté*, *maison religieuse*, couvénd, *pl.* couvénchou. — *de religieuses*, leandy, *pl.* you.—*de ville*, coumunitez kær, coumunautez kær.—*de biens*, coumunitez a vadou, coumunautez a vadou

COMMUNAUX, *ou commune*, *lieu commun aux habitants d'un village pour le pâturage*, fraustaich, *pl.* ou; guern, *pl.* you; peurvan coumun, *pl.* peurvanou coumun, leac'h coumun, *pl.* leac'hyou.

COMMUNEMENT, *ordinairement*, peurvuyà, peur-lyeçzañ, ez ordinal, ordinal. — *Communément*, *presque partout*, e pep leac'h; è pep leac'h dija. *Trég.* dre-oll. *Van.* par tout.

COMMUNIANT, *ante*, a goumuny, a sacramant, a so èn oad da goumunya *ou* da sacramanti.

COMMUNICABLE, roapl, a allér, da rei.

COMMUNICATIF, *ive*, *qui se communique*, gouneçzapl, qemerapl, a allér da c'hounit, a alleur da zéstum *ou* da goumeret. — *Un homme qui n'est guère communicatif*, un den diçzumul, un deu goloët, *ppl.* tud diçzumul, tud, etc.

COMMUNICATION, *action de communiquer*, roïdiguez, distribu.—*Communication*, *frequentation*, hentadurez, darempred. — *Avoir communication en un lieu ou avec quelqu'un*, cahout hentadurez *ou* cahout darempred èn ul leac'h *pe* gand ur re bennac, *pr.* bet; henti ur re, *pr.* hentet; darempredi, *pr.* et; daremprezi ul leac'h *pe* ur re bennac, *pr.* et. *Van.* banteiñ ul leh *pe* unan-bennac. — *Lignes de communication*, lignennou a zarempred, lignennou a hentadurez.—*Communication des sacs d'un procès*, ecefñch eus a baperyou ur procès a ra an alvocaded hac ar broculéryen.

COMMUNIER, *donner ou recevoir la sainte Eucharistie*, sacramanti, secramanti, *pr.* et; coumunya, *pr.* et. *H.-Corn.* servyo, *ppr.* et; *id est*, ober e servich, *faire son service. Van.* sacremanteiñ, communyeiñ, *ppr.* et.

; COMMUNION , *creance uniforme des sujets d'une même église*, credeñ unvan èn ur mèmes ilis ha dindan ur memès penn.—*La communion de l'église romaine*, credeñ unvan an ilis romen.—*La communion des églises d'Orient*, credenn an ilisyou eus ar sevel-héaul. — *réception de la sainte eucharistie* , coumunion , *pl.* ou.—*Une sainte communion* , ur goumunyón santell.—*Une communion indigne* , ur goall goumunyon, ur goumunyon indiu, ur goumunyon sacrilaich, ur goumunyou great è stad a bec'hed marvell.

COMMUNIQUER , *faire un autre participant à quelque chose*, ranna gand un all, *pr.* et ; rei lod da un all, *pr.* roët. *Van.* gobér lodecq un arall, *pr.* groët, groeit, græit.—*Communiquer ses vices à un autre*, rei e viçou da un all, *pr.* roët ; inspirout e voall techou da un all, *pr.* inspiret; lacqât un all da gaout e vemés viçou, *pr.* lecqeët.—*Communiquer un secretà quelqu'un*, disculya ur secred da ur re, *pr.* et.—*Communiquer les sacs d'un procès* , eceñch ar paperyou eus a ur procès , *pr.* ecenchet.

COMMUTATION , ceñchidiguez eus a ur boan èn un all.—*Commutation de vœux* , an eceiñch eus a ur goëst ou eus a ur vœu, èn un dra vad all.

COMPAGNE , compaignunès , *pl.* ed. *Van.* compaignonès , *pl.* ed

COMPAGNIE, coumpaignunez, *pl.* ou. *Van.* compaignonneh , *pl.* eü. —*Il y a grande compagnie* , coumpaignunez vras a,so.—*Bonne compagnie*, coumpaignunez vad. — *Mauvaise compagnie*, goall-goumpaignunez. *Van.* goall-goumpaignonneh.—*Fréquenter les mauvaises compagnies* , henti ur goall goumpaignunezou, *pr.* hentet. — *Faire compagnie à quelqu'un*, ober coumpaignunez da ur re, *pr.* græt; derc'hell coumpaignunez da ur re, *pr.* dalc'het. —*Compagnie de perdrix* , bandenn-clugiry , *pl.* bandennou-clugiry. — *de soldats* , bandenn-soudarded , *pl.* bandennou-soudarded. — *d'un régiment* , bandenn , coumpaignunez *ppl.* ou.

COMPAGNON, compaignun, *pl.* ed.

*Van.* compaignon , *pl.* ed. — *C'est bon compagnon, par ironie*, ur goaz ma coantâ goaz,ur c'hompaignun mad Un hardi *compagnon*, ur pautr hardi

COMPARABLE , a all beza com raget; a so da gomparagi , compar chus. — *Il n'est pas comparable à l'aul ne deo qet da veza comparaget da guile, dibaraich eo da eguile.

COMPARAISON, comparaich. *V* id. *Dans les villes*, comparéson , *pl* —*En comparaison de*, ez scoaz, è sc da, ez resped, è resped da , è com raich da. — *Sans comparaison*, hep ci paraich, hep comparéson, salf ou i ou sal comparéson. *Van.* hép com rach. — *Par comparaison*, dre gom raich, gand comparaich, dre gom réson. *v.* *parallèle*.

COMPARAITRE. *se présenter en tice*, compari, *pr.* et; ober compari ez justicz,*pr.* græt. *Van.* compariçi

COMPARANT , *celui qui se pré en justice*, comparer, *pl.* yen. — *comparant dit que*, ur c'homparer var penaus.

COMPARATIF, *t. de grammair* hano creiz, comparatiff.

COMPARER, comparagi, *pr.* e *Je l'ai comparé à un tel*, me am c gomparachet da hen-a-hen , mi eus e gomparachet gand hen-a-ed. — *Se comparer à*, hem gomparacl ou gand. *Van.* him gomparageiñ.

COMPARÉ, *e*. comparachet.

COMPARUTION. *présentation e tice*, comparicion, *pl.* ou.

COMPAS, compas, compaës, pæs, *ppl.* you.

COMPASSER , *prendre ses mi avec un compas*, compaësi, *pr.* et.

COMPASSION , *pitié* , truëz. truhe. — *Ayez compassion de mo* pézit truez ac'hanoun, ho pel ouzon ou cuzin ou ouzign. — *compassion aux autres* , douguen all da druëz, *pr.* douguet; ober d'ar re all, *pr.* græt. *Van.* gobér d'er re arall , *pr.* groët, groëit , ( — *Qui est digne de compassion* , druëz, truëzus, hirvoudus, oc'h,

—*La compassion de la sainte Vierge*, mer-
zérinty an introun Variå, qen-druêz
ar verc'hès sacr, ar seiz clezè a gueux.

COMPATIBLE, a all padout·gue-
vret gand un all.

COMPATIR, *demeurer ensemble, etc.*,
padout guevrel, padout açzamblès, *pr.*
padet.—*Compatir avec l'humeur de quelqu'un*, padout gand imeur ur-re bennac, èn em oberdiouc'h ur re-bennac,
*pr.* èn em c'hræt. — *Compatir à quelqu'un, lui porter compassion*, cahout truëz
ouc'h ur re, *pr.* bet. *Van.* èn devout
truhe doh unan-bennac, *pr.* bet.

COMPATRIOTE, *qui est de même pays,*
qen-vroad, *pl.* qen-vroyz; qen-vroë-
zyad, *pl.* qenvroëzyz. — *C'est mon compatriote*, va c'henbroad eo, eus va bro
eo, eus a ur vro omp hon daou. —
*Les compatriotes*, ar guenvroyz, ar re
eus a ur memès bro.

COMPENSATION, accion pe dre
hiny ez rear ma véz par *pe* qevatal, un
dra da un all, ingalder è talvoudéguez.
— *En compensation du tort qu'on m'a
fait*, evit hem dic'haouï, evit rapari ar
gaou great dign, èm digoll,evit va digoll

COMPENSER *une chose par une autre,*
Iacqât an eil dre eguile, *pr.* êet; fourniçza un dra à leac'h un all a vancq,
*pr.* et.

COMPÉRAGE, *affinité de compères,*
compaëraich.

COMPÈRE, compaër, *pl.* yen. *Van.*
compēer, *pl.* yon, yan. — *Un bon compère, par ironie*, ur c'hompaêr mad, ur
mailh.

COMPÉTENCE, *pouvoir de connaître
d'une affaire*, güir èn un affer *ou* var
un æffer, velly var un dra, güir èn un
dra.—*Cela n'est pas de votre compétence,*
an dra ze ne deo qet eus ho cun *ou* eus
ho mecher, n'oc'h eus velly ebed var
guemenze, n'oc'h eus neira dâ vellet
eno *ou* aze.

COMPÉTENT, *qui a pouvoir de juger,*
barneur legitim, barner güiryou, *pl.*
barnéryen, etc.; nep èn deus güir da
varn, competant.

COMPÉTER, *appartenir*, aparchanta, aparchantout, *ppr.* aparchantet.

*Van.* apartenèiñ, *pr.* et; eorapeti, *pr.* et.

COMPÉTITEUR. *v. concurrent.*

COMPILATEUR, *auteur qui compile,*
dastumer, *pl.* yen; destumer, *pl.* yen;
autor èn deus great un dastum; autor
pehiny èn deus destumet cals a scrigeou abil, evit o renta public, haznad
ha talvoudecq d'ar bed oll, *pl.* autored pere oz deus déstumet, etc.

COMPILATION, un dastum eus a
gals traou curius ha mad da ouzout,
un dastum a scrigeou leun a oüizye-
guez, *pl* dastumou. *Van.* dastum, *pl.* eü.

COMPILER, *faire un recueil de choses
prises dans plusieurs ouvrages*, déstumi,
*pr.* et; dastumi èn ul lèvr cals traou a-
bil ha mad da ouzout; evit profid an
oll, *pr.* et. *Van.* dastumeiñ. — *Gratian
a compilé le droit canon, Tribonien le droit
romain, Baronius l'histoire ecclésiastique,*
Gracian manac'h eus a urz sant Benead èn deveus déstumet açzamblès
ar'güir eus an ilis, Tribonyan güiraour èn deus destumet ar güir roman,
hac ar·c'hardinal Baronius an histor
vès an ilis. *v. décret, décrétale.*

COMPLAINTE, *plainte et doléance,*
clémvan, *pl.* ou.

COMPLAIRE, *se rendre agréable à
quelqu'un*, qemer poan da bligeout da
ur re, *pr.* qemeret; cahout sourcy da
bligeout da ur re, cahout madélez evit
ur re, *pr.* bet. —*Se complaire en quelque
chose*, hem bligeout èn un dra-bennac,
*pr.* hem bliget.

COMPLAISANCE, madélez, *pl.* you;
graciusded, madélez gracius, açzand,
plijadur. — *Fausse complaisance*, fals-
madélez, *pl.* fals-madelézyou; madélez dic'hraçz, *pl.* madelézyou dic'hraçz;
madélez milliguet, *pl.* madelézyou.

COMPLAISANT, *civil*, gracius, oc'h,
à. — *Complaisant, bon*, mad, güell, a-
mad meurbed. — *Trop complaisant*, ro
vad. — *Complaisant, qui se conforme aux
volontés d'autrui*, açzanter, *pl.* yen; aç-
zantour, *pl.* yen; açzantus, oc'h, à, añ.
— *Complaisant, serviable*, servijus, oo'h,
à, añ.

COMPLANT, *lieu planté d'arbres,*
planteiz, *pl.* eu. *Van.* plantoriçz, *pl.* eü.

CONPLET, *ette*, *ce qui a tout ce qui lui faut*, fourniçz, peur-fourniçz, oc'h, à, añ; peur-achu, peur-æchu. — *Ouvrage complet*, œuvraich-fourniçz, *pl.* œuvraichou-fourniçz.

COMPLEXION, *disposition naturelle du corps*, témps, *pl.* you; témps corfdèn, qiguenn. — *Bonne complexion*, témps mad, ur guiguenn vad. — *Corentin est d'une bonne complexion*, un témps mad a zèn eo Caurintin. — *Il est d'une faible complexion*, tompl eo an témps anezâ, ur guiguen fall a zèn eo. — *Le vice et la vertu dépendent en partie de notre complexion*, an témps eus an dèn a ro alyès dezâ al luaq èntrezo ar viçz, pe ur vertuz; al lançz da heul ar viçz pe da braticqa ar vèrtuz a zeu alyès a-berz an témps eus a bep dèn.

COMPLICATION, *jonction de deux maladies en un même corps*, qemescadur a zaou gleñved èn ur mémès dèn.

COMPLICE, *qui a eu part d un crime*, qen-dorfetour, *pl.* yen; favorer è droucq, *pl.* favoréryen; accuset da veza bet e lod èn ur c'hrim. — *Le complice est arrêté*, dalc'het eo ar c'hen-dorfetour, pacqet eo nep voa accuset da veza bet e lod èr o'hrim.

COMPLIES, *la dernière heure canoriale*, compligeou, complegeou, complidou.

COMPLIMENT, *civilité de parole ou d'action*, gourc'hemenn, *pl.* ou. *Van.* gourhemenn, *pl.* eü. — *Faites-lui mes compliments*, grit va gourc'hemennou dezâ ou dezy, gret ma gourc'hemenn deañ. — *Compliment, témoignage d'honneur*, contanançz, plou; complimand, *pl.* complimanchou. — *Point tant de compliments*, hepcomplimanchou, hep qet a gontanançz, hep qen alyès a gontanançz.

COMPLIMENTER, obercontanançz, ober contanançzou, ober complimanchou, *pr.* græt.

COMPLIMENTEUR, *qui fait des compliments*, contanaancer, fæçzouner, *ppl.* yen.

COMPLIQUÉ, *e*, qemesqet, mesq-è-mesq. — *Des maladies compliquées*, cleû-

vegeon qemesqet. — *Crimes compliqués*, crimouqemesqet, crimou mesq-è-mesq

COMPLOT, *conspiration*, complod, *pl.* ou, complogeou. *Van.* complot, *pl.* eü. — *Faire un complot*, complodi, *pr.* et. *Van.* comploteiñ, *pr.* et. *v. cabaler.*

COMPONCTION, *t. de théologie*, glac'har güiryon eus e bec'hegeou, mantr, mantradur. *v. brisement.*

COMPORTEMENT, doare, comportamand, ar fæçzoun pe-gand-hiny ez vevér, cundu.

COMPORTER, *se comporter*, hem gundui, *pr.* hem gunduet; hem gomporti, *pr.* hem gomportet; hem goüaro, *pr.* hem gouarnet. — *Il s'est bien comporté en cette affaire*, hem gomportet mad èn deus èn æffer-ze, cunduet mad èn deveus an affer-ze. — *Il se comporte mal*, n'hem gundu qet èrvad, hem-voall gomporti a ra, n'en deus qet a gundu, trist eo an doare gandhâ. — *Comment se comporte-t-elle?* penaus ez ma an doare eno gandhy. — *Je n'en sais rien*, ne oun doare, ne oun qet. — *Comment me comporterai-je?* penaus ez riñ-me? pe cundu ou pe seurd cundu az zalc'hiñ-me? pe ez fæçzoun hem gunduiñ-me?

COMPOSER, *faire un corps de plusieurs parties*, ober un dra gand cals a draou, *pr.* græt; composi, compos, *ppr.* et. — *L'homme est composé de corps et d'âme*, map dèn a so græt ou a so composet a gorf hac a ene, corf hac ene èn deveus an dèn. — *Composer un livre*, un thème, compos, composi, *ppr.* et. — *Composer, capituler, conditionner*, divisa, *pr.* et; èn hem ober. — *Composer, transiger par écrit*, ober un transaczi, *pr.* gret; accordi dre-scrid, *pr.* accordet. — *Composer verbalement*, ober un treuz-varc'had, *pr.* græt.

COMPOSITEUR, *celui qui compose quelque chose*, composer, *pl.* yen; composour, *pl.* yen. — *Compositeur, arbitre d'équité*, accorder, *pl.* yen; nep a ra un accord èntre, etc.

COMPOSITION, *l'action de composer*, composérez, *pl.* ou. — *Composition, capitulation*, divis, *pl.* ou; accord, *pl.* ou; accord, *pl.* ou; marc'had, *pl.* marc'hageou. — *La ville s'est rendue à composition*, ar guear he deus èn hem rentet gand certeu divisbu.

* COMPOST, compod, *pl.* ou, geou.

COMPOTE, *confiture*, compot , ar c'hompot.

COMPREHENSIBLE , comprenapl, oc'h, à ; a alleur da gomprenn.

COMPREHENSION, compréñidiguez.

COMPRENDRE, *enfermer , contenir,* derc'hel, *pr.* dalc'het. — *Comprendre, mettre dans,* lacqât ébarz, lacqât ê, lacqât eñ , *pr.* lecqëet. — On l'a *fait comprendre aux rôles*, lecqëet eo ê-barz ar rollou. — *Comprendre, concevoir,* compren , compréni, *ppr.* et. *Van.* compreneiñ.

COMPRESSE, *linge qu'on met sur une plaie, etc.*, lyaneñ gouly, *pl.* ou.

COMPRESSION, goasqadur *Van.* mah

COMPRIMER , *presser avec violence,* goasqa, *p.* et; starda caër. *pr.* stardet; mac'ha, *pn.* et. *Van.* mahei ñ, sterdeiñ, goasqeiñ, *ppr.* et.

COMPROMETTRE, *promettre mutuellement ,* qenbrometi, *pr.* et ; ober ur c'hen-bromeçza, ober qenbromeçzaou, *pr.* great, graɕ.

COMPROMIS, *traité réciproque,* qenbromeçza, *pl.* qenbromeçzaou. — *Il ne s'en est pas tenu au compromis,* eat eo a enep ár c'henbromeçza.

COMPTABLE, countapl, *pl.* tud countapl. — *Comptable, responsable,* goarand cvit, goarand eus a , *pl.* goarauded.

COMPTANT, *argent présent, réel, effectif,* arc'haud countant, arc'hand presant, arc'hand couchant. — *Payer argent comptant,* paëa varar leac'h, paëa var an tomm hac hep termen, *pr.* paëet.

COMPTE, *dénombrement de plusieurs choses,* count, *pl.* couñchou; cont, *pl.* conchou. *Van.* cont, *pl.* eü. — *Compte, supputation,* conut, *pl.* conchou. — *Un compte rond,* ur gond rond.— *Faire ou dresser un compte,* ober ur gont, *pr.* græt. — *Demander compte,* goulenn count, *pr.* et. — *Rendre compte,* renta cout. —*Rendre ses comptes,* renta e gont, *pr.* et.— *Tenir compte de,* derc'hel cont eus a, *pr.* dalc'het. — *Compte étroit et*

rigoureux, cont striz ha rigolius. — *Compte, état, estime,* stad, istim, cont. — *Faire compte de quelqu'un,* ober stad ou istim eus a ur re, *pr.* græt; is imout ur re, *pr.* et ; derc'hel cont eus a ur rebennac, *pr.* dalc'het. — *Il ne fait aucun compte de lui,* ne zalc'h count e-bed anezà , ne ra stad e-bed anezàn. — *A mon compte,* d'am' o'bount, d'am avis, var'a gredan, var a sougeañ. — *A ce compte, si cela est,* d'ar gont ze, èn dailh ze, èn dailh-ze eta, mar deo evel-ze ez ma ar bed. — *Chambre des comptes, cour chargée de l'examen de l'emploi des fonds publics,* campr ar c'honchou. — *Maître des comptes,* mæstr ar c'honchou.

COMPTER, *nombrer,* counta, conta, contet; nivera, niveri, *ppr.* niveret. *Van.* contein, nombreiñ, *ppr.* et. *v. livre.* — *Compter, calculer,* conta, *pr.* et; teurl d'ar jett, *pr.* taulet; compodi, *pr.* et. — *Compter sur ses doigts,* counta var e vizyad. — *Il compte sans son hôte,* ur gont treuz a ra, un eil gùeach ez conto, èn hem drompla a ra èn e gont. — *Compté pour rien,* countet evit uetra, sellet evit netra, sellet evel netra.

COMPTOIR, *bureau fermé, pour le commerce,* cont-leo'h, *pl.* you; contouër, *pl.* ou. — *Comptoir, banc sur lequel les marchands étalent leurs marchandises,* taul gont, *pl.* taulyou-gont. — *Sur le comptoir,* var an daul-gont, var ar c'hontouër

COMPULSER , contraign un noter, ur greffyer, etc., gand lizerou a chanceliéry, da zilivrya copy eus a un acta, *pr.* contraignet.

COMPULSOIRE, lizerou a chancelléry evit contraign da zilivrya actayou. — *Compulsoire , fromage qui oblige à boire,* boëd sec'hidicq, lizerou a chancelléry Bacchus.

COMPUT, *supputation des temps,* comput ecclésiastique, compod, *pl.* ou, geou.

COMTE, *seigneur d'un comté,* condt, *pl.* ed. *Van.* id. *Al.* jarll, *pl.* ed. — *M. le comte,* an antrou ar c'hondt, an autrou'r c'hondt. — *De comte est venu ricomte,* eus a gondt eo deuët bescondt, eus ar gondt ez eo great ar vescondted

COMTÉ, *terre d'un comte,* condtad,

pl. ou; **contaich**, pl. **contaichou**, **con-**
**taigeou.** — Le comté de Goélo, condtad Goëlo, contaich Goëlo.

COMTESSE, condtès, pl. ed. Van.
id.—Madame la comtesse, sœur de la vicomtesse, an itroun ar gondtès, c'hoar
d'ar vescondtès,

CONCARNEAU, ville du Finistère,
Concq, Concq-Kernéau, Concq-Ker-
ne. v. conque. — Je vais à Concarneau,
bez'ez añ da Goncq, môn et a rañ da
Goncqernéau.

CONCASSER, terri gand urmorsoll,
pr. et; pilat èn ur mortez, pr. et.

CONCAVE, qeu, cleuz, oc'h.à añ.

CONCAVITÉ, creux, qeu, pl. you.

CONCEDER, autren, pr. autreèt;
accordi, pr. et; rei, pr. roèt.

CONCENTRER, tirer vers le centre,
intra, pr. intret; treanti, pr. treanlet.

CONCEPTION au sein de la mère, eñ-
guehentadurez, concepcion.—La conception immaculée de la Vierge dans le sein
de sa mère, ar gonception dinam eus
ar Verc'hès sacr.—Conception, intelligence, concevidiguez, spered da gonceo.—Il a la conception bonne, ur gon-
cevidiguez vad èn deus, spered èn deus
da gonceo, ur spered mad èn deus.—
Il a la conception dure, ur gumcevidiguez
caled èn deus, caled eo a benn, ur
penn caled èn deveus. — Qui a de la
conception, concevus, oc'h, à, añ; nep
èn deus concevidiguez ou spered. —
Qui n'a pas de conception, digoncevus;
nep ne deo qet concevus, hep concevidiguez, hep spered.

CONCERNANT, touchant, var, voar,
è qèver, è fett.

CONCERNER, aparchanta èn ur
fæçzoun bennac, pr. et; sellet, pr. id.
—En ce qui vous concerne, er pez a sell
ac'hanoc'h, è sell eus ar pez a aparchant ouzoc'h,

CONCERT, accord, accord, pl. ou.
—Concert de musique, un accord a vu-
sicq.—Concert de voix, accord a vouè-
zyou.—Etre de concert, beza a-unan,
beza accord, pr. bet. —De concert, a-
unan, grad-è-grad, boutin.

CONCERTER, feire l'essai d'un con-

cert, dispos un accord, pr. et. — Da
voix concertées, moukzyou accord. —
Concerter bien une affaire, cusulya èr
vad un æffer, pr. et; cundui èr vad un
æffer, pr. cunduet.

CONCESSION, faveur, grâce, autre, pl. ëou; autreadur, autrenadur.

CONCEVABLE, a allér da gonceo
ou da èntent; concevapl, oc'h, à, añ.
—Qui conçoit, concevus, och, à, añ.

CONCEVOIR, engendrer, eñguehen-
ta, pr. et; conceff, concev, conceo,
concevi, pr. et.—La sainte Vierge a conçu son fils par la vertu du Saint-Esprit,
ar Verc'hès sacr e deus bet concevet
he map benniguet dre ar vertuz eus ar
Spered-Santel. — Concevoir, avoir de
l'intelligence, conceff, concév, conceo,
concevi ( le troisième est le plus usité ),
ppr. concevet; èntent prest, pr. èntent-
let. Van. conceü, concèueiñ, pr. uèt.

CONÇU, ue, eñguehentet, concevet.

CONCIERGE, qui a la garde d'un
château, goüarner ur c'hastell, pl. yen.
Van. goüarnour, pl. yon, yan.—Concierge, garde des prisons, geolyer, pl.
yen. Van. id., pl. yon, yan. Al. chep-
per, pl. yen.

CONCIERGERIE, charge et demeure
d'un concierge, goüarnamand, goüar-
nediguez. Van. goüarnaciou — Conciergerie, prison, prisoun, sol, geol,
ppl. you.

CONCILE, sened, pl. ou; concil,
pl. concilaou, concilyou.—Concile général, concil general, pl. concilyou
general; sened general, pl. senedou
general. — Les conciles œcuméniques, ar
c'honcilyou general, ar senedou, etc.
— Le concile de Florence, ar c'honcil
general a Florançza. — Le concile de
Trente, ar c'honcil general a Dranta.
Van. er honcil e Draut. — Concile national, concil dalc'het gand an æsqeb
eus a ur rouantélez, gand grad vad
hon tad santel ar pap.—Concile provincial, concil dalc'het gand an arc'hæs-
cop hac an æsqeb vèz a ur brovinçz.
—Il y a eu concile provincial au prieuré de
saint Herzé, sur la montagne de Bré, si
se qu'assure un historien breton, un his-

foryan guinidicq a Vreiz a raport po-
naus ez eus bel dalc'het ur sened ebarz
eñ prieldvsant Herve, var lein menez
Bre, entre Güengamp ha Lannyon.

CONCILIABULE, *assemblée désap-
prouvée, etc.*, sened disprouët , pl.
senedou, etc.

CONCILIATEUR , *qui concilie*, accorder, *pl.* yen, unvaner, *pl.* yen; nep
a lacqa unvan arre a so disaccord.

CONCILIATION, unvanded , unvanyez.

CONCILIER , *mettre d'accord* , lacqât a unan, *pr.* lecqeët; unvani, *pr.* et.
— *Se concilier quelqu'un, gagner son a-
mitié*, gounit ur re, gounit carantez
ur re, gounit caloun ur re-bennac,
*pr.* gounezet.

CONCIS, *succinct*, berr ha nerzus.
—*Style concis*, fæçzon berr ha nerzus
da barlant, fæçzon da lavaret cals a
draou ê berr gompsyou.

CONCITOYEN, qen-vourc'his, *pl.*
qen-vourc'hisyan. *Al.* qen-güicqad,
*pl.* qen-guicqis.

CONCLAVE, *assemblée de cardinaux
pour l'élection d'un pape*, jabistr ar gardinaled evit choas ur pap.

CONCLUANT, *ante, qui prouve*, sta-
tudus, aprouñs, oc'h, á, añ.

CONCLURE, *terminer*, lacqât fin da,
*pr.* lecqeët; ober fin da, *pr.* græt; a-
chui, æchui, *ppr.* et; peuræchui, *pr.*
et. *Van.* achëuëiñ, termineiñ.— *Conclure une chose, la résoudre*, statudi, ar-
reti, arresti, *ppr.* et; resolf, resolvi,
*ppr.* et. *Van.* arreteiñ, resolveiñ.—
*Conclure, tirer une conséquence*, déstumi, *pr.* et. *Van.* tenneiñ ur gonseqançz.
—*C'est une affaire conclue*, un dra græt
eo, un affer achu eo qemen-ze, græt
ar gra.

CONCLUSION, *fin*, fin, finvez, dilost, difiñ. — *Conclusion d'un discours,
péroraison*, ar fin-vez cus a un devis,
an divrramand cus a un divis, an
difiñ vès a un divis.— *Conclusion d'un
argument*, ar finvez cus a un arguamaud, ur gonseqançz.—*La conclusion
d'une foire*, an dilost-foar.

CONCOMBRE, *plante et fruit*, co-

combresou, *pl.* cocombrès; coucom-
bresen, *pl.* coucombrès.

CONCORDANCE, *t. de grammaire*,
ar goncordançz.— *Concordance, choses
qui s'accordent entre elles*, accordançz,
qen-accord. — *Concordance de la bible*,
dictionner ar vibl, accordançz ar vibl.

CONCORDAT, *convention*, accord,
*pl.* ou; divis, *pl.* ou; marc'had, *pl.*
marc'hageou. *Van.* marhad, *pl.* eü.—
*Concordat, traité fait entre le pape Léon
X et le roi François I*[er], *qui sert de réglement pour les nominations aux bénéfices*,
ar c'honcordat, accord great entre ar
pap Leon decqvet èn hano hac ar roüe
Francès qentâ èu hano, var fett ar
pourvez d'ar beneviçzou.

CONCORDE, *union*, unvanyez,
qen-garantez, carantez qenn-eutrezo.

CONCOURIR, *agir conjointement*, qen-
operi, *pr.* et; qen-ober, *pr.* qen-græt.

CONCOURS, *action de concourir*, qen-
ober, *pl.* qen-oberyou; qen-oberidiguez.— *Concours, réunion de plusieurs
personnes, de plusieurs choses*, ul lod bras
a draou, un toullad bras a draou, ul
lod bras a dud, ur rum terrupl a dud,
un taulad terrupl a dud. *Van.* helleiñ
a drëu, helleiñ a dud. *v.* amas.

CONCUBINAGE, *cohabitation d'un
homme et d'une femme non mariés*, ribau-
derez, sere'herez.—*Vivre en concubinage*, ribaudal, *pr.* ribaudet.

CONCUBINAIRE, *qui entretient une
concubine*, ribaud, *pl.* ed; sere'h, *pl.*
ou, aou. *Ce dernier mot est de Trég. De
là*, Coët-serhou *ou* Coat-serhau, *près
de Morlaix.*

CONCUBINE, ribaudès, *pl.* ed;
sere'h, *pl.* ed. aou, au, ou. *Tous ces
mots* ribaud, ribaudès, ribaudérez *et*
ribaudal *tiennent par métaphore de* ribod,
*baratte à beurre, parce qu'ils tiennent tous
du mortier et de la saleté, et que* ribod *est
composé de* pri-pod *ou* pod-pri, *qui signifie* pot d'argile cuite. *v.* baratte.— *Salomon avait* 700 *femmes et* 300 *concubines*, ar roüe Salomon èn devoa seiz
cant grec ha try c'hant ribaudès.

CONCUPISCENCE, *désir déréglé*,
c'hoantidiguez, c'hoand bras, youll

disordren, youll-bras, droncq youll.

*Concupiscence, passion pour l'amour déshonnête*, an inclinacion disordren eus ar c'hicq, ar goall inclinacion eus ar c'horf, an youll disordren *ou* an desir disordren eus ar c'hicq *ou* evit ar c'hicq.

CONCURRENCE, *prétention de plusieurs personnes à une même chose*, qen-bretandançz, qen-c'hoanteguez, qen-oaz, qêvzerez, è qèver—*Concurrence, égalité de droits*, ingalder a vir, a faver specyal.

CONCURRENT, *qui concourt*, qèverer, *pl.* yen; qèvezer, *pl.* yen; qèverour, *pl.* yen; nep a so qèver-è-qèver gand un all, nep a so è qèver un all, qen-bretandant, *pl.* ed; nep a guerz var seuzlyou treid un all. *v. rival.* —*Concurrent, égal en droit*, nep so ingal da un all è gûir hac è faver.

CONCURRENTE, *qui prétend à*, qêverourès, qèvererès, qèvezerès, *ppl.* ed.

CONCUSSION, *exaction*, laëzroncy ur publican, *pl.* laëzroncyou; preyz un dèn publicq, goall-vir, *pl.* goall-viryou. —*Receveur de concussions*, recevour ar goall-viryou.

CONCUSSIONNAIRE, *qui fait des concussions*, laëzr haznad, *pl.* laëzron haznad; publican, *pl.* ed; preysèr, *pl.* yen; nep a lacqa pe a recevo goall-viryou.

CONDAMNABLE, a villit beza condamnet, condannapl, oc'h, à, añ.

CONDAMNATION, *jugement qui condamne*, condaunacion, barnediguez, gondaun. — *Condamnation, damnation éternelle*, daunidiguez, daunacion eternall.

CONDAMNER, condauni, *pr.* et; barn, *pr.* et.—*Condamner à mort*, condauni d'ar maro, barn d'ar maro.—*à l'amende*, condauni d'an amand, condauni da un amand.—*au bannissement*, condauni da forbanidiguez.—*aux galères*, barn *ou* condauni d'ar galêou. — *Etre condamné à tous les frais*, beza condaunet d'ar misou.— *Un criminel qui avoue le crime, se condamne lui-même*, ur c'hriminal a anzao e dorfed, èn èm gondaun e-unan *ou* èn èm varn e-unan.—*Condamner, désapprouver*, ta-

mall, *pr.* et; disaprouff, diaprouff, *pr.* diaprouët.

CONDENSATION, *action de rendre compacte*, calediguez, caledadur, fetiçzder, fetiçtidiguez. *Van.* calediguch.

CONDENSER, *rendre compacte*, calêdi, *pr.* et; caletaat, *pr.* caletêet, fetiçzât, *pr.* fetiçzêct. *Van.* caletât, *pr.* êct.

CONDESCENDANCE, *différence aux sentiments des autres*, açzandt, *pl.* ou; madélez, *pl.* ou.

CONDESCENDANT, *complaisant*, açzantus, oc'h, à, añ; nep ne gontroll qet ar re all.

CONDESCENDRE, *acquiescer aux volontés d'autrui*, açzanti, açzantout, *pr.* açzantet. —*Condescendre, être condescendant*, açzanti gand ar re all, beza mad è qever ar re all, *pr.* bet.

CONDITION, *qualité, clause*, ar pez a aparchant ouc'h un dra hac a rent anezañ mad, pe fall, parfed, pe difarfed; stad. — *La condition des choses créées, est d'être sujettes au changement, à la corruption*, ar pez a aparchant ouc'h an oll grouaduryou, eo ar ceiñchamand, ar goastadur hac ar vreinadurez; ar stad eus a guement tra a so dindan an cê, eo beza suged da ceiñch, da voasta ha da vont da goll.—*Condition, rang, naissance*, stad, rencq, *pl.* on. *Van.* stad, rancq, *pl.* eü.—*Un homme de sa condition*, un dèn eus e rencq, un dèn eus e stad. — *Un homme de condition*, un dèn nopl, *pl.* tud nopl; un digentil, *pl.* tud digentil.—*de basse condition*, un dèn a stad isell, un dèn bilen, *pl.* tud, etc. — *Les conditions sont différentes*, ar stadou a so dishêvel, an eil stad ne deo qet evel eguile.—*Condition, traité, divis*, *pl.* ou; condicion, *pl.* ou.—*A condition que vous veniez*, eü divis ma tenot, gand condicion ma teuot. — *J'observerai les conditions que nous avons mises*, me a viro an divisou hon eus lecqeat.—*Je ferai tout aux conditions que vous me marquerez*, me az rai pep-tra èn ho tivis.

CONDITIONNEL, *le*, condicionus, divisus, oc'h, à, añ.

CONDITIONNELLEMENT, dindan

divis, gand divis, gand condicion, èn dan condicion.

. CONDITIONNER, divisa, pr. et; condicioni. pr. et.—On avait condition-ni qu'on ferait, diviset voa bet, ez raf-sét; beza ez voué bet condicionet, pe-naus ez raét, etc.

CONDOLEANCE, qengañv, pl. ou; testeny a garantez ê qèver un dèn afli-get, pl. testenyou a garantez, etc.

CONDOULOIR (se), hem afligea gand nep so afliget, pr. hem afliget; qen-gañvaoui, pr. qen-gañvaouet; d ouguen cañv gand nep a soug.

CONDUCTEUR, qui conduit un ou-vrage, mæstr var ul labour, pl. mistry; nep a gundu ul labour, nep a c'houarn un ouvraich.—Conducteur, qui montre le chemin, hincher, pl. yen; henchour, pl. yen. Van. conduour, pl. yon, yan. —qui conduit par honnêteté ceux qui sor-tent de chez lui, harluer, pl. yen; am-brouguer, pl. yen.—qui mène et ramène quelque autre, reer ha direer, pl. ree-ryen ha direeryen; rener ha direner, pl. yen.—Conducteur d'une affaire, nep a gundu un æffer, nep a c'houarn un æffer.

CONDUIRE, gouverner un ouvrage, beza mæstr var ul labour, pr. bet; cundui ul labour, pr. cunduet; gouarn un ouvraich, pr. et.—Conduire une af-faire, cundui un æffer, gouarn un æffer. —guider en chemin, hincha, pr. et. Van. henteiñ, discoeiñ en heud, pr. et. — Conduire par honnêteté, harlua, pr. et; hambroueq, pr. hambrouguet. Van. caçz, pr. et; condueiñ, goüarneiñ. — mener et ramener, caçz ha digaçz, pr. caçzet ha digaçzet; rèn ha dirèn, pr. rènet ha dirènet.—Se conduire, se com-porter, èe em gouarn, pr. èn hem goüarnet. Van. him goüarneiñ, pr. him goüarnet.—Il ne se conduit pas bien, n'en hem c'houarn qet èr-vad.

CONDUIT. v. canal.

CONDUITE, soin d'une affaire, etc., sourcy, soucy, goüarnamand, mæs-trony. Van. gaüarnaeion.—Conduite, action de conduire, cundu, ar gundu. —Dieu par sa providence a le soin, la con-duite de tout l'univers, an autroü Doüe, èn deveus dre c vadélez, ar sourcy had ar gundu a bep tra.—action de conduire en chemin, hinchadur, cundu, harlu, hambroucq, caçz, renadur. Van. cun-du.—Bonne conduite, cundu vad, cun-du fur, comporlamand vad.

CONFECTION, action de confection-ner, oberadur, au oberidiguez vès a un dra.

CONFEDERATION, ligue, alliance, alyançz, accord, divis, ppl. ou.

CONFEDERER (se), s'allier, ober alyançz guevret, ober un accord aç-zämblès, pr. græt; divis, pr. et.—Les confédérés, ar re o deus great alyançz èntrezo, ar rê o deus diviset ou græt un accord qen-èntrezo, an re allyet.

CONFERENCE, comparaison, com-paraich.—Conférence, entretien, divis, pl. ou; prepos,pl.you;conferançz,pl. ou.

CONFERER, comparer, comparagi, pr. et. Van. comparageiñ, pr. et.— Conférer, octroyer, rei, pr. roèt; au-tren, pr. autrēet.—Conférer, s'entrete-nir d'affaires, derc'hell proposyou var, pr. dalc'het; divisa, pr. et. Van: par-landal, parlanteiñ.

CONFESSER, prêcher l'évangile, pre-zecq an avyel dindan e qirilh ha for-tun, pr. prezeguet.—Confesser, avouer, anzao, auzavout, pr. anzavet. Van. an-zauëiñ, pr. et.—Confesser, entendre les confessions, avouer ses pichés, cofeçz, cofeçzât, covez, coveçzât, ppr. éet. Van.coveçzat, pr. et.—Il est allé à con-fesse, eat eo da govez—Il est revenu de confesse, distro eo a gofeçz.

CONFESSEUR, qui est mort en opi-nionde sainteté, confeçzor, pl. ed.—Les saints martyrs et les saints confesseurs, ar sænt merzéryen hac ar sænt confeç-zored.—Confesseur, prêtre qui confesse, confeçzor, conveçzor, ppl. ed; coveç-zour, pl. yen. Van. coveçzour, coeç-zour, ppl. yon, yan.

CONFESSION, aveu de la vérité, az-naoudéguez eus ar viryonez, disclæ-racion eus ar viryonez, qen è justiçz, qen è leac'h all.— Confession, déclara-tion de ses péchés à un prêtre, cofeçzion, coveçzion, ppl. ou. Van. coveçzion, coëçzion, pl. eñ.—Passer sa vie sans se confesser, beva digofès, beva digovès evel ur parpaillhod, pr. bevet.—Mourir sans confession, mervel digovès, mervel digofès ou hep coveçzion. — Faire sa confession à un confesseur rude, coveçz gand ur c'hiviger. ( qiviger, tanneur, cé qui se dit burlesquement. )— Faire sa confession à un confesseur qui donne facilement l'absolution, coveçz gand un absolvèr.—Confession de foi, disclæracion eus a greden an ilis catolicq, abostolicq ha romen, —Faire ta confession de foi, disclærya e greden, pr. et; disclærya var e lè, penaus ez credér qement a gred hac a zesq da gridi, hon mamm santel an ilis catolicq, abostolicq, etc.

CONFESSIONNAL, cador ar c'honveçzor, pl. cadoryou ar gonveçzored. Van. coveçzyonal, pl. eü; cadoër er hoveçzour, pl. cadoëryëu.

- CONFIANCE, fizyançz, pl. ou.Van. fyançz.—J'ai confiance en lui, fizyançz am eus ènnâ. — Mettez votre confiance en Dieu, licqit-ho fizyançz ê Doûe. — Qui a de la confiance, fizyus, oc'h, à, añ; nep èn deus fizyançz. — Qui n'a point de confiance, disfizyus, oc'h, à, añ; hep fizyançz.

CONFIDEMMENT, gand fizyançz, è fizyançz, hep aoun, hardiz, disaouzan.

CONFIDENCE, communication, segred èntre mignounedpe èntre miguounesed, pl. segregeou.—Faire des confidences à son ami, disclærya e segregeou d'e vig.:on, pr. disclæryet; digueri e galoun da ur re, pr. digoret; discarga e galon da ur mignon fidel, pr. discarguet. — Confidence, espèce de trafic illicite des biens de l'église, confidançz.—La confidence fait vaquer un bénéfice, ar gonfidançz a lacqa ur beneviçz da veza vacq, ar confidançz a rént vacq ur beneviçz.

CONFIDENT, mignon fidel, mignon ar galon: mignoun ar secregeou, pl. mignoncd; segretour, pl. yen.

CONFIDENTE, mignonès fidel, mignonès ar secregeou, pl. mignoncsed; secretodrès, pl. secretouresed.

CONFIDENTIAIRE, bénéficier confidançzer, pl. confidançzèryen.

CONFIER ( se ) à la fidélité de quelqu'un, fizyout èn ur re, fizyout uu dr bennac èn ur re, pr. fizyet. — Confier un secret, fizyout ur secred. — Se confier en son voisin, fizyout èn e amesocq, hem fizyout èn e amesecq.—Qui se confie facilement, fizyus, oc'h, à, añ. Van. fius, oh, añ, añ.

CONFIGURATION, furm specyal eus a un dra.

CONFINER, être près des bornes d'un pays, beza taust ê taust da ur vro, beza ê qichennicq ur c'hanton, pr. bet. —Confiner, reléguer en un lieu, coigna, pr. et; cula, pr. et. — Il est confiné à l'extrémité du royaume, coiguet eo ê pennicq ar rouantélez, culet eo èrpeñ pellâ eus ar rouantélez. — On l'a confiné en prison, coignet eo ebarz ar sol, plantet eo èr prisoun.

CONFINS. v. bornes, limites.

CONFIRE, confiza, confita, ppr. et. Van. confiteiñ, pr. et.—Confit en malice, leun a valiçz, sac'h-maliçz.—Confit ou confite en dévotion, leun a zèvocion, treantet gand an deuocion, devod evel un eal eus ar barados.

CONFIRMATION, assurance de la vérité d'une chose, açzurançz eus a un dra abeñ un eil gû ach.—Confirmacion, sacrement de l'église. Léon. consumeun, cousemenn, ar gousemenn. Ailleurs, coufirmacion, sacramand au oléau.

CONFIRMER, rei un açzurançz névez eus a un dra, pr. roët. — Confirmer, conférer le sacrement de confirmation, Léon, consumeni, pr. et; cousemenni, pr. et. Ailleurs, confermi, pr. et. Van. confirmeiñ, pr. et.

CONFISCATION, adjudication au fisc, saëzy, sæzy, ppl. ou; ajudicacion d'ar fisq pe da re o deus güir.

CONFISEUR, qui confit, confisèr, pl. yen; confitèr, pl. yen.

CONFISQUER, saëziza, sæzya, sæziza, ppr. et; ajugi d'ar fisq pe d'ar re o deus güir, pr. ajuget.

CONFITEOR, prière, at gonfiteor. Van. er gonfiteor.

CONFITURE, confitur, *pl.* you. *Van.*
id. — *Confiture sèche,* confitur seac'h.
— *Confiture liquide,,* confitur tanau. —
*Des noix confites.* craouñ confitet.
CONFITURIER, *marchand,* confitu-
rer, *pl.* yen.
CONFITURIÈRE, confiturerès, *pl.*
confiturererxed.
CONFLIT, *choc de plusieurs personnes
armées,* stocq, *pl.* ou. — *Conflit, contestation,* arguz, *pl.* ou ; argu, *pl.* ou ; debat, *pl.* ou. — *Conflit de juridiction, différent entre les officiers de justice sur leurs
juridictions,* arguz var fedt an dalc'h ;
debat, *pl.* ou.
CONFLUENT, *le lieu où deux rivières
se joignent et mêlent leurs eaux,* abeu diou stær, *pl.* aberyou ; forc'h diou stær,
*pl.* ferryer. *v. embouchure.* — *Quimper est
situé au confluent des rivières d'Odet et de
Theyr, de même que Quimperlé au confluent
d'Ellé et d'Yzol,* Qemper a so ê aber ou
ê forc'h stæryou Odet ha Theyr ; ha
Qemper-elle ê forc'h *ou* ê aber stæryou
Elez hac Yzol.
CONFONDRE, *mêler deux ou plusieurs
choses ensemble,* qemesq, *pr.* et ; ober qemesqadur, *pr.* græt. — *Confondre, se
méprendre,* qemer an eil evit eguile, *pr.*
qemeret ; lavaret an eil ê leac'h eguile,
*pr.* id. — *Confondre, fermer la bouche d
son adversaire, le convaincre,* feaza ou fæza e adversour, *ppr.* feazet, fæzet ; sarra e c'hinou da, *pr.* sarret ; serrae c'henou da, *pr.* serret ; trouc'ha e déaud
da, *pr.* trouc'het. — *Confondre, rendre
confus,* mezecqat ur re, *pr.* ëet ; meza
ur re-bennac, *pr.* mezet ; ober mez da
ur re, *pr.* græt ; carga a véz, *pr.* carguet ; golei a vez, *pr.* goloët. — *Etre
confondu,* cahout mèz, cahout mèz e
voalc'h, *pr.* bet ; beza mezecqëet ; beza
carguet *ou* goloët a vez *ou* goloët gand
mèz.
CONFORME, *pareil, semblable,* hêvel, par. — *Être conforme d,* beza hêvel ouc'h, beza par da, *pr.* bet.
CONFORMÉMENT, diouc'h, etc.,
hervez, etc., hèvelep. — *Conformément
d la loi, au contrat,* hervez, al lésenn,
diouc'h al lésenn, hervez an tenor vès

ar c'hontrad, diouc'h ar e'hontrad,
diouc'h an tenor vès ar c'hontrad, hê-
velep da'lléseñ, d'ar o'hontrad.
CONFORMER, *rendre conforme d,* rénta hèvelouc'h, *pr.* réntet ; rénta par da,
parat, *pr.* paret ; hèvelecqât, *pr.* heve-
lecqëet. *Van.* ranteiñ hañoüal doh, *pr.*
rantet. — *Se conformer d quelqu'un, s'y
accommoder,* hem ober diouc'h ur re.
CONFORMITÉ, *ressemblance entre
deux choses,* hèvelediguez un eil dra ouc'h
eguile, hèvelepded. *Van.* hañvalediguez
eah, etre dêu dra.
CONFORTATIF, confortus, calounus, nerzus, oc'h, à.
CONFORTER, *fortifier,* nerza, *pr.*
nerzet ; creaat, *pr.* creëet. *Al.* creffhat.
— *Conforter, consoler,* conforti, conforta,
*ppr.* et ; frealsi, *pr.* et. *Van.* conforteiñ,
*pr.* confortet.
CONFRAIRIE, *société de dévotion,*
breuzryez, *pl.* ou. *Van.* bréryah, *ppl.*
eū, brédyaheü. — *La confrairie du rosaire,* breuryez ar rosera. — *La confrairie du scapulaire,* breuryez ar scapular
*ou* ar scorpular. — *La confrairie du cordon de saint François,* breuzryez ar gouriz a sant Francès. *v. tiers ordre.* — *Confrairie, qui se dit de deux personnes de
même condition, ou de deux choses de pareille nature,* breuzryez. — *Deux prisonniers sont de même confrairie,* daou bri-
soner a so vès a ur memès breuzryez.
— *Il est de la grande confrairie, pour dire qu'il est marié,* eus ar vreuzyez vras
co, demezet eo. — *Ces deux choses sont
de même confrairie, de même nature,* an
daou dra-ze a so a vémès breuryez,
mémès tra int, qement a dellont, ur
mémès int.
CONFRATERNITÉ, *le corps de la confrairie,* ar guenvreuzdeur.
CONFRÈRE, *membre d'une confrairie,
d'une profession,* qen-vreuzr, *pl.* qen-
vreuzdeur. — *L'avocat son confrère,*
an alvocad e guenvreur.
CONFRONTATION, *action de confronter,* comparaich, confrontacion,
confrontadurez. — *Confrontation de
deux choses,* comparaich.

25

CONFRONTER, *mettre des choses vis-à-vis pour voir si elles sont semblables*, comparagi, *pr.* et. — *Confronter des personnes*, comparaichi, *pr.* et. — *Confronter des témoins ou des accusés*, confronti, *pr.* et.

CONFUS, *e*, *mêlé*, *embrouillé*, qemesqet, mesqet, reustlet, luzyet, luyet. — *Confus, honteux, convaincu*, mezus, feaz, fæz, mezecqëet, mezet, carguet a vèz, goloët a vèz.

CONFUSÉMENT, *sans ordre*, *pèle-mêle*, mesq-è-mesq, èn un duilhad, èn un druilhad, a stropadou, hurlu-burlu.

CONFUSION, *mélange confus de plusieurs choses*, qemesqadur, qemesqadurez, hurlu-burluaich. — *Confusion, embrouillement, désordre*, reustladur, luzyadur, luyadur, disurz, direizamand. — *Confusion, honte*, mez, dismegançz. *Van.* meh. — *Je le dis à ma confusion*, e lavaret a rañ gand va mez *ou* e'm'mez, id est, è ma mez. — *A sa confusion, parlant d'un homme*, en è vèz, gand e vèz. — *A sa confusion, parlant d'une femme*, èn he mèz, gand he mèz. — *A leur confusion*, èn o mèz, gand o mèz.

CONGÉ, *licence, permission*, permiçzion, *pl.* ou; couñgez, coñge, *pl.* ou; grad-vad. — *Avec votre congé*, gand ho grad-vad, gand ho permiçzion, gand oz congè. — *Sans congé de personne*, hep permiçzion dèn e-bed, hep grad necun, hep couñgez digand nicun. — *Donner son congé à quelqu'un.* v. congédier. — *Prendre congé, dire adieu*, qimyada, *pr.* et ; *id est*, qemer ada, qemer adi ; qimyadi, *pr.* et. — *Prendre son congé, s'en aller*, mônet quyt, mônet e roud, mont d'e hend, *pr.* eat, ëet; quytaat, *pr.* ëet.

CONGÉABLE, *domaine congéable*, doüarcongez.

CONGÉDIER, *permettre de se retirer*, rei congez da ur re da vont quyt, *pr.* roët. — *Congédier, renvoyer*, congèa ur re, *pr.* ëet; caçz er meas, caçz er e roud. caçz quyt, caçz d'ez hend, *pr.* caçzet. — *Être congédié*, beza congëet, beza caçzet èr mæs *ou* èn ez roud *ou* quyt *ou* d'ez hend. — *Congédier, donner honnêtement, le congé à*, discouvya, *pr.* et; digouffya, *pr.* et. — *Congédier un vassal*

d'une terre à domaine congéable, *n* payant ses améliorations, lacqât ur er meas, o paëa dezañ ar guëllaëu, lecqeat ; caçz ur goaz èr mæs, *pr.* *v.* baillet.

CONGÉLATION, *qualité de ch* congelées, calediguez. *Van.* caledigu

CONGELER, caledi, *pr.* et. *Van.* ledeiñ. — *Se congeler, s'épaissir en re* dissant, tevaat, *pr.* tevëet ; caletaa, ëet. *Van.* caletat.

CONGRATULATION, mercqa j roër d'e vignoned pa arru un dra bennac gandho. *Al.* qen-levenez

CONGRATULER, *féliciter*, disc da ur re e joa eus a, etc., *pr.* disen mercqa *ou* merqi da ur re e joa eus etc., *pr.* merqet.

CONGRE, *poisson de mer*, silyea vor, *pl.* silyou-vor, silyennou-vor. *Petit congre*, H.-Léon, labistrenn, labistr.

CONGRÉGATION, congregacio *pl.* ou. — *Aller à la congrégation*, mô d'ar gongregacion. *pr.* eat, ëet.

CONGRUE, *portion congrue*, ul k deread eus an dèaug dleat da rei *p* bæa da ur viqel perpetuel. *v.* port

CONJECTURE, *jugement fondé* des probabilités, ompinion, *pl.* ou. *v.* so çon, doute.

CONJECTURER, *juger au hasa* deviner, cahout ompiniou, *pr.* bet; o pinioni, *pr.* et ; divina, divinout, et ; songeall, *pr.* songet. *Van.* songei

CONJOINDRE, lacqât guevret, la qât açzamblès, *pr.* lecqëet ; qen-joën tra, *pr.* qen-joëntret; joëntra guevre joënta açzamblès, *pr.* joëntet, eren a zamblès, *pr.* erëet.

CONJOINT *par le lien sacré du mari* ge, qen-joëntret *ou* erëet gand an e sacr eus ar briedélez, unvanet-gand sacramand a briedelez, lecqeat açzam blès gand an ilis.

CONJOINTEMENT, *ensemble*, de ce cert, açzamblès, guevret, a-unan, gra è-grad, boutin.

CONJONCTION, joëntradur a zo dra, ereadur.

CONJONCTURE, stad; reñcontr,

u; occasion, *pl.* ou; darvoud, *pl.* ou.
— *La conjoncture des temps, des lieux, des personnes,* ar reñcontr *ou* an occasion has an amser, 'eus al lec'hyou, eus an lud. — *Dans la conjoncture présente des :ffaires,* èr stad presant, èr stad ma èn um gueff pep tra, èr reñcontr-mâ.

CONJOUIR, *se conjouir avec quelqu'un,* *:e réjouir avec lui du bien qui lui arrive,* liscûez e vir joa eus a vad e vignon, *pr.* liscuëzet; qen-joañçzaat eüs a içzu nad e vignon. *pr.* qen-joaûçzëet.

CONJOUISSANCE. *v. congratulation.*

CONJUGAL, *e,* a aparchand ouc'h ar pryedou', ar pez a sell ar pryedou. — *La fidélité conjugale,* ar fidelded eüs an eil pryed ê qêver eguile. — *Le devoir conjugal,* an dever a bryedélez, an dever eus an eil pryed da eguile.

CONJUGUER, *parlant des verbes,* plena, *pr.* et.-*Les verbes auxiliaires bretons qui sont* avoir, être, faire, *sont difficiles à conjuguer,* an try verb a sicour, cahout, beza, ober, a so diæz-bras da blena.

CONJURATEUR, *qui conspire, qui entrepend quelque chose contre le prince ou contre l'état,* cavailher, *pl.* yen; comploder, *pl.* yen, a enep ar roüe, ar stadou. *Van.* complodtour, *pl.* yon, yan.

CONJURATION, *conspiration, ligue, cabale secrète,* cavailh, *pl.* ou; complod, *pl.* ou. *Van.* complodt, *pl.* eü. — *Conjuration, exorcisme de l'église,* conjuracion, *pl.* ou; pedennou an ilis evit chaçzeall an droucq-spered eus a gorfou ar re boçzedet.

CONJURER, *conspirer contre la vie du prince, contre l'état, etc.,* cavailh a a enep ar roüe *ou* a enep ar stadou, *pr.* cavailhet; complodi a enep, etc., *pr.* complodot. *Van.* complodteiñ, *pr.* et.— *Cet homme a conjuré ma perte,* henn-hout èn deus toüet èn c'hollo *ou* èm ruino. *Conjurer le démon,* conjuri an diaul, *pr.* conjuret; chaçzeall an diaul gand pedennou an ilis eus ar re boçzedet gand hâ. — *Conjurer, prier instamment,* pidi stard, pidi an daouzoun joëntet, pidi çzand an daourn joëntet, *pr.* pedet.

CONNAISSABLE, aznad, enep *ou* eçz, da aznaout, oc'h, â, aâ.

CONNAISSANCE, amaoudéguez, *pl.* ou. *Van.* anaüdigueh. — *J'ai connaissance de cela,* me am eus aznaoudéguez a guemen-ze. — *Il a de belles connaissances,* aznaoudeguezou caër en deveus, beza èn deus meur a aznaoudéguezcaër, goüizyecq bras eo, abil meurbed eo. — *Prendre connaissance d'une affaire,* qemer aznaoudeguez eus a un dra, *pr.* qemeret; cahout güir da aznaout ha da varn un dra, *pr.* bet — *Connaissance, habitation charnelle,* aznaoudéguez a, affer ouc'h. — *Il a eu connaissance d'elle,* bez' èn deus bet aznaoudéguez anezy, affer èn deus bet oud-hy.

CONNAISSANT, *qui connait,* aznaoudeoq, oc'h, â, aô. *Van.* aznaüdecq, ob, aû, *pl.* aznoudéyen.

CONNAISSEUR, aznaoudeoq, oc'h, â, aô; un dèn capapl da diffaranti, un dèn a sqyand *ou* entented-mad, *pl.* tud.

CONNAITRE, aznavout, aznaout, *ppr.* aznavezet. *Van.* anaüeiñ, anaoüeiñ, *ppr.* et. — *Je connais cela,* me az eneff qemen-ze, me am eus aznaoudéguez eus an dra-ze. *Van.* me anaû en dra-ze.—*Connaitre, savoir,* gouzout, *pr.* gouvezet. *Van.* gout, *pr.* gouyet. *Al.* eduyn. — *Je connais cela,* me a oar qemen-ze, me am eus goüizyéguez eus an dra-ze. *Van.* me oér en dra-ze. — *Connaitre clairement,* aznaout aznad, aznaout sclær, aznaout reiz, gouzout reiz. — *Faire connaitre,* rei da aznaout, *pr.* roët; ober aznavout, *pr.* græt. — *Je vous ferai connaitre,* me oz roï da aznaout, me a raï *ou* me a raïo oc'h aznaout. — *Se faire connaitre,* hem rei da aznaout, *pr.* hem roët, etc. — *Se connaitre,* hem aznaout, *pr.* hem aznavezet. *Van.* him anaoüeiñ, hum anaüeiñ. — *Se connaitre à quelque chose, y être connaisseur, y être intelligent,* èn hem aznaout èn un dra, gouzout èr-vad un dra-bennac.—*Nous nous connaissons,* aznoudéyen oump.

CONNÉTABLE, *chef des marechaux de France et le premier officier du royaume,* connéstabl, *pl.* ed. — *Le connétable de Saint-Malo,* connestabl Sant-Maloü, ar c'honnestabl eus a Sant-Maloü. —

On a supprimé en France la charge de connétable, n'ez deus muy a garg a connéstabl ê Françz, n'ez deus muy cônnés-
tabl e-bed ê Françz.

CONNEXION, connexité, liaison, appartenance, ereëdiguez, pl. ou; aparchand, pl. ou.

CONNIL, lapin, conicl, pl. ed; co-
nifl, pl. ed. Van. coulin, pl. ed.

CONNIVENCE, complicité par tolé-
rance, diçzumulded, diçzumulançz, autreadur.

CONNIVER, souffrir les fautes de ceux
sur qui nous avons l'inspection, au lieu de
les punir, diçzumula, diçzumuli ar pez
a dleffémp da gourrigea, ppr. diçzumulet; güilc'hat an daoulagad, pr. güilc'het

CONNOGANT (saint) ou Güenegant,
évêqde de Quimper, sant Conogan, escop
a Guemper.

CONNU, e, part. aznavezet, gouvezet.
— Connu évidemment, aznad, patant,
oc'h, à, añ.

CONQUE, grande coquille, croguen-
vras, pl. creguin-vras. Al. conk, et de
là Conk ou Conk-kernez, 'Concarneau,
ville; de là Conk ou Conk-Leon, le Conquet, ville du B.-Léon.

CONQUÉRANT, conqueur, pl. yen;
conqerour, pl. yen.

CONQUERANTE, celle qui fait des
couquêtes de cœurs, qonqererès, pl. ed;
conqeurourès, pl. ed. — La belle Cléo-
pâtre d'Egypte fut une grande conquérante
de cœurs, Cleopatra, ar brincès caër vès
an Egyp, a voüé ur gonqerourès vras
a galonou.

CONQUÉRIR, se rendre maître d'un
pays à main armée, conqeuri, pr. et; gounit ê bresell, pr. gounczet; qemeret èn
bresell, pr. id. — Mahomet II conquit
200 villes, 12 royaumes et les deux empi-
res de Trebisonde et de Constantinople, Ma-
bomet au eil èn hano a gonqeuras d'aou
o'hant kær, daouzecq roüantélez ha
daou empalaërded.

CONQUÊTE, action du conquérant,
pays conquis, conqeurérez, pl. ou; bro
conqeurel, pl. broyou conqeurel; con-
qeury, pl. ou.

CONQUET, petite ville à l'extrémité

du B.-Léon, Conk, Conk-Leon. v. con-
que. — Aller au Conquet, mônet da
Goncq, pr. eat, ëet. — Habitant, e, de
Conquet ou de Concarneau, Concqad, pl.
Concqis, Concqidy.

CONQUIS, e, part., conqeuret, gounezet.

CONSACRER, consacri, pr. et. Van.
consacreiñ, cousacral, ppr. consacret.
—Consacrer, dédier, consacri, dedya, pr.
dedyet. — Se consacrer à Dieu, èn èm
rei da Zoüe, pr. roët; hem rei da Zoüe,
pr. roët; hem gonsacri da Zoüe, pr. gonsacret; èn hem gonsacri da servichout
Doüe, pr. gonsacret. — Une personne consacrée à Dieu, un dèn sacr, pl. tud sacr;
personnaich consacret da Zoüe, pl. ou.

CONSANGUIN, parent du côté du père, qar aberz tad, pl. qerend, etc.—Frères consanguins, breuzdeur aberz tad,
breuzdeur vès a ur memès tad. v. frère.

CONSANGUINITÉ, parenté du même
sang, du côté du père, qirintyez eus a ur
mêmès goüenn, qirintyez aberz tad.

CONSCIENCE, consyançz, coustyançz. Van. id. — Penser à sa conscience,
songeal en e gonsyançz ou èn e goustyançz, pr. songet. — Bonne conscience,
consyançz vad, ur goustyançz vad, ur
goustyançz vad a zèn. — Mauvaise conscience, goall goustyançz. — En conscience, de bonne foi, e consyançz, eñ coustiançz, eñ güiryonez, ez leal, eñ pep
lealded. — Remords de conscience, rebech, pl. ou, ar goustyançz.—Au dernier
jour le Seigneur déploiera les plis et replis
de la conscience de chacun, da'n deiz divezâ eus ar bed ar barneur a displego
ar plegou hac an eil blegou eus a goustyançz pep hiny. — Qui est sans conscience, digonsyançz, digoustyançz, oc'h,
à, añ. — Avec si peu de conscience, qer
digoustyançz.

CONSCIENTIEUSEMENT, sincèrement, en conscience, ez güiryonez, ez
consyançz, ê coustyançz.

CONSCIENTIEUX, euse, qui ne veut
rien faire dont sa conscience soit chargée,
consyançzus, coustyançzus, oc'h, à, añ.
Van. id.

CONSÉCRATION, consceration, pl.

ou ; sacradurez, *pl.* ou. *v. dédicace.*

CONSECUTIF, *ive*, diouc'h tu, an cil qerqent goude eguile.

CONSECUTIVEMENT, *tout de suite,* diouc'h tu caër, a hiny da hiny.

CONSEIL, *assemblée de personnes,* consailh, *pl.* ou. — *Le conseil d'en haut,* ar chousailh uhel. — *Le conseil d'état,* consailh ar stad. — *Le conseil des finances*, consailh ar finançz. — *Le conseil privé ou des parties,* ar c'honsailh prived. — *Le conseil des dépêches,* consailh an depechou. — *Le conseil de guerre et de marine,* ar c'honsailh a vrezell hac a vor. — *Le grand conseil,* ar c'honsailh bras. — *Conseil, avis qu'on prend ou qu'on reçoit sur quelque affaire,* cusul, *pl.* you; ally, *pl.* you; avis, *pl.* ou. — *Donner conseil,* rei cusul, rei ally, *pr.* roët. — *Demander conseil,* goulen cusul, *pr.* goulennet. — *Prendre conseil de.* qemer cusul digand, *pr.* qemeret. — *C'est bien fait de demander, de prendre conseil,* qemeret ally a ra vad. — *De sages conseils,* cusulyou fur, allyou mad. — *Conseils imprudents,* cusul diempenn, goall gusul, dievez. — *Qui est sans conseil,* digusul. — *Les conseils évangéliques,* ar c'husulyou santel eus an avyel. — *La nuit porte conseil,* èn nos ez qemerér ar silyou, dale a ra vad a vizyou.

CONSEILLER, *qui a une charge de conseiller,* consailher, *pl.* yen *Al.* cusuler, *pl.* yen.—*La charge de conseiller,* carg ur c'honsailher. — *Des charges de conseiller,* cargou a gonsailher, cargou ar gonsailhéryen. — *Conseiller d'église,* consailher a ilis. — *laïque,* consailher licq. — *honoraire,* consailher enoris, consailher a enor. — *né,* consailher-natur, consailher dre an natur eus e stad. — *qui donne des conseils,* cusuler, *pl.* yen; allyer, *pl.* yen; ally, cusul, nep a ro cusul. — *C'est un bon conseiller,* ur c'husuler mad eo, un allyer mad eo, ur guzul vad, un ally vad eo.

CONSEILLER, *donner conseil,* cusulya, *pr.* et; cusula, *pr.* et; allya, *pr.* et. *l'un.* alveiñ, cusulyeiñ. *Al.* auueg.

CONSEILLERE, *femme d'un conseil-*ler, consailherès, *pl.* ed.

CONSENTANT, *ante, qui consent,* açzant—*Un tel consentant,* hen-a-hen açzant *ou* ô veza açzant *ou* ô açzanti.

CONSENTEMENT, açzand, grad, grad vad, autreadur, autrezidiguez.—*D'un commun consentement,* gand açzand ar bed oll, gand grad vad an oll, au oll ô açzanti. — *Consentement de mariage,* grad a bryedélez.

CONSENTIR, açzanti, açzantout, *ppr.* açzantet, rei e c'hrad vad, rei e autreadur, rei e açzand. *pr.* roët.—*Qui se tait semble consentir, c'est une maxime de droit,* nep ne lavar guer a so açzant, hervez ar güir. — *Dans les contrats de mariage on met toujours : si Dieu et notre mère sainte église y consentent,* er c'houtrageou a zimizy ez lecqear alau : diñdan grad vad an autrou Doüe hac hiny hon mammm santel an ilis.

CONSEQUEMMENT, *par conséquent,* rag-ze, dre-ze, eyel-ze, partant, var-ze, qent-ze.

CONSEQUENCE, *conclusion d'un raisonnement,* consequançz.—*Conséquence, suite,* heul, lost, lerc'h, penn.—*Cela aura des conséquences,* an dra-ze èn devezo heul, un dra-bennac a zeui da heul qemen-ze *ou* var lerc'h qemen-ze, ur goall affer-bennac èn hem gavo é penn qemen-ze *ou* é lost qemen-ze- — *Conséquence, importance,* poüés bras, dellid bras, pris bras, conseqançz.—*C'est un homme de conséquence,* un den a un dellit bras eo, un dèn a ur boüés vras eo, un dèn a gouseqançz eo.—*Une terre de conséquence,* ur plaçz eus a ur pris bras, ur plaçz caër, ur plaç terrupl.—*Une affaire de conséquence,* un affer eus a ur poüés bras, un affer poüésus, un dra pehiny a oulenn ez sonchet enhâ a zévry *ou* a-barfedet, un affer a gouseqançz.

CONSERVATEUR, conserver, *pl.* yen ; conservour, *pl.* yen. — *Dieu est notre conservateur,* Doüe a so dre e vadélez hon c'honservour *ou* hon c'honservor. — *Juge conservateur,* conservereus ar faveryou accordet da ur gummunitez.

CONSERVATION, conservidiguez, aoucy da gonservi, selvediguez. v. *salut.*

* CONSERVE, *confiture sèche* , confitur seac'h , conservès,—Conserves, lunettes , lunedou-conserv.

CONSERVER, conservi, *pr.* et. — *Conserver, garder*, miret , *pr.* id.; goüarn, *pr.* et.—*Conserver, entretenir,* qenderc'hel, *pr.* qendalc'het. —*Conserver, préserver de* , miret ouc'h , *pr.* id. divoall ouc'h, *pr.* divoallet; divenn ouc'h , *pr.* divennet.—*Se conserter*, hem gonservi; *pr.* hem gonservet; hem viret, hem c'hoüarn , hem guender-c'hel, divoall, hem divenn.

CONSIDERABLE, *important*, considerapl, istimapl, istimus, oc'h. à.

CONSIDERABLEMENT, en ur fæçzoun considerapl, cals, meurbed.

CONSIDERATION, *action de considérer*, evez bras, evez mad, mëurded, pridiridiguez.--*Considération, réflexion*, souch parfed, furnez.—*estime*, istim, resped. — *raison, intérêt*, abecq, résoun , profid.

CONSIDEREMENT, gand furnez, gand cals a furnez, gand mëurded, gand mëurded vras.

CONSIDERER, *regarder avec attention*, consideri, *pr.* et; consideri piz, *pr.* consideret piz ; sellet èr vad, sellet piz, *pr.* id.; songeall parfed, songeall a zévry, *pr.* songet.—*Considerer, contempler*, contémpli, *pr.* et.—*Considérer, estimer*, istimout, *pr.* istimet.—*Fort consideré*, istimet bras.

CONSIGNATAIRE, *depositaire*, *etc.*, tredeocq, tredeecq. *id est, tierce personne.* dispositour , *pl.* yen.

CONSIGNATION, consinacion, *pl.* consinacionou.

CONSIGNER, consina , *pr.* et; lacqât é tredeocq; lacqât é tredeecq, *pr.* lecqëet.

CONSISTANCE, consistançz, stad, stad padus.

CONSISTER, consista , *pr.* et.

CONSISTOIRE, *tribunal de Rome*, consistoar; ar c'honsistoar, *pl.* ar pap. --*Consistoire secret*, consistoar secred. —*Le pape a tenu son consistoire*, ar pap

èn deus dalc'het consistoar, ar pap èn deveus qemeret avis ar gardinaled.— *Consistoire de calvinistes*, açzamble ar vinistred hac ar re ancian eus an hugunoded, *pl.* açzamblëou.

CONSISTORIAL, *ale*, a aparchant ouc'h ar c'honsistoar, a drémenn dre ar c'honsistoar *ou* dre lès segred ar pap. — *Les crèches et les abbayes sont bénéfices consistoriaux qu'il faut proposer au consistoire*, an escoptyou hac an abatyou a röer èr c'honsistoar.

CONSOLABLE, consolapl, confortapl, a allér da gonsoli, a alleur da gouforti.—*Qui n'est pas consolable*, digonsol, disconfortapl, disgonfortapl , oc'h. à , añ.

CONSOLANT, *ante*, consolus, confortus, frealsus. oc'h, à , añ.

CONSOLATEUR, consoler, *pl.* yen; conforter, frealser, *ppl.* yen; soulaich.

CONSOLATION, conforz, confort, consolation, *ppl.* ou; frealsidiguez. *Van.* confort, confortançz.--*Sans consolation*, disconfort, digonfort , digonsol.

CONSOLER, consoli, conforzi, conforti. *ppr.* et, *Van.* consoleiñ , conforteiñ , *ppr.* et.

* CONSOLIDE, *plante*, scouarnasen.—*La petite consolide*, lousaouenn an touar.

CONSOLIDER, *rejoindre*, *parlant d'une plaie*, qiga, *pr.* qiguet.—*La plaie se consolide*, qiga a ra ar gouly.

CONSOMMATION, *dissipation*, *etc.*, disping , disping bras, dismand, implich, goall implich, dismantr.—*Consommation du mariage*, an acciou a brycdélez, an dever a brycdélez.

CONSOMMER, *achever*, *finir*, peuræchui, *pr.* peur-æchuet; peur-ober, *pr.* peur-c'hret; fiuveza, *pr.* et; ober fin, ober difin, *pr.* græt.—*Consommer*, *user*, *dissiper*, impligea, implich, *ppr.* impliget; dispiguout, dispign, *ppr.* dispiguet; goall-impligea, *pr.* goall-impliget.— *Consommer tout son bien en folles dépenses*, teuzi e oll vad, *pr.* teuzet; foëdta e drantell, foëdta e oll dra, foëdta e oll vad, *pr.* foëdtet; dispign e oll vadou, *pr.* dispignet; bérezi e vadou, *pr.* **bévezet.**—*Consommer, réduire par la cuisson*, coaza . *pr.* et. *Van.* coaheiñ.

**CONSOMMÉ**, *parfait, qui excelle*, parfed-bras, parfed meurbed, vertu- zus bras, gouizyecq meurbed, abil bras, forz abil.—*Une vertu consommée*, ur vertuz ar vraçzâ, ur vertuz ar par- fedtâ.

**CONSOMMÉ**, *bouillon*, bouilhouçz *pl.* ou ; consommed.

**CONSONNANCE**, *accord de sons*, daçzon , *pl.* daçzonyou.

**CONSONNE**, *lettre qui seule ne for- me aucun son*, consonenn , *pl.* ou.—*Les consonnes et les voyelles*, ar gonsonen- nou hac ar vogalennou.

**CONSORT**, qenseurd, *pl.* ted; con- sord, *pl.* ted ; lodecq, *pl.* lodéyen.

**CONSPIRATEUR.** *v.* conjurateur.

**CONSPIRATION**, *conspirer. v.*-y.

**CONSTAMMENT**, *avec constance*, è memes fæçzoun atau , hep ceñch ne- pred.—*Constamment; avec fermeté*,gand fermder, ferm ; ez ferm.

**CONSTANCE**, *fermeté d'âme*, ferm- der , poëll, parfeļery, pârfidiguez. *De poëll vient* berr-boëll *et* bar-boël, *in- constance.* — *Constance persévérante*, fermder bede ar fin.

**CONSTANT**, *ante, assuré, certain. v.- y.*—*Constant, qui a l'esprit ferme et in- ébranlable*, ferm, parfed, poëllet-mad, stard, padus, oc'h, â, añ.

**CONSTELLATION**, *amas d'étoiles*, steredenn , *pl.* ou. *v,* astre.

**CONSTER**, *être certain et évident*, be- za certen hac haznad,*pr.* bet.—*Il conste que*, certen hac aznad eo penaus.

**CONSTERNATION**, tristidiguez , encqrès. *Van.* chiff. *Al.* azrecq.

**CONSTERNER**, lacqât da goll cou- raich gand encqrès, *pr.* lecqeet: tris- tât, *pr.* tristéet; encqrèsi, *pr.* et.

**CONSTIPATION**, calediguez , ca- lediguez-coff. *Van.* ealedigueh, gous- tibüadur.

**CONSTIPER**, caledi, *pr.* et; caledi ar c'hoff, lacqât ar c'hoff da galedi.*Van.* caletét, *pr.* éet; goustihuéiñ, *pr.* et.

**CONSTIPÉ, ée**, caledet ; ne deo qet libr a goff, ne all qet mônet var vâs.

**CONSTITUER**, *établir*, lacqât, lac- qât èn ur stad-bennac, *pr.* lecqëet ; ober, *pr.* græt. — *Constituer un homme prisonnier*, lacqât ur re èr prisoun. — *Qui vous a constitué juge sur Israël?* piou èn deveus oz lecqeat-hu barneur èn Israël *ou* var Israël? piou èn deus ho great-hu barner d'ar re all*ou* var ar re all? — *Constituer une rente*, lacqât ul leve var, *pr.* lecqëet: diaseza ur rénd var, etc., *pr.* diasezet ; ober constitud, ober constitudou , ober constitugeou , *pr.* græt; rei var gonstitud, *pr.* roêt ; lacqât var gonstitud, lacqât è consti- tud, *pr.* lecqëet ; contitui ur rénd.

**CONSTITUT**, constitud, *pl.* cons- titudou, constitugeou; leve-constitud, rènd-constitud.

**CONSTITUTION**, *règlement, etc.*, statud , *pl.* statudou . statugeon ; or- drenançz,*pl.* ou.*v.* constitut,*complexion.*

**CONSTRUCTION**, ar fæçzon da o- ber ediviçzou , ar fæçzon *ou* an ard *ou* ar sqyand da sevel tyès, ilisyou, etc. fablicqérez,

**CONSTRUIRE**, *bâtir*, fablicqa,*pr.*et.

**CONSUBSTANTIEL**, un van, ur van , eus a ur memès substançz.—*Le Fils de Dieu est consubstantiel au Père é- ternel*, Doüe ar Map a so eus a ur me- mès natur gand Doüe an tad.

**CONSUL**, consul, *pl.* ed.

**CONSULAT**, consulad , *pl.* ou;carg ur c'honsul, amser ur c'honsulad.

**CONSULTANT**, *qui donne conseil*, cusuler, *pl.* yen ; nep a ro cusul.—*A- vocat consultant*, alvocad cusuler. — *Consultant, qui demande conseil*, nep a oùlenn cusul, digand; nep a guemer cusul *ou* ally, digand ur re.

**CONSULTATION** *d'avocats, de mé- decins*, cusuladur, *pl.* you ; cusuladu- rez,cusulidiguez,*pl.* ou; cusul,*pl.*you.

**CONSULTER**, *demander avis*, gou- lenn cusul digand tud fur, goulenn cusuladur, *pr.* goulennet; qemer cu- sulidiguez digand, qemer ally digand tud aviset mad, *pr.* qemeret.

**CONSUMER**, *détruire*, bévezi, *pr.* et; distrugea, *pr.* distrujet; disman- ta, *pr.* et.—*Consumer, diminuer par le*

*nuisson*, coaza, usa, *ppr.* et. *Van.* coaheiñ, *pr.* et.—*Votre tisanne est consumée*,
ooazet oll eo ho tisan. *Van.* coahet êu
bloh hou tisan.—*Consumer, brûler entièrement*, ludua, *pr.* et; peur-dézvi,
*pr.* peur-désvet; peur-losqi, *pr.* losqet.
—*Consumer, brûler à demi*, gourlesqi,
*pr.* gourlosqet; hanter-lesqi, *pr.* hanter-losqet.

CONTACT, *action par laquelle deux
corps se touchent*, touich, an touich.

CONTAGIEUX. *euse, qui se communique*, droucq a allér da zéstum, droucq
a so cas da c'hounit. *Al.* mérnentus.
oc'h, añ. — *Contagieux, pestilentiel*,
boçzennus, oc'h, à, añ.

CONTAGION, cléved eaz da c'hou-
nit, *pl.* clèvegeou eaz da c'hounit. *Al.*
mérncnd. — *Contagion, peste*, boçz,
boçzenn, ar boçz, ar voçzenn.

CONTE, *récit fabuleux*, conchenn,
*pl.* ou; count, *pl.* counchou; mau-
geñn, *pl.* ou; farçz, *pl.* ou; màrvailh,
*pl.* ou; taryell, *pl.* ou. *Van.* contadeñ,
qerheñ, guerzeeñ, *ppl* eû. *v. fable.* —
*Contes de vieilles*, conchou grac'hed,
conchou horn, conchennou picqous.
— *Conte, rêverie*, sorc'henn, *pl.* ou.

CONTEMPLATIF, contémpler, *pl.*
yen.--*Les pères de la vie contemplative*, an
tadou contémpléryen, ar goutém-
pléryen.

CONTEMPLATION, contémpla-
cion, *pl.* ou.

CONTEMPLER, contémpli, *pr.* et;
*Van.* contampleiñ, *pr.* contample.

CONTEMPORAIN, *e*, nep a so a'vemès amser, nep so eus a ur memès amser, nep a vev *ou* vevé é memès amser
*ou* é memès candved.

CONTENANCE, *capacité d'un vaisseau*, dalc'h, dalc'hidiguez. — *Contenance, posture, disposition, manière*, contanançz, *pl.* ou; gestr, *pl.* ou; begzoun,
*pl.* you; cadançz, *pl.* ou. — *Qui n'a pas
de contenance*, digountanançz.

CONTENANT, *e*, a dalc'h ènnâ-c-
unan, a gomprenn, a doug, en deus,
dalc'hus.

CONTÉNIR, *renfermer en soi*, der-
c'hel, *pr.* dalc'bet; compren, *pr.* et;

cahout, *pr.* bet; douguen, *pr.* douguet.
— *Qui ne contient point*, didalc'hus.

CONTENU ( le ) *de l'inventaire*, qement a zoug an inventor.

CONTENT, *satisfait*, countant, oc'h,
à, añ. *Van.* cotant.—*Je ne suis pas content*, ne doun qet countant, droucq-
countant oun. — *Content, joyeux*, la-
ouëan, countant, oc'h, à, añ.

CONTENTEMENT, *satisfaction*,
countantamand, *pl.* countantaman-
chou.—*Contentement, plaisir*, countantamand, *pl.* chou; pligcadur, *pl.*
you; barados ar bed.—*On ne peut pas
avoir ici-bas les contentements charnels et
mondains, et les véritables contentements
dans l'autre monde*, ne alleur qet beza
bremañ è barados ar c'hicq gand an
ancvaled, ha trémeu'goude-ze da varados an spered gand an ælez, ne alleur qet cahout barados èr bed-mà, ha
barados èr bed-hont. — *Donner contentement*, rei countantamand, *pr.* roët.

CONTENTER, countanti, *pr.* et;
satisfia, *pr.* satisgræt. *Van.* cotanteiñ.
— *Contenter sa passion*, countanti e
voall-inclinacion, goualc'ha e youl disordren, *pr.* goual'chet.—*Se contenter
de*, hem gountanti gand, *pr.* hem goun-
tantet gand; beza countant gand *ou*
eus à, *pr.* bet.—*Il ne se contente pas de
peu*, n'hem gountant qet gand nebeud
a dra.—*Il ne se contente pas s'il ne dérobe*,
droucq-countant eo man na laêzr.

CONTENTIEUX, *litigieux*, debatus,
oc'h, à, añ; pe evit hiny ez eus debat
è justiçz, divarbenn pe hiny ez eus
argu *ou* procès. *v. agacer.*

CONTENTIEUSEMENT, gand debat, gand argu, gand striff, èn ur
fæçzon debatus.

CONTENTION, *débat*, debat, *pl.* ou;
arguz, *pl.* ou; argu, *pl.* arguou.—*Contention, forte application*, stryff, poëllad
bras, cals a acqed.—*Avec beaucoup de
contention et d'ardeur*, gand cals a stryff
hac a domder.

CONTER, *faire un récit*, disrevel, *pr.*
disrevelet; dianevel, *pr.* et. *v. raconter.*
— *Conter, faire un conte plaisant*, lavaret conchou, lavaret maugennou, la-

a ret farzou *ou* marvailhou , *pr.* id.

CONTESTABLE, arguzabl, deba-
apl , oc'h , â.

CONTESTANT, *e*, debatèr, *pl.* yen;
nep a disput; nep a debat naguen,*pl.*
naguenned. *v. naqueter*.

CONTESTATION, debat, *pl.* ou;
tryff, *pl.* ou, stryvou. *v. contention*.

CONTESTER, *disputer, plaider*, arguzi, *pr.* et; argui, *pr.* et; stryva ouc'h
ar re, *pr.* et; cahout debat, cahout herrol, *pr.* bet; herroli, *pr.* et; riotal, *pr.*
riotet. *v. contrarier*

CONTEUR, *qui conte des plaisanteries*,
conchennor, *pl.* yen ; marvailher, *pl.*
yen ; farçzer, *pl.* yen. *Van.* marvailhour, *pl.* marvailheryon.

CONTIGU , *e , attenant* , a douich
ouc'h, harz ouc'h-harz, taust da, taust-
ha-taust, touich-é-touich. *B.-Léon*, or-
harz dorz-harz, *id est, porte à porte.* —
*Tout contigu*, e harzicq, é qichennicq,
é qichanicq, harzicq-harz.

CONTIGUITÉ, taustidiguez , harzidiguez.

CONTINENCE, *abstinence des plaisirs*
*illicites*, miridiguez ouc'h ar pligeaduryou disennet. *Al.* dalc'hadur. — *Vi-*
*vre en continence, garder le célibat*, beva
disemez, *pr.* bevet. — *Vivre en conti-*
*nence dans le mariage*. beva ebarz ar briedélez, evel breuzr ha c'hoar; hem drémen é priedéle eus ar plijaduryou
permetet.

CONTINENT, *ente*, nep èn hem vir
ouc'h ar pligeaduryou, qeu disennet,
qeu permetet;mæstr eus anczâ e-unan.
*Al.* dalc'hus.

CONTINGENCE, chançz, avantur,
fortun.

CONTINGENT , *casuel , incertain* ,
chançzus, douétus, a all darveaout.—
*Il a payé son contingent* , paëet èn deus
ar pez a digouézé gand hâ. — *Le futur*
*contingent*, a allé da arruout pe chomm
hep arruout.

CONTINU, *sans interruption*,diouc'h-
tu, hep paouez, hep spanaënn. *B.-*
*Léon*, hep astal. — *Fêtre continue*, terzyenn diouc'h-tu, terzyenn ue guyta
tamm. *Van.* terbyan doh-tu.

CONTINUATEUR, *qui continue*, cun-
tinuèr, *pl.* yen.

CONTINUATION, qendalc'h, cun-
tinuacion.

CONTINUEL, *le*, continual, bepred-
padus, hep ceçz. — *Peine continuelle*,
poan hep ceçz, poan bepred, poan be-
pred-padus, ur boan guntinual.

CONTINUELLEMENT, hep ceçz,
hep paoüez , da bep-mare , deiz-nos,
da bep eur, da bep-mounent , atau.

CONTINUER, cuntinui, *pr.* et. —
*Continuer, persister, être ferme*, qender-
chel, *pr.* qendalc'het, derc'hel-mad,
*pr.* dalc'het mad.

CONTINUITÉ, *suite*, *liaison de par-*,
*ties*, cuntinnançz, ereediguez.

CONTORSION, gest-tro,*pl.*gestrou-
tro; tro ha distro, *pl.* troyou ha distroyou; tro-distro, *pl.* tro-distroyou, tro-
distrogeou.

CONTRACTANT , *qui contracte*, nep
a dremen contrad; contradour, *pl.*yen;
contrader, *pl* yen,

CONTRACTANTE,contradourès,*pl.*
ed; contraderès, *pl.* ed.

CONTRACTER , *faire un contrat* ,
contradi, *pr.* et; tremen contrad , *pr.*
trémenet; uber ur c'hontrad, *pr.* græt.
— *Contracter une alliance*, contradi neçzañded. — *Contracter amitié avec*, ober
amintyaich gand. — *Contracter de mau-*
*vaises habitudes*, qemeret goall-accus-
tumanchou, *pr.* id.; qemer techou-fall,
*pr.* qemeret — *Contracter une maladie*,
gouñit ur c'hlèved, *pr.* gounezet; destum ur c'hlèved, *pr.* déstumet.

CONTRACTION, *réduction de deux*
*syllables en une*, diverradur a syllaben-
nou. — *Contraction de nerfs*, diverradur
ar goazyed, diverradur an nervennou.
—*La convulsion est une contraction de nerfs*,
ar glisyen a so un diverradur-goazyed.

CONTRADICTEUR , *qui contredit* ,
nep èn deus gûir da gontrolya.

CONTRADICTION, *contrariété de*
*sentiments et de paroles*, controllyez a u-
mor hac a gompsyou. — *Un esprit de*
*contradiction*, ur spered controll, un u-
mor a gontrollyez. — *Il y a de la con-*
*tradiction en ce que vous dites* , control-

lyez **èn em gueff** èn ho **eomsyou**, ho comsyou a so controll an eil da eguile eu an eil-ro d'ar re **guentâ**.

CONTRADICTOIRE, controll an eil da eguile. *Pour le fem.* controll en eil da he-ben. — *Deux propositions contra- dictoires*, diou breposicion a so an eil controll da he-ben, diou breposicion controll-beo.

CONTRAINDRE,*violenter*,contraign, *pr.* et; forza, *pr.* et; redya, *pr.* et. *Al.* destris, *pr.* et.*Van.*contraigneiû,*pr.* et. — *Sans être contraint*, hep beza contrai- gnet, hep beza contraign, hep con- traign, hep redy.—*Se contraindre*, hem gontraign, *pr.* hem gontraignet.

CONTRAINT, *e*, contraign, con- traignet.

CONTRAINTE, *violence*, contraign, forz, nerz, redy, hecg. *Al.* destriz.*Van.* contraign. — *Par contrainte*, dre gon- traign, dre forz, gand redy. — *Sans nulle contrainte*, hep nep contraign, hep nep redy. — *Par quelque contrainte que ce soit*, dre nep contraign-bennac a véz.

CONTRAIRE,controll,controll,oc'h, â, aû. *Van.* contréël. — *Le vice est con- traire à la vertu*, ar viçz a so controll d'ar vertuz.— *Vent contraire*, avel con- troll.—*Contraire, nuisible*, noasus, oc'h, â, aû. —*Le maigre vous est contraire, dit d'abord le médecin*, ar vigel a so noasus deoc'h, eme ar midicin da un dèn clañ ha n'en deffé droücq nemed ê peñ e vès. — *Le contraire*, ar c'hontroll. — *Les contraires*, an traou controll an eil da eguile. — *Au contraire*, èr c'hon- troll. —*Tout au contraire*, èr c'hontroll- beo, ê controll-veo.

CONTRARIANT, controller,*pl.* yen; cusjum *ou* douguet da gontrollya ar re- all, hegus, controllyus, rendaëlus, oc'h, â.

CONTRARIER, controllya, *pr.* et; c'hoari ar c'hontroll, *pr.* c'hoaryet; o- ber-ar c'hontroll *ou* ar c'hontrell; ober an hecq; ober an daël, *pr.* great, græt; hegal, *pr.* heguet; réndaël, *pr.* réndaë- lot, réndaët.

CONTRARIÉTÉ, controllyez,*pl.* ou; daël, *pl.* ou; hecg, *pl.* hegou.

CONTRAT, contrad,*pl.* contrag *Van.* contrad, *pl.* eü. — *Contrat de riage*, contrad-dimizy. — *de donat* contrad-donéson, contrad a zone —*illicites*, contrageou divennet.— *raire*, contrad usurer, *pl.* contrag usurer, contrad usuler. — *Il y a sieurs sortes de contrats*, naouz ped s contrageou a só.

CONTRAVENTION, mancq c'her, terridiguez ul lésenn, un d enep da ul lésenn. *Van.* disobeïza

ÇONTRE, *préposition*, aënep, æ oc'h. *Van.* ænep, oud, ouz. — *C moi*, a ënep diñ, a enep diñ-me ænep, èn ænep-me, ouzon, ouziñ — *Contre toi*, a ënep did, a ënep e, cû da ænep, èn da ænep-te, o ouzoud, ouzoud-de. — *Contre lui*, nep dezâ, a enep dezâ-en. èn e æ èn e ænep-ê, ountâ, oudhañ, ot eñ. — *Contre elle*, a ënep dezy, ou èn he ænep. —*Contre nous*, a ënc omp, a ënep dcomp-ny, èn hon a èn ænep deomp, èn hon ænep-ny zomp, ouzimp, ouzomp-ny. — *C vous*, a ënep deoc'h, a ënep deoc'l èn o c'hænep, èn o c'hænep-hu ænep deoc'h-hu, ouzoc'h, ouzoc'l — *Contre eux, contre elles* a ënep a-ënep dèzo-y, èn o ænep, èn o a y, outo, oudho-y, oudheu, oudh oudhé, oudhé-y, oudhé-é. — *C tous*, aënep d'an oll, ænep an o *Contre son gré*, aënep d'e c'hrad desped dezâ, aënep e youll. *fiñ* nep d'he grad, eû desped dezy, a he youll. — *Disputer contre quelqu* arguï ouc'h ur re-bennac, *pr.* ar — *Contre bas, vers le bas*, ouc'h tr var boués traoun, ètre-ze traoun naou, oud tnaou.—*Contre mont*, creac'h, var boués creac'h, ouc' neac'h, var bignât, var bigñ, oud l — *Pour et contre*, evit hac ænep, tn hac èn eguile, evit an eil hac e *— Contre, auprès. v. auprès,*

CONTRE-BALANCER, *mettr chose en comparaison avec une autre,* comparaichi daou dra evit guëll hiny co ar guëllâ, *pr.* comparai

CONTREBANDE, *marchandise' de* dèn, evit unan.

*entrebande*, marc'hadourez difennet
lindan boan a sæzy, marc'hadourezou
lifennet dre embañ, marchadourez
laud. — *Faire la contrebande*, flaudi,
*r.* flaudet. *r. frauder.*

CONTRE-CHARME, contrechalm,
*pl.* ou; remed dichalmus, remed oud
ar chalm.

CONTRE-COEUR (à), *avec aversion,
avec regret*, aënep d'ar galoun, gand
donger, gand heug, gand reqed, gand
re gred, gand euz, gand herès.*v.aversion.*

CONTRE-COUP, *à la tête par quelque*
*coups ou chute*, aztaul, *pl.* you; had-taul,
*pl.* you. — *Contre-coup, rebond d'une*
*pierre , etc.*, aztaul, hadtaul, *ppl.* you.

CONTREDIRE, controllya dre goinps,
*pr.* controllyet; lavaret ar c'hontroll d'ar
re all. *v. contrarier.*—*Se contredire*, hem
drouc'ha èn e gompsyou, *pr.* hem
drouc'het; lavaret ha dislavaret, *pr.* id.;
cahout e lavar hac e zislavar.

CONTREDISANT, controllyer, *pl.*
yen; nep a guff ebat o controllya ar re all

CONTREDIT, *allégation contraire,*
rapord controll, lavar aënep. — *Sans*
*contredit*, petra-bennac a allét da lavaret, lavarét ar péz a 'péz a garét; hep
nep lavar controll, hep douët e-bed.
hep mar. *Van.* hemp mar, hemp arvar.

CONTRE-ECHANGE, esqem, evit.
—*Il a eu un beau chapeau en contre-échange*
*d'un m'chant manteau*, beza èn deus bet
un tocq caër èn esqem da ur goz vautell *ou* evit ur vantellicq fall.

CONTREFAIRE, *imiter*, doubla, *pr.*
et; copya, *pr.* et; contrefetti un daulenn, ur c'hachet, *pr.* contrefettet.—
*déguiser*, diguiza, *pr.* et. —*quelqu'un de*
*paroles, de gestes*, denvès ur re, *pr.* den-
veset; difrès, divrès, *pr.* et; disnevel,
*pr.* et; denevel, *pr.* et.—*l'homme de bien,*
qemer. ar spès a zèn honest, *pr.* qemeret: contrefetti an dèn honest, *pr.*
contrefettet.

CONTREFAIT, *difforme*, disleber,
difæçzou, didailh, diforch, diforc'h,
oc'h, à. *Van.* difeçzonet, difeçzon.—
*Quel contrefait, q uel vilain homme*, dis-
lebard dèn, difæçzoad dèn, diforchá

CONTRE-JOUR, *lumière opposée à*
*quelque chose*, amc'houlou, disc'houlou,
*v. obscurité.*—*Les femmes se placent tou-*
*jours à contre-jour*, ar graguez a asez a-
tau èn amc'houlou *ou* èn disc'houlou.
—*Un contre-jour ôte toute la beauté d'un*
*tableau*, an amc'houlou a lam e oll
gaërded digand un daulenn.

CONTRE-LETTRE, lizer controll
da un all diarauc, *pl.* lizerou controll
d'ar re all diarauc.

CONTRE-MAITRE, contre-mæstr,
*pl.* contre-mistry.

CONTRE-MANDEMENT, qemena-
durez controll, qimingadez controll
d'ar guentâ; disqemenadurez.

CONTREMANDER, disqemen n, *pr.*
disqemènnet. *Van.* disqemenneiñ. —
*Contremander ceux qu'on avait invités ;*
discouvya, *pr.* et; digouffya, *pr.* et. *Van.*
digouyeiñ, *pr.* et.

CONTRE-MARQUE, eil merq, un
azvercq, hadmerq.

CONTRE-MUR, azvar, *pl.* you; had-
mur, *pl.* you; azvoguer, *pl.* you.

CONTRE-MURER, azvurya, *pr.* et;
azvoguerya, *pr.* et.

CONTRE-ORDRE, disqemeñadurez,
*pl.* ou; urz controll.

CONTRE-PESER, contrepouësa,
*pr.* et; pouësa qement hac un all, *pr.* et.
—*Cent livres de plume contre-pèsent cent*
*livres de plomb*, cant livr pluñ a bouës
qement ha ou qébyd ba cant livr ploum.

CONTRE-PIED, ar c'hontroll beo,
ar c'hontrell oll.

CONTRE-POIDS, pouës ingal da un
all, *pl.* pouësyou, etc.; contre-pouës,
*pl.* contre-pouësyou.

CONTRE-POIL (à), *contre le sens*
*ordinaire*, aënep, acrep, a-c'hin, dre an
tu guïn.

CONTRE-POINTER, contrellya ur
re-bennac, *pr.* controllyet. *v. contrarier.*

* CONTREPOINTIER, *qui fait des*
*courtepointes*, contrepoënter, *pl.* yen;
contrepoëntou r, *pl.* yen.

CONTRE-POISON, *antidote*, remed
ouc'h an ampoësou, *pl.* remejou, etc.;
lousou euc'h an ampoësoun.

CONTRE-PORTE, un eil dor, *pl.* eildoryou, — *Une demi-contre-porte,* doricqell, *pl.* ou; oricqell, *pl.* ou.

CONTRECARRER, *s'opposer aux desseins de quelqu'un,* controllya ur re a bep poënd, controllya a bep hend, *pr.* et.

CONTRE-QUILLE. *v.* carlingue.

CONTRE-RUSE, *ruse opposée,* azfineçze, *pl.* ou.

CONTRE-SCEL, contresyell, syell, guin, syell ænep.

CONTRE-SCELLER , contresyella, *pr.* et; laeqât ar c'hontresyell *ou* ar syell guin *où* ar syell ænep, *pr.* laeqeat.

CONTRE-SENS, *sens contraire, opposé au bon sens,* sinifyançz controll. — *Donner un contre-sens à ce que dit quelqu'un,* rei ur sinifyançz controll d'ar pez a lavar ur re, *pr.* roët. — *A contre-sens, à rebours,* èr c'hontroll-beo, èr c'hontrell oll, a c'hin, a-ënep, a-dreuz, a viés. *Van.* è contrbiés.

CONTRE-TEMPS, *temps mal pris,* digours, *pl.* ou; dibred. — *A contre-temps,* eñ digours, èr mæs a gours, èr meas a amser, èn amser gontroll, è dibred, è mæs a brèd.

CONTREVENANT, *e,* nep a ra ar c'hontroll-beo da ul lésén, da ur gustum, controllyer d'al lésén pe d'ar gustum.

CONTREVENIR, ober ar c'hontrollbeo d'he bromeçza *ou* d'he garg *ou* da ul lésenn *ou* d'ar gustum , *pr.* græt; controllya, *pr.* et.

CONTREVENT, prenest a-ziaveas, *pl.* prenechou, etc. *Van.* eil fanest, eil fenest.

CONTRIBUABLE, contribuapl, oc'h, ü; a eil hac a dle contribui.

CONTRIBUER, contribui, *pr.* et; sicour eus e berz e-unan, *pr.* sicouret.

CONTRIBUTION, contribucion, *pl.* ou; préamand coumaum *ou* boutin.

CONTRISTER. *v.* attrister.

CONTRIT, *e, bien repentant,* qeuzedicq, qeuzeudicq, oc'h, â, añ; mantret e g'dou gad ar c'heuz.

CONTRITION, *véritable douleur d'un pénitent,* qeuzedicq guiryon eus e bec'hejou, qeuz glac'hou, güir geuzz,

güir glac'hard, glac'har parsed, mantradur a galoun. — *Avoir la contrition,* qeuzya è güiryonez, *pr.* qeuzyë cahout ur gueuzidiguez güiryon : cahout ur glac'har parsed, cahout e galon mantret gand glac'har, da veza c'het, *pr.* bet. — *Faire souvent des actes de contrition,* ober allyès actou *ou* actou a c'hale'har parsed, *pr.* græt; goulennallyès gand ur galon mantret, pardon eus e bec'hejou, digand Doüe, goulennet.

CONTROLE, conteroll, conterol, *ppl.* you. — *Il y a differents contrôles,* cals conterollyou a so.

CONTROLER, *enregistrer des actes,* etc., counterolli, controrolli, *ppr.* et. — *Contrôler, critiquer,* counterolly, *pr.* et, *v.* critiquer.

CONTROLEUR, counteroller, controllour, conteroller, *ppl.* yen. — *Le contrôleur général,* ar c'hountroller general, ar c'hontrollour bras, ar c'houtroller general. — *Le contrôleur de marine,* ar c'houteroller-vor, counteroller er verdeadurez. — *Contrôleur, critique, censeur,* counteroller, *pl.* yen.

CONTROLEUSE, counterelleres, *pl.* ed.

CONTROVERSE, dispud var un dra pehini ne deo qet açzur, *pl.* dispudou var draou pere, etc. — *Controverse contre quelque secte,* argu *ou* stryff a-enep un diçzivoud-bennac, *ppl.* arguou, stryvou. — *Controverse contre les hérétiques,* dispud a-enep an hugunauded, *pl.* dispudou. — *Prêcher la controverse aux hérétiques,* prezecq d'ar barbailhauded an poëuchou eus ar feiz pere a nac'hont

CONTROVERSISTE, nep èn deus scrivet pe prezeguet var ar poëuchou nac'het gand an hugunauded.

CONTROUVER, *inventer quelque calomnie ou imposture,* forçzouni falséntez var honés ur re, *pr.* forçzounet; songeal guevyer var goust ur re, *pr.* songet; forge a, feinta, fincha, solita fairentez, *ppr.* et.

CONTUMACE, *refus de comparaître en justice,* réus da gompari è justiçz — *Condamné par contumace,* condamnet evit beza bet desfailh, condaunet evit beza bet desfailhct, còndaunet dre zefaut. — *Contumace*, *qui refuse de comparaître en justice*, *y étant assigné*, desfailh,*pl.* ed;nep a lell dezà ober defaut. —*Se rendre contumace*, desfailha, *pr.* et; ober defaut, le-el defaut.

CONTUMACER, disclærya é justiçz ur re-behnac desfailh goude beza bet a-benn telrguëach açzinet, *pr.* et.

CONTUS, *e*, *meurtri*, *froissé*. bronzuet, bloncet, maçzuet, oc'h, à, añ.

CONTUSION, *meurtrissure*, blonçzadur, bronzuadur.

CONVAINCANT, *ante*, sclear, haznad, patant, oc'h, à, añ.—*Une raison convaincante*, ur résoun haznad, *pl.* résounyou haznad.

CONVAINCRE, *persuader quelqu'un par des raisons évidentes*, qen-dræc'hi ur re var ur pouënd-bennac, *pr.* qen-dræc'het; fæza un dèn var un drabennac, *pr.* fæzet, aprouff un dra e-nep ur re, *pr.* aproëet; contraign un dèn da anzao un dra, *pr.* contraignet. —*Il a été convaincu de larcin*, qen-dræoc'het *ou* feazet, eo bet var ul laëroney, aprouët eus bet ul laëroney aënep dezà *ou* varnezà, contraiguet eo bet da ànrao é laëroney.

CONVALESCENCE, *retour à la santé*, distro é yec'hed. parediguez, pàrediguez a gleñved.

CONVALESCENT, *qui relève de maladie*, nep a zistro e yec'hed, nep a vella dezañ. nep a yac'ha dezà. C'est *proprement* landread *et* landreaud, *ppr.* ed; *mais l'usage a voulu que ces deux mots ne se prissent que dans le figuré, pour fainéant.* CONVENABLE, *décent*, deread, accord, oc'h, à, añ. *H.-Corn. et Van.* jaugeopl. oh, añ.—*Un habit convenable à cet état*, ur güisqamand deread d'e stad. —*Faire un mariage convenable, sortable*, ober ur fortun deread, *pr.* great, gret. *Van.* gehér ur fortun jaugeapl, *pr.* groeit, gret, groët ( ober un dimizy sortapl ). — *D'une manière convenable*, èn ur freçzoun deread, gand dereoch guez.—*Non convenable*, disereapl,

dijauch, amzere, oc'h, añ. *Van.* id.

CONVENANCE, heveledigucz, raport. *Van.* jauch.

CONVENIR, *avouer*, *être du même*, *sentiment*, auzao, anzaout, anzavout, *ppr.* auzàvet; hem accordi var. *pr.* hem accordet var.—·*Convenir de prix*, accordia bris, *pr.* accordet.—*Convenir*, *faire une convention*, ober un accord, ober un divis, *pr.* great, græt.—*Il sont convenus entre eux que*, great o deus qenèntrezò un divis *ou* un accord, hervez pehiny. —*avoir de la ressemblance*, hévelout, *pr.* hévelet ; cahout'héveledigucz, *pr.* het; beza heñvel, *pr.* bet. *Van.* bout hañoïtal. *Treg.* beañ hañvtal, *pr.* bet. —*Convenir*, *être sortable*, dereout, *pr.* dercet; dereadeeqàt, *pr.* ëet; beza dcread, *pr.* bet. *H.-Corn.* jaugeou. *Van.* jaugeiñ, *ppr.* jauget.—*Un tel discours ne convient pas*, ne dere qet un hevelep devis *ou* divis.—*Ne pas convenir*, amzercout, *pr.* amzercët. — *Convenir*, *délibérer sur ce qu'il convient de faire*, guëllet petra a véz mad da ober, *pr.* id.; hem glévet evit gouzout. — *Convenir*, *être dû*, beza dlëet, dereout, *pr.* dereët. —*Il m'en convient tant pour ma part*, qement-ha-qement a dere ouzon-me *ou* a so dlëet din-me, evit va lod eus a.

CONVENTION, *traité*, divis, *pl.* ou; marc'had, *pl.* marc'hageou; conlrad, *pl.* contrageou. *Van.* marhad, *pl.* eü.— *Convention secrète*, complod, *pl.* complodou, complogeou. *Van.* complot, *pl.* eü.

CONVENTUEL, *elle*, couëntual, a aparchant ouc'h ar goüend.— *Prieuré conventuel*, pryölaich couëntual.—*Messe conventuelle*, *la grand'messe d'un couvent qui se dit pour les fondateurs et les bienfaiteurs*, au offerenn couëntual.

CONVERS. *frère convers*, breüzr lieq, *pl.* breuzdeur lieq. — *Sœur converse*, c'hoar lieq, *pl.* c'hoaresed lieq.

CONVERSATION, *entretien familier*, devis, *pl.* ou; divis, *pl.* ou; propos, *pl.* you.—*Une belle conversation*, un devis caër, *pl.* devisou caër, preposyou caër.—*Un homme d'une belle conversation*, un dèn a zevis gand graçz ha loqanèz, un

diviser caër, un devisour caër, un téaud caër a zèn. — *Un homme sans con-*
*versation*, un dèn dibrepos, *pl.* tud, etc.

CONVERSER, *s'entretenir*, devisa,
divisa, *ppr.* et; preposi, *pr.* et.

CONVERSION, *transmutation*, ceûchamand a natur, ceûchidiguez a natur.—*correction de mœurs*, ceûchamand
a vuèz ou a vuëzéguez, ceûchidiguez
a vuez,—*d'un hérétique*, an dristro cus
a un hugunaud.—*d'un païen*, trémene-
diguéz ou trémenadur un dèn divadez
eus e fals-credeñ d'ar gûir-feiz.

CONVERTIR, *transmuer un corps*,
ceûch natur da un dra, *pr.* ceûchet;
chefch un dra èn unall, *pr.* et.—*Con-*
*vertir*, *changer de vie*, ceûch buëzéguez,
ceûch buèz, ceûch a vuèz, *pr.* et; distrei ouc'h Doûe dre vir binigenn, *pr.*
distroët. *Van*, distroëiñ doh Doûe. —
*Convertir les âmes à Dieu*, lacqât an dud
da zistrei ouc'h Doûe, *pr.* lecqëet;
gounit cnêou da Zoûe, *pr.* gounezet.

CONVERTI, *ie*.—*Hérétique converti*,
hugunaud distroët èn ilis, *pl.* hugunauded, etc.—*Infidèle converti*, dèn divadez trémenet d'ar gûir feiz.

CONVEXE. *à surface courbe*, ar gorre qeyneeq eus a un dra.

CONVICTION, *preuve évidente d'une*
*vérité qu'on avait niée*, prouvidiguez haznad eus a ur viryonez dinac'het, amprouff.

CONVIER, *inviter*, couffya, couvya,
*ppr.* et. *Van.* coûyeiñ, *pr.* coûyet.—*Ce-*
*lui qui convie*, couvyer, couvyer, *ppl.* yen.
*Van.* coûyour, *pl.* yon, yan.—*L'action*
*de convier, invitation*, couffy, couvy,
*ppl.* you; couvidiguez. *Van.* coûy, *pl.*
eû.—*Convier*, *exciter*, *exhorter*, aliya,
attisa, *ppr.* et. *Van.* attiseiñ, *pr.* et.

CONVIÉ, *ie*. *Un convié*, un dèn couvyet. un dèn pedet da sônet ou d'en
hem gavout.—*Les conviés*, ar couffidi,
ar re gouvyet, ar re bedet, ar re a yoa
bet pedet da zônet ou d'en hem gafout.

CONVOCATION, açzamblaich, aç-
zamblésou, qen chadurez d'en hem
açzambli. — *Convocation des prélats, de*
*la noblesse*, açzamblaich ar breladed,
açzambléson au noblançz ou ar re nobl.

—*Convocation de parents*, açzamblai
ar guerend, ar galv eus ar guerend.

CONVOI, *pompe funèbre*, tud
c'hañv, tud ar c'haouñ. —*Convoi*
*munitions de guerre*, goardou evit
voaïl arc'hand, bividiguez, mou
cionou un armê.

CONVOITABLE, desirapl, c'ho:
tapl, youalapl, oc'h, à, añ; a vilit
za c'hoantcët, etc,; hetus, hetë
oc'h, à, añ. — *Rien en ce monde n*
*convoitable que la vertu*, ne deus tra
bed imâ a guement a vilit bez a c'ho
teat ou desiret ou youlet nemed ar v
tuz hemuïqen, netra var an doûar
deo desirapl ou c'hoantapl ou youl:
nemed ar vertuz hep-qen.

CONVOITER, *désirer ardemme*
c'hontaat crê meurbed. *pr.* c'hoant
c'hoantcat; youla terrup, *pr.* youl
desirout orrupl. — *Celui qui convoit*
*femme de son prochain*, *a déjà commi*
*adultère avec elle dans son cœur*, *dit l'é*
*gile*, nep piou-bennac, cme an av
a c'hoanta cahout grecq e am ese
hennez èn deveus dija coumelet i
galouu avoultryez gandhy.

CONVOITISE, *désir de posséder le*
*d'autrui*, drouc-youl, youl disordi
c'hoantidiguez bras, drouc-c'ho:
*Al.* coûvetis. *v concupiscence*.

CONVOLER, *se remarier*, azdim
*pr.* azdemezel; haddimizi, *pr.* hac
mezet. *Van.* dimeiñ un eil guéñ. *T*
haddimiiñ, *pr.* haddimezet.

CONVOQUER, açzambli, *pr.*
guervel, *pr.* galvet.—*Convoquer les ét*
açzambli ar stadou.—*les parents*, g
vel ar guerend.

CONVOYER, compaignunecqât,
cët.—*Convoyer un corps mort*, comp
gnunecqât ur c'horf maro evit e g
vaouï.—*Convoyer les terres d'une a.*,
compaignunecqât bividiguez un ar
evit e açzurançz ou bytailh un arn
CONVULSIF, *ar* pez a zigaçz gl
CONVULSION, *contraction inco*
*laire des muscles*, glisyen, *pl.* glizy;
verradur ar goazyed, diverradure
goazyed, diverradur au nervenz
*Van.* diverrëdur er go yed.

COOPÉRATEUR, *qui coopère*, qen-oberour, qen-oberer, *pl.* qen-oberé-ryen.

COOPÉRATION, , qen-oberidiguez.

COOPÉRER, *agir de concert*, qen-ober; *pr.* qen-græt, ober guevret un dra, ober açzamblès un dra-bennac, *pr.* græt.

COPARTAGEANT, *qui partage avec un autre*, lodeyen, *pl.* qeffra-nour, *pl.* yen. *Van.* lodecq, *pl.* lodyon, lodeyan. *v. co-héritiers.*

COPEAU, scolpenn, *pl.* scolpennou, scolpad, scolpou, scolp. *Van.* scolpëen, *pl.* scolpad. — *Copeau raisonnablement grand*, ascloëdeñ, *pl.* ascloëd, æscleud. —*Copeau de pierres*, ulmenn-venn, *pl.* ulmennou-vœin. — *Faire des copeaux*, discolpa, *pr.* et; ober scolp, ober scol-pou, ober scolpad, *pr.* great, græt.

COPIE, doubl, *pl.* ou; copy, *pl.* you. *Van.* id. *pl.* eü.—*fidèle*, doubl leal, co-py leal.—*infidèle*, doubl difleal.—*col-lationnée*, doubl goarantet, copy com-paraichet.

COPIER *un acte, un livre*, doubla, *pr.* et; copya, *pr.* et. *Van.* doubleiñ, copyciñ.

COPIEUSEMENT. *v. abondamment.*

COPIEUX, *euse*, puilh, larg, oc'h, â, añ. *Al.* caugant. *v. abondant.*

COPISTE, *qui contrefait*, counterol-ler, *pl.* yen; deñveser, *pl.* yen; divre-ser, *pl.* yen; difresour, *pl.* yen; copist, *pl.* ed.—*Copiste, clerc*, doubler, *pl.* yen. copist, *pl.* ed.

COPTER, *tinter une cloche*, gobedi, *pr.* gobedet.

COPULATION, *copule*, coubladur.

COQ, *oiseau domestique*, qilhocq, qil-hecq. *ppl.* qilhéyen; qocq, *pl.* qegui, qeguer. — *Barbe de coq*, barv ar c'hil-hocq.—*Coq de bruyère*, qilhocq-gouëz, *pl.* qilhéyen gouëz, qoc·q goëz, *pl.* qe-gui goëz.—*Coq d'Inde*, qilhocq-Iñdès, *pl.* qeguer-Iñdès.—*Barbe de coq d'Inde*, barv Iñdès.—*Coq de Siam*, qilhecq Sy-am, qocq Syam.—*Petit coq*, qilhoguicq, *pl.* qilhéyennigou; qoguicq, *pl.* qe-guerigou. *Van.* coguic, *pl.* coguigueù, coguigued; ar hoguic, *pl.* er hogui-

gued, hoguiguëu. — *Le chant du coq*, can ar c'hilhocq. *Van.* can her hocq. —*Au chant du coq*, da gan ar qilhocq. *Notre Seigneur prédit à saint Pierre qu'il le renierait trois fois avant que le coq eût chanté*, hon Salver a diouganas da sant Pezr, penaus abarz can ar c'hilhocq, e teuzyé abenn téir güeach d'e renon-cya *ou* d'e zinac'h *ou* d'e zianzavout.— *Coq de paroisse, habitant notable d'une pa-roisse*, qilhocq ar barrès, *pl.* qilhéyen ar barrès; penn ar barrès, *pl.* pennou ar barrès, ar mailh, *pl.* mailhed; ar maoud, *pl.* méaud, — *de clocher*, qil-hocq, qocq.—*de navire*, qeguiner, *pl.* yen. *Van.* qiguinour, *pl.* yon, yan.— *d l'âne*, prepos-dibrepos, *pl.* preposyou dibrepos; divis n'en deus penn diouc'h lost, *pl.* divisou n'o deus penn diouc'h lost; luëaich, *pl.* ou. *de* lue, *veau.* — *plante qui a une fleur jaune*, cocq, lou-saouëñn ar c'hocq. *v. coquelicot.*

COQUATRE, gilgocq, *pl.* gilguegui, gilgueguer; qilhocq-rangouilh, *pl.* qil-héyen-rangouilh.

COQUE, *écorce dure*, cloçzenn, *pl.* cloçz; clorenn, *pl.* clorad, clor; plus-qenn, *pl.* plusq; croguenn, *pl.* crééguin. *Van.* cloren, *pl.* clorad; plusqen, pluchen, *ppl.* plusqad, pluchad.—*Co-que de noix*, plusqenn-graouñ, *pl.* plusq-craouñ; clorenn-graouñ, *pl.* clor-cra-ouñ. *v. noix.*—*Coque d'œufs*, cloçzeñ-vy, *pl.* cloçz-vyou; plusqeñ-vy, *pl.* plusq-vyou. *Van.* cloren-u, *pl.* clorad-uyëu.—*Coque de limaçon*, croguen-mel-c'huëd, *pl.* crééguin-melc'huëd.—*Co-que de semence, de ver d soie*, croc'he-nen, *pl.* croc'henennou, crééchin.

COQUELICOT, *pavot sauvage*, ro-sen-moc'h, *pl.* rosmoc'h gouëz, rosen-aër, *pl.* ros-aër.

COQUELOURDE, *sorte d'anémone*, coculoçz, ur seurd coculoçz.

COQUELUCHE, *capuchon*, cabell, *pl.* ou. *v.· capuchon.* — *Coqueluche, ma-ladie*, an dréau. *Van.* er pas bras, èr pas moug.—*Etre attaqué de la coquelu-che*, cahout an dréau; *pr.* bet; beza cleñ gaud an dréau, *pr.* bet.

COQUEMAR, *vase*, pod-tan evit birvi dour, *pl.* podou-tan evit birvi, etc.

COQUERET, *plante*, alcanges, lou-
saûen an mæn-gravel.

COQUET, *qui cherche à plaire*, gadal,
joliff, oc'h, à, añ; cañgeoler, *pl.* yeñ;
orgueder. *pl.* yen; leun a orgued. —
*Coquet, petit bateau*, baguic, *pl.* bagouïgou.

COQUETER, *être coquet*, caret cañ-
geoli *ou* beza cangeolet, *pr.* id.; orguedi, *pr.* et:—*Coqueter, mener un bateau*,
lévya, *pr.* lévyet.

COQUETTE. *qui cherche à plaire*, gadales, *pl.* gadalesed; plac'h gadal,
plac'h joliff, *pl.* plac'hed; orguedès,
*pl.* ed; plac'h *ou* grecq leun a orgued.
*Van.* friponell, *pl.* ed.

COQUILLAGE, *testacé*, crééguin,
pesqed-crééguin. *Van.* qergat, er her-
gat.—*Coquillage, écaille de testaces*, croguenn, *pl.* crééguin, créguin. *Van.*
crognenn, *pl.* eü. *Al.* coque.

COQUILLE *de saint Jacques*, crogueñ sant Jalm, *pl.* créguiu sant Jalm;
créguin sant Jacqués.

COQUIN, *fainéant, gueux*, hailhebod, *pl.* hailh'eboded; mastoqin, *pl.*
ed; louïdicq, *pl.* louidyen; corq, *pl.*
corqed; loüaud, *pl.* ed.

COQUINE, hailhebodès, *pl.* ed;
louïdiguès, *pl.* ed; corqès, *pl.* ed;
hailhebodenn, *pl.* ed.

COQUINER, *faire le coquin*, loüaudi,
*pr.* et; corqa, *pr.* et. *v.* s'accoquiner.

COQUINERIE, *action de coquin*, hail-
hebodaich, loüaudaich, mastoqinaich.

COR, *dureté qui vient aux pieds*, caledenn, *pl.* ou. *Van.* id., *pl.* eü.—*Cor,
trompette de chasseur*, corn, *pl.* ou;
trompilh, *pl.* ou.—*Donner du cor*, cornal, *pr.* cornet; trompilha, *pr.* et. *Van.*
corneiñ, cornal, *ppr.* cornet. — *Celui
qui donne du cor*, trompilher, *pl.* yen;
güiuaër, *pl.* yen; guënaër. guënëer,
*ppl.* yen.—*A cor et à cri, avec diligence*,
a boües penn, gand cals a boan hac
a striff, gand acqed.

CORAIL, *plante maritime*, goural.—
*Chapelet de corail*, chapeled-goural, *pl.*
chapeledou-goural.

CORALIN, *ine*, ar pez èn dereus al

lyou *ou* ar vertuz eus ar goural.

CORBEAU, *oiseau*, bran, briny. *Van.*
id. *Al.* lug, loug. *pl.* lougou. *De* lug
*et de* dun *viennent* Lug-dunum, *Lyon*;
*id est, ville de corbeaux. Du pluriel* lu-
gon, lougon, *vient la maison du* Coët-
Logon; *id est, le bois aux corbeaux.* —
*Un corbeau*, ur vran. *v.* croasser. —*Corbeau mâle*, malfran, *pl.* malfriny; mal-
vran, *pl.* malvriny; marbran, *pl.* mar-
briny; *id est*, marc'h-bran *ou* màl-
bran.—*Corbeau de mer*, mor-vran, *pl.*
mor-vriny.—*Corbeau gris*, bran loüed.
*pl.* briny loüed; bran-aud, *pl.* briny-
aud.

CORBEILLE, *grand panier*, paner,
*pl.* ou; paner-ausilh. *pl.* panerou-ausilh.
— *Petite corbeille* panericq, *pl.* panerouïgou.

CORBEILLÉE, *plein une corbeille*,
panerad, *pl.* ou.

CORBILLON, paner an eubly. —
*Corbillon, jeu d'enfants*, c'hoary rimadell, *pl.* c'hoaryou-rimadell.

CORBIN (*bec de*), becq-corbin,
ur becq-corbin, *pl.* begou-corbin.

CORDAGE *d'un vaisseau*, qerdin, ar
c'herdin, amarrou, an amarou. *Van.*
amarreü, qerdad, en amarreü, er her-
dad.

CORDE. qordenn, *pl.* qerdin; ur
gordenn. *Van.* qordeen, *pl.* qerdal. —
*Petite corde*, qordennicq, *pl.* qerden-
nouïgou. — *Danser sur la corde.* dansal
var ar gordenn. — *Reste de corde, injure*, boëd ar gordenn. — *Corde de natire*, fard, *pl.* ou; qordenn, *pl.* qerdin,
qerden. — *Petite corde de natire*, far-
dicq, *pl.* fardouïgou. — *Bout de corde de
natire*, penn-fard, *pl* pennou-fard. —
*Longue corde pour amarrer les charretées
de foin*, such, *pl.* ou; fun, *pl.* you; fu-
nyenn, *pl.* ou. — *Corde courte pour les
charretées de vin, de cidre, etc.*, fard, *pl.*
ou. — *Corde longue de filotiers, pour mettre le fil à sécher*, siblenn, *pl.* ou. —
*Corde pour attacher les bestiaux*, naeq,
*pl.* ou; stag-saoud, *pl.* stagou-saoud.—
*Cordes de boyau*, bouzellou guevr, bou-
zellou-méaud. *Van.* boëleü-meud,
boëleü-gaour. — *Corde de bois, mesure*

*de bois à brûler*, qordennaad, *pl.* ou; qor-dennad-qeuneud, *pl.* qordennadou-qeuneud. *v. toise*,

CORDEAU, *corde pour aligner*, qor-dennicg, *pl.* cordennouïgou, qorden-nigou; qordenu-vunud, *pl.* qerdin-vu-nud. — *Cordeau de charpentier, etc.*, li-néñ, *pl.* ou; ligneñ, *pl.* ou. — *Tirer au cordeau*, ober diouc'h al lineñ, *pr.* great diouc'h, etc. ; dreçza diouc'h al lineñ, *pr.* dreçzet; ligneza, *pr.* et; ligneuna, *pr.* et. *v. aligner.*

CORDELER, *tresser en corde*, qor-deuna, *pr.* et; tortiçza, *pr.* et. — *Cor-deler les cheveux*, tortiçza an bléau, qordenna ar bléau *ou* an bléau.

CORDELIER, *religieux de l'ordre de Saint François*, San-Francesad, *pl.* San-Francesis; religius vès a urz sant Francès, *pl.* religiused.

CORDELIÈRE, *religieuse*, leanès a urz sant Francès, *pl.* leanesed.

CORDER, qordenna, *pr.* et. *Van.* qerdenneiñ, *pr.* et. — *Corder. lier avec des cordes*, qordenna, *pr.* et ; amarra gand qerdiu, *pr.* amarret, erëen gad qerdenn, *pr.* erëet. — *Corder du bois*, ober qordennadou coad, *pr.* græt ; qorden-nadi qeuneud *ou* coad, *pr.* et.

CORDERIE, qordénnérez, *pl.* ou; qordérez, *pl.* ou ; qacousery, *pl.* you; kær ar gacousyen, kær cousined ar Vadalan, *pl.* kæryou. *v.* cordier.

CORDIAL, *qui fortifie le cœur*, heal, calouaus, confortus, oc'h, á, añ; un dra heal *ou* calounus *ou* confortus, *pl.* traou heal, etc. — *Cordial, sincère*, gúi-ryou, calónecq, carantecq. oc'h. á, añ.

CORDIALEMENT, èn ur fæçzoun carantecq, a paloun, a galoun francq, gand ur galoun digor, gand gúiryo-nez. gad calounyez.

CORDIALITÉ, *amitié sincère*, caran-tez gúiryou, calounyez, calónyaich.

CORDIER, qordenner, *pl.* yeu. *Van.* qordennour, qordiour, qordeour, *ppl.* yon, yau. *En termes injurieux*, cacous, *pl.* yen; cousin, *pl.* ed; cousined ar vadalen; inalord, *pl.* ed. *Van.* id.

CORDON, qordenuicq, *pl.* qerden-nouïgou, qerdennigou; qordaoûen,

pl. ou; qôrdoûenn, *pl.* ou. *v. lacet.*—*de chapeau*, qordenn tocq, qordoûenn un tocq. — *de muraille*, qordenn-vur, qordaoûënn-vur. — *de Saint-François*, gouriz Sant-Francès. — *Donner le cor-don*, rei ar gouriz da ur re, *pr.* roët.—*Prendre le cordon de Saint-François*, qe-meret ar gouriz, qemer gouriz Sant-Francès, *pr.* qemeret.

CORDONNET, qordennicq-viban, qordoûënn-voan, qordaoënnicq voan.

CORDONNER, *mettre en cordon*, qor-denna, *pr.* et; tortiçza, *pr.* et. *v. corder.*

CORDONNERIE, qereoury, *pl.* you; stal-guere, stal ur c'here, *pl.* stalyou-qère, stalyou-qereon, stalyou-qereou-ryen. — *La rue de la Cordonnerie*, ru ar Guereoury, ru ar Guereon, ru-'Gue-reon, ru ar Guereouryen.

CORDONNIER, *qui fait des souliers*, qere, *pl.* qerëou; qereour, *pl.* yen; bo-taouër-lezr, *pl.* botaouëryen-lezr. — *Prendre ou faire le métier de cordonnier*, qerea, *pr.* qerëet; monet da guerea, *pr.* ëet; mont da guere. — *qui fait des cordons*, qordenner, *pl.* yen; gourizer, *pl.* yen.

CORENTIN, *nom d'homme*. Caurin-tin. — *Saint Corentin, premier évêque de Quimper*, sant Caurintin, qentâ escop a Guemper, sant Caurintin, guinidicq a Guerne ha qentâ escop eus a Guemper

CORIACE, *dur comme du cuir*, gri-gonçzus, lezrécq, caledt d'an dénd, oc'h, á, añ. — *La vache est fort coriace*, ar c'hicq-bioc'h a so grigonçzus, lez-recq ha caled d'an dénd; redeo saicha gad an dénd var er c'hich bioch, ë-c'hiz var ar lezr, pe ar grigouçz.

CORIANDRE, *plante*, coryan-renn, ar goryandrenn.

CORINTHIEN, *qui est de Corinthe*, Corintyan, *pl.* Corintyaned. — *Saint Paul dans sa 1:re épitre aux Corinthiens*, an abostol sant Paul èn e guentâ lizer d'ar Gorintyaned.

CORIS, *plante*, coris vælenn, coris glas, un zcurd mil-zoul.

CORLAY, *ville très-ancienne dans la Haute-Cornouaille*, Corlér. *Ce nom est composé de 2 mots bretons, de corr, nain,* et de llai *ou* le, *petit.* — *Haut-Corlay,* *ancien bourg au-dessus du Bas-Corlay,* Cos-Corle, *id est, vieux Corlay.* — *Qui est de Corlay,* Corlézad, *pl.* Corlésis; Corlézyad, *pl.* Corlézidy, ur Chorlézyad.

CORLIEU *de mer,* qeffelecq-vor, *pl.* qeffelegued-vor.

CORME *ou sorbe, fruit fort acide,* pèren mar, *pl.* pèr mar; pèren cormel, *pl.* per cormel, ilibèren, *pl.* illibèr. *Ce mot vient de* hiiy-pèr, *saumure de poires.* — *Boisson de corme,* sistr ilibèr, sistr mar, sistr cormel, beuvraich ilibèr.

. CORMIER, *arbre qui porte des cormes,* marenn. *pl.* marennued. mar; cormelenn, *pl.* cormelennued, cormel; ilibèrenn, *pl.* ilibérénned, ilibèr; guëzen mar, guëzen cormel, guëzen ilibèr, *ppl.* guëz.

CORMORAN, *oiseau aquatique,* morvaud, *pl.* mor-vèaud, mor-vanded; mor-vran . *pl.* mor-vriny.

CORNALINE, *pierre précieuse,* cornalinenn, *pl.* ou.

CORNARD, *cocu,* dogan, *pl.* ed.

CORNE, *partie dure de l'animal,* qorn, *pl.* qern, qernyou, qernyel. *Van.* qorn, *pl.* qern, qerueü. — *Petite corne,* qornicq, *pl.* qernyouïgou, qernyelligou, qernygou.—*Une corne, deux cornes, trois cornes,* ur c'horn, daou gorn, try c'horn.—*Corne crochue,* qorn croguennecq, *pl.* qernyou croguennecq.—*Bête à cornes,* ur penn-saoud, *pl.* saoud. *Van.* seüd, er seüd. — *Certaines bêtes à cornes,* pennou-saoud, certen saoud. — *Sans cornes,* disqorn, besqorn, hep qernyell. —*Ecorner un animal,* disqorna, *pr.* et; besqorni, *pr.* et. — *Corne, partie dure des pieds du cheval, etc.,* qarn.—*Animal qui a de la corne aux pieds,* aneval qarnecq, *pl.* anevaled qarnecq.—*Qui a de la corne aux pieds comme un animal,* qarnecq, *pl.* qarnéyen. qarnegued.—*Ouvrages de corne,* ouvraichou azqorn.—*Peigne de corne,* crib azqorn, ur grib azqorn. — *Chapelet de corne,* chapeled azqorn.—*Corne à enchasser des lanternes,* qost.—*La corne d'une lanterne,* qost ul letern. — *Corne d'abondance,* qorn a buïlhéntez. *Van.* qorn an a bilhante.

— *Corne de cerf, plante,* qorn qaro. — *de cerf sauvage, plante,* an digonnar.

CORNEILLE, *oiseau,* cavan, *pl.* ed. — *Corneille de mer,* cavan-vor, *pl.* cavaned-vor. — *Corneille picotée de blanc, ou pie,* frao, *pl.* fraved. *Al.* fraff, *pl.* ed. — *Voleur comme une corneille ( proverbe breton ),* laër evel frao.

CORNEMUSE, *instrument rustique pour faire danser,* qornemusenn, qornemuzed, *ppl.* ou. — *Jouer de la cornemuse,* sou gand ar c'hornemuzedou, *pr.* sonet; houri gad ar c'hornemuseun, *pr.* hoaryet.

CORNEMUSEUR; qornemuser, *pl.* qornemuseryen. .

CORNER, *sonner du cor. v.* cor.

. CORNET, *petit cor,* qornicq , *pl.* qornouïgou. — *Cornet à bouquin,* qornbouquin, *pl.* qornou-bouqin.

CORNETTE, *coiffe de nuit,* cornetenn, *pl.* ou. — *Cornette, étendart de cavalerie,* guiton, *pl.* guitônou; azrouëzinty an marhegueryen, *pl.* azrouëzintyou. *v. enseigne.*—*Cornette, officier, etc.,* guiton, *pl.* guitôned; nep a zoug ar guiton, nep a zoug ar guitônou. — *Cornette, plante,* bodeun, ar vodenn.

CORNICHE, *ornement en saillie,* rezenn-voguer, rizen-voguer, *pl.* rizennou-voguer; qornichenn, *pl.* ou. — *Corniche de cheminée,* dear, *pl.* deazyou; cornichenn, *pl.* ou.

CORNICHONS. *fruits,* cocombresigou avorté, mad da gofita, cocombres révet.

CORNOUAILLE, Kernè, Kernéau. *Van.* Kernéu. — *De Cornouaille,* eus a Guèrnè, a Guernéau. — *Cornouaille d'Angleterre,* Cornoüal eü Breiz-Yeur, Wal.

CORNOUAILLAIS, Kernevad, *pl.* ed; Kernevaud, *pl.* ed. *Van.* Kernéüad, *pl.* Kernéüis.

CORNOUAILLAISE, Kernevadès, *pl.* ed; Kernevadès, *pl.* ed.

CORNU, *ue, qui a des cornes,* qornecq, *pl.* qornegued, qornéyen, qernéyen.

CORPORAL, *linge béni et sacré,* corporal, *pl.* you.

CORPORALIER, boëstl ar e'horpo-

- ralyou, *pl.* boëstlou, etc. ; yalc'h ar
c'horporalyou, *pl.* ilc'hyer ar, etc.

CORPOREL, *elle, qui a un corps*, oorffus, corvus, oc'h, á, aû; corporal. *v. matériel.* — *Des austérités corporelles*, garventezyou corvus, garventezyou bras, pinigennou caled *ou* corporal.—*Substance corporelle et spirituelle*, substançz corporal ha spiritual.

CORPORELLEMENT, *réellement*, é fæçzon da ur c'horf, é guiryonez, hervez ar c'horf, real, ez real — *Jésus-Christ est réellement et corporellement dans le sacrement de l'eucharistie*, corf hon Salver a so é real *ou* é guiryonez, e barz ar sacramand eus an auter; Jesus-Christ 'a so gand e vir gorf èr sacramand eus au auter.

CORPS, corf, *pl.* corfou, corvou. *Van.* corf, *pl.* cû.—*Petit corps*, corficq, *pl.* corfouïgou; corf bihan, *pl.* corfou bihan.—*Grand corps lâche*, corf bras ha lausq; labasqennecq, *pl.* labasqennéyen. — *Répondre corps pour corps, vie pour vie*, respount corf evit corf, buëz evit buëz, *pr.* respouutet.—*Corps contrefait naturellement*, corf diforch, corf difæçzoun, corf didailh.—*contrefait par accident*, corf disleber, corf dishevelebet, corf difæçzounet. — *mort*, corf maro, *pl.* corfou maro. *Van.* corf marv, *pl.* corfeû marv.—*de jupe*, corf-bros, *pl.* corfou-bros; cors-bros, *pl.* oors-brosyou;corf-balen, corf-balum.*Van.*corf-broh, *pl.* corfeû-broh. — *de jupe sans manches*, corf-qenn, *pl.* ou; cors-bros divainch, *pl.* cors-brosyou divainch; corqenn, *pl.* ou.—*de ville*, arre a representant kær *ou* kæris, corf kær, ty kær.

CORPS-DE-GARDE, *lieu où l'on monte la garde*, ty-goard, *pl.* tyès-goard. *Van.* ty gard. — *ceux qui font la garde*, ar hoard, ar gued, ar goardou, an e-rezyauted. *v. garde.*

CORPULENCE, *volume du corps*, mént, corf, corfiguell.—*Il a de la corpulence*, mént èn deus, corf èn deveus; mentecq co, bras co, corfiguellus eo. *Van.* en devout a ra corf, corf en dès.

CORPULENT, mentecq, corfecq, oc'h, á, aû.—*Il est corpulent*, mentecq eo, corfecq eo, corfiguellus eo. *Van.* corfecq eû.

CORPUSCULE, *petit corps*, matery subtil, poultrennieq vunud, *pl.* poultrennigou vunud; poultricq, qer munud, a boan vras ez allér o vellet, *pl.* poultrigou qer munud, etc.; poultrigou qer munudicq ha qer subtil ma ez eus cals anézo ne allér é nep fæçzon o guëllet; corficq bihanic meurbed, *pl.* corfouïgou bihanic meurbed.

CORRECT, *te, qui n'a point de fautes*, difazy, hep fazy, difaut, hep faut, corrich, oc'h, á.

CORRECTEMENT, èn ur fæçzon difaut, hep fazy, é difazy, èn ur fæçzon corrich.

CORRECTEUR, *qui corrige*, corriger, *pl.* yen; courriger, *pl.* yen; castizer, *pl.* yen.—*Correcteur, supérieur de minimes*, corrector, *pl.* ed; an tad corrector.— *Correcteur de collége*, corrector, *pl.* ed; ar c'horrector, foët-lost, *pl.* foëtou-lost.

CORRECTIF, *adoucissement*, corrich, *pl.* corrijou; corrijadur, *pl.* corrigeaduryou; moder.

CORRECTION, *l'action de corriger*, corrich, *pl.* corrijou ; courrich, *pl.* courrijou; castiz, *pl.* ou; ur c'hourrich, ur c'hastiz. *Van.* qelenn, *pl.* eû.—*Correction des fautes d'un ouvrage*, difazy, corrioh.—*Correction fraternelle*, qelennadurez christen, qelennadurez a vreuzr, qentell carautezus, qentell gristen, courrich christen, ar c'hourrich christen, ur c'hourrich a gristen, ur c'hourrich a vreuzr, ur c'hourrich é-c'hiz èntre daou vreuzr. *Vah.* qeleñ a vreder. — *La correction fraternelle est commandée par l'évangile*, au avyel-sacr a ordren ober ar guentell gristen d'or vreuzr é Doûe, ordrenet eo gand an avyel-sacr ober ur c'hourric'h a vreuzr d'e neczá, an avyel véuuigued a c'houre'hémeun deomp courrigea hon heutez gand carautez vras, èntre Doûe ha ny.—*Correction, amendement*, ceûchamand a vuëz, guëllidiguez. *v. amendement.*—*On a beau f. ir des prédications, en ne voit point de correction*, caër a so

prezecq d'ar bopl, ne vellér qet a vel-
lidiguez *ou* a ceûchamand-buĕz. —
*Correction*, punition, casliz, *pl.* ou ;
castizamand, *pl.* castizamanchou.

CORRECTRICE, *celle qui corrige* ,
courrigerès, *pl.* ed ; castizerèz , *pl.* ed.

CORRESPONDANCE, *relation, commerce réciproque*, rapord, traficq boutin , eñtentidiguez. *v. intelligence.*

CORRESPONDANT, nep èn deus
eñteñtidiguez gand un esvezand, nep
a ra affer gand ur re a-bell.

CORRESPONDRE, *avoir relation avec
un absent*, cahout eñteñtidiguez gand
un esvezand, ober affer gand ur re-
bennac à-bell *ou* esvezand. — *Correspondre, répondre aux soins de quelqu'un* ,
ober a-unan, *pr.* græt ; labourat boutin, labourat a-unan, *pr.* et ; respount
d'ar boan a guemerer gand-hâ *ou* a
lecqéer var e dro, *pr.* respountet.—*Il
ne correspond pas d mes bons soins* , *d mes
bonnes intentions* , ne respount qet d'ar
boan a guemerañ gandhâ, d'an intencion vad am eus eviâ ; ne ra qet ou ne
labour qet e-unan guenê.

CORRIDOR , *chemin couvert* , hend
goloët, *pl.* hinchou goloët.—*Corridor,
allée*, trepas, *pl* yon. *v. galerie.*

CORRIGER , *rendre correct*, difauta,
*pr.* et ; difazya, *pr.* et ; corrigea , *pr.* et.
*Van.* difanteiñ. — *Corriger , instruire* ,
châtier , qelenn , *pr.* et ; courrigea , *pr.*
et ; castiza, *pr.* et. *Van.* qelenneiñ , cas-
tyeiñ , puniçzeiñ , *ppr.* et. — *Corriger ,
tempérer* , mederi , *pr.* et ; corrigea , *pr.*
et. – *Se corriger, s'amander. v. y.*

CORRIGIBLE , *qui peut se corriger* ,
d sfazyapl, difazyapl, corrigeapl, cour-
r'geapl, qelennapl, a alleur da disfa-
zya , da gourrigea, da guelenn. — *Cet
homme n'est pas corrigible* , au dèn-hont
ne deo qet courrigeapl, discourrich
eo an dèn-hont , diguempen eo ar
persounaich-hont.

CORROBORATIF. *v. cordial.*

CORROBORER, crevaat ur mémpr
sémpl-bennac, *pr.* crevéet ; nerza nep
so sémpl *ou* toc'hor, *pr.* nerzet ; diçaç-
nerz da nep so hep qet, *pr.* digaçzet.

CORRODER, *ronger*, dazcrignat, *pr.*

---

dazcrignet ; crignat a-neubeudou , *pr.*
crignet. *Van.* crignal a nebeudeü.

CORROMPRE, *gâter, altérer*, goaç-
ta, *pr.* et. *Van.* goasteiñ , *pr.* et. *Al.*
mallu.— *pourrir* , breina, *pr.* et. — *Se
gâter , parlant des arbres et des fruits*, teza, *pr.* tezet ; tea , *pr.* tĕet. *Trég.* teañ.
*pr.* tĕet. *Van.* goasteiñ , *pr.* et. — *emgé-
rer*, goaçzât, *pr.* goaçzĕet. *Van.* fauç-
zeiñ, *pr.* et ; falseiñ , *pr.* et.—*porter au
crime, rendre vicieux*, rénta ur re vicius,
*pr.* réntet ; coll ur re gand goall gomp-
ayou hâ gand goall eçzempl. *pr.* collet.
— *une fille* , goalla ur verc'h , *pr.* et ;
ober goall ur verc'h , *pr.* græt ; diséno-
ri ur plac'h , *pr.* et ; trompla ur plac'h,
*pr.* et. *Van.* couçzi ur verh , lorbeiñ ur
verh , *ppr.* et. *v. séduire.—Se corrompre,
parlant des aliments*, bouta, *pr.* et ; coumançz da vreina, *pr.* et.—*Se corrompre* , *parlant de l'homme* , ober disones-
tiz ou lousdony gand e-unan, *pr.* græt.
*Van.* pailhardeiñ e-hunon, *pr.* et.

CORROSIF, *ive, qui ronge*, crignus,
dazcrignus, oc'h, à, añ.

CORROSION, *action de ce qui cor-
rode*, crignadur, crign, dazcrignadur,
dazcrign.

CORROYER, *apprêter le cuir*, courrèza, courrèza lezr, *pr.* courrèzet ; para lezr, *pr.* paret. *Van.* correeiñ —*Cuir
corroyé*, lezr courrézet. — *L'action de
corroyer*, courrezerez.

CORROYEUR, *qui corroie les cuirs*,
courrèzer , *pl.* yen ; cozreller , *pl.* yen.
*Van.* correour, *pl.* yon, yan.

CORRUPTEUR, *qui altère les choses*,
goaster, *pl.* yen. *Van.* goastour, *pl.*
yon , yan.—*qui falsifie*, falser, *pl.* yen.
*Van.* fauçzour, *pl.* yon, yan.— *qui séduit*, trompler ar merc'hed , *pl.* yen ;
goaller ar merc'hed , *pl.* yen. *Van.* lorbour, *pl.* yon ; couçzour, *pl.* yon, yan.

CORRUPTIBILITÉ, *qualité de ce qui
est corruptible*, goastidiguez.

CORRUPTIBLE, *périssable et sujet à
se corrompre*, goasius, collidicq, oc'h,
à.—*qui se laisse séduire*, nep a alleur da
c'houni gand arc'hand, pe gand promeçzaou caër. —*Ce juge n'est pas corruptible*, ne alleur qet gounit ar bar-

neur-hont, na gand arc'hand; nae ê
freçzoun all ; un dèn hac èn deveus
donjançz Doüe eo ar barneur-hont.

CORRUPTION, *altération d'une chose* , goastadur. *Van.* id. — *Corruption,*
pourriture, pœuteur, breinadur, breina-
dnez fleur, villauçz. —*falsification,* fal-
sidiguez, *pl.* ou. — *Corruption de l'air*
par les grandes chaleurs , sqaul, direizamand eu ear.—*des mœurs,* direizamand
a vuhez, dirollamand a vuëzéguez vad.
— *Corruption, séduction,* tromplerez,
goall. *Van.* lorbereah.

CORRUPTRICE, goaslérès, *pl.* ed ;
tromplerès , *pl.* ed; falserès , *pl.* ed.
*Van.* lorberes, *pl.* ed.

CORSAIRE, *pirate,* preyzer, *pl.* yen;
laër-vor, *pl.* laëron-vor; mor-laër,
*pl.* mor-laëron; lestr-brigand, *pl.* lis-
try-brigand, listry-briganded. — *Corsaire, vaisseau armé en course,* courcer.
*pl.* yen. — *Un corsaire de Dunkerque,* un
c'hourcer a Dukarq, ur c'hourcer
Dukarqes. — *Corsaire de Saint-Malo,*
courcer maloüin, courcer Sant-Ma-
loüad.

CORSELET, *cuirasse.* r. *armure.*

CORSET, *ajustement de femme,* corf
divalen, *pl.* corfou divalen; corf-bros
divalen, corf-bros hep balen, corf di-
valam, corf hep balom.

CORTEGE, *suite qui accompagne un
grand personnage,* compaignunez vras
a noblançz gand qesecq harneset, ha
qarreçzou aqipet, evit compaignu-
necqat ur prinçz, pe un ambaçzador-
bennac, èn ur pompad dreistordinal,
*pl.* compaignunezou vras, etc.; com-
païgunnez pompus gad ur prinçz.

CORVEE, *redevance corporelle envers
un seigneur dominant,* auer, *pl.* ou. H.-
*Corn.* corve; *pl.* au. *Trég.* aner, *pl.* a-
nero; corve, *pl.* corveo. *Van.* corve,
*pl.* eü. *Al.* corvoadur, corfoadur. —
*Faire des corvées,* aneri, *pr.* et; ober a-
nerou, ober corveou, *pr.* græt.

CORVETTE, *vaisseau léger,* corve-
tenn, *pl.* eu.

CORYPHÉE, *chef d'un parti ou d'un
corps,* ar maill, *pl.* ed; maud, ar maud,
*pl.* méaud. v. *coq de paroisse.*

COS-GUÉAUDED, *ou plutôt* Coz-guer-
ded, *qui veut dire ancien gué, méchant
gué, ou passage de ricière ; simple chapelle
sur le Léguer où était autrefois la ville de
Lexobie, premier siége des évêques de Tréguier.* v. *Lexobie.*

COSMOGRAPHE, *auteur qui écrit la
délinéation du monde,* nep èn deus græt
ur peñtadur eus ar bed, nep a ra *ou* èn
deus græt un daulenn eus ar bed.

COSMOGRAPHIE, *la description du
monde,* taulenn eus ar bed, carteñ eus
a stad ar bed, peiñtadur eveus ar bed.
— *Une carte cosmographique,* ur garteñ
eus a stad ar bed.

COSSE, *gousse de pois et de fèves, etc.,*
plusqenn, *pl.* plus.—*Cosse de pois,* plusqen pis, *pl.* plusq pis. — *Cosse de fèves,*
plusqen fa *ou* fao, *pl.* plusq fa *ou* fao
*ou* faff. — *Cosse de lin, l'enveloppe où est
renfermée la graine de lin,* polc'henn, *pl.*
polc'h; bolc'hen, *pl.* bolc'h.

COSSER, *parlant des moutons qui se
heurtent la tête les uns contre les autres,*
tourta, tourtal, *ppr.* et. v. *joute, jouter.*

COSSON, *ver qui gâte les blés, etc.,*
coçz, *pl.* ed; scoçz, *pl.* ed; rouëner, *pl.*
yen. *Van.* coçzen, *pl.* coçz. *Trég.* minoc'h, *pl.* ed.

COSSU, *e, parlant des pois qui ont de
grosses cosses,* plusqennecq, plusqecq,
oc'h, à, añ.

COTE, *marque numérale pour ordre
de pièces,* merq var gueiu ur scrid, *pl.*
merqou.

COTE, *os long et fait en arc,* coste-
zeun, *pl.* ou; costeen, *pl.* ou. *Van.* cos-
tèn, *pl.* costeü; qestad, diguestad; cos-
teñ, *pl.* costou. — *Chaque homme a 24*
côtes, 12 *de chaque côté,* pep hiny èn deveus peder c'hostezeñ varn-uguent,
daouzecq a bep tu. — *Quatorze vraies
côtes et dix fausses,* pévarzecq costezeñ
vras ha decq costezeñ vihan. — *Les
fausses côtes,* ar berr goston, ar c'hostou munud — *La côte d'Adam,* costezeñ hon tad Adam. — *Il semble que ce
gentillâtre soit descendu de la côte de saint
Louis,* nep na eneffé qet ar briz-digen-
til-hont a gredfé è véz deut eus a vorsed ar roüe sant Loys; ar c'hracq-di-

gentil-hont a so disqennet *ou* savet var
**e** veno rac-enep eus ar roüe sant Loys;
coantâ tra!

COTE, *rivage de la mer*, aud, *pl.* au-
gebu. *Trég.* aud, *pl.* auijo. *Van.* aud ,
*pl.* eû. — *Côte de la mer* , *le bord de la*
*mer*, ribl ar mor, bord an aud. — *Côte*
*de la mer, pays voisin ou le long de la mer,*
ar vor, *pl.* you, *id est,* var vor, *sur mer;*
an avor. *Van.* en ar-mor, en arvor. —
*Côte de la mer, fort près de la mer,* arvoricq, an arvoricq. *Van.* en armoricq ,
èn arvoricq. — *Cote de la mer, lieu ex-*
*posé au soleil, près de la mer, sous un quart*
*de lieue de la mer,* tévènn, *pl.* ou; au tévenn; *de la* Peñ-Téveñ, *village en Plou-*
*hinec, près d'Audierne ; de la* Kantéveñ,
*etc.* Le *mot de* tévonn, *pl.* ou, *peut venir*
*de* stubenn, *pl.* ou, *rayon de soleil; par-*
*ce que quand il fait du soleil, il paraît tou-*
*jours plus sur le bord de la mer qu'ailleurs,*
*les arbres n'y venant point ; ou bien,* tévenn *pourrait tenir de* teo, *épais, massif,*
*et* tévenn *serait la même chose que* tcoder
*et* tevder, *épaisseur ; parce qu'en effet les*
*côtes sont ordinairement élevées et garnies*
*de roches. Quelque chose qu'il en soit ,* on
dit : *Aller au soleil, près de la mer,* mônet da tevenna, mônet da'n tévèn. —
*Ce qui appartient à la côte de la mer expo-*
*sée au soleil,* tévennecq, tèveunocq ; *et*
*de la* Land-tévennecq, *église et abbaye,*
*en lieu exposé au soleil, près de la mer; de*
la doüar tevennecq, doüar tevennocq,
*terre sous un quart de lieue de la mer; de*
la stevennocq *ou* roc'h stevennocq *ou*
qarrecq stuvennoch, *grand rocher à l'en-*
*trée du Rat de Fontenay ou d'Audierne,*
*assez près de terre, toujours découvert et*
*exposé au soleil.*

COTÈ, *partie du corps humain, depuis*
*les hanches jusqu'à l'aisselle,* costez, *pl.*
you. *Van.* cosle, *pl.* costeü, costeeũ. —
*Il est assis à mon côté,* asezet co èm c'hostez, èm harz *ou* èm c'hicheun ez eo
esezet. — *Aller côté à côté,* mônet qê-
vce-è-qêver, mont costez-è costez,
mont cos.e-ha-coste, *pr.* eat, êet. —
*Mettre son épée au côté,* lacqát è gleze
ouc'h e gostez, *pr.* lecqêet. — *Le mal de*
côte, al laêrez, an droucq-costez. —De

côté, a gostez. — *Aller de côté,* costezi
*pr.* et; mônet a gostez, *pr.* êet. — *Pen-*
cher de côte, costezi, *pr.* et. — *De côté*
*de biais,* a-viés, a-dreuz, a-gorn, a gostez.—*Aller de côté,* biaiser, biésa, biésal, *ppr.* et; mônet a dreuz gadhy, mônet a viés, mônet a viés gadhy. *pr.* eat
êet. *v.* biaiser. — *Côté, endroit,* tu, var
trecza, treczac, etreze. *Van.* tu, ar-du, deh
treçza, treçzac, etreçza. —*De quel côté*
pe è tu ? pe var-zu ? etreze pe leac'h
*Van.* menn?ar du menn? etreçza meñ
— *De quel côté? d'où? de quelle part?* p
a du? pe a leac'h? a-be ban?—*Du côt*
du soleil, eñ tu diouc'h an héaul. *Van*
en tu doh an hyaul. — *Du côté du le*
tant, var-zu ar sevel-héaul, diouc'h br
ar sav-héaul.— *De ce côté-ci,* en tu-mã
— *De ce côté-là, près.* èn tu-ze. — *De c*
côte-là, loin, èn tu-hont. — *De l'aut*
côté, èn tu all, eus an tu all. *Van.* è
tu arall, ag en tu arall, ès en tû arall
— *Du côté droit,* èn tu dehou, eus a
tu dehou. *Van.* èn tu dcheû, ag en t
deheû. — *Du côté gauche,* èn tu olciz
eus an tu cleiz. *Van.* èn tu clei, ag è
tu clei ou cleih.—*De chaque côté,* è pc
tu, a bep tu, eus a bep tu — *De cô*
et d'autre, èn eil tu hac èn eguile, er
an eil tu hac eus eguile, a-hed hac c
dreuz.— *De tous côtés.* e bep tu, a be
tu, è pep leac'h, a bep leac'h. *Trég.* dr
oll. — *Ni d'un côte ni de l'autre,* e ne
tu, è nep-leac;h. — *Aller d'un côté*
d'autre, se promener *det la,* cautven, ca
treal, *ppr.* cautrêet; mônet tu hont;h
tu-mâ, *pr.* êet. — *Côté, parlant de l'*
toffe, d'un habit, etc. ,* tu. — *Le côté*
l'endroit de l'étoffe,* an tu mad.—*Le cô*
de l'envers,* an tu enep, an tu erep, a
tu guin. — *Côté, parti,* tu, costez. -
*Se mettre du côté de quelqu'un, contre*
autre, hem lacqât a'du gand ur re,
ênep un all, *pr.* hem lecqêet; sevel g
unan a ênep un all, *pr.* savet. — *Je r*
mettrai de votre côté,* me'n hem lacqa
èn ho costez, me a yélo èn tu guen
oc'h. — *Du côté paternel,* a berz tad ,
berz an tad.—*Du côté maternel,* a-be
mamm, a-berz ar vamm.—*A côté,* a
près, à daust, a gostez.—*Mettre du c*

té, sur le côté, lacqât a gostez, var ar
c'hostez, / r. lecqëet. — Mettre de son côté, prendre par-devers soi, lacqât èn tu
diountâ, pr. lecqëet; lui; qemer èn tu
diountañ.pr. qemeret. Trég.tuiû,pr. et.
COTEAU v. colline.
COTELETTE, petite côte, costezen-
nicq. pl.costezennouigou; costennicq,
pl. costouigou. v. fausses côtes. — Des
côtelettes de mouton, costouïgou méaud.
— Des côtelettes de cochon, ramsqoaz, qil-
hevardon. v. porc frais.
COTER, marquer par lettre ou par numéro, merqa ou merqi qein ur scrid gand
al lizerenn pe ur chiffr, ppr. merqet;
syffra ur scrid, pr. syffret.— Coter, citer, raporti d'ar just, pr. raportet.
COTERIE, société de tenanciers, con-
sortiz, pl. ou. — Ceux qui sont de cette
coterie, consord, pl. ed, consorted. —
Coterie, société de plaisirs, etc., bandenn
a dud a joa, ur vandenn a dud a joa,
paulred disoucy, bancqegéryen.
COTIGNAC ou codignac, confitur a-
valou couign, confitur couign.
COTILLON, petite jupe, coëledenn,
pl. ou; losten vihan, pl. lostennou vihan; lostenn scañ, pl. lostennou.
COTIR, meurtrir, froisser, blonçza.
vr. blonçzet. —Des fruits cotis, des melon
cotis,frouëz blonçzet,sucrinea blonçzet
COTISATION, division d'une somme,
etc., ingaldèr vès a ur somm, etc.
COTISER, marquer à chacun ce qu'il
doit payer d'une somme commune, iugali
ur somm èntre pep hiny vès ar re a dle
he phaea boutin, pr. ingalet; disparlya
ur somm ê lodennou ingal, pr. dispartyet. Van. cotizeiñ, pr. et. —Se cotiser,
èn ain dailha ingal, pr. èn em dailhet;
sevel ur somm divar pep hiny,pr. savet.
Van. him gotizciñ, pr. him gotizet.
COTISSURE, parlant d'un fruit,
blonçzadur.
COTON, cotonçz, coton. Van coton.
— Toile de coton, lyen-goton, lyen-go-
touçz. — Coton tendre qui vient sur certains fruits, duvet. stoubenn, qaozour-
frouëz, qifny an frouëz.
COTONNEUX, parlant des fruits couverts de duvet, stoubennecq, oc'h, â, añ.

— Cotoneux, molasse, sec, sans goût,
seac'h, disaour, oc'h, â, añ.
COTONIER ou coton, arbrisseau qui
porte le coton, brousguëzen-coton, pl.
brousguëz-coton; cotonenn, pl. ed.
COTOYER,marcher à côté de quelqu'un,
mont qèver-è-qever gand ur re, mont
costez-è-costez gand ur re-bennac, pr.
ëet. — Côtoyer, aller le long de la côte,
etc., costezi, pr. et; costezi an aud, ribla an aud, pr. riblet; heulya an aud,
pr. heulyet; mônet hed an aud, mont-
a-hed an aud, pr. eat, ëet. — Côtoyer
la ritière, ribla ar stær, costezi ar stær.
COTRET, fagodennicq-verr-amar-
ret èn daou benn, pl fagodennouïgou-
verr. — Huile de cotret, taulyou baz,
bazadou, col garz.
COTTE, jupe,lostenn,pl. ou;bros;pl.
you. Van. broh,pl. éü.—Cotte de maille,
jacqoun, pl. ou; hobregon, pl. ou; saë
mailhet, pl. saëou.
COTYLEDON, plante, scudellou-
dour, loayou-dour. v. nénuphar, qui en
est la fleur.
COU, autrefois col, gouzoucq, argou-
zoucq, couzoucq.Van. coucq,er goucq.
Partout hors de Li'on, goucq. — Le tour
du cou, qerc'hen ar gouzoucq, qelc'hen
an gouzoucq. — Se mettre une croix au
cou, lacqât ur groazè qelc'hen e c'houzoucq ou ouc'h e c'houzoucq, pr. lecqëet. — Le derrière du cou, qil ar gouzoucq, ar c'houcq. Ce dernier mot veut
dire proprement le haut des epaules et l'entre-deux. v. chignon, nuque.—Le devant
du cou, diaraucq ar gouzoucq, an diaraucq cus añ gouzoucq. — Sauter au
cou de quelqu'un, lammetda c'houzoucq
ur re,sailhet da guelc'hen gouzoucq ur
re-bennac, ppr. id. — Couper le cou d'
quelqu'un, troucha e c'houzoucq da ur
re, pr. trouc'het; dibenna ur re-bennac, pr. dibennet. — Tordre le cou d
quelqu'un, trei e c'houzoucq da ur re,
pr. troët; guëa e c'houzoucq da ur re,
pr. guëet. —Rompre le cou à quelqu'un.
terri e c'houzoucq ou mellou e c'houzoucq da ur re, pr. torret; divella e
c'houzoucq da ur re, p.t. divellet. Van.
toreiû e houcq d'unan-bennac, pr. tor-

rét. — *Se rompre le cou*, terri e c'houzoucq, *pr.* torrét. — *Mouchoir de cou.*
*v.* collerette.—*Le cou d'une bouteille*, gouzoucq ur voutaill. — *Rompre le coup d'u-*
*ne bouteille*, dic'houzouga ur, etc.

COUARD, e, digalon, digouraich,
lausq, poltron, poëltron, oc'h, â, añ,
*ppl.* tud digaloun, tud digouraich, tud
lausq, tud poltron, poltroned, poëltro-
ned *Van.* gavach, poëltrou, couhion,
couhard, *ppl.* ed.

COUARDISE, lausqéntez, digalon-
nyez, digalonyaich, poltrouyez, poël-
trouyaich. *Van.* couhionnereh, cou-
hardiça.

COUCHANT, *le soleil couchant*, cuz-
héaul, ar c'huz-héaul. *Van.* cuh-hyaul,
er huk-hyaul.—*Le couchant, l'occident.*
ar c'huz-héaul, bro ar c'huz-héaul.—
*Vers le couchant*, var-zu ar c'huz-héaul,
eûtre-ze ar c'huz-héaul.—*Du levant jus-*
*qu'au couchant*, adalecq ar sevel-héaul
bede ar c'huz-héaul, adalecq ur penn
eus ar bed bedeg eguile, adalecq an eil
penn eus ar bed bedeg eguile.

COUCHE, *bois de lit*, arc'h guële,
stearn-guële, coad-guële; chalid, *pl.*
ou. — *Couche, le lit entier*, guële, *pl.* ou.
— *Couche. v.* grabat. — *Elle a souillé la*
*couche de son mari*, disenoret he deus he
phryed; couëzet he deusèn avoultryez;
mèzet he deus ar bryadeleaz. *Cette der-*
*nière phrase est du B.-Léon.* — *Couche*
*de jardin*, guëlead teil, *pl.* guëleadou;
bern teil tom, *pl.* bernou. — *Couche de*
*couleurs, un enduit de couleurs*, güisq, *pl.*
ou.—*Couche sur couche*, güisq var güisq.

COUCHE ou couches, *le travail d'une*
*femme qui enfante*, poan-vugale, güilyoud. *Van.* poën-vugale, gulvoud, gui-
voud. — *Etre en couches*, beza è güilyoud, beza è gurleoud, beza è poan-
\ugale, *pr.* bet. *Van.* beut è gulvoud.
*pr.* bet. *Trég.* beañ eñ gouilyoud. —
*Faire ses couches, accoucher, enfanter*, güilyoudi, *pr.* et; guëleoudi, *pr.* et; guenel. *pr.* ganet. *Van.* gulvoudeiñ, ganeiñ, *ppr.* et. — *Fausse couche, accou-*
*chement avant terme ou jeter une masse in-*
*forme*, disforc'hidiguez divar bugale, coll
e vugale. *Van.* gulvoud qént en ter-

men, ur c'hollad. — *Faire de fausses*,
*couches*, disforc'h divar bugale, *pr.* c'hôt
c'het, coll bugale, coll he bioazv(?)
coll he frouëz, *pr.* collet. *Van.* coll u
hroëdur, coll bugale, disforheiñ, *pr.* et.
*Léon*, ober ur c'hollad, *pr.* græt. — *Fâ-*
*cheuses couches*, güilyoudou rust, güilyoudou pirilhus, goal vilyoudou. — *Re-*
*lever de couche*, sevel a vilyoud. *pr.* savet.
—*Relever de couche, aller à l'église relevant*
*de couche*, mônet d'an ilis, mont da léc-
qât dinizyen he phenn, *pr.* eat, êet.—
*Elle est relevée, elle a été à l'église*, bea
cz eo bet èn ilis, bez'eo bet èn ilis, bi-
n fyet eo bet, benniguet eo bet he phen.

COUCHEE, *lieu où on couche et soupe*
*en voyage*, cousqedenn, *pl*, ou ; nozvez.
*pl*, yôu; logeiz, *pl*, ou.—*A la dernière cou-*
*chee sur la route de Paris*, èn nozvez divezâ
ou èn divezañ cousqeden var hend Paris, èn divezâ logeiz var hend Paris.

COUCHER, *étendre en long sur la terre*,
asteun var an doûar, *pr.* astennet; leda var an doûar, *pr.* ledet; heda var an
doûar, *pr.* hedet. *Van.* asteuneiû, le-
deec, *pr.* ledet. — *Coucher, abattre et*
*mettre à fleur de terre*, discarr, discarr
d'an doûar, *pr.* discarret; pilat d'an
doûar, *pr.* pilet. —*Coucher en joue*, con-
cha e arm evit ténna, *pr.* couchet;
coucha ur re-bennac evit e dénna.
*Coucher quelqu'un, lui donner le couvert*,
logea ur re, *pr.* loget; rei logeiz da ur
re, *pr.* roët. *Van.* logeiñ, *pr.* et. —*Cou-*
*cher quelqu'un, le mettre au lit*, lacqât
ur re da c'hourvez, lacqât ur re èn e
vele, *pr.* lecqëet. — *Aller se coucher*.
mônet da c'hourvez. *Proprement, on dit:*
mônet d'e vele. *Improprement, on dit:*
mônet da gousqet, *qui veut dire : aller*
*dormir. Le mot gourver se dit dans tout*
*Léon.* —*Coucher sur la dure, ou dans un*
*lit mollet*, gourvez var ar c'haled pe èn
ur guële boug, *pr.* gourvezet; cousqet
var ar c'haled pe èn ur guële goacq,
*pr.* cousqet. —*Coucher dehors*, gourvez
èr meas, cousqet èr meas.—*Se coucher*
*au soleil*, gourvez èn heaul, cousqet èr
héaul. *Van.* torceiñ èn hyaul, *pr.* tor-
cëet. *v. se vautrer.*—*Se coucher à dents*,
gourvez ou cousqet var o goff. — *Se*

coucher *sur le dos au soleil*, gourvez *ou* cousqet èn héaul a c'huen e groo'hen.

— Coucher *l'enseigne de la Lune*, gourvez *ou* cousqet dindan ar stered. —*Etre couché*, être aû lit, beza cousqet; beza gourvezet, beza èn e vele, *pr.* bet.

— *Le coucher du soleil*, ar c'huz-héaul. — *A soleil couché ou environ soleil couchant*, goude pe e-tro, cuz-héaul. — *Le soleil se couche*, il est couché, ez a an héaul da guz, cuzet eo. — Coucher, *lieu où l'on se repose*, logeiz. — *Le lever et le coucher*, ar sevel hac ar gourvez, ar sevel hac ar c'housqed. — *Le vin du coucher*, güin cousq, güin cousqed.

COUCHETTE, *petit lit sans ciel et sans rideaux*, godoër, *pl.* ou; guëleicq, *pl.* guëleouïgou; guële bihan, *pl.* goëleou; fled, *pl.* flegeou, fledtou: *Ce dernier mot est le meilleur.*

COUCHEUR, *qui couche avec un autre*, cousqer, *pl.* yeu. — *Vous êtes un coucheur incommode*, ur c'housqer fall oc'h, ur c'housqer diæz oc'h.

COUCI-COUCI, *à peu près*, evel-evel, hevelep-hevelep.

COUCOU, *oiseau*, coucouq, *pl.* coucougued. *Van.* coucou, *pl.* coucoûed. — *Le chant du coucou*, can ar goucouq. *Van.* cau er goucou. — *Le grand coucou fait ses œufs dans le nid des pigeons ramiers, le petit dans celui du hoche-queue*, ar goucoucq vras a ya da dozvi ê neiz ar gudoned, hac ar goucoucq vihan *ou* ar goucoucq eus ar spès vihan a ya da dozvi ê neiz soëteresicq au dour. — *Le petit oiseau qui suit le coucou*, arsidanicq. *v. linot.*

COUDE, *le pli du bras*, ylin, *pl.* ou; an daou-ylin; elin, *pl.* eu; qeffelin, *pl.* ou, an daou-gueffelin. — *J'ai le coude du bras droit écorché*, qignet eo va ylin dehou. — *Je lui ferai le menton d'un coup de coude*, me a savas e elguez deza gand un taul-ylin qeu na straqlas e zend.

COUDÉE, *mesure dont la moyenne grandeur a un pied dix pouces*, ylinad, *pl.* ou; elinad, *pl.* ou; qeffeliuad, *pl.* ou. — *L'arche de Noé avait trois cents coudées de long, cinquante de large, trente de haut, et sa fenêtre était d'une coudée*, arc'h ar

patryarch Noë ho devoa try c'hand illinad a hed, hanter-c'hant a ledander, tregont a uhelded, hac ar prenest anezy he defoa un ylinad. *v. arche.* — *Avoir ses coudées franches*, beza francq vàr un dèn, beza ê francqis, cahout francqis, beza ê libertez, beza èn eas, *ppr.* bet. *B.-Léon*, beza ec'hon da un dèn.

COUDRAIE, *lieu planté de coudriers*, qelhuë-hecq. — *Je vais à la coudraie*, beza ez an d'ar guilvid *ou* d'ar guelvesecq. — *La maison de la coudraie*, maner ar guilvid, maner ar guelvezecq.

COUDRE *ou coudrier, noisetier*, qelvezen, *pl.* qelvez; güezen qelvez, *pl.* güez qelvez *Van.* qelhuëhen, *pl.* qelhuë. *Trég.* qelouëën, *pl.* qeloüe; qelveën, *pl.* qelve. — *Du coudre, du coudrier*, qelvez, coad-qelvez. — *Un bâton de coudre casse aisément*, ur vaz-qelvez a so bresq ou brusq.

COUDRE, *joindre avec du fil, etc.*, gryat, *pr.* gryet; gruyat, *pr.* gruyet. *Van.* gouryeiñ, gouryat, grouyeiñ, grouyat. — *Coudre un homme dans un sac*, gryat un dèn èn ur sae'h. — *Coudre une plaie*, gryat ur gouly. — *Il faut coudre la peau du renard avec celle du lion*, red eo gryat croc'hen al loüarn ouc'h hiny al leon, red eo hem serviohout eus ar furnez qer couls hac eus an nerz aënep un adversour.

COUDRIER. *v. coudre.*

COUENNE, *grosse peau qu'on lève de dessus le lard d'un pourceau*, tonen, tonen moc'h, tonen qicq-sal.

COUETTE, *meuble de lit*, golc'hed, *pl.* ou, golc'hegoou. *Van.* golhed, golhyed, *ppl.* eü. — *Petite couette*, golc'hedicq, *pl.* golc'hedouïgou. — *Couette de plume*, golc'hed-pluñ. — *Couette de bale*, golc'hed-pell.

COULAMMENT, *nettement*, gand nætadur, gad neadted, ez nead, nead, næd, hep arredt.

COULANT, e, *fluide*, redus, berus, tano, oh, à, añ; a drémen, a red. — *Coulant, qui n'est pas rude*, dougz, c'huëcq, greapl, oc'h, à, añ. — *Vin coulant et agréable à boire*, güin c'huecq; güin greapl da eva, gûin ne deo na rust na cargus na moguedus , gûin scañ. —Nœud coulant, eoulm-red, coulm lagadecq. Van. claū. v. nœud. — Coulant, parlant d'un discours, d'un style , sclear, sclær, nead, næd, natural, natur, oc'h, à, añ.

COULE v. froc.

COULÉE de blé, tallie pleine de blé.v. tallie, plaine.

COULLEMENT, flux d'une chose liquide, bèr,rèd, flus, divèr, bèradur, divèradur.

COULER, se mouvoir avec fluidilé et par une pente naturelle, redecq.pr. redet; bèra, divèra, ppr. bèret,.divèret. Van. bereiñ, divereiñ, divireiñ, bireiñ, goasteiñ, rèdeecq, ridecq, ppr. et. — Le sang coule, redecq a ra ar goad.—L'eau coule dans ce ruisseau, redecq a ra au dour èr gouèrenn-ze. — L'eau coule de ce vaisseau, divera a ra an dour eus al lestr-ze. — Le pot coule, bera a ra ar pod, divera a ra an dour, etc., eus ar pod. — Couler, répandre par-dessus les bords, squilha, pr. et; senna, pr. et; feltra, pr. et; sqûilha dreist, senna dreist. — L'eau coule par-dessus les bords, sqûilha a ra au dour, sqûilha a ra an dour dreist, senna a ra an dour, senna a ra an dour dreist. — Le blé coule de ce muid. feltra a ra an ed ou ar grenn. — Couler en bas, dinaoûi, pr. dinaoûet; dinou, pr. ët. — Couler à l'entour, redecq eû-dro, bera ou divera ou sqûilha èn-dro. — Couler du lait ou une autre liqueur, les passer dans un couloir, siz-la leas ou sila læs. etc., ppr. et. J'an. scileiñ, pr. et. — Du lait coulé, leas sileiñ, les silet. — De la bouillie d'avoine coulée, yodsizlet. yod qerc'h.youd silet. —Couler un navire à fond, suçzombri ul lestr, pr. suçzombret; lacqât ul lestr da suçzombri, pr. lacqeat; lacqât ul lestr d'ar sol , caçz ul lestr d'ar sol ou d'ar guéled. pr. caçzet; goéledi ul lestr. pr. goéledet. — Couler du metal, redecq melal teuzet, pr. redet. — Couler, passer, parlant du temps, trémen , pr. et. Van. id.—Le temps coule insensiblement, an amser a drémen, hep ma songeompl

ou hep rat deomp, an amser a ya n( ouffac'h penaus. v. écouler.

COULEUR, liou, pl. livou. Van. liv, liū, lihu. Al. liff, pl. ou. — Couleur vive, liou beo. liv beo. Al. liff beff. blanche, liou guénu, liv guénn. Trig. liou goueñ. — noire , liou du , du. — grise, gris, liou gris. — rouge, liou ruz, liou ru, ruz. — verte, liou glas, glas.— de vert de fougère, guèzr, liou gûezr.— de vert de porreau, liou pour, liou stean. — bleu verdâtre, liou glas. — d'azur ou bleu céleste, pers, liou pers. — violette, liou tauè, liou glas. — de poupre , liou moucq. liou poupr. — jaune, melen, liou melen.—isabelle,melen guénnard. —brune, liou duard, liou dem-zu, roug, lyou rous. — de ponceau, liou ros-moc'h, liou ruz glaou. Van. liv goéd marh. — Qui est d'une couleur, eus a ul liou. — De même couleur, eus a ur memès liou, eus a un hevelep liou. — D'une autre couleur, eus a ul liou all. — De plusieurs couleurs, eus a gals a livou. — De différentes couleurs,eus a livou, dishével, bris. Van. brih, breh, Al. britt, brith. de la Breiz, Bretagne. — Prendre différentes couleurs, briza, pr. et; brizzaat, pr. ëet; gûisqa meur a liou, pr. gûisqet. Van. briheiñ, brihennat, brehat, pr. et; gûisqeiñ mar a liū. — Prendre une couleur de mort, gûisqa liou ar maro, pr. gûisqet. — Donner couleur à une chose, liva un dra, pr. livet; rei liou da un dra, pr. roët; digaçz liou da un dra-bennac, pr.digaçzet. Van. liûeiñ. pr.et.Al.liffaff, pr. liffet. — Changer de couleur, ceñch liou, pr.ceñchet.— Oter la couleur, disliva, pr. et. Van. diliūeiñ. — Qui a perdu sa couleur, dislivet, dislivet bet, collet e liou gnudhâ ou gandhy. — Sans couleur, qui n'a point de couleur, disliv, disliou. Van. diliū, hemp liûu.—Couleur, teint, liou, liv,ppl. livou. Van. liv, pl. eū, liûeū. — Couleur, préteste, digarez, pl. you: digare, pl. ou. — Sous couleur d'amitié, digarez mignouny, digarez carantez. var digare carantez. Sous couleur de faire le non-savant ou l'ignorant , digarez ober al luē.

COULEURS, livrées, liffræ, pl. ou;

COULEUVRÉE, *plante rampante*, ba-ra au ouc'h, colurinenn, güinyenn-venn. — *Couleurée noire, plante dont on mange les premiers bourgeons en salade*, coûez, caul du, pateroü an aëzr, güi-nyenn-du.

COULEUVRE, *serpent qui est de la figure d'une anguille*, aër, *pl.* ed. *Van.* id. *Anciennement* aër, *écrit* azr, *pl.* ed, *signifiait, en général, serpent; et de là*, aër-viber, *vipère;* aët-oüant, *serpent huant*, *le démon;* aër güidilus, *le serpent plein de replis; en Job, ch.* 26, *et Isaï, ch.* 17. — *Petite couleuvre*, aër vihan, *pl.* aëred.

COULEUVREAU, *petit de couleuvre*, aëricq, *pl.* aëredigou, aëredigou vunud.

COULEUVRINE, *pièce d'artillerie fort longue*, coulerinenn, *pl.* ou.

COULIS, *jus coule*, *filtré*, sizladur, *pl.* you; goasqedenn, *pl.* ou. — *Coulis de perdrix, de pigeons*, goasqedenn clugiry, pichoned ; sizladur clugiry, pi-choned. — *Coulis de gruau*, yod brignen sizlet, caudt brignen. *Van.* caudt groël, caudt gourel. — *Vent coulis*, avel laër, *pl.* avelou; avel dreuz, avel riclus, avel soutil, goall avel, avel-red.

COULISSE, *porte-coulisse, herse sarrasine*, dor rederès *ou* redeurès, *pl.* do-ryou rederès; un *or* red, *pl.* oryou red. — *Chassis ou contrevent à coulisse*, sta-laph rederès, *pl.* stalapou rederès; sta-laph red, *pl.* stalaphou red.

COULIT, *nom d'homme*, Couly, Cou-lyd. — *Saint Coulit, patron d'une paroisse près Châteaulin*, sant Couly *ou* Coulyd.

COULOIR, *passoire pour passer du lait ou une autre liqueur*, sizl, *pl.* ou. *Le* z *ne se prononce pas, non plus qu'en* sizla, *couler, mais il est équipollent à un second* i. *Van.* scil, *pl.* eü.

COULPE, *l'offense que le péché fait à Dieu*, offançz, an offançz eus ar pe-c'hed. — *Les théologiens distinguent deux choses dans le péché : la coulpe, qui se remet au sacrement de pénitence, et la peine, qui demande satisfaction*, an deologya-ned a enef ou a zou da ziffaranti daou dra ebarz ar pec'hed, au offançz pe-hiny a ra daZoüe, ha pe eus a hiny e ca-férar pardonn dre ar vertuz eus an ab-

solveon, hac ar boan dleat d'arpec'het, pehiny a rencq beza effacet gand an œu-vryou poanyus a binigenn èr bed-mâ, pe èr purgator. *v. indulgence.* ..

COUP, *choc, mouvement violent*, taul, *pl.* you. *Van.* taul, *pl.* yeü, eü. *Trég.* taul, *pl.* yo. — *Coup brusque*, tocq, *pl.* ou. *De là* tocseiñ. *v. son.* — *Coup de bâton*, taul baz, *pl.* taulyou. *Van.* taul bah, *pl.* taulyeü. — *Coup d'épée ;* taul cleze, *pl.* taulyou cleze. *Van.* taul cleñv, taul clehaoñ. — *Coup de poing, de pierre*, taul dôrn, taul mæn. *v. tape.* — *Coup de pied, coup de canne*, taul troad, taul cänenn. — *A coups*, a daul, a daulyou. — *Coup sur coup*, taul var daul, hep ceçz. — *Manquer son coup*, mancqout e daul, fellel e daul. — *Coup de vent*, taul avel, barr avel, *pl.* barrou avel ; fourad avel, *pl.* fouradou avel; cahoüad avel, *pl.* cahouageou *ou* cahouadou a-vel. — *Coup de vent sur mer, grain*, cour-ventenn, *pl.* ou. *Van.* tarh auël. — *Coup de fusil, de canon*, tenn fusuilh, tenn canol. *Van.* tëen, *pl.* tenneü. — *Coup de tonnerre*, taul gurun, tâlm gurun, *pl..* talmou curun; tarz curun, *pl.* tarzou. *Van.* tarh gurun, *pl.* tarheü ourun. — *Méchant coup donné à un animal, dont il reste blessé, mutilé*, mestaul, *pl.* you. — *Coup, blessure*, gouly, *pl.* ou; bleçz, *pl.* ou. *Trég.* id., *ppl.* o. *Van.* id., *ppl.* eü. — *Percé de coups*, leun a c'houlyou. — *Percé de coups, mais guéri*, goloët a c'hley-zennou;cleyzénnecq, *pl.* cleyzennéyen. — *Coup, fois*, guëach, gnëich, guëch, *ppl.* ou. *Van.* guëh, *pl.* eü. *Trég.* gou-ëch, *pl.* o. — *Un coup, deux coups, trois coups*, ur veach, diou veach, teir guë-ach. *Van.* ur uëh, diü uëh, teir guëh. — *Encore un coup*, c'hoaz ur veach. *Van.* hoah ur uëh. — *Coup, fois à boire*, bannè, *pl.* ou. *Trég. et Quimp.* bannec'h, ban-nac'h, *ppl.* ou. *Van.* bañnah, *pl.* eü. — *Verse moi un coup, deux coups, trois coups*, discarg diñ ur bannè, daou vannè, try bannè. — *A chaque coup qu'il buvait*, da guen alyès bannè a evè. — *A ce coup, maintenant*, brémâ, èn taul-mâ. — *A ce coup, alors*, netise, èn taul-ze. — *Tout à-coup, subitement*, èn un taul, èn un

taull-count, èn ur mouménd. — *A tous*
*coups*, *à toute heure*, da bep mare, da
bep taul, da bep eur.—*Faire d'une pier-*
*re deux coups*, dre vemès, var-un-dro,
ober daou dra dre vemès, ober daou
dra var un dro ou èn un taul, *pr.* great,
græt.—*A coup sûr*, a-dra-sur, hep mar
e-bed.

COUPABLE, couñfabl, rebechabl,
oc'h, á, añ, *ppl.* tud couñfabl, etc.; ar
re gounfabl, etc. *Hors de Léon*, coupapl, oh, añ.—*Etre coupable*, beza couñfabl, *pr.* bet. — *Etre cru coupable*, beza
ramalet, trémen evit beza counfapl *ou*
coupapl.—*Se rendre coupable*, hem renta couñfabl, *pr.* hem rentet, — *Qui n'est*
*pas coupable*, divlam, glan, oc'h, á, añ.
— *N'être point coupable*, beza divlam,
beza direbech, beza glan, beza didamal.

COUPANT, *ante*, *qui coupe*, trou-
c'hus, a drouc'h.

COUPE, *tase pour boire*, hanaff, *pl.*
ou. *Van.* coupeu, *pl.* eû. *Coupe*, *sépa-*
*ration d'un corps solide*, trouc'h. *Van.*
troh. — *La coupe d'un melon*, etc., an
trouc'h eus a ur sucrin, etc. — *On con-*
*naît la bonté du drap à la coupe*, diouc'h
an trouc'h ez amavezour ar mezer mad.
*Van.* doh èn troh e hanaouër er miher
mad. — *Coupe de bois*, trouc'h, trouc'h-
coad, *pl.* trouc'hou-coad. *Van.* troh
ouèd. — *Quand sera la coupe dans votre*
*taille?* pe-eur ez vezo an trouc'h èn ho
coad tailh? pe-eur è vezo au trouc'h
coad guenee'hu?— *Coupe-bourgeon*, in-
*serte. v. lisette.* — *Coupe-gorge*, *lieu où*
*l'on vole, où l'on assassine les gens*, leac'h
a vrigandaich; griped, *pl.* ou; stocqor,
*pl.* you. — *Coupe-jaret*, lacqepod, *pl.*
ed; discolper, *pl.* yen.

COUPER, *séparer avec un instrument*
*tranchant un corps continu et solide*, trou-
c'ha, *pr.* et; sqeigea, *pr.* et. *Van.* truuheiñ, sqeigeiñ, *ppr.* et.
*Trég.* troc'hañ, discolpañ, *ppr.* et. —
*Couper la tête à quelqu'un*, dibenna ur
re, *pr.* dibennet; trouc'ha e benn da
ur re. — *Couper bras et jambes à quel-*
*qu'un*, discolpa an nivreac'h hac an
nion e'harr da ur re-bennac ou diouc'h ur re-bennac. — *Couper en deux*,

daouhanteri, *pr.* et; troucha *ou* sqeigea è daouhanter. *Van.* deu-hantcreiñ,
*pr.* et. — *Couper court*, trouc'ha berr,
*pr.* trouc'het berr; ober berr, *pr.* græt.
— *Couper par petits copeaux avec un cou-*
*teau*, qinqailhat, *pr.* et; clemiñsat, *pr.*
et.—*Couper une forêt*, trouc'ha ur c'hoad,
discarr ur c'hoad, *pr.* discarret. — *Cou-*
*per du foin*, güile'hat foënn, *pr.* güil-
c'het. — *Couper du blé, scier les blés*, midi, medi, *ppr.* medet; trouc'ha au ed *ou*
an edou. — *Couper un habit chez le mar-*
*chand*, sevel un abid, *pr.* savet; troucha danves un abid. *Trég.* seoüel un
abyd. *Van.* saoüeiñ un abyd. — *Couper*
*les passages*, trouc'ha hend da, stephya
an hinchou, stancqa an hiuchou ouc'h,
*ppr.* et. — *Se couper en parlant, se contre-*
*dire*, èn hem drouc'ha èn e gompsyou,
*pr.* èn hem drouc'het.

COUPEROSE, *minéral qui se trouve*
*dans les mines de cuivre*, couperosa. *Van.*
couperos.

COUPEROSÉ, *e*, *façz boutônet*, *pl.*
façzou, etc.; boutôuet e façz. *fém.* boutônet he façz.

COUPE-TÊTE, *jeu d'enfants*, c'hoary chevaliry.

COUPEUR *de bourses*, laër soutil,
*pl.* laëron soutil; trouc'her ar yalc'h,
*pl.* trouc'hèryen; spazer an ilc'hyer, *pl.*
spazéryen au ilc'hyer. *v. filou.*

COUPLE, *lien pour coupler les chiens*,
stroll, *pl.* ou. — *La couple est rompue*,
torret eo ar stroll.—*Couple*, *paire*, coubl,
*pl.* ou. *Van.* coupl, *pl.* eû. *x. paire.* —
*Une couple de bœufs*, coubl egenned, ur
c'houbl egenned. — *Une couple d'œufs*,
ur c'houbl vyou.

COUPLER, *attacher ou mettre deux à*
*deux*, coubla, *pr.* et; parat, *pr.* et. *v.*
*appareiller.*— *Coupler des chiens de chasse*,
strolla, *pr.* et; strolla *ou* coubla chaçz,

COUPLET, *dixton de vers. v. chanson.*

COUPLETS, *penture pour les portes et*
*fenêtres*, coubledou.

COUPURE, trouc'h, *pl.* ou. *Van.*
trouh, *pl.* eû. — *Coupure, l'action ou la*
*manière de couper*, sqeigeadur, trouc'hadur. *Van.* id.

COUR, *espace enfermée de murs, près*

*d'une maison*, porz, *pl.* you, perzyer. *Van.*
pòrh, *pl.* eû. — *Avant-cour*, porz a ziaraucq. — *Cour de derrière*, porz a-drê.
— *Basse-cour*, porz isélâ. —*Cour de maison*, *non-fermée de murs*, court, *pl.* ou,
courdou. — *Il est dans la cour*, ez ma èr
c'hourt. — *Cour*, *lieu où habite un roi*,
*un prince souverain*, lès ar roûe, lès an
autrou ar prinçz. — *Gens de la cour*, tud
al lès. — *Gens de cour*, tud a lès. — *Cour
de différents princes*, lès, *pl.* you.—*Cour*,
*cajolerie qu'on fait aux dames, etc.*, lès.
*Faire la cour à quelque personne du sexe*,
*faire l'amour*, ober al lès, *pr.* græt. —
*Faire sa cour à ses supérieurs*, ober e lès.
— *Cour*, *lieu où les juges exercent leur juridiction*, lès, *pl.* you; barn, *pl.* you, ou.
— *Cour souveraine*, lés uhel, *pl.* lésyou
uhel; lès absolud, *pl.* lésyou absolud;
lès supefyol, *pl.* lèsyou. — *Cour royale*,
lès roûe, *pl.* lésyou; lès roëyal, *pl.* lesyou.
— *Cour subalterne*, lès isel, *pl.* lésyou
lès enferyol, *pl.* lésyou enferyol.—*Cour*,
*juridiction de quelque seigneur particulier*,
lès autrou, barn autrou, dalc'h autrou.
—*Cour ecclésiastique*, *cour d'évêque*, *d'abbaye*, lès an ilis, lès ilis, lès an escop,
lès an abad, barn ilis, barn escop, barn
an abad, barn an abadès. *v. milieu.*—
*Cour des aides*, *cour souveraine*, lès an
sicouryou, lès an gûiryou, lès an guiryou cus ar roûe.

COURAGE, couraich, calon ; cou-
raich *tient de* gouraich, *virilité*; *de même
que* gouraich *tient de* gour, *qui signifie
viril*, *mâle*. *Van.* id. *v.* *mâle*, *petit*.—*A-
voir du courage*, cahout couraich, ca-
hout calon, beza courachus, beza calounecq, *ppr.* het. — *Prendre courage*,
qemer couraich, *pr.* qemeret; commeret. caloun, *pr.* id. — *Donner
du courage*, *encourager*, couragi, *pr.*
couragel; rei couraich, rei caloun, *pr.*
roët; calounecqat, *pr.* êet; renta calounecq, *pr.* rentet; lacqât caloun e
coff un re-bennac, *pr.* lecqêet. — *Perdre courage*, digouragi. *pr.* et; coll couraich, *pr.* collet; manqout a galoun, *pr.*
manqet. — *Sans courage*, *qui n'a point
le courage*, digouraich, digaloun, oc'h.
;; hep couraich, hep caloun. — *Cou-*

*rage-ld*, couraich eta, hay eta, aze, stard,
croguit stard, hay qem na fuo, içza-ta.
— *Courage*, *ardeur*, *vivacité*, *couraich*,
beoder. — *Elle a du courage*, *de la vivacité qui approche de l'emportement*, couraich he deus. *En t. burlesq. on appelle*
*une personne emportée* : couraichicq.

COURAGEUX, *euse*, courachus, calounecq, oc'h, à, añ. *Van.* courajus,
calounecq.

COURAGEUSEMENT, gand cou-
raich, èn ur sæçzoun courachus *ou* calonnecq.

COURANT, *e*, *qui court*, *qui s'écoule*,
redus, a red. — *Chien courant*, qy-red,
*pl.* chaçz-red; puze, *pl.* êd. — *L'eau
courante*, dour-red, *pl.* doureyer-red.—
*Le courant de l'eau*, an dinaou eus an
dour, an disqeñ eus an dour, ar red
vès an dour. *v. fil de l'eau*. — *Contre le
courant de l'eau*, a ênep an dour, a ênep
ar red eus an dour. — *Suivre le courant
de l'eau*, mônet gad an dour, mônet
gand an dinaou eus an dour, *pr.* êet.
disqenn gad an dour, *pr.* disqennet.—
*Aller contre le courant de l'eau*, ænebi
ouc'h an dour, *pr.* ænebet; mônet a ê-
nep an dour, mônet e ênep ar red eus
an dour, *pr.* êet, eat. — *Lac courant*,
laçz reder, laçz red, laçz rinqler, laçz
rinql, *pl.* laçzou. *v. lacets, lacs.* — *L'année courante*, ar bloaz-mâ, ar bloaz pre-
sint, ar bloaz a red *ou* a rên. — *Le prix
courant*, ar pris red, ar pris ordinal.—
*Monnaie courante*, mouneiz red, ar mouneyz èn deus red. — *Tout courant*, *en
courant*, a red, a red cuêr, a benn red,
èn urred, èn ur redadenn, èn ur redecq.

COURANTE, *danse*, couranteñ, cou-
randeñ. — *Danser une courante*, dausal
ur gourandeñ, *pr.* danset. — *Courante*,
*flux de ventre*, ar red, ar buan, ar bua-
uicq. — *Il a la courante*, ez ma ar red
gand-hâ, ar buan a so gand-hañ, e.
ma ar buanicq gand-hâ.

COURBE, *qui est en arc*, croumm,
bolset, oc'h, à. — *Courbe*, *pièce de navire*, gourivin. — *Courbe d'arcasse*, gourivin arc'has.

*COURBEMENT, *l'action de courber*,
croummadur, pleiguidicuz.

COURBER, croumma, *pr.* et; ple-ga, *pr.* pleguel; bolsa, *pr.* et. *Van.* cvomeiñ, crozeiñ, cammeiñ, plegueiñ, *ppr.* et. — *Se courber, se baisser,* hém blega, *pr.* hem bleguet. *Van.* him blegueiñ. *Trég.* èn hem blegañ. *H.-Corn.* èn hem blego, *ppr.* et. — *Une femme un peu courbée, un peu bossue,* qéynicq. *v. vieillesse, bossue.*

COURBET, *partie d'un bât,* corbell, *pl.* ou. *v. bât.*

COURBETTE, lamm-marc'h, *pl.* lammou-marc'h.

COURBETTER, *parlant du cheval qui fait des courbettes,* lammet a ziarauch hac a ziadre, *pr.* id.

COURBURE, *état de la chose courbée,* croummidiguez, croinmadur.

COURCAILLET, *le cri des cailles,* can ar c'hoailled. — *Courcaillet, appeau pour attirer les cailles,* sutell-lezr evit qemer coailhed, *pl.* sutellou-lezr, sutellou coailhed.

COURÉE, *composition de suif, de soufre, de résine,* etc., *dont on frotte les navires,* courrez.

COUREUR, reder, *pl.* yen. *Van.* ridour, redour, *ppl.* you, yan. — *Coureur de nuit,* ribler, *pl.* yen; reder-nos, *pl.* rederyen-nos. *v. larron.* — *Coureur, vagabond,* baleand, *pl.* ed; corq, *pl.* ed. *Van.* ridour, *pl.* yon. *H.-Corn.* reder, *pl.* yen. — *Coureur, cheval propre pour la course, pour la chasse,* marc'h-red, *pl.* ronceed-red. — *Coureur, saumon coureur,* qeurcug, *pl.* ued, *de cucq, saumon.*

COUREUSE, *femme qui n'arrête guère en son logis,* rederès, *pl.* ed. — *Coureuse, femme prostituée,* baleandès, *pl.* ed; rederès, *pl.* ed; corqès, *pl.* ed; pelletean, *pl.* ed. *Ce dernier mot semble venir du latin* pellex, pellicis. *Van.* ridoures, oaymantes, calimantes, *ppl.* et. *v. bergère.*

COURGE, *plante rampante, qui est de la nature des citrouilles,* coulourdrenn, *pl.* ou. — *Courge sauvage,* coulourdreñgoëz, coulourdreun-moc'h, *pl.* ou.

COURIR, redecq, *pr.* redet. *Van.* ridecq. — *Courir en un lieu,* redecq èn ul leac'h. — *Courir d'un lieu à celui-ci,*

accourir, diredecq, *pr.* diredet. *v. accourir.* — *Courir çà et là, populairement :* courailler, redecq ha diredecq, *pr.* redet ha diredet; redecq tu-hout ha tumâ, cantren, cantreal, *ppr.* cantrèet. *Van.* cantren, cantreiñ, *ppr.* ëet; rinqiñ, *pr.* rinqet. — *Courir pour gagner les épingles aux filieries,* redecq ar spilhou. *Van.* ridecq er spilheü. — *Courir les rues, battre les pavés,* redecq ar ruyou. *Courir la nuit,* redecq an nos; ribla, *pr.* et. — *Courir le pays, battre la semelle,* redecq ar vro, ober e dro-c'hall, *pr.* græt. — *Ce bruit court dans toute la ville,* ez ma ar brud-ze ou ê ma an trous-ze dre guear a bep tu. — *Courir le hasard de perdre la vie,* beza ê tailh da goll e vuez, beza ê danger da vervel, *pr.* bet.

COURONNE, curun, *pl.* ou; ar gurun. *Van.* curun, *pl.* eü; ar gurun. — *Petite couronne,* curunicq, *pl.* curunouigou. — *La couronne d'épines,* ar gurun spern. *Van.* er gouroun spern. — *Couronne de lauriers,* curun lore. — *Couronne de fleurs,* curun bleuzû. garlantez bleuñv. — *Couronne d'or réservée au ciel pour les vierges, l'auréole de virginité,* curun aour ar guerc'hesed santel. — *Couronne de prêtre séculier,* qeri, *pl.* ou. *Van.* qern, *pl.* eü. — *de prêtre régulier,* curun, *pl.* ou. — *Couronne, royaume,* roüantélez, *pl.* you, ou. *Van.* roantelëh, *pl.* eü. — *La couronne de France,* vouantélez Françz, ar roüantélez a Françz. roüantélez Gall. — *Cela est de la couronne,* an dra-zé a so d'ar roüe, qemen ze a aparchant ouc'h ar roüe. — *La couronne du roi, le diadème,* curun a roüe. — *La couronne d'Espagne,* roüantélez Spaign, ar roüantélez a Spain.

COURONNEMENT, *action de couronner,* curunidiguez-sacr ur roüe ou u princz ab-olud, ar gurunadur-sacr eu ar roüe. — *Au couronnement du roi,* d gurunadur-sacr ar roüe. — *Couronnement, perfection d'un ouvrage,* an disû vès a un ouvraich, ar peur-oberidiguez *Van.* achimant.

COURONNER, curuni, *pr.* et. *Van.* curuneiñ, *pr.* et. *Trég.* curuniñ. — *Couronner de fleurs, de lauriers,* garlantezi

pr, et; rei ar o'harlantez, pr. roêt; cu-
ruñi gad bleuñ, gad lore. — finir glorieusement, finveza gand enor ha gand
gloar, pr. finvezet; peur achui gand e-
nor, pr. peur-achuet. Van. finiçzeiñ
gned iuour, pr. finiçzet. — un outrage,
le terminer, peur-affæçzoni un ouvraich,
pr. peur-affæçzonet; peur-ober un e-
diviçz, pr. peur-o'hræt. — Les têtes cou-
ronnées, ar roüanez, an empalazr hac
ar brinçzed absolud èn o stadou, ar
brinçzed absolud.

COURRIER, postillon, post, pl. ed.—
Courrier qui court la poste, soit pour son
plàisir, soit pour ses affaires, poster, pl
yen. Van. postour, pl. yon, yan.

* COURROI, terre glaise, courrez.
Van. doüar biv. — Garnir une chaussée,
etc., de courroi, courreza, pr. et.—Courroi, la dernière façon que l'on donne au
cuir, courrèz.

COURROIE, lanière de cuir, correeñ,
pl. ou; storeeñ, pl. ou. Van. correyeu,
pl. correyeü.—pour lier les bœufs, louan,
pl. ou; loan, pl. ou; loffan, pl. ou.

. COURROUCER, buancçqât, pr. et.
v. colère.

COURROUX, buanégnez. v. colère.

COURS, durée des choses, padélez,
pad, hed, tro, doug, daug, deug, toug,
taug, teug. — Le cours de la vie, padélez ar vuhez, pad ar vuhez'guez, hed
ar vuez, doug ar vuez, daug ou deug ar
vuhez.—Pendant le cours de la vie, e pad
ar vuez, a hed ar vuez, hed ar vuez, a
doug ar vuez, taug ar vuez. Van. pad
er vuhe. — Le cours du soleil, tro au
héaul, tro'n héarl. — Le cours du jour,
tro an deiz, tro'n deiz, hed an deiz, pad
au deiz, doug an deiz.—Pendant le cours
du jour, e tro'n deiz, a hed an deiz, hed
an deiz, é pad an deiz, a doug an deiz, é
doug an deiz, a deug an deiz; deug se dit
en B.-Léon. — Pendant le cours du temps,
é tro'n amser. — Le cours de la nuit.
tro au nôs, tro'n nôs, hed an nôs, pad
au nôs, doug an nôs. — Cours de philosophie, tro philosophy. — Il a fait plusieurs cours de philosophie, meur a dro
philosophy èn deus græt. — Cours de
l'eau, ar red eus an dour, red au dour,

reol an dour.—de la rivière, red ar stear,
red ar stær. — promenade, court, pl.
courdou. — Ils sont au cours, ez ma int
èr c'hourt.—Cours des humeurs, an hend
a guemer an humoryou ebarz ar c'horf.
— Le cours des affaires, au hend ou an
trayn a guemer an afferyou..

COURSE, espace de chemin qu'on parcourt avec vitesse, redadenn, pl. ou;
red, ur pennad-red, pl. pennadou-red,
pennad-hend. Van. rid, reed. —incursion subite, acte d'hostilite, argadeñ, pl.
ou; algaradeñ, pl. ou. — Faire des cour-
ses sur l'ennemi, algaradi, pr. et; argadi,
pr. et. — Faire la course sur mer avec commission de l'état, pour en affaiblir les ennemis, arma listry è cours, pr. armet; mônet è cours, pr. ēet. v. corsaire.

COURSIER, t. de marine, canol chaç-
zé, pl. canolyou chaçze.—cheval de bataille, marc'h bresell, pl. ronceed-bre-
sell. v. coureur.

COURT, e, berr, crenn, cracq, oc'h,
à. — Robe courte, saé verr, saé scarz,
saéou. — Chemin court, hend berr, pl.
hinchou verr. — Bâton court, baz creñ,
pl. bizyer crenn. — Court bâton, crenn-
vaz, pl. crenn-vizyer. — Jouer aux courts
bâtons, lacqât ar c'hreñ-vizyer da c'hoari, pr. lecqëet. — Courte vie, buhez
verr, berr vuez. — Pour faire court, en
peu de paroles, è berr, è berr gompsyou,
evit trouc'ha berr, evit lavaret è berr.
— Tout court, a grenn. Van. a grean.
— Tourner tout court, trei a grenn, pr.
troët. — S'arrêter tout court, chom a
grenn, pr. chommet. Van. him arresteiñ a grenn, him arresteiñ crenn, pr.
him arrestet.—Il est demeuré tout court
d son sermon, il a manqué de mémoire, collet èn deus e neudenn ou penn e neudeñ, chommet eo ouc'han drèz, chommet eo bet e déaud a ispilh. — Tenir
de court la jeunesse, derc'hell berr gand
an dud yaouancq, pr. dalc'het, derc'hell
ar rangenn gand yaouanctiz. — Court,
besoin de quelque chose qui nous manque,
berrecq, herrocq, oc'h, à, pl. berréyea,
tud berrecq, tud berrocq. — Il a beau
travailler, il est toujours court d'argent,
caër èn deus ober, berrecq eo atau eu

berrocq e bepred.

COURTAGE, *le métier de courtier*, couratéraich.

COURTAUD, creanard, *pl.* ed; creñ, *pl.* éyen. — *Homme courtaud*, ur s'hrennard, ur c'hrenn-dèn, *pl.* crennarded, crennéyen, creū-dud. — *Femme courtaude*, crennardès, *pl.* ed; grecq creñ, graguez creñ; ur grennardès a c'hrecq, ur c'hrenn-grecq. *Burlesq.* trouçzad, *pl.* ou. — *Chien courtaud*, qy besq, qy dilost, qy dilostet, *pl.* chaçz besq, etc. *v. chat.* — *Courtaud de boutique*, pautr micherour, *pl.* pautred micherouryen.

COURT-BOUILLON, *manière de cuire certains poissons*, courbouilhonçz.

COURTE-HALEINE, berr-alan. *v.* asthme.

COURTE-PAILLE, *jeu*, ar blousenyerr. — *Tirer à la courte-paille*, tenna d'ar blousen verr.

COURTE-POINTE, *couverture de lit*, contrepoëntenn, *pl.* ou; pelleun-picqet, *pl.* pellennou-picqet.

COURTIER, *entremetteur de ventes et d'achats*, curater, *pl.* yen; coureter, *pl.* yen; ceuroter, *pl.* yen. *Van.* couretour, *pl.* yon. — *Un courtier*, ur c'hourater. *Van.* ur houretour.

COURTIÈRE, couraterès, *pl.* ed.

COURTIL, *petite cour ou jardin de campagne*, liorz, *pl.* ou. *Van.* liorh, *pl.* eū. — *Petit courtil*, liorzicq, *pl.* liorzouïgou. *Van.* liorhicq, *pl.* liorheüigueū, liorhigueū. — *Courtil de filotiers, pour sécher le fil*, liorz-neud, *pl.* liorzou-neud; prad-neud, *pl.* prageou-neud.

COURTISAN, *qui hante la cour*, dèn a lès, *pl.* tud a lès. *v.* cajoleur.

COURTISANE, *femme publique. v.* bergère.

COURTISER *quelqu'un*, ober a lès da ur re, evit gounit e c'hraçzou mad, *pr.* græt. — *les femmes. v.* cajoler.

COURTOIS, *e*, courtès, oh, â. *v. civil.*

COURTOISIE, courtesy.

\* COURTPENDU, *pomme*, aval coupandu, *pl.* avalou coupandu.

COUSIN, qenderv, *pl.* qendirvy, qendervy. *Van.* qanderv, *pl.* qanderüi. — *germain*, qenderv compès, *pl.* qendirvy gompes. — *issu de germain*, qevenderv, *pl.* qevendirvy. — *au quatrième degré*, qeffnyand, *pl.* ed; qevnyand, qivinyand, *ppl.* ed. — *au cinquième degré*, bugale ar gueffnyanded. *Proverbe.*

Bugale an gueffuyauded,
Goaçzaff qerend a so èn bed :
Ha guëllaff, ma veent demesel.

— *paternels*, qendirvy a-berz-tad. — *maternels*, qendirvy a-berz-manm. — *moucheron. v.-y.* — *de la Madeleine.* τ. cordier.

COUSINAGE, *parenté*, qendervycz, qendervyaich, qirintyaich.

COUSINE, qeniderv, *pl.* ed. *Van.* qaniterv, *pl.* qaniterüesed. — *germaine*, qeniderv compès, 1 *l.* qenidervezed. — *issue de germains*, qeviniderv, *pl.* czed. — *au quatrième degré*, qevinyantès, *pl.* ed. — *au cinquième degré*, merh d'ar qeffnyanded *ou* guevinyantesed.

COUSINER, qendervya, *pr.* et; èn hem guervel qendirvy, *pr.* em galvet.

COUSSIN. *v. chevet.* — *carreau de de plume, etc.*, carauzenn, *pl.* ou; torchenn, *pl.* ou. — *de selle pour soutenir une valise*, azdibr, *pl.* ou; couçzin, *pl.* ed, ou.

COUSSINET, carrauzennieq. *pl.* carrauzennouïgou; torchennicq, *pl.* torchennouïgou.

COUT, *dépense. frais*, coust, coustaich, mis, dispign, *ppl.* ou. *Van.* id, *ppl.* eū. *Trég.* id., *ppl.* o.

COUTANT, *e*, coustus, misus, oc'h, à, añ. *Van.* id. — *Fort coûtant*, coustus-bras, forz coustus, misus-bras.

COUTEAU, contell, *pl.* ou, contilly. *Van.* autenn, *pl.* eū; coutell, *pl.* eū; contell, *pl.* qentell, er hentell. — *Poignarder avec le couteau*, contella, *pr.* et. — *à gaine*, coutell-gouhyn. — *pliant*, contell-bleg. — *crochu*, contell-gamm, contell-grocq. — *de cuisine*, contell gueguin.

COUTELAS, contellaçzenn, *pl.* ou contillaçzenn, *pl.* ou. Coutelas, *id est* contel-las, *couteau à tyer, couteau tuant.*

COUTELIER, contellor, *pl.* yen. *Van.* contellour, coutellour, *ppl.* yon, yan.

COUTELIÈRE, *étui pour mettre de*

couteau, boëll ar c'hountellou, nr voëstl countellou, *pl.* bouëstlou; contel-
louer, *pl.* ou; ur c'hontellouer.

COUTELLERIE, contelléroz, con-
tellérv.

COUTER, consta, constout, *ppr.* et.
*Van.* coustein, *pr.* et.—*Le blé coûte cher*,
au ed a goust qèr, an ed a goust cals,
qezr eo au ed. — *Il faut en avoir, quoi
qu'il en coûte*, coustet pe gousto, red eo
cahout auczañ. — *Combien coûte ce litre?* 3o *sous*, peguement a goust al levr-
ze? c'huec'h real. — *Les procès lui ont
coûté tout son bien*, ar procesou o deus
coustet e oll dra dezañ. — *La peine et
le travail ne lui coûtent rien*, ar boan has
al labour *ou* an trevel ne goustout netra dezañ.

COUTIER, *qui fait du coutil*, guya-
der-couëtiçz, *pl.* guyadéryen-couëtiçz.

COUTIL., *espéce de toile*, couëtiçz,
lyen couëtiçz.

COUTRE, *instrument de charrue*,
coultr, *pl.* ou ; contell-gaoutr, *pl.* con-
tellou-gaoutr; contell-goultr. —*Porter
le coutre à la forge*, caçz ar o'houltr d'ar
chovel, *pr.* caçzet.

COUTUME, *habitude*, custum, *pl.* ou;
qiz, *pl.* you. *Van:* custum, *pl.* eü; coustum, *pl.* eü; custum *semble tenir de qiz*,
*mode, et* de stum, *petit, petite.* Qiz-stum,
*petite mode; qustum, coutume.* — *Selon
la coutume*, hervez ar c'hustum, diouc'h
ar gustum, hervez ar c'hiz, diouc'h ar
c'hiz, diouc'h ar guiz, èr c'hiz, èr guiz.
*Van.* erve er gustum. — *Introduire une
coutume*, lacqât ur gustum da rèn, *pr.*
lecqèet; digaçz ur guiz névez, digaçz
ur c'hiz névez, *pr.* digaçzet. — *Avoir
coutume de*, cahout custum da, beza
custum da, beza ê guiz da, *ppr.* bet.—
*Bonne coutume*, qiz vad, custum vad;
accustumançz vad, *pl.* accustumanchou vad; tech mad, *pl.* techou mdd
*Ce dernier mot se prend plus ordinairement
pour mauvaise habitude.* — *Mauvaise coutume*, qiz fall, goall guiz, custum fall,
goall gustum; accustumançz fall, *pl.*
accustumanchou fall ; goall accustumanchou ; tech fall, *pl.* techou fall ;
goall dech, *pl.* goall dechou. *Van.*teich-

fall, *pl.* teicheü-fall. — *Contracter une
mauvaise coutume*, qemeret ur goall acoustumançz, qemeret un tech fall, qemeret ur goall, dech, *pr.* id. — *Une
mauvaise et longue coutume mène insensiblement à l'endurcissement du cœur*, ur
goall accustumançz a hirr-amser, a
gundu a-neube-e-neubeud d'ar galc-
der a galoun. *Proverbe :*
    A· hed ur bloazvez ar pis ,
    A zeu da galedi bep miz.
*id est, à chaque mois de l'année les pois
durcissent.*—*Coutume, droit que l'on perçoit pour l'entretien des ponts*, custum,
guir. *Van.* custum, coustum. — *Lever
la coutume*, sevel ar gustum, sevel ar
c'hustum, sevel ar gûir, *pr.* savet.*Van.*
saveiñ *ou* saoüeiñ er gustum. *v. coutumier.* — *Coutume de Brétagne, droit municipal rédigé par écrit*, coustum, ar gustum , coustum Breiz, ordrenançzou
Breiz. *v. us.* — *Une fois n'est pas coutume*, ur veaich ne de qet custum.

COUTUMIER, *celui qui lève la coutume*,
custumer, *pl.* yen; gûiraër, *pl.* yen, *Van.*
custumour, coustumour, *ppl.*yon,yan.

COUTURE, gryadur, gruyadur.
*Van.* gouryadur. — *Couture, point d'aï-
guille, .* refenn, *pl.* ou; craf,*pl.* ou; gry,
*pl.* ou; gruy, *pl.* ou. *Van.* goury, *pl.* eü.

* COUTURERIE, *métier*, qemence-
raich. *Van.* gouryadurach.

COUTURIER, *mauvais tailleur*, qe-
mener, *pl.* yen. *Van.* gouryer, *pl.* yon.

COUTURIÈRE, *femme qui travaille en
couture*, qemenerès, *pl.* ed. *Van.* gou-
ryerès, *pl.* ed.

COUVÉE, *les œufs qu'une poule couve
en même temps*, gorad, *pl.* ou. — *Tous
ces poulets que vous entendez piduler, sont
d'une même couvée ,* ar bonclued-ze a
glévit o gûic'hat, a so oll vès a ur gorad.
—*Une mauvaise couvée d'enfants, une mauvaise engeance,* ur gorad fall a vugale.

COUVENT, *maison de religieux ou de
religieuses*, coüend, *pl.* coüenchou. *Van.*
couvand, *pl.* eü. *v. monastère.* — *Les
couvents sont les maisons des religieux, les
monastères et les abbayes celles des moines,*
ar c'houvénchou a so evit ar religiused, ar monstéryou hac an abatyou c-

vil ar vænec'h. . .

**COUVER**, gûiri, *pr.* goret; gori, *pr.* goret. *Van.* goreiñ, *pr.* goret. — *Couver des poulets*, gûirl poncinedigou munud. *Van.* goreiñ pichoned. — *La poule couve*, e ma ar yar è gor, ez ma ar yar o viri. — *Couver de la vengeance contre quelqu'un*, gûiri veñgeançz èn e galou a ênep ur re.

**COUVERCLE**, *ce qui sert pour couvrir*, *pour fermer quelque vaisseau*, golo, *pl.* ou; goléyer, gouc'her, *pl.* goulc'heryou. *Al.* berluz, taff, *ppl.* au. — *Couvert de coffre*, golo-couffr, *pl.* goleyer-couffr. — *de pot*, golo-pod, *pl.* goleyer-pod. *Van.* golo pod, *pl.* golecû pod. — *Couverele de beurrier*, goulcher, *pl.* you. *v. beurrier*.

**COUVERT**, *abri*, *lieu à l'abri des injures du temps*, goasqed, *pl.* ou; goasqedenn, *pl.* ou; herberc'h, *pl.* you; lec'h-clèd, *pl.* lec'hyou cled. *Ce dernier mot est de la Haute-Cornouaille.* — *A couvert des vents*, *de la grêle*, èr goasqed, èn herberc'h, è lec'h clèd. — *Couvert*, *abri du soleil*, *à l'ombre*, dishéaul. — *A couvert du soleil*, èn dishéaul. — *Couvert*, *abri contre la pluie*, disc'hlao, disglao. — *A couvert de la pluie*, èn disc'hlao. — *Couvert*, *abri contre ses ennemis*, minic'hy, leac'h a açzurançz. — *A couvert de ses ennemis*, è minic'hy, è leac'h a açzurançz, èn açzurançz. — *Couvert*. *la nappe*. *etc.*, au douzyer, an daul. *Trég.* an doubyer. — *Mettre le couvert*, dreçza an daul, *pr.* dreçzet; lacqât an daul; lac qât an douzyer, *pr.* lecqêet; servicha an daul, *pr.* servichet. — *Lever le couvert*, sevel an daul, sevel an douzyer, *pr.* savet; diservicha an daul, *pr.* diservichet. — *Couvert*, *l'enveloppe d'un paquet de lettres*, golo, golo lizerou. — *Couvert*, *e*, *ce qu'on ne voit pas*, goloët, cuzet. — *Le soleil est couvert d'un gros nuage*, goloët eo an héaul gand ur goûabron déval. — *Son habit était couvert de broderies*, è abid a yoa goloët gand ar brou dêur. — *Couvert*, *bien vêtu*, gûisqetmad, gûisqet caër, gûisqet manivieq. — *Couvert de honte*, *couvert de crimes*, carguet a vès, carguet a grimou. — *Parler en paroles couvertes*, muz-comps, *pr.*

muz-compset; hanter-gomps, *pr.* hanter-gompset. — *Mots couverts*, comsyou goloët. — *Couvert*, *dissimulé*, *caché*, goluët, diçzumul, cuzet, oc'h, à, añ.

**COUVERTEMENT**, èn ur fæçzoun goloët, gand goloadur, è muz-compsyou, gad hanter-gompsyou.

**COUVERTURE**, *pièce d'étoffe qui sert à couvrir*, goloënn, *pl.* ou; golo, *pl.* ou. *Van.* golo, *pl.* cû. — *Couverture de lit*, goloënn-guële, *pl.* goloënuou-guële; golo-guële, *pl.* goleyer-guële; palenn, *pl.* ou, palleigner; lenn, *pl.* ou. *Van.* langer, *pl.* yeû. *Trég.* golo goûele, *pl.* goleyer goûeleo. — *Couverture de livres*, golo-levr, *pl.* goleyer-levryou; cro c'hen, ul levr, *pl.* creûc'hin levryou. — *Couverture de maison*, *toit*, toënn, *pl.* ou. *Van.* id., *pl.* cû. *Al.* briccan, *de là*, lambrusca, *lambrisser*, *et de lam*, *qui signifiait du bois*. — *Couverture d'ardoise*, toënn glas, *pl.* toënnou glas; toënn glas, *toënn* væn, *toënn* sqlenn. — *de bardeaux*, toënn duvad crenn. — *de tuiles*, *toënn* tcol, toën teul. — *de chaume*, toënn soul, toën golo, toënn-blous. — *de genêts*, toën-vazlan. — *de roseaux*, toënn gorz, toën rausel.

**COUVEUSE**, *poule qui couve*, yar gorerès, yar-gor, yar-viri, *ppl.* yaresed.

**COUVRE-CHEF**, cabell, *pl.* ou. *v.* cape. — *Couvre-chef de femme*, couricher, *pl.* ou.

**COUVRE-FEU**, *instrument à couvrir le feu*, cuffunoûer, *pl.* ou; caffunoûer. *pl.* ou; fûrniguell, *pl.* ou. — *Couvre-feu ou courfeu*, *et par corruption*, carfeu et gare-fou; *en Gascogne*, chasse-ribauds; *signal de retraite que l'on donne par le son d'une cloche à certaine heure du soir dans quelques villes*, guêrse, qeulfé. *Ces deux mots sont formés du français*, *couvre-feu*. *De là vient qu'en Léon on dit encore:* sini qeulfé et senni quêrse; *pour sonner l'Angelus du soir*. — *Couvre-feu*, *l'action de couvrir le feu*, caffunyez, cahun, cuffunyez, cuffun.

\* **COUVRE-POT**, *homme qui connaît et qui souffre le libertinage de sa femme*, golopod, 1 annic countan, dogan countant.

COUVREUR, toër, *pl.* ycn. *Van.* to-ëour, *pl.* yòn. — *Couvreur en ardoises,* toër-glas, *pl.* toëryen-glas. — *Couvreur en chaume, en paille,* toër-soul, toër-co-lo, toër plous. — *Couvreur en tuile,* to-ër tcol. — *Aide de couvreur,* daffarer, *pl.* you; darbarer, *pl.* yen. *Van.* darba-rour, *pl.* yon, yan. — *Servir un couvreur,* daffari un toër, *pr.* daffaret; darbari, *pr.* et. *Van.* darbarciñ un toëour, *pr.* darbaret.

COUVREUSE, *femme ou veuve de couvreur,* toërés, *pl.* ed; grecq an toër, intâvès an toër.

COUVRIR, golei, *pr.* goloët; golo, *pr.* goloët. *Van.* goloeiñ, goleiñ; *ppr.* et. — *Couvrir une maison, une église,* téi, *pr.* toët; toi, *pr.* toët. *Van.* toëeiñ, *ppr.* et. — *Couvrir le feu de cendre pour le conserver,* cuffuna an tan, *pr.* cuffunet: caffuni an tan, cahuni an tan, *ppr.* et. *Van.* cuhuneiñ en tan, *pr.* et. — *Ce qui couvre quelque chose,* goloadur, golo, goloadurez. — *Ce qui sert d couvrir une maison,* to, mæin-to, colo-to, plous-to, eors-to. — *Ce qui sert d couvrir un corps n'td,* crès, ur c'hrès, *pl.* crèsyou, pourc'h; ur pourc'h, *pl.* ou. *Ce dernier mot est de la H.-Corn.* — *Couvrir d'un voile,* gouël-lya, *pr.* et; guëlya, *pr.* et; golei gand ur gouël. — *Couvrir, vétir,* guisqa, *pr.* et; pourcha, *pr.* et. *Van.* gusqeiñ, *pr.* et. — *Couvrir le visage,* moucha, *pr.* et; golei ar faez, golei au bisaich. — *Couvrir la tête,* golei ar penn. — *Couvrir, cacher, dissimuler,* cuzel, *pr.* id., golei, *pr.* goloët; diczumula, diczumuli, *ppr.* et. — *Couvrir quelqu'un qui fait mal,* roi goloadurez ou golo da ur re, *pr.* roët. — *Couvrir la surface de quelque chose,* coc'henna, *pr.* et. — *Se couvrir d'un voile,* hem vouëlya, *pr.* hem vouëlyet. — *Se couvrir, se vétir,* hem visqa, *pr.* hem visqet; hem bourc'ho, *pr.* hem bourc'het. — *Se couvrir le visage,* hem voucha, *pr.* hem vouchét. — *Se couvrir le visage pour en prendre un de la compagnie, et le mettre en sa place,* jeu, rhoari mouchicq-dall, *pr.* c'hoaryet. — *Se couvrir la tête,* golei e beñ, *pr.* go-loët. — *Se couvrir, se cacher,* hem gu-

zet, *pr.* id. *Van.* him guheiû, *pr.* him guhet. — *Se couvrir au lit,* èn hem guffuna èn e vele, *pr.* èn hem guffunet. *Van.* him guhuneiñ.

COYAU, *bout de chevron sur la couverture d'un toît,* belcq, *pl.* belcqou; bel-con, *pl.* ou; berr-qebr, *pl.* ou.

CRACHAT, crainch. *Van.* scopitell, scopigueñ. — *Les crachats,* ar c'hrainch, ar c'hraiuchou.

CRACHEMENT, *crachat fréquent,* crainchadur, crainch cuntinual, *pl.* crainchou cuntinual. — *Crachement de sang,* crainehadur goad, crainch goad.

CRACHER, crainchat, *pr.* et. *H.-Corn.* scopat, *pr.* et. *Van.* scopeiñ, *pr.* et. — *Cracher le sang,* crainchat ar goad, crainchat ar goad criz. — *Cracher au nez de quelqu'un,* crainchat è creiz daoulagad ur re-bennac. — *Cracher dans les cendres,* crainchat él ludu. — *C'est le père tout craché, parlant d'un enfant,* qen hével co ouo'h e dad, evel pa véz eñ a véz; map e dad co.

CRACHEUR, *qui crache souvent,* crain-cher, *pl.* yeu; scoper, *pl.* yen. *Van.* sco-pour, *pl.* yon, yan.

CRACHEUSE, craincherès, *pl.* ed.

CRACHOIR, crainchouër, *pl.* ou.

CRACHOTER, crainchat alyès, be-za crainch-crainch, *pr.* bet. *H.-Corn.* scopiguellat, *pr.* et. — *Il ne fait que crachoter,* è ma atau crainch-crainch ou bepred scop-scop.

CRAIE, *pierre tendre et blanchâtre,* cleyz, creyz, crey. — *Craie blanche, craie rouge,* cleyz güenn, crey ruz. — *Marquer avec de la craie,* creyza, *pr.* creyzet; cleyza, *pr.* cleyzet.

CRAIGNANT, doujus, nep a zouch. *v. craintif.*

CRAINDRE, *avoir peur que quelque mal n'arrive,* cahout aoun, *pr.* bet. — *Craindre fort,* cahout aoun bras, crena gad aoun, *pr.* crenet. — *Craindre un peu,* cahout un neubeud aoun. — *Ne crains point,* n'az péz qet aoun. — *Ne craignes point,* n'oz péd qet aoun, n'o péd nep aoun. — *Je crains de tomber,* me am cus aoun da gueëza, aoun am eus na goueczénn. — *Je le crains, j'ai peur de lui*, aoun am eus ra'z-añ. — *Craindre, redouter*, dougea, *pr. et. Van.* dougeiñ, *pr. et.* — *Craindre Dieu, craindre ses parents, craindre le roi*, dougea Doué, dougea e dad hac evamm, dougea ar roüe. — *Se faire craindre*, lacqât en hem zougea, *pr.* lecqëet; ober en hem zougea, *pr.* græt; hem rei da dougea, *pr.* hem roët. — *On le craint plus qu'on ne l'aime*, muyoc'h en dougér eguet n'er c'harér, muy é toujeur aneza eguet n'er c'hareur. — *Ces choses sont à craindre*, an traou-ze a so da zougea *ou* da veza douget. — *Qui ne craint point ce qui est à redouter*, disouch, disoujus, oc'h, â, añ. — *Il ne craint personne*, disouch eo terrup, an disouchâ dèn a allet da veliet eo, estrainch eo disoujus sioüas dezañ.

**CRAINTE**, *peur, apprehension*, aoun. *Van.* ëun. — *Etre pénétré de crainte*, crena rag aoun *ou* gand aoun, *pr.* crenet; caboutaoun bras, *pr.* bet. — *Faire son salut avec crainte et tremblement*, ober o silvidiguez *ou* lacqât poan da ober e silvidiguez gand aoun ha gand ure'hrên güiryon. — *Crainte raisonnable*, dougeançz. *Van.* id. — *La crainte de Dieu*, dougeançz Doüe. — *Il n'a ni la crainte de Dieu, ni la crainte des hommes*, n'en deus na dougeançz Doüe, na dougeançz ar bed. — *Défaut de crainte de Dieu*, an disoujançzeus a Zoüe. — *De crainte que*, rag aoun, gand aoun, gad aoun. *Van.* gued éün. — *De crainte qu'il ne vienne*, rag aoun: ne zeué, gand aoun ne zeuffé *Van.* gued eün ne zéhé.

**CRAINTIF**, *peureux*, aounieq, oc'h, â, añ. *Van.* ëunieq, ëunus. *v.* craignant

**CRAMOISI**, *rouge foncé*, carruoasy, lyou carmoasy, côtou carmoasy. *Van.* cremoësy.

**CRAMPE**, *espèce de goutte*, glisyen, glaz, glasieq, ar c'hl.isieq. *v.* goutte-crampe. — *Les douleurs que cause la crampe*. glisy.

**CRAMPON**, *fer pointu des deux bouts*. crampon, *pl.* ou.

**CRAMPONNER**, *attacher avec des crampons*, crampoûi. *pr.* et.

**CRAN**, *hoche, entaillure*, cran. *pl.* ou;

---

delà cranell, créneau; cran...a, crêneks

**CRANE**, *ce qui renferme le cerveau*, croguen ar penn, *pl.* creguin pennou clepenn, *pl.* ou; clopenn, *qui renferme le cerveau ar pen, la boîte de la tête, s'a site plus ordinairement pour dire grosse tête. *Van.* cloren er penn. *Al.* creñ, creu

**CRAPAUD**, touçzecq, *pl.* touçzegued. *Van.* toçzecq, *pl.* toçziguedd — *C'rapaud de mer, injure*, mor-douçzecq, *pl.* mordouçzegued.

**CRAPULE**. *v. débauche, ivrognerie*.

**CRAQUELIN**, *patisserie sèche*, goastell-craz. *pl.* guëstell-cras.

**CRAQUEMENT**, straql, straqlérez

**CRAQUER**, *causer un craquement*, straqla, *pr.* straqlet. *Van.* straqeiñ straqal, *ppr.* straqet.

**CRAQUETEMENT**, *parlant des dents*, grigonçz, grigonçzérez, straqlérez an dent.

**CRAQUETER**, *pétiller*, straqla. *pr.* straqlet. — *Le bois de hêtre craquette au feu*, ar c'hoad fao a straql eü tan. — *Craqueter des dents*, grigonçzat an dént, *pr.* grigonçzet; griugnoçza, an dént,*pr,* griugnoçzet; straqla an dént. *pr.* et.

**CRASSE**, *visqueux, grossier*, teustagus, gludennecq, oc'h, â. añ. — *La humeurs crasses du corps de l'homme causent la plupart des maladies*, an humoryou teo stagus ha gludennecq eus a gorf an dèn, a so qiryocq d'an darnvuyâ eus e glévegeou. — *Ignorance crasse*, un ignorançz ar vraçza; un inorançz estrén. — *Crasse, ordure qui tient sur la peau, Leon*, ounezer, an ounezer. *Corn.* vilguenn, *id est*, villanz-qenn. *saleté de la peau, ou* vilqenn, *vilaine peau, sale peau. Vun.* craçz. — *Crasse de la tête*, qenn. — *Crasse du visage*, ounezer, cremenn.

**CRASSEUX**, *couvert de crasse*, ins! propre, mal fait, vilguennecq, cremennecq, oc'h, â, añ; goloët gand an oun nezer. goloët gand ar vilguenn, goloë gand ar c'hremenn, carguet a vilgu enn *ou* a gremenn. *Van.* craçzous, oc'h añ. añ.

**CRASSEUSE**, *salope, souillon*, vilguen, *pl.* ou. *Van.* craçzour ell, *pl.* cé

CRAVAN, *vilain coquillage qui s'atta-che au fond d'un vaisseau qui a été long-temps à la mer*, craffan, *pl.* ou, ed; cra-van, *pl.* ed; craffan, cravàn, craban, *griffe, grippe.*

CRAVATE, cravatenn, *pl.* ou; fron-denn, *pl.* ou; tro-gouzoucq, *pl.* troyou.

CRAYON, *morceau de mine pour tra-cer, dessiner*, pluvenn-bloum, *pl.* plu-vennou-bloum; pluenn-gleyz, *pl.* plu-ennou-gleyz.

CRAYONNER, pluñvagandarploum ou c'hreyz, *pr.* pluñvet; liguenna gand ar c'hleyz *ou* ar ploum, *pr.* liguennet. *v. tracer, tracement.*

CRAYONNÉ, e, pluñvet, liguennet.

CRÉANCE, *titre d'une somme due par un débiteur à un créancier*, creançz, *pl.* ou. — *Créance, confiance*, fizyançz. *Van.* fiançz.

CRÉANCIER, *à qui on doit de l'argent*, creançzer, *pl.* yen; creançzour, *pl.* yen. *Van.* credour, *pl.* yon, yan.

CRÉANCIÈRE, creançzerès, *pl.* ed; creançzourès, *pl.* ed. *Van.* credourès, *pl.* ed. — *Elle est ma créancière*, va c'hre-ançzourès eo, creançzerès eo din.

CRÉATEUR, croueer, crouéer ar bed. — *Createur, auteur*, autor, peñ-caus.

CRÉATION, *est l'action du néant*, crou-ydiguez, crouydiguez ar bed. — *Depuis la création du monde*, abaoué crouydiguez ar bed, a-ba maez eo crouéet ar bed, a-baz eo bet crouët ar bed. — *Création de nouvelles charges*, fondacion a gargou névez, a viryou névez, etc. — *Ces droits sont de nouvelle création*, ar güiryou-ze a so savet *ou* lecqéet *ou* fondet a-névez, névez eo ar fondacion eus ar güiryou-ze *ou* eus ar chargou-ze.

CRÉATURE, crouëadur, *pl.* yeu, yen; crouadur, *pl.* yon, yen. — *Nous sommes tous créatures de Dieu*, crouëaduryen oump oll da Zoue, beza ez oump oll crouëet gand Doue. — *L'homme ne doit aimer les créatures que par rapport à Dieu*, an dèn *ou* map-dèn ne dle caret ar c'hrouëaduryou nemed è Doue *ou* ne-med è guëll Doue *ou* nemed dre rapord da Zoue. — *Cet homme s'est fait bien des créatures*, an dèn-hont èn deus arancet

meur a hiny èr c'hargou, an dèn-hont èn deus gounezet caloun meur a hiny, an dèn-hont èn devèus cals tud èn e c'hourc'hemenn,

CRECELLE, stlacqérés, *pl.* ou; strac-qlérés, *pl.* ou; claqelérés, *pl.* ou; *v. ta-rabat.*

CRÈCHE, *mangeoire dès bœufs, des brebis, etc.*, preseb, *pl.* ou; rastell, *pl.* restell. *v. étable.*

CRÉDENCE, *petite table à chaque bout de l'autel*, credançz, *pl.* ou; dreçzouër, *pl.* ou.

CRÉDIBILITÉ, *raisons qui nous por-tent à croire*, credounyez, credennyez, credounyaich.

CRÉDIT, *estime qu'on s'acquiert par sa probité*, istim, brud-vad. — *Crédit*, autorité, faveur, galloudez, galloud, pouës, faver, favor. — *Crédit, achat ou vente sans argent comptant*, termenn. — *Faites-moi crédit, je vous prie*, roit din termenn, me oz ped; deuit dign ter-menn, me oz supli. — *A crédit*, var der-menn. — *Acheter à crédit*, prena var dermenn, *pr.* prénet. — *Vendre à crédit*, güerza var dermenn, *pr.* güerzet.

CREDO, *le credo*, ar gredo, ar gre-denn, credenn an æbestell.

CRÉDULE, credus, credicq, oh, à. — *Les enfants, les femmes, les peuples sont ordinairement fort crédules*, peurvuya ez eo credus-bras try seurd tud ar vugale, ar graguez hac ar goumun.

CRÉDULITÉ, *facilité à croire légère-ment*, credanz, credoñny.

CRÉER, *tirer du néant*, crouï, *pr.* crouët; crouëa, *pr.* et. *Van.* crouëeiñ. — *Les choses créées*, ar c'hrouëaduryou, ar grouaduryen, qement a so èndan an cé.

CRÉMAILLÈRE, drezenn, *pl.* ou; drezenn-houarn, *pl.* drezennou-hou-arn. *Van.* cramailher. *pl.* eu.

CRÉMAILLON, *petit morceau de cré-maillère qu'on attache à la grande*, azdre-zenn, *pl.* ou; drezenn-vihan, *pl.* dre-zennou vihan.

CRÈME, *le gras du lait*, dienn. *Van.* dihenn, coëvenn. *v. écrémer.*

CRÉNEAU, *entaillure d'une muraille*

de ville, d'une tour de château, oranell,
pl. ou; tarzell, pl. ou. v. cran.

CRENELER, faire des créneaux, cra-
nella, pr. et; tarzella, pr. et; ober cra-
nellou ou tarzellou, pr. great, græt.

CRENELÉ,e,part.cranellet, tarzellet

CREPE,etoffe claire,crèp,eñtoff crèp.
— Crêpe, mets, crampoësen, pl. crampoës. Van. crampoëhen,pl. crampoëh;
erepahen, pl. crepah; crepaheu , pl.
crapah. — Crêpes de froment, crampoës gûinis. Van. crampoëh gunnh,
crapah gunih. — Crêpes de sarrasin,
crampoës gûinis-du. v. galettoire.

CRÊPER, friser, fuilha, pr. fuilhet
—Cheveux crêpés, bléau fuilhet ou fuilh.

CREPI, mortier qu'on met sur une muraille, indu, pry-raz, fuilh.

* CREPIER, faiseur ou grand mangeur
de crêpes, crampoëçzaër, pl. yeu. Van.
crampoëhour, crapahour,ppl.yon,yau.

*CRÉPIÈRE, vendeuse de crêpes,cram-
poëczaërès, pl. ed.

CRÉPIR, enduire une muraille de mortier, fuilha ur voguer, pr. fuilhet;
indua ur voguer gand fuilh,, pr.
induet.

CREPISSURE, l'action de crépir, in-
duadur, fuilhadur.

CREPON,étoffe,crepon,eñtoff crepon

CRÊPU, e, frise, frisote, fuilh, fuilhet; rodellecq.

CREPUSCULE,diarauc evel héaul,
ha goude cuz-héaul, an am-héaul.

CRESSON, plante qui se mange en salade, belér, creçzon dour. v. berle. —
Cresson, plante potagère, creçzon.

CRETE, excroissance de chair sur la
tête des coqs et des poules, cribell, pl. ou;
cribenn, pl. ou. Van. cripcen, clipen.
ppl. eü. — Petite crête, cribellicq, pl.
pl. cribellouïgou; cribennicq, pl. cri-
bennouïgou. — Crête marine, plante,
lousaouen sant Pezr.

CRÊTÉ, e, qui a une crête, cribellecq.
cribellocq, cribennecq, oo'h, à, añ.
Van. cribennecq, clipcenecq, oh. añ.

CREUX, creuse, profondeur, doun.
oc'h, à, añ. Van. id. — Puits creux, ritière creuse, punez doun, stær doun.—
Creux, vide, naturel ou par art, cleus,

oc'h, â. Van. crous, oh, añ.—Colonne
creuse,coulonnenn cleus.—Arbre creux,.
gnëzen cleus, pl. guëz cleus; clenzenn,
pl. ed; coz-cleuzenn, pl. coz-cleuzenn-
ned, coz-cleuzennou. — Creux, cavité,
profondeur, dounder, ljeu, pl. qeuyou;
toull-doun, pl. toullou-doun. — Il y a
là un creux,une cavité,ur c'heu a so ahont
—.Il y a là un grand creux, ur c'heu terrupl a so ahont, un toull bras ou un
dounder vras a so ahont, ur c'heu doun
a so ahont. — Creux de la main, palv,
pl. ou;palv an dourn. Van. pal en dorn.
— Plein le creux de la main, palvad, pl.
palvadou; donrnad,pl. ou; dôrnad, pl.
ou; leiz an dourn, leiz palv an dôrn. —
Cerveau creux, penn divoëdenn, pl. ou;
peñ scañ, peñ diempeñ.—Imaginations
creuses, faltasyou vean ou treuz ou born
ou toull.

CREUSER, percer, fouir, faire profond, toulla, pr. et; cava, pr. et; cleuza, pr. et; qeuya, pr. et. Van.qeitat,fo-
geiñ, claouëiñ, ppr. et. — L'action de
creuser, cleuzadur,,cavadur, qeuadur,
toulladur. + Celui qui creuse, cleuzer,
pl. yen; touller, caver, qeuyer,ppl. yen.
— Creuser des écuelles, des jattes, etc., divoëda, pr. et; cleuza, pr. et.—L'action
de creuser, divoëdadur, cleuzadur. —
Celui qui creuse, divoëder,pl.yen; cleuzer, coadlaër, ppl. yen.

CREUSET, petit vaisseau de terre cuite, ou l'on fait fondre l'or,etc., cleuzeur,
pl. you. — Dans le creuset, èr c'hleuzeur. v. juste.

CREVASSE, ouverture dans un vieux
mur, bolsenn,pl. ou; scarr, pl. ou. Van.
id., ppl. eü. — Crevasse qui vient aux
mains par les engelures, spinac'henn,pl.
spinac'h; sqalf. pl. ou; scarr, pl. ou.
Van. spinah, spinahen, ppl. eü; scalf,
crevasse, et sqalfa, cretasser, sont de Léon
et de la B.-Corn.

CREVASSER, partant d'une muraille,
etc., bolsenni, pr. et; scarra, pr. et.
Van bolsenneiñ, feuteiñ, ppr..et. —
Cette muraille est crevassée, bolsennet eu
scarret eo ar voguer-ze. Van. bolsennet eü er vang zer-ze. — Crevasser,par-
lant de la peau, spinac'ha, pr. spina-

e'hel; scarra, *pr.* et; sqalfa, *pr.* sqalfet.
*Van.* spinabeiñ, *pr.* et. *v.* crevasse.

CRÈVE-CŒUR, calounad, *pl.* ou;
calounad-hirvoud, *pl.* calounadou; ca-
lounad-glac'har, *pl.* calounadou. *Van.*
calonad, *pl.* eü; tarh-calon. *pl.* tarheû.

CREVER, *rompre, ouvrir avec effort,*
freuza, *pr.* et; difreuza, *pr.* et; tarza,
*pr.* et. *Van.* freheiñ, difreheiñ, tarheiñ,
*ppr.* et. — *Crever, parlant d'une aposthume, au propre et au figuré,* tarza, *pr.* et;
discarga, *pr.* discarguet; didarza, *pr.*
et. — *L'aposthume a crevé,* tarzet eo ar
gor, discarga a ra ar gor, didarzet eo ar
gor. — *Il en a crevé de dépit et en est mort,*
tarzet eo e groc'hen gand an desped,
difreuzet eo e vouzéllou hac eat an ene
èl leac'h ma ez eo pliget gand Doûe.
— *Il crève de faim et de soif,* maro eo gand
an naoun ha gand ar sec'hed. — *Crever les yeux à quelqu'un,* pocha an daoulagad èn e benn da ur re, *pr.* pochet;
tarza e zaulagad èñ e benn da ur re,
*pr.* tarzet.

CRI, cry, cryadenn, leñv, leñvadeñ,
*ppl.* ou. *Van.* cry, garm, *ppl.* eû. —
*Pousser un cri,* leusqeul ur c'hry, *pr.*
lausqet; teurcul ur c'hry *ou* ur gryadenn, *pr.* taulet; ober ur gryadenn *ou*
ur c'hry *ou* ul leñv *ou* ul leñvadenn,
*pr.* græt. *v. crier.* — *Cri pour appeler,*
hopp, opp, *ppl.* ou. — *Un petit cri,* cry-
ieq, *pl.* cryouïgou; cryadennicq, *pl.*
cryadennouïgou; leñvicq, *pl.* leñvouï-
gou; lenvadennicq, *pl.* lenvadeñouï-
gou. — *Cri qu'on faisait avant le combat,*
garm, carm. — *Cri de force,* cry-forz,
*pl.* cryou-forz; leon-forz, leñv-forz, *pl.*
leñvou-forz. — *Faire un cri de force,* ober
ur c'hry-forz, ober ul leoñ-forz, cryal
d'ar forz, *pr.* cryet. — *Cri de mariniers
qui se perdent,* garm, cry-hirvoudus.
*All.* lais. — *Cri de petits enfants,* clini-
chérez. — *Cri de renards,* garm, *pl.*
garmou, garmérez. — *Cri,
publication de quelque ordre ou réglement,*
embann, *pl.* ou. — *Cri ou son lugubre,*
lais, *id est,* léés.

CRIAILLER, *gronder, tempêter souvent,* brailhat, *pr.* et; braëllat, *pr.* et;
saffari, *pr.* saffaret. *Van.* grondein, saf-

fareiñ, *ppr.* et. *v. gronder, piailler.*

CRIAILLERIE, brailhadur, saffar.
*Van.* cryereh, grondereh.

CRIAILLEUR, *criard,* braülhèr, bra-
ëller, saffarer, *ppl.* yen. *Van.* batail-
hour, grondour, saffarour, *ppl.* yon,
yan. — *Petit criailleur, parlant d'un enfant,* leñvericq, climicher, climiche-
ricq, garmer, garmericq.

CRIAILLEUSE, *criarde,* brailherès,
*pl.* ed; braëllerès, *pl.* ed; trabell, stra-
gleurès, *ppl.* ou.

CRIBLE, crouëzr, croëzr, *ppl.* you.
*Van.* clouër, *pl.* yeü; ur blouër. —*Crible fin,* crouëzr-stancq, *pl.* crouëzryou-
stancq; croëzr fin. — *Crible raisonnablement gros,* croëzr rouez, *pl.* croëz-
ryou rouez. — *Crible gros, le plus gros
qu'il y ait,* ridell, *pl.* ou; croëzr-ridell,
*pl.* croëzryou-ridell; gourner, *pl.* you;
croazr - gourner. *Ce dernier mot est
de la H.-Corn. Van.* ridell, *pl.* eü. —
*Le bois d'un crible,* cand, *pl.* canchouï
— *Le fond d'un crible,* cauteun, *pl.* ou.
— *Faiseur de cribles et de sas,* cantyer,
*pl.* yen. *v. vannier.*

CRIBLÉE, *plein un crible,* croëzrad,
*pl.* ou. *Van.* clouërad, *pl.* eü.—*Une criblée
de froment,* ur c'hroëzrad güinis. *Van.* ur
blouërad gunuh.

CRIBLER, *nettoyer du blé avec le crible, dans la maison,* croëzral, *pr.* et; trémen ed dre ar c'hroëzr, *pr.* tremenet;
gournat, *pr.* et. *Van.* cloërat, cloëratat,
gourneiñ. — *Cribler, nettoyer le blé
battu d'air, au grand vent,* nizat, nyat,
guëntal, *ppr.* et. *Van.* guëntat, guën-
teiñ, *ppr.* et. *v. vanner.*

CRIBLEUR, *celui qui crible le blé,* ni-
zer, nyer, guënter, *ppl.* yen.

CRIBLEUSE, *celle qui crible le blé au
vent,* nizerès, nyerès, guënterès, guën-
tourès, *ppl.* ed.

CRIBLURE, *ce qui reste après avoir
criblé le grain, Léon,* uçzyen. *Trég.* us-
mol. *Aill.* guëntadur, nizadur, pail-
heëur, lostadou, lostou.

CRIC, *instrument à dents et à ressort,
pour lever les choses pesantes,* croq-cricq,
*pl.* creyer-cricq; ur c'hrocq-oricq. —
*Lever avec le cric,* sevel gand ar c'hroq-

cricq.

CRIÉE, *publication en justice des choses à l'enchère ou au rabais*, embann evit guërzidiguez.

CRIER, *élever la voix avec violence*, cryal, leñva, *ppr.* et. *Van.* cryal, garmeïn. *v. cri, criailler.* — *Crier pour appeler*, hoppall, *pr.* hoppet. — *Crier à pleine tête*, cryal a boûes-penn; huchal, *pr.* huchet. *Van.* hucheiñ, *pr.* et. — *Crier à la force*, cryal forz, leñva forz. — *Crier, parlant des nouteaux-nés*, speufiyal, *pr.* et. — *Crier, parlant des petits enfants*, eryal, garmñ, *pr.* garmet; leñva, climichal; clemmichat, *pr.* et. — *Crier, parlant du renard, lorsqu'il y a une gélée blanche ou lorsqu'il se ride*, speuñyal, *pr.* et. *v. glapir.* — *Crier, parlant des boyaux*, sorochat, *pr.* et. — *Crier quelque chose par les rues pour vendre*, embann un dra dre guer, *pr.* embannet.

CRIERIE, cryérez, garmérez, leñvérez. *v. criaillerie.*

CRIEUR, *qui crie*, crycr, *pl.* yen; leñver, *pl.* yen; garmer, *pl.* yen. *Van.* garmour, cryour, *pl.* yon. yan. — *Crieur public*, embanner, *pl.* yen. *Van.* embannour, *pl.* yon, yan. — *Crieur des trépassés*, embanner an anaoun. *Van.* embannour eu dud varv.

CRIEUSE, cryerès, *pl.* ed; leñvcrès, *pl.* ed. *v. criailleuse.*

CRIME, torfed, *pl.* ou; crim, *pl.* ou. *Van.* id., *pl.* eü. — *Crime de lèse-majesté*, crim aënep ar roûe, torfed aënep ar vagestez. — *Crime capital*, crim avaró, torfed a zimilid ar maro. — *Poursuivre quelqu'un en crime*, poursu. ou pourchu ur re evit ou ê crim, *ppr.* et.

CRIMINEL, *elle*, *qui appartient au crime*, criminal, oc'h, ñ. *Van.* criminél. — *Celle action est criminelle*, an draze a so criminal, criminal co an accion-ze. — *Criminel, elle, où il y a du péché*, pec'hedus, criminal, oc'h, ñ, añ. — *Action criminelle*, pec'hidiguez, tra pec'hedus, un dra a so pec'hedus, un dra a so pec'hed ènhañ.

CRIMINEL, *qui a commis un crime*, torfedour, *pl.* yen; criminal, *pl.* ed. *Van.* torfetour, *pl.* torfetteryon; cri-

minél, *pl.* ed. — *Criminel de lèse-majesté*, criminal aënep ar vagestez, couûsabl a grim æncp ar roûe.

CRIMINELLE, *celle qui a commis un crime*, torfetourès, criminalès, *ppl.* ed.

CRIMINELLEMENT, ez crim, èn ur fæçzoun criminal.

CRIN, *poil long et rude de quelques animaux*, reun-marc'h. — *Crin du front du cheval*, moné, *pl.* moûou. — *Ce qui tient de la rudesse du crin*, reunecq, reunus, oc'h, ñ, añ.

CRISE, *changement soudain dans un malade*, c'huësenn, *pl.* ou. *Ce mot se dit au figuré comme au propre.* — *Jour de crise*, dciz c'huësenn, *pl.* deizyou c'huësenn. — *Avoir une crise*, cahout ur c'huësenn, *pr.* bet.

CRISTAL, *pierre transparente*, strincqenn, strincqennou, strinoq. — *Du cristal*, strincq. — *Chapelet de cristal*, chapeled strincq. — *Cristal, verre fort clair qui se fait dans les verreries*, cristall. — *Verre de cristal*, gnëzren cristal, *pl.* guêzr cristal. — *Gobelet de cristal*, hanaff cristal, *pl.* hanaffou.

CRISTALLIN, *ine*, *transparent comme le cristal*, hével ouc'h ar strincq, strincqus, oc'h, ñ, añ.

CHRISTOPHE, *nom d'homme*, Cristoph. *Van.* Cristoc'h. — *Saint Christophe*, sant Cristoph, sant Cristoph vras.

CRITIQUE, *qui juge un ouvrage*, eçzaminer eus a un ouvraich, *pl.* yen. — *Critique, censeur malin*, counteroller, *pl.* counterolleryen.

CRITIQUER, *juger un écrit*, donguen santimand var ur scrid, var ul levr, *pr.* douguet; lavaret e santimand var ur scrid, etc., *pr.* id. — *Critiquer*, censurer, counterolli an eil hac eguile, *pr.* counterollet; barn hennont hac hemmâ, *pr.* barnet; countrerolli, *pr.* et. *v. commenter.*

CROASSEMENT, *cri des corbeaux*, coaguérez, goaguérez, goac'hérez, crozérez, oñac'hérez.

CROASSER, *crier comme les corbeaux*, crozal, *pr.* crozet; coagal, coagat, *ppr.* coaguet; goagal, *pr.* goaguet; goac'hat, *pr.* goac'het; ouac'hat, *pr.* et.

CROC, *pour suspendre la viande*, crocq-
qicq ; croq, *pl.* créyer. — *Il n'y a rien
au croc*, ne dews tra ouc'h ar c'hrocq,
discrog eo ar c'hrocq. — *Le croc est bien
garni*, fonrniczet-mad eo ar c'hrocq-
qicq, crog eo ar c'hrocq. — *Croc, instrument pour le labeur*, crocq, *pl.* créyer,
creguer; bac'h, *pl.* you, ou; divac'h, *pl.*
you. *Les deux derniers mots sont du Bas-
Léon et de la B.-Corn.* — *Croc à deux
dents*, crocq daou-veseq, *pl.* créyer daou
veseq, crocq-discroquer crocq-discarg,
crocq sqûilh, *ppl.* créyer, etc. — *Croc
à trois dents*, crocq try-beseq, *pl.* créyer
try-beseq; crocq-teil, crocq-carguer.—
*Croc en jambe*, crocq-gouren, an eñcloch. — *Donner le croc en jambe*, ober
ur c'hrocq-gouren ha rei lamm caër,
qemer an eñcloch ha rei lamm caër.

CROCHE-CUL ( à ), *expression vile,
pour dire avec peine*, cahin-caha. *v. ce* mot.

CROCHET, *agraffe*, cloched, *pl.* ou.
— *Crochet, pour attacher le bétail*, stra-
penn, *pl.* ou. — *Crochet, balance romaine*, crocq, *pl.* créyer; crocq-poëser, *pl.*
créyer-poëser.

CROCHETER, *ouvrir avec un crochet
une serrure*, dialc'huëza gand un houar-
nicq-pleguet , *pr.* dialc'huëzet; dibo-
tailha, *pr.* dibotailhet gand ur c'hloched

CROCHETEUR, *qui crochéte des ser-
rures*, dibotailber, *pl.* yen ; dialc'huëzèr, *pl.* yen. — *Crochéteur, porte-faix*,
portezer, *pl.* portezidy.

CROCHU, *e, fait en crochet*, croguecq,
cropet, oc'h, à, añ. — *Clou crochu*,
taich croguecq, *pl.* taichou croguecq.
— *La goutte m'a rendu les doigts tout
crochus*, cropet eo oll va bizyad gand an
urlon.

CROCODILE, *espèce de grand lézard
amphibie*, crocodila, ur c'hrocodila.

CROIRE, cridi, *pr.* credet. *Van.* credeiñ, *pr.* et. *Trég.* crediñ, cridiñ, *ppr.*
et.—*Croire en Dieu*, cridi è Doüe.—*Croire tout ce que croit et enseigne notre mère
sainte église*, cridi qement a gred hac a
zesq da'gridi hon mamm santel an ilis
catolieq, abostolicq ha roman. — *Ce
que croit l'église*, credenn an ilis.--*Croire, avoir opinion*, desevout, *pr.* desevet ;

cridi, *pr.* credet; mennat, *pr.* et. *Van.*
eredeiñ, *pr.* credet. — *Ne pas croire ce
qu'on doit croire*, discridi, *pr.* disæredet.
*Van.* discredeiñ.—*Il ne croit pas bien des
points qu'il devrait croire*, discridi a ra
var gals a draou pere a dleffé da gridi,
discridicq eo var gals a draou principal.—*Croire quelqu'un*, cridi ur re, cridi da ur re.—*Je ne le crois pas*, ne'r credañ qet, ne gredañ qet anezâ , ne gredañ qet dezañ.—*Croire, penser*, soungeal, *pr.* sounget. *Van.* songeiñ, *pr.*
songet.—*Il est plus beau que vous ne croyez*, caëroc'h eo eguet ne soungit. —
*Plus tôt qu'on ne croit*, qent eguit na
soungèr. — *Faire croire quelque chose à
une personne crédule*, rei un dra da gridi da nep a ouyér a so crédus.

CROISADE, *guerre sainte entreprise
contre les infidèles*, ar bresell santel evit
concqeuri al lec'hyou saer eus hon re-
démpcion.—*Au temps des croisades*, en
amser ar breselyou santel, ebarz ê bro
ar sevel-héaul.

CROISÉE *de fenêtre*, croaz prenest,
prenest-croaz, *pl.* prenechou-croaz.
*Van.* fanest-croéz, *pl.* fanesteū-croéz.
— *Croisée d'une église*, tenn croaz un
ilis, croazeñ ilis, *pl.* croazennou ilis.

CROISER, *mettre en forme de croix* ,
croaza, *pr.* et; lacqât ê croaz; lacqaat
a eñcroaz. *Van.* oroézeiñ, *pr.* et.—*Croiser, courir les mers*, redecq ar mor, *pr.*
redet.—*Se croiser*, qemer ar groaz evit
mont d'ar bresel santel.

CROISIC, *petit port de mer dans l'é-
vêché de Nantes*, croasicq, ar groasicq.
*Van.* er groézicq.

CROISON, *ou croisillon, le bras d'une
croix*, an treuz-croaz, *pl.* treuz-croa-
zyou, an treuz eus ar groaz.

CROISSANCE, cresq, cresqancz,
cresqadur, cresqadurez. *Van.* cresq,
cresqadur. — *Croissance complète d'un
homme*, lamgresq.—*Il fait sa croissance,
il ne croîtra pas davantage*, great eo ê
lamgresq gand-hâ.

CROISSANT *de la lune. v. lune.*

CROISURE, *tissu de la serge*, croa-
sëur, croazadur.

CROIT, *augmentation*, cresq, ar c'hresq

CROITRE, crisqi, cresqi, *ppr.* cresqet. *Van.* cresqeiñ, cresqit, *ppr.* cresqet. —*Cet enfant croît d vue d'œil,* crisqi a ra ar buguel-hont a vell-dremm.
—*Ce jeune homme a désormais assez crû,*
corf aoualc'h a so deut pelloc'h d'an
dèn yaouancq-hònt, dijaïcq ez eo great
e gresq gandan dèn yaouancq-hont.—
*La rivière croît,* crisqi a ra ar stear. —
*Le vent croît, la maladie croît,* creàt a ra
au avel, creàt a ra ar c'hleñved, *pr.* eët.
CROIX, croaz, *pl.* you. *Van.* croëz,
*pl.* yeū. r. *bannière.*—*Petite croix,* croa-
zicq, *pl.* oroazyouïgou. — *Croix sans
crucifix,* croaz saus, croaz al léseun-
goz.—*d'or, d'argent,* oroaz aoun, croaz
arc'hand,—*d'airain, de cuivre, d'étain,*
de bois, de pierre, croaz arm, ouëvr,
stean *ou* staen y prenn *ou* coad, vean *ou*
væn,—*où il y a un Sauveur,* crucify, *pl.*
crucifyou; ur c'hrucify, ur grucify.—
*où il y a divers instruments de la passion,*
lamgroaz, *pl.* lamgroazyou. *Van.* lan-
groëz, *pl.* yeū. *de lam, bois.* — *de saint
André,* croaz saut Andre, ur groaz sant
Andre.—*Le signe de la croix,* sin ar groaz.
—*Faire le signe de la croix,* ober sin ar
groaz, *pr.* græt. — *Faire le signe de la
croix sur soi,* èn hem groazu, *pr.* èn
hem groazet; ober sin ar groaz èn e
guelc'hen, *pr.* græt.—*Croix, affliction,*
croaz, *pl.* you. — *Les croix spirituelles
sont plus difficiles à supporter que les ma-
térielles,* ar c'hroazyou a spered a so
pounéroc'h ha diæçzoc'h da zouguen,
eguet ar re all.
CROQUER, dibri un dra-bennac a
stracql eütre an dènt, *pr.* débret. —
*Croquer, dérober avec adresse,* scraba, *pr.*
et. *Van.* scrapeiñ, *pr.* et. — *Croquer,
ébaucher,* lignenna, *pr.* et.
CROQUEUR, *escroc,* scraber, *pl.*
yen. *Van.* scrapour, *pl.* yon, yan.
CROSSE, *bâton crochu,* camell, *pl.*
ou ; baz d'o-tu, *pl.* bizyer d'o-tu; crocz,
*pl.* ou.—*Crosse d'évèque,* crocz; *pl.* ou;
baz sant Yan avyeler.—*de fusil,* crocz,
crocz ur fusuilh.
* CROSSEMENT, *jeu pour s'échauffer,* horelladur, c'hoary horell, c'hoary d'o-tu. *Van.* hoary crocz,—*La balle*

*du crossement,* horell, *pl.* ou; groll, *pl.*
ou ; dotu, *pl.* dotuyou.
* CROSSER, *jouer à la crosse,* horellat, *pr.* horellet; fouëtta groll, *pr.* et ;
croçzat, croçzal, *pr.* croçzet. *Van.* croç-
zeiñ, croçzal; *ppr.* croçzet. *Quimper,*
c'hoari d'o-tu, *pr.* c'hoaryet.
CROSSEUR, horeller, *pl.* yen; c'hoaryer d'o-tu. *pl.* c'hoariéryen ; croçzer,
*pl.* yen. *Van.* croçzour, *pl.* yon, yan.
CROTTE, *boue,* caillhar. v. *boue.* —
*Crotte dans la maison, malpropreté,* stlabez, *pl.* ou.—*de brebis, de lapin,* çagal.
—*de chat, de chien,* cauc'h-qaz, cauc'h-
qy.—*d'une personne constipée,* cagal.
CROTTER, *salir,* caïlhara, et. —
*Crotter, salir, gâter,* stlabeza, *pr.* et.
— *Se crotter,* hem gailhara, *pr.* hem
gailharet. *Van.* hnm stracqeiñ, *pr.* et.
CROTTÉ, e, libistrus, libistrinecq,
oc'h, à, añ..r. *les ppr. du verbe.* — *Crotté
habituellement, malpropre,* caïharecq, *pl.*
caïlharéyen; stlabezennocq, stlabezen-
nec, stlabezoeq, stlabezecq, *ppl.* stla-
bezéyen.
CROULEMENT, *crouler.* v. *ebouler,
eboulement.*
CROUPE, *croupe de cheval, etc.,* talyer,
*pl.* ou; crousell, *pl* ou. *Van.* diardrañ
ur jau, diadraoñ urjau.—*Prendre quelqu'un en croupe,* quemer ur re a dre
e guein var varc'h, *pr.* qemeret. —
*Croupe de montagne,* crousell ar menez.
*Van.* crapell er mane. r. *cime.*
CROUPETONS (à), è puch, è cluch,
var e buchou, var e gluchou.
CROUPIERE, belost, *pl.* ou; bilost,
*pl.* ou.—*Al.* postoluyn. — *Tailler des crou-
pières à quelqu'un, lui donner de l'exercice,*
taïlha labour da ur re, *pr.* taïlhet; rei
neud da direüstla da ur re-bennac, *pr.*
roët.
CROUPION, lost, *pl.* ou; belost, *pl.*
ou. *Ce dernier mot tient de* bec-lost; bilost, *pl.* ou. — *Croupions de chapons,* belostou caboned. — *L'os du croupion, os
pointu qui est à l'extremité de l'épine du
dos,* an asqorn belost, asqorn al lost.
CROUPIR, *parlant d'une eau qui ne
coule pas,* chaga, *pr.* chaguet; sac'ha, *pr.*
sac'het. *Van.* saheiñ, *pr.* sahet. — *L'eau*

*croupit sur mon pré*, chaga *ou* sacha a ra
an dour var va phrad, au dour a so
chaguet *ou* sac'het var va phrad. —
*Croupir dans l'oisiveté*, morza èn didalvoudéguez, *pr.* morzet; dieucqât èn didalvoudéguez, *pr.* dieucqëet; languiçza èr seneantiçz*ou* gand seneantiçz,*pr.*
languiçzet. — *Croupir dans son péché,*
morza èn e bec'hed, diecqât *ou* dieucqât èn e beched , languiçza én e be-
c'hed, chomm da vreina èn e bec'hed,
*pr.* chommet; qivnya èr pec'hed, *pr.*
qivnyet. — *Croupir, se tapir en quelque*
*coin,* soucha, *pr.* et; scoacha, *pr.* scoachet; coacha , *pr.* et. — *Eau croupie,*
dour sac'h. dour chag.

CROUSTILLE, *petit morceau de croû-*
*te de pain,* creuënnicq, *pl.* creqënnouï-
gou, creuñïgou.

CROUSTILLER, qemeret creuñïgou evit eva ur banne, *pr.* id.

CROUTE, *croûte de pain, etc.,* creu-
ñënn, *pl.* ou, creuñ; crevénn, *pl.* ou.
*Van.* creuhenn, ur greuheñ. — *Des*
*croûtes de pain,* creuñ bara. — *L'endroit*
*de la croûte qui avait été fendu avant de*
*mettre le pain au four,* brusqenn,*pl.* ou,
brusq. *v.* baisure. — *Devenir en croûte,*
*se former en croûte , parlant du pain qui*
*commence à cuire et de tout ce qui s'endur-*
*cit sur la surface,* creuñënna. *pr.* et; co-
c'henna, *pr.* et. *Van.* creuheneiû, *pr.*
*pr.* et. — *Croûte qui se forme sur le sel,*
*etc.,* coc'henn, *pl.* ou; *de* coc'heñ *vient*
coëvenu *qui dans Van. signifie :* crème de
lait. *Al.* caën. — *Croûte d'une plaie,*
trusqenn, *pl.* ou; trousqenn, *pl.* ou.

CROYABLE, credabl, oc'h, â. *Van.*
id.; din da veza credet. — *O Dieu, est-*
*il croyable,* ha poçzub vez, ô va Doûe!
*Il est plus croyable que vous,* credaploc'h
eo egued oc'hu.

CROYANCE, *opinion, sentiment,* om-
pinian, *pl.* ou; santimand, *pl.* santimanchou; desev, *pl.* ou. — *Croyance,*
*foi,* creden. feiz. — *Croyance, sommaire*
*des articles de la foi.* credeñ, ar gredeñ.

CROYANT , *qui croit les vérités éter-*
*nelles,* nep èn deveus ar güir feiz *ou* ar
güir gredenn. — *Croyant que j'irais,* o
cridi penaus ez ahén.

*[1] Croupir dans son peché*

CRU, *terre,* doûar, dalc'h. — *Ce fruit*
*est de mon crû,* ar frouëz-mâ a so eus
va fond *ou* eus va dalc'h *ou* divar va
doûar. — *Cru, e, qui n'est pas cuit,* criz,
oc'h, â, aû. *Van.* cri , crih, oh, añ. —
*Chair crue, fruits crus,* qiçq criz, frouëz
criz. — *Tout cru, tout-à-fait cru ,* criz-
beo. — *Du fil cru,* neud criz. — *Paro-*
*les crues,* compsyou crizy compsyou seac'h *ou* disaour *ou* divlas *ou* dichecq. —
*Qualité d'une chose crue,* crizdèr.

CRUE , *augmentation d'eau,* cresq,
cresqançz,cresq dour,*pl.*cresqou dour.
— *La crue des rivières vient de la fonte des*
*neiges,* ar c'hresq eus ar steriou bras
ne zeu nemed aberz an earc'h teuzet,
an earc'h o tônet da deuzi eo a ra orisqi ar rifyerou hac an doureyer.

CRUAUTÉ, crizdery cruelded, oriz-
der, divlasder. — *Avec cruauté,* gand
crizdery, gand cruelded , èn ur fæçz-
zoun criz *ou* cruël *ou* divlas.

CRUCHE, *vaisseau. v.* broc.

CRUCIFIEMENT, crucifiamand.

CRUCIFIER, crucifia, *pr.* et; staga
onc'h ar groaz,*pr.*staguet; taicha ouc'h
ar groaz, *pr.* taiehet. — *Nos péchés ont*
*crucifié le fils de Dieu par les mains des*
*Juifs,* hon pec'hegeou o deus crucifyet
hon Salver *ou* staguet *ou* taichet bon
Salver ouc'h ar groaz dre voyen ar Yuzévyen *ou* dre zaoüarn ar Juzévyen.—
*Saint Paul dit que lorsque nous péchons ,*
*nous crucifions de rechef le fils de Dieu dans*
*notre cœur,* qen alyes güeach ma pe-
c'homp marvellamant, ez crucifyomp
a névez honSalver én hor c'h alounou,
eme an abostol sant Paul.

CRUCIFIÉS ( les ) , ar re grucifiet.

CRUCIFIX, crucify, *pl.* ou. *Van.* id.,
*pl.* eû. — *Un crucifix,* ur c'hracify, ur
gruoify.

CRUDITÉ, crizder, *pl.* you; divlasder. *pl.* you.

CRUEL, *le,* cruël, och, â, aû. *Van.*
id. — *C'est le plus cruel des hommes,* ar
c'hruëlla dèn a ouffet da gavou eo, un
dèn eo ar c'hruëllâ evit unan. — *Deve-*
*nir cruel,* cruëllaat , *pr.* cruellcët.

CRUELLEMENT, gand cruëlded, èn
ur fæçzon gruel.

CRUMENT, gand crizder, ez criz, criz, èn ur façzon criz, seaë'h-corn.

CUBE, solide régulier, à six faces carrées et égales, furm c'huec'h-coignecq ou c'huëc'h-cornecq ou c'huec'h façzecq, furm c'huec'h-façzecq ha c'huec'h-coignecq, à c'hiz diçzou, pl. furmou; un diçz, pl. diçzou.

CUCULLE ou coule, habit de cœur des pères bénédictins et bernardins, congoul, pl. you.

CUEILLETTE, recueil de son revenu, an dastum eus e leve ou eus e rénd.—Cueillette de quelque chose que ce soit, où on ne laisse rien de reste, cutûilh, eutûilhadur.

CUEILLEUR, celui qui cueille, dastumer, catuilher, ppl. yen.

CUEILLIR, dastum, daspuign, ppr. et; cutuilha, eutuilh, ppr. et. Van. serreiñ, cherreiñ, ppr. et.

CUILLER ou cuillère, loa, pl. you. Van. loë, pl. yeû. Trég. loa, pl. loäyo. — Cuiller d'argent, loa arc'hand, pl. loayou arc'hand. — d'étain, loa stean, loa stæn. — de bois, loa goad, loa breñ. — de buis, loa veuz. — La cuiller d pot, al loa bod, cocqloa; et par corruption, cocqle, clogue; cocq-loa, id est, cuiller d coq ou de cuisinier; ar gocqloa.

CUILLERÉE, load, loyad, loayad, ppl. ou. Van. loëyad, pl. eû.

CUIR, peau d'animal, croc'hen, pl. crëc'hin, crëc'hen. Van. id. — Cuir, peau d'animal qu'on a tanné, lozr, crochen qivigèt. — Un cuir, ur c'hroc'hen, ul lezr. — Un cuir de bœuf, de vache, ur c'hroc'hen egea, ur c'hroc'hen bioc'h; ul lezr-egen, ul lezr bioc'h. — Cuir vert, lezr criz, lezr glas. Al. malle. — Du cuir, de cuir, lezr, a lezr. — De bon cuir, lezr mad. — Cuir de bufle, lezr bual. — d'empeigne, lezr enebou. — de semelle, lezr sol, lezr solyou. — de carrosse, lezr marc'h, lezr qarroçz. — d'Angleterre, lezr Saus. — de Maroc, da maroqin, da Maroqin. — Du mar o juin rouge, maroqin ruz. — Du maroqin noir, maroqin du. — Cuir bien tanné, lezr qiviget mad. — Tanneur qui vend du cuir en détail, coroüezr, pl. coroüéryeu. r.

tanneur. — Cuir, la peau du corps humain, croc'henn, pl. ou; croc'hen, id est, crocqen; qen voulait dire toute sorte de peaux, mais il n'est plus en usage que dans ses composés. v. peau. — Entre cuir et chair, entre qicq ha croc'hen. — Maladie du cuir, droucq entre qicq ha croc'hen. — Cuir blanc et doux, croc'hen guëñ ha flour. — Faire du cuir d'autrui large courroie, beza larg ou ober larguentez divar goust ar re all, ppr. bet; græt; astenn coreenn, pr. astennet.

CUIRASSE, armure qui couvre le devant et le dos du soldat, hobregon, pl. ou; saë houarn, pl. saëou houarn. Van. culaçz, pl. eû. Al. lurig.

CUIRASSIER, armé de cuirasse, nep a doug un hobregon, nep èn deus güisqet un hobregon, nep a so hobregouet. Van. nep e so culaçzet; culaçzour, pl. yon; yan. Aill. hobregoüner, pl. yen.

CUIRE, poazat, pr. poazet; davevi. pr. et; poba, pibi, ppr. pobet. Van. pobeiñ, pobat, ppr. pobet; poëlheiñ, pr. poëlhet; darüeiñ, darcüeiñ, ppr. et. — Cuire dans l'eau, paredi, pr. et. Van. par redeiñ, pr. et. — Cuire, causer de la douleur, poazat, lisqi, pr. losqet; glasa, pr. et; gloasa, pr. et. Van. poëhein, losqeiñ, pr. et. v. cuit, cuite. — Trop gratter cuit, trop parler nuit,

    Re grafat a boaz,
    Re brezecq a noaz.

CUISANT, e, poazus, lisqidicq, glasus, gicasus, oc'h, â, añ.

CUISINE, qeguin, pl. ou, you. Van. qeguein, qiguin, ppl. yeû. r. fougon.—Faire cuisine, pourvoir mettre de la viande au pot, etc., ober cauter, pr. græt. — Faites-vous cuisine aussi, mettez-vous le pot au feu chez vous? añ ha c'huy a ra cauter yvez couscoude? — Il y a bonne cuisine, bon ordinaire, chez Pierre, livell vad a so gand Pezr, Pezr a zalc'h tinell vad, druz eo ar gueguin ë ty Pezrès. — La cuisine n'est pas bonne chez moi, qevalen dreull a so ganign, treull eo ar gueguia gat e-me, scañ eo ar c'hrocq, ha yen an oaled èm zy-me ê leas, treud ar c'haour guene-me. — Faire la cuisine, cuisiner, ober ar gueguin, pr. græt; qc.

г guinat, *pr.* et. *Van.* qeguineiñ, *pr.* et.
Г *Trég.* qeguinañ, *pr.* et.

CUISINIER, qeguiner, qeguineur, qeguinour, *ppl.* yen. *Van.* qeguinour, *pl.* yon, yan. *Al.* cpcq, *de là,* cocq-loa, *cuiller à pot;* qeguin, *cuisine, etc.*

CUISINIÈRE, qeguineurès, qeguinerès. *ppl.* ed. *Van.* qeguinoures, *pl.* ed.

CUISSART, *armure de la cuisse pour un homme de guerre,* morzetènn, *pl.* ou, *Van.* morhetenn, *pl.* eü.

CUISSE, morzed, *pl.* diouvorzed ; morzad, *pl.* diouvorzad. *Van.* morhed, *pl.* divorhed. — *Il s'est rompu les cuisses,* torret eo e ziouvorzed; *pour le fém.* torret eo he divorzed. — *L'entre-deux des cuisses,* gaul. — *J'aurai cuisse ou aile de cette affaire,* me am bezo qicq pe groc'hen eus an affer-ze, na zislaguiñ qet u'am bezo bet qicq pe groc'hen.

CUISSON, *action de cuire,* poazadur, parediguez, darevadur, darevidiguez.

CUISTRE, *valet de prêtre ou de college,* pautr ur bælecq, *pl.* pautred; foèt lost, *pl.* foètou-lost.

CUIT, e, *part.* r. *les ppr. de cuire,* poaz, daref, daro, pared.

CUIVRE, *métal,* cuëv. *Van.* couïvr. coëvr. — *Chandelier de cuivre,* cantoler cuëvr, *pl.* cantoléryou cuëvr.

CUL, *l'anus, le siege , le fondement,* réfr, révr, réor, *ppl.* révryou, réoryou; diadre, *pl.* you; fouçz, *pl.* ou ; toull ar révr, toull al lost, fraës, an fraës. *Le dernier mot est du Bas-Léon.* — *Etre d'cul au jeu,* beza scarzet e yalc'h. — *Etre à cul, n'avoir rien du tout,* beza paour-glez. — *Cul d'une aiguille,* clau nadoz, claouën an nadez. *Van.* clau en nadoë, craou eu nadoë. *Trég.* craouën et claouën an nado. — *Cul de sac,* gour-strcad, *pl.* gour-streadou; gour-ru, *pl.* gourrayou; hend dall, stread dall, ru dall.

CULASSE, *l'extrémité ou la partie de derrière d'un canon,* lost ar c'hanol.

CULBUTE, bunt, *pl.* ou : bann, *pl.* ou. *Van.* bann, *pl.* eü. — *Faire la culbute, tomber en faisant la culbute,* couëza penn evit penn, *pr.* couëzet; bunta, *pr.* et; divunta, *pr.* et. — *Faire faire la culbute,* culbuter, bunta, bannaʃ ʃpr. et;

bunta penn evit penn, discarr penn evit penn, *pr.* discarret; divunta, *pr.* et. *Van.* banneiñ.

CULBUTER. *v.* culbute.

CULER, *aller en arrière,* cula, *pr.* et; arguila, *pr.* et.

CULIER, *boyau.* v. *colon.*

CULOT *ou clos-cul, le dernier reçu dans quelques corps,* guidor, ar guidor ; *de là tient* gui-dor-oc'h , *le dernier des petits cochons.*

CULOTTE, *haut-de-chausse serré,* braguez moan, braguez striz, bragou moan, bragou treguer. *Van.* hautcü moën, marinëdeü, *id est, marionnettes.* v. *chausses.*

CULTE, *hommage, honneur qu'on rend à Dieu,* enor a rentér da Zoüe dre ar pedennou ar sacriviçou hac ar cerimonyou sacr. — *Le culte de Latrie,* an enor drest pep enor pehiny a rentér da Zoüe. — *Le culte de Dulie,* an enor pehiny a rentér d'ar sènt, bihanoc'h egued an hiny a rentér da Zoüe, hac an hiny a rentér d'ar verc'hès-sacr memès. — *Le culte d'Hyperdulie,* an enor pehiny a rentér d'ar verc'hès-sacr, bihanoc'h egued an hiny a rentér da Zoüe, ha braçzoc'h egued an hiny a rentér d'ar sænt.

CULTIVER , *labourer , amender une terre,* labourat an doüar, *pr.* labouret; gounit, *pr.* gounezet. — *Cultiver des arbres,* diorren guëz, *pr.* diorroet; sevel guëz, *pr.* savat.

CULTURE, labouraich, labour, gounidéguez, guëllaënn.

CUMIN. *plante,* commin.

CUPIDITÉ. v. *concupiscence, convoitise.*

CUPIDON, *dieu de l'amour,* doüe ar vignony, doüe an amourousded.

CURAGE *ou poivre d'eau, plante, espèce de persicaire,* troazur.

CURATELLE, goardounyez, *pl.* ou; cuylatour iich, *pl.* ou.

CURATEUR, *nommé pour avoir soin des biens d'une personne émancipée ou interdite,* goard, *pl.* ed; cuylatour, *pl.* yen.

CURATRICE, cuylatourès , *pl.* ed ; goard, *pl.* ed.

CURE, *guérison,* guëlladur, parediguez, guëlladurez. — *Cure, bénéfice,* houïgou.

persounyaich, *pl.* ou; parrès. *pl.* yon.

parns, *pl.* parejo. — *Cure, annexe de paroisse, le soin qu'en a un curé ou vicaire,* tre, treff, curéaich, *ppl.* ou. — *Cure, vidange d'immondice,* scarz, scarzadur, goulloadur.

CURÉ, *recteur,* persoun, persoñ, *ppl.* ed. — *Curé, vicaire,* cure, *pl.* ëd.

CURE-DENT, scardént, *pl.* scarzoudént; carzdént, *pl.* carzoudént.

CURÉE, *intestins de gibier, qu'on donne aux chiens,* corailhou gibèr.

CURE-OREILLE, scarz-scouarn, *pl.* scarzou-scouaru.

CURER, *nettoyer, vider,* scarza, *pr.* et; næltaat, *pr.* cët; rinçza, rinçzal, *ppr.* rinçzet.

CUREUR. *v. écureur.*

CURIAL, *ale,* a aparchant ouc'h ar bersouniaich *ou* ouc'h ar bersouned. — *Les fonctions curiales,* an oviçz a bersounyaic'h, oviçz *ou* carg ar bersouned *ou* ar gureëd *ou* ar viqælyen. — *Les droits curiaux,* ar gûiryou a bersounyaich, gûiryou ar bersouned.

CURIEUSEMENT, ez curius, gand curiosite, èn ur'fæçzoun curius.

CURIEUX, *cuse,* curius, débronus, oc'h, â, añ.

CURIOSITÉ, curiosite, *pl.* ëou; débron da c'houzout ar c'helaou. — *Curiosites, choses rares,* traou curius, traou dibaud *pe* dreist ordinal. *v. rarete.*

CURURES, *vidanges,* scarzadur, *pl.* scarzaduryou.

CUSTODE, *ciboire,* custod, *pl.* ou. *Van.* ciboër, *pl.* eü. *Trég.* custod. *pl.* custodo. — *Custode, t. de Franciscains,* custod, *pl.* custoded.

CUSTODIE, *province de religieux de saint François,* custody, *pl.* custodyon.

CUSTODI-NOS, *confidentiaire,* confidançzer, *pl.* yen; custodinos. ur c'honfidançzer, ur c'hustodinos.

CUVE, béaul, *pl.* you : q'l-ll, *pl.* ou. *Van.* qibell, *pl.* eü. — *Dans la cuve,* charz èr véaul, èr guibell.

CUVEAU, *petit cuvier,* beaulicq, *pl.* béaulyouïgou; qibellicq, *pl.* qibelloüigou; bailh, *pl.* ou; bailhicq, *pl.* bail-

CUVÉE, *plein une cuve,* qibellad , *pl.* ou; béaulad, *pl.* ou; béaulyad , *pl.* ou; bailhad, *pl.* ou. *Van.* qibellad, *pl.* eü.

CUVER, *laisser du vin foulé quelque temps dans la cuve,* lesel ur zerten spaçz ar gûin ebarz ar bailh goude e veza goasqet, *pr.* leset. — *Cuver son vin , se coucher aprés avoir trop bu,* cousqet var e vin, *pr.* id. ; mouga e vin èr c'housqed, *pr.* mouguet; mont d'e vele gand e goffad, *pr.* cët. *Van.* cousqet èn'e üin.

CYCLOPES, *hommes monstrueux que les poëtes disent avoir été en Sicile,* ar giganted eus a Sicilya, pere n'oz devoa nemed ul lagad hac a yoa è creiz ho zal, var a lavar ar poëtryaned.

CYGNE, *oiseau tout blanc,* cyn, *pl.* cyned. *Van.* cygu, *pl.* cygned. — *Les cygnes de Rouen, de la Seine,* cyned Roüan, cyned ar Sæna. — *Blanc comme un cygne,* guënn-cygn, guënn-cann.

CYLINDRE, *rouleau de bois pour casser les mottes d'une terre labourée,* crau, *pl.* cranou; ur c'hran.

CYNIQUE, *nom de philosophes, disciples d'Antisthène,* philosophed divergont, disqebled da Antistheuas divergontoc'h c'hoaz.

CYPRÈS, *arbre,* cypresen, *pl.* cyprès. — *Du cyprès,* cyprès, coad cyprès.

CYPRIEN, *nom d'homme,* Supryen, Supryau.

# D

DA. *interjection,* da. *Van.* dé. — *Oui-da,* ya da, ya léal. leal ya, ya clicous, ya feal, feal ya. *Van.* ya dé. — *Nenni-da, non pas da,* dan pas da, non pas é leal, è leal nan pas. *Van.* nou pas dé.

* DACE, *taxe, imposition,* taçz, *pl.* ou. *Van.* taçz. *pl.* eü.

DADA, *cheval. t. enfantin,* dodo, jojo.

DAGORNE, *vache qui a une corne rompue,* her qorn, besqornet bioc'h bescorn, bioc'h besqornet. ur vioc'h vesqorn. dagorne , *id est, vache d'une seule corne.*

DAGUE, *gros poignard,* dager. *pl.* dagerou ; dag. *pl.* dagon. — *Frapper avec une dague,* dageri, *pr.* dageret ; dagui, dage, *ppr.* daguet.

. DAIGNER, *vouloir bien, avoir la bonté,*
prisout, *pr.* priset; deurvezout , *pr.*
deurvezet; deurvout, *pr.* deurvëet;
euteurvout, *pr.* euteurvëet; mennout,
*pr.* mennet.—*Il ne daigne pas faire cela,*
ne bris qet ober an dra-ze, ne deurvez qet *ou* ne euteur qet ober an dra-
ze.—*Je ne daignerais le regarder,* ne briç-
zén qct e sellet. — *Daignez m'écouter* ,
priset gueneoc'h, va sezlaou, me oz
ped ; pligét gueneoc'b sezlaou ac'hanoun ; va sezlaouit, mar plich gueneoc'h.—*Daignez-vous le faire?* ha c'huy
a euteur e ober?

DAIM, *quadrupède plus petit que le cerf,*
*mais du même genre,* demm, *pl.* ed. *Van.*
duemm, *pl.* ed. *v. chevreuil.*

DAINE, *femelle du daim,* deyn , *pl.*
ed ; demmès, *pl.* ed. *Van.* duemmès,
*pl.* ed. *v. chevrette.* — *Petit daim, petite*
*daine,* demmicq, demmèsicq, deynicq.

DAIS, *meuble précieux,* tabarlancq,
*pl.* tabarlancqou. *v. pavois.*—*Dais pour*
*porter le Saint-Sacrement,* tabarlancq,
*pl.* ou; dæz, *pl.* dæzyou. — *Porter le*
*dais,* douguen an tabarlancq *ou* an
dæz, *pr.* douguet.

DALLE, *tranche de poisson,* darn-pesq,
*pl.* darnyou-pesq, darnyou-pesqed.—
*Dalle, pierre ou auge de cuisine,* dar, *pl.*
darou; darz, *pl.* darzou.—*Dalle, pierre*
*à aiguiser les faux,* mæn-falc'h , *pl.*
mæin-falc'h.

DALMATIQUE, *tunique de diacre ,*
dalmaticqa, *pl.* dalmaticqaou ; casul-
verr, *pl.* casulyou-verr. *v. tunique.*

DALOTS, *t. de marine,* dalogeou.

DAM, *peine des damnés,* an daun, poan
an daun, poan an daoun. — *La peine*
*du dam et la peine du sens,* poan an daun
ha poan ar sqyand; ar boan a c'hou-
zaûv ar re gollet deffaut guëllet Doûe,
hac ar boan a souffront a berz tan an
ifern. *r. privation.*

DAMAS, *ville,* Damas, ar guœr a
Zamas.—*Saint Jean de Damas,* sant Jan
a Zamas.—*Prunes de Damas,* prun Damas.—*Damas, etoffe de soie,* damas,
eûtoff damas.—*Du damas noir,* du damas rouge, damas-du, damas-rur.—*Un*

*habit de damas blanc,* un abid damas-
guënn.

DAME, *femme mariée,* itroun , *pl.*
itrounesed ; introun, *pl.* introunesed.
*Al.* rhëa, heera, hera. *Van.* madam,
*v.* monsieur. — *Notre-Dame, la Sainte*
*Vierge,* an Itroun-Varya. —*Notre-Dame*
*de la Clarté,* an Itroun Varya a sclærded.—*Notre-Dame de Liesse, la Visita-*
*tion,* an Itroun-Varya a Ioa.—*Notre-*
*Dame de Bon-Secours,* an Itroun-Varya
a Vir Sicour. *r. fête.*—*Dame, t. de jeu,*
dam, *pl.* ou.—*Le jeu de dames,* c'hoary'n
damou.

DAMIER, *échiquier à jouer,* damer,
*pl.* damerou.

DAMNABLE, daunapl, oc'h, à, añ; a
zimilit an ifern, a zimilit beza daunet.

DAMNATION, daunacion, daou-
nacion, collidiguez eternall

DAMNER, dauni, *pr.* daunet; daou-
ni, *pr.* et; coll, *pr.* collet. *Van.* daoû-
neiñ, *pr.* daoûnet.—*Cette mauvaise ha-*
*bitude vous damnera,* an tech fall-ze oz
collo, ar goall accoustumançz-ze oz
taûno, ar gustum milliguet-ze'a rayo ho
taunazcion *ou* ho collidiguez eternall.
—*Se damner,* hem zauni, *pr.* hem zaunet; hem goll, *pr.* hem gollet.

DAMNÉ, *ée,* un dèn daunet , *pl.* tud
daunet: un dèn collet, *pl.* tud collet.
—*Les damnés,* ar re gollet, ar re daunet, ar re zaounet.—*Être damné,* beza
daunet , beza collet.

DAMOISEAU, *galant, qui fait le becu,*
ur galad. *pl.* galaded.

DANDIN, *badaud. v.-y.* — *Georges*
*dandin,* Yan al lue.

DANGER, *peril, risque,* danger, *pl.*
you; pirilh, *pl.* pirilhou. *Van.* danger,
*pl.* yeü. — *Il a été en danger de mourir,*
beza eo bet è danger da vervel, è pirilh
eus e vuez eo bet. dar eo bet dezi mervel, bez'e bet è tailh *ou* è balançz da
goll e vuëz.—*Il y a danger que,* danger
a so penaus *ou* na.—*Se mettre en dan-*
*ger de,* èn hem lacqaat è danger da *ou*
è pirilh da *ou* è tailh da, *pr.* èn hem
lecqëet.—*Il est hors de danger, ez mat*
èr meas.a zanger *ou* a birilh, parc eo,
ez ma parc.

DANGEREUX, *euse*, dangerus, piril-
hus, risqlus, oc'h, **å**, aû. *Van.* dangerus.

DANGEREUSEMENT, èn ur fæç-
zoùn dangerus, goall. *Van.* id.—*Dangereusement blessé*, goall vleçzet.—*Dangereusement malade*, goall glañ.

DANS, *prépos. de lieu*, è, eñ, èn, èr,
ebarz. *Van.* ê, en, ebarh. — *Dans ma
maison*, **è**m zy, **è**m zy-me. *id. est*, ê ma
zy-me. ebarz èm zy-me.—*Dans la mai-
son*, èn ty, ebars èn ty.—*Dans un lieu*,
èn ul leac'h, ebarz èu ul lec'h.—*Dans
la ville*, e kear, eñ hær. — *Dans quel
état?* eñ pe stad? pe é'stad? — *Dans*,
*préposition de temps*, en, a-benn, dindan.
*Van.* didan, a-benn. — *Dans combien
de temps?* a-benn pcur? pe a-benn peur?
abenn pe guéhyd amser? pe abenn qéhyd? dindan pe guéhyd amser.—*Dans
un an*, èn ur bloaz, dindan ur bloaz,
a-benn ur bloaz. *Van.* abecn ur blê.

DANSE, *sauts et pas mesurés*, dançz.
*pl.* ou. *Van.* dançz, *pl.* eû; coroll, *pl.*
eû. *Les mots coroll, danse, et celui de
corollat, danser, sont très-anciens dans la
langue.* — *Danses de nuit*, dançzou-nos,
corollou-nos, festou-nos.—*Danses aux
jours de fêtes*, goëlyad, *pl.* ou; gouilyad,
*pl.* ou; fest, *pl.* ou. — *Y aura-t-il des
danses au pardon?* ha gouilyad a vezo?
ha fest vezo? sonnéryen vezo *ou* veo *ou*
vo?—*Coureur de danses*, festaër, *pl.* yen;
reder an dançzou, *pl.* redéryen **a**n, etc.
—*Coureur de danses de nuit*, festaër-nos,
*pl.* festaëryen-nos. — *Coureuse de danses*, riblerès, *pl.* ed; triperès, *pl* ed. —
*Danse de théâtre*, barrez, *pl.* ou, *de* barz,
sonneur, baladin. — *Maître de danse*,
mæstr a zançz, *pl.* mistry.

DANSER, dançzal, *pr.* et; tripal, *pr.*
et; corollat, corolli, *ppr.* corollet. *Van*
corolleiñ, corolleïgn, daoñçzal. *v.* trépigner. — *Danser sur la corde*, dançzal
var ar gordenn. — *L'action de danser*,
dançzérez.

DANSEUR, dançzer, *pl.* yen; coroller, *pl.* yen. *Van.* dançzour, corollour,
*ppl.* yon, yan. — *Danseur de profession*,
tripèr, *pl.* yen; festaër, *pl.* yen.

DANSEUSE, danzerès, *pl.* ed; corol-
lerès, *pl.* ed; triperès, *pl.* ed. *Van.* co-

rolleres, dansoures, *ppl.* ed.

DARD, *trait qu'on jette*, dared, *pl.*
ou. *Van.* dard, *pl.* eû. *v.* javelot. —
*Dard, poisson de rivières*, sqantecq, *pl.*
sqantéyen; darz, *pl.* ed.

DARDER, *lancer un dard*, daredi, *pr.*
daredet; strincqa un dared, lançza un
dared, cincqla, *ppr.* strincqet, lançzet,
cincqlet. *Van.* dardeiñ, *pr.* dardet. *v.*
*éclair, éclairer.*

DARDEUR, *celui qui darde*, dare-
der, cincqler, *ppl.* yen. *Van.* dardonr,
*pl.* yon.

DARTRE, *maladie du cuir*, dervoëden,
*pl.* dervoëd. *Van.* derhouyden, *pl.* derhouyd. — *Dartre vive*, dervoëden-losq,
dervoëd-losq; tanigenn, *pl.* ou. — *Dartre farineuse*, dervoëden-vleudeucq, *pl.*
dervoëd-bleudeucq. *Van.* derhouyde-
en bledecq, *pl.* derhouyd bledecq. —
*L'éclaire est un remède contre les dartres
vives*, ar sclæricq a so mad ouc'h an
dervoëd-losq.

DATAIRE, *officier qui préside à la daterie*, datter, an dattèr. — *Le cardinal
dataire*, ar c'hardinal dattèr.

DATE, *marque du jour et de l'an, etc.*,
datt, *pl.* ou. — *La date n'y est pas*, ne
deus datt e-bed.

DATER, datti, *pr.* dattet; lacqât an
datt, *pr.* leeqëet.

DATERIE, *lieu et office du dataire*,
daliry, an dattiry, an dattery.

DATTE, *fruit du dattier*, fiesen **real**,
*pl.* fiès real; aval palmès, *pl.* avalou.

DATTIER, *palmier*, palmesen, *pl.*
palmès; guëzen palmès, *pl.* gnêz palmès; guëzen fiès real, *pl.* guëz, etc.

DAULAS, *bourg et abbaye, en Quimper*, Daoulas. *v.* Tadec.

DAUPHIN, *poisson*, daofin, delfin.—
*Dauphin, fils aîné du roi de France*, an
daofin, an autrou'n daofin.

DAUPHINE, *madame la dauphine*, an
daofinès, au itroun an daofinès.

D'AUTANT, qement all, e guemont
all. — *Je vous ferai quitte d'autant*, me
oz cray quyt e guement all, me a lezo
guencoc'h e guement *ou* e guement all.
*v.* autant. — *D'autant plus*, seul-vuy,
sul-vuy. — *Il y a d'autant plus de gloire*,

· qu'il y a de peine, seulvuy a so a boàn, seulvuy a so a c'hloar; seul-vraçzoc'h eo ar boan, seul-vraçzoc'h eo yvez ar c'hloar. — D'autant que, parce que, dre an abecq ma, dre an accausion ma, rag ma, dre ma. — D'autant qu'il fait nuit, dre ma, ez eo nôs.

DAVANTAGE, plus, muy, muyoc'h. Van. muy, muñ, mu. — Davantage, en outre, de plus, ouc'h penn, ouz penn, muy, estr, esstre-evit, pelloc'h. Van. dohpenn, mu, estroh. — Avant que de s'engager davantage, abarz mônet pelloc'h ou dounoc'h èn affer-ze. — Davantage, si nous considérons bien, etc, ouc'h-penn ou ouzpenn ou muy a so ou estre-evit qemen-ze ou estre-egued qemen-ze mar sellomp èr vad, etc. — Davantage, avec une négation, pas davantage, qèn, netra qèn. Van. qen, qin. — Je n'irai pas davantage, ne daïn qèn. — Je n'en donnerai pas davantage, ne roïñ qèn, ne roïgn netra qèn. — Je n'en sais pas davantage', ne oun qèn, ne ouzon netra qèn. — Pas davantage, il n'y en a pas davantage, na qèn, netra qèn, ne deus qèn, ne deus tra qèn, n'eus qèn.

DAVID, nom d'homme, David, Devi, Deoüy. — David, le roi David, David, ar prophed David, ar roüe David, David an dèn-santel mar boa biscoaz ê tonèz ar rouanez. v. géant.

DAVIER, instrument de chirurgie, gnevell, pl. ou.

DÉ, petit cube d jouer, diçz, pl. ou. Van. dins, pl. eü. Trég. dinçz, pl. o ; diçz, pl. o. — Jouer aux dés, c'hoari 'n diçzou; l'à de l'art. est mangé, pr. c'hoaryet. — Dé, couverture du bout du doigt pour coudre, besqenn, pl. ou; id est, qeubès, peau du doigt. — Un dé d'argent, ur vesqen arc'hand.

DE ou du, article du génitif, ar, an. Van. er, au; l'ancien article était toujours an, et est toujours celui du B.-Leon, pour dire de et le, la; près de Quimper, ils disent : añ; ar se dit devant une consonne, et an devant une voyelle. — Le temps de la paix, amser ar peoc'h. B.-Léon, amser an peoc'h, amser an puoc'h. Autour de Quimper, amser añ puoc'h. Van.

amser et ploc'h. — La porte de l'église, dor an ilis. Van. dor an ilis; devant ty, taich et quelques autres consonnes, on met l'article añ, au lieu d'ar. — Le toit de la maison, toêñn an ty. — La tête du clou, penn añ taich. — Partie de la dîme, lod eus an deaug. — De, signifiant le lieu, d la question unde, eveus a, eus a, vès a, evès a, demeus a, dimeus a, emeus a dimès a; par abreviation, a. Van. ez, ag. ·. des. — Il vient de Rennes, dônet a ra eveus a Roazoun, eveus a Roazoun e teu, dônet a ra eus a Roazoun ou evès a Roazoun ou vès a Roazoun ou demeus a Roazoun, etc., a Roazon e teu. Van. ag e Roëon e ta, ez e Roëhon e ta, donet e ra ag e Roëhon ou ez e Roëhon. — De la maison, eveus an ty, vès an ty, demeus an ty. Van. ag en ty, ez en ty. — De la campagne, divar ar meas, divar ar plouë; divar, de dessus. — De , après un adjectif, a, ou comme ci-devant. Van. a, e. — Plein d'eau, leun a zour, leun vès a zour. Van. lan a zëur, laon e zëur. — Digne de louange, din a veulendy. — Composé d'or et d'argent, grèat vès a aour hac a arc'hand, græt a aour hac a arc'hand. — De', avant un substantif après un verbe, diouc'h, dioc'h, dioux. — S'eloigner d'une ville, pellaat diouc'h kær ou dioc'h kær ou diouz kær. — De, devant un infinitif, da. — Prêt d'étudier, prest da studya. — Digne d'être loué, din da veza meulet. — Le temps de jouer, an amser da c'hoari. — Dispensé de jeûner, dispançzet da yun. De, après un verbe, eus; quelquefois il ne s'exprime point du tout, — Il se sert de son livre hem servichout a ra eus e levr. — Il a besoin de lui, yzom èn deveus eus anezâ, yzom èn deus anezâ. — Il a de l'argent, beza èn deus arc'hand, arc'hand èn deveus. — Il boit du vin, beza ê c'hef güin, eva a ra güin, güin a ef. — De, signifiant d cause de, avec, gad, gand. Van. gued. — Il pleure de rage, goëla a ra gand an araich. — Il tressaille de joie, dridal a ra gad a joa: — Il frappe de la main, du bâton, sqei a ra gand an dourn, gand ar vaz. — De, indiquant les pronoms moi, toi, etc., dig·d, digand. *Van.* digued. — *De moi,* digue-neñ, diguené-me, diganign; diganiñ-me. *Van.* digueneiñ, digueni-me. — *De toi,* diguenez, diguene-te, diganez, di-ganez-te. *Van.* diguenid, diguenid-te. — *De lui,* digandhá, digandhá-eñ, di-gadhañ, digadhañ-eñ. *Van.* diguedhon, diguedhou. — *D'elle,* digandhy, digand-hy-hy, digadby, digadhy-hy. *Van.* di-gued-hy. — *De nous,* digueneomp, di-gueneomp-ny, diganeomp, diganeomp ny. *Van.* diguenemp, diguenamp. — *De vous,* digueneoc'h, digueneoc'h-hu, diganeoc'h, diganeoc'h-hu, diguenec'h diguenec'h-hu. *Van.* diguenëach, di-guenëeh, diguene-huy. — *D'eux, d'el-les,* digand-ho, digaud-ho-y, digad-ho, digad-ho-y, digandheu, digand-heu-y, digadheu, digadheu-y, digand-hé, digand-hé-y, digad-he, digadhé-y. *Van.* diguedhé, diguedhé-y, deguid-hé, de-guid-he-y. — *De qui?* digand piou? pe digand piou? *Van.* digued piu? — *De laquelle, duquel,* pe digand hiny, digand pe hiny. *Van.* digued pe hany.

DEBALLER, dispacqa, *pr.* dispac-qet; dibacqa, *pr.* dibacqet; displega, *pr.* displeguet. *Van.* displegueiñ.

DEBALLEUR, dispacqer. *pl.* yen. *Van.* dispacqour, dibacqour, *ppl.* yon, yan.

DEBANDADE, direizançz, disurz; hep reir, diroll. — *Vivre d la débandade,* beva he preiz, beva èn e roll, beva,è dirol. *pr.* bevet. — *Aller d la débandade,* mont a raucq e benn, mont èn e roll, *pr.* ëet.

DEBANDER, ôter une bande, un ban-deau, divandenna, *pr.* et; divoëlya, *pr.* et; disolci, *pr.* et. — *Débander, détendre,* disteigna, disvanta, *ppr.* et. *Van.* di-vandeiñ. — *Débander l'esprit, se relâ-cher du travail assidu,* disteigna ar spe-red, *pr.* disteignet; disquyza ar penn, *pr.* disquyzet. — *Se débander, parlant des soldats,* disvandenna, *pr.* et. *Van.* him divandenneiñ. — *Se debander, se dérégler,* hem zirouda, *pr.* hem ziroudet; hem direiza, *pr.* hem direizet; èn hem dirolla, *pr.* èn hem dirollet. *Van.* him dirouleiñ, *pr.* et.

DEBAPTISER, renoncer d la gráce du baptême reçu, hem divadeza, *pr.* hem divadezet; renonçz d'e vadizyand, *pr.* renonçzet. *Van.* renoncyeiñ d'e vady-end, *pr.* renoncyet.

DEBARBOUILLER, divarbouilha, *pr.* divarbouilhet; disaulra, *pr.* et. *Van.* divastrouilheiñ, divalibouseiñ, *ppr.* et; divalbouzat, *pr.* et. — *Se débarbouiller,* hem zivarbouilha, *pr.* et; hem zival-bouzat, *pr.* et.

DEBARQUEMENT, doüaraich. — *Débarquement, sortie du vaisseau,* diam-barqamand, *pl.* diambarqamanchou.

DEBARQUER, *prendre terre,* doüa-ra, *pr.* et. — *Débarquer, mettre hors du vaisseau,* diambarqi, *pr.* et.

DEBARRASSER, ôter de dessus une table, etc., ce qui embarrasse, diampeich, *pr.* et; dislabeza, *pr.* et. *Van.* digageiñ. *Léon,* dieübi, *pr.* dieübet. — *Débarras-ser, tirer d'embarras,* dilaçzà, *pr.* et; ten-na a boan, *pr.* tennet; oberdiampeich, *pr.* great, græt, — *Se débarrasser d'une affaire,* èn hem zilaçza, *pr.* èn hem zi-laçzet; hem ziampeich, *pr.* hem ziam-peichet; hem denna èr mæs vès a un æffer, *pr.* dennet. *Van.* him digageiñ.

DEBARRASSÉ, e, part. v. les ppr. dieüb.

DEBARRER, ôter les barres d'une por-te, etc., divarenna, *pr.* et; disparla, *pr.* et. *Van.* divareneiñ.

DEBAT, debat, *pl.* ou; argu, *pl.* ou; herrol, *pl.* you; daël, *pl.* you; striff, *pl.* ou, strivou; chabous, dichabous. *Van.* debat, *pl.* eü.

DEBATER, ôter le bât, etc., divaçza, *pr.* divaçzet.

DEBATTRE, plaider, breutaat, *pr.* breutëet; procedi, *pr.* et; procesi, *pr.* et. — *Débattre, contester,* debata, debati, *ppr.* et. *Van.* debateiñ. v. contester.

DEBAUCHE, excès de table, dibauch, *pl.* ou; gloutony, *pl.* ou. *Van.* dibauch, *pl.* eü. — *Débauche, vie dissolue,* gadelez, oriadez, libertinaich, buhez disordren.

DEBAUCHÉ, buveur, glout, *pl.* tud glout, glouted; glouton, *pl.* ed; dibau-ched, *pl.* dibauchëyen, tud dibauched; trezennér, *pl.* yen; frigaçzer e dra, *pl.* frigaçzéryen o zra. — *Débauché, adon-né aux plaisirs déshonnêtes,* gadal, *pl.* ed; oriad, *pl.* ed; licq, *pl.* ed; bordeller, *pl.*

yen. — *Femme débauchée*, oriadès, *pl.*
ed ; gaïgn, *pl.* ou. *v. bergère, coureuse.*
—*Un estomac débauché, qui rejette les ali-*
*ments* , poull-galoun divarc'het, stomocq direizet.

DEBAUCHER, dibaucha, *pr.*et. *Van.*
dibaucheiñ. *Trég.* dibauchañ, *pr.* et.
*H.-Corn.*dibocho,*pr.*et.— *Débaucher des*
*jeunes gens,des filles,* dibaucha tud yaoüancq, merc'hed. — *Se débaucher,* èn
hem zibaucha, *pr.* zibauchet; hem rei
d'an dibauch, *pr.* hem roët. *Van.* him
zibaucheiñ.

DEBAUCHEUR *de filles et de femmes,*
dibaucher, *pl.* yen. *Van.* dibauchour,
*pl.* yon.

DEBAUCHEUSE, houlyerès, *pl.* ed;
dibaucherès ar merched, *pl.* ed.

DEBILE,sémpl, dinerz, toc'hor, langourus, oc'h. â, añ.

DEBILITÉ, *faiblesse,*sémplded, sémplidiguez, dinerzded, toc'horidiguez.

DEBILITER, *affaiblir,* semplaat, *pr.*
ëet;dinerza,*pr.*et.*Van.*dinerheiñ,*pr.*et.

DEBIT, guerzidiguez, guérz prount
hac ez. *Van.* guërch prest. — *Débit, fa-*
*cilité de parler,* displeg. *Van.* distilh.—
*Il a le débit agréable,* un displeg mad èn
deveus,un displeguer coant eo,un them
mer mad eo.*Van.*un distilh mad èn des,
e vout èn des un distilh eaër. *v. disert.*

DEBITER, *vendre,* guërza prount
·hac eaz, *pr.* guërzet. *Van.* guërheiñ
prest, dibiteiñ, *ppr.* et. — *Débiter, par-*
·*ter facilement et agréablement,* distaga
caër, *pr.* distaguet; displega æz, disple-
·ga mad, displega caër, *pr.* displeguet.
·*Van.* distilheiñ, distilheiñ-caër. — *Dé-*
·*biter des nouvelles,* distaga qebezlaou,
*pr.* distaguet. — *Débiter de fausses nou-*
·*velles,* distaga guedon, leusqeul guedon
·da redecq,*pr.*lausqet; marvailha,*pr.*et.

·DEBITEUR *de nouvelles,* distaguer,
·*pl.* yen; marvailher, tenner, *ppl.* yen.
·*Van.* marvailhour, *pl.* yon, yan.— *Dé-*
·*biteur, homme qui doit,* dlëeur, dleour,
·*ppl.* yen. *Van.* deleou., *pl.* yon, yan.—
·*Mon débiteur m'a fait fuux-bon,* va dle-
·our èn deus coumeret ar gouriz plous.

·DEBITRICE, *femme qui doit,* dleou-
·rès,dleurès,*ppl.*ed *Van.*deleourès,*pl.*ed.

DEBOIRE, *mauvais goût qui reste a-*
*près avoir bu,* divlas, un divlas, blas fall,
ur vlas fall. — *Débaire, déplaisir , cha-*
*grin,* displigeadur, noc'hamand.

DEBOITEMENT, *dislocation d'os,* dijoëntr,*pl.* ou. *Van.* dihampradur. *Léon,*
dihompradur, dishampradur.

DEBOITER, *disloquer,* dislec'ha, *pr.*
et; dilec'hi, dijoëntra,*ppr.* et. *Van.* di-
leheiñ, dihampreiñ. *Léon,* dihompra,
dishampra, *ppr.* et. — *On lui a déboité*
*tous les os, disloqué tous les membres,* dilec'het eo bet e oll esqern ha dijoën-
tret e oll isily. *Van.* dihampret eû bet
bloh. *Léon,* dihompret eo e oll isily.

DEBOITER, *parlant des bois sortis de*
*leurs mortaises,* divoëstla, *pr.* et; dijoëntra, diblaçza, *ppr.* et.

DEBONDER, *öter la bonde d'un étang,*
sevel ar sclotoûer,*pr.* savet; distancqa,
*pr.* et. — *Débonder, parlant des humeurs,*
discarga, *pr.* discarguet.

DEBONDONNER, *öter le bondon d'un*
*tonneau,* divounda, *pr.* et.

DEBONDONNÉ, *e, part. et adjectif,*
divoundet.

DEBONNAIRE, begarad, cuñ, oc'h,
â, añ. *Van.* mad.

DEBONNAIRETÉ,hegaradded,cuñ-
vélez. *Van.* madeléh.

DEBORD,*ce qui sert de bord,* bord, *pl.*
ou. — *Débord, ce qui passe au-delà du*
*bord,* disvord. *Van.* divord.

DEBORDEMENT, *inondation des ri-*
*tières,* dic'hlann, dic'hblaign, *ppl.* ou.
*Van.* dibordemant, *pl.* eû. *v. bord.* —
*Débordement de peuples ennemis. v. incur-*
*sion.* — *Débordement, épanchement, effu-*
*sion de bile, etc.,* sqignadur, sqignadur
apotum *pe* umoryou all. *Van.* dibordemant.

DEBORDER, *öter ler bords de quelque*
*chose,* disvorda, divorda, *ppr.*et.*Van.*
divordeiñ, *pr.* et. — *Déborder, parlant*
*des eaux,* dic'hlanna, *pr.* et; dic'hlai-
gna, *pr.* et. *Van.* divordeiñ. *o. bord.* —
*Déborder, s'épancher, se répandre, parlant*
*de la bile et des autres humeurs qui sor-*
*tent de leurs vaisseaux,* sqigna, *pr.* et;
diblaçza, *pr.*et. — *La bile s'est débordée*
*sur tout son corps,* sqignet eo au apotum

a bep tu var e gorf *ou* var é groc'hen *ou* eñtré qicq ha croc'hen. *v. jaunisse.*

DEBORDÉ, *débandé, déréglé,* disordren, direiz, diboëllet, dirollet, direolyet, oc'h, â, añ. *Van.* divordet. —*Mener une vie débordée,* cundui ur vuhez disordren *ou* direiz *ou* dirollet *ou* diboellet, *pr.* cunduët. *Van.* condueiñ ur vuhe divordet, *pr.* conduët.

DÉBOTTER, *ôter les bottes à quelqu'un,* diheuza, *pr.* et. *Van.* dihezeiñ, *pr.* et.

DEBOUCHER, *ôter ce qui bouche,* distancqa, *pr.* et; distéphya, *pr.* et; distoufa, *pr.* et; disclosa, *pr.* et; diglosa, *pr.* et. *Van.* distancqeiñ, distëuciñ, disterneiñ, *pr.* et.

DEBOUCLER, disvoucla, *pr.* et; divoucqla, *pr.* et. *Van.* divouqleiñ.

DEBOURBER, tenna eus al laguen, *pr.* tennet; tenna eus ar vouilhenn.

DEBOURRER, disvourella, *pr.* et; divourella, *Van.* et; lemel ar bourell, *pr.* lamet. *Van.* divourrelleiñ, *pr.* et.

DEBOURSER, *tirer de l'argent de sa bourse pour faire quelque dépense,* tenna arc'hand eus e yalc'h evit paëa un dra, *pr.* tennet; dispign arc'hand, *pr.* dispignet; disyalc'ha, *pr.* et. *v. foncer.* —*Payez-moi d'abord mon déboursé,* paëyt dign da-guentâ va arc'hand dispinet.

DEBOUT, *sur ses pieds,* var sav, var sao, var sa, sonn. — *Il est tout debout et d'aplomb,* ez ma sonn, ez ma èn e sav sonn. — *Il fallait manger l'agneau pascal tout debout,* red voa beza èn e sa evit dibri an oan a basq. — *Se tenir debout,* èn hem derc'hel èn e sa *ou* èn e sav *ou* èn e sao, *pr.* èn hem dalc'het. — *Etre debout,* beza èn e sa *ou* èn e saff *ou* èn e sav *ou* èn e sao, *pr.* bet. — *Etre debout et déconcert,* beza èn e sa ha discabell *ou* ha disolo e benn. — *Je suis, tu es, il est debout,* ez ma oun èm sa, ez ma oud èn da sa, ez ma èn e sa. —*Nous sommes, vous êtes, ils sont debout,* ez ma cem èn hon sa, ez ma oc'h èn ho sa, ez ma int èn o sa. — *On ne peut se tenir debout, sans manger,* ne aileur qet èn hem souten hep dibri hac eva. *Proverbial,* ur sac'h goullo ne ail qet choui en e sao *ou* èn e sa. — *Dormir debout,*

dormir *tout debout,* cousqet eus e sa, cousqet eus e sav-sounn, *pr.* id. — *Des contes à dormir debout,* conchou a lacqaë un dèn da gousqet eus e sav, conchou born, conchou bugale, conchou grac'hed. — *Debout, lève-toi,* saff, sav, sao. — *Debout, levez-vous,* sivit, sevet. — *Debout, debout, alerte,* var sao, var sao prest, var vale, var vale affo. — *Il est debout, il n'est plus malade,* ez ma var vale, savet eo, bale a ra, ez ma pare, pare eo. — *Debout, directement,* a-benn, a-benn-caër. — *Poussez debout,* caçzit a-benn, poulsit a-benn-caër.

DEBOUTER, *rejeter la requête,* debouti, *pr.* et. *Van.* divouteiñ ag e ñir. — *Le demandeur a été débouté de sa demande,* deboutet eo bet ar goulenneur, ar goulenner a so bet deboutet eus e oulenn, divoutet eo bet ar goulenner.

DEBOUTONNER, divoutôna, *pr.* et; dinozela, *pr.* et. *Van.* divouttoneiñ.

DEBRAILLER (se), *se découvrir l'estomac,* disparbuilha e grubuilh *ou* e ascle, *pr.* et; hem disparbuilha, digueri e vrennid, *pr.* digoret; disquëz e vruched *ou* e ascle, *pr.* disquëzet; dibrenna re e roqnedenn *ou* e saë, *pr.* dibrennet. *Van.* diserlinqeiñ, disoleiñ e vruched *ou* e vrénid.

DEBRAILLÉ, *ée,* disparbuilh, *en*-builh disparbuilh, ascle *ou* bruched *ou* brennid disparbuilh *ou* digor *ou* disolo, disfarle, brennid disfarle. *Van.* diserlincq. *v. déferler.*

DEBRIDER, divrida, *pr.* et. *Van.* divrideiñ. —*Sans débrider, sans s'arrêter,* hep qerc'ha, hep divrida, èn un tau brid.

DEBRIS, *restes, ruines d'édifices,* dar coz-materyou, coz-voguer, coz-vogueryou, coz-lyez, coz-tyer. *Van.* yoh, r' hyneü. *Trég.* coz-moguer, coz-moguer, *pl.* yo. —*Débris, parlant de vaisseaux perdus,* *pruce, pl.* pençéou; *pruce, pl.* pncéou. *v. bris.*

DEBROUILLEMENT, diluzyadur, diluyadur, direustlérez, direustladur. *Van.* dilouyadur, divrouilhemand.

DEBROUILLER, dilezyu, *pr.* et; diluya, *pr.* et; direustlâ, *pr.* et; reiza, *p*

el; lacqât e reiz, pr. lecqëet. *Van.* di-
luyen, dilouyciñ, divourouilheiñ. *v. dé-*
*barrasser.*

DÉBROUÏLLEUR, direustler, diluy-
er, *ppl.* yen. *Van.* divourouilher, *pl.*yon.

DÉBRUTIR, *ôter ce qu'il y a de plus*
*rude,* divrasa, *pr.* et. *Van.* divraseiñ, *pr.*
et. *Trég.* divrasañ.

DÉBUCHER, *sortir du bois,* difourc-
qa, *pr.* et; diboufla, *pr.* et; diblaça,
*pr.* et. *Van.* diblaçeiñ, *pr.* et.

DÉBUT, disvunt, divunt, divut.

DÉBUTER, disvunta, divunta, divu-
ta, *ppr.* et.

DEÇA, *prép. et adv. de temp et de lieu,*
tu-mâ, tu-mañ, èn tu-mâ, èn tu-mañ.
*Van.* dumen, duman, duma. *Trég.* tu-
mañ, du-mañ. — *Deçd Saint-Pol-de-*
*Léon,* èn tu-mâ da Gastel-Paol. — *Long-*
*temps en deçd,* pell èn tu-mâ, pell goude, pell goude-ze. — *Deçd et deld,* tn-
mâ ha tu-hont, èn eil tu hac èn e-
guile. *v. deld.*

DÉCACHETER, digachedi, *pr.* et.

DECADENCE, *déclin, ruine,* goastadur, discarr. *Van.* id. *v. dépérissement.*
—*Tomber en décadence,* goasta, *pr.* et;
goaçzaat, *pr.* ëet; mônet goaçz-oc'h-
oaçz, *pr.* ëet; discarr, *pr.* et. *Van.* goasteiñ, goahât, discar, discareiñ. ( disherya, *pr.* disheryet; dishilya, *pr.* dis-
hilyet; mont da neuz, *pr.* ëet.

DÉCALOGUE, an decq gourc'hemenn: decq gourc'hemenu ar reiz, ar
gourc'hemennou reiz. reiz, *id est,* loi.
an decq gourc'hemenn a Zoüe, gour-
c'hemeunou Doüe.

DÉCAMPEMENT, *levée d'un camp,*
discampadurez, discampadur.

DÉCAMPER, discampa, *pr.* et. *Van.*
discampeiñ, digampeiñ, dispartyeiñ.

DÉCAPITER, *décoller,* dibenna, *pr.*
et. *Van.* dibeenneiñ. — *L'action de dé-*
*capiter,* dibennadur, dibennidiguez.

DÉCARRELER, discareza, *pr.* et;
discarella, *pr.* et.

DÉCÉDER, *mourir,* trémen, *pr.* et;
decedi, *pr.* et.—*Décédé, ée,* decedet,
trémenet.

DÉCEINDRE, *ôter la ceinture;* dic'-
houriza, *pr.* et. *Van.* dihourizeiñ.

DECEINT, *sans ceinture,* dic'hourir.

DECELER, *découvrir une chose cachée,*
disculya, *pr.* et; disolei, *pr.* disoloet;
disreveli, *pr.* et. *Van.* disolo, disoleiñ,
*ppr.* disolet.—*Déceler ses complices,* disculya ou disreveli ou disrevel e guen-
dorfetouryen.

DÉCEMBRE, qerzu, qerdu, miz qerzu, qeverdu. *Van.* qeuerdu, en avëen'.

DÉCEMMENT, gand dereadéguez,
gand onesticz, gand onested, èn ur
fæçzoun deread ou onest, ez deread,
deread.

DÉCENCE, *honnêteté, bienséance,* dereadéguez, ouested, onesticz.

DÉCENT, *ente, ce qui est dans la bien-*
*séance,* deread, onest, oc'h, à, añ.—
*qui n'est pas décent,* amzeread, oc'h, â.
—*Être décent,* derëout, *pr.* derëet, beza deread, *pr.* bet.—*Il serait décent que,*
derëout a raë ma, beza e dereë ma,
deread vèz ma.—*N'être pas décent,* amzercout, *pr.* amzerëet.

DÉCEPTION, *tromperie,* decevançz,
decevidiguez.

DÉCERNER, *ordonner juridiquement,*
statudi, *pr.* statudet.

DÉCÈS, maro, marv, trémenvan,
deced.—*Le jour du décès,* deiz an deced, deiz ar marv.

DÉCEVANT, *ante, qui trompe,* decevus, troumplus, oc'h, à, añ.

DÉCEVOIR, decevout, decevi, de-
ceff, *ppr.* decevet; touëlla, *pr.* touëllet.
*Van.* deccüeiñ.—*Le serpent m'a déçue,*
*dit Ève,* ar sarpand èn deus va decc-
vet, eme hon mamm Eva da Zoüe.—
*Il a déçu cette fille,* toüellet eo ar plac'h-
hont gand-hâ, decevet eo ar plac'h-
hont gand-hañ.— *Celui qui déçoit,* de-
cever, decevour, *ppl.* yen.

DÉCHAINEMENT, *emportement,*
dijadennadur, treusport.

DÉCHAINER, *ôter la chaîne,* dijadenna, *pr.* et. *Van.* dicheñgenneiñ,
dirângenneiñ, *ppr.* et.—*Se déchainer,*
*rompre sa chaîne,* hem dijadenna, *pr.*
hem dijadennet; terri e jadenn, *pr.*
torret. *Van.* hem dicheñgenneiñ.—*Se*
*déchainer contre quelqu'un,* hem dijadenna a ênep ur re, dijadenna e déaud

a ênep ur re-bennac, lanchenna ur re èn-dra alleur, *pr.* lanchennet; clasq pep tu da noasout da ur re, *pr.* et.

DECHANTER, *changer d'avis*, dis-cana, *pr.* et; rabati, *pr.* et.

DECHARGE, *action d'ôter un poids*, discarg, discargadur. *Van.* diboës.— *Décharge publique, voierie*, an discarg a guear, discarg kær, plaçz an atrejou hac ar viltançzou.—*Décharge d'une rivière dans une autre*, aber, *pl.* you. *de ld*, aber-ildud, aber-benniguet, aber-vrac'h, *en Bas-Léon.*—*Décharge, quittance*, discarg. *Van.* id.

DECHARGER, *ôter ou diminuer la charge*, discarga, *pr.* discarguet. *Van.* discargueiñ, diboësein, diveheiñ.— *Décharger un cheval*, disamma, *pr.* et. *Van.* disammeiñ ur jau.—*Décharger un homme réputé criminel*, discarga un dèn clemmet, guēnnaur re glemmet, *ppr.* et.—*Se décharger de*, hem discarga eus a, *pr.* hem discarguet eus a. — *Se décharger, se justifier*, hem ziscarga, èn hem vénna, *pr.* èn hem vénnet.

DECHARGÉ, *ée, non chargé*, discarg.

DECHARGEUR, *celui qui décharge*, discarguer, discargour, *ppl.* yen.

* DECHARMER, *lever un charme*, dichalma, dichalmi, *ppr.* dichalmet; diachanta, *pr.* et; disorçza, *pr.* et.

DECHARNER, *ôter la chair de dessus les os*, diguiga, *pr.* diguiguet. *Van.* diguigueiñ.—*Décharner, maigrir*, scarnila, scarnilha, *pr.* et.

DECHARNÉ, *ée*, scarn, disleber, oc'h, â; seac'h-qorn. — *Un homme décharné, qui n'a que la peau et les os*, un dèn disleber, un dèn dishêvelebet, *pl.* tud, etc.; ur c'horf scarn, *pl.* corfou scarn, ur c'horf seac'h-qorn. — *Une femme décharnée*, ur sec'henn, *pl.* ed. ou.

DECHAUSSER *quelq.t'un*, diarc'hena ur re, *pr.* diarc'henet; divotaoui, *pr.* divotaouët; tenna e voutou hac e lærou da ur re, *pr.* tennet.—*Déchausser, se déchausser*, diarc'hena, *pr.* et; tenna e voutou ha diviaqa e lærou, divotaoui, *pr.* divotaouët. *Van.* divotein. — *Déchausser un arbre*, disolci grizyou ur vezen, *pr.* disoluët. *Van.* disolciñ

gouryeü ur uenn, *pr.* disolet.

* DECHAUX, *qui n'est pas chaussé*, diarc'hen, divoutou, divotaou. *Van.* divoteü. — *Déchaux, qui n'a ni bas, ni souliers*, diarc'hen-caër, dilærou ha divoutou. — *Carmes déchaux*, carmisis diarc'heñ, carmès divotaou.

DECHEOIR, dimunui, *pr.* et; couēza, *pr.* et; mônet goaçz-oc'h-oaçz, *pr.* ēet; dônet da veza goaçz pe voaçzou'h, *pr.* deuēt. *Van.* dehuygueiñ, dihuigueiñ, dihuyteiñ, dihuytout. r. *dépérir.*—*Judas déchut de l'apostolat par son crime*, Yuzas a zeuas dre e draytourez da goüeza eus ar stad a abostol, Yuzas an traytour a gollas e abostolaich dre e bec'hed.

DECHET, *perte, diminution de valeur*, dimnnu, coll, goastadur. *Van.* goastadur.

DECHEVELER, *décoiffer*, discabella, *pr.* et; digoëffa, *pr.* et; dispae'ha bléau ur c'hrecq-bennae, *pr.* dispac'het. *Van.* discabelleiñ, digoëffeiñ.

DECHEVETRER, dígapestra, *pr.* et.

DECHEVETRÉ, *sans licou*, digapestr. *Il existe un proverbe breton qui compare un mari jaloux à un cheval qui, sans chevètre et sans entraves, court du côté de Brest, comme à l'extrémité de la province.* Eat eo marc'h hamon da Vrest, dishual ha digapestr; houmou marc'h hamou, ne dorrit qet ho calon. r. *jaloux.*

DECHIFFREMENT, *l'action de déchiffrer*, dichiffradur, ar fæçzon où an treçz da leen lizerou diguiset, dicyfradur.

DECHIFFRER, *trouver l'alphabet d'un chiffre*, dônet a benn da leenn ul lizer diguiset ou ul lizer scrivet è chyfr, *pr.* deuēt; dichyfra; *pr.* et; dicyfra, *pr.* et. —*Déchiffrer de vieux parchemins*, leen coz-scritur dôra, *pr.* leennet; dicyfra coz paperyou, *pr.* dicyfret.

DECHIQUETER, *déchirer en morceaux*, sqeiga a bezyoüigou munud, *pr.* sqeiget; trouc'ha ha didrouc'ha, *ppr.* trouc'het ha didrouc'het; drailha, *pr.* et. *Van.* dispenneiña behyeü ou a dammigueü, *pr.* dispennet. — *Déchiqueter les étoffes, y faire des taillades*, didrouc'ha mezer spaçz ê spaçz, *pr.* didrouc'het ; cisailha eñtoff, *pr.* cisailhet.

DÉCHIQUETURE, dispennadur, draillhadur, sqeigeadur, didrouc'hadur

DÉCHIRER *violemment*, dichafranta, *pr.* et.—*Déchirer sans violence,* roga, *pr.* roguet ; roëga, roëgui, reuga, regui, *ppr.* roëguet. *Van.* rogueiñ, roëgueiñ, rougueiñ, dirougueiñ.—*Déchirer la réputation,* diroëga an hentez.— *L'action de déchirer,* roguerez, diroguerez, reuguérez, direuguérez. *Van.* rouguereh.

DÉCHIRURE, *accroc,* rog, *pl.* ou ; roëg, reug, *ppl.* ou. *Van.* roug, *pl.* eû.

DÉCIDER, *déterminer, résoudre une question,* resolf ur guistion ; *pr.* resolvet ; sevel un douëd *ou* un difelcud, *pr.* savet.—*Décider, terminer,* termina, *pr.* et ; achui, *pr.* ët ; accordi ar c'hevrennou, *pr.* accordet.

DÉCIMABLE, a so suged d'an deaucq, deaugapl, deaugus.

DÉCIMATEUR, deauguer, *pl.* yen ; deaugour, *pl.* yen ; nep a aparchant ountâ *ou* nep a biaou, an deaucq eus a ur barrès.

DÉCIMER, tenna d'ar sord evit lacqât pep decved soudard d'ar maro, puniçza pep decved, *pr.* puniçzet.

DÉCIMES, decimou. —*Recevoir les décimes,* touich an decimou, *pr.* et ; receo an decimou, *pr.* recevet.— *Receteur des décimes,* recevour an decimou.

DÉCEINTRER, dicintra, *pr.* et.

DÉCISIF, *ive, qui décide, qui résout,* resolvus, oc'h, à, añ.—*Une raison est plus décisive que l'autre,* resolvuçzoc'h eo an eil réson egued eben.

DÉCISION. *statut,* statud, *pl.* statugeou.—*Décision, résolution, avis,* resolucion, *pl.* ou ; avis, *pl.* ou.

DÉCISIVEMENT. èn ur fæçzoun resolvus, gaud resolucion, ez resolvus.

DÉCLAMATEUR, gestraouër, *pl.* gestraouëryen.

DÉCLAMATION , gestraouadur , gestraouerez.

DÉCLAMER, gestraoüi, *pr.* et. — *Déclamer contre le prochain,* diroëga *ou* direuga an eil hac eguile. *ppr.* diroëguet, direuguet. *v. se déchainer contre, etc.*

DÉCLARATION , *lettres patentes du roi,* disclæraoion a-berz ar roûe, *pl.* ou.—*Déclaration,* discleracion, *pl.* ou ; testeny, *pl.* testenyou.—*Donner sa déclaration,* rei e ziscleracion, *pr.* roët.— *Faire sa déclaration,* ober e ziscleracion. *pr.* græt.

DÉCLARATOIRE, disclæryus, oc'h, à, añ.

DÉCLARER, *faire connaître,* disclærya, *pr.* et ; disculya, *pr.* et ; testenya, *pr.* et ; testenyecqât, *pr.* testenyecqëet.

DÉCLARÉ, *ée. Un ennemi déclaré,* un adversour aznad.—*Une guerre déclarée,* ur gaçzony aznad, ur bresell disclæryet. — *Un fripon déclaré,* ur gûir friponer, ur friponer gûiryon. *Van.* ur gûir-fripon, ur fripon dreist pep hany.

DÉCLIN, *décadence,* distro, discarr. *v. dépérissement.*—*Cet homme est sur son déclin,* ez ma an dèn-hont var e zistro, tenna a ra d'e fin *ou* d'e finvez ; bea ez ma var e ziscarr, discarret mad eo, isélaat a ra ar c'héaz. *v. décadence.*

DÉCLINER, *déchoir. v. dépérir.*

DÉCLORE, disclosa, *pr.* et ; diglosa, *pr.* et ; disqaëa, *pr.* disqaëet. *Van.* digloseiñ, disqæëiñ.

DÉCLOUER, didaicha, *pr.* et. *Van.* didacheiñ.

DÉCLOUÉ, *ée,* didaichet, didaich.

DÉCOCHER, *lancer une flèche,* tenna ur virr, *pr.* tennet ; leusqueul un teun birr, *pr.* lausqet. *v. darder, debander.*

DÉCOCTION, parediguez lousou, darevidiguez lousaou, evit ober ur remed-bennac.

DÉCOIFFER, digoëffa, *pr.* et ; discoëffa, *pr.* et ; discabella, *pr.* et. *Van.* digoëffeiñ, discabelleiñ.

DÉCOLLATION *de saint Jean-Baptiste,* g , nël sant Jan dibenn-éaus, gouël sant Jan dibennet.

DÉCOLLEMENT, *parlant d'une chose collée,* digautadur. *Van.* digoladur, digol

DÉCOLLER, *couper la tête,* dibenna ; *pr.* et. *v. decapiter.*—*Décoller une chose collée,* dizaudta, *pr.* et. *Van.* digolciñ, *pr.* et.

DÉCOLORER, *faire perdre de la couleur,* disliva, *pr.* et ; distroncqa, *pr.*

et. *Van.* disliûeiñ , *pr.* dísliûet .

DÉCOMPTE, discount, *pl.* discoun-
chou. *Van.* digont, *pl.* eü.

DÉCOMPTER , *rabattre*, discounta,
*pr.* et. *Van.* digonteiñ , *pr.* et.

DÉCONCERTER , *gâter un concert*,
disaccordi ar mouëzyou, *pr.* et; dispenn un accord a vouëzyou, *pr.* et.—
*Déconcerter quelqu'un*, *se déconcerter*,
saouzani , *pr.* et; abaffi , *pr.* abaffet.
*Van.* baheiñ, *pr.* babet.

DÉCONFIRE, *tailler les ennemis en*
*pièces*, discolpa añ adversouryen, *pr.*
et. — *Charles Martel déconfit* 375,000
*Sarrasins*, *sans perdre plus de* 1,500 hom-
*mes* , Charlès Martel ( Doûc araucq )
a ziscolpas hac a laz. s try c'hant pemzecq ha try-uguent mil Sarazin , o coll
pemzecq cant dèn hep-muyqen.

DÉCONFORT, *abattement d'esprit*,
disconfort. *Van.* id.

DÉCONFORTER, *désoler*, discon-
forta, disconforti, *ppr.* disconfortet.
*Van.* disconforteiñ.

DÉCONTENANCER, *rendre interdit*,
*confus*, digountanançzi ur re, *pr.* et;
saouzani ur re-bennac , *pr.* et.

DÉCONTENANCÉ , *ée*, digountana-
nançzet, digountanançz, oc'h , â, añ.

DÉCONVIER , *désinviter*, discouvya,
*pr.* et; discouffya, *pr.* et. *Van.* digoû-
yeiñ , *pr.* et.

DÉCORATEUR , *qui fait des décora-
tions*, affæçzôner, *pl.* yen ; parer *pl.*
yen ; parour, *pl.* yen.

DÉCORATION, *embellissement* , af-
fæçzounyaich, paridiguez, qenqiz, de-
corded. *v. plessis*. —*Decoration d'un manoir*, qenqizou ur maner.

DÉCORDER, disqordenna, *pr.* et.
*Van.* digordeuñeiñ, *pr.* et.

DÉCORER, *orner*, affæçzorñi , *pr.*
et; para, *pr.* et; aurni, *pr.* et; ficha,
*pr.* et; decori. *pr.* et.

DÉCOUCHER quelqu'un, *prendre son*
*lit*, qemeret guêle un all, *pr.* id.; ober
da ur re ceiñch guêle, ober da ur re
qu'ytaal e vele, *pr.* græt; digousqet ur
re. *pr.* id. — *Découcher*, *coucher hors de*
*sa maison ou de son lit ordinaire*, digousqet ; *pr.* id.; quytât e vele ordinal, *pr.*

quytêet; cousqet êr meas eus e di, *pr.* id.

DÉCOUDRE, disc'hryat, *pr.* et; dis-
c'hruyat, *pr.* et. *Van.* disouryat , di-
souryeiñ, *ppr.* et.

DÉCOULER, *couler lentement*, divera , *pr.* et. *Van.* divereiñ. —*Découler*
*en choses spirituelles et morales*, diredecq.
*pr.* diredet; doñnet, *pr.* deuêt.— *C'est*
*du ciel que decoulent toutes les grâces que*
*nous recevons*, eus an eê e dired deomp
an oll c'hraçzou a recevomp, digaud
Doûe ê teu deomp an oll c'hraçzou.

DÉCOUPEUR, *déchiqueteur*, drailher eñtoff, *pl.* drailheryen ; didrouc'-
her, *pl.* yen.

DÉCOUPLER, *séparer ce qui est cou-
plé*, discoubla, *pr.* et. — *Découpler des*
*bœufs*, dispara, discoubla, *ppr.* et. —
*C'est un drôle bien découplé*, ur pautr
fryol discoublet mad eo.

DÉCOUPLÉ, *ée*, discoubl.

DÉCOURAGEMENT, *abattement*, an
digouraich, an digaloun, lausqéntez.
—*Il est tombé dans le découragement*, an
digouraich a so crocq ênhâ, au digaloun a so gand-hâ, lausqéntez leiz e
lezr an so gand-hañ.

DÉCOURAGER, digôurragi, *pr.* et;
digalounecqaat, *pr.* êet. *v. courage.*

DÉCOURS, *décroissement de la lune*,
discarr, an discarr, an discarr-loar.
*Van.* en discar, en discar-loër.

DÉCOUSU, *ue*, disc'hriz, disc'hruiz.
*Van.* disoury.

DÉCOUSURE, *l'endroit décousu d'une*
*étoffe* , disc'hryadur , disc'hruyadur.
*Van.* disouryadur.

DÉCOUVERT, *non couvert*, disolo,
disto. *Van.* id.—*Tête découverte*, penn
disolo. — *Maison découverte*, ty disto,
*pl.* tyès disto.—*Vieille eglis découverte*,
coz ilis disto. — *Decouvert*, *qu'on a découvert*, disoloêt, distoêt. — *A découvert*, *tout à découvert*, disolo-caêr, et
disolo.—*A découvert, sans deguisement*
*franchement*, neat, næt, berr - ha-
erenn, berr-ha-groncz, freax; êr gou
lou. ê façz an héaul.

DÉCOUVERTE, *invention*, cafadeñ
*pl.* ou; cavadenn, *pl.* ou. — *Faire d*
*nouvelles découvertes dans les arts*, cavou

segregeou névez, *pr.* cavet. — *Aller à*
*la découverte de l'ennemi*, mont da spya
adversouryen ar stadou , *pr.* cat , ëet.

DÉCOUVRIR; *ôter la couverture*, disolei, disolo, *ppr.* disoloët. *Van.* disoleiñ, disolo, *ppr.* disolet. — *Découvrir*,
*ôter le toit d'un édifice*. distei, distoï, *ppr.*
distoët. *Van.* distociñ. — *Découvrir ses*
*sentiments*, *s'ouvrir à quelqu'un*, digueri
e galoun da ur re, *pr.* digoret; disculya
e souch da un all, *pr.* disculyet. — *Dé-*
*couvrir*, *déclarer quelque secret*, disculya,
*pr.* et; disclærya, *pr.* et; disreveli, *pr.*
et. — *Découvrir*, *trouver*, cafout, *pr.* cafet; cavout, *pr.* cavet.

DÉCRASSER, *ôter la crasse*, pura, *pr.*
et; nærtaat, *pr.* nætëct; dieûtacha, *pr.*
dieûtachet. — *Se décrasser*, hem bura,
*pr.* hem buret: hem nætaat, distaga an
ounezer ou ar vilguenn diouc'h e façz,
diouc'h e zaou zourn, dieûtacha un abid

DÉCRÉDITER *quelqu'un*, lacqât ur
re de goll ar faver an istim vad, ar c'halloudez, ar boues èn devoa, *pr.* lacqeat,
lecqëet. *v.* *décrier.*

DÉCRÉPIT. *e*, hir-oazlet, coz meurbed, soublet *ou* discarret gand cozny.
oc'h, à, añ, *pl.* tud hir-oazlet, tud coz
meurbed, etc.; crepon, *pl.* ed, crépo-
néyen. *v.* *âge.*—*Vieille décrépite*, orac'h-
coz, *pl.* grac'hed coz, coz-grac'h moguedet, coz-grac'h luduëcq. *Van.* gro-
ah-coh, *pl.* groahed coh.

DÉCRET, decred, *pl.* ou, decregeou.
*Van.* id., *pl.* eü. *Trég.* id., *pl.* o. — *Être*
*sous décret*, beza dindan decred, *pr.* bet.
— *Decret de mariage*, decred-dimizy.
*Le decret de Gratien*, *premier volume du*
*droit canonique*, decred Gracian, ar
guentâ qevrenn eus a vir an ilis destumet gand Gracian.

DÉCRÉTALE, decrételenn, an decré-
talennou, destumet gad S. Remon a
Benniafort, dre urz ar Pap Gregor na-
oved en hano.

DÉCRÉTER, *donner un décret.* decre-
di, *pr.* et; ober decred, *pr.* græt. *Van.*
decreteiñ. *Trég.* decrediñ, decredtiñ,
*ppr.* et. — *Être décrété*, beza decredet,
*pr.* bet. *Van.* bout decretet, *pr.* bet.

• DÉCRI, dicry. *Van.* discry, dicry.

DÉCRIER *quelque chose*, *en défendre*
*l'usage*, diseñ un dra-bennac dre embañ
*pr.* difennet; dicryal un dra, *pr.* dicryet.
— *Décrier quelqu'un*, dicryal ur re-bennac. *pr.* dicryet; lacqât ur reê goall istim,
*pr.* lecqëet; goall-vrudi ur re, *pr.* goall-
vrudet; gaoui ur re èn e enor, *pr.* gaouët;
ober gaou ouc'h hano-mad ur re, *pr.*
græt. *Van.* difameiñ, dicryal, dicryeiñ.

DÉCRIRE, *transcrire*, discriva, *pr.* et.
*Trég.* discrifañ. *Van.* discriüëin. — *Dé-*
*crire*, *faire une description*, peñta, *pr.* et;
pourtrezi, *pr.* et; disrevel, *pr.* et; danevel, dianevel, *ppr.* et.

DÉCROCHER, *tirer du crochet*, discregui, *pr.* diseroguët. *Van.* discrogueiñ, *pr.* et.

DÉCROCHÉ, *e*, discroguet. — *Dé-*
*croché*, *e*, discrocq. *Van.* id.

. DÉCROIRE, *ne pas croire*, discridi, *pr.*
et. *Van.* disoredeiñ. — *Je ne le crois, ni*
*ne le décrois*, n'er c'hredañ, na ne'n dis-
credañ.

DÉCROISSANCE, *décroissement*, di-
gresqancz, digresq, dimunu, discount.
*Van.* digresq.

DÉCROITRE, *diminuer*, digrisqi, *pr.*
et; dimunui, *pr.* et; biannât, *pr.* ëet.
*Van.* digresqeiñ, *pr.* et.

DÉCROTTER, digailhara, *pr.* et; di-
fancqa, *pr.* et; dibrya, *pr.* et; digau-
c'ha, *pr.* et. *Van.* distraqeiñ, difancqeiñ.

DÉCROTTOIRE. barr-botou, *pl.* ou.

• DÉCULOTTER, divragueza, *pr.* et;
dilavrega, *pr.* dilavreguet. *Van.* dila-
vregueiñ.

DÉCURIE, *dix personnes rangées sous*
*un chef*, digenez, decgenez, *ppl.* ou.

DÉCURION, *chef d'une décurie*, dige-
ner, *pl.* yen; decgenezer, *pl.* yen.

DÉDAIGNER, *mépriser avec fierté*, disprisout, *pr.* dispriset; ober faé eus a,
*pr.* græt; beza faé gand un dèn, *ma.* *pr.*
bet. *Van.* dispriseiñ, bout faé, gued, *pr.*
bed.

DÉDAIGNEUX, faéns, genefañz, ge-
nefæus, morgand, mombris, disprisus
meurbed, oc'h, à, añ. *Van.* fæus, disprisus, oh, añ.

DÉDAIGNEUSEMENT, gand roguentez, gand un disprisançz vras, qer

52

faēuq ha tra, qer mombris, qer gene-
faūs evel n'ouñ petra, èn ur sæçzoun
disprisus-bras.

DEDAIN, faē, fæ, mombrisançz. *Van.*
fæ, disprisançz, randon. *v. arrogance.*

DEDALE, *labyrinthe,* ìy Dedalus.—
*Dédale, grand labyrinthe,* reustl bras, *pl.*
reustlou; luzy bras, *pl.* luzyou.

DEDANS, *adverbe ou préposit.,* ebarz,
èr, èn, ê. *v. dans.* — *Dedans, le dedans,*
*la partie intérieure de quelque chose,* diabarz, an diabarz. *Van.* diabarh, en diabarh. — *Le dedans et le dehors,* an diabarz hac an diaveas. *Van.* en diabarh
hac en dianvés. — *Au dedans,* en diabarz. — *Par dedans,* a ziabarz, dre ziabarz, dre ziabarz. — *Au dedans du corps,*
e diabarz ar c'horf. — *Venir du dedans,*
dònet a ziabarz. — *Là-dedans,* aze èn
diabarz, aze. — *Donner dedans, donner*
*dans le blanc,* sqei ebarz, sqei èr guēn,
*pr.* sqoēt. — *Donner dedans, croire,* cridi, *pr.* credet; sqei ebarz. — *Il a donné*
*dedans,* credet èn deus, sqoēt èn deus
ebarz.

DEDICACE, *consécration d'une église,*
dedivand, *pl.* dedivañchou; dedy, *pl.*
ou; sacradurez un ilis. — *Fête de la dé-*
*dicace qui se célèbre tous les ans,* lid an i-
lis, pardoun al lid-ilis, gouēl al lid-ilis,
gouēl lid an ilis, gouēl an ilis, gouēl
an dedy, fest an ilis, gouēl an devi-
vand. lid, *veut dire solennité et liesse.* —
*Dédicace d'un livre, épître dédicatoire,* an
dedy eus a ul levr, dedivand ul levr.

DEDIER, *consacrer une église à Dieu*
*sous l'invocation de quelque saint,* dedya
un ilis, *pr.* dedyet; consacri un ilis da
Zoñe, dñdan ar patronyach eus a ur
sant-bennac, *pr.* consacret; sagra un
ilis, *pr.* sagret; ober an dedy *ou* an dedivand vès a un ilis, *pr.* græt. — *De-*
*dier un livre à quelqu'un,* dedya ul levr
da ur re, *pr.* dedyet.

DEDIRE, *désavouer,* dislavaret un all,
*pr.* id.; diansav un all, *pr.* diansavet.
*Van.* dislareiñ un arall. — *Je ne vous*
*dédirai pas,* n'o tislavariñ qet. — *Se dé-*
*dire,* èn hem dislavaret, *pr.* id.; dislavaret e gomps, *pr.* id.; discana, *pr.* et;
mònet a ènep e c'her, mònet da Nor-

mandy, *pr.* ēet. *Van.* him zislareiñ, hun
zislaret, discañneiñ, mònet de Normandy.

DEDIT, *retractation, peine stipulée con-*
*tre celui qui se rétracte,* dislavar, discan.
*Van.* dilar, dislavar. — *Il a son dit et son*
*dédit,* e lavar hac e zislavar èn deus,
Ormand cô, mont a ra pa gar da Ormandy *ou* da Normandy. — *Stipuler cent*
*écus de dédit,* lacqât cant scoēd ê qen-
cas a zislavar, lacqât un dislavar a gant
scoēd, *pr.* lecqēet. *Van.* lacqeiñ un dilar ag e gant scoēd *ou* ez e gant sqoēd.

DEDOMMAGEMENT, disoumaich,
dic'haou, dic'haouidiguez, dic'hoall,
dic'hoallidiguez; digoll, digoust. *Van.*
digoll, digoust. — *Pour mon dédommage-*
*ment,* evit va digoll.

DEDOMMAGER, disoumaichi, *pr.*
et; dic'haoui. *pr.* et; dic'hoalla, *pr.* et.
*Van.* digolleiñ, digousteiñ. — *Se dédom-*
*mager,* hem zic'haoui, hem zisoumai-
chi, hem zic'hoalla, *pr.* hem, etc. *Van.*
him digousteiñ, hum digolleiñ.

DEDORER, disalauri, *pr.* et. *Van.*
dialēureiñ.

DEDOUBLER, disoubla, *pr.* et. *Van.*
disoubleiñ.

DEDUCTION, *narration,* countadeñ,
raport. — *Déduction, soustraction,* di-
count rabat. *Van.* digont.

DEDUIRE, *raconter quelque fait par*
*le menu,* counta un histor pez-e-bez,
*pr.* countet. *Van.* conteiñ. — *Déduire,*
*soustraire,* discounta, *pr.* et; rabati, *pr.*
et. *Van.* digonteiñ. — *Déduire, tirer,*
tenna, *pr.* et. *Van.* tennciñ, tennign.

DEDUIT, *divertissement,* dudy, deduy, ebat. *r. charme.*

DEESSE, *fausse divinité de l'antiquité,*
doueès, *pl.* ed; doēès, *pl.* ed. — *Les*
*déesses de nos ancêtres païens,* doēesed
hon re-goz. — *Déesse de l'amour, Vénus,*
doueès an amourousted, Guéner, Vener, Wener. — *Déesse des blés,* douèès
an edou, doēes an gounidéguez, Cerès.
— *Déesse de l'eau,* douèès an dour,
nympha, nymphla, nymphleun. —
*Déesse des femmes mariées,* doueez an graguez demezet, Juno.—*Déesse des fleurs,*
doēès au bleuzñ, Flora. — *Déesse des*

*glands*, doûeès an mès, Dodona. —
*Déesse de la guerre*, doûecs an bell,
Pallas. — *Déesse des larrons* , doûes an
lazroñ, Laverna, etc. r. *Dieux.*

DEFAILLANCE, *faiblesse,* semplidiguez, fillidiguez, sempided, semplder.
*Van.* semplediguèh, sempled. — *Défaillance, évanouissement,* fallaéñ, *pl.* ou;
goasqadeñ, *pl.* ou; gousqadeñ, *pl.* ou;
fatadur. *Van.* sempladur, bamizou,
vagannereh. v. *éblouissement.* — *Tomber en défaillance,* sebeza, *pr.* et; meze-
veli, *pr.* et; mezevenni; sempla, fata,
*ppr.* et. *Van.* sempleiñ, fateiñ, bameiñ,
vagañneiñ.

DEFAILLANT, e, *qui fait défaut en
justice.* desfailh, *pl.* ed. — *Défaillant, e,
désobéissant, rebelle* , desfail, *pl.* ed. —
*Corriger les défaillants* , courrigea an
desfailhed, *pr.* courriget; qelenn ar re
desfailh, *pr.* qelennet.

DEFAILLIR, *manquer de force,* fel-
lel, *pr.* fellet; desfailha, *pr.* et. *v. déchoir.*

DEFAIRE, *détruire une chose faite,* disober, *pr.* disc'hræt; dispenn, *pr.* et;
diausa, *pr.* et. *Van.* disober, dispenneiñ.
— *Il est plus aisé de défaire que de faire,*
æçzoc'h co disober egued ober. *Trég.*
æzetoh co disober couît ober. — *Défaire, détruire,* distrugea, *pr.* distruget.
*Van.* distrugeiñ. — *Défaire une armée,*
tréchi da un arme, *pr.* tréchet; canna
an adversouryen eus arstadou, *pr.* cannet. — *Défaire un mariage,* dispenn un
dimizy, *pr.* dispennét. *Van.* dispenneiñ
un dimeign. — *Se défaire d'un importun,
d'une charge,* èn hem zisober eus a,
etc. *Van.* him zisobér. — *Se défaire d'une
mauvaise habitude,* quytaat ur goall accustumançz, *pr.* quytéet; hem zisober
vès a un tech fall *ou* vès a ur boaz fall,
hent disc'hræt; renoncz da ur goall
gustum. *pr.* renoncet.

DEFAIT, *maigre, exténué,* esteuzet,
sieuzet, teuzet, oc'h, à, añ; distronc-
qet, dismantet, eat da netra. — *Défait,
décoloré,* dislivet, oc'h, à; mor-livet.

DEFAITE, *excuse, échappatoire,* diso-
her, *pl.* you; digarez, *pl.* you, ou. *Van.*
digare, *pl.* eû. *Trég.* digare, *pl.* o. —
*Chercher des défaites,* digareai, *pr.* et;

clasq digarezyou, *pr.* clasqet; xeHet
ouc'h an ora drè, *pr.* id. — *Défaite d'une
armée,* distruich var un arme. — *Défaite, débit,*guërzidiguez prount hac æz.
*Van.* guërh prest.

DEFALQUER. *v. déduire.*

DEFACHER, difacha, difachi, *ppr.*
et. *Van.* difacheiñ.

DEFAUT , *imperfection,* sy, *pl.* ou;
deffaut, *pl.* ou. *Van.* sy, *pl.* eû; deffaut,
*pl.* eû. *Al.* faél. — *Sans défaut,* difaut,
dinam, digabal, oc'h, à. — *Un homme
sans défaut,* un dèn difaut, un dèn parfed, *pl.* tud difaut, etc.; un dèn dinam
*ou* digabal, *pl.* tud dinam, tud digabal.
— *Défaut , manquement de comparoir en
justice,* desfailh, deffaut. — *Au défaut
de, à la place de,* ez deffaut, deffaut.—
*A défaut de la force il faut employer la
ruse,*e deffaut nerz ez faut fineçza, guéll eo iñgin egued nerz.

DEFECTUEUX, *euse,* fautus, dibarfed, oc'h, à, añ.

DEFECTUOSITÉ , dibarfeded , *pl.*
ou; deffaut, *pl.* ou; mancqamand, *ppl.*
mancqamanchou.

DEFENDEUR, *celui qui est attaqué et
qui se défend en justice,* difenner, *pl.* yen;
divenner, *pl.* yen; difennour, *pl.* yen.
*Van.* dihuënnour, *pl.* yon, yau.

DEFENDERESSE , difennerès , *pl.*
ed; difennourès, *pl.* ed. *Van.* dihuën-
nourès, *pl.* ed.

DEFENDRE, difénn, *pr.* et; divenn,
*pr.* et. *Van.* dihuënneiñ. — *Défendre quelqu'un, le protéger,* difenn ur re-bennao;
patrounya, *pr.* et. — *Défendre quelque
chose d quelqu'un ,* divenn un dra-bennac ouc'h ur re, berza un dra ouc'h
ur re, *pr.* berzet. *Van.* berzeiñ, berheiñ,
dihuënneiñ , un dra d'unan-bennac.
*v. la fin du mot baron.* — *On lui a défendu le vin,* divennet *ou* berzet eo ar
guïn outañ. *Van.* berhet eû er guïn doh
ton *ou* douton. — *On me défend de parler,* divenn a rear ouzon da brezecq ;
berza a rear ouzin da barlant, berzet
eo ouzin ne gompsenn , ordrennet co
din tevel. — *Se défendre,* èn hem zifeñ,
*pr.* èn hem zifennet; hem zivenn , *pr.*
hem ziveñnet. *Van.* him zihuënnciñ.

DEFENDU, *adj.* berz. *Van.* berh. —
— *Jours défendus*, deizyou berz, dezyou
divennet. *Van.* deyĕu berh. ,

DEFENSE, *action de se défendre*, difenn, difennadur. *Van.* dihuĕnn. —
*Pour sa propre défense*, evit e zifenn e-
unan, evit e zifennadur e-unan, evit
en hem zifenn e unan. — *Mourir pour
la défense de la foi*, mervel evit an difenn eus ar feiz, mervel evit an difennadur vès ar feiz, souff ar maro evit
difeñ ar feiz cristen. τ. *nccroissement.*—
*Défense, protection*, patroniaich, difeñ,
difennadur. — *Défense, prohibition*, difenn, *pl.* ou; berz, *pl.* ou. *Van.* berh,
dihuĕnn, *ppl.* eŭ. — *Contre sa défense*,
aënep e verz, aënep e zifenn, èn desped d'e verz *ou* d'e zifeñ. v. *l'étymologie de* berz *à la fin du mot baron.* — *Défenses de sanglier*, sqilfou au houc'h-
gouëz.

DEFENSEUR, *protecteur*, divenner,
*pl.* yen; difennour, *pl.* yen; patrom, *pl.*
ed. *Van.* dihuĕnnour, *pl.* yon, yau;
patram, *pl.* ed.

DEFENSIVE, divenn, difenn, evez.
— *Se tenir sur la défensive*, beza var an
diveñ, beza var evez *ou* è par evit èn
hem zifeñ. — *Ligne offensive et défensive*,
alyançz evit attaqi hae evit divenn.—
*Armes offensives et défensives*, armou da
açailh ha da zivenn.

DEFERENCE, resped, onesticz.
DEFERENT, e, respedus, onest, oc'h, à.

DEFERER, *avoir du respect pour les
avis de quelqu'un*, cahout resped evit santimanchou ur re, cahout onesticz evit
ur re, *pr.* bet; rospedi ur re, *pr.* bet; respedi ur re, *pr.* respedet; beza onest *ou*
respedus e qèver ur re, *pr.* bet; douguen resped da ur re-bennac, *pr.* douguet. *Van.* respeteiñ. — *Déférer des honneurs à quelqu'un*, renta enor da ur re,
*pr.* rentet; ober enor da ur re; pr. graet;
enori ur re, *pr.* enoret. *Van.* inoureiñ
unan-bennac, *pr.* inouret. — *Déférer,
denoncer*, disculya ur re d'ar justiçz. *pr.*
disculyet; rei hano ur re da justiçz, *pr.*
roët; accus ur re-bennac dirac barneur, *pr.* accuset. *Van.* disclæryen ur
re d'er barnour.

DEFERLER, *déployer les voiles*, difac
les, *pr.* difarleët. *Van.* diferlincqeiñ
r. *voile.*

DEFERRER, dishouarna, *pr.* et. *Van.*
dihoarneiñ.

DEFERRÉ, e, *part. et adj.* dishouar-
net. — *Déferré, non ferré*, dishouarn.

DEFI, *appel au combat*, defy, dify, daé,
*ppl.* ou.

DEFIANCE, *soupçon, crainte, etc.*,
disfizyauçz, *pl. ou. Van.* difyauçz, sousped, *ppl.* eŭ. — *Entrer en défiance*, conceo disfizyançz, *pr.* concevet; coumançz
da zisfizyout, *pr.* coumançzet.

DEFIANT, e, disfizyus, discridicq,
oc'h, à, añ. *Van.*: difyus, souspetus,
suspetus, oh, añ, aoñ. *Aill.* discredus,
discred. — *Se défiant des autres*, o tis-
fizyout eus ar re all, o tiscridi vàr ar
re all, gand disfizyançz eus ar re all.

DEFIER, *appeler son ennemi au combat singulier*, difyal an adversour, *pr.*
difyet; guervel e adversour evit dōnet
da drouc'ha an acuilheteun, *pr.* galvet;
rei an dify d'e adversour, *pr.* roët; açz-
zina e adversour a gostez, açzina d'en
hem gavout è leach distro, evit hen èm
gannna, *pr.* açzinet; daéa au adversour,
*pr.* daéet. v. *duel.* — *Défier, piquer quelqu'un sur son peu de courage, l'aiguillonner*, defyal, *pr.* et; difyal, *pr.* et;
daéa, *pr.* et. *Van.* defyal, *pr.* et.
— *Je l'en défie de le faire*, me'n tefy, me
èn dify, me'n difi. — *Je l'en défié*, nox
pas une fois, mais cent fois, me ez cante-
fy, me az cantdify; me az cant mil dify, sél. — *Il défie sans cesse tout le monde*, daéa·a ra ar bed oll, ez ma atau o
taéa *ou* o tifyal ar bed oll. — *Se défier*,
*soupçonner*, disfizya, disfizyout, *ppr.* di-
sfizyet; cahout disfizyançz, *pr.* bet; discridi; *pr.* et. *Van.* disfyeiñ, souspeteiñ,
discredeiñ. — *Je me défie qu'il n'évien-
dra pas*, disfizyançz am eus ne zeuyo
qet, disfizya a rañ e teué, discridi a rañ
e teuff·. — *Il se défie de la providence de
Dieu*, disfizyançz èn deus a vadélez an
autrou Douc, discridi a ra var ar vadélez a Zouc, disfizya *ou* disfizyout a ra
eus a brovidançz Douc.

DEFIGURER, *gâter*, difæczouni, *pr.*

et; disbêvelebi, *pr.* et; dishêvelebec-
qât, *pr.* êet; disforc'h, *pr.* et; disforgea,
*pr.* et. *Van.* disæçzonneiñ, disforgeiñ.

DEFIGURÉ, *un homme defiguré*, disleber, disæçzonnet, oc'h, á, añ; un
dèn disleber, un dèn disæçzounet, un
dèu disbêvelebet, *pl.* tud disleber, etc.
*Van.* disæzonnet, disæûçzon, disforget.
—*Une chose defiguree*, un dra disæçzounet *ou* disigur.

DEFILER, *ôter le fil d'une chose en-
filée*, disnendi, *pr.* et; distropa, *pr.* et.
— *Le chapelet se defile*, distropa a ra ar
chapeled.—*Défiler, aller à la file*, mont
unan-hac-unan, mont au eil goude
eguile, mont a réneqadou, *pr.* eat, êet.

DEFILÉ, *non enfilé*, distrop, disneud.
— *Defilé, passage etroit*, hend qéau,
hend striz, hend encq, *pl.* hinchou
qeau, etc. *v. chemin.*

* DEFINER, *être près de sa fin*, disi-
na, *pr.* et; tenna da e fin, *pr.* et; beza
èn e zifin, beza var e finvez, *pr.* bet.

DEFINIR, *determiner, ordonner*. de-
credi, *pr.* et; statudi, *pr.* et.—*Definir,
expliquer*, esplicqa an natur cus a un
dra, *pr.* esplicqet.

DEFINITEUR, *t. de Franciscains*,
disinitor, *pl.* ed.

DEFINITIF, *ice*, a lacqa fin da un
dra, disinus. — *Une sentence définitice*,
ur setaueç disinus, ur setaueç a lacqa
fin da ur procès, ur setançz hep galv.
— *En définitice, ou définitivement*, evit
mad, evit bepred, è disiu, ez disinus.

DEFINITION, *détermination*, statud,
*pl.* statugeou; decred. *pl.* decregeou;
discheracion, ordrenançz, *ppl.* ou.—
*Définition, explication de la nature d'une
chose*, au esplicqacion vès an natur
cus a un dra.

DEFLEURIR, *perdre sa fleur*, dis-
vleuûya, *pr.* et; divleuzvya, *pr.* et.
*Van.* divlehuêiñ, divleveiñ.

DEFLORATION, diflouradur, di-
flouradarez.

DEFLORER, difloura ur verc'hès,
*pr.* et; lemel e gaërc'hied digand ur
verc'h, *pr.* lemel.

DEFLORÉE, disflouret, a so lemel
digad-hy he guerhied.

DEFONCER, *ôter le fond*, disfounçza, *pr.* et; disfounçza, *pr.* et, distrada,
didala, *ppr.* et. *Van.* didaleiñ, disfonç-
zeiñ, diseunyeiñ.

DEFONCÉ, *ee*, disfonçz, distrad,
didal.

DEFRAYER, disfræi, *pr.* difrææt;
paëa dispigo ur re-beunac, *pr.* paëet;
difraëa, *pr.* difraëet.

DEFRICHEMENT, digoradur, di-
fraustadur.

DEFRICHER, *mettre une terre en culture*, difrausta ur pez douar, *pr.* et;
digueri douar coz, *pr.* et. *Van.* digor
*ou* digoreiñ *ou* digüoreiñ ur peh douar,
*ppr.* et. *r. essarter.*

DEFRONCER, disfrouçza, *pr.* et;
dirida, *pr.* et. *Van.* dirideiñ.

DEFROQUER, *ôter le froc*, disfroc-
qa, *pr.* et; quytât ar frocq, *pr.* quytéet.
— *Un moine fait evêque ou cardinal, se
defroque*, ur manac'h a guyla ar frocq
*ou* a zeu da zifrocqa, pa er grear escop, pe gardinal.

DEFUNT, *unte*, nep so maro, nep
so bremá dindáñ an douar, nep so eat
d'an anaoun, nep so trémenet cus ar.
bed má, an hiny a so eat dirag Doue.
—*Prier pour les defunts*, pidi Doue evit
an anaoun vad, pidi Doue gand ar re-
varo *ou* gand an anaoun drémenet, *pr.*
pedet. *Van.* pedeiñ. Doue gued er re
varv *ou* evit en inean drémenet.

DEGAGEMENT, *détachement*, dis-
tag. *v. désintéressement.* — *Être dans un
entier dégagement de toutes choses*, beza
distag diouc'h pep tra, beza distag e
galoun diouc'h pep tra. *pr.* bet.

DEGAGER, *retirer une chose engagée*,
divoêstla, *pr.* et; diengoêstla, *pr.* et;
dilaçza *ou* tenna ar péz a yoa roët é
goêstl, *ppr.* dilaçzet, tennel. *Van.* digageiñ, diangageiñ, *ppr.* et.—*Degager,
dépêtrer*, dilaçza, *pr.* et; diampeich,
*pr.* et; tenna evens a, *pr.* tennet. *Van.*
digageiñ.—*Degager sa parole*, tenna e
c'her. *Trég.* tennan e c'her, *pr.* tennet.
— *Se dégager, se détacher*, hem ziampeich, hem zilaçza, hem zistaga, hem
denna, *ppr.* hem ziampeichet, etc.
*Van.* h'm digageiñ.

DEGAGÉ, *ée*, diampeich, dilaçz, distag, oo'h, â, añ; iscuyt, discoubl, dispos, oc'h, â, añ. — *Qui a le corps dégagé*, moan ha distag, moau ha dispos, ur c'horf distag *ou* dispos.

DEGAINER, dic'houyna, *pr.* et; disfeuri, *pr.* et. *Van.* dihouhineiñ, *pr.* et.

DEGANTER, disvanega, divanega, *ppr.* divaneguet. *Van.* divanegueiñ.

DEGANTÉ, *ée*, divaneguet. *v.* gant.

DEGARNIR, divoarniçza, *pr.* et; diannéza, *pr.* et. *Van.* dioarniçzeiñ.

DEGARNI, *ie*, *sans garniture*, divoarniçz, diannèz.

DEGAT, *ravage*, goastadur, distruich. *Van.* distruch.—*Faire du dégât*, goasta, *pr.* et; distrugea, *pr.* distruget. *Van.* distrugeiñ, dizalbadeiñ. — *Celui qui fait du dégât*, goastaër, *pl.* yen; distruger, *pl.* yen; goastadour, *pl.* yen. *Van.* dizalbadour, distrugeour, *ppl.* yon, yan. *De goastadour, viennent les Goastadoures de Lamballe, t. d'histoire.*——*Dégât, dissipation, consommation*, dismand, dispign vras, dispign foll, dismantr.

DEGAUCHIR, čuna, *pr.* et; digamma, *pr.* et; didreuza, *pr.* et. *Van.* ēunciñ.

DEGEL, discourn, discôrn, disclaçz. *Van.* diloh, disorn, discorn, discourn.

DEGELER, discourna, discourni, disclaçza, *ppr.* et. *Van.* diloheiñ, discourneiñ, disorneiñ.

DEGENELER, *s'abâtardir*, diligneza, *pr.* et; falsa natur, *pr.* falset; forzi natur, *pr.* forzet. *Van.* dilignezeiñ, forheiñ natur, *pr.* forhet.

DEGLUER, *dégager ce qui est englué*, digluda, dic'hluda, *ppr.* digludet, dic'hludet; dic'hludenna, *pr.* et. *Van.* digludenneiñ.

DEGOBILLER. *v.* romir.

DEGORGEMENT, *décharge d'une rivière*, discarg. *v. décharge.* — *Dégorgement d'humeurs, de bile*, sqignadur, sqignadur maoryou, discarg-apotum.

DEGORGER. *v.* romir.

DEGOURDIR, *ôter l'engourdissement*, divava, *pr.* et; divava *ou* divauta au daouzourn, dic'hourdi an daouzourn, *pr.* dic'hourdet. —*Dégourdir la jambe*, divnna *ou* dihuna ar c'har, *pr.* divnet; divorza, *pr.* et; dic'hourdi ar c'har. —*Dégourdir un homme*, dic'hourdi, *pr.* et; divorza, *pr.* et.

DEGOUT, *aversion pour ce qa'on mange*, divlas, *pl.* ou; dic'houd. *Van.* dioust, diout.—*Dégoût provenant de la malpropreté des mets*, dongèr, heug, reqedd. *v. à contre-cœur.* — *Dégoût, aversion pour les personnes*, erès, maayelcas.—*J'ai du dégoût pour lui, pour elle*, erès am eus ountâ, oundby, ur manyel-cas am eus oud-hañ, oud-hy. — *Dégoût pour les choses spirituelles et morales*, erès, cas, divlasder, dic'hond.—*Dégoût, pluie qui tombe*, diveradur, divèr. *Van.* diuir, diuer.

DEGOUTANT, *ante*, quirépugne, dic'houd, divlas, dic'houtus, divlasus, erèsus, oc'h, â, añ. *Van.* dioustus, dioutus, oh, añ.

DEGOUTER, *rebuter*, *empêcher quelqu'un de manger*, dic'hoantât ur rebennac da zibri, *pr.* dic'hoantêet; lamet *ou* lemet ar c'hoand-dibri digand ur re, *pr.* lamet; rei heug *ou* rei dongèr *ou* rei reqed da ur re. *pr.* roët; digaçz heug *ou* dongèr *ou* reqedd *ou* regred da ur re, *pr.* digaçzet; divlasa, *pr.* divlaset; dic'houta, *pr.* et. *Van.* diouleiñ. — *Dégoûter quelqu'un de faire une chose*, dic'hoantât ur re da ober un dra, *pr.* êet; distrei ur re-bennac eus a un dra, *pr.* distroêt; dic'houta ur re-bennac da ober un dra.

DEGOUTÉ, *ée*, dic'hoant, dic'hoantecq, oc'h, â, añ. *

DEGOUTTANT, *te*, *qui tombe goutte à goutte*, diverus, berus, oc'h, â. *Van.* divirus, diverus, oh, añ.

DEGOUTTER, *tomber goutte à goutte*, divera, *pr.* et. *Van.* divireiñ, divereiñ.—*S'il n'y pleut, il y dégoutte*, cals pe nebeud a vad atau, glao pe c'hliz atau, glao pe diveradur è qentell.

DEGRADER, *destituer d'une charge*, lémel a garg. *pr.* lamet; lacqât evit mad èr meas a garg, *pr.* êet.—*Dégrader quelqu'un de noblesse*, dinobla ur re, *pr.* et; dinobliçza ur re, *pr.* et. — *Dégrader quelqu'un de la prêtrise*, disacri

ur bælecq, *pr.* et; divælegui nr re, *pr.*
et; diañgraui, *pr.* diañgravet. — *Dé-*
*grater un vaisseau,* divoarniçza ul lestr
coz, *pr.* et.

DEGRAFER, diglochedi, *pr.* et. *Van.*
digrochedeiñ.

DEGRAISSER, *ôter la graisse,* dilarda, *pr.* et; treudi, *pr.* et; didruza, *pr.*
et; lamet an druzony, *pr.* id. *Van.* di-
lardeiñ, dizrueiñ.

DEGRAISSEUR, dilarder, *pl.* yen;
dizruer, *pl.* yen; nettaër-eûtoff, *pl.*
nettaëryen-eûtoff. *Van.* dizruour-mi-
hér, *pl.* yon.

DEGRÉ, *escalier,* derez, *pl.* you; diry, *pl.* diryou. *Van.* derguéy, *pl.* eû.—
*Degré à vis,* bins, *pl.* ou; ur vins. —
*Degré,* marche d'un escalier, pasenn,
*pl.* pasennou, pascigner; dæz, *pl.* dæzyou. *De* dæz, *vient* derez *et* degré. —
*Par degrés,* pasenu-è-pasenn, basen-
da-basen, a zæs-è-dæz. *On a dit* daës.
—*Degré, t.* d'université, derez, *pl.* you.
*Al.* radd, *pl.* raddau. *v.* gradué.— *De-*
*gré de parenté,* pasenn qirintyaich, *pl.*
pasennou qirintyaich, derez, *pl.* you.
— *A quel degré de parenté êtes-vous?* pe
è pasenn qitintiaich ez ma ouc'h-hu?
pe è pasenn ez ouc'h-hu qerend; pe è
derez ez ouc'h-hu qerend?— *Au qua-*
*trième degré,* èr bévare pasenn, èr bévare derez. — *Au souterain degré d'in-*
*tension. t. de physique,* èn divezá pasen
*ou* pouënd, èn uhélá pouënd ou pa-
señ, uhélá ou pellá ma hall mônet.

DEGROSSIR, *parlant d'un bois,* divrasa, *pr.* et; digoc'henna, *pr.* et.

DEGUEULER, *parlant des animaux et*
*des ivrognes,* dislounqa, *pr.* et; c'huyda, *pr.* et. *Van.* diorgeiñ. *v.* romir.

DEGUISEMENT, diguizamand, *pl.*
diguizamanchou; diguiz, *pl.* ou; diguizadur, *pl.* you. *Van.* diguizemand.

DEGUISER, *travestir,* diguiza. *pr.*
et; ceñch sæçzoun da un dra, *pr.* et.
*v.* défigurer.— *Déguiser, dissimuler,* diguiza, *pr.* et; golei, *pr.* goloët; simula, *pr.* et. *Van.* diguizeiñ.—*Se déguiser,*
èn em ziguiza, *pr.* èn hem ziguizet;
hem ziguiza, *pr.* hem ziguizet.

DEHALER, *ôter le hâle du visage;* di-

rousa, *pr.* et; disua, *pr.* et.

DEHANCHÉ, *ée,* lèspos, dilèset. r.
*é*hanché.

DEHARNACHER, *ôter le harnois des*
*chevaux,* distærna ar c'hesecq, *pr.* et.
DEHARNACHÉ, distærnet. — *Dé-*
*harnaché, sans harnois,* distærn, diharnès.

DEHORS, èr meas, é meas, èr mæs.
*Van.* èr mæs.—*Sortir dehors,* mônet è
meas, *pr.* ëet. — *Jeter dehors,* teureul
èr meas, *pr.* taulet.—*Venir de dehors,* dônet eus ar mæs, dônet o væs, *pr.* deuët.
—*Le dehors,* la partie extérieure, an diaveas, a diavæs. *Van.* en diañvæs. —
*Dehors,* par dehors, a ziaveas, à ziavæs.
*Van.* a ziañvæs. —*En dehors,* eñ diaveas, eñ diavæs.

DEICIDE, *qui a tué Dieu,* ar muntr
eus a un Doûe, ar vuntrérez vès a un
Doûe. *Van.* er multrereah ag un Doûe.

DEIFIER, *t. du paganisme,* lacqât
è reneq an doueëd, *pr.* lecqëet; réula
an enoryon diin da un dèn, *pr.* réntet.

DEISTE, *homme sans religion parti-*
*culière,* nep n'en deus qen credenn,
nemed ez eus un Doûe, pe da hiny
ne rént enor exteriol e-bed, doëist,
*pl.* doëisted.

DEJA, *adv. de temps,* dija, dijaicq.
*Van.* id.—*Il y a déjà quelque temps,* pellicq a so dija, dijaicq eus pell.—*Il y a*
*déjà long-temps,* pell amser a so dija,
dijaicq ez eus pell amser, pellou-bras
a so dija, ur pell bras *ou* ur pellou bras
a so dija, ur pell bras *ou* ur pellou bras
beza ez voa deuët dija, pa.—*Déjà si-*
*tôt?* dija? qerqent? qen abred? qén-
tiz? dija livirit? dija hau? dija leret?
—*Comment, quoi,* il est déjà venu? penaus, petra, deuët eo dija? *ou* deuët
eo qen abred? *ou* deuët eo qerqent *ou*
qentiz?

DEJETER (*se*), *parlant du bois,* èn
hem deureul, *pr.* èn hem daulet. *Van.*
hiin durleiñ, hum dauleiñ.

DEJEUNER, *léger repas du matin,*
dijuny, *pl.* dijunyou. *Van.* dijun, du-
jun, *pl.* eû.—*Un bon déjeûner,* un dijuny mad.—*Après déjeûner,* goude dijuny. *On dit proverbialement :* dejeûner
de clercs, diners de procureurs, collation

*de commères et souper de marchands*, lavaret a rear ordinal penaus, ne deus
par da zijuny ar c'hloër, da lein ar
broculeryeu, da verenn ar c'houmaë-
reged, ha da goan ar varc'hadouryen.
*v. commère.*

DEJEUNER, *prendre le déjeûner*, di-
juni, *pr.* et. *Van.* dijuneiñ, dujuneiñ,
*ppr.* et.—*Il a déjeûné de bon matin*, mintin mad èn deus dijunet. *Trég.* dijunet èn deus beure-mad, ma-fé. — *Il
déjeûne ordinairement assez matin*, mintinicq avoalc'h *ou* beure mad avoalc'h,
èn deus custum da zijuni.

DEJOINDRE, disjoëñta, *pr.* et ; diframma, *pr.* et ; distaga diouc'h, *pr.*
distaguet diouc'h ; dispartya diouc'h,
*pr.* dispartyet diouc'h. *Van.* dijuënteiñ,
diaçzambleiñ.

DEJOINT, *te*, *non joint*, disjoëñt,
dijoëñt, diframm, distag, disparty.
*Van.* dijuëñt, diaçzambl.

‡ DEJUC, *lever des oiseaux*, an diglud,
an digluch, an diglud eus ar yer. *v.
juchoir, jucher.*

DEJUCHER, *sortir du juchoir*, di-
glugea, *pr.* digluget ; digluda, *pr.* et.
*Van.* digludeiñ, diglucheiñ.

DELABRER, *mettre en pièces*, *en
mauvais état*, disparboulli, *pr.* et.

DELACER, dilaçza, *pr.* et ; dibrenna, *pr.* et. *Van.* difermeiñ, dibrenneiñ,
*ppr.* et. *v. débrailler.*—*Délacer son pourpoint.* dilaçza *ou* dibrenna e borpand.

. DELACÉ, *ée*, dilaçz, dibrenn.

DELAI, *terme*, amser, termen. *Van.*
id. — *Donner délai*, rei amser, rei termen, *pr.* roët. — *Délai d'absolution.*
dalc'h, appell, corbell, pil, absolveñ
gleiz. *v. absolution.*—*Délai*, *remise*, *retardement*, dale, *pl.* daleou ; daleydi-
guez, *pl.* ou. — *Sans délai*, hep dale.
*Van.* hemp dale. — *Faire délai*, retarder, dalea, daleout, *ppr.* daleet ;
ober dale, *pr.* great, græt ; astenn termen, *pr.* astennet. *Van.* daleeign, *pr.*
dalet ; daleeiñ, *pr.* daleet.

DELAISSEMENT, *cession*, dilès.
*Van.* id.—*Délaissement*, *abandon*, dilès,
disuport.

DELAISSER, *abandonner*, dilèsel,

*pr.* dilèset ; dilesel èn yzom, lesel ur
re disicour, *pr.* leset ; quytaat, *pr.* ëet.
—*Délaisser*, *faire cession*, ober dilès,
*pr.* græt ; dilesel, *pr.* dilèset.

DELASSEMENT, discuyz, discuy-
zadur, elhan. *Van.* discuëh, discuyh.

DELASSER, *faire perdre la lassitude,*
discuyza, *pr.* et. *v. débander l'esprit.* —
*Se délasser*, discuyza, chana, *ppr.* et.
*Van.* discuëheiñ, discuyheiñ, *p-r.* et.
— *Délassons-nous un peu*, discuysomp
un neubeud, greomp uu discuyz, c-
hanomp un neubeud, greomp un e-
han. *Van.* discuëhamp, groamp un
discuëh.

DELASSÉ, *ée*, discuiz, oc'h, à, añ.
*Van.* discuëh, discuyh, oh, añ, aoñ.

DELATEUR. *v. dénonciateur.*

DELATTER, *ôter les lattes d'un toit,*
dic'houlaza, *pr.* et. *Van.* dihoulaheiñ.
*Trég.* dic'houlazañ, *pr.* et ; lemel ar
goulazo, *pr.* lamet.

DELAYER, *détremper*, distrémpa,
*pr.* et ; distémpra, *pr.* et. *Van.* disfram-
peiñ, *pr.* et.

DELECTABLE, plijadus, oc'h, à ;
ebatus, oc'h, à ; a ro plijadur, a ro e-
bat, a ro joa vras.

DELECTATION, plijadur, plijadurez, plijadurez vras, *ppl.* ou.

DELECTER, plijout, *pr.* plijet ; laouennât, *pr.* laouenneët ; rei plijadur, *pr.*
roët ; ober plijadurez vras, *pr.* great, græt

DELEGATION, qemenadurez dreistordinal roët da ur c'houmiçzer, cannadur dreistordinal.

DELEGUER, *commettre avec pouvoir*,
rei çannadur dreistordinal da ur re,
rei qemenadurez dreistordinal da ur
c'houmiçzer, *pr.* roët ; diputi ez dreistordinal, *pr.* diputet.

DELÉGUÉ, *député*, cannad dreistordinal, *pl.* cañnadou ; diputed, *pl.* tud
diputed.

DELESTAGE, *décharge du lest du vaisseau.* dilastraich. *Van.* dilastach.

DELESTER, *tirer le lest du vaisseau,*
dilastra, *pr.* et. *Van.* dilasteiñ.

DELESTEUR, dislastrer, *pl.* yeu.
*Van.* dilastour. *pl.* yon.

DELIBERATION, *examen de quelqu*

* chose, ensuladurez, ecsuladur, cusu-
lidiguez, evoradur.—*Délibération, ar*
*réié.* ar pez a so statudet, añ deliberet.
DELIBERER, *mettre en délibération,*
evori, *pr.* et; hem gusulya, *pr.* hem
gusuiyet; soungeall a zévry, *pr.* soungel.—*Deliberer, arrêter,* statudi, *pr.* et;
derc'hel, *pr.* dalc'het; diliberi, *pr.* et.
—*Celui qui délibère sur les affaires d'une*
*paroisse,* diliberand, *pl.* diliberandted.
DELIBERÉ (*de propos*), a-zévry, a-
barfeded, a-ratos, a-ratos-caër, a-
benn-qeffridy. *Van.* a ratoh, a ratonêh.
—*Déliberé, hardi,* distag, seac'h, mailb,
oc'h, à, añ.
DELICAT, *te, fin, menu, faible,* flour,
tener, oc'h, à, añ. *Van.* id. — *Com-*
*plexion délicate,* témps flour, *pl.* témp-
syou flour, corf tener, *pl.* corfou tener; ur guiguenn flour. *v. faible.*—*Teint*
*délicat,* liou flour.—*Ouvrage délicat,* labour fin, labour flour, labour diouc'h
an dibab.—*Délicat, friand,* lichezr, pitouilh, blificq, friant, dilicat, oc'h, à
añ, *ppl.* lichézryen, pitouilhéyen, bli-
figued, tud licher, tud pitouilh, tud
blificq, tud friant, tud dilicat.—*Voici*
*qui est d'un goût délicat,* cetu amà bac
a so dilicat *ou* èn deus ur vlas dilicat
.—*Viande délicate,* lichezry, lipousérez,
*ppl.* ou. — *Un esprit délicat,* ur spered
fin, ur spered dilicat, *pl.* sperejou fin,
sperejou dilicat. — *Une affaire délicate,*
un æsser dilicat, un æsser amgest, un
æsser mibilyus, *pl.* æfferyou, etc.—
*Délicat, qui ne mange pas de tout,* figus,
milsin, oc'h, à, añ, *ppl.* tud figus, tud
milsin —*Délicat, sensible,* guyridicq,
qisidicq, diribin, oc'h, à, *ppl.* tud, etc
DELICATESSE, *finesse,* finder,
moander, soutilded, flourder, flour-
ded.—*Délicatesse, parlant de la nourri-*
*ture,* lichery, *pl.* licheryou; lipousérez,
*pl.* ou; fryantiez, fryantaich, *ppl.* ou.
—*Délicatesse, sensibilité,* guyridiguez,
qisidiguez, diribinaich.
DELICES, ar pez a so delicius, ar
pez a ro cals a blijadurezou var un
dro; delicyusded, *pl.* ou.—*Le Paradis*
*terrestre fut appelé le jardin des délices,* ar
Barados térès a voué galvet jardin an
oll blijadurezou *ou* an oll delicyusdedou
DELICIEUX, *euse,* delicius, oc'h,
à, añ; agreapl d'ar spered ha da sqyanchou ar c'horf, leun a zelicyusdedou.
DELICIEUSEMENT, èn ur fæçzoun
delicius, gand pép seurd plijadur, gad
pep delicyusded.
DELIÉ, *ée, fin, mena, mince,* moan,
fin, tanàu, soutil, oc'h, à, añ. *Van.*
moën. fin, tenau. *Al.* delyus. *de de-*
lyou, *feuille; mince comme les feuilles.*—
*Du fil délié,* neud moan, neud fin.—
*Un esprit délié,* ur spered soutil, ur
spered fin, ur spered guèzn, *pl.* sperejou, etc.; ur map fin evel ar seiz.
DELIER, *défaire le lien,* diseren, *pr;*
diseréet; dieren, *pr.* djerèet; disamar-
ra, *pr.* et; diamarra, *pr.* et; diliam-
ma, *pr.* et. *Van.* disamarreiñ, diereiñ
diari, diaryeiñ, *ppr.* et. *v. lier.*
DELIÉ, *ée, qui n'est pas lié,* disere;
diere, disamarr, diamar, dilyamm.—
*Un sac délié, homme qui ne peut garder*
*un secret,* ur sac'h disere, *pl.* seyer, etc.
DELINQUANT, *qui a commis une*
*faute,* fazyer, *pl.* yen; fazyant. *pl.* ed;
feller, *pl.* yen. *Van.* fallour, *pl.* yon.
DELINQUER, fazya, *pr.* et; fellel;
*pr;* fellet, fallet.
DELIRE, *réverie d'un malade. Léon,*
alter. *Corn.* alfo, elfo. *Ces deux mots*
*viennent de fo, fou. Trég.* alter, ambreñ.
—*Ce malade n'est pas sans délire,* ne ma
cet an dèn-ze hep alter *ou* hep alfo *ou*
hep elfo. — *Avoir du délire, être en dé-*
*lire,* cahont alter, *pr.* bet; beza alte-
ret. *pr.* bet; alteri, *pr.* et; alfoï, *pr;*
alfoët; elfoï, *pr.* elfoët; cahout alfo *ou*
elfo, beza alfoët *ou* elfoët. *H.-Corn. et*
*Van.* ambren, *pr.* ambrèet.
DELIT, *faute,* drouc-ober, *pl* drouc-
oberyou; goall-ober, *pl.* goall-oberyou.
— *Trouver en flagrant délit,* cavout o
foall-ober, cavout o trouc-ober, cavout o drouc-ober, *pr.* cavet; supren
é drouc-ober, supren o trouc-ober,
*pr.* suprenet.
DELIVRANCE, dilivrançz. *Van.* id.
—*La délivrance d'un legs,* au dilivrançz
eus a ul legad.—*Délivrance de tous maux,*
dilivrançz a bep droucq.—*Notre-Dame*
53

de déliorance, an ltroun Varya a zili-
vrançz èn Urmandy, taust d'ar guear
a Gaën.

DELIVRE, l'arrière-faix de la vache,
guële al luë. Trég. gouële al louë. Van.
gule el le.

DELIVRER, livrer, livra, dilivra,
ppr. et; rei, pr. roët. Van. livreiñ, reigñ,
reiñ. Trég. livrañ, dilivraû, reiñ, ppr.
et.—Délivrer, tirer de peine, dilivrya,
pr. et; dilivra, pr. et; dilaça a boan,
a zroucq, etc., pr. et; diboanya, pr. et;
ténna a boan, ténna èr meas a boan,
a zroucq, pr. ténnet; lémei a boan,
pr. lamet; diampeich, pr. et.—Se délivrer, accoucher. v.-y.—Se délivrer, se tirer de peine, d'esclavage, hem zilivrya.
pr. hem zilivryèt; hem zilivra, hem
ziampeich, hem zilaça, hem dénna
èr meas a boan, ppr. hem, etc.

DELIVRÉ, e, dilaçz. diampeiçh,
diboañ, oc'h, à, añ.—Délivré de soins,
disourcy, disoucy. divelcouy, diampeich, dibreder, oc'h, à.

DELOGEMENT, dilogérez, diloja-
mand. Van. dilogereh, dilogemand.

DELOGER, changer de demeure, di-
logea, pr. diloget; ceñch ty, pr. et.
Van. dilogeiñ, diblaçzciñ.—s'en aller,
discampa, pr. et. Van. digampeiñ. —
sans trompette, sans bruit, dispartya dison, pr. et; mônet quyt hep lavaret
guer, pr. ëet, eat; caçz ar c'has gandhâ, pr. caçzet.

DELOYAL, ale, qui n'a ni foi ni loi,
disleal, oc'h, à; hep na feiz na reiz.

DELOYALEMENT, èn ur fæçzoun
disleal; gand dislealded, ez disleal,
gad dislealéntez.

DELOYAUTÉ, manque de foi, dislealded, pl. ou; dislealéntez, pl. ou.

DELUGE, inondation universelle du
temps de Noë, diluich, an diluich, an
dour diluch, an dour diruich. Van. deluch; en dëur deluch.—Les eaux du déluge submergèrent tous les hommes, sauf
huit, pa zeuas guëachall an dour diluich var an douar, ez oa beuzet ar
bed oll nemed eiz dèn. — Les astrologues prédirent faussement un déluge universel pour l'an 1324, an astrologyaned

o devoa bet diouganet è faoz un diluich general abenn ar bloaz mil pemp
cant ha pévar var-nuguent.

DEMAILLOTTER, divailhura, di-
vailhuri, ppr divailhuret. Van. divail-
hureiñ, disronnciñ., ppr. et.

DEMAILLOTTÉ, e, divailhuret, disronnet. — non maillotté, divailhur.
Van. id.

DEMAIN, varc'hoas. Van. arhoah.
— Le jour de demain, an dciz a varc'-
hoas, an dez a ar-hoaz. — A demain,
qen ua vezo varc'hoaz.—Attendre à demain, au lendemain, gortos bede varc'-
hoaz, bede antro-nos; pr. gortoset,
gortoët.—Demain je me convertirai, et
demain n'arrice pas, varc'hoaz me a zistroï a-barfeded ouc'h Doûe, hac ar
varc'hoaz-ze ne zeu qet ou ne arru nepred.—Demain matin, varc'hoaz-vin-
tin. Trég. varc'hoaz ar beure, varc'-
hoaz-veure. Van. arhoah-vitin. — Demain soir, varc'hoaz da nos. Van. arhoah de nos. — Tous ne verront pas le
jour de demain, ne vezo qet a varc'hoaz
evit an oll, an oll ne vellint qet an dciz
a so da zônet ou o tônet. — Après-de-
main, a-benn daou zez, goude varc'-
hoaz.—Demain en huit, varc'hoaz peñ
eiz-dez, varc'hoaz penn-sizun. Van.
arhoah penn-eib de ou peen-suhun.—
Demain en un mois, varc'hoaz peñ·miz.
—Demain en un an, varc'hoaz penn-
bloaz, varc'hoaz penn-lisenn, varc'-
hoaz penn-blizenn.

DEMANCHÉ, e, distroad, didroad,
difust. v. les ppr. du verbe suivant.

DEMANCHER, ôter le manche d'un
instrument, distroada, pr. et; didroa-
da, pr. et; difusta, pr. et. Van. di-
droëdeiñ, divancheiñ. v. manche.

DEMANDE, goulenn, pl. ou; mén-
nad, pl. ou. Van. goulenn, pl. goulen-
neû.—Faire une demande en justice, ober
ur goulenn è justiçz, pr. great, græt.

DEMANDER, goulenn, pr. et; ménnat, pr. et. Van. goulenn, pr. et. —
Demander une chose à quelqu'un, goulenn un dra digand ur re, ménnout
un dra digand ur re-bennac, ménnat un
dra-bennac digad unan-bennac, ppr.

ménnet. — *Je demandé d'aller à Paris,* me a ouleun mônet da Baris, mônet da Baris a oulennañ, bez'e oulennañ mont da Baris, me a vénn mônet da Baris, mônet da Baris a vennañ, beza ez vénnañ mont da Baris.— *Demander sa vie, mendïér,* clasq e voëd, clasq e vuezéguez, clasq an alusenn, *pr. et;* goulenn an alusenn.— *Demandez et vous recevrez, dit Jésus-Christ,* goulennit, aeme hou Salver, hac oz pezo *ou* hae ez recevot.

DEMANDÉ, e, goulennéet, ménnet.

DEMANDEUR, goulenner, *pl.* yen. *Van.* goulenour, *pl.*yon, yan. *v. accusateur, défendeur.*

DEMANDEUSE, *demanderesse,* goulennerès, *pl.* ed. *Van.* goulenoures, *pl.* ed.

DEMANGEAISON, débron, débruan. *Van.* débradur.—*Démangeaison brûlante,* tanigenn. *Van.* id.

DEMANGER, *avoir de la démangeaison,* cahout débron, *pr.* bet. *Van.* deébreiñ, *pr. et.*

DEMANTELER, *détruire des fortifications,* disrya ur guear, *pr. et;* divurya ur guær, *pr. et;* discarr crëou ha muryou ur guær, *pr.* discarret.

DEMANTIBULER, *rompre,* niavena, *pr. et;* dijaveda, *pr. et;* terri ar javed, *pr.* torret. *Van.* dichagelleiñ, *pr. et;* toreiñ er chagell, *pr. et.*

DEMARCHE, cam, camed, *pl.* oamejou; ar mônet, ar qerzed. *on prononce* ar c'herzed.—*Démarche grave,* qersed sonn, qerzed solenn, cammejou parfed.—*Je le connais d sa démarche,* me èn eno diouc'h e guerzed *ou* diouc'h e gam *ou* diouc'h e gamejou, diouc'h ar mônet anezà me a oar piou eo.

DEMARIER, *casser un mariage,* disimezi, *pr. et;* terri un dimizy, *pr.* torret; dispenn un dimizy, *pr.* dispennet. *Van.* disimezeiñ, disimeciñ, dispeenneiñ un dimeen, *ppr. et.*

DEMARQUER, *ôter la marque,* diverqa, *pr. et;* divercha, *pr. et;* difaçza ur mercq, *pr. et. Van.* divercheiñ.

DEMARRER, *délier les amarres d'un vaisseau,* disamaria, diamarra, *ppr. et.*

*v. délier.* — *Démarrer, lever l'ancre pour partir,* sevel an éaur, *pr.* savet; apareilha, *pr. et;* larga, *pr.* larguet; laoqât èr meas, *pr.* lecqëet; mônet èr mæs, *pr.* ëet. — *Démarrer, changer de place,* diblaçza, *pr. et.*

DEMASQUÉ, ée, *sans masque,* divasql', hep masql.

DEMASQUER, *ôter le masque,* divlasqa, *pr. et;* sevel ar masql, *pr.* savet. *Van.* divasqeiñ.—*Se demasquer,* divasqla, lamet e vasql, *pr.* id.

DEMATÉ, *sans mâts,* divern. *Van.* id.

DEMATER, divernya, *pr. et. Van.* diuërneiñ.

DEMATÉ, divernyet.

DEMÊLÉ, *différend, contestation,* arguz, *pl.* ou; debat, *pl.* ou; tabut, *pl.* ou; stryff, *pl.* stryvou; scandal, *pl.* ou.

DEMÊLER, *mettre en ordre,* divesqa, *pr. et;* direustla, *pr. et;* dibab, *pr. et;* dispartya, *pr. et. Van.* disqeiñ.—*Déméler, distinguer,* diffaranti, *pr. et.* — *Déméler le vrai d'avec le faux,* diffaranti an gûir diouc'h an gaou.

DEMEMBRÉ, ée, *sans membres,* divémpr.

DEMEMBREMENT, divémpradurez, divémpradur. *Van.* diamprach, divambrach.

DEMEMBRER, divémpra, *pr. et. Van.* diampreiñ, divambreiñ.

DEMENAGEMENT. *v. délogement.*

DEMENAGER. *v. déloger.*

DEMENCE, *égarement d'esprit. v.-y.*

DEMENER ( se ) *se donner de la peine pour faire réussir une chose,* tregaçzi, *pr. et;* hem dourmanti, *pr.* hem dourmantet; hem dispac'hat, *pr.* hem dispac'het; èn hem dibilhona, *pr.* èn hem dibilhonet; cabalat, *pr. et;* qemer caçz var e gorf evit dont aboen eus a un dra, *pr. et. Van.* him dourmanteiñ.

DEMENTI, rebech pehiny a rear da ur re da veza lavyret ur gaou *ou* ur falséntez, *pl.* rebechou pere, etc ; gaou rebechet, *pl.* guevyer, etc.; on dilavar.

DEMENTIR, *reprocher un mensonge d quelqu'un,* rebechat *ou* rebech ur gaou da ur re, *pr.* rebechet; tamat ur gaou da ur're, *pr. et;* tamalat ur re-bennac

a c'haou, *pr.* tamalet; diselmrya da ur re èn e façz ez lavar gaon', *pr.* disclæ
ryet; rei un dilavar da ur re-bennac.
— *Vous en avez menti*, gaou a livirit,
gaou a livirit è creiz ho fry *ou* è creiz
ho taoulagad *ou* è creiz ho façz. — *Se*
*démentir, agir autrement qu'on ne faisait,*
discana, *pr.* et; diligneza, *pr.* et. *Van.*
dilligneseiñ.—*Ne point se démentir*, der-
c'hel mad d'e stad, *pr.* dalc'het; qenderc'hel èn e stad, *pr.* qendalc'het;
beza bepred ar memès, *pr.* bet.

DEMERITE, dimilid, *pl.* ou.— *Il a*
*été puni selon ses démérites*, hervez e zi-
milidou èn deus bet, bez'èn deus bet
ar pez a zimilidte.

DEMERITER, *agir d'une manière*
*blâmable*, dimilita, dimilitout, *ppr.* dimilitet.

DEMESURÉ, *ée*, divoder, direiz,
dreist moder, dreist musur, dreist pep
reiz, divusur. *Van.* divusur, divesur.

DEMESURÉMENT, *avec excès*, èn ur
fæçzoun divoder *ou* direiz, dreist voder, dreist vusur, èn ur fæçzoun divusur.

DEMETTRE, *se disloquer*, divoestla
au æsqerñ, *pr.* et; dislec'ha, *pr.* et;
dilec'hi, *pr.* et; dijoëntra ap isily, *pr.*
et. *Van.* dilcheiñ, dihampreiñ. v. *dé-*
*boiter.*— *Démettre, destituer quelqu'un*
*d'une charge*, lamet ur re èr meas eus a
garg, *pr.* id. — *Se démettre, abdiquer*
*volontairement*, èn hem zisober evès e
garg, *pr.* græt; quytaat e garg, *pr.* êet.
v. *abdication.*

DEMEUBLÉ, *ée, sans meubles*, diveubl, diannèz, divoarniça, noaz,
pc'h, à, añ.

DEMEUBLER, diannèza, *pr.* et; di-
veubli, *pr.* et. *Van.* diveubleiñ.

DEMEURANT, *ante*, nep a chom èn
ul leac'h, manandt, *pl.* ed.—*Demeu-*
*rant, reste*, au nemorand, an demorand. *Van.* en damourand. — *Au de-*
*meurant, au reste*, a hend-all, pep tra
eveçzeat mad.

DEMEURE, *maison*, demeurançz,
*pl.* ou. *Van.* chomach. *Al.* ham; *de l.l.*
u-han; *d'ici*, ham-añ, *ici*, hem-an,
*celui-ci.— Fu're'sa demeure en un lieu*, o-

bet e zemeurançz èn ul leac'h, *pr.*
græt; menel èn ul lec'h, *pr.* manet.—
*Le Paradis est la demeure des bienheureux*
*et l'Enfer celle des réprouvés*, ar Barados eo demeurançz ar re-eurus, hac
an ifern hiny ar re-gollet.

DEMEURER, *habiter un lieu*, chomm,
*pr.*, et; chemel, chem, *ppr.* chemel.
*Van.* chommeiñ, chem, chouqeiñ.
( menel, *pr.* manet ). — *Je demeure à*
*Saint-Pol et lui d'Auray*, me a chom
è Castel Paul hac èn è Alré. *Van.* me
chom è Castel-Paul hag èn e chonq
èn Alré. — *Demeurer, rester*, menel,
mana, *ppr.* manet; chómm, *pr.* et.—
*Il est demeuré après nous*, manet eo var
hon lerc'h, manet eo hon dilerc'h,
chommet eo hon goude-ny. — *Qui va*
*là? demeurez là?* piou so aze? chommit
aze.—*Il faut en demeurer là*, red eo èn
hem zerc'hel da guemen-ze *ou* var guemen-ze.—*Cela n'est pas à demeure, cela*
*n'est pas acheté*, ne deo qet peurc'hræt
an dra-ze, ne chommo qet evel-ze.—
*Demeurer, être*, beza, *pr.* bet. *Van.*
bout, *pr.* bet.—*Je demeure votre servi-*
*teur*, me a so ho servicher.—*Demeura*
*dans le respect pour ses supérieurs*, èn hem
zerc'hel èr resped evit e superiole i,
*pr.* èn hem zalc'het; beza respedus è
qever e superioled, *pr.* bet. — *Il de-*
*meure en arrière*, menel a ra a-drê. —
*Où est-il demeuré?* pe è lec'h ell-è manet?— *La parole vole et l'écriture reste*,
ar gomps a ya gand an avel hac ar
scritur ne da qet.

DEMI, *chaque moitié de deux parties*
*égales*, hanter. *Vux.* hantér. *En t. de*
*mépris*, dem, cracq, briz, peus.— *Un*
*demi-arpent*, un hanter-qèver, un hanter pengucon.— *A demi-aveugle*, han-
ter-dall, peus-dall.—*Demi-'aune*, han-
ter-voalenn, hanter-voalenuad, hau-
ter-goallad.— *Un demi-boisseau de blé*,
un hanter-boëzellad ed. — *Une demi-*
*brasse*, un hanter-goured.—*Une demi-*
*brassée de bois*, un hanter-breyad qeuneud. — *Demi-brûlé*, hanter-losqet,
peus-losqet.—*A demi-chrétien*, hanter-
gristen, briz-christen, dem-christen,
cristen biau-voaz, cracq-christenn,

peus-christenn.—*A demi-cuit*, hanter-boaz, hanter-bared.—*Demi-demoiselle*, dem-demesell, cracq-demesell, briz-demesell.—*Demi-devot*, hanter-devod, dem-devod, briz-devod, cracq-devod, peus-devod.—*Demi-dieu*, hanter-zoûe, dem-zoûe. — *Une demi-douzaine*, un hanter-douçzeun.—*Demi-fou*, hanter-foll, girfoll, squët, peus-foll.—*Demi-gentilhomme*, briz-digentil, dem-digentil, cracq-digentil, digentil equëzel vès a lost ar c'haer, peus-digentil. — *Une demi-heure*, un hanter-eur. — *Une demi-litre*, un hanter-livr.—*Une demi-lieue*, un hanter-léau.—*A demi-mange*, hanter-zëbret.—*A demi-mort*, hanter-varv, hanter-varo.—*Demi-nu*, hanter-noaz, hanter-divisq.—*Demi-once de tabac*, hanter-onçz butum —*Demi-pied*, hanter-troadad, hanter-troadad hed. —*A demi-plein*, hanter-leun.—*A demi-tué*, hanter-lazet, peus-lazet.—*Demi-rif*, hanter-veu, peus-veo. — *A demi-ride*, hanter-goullo. — *Un an et demi*, ur bloaz-hanter. — *Un arpent et demi*, ur c'hever-hanter.—*Une heure et demie*, un eur-hanter. — *Un mois et demi*, ur miz-hanter. — *Un siècle et demi*, ur c'hantvet-hanter, cant vloaz hac hanter-cant.—*Sans respect ni demi*, hep na resped, nac hanter resped.

DEMISSION, *renonciation d'une charge, etc.*, dilès, dilesidiguez. — *Il a fait demission de son abbaye entre les mains du roi, de sa paroisse entre les mains de l'evêque*, great èn deus diles eus e abaty entre daouarn ar roûe, eus e barrès entre daouarn an autrou'n escop.

DEMOCRATIE, *gouvernement ou la souveraineté reside dans le peuple*, stad gouarnet gand ar goumun, *pl.* stadou. *r. aristocratie, monarchie.* — *Le gouvernement de Bâle est une démocratie*, Bala a so gouarnet gad ar goumun.

DEMOISELLE, demesell, *pl.* ed. *Van.* damesell, *pl.* ed; itron, *pl.* itronesed. — *Demoiselle à la mode*, dameseil ar c'hiz. *Van.* stracq. —*Petite demoiselle* demesellicq, *pl.* demeselledigou, mesellicq. — *Mademoiselle*, va-mesell, mamesell. *Van.* mañmesell, ytron. — *Ma*

*petite demoiselle, renez-ici?* mesellicq deud amñ?

DEMOLIR, discarr, *pr.* et; distruja, *pr.* et; dispenn, *pr.* et. *Van.* distrugeiñ, dispenneiñ. *Trég.* discarr, distrujañ, *ppr.* et.

DEMOLITION, *destruction d'un bâtiment*, distruich, dispennadur. *Van.* id. *Démolition, materiaux de ce qui est abattu*, dar.

DEMON, *esprit*, arc'houêre, an arc'houêre, grippy. r. *génie.* — *Démon*, *esprit malin*, drouc-spered, *pl.* drouc-sperejou. *Al.* drus, *pl.* ed. *v. diable.*

DEMONIAQUE, *possédé du demon*, poçzedet gad an drouc-spered, *pl.* ar re-boçzeded, etc. *Al.* diauled.

DEMONSTRATION, testeny, aznad, un dra a ziscuëz aznad un dra all. — *Démonstration, syllogisme en forme qui prouve clairement et invinciblement*, arguamand aznad ha fæzus, *pl* arguamanchou aznad ha fæzus.

DEMONTER, *ôter la monture à quelqu'un*, lacqât ur re-bennac var droad, *pr.* lecqet; divarc'ha ur re, *pr.* divarun c'het. —*Démonter, jeter un cavalier par terre*, discarr ur marheguer, *pr.* discarret; pilat ur mareguér d'an doûar, *pr.* pilet. — *Démonter, faire perdre pied*, dismonter, désassembler, diaçzambli, *pr.* et. r. *déjoindre.* — *Démonter une horloge*, direiza un orolaich, *pr.* direizet; goastaun orolaich, *pr.* goastet.—*Démonter*, *déconcerter quelqu'un*, digountananci ur re, *pr.* digountanancet.

DEMONTRER, *montrer clairement et évidemment*, discuëz aznad ha patant, *pr.* discuëzet. *Van.* discociû sclær.

DEMORDRE, discregui, *pr.* et; dispega, dispegui, *ppr.* et. *Van.* discrogueiñ, *pr.* et.

DEMUNIR. r. *dégarnir.*

DEMURER, *ouvrir une porte, une fenêtre murée*, divaçzounat, *pr.* et; divauçzoûna, *pr.* et.

DENATURE, e, dinatur, oc'h, â. *Van.* id. — *Fils dénaturé*, map dinatur.

DENEGATION, *déni, refus*, dinac'hidiguez, nac'hidiguez.

. DENIAISER, *se déniaiser*, dilouadi, *pr.* et; diabaffi, *pr.* et; finaat, *pr.* finëet. *Van.* disodeiñ, disioteiñ. — *Il s'est un peu déniaisé*, dilouadet *ou* finëet eo un neubeud, un nebeudicq eo diabaffet *ou* disodet.

DENICHER, *tirer des oiseaux du nid*, dineyza , *pr.* et ; dibouffa labouçzed , *pr.* dibouffet. *Van.* dineheiñ. — *Dénicher, sortir d'un lieu; faire sortir par force d'un lieu*, dibouffa, dineyza, *ppr.* et. *v. nid.*

DENICHEUR, di:ouffer, *pl.* yen; dineyzer, *pl.* yen.

DENIER, *nier une chose, refuser*, dinac'h, *pr.* et.

DENIÉ, *e, part. et adj.*, dinac'het.

DENIER, *douzième partie d'un sou*, dinér, *pl.* ou, ed. *Van.* dinér, *pl.* ed.— *Un denier valait deux mailles*, un dinér a dalyé daou voll. — *Petit denier*, dinéricq, *pl.* dinérigou. — *Denier mazarin*, mazatin, *pl.* ed. — *Les trente deniers du prix de Notre Sauveur valaient cinq livres cinq, selon Budée; quinze livres, selon le père Annat ; quarante-six selon Macé*, an tregont dinér, pere a vouëar prit eus à verzidiguez hon Salver, a dalyé neuse èn hon mouneyz-ny, ur real varmuguent , var a lavar Budee ; pempscoëd, hervez an tad Annad; pemzec:[scoëd ha pévar real, eme an autrou Macé. — *Qui abonde eu deniers*, dinérus, oc'h, à, añ, *pl.* tud dinérus. *v. pécunieux.* —*Denier d'arrhes*, arrès, errès, dinér an açzinacion. — *Denier d dieu*, dinérdoûe, diner c'hounid, an avantaich.

DENIS, *nom d'homme*, Deuès.—*Saint Denis Aréopagite*, sant Denès eus au Areopaich.

DÉNOMBREMENT. cound, *pl.* counchou; niveradur. — *Faire le dénombrement de*, ober ar gound vès a. *pr.* græt.

DÉNONCER, *délarer*, disclèrya, *pr.* et; disculya, disculya d'ar justiçz, *pr.* disculyet.

DÉNONCIATEUR, *qui dénonce*, disculyer, *pl.* yen; accuser, *pl.* yen; accusour. *pl.* yeu.

DÉNONCIATION . *publication*, disclæracion solenn, embann solenn. — *Dénonciation, accusation*, accus dirac

barneur, *pl.* accusou.

DÉNOTATION, *désignation par certaines figures*, notadur.

DÉNOTER, *désigner*, nota, *pr.* notet. DÉNOTÉ, *e. part. et adj.*, notet.

DÉNOUÉ, *e, non noué*, discoulm, digoulm. *Van.* disclom, diglom. *v. délié.*

DÉNOUEMENT, discoulm, discoulmadur.

DÉNOUER, discoulma, *pr.* et ; digoulma, *pr.* et. *Van.* disclomeiñ, diglommeiñ. — *Dénouer l'aiguillette*, discoulma an acnilhetenu.

DENRÉE, ar varc'hadourez ordinal eus ar marc'had, evit an yzomou coumun , *pl.* marc'hadourezou ordinal.

DENSITÉ, fetistidiguez. *v. rareté.*

DENT, dant, *pl.* dént. *Van.* dant, *pl.* deënt. — *Dents de lait*, déntigou leaz, dént læz. — *Dents incisoires*, dénta-ziraucq. — *Dents canines ou œillères*, dént an daoulagad. — *Dents machelières ou molaires*, dént a gostez, dént bras. *Van.* dént a vàl. — *Dents de derrière ou dents de sagesse*, dént a-drè, qildant, *pl.* qildént. *Van.* qildant, *pl.* qildeënt. —*Dent creuse*, dant cleuz, *pl.* dént cleuz. — *Dent de loup, dent de chetal*, dant bleiz, dant marc'h. — *Dent de chien*, dant qy, sqilf, *pl.* ou. — *Qui a de longues dents*, dantecq, sqilfecq, oc'h, à, añ, *ppl.* dantéyen, sqilféyen. — *Qui montre ses longues dents en riant*, scrignecq, oc'h, à, añ, *pl.* scrignéyen. — *Qui a perdu ses dents*, disantel, disant, ratouz. — *Mordre d belles dents*, dànta, *pr.* dantet ; crégui gaud an dént , *pr.* croguet. — *Parler entre les dents*, grosvolat, *pr.* et ; gromellat, *pr.* et. — *Dent de peigne , de scie , de rateau, etc.*, dént crib, dént hesqen, dént rastel, etc.

DENTÉ, *e, qui a des dents*, dantecq.

DENTELER, *faire des entailles en forme de dents*, dénta, *pr.* dentet.

DENTELÉ, *e, adj., qui a des dents*, déntecq, dantecq. — *Corniche dentelée*, corniched dantecq. — *Roue dentelée*, rod dantecq.

DENTELLE, dantelez, *pl.* ou. *Van.* danteil, dénteil. — *Dentelle fine*, dantelez fin. — *Garni de dentelles*, danté-

let. *Van.* danteillet. — *Coiffe de dentel-*
*le*, coëff dautelet.

DENTELURE, *ornement d'architecture*
*en forme de dents*, déntadur.

DENTIER, *un rang de dents*, ur renc-
qad-dént, *pl.* rencqadou-dént.

DEPAQUETÉ, *e*, *qui n'est plus paque-*
*té*, dispacq, dispag, displeg.

DEPAQUETER, dispaga, *pr.* dispa-
guet; dispacqa, *pr.* et; displega, *pr.* displeguet. *Van.* dibaqeteiñ, displegueiñ.

DEPAREILLER, *séparer des choses pa-*
*reilles*, dispara, *pr.* et; disparat, *pr.* et.
*Van.* dispareiñ, dibareiñ. — *Dépareil-*
*ler des gants, des manchettes, des bœufs,*
*des chevaux,* dispara manegou, man-
chetesou, egenned, ronceed, etc. ;
disparat manegou, etc.

DEPART, *sortie d'un lieu*, disparty.
*Van.* id.

DEPARTEMENT, *distribution, par-*
*tage*, rann, *pl.* ou; lodenn, *pl.* ou. —
*Le département de Cornouaille*, rañ Qerne, lodenn Qernéau. — *Département,*
*assignation de logement à des troupes*, de-
partamand, *pl.* departamanchou.

DEPARTIR, *distribuer*, dispartya, *pr.*
et. *Van.* dispartyeiñ. — *Départir, divi-*
*ser, partager*, disparlya, *pr.* et; ranna,
*pr.* et; lodenna , *pr.* et; loda, *pr.* et.
*Van.* lodeiñ, lodenneiñ. — *Se départir*
*de, quitter une prétention ,* renonç da,
renonç d'e vir mad pe gredet mad, *pr.*
renoncet.

DEPASSER, distrémen, *pr.* et; disremen. *Van* distrémeneiñ.

DEPAVER, dibaveza, *pr.* et ; diba-
vea, *pr.* et; dibava, *pr.* et. *Van.* dibao-
uziñ, dibañeiñ.

DEPAYSER, *faire changer de pays*, divroï, *pr.* divroët; ober da ur re guëllet
bro; *pr.* græt. *Van.* divroeiñ, pr et.

DEPAYSÉ, *e*, *adj. et part.*, divroët,
*pl.* tud divroët.

DEPECER, *mettre en pièces*, dispenn
a bezyou, *pr.* dispennet. *v. déchiqueter.*

DEPÊCHANT, *qui dépêche*, dibechus,
diffræus, prim, prount, iscuyt, hastif,
oc'h, à, añ.

DEPÊCHE, 'lizerou-roue evit yzom
e stadou. — *Dépêche, expédition prompte,*

diffraë, *pl.* ou; dibech, *pl.* ou.

DEPÊCHER, *envoyer des courriers ex-*
*près*, dibech postéryen evit caçz aflo lizerou-roue , *pr.* dibechet. — *Dépêcher ,*
*aller ou faire en diligence*, dibech, *pr.* et;
diffræa, *pr.* et; ober diffraë, *pr.* græt;
hasta affo, *pr.* hastet. — *Dépêcher des*
*voyriens, parger un pays de vauriens*, **a**æ-
taat ur vro *ou* diampeich ur vro eus a
dud didalvez, *ppr.* næteët, diampeichet.

DEPEINDRE , *représenter avec le pin-*
*ceau*, liva, *pr.* et; peinta, *pr.* et; peñtâ,
*pr.* et. — *Depeindre, représenter de vibe voix*
*ou par écrit*, peiñta, pourtrezl, *ppr.* et.

DEPENDANCE, *sujétion, infériorité,*
depandanç, sugidiguez. — *Dépendance,*
*connexité, suite nécessaire*, aparchand,
*pl.* aparchaudou.

DEPENDANT, *e*, depandant, a zepand eus a.

DEPENDRE, *détacher une chose sus-*
*pendue*, discrouga , *pr.* discroguet;
discourra , *pr.* et. *Van.* discoureiñ. — *Dépendre, être dépendant,*
depanta, *pr.* et; depandout, *pr.* depan-
det. — *Notre vie dépend de la vôtre*, hon
bueza zepant eus oc'h-hiny, pa ne vod-
oc'h ne velfémp qet. — *D'un moment*
*dépend l'éternité*, au eternitez a zepand
vès a ur mouménd.

DEPENS, *frais*, coust, *pl.* ou; mis,
*pl.* misou. *Van.* id., *ppl.* eü. — *A mes*
*dépens*, èm misou, divar va c'houst..
*Van.* em miseü, dar me houst, divar me
houst, diar me houst.' — *A mes propres*
*dépens*, em misou va-unan. — *Vivre au*
*dépens d'autrui*, beva divar goust ar re
all, *pr.* bevet. — *Faire taxer les dépens,*
lacqât taçza ar misou, lacqât ober an
taçz-misou, *pr.* lecqeët. *Trég.* ober
taçzañ ar miso. *Van.* ober taçzeiñ er
miseü. — *Etre condamné aux dépens*, beza condaunet d'ar misou, *pr.* et.

DEPENSE, *emploi de son bien*, dis-
pig. , *pl.* ou. *Van.* id., *pl.* eü. — *Dé-*
*pense excessive*, dispign divoder, dispign
orrupl, re vras dipign. — *Qui est de dé-*
*pense*, dispignus, misus, oc'h, à, añ. —
*Le voyage de Paris est d'une grande dé-*
*pense*, ar veach a Baris a so dispignus - bras *ou* misus -bras. — *Dé-*

pen*e, *office claustral*, dispançz; dispign.
*v. dépensier.*

DÉPENSER, *employer son bien*, dispign, dipigna, dispignout, *ppr.* dispignet. *Van.* dispigneiñ, *pr.* et. — *Dépenser follement tout son bien*, goall-dispign e oll vadou, *pr.* goall-dispignet; teuzi e oll-dra, *pr.* teuzet; foëta e drantell, foëta e voutiel, fripa e zrouyn, frigaçza e oll-zaûvez, bévezi e oll-vadou, *ppr.* et. *Van.* foëdteiñ e voulicq, dismanteiñ e oll dra.

DEPEN *IER*, *qui a soin de faire la dépense d'un ménage*, dispigneur, *pl.* yen; pourvezer, *pl.* yen. — *Dépensier, officier claustral*, dispancer, *pl.* yen.

DEPENSIÈRE, *officière claustrale*, dispancerès, *pl.* ed.

DEPÉRIR, *s'altérer, se ruiner*, goaçzaat, *pr.* eët; distéraat, *pr.* eët; fallaat, *pr.* fallcët. *Van.* falleiû, fallat. *v. déchoir, tomber en décadence.* — *Cet homme dépérit à vue-d'œil, sans espérance de retour*, goaçz-oc'h-oaçz ez a bemdez an dènhont, trémenet eo an héaul divar e dreuzou, mônet a ra da scoçz. *Cette dernière expression se dit, parce qu'anciennement les Bretons qui allaient en Ecosse pour aider les Ecossais à se défendre contre leurs ennemis, y périssaient tous, sans qu'il en revint aucun. v. vieillot.*

DEPERISSEMENT, goastadur. discarr, fallony, disheryadur, dishilyadur, distéradur. *Van.* goastadur, falleh.

DEPETRER, *se tirer d'un mauvais pas*, hem dénna eus a ur goall bas. *v. se dégager.*

DEPEUPLER, *dégarnir d'habitants*, dibobla, dibobli, *ppr.* diboblet. *Van.* dibobleiñ. T*rég.* diboblañ, *ppr.* et.

DEPEUPLÉ, *e, part. et adj.*, diboblet. — *Dépeuple, e, sans peuple*, dibobl.

DÉPILATOIRE, *drogue pour faire tomber le poil*, palastr pe lousou evit diskévi *ou* evit lacqaat ar bléau da gouëza.

DEPIT, *déplaisir passager*, desped, despid. *Van.* dresped. *B.-Léon*, despès. *En dépit*, èn desped, èn despid, èn despès. — *En dépit du temps*, èn desped d'an amser, èn despès d'an amser. — *En dépit de Grégoire*, èn despid de C'hre-

gor. *Van.* èn desped de Gregoër. *B.-Léon*, èn despès da C'hregor. — *Par dépit*, gand desped, dre zespid, gad despès.

DEPITER, *se dépiter*, despital, *pr.* et; despetal, *pr.* et. *Van.* id.

DEPITÉ, *e, part. et adj.*, despitet, despetet.

*DEPITEUX, sujet à se dépiter, à bouder*, despitus, despetus, mouzus, oc'h. á.

DEPLACER, diblaçza, *pr.* et. *Van.* diblaçzciñ, *pr.* et.

DEPLACÉ, *e, part. et adj.*, diblaçzet, lecqeët èr mæs a blaçz.

DEPLAIRE, displigeout, displigea, *ppr.* displigeiñ, *pr.* displigeiñ. — *Le péché déplaît à Dieu*, ar pec'hed a zisplich da Zoüe. — *Se déplaire*, hem zispligeout, *pr.* hem zispliget; displigea, *pr.* displiget.

DEPLAISANT, *e, displijus*, offançzus, disagreapl, oc'h, á, añ. *Van.* id.

DEPLAISIR, displigeadurez, displigeadur, *ppl. ou. Van.* displigeadur, displigeadureh. — *Déplaisir, offense*, displigeadur, offançz, *ppl. ou.* — *Il a du déplaisir*, displijadur èn deveus.

DEPLANTEMENT, *l'action de déplanter*, displantadur, discoguelladur.

DEPLANTER, displanta, *pr.* et; discoguella, *pr.* et. *Van.* diblanteiñ. — *Celui qui déplante d'habitude*, displanter, *pl.* yen. *Van.* diblantour, *pl.* yon, yan.

DEPLIÉ, *e, qui n'est point plié*, displeg. *Van.* id.

DEPLIER, displega, *pr.* displeguet. *Van.* displegueiñ, *pr.* et.

DEPLISSER, *ôter les plis*, difronçza, *pr.* difronçzet; diboulouneza, *pr.* et; displega. *Van.* diblegueiñ, displigueiñ, difronneiñ.

DEPLORABLE, goëlus, goëlvanus, darlaouüs, hirvoudus, oc'h, á. *Van.* goëlus, hirvoudus, oc'h, añ, aoñ.

DEPLORABLEMENT, èn ur fæçzon din-da vcza goëlet, èn ur fæçzoun hirvoudus *ou* goël-vanus.

DEPLORER, goëla stard, goëla druz, goëla stancq ha druz, *pr.* goëlet; hirvoudi, *pr.* et. *Van.* hirvoudeiñ, goëleiñ stert, ouyleiñ creiñ, ouyleiñ creai̯i̯ ou creïhue, ppr. et.

DEPLOYÉ, ée, étendu, stenn, steign, distenn, oc'h, à, añ.

DEPLOYER, étendre, stenna, pr. et; steigna. pr. et; distenn. pr. et.

DEPOSANT, ante, tèst pchiny a zisclæry è justiçz ar viryonez vès a ur feat.

DÉPOSER, témoigner en justice, testenya è justiçz ar pez a ouzeur var ur feat-bennâc, pr. testenyet. v. attester, témoignage.—Déposer en lieu sûr, lacqât èn açzurançz, pr. lecqèet.—Déposer en mains tierces, lacqât è tredeocq ou è tredeocq, pr. lecqèet.—Déposer au greffe. deposiër c'hreff, pr. et.—Déposer, destituer d'une charge, lémel a garg, pr. lamet; lacqât ur re èr mæs a garg, pr. lecqèet.

DEPOSITAIRE, qui a un dépôt, dispositer, pl. yen; dispositour, pl. yen. — Depositaire en justice, abyener, pl. yen; abyeneur, pl. yen; ambyoner, pl. yen.—Dépositaire des secrets de quelqu'un, miguoun ar galoun, nep na nac'hér neïra ouñtañ.

DEPOSITION, testeny è justiçz, pl. testenyou; disclæracion dirac barneur, pl. ou. — Déposition, destitution d'une charge, lamadur a garg, lémidiguez a garg, lamidiguez eus a garg.

DEPOSSEDER, diboçzedi, pr. et; disèsiza, pr. et; lacqât ur re èr meas eus e'dra, pr. lecqèet. Van. diboçzedeiñ, disèsyciñ, ppr. et.

DEPOT, ce qu'on a mis entre les mains de quelqu'un, depos, pl. you; ar pez a lecqear è tredeocq.—Dépôt, lieu public où l'on depose différentes choses, depos, pl. you.—Le greffe est un dépôt public, ar c'hreff a so un depos publicq.—Dépôt d'humeurs, pennsac'h, pl. pennsèyer, pénnsayou.

DEPOUILLE, vêtements, dilhad, guyscamanchou.—Ce talet a eu la dépouille de son maître en mourant, ar mevelhont, pa ez eo maro e vestr, èn deus bet e viscamanchou.—Dépouille, butin sur l'ennemi, pilhaich, pl. pilhageou; dibouilh, pl. ou; rob, de là, diroba, dérober.

DEPOUILLER, ôter les habits à quelqu'un, divisqa ur re-bennac, pr. divis-

qet; dibourc'ho ur re, pr. et. Van. disusqeiñ, pr. diusqet.—Les voleurs l'ont dépouillé, al laëron o deus divisqet a-nezà, divisqet eo bet gad al laëron. v. détrousser.—Dépouiller tout nu, divisqa èn noaz, pr. et; lacqât èn noaz-beo, pr. lecqèet.—Dépouiller, priver, divisqa, pr. et; diboñilha, pr. et.—Se dépouiller, hem zivisqa, pr. hem zivisqet. Van. him diusqeiñ.

DEPOURVOIR, ôter les provisions, dibourvezi, pr. et. Van. dibourveëiñ, pr. et.

DEPOURVU, e, dibourvez, dibourvaë, divoarnis, disournis, oc'h, à. Van. dibourve.—Dépourvu d'esprit, de jugement, dibourvez a spered, a sqyand; disqyant.—Dépourvu de conseil, digusul. —Dépourvu de mémoire, disonc'h, oc'h, à; divemor, disevor, hep memor, hep evor, dievor. — Au dépourvu, dibourvez, divoarnis, disournis.—Au dépourvu, à l'improviste, pa sôngér bianâ, pa vezeur nebeutâ var evez, dievez; è dibourvez.

DEPRAVATION, dérèglement, direizamand, dirollamand. Van. dibordemand.

DEPRAVER, corrompre le goût; les mœurs, coll, goasta, dibaucha, ppr. et. Van. goasteiñ, coll, colteiñ, ppr. et.

DEPRENDRE, détacher, distaga, pr. distaguet; discregui, pr. discroguet. Van. distagueiñ.

DEPUCELER, ôter la virginité, diflourà ur verc'h, pr. et.

DEPUIS, prép. et adv. a-ba-vouë, a-ba-voa. a-boë. — Depuis ce temps-là, a-ba-vouë neuze, a-ba-vouë an amzer-ze.—Depuis le temps que, a-ba-vouë an amzer ma.—Il est malade depuis trois mois, a-ba-vouë try miz ez eo claň, try miz so oo claň.—Depuis long-temps, a-ba-voa pell-amser, pell-amser so. — Depuis la fondation de Quimper, a-ba-vouë fountet ou savet ar guear a Guemper.—Depuis dix ans, a-ba-vouë decq vloaz, decq vloaz-so.— Depuis, a-c'houdevez, a-oudevez, a-ba-vouë. Van. a-oude, a-oudeuëh:— Je ne l'ai point vu depuis, n'em eus qet

34

è vellet a oudevez *ou* a-ba-ouê.— *Cela s'est passé depuis*, an dra-ze a so bet a-oudevez. — *Depuis peu*, a-ba-ouë nemeur, a-oude nemeur, ne dens nemheur, a ñevez-so, ne deus qet pell. *Van.* a-neüe-so. *Trég.* a-neoüe-so. — *Depuis*, *signifiant la distance*, a-dalecq. *Van.* a-dall.—*Depuis Quimper jusqu'à Quimperlé*, a-dalecq Qemper bede Qemperle. — *Depuis la tête jusqu'aux pieds*, a-dalecq ar penn bede an treid. —*Depuis que*, a-ba ma, a-ba. *Van.* a-be.—*Depuis qu'il est là*, a-ba idy eno, a-ba ma ez idy eno.— *Depuis qu'il est venu*, a-ba'z eo deuët.— *Depuis qu'il a fait jour jusqu'à son dîner*, a-ba véz deiz *ou* a-ba ma véz deiz, bete e lein. — *C'est depuis ce temps-là*, a oudevez eo.

DÉPUTATION, cannadur specyal, *pl.* cannaduryou specyal. *v. délégation.*

DÉPUTER, caçz ur re-bennac gand cannadur specyal, *pr.* et; diputi ur re-bennac evit, etc., *pr.* diputet.

DÉPUTÉ, *ée*, diputet, caçzet, cannad specyal, *pl.* cannadou specyal. *v. déléguer.*

DÉRACINEMENT , disc'hrizyadurez, disc'hruizyadur. *Van.* dihouryennadur.

DÉRACINER, disc'hrizyénna, *pr.* et; disc'bruizyénna, *pr.* et; disc'hrizya, *pr.* et. *Van.* dihouryenneiñ, *pr.* et. *Trég.* disc'hryeunañ, disoüryennañ, *ppr.* et.—*Déraciner les arbres et les vices*, disc'hrizyeñna ar guëz hac ar viçzou.

DÉRAISONNABLE, diréssoun, countroll d'ar sqyand-vad, d'ar justiçz. oc'h, à. *Van.* diréson, dibropos, oc'h, añ, aoñ.—*Cela serait déraisonnable*, an dra-ze a véz diréssoun, qemen-ze a véz countroll d'ar sqyand vad, an dra-ze ne véz qet just, ne vé na just , na résoun.—*Cet homme est deraisonnable*, diréssoun eo an dèn-hont, ne deus qet a résoun ê penn an dèn-hont.

DÉRAISONNABLEMENT, èz dirétoun, èn ur fæçzoun diréssoun, hep résoun.

. DÉRANGEMENT, direncqamand, *pl.* direncqamanchou; direncqadur, *pl.* direncqadaryou; direncated, *pl.*

diréncqledou. *Van.* dirançted, dirançqemant, *ppl.* eü. *v. incommodité.*

. DÉRANGER, *mettre en désordre*, direncqa, *pr.* et. *Van.* dirancqeiñ, *pr.* et. — *Déranger, brouiller*, reustla, *pr.* et; luzya, *pr.* et; luyà, *pr.* et. *Van.* luyeiñ, *pr.* luyet.—*Déranger*, *incommoder*, diæza, *pr.* et. *Van.* diæzeiñ, *pr.* diæzet.

DÉRECHEF, un eil guëach, c'hoaz ur véach, c'hoaz, a darre, arre. *Van.* are, hoah ur uëh, un eil guëh.

DÉRÉGLEMENT, *désordre*, direizamand, *pl.* direizamanchou; dirollamand, *pl.* dirollamanchou; diroll, *pl.* ou; diboëll, *pl.* ou; oriadez. *Les plu-riels de tous ces mots ne s'usitent guère.*— *Dérèglement*, *adv.* èn ur fæçzoun direiz *ou* disordren.

DÉRÉGLER , *agir contre la règle*, direiza, *pr.* et; disordreni, *pr.* et; dirolla, *pr.* et; diboëlla, *pr.* et; direolya, *pr.* et. *Van.* direiheiñ, diroleiñ, diboelleiñ.

DÉRÉGLÉ, *non réglé*, direiz, disordren, direoll, diroll, diboëlt, oc'h, à, añ. *Van.* direil, diboëll, oh, añ, aoñ. — *Une vie déréglée*, ur vuëz disordren *ou* direiz *ou* direol *ou* direolyet; ur vuëz diroll *ou* dirollet *ou* diboëll *ou* diboël-let; ur vuëz disolid *ou* diçzolud. *v. débordé*, *se débander.*

DÉRIDER, *ôter les rides du front*, di-ridenna an tal, *pr.* et; diridal an tal. *pr.* diridet. *Van.* diridenneiñ. *Léon*, diroussienna, *pr.* et.

DÉRIEN, *nom d'homme*, Deryen, Deryan. — *Saint Dérien*, *patron de la Roche-Derien*, saut Deryen, sant Deryan, sant Dryen.

DÉRISION, gaudiçzèrez. *Van.* gou-pereh. *v. moquerie.*

DÉRIVE, *t. de marine*, diriff.

DÉRIVER, diriva, diriffa, *ppr.* et. *Van.* monnet gued en êur, *pr.* ouëit, eit.—*Dériver*, *tenir*, *descendre de*, dô-net eus a, *pr.* deuët; disqenn eus a. *pr.* et.—*Dériver*, *ôter la rivure*, dirinva, *pr.* et. *Van.* dirineiñ.—*Dériver*, *découler*, divera, *pr.* et; diredecq, *pr.* diredet. *Van.* divireiñ.— *Toutes les grâces nous dérivent du ciel comme de leur pre-*

mière source, an oll graçzou a zivér deomp ou a zired deomp eus an eè, evel
eus o mammenn.

DERNIER, ère, divezà, divezañ, an
divezà, pl. ar re-divezà.—Pour la dernière fois, evit ar veach divezà. —En
dernier lieu, finalement, èn divez, èr
fin, èn ur guer.

DERNIÈREMENT, èn-dez-all, èn
deizyou trémenet, ne deus nemeur.
Van. en derlicq; id est, en de arallicq,
l'autre jour. — Je ris dernièrement un de
vos amis, èn dez all e vellis unan vès
ho mignoûned. Van. guëiet e ris eu
derlicq unon hag hou mignoned.

DÉROBER, voler, diroba, pr. et;
roba, pr. et; laêrez, pr. laëret. Van.
dirobeiñ, laëreiñ, laëreh. v. larcin. diroba et roba viennent de rob et robau,
qui signifiaient biens. — Qui est enclin à
dérober, laër dre natur, douguet da
laërez, douguet d'al laëroncy.

DÉROBÉ, e (chose), tra dirobet.
— A la dérobée, ez cuz, ez secred, pa
soungét bihanà, èn disvell, èu am-
c'houlou. Van. è cuh, è segred.

DÉROGATION, action de révoquer,
defoulancz, dirogeancz, dirojamand.
Van. torradur.

DÉROGER, defoula, pr. et; dirogea,
pr. diroget; mònet a ènep ul lesenn,
pr. cet; oher a ènep ul lesenn, pr. græt.

DÉROUGIR, ôter le rouge, diruzya,
pr. et. Van. dirueiñ.

DÉROUILLER, divergla, pr. et.
Van. divelgreiñ, pr. divelgret.—L'action de dérouiller, divergladur.

DÉROUILLÉ, ee, diverglet.

DÉROULER, étendre une chose roulée,
dirolla, pr. et. Van. disronneiñ.

DÉROULÉ, ée, dirollet, disronnet,
diroll.

DÉROUTE, défaite, diroud. Van. id.
—Mettre une armee en deroute, dirouda
un arme. pr. et; lacqàt un arme è di-
roud.pr.lecqéet;dismanta un arme.pr.
et. Van. dirouteiñ ou dironteiñ un arme.—Se mettre en deroute. èn hem zirouda. pr. èn hem ziroudet. Van. him
zironteiñ. v. se débander.

DERRIÈRE, la partie postérieure d'un
animal, diadrè, pl. djadrevon; an diå-
drè, an diadreff, fraës. Van. djadrañ.
v. cul. — Le derrière d'une maison, ar
penn a-drè eus a un ty, an dreff vès à
un ty. — La porte de derrière, an or a-
drè. v. défaite.—Le derrière d'un navire,
la poupe ,ar penn a-drè vès a ul lestr,
diadrè ul lestr. Van. diardrañ ul lestr.
—Derrière, prep. a-drè, a-dreff, var-
lerc'h, goude. Van. ardrañ, diardraû.
— Il est derrière nous, es ma var hon
lerc'h, ez ma a-drè deomp, ez ma hon
goude. Van. c mà ar hnu trañ.—Il est
derrière.lui, après lui, ez ma'a-drè deza, ez ma var e lerc'h, e ma e c'houde. Van. c ma ar e drañ.—Elle est derrière la maison, e ma a-drè an ty. Van.
e ma ardrañ en ty.—Devant et derrière,
araucq hac a-drè. — Par-devant et par-
derrière, a-ziaraucq hac a-ziadrè.—Il
viendra par-derrière, dònet a raio a-ziadrè, dònet a raï a-drè quein.—Regarder derrière, sellet a-drè, pr. id.—Regarder derrière soi, sellet a-drè e guein,
sellet a-drè qeiñ, pr. id.

DERVIS, ou derviche, religieux turc,
dervich, pl. derviched.

DÈS, prep, qui marque le temps, a,
a-dalecq, qerqent-ha. Van. a-dall. —
Dès-à-présent, a-vrémà, a-vremaïcq.—
Dès-à-présent même, a vrémà èn déon.
— Dès-lors, a neuze. Van. a neze. —
Dès le point du jour, a ba véz deiz, qerqent ha goulou deiz. — Dès le point du
jour il ne cesse jusqu'au soir, a-dalecq
tarz an deiz ou a-dalecq ma véz gou-
loauèt an deiz, ne baouez bede au nos
ou bed'en nos.—Dès sa maison jusquas
à l'église, a-dalecq e d y bede'n ilis —
Dès que, pentre ma, qerqent ma, qentiz ma, a-ba, a-ba ma. — Dès qu'il fut
retourné, qentre ma yoa disro, qerqent
ma ez oa distro, aba voa distro, qentiz ma voa réntet. — Dès que je le vis,
qentre ma èr guëllis, a-ba èr guëllis,
a-ba ma vellis anezà, qerqent ma ou
qentiz ma vellis anezañ. v. depuis.—Des,
article pluriel, eveus, eus, evès, vès,
demeus, demès, dimeus, dimès, e-
meus, emès. Van. ag, es.v. l'art. de.
—La pratique des certs, ar praticq e-

veus ar vertuzyou. —*Il nous a entrete-*
*nus des joies du paradis et des peines de*
*l'enfer*, compset èn deus deomp eus a
joayou ar barados hac evès a boanyou
an ifern.—*Des, article indéfini, ne s'ex-*
*prime en breton que par le pluriel du subs-*
*tantif simplement. Exemples : Ce sont des*
*hommes, des femmes, des bêtes*, tud int,
graguez int, loëzned int; tud, graguez,
loëzned int. — *Des fleurs et des fruits*,
bleuzñ ha frouëz. — *Des cailles et des*
*perdrix*, coailhed ha clugiry.

DESABUSER, *tirer de l'erreur*, disa-
busi, *pr* et; diabusi, *pr*. et; difazya,
*pr*. et. *Van*. difayeiñ, didrompeiñ.

DESACCORDER, *détruire l'accord*,
disaccordi, *pr*. et; diaccordi, *pr*. et.

DESACCORDÉ, *ée*, disaccordet,
diaccordet.—*Désaccordé, ée, qui ne s'ac-*
*corde pas*, disaccord, diaccord.

DESACCOUPLER, *détacher ce qui é-*
*tait accouplé*, distaga, *pr*. distaguet;
distærna, *pr*. et. *v. découpler*.

DESACCOUTUMANCE, diaccustumançz. *Van*. diaccustumançz.

DESACCOUTUMER, *faire perdre*
*l'habitude*, diaccustum.i, *pr*. et; digus-
tuma, *pr*. et; divoasa, *pr*. et. *Van*. dia-
coustumeiñ, diaccourceiñ.—*Se désac-*
*coutumer*, hem diaccustumi, hem di-
voaza, *ppr*. et.

DESACCOUTUMÉ, *e*, *non accoutumé*,
diaccustum, digustum, divoas. *Van*.
diaccoustum, digoustum.

* DESAGENCER, *gâter l'ordre d'une*
*chose arrangée*, direncqa, *pr*. et; diaf-
fæçzouni, dirciza, diguempeñ, *ppr*. et.
*Van*. dialigeiñ, digampeenciñ.

* DESAGREABLE, *qui ne plaît pas*, disagreapl, dihetus, oc'h, à, añ. *Van*.
disagreabl, oh, añ aoñ. *v. déplaisant*.

DESAGREABLEMENT, èn ur fæçzoun disagreapl.

DESAGREER, *choquer la vue ou l'es-*
*prit*, displigea, displigeout, *pr*. et. —
*Désagréer, ôter les agrès d'un vaisseau*,
disc'hrēa, *pr*. ēt. *v. démâter*.

DESAGREMENT, *ce qui n'agrée pas*,
tra disagreapl, tra displijus, ar pez a
displich.

DESAJUSTER, diajusta, *pr*. et·

DESALTÉRER, terri e sèc'hed, *pr*
torret.

DESAPPLIQUER, diapliqa, *pr*. et.

DESAPPRENDRE, *oublier ce qu'on a*
*appris*, disisqi, *pr*, disesqet; diouzout,
*pr*. diouvezet. *Van*. disisqeiñ, *pr*. et.

DESAPPROPRIER, diapropria, *pr*.
et; diberc'henta, *pr*, et. — *Se désappro-*
*prier*, hem diapropria. *pr*. et; renonç
da bep tra ha d'ar guïr anezā, *pr*. renoncet; hem diberc'henta, *pr*. et.

DESAPPROUVER, diaprouff, disa-
prouï, *ppr*. disaprouēt. *Van*. diaprouciñ.

DESARÇONNER, *faire perdre les é-*
*triers à un cavalier*, divarc'ha, *pr*. et;
discarr divar e varc'h, *pr*. discarret.
*H.-Corn*. divarc'ho, *pr*. et.

DESARGENTER, *ôter l'argent d'une*
*chose argentée*, diarc'hanta un dra, *pr*.
diarc'hantet; distagā añ arc'hand diouc'h un dra, *pr*. distaguet.

DESARMEMENT, diarmamand.

DESARMER, diarmi, disarma, *ppr*. et.

DESARMÉ, *e*, *part*., diarmet, disar-
met. — *Désarmé, e, sans armes*, diarmi,
disarm.

DESARRANGER, direncqa, *pr*. et.

DESARROI, diroud, ne deus penn
diouc'h penn, distruich, disurz.

DESASSOUPIR, divoredi, *pr*. et; divori, *pr*. et.

DESASTRE, reuz bras, *pl*. reuzou;
diseur bras, *pl*. diseüryou.

DESATTELER ou *dételer*, *ôter les*
*chevaux ou les bœufs d'une charrette*, distærna, *pr*. et; distarna, *pr*. et. distaga,
*pr*. distaguet. *Van*. distærneiñ. r. *dé-*
*coupler*.

DESAVANTAGE, coll, noasdur, diavantaich.

DESAVANTAGEUX, *euse*, dounni-
chus, noasus, collus, dibrofid, oc'a,
à, añ.

DESAVANTAGEUSEMENT, gand
diavantaich, gand coll, èn ur fæçzoun
dounnaichus.

DESAVEU, *dénégation*, dianzaffou,
*pl*. dianzavou. *v. dénégation*.

DESAVEUGLER, didalla, *pr*. et.

DESAVOUER, dianzaff, diauzao,
dianzavout, *ppr*. dianzavet.

DESAVOUÉ, *e, part.*, dianzavet. —
*Desavoué, e, que personne n'avoue,* dian-
- zaff.

DESCELLER, *ôter le sceau,* disyella,
*pr.* et; sevel ar syell, *pr.* savet.

DESCENDANCE, *suite de filiation,*
disqenn, disqennidiguez.

DESCENDANT, *e, qui descend,* a zisqenn. — *Nos descendants,* hon bugale,
hon bugale da zônet, hon nized, hon
nized da zont, ar re a zisqenn pe a zis-
qenno ac'hanomp. — *Chemin qui va en
descendant, chemin en pente,* hend var-
naou, *pl.* hinchou var-naou; hend di-
nabu, *pl.* hinchou dinaou; hend a zis-
qeñ, *pl.* hinchou a zisqenn; heud var
zisqenh. *Van.* heend ar deval.

DESCENDRE, disqenn, *pr.* et. *Van.*
disqenneiñ, disqenn, *ppr.* et; devaleiñ,
*pr.* et. — *Descendre de cheval,* disqenn
divar varc'h. — *Descendre la montagne
ou le chemin,* disqenn gad ar menez pe
gad an hend. *Van.* devaleiñ gued er
mañne pe gued en heeud. — *Nous des-
cendons tous du premier père Adam,* eveus
hon tad qentà Adam ez tisqennompoll.

DESCENDU, *e, part. et adj.,* disqennet. — *Descendu de la côte de Jupiter,*
denët eveus a gostez cleiz Jupiter, disqennet vès a Yaou, foll gad e noblançz.

DESCENTE, disqenn, *pl.* ou. *Van.*
disqenu. *pl.* eû; deval, *pl.* eû. — *La
descente de la montagne,* an disqenn vès
ar menez. — *Descente de juge,* guëlled-
baru, *pl.* guëlledou-baru; guëlled-bar-
ner. *pl.* guëlledou-barner; disqeñ barneur. *pl.* disqennou barneur. — *La descente du Saint-Esprit,* Coñnediguez vad
ar Spered-Santel, an disqenn evès ar
Spered glan.

DESCRIPTION, *seconde ou troisième
copie,* discriff. — *Description, par le pinceau, la plume ou le discours,* peiñtadur,
*pl.* ou. *v. décrire.* — *Description, dénombrement. v.-v.*

DESEMBARQUEMENT, diambar-
qamand, *pl.* diambarqamauchou.

DESEMBARQUER, diambarqi, *pr.*
diambarqet.

DESEMPLIR, goulloï, *pr.* goulloët;
goullouder, *pr.* et; scarza, *pr.* et. *Van.*

scarheiñ, *pr.* scarhet.

DESEMPRISONNER, dibrisounya,
*pr.* et.

DESENCHANTER, *lever l'enchantement,* diachata, *pr.* et. *v. décharmer,*
desensorceler.

DESENCLOUER, dieñclaouï, *pr.*
dieñclaouët. — *Désenclouer un cheval,*
desconons encloués, dieñclaouï ur marc'h,
canolyou eñclaouët.

DESENCOMBRER, *débarrasser une rue,
etc.,* diampeich ul leac'h, *pr.* diampeichet. *Van.* disterneiñ.

DESENFLÉ, *e, part.,* digoëzvet.

DESENFLER, digoëzvi. *pr.* et. *Van.*
digoeñveiñ, difoeveiñ, difouañneiñ.

DESENIVRER, *se desenivrer,* divezvi,
*p.* et. *Van.* dichongeiñ. *pr.* et.

DESENNUYER, dienoui, *pr.* dienou-
ët; dienoï, *pr.* dienoët; diuonya, *pr.*
et; diverràt an amser, *pr.* diverrëet.

DESENRHUMER, disifarni, *pr.* et;
diarruni, *pr.* et. *Van* diannoedeiñ,
*pr.* et.

DESENROLER, diarolli, *pr.* et.

DESENROUER, diraoula, *pr.* et; di-
raouï, *pr.* ët. *Van.* direñeiñ.

DESENSEVELIR, disebelya, *pr.* et;
dilvena. *pr.* et. *Van.* dilyenneiñ.

DESENSORCELLER, disorçza, *pr.*
et. *Van.* disorceiñ.

DESENTÉTER, diempenni, *pr.* et;
dibennadi, *pr.* et; diaheurti, *pr.* et.
*Van.* dibennadeiñ.

DESENTRAVER, dishuala, *pr.* et; di-
lifra, dilifrea, *ppr.* et. *Van.* dihodeiñ.

DESENVENIMER, divinima, *pr.* et.
*Van.* divelimeiñ.

DESERT, *solitude,* deserz, *pl.* you. —
*Aller au desert,* mônet d'an deserz, *pr.*
ët. — *Les Pères du desert,* an Tadou eus
an deserz, Tadou an deserz, mence'h
an deserz, an ermided guëachall. —
*Desert, e, qui n'est point habité,* dilezet,
distu, distro, deserz. — *Une maison déserte,* un ty dileset, *pl.* tyez dileset. —
*Une terre déserte,* doûar distu, doûar dileset, doûar fraust, *pl.* doûarou. *v. friche.* — *Un lieu desert,* ul leac'h distro,
*pl.* lnec'hiou; un deserz, *pl.* deserzyou.

DESERTER, *quitter le lieu où l'on est,*

dilesel, *pr.* dileset; quytaat, *pr.* ëet. —
*Déserter*, *fuir e quitter*, lacqât da guytaat, *pr.* leoqëet;ober quytaat, *pr.* græt.
— *Déserter, parlant des soldats*, diserti,
*pr.* et ; quytaat servich ar roûe hep
counge dre scrid, *pr.* quytëet. *Van.* di-
serteiñ, *pr.* et.

DESERTEUR, *qui déserte le service du
roi*, deserter, *pl.* yen; disertour, *pl.* yen.
*Van.* disertour, *pl.* yon.

DESERTION, *parlant des soldats*, de-
sertiguez, disertouy.

DÉSESPERANT, *e*, disesperus, di-
semperus, oc'h, à.

DÉSESPERER, disesperi, disespe-
rout. *ppr.* et; disempera, *pr.* et; disempra, *pr.* et; coll esperançz, coll espèr,
*pr.* collet. *Van.* disespereiñ , disespe-
rout , *ppr.* et. — *Faire désespérer*, lacqât da zisesperi, *pr.* lecqëet ; ober disempra, *pr.* great, græt.

DÉSESPOIR, disespèr , disempe-
rançz. *Van.* desespèr, disespèr. — *Être
au désespoir*, beza è disespèr, *pr.* bet. —
*La rage et le désespoir sont le partage des
réprouvés*, an arraich hac an disesper
eo partaich ar re-gollet. — *Jeter quelqu'un dans le désespoir* , lacqât ur re-
bennac da gouëza è disesper, *pr.* lacqeat, lecqëet; ober disempra ur re, *pr.*
great, græt. — *Par désespoir*, dre zi-
sespèr ; gand disespèr.

DÉSHABILLÉ, *non habillé*, divisq.
*Van.* diusq. — *Être en son deshabillé*, be-
za divisq, *pr.* bet; beza èn e saëa gampr,
*Van.* bout diusq, *pr.* bet.

DÉSHABILLER, divisqa. *pr.* et.*Van.*
diusqeiñ, *pr.* et. — *Se deshabiller*, hem
divisqa. *Ven.* him diusqeiñ.

DÉSHABILLÉ, *e*, part. divisqet, diusqet.

DÉSHABITER, quytaat al leac'h ma
chommet èn hâ, *pr.* quytëet.

DESHABITUER. *v. desaccoutumer.*

DÉSHERENCE. *droit du souverain sur
une succession vacante*, disherançz, *pl.* ou.

DÉSHERITER, d'serita, diseritout.
*ppr.* diserita; disc'herizvenna ur re-bennac, *pr.* disc'herizvennet. *v. exhérédu-
tion. exhéreder.*

DÉSHONNÊTE, disonest, oc'h, à ,

aû. *Van.* id. — *Dire des paroles déshon-
nètes*, lavaret compsyou disonest, lavaret sotonyou, lavaret bavardyez, *pr.* i.
*Van.* lareiñ comseñ sot *ou* comseû vil.
*v. impudique.* — *Faire des actions déshon-
nètes*, ober dizonestiz, ober traou disonest, ober traou lous, ober goall gestrou, *pr.* græt.

DÉSHONNETEMENT, gand disones-
tiz, èn ur sæçzoun disonest.

DÉSHONNÊTETÉ, dishonestiz, *pl.*
ou; disonested, *pl.* ou. *Van.* id., *pl.* eû.
*v. impudicité.*

DÉSHONNEUR , disenor , dismegançz. *Van.* disinour. Dismegançz, *signifie affront.* — *Etre occasion de déshonneur à quelqu'un*, occasiouni disenor
da ur re-bennac , *pr.* occasiounet. —
*Ce n'est pas un déshonneur d'être sorti de
là*, ne deo qet disenor beza deuët ac'hano, ne deus qet a zisenor beza bet eno.
— *Recevoir du déshonneur*, cahout dismegançz *ou* disenor, *pr.* bet.

DÉSHONORABLE, *qui cause du déshonneur*, disenorapl, oc'h , à, aû. *Van.*
disinourabl, oh, aû, aoû. — *Action déshonorable*, traou disenorapl. *Van.* treû
disinourabl. *Trég.* træo disenorapl, ac-
cioñno disenorapl. — *Déshonorable*, non
honorable, disenorus, diveulus, oc'h, à,
aû. — *Emploi déshonorable*, implich disenorus, carg diveulus *ou* disenorus.

DÉSHONORER, *faire ou causer du
déshonneur*, disenori, *pr.* et; accausiouni
disenor *ou* dismegançz da ur re, *pr.* ac-
causiounet ; rei disenor da ur re, *pr.*
roët; digaçz disenor da ur re-bennac,
*pr.* digaçzet. *Van.* disinoureiñ unoun-
benac, *pr.* et. — *Cet homme déshonore
l'église*, an dèn-hont a zisenor an ilis,
an dèn-hont a ra disenor d'ar stad a
ilis, disenoret eo an ilis gad ar persounaich-hont. — *Déshonorer une fille*, disenori ur verc'h, *pr.* disenoret ; coll a
enor ur plac'h, coll enor ur plac'h, *pr.*
collet; goalla ur plac'h, *pr.* goallet. *Van.*
disinoureiñ ur verh.

DÉSIGNATION, notadur, mercq. —
*Désignation, destination à quelque chose.*
destinadurez, destinadur.

DÉSIGNER, *montrer, indiquer*, dis-

, quèz, *pr.* et; nota, *pr.* et; merqi,*pr.* et.
, — *Désigner* , *être destiné pour* , destina
evit, *pr.* destinet; beza destinet *ou* henvet evit, *pr.* bet.

DESINFECTER, *ôter l'infection d'un*
*lieu*, diampoësouni ul leac'h, *pr.* diam-
poësounet. — *Désinfecter un lieu pesti-*
*féré*, disuspedi. *pr.* et.

DESINTERESSÉ, *qui n'est sujet à au-*
*cun intérêt ni d'argent ni de passions*, disintérès, un dèn disintérès, *pl.* tud disintérès, divanyel var bep tra , *pl.* tud
divanyel. — *Etre désintéressé*, beza disintérès, beza divanyel, beza distag e
galoun diouc'h bep tra, beza divanyel
var feat a bep tra, *pr.* bet. — *Un ami*
*désinteressé*,ur mignon disintérès,urgûir
vignoun,ur mignoun gûiryon.—*D'une*
*manière désintéressée*, hep goulenn, nac
esperout recompançz.

DESINTERESSEMENT, *dégagement*
*de tout intérêt*, un distag diouc'h pep
tra, divanyellamand.

DESINTERESSER. *v. dédommager.*

DESIR, *souhait*, youl, *pl.* ou; desir.
*pl.* ou. *Van.* desir, *pl.* eü. — *Désir, en-*
*vie, souhait.* yonl, c'hoandt, c'hoantidiguez. *Al.* hedt, hedtanz. *Van.* hoandt.
— *Avoir désir de quelque chose*, cahout
c'hoand vès un dra-bennac,*pr.* bet.—
*Désir déréglé*, droucq-youl, *pl.* droucq
youlou; droucq c'hoandt,,*pl.* droucq
c'hoanchou; goall youl, *pl.* goall youlou: droucq désir, *pl.* droucq desirou;
youl disordren , desir direol, desir direolyet. — *Désir, condition mise*, divis ,
*pl.* ou. — *Je ferai selon vos désirs, comme*
*vous me marquez le désirer*, me a raï én
ho tivis me a rayo diouc'h ho tivis. —
*Un acte qui n'est pas fait au désir de la*
*coutume ou de l'ordonnance*, un acta pehiny ne deo qet great è divis ar gustum
pe hiny an ordrenançz.

DESIRABLE , desirapl , youlapl ,
c'hoantapl, oc'h, à, añ. *Van.* hoan-
tabl. *Al.* hetapl.

DESIRER,*souhaiter*,desira,desirout.
*ppr.* desiret; youla, youli, *ppr.* youlet;
c'hoantaat, *pr.* c'hoantëet. *Van.* hoan-
teiñ, hoantat. *Al.* hetát. — *Je ne désire*
*point cela*, ne zesiran qet an dra-ze, ne

youlañ qet *ou* ne c'hantaañ qet qemen-
ze.

DESIREUX, *euse, qui désire*, youlus,
desirus, c'hoantecq, c'hoantaûs , c'hoantus, oc'h, à, añ. *Van.* hantus, oh, añ,
aoñ. *Al.* hetëus, hetus.

DESISTEMENT,dilès,depertamand

DESISTER ( se ) *ou faire désistement*,
*se départir de quelque chose*, ober dilès
eus a , *pr.* gret; dilesel un dra, *pr.* èn
hem deportet.

DES-LORS, *dès ce temps-là*, a neuze,
a dalecq an amser-ze.

DESOBÉIR, diaboïçza, *pr.* et; diso-
boïçza, *pr.* et; diséntout, *pr.* diséntet;
beza disént, beza amsént, *pr.* bet. *Van.*
diobeïçzeiñ , *pr.* et. — *Désobéir, se ré-*
*volter*, desfailha, *pr.* et; rebelli, èm re-
elli, *pr.* em rebellet.

DESOBEISSANCE, diaboïçzanz, di-
soboïçzanz, disénlidiguez, diséntadu-
rez, amséntidiguez. *Van.* diobeïçzanz.

DESOBEISSANT, *e,* disént, amsént,
diaboïçz. disoboïçz, oc'h, à, añ. *Van.*
diobeïçzant.—*Désobeissant,rebelle.*desfailh, oc'h,à, añ,*pl.* desfailhed; de fail-
her, *pl.* yen; rebellus, *pl.* tud rebellus;,
rebeller, *pl.* yen.

DESOBLIGEANT, *e,* diservijus, displijus, oc'h, à, añ.

DESOBLIGEAMMENT, èn ur feç-
zoun diservijus *ou* displijus, gand diservich.

DESOBLIGER, diservija, *pr.* et; diservija ur re-bennac, displijout da ur
re, *pr.* displijet.

DESOCCUPÉ,*e,désœuvré.*diocup,di-
socup, dibreder, diober, disober, dilabour, oc'h,à, añ, *pl.* tud diocup,etc.
*Van.* aroûarecq , *pl.* tud aroûarecq ,
aroûarigued.

DESOLATEUR, *qui désole, qui rava-*
*ge*, goaster,*pl.* yen. *Van.* goastour, *pl.*
yon;-yan.

DESOLATION, *ravage* , gostadur;·
distruich. *Van.* id. — *Desolation, afflic-*
*tion*, discounford,*pl* ou.*Van.* id.,*pl.*eü.

DESOLER, *ravager*, goasta, *pr.* et.
*Van.* goasteiñ,*pr.* goastet. *Tous ces mots*
*semblent tenir du latin*, vastator, vastare.
— *Désoler, causer de l'ennui*, discoun-

forta, discounforti, *ppr.* discounfortet.
*Van.* disconforteiñ, digonforteiñ, *ppr.*
et. *v. affliger, attrister.*

DESORDONNER, *troubler l'ordre,*
direiza, *pr.* et; disordreni, *pr.* et.

· DESORDONNÉ, *e, excessif, vicieux,*
disordren, direiz, oc'h, â, añ. *v déré-*
*glé, désir.*

DESORDONNEMENT, èn ur fæç-
zoun disordren *ou* direiz, gand direizded

DESORDRE, disurz, *pl.* you, ou. *v.*
*dérèglement, dégât.*

DESORMAIS, *dorénavant,* hivizyqen,
evizyqen, goude-hen, pelloc'h.

DESOSSER, *ôter les os,* diascourna,
*pr.* et; diascorni, *pr.* et. *Van.* diascor-
neiñ, *pr.* et.

DESOSSÉ, *e, part.,* diascornet. —
*Désossé, e, sans os,* diascorn, diæsqern.
*Viande désossée,* qicq diascornet. — *Pâté*
*désossé,* pastez diascorn, *pl.* pastezyou
diascorn *ou* diæsqern.

DESOURDIR, *défaire une toile,* dis-
teuñiñ, *pr.* ët; disvea lyen, *pr.* disveët.
*v. effiler.*

DESPOTIQUE, *absolu, souverain,* absolut, oc'h, â, añ. *v. souverain.* — *Despoti-*
*que, qui sent le maître, qui tient du maître,*
absolut, reculus, oc'h, â, añ.

* DESSACRER, *rendre profane,* disacri, *pr.* disacret.

DESSAISIR, *déposséder, dépouiller,*
disæsiza, *pr.* et; divisqa, *pr.* et. — *Se*
*dessaisir,* èn hem disæsiza, *pr.* èn hem
disæsizet; èn hem disober eus a, *pc.*
hem disc'hræt. *Van* him disézyeiñ, *pr.* et

DESSAISISSEMENT, disæzy. *Van.* id.

DESSALER, dissala, *pr.* et. *Van.* di-
salleiñ.

DESSALÉ, *e, qu'on a dessalé,* disallet.
— *Dessalé, e, non salé,* disall, oc'h, añ.
*Van.* id.

DESSANGLER, *ôter les sangles,* di-
cenclenna, *pr.* et; dicencla, *pr.* et. *Van.*
disancleiñ, *pr.* id.

DESSECHEMENT, *action de dessé-*
*cher,* disæc'h, disæc'hadur. *Van.* di-
sehereah. — *Dessèchement excessif par le*
*chaud,* crazérez. *Van.* crazereh.

DESSECHER, *rendre ou devenir sec,*
diséc'ha, *pr.* et. *Van.* discheiñ, *pr.* et.

— *Dessécher, se fendre par la chaleur,*
scrina, *pr.* et; scarnila, *pr.* et; scarri,
*pr.* et; spinac'h, *pr.* et. — *J'ai la lan-*
*gue toute desséchée,* scrinet eo oll va zéaud. — *Ce bois est tout desséché,* scrinet *ou* scarnilet *ou* scarret eo oll ar
c'hoad-mâ. — *Dessécher au soleil, fen-*
*dre ae chaud et geler de froid,* frita gad
an domder ha scarnila *ou* scrina gand
ar riou. — *Dessécher à l'excès,* craza, *pr.*
crazet.

DESSEIN, *projet, volonté, déso,* souñch,
c'hoand. *Léon,* deçzeñ, deçziñ. *A t.* desev, *dont ils ont fait* déso, *dans le Cap-*
*Sizun, od il est plus usité qu'ailleurs.* —
*J'avais dessein d'aller à Quimper,* désoam
bor da vônet da Guemper, va sounch
voa mônet da Guemper, c'hoand èm
boa da vônet da Guemper, va déçzen
edo da vônet da Guemper. — *Dessein,*
*intention,* inténcion, *pl.* ou. — *Dessein,*
*fin,* fin. — *A dessein, exprès,* a-ratoz, a-
benn qéffridy. *v. exprès.* — *A dessein de,*
*afin de, pour,* evit, ivit, è fin da, èn inténcion da, è déso da. — *A dessein de*
*voir ma famille,* evit guéllet va zud, è
déso da vellet va c'herend, è sounch
guellet va liguez. — *A quel dessein?* pe
evit fin? pe evit tra? pe rag tra? pe gad
inténcion? — *Son dessein est avorté,* son
projet est resté sans effet, vean eo bet e
inténcion, e c'hoand a so bet dibrofid.
an déso èn dévoa a so manqet, e sounch
a so dismantet. *Burlesquement on dit :*
cac'het eo ar marc'h ountâ, cac'het
èn deus ar marc'h ountañ.

DESSELLER, *ôter la selle,* disibra.
*pr.* et. *Van.* disibreiñ. — *Cheval dessellé,*
marc'h disibret. — *Cheval sans selle,*
marc'h disibr.

DESSERRER, *relâcher ce qui était*
*serré,* distarda, *pr.* et; distæra, *pr.* et.
*Van.* distærdeiñ, *pr.* distærdet. — *Des-*
*serrer les mains,* digueri an daouarn,
*pr.* digoret. — *Desserrer les mains, lâcher*
*prise,* digrabana, *pr.* et; bibalça, di-
llac'ha, *ppr.* et. — *Desserrer les dents,*
*quitter ce qu'on tient entre les dents,* disanta, *pr.* et; discregui gad an dénd,
*pr.* discroguet. — *Il n'a pas desserré les*
*dents, il n'a pas parlé du tout,* n'eu deus

qct digorct e c'binou, n'en deus ꝗet lavaret au distærd guerr.

DESSERT. *le dernier service qu'on met sur la table*, diservich, an æchu-taul, an içzu-taul, meus frouez, *pl.* meusyou frouez, an divezâ meus.

DESSERTE, *ce que l'on ôte de dessus la table*, an diservich —*Desserte, l'action de desservir un bénéfice*, diservich, an diservich.

* DESSERVICE, *mauvais office que l'on rend*, diservich.

DESSERVIR, diservjcha, diservijout, *ppr.* diservijet. *Van.* diservicheiñ, *pr.* et.—*Desservir la table*, sevel an daul, *pr.* savet; diservicha an daul, *pr.* et.

DESSICATIF, disec'hus, remed evit disec'ha, remed disec'hus, *pl.* remegeou, etc.—*Onguent dessicatif*, oungand diséc'hus, *pl.* ounganchou, etc.

DESSILLER, *ouvrir les yeux*, divanegâ au naoulagad, *pr.* divaneguet; digueri au daoulagad, *pr.* digoret. *Van.* digoreiñ en dëulagad. — *Dessiller les yeux à quelqu'un, le détromper*, digueri c zaoulagad da ur re, *pr.* digoret; difazya ur re, *pr.* et; didroumpla ur rebennac, *pr.* et. *Van.* difayeiñ ur re, didrompeiñ.

DE SIN, *l'art de dessiner*, treçz, diçzin.—*Savoir le dessin*, gouzoût an treçz, gouzout an diçzin, *pr.* gouvezet.

DESSINATEUR, *qui dessine*, treçzer, *pl.* yeu; diçziner, *pl.* yen; lignenner, *pl.* yen; treçzour, diçzinour, *ppl.* yen.

DESSINER, treçza, *pr.* et; diçzina, diçzinout, *ppr.* diçzinet; liguenna, *pr.* et; roudenna, *pr.* et. *v. crayonner.*

DESSOLER, *ôter la sole d'un cheval*, disjvina ur marc'h, *pr.* et; sevel carn bihan ur marc'h, *pr.* savet. *v. sole.*

DESSOUDER, disouda, *pr.* et. *Van.* diséuteiñ, dijéuteiñ, *pr.* et.

DESSOULER, *désenivrer*, divézvi, *pr.* et. *Van.* diyeüeiñ, *pr.* et.

DESSOUS, *sous, prép.* dindan, didan, endan. *Van.* didan, dedan, edan. —*Mettre dessous*, lacqaat dindan ou endan, *pr.* lecqëet.—*Etre dessous*, beza dindan, *pr.* bet.—*Par-dessous*, drc zin-

dan, a zindan.—*Au-dessous*, dindan, endan.—*Regardez au-dessous*, sellit endan.—*Au-dessous de nous*, dindannomp, endannomp, didannomp.—*Au-dessous de nous, plus bas que nous*, a is, a isdeomp, iséloc'h egued omp. — *De dessous*, a zindan, a endan.—*De dessous moi, lui, vous, nous, eux*, a zindannoun, a zindannâ, a zindannoc'h, a zindannomp, a zindanno.—*La lèvre de dessous*, ar vusel isélâ, ar gueus iselâ.

DESSOUS (le), an dindan. — *Le dessous est plus beau que le dessus*, caëroc'h eo an dindan egued a gorre. — *Ci-dessous*, amâ indan, amañ dindan.—*Il a du dessous en cette affaire*, ne'n deus ꝗet bet içzu mad, goall içzu èn deus bet, displantet eo bet, distroadet eo bet.

DESSUS, *sur*, var, voar, ouar, oar. *Van.* ar. *B.-Léon*, or.—*Dessus, au-dessus*, var, var c'horre.—*Au-dessus, par-dessus*, dreist, a zioc'h, a uz. *Van.* drest, drès.—*Regardez par-dessus et par-dessous*, sellit dreist ha dindan, sellit a zioc'h hac a is. —*Au-dessus de votre tête et au-dessous de vos pieds*, a zioc'h ho penn hac a is ho treid, a uz hac a is.—*Cela est au-dessus de l'esprit humain*, an dra ze a so dreist spered an dén, qemenze a ya èn tu-hont da sqyand map-dèn.—*Par-dessus, outre*, dreist, muy, ouc'hpenn. — *Mettez encore par-dessus*, licqit c'hoaz dreist ou muy ou ouc'hpenn.— *Le dessus, la partie supérieure*, gorre, ar gorre.— *Le dessus de la maison*, ar gorre eus an ty.—*De dessus*, divar gorre, divar c'horre. *Van.* diar, diar goure.—*B.-Léon*, d'or, d'or c'horre.—*Prenez de dessus*, qimirit divar c'horre, qimirit divar al lein.—*De dessus moi, toi, lui, nous, vous, eux, elles*, divarnoun, divarnouñ-me, divarnoud, divarnoud-te, divarnezâ, divarnomp, divarnoc'h, divarnézo.—*Prendre le dessus, la première place*, coumeret ar plaçz enoraplâ, coumeret al levésoun, *pr.* id.—*Avoir le dessus, l'avantage sur son adversaire*, beza treac'h d'e adversour, *pr.* bet; cahout a levésoun var e adversour, cahout an avantaich, *pr.* bet; gounit var, *pr.* gounezet.— *Le dessus*,

35

t. de musique., ar vouéz solærâ oú ubè-
·là', an ubélâ, ar solærâ. — Gagner le
dessus du vent, gounit an avel, pr. gou-
ñezet, cahout an avantaich, pr. bet.—
Sens dessus dessoùs, penn evit penn, tu
evit tu, ne deus penn diouc'h lost. Van.
peenn evit peenn, peb eil peenn.

· DESTIN, ou destinée, destinadur,
toneqadur. v. fatalité.—Son destin était
de mourir de la sorte, e zestinadur a voa
mervel e evel-ze, ar maro ze a voùe e
doucqadur. — Il était prédestiné physiquement d mourir de la sorte, toncqet a
voa dezañ cahout un hevelep maro, è
c'hiz-ze e reneqé mervel.—Qui appartient au destin, destinus.

DESTINATION, destinadurez.

DESTINER, destina, destinout, ppr.
destinet; leuzri, pr. et. v. envoyer.—Ce
tieu leur est destiné, destinet eo al leac'h
mâ evito.—Qu'on peut destiner, desti-
napl, leuzrapl, oc'h, à, añ. — Destiner, donner, assigner, rei, pr. roët; ac-
zina, pr. et.

DESTITUABLE, a aller, pe a vilit
bèza lecqéet èr meas a garg.

· DESTITUER. v. déposer, déposition.

DESTITUÉ de toutes choses, dibourvez a bep tra, yzommecq a bep tra,
paour-glèz.

DESTRUCTEUR, distruger, pl. yen;
goaster, pl. yen. Van. dizalbadour, pl.
yon; distrugeour, pl. yon.

DESTRUCTION, distruich, pl. distruigeou; goastadur, pl. ou. Van. id.,
pl. eü. distruich de struich, ficondité. v.-
y.—La destruction de Jérusalem, an distruich ou goastadur eus ar guear a
Jerusalem.—La destruction et le déracinement des vices, an distruich hac an
disc'hrizyennadur eus ar viçzou.

DESUNION; disjonction de choses jointes, dijoëntr, divémpradur, diframm-
madur, diaezzamblaich. — Désunion,
mésintelligence, disunvanyez, droucqrançz, droulançz, droucqeñteñd.—Ils
vivent en désunion, e droucqrançz ez vevont, disunvanyez ou droucqeñteñd a
·eu qen eñtrezo.

DESUNIR, séparer ce qui est joint, dis-
joëntra, pr. et; diframma, pr. et; di-

açzambli, pr. et. — Désunir, mettre en
dissention, disuñvani, pr. et: lacqât
droucq ou droucqrançz eñtre tud, pr.
lecqëet; terri ar garantez eñtre an dud,
pr. torret; accausioni drouguiez eñtre
ur re, maliçza lod ouc'h re all.

DETACHEMENT, gens de guerre, di-
daichamand, pl. didaichamanchou.

DETACHER, dégager, défaire, dis-
tága, pr. distaguet. Van. distagueiñ.
r. délier.—Détacher de force, diframma,
pr. et. — Détacher ce qui est cramponné,
discramponni, pr. et.—Déchirer en dé-
tachant de force, dichafranti, pr. et.—
Détacher une chose clouée, didaicha, pr.
et.—Détacher les bêtes, dinasqa, pr. et;
distaga, pr. et.—Détacher des chiens cou-
plés, discoubla chaçz, pr. et. — Détacher des soldats pour une expédition, ober
un detaichamand, pr. græt.—Détacher
quelqu'un d'une chose qui lui plaisait, di-
souna ur re, pr. et. — Se détacher de
quelque chose, hem distaga diouc'h un
dra-bennac, pr. hem distaguet; dian-
gagi, pr. hem diangaget.

· DETACHÉ, e. Un homme détaché de
toutes choses, un dèn diangaich, un
dèn a eo distag ê galoun diouc'h pep
tra, ur galou n diangaich, un dèn diampeich, pl. tud, etc.—Détacher, ôter
une tache, dientaicha, pr. et.

DETAIL, detailh, pl. ou.—En détail,
e detailh, dre ar munud, a hiny, da
hiny. — Vendre en détail, guërza è detailh, guërza dre ar munud, pr. et;
guërza diouc'h ar voalenn pe diouc'h
ar pouës. — Tanneur, qui vend des peaux
en détail, coroller, corcller, ppl. yen.
—Dire en détail, lavaret è detailh, lavaret dre ar munud, lavaret an traou
a hini da hiny, pr. id.

DETAILLER, detailha, pr. et. v. détail.

DETALER, distalya, pr. et. Van.
distaleiñ, distalo, ppr. distalet.

DETEINDRE, disliva, pr. et. Van.
disliüeiñ, pr. et.

DETEINT, te, dislivet.

DETENDRE, relâcher ce qui est tendu,
disteigna, pr. et, didapiçza, pr. et.—
Détendre, débander, distenna, disteun,
ppr. et. r. debandsr.

DETENIR, derc'hel ê, pr. dalc'het ê; beza dalc'het ê, etc, pr. bet. — Détenir, garder, miret, pr. id.

DETENTE, ressort d'une arme à feu, drean, dræu, ppl. dræin. — La détente fait débander le fusil, au drean a zisvant ar fusuilh.

DETENTEUR, poseçzor, pl. ed; poseçzour, pl. ed. — Détenteur injuste, poseçzor disleal, nep a vir tra un all a ênep justiçz.

DETENTRICE, poseçzorès pl. ed.

DETENTION, poseçzion, qers. — Détention du bien d'autrui, dalc'h ou dalc'hidiguez ou miridiguez eus a dra an hentez, ênep justiçz. — Détention, captivité, esclavage, sugidiguez, sugidiguez vras, sclavaich.

DETERIORATION, action de gâter, fallaënn. v. éclipse.

DETERMINATION. v. décision.

DETERMINER, conclure, décider, statudi, pr. et; resolf, resolvi, ppr. resolvet; derc'hel, pr. dalc'het; diliberi, pr. et; peur-ober, pr. peur-c'hræt. Van. arreteiñ, resolveiñ. — Déterminer le lieu, le jour, merqi al leac'h, an deiz, pr. merqet; açzina, pr. et; destina al lec'h, an deiz, pr. et. — Déterminer quelqu'un à faire une chose, doûguen èn effed ur re-bennac dâ ober un dra, pr. douguet; resolf ur re ou lacqât ur re da ober un dra. — Se déterminer à, èn hem resolvi da, èn hem resolf da, ppr. èn hem resolvet.

DETERMINÉ, hardi, hardiz. dizaouzan, oc'h, â. Van. hardih, hardeh, oh, an. — C'est un déterminé, dizaouzan eo, ur paultr hardiz eo, un dèn eo ne zouch qet ûn all, ur map eo ne'n deus aoun a nep tra all.

DETERRER, exhumer, divezhya ur re, pr. et; ténna ur c'horf maro eus an doûar, pr. ténnet; dieñterri, pr. et. — Déterrer, découvrir une chose cachée, disoûara, pr. et. — Il a un visage de déterré, liou ar maro a so gandhâ ou varnezâ, distehêr eo, dishevelchet eo.

DETESTABLE, qu'on doit détester, argarzus, oc'h, â, añ. v. affreux. — Neron était un homme détestable, an empa-

lazr Neron a yoa un dèn argarzus.

DETESTATION, argarzidiguez, argarizy.

DETESTER, avoir en exécration, argarzi, pr. et; ærgarzi, pr. et. Van. argaheiñ. — Je le déteste, me èn argarz, m'en ærgarz. Van. m'en argah. — Le diable que je déteste, an diaul me'n argarz, an diaul † benedicite, pater. — Je te déteste, me ez argarz, m'ez ærgarz. — Il est détesté de tout le monde, argarzet eo gand ar bed oll, ar bed oll èn argarz.

DETESTÉ, e, argarzet.

DETIRER, étendre en tirant, distenna, distenn, ppr. distennet. Van. disteenneiñ, pr. et. v. empeser.

DETISER, ôter les tisons du feu, tenna ar c'hiffyou ou ar scodou eus an tan evit miret na losqeant; dispac'hat an tan, pr. dispac'het; frchella ou fichall an tan, pr. et.

DETONNER, ne pas chanter juste, distôni, pr. et; discana, pr. et; disaccoçdi, pr. et; biscana, pr. et. — Une voix qui détonne, ur vouéz diston, ur vouéz discau ou biscau ou disaccord, pl. mouésyou distôn, etc. — Celui qui détonne, distôner, pl. yen; discaner, biscaner, ppl. yen.

DETORDRE, détortiller, disvea, pr. disveet; divea, pr. diveet; dineza, pr. et; distrei, pr. distroët. Van. didorgameiñ, dinceiñ, ppr. et. — Tordre et détordre le linge qu'on lave, guésqell ha divesqell al lyenaich goëlc'het, goasqa ha divoasqa al lyen, ppr. goasqet ha divoasqet.

DETORS, qui n'est pas tors, disve, dive, dinez, distro, divoasq.

DETORTILLER. v. detordre.

DETOUR, distro, pl. distrojou, distroyou. Van. distro, pl. distroyéu. — Le détour de la rue, an distro eus ar ru. Van. en distro uger ru. — Detour, biais, pretexte, distro, pl. distroyou; digarez, pl. digarezyou, digarezou; digare, pl. ëou; fl.acçza, pl. aou. — Chercher des détours, clasq distroyou, clasq digarezyou, etc., pr. clasqet. v. biaiser.

DETOURNER, distrei. pr. distroët;

tre var un tu aH, *pr.* troët. *Van.* distroëiñ, *pr.* et. — *Détourner, éloigner,* distrei, pellaat, *pr.* ëet. — *Détourner,* mettre d part d son profit, tuaat, *pr.* ëet; tui, *pr.* tuët; qemeret èn tu diountâ, *pr.* id.; distrei, *pr,* distroët. *Treg.* tuiñ, *pr.* tuet. *v. soustraire.* — *Celui qui détourne quelque chose d son profit,* tuer, *pl.* tueryen; distroër, *pl.* yen. *fém.* tuerès, *pl.* tueresed; distroërès, *pl.* distroëresed.—*Lieu détourné,* leac'h distro, *pl.* leac'hyou distro.— *Chemin détourné,* hend distro, *pl.* hinchou distro.

**DETRACTER**, *médire de quelqu'un,* droucq-prezecq ur re, *pr.* droucq-prezeguet;droucq-lavaret var ur re,*pr.* id.; danta ur re, *pr.* dantet; flemma ur re, *pr.* flemmet; drouc-comps vès a ur re, *pr.* drouc-compset; auchenna ur re, *pr.* et.—*Détracter, noircir, perdre l'honneur de quelqu'un par ses médisances,* dua ur re, *pr.* duët; disenori ur re-bennac, *pr.* disenoret; coll a enor ur re, *pr.* et; lamet *ou* lémel e hanô mad digand ur re, *ppr.* lamet. *Van.* disjnoureiñ, dueiñ: *v. calomnier, diffamer.*—*Détracter,* faire courir de mauvais bruits, goallvrudi, *pr.* goall-vrudet. *v. décrier.*—*Détracter avec les autres,* qemer penu da drouc-prezecq.— *Détracter légèrement,* droucq-prezecq è biau-dra, eus an hentez: lavaret traou distær aënep an neçzâ *ou* var bouës an neçzâ.—*Qui est sujet à détracter,* droucq-prezegús, oc'h, â, añ. *r. langue.*

**DETRACTEUR**, *médisant,* droucqprezeguer, *pl.* droucq-prezeguéryen; drouc-compser, *pl.* drouc-compséryen; lauchennecq, *pl.* lanchennéyen; flemmer, *pl.* yen; danter, *pl.* yen; goall-déaud, *pl.* goall-déaudou; téaud fall, *pl.* téaudou fall; téaud sarpand, *pl.* téaudou sarpand. *Van.* droucqcompsour, *pl.* droucq-compseryou; téad-fall. *pl.* téadéü fall.

**DETRACTION**, *médisance,* droucqprezeg, *pl.* drouc - prezegoü; goallgomps, *pl.* goall-gompsyou; lanchennad, *pl.* ou: téaudad. *pl.* ou; goalldéaudad, *pl.* goall-déaudadou; téandad-fall, *pl.* téandadou fall; flemmad;

*pl.* ou. — *Qui écoute la détraction avec complaisance,* nep a ro scouarn da glévet drouc-prezecq.—*Détraction importante,* drouc-prezeg pounér, *pl.* droucprezegou pounér; un téaudad grevus, *pl.* téaudadou grevus; drouc-comps grevus *ou* pounér, ul lanchennad brás. — *Détraction légère,* un drouc-prezeg distær, *pl.* droucprezegou distær.

**DETRAQUER**, direiza, *pr.* et; dirouda, *pr.* et. *v. deregler.* —*L'horloge est détraquée,* direizet *ou* diroudet eo an orolaich.

**DETREMPE**, *couleur dilayée avec de l'eau et de la gomme,* un distrémp; *pl.* ou; distémpr gand dour. — *Faire une peinture en détrempe,* ober un distrémp, *pr.* græt.

**DETREMPER**, distrémpa, *pr.* et; distémpra, *pr.* et; lacqât è trémp *ou* è témpr *ou* è gleac'h, *pr.* lecqëet. *Van.* distrampeiñ, *pr.* et. *v. trempe.* — *Détremper des poix,* gléc'hi pis *ou* pès, *pr.* gléc'het; lacqât pès è gleac'h *ou* è trémp. lacqât pis é glec'h, *pr.* lecqeat; gléac'hi pès, *pr.* gléac'het.—*Il faut détremper des poix, nous voici au mercredi des cendres,* red æo lacqât pis è glec'h, ne qet hiryau evel dec'h. *Proverbe Breton qui répond au latin :* Pueri, pueri, non est hodiè sicut heri.

**DETREMPÉ**, *e,* distémpret, distrémpet, gléc'het, lecqeat è glec'h.—*Couleurs détrempées avec de l'eau,* livou distémpret gand dour.—*Du noir de fumée détrempé,* libous, libis, duad distémpret. — *L'action de détremper,* distémpradur, distrémpérez, distémpérez, distémpr.—*Celui qui détrempe,* distémprer, *pl.* yen; distrémper, distrempour, *ppl.* yen.—*Celle qui détrempe,* distrémpérès, *pl.* ed.

**DETRESSE**, *affliction d'esprit,* estreñvau, *pl.* ou; bihanez, *pl.* ou; encded, encrés, *ppl.* ou; encqou, gloagou.—*Être en détresse,* estreñvaui, *pr.* et; bezà encresat bras, *pr.* bet.

**DETRIMENT**, *perte,* coll, doumaich, gaou.

**DETROIT**, *passage étroit de mer,* un s'riz, *pl.* strizou; raz, *pl.* ou. *Al.* sizuu, *pl.* sizunaou. *r.* rat. — *Passer un détroit,* trémen un striz *ou* striz-vor, trémen un raz, *pr.* trémenet. — *Détroit, passage étroit de montagnes et de rivières,* hend striz, *pl.* heñchou striz; hend-qæau, *pl.* hinchou-qæau. *De la* Chapel-Coëd-qæau, *en* Scrignac, *près* Carhaix ; *de la* Feunteun-goëlcd-qæau, *à deux lieues de* Quimper, *sur le chemin de* Corl. *Ce mot de* qæau *vient de* qaë, *pl.* ou; qæ, *pl.* au, *haie,* haliêr, *buisson.* — *Détroit, isthme ou langue de terre. v.*-y. — *Détroit, district, ressort d'une juridiction,* dalc'h, *pl.* ou; bann, *pl.* ou. — *Il est dans son détroit,* ez ma èn e vann, beza ez ma èn e zalc'h. *v.* ressort.

DETROMPER, didroumpla, *pr.* et; difazya, *pr.* et *Van.* difayeiñ, didrompeiñ

DÉTRONER, lamet *ou* lémel divar an trôn, *ppr.* lamet; didrôni, *pr.* et. *Van.* didronciñ, *pr.* et.

DÉTROUSSER, *défaire une chose troussée,* didroñçza , *pr.* et. *Van.* didrouçzeiñ, *pr.* et. — *Détrousser sa jupe,* didroûçza e lostenu. — *Détrousser, voler sur un grand chemin,* ribla, *pr.* et; brigandal, *pr.* et; ober brigandaich, ober brigandérez, obèr riblérez, *pr.* gæt. *v. dépouiller, larcin.*

DÉTRUIRE, *demolir,* distruigea, *pr.* et. *Van.* distruigeiñ; distruigea *vient de* struigéa, *produire abondamment.* — *Détruire, ravager,* goasta, *pr.* et. *Van.* goasteiñ, disalbadeiñ. — *Détruire quelqu'un dans l'esprit d'un autre,* coll un dèn è qichen un all-bennac, *pr.* collet. — *Se détruire,* hem zistruigea, *pr.* hem zistruget; hem laza, *p.* em lazet. *Van.* him laheiñ, him distrugeiñ.

DETTE, dlè, *pl.* ou. *Van.* dele, dlceù. — *Ma dette, mes dettes,* va dlè, va dleou. — *Ta dette, tes dettes,* da zlé, da zleoù. — *Sa dette, ses dettes, parlant d'un homme,* e zlè, e zleoù. *Parlant d'une femme,* he dlè, he dleoû. — *Ne pas payer ses dettes,* lesel e zleoù da baëa, lesel e zleoù hep o phaëa, *pr.* leset. — *Payer ses dettes,* paëa e zle, *pr.* paëet. — *Contracter des dettes,* dastuma dleoù. *pr.* dastumet; déstumi dle, *pr.* déstumet; gounit dle, *pr.* gounezet. — *Chargé de dettes,* carguet

a zlé. — *Sans dettes, qui n'a point de dettes,* disle, hep dlè. — *Cette maison n'est pas sans dettes,* ne deo qet disle an tyeguez-hont, dleou a so èn ty-hont. — *Avoir des dettes,* dlëout , *pr.* dlcët; cahout dle, cahout dlëou, *pr.* bet. *Van.* deleceiñ, delyeiñ, qéhut dele, en devout dele. — *Il a des dettes,* dlëout a ra, dlëou en deus. — *Habitué à avoir des dettes,* dlëus. — *Je vous remets cette dette,* me oz quyta eveus an dle-ze, me oz cra quyt evit an dle-ze, bez'e pardounañ an dle-ze deoc'h.

DEUIL, cañv, *pl.* cañvaou, caûvou. *Van.* cañv, *pl.* eû. *On écrivait* cauff, *pl.* aou. — *Habit de deuil,* abid cañv, *pl.* abichou cañv, dilhad cañv. — *Prendre le deuil, porter le deuil,* cañvaoui, *pr.* et; douguen cañv , *pr.* douguet; cundui cañv; *pr.* cunduët. *Van.* cañvéiñ , gober cañveû, *pr.* groëit. *Al.* cassaouiff. *Quitter le deuil,* quytaat ar c'hañv, *pr.* ëet. — *Deuil, convoi de deuil,* tud ar c'hañv.

DEUX, *pour le masc.,* daou, dou. *fém.* diou. *Van. masc.* deû, *fém.* diû, div. — *Deux à deux, masc.* daou. *Van.* deû ha deû ; *fém.* diou ha diou. *Van.* diû ha diû. — *Marcher deux à deux, comme frères mineurs, phrase proverbiale ,* mônet daou ha daou, evel sau-Francesis. — *Tous deux, tous les deux,* ho daou. — *Toutes deux,* ho diou. — *L'un des deux,* unan' àn daou, unan eus an daou, unan an naoù, en eil pe eguile. — *L'un de tous deux,* unan ac'hanoe'h ho taou, an eil pe eguile ac'hanoc'h ho taou. — *Lequel des deux?* pehiny eveus an daou? pe hiny an naou? — *De deux jours l'un,* beb eil dez. — *Deux fois,* diou veac'h, diou vcich, diou vech. — *Deux fois autant,* daou c'hemend, daou c'hemend all. — *Deux fois plus ,* daou c'hemend ouc'hpenn, diou veac'h muy. — *Deux cents,* daou c'hant. *Van.* deû hant. *Mettre en deux, diviser par moitié,* daou hanteri, *pr.* daou-hanteret. *Van.* deû-hantereiñ, *pr.* et; laqeiñ ê deû hanter, *pr.* et. — *Celui qui met en deux,* daouhanterer, daou-hanterour. — *Deux demi,* daou hanter. — *Deux et demi,* daou

ha hanter. *fém.* diou ha hanter.—*Deux*
*âmes*, daou ene *et non* diou ene. — *A*
*deux de jeu*, quyt, par; ingal, qèver-ê-
qèver.

DEUXIÈME, fil. *Van.* id. — *Il est le*
*deuxième*, au eil eo, an eil èn hem gueff
*ou* èn hem gaff. — *Pour la deuxième*
*fois*, evit an eil gnēach.

DEVALER, mônet var naou, *pr.* eat,
ēet; mônet var bouēs traoun. *Van.* devaleiñ. *v. descendre.*

DEVALISER, divalisenna, *pr.* et. *r.*
*dérober, détrousser.*

DEVANCER, *prendre le devant*, mônet araucq un all, *pr.* ēet; beza diaraucq un all *ou* araucq un all, *pr.* bet;
diarauguiurre-bennac,*pr.*diarauguet.
— *Devancer, passer, surpasser quelqu'un;*
tremen urre-bennac,*pr.* trémenet; tré-
c'hi un all, tréc'hi da un all , *pr.* tré-
c'het; beza trenc'h *ou* trec'h da ur re,
*pr.* bet. — *Il l'a devancé*, trémenet co
gandhâ, tréc'het eo gandhâ, treac'h eo
bet dezâ. — *Devancer quelqu'un, aller*
*au-devant de lui,* diarbena ut re-bennac,
diarben ur re, *ppr.* diarbenet: mont a
ziarben *ou* a ziambroug da ur re, *pr.*
ēet, eat. *Van.* monet arbeen unan-benac, *pr.* oēit, eit.

DEVANCIER, diavancer, *pl.* yen;
diarauguer, *pl.* yen. — *Nos devanciers*
*dans l'emploi,* hon diavancéryen, nep a
yoa arauzomp èn implich, hon diarau-
guéryen. *v. preceder.*

DEVANT, *prép. et adv.*, araucq, dirag,
diaraucq. — *Devant et derrière,* araucq
hac a-drê. — *Par devant et par derrière,*
a ziaraucq hac a-ziadrè. — *Va, marche*
*et cours devant,* qea ou qæ qerz, red a-
raucq. — *Devant moi, avant moi,* arau-
zoun, qent egucdoun, qent evidoun.
*v. avant.* — *Devant moi, en ma présence,*
dirazoun èm presancz, em daoulagad.
— *Ne venez pas devant moi,* ne zeut qet
em doaulagad. — *Devant toi, lui, elle,*
*nous, vous, eux, elles,* dirazoud, dirazañ,
dirazy, dirazomp, dirazoc'h, dirazo.—
*Devant qui? devant personne,* pe dirag
piou? dirag dèn e-bed *ou* dirag necun.
—*Devant mes yeux, devant tout le monde,*
dirag ra daoulagad, dirag ar bed-oll.

— *Tout devant, vis-à-vis, tout droit,* rag-
ænep, rag-tal, rag-êun.—*Passer devant*
*quelqu'un,* trémen dirag ur re, *pr.* trémenet; mônet ê byou ur re, *pr.* ēet.—
*Aller au-devant de, prévenir,* diarbena *ou*
diarben, *ppr.* et; dialbena *ou* dialbeñ,
*ppr.* et. — *Devant, subs., la partie anté-*
*rieure,* an diarauēq. — *Le devant d'une*
*maison,* an diaraucq eus an ty, an tu
diaraucq eus an ty, ar penn araug eus
an ty. —*Avant que,* qent ma, diaguent
ma, abara ma, qent egued ma, qent
eguid ma. — *Avant que de se confesser,*
abarz ma coveçzaor, abarz coveçz, qent
ma cofeçzaor, qent egued cofeçz, diaguent cofeçz, diaguent ma coveçzaor.
— *Avant-hier,* an derc'hent deac'h, an
derc'hent dec'h, an dec'hent.

* DEVANTEAU *ou* devantier. *v.* tablier.

DEVELOPPER, *ôter l'enveloppe*, disolo, disolci, *ppr.* disoloët; displega, *pr.*
displeguet; lamel ar golo *ou* goloadur,
*pr.* id. *Developper, parlant de choses spiri-*
*tuelles,* displega, *pr.* et; dirolla, *pr.* et;
discoubla, *j.r.* et.

DEVELOPPÉ, *e*, disolo, displeg, diroll, discoubl, oc'h, à, añ.

DEVENIR, dônet da veza, *pr.* deuēt
da veza; dônet da, *pr.* deuēt da.—*De-*
*venir riche,* dônet da veza pinvidicq, dônet da binvidicq; pinvidicqât, *pr.* pin-
vicdicqēet. — *Devenir pauvre,* dônet dâ
veza paour, dônet dabaour; paouraat,
paourât, *ppr.* paourēet. —*Devenir fort,*
dônet da veza crê, dônet da grè; creaat,
*pr.* creēet. — *Devenir faible,* dônet da
sempl *ou* da veza sempl; semplaat, *pr.*
sempleēt; *et ainsi d'une infinité de verbes.*
— *Que deviendrai-je? où irai-je?* pe ê
leac'h ez añ-me *ou* ez iñ-me? pe ê tu
ez troiñ-me. — *Que deviendrai-je? que*
*ferai-je?* petra az riñ-me? petra riñ-me!
pe riñ-me? penaus a riñ-me? — *Qu'est*
*devenu le bien de Pierre?* ma ez eat *ou*
ma'z eat madou Perz? *Van.* menn e
oēit madeu Pjer?

DEVERGONDE, *e*, divergond, oc'h,
à, añ. *v. impudent.*

DEVERROUILLER, divoraïlha, *pr.*
et. *Ven.* digourouilheiñ, divoraïlheiñ.

DEVERS, *prep. relative au temps*, e-

tro, a-benn. *Van.* id. — *Devers la Tous-*
*saint passée,* e tro kal ar goañ trémenet,
ê-tro gouël an oll-sænt divezâ. — *De-*
*vers la Toussaint prochaine,* a-benn kal ar
goañ, a-benn *ou* ê-tro gouel an oll-
sænt qentâ. — *Devers, préposition ré-*
*lative au lieu,* var-zu, êñtrese, etrese.
— *Devers Paris, devers Saint-Pol-de-*
*Léon,* êñtrese Paris, etrese *ou* varzu
Castel-Paol. — *Devers lui, par devers*
*lui,* èn tu diouñtâ, èn tu dioutañ.
— *Devers elle, par devers elle,* èn tu
dioundhy *ou* dioudhy. *v. vers.*

DEVÊTIR, divisqa, *pr. et. Van.* diusqeiñ.

DEVIDER, dibuna, *pr. et. Van.* di-
buneiñ.

DEVIDEUR, dibuner, *pl.* yen. *Van.*
dibunour, *pl.* you, ÿan.

DEVIDEUSE, dibunerès, *pl.* ed.
*L'action des dévideurs et des dévideuses,*
dibunérez, dibunadur. *Van.* dibunereh,
dibun. — *Osselet que les dévideuses tien-*
*nent en main pour empêcher le fil de leur*
*couper l'index,* pelbis, ar pelbis, *id est,*
a bella an neudenn dioud ar bis.

DEVIDOIR, *instrument propre à dévi-*
*der,* æstell, an æstell. *Ce mot est un plu-*
*riel d'astell, qui signifie attelle. v. tour-*
*nette.* — *Les quatre gaulettes qui se met-*
*tent dans les branches pour tenir l'écheveau*
*le fil,* ar goaleigner, ar brochennou,
ar brechadd. — *Le pivot du dévidoir,* sichenn, troad, sichenn an æstell, troad
an æstel. — *Dévidoir à roues,* dibunouër,
*pl.* ou; coçz, *pl.* ou; traoüilh, *pl.* ou. *B.*-
*Léon,* caladur, *pl.* you. *Van.* dibunér,
*pl.* cû. — *Dévidoir, lieu pour dévider,* cabaled, *pl.* ou; dibunérez, *pl.* ou; campr
an dibunérez *ou* dibun, campr neud.

DEVIN, *celui qui devine,* diviner, *pl.*
yen; divinour, *pl.* yen. *Van.* diüinour,
*pl.* yon, yau. *Al.* bardd, doëas, doëel,
*le* doë, *dieu. v. fée, sorcier.* — *Devin qui*
*tourne le sas,* troër an tamoëz, *pl.* troë-
ryen, etc. — *Devin qui pressent, qui pré-*
*dit,* diouganer, *pl.* yen. *v. deviner.*

DEVINER, divina, divinout, *ppr.* di-
vinet. *Van.* dihuinout, dihuineiñ. —
*Deviner les choses à venir,* divina an traou
da zônet. — *Deviner en tournant le sas,*

trei an tamoëz, *pr.* troët; divinout o
trei an tamoëz. — *Deviner, prévoir, pré-*
*dire,* diougani, *pr. et. Ce mot est composé*
*de* cana, *prophétiser, et de* diaguent, *au-*
*paravant; ou de* diouc'h, *sur;* diougani
*ou* diougana, *diouc'h-cana, diouguent-*
*cana.* — .*Combien coûte cela? devinez?* pe-
güement a goust an dra-ze? ha c'huy
a lavaro *ou* divinit. — *Sujet à deviner,*
qui devine souvent, divinus, oc'h, à, añ.
— *Que l'on peut deviner,* divinapl. —
*Chose à deviner,* divinadell, *pl.* ou.

DEVINERESSE, divinères, *pl.* ed;
divinourès, *pl.* ed. *Al.* doëelès, *pl.* ed.

DEVISAGER, difaçza, *pr. et.*

DEVISAGÉ, *e,* difaçzet.

DEVISE, guer, setançz. — *La devise*
*de la maison de Carmant est :Dieu avant,*
guer an autrou a Kyaon eo; Doüe a-
raucq. — *La devise des MM. de Molac*
*traduite en français est:Paix à Molac,* guer
an autrouñez a Voulao eo; gricq da
Voulac. — *La devise de la maison de Que-*
*lin est: de tout temps bretonne,* guer *ou* setançz an autrouñez a Guelen a so:é peb
amser Qelen. *A la lettre elle veut dire :*
*En tout temps il y a des feuilles piquantes*
*dans le houx; figurément, MM. de Quelin*
*ont droit d'instruction et de correction, de*
*tout temps et en tout temps. v. l'Armorial*
*breton.*

DEVISER, *converser,* cacqetal, *pr.*
cacqelet. *v. causer, discourir.*

DEVOILER, divoëlya, *pr. et;* tenna
ar goël, *pr.* ténnet; disolei, *pr.* disoloüet.
*Trég.* dioëlyan. *Van.* diouilyeiñ, *ppr.* et.

DEVOIR, *obligation,* dever, *pl.* you;
carg, *pl.* ou. — *Faire son devoir,* ober e
zever, *pr.* græt, great, greët. — *S'ac-*
*quitter de son devoir,* èn hem acquyta èn
e zever, ober e garg. — *Manquer à son*
*devoir,* mancqout d'e zever *ou* èn e zever, *pr.* mancqet; fellel, *pr.* fellet, fallet; fazya, *pr.* et. — *Il est de mon devoir*
*de l'aller voir,* va dever eo mônet d'e
vellet. — *Le devoir conjugal, t. de ca-*
*suistes,* an dever a briedélez. — *Donner*
*ses derniers devoirs à un malade,* rei e ze-
verzyou *ou* e oll sacramanchou da un
dèn clañ.

DEVOIR, *avoir des dettes. v. dette.* —

*Devoir, être tenu,* dleout, *pr.* dleēt, dleat, renqout, *pr.* rencqet; beza eûdalc'het, beza dalc'het, beza carguet, *pr.* bet.— *Je dois aller demain à la campagne,* varc'hoaz e dleañ mônet var ar meas, beza ez dleañ mônet *ou* mônet a dleañ varc'hoaz var ar mæs. — *Vous me devez bien des choses,* cals a draou a dleit din *ou* a rencqit digu, dleour oc'h digu e meur a bonēnd *ou* ē cals a boēnchou, beza ez oc'h eûdalc'het ē meur a fæçzoun èm andred. — *Il devait partir hier,* deac'h c lleyé-diblaçza. — *On doit avoir soin d'eux,* beza e tléer cahout soucy anézo, dicēt eo cahout sourcy anézē. — *Nous devons tous mourir une fois,* ur veac'h ez rencqomp oll mervel, mervel a dleomp oll ur veac'h.

DEYOLU, *e, acquis par droit de dévolution,* digouēzet gand ur re dre ar gûir a suceçzion, digouēzet da, digouēzet gand, deuēt da ur re dre zigouēz.

DEVOLU, *prétention,* divolu.— *Jeter un dévolu,* teurel un divolu, *pr.* taulet.

DEVOLUTAIRE, *qui est pourvu d'un bénéfice par dévolu,* divoluēr, *pl.* yen.

DEVORANT, *e,* divorus, oc'h, añ. *Van,* id. — *Un feu dévorant,* un tan divorus.

DEVORER, *mettre en pièces,* divori, *pr.* et; dispenn, *pr.* et; difreuza, *pr.* et. *Van.* divóreiñ, dispeeñeiñ, *ppr.* et. — *Dévorer, étrangler,* taga, *pr.* taguet; es-trangli, *pr.* et. *Van.* tagueiñ. — *Devorer, manger goulument,* divori ar boēd; dībri ē lontrecq, *pr.* débret; loncqa èn un taul, *pr.* loncqet. — *Décorer son bien,* teuzi e oll-dra, *pr.* teuzet; frita e vadou, *pr.* fritet. v. *dépenser.—L'action de dévorer,* divoradur, divoridiguez, dispennidiguez, difreuz, laguerez, lontréguez, loncqérez, fritadur, teuzidiguez, teuzérez. — *Celui qui dévore,* divorer, *pl.* yen; dispenner, difreuzer, taguer, lontrecq, loncqer, friter, teuzer, *ppl.* yen. —*Celle qui devors,* divorerès, *pl.* ed; lontreguès, *pl.* ed; friterès, *pl.* ed.

DEVOT, devot, oc'h, á, añ, *pl.* de-voded. *Van.* id. — *Faux dévot,* fals-de-vọt, *pl.* fals-devoded; briz-devod, *pl.*

briz-devoded; crac-devot, *pl.* crac-de-voded; dem-devot, *pl.* dem-devoded. *Van.* coh-devot, ur hoh-devot, *pl.* coh devoded. v. *demi.*

DEVOTE, devodès, *pl.* ed. *—Fausse dévote,* fals devodès, *pl.* ed; briz-devo-dès, *pl.* ed; cracq-devodès, dem-devo-dès, *ppl.* ed. *Van.* coh devodès, ur goh-devodès, *pl.* coh-devodesed.

DEVOTEMENT, èn ur fæçzoun de-vot, ez devot, gand devocion.

DEVOTION, devocion. *Van.* id. — *Dire ses dévotions,* lavaret e zevocion ca e zevocionou *ou* e bedennou, *pr.* id.— *Faire ses dévotions,* covès ha sacraman-ti, *pr.* coveset ha sacramantet.

DEVOUEMENT, goēstl, dedy, sacri-viçz.

DEVOUER ( se ) *à quelqu'un,* èn hem goēstla, da servich ur re, *pr.* èn hem goēstlet. — *Se dévouer au service de Dieu,* èn hem rei èn-oll-dan-oll da Zoūe *ou* da servicha Doūe, *pr.* èn hem roēt; èn hem voēstla evit mad da servichout Doūe.

DEXTERITÉ, *adresse de la main.* v.-y.

DEXTRE, *le côté droit,* an dehou, an tu dehou.

DEXTREMENT. v. *adroitement.*

DIA, *t. de charretiers,* dia, diha, deha.

DIABLE, diaul, *pl.* ou. *Burlesquem.* grippy, qinard, herepin, ar c'hornecq, al loēzn du l'ostecq, etc. *Van.* dieūl, *pl.* cū; diaoul, *pl.* cū. (guilhou-goz.) *Al.* drus, *pl.* ed. — *Diable, malin-esprit, mau-vais ange,* droucq-spered, *pl.* drouc-spe-rejou; goal-æl, *pl.* goall-ælez. *Burlesq.* an æl du, an æl cornecq, *pl.* an ælcz du, etc. — *Diable, l'adversaire par ex-cellence de Dieu et de l'homme,* azrouand, *pl.* ezrevend; aēzrouand, *pl.* æzrevend. *Comme qui dirait :* serpent huant, aēzr-houand. *Van.* en aērevand. t. *coulcvre, adversaire.—Le diable muet,* qui ferme la bouche aux pénitents, an diau mud, an diaul simudet.—*Le diable ba-billard, qui fait médire,* an diaul lan-chennec, an diaul fistilher, tad x goall-deaudou.—*Le diable tortueux,* et plein de replis ( dans Job., ch. 26, et l al, ch. 27, serpens tortuosus. On l'

»elle le père des pécheurs d'habitude et des libertins de profession. an diaul guydi-us. guydilus de guëa, tordre. an diaul guiézn, an diaul torliçzet. — Le diable de l'impureté, Asmodé, an diaul a lous-ony, an diaul flæryus. — Le diable de l'orgueil, tad ar superbitez, Lucifer, tad au ourgouilh. — Le diable assoupis-sant, qui fait dormir à l'église, an diaul cousqet, ar c'housqerioq. — Abhorrer le diable, l'avoir en exécration, argarzi an diaul, pr. argarzet. Van. argarheiñ en dicül, argaheiñ en dieül. v. détester. — Le diable est toujours à tes trousses, ez ma atau an diaul ouc'h daz lipat.— Diable, méchant, déterminé, diaul, pl. ed, yen; diaul incarnet, pl. diauled incar-net. Benedicite † pater, paroles dont les timorés se servent dans leurs imprécations, en faisant un signe de croix. — Faire le diable, c'hoari e ziaul, c'hoari e gui, pr. c'hoaryet; ober goaçzà hac a allèr. — Petit diable, diaul bihan, pl. diauled bi-han. — Diable de mer, poisson, diaul-vor, pl. diauled-vor.

DIABLERIE,sortilège,etc.,diaulaich, diaulérez, diauleguiaich.

DIABLESSE, méchante femme, diau-lès, pl. ed.

DIABLOTIN, diaulicq, pl. diaulouï-gou. Van. dieülicq, pl. dieüligueü.

DIABOLIQUE, diauleeq, oc'h,à,añ.

DIACONAT, le second des ordres sacrés, diaconè — Il a pris le diaconat à la der-nière ordination, coumeret èn deus bet an diaconè èn urzou divezà bet ou èn divezà urzidiguez. —Diaconat, titre d'un dignitaire de cathédrale, diagonaich.

DIACONESSE, diagonès, pl. ed.

DIACRE, diagon, pl. ed; avieler, pl. yen.

DIADÈME, couronne royale, curun ur roüe.

DIALECTE, langage particulier d'une province, langaich treffoëdd ou trevoëdd langaich troët, yez. v. idiome. — Le Gascon, le Picard et le Poitevin sont des dialectes français, langaich Goascoign, hiny Picardya hac hiny hac Poëtou a so gallecq treffoëdd ou gallec troët.

DIALOGUE, devis eñtre daou zèn pe eñtre cals a dud, pl. devisou eñtre da-au; conferançz, pl. ou.

* DIALOGISER, faire des dialogues, divisa, pr. et; devisa, pr. et; conferan-ci, pr. et.

DIAMANT,pierre précieuse,diamand, pl. diamanchou.

DIAMETRALEMENT opposé, coun-troll-beo an eil da eguile.

DIAMÈTRE, ligneñ ëun pehiny o trémen dre greiz caloun ur cern, a diz eus a un tu da eguile.

DIANE. déesse des païens, Diana. v. son étymologie au mot Mère.

DIAPHANE, transparent, splan, scie-ar evel an dour, oc'h, à. Van. id. Al. gouydh. v. opaque. — L'air, l'eau, le verre, le talc, la corne, etc., sont des corps diaphanes, an ear, an dour, ar guëzr, ar scand-mean, ar c'horn, etc., a so qer sclær ma vellér a dreuz dezo.

DIAPHANÉITÉ, tranparence, splan-der. Van. id. v. opacité.

DIAPHRAGME, membrane qui sépare la poitrine d'avec le bas-ventre, lienen-guicq ar beutrin, lienen-guicq pehiny a zisparty ar galoun, poul ar galoun, ar spevend, etc., diouc'h ar c'hoff.

DIAPRÉ, e, marellet. v. marqueter.

DIARRHÉE, foërell, ar foërell. Van. id. — L'excrément liquide de la diarrhée, foër. Van. id. — Avoir la diarrhée, ca-hout ar foërell, pr. bet; foëret, pr. id. — Celui qui est sujet à la diarrhée, foë-rous, pl.ed.fém.foërousès,pl.ed.Van.id.

DICTAME, plante, dittayn.

DICTATEUR, magistrat suprème d'u-ne république, dictator, pl. ed.

DICTATURE, dignité de dictateur, dictatoraich.

DICTER, divisa, pr. diviset. —Celui qui dicte, diviser, pl. yen.

DICTÉE, leçon écrite, divia, pl. ou.

DICTION, mot d'une langue, guer. Cette diction n'est pas française, ar guer-ze ne deo qet gallecq ou ne deo qet la-varet mad eñ gallecq.

DICTIONNAIRE, dicciôner, pl. ou. Van. id., pl. eü.—Dictionnaire nouveau, dicciôner nevez. — Un dictionnaire fran-çais ou breton, un dicciôner gallecq pe vrezonnecq. — *Un bon dictionnaire*, un diccionner mad.

DICTON, *proverbe, sentence commune*, dicton, *pl.* ou; lavar, *pl.* ou.

DIÈTE, *abstinence*, abstinançz. — *Faire diète*, ober abstinançz, *pr.* græt.

DIÈTE, *assemblée, états*, an açzamble eus a stadou an impalazr.

DIEU, Doüe, Doë. *Van.* Doüe, Doë, Düe. *Al.* Goë. — *Aimer, adorer, servir Dieu*, caret, adori *ou* azeuli, servicha Doüe, *ppr.* et. *Al.* qéhéla Doë. *Van.* careiñ, adoreiñ, sercheiñ Doë. —*C'est à Dieu à soigner et à gouverner le monde*, ouc'h an autrou Doüe e c'haparchant cahout zourcy eus ar bed hac e c'hoüaru'dre e vadélez. *Al.* qéhéla an bed a aparchant oc'h Doë. — *Il faut cimer Dieu d'un amour de préférence*, red eo caret Doüe dreist pep tra *ou* dreist qement tra a so èr bed. — *Il faut craindre Dieu*, dougea Doüe a rençqér *ou* a so red, *pr.* douget; red eo cahout dougeançz Doüe.— *La crainte de Dieu est le commencement de la sagesse*, dougeançz Doüe a so ar peñqentâ vès ar furnez, dougea Doüe *ou* cahout dougeançz Doüe a so coumançz da veza fur, emie ar prophed. — *Dieu vous garde, bonjour*, demad-deoc'h, demad-dec'h, demaddoc'h, demad-dac'h. — *Dieu vous garde, adieu*, bézit eñ goard Doüe, qiit *ou* jit, èn hañ-Doüe, Doüe r'ho cunduo; bennos Doüe r'ho c'heulyo, qen na vezo. — *Dieu veuille!* pligé *ou* pligeat gand Doüe! a youl! — *A Dieu ne plaise*, Doüe ra viro, Doüe da bello fortun. — *Dieu aidant*, Doüe araueq, gand sicour Doüe, inar pl.ch gand Doüe. — *Dieu vous soit en aide ou vous bénisse*, Doüe r'ho sicouro pe r'ho pinigo.—*Dieu merci*, a druguarez Doüe, Doüe raz vezo meulet. — *Par la grâce de Dieu*, dre c'hraçz Doüe, pa zeo pliget gand Doüe. — *Au nom de Dieu*, èn hañ-Doüe, evit Doüe, abalamour da Zoüe, dre bep carantez a Zoüe. dre bep carantez Doüe. — *Bon Dieu!* Doüe a vadelez! Doüe a bep madelez! va Doüe! va Doüe, c'huy a so mad! — *Le Seigneur Dieu*, an autrou Doüe. — *Dieu est le Seigneur universel*, Doüe a so

an autrou a bep tra. — *Dieu est appe dans l'écriture*, *l'ancien des jours*, *Dan ch.* 7, *v.* 9, ar scritur-sacr a zeu d c'hervel an autrou Doüe, an aneyar dre eçzelançz. *De là vient cette phrase s usitée*: autrou Doüe, Doüe coz. — *Dieu vit tout ce qu'il avait fait et remarqua qu tout était bien fait, Genès. ch.* 1, *τ.* 31. an autrou Doüe o veza crouët ar bed a sellas piz oünd-hâ hac a vellas ez o great-mad pep tra. — *Dieu le sait*, Doüe a oar, Doüe oar. — *Dieu-Donné*, roët gand Doüe. *De la Maison-Dieu*, Ty-Doüe. *v. maison.* — *Le loc-dieu*, lec'hdoüe, ty-doüe. — *Dieu, fausse divinité des païens*, fals-doüe, *pl.* fals-doüeed; doüeéd an dud divadez. *v. déesse, divinité.* — *Le dieu de la guerre, Mars*, doüe an bell, Meurs, Mers, Merh. — *Le dieu du négoce, Mercure*, Doüe an merçz, Mer-c'her, Merçz.—*Le dieu des pasteurs, Pan*, doüe an buguelyen, doüe an meçzaëryen, Pañ. — *Le dieu du vin, Bacchus*, doüe an güin, Bac'hh. — *Le dieu de l'enfer, Pluton*, doüe an ivern, Pludon. — *Le dieu de la terre, Tellurus*, doüe an doüar, Tirr. — *Le dieu des limites*, doüe an termen, doüe an termyn.— *Le dieu de la mer, Neptune*, doüe an mor, Neptun. — *Le dieu des portes*, doüe an porzou, foroul, oroul. — *Les dieux pénates*, doëed an ty, an doëed doñ, etc.

DIFFAMANT, *e*, iffamus, dicryus, oc'h, â, añ.

DIFFAMATEUR, iffamer, *pl.* yen; iffamour, *pl.* yen; dicryer, *pl.* yen.

DIFFAMATION, iffamérez, iffamidiguez.

DIFFAMATOIRE, iffamus, dicryus. — *Libelle diffamatoire*, scrid iffamus, *pl.* scrijou iffamus; levricq dicryus, *pl.* levryouigou dicryus.

DIFFAMER, *déshonorer, calomnier*, iffama, iffami, *ppr.* iffamet. *Van.* diffamein. *pr.* et. *v. calomnier.*

DIFFAMÉ, *e*, iffamet. *Van.* diffamet.

DIFFÉREMMENT, gand diffarançz. èn ur fæçzoun all, è fæçzoun all, è meur a fæçzoun, è meur fæçzoun, è cals a fæçzounyou.

DIFFÉRENCE, *diversité*, diffarançz,

lisheveledignez. *Van.* dishanudigueb.
— *Différence, disproportion, distinction*,
lisparaich, qemm. *Van.* qemp. —*Il y
a bien de la différence entr'eux* un disparaich vras a so enîtrezo, cals qemm *ou*
cals a guemm a so enîtrezé ê leal, cals
a so da lavaret enîtrezeu. — *Différence
de religion*, disparaich a feiz *ou* a greden *ou* a lésenn.

DIFFERENCIER, *mettre,causer de la
différence*, diffaranti, *pr.* et ; lacqaat
lisparaich *ou* qemm *ou* diffarançz entre, etc., *pr.* lecqëet ; dishèvelout, *pr.*
lishèvelet.

DIFFERENT, *e, dissemblable, divers*,
lishèvel, dishañval, dishâval, diffarant, dispar. *Van.* dishañaoüal. —*Différent en fait de religion*, dispar a greden, dipar a lésenn.

DIFFERER, *remettre d un autre temps,
prolonger*, dalea, dale, daleout, *ppr.* daëet; reculi, *fr.* et; astenn termen, *pr.*
istennet; gortoz bede un amser all, *pr.*
gortozet, gortoët. *Van.* deveeiñ. dal-
ieiñ, *ppr.* et. *Al.* amoucq, *pr.* et. —
*Différer sa conversion de jour en jour*, da-
ea a zeiz-ê-deiz da ober pinigenn, as-
en au termen eus a binigenn, reculi
liouc'h ar binigenn, dalea *ou* dale da
zistrei ouc'h Doüedre virbinigeñ, pelaat e binigénn a zeiz-ê-deiz, *pr.* pel-
ëet. *v.* peccavi. — *Différer l'absolution à
quelqu'un*, derc'hel an absolveñ ouc'h
ar re-bennac, *pr.* dalc'het; rei appell
la ur re, *pr.* roët; sevel, *pr.* savet. *v.
absolution.* — *Sans différer*, hep dale.
*Van.* hemp daveeiñ. — *Sans plus différer*, hep dale pelloc'h, hep deport da-
port davantaich. *Al.* hepamoucq muy.
— *Différer, être different*, dishèvelout,
*pr.* dishèvelet; beza dishèvel, beza dispar, *pr.* bèt. — *Ce qui est différé n'est
pas perdu*, ar pez a so dalëet ne deo qet
collet, ar pez ne zalc'her qet ne de
jt achapet.

DIFFICILE, *malaisé, pénible*, diæz,
poanius, oc'h, â, añ. *Van.* diæz, oh ,
añ. — *Cela est difficile à croire, à dire,
à faire*, qemen-ze a so diæz da gridi ,
da lavaret, da ober. — *Difficile à manier, à traiter*, amgestr, reculus, oc'h,
â, añ. —*Difficile à contenter*, droucq *ou*
diæz da gountanti. — *Difficile pour le
manger et pour le boire*, figus, milsin,
oc'h, â, añ. milsin *est de la H.-Corn.*—
*Devenir difficile*, diæçzaat, *pr.* ëet; dônet da veza diæz *ou* reculus *ou* figus,
*pr.* deuët.

DIFFICILEMENT, ez diæz, gand
diæzamand, gand poan, a-boan. —
*Très-difficilement*, diæz-bras, gand cals
a boan, a boan vras.

DIFFICULTÉ, *peine, travail, obstacle,*
poan, trével, ampeichamand, *ppl.* ou;
diæzamand. — *Difficulté, doute, question*, difeleud, *pl.* ou. — *J'ai une difficulté*, un difeleud am eus.

DIFFICULTUEUX, *euse*, reculus,
diæz *ou* amgestr a humor, oc'h, â, añ.

DIFFORME, *qui n'est pas beau*, di-
c'hen, digoant, oc'h, â. — *Difforme,
laid*, difæçzoun, haer, diforch, vil, didailh, oc'h, â, añ. *Van.* diforch, vil.—
*Devenir difforme*, difæçzouni, *pr.* et; vilaat, *pr.* ëet; hacraat, *pr.* ëet.

DIFFORMER, *ôter la forme*, difurmi,
*pr.* et.

DIFFORMITÉ, *laideur, irrégularité*,
difæçzoñded, hacrded, diforchded, viltançz, dic'heued, digoantiz, *ppl.* ou.

DIFFUS, *e*, astennet, stennet, stambouc'het, re hirr.

DIGERER, *cuire les aliments qu'on a
pris*, goï ha paredi ar boëd gand ar goëll
eus a boull er galoun ha gand nerz vès
an domder natur, *ppr.* goët ha paredet; digeri, *pr.* et. — *Digérer, mettre les
choses en bon ordre*, rencqa èr-vad pep
tra, *p.* rencqet; ordreni èr-vad an traou, *pr.* ordrenet. — *Qui est mal digéré,
mal rangé*, goal ordrenet, goal-rencqet.
— *Il ne peut digérer cet affront*, ne all
qet ancounéchât an dismegançz-ze,
ne all qet dônet a benn da vouga èn e
galoun an affrount hont.

DICESTE, *compilation faite par l'ordre
de l'empereur Justinien*, dastum an impalazr Justinyan.

DIGESTION, *l'action de digérer*, parediguez ê peull ar galoun, guyridiguez *ou* goridiguez ê poull ar galoun ;
*de là* drouç'ar gor, *indigestion. v.* coction.

DIGITALE, *plante*, besqennou an
itroun Varya. *v. Gants-Notre-Dame.*

DIGNE, din, dinoc'h, dinâ, dinaô,
din meurbed. *Van.* din, dign, oh, añ.
— *Digne de louange,* din da veza meu-
·let. — *Digne de respect,* din a resped,
din da veza respedet, enoret, etc. —
*Digne d'être aimé,* din da veza caret.—
*L'homme ne sait point, dit l'écriture, s'il
est digne d'amour ou de haine,* ne oar qet
an dèn hac êû avilit ar garantez a Zoûe,
pe e gaçzouy, hac eñ a so dre un êur
vad, ê stad e c'hraçz pe otramand è
stad a bec'hed, sioûaz dezâ. — *C'est
un très-digne homme,* un dèn a vilid eo,
un dèn eo evit ar brava, un dén a fæçzoun eo, mar deus *ou* mar boa biscoaz.

DIGNEMENT, e din, èn ur fæçzoun
din, evel ma ez eo dleat, evel ma ze
dleët, gad dinded, gand dinder.

DIGNITÉ, *beauté, qualité de ce qui est
digne,* diniltez, dinile, dinder, dinded. *A l.*
dinânçz. — *Dignité, magistrature, prééminence,* mæstrounyez, superiolaich,
carg enorapl, dinitè, *pl.* ou. — *Il a passé
par toutes les dignités,* trémenet èn deus
dre an oll gargou enoraplou dre an oll
diniteou, — *Dignité, bénéfice ou prééminence dans une cathédrale, etc.,* dinite, *pl.*
ou. — *Celui qui possède une dignité,* di-
nitér, *pl.* ed, yen.

DIGRESSION, *écart de son sujet,* dis-
tro-gam, *pl.* distroyou-gam ; camed-
treuz, *pl.* cameigeou treuz. — *Digression, écart de son sujet fait à propos et en
peu de paroles,* distro, *pl.* you ; distro
great è poënd *ou* è çentel *ou* a dailh *ou*
à fæçzoun; un distro iginûs, *pl.* distrojou iginus *ou* græt gad igin.

DIGUE, *amas de terre pour arrêter les
eaux,* chauçzer, *pl.* you. *Van.* id. *pl.* eû.
— *Digue, obstacle,* ampeichamaud, *pl.*
ampeichamanchou.

DILATATION, *extension, raréfaction,*
astenni, astennadur, astennidiguez,
cresqauz, digoridiguez.

DILATER, *élargir, étendre,* distryza,
*pr.* et ; ledannaat, *pr.* ëet ; crisqi, *pr.*
cresqet; astenn, *pr.* et. *Van.* ledannât,
*pr.* ëet; ledannein.—*Se dilater,* èn hem
astenn, *pr.* èn hem astenne ; digueri,

*pr.* digoret; c'huëza, *pr.* et. *Van.* hi
asteennein, digoreiñ.

DILEMME, argüamand cornec,
argüamanchou; argüamand fourche
DILIGEMMENT, gand difræ, difræ,
prountidiguez, è prount, prest, prim.
prim. *B.-Léon,* trum.

DILIGENCE, prountidiguez, has
diligencé, prest, prount, gad primder
DILIGENT, e, difræus, hastif, am
part, esqnyt, oc'h, à, añ. *Van.* hastir
apert, difræebl, oh, añ.

DILIGENTER, *se diligenter,* difræa
*pr.* difruëet; ober prèst, *pr.* græt; hasta, *pr.* hastet; èn hem hasta.

DIMANCHE, sul, *pl.* you; diçzu'.
*Van.* id., *pl.* eû. *Ces mots signifient se-
leil et jour de soleil,* di et dis, *lumière*;
sul *ou* soul, *soleil.* -- *Le dimanche,* a
sul, ar sulvez, *pl.* sulvezyou. — *Un dimanche,* ur sulvez, ur sul, un deiz sul.—
*Le premier dimanche des avents,* ar c'hentâ sul an azvénd. *Van.* sul qentañ ca
aveénd. — *Les dimanches des avents,* sulyou an azvénd. *Van.* sulyeû en aveñ'.
— *Le dimanche de la Septuagésime,* sul
diçzul lad coz al lard, diçzal ar puch
— *Le dimanche de la Sexagésime,* diçzu
ou sul tad al lard, diçzul ar dibuch.—
*Le dimanche de la Quinquagésime,* sul a
lard, diçzul al lard, diçzul ezned, diçzul morlargez, diçzul ar puch-dibuch.
— *Le premier dimanche de carême,* diçzu
guentâ ar c'horayz, ar c'hentâ sul eu
ar c'horayz. — *Les dimanches de carême,*
sulyou ar c'horayz. *Van.* sulyeû en hoareih. — *Le dimanche des rameaux,* diçzul bleuzyou, sul bleuñzvyou. *Van.* sul
bléyeû, sul el laure, sul-laure. — *Le
Dimanche de Pâques,* diçzul Basq, diçzul Phasq, sus Basq, sul Pasq. — *Le
dimanche de la Pentecôte,* diçzul ar Péu-
tecost, sul ar Pantecost. *r. fête.* — *Le
dimanche de la Trinité,* diçzul au Drinded. *Al.* roë an sulyau, *il est, le roi des
dimanches.* — *Les dimanches d'après le
Pentecôte,* ar sulyou goude ar Péntecost.
— *Constantin le grand fut le premier, selon Eusèbe, qui ordonna par une loi expresse, de célébrer régulièrement le dimanche pa*

*tout l'empire romain,* an impalazr Constantin leshcûvet ar bras co bet ar c'hentâ, hervez Eusebius, pehiny èn deveus bet ordrenet da oll sugidy e impalaërded, dònet da viret ar sulyou hep dispancz e-bed. — *Ce qui apportient au dimanche,* sulyecq. *Van.* id. — *Les habits de dimanche,* an dilhad sulyecq, an dilhad sul, *id est,* an dilhad eus ar sul. *Van.* id.

DIME, *dixième partie,* decqvet, an decvet. — *Dime, ce que les curés prenaient à cause de leurs bénéfices,* deaug, *pl.* ou. *Van.* deaug, *pl.* deaugueñ. *Ce mot vient de* decq, *dix.* — *Terre qui doit dime,* doûar deaug. — *Terre qui ne paie pas de dimes,* doûar diseaug, doûar quyt a zeaug.

DIMENSION, musul, *pl.* you; musur, *pl.* you. *Van.* id., *pl.* yeû. — *Prendre ses dimensions,* qemeret e vusulyou, *pr.* id. — *Les quatre dimensions,* ar pévar musur: — *La hauteur, la profondeur, la largeur, la longueur,* an huélded, an dounder, al ledander, an hed. r. *superficie.*

DIMER, *prendre ou lever des dîmes,* deaugui, *pr.* et; sevel an deaug, *pr.* savet, trei an deaug, *pr.* troët. *Van.* dèaugueiû. — *Qui dime ici?* piou a dro an deaug amâ? piou a sav an deaug amau? — *Dimer à la trentième, à la onzième gerbe,* deaugui diouc'h añ dregondvet, diouc'h an unnecvet; sevel ou trei an dregondvet, an unnecvet.

DIMEUR, *qui lève les dîmes,* deauguer, *pl.* yeu; deaugour, *pl.* yen; nep a sav ou nep a dro an deaug

DIMINUER, *rendre ou devenir moindre,* dimunui, *pr.* et; bihannaat, *pr.* ëet. *Al.* esteuziff. r. *décroître, rabaisser.*

DIMINUTIF, *mot qui adoucit ou affaiblit la force de son primitif. Les diminutifs sont très-communs en breton, et se forment par un* icq, *ajoute au positif. Ex.* godellicq, *pochette,* fait de godell, *poche;* tyicq, *maisonnette, fait de* ty, *maison;* doricq, *petite porte, fait de* dor, *porte, etc. Mais le pluriel se forme de celui du primitif, en y ajoutant* igou. *Ex. le pluriel de* godellicq, godellou-igou, *et non* godelligou; *le pluriel de* tyicq,

tyesigou, *et non* ty-igou; *le pluriel de* doricq, doryouïgou, *et non* dor-igou, *etc. v. petit.*

DIMINUTION, dinunu, diminu, raval. *Al.* bianez. — *Diminution dans les biens,* dimunu var ar madou *ou* er madou, raval var ar madou. — *Il faut supporter la diminution des espèces,* red eo herzel ouc'h an dimunu *ou* ouc'h ar raval.

DIMISSOIRE, *t. d'église,* un dimiçzoar, ul lizer digand e escop evit qemeret an urzou èn un escopty all.

DINAN, *ville de Bretagne,* Dinam.

DINANNAIS, *qui est de Dinan,* Dinammad, *pl.* Dinammis.

DINDON, poncin indès, *pl.* poncined indès.

DINDONNEAU, *petit dindon,* poncinicq indès, *pl.* poncinedigou indès. *Van.* pichon indès, *pl.* pichonned indès.

DINER, *le repas du midi,* lein, *pl.* ou. *Van.* lcign, *pl.* eü; lein, *pl.* eü. — *Le diner aux jours de jeûne,* coan, *pl.* coanyou. *Van.* coën, *pl.* yeû. — *Un bon diner,* ul lein vad. — *Un diner splendide,* ul lein gaër *ou* ar c'haërâ, ul lein evit ar c'haërâ. — *Un pauvre diner,* ul lein baour, ul lein drist, ul lein au tristâ *ou* evit an tristâ. — *Préparer le diner,* aussa lein, *pr.* auset; darevi lein, *pr.* darevet; aven lein, *pr.* avëet. *B.-Léon,* farda leinn. *H.-Leon,* ficha lein, *ppr.* et. *Van.* auseiñ, leiñ. — *Les faineants et les indevots aiment courte messe et long diner,* lein hirr hac ovérenn verr, a blich d'an dud dibroder.

DINER. *prendre le diner,* leina, *pr.* et. *Van.* leigneiñ, *pr.* leignet; leyneiñ, *pr.* et. — *Diner aux jours de jeûne,* coanya, *pr.* et. *Van.* coënyeiñ. *pr.* id. *id est, souper.* — *Donner à diner à quelqu'un,* rei da leina da ur re-bennac, *pr.* roët. — *Qui dort dine. Proverbe.* cousqet ha leina a so memès tra.

DINEUR ( un beau ), *un grand mangeur,* ur brifaud, *pl.* ed ; débryad, *pl.* débrijdy; débryad-bras, *pl.* débrijdy vras.

DIOCESAIN, aine, *qui est d'un diocèse,* eus an escobty, eus a escopty hen-a-hen; escobyad, *pl.* escobidy.

. DIOCESAIN·( l'évêque ) an escob,
pl. esqcb, esqebyen.

DIOCÈSE, escopty, pl. escoptyou.
—Le diocèse de Leon, escobly Leon.—
Il est du diocèse de Quimper, eveus a
Guerne eo.Qernévaud eo,Qernévad eo.

DIRE, prononcer, lavaret, pr. id. Van.
laret, lareiñ, lavareiñ, ppr. et.—Dire
ce que l'on a sur le cœur, discarga e galoun da, pr. discarguet.—Puisqu'il faut
tout dire, pa ez eo red displega oll, pa
rencqeur discoubla ou dislouncqa ou
dislontra ou disculya pep tra. — Dire
tout ce qui vient à la bouche, lavaret qement a dro èn e benn, lavaret qement
a zeu èn e c'henou ou var e déaud.—Dire
Dire mal, droucq-lavaret, pr. id.—Dire
du mal, lavaret droucq, pr. id. v. médire.— Dire tout bas à l'oreille, cusula .
pr. et; lavaret gouèstad ou goustad ou
gouèstadicq ou goustadicq èn e scouarn da un dèn, lavaret sioulicq ê scouarn ur re-bennac.—Il se disent cent choses d l'oreille, cant tra a lavar an eil ê
scouarn eguile, ne reont nemed cusula atau, cant ha cant tra a leveront ê
cusul. — Que dites-vous? petra a livirit-hu? petra a lareí-hu?—A ce que ait
le public, e mouèz an oll. — Qui ne dit
mot, dison, ne lavar guer.'—Ne dire
pas un mot, beza dison, pr. bet; chomm
hep lavaret an distæra guer, pr. et.—
Ne dites mot, gricq, gricq-gricq, gricq'h
oll, livit tout, livit berr, livit grencq,
livit a-grenn. — Pour ainsi dire, evit e
lavaret, mar qirit-hu.—A dire le vrai,
evit lavaret guir, evit guir, én effet.
— A son dire il ne sait pas cela, var e
glévet, ne voar qet an dra ze.—Que veut
dire cela? petra eo qemen-ze? — Que
veut dire ceci? petra eo qemen-mâ? petra a sinify qemen-mâ?—C'est-à-dire,
da lavaret eo. C'est à savoir, da c'houzout eo.—Dire et redire, dire et dédire,
lavaret ha dislavaret, pr. id.—Trouver
à redire à, cafout aberq ê, pr. cafet :
cafout da lavaret ê ed var.—Our dire,
clévet lavaret, pr. clévet; clévet comps
hanc eus a, el. vet hano eus a.—Ouie-
dire est bien différent de voir, clévet ha
guéllet a so daou, cant clévet ne dé-

lont qet ur guëlled.—Dis-je', eme-vé,
eme-veû, eme-me, emioun-me, e-
moun-me, id est, ez-ma-oun-me.—
Dit le Sauveur, eme hon Salver. eme,
id est, e ma e.—Dit-il, emezâ, eme-
zañ, emeañ, emeoñ. Van. emehon. Al.
eme eff.—Dit-il, aoriste, a lavaras-ê,
eme-voa-ê, emezâ.—Dit-elle, emezy,
éme hy, eméi, a lavaras-hy, eme voa-
hy. Van. emihy.—Dirent-ils et dirent-
elles, emézeu, emézo, emézè, emint-
hy, a levarzout-hy, eme voant-y. Van.
eméhé, e larzout-y.—On dit, lavaret
a rear ou a rær, beza e lavarér, bez'-e
lavarér.—On disait, lavaret a reat ou a
ræt, beza e lavarét En Léon, communi-
ment t-a ne se prononce point en beza,
par élision; mais on dit : bez'-e lavarét.
—On a dit, lavaret eo, lavaret eus, lavaret eo bet, beza ez eo lavaret, bez'-
ez eo bet lavaret, beza ez eus lavaret.
—On dit, aoriste, lavaret voa, beza ez
oa lavaret, lavaret a voûe-græt.— On
avait dit, lavaret a voa, lavaret voa,
lavaret a voûé, lavaret voûé, beza ez
voa ou ez voûé lavaret, bez'-e voa ou
bez'-e voûé lavaret, lavaret a voa bet.
—On dira, lavaret a reor, beza e leveror,
bez'-e leveror.—Qu'on dise, lavarét,
lezét lavaret.—On aurait dit, en eût dit,
lavaret a vezé, lavarét vezé, lavaret
vizé ou vigé, beza ez vezé lavaret, bez'-e
vizé ou vigé lavaret, lavaret vihé bet.
—On dirait, lavaret a ræt ou a raffét,
beza ez lavarét ou ez lavarfét.— Qu'on
ait dit, bezét bet lavaret. — On aura
dit, lavaret a vezo, lavaret vezo, lavaret vezo bet ou a vezo bet, beza ez
vezo lavaret, bez'-e vezo lavaret, bez'-
e vezo bet lavaret.— On dit est souvent
un grand menteur, lavaret rear alyès
gaou e lrac'h guiryonez.

DIRE, substantif, lavar, divis, guer.
— Nous ferons selon son dire, ny a rayo
diouc'h e lavar, ny a rayo diouc'h e
c'her, ny a ray èn e zivis, ny a ray
diouc'h ou hervez a lavaro.—Nous ferons tout à votre dire, ny a rayo pep tra
èn oz tivis.—Un oui-dire, ur c'hleved-
lavaret, ur c'hléved.

DIRECT, te, ûun, ûon, oc'h, â, añ.

*Van,* id. *Al.* effn.

DIRECTEMENT, rag-ēun, rag-ēon, rag-ēnep, rág -tal, ēun evel ar bir.— *Directement opposé, parlant de choses contraires,* guin-ouc'h-guin, qcin-ê-qein, countroll-beo, countroll-beo an eil da eguile.

DIRECTEUR, *qui dirige,* goûarner, *pl.* yen; nep a c'hoûarn un açzamble, nep a gundu un æffer; director, *pl.* ed. —*Directeur de conscience,* tad spirituel, *pl.* tadou spirituel; director, *pl.* ed.— *Directeur général des devoirs,* an impoder bras, ar mæstr impoder, an director gerenal.

DIRECTION, *conduite,* cundu, goûarnamand.--*Sous votre direction.*dindan ho cundu, eûdan ho coûarnamand.

DIRIGER, cundui,'*pr.* ēt; goûarn, *pr.* et. *Van.* conduciñ, goûarn.

DIRIGÉ, *ée,* cunduēt, goûarnet.

DISCERNEMENT, *jugement, sagacité,* choas, djus, aznaoudéguez guiryon. *v. discretion.*

DISCERNER, *connaître exactement la vérité d'une chose,* aznaout ēr-vad un dra, *pr.* aznavezet; cahout un aznaoudéguez parfed eveus a un dra, diusa, *pr.* et; choas, *pr.* et.—*Discerner, faire la différence d'une chose d'avec une autre,* diffaranti un dra diouc'h un all, *pr.* et.— *Il est en âge de discerner le bien d'avec le mal, le vrai d'avec le faux,* ez ma èn oad daaznaout *ou* da zihus ar mad diouc'h an droucq, da ziffaranti ar güir diouc'h argaou, au du diouc'h ar guēñ.

DISCIPLE, disqibl, *pl.* ed, disqibyan, disqibyen; disqebl, *pl.* ed. *Van.* disguibl, *pl.* ed. *v. apprenti, ecolier.*— *Les 72 disciples de notre Seigneur,* an daouzecq disqibl ha tryuguent ayoa o c'heul hon Salver.—*Les disciples de Jansénius sont les petits-fils de Calvin,* disqebled Jansenius a so doûarened *ou* nized Calvin.

DISCIPLINABLE, *capable de discipline,* qelennapl, goûarnapl, reizapl, desqapl, oc'h, à, añ.

DISCIPLINE, *instruction, gouvernement,* qelennadurez, desqadurez, goûarnamand, goûarnediguez, reiz.

*v. ecclésiastique.* — *Discipline, petit instrument de discipline,* diçziplin, *pl.* ou; scourgezícq, *pl.* scourgezouïgou. *Van.* id., *ppl* eü.

DISCIPLINER, *instruire, régler,* qelenn, *pr.* et; desqi, *pr.* et, reiza, *pr.* et; lacqât reiz, lacqât roiz vad *ou* urz vad, *pr.* lecqeat, lecqēet; goûarn, *pr.* et; reolya, *pr.* et.—*Discipliner, donner la discipline,* diçziplina, *pr.* et; rei an disciplin da, *pr.* roēt. *Van.* diçzipli-neiñ, reizn en diçziplin. — *Se discipliner,* hem diçziplina, qemer an diçziplin, *pr.* qemeret; hem scourgeza, *pr.* hem scourgezet.

DISCONTINUATION, spanaēnn, *pl.* ou; span, discuntinuation, chan, paouez. *B.-Léon,* astal.—*Sans discontinuation,* hep spanaēnn, hep span, hep span, hep ceçz, hep ehan, hep astal.

DISCONTINUER, *cesser,* spanaat, *pr.* spanaēt; discuntinui, *pr.* et. *Van.* discuntinuciñ.

DISCONVENANCE, *disproportion,* amzereadéguez.

DISCONVENIR, *ne pas demeurer d'accord,* nac'h un dra, *pr.* et; dianzav un dra, *pr.* dianzavet.

DISCONVENU,*e,* nac'het, dianzavet.

DISCORDANT, *te, qui fait des dissonances,* disaccort, oc'h, à, añ. *Van.* id.— *Des voix discordantes,* mouēzyou disaccort.

DISCORDE, *dissention,* droucrançz, drouguiez, droucq, cabal, disunvanyez.—*Être en discorde, vivre en discorde,* beza é droucrançz gand, beza disaccord *ou* disunvan gand, *pr.* bet; beva ē drouguiez ouc'h *ou* gand, *pr.* bevet. — *Semer des discordes,* lacqât droucrançz, lacqât droucq *ou* drouguiez, *pr.* lacqeat, lecqeat, lecqēet; accausieni droucrançz *ou* droucq *ou* drouguiez, *pr.* accausionet.

DISCOUREUR, *qui parle beaucoup,* diviser, *pl.* yen; téaudecq, *pl.* téaudéyen; fistilher, *pl.* yen; cacqelaēr, *pl.* yen. *Van.* lavarour, langajour-bras, *ppl.* yon, yan.

DISCOUREUSE, cacqelaērès,*pl.* ed. fistilherès, *pl.* ed.

DISCOURIR, devisa, *pr.* et; divisa, *pr.* et. *Van.* discoureiñ, deviseiñ.—*Discourir avec quelqu'un*, divisa gand ur re-bennac. — *Discourir ensemble*, devisa açzamblès. *Trég.* divisañ guevret.

DISCOURS, divis, *pl.* ou; devis, *pl.* ou; caus. *pl.* you. *Van.* discour, *pl.* eû.

DISCRET, *te*, fur, avised-mad, secred, oc'h, à, añ.—*Discret, t. d'Augustins. etc.*, discred, *pl.* discrededed; discredour, *pl.* yen.

DISCRÉTEMENT, gand furnez, gând evez, gad avis-mad, var evez, ez fur, ez secred.

DISCRÉTION, *prudence*, *retenue*, furnez, evez-mad, evez-bras, pridiridiguez. — *Discrétion*, *jugement*, *discernement*, sqyand, sqyand-vad, résoun, furnez. — *L'âge de discrétion*, an oad a résoun, an oad a sqyand. —*Se rendre à discrétion*, èn hem rénta d'ar victorius hep divis e-bed; èn hem rénta d'ar victorius èn e drugarez, *pr.* èn hem réntet.

DISCULPER, *pallier sa faute*, iscusi e faut, *pr.* et; golei e faot, *pr.* goloët; iscusi faot ur re-bennac.—*Se disculper*, èn hem vénna, *pr.* èn hem vénnet, èn hem iscusi.

DISCUSSION, *examen*, *contestation*, eñelasq acqedus, *pl.* eñclasqou acqedus; eñclasq piz, *pl.* eñclasqou piz; eçzamin piz, *pl.* eçzaminou piz.

DISCUTER, eñclasq èr-vad un dra, eñclasq piz *ou* eñclasq gand acqed un æffer, *pr.* eñclasqet; eçzamina piz un dra-bennac, *pr.* eçzaminet.

DISERT, *qui parle avec facilité et éloquence*, elavar, qelavar, oc'h, à, *pl.* tud elavar, tud qelavar; un téaud-caër, *pl.* téaudou-caër; uñ displeguer-caër, un displeguer-mad, *pl.* displeguer-yen-gaër *ou* vad; un distaguer-caër, im distaguer-mad, *pl.* distaguéryen-gaër, distaguéryen-vad; ur parlanter-caër, *pl.* parlantéryèn-gaër. *Van.* comsourcaër, *pl.* comseryon gaër; distilhour-mad, *pl.* distilberyon vad. — *Que cet homme est disert*, *qu'il s'exprime en beaux termes*, *nettement et facilement!* clavarà dèn! qelavarà dèn!

bravà téaud! caëra téaud! caëra displeguer! coandtà *ou* caërà *ou* guëllà distaguer! caëra *ou* guëllà parlanter! distacqà parlanter eff-eñ.

DISERTEMENT, èn ur fæçzoun elavar *ou* qelavar, gand nælttery, gand un displeg caër, ez qelavar, ez distag, distag, gand locançz.

DISETTE, dieznez, dienez, tavanteguez. *Van.* dianez, dianeh.—*Disette de blé, disette de vin*, dienez a ed, dienez a vin. — *Avoir disette de toutes choses*, cahout dienez a bep tra, *pr.* bet; beza tavantecq bras, *pr.* bet. *v. besoin*.

DISETTEUX, tavautecq. yzomecq, oc'h, à, añ.—*C'est un pauvre disetteux*, un tavanteeq paour eo, c'huëz an dienez *ou* c'huëz au diannez a so gand-hañ, crog eo an dieznez enbañ ar c'heas. *v. besoin.*

DISEUR *de bons mots*, un thémermad, *pl.* théméryen-vad. *v. facétieux.* — *Diseur de riens*, rambreër, *pl.* yen; avelocq, *pl.* avelogued.

DISGRACE, *perte de faveur*, drouccraçz, *Van.* malegraçz. — *Encourir la disgrâce de quelqu'un*, couëza eü drouc-c'hraçz ur re, *pr.* couëzet; cahout drouc-c'hraçz ur re-bennac, *pr.* bet.—*Disgrâce*, *infortune*, *malheur*, droulançz, droulaçz, reus, *pl.* ou.

DISGRACIÉ (*être*) *du prince*, coll graçzou mad ar roûe, coll faver ar roûe, *pr.* collet; cahout urz da guytaat al lès, *pr.* bet.—*Disgracié de la nature*, *mal fait de corps ou d'esprit*, dic'bcued, diavantaich a-berz an natur, goall drettet gad an natur.

DISLOCATION. *v. déboitement.*

DISLOQUER. *v. déboiter*, *démettre.*

DISPARAITRE, disparicza, *pr.* et; tec'het a dirag an daoulagad, *pr.* id. *Van.* dispariçzeiñ. *Trég.* dispariçzañ, *ppr.* et. — *Faire disparaitre*, *dissiper*, dismanta. *pr.* et; dismantra, *pr.* et.

DISPARITÉ, disparaich. — *Il y bien de la disparité d'âge, de condition en tre ces personnes qu'on marie*, un disparaich bras a so eütre an dud névez-x — *Disparité de religion*, disparaich gredenn.

DISPENSATEUR, dispenser, *pl.* yèn; dispancer, *pl.* yeu; dispançzour, *pl.* yeb. *t. distributeur.*

DISPENSATRICE, dispancerès, *pl.* ed

DISPENSATION, *distribution,* distribu, dispéncery, dispanciry. — *La dispensation des aumônes,* an distribu vès an alusennou, 'an dispéncery eus an aluséunou.

DISPENSE, dispénçz, *pl.* ou; dispançz, *pl.* ou. — *Saint Grègoire le grand dit qu'une dispense infidèle, sur un faux exposé, est une cruelle dissipation,* un dispénçz difidèl a so un distruich cruël, eme Sant Gregor pap.

DISPENSER, *permettre de faire quelque chose,* dispénci ur re, dispénci gad ur re, *pr.* et; dispanci ur re-bennac eus a, dispanci gad ur re-bennac var, *pr.* et. *Van.* dispanceiñ.—*Dispenser, exempter,* dispénci eus a, *pr.* et; ober quyt eus a, *pr.* græt.—*Dispenser d'un engagement,* digoëstla, *pr.* et; dioëstla, *pr.* et. *Van.* diangageiñ.—*Se dispenser de,* hem zispénci eus a, *pr.* hem zispénoet, hem drémen a, *pr.* hem drémenet.

DISPERSER, *répandre, mettre en divers lieux,* sqigna tu-hont ha tu-mâ, *pr.* sqignet; teurel tu-hont ha tu-mâ, *pr.* taulet; laeqât ê meur a leac'h, lecqëet.—*Les Juifs sont dispersés par tout le monde,* ar Yuzeauyen a so dre ar bed lod tu-hont, lod tu-mâ.

DISPOS, *agile, qui se porte bien,* dispos, yac'h, coujouru, oc'h, à. *Van.* dispos, gailhard, oh, an. *H.-Lé.* grezn.

DISPOSER, *arranger,* disposi, dispos, *ppr.* disposet. *v. arranger.—Disposer de quelque chose,* disposi eus a un dra-bennac, *pr.* disposet.—*Se disposer à,* èn hem zispos da, *pr.* èn hem zisposet.

DISPOSITION, *arrangement,* disposidiguez, disposadur. *r. agencement.— Disposition, aptitude à,* danvez, disposicion da.—*Il a de la disposition à devenir savant,* danvez dèn abil a so ènnâ, disposicion da veza goûizyecq.— *Il n'a pas de disposition,* dindanvez eo, ne deus qet a danvez ènnâ, n'eu deus qet a zisposicion. — *Il est en bonne dis-*

position, dispos eo; yac'h eo, et ma brao, manivicq.—*Il est en asses bonne disposition,* ez ma mad aoûalc'h, brao aoûalc'h ez ma. *H.-Corn. et Van.* ne c'huyt qet.—*Il est en asses mauvaise disposition,* ne deo qet re zispos, ne ez ma qet re vad. *H.-Corn. et Van.* huytout a ra, ne ma qet èr fad.

DISPROPORTION, disegalder, disiñgalder, qemm, disparaich. *Van.* dishanudigueh, qemp, qem.

DISPROPORTIONNÉ; *te,* disegal, disiñgal, dispar, diguevatal.—*Ils sont très-disproportionnés,* disegal-vras int, diguevatal int meurbed, ne dint ê nep fæçzoun qevatal *ou* ingal, ne deus iñgalder a bep eñtrezo, un disparaich vras *ou* un disegalder vras a so qen-eñtrezo, ur c'hem bras a so eûtrezé.

DISPUTABLE, *qu'on peut disputer,* disputapl, a allér da zisputal, argûapl, ê leac'h ma ez eus evit hao ènep.

DISPUTE, *contestation,* arguz, argu, dispud, *ppl.* ou; stryff, *pl.* ou, strivon; riot, *pl.* riotou, riodou; noës, *pl.* ou; daël, *pl.* ou. *Van.* dispud, qestion, tabut, *ppl.* eû.— *Dispute d en tenir un peu aux mains,* scrabadenn, *pl.* ou; stryff, *pl.* ou.— *Dispute, batterie,* èmgann, cann, *ppl.* ou; *Van.* id. *ppl.* eû.

DISPUTER, *contester,* rendaël, *id est;* rei daël, *pr.* rendaët; ober au daël, *pr.* græt; èn hem argui, *pr.* èn hem arguët; riotal, *pr.* riotet; èn hem scandalat, *pr.* èn hem scandalet. *Van.* tabutal, qestionneiñ.—*Disputer, en matière d'école,* disputal, *pr.* disputet; argui, *pr.* arguët. *Van.* disput, disputeiñ, disputal, *ppr.* disputet.—*Disputer avec chaleur,* stryva, *pr.* et; disputal erê, *pr.* disputet erê.

DISPUTEUR, dispudér, *pl.* yen; arguêr, *pl.* arguéryen. *Van.* disputour, qestionnour, *ppl.* yon. *v. querelleur.*

DISQUE, *le corps de la lune, du soleil, etc.,* disg, disg an héaul, disg al loar, disg *est un mot très-ancien.*

DISSECTION, *opération d'anatomie,* trouc'hidiguez, trouc'hadur; didrouc'hadur.

37

DISSEMBLABLE, dishével, dishan-
val, oc'h, â. *Van.* dishañual, dispar,
oh, añ, aoû.—*Être dissemblable*, dishèvelout, *pr.* dishéveléet; beza dishével,
*pr.* bet.—*Dissemblable, changé, mécon-*
*naissable*, dishèvelep. *v. défiguré.*—*Étre*
*ainsi dissemblable*, dishèvelebecqat, *pr.*
dishèvelebecqëet.

DISSENTION, *discorde.* v.-y.

DISSEQUER, *faire l'anatomie d'un*
*corps*, digueri ur c'horf maro, *pr.* di-
góret; digueri ha didrouc'ha ur c'horf
maro *ou* corf un aneval.

DISSERTATION, *examen, discussion*,
treted, *pl.* ou, un treted caër var ur
guistion-bennac.

DISSIMILAIRE, *t. de médecine*, ar
pez ne deo qet a vemès natur, pe a
vemès spez. *v. similaire.*

DISSIMULATION, *déguisement*, diçzumulançz, *pl.* ou; diçzumulded, *pl.*
ou; diçzimulded, simulded, *ppl.* ou.

DISSIMULER, simula, simuli, *ppr.*
simulet; diçzumula, diçzumuli; *ppr.*
diçzumulet; diçzimuli, *pr.* et.

DISSIPATEUR, *qui dépense follement*
*son bien*; trezenner, *pl.* yen; trezer, *pl.*
yen; frigaçzer, *pl.* yen; frigaçzer e dra,
teuzer e dra, frip-e-zrouyn. *Van.* foèt-
bouticq, dismantour, goastour, goastèr.

DISSIPATION, *action de dissiper*, dismand.—*Dissipation, prodigalité*, trezennérez, trezérez. prodigançz, fri-
gaçzérez, frigaçz, dismant, dismand.
—*Dissipation d'esprit*, dibarfeded a spered, an disonch.—*Dissipation ordinaire*
*d'esprit*, disonch ordinal.

DISSIPER, *consumer, détruire*, dismanta, *pr.* et; caçz è dismand, *pr.*
caçzèt, caçz da goll, caçz da netra,
goasta, *pr.* èt; dismantra, *pr.* et; bévezi, *pr.* et. *Van.* dismanteiñ, goasteiñ, distraheiñ, distreah, *ppr.* et.

DISSOLU, *ue, débauche, malhonnête*,
disolid, diçzoludd, oc'h, â, añ. *Van.* id.

DISSOLUTION, *destruction*, diç-
zolvançz, distruich.—*Dissolution, dé-*
*bauche*, diçzoludded, *pl.* ou; oryadez,
*pl.* ou.

DISSONNANCE, *faux accord*, dis-
corded, disaccordançz.

DISSOUDRE, *décomposer, rompre*,
diçzolvi, *pr.* et; dispenn, *pr.* et. *Van.*
dispcènneiñ, *pr.* et.

DISSOUS, *oute*, diçzolvèt, dispennet, diçzolf.

DISSUADER, disalya, *pr.* et; digu-
sulya, *pr.* et; distreï, *pr.* distroët. *Van.*
distroeiñ, dibennadeiñ.—*Celui qui dis-*
*suade*, disalyer, *pl.* yen; digusulyer,
*pl.* yen. *Van.* dibennadour. *pl.* yon.

DISSUASION, disaly, *pl.* disalyou;
digusul, *pl.* you. *Van.* dibennad, *pl.* eū.

DISSYLLABE, ur guer a ziou syllabenn.

DISTANCE, *éloignement de temps et*
*de lieu*, qehyd, hed, hend, pennad-
hend, poulsad-hend, royad-hend, ra-
binad-hend.—*Quelle distance y a-t-il de*
*Belle-Isle à Nantes?* pe guéhyd a so e-
veus a Enès ar guer-veur da Naffnet?
—*La même distance que de Vannes à Ren-*
*nes*, qéhyd evel a so entre Guéned ha
Roazon. — *Il y a de la distance de l'an à*
*l'autre*, hend a so eûtrezu, bez'ez eus
hend eñtre an eil bac eguile. — *Il y a*
*une lieue de distance entre eux*, ul léau
hed a so eûtrezo.—*A la distance de trois*
*lieues*, var hed téyr léau. — *Il y a un*
*fort grande distance d'ici là*, ur guéhyd
vras a so ac'han d'-y, pell-bras ou pell-
lou-bras a so ac'hanen dy, ur pen-
nad-bras a hend a so ac'halen d'y, ur
royad-mad a hend *ou* ur rabinad-mad
a hend *ou* ur poulsad mad a hend a so
ac'han dy. *Van.* ur boutad-mad *ou* ur
peënnad mad e so e haneman d'enoñ
—*Une très-petite distance*, ur pennadicq
hend, ur royadicq-hend, ur rabinad-
dicq-hend, ur poulsadicq-hend, ur
tammicq-hend. *Van.* ur boutadicq be-
ënd, ur peënnadicq heënd. — *Il y a*
*une grande distance de temps d'ici là*, ur
guéhyd vras a so ou ur guéhyd vras a
amser a so ahan d'y, pell a so ahañ
d'y, pell amser a so ahañ dy, pell bra
a so ahañ dy, ur pennad mad a amse
*ou* ur royad mad a amser a so *ou* ur
poulsad mad a amser a so ac'han dy.

DISTANT, *te, éloigné*, pell, oc'h
â, añ; hed. — *Cela est distant de cet*
*oille*, an dra-ze *ou* al leac'h-ze o so pe

diouc'h ar guer-mâ.—*Quoique le centre de la terre, et par conséquent l'enfer, soit distant de nous de 1250 lieues, cependant les âmes y tombent en un instant*, pegue-ment-bennac mavéz caloun an doûar, hac evel-ze an ivern, hed daouzecq cant léau hac hanter-c'hant diouzomp; couscoude an eneou collet ( goa dezo) a goëz ênhañ ê spaçz ur serr-lagad.

DISTENSION, *action d'étendre*, dis-tenn, distennadurez, distennadur.

DISTILLATEUR, *qui distille*, dive-rer, *pl.* yen ; diverour, *pl.* yen ; stril-her, *pl.* yen ; strilhour, *pl.* yen.

DISTILLATION, *l'action de distiller ou la chose distillée*, diveradur, divera-durez, diver, strilhadur, lambigadur. *Van.* divir, diveradur, diver.

DISTILLER, strilha, divera, *ppr.* et. *Van.* divereiñ, divireiñ.—*Distiller, t. de chimie*, strilha lousou, *pr.* et; lambiga, *pr.* lambiguet; lambiga lou-sou, strilha gand al lambicq. *v. extrac-tion.*

DISTINCT, *te, séparé, différent*, dif-farand, dirapord.—*Deux questions tou-tes distinctes*, diou guistion diffarand *ou* dirapord.— *Distinct, net, sans con-fusion*, sclear, selær, spez, splan, oc'h, 1, añ.— *Une voix distincte*, ur vouëz sclear, ur vouëz sclær, *pl.* mouëzyou; ur vouëz freaz *ou* fræz.— *Une vue dis-tincte, qui voit les objets sans confusion*, ur guëlled splan *ou* spez *ou* sclær.

DISTINCTEMENT, èn ur fæçzoun diffarand *ou* sclær *ou* splan, gad diffa-ranz, gad sclærded, gand splander, ez freaz, ez fræz, ez sclær.

DISTINCTION, *différence*, dispa-raich, qemm, diffarançz.—*Il y a de la différence entre les ecclésiastiques et les lai-ques*, disparaich *ou* qemm *ou* diffarançz a zo eûtre an dud a ilis hac an dud licq ; beza ez eus da lavaret eûtre an lud saer hac ar re licq.— *Distinctioñ, . de philosophie et de droit canonique*, dis-inccion, *pl.* ou.—*Distinction réelle ou de raison*, distinccion real pe distinccion a résoun.—*Les 101 distinctions de la pre-mière partie du décret de Gratien*, ar c'hant listinccion hac unan eus ar guentâ

qevrenn vès a zecred Gracian.

DISTINGUER, *montrer ou mettre de la différence*, diffaranti, *pr.* et; lacqât diffarançz, lacqaat di:paraich, *pr.* loc-ëet. *v. discerner.* — *Distinguer les bons d'avec les mechants*, diffaranti ar re vad diouc'h ar re fall. — *Distinguer le bien du mal*, aznaout droucq diouc'h vad , *pr.* aznavezet.

DISTRACTION, *retranchement, dé-duction*, distro, disparly, niveradur. — *Distraction, dissipation d'esprit*, di-souch, dibarfeded, disonchded.—*A-voir des distractions volontaires dans ses prières*, beza dibarfed gand e c'hrad vad èn e bedennou, beza disonch a volontez vad èñ e bedennou, *pr.* bed; disongeall a c'hrad vad var e beden-nou, *pr.* disonget; cahout dibarfeded èn e bedennou *ou* gad e bedennou, *pr.* bel; distrei e spered e leac'h all ê pad e bedennou, *pr.* distroët.

DISTRAIRE, *retrancher, déduire*, discounta, *pr.* et. *Van.* distraheiñ. — *Distraire, détourner quelque chose*, dis-trei, *pr.* distroët. *Van.* distroëiñ. *v. dé-tourner.*—*Distraire, démembrer une sei-gneurie, etc. ;* distaga diouc'h un au-trounyaich, diouc'h un dalc'h, diouc'h ur varn, etc. , *pr.* distaguet. *Van.* dis-tagueiñ doh.—*Distraire, dissiper*, lac-qât da disongeall, *pr.* lecqëet; rénta disonch, rénta dibarfed, *pr.* réntet.

DISTRAIT *en ses prières*, dibarfed èn e bedennou, disonch èn e bedennou, strantal gad e bedennou. *v. distraction.*

DISTRIBUER, *diviser*, distribui, *pr.* et; dispartya, *pr.* et.—*Il a distribué son sermon en trois points*, dispartyet èn deus e brezeguezn ê teir lodenn, distribuet én deveus e sarmon ê teir c'hevrenn *ou* ê try phoënd *ou* ê try boënd.—*Dis-tribuer, partager*, ranna, *pr.* et; loden-na, *pr.* et; loda, *pr.* lodet; dispartya, *pr.* et. *Van.* ranneiñ, lodeiñ. —*Distri-buer également à tous*, ranna ingal d'an oll.—*Distribuer, partager les procès en-tre les rapporteurs*, distribui, *pr.* et. — *Distribuer, donner*, rei, *pr.* roët. *Trég.* reiñ , *pr.* roët. *Van.* reigñ . *pr.* roeit, reit.—*Dieu distribue ses grâces avec lar-*

gesse, Doûe a ro e c'hraçzou gand larguéntez.

DISTRIBUTEUR, distribuer, *pl.* yen;
distribuour, *pl.* yen; ranner, loden-
ner, loder, dispartyer, rannour, lo-
dennour, dispartyour, *ppl.* yen. — *La
justice distributire*, ar justiçz distribu-
erès, ar vertuz a justiçz pehiny a ro da
bep hiny ar pez a aparchand oundtâ,
ar justiçz a zistribu.

DISTRIBUTION, *action de distribuer,
ce que l'on distribue*, distribù, *pl.* dis-
tribuou.—*Distribution, partage, division*, ran, lodenn, lod, *ppl.* ou. *Van.*
id., *pl.* eû.

DISTRICT, *ressort d'un juge*, dale'h,
*pl.* ou; bann, *pl.* ou.

DIT, *dite, ce qui a été proféré*, lavaret, heñvet, laret.—*C'est une chose dite,
il faut l'exécuter*, un dra lavaret eo,
hac a so red da ober; lavaret eo, red
eo e ober.—*Louis XIV, dit le Grand*,
Loys pevarzecq èn hano, heñvet ou
lesheñvet ar bras. — *Ledit Corentin
aurait comparu devant nous*, al eu an lavaret Caurintin ou an heñvet Caurintin èn deffé ou èn devéz compariezet
dirazomp.—*Ledit demandeur et ledit défendeur*, an lavaret goulenner hac al
lavaret difenner, an hevelep goulenner hac an hevelep difenner. — *Dit*,
*sentence*, ur gùer mad, ur setançz. —
*Il a son dit et son dédit*, e lavar èn deus
hac e zislavar.

DIVERS, *erse*, diffarant, dishêvel.
—*Diverses personnes, personnes différentes*, meur a hiny, cals a dud, cals tud.
— *Diverses sortes de personnes*, a bep
seurd tud. — *Diverses couleurs*, a bep
seurd livou ou liou, meur a liou, cals
a livou.—*Divers temps, divers lieux*, amseryou diffarant, lec'hyou diffarant;
è meur a amseryou, etc.

DIVERSEMENT, e meur a farçzoun,
èn cals farçzounyou, eñ meur a vanyel.

DIVERSIFIER, varier, cxiñch, *pr.*
et; vary t. *pr.* et. — *Diversifier, bigarrer*, marella, *pr.* et.

DIVERSION, distro, partaich.

DIVERSITÉ, *variété*, varyanded,
varyançz, meur a dra, cals a draou.

—*Diversité, grand nombre*, niver bras.
—*Diversité, bigarrure*, marelladur.

DIVERTIR, *détourner quelqu'un de
quelque chose*, distrei ur re bennac diouc'h, etc., *ou* eveus a, etc, *pr.* distroët.—*Divertir, égayer, réjouir*, laouennât, *pr.* laouenneët; rei plijadur, *pr.*
roët; divertiçza, *pr.* et. *Van.* diverre-
iñ, deverticzeiñ.—*Se divertir*, fringal,
*pr.* fringuet; laouennaat, *pr.* ëet; hem
laouennât, qemeret e blijadur, *pr.* id.;
hem divertiçza. *Van.* him deverreiñ,
him devertiçzeiñ. *v. s'ébattre*.

DIVERTISSANT, *ante*, laouennus,
diverrus, divertiçzus, oc'h, à, añ.
*Van.* devertiçzus, deverrus, oh, añ.

DIVERTISSEMENT , divertiçza-
mand, *pl.* divertiçzamanchou; diverramand, *pl.* diverramanchou. *Van.* deverremant, diverremant, *ppl.* diverre-
manteû; imbat, embat, *ppl.* embateû
—*Divertissements folâtres, peu honnêtes*,
divertiçzamanchou foll; goall divertiçzamanchou, divertiçzamanchou nediñt
qet re honest, diverramanchou disones

DIVIN, *ine*, diin, a aparchant ou-
c'h Doûe, a Zoûe. *Van.* divin. *Al.* do-
cël, doëas,— *La majesté divine*, ar vagestez diin, ar vagestez a Zoûe. — *La
loi divine*, al lésenn a Zoûe, lésenn
Doûe, al lésenn diin. — *L'office divin*,
ou oviçz diin, *pl.* an oviçzou diin.

DIVINATION, *l'art de deviner*, divinadur, divinadurez, sqyand da divina, divinérez. *Van.* divinoureh, divi-
nereah. *Al.* armès.

DIVINEMENT, dre ar vertuz a Zoûe,
dre voyen an autrou Doûe, dre ar voyen a Zoûe, gand sicour Doûe, ez d'
in. — *Divinement, parfaitement*, mau-
v c t, eçzélant, forz vad, ez parfedd.
*Van.* forh vad, maneûieq, maneïeq.

DIVINITÉ, *Dieu, l'essence de Dieu*;
Doûe, au eçzans a Zoûe. *Al.* doeëlez.
—*En Jésus-Christ, la divinité et l'humanité sont jointes ensemble*, Jesus-Chrst
a so Doûe ha dèn açzamblès. *Al.* el
Jesus-Christ ez ma an doeëlez guer[
gand an humenidiguez.—*Divinité des
anciens païens*, fals Doûe, *pl.* fals dou
eëd; fals doueës, *pl.* fals doueësed. *Al*

**Lals docëlez.** *v.* dieux, *déesses.*

DIVISER, *séparer*, *partager*, ranna, pr. et; dispartya, *pr.* et; diforc'h, *pr.* et. *Van.* rauein, darneiñ. *Al*, parthu. *v. distribuer.*—*Il a divisé son bien en trois portions égales*, rannet èn deus e olldra è teyr lodenn ingal.—*Un sentier divise leurs terres*, ur venoge.ɯn a zisparty o douarou,ur ravéud a lacqua disparty *ou* a ra disparty eñtre o douarou,—*Dieu divisa les eaux des eaux*, dit *l'écriture*, au autrou Doüe, eme ar scritur sacr, a ziforc'has *ou* a zispartyas an dour a so dreist an oabl steredet, diouc'h an hiny so var an doüar.—*Diviser en deux parties égales*, daonhautera just, daouhanteri d'ar just, ppr. daouhanteret, ranna *ou* dispartya *ou* lacqât è diou lodenn just *ou* è diou lodenn ingal.—*Diviser*, *désunir.* *ɪ.-y.*

DIVISIBILITÉ, *qualité de ce qui peut être divisé*, diforc'hidiguez, rannidiguez, dispartidiguez.

DIVISIBLE, rannapl, dispartyapl, diforc'hapl, oc'h, à.

DIVISION *partage*, rann, *pl.* ou; disparty, *pl.* ou; diforc'ted, *pl.* ou.—*Division*, *discorde. v.-y.*

DIVORCE, *dissolution entière du mariage*, diforc'hidiguez a zimizy, terridiguez an dimizy.—*Le concile de Trente a défendu le divorce*, *quant au lien du mariage*, *pour quelque cause que ce soit*, ar c'honcil a Dranla èn deveus divénnet ne zéuët evit nep caos da ober diforc'hidiguez a zimizy *ou* terridiguez a zimizy.—*Divorce*, *séparation de corps et de liens*, disparty, disparty cñtre daou bryed, disparty a gorf hac a vadou.

DIURETIQUE, remed stautus, *pl.* remejou stautus; remed troazus, *pl.* remejou troazus.

DIURNAL, euryou bælecq, euryou pemdez. *Vɪn.* æryeu ur bellecq.

DIVULGUER, brudi, *pr.* et; disculya, *pr.* et; rènta patant *ou* aznad, *pr.* réntet, rei da anaout, *pr.* roët.

DIX, *nombre*, decq. *Van.* id.—*Lɩ̀ nombre de dix*, an niver a zecq. — *Dix à dix*, decq-ha-decq, decq-è-decq. — *De dix en dix*, a zecq-è-decq.— *De dix*

*l'un*, a **secq** unan.—*De dix ans d'ici*, a zecq vloaz ac'han.—*De dix ans*, *âgé de dix ans*, dec-vloazyad, *pl.* dec-vloazidy.—*Dix fois*, decq guëach, decq guëich *ou* guëch.—*Dix à la fois*, decq var un dro, decq èn un dro, decq en un taul. — *Dix à chaque fois*, decq bep veach, decq dạ bep tro.—*Dix-huit*, tryhuec'h. *Van.* tryhueh, eih-decq. — *Dix-sept*, seytecq.—*Dix-sept fois*, seytecq guëach.—*Dix-sept fois autant*, seytecq qement.

DIXIÈME, decqvet. *Van.* id.

DIZAINE, un decq-bennac, un decq. — *Une dizaine de pistoles*, un decq pistol bennac. — *Une dizaine d'écus*, un decq scoëd. —*Dizaine de chapelets*, dizenez, *pl.* ou; digenez, *pl.* ou. *Van.* merchad, *pl.* eü. — *Il y a quinze dizaines dans le rosaire*, èn ur rosera ezeus pemzecq digenez. *Van.* èn ur rosér *ou* en ur sautier e hez pemzëeq merchad.

DOCILE, hegarad, descabl, desqibl, c'hoantecq da zisqi *ou* da sénti, séntus, oc'h, à, añ.

DOCILITÉ, hegaradded, c'hoantéguez da zisqi *ou* da sénti.

DOCTE, güizyecq, goüizyecq, oc'h, à, añ. *Van.* gouylecq, oh, añ.

DOCTEMENT, èn ur sæçzoun goüizyecq, eʐ goüizyecq, gand güizyéguez

DOCTEUR, doctor, *pl.* ed. *Van.* id. — *Docteur en théologie*, teologan, *pl.* ed; doctor èn deology. — *Docteur en Sorbonne*, doctor eus ar Sorbon. — *Docteur en droit canonique*, doctor èr güir eus an ilis. — *Docteur en droit civil*, doctor er güir civil. — *Les docteurs en droit*, *les juristes*, doctored ar güir; güiraour, *pl.* yen. *Al.* fur èn güir, *pl.* tud fur èn güir.

DOCTORAT, *degré de docteur*, doctoraich.

DOCTRINE, güizyéguez, goüizyéguez. *Van.* dotriu, deütrin, dottryn. — *La doctrine chrétienne*, ar greden christen, an dottryn gristen. *Van.* en deütriu a grecheneah.

DODO, t. enfantin, *pour endormir les enfants*, choucqicq, chou-choucq. — *Aller faire dodo*, mônet da ober chouqicq *ou* chou-choucq.

DODU, e, *gras, potelé, douillet*, qigus, cuilh, oc'h, à, aû.

DOGE, *chef de la république de Vénise*
*et de Gênes*, dug, *pl.* dugued. — *Femme*
*du doge*, duguès, *pl.* ed.

DOGMATIQUE, *instructif*, qeleñus.

DOGMATISER, *enseigner*, *instruire*,
qelenn, *pr.* et.

DOGMATISEUR, qelenner, qelen-
nour, *ppl.* yen.

DOGME, *précepte*, *instruction*, qelennadurez, *pl.* ou; reol, *pl.* you.— *Dogme*
*de foi*, reol eus ar feiz, *pl.* reolyou; güiryonez eus ar feiz, *pl.* güiryouezou. —
*Dogme pernicieux en matière de foi*, ompinion névez ha dangerus, *pl.* ompinionou. *Al.* disivoud, *pl.* disivoudau.

DOGUE, *gros chien*, doguès, *pl.* ed.
*Van.* dog, *pl.* dogued. — *La femelle du*
*dogue*, doguesès, *pl.* ed; qyès-doguès,
*pl.* qyesed-doguès. *Van.* dognes, *pl.* ed.

DOGUER (se), tourtal, tourta, *ppr.*
et. *Van.* turcheiñ, turchal, meüteiñ.
*v. cosser*, *jouter*. — *Les moutons se do-*
*guent*, e ma ar méaud o tourta *ou* o
tourtal.

DOGUIN, *petit dogue*, doguesicq, *pl.*
doguesedigou. *Van.* doguicq, *pl.* do-
guedigueñ.

DOGUINE, doguesesicq, *pl* doguesc-
sedigou. *Van.* doguesicq, *pl.* doguese-
digueñ.

DOIGT, bis, *pl.* yad; bès, *pl.* yad. *Van.*
id. — *Les quatre doigts et le pouce*, ar
pévar bès hac ar meud. — *Le pouce*, ar
meud, *pl.* meudou ; ar bis meud, *pl.*
an daou veud, an naou vis-meud. —
*L'index*, an eil bis. *Burlesq.* besicq ar
vaguerès, bisic ar yod. — *Le doigt du*
*milieu*; ar bis creiz. — *Le quatrième doigt*,
ar bévare bis, bès ar galoun. *Burlesq.*
bisicq ar bezou. — *Le petit doigt ou l'au-*
*riculaire*, ar bis bihan. *Burlesq.* bisi-
bu, ar guydor-oc'hicq, ar guydor. *v.*
*culot.* — *Doigt de pied*, bes-troad, bis-
troad, *pl.* bisyad-treid, besvad an treid.
— *Jointures des doigts*, joeñt ou ar bisyad. — *Article du doigt*, mell ar bis, *pl.*
méllou ar bisyad. — *Le premier article*,
ar c'hentâ mell. — *Le second article*, an
eil mell. — *Le troisième article*, an dre-

de mell, ar migorn. *v. extrémité.* —
*Qui a perdu quelque doigt de la main*, di-
vèset, dôrn-boulc'h. — *Qui a perdu le*
*pouce*, diveudet. — *Qui est né sans pouce*,
diveud. — *Le travers d'un doigt*, treuz
ur bis. — *Montrer au doigt*, disquéz gand
ar bès, *pr.* disquézet. — *Faire toucher*
*au doigt*, disquéz aznad, disquéz sclær,
*pr.* disquézet. — *Faire du bruit avec les*
*doigts*, stlacqa an bisyad, *pr.* stlacqet.
— *Savoir une chose sur le bout des doigts*,
gouzout un dra dreist penn-bis, *pr.* gouvezet. — *A deux doigts de l'œil*, var hed
daou vis diouc'h au lagad. — *A deux*
*doigts de la mort*, a dreuz daou vis diouc'h
ar maro, bede ar mouich. — *Le doigt*
*de Dieu*, *le bras de Dieu*, *la main de Dieu*
*est ici*, *t. de l'écriture sainte*, goalenn
Doüe a so amâ. *v. fléau.*

DOL, *tromperie*, *ruse*, *mauvaise foi*,
tromplérez, fallaaryez. *Al.* dol, duyll.
On prononçait doüilh.

DOL, *ancienne ville épiscopale*, *autre-*
*fois archiépiscopale*, *en Bretagne*, Dôl.

DOLEANCE, *plainte*, clemvan, *pl.* ou.

DOLENT, e, clemvanus, clemmer,
*pl.* yen; clemmicher, *pl.* yen; qisidicq,
quyridicq. — *Jarret dolent*, *qui se plaint*
*souvent sans avoir de mal*, camm qy, pa
gar; cloüaricq, güiridicq.

DOLER, *unir le bois avec une doloire*,
qcladuryat, *pr.* et; taladuryat, *pr.* et.

DOLOIRE, *instrument pour doler*, qeladur, *pl.* you; taladur, *pl.* you.— *Cette*
*doloire ne coupe point*, ar c'heladur mañ
ne drouc'h qet, ne drouc'h tamm an
daladur-mâ.

DOM, *titre d'honneur*, *qui veut dire*
*sieur*, *seigneur*, *et qu'on donna d'abord au*
*Pape seul*, *puis aux évêques*, *aux abbés*, *et*
*a resté aux moines et aux prêtres séculiers*
*en Basse-Bretagne*, dom. *v. ordres.* —
*Dom Pierre*, *dom François*, *dom Grégoire*,
dom Pezr, dom Francès, dom Gregôr.

DOMAINE, *revenu ordinaire du roi*,
domany, domany ar roüe, damany.—
*Le receveur des domaines*, recevour au
domany, fermour an domany. — *Do-*
*maine*, *propriété*, domany, *pl.* ou; damany, *pl.* ou; perc'henyaich, *pl.* ou. —*Ac-*
*croître son domaine*, crisqi czamany, *pr.*

cresqet. *Les mots de* domany *et de* damany, *qui veulent dire proprement en Bretagne :* seigneurie, propriété, *viennent
de* dom *et de* dam, *qui tous deux signifient* sieur *et* seigneur; *quoiqu'd présent
ils soient hors d'usage, comme plusieurs autres mots anciens.* — Domaine congéable,
doüar congez. *v. baillée.*

DOMANIAL, e, *qui appartient au domaine,* domanyus, damanyus, a aparchant ouc'h an damany, a so eus an
damany.

DOMANIER, *propriétaire,* damanyer,
*pl.* yen; domanyer, *pl.* yen; perc'heñ,
*pl.* ed.

DOME, *voûte demi-sphérique,* dom, *pl.*
eu. *C'est comme qui dirait :* le maître du
toit, dom an doën. *Van.* tour rond, tur
rond, *ppl.* yeü roud. — *Le dôme de l'é-
glise cathédrale,* dom an ilis veür.

DOMESTIQUE, *qui est de la maison,*
tyéguez, *pl.* ou; nep so eus a un tyé-
nuez. — *Le domestique, les domestiques,*
'ud an tyéguez, tud an ty. — *Domestique, serviteur,* servicher, *pl.* yen; mevell, *pl.* ou, yen. *Trég.* meoüel, *pl.* o.
— *Domestique, servante,* servicherès, *pl.*
ed; matès, *pl.* mitisyen. — *Animaux
domestiques,* loëzned doñ, anevaled doñ,
anevaled an ty.

DOMICILE, *demeure ordinaire,* de-
meurauçz, *pl.* ou. *Al.* ham, *de là* hameau,
hamell; *de là* hamañ, *ici.*

DOMICILIÉ, e, *qui a une demeure fixe,*
manand, *pl.* ed.

DOMINANT, e, *qui est supérieur, etc.,*
mæstrônyus, mæsir, uhel, mailh. —
*Un génie dominant à qui tout le monde cè-
de,* ur spered mæstronyus, ur mailh.
— *Un lieu dominant,* ul leac'h uhel, ul
leich dreist ar re all — *Un fief dominant, qui a des fiefs qui dependent de lui,*
dalc'h-mæst, *pl.* dalc'hou-mæst; peñ-
dalc'h, *pl.* pennou-dalc'h. — *La passion dominante,* ar væstrès inclinaciou,
ar penn-inclinacion, ar penn-youl disordren.

DOMINATEUR, mæstr absolud, *pl.*
mæstry absolud.

DOMINATION, *empire, autorité,* mæs-
trônyez, mæstrounyaich, mæstrôny,

galloudez. — *Domination, gouvernement,*
goüarnamand. — *Domination qu'on s'attribue,* mæstrounyaich, dictatoraich.
— *Dominations, les anges du quatrième
ordre,* an dominacionou.

DOMINER, *être le maitre, commander,*
mæstrounya, *pr.* et; goüarn, *pr.* et';
beza mæstr absolud, cahout ur væs-
trôny absolud, *ppr.* bet. — *Dominer sur
tout le monde,* mæstrounya ar bed-oll *ou*
var ar bed oll. — *Dominer sa passion,*
reolya e zrouc-youl, *pr.* reolyet; trec'hi
d'e voall-inclinacion, *pr.* trec'het; beza treac'h d'e voall-inclinacion, *pr.* bet.
*v. réprimer.* — *Sa passion le domine,* treac'h eo dezà e inclinacion disordren,
mæstrônyet eo gand e incliuacion disordren.

DOMINICAIN, *religieux de saint Dominique,* un tad sant Dominicq, *pl.* tadou; religius evès a urz sant Dominicq,
*pl.* religiused; ur sant Dominigad, *pl.*
sant Dominiguis.

DOMINICAL, e, a zeu eus a Zoüé,
a aparchant ouc'h Doüe. — *L'oraison
dominicale,* ar bater, ar bater-noster. —
*Prêcher la dominicale,* prezecq bep sulvez hervez an avyel au deiz.

DOMINICALIER, nep a brezecq
bep sul.

DOMINO. *coiffure des prêtres pendant
l'hiver,* camail, domino, *pl.* geou.

DOMMAGE, doumaich, *pl.* ou; coll,
*pl.* ou; gaou, *pl.* meura c'haon. *Van.* do-
mach, coll, gueñ. — *Causer du dommage,*
doumaicha, doumaichi, *pr.* doumaiget;
gaoüi, *pr.* et; digaçz coll, prdigaçzet; ober
gaou, *pr.* græt; donguen doumaich, *pr.*
douguet. — *Recevoir du dommage,* cahout doumaich *ou* coll, *pr.* bet; beza
gaouët, *pr.* bet. — *A mon dommage,* èm
doumaich, èm gaoü, èm c'holl. — *Ce
sera à votre dommage, à vos frais,* èñ oz
caou vezo, èn oz coll a vezo, èn oz tou-
maich a vezo, èn oz coust a vezo, èn
oz misou vezo. — *C'est dommage de cela,*
doumaich eo qemen-ze. — *Sans dommage,* disoumaich, digoll.

DOMMAGEABLE, doumaichus, collus, gaoüus, oc'h, à, añ. *Van.* id.

DOMPTABLE, doûvapl, doëvapl,

oc'h, â, añ. *Parlant des hommes farou-ches, difficiles,* trec'hapl, fæzapl, oc'h, â, añ.

DOMPTER, *vaincre,* trec'hi;treêç'hi, *ppr.* trec'hçt; sugea, *pr.* suget; feaza, fæza, *ppr.* et. *v. rédaire.* — *Dompter des personnes difficiles d'gouverner,* soublaat tud reçulus, *pr.* soublêet; dônet a beñ evès a dud amgestr, *pr.* deäet; lacqât tud reculus *ou* tud amgestr da sugea, *pr.* lecqeët. *Van.* gobér plegueiñ tud reud *ou* discombert. — *Dompter des ani-maux rétéches,* soublaat anevaled am-gestr. *pr.* soublêet. — *Dompter, appri-voiser,* doëva. *pr.* et; doñvi, *pr.* doñvet; doñvat, *pr.* êet. — *Dompter ses passions,* treêc'hi d'e *ou* e voall inclinacionou, *pr.* treêc'het.

DOMPTEUR, fæzer, *pl.* yen; treêc'h, victorius, treac'h.

DON, *présent, gratification,* douné-son, *pl.* ou. *Van.* donéson, *pl.* eü. *Al.* don, *pl.* au; daun, *pl.* au. — *Petit don,* dounésonicq, *pl.* dounésonouïgou. — *Faire un don ou une donation à quelqu'ùn,* dounésona *ou* dounésoni un dra da ur re-bennac, *ppr.* dounésonet, ober dou-néson da ur re, *pr.* græt; rei un douné-son da ur re, rei un dra ê dounéson da ur re-bennac, *pr.* roët. *Al.* donyo, *pr.* et. — *Donner en don,* rei e dounéson, *pr.* roët. — *Don mutuel des conjoints par mariage,* qèn dounéson, *pl.* qen dounésonou; dounéson eñtre an eil hac eguile, dounéson qen-èntrezo. — *Don ou présent de noces,* an enep-guêrc'h; *pl.* enebou-guêrc'h. *v. empeigne, douaire.* — *Don, talent, privilège, avantage,* douné-son, *pl.* ou; dounéson a-berz an natur, a-berz Doüe, etc.

DONATAIRE, *qui reçoit une donation,* nep a receo un dounéson; an douné-sonet, *pl.* ar re dounésonet.

DONATEUR, *qui fait une donation,* dounésoner, *pl.* yen; nep a ra dounéson.

DONATRICE, dounésonerès, *pl.* ed.

DONATION, *ce qu'on donne à quel-qu'un par contrat,* dounéson, *pl.* ou.

DONC, *conséquemment,* rag-ze, evel-ze, evel-ze'-ta, dre-ze, dre-ze'-ta. var-ze, var-ze'-ta, partbant, hac evel-ze.

*Van.* e halze, hal-ze, dre guément-ze; — *Donc il faut le faire,* rag-ze ez eo red e ober evelze ez renqear e ober, etc. — *Donc, n'étant pas la conclusion d'un raisonnement,* ota. *L'e ne se prononce pres-que pas, et est souvent retranché. Van.* eu-ta. — *Il vient donc à moi,* dônet a eureu eta d'am c'havout. *Van.* dônet e res en ta d'em heût. — *Y a-t-il donc quelqu'un qui ose?* hao ur re bennac a so 'ta gue-ment a gredté? — *Que veux-je donc di-re?* pe sell din-me 'ta da lavaret?

DONDON, *grosse femme,* plac'h eu grecq crenn ha qygus, plac'h lardd ha leo; trouçzad, *pl.* ou; breyad, *pl.* ou; bryad, *pl.* ou. *Van.* vamdroguenn, *pl.* ed; drouilhenn, *pl.* ed; farlaudenn, *pl.* ed. *Ces deux derniers mots ne se disent guères en bonne part;* drouilhenn *voulant dire* drouine; *et* farlaudreun *venant de* farloti, frelater. *v. gore.*

DONJON, an tour-væstr, *pl.* touryou-væstr, au tour-creiz, *pl.* touryou-creiz. *Al.* domjou, *id est, tour élevée ou maï-tresse tour, consacrée au seigneur Jupiter. de dom, seigneur, et de Jou, Jupiter; d'où apparemment on a formé le mot français* donjon. *v. Jupiter, jeudi, dôme.*

DONNER, rei, *pr.* roët; autren. *pr.* autrëet. *Trég.* reiñ, *pr.* roët. *Van.* reiñ, reign, roeiñ, *ppr.* reit, roëit. — *Donner à chacun ce qui lui appartient,* rei da bep hiny e dra, rei da bep hiny e apar-c'handd *ou* ar pez a aparchant ountâ. — *Je lui ai donné ce qu'il demandait,* sa grâce, autreet am eus dezâ e c'houleñ, roët am eus dezañ ar pez a oulenné; accordet am eus *ou* autrëet am eus, dezâ e c'hraçz. — *Donner de main en main,* rei a zournn ê-dourn, rei a zorn da-zorn. — *Donner des coups de bâton,* bazatâ, *pr.* et. — *Donner d entendre,* rei da eñtent. — *Donner avis, avertir,* rei avis da ur re. — *Donner atis, accuser,* flatra, *pr.* et. *Van.* flatreiñ. *pr.* et. — *Donner conseil,* rei cusul, rei avis; cu-sulya, *pr.* et. — *Le vent donne, il vent,* c'huêza a ra an avel, *pr.* c'huêzet. — *La pluie donne, il pleut,* couêza a ra x glao, glao a ra, bez'ez ra glao. — *Se donner à Dieu,* èu hem rei da servichou

Doüc, èn henu rei da Zoüe, *pr.* èn hem
roët; renonçz d'ar bed , *pr.* renoncet.
—*Se donner sans réserve à Dieu*, èn hem
rei.èn oll-da'n-oll da Zoüe, renonçz
a-grenn d'ar bed.

DONNEUR, roer, *pl.* roéryen; nep
a ro.—*Donneur de coups de bâton*, bazataër, *pl.* yen ; fuster, *pl.* yen.—*Don-*
*neur d'avis, entremetteur*, jubenn , *pl.*
ed. *Trég.* roüynell, *pl* ed. *Corn.* darboder, *pl.* yen.—*Donneur d'avis, accu-*
*sateur*, flatrer, *pl.* yen. *Van.* flatour.

DONT, *duquel, de laquelle*, peus a-
hiny, pe-a-hiny, eus a pe-hiny, a be-
hiny. *Van.* a be-hany. *Trég.* a be-hany, a be-hiny.— *Dont, desquels, des-*
*quelles*, pe eus-a-re, pe-a-re, eus-a-
be-re, a be-re.

DONZELLE, *courtisanne*, gouhyn,
*pl.* ou.—*Donselle, demoiselle, burlesque-*
*ment*, mesell, mesellicq.

DORADE, *poisson de mer*, aourouë-
denn, *pl.* ed; auredenn, *pl.* ed; aba-
dorenn, *pl.* ed. *Van.* doreadeeñ, tore-
ënn, *ppl.* ed. *B.-Léon*, suyenn, *pl.*
ou; lagadecq, *pl.* ed.

DORENAVANT. *v. désormais.*

DORER, alaouri, *pr.* et; aouri, *pr.*
et. *Van.* aléüreiñ, éüreiñ, *ppr.* et. *Il*
*faudrait écrire* alauri, auri, etc.—*Do-*
*rer un cadre, un chassis*, alaouri stærn
un daulenn.

DORÉ, *ée*, alaouret, aoüret.—*Ca-*
*dre doré*, stærn alaouret.—*Retable do-*
*ré*, stærn auter alaouret.-*Du papier doré*,
paper alaouret.—*Livre doré sur tranche*,
levr alaouret.

DOREUR, alaourer, *pl.* yen; aonrer,
*pl.* yen. *Van.* aléürér, eürour, *ppl* yon.

DORLOTER, *caresser*, dorlota, *pr.*
et. *Van.* dorloteiñ. *Ce mot vient de* dorlo , *qui signifie manier beaucoup, et de*
dorlot , *qui signifie mignon, e, caresser.*

DORMANT, *ante*, agousq , a hun ,
a repos. — *Les sept frères dormant. On*
*prétend qu'ils ont dormi près de* 200 *ans*
*dans une caserne maçonnée, depuis l'em-*
*pire de Decius jusqu'à celui de Théodose II,*
breuzdeur ar seiz hun, sænt ar seiz
hun.—*Eau dormante , qui ne coule pas*,
dour sac'h, dour chag, dour chac'h.

DORMEUR, *qui aime à dormir*, cousqer , *pl.* yen; huner, *pl.* yen; hunyer,
*pl.* yen ; hunegan, *pl.* ed. *Ce dernier*
*mot signifie, dans le propre, liron et mar-*
*motte.*

DORMEUSE, cousqerès, *pl.* ed ; hu-
nerès, *pl.* ed; huneganès, *pl.* ed.

DORMITIF, *qui fait dormir*, remed
cousqus , lousou cousqus *ou* cousqed
*ou* cousq. *Van.* leseü cousqedicq.

DORMIR, cousqet, *pr.* id.; hunya,
*pr.* et; huni, huna, *ppr.* et. *Van.* cous-
qět, cousqeiñ, huneiñ, *ppr.* et; hunya-
eiñ. *v. reposer.* — *Aller se coucher pour*
*dormir*, mônet da c'hourvez evit cousqet.—*Dormir d'un profond sommeil*, morvitellat, *pr.* et; cousqet micq , hunya
micq, cousqet calet, cousqet stard,
hunya saçzun.—*Dormir profondément et*
*long - temps*, morvitellat pell amser ,
cousqet micq ha pell, ober ur c'hor-
fad mad a gousqed, ober un hun mad,
ober un hun hirr ha caled, *pr.* grnt.
*Van.* huneal caër, *pl.* huneet caër. —
*Dormir légèrement*, moredi, *pr.* et; mori, *pr.* et; morgousqet, *pr.* id.; dargudi; *pr.* et; soucha, *pr.* et. *Van.* morgousqeiñ , choucqeiñ, *ppr.* et. *v. assou-*
*pir.*—*Dormir en lièvre*, cousqet e zaoulagad digor.—*Dormir en assurance, à son*
*aise*, cousqet èn açzurançz, èn e æz.
—*Dormir en crainte*, cousqet ê spond.
—*Dormir la grasse matinée*, cousqet bede pell àn deiz ou bede crezdeiz.—*Dor-*
*mir en poste*, cousqet hastif, cousqet
scañ. *Al.* cousqaff scaff.

DORMIR, *sommeil*, cousqed, ar
c'housqed. *Van.* cousqed, er housqed.
*v. sommeil.*

DORTOIR, *salle à coucher*, dortoüer,
*pl.* ou.—*On garde le silence dans les dor-*
*toirs*, ne gomzér qet èn dortoüerou.

DORURE, alaouradur, aouradur ,
alaouraich, aouraich, aour. *Van.* éü-
radur, aléüradur, éüraich, aléüraich.

DOS, qéyn, *pl.* qéynou; ar c'héyn.
*Van.* qéyn, *pl.* qéynoü; er héyn.—*Son*
*dos, parlant d'un homme*, e guéyn.—*Son*
*dos, parlant d'une femme*, he c'héyn.—
*Petit dos*, qéynicq, *pl.* qeynouïgou.
qéynicq *se dit aussi d'une femme bossue* ,

38

*burlesq.*—*Qui a le dos voûté*, cromm, oe'h, â. *Van.* id. — *Qui a le dos large*, qéynecq, oo'h; â. *Van.* qéynyecq, oh, aû.—*Faire le gros dos*, ober ar c'héynecq, ober e guéynecq, ober ar c'hoz, *pr.* græt; o'huësa e guèyn, *pr.* et. — *Tourner le dos*, trei e guéyn; *pr.* troët. — *Vite, tournez-moi le dos*, ma velliñ prèst ho qéyn, distroyt prèst seulyou ho treid.—*Porter sur le dos*, douguen var e gueiñ, douguen var choucq e guil, douguen var e choucq, *pr.* douguet.—*S'efforcer de soutenir du dos*, qéyna, *pr.* et; ober qéyn, *pr.* græt.—*Il a bon dos, il supportera bien cela*, mad eo e guéyn, qézn mad èn deveus, mad eo da guéyna; brao ez voar qéyna, manivicq ez voar ober qéyn.—*Cela est sur le dos du bonhomme, sur son compte*, an hiny coz a baëo tout.—*Battre quelqu'un dos et rentre*, canna ur re tu evit iu, canna caër ur re, canna qenna fu, *pr.* cannet; bazata ur re-bennac èn naou du, *pr.* bazatet. *Van.* bahateiñ uuon-benac qen ne stracq, *pr.* bahatet.—*J'ai toujours un tel d dos*, ben-a-hen a so atau a enep din *ou* countroll dign.—*Dos-à-dos*, qéyn-è-qéyn, qéyn ouc'h qéyn. *Van.* qéyn oh qéyn.—*Mettre les parties qui plaident dos à dos*, lacqât ar c'hefrennou qèver-è-qèver, lacqât qeñver-ha-qeñver, lacqât qéyn ouc'h qéyn, *pr.* lecqëet.— *Le dos d'un animal, d'un livre, etc.*, qéyn.—*Le dos d'un couteau*, qil ur gountell. — *Dos d'âne, double talus*, qein croum, qein bolsecq, ur figur qein croum, ur figur bolsecq.

DOSE, *quantité prescrite*, pouës, musul. *Van.* dram.—*Dose juste, dose forte*, pouës just, musul just; pouës bras, musul crê.—*Double dose*, musur doubl, pouës doubl.—*Redoubler la dose*, doubla ar musul, *pr.* doublet; lacqaat ur c'hement all, *pr.* ëet.

DOSER, lacqaat ar pouës, pe ar musul deread èn urvidicinérez, *pr.* lecqëet.

DOSSE, *planche de clôture*, plancqeñ teo, *pl.* pleñch teo.

DOSSIER, *dos de fauteuil, etc.*, doçzer, *pl.* doçzeryou, doçzerou; qéyn,

*pl.* ou.— *Dossier de chaise*, qéyn ar gador, doçzer ar gador.—*Dossier de carrosse, le fond*, guëled ar c'harronçz, doçzer ar c'harronçz.— *Dossier de lit*, penn ar guële.

DOSSIERE, *partie d'un harnais*, doçzer, *pl.* you.

DOT, *ce qu'on donne d une fille en mariage, ou pour entrer en religion*, argoulou, argourou, argobrou. *Van.* argouvreü. — *Quelle dote donne-t-on d cette fille?* peguement a roër d'ar plac'h-hont èn argoulou *ou* è argoulou *ou* evit argourou *ou* evit he argourou?

DOTAL, *ale, qui tient d la dote*, argoulaouüs, argouraouüs, a aparchant ouch an argoulou.—*Les deniers dotaux*, an argoulou, an argouraou, an argobraou. *Van.* en argouréü.—*Doter*, argoulaouî, argobraouî, argourauî, *ppr.* et.

DOUAIRE, enebarz, *pl.* ou; trederenn, *pl.* trederennou. eneb-arz, *id est*, ænep-harz, *soutien. v. don, champart.*—*Cette veuve a un gros douaire*, an intâvès-hont he deus un enebarz caër *ou* un drederenn gaër.—*Le douaire se donne pour récompense de la pudeur*, an o-zac'h a ro enebarz d'he c'hrecq evit e onesticz. *v. don.*

DOUAIRIÈRE, enebarzerès, *pl.* ed; tredennerès, *pl.* ed.—*La reine douairière*, ar roüanès enebazrerès.

DOUANE, güir ar roüe var ar marc'hadourezou, impod var ar marc'hadourez a ceñch roüantélez, pe brovinçz.—*Payez la douane*, paëit ar güir, peëit an impod ceñch.

DOUANIER, *fermour ar güir var ar marc'hadourezou*, commis ar güir, *pl.* commised; guiraour, *pl.* ed; commis an impod-ceñch.

DOUARNENEZ, *petite ville d quatre lieues de Quimper, autrement dite l'Ile Tristan*, Douarnenez, *id est, la terre de l'île, en sous-entendant Tristan*, doüar-an-enez.— *On appelle ironiquement les habitants de Douarnenez, Têtes de sardine, d cause de la pêche et du commerce qu'il en font*, Douarnenis a c'halvèr, penn-sardin. *v. Châteaulin.*

DOUBLAGE, *t. de marine*, doublaich.

DOUBLE, *monnaie de cuivre rouge,* doubl, *pl.* ed. *Van.* id.—*Double, deux fois autant,* an doubl, daou c'hement, daou c'hement-all. — *Payer le double,* paëa daou qement-all, paëa an doubl, *pr.* paë et. — *Double, copie d'un écrit,* doubl, *pl.* ou. — *Faire des doubles, des copies,* doubla, *pr.* et.—*Double, qui est plié en deux,* daou-bleguet. doubl, doublet, pleguet ê doubl.—*Mettre en double,* daou-blega, lacqaat ê doubl, doubla.—*En double,* ê doubl, ê daou-bleg. —*Double, fourbe,* trubard , *pl.* ed. — *Dire des paroles à double sens,* lavaret com-sou goloët, lavaret comsyou fall, *pr.* id.

DOUBLE-FEUILLE , *plante qui ne produit que deux feuilles,* an niou zelyen , lousaouen an diou zelyen.

DOUBLEMENT, *en deux manières,* ê doubl, ê dion fæçzoun.—*Cette terre lui appartient doublement,* an doüar-ze a a-parchant ountha ê diou fæçzoun.—*Il prêche doublement,* pec'hi a ra ê doubl, ê pec'hed a so doubl.

DOUBLER, *mettre une doublure,* doubla, *pr.* et.—*Doubler un habit,* doubla un abid.—*Doubler le pas,* hasta e bas, *r.* et ; doubla e gammejou.—*Doubler un cap, t. de marine,* trémen ur becq, *r.* et ; doubla ur becq-doüar, doubla ur c'happ.—*Doubler, tripler, quadrupler,* oubla, tridoubla, pévarloubla, *ppr.* t.—*Doubler, attraper celui qui voulait tromper,* tizout, *pr.* tizet; pacqa, *pr.* t ; tréc'hi, *pr.* et.

DOUBLON, *monnaie d'Espagne,* ur pistol-spaign , *pl.* pistolou-spaign. — *Doublon de pain, t. de Basse-Bretagne,* oublenn, doublenn-vara, *pl.* doublennou-vara; daou-vénnegad vara, *pl.* a ou-vénnegadou vara.

DOUBLURE, doubléür. — *De quoi ire de la doublure,* doubladur, dou-laich. — *Fin contre fin n'est pas propre faire doublure,* fin pe finoc'h o deus san ouc'h ên hem dizout.

DOUCEATRE, *fade,* peus-douçz, anyel-douçz, azdouçz, dem-douçz.

DOUCEMENT, *avec douceur, sans aiseur,* gand douçzder, douçzicq, ez ençz. *Van.* doueicq, doñeisq, habas-

qicq.—*Doucement, sans bruit,* syoulicq, didrous, hep trous, dison , gouëstad, gouëstadicq, goustad, goustadicq.*Van.* dison, disonicq. *Al.* cosqor.—*Doucement, facilement,* habasqicq. *Van.* id.

DOUCEREUX , *euse, fade, sans goût,* peus-douçz, divlas, disaçzun , oc'h , añ.—*Doucereux, flatteur, cajoleur,* cangeoler, *pl.* yen, nep a ro lorc'h d'an demeselled, nep a lavar traou coandt d'ar merc'hed, licaouër, *pl.* yen; luban, *pl.* ed.

DOUCET, *ette,* peus-douçzicq.

DOUCEUR, *qui n'a rien qui pique le goût,* douçzder, c'hueqder, douçzôny. *Van.* douçzteér, melach. — *Douceurs qu'on donne aux enfants,* madicq, *pl.* madigou; douçzôny, *pl.* douçzônyou. —*Douceur d'humeur,* cuñvélez, hegaradded, c'hueqded, cuñnaez, cuñnez.—*Une trop grande douceur, trop de bonté,* re vras madélez, re a vadélez.—*La douceur de la vie,* pligeadur buëz dên, ebad buëz dên.—*Douceur, flatterie,* lorc'h, licaouërez, *pl.* ou ; compsyou caër ; douçzôny tromplus , *pl.* douçzônyou tromplus.—*Conter des douceurs au sexe,* lavaret compsyou caër d'ar merc'hed, lavaret traou coand d'ar plac'hed, *pr.* id.; rei lorc'h d'an demeselled, *pr.* roët; licaoui, *pr.* licaouët ; cangeoli, *pr.* et; lubani, *pr.* et.—*Tout par douceur et rien par force,* pep tra dre gaër ha netra dre heg, dre gaër pep tra ha dre nerz nep tra.

DOUER, *assigner un douaire à une femme,* enebarzi, *pr.* enebarzet ; açzina he enebarz da ur c'hrecq, sevel enebarz da ur c'hrecq, *p.* savet; rei he zredereñn da ur c'hruccq, *pr.* roët.—*Douer, orner, avantager,* doünésoni, *pr.* et ; pourvezi, *pr.* et.—*Dieu et la nature l'ont doué de plusieurs belles qualités,* doünésonet mad eo bet gand Doüe ha gand natur-dèn, pourvezet mad eo bet gand Doüe ha gand an natur.—*Doué de vertu,* pourvezet a vertuz, doünésonet a vertuz.

DOUILLET, *te, mollet, doux au toucher,* boug, cuilh, goaoq, cuñ, douçz d'an dourn, flour, oc'h, â, añ.—*Douil-*

lat , *te , qui ne peut souffrir d'incommo-*
*dité*, pitouilh, flour, dilicat, qisidicq,
oc'h, â, añ.

**DOULEUR,** *mal, sentiment douloureux,*
anqenn , glas, gloas, poan , droucq.
*Van.* anqenn, gloës, poën, droucq. *Al.*
doul, dol , dolur.—*Douleur de tête,* poan-benn , drouq-penn.—*Il a de la dou-*
*leur à la jambe,* glas èn deus *ou* gloas
èn deus *ou* anqeñ èn deus *ou* poan èn
deus *ou* drouc èn deus èn e c'har. —
*Elle a une douleur de côté ,* poan gostez
he deus, poan he deus èn he c'hostez,
drouc costez he deus, guêntr he deus,
an droucq costez a so gadhy, ez ma al
laèrez gandhy. — *Causer de la douleur,*
glasa, *pr.* et; gloasa, *pr.* et; anqennya,
*pr.* et; pystiga , *pr.* pistiguet. — *Dou-*
*leur, affliction d'esprit,* nec'hamand, *pl.*
nec'hamanchou; nec'h, *pl.* you; encrès,
*pl.*you; glac'har. mantr, niñv; niñv *est*
*du H.-Trég. et de S.-Br.* — *Pénétrer le*
*cœur de quelqu'un de douleur,* mantra caloun ur re, *pr.* mantret; rei mantr da
da ur re', rei mantradur da ur re.. *pr.*
roët. — *J'ai le cœur pénétré de douleur,*
mantret eo va c'haloun gand ar glac'har
— *Causer de la douleur, de l'affliction d'es-*
*prit à quelqu'un ,* nec'hi ur re-bennac ,
*pr.* nec'het; ancrèsi ur re, *pr.* encrèset;
glac'hari ur re, *pr.* glac'haret. *H.-Tr.*
*et S.-Br.* niñyañ ur re. *Van.* chiffeiñ
unan-bennac. — *Avèir de la douleur ,*
cahout nec'hamand , cahout nec'h *ou*
encrès *ou* mantr *ou* glac'har, *pr.* bet ;
beza nec'het *au* encrèset *ou* glac'haret
*ou* mautret. *v. esprit.* — *Accablé de dou-*
*leur,* èncrèset meurbed, carguet a c'hla-
c'har. — *Avec douleur,* gand glac'har,
gand encrès , gand nec'hamand , gand
nec'h. — *Les sept douleurs de la Vierge,*
ar seiz clezé a gueuz. v. *compassion.*.

**DOULOUREUX,** *qui cause de la dou-*
*leur corporelle,* anqennius, poanius, glasus, gloasus, oc'h, â, añ. *Van.* anqennius, poënius, gloësûs, oh. añ.--*Dou-*
*loureux, qui sent la douleur,* guyridicq,
qisidicq, oc'h, añ. *Van.* santiu.--*Dou-*
*reux, qui cause de l'affliction,* glac'harus;
encresus, nec'hus, niñvus, oc'h, a, añ.
*Cet adj.* niñvus *et le subst.* niñv *ne se di-*

sent qu'en *Trég. et en S.-Br.; pour les-*
*quels* on dit en *Van.* et en *H.-Corn.* chiffus *et* chiff.

**DOUTE,** douèt, *pl.* ou; douëtançz,
*pl.* ou; mar, eñtremar. *Van.* doutançz,
dout, arvar, *ppl.* eü. *Al.* doët. — *Au*
*doute,* gand douèt, gand douëtançz.-
*En doute,* e douëtançz, è mar, var mar,
var var, èn eñtremar. — *En doute de*
*vous voir,* èn eñtremar da oz cuëllet, è
douèt da ellout ho cuëllet. *Van.* èn arvar d'hou cuëlet. — *On est en doute si,*
ez ma ez eur è douèt ha. On *pronoce*
*par elision,* è ma eur è douèt ha *ou* hac,
bez'e ma èr è doëtançz *ou* èn èntremar
*ou* var va ha *ou* hac. — *Dans le doute,*
eñ douèt, eñ douëtançz. —*Sans doute,*
disouèt, hep douèt, hep mar, hep doué-
tançz. *Van.* hemp doutançz, hemp arvar

**DOUTER,** douèti, *pr.* et; beza è douèt
beza var var, beza arvar, cahout douèt
*ou* douëtançz, *ppr.* bet. *Van.* bout èn arvar, *pr.* bet; douteiñ, *pr.* et. *Al.* doi-
taff, *pr.* et.—*Ne doutez pas que,* ne gouit
douèt deoc'h na, etc. , n'-oz pezit ez
n'-oz pèt douèt ebed na, etc. — *On*
*doute de cela,* douèti a rear eus an dra
ze , beza e douëter eus a guemen-ze.
*Douter d'un article de la foi ,* douèti var
ur poënd eus ar feiz, cahout douèt ar
douëtançz var un articl eus ar feiz,
discridi var un articl a feiz, *pr.* et. *Var*
discredeiñ,—*Se douter de quelque chose,*
douèti eus a un dra , douèti var un dra
suspénti var un dra, *pr.* et ; cahout
suspicion *ou* difizyançz eus a un dra
*pr.* bet.—*Celui qui doute,* douèter, *p*
yen ; nep a so è douèt.

**DOUTEUX,** euse, douètus , doëtus
arvar, oc'h, â, añ.—*Il est fort douteux*
*si vous virrez long-temps ou si vous vivrez*
*peu,* doètus bras eo ha c'huy a vev
pell-amser pe ne reot qet. — *Cet homme*
*est toujours douteux et irrésolu,* arvar è
bepred an dèn-hont.

**DOUVAIN,** *bois pour faire des dou-*
coad tuff, coad duvad.

**DOUVE,** *pièce de merrain pour fa-*
*des tonneaux,* duvellen, *pl.* duvad; tt
fellen, tuffen, *pl.* tuffad, tuad, tt
*Van.* tuèeu, *pl.* tuad. — *Douve, fos*

douëz, *pl.* you, douejou, *Van.* dovés, *pl.* cü ; doz, *pl.* dozeü. *v. fossé.*

DOUX, *douce, qui n'est pas aigre,* douçz, c'huëcq, oc'h, à, añ.—*Du vin doux,* guin douçz.—*La réglisse est douce,* coad regalis a so c'huëcq, ar brenhuëcq a so douçz.—*Doux, non salé,* dizal, oc'h, à, añ.—*Du beurre doux, sans sel,* amman disal.—*Aussi doux que le miel et le sucre,* qer douçz evel ar mél hac ar suñ cantin.— *Une odeur douce,* un c'huëz douçz.—*Doux, fade,* flacq. *v. fade.*—*Doux au toucher,* cuñ, douçz. douçz d'an douen, flour.—*Très-doux au toucher,* douçz evel ar seiz, cuñ e c'hiz ar voulous, qer douçz ha blëau caz, qer douçz ha t rad'an dôrn.—*Doux d'humeur,* hegarad, cuñ, c'huëcq. — *Mon bon et doux maître,* va mæstr euñ ha c'huëcq.—*Doux, paisible,* peoc'hus, syoul, syoulicq, oc'h, añ.—*Temps doux,* pluie douce, amzer douçz, glad douçz. —*Un air doux,* un ear douçz.—*Doux, galant,* licq, douçz.—*Billet doux,* bilhetenn licq, *pl.* bilhetennou licq ; lizericq douçz, *pl.* lizerouïgou douçz.

DOUZAIN, *blanc, sou,* un douçzeñ dinercu, douçzeñ, *id est,* dauzeguëñ. *v. sou.*

DOUZAINE, douçzenn, *pl.* ou. *Van.* douçzeen, duçzeën, *pl.* eü.—*Une douzaine d'œufs; de pommes,* un douçzenn vyou, un douçzeñn avalou.—*Une douzaine d'honnêtes gens,* un douçzenn tud honest, daouzecq dèn onest.—*Une demi-douzaine,* un hanter-douçzenn.

DOUZE, *nombre,* daouzecq, douzecq. *Van.* dëuzecq.—*Douze à douze,* daouzecq-é-daouzecq, daouzecq-hadaouzecq.—*De douze en douze ans,* bep d.iouzecq vloaz.—*Douze fois,* daouzecq guëach.—*Un livre in-12, t. d'imprimeur,* ul levr ê daouzecq, ul levr a so pep fóllenn anezâ ê daouzecq pleg.

DOUZIÈME, daouzecq-vet. *Van.* dëuzecq-vet. — *Le ou la douzième,* an daouzecq-vet.

·DOUZIÈMEMENT, evit an daouzecqvet.

DOYEN, *dignité ecclésiastique,* dean, *pl.* ed. — *Le doyen des chanoines,* dean ar chalounyed, dean ar jabistr.—*Doyen rural,* dean plouesad, dean var ar mæz ou var ar plouë. — *Doyen du sacré collège,* dean ar gardinaled. — *Doyen, le plus ancien d'un corps,* ar c'hoçzâ, an hiny coçzâ, ar c'hantâ, an hiny qentâ, an dean. *v. culot.* — *Le doyen des conseillers,* dean ar gonsailhéryen, ar c'hoçzâ ou ar c'hentâ eus ar gonsailhéryen.

DOYENNE, *la première des chanoines,* deanès, *pl.* ed.

DOYENNÉ, *charge ou dignité de doyen,* deañnaich, *pl.* ou.

DRACHME, *monnaie des Grecs qui valait 7 ou 8 sous de notre monnaie,* dram, *pl.* ou. — *Drachme, t. de médecine,* dram, *pl.* ou; un eizvet eus a onç. *Van.* dram, *pl.* eü.

DRAGÉE, *menu plomb,* dragezen, *pl.* dragez. — *Dragées sucrées,* dragez sucret, dragez sucr, dragez suñcr.

DRAGEON, drajoun, *pl.* ou. *v. bourgeon.*

DRAGEONNER, drajouni, *pr. et. v. bourgeonner.*

DRAGON, *serpent monstrueux,* dragoun, *pl.* ed; aër, *pl.* ed. *Van.* id. *v. couleuvre.* — *Dragon, serpent infernal,* an aër-ouand, dragon an ivern.—*Dragon, soldat,* dragoun, *pl.* ed.—*A la dragonne,* è c'hiz an dragoñed, dre voyen an dragouñed. — *Huguenot converti à la dragonne,* hugunoded distroët dre voyen ou sicour an dragouñed. — *Il vit à la dragonne,* beva a ra c'hiz an dragouñed.

DRAGONNADE, *méchanceté extraordinaire,* dragounérez, dragounyaich.

DRAGONNER, *faire de grandes méchancetés,* dragouni, *pr. et.*

DRAGUE, *instrument à draguer ou à prendre des huîtres, etc.,* ravanell, *pl.* ou; drag, *pl.* ou. *Van.* drag, *pl.* eü.

DRAGUER, draga, *pr.* draguet; ravanelli, *pr. et.* — *Draguer des huîtres,* draga hystr, ravanelli hystr.

DRAP, *linceul fait de toile,* liçzer, *pl.* you. *Van.* lincell, *pl.* yeü.—*Draps blancs,* draps nets, liçzeryou fresq.— *Des draps qui ont servi,* liçzeryou fancq.— *Grand drap sur lequel on crible au vent le grain,* liçzer gŭènterès, *pl.* liçzeryou ; liçzer vras, *pl.* liçzeryou bras. — *Drap, quelque chose pour se couvrir le corps,* crès, *pl.* you; pourc'h, *pl.* aou; pourc'h *est de la H.-Corn.* — *Drap, étoffe en laine,* mezer, *pl.* ou, éyer. *Van.* mehér, mihér. *Al.* trap, *de là* trapell, drapeau. *v. étoffe.* — *Drap d'Angleterre, de Hollande, d'Espagne, de France,* mezer Saus, mezer Hollandès, mezerSpaign, mezer Françz — *Drap cotonné,* mezer groignonecq. — *Le grain cotonné du drap,* groignon. — *Drap de couleur pourpre,* moucq, mezer moucq. — *Drap violet,* tanè, mezer tanè. *v. violet.* — *Drap bleu,* mezer glas, limæstra. — *Drap de sceau,* mezer ar syell, mezer syell. — *Gros drap,* bure, burell, mezer groçz. — *Drap mortuaire,* al lyen mortuaich. *Al.* tra mortuall, an dra mortuell.

**DRAPEAU,** *vieux morceau d'étoffe ou de linge,* drapenn, *pl.* ou; trapenn, *pl.* ou; drapell, *pl.* ou; trapell, *pl.* ou. *Van.* pilhen, *pl.* pilheü. *v. guenille.* — *Drapeau, lange d'enfant, qui est d'étoffe,* mozerenn, *pl.* ou; lèsenn, *pl.* ou; mailhurenn, *pl.* ou; pallenn, *pl.* ou. *Si le drapeau ou lange est de toile,* lyenenn, *pl.* ou; lyanenn, *pl.* ou; guyadenn, *pl.* ou. *Van.* miheren, lianen, *ppl.* eü. — *Petit drapeau ou lange,* mezerennicq, *pl.* mezerennigou. *Van.* miherennicq, *pl.* eü. — *La lisière qui est par-dessus le drapeau,* treçzenn, *pl.* ou; treçzenn, *pl.* ou; bezvenn, *pl.* ou; bevenn, *pl.* ou. — *Drapeau, enseigne de guerre,* étendard, azroüezinty, *pl.* ou; guiton, *pl.* ou; baniel, *pl.* ou. *Van.* banyel, *pl.* eü.

**DRAPER,** t. *de drapier,* mezerya, *pr.* et; ober mezer, *pr.* græt; guéa mezer, *pr.* guéet. — *Draper, couvrir un carrosse, etc, de drap noir,* stigna ur c'harrouçz, etc, gand mezer du, *pr.* strignet. — *Draper, berner quelqu'un,* goapaat ur re, *pr.* goapéet.

**DRAPERIE,** *manufacture et marchandise de draps,* mezerérez, *pl.* ou; drapérez, *pl.* ou; trapérez, *pl.* ou; mezerery, *pl.* ou; drapiry, *pl.* ou.

**DRAPIER,** *qui vend des draps,* draper, *pl.* yen; traper, *pl.* yen. — *Drapier,* ouvrier en draps, mezerer, *pl.* yen; mezerour, *pl.* yen; guyader mezer, *pl.* guyadéryen mezer; eûtoffer, *pl.* yen.

**DRAPIÈRE,** *marchande de draps,* draperès, *pl.* ed. — *Drapière, celle qui fait des draps,* mezerès, *pl.* ed; guyaderès mezer, *pl.* guyaderesed mezer.

**DRESSE,** *entre-semelle pour dresser un soulier,* dreçz, *pl.* ou.

**DRESSER,** *rendre droit,* dreçza, *pr.* et; éuna, *pr.* et. *Van.* dreçzeiñ, éuneiñ. — *Dresser, mettre une chose droite,* sevel, *pr.* savet; dreçza, *pr.* et. — *Dresser, elever,* sevel a bloum; lacqaat sonn, *pr.* lecqéet; sonna, *pr.* et. — *Dresser, instruire,* desqi, *pr.* et; qelenn, *pr.* et. — *Dresser, préparer,* disposi, *pr.* et ; qempenn, *pr.* et. — *Dresser la table, mettre le couvert,* dreçza an taul; lacqât an douzyer, *pr.* lecqéet. — *Dresser du linge,* hoüarna lyenaich, *pr.* hoüarnet. *v. cuider, détirer.* — *Dresser un lit, une chambre,* ausa ur guéle, ausa ur gampr, *pr.* auset; qempenn ur guéle, qempeñ ur gampr, *pr.* qempennet. — *Dresser des taureaux au travail,* pleustra, pleustri. *Trég.* pleustriñ, *ppr.* pleustret. *Ces mots se disent, au figuré, des personnes qui se recherchent en mariage. v. rechercher.* — *Celui qui dresse ainsi,* pleustrer, *pl.* yen. — *L'action de dresser ainsi,* pleustrérez, pleustradur. — *Faire dresser les cheveux,* lacqât ar bléau da sevel èr penn, *pr.* lecqéet. — *Les cheveux me dressent d'horreur,* sevel a ra va bléau èm penn gand euz, *pr.* savet.

**DRESSOIR,** *buffet qu'on dresse près de la table,* dreçzoüer, *pl.* ou.

**DRILLE,** *soldat mal couvert,* soudard truilbennecq. *Ce mot de drille paraît tenir de* truilh, *qui veut dire* haillon.

**DRISSE,** *cordage de vaisseau,* driçz, *pl.* ou.

**DROGUE.** droguerezou.

**DROGUET,** *sorte d'étoffe,* drogued, eûtoff-drogued.

**DROGUISTE,** drogueër, *pl.* yen ; droguour, *pl.* yen.

**DROIT,** *droite, qui n'est ni penché ni courbé,* eun, dreçz, oh, à, añ. *Al.* efñn. *Van.* dret, eann, cûn, ob, añ. — *Droit*

■■▲*àmo la flèche*, eun evel ar vír. — *Se*
*▲▲ir droit*, hem zerc'hel dreçz *ou* eun,
**z▲▲▲▲** hem zalo'het. — *Droit sur sa patte*,
*▲▲▲▲lant d'un chandelier, d'un verre, etc.*,
**▲▲▲▲**eçz var e sichenn. — *Droit, perpen-*
*▲▲▲▲▲▲laire, qui est à plòmb,* sonn, dreçz,
**▲▲▲▲**'h, à, añ; è ploum. — *Droit, debout,*
**▲▲▲▲**eçz èn e sa, èn e sav sonn, eûn e sa
*▲▲▲* t èn e sav *ou* èn e sao. *Al.* èn e saff.
*▲▲* - *Mettre ou rendre droit*, lacqât dreçz,
**▲▲▲**eqât eûn, *pr.* lecqêet; eûna, *pr.* et;
**▲▲▲**raçza, *pr.* et. *Van.* lacqeiñ dret, dreç-
**▲▲▲**ziñ, eanneiñ, cûneiñ. — *Mettez cela*
*▲▲▲roit*, licqit dreçz *ou* eûn an dra-ze,
**▲▲▲**reçzit *ou* eûnit an dra-ze. — *Droit.*
**▲▲▲**roite, *le côté droit, la main droite,*dehou,
**▲▲**n dehou, an tu dehou, an doun de-
**▲**▲ou, an dôrn mad. *Van.* dehoû, en de-
'▲▲▲eû, en tu dehoû, er hoste dehoû, en
**▲▲**lôrn dehoû, en dôrn mad.—*A droite.*
'▲▲ur *la droite*, a zehou, a zourn dehou, a
'▲▲ôrn mad, var an dehou, var an tu de-
'▲▲hou , var an dourn deou, var an dôrn
mad. *Van.* a zehoû, a zôrn dehoû, ar
· en tu dehoû, ar en dorn dehoû. — *A*
· *droite et à gauche*, a zehou hac a gleiz.
'▲ *Van.* a zehoû hac a glei. — *Un gaucher*
▲ *ne fait rien à droite*, ur c'hleizyad ne ra
▲ netra a zehou. — *Droit, directement,*
' *tout droit*, eûn , rag eûn , ez eûn , rag
tal , rag-enep. *Van.* a-beên, a-beên
' caër, enep caër. — *Droit devant vous*,
' rag oc'h-enep, rag oz enep, rag ho tal,
▲ rag-eûn dirazoc'h, rag tal. —*Droit de-*
*vant lui*, rag e enep, eûn *ou* rag eûn dirazañ, rag dremm, rag tal, rag e zremm,
rag e dal. — *Droit en bas*, rag eûn d'an
traoun. — *Droit en haut*, eûn *ou* rag
aûn d'an neac'h, rag eûn ouz crec'h,
rag eûn ouc'h creac'h. *Al.* effn ouz
knoh. —*Droit à la ville*,eûn *ou* rag eûn
da guear, rag enep da guær. *Tout cet*
rag *ne sont qu'en abrégé* dirag, *devant.*—
*Le plus droit chemin*, an enepâ hend.—
*Droit, équitable*, leal, eûn just, oc'h,
añ. — *Cet homme a l'âme droite*, leal eo
an dèn hout, eûn *ou* just eo an dèn-
hont, an dèn-hont a so eûn dirag Doûe
ha dirag ar bed. — *Droit, équité, juste*
*raison*, gûir, *pl.* ou, you. *Van.* gûir, *pl.*
eû; dred, droêd, *pl.* eû. — *Avoir droit*

d, cahout gûir var *ou* è , *pr.* bet. *Van.*
e vout dred, en-devout gûir *ou* droêd.
— *Avec droit, à bon droit*, gand gûir,
gad gûir mad, hervez gûir ha résoûn.
— *Faire droit*, ober gûir da, *pr.* græt;
rénta justiçz, *pr.* réntet. — *Renoncer à*
*son droit*, renonçz d'e vir, *pr.* renonçzet; quytaat e vir, *pr.* quytêet; ober dilès eus e vir, *pr.* græt. — *A droit et à*
*tort; avec droit et sans droit*, gand gûir
hap hep gûir, gand gûir ha gand gaou,
è gûir hac è gaou, dre gaêr ha dre hég.
— *Contre tout droit*, a enep pep gûir,
enep gûir ha résoun. — *Droit, t. de ju-*
*risprudence*, ar gûir, lésenn. — *Le droit*
*divin, loi ou volonté de Dieu révélée*, ar
gûir diin, ar gûir a Zoûe, lésen Doûe,
al lésenn a Zoûe. *Al.* gûir Doeël. —
*Le droit naturel, le sentiment de la droite*
*raison que Dieu a gravée dans nos cœurs,*
ar gûir eus an natur, ar gûir natur, ar
gûir natural. — *Le droit des gens, lois et*
*conventions établies par un consentement*
*général, pour la sûreté du commerce entre*
*différents peuples*, gûir an oll bed, gûir
an oll dud, gûir an dud. — *Le droit ci-*
*vil, lois propres à chaque ville ou à chaque*
*peuple ; c'est proprement le droit romain*
*contenu dans les instituts, le digeste et le*
*code*, ar gûir civil, ar gûir lecqêet dre
scrid. — *Le droit français; il consiste en*
*droit romain, en droit coutumier et dans les*
*ordonnances de nos rois*, ar gûir a Françz.
— *Le droit coutumier, lois de plusieurs*
*provinces qui ont conservé et rédigé par é-*
*crit leurs anciennes coutumes*, ar c'hustum, gûir ar gustum. — *Le droit com-*
*mun, le droit ordinaire et fondé sur les ma-*
*ximes générales*, ar gûir commun, ar
c'hen-gûir. — *Le droit canonique ou le*
*droit canon; il consiste dans les canons des*
*conciles, dans les décrets des Papes et dans*
*les maximes des pères*, gûir an ilis, reol
an ilis. *v. décret, décrétale.* — *Le droit du*
*roi*, gûir ar roûe, *pl.* gûiryou ar roûe.
— *Les droits, les devoirs*, ar gûiryou. —
*Le droit de Monseigneur l'évêque de Léon*
*sur les pochées de blé qui viennent au mar-*
*ché à Saint-Pol, qui est une poignée de*
*chacune*, ar minoch. — *Payez vite le droit*
*de Monseigneur l'évêque*, ar minoch affo.

*Droit, autorité, pouvoir*, güir, gallond.
— *Etudier en droit*, studya èr güir, *pr.* studyet.

DROITIER, *qui se sert ordinairement de la main droite*, dehouyad, dehaouy-ad, *pl.* dehaouidy. — *Droitier et gaucher*, dehouyad ha cléizyad.

DROITIÈRE, dehouyadès, *pl.* ed.

DROITURE, *probité, équité*, eûnder, healded. *Van.* reihted, lealded. — *En droiture*, hep distro, na dalè. *v.* directement.

DROLE, *plaisant*, farçzus, oc'h, â, añ. — *Drôle, éveillé, espiègle*, fryol, fin, beo, oc'h, â, añ. — *Un bon drôle*, ur pautr fryol, *pl.* pautred fryol; ur pautr coandt; ur c'hanfard mad, *pl.* canfarded mad; ur maillard mad, *pl.* malharded vad; ur palvad mad, *pl.* palvaded mad; ur mailh, *pl.* mailhed. — *Un méchant drôle*, ur goall-ibil, *pl.* goal-ibilyen.

DROLEMENT, *plaisamment*, coañticq, qer coanticq ha tra, ez farçzus.

DROLERIE, *plaisanterie de paroles*, cound coant; cound farçzus, *pl* counchou, etc.; farçz, *pl.* ou. — *Drôlerie, plaisanterie de gestes*, farçz, *pl.* ou; gestrfarçzus, *pl.* gestrou farçzus; bourd coant, *pl.* bourdou couant.

DROLESSE, *qui se laisse hanter par des drôles*, fryolès, *pl.* ed; canfardès, *pl.* ed. *v. bergère.*

DROMADAIRE, *espèce de chameau*, dremodal, *pl.* ed. *Van.* dromedal, *pl.* ed. — *Un dromadaire marche dix jours de suite à faire 35 ou 40 lieues par jour*, un dremodal a guerz decq dervez diouc'h tu hac a ra adocq an amser-ze, pemp léau ha tregont pe daou-uguent bemdiz. — *Il court comme un dromadaire*, redecq a ra evel un dremedal.

DROUINE, *havre-sac que les chaudronniers de campagne portent sur le dos*, drouyn *pl.* ou. *Van.* drouyn, drouyn, drouilleñ, *ppl.* eū. *v. dondon. Ce mot de* drouyn *semble venir de* èn-dro-qéyn, *qui veut dire : autour du dos , ou de* a-dre-qeyn, *sur le dos.* — *Porter la drouine*, drouyna, *pr.* et; douguen añ drouyn, *pr.* douguet.

DROUINEUR, *celui qui porte la drouine*, drouyner, *pl.* yen. *Van.* drouynour.

*pl.* yon, yan.

DRU, *drue, épais , en quantité* , dru, stancq, puïlh, oc'h, â, añ. — *Les arbres y sont bien drus*, stancq ou dru ou puïlh ou paut eo ar guez eno. — *Ils meurent bien dru dans la ville*, dru, ou stancq ez varvont eû kear. — *Dru et menu, beaucoup*, dru ha munud, stancq ha munud, stancq ha tilh, puïlh ha paut, teo ha puïlh; drud, id est, gras, grassement, largement.

DRUIDE, *sacrificateur , magicien et philosophe des anciens Gaulois*, drus, *pl.* ed; dru, *pl.* ēd; druh, *pl.* ed; de drus, chêne. *v. chêne.*

DRYADE, *magicienne et prophétesse des anciens Gaulois*, drusès, *pl.* ed; druhès, *pl.* ed.

DU, *art. , qui devant un nomin. sing. masc. n'a point d'expression bretonne. Ex. du pain*, bara; *du vin*, güin. *Devant un génitif il s'exprime par* ar *et en Van. par* er. *Ex. l'or du Pérou*, aour ar Perou. *Van.* eûr, er Perou; *l'étude du sage*, study ar fur. *En B.-Léon, pour* ar *, ils disent toujours* an, study an fur. *Van.* study er fur. *Devant un ablatif du s'exprime par* gand *et par* eus. *Ex. les gens de bien sont aimés du Seigneur*, èn dud onest e so caret gand Doûe. *Van.* en dud onest e so caret gued Doûe; *délivré du péril*, dilivret eus ar pirilh. *Van.* delivret ag er perilh. — *Du, prép. qui marque le temps*, èn, è, pa. *Van.* èn, e, pè. — *De temps d'Alexandre le grand*, èn amser ou é amser ar roûe Alexandra, pa vevé ar roûe Alexandra. — *Du, prép. qui marque le lieu. v. de.*

DU, *e*, dleat, dleēt. *v. devoir.* — *Comme il est dû, dûment*, evel ma ez eo dleat, é-c'hiz ma tleeur, hervez résoun , é guiz ma eo just ha résounapl.

DUC, *nom de dignité*, dug, *pl.* ued. *Van.* id. *v. chef. Al.* doug. — *Le duc de Rohan, le duc de Rhées*, an dug a Rohan, an dug a Rhea. — *Les ducs de Bretagne*, an dugued eus a Vreiz, an dugued a Vreiz, duguet Breiz. — *Duc et pair*, dug ha par. — *Les ducs et pairs*, an dugued ha pared.

DUCAL, *e*, a apparchant ouc'h an dug.

— *Le manteau ducal,* mantell an dug, ar vantell a zug.

DUCAT, *monnaie,* dugad, *pl.* ou; mouneiz a dall daou real var-'nguent.

DUCHÉ, dugaich, *pl.* ou; duguiaich, *pl.* ou. — *Duché pairie,* dugaic-paraich. — *Le duché de Bretagne,* an dugaich eus a Vreiz, duguiaich Breiz.

DUCHESSE, duguès, *pl.* ed. *Van.* id. — *La duchesse de Portzmouth,* an duguès evès a Borzmout. — *La duchesse de Rhée,* an duguès a Rhea.

DUCTILE, *t. de chimie,* forgeapl var an anneu, metal a allér da forgea.

DUCTILITÉ, forgidiguez.

DUEL, *combat de deux personnes,* dufell, *pl.* ou; duvell, duvell. *Al. on pro-*nonçait doufell, douvell. *Ce mot vient de* dou, *deux, et de* bell, *guerre.* — *Appeler en duel, défier,* defyal d'an duvell, *pr.* defyet; açzina an adversour d'an duvell, *pr.* açzinet ; daëa d'an duffell. *pr.* daëet; guervel d'an duffell, guervel da drouc'ha an acuilhetenn, *pr.* galvet. — *Accepter le duel,* receo an defy, *pr.* recevet. — *Refuser le duel,* revus an defy, *pr.* revuset.— *Se battre en duel,* dufelli, *pr.* et; duvelli, *pr.* et; trouc'ha an ɔcuïlhetenn, *pr.* trouc'het. *Cette dernière expression, qui est aussi en Van., veut dire, métaphoriquement, se mettre la peau en aiguillettes, se couper le filet.*

DUELLISTE, dufeller, *pl.* yen; duveller, *pl.* yen; dufellour, *pl.* yen; nep a drouc'h an acuïlhetenn eñtrezo. *Van.* duhellour, *pl.* yon, yan.

DULIE, *culte des saints. v.* culte.

DUNE, *levée de terre ou rocher escarpé,* tunenn, *pl.* ou; dunenn, *pl.* ou. *v. colline, falaise.*

DUNETTE, *l'étage le plus élevé de la* poupe *d'un vaisseau,* un dunettés.

DUPE, nep so eaz da droumpla. *Ironiquement on dit,* houpericq, *pl.* houperigued. *Ce mot dans le propre veut dire,* huppe, *oiseau; et le mot de* dupe *en peut venir.*

DUPER *quelqu'un,* troumpla ur re-bennac pehiny a so fizyus, *pr.* troumplet; houperiga ur re-bennac, *pr.* houperiguet.

DUPLICITÉ, *ce qui vient d'une âme* double, trubardérèz, *pl.* ou.

DUQUEL, *de laquelle, gén. du pronom* lequel, laquelle, pe eus a hiny, pe a hiny, eus a behiny, a pe hiny. *Van.* a behany.

DUR, *dure, ferme, solide;* ealedd, oc'h, à, añ. *Van.* id. *Al.* hardd. — *Dur comme la pierre,* qer caledd ha mean, caledd evel ar væin. — *Un peu dur,* caledd onestamand; caledd un neubeud, caledicq. — *Devenir dur, rendre dur,* caletaat; *pr.* ëet; caledi, *pr.* et. *Van.* ealedeiñ. — *Dur d'entendre,* caledd da glévet. — *Qui a l'oreille dure,* pouner a scouarn, pouner-gléo, caled-cléo, un draicq dicñtènt. — *Qui a l'esprit dur,* caledd a benn, penn caledd, lourd a spered, spered calledd. — *Dure, dure, inflexible, impitoyable,* caledd, didruezus, didruëz, oc'h, añ. *Van.* caled, didruhe, oh, añ, aoñ. — *Dur à la desserre,* stag e groc'hen onoc'h e guéy seac'h-e-guéyn, yan ar seao'h , yan seao'h o guéyn. *v. chiche.*

DURABLE, padus, padelus, hir-badus, oc'h, à, añ. *Van.* padus.

DURANT, *prép.,* e-pad, a-doucq, a-deucq, a-docq, è-doucq, ê-deucq, è-docq, a-hed, ê-qehyd, eñdra, ê-spaçz. — *Durant vingt ans, cent ans,* e-pad uguent vloaz, ê-paçz cant vloáz. — *Durant ces jours-ci,* a-docq an deizyou mâ; a hed ou hed ou ê-pad an deizyou-mañ. — *Durant que,* e-pad ma, a-docq ma, ê-qéhyd ma, eñ-dra ma. — *Durant que je fus chez lui,* e-qéhyd ma ez oan èn o dy, eñdra ma vouënn èn e dy, etc.

DURCIR, *rendre dur,* caledi, *pr.* et. *Van.* caledeiñ. *v. endurcir.*

DURE ( la ). *la terre, le bois, la pierre,* ar c'halled. — *Coucher sur la dure,* gourvez var ar c'haled, *pr.* gourvezet. — *Dormir sur la dure,* cousqet var ar c'halledd, cousqet var ar'doüar yen, *pr.* id.

DURÉE, *le temps que dure une chose,* pad, padélez, hed, qéhid, deucq, decq, doucq. *Van.* pad, hed. — *La durée de la vie,* padélez ar vuez, pad ar vuezxéguez, doucq ar vuhez, hed ar vuhez. — *La durée du monde,* padélez ar bed, doucq ar bed, deucq ar bed. — *La durée de*

*Dieu,* hir-badélez Doüe, an eternitez a Zoüe. — *Qui est de durée,* padus, padellus, padell, *id est,* pad-pell; a bad, a bad pell. — *Longue durée,* hirnez, hirnez-amser, hir-badélez, hir-bad. — *Qui est de longue durée,* hir-badus, hirbad, a bad pèll-amser, a bad hir-amser. — *Qui est d'une éternelle durée,* a bad da viz-vyqen, eternal. — *Qui est d'une courte durée,* bed-badus, ue bad qet pell *ou* pell-amser.

DUREMENT, èn ur fæçzoun criz, gand crizder, ez criz, ez caledd.

DURE-MÈRE, *membrane qui enveloppe le cerveau,* eil lyenen an èmpeñ, allyenen-guicq pehiny a gompren an èmpeñ

DURER, padout, *pr.* padet. *Van.* padeiñ, padout, *ppr.* padet. — *Il n'y a pas de moyen de durer ici plus long-temps,* ne deo qet poçzub padout amâ pelloc'h, ne deus moyen e-bet da chommamañ pelloc'h. — *Ce pain dure long-temps,* ar bara mâ a so founnus *ou* splegeus, ar bara-ma a bad pell.

DURETÉ, *qualité de ce qui est dur,* caleder. *Van.* caleded. — *Dureté d'oreille,* pounérder r scouarn, caleder a gléved. — *Dureté d'esprit,* caleder a benn, lourdôny a spered. — *Dureté de cœur et aveuglement d'esprit,* caleder a galoun ha dalléntez a spered. — *Dureté, durillon,* caledenn, *pl.* ou.

DUVET, *plumes douces et molles,* dum. — *Coucher sur le duvet,* cousqet var an dum, gourvez var an dum, *pr.* gourvezet.

DYSSENTERIE, *maladie,* ar flus, ar vid, an traũzq, ar c'hléved névez.

## B

EAU, *élément froid et humide,* dour, *pl.* you, èyer. *Van.* dèur, daour. *Al.* doüer. — *Eau de mer,* dour vor. *Van.* dèur mor. — *Eau douce,* dour douçz. — *Eau fraîche,* dour fresq. — *Eau froide,* dour yen, dour fresq. — *Eau tiède,* dour cloüar. — *Eau chaude,* dour dom, dour zom. — *Eau bouillante,* dour berf, dour berv, dour béro, dour bervet. *Van.* dèur béru, dèur beruët. — *Eau de source,* dour sav, dour sao, dour vammeñ. —

*Eau de fontaine,* dour feunteun, dour fantan. — *Eau de rivière,* dour stær, dour rifyer. — *Eau de puits,* dour punçz. — *Eau de citerne,* dour punçz-glao, dour glao. — *Eau de pluie,* dour glao. — *Mas d'eau de pluie,* lénnad dour glao, *pl.* lennadou. — *Eau noire,* dour du. *De là, la maison du* Dourdu, *en Léon.* — *Eau profonde,* dour don. *De là, probablement, le nom de rivière* Dordogne. — *Eau blanche,* dour güenn. — *Eau courante,* dour red. — *Eau dormante,* dour sac'h, dour chag, dour chac'h. *Van.* dèur añho. — *Eau de fumier,* dour hañouéz, dour bâouëz, dour hañv, dour hâv. *Al.* dour haff, dour haffouëz. — *Mare d'eau de fumier,* poull hâouëz, *pl.* poullou. — *Eau bénite,* dour bénniguet *ou* binniguet. — *Eau bénite le samedi de Pâques ou de la Pentecôte,* dour meur, dour benniguet meur. — *Passage à l'eau au milieu d'un champ ensemensé,* rigol, *pl.* you. *Van.* dresqis, *pl.* eü, *id est,* qiz a drèz, *mode de travers.* — *Ouvrir un passage à l'eau à travers un champ,* ober ur rigol, *pr.* grœt. *Van.* dresqiseiñ, *pr.* et. — *Faire de l'eau, pour un voyage sur mer.* v. *aiguade.* — *Porteur d'eau,* douraër, *pl.* yen; douguer dour, *pl.* douguéryen dour; portezer dour, *pl.* portezéryen dour, porterzidy dour. — *Porteuse d'eau dans les foires et assemblées,* douraèrès, *pl.* ed; douguerès dour, *pl.* douguéresed dour; portezerès dour, *pl.* portezeresed dour. — *Lieu plein d'eau,* dourecq, dourocq, oc'h, añ; leac'h douroch, lec'h dourecq. v. *rarenne.* — *Sujet à donner de l'eau, à mouiller,* dourus, oc'h, añ. — *Vent qui est sujet à donner de l'eau,* avel dourus. — *Aller par eau,* mônet divar zour, *pr.* ëet; bagueal, *pr.* bagüeet, — *Les eaux sont débordées,* dic'hlannet eo ar stæryou; divordet eo an douryou *ou* an douréyer. — *Un torrent, un débordement d'eau,* ul liñvad dour *pl.* liñvadou dour; dic'hlanu, *pl.* eu. — *Mettre l'eau sur un pré,* doura ur prad, *pr.* douret. *Trég.* dourañ ur prad. *Van.* deüreiñ ur prad. — *Oter l'eau des prés,* disoura ar prageou. — *Sans eau,* disour, disourecq, disourocq. — *Eau, sueur,* c'hüés. — *Eau de senteur,* dour c'hüez, dour c'huèz vad, dour guent. — *Eau de roses*, dour ros. — *Eau de fleur d'orange*, *essence*, dour orangès. -- *Eau forte, acide nitrique*, dour ardant, dour crè, dour ar diçzouda ar metal.— *Eau-de-vie*, guin ardant. *Burlesq.* an dra m'andra, an dra-hont, an afcricq-hont, dracq, moulin-dracq, fust-must, dourmaro, casecq ar c'hure, mac'harid pioche, etc. *Tous ces mots, excepté le premier, se disent proprement de l'eau-de-vie en fraude.—Faire venir l'eau à la bouche*, digaçi c'hoandt, *pr.* digaçzet; lacqât da c'hoantaat, *pr.* lecqèet.

EAUX, *bains chauds*, dour zom dre natur evit qibellat. *Al.* pennboyl.— *Eaux minérales*, dour meal, dour metal, dour melard, dour houarn, dour goular, goulard, *id est, fade.—Eaux hépatiques*, dour ouc'h an droucq avu.— *Eaux hystériques*, dour ouc'h an droucqvamm, dour ouc'h ar mammou.—*Eau panée*, dour panen, dour creun rostet.

EBAHIR ( s' ). *v. s'étonner*.

EBARBER, divarva, *pr.* et. *Van.* divarveiñ, *pr.* et.

EBARBÉ, *ée*, divarvet.

EBAT, *divertissement*, ebat, *pl.* ou. *Van.* imbat, embat, *ppl.* eü.

EBATTEMENT, *passe-temps*, diverramaud, *pl.* diverramanchou: diverramaud-amser, trémen-amser, *pl.* trémenyou-amser. *Van.* deverremant, diverrémant, *ppl.* eü.

EBATTRE ( s' ), *se divertir*, ebata, ebati, ebatal, *ppr.* ebatet; trémen an amser, *pr.* trémenet; diverraat an amser, *pr.* ēet. *Van.* ebateiñ, ebatal, *ppr.* ebatet, *B.-Lé.* farlota, discolpa, *ppr.* et.

EBAUBI, *ébahi, troublé*, souéaet evel un teuzer cloc'h. *H. - Corn.* fourbyet, béémmet, fourbyet, *id est, fourvoyé*.

EBAUCHE, an treçz qentā, *pl.* an treçzou qentā. divras, digoc'heñ, *ppl.* ou.

EBAUCHER, *tracer grossièrement*, divrasa, *pr.* et; digoc'henna, *pr.* et; lignenna, *pr.* et; treçza, *pr.* et.—*Ebaucher les ardoises*, boçzilha, *pr.* et.

EBENE, *bois fort noir et dur*, cbena. —*De l'ébène*, ebena, coad ebena.

EBENIER, *arbre des Indes*, ebeneñ,

*pl.* ou; guēzen ebena, *pl.* guēz ebena.

EBENISTE, *menuisier qui travaille en ébène*, ebener, ebenour, *ppl.* yen.

EBLOUIR, *empêcher de voir par trop d'éclat*, brumeuna, *pr.* et. *Van.* brumenneiā.—*Eblouir, étourdir*, sebeza, *pr.* et; mezevenni, *pr.* et; mezevelli, *pr.* et. *v. surprendre, tromper.—Ébloui, préoccuper, fasciner*, touēlla, *pr.* et.

EBLOUISSEMENT, *effet du soleil, de la lumière, qui frappe les yeux*, brumennadurez, brumennadur. *Van.* brumeῡ, *pl.* eü. —*Eblouissement, étourdissement*, sebezadurez, sebezadur, mezevénnidiguez, mezevellidiguez, sebezam and, *pl.* sebezamanchou; mezevellamand, *pl.* mezevellamanchou.

* EBOGUE, *enveloppe piquante de la châtaigne*, cloçzenn guistin, *pl.* cloçz qistin; clozrenn guistin, *pl.* clozr qistin.

* EBOGUER *des châtaignes*, digloçza qistin, *pr.* et; diglozra, *pr.* et; digloēra qistin, *pr.* et. *Van.* digloreiñ, digloēreiñ.

EBORGNER, borna, *et. Van.* borneiñ, *pr.* bornet.—*S'éborgner*, borni, *pr.* et; èn hem vorna, *pr.* et.

EBOULEMENT, *chute de terre*, dìsac'h. *Van.* discar a zouareü pe a van-goēryeü, * soēh*.

EBOULER, *s'ébouler*, disac'ha, *pr.* et; couēza, *pr.* et.

EBOULIS, ar pez a so disac'het *ou* couēzet, un disac'h, *pl.* disac'hou; disac'hadur, *pl.* you.

EBOURGEONNER, *couper les bourgeons*, divrouçza, *pr.* et. *Van.* divourjonneiñ.—*L'action d'ébourgeonner*, divrouçzérez, divrouçzadur, divrouçzadurez.

EBOURGEONNEUR, *qui ébourgeonne*, divrouçzer, *pl.* yen.

EBRANCHER, *couper les branches*, divarra, *pr.* et; divacha, *pr.* et; divrancqa, *pr.* et. *v. émonder*.

EBRANLEMENT, *secousse*, heg, hegeadur, brall, horelladur.—*Ébranlement, trouble, crainte*, brall, heg.

EBRANLER, *mettre en branle*, lacqat da vralla, *pr.* lecqèet. *v. branler.*—*Ébranler, secouer*, hegeat, *pr.* heget; bralla, *pr.* et; brolla, *pr.* et.—*Ébran-

*ter*, *rendre moins ferme*, *étonner*, diner-
xa, *pr.* et; digouraïchi, *pr.* et ; souëza,
*pr.* souëzet.

EBRECHER, *faire une petite brèche d*
*un couteau, etc.*, danta, *pr.* et. — *Ebré-*
*cher*, *casser une petite partie d'une chose*,
boulc'ha, *pr.* et; darna, dargna, dar-
nya, *ppr.* et.

EBRUITER, *s'ébruiter*, divruda, *pr.*
divrudet.

EBULLITION, *élecure*, *pustule*, bul-
buenn, *pl.* ou; bourbonen, *pl.* ou; bour-
bon. *De là peut venir le nom des deux Bour-*
*bons*, *à cause de l'ébullition des eaux chau-*
*des de leurs puits*. Porbolenn, *pl.* ou ;
o'huyziguenn, *pl.* ou; e'huëzeguell, *pl.*
ou; *si elle se corrompt*, gor, *pl.* ou. *Van.*
grubenn, *pl.* eû; burbuenn, *pl.* burbuad;
bérûic goëd, *pl.* bérûigueû goëd. — *De-*
*venir couvert d'ébullitions*, porbolenna,
*pr.* et; bourbouenna, *pr.* et ; bulbuen-
na, *pr.* et; c'huyziguenna, c'huyziguel-
la, pouloudenna, *ppr.* et. *Si elles se cor-*
*rompent*, guïri, gori, *ppr.* goret. *Van.*
brubenneiû, burbuenneiû, *ppr.* et.

ECACHER, *aplatir*, *presser*, deca-
cha, *pr.* et. — *Ecacher l'or*, dacacha an
aour.

ECACHEUR d'or, decacher, *pl.* yen.

ECAILLE, *croûte dure qui couvre les*
*poissons*, sqantenn, *pl.* sqant. — *De l'é-*
*caille*, sqant. — *Couvert d'écailles*, sqantecq, goloët a sqant, oc'h, â, añ. — *E-*
*caille de tortue*, sqant melven'croguennecq, toënn vaut.

ECAILLER, disqanta , *pr.* et. *Van.*
disqanteiû, disqanueiû, diblesqât, di-
blesqeiû, *ppr.* et. — *Ecailler du poisson*,
disqanta pesqed. — *Ecailler des vieilles*,
disqanta grac'hed. *Cette expression se dit*
*figurément*, *pour confesser des vieilles.*

ECAILLEUX, *euse*, *corps dur qui se*
*lève par écailles*, sqantennecq, oc'h, a, añ.

ECALE. *v.* b'ou.

ECALER, *ôter l'écorce verte qui cou-*
*vre les no x*, diblusqa craoñ, *pr.* diblus-
qet. — *L'action d'écaler des no x*, *des pois*,
diblusqérez; diblusqadur.

ECARLATE, *rouge fort beau*, lior
scarlecq, liou scarladd. — *Ecarlate*, *é-*
*toffe teinte*, sqaricecq, sqar'add, eûtofi

sqarlecq. — *Ecarlate*, *graine d'une es-*
*pèce de chêne vert, dont on fait ladite cou-*
*leur*, tane. *v.* cochenille. — *Teindre en*
*écarlate*. liva ê sqarlecq, *pr.* livet.

ECART, *t. de danse et de jeu*, eñcard,
*pl.* ou. — *A l'écart*, a gostez, èn eñcard.
— *Attirer à l'écart*, tenna à gostez, *pr.*
tennet. — *Un lieu à l'écart*, ul leac'h a
gostez, ul leac'h díçzumul, ul lec'h distro, *pl.* léc'hyou. — *Ce prédicateur a fait*
*un terrible écart*, un eñcard-terrupl èn
deus great ar prezegour hont.

ECARTELER, *tirer à quatre chevaux*,
qartelya , *pr.* et; eñcardi eñtre pévar
marc'h; pr iñcardet; lacqât ê pévar c'hartel. *Van.* dispeenneiû a garteryeû, *pr.*
et. — *Ravaillac fut écartelé*, Francès Ravaillac a yoa disyémpret eñtre pévar
marc'h evit beza lazet a daulyou countell *ou* evit beza countellet ar roüe
Herry pévare èn hano.

ECARTER, *éloigner*, pellaat, *pr.* êet.
— *Ecarter*, *disperser*, dispac'hat, *pr.* et.
dismanta, *pr*, et; dismantra, *pr.* et. —
*Ecarter*, *mettre des cartes à l'écart*, eñcarda, *pr.* et; eñcardi, *pr.* et. — *S'écar-*
*carter de*, *s'éloigner de*, pellaat diouc'h;
tec'het diouc'h, *pr.* id.; hem denna
diouch, hem denna eus a, *pr.* hem dennet. — *S'écarter de son chemin*, dihiucha,
*pr.* dihinchet; pellât diouc'h e hend.

ECCLESIASTE, *livre du vieux testa-*
*ment*, levr an eclesyast, levr ar prezegueur.

ECCLESIASTIQUE, *qui s'est engagé*
*à servir Dieu*, dèn-a-ilis. *pl.* tud-a-ilis,
cloarecq, *pl.* cloër. — *Ecclésiastique ou*
*laïque*, cloarecq pe licq, *pl.* cloër pe
licqed; dèn a ilis pe dèn licq, *pl.* tud
a ilis, etc. — *Ecclésiastique*, *qui regarde*
*l'église*, a aparchant ouc'h an ilis, eus
an ilis. — *La discipline ecclésiastique*, reiz
an ilis, gouarnediguez an ilis ; cundu
an ilis, desqadurez an ilis.

ECERVELÉ, *ce*, *sans cervelle*, étourdi, diempén, disqyanted, disqyant,
oc'h, â, añ, *ppl.* tud diempen; tud disqyanted, tud disqyant; seañbeun, *pl.*
seañbenne'yen; penn sean, *pl.* pennou
seañ. *Van.* diavis, disqyanted, oh, añ.

ECHAFAUD, chaffod, *pl.* ou. *Van.*

id. , *pl.* eû. *Trég.* id. , *pl.* chaffodo. —
*Être roué vif sur un échafaud*, beza torret beo var ur chaffod.

ECHAFAUDAGE, chaffodaich.

ECHAFAUDER, chaffodi, *pr.* et ;
sevel ur chaffod, *pr.* savet ; dreçza ur
chaffod, *pr.* et. *Van.* chaffodeiñ, saüeiñ ur chaffod. *Al.* schaffodiff.

ECHALAS, *soutien d'un cep de vigne*,
peul-guïny , *pl* peulyou-guïny, harp-
guïny , *pl.* harpou-guïny.

ECHALASSER , *mettre des échalas à
une vigne*, peulya guïny, *pr.* et ; harpa
guïny, *pr.* et ; didaunaat guïny, *pr.* ëet ;
harpa guïny dre didan *ou* a zindan.

ECHALIER, *espèce d'échelle pour passer
dans un champ*, scalyer , *pl.* ou. *Si l'escalier est fait de pierre*, tremenvan , *pl.*
ou ; pasenn , *pl.* on.

ECHALOTE, chälotesen, *pl.* chalotès.

ECHANCRER. dichancri, *pr.* et ;
chancra, *pr.* et. *Van.* dichancreiñ.

ECHANCRÉ, *ée. Manche bien échan-
cré*, maincch dichancret mad, maincch
chancret mad.

ECHANCRURE , dichancradur ,
chancradur.

ECHANGE , troc , permutation ,
eceiñch; *pl.* ou ; troql, *pl.* ou; esqemm,
*pl.* ou.—*En échange*, èn esqemm, èn
eceiñch. — *Qu'est-ce que l'homme peut
donner en échange de son âme?* petra a ell
an dèn da rei èn esqemm *ou* èn e-
ceiñch de ene ?

ECHANGER, eceiñch, *pr.* et ; ober
un eceiñch, *pr.* græt ; troqla, *pr.* et ;
troeqa, *pr.* et.

ECHANSON, *officier qui présente à
boire au roi*, boutailher, *pl.* yen. — *Le
grand échanson de France*, ur boutailher
bras a Françz

ECHANSONNERIE, celyer ar roûe
*ou* ar Prinçz, *pl.* celycrou ; oviçz ar
boutailher vès a ur prinçz.

ECHANTILLON, standillhon, *pl.* ou;
rataillheun , diraillhenn , *ppl.* ou. — *A
l'échantillon on connait le drap*, dioue'h
ar standillhon ez anavezeur ar mezer *ou*
an entoff. — *Petit échantillon* , stand-l-
honicq; *pl.* standillhononïgou ; drail-
hennieq, *pl.* draillhennouïgou.

ECHAPPATOIRE, *défaite. v.-y.*

ECHAPPÉE, achapadenn, *pl.* ou.
*Van.* id. , *pl.* eû.

ECHAPPER, *s'échapper*, achap, *pr.*
et ; achap quyt, tec'hel, tec'het, *ppr.*
tec'het: *Van.* teh, tchél, tenciñ, *ppr.*
tehet; achapeiñ, *pr.* et.—*Échapper d'un
grand danger* , achap eus a ur pirilh
bras, tec'hel dioue'h un danger bras,
—*Il s'échappa tout-à-coup*, achap a eureu èn un taul, achap a reas quyt èn
un taul-count.—*Il ne put échapper à la
cruauté de son ennemi*, ne allas biscoaz
tec'het dioue'h ar gruelded evès e adversour.— *Ce mot lui a échappé par mégarde*, ar guer-ze a so achapet digand-
hâ hep souch, riqlet eo bet ar gomps
ze divar e déaud. — *Il nous a échappé*,
achapet eo digueneomp, achapet eo
quyt diganeomp.

ECHAPPÉ, *cheval de races mêlées*, a-
chaped , *pl.* ou.—*Un échappé d'Espagne*,
un achaped a Spaign.—*Des échappes du
Nord*, achapedou dioue'h an Nord, a-
chapedou eus a vro an hanter-nos.

ECHARNER, *t. de tanneur*, diguiga
crec'bin , *pr.* diguiguet.

ECHARPE, *pour soutenir un bras blessé*, eñchelp, *pl.* ou. — *Il a le bras en é-
charpe*, ez ma e vreac'h gand-hâ èn
eñchelp.—*Avoir l'esprit en écharpe*, être
un peu fou, cahout e spered *ou* e sqy-
and èn eñcheip, beza girfoll, *ppr.* bet.
—*Écharpe*, baudrier. turuban, *pl.* ou;
turiban, *pl.* ou. — *Écharpe de femme*,
sqerb, *pl.* sqerbou ; ésqerb, *pl.* ou. —
*Une écharpe à la mode*, ur sqerb èr c'hiz,
un esqerb dioue'h ar guiz névez.

ECHARPER, rei un taul treuz, rei
un taul cleze a dreuz d'ar saçz, *pr.* roët ; didrouc'ha, *pr.* et; chalpa, *pr.* et;
qisella , *pr.* et.—*Il lui a écharpé le visage et les bras*, chalpet *ou* didrouc'het *ou*
qisellet èn deus e façz hac e zivreac'h
dezâ orrupl.

ECHASSES, *perches avec des étriers
pour marcher*, branellou treid.

ECHAUDÉ, *sorte de gâteau*, scau-
tenn, *pl.* ou ; foaçz , *pl.* ou. *Van.* toeçz,
*pl.* eû. *v. gâteau.*—*Marchand d'échaudes*,
scauténner, *pl.* yen; foaçzer, foaçzour,

*ppl.* yen. *Van.* foëçzeour, *p!.* yon, yan.

ECHAUDER , scauta, *pr.* et. *Van.*
scauteiñ, sqéüteiñ, *ppr.* et.—*Échauder
la vaisselle ,* scauta al listry.—*Il m'a é-
chaudé le pied,* scautet èn deus va zroad,
scautet co va zroad gandhâ. *Van.* sqéütet eû me zred gued-hou.

ECHAUFFAISON , scaut , scautadur , tanigenn. — *Echauffaison , commencement de colère ,* tærigenn, tanigeñ.

ECHAUFFER , *donner de la chaleur,*
toma, *pr.* et. *Van.* tuëmmeiñ, *pr.* et.
—*Echauffer, devenir chaud ,* tomaat, *pr.*
ëet. *Van.* diaunoëdeiñ, *pr.* et. — *S'é-
chauffer,* èn hem doma, *pr.* èñ hem
domet. — *S'échauffer, commencer à se
mettre en colère,* tana, *pr.* et; teari. *pr.*
et; tæri, *pr.* et. — *Il commençait à s'é-
chauffer,* coumanç a rea da doma dezañ, coumanz a rea plantou e dreid da
doma, coumauç.a rea da dana dezañ
ou da deari dezâ. — *Qui a la vertu d'é-
chauffer ,* tomus, tom dre natur, deread *ou* mad da doma.

ECHAUGUETTE , *tour ou lieu élevé
où l'on met une sentinelle ,* guedicq, *pl.*
guedouïgou; goard-lec'h, *pl.* goard-
lec'hiou; vere, *pl.* vereou; gûere, *pl.*
gûereou.

ECHEANCE, *terme de paiement,* digouëz , termen.

ECHEC, *échecs, jeu,* echedou, laëron.—*Jeu d'échecs,* c'hoary an echedou,
c'hoary laëron, c'hoary laëricq.—*Jouer
aux échecs,* c'hoari gand an echedou,
c'hoari laëricq, *pr.* c'hoaryet.—*Échec,
perte, malheur,* coll, dimunu, reuz.—
*Il a eu un vilain échec,* ur goall goll èn
deus bet, reuz bras, a so evg gandhâ.

ECHELLE, sqeul, *pl.* you. *Van.* id.,
*pl.* yeû. — *Petite échelle,* sqeul vihan,
*pl.* sqeulyou vihan; sqeulicq, *pl.* sqeu-
lyouïgou; sqeul verr.—*Grande échelle,*
sqeul vras, sqeul hirr.—*Échelle médiocre,* sqeul grenn.—*Monter dans l'échelle,*
pignat èr sqeul, *pr.* pignet.—*Échelle de
corde,* sqeul gorden. — *Appliquer les é-
chelles aux murs d'une ville pour les escalader,* sqeulya, sqeulya urguzer, *pr.* et.
—*Bras d'une échelle,* baun sqeul, costez sqeul, *ppl.* ou.

ECHELON, baz sqeul, *pl.* bizyer, etc.

ECHEVEAU, *fil plié en plusieurs tours,*
cudenn , *pl.* ou; cudenn neud , coçzñ
neud, *pl.* coçzadou neud; bann neud,
*pl.* bannou neud. *Van.* bann ned, *pl.*
banneû ned.—*Petit écheveau de fil,* cuchenn, *pl.* ou; cuchenn neud.—*Petit
reste d'écheveau,* cuchennicq , *pl.* cuchennouïgou.—*Dresser l'écheveau avec
deux bâtons,* difreta, *pr.* et; difreta neud.
—*L'arrêt qui attache l'écheveau pour empêcher le fil de se mêler,* poëll, *pl.* ou. *Van.*
id., *pl.* eû. *de la,* berboell, *inconstance.
r.-y.*—*Arrêter l'écheveau,* poëlla, *pr.* et.
*Van.* poëllciñ, poëllat, *ppr.* poëllet. *de
la,* poëlladi, *avoir de l'arrêt ;* diboell ,
*sans arrêt, sans retenue.*—*Vin d'écheveaux
de fil, vin que quelques femmes buvaient
du prix de leur fil,* guin cudenn.

ECHEVELÉE, *femme qui a les cheveux
en désordre,* grecq discabell ha dispa-
c'het he bléau, *pl.* graguez discabellet
ha dispac'het ho bléau.

ECHEVIN, *officier d'une ville,* schuyn,
*pl.* schuyned.—*Les échevins de la ville,*
schuyned kær.

ECHEVINAGE , *qualité d'échevin ,*
schuynaich. — *Pendant son échevinage,*
e pad e schuynaich èndra co bet schuyn

ECHINE, *épine du dos ,* melchadenn,
*id est, chaîne de vertèbres,* liyenn ar c'hein,
livin ar c'hein, mellou ar c'hein. —*E-
chine d'une bête,* melqein; *de* mell, *pl.*
mellou, *vertèbres, et de* qein, *dos.*—*E-
chine rompue, parlant d'un homme,* mel-
chadenn torret ; *d'une bête,* melqein
torret. — *Rompre l'échine du dos à quelqu'un,* digueina ur re, *pr.* et; divalla e
gûein da ur re, *pr.* divellet; terri e velchadenn da ur re; terri livin e gûein
da ur re, terri mellou e gûein da ur re
bennac, *pr.* torret.

ECHINÉE, *partie du dos d'un pourceau,* au troc'h melqeiñ.

ECHIQUIER , *table pour les échecs,*
tablez , *pl.* tablezou.

ECHO , *son réfléchi,* daçzon, *pl.* daçzonyou; enepcléau, *pl.* enepclevyou;
ecléau, *pl.* eclevyou; hégléau, *pl.* hé-
glévyou. *Van.* daçzon, *pl.* eû. *v. retentissement.*

ECHÉOIR, *arriver*, digouèzout, arruout.

ECHOPPE, *sorte de burin d'orfèvre*,
poënçzon, *pl.* ou.—*Échoppe, petite boutique adossée d'un mur*, lapp, *pl.* ou; sta-
licq én apateiz, *pl.* stalyouïgou èn apateiz.

ECHOUER, *toucher, demeurer sur le
sable, parlant d'un vaisseau*, sqei, *pr.*
sqoët; touich, *pr.* et. *Van.* sqoeiñ.ar
er sablecq, *pr.* sqoët.—*Échouer, briser*,
peñcea, *pr.* pencëet. *v. briser, gouvernail.—Échouer, parlant d'une entreprise*,
couëza, *pr.* et; mancqout, *pr.* et; a-
vorti, *pr.* et.

ECHU, *ue, arrivé, venu*, digouëzet,
arruët, erruët, arru, erru, sqoët, touichet, pencëet, mancqet, avortet.

ECLAIR, *feu qui précède le tonnerre*,
luheden, *pl.* luhed; luyaden, *pl.* luyäd;
lufudenn, *pl.* lufud. *Van.* brogonen,
*pl.* brogon; luheden, *pl.* luhed. *v. luire.*
—*Faire des éclairs*, luhedi, *pr.* et; luyadi, *pr.* et. *Van.* luhedeiñ, brogoneiñ,
*ppr.* et.—*Il fait des éclairs*, luhedi a ra,
luyadi a ra, luhed a ra, luyad a ra. *Van.*
gobér a ra brogon *ou* luhed, luhedeiñ
a ra.—*Temps sujet aux éclairs et au tonnerre*, amser luhedusha curunus.—*É-
clairs sans tonnerre, feux en l'air, etc.*,
dareden, *pl.* dared. — *Faire des éclairs
sans tonnerre*, daredi, *pr.* et; ober dared, *pr.* græt.—*Il éclaire terriblement,
quoi qu'il ne tonne pas*, daredi a ra orrup, daredi a ra un orrupcion, dared
a ra ûr goustiançz, terrupl an dared a ra

ECLAIRCIR, *rendre net*, sclæraat,
*pr.* ëet; splannaat, *pr.* ëet. *Van.* sclærât, sclæreiñ, splaunât, *ppr.* ëet. —*Le
temps s'éclaircit*, sclæraat *ou* splannaat
a ra an amser.—*Éclaircir, polir*, nœt-
taat, *pr.* ëet; pouliçza, *pr.* et; lacquaat
da lufra *ou* da luya, *pr.* ëet. —*Éclaircir, rendre moins épais*, rouëzzaat, *pr.*
ëet, tanaoüaat, *pr.* tanaoüeët, tanave-
ët. *Van.* tanaüat, digageiñ, *ppr.* et. —
*S'éclaircir, devenir clair*, sclæraat, splannaat, *ppr.* ëet; dônet da veza sclær *ou*
splan, *pr.* deuët.—*S'éclaircir, s'instruire*,
qemer qentell, *pr.* qemeret.

ECLAIRCISSEMENT ,    *explication*

*d'une chose*, sclæridiguez, *pl.* ou; aznaoudéguez sclear, *pl.* aznaoudéguézou
sclær. — *Celui qui donne des éclaircisse-
ments*, sclæryer, *pl.* yen.

ECLAIRE, *plante*, sclær, sclæricq.

ECLAIRER, *répandre de la lumière*,
sclærya, *pr.* et; rei sclærigenn, *pr.* roët.
*Van.* sclærigeneiñ, luheiñ, *ppr.* et ;
reiñ sclærdér, turul sclærdér, *pr.* taulet. *v. luire, instruire.*—*Éclairéz ici, petit garçon*, sclæriit amâ, pautricq; deuit
goulou amañ, digaçzit affo goulou a-
mañ, pautricq; sclæraïd amañ, pautricq.—*Éclairer quelqu'un, l'observer de
près*, spya urre, *pr.* spyet; sellet a daust
ouc'h ur re-bennac, *pr.* id.

ECLAIRÉ, *ée. Un homme fort éclairé*,
un dèn a ur sqvand vras, un dèn èn
deveus cals a sclærigennou, *pl.* tud ,
etc. — *Une maison bien éclairée*, un ty
sclæryet mad, *pl.* tyès sclæryet mad.

ECLANCHE, *gigot de mouton*, morzed vaoud, *pl.* diouvorzed vaoud, mor-
zedou vaoud. *v. gigot.*

ECLAT, *morceau brisé*, scolpenn, *pl.*
ou, scolpad, scolp ; pez, *pl.* you; felpenn, *pl.* ou.—*Éclat de pierre, détaché*,
scolpeñ væn. — *de pierre, non détaché*,
tarz væn, *pl.* tarzyou væn. — *Éclat de
bois non détaché*, tarz, *pl.* you; faut, *pl.*
ou. — *Éclat, bruit de ce qui se rompt*,
stracql, stacql, *ppl.* ou.—*Éclat, pièce
d'un os*, sclîçzenn asqorn, *pl.* sclîçzen-
nou asqorn.—*Se rompre en éclats*, scliçz-
zenna, *pr.* et; mônet è scolp, *pr.* ëet.
—*Éclat, bruit, fracas*, strap, *pl.* ou.—
*Éclat, parlant de la voix et du son*, sqiltr,
sqiltr ar mouëzyou *ou* ar c'hleyer, etc.
—*Éclat de rire*, c'hoarzaden, *pl.* ou.—
*Éclat, splendeur, lustre*; sqed , lufr, luguern. *Van.* luguern.—*Éclat, beauté*,
qened. — *Donner de l'éclat à une chose*,
rei sqed *ou* rei lufr da un dra, *pr.* roët.

ECLATANT, *ante, qui fait du bruit*,
stracqlus, stlacqus, strapus, oc'h, â,
añ; trouzus bras.—*Un mérite éclatant*,
ur milid bras meurbed. — *Éclatant,
brillant, luisant*, sqedus, luguernus,
leuc'hus, lufrus, sclæryus, lintr, gue-
levus, oc'h, â añ.—*Éclatant, te, parlant de la voix et du son*, sqiltr, sqiltrus,

sclintin, sclentin, oc'h, â, añ. sclentin, de sclent, ardoise. — Une voix écla-
tante, ur vonêz sqiltr ou sqiltrus ou
sclentin.—Un son éclatant, ur son sqiltr,
ur son sqiltrus, ur son sclentin.

ECLATER, s'éclater, se fendre, tarza,
pr. et; faula, pr. et. v. se fendre.—Eclater, faire un bruit éclatant, straqla caër,
pr. straqlet; stlacqa crê, pr. stlacqet;
strapa, pr. strapet; ober un trouz bras,
ober ur straql ou ur stlacq ou ur strap
caër, pr. græt. Van. tróuzal, pr. trou-
zet.—Eclater de rire, dic'hargadenna,
pr. et; c'hoarzin a bouës penn, pr.
c'hoarzet. — Eclater, reluire, briller,
sqeda, sqedi, ppr. sqedet; luguerni,
pr. et; guelevi, pr. et. » luire.—Eclater,
devenir public. être ébruité, beza divrudet,
. beza brudet, pr. bet.

ECLIPSE, interposition d'un astre,
goasqadenn, pl. ou; fallaënn, pl. ou;
mougadenn, pl. ou. v. détérioration.—
Eclipse de soleil, interposition de la lune
entre la terre et le soleil, ur voasqadenn
var au héaul, ur fallaënn èn héaul,
un, devaller var an héaul, ur vouga-
denn èn héaul.—Eclipse de lune, goasqadenn var al loar, fallaënn èl loar,
tevalder var al loar, mougadenn èl loar.

ECLIPSER (s'), souffrir éclipse, fellel, pr. fellet, fallet; mouga, pr. mouguet; tevalaat, pr. tevalëet; coll escler-
ded, pr. collet.—S'éclipser, disparaître,
dispariçza, pr. et, dispariçza hep rat da
nicun;tec'het hep gouzout da zèn;pr.id.

ECLISSE, bois propre d faire des sceaux,
etc., scliçz, coad scliçz.—Eclisse, petit
ais fort délié, scliçzenn, pl. ou; scliç-
zennuicq, pl. scliçzennouïgou. Trég. id.,
ppl. o. Van. id., ppl. eû.— Eclisse, moule
d faire du fromage, cabaçzenn fourmaich, pl. cabaçzennou fourmaich,
moul fourmaich, pl. moulyou fourmaich; picardis, pl. you.—Bouteille
d'éclisse, boutailh scliçz, pl. boutail-
lou scliçz.

ECLISSER, garnir d'éclisses, scliçzen-
na, pr. et. Van. scliçzenereiñ.—Eclisser, parlant du bois qui se fend, scliç-
zenna, pr. et; sevel a scliçzennou, pr.
savet; qignat, pr. et. Van. scliçzennciñ,

pr. scliçzennet;diflosqeiñ, pr. diflosqet.

ECLORE. sortir de la coque, diglora,
pr. et; digloëra, pr. et. Van. digloreiñ,
diglocreiñ, ppr et.—Faire éclore des poulets, ober diglora poñçined, pr. græt;
lacqât poñçined da zigloera.pr.lec.qëet.
— Eclore, parlant des fleurs, dihoan, pr.
et; didiñvi, pr. et; digueri, pr. digoret. Van. digor, digoreiñ, ppr. digoret.
—Les fleurs sont écloses, dihoan ou didiñvi ou digueri a ra ar bleuzu.

ECLUSE, construction pour retenir ou
élever les eaux, scluz, pl. scluzyou;
chauçzer-dor, pl. chaûçzeryou-dor.—
Ouvrir une écluse, digueri ur scluz, digueri ur chauçzer-dor, digueri dor ur
chauçzer, pr. digoret. — Ecluse d'un
moulin, stancq, lenn.—Ecluse d'eau,
ur scluzad dour, pl. scluzadou dour.

ECOBUE, marrerie, marradeg, pl.
ou. Van. id, pl. eû. — Tas d'écobues ou
de mottes marrées, calsenn mar, pl. cal-
sennou marr; cals marr.—Entasser les
mottes écobuées, calsa, calsa marr, pr.
calset.—Du seigle d'écobues, ségal marr.

ECOBUER, marrer, marra, pr. et.—
ober marradeg, pr. græt. Van. mareiñ,
gober maradeg, marrat, ppr. et. —
Terre d écobuer,doûar marr,parcq marr,
parcq marr. — Terre ecobuée, doûar
marret, parcq marret.

ECOLE, scol, pl. you. Van. scol,
pl. yeû. Trég. scol, pl. scolyo. — Maître d'école, scolaër, pl. yen. Van. mæstr-
scol.—Maitresse d'école, scolaërès, pl.
ed. Van. Mœstres-scol. — Compagnon
d'école, camarad a scol, pl. camara-
ded a scol; qen-scolyer, pl. qen-sco-
lyéryen, qen-scolaër, pl. qen-scolaë-
ryen. — Tenir école, enseigner dans une
école, scolya, pr. et; ober scol, pr. græt;
derc'hel scol, pr. dalc'het; rei qentell,
pr. roët; ober qentell. Van. gober scol,
dalheiñ scol; scolyeiñ, pr. et. — Commencer d tenir école, digueri scol, pr. digoret. — Ecole de théologie, de droit canon, scol a deology, scol a vir an ilis.—
On dit dans l'école que, lavaret a rear e-
barz ar scol penaus, an doctored a lavar penaus, leenn a reomp èn deology
ou èr gûir eus an ilis. ou é scrijou en

ECO ECO 513

doctored *ou* èr philosophi. etc., penaus.

ECOLIER, scolyer, *pl.* yen; scolaër, *pl.* yen. *Ce dernier mot est plus usité que le premier, quoiqu'il veuille dire propremrnt, maître d'école. Van.* scolbér, *pl.* yon, yan. *b* grimaud.

ECOLIÈRE, scolyerès, scolaërès, *dis* jeblès, *ppl.* cd. *Van.* scolhéres, disguibles, *ppl.* ed.

ECONDUIRE, reûsi gand douçder *ou* gand onested, *pr.* reûset.

ECONOMAT, *régis de biens,* gouarnamand var vadou.

ECONOME, *qui a soin d'une maison, etc.,* ar mæstr eus an ty, ar mæstr eus an tyéguez, *pl.* mistry. *Le véritable terme serait* tyæq, *pl.* tyéyen; *mais l'usage l'a appliqué à la seule signification de ménager.—Un bon économe, d'une conduite sage,* un dèn fur, *pl.* tud fur; nep èn hem gundu gad furnez, un ozac'h mad, *pl.* ezae'h mad. — *Econome, qui régit un bien ecclésiastique vacant,* gouarner var vadou, *pl.* gouarnéryen var vadou. *v. administrateur.*

ECONOMIE, cundu fur, cundu leun a furnez, cundu vad e dra e-unan *ou* var dra'ar æ all, *pl.* cunduou.—*Avoir de l'économie,* cahout ur gundu vad, *pr.* bet; gouarn èr-vad e dra, *pr.* et.

ECOPE, *pelle creusé d reberds,* esqop, *pl.* esqep; scop, *pl.* scopou, sqep.

ECORCE ( la première) *d'un arbre,* dirusqen, *pl.* dirusq; rùsqen, *pl.* rusq; couëzen, *pl.* couëz, coc'henn, *pl.* ou; croc'hen a ziaveas *ou* a ziavæs, *pl.* créc'hid. *Al.* pil; *de là, peler.—La seconde écorce d'un arbre,* plusqenn. *pl.* plusq; eil groc'hen ür vezen, ar c'hroc'hen a ziabarz.—*De l'écorce de saule, de chêne,* rusq halecq, rusq déro, dirusq déro, couëz.—*Lever l'écorce,* dirusqa, *pr.* et; pelya, *pr.* et; qignat, *pr.* et. — *Ecorce d'oranges,* plusqenn orangès, *pl.* plusq orangès; plusqenn aval orangès, *pl.* plusq avalou orangès.—*Ecorce de citron,* plusq citronçz, plusq avalou citronçz.—*Ecorce ou côte de melon,* coc'henn sucrin, plusqen sucrin, *pl.* plusd sucrin.—*Ecorce, extérieur,* coc'henn, diavæs.—*Vous vous arrétez à l'écorce.* ææ œpa-

rences, ne sellit ne med ar groc'henn *ou* nemed an diaveas, an diavæs hemyqen a sellit.

ECORCER. *v. lever l'écorce.*

ECORCHER, *enlever la peau,* discroc'henna, *pr.* et; qignat, *pr.* et. *Van.* qigneiñ, qignat, digrohenneiñ, digrouhenneiñ. *Trég.* discroc'hennan, *pr.* et. —*Saint Barthélemi fut écorché vif,* sant Bertele ayoa discroc'hennet beo-buezocq, sant Bartele a voué qignet beo-buezecq.—*Je me suis écorché le bras,* qignet am eus va breac'h. —*Commencer à s'écorcher,* cliçzya, *pr.* et. —*Ecorcher, faire payer trop cher,* qignat, rançzôni, *pr.* et. — *Ecorcher une langue, la parler mal,* qignat ul langaleh, goall-gomps ul laugalch.—*Ecorcher le latin,* goall-gomps latin, qignat al latin. *On dit burlesquement,* comps latin evel ul mastin. — *Ecorcher le français,* qignat ar gallecq. *Burlesq.* comps gallecq evel ur gasecq.—*Ecorcher le breton,* qignat ar bresounecq, comps brezounecq evel un Ormandd. — *Beau parler n'écorche pas la langue, il n'en coûte pas plus de parler civilement qu'arrogamment,* un tammicq onestiz a dal he phriz.

ECORCHERIE, *lieu où l'on écorche,* qignérez. *Van.* qignereh, qignereah.

ECORCHEUR, qigner, *pl.* yen. *Van.* qignour, *pl.* yon, yan. — *Ecorcheur de chevaux, de chiens,* qiguer qesecq, qigner chaçz.—*Les gens de chicane sont des écorcheurs, dit-on,* qignéryen eo an dud a lès, var a leveront.

ECORCHURE, qignadenn, *pl.* ou. *v. égratignure.* — *Ecorchure commencée,* cliçzyadur, qignadur.

ECORCIER, *maison où l'on met à couvert les écorces pour les moulins à tan,* ty couëz, *pl.* tyez couëz.

ECORNER, discorni, biscorni, bescorni, *ppr.* et. *Les deux derniers verbes ne se disent que des bêtes à cornes.—Vache écornée, qui n'a plus de cornes,* bioc'h biscornet *ou* discornet. — *Vache écornée, qui n'a qu'une corne,* beoc'h bescorn. — *Vache écornée, qui n'a aucune corne,* beoc'h discorn.—*Pierre écornée,* mean discornet, *pl.* meiñ discornet.

40

ECORNIFLER, *manger aux dépens d'autrui*, toupina, *pr.* et; corniflat, *pr.* et; lippat, *pr.* lippet. *Van.* truanteiñ, crenneiñ.—*Ecornifler dans les auberges*, toupina a zavargu-ê-davargu, mônet var an escodou, *pr.* ëet.

ECORNIFLERIE, toupinérez, corniflérez, lippérez, *ppl.* ou. *Van.* truanterch.

ECORNIFLEUR, toupiner, cornifler, lipper, *ppl.* yen. *Van.* truant, *pl.* ed; crennour, *pl.* crenneryon; ur hrennour.

ECOSSE, *royaume*, Scoçz, Scoçza, rouantélez Scoçza. *v. dépérir.*—*Qui est d'Ecosse*, Ecossais, Scoçz, *pl.* Scoçzis; Scoçzad, *pl.* Scoçzidy.

ECOSSER, *ôter les pois de leur cosse*, digloçza, *pr.* et; diblusqa, *pr.* et. *Van.* digloreiñ, diglorenneiñ. — *Ecosser du lin*, tenna ar bolc'h.

ÉCOT, scod, *pl.* scodou; escod, *pl.* escodou; scodenn, *pl.* ou.—*Payer chacun son écot*, paëa pep hiny e scod ou e escod.

ECOUER, *couper la queue* dilosta, *pr.* et; besqi, *pr.* et.—*Chien écoué*, qy dilostet, qy besqet, qy dilost, qy besq.

ECOULEMENT, *action de couler*, red, bèr, beradur, tec'h.—*L'écoulement des eaux*, an teac'h eus an dour, ar red, ar beradur eüs an douréyer.—*Un écoulement de la grâce*, ur beradicq eus ar c'hracz, ur strilhicq eus a c'hraçz Doûe.

ECOULER, *couler doucement*, ricla gouëstadicq, ricla evel ur silyenn, *pr.* riclet; redecq goustadicq, *pr.* redet.—*Faire écouler l'eau d'un étang*, distancqa ur stancq ou ul leun, *pr.* et; lacqât redecq ul lenn ou ur stancq, *pr.* lecqéet.—*S'écouler, parlant de l'eau*, bera. *pr.* beret; divera, *pr.* diveret. *v. couler.* —*S'écouler, parlant du temps*, trémen, *pr.* trémenet; ricla, *pr.* riclet.—*Notre vie s'écoule sans qu'on pense qu'il faut mourir*, ricla a ra hon buhez ou trémen a ra hon buhez, hep siouas ma son-chemp ez eo red mervel.

ECOURGÉE, *fouet*, scourgez, *pl.* ou.

ECOURTER, besqi, besqa, *ppr.* besqet; ober besq, *pr.* græt; crenna, *pr.* et.

ECOUTES (' être aux ), beza o sez-laou.—*Celui qui est aux écoutes*, sezlaouër, *pl.* sezlaouëryen.—*Celle qui est aux écoutes*, sezlaouères, *pl.* ed.—*Sœur écoute*, *t. de convents*, ar sezlaouères, an azistantès. — *Ecoutes*, *t. de marine*, scoud, *pl.* scoudou.—*Larguer les écoutes*, larga ar scoudou.

ECOUTER, sezlaou, *pr.* sezlaouët; sezlou, *pr.* sezlouët; chelaou, *pr.* chelaouët. *Van.* chelëueiñ.—*Ecouter, entendre, concevoir*, clévet, cléout, *ppr.* clévet. *Van.* cléüeiñ, *pr.* cléüet.—*Vous ne devez pas écouter ces discours*, ne dleit qet sezlaou an divisou-ze.—*J'écoute, et je conçois fort ce que vous dites*, me a gléo manivicq ar pez a livirit.—*Ecouter ce qu'il n'appartient pas et ce qui ne convient pas*, rei penn ou rei scouarn da glévet ar pez ne aparchant qet ha sezlaou nep ne deo qet dleat.—*S'écouter parler*, èn hem sezlaou, *pr.* èn hem sezlaouët.

ECOUTILLE, *ouverture dans le pont d'un vaisseau*, scoutilh, *pl.* ou. — *La grande écoutille*, ar scoutilh bras; scoutilh, *pl.* ou; scoutilh ar c'hacqed, scoutilhou ar fistilh.

ECOUVILLON. *instrument pour nettoyer les canons*, scouffilhon, *pl.* ou.

ECOUVILLONNER *un four*, scuba ar fourn ou ar fôrn, *pr.* scubet.—*Ecouvillonner le canon*, scouffilhoni, *pr.* et.

ECRAN, *pour se garantir de l'ardeur du feu*, ecramm, scramm, *ppl.* ou.

ECRASER, flastra, moustra, frioqa, freusa, *ppr.* et. *Van.* flastreiñ, freheiñ, moustreiñ.— *L'action d'écraser*, moustraich, moustradur, flastradur. *Van.* monstrach, frehadur.

ECREMER, *ôter la crème du lait*, dyenna, *pr.* et. *Van.* coëveneiñ, digoëvénneiñ, dihenneiñ.— *Cuiller pour écrémer le lait*, loa-lcaz, *pl.* loayou-leaz. *v. assiette.* — *Du lait écrémé*, leaz dyennet. *Van.* leah digoëvennet.

ECREVISSE, *poisson d'eau douce*, qifnidenn dour, *pl.* qifnid dour; chéoren, *pl.* chéor. — *Ecrevisse, poisson de mer*, crancqenn, *pl.* ed; grilh-vor, *pl.* grilhed-vor; gavr vor, *pl.* gueor vor. *v. homard.*

ECRIER ( s' ), cryal gand souéa

pe gand glac'har, *pr.* cryeí; leûva gand souëz pe gad anqenn, *pr.* leûvet.—*Je m'écrie vers vous, Seigneur , du profond de mon cœur* , cryal a raû ouzoc'h vâ Doüe eus a vouëled va c'haloun.

ECRIN; *cassette à mettre les pierreries*, scrin, *pl.* ou; crin , *pl.* crinou ; arc'hed, *pl.* ou. *Al.* sgrin, isgrin , *ppl.* o'ı. *v. cassette.*—*Pour boire de tout cœur à la santé de quelqu'un avec lequel on trinque , on dit:* da scrin ho caloun , a galoun c'huëcq da scrin oz caloun. *id est , à l'endroit le plus intime et le plus cher de votre cœur.*

ECRIRE, scriva, *pr.* et. *Treg.* zcrifañ. *Van.* scrinûeiñ, scrũeiñ , *ppr.* et.—*Ecrire une lettre*, scriva ul liser. *Van.* scriûeiñ ul lihér.

ECRIT, *te,* scrivet , scrifet , scrihuët.—*Ecrit dans la mémoire,* scrivet mad èr vemor, mercqet mad èn nevor, doun èr sonch.—*Son nom est écrit dans le livre de vie,* scrivet eo e hano ebarz èl levr a vuëz.—*Ecrit* , *manuscrit* , scrid-dôrn , *pl.* scrijou dôrn.— *Un écrit,* scrid , *pl.* scrijou , scridou. *Van.* scrid , *pl.* eû.—*Faire faire un écrit,* lacqât ober ur scrid, *pr.* lecqëet.—*Laisser par écrit,* lesel dre scrid, *pr.* leset.—*De bouche ou par écrit,* dre goïnps pe dre scrid , a c'henou pe dre scrid.—*Ecrits, litres ,* scrijou, scridou. — *Les écrits des Pères,* scrijou an tadou santel, scrijou añ doctored.

ECRITEAU , *affiche* , scritell , *pl.* ou; taulenn , taulenn scrivet, *pl.* laulennou scrivet. *v. étiquette* , *affiche.*

ECRITOIRE , scritor, *pl.* you; sclutur, *pl.* you; scritol, *pl.* you. *Van.* scritoër, *pl.* yeû; sclitoër, *pl.* yeû.—*Casse d'écritoire pour les plumes,* corsenn scritor , *pl.* corsennou scritor, corsennou bluñ.—*Cornet d'écritoire,* corned , *pl.* ou ; corned scritol. *v. encrier.*

ECRITURE , scritur, *pl.* you. *Van.* scrouïtur, scruitur, *ppl.* yeû, eû.—*Ecriture de main* , scritur dourn , scritur dôrn.—*Ecriture de praticiens,* scritur sican.—*Petite écriture menue,* scrituricq munud, *pl.* scrituryouïgou munud.— *Je connais son écriture,* me a enefe scritur.—*L'écriture gothique,* scritur goth, scritur coz.—*L'Ecriture sainte, la Bible,*

l'ancien et le nouveau Testament; ar scritur sacr , ar scritur santel. *Le premier mot est le meilleur.* ar vibl, al lésenn anciañ hac al lésenn névez *ou* al lésoñ a c'hraçz. — *Lisez l'écriture sainte, les litres saints* , lénnit ar scritur sacr, leennit al levryou sacr.—*Ecritures d'avocats pour un procès,* scrituryou, scrijou.

ECRIVAIN , *maître d écrire* , scrivaigner, scrifaigner, *ppl.* yen ; mæstr scrivaigner. — *Ecrivain du roi,* scrivaigner ar roûe, *pl.* scrivaignèryeu ar roûe.— *L'écrivain municipal* , ar c'hontâ scrivaigner.

ECROU, *trou dans lequel tourne une vis,* toull ur vincz, *pl.* toullou bincz.— *L'crou, état de la dépense de la maison du roi,* roll an dispign eus a balès ar roûe. —*Ecrou, registre où le geolier écrit le nom des prisonniers,* dyell ar geol, *pl.* dyellou; paper ar sol.

ECROUELLES , *maladie* , droucq ar roûe, drouc sant Cadou. *Van.* droucq or roë, drouc sant Cadeû.

ECROUER, *charger le geolier d'un prisonnier* , carga ur gcolyer corf evit corf eus a ur prisounyer, *pr.* carguet; mercqa var dyell ar geol *ou* scriva var baper ar sol an abecq pe evit hiny ez eo prisounyct un dèn.

ECROULEMENT. *v. éboulement.*

ECROUTER , *ôter la croûte d'un pain,* discreuënna bara, *pr.* discreuënnet; pelyat ar bara, *pr.* pelyet; difæçzouni ar bara, *pr.* difæçzounnet. *v. chapcler.*

ECRU, *ue, qui n'a pas été mouillé,* seyz criz, lyen criz.

ECU , *ancienne arme défensive* , rondachenn , *pl.* ou ; bouqler scañ, *pl.* bouqlerou scañ.—*Ecu, écusson,* scoëd , *pl.* scoëjou, scoëdou. — *L'écu de France* , scoëd Françz. *Al.* scuëd Gall. *De* scuëd tient scudell, *écuelle.* — *Ecu, pièce de monnaie* , scoëd, *pl.* scoëjou, scoëdëyen ; daouzecq real. *Al.* scuëd. *v. litre.* —*Un écu et demi* , ur scoëd-hanter, tri-vec'h real.—*Un écu d'argent,* ur scoëd arc'hand.—*Un écu d'or,* ur scoëd aour. — *Un écu sol, monnaie d'or ancienne,* scoëd-héaul, *pl.* scoëjou-héaul.—*Qui a bien des écus,* scoëdus, arc'hantus , oc'h, à; aû. *Al.* scuëduï.

**ECUEIL**, *banc de sable, treazenn, pl.* treazennou. *v. banc de sable.*—*Ecueil, rocher dans la mer*, qarrecq, *pl.* qerrecq. —*Qui ne gouverne pas bien son vaisseau, é-choue contre les écueils*, nep ne sént qet ouo'h ar stur, oue'h ar garrecq a ra sur. —*Plein d'écueils*, treazénnus, qarregus, leun a guerrecq hac a dreazennou. —*Ecueil, occasion de péché*, occasion da béc'hed, occasion da béc'hi, *pl.* ou.

**ECUELLE**, *vase*, scudell, *pl.* ou, scudilly. *Van.* scudell, *pl.* eû. — *Petite é-cuelle*, scudellicq, *pl.* scudelloulgou; scudell vihan, *pl.* scudellou vihan.—*Ecuelle d'argent*, scudell arc'hand. — *Ecuelle d'étain*, scudell stean, scudell stæn.— *Ecuelle de faïence*, scudell feilhançz.— *Ecuelle de terre*, scudell bry. *Van.* scudell doar.—*Ecuelle de bois*, scudell brenn, scudell goad. *Van.* scudell goëd.—*Ecuelle de frêne*, scudell oun.— *Ecuelle à oreilles*, scudell scoarnecq.— *Ecuelle couverte*, scudell golo.

**ECUELLÉE**, scudellad, *pl.* ou. *Van.* id., *pl.* eû.—*Une bonne écuellée de potage*, ur scudellad vad a soubenn.—*E-cuellée de lait, de fèves*, scudellad leaz ou læz, scudellad fa.—*Une petite écuellée*, scudelladicq, *pl.* scudelladoñgou. — *Une très-petite écuellée*, ur scudelladicq vihan.

**ECUME**, eonnenn, *pl.* ou; eonn, *pl.* eounnou; spoum. *Van.* scumenn, scum. *v. bave.*—*Ecume de fer*, scaut houarn, qenu houarn, cauc'h houarn. — *Plein d'écume*, eonnénnus, eonnus, spoumus, oc'h, añ. *Van.* scụmus, scumennus, discumus, oh, añ.

**ECUMER**, *jeter de l'écume*, eonnéñ-ni, *pr.* eounénnet; eonni, *pr.* et; spou-ma, *pr.* et. *Van.* scumeneiñ, scumeiñ, *ppr.* et. — *Ecumer, ôter l'écume du pot*, dionnénpa, dionnénni, *ppr.* et. *Van.* discumeiñ, *pr.* discumet. — *Ecumer, pirater*, preyza var vor, *br.* preyzet.

**ECUMEUR** *de mer*, laër vor, *pl.* laërou vor.

**ECUMEUX**, *adje. v. plein d'écume.*

**ECUMOIRE**, *ustensile de cuisine*, dioumé-maër, *pl.* ou; cocloa-doul, *pl.*

cocloayou-doul; scumouër, *pl.* ou.—*Van.* discumoér, *pl.* eû.—*Donnez-moi vite l'écumoire*, dent diñ affo ar gocloa-doul *ou* an diouménouër *ou* an scu-mouër. *Van.* deit deiñ en discumoër.

**ECURER**, *nettoyer*, scarza, *pr.* et; aætlaat, *pr.* ëet; pura, *pr.* et ; soụrya, *pr.* et; scuiryat, *pr.* et. *Van.* scarheiñ, scụiryciñ, scụrheiñ.—*Ecurer le puits*, scarza ar puñçz, nætlaat ar puñçz.— *Ecurer la vaisselle*, pura ar stean *ou* au arc'hantiry. — *Ecurer les bassins, les chaudrons*, scurya ar vaçzinou, scuiryat ar pilyou, ar chaudou-ronou; pura ar vazçinou, ar pilyou.— *L'action d'écurer*, scarzadur, purérez, scurérez.

**ECUREUIL**, *petit animal sauvage*, guyber, *pl.* ed; guyuñ̃er, *pl.* ed; coanticq, *pl.* coantigued. *Van.* güinvér, *pl.* eû.

**ECUREUR**, *cureur de puits*, scarzer ar puñçzou, *pl.* scarzéryen. *Van* scar-hour, *pl.* yon, yan. — *Ecureur de lieux, vidangeur*, scarzer ar mou, *pl.* scarzé-ryen ar mou; mæstr an oberyou iselĩ, ga houar, caũcau, *id est*, cacac'h.

**ECUREUSE**, *celle qui nettoie la vais-selle*, purerès, *pl.* ed; scuryerès, *pl.* ed. *Van.* scurheres, *pl.* ed. *v. lareuse.*

**ECURIE**, *logement des chevaux*, mer-chauçzy, *pl.* you; marchauçzy, *pl.* you. *id est*, marc'hau-ty, *maison de chevaux*; *ce qui fait voir que* marc'hau *ou* marc'-hou *était autrefois pluriel de* marc'h. *En Galles, le pluriel de* marh *est* meyrh.

**ECUSSON**, *écu chargé d'armoiries*, scoëd, *pl.* scoëjou. *Al.* scuëd, *pl.* scu-ëdau.—*Celui qui fait des écussons*, scoë-der, *pl.* yen.—*Ecusson, espèce d'ente*, emboudeun eñtre coad ha rusq, *pl.* em-boudennou. *v. ente.*

**ECUSSONNER**, embouda eñtre co-ad ha rusq *ou* eñtre coad ha croc'hen, *pr.* embudet. *v. enter.*

**ECUYER**, floc'h, *pl.* ed; scuedour, *pl.* yen.

**EDENTER**, *arracher ou rompre les dents*, disanta, *pr.* et ; ténna au déñt, *pr.* ténnet; terri au déñt, *pr.* torret. *Vag.* disanteiñ, tenneiñ *ou* toreiñ en léñt, *ppr.* et.

EDENTÉ, e, qui n'a plus de dents, disantet. — Vache édentée, bioc'h ratous.
Vieille édentée, crac'h ratous, pl. gra-
c'hed. Van. coh groah disantet.

EDIFIANT. e, scolyus, qentellyus,
squëzryus, oc'h, à, añ; nep a ro squëzr vad ou eçzémp vad, ar pez a so a
eçzémp vad ou a squëzr vad. v. instructif.

EDIFICATION, construction. v.-y.—
Édification, bon exemple, squëzr vad, pl.
squëzryou vad; eçzemp vad, pl. eçzémplou vad ; scol vad, pl. scolyou vad;
qentell vad, pl. qentellyou vad.

EDIFICE, bâtiment, ediviçz, pl. ou.
EDIFIER, construire, batiçza, pr. et;
edifiçza, ediviçza, ppr. et.

EDIT, edit, pl. editon.—Il était permis aux prétendus reformés par l'édit de
Nantes, l'an 1508, de, etc. ; mais il a été
heureusement revoqué l'an 1685, accordet voa det d'an hugunoded gand an
edid a Navned, meura saver evit o su-
réutez hac evit eçzerci o fals lésenn;
hoguen seiz vloaz ha pévar uguent
goude ez voa dre un ëur vad, torret
an edid forzet ha doumaichus-ze.

EDITION, impression, publicacion
evès a ul levr. v. impression.—Ce livre a
eu plusieurs editions, al levr mâ a so bet
meur a veach lecqeat è goulou.—C'est
là sa quatrieme edition, evit ar bévare
guëach ma el lecqear è goulou eo.

EDUCATION, le soin qu'on a d'elever
et d'instruire un enfant, desqadurez, magadurez, qelennadurez, diorroadur.
Van. deçzaü. — Qui n'a point d'éducation, hep magadurez, hep desqadurez,
hep qelennadurez vad, hep diorroadur vad, goall-vaguet, droucq-desqet,
droucq-qelennet, droucq-diorroët. v.
élever.

EFFAÇABLE, qu'on peut effacer, di-
façzapl.

EFFACER, rayer, difaçza, pr. et; dis-
paç, pr. et; croaza, pr. et. Van. croëseiñ, divercheiñ.—Effacer de sa mémoire, lamet un dra-bennac eus e spered
ou eus e breun ou eus e vemor, pr. id.

EFFAÇURE, rature, difaçzadur. Van.
diverch.

EFFARÉ, e, tout hors de lui-même,

stravilhet. —Air effaré, drem stravilhet; drem saouzanet. — Des yeux ef-
farés, daoulagad stravilhet, daoulagad
dispourbellecq.

EFFAROUCHER, goëçzaat, pr. ëet.
— Air effarouché, goëzder.

EFFECTIF, vrai, véritable, gûiryon,
real, oc'h, à, añ.

EFFECTIVEMENT, e gûiryonez, e-
vit gûir, èn effet, evit featt, evit fett.

EFFECTUER, effettui, pr. ët; lacqaat
èn effett, pr. laeqëet. Van. lacqat en
effet.

EFFEMINER, renta lausq, renta digaloun, pr. rentet.

EFFEMINÉ, digaloun evel ur vaoües,
lausq, oc'h, à, añ. Van. id. Al. tizocq,
pl. ed. — C'est un véritable efféminé, an
dra-ze sellit a so qer digaloun evel ur
vaoües.

EFFET, effed, pl. effejou. Van. effed, pl. eü.—A cet effet, evit qemen-ze,
evit-ze, rag-ze, dre-ze. — Qui est sans
effet, dieffed.

EFFETS, biens, meubles, etc., effejou,
madou. traou.

EFFEUILLER, ôter les feuilles, dise-
lya, pr. diselyet.

EFFICACE, qui produit son effet. effedus, nerzus, crè, galloudus, oc'h, à,
añ. — Remède efficace, remed effedus ou
galloudus, pl. remejou. — Des grâces
efficaces, graçzou effedus, graçzou crè
ha nerzus, graçzou druz ha founnus.
— La grâce efficace et la grâce suffisante,
ar c'hraçz effedus hac ar c'hraçz sufisus, ar c'hraçz he deus he effed hac añ
hiny a ell e gahout. — Efficace, force,
vertu, nerz, galloud, poües, crevder. —
L'efficace ou l'efficacité de la grâce, an
nerz effedus evès ar c'hraçz.

EFFICACEMENT. gand effed, èn ur
fæçzoun effedus. Van. gued effed.

EFFICACITÉ, an nerz vès a uu dra.
— L'efficacité des planètes, an nerz evès
ar stered ou evès ar planedennou.

EFFICIENT, e, qui produit son effet,
effedus, oc'h, à, añ.

EFFIGIE, patrom, pl. ou; patram,
pl. ou. Van. id., pl. cü.

EFFIGIER, pendre en effigie, crouga

'ur re é patrom, crouga patrom, crouga patram, *pr.* crouguet.

EFFILER, *s'effiler*, disneudénna, *pr.*
et; dispénn a neudeñ-è-neudenn, *pr.*
dispennet. *Van.* disnedeiñ, *pr.* et.

EFFLAM, *nom d'homme,* Efflam. —
*Enfant qui a nom Efflam ,* Flammicq.
— *Saint Efflam,* saut Efflam. —*Le lieu
de la chapelle de saint Efflam , en Plestin,
diocèse de Tréguier,* Toull-Efflam.

EFFLANQUÉ,*e,* diflancqet, disflanc-
qet, diflacqet.

EFFLEURER,*enlever un peu de la peau,*
spina, *pr.* et; spina ar c'hroc'henn, qignat èn un drémen, *pr.* qiguet. *B.-Léon,*
cliçzya, *pr.* et. — *Effleurer une matière,*
*n'en parler que superficiellement ,* touich
èn un drémen, *pr.* touichet; divlévi un
dra, *pr.* divlevet; dirusqa ur matery-
bennac, *pr.* disrusqet; cliçzya ur ma-
tèry, *pr.* cliçzyet. *v. ébaucher.*

EFFONDRER, *s'abîmer, fondre,* is-
fonta, *pr.* et; disfonçza, *pr.* et; disfouçza, *pr.* et. —*Le plancher est effondré,* di-
fonçzet eo an doubl, disfonçzet eo ar
plainch.—*La terre s'est effondrée sous cette charrette,* disfonçzet eo an doüar dindan ar c'harr-ze. — *Effondrer, vider du
poisson, de la volaille,* disfouçza, *pr.* et ;
divouzella, *pr.* et; distlipa, *pr.* et; distripa, istripa, *ppr.* et. *Van.* divoëlleiñ.
*Une personne en colère se sert de tous ces
mots contre sa partie.*

EFFORCER ( s' ) *de,* èn hem nerza
da, *pr.* èn hem nerzet; poëllat da, *pr.*
poëllet; lacqaat e stryff da, lacqaat poun da, *pr.* lecqëet; stryva ouc'h , *pr.*
stryvet; èn hem forza da, *pr.* èn hem
forzet. — *Il faut s'efforcer à gagner la vie
éternelle,* red eo poëllat *ou* lacqât e boan
*ou* lacqât e stryff da c'hounit ar vuez
eternal, red eo èn hem nerza da vili-
tout ar barados, red eo stryva ouc'h ar
binigenn evit gallout mônet d'ar barados, red eo èn hem forza da c'hounit
ar barados.

EFFORT, stryff, *pl.* ou, stryvou ;
poëllad, *pl.* ou ; forz dreistordinal. —
*Qui fait ses efforts pour venir à bout de
quelque chose,* stryvus, stryvant, poëlladus, oc'h, añ.—*Avec effort,* gand stryff,

gand cals a boan, gad poëllad, o stryva, o poëllat, o poanya.

EFFRAYANT, *e,* effreyzus, estlamus,
strayilhus, oc'h, añ. *Van.* lorhus, sqontus, oh, añ.

EFFRAYER, effreyza, *pr.* et; estlami, *pr.* et; stravilha, *pr.* et. *Van.* lor-
heiñ, sqonteiñ. *Al.* esmaëa.— *Etre ef-
fraye,* beza stravilhet, beza estlamet,
beza effreyzet, *pr.* bet.

EFFRENE, *e,* diboëllet, dirollet, divarc'het, oc'h, â, añ. *v. déréglé.*

EFFROI, effreyz, stravilh , fourm,
soufflam, estlam. *Van.* lorh.

EFFRONTÉ, *e,* divergont, hezr, oc'h,
añ. *Van.* divch, divergont. *v. impudent.*
— *Faire l'effronté,* divergoudal, *pr.* et.
*Van.* divergondeiñ.

EFFRONTÉE, *mauvaise fille,* pez divergont; soudardès, *pl.* ed; pez lezr.

EFFRONTEMENT, gand divergondiçz, gad hezrder, ez divergont.

EFFRONTERIE, divergondiçz, hezrder. *Van.* divehted, divergontiçz.

EFFROYABLE, stravilhus, estinus,
estlamus, effreyzus, oc'h, â, añ. *Van.*
ehns. — *Effroyable, excessif, démesuré,*
orrupl, terrupl. — *Il fait une dépense effroyable,* un dispign orrupl *ou* terrupl
a ra.

EFFROYABLEMENT, èn ur fæçzoun
estinus *ou* estlamus, dreist musur, orrupl. — *Elle est effroyablement laide,* orrupl eo vil, difræçzoun eo dreist musur.

EFFUSION,*epanchement,* scuilhadur,
scuilhadeg, red, discarg, scuilh.—*Effusion de sang,* red goad, scuilhadeg goad
—*Il y a eu une terrible effusion de sang devant cette place,* ur scuilhadeg terrup a
c'hoad a so bet dirag ar guær hont. *Il
vaut mieux s'exprimer par le verbe,* ul lod
terrup a c'hoad a so bet scuilhet dirag
ar guær hont. — *Il fut fouetté jusqu'à
effusion de sang,* scourgezet voa gen na
redé ar goad eus e lost. — *Effusion de
bile,* ur red apotum. — *Une effusion de
cœur,* un discarg a galon. —*Une effusion
de larmes,* ur scuilhadur *ou* ur scuilhadeg daëlou, ur scuilh dazlou.

EGAL, *égale,* iñgal, par. *Van.* par,
egal. — *Une beauté égale à la vôtre,* ur-

guened par do c'hiny. — *Il vous est égal* èm andred. — *A moñ égard, pour ce qui
*en toutes manières,* iñgal eo deoc'h è pep *est de moi,* evit feat aô'hanouñ-me. —
:fæçzoun. — *Un esprit toujours égal,* un *Sans aucun égard,* diresped, divad, diñ-
dèn iñgal è pep amsèr, un dèn atau ar vad. *Van.* divad.
mémès — *Rendre égal,* iñgala, iñgali, EGAREMENT, *erreur en fait de che-*
ppr. iñgalet. — *Devenir égal,* ingalaat, *min,* fazy, saouzan. — *Egarement, er-*
pr. ëet. — *Qui n'a point d'égal,* dispar. *reur en fait de doctrine,* fazy, *pl.* ou. —
*Van.* dispar, dibar, hem par. — *Assem-* *Egarement, mauvaise conduite,* goall guun-
*bler deux choses égales,* parát, *pr.* parëet. du, cundu fall, goall vuhezéguez. —
—*Egal, plein, uni,* compès, plean, plæn, *Egarement d'esprit,* fazy a spered, sor-
iñgal, oc'h, á, añ. *Van.* campoëz, cam- c'henn, rambrérez, rambre, *ppl.* ou.
peën. — *A l'égal,* escoaz, evel, è c'hiz. EGARER, *perdre une chose pour un*
— *Philippe n'était rien à l'égal de son fils* *temps,* dyancqa, diancq, dyancqout,
*Alexandre,* Pholep ne voa netra è scoaz *ppr.* et. *Van.* fayeiñ. *pr.* et. — *J'ai égaré*
d'e vap Alexandra. — *Il aime peu de per-* *ma clef,* dyanqet am eus va alc'hucz.
*sonnes à l'égal de vous,* neubeud a dud a *Van.* fayet em es me alhuë. —*S'égarer*
so caret gandbá evel doc'h-hu ou è *sur le chemin,* fazya var an hend, *pr.* fa-
c'hiz dec'h-hu. zyet; dihincha, *pr.* et; saouzana *ou* sa-
EGALEMENT, *d'une manière égale,* ouzani var an hend, *ppr.* saouzanet.
en fæçzoun iñgal, gand iñgalder. — *Van.* fayeiñ, diheëntciñ. — *Faire éga-*
*Egalement, autant l'un que l'autre,* qe- *rer quelqu'un sur le chemin, le dévoyer,*
ment-ha-qement. — *Egalement de ren-* dihiñcha ur re-bennac, *pr.* et; lacqaat
*te,* iñgalder-leve, iñgalder-rénd. ur re da fazya var an hend *ou* da saou-
EGALER, iñgalá, iñgali, *ppr.* iñgalet. zani var an hend, *pr.* lecqëet. — *S'é-*
*Van.* egaleiñ, iñgaleiñ. — *S'égaler aux* *garer, errer, aller çà et là,* cantren, can-
*autres,* èn hem iñgali d'ar re all, *pr.* èn treal, *ppr.* cantrëet. *Van.* cantreiñ. —
hem iñgalet.—*Egaler, rendre uni,* com- *S'égarer en matière de foi,* fazya èr feiz,
pesa, *pr.* et; plænaat, *pr.* ëet. *Van.* *pr.* et. *v.* *erreur, errer.* — *S'égarer, de-*
campouïseiñ, campoëseiñ, campeen- *tenir un peu fou,* girfolla, *pr.* girfollet;
neiñ. sorc'henni a vizyou, *pr.* sorc'hennet ;
EGALISER, iñgali ar rannou, *pr.* et; rambreal a amser-è-amser, *pr.* ram-
distrei da ranna, *pr.* distroët ; peur- brëet. *v. délire.*
ranna, *pr.* peur-rannet. EGAYER, *divertir,* laouënnaat, *pr.*
EGALITÉ, iñgaldér. *v. parité.*—*Ega-* ëet; renta laouënn, *pr.* rentet.—*Egayer*
*lité de biens,* iñgalder a vadou. — *Ega-* *l'esprit,* laouënnát ar spered. — *S'é-*
*lité d'esprit,* iñgalder a spered, spercd gayer, laouënnaat, *pr.* ëet.
iñgal, iñgalder a imeur, umor iñgal. EGLANTIER, *espèce de rosier sauvage,*
EGARANT, *qui égare,* fazyus, oc'h . plantenn ros-gouëz, *pl.* plantennou,
añ. — *Chemin égarant,* hend fazyus, *pl.* etc. ; plantenn amgroàs, *pl.* planten-
hinchou fazyus. nou amgroas. *v. gratte-cul.*
EGARD, *considération,* resped, istim. EGLANTINE, *fleur de l'églantier,* ros-
— *Avoir des égards pour quelqu'un,* dou- gouëz.
guen resped da ur re, *pr.* douguet; ober EGLISE, *temple,* ilis, *pl.* ou. *Al.* lan,
vad da ur re-bennac, mad-ober èn an- landt. — *Eglise,* ilis, an ilis. *Van.* id.
dred ur re, ober stad vès a ur re. — — *Eglise de saint Paul,* ilis Paul. lan
*Sans avoir égard à personne,* hep resped Baul. — *L'Eglise militante, l'assemblée*
dèn e-bet, hep respedi necun, hep dif- *des fidèles qui sont sur la terre,* an açzam-
farañti nicun, hep sellet dèn e-bet. — ble eus ar gristénien catolicq a so var
*Eu égard à sa dignité,* gand resped evit e an doüar. *v. plus étroitement, sur le mot*
rencq, abalamour d'e garg ha d'e rencq *militante.* — *L'Eglise patiente ou souf-*
— *A mon égard, envers moi,* èm c'hèver, *frante,* an açzamble eus an anaoun vad

a so ê poanÿou ar purgator.—*L'église triomphante*, an açzamble eus ar sænt ğuenvidicq èr barados. *Al., pour ces trois divisions de l'église*, an ilis stourmus,ʼan ilissouffrus, an ilis tryomphlus.—*L'Eglise primitive*, ar guentâ cristényen, ar gristényen a vevé ê coumançzamand an ilis, ar gristényen guentaû.—*Dans la primitive Eglise, dans les premiers siècles de l'Eglise*, e coumauçzamand an ilis, èn oad qentâ eus an ilis, en dezrou eûs en ilis. — *L'Eglise catholique, apostolique et romaine*, an ilis catolicq, abostolicq ha romén. — *L'Eglise greeque*, an ilis grcëz, christényen ar sevel-héaul *ou* ar Sav-béaul. — *L'Eglise latine*, an ilis latin, christényen a rc'huz-héaul, au ilis romæn. *v. latin.* — *Le rit de l'Eglise latine et celui de l'Eglise grecque ne sont pas toujours le même*, qiz ou custum an ilis ê broar c'huz-héaul hac hiny ar méınès ilis e bro ar sevel-héaul a so dishével cû meur a boënd; qizyou *ou* custumou an ilis var-zu ar c'huzhéaul hac eûtreze ar sav-héaul ne dint qeʼ hével ê pep tra *ou* ê pep poênd. — *L'Eglise grecque a souvent eu des différends avec l'Eglise latine, sur plusieurs articles de la foi*, an ilis grcëz he deveus bet alyès dispud gand an ilis latin, var zerten poênchou eus arʼfeiz; christényen ar sevel-héaul ha re ar c'huz-héaul o deveus alyès èn hem arguët gand cals a stryff hac a domder, dre'n abecq da veur a boënd eus ar feiz. *v. pain.* — *Eglise-mère, celle qui en a d'autres qui en relèvent*, ilis-vamm. — *La maitresse église d'une ville, la plus digne*, an ilis-veur.— *Eglise pǎroissiale*, ilis-parrès, *pl.* ilisouparrès, ilisyou parrès. — *Eglise paroissiale, qui a des succursales*, mamm-ilis, ilis-parrès. — *Eglise succursale ou tréviale*, ilis-tre, *pl.* ilisou-tre, merc'lı-ilis. — *Le haut de l'église*, lein *ou* nein an ilis. *v. nef.* — *Le milieu de l'église*, caloun an ilis, crcizen an ilis, ar c'hreiz eus an ilis. — *La grande porte de l'église*, dor-dal, an or-dal. — *La porte du portique, au côté de l'église*, dor ar porc'hed, dor ar vadizyand.—*La petite porte d'un des côtés de l'église*, an or a gostez, an or

vihan. — *La croisée d'une église*, teoncroaz an ilis, divreac'h an ilis, croazên un ilis, *pl.* croazennou ilisyou. — *Pris de l'église et loin de Dieu*, a daust d'an ilis ha pell diouc'h Doüe, nep a choın ê qichen an ilis hep mônet alyès ènhy. *v. mère.*

EGLOGUE, *poésie pastorale*, divisou eû guêrs qen-eûtre mæçzaéryen.

EGORGER, *couper la gorge*, tronc'ha e c'houzoucq da ur re-bennac, *pr.* trouc'het. — *Egorger, assassiner*, muntra, *pr.* et; laza, *pr.* et. *v. assassiner.*

EGOSILLER ( s' ), hem dic'hargadenna, *pr.* et. *Van.* him zigargatenneiû.

EGOUT, *cloaque*, canol eûdan an doüar, *pl.* canolyou; can dından an doüar, *pl.* canyou; laguenn-kær, *pl.* laguennou kær; san, *pl.* you. — *L'enfer est l'egout du monde*, an ifern a so al laguenn iffam pe èn hiny èn hem ziscarg an oll lousdonyou eus ar bed. — *Egout, ardoises qui débordent du toit*, bord an doê.:n avancet evit teureul a bell an dour, apateiz an doênn.—*Egout, ce qui dégoutte des toits*, an diveradûreus an toënnou. *Van.* divir, diver; diveradur.

EGOUTTER, *faire tomber goutte à goutte l'humidité de quelque chose*, lacqaat da zivera a strilh-e-strilh, *pr.* lecqêet.

EGOUTTOIR, *instrument pour mettre la vaisselle dégoutter*, diveroüer, *pl.* ou.

EGRATIGNER, crifinat, *pr.* et; cravignat, *pr.* et; crabiçzat, *pr.* et. *Van.* crafignat, cravinat.

EGRATIGNURE, crifinadenn, *pl.* ou; crivinadenn, *pl.* ou; crafinenn, *pl.* ou; crabiçzadenn, *pl.* ou; crafadur, *pl.* you. *Van.* crafinadenn, cravadur, *ppl.* eû.— *Egratignure considérable*, scrabadeñ, *pl.* sciabadennou.

EGRENER, diranva, *pr.* et; dic'hrennya, *pr.* et; dishilya, *pr.* et. *Van.* dihadeiñ, discreyneiñ, scrunyeiñ. — *Les apôtres egrenèrent des épis*, au æbestel a ziranvas tamoëzennou èn o naoûn.— *Egrener une plante*, diranva ul lousaouënn, tenna an had *ou* dishilya an bad eus a ul lousaonenn.

EGRUGEOIR, *ustensile pour égruger le sel*, maloüer, *pl.* ou.

EGRUGER, *pulvériser*, mala, *pr.* et; brusuuna, *pr.* et. *Van.* malciñ, hrehon-neiñ, crenneiñ. — *Egruger du poivre*, mala pebr.—*Egruger du sel*, brusuna holen, munudi holen.

EGRUGEURES, brusun, bryenen-nou. *Van.* berhon, crennadur.

EH, *interjection*, ah, ô. — *Eh, mon Dieu!* ah, va Doûe l ô va Doûe!— *E'h bien donc!* ah-h'an-'ta l —*Eh bien donc, vous n'allez pas!*ah-han-'ta, ne dit-hu qet.

EHANCHÉ, *ée*, léspos, diléset, tor-ret corn e lés, disabellet. *Van.* digro-ëscllet, torret a zigroësel.

EHONTÉ, *ée*, divèz, divergont, oc'h, à, añ.

ELAGUER, *couper les branches super-flues d'un arbre*, tailha guëzeñou frouëz, *pr.* et; discarga guëz-frouëz, *pr.* dis-carguet. *Van.* divarreiñ.

ELAN, *l'action de s'élancer*, hezr, lançz. — *Prendre son élan*, qemeret e lauçz *ou* e hezr, *pr.* id. — *Élans de dé-votion, de pieux élans vers le ciel*, e'huanadou a zevocion, c'hüanadennou de-vod etreze Doûe.—*Elan, quadrupède*, ellan. *pl.* cllaned; un aneval gouëz he-vel ouc'h ur c'haro ha bras evel ur marc'h crenn.—*Un élan femelle*, un el-lanès, *pl.* ellanesed.

ELANCEMENT, *mouvement vif du corps*, lançz, hezr.—*Elancement, dou-leur vive de quelque partie du corps*, bèr, *pl.* béryou; pistig, *pl.* pistigou. *Van.* broudeû. — *Sentir des élancements*, ca-hout béryou, cabout pistig, *pr.* bet. *Van.* qéhut *ou* endevout broudeû, *ppr.* bet; bout broudet; *pr.* bet.

ELANCER (s') *se lancer*, èn hem lançza, *pr.* èn hem lancet, hem strinc-qa a benu-hezr *ou* a hezr *ou* gand hezr, *pr.* hem strincqet. — *S'élancer dehors*, farda èn mæs, *pr.* ëet.— *Van.* fardeiñ er mæs.—*Mon mal me donne des élance-ments*, pistiguet *ou* flemmet oun gand va droucq, va droucq a zeu d'am flëmmaou d'am pistiga, broudetouberyet oun gaud va droucq.

ELARGIR, *faire plus large*, franc-qaat, *pr.* ëet; ledannaat, *pr.* ëet. ( *Van.* ledanneiñ, ledannat.) distryza, *pr.* et.

—*Elargir, mettre hors de prison*, dibri-zounya, *pr.* et; dilaçza eus ar prisoun. *pr.* et. *Van.* tenneiñ ag er prison, lac-qeiñ er mæs ag er prison.

ELARGISSEMENT, *dilatation*, cres-qançz, francqis, ledannidiguez. — *E-largissement, sortie de prison*, dilivrançz ou dilaçz eus ar prisoun.

ELECTEUR, *qui élit*, diuser, *pl.* diu-séryen; choaser, *pl.* yen.—*Electeur de l'empire*, elector, *pl.* ed; an electored eus an Allamaign.

ELECTIF, *ive*, *qui peut être élu*, a choaseur, a ziuseur, a choaser.

ELECTION, *choix*, choas, *pl.* ou; dius, *pl.* ou.

ELECTORAT, *carg un elector*, *pl.* cargou an electored; electoraich, *pl.* electoraichou.

ELECTRE, *or blanc des Gaules*, elydr.

ELECTUAIRE, *purgacion tanau pe* seoc'h, purgadur da loncqa.

ELEGANCE, *manière de s'exprimer pure et gracieuse*, langaich deread, ur fæçzoun neat ha coandt da barlant; ul langaich manivicq, ul langaich fiñ ha dilicat.

ELEGANT, *te*, nep a brezecq dere-ad, pe a lacqa manivicq dre scrid; nep so trémenet e langaich dre ar vu-rutell. *v. disert.*

ELEGIE, *pièce de poésie*, guërsou trist hac hirveudus.

ELEMENT, *corps simple*, elfen, *pl.* ou; elemend, *pl.* eleménchou. — *Les quatre éléments*, ar pévar elfenn, ar pé-var elémend.—*Elément, principe. v.-y.* —*Elément, plaisir*, oll-joa, oll-blijadur. —*L'étude est son élément*, ar study a ra e oll-joa, ar study eo e oll-blijadur.

ELEMENTAIRE, a aparchant ouc'h an elfennou. — *Le feu élémentaire*, el-fenn an tan, eleménd an tan.

ELEONORE, *nom de femme*, Enory, Henory.

ELEPHANT, *animal très-gros*, oly-fandd, *pl.* olyfandled. *Van.* id.

ELEVATION, *avantage*, levésonn. — *Elevation, hauteur*, uhelded, uhe-lenn, *pl.* uhélennou. *Al.* both.

ELEVE, *disciple. v.-y.*

41

ELEVER, *hausser*, uhellaat, pr. ëet; gorren, *pr.* gorroët; sevel, *pr.* savet. *Van.* ihuelat, saûein, pr. seûél.— E-*lever*, *dresser*, *ériger*, sevel, pr. savet; dreçza, pr. et. — *Elever une muraille*, uhellât ur voguer.' — *Élever un obé-lisque*, dreçsa *ou* sevel ur goulouneun. — *Élever des pierres avec quelque machi-ne*, gorren meiñ gad un ingin.—*Elever sa voix*, sevel e vouëz, gorren e c'hrond. —*Élever les yeux*, sevel an daoulagad. —*Élever le timon d'une charrette*, banna ar c'harr, *pr.* bannet; guynta ar c'harr, pr. guyntet. — *Elever, louer*, uhellaat caër, *pr.* uhellëet. *v. éclater*. — *Élever du plant*, diorren plant, *pr.* diorroët; maga plant, *pr.* maguet. *Van.* deçza-oüeiñ *ou* deçzaü plant. — *Élever, ins-truire*, qelenn, pr. et; disqi, pr. et; desqi, *pr.* desqet; maga, *pr.* maguet; diorren, *pr.* diorroët; rei desqadurez vad, rei magadurez vad, rei qelenna-durez vad, *pr.* roët.—*Élever ses enfants dans la crainte de Dieu*, diorren e vugale ê doujançz Doûe, maga *ou* qelenn e vougale ê doujançz Doûe.—*S'élever de terre*, hem c'horren, sevel.—*Les aigles s'élèvent en l'air d'un vol fort rapide*, an éred èn hem c'horr èn ear gand un nich buan meurbed, an éred a nich èn ear ribus meurbed. — *Il s'élève des exhalaisons de la terre*, moguedennou a sao eus an doûar. — *S'élever contre les lois*, sevel a enep *ou* mônet a enep al lésennou. *Van.* seûél einep, *pr.* saûet. — *S'élever au-dessus des autres*, sevel dreist ar re all, èn hem lacqât dreist ar re all, orisqi fortun, *pr.* cresqet.— *Il s'élève une tempête*, sevel a ra tour-mandd, tourmandd a sao, arru eus tourmandd.

ELEVÉ, *haut*, uhel, oc'h, â, añ. *Van.* ihuél, oh, añ, aoû, *Al.* ban, tel, tal, —*Élevé au-dessus des autres*, uhel dreist ar re all, savet dreist ar re all.—*Élevé aux honneurs*, gorroët d'an enoryou.— *Élevé dans les honneurs*, maguet èn en-oryou, maguet ê creiz an enoryou.— *Un esprit élevé*, un génie supérieur, ur spered uhel, ur spered subtil, ur spe-red dreistordinal, ur spered caër, ur

spéred bras a zéü.—*Un homme bien éle-vé*, un dèn yaouancq diorroët mad, un dèn desqet mad, un dèn maguet mad, un dèn qelennet mad, un dèn yaouancq èu deus bet diorroadur vad *ou* desqadurez vad *ou* magadurez vad *ou* qelennadurez vad. *Van.* un den yêu-ancq de zaûet mad *ou* disqet mad. r. *apprendre.*—*Des enfants mal élevés*, bu-gale droucq desqet *ou* goall desqet *ou* droucq maguet *ou* goall vaguet; bu-gale ne dint qet qelennet-mad, bou-gale droucq-qelennet. *Van.* bugale go-all-deçzaûet, bugale goall-disqet.

ELIE, *nom d'homme*, Elya, Elyas. *Van.* Ely.— *Les prophetes Elie, Isaie et Jéremie*, ar brofeded Elya, Esaya ha Jeremya; ar brofeded Elyas, Esayas ha Jeremyas.

ELIRE, diusa, *pr.* diuset; choasa, choas, *ppr.* choaset. *Van.* choës, choë-seiñ, *pr.* choëset.—*Elire un maire*, un échevin, diusa *ou* dius *ou* choas *ou* cho-asa ur mear, ur schuyn.—*Qui peut être élu*, diusapl, choasapl, oc'h, â, añ; ê ma ly; emeañ, *pour* ema eû añ; e-mezañ, *pour* ez ma ez añ.

ELISION, *retranchement d'une lettre d'un mot*, mougadur, débradur.—*Il se fait des élisions en breton, surtout de la lettre a. Ex. Il y a*, beza ez eus, beza eus. On dit, *par élision*, bez' ez eus, bez' eus. On dit, èm zy, *pour* eû ma zy, ê ma ly; emeañ, *pour* ema eû añ; e-mezañ, *pour* ez ma ez añ.

ELITE, *choix*, dius, choas, dibab, dilénn.—*L'élite de la jeunesse*, ar choas *ou* an dius *ou* an dibab eus an dud ya-ouancq.—*C'étaient tous des gens d'élite*, beza ez voant oll diouc'h an dibab, tud choaset *ou* tud dibabet a edont oll, tud dilénnet ez vouënt oll.

ELIZABETH, *nom de femme*, Ysa-bel. — *Sainte Elizabeth*, santès Eliza-beth.

ELIZÉE ( le prophète ), ar profed Elizea.

ELLAU, *nom d'homme*, Ellau.—*Saint Ellau*, sant Ellau. — *Petit Ellau*, El-laûicq, Laûicq, Loïcq, Loûicq.

ELLE, *pronom féminin dont le mascu-*

lin est lui et il, hy, pl. iy. *Van.* id. —
**D'elle**, anézy. *Van.* a nihy, a nehy.—
**A elle**, dézy. *Van.* dihy, dehy. — *Par
elle*, dreizy. *Van.* drenehy, drehy.—
**En elle**, en-hy, enny. *Van.* enhy. —
**Avec elle**, gand-hy, gad-hy. *Van.* gued
hy.—*D'avec elle*, *d'elle*, digand-hy, digad-hy. *Van.* de gued-hy, digued-hy.
—*Sans elle*, hep-zy, hep-dy. *Van.* hemp
hy.—*Hors d'elle*, e meas anezy, èr meas anezy, èr meas auizy. *Van.* er mæs
a nihy.—*Dit-elle*, emczy, eméy. *Van.*
emehy.—*Qui donc? elles*, piou eta? iy.
—*D'elles*, anézo, anézeu, anezé. *Van.*
anéhé. — *A elles*, dézo, dézeu, dézé.
*Van.* déhé.—*Par elles*, dreizo, dreizeu,
dreizé. *Van.* drehé, drenehé. — *Avec
elles*, gand-ho, gand-heu, gand-hé,
gad-hé. *Von.* gued-hé. — *D'avec elles*,
*d'elles*, digandho, digadho, digandheu, digandhé. *Van.* de guedhé.—*Sans
elles*, hep-zo, hep-do, hep-zeu, hep-
deu, hep-dé, hep-té. *Van.* hemp-tè.
—*Dirent-elles*, emézo, emézeu, emézé,
eméé. *Van.* eméhé. v. eux.— *Elle va*,
mônet a ra, beza ez a. v. il. — *Elles
sont*, mônet a reont, beza ez eont. —
*Elle est allée*, eat eo, beza ez eo ëet.—
*Elles sont allées*, ëet int, eat int, beza
ez int eat ou ëet. v. aller.

ELLEBORE, *plante médicinale*, evor.
—*Ellébore blanc*, an evor guënn, lou-
guys.—*Ellébore noir*, an evor du.
ELLEBORINE, an evorenn.
ELME ( feu saint ). v. feu.
ELOCUTION, *manière de s'exprimer*,
fæçzoun da barlant. v. élégance.
ELOGE, *louange*, meuleudy, pl. ou.
—*Eloge, panégyrique*, meuleudiguez,
pl. ou. — *Faire l'éloge d'un saint*, ober
meuleudiguez ur sant, pr. great, græt;
prezecq meuleudiguez ur sant, pr.
prezeguet.
ELOI, *nom d'homme*, Alar, Aler.
*Trég.* et *Van.* Eler. — *Saint Eloi*, sant
Alar, sant Aler. *Van.* sant Elér.
ELOIGNEMENT, *distance.* v.-y.— *E-
loignement, action de s'éloigner d'un lieu*,
pellidiguez.
ELOIGNER, *faire retirer*, pellaat.
*Van.* id.--*Eloigner, dépayser*, divroi, pr.

divroët; ober da ur re guellet bro, pr.
græt.--*Eloigner un mal, le détourner* ;
pellaat un droucq diouc'h, distrei un
droucq divar, pr. distroët.--*S'éloigner ;
s'absenter*, pellaat diouc'h ul leac'h ,
pr. pelléet.
ELOIGNÉ, ée, *bien loin*, pell, oc'h,
à. *Van.* id.—*Eloigné de la ville* ; pell diouc'h kear. — *Eloigné l'un de l'autre* ,
pell an eil diouc'h eguile.
ELOQUENCE, *art de bien dire*, locançz, un displeg caër.--*Avec éloquence*,
gand locançz, èn ur fæçzon locant ou
elavar, ez distag, distag.
ELOQUENT, te, locant, elavar;
oc'h, à, añ. v. disert.—*Il n'y a rien de
plus éloquent qué l'argent comptant*, ne
deus tra qer locant evel an arc'hand
countand.
ELU, choaset, diuset.—*Elu empereur*, choaset da impalazr.—*Elu tuteur*,
lecqëet da voard. — *Les élus, ceux qui
sont choisis par Dieu pour être sauvés*, ar
re ohoaset, ar re choaset gand Doüe,
ar re a so choaset gand Doüe evit poçzedi ar c'hloar eus ar barados.—*Le livre des élus, le livre de vie*, levr ar re
choaset, al levr pe èn hiny ez eo scrivet hanvou ar re a so choaset gand
Doüe, al levr a vuez.
ELUDER, *eviter*, rénta vean, rénta
dieffed, pr. réntet; tec'het diouc'h, pr.
id.; trémen dreist, pr. trémenet.
ELYSÉES, *les champs élysées*, barados ar bayaned-coz goude o maro, ur
barados feiûtet gad ar bayaned coz.
EMAIL, *composition très-belle*, camahu.
EMANCIPATION, disclæracion hervez pe hiny ez eo græt ur minor dèn-
a dra, disclæracion pehiny a lacqa ur
minor èn e dra.
EMANCIPER, *mettre un mineur en
possession de son bien*, lacqât ur minor
èn e dra, pr. lecqëet; disclærya ur minor dèn-a-dra, pr. disclæryet. — *S'é-
manciper, prendre des libertés*, achap eus
e zever, pr. achapet; qemeret re vras
liberte, pr. id.
EMBABOUINER, *gagner par caresses*,
babousa, pr. et.
EMBALLAGE, pasqaich, paeqadn-

rea. — *Les frais d'emballage*, coust ar paqaieb.

**EMBALLER** , *empaqueter* , pacqa , pacqa marc'hadourez, *pr.* pacqet.

**EMBALLÉ,** *ée* , pacqet. — *Une chose emballée*, pacqad, *pl.* pacqajou.

**EMBALLEUR** , pacqer , *pl.* yen; pacqour, *pl.* yen.

**EMBARQUEMENT** , ambarçqa - mand , *pl.* ambarcqamanchou; èm- barqamand, *pl.* èmbarqamanchou.

**EMBARQUER**, ambarcqi , *pr.* **et** ; èmbareqi , *pr.* et. *Van.* ambarqeiñ , *pr.* et, *Tous ces mots viennent du primitif* barcq , *pl.* ou, *barque*.—*S'embarquer*, ambarcqi, *pr.* et; *comme dessus.—Il s'est embarqué pour Lisbonne* , ambarcqet eo ou ambarqet èn deus eyit Lichbon.

**EMBARRAS**, *tracas*, tregaçz, *pl.* ou; trubuilh, *pl.* ou.—*Embarras, obstacle*, ampeichamand , *pl.* ampeiohaman- chou; reustl, *pl.* ou. *Van.* ancombr, *pl.* eü. — *Embarras d'esprit, peine qui paraît au-dehors*, troublyenu , troubla- dur, encqrès, poan-spered.

**EMBARRASSANT**, *ante*, tregaçzus, ampeichus, trubuilhus, reustlus, trou- blus, encqresus, oo'h , á , añ. *Van.* an- combrus, poënyus , oh , añ , aoñ.

**EMBARRASSER**, *apporter des obsta- cles* , ampeich , *pr.* et ; tregaçzi , *pr.* et; trubuilha , *pr.* et ; encqresi , *pr.* et. — *Embarrasser une rue* , dazcompra , *pr.* et ; eübi, *pr.* et ; *id est*, occupi. *v. dé- barrasser. Van.* incombreiñ.— *Embar- rasser quelqu'un dans une affaire*, fourra ur re èn un affer, *pr.* fourret ; accau- siouni poan *ou* tregaçz da ur re , *pr*, et. —*S'embarrasser*, èn hem lacqât è poan gand un drâ bennac, *pr.* èn hem lac- qêet; hem dregaçzi gand , *pr.* hem dregaçzet; hem encqresi, *pr.* hem enc- qresct.

**EMBATER** , *mettre le bât* , baçza, *pr.* et; baçza un asen.

**EMBAUMER** , balsami, *pr.* et; bau- ma, *pr.* et. *Van.* baumeiñ , *pr.* et.— *Corps embaumé* , corf maro balsamct *ou* baumet *ou* oignamantet gad baumâ.

**EMBELLIR**, *parer, orner*, caëraat, *pr.* êet; decori, *pr.* et. r. *attifer. — L'embel-*

lir, *devenir plus beau*, caëraat, *pr.* êet.

— *Il ne fait que croître et embellir*, ne ra nemed caëraat o crisqi , ne ra nemed o crisqi ha caëraat muy-oc'h-muy.

**EMBELLISSEMENT**, *ornement*, ca- ërder, caërded , paridiguez, qempen- nadurez, qempennidiguez.

**EMBLAVER**, *ensemencer une terre*, ha- da ur pez doüar , hada ed èn ur pez doüar , *pr.* hadet; lacqât ur pez doüar dindan ed, *pr.* lecqêet.

**EMBLÉE** ( d'), *d'abord et comme d'as- saut*, ribus, rebus, è un taul-count.

**EMBLÈME**, *espèce de peinture symbo- lique*, divinadell èn un daulenn, *pl.* di- vinadellou; un dra da zivina peintet èn un daulenn, *pl.* traou da zivina, etc.

**EMBLER**, laërez gad soutilded , *pr.* laëret.

**EMBOITER**, *enchâsser*, emboëstla, *pr.* et; lacqât just an eil èn eguile, *pr.* lec- qêet. — *Emboiter des os disloquées*, ausa an æsqern disléç'het, *pr.* auset. r. *re- mettre*.

**EMBONPOINT**, *état d'une personne un peu grasse*, cuilhder, cuilhded, qicq- der, tailh cuilh, tailh qiguecq. — *Elle a de l'embonpoint*, cuilh eo, lard eo, un dailh cuilh he deus, ez ma è tailh vad.

— *Elle a trop d'embonpoint*, re lard eo, re cuilh eo, re a guilder he deus, re guicqecq eo. — *Perdre son embonpoint*, coll e guilhder, *pr.* collet; diguiga, *pr.* diguiguet;trendi,*pr.*et;treulaat,*pr.*êet.

**EMBOUCHER**, *donner dans un cor*, c'huëza èu un drompilh, *pr.* c'huëzet. —*Emboucher quelqu'un*, c'huëza è té- aud ur re-bennac; ober e guentell da ur re, *pr.* græt; qentellya ur re, *pr.* et.

**EMBOUCHURE**, *l'endroit par où les rivières se jettent dans la mer* , aber , *pl.* you; penn, *pl.* ou; discarg, *pl.* ou. *En Galles*, on dit aussi aber.—*L'embouchure de la rivière d'Odet*, penn Odet, par adou- cissement , benn Odet, aber Odet.— *L'embouchure de la rivière de Lan-Ildud, de Landéda, etc.*, aber Ildud, aber Ben- niguet, aber Vrac'h, aber Rosco-goz, etc.— *Son vaisseau fut pris à l'embouchure du port*, qemeret voa e lestr èn aber ar porz ou èn antre eus ar porz.

EMBOURBER (s'), chomm èn ul laguenn, *pr.* chommet; colya, *pr.* et; cola, *pr.* et. — *La charrette s'est embourbée,* colyet *ou* colet eo ar c'harr èt vouîlheun, chommet eo ar c'harr èl laguen. — *Il jure comme un charretier embourbé,* touëet a ra ec'hiz da ur chareter a vez chommet e garr el laguenn *ou* a véz colyet e garr èr vouilheun. — *Je me suis embourbé là bas,* couëzet oun tuhont èl laguenn, dare eo bet din chomm duhont òr vouilheun.

EMBOURRER, *garnir de bourre,* bourella, *pr.* et; goarniçza gand bourell, *pr.* goarniçzet. — *Chaises embourrées,* cadoryou bourellet, cadoryou goarniçzet gand bourell, cadoryou bourell. — *Selle embourrée,* dibr bourellet.

EMBOURRURE, bourelladur.

EMBOURSER, yalc'hat, *pr.* et; lacqât èn e yalc'h, lacqât èn tu diountâ, *pr.* lecqëet; tui, *pr.* tuët. *Trég.* tuiñ; *pr.* tuet; sac'ha, *pr.* et; lacqât èn e sac'h *ou* èn e c'hodell, *pr.* lecqëet.

EMBRASEMENT, *incendie,* tan-goall, eñ-tan.

EMBRASER, *mettre en feu, allumer,* eñtana, *pr.* et; lesqi, *pr.* losqet; dezvi, *pr.* et; dèvi, *pr.* et. — *Embraser et tuer,* eñtana ha laza, *ppr.* et. — *L'amour divin embrase les cœurs,* ar garantez a Zoue a zeu da eñtana ar galouou.

EMBRASSADE, *embrassement,* bryatâ, *pl.* bryataou. — *Donner une embrassade,* rei ur bryata, *pr.* roët.

EMBRASSEMENT *tendre,* ur bryata clos, ur bryata stard. *Burlesq.* ur stardaïcq. — *Embrassement d'un petit enfant,* stardaïcq, *pl.* stardaïgou; allasicq.

EMBRASSER, *serrer de ses bras,* bryata, bryatât, *ppr.* ëet. *Van.* brehatât. — *Embrasser étroitement,* bryata stard, bryatât clos, ober ur bryata stard *ou* clos, *pr.* græt. *Parlant d'un enfant,* ur stardaïcq, ober allasicq. — *Embrassez-moi, mon petit enfant,* grit ur stardaïcq diñ-me, va mabicq, grit-hu allasicq diñ-me, va buguelicq-me? — *Embrasser l'état religieux,* qemeret ar stad a religius, *pr.* id.; mònet da veza religius pe da veza leanès. — *S'embrasser l'un*

*l'autre,* èn hem vryatât aṅ eil eguile. — *Ils se sont embrassés avant d'aller d con-fesse,* èn hem vryatëet o deus abarz ma ez int eat da gofès. — *Il a embrassé le parti d'un autre,* qemeret en deus evit un all, savet eo evit un all. — *Ils ont embrassé trop d'affaires,* èn em garguet o deus a re a draou.

EMBRASURE, *ouverture,* tarzell, *pl.* ou; cranell, *pl.* ou.

EMBROCHER, *mettre en broche,* bérya qicq, bérya coan, *pr.* béryet; lacqât oue'h ar bèr, *pr.* lecqëet. *Van* lacqeiñ doh er bir. — *Embrocher quelqu'un, lui passer l'épée à travers le corps,* broc'ha ur re-bennac, *pr.* broc'het; treuzi ur re gand ar c'hleze, *pr.* treuzet.

EMBROUILLEMENT, reustladur, luzyadur, bourouilhamand, bourouilhadur. *Van.* brouilh.

EMBROUILLER, reustla. *pr.* et; luzya, *pr.* et; luya, *pr.* et; bourouilha, *pr.* et. *Van.* brouilheiñ, luyeiñ, *ppr.* et. *v. embarrasser.* — *S'embrouiller, s'embarrasser,* èn hem reustla, *pr.* et; hem luzya, *pr.* et. *Van.* him luyeiñ.

EMBRYON, *fœtus,* crouaduricq disurm, crouadnricq è coff è vamm ne neo qet peur-furmet.

EMBUSCADE, *embûche,* spy, *pl.* ou; traped evit supren an adversouryen eus ar stadou *ou* re all, *pl.* trapedou. — *Etre en embuscade,* spya, *pr.* et; beza è spy evit supren, beza è par evit suprèn re all, *pr.* bet. — *Faire une embuscade pour surprendre les ennemis,* lacqât soudarded èn ur c'hoad *ou* èn ul lac'h evit supren adversouryen ar stadou, *pr.* lecqëet. — *Dresser des embuscades à Pierre,* disposi spyou evit attrapPezr.*pr.*disposet;antell roñejou *ou* antell trapedou evit derc'hel Perz. *pr.* antellet, antelet.

EMERAUDE, *pierre précieuse,* ur mæn præcius a lyou glas, un emeraudenn, *pl.* ou.

EMERVEILLER (s'), *s'étonner.* *Autrefois on disait :* marvailha, *pr.* et; *mais ce mot signifie ordinairement : s'entretenir long-temps, hâbler. v. s'étonner, hâbler.*

EMETIQUE, *rémède violent,* lousou evit ober restitui *ou* evit strincqa divar ar galoun, quyt-pe-zoubl, lousou tu-pe-du.

EMEUT, *flente d'oiseaux*, cauo'h **æz**-ned.

EMEUTE, *sédition, rebell, pl.* ou; diroll ê toüez ar bopl, *pl.* dirollou. — *Exciter une émeute*, lacqât dâ rebelli, *pr.* lecqêet; attisa tan *ou* diroll ê toüez kæris, *pr.* attiset. — *Appaiser une émeute*, peoc'hat ur rebell, *pr.* peoc'het; ober trémen un diroll, *pr.* græt; dismanta ur rebell *ou* un diroll, *pr.* dismantet.

EMEUTIR, *fienter, parlant des oiseaux*, cac'het, *pr.* id.

EMIER, *mettre en mie*, brusuna, *pr.* et; munudi, *pr.* et. *Van.* brehonneiñ, *pr.* et. — *Du pain émié*, bara brusunet, bara munudet. *Van.* bara brehonnet.

EMINEMMENT, gand eçzelançz, gand parfeded, èr basenn uhelâ.

EMINENCE, *petite hauteur*, uhéleñ, *pl.* ou; leao'h uhel, *pl.* leac'hyou uhel. *Van.* mottenn, *pl.* eü; ôrah, *pl.* eü. *v.* colline. — *Eminence, titre*, eçzelançz.

EMINENT, *e*, *haut*, *élevé*, uhel, oc'h, â, añ. *Van.* ihuël; oh, aû, aoñ. *Al.* bann. — *Lieu éminent*, lec'h uhel, *pl.* lec'hyou uhel. — *Eminent, qui excelle*, eçzelant, oc'h, â, añ. *Van.* id. — *Un danger éminent*, ur pirilh taust, ur pirilh dare, *pl.* pirilhou; un danger ê tail da erruout, *pl.* dangeryou, etc.

EMINENTISSIME, *titre de cardinal*, eçzolant meurbed. — *L'éminentissime cardinal de Rohan*, an eçzeland meurbed cardinal a Rohau.

EMISSAIRE, spyer, *pl.* yen; gueder, *pl.* yeu. — *Qui est habitué d'être émissaire*, guedus, oc'h, â, añ.

EMMAILLOTTER, *envelopper un enfant*, mailhura *ou* mailhuri ur buguel bihan, mailhura ur c'hrouaduricq *ou* c'hrouadur bihan, *ppr.* mailhuret. *Van.* mailhureiñ. *v. drapeau*.

EMMANCHER, *mettre un manche*, troada, *pr.* et; troada ur bennvec, fusta ur bennvecq, *pr.* fustet.

EMMANCHEUR, *troader*, *pl.* yen.

EMMENER, digaçz, *pr.* et. *Van.* id. — *Emmener par beau ou par force*, digaçz dre gaër pe dre heg. — *Emmener avec*

soi, digaçz gand-hâ. — *Emmener avec soi, lorsqu'on s'en retourne*, caçz gandhâ, *pr.* caçzet.

EMMENOTTER, *mettre des menottes*, potailha daou-zourn ur re, *pr.* potailhet; grisilhouna an daouarn, *pr.* grisilhounet.

EMMI, *parmi, au milieu*, metou, ê metou. — *Emmi la place*, metou *ou* ê metou an dachenn. — *Emmi les champs*, ê metou ar parcqou.

EMMIELLER, *enduire de miel*, mêla, *pr.* et. *Van.* meleiñ.

EMMIELLÉ, *doux comme miel*, mêlet, qer douçz evel ar mèl hac ar succantin. — *Des paroles emmiellées*, compsyou mèlet, compsyou trémpet ebarz èr mèl, compsyou qer douçz ec'hiz ar mèl.

EMOLUMENT, *traitement*, profid pemdezyecq, *pl.* profidou pemdezyecq.

EMONCTOIRE, *glande spongieuse*, goagrenn, *pl.* ou. — *Emonctoires de l'aine enflées*, ar guêrbl, ar verbl. *v. aine*.

EMONDER, discoultra, *pr.* et; discourra, *pr.* et. *Van.* diorbleiñ, divarreiñ. *v. ébranché*. — *Emondé par le menu*, discoultret pez-ê-bez, discourret barr-e-barr. — *Qui n'est pas émondé*, discoultr.

EMONDES, *branches coupées*, scoultrou, scoult, scourrou, divachadur, divarradur. *Van.* diorblach, divarradur, dibilhadur.

EMONDEUR, *celui qui émonde les arbres*, discoultrer, *pl.* yen; discourrer, divarrer, divacher, *ppl.* yeu. *Van.* diorblour, *pl.* diobleryon; divarrour, dibilhour, *ppl.* yon, yan.

EMOTTER, *rompre les mottes d'un champ*, dibouloudenna au doüar, *pr.* et. *Van.* divottenneiñ, bloçzat, *ppr.* et.

EMOTION, *agitation, trouble*, esmaç, *pl.* ou; esmoa, *pl.* ou. *De là le mot français*, émoi. — *Etre en émotion, être ému, troublé*, esmaêa, *pr.* et; esmæa, *pr.* et; dazcrêna, *pr.* et; dazgrêna, *pr.* et. — *Emotion, quelque ressentiment ou reste d'un accès de fièvre*, dazcrenicq, azcrènicq, un tammicq crezn. — *Il a encore un peu d'émotion*, un dazcrènicq èn deus c'hoaz, un azcrènicq *ou* un tammicq crezn a so c'hoaz gand-hâ.

EMOUCHER, *chasser les mouches*, di-guellyena, *pr.* et; lémel ar c'hellyen, *pr.* lamet. *Van.* diguellyonneiñ, digly-onneiñ, *ppr.* et.

EMOUCHOIR, *instrument pour émou-cher les chevaux*, diguellyennouër, *pl.* ou.

EMOUDRE, *passer sur la meule*, blé-rima, *pr.* et; breolyma, *pr.* et; lémma gand ar vlérim *ou* gand ar vreolym. *Van.* luémmeiñ, lémmeiñ.

EMOULEUR, *gagne-petit*, blérimer, *pl.* yen; breolymer, *pl.* yen; lémmer, *pl.* yen. *Van.* lémmour, luémmour, *ppl.* yon; libonicq, *pl.* libonigñed.

EMOUSSER, *ôter le tranchant*, tal-touza, *pr.* et; dalla, *pr.* et; mouçza, *pr.* et. *Van.* qizeiñ, dalleiñ. — Emousser, *ôter la pointe*, mouçza, *pr.* et; dirusqa, *pr.* et; touigna, *pr.* et; dispourbella, *pr.* et; tuzumi, *pr.* et. — S'émousser. v. é-mousser. — Emousser, *ôter la mousse des arbres*, distaga ar c'henvy *ou* an sèc'hicq diouc'h an guëz. *Trég.* distagañ au tous-qan *ou* ar spouë diouz ar gouë. *H.-Corn.* divano, *pr.* et; distago ar man diouz ar guë, *pr.* distaguet.

EMOUSSE, *e*, taltouçz, dall, touign, tuzum, oc'h, à, añ. *Van.* qizet, dall. — Couteau émoussé par le tranchant, countel taltouz *ou* dall. — Couteau dont la pointe est émoussée, countell touign *ou* tuzum.

EMOUVOIR, *ébranler, mettre en mou-vement*, bralla, *pr.* et; lacqaat da vral-la, lacqât é brall, lacqât da gueulusq, *pr.* lecqëet. — Emouvoir, *mettre les hu-meurs du corps en mouvement*, direiza an umoryouê corf dèn; direiza ar yec'hed, *pr.* direizet. — Emouvoir, *exciter, tou-cher*, attisa, *pr.* et; douguen da, *pr.* dou-guet; élumi, *pr.* et. — Les injures émeu-vent la colère, ar rebechou a zeu da at-tisa an tan ê penn un dèn *ou* da élumi ar goler. — Emouvoir de pitié, douguen da druëz, douguen ur re da gahout truëz ouc'h, *pr.* douguet; espirout tru-êz da, *pr.* espiret; touich caloun ur re, *pr.* touichet; teneraat càloun ur re-ben-nac, *pr.* tenerëet. — Emouvoir quel-que sédition, douguen ar bopl da rebel-li *ou* d'en hem ravolti, elumi an tan ê

touëz ar goumun. — S'émouvoir, *être ému*, beza touichet, beza tenerëet; to-ma, *pr.* et; tana, *pr.* et; teari, *pr.* et; glasa, *pr.* et. — Ne s'émouvoir de rien, beza bepred parfed ha peoc'hus, beza atau ar mémès, *pr.* bet. — Parle sans t'émouvoir, comps gand diazested, comps hep tana, parlant hep teari *ou* hep tærigenn *ou* hep tomigeun, pre-zecq hep glaséntez.

EMPALER, *traverser d'un pal*, peulya ur re-bennac, *pr.* peulyet; bé-rya pen-ê-benn ur re-bennac, *pr.* et.

EMPAN, raouënn, *pl.* eü. *Van.* ro-han, *pl.* eü. — Un empan, ur raouënn. *Van.* ur rohan. — La mesure, la longueur d'un empan, ur raouënnad, *pl.* ou; ur pelvad, *pl.* ou. Ce dernier est proprement palme. — Deux empans font un pied et de-mi, diou raouënn a dal un troadad-hanter. — Mesurer par empans, raouën-na, *pr.* et. *Van.* rohañneiñ, *pr.* et. Ces deux mots signifient aussi, par métaphore, bien battre quelqu'un. — Celui qui mesure par empans ou qui bat un autre, raouën-ner, *pl.* yen. *Van.* rohannour.

EMPANACHER, plumachenna, *pr.* et; goarniçza gand plumaich, *pr.* et.

EMPAQUETER, *envelopper*, pacqa, *pr.* et; pacqedi, *pr.* et; lecqaat èn ur pacq, *pr.* lecqëet. *Van.* groñnat, groñ-neiñ, *ppr.* et.

EMPARER ( s' ) *de*, qemeret, *pr.* id.; èn hem sézisa eus a, *pr.* èn hem sézi-set; hem sézya, *pr.* hem sézyet. *Van.* qemér, *pr.* et; him sézyeiñ, hum sézy-eiñ, *pr.* him *ou* hum sézyet. — S'empa-rer de la ville, qemeret kær, èn hem sé-ziza a guear, èn hem sézyaa guær. — S'emparer du bien d'autrui, qemeret a enep justiçz tra an héntez, hem sézisa eus a dra e neçza ; mahoumi tra an hentez, *pr.* mahoumet. — S'emparer de l'esprit de quelqu'un, mæstrounya ur re, *pr.* et; beza mætr var spered ur re; gouarn ur re, *pr.* gouarnet.

EMPATER, *salir de pâte*, toasa, *pr.* et. *Van.* toéseiñ, *pr.* et. — J'ai les mains tout empâtées, toazet eo oll va daou-zourn, ne deo nemed toas va daouarn. — J'ai la bouche, la langue tout empâ-

*tée*, toasecq eo orrupl va guinou; va zéaud.

EMPÀUMER, *recevoir dans la paume de la main une bale qu'on a lancée*, ploumma, *pr.* et. *Van.* plommciñ, *pr.* et. — *Empaumer, prèndre et serrer de la main*, scraba, *pr.* et; pega, pegui, *ppr.* peguet. *Van.* srcapeiñ. — *Empaumer; donner un soufflet de la paume de la main*, rei ur palvad *ou* stlafad da ur re, *pr.* roët. *v.* *souffleter.* — *Empaumer, gagner par adresse*, gounit dre fineçza, gounit gand compsyou caër, *pr.* gounezet.

EMPÊCHEMENT, *obstacle, opposition*, ampeichamand, *pl.* ampeichamanchou. *Van.* arrestamand, arrest, *ppl.* eŭ. — *Empêchement de mariage*, ampeichamanchou da dimizi. — *Empêchement seulement empêchant*, ampeichamand a dale un, dimizy, pe a vir ne véz great. — *Empêchement diriment*, ampeichamand a dorr un dimizy great. — *Oter tous les empêchements*, sevel pep ampeichamand, *pr.* savet.

EMPECHER, *mettre empêchement*, ampeich, *pr.* et; lacqât ampeichamand, *pr.* lecqëet; miret ne, *pr.* id. *Van.* ampecheiñ, mireiñ, miret. *Al.* hybu. — *Vous l'empêchez de travailler*, ampeich a rit anezâ da labourat. — *Je ne vous empêche point d'aller*, ne virañ qet ouzoc'h da vônet. — *Empêchez-le d'aller*, mirit ne daë, mirit oundha ne daë.

EMPEIGNE, *le cuir de dessus le soulier*, encb, *pl.* ou. — *Du cuir d'empeigne*, lezr encb.

*EMPENNE, *aileron d'une flèche*, stu, *pl.* you; stuyou ar sæz ou ar vir.

EMPEREUR, *souverain d'un empire*, impalazr, *pl.* ed; empalaër, *pl.* ed, yen — *Sous l'empereur Charlemagne*, dindan rèn an impalazr Charlès ar bras, en dra edo an empalaër Charlès ar bras o rèn. — *L'empereur d'Occident*, an impalazr christen, empalaër ar c'huzhéaul. — *L'empereur d'Orient*, an impalazr turucq, empalaër ar sevel-héaul *ou* ar sav-héaul. *v. empire.* — *Empereur, poisson fort grand*, un empalaër-vor, *pl.* empalaëred-vor.

EMPESAGE, ampésaich. *v.* empois.

EMPESER, ampési, *pr.* et. *Van.* ampeseiñ, empeseiñ, *ppr.* et. — *Empeser le linge*, digota, *pr.* et. *v.* détirer. — *Dresser le linge empesé*, houarna leynaich, *pr.* et; dreçza, *pr.* et. — *L'action d'empeser*, ampésaich, ampesèrez, ampésadur. *Van.* ampesereh, empesereh.

EMPESEUSE, ampesérès, *pl.* ed; ampeseurès, *pl.* ampeseureused.

EMPESTER, *donner la peste*, digaçz ar boçz, digaçz ar voçzenn, *pr.* et. — *Un air empesté*, un ear clanvus, ur goall ear meurbed. — *Une haleine empestée*, un alan flæryus meurbed.

EMPÊTRER, *lier deux jambes à un cheval*, huala, heuda, *ppr.* et. *Van.* hodeiñ, *pr.* et. *v.* entravé. — *Empêtrer, attacher la tête du cheval à l'un des pieds de devant*, pennasqa, *pr.* et. — *S'empêtrer, s'embarrasser dans quelque chose*, èn hem reustla èn un tu-bennac, *pr.* èn hem reustlet.

EMPHASE, *expression forte et qui dit beaucoup en peu de mots*, ar fæçzoun da lavaret cals a draou gand compsyou nerzus ha berr; divis c'huëzet, *pl.* divisou c'huëzet; divis nerzus ha berr, *pl.* divisou nerzus ha berr.

EMPHITHEOSE, *bail à long terme*, lizer-ferm evit pell amser, hac a ell padont bede naountecq vloaz ha pévar-uguent. — *Terre donnée à emphithéose, ou à bail emphitéotique*, found feurmet evit pell-amser *ou* evit hirr-amser, found fermet evit meur a vloazvez.

EMPIETER, *usurper*, mahomi, *pr.* et; mahoumi, *pr.* et; *de maha, fouler aux pieds.*

EMPILER, *mettre en pile*, berna, *pr.* et. *Van.* berneiñ, *pr.* et.

EMPIRE, *états d'un empereur*, empalaërded, stadou an empalaër. — *Empire, autorité*, mæstrouny, mæstrounyez, mæstrounyaich, galloud. — *Votre empire est trop dur pour pouvoir durer*, re vras eo ho mæstrounyaich *ou* re galed eo ho mæstrouny evit lavaret e hallé beza hirr-badus. — *A voir de l'empire sur l'esprit de quelqu'un*, cabout galloud var spered ur re. *pr.* bet. — *Sous l'empire, sous l'autorité de Louis-le-Debonnaire*, eñdan

rèn an impalazr Loys ar c'hun.—*Je ne
le ferais pas pour un empire*, n'er graëñ
qet evit ar roüe.

EMPIRER, goaçzaat, pr ëet; fallaat, pr. ëet. *Van.* falleiñ, fallat, goahat, goaheiñ. — *Ce malade empire
jou en jour*, goaçzaat a ra a zeiz-è-deiz d'an dèn clañ-hont; bemdiz e voaçza d'an dèn clañ-hont, fallaat a ra bemdez an dèn clañ-hont, torc'horaat a ra bemdiz an dèn clañ-hont.

EMPIRIQUE, *charlatan*, lousaoüër, pl. yen; tryacqler, pl. yen.

EMPLACEMENT, *lieu où bâtir une maison, etc.*, aplaçzamand un ty.

EMPLATRE, palastr, pl. ou.—*Appliquer une emplâtre*, palastra, pr. et; lacqât ur palastr; pr. lecqëet. — *Avoir des emplâtres sur le corps*, beza palastret. — *Elle est couverte d'ulcères et d'emplâtres*, goulyet ha palastret eo oll, leun eo ar flæriadenn a c'houlyou ha goloët a balastrou.—*Petite emplâtre qu'on met sur les tempes*, teltenn, pl. ou; telt, pl. ou.

EMPLETTE, implich, pl. implijou; prén, pl. prénou. — *J'ai fait mon emplette*, great eo va implich ou va phren gueneñ, pr.'net am eus ou prénet eo gueñé qement am boa da bréna.

EMPLIR, carga, pr. carguet; leunya, pr. et. — *Emplir, mettre comble*, barra, pr. barret; lacqât barr, lacqât da veza barr, pr. ëet.

EMPLOI, *occupation, commission*, implich, pl. implijou. *Van.* imple, implich, ppl. eü.

EMPLOYER, *faire usage*, impligea, pr. impliget; impligeout, pr. impliget. *Van.* impligeiñ, impleeiñ, ppr. et. — *Employer mal son temps*, goall-impligea an amser, pr. goall-impliget; ober goall-implich eus an amser, coll an amser, pr. collet; laërez an amser, pr. laëret.—*Employer bien le temps*, impligea èr vad an amser, ober un implich vad eus an amser. — *Employer quelqu'un, lui donner de l'emploi*, impligea ur re, rei implich ou rei labour da ur re, pr. roët. — *S'employer à quelque chose*, èn hem rei da un dra, pr. roët; hem lacqât da un dra, hem lacqât da ober un dra-bennac, pr. leoqëet; qemeret un implich-bennac, pr. id.

EMPLUMER, *garnir de plumes*. — *S'emplumer, se garnir de plumes, panacher.* — *S'emplumer, se garnir de plumes, se couvrir de plumes, parlant des petits oiseaux dans le nid*, stuc'hya, pr. et; pluñya, pr.et; *de* stuc'hya *vient* distuc'h, *sans plumes*. — *S'emplumer, s'enrichir*, stuc'hya, pluñhât, pr. pluñëet.

EMPOCHER, *embourser. v.-y.*

EMPOIGNER, ampoign, pr. et. *v. empaumer.*

EMPOIS, *amidon délayé*, ampès. *Van.* ampés, ampès. *v. empeser.*

EMPOISONNEMENT, ampoësonnérez, pistry. *Van.* ampoësonneréh.

EMPOISONNER, ampoësouni, pr. et; laza gad ampoësoun, pr. lazet. *Van.* ampoësonneiñ. — *S'empoisonner*, èn hem ampoësouni, pr. et. *Van.* him ampoësonneiñ.

EMPOISONNEUR, ampoësouner, pl.yen. *Van.* ampoësoñour, pl. yon, yan.

EMPOISONNEUSE, ampoësounerès, pl. ed.

EMPOISSER, *enduire de poix*, pega, pr. peguet; frota gand peg, pr. frotet. *Van.* pegneiñ, pigueiñ, ppr. et.

EMPOISSONNER, lacqât pesqediñ gou munud èn ur stang redet evit pobla a névez,laoqaat munus èn ur stancq ou èn ul lenn.

EMPORTEMENT, *transport de colère*, treusport, pl. treusporchou, amportamand, pl. amportamanchou; ur fourrad-buanéguez, pl. fourradou-buanéguez, ur brouilh-coler, pl. bouilhou-coler; barrad-coler,pl.barradou-coler.

EMPORTER, *porter quelque chose d'un lieu à un autre*, douguen, pr. et; diouguen,pr. et. *Van.* douguen. *Al.* portiff, portaff. — *Emporter quelque chose avec soi*, caçz un dra gand hâ, pr. caçzet. — *Emporter, tenir, ôter*, caçz gand hâ dre nerz; lemel, pr. et, lamet. — *Emporter, entraîner*, stlegea, pr. et; trayna, pr. et; douguen. — *Emporter, peser plus*, poësa muy, pr. poëset; sevel un all, pr. savet. — *Un côté de la balance emporte l'autre*, ur c'hostez eus ar balançz a boës muy eguid eguile, ur c'hostez a

42

eav eguile.—*Emporter, prévaloir,* tree-e'hi, *pr.* et; beza treec'h, *pr.* bet; fæa-za, fœza, *pr.* fæzet. — *S'emporter, se mettre en colère,* buaneoqaat, *pr.* ëet; hem dreusporti, *pr.* et; hem amporti, *pr.* et; cahout ur bouilh-coler, *pr.* het; eevel var e ellou, *pr.* savet. *Van.* distalmeiñ, *pr.* et. — *Sujet à s'emporter de colère,* tearus, tærus, bouilhus, treus-portus, amportus, buaneoq, oc'h, á, añ. *v. colère.* — *S'emporter aux injures,* injurya, injuryal, *ppr.* injuryet; oana ciinugén. *pr.* canet. — *Se laisser emporter à une passion aveugle,* heulya gand dallentez e voall-inclinacion, *pr.* heulyet.

EMPORTE-PIÈCE, *t. de cordonnier,* distammer, didammer.

EMPOURPRÉ, e, pourpret. — *Empourpré de sang,* pourpret gand ar goad, goloët a c'hoad, livet gand ar goad.

EMPREINTE, patrom, *pl.* ou; eñgravadur.

EMPRESSEMENT, prest, hast, o'hoand hastiff. — *L'empressement que j'avais de vous voir,* ar preçz ou an hast ou ar c'hoand hastiff am boa da oz cuëllet. — *Sans empressement, celui qui n'est pas empressé,* dibreçz, oc'h, á. — *C'est l'homme du monde qui a le moins d'empressement,* an dibreçza dèn a allec'h da vellet eo ou a ouffae'h da lavaret eo, un dèn eo evit an dibreçzâ.

EMPRESSER (s'), èn hem breçzi da ober un dra, *pr.* èn hem breçzet; ober un dra-bennao gand preçz ou gand hastisted, *pr.* græt; hasta affo ou hasta buan da ober ou da lavaret un dra-bennac, *pr.* hastet. *Van.* distalmeiñ, him breçzeiñ, *ppr.* et.

EMPRISONNEMENT, prisounérez, prisounadur.

EMPRISONNER, prisounya, *pr.* et; prisouna, *pr.* et; lacqât èr prisoun, lacqaat ébarz èr prisoun, *pr.* lecqëet; planta èr prisoun, *pr.* plantet. *Van.* lacqeiñ er prison; bouteiñ er prison, *pr.* boutet.

EMPRUNT, amprest, *pl.* ou; emprest, *pl.* ou. *Van.* id., *ppl.* eû.

EMPRUNTER, empresta, *pr.* et; amprèsta, *pr.* et; qemeret ê prest, *pr.* id. *Van.* ampresteiñ, empresteiñ. —

*Celui qui emprunte,* emprester, *pl.* yen; amprester, *pl.* yen; nep a guemer é prèst. *Van.* amprestour, emprestour, *ppl.* yon, yan. — *Celle qui emprunte,* empresterès, *pl.* ed.

EMPUANTIR, *rendre puant,* rentâ flærius, *pr.* rentet; lacqât da flærya, *pr.* lecqëet; carga a flear ou a flær, *pr.* carguet; ampoësouni gand ar flear, *pr.* ampoësounet. *v. corrompre.* — *S'empuantir,* coumançz da flærya, *pr.* coumançzet. *v. se corrompre.*

EMPYRÉE (le ciel), an eê emperyal, an eê imperyal; ar barados, an eê.

EMULATEUR ou *émule, rival,* concurrent, qui donne ou qui reçoit de l'émulation, qen-oizlu, qen-voarizyu, nep a ro pe a receo qen-damouëz ou qen-oaz ou qen-voarizy. *v. concurrent.*

EMULATION, *désir d'égaler,* qendamouëz, c'hoand d'en hem barfetaat, qen-oaz, qenvoarizy. — *Il y a de l'émulation entr'eux,* qen-damouëz a so eûtrezo, qenoaz ou qenoarizy a so eûtrezo, oaz ou goarizy a so qen-eûtrezo. — *Ce jeune homme n'a nulle émulation,* an dèn yaouancq-hont a so digaloun ou digouraich, ar pautr yaouancq hont n'en deus qet an distérâ qen-damouëz ou ar bihanâ c'hoand d'en hem barfetaat ou d'en hem avançz.

EN, *prép. qui marque le temps et le lieu,* ê, eñ, *devant une consonne;* èn, *devant une voyelle.* — *Il est en ville,* beza ez ma eñ kear, bez' e ma ê kear, ez ma eñ kær, e ma ê kær. —*Il est en France, en Espagne,* ez ma ê Gall, ê Spaign, e ma eñ Françz, en Spaign. — *En mon jardin, en ma maison,* e'm jardin, e'm zy, *id est,* é ma jardin, ê ma zy. — *En Italie, en Afrique,* èn Italy, èn Africq. — *En ce temps-là,* èn amser-ze. — *En même temps,* ê ou èn memès amser. — *En, signifiant un lieu éloigné,* da. — *Il est allé en France, en Espagne,* eat eo da C'hall, da Spaign. — *Il ira en Angleterre ou en Italie,* mônet u rayo da Vro-Saus pe d'an Italy. — *En, signifiant dans,* èr, e-barz, ebarz e, ebarz èr. — *En, signifiant comme,* evel, ê c'hiz, ê guiz, evel da, ee'hiz da. — *En ami,* evel ur

mignoun, è c'hiz ur mignoun, è guiz
la ur mignoun. — *En fou*, evel ur foll,
\ c'hiz ur foll, evel da ur foll, è c'hiz da
ar foll, è guiz ur foll *ou* da ur foll. —
*En, particule, qui marque le gérondif, •,
avec l'infinitif*, èn ur. — *En lisant*, o
leen, èn ur leenn; — *En mangeant*, o
libri, èn ur dibri. — *En, relatif de la
personne, signifiant de lui, d'eux*, anezâ,
anézo, e, ho. — *Je connais les tours de
cet homme, et vous en êtes le fauteur*, me
a eneff troydellou an dèn-hont, hac a
par penaus ez ouc'h ar favorer anezâ
*ou* e favorer. — *Je connais ces gens-là et
vous en êtes le chef*, me a ene an dud hont
ha c'huy so ar penn anézo *ou* c'huy a so
ho o'habitan. — *En, relatif de la chose,
signifiant de cela*, eus a guement-ze, a
guemeû-ze, eui a dra-ze. — *Je vous en
avertis*, me o c'havertiçz eus a guemeû-
ze *ou* a guemen-ze *eu* eus au dra-ze.
— *En, relatif du lieu, signifiant d'ici, de
là*, ac'han, ac'hano. — *Il s'en va*, mônet a ra quyt ac'han. — *Il en revient*,
dônet a ra ac'hano. *v. de là, d'ici.*—*En,
signifiant d cause, pour*, èn abecq, dre
an abecq, dre'n abecq, evit, èn, dre, è.
— *En punition de votre faute*, è punicion
d'ox fazy, evit castiza ho fazy, èn abecq
d'o faot, dre'n abecq da ho faot, dre
bunicion eus ho faut, etc. *•. les mots
joints à cette préposition ou particule en.*

ENCAGER, *mettre en cage*, caouèdi,
*pr. et*; lacqât èr gaouèd, *pr.* lecqëet.

ENCAISSER, *mettre en caisse*, boës-
tlaat, *pr.* ëet; lacqât eû boëstl.

ENCAN, *vente publique au plus offrant*,
ecand, accandd. *Van.* incqandd, santaul. — *Vendre d l'encan*, guërza èn e-
qandd *ou* èn accandd, *pr.* guërzet. *Van.*
guërheiû èn incqand *ou* è santaul, *pr.*
guërhet. — *Le sergent crieur qui vend d
l'encan*, ar sergeant embanner.

ENCAVER, eñcava, *pr. et.* — *Enca-
carer du vin*, eñcava guin, lacqaat ar
guin, èr c'hao, *pr.* lecqëet.

ENCAVEUR, ruilher, *pl.* yen.

ENCEINDRE, *environner, entourer*,
eûcerna, cerna, gouriza, *ppr. et.*

ENCEINTE, *cireuit, clôture*, cern, *pl.*
ou; selotur, *pl.* ou; tro, *pl.* you. —*En-*

ceinte, *femme grosse*, brasés, grèoq vrasés, *pl.* graguez vrasés. *Van.* mouësbra-
sés, *pl.* mouësed brasés; mouës sézy, *pl.*
mouësed sézy. — *Sa mère étant enceinte
de lui*, è vamm o veza brasés divarne-
zañ, è vamm o veza ouc'h e rouguen,

ENCENS, *gomme aromatique*, ezeûç.

ENCENSEMENT, *l'action d'encenser*,
ézençadur.

ENCENSER, ezeûzi, *pr. et*; azeuli
ezeûs, *pr.* azeulet.—*Encenser les autels*,
ezeñsi an auteryou. — *Les tyrans vou-
laient obliger les saints martyrs d'encenser
les idoles*, an dyranted a fellé dézo countraign ar saent merzeuryen da azeuli
ezeñ d'an idolou. *•. sacrifice, sacrifier.*
— *Encenser les grands, les riches, les louer,
les flatter*, rei lorc'h d'ar re e'halloudus,
rei mogued *ou* rei mélaich d'ar re vras,
*pr.* roët; mogudi ar binvidyen hac ar
re e so ar voul'gand ho, *pr.* moguedet.
— *Celui qui encense les autels*, ezeñser,
*pl.* yen.

ENCENSEUR, *flatteur*, meuler, *pl.*
yen; meler, *pl.* yen; mogueder, *pl.* yen.

ENCENSOIR, ezeñsoûer, *pl.* ou.

ENCHAINEMENT, *sorte de liaison qui
se trouve entre les choses*, chadennadur,
jadennadurez, jadennadur; eu ollad, *pl.*
ou; stropad, *pl.* ou. — *Les sciences ont
entr'elles une espèce d'enchaînement*, eñtre
ar sqyanchou ez eus ur manyel chadennadur. — *Un enchaînement de malheurs*, ur stropad reuzyou, ur.strollad
droucqeûryou.

ENCHAINER, chadenna, *pr. et*; jadenna, *pr. et. Van.* chadenneiû, cha-
lenneiû, cheingenneiû. —*Jésus-Christ
a enchaîné le démon et les puissances infer-
nales*, hon Salver Jesus-Christ en deveus
chadennct Satanas hac e oll ziaulou.

ENCHANTEMENT, *charme, magie*,
achantouréz, *pl.* ou. *Al.* hudd, rhyn,
rhinyau. *v. mystère.* — *Lever l'enchantement*, diachanta, *pr. et. Van.* disorceiñ.

ENCHANTER, *user de magie pour opé-
rer quelque merveille*, achanta, *pr. et. Van.*
baineiñ, sorceiñ, *ppr. et. Al.* hudu, hu-
diff. — *Enchanter, enlever*, achanta, ra-
vieza, *ppr. et.*

ENCHANTERESSE, achantourès,

pl. ed. *Van.* bamoures, lorberes, *ppl.* ed. *v. fts.* — *Vieille enchanteresse* , achantourès cos, grac'h an diaul. *Van.* coh bamourès.

**ENCHANTEUR**, achanter, *pl.* yen; achanteur, *pl.* yen. *Van.* bamour, abusour, lorbér, lorbour, *ppl.* yon, yan.

* **ENCHARGER**, *recommander fortement*, eñcarga, *pr.* eñcarguet; erbedi stard, *pr.* erbedet.

**ENCHASSER**, *mettre dans un chassis*, stærna un daulenn, *pr.* stærnet. — *Enchasser une porte ou une fenêtre dans un chassis*, stalapha un or pe ur prenest, *pr.* stalaphet. — *Enchasser un mort, le mettre en sa chasse*, archedi ur c'horfmaro, *pr.* archedet; lacqát ur c'horf maro èn arched *ou* èn arc'h *ou* èr guêler, *pr.* lecqêet.

**ENCHÈRE**, *augmentation de prix, lorsqu'on rend quelque chose à l'encan*, cresqadur a briz. *Van.* santaul. — *Mettre quelque chose à l'enchère, la vendre au plus haut prix*, guêrza ooc'h an uhelâ diner *ou* an uhelâ priz. — *Mettre l'enchère*, teureul var un all, *pr.* taulet; lacqát var un all *ou* dreist un all, *pr.* lecqêet; lacqát cresq.

**ENCHÉRIR**, *augmenter de prix, devenir plus cher*, qeraat, *pr.* êet; crisqi a briz, *pr.* cresqet; uhélaat, *pr.* êet. — *Les blés ont enchéri*, qerêet eo an ed, cresqet eo ar priz eus an ed, uhélêet eo an ed. — *Faire enchérir les denrées*, ober qeraat an traou, *pr.* græt; lacqaat an traou da guéraat, *pr.* lecqêet; uhellaat an traou, *pr.* uhellêet.

**ENCHERISSEUR**, *celui qui enchérit*, qeraouër, *pl.* yen. — *Enchérisseur, celui qui fait une enchère*, nep a lacqa an traou da dalvezout èn un ecandd *ou* èn un accandd, nep a daul var un all, nep a lacqa var un all *ou* dreist un all. — *Le dernier enchérisseur*, nep a lacqa uhelâ, nep a lacqa an diner uhelâ *ou* an diveza cresq.

**ENCHEVÈTRER**, *mettre le licou à un* cheval, cabestra, *pr.* et; penvestri, *pr.* et.

**ENCHIFRENÉ**, sifernet. *r. enrhumé.*

**ENCHIFRENE** ( s' ), siferni, *pr.* et.

**ENCLAVER**, *enfermer une chose dans*

une autre, eñclaoui, *pr.* êt. — *Plusieurs paroisses de Dol sont enclavées dans les autres diocèses de Bretagne*, cals parresyou eveus a excoply Dol a so eñclaouêt ebarz èn excoptyou all a Vreyz. — *La principauté d'Avignon est enclavée dans la Provence*, princélez Avignon a so eñclaouêt ebarz è Provanç.

**ENCLIN**, *porté à*, douguet da, douguet dre natur da, costezet dre se. — *Enclin à la vertu*, douguet dre natur da braticqa ar vertuz, douguet d'ar vertuz, costezet eñtreze ar vertuz. — *Enclin au vice*, costezet eñtreze ar viçz, douguet d'ar viçza, douguet dre natur da veza vicius. — *Il est enclin à l'avarice*, douguet eo dre natur d'an avariçzded *ou* d'an avariçz, natur eo dezañ beza avaricyus, avaricyus eo dre natur, costeza a ra eñtreze an avariçzded.

**ENCLOITRER**, *v. cloitrer.*

**ENCLORE**, *enfermer*, closa, *pr.* et. *Van.* closeiñ. *v. enceindre.* — *Enclore un jardin, l'enfermer de murailles*, closa ur jardin, murya ur jardin, *pr.* muryet.

**ENCLOS**, *espace de terre enfermé*, clos, *pl.* you. *Van.* clos, *pl.* eū. *v. enceinte.*

**ENCLOUER**, *parlant de canons*, eñclaoui, *pr.* êt; enelaoui canolyou — *Enclouer, parlant d'un cheval*, eñclaoui, *pr.* êt. On prononce eñclaoui,

**ENCLOUURE**, enclaūadur.

**ENCLUME**, anneū, *pl.* anneuyou; anvez, *pl.* you; anve, *pl.* anvēou. *Van.* annēu, *pl.* annēuyēu; annean, annen, *ppl.* ēu.

**ENCOFFRER**, eñcouffra, *pr.* et; couffra, *pr.* et; serra èn ur c'houffr, *pr.* serret.

**ENCOGNURE**, *angle*, coign, *pl.* ou; cern, *pl.* you; eñcoign, *pl.* ou.

**ENCOLURE**, *haut du corps du cheval, air de l'homme*, an dailh eus ar gouzoucq, an dailh eus an dèu, ar læçzoun eus an dèu. — *Ce cheval a une encolure bien tournée*, ur gouzout coaud èn deus ar marc'h mañ *ou* a so gaud ar marc'h mañ, — *Ce jeune homme a toute l'encolure d'un sot*, an dailh eveus a ul louaud a so yar an dèn yaouancq hont, faeçzoun ur sot a so gad an dèn yaou-

aucq-hont, un troad lne a só èn boutou an dèn yaouancq-hont.

ENCOMBRER, dazcompra, *pr. et.*
*Van.* imcombreiñ, *pr. et. v. embarrasser.*

ENCORE, c'hoaz. *Van.* hoah. —*Je
n'ai encore rien vu*, n'am eus guëllet netra c'hoaz.—*Il vivra encore quelque temps,*
beva a rayo c'hoaz un neubeud amser.
—·*Encore, de plus, davantage,* c'hoaz ,
ouc'hpenn, ouzpenn. *Van.* dohpeënn.
—*Il y a encore,* beza ez eus c'hoaz, bez'
ez eus ouc'hpenn, ouzpenn a so.—*Encore, une seconde fois,* adarre, arre. *Van.*
are. —*Encore que, quoique,* peguement-
bennac, petra-beunac. — *Encore qu'il
soit sans crime, il n'est pas innocent,* pe-
guemend-bennac ne véz qet criminal,
ne deo qet èn oll dan oll divlam.

ENCOURAGER, courachi, *pr. et* ;
rei couraich, *pr.* roët. *Van.* reiñ cou-
rach.—*S'encourager,* hem gourachi da,
*pr.* hem gourachet; qemeret couraich,
*pr.* id.

ENCOURIR, *mériter,* donguen , *pr.*
douguet; couëza dindan , *pr.* couëzet;
gounit·, *pr.* gounezet; cahout, *pr.* bet.
— *Encourir l'excommunication,* couëza
dindan an escumunuguen , douguen
an setancz a escumunuguenn. — *Encourir la haine de quelqu'un ,* cahout ou
gounit caçzouni un all; dônet da veza
caçzëet gand un all; dônet da veza
caçzaüs da un all, *pr.* deuët.

ENCRE, *composition pour écrire,* lyou matery, lyou matury. *Van.* liü.—
*Encre luisante,* lyou lufrand. — *Encre
rouge ,* lyou ruz.—*Encre d'imprimerie ,*
lyou nioulou, lyou da voula, duad
moulou.

ENCRIER, *partie de l'écritoire,* cor-
ned-lyou, *pl.* cornedou-lyou; corned
scritol, *pl.* cornedou scritol.—*Petit encrier,* cornedic, *pl.* cornedouïgou. —
*Plein l'encrier,* cornedad lyou, *pl.* cor-
nedadou lyou.

· ENCUVER, béolya, *pr.* et ; qybellat,
*pr.* qybellet; lacqàt èr véol ou er gui-
boll, *pr.* lecqëet; rencqa ebarz èr bailh,
*pr.* rencqet.

· ENCYCLOPÉDIE, *science universelle.*
sqyand general cus à bep tra, ur ja-

dennadur eus an oll sqyanchou déstumet oll açzamblès.

ENDETTER ( s' ), *faire des dettes,*
dastum dle *ou* dlëou, *pr.* et *v.* dette.

ENDEVER, *se dépiter,* despital, *pr.*
despitet; despetal, *pr.* despetet. *Van.*
id. *endéver vient de* dézvï *et* dévi , *brûler.*

ENDIABLÉ, *furieux, etc.,* diaulet ,
poçzedet gand an diaul. *v. diablé.*

ENDIMANCHER ( s' ), qemeret *ou*
lacqaat *ou* guysqa e abichou sul, hem
lacqât evel da sul.

ENDIVE, cicorea ledan.

ENDOCTRINER , dottrina , *pr. et.*
*Van.* dëutrineiñ , *pr.* et.

ENDOMMAGER, doumaicha, *pr.* et;
goalla , *pr.* et ; ober gaou , ober doumaich, *pr.* great, græt.

ENDORMANT , *qui endort,* cousqedus, cousqus. *Van.* cousqedieq, cousqedus.

ENDORMEUR, *qui endort,* cousqe-
der, *pl.* yeu. *Van.* bamour, *pl.* yon.

ENDORMIR, lacqaat da gousqet,
*pr.* lecqëet; ober cousqet, *pr.* græt. *v.
dormir.* —*S'endormir,* cousqet, *pr.* id.
*Van.* cousqet, cousqeiñ , *ppr.* cousqet.
—*S'endormir sur le soin de ses affaires ,*
cousqet var e æfferyou; lezirecqât var
e affæryou, *pr.* lezirecqëet, —*Endormir, engourdir un membre,* cousqet ur
mémpr, gourdi ur mémpr, *pr.* gourdet;
morza ur mémpr, *pr.* morzet.—*J'ai la
jambe endormie pour l'avoir tenue long-
temps pliée sous moi,* cousqet eo va garr,
gourdet eo va garr , morzet eo va garr,
qemeneuryen a so èm garr. *v. engourdir.*

ENDORMI, *negligent, lent,* dycgus,
lezyrecq, disourcy, oc'h , â.

ENDOSSE, *fatigue, charge,* beac'h,
poan.— *Ce Monsieur ne vous a pas trouvé, j'ai eu l'endosse de le recevoir,* ne doc'h
qet bet cafet gand an autrou - hont ,
hac evelze am eus bet ar boan d'e receo *ou* hac evelze èm eus douguet ar
beac'h eus a guemen-ze.

ENDOSSEMENT , *signature au dos
d'un acte,* titr, *pl.* titrou; an titr a lecqear var gueyn un acta. *v. étiquette.*

ENDOSSER , *mettre sur son dos,* lacqât var e gueyn, *pr.* lecqëet; qemeret

var e gueyn *ou* var e ohonoq, *pr.* id. —
*Endosser le harnois*, quemeret an harnès.
—*Endosser*, *écrire au dos d'un acte*, titra uñ acta, titra un oblich, *pr.* titret;
scriva var gueyn un oblich, var gueyn
ul lizer-ceinch, *pr.* scrivet.

ENDROIT, *le bon côté d'une étoffe,*
*etc.*, an tu mad. —*La plupart des étoffes*
*ne se travaillent pas par l'endroit mais par*
*l'envers*, ne rear qet an darvuyâ eus an
eñtoffou dre an tu mad, hoguen dre
an tu enep. —*Endroit, lieu*, leac'h, *pl.*
leac'hyou; læc'h, *pl.* læc'hyou; andred, *pl.* andrejou. — *En quel endroit*
*est-il?* pe ê leac'h *ou* pe ê læc'h *ou* pe
**ñ**n andred ez ma eñ? —*Endroit, envers,*
qévér, andred. —*En mon endroit*, èm
c'hévér, èm andred. — *A l'endroit de*
*ses amis*, è qévér e vignouned, èn andred e vignouned.

ENDUIRE, *couvrir d'un enduit*, iñdua, *pr.* et; eñdua, *pr.* et; guïspona,
*pr.* et. — *Enduire une muraille de plâtre* ,
*etc.*, iñdua ur voguer, eñdua ur voguer,
iñdua ur voguer gant pry-raz *ou* gand
raz *ou* gand plastr. —*Enduire un vaisseau*
*de poix*, *de suif*, guïspona ul lestr, eñdua ul lestr gad soa, tær, braë. *v.* goudronner, *suiver.*

ENDUIT, *composé de chaux*, eñdu,
*pl.* eñduou; iñdu, *pl.* iñduou. —*Enduit*
*de mortier*, eñdu pry-raz. —*Enduit d'ar-*
*gile*, iñdu pry. — *Enduit du bassin pour*
*faire de la bouillie*, tocqenn.

ENDURANT, *ante, patient*, paciant,
souffrus, gouzávus, oc'h, á, añ.

ENDURCIR, *rendre dur*, caledi, *pr.*
et. *Van.* caledeiñ. —*Des esprits aveuglés*
*et des cœurs endurcis*, sperejou dallet ha
calounou caledet. *v. coutume.* — *S'en-*
*durcir, devenir dur*, caletaat , *pr.* cale-
tèet. *Van.* caletât, *pr.* caleteit, cale-
teet, caletet. —*S'endurcir au travail*, caletaat diouc'h an travel *ou* diouc'h an
trevel *ou* diouc'h al labour, ober e gorf
diouc'h el labour, *pr.* græt; èn hem
derri diouc'h al labour, *pr.* èn hem
dorret. —*S'endurcir aux coups*, caletaat
dindan an taulyou; dônet da galedi
gad an taulyou, *pr.* deuët. — *S'endur-*
*cir sous la pluie et le vent*, caletaat din-

dan ar glao hao èn avel. *Van.* obal-
ceiñ, *pr.* chaloet.

ENDURCISSEMENT, *dureté de cœur,*
caleder. —*Aveuglement d'esprit et endur-*
*cissement de cœur*, dalléntez a spered ha
caleder ha galoun.

ENDURER, anduri, *pr.* et; souffr,
souffri, *ppr.* et; gouzañv, *pr.* et ; gouzañ, *pr.* gouzávet. *Van.* souffreiñ, andureiñ, gouhanveiñ, *ppr.* et. —*Qui se*
*peut endurer, supportable*, souffrapl,
gouzávus, oc'h, á, añ. —*Qui ne se peut*
*endurer, intolérable*, dic'houzávus, disouffrapl.

ENEIDE, *poème héroïque de Virgile,*
carm ê faver Enêa.

ENERGIE, *force*, an nerz eus a ur
guer, etc.

ENERGIQUE, nerzus, oc'h, á, añ.
*Van.* nerhus. — *Un style énergique*, ur
styl nerzus.

ENERGUMENE, poçzedet gad an
droucq-spered.

ENERVER, *affaiblir*, dinerza, *pr.* et;
*Van.* dinerheiñ, *pr.* et.

ENFANCE, bugaleêrez, bugaleaich,
mabérez. —*L'enfance du monde*, buga-
lcêrez ar bed, coumançzamand ar bed,
ar c'hentá oad eus ar bed. —*Dès l'en-*
*fance*, a vihanicq. *Van.* a vugale. —*Dès*
*mon enfance*, a vihanicq, a vihanioq, a bo vouèn
bihanicq, a-ba edon crouadur, a-ba
voa añ oad-tener, abarz ma yoa dèn
ac'hanoun. —*Retourner en enfance*, distrei á bugaleêrez, *pr.* distroët; dônet
è bugaleaich, *pr.* deuët.

ENFANT, buguel, *pl.* bugale, bu-
galeou; bouguel, *pl.* bougale; crouadur, *pl.* yen. *Quoique ce dernier mot si-*
*gnifie proprement créature, cependant il se*
*dit en parlant d'un enfant de sept ans ou*
*environ. Van.* croédur; crédur, *ppl.* bugale, buguéle, biguele, créduryon. —
*Enfant, petite fille*, crouadurès, *pl.* ed.
*Van.* croédures, credures, *pl.* ed. —
*Enfant d'un an*, buguel bloaz, *pl.* bugale bloaz. — *Enfant posthume ,*
buguel daliff, buguel deuët goude ma-
ro e dad, un daliff qæz. — *supposé,*
crouadur laëret, buguel læc'hyet. —*a-*
*dopté*, buguel anzavet, crouadur per-

c'hentet. — *trouvé*, buguel diânzavet ; buguel esposet, crouadur cavet. *On le surnomme ordinairement du lieu où il a été exposé. De là, ces noms de* Pity la Pierre, Pity la Ru, Pity la Port, Pity du Pré, Pity des Champs, Pity du Chêne, *etc.*—*Enfant légitime*, duguec legitim.—*à la mamelle*, buguel ouc'h ar vronn, buguel varar vronn,—*baptisé*, buguel badezet.—*non baptisé*, buguel divadez.—*Petit enfant*, buguelicq, pl. bugaligou; crouaduricq, pl. crouaduryennigou; buguel bihan, pl. bugale vihan; crouadur bihan, pl. crouaduryen vihan; bouguelicq, pl. bougaligou. *Ce dernier mot est du Bas-Léon.*—*Petite enfant, petite fille*, crouaduresicq, pl. crouaduresedigou; crouadurez vihan, pl. crouaduresed vihan.—*Petit enfant, fils*, mabicq, pl. mibyennigou; mab bihan, pl. mibyenn vihan,—*Petit enfant, fille*, merc'hicq, pl. merc'hedigou; merc'h vihan, pl. merc'hed bihan.— *De petits enfants*, bugale vunud, bugale vihan. *Van.* haracziguéü.—*Les enfants*, ar vugale, ar vougale. *Van.* en haraçz. *Petit enfant, à l'égard du grand-père*, nyz, pl. nyzed; douaren, pl. ed. *Si c'est une fille*, nyzès, pl. ed; douarenès, pl. ed. —*Donner des enfants, parlant d'une femme mariée*, ligneza, pr. et; rei bugale, pr. roët.—*Avoir des enfants*, cahout bugale, pr. bet.—*Etre en travail d'enfant*, beza è poan vugale. *Van.* boût è poën a vugale.—*Jouet d'enfant*, c'hoaryell, pl. ou. v. amusement.—*L'écriture sainte parle d'un enfant de cent ans, en Isaïe, ch. 65, v. 20*, ar scritur sacr a gomps deomp eus a ur buguel a gant vloaz. —*Les enfants d'Adam*, bugale Adam.— *Les enfants de l'église*, bugale an ilis, guir vugale an ilis. — *Les enfants de chœur*, maçzicod, pl. ed. *Van.* cloër munud, maçzicoded. — *Enfants gâtés par trop de complaisance*, bugale collet. — *Enfant du mari ou de la femme seulement*, lès-vugale.—*De bons enfants, libertins*, bugale disourcy, bougale direolyct ou dirollet. — *Des enfants dénaturés*, bugale dinatur, bugale criz ha dinatur.—*De bons et de méchants enfants*, bugale vad ha goall vugale.

ENFANTEMENT, guinivælez, guinidiguez, guemelyez. *Van.* ganedigueah. v. accouchement.

ENFANTER, guenel, pr. ganet. *Van.* ganeiñ, pr. ganet.

ENFANTIN, iné, a aparchant ouc'h bugale. v. amusement, enfance.

ENFARINER, *couvrir de farine*, bleuda, pr. et; golei gand bleud, pr. goloët. —*Enfariner, poudrer ses cheveux*, bleuda e benn, bleuda e vléau.

ENFARINÉ, *couvert de farine*, bleudeucq, bleudecq, ppl. bleudéyen. — *Des docteurs enfarinés, qui professent une mauvaise doctrine*, doctored bleudeucq. bleudéyen fall, bezyou guênnet, bleizy doñ, leern douçz, alanigued, tirguizyeral leaz livris, etivy calonn an doûar.

ENFER, *séjour des damnés*, an ifern, an ivern. *Van.* id.—*Les diables de l'enfer*, diaulou an ivern. — *La rage et la furie de l'enfer*, ar gounnar hac an diboëll eveus an ivern. — *L'enfer est au centre de la terre, à 1250 lieues de nous*, an ifern a so è creiz caloun an doûar, daouzecq cant léau hac hanter-o'hant achanen.— *L'enfer impitoyable ne rend jamais ce qu'il a une fois pris*, an ivern criz ha cruel ne zispeg nepred evès ar pez èn devez ur veach lounqet. v. éponge.—*Les enfers où descendit Notre Seigneur*, an ivernou, an lymou, al lymbou.

ENFERMER, serra, pr. et; sarra, pr. et; serra ebarz. *Van.* serreiñ, charreiñ, cherreiñ ebarh, ppr. et. v. encarer. —*Etre enfermé dans la prison*, beza serret ebarz ar prisoun.—*Je l'ai enfermé dans mon coffre*, serret eo guené èm c'houffr ou ebarz èm c'houffr. —*S'enfermer*, èn hem serra èn ul leac'h, pr. èn hem serret; serra an or var e guoyn. v. renfermer.

ENFERRER, *percer avec un fer*, toulla, pr. et; treuzi gad un c'hleezé, pr. treuzet; goulya ur re gand ur c'hlezcf, gand ur goao, pr. goulyet.—*S'enferrer, se jeter soi-même contre l'épée de son ennemi*, èn hem strincqa e-unan é becq clezé e adversour, pr. èn hem strincqet; ober e zroueq e-unan, pr. græt;

clasq e-unan e zroucq-êur, *pr.* et. —
*S'enferrer*, *se nuire par ses paroles, etc.* ,
èn hem antell e-unan, *pr.* èn hem antellet, hem gòll e-unan. *pr.* hem gollet.
— ENFILER , *passer du fil dans une aiguille* , lacqât neud èn nadoz , *pr.* lecqêet; neudenni un nadoz , *pr.* et. —
*Enfiler un chapelet*, stropa ur chapeled ,
*pr.* et. — *Enfiler des moules de boulon ,*
stropa, strolla , *pr.* et.—*Enfiler des perles*, stropa perl*s, strolla perlesénnou.
— *De quoi enfiler un chapelet*, strop , *pl.*
ou ; stroll , *pl* ou. — *L'action d'enfiler* ,
stropérez , stropadur, strolladur. —*Celui qui enfile* , stroper, *pl.* yen. — *Celle
qui enfile*, stroperès , *pl.* ed.—*Qui n'est
pas enfilé*, distrop, ur chapeled distrop.
—*Enfiler un chemin*, qemeret un hénd,
ur ru , *pr.* id.—*Enfiler la venelle*, *s'enfuir*, qemeret an teac'h, *pr.* id. ; achap
quyt, *pr.* achapet.—*Enfiler son ennemi*,
treuzi e adversour gad ar c'hlczé , *pr.*
treuzet. *v. enferrer.*

ENFIN, er-fin. *Van.* id. — *Enfin,
bref*, evit e ober berr, evit tronc'ha ber.
— *Enfin, en un mot*, èn ur guer. *Van.*
evit fin. — *Je vous dis enfin, pour conclusion*, me a lavar deoc'h èn ur guer,
hac ur guer a dal cant, penaus , etc.
— *Enfin, à la fin*, d'ar parfin, èn divez,
*id est*, evit an divezâ; enerdiguez, *id
st*, evit an eur divezañ.

ENFLAMMER, eñflammi, *pr.* et,
eñtana, *pr.* et; tauflammi. *pr.* et. *Van.*
anflammeiñ, *pr.* et. *r. allumer*, *brûler.*
— *S'enflammer, parlant du feu.* crégui,
*pr.* croguet; tanflammi. *pr.* et; flamma,
*pr.* et. — *Le feu s'enflamma tout-à-coup,*
an tan a grogas èu un taul, an tan a
zeuas da grégui èn un taul-count, an
tau a flammas èn ur moumend. —
*S'enflammer l'un l'autre, parlant des per-
sonnes*, èn hem eñtana, *pr.* et; èn hem
eñtana au eil eguile. tanflammi an eil
ouc'h eguile, flamma an eil qen eguile,
flamma an eil diouc'h eguile; qenflam-
ma. *pr.* et; hem guenflamma, *pr.* hem
qenflammet.

ENFLER, *s'enfler de maladie*, coënvi,
*pr.* et ; coëzvi , *pr.* et. *Van.* coëñveiñ,
fouañüeiñ, *ppr.* et. — *Enfler, s'enfler*,

bouffir, pennbouffi, *pr.* et; c'huëza, *r.*
et. — *Le levain de bière fait enfler le pân,*
ar goëll byer a lacqa ar bara da c'hoëzz.
— *Enfler une vessie*, c'huëza ur c'hui-
ziguell *ou* ur soroc'hell. — *La mer s'enfle*, c'huëza a ra ar mor — *La rivim
s'enfle*,crisqi a ra ar starr. — *Enfler, s.
norgueillir*, c'huëza, *pr.* et ; stambou-
c'ha, *pr.* et. — *La bonne fortune l'a enfli
d'orgueil*, c'huëzet eo terrup gad e fortun vad, stambouc'het eo oll gad e fortun vad. *v. bouffir.*

ENFLÉ ( il est ) *comme un crapaud* ,
c'huëzet eo evel un touçzecq.

ENFLURE, *maladie* , coënv , coëzz,
coëzvadur, coëzvadeñ. *Van.* foanû. —
*Enflure à la gorge, dépôt d'humeurs*, pen-
sac'h.—*Enflure, parlant du style*, c'huëz,
c'huezadur.—*Enflure, parlant du cœur,*
stambouc'h.—*Enflure, parlant des eaux,*
cresq, c'huëz.—*Enflure aux mains*, co-
ëzv, coëñv. *Van.* aoüiddt. — *Petite enflure*, coëzvioq, coëñvicq, coëzvadu-
ricq, coëzvadeunicq, coëñvadeuuicq.
*Van.* foeñüicq, foueñüadnricq.

ENFONCEMENT, *cavité, lieu creux,*
toull doum, *pl.* toullou doun; leac'h
doun, *pl.* leac'hyou doun; lec'h cleuz.
*pl.* lec'hyou cleuz; cleuz, *pl.* you ; ur
c'hleuz; creuz, *pl.* you; ur c'hreuz.

ENFONCER, *faire entrer bien avant,*
caçz doun, *pr.* caçzet; lacqât doun,
*pr.* lecqêet; planta doun, *pr.* plantet.
*Van.* planteiñ don.—*Enfoncer, pousser
jusqu'au fond*, goëledi, *pr.* et ; caçz bede ar goëled, planta bede'r goëled.—
*Enfoncer un clou*, planta un taich. —
*Enfoncer quelque chose dans la terre.* planta doun èn doñar. —*Enfoncer dans un
marais*, mônet doun èn ur palnd , *pr.*
ëet.—*Enfoncer de vieux navires dans l'eau
pour faire des digues*, goëledi listry col
*ou* caçz da'r sol coz listry *ou* caçz du
voëled ad dour coz listry, evit ober ur
chauçzer. *v. couler bas.* — *Enfoncer un
porte violemment*, difounçza un or , *pr.*
difounçzet; divarc'ha un or, *pr.* divar
c'het; bunta an or èn ty, *pr.* buntet
terri un or, *pr.* torret. — *Enfoncer u
bataillon des ennemis*, direncqa ha discar
soudarded var droad. — *S'enfoncer s*

*plus en plus*, mônet doun oc'h-doun.—
*S'enfoncer dans une forêt*, mônet doun
èn ur c'hoad, *pr.* ëet, eat.

ENFOUIR, *enfoncer des arbres dans la*
*terre*, lacqaat guëz doun èn doüar, *pr.*
lecqëet; planta guëz doun èn doüar,
*pr.* plantet. — *Enfouir*, *cacher en terre*,
cuza èn doüar, *pr.* cuset.—*Les avares*
*enfouissent leurs trésors dans la terre*, an
dud avaricyus o veza ma ez eo stag o
c'halounou ouc'h an doüar, a guz a-
lÿès ho zeñzoryou èn doüar.—*Enfouir*
*son talent*, lesel dibrofid un dounézon-
natur, *pr.* leset. r. *talent*.—*Ce prédica-*
*teur a grand tort d'enfouir son talent*, gaou
bras èn deus ar prezegueur-hont *ou* ne
deo qet dibec'h ar prezegour-hont, o
lesel dibrofid an avantaich èn deveus
bet digand Doüe ha digand natur dèn.

ENFOURNER, ifourna, ifôrna, fôr-
nya, *ppr.* et. *Van.* fourneiñ, fôrnyeiñ,
*ppr.* et. — *Enfourner du pain*, ifourna
bara, lacqât ar bara èr fourn, *pr.* lecqëet.—*A mal enfourner*, *on fait les pains*
*cornus*, odroucq ifourna e rear cornecq
ar bara.

ENFREINDRE, *violer une loi*, *etc.*,
terri ul lésenn, *pr.* torret; mônet a e-
nep ul lésenn, a enep un ordrenançz,
a enep un urz roët, *pr.* ëet. *Van.* torreiñ ul lésëenn. — *Enfreindre la loi de*
*Dieu et celle du prince*, terri lésènn Doüe
ha hiny ar roüe.

ENFUIR ( s' ), tec'hel, *pr.* tec'het.
qemer an teac'h *ou* an tec'h, *pr.* qemeret; achap quyt, *pr.* achapet quyt.
*Léon*, teéchet, *pr.* id. *Van.* teh, tcheiñ,
*ppr.* tchet; achapeiñ, *pr.* achapet. —
*Le temps s'enfuit*, an amser a achap di-
guencomp, an amser a drémen prést.
— *Le chien de Jean de Nivelle s'enfuit*
*quand on l'appelle*, qy Yau a Nivel a deac'h pa èr galvér, hez'e ra ar c'houn-
troll beo d'ar peza oulenneur digaudbâ.

ENFUMER, *remplir de fumée*, moguedi, *pr.* et; mouguedi, *pr.* et. *Van.*
mouguedeiñ, moguedeiñ. *Trég.* mo-
guediñ, mouguediñ, *ppr.* et. —*Enfu-*
*mer du bœuf*, *du salé*, ober bévin saë-
son, *pr.* græt; lacqât bévin, pe qicq
sal da disec'ha var a- :loued *ou* var ar

glouedenn, *pr.* lecqëet; mogedi bévin pe guicq moc'h, *pr.* et.—*Nous som-*
*mes ici enfumés*, moguedet terrup oump
amâ, taguet, *ou* lazet omp amâ gad
ar mogued.—*Vieux portraits enfumes*,
coz patromou moguedet, pourtrezyou
coz mouguedet.—*Enfumé*, *ée*, moguedet, mouguedet.

ENGAGEANT, *ante*, *attrayant*, hoa-
laûs, hoalus, licaoûus, oc'h, â, añ.—
*Engageant*, *nœud de rubans*, un tausta-
icq, *pl.* taustaïgou.—*Engageante*, *man-*
*che de demoiselles*, beg-mainch, *pl.*
begou-mainch; loat-pigg,*pl.* lostou,etc.

ENGAGEMENT, *aliénation pour un*
*temps*, goëstladur a vadou evit un amser, iñgaich. — *Engagement*, *contrat*,
*obligation*, oblich, *pl.* oblijou.—*Enga-*
*gement*, *ce qui est mêlé*, *embarrassé*, qemesqadur, ampeichamand. — *Enga-*
*gement*, *attachement*, carantez, honta-
durez, oblich, iñgaich, attaich.

ENGAGER, *mettre en gage*, iñgagi,
*pr.* et; goëstla, *pr.* et; lacqaat é goëstl,*pr.* lecqëet; rei eñ goëstl, *pr.* roët.
*Van.* angageiñ, iñgageiñ, *ppr.* et. —
*Engager son bien*, *l'aliéner pour un temps*,
goëstla é dra evit un amser, rei e dra
é goëstl evit, iñgagi o dra evit un amser merqet. — *Engager sa parole*, rei a
c'her.—*J'ai engage ma parole*, roët am
eus va guer, èn hem iñgaget am eus.
—*Engager à entreprendre quelque chose*,
contraign ur re da ober un dra, *pr.*
countraignet. — *Engager par raison à*
*entreprendre quelque chose*, douguen ur
re da ober un dra, *pr.* douguet.—*En-*
*gager quelqu'un dans une affaire*, fourra
ur re-bennac èn un æffer, *pr.* et; lacqât ur re èn un æffer, *pr.* lecqëet. —
*Engager quelqu'un dans son parti*, tenna
ur re èn e du, tenna ur re èn tu gandhâ, *pr.* tennet.—*Engager au service du*
*roi*, arolli, *pr.* et; eñgoëstla, *pr.* et.—
*S'engager*, *s'obliger pour quelqu'un*, èn
hem obligea evit un all, *pr.* èn hem
obliget.— *S'engager dans un lieu étroit*,
hem iñgagi èn ul leac'h striz, *pr.* hem
iñgaget.—*S'engager dans une affaire*, hem
fourra èn un æffer,*pr.* hem fourret;hem
lacqât èn un æffer, hem iñgagi èn un

43

æffer, *pr.* hem iûgaget.—*S'engager au service du roi,* hem arolli, *pr.* hem arollet.

ENGAGISTE, *qui tient un domaine par engagement,* goëstler, *pl.* yen; eñgoëstlour, *pl.* yen.

ENGAINER, *mettre dans une gaîne,* gouhina, *pr.* et; lacqât èn ur gouhin.

*ENGARDER (s'), hem viret, *pr.* id.

ENGEANCE, *race,* gorad, *pl.* ou; gouënn, *pl.* ou.— *Engeance de poulets,* ur gorad pouñcined.— *C'est une maudite engeance que les charençons,* ar minoc'hed *ou* ar c'hoçzed a so ur gouenn milliguet. — *Engeance de vipère, disait Jésus-Christ aux Pharisiens,* gouenn an aëred viber, gouenn avoultr eveus ar bopl choaset, em'ez oa güeachall Jesus-Christ d'ar Pharisyaned. *v. race.*— *Engeance de vipère, dit saint Jean-Baptiste aux Juifs, qui vous a appris d'éviter ainsi la colère d'tenir ?* gouenn an aëred viber, e me sant Jan-Vadezour güeichall d'ar Yuzévyen, piou eus cra-hu pare dioqo'h ar vuanéguez da zònet ? gorad an aëred viber, piou èn deveus roet dec'h-hu da gridi ne viot qet un an·deizyou-mâ moustret gand buanéguez an Doüe barner leal ha rigolyus.

ENGELURE, *enflure causee par le froid.* goanvenn, *pl.* ou, coenvadennou. *Van.* spinac'h, aouid. — *Donner des engelures.* goanvenni, *pr.* et. *v.* crevasser.— *Avoir des engelures,* cahout goanvennou, *pr.* bet. *v. crevasse.*

ENGENDRER, *produire son semblable,* enguehenta, *pr.* et. *Ce mot paraît tenir de gueun ou gouenn, qui veut dire race; ainsi,* enguehenta *est comme* enguëenna *ou* engoëenna, *faire race.—Le Père engendre son verbe de toute éternité,* Doüe an tad a enguehent ar verb â bep eternitez. — *Engendrer, causer,* ober, *pr.* græt; digaçz, *pr.* et; accausioni. *pr.* et, beza caus, beza qiryocq. *pr.* bet. — *Les fruits crus engendrent des vers,* ar froüez criz a ra prenved èr c'horf. *S'il s'agit d'enfants,* a zigaçz qest d'ar vugale *ou* prêved d'ar vougale.—*La familiarité engendre le mépris,* re vras familiarteza so caus da zispris, fæçzounyon re libr a zeu alyès da accausioni disprisanz

ENGENDRER, *se former,* èn hem furmi, *pr.* èn hem furmet.—*Les insectes s'engendrent de la pourriture, disent les anciens,* an anprevaned èn hem furm eus a vreinadurez, ar prévedenned a so furmet gand ar vreinadurez, ar vreinadurez eo ar penncaus eus ar prévedenned, var a lavare a filosofed coz.

ENGERBER, *mettre en gerbe,* èndramm, *pr.* et; malana, *pr.* et. *Van.* èndramm, indramm, *ppr.* et. — *Engerber, mettre les gerbes en tas,* semenna, semenni, *ppr.* et; pempât, *pr.* ëet; ober pempennou, *pr.* græt; berna, *pr.* et; croasella ed, *pr.* croasellet; calborni, *pr.* et. *Van.* menaleiñ, gobér menaleü. *v. gerbier.*—*Engerber du tin,* lacqât barricadou guin an eil var be ben, èn ur c'hao pe var ur c'haé, *pr.* lecqëet.

ENGIN, *machine,* iñgin, *pl.* ou; igin, *pl.* ou; igign, *pl.* ou.—*Engins de guerre,* iûginou bresell.—*Engin, petit vaisseau de bas bord,* igin, *pl.* iginou.— *Mieux vaut engin que force,* guëll eo igin eguid nerz.

ENGLOUTIR, *avaler avec avidité,* louneqa gand près bras, louneqa evel ul lotruçz, *pr.* louneqet. *Van.* loncqeiñ el ur bléy. *v. engöuer.*—*Une baleine engloutit Jonas,* ar prophed Jonas a yoa loduneqet gad ur balen *ou* gad ur balum.— *La terre engloutit vifs Coré, Dathan, Abiron et leurs complices,* an doüar o tigueri a louncqas beo-buëzocq Core, Dathan, Abiron hac o favoréryen.

ENGLUER, *garnir de glu,* gluda, *pr.* et. *Van.* gludeiñ, *pr.* gludet.—*Engluer, prendre d'la glu,* derc'hel gand glud, *pr.* dalc'het; pacqa gand glud, *pr.* et. —*S'engluer, se prendre d'la glu,* èn hem c'hluda, *pr.* èn hem c'hludet; beza dalc'het gand glud, *pr.* bet.

ENGORGER, *fermer le passage d'un fluide,* stanc ça, *pr.* et. *v. boucher.*—*Le tuyau s'engorge,* stáncqa ra ar c'ban.

ENGÖUER, *boucher le gosier,* tarlouncqa, *pr.* et.

ENGOUFFRER (s'), *entrer en quelque golfe, etc.,* mônet en ur golf mór, *pr.* ëet.—*Le vent s'engouffrant entre deux montagnes, renverse les maisons,* pa zer·

an avel d'en hem fourra èn un draouyenn striz, e tiscar an tyez.

ENGOURDIR, *causer de l'engourdis-*
*sement*, gourdi, *pr.* et. — *J'ai la jambe*
*engourdie*, gourdet eo va garr. *v. endor-*
*mir.* — *Engourdir par le froid*, cropa,
bava, bauta, *ppr.* et. — *J'ai le corps tout*
*engourdi de froid*, cropet oun oll gad ar
riou. — *Il a les mains engourdies par le*
*froid*, bavet ou bautet eo e zouarn gad
an annoed. — *Ils ont les doigts tout en-*
*gourdis par le froid*, cropet oll eo o bisyad gand ar riou *ou* gad an annoëd.

ENGOURDIR (s') *de lassitude ou de*
*rhumatisme*, morza, *pr.* et ; beza morzet, gourdi gand ar scuyzder pe gand
ar c'hatar-remm, *pr.* gourdet, etc. —
*S'engourdir*, *parlant de l'esprit et du cou-*
*rage*, gourdi, *pr.* et ; dieoqât, *pr.* ëet ;
didalvoudecqaat, *pr.* ëet.

ENGOURDISSEMENT, *état de ce qui*
*est engourdi*, gourdadur, gourdiçzadur.
— *Engourdissement de la jambe*, gourdadur, ar c'housqed. — *Engourdissement*
*causé par le froid*, révadur, cropâdur,
cropérez. — *Engourdissement de fatigue*
*ou de rhumatisme*, morzidiguez, morza-
dur, morzamand. — *Engourdissement*
*d'esprit*, pounerder benn, pounerder
spered. — *Engourdissement*, *paresse*, lausqéntez, didalvoudéguez.

ENGRAIS, *pâturage*, pëurvan druz,
*pl.* peurvanou druz. *Van.* pérach mad,
*pl.* peracheü mad. — *Engrais*, *amende-*
*ment*, teil, manou. — *Engrais de rivage*,
*menu sable de mer*, *mêlé de coquillage*,
mærl, marl. *v. marne.*

ENGRAISSEMENT, *l'action d'en-*
*graisser les terres*, teiladur, druzadur.

ENGRAISSER, *rendre gras*, larda,
*pr.* et. *Van.* lardeiñ, *pr.* lardet. — *En-*
*graisser des bœufs*, *des chapons*, larda e-
genned, larda cabouned. — *S'engraisser*,
larda, lartaat, *pr.* lartëet. — *Cet homme*
*s'est engraissé en peu de temps*, lartëet mad
eo an dèn-hont ê neubeud amser. —
*Engraisser les terres*, teila, teilat an
doüarou, *ppr.* teilet ; druzaat an doüarou, *pr.* druzëet. *Van.* teilyeiñ *ou* dru-
heiñ *ou* druhât en doüareü. — *S'engrais-*
*ser*, *s'enrichir*, lartaat, *pr.* lartëet ;

pinvidicqaat, *pr.* pinvidicqëet.

ENGRANGER, lacqât an ed èr
c'hraioch.

ENGRAVER. *v. assabler.*

ENGROSSER *une fille*, goalla ur
plac'h, *pr.* goallet ; disenori ur verc'h,
*pr.* et. *Van.* disinoureiñ, brasezeiñ. — *Il*
*l'a engrossée sous promesse de mariage*, digarez dimizi ez eo bet goallet *ou* bra-
sezet gandhâ.

ENHARDIR, *rendre ou devenir hardi*,
hardiçzaat, *pr.* ëet ; disaouzani, *pr.* et.
*Van.* hardihât, hardehât, hardiheiñ,
hardeheiñ.

ENHARNACHER, *mettre le harnois*,
harnèsi ur marc'h, *pr.* harnèset.

ENJAMBÉE, *espace enjambé*, stamp,
*pl.* ou. *Van.* fourchad, *pl.* eü.

ENJAMBER, *faire un grand pas*, stampa, *pr.* et. *Van.* fourcheiñ, *pr.* et.

ENJAVELER. *v. engerber.*

ENJEU, an arc'haud lecqëat var ar
c'hoary. — *J'ai retiré à peine mon enjeu*.
a boan vras am eus tennet va arc'hand
eus ar c'hoary.

ENIGME, divinadell, *pl.* ou. *Van.*
id., *pl.* eü.

ENJOINDRE, *ordonner*, ordreni, *pr.*
et. — *Dieu nous enjoint d'observer sa loi*,
an autrou Doûe a ordren deomp dô-
net da viret e lésenn. — *Enjoindre une*
*pénitence*, rei ur binigenn. — *Enjoindre*
*des jeûnes*, rei da yun, rei yunyou, rei
yunyou da ober, *pr.* roët.

ENJOINT, *e*, ordrenet, roët.

ENJOLER, *tromper par de belles pro-*
*messes*, lubani, *pr.* et ; triñcha, *pr.* et ;
licaoui, *pr.* ët ; tonëlla, *pr.* et ; divus
*ou* troumpla *ou* goûnit gand compsyou
caër, pe gad promeçzaou caër, *ppr.* et.
*Van.* gonit gued fryantaich, tenneeiñ
dre fryantaich.

ENJOLEUR, touelleur, trincher,
licaouër, *ppl.* yen ; luban, *pl.* ed.

ENJOLEUSE, lubanès, *pl.* ed ; touël-
lerès, triñcherès, licaouërès, *ppl.* ed.

ENJOLIVEMENT, coantidiguez,
qempennadurez, jolisded, jolifîded.

ENJOLIVER, *rendre plus joli*, renta
joliff, renta brao, renta coandt, renta
mistr, *pr.* rentet ; coandtaat, *pr.* ëet.

**ENJOLIVEUR**, *qui enjolive*, jolifaër, pl. yen ; eoandtaër, pl. yen.

**ENJOUÉ**, guyou, drilhant, drantieq, drilhantieq, laouenn, oc'h, à.—*Humeur enjouée*, umor guyou, umor drilhant, ymeur drant.

**ENJOUEMENT**, dranded, laouennediguez, drilhanted, drilhander.

**ENIVREMENT**, mézvidiguez. *Van.* méüereh, méaoüereh.

**ENIVRER**, *s'enivrer*, mézvi, *pr.* et ; mévi, *pr.* et. *Van.* méüeiñ, méaüeiñ, méoüaeiñ, *ppr.* et.—*Empêcher qu'on ne s'enivre*, miret ne vézvo, miret ne vézvé ur re. — *Sans s'enivrer*, disvév, disvéo, hep mézvi, hep mézventi, hep mézvidiguez. *Van.* hemp meaüeiñ.

**ENLACER**, *envelopper dans des lacets*, atrap ebarz è laçzou, *pr.* atrapet ; qemeret gad laçzou, *pr.* id.—*Enlacer un renard*, atrap ul louarn é laçzou, qemeret ul louarn gad laçzou, pacqa ul louarn, *ppr.* et.—*Enlacer, unir*, strolla, *pr.* et ; stropa, *pr.* et. — *Enlacer, surprendre*, tizout, *pr.* et, surprenn, *pr.* et.

**ENLAIDIR**, disiaçzouni, *pr.* et ; vilaat, *pr.* viläet ; hacraat, *pr.* haoréet.

**ENLEVEMENT**, *ravissement*, raviçzamand, scrapérez. *Van.* scrap.—*L'enlèvement d'Elie se fit dans un charriot de feu*, ar raviçzamand eus ar prophed Elyas a voa great èn ur c'harroçzicqtau.—*L'enlèvement d'une fille*, ar sorapérez eus a ur verc'h, al laëroncy vès a ur plac'h.*Van.*er scrap ag ur plab.*v.*rapt

**ENLEVER**, *élever*, gorren, *pr.* gorroët ; sevel *pr.* savet.—*Enlever, emporter*, caçz gandhâ, *pr.* caçzet ; qemeret dre nerz, *pr.* id.—*Les sergents ont enlevé ses meubles*, ar sergeanted o deus caçzet gandho e veubl, eat eo e veubl gad ar serjanted.—*Dieu enlèva Elie*, an autrou Doüe a raviçzas Elya.—*Enlever une fille*, laërez ur plac'h, *pr.* laëret ; scrapa ur plac'h, *pr.* scrapet. *Van.* scrapciñ ou laërch ur plac'h.—*Il enlève ses auditeurs*, raviçza a ra qement ër c'hléo.

**ENLUMINER**, peinta un daulenn liguennet, *pr.* peintet; liva un daulenn treçzet. — *Une image enluminée*, ul limaich peintet, *pl.* limaiohou pointet.

—*Tableau enluminé*, taulenn livet ou peintet, *pl.* taulennou.

**ENLUMINEUR**, liver, *pl.* yen; peinter, *pl.* yen.

**ENLUMINURE**, *l'art d'enluminer*, peintadurez,livadur, sqyand da beinta.

**ENNEMI**, adversour, *pl.* yen. *Al.* azrouand, *pl.* ezrevend. *Le diable s'appelait* azrouand an ivern, *id est*, t'ennemi *par antonomase*. — *Ennemi mortel*, adversour marvel, adversour touëet, adversour asnad. — *Etre ennemi de quelqu'un*, beza adversour da ur re, *pr.* bet. — *Se declarer ennemi de quelqu'un*, hem zisclæria adversour da ur re-bennac. hem zisclærya a enep ur re.—*Se faire des ennemis*, tenna droucraçz ar re all var e gueyn ou var e benn. — *Les ennemis de l'état*, adversouryen ar roüantélez. —*Pays ennemi*, bro un adversouryen, doüar adversouryen ar roüantélez.

**ENNOBLIR.** *v. anoblir.*

**ENNUI**, enoë, *pl.* ou; doan, *pl.* you. — *Ennui causé par quelque retard*, bihnez, hirrez. *Van.* hirch.

**ENNUYER**, *s'ennuyer*, enoëa, enoñ, *ppr.* enoët; enoui, *pr.* ët;doanya, *pr.* e; darnaouï, *pr.* ët; eahout enoë ou doañ hirnez, *pr.* bet.

**ENNUYEUX**, *euse*, doanyus, enoëus, darnoüs, oc'h, à, añ. — *Qui n'est poin ennuyeux, qui désennuie*, dinoüus, disoañyus, oc'h, à.

**ENONCER**, *s'exprimer*, parlant, *pr.* et; prezecq, *pr.* prezeguet.—*Enonce d'clarer*, disclærya, *pr.* et. — *S'énonc en bedux termes*, prezecq gand loqanç beza elavar, *pr.* bet. *v. disert.*

**ENORGUEILLIR**, reuta gloryus, *p* rentet. — *S'énorgueillir*, ourgouilho *pr.* et ; dônet da veza ourgouilhus gloryus, *pr.* deuët.

**ENORME**, *très-grand*, bras drëist-m sul, bras meurbed, bras-direiz, div sul. *Van.* divesur. *v. colosse.* —*Enor grief*, grevus, grizyez, gryez, direi oc'h, à, añ. — *Un péché énorme*, ur p c'hed grevus ou grizyez ou gryez ou reiz, *pl.* pechegeou grevus, etc.

**ENORMEMENT**, *démesurément*, drei

músul, èn ur fæçzoun divusul *ou* grevus *ou* grizyez *ou* diroiz.

. ENORMITÉ, *grandeur , excès ,* brasder, grevusder, grevusded. gryezder ,
gryezded. *Van.* divesur. — *L'énormite*
*de son crime,* ar grevusdereus e dorfed,
ar vrasder eus e grim.

ENQUERIR, *s'enquérir,* eñclasq, *pr.*
et. *Van.* iñclasqeiñ; alers, aterseiñ, *ppr.*
atersel. — *Prov. Trop acquérir n'est pas*
*bon,* disqi re ne ra qet a vad.

ENQUÊTE, *perquisition, recherche,* eñclasq, *pl.* ou. *v.* demande. — *La chambre*
*des enquêtes,* campr an eñclasqou.

ENQUÊTEUR, *qui a pouvoir de faire*
*des enquêtes,* eñclasqer, *pl.* yen.

. ENQUIS, *e,* eñclasqet, intoroget, gau-
lennet digand hâ *ou* digand hy.

ENRACINER, *prendre racine,* grizyen-
na, *pr.* et; grizya, *pr.* et; gruizya, *pr.* et.
*Van.* gouryeneiñ. — *S'enraciner , s'in-*
*véterer , parlant des personnes ,* coza , *pr.*
et; grizyenna doun; creaat, *pr.* ëet; qemeret nerz, *pr.* id.; acquysita nerz, *pr.*
acquysitet; qinvya, *pr.* et. — *Un vice en-*
*raciné dans l'âme,* ur viçz grizyennet èr
galoun.

ENRAGEANT, *e.* counnarus, arrajus, oc'h, à, añ. *Van.* id. — *Cela est*
*enrageant,* an draze a so counnarus *ou*
arrajus *ou* arraichus.

ENRAGER, counnari, *pr.* et; arragi,
*pr.* et. *Van.* arageiñ, connareiñ. — *Il*
*enrage de voir cela ,* counnari *ou* arragi
a ra gad qemen-ze *ou* o vellet qemen-
ze. — *Enrager, endêcer ,* pensaudi , *pr.*
et; pensaudi *ou* pensauti. *id est, ressem-*
*bler par des absences de raison d une tête*
*de bête,* de penn et de saut, pen-saut,
pen-saudi. *v.* endêcer. — *Il enrage d'avoir*
*manqué ce mariage,* pensaudi a ra o veza ma èn deus mauceqet an dimizy-ze.
— *Prendre patience en enrageant,* pacian-
taat eñ desped d'e zént, *pr.* paciantëet;
poësa gand cals a boan var e zroucq ;
*pr.* poëset.

ENRAGÉ. — *Une bête enragée,* ul loëzr counnaret, un aneval arraget *ou*
counnaret. — *Chien enragé,* qy clañ,
qy counnaret, qy arraget, *pl.* chaçz
clañ, *etc.* — *Manger de la vache enragée,*

gouzañ cals a zyenez hac faticq, divar-
benn furant, *pr.* gouzañvet.

ENRAYER, *empêcher les roues d'une*
*charrette de rouler,* scolya ur c'harr ,
scolya ur o'harronçz, scolya ur rodou
carr, *pr.* scolyet. — *Enrayer, mettre les*
*rais d'une roue dans les moyeux et les jan-*
*tes,* emprénna ur rod, *pr.* emprénnet;
èmproui ur rod, *pr.* èmprouët.

ENREGISTREMENT, añgistramand,
rapord yar an dyellou eus ar c'lireff.

ENREGISTRER, *mettre sur le regis-*
*tre,* añgistra, *pr.* et; scriva var ar gistrou *ou* var ar marilhou *ou* varan dyellou, *pr.* scrivet.

ENRHUMER, *donner un rhume,* sifer-
ni, *pr.* et; rei sifern, *pr.* roet; digaçz s-
fern, *pr.* digaçzet. *Van.* annoëdeiñ. —
*S'enrhumer ,* siferni, *pr.* et; destumi sifern, *pr.* destumet. *Van.* annoëdeiñ —
— *Etre enrhumé,* beza sifernet, *pr.* bet.
*Van.* bout annoëdet, *pr.* bet; en devout
annoëdadur, *pr.* bet.

ENRICHIR, *rendre riche, devenir ri-*
*che,* pinvidicqât, *pr.* ëet; pinvizicqât, *pr.*
ëet. *Van.* pinhuidiqeiñ, *pr.* et *v. riche.*
— *S'enrichir aux dépens d'autrui,* pinvidicqât divar goust ar re all *ou* divar
boës an cil hac eguile. — *Enrichir, or-*
*ner de choses précieuses,* para *ou* goarniçz-
za gand traou precius, *pr.* et.

ENRICHISSEMENT, *embellissement,*
goarniçzadur, paridiguez.

ENROLLEMENT, arrol, arrolladur.

ENROLLER, arrolli, *pr.* et; lacqaat
var ar roll. *Van.* arolleiñ, *pr.* et.

, ENROUEMEN t, rauladur, ranadur,
gouraouadur. *Van.* annoëda.lur, réuc-
dur, gouréuadur.

ENROUER, *s'enrouer,* raula, rauli,
*ppr.* et; raouï, *pr.* ët; gouraouï, *pr.* ët.
*Van.* réuëiñ, gouréuiñ, *ppr.* et.

ENROUILLER, mergla, *pr.* et. *Van,*
mercleiñ, *pr.* et.

ENSABLER, *faire échouer sur le sable.*
*c. assabler. échouer.*

ENSANGLANTER, eñgoada, *pr.* et;
goada, *pr.* et; golei gand goad, *pr.* goloët; eñtaicha gand goad, *pr.* eñtai-
chet. *Van.* goedeiñ, taoheiñ gued goëd.

ENSANGLANTE, *e , teint de sang,*

goadecq. *Van.* goëdecq.

ENSEIGNE, *marque*, *preuve*, *titre*, azrouëz, *pl.* ou, you; arvezinty, *pl.* you; mercq, *pl.* ou. *Van.* merch, *pl.* eü. — *Donner une enseigne, afin que*, rei un àzrouëz evit ma, rei un arvezinty evit ma, *pr.* roët. — *A bonnes enseignes*, èn azroüez vad. — *A fausses enseignes*, è fals aroüez, dindan fals aroüez *ou* fals arvezinty. — *A telles enseignes que je fis cela*, èn azroüez ma ris qemen-ze. — *A l'enseigne de la Lune*, eñdan ar stéred, dindan ar c'houzyen-nos, èr meas. — *Enseigne de guerre*, açzaign, *pl.* ou. *v. drapeau.* — *Enseigne, officier*, açzaign, *pl.* ed.

ENSEIGNEMENT, qelennadurez, desqädurez. *v. instruction.*

ENSEIGNER, disqi da ur re ar pez ne ouyé qet, *pr.* desqet, disqet. *Van.* disqeiñ. *Trég.* disqi ñ, *ppr.* disqet. — *Enseigner, instruire de quelque science*, disqi, desqi, qelenn, scolya, qentellya, *ppr.* et; rei scol *ou* qentell *ou* qelennadurez *ou* desqadurez, *pr.* roët; ober scol *ou* qentell *ou* qelennadurez *ou* desqadurez, *pr.* græt. *Van.* disqeiñ, desqeiñ, reiñ scol, gobér scol. *v. endoctriner.* — *Enseigner à lire*, disqi ur re da leeü. — *Enseigner la civilité à ses enfants*, disqi an onestiçz d'e vugale, disqi ar sevvnnidiguez *ou* an dereadéguez d'e vugale. — *Il enseignait la réthorique, à présent il enseigne la philosophie*, diaraucq e desqè ar retolicq d'e scolaëryen, brémá e desq dézo ar philosophy.

ENSEMBLE, açzamblès, var-undro. *Trég.* qevret, guevret, qeffret. *Van.* uñsamblé, ar-un-dro. — *il est bien difficile d'allier le monde et la vertu ensemble*, diæz bras eo accordi guevret *ou* açzamblès ar bed hac ar vertuz *ou* Doüc hac ar bed. — *Ils sont venus ensemble*, deuët int var-un-dro *ou* guevret *ou* açzamblès.

ENSEMENCER, hada, *pr.* hadet. *v. emblaver.*

ENSEVELIR, *envelopper un corps mort*, sebelya, *pr.* et; lyenu, *pr.* et. *Van.* lyaneiñ, *pr.* et. — *Laissez aux morts le soin d'ensevelir leurs morts, dit Jésus-Christ*, list tud ar bed pere peguement bennac

ma seblantont bezabeo a so couscoude maru hervez an ene, list-o da sebelya o re varo, eme hon Salver èn aviel. — *Ensevelir, enterrer*, eûterri, *pr.* et. *v. l'étymologie de ce mot sur terre. Bezhya, pr.* et; sebelya, *pr.* et. — *Ensevelir dans l'oubli*, lesel èn ancounécha, *pr.* leset; chomm àn ancounécha. *pr.* chommet; lacqât èn ancounécha *ou* èn ancouñ *ou* èn ancounéchamaud, *pr.* lecqéet; ancouñnechât, *pr.* ëet. *Van.* ancoat, ancouëat, ancouëbât, ancouëbeiñ, *ppr.* et.

ENSORCELER, *jeter un sort sur quelqu'un*, sorçza, *pr.* et. *Van.* voroeiñ, bameiñ.

ENSORCELÉ, *e*, boëm, *pl.* ed.

ENSORCELEUR, *sorcer*, *pl.* yen. *Van.* sorcér. *pl.* yon. *v. sorcier.*

ENSORCELEUSE, sorcères, *pl.* ed.

ENSORCELLEMENT, sorcerez, *pl.* ou. *Van.* sorcereh, bamereh. *v. enchantement, charme.*

ENSOUFRER, *enduire de soufre*, soufra, *pr.* et; soufra toññellou, etc.

ENSUITE, *après*, goude. *Van.* id. — *Ensuite de ceci*, goude-hen. — *Ensuite de cela*, goude-ze*.

ENSUIVRE (s'), dônet eus a, dônet a, *pr.* deuët. — *Il s'ensuit de là que*, a c'hano e deu penaus, ac'hano e c'hoare penaus.. — *Il s'ensuivrait donc que*, red a vèz eta lavaret penaus. — *Que s'ensuit-il de là? que concluez-vous de là?* petra a dénnit-hu a c'hano?pebez couseqançz a dénnet-hu a c'hañe?

ENTABLEMENT, *saillie*, framm ar voguer, *pl.* frammou ar mogueryou; rezenn voguer, rizenn voguer; ribl-voguer, *pl.* riblou voguer.

ENTACHER, *souiller*, eûtaicha, *pr.* et. — *Etre entaché de quelque vice*, beza èntaichet gad ur viçz-bennac, beza techet da ur viçz-bennac, *pr.* bet. — *Qui n'est point entaché de mal ni de péché*, diantecq, dinam.

ENTAILLE, *cran*, *pl.* ou; eûtailh, ou. *v. coche.*

ENTAILLER, *faire une entaille*, eûtailha, *pr.* et; ober un eûtailh, ober ur c'han, *pr.* græt.

ENTAMER, eûtammi, *pr.* et. *Ce mot*

*tient de* tamm, *morceau ;* boulc'ha, *pr.*
et; darnyal, *pr.* et. *Van.* boulheiñ. —
*Entamer du pain,*boulc'ha bara, êñtam-
mi bara. — *Entammer un discours, une*
*question,* eûtammi ur prepos, ur guistyon; coumañç un divis, ur guistyon,
*pr.* coumancet.

ENTAMÉ, *e, part. et adj.* —*Lèvre en-*
*tamée, celui qui a la lèvre entamée,* musell boulc'het; boulc'h, *pl.* éyen.

ENTAMURE, boulc'h, *pl.* ou ; an
darn qentâ, *pl.* an darnyou qentâ. —
*L'entamure du pain,* boulc'h bara , ar
boulc'h eus ar bara, ar boulc'h eus an
dorz.

ENTASSEMENT, bernadus, berni-
diguez. *Van.* yoh, *pl.* eû.

ENTASSER, *mettre plusieurs choses*
*les unes sur les autres,* berna, *pr.* et; ber-
nya, *pr.* et; grac'hella, *pr.* et; graguel-
la, *pr.* et; eñtaçza, *pr.* et; taçza, *pr.* et.
*Van.* yoheiñ, téçzeiñ, bernyeiñ.—*En-*
*tasser des gerbes dans une aire,* berna ed,
grac'hella ed, taçza ed, êñtaçza ed.—
*Entasser des gerbes en rond pour les con-*
*serrer,* ober bernou-tro, ober grac'hel-
lou-tro val al leuzr, *pr.* græt. —*Entas-*
*ser du foin,* berna foeñ, grac'hella foeñ,
ober bernou foeñn, ober grac'hellou-
foeñu, êñtaçza foeñn. — *Entasser des*
*fagots, les amonceler,* grac'hella qeuneud
*ou* fagod, berna qeuneud *ou* fagod.

ENTE, *greffe,* emboudenn , *pl.* ou;
imboudenn, *pl.* ou, iboudenn, *pl.* ou.
*Van.* iboud, *pl.* eû. *v.* *greffe.* — *Faiseur*
*d'entes, greffeur,* emboudenner, *pl.* yen;
imbouder, *pl.* yen; ibonder, *pl.* yen.
*v. enter.*

ENTENDEMENT, ar sqyand, ar
sqyand vad: *Léon,* an êñteñtamant.—
*L'entendement est l'œil de l'âme,* daoulagad an ene eo ar sqyand vad. — *Sans*
*entendement, qui n'a point d'entendement,*
disqyant, dieñteñt, oc'h, â, añ.

ENTENDRE, *ouir,* clévet, clévout,
cléout, *ppr.* clévet. *Van.* cléueiñ, *pr.* et.
*v. écouter.* — *Elle a entendu dire que,* clévet he deveus lavaret penaus. — *J'en-*
*tendis parler,* me a glevas comps. —*En-*
*tendre, concevoir, comprendre,* eûteût, *pr.*
et; conceff, concéo, concevi, *ppr.* con-

cevet; compren, *pr.* et; clévet, *pr.* id.
— *Faire entendre, expliquer,* rei da eñ-
teût, *pr.* roët ; lacqât da goncéo *ou* da
gompren, *pr.* lecqêet —*Se faire enten-*
*dre, expliquer bien sa pensée,* èn hem rei
da eûteût, *pr.* èn hem roët. — *Enten-*
*dre le latin, entendre le français ,* clévet
al latin, eûteût al latin, clévet al langaich, eûteût al langaich *ou* ar gallecq.
— *Entendre un art,* gouzout ur sqyand,
gouzout un ard *ou* un arz, *pr* gouvezet; beza gouizyecq èn un ard, *pr.* bet;
gouzvez un ard, *pr.* gouzvezet. — *En-*
*tendre haut ou dur,* beza un draïcq di-
eûteût, beza pouner-gléo, beza calet-
cléo, *pr.* bet. —*S'entendre, être d'intel-*
*ligence,* èn hem glévet, *pr.* id.; èn hem
ober, *pr.* èn hem c'hræt; beza a-unan,
*pr.* bet. — *Ils s'entendent fort bien ,* èn
hem glévet a reont manivicq, brao èn
hem eûtentont, manivicq èn hem c'hræ
ont, beza ez int a-unan, a-unan ez ma
int. — *Que chacun fasse comme il l'en-*
*tendra,* great pep hiny evel a garo, græit
pep hiny ê c'hiz a blijo gand ha. — *Un*
*homme entendu,* un dèn gouizyecq, un
dèn eûteûtet mad, *pl.* tud, etc. — *Faire*
*l'entendu,* ober ar guizyecq, ober an
dèn abil, ober e bautr, *pr.* græt.

ENTENTE, *signification,* sinifyançz.
*Paroles à double entente,* compsyou goloët, compsyou a zaou-façz, compsyou
a ziou sinifiançz. — *Dire des paroles à*
*double entente,* lavaret compsyou goloët, *pr.* id.

ENTER, *faire des entes,* embouda, *pr.*
et; imbouda , *pr.* et; ibouda , *pr.* et.
*Van.* iboudeiñ. *v.* *greffer.* — *Enter un*
*pêcher sur un prunier,* imbouda pêchès
var brun. — *Enter en écorce ou en écus-*
*son,*embouda eûtre coad ha plusq,im-
bouda eûtre coad ha rusq,ibouda èntre
coad ha croc'henn.

ENTERINEMENT, anterinançz. —
*L'entérinement de sa requête,* an anterinançz eus e reqed.

ENTERINER, *confirmer,* anterina,
*pr.* et. *Van.* anterineiñ —*Sa grâce a été*
*entérinée,* anterinet eo bet e c'hraçz.

ENTERREMENT, eñterramand, *pl.*
eñterramanchou ; bezhiad , *pl.* ou ;

bezhad, *pl.* ou; sebelyadur. *Van.* in-
terremant, *pl.* ëu.

ENTERRER, *donner la sépulture*, eûterri, *pr.* et; bezhya, *pr.* et. *Van.* iû-
terreiû, *pr.* iûterret. *Ces mots viennent
de* terr, *qui signifiait* terre, *v-y. v. ensevelir.*—*Etre enterre dans le cimetière*, beza
leçqeël èr vézred, beza eûterret èr vézred, *pr.* bet; mônet èr vézred, *pr.* eët,
eat. —*Enterrer*, *mettre en terre*, douara,
*pr.* et; lacqaat èn douar, *pr.* lecqeët;
cuza èn douar, *pr.* et; interri, *pr.* et.

ENTETEMENT, *opiniâtrete*, pennad
*pl.* ou; clopennad, *pl.* ou; aheurtançz,
*pl.* ou; aheurtamand, *pl.* aheurtamanchou; ostinamand, *pl.* chou; *Van.* a-
heurtançz, *pl.* eû.

ENTETER, *faire mal à la tête*, pen-
nadi, *pr.* et; empenni, *pr* et; sqei èr
penn, *pr.* sqoët. *Van.* pennadeiû, *pr.*
pennadet. —*Le charbon entête*, ar glau
a zeuda empenni *ou* da sqei èr pen.—
*Le vin l'a entêté*, sqoël èn deus ar guïn
èn e benn.—*S'entêter, se mettre follement
dans l'esprit*, èn hem aheurti, *pr.* èn hem
aheurtet; lacqât a enep résoun èn e
benn. *pr.* lecq ët. *Van.* peñadeiû, him
aherteiû. —*S'entêter d'avoir une chose*,
hem aheurti da gahout un dra.—*Elle
s'est entêtée mal-à-propos de ce sot*, lecqeat he deus a enep resoun èn he pheu
ez rencqé cahout ar sot-hont.—*S'entêter de son propre mérite*, cahout santimanchou uhel *ou* vean, eus anezâ e-
unan, *pr.* bet; hem istimout re, *pr.*
hem istimet; prisout re e eçzelançz e-
unan, *pr.* priset.

ENTETÉ, *ée*, opini tre, pennadus,
aheurted, oc'h, â, añ. *Van.* peennadus, aherted, oh, añ.

ENTHYMEME, arguamand a ziou
breposicion, *pl.* arguamanchou a ziou
breposicion.

ENTIER, *qui a tout ce qu'il doit avoir*,
anterin, fourniçz. oc'h, à, añ. —*La
pièce est entière*, fourniçz eo ar pez.—
*Cheval entier*, marc'h calloc'h, marc'h
anterin.—*Remettre la chose en son entier*,
anterina un dra, *pr.* anterinet.—*Il s'est
donné tout entier à Dieu*, èn em roët en
deus da Zoüe èn oll d'an oll. —*Entier*,

accompli, *parfait*, digabal, fourniçz,
parfed, oc'h, â añ. —*Une église accomplie*, un ilis digabal *ou* fourniçz. —*Entier*, *entêté*, anterin, adsolut, gronçz
èn e ompinion, anterin èn e ompinion,
oc'h, è, añ.

ENTIEREMENT, a-grenn, en oll
d'an oll, gronçz, distacq. *Van.* a-grean,
bloh, rah, tourah. —*Il a la jambe entièrement rompue*, torret eo gronçz e
c'har. — *Il s'est entièrement rompu la
jambe*, torret eo gronçz e c'har gandhâ—*Il s'est entièrement perdu*, collet eo
a grenn. collet eo èn oll d'an oll, collet eo evit mad.

ENTOIR, *greffoir*, ur greffouër, *pl.*
ou; countell èmbouder, countell-bleg
da imbouda, *pl.* countellou, contell-
grom.

*ENTOISER, *ce qui s'achète à la toi-
se*, tèsa ar pez a verzeur pe a bréneur
dioud an tès, *pr.* teset.

ENTONNER, *verser avec un entonnoir*,
foulina, *pr.* et; founilla, *pr.* founillet,
lacqât gand ur foulin *ou* gad ur founill
*ou* gad un trezer, *pr.* lecqeët. —*Entonner du vin*, foulina guïn, founilla guïn,
lacqât guïn èn un donnell gad ur foulin —*Entonner, commencer à chanter*, eñ-
toni, *pr.* et; rei an ton, *pr.* roët; lacqa
at an ton.—*Celui qui entonne*, eñtoner,
*pl.* yen; nep a ro an ton, nep a lacqa
an ton, nep a lacqa var an ton. *v. chantre.*—*Entonner les louanges de Dieu*, cana meulodyou Doüe, *pr.* canet. —*Entonner des bouteilles de vin*, boire beaucoup,
trezenna guïn, trezenni guïn, *pr.* et;
*de* trezer, *entonnoir*, *et de* trezenni, trezenner, goinfre, *prodigue*, lounçqa guïn,
*pr.* et. —*Celui qui entonne*, trezenner,
*pl.* yen; trezer, *pl.* ou; lountrecq, *pl.*
lountréyen; sac'h-guïn, *pl.* seyer-guïn.

ENTONNOIR, trezer, *pl.* ou; foulin,
*pl.* ou; founill, *pl* ou; eûlanouër, *pl.* ou.

ENTORSE, *détorse*, guêaden, *pl.*
ou; goasqadenn, *pl.* ou; fals-varchadenn, *pl.* ou; goazyen troët, *pl.* goazyed
troët. *v.* mumarchure. — *Prendre une
entorse*, fals-varc'ha, *pr.* et; trei ur voazyen, *pr.* troët; guêa ur mémpr-ben-
nac, *pr.* guêet; ober ur voasqadenn,

ober.ur fañ-varachadenn, *pr.* græt,

**ENTORTILLEMENT**, *action d'entortiller*, tortiçz, tortuilhadur, guëadur.
— *L'entortillement du lierre autour d'un
arbre*, an tortiçz *ou* an tortuilhadur eus
an ilio èn dro da ur vezen.

**ENTORTILLER**, tortuilha, *pr.* et;
èn hem vea, *pr.* vêet; èn hem dortiéza,
*pr.* et; rodeila. *pr.* et. — *Le lierre et la
tigne s'entortillent autour des arbres*, an
ilio hac ar guiny a zeu d'en hem vea
èn dro d'ar guêz. — *S'entortiller dans
son manteau*, èn hem dortuilha èn e
vantell; èn hem gahuni èn e vautell, *pr.*
èn hem gahunet.

**ENTOURER**, *enceindre*, cerna, cerna
èn dro, *pr.* cernet. *Van.* c'harreiñ tro-
ha-tro, cherreiñ tro-ar-dro, *ppr.* et. *v.
enceindre.* — *Entourer ; environner quelqu'un*, beza èn dro da ur re-bennac,
*pr.* bet; hem lacqât èn dro da ur're, *pr.*
hem lecqëet; eñcerna ur re, *pr.* et. —
*Cet homme charitable est toujours entouré
des pauvres*, atau ez eo eûncernet ou sichet an dèn alusennus-hont gand ar
béauryen, atau ez vèz e leiz a béaury-
en èn dro d'an dèn alusennus-hont. —
*La mer entoure la terre*, ar mor a ra tro
an doüar, ar mor a so tro-var-dro an
doüar.

**ENTR'ACCUSER** ( s' ), èn hem accusi an eil eguile, *pr.* èn hem accusét.
*Van.* accuseiñ.

**ENTR'AIDER** (s'), èn hem sicour an
eil eguile, *pr.* èn hem sicouret. *Van.* him
secoureiñ.

**ENTRAILLES**, *boyaux*, eûtrailhou,
bouzellou, bouëllou. *Van.* boëleü. *Trég.*
boëllo. — *Entrailles, intestins de bêtes*,
corailhou, couraïlhou. *De là, corée ou
courée, pour fraisure de bête. Van.* boëlleü.
— *Les chastes entrailles de la sainte Vierge*,
ar c'hoff pur ha glan eus ar Verc'hès
sacr. — *Il a les entrailles échauffées*, tauel
eo e entrailhou. — *Arracher les entrailles à quelqu'un*, divouzella ur re-bennac, *pr.* et. *Van.* divoëlleiñ unon-benac. — *Les entrailles de la terre*, coff an
doüar, caloun an doüar. — *Les entrailles de la miséricorde de Dieu*, *cant. de Zacharie*, an denerder eus an drugarez a

Zoüe, ar vadélez vràs eus à Zoüe.

**ENTR'AIMER** (s') èn hem garet an
eil eguile, *pr.* id. *Van.* him gareiñ. —
*Ils s'entr'aiment beaucoup*, terrupl èn hem
garont, braseo ar garantez a soeñtrezo.

**ENTRAINER**, silegea, *pr.* et; trayna, *pr.* et; donguen, *pr.* et; saicha gand
ha, *pr.* saichet; caçz gand há, *pr.* et. —
*Entraîner quelqu'un de son côté*, tenna ur
re èn tu gand há, *pr.* tennet.

**ENTRAVES**, *liens qu'on met aux pieds
des chevaux pour les empêcher de s'enfuir*,
hual, *pl.* ou; heud, *pl.* ou. *Van.* hod, *pl.*
eü. *Trég.* lifro, *pl.* o. — *Sans entraves, cheval auquel on n'a pas mis d'entraves*,
dishual. — *Mettre des entraves à un cheval*, huala, *pr.* et ; lifra, *pr.* et; lifreañ
ur marc'h, *pr.* lifrëet; heudo, *pr.* et.
*Van.* hodeiñ. *v. déchevêtrt.* — *Entraves,
fer qu'on met aux pieds des chevaux*, qui
ferme comme une serrure, potailh marc'h,
*pl.* potailhou marc'h, potailhou qeseqz;
spéau, *pl.* spévyou. — *Cadenas pour fermer les entraves*, pluëñ, *pl.* eu; toucheñ,
*pl.* ou; ar bluenn potailh, an doucheñ
potail.—*La clef pour les ouvrir*, alc'huëz-
spéau, alc'huëz-potailh, *pl.* alc'huëzyou
spéau, alc'huëz-potailh, *pl.* alc'huëzyou.
— *Mettre des entraves de cette sorte à un
cheval*, spévya ur marc'h, *pr.* spévyet ;
potailha ur marc'h, *pr.* et.

**ENTRE**. *prép. de temps et de lieu*, eñtre, être. *Van.* etre. — *Il est entre six et
sept heures*, eñtre c'huec'h ha seiz eur
eo. — *Entre ici et là il y a bien loin*, eñtre eno hac amâ ez'eus pell *ou* pell amser *ou* pell hend. — *Entre le ciel et la
terre*, eñtre an eé hac an doüar. — *Entre Brest et Carhaix il y a quatorze lieues*,
eñtre Brèst ha Kærahés ez eus pévarzecq léau. — *Entre chien et loup*, eñtré
nos ha deiz da vare ar rouëjou. — *Il
est entre ses mains*, ez ma eñtre e zaouarn.
— *C'est une chose terrible de tomber entre
les mains du Dieu vivant, dit l'écriture*,
un dra orrupl eo *ou* un orrupcion eu
couëza eñtre daouarn an autro Doüe,
e me ar scritur sacr. — *Entre vous et
moi*, eñtre c'huy ha me. — *Entre nous
deux*, eñtrezomp hon daou. — *Entre
vous et lui*, eñtre c'huy hac eñ.—*Entre
vous deux*, eñtrezoo'h he taou.—*Entre*

44

*lui et elle,* eñtre **è** 'ba hy. — *Entre lui et eux,entre lui et elles,*eñtre eñ hac hy.
— *Entre nous,* eñtrezomp, eñtrezomp-**ny,** qen'-eñtrezomp. — *Entre eux,* en-*tre elles,* eñtrezo, qen-eñtrezo, eñlrezé, eñtreé, eñtrezeu. — *Un d'entre nous,* ùnan ac'hanoump. — *Un d'entre vous doit me trahir,*unan ac'hanoc'h a dle va zrayeza, eme hon Salver d'e zebestel.
— *Un d'entr'eux, une d'entr'elles,* unan anézo, unan anézo-y, unan anézeu, unan anézé, unan anéé. — *Entre avoir et n'avoir pas,* eñtre ar c'hrocq hac an discrocq.
ENTRE-BAISER ( s' ), pocqet an eil da eguile, *pr.* id. *Van.* bouchet *ou* bou-cheiñ en eil d'en arall, *pr.* bouchet.
ENTRE-BATTRE ( s' ), èn hem gan-na, *pr.* et. *Van.* him bileiñ *ou* ganneiñ.
ENTRE-BLESSER (s'), èn hem vleç-za an eil eguile. *Van.* him vleçzeiñ.
ENTRE-CHOQUER ( s' ), èn hem heurta, *pr.* èt; sqei an eil oud eguile, *pr.* sqoèt. *Van.* him herteiñ. — *S'entre-cho-quer, s'offenser,* hem offanci, *pr.* et; hem offanci an eil eguile. *Van.* him offan-ceiñ.
ENTRE-CONNAITRE ( s' ), hem az-naout, *pr.* hem aznavezet.
ENTRECOUPER *son discours,* dazpre-zecq, *pr.* dazprezeguet; hanter-bre-zecq, *pr.* hanter-brezeguet. — *Entre-couper ses paroles de sanglots,* didrouc'ha e breposyeu o c'huanada, dazprezecq gand hirvoud, drailha e gompsyou gad an hirvoud *ou* o birvourdi, *ppr.* et. — *S'entre-couper,* hem droue'ha èn e c'hompsyou an eil eguile, hem gon-trollya dre gomps an eil eguile, *pr.* et.
ENTRE-DEUX, *espace entre deux cho-ses,* eñtre daou, an eñtre'-n daou.
ENTRE-DONNER (s'), rei an eil da eguile, *pr.* roèt; hem sqei an eil eguile, *pr.* hem sqoèt.
ENTRÉE, *arrivée, réception,* doñne-diguez, doûnidiguez vad, digueméred. — *Tel jour il fit son heureuse entrée,* eñ deiz-ma-deiz ez heureu e zounediguez vad. — *Donner entrée à quelqu'un,* rei d'guemered da ur re, *pr.* roèt. — *En-trée, lieu par où on entre,* antre, an an-

tre, *pl.* ou. — *L'entrée de la maison,* an antre eus an ty. — *A l'entrée de l'église,* en antre eus an ilis, è toull dor an ilis. — *Les entrées des villes sont sales,* an an-trèou eus ar c'hærryou a so ordinal hudur *ou* lous. — *L'entrée de l'été ou de l'automne,* dezreu an hañ pe an ragueaust, commançzamand an hañ pe an discarr-amser. — *Entrée de table,* ar c'hentâ meus tauL —*Entrée, droit sur les marchandises,* ar guir a antre.
ENTREFAITES ( sur ces ), eñtre-tretant, è pad qemen-ze, è qéhyd-ze, èr guehyd-ze.
ENTRE-FACHER ( s' ), fachi an eil oud eguile, *pr.* fachet.
ENTRE-FOUETTER(s'), hem foet-ta an eil eguile, *pr.* hem foëttet.
ENTRE-FRAPPER ( s' ), hem sqei an eil eguile, *pr.* sqoèt.
ENTRE-HAIR ( s' ), èn hem gaçzaat, *pr.* èet.
ENTRELACEMENT, emlaçzadur an eil èn eguile, guèadur.
ENTRELACER, emlaçza an eil èn eguile, *pr.* emlaçzet; guèa an eil gad e-guile, *pr.* guèet; stropa *ou* strolla *ou* fourra *ou* lacqât an eil èn eguile, *ppr.* et. *Al.* plethu. — *S'entrelacer,* hem strolla *ou* hem reustla an eil èn eguile, *ppr.* et.
ENTRELARDER, *piquer de lard,* daz-larda, eñtrelarda, *pr.* et.—*Du bœuf en-trelardé,* bévin dazlardet *ou* eñtrelardet.
ENTRELIGNE, *interligne,* eñtreli-gnenn, *pl.* ou.
ENTRE-LOUER (s'), hem veuli an eil eguile, *pr.* hem veulet.
ENTRE-MANGER ( s' ), hem zibri, *pr.* hem zébret; hem daga, *pr.* daguet.
ENTREMELER, *mêler parmi,* qemes-qa, *pr.* et ; lacqât mesq-ê-mesq.
ENTREMETS, eñtremeus, *pl.* ou; ENTREMETTEUR, *médiateur,* han-tereur, *pl.* yen; hanterour, *pl.* yen. — *Entremetteur, médiateur entre les amans pour faire un mariage,* Léon, jubenn, *pl.* ed. *Trég.* roüinell, *pl.* ed. *B.-Corn.* baz-valan, *pl.* bizyer-valan. *H.-C. et Van.* crisgn-asqorn, *pl.* crign-æsqern; dar-border, *pl.* yen; ougeun, *pl.* ed.—*En-*

*tremelteur, interprète,* courater, *pl.* yen; coureter, *pl.* yen; couroter, *pl.* yen. — *Entremelleur pour la vente des chevaux, des bêtes à cornes,* courater qesecq, courater saout. *v. maquignon.*

ENTREMETTRE ( s' ), *s'interposer pour quelqu'un,* èn hem emmellout eus a un dra, *pr.* èn hem emmellet ; hem vellout vès a un dra , *pr.* hem vellet; beza hanterour èn un æffer, *pr.* bet ; hantera, hanteri, *ppr.* et.

ENTREMISE, hanterouranz, moyen. — *Par votre entremise,* dre ho hanterouranz, dre ho moyen.

ENTRE-MOQUER (s'), hem goapaat an eil eguile, *pr.* hem goapëet; ober goap an eil eus eguile, *pr.* græt.

ENTRE-MORDRE ( s' ), cregui an eil èn eguile, *pr.* oroguet.

ENTRE-NUIRE, noasout an eil da eguile, *pr.* noaset.

ENTRE-OUIR, *ouïr un peu,* hanterglévet, *pr.* id. *Van.* id.

ENTR'OUVRIR, *ouvrir un peu,* hanter-digueri, *pr.* hanter-digorét; scarra, *pr.* et. — *La porte était entr'ouverte,* hanter-digor a voa an or. — *La terre s'entrouvre,* scarra a ra an doüar.

ENTRE-PARLER (s'), hem gomps, *pr.* hem gompset; hem barlant, *pr.* et.

ENTREPOT, *lieu de réserve des marchandises,* eñtrepaoüez, *pl.* ou ; magazin, *pl.* ou; antrepaoüez, *pl.* ou.

ENTRE-POUSSER (s'), hem boulsa an eil eguile, *pr.* hem boulset.

ENTREPRENANT, *e,* antreprenus, hardiz.

ENTREPRENDRE, antrepren, antrepreni, *ppr.* et. — *Entreprendre une cause,* qemeret ur gaus, *pr.* id. — *Entreprendre de parler,* qemeret da lavaret, entrepren da gomps. — *On l'a nouvellement entrepris,* névez-antreprenet eo bet. — *Entreprendre sur autrui,* antrepreni var arre all. — *Entreprendre, faire un marché,* antrepren ul labour, antrepreni ur pez labour, ober marc'had eus a ur pez labour, *pr.* græt.

ENTREPRENEUR, *celui qui entreprend quelque ouvrage,* antreprener, *pl.* yen ; antrepreneur, *pl.* yen. t

ENTREPRENEUSE, antreprenourès, *pl.* ed.

ENTREPRIS, *e, perclus, e,* seyzet, seyet. *H.-Corn. et Van.* impotant.

ENTREPRISE, *résolution hardie,* hardizéguez divisor, antreprenanz. — *Entreprise, dessein,* déso, deçzenn. — *Entreprise, usurpation,* mahoumérez, *pl.* ou.

ENTRE-QUERELLER (s'), èn hem scandalat, *pr.* èn hem scandalet.

ENTRER, antren, *pr.* antrèet. *Van.* id. — *Entrer tout doucement,* antren gouëstadicq. — *Faire entrer,* ober da ur re antren un dra-bennac, *pr.* græt. — *Laisser entrer,* lesel da antren, *pr.* et. — *Entrer en un détail général,* antren eñ detailh a bep tra. — *Entrer, pénétrer,* treanti, *pr.* et; intra, *pr.* et; antren doun.

ENTRE-REGARDER (s'), hem sellet an eil eguile, *pr.* id.

ENTRE-REPONDRE (s'), respount an eil da eguile, *pr.* respountet.

ENTRE-SALUER (s'), hem saludi, *pr.* hem saludet.

ENTRE-SUIVRE (s'), èn hem heulya, *pr.* èn hem heulyet.

ENTRE-TAILLER ( s' ), *parlant des chevaux et des hommes qui marchent mal,* èn hem drouc'ba, o sqei an eil troad ouc'h eguile, *pr.* èn hem drouc'het; hem dailha, *pr.* hem dailbet.

ENTRE-TEMPS, etretant, an etretant

ENTRETENEMENT, *dépense pour les choses nécessaires à la vie,* atretenançz, dispign, bevançz. *Van.* dispign.

ENTRETENIR, *s'entretenir, être liés ensemble,* hem zerc'hel an eil eguile, *pr.* hem zalchet; beza stag-ouc'h-stag, beza stag an eil oud eguile, *pr.* bet. — *Entretenir, conserver, réparer,* derc'hel è stad, *pr.* dalc'het; rapari, *pr.* et; atreteni, *pr.* et. — *Entretenir, défrayer,* atreteni, *pr.* et; fourniçza d'ar misou, *pr.* fourniçzet. — *On a bien dépensé de l'argent à entretenir cette personne,* cals a so coustet evit e atreteni, impliget eus cals a arc'hand èn e guers, cals arc'hand a so dispignet èn dro dezà ou var c lec'h ou var c dro. — *S'entretenir de vivres et devêtements,* èn hem vêtur hae èn hem visqa, *ppr.* èn

hem vaguet hao èn hem visqet, hem
atreteni, pr. hem atretenet. — S'entretenir, discourir, divisa gand ar re all,
pr. divisol; èn hem atreteni, pr. et.
ENTRETENU, e, part. et adj. — Une
femme entretenue, ur c'hecq atretenet.
ENTRETIEN, dépense, atretien. —
Entretien, conversation, divis, pl. ou; devis, pl. ou; prepos, pl. you. — De bons
entretiens, divisou mad, preposyou mad.
— De mauvais entretiens, goal breposyou,
goall devisou, drouoq devisou, preposyou fall, divisou fall. — Un homme sans
entretien, un dèn dibrepos, pl. tud.
* ENTRE-TISSU, e, guëet an eil gand
eguile, èm laqzet an eil èn eguile.
ENTRE-TOUCHER ( s' ), èn hem
douich, pr. èn hem douchet. Van. hem
doucheiñ. — S'entre-toucher des mains,
èn hem embreguer, pr. èu hem embre-
gueret; hem vanea, pr. et; hem merat,
pr. et; oabalat, pr. et.
ENTRE-TUER (s'), hem laza an eil
eguile, pr. hem laxet. Van. him laheiñ.
ENTREVOIR, hanter-yellet, pr. id.
Van. dramuëllet, pr. id.; dramselleiñ,
hanter-selleiñ. — S'entrevoir, hem vellet an eil eguile, pr. id.
ENTREVUE, conférence, emvell, pl.
ou; eûvell, pl. ou. — Entrevue des parens pour un mariage, cñvell, pl. ou; gu-
ëlladenn, pl. ou. Van. guëledell, pl. eû.
— L'entrevue s'est faite dans les deux ménages, beza eo bet an emvell, bez' ez eo
bet an emvell, bez' ez eo bet an cñvell.
Van. bet eû er uëledell. — Adieu, à la
première entrevue, adeo, qen na vezo;
mad, qen na vezo ar c'henta guëlled.
Van. joé, qen na vo.
ENVAHIR, qemeret dre nerz, qemeret a euep justiç ha résoun, pr. id.;
mahomi, pr. et; mahoumi, pr. et. Van.
qemér dre nerh, pr. qemeret.
ENVELOPPE, ce qui sert à envelopper, goloadur, golo. — L'enveloppe du
tuyau de la paille, plousen, pl. plous. Ce
mot, hors de Léon, veut dire paille, en
prenant la partie pour le tout.
ENVELOPPER, couvrir d'une enveloppe, golei, pr. goloët; mailhura, gronna, pr. et. — Envelopper, entourer, cu-

fermer, eñoerna, pr. et; serra clos, pr.
et. — Il a enveloppé les ennemis, eñceruet
ou sichet ou serret a bep tu eo an adversouryen gandhā.
ENVENIMER, binima, pr. et; con-
tami, pr. et, Van. velimeiñ. — Envenimer les paroles ou les actions d'un autre,
binima ou ampoesouni ar pez a lavar
ou a ra un all, pr. et.
ENVERS, préposition relative, è qêver,
èn andred. v. endroit. — Envers moi, èm
c'hever, èm c'hever-me, èm andred,
èm andred-me. — Envers toi, èn daz
qêver, èn daz andred, èn da guever-
de, èn da andred-te. — Envers lui, èn
e guever, èn e guever-è, èn e andred,
èn e andred-è. — Envers elle, èn he o'hévér, èn he c'hèver-hy, èn he andred,
èn he andred-hy. — Envers tous et un
chacun, è qêver an oll guytibunan, èn
andred an oll guytibunan. — Envers
chacun, è qêver pep hiny, èn andred pep
hiny ou peb unan. — Envers, le mauvais
côté d'une étoffe, an tu enep, au tu crep,
au tu guin. Van. en diauvés, en diar-
draū. v. endroit. — Tourner une étoffe à
l'envers, trei var an tu enep, trei var
an tu erep, trei var an tu guin, pr. troët.
— Couché à l'envers, gourvezet var an
tu guin. — Ses affaires vont à l'envers, ne
réussissent pas, e æfferyou a ya var an
tu guin ou a ya a dreuz ou o deus gvall-
içzu. — La débauche pour les femmes et pour
le vin, met une maison à l'envers ( prov.
breton ), ar grauguez sioūaz hac ar guīn,
a lacqa an tiéguez var an tu guīn.
ENVI ( à l' ), à qui fera mieux, gaud
qendamouëz, d'ar guëlla, guell-pe-vell.
ENVIE, jalousie, avy, gourvéntez. —
Porter envie à quelqu'un, avya ur re, pr.
avyet; douguen avy da ur re, pr. douguet; cahout avy oud ur re, pr. bet.
— Porter envie aux biens du prochain, a-
vya madou an hentez. — Envie, desir,
c'hoand. pl. c'hoanchou; youl, pl. ou.
Van. hoand. Al. caudedd. — Avoir envie, cahout c'hoand, pr. bet; c'hoantaat, pr. ëet. Van. hoanteiñ. — Il a grande
envie de vous voir, ur c'hoand bras èn
deus d'oz cüellet, terrup e c'hoanta oz
cüellet. — Faire passer l'envie de, ober

trémea ar c'boand da, *pr.* græt; lac-qàt ar c'hoand eus a, etc., da drémen. —*Envie de femme grosse*, c'hoand greg vrasès, un youl direiz *ou* direol.—*Envie, petite peau qui vient à la racine des ongles*, gourivin, *pl.* ou.—*Arracher les envies d'autour des ongles*, tenna ar gourivinou divar dro an ivinou, *pr.* et.

ENVIER, *porter envie. v. envie.*

ENVIEUX, *euse, qui porte envie*, a-vyus, oc'h, à, aû. *Van.* avyus, añvyus. —*Etre envieux*, béza avyus. *v. envie.*— *Envieux, désireux*, c'hoantaûs, youlus, c'hoautus, oc'h, à. *Van.* hoantus. — *Etre envieux, désirer*, c'hoantaat, *pr.* ået; beza c'hoantaûs *ou* youlus, youli. *pr.* et.

ENVIRON, *préposition*, var-dro, è-dro, taust-da-vad. *Al.* melou, è metou. — *Environ ce temps-là*, var-dro an amzer-ze, è tro an amser-ze, taust da vad d'an amser-ze.—*Nous étions environ deux cents*, beza ez oamp è tro un daou c'hant, var-dro daou c'hant èz oamp, un daou c'hant-bennac a yoa ac'hanoump.—*Environ, les environs*, al lec'-hyou var-dro, èn dro. tro-var-dro.— *Les environs de Paris sont fort beaux*, caër eo al lec'hyou var dro Paris, tro-vardro Paris *ou* èn dro Baris ez eo caër pep tra, caër eo ar vro èn dro da Baris.

ENVIRONNER, *entourer*, hem lacqaat èn dro dra, *pr.* lecqëet. *v. entourer*, dazcompret. *pr.* id. —*Une lumière les environna*, ur sclærded a savas èn dro dézo, ur sclærder o goloas tro-var-dro.

ENVISAGER, sellet è façz ur re, *pr.* id. ; güellet façz ur re, *pr.* id. — *Si je l'avais envisagé, je l'aurais bien reconnu*, ma èm bezé güellet è façz, me am bezé eanavezet prést.—*Envisager fixement*, sellet ur re eutre an daoulagad, *pr.* id. —*Envisager une affaire de tous côtés*, sellet piz oud un æffer, sellet attantif un affer *ou* un dra, *pr.* id.

ENUMERATION, niveridiguez, ur gount è detailh evès a gals a draou.

ENVOI, *action d'envoyer*, caçz, caçzidiguez.—*Envoi et renvoi, tracas*, caçz ba digaçz, fourgaçz.

ENVOLER ( s' ), *s'en aller*, nigeal, *pr.* niget, qeméret e nig, *pr.* id. ; achap, *pr.* achapet. — *L'oiseau s'est envolé*, niget eo al laboùçz eus ar gaouëd, qemeret eo e nig gad al laboùçz.—*Entre temps mon argent s'envole*, etretant e c'hachap va arc'hand.

ENVOYER, caçz, *pr* eaçzet. *Van.* id. —*Envoyer, destiner quelqu'un pour aller dans quelque lieu*, leuzri ur re-bennuc evit mônet èn ul lac'h, *pr.* leuzret.— *On l'a envoyé quérir*, caçzet eus d'é guerc'hat, leuzret eus d'e glasq.—*Envoyer un exprès à Brest*, leuzri cannad *ou* caçz cannad da Vrèst.—*Envoyer un ambassadeur en Hollande*, caçz cannad *ou* leuzri cannad da Hollandès.—*Etre envoyé et renvoyé*,beza caçzet ha digaçzet

EPACTE, *onze jours que l'année solaire a de plus que l'année lunaire*, epacq, an epacq. *Van.* en epacq.

EPAGNEUL, *chien*, spaignolicq, *pl.* spaignoledigou.

EPAIS, *épaisse*, téo, tévoc'h, tevâ. *Van.* teü, teüoh, teüañ, teüaoñ.—*Un mur épais*, ur vur teo, *pl.* muryou teo. —*Une personne épaisse*, un dèn teo, ur persounaich feticz.—*Epais, épaisse, solide*, feticz, crè, teo.—*Un boulevard épais*, ur boulouard crè, ur boulouard teo ha ledan.—*Des crêpes épaisses*, crampoës feticz, crampoës teo, fistoc'h, c'huïstoc'h.—*Epais, abondant*, stancq, tilh, fôunnus, puilh, oc'h, à, aû.— *Un bois épais*, ur c'hoad stancq. — *Les blés sont épais dans les clos cette année*, er bloaz-ma ez eo stancq *ou* tilh *ou* puilh *ou* founnus *ou* paut au edou ebarz èr parcqou.—*Les méchants sont par malheur plus épais que les bons*, stancqoc'h eo siouaz ar re fall egued ar re vad.

EPAISSEUR, teoder. *Van.* teüded. — *L'épaisseur d'un mur*, teoder ur voguer. — *Epaisseur, solidité*, feticzder, feticzded.—*L'épaisseur d'un carton*, feticzder ur c'hartoun, teoder ur c'hartoun.—*Epaisseur, abondance*, founder, puilhded.—*L'épaisseur d'une forêt*, puilhded ur c'hoad, teoder ur c'hoad. — *L'épaisseur des blés*, founder an edou. — *L'épaisseur d'un doigt, d'une table*, treuz ur bis, treuz un daul.

¹EPAISSIR, *s'epaissir*, tevaat, pr. ēet. *Van.* teūein, teūat.—*Epaissir, s'é-paissir*, fetiçzaat, pr. ēet. —*Epaissir, de-venir abondant*, stancqaat, founuçzaat, puilhaat, ppr. ēet.—*Les blés s'épaissis-sent*, stanqaat a ra an edou, a druga-rez Doūe.

EPAMPREMENT, *effeuillement de la vigne*, dizelyadur ar guïny.

EPAMPRER *la vigne*, dizelya guïny, pr. et.-*Vigne épamprée*, guïnyen dizelyet.

· EPANCHEMENT, *effusion.* v.-y.

EPANCHER, *répandre, verser*, scuil-ha, pr. et. *Van* squlheiñ, squlyeiñ.—*Jésus-Christ a épanche son sang pour nous*, Jesus-Christ èn deveus bet scuilhet e c'hoad evidomp-ny pec'heuryen.—*Le vin s'épanche*, scuilha a ra ar guïn. *Dans le cap Sizun*, fenna r'ar guïn.

EPANDRE, *éparpiller*, feltra, pr. et; teureul, pr. taulet. — *Epandre ça et là*, feltra tu-hont ha tu-má, teureul tu-hont ha tu-má, strincqa a bep tu, pr. et.

EPANOUIR ( s' ), diguëri, diguëri e zelyou, pr. et. *Van.* digor, digoreiñ, ppr. et.— *Les fleurs s'épanouissent au le-ver du soleil*, d'ar sevel-héaul ez teu ar bleuzū *ou* ar bocqedou da zigueri o de-lyou.—*A ces nouvelles, son cœur s'est é-panoui*, ar c'héhézlou-ze, o deus lecqeat e galoun da zigueri da dridal ène greiz.

EPANOUISSEMENT *des fleurs*, di-goridiguez ar bleuzū, an digor vès ar bocqedou. — *Epanouissement de cœur*, digoridiguez a galoun, un drid a ga-loun, un dridérez a galoun.

EPARGNANT, *te*, espergnus, piz, oc'h, à. — *La jeunesse est trop prodigue et la vieillesse est trop épargnante*, yaou-ancqtiz a so re brodicq ha cozny re biz, ar re yaouancq a so re dispignus hac ar re goz a so re esperguus.

EPARGNE, *ménagement*, espergn, espern. *Van.* espern, armerh.— *L'é-pargne, le trésor royal*, teñsor ar roūe, an espern. — *Le trésorier de l'épargne*, teñzoryer ar roūe, teñzoryer an espergn.

EPARGNER, *user d'économie*, esper-na, espern, espernout, pr. espernet; espergn, pr. et; arboūell, pr. et. *Van.* ʳ͟⁻perucin, armerheiñ, ppr. et.— *Il ne*

*faut rien épargner*, arabad eo espern netra, arabad eo arboūell netra.—*E-pargner sur son manger*, espern divar e vevançz, qemeret var e vevançz.—*C'est autant d'épargné*, qemen-ze espernet eo.

EPARPILLER, *jeter ça et là*, feltra tu-hont ha tu-má; pr. et. *v. épandre.* *Van.* streaoūeiñ, streūeiñ, ppr. et.

EPARS ( des cheveux ), bléau dis-pac'het, bléau foutouilhecq, bléau dis-parbouilhet.

*EPATER, rompre la patte d'un verre, terri sichenn ur verenn , prⱼ torret; distroada ur verenn, pr. et. *Van.* di-droëdeiñ ur nērcēn, etc., pr. et.

EPAULE, scoaz, pl. diou scoaz. *Van.* scoé, pl. discoé. — *Le haut de l'épaule*, penn ar scoaz.—*Le coinde l'epaule*, qorn ar scoaz.—*L'os ou la palette de l'épaule*, plancqenn ar scoaz, asqorn ar scoaz. *t. omoplate.* — *Toute l'epaule jusqu'au poignet*, ar scoaz, armm. — *Qui a de larges épaules*, scoazecq, pl. scoazyé-yen, scoazyegued. *Van.* scoéhyecq, pl. scoéhigued.—*Epaules voûtées*, div-scoaz croumm.—*Qui a une petite épaule*, scoazicq, qeynicq.—*Porter sur les épau-les ou sur le dos*, douguen var an niou scoaz pe var ar c'heyn, douguen var e choucq pe var e gueyn, pr. douguet. —*Se rompre l'épaule*, terri e scoaz, pr. torret.—*Une épaule de mouton, de veau*, ur scoaz vaud, ur scoaz lue. — *Des é-paules de veau, de mouton*, sooazyou lue, scoazyou vaud.

EPAULEMENT, *appui*, scoazell, pl. ou.

EPAULER, *appuyer quelque chose*, sco-azya un dra-bennac, pr. et; scoazelli un dra, ur voguer, un ty, pr. scoazel-let; rei scoazell da un dra, pr. roët; lacqât scoazell gad un dra-bennac, pr. lecqëet. — *Epauler quelqu'un, l'aider à marcher*, scoazya ur re, pr. scoazyet; rei scoaz da ur re, pr. roët.—*Epauler, démettre l'épaule*, discoazya, pr. et. — *Votre cheval est épaulé*, discoazyet eo ho marc'h. *v. démettre.*—*Une fille épaulée*, ur plac'h discoayet, ur plac'h goallet, ul loëzn discoazyet.

EPEAUTRE, *sorte de blé* , yell ed, hèvel oud ar guïnis.

EPÉE, *arme offensive*, clezeff, cleze, ppl. clezéyer. *Van.* cleañ, pl. cléañyer; cleaoñ, *pl.* yer. *Al.* glaif, glæv.—*Une belle épée*, ur c'hleze caër. *Van.* ur gleañ caër. — *Pommeau d'épée*, poumellenn cleze.—*Poignée d'épée*, an dôrnad.—*La garde de l'épée*, an harzôrn, argoardou. —*La lame*, al lammenn.—*La pointe de l'épée*, beg ar c'hleze.—*Le taillant*, lemm ar c'hleze, neudenn ar c'hleze, direnn ar c'hleze.—*La gaîne*, gouhin ar c'hleze, feur a c'hleze. *Van.* foreü ur gleañ. —*Ceinturon d'épée*, gouriz clezeff.—*Epée d'argent*, ur c'hleze arc'hand. — *Il a deux belles épées*, daou gleze caër èn deveus.—*Homme d'épée*, clezeffyad, pl. clezeffidi. — *Porter l'épée*, douguen ar c'hleze.—*Dégaîner son épée*, mettre l'épée à la main, dic'houina, tenna ar c'hleze.—*Se battre à l'épée*, hem gaña gand ar c'hleze.—*Il a reçu un coup d'épée dans le ventre*, un taul cleze èn deus bet èn e goff.—*Remettre l'épée dans le fourreau*, gouhina e gleze, lacqât e gleze èn e feur *ou* èn e c'houhin.—*A la pointe de l'épée*, gand beg ar c'hleze, gand ar c'hleze noaz.—*Passer tout au fil de l'épée*, laza tout gand ar c'hleze, hep espern necun.— *Mettre du côté de l'épée, empocher*, sac'ha, pr. et. *Trég.* tuiñ, pr. tuët.

EPELER, *nommer les lettres l'une après l'autre, pour en composer des syllabes* diguech, pr. diguegel; syllabifya, pr. et; — *Epeler, former les mots, après avoir assemblé les syllabes*, plena, pr. plenet.

EPERDU, *ue*, spountet, hanter-gollet, hanter-varo.

EPERDUEMENT, èn oll-d'an oll, orrup s un orrupcion, en ur fæçzoun estrainch.

EPERLAN, *poisson de mer et de rivière*, perleseu, pl. perlès; perleseg, pl. ued.

EPERON, qentr, pl. ou; *Van.* id. pl. eü; *Trég.* qeutr, pl. o. — *Deux eperons*. diou qentr. — *Donner de l'eperon à son cheval*, qentraouï, pr. qentraouët. — *Celui qui donne trop de l'éperon à un cheval*, qentraouër terrupl, pl. qentraouëryen derrupl.—*Il est fâcheux de regimber contre l'éperon*, cals eo rebec-

qat oud ar c'hentrou. *v. regimber.*

EPERONNER, *mettre des éperons*, qentra, pr. et.—*Il est botté et éperonné*, heuzet ha qentret eo.—*Eperonner quelq'un, l'exciter à*, qentra ur re, qentraouï ur re-bennac, ppr. et.

EPERONNIER, *qui fait ou vend des éperons* qeutrer, pl. yen ; qentrour, pl. qentrouryen.

EPERVIER, *t. de couvreurs*, sparfell, pl. ou.

EPERVIER, *oiseau de proie*, sparfell, pl. ed; *Van.* sparhüér, splahoüér, ppl. ed. *v. milan, mouchet.*

EPERVIER, *filet dé pêcheur*, tramailh, pl. ou

EPHEMERE, ar pez na bad nemed un deiz, deziad. —*Fièvre éphémère*, cahouad terzyeñ ne bad nemed pedir eur varruguent, un derzyeñ dezyad.

EPHEMERIDES, levryou great gad astronomyaned , pere a zisquëz bep dervez ar stad eus an oapl, pe ar plaçz eusa bep planedenn, da vare ar c'hrezdeiz.

EPI, *le haut du tuyau du blé*, tamoëzenn, pl. ou; penn-ed, pl. pennou-ed. *Trég.* tescaonenn. pl. tescaou, tescau. *Corn.* lañtenn, pl. ou; tohaden, pl. tohad. *Van.* toësen, pl. toësad; tohaden, pl. tohad. —*Epi ras, sans barbe*, *Leon*, tamoëzenn bloue'h.— *Se former, monter en épis*, dioda , pr. et. id est, di-guc-Juta, *sortir de l'état d'herbes*. disac'ha, pr. et. *Van.* inhodeiü, pr. et. —*Le blé monte en épis*, diodaoudisac'ha ra an ed.

\* EPIANT , *e , sujet à épier les autres*, spyus, guedus, oc'h, à . añ.

EPICES, *pour épicer*, spiçz , pl. ou; ispiçz. pl. ou.— *Epices*, *t. de palais*, spiçzou , ispiçzou.—*Payer les épices*, paëa ar spiçzou, paëa au ispiçzou.

EPICER *assaisonner*, spiçza , pr. et ; saçzuni gad spiçzou, pr. saçzunet.

EPICERIE, spiçzérez, ispiçzérez.

EPICIER , *marchand d'épiceries*, spiçzer, pl. yen ; ïipiçzer, pl. yen.

EPIDÉMIE, *maladie épidémique*, elcüved a c'hounezeur o darempredi an eil eguile, clcñved coumun è touëz ar bobl.

EPIDERME, *première peau de l'ani-*

*mal*, ar croc'henn a ziavæs, croc'henn leun a donllou, croc'henn toullouïgou ar c'huês.

EPIER, *observer*, spya, *pr.* et ; *gue*-da, guedal', *ppr.* guedet. *Van.* spyal. spyciñ, *ppr.* spyet. spya, spyal, etc. *viennent de* spy, *qui signifiait œil.*—*Epier l'occasion de nuire à quelqu'un*, spya an tu da noasout da ur re, beza ê par ou lacqât e study da c'honzout penaus e hallet noasout da ur re, clasq an tu hac an treçz da noasout da ur re ben-nac, *pr.* clasqet.—*Epier, attendre quel-qu'un*, guedal ur re, *pr.* guedet.—*Je suis à épier son arrivée*, ez ma oun amâ oc'h e c'hedal *ou* o c'hedal auezâ.—*E-pier, monter en épis. v. épi.*

EPIERRER, *ôter les pierres*, divæina, *pr.* et. *Von.* divæineiñ.

EPIERRÉ, *ée*, divæinet, divæin.

EPIEU, *arme ancienne*, gouzifyad. *pl.* ou ; gouzifidy, impyod, *pl.* ou. *A l.* ysgolop.

EPIGLOTTE, *luette*, ul lyenennicq qicq a so èr c'hargadenn hac a sicour da gana.

EPIGRAMME, epigramma, *pl.* aou.

EPILEPSIE, *mal caduc*, an droucq uhel. droucq sant Jan, droucq sant.

EPILEPTIQUE, nep a gouëzé droucq sant *ou* è droucq sant Jan, nep èn deus an droucq hel. *v. caduc.*

EPILOGUE, *conclusion*, un dastum ens an oll divis, an diverradur eus a ur brezeguen pe eus a un divis, an di-fin vés a un divis.

EPILOGUER, *trouver à redire*, cafout da iavaret var bep tra, cafout abecq en pep hiny hac en pep tra, *pr.* cafet.

EPINARDS, *sorte de legumes*, pinochès. — *Une feuille d'épinards*, pinochesenn. — *Une tourte d'épinards*, ur pastez pi-nochès, *pl.* pastezyou pinochès.

EPINE, *piquant d'une ronce*, drean, drærn, *ppr.* dræin. *Van.* id.—*Plein d'é-pines*, dræinecq, dræineucq, oc'h, â. *Van.* dræinecq, oh, añ.—*Sans épines* disræin.—*Oter les épines*, disræina, *pr.* et. *Van.* disræineiñ.—*Epine, piquant d'un arbrisseau*, drean spern, dræn spern, *pl.* dræin spern. *Van.* id.—*E*-

*pine, arbrisseau*, spernenn, *pl.* ed, *ou ; Van.* spernen, *pl.* spern. — *De l'épine*, spern, coad spern.—*D'épine*, eus a spern, a spern.—*Epine blanche*, aubé-pine, spernenn venn, *pl.* spernenned venn, spern guëen. *v. senelles*, prunel-lier. — *La couronne d'épines*, ar gurun spern.—*Lieu abondant en épines*, sper-neg, *pl.* ou.—*Epine du dos. v. echine.*

EPINETTE, *instrument*, espinettès.

EPINEUX, *euse*, dræinecq, oc'h, â. *Van.* id. — *Une affaire épineuse*, un æf-fer dræinecq *ou* cablus *ou* amgestr, un æffer diæz da gundui, un æffer mibi-lyus, *pl.* you.

EPINGLE, spilhen, *pl.* spilhou; *Van.* id, *pl.* eü. — *Epingle jaune*, spilhen velen.—*Epingle blanche*, spilhen glas. —*Epingle double, à ressort*, spilhen al-c'huëz, *pl.* spilhou alc'huëz; spilhen daouveguec. — *Ramasser des epingles*, spilhaoüa, *pr.* et.—*Quarteron d'épingles*, cartouron spilhou, *pl.* ou; couchad spilhou, *pl.* couchadou; ur c'hartouron spilhou, ur c'houchad spilhou.—*Etui à mettre des épingles*, spilhouër, *pl.* ou; caritell, claouyer, *ppl.* ou. *Van.* ur spil-her. *pl.* eü. *v. étui.*

EPINGLES, *ce qui se donne outre le marché*, ar spilhou, ar spilhou evit ar c'hrecq.

EPINGLIER, *qui fait ou vend des é-pingles*, spilhaër, spilher, spilhaoüer, *ppl.* yen.

EPIPHANIE, *la fête des Rois*, gouël ar Rouanez. gouël ar stereu, gouël ar vadizyand. *Van.* gouël en try rouë, gouil er vadyend, gouil ar storéen.

EPISCOPAL, *e*, a aparchand oud an escop.

EPISCOPAT, *dignité épiscopale*, es-cobyaich, escopded, carg un escob, rèn un escob, *v. erêché, pontificat.*

EPITAPHE, epitaffenn, *pl* ou; scri-tur cañv, *pl.* scrituryon cañv.

EPITHALAME, carm great *ou* guërz græt èn enor da un dimizy-bennac.

EPITHETE, un hano pehiny a ro da aznaout qalitéou ur personnaich-bennac.—*Epithète, surnom*, droucq-lèshanv, *pl.* droucq-lèshanvou ; les-

hanv goapaüs *ou* gaudis, *pl.* leshañvíou
goapaüs *ou* gaudis.
EPITOME, *le précis d'un livré,* un a-
breich, *pl* ou.
EPITRE, *lettre dédicatoire,* ebistoleñ,
*pl.* ou. *ce mot semble consacré au breton,
de même qu'épître, dans le même sens :
cependant, comme il fait une vilaine équivoque en bréton, à cause de* pistolenn, *qui
signifie pistolet, j'aimerais mieux le mot*
lizer, *pl.* ou. *Ex.* — *Saint Jacques en son
épître,* an abostol sant Jacqès èn e e-
bistolenn. *On dit ordinairement,* sant
Jacqès èn e lizer. — *Les épitres de saint
Paul aux Romains, aux Corinthiens, aux
Colossiens, aux Hébreux,* lizerou àn a-
bostol sant Paul d'ar Romaned, d'ar
Gorintyaned, d'ar Goloçzyaned, d'an
Hebrēed, *etc.* — *L'épitre qui se dit à la
messe,* an abostol. *v. sous-diacre.*—*Chanter l'épitre,* cana àn abostol, *pr.* canet;
abostoli, *pr.* et.—*Qui a chanté l'épitre à
la grand'messe?* piou èn deus abostolet
hiryau? piou èn deus canet an abostol
èn ovérenn-bred?—*Le côté de l'épitre à
l'église,* an tu dioud *ou* diouc'h *ou* diouz
an abostol, costez an abostol èn ilis.—
*Une épitre dédicatoire,* un ebistolenn-de-
dy, *pl.* ebistolennou dedy.—*Les épitres
de Cicéron,* ebistolennou Cicerona.
EPLORÉ, *e, en pleurs,* goloët e façz
*ou* e visaich gad an daëlou. *Pour le fém.*
goloët e façz *ou* e bisaich gad an daëlou, e zaoulagad *ou* he daoulagad var
flodd gad an dazlou.
EPLUCHER, *trier des herbes,* dibab,
*pr.* et; dilenn, *pr.* et; dibab lousou,
dilénn lousou.--*Eplucher, nettoyer,* nættaat, *pr.* ēet; digoc'henna, *pr.* et; digoc'hi, *pr.* et.--*L'action d'éplucher ainsi,*
nættadur, digoc'herez. — *Eplucher, é-
cosser,* diblusqa, *pr.* et. *Van.* diblesqat,
diblesqeiñ, *ppr.* diblesqet. *v. écosser.*—
*L'action d'éplucher ainsi,* diblusqadur,
disblusqérez, diblusq. *Van.* diblesq.—
*Eplucher, examiner avec soin,* diblusqa
èr vad, plusqa èr vad, discanta piz, *pr.* et.
EPLUCHEUR, *qui épluche,* diblus-
qer, *pl.* yen; discanter, *pl.* yen.
EPLUCHOIR, *outil pour nettoyer,*
diblusqouër, *pl.* ou; plusqouër, *pl.* ou.

EPLUCHURES, *ordures ôtées,* diblusqadur. *Van.* plesqadur, plesq, diblesq.
EPOINTER, *ôter la pointe,* divega,
*pr.* diveguet. *Van.* diveēgueiñ. *v. émousser*
EPONGE, spoüē, *pl.* ou; spoinch,
*pl.* ou. — *Eponge de roc de mer,* spoüē-
vor, spoinch-vor.—*Eponge de vieux arbres,* spoüē-güez.—*Les damnés, au milieu du feu de l'enfer, en seront pénétrés,
comme l'éponge, au milieu de l'eau, en est
pénétrée, ou comme le fer rouge, dans la
fournaise, est pénétré par le feu,* ar re
gollet ē creiz an ifern, à vezo treantét
gad an tan, eo'his ma vēz ar spoñe ē
creiz ar mor treantét gad an dour, pe
ēvel ma vēz un hoüarn rux èn ur fournez, intret ha treantét gad an tan.
EPOQUE, *point fixe et remarquable,*
un dra asnad arruēt èn un amser
certen, a dalecq pehiny ez couman-
cer da gounta ar bloazvezyou.—*L'epoque, ou l'ère des chrétiens, est la naissance
de Jésus-Christ,* ar mercq aznad o deus
ar gristényen evit counta ar bloazvezyou, eo an amser eus a e'hinivélez
hon Salver.
EPOUDRER, *ôter la poussière de dessus
quelque chose,* diboultra, *pr.* et.
EPOUILLER, *ôter les poux,* dilasteza, *pr.* et; dilaouï, *pr.* et. *Van.* dileü-
eiñ, *pr.* et.—*S'épouiller,* hem dikaouï,
hem dilasteza, *ppr.* et.
EPOUSAILLES, *cérémonies du mariage,* eureud, *pl* eurenjou; eured, *pl.*
eurejou. eured, *id est,* ēured *ou* ēurded, *bonheur, vie heureuse. Van.* eredd,
*pl.* eü.—*Le jour des épousailles,* deiz an
eureud. *Van.* dē an eredd. *v. fiançailles.*
EPOUSE, pryed. *En bret. d'Angleterre, on dit, pour epoux,* pryod, *et pour
épouse,* gruēcq pryod. — *L'épouse s'appelle, le jour de ses noces,* ar plac'h névez, plac'h an eured.—*L'église est l'é-
pouse de Jésus-Christ,* an ilis a zo pryed
sacr hon Salver.—*L'épouse des cantiques,
t. de l'écriture,* ar pryed santel, an ene
santel, an ene devod, pe eus à hiny ez
prezecq ar spered santel, ebarz è levr
ar c'hanticqou.
EPOUSER, eureugi, *pr.* et. *Van.* e-
redeiñ; *pe.* credēt. *v. fiancer.*—*Le rec-*

*tour les a épousés*, ar personn èn deus o
eureuget *ou* èn deus y eureuget. — *Il
l'a épousée*, eureuget èn deus oudhy,
eureuget èn deus hy, eureuget co gand-
dâ.—*Qui a débauché une fille de famille*,
*doit l'épouser ou la doter*, nep piou-bennac èn deus disenoret ur verc'h onest
hac a dyéguez vad, a so dalc'het da eureugi oudhy, peotramañd d'he argou-
laouï.—*Epouser les intérêts de quelqu'un*,
hem disclærya evit ur re *ou* è favor ur
re, *pr.* hem disclæryet, sevel gad ur re.

, EPOUSSETER, scuba gand ur barr,
*pr.* scubet; diboultra gad ur i arr-scu-
ber, *pr.* et; pouçzeli, *pr.* et.—*Epousseter un écolier*, scuba diudaa ur scolaër.

EPOUSSETTE, pouçzed, *pl.* ou.

EPOUVANTABLE, spouutus, oc'h,
â, añ. *Van.* sqontus. *v effroyable.*

EPOUVANTABLEMENT, èn ur fæçzoun spouutus, gand spouut.

EPOUVANTAIL, *figure d'homme pour
épouvanter les oiseaux*, spouutailh, *pl.*
ou. *Van.* sqontailh, *pl.* eû.

EPOUVANTE, *terreur*, spount, *pl.*
ou, spounchou; spouutadenn, *pl.* ou;
uoun bras. *Van.* sqout. *v. frayeur.*

EPOUVANTER, *donner l'épouvante*,
spounta, *pr.* et. *Van.* sqonteiñ, lor-
heiñ. — *Celui qui épouvante, épounter*,
*pl.* yen. *S'épouvanter, prendre l'épouvante*, spounta, *pr.* et. *v. effrayer.* — *Qui
s'épouvante aisément*, spounticq, *pl.* tud
spounticq.—*Cheval qui s'épouvante, ombrageux*, marc'h spounticq, *pl.* qesecq
spounticq.

EPOUX, *mari*, pryed. *Van.* id. *v. mari.*
—*Les époux*, ar pryedou. *Van.* er pry-
edeû. — *L'époux et l'épouse*, an daou
bryed, au naou bryed. — *L'époux des
cantiques*, ar pryed saer.—*Jésus-Christ
est l'époux des âmes chastes*, Jesus-Christ
a so pryed an enëou pur *ou* an enëou
guëch *ou* an enëou glan.

EPREINDRE, *faire sortir le jus*, tenna an doureñ vés a frouez oud o goasqa, guésqel ur frouëzeñ qeu na zeu an
dour anézy, *pr.* goasqet.

EPREINTES, *douleurs*, anqeñ, glas.

EPREUVE, *essai*, *expérience*, eçzaë,
*pl.* eçzaëou; prouff, *pl.* prouvou; aprou,

aprouff, *ppl.* aprouvou.—*Faire l'épreuve
d'un remède*, ober un eçzaë vès a ur remed var ur re-bennac. — *Faire une é-
preuve de ses forces*, ober un eçzaë eus e
nerz, *pr.* græt; eçzaëa e nerz, *pr.* ëet.
—*Cuirasse à l'épreuve du mousquet*, harnès ne all qet ar bouledou ploum da
dreuzi.—*Faire épreuve de la valeur et de
la générosité de quelqu'un*, ober prouff
*ou* ober apreu *ou* ober amprou eus a
c'halloudez hao ha vailhaulicz ur re-
bennec, *pr.* græt.

EPRIS, se, *séxizet*, sézyet, creguet
èn, crog èn, crog ènnâ. — *Il est épris
d'amour*, séaizet eo gad an amourou-
ded, croguet eo *ou* crog eo an amourousded ènnâ, treusporlet eo gad an
amouronsded.

EPROUVER, *essayer*, amprouff, amprou, *ppr.* amprouët; eçzaë, *pr.* ëet.
*Van.* açzay, açzayeiñ, *ppr.* açzayet.—
*Celui qui éprouve*, æçzaër, *pl* yen; am-
prouër, *pl.* amprouéryen. *Van.* açzay-
our, *pl.* açzayeryon.

EPROUVETTE, *sonde de chirurgie*,
amprouëtez, *pl.* ou.

EPUCER ( s' ), hem dic'huënna, *pr.*
et; clasq e c'huëñn, *pr.* et. *Van.* him
dihuënneiñ.

EPUISABLE, *qui peut s'épuiser*, diséc'hapl, punçzapl, oc'h, â, añ.

EPUISANT, *ante*, disec'hus, goañ-
uus, oc'h, â, añ.

EPUISEMENT, *action d'épuiser*, diséc'hidiguez, goañuadur—*Epuisement,
faiblesse*, goañuidiguez, dinerzidiguez,
fillidiguez. *Van.* fallidigueh, goannidigueah.

EPUISER, *tarir*, disec'ha, *pr.* et;
punçzal, *pr.* punçzet; lacqât da hesq,
*pr.* lecqëet; caçz da hesq, *pr.* caçzet;
hespo, *pr.* hespet. *Van.* dischein, hespeiñ.—*Epuiser ses poumons à prêcher*, diséc'ha e sqevend o prezecq.—*Epuiser,
user*, usa, *pr.* et; dismanta, *pr.* et.
*Van.* dismanteiñ.—*Ses forces sont épui-
sées*, uset eo e nerz, uset eo e nerz
gandhâ, dismantet eo e nerz, cat eo
da fall, mônet e ra da Scoçz. *v. dépérir.*
—*Il a l'esprit usé*, uset eo e spered, ne
oar muy pe lavar, na pe ra.

EPURER, *purifier*, purât, *pr.* purêet.
—*Epurer l'or et l'argent*, purât an aour bac an arc'hand.

EPURGE, *herbe qui purge violemment*, spuirch, spurch. *De là*, spuirgea *et* spurgea, *purger*.

EQUARRIR, *tailler d angles droits*, carrea, *pr.* carrëet; carrea coad-matery, lacqât carre, boc'hala coad-matery, *pr.* et.—*Du merrein équarri*, coad-matery carrêet.

EQUARRISSEMENT, *action d'équarrir*, carrérez, carreadur, boc'halaich.

EQUATEUR, *cercle de la sphère*, lignenn ê creiz an oabl, pehiny a zeu da iñgali an deiz d'an nos.

EQUERRE, *instrument*, squêzr, *pl.* you, ou. *Van.* id., *pl.* eû.—*Tracer avec une équerre*, squêzrya, *pr.* et. *Van.* squereiñ.

EQUESTRE (statue), furm un dên a limaich un dên var varc'h.

EQUILIBRE, *poids égal*, poês iñgal en naou du.—*Mettre en équilibre*, lacqât pouês iñgal en daou du, ober ma 'ezo pouês iñgal an naou du.—*La balance est en équilibre*, dreçzeo ar balançz, ñgal co ar boês a hep tu.—*La balance n'est pas en équilibre*, banna a ra ou sel a ra un tu vês ar balançz, ne deo jet compês ar balançz, ne deo qet iñgal ar boués èn naou du.

EQUINOXE, *égalité du jour et de la nuit*, qedez, ar guedez, queded, ar queded, qéhydell, ar guéhydell. *Ces mots, dont les deux premiers sont de Léon, tiennent dé qéhyd an dez evel, sous-entendant au nos, le jour est égal à la nuit.* —*L'équinoxe de mars*, ar guedez a veurs, r gueded a veurs, ar guéydell a veurs. an. er guéhydell a vérh.—*L'équinoxe e septembre*, qedez gueñgolo, qéhydell gueñgolo.—*Le bruit des oiseaux enl'air*, ui imite l'aboiement des chiens de chasse, la nuit, pendant l'équinoxe, emolc'h ar iedez, chaçzê ar guéhydell. *Van.* iaçz er guéhydell.

EQUIPAGE, aqipaich. *Van* aqipach.

EQUIPÉE, *sottise*, tro fall, un droit, *pl.* troyou fall; goall vourd, *pl.* oall vourdou; goall gundu, *pl.* goall gunduou; cundu sot, *pl.* cunduou sot.
—*Il a fait là une belle équipée*, un dro gaêr èn deus gcæt a-hont, ur bourd coandt êñ deveus gcæt a-hont a drasur.
—*Quelle triste équipée!* sotâ cundû! fallâ bourd! fallâ tro! sotâ tro.

EQUIPER, aqipa, *pr.* et. *Van.* aqipeiñ.—*Il est bien équipé pour son voyage*, aqipet mad eo evit e véach *ou* evit ober e véaich. — *Equiper un vaisseau*, fárda ul lestr, *pr.* et; aqipa ul lestr, *pr.* et. *Van.* pourvceiñ ul lestr, goarniçzeiñ ul lestr, *ppr.* et.

EQUIPOLLENCE, *égalité de valeur* talvoudégues iñ gal, iñgalder, qement qement all.

EQUIPOLLENT, *qui vaut autant*, qevatal, id est, qement-a-dall *ou* qementall. iñgal ê talvoudéguez, a un dalvoudéguez iñgal.—*Cela est équipollent*, qevatal eo an dra-ze, qement a dal qemen-ze. — *Un marchand a mis cent écus pour cette affaire, et ses associés à l'équipollent*, ur marc'hadour èn deus lecqeat cant ncoêd evit qemen-ze; hac e guensorted qement all. v. *proportion*.

EQUIPOLLER *à quelque chose*, beza qevatal da un dra all, iñgaliun dra all, beza iñgal da un dra all, talvezout qement evel un all, talvezout qéhyd *ou* tizout qéhyd hac un all.

EQUITABLE, *leal, just*, leun a justiçz hac a résoun, oc'h, â, añ. *Van.* just.—*Il est équitable autant qu'il est possible de l'être*, leal co mar deus var an doûar, un dên eo evit al lealâ, un dên eo evit ar justâ.—*Il est équitable de faire cela*, just ha résoun eo ober qemen-ze, guir ha résoun a véz e ober.

EQUITABLEMENT, gand justiçz, gand guir, gad justiçz ha résoun; gad justiçz ha moder.

EQUITÉ, *justice*, justiçz moderet, résoun ha moder, moder just.

EQUIVALENT, *qui équivaut*, qevatal. v. *équipollent*.

EQUIVOQUE, *double sens*, goloêt, èn deus meur a siniñançz. —*Paroles équivoques*, compsyou goloêt, compsyou o deus meur a sinifyançz. v. *entente*.—*Equivoque, méprise*, fazy.—*Une flcheuse équivoque*, ur goall fazy.

ERABLE, *arbre*, scaven-grao'h, *pl.*
scau-grao'h, scavennou-grao'h ; ra-
blenn, *pl.* ed ; rabl; guëzen-rabl, *pl.*
guëz-rabl.—*De l'érable*, scau-grao'h,
rabl, coad-rabl.

ERATER, *ôter la rate*, difelc'ha, *pr.*
et ; tenna e felc'h da un aneval, *pr.* et.
*Van.* difelheiô.—*Chien eraté*, qy difel-
c'het.

ERE, *t. de chronologie. v. epoque.*

ERECTION, *établissement, création*,
foundacion, *pl.* ou. *v. création.*

EREINTER, *rompre les reins*, terri
groazell e gueyn da ur re-bennac, *pr.*
torret ; dilec'hi mellou e groazlès da ur
re, *pr.* dilec'het. — *S'éreinter*, terri e
groazlès, *pr.* torret. *v. reins.*

ERESIPELE, *maladie*, droucq saut
Anton, tan sant Anton.

ERGOT, *petit ongle pointu aux pieds de
certains animaux*, ell. *pl.* ellou ; qeutr,
*pl.* ou.—*Les ergots du coq*, ellou ar c'hilhecq, qentrou ar c'hilhecq. — *Monter
sur ses ergots*, *se fâcher*, *se mettre en colère*, sevel var e ellou, *pr.* savet. *v. bécasse.*—*Dès qu'il me vit entrer*, *il monta
sur ses ergots*, qentre ma èm güellas o
hantren, e savas prèst var e ellou.

ERGOTÉ, *e*, *qui a des ergots*, ellecq,
elleucq.

ERGOTER, *pointiller, disputer*, sicana,
*pr.* et ; ærgui, *pr.* et. *Van.* ergauteiñ.

ERGOTEUR, *qui ergote*, ærguër, *pl.*
yen. *Van.* ergaulour, *pl.* ergauleryon;
graignous, *pl.* ed.

ERIGER, *élever*, *dresser*, erigea, *pr.*
et ; sevel, *pr.* savet ; founta, *pr.* et. *Le
Père Dom Paul Pezron*, *dans son Antiquité de la langue celtique*, *prétend que* erigea , *a cté de tout temps breton*, *et
que le verbe latin* erigere, erigo, *en a clé
formé*.—*E iger une baronnie en comté*, erigea ur varounyaich è countad. — *Eriger des statues aux héros*, erigea limaichou d'an dud vaillaut ha talvoudecq.
*Eriger une confrairie*, founta ur vreu-
ryez, sevel ur vreuzryez. — *S'ériger en
docteur*, ober ar mæstr, *pr.* græt.

ERMITAGE, ermytaich, *pl.* ou.

ERMITE, *solitaire*, ermyd, *pl.* ed. *r.*

terre. — *Les ermites de S. Augustin*, er-
myded sant Awgustin, an Augustinya-
ned vrae, religieused sand Augustin.

ERRANT, *qui erre çà et là*, *vagabond*,
baleand, *pl.* ed. *Van.* caymant, *pl. ed.*
—*Le Juif errant*, ar Boudedéau. —*Errant*, *qui se promène çà et là*, cantreër,
*pl.* yen. — *Un homme errant*, *qu'on ne
trouve jamais chez lui*, ur boudedéau.*pl.*
boudedéved.—*Nos pauvres frères errants*,
*parlant des hérétiques*, hon breuzdeur
qæiz fazyet, hon breuzdeur paour fazyet var au hend mad, au huguuoded
siouaz.

ERRATA, *t. d'imprimeur*, fazyou da
gourrigea, fautou da gourrigea.

ERRE, *train*, *allure*, trayn, hast. —
*Aller grand erre*, aller belle erre, mônet
buan, *pr.* êet; qerzet gand hast, *pr.* id.;
dazredecq, *pr.* dazredet; ober trayn caër, *pr.* græt.—*L'erre d'un vaisseau*, qerzed ul lestr, ar c'herzed vès a ul lestr.
— *Erres du cerf*, *ses traces*, roudou ar
c'haro.

ERRER, *aller çà et là*, bale dre ar bro
 êzyou, *pr.* baléet; redec ar vro, *pr.* redet.—*Errer*, *se promener*, cantreal, cal
tren, *ppr.* cantrëet. *Van.* cantreiô. -
*Errer*, *être dans l'erreur*, fazya, *pr.* d
*Trég.* fayañ. *Van.* fayciñ.

ERREUR, *méprise*, fazy, *pl.* ou; errol
*pl.* you. *Al.* faëll. — *Erreur en matiè
de foi*, errol èr feiz, fals-credeun, fal-
ompinion eus ar feiz. — *Tomber da
l'erreur*, fazya ar feiz, *pr.* fazyet; err
èr feiz, *pr.* errolet; qemeret fals omp
nionou è qèver ar feiz, *pr.* id. — *Êt
dans l'erreur*, beza é fazy, *pr.* bet.
*Jeter dans l'erreur*, lacqât da fazya, i
lecqéet ; ispirout fals-ompinionou, i
ispiret. — *Tirer de l'erreur*, difazya
re, *pr.* difazyet; tenna ur re vès a fa
tenna ur re vès e fals-credenn, *pr.*

ERRONÉ, *e*, *faux*, fals, faos, oc'h,
añ. — *Des sentiments erronés*, fals-o
pinionou, ompinionou faos, fals cred
goall santimanchou. — *Proposition
ronée*, fals preposicion, *pl.* fals prep
ciounou; fals lavar, *pl.* fals lavarou.
*Qui a avancé une proposition erronée*, r
én deus lavaret ur fals preposicion, r

èn dous græt ur fals lavar è feat eus ar feiz.

ERUDITION, gouïzyéguez. *Van.* goudigueah.

ESCABEAU *ou escabelle*, scabell, *pl.* sqebell, scabellou; scanv, *pl.* you; scaoû, *pl.* you·, *de* scaff, *pl.* you, *qu'on disait autrefois, et qui signifie actuellement* esquif. *Van.* baçzed, bréched, *ppl.* eü; scabeû, scabeau. — *Escabeau d'enfant, petite marche,* dez, *pl.* you, *de là,* derez, marche; scabellicq, scañvicq, *ppl.* gou. *Van.* scabeüicq, baçzedicq, *ppl.* eü.

ESCADRE, *flotte de guerre,* scouadrenn, *pl.* ou; escouadrenn, *pl.* ou. — *L'escadre de M. Du Gué,* scouadrenn an autrou Du Gaé.

ESCADRON, *corps de cavalerie,* scouadrou, *pl.* ou. — *Deux escadrons,* dau scouadron.

ESCALADE, *l'action d'escalader,* sqeulyadur, sqeulyaich.

ESCALADER, *monter en quelque lieu avec des échelles,* sqeulya, *pr.* et. — *Escalader les murailles d'une ville pour y entrer à main armée,* sqeulya muryou kær, pignat var muryou kær gand sqeulyou doubl evit o veza armet clos he c'hemeret, *pr.* pignet.

ESCALIER, *partie du bâtiment pour monter,* derez, *pl.* derezyou; dere, *pl.* ou; diry, *pl.* ou. *Van.* derguey, *pl.* eü; dergay, *pl.* eü. *v. échalier.* — *Marche d'escalier,* dez, *pl.* you; pasenn, *pl.* ou, paseigner. *Van.* pascën, *pl.* eü. — *Escalier à vis,* binçz, *pl.* ou; ur vinçz. — *L'arbre de l'escalier à vis,* goalenn ar vinçz, goalenn-vinçz.

ESCAPADE, *action fougueuse d'un cheval,* culad, *pl.* ou; achapadenn, *pl.* ou. — *Escapade, échappée,* achapadenn, *pl.* ou; achap, *pl.* ou.

ESCARBOT, *insecte,* c'huyl, *pl.* ed; safronenn, *pl.* ed. *Van.* huyl, *pl.* ed. *v. fouille-merde.*

ESCARGOT, *limaçon,* melc'huëden, *pl.* melc'hued; melc'huëden venn, *pl.* melc'huëd-venn. *v. limaçon.*

ESCARMOUCHE, *combats de partis,* stourm, *pl.* ou.

ESCARMOUCHER, stourma, *pr.* et.

ESCARMOUCHEUR, stourmer, *pl.* yen.

ESCARPÉ, e, uhel ha diæz da bignat.

ESCARPIN, *soulier léger,* scarpin, *pl.* ou.

ESCARPOLETTE. *v. brandilloire.*

* ESCARRE, *croûte qui se forme sur une plaie,* trusqenn, *pl.* ou; tronsqenn, *pl.* ou. — *Escarre, grand fracas que fait un coup de canon ou une bombe en crevant,* ur strap terrupl, ur broust bras, ur frailhadur orrup, scarr. *Al.* yscar *v. crevasse.*

ESCIENT ( à ), *sciemment,* gad gouïzyéguez. — *A bon escient, sérieusement, à dessein,* a zévry-beo, gand rat, gand rat vad a ratoz, a ratoz vad, a ratouëz vad, a barfedd, a benn-qeffridy, da vad-ha caër. *Van.* a zévry, a ratoh, a ratouëh, de vad ha caër, esprès caër. *v. réflexion.* — *A mon escient,* gand va gouïzyéguez, gand rat din.

ESCLAVAGE, sclavaich, sclaffaich. — *Il est tombé dans l'esclavage,* couëzet eo è sclavaich, sionaz dezâ, sclaff eo ar c'héaz.

ESCLAVE, *captif,* sclaff, *pl.* ed; sclav, *pl.* ed. *Al.* goas, *pl.* guïsyen, *qui signifie à présent* vassal; sergeant, *pl.* ed, *signifiait* prisonnier de guerre. — *Fille ou femme esclave,* sclavès, *pl.* ed; sclaffès, *pl.* ed.

ESCOGRIFFE. *v. escroc.*

ESCOPETTE, *carabine ancienne qui était coupée par le bout,* scloped, *pl.* ou. Scloped *signifie à présent* pistolet.

ESCORTE, goardou. *Van.* goardeü, gardeü. — *Une bonne escorte,* goardou mad

ESCORTER, *faire escorte,* dihoual ur re, *pr.* dihouallet; miret ur re-bennac, *pr.* et.

ESCOUADE, *partie d'une compagnie d'infanterie,* scouadenn, *pl.* ou. *Van.* scoaden, *pl.* eü.

ESCRIME, *art d'escrimer,* iscrim, *pl.* iscrimou.

ESCRIMER, *faire des armes,* iscrima, *pr.* et.

ESCRIMEUR, *maître d'armes,* iscrimer, *pl.* yen; iscrimour, *pl.* yen; mæstr iscrimer, *pl.* mistry iscrimeryen; nep a zosqar re all da c'hoari gad ar o'hlezè.

ESCROC, *fourbe*, soraber, *pl.* yen; sorapour, *pl.* yen. *Van.* scrapour, *pl.* yon.

ESCROQUER, *attraper par fourberie*, scraba, *pr.* el; scrapa, *pr.* el; tenna gand soutilded, *pr.* tennet. *Van.* scrapeiñ, *pr.* et; teenneiñ coëndt.

ESCROQUERIE, *filouterie*, scrabérez, *pl.* ou; fineçza evit atrap, *pl.* fineçzaou. *Van.* scrapereh, *pl.* eü.

ESPACE, *étendue indéfinie de lieu, de temps*, spaçz, spaçz-bras, cals a francqiz. *v. durée, étendue*.

ESPACEMENT. *distance égale qu'on laisse entre deux choses*, spaçz iñgal, spaçzamand.

ESPACER, *mettre de la distance entre quelque chose*, spaçza, *pr.* et; miret ou lacqât ur spaçz ingal eñtre daou dra ou eñtre ar pez a réneqear, lacqât a spaçz-ê-spaçz.

ESPADON, cléze vras a zalc'heur gand an daou zourn, *pl.* clezéyer, etc.

ESPAGNE, *royaume*, Spaign, broSpaign; rouautelez Spaign, ar stadou vès a Spaign.

ESPAGNOL, *qui est d'Espagne*, Spaignol, *pl.* ed. *frm.* Spaigolès, *pl.* ed. — *La langue espagnole*, spaignolaich, langaich Spaign, langaich Spaignoled.

ESPALE, *banc de galériens pour ramer*, an daustá treuzelenn da lost al lestr evit roëñvat.

ESPALIER, *arbre en éventail*, spalyer, *pl.* ou; guëz pladet oud ur voguer. — *Un bel espalier*, ur spalyer caër.

ESPALMER, *enduire de suif un navire*, soavi ul lestr, *pr.* soavet. *Van.* sovéveiñ ul lestr, suaûéiñ ul lestr, *ppr.* et. *v. carener, guipon*.

ESPÈCE, *division de genre*, speçz, *pl.* ou. — *Le corps et l'esprit sont les espèces de la substance*, ar c'horf hac au ene a so ar spezçou eus ar sustançz.—*Songer à la propagation de l'espèce*, soungeal da atreteni ar speçz. — *Espèce, sorte*, speçz, seurd, manyel, *ppl.* ou. — *Il y a plusieurs espèces d'animaux*, meur a speçz anevaled so, beza ez eus cals a speçzou anevaled *ou* loëzned. — *Il y a plusieurs espèces d'arbres*, meur a

seurd guëz a so, oals a seurdou guëz a so. — *Il y a des espèces de chrétiens, des chrétiens de nom*, beza ez eus manyel christényen *ou* briz cristényen *ou* dem cristényen. *v. demi*. — *Espèce, monnaie*, mouneyz; speçz, *pl.* ou. — *Une espèce de monnaie*, ur spez mouneyz, un seurd mouneyz. — *Il n'y a point d'espèces*, ne deus qet a speçzou, ne deus qet a arc'hand.

ESPERANCE, espèr, esperançz, sperançz. *Van.* id. *Al.* goanacq. — *Avoir espérance de*, cahout espèr, cahoul esperauçz da *ou* sperançz da, *pr.* bet. *v. espérer*. — *Donner espérance*, rei espèr, rei esperançz, *pr.* roët. — *Perdre espérance*, coll esperançz, *pr.* collet. — *Mettre son esperance en Dieu*, lacqât e espér *ou* e esperançz è Doüe, *pr.* lecqëet; esperout è Doüe, *pr.* esperet. — *Sans espérance*, diespér, hep espèr, hep esperançz. — *Sans nulle espérance*, hep esperançz e-bed. — *Contre toute espérance*, a enep ar pez a espérat, a enep qement a allet da esperout, a enep pep esperançz, a enep pep leac'h da esperout.

ESPERANT, *e*, *qui espère*, esperus, a espér.

ESPERER, espera, esperout, *ppr.* et; lacqât e esperançz, *pr.* lecqëet. *Van.* id. — *On espère la paix*, ar peoc'h a espereur *ou* a esperér, esperout a rear ar peoc'h. — *Que l'on peut espérer*, esperapl, oc'h, â.

ESPIÈGLE, *subtil, éveillé*, istoryer, *pl.* yen; un apliqant mad, *pl.* apliqanted vad; pautr fryol, *pl.* pautred fryol.

ESPION, spyon, *pl.* ed; spyôner, yen. *v. épier, épiant*.

ESPIONNER. *v. épier*.

ESPLANADE, *étendue de terre sans bâtimens ni arbres*, ur bleanenn vras, *pl.* bléanennou vras. *v. glacis*.

ESPOIR, espér. *Van.* id. *v. espérance*.

ESPRIT, *substance qui pense, partie de l'âme qui juge, comprend, raisonne et invente*, spered. *Al.* iñgin. *de là*, ingenium. — *Avoir de l'esprit*, cahout spered, *pr.* bet. *Van.* andevout spered, qéhout esprit. — *Un bon esprit*, ur spered mad, ur spéred bras, ur spered seze-

lant, *pl.* sperejou. — *Un bel esprit*, ur
spered caër, ur spered caër a zèn. —
*Un esprit lourd*, ur spered pouner, spe·
red lourd, pouner a benn, clopennecq,
*pl.* clopennéyen, clopenncgued.—*Esprit vif*, spered beo, spered lémm. —
*Esprit bouillant et remuant*, spered birvidicq, spered bouilhus.—*La pointe de
l'esprit*, pennicq ar spered.--*La douleur
de nos péches n'est souvent que dans la
pointe de l'esprit, n'est que superficielle*,
ar glachar eus hou pec'hejou e leac'h
beza doun èr galoun, ne véz alyès nemed è pennicq hon spered, siouaz deomp.—*Avec esprit*, gand spered.—*A-
voir des absences d'esprit*, trelati, *pr.* et;
beza trelalet, *pr.* bet; varya, *pr.* et.—
*Se mettre une chose dans l'esprit*, qemeret
un dra èn e benn, *pr.* id.; lacqaat un
dra èn e benn *ou* èn e spered, *pr.* lecqēet.—*Rendre l'esprit, mourir*, renta e
spered, *pr.* rentet; trémen, *pr.*et.—*Les
esprits des trepasses*, au anaoun drémenet, ar re varo. — *Le Saint-Esprit*, ar
Spered-Santel, ar Spered-Glan; glan,
*id est*, pur; ar Spered santifyus. *Van.*id.
— *La descente du Saint-Esprit sur les apôtres*, an dounediguez vad *ou* an disqeñ
eürus eus ar Spered-Santel var an æ-
bestel. — *Les esprits bienheureux*, ar sperejou guenvidicq, ar sperejou eürns
an sænt hac an ælez eus ar barados.
— *L'esprit malin, l'esprit infernal*, an
droucq spered, *pl.* droucq-sperejou;
droucq-spered an ivern, *pl.* droucq-
sperejou an ivern. — *Esprit-follet, lutin*, teuz, *pl.* you; bugnel nos, *pl.* bu-
guelyen-nos. *Van.* bugul-nos, *pl.* bu-
guliou-nos. *Al.* rabadd. — *Esprits fo-
lets nocturnes*, gobylined, jodouyned,
mastr-yan.— *L'esprit folet a étrillé les
chevaux*, ar gobylin *ou* ar joduyn *ou* mæs-
tr-yan en deus scrivellet ar c'hesecq
— *Esprit de vin, eau-de-vie plusieurs fois
rectifiée*, gūin-ardaut strilhet. — *Du vin
qui a beaucoup d'esprit ou de force*, gūin
speredus, *pl.* gūinou speredus.

ESQUIF, *petit bateau*, squyttenn. *pl.*
ou; squytt, *pl.* ou; sqaff, *pl.* sqaffiou,
sqaffou, sqavyou, sqavou, sqeffion,
sqévyen. *Al.* sqiff, esqiff, *ppl.* au.

ESQUILLE, *éclat d'os rompu*, sqliç-
zenn-asqorn, *pl.* scliçzennou-asqorn.

ESQUINANCIE, *mal d la gorge*, sqinançz, coenv dangerus èr gouzoucq.
— *L'esquinancie fait tout son mal*, sqi-
uançz eo èr goasq, ar sqinançz a ra e
oll zroucq *ou* e oll boan, ma hallet dismanta ar sqinançz eus e c'houzoucq,
e véz pare. — *Qui est sujet ou sujette à
l'esquinancie*, sqinançzus.

ESQUIPOT, *sorte de tirelire*, byoū-
neun, *pl.* ou.

ESQUIVER, *éviter*, tec'bet diouc'h,
*pr.* id.; dihoual ouc'h, *pr.* et. —*S'esquiver, s'enfuir avec légèreté*, achap prèst,
*pr.* achapet prèst; dibouffa, *pr.* et; farda quyt, *pr.* fardet quyt; qemeret prèst
au teac'h, *pr.* id.—*Faire esquiver quelqu'un*, sicour ur re da zibourfa *ou* da
achap quyt, *pr.* sicouret; digueri an or
a-drê da ur re-bennac, *pr.* digoret.

ESSAI, *épreuve*, æçza, *pl.* æçziou;
æçzaē, *pl.* ou. *Van.* açzay.—*Coup d'essai*, taul micher, *pl.*taulyou micher;
pez-micher, *pl.* pezyou-micher.--*Faire
son coup d'essai*, ober e daul-micher,
ober e bez-micher, *pr.* græt.

ESSAIM, *volée de jeunes abeilles*, hed
guênan, *pl.* hedou guênan; guênau, *pl.* taulyou guênan. *Al.* eçzaim,
— *Le premier essaim d'une ruche*, qent-
hed, ar c'hented. *id est*, qentá hed. —
*Le second essaim*, tarv-hed, *id est*, arre
hed.—*Le troisième essaim*, lost hed, al
lost hed; *parce qu'ordinairement le troisième est le dernier.—Le quatrième essaim*,
arc'haud hed, *id est*, *essaim argenté*.

ESSAIMER, *jeter un essaim*. ober un
hed, *pr.* græt; teurel un hed, ur, taulet. — *Nos abeilles ont essaimé*, taulet o
deus hou guênan, hou guênau o deus
taulet o hed, great eo o hed gand hou
guênau.—*Lorsqu'elles se posent sur quelque chose*, barra, *pr.* et; bolsa, *pr.* et.—
*L'essaim est posé sur tel arbre ou en tel
lieu*, barret eo ar guênan oud ar vezen-
ma-guēzeu, bolset eo an hed guênan
el leac'h-ma-leac'h.

ESSANGER, *tremper le linge avant de
le mettre à la lessive*, prada an dilhad,
*pr.* pradet; ober ar c'hentá goêlo'h d'an

dilbad fancq, *pr.* græt. *Van.* dishol-
heiñ, disolheiñ, *ppr.* et.

ESSARTER, *arracher les ronces, etc.,*
*d'une terre,* distroëza, *pr.* et ; difreyna,
*pr.* et. *Van.* dihoscaleiñ, *pr.* et.

ESSAYER, æçzaëa, ëet ; æçzât, *pr.*
æçzëet. *Van.* açzay, açzayeiñ, *ppr.* açzayet. *v. éprouver.*

ESSE, *cheville,* guiber, *pl.* ou.

ESSENCE, *nature d'une chose,* natur,
natur un dra, an natur eus a un dra,
ar beza eus a un dra.—*L'essence de Dieu,*
annâtnr eus a Zoüe, ar beza eus a Zoüe.
—*L'infinité est de l'essence divine; la raison
est de l'essence humaine,* an natur eus a
Zoüe eo beza hep fin, hac hiny an dèn
eo beza résounapl ; ouc'h Doüe e a-
parchant beza infinid, hac oud an dèn
bezā résounapl ; an infinitez à so aparchand Doüe, hac ar résoun a so aparchand an dèn—*Chaque chose tire à son
essence, à son principe,* pep tra a deun
d'e had ha d'e natur.—*Essence, esprit
ou suc,* an dourenn *ou* ar jun strilhet
eus a un dra *ou* tennet vès a un dra ;
eol, *pl.* eolyou.—*Tirer des essences,* strilha un dra-bennac, *pr.* et. *v. distiller.*

ESSENTIEL, *elle, qui tient de l'essence,* natural, oc'h, à, añ ; stag oud an
natur.—*Essentiel, principal,* penn, ar
penn.—*L'argent comptant, c'est l'essentiel,* an arc'hand presant eo ar penn.

ESSENTIELLEMENT, dre natur.—
*L'âme est essentiellement immortelle,* an
ene ne varv nepred, na ne varvo birvyqen ; an ene dre e natur ne vàrv qet.

ESSIEU, ahel, *pl* you, ou ; aël-carr,
aël-carroncz. *Van.* abél, *pl.* ahéleü.—
*Charrette dont l'essieu est rompu,* carr
diahellet, aël torret, aël-carr torret.
—*Sans essieu,* diahell.

*ESSOR, air découvert, libre et dessé-
chant,* sec'hor, ear sclær ha sec'hus.—
*Essor, vol à tire d'aile,* nic'h crè.—*Il a
pris l'essor,* niget eo èn dra alle èn ear
*ou* èn oabl, qemeret èn deus e nich ribus, eat eo a dénn-asqell.

ESSORER *du linge,* sec'ha an dilhad
dre an amser gaër, *pr.* sec'het ; caçz
an dilhad d'ar sec'horecq, *pr.* caçzet.

ESSORILLER, *couper les oreilles,* dis-

couarna, *pr.* et ; trouc'ha an niott-scoü
arn, *pr.* trouc'het. *Van.* discoharneiñ,
*pr.* et.

ESSOUFLER, *s'essoufler, perdre haleine,* dielc'hat, *pr.* dielc'het ; diflanc-
qa, *pr.* et. *Van.* dihelbeiñ, diflacqeiñ,
*ppr.* et.—*Cet homme est tout essouflé,* dielc'het a ra terrup an dèn hont.—*D'où
vient ce chien que je vois tout essouflé?* pe
a leac'h ez teu ar c'hy mañ, ma ra qement o dielc'hat? *ou* ma dielc'h qement? *ou* ma ez eo qer diflancqet?

ESSUI, *lieu ou l'on met sécher,* sec'horecg. *pl.* ou.

ESSUIE-MAIN, lyen da sec'ha an
daoüarn, toüailhoûn, *pl.* ou.

ESSUYER, *sécher,* sec'ha, *pr.* et. *Van.*
seheiñ, *pr.* sehet.—*Essuyer quelque chose de sale,* torc'ha. *pr.* et. *Van.* torcheiñ.
—*Essuyer,* dic'huèsi, *pr.* dic'huèset.
—*Essuyer, souffrir, supporter,* gouzañ.
*pr.* gouzañvet ; qya oud, *pr.* qyet.—*Il
m'a fallu essuyer cette confusion,* red eo
bet diġn gouzañ ar vez ze, red ma eo
bet din qya oud ar vez-ze.—*S'essuyer
les mains,* sec'ha e zaou zourn.—*S'essuyer le nez,* sec'ha e fry, torc'ha e fry.

EST, *vent cardinal, vent d'Orient,* reter,
avel reter. *v. boussole.*—*Le vent est d'est,*
le temps sera beau, reter eo an avel, caër
a vezo an amser, avel reter a ra *ou* a
c'huez, amzer gaër hon bezo.

ESTAFIER, laquepod, *pl.* ed, *id est,*
pautr-lacqès ; fouët-fancq, *pl.* fouëtou,
*Van.* laqouped, *pl.* ed.—*Battre les bouts,
les halliers, c'est le métier d'un estafier.*

    Fouëta fancq ha fouëta drez,
    Eo micher ur pautr-lacqès.

—*L'estafier de Saint Martin, le diable,*
an diaul.

ESTAFILADE, trouc'h èr bisaich,
trouc'h èr façz, *pl.* ou.—*Estafilade,
déchirure,* roëg, *pl.* ou ; reug, rog, *ppl.* ou.

*ESTAMBORD,* lambot. *v. navire.*

ESTAME, *laine tricotée,* stam.—*Faire
de l'estame,* ober stam ; *pr.* græt.

ESTAMPE, limaich fin, limaichou
fin ; eñgravadur, stamp, *pl.* stampou.

ESTAMPER, *faire des estampes,* stam-
pi. *pr.* et ; iñgravi, *pr.* et.

ESTIMABLE, istimus, istimapl, oc'h, à

ESTIMATEUR, *qui estime*, istimier, *pl.* yen; istimour, *pl.* yen.

ESTIMATION, istimadur, istim, pri-sadur, prisaich.

ESTIME, istim. *Van.* id. *v. réputation.* — *Etre en estime*, beza èn istim, beza istimet

ESTIMER, *avoir de l'estime*, istimout, *pr.* et; cahout istim evit, eto., *pr.* bet. istima, *pr.* et. *Van.* istimeiñ. — *Je l'es-time pour sa vertu*, e istimout a ran evit e vertuz *ou* drc'n abecq d'e vertuz. — *Estimer, juger ce que vaut une chose*, istima, istimout, *ppr.* et; prisa, prisout, *ppr.* et. *Van.* estimeiñ. — *Estimer, pen-ser, croire*, istimout; cridl, *pr.* credet.

— *Il est autant aimé qu'estimé*, qement eo caret evel ma ezeo istimet, qement èr c'harer evel ma èn istimér. — *S'es-timer trop*, hem istimout re, *pr.* hem is-timet. *Van.* him istimeiñ re. — *Com-me j'estime, comme je crois*, hervez a is-timañ, evel a gredañ.

ESTOC, *droite ligne en matière de gé-néalogie. v. parenté, souche, côté.* — *Es-toc, longue épée*, eñtocq, *pl.* ou. — *D'es-toc et de taille, de la pointe èt du tran-chant*, a eñtocq hac a dailhant, a dau-lyou eñtocq hac a daulyou tailhant, gad ar becq ha gad al lémm.

ESTOCADE, *longue épée*, eñtocq, *pl.* ou; cleze hirr ha striz, *pl.* clezéyer.

ESTOCADER (s'), hem ganna gad eñtocqou, *pr.* hem gannet.

ESTOMAC, *partie du corps qui digère les aliments*, pooll-galoun, *pl.* pooll-galounou; pooll ar galoun, *pl.* poooullou caloun; coff bihan, ar c'hoff bihan, sto-mocq, ar stomocq. — *Avoir un bon es-tomac*, cahout ur pooll-galon vad *ou* ur pooll-galon crê. — *Mal d l'estomac*, poan è pooll ar galoun, droucq èn e goff bihan. — *L'excès de la bile dévoie l'estomac*, divarc'ha a ra pooll galoun un dèn gand re a apotum. — *Dévoyer l'estomac*, divarc'ha pooll ar galoun, *pr.* divarc'het. *v. vomir.*

ESTRADE, *lieu élevé*, strad, *pl.* ou; ribl, *pl.* ou. — *Défaire une estrade*, dis-trada, *pr.* et. — *Battre l'estrade, t. de guerre*, moûnet da azuaout, an adver-souryen eus ar stadou hac an hend a zalo'hont, *pr.* ëet.

ESTRAGON, *herbe potagère*, estra-gon; stragon, targon.

ESTRAPADE, *supplice de soldats*, strapadenñ, strepedenn, strap.

ESTRAPADER, *donner l'estrapade*, strapa, *pr.* et; strepx, *pr.* et; rei ar stra-padenn, rei ar strepedenn, *pr.* roët.

* ESTRAPONTAIN, *le siège de devant d'un carrosse*, ar plaçz a ziaraucq èn ur c'harroçz. — *Estrapontain, lit suspendu dont se servent les marins et les sauvages*, guélé soourr, *pl.* guéleou soourr, guélé a soourr; bfall, *pl.* ou.

ESTROPIER, estropya, *pr.* et; ma-haigna, *pr.* et; pistiga, *pr.* uet; nam-ma, *pr.* et. *Van.* estropyeiñ, mahei-gneiñ, *ppr.* et. — *Il est estropié d'un bras*, ur vreac'h dezañ a so estropyet, ma-haignet eo ur vreac'h dezañ, nammet eo eus a ur vreac'h, pistiguet eo e vreac'h. — *Estropié de tous ses mem-bres*, nammet e oll isily, mahaignet e oll isily, estropyet a bep andrèd. — *Re-mettre un estropié*, divahaigna, dinam-ma, dibistiga, *ppr.* et. — *S'estropier*, èn hem estropya, *pr.* et; hem bistiga *ou* vahaigna. — *Qui n'est en rien estropié*, divahaign, dinam, dibisticq.

ESTURGEON, *poisson de mer*, sturch, *pl.* sturged; sturjan, *pl.* ed; estrugan, *pl.* ed; sturjon, *pl.* ed.

ET, *conj.*, ha, *devant un consonne*; hac, *devant une voyelle. Van.* id. — *Et vous et moi*, ha c'huy ha me. — *Cela est bel et bon*, qemen-ze a so mad ha caêr. — *Vous et les autres*, c'huy hac ar re all. — *Cela est sale et infâme*, qemen-ze a so lous hac iffam. — *Et le reste*, hac ar nemorant.

ÉTABLE, *logement des bestiaux*, siaul, *pl.* you; craou saoud, *pl.* crévyer saoud; craouyer saoud, craou ar saoud. *Van.* creü, *pl.* yér. — *Mettre les bêtes à cornes dans l'étable*, lacqât ar saoud èr c'hraou, *pr.* lecqëet; caçz ar sâud d'oc'hraou, *pr.* caçzet. *v. crèche, écurie.* — *Etable, loge-ment des veaux, retranchement dans une étable*, craou al luéon; kæl, *pl.* you; kæily, kily; kæl *rient de* kaë, *clôture, et de* kily, *pluriel de* kæl, *semblent venir*

les noms de plusieurs maisons, comme Ki-
ly-Madecq, en Léon; Kily-Marc'h, en
Moëlan, près Quimperlé; Kily ou Guily,
en Moëlan; Guily ou Kily, en St-They,
près Quimper, etc.; parce que ces maisons,
situées en des lieux de pâturage et près des
eaux, étaient, selon toutes apparences, des
logements de troupeaux. — Plein l'étable
de veaux, kælyad luëou, pl. hælyadou
luëou; ur c'hælyad.—Etable, logement
de brebis, craou an dêved, pl. crêvyer
an dêved; staul an deaed. B.-L. soudt,
pl. ou. v. bergerie. — Etable, logement
de chèvres, craou ar guevr, craou ar gueor, staul ar guevr. — Etable, logement
de pourceaux, craou ar moc'h, craou-
moc'h, pl. crévyer-moc'h; craou signifie proprement : logement des cochons; il se
dit abusivement des logements des autres
animaux domestiques, qui est staul. —
Plein l'étable de cochons, craouyad, pl.
ou, crévyadou; craouyad-moc'h, ur
c'hrévyad-moc'h, ur c'hraouyad-moc'h
— Plein l'étable de toute sorte de bêtes à
cornes, staulad, pl. ou; staulyad, pl. ou;
crévyad, pl. ou; craouyad, pl. ou. Van.
creüyad, ur breüyad seüd, pl. creüya-
deü; creüad, pl. eü. — Valet d'étable,
pautr ar staul, pautr ar c'hraou, pl.
pautred.—Aller à l'étable, moûnet d'ar
staul, moûnet d'ar c'hraou, pr. ëet.
Maison sans étable, ferme où il n'y en a pas,
ty-distaul.

ETABLE, gros bourg des Côtes-du-Nord,
Staul. - Un chanoine de Prémontré est cure
d'Etable, ur personn güeñ a so ê Staul.
— La paroisse d'Etable, parrès Staul.

ETABLI, table pour travailler, taul,
pl. you. Van. id., pl. eü. — Etabli de
menuisier, taul vinuser.

ETABLIR, poser, rendre une chose stable, stabilya, pr. et; renta stabil, renta
parfed, pr. reutet; lacqât parfed; parfedi, pr. et. Van. diazeeiñ, pr. ët. Al.
stabylaff, stabilyaff. — Etablir, créer,
foundta, pr. et; sevel, pr. savet; lacqât,
pr. ëet; ober, pr. græt. — Etablir une
loi, un impôt, ober ul lesenn, lacqât ul
lesenn, sevel un truaich, lacqât un
truaich var ar bopl. — Etablir une confrairie. v. ériger. — Etablir, fixer, der-

c'hel, pr. dale'het; staga, pr. uet. —
Etablir, donner un établissement, de l'emploi, plaçza, pr. et. — Il est bien établi,
plaçzet mad eo, ez ma èrvad, manivicq
ez ma. — S'établir, se faire un établissement, qemeret un demeurançz, pr. id.;
qemeret ur stad-bennac. — S'établir,
se marier, dimizi, pr. et; demezet; for-
tunya, pr. et; ober e fortun, pr. græt.
— Elle est bien établie, un dimizy mad
he deus græt, digouëzet mad eo, ê touëz
tud onest ha tud vad ez eo digouëzet.

·ETABLISSEMENT, érection, foundacion, pl. ou; imposadur. — L'établissement d'un parlement, foundacion ur
parlamand.—L'établissement d'une confrairie, foundacion ur vreuzryez.—L'é-
tablissement de quelque droit, imposadur,
imposadur eus a ur guir névez ou vès
a un truaich névéz; impod, pl. ou, impojou. — Etablissement, état fixé, stad
arrestet, demeurançz aznad. — Etablissement, mariage, dimizy, pl ou; fortun, pl. you.

ETAGE, espace entre deux planchers,
astaich, pl. ou; æstaich, pl. ou. — Le
premier étage d'une maison qui en a trois,
an astaich qentà, an astaich iselâ. —
Le deuxième étage, an eil astaich. an astaich creiz.—Le troisième étage, an dre de
astaich, an astaich uhelâ. — Une maison à quatre étages, un ty a bévar astaich, pl. tyez, etc. — Cet homme est une
bête à triple étage, teyr güeac'h foll eo
an dèn-hont, ur sot ou ur foll eo diouc'h an dibad, ur sot mar boa biscoaz.

ETAIM, le plus fin de la laine, gloan.
Al. feutur, ftur. — Etaim, les filets de
laine étendus sur le métier pour faire de
l'étoffe, steuënn-gloan. — La trame,
anneuënn-gloan.

ETAIN, métal blanc, stean, stæn. Van.
id. — Vaisselle d'étain, listry stean, vec-
zell stean, steaûnaich, stænaich. — E-
curer la vaisselle d'étain, pura ar stean,
pura ar stæn, pura ar stænaich, pr. et
— Potier d'étain, celui qui fait et qui ven
de la vaisselle d'étain, piuter, pl. yen; pe
der stæn, poder stean, pl. podérye
stæn ou stean.

ETAL, petite boutique de boucher, stal

guicq, *pl.* stalyou-guicq.

ETALAGE, *marchandises étalées*, sta-laich, stalyaich. *Van.* id.

ETALER, *exposer en vente*, stalya, *pr.* et; stala, *pr.* et; displega e varc'hadou-rez, *pr.* displegnet. *Van.* stalyeiñ, sta-leiñ. — *La boutique où on étale*, stal, *pl.* you. *Van.* stal, *pl.* eû, yeû. — *Plier ou serrer la marchandise étalée*, distalya, *pr.* et. *Van.* distalyeiñ.

ETALIER, *boucher qui tient un étal*, stalyer, *pl.* yen.

ETALON, *cheval entier*, marc'h cal-loc'h, *pl.* ronceed calloc'h: marc'h sail-her, *pl.* sailhéryen. — *Etalon*, *mesure publique et certaine*, stalon.

• ETALONNÉE, *somme de blé*, *charge ordinaire d'un cheval*, stalônad ed, *pl.* stalônadou. — *Etalonnée de Rostrenen*, stalonad ed musul Rostrèn.

ETALONNEMENT, *action d'étalon-ner*, stalônaich.

ETALONNER, *marquer les mesures*, stalôna, *pr.* stalonet.

ETALONNEUR, *celui qui étalonne les mesures*, stalôner, *pr.* yen.

ETAMER, *enduire d'étain*, steana, *pr.* et; stæna, *pr.* et. *Van.* stænceiñ. — *Celui qui étame*, stæner, *pl.* yen. *v. chaudronnier.*

ETAMÉ, *e*, *part.*, steanet, stænet.

ETAMINE, *étoffe*, eñtamin, mezer eñtamin. — *Marchand d'étamine*, eñta-miner, *pl.* yen. — *Passer quelqu'un par l'etamine*, *l'examiner*, diblusqa ur re, *pr.* et; discanta ur re-bennac, *pr.* et.

ETAMURE, *t. de chaudronnier*, stæn-da-stæna.

ETANCHEMENT, stancqadûr.

ETANCHER, *empêcher de couler*, stanc-qa. *pr.* et. *Van.* stancqeiñ. — *Etancher le sang*, *la chaussée*, stancqa ar goad, stanc-qa ar chauçzer. — *Etancher sa soif*, terri e sec'hed, *pr.* torred.

ETANÇON, *appui*, stançzoun, *pl.* ou; tint, *pl.* ou.

ETANÇONNER, stançzouni, *pr.* et; linta, *pr.* et; speurella, *pr.* et.

ETANG, stancq, *pl.* ou; leun, *pl.* ou. *Van.* loen, *pl.* eû. *Treg.* id., *ppl.* o. — *Etang de mer*, stancq-vor, lenn-vor. *La queue de l'étang*, lost al lenn, lost

an lenn, penn an stancq, penn ar stancq, beg al lenn, beg ar stancq.— *La grille ou décharge*, can foll, *pl.* cany-ou foll; scorf, *pl.* ou; poull scorf, *pl.* poullou scorf.—*Plein l'étang*, stancqad, stancqad dour, lennad, lennad dour, leiz ar stancq, leiz al lenn.

ETANT, *participe présent du verbe être*, o veza. *Ayant été*, o veza bet.— *Etant battu*, o veza cannet. *Ayant été battu*, o veza bet cannet. — *Etant malade*, o veza clañ. *Ayant été malade*, o veza bet clañ. *v. ayant.*

ETAPE, eñtap, *pl.* ou.—*Aller à l'é-tape*, moñnet d'an eñtap.—*Ils sont par étape*, ez ma int dre eñtap.

ETAPIER, *qui distribue les étapes*, eñ-taper, *pl.* yen.

ETAT, *condition*, *profession*, stad, *pl.* ou. *Van.* id., *pl.* eû. *Treg.* stad, *pl.* o. *L'affaire est en bon état*, ez ma an affer ê stad vad ou ê trayn vad.—*Elle est en bon état*, *en bonne santé*, ez ma ê stad vad, ez ma ê yec'hed, yac'h eo, mad eo, manivicq ez ma, ez ma brao, seder eo, bagol eo.—*Demeurer au même état*, chom ê memês stad, chomm ec'hiz qent, *pr.* et.— *Prendre un état de vie honnête*, qe-meret ur stat onesta vuëzéguez, *pr.* id. — *Il est en état de servir ses amis*, ez ma eñ stad ou eñ galloud da renta servich d'e vignouned.—*Etat*, *estime*, stad, is-tim. *Van.* id.—*Faire état de quelqu'un*, ober stad vês a ur re.—*Il n'a fait aucun état de lui*, n'en deus great stad e-bed anezâ, n'en deus græt van evit e vellet. —*Etat*, *dessein*, dêso, count.— *Je fai-sais état de l'aller voir*, me am boa dêso da voñnet d'e vellet, me am boa græt va c'hount da voñnet d'e vellet.—*Etre en état d'aller*, *être prêt*, beza prèst ou beza ê tailh da voûnet.—*Etat*, *royaume*, *empire*, stadou, rouantélez. *v. aristocra-tie*, *démocratie*.—*Les états de France*, sta-dou Françz, ar stadou eus a Françz, ar rouantélez a Françz.— *L'état de la France*, *sa position*, ar stad a Françz.— *Les états du Grand-Turc*, stadou an Tu-rucq-Bras, empalaèrded an Turucq.— *Les états de Bretagne se tiennent à Dinan*, ar stadou a Vreyz a zalc'heur breñâ è

Dinam.—*Etat, rang politique*, stad, reneq. —*Les états généraux du royaume*, ar stadou general eus ar rouantélez.—*Les trois états du royaume*, an try stad eus ar rouantélez.—*L'état ecclésiastique est le premier des trois*, stad an ilis a so arc'henta eus an try.—*L'état de la noblesse est le second*, stad ar renobl *ou* stad an noblançz pe an eil.—*L'état du peuple est le troisième*, stad ar vouro'hizyan enorapl a so an drede stad.—*L'état des laboureurs*, stad al labouridy, ar stad terryen. — *L'état des corps de métier*, stad ar vecherouryen.— *L'état des artisans*, stad an artisaned.—*L'état d'innocence*, ar stad a innoçzançz, ar stad a justiçz, ar stad a c'hraçz, ar stad dinam, ar stad diantecq.—*Adam avait été créé dans l'état d'innocence*, hon tad Adam ayoa bet erouëet gand Doüe, dinam *ou* diantecq; Adam a yoa bet erouëet ê stad a innoçzançz pu ê stad a justiçz *ou* ê stad a c'hraçz; gad un aznaoudéguez parsedd eus a Zoüe ha gand ur garantez actuel evit e vagestez, hep nep youl disordren.

ETAU, *instrument pour serrer et tenir ferme*, viçz-taul, *pl.* viçzou-taul.—*Petit étau qu'on tient en main*, viçz-dôrn, *pl.* viçzou-dôrn.

ÉLÉ, *saison*, haû. *Van.* hañv. *Al.* haff.—*L'été est chaud*, an hañ a so tom. *Van.* en hañv a so tuém.—*Les étés sont différents*, an hañvou a so dishével *ou* ne dint qet atau hével an eil ono'heguilo.—*Un jour d'été*, un deiz hañ.—*Passer l'été d Dunkerque et l'hiver d Marseille*, trémen an hañ é Dukærq hac ar goañ é Marseilla.—*Hiver et été*, hañ-goañ. *Qui appartient à l'été*, haûveoq, hañvus. —*Fruits d'été*, frouëz hañveoq.—*Eté d'été, en une autre saison*, amser hañvus.

ETEIGNOIR, *pour éteindre les cierges*, goualénn-vouguerès.—*pour éteindre la chandelle*, ur mouguericq, *pl.* mouguerigou. *On dit en riant* mouchicq-dall.

ETEINDRE, mouga, *pr.* mouguet; laza, *pr.* et; esteuzi, *pr.* et. *Van.* mougueiñ, laheiñ.—*le feu*, mouga an tan, laza an tan, steuzi an tan. — *la chandelle*, mouga ar goulou, laza ar goulou, ezteuzi an gulo. —*de la chaux vive*,

distana raz, *pr.* et.—*adoucir la chaleur d'une plaie*, distana ur gouly, *pr.* et.— *le soutenir d'une chose*, mouga ar sonch eus a un dra.

ETENDARD. *v. drapeau.*

ETENDRE, *allonger*, displega, *pr.* displeguet; astenna, astenn, *pr.* et. *Van.* asteennein, *pr.* asteennet. — *Etendre une chose sans gêne*, astenn, steigna, *pr.* steignet.—*Etendre par force en long et en large*, distenna, distenn, *ppr.* distennet; stenna, *pr.* et.—*Etendre en long*, heda, *pr.* hedet. *Van.* hedeiñ.— *J'ai étendu cet homme, cette chose tout de son long à terre*, me am eus ê hedet var an doüar.—*Etendre en large*, leda, *pr.* et; ledecq, *pr.* ledet. *Von.* ledeiñ, ledéecq, *ppr.* et.—*Etendre les bras*, astenn an divreac'h.—*Etendre du foin pour secher*, sqigna foën, *pr.* sqignet; lacqât foënn var sqign, *pr.* lecqëet; leda foënn, ledecq foënn. *v. faner.*—*Etendre ses branches, parlant d'un arbre*, sqigna e vrancqou, sqigna e scourou, *pr.* et. *Etendre ses conquêtes*, crisqi e gonqenrérez, *pr.* cresqet; astenn e gonqeurérez, *pr.* et.—*S'étendre, parlant d'une chose*, astenna, astenn, *ppr.* et.—*S'étendre, parlant d'une personne*, hem astenn, *pr.* hem astennet.—*S'étendre sur la terre, én hem heda, *pr.* én hem hedet; hem leda, *pr.* hem ledet.—*Votre pouvoir ne s'étend pas loin, par bonheur pour moi*, ne da qet pell ho calloud, dre un êur-vad; guélla tra so, ne deo qet bras oz calloud.

ETENDU, *spacieux*, spaçzus. *B.-Léon*, ec'hon. *Van.* digoret, ledan.—*Un lieu étendu*, un andred francq, ul lec'h spaçzus, ur plaçz ledan, ur blaçzenn vras, ul leac'h eo'hon. *Van.* ul leh digoret, leh ledan, ur plaçz bras. — *Qui n'est pas étendu*, distenn, pleguet, pleg, disqign, disteign. *v. le sens de ces mots ai verbe* étendre.—*Qui n'est pas étendu, resserre*, stryz, encq, oc'h, à. *Van.* strch, oh, añ.

ETENDUE, *grand espace*, spaçz bras francqiz vraz, cals a spaçz, cals a franc qiz. *v. longueur, largeur.*—*Selon l'étendue de mon pouvoir*, hervez va galloud dioud va galloud, qement ha ma hilliñ, mouyá ma hilliñ. — *Etendue d'esprit*, francqiz a spered, spered francq, ur spered francq pchiny a gompreun cals adraou, hep coufontian eil gad eguile. ETERNEL ( l' ), *Dieu*, Doûe, an autrou Doûe, pchiny a so a viscoaz hac a vezo da visvyqen ; n'en deus na dezrou, na finvez.—*Eternel*, *elle*, *qui n'aura jamais de fin*, eternal, a bado da visvyqen, n'en devezo birvyqen fin, ne finvezo jamès-birvyqen, n'en devezo na fin na difin, a bado qéhyd ha Doûe. *Van.* eternél, he bado de virhuyqen, ne finiçzo jamés-berhuyqen.—*Les diables et les damnès souffriront des peines éternelles*, an diaulou hac ar re gollet a souffro tourmanchou eternal.—*Eternel*, *perpetuel*, a bad bepred, ne baouëz nepred, birr-badus.

ETERNELLEMENT, *de toute éternité*, a viscoaz, a bep eternitez. *Van.* a viscoëh.—*Eternellement*, *d jamais*, da visvyqen, da virvyqen. *Van.* de verhuyqeen.— *Eternellement*, *toujours*, eternalamant. *Van.* eternellemant.—*Eternellement*, *sans cesse*, hep ceçz, atau, hep paouëz. *Van.* hemp ceçz.

ETERNISER, renta eternal, *pr.* et; ober ma pado da virviqen *ou* atau, *pr.* great, græt.

ETERNITÉ, *ce qui n'a ni commencement*, *ni fin*, *la durée de Dieu*, eternitez, hep dezrou na finvez, hep penn na difin, hep penn e-bed, ar badélez a Zoûe. — *Dieu est de toute éternité et sera éternellement*, Doûe a so a viscoaz ou a bep eternitez hac a vezo da visvyqen, Doûe a so a bep hend éternal. — *L'éternité bienheureuse*, an eternitez ëurus, eternitez ar re guenvidicq, eternitez ar sænt. —*L'éternité malheureuse*, an eternitez diseurus *ou* disëur, eternitez ar re gollet.

ETERNUER, strévya, *pr.* et. *Van.* strévyal, strihueiñ.—*Il a éternué cinq ou six fois*, pemp pe c'buec'h gueach èn deus strévyet —*Faire éternuer*, lacqât da strévya, ober strévya. — *Le tabac et la betoine font eternuer*, ar butum hac ar vetonicq a lacqa da strévya *ou* a ra strévya.

ETERNUMENT, strévyadenn, *pl.* ou; strévidiguez, strévyadur.

ETETER *des arbres*, *des clous*, *etc.*, trouc'ha ar blincheun *ou* ar becq, vés a ur vezen, *pr.* trouc'het; dibenna ur vezen, dibenna un taioh, dibenna ur spilhenn, *pr.* et. *Van.* dibëenneiñ. —*Un arbre étété*, guëzen dibennet *ou* diveguet, guëzen a so trouc'het he becq *ou* he blincheun *ou* he lein. *Van.* guën dibeënnet.

ETEUF, *balle de jeu de paume*, bolod, *pl.* ou. *Van.* blotteëun, *pl.* eü.—*Pousser l'eteuf*, bolei, *pr.* ëet; fouëta ar bolod, *pr.* fouëtet; bolodi, *pr.* et.—*Renvoyer l'éteuf*, *repousser une injure par une plus forte*, bounda a cnep bole, *pr.* et.

ETEULE, *la partie du tuyau de blé*, *entre deux de ses nœuds*, taul, *pl.* youl.—*Eteule*, *chaume*. *v.-y.*

ETHIQUE ( morale ), sqyand a zesq ar fæçzoun da gundui ur vuëzéguez vad.

ETHIOPIEN, *qui est d'Ethiopie*, Mauryan, Mauryan du, *pl.* Mauryaued du.

ETIENNE, *nom d'homme*, Stevan, Steffan.—*Saint Etienne*, *premier martyr*, sant Stevan qentâ merzer eus al lésenu a c'hraçz.

ETIENNETTE, *nom de fem.* Tephany.

ETINCELLE, *parcelle de feu*, elyenenn, *pl.* ou; elvenn, *pl.* ou; fulenn, *pl.* ou. *Van.* fulen, *pl.* fulad; flumineun, *pl.* eü.

ETINCELER, elyenenny, *pr.* et; elvenni, *pr.* et; fulenni, *pr.* et. *Van.* fuleneiñ, flumineiñ. —*Etinceler*, *briller*, steredenni, *pr.* et; luguerni, *pr.* et; lufra, *pr.* et; leuo'hi, *pr.* et.

ETINCELANT, *parlant du feu*, elyenennus, ulyenenpus, elvennus, fulennus, elvennecq, fulennecq, oc'h, à, añ. — *Des yeux étincelants*, daoulagad steredennus *ou* luguernus *ou* elvennus, daoulagad leun a dan.—*Des yeux étincelants d'amour ou de colère habituellement*, daoulagad luguern. *C'est une injure dans le cap Sizun*, *en Corn.*

ETIQUE, *fort maigre*, treud-qy, ur sac'had æsqern, grevet, nep ëu deus tisicq *ou* tisicq yeu.—*Fièvre étique*, terzyenu seo'hidus, tisicq, tisicq yen.—

*Il a une fièvre étique*, terzyenn sec'hidus a so gandhâ, tisicq èn deus, tisicq yen a so gandhâ, clañ eo gand tisicq, grevet eo gad tisicq yen. — *Il y avait pour souper un méchant lièvre, flanqué de six petits poulets étiques*, bez'e yoa evit coan, ur c'hadicq fall, gànd c'huec'h pouncinicq o devoa bet tisicq.

ETIQUETTE, *petit écriteau*, tiqedenn, *pl.* ou.—*Juger sur l'étiquette du sac*, douguen ur setançz dreist penn bis , *pr.* douguet; barn èn un drémen, barn diouc'h an dailh eus an diqedenn, barn hep consideri piz guïr pep hiny. *pr.* et.

ETIQUETER, *mettre l'étiquette*, tiqedenna séyer ur procès, *pr.* et.

ETOFFE, eûtoff, *pl.* ou. *Van.* id., *pl.* eû. *v. drap.* — *Qualité de l'étoffe*, an touieh eus an eûtoff.—*J'en veux de cette qualité*, me a fell diu an touïch eñtoffmâ.—*Etoffe fine*, eñtoff an touich fin, eñtoff fiu. *v. violet.*—*Le rebut de l'étoffe*, an amrevus. *Van.* en distérañ, en deles, en damourant.—*Etoffe*, *matière*, *disposition*, danvez. *Van.* danhuë.—*On voudrait faire quelquechose de cet homme, mais il n'y a point d'étoffe*, un dra-bennac a vad a garrét da ober anezé, hoguen ne deus qet a zanvez ènnà *ou* gand-hâ.

ETOFFER, *garnir*, *orner d'etoffe*, eûtoffi, *pr.* et ; goarniçza, *pr.* et ; qempenn, *pr.* et.

ETOILE, steredenn, *pl.* ou; stereñ, *ppl.* ou, stered. *Van.* steren, *pl.* stered ; stiren, *ppl.* stir, stired, stirenneü; stér, *pl.* stéry. *v. astre.*—*Etoiles fixes*, stered parfed.—*Etoiles errantes*, stered red. *v. planète.*—*L'étoile du nord*, steredenn an nord, sterenn an hanter-noz.—*L'étoile du matin*, ar guëleaouen, ar guerelaouenn , ar verelaouenn , sterenn tarz an deiz, sterenn an héaul. *Van.* er vurlëuën, er vourleüen. *Tous ces mots viennent de* guëled, *aspect*, *et de* laouen, *gai.*—*Petite étoile*, sterennicq. *ppl.* steredigou, sterennouïgou.—*Etoile extraordinaire*, sterenn *ou* steredenn dreist-ordinal. *v. comète.* — *Le Ciel des étoiles*, le firmament. oabl ar stered. *v. ciel*, *sable.*

ETOILÉ, *plein d'étoiles*, sterennus, steredet-caër.—*Le Ciel est fort étoilé ce* soir, steredus eo *ou* sterennus eo meurbc'd an oabl henos, steredet caër eo an eê henos, lémm eo ar stered henoas.

ETOLE, *terme d'église*, stol, *pl.* you. *Van.* stol, *pl.* eü.—*Etole violette*, *verte*, rouge, blanche, noire, stol glas, guèzr, ruz , venn , du.

ETONNANT, *e*, *merveilleux*, burzudus, souèzus, saouzanus, oc'h, â, añ. *Van.* souêhus, berhudus, oh, añ, aoñ. *Etonnant*, *épouvantable*, estinus, estlamus, spountus, oc'h, â, añ, *Van.* èhus, sqontus, oh, añ, aoñ.

ETONNEMENT, *surprise*, *admiration*, souëz, saouzan. *Van.* souêh, sourdadur.—*Etonnement*, *epouvante*, estlam, estlamded, spount. *Van.* sqont.

ETONNER, *surprendre*, *troubler*, jeter dans l'admiration, souëza, *pr.* et ; saouzany, saouzana, *ppr.* et. *Van.* souêheiñ, lacqât de vout souêh, sourdeiñ, *pr.* et.—*Etonner*, *épouvanter*, estlami, *pr.* et; spounta, *pr.* et. *Van.* sqonteiñ, *pr.* et.—*S'étonner*, beza souëzet, beza saouzanet, beza estlamet, *pr.* bet. *Van.* bout souêh, bout souêhet, bout sqontet, *pr.* bet.

ETOUFFANT, *te*, mougûs, oc'h, añ. *Van.* id. — *Une chaleur étouffante*, un domder mongus, un domder gand pe hiny ez ma eur ê tailh da vouga. — *Il fait un temps étouffant*, un amser vean ha mougus a ra. *Van.* amsér tufforecq a ra.

ETOUFFEMENT, mougadur. *Vau.* id.

ETOUFFER, monga, *pr.* monguet. *Van.* mougueiñ, *pr.* et.—*Il y a une si grande fumée ici qu'on y étouffe*, monga a rear amañ gad ar mogued.—*La plainte qu'on fait lorsqu'on étouffe de fumée*, bac'h. *On dit prov.* bac'h, mogued a ya èu sac'h, ne allañ qet e nac'h. bac'h *signifie* Bacchus, *comme si la fumée faisait boire.*—*Etouffer sa colère*, mouga e vu aneguez. — *Etouffer de rire*, mouga o c'hoarzin.

ETOUPE, *bourre du chanvre*, *du lin*, stoup, stoup canab, stoup lin.—*Toile de chanvre et d'etoupe*, lyen stoup var ganab. — *Toile faite de fil d'etoupe*, lyen stoup var stoup.

ETOUPER, *boucher avec de l'étoupe*,

síouba, *pr.* et. *Van.* stoupeiñ. *v. boucher.*

ETOURDERIE, *action d'étourdi,*lour-dony, *pl.* you; abaffamand, *pl.* abaf-famanchou; abaffyamand, *pl.* chou; iñtourdiry, *pl.* ou.

ETOURDIMENT, *en étourdi,* ec'hiz da un açzotet, evel un açzotet, evel ul lochore, è fæçzon iñtourdy.

ETOURDIR, *rompre la tête,* borrodi, *pr.* et; terri penn ur re gad e droús,*pr.* torret.—*Vous m'étourdissez de vos bruits, de vos discours et de vos contes,* borrodet oun gand ho trous, gand ho causyou hac ho marvailhérez, torret eo va pheñ gad ho trous, gad ho rambrérez.—*E-tourdir, rendre sot,* abaffi, *pr.* et; açzoti; *pr.* et; trelati, *pr.* et; boëmo, *pr.* et, *de boëm, ensorcelé. Van.* sourdeiñ.

ETOURDI, *imprudent,* lochore, *pl.* éyen; iñtourdy,*pl.* yed; pendolocq, *pl.* pendologued;beulqe,*pl.* éyen; qeuneu-denn, *pl.* ou; penn-baz, caoüenmézo. *Van.*diavis,pendolecq,*pl.* pendoligued.

ETOURDISSEMENT, abaff, bada-mand; borrodérez. *Van.* sourdadur, ambaff.-*Etourdissement. v. éblouissement.*

ETOURNEAU, *oiseau,* dreñ, *pl.* dri-dy. *Van.* treidy, *pl.* treidyed.

ETRANGE, *surprenant,* estrench, es-trainch, isqiçz. ar pez a ro qerse, ar pez a lacqa souëz, azgas.—*Je trouve é-trange,* qerse eo.gueneñ, isqiçz e ca-fañ, souëz eo gueneñ, estrenc'h *ou* es-trainch ez cavañ, azgaseo gueuë.—*Il trouvera étrange,* qerse vezo gand-hâ, souëz vezo gand-hâ, isqiçz ez cavo. is-qiçz, *id est,* è mæs a guiz. — *Etrange, contre l'usage,* isqiçz, estrench, estra-inch, dreistordinal, oc'h, â, añ.—*Il est étrange de voir que,* isqiçz*ou*estrainch co guëllet penaus.—*Une chose étrange,* un dra isqiçz, estraingery, *pl.* you.—*Vous êtes un homme étrange,*un dèn dreis-tordinal oc'h, un dèn isqiçz oc'h, c'huy a so un dèn estrainch.—*Etrange, dur à entendre,* garo, caledd, caledd da glével. *Van.* garv, caledd.—*Voilà d'é-tranges nouvelles,* celu aze qéhézlou garo *ou* qéhezlou caledd da glével.

ETRANGER, *qui est d'un autre pays,* estraûjour, *pl.* yèn; aziavæs-bro. *Van.*

estran, *pl.* estrangeryon. — *Etranger, qui est hors de son pays,* divroëd; *pl.* di-vroïdy. *Van.* id.—*Un pays étranger,* pell-bro, *pl.* pell broëzyou, pell-broyou; ur vro-bell, *pl.* broëzyou-pell, broyou-pell. *Van.* bro-bell, *pl.* broyeü-pell. — *Etranger, parlant de choses qui viennent d'un autre pays,* estren, traou estren, març'hadourez estren.—*Etranger, ère, qui est d'un autre lieu,* estren, *pl.* lud estren, an estren, diavæzyad, *pl.* dia-væzidy. *Van.* estren, dianzævour, *pl.* yon, yan.

ETRANGLER, taga, *pr.* taguet; es-trangli, *pr.* et. *Van.* tagueiñ, *pr.* et.— *Ce qui étrangle,* an dag. — *Puisse-tu é-trangler, imprécation! an dag r'-è tago, ra daguí, ra vezi taguet.—S'étrangler,* hem daga, *pr.* hem daguèt; hem es-trangli, *pr.* hem estranglet. *Van.* him dagueiñ.—*S'étrangler en mangeant,* taga gad un tamm, estrangli gad un tamm. — *Etrangler, criailler après quelqu'un,* tagâ ur re-bennac, *pr.* taguet. — *Qui étrangle par ses criailleries,* taguer, *pl.* yen. *Pour le fem.* taguerès, *pl.* ed. — *Celui ou celle qui est sujet à criailler ainsi,* tagús, oc'h, à, añ.—*L'action d'étran-gler, de criailler,* taguérez.

ETRANGUILLON, *mal de gorge par-ticulier aux chevaux,*straquylhon ar stra-quouilhon.--*Des poires d'étranguillon,qui prennent à la gorge,* pèr tag,pèr sergeaut.

ETRAPE, *instrument pour couper le chaume, etc.,* strep, *pl.* ou; inglod, *pl.* ou, inglojou; beou,*pl.* ou;marbiguell, *pl.* ou.

ÊTRE, *exister, verbe auxiliaire.* —*Je suis, tu es, il est,* me a so, te a so, eñ a so *ou* me so, te so, eñ so. *Nous sommes, vous êtes, ils sont,* ny a so, c'huy a so, y a so *ou* int a so. — *J'étais, tu étais, il était,* me a yoa, te a yoa, eñ a yoa *ou* me a voa, te a voa, è a voa. *Nous étions, vous étiez, ils étaient,* ny a yoa, c'huy a yoa, y a yoa *ou* ny a voa, c'huy a voa, y a voa. — *Je fus, tu fus, il fut,* me a voüé, te a voüe, eñ a voüé. — *Nous fû-mes, vous fûtes, ils furent,* ny a voüé, c'huy a voüé, y a voüé. — *J'ai été, tu as été, il a été,* me a so bet, te a so bet,

eñ a so bet. *Nous avons été, vous avet été,* | beza ez maër, beza ez'oar. *On était, ez'*
*etc.*, ny a so bet, c'huy a so bet, y a so | edot, ez oat. *On a été,* bezo ez vézér bet.
bet. — *J'avais été, tu avais été, etc.*, me | *On avait été* , beza ez eat bet. *On sera,*
a yoa bet, te a yoa bet, é a yoa bet *ou* | beza ez vezor, beza ez vihor. *Il y a qua-*
me a vöa bet, te a voa bet, eñ a voa bet, | *tre autres manières de conjuguer ce verbe*
*Nous avions été, vous aviez été, etc.*, ny a | *qu'on peut trouver dans la Grammaire.* v.
yoa bet, c'huy a yoa bet, y a yoa bet | *avoir, faire.* — *C'est être sage que de pen-*
*ou* ny a voa bet, c'huy a voa bet, y a | *ser sans cesse d son salut,* beza fur eo ou
voa bet. — *Je serai, tu seras, il sera,* me | furnez eo d'an dèn songeal atau èn e
a vezo, te a vezo, eñ a vezo. *Nous se-* | silvidiguez. — *Il n'a jamais été bon et*
*rons, etc.*, ny a vezo, c'huy a vezo, y a | *jamais ne le sera,* biscoaz ne deo bet mad
vezo. — *Sois, qa'il soit,* béz, bézët. *Soyons,* | na bisvyqen ne vezo, biscoaz mad ne
*soyez, qu'ils soient,* bezomp, bézit, bé- | dalvezas na birvyqen mad ne dalvezo,
zént. — *Je serais, plût d Dieu que je fus-* | didalvez eo bet atau hac atau ez vezo.
*se , tu serais, etc.*, ra vezén, ra vezés, | — *On ne peut pas être et avoir été,* beza
ra vezé *ou* ra vizén, ra vizés, ra vizé *ou* | ha beza bet ne dint qet ur c'hement. —
pligé gand Doûe ez vezén *ou* am youl | *N'être pas bien, ne se point porter bien, n'ê-*
ez vezén *ou* a youl é vizén, ez vizés, ez | *tre point d son aise,* huytout, *pr.* et. — *Il*
vizé. — *Plât d Dieu que j'eusse été, etc.*, | *n'est pas bien,* huytout a ra. — *Il est as-*
ra vezén bet, ra 'vezés bet, ra vezé | *sez bien,* ne huyt qet. — *Je suis assez bien,*
bet, *ou* ra vizén - me bet, ra | ne huytan qet. huytout *n'est point usi-*
vizés-te bet, ra vizé-eñ bet. *Plur.* ra vi- | *té en Léon, B.-Trég. et B.-Corn.*, *mais*
zémp bet, ra vizec'h bet, ra vizént bet. | *partout ailleurs.* — *Etre, appartenir d,*
— A youl ez vezén, ez vezés, ez vezé | beza da, *pr.* bet da. — *Ce livre est d moi,*
*ou* a youl é vén, é vés, é vé. — *Quoique* | al levr-ze a so diû *ou* a so diû-me. —
*que je sois, tu sois, il soit, nous soyons, etc.*, | *Etre bien avec quelqu'un* , beza èr-vad
guëlet penaus ez vezén, ez vezés, ez ve- | gand ur re-bennac , beza a-unan gad
zé *ou* ez vezémp, ez vezac'h, ez vezént | ur re, *pr.* bet. — *Ils sont mal ensemble* ,
*ou* peguement-bennac e vén, é véz, é | ne ma int qet èr-vado daou *ou* açzam-
vé *ou* peguement-bennac è vémp , è | blés, beza eus *ou* bez'-ez eus goall-eñ-
véc'h, è vént. — *Quoique je fusse, tu fus-* | tend qen-eûtrezo, droucq-eûtend a so
*ses , il fût , nous fussions , etc.*, pegue- | eûtrezo o daou, ne dint qet a-unan. —
ment-bennac ez vizén, ez vizés, ez vi- | *Il n'en est pas encore où il pense être,* ne
zé, ez vizémp, etc. — *Quoique j'ai été,* | deo qet quyt evel ma sounch dezâ. —
*etc.*, guëlet penaus *ou* peguement-ben- | *C'est d moi d faire cela,* din-me eo da ober
nac, è vén bet, è véz bet, è vé bet *ou* | qemen-ze, ouzon-me e aparchant da
ez vezén bet, ez vezés bet *ou* ez vezémp | ober qemen-ze, din-me eo dleat ober ze.
bet, ez vezac'h bet, ez vezént bet. — | **ETRE,** *ce qui existe, l'être,* ar beza,
*J'aurai été, que j'aurai été, etc.* , me a | ar vuëz, ar bezançz. *Van.* er vuhe. —
vezo bet, te a vezo bet, è a vezo bet *ou* | *Etre incréé, l'être de Dieu,* ar beza a vis-
pa vezin bet, pa vezi bet, pa vezo bet, | coaz, ar beza eus a Zoûe, ar vuez eus
pa vezimp bet, pa vihomp bet, pa vi- | a Zoûe, ar bezançz a Zoûe. — *L'être*
hot bet, pa vihét bet, pa vezint bet, pa | *créé, l'être des créatures,* ar beza *ou* ar
vihont bet. — *Etre,* beza. *C'est le véri-* | vuëz eus ar c'hrouaduryou, ar groua-
*ritable mot; mais autrefois on a dit* bezout; | duryen, ar c'hrouadûryou. — *Nous te-*
*maintenant par corruption on dit hors de* | *nons l'être et la vie de Dieu qui est le pre-*
*Léon,* béa, beañ, béout, bout, but, *qui* | *mier être,* ar bezâ hac ar vuëz hon eus
*font tous au pr.* bet, *autrefois* bezet. — | digand Doûe, pebiny o veza a viscoaz,
*Avoir été,* beza bet. — *D'être, pour être,* | a so ar pencaus a bep tra.
da veza. — *Devoir être,* dléout beza. — | **ETRES** *d'une maison,* an trecz, an
*Etant,* o veza. — *On est,* beza ez nixeur, | doare eus a un ty, *pl.* doareou ; an da-

- tempred dre an ty.—*Vous ne sarez pas
*lts êtres de cette maison*, ne ouzoc'h qet
an treçz dre an ty-mâ, ne ouzoc'h qet
an doarēou dre an ty-mañ, ne aznave-
zit qet an darempred dre an ty-mâ.
ETRECIR, *faire plus étroit*, stryza,
*pr*. et; encqaat, *pr*. ēet. *Van*. encqât,
encqeiñ, striheiñ, streheiñ, *ppr*. et. *Ces
deux mots de Van*. striheiñ *et* streheiñ,
*sont obcènes dans le B.-Van., de même que*
stryza *ou* stryzo, *dans la H.-Corn*. —
*Etrécir un habit*, encqât un abid, stry-
ze ur guisqamand:
ETRECISSEMENT, *action d'étrécir*,
stryzadur, encqded; encqadur. *Van*.
strahadur, strihadur, encqadur,
ETREINDRE, *serrer en liant*, starda,
*pr*. et. *Van*. sterdeiñ, *pr*. et.—*Etreindre une sangle*, starda ar cenclenn. —
*Etreindre un homme entre la muraille et
soi*, goasqa un dèn eñtre ar vōguer hac
eñ, *pr*. goasqet; goana un dèn, *pr*. et.
— *Etreindre un homme. l'inquiéter*, encqresi un dèn, *pr*. et.—*Etreindre la main*,
goasqa an dourn. — *Etreindre un linge
mouillé*, guēsqell ul lyen gleb, goasqa
ul lyen gleb, *ppr*. goasqet.
ETREINT, *e*, stard, oc'h, â, añ. *Van*.
sterd, oh, añ. — *Qui n'est pas étreint*,
distard. *Van*. disterd.
ETREINTE, *l'action d'étreindre*, starda , *pl*. ou ; stard, *pl*. ou; stardadur,
goasq, goasqadur.—*Une petite étreinte*,
ur stardaïcq, *pl*. stardaïgou.
ETRENNES, *présent qu'on fait au commencement de l'année*, kalanna, *id est, ce
qui arrive aux calendes, de* kal, *calendes;
dēzroû-mad, id est, commencement. Van*.
dere-mad ag er blê nēaē, doned-mad
ag er blê nēuē. — *Donnez-moi, s'il vous
plaît, mes bonnes étrennes,* va c'halanna
dign, mar plich; deut va dézrou-mad,
me oz ped.—*Etrennes, la première vente
d'un jour que fait un marchand*, dézrou
mad.—*Je n'ai pas encore reçu mes étrennes, je n'ai d'aujourd'hui rien vendu,* n'am
eus qet bet c'hoaz va dézrou mad, n'em
eus gûerzet c'hoaz netra evit an deiz.
—*Etrenne d'un habit*, ar c'hentâ-guisqa.
ETRENNER, *donner des étrennes*, rei
e galanna da ur re, *pr*. roët. — *Etre*

étrenné; receo e galanna ou ō zēzrou mad,
*pr*. recevet. — *Etrenner un marchand,*
dezraouī, *pr*. ēt; rei e zézrou mad da
ur marc'hadour, *pr*. roët: —*Je n'ai pas
encore été étrenné,* ne doun qet bet dēz-
raouët evit an deiz, n'am eus qet bet
c'hoaz va dézrou mad. —*Etrenner un
habit*, guîsqa un abid evit ar veach qentâ, *pr*. guîsqet.
ETRIER, stleucq, *pl*. stleugou, stlévyou. *Van*. stleg. *pl*. ueû. — *Mettre le
pied à l'étrier*, stlévya , *pr*. et; stleuga;
*pr*. uet. — *Faire perdre l'étrier à son ennemi*, divarc'ha e adversour, *pr*. et; discarr e adversour divar ē varc'h, *pr*. et.
ETRILLE, scrivell, *pl*. ou; scriffell,
*pl*. ou. *Van*. scrihuēl, *pl*. eû.
ETRILLER, scrivella, *pr*. et; scriffel-
la, *pr*. et. *Van*. scrihuēlleiñ, *pr*. et.
ETRIPER, *ôter les tripes*, distripa, *pr*.
et; istripa, *pr*. et; distlipa, *pr*. et.
ETRIVER, *lutter*, stryva, *pr*. et; strŷf-
fa, *pr*. et.
ETRIVIÈRE, *courroie d'étrier*, léz-
renn-stleucq, *pl*. lézrennou-stleucq;
lezr-stléucq. — *Etrivières, les donner,*
castiza ur re gand lézr ar stlévyou, *pr*.
castizet.
ETROIT, *e*, *qui a peu de largeur*, stryz,
encq, oc'h, â. *Van*. strih, streh, moēn,
oh, añ. — *Chemin étroit*, hend stryz;
*pl*. hinchou stryz. — *Ecurie étroite ,*
merchoçzy encq.
ETROITEMENT. *d'l'étroit*, var encq,
èn encq, clos-ha-tenn. — *Embrasser
étroitement*, bryatât stard, *pr*. ēet; rei ur
bryata clos ha stard, *pr*. roët.
ETUDE, *study, pl*. you. *Van*. id., *pl*.
eû. — *S'appliquer à l'étude*, hem rei d'ar
study, *pr*. hem roët. — *Un homme d'é-
tude*, un dèn a study, *pl*. tud a study;
un dèn studyus, *pl*. tud studyus. — *Un
homme sans étude*, un dèn distudy, *pl*.
tud distudy; un dèn hep study, *pl*. tud.
— *Quitter l'étude*, quytât ar study, *pr*.
ēet; renonç d'ar study, *pr*. et. — *Compagnon d'étude*, camarad a study, *pl*. ca-
marad̄ed̄; compaignum a study, *pl*. ed.
*Van*. id.
ETUDIER, studya, *pr*. et. *Van*. studyeiñ, studyal, *ppr*. et. — *Il étudie ac-*

47

tuellement en *Sorbonne*, bréma èn déou
è studÿ èr Sorbonn. — *S'étudier*, *s'ap-*
*pliquer à*, lacqât e studÿ da, pr. ëet.

ETUI, boëstl, *pl.* ou. *Van.* boëst, *pl.*
eû. — *Etui du calice*, boëstl ar c'halizr.
— *L'étui de la croix d'argent*, boëstl ar
groaz arc'hant. — *Etui de cuir*, boëstl-
lézr, *pl.* boëstlou-lézr. — *Petit étui*,
boëstlicq, *pl.* boëstlouïgou.

ETUVE, *lieu échauffé pour faire suer*,
stanfailh, *pl.* ou, *de stoufa, boucher.* —
*Nous sommes ici dans une étuve*, parlant
*d'une chambre fort échauffée*, evel èn ur
stoufailh ez ma omp ama.

ETUVÉE, *sorte d'assaisonnement*, sauz-
moug, *pl.* sauzyou-moug; etuffeëun,
*pl.* ou. — *Des carpes à l'étuvée*, carped
èr sauz-moug, un etuffeënn carped.

ETUVER, *laver une plaie*, guëlc'hi ur
gouly gand ul liqor bennac, pr. guël-
c'het; glibya douçzicq ur gouly evit e
naetaat hac e fresqaat, pr. glibyet.

ETYMOLOGIE, grizyen ha sinifyançz ur guer.

EUCHARISTIE, sacramand an auter,
ar sacramand adorapl eus an auter.

EUNUQUE, *impuissant par faiblesse ou*
*par nature*, spaz dre natur, *pl.* spazéyen;
tisocq, *pl.* tisogued; spazard, *pl.* ed. v.
*soc.* — *Eunuque*, *châtré*, spazet, *pl.* tud
spazet; spaz, *pl.* spazéyen.

EUPHAISE, *plante*, sivyen-red, sivy
red, lousaouen sclæricq, butum-nevez.

EUROPE, *partie du monde*, Europa,
an Europa, unan eus ar peder c'hevrenn vès ar bed.

EUROPEEN, *qui est d'Europe*, euro-
pad, *pl.* Europidy; Tocqed, *pl.* Tocqidy,
*de* tocq, *chapeau*, *que les Européens por-*
*taient seuls.*

EUX, *pron. rélat. de la troisième pers.*,
iy. v. *elles.* — *Qui donc*, *eux?* piou eta,
iy? — *D'eux*, anézo, anézeu, anézé.—
*A eux*, dézo, dézeu, dézé. — *Par eux*,
dreizo, dreizen, dreizé. — *Avec eux*, gand
ho, gand heu, gand hé. — *D'avec eux*,
digand ho, digad ho, digand heu, digand hé, digad hé. — *Sans eux*, hep zo,
hep do, hep zeu, hep deu, hep dé, hep
té. — *En eux*, ènho, ènheu, ènhé. —
*Hors d'eux*, èr meas anézo *ou* anézeu,

èr mæs anézé. — *Entre eux*, cûtrezo,
entrezeu, cûtrezé. — *C'est à faire à eux*,
oudho e aparchant. — *C'est pour eux*,
evito eo, eviteu eo, evité eo.

EVACUATION, *l'action d'évacuer*,
discarg, discargadur, goulloadur.

EVACUER, *vider*, *sortir*, discarga ar
goall-umoryou, pr. discarguet; caçz an
drouc-umoryou èr mæs eus a gorf ur
re, pr. caçzet.

EVADER, *s'évader*, achap è cuz, pr.
et. r. *s'esquiter.*

EVALUATION, istimadur just vès
a un dra.

EVALUER, *apprécier*, istima un dra-
bennac d'ar just, pr. istimet d'ar just.

EVANGELIQUE, a aparchant ouc'h
an aviel, eus an aviel, hervez an desqadurez eus an avyel, hervez an avyel.—
*Les conseils évangéliques*, cusulyou an a-
vyel, ar c'husuly eus an avyel evitbeza
parfedd. — *La pauvreté évangélique*, ar
baourentez a galoun. v. *pauvreté.*

EVANGELISER, *prêcher l'évangile*,
prezecq au avyel, pr. prezeguet.

EVANGELISTE, *auteur de l'évangile*,
avyeleur, *pl.* yen; avyeler, *pl.* yen; avyelist, *pl.* ed. *Van.* avyelour, *pl.* you, yan;
avyelist, *pl.* ed. — *Les quatre évangélis-*
*tes*, ar pévar avyeler, ar pévar avyelist.
—*Saint Jean l'évangéliste*, sant Jan avyeleur, sant Jan avyelist, san Yan avyeler. — *Les évangélistes*, an avyelèryen,
an avyelisted.

EVANGILE, avyel. *Van.* avyél. —
*L'évangile de ce jour nous dit que*, an a-
vyel a hiryau an deiz a lavar deomp
penaus. *Van.* en avyel ag e hiriu e br
dimp peneus. — *Le premier évangile de*
*la messe est du jour*, le second de saint
Jean, an avyel qenta èn overenn, a so
dioud an oviçz, an eil a lennér hervez
sant Jan. — *Chanter l'évangile en qualité*
*de diacre*, avyela, pr. et; cana an avyel,
pr. et. -- *Le côté de l'évangile*, an tu vâ
an avyel. -- *Prêcher l'évangile*, prezecq
au avyel, pr. prezeguet, *Van.* predecq
en avyél, pr. predeguet. --*Jurer sur les*
*saintes évangiles*, toui·t var an avyel sac·
pr. id. *Van.* touceiñ ar en avyél, pr. et

EVANOUIR, *tomber en faiblesse. v. dé*

faillance.—*S'évanouir, disparaître*, dis-pariçza buan, *pr.* et; dismanta prèst, *pr.*et; moûnet ê dismand, *pr.* ëet.

EVANOUISSEMENT. *v. défaillance.*

EVAPORATION, *élévation de vapeurs*, pa sao moguedennou eus an doûar.

EVAPORER (s'), *s'échapper en vapeurs*, moûneteû mogued.pr.ëet. *v. s'évanouir.*

EVAPORÉ, *léger. v. éventé.*

EVASION, *fuite secrète*, teac'h syoul, achapadtuf ê cuz.

EVE, *nom de notre première mère*, Eva. *Van.* Ev.

EVECHÉ, *diocèse*, escopty, *pl.* ou. *Van.* id., *pl.* eü. *v. épiscopal.*—*Il y avait* 109 *évéchés en France, dont* 9 *étaient en Bretagne*, nao escopty ha cant a yoa ê Françz, pe eus a re ez yóa ñao en Breyz. —*Evéché, siège épiscopal*, sich un escop, escopty. — *Evéché, palais épiscopal*, es-copty, *pl.* escoptyez, escoptyou. — *Il demeure à l'évéché*, èn escopty ez chom.

EVEILLER, dihuna ur re, *pr.* et. *Van.* dihuneiñ, dihousqeiû, *ppr.* et.—*S'éveiller*, dishuna, *pr.* et; dihuna, *pr.* et; divorñla, *pr.* et.— *Celui qui éveille les autres*, dishuner, *pl.* yen; dihuner, lihunour, *ppl.* yen. — *Cela est propre à éveiller l'esprit*, mad eo an dra-ze da diva-ɪega ar spered *ou* da divoredi ar spered.

EVEILLÉ, *ée, qui ne dort point*, dis-ɪun, dihun. *Van.* dihun; dihousq. — *Eveillé, vif, agissant*, dishun, dihun, ʝeo, oberyand, ampart, isqyt, oc'h, ɪ, añ. *Van.* dihun, biv, ampert, apert, ʝh, añ. — *Un garçon éveillé*, ur pautr ʹryol, ur pautr isqyt, *pl.* pautred fry-ɪl *ou* isqyt.

EVENEMENT, *issue d'une chose*, içzu, *l.* ou; ar pez a erru, ar pez a zigouez. —*Selon les événements*, diouc'h air içzu ʴdevezo an traou, diouc'h ma tigouë-o an traou, hervez ma tigouëzo, di-ɪɪd ma ez ay ar bed, diouz ma yello r bed.—*A tout événement, quoi qu'il en uisse arriver*, arruét pe arrɪo, dëus enaus e tui ar bed, deuët ar bed evel ɪɪɪ caro, arruët a garo.

EVENTAIL, *instrument pour s'éven-r*, avelonêr,*pl.* ou.*Van.* auëlër.*pl.* yeü. -*Petit éventail*, avelouërig, *pl.* gou.

EVENTER, *donner de l'air*, aveli, *pr.* et. *Van.* aüeleiñ, *pr.* aüelet.—*Eventer du blé avec la pelle*, aveli ed.—*S'éventer, prendre du vent, perdre sa force*, aveli, *pr.* et; semplaat, *pr.* ëet.—*Le vin s'évente*, aveli a ra ar guîn.—*Eventer, divulguer*, avely, *pr.* et; disculya, *pr.* et; disolei ; *pr.* disoloet.—*La mine est éventée, le secret est découvert*, avel he'dous qemeret ar min *ou* avelet eo ar min., disculyet *ou* disoloet eo ar segred. *Burlesq.* cac'het eo ar marh ouzomp.

EVENTÉ, *évaporé, léger*, strantal, *pl.*strantaled, tud strantal; aveloeq, *pl.* avelogued, aveléyen; penn-avelet, *pl.* pennou-avelet; penn-glaoulcq, *pl.* penn-glaouïgued. *Van.* aüelet, pëenn aüelet.

EVENTRER, divouzella, *pr.* et. *Van.* divoëleiñ, *pr.* et. *v. étriper.*

EVÊQUE, escop,*pl.* esqibyen, esqep. *Van.* escob, *pl.* ed.

EVERTUER (s'), *s'exciter au bien*, èn hem vertuzi da, *pr.* èn hem vertuzet; lacqâ e striff *ou* e boan da, *pr.* ëet. — *Evertuez-vous donc*, èn hem vertuzit'eta, licqit stryff ènnoc'h, licqit un ene èr c'horf-ze? enaoùit ar c'horf-ze eta.

EVICTION,*action d'évincer*,racqtuyd, *pl.* ou.

EVIDEMMENT, èn ur fæçzoun · az-ʰnad, gand aznadurez.

EVIDENCE, *qualité évidente*, azna-durez, açzurançz azuad, splander pa-tant, patanded.

EVIDENT, *e, manifeste*, haznad, az-nad, *on prononce* ânad; patant, sclær, splann, oc'h, â, añ. *Van.* sclær, splañ, oh, añ, aoñ. *Al.* gnou. — *Rendre évident, mettre en évidence*, renta aznad *ou* patant, *pr.* rentet; disquëz aznad *ou* patant *ou* sclear, *pr.* et. *Van.* disqoeiñ span,ʺdisqoeiñ sclær, *pr* disqoëheit.— *Devenir évident*, aznataat, *pr.* ëet; sclæ-raat; *pr.* ëet; doñnet da veza patant *ou* aznad, *pr.* deuët. *Van.*splannciñ, sclæ-reiñ. *Al.* gneni, *pr.* et.

EVIDER, *ôter de l'empois*, digauta, *pr.* et. — *La blanchisseuse est à évider son linge empesé*, ez ma ar vénncurès o di-gauta.

EVIER, *égoût de cuisine*, cann, *pl.* you.
—*L'evier est bouché*, stancqet eo ar c'han red eo e-zistaucqa. —*Evier*, *pierre de cuisine*, dâr, *pl.* you; darz, *pl.* you, ou.

EVINCER, *déposséder quelqu'un juridiquement d'un héritage*, racquyta ul le-ac'h, *pr.* et ; diboçzedi ur re-bennac, *pr.* et; tenna dre justiçz un doüar pré-net gand un all, *pr.* tennet. *Van.* diboç-redeiñ, *pr.* et.

EVITABLE, tec'hus, oc'h, á, añ. *Van.* id.

EVITER, tec'het *ou* tec'bel diouc'h, *pr.* tec'het; pellaat dioud, *pr.* pelléet; divoall ouc'h, *pr.* et. — *Il faut éviter le péché*, red eo tec'het diouc'h ar pec'hed, red eo pellât diouc'h ar pec'hed, red eo divoal ouc'h ar pec'hed, red eo hem viret oud pep pec'hed, red eo hem vi-ret gand graçz Doüe oud pep pec'hed.

EVOCATION, *action d'évoquer*, galv eus a ul lès da un all, galv eus a ur parlamand da eguile, galv eus a ur gampr da he bèn. — *L'évocation se fait à cause des parentés ou alliances*, qiriñtyez pe neçzanded gaud ar varnéryen a ra guervéll eus a ul lès da eguile. — *Evocation*, *appel des démons*, ar galv eus au diaulou dre c'halmou añ sorcéryen.

EVOQUER, *appeler*, *t.de pratique*, caçz ur gaus dre c'halv èn ul lès all, *pr.* et; tenna davedhañ ur gaus vès a ul.lès all, *pr.* tennet. → *Evoquer les démons*, guervel au diaulou gaud c'halmou, *pr.* galvet. — *Evoquer les âmes des morts par le moyen des magiciens*, guervel an ana-oun drémenet gandard an droucq spe-red. — *La Pythonisse de l'écriture évoqua l'ombre de Samuël pour parler à Saül à qui il prédit sa mort*, etc., 1 *des Rois*, ch. 28, ar sorcerès pe eus a hiñy ez prezecq ar scritur sacr, a chalvaz hac a zigaç-zas a douëz ar re varo, ene ar prophed Samuël eyit ma parlantzèouc'h arroüe Saül, pe da hiñy ez diougaṇas e varo.

EXACT, *ponctuel*, stryvant, acqedus, oc'h, añ. — *Exçt à son travail*, stry-vant èn e labour, acqedus èn e labour. —*Exact à tenir sa promesse*, acqedus da zerc'hel e c'her, acqedus da fourniçza e bromeçzaou.—*Etre exact*, beza stry-

vant, beza acqedus, *pr.* bel; eahout acqed, *pr.* bet. —*Rendre exact*, acqedi, *pr.* et ; renta acqedus, renta s'ryvant, *pr.* rentet; rei striff, rei acqed, *pr.* roët.

EXACTEMENT, èn ur faeçzoun stry-vaut *ou* acqedus , gand acqed , gand stryff.

EXACTEUR, *qui fait des exactions*, preyzer, *pl.* yen ; laër , *pl.* on; labouçz preyz, *pl.* labouçzed-preyz.

EXACTION, *action d'exiger plus qu'il n'est dû*, preyzérez , *pl.* ou; larroncy, *pl.* ou.—*Faire des exactions*, ober prey-zérez , *pr.* grœt.

EXACTITUDE, *ponctualité*, acqed, stryff.

EXAGÉRATION, *hyperbole*, cres-qançz, broudérez, brodéur, broudéur. —*Sans exagération*, hep crisqi an tra-ou , hep c'huëza an traou, o lavaret pep tra è c'hiz ma zint, hep brodérez.

EXAGÉRER, *user d'hyperboles*, cris-qi un dra, *pr.* cresqet; c'huëza un dra, *pr.* et ; ober broudérez. *v. broder.*

EXALTATION, *élévation*, ubellidi-guez, uhelded. *Van.* ihuelded, iñhuel-ded. *Van.* leveson.—*L'exaltation de sainte Croix*, *fête du* 14 *septembre*, goüel meulidiguez ar groaz d'ar bévarzecvet deiz a vengolo, meulidiguez ar groaz goüel Christ.—*Il faut prier pour l'exal-tation de la foi de notre mère sainte Eglise*, red eo pidi evit gloar, evit meulidiguez ha cresqadurez ar feiz eus hou mamm santel an Ilis.—*Exaltation d'un pape*, crouïdiguez ur pap, ar grouïdiguès a ur pap, plaçzadurez ur pap var sich abostolicq.

EXALTER, *louer hautement*, meu-cals, meuli dreist musul, meuli èn e faeçzoun divusul, meuli dreist-peur, *pr.* meulet; uhellât caër, uhellât meu-bed, *pr.* uhelléet.

EXAMEN, *recherche exacte*, enclask, *pl.* ou ; eçzamen, *pl.* ou ; eçzamiu, *pl.* ou. — *Faites votre examen de consci-ence avant que de vous coucher*, grit ho eçza-men a goustyançz ou grit ho eçzamen a goustiançz abarz moünet d'o cuel-a goustiançz abarz moünet d'o cuel

EXAMINATEUR, eçzaminer, *pl.* ye eçzamener, *pl.* yen; cñclasqer, *pl.* ye

EXAMINER, eçzamena, *pr.* et; eç-zamina, *pr.* et; eçzamina èr-vad, eñclasq, *pr.* et; eñcłasq piz; pouësa, *pr.* et ; sellet piz, *pr.* id.

EXAUCEMENT, *action d'examœr,*autreadur.— *L'exaucement de nos prières,* an autreadur d'hon pedennou.

EXAUCER, *accorder,* autreu, *pr.* ëet; clévet ouc'h pedennou ur re, clévet pedennou ur re, *pr.* id. — *Dieu a exauce mes prières,* autrëet èn deus Doüe dign ya goulenn, an autrou Doüe èn deus clévet onc'h va phedennou, clévet èn deus Doüe dre e vadélez va phedennou, autrëet eo bet va goulen gad Doüe, clévet eo bet va phedenn gad Doüe.

EXCEDANT, *surplus,* ar peza so ouc'h penn, an nemorand. *Van.* en diovér.

EXCEDER, eçzedi, *pr.* et; moûnet èn tu-hont d'ar pez a so dleat, *pr.* ëet; trémen, *pr.* et.—*Cela excède mes forces,* an dra-ze a drémen va galloud, qemenze a so dreist va nerz *ou* dreist va galloud, an dra-ze a ya èn tu-hont d'am galloud.—*Il a excédé au boire et au manger,* eçzedet èn deus èn dibri hac èn eva, re èn deus debret hac evet.

EXCELLEMMENT, eçzelant, esqis, maniïicq, èn ur fæçzoun esqis *ou* eçzelant. *Van.* ecceiant ; manehüicq.

EXCELLENCE, eçzelauded, eçzelançz, esqisded.—*Par excellence,* gand eçzelanded, gand esqisded, dre eçzelançz,diouc'h an dibab, a dailh, a fæçzoun.-*Son excellence, titre,* e eçzelanded.

EXCELLENT, *te, exquis,* eçzelant, esqis, maniïicq, oc'h, à. añ. *Van.* eccelant, oh, añ. — *Des mets excellents,* meusyou eçzelant, boëd esqis.

EXCELLER, *surpasser,* tcémen, *pr.* et; beza dreist, *pr.* bet; moûnet dreist, *pr.* ëet.—*Il excelle par-dessus tous les autres,* trémen a ra cals ar re all, beza ez ma dreist ar re all oll, dreist ar re all oll ez a.

EXCEPTER, *réserver,* miret, *pr.* id. *Van.* id.—*Il lui a tout donné, excepté sa maison,* roët èn deus oll-dra deza, nemed e dy *ou* e dy hepqen èn deus miret. --*Excepter, tirer hors de la règle ordinaire,* eceva, *pr.* ecevet; eçzepti, *pr.* et.— *Il*

*faut excepter ce mot,* red eo eceva ar guermañ.—*Sans excepter personne,* hep eceva necun, hep eçzepti nicun, hep espern dèn e-bed.—*Qui dit tout, n'excepte rien,* nep a lavar oll, na ecev netra *ou* ne eçzept netra.

EXCEPTÉ, *hormis,* nemed, nemerd. *Van.* nemeit, nameid.—*Excepté un ou deux,* nemed unan pe zaou.—*Excepté contre sa conscience,* nemed a enep e goustyançz.

EXCEPTION, ecevded, ecevançz, eçzeption, miridiguez.*ppt.*ou.—*Il n'y a point de règle si générale, qui n'ait son exception,* ne deus reol e-bed hep eçzepcion, ne deus reoll qer bras ma hallé squëzrya pep tra.

EXCES, *dérèglement.* v.-y.—*A l'excès, outre mesure,* divoder, dreist musul, eçzez, re.—*Avec excès,* gand eçzez, gand divoder. — *Excès, outrage,* outraichou.

EXCESSIF, *ive,* divusul, divoder, oc'h, à, añ. *Van.* divesus, oh, añ, aoñ.—*Une dépense excessive,* un dispign divoder, *pl.* dispignou divoder.—*Liberté excessive,* roll divusul, roll divoder.

EXCESSIVEMENT, dreist musul, hep moder, gand eçzez.

EXCITER, *provoquer, causer quelque effet,* accaüsioni, *pr.* et; lacqaat da, *pr.* leeqëet; ober, *pr.* græt. — *Le tabac excite l'éternuement,* an butum a zeu da accaüsioni strévyadur, an butum a lacqa da strévya, ar butum a ra strévya.—*Exciter quelqu'un d faire quelque chose,* douguen ur re da ober un dra, *pr.* douguet; allya ur re da, *pr.* et; attisa ur re da, *pr.* et. *Van.* attiseiñ, *pr.* et.—*Exciter fortement quelqu'un d,* brouda ur re-bennac evit, *pr.* et; qentraouï ur re,*pr.* qeatraouc't.—*Exciter des troubles,* accaüsioni trous, lacqât droucc't, élumi an tan, élumi droulauçz, *pr.* et.—*Exciter les chiens après quelqu'un,* içzal ar chaçz var lerc'h ur re, *pr.* içzet.

EXCLAMATION, *cri de surprise, d'admiration,* cryadenn a rear gand souëz, *pl.* ou; cryadenn a rear a ratoz mad; lenvadenn, *pl.* ou ; garm,*pl.* ou.

EXCLURE, pellaat diouc'h, *pr.* ëet;

dibouti eus, *pr.* debontet ; chaçzeal, *pr.* chaçzëet. *v. excepter.*—*Exclure quelqu'un des charges*, pellaat ur re diouc'h ur c'hargou; lacqât ur re èr mæs a garg.—*On l'a exclu de ses prétentions*, deboutet eo bet.—*Les mauvais Anges ont été exclus du Paradis*, *et les pécheurs le seront pour jamais*, an goall Ælez a so bet chaçzeat eus ar Barados evit mad, hac ar bec'heuryen bisvyqen ne antreïnt ènhâ.

**EXCLUSION**, *éloignement*, pellidiguez.—*On lui a donné l'exclusion*, pellëet eo bet, chaçzëet eo bet.—*Exclusion, exception*, ecevançz, eçzepcion.—*A l'exclusion de l'un et de l'autre*, o eceva *ou* o eçzepti an eil hac eguile, nemed an eil hac eguile, nemed ho o daou.

**EXCLUSIVEMENT**, *avec exception*, gand ecevançz, gad eçzepcion.

**EXCOMMUNICATION**, *censure ecclésiastique*, escumunuguenn, *pl.* ou; uscumunuguenn, *pl.* ou.—*L'excommunication majeure*, en escumunuguenn vras.—*L'excommunication mineure*, an escumunuguenn vihan, an escumunuguen pehiny ne zistag qet ur c'hristen dioud ar re fidel, evel an hiny vras, mæs a zeu da eûtredya dezañ an usaich cus ar sacramanchou.—*Excommunication de droit, excommunication du canon, ou latæ sententiæ*, escumunuguenn ar guîr.—*Fulminer une excommunication*, dilança un escumunuguenn var ur re, *pr.* et; teurel un escumunuguenn var ur re-bennac, *pr.* taulet.—*Encourir l'excommunication*, couëza éñdan an escumunuguenn, *pr.* et. — *Lever l'excommunication fulminée et encourue*, sevel an escumunuguenn douguet, *pr.* savet; lemel an uscumunuguenn taulet *ou* dilancet, *pr.* lamet; absolf ur re eus a escumunuguenn, *pr.* absolvet ; receo a névez ur re-bennac da goumunion an-ilis santel, *pr.* recevet.

**EXCOMMUNIER**, *retrancher quelqu'un de la communion des Fidèles et de la participation des biens spirituels de l'Eglise*, escumunuga, *pr.* escumunuguet; uscumunuga ur re-bennac, *pr.* uet; dou-

guen setançz a escumunuguenn aenep ur re, *pr.* douguet.

**EXCOMMUNIÉ**, *e*, escumunuguet, *pl.* tud escumunuguet.—*Excommunié, injure*, tra escumunuguet.

**EXCREMENT**, *ce qui sort du corps*, mon, failhanz, brenn, fell, hecq, hec'h, eac'h. *Van.* mours.

**EXCROISSANCE**, *tumeur*, ores_qenn, *pl.* ed, ou; qicq-cresq. *v. gland.*—*Excroissance près des ongles*, gourivin, *pl.* ou. *r.* envie.

**EXCUSABLE**, iscusapl, escusapl, din da vezâ iscuset *ou* escuset.

**EXCUSE**, iscus, escus, *ppl.* ou. —*Faites mes excuses, je vous prie*, grit va iscus, me oz ped.—*Excuse, prétexte*, digarez, *pl.* you. *Van.* digare, *pl.* eû.

**EXCUSER**, iscusi, *pr.* et; escusi, *pr.* et. *Van.* escuseiñ, *pr.* et.—*Excuser quelqu'un*, iscusi ur re. *Van.* difauteiñ unan-benac, *pr.* et.—*Excusez-moi, s'il vous plait*, va iscusit, mar plich, me oz ped d'am escusi, escus a ôulennañ ouzoc'h.—*S'excuser*, èn hem escusi, *pr.* èn hem escuset; ober e iscus, *pr.* græt. —*S'excuser faussement*, digarezi, hem digarezi, *pr.* hem digarezet. *Van.* him digareciñ, *pr.* him digarëet.

**EXEAT**, *t. d'église*, exead, *pl.* ou; coungez ur bælecq digand e escop, evit moûnet èr meas eus e escopty.—*M. l'évêque a révoqué tous les exeats qu'il avait donnés*, au autrou'n escop èn deus dieffedet an oll exeadou èn devoa roët *ou* èn deus suspéntet qement exead èn devoa autrëet.

**EXECRABLE**, argarzus, oc'h, â, añ. *Van.* argarhus, argahus, oc'h, añ, aon.

**EXECRABLEMENT**, gand argarzidiguez, èn ur fæçzoun argarzus, gand argarzéntez.

**EXECRATION**, argarzidiguez, argarzéntez.—*Avoir en exécration*, argarzi, *pr.* et. *Van.* argarheiñ, argaheiñ. *v. horreur.*

**EXECUTER**, sicuti, secuti, *ppr.* et. —*J'ai exécuté l'ordre qu'il m'avait donné*, sicutet am eus e urz.—*Exécuter un débiteur*, sicuti un dléour. — *Exécuter un criminel*, lacqât an torfetour d'ar maro,

pr. lecqëet.—*Exécuter un testament*, sicuti un testamaud,effediun testamand,
pr. et ; lacqât un testamand da effed.
EXECUTEUR, *qui exécute*, sicuter,
pl. yen ; socuter, pl. yen; sicutóur, pl.
yen; oberyand, pl. oberyanded.—*Exé-
cuteur testamentaire*, sicuter un testamand.

EXECUTION, **sicucion**, pl. ou ; se-
cucion, pl. ou; oberidiguez, pl. ou.

EXECUTOIRE, sicutoar, pl. you.—
*J'ai obtenu un exécutoire contre ma partie*,
ur sicutoar am eus bet a enep va q'hevrenn.

EXEMPLAIRE, *copie d'un livre ou
d'un écrit*, copy, pl. copyou; doubl,
pl. ou; ur c'hopy, un doubl.—*Exemplaire, qui donne bon exemple*, eçzem-
plus, oc'h, â. v. *édifiant*. — *Mener une
vie exemplaire*, cunuui ur vuëz eçzémplus, pr. cunduet.—*Une punition exemplaire*, ur bùniciou eçzémplus, pl. ou;
ur c'hasticz eçzémplus, pl. ou.

EXEMPLAIREMENT, èn ur fæçzoun eçzémplus, gad eçzémpl.

EXEMPLE, *modèle*, eçzémpl, pl. ou;
squëzr, pl. you; palrom, pl. ou; qentell, pl. you. —*Servir d'exemple aux autres*, servichout da squërz ou da batrom d'ar re all, pr. servichet.—*Donner exemple aux autres*, rei qentell ou rei
eçzempl ou rei scol d'ar re all, pr. roët;
qentellya ar re all, pr. qentellyet ; scolya ar re all, pr. scolyet ; squërzrya ar
re all, pr. et.—*Donner bon exemple*, rei
eçzémpl vad, rei squëzr vad, rei scol
vad, pr. rôet scolya èr-vad; qentellya
èr-vad. Van. reiñ exampl vad.—*Donner
mauvais exemple*, rei goall eçzémpl, rei
drouc-exçémpl, rei goall-squëzr, rei
droucq-squëzr, rei goall scol, rei goall
guéntell, pr. roët; droucq-squëzrya,
goall-squëzrya, droucq-scolya, goall-
scolya, drouçq qentellya, goall-guen-
tellya, ppr. et. Van. reiñ goall exampl.
—*Prendre exemple sur quelqu'un*, qemeret patrom diouc'h ur re, qemeret ec-
zémpl ou squëzr ou qentell ou scol diouc'h ur re-bennac, pr. id.—*A l'exemple des autres*, diouc'h a squëzr eus ar
re all, diouc'h squëzr ar re'all, dioud

an eçzémpl eus ar re all, dioud eçzémpl
ar re all, dioud ar re al, diouc'h ar re
all, diouz ar re all. — *Par exemple*, evit
eçzémpl, dre eçzémpl, gad eçzémpl.—
*Exemple, modèle d'écriture*, patrom, pl.
ou ; eçzémpl, pl. ou.—*Donner une exemple à un écolier*, scriva patrom da ur
scolaër, pr. scrivet; rei patrom da
ur scolaër, rei un eçzémpl da ober, pr.
roët.—*Faire son exemple*, scriva diouc'h
e batrom, ober e eçzémpl, pr. græt.—
*Faire des exemples*, ober eçzémplou.

EXEMPT, e, *qui n'est point astreint*,
quyt. — *Exempt de taille*, quyt a dailh,
quyt a dell, quyt da baëa lell.—*Terre
exempte, franche*, doûar quyt, pl. doûarou quyt. — *Exempt de toutes charges*,
quyt a bep carg, quyt ou discarg ê pep
fæçzoun. — *Exempt de faire le voyage*,
quyt da ober ar veaich. — *Exempt de
faute*, divlam, oc'h, â, añ. — *Exempt
de défauts*, parfed, oc'h, añ; hep sy,
hep sy e-bed.—*Exempt de tous défauts
corporels et spirituels*, dinam, dyantecq,
divahaign a gorf hac a spered, oc'h, añ.
—*Exempt, dispensé*, græt quyt, dispéncet.—*Exempt de bien faire*, quyt da
ober vad, dispéncet da ober vad.

EXEMPTER, *donner exemption*, quytaat,pr.eët;oberquyt,pl.græt.--*Exempter, délivrer de peines*, diboanya, pr. et;
dilaçza a boan, pr. dilaçzet. Van. di-
boëñyeiñ,pr.et.---*Exempter, affranchir*,
quytât, pr. eët ; ober quyt, pr. græt;
renta quyt ou libr, pr. rentet. —*S'exempter, se dispenser*, v-y.

EXEMPTION, quytançz, quytán-
ded, dispéncz, frauçqiçz.

EXERCER, **eserci**, eccelci, ppr. et;
ober, pr. græt. — *Exercer un homme,
exercer son esprit*, eserci un dèn, eserci
spered uu dèn.—*Exercer un métier*, e-
serci ur vicher, ober ur vicher ou ur
vecher.—*Exercer, assouvir sa cruauté*,
countanti e gruëlded, pr. countantet.
—*S'exercer*, èn hem eserci, pr. èn hem
esercet.

EXERCICE, *occupation*, eserciçz, pl.
ou ; labour ordinal, pl. labourou. —
*Donner de l'exercice;de la peine à quelqu'un*,
rei labour da ur re, pr. roët ; poanya ur

re , *pr.* poanyet; eñcresi ur re-bennac, *pr.* eñcreset.

EXERCICE, *maniement des armes,* e- serciçz , eccelciçz. — *Les soldats sont à faire l'exercice* , ez ma ar soudarded o hober an eserciçt *ou* an eccelciçz.

EXHALAISON, *ce qui s'exhale,* moguedenn , *pl.* ou ; ur voguedenn a sao eus an doüar. *v. vapeur.*

EXHALER, *produire des exhalaisons* , moguedi, *pr.* et; *Van.* mouguedeiñ, *pr.* et. —*S'exhaler* , *s'evaporer* , moñnet é moguet , *pr.* ëet ; dismanta , *pr.* et ; moñnet é dismant, *pr,* ëet; mõnet da goll.

EXHAUSSEMENT, *exaltation,* *v.-y.*

EXHAUSSER , *élever,* uhellaat , *pr.* eët, *Van.* ihuëllât, iñhuëllât , iñhuelleiñ, *ppr.* et.—*Exhausser un bâtiment,* uhellât un ty.—*Le plancher est trop exhaussé* ,re eo uhelleët ar plaich, re uhel eo an doubl.

EXHEREDATION , *action de déshériter,* diseranded, diseradurez, disc'hrizieunadurez.

EXHEREDER, *déshériter un héritier,* di,herita , disheritout ar vugale , *ppr.* et ; disc'hrizyenna an ered natur.

EXHIBER , disquëz , *pr.* et.—*Ses titres* , é ditrou.

EXHIBITION, *action de montrer,* disquëzidiguez, disquëzadur, an discuëz eus e ditrou, goaranchou, etc.

EXHORTATION , *l'action d'exhorter,* erbed, ally.—*Exhortation, petit sermon,* prezeguenn familyer , *pl.* prezeguennou familyer; sarmonicq , *pl.* sarmonyouïgou.

EXHORTER , erbédi , *pr.* et; douguen da , *pr.* douguet; allya , *pr.* et. *Van.* astiçzeiñ. *Al.* annog. — *Il nous a exhortés à bien vivre pour bien mourir,* hon erbedet èn deveus da veva èr-vad, mar fell deomp mervel èr-vad; hon douguet èn deus *ou* hon allyet èn deus da gundui ur vuëz vad, evit allout cahout digad Doüe ur maro mad.— *Celui qui exhorte,* allyer, *pl.* yen; erbèder, *pl.* yen.

EXIGENCE, *t. de palais,* goulenn.— *Selon l'exigence des cas* , hervez ma *ou* diouc'h ma haparchanto , hervez a

oulenno an affer.

EXIGER, *demander ce qui est dû,* goulenn un dra a so dleat, *pr.* et.—*Exiger son paiement,* goulenn e bacamand.— *Exiger ce qui n'est pas dû* , goulenn ar pez ne deo qet dlëet, ober preyzerez, *pr.* græt. *v. exaction.*—*L'honnêteté exige que,* an onestis a oulenn penaus.

EXIGIBLE, a aller da oulenn, goulennapl.

EXIL, *bannissement* , icil , *pl.* ou. *v. bannissement.*

EXILER, *bannir,* icila, *pr.* et. *Van.* divroeiñ , *pr.* et. *v. bannir.*

EXISTENCE, ar bezançz, ar beza. —*L'existence de Dieu,* ar bezançz eus a Zoüe. *v. être incréé.*

EXISTER, *être dans la nature,* beza, *pr.* bet ; cahout ar bezançz, cahout ar beza , *pr.* bet.

EXODE, *le second des cinq livres de Moïse*, *qui signifie sortie,* an exod , levr an exod , peiny a gompren doñnedignez ar bobl a Israël eveus an Egyp , d'an doüar a bromeçza.

EXHORBITANT, ante, *excessif,* divusul, divoder, èr mæs a résoun, birésoun, oc'h, añ.*Van.*divusur, ob, añ.

EXORCISER, conjuri an droucqspered da dilesel un dèn poçzedet gandha , *pr.* conjuret. *Van.* conjureiñ èn diëul.

EXORCISME, pedennou evit conjuri an droucq-spered.

EXORCISTE, nep èn deus ar galloud da gonjuri an droucq-spered.

EXORDE, commançzamand un divis, dezrou un divis , an antre eus a un divis.

EXPECTATIVE, *grâces expectative,* esperançz ha gnir var ar c'henta beueviçz a vezo vacq.

EXPEDIENT, *moyen,* tu , *pl.* you; moyenn, *pl.* ou ; hend , *pl.* hinchou. *Van.* tu , *pl.* yeü. — *Fournisez-moi un expédient pour sortir d'affaire,* deuit digu ur voyen da æchui an affer-mâ, liririt dign pe dic'u hend moñnet èr meas a affer, disquëzit din pe dre tu èn hem dennén èr mæs a affer. — *Expédient,* ente, *ce qu'il est expédient de faire,* p^{ro}

fitapl, mad da ober, redd.—*Cela est ex-*
*pédient*, an dra-ze a so mad da ober ou a
véz profitapl e ober on aso red da ober.

EXPEDIER, *dépêcher*. v.-y.

EXPEDITIF, *ire*, *qui fait vite*, hastif,
difræns, dibechus, prim, oc'h, à, añ,
*pl.* tud hastif, etc. *Van.* hastiv, difræ-
apl, prim, óh, añ, doñ.

EXPEDITION. r. *dépêche.* — *Expé-*
*dition*, *exploit de guerre.* v.-y.

EXPERIENCE, *essai*, *épreuve.* v.-y.—
*Expérience*, connaissance acquise, esperyançz, usaich coz, usaich bras.—*L'ex-*
*périence est la maîtresse science*, an esperyançz a so ar vestrès eveus a bepgouï-
zyéguez. *Prov.* sqyand natural a so mad;
sqyaṇd prénet e dal èr-vad. — *Avoir*
*beaucoup d'expérience*, cahout cals a esperyançz, cahout un usaich bras, beza
guéllet cals a draou. — *Qui a de l'expé-*
*rience*, nep èn deus an usaich vès a veur
a dra, un dèn gouïzyecq, un dèn eñ-
tentet-mad. *Van.* nn dèn antandet, *pl.*
tud antanded. — *Sans expérience*, di-
vouïzyecq, hep esperyançz, hep cals a
usaich, hep qet a usaich, hep qet a
esperyançz.

EXPERIMENTAL, *e*, ar peza ouzeur
dre'n usaich, desqet gad an amser.

EXPERIMENTER, *essayer*, *éprouver*,
esperimanti, *pr.* et.

EXPERT, *e*, *versé dans son art*, eñ-
tentet-mad, abil èn e vicher, gouïzyecq èn e ard, ur mailh, *pl.* ed. — *Ce*
*maréchal est expert*, ar marichal-hont a
so ur mailh. — *Ce chirurgien est très-*
*expert*, ur mailh eo ar surgian-hont.
*Experts*, *examinateurs nommés*, mailhed,
mæstry micherouryen. — *Une descente*
*d'experts*, guélled-mailhed, *pl.* guelle-
dou-mailhed ; ur guélled mistry-mi-
cherouryen; un disqeñ a, etc.

EXPIATION, *action d'expier*, satisfy-
ançz evit e grimou, poan dleat da un
torfedd. — *Les saintes âmes sont dans le*
*purgatoire pour l'expiation de la peine due*
*d leurs péchés*, an anaoun-vad a c'houzañv ô tan ar purgator ar boan dleat
d'ho pec'hegeou.—*Sacrifice d'expiation*,
sacriviçz à offrér da Zoûe evit reqedi
e drugarez hac ar pardoun d'hon pe-

c'hegeou.

EXPIER, *réparer une faute*, satisfya
evit un torfedd, *pr.* satisfiet, satisgræt;
douguen ar boan satisfyus dleet da ur
c'hrim, *pr.* douguet. *v.* effacer.

EXPIRATION, *action d'expirer*, ar finvez ou an difin vès a un termen lecqeat.

EXPIRER, *écheoir*, *finir*, digouëzout,
*pr.* et ; finveza , *pr.* et ; finiçza , *pr.* et ;
æchui, *pr.* ět. *Van.* achiueiñ, digoëhout,
finiçzeiñ. — *Le temps est expiré*, æchu
ou æchuët eo an termen, deuët eo an
termen, digouëzet eo an amser. — *Le*
*tyrannie expire*, finveza a ra an diran-
térez. — *Expirer*, *mourir*, mervel , *pr.*
marvet. *Van.* meruél, maruéiñ, *ppr.* et.
*B.-Léon*, melver. — *Expirer de douleur*,
mervel gand glac'har.

EXPIRÉ, *mort*, marv, maro, marñ.

EXPLICATION, *interprétation*, esplicacion, *pl.* ou; disclæracion, *pl.* ou.

EXPLIQUER, esplicqa, *pr.* et ; rei
da eñtent, *pr.* roët; disclærya, *pr.* et.—
*S'expliquer*, hem rei da eñtent, *pr.* roët;
hem zisclærya, *pr.* et.

EXPLOIT, *action militaire*, accion
gaër è bresell, *pl.* æcionou ; oberyou
caër e vresell, oberyoŭ enorus a vresel.
— *Alexandre et César ont fait de beaux*
*exploits de guerre*, ar roñanez Alexandr
ha César o deuz great oberyou caër a
vresell. — *Exploit*, *assignation*, espled,
*pl.* ou; libell, *pl.* ou. *Van.* explet, *pl.* eŭ.

EXPLOITER, *faire des exploits*, esple-
di, *pr.* et ; rei ul libell ou un espled da
ur re-bennac, *pr.* roët. *Van.* expleteiñ,
*pr.* et. — *On l'a exploité*, expledet eo
bet, un espled ou ul libell èn deus bet.
— *Exploiter une ferme*, *la faire valoir*,
cundui ur ferm, *pr.* cunduët, tyecqaat
ur goumanand. — *Exploiter une forêt*,
discarr ha guërza ur e'hoad, *ppr.* et.
*Van.* dibiteiñ ur hoëd.

EXPOSER, *mettre en vue*, esposi, *pr.*
et; lacqát dirag ar bed-oll ou è daulagad ar bed-oll, *pr.* et. — *Exposer sur*
*les grands chemins un enfant*, esposi ur
c'hrouadurieqbihan, var an heñd bras.
— *Exposer sa vie*, lacqát e vuéz è danger, hem lacqát ê tailh da goll è vuhez.
— *Exposer le Saint Sacrement*, esposi ar

Sacramänd. — *Exposer, expliquer, es-*
*pos, espliqa, ppr. et.* — *S'exposer, se*
*mettre en danger,* hem lacqât e pirilb,
*pr.* hem lecqëet. — *S'exposer à la risée*
*des autres,* hem lacqât c tailh na ho-
arzo goap ar re all yar e goust.

EXPOSÉ *au soleil,* esposet d'an héaul, èn héaul, è façz an héaul, è creiz
an héaul. — *Maison exposée aux quatre*
*vents,* ty avelet caër, ty avelet a bep tu.
— *Exposé aux injures de l'air,* eñdan ar
goall amser, dindan pep seurd amser.
— *Exposé en vente,* stalvet, lecqeat è
guërz. — *Expose aux coups,* dindan an
taulyou, eñdan an taul, è tailh da zouguen an taulyou.

EXPOSITION, *action d'exposer,* esposidiguez. — *Exposition du Très-Saint*
*Sacrement,* esposidiguez ar Sacramand
adorapl. — *Exposition. v. interprétation.*

EXPRÈS, *messager,* cannad, *pl.* ou;
-caunadur, *pl.* you.—*Envoyer un exprès,*
caçz cannad, caçz cannadur, caçz ur
gannad, *pr. et.* — *Exprès, esse, formel,*
stryz, esprès. —*Defense expresse,* difeñ
stryz ou esprès. —*C'est un ordre exprès,*
un urz esprès co. — *Exprès, expressé-*
*ment, à dessein,* a-ratoz, a-zévry. *v. escient.*

EXPRESSEMENT. *v. escient.*

EXPRESSIF, *ice, énergique,* sinifyus,
esprimus, nerzus, oc'h, añ. — *Un mot*
*expressif,* ur guer sinifyus ou nerzus ou
esprimus. — *Une image expressive,* ul
limaich esprimus ou signifyus.

EXPRESSION, *manière de s'exprimer,*
esprimidiguez, esprimadurez, ar fæçzoun d'èu hem esprima ou d'en hem
esplicqa. *v. élégance, éloquence, disert.*
—*Expression, élocution,* termen, *pl.* you;
comps, *pl.* you. — *A voir une belle ex-*
*pression,* èu hem esprima gand termenyou caër, *pr.* et; beza elavar, beza ur
parlanter caër, *pr.* et. *v. disert.*

EXPRIMER, *exposer, expliquer,* esprima, *pr.* et; disclærya, *pr. et.* — *S'ex-*
*primer délicatement,* èn hem esprima manivicq, *pr.* esprimet; parlant gand termenyou tremenet dre ar vurutell, *pr.*
parlantet. (burutell, *tamis fin.*) — *Ex-*
*primer, tirer le suc en pressant,* tenna
an douren a un dra, *pr. et. v. distiller.*

EX-PROVINCIAL, *t. de religieux,* provincyal bet.

EXPULSER, *chasser,* caçz èr mæz
dre nerz, *pr.* et; forzida voünet èr mæs,
*pr.* forzet. — *Expulser un tenancier,* di-
logea, *pr.* et; poulsa èr mæs dre vailhe; caçz er mæs dre voalenu, *pr. et.*

EXQUIS, *e, excellent,* esqis, precius,
dibabat, oc'h, à, añ. — *Exquis, parlant*
*des mets,* esqis, divis, dilicat, oc'h, à,
añ. — *Du vin exquis,* guin esqis, guin
dilicat. —*Un mets esquis,* boëd divis, boëd
esqis.

EXTASE, estas, *pl.* you; rayiçza-
mand a spered, *pl.* raviçzamanchou.

EXTASIER, *être ravi, en extase,* esta-
sya, *pr.* et; beza raviçzet è spered, *pr.* bet.

EXTENSION, *étendue,* astennidiguez,
astennadur, cresqançz. *v. étendue.*

EXTENUATION, *affaiblissement,* dis-
leberançz, disleberded, semplidiguez.

EXTENUER, *affaiblir,* treutaat, *pr.*
ëet; semplaat, *pr.* ëet; estreuzi, *pr.* et;
teuzi, *pr. et.*

EXTENUÉ, *e,* disleber, sémpl, treud,
teuzet, oc'h, à, añ.

EXTERIEUR, *apparence,* an dailh eus
a un dèn ar fæçzoun vès a un dèn.—
*Il a un bel extérieur,* fæçzoun vad èn deus
ou a so gandhâ. — *Extérieur, le dehors,*
diaveas, diavæs, an diaveas, au diavæs.
— *L'extérieur de la maison est fort beau,*
an diaveas eus an ty a so caër meurbed.

EXTERIEUREMENT, *au dehors,* a
ziaveas, a ziavæs. *Van.* a ziañvæs.

EXTERMINATEUR, *distruiger, pl.*
yen. — *L'ange exterminateur qui défit*
*l'armée de Sennacherib,* an eal distruiger
pehiny èn un nosvez a lazas arme ar
roüe Sennacherib.

EXTERMINATION, *action d'exter-*
*miner,* distruich.

EXTERMINER, *détruire entièrement,*
coll, *pr.* et; distruigea, *pr.* et. *Van.* distrugeiñ, coll. *ppr. et.*

EXTERNE, *du dehors,* a ziavæs. —
*Ce mal vient d'une cause externe,* au drouc-
ze a zeu a ziavæs ha nau pas a ziabarz.—
*Externe, qui n'est pas de la maison,* diavæzyad, *pl.* diavæzidy.— *Il y a des exter-*
*nes chez nous,* diavæzidy a so èn hon ty-ny

**EXTINCTION**, mougadur, moug; — fæçzoun dreistordinal.

*A extinction de chandelle*, ajuget èr mouich *ou* diouc'h ar mouich. — *Il a bu jusqu'à extinction de vie* , evet èn deus bede ar mouich.

**EXTIRPER**. *v. déraciner.* —*Extirper l'hérésie*, disc'hrizyenua *ou* distruigea an hugunodaich. — *Il faut prier Dieu pour qu'il lui plaise d'extirper les hérésies*, red eo pidi Doûe evit ma plijo gandhâ disc'hrizyenna ha distruigea an oll heresyou, red eo pidi Doûe evit an disc'hryennadurez hac an distruich eus an hugunodaich ha pep heresy.

**EXTORQUER**, *obtenir par force*, sacha, *pr.* et; tenna dre heg un dra digad ur re. *pr.* tennet; cahout un dra èn des ped da un all, *pr.* bet; cahout un dra dre nerz, tenna un dra dre nerz; forzi ur re da rei, *pr.* forzet.

**EXTORSION**, *action d'extorquer*, forzidiguez evit cahout un dra digand ur re, saichadeg dre forz.

**EXTRACTION**, *action d'extraire*, strillhadurez, strilhadur, lambigadur. — *Extraction de la pierre*, opérat. chirurg., an tennadur au an tenn eus ar mængraval. — *Extraction, origine*, gouënn, lignez, noëanz. *v. race.* —*Noble d'extraction*, a chouën nobl, a vouën nobl, a lignez nobl, a oad nobl. —*Roturier d'extraction*, a voüenn partapl, a lignez bilen. —*De bonne extraction*, savet a c'houënn vad, savet a lignez vad , savet a dyégnez vad, savet a guerend vad, a guirintyez vad, savet a dud honest.

**EXTRAIRE**, *faire l'extrait*, tenna ar sazn *ou* an douren vès a un dra, *pr.* et; strilha un dra, *pr.* et. *v. distiller.* — *Extraire quelque acte des registres de greffes*, tenna un acta pe un articl vès a un acta eus ar c'hreff, *pr.* tennet.

**EXTRAIT**, *copie*, doubl, un doubl, copy, ur c'hopy. —*Extrait d'un livre, le précis*, an abreich vès a ul levr, ar substançz eus a ul levr.

**EXTRAORDINAIRE**, *non ordinaire*, dreistordinal, oc'h, à; añ. *Van.* drès en ordiner. —*Extraordinaire, inusité*, isqiz, digustum, oc'h, à, añ. *Van.* digustum.

**EXTRAORDINAIREMENT**, èn ur

**EXTRAVAGANCE**, *folie*, un dra dibrepos, *pl.* traou dibrepos; ur gomps dibrepos, *pl.* compsyou dibrepos; bavardyez, *pl.* ou; bavardyaich , *pl.* ou ; comps dirésoun , *pl.* compsyou ; rambrë, dyotaich, barvardérez, *ppl.* on. — *Dire des extravagances*, lavaret traou dibrepos, lavaret bavardyéz *ou* dyosaichou, etc., *pr.* id.; rambrœal, *pr.* ëet ; lavaret rambrérez *ou* compsyou diholen

**EXTRAVAGANT**, *fou*, disqyant, trelatet, rambreër , rambrëus, oc'h, à , añ. *Van.* disqyent, oh, añ.

**EXTRAVAGUER**, *parler sans raison.* *v. étravagance.*

**EXTRAVASÉ** , *sang sorti des artères et des veines, qui se corrompt*, goad treuzgoazyet, goad eat a dreuzd'ar goazyed.

**EXTREME**, *excessif*, estrém, oc'h , à, añ; dreist ompinion pep hiny, dreist pep brasder, bras meurbed. — *Nécessité extrême*, an yzom estrém *ou* divezâ. —*Extrême, sans remède*, estrém, diremed

**EXTREMEMENT**, estrém, èn ur fæçzoun estrém, forz, meurbed, dreist voder, orrupl, terrupl. — *Extrêmement bon*, forz vad, mad meurbed.—*Extrêmement amer*, c'huëro dreist voder, c'huéro meurbed, forz c'huéro. —*Il a plû extrêmement* , ur glao estrém a so bet , terrupl èn deus glibyet , orrup ar glao a so bet, glao a so bet un orrupcion.

**EXTREME-ONCTION** , *un des sept sacrements*, an nouënn. *Van.* au nouyeenn. —*Porter l'extrême-onction*, caçz an nouënn, *pr.* caçzet. — *M. le curé est allé porter l'extrême-onction*, eat eo an autrou'r c'hure da gaçz an nouën. — *Donner l'extrême-onction*, rei an nouën, *pr.* roët; rei sacramand an oléo. *Van.* reiñ en nouyeen. — *Mettre en extrême-onction*, nouënni, *pr.* ët; nouî, *pr.* ët. *Van.* nouyeiñ, nouëiñ. — *Recevoir l'extrême-onction*, cahout an nouën, cahout ar sacramand a nouën, *pr.* bet; beza nouënnet, beza nouët. *Van.* bout nouyet *ou* nouët, *pr.* bet.—*Il a reçu l'extrême-onction*, bes èn deus an nouëñ, bét èn deus ar sacramanda nouëñ, bet èn deus saeramand an oléo, nouënnet co bet.

nouët eo bet. *Van.* nouyet eû, nouyet eû bet, nouët eû, nouët eü bet.

EXTREMITÉ, *bout, fin,* penn, lost, dilost, termen, içzu, — *Les extrémités, les bouts,* pennou, an naou benn, ar penn hac al lost, termenyou, içzûou. — *L'extrémité du royaume,* penn pellâ ar roüantélez, ar penn pellâ eus ar roüantélez, termen ar roüantélez. — *Les extrémités du royaume,* pennou ar roüantélez, an naou benn eus ar rouantélez, termenyou ar rouantélez. *v. lisière.* — *Les extrémités des doigts des mains,* bleûchou an daouarn; *des pieds,* bleûchou an treid. — *Extrémité, le plus loin qu'on peut aller,* estrémded.—*Passer d'une extrémté à l'autre,* moûnet vès a un estrémded da hebèn, *pr,* êet, eat. — *Extrémité, nécessité extrème,* estrémded, yzom estrém, ar braçzâ yzom, an divezâ yzom. — *Je suis réduit à l'extrémité ou à l'extrème besoin,* beza ez ma oun èn estrémded, ez ma oun èr braçzâ yzom.—*Extrémité, violence, emportement,* estrémded. — *La jalousie les a portés à de grandes extrémités,* caçzet int bet gand ar goarivy da un estremded vras.—*Extrémité, agonie,* prèst da vervel, dare da vervel, rentet bede'r monich. *v. agonie.*— *Etre malade à l'extrémité,* beza olañ fall, beza dare, beza prèst da'vervel, beza caçzet gand ar c'hléved bede ar mouich, *pr.* pet; beza rentet bede ar mouich.

**F**

FA, *note de musique,* fa , ar fa; fa , notenu-gan.—*Mettre le chant en fa,* lacqaat ar c'han è fa *ou* var ar fa.

FABLE, *chose fabuleuse,* maugenn , *pl.* ou ; marvailh , *pl.* ou. *Van.* qerheen, *pl.* eü. *v. conte.* — *Fable, l'histoire fabuleuse,* sablenn, *pl.* ou; histor fablus, *pl* historyou fablus; histor forget. *pl.* historyou forget; histor sablennus.—*Fable écrite en vers,* guërz sablus , *pl.* guërzou sablus; rimadell sablus, *pl.* rimadellou fablus *ou* sablennus.—*Petite fable,* fablennicg, *pl.* sablennouïgou; rimadellicg, *pl.* rimadellouïgou.

FABRICATEUR, *qui fabrique,* oberer, *pl.* yen; oberour, *pl.* yen; fablicqer, *pl.* yen.—*Fabricateur de monnaies,* sablicqer mouneiz.

FABRICATION, fablicqérez, fablicqadurez.

FABRIQUE, *façon,* fablicqérez, fablicqadurez, fablicqadur.—*Fabrique, revenu d'une église,* tra anvilis, madou an ilis, leve an ilis, rénd un ilis.

FABRIQUER, *façonner, construire,* fablicqa, *pr.* et; ober, *pr.* great, græt; labourat èn , *pr.* et. — *Fabriquer de la monnaie , des étoffes,* fablicqa mouneiz, eñtoff; ober mouneiz, eñtoffou.—*Fabriquer, travailler le fer , l'airain,* labourat èn houarn, èn arem.—*Fabriquer un contrat , un acte,* ober ur c'hontrad, un acta.—*Il a fabriqué plusieurs faux actes,* meur a acta faos èn deus great, è leiz a actayou faus èn deus græt. — *Fabriquer de faux témoins,* sevel testou faus, sevel fals testou, *pr.* savet; diveun testou faus, *pr.* divennet; gounit testou faus, *pr.* gounezet.—*Fabriquer des calomnies ,* forgea *ou* solita *ou* iûvénti falsentesyou , *ppr.* et.

FABULEUX, *euse, qui tient à la fable,* fablus, marvailhus, oc'h , à, añ.—*Fabuleux , rempli de fables,* leun a falséntez, conçhou pur. — *Fabuleux , faux ,* faus, fals, oc'h, à; forget, solitet, iûventet, diveunet, savet.

FAÇADE, *le devant d'un édifice,* façz, tal, —*Des façades sans ornements,* façzou plad, façzou simpl, talyou plad.

FACE, *superficie,* façz, gorre, coc'henn. *Van.* façz, dianvæs. *v. superficie.*—*La face du monde,* façz ar bed. — *de la terre,* ar sol, coc'henn an doüar, gorre an doüar, façz an doüar.—*de la mer,* gorre ar mor.—*Face, visage,* bisaich, *pl.* ou; dremm, *pl.* ou; façz, *pl.* ou. *Van.* façz, *pl.* eü — *Face sereine et joyeuse ,* dremm roüez, dremm gaé, façz roüez, façz laouënn, bisaich laouënn, dremm lirin, bisaich lirin —*Face sereine et charmante,* qer laouënn evel an héaul. — *Face rouge,* dremm ruz, ruspin, *pl.* ed ; flam, dremm flam. *Van.* façz ru. — *Face austère,* façz qinvyet, *pl.* façzou etc. bisaich qinvyet. *Van.* façz qivinyet.—

*Qui a une face massice*, façzecq, façzi-
gueltus, oc'h , à. *v. jouflu.* — *En face*
*d'église*, e façz an ilis.—*Ils ont épousé en*
*face d'église*, cureuget jutbet ê façz an
ilis. —*Regarder quelqu'un en face*, sellet
un dén eûtre an daoulagad. — *Repro-*
*cher en face à quelqu'un*, rebechat èn e
façz da ur re, rebechat *ou* rebech èn
e zaulagad *ou* ê creiz e zaulagad da ur
re-bennac, *ppr.* rebechet. —*A la face*
*de toute la ville*, e presanz oll guæris .
dirag an oll dud a guær, dirag ar bed
oll.—*A sa face*, *parlant d'un homme*, di-
razaû , èu e bresançz; *parlant d'une*
*femme*, dirazy, èn e phresançz. *r. decant.*
— *Voir Dieu face à face*, guëllet Doüe
façz-ha-façz, *pr.* id. — *Les choses ont*
*changé de face*, ceûchet eustu d'an traou,
ceûchet eo an traou, ceûchet eo ar bed,
eat eo an traou tu evit tu. —*Face d'hom-*
*me fait tertu*, un dèu presant a dalv
d.aou ezvezand.—*De prime face, d'abord*,
qerqent, qeûtre, qcûtiz. *Van.* quenteh,
qentih.—*Volte-face, quart de conversion,*
un hauter tro a-gleiz, pe a zehou. *Van.*
un distro ag er façz.—*Faire volte-face*,
ober un hauter tro a gleiz, pe a zehou.
*Van.* distroeiû er façz. *v. volte.*

FACETIE, *plaisanterie*, farçzeres, *pl.*
ou; farçz, *pl.* ou. *Van.* farçz, farçze-
reh, *ppl.* eû.

FACETIEUX, *euse*, farçzus, oc'h,
aû. *Van.* id. *r.* bouffon.

FACHER, *mettre en colère*, facha,
fachi, *ppr.* et; lacqât da facha; lacqaat
da vuhancçqât, *pr.* lecqêet. *Van.* fa-
cheiû.—*Fâcher, chagriner quelqu'un*, ne-
c'hi urre, *pr.* et. *Trig.* et *S.-Br* ninvaû,
*pr.* ninvet; *H.-Corn.* chyffal, *pr.* chyffet.
*Van.* chyffeiû . chyffal.—*Se fâcher*, facha, fachi, *ppr.* et; hem fachi, *pr.* hem
fachet. *Van.* him fâcheiû. *r.* *se chagri-*
*ner.* — *Se fâcher de quelque chose*, fachi
*ou* nec'hi divar-benn un dra-bennac.

FACHÉ ( il est ), fachet eo, droucq
a so eûhaû.—*Elle est fâchée tout de bon*,
fachet eo evit mad, droucq a so euhy
begoualc'h,droucq a so euhy qen nafu.

FACHERIE, fachéntez, *pl.* ou; facheury, *pl.* ou; droucq. *Van.* fachon-
uy. *pl.* eû. *v.* *colère*.—*Causer de la fache-*

---

*rie*, accausioni fachéntez *ou* facheury,
*pr.* et.

FACHEUX, *euse*, *qui chagrine*, fa-
chus, nec'hus, morchedus, despitus,
chyffus, niûvus, oc'h, à, aû. — *Fâ-*
*cheux, euse, d'humeur incommode*, ré-
c'hus, araous, craignous, graignous,
encqresus, diæz da gountanti, oc'h, à,
aû , *pl.* tud, etc.

FACILE, *aisé*, eaz, æz, reiz. *Van.*
æz reih. *Trig.* æzet, oc'h, aû.—*Facile*
*à faire*, eaz da ober, reiz da ober.—*Fa-*
*cile à contenter*, eaz da gountanti, æz da
ober diountâ. — *Facile, condescendant*,
habasq,cuñ, oc'h, à; mad,guëll,guëllâ.

FACILEMENT, eaz, æz, èn eaz, èn
æz , èu ur fæçzou eaz, gand æzouy.

FACILITÉ, *manière aisée*, eazamand,
*pl.* eazamanchou; æzamand, *pl.* chou;
eazo'uny,. *pl.* ou; æzôny, *pl.* ou; reizder. *Van.* aesemant, *pl.* eû.—*Facilité*,
*condescendanse*, cuñvélez, madélez, ha-
basqded.

FACILITER, *rendre facile*, eçzaat,
*pr.* êet; habasqât, *pr.* êet; soublât,
*pr.* êet. *Van.* aeçzaat, *pr.* êet.

. FAÇON, *travail ou prix du travail*,
fæçzoun, labour, priz al labour. talvoudéguez al labour.—*Il m'est dû tant*
*pour la façon*, qemend-ha-qemend a so
dleat diu evit ar fæçzoun *ou* evit va labour.—*Façon, manière*, fæçzoun , *pl.*
you; qiz, *pl.* you. *Van.* guiz, fæçzoun,
*ppl.* yeü.—*De quelle façon?* pe nhus? pe-
ê fæçzoun ? pe ê guiz? pe ê qiz? — *De*
*cette façon-ci*, er fæçzoun-mâ, èr guiz-
maû, è c'hiz-mâ, evel-hen.—*De cette*
*façon-là*, er fæçzoun-hont, ê c'hiz-hout,
èr guiz-hont, è guiz-hont.—*En aucune*
*façon*, e nep fæçzoun, è nep qiz, ê fæçzoun e-bed, è qiz e-bed.—*Sans façon*,
hep fæçzounyou, gand simplded. -*Vous*
*faites trop de façons*, re a fæçzounyou a
rit.—*Que de façons*, hag a fæçzounyou,
çad a fæçzounyou. *Van.* gued a fæç-
zonyeü.—*A la façon de*, evel da , è c'hiz
da, è fæçzoûn da, è guiz da.—*A la fa-*
*çon des grands*, evel d'ar re vras, ô c'hiz
d'ar re vras, eguiz d'an dud vras, è fæçzoun d'aû dud vras.—*A la façon des bé-*
*les*, è fæçzoun d'al loëzued, è c'hiz d'al

loëzned, ô guiz d'al loëzned, evel d'an chatal, evel an chatal.—*De façon que*, èn evelep fæçzoun ma.—*Façon, mine*, fæçzoun, tailh, arvez, neuz.--*Un homme de bonne façon*, un dèn a fæçzoun, *pl.* tüd a fæçzoun; un dèn a dailh, un dèn a neuz, un dèna arvez vad, un arvez vad a zén, urfæçzoun vad o zén.—*Un homme de mauvaise façon*, un dèn difæçzoun, un dèn didailh, un dèn disneuz, *pl.* tüd, etc. — *Façon, manière d'agir*, fæçzoun, tailh, gestr.—*Est-ce de cette façon que vous en agissez*, hag èn dailhze ez it-hu gadhy? èr fæçzon ze a ridhu?—*A sa façon d'agir on voit bien que*, diouc'h an dailh anezâ *ou* diouc'h an dailh ma za gadhy, ez velleur uznad penaus; hervez ar gestr ens anezañ, e vellèr èr-vad penaus.

FAÇONNER, affæçzouni, *pr.* et; qempenn, *pr.* et. *Van.* fæçzonñeiñ, campeen. *v. former.*

FAÇONNIER, *ière, cérémonieux*, fæçzounyus, leun a fæçzounyou. *Van.* fæçzonnus, oc'h, añ. *r. grimacier.*

FACTEUR, *commis*, factor, *pl.* ed; facter, *pl,* yen. *Van.* faetour, *pl.* yon , yan.-*Facteur d'orgues*, ograouër,*pl* yen.

FACTICE,forget.*Mot factice.*guer etc.

FACTIEUX, *euse, séditieux*, cabalus, cavailhus, campaignus, oc'h, â, añ; cabaler,cavailher,comploder,*ppl.* yen.

FACTION, *guet*, goard, gued.—*Etre en faction*, beza oc'h-ober goard,*pr.* bet. —*Faction, parti de séditieux*, cavailh, *pl.* ou; cabal, *pl.* ou; complod, *pl.* complojou, complodou. *Van.* complod, *pl.* eü. *v. parti.*—*Faire des factions*, cabalat, *pr.* et; cavailha, *pr.* et; complodi, *pr.* et; ober cabalou, ober complojou; ober cavailhou,*pr.* græt. *Van* complodteiñ, gober complodteü.

FACTUM, facton, *pl.* ou; breud moulet, *pl.* breujou moulet.

FACTURE, *état de marchandises*, factoraich, factéraich.

FACULTÉ, *vertu, propriété*, galloud, nerz, natur.—*Cette plante a la faculté de purger*, al lousaouënn-ze he deus ar galloud *ou* an natur da spurgea, al lousaouënn-ze a so spurgeus dre natur.—

*de l'âme*, facultez an ene, *pl.* facultezoû an ene; faculte an ene, *pl.* facultcou an enc.—*de théologie*, an doctored èñ deology, ar facultez eus an déology.— —*de médecine*, au doctored èñ midiciuérez, ar faculte eus ar vidicinérez.— —*Facultés, biens*, danvez, pe a dra.— *Il n'a point de facultés*, n'en deus qet a zanvez, n'en deus qet pe a dra, n'èn deus qet a be a-dra.

FADAISE, *sottise, folie*, diotaich, *pl.* ou; rabadiez, *pl.* ou.

FADE, *insipide, sans goût*, flacq, divlas, disaçzun, disaour, disall, oc'h, â, añ.—*Fade, parlant de la boisson*, goular, divlas, oc'h, â, añ.—*Ces mets sont fades*, flacq eo ar boëdmâ, ar boëdonmañ a so flacq *ou* divlas *ou* disaçzun *ou* disaour.—*Cette eau est fade*, goular eo *ou* divlas eo an dour-mâ.—*Une beauté fade*, ur gucned flacq, ur guened ne deo qet flamm.

FADEUR, *insipidité*, flacqded, divlasder, droucq-saour.

FAGOT, *faisceau de menu bois*, fagodenn, *pl.* ou, fagod. *Van.* id., *pl.* eü. —*Une meule de fagots*, ur bern fagod, ur grac'hell qeuueud.— *Il y a là quelques fagots*, fagodennou a so a-hont, un neubeud fagod a so a-hont.—*Lieu où l'on met les fagots*, ar fagodiry.

FAGOTAGE, *action de fagoter*, fagodérez, fagodaich. *Van.* fagodereh.

FAGOTER, fagodi, *pr.* et; ober fagod, *pr.* græt. *Van.* fagodeiñ.—*habiller ridiculement*, fagodenni, *pr.* et. — *Qui vous a ainsi fagoté?* piou èn deus ho fagodéuuet-hu evel-ze?

FAGOTEUR, fagoder, *pl.* yen. *Van.* fagodour, *pl.* yon. yan.

FAGUENAS, *odeur fade*, c'huëz vrein, c'huëz trencq, gaigñaich, caignaich, c'huëz ar gaigu.

FAIENCE. *poterie vernissée*, feilhançz. —*Vaisselle de faïence*, veçzel feilhançz. —*Pot de faïence*, pod feilhançz, *pl.* podou feilhançz.—*Bénitier de faïence*, piñcin feilhançz, *pl.* piñcinou feilhançz.

FAILLIR, *faire des fautes*, fazya, *pr.* et. *Van.* fayeiñ, fari, faryeiñ, fauteiñ. —*Hélas! j'ai failli*, fazyet am eus, si ouaz din !—*Il faillit d'être tué*, dare voa dezañ beza lazet , trede màrz eo ne voa lazet. *v. falloir.*

FAILLITE , *banqueroute sans fraude*, fazy.—*Faire faillite*, ober fazy, *pr.* græt; fazya , *pr.* et; mancqout, *pr.* mancqet.

FAIM , *besoin de manger*, naoun. on écrivait naffn. ilboëd, *id est*, youl-boëd, désir d'aliments. *Van.* nann, naûn.—*Avoir faim*, cahout naoun , cahout ilboëd, *pr.* bet.—*J'ai faim*, naoun am eus, ilboëd am eus *ou* èm eus.—*Il a grand faim* , naoun bras èn deus, ur c'hoffad m'ad a naoun èn deus, un ilboëd terrupl èn deveus, naounyet bras eo. —*Qui a habituellement faim* , *qui est de bon appétit*, naounecq, *pl.* naounéyen; naounegued. *Van.* nannecq, naûnecq. on écrivait naffnecq.—*Faim canine*, naoun rancqlès , ur c'hoffad cruel a naoun. *v. boulimie, insatiable.*—*Mourir de faim*, mervel gad an naoun. — *Faire mourir de faim*, lacqât da vervel gad an naoun, ober mervel gad an nâoun. *r. affamer.* —*Faim-valle, maladie causée par le besoin de manger*, connar , ar gonnar. *v. boulimie.*—*La faim a épousé la soif, pour dire que deux personnes pauvres se sont mariées ensemble*, demezet eo ilboëd da sec'hed.

FAINE, *fruit du hêtre*, finigen , *pl.* finich ; fioneu , *pl.* fion.

FAINEANT , *te*, didalvez, divalo , invalant, didalvoudecq, oc'h , à . añ, *pl.* tud didalvez, etc. ; landreand, *pl.* ed ; caignard, *pl.* ed. *v. charogne, taletudinaire.*—*Faire le fainéant*, didalveza, *pr.* et; louaudi, *pr.* et. — *Devenir fainéant*, didalvoudecqât, *pr.* ëet. *Van.* donnet de vout didalve, *pr.* deit. *v. acoquiner.*

FAINEANTISE, *paresse*, didalvoudéguez, didalloudéguez, landreantiz. *Van.* didalvédigueh.

FAIRE, ober, *pr.* græt, gréet. *Léon*, great ; *car partout où les les autres Bretons ont un æ ou ee, les Léonnais ont un* ca. *surtout au pr. Ex.* bazatëot, lecqëet, guëllët, goaçëet. *En Léon*, bazaleat, lecqeat, guëlleat, goaçeat. *Aill.* ur saë, un æl, qaë, raë. *EnLéon*, saé, eal, qéa, réa, etc. — *Je fais, tu fais, il fait*,

me a ra, te a ra, eñ a ra. *On disait*, eff a ra. *Nous faisons, vous faites, ils font*, ny a ra, c'huy a ra, y a ra *ou* int a ra, *par adoucissement on dit* a ra *pour* a gra; *ou* ober a rañ, etc.. *ou* beza ez ran *ou* ober reomp. — *Je faisais, tu faisais, il faisait*, me a reé, te a reé, eñ a reé. *Léon*, me a rea, te a rea, eñ a rea. *Nous faisions, vous faisiez, ils faisaient*, ny a reé, c'huy a reé, y a reé *ou* ny a rea, c'huy a rea, y a rea. — *Je fis, tu fis, il fit*, me a eureu, te a eureu, eñ a eureu *ou* me a reas *pour* me a greas, te a reas, eñ a reas *ou* ober a ris, ober a rezout, ober a reas. *Nous fîmes, vous fîtes, ils firent*, ny a eureu, c'huy a eureu. y a eureu *ou* ny a reas, c'huy a reas, y a reas *ou* ober a resomp, ober a resoc'h, ober a rezont. — *J'ai fait, tu as fait, il a fait*, me èm eus græt, te e c'heus græt, eñ èn deus græt. *Léon*, me am eus great, teez c'heus great *ou* te az heus great, è èn deus vreat; *ainsi du reste. Nous avons fait*, vous avez fait, etc., ny hon eus græt, c'huy o c'heus græt , y o deus græt *ou* græt hon eus, græt oc'h-eus, græt o deus *ou* beza hon eus great, beza oc'h eus great, beza o deus great; *ainsi du reste.*—*J'avais fait, tu avais fait; il avait fait*, me am boa græt, te ez poa græt , en èn devoa græt *ou* great am boa, great az poa, great èn devoa *ou* èn deffoa. *Nous avions, vous aviez, ils avaient fait*, ny hon boa , c'huy oz poa, y o devoa *ou* int o deffoa græt, *ou* græt hon boâ, oz poa, o devoa, *ou* beza hon boa great, etc. —*Je ferai, tu feras*, etc., me a rayo, te a rayo, eñ a rayo. *Par abréviation*, on dit : me a ray, te a ray, eñ a ra *ou* ober. a rin, ober a ri, ober a rayo *ou* beza ez rin, beza ez ri, etc. *Nous ferons, vous ferez*, etc., ny a rayo, c'huy a rayo, y a rayo *ou* ober a raymp, ober a reot, etc., *ou* beza ez raymp, etc.—*Fais. qu'il fasse*, gra, gréet , great. *Faisons, faites, qu'ils fassent*, greomp, grit *ou* gret, *hors de Léon*, gréent *ou* greant. — *Plût à Dieu que je fisse, que tu fisses*, qu'il fit, raz raffenn, raz raffès, raz raffé *ou* ra raënn, ra raës ra raé *ou* pligé gand Doüe ez raënn, ez raës, ez raé *ou* dam youl ez raffeun, etc., *ou* èm youl ez raffenn, etc., *ou* a youl ez raën, a youl ez raës, a youl ez raë.—*Que nous fissions, que vous fissiez, etc.*, raz raffemp, raz raffec'h *ou* raz raffeac'h *ou* raz raffac'h, raz raffent, etc. — *Plût 'd Dieu que j'eusse fait, etc.*, r'am bezé, ra pezé, r'en devezé græt *ou* r'am bizé, ra pizé r'en devizé græt *ou* pligé gad Doüe èm bezé græt *ou* a youl èm bezé græt, etc. — *Quoique je fusse, tu fusses, etc.*, guéllet penaus ez raffénn, ez raffés, ez raffé *ou* peguement-bennac ez raënn, ez raës, ez raë, etc. — *Quoique je fisse, etc.*, peguement-bennac ez raffcénn, ez raffcés, ez raffcé *ou* peguement-bennac ez razénn, ez razés, ez razé, ez razémp, ez razeac'h, ez razént. — *Quoique j'aie fait, etc.*, peguèment-bennac am béz græt *ou* èm bez, ez péz, èn deffé græt; hon bez, oz péz, o deffé græt. — *J'aurai fait, tu auras fait, etc.*, me am bezo, te ez pezo, é èn deveso græt *ou* beza am bezo great, beza az pezo great, etc. *Que j'aurai fait, etc.*, pa am bezo great, pa ez pezo *ou* pa az pezo great, pa èn dezo great. *Que nous aurons fait, etc.*, pa hon bezo, pa oz pezo, pa o devezo græt. — *Faire*, ober. *Van.* obér, gober. *Avoir fait*, beza græt. *De faire, pour faire*, da ober, evit ober. *Devoir faire*, dleout ober. *Faisant*, o ober, o veza ma ra, èn ur ober. — *On fait*, ober a rear. beza ez rear. *On faisait*, ober a reat *ou* reët, beza ez real. *On a fait*, græt eus, beza ez eus great. *On avait fait*, græt voa bet, beza ez voa bet great. *On fera*, ober a reor, *id est, être on fera;* beza ez reor. beza e c'hreor, *id est, faire on fera. v. avoir, être. v. la Grammaire.* — *Ne rien faire*, chomm hep ober netra. *pr. et. v.* fainéant. — *Ne rien faire qui raille*, ober netra, chomm hep ober netra a vad.— *Faire quelque chose*, ober un dra-beunac.—*Il fait le malade quand il veut*, ober a ra ar c'hlañ pa gar, camm qy pa gar. — *Il fait le maître*, ober a ra e væstr.— *Je ne sais ce que je fais*, ne oun pe rañ, ne ouzon petra a rañ. — *Je ne saurais qu'y faire*, ne ouffenn pe raënn. *Van.* arrebade. — *Faire son salut*, ober e sil-

vidiguez, œuvri e silvidiguez, *pr.* et. — *Faire connaître*, rei da aznaout, *pr.* roët lacqât aznaout, *pr.* lecqëet. — *Faire faire quelque chose*, lacqât ober un dra, beza qiryocq ma rear un dra, beza caus ma rear un dra, *pr.* bet. — *Faire en sorte que*, ober ma. — *Je ferai en sorte que cela soit*, me a rayo ma c'harruo qemen-ze, me a ray ma vezo *ou* ma èn em gafc güir an dra-ze. — *Que fera-t-on de lui?* petra a reor anezà? — *Il a été bien battu, c'est bien fait, il le méritait bien*, cannet mad eo bet, great mad' co e-vintà; goall-gannet eo bet, bévez eo; bévez eo, *id est*, buez eo, *c'est salut. Il fait beau voir cela*, coandt eo qemenze da vellet, cetu hac a so coandt. — *Faire semblant*, ober neuz, ober seblant. — *Sous prétexte de faire l'ignorant*, digarez nè ouyér qet, digarez ober al lue.— *Faire des menaces*, gourdrous, *pr.* et; ober gourdrousou, ober manançou.—*Laissez faire, d'un, ton de menace*, nebaouu, nebaoun livit, negoüez damand deoc'h, nebaoun list da ober. *En riant :* list da frita. — *Faire des menaces, parlant des petits enfants*, ober nebaoun, ober bisicq. — *Faire le chien couchant*, ober an dañvad, ober evel ar c'haz. — *Aussitôt dit, aussitôt fait*, qerqent græt, ha lavaret.— *Ce qui est fait est fait*, ar pez so græt so græt, ar pez so bet so bet.—*Il fait chaud*, il fait beau, tom eo, caër eo. — *Il fait mauvais marcher*, diæz eo qerzet, diæz eo ar c'herzed, goall-guerzed a so, droue qerzed a ra.—*Il fait jour, il fait nuit*, deiz eo, nos eo. — *Faisons savoir que*, ny a ra, ou ny a ro da c'houzout penaus. — *Ce faisant vous ferez bien*, o ober qemen-ze ez reot èr-vad. — *Soit fait ainsi qu'il est requis*, bézet græt, evel-ze bézét great, autrêet eo ar goulenn. — *Vous avez beau faire*, caër oc'h eus ober, caër oc'h eus *Faire le bec à quelqu'un, l'instruire de ce qu'il doit dire*, ober e vecq da ur re-bennac, c'hüéza é téaud ur re. — *Se faire craindre*, lacqaat èn hem dougea, *pr.* lecqëet. — *Se faire aimer*, lacqât èn hem garet. — *Il se fait craindre et aimer tout à la fois*, lacqât a ra e zougea hac o garet é memès amser. *v. fait et ses composés*

**FAISABLE**, *qui peut être fait*, gréapl, poçzubl, oc'h, à, añ.

**FAISAN**, *oiseau*, qilhocq gouëz, *pl.* qilhéyen gonëz.

\* **FAISANDE**, yar gouëz, *pl.* yaresed.

**FAISCEAU**, pacqad, *pl.* paeqajou; trouçzad, *pl.* ou. — *Petit faisceau*, pacqadicq, trouçzadicq. — *Faisceau qui se porte sous l'aisselle*, cazellyad, *pl.* ou. — *Petit faisceau*, cazellyadicq, *pl.* cazellyadouïgou. — *Faisceau qui se porte dans la main*, dournad, *pl.* ou. — *Petit faisceau*, dournadicq, *pl.* dournadouïgou. — *Faisceau qui se porte sur la tête*, beaïch, *pl.* ou; ordenn, *pl.* ou. — *Petit faisceau qui se porte sur la tête*, beaïc'hicq, *pl.* beaïc'hiouïgou; ordennicq, *pl.* ordennouïgou.

**FAISEUR**, *ouvrier*, oberer, *pl.* yen; oberour, *pl.* yen; nep a ra un ouvraïch-hennac. — *Un faiseur de livres*, nep a ra levryou, nep a gompos levryou.

**FAIT**, *achevé*, great, græt, æchin. *Van.* groeit, *pr. de* gobér, faire. — *A demi-fait*, hanter-c'hræt. — *Fait et parfait*, great ha peur c'hræt; græt ha peure'hræt. — *Bien fait, fait au choix*, great mad, great diouc'h an touich fin, græt diouc'h an touich, græt diòuc'h an dibab. — *Un esprit bien fait*, ur spered mad, ur spered mad a zen, ur spered parfedd. — *Mal fait*, goall c'hræt, ne deo qet græt mad. — *Un homme mal fait*, *v. façon.* — *Un esprit mal fait*, ur spered fall a zèn, ur goall spered, ur spered-treuz, ur spered didaïlh. — *Il est fait ainsi, telle est son humeur*, evel-ze ex ma-an dro *ou* an daïlh anezâ, cetu eno e umor *ou* e imeur. — *Fait d, accoutumé d*, græat diouc'h, bourret dionc'h, boased dioud, accustum dioud. — *Fait, action*, fead, ur fead, ur fæd, un taulfæd, ur viryonez, un dra. — *C'est un fait*, ur fead eo, ur fæd eo, ur viryonez eo, un taul-fæd eo. — *Je pose en fait que, je mets en fait que*, me a lacqaè fead penaus. — *C'est un fait particulier*, un taulfæd eo, un dra particuler eo. — *C'est un fait d part*, un dra all eo qemen-ze, un æffer all eo houuez. — *De fait et de paroles*, dre gomps ha dre ober. — *En fait de, pour ce qui concerne*, evit fead e-

vêus a, etc., evid fæd eus a. — *Elle a eu un enfant de son fait*, ur buguel he deus bet anezañ. — *On l'a pris sur le fait*, qemeret eo bet var an tom *ou* var ar fead *ou* var an taul-fæd. — *De fait, en effet*, evit guir, èn effed. — *Et de fait*, hac evit guir; hac èn effed. — *Au fait, pour le fait*, affead, affæd. — *Au fait et au prendre*; pa-dal ha pa-dal. — *Si fait*, eo, eo da, pardounit dign, va iscusi a reot. — *Tout-à-fait, entièrement.* *v.-y.* — *Faits, actions héroïques*, oberyou caër. *v. exploit.*

**FAITAGE**, *toit*, an doën hac ar c'hoad eus a un ty.

**FAITE**, *sommet d'un édifice*, lein un edifiçz, nein un edifiçz, al lein *ou* an nein eus a un ediviçs.

**FAITIÈRE**, *tuile courbe sur le faîte*, teolenn-bleg, *pl.* teol-bleg; teollenngromm, *pl.* teol; teuleu-gleus, *pl.* teul.

**FAIX**, *fardeau*, beac'h, carg, pouës. *v. charge.* — *Ces colonnes portent un faix prodigieux*, ur beac'h orrupl a zoug ar c'honlounennou-ze, ur garg vras meurbed a so *ou* ur bouës terrupl a so var ar c'honloulennou-ze. — *Faix, tout ce qu'une personne peut porter*, beac'h, *pl.* you; ordenn, *pl.* ou. *Van.* beh, *pl.* eü. — *Un faix de foin*, ur beac'h foën, un ordenñ foënn. — *Un faix de bois*, un ordenn gueuneud, ur beac'h qeuncud. — *Un faix d'herbes*, ur beaïc'h gueaut. — *Un faix de lande*, un ordenñ lann, ur beaïc'h lann. — *Il succombe sous le faix de ce procès*, ar beac'h *ou* ar bouës eus ar procèsze èl laz, lazet eo *ou* mervel a ra gad ar procès-ze. — *Des faix de différentes choses*, ordennadou, beaïc'hyadou.

**FALAISE**, *côte escarpée*, tunenn, *pl.* ou; falesenn, *pl.* ou, falès. *v.* colline, dune. — *Une belle falaise*, un dunenn gaër.

**FALLACE**, troumplerez, *pl.* ou.

**FALLACIEUX**, *use*, tromplus, oc'h, añ.

**FALLOIR**, *être de nécessité*, rencqout, *pr. et*; rancqout, *pr. et*; beza redd, *pr. bet.* *Van.* fautout, fauteiñ, *ppr. et*; bout redd, *pr. bet.* — *Il faut*, redd eo, rencqout a rear, beza ez rencqer *ou* è rancqer. — *Il fallait*, redd voa, reucqout a rea. — *Il fallut*, redd a voa, redd vouê, beza ez voa redd. — *Il a fallu*, redd eo bet, rencqet eo bet, beza eo bet red. — *Il avait fallu*, redd a voa bet, beza ez voa bet redd, rencqet *ou* rancqet voa bet. — *Il fuudra*, redd a vezo, redd vezo, beza ez vezo redd, rencqout *ou* rancqout a reor, beza ez rancqor. — *Qu'il faille*, bezét redd, redd bezét, rencqeët, rencqeat, rancqëet. — *Qu'il fallût*, ez rencqsét, ma rencqsét, ma vezé redd, ez vizé red. — *Il fuudrait*, redd a véz; redd véz, beza ez véz redd, rencqout a reat, rancqout a raffét, bezaez rancqét, ez rencqét, ez véz redd. — *Il s'en faut beaucoup,* cals a faot, meur a faot, meur a vancq. *Van.* paud a faut. — *Tant s'en faut que je les aime, je ne peux pas même les regarder,* pell da garet anezo, ne allan qet memès o sellet; è leac'h o c'haret, ez tistroañ me-mesamand va c'hein dèzo. — *Tant s'en faut, que tout au contraire,* ar c'hontroll-beo eo, èr c'hontroll-beo eo. — *Peu s'en est fallu qu'il n'ait été pendu,* evit neubeud ez vezé bet crouguet, evit bihañdra e vizé bet crouguet, taust eo bet dezañ beza crouguet, hogosicq eo bet dezañ beza crouguet.

FALOT, letern var becq *ou* beñ ur vaz; letern ar sacramand, *pl.* leternou; letern troadecq, *pl.* leternou. — *Fallot grotesque,* farvell, *pl.* ed.

• FALOTIN, farvellicq, *pl.* farvellodigou.

FALOURDE, fagod teo amarret dre an naou-beun.

FALSIFICATEUR, *qui falsifie,* falser, *pl.* yen. *Van.* falsour, *pl.* yon.

FALSIFICATION, falsidignez.

FALSIFIER, *contrefaire,* falsa, *pr.* et. *Van.* falseiñ, gober ur faus. — *Falsifier des drogues,* falsa, farloti, farlodi, *ppr.* et. *Van.* qeygeiñ.

FAMELIQUE, *affamé,* naounecq, *pl.* naounéyen; maro gad an naoun. *v. affamé,* faim.

FAMEUX, *euse, renommé,* brudet, aznavezet gad an oll evit, etc. — *Il est très-fameux dans le pays,* brudet bras eo *ou* brudet eo meurbed dre ar vro, aznavezet eo dreist ar re all gand ar bed oll. — *Un fameux capitaine,* ur c'habitan bru-

det, ur c'habitan bras. — *Un très-fameux capitaine,* ur c'habitan brudet bras, ur c'habitan bras meurbed, ur vaillhant a gabitan, ur c'habitan ar vailhantâ *ou* evit ar vaillhantâ. — *Un fameux voleur,* ul laër bras, ul laër brudet gad an oll *ou* aznavezet gad ar bed oll. — *Une fameuse coquine,* ur hailhebodenn aznad *ou* publicq.

FAMILIARISER ( *se* ), *se rendre familier,* dônet da veza familyer, *pr.* deuët; hem renta familyer, *pr.* et. *v. s'apprivoiser.*

FAMILIARITÉ, familyaritez, carantez specyal, hep nep redy. *v. affabilité.* — *Grande familiarité entre égaux,* camaradéguez, camaradyez, camaradyaich. *Familiarité engendre mépris,* camaradéguez a so dispris, re vras camaradéguez a zigaçz dispris.

FAMILIER, *ère,* familyer, oc'h, â, añ. *v. affable.* — *Etre familier avec quelqu'un,* beza familyer gad ur re, beza hep fæçzon *ou* beva hep fæçzon gad ur re-bennac. — *Discours familier,* divis eaz hir natural.

FAMILIEREMENT, èn ur fæçzoun familyer.

FAMILLE, *êtres de même sang,* tyéguez, *pl.* ou. *Léon,* familh, tyéguez. *Van.* tyegueach, familh. — *Père de famille,* tyecq, *pl.* tyéyen; penn-tyéguez, *pl.* pennuou. — *Fils ou fille de famille,* map *pe* mere'h a dyéguez vad, map *pe* verc'h eus e lignez vad. — *Abraham s'en alla avec toute sa famille,* Abraham a guytaas gad e dyéguez *ou* gand oll dud e dy. — *Il soupe en famille,* coanya a ra èn e dyéguez *ou* gand tud e dy *ou* gad tud e dy hac e guerend nès *ou* hac e guerend taust. — *Famille, extraction, maison,* lignez, gouënn, tyeguez. — *La Sainte Famille ou tableau de la Sainte Famille,* al lignez santel, al lignez sacr pe un daulen eus al lignez santel. — *La famille royale,* al lignez roeyall, ar goad roëyall, ar roë hac e lignez. — *Des gens de bonne famille,* tud a lignez vad, tud savet a dyéguez vad, deuët *ou* savet a dud vad, tud a c'houënn vad. — *De quelle famille est-il?* pe a dud eff éû? pe a lignez eff è? pe eus a vouëñ eff è savet? pe a dyéguez eff éû? —

*Déshonorer sa famille,* diligneza, pr. et; diseuori e dud, pr. ol; •ber disenor d'e lignez ou d'e dud ou d'e dyéguez, pr. græt.—*Qui n'a point de famille, d'enfants,* dilignez. — *Il y a toute apparence qu'il mourra sans famille ,* dilignez ez varvo hervez fæçzoun.

**FAMINE,** *disette de vivres,* naounnéguez. *on écrivait* naffnéguez; un•dienez general. v. *cherté.* —*Prendre une ville par famine,* qemeret ur guear gad naounéguez, pr. id.; naounya ur guær, pr. et. — *Celui qui met la famine dans un pays,* naouneguer, pl. yen.

**FANAGE,** *l'action de faner,* foënnadecq, pl.foënnadegou;foënnérez,pl.ou.

**FANAL,** *feu pour servir de guide aux vaisseaux,* tan-lec'h, pl. tan-lec'hyou; tan, pl. you. — *Fanal, feu d'une lanterne de vaisseau,* tan, pl. you. — *Faire fanal,* élumi an tan, pr.et;élumi letern nl lestr.

**FANATIQUE,** *fou par religion,* disqyantet, trelatet, drouc-ispiret, ppl. tud disqyantet, etc. *Van.* foll, pl. eü, tud foll. v. *lunatique.*

**FANATISME,** *zèle du fanatique ,* fals ispiracion; cahoüad fulor, pl. cahouajoü ; barr folléntez , pl. barreu. *Van.* folleh.

**FANCHON,** *nom de petite fille,* Françesaïcg, Francesaïgou, Saïcg, Saïgou, Fanticg.

**FANER,** foënna, foënnet, ppr. et; éansti foënn, pr. éaustet; sqigna foën, pr. et; lacqât foënn var sqign, pr. lecqëet;leda foënn da sec'ha,pr.ledet.*Van.* foënneiû, æsteiû foënn, ledecq foënn. v. *faucher, foin.* — *Se faner, se flétrir,* goëzvi, pr. et; sec'ha,pr. et. *Van.* goëhveiu, seheiû. — *Fleurs fanées,* bocqe-.dou goëzvet ou seac'het. — *Teint fané,* lion goëzvet ou seac'het. — *L'action de se faner, flétrissure,* goëzvidiguez, goëzvadur.

**FANEUR,** *qui fane,* foënner, pl. yen. *Van.* foënnour, pl. yon, yan.

**FANEUSE,** foënuerès, pl. ed.

**FANFARE,** *air en réjouissance,* son an trompilhou ; ur sonnen trompilh, pl. sonuennou. — *Donner une fanfare,* rei ur sonenu trompilh, pr. roët; ober ur

son trompilh, pr. græt. — *Fanfare, vaine ostentation, grande réjouissance,* gloriusded, pompad fougué.

**FANFARON,** *qui fait le brave,* pompadér, pl. yen; fougucër, pl. yen; fougaçzer, pl. yen; canfard, pl. ed. *Van* , *du côté de Guémené,* cadet Moustafar, *id est, descendu de Mustapha.* v. *Gascon, gasconnade.* — *Faire le fanfaron,* pompadi, pr. et; ober arc'haûfard ou e gaûfard ou fougaçzérez, pr. græt. — *Il y a deux petites villes en B.-Bretagne dont on appelle les habitants fanfarons,*diou guæricq vihan a so eñ Breiz-Isel pe eus a re c halver ar vourhiayan caûfarded po fougueëryen.—*Les Espagnols fanfarons,* pòmpadéryen ou canfardet Spaigu.

**FANFARONNADE,** *vanterie,* fougaçzérez,caûfardérez, pompadérez,ppl.ou; comps pomdadus, pl. compsyou.

**FANGE,** *boue,* fancq. *Van.* id. v. *boue, bourbe.*

**FANGEUX,** fancqecq, oc'h , añ. v. *bourbeux.*

**FANON,** *gorge de bœuf,* goultenn.

**FANTAISIE,** *imagination, idée,* faltasy. *Van.* fantasy. — *Fantaisie, opinion, volonté,* faltasy, pl. you; ompinion, pl. ou; c'hoand, pl. c'hoanchou. — *Fantaisie, enthousiasme ,* cahouad ou barr faltasy.—*Fantaisie, caprice, boutade,* oulad, pl. ou; stultenn, pl. ou; pennad,pl. ou ; froudenn, pl. ou. *Van.* peënnad , fantasy, ppl. eü. — *Cela lui est venu en fantaisie,* an dra-ze a so troët èn c beñ, ur froudenn ze a so savet ènhâ, ar pennad-ze a so deuët deza, arc'hulad-ze oû ar stultenn-ze a so croguet ènhañ.

**FANTASQUE,** *bourru, capricieux,* enladus, stulteunus, froudennus, maricellus, oc'h , â, añ. *Van.* peennadus , fantasyus, oh , añ. v. *bizarre.*

**FANTASSIN,** *soldat d'infanterie,* soudard var droad, pl. soudarded . etc.

**FANTASTIQUE,***imaginaire,*faltasyus.

**FANTOME,** *spectre,* specz, pl. ou; tasmand, pl. tasmanchou; eñqeler, pl. yen. v. *esprit-follet.*

**FAON,** *le petit d'une biche,* karvicq, pl. kivvinou, kervedigou: karo bihañ, pl. kirvy bihan, kerved bihañ ; menn ur garvés, *pl.* menned kervés *v.* biche.

FAQUIN, haïlhcbod, *pl.* ed; un dèn displed, *pl.* tud displed.

FARCE, hachis, fars.—*Des poulets d* la farce, poñcined farset.—*De la farce cuite*, fars, fars-pod. *A Ouessant*, couf foc'h. — *Le sac où on la cuit*, ar sao'h fars.—*Farce*, fasetis, fars, *pl.* ou; bourd, *pl.* ou; bourdt coandt, *pl.* bourdou coandt. *Van.* id., *pl.* eû. *Al.* barrex, *pl.* au, *de* bars, baladin.—*Faire des farces*, farsal, *pr.* farset; ober farsou.

FARCEUR, bouffon, farser, *pl.* yen; farvell, *pl.* ed. *Van.* farsour, *pl.* yon.

FARCIN, maladie des chevaux et des bœufs, farcilh, ar farcilh.

FARCINEUX, qui a le farcin, farcil heeq.—*Cheval farcineux*, maro'h farcil heeq.

FARCIR, remplir de farce, farsa, *pr* farset.—*Oison farci*, goaxicq farset, pi chon goaz farset. — *Livre farci de grec*, leve leun a c'breçz ou cargueta c'breçz.

FARD, pâte pour le teint, fard. *Van.* id. *Al.* ffug.

FARDEAU, charge, poids, fardell, *pl.* ou. *Al.* olud. *v.* faix.—*Je suis déchargé d'un grand fardeau*, ur fardell vras ou ur heac'h bras a so eat divar va c'heiñ.

FARDER, farda ur re-bennac, *pr.* et. *Van.* fardeiñ. *Al.* ffugyo, *pr.* et. — *Se farder*, èn hem farda, *pr.* èn hem far det; farda e façz, qemeret fard, *pr.* id. lacqat fard var e façz, *pr.* lecqëet; plas tra e visaïob, *pr.* et. *Van.* him fardeiñ. *Al.* hem ffugyo. — *Farder*, déguiser, farda, plastra. diguiza, *ppr.* et.

FARFOUILLER, chiffonner, cabalat, *pr.* cabalet; manea, *pr.* ëet; leuta, *pr.* et

FARIBOLES. *v.* contes.

FARINE, bleud. *Van.* bled.—*Farine de froment*, bleud guynis.—*Farine de seigle*, bleud se gal.—*d'avoine*, bleud qerc'h.—*de sara cin*, bleud ed du, bleud guynis du, bleud yd du.—*d'orge*, bleud heyz. — *Fleur de farine*, flour, bleud flour. *Van.* bled flour.—*de froment*, flour guynis. —*de farine de seigle*, flour ségal.—*Folle farine*, la plus fine, bleud gouëz, fu.

FARINER, saupoudrer le poisson, etc.;

de farine, bleuda pesqed, *pr.* et.

FARINEUX, euse, plein de farine, bleudeucq, bleudecq, oc'h, â, aû. — *Chapeau farineux*, tocq bleudeucq. — *Poires farineuses*, pèr bleudeoq.—*Dar tre farineuse*, dervoëden bleudeucq, *pl.* dervoëd bleudeucq.

FARINIER, marchand de farine, bleu der, *pl.* yen; marc'hadour bleud, *pl.* marc'hadouryen bleud ou ed malet.

FAROUCHE, cruel, féro, oc'h, aû. *Al.* ferff.—*Farouche*, sauvage, gouëz, dicez da doëva.—*Les bêtes farouches*, al loëzned gouëz ha oriz, al loëzned féro. — *Cheval farouche*, difficile à dompter, maro'h amgestr, maro'h di ez da zoëva ou da blega ou da zreçza.—*Un esprit fa rouche*, un imeur gouëz, un dèn féro.

FASCINATION, charme qui fascine, chalm, tonëlladur.

FASCINER, ensorceler, éblouir, chal mi an daoulagad, *pr.* et; touëlla, *pr.* et. *v.* décevoir.

FASEOLES, sortes de fèves marbrées, pezen-fa, *pl.* pès-fa, pis-fa.

FASTE, ostentation, fouguérez, fou gaçzérez, pompad.

FASTUEUX, euse, plein d'orgueil, fougueus, fougaçzus, leun a fougue, leun a fougaçzérez, oc'h, â, aû. — *Fas tueux*, qui aime la magnificence, pompa dus, pompus, leun a pompad, oc'h, â, aû.

FAT, impertinent, sot, diot, sot, *pl.* tud diot, tud sot; beulqe, *pl.* ëed.

FATAL, ale, ce qui doit arriver néces sairement, ar pez a so toncqet dezâ er rûout, un dra a rencq da arrûout. — *Cette ville a été ruinée par un décret fatal de la Providence*, toncqet a voa d'ar guear-ze beza révinet, ar guær-ze a rencqé beza revinet.—*Fatal*, ale, funes te, disêur, despitus, neo'hus, oc'h, aû. —*Un combat fatal*, ur c'houmbad disêur,

FATALITÉ, destin, destinadurez, destinadur, toncqadur.—*Les anciens at tribuaient tout à la fatalité*, an toncqa dur ou an destinadur a yoa gûeachall caus da bep tra, var veno ar re ancyan; ar re ancyan a gredé qer cależ ha mean penaus ne arrué netra, nemed ar pez a voüe toncqet dezañ arrûout.—*La fa*

talité des stoïciens n'a jamais été plus raide
né plus inflexible , que la prédestination
des Calvinistes, destinadurez ar Stoïcyaned ou toncqadur ar Stoïcyaned, ne
voa biscoaz caletoc'h, eguit hiny an
Hugunoded.—Fatalité, malheur, disēur, droucqēur. — Cela est arrivé par la
plus grande fatalité du monde, c'hoarvezet eo bet qemen-ze dre un disēur ar
brazáoadre un droucqēur an estraïnchâ

FATIGANT, te, pénible, fatigus, poanyus, caledt, oc'h, à, añ.

FATIGUE, faticq , poan.—Fatigue,
lassitude, scuyzder, fatig.

FATIGUER, lasser, scuyza, pr. et;
fatiga, pr. fatiguet. Van. scuyheiñ, scu-
heiñ, fatigueiñ, ppr. et. — Fatiguer,
donner de la peine, poanya, pr. et; trubuilha, pr. et, fatiga; pr. et.

FATIGUÉ, las, scuyz, faticq, oc'h,
añ.—Extrêmement fatigué, acicq,bréon.

FATRAS, bagatelles, bagaichou. v.
babiole.—Fatras, amas de choses inutiles,
turubailhou, turibailhou.

FATUITÉ, dievezded, diotaïch.

FAU, arbre, faveqn , pl. ed, ou ; fa-
uēns, pl. fau, fao, fav. Van. faüenn,
pl. faüenneü, faü. de là; le Faou, le
Faouët, petites villes. — De fau, a fau,
great a fao, græt a fao ou a fau.—Qui
tient du fau, favecq, fauēçq.—Du fau,
fie, coad fau.

FAUBOURG, fabourz, pl. you,

FAUCHAGE, action de faucher, fal-
c'hérez, falc'hadecq, ppl. ou, Van. fal-
dereah.

FAUCHER, falchat, pr, falchet. Van.
falheiñ, falhát, ppr. falbet.

FAUCHET, râteau, rastell-brepn,
pl. rastellou-prenn; rastell-goad , pl.
restell-goad, rastellou-coad.

FAUCHEUR, faclc'her, pl. yen. Van.
falhour, pl. falheryon, falhouryan.

FAUCHEUX, araignées à longues pat-
tes, falc'hecq, pl. falc'héyen; qemenér
bras. pl. qemenéryen vras.

FAUCILLE, instrument pour couper
les blés, fals, pl. filsyer; fals dantecq,
pl. filsyer dantecq; fals strop, pl. filsyer strop. Van. fals, pl. felher.—Faucille pour couper du genêt, fals autenn,

pl. filsyer autenn. H.-Corn. fals-cam,
pl. filsyer cam.—Faucille qui coupe bien,
fals léin. — effilée, fals taltous ou dall.
— d long manche, boug, pl. eou; ur
voug, ur vouch.

FAUCILLON, petite faucille, falsicq,
pl. filsyerigou; fals vihan, pl. filsyer, etc.

FAUCON, oiseau de proie, falc'hun,
pl. ed; falcun, pl. ed. Van. falhann,
pl. ed. Al. cyrcq, cyrch.

FAUCONNERIE, au ard da zreçza al labouçzed preyz da chaçzeal,
falc'hunerez. Van. falhannereah.

FAUCONNIER, falc'huner, yen.
Van. falhannour, pl. yon, yan.

FAUFILER, diaseza, pr. et.

FAUSSAIRE, qui fait un faux, falser,
pl. yeu; nep en deus græt ur sin faus, pe
un acta faus, pe ur falsidiguez-bennac.

FAUSSE alarme, fals spound, pl.
fals spounchou. — Fausse attaque, fals
atacq, pl. fals atacqou.—Fausse branche, fals brancq, pl. fals brancqou. —
Fausse côte, costezenn vihan , pl. coste-
zennou vihan. — Les fausses côtes, ar
c'hostezennou vihan, ar c'hostou munud, ar berr-gostou.— Fausse couche ,
diforc'hidiguez divar vugale, collidiguez a vugale, coll bugale, pl. collou
bugale; fals vloazvez.—Fausse couleur,
fals liou.—Fausses enseignes, fals azrouēz.
—Fausse équerre, fals squēzr, squēzr
blecq. — Fausse fenêtre, fals prenest,
prenest mançzounet.—Fausse joie, fals
joa, fals joaē. — Fausses manches, fals
mainchou, pennou mainch. — Fausse
marche, fals roudenn.—Fausse monnaie,
fals mouneyz. Van. id. — Faire de la
fausse monnaie, ober fals mouneyz, pr.
græt; fablicqa fals mouneyz, pr. et.
Van. gober fals mounez, pr. groeit.—
Donner cours à de la fausse monnaie, rei
fals mouneyz, pr. roēt; lacqât fals mouneyz da redecq , pr. lecqēet. — Fausse
pleurésie, fals pleuresy.—Fausse porte,
fals dor.—Fausse trape, fals trap.

FAUSSEMENT, e faus, è fals, è gaou, gand falséntez. Van. e faus.

FAUSSER, violer, courber, falsa, pr.
et.—Fausser sa foi, manquer à sa parole,
falsa e feiz, falsa e c'hér, mancqout d'e

c'her , *pr.* mancqet; moñnet aenep d'o-
c'her, *pr.* ēet.—*Fausser compagnie*, falsa compaignunez, quytaat ar gompaignunez, ēet.—*Fausser une clef, une épée,*
falsa, plega, *pr.* pleguet.

FAUSSET, *petite cheville pointue,* sancç-
zed, *pl.* ou. *Van.* id., *pl.* eü.—*Fausset,*
*voix aiguë,* fauçzed, *pl.* ou; mouëz
qilhoguicq.

FAUSSETÉ, *chose fausse,* falséntez ,
*pl.* ou. *Van.* fallante, *pl.* eü.—*Inventer*
*des faussetés sur quelqu'un,* soungeal guevyer var ur re. *pr.* sounget; forgea falséntez var bouës ur re-bennac, *pr.* et;
forgea guevyer var ur re.

FAUT ( il ) , redd eo, beza ez rencqear, rencqout a rear.—*Il ne faut pas,*
ne faut qet, ne deo qet redd, ne rencqear qet.—*Il ne faut pas, il faut bien s'en*
*donner de garde,* arabad eo. *v.* hauteur.
—*Comme il faut,* e c'hiz ma faut, evel
ma faut, a dailh, a fæçzom, d'an
touich, diouc'h an touich, d'an touich
fin, dioud an touich fin, diouz an dibab.—*Comme il me le faut,* d'am zouich;
d'am zailh, evel ma faut dign, diond
va c'hoand, d'am c'hoand. *v.* falloir.

FAUTE, *manquement à son devoir, er-*
*reur,* fazy, *pl.* fazyou; faut, *pl.* ou. —
*Vous avez fait là une faute,* fazy oc'h eus
bet; fazya oc'h eus græt, faut oc'h eus
bet, ur faut oc'h eus græt, mancqet
oc'h eus eno, fellel oc'h eus græl. —
*Sans faute,* hep faut, hep faut e-bet ,
hep fazy, hep nep fazy, difaut. —*Vers*
*qui sont sans faute,* guërzou pere a so
hep faut e-bed *ou* hep nep fazy, guërzou difaut.—*Sans faute, assurément,* hep
faut, hep faut e-bed, hep mar, hep
mar e-bed.—*Faute volontaire et coupa-*
*ble,* faut, *pl.* ou ; qiryéguez, goall, goalléguez.— *Cela est arrivé par ma faute,*
c'hoarvezet eo bet qemen-ze, èm faot
*ou* dre va faot *ou* d'am faut *ou* èm goall
*ou* d'am c'hiryéguez *ou* èm c'hiryéguez
*ou* èm goalléguez *ou* d'am goalléguez.
— *Par sa faute,* èn e faot, dre e faot,
èn e voall, dre e voall, èn e voalléguez,
dre c'hiryeguez, èn e guiryeguez, dre
e guiryeguez.—*Par ta faute,* èn da faut,
dre da faut, èn da voall, èn da voal-

léguez, en da guiryéguez, d'az qiryéguez, d'ez qiryéguez. — *Faute de,* deffaut, affaut.—*Faute de se trouver,* def-
faot èn hem gavout, affaut èn hem
gaffont.—*Faute de faire,* deffaut ober,
affaut ober.—*Faute, disette,* dieznez ,
dienez, deffaut.—*Faute d'argent, disette*
*d'argent,* dienez vèz a arc'hand.—*Faute*
*d'avoir de l'argent,* deffaut cahout ar-
c'hand, deffaut *ou* affaut arc'hand.

FAUTEUIL, cador-vreac'h, *pl.* cado-
ryou-vreac'h. — *Apportez un fauteuil ,*
deuit ur gador-vreac'h, digaçzit ur
gador vreac'h affo.

FAUTEUR, *qui favorise,* favorer, *pl.*
yen.—*Fauteur d'hérétiques,* favorer an
hugunoded , an hereticqed.—*Fauteur*
*de mal,* favorer an droueq, favorus è
droueq.

FAUTIF, *ive, qui fait des fautes,* fazyus, fautus, oc'h , à, añ, suged da
fazya, suged da vancqout.—*Tout hom-*
*me est fautif,* fazyus eo pep dèn, fautus
eo pep hiny.

FAUTRICE , favorerès , *pl.* ed.

FAUVE, *poil roussâtre,* guell, rousard, dem-rous, azrous.—*Bêtes fauves,*
al loëzned guell, al loëned dem-rous,
al loëned rousard, an loëned azrous.
—*Couleur fauve,* liou rousard, liou guell,
liou dem rous , liou azrous.

FAUVET, *petit oiseau,* fouyn, *pl.*
ed; glosard, *pl.* ed.

FAUVETTE, *femelle du fauvet,* fouy-
nès, *pl.* ed; glausardès, *pl.* ed.

FAUX, *ausse, qui n'est pas vrai,* faus.
*on prononce* faos *légèrement.* fals, oc'h,
à, añ. *Van.* id.—*Cela est faux,* an dra-
ze a so faus, faus eo qemen-ze, gaou
eo , gaou eo qemeñ-ze; an dra-ze ne
de qet guir, falséntez eo qemen-ze.—
*Faux prophètes,* fals prophed, *pl.* fals
propheded.—*Faux dieu,* fals-doüe, *pl.*
fals-doüed, fals-doüeou.— *Faux apô-*
*tre,* fals abostol, *pl.* fals æbestel.—*Faux*
*chrétien,* fals christen, *pl.* fals christé-
uyen. — *Faux prêtre,* fals vælecq, *pl.*
fals væléyen.—*moine,* fals vanac'h, *pl.*
fals venec'h, fals venac'h.—*monnayeur,*
fals mouncyzer, *pl.* fals monneyzéryen.
—*frère,* fals breuzr, *pl.* fals vreudeur.—

*témoin*, fals tèst, *pl.* fals tèstou; tèn faus. *pl.* tèstou faus. — *jour*, sclærigennicq, sclærigenn dreuz, a enep an deiz. *Van.* enep d'en de. — *Normand*, fals Ormand.—*A faux, faussement*, e faus gand falséntez, a enep guiryonez.

FAUX, *instrument pour couper du blé*, iñglod, *pl.* ou, iñglojou. —*Faux, instrument pour faucher les prés*, falc'h, *pl.* filhyer, filyer. *Van.* id. — *Aiguiser la faux à la forge*, goulaza ar falc'h, *pr.* et. *Van.* goulaheiñ. *v. affiler.* — *Aiguiser la faux, la battre*, güellât ar falc'h, *pr.* güellëet; lëmma ar falc'h, *pr.* et. —*La dalle pour aiguiser la faux*, mæin-falc'h, *pl.* mæin-falc'h. — *Le sabot où l'on met l'eau et la dalle*, botinell, *pl.* ou; qorn ar falc'her, *pl.* qernyou; loguell, *pl.* ou; douraër, *pl.* ou.—*Qui est fait en forme de faux*, falchecq.

FAVEUR, faver, favor, *pl.* you. *Van.* id., *pl.* yeü.—*En faveur de Pierre*, e faver da Pezr. — *A la faveur de la nuit*, gand sicour an nos, dre voyen an devalyenn eus an nos.

FAVORABLE, favorapl, favorus, autrëus, oc'h, à. *Van.* favorapl, oh, aü, aoû.—*Vent favorable*, avel vad ou favorus.—*Favorable, heureux*, favorapl, eürus, oc'h, à, aû.

FAVORABLEMENT, èn ur fæçzoun favorapl *ou* favorus *ou* eürus, gad jou, gad plijadur.

FAVORI, *qu'on aime le plus*, mignon ar galoun, nep èn deus graçz-vad ur rebennuac.

FAVORISER, *traiter favorablement*, faveri ur re, *pr.* et; favori ur re-bennac, *pr.* et *Van.* favoriseiñ unan-bennoc. *v. fauteur.*

FAVORITE, mignounès ar galoun.

* FAYE, *lieu planté de hêtres*, favecq, *pl.* favegou; faouëd, *pl.* ou, faouëjou; faouëdeg, *pl.* ou; favenneg, *pl.* ou.— *Petite faye*, faouëdicq, *pl.* faouëdouïgou; faveguicq, *pl.* favegouïgou.

FEAL, *est un mot breton, qui veut dire fidèle, et qui doit foi et hommage à un seigneur. Il vient de* fe, *foi, de même que* fiage, feaich, feach.

FEBRICITANT, nep èn deus an der-

zyeñ, nep a so an derzyenn gandhâ.

FEBRIFUGE, lousou a gaçz an derzyen èn he roud, remed ouc'h an derzyenn, *pl.* remejou.

FECOND, *onde, parlant des animaux qui produisent beaucoup*, a zoucq cals, a zoug bep bloaz, a so *ou* a daul founnus, *B.-Léon.* strujus, d'où distrnich, *destruction.—Fécond, onde, parlant de la terre*, druz, founnus, edus, frouëzus. *B.-Léon.* strujus, oc'h, à, aû.—*Une source féconde*, ur vammenn founnus, ur sourceñ crè.—*Fécond, onde, parlant des arbres*, frouëzus, speryus, strujus, oc'h, à. — *Pommier fécond*, avalenn speryus, avaleñ frouëzus meurbed, guezen strujus.— *Femme féconde*, grecq frouëzus ; Doüe r'he bennigo, grecq a ra cals a vugale, grecq strujus.—*Langue féconde*, langaich fourciçz.—*Esprit fécond*, inventif, spered fourniçz hac igignus.

FECONDITÉ, founder, foun, druzouny, frouëzidiguez. *B.-Léon.* struich.

FÉE, *sorcière, enchanteresse*, corricq, *pl.* corrigued; corrigan, *pl.* ed; boudicq, *pl.* boudigued.—*Lieu de fées ou de sacrifices. C'est ainsi que l'on nomme certaines pierres élevées couvertes d'autres pierres plates, fort communes en Bretagne, et où les Païens autrefois, dit-on, offraient des sacrifices. On ajoute que nos ancêtres ont vu danser, près de ces lieux, de petits nains tout noirs.* ty ar gorrigued *ou* ar gorriganed *ou* ar boudigued *ou* ar re vihan, *pl.* tyès ar goriganed ; etc. *v. ogre.* — *Fée, qui prédit l'avenir*, diouganerès, *pl.* ed.—*Une vieille fée, vieille fille*, un hanter-grac'h, ur goz plac'h yaouanocq, corriguès, *pl.* ed.

FEER, *enchanter*, achanta, *pr.* et.— *Je vous fée et rifée*, me a achant ac'hanoc'h ur veac'h, diou vëac'b.

FEINDRE, *dissimuler, faire semblant*, feiuta, *pr.* et; fiucha, *pr.* et; ober seblant, ober vau, ober neüz, *pr.* græt. *Van.* feëuteiñ, gobér ue, gobér en neü.

FEINTE, *apparence, déguisement*, feiñtançz, *pl.* ou; diçzumulded, man, neuz. *Van.* ue, feëñt, *pl.* eü.—*Faire des feintes*, ober feiñtançzou, *pr.* græt.—*Sans feinte*, hep feiñtançz, hep diçzumul-

ded, hep van e bed, hep neüz e-bed.
Van. hemp féent.

FELER, *fendré un peu sans rien sépa-*
*rer*, scarra, pr. et; brisfauta, pr. et;
demfauta, pr. et; nodi, pr. et; tarza,
pr. et. Van. feüteiñ, tarheiñ.—*Ce verre,*
*ce pot est fêlé*, scarret eo ou brisfautet
eo ou demfautet eo ar veren-ze, ar pod-
ze; nodet eo ar, etc.

FELICITATION, c'homplimand a joa
FELICITÉ, *bonheur, prospérité*, eür-
ded, eürvad. Van. id. — *Félicité, sou-*
*verain bien, béatitude,* gueuvidiguez,
eürusded.

FELICITER, *complimenter*, ober ur
c'homplimand a joa da ur re-bennac.

FELIX, *nom d'homme*, Felix, Félis.
—*Saint Félix*, sant Felix, an autrou
sant Felix.

FELON, *traître, cruel*, fellon, oc'h,
añ, pl. ed. Van. felon, pl. ed.

FÉLONIE, *action de félon*, fellony,
pl. ou. Van. felony. fellon *et* fellony
*viennent de* fellel, *faire faute; de même*
*que* fallony, *qui veut dire méchanceté.*

FELURE, *fente sans séparation entière*,
scarr, pl. ou; fauladur, tarzadur, no-
dadur. Van. feüladur.

FEMELLE, *parlant des animaux et des*
*plantes*, femell, pl. ed.—*Mâle et femelle*,
mal ha femell. — *Femelle, parlant, en*
t. burl., *d'une fille ou d'une femme*, fe-
mellenn, pl. ed; maouës, pl. ed. —
*Mâle et femelle, parlant des personnes*,
goaz ha maouës, pl. goazed ha maouësed; pautr ha plac'h, pl. pautred ha
plac'hed. Van. goaz ha mouës, mal ha
femell *ou* famell.—*Femelle stérile*, brehaign, pl. ed. Van. id. v. *femme stérile.*

FEMININ, *ar* feminin, *ar* gener feminin. — *L'âme, l'eau, etc., sont du*
*genre féminin en français, et du masculin*
*en breton*, an ene, an dour, etc., a so
èñ gallecq eus ar gener feminin, hac eû
brezounecq eus ar gener masculin. *Aus-*
*si dit-on*, daou ene, try ene, *et non* diou
ene, teyr ene; un dour coandt, un dour
caër. *et non*, un dour goandt, un dour
gaër; daou zour, *et non*, diou zour.—
*Féminin, e, qui appartient, qui ressemble*
*à la femme*, graguel, groëgnel, a apar-

chand oud graguez *ou* oud maouësed
ou a so hével oud maouësed. —*Il a un*
*visage féminin*, ur visaich maouës èn deveus, bisaich grecq èn deus, facz maouës a so stag ountañ.—*Les châtrés ont une*
*voix féminine*, ar spazéyen o deus ur
vouëz maouës; ur vouëz maouës a so
gad ar spazéyen.—*Le sexe féminin*, ar
sex feminin, an eil sex, at sex sempl.

FEMME, *sans distinction de femmes et*
*de filles*, maouës, pl. ed; groëcq, pl. graguez; groëcg, pl. groaguè. Van. mouës
pl. ed; grouïcg, grouëcg, pl. grouague.
Al. gruecg, pl. gruaguez, on prononçait
*l'u en* ou. v. *homme.* — *Une femme*, ur
c'hreg, ur oureg, ur vreg, ur hroeg.—
*Femme mariée*, grecg, grecg demezet.
Al. gruecg-pryod, pl. graguez-pryod.—
*C'est une femme mariée et non une fille*, ur
c'hrecg eo, ha nan pas ur plac'h, ur
c'hrecg demezet eo. — *Les femmes sont*
*en la tutelle de leurs maris*, ar graguez a
so é goardounyez o ezac'h *ou* dindan goard ho ezac'h.—*C'est une femme veuve*,
un intáves eo. — *Femme forte et hom-*
*masse*, grecg-ozac'h, pl. graguez-ezac'h;
cracq-ozac'h, pl. cracq-ezac'h; banter-
goaz, pl. ed. — *Grosse femme*, pez toaz,
sac'had qicq. — *Grosse femme et courte*,
pacqad, pacqadicq, trouçzad, trouçzadicq. — *Femme enceinte*, grecg vrasès,
pl. grague vrasès. Van. grouïcg brasés,
pl. grouague; mouës sézy, pl. mouësed.
— *Femme en terme d'accoucher*, grecg a
so brasès-dare, grecg vrasès-dare. —
*Femme en travail d'enfant*, grecg é poan
vugale. — *Femme en couche*, grecg é guy-
lioud *ou* é guëleoud.—*Femme accouchée*,
grecg guylioudet. — *Femme qui a fait*
*une fausse couche*, grecg diforc'het divar
bugale, grecg he deus collet bugale,
grecg he deus great ur c'holl, grecg he
deus collet he bloazvez, grecg he deus
great fals vloavez *ou* græt ur c'hollad.
— *Femme relevée de couche*, grecg a so
bet èn ilis, grecg a so bet benniguet he
phenn, grecg var vale.—*Femme stérile*,
grecg difrouëz, grecg brehaign.—*Fem-*
*me féconde*, grecg frouëzus. *On ajoute :*
Doue r'he bennigo. B.-Léon, grecg strujus. — *Femme sage*, grecg fur. — *Hon-*

aile femme, greeg onest. — Brave femme, femme de mérite, grecg a fæçzoun, ur c'hrecg a don. — Une femme d'honneur, ur c'hrecg a enor. — Femme de condition, dame; iñtrounn, pl. esed. Al. itrounès, pl. ed. Van. ur vadam, pl. madained; itron signifie demoiselle. — La femme, parlant d'une femme mariée, en t. de mepris ou de raillerie, goam, gouam. v. digame. — Mais que dira la femme? ya hegon pe tra a lavaro goam? — La femme fera carillon, gouam a ray troua, gùam a yello dreist-penn. Hors ces locutions, le mot gouam n'a plus d'usage que dans l'argot, où il signifie femme. — Femme de chambre, plac'h a gampr, pl. plac'hed a gampr. — Sage-femme, amyeguès, pl. ed; emyegues, pl. ed. Burlesq. grac'h au guichedou. Van. mam-dyegues, pl. ed. — Etre adonné aux femmes, caret ar merc'hed, pr. id. ; beza merc'hetaër, gastaouër, pr. bet. — Femme de mauvaise vie. grecg fall ou gadal ou avoultrerès. Par métap. gouhin, pl. ed; botèslezr, pl. botou-lezr; coz-flutenn, pl. coz-flutennou. v. bergère.

Femme qui boit du vin,
Fille qui parle latin,
Soleil qui se lève matin,
Ne firent jamais bonne fin.

Grecg a ef guin;
Merc'h a gomps latin;
Héaul a sav re vintin,
Doüe oar pe seurd fin.

FEMMELETTE, greguicq, pl. graguezigou.

FENAISON. r. fanage.

FENDANT. v. fanfaron.

FENDERIE, lieu dans les grosses forges où l'on fend les gueuses; sautérez, fautadecg, govell evil fauta solyen-houarn.

FENDEUR, qui fend, sauter, pl. yen. Van. seutour, pl. yon, yau. Fendeur de roc, sauter-mæn. — Fendeur de bois, sauter qenneud, drailher qenneud, ppl. yen. Van. seutour qaned, pl. sen teryon caned, seutouryau caned. On appelle aussi sauter qenneud, un prêtre ou un religieux qui doit et peut prêcher et confesser, et qui ne sait ni l'un ni l'autre.

FENDRE, séparer par force, fauta, pr.

et. On prononce presque faoula. Van. seuteiñ, pr. et. — Fendre du roc, du bois, sauta mæin, fauta qeuneud, drailha qeuneud. — L'action de fendre, sautadur, sautérez, draihérez. Van. seutéreh, drailhereh. — Fendre les mers, fendre les airs, mônet udreuz d'ar mor, adreuz d'an ear. — Fendre la presse, mofinet a-dreuz d'ar faoul, pr. ëet. — Se fendre, s'ouvrir par le chaud ou par le froid, fauta, scarnila, pr. et; scarra, pr. et; digueri, pr. digoret; scarilla, pr. et. — L'ardeur du soleil fait fendre ce bois, scarnilla ou scarra ou scarilla ou digueri ou fauta a ra ar c'hoad-mañ gad an héaul. — Le froid me fend la peau des mains, scarret ou sautet ou sqalfet eo va daouarn gad ar riou. v. crevasser. — Le cœur me fend de douleur, ranna a ra va c'haloun gand ar glac'har, hanter-varo oun gand an glac'har, tarza ara va c'haloun em c'hreiz.

FENETRAGE, les fenêtres, prenestaich, prenestraich, ar prenechou.

FENÊTRE, prenest, pl. ou; prenestr, pl. ou. Van. sanest, pl. eü. — Fenêtre croisée, prenest croaz, pl. ou, prenechou. — Grande fenêtre, prenestr bras, pl. prenéchou. — Petite fenêtre, prenestricq, prenesticq, ppl. prenechouigou; prenest bihan, pl. prenechou. Van. sanesticq, pl. sanestigueü. — Petite fenêtre dans le toit, lucarne, lemlcr, pl. you; lucan, pl. ou; lucarn, pl. you, on. Van. lucan, pl. eü.

FENIL, lieu où l'on serre le foin, foënnecq, pl. foënnegou; foënnecueq, foënnoçq, ppl. gou. Van. foënncq, pl. gueü. — Les fenils, ar foënnegou, ar foënnéyer. — Fenil, grenier, sanailh, pl. ou; foënnecq, pl. foënnegou.

FENOUIL, plante, fanouilh. Van. id. — Fenouil sauvage, lost-louarn. — Fenouil marin, fanouilh-vor; scaoüarc'h.

FENOUILLET, pomme, fanoüilhès; aval fanoüilhès, pl. avolou.

FENOUILLETTE, eau de fenouil, fanoüilhetès, fanoüilhès. — La fenouillette donne des rapports, ar fanoüilhès a zigaçz rebechou da nep a ef anczañ.

FENTE, faut, scarr, ppl. ou; tarzadur, pl. you. Van. seut, pl. eü. v. crevasse. — Fente dans le bois, scarr; scarnilh; faut.

FEODAL, *des fiefs*, a aparchant oud an dalc'h, feodalc'h. — *Le seigneur féodal*, an autrou eus an dalc'h, au autrou feodalc'h, *de* fè, *foi et de* dalc'h, *fief*.

FER, *métal*, houarn, hoarn, horn. *Van.* id.—*De fer*, a houarn, græt gad houarn, great, a houarn. *v. tôle.* — *Fer cassant*, houarn bresq, houarn trencq. *Van.* hoarn égr *ou* bresq. — *Fer doux*, *fer* pliant, houarn guëzu, houarn doucz.— *Fer d'Espagne*, houarn Spaign. —*Fer d'Allemagne*, houarn Allamaign.—*Fer-blanc*, houarn guënn. — *Fer de cheval*, houarn marc'h, *pl.* hearn marc'h, heërn qesecq. *Van.* hoarn marh, *pl.* hoarneü. —*Fer de criminel. v. ceps.* — *Fer de tailleur*, houarn, *pl.* hearn, heërn. — *Fer de souliers*, minell, *pl.* ou. — *Mettre les fers au feu*, lacqât poan da zônet a-beñ vès a un dra, pr. lecqëet.

FERIE, *fête*, gouël, *pl.* you. —*Férie*, *jour de la semaine*, deiz, *pl.* you. — *La seconde férie ou la férie seconde*, dilun. — *La férie troisième*, demeurs.

FERIR, *frapper. v.-y.*

FERLER, *plier les voiles*, farlea, pr. ët: farlea ar gouëlyou. *Van.* ferlincqeiñ.

FERME, *métairie*, ferm, *pl.* ou; feurm, *pl.* ou. *Van.* id, *pl.* eü.—*Donner à ferme*, fermi, pr. et; feurmi, pr. et; fermi da, etc. — *Prendre à ferme*, qemeret e ferm, pr. id ; fermi digand, etc., *pr.* fermet. — *Contrat de ferme ou bail à ferme*, lizer-ferm, *pl.* lizeron-ferm. — *bail.* — *Ferme de charpente*, cônbl-camm, coublou-camm; coubl-coadd, *pl.* ou. *Van.* ferm-coët, *pl.* eü. — *Ferme*, *qui tient fixement*, stabil, parfedt, stardt, ferm, oc'h, à, añ. *Van.* ferm, parféd. — *Un fond ferme*, ur foud stabil *ou* ferm *ou* caledt. — *Cette table est ferme*, elle ne branle pas, parfedt *ou* stabil eo an dañl mañ. *v. affermir.* — *Un homme ferme*, *qui a les reins et les bras fermes*, ur pautr ferm, ur pautr stard , ur pautr hac a grocq stard, *pl.* pautred; un dèn ferm, *pl.* tud. — *La terre est ferme*, *dure*, calet eo an doüar, ferm eo an doüar. — *La terre ferme*, *le continent*, *par rapport aux insulaires*, an doüar bras. — *Venir d'une île en terre ferme*, doñnet en doüar bras,

doñnet d'an doüar bras, *pr.* deuët. — *Tenir ferme*, derc'hel mad *ou* stard, *pr.* dalc'het. — *Répondre ferme*, respount ferm *ou* gand fermder, respount hardiz *ou* gand hardizéguez, respount disauzañ, *pr.* respounfet.

FERMEMENT, èn ur fæçzoun ferm, gand fermder, gand hardizéguez, ferm, stardt, ez ferm, ez stardt.

FERMENT, goëll. *Van.* id.

FERMENTATION, goydiguez, goadur

FERMENTER, *se fermenter*, goï , *pr.* goët. *Van.* goëiñ, *pr.* goët. — *Le levain fermente la pâte*, ar goëll a ra goï an toaz, ar goëll a lacqa an toaz da c'hoï , ar goëll a ra sevel an toaz. — *Les viandes se fermentent dans l'estomac*, ar boëd a zeu da c'hoï ebarz ê poull-ar-galoun *ou* ê poull-galon an dèn.

FERMER, *ne pas laisser ouvert*, serra, serri, *ppr.* et; sarra, pr. et. *Van.* serreiñ, cherreiñ. *v. clore, ceindre, joindre.* — *Fermez la porte et la fenêtre*, serrit an or hao ar prenestr.—*Fermer à clef*, alc'hueza, *pr.* et; alfea, *pr.* ët. *Van.* alhueëiñ. —*Ouvrir ce qui est fermé à clef*, dialc'hueza, dialfea, *ppr.* et. *Van.* dialhueëiñ. — *Fermer au verrou*, morailha, *pr.* et; sarra gand ar morailh. *Van.* morailheiñ, moreilheiñ. — *Ouvrir ce qui est fermé au verrou*, divorailha, *pr.* et. *Van.* divorailheiñ.— *Fermer avec quelque bois*, prènna, *pr.* et; sparla, *pr.* et. — *Ouvrir ce qui est fermé au loquet ou avec quelque bois*, dibrénna, *pr.* et; disparla, *pr.* et. — *Fermer, boucher*, stancqa, stéphya, stouffa, *ppr.* et. *Van.* stancqeiñ, stouffeiñ. — *Fermer la main*, *la bouche*, *les lèvres*, serra; closa, *pr.* et. *Al.* mu, *pr.* ët. — *Se fermer*, *parlant d'une plaie*, qiga, *pr.* uet. *Van.* closeiñ, *pr.* et. — *Ma plaie se ferme*, qiga a ra va gouly a druguarez Doüe. *Van.* me'n bleçz e za da gloseiñ.

FERMÉ, *clos*, clos, oc'h, añ. *Van.* id. — *Qui n'est pas fermé à clef*, *au verrou ni par aucun loquet*, dialchuëz, divorailh, dibrénn.

FERMETÉ, *solidité, dureté*, stabiled, parfededd, starder, fermder, caleder. — *Fermeté, constance, assurance, résolu-*

tion, fermder, hardizéguez, couraieh, caloun.

**FERMETURE**, *qui sert d fermer*, fermadur, fermadurez.

**FERMIER**, fermer, *pl.* yen; fermeur, *pl.* yen; fermour, *pl.* yen. *v. métayer, partiaire.* — *Fermier-général*, fermeur bras, *pl.* fermeuryen vras, fermeur geueral. — *Fermier public, partisan*, divisour, *pl.* yen; publican, *pl.* ed.

**FERMIÈRE**, fermeurès, fermerès, fermourès, *ppl.* ed.

**FERMOIR**, *agraffe*, fermouër, *pl.* ou; serrouër, *pl.* ou; cloched, *pl.* ou.

**FEROCE**, *cruel*, fero, criz, oc'h, à, añ. *Al.* ferff. — *Les bêtes féroces*, al loëzned fero, al loëzned goëz ha fero. — *Humeur, naturel feroce*, fero dre natur, umor criz ha fero. *v. farouche.*

**FEROCITÉ**, fervder, ferony, crizder, goëzder, cruelded. — *Sa férocité, son naturel feroce, le rend inabordable*, ne alleur qet parlant ountâ gand e ferouy *ou* qer fero ma'z eo.

**FERRAILLE**, *vieux morceaux de fer*, hernaich, hearnaich, *pl.* ou; coz-hernaich, *pl.* ou. *Van.* hoarnach, *pl.* eü; coh-hoarnach.

**FERRAILLER.** *v. escrimer, se battre.*

**FERRANT**, *maréchal-ferrant*, houarner qesecq, *pl.* houarnéryen; marichal a houarn qesecq, *pl.* marichaled.

**FERREMENT**, *instrument de fer*, benvecq-houarn, *pl.* benvijou *ou* benvyou *ou* binyou houarn. — *Ferrement, boût de fer, etc.*, clao, *pl.* clavyer, claouyou; ur clao; penn-clao, *pl.* penn-chouyou, penn-claouyer, pennou-clao.

**FERRER**, houarna, *pr.* et; goarnicza gad houarn, *pr.* et. *Van.* hoarneiñ, *pr.* et.-*Ferrer un cheval*, houarnaur marc'h, houarna ur penn qesecq. — *Ferrer une charrette*, houarna ur c'harr. — *Ferrer une aiguillette, y mettre un fer*, houarna un acuilhetenn, lacqât claoënn var un acuilhetenn, *pr.* lecqëet. — *Ferrer la mule, phrase proverb.* houarna ar vulès, miret lod eus a bris ar varc'hadourez hep rat d'ar mæstr *ou* hep gouzout d'ar mæstr *ou* hep ma oufè ar mæstr; touza e væstr, *pr.* touzet.

**FERRONNIER**, nep a verz benvyou houarn; marc'hadour hernaich, *pl.* marc'hadouryen hernaich.

**FERRURE**, goarnitur houarn, houarnadur.

**FERTILE**, druz, founnus, oc'h, à, añ. — *Pays fertile*, bro druz ê pep sæçzon, bro founnus ê pep tra. *v. fecond.* — *Année fertile*, bloazvez founnus ê pep tra, ur bloazvez mad ê pep sæçzoun, bloazvez edus ha frouëzus, ur bloazvez druz, ur bloazvez mad meurbed.

**FERTILEMENT**, èn ur sæçzoun founnus, gand foun, gad founder.

**FERTILISER**, renta founnus, *pr.* rentet; druzzaat, *pr.* ëet; founnaat, *pr.* ëet; renta strnjus.

**FERTILITÉ**, founder, druzony, madélez. — *La fertilité de la terre*, an druzôny *ou* ar vadélez eus an doüar. — *La fertilité de ce champ*, ar founder eus ar parcq-mâ, ar struich ens ar parch-mâ.

**FERVEMMENT**, gand fervor, ez fervant.

**FERVENT**, *e*, fervant, birvidicq, oc'h, à, añ.

**FERVEUR**, fervor, bervder.

**FERULE**, *palette pour frapper*, feruleñ, *pl.* ou; taperés, an daperès.

**FESSE**, peüçz, *pl.* ou; ters, *pl.* ou; fesqenn, *pl.* ou, diou-fesqenn. *Van.* clun, *pl.* yeü; divglun; fesqenn, *pl.* div-fesqenn. — *Donner sur les fesses d un écolier*, rei var e bençzou da ur scolaër, *pr.* roët. — *Fesse-cahiers, copiste*, doubler, *pl.* yen. — *Fesse-mathieu, usurier*, usurer goloët, *pl.* yen. — *Fesse-moulin, eau-de-vie en fraude*, milin-dracq, casecq ar c'hure, fust-must, an dra-man-dra. — *Fesse-pinte*, puncer ar pintou, *pl.* yen.

**FESSER**, *fouetter*, rei var an niou-fesqenn, rei var ar pençzou, rei var an tersou, *pr.* roët. *Van.* rei ar er blunyeü. *v. fouetter.*

**FESSIER**, *les fesses*, picolou pençzou, picol diou fesqenn.

**FESSU**, *e, qui a de grosses fesses*, fesqennecq, *pl.* fesqénnéyen; pençzecq, *pl.* penzéyen, pençzegued.

**FESTIN**, fest, *pl.* ou; eouvy, *pl.* ow. *Van.* fest, *pl.* eü. — *Grand festin*, fest vras, *pl.* festou bras ; banvez vras, *pl.* banvezyou vras.— *Petit festin,* fest vihan , *pl.* festou bihan ; banvez vihan , *pl.* banvezyou vihan ; festicq , *pl.* festouïgou; banvezicq,*pl.* banvezyouïgou. — *Festin, ou fête aux boudins,* fest ar goadeguennou, fest an houc'h, fest ar moc'h.—*Faire festin, se régaler,* festa, *pr.* et ; ober fest, *pr.* græt; ober banvez, bancqegeal, *pr.* bancqeget; bancqetal, *pr.* bancqetet.

FÊTE, *jour consacré au culte,* gouël, *pl.* you; lid, *pl.* ou. *Van.* gouil, *pl.* yeü; goël, *pl.* yeü. — *Jour de fête,* deiz gouël, *pl.* deizyou. — *Fête fêtée, fête gardée,* gouël mirapl, *pl.* gouëlyou; gouël berz, gouël statudet. *Van.* gouil test.—*Fête gardée jusqu'à midi,* hanter-goëlvez, gouël bede crez deiz. — *Célébrer une fête,* festa, *pr.* et ; miret ur gouël, *pr.* id. ; berza ur gouël, *pr.* berzet; discun ur gouël, *pr.* et. *Van.* testeiñ ur gouil, miret ur gouël. — *Fête mobile, qui n'a pas de jour fixe,* gouël a ya hac a zeu, gouëlyou mont-dont, goelyou diarred. — *de paroisse, la dédicace,* an dedy, gouël an dedy, lid au ilis. — *de paroisse, du patron,* gouël ar barrès, fest ar barrès, gouël ar sant. — *solennelle,* gouël solénn, *pl.* gouëlyou ; gouël bras, *pl.* gouëlyou; lid bras, *pl.* lidou. — *Les quatre grandes fêtes annuelles, Noël, Pâques, la Pentecôte et la Toussaint,* al lidou bras. — *Une des quatre fêtes annuelles,* unan cus al lidou bras. — *La fête de la Circoncision,* gouël an hano a Jesus. — *La fête des Rois. v. Epiphanie.* — *Les fêtes de Pâques,* gouëlyou Pasq. — *La fête de l'Invention de la Ste Croix,* gouël ar groaz ê maê, gouël-Christ. — *La fête de l'Ascension,* yaou basq. — *Le dimanche de la Pentecôte,* diçzul ar Pentecost, gouël ar Spered-Santel, ar gouël eus a dounediguez ur Spered glan. — *Les fêtes de la Pentecôte,* gouëlyou ar Pentecost, goelyou pasq ar Pentecost.— *La fête de la Trinité,* gouël an Dreinded, diçzul an Drinded, Roé an sulyon. — *La Fête-Dieu instituée en* 1264 *par le pape Urbain IV,* gouël ar sacramand.—*La fête de la Transfigura-*tion de N S, , gouël an Thabor, gouël ar c'hloar. — *La fête de l'Exaltation de la Ste-Croix.* gouël ar groaz eü guëngolo, meulidiguez ar groaz eü guëngolo, gouël-Christ. — *La fête de l'Immaculée Conception,* gouël Marya qerzu. — *La Purification ou la Chandeleur,* gouël Marya ar goulou, gouël ar Chandelour, gouël Marya ar chandelour.— *L'Annonciation,* gouël Marya menra. — *La Visitation,* gouël Marya joa, gouël Marya lid. *v. liesse.* — *La fête de Notre Dame des Anges,* gouël Marya an ælez. — *La fête de Notre-Dame des neiges,* gouël Marya an earc'h. — *L'Assomption de Notre-Dame,* gouël Marya hanter-êaustr. *assomption* — *La Nativité de la Vierge,* gouël Marya guëngolo. *v. Nativité.* — *La fête du Rosaire,* gouël Marya a Rosera, diczul ar Rosera. — *La Présentation de la Vierge,* gouël Marya mizdu.—*La fête de l'apparition de S. Michel,* gouël Mikeal ê maé. — *La fête de la Dédicace de S. Michel,* gouël Mikeal, gouël Mikaël. — *La fête de l'Ange gardien,* gouël au Eal mad, gouël an Æl mad. — *La fête de S. Jean Baptiste,* gouël Yan, gouël sant Jan Vadezour. — *A la S. Jean,* da voël Yan. — *La fête de la Décolation de S. Jean,* gouël sant Jan dibenn eaust, gouël sant Yan dibennet. — *La fête de S. Jean l'évangéliste,* gouël Yan avyeler, gouël sant Jan avyelist —*La fête de S. Pierre,* gouël Pezr. — *La fête de saints Pierre et Paul,* gouël Pezr ha Paul, gouël an æbestel gouël Pezr ha saut Paul.— *Les fêtes des Apôtres,* gouëlyou an æbestel. — *La fête de tous les Saints,* gouël an oll sænt, kal ar goañ, kebezl ar goañ. — *La fête des Trépassés,* gouël au anaoun. *Van.* gouil en enan. — *Fête de palais,* gouëllès, *pl.* gouëlyou; deiz vacqançz,*pl.*deizyou; deiz vacq, *pl.* deizyou. — *Violer la fête,* terri ar gouël, *pr.* torret.

FETU, *une petite partie du tuyau de paille,* pailhuren, *pl.* pailhur; pelleunicq vihan, *pl.* pellennouïgou vihan. *Van.* peüdrennicq,*pl.* peüdrennigueñ. —*Nous voyons un fetu dans l'œil de notre prochain, et nous ne voyons pas une poutre qui crève le nôtre, dit l'Evangile,* ur bail-

.uren a vellomp é lagad hôn hentez, é
éhyd ne vellomp qet (siouaz deomp)
m treust pehiny a zeu da freuza hon
riny hon-unan, eme an avyel sacr.—
*Jn fétu et celd est tout un*, pailhur hac
en dra-ze, a so memès tra; ur faryeñ
so qemeñ-ze.

FEU, *elément*, tan. *Van.* id. *Al* fo.
*le* fo, viennent foaich, *fouage*, foènn,
*léltre*, qui fait bon feu, affo, vitement comme au feu, alfo et elfo, *délire*, foaçr,
fouace, etc.—*Beau feu, bon feu*, tan ca-
ér, tan mad.—*Feu flambant*. tan flam.
*Van.* id.—*Feu ardent*, tan ardant, tan
sqaut, tan poaz. *Van.* tan groës, tan
poëh.—*Grand feu*, tantad, *pl.* ou; tan-
lad tan, *pl.* tantadou tan. — *Coup de
feu*, talm tan, *pl.* talmou tan. — *Petit
feu*, tanie, *pl.* tanyouïgou; tänic bihan,
*pl.* tanigou bihan. — *Petit feu de reute*,
*tanieq* intâvès. — *Un peu de feu*, un
tammieq tan.—*Faire du feu*, ober tan,
*pr.* græt.—*Allumer du feu*, élumi tan,
*pr.* et.—*Eparpiller le feu*, discraba an
tan, *pr.* et.—*Eteindre le feu*, mouga an
tan, laza an tan, *ppr.* et. *Van.* laheiñ
en tan. — *Eteignet ce feu*, mouguit an
tan-ze, lazit an tan-ze.—*Couvrir le feu*,
cuffuna an tan, *pr.* et; caffuni an tan,
*pr.* et. *Van.* cahuneiñ en tan. *v. couvre-
feu.*—*Rallumer le feu avec quelques simples bluettes qui restent du feu précédent*,
dazorc'h au tan, *pr.* et. *v. ressusciter.*—
*Brûler dans le feu*, lesqi ebarz eñ tan,
*pr.* losqet. *Van.* losqeiñ eñ tan, *pr.* et.
—*Etre brûlé à petit feu*, beza dézvet ou
losqet a nebeud-e-nebeud, *pr.* bet. —
—*Donner une touche de feu à quelqu'un*,
tana ur re, *pr.* tanet; rei an touich-
tan da ur re, *pr.* roët — *Mettre tout à
feu et à sang*, eñtana ha laza, *pr.* eñtanet ha lazet. — *Devenir tout en feu*,
flamma, *pr.* et. — *Feu, incendie*, tan-
goall. *Le feu est chez Pierre*, ez ma an
tan-goall é ty Pezrès.—*Mettre le feu sur
quelqu'un*, eñtana ty ur re-bennac, *pr.*
et; lacqât an tan é ly ur re, lacqât
an tan ur re-bennac, *pr.* lecqëet.
— *Feu de la Saint-Jean*, tantad Sant-
Jan, tantad-tan Sant-Jan, tan gouël
Jan.—*de la Saint-Pierre*, tantad Sant-

Pezr, tan gouël Pezr. — *de joie*, tan a
joa.—*d'artifice*, tan artifiçz.—*Feu-fol-
let*, météore, tan-nos, tan-foll, qele-
ren. *Van.* tan-nos.—*Feux Saint-Elme*,
*volants autour des mâts des vaisseaux*, *et
appelés par les anciens, Castor et Pollux*,
tan sant Nicolas, tan santès Cléra, tan
santès Helena. — *Feu qui parait dans
l'air, au temps chaud*, dared. — *Feu volage*, espèce de dartre qui vient au visage,
tanigenn, tan-losq.—*Feu Saint-Antoine, erésipèle*, tan Sant-Anton, droueq
Sant-Anton.—*Feu sacré, maladie*, tan
goëz, tan savaich. *Van.* tan sauvach.
— *Pierre à feu*, mæn-tan, *pl.* mæin-
tan.—*Feu, ardeur*, tomder, groës, fo.
— *L'ardeur du feu*, fo an tan, tomder
añ tan.—*Feu, chaleur interne qui brûle
le corps*, tanigenn, poazadur.—*Eteindre ce feu interne*, distana, *pr.* et; di-
dannigenna, *pr.* et.—*L'action d'éteindre
ce feu*, distan, distañnadur.—*Feu, famille, ménage*, tyéguez, *pl.* ou.—*Feu*,
*parties d'une paroisse, ainsi nommées pour
payer les fouages, par cheminées ou par
feux*, moug, *pl.* ou; mog, *pl.* ou. *de là*,
mogued et mogued, *fumée.*—*Il y a 13
feux dans Trégourez, paroisse de Quimper, chacun de 30 journaux de terre chaude*,
trizecq moug a so eñ parrès Tregourez
ha tregont dervez arat doüar tom é pep
hiny anezo. — *Un feu doit contenir 120
journaux de terre, tant chaude que froide*,
ur moug ou ur mog a dle compren
c'huëc'h uguent deyez arat doüar, qen
tom, qen yen *ou* qenstu, qen distu.—
*Coucre-feu*, qeulfe, quërfe. *v. couvre-
feu, à la lettre* C.—*Garde-feu, fourneau*,
forniguell, *pl.* ou.

FEU, *e, défunt, e*, névez-maro, divezâ-maro.—*Le feu roi*, ar roüe névez-
maro, ar roüe divezâ-maro.—*Feu mon
père*, va zad, Doüe r'er pardouno; va
zad, Doüe da ray joa d'e ene; va zad,
Doüe da ray joa d'an anaoun; va zad,
dirag Doüe ra vezo e ene.

FEUILLAGE, delyaich, *pl.* ou.—
*Feuillage d'architecture*, feilhëur.

FEUILLE, *parlant des arbres*, delyen,
*pl.* delyou, delyaou; delen, *pl.* dèl. *Van.*
delyacuën, *pl.* delyaü, dilat, dèl. *v.*

feuillu.—*Pousser des feuilles*, delya, pr.
et; delyaoûa, pr. ët.—*Les arbres poussent des feuilles au printemps*, delya ou delyaoûa a ra ar guëz d'an névez amser.—*La chute des feuilles* ar c'hoëz delyou.—*Feuille de vigne*, delyen guïny, pl. delyou guïny. *Van.* delyaü gunyecq.
—*Feuille de papier*, follenu , pl. ou; follenn-baper, pl. follennou-baper.

FEUILLET d'un *livre*, follenn, pl. ou. *Van.* feilhenn, pl. eü.—*Tourner le feuillet*, trei ar follenn, pr. troët.

FEUILLETAGE, *sorte de gâteau*, feilhetès, goastel feilhetès.

FEUILLETER un *livre*, *des papiers*, manea alyès ul levr, paperyou, pr. manëet; trei ba distrei ul levr follenn-ê-follenn, pr. troët ha distroët; leenn alyès ou leenn pell amser ul levr-bennac, pe paperyou, pr. leennet.

FEUILLU, *ue*, *abondant en feuilles*, delyavus, delyennecq, delyecq, oc'h, â, añ. *Van.* delyaüs, oh, añ.

FEUILLURE, *cannelure*, f:ilhënr.

FEUTRE, felr, feultr. *Van.* id.—*Un chapeau de feutre*, un tocq feltr, pl. tocqou feltr.—*Des souliers de feutre*, boutou feltr, boutou feultr.

FEUTRER, *mettre du feutre dans une selle*, feltra un dibr, pr. et; bourella un dibr, pr. et.

FEVE, *légume*, faven, pl. fa, fao. on *écrivait* faffen, pl. faff. *Van.* faouën, pl. faü. — *Manger des fèves*, dibri fa.—*Fèves bariolées*, fa briz, fao Lambala.—*Gousse de fèves*, cloçzen fa, pl. cloçz fa.—*La tige des fèves*, favas, colo fa.

FEVEROLE, *petite fève*, fa munud, fa Rom.

FEVRIER, *deuxième mois de l'année*, fevrer, c'huëvrer, miz c'huëvrer. *Van.* huëvrér.

FI, *interj. de mépris*, foûy; foëy. féc'h, ac'h, ao'h-amen. *Van.* fah, foëy. —*Fi, le vilain*, foûy vil, foëy lous, ac'h iffam.—*Fi, la vilaine*, foëy ampoësoñ, ae'h al loudourenn, ac'h-amen d'ar flæryadenn. — *Ah fi, tout cela ne taut rien*, ac'h foëy, flear a so gand qemenze oll.—*Fi, fi*, fec'h, fec'h; foëy, foëy; ac'h, ae'h.

FIACRE, *nom d'homme*, Fyacr, Fr acq.—*Saint Fiacre*, sant Fyacr.—*Saint Fiacre*, *près Morlaix*, *près le Faouët*, San Fyacr - Montroulez , Sant-Fyacr ; Faouëd.

FIANÇAILLES, *promesse réciproque et solennelle de mariage*, promeçza a bo adélez, pl. promeçzaoü a bryedélez promeçza-dimizy , pl. promeçzaou dimizy. *Van.* promeçza a bryedeleb..
*Fiançailles*, *promesse de présent*, dimizy pl. dimizyou. *Van.* dimeign , pl. eü.

FIANCER, prometi dimizy, promet pryedelez, pr. et. — *Le recteur les a fiancés*, ar person ën deus recevet h phromeçza a bryedelez, demezet iu bet gad ar persou. —*Fiancer quand on épouse*, *par paroles de present*, dimizi pr. et; dimezi, pr. et. *Van.* dimeign dimeiñ, dimen, p;r. dimet, demet.—*Fiancer une fille à futur*, prometi da u vero'b ê façz an ilis, dimizi dezy ou di mizy gandhy, pr. prometet.

FIANCÉ, prometet, qen-brometet. —*Un des deux fiancés*, unan vès an daou qen-brometet. — *Les deux fiancés*, a daou qen-brometet ê pryedelez.

FIBRE, *petit filament charnu*, neu dennicq cicq, pl. neudennouïgou cicq. —*Fibre*, *filament nerveux*, nervénnicq pl. nervénnouïgon. — *Fibre*, *menue racine*, grizyennicq munud, pl. grizyen nouïgou munud. *Van.* barnëun, ba ruënnicq, ppl. eü.

FIBREUX, *euse*, neudénnus, nervénnus, grizyennus, oc'h, â, añ.

FIC, *excroissance de chair*, pugnès , gor flæryus, droucq sant Fyacr.

FICELER, *lier avec de la ficelle*, fichella, pr. et; fichellenna, pr. et.

FICELLE, fichellen, pl. fichell.

FICHE, *cheville de fer*, fichen, pl. ou.

FICHER, *enfoncer*, ficha, pr. et; planta, pr. et. *Van.* bouteiñ, ficheiñ, fichelleiñ.—*Ficher des pieux*, *des clous*, ficha peulyou, ficha taichou; planta peulyou, planta taichou.—*Ficher*, *fermer avec une fiche*, fichenna , pr. et. — *Ficher la vue sur*, *regarder*, ficha e remm var, ficha e zioulagad var.

FICHU, *ue*, *mal ordonné*, *ridicule*, fi-

er caër, fichet coand, qinqlet eaër.
-*Voilà une femme bien fichue*, cetu ur
hrecg qinqlet caër *ou* fichet coandt.
-*Un logis bien fichu*, un ty fichet mad
*a* qempennet caër. — *Un homme bien
ʼchu*, un dèn fichet brao, un dèn condt, Doûe oar.—*Fichu, mouchoir de
*ou*, mouchouër-gouzoucq, *pl*. mou-
houërou-gouzoucq.

FICTION, *mensonge, imposture*, gaou,
*d*. guevyer ; tra forget, *pl*. traou-for-
çet ; diguizadur. — *Fiction, intention*,
eiñtançz, *pl*. ou. *Van*. feënt, *pl*. eü.—
*Les fictions poétiques*, feiñtançzou ar bo-
ëtryaned.

FIDELE, *qui a de la fidélité*, fidel,
eal, feal, oc'h, à, añ. leal *vient de* lè,
*erment*, *et* feal *de* fè, foi, hommage. *Van*.
idel, oh, añ.—*Fidèle, véritable*, gui-
ʼyon, leal, oc'h, à.

FIDELEMENT, ez fidel, ez leal, gand
idelded, gand lealded, ez guiryon,
çand guiryonez.

FIDELITÉ, foi, *loyauté*, fidelded,
ealded, fealded.—*Fidélité, vérité*, guiryonez, lealded. — *Faire serment de fidélité*, ober le a fidelded, *pr*. græt;
touëa fidelded, touët lealded.

FIEF, *héritage qu'on tient à foi et hommage*, dalc'h, *pl*. ou; doûar, *pl*. ou. *Van*.
dalh, *pl*. eü. —*Fief noble*, dalc'h nobl,
*pl*. dalhou nobl; doûar nobl. —*roturier*,
dalc'h bilen, doûar bilen.—*exempt de
tailles*, dalc'h quyt, doûar quyt. — *qui
relève immédiatement du roi*, dalc'h-roûe,
doûar-roûe.—*qu'on tient d'un seigneur
particulier*, dalc'h antrou, doûar autrou. —*dominant, auquel on doit foi et
hommage*, pendalc'h, dalc'h pe da hiny ez rencqear ober fe ha goazounyez.
—*servant, qui relève d'un autre*, dalc'h
isel —*Arriere-fief*, dalc'h iselañ.

FIEFFER, *donner en fief, à la charge
de foi et hommage et de quelque redevance*,
rei è dalc'h un doûar, pe ur guir bennac, gand carg da ober fe ha goazounyez ha gand ur garg all bennac.—*Un
ignorant fieffé*, un inorant parfedd, ur
guir inorant, un asen gornecq.

FIEL, *humeur jaunâtre et amère*, guëstl,
ar guëstl, ar vestl.—*Fiel, malice*, crès,

caçzouny, veüjançz.—*Aussi amer que le
fiel*, qor o'huëro evel ar vestl. — *Qui a
du fiel*, erëzus, caçzaüs, veüjus. —*Il
n'a point de fiel*, ne deo qet veüjus *ou*
eresus *ou* caçzaüs.—*Avoir du fiel contre
quelqu'un*, erësi ur re, *pr*. erëset; caç-
zàt ur re *pr*. caçzëet, cahout c'hoandt
d'en hem veñgi eüs a ur re, *pr*. bet.

FIENTE, *excrément*, cauc'h. — *Fiente de vache*, benzeal, bouzell, cauc'h
saud.—*Fiente de cheval, de pourceau, d'oiseau, d'oie*.cauc'h marc'h,cauc'h moc'h
cauc'h labouçzet, cauc'h goazy.

FIENTER, *rendre des excréments*, ca-
c'het, *pr*. id. *Van*. caheiñ, *pr*. cahet.

FIER, *confier*, fiziout, *pr*. fiziet.*Van*.
fyeiñ.—*Se fier, avoir de la confiance*, èn
hem fizya èn ur re, èn hem fiziout èn,
*ppr*. èn hem fizyet. *Van*. him fyeiñ.—
*Qui se fie, qui se confie*, nep a fi è, nep
a so fizyus, nep a fizy è.—*Fiez-vous-y?
fou qui s'y fie*, fizyit ènhañ ? foll eo nep
èr gra *ou* follèntez eo e ober, arabad
eo fizyout ènhañ *ou* var guemen-ze.

FIER, *hautain*, uhel, teun, rust,
oc'h, añ; dichecq èn e gompsyou. —
*Fier, ère, arrogant, orgueilleux*, rocq,
gloryus, morgant. *A l'ile de Bas*, arabadus, oc'h, à, añ. *Van*. rocq, gloryus, randonus, oh, añ, añ *Al*. fero.
—*Fier à bras, fanfaron*, fougueeur a ra
ar grobis.

FIEREMENT, gand roguéntez, èn
ur fæçzouñ rocq *ou* morgant.

FIERTÉ, roguéntez, rogany, mor-
ganded, morgançz.

FIEVRE, terzyenn, *pl*. ou. *Van*. terhyan, tarhyau, *ppl*. eü.—*Petite fièvre*,
terzyennicq, *pl*. terzyennouïgou *Van*.
tarhyanicq, *pl*. tarhyaniguëü —*éphémère*, terzyen evit un deiz hep qen,
terzyenn dezy ad.*pl* terzyennou dezyad
*quotidienne*, terzyenn pemdez, terzyeñ
pemdezyecq.—*tierce*, terzyenn peb eil
dez.—*quarte*, terzyen bep try dez, terzyenn gartell.—*continue*, terzyenn diouch-tu, terzyenn ne guyta lamm.—
*interne*, terzyenn yeu, terzyenn lént. *v*.
*étique*.—*chaude*, clèved tom, *pl*. clèvejou tom. *Van*. clihuëd tuëm, *pl*. cli-
huëdeü tuëm.—*étique*, lisie'j-yeu, ter-

zyenn sec'hidus. — *pourprée*, terzyenn pourpr. *Van.* terhyan pourpret. — *intermittente*, terzyenn a grog alyès a veaich èn un deiz, pe ur veac'h bep pemp pe c'huĕc'h deiz. — *de veau*, terzyeñ faltasy *ou* feiûtet, terzyeñ al luĕ, terzyeu an didalvez. —*Avoir la fièvre*, terzyeuna, *pr.* et; cahout an derzyenn, *pr.* bet. — *Trembler la fièvre*, crena an derzyenn, *pr.* crenet. *Van.* creueiñ en darhyau. — *Trembler légèremènt la fièvre*, dazgrena an derzyenn, *pr.* dazgrenet. — *Il a eu la fièvre, il l'a tremblée*, an derzyeñ a so bet gandhâ, crenet èn deus-hy. — *Elle a la fièvre, elle la tremble*, ez ma an derzyenn gadhy, ez ma oud he c'hre na. — *N'avoir point de fièvre*, beza diderzyenn, béza hep terzyenn, *pr.* bet. — *Accès de fièvre*, cahouad terzyenn, *pl.* cahouajou terzyenn ; barr terzyenr. *Van.* cohad terhyan, *pl.* cohadeü terhyan. — *Il a eu un accès de fièvre*, ur gahouad terzyenn a so bet gandhâ, ur barr terzyenn *ou* ur bairad terzyenn èn deus bet, an derzyenn a so bet ur veach gandhañ, bet èn deus an derzyenn ur veach, crenet èn deus ur veich an derzyenn. — *Le frisson de la fièvre*, cridyen, *id est*, creznyen. crezn an derzyenn, ur gridyen, ar c'hrezn eus an derzyenn. —*Léger frisson de fièvre*, dazgrezn an derzyenn, un dazgrezn terzyenn, cridyenñicq, urgridyenñicq. —*L'ardeur de la fièvre*, tom an derzyen, groës au derzyenn. —*Il ne tremble plus, il est actuellement dans l'ardeur de la fièvre*, trémenet eo ar gridyen, ez ma brémâ èn e dom. —*Faire passer la fièvre à quelqu'un*, lamet an derzyenn digand urre, *pr.* id ; guëllaat da ur re-bennac a vèz clañ gad an derzyenn, *pr.* ĕet. — *Sujet à avoir la fièvre*, terzyènnus. — *Il ou elle est fort sujette à la fièvre*, terzyennus eo terrupl, sujed bras eo d'an derzyenn.

FIEVREUX, *euse, qui donne la fièvre*, tersysunus, terzyénnecq, oc'h, añ. *Van.* terhyanecq, tarhyanecq. —*Le melon est fiévreux*, ur sucriued a so terzyénnecq *ou* terzyénnus.

FIFIŘ, *instrument à vent*, fiff, *pl.* ou.

—*Fifre, joueur de fifre*, fiffer, *pl.* yer.

FIGER ( se ), *se congeler*, caledi, *pr.* et ; sonna, *pr.* et. *v. condenser*, congeler —*Qui es figé*. caled, sonn. feliçz, teo.

FIGUE, *fruit*, fyesen, *pl.* fyès. *Ver.* figuezeen. *pl.* fyguez. —*Figues blanches*, jaunes, violettes, fyès guĕnn, melen, glas. —*Figues prunes*, fyès hastif, fyè hastifmĕur. fyès eauslicq, fyès buhan

FIGUERIE, *lieu planté de figuiers*, fyezecq, *pl.* fyezegoù.

FIGUIER, fyezenn, *pl.* ou, ed ; guĕzen fyès. *Van.* figuezcĕn, *pl.* cü. —*Figuier sauvage*, fyesenn gouëz, *pl.* fyesénnou gouëz.

FIGURE, *forme extérieure*, furm, *pl.* ou ; speçz, *pl.* ou ; fæçzon, *pl.* you. —*Se changer en toutes sortes de figures*, qemeret a bep seurd furmou, *pr.* id.; èn hem lacqaat è pep fæçzoun ; *pr.* èn hem lecqĕet. — *Notre Seigneur prit la figure de pèlerin, lorsqu'il apparut aus deux disciples d'Emmaüs*, hon Salver èn hem zisquĕzas da zisqibled Emmaüs diudan ar speçz a bire'hirin. —*Figure, representation de differentes choses*, squedenn, *pl.* ou ; taulenn, *pl.* ou ; limaich, *pl.* ou. —*Le monde n'est qu'une figure, et une figure qui passe*, ar bed ne deo nemed ur squedenn *ou* ur speçz, hac ur sqeudenn pehiny a drémen *ou* hac ur speçz pehiny a drémen. — *Figure de rhétorique*, fæçzoun qempenn da bregzecq *ou* da barlant, figur a retolicq, *pl.* figuryou.

FIGURER, *tracer quèlque figure*, ober furmou, ober sqeudennou, *pr.* grœt ; ober ul limaich beanac. — *St. figurer, se mettre quelque chose dans l'esprit*, lacqaat un dra èn e spered *ou* èn e ben, *pr.* lecqĕet ; soungeall, *pr.* sounget. —*Il se figure bien des choses qui n'arriveront pas*, soungeall a ra meura dra pere ne arruint qet, èñ a sounch dezi penaus *ou* beza ez sounch deza penaus *ou* èñ a gred penaus *ou* cridi a ra penaus, è c'harruo cals traou pere na arruffint qet. — *Figurez-vous qu'il est ici*, licqit èn ho spered penaus *ou* licqit èn oz penn penaus *ou* licqit èn oz sonch penaus ez ma amañ.

FIL à coudre, à faire de la toile, neu-.denn, pl. ou; neud. Van. nedeen. pl. nedenneü; ned — Petit fil, neudennicq. pl. neudenn. uïgou. — La qualité du fil, an touich eus an neud. — Du fil délié, neud moan, neud dionc'h an touich fin, neud an touich fin. neud eñ touich fin. neud fin. — Fil qui n'est pas délié, neud crenn, neud an touich garo, neud ne deo qet moan. — qui n'est pas uni. neud picq moan. — rude, neud garo. — re-tors, neun ry, neud-gry, neud tro. neud gruy. — de soie, neud syz. — de laine, neud gloan. — de chanvre, d'étoupe, neud canab, neud stoup. — de lin, neud liu. — blanc. noir, rouge, brun, neud guēn, neud du, neud ruz, neud griz. — qui n'a pas encore été à la buée, neud criz. — Une pièce de fil composée ordinairement de 3 ou 4 écheveaux, un neud, pl. neudon. v. écheveau. — Fil volé sur ceux qui font faire de la toile et que le tisserand rend en cachette, logodenn, pl. ou. — Le tisserand qui vole et qui rend ce fil, logotaër, pl. yen. — Fil d'archal, neud orgeal ou orc'hal. — de fer, neud houarn. — d'araignée, qiffuid. — cordeau pour aligner, lignen, pl. ou; linenn, pl. ou. — De droit fil, diouc'h al ligneun, hervez al linenn. — Fil, tranchant d'instrument, lémm ar gountell ou ar c'hleze, dremm ar goun-tell, direnn ar gountell, neudenn ar gountell, barveñar gountell ou ar c'hle-ze, ppl. ou. — Le revers opposé au fil, qil ar gountell, qizl ar fals, ar falc'h, etc. — Passer au fil de l'epée, laza gand ar c'hleze, laza a daulyou cleze, pr. lazet. — Fil d'un discours, suite, ar poëll eus a un devis, an neudenn ou ar peñ eus à un divis. — Il a perdu le fil de son dis-cours, et a demeuré court, collet èn deus e boël ou e neudenn hac ez eo bet ber-recq, collet eo e boëll gandhá ou collet eo e neudenn gandhà ou collet eo bet peun e neudeñ gandhá hac ez eo chom-met ouc'h an drez ou hac èn deus foë-ret ouc'h ar raou ou ez eo chommet di-lavar. — Il a repris le fil de son discours, cavet eo ar poëll gandhá ou peñ e neu-denn gandhá. — Le fil du bois, guyad ar

c'hoad, ar vyad. — Fil, cours de l'eau, creiz can an dour, creiz ar ganol, crei-zenn an dour. — Aller au fil de l'eau, moñnet dre greiz ar ganol, moñnet dre greiz ar c'han. pr. ëet; disqenn gad an dour, pr. disqennet. — Aller contre le fil de l'eau, moñnet a enep an dour, moñ-net a enep an dizqenn eus an dour, pr. ëet; æuebi ouc'h an dour, pr. et. v. courant

FILAGE, manière de filer, nezadur, nezidiguez.

FILAMENT, t. de médecine. v. fibre.

FILANDIÈRE, femme qui file par mé-tier, nezerès, pl. ed. Van. neerès, pl. ed. — Filandière, araignée, nezerès, pl. ed; qemeneureusicq.

FILASSE, lanfaçz, lanfeçz.

FILE, rencqad, pl. ou; stropad, pl. ou; strollad, pl. ou. — Une file de soldats, ur rencqad soudarded. — Une file de maisons, ur rencqad hirr a dyès, ur strol-lad hirr a dyès var ar ru, ur stropad bras a dyès, ur jadennad hirr a dyès var bord ar ru. — File à file, unan-hac-unan. — Aller à la file, moñnet an eil goude e-guile, moñnet an eil var lerc'h eguile, pr. et; moñnet a rencqadou.

FILER, neza, pr. et; neá, pr. et. Van. neeiñ, ..eüciñ, ppr. et. — Filer du lin ou du chanvre, neza lin pe ganap. — Filer d'écoutille, neza var scoutilh. — Filer au rouet, neza gand ar c'harr. — L'action de filer, nezérez, nezadur. — Filer se co.. ds, neza e gordenn evit e grouga, o-ber traou a gundu dar groug. — Filer le câble. lâcher les manœuvres, fila, pr. et. Van. fileiñ.

*FILERIE, renderie de fil, jour de di-vertissement et de bonne chère, nezadecg, pl. ou; neadecg, pl. ou. Van. filach, p'. eü, filageü. v. renderie. — Aller dans, r à la filerie chez, moñnet da zançzal d'au nezadecg da dy ou da gnær, etc.

FILET, un fil délié, un neudeñ voan, neudennicq, pl. neudennouïgou. — Notre vie ne tient qu'à un filet, hon buéz né deo stag nemed gand un neudennicq, hon buéz a zalc'h a ispilh ouc'h un neuden-nicq stoup. — Filet de la langue des en-fants nouveaux-nés, staguell. Van. id. — Couper le filet à un petit enfant, distaguel-

51

la e déaud da ur buguel bihan, *pr.* distaguellet ; trouc'ha staguell an lèaud,
*pr.* trouc'het. — *On lui a bien coupé le
filet, il parle bien ou beaucoup,* distaguellet mad eo bet gad an amyeguès. — *Filet de vinaigre,* ur strillhicq guïn ægr. —
*Un filet d'eau,* ur strillh dour, ur strilhicq dour, ur berad dour, ur beradicq
dour. — *Filet, réseau pour prendre du
poisson,* rouëd, *pl.* ou, rouëjou. *v.* ligne,
seine, tramaille. -- *Filet à deux manches
pour pêcher dans les ruisseaux,* baz-rouëd,
*pl.* bizyer-rouëd. -- *Filet, lacs pour prendre des oiseaux,* rouëd, *pl.* rouëjou; laçz,
*pl.* ou. *Van.* id. *ppl.* eû. --*Petit filet,* rouë-
dicq, *pl.* rouëdouïgou; laçzicq, *pl.*
laçzouïgou. -- *Tendre des filets ou
des lacs,* steïgna laçzou, *pr.* steïgnet;
antel rouëjou *ou* laçzou, *pr.* antélet.--
*Le temps de tendre les filets,* mare ar rouëjou. -- *S'envelopper dans les filets, se
rendre dans les lacs,* èn hem antel èr
rouëjou, *pr.* antélet; hem reustla ebarz
èr rouëjou, *pr.* reustlet; couëza èl laçzou, *pr.* couëzet. --*S'echapper des filets,
se tirer des lacs,* hem dilaçza, *pr.* et; hem
denna eus al laçzou, *pr.* et; hem direustla èr mæs eus ar rouëjou, *pr.* direustlet.
-- *Filet, piège pour les bêtes sauvages,* lin-
tacg, *pl.* ou; gryped, *pl.* ou ; peich, *pl.*
ou. *Van.* pec'h, *pl.* eû; pic'h, *pl.* eû. *Al.*
panzous, pangeous, *qui signifient actuellement, pantière.*

FILEUR, *qui file,* nezer, *pl.* yen. *Van.*
neour, *pl.* yon. -- *Du côté de Pontivy et
de Guemene les hommes filent du chanvre
et du lin,* varzu Poudivy hac ar Guemenez ar voazed a nez canab ha lin.

FILEUSE. *v. filandière.*

FILIAL, *e.* a vap, a aparchant ouc'h
map *ou* ouc'h ur c'hrouadur. -- *Une
obéissance filiale enters ses père et mère,*
un aboyçzauz a vap è qèvr tad ha mam
--*Une crainte filiale pour Dieu convient au
véritable chrétien, et une servile se trouve
dans les méchants,* ar guïr gristen a dle
cahout un doujançz a vap evit Doüe,
è qéhyd n'en deus ar fals christen nemed un doujançza sclaffevintâ; ur guïr
gristen a zoug doujançz ha carantez da
Zoüe, evel ur map mad d'e dad, ur fals

christen èn douch hep e garet, evel a
ra ur servicher fall èn audred evæstr.

FILIATION, *descendance,* mibilyez,
mabérez. — *Filiation prouvée par des actes authentiques,* mibilyez amprouët mad

FILIPENDULE, *plante,* qéhyd. --*La
filipendule est propre pour l'épilepsie,* ar
guéhyd a so mad oud an drouc-uhél.

FILLE, *à l'égard du père et de la mère,*
merc'h, *pl.* ed. *Van.* id. — *Petite fille,*
merc'hicq, *pl.* merc'hedigou. -- *Une fille, une petite fille,* ur verc'h, ur verc'hicq.
-- *Petite fille à l'égard du grand-père ou
de la grand'mère,* douarenès, *pl.* ed; nizès, *pl.* ed. -- *Fille de la petite-fille ou du
petit-fils, arrière petite-fille,* merc'h an
douarenès pe merc'h an douarèn; gournizès, *pl.* ed. -- *Petite-fille de la petite-
fille ou petit-fils,* merc'h vihan an douarenès pe an douarèn; trede gournizès,
*pl.* ed. -- *Belle-fille, bru,* gouhez, *pl.* ed;
merc'h-caër. *pl.* ed. *Van* gouhé, *pl.* ed;
goëhé, *pl.* ed. *v.* belle. -- *Belle-fille, fille
d'un autre lit,* lès-verc'h, *pl.* ed. *Hors
Léon,* merc'h-caër. *Van.* merhecq, *pl.*
merhegued, merhigued. -- *Fille, à l'é-
gard du sexe,* plac'h, *pl.* ed; maouès, *pl.*
ed. — *Petite fille,* plac'hicq, *pl.* plac'he-
digoù ; maouèsicq, *pl.* maouèsedigou.
-- *Jeune fille,* plac'h yaouancq. --*Fille
vierge,* guèrc'hès, *pl.* ed. — *Fille à la
fleur de son âge,* plac'h yaouancq-flour.
*Van.* ur verh èn he brud. — *Elle est morte
à la fleur de son âge,* marv eo siouaz ha
hy yaouancq flour. --*Fille unique,* penn-
éres. -- *Fille ainée,* merc'h heuâ , henaourès. -- *Des filles uniques,* penn-è-
resed. --*Fille à marier,* merc'h *ou* plac'h
da zimizy. -- *Fille qui garde le célibat et
qui ne veut pas se marier,* plac'h dizemez,
*pl.* plac'hed. *Al.* lenès, *pl.* ed. -- *Fille
légitime,* merc'h legitim. — *Fille illégitime,* bastardès, *pl.* ed , beterdesed. —
*Honnête fille,* merc'h *ou* plac'h onest.--
*Mauvaise fille. v. bergère.* — *Aller chercher des filles,* mont da verc'hedta. —
*Fille déshonorée,* plac'h disenoret *ou* fazyet *ou* goallet *ou* discoazyet, plac'h a
so erru goall gadhy, plac'h a so pleguet
he scoaz, *v. galant.* — *Fille de chambre,*
plac'h a gampr, *pl.* plac'hed a gampr.

FILLETTE, ûr verc'hicq yaouancq.

*Poil blanc et lunettes*
*Ne plaisent pas aux fillettes.*
Bléau guën ha lunedou
Ne blijont qet d'ar merc'hedou.

FILLEUL, filhor, *pl.* ed; filyor, *pl.* ed.
*Van.* fignol, filhol, fryol, fifhor. *ppl.* ed.
—*L'affinité que les filleuls contractent avec leurs parrains et marraines,* fizyolded.

FILLEULE, filhorès, *pl.* ed; filyorès, *pl.* ed. *Van.* fryoles, *pl.* ed.

FILOTIER, *marchand de fil,* neudta-ěr, *pl.* yen. — *Filotier, ère, qui prépare le lin ou le chanvre,* filocher, *pl.* yen. *fėm.* filocherès, *pl.* ed. *Van.* fistoupér, *pl.* yan.

FILOU, *qui filoute,* filouter, *pl.* yen; ribler, *pl.* yen; scraber, *pl.* yen. *Van.* scrapour, *pl.* yon.

FILOUTER, *voler avec adresse,* filouti, *pr.* et; ribla, *pr.* et; scraba, *pr.* et. *Van.* scrapeiñ, *pr.* et; friponeiñ ê cuh, *pr.* et.

FILOUTERIE, filoutéres, riblèreż, scrabérez, *ppl.* ou. *Van.* scrapereh, friponnereh, *ppl.* eü.

FILS, *par rapport au père et à la mère,* map, *pl.* mibyen, mabou. *Van.* mab, *pl.* ed. *Trég.* mab, *pl.* o. *Al.* ab, ag, ac. —*Petit-fils,* mabicq, *pl.* mibyennigou. — *Petit-fils à l'égard du grand-père ou de la grand'mère,* douaren, *pl.* niz, *pl.* ed. —*Fils du petit-fils ou de la petite-fille, arrière-petit-fils,* map an douaren *ou* map douarenès; gourniz, *pl.* ed. — *Petit-fils du petit-fils,* map bihan d'an douaren pe d'an douarenès, trede gourniz, *pl.* ed. —*Beau-fils, gendre,* deuñ, *pl.* ed; map-caêr, *pl.* mibyen-gaêr. *Van.* daü, *pl.* ed. — *Beau-fils, fils d'un autre lit,* lès-vap, *pl.* lès-vibyen. *Corn. et Trég.* map-caêr, *pl.* mibyen-gaêr. *Van.* mabecq, *pl.* mabegued, mabigued. —*Fils, par rapport au sexe, garçon,* pautr, *pl.* ed. *Van.* id. — *Petit fils, petit garçon,* pautrich, *pl.* pautredigou. *Van.* id., *pl.* eü. — *Jeune fils,* pautr yaouancq. — *Fils à la fleur de son âge,* pautr yaouancq-flour. — *Fils aîné,* map henañ *ou* henañ, henaour. *Fils unique,* penn-êr, *pl.* ed. *Fils à marier,* pautr *ou* map da zimizi. — *Fils qui vit en célibat et ne veut pas se marier,* pautr dizemez, *pl.* pautred. —

*Fils légitime,* map legitim, *pl.* mibyen. — *Fils illégitime, bâtard,* bastard, *pl.* ed, besterd. — *Fils illégitime provenu d'adultère,* avoultr, *pl.* ed, 'yen.

FILTRER, *passer par le filtre,* trémen ul licqor-bennac dre al lyen pe dre ar paper gris, *pr.* trémenet.

FILURE, *état de ce qui est filé,* nezadur, neadur.

FIN, *terme,* fin difin, penn, finvez, divez. — *La fin du livre,* fin *ou* difin al levr. —*Vers la fin de l'été,* var fin an hañ, var an difin eus an hañ, ê tro penn an hañ. — *La fin de la vie,* ar finvez *ou* au difin eus ar vuez. — *Mettre fin a quelque chose,* lacqât fin da un dra, *pr.* lecqêet; ober fin vès a un dra, *pr.* græt; peur-a-chui un dra, *pr.* peur-a-chuet. — *Tel commencement, telle fin,* hevelep coumançzamand, hevelep fin, ar goumançzam aud vad a ra fin vad. — *Bonne fin,* fin vad, finvez vad. — *Faire bonne fin,* ober fin vad, ober ur finvez vad, *pr.* græt; finveza èr-vad, *pr.* finvezet; finiçza èr-vad, *pr.* finiçzet. — *Mauvaise fin,* goall fin, goall æchu, goall finvez, droucq-divez, droucq-zivez, drou-zivez. — *Faire une mauvaise fin,* ober goall fin, cahout ur goall æchu, cahout drou-zivez, *pr.* bet; goall-finveza, *pr.* et; cuêza è droucq finvez, *pr.* cuêzet. — *Les quatre fins dernières,* ar pévar fin divezâ, ar finvezou divezâ. — *Pensez bien à vos fins dernières et vous ne pécherez jamais,* soungit a zévryèn oz finvezou divezâ ha bizvyqen na bec'hot, soungit èr-vad èn oz finyou divezâ ou soungit a barfeded èn oz pévar fin divezañ habirvyqen pec'hed na reot, eme ar scritur sacr. — *Fin, but qu'on se propose,* fin, déso, intencion. — *A quelle fin? pe evit fin?* gad pe déso? gand pebez intencion?—*A la fin, enfin,* d'ar parfin, eû-divez. *v.* enfin. — *Fin, fine, pur, sans mélange,* fin, pùr, oc'h, â, añ. *Van.* id. — *De l'or fin,* aour pur. aour fin. — *Etain fin,* stean fin, stæn pur *ou* fin. — *Fin, e, subtil, délié, menu,* moan, fin, munud, oc'h, añ. *Van.* fin, moën, oh, añ. — *Etoffe fine,* entoff fin, *pl.* entoffou fin. —*Toile fine,* lyen moan. — *Du papier fin,* paper fin. — *Une taille fine,* un dailh voan. — *Un esprit fin,* ur spered fin *ou* soutil. — *Quel fin drole!* finâ pautr! finâ map, soutilâ pautr! *Nous sommes tous fins, mais les uns plus, les autres moins,* fin oump oll, mæs finoc'h eo an eil evit eguile. — *Ah!* que *les moins sont fins,* fin pe finoc'h eo ar vænec'h.—*Rendre ou detenir fin,* finaat, *pr.* ëet. *Van.* id. — *Il detiendra fin à ses dépens,* finaat a rayo divar e goust, sqyan d a so mad da bréna.

FINAL, *e,* divezâ, divezañ. — *Le jugement final,* ar varn divezâ. — *L'impénitence finale,* an ostinacion èr pec'hed bede ar fin eus ar vuëz.

FINALEMENT. *v.* enfin.

FINANCE,*argent comptant,*arc'hand, mouneyz,finançz.-*Les jeunes gens ne sont guère chargés de finances,* godellou an dud yaouancq ne vezent nemeurcarguet eus a arc'hand *ou* vès a financz.—*Finances, le trésor public,* financz ar roüe, finançzou ar roüe, arc'hand ar roüe, ténzor ar roüe.[1]

FINANCER, financi, *pr.* et; fourniçza arc'hand *ou* finançz d'ar roüe , *pr.* fourniçzet; caçz arc'hand da dénzor ar roüe, *pr.* caçzet. *Van.* financeiñ.

FINANCIER, *qui est dans les finances,* financer, *pl.* yen. *v.* partisan.

FINASSER, *user de finesse,* fineçzât, *pr.* ëet; moûnet gad fineçza, *pr.* ëet; ober troyou-plecg, *pr.* græt; troydell, *pr.* et. *Van.* fineçzeiñ. — *Finasser en faisant l'idiot,* fineçzât digarez ober al luë.

FINEMENT, gand igin, gad spered, gand fineçzâ, èn ur fæçzoun fin *ou* soutil *ou* igignus.

FINESSE, *délicatesse de quelque chose,* finder, moander. — *La finesse de cette toile,* finder *ou* moander al lyen-ze.—*Finesse, ruse,* fineçza, *pl.* ou; soutilded; troydell, *pl.* ou; troblecg.

FINET, *qui finasse,*louarnicq.—*C'est un finet,* ul louarnicq eo, louarnicq so aueczaû. — *Finet qui fait le fin et qui ne l'est guère,* fin vare veno, fin var a gred.

FINETTE, *qui a l'air d'être fine,* pez fin, minicq fin.

FINIR, *achever,* finiçza, *pr.* et; difina,*pr.*et;achui,*pr.* ët; ober fin,*pr.*græt.

*Van.* finiçzeiñ. — *Finir, mettre la der*re main d'une chose, peur-ac'hui. *pr.* peur-ober, *pr.* græt; peur-finiçza. et; difina, *pr.* et; fiuveza, *pr.* et. *nir de dire ou de parler,* peur-lavaret, id. — *Finir de boire, de manger,* pe eva, *pr.* et; peur-zibri, *pr.* et. — *Fi de semer,* peur-hada, *pr.* et. — *Fin.r scier les bles,*peur-vidi, *pr.* peur-vede peur-drouc'ha an ëd, *pr.* et. *Ce* pe se met ainsi devant presque tous les verb *lorsqu'il s'agit de finir entièrement.* - *Finir, perir, mourir,* fiuveza, *pr.* et.

FIOLE, boutailhicq, *pl.* boutailhigou; fiolen, *pl.* ou; fiol, *pl.* ou. Ce *deux derniers mots sont anciens dans l langue bretonne.*

FIRMAMENT, *le ciel où sont les étoi les,* an oabl stereded, oabl ar stered an ëd steredet. — *Kleper soutient que l firmament est eloigné de nous de plus d soixante millions de liaues,* Klepera zale'l evel un dra açzur, penaus ez maa oab stereded ouz penn try uguent million: lévyou diouzomp ou dreistomp ouz pe c'huëc'h cant guëch cant mil léau.

FISC, *trésor public,* fisq, ar fisq.

FISCAL, *qui regarde le fisc,* fisqal.— *Procureur fiscal,* proculer fiscal,*pl.* pro culéryen fiscal;proculer ar fisq,*pl.* yen *Van.* proculour fisqal, *ppl.* yon, yau.

FISTULE,*ulcère,* gouly, *pl.* ou; fic'h *pl.* fic'hyou. *v. alcère.* — *Fistule lacry male,* goricq dourecq è coign al lagad *pl.* gorouigou dourecq èn hem furm coignou an daoulagad, ul lagad bæ ul lagad gor. *Van.* ur huynoënn è l el lagad.

FIXE, *ferme, immobile,* sonn, re oc'h, â, aû.—*Fixe, déterminé, arri sur,* açzur, statudet, græt. *Al.* fi festet.—*La chose est fixée,* un dra s tudet eo, un dra c'hræt eo. — *Une b meure fixe,* un demeurançz sur *ou* zur *ou* parfedd.—*Un regard fixe,* ur piz, ur sell ferm.

FIXEMENT, piz, ferm, start. *V* pih.—*On ne peut regarder fixement l teil ni la mort,* ne alleur qet sellet p fedd ouc'h an héaul nacouc'h ar m

FIXER, *rendre ferme et immobile,*s

na , *pr.* et; rendi, *pr.* reudet; açzuri,
*f r.* et; renta ferm, *pr.* reutet.—*Fixer,*
*déterminer* , statudi, *pr.* et. *Al.* festaff.
—*On a fixé le jour pour* , statudet eo an
deiz evit, lecqëet eus deiz evit.

FLACON, *sorte de bouteille,* boutailh
var viçz, *pl.* boutailhou var viçz.

FLAGELLATION *de Jésus-Christ* ,
scourrgezidiguez hon Salver.

FLAGELLER, scourgeza, *pr.* et.

FLAGEOLET, *petit instrument à vent,*
flajoled, *pl.* ou, fleuticqsqiltr, *pl.* fleu-
toutïgou sqiltr.

FLAGORNER, *flatter bassement,* fla-
tra , *pr.* et; flagorni, *pr.* et. *Ce dernier*
*mot tient de* flatra *et de* cornal : *id est ,*
flatra a bep coru, *rapporter de tous cô-*
*tés. Van.* flatein, flagornein.

FLAGORNERIE, flatrérez, *pl.* ou ;
flagornérez, *pl.* ou. *Van.* flatereh, fla-
gornereh.

FLAGORNEUR, flagorner, *pl.* yen;
flatrer, *pl.* yen. *Van.* flatour, flagor-
nour. *ppl.* yon , yan.

FLAGORNEUSE, flagornerès , *pl.*
ed; flatrerès, *pl.* ed. *Van.* flatreres.
flagorneres. *ppl.* ed.

FLAGRANT ( en ) *délit,* è goall, è
droucq, o voall-ober.—*Il fut surpris en*
*flagrant délit,* cavet a voa è goall *ou* è
droucq, cavet voa o voall-ober, suprenet voa èn e dorfed *ou* èn e bec'hed, qeméret a voüe var ar fead *ou* var an tom.

FLAIRER, *sentir,* c'hüeçzaat, *pr.*
ëet; c'hüeçza, *pr.* et; muçzàt, *pr.* ëet.
*Van.* muçzàt, muçzein. -- *L'action de*
*flairer ,* c'hüeçzérez, muçzérez.—*Celui*
*qui flaire,* c'hueçzaèr, *pl.* yen; muçzaèr,
*pl.* yen. *Van.* müçzér , *pl.* yon , yan.

FLAMAND, *qui est de Flandre,* Flamancq, *pl.* ed. *Van.* id.

FLAMANDE, Flamancqès, Flamanc-
qesed. *Van.* id. -- *Une femme de la taille*
*d'une Flamande,* Flaudrinenn, *pl.* ed.
*On nomme aussi* flandrinenn , *une faux*
*peu large, mais de bonne trempe, qui vient*
*de Flandre.*

FLAMBE, *ou Iris de Florence* , fourdilys, fourdilys Florançza, helestr Florançza, boqedou Florançza. *v. Iris.*

FLAMBEAU, flambezenn, *pl.* flam-

bez. *Van.* flambéü , *pl.* flambéueü. --
*Allumer des flambeaux,* elumi flambez.

FLAMBER, *jeter de la flamme,* flamma, *pr.* et. *Van.* flammein. -- *Faire*
*flamber le feu,* lacqàt an tan da flamma,
*pr.* lecqëet; ober flamma an tan. *pr.*
græt. -- *Flamber de la volaille* , suilha ,
*pr.* et; trémen dre ar flamm.-- *Flam-*
*ber un bàton vert,* suilha, *pr.* et; sulya,
*pr.* et.

FLAMBOYANT. *ante,* flamyus. flam-
michus, oc'h , añ. *Van.* flamm, flem-
michus, oc'h, añ.--*Une epee flambo-*
*yante,* ur c'hlezè flamuyus *ou* flam-
michus, ur c'hlezè lufrant, ur c'hleze
lintr *ou* lintrus, ur c'hleze luguernus ,
*pl.* clezéyer.

FLAMBOYER, *parlant des corps polis*
*et luisants,* flammya, flammicha. lintra, lufra, *ppr.* et; luguerni, *pr.* et. *Van.*
flammein, flammichein.

FLAMME, *partie subtile du feu,* flamm,
*pl.* ou. *Van.* id. , *pl* eü. *Al.* fagl.--*Les*
*flammes éternelles ne luisent point,* ar flammou grizyec eus au infern ne sclæront
tam, an tam flamm eus au ifern a losq
atau hep nepred rei an distérà sclæri-
geün.--*Flamme, éclat, vivacité,* flamm,
lintr, lufr , sqed.--*Les flammes de l'a-*
*mour,* flammou *ou* ar flammou eus añ
amourousted . flambez Cupidou , ar
flammou milliguet eus a dan au a-
mourousted.

FLAMMECHE, *étincelle qui s'élève*
*en l'air,* flammenn, *pl.* ou; flammen-
nicq-tan, *pl.* flammennouïgou-tan.
*Van.* flemmicheun , *pl.* flemmichen-
neü, flémmicheü.

FLAMMULA *plante* , ar flamm ,
lousaoüen ar flamm. *v. clématite.*

FLANC , toull flancq . *pl.* toullou
flancq. -- *Les flancs du cheval* , toullou
flancq ar marc'h. *Van.* toulleü flancq
er jau.—*La sainte Vierge a porté notre*
*Sauveur neuf mois dans ses flancs sacrés,*
ar Verc'hès sacr he deus bet dreun eür
vad douguet hon Salver è pad nao miz
cüïre he daou gostez benniguet.--*Pren-*
*dre l'ennemi en flanc,* altaqi un armo
dre ar c'hostez, *pr.* attaqet.

FLANDRE, *province des Pays-Bas* ,

Flandrès. *v.* *Flamand*, *Allemagne*.

FLANELLE, *sorte d'etoffe*, flanella, fanella.--*Presque tous les Anglais portent des chemises de flanelle*, Sauzon a zoug peurvuyâ rochedou flanella.

FLANQUER, flancqa, *pr.* et. *Van.* flancqeiñ, *pr.* et.—*Flanquer un soufflet à un homme*, flancqa ur voc'had gand un dèn, *pr.* et ; distaga ur javedad diouc'h un dèn, *pr.* distaguet. *v.* *souffleter*.—*Flanquer un coup de vin à quelqu'un*, flancqa *ou* discarga ur banne mad a vin da ur re, *ppr.* et.

FLASQUE , *sans force ni vigueur*, flasq. dinerz, oc'h , à , añ. *Van.* flasq. dinerh.— *C'est un grand flasque*, flasq eo dinatur, flasq eo terrupl. *Dans le pays de Tréguier et de Carhaix*, flasq e qen na foëltr.— *Il est flasque, il ne sera jamais vigoureux*, dinerz eo ha dinerz vezo atau.

FLATTER , *caresser*, meuli dreist penn ur re-bennac, *pr.* meulet ; rei lorc'h da ur re, *pr.* roët; hilligat e galoun da ur re, *pr.* hilliguet. *Van.* melleiñ unon-benac, reiñ mellaich de unon benac. *v.* *encenser, allécher*.—*Se flatter de quelque chose*, counta var un dra bennac, *pr.* countet ; cridi e barruo un dra, *pr.* credet.

FLATTERIE , *louange outrée*, lorc'h, fals-meuleudy,flattérez. *Van.* mellaich. *Al.* truth.—*Sans flatterie*, e guiryonez, diflatt.

FLATTEUR , fals-meuler, *pl.* fals-meuléryen ; flatter, *pl.* yen ; nep a ro lorc'h. *Van.* mellour, *pl.* yon , yan. *v.* *mignard*.—*Qui n'est point flatteur*, guiryon , diflatt.

FLATTEUSE, fals-meulerès, *pl.* fals-meuleresed ; flatterès , hilliguerès , *ppl.* ed.

FLATUEUX, *euse* , *qui cause des vents*, aveleucq, avelecq, boëd avelecq, oc'h, añ.— *Les pois et les fèves sont flatueux*, ar pès hac ar fa a so aveleucq, piz ha fa a so boed avelecq.

FLATUOSITÉ, *rot*, avel trencq, *pl.* avelou trencq. *v.* *rot*. —*Flatuosité, vent qui sort du corps par le bas*, avel dianaou, avel flæryus; bramm, *pl.* ou; louff, *pl.*

ou. *Trég.* bromm, *pl.* brommo. *Figurément*, *on dit* : avel cornaucq, avel fry, avel ænep caloun, *pl.* avelou. *Van.* lou, *pl.* loueü ; bramm, *pl.* eü ; aüél isél, aüél fry.—*Lâcher des flatuosités par bas*, louffat, *pr.* et ; bramma, *pr.* et. *Trég.* brommañ, louffañ. *Van.* loueiñ, brammeiñ , *pr.* et.

FLEAU, *instrument pour battre le blé*, freilh, *pl.* ou; frailh, *pl.* ou. *Van.* freilh, *pl.* eü. *de là*, frailha , briser. *Al.* flau.— — *Manche de fleau*, fust freilh , *pl.* fustou freilh ; troad freilh, *pl.* treid freilh, —*La gaule du fleau*, goalenn freilh, *pl.* goaleigner freilh. — *Garniture de cuir que l'on met au fléau*, peñ-gap, *pl.* penñou gap; toudous freilh.—*Le lien qui lie le manche et la gaule du fléau*, stag freilh, ere freilh, qevre freilh.—*Fléau de balance*, lançz ur balançz. *Van.* goaleen ur balançz. — *Fléau de fer* , *instrument pour se battre, qui consiste en un manche, une chaine et un gros fer au bout*, ur freilh houarn , freilh dibardon.—*Battre quelqu'un avec le fléau de fer*, freilha , *pr.* et. — *Fléau de Dieu, la main de Dieu*, goaleu Doüe, *pl.* goaleigner Doüe; goalen a gastiz, *pl.* goaleigner a gastiz; dôrn Doüe, bir Doüe, *pl.* biryou Doüe, birou Doüe. *v.* *doigt de Dieu*. —*Les fléaux de Dieu sont la guerre, la peste et la famine*, ar bresell, ar boçz hac an naounéguez a so goaleigner Doüe ; ar bresell, ar voçzenn hac an dienez a bep tra , a so an teir goalenn a gastiz.—*Attila se faisait appeler le fleau de Dieu*, Attila a goumeré an hano a voalenn Doüe.

FLECHE, bir, *pl.* biryou, birou ; sæz , *pl.* sæzyou. *Van.* bir, *pl.* eü. *Al.* sæeth.—*Aileron d'une flèche*, stu ar bir, stu ar sæz, *pl.* stuyou.—*Flèches de bois*, birou coad, sæzyou prenn. — *Flèches garnies de fer par la pointe*, birou houarnet, sæzyou houarnet. —*Un coup de flèche*, un tenn bir, un tenn sæz , *pl.* tennou.—*Decocher une flèche*, tenna ur vir, *pr.* tennet; ober un tenn bir; *pr.* græt; leusqeul ur vir *ou* sæz, *pr.* lausqet ; leusqeul un tenn bir.—*Flèche de charrette*,-goalenn , *pl.* goaleigner; limon, *pl.* ou. *Van.* goaleeu, *pl.* eü.

FLECHIR, *ployer, attendrir*, plega,
pr. pleguet; sugea. pr. suget; soublât,
pr. soublêet. *Van.* plegueiñ, soupleiñ,
ppr. et. —*Fléchir les genoux*, daoulina,
pr. daoulinet; stouï d'an daoulin *ou*
stoua, ppr. stouët. *Van.* acclineiñ, pr.
et. —*Il sera contraint de fléchir*, countraign vezo da sugea *ou* da blega *ou* da
soubla. *Van.* redd vo dehou plegueiñ.
—*Qu'on peut fléchir*, plegus, pedennus,
oc'h, añ. —*Fléchir son juge*, pidi e varner, pr. pedet; touich e varner, pr. et;
gounit e varneur, pr. gounezet.

FLEGMATIQUE, *pituiteux*, euse,
craustus, carguet a groust hac a flum-
moü, catarrus. —*Il est d'un temperam-
ment fort flegmatique*, fort *pituiteux*, taguet eo *ou* lazet eo gand ar c'hraust ha
gad arflummou. —*Flegmatique*, *froid*,
*qui ne s'émeut de rien*, flummus, parfedd, peoc'hus, clouar, oc'h, à añ. *En*
t. d'amitié, on dit : clouaricq, bioc'hicg-
Doûe.

FLEGME, *pituite*, *humeur froide et
humide*, craust, apotum, catarr, flumm.
*Van.* flemm. —*Flegme*, *gros crachat*,
craiñchadeun ordous, pl. craiñchaden-
nou ordous; craiñch ordous, craiñch
drus; flumm, pl. ou; roncqenn. pl. ou.
*Van.* flemm, pl. eü; scopadenn dru,
pl. scopadenneü dru *ou* lous.

FLETRIR, *parlant des fleurs*, goëzvi,
pr. et; goëvi, goëñvi, ppr. et. *Van.* goë-
veiñ, gouïveiñ, pr. et. *parlant du teint*,
coll e liou vad, coll he liou vad, pr.
collet; disliva, pr. et; grac'hat, pr. et;
grac'hellat, pr. et. *Van.* col e liü vad,
pr. colet; groaheiñ, coheiñ. ppr. et. —
*Les fleurs des arbres sont flétries*, goëzvet eo ar bleuzñ. —*Les fleurs du parterre
sont flétries*, goëzvet eo ar boqedou. —
*Le teint de cette fille se flétrit*, moûnet a
ra he liou vad digad ar plac'h-hont,
coll a ra he liou vad, goëzvi a ra guened ar plac'h-hout. —*Cette femme a le
teint flétri*, *elle commence à vieillir*, dis-
livel eo ar c'hrecg-hont, grac'het eo *ou*
grac'hellet eo ar c'hrecg-hont, grac'hellat a ra *ou* grac'hat a ra pelloc'h ar
c'hrecg-hont. —*Flétrir*, *ternir la réputation de quelqu'un*, noazout da hano-

mad ur re, pr. noazet; ober gaou oud
an hano-mad eüs a ur re-bennac.

FLETRISSURE, *parlant des fleurs*,
goëzvidiguez, goëvidiguez, goëzvadu-
rez. *Van.* gouïvadur. —*Flétrissure*, *tache
d la réputation*, gaou an enor, disenôr.

FLEUR *d'arbre*, bleuñzven, pl.
bleunzv, bleuzvyou; bleunёn, pl.
bleuñ. *Van.* bleñhuёn, pl. bleñv, bleñ-
huёnneü. —*Petite fleur*, bleuñzvennicq,
pl. bleuzvyouïgou. *Van.* bleñhuïgueü.
—*Les arbres sont en fleurs*, ez ma ar
guёz eü bleuñ, ez ma ar bleuñ èr guёz.
—*Fleurs d'orange*, bleuñ orangès. —
*Fleurs de pécher*, bleuñ pechès. —*Fleurs
de cerisier*, bleuñ qcrès. —*Fleurs de jardin*, *ou des champs*, bocqed, pl. ou, bocqejou; bleun jardin, flour jardin,
flouraïch, pl. ou. —*Fleurs printanières*,
bocqedou han, flouraich hañvecq. —
—*Fleurs de la passion*, bocqedou ar bac-
çion. —*Fleurs doubles*, bocqedou doubl.
—*Fleurs simples*, bocqedou disoubl. —
*Fleur-de-lis*, fourdilizen, pl fourdiliz.
*Van.* fourdelizen, pl. fourdeliz. —*de farine*, flour, flour bleud, bleud
flour, flouren ar bleud. *Van.*
flour er hled. —*de l'âge*, ar flour eus
an oad, flour an oad, barr an oad,
creiz an oad, an oad flour. —*Elle est
morte à la fleur de son âge*, marv eo yaouancq flour. *Van.* marv eü èn hebrud.
—*Il est mort à la fleur de son âge*, marv
eo *ou* maro eo yaouancq flour, marv
eo è barr e oad, maro eo è creiz e nerz,
marv eo yaouancq flamm. —*La fleur
de la noblesse*, *l'élite*, an dihus *ou* ar
choas eus an nobiançz, an dudchen-
til ar re vravañ, ar bravâ tudgentil eus
ar vro, ar gentilâ noblançz, an dihab
eus an noblançz. —*Fleur*, *superficie*,
rez, reçzed, raz. —*A fleur de terre*, rez
an doûar, è rez an doûar, è reçzed an
doûar, razan doûar, è raz an doûar. —
*A fleur d'eau*, rez an dour, è rez an
dour, è reçzed an dour, è raz an dour,
raz an dour. —*Il a de beaux yeux bleus
d fleur de tête*, bez'èn deus daoulagad
g'as rez e dâl hac y qer caёr, Doûe
r'ho bennigo.

FLEURS, t. *de médecine*, bleuzñ ar

merc'hed , hudurnaich an graguez , amseryou, mizyou, sizunyou , merc- qou, traficq ordinal , réglou , regla- manchou. — *Sa maladie vient d'un re- tardement*, mouzet voa he amser oudhy.

FLEURDELISER, *semer de fleurs-de- lis*, fourdiliza, *pr.* et —*Fleurdeliser un criminel*, fourdeliza un torsetour , *pr.* et.

FLEURET, *épée à bouton pour faire des armes*, clezè goarniçzet dre ar becg, *pl.* clezéyer goarniçzet.—*Fleuret, sorte de soie*, gorre ar seyz, gôloadur ar seyz; stoup seyz.

FLEURETTE, *cajolerie. v. douceur.*

FLEURI, *ie, en fleurs*, e bleuñ, bleuñ- vyet.—*Arbre fleuri*, guëzen bleuñvyet, guëzen ez bleuñ, *pl.* guëz.—*Teint fleuri*, lyour flour, lyou flamm.—*Pâque fleu- rie*, ar joa-basq, diçzul ar joa-basq, diçzul bleuzvyou, sul bleuñvyou. *Van.* sul bléyeü, sul er bléyeü , sul el lore.

FLEURIR, *pousser des fleurs*, blenz- vya, *pr.* et ; bleuñva, bleuñvi, *ppr.* et. *Van.* bléhuëñ, *pr.* et. — *Commencer à fleurir*, coumañçz da vleuzvya, *pr.* et.

FLEURISTE, *cultivateur*, flourist, *pl.* ed; flouraicher, *pl.* yen.

FLEURON, *ornement*, flouron, *pl.* ou. — *De beaux fleurons*, flourôñou caër.

FLEUVE, *grande rivière*, rifyer vras, *pl.* rifyerou braz. *Van.* rivér vras, *pl.* riveryeü vras. *Al.* avon, aven.

FLEXIBLE, soubl, guëzn, oc'h, añ. *Van.* id. — *Un corps flexible*, ur c'horf guëzn , ur c'horf distag ou soubl , ur corfou.etc. —*Une voix flexible*, ur vouëz soubl , *pl.* mouëzyou. — *Un esprit fle- xible*, spered soubl, soubl a spered, u- mor soubl, soubl a umor.

FLEXIBILITÉ, guëznder, guëznded, soublded.

FLOCON , *touffe de neige*, pluënn, calzenn , malzenn earc'h *ou* erc'h, *ppl.* ou. — *Les âmes tombent en enfer aussi a- bondamment, que les flocons de neige sur la terre*, qer puilh ha qer staucq ez couëz an encou èn ifern, èc'hiz ar pluënnou earc'h var an doüar, pa gouëzont stancq à. — *Petit flocon de neige* , pluënnicq earc'h, calzennicq, malzennicq earc'h *ou* erc'h, *ppl.* ouïgou.—*Flocon de laine*,

torchad gloan, *pl.* torchadou; pez gloan, *pl.* you; *Van.* torchenn gloan , gronuat gloan , toupennad gloan, *ppl.* ëu. — *Petit flocon de laine*, torchadicq, hupicq, hupennicq, pezicq gloan , *ppl.* ouïgou. — *Flocon de fil , partie d'un écheveau* , euchenn *ou* hupenn neud, *ppl.* ou. — *Petit floccon de fil*, euchennicq *ou* hu- pennicq neud, *pl.* ouïgou. *v. poupée.*— *Flocon de crin , de soie de pourceau*, tor- chad reun, *pl.* torchadou reun. *diminu- tif*, torchadicq reun.

FLORE, *nom de femme*, Bleuzven.— *Sainte Flore* , santès Bleuzven.

FLORIN, *monnoie*, florin, *pl.* ou , ed.

* FLORIR, *être dans un état heureux*, beza ëurus, *pr.* bet ; cahout e gonn- tantamand . *pr.* bet; flouriçza, *pr.* et. — *Florir , être en crédit , en vogue*, ca- hout galloudez, *ou* galloud, *pr.* bet; deza galloudus, *pr.* bet; flouriçza, *pr.* et.—*Florir , être en honneur et en répu- tation*, beza istimet, beza euoret, be- za èn istim vad.

FLORISSANT, *e*, eürus, countant, galloudus, euorus, flouriçzus, oh, à, añ.

FLOT, *eau agitée*, goaguenn, *pl.* ou; houl, *pl.* you; houlenn, *pl.* ou. — *Flot, la pointe de la marée, le montant de la mer*, lano. — *Il y a flot*: lano a so, beza ez eus lano, doñnet a ra ar- mor. — *Flot , une quantité d'eau suffi- sante pour soutenir un vaisseau*, fl )dt. — *Mettre un vaisseau à flot*, lacqât ul lestr var flodt.

FLOTTANT, *e, qui flotte*, a so var flodt.—*Vaisseau flottant*, lestr var flodt. —*Des corps flottant sur l'eau*, corfou var flodt. — *Flottant, chancelant*, douëtus, arvar, oc'h, à, añ.

FLOTTE, *vaisseaux réunis*, flodt, *pl.* flodou; flodt listry, *pl.* flodou listry.— *Flotte marchande*, ur flodt marc'hadou- ryen, *pl.* flodou, flodtou. — *Flotte de guerre*, listry roüe; arme vor, *pl.* armeou.

FLOTTER, *être porté sur l'eau*, flod- ta, *pr.* et; beza var flodt, *pr.* bet. *Van.* flotceiñ. — *Flotter, être irrésolu*, beza douëtus, beza ar-var, *pr.* bet. — *Son esprit flotte depuis long-temps sur la réso- lution qu'il doit prendre*, ar var eo pell-so *ou* donétus co pell-so var gouzout pe èn deus ober. — *La finesse n'est ni trop bonne, ni trop mauvaise, elle flotte entre le vice et la vertu,* ar fineçza ne deo na re vad na re'zrouq, flodta a ra *ou* neuni a ra eñtre ar viçz hac ar vertuz.

FLUER, *couler, parlant de l'eau, des humeurs, etc.,* béra , *pr.* et ; divéra, *pr.* et ; redecq , *pr.* redet. *Van.* bereiñ, bireiñ , diverciñ.

FLUET, *te, délicat, faible,* tener, oc'h, à, añ. — *Il est fort fluet,* tener bras eo, sempl eo terrupl, ur c'horf paour a zèn eo.

FLUIDE, *qui coule,* bèrus, divèrus, redus, oc'h, añ. *Van.* birous, birus, divirous, oh , añ. *v. liquide.* — *L'eau et l'encre sont fluides,* an dour hac al lyou a so berus.

FLUIDITÉ, bèrançz, bèridiguez.

FLUTE, *instrument à vent,* flèut, *pl.* ou ; flaût, *pl.* ou. *Van:* flaouit, *pl.* eû. — *Petite flûte,* flaûticq, *pl.* flaûtouïgou ; fleûticq, fleûtouïgou.— *Jouer de la flûte,* fleûta, fleûtal, *ppr.* et ; flaûta, *pr.* et ; c'hoari gaud ar flaût, *pr.* et. *Van.* flaouîlat , flaouîteiñ , *ppr.* et.— *Joueur de flûte,* flaûtaër , *pl.* yen; fleûter , flaûter, *ppl.* yen. *Van.* flaouîlour, *pl.* yon, yan.—*Flûte, vaisseau de transport,* flutenn, *pl.* ou; flêutenn, *pl.* ou.— *Une flûte hollandaise,* ur flutenn hollandès.

FLUX, *le montant de la mer, le flot,* lano, lanv, lanvez.—*Le commencement du flux,* tarz ar mor, flodt, an flodt, an tarz eus ar mor.—*Reflux de la mer,* treaich, trec'h tre. *Le reflus s'appelle aussi,* l'elbe, *le descendant le jusant.* — *Le flux et le reflus de la mer,* al lano hac an trec'h , al lanvez hac an treaic'h; lanv hac an tre, ar mont hac an dont eus ar mor. *Van.* er c'hal hac en dichal, èl lan hac èn treh , èl larv hac en treh, èn doñnet hac ar moñnet ag er mor. *v. marée.*

FLUX, *écoulement d'humeurs,* fluçz.— *Flux hépatique,* fluçz elas, droucq elas, droucq affu.—*Flux de ventre,* fluçz coff, fluçz bouzellou. *Van.* red coff. — *Flux de sang,* fluçz goad, fluçz divoad, an divoad, an divoada. *Van.* èn dioëd.—

*Flux de bouche,* *salive abondante,* fluçz halo, fluçz hal.—*Flux de bouche, démangeaison de parler,* fluçz téaud, fistilhérez.

FLUXION, *écoulement d'humeurs,* difluçzion, *pl.* ou. *v. rhumatisme.*—*Fluxion sur les yeux,* diflucion var an daoulagad, an denedéau, goësreû. *v. œil.*— *Sujet aux fluxions,* difluçziônus.

FŒTUS, *enfant qui est encore dans le sein de sa mère,* crouaduricq ne deo qet c'hoaz ganet, crouaduricq è coffe vamm. —*Fœtus, animal qui est encore dans le ventre de sa mère,* anevalicq bihan a so hoaz è coff ar vamm.

FOI, *vertu théologale,* feiz , ar feiz , fez, fe. *Van.* fe, er fe. — *La foi est un consentement d une verité qui n'est pas évidente,* dre ar feiz ez credeur ur viryonez pehiny ne deo qet aznad. *v. accroissement.*—*Une foi vive,* ur fez beo, ur fez élumet.—*Sans la foi les œuvres sont mortes,* hep ar feiz ne deus qèt a envryou a guement a allé mifitout ar barados, an œuvryou ar re vellá ne delïont netra hep qet a feiz.—*Profession de foi, formule qui contient tous les articles de la créance de l'église,* credenn an ilis catolicq, ar greden gristen.—*Foi, créance,* feiz, credenn.—*Ajouter foi,* cridi, *pr.* credet.—*Un homme digne de foi,* un dèn da veza credet, un dèn din da veza credet, un dèn a so credabl, *ppl.* tud.—*Foi, fidélité,* fidelded, lealded, fealded, feiz, fez. — *Garder sa foi,* beza fidel *ou* leal, *pr.* bet ; mirct à feiz ou e c'her, *pr.* id.--*Fausser sa foi,* falsea feiz ou e c'her, *pr.* et ; terri e feiz ou e o'her, *pr.* torret. *v. fausser.*—*Foi et hommage,* fez ha goazounyez, fe ha goazonyez.—*Faire foi et hommage,* ober fez ha goazounyez, *pr.* græt.—*Bonne foi, sans tromperie,* eûnder, hep tromplérez. *Van.* didrompereh.—*Aller de bonne foi,* moñnet èun gadhy. *En raillant on dit,* mont ha be rubene, *pr.* eët. —*De bonne foi,* ingénument, èun, gad èunder, da vadhà-caèr, è guiryonez.—*Par ma foi,* dre va feiz, dre va leal, èm feiz, èm leal, èm guiryonez. Em, *id est,* èñ ma.—*Qui est de mauvaise foi, qui fait de mauvais tours*, trubard, *pl.* ed; *féminin*, trubardès, *pl.* ed.

FOIBLE, *débile*, toc'hor, sempl, dinerzus, dinerz, goan. *Trég.* blé, bliu, oe'h, â, añ. *Van.* sempl, fall, goan, vaën, oh, añ. — *Foible à n'en pouvoir plus*, acicq.—*Je connais son foible*, me a enef an tu goan anezâ, me a oar pe dre'n andred é guemeret.—*Foible d'esprit*, sempl, sempl a spered. *Ha du foible*, semplded èn deus.

FOIBLEMENT, èn urfæçzoun sempl, forz sempl, gand semplded.

FOIBLESSE, *débilité*, semplded, sempladurez, semplidiguez, fillidiguez, goander, goannidiguez, dinerzded, dinerzidiguez, toc'horidiguez. *Van.* væmadur, sempladur, fallidiguead, goannidigueah. v. *fragilité*.

FOIE, *le foie*, affu, avu, âu, elas, *Van.* aû, êû.—*Qui a mal au foie*, nep èn deus droucq elas. *Van.* nep èn deus droucq affu.

FOIN, *herbe de pré coupée*, foënn.— *Couper les foins*, trouc'ha ar foënnéyer, *pr.* trouc'het; falc'hat ar foënnéyer, *pr.* falc'het. v. *faner, faucher.*—*Foin pur, sans jonc*, foënn flour, foënn terryen. v. *sainfoin.* — *Retourner le foin.* v*faner.*— *Charretée de foin*, qarrad foënn, *pl.* qarradou.—*Charrier du foin*, charreat foën, *pr.* charreët. *Van.* charreeiñ, charrieiñ foënn, *ppr.* charreët, charrieët.—*Tas de foin, sur le pré*, bern foënn, *pl.* bernou. *Van.* id, *pl.* berneü.—*Tas de foin, sur l'aire*, grac'hell foënn, *pl.* grac'hellou; foënnecq, *pl.* foënnejou. v. *fenil.* —*Botte de foin.* v. *botte.*—*Foin fauché, à faucher*, foënn falc'het, foënn da falc'hat.—*Le foin nouveau est dangereux aux chevaux*, ar foënn névez a so dangerus d'ar c'hesecq.

FOIN, *sorte d'imprécation*, foëy.— *Foin de moi, de vous*, foëy digu, foëy deoc'h.—*Foin de lui*, foëy dezâ, o foëtta dezâ, e gant fouëta dezañ. v. *fi.*

FOIRE, *marché extraordinaire*, foar, *pl.* you. *Van.* foër, *pl.* yeü. *Van.* feur. On dit encore for en *Léon. La veille de la foire*, gousper, ar goùsper eus ar foar, gousper ar for.—*Lieu où se tient la foi-*

*re*, foar-lac'h, *id est*, foar leac'h *comme*, marhal-lae'h, marc'had-leac'h, *et comme*, martret, marhad-red, *marché courant. Les foires de Carhaix*, foaryou Ker-Ahés, foryou Ker-Ahés. — *La foire de S.¹ Martin à Saint Paul de Léon*, ar foar yen, ar for yen *ou* guien.—*La foire Saint Mathieu à Quimper*, foar Vaze, foar vao, foar ar c'hesecq lard.—*La foire haute à Morlaix*, 15 *octobre*, foar an neac'h, foar an nec'h. — *La foire aux poulains, à la Saint-Michel, à Lannion*, foar an trocq, foar an troql, foar an droeqérez, en heubeul evit ur gouënnecq.—*La fin de la foire*, an disoar, an dilost-foar, an disor.—*Reste de foire, le lendemain d'une foire*, azfoar an azfoar, an azfor.

FOIRE, *excrément liquide*, foërell.— *Il a la foire*, èz ma ar foërel gandhâ. v. *diarrhée.*

FOIS, guéach, guéich, guéch. *Van.* guéh. *Al.* pred, *d'où* bre-mañ, *à présent.* —*Une, deux, trois, quatre fois*, ur, diou veach, teir, péder guéach; ur, diou veich ter, péder guéch; ur, diou vech, teyr, peder guéch. *Va.* ur uëh, diü, teyr, padeyer guéh.—*Une fois n'est pas coutume*, ur veach ne deo qet custum. — *Trente fois, cent fois*, tregont guéch, cant goéch. —*Mille fois, trois mille fois*, mil guéich, try mil guéich. — *La première fois*, ar veaich qentâ, ar guentâ guéaich.—*La deuxième fois, la troisième fois*, an eil guéch, an drede guéch *ou* an déyrvet guéz. — *La quatrième fois*, ur bévare guéaich, ar bedervet guéaich. — *Jusqu'à six fois*, a-benn c'huec'h guéich, bede c'huec'h guéich. — *Jusqu'à la sixième fois*, a-benn ar c'huec'hvet guéch, bede ar c'huec'hvet guéch.—*Une autre fois*, ur veich all. *Van.* ur ueh arall, ur uëh erell. *H.-Corn.* ur ûez all. *Trég.* ur ouëch all.—*Une autre fois*, bebe ur veach all, qen na vezo ur veach all.— *Autrefois*, guéachall, guéichall, guéchall, tro-all. *Van.* guéh-rall, guénérell. *Trig.* gouëchall. *H.-Corn.* güez all. — *Quelquefois*, a-vixyou, a-veichou, a-vechou, a-veich-da-veich. *Van.* guéhavé.—*Aucune fois*, guéch-e-bed, nep-

pred.—*Quelquefois bien, quelquefois mal,*
a-vizyou èr-vad, a-vizyou hep qet a
vad; a-vizyou mad, a-vizyou fall; a
vareadou evel-hén, a vareadou evel-
hont; a vareadou èn ur sæçzou, a vareadou èn he bén *ou* èn uu all.—*A la*
*fois,* var un dro, èn un dro, gueffret,
è memès amser. —*Plusieurs fois,* alyès,
lyès, alyès a vech, lyès-guèch, meur a
veach. — *Tant de fois, si souvent,* qen
alyès, qel lyès, qeu alyès a veach, qel
lyès guèach. — *Toutes les fois que je le*
*vois,* qen alyès guèach *ou* qel lyès guè-
ac'h ma èr guëllañ *ou* ma vellañ anezå.
— *Pour la dernière fois,* evit ar veach
divezå, hep muy, hep muy qen. —*Tou-*
*tefois, néanmoins,* gouscoude, couscoude. — *Une fois autant,* qement all, ur
c'hement all. — *Deux fois autant,* daou
c'hement all. — *Trois fois autant,* try
c'hement all. — *Quatre fois autant,* pévar c'hement all. — *Cinq fois autant,*
pemp qement all. — *Mille fois autant,*
mil c'hement all. — *Une fois plus grand,*
ur veich all braçzoc'h. — *Deux fois plus*
*grand,* diou veich braçzoc'h, daou c'hement braçzoc'h. — *Trois fois plus petit,*
try c'hement bihannoc'h, teyr guèaoh
bihannoc'h.

FOISON, *abondance,* foun, fonder;
puilhéntez. *Van.* largante, pilhante.—
*A foison,* a foun, a founder, è puilhéntez, ez founnus, founnus, gand founder, puilh, paut, stancq.

FOISONNER, founa, *pr.* et; cahout
a foun, cahout puilhéntez, *pr.* bet. *Van.*
fonneiñ. *v. abonder.*

FOLATRE, *badin,* peus-foll, *pl.* ed;
girfoll, *pl.* ed; penn·foll, *pl.* pennou-
foll. *Van.* diod, *pl.* ed. *v. badin.*

FOLATRER, ober e beus-foll, ober
ar girfoll, ober e girfoll, *pr.* græt; c'hoari ar foll, c'hoari e foll, *pr.* c'hoaryet.
*Van.* diotât, farçzal.

FOLATRERIE, peus-folléntez, *pl.*
peus-folléntezou; girfollez, *pl.* ou. *Van.*
diotaich, *pl.* eû. *v. badinage.*

FOLET. *v. esprit, feu.*

FOLIE, *aliénation d'esprit,* folléntez,
follez, droucq sant Bryac, droucq
sant Coulm, droucq sant. Mathu-

rin. *Van.* folleh. — *Donner des mar-*
*ques de sa folie,* ober folléntez, ober fol-
lentezou, ober follezyou, *pr.* græt. —
*Trait de folie,* stullenn, *pl.* ou. *v. bou-*
*tade.* — *Sujet à des traits de folie,* stultennus, oc'h, á, añ, *pl.* tud stultennus.
— *Folie, sottise,* sotony, *pl.* ou; follez,
*pl.* you. —*Folie, bouffonnerie,* dyotaich,
*pl.* ou; bouffonnérez, *pl.* ou.

FOLLE, *qui a perdu l'esprit,* follès, *pl.*
ed. *Van.* id.—*Elle fait la folle,* great he
deus folléntez, græt he deus he follès.

FOLLEMENT, gand folléntez, ez foll.
*v. étourdiment.*

FOMENTATION, eñduamand, *pl.*
eñduamanchou; frotadur.

FOMENTER, *appliquer une fomenta-*
*tion sur une partie malade,* eñdua ur mémpr clañ gad remejou tom pe clouar, *pr.*
eñduët. —*Fomenter, entretenir,* mézur,
*pr.* maguet; ober padout, *pr.* græt; lacqaat da badout, *pr.* lecqéet.—*Fomenter*
*la division, la paresse,* mézur an droucqrançz, an diegui.

FONCER, *financer,* fonçza arc'hand,
*pr.* fonçzet; fourniçza aro'hand, *pr.* et.
*v. débourser.* — *Foncer les frais d'une af-*
*faire,* fonçza ar misou, fourniçza d'ar
misou. — *Foncer une barrique,* tala ur
varriqenn, *pr.* talet; fonçza un doñnell.
*Van.* fonçzeiñ, talciñ, deüneiñ. — *Fon-*
*cer un baquet, un seau,* fonçza *ou* strada
ur c'helorn ur sailh. *ppr.* et.— *Ce qui*
*qui n'est pas foncé,* difonçz.

FONCIER, *ère,* a aparc'haut oud ar
fond, doñarus, fondus. — *Le seigneur*
*foncier,* an autrou eus ar fond *ou* eus an
doüar, an autrou. — *Rente foncière,* leve bep bloaz, ur rénd a baëeur bep
bloaz d'an autrou divar an doüar *ou*
divar ar fond, ul leve fondus, ul leve
divar an doüar-fond, leve-fond.

FOND, *l'endroit le plus bas,* goëled,
strad. *de là,* Kær-strad, Landt-strad,
Penn-an-strad, etc. *sol. Van.* en dénn,
en daüon, er sol, er sont. *De là peuvent*
*tenir sonde et sonder.*—*Le fond de la mer,*
goëled ar mor, sol ar mor. *Van.* er sol
ag er mor.—*Couler un vaisseau à fond,*
goëledi ul lestr, *pr.* et; caçz ul lestr
d'ar sol, *pr.* saçzet. *Van.* saçz ul lestr

d'er **sel**. *v. couler*, *sombrer*. — *Le fond*
*d'une rivière, d'un étang*, goëled ur stær,
goëled ur stancq, strad *ou* sol ur stær,
ur stancq. — *Aller à fond*, moûnet d'ar
sol, moânet d'ar goëled, *pr.* eët; goëledi, *pr.* et. *Van.* soleiñ, moûnet d'er
sol. — *Le fond d'un puits*, goëled ar
punçz. — *Le fond d'un pot*, *d'un baquet*,
*d'un tonneau*, goëled *ou* strad ur pod, goëled *ou* strad ur c'heloru, goëled *ou* strad
un doûnel. — *Ce qui fait le fond d'un ton-*
*neau*, tal', fonçz, strad. *v. defoncer.* —
*Vaisseau sans fond*, distrad, didal, difonçz. *Van.* didal, hemp tal, hemp dë-
un, diseun, disaoun. — *Le fond d'un lit*,
st el ar guële, lein ar guële. — *Le fond*
*du cœur*, goëled ar galoun. — *Du fond du*
*cœur*, eus a voëled ar galoun, eus a
greiz *ou* a greiz ar galoun, a greiz caloun, a vir *ou* a oll galoun. — *De fond*
*en comble*, a dalecq au goëled bede al
lein *ou* bede neiñ. — *Defond en comble*,
*entièrement*, èn oll-d'an-oll. — *A fond*,
*profondément*, èr-vad, a dailh, a barfeded, a fæçzou. *Van.* er had. — *Savoir*
*une chose à fond*, gouzout un dra ervad
*ou* a dailh *ou* a barfeded ou a fæçzoun,
gouzout un dra evel e baler, gouzout
un dra var bennou e vizyad, *pr.* gouvezet. *Van.* gout un dra èr-had, gout
un dra - bennao 'el e batér, *pr.*
gouiet. — *Au fond*, *en effet*, *d'ail-*
*leurs*, evit guïr, o sellet piz oud pep tra,
pep tra o veza sellet mad, a heud-all.
— *Faire fond sur quelqu'un*, hem fizyout
èn ur re, *pr.* hem fizyet. *Van.* hñu fy-
ciñ èn, etc. — *Fond*, *creux*, ul leac'h
cleuz, ul lec'h doun. — *Fond*, *vallée*,
traouyeon, stancqeñ, sauneñ, *ppl.* ou.

FONDAMENTAL, *e*, penn, penn-
caus, fundus. — *Lois fondamentales*, al
léséñnou foundus. — *Pierre fondamen-*
*tale ou angulaire*, la première assise du fond
qui se met dans l'angle, mean diasez, ar
mean qentâ, mean sol, mæn foudus,
mæn diase. — *Mettre la pierre fondamen-*
*tale ou la première d'une église*. lacqaat
ar mean diasez ou ar mean sol ou mæn
qentâ èn un ilis, *pr.* lecqëet.

FONDATEUR, *qui fonde un établisse-*
ment, fundator, *pl. ed*; fondatour, *pl. yen*.

FONDATION, fondacion, *pl.* ou.
*Van.* id. *v. fondement.* — *Faire des Fon-*
*dations*, *fonder des services*, ober fondaciònou, *pr.* græt; founta servichou, *pr.*
fountet. — *Desservir des fondations*, diservicha ar fondaciònou, *pr.* diservichet; ober servich ar fondaciònou.

FONDATRICE, fondatorès, *pl.* ed.

FONDEMENT *ou fondation d'un édi-*
*fice*, fondamand, *pl.* foudamanchou. —
*Mettre les fondements*, teurel ar founda-
mand, *pr.* taulet; diaseza ar foudamand,
*pr.* diasezet; founta un ediviçz, *pr.* et.
— *Fondement d'un homme*, fonçz, *pl.* ou.
*Van.* id., *pl.* eü.

FONDER, *jeter les fondements d'une*
*maison*, sevel un ty, *pr.* savet; ober un
ty, *pr.* græt. *v. fondement.* — *Cette mai-*
*son est fondée sur pilotis*, savet eo *ou*
græt eo au ty-hont var biloichou, au
ty-hont a so diasezet var biloichou. —
*Fonder un hôpital*, *et lui assigner un fond*
*de revenus*, founta un hospital, *pr.* fountet, sevel un hospital hace réuta *ou* hac
eargoulaouï, *pr.* savet. — *La ville de Ro-*
*me a été fondée par Romulus*, *et celle de*
*Quimper par Corus*, *troyen*, *d'où vient que*
*la dernière s'appelle en latin*, Corisopi-
tum, *id est*, Cori-oppidum. Ar guear
a Roum a so bet savet gand Romulus,
ba Qemper gand Corus deuët vès ar
guear a Droa, var a lavarér. — *Fonder*,
*établir*, *appuyer*, lacqât, *pr.* lecqëet;
founta, *pr.* et; diaseza, *pr.* et. *Van.*
lacqeiñ, diazeiñ. — *Fondez en Dieu tout*
*votre espoir*, licqit oc'h oll esper èn Doüe.
— *Sa noblesse est fondée sur de bons titres*,
fountet eo é noblançz var ditrou mad.
— *Sur quoi fondez-vous votre demande ?*
pe var dra ez diasezit-hu ou ez fountit
hu, ho coulenñ. — *Se fonder*, *faire fond*
*sur quelque chose*, èn hem founta var,
*pr.* èn hem fountet; diaseza var *pr.* et;
counta var, *pr.* countet.

FONDERIE, *lieu où l'on fond*, teu-
zérès, *pl.* ou; teuz-lec'h, *pl.* lec'hyou.
*Van.* téereh.

FONDEUR, teuzér, *pl.* yen. *Van.*
téyour, *pl.* yan. — *Etonné comme*
*un fondeur de cloches*, souëzet *ou* saouzanet *ou* droucq countant evel un teu-

zer-cloc'h.

FONDOIR, *lieu, ou vaisseau pour fon-dre de la graisse*, teuzouër, *pl.* ou; teuz-lec'h, *pl.* lec'hyou.

FONDRE *du métal*, teuzi, *pl.* et ; teuzi metal, soa, coar. *Van.* teeiñ, teyeiñ, téyat, *ppr.* et.—*L'action de fon-dre*, teuzérez, teuzadur, teuzidiguez. *Van.* téadur, téyadur.--*Fondre en lar-mes*, goëla druz, *pr.* goëlet; douguen goëlvan bras, *pr.* douguet ; dazlaouï meurbed, *pr.* dazlaouët. — *Fondre sur son ennemi*, lamet var e adversour, *pr.* id; hem lançza var e adversour, hem strincqa var. — *Fondre, périr, s'abimer*, disac'ha, *pr.* et; couëza a ruilh caër, *pr.* couëzet. *v. dépérir.* — *Fondre, amai-grir*, teuzi, *pr.* et; esteuzi, *pr.* et.

FONDRIERE, *espace de gouffre*, is-fond, *pl.* isfonchou; fontiguell, *pl.* ou. — *Fondrière, terrain marécageux*, cou-fond, *pl.* coufonchou; creneguell, *pl.* ou; goacgrenn, *pl.* ou; fontiguell, *pl.* ou. *Van.* bourdiguenn, *pl.* eü ; bouilhen-dro, bouilhenn-grèn, bouilhenn a greu *ou* a grein; coufond *est de Léon, et* cre-neguell *de Trég.*

FONDS, *terre qui produit*, doüar, fond, doüar-fond. *Al.* glenn.--*Il a du fonds*, fond èn deveus. doüar-fond èn deus.-- *Il n'a guère de fonds*, n'en deus némeur a fond, n'en deus qet cals a zoüar-fond.—*Fonds d'argent*, cals a arc'hand.--*Les fonds d'un marchand*, mar-c'hadourez, arc'hand mont-dont.

FONDU, *e.* — *Gras fondu*, stambou-c'het gad al lard, goloët gad al lard.— *De la graisse fondue*, lard teuz *v. oing.* — *De l'or fondu*, aour teuz.

FONTAINE, *source d'eau vive*, feun-teun, *pl.* you. *Trég.* fantau, *pl.* yo. *Van.* fetau, *pl.* yeü; feten, *pl.* yeü. — *Petite fontaine*, feunteunicq, *pl.* feunteunyoui-gou. — *La fontaine aux chiens*, feunteun lapp, feunteun lappicq. — *Fontaine de Jouvence, fontaine fabuleuse du roman de Huon de Bordeaux, que le peuple croit sor-tir du paradis terrestre, et avoir la vertu de gue ir de tous maux et de rendre la jeu-nesse aux vieillards*, feunteun an dour a vuhez, ar feunteun a vuhez. — *Fon-*

*taine de la téte, endroit où aboutissent la suture coronale et la suture sagitale; pour trouver cet endroit, il faut mettre le pouce, sur le bout du nez et l'extrémité du plus. grand des doigts aboutira à la fontaine de la tête*, mell ar penn, an diauraucq eus ar penn.

FONTAINIER, *qui a soin des fontaines*, feunteunyèr, *pl.* yen. *Van.* fetenour, *pl.* yon, yan.

FONTE, *l'action de fondre*, teuzérez. *v. fondre.* — *Il faut porter cela à la fonte*, redd eo caçz au dra-ze d'an deuzérez. — *Fonte, métal fondu*, teuz, metal teuz. — *Marmite de fonte*, pod teuz. — *Cloche de fonte*, cloc'h teuz, *pl.* cléyer teuz, cloc'h a vetal teuz.

FONTS *de baptême ou fonts baptismaux*, ar mæn font *ou* funt, ar mæn vadizy-and. — *Tenir un enfant sur les fonts*, der-c'hel ur buguel ouc'h vadez, derc'hel ur c'hrouaduricq var ar vadizyand, *pr.* dalc'het. *v. baptème, baptistère,--Bénir les fonts*, binizyen ar mæn font.

FOR, *ancien t. dogmatique, signifiant juridiction*, foar, for. *v. barreau.* — *Le for intérieur*, ar foar diabarz, ar for a ziabarz. — *Le for extérieur*, ar foar dia-væs, ar for a ziavæs. — *Le for intérieur est le tribunal de la confession, le for ex-térieur, celui des magistrats*, an foar dia-barz a so an tribunal eus ar goveçzion, hac an foar diavæs eo hiny an dud a lès; ar goveçzion a zeu da varn argous-tyauçz, hac al lès a zen da varn argoall gomportamanchou aznad *ou* patant.

FORAIN, *du dehors*, diavæzyad. *pl.* diavæzidy. *Van.* diaûvæzour, *pl.* yon, yan. — *Forain, étranger*, estren, *pl.* tud estren; estranjour, *pl.* yen. *Van.* estren, estran, *pl.* estraugeryon.--*Un marchand forain*, ur marc'hadour a ziavæs, ur marchadour estranjour.

FORBAN, *pirate*, preyzer-forban, *pl.* preyzeryen; forban, *pl.* ed; idy.

FORÇAT, *galérien*, galeour, *pl.* yen. FORCE, *vigueur*, nerz, creff-der. *Van.* nerh. *Van.* nerh. *Al.* nerth. — *Qui a de la force*, nerzus, creff, crè, creñ, oc'h, à, añ. *Van.* nerhus, creüñ. — *A voir de la force*, cahout nerz, *pr.* bet; beza ner-

zus, beza crê. *B.-Leon,* beza rust, *pr.* bet.
*Van.* bout nerhus, bout crêuñ, *pr.* bet;
èn devout nerh, qéhut nerh, *ppr.* bet.
— *Force, nécessité, contrainte,* nerz, forz,
forzidiguez, countraign. — *De force ou
par force,* dre nerz, dre forz, dre countraign, dre hegg, dre hagg, dre redy,
èn desped da. *Van.* dre forh, dre nerh,
dre barforh. — *De. gré ou de force,* dre
gaēr pe dre hegg, dre gaēr pe dre hagg;
dre gaēr pe dre gountraign, dre redy pe
dre nep redy, a c'hrad vad pe èn desped. — *Il faut céder à la force,* redd eo
senti ouc'h nerz. — *Sans force, sans contrainte,* hep forz, hep countraign, hep
redy, hep nep redy. — *Sans force, sans
vigueur,* hep nerz, dinerz. — *Sans nulle
force,* hep barr nerz, hep tam nerz. —
*Qui n'a point de force,* dinerz, dinerzus.
*Van.* dinerh, diuerhus, hemp nerh. —
*Donner de la force,* nerza, *pr.* et, rei nerz,
*pr.* roēlt *Van.* nerheiñ. *v. encourager.* —
*Prendre force,* hem nerza, *pr.* et; qemeret nerz, *pr.* id. *Van.* qemér nerh, *pr.*
qemeret. — *Force, puissance,* galloudez,
galloud, nerz. *Van.* galloud, galloudeb.
— *Employer toutes ses forces,* lacqāt ê oll
nerz; impligea e oll nerz ou e oll c'halloud, *pr.* impliget. — *Force, vertu car-
dinale,* an nerz. — *Force, quantité, beaucoup,* forz, cals, ê-leiz, meur, meurbed.
— *Force argent,* forz arc'hand, cals a
arc'hand, ê-leiz a arc'hand, un arc'hand
bras. — *Force poisson,* forz pesqed, cals
a besqed, meur a besq, pesqed meurbed, è leiz a besqed. — *Force personnes,*
forz lud, cals a dud, meur a zèn, meur
a dud, tud meurbed, un niver bras a
dud, un taulad bras a dud, ur rummad
bras a dud. — *A force de bras,* a nerz
an divreac'h, a dro breac'h. — *A force
de coups,* a forz sqei, a daulyou
lyou stancq ha crê. — *A force de voiles,*
o doubla ar goēlyou, osteigna ar guē-
lyou. — *A force de pleurer,* a forz goēla,
o voēla druz, o voēla deiz-nos, o dazlaouï hep ceçz. — *A force de rire,* a forz
c'hoarzin, o c'hoarzin leize e c'hargadeñ.
— *Il n'a ni force ni vertu,* n'en deus na
nerz ha galloud.

FORCÉ, *contraint,* countraign, coun-

traignet. — *Un sens forcé, qui n'est pas
naturel,* ur sinifyançz forzet *ou* goasqet
*ou* dinatur, ur signifyançz tennet a
bell *ou* ne de qet natur.

FORCENÉ, *furieux,* fulorus, couna-
ret, disqyantet.

FORCER, *prendre par force,* forzi, forza, *ppr.* et; qemeret dre forz *ou* dre nerz,
*r.* id. *Van.* parforzeiñ, parforheiñ, *ppr.*
et. — *Forcer, contraindre. v.-y.* — *Forcer une porte,* terri un or, *pr.* torret; forzi un or, *pr.* forzet. — *Forcer, violer une
fille,* forzi ur plac'h, forza ur e'hreeg;
vyoly, *pr.* et. — *Forcer de voiles,* doubla
ar goēlyou, *pr.* et; steigua an oll goēlyou, *pr.* steignet.

FORCES, *les troupes d'un prince,* ar-
mē, *pl.* ou. — *Toutes les forces de France,*
an oll armēou a Françz, an oll bresili-
dy a Françz. — *Forces, grand ciseau,* guēl-
lle, *pl.* ou; guēnlle, *pl.* ou. *v. ciseau.*

FORER, *percer,* toulla, *pr.* et; foredi,
*pr.* et. — *Forer une clef,* foredi un al-
o'huēz, toulla un alfe.

FORET, *instrument pour percer le fer,*
fored, *pl.* ou. *Van.* id., *pl.* eū. — *Foret,
outil pour perser un tonneau,* guymeled,
ou. *Van.* argoured, *pl.* eū; guybeled, *pl.*
eū. *v. trillette.*

FORESTIER, *garde-forêt,* forestour,
*pl.* yen.

FORÊT, *terre couverte de bois,* forest,
*pl.* ou; coad, *pl.* ou, coajou; coēd, *pl.*
ou. *Van.* coēd, *pl.* eū; forest, *pl.* eū. —
*La forêt de Quintin,* forest Qintin. — *La
forêt de Carnot,* coad Carnoēt. — *La
forêt du Crannou,* coad ar C'hrannou.
— *La forêt de Camors,* coēd Camorh.

FORFAIRE, *prévariquer,* torfedi, *pr.*
et. *Van.* torfeteiñ, *pr.* et.

FORFAIT, *crime,* torfed, *pl.* ou. *Van.*
torfet, *pl.* eū.

FORGE, *où l'on fond le fer,* forch,
*pl.* forgeou; govell vras, *pl.* govellyou
vras. *Van.* forch, *pl.* forgeū. — *Les forges de Rohan ou des Salles de Rohan,* forgeou ar Salou. *Van.* forgeū er Saleu. —
*Forge, atelier de maréchal,* govell, *pl.* you,
ou. On écrivait gofiell. *Trég.* goël, *pl.* o.
*De là, le pays de Goelo,* attendu le nombre
*de forges qu'il y avait en ces quartiers. Van.*

goël, *pl.* eù. — *Aller à la forge*, moñnet d'ar e'hovell.

**FORGER**, *travailler le fer*, forgea, pr. et; sqei var an tomm, pr. sqoët. *Van.* forgeiñ, sqoeiñ ar en tuêm. — *Forger une épée, une faucille, etc.*, forgea ur c'hle-zê, ur fals, etc. — *Forger, inventer*, forgea, iñvehti, solita, *ppr.* et.

**FORGERON**, *maréchal*, *pl.* ed. *Van.* go, *pl.* ēd. *Al.* goff, *pl.* ed. *De ld* Ros-goff *ou* Roscoff, *id est*, *le tertre du forgeron.*

**FORGEUR**, *qui forge*, forger, *pl.* yen. *Van.* forgeour, *pl.* you. — *Forgeur de mensonges*, forger a guevyer, *pl.* forge-ryen a c'hévyer.

**FORHUIR**, *appeler les chiens à la chasse*, cornal ar chaçz, pr. cornet; trompilha, pr. et. Forhuir *semble venir de* forz-hu-chal, *signifiant*, *appeler bien fort.*

**FORLIGNER**, *dégénérer*, diligneza, pr. et; falsa natur, pr. et; forzi natur, pr. et. *Van.* dilignezeiñ, pr et.

**FORMALISER** (se), *s'offenser*, hem offanci eus a un dra-bennac, pr. et.

**FORMALISTE**, *attaché aux formes*, re stryvant, re acqedus, *pl.* tud re stry-vant, etc. *v.* formuliste. — *Formaliste, cérémonieux*, fæçzounyus, oc'h, añ; leun a fæçzounyou,

**FORMALITÉ**, *formule de droit*, furm ordrenet; furm merqet gad ar guïr, *pl.* furmou, etc., hervez ar guïr. — *For-malité, certains bienséance établie par les lois ou les coutumes*, furmded, dereadé-guez, qiz, custum.

**FORMATION**, *action de former*, fur-midiguez, furmadur. — *La formation des métaux*, furmidiguez ar metalou.— *La formation d'un fœtus*, ar furmidiguez eus o ur c'hrouadnricq eû coff e vam.

**FORME**, *figure*, furm, *pl.* ou. *Van.* furm, form, *ppl.* eû. *Al.* forb, bath.— *Donner une forme convenable à une chose*, rei ur furm dereàd da un dra.— *Perdre sa forme*, di-forc'h, pr. et; difurmi, pr et; coll e furm, pr. et. *Van.* diforheiñ. *v.* couche. — *Sans forme*, difurm, hep furm. — *Forme de soulier*, furm botou, furm ye-re. — *Forme de chapeau*, moul, *pl.* ou; moul tocq; moul an tocq. — *Forme de gouvernement*, fæçzoun da c'houarn. —

*Qui est dans les formes*, digabal, a-fæç-zoun, a dailh, just, græt d'an touich, græt diouz an dibab, manivicq, eçze-lant, deread, diouc'h ar reol, hervez ar reolen u. — *Sans 'forme de procès*, hep fæçzoun, hep fæçzounyou, hep qen fæçzoun. — *Par forme de passe-temps*, evit trémèn an amser, evit diverrat an amser. — *Forme, prin-cipe qui donne une manière d'être aux cho-ses*, furm. — *La matière et la forme*, ar matery hac ar furm. — *L'homme est composé de matière et de forme*, an dèn a so great eus a vatery hac a furm ; da lavaret eo, an dèn a so furmet a gorf hac a ene *ou* èn deus corf hac ene. — *Forme substancielle*, acte *qui détermine les choses à être tèlles*, furm sustançzus, *pl.* furmou sustançzus.

**FORMEL**, *lle*, *précis*, furmus.— *L'd-me est la cause formelle de la vie*, an ene a so ar c'haus hac ar furm eus ar vuez, an eue a so ar penn-caus eus ar vuez, an ene à ra buéz an dèu pe buéz an a-neval. — *Formel, qui est en t. exprès*, gueryou esprès ha sinifyus.

**FORMELLEMENT**, *précisément*, guer-evit-guer, freaz, fræz, sclær, a-grenn. *Van.* a-grenn, a grenn.

**FORMER**, furma, furmi, *ppr.* furmet. *Van.* formeiñ, furmeiñ. — *Dieu forma l'homme d'un peu de terre*, an autrou Doûe a furmas an dèn gand un lammicq do-üar.— *Former quelqu'un, le façonner, l'in-truire*, ober ur re dioud an dourn, ober ur re dioud e zôrn, pr. græt; qeleñ ur re, pr. qelennet. *v.* façonner. — *Former Grégoire à la vertu*, furmi Gregor èr ver-tuz. ober Gregor diouc'h ar vertuz, ren-ta Gregor vertuzus. — *Former un des-sein*, ober ur sonch, ober un deçzenn, pr. græt; cahout un déso, cahout déso, pr. bet. — *J'avais formé le dessein d'aller à Brest*, græt am boa va sonc'h *ou* great am boa dezenn da voñnet da Vrèst, dé-so èm boa bet da voñnet da Vrèst. — *Se former sur quelqu'un*, qemeret ur re evit squèzr, qemeret patrom diouc'h ur re-bennac, pr. id. — *Le tonnerre se forme des exhalaisons*, ar gurun èn hom furm eus ar voguedennou pere a sao eus an doüar.

FORMIDABLE, dougeapl, terrupl, oc'h, â, añ ; a so da zougea, a so da veza dougel, fourmus.-- *Une armée for-midable*, un arme terrupl, un arme or-rupl, un arme dougeapl, un arme four-mus. -- *Les jugemenls de Dieu sont for-midables,* barñou Doüe a so cals da zou-gea.

FORMIER, *marchand de formes de sou-lier*, furmer *pl.* yen; furmist, *pl.* ed.

FORMULAIRE, scrid pe hiny a gom-pren ur furm ordrenet.

FORMULE, *modèle d'acte*, furm or-drenet, *pl.* furmou.

FORMULISTE, nep èn hem' dalc'h just-è-just d'ar furmou ordrenet; fur-mist, *pl. éd. v. formaliste.*

FORNICATEUR, pailhard, *pl.* ed.

FORNICATION, pailhardyez simpL *v. impudicité.* -- *S. Thomas proure que la simple fornication est défendue de droit na-turel,* an doctor sant Thomas a zisquëz aznad penausez eo divénuet gad a lésen a natur mémès ar bailhardyez simpl.

FORS, *hormis, excepté,* nemed , ne-merd. -- *Fors Pierre et Paul,* nemed Pezr ha Paol. -- *Fors un ou deux,* ne-med uñan pe zaou.

FORT, *e, robuste, vigoureux,* crè, ner-zus. *B.-Léon,* rust, oc'h, â. *On écrivait* creñ, *d'où en Léon on dit :* crè; *en Trég.* creñ; *en Van.* creûv, creañ. --*Un hom-me fort,* un dèn crè, *pl.* tud crè, un dèn nerzus, un dèn rust.--*Voilà ce qui s'ap-pelle une place forte,* ur plaçz crè a so a-hout. -- *Odeur forte,* c'huëz crè, *pl.* you. -- *Un homme fort et puissant,* un dèn crè ha galloudus. *Al.* rich. *De là probable-ment le mot français,* riche. -- *Je connais son fort et son faible,* me èn ene èn naou du, me èn ene evel pa èm beze vaguet, me a oar brao diountâ, me a oar e vad hac e zroucq. -- *C'est là son fort.* er peuñud-ze ez eo ur mailh *ou* mæstr, henuez eo e grocq, èz ma èn e grocq, e ma èn e blaum *ou* èn e daul. -- *Je me fais fort de l'emmener,* me gount èn digaçzin, espèr am eus a tigaçzin anezâ, me èn digaçzo pe ez var-viñ èr Loan. -- *Fort, beaucoup, gran-*

dement, *très,* meurbed, forz, terrup cals, bras. *Van.* forh, cals, merbed. *Fort grand,* bras meurbed, forz vras.-*Fort petit,* bihan meurbed, forz vihar bihan terrupl.--*Fort beau,* caër meur bed, forz caër, caër bras, caër terrupl cals caër. -- *Fort bien,* forz vad, mani vicq, eçzelant, a dailh, cocaign, coand meurbed. -- *Fort souvent,* forz alyès meurbed, lyès bras, alyès bra-- *Fort peu,* forz neubeud, neubeud dra; bihan dra. -- *Si fort,* tant, qemend -- *Si fort, si fortement,* qer crè, qer stardt -- *Fort et ferme,* crè ha stardt. -- *A. fort du combat,* è creiz ar c'houmbad pa vèz crea *ou* pa edo crea ar c'houm bad.--*Au fort de l'hiver,* è creiz ar goañ è caloun ar goañ. -- *Au fort de la dou leur qu'il ressentait,* pa edo crea e an genn. pa voüe muyâ anqennyet. -- *Fort, forteresse,* crè, *pl.* ou. *Al.* tour, tur -- *Fort, retraite d'une bête noire,* toull, *pl.* ou. *Van.* id., *pl.* eü.

FORTEMENT, crè, stardt, gad cou raich,

FORTERESSE, leac'h crè, *pl.* le chyou crè; tour crè, *pl.* touryou cre *v. château, citadelle, fort , boulevard.*

FORTIFICATION, *art de fortifier* crèvadurez, ar sqyand da fortifya da gréaat.

FORTIFIER, *rendre fort,* créaat, ceet. *Van.* creañhât, creñhñat, *ppr.* et -- *Fortifier une place,* créaat ur plaçz fortifya ur guær ul leac'h, *pr.* fortifyet -- *Fortifier, donner du courage,* coura chi, *pr.* et; rei couraich, *pr.* roët. *Tre* et *Van.* reiñ conrach. -- *Se fortifier* créaat, *pr.* ëet; nerza, *pr.* et ; qement nerz. *Van.* nerheiñ.

\* FORTIN, *petit fort,* crèicq; *pl.* crè onigou.

FORTUIT, *e,* chançzus, darvoudus FORTUITEMENT, dre chançz, d darvoud, dre zarvoud.

FORTUNE, *hasard,* fortun, *pl.* you chançz, *pl.* ou. *Van.* id., *ppl.* eü. *v.* ven-ture. -- *Dieu vous donne bonne fortune* fortun vad *ou* chançz vad deoc'h digan Doüe. -- *Mauvaise fortune, revers de for-tune,* goall fortun, droucq fortun, dr

ucq chançz, goall chançz. — *Biens de* | *pl.* e. — *Les fosses sont pleines d'eau*, lenn
*fortune*, ar madou témporel, ar pinvin- | eo ar fosyou a zour. *Trég.* ma fe, leun
diguezou, ar c'hargou, an euoryou | e an touñeo a zour, leret. *Van.* lan eü
eus ar bed, ar madou eus ar bed maû. | er foselleü ag e zoûr. — *Fosse pour en-*
— *Une haute fortune*, ur fortun vras, *pl* | *terrer une personne*, fos, *pl.* you ; poull-
fortunyou bras. — *Une fortune mediocre*, | bez, *pl.* poullou: poull, *pl.* ou. *Van.* fos,
ur fortun ouest. — *Une triste fortune*, ur | *pl.* yeü. — *Vieillard qui est sur le bord de*
fortuu baour. — *La fortune m'est con-* | *sa fosse*, dèn-coz dare, *pl.* tud-coz dare;
*traire ou ne m'est pas favorable*, n'am eus | nep so o voñnet, da scoez. *v. déperir.*—
yet a chançz, goall chauçz a so gue- | *Basse-fosse*, baçzefos, *pl.* you.
neñ. droucq fortun a so ouc'h va heul. | FOSSÉ, *espace creusé autour d'une ville*,
— *Faire fortune*, gounit madou, *pr.* gou- | *d'un château, etc.*, doües, *pl.* you, doüe-
uezet; destumi pinvidiguezou, *pr.* des- | jou. *Van.* dovés, *pl.* eü; doz, *pl.* eû. —
tumet; ober fortun, *pr.* græt. — *Faire* | *Fossés où il y a de l'eau*, doüesyou dour.
*une bonne fortune*, un bon mariage, ober | — *secs*, doüesyou disour *ou* seac'h. —
fortun vad , *pr.* græl, *v. convenable.* — | *profonds*, doüesyou doun *ou* cleuz. —
*Courir fortune d'être pendu*, beza ê tailh | *Fossé, élévation de terre autour d'un champ*,
da veza crouguet, beza ê danger da ve- | cleuz, *pl.* you. *Van.* cle, *pl.* yeü; ur hlé;
za heiget, *pr.* bet. — *Contre fortune bon* | qæ, *pl.* yeü; ur hæ. *v. haie.* — *Fossé im-*
*cœur*, couraich bede'r maro. *Burlesq.* | *parfait ou ruiné, demi-fossé*, turon, gour-
redd eo qya oud-hy, *id est*, qya de qy, | gleuz, *pl.* gour-gleuzyou; tor-gleuz, *pl.*
*chien : resister et s'opiniâtrer comme paraît* | tor-gleuzyou. *Van.* gourgle, *pl.* yeü. —
*faire un chien. — A vos périls et fortune*, | *Des fossés élevés*, cleuzyou uhel, cleu-
 èn oz fortun. — *A ses périls et fortune* | zyou bras.
*soit*, èn e fortuu bézét, èn e birilh bézet. | FOSSETTE, *petite fosse*, poullicq, *pl.*
FORTUNÉ, e, *heureux*, fortunyus, | poulloñigou, poulligou. — *Jouer à la*
eürus, oc'h, á, añ. — *Les îles fortunées*, | *fossette*, c'hoâri poullicq, *pr.* c'hoaryet.
*les Canaries; les anciens prenaient ce pays* | *Van.* id. — *Fossette, creux au menton*,
*pour les Champs élysées*, an enesy cürus, | ponllicq, *pl.* poulligou; toullicq, *pl.* gou.
enesy Canarya. | FOSSOYER, *clore de fossés*, cleuzya,
FORURE, *trou de la clef*, toull an al- | cleuzyat, *ppr.* et; qaëa, *pr.* et. *Van.* clé-
c'hñéz. | yat, *pr.* et; qæeiñ, *pr.* qæët.
FOSSE, *creux en terre*, poull, *pl.* ou; | FOSSOYEUR, *qui fait des fossés*, cleu-
toull, *pl.* ou. *Van.* id., *pl.* eü. — *Fosse* | zyer, *pl.* yen; qaçer, *pl.* yen. *Van.* cléy-
*profonde*, poull cleuz, toull down. — *Pe-* | our, qæour, *ppl.* you, yan. — *Les fos-*
*tite fosse*, poullicq, *pl.* poullouïgou, poul- | *soyeurs de Lamballe, les remueurs de terre*
ligou. — *Fosse pour les scieurs de long*, | *ou les gastadours de Lamballe*, cleuzéryen
poull hesqenn, *pl.* poullou. — *Fosse pour* | Lambal, cleuzyeryen Lambal, paléryen
*les tanneurs*, poull lezr, *pl.* poullou. — | Lambal. — *Fossoyeur, qui fait les fosses*
*Chaque fosse pleine de cuir vaut cent écus*, | *mortuaires*, foser, *pl.* yen; touler, *pl.* yen;
qen alyès a boullad lezr , qen alyès a | cleuzer, *pl.* yen.
gaut sqoëd, sull boullad lezr sull gant | FOU, *qui a perdu l'esprit*, foll, oc'h, á,
sqoëd. — *Fosse pleine*, poullad, *pl.* ou; | *pl.* folled, tud foll. *Van.* id. *Burlesquem.*
toullad, *pl.* ou. — *où l'eau s'arrête*, poull | nep so treid lue èn e youtou. *v. folâtre*,
dour, *pl.* poullou. — *où il y a de la boue*, | *folle.* — *Etre fou*, beza foll, *pr.* bet. *Van.*
poull fancq, *pl.* poullou; fancqiguell, | bout foll, bout trelatet, *pr.* bet. *Burlesq.*
*pl.* ou. — *où il y a de l'argile*, poull pry, | cabout treid lue èn e youtou. — *Deve-*
*pl.* poullou. — *où tourne la roue d'un mou-* | *nir fou*, folla, *pr.* et; dizqyanta, *pr.* et ;
*lin*, poull rod, *pl.* poullou rod. — *autour* | coll e sqaud vad, *pr.* collet. *Van.* folleiñ,
*des fossés d'un champ*, fos, *pl.* you; fosell, | trelateiñ, *ppr.* et. — *Devenir comme fou*
*pl.* ou. *Van.* id. , *ppl.* eü. *Trég.* touñe, | *par étourdissement*, penaudi, *pr.* et , id

*est*, penn-saouti, *de* penn-saout, *tête de*
*bête*; trelati, *pr.* et. — *Fou à lier*, foll
bras, foll trémenet, foll micq. — *Etre*
*fou d'une chose, l'aimer passionnement*, beza
toüellet *ou* beza trelatet gand un dra,
*pr.* bet; moûnet dreist penn gad un dra,
caret terrupl uu dra.

\* FOU *ou le Faou*, *passage, gros bourg*
*à huit lieues de Quimper*, ar Faou. *Ce nom*
*vient de* fao, *hêtre. v. fau.* — *Les anciens*
*comtes du Fàou*, condled ar Faoü guëachall. *Al.* jarlled an Fau.

\* FOUACE, *gâteau*, foaçz, *pl.* ou, *de*
fo, *feu. v. échaudé.*

\* FOUAGE, *droit seigneurial*, foaich, *pl.*
ou. *Van.* foûach, *p.* eü; fumag. *pl.* eü.
*e. feu.* — *Payer les fouages*, paëa ar fo-
aichou. *Van.* pæeiû er fumageü *ou* er
fefiacheü.

\* FOUDRE, *fluide électrique qui sort de*
*la nue avec fracas*, foultr, tan foultr, tan
fuëltr, foëltr, difoëltr, parfoëltr, parfin-
foëltr.—*La foudre est à craindre*, ar foultr
a so da zougea *ou* da veza douget. —
*Lancer la foudre*, lançza ar foultr, *pr.* et;
teurel ar foëltr, *pr.* taulet *v. foudroyer.*–
*Coup de foudre*, talm tan-foultr, *pl.* tal-
miou tan-foultr. *v. tonnerre.*—*Etre frap-*
*pé de la foudre*, beza syoët gand an tan-
foultr. — *Les foudres de l'eglise, les ex-*
*communications, que les norateurs appel-*
*lent par dérision, les foudres du Vatican*,
an escumunuguennou, ar setançz a
escumunuguenn.

\* FOUDROIEMENT, *action de foudroyer*,
foultrérez, foultradur, foëltrérez, foëltradeeg. — *Le foudroiement de Sodome*,
ar foultradur *ou* ar foëltradeeg eus ar
guær a Sodoma.

\* FOUDROYANT, *e, qui foudroie*, foultrus, foëltrus, oc'h, añ. — *Une épée fou-*
*droyante*, ur c'hleze foultrus, *pl.* clézéyer
foultrus. — *Des regards foudroyants*, sellou leun a dan.

FOUDROYE *d'un coup de tonnerre*,
foultret gand un talm gurnn.

FOUDROYER, foultra, *pr.* et; foël-
tra. *pr.* et. *Trég.* foëltraû, foëltriû. *Van.*
ï. ëltreiñ. *On écrivait* foultraff, foëltriff.
— *Foudroyer, mettre en mille morceaux*,
disfoultra, parfoultra, ûnfoultra, dis-

---

parfinfoultra, *ppr.* et. *Van.* seabeiñ, di-
foëldreiñ. *v. briser, renverser.* — *Celui*
*qui foudroie*, foultrer, *pl.* yen.

FOUET, *instrument de correction*, scourgez, *pl.* ou. *On dit en riant :* qerh-Spaign.
*Van.* scourgér, *pl.* eü; scourge, *pl.* eü.
— *Avoir le fouet*, beza scourgezet, beza
foëllet, beza courriget, *pr.* bet; cahout
ar foël, cahout qerh Spaign. *Van.* bout
scourgëet, bout foëltet. *v. sanglade.* —
*Avoir le fouet autour d'une ville, dans les*
*carrefours*, beza foëltet *ou* cahout ar
foëlt è tro qær.—*Fouet pour les animaux*,
foëll, *pl.* ou. *Van.* id., *pl.* eü. — *Donner*
*du fouet aux animaux*, foëlta gad anevaled, touich an anevaled. — *Fairecla-*
*quer son fouet, phrase prov.* ober stracqla e foëlt, pompadi.

FOUET-CUL, *sav-lost*, foël-lost,
frap-lost, bisiter an milinou brenn.

FOUETTER, foëlta, scourgeza, *ppr.* et;
rei ar foëñ; rei ar scourgezou, rei an lou-
ich. *Burlesq.* rei e gaul-pour da urre, rei
qerh-Spaign da urre, *pr.* roët. *Van.* foëlteiñ, scourgeeiñ, reiñ er scourgér *ou* er
foëlt. — *Fouetter jusqu'au sang*, sco-
ürgeza bede'r goad, foëlta qeu no zeu ar
goad, foëlta qen na red ar goad, tenna
coteenn da ur re, sevel accuiheteñ divar ur re, *pr.* savet. *Van.* foëlteiñ betag
er goëd. — *L'action de fouetter*, foël-
térez, foëltadur *Van.* foëltereh.

FOUETTEUR, foëlter, *pl.* yen; scour-
gezer, *pl.* yen. *Van.* foëltour, *pl.* yon, yan.

FOUGÈRE, *plante*, radeneun, *pl.* radenn. *Van.* id. — *Fougère mâle*, gour-
radenenn, *pl.* gour-raden. — *verte*, radenn glas. — *seche, pour faire du feu*,
raden seac'h, qeuneud lacqa-lacqa. —
*Cueillir de la fougère*, troucha radenn,
*pr.* et; radenna, *pr.* et. — *Lieu abon-*
*dant en fougère*, radennecg. *Van.* id. *de la*
qær-radennecq, *nom d'une maison noble.*

FOUGÈRES, *ville d'Ille-et-Vilaine*,
Fougéra. — *Qui est de Fougéres*, Fou-
gerad, *pl.* Fougëridy.

FOUGON, *cuisine de vaisseau*, qeguin
lestr, *pl.* qeguinou-listry ; fouyer, *pl.*
ou, *de* fo, *feu.*

FOUGUE, *ardeur*, froudenn, *pl.* ou
culad, *pl.* ou; pennad, *pl.* ou. *Van.* ca

had fury, pl. cohadeü; peennad, pl. eü.
— *Fougue, parlant des animaux.* culad,
pl. ou; fougue, pl. ou.

FOUGUEUX, *euse, qui entre en fougue,*
froudennus, pennadus, culadus, campaignus, oc'h, à, añ. *Van.* peennadus,
oh, añ. — *Fougueux, parlant des animaux,* culadus, fougaeüs, oc'h, añ. —
*Cheval, taureau fougueux,* marc'h culadus
*ou* fougneüs; taro fougneüs *ou* culadus.

FOUILLE, *action de fouiller,* feurcha-
dur, furch, feurch, eñclasq, fouilhadur.

FOUILLE-MERDE, *escarbot,* c'huyl
cauc'h, c'huyl cauc'haër, pl. c'huyled;
fouilhe-mard, pl. ed. *Van.* huyl-cohér,
pl. huyled-cohér. *v. marmiton, merde.*

FOUILLER, *creuser pour chercher. v.
creuser.* — *Fouiller, chercher quelque chose en des lieux particuliers,* feurcha, feurchal, ppr. et; fouilha, pr. et. *Van.* fur-
geiñ, furgeall. — *Fouiller dans un coffre,*
feurchal èn ur c'houffr. — *Fouiller les
passants,* fouilha au drémenidy.

FOUILLEUR, *qui fouille,* feucher,
pl. yen; fouilher, pl. yea.

FOUINE, *quadrupède,* maltr, pl. ed;
martr, pl. ed. *Van.* id.

FOULE, *presse, multitude,* faoul, iñgros, iñgroë, eñgroës. *Van.* foul. — *La
foule du peuple,* an faoul *ou* an iñgros eus
ar bopl. — *La foule était g ande,* bras
voa an iñgros. *Van.* bras e oüé er mah,
bout e oüé lud a foul. — *En foule, à la
foule,* e faoul, a faoul, è foul, a foul.

FOULER, *presser,* goasqa, guësqel,
ppr. goasqet. *Van.* goasqeiñ, fouleiñ.—
*Fouler la vendange,* goasqa ar véndaich.
*Van.* goasqeiñ er véndém. — *Fouler la
vendange, écraser le raisin avec les pieds,*
moustra ar véndaich gad au treid, pr.
moustret; fraëa ar résin gad an treid,
pr. fraëet. — *Fouler quelque chose avec
les pieds,* mac'ha gand an treid, pr. et ;
moustra gad an treid, pr. et; pilat gad
an treid, pr. et. *Van.* maheiñ. — *L'action de fouler dans les sens ci-dessus,* goas-
qadurez, goasqadur, goasqérez, fraëa-
durez, fraëadur, mac'hérez, moustrérez, piladur —*Celui qui foule ainsi,* goas-
qer, pl. yen; fraëer, mac'her, mouster,
piler, ppl. yen —*Fouler quelque chose avec*

les mains, buga pr. uet, *de id*, bugad,
bace; bugadi, etc.; mac'ha gad au daouarn. — *Fouler des draps au moulin,*
comma, pr. et; comma mezer. *Van.* fouleiñ milhér. *v. foulon.* — *L'action de fouler les draps,* commadur. — *Fouler un
nerf,* foula ur voazyen, foula un nerveñ,
pr. foulet. —*Fouler le peuple, le surcharger d'impôts,* foula ar bopl, sevel trua-
geou è foulançz ar bopl, pr. savet. *v.
opprimer.* — *L'action de fouler ainsi,* fouladur, foulançz. — *Fouler aux pieds, mépriser,* disprisout, disprisa; ppr. et.

FOULON, *qui foule les draps,* com-
mer-mezer, pl. commeryen. — *Moulin
à foulon,* milin comm, pl. milinou. —
*L'herbe aux foulons,* lousaoueñ arc'hom.

FOULQUE *ou diable, poule d'eau,* dour-
yar, pl. dour-yer.

FOULURE, *parlant de nerf foulé ou de
chevaux foulés,* fouladur.

FOUR, *lieu où cuit le pain,* fourn, pl.
you. *Ce mot est de* Léon *et de la côte
maritime de* Van *Partout ailleurs,* fòrn,
pl. you. — *Four à pain,* fourn *ou* fòrn
vara. — *Four banal ou public, four de la
seigneurie,* fourn-boutin, fourn-baûnal,
fòrn-guïr, forn-autrou. — *Four libre où
va cuire qui veut,* fouru-red, pl. fournyeou,
—*Le fond, l'aire du four,* oaled ar fourn.
— *Le haut du four,* lein ar fourn. — *La
gueule du four,* an toull fourn, ar mou-
chall-forn, guenou ar forn. — *Les deux
pierres qui font la gueule du four,* ar moein
gad. — *Le soupirail qui est au-dessus,* an
toull miñ-gad, alc'huëz ar fòrn. — *Le
bouchoir, la pierre qui ferme le four,* an or
fòrn, ar mœn fòrn. — *Chauffer le four,*
guïri ar fourn, r. goret. — *Le four est-
il assez chaud?* oui, ha gor aoualc'h *ou*
ha goret aoualc'h eo ar fourn? aoualc'h.
—*Le bois dont on chauffe le four,* gor fòrn,
qeuneud fourn.—*Le fourgon pour remuer
le bois dans le four,* fichell forn, percheñ
fòrn. *v. fourgonner.* — *Le rateau qui pour
retirer le feu du four,* ar roxell forn. —
— *L'instrument pour retirer la cendre du
four,* scubellenn fourn, patouilh fòrn.
— *Balayer le four,* scuba ar fourn, pr.
scubet. — *La pelle pour enfourner le pain,*
an ifourn, an ifòrn, an efòrn, ar pal fòrn.

*Mettre au four, enfourner*, iñfourna, i-ñôrna, ppr. et; lacqat an toas èr fourn, pr. lecqêet.—*Cuir un four,* poazet ebarz èr fourn, poazet èr fôrn.—*Four à chaux,* fourn raz. — *Four à briques,* fôrn teol, fôrn teoul.

FOURBE ou *fourberie, action de fourbe,* affrontérez, pl. ou; trubardérez, pl. ou. *Van.* affrontereh. — *Fourbe, trompeur,* affrontér, traytour, ppl. yen; trubard, pl. ed. *femin.* affronterès, trubardès, traytourès. ppl. ed.

FOURBER, *tromper finement.* trubardi, affronti, ppr. et. *Van.* affronteiñ, trompeiñ, trahiçzeiñ.

FOURBIR *une arme,* divergla, pura, pouliçza, ppr. et. *Van.* scrihüeiñ, scurheiñ, ppr. et.

FOURBISSEUR, divergler, purer, pouliçzer armou, ppl. yen.

FOURBISSEUSE. *v. écureuse.*

FOURBISSURE, *action de fourbir,* diverglérez, purérez, pouliçzadur, pouliçzerez.

FOURBU, e, *cheval attaqué de fourbure,* forbuet. *Van* id.—*Cheval fourbu,* marc'h forbuet.

FOURBURE, *maladie aux jambes du cheval,* ar forbu. — *Ma cavale a la fourbure, ou est fourbue,* ez ma ar forbu gand va c'haseeg, forbuet eo va c'haseeg.

FOURCHE, *instrument à deux ou trois branches,* forh, pl. forhyer. féryer. *Van.* forh. pl. ferhèr. — *Petite fourche,* forhicq, pl. féryerigou. — *Fourche de fer,* forh houarn, pl. féryer houarn.—*Fourche à deux fourchons et à long manche,* gaolod. pl. ou; forh daou-vesecq. pl. féryer daou-vesecq. — *Fourche à trois fourchons,* forc'h trybesecq ou trybesocq. pl. féryer, etc.—*Manche de fourche,* fust forh, pl. fustou féryer, troad forh, pl. treid féryer.—*La douille où entre le manche,* logadenn ar forh.—*Fourche de bois pour faner,* forh coad, pl. féryer coad; forh pren, pl. féryer pren.— *Fourches patibulaires,* justiçzou, yustiçzou.

FOURCHER, *se fourcher, parlant d'un arbre,* gauli, pr. gaulet; scalfa, pr. et. *Al.* forhaff. pr. et.—*Se fourcher, parlant des cheveux,* scalfa, faula, ppr. et.

*Mes cheveux se fourchent,* scalfa a ra va bléau, faula a ra pennou va bléau. — *Se fourcher, parlant de la langue,* lavaret ur guer e leac'h un all, pr. id.; qemeret ur guer evit un all, pr. id.; bestéaudi, pr. bestéaudet.—*La langue lui fourchait quelquefois à son sermon,* a vizyou ez qemeré ur guer evit un all. —*Il fallait qu'il eût bu, car dans la conversation la langue lui fourchait beaucoup,* redd ma eo ez vezé evet dezañ, rac terrupl e vestéaudé o parlant. — *Le pied fourché, droit du roi,* an troad fourchecq.

FOURCHETTE, *petit instrument de table,* fourchetès. pl. ou. — *Fourchette d'argent,* fourchetès arc'hand.—*Fourchettes de bois,* fourchetesou coad. — *Fourchette de bois pour tenir la bruyère à couper,* forc'hell-lann, pl. forchelloü-lann. — *Fourchette pour décharger le soc de la charrue et le coutre,* forc'hell alazr. o. charrue.

FOURCHON, *une des pointes d'une fourche,* daut, pl. dent; dant forh, bès, pl. besyad; bès forh . pl. besyad forh. — *Fourchon, pointe d'une fourchette,* daut fourchetès, pl. dént fourchetès; bis fourchetès, pl. bisyad fourchetès.— *Fourchon d'un arbre, l'endroit où les branches se séparent,* gaul ur vezen, sclaff ur vezen, scalf ur vezen, cavás ur vezen, ppl. ou.

FOURCHU, ue, *qui se divise en plusieurs branches,* forc'hecq, fourchecq. —*Chemin fourchu,* hend forc'hecq ou fourchecq, pl. hinchou, etc. v carrefour.—*On dit qu'un homme n'est qu'un arbre fourchu renversé,* lavaret a rear penans an dèn a zo ur vezen fourchecq lecqeat penn-evit-penn.

FOURGON, *charrette couverte de planches en dos-d'âne,* qarr-goloët, pl. qirrygoloët; qarr-marc'hadour, qarr-viturer, pl. qirry, etc. *Fourgon de four.* v. four.

FOURGONNER, *remuer le feu dans un four avec le fourgon.* fichellañ an tan, pr. et; dispac'hat, pr. et. *Van.* fichelleiñ, fiaheiñ, fichall.—*Celui qui est sans cesse à fourgonner le feu,* fich-rich, firboueh, fícheller. firboucher.— *Four-*

gonner, *remuer tout dans un coffre, etc.*, firboucha. *pr.* et; dispac'hat, *pr.* dispac'het. *Van.* fourdouillat. *Ces mots se disent aussi de fourgonner le feu.*

FOURMI, *petit insecte*, méryenen, *pl.* meryen. *Van.* meryouen, *pl.* meryon. *Al.* myr. *pl.* myryenn.—*Fourmis rouges*, méryen ruz.—*Fourmis noires*, méryen du—*Fourmis qui ont des ailes*, méryen asqellecq.

FOURMILLER, *être en grand nombre*, méryenna, *pr.* et; bodenni. *pr.* et; beza qer stancq ha méryen èn ul leac'h. *pr.* bet. *Van.* meryonneiñ—*Les rues de Paris fourmillent de peuple*, méryen a a ra andud èn u yon Paris.—*Ce livre fourmille d'erreurs*, qer stancq eo ar fazyou ebarz èl levr maû è c'hiz ar méryen en ur gruguell.

FOURMILIÈRE, *retraite des fourmis*, crûguell. *pl.* ou; crugnell méryen, *pl.* cruguellou méryen; tuchenn méryen, *pl.* tuchennou méryenn; moudenn méryenn. *pl.* moudennou méryenn; bodenn méryen. *pl.* bo lennou méryen. *Van.* meryonnecg.p'eû -*Une fourmilière de ters*, ur bern preûved, un taulad prêved, un duchennad prêved.—*Une fourmilière de monde*, ur rum bras a dud, ul lod terrupl a dud, un laulad orrupl a dud, tud un errupeiou, ur bag id terrupl a dud, ur vodennad tud. *Van* un enfin a dud. *il est*, tud hemp fin.

FOURNAGE, *ce qu'on donne pour la cuisson du pain*, ifournaich, fournaich, guir ar fourner, ar guir fôrn.

FOURNAISE, fournès, *pl.* you: fôrnès, *pl.* you.—*Les trois enfants d'Israël furent jetés dans une fournaise ardente*, an try dèn yaouancq a Israël ayoa stla pet èn ur fournès elumet.

FOURNEAU, *sorte de petit four. etc.*, fournès glaou, *pl.* fournèsyou glaou; fôrniguell, *pl.* ou.—*Fourneau dans la cheminée pour mettre la cendre chaude*, fôrniguell *pl.* ou.—*de forges*, fournès *pl.* you; fôrnès, *pl.* you.—*de charbonnier*, poull glaou, *pl.* poullou glaou.—*ent. de guerre*, fournès pontir. *pl.* fournèsyou poultr.

FOURNÉE, fournad. *pl.* fournajou; fôrnad, *pl.* ou; fornyad, *pl.* ou.—*Une*

*fournée de pain*, ur fournad bara.

FOURNIER, fourner, *pl.* yen; fôrner. *pl.* yen; fôrnyer, *pl.* yen.

FOURNIERE, fournerès, *pl.* ed; fôrnyéres, *pl.* ed.

FOURNIL, *lieu où est le four*, an ty fourn, an ty fôrn.

FOURNIR, fourniçza, *pr* et; *Van.* fourniçzeiñ, pourveeiñ. — *Etre fourni de quelque chose*, beza fourniçz eus a un dra-bennac, cahout un dra-hennac *ppr.* bet.—*Fournir d'une besogne*, aranczer, founna, *pr.* et; tizout, *pr.* et. *Van.* tihout, dihanqeiñ.—*Je n'ai pas le temps de fournir*, ne founnaû qet, ne dizañ qet. *Van.* ne dih qet *ou* ne deh qet deiñ dihanqeiñ, ne dihaû qet, ne dehañ qet.—*Qui ne fournit point, qui n'avance pas*. difoun.—*Travail qui ne fournit pas, qui n'avance pas*, labour difon.—*Pain, etc.*, *qui ne fournit pas*, bara difoun, boëd difon.

FOURNISSEUR, *celui qui fournit*, fourniçzer, *pl.* yen. *Van.* fourniçzour, *pl* yon.

FOURNITURE, fournimand, *pl.* fournimanchou. *Van.* goarniçzadur. *v. provision.*

FOURRAGE. fouraich, *pl.* ou. *Al.* foaraien.—*Aller au fourrage*, monnetda fourragi *ou* da four achi.*Al.*foarachiff.

FOURRAGER, *amasser du fourrage pour les chevaux. etc.*, fouraichi, *pr.* et; destumai boëd evit ar rouceed, pe evit archatal. *pr.* destumet. *Al.* foaraichiff. —*Fourrager, piller un pays*, goasta, *pr.* et; preyza, *pr.* et.

FOURRAGEUR, *qui fourrage*, fouraicher, *pl.* yen.

FOURREAU, gouhin, *pl.* ou; fenr, *Al.* yon; fourrod, *pl.* fourrojou. *Van.* fouréau, *pl.* fouréyeû.—*Fourreau d'épée*, gouhin cleze, feur ar c'hleze. r. *épée.* — *Fourreau de pistolet*, fourrod, *pl.* fourrojou. — *Faux-fourreau*, enveloppe du fourreau, fals-gouhin, fals-fourrod.

*FOURRELIER, *gainier*, fourroger, gouhiner, feurryer, *ppl.* yen. *Van.* fouréayour. *pl.* yon.

FOURRER, *garnir de fourrures*, feu-

ra , *pr.* et.—*Fourrer une robe*, feura ur
saë, doubla ur saë, *pr.* et.—*Cet homme s'est bien fourré*, feuret mad eo. —
*Fourrer , engager quelqu'un dans une af-
faire* , fourra ur re èn un æffer-bennac,
*pr.* fourret ; plauta ur re ebarz, *pr.* et;
lacqât ebarz, *pr.* êet. *Van.* boulteiñ e-
barh , *pr.* boultet ; tapeiñ ebarh. — *Il
la fourré dans ce coffre*, fourret eo ganlâ
ou fourret eo bet gandhâ ebarz èr
c'houffr-ze. — *On l'a fourré dans le procès*, *dans la prison* , fourret eo èr procès,
èr prisoun; plantet co er proces, èr
prisoun.—*On ne veut lui rien fourrer dans
la tête* , neïra ne aller da fourra èn e
benn *ou* da blanta èn e benn. —*Se fourrer quelque part*, hem fourra èn un tu-
bennac, hem blanta èn uliac'h *ou* èu
ul lac'h *ou* èn ul leac'h-bennac. *Van.*
him voutteiñ , him dapeiñ.
  FOURRÉ ( coup ), *un coup de traître*,
un taul fobies, *pl.* taulyou fobies; trubardérez. — *Un coup fourre de part et
d'autre* , un taul feucq roët ha bet, *pl.*
taulyou feucq roët ha bet; un taul
peucq, *pl.* taulyou peucq roët ha bet.
  FOURREUR , *marchand de fourrures* ,
feureter, *pl.* yen ; feuryer, feurer, pelleter, *ppl.* yen.
  FOURRIER , *sous-officier qui marque
les logements*, fourrer, *pl.* yen.
  FOURRURE , *garniture de peau aux
vêtements*, foulineun, *pl.* ou; loutineñ,
pelliçeun, *pl.* ou. *Al.* pann. *pl.* au.
*de là*, panneau. — *Les manteaux des ducs
et pairs ont des fourrures d'hermine*, mentell an dugued ha par o deveus fouli-
nennou erminicq, mentell an dugued
ha par a so feuret gad erminicq.
  FOYER. *l'âtre de la cheminée* , auled,
*pl.* ou, auléjou; oaled, *pl.* ou, oaléjou.
*Van.* èuled, onêled, *ppl.* eû *Foyer de so,*
feu. *v.* fougou. — *Nettoyer le foyer*, scuba an oaled, *pr.* et. *Trég.* scuban, etc.
  FRACAS. *rupture avec bruit*, broust ,
*pl.* ou; fraïlhadur, frenzadur. *v.* foudroiement.—*Fracas,bruit,desordre,trous,*
disurs, sirap. *v. cliquetis.*—*Faire du fracas, du bruit,* sirapa, *pr.* et; ober trous,
*pr.* græt,
  FRACASSER, *rompre*, fraïlha, *pr.* et;

brousta, *pr.* et; freuza, *pr.* et ; frieqa ,
brévi, *ppr.* et. *v. foudroyer, écraser, briser.*
  FRACTION, *t. d'église*, terridiguez.
— *La fraction de l'hostie*, an derridiguez
eus an hostif sacr.
  FRACTURE , *rupture* , terridiguez.
*Van.* torradur. *v. lésion.* —*Fracture dans
un mur, dans un os de quelque membre,*
scarr, *pl.* ou; faut. ranu, *ppl.* ou.
  FRAGAN, *nom d'homme*, Fragan,-Fre-
gan. — *Saint Fragan, père de saint Gué-
nole*, sant Fragan, sant Fregan.
  FRAGILE, *aisé à se rompre*, bresq, torrus, brusq, brex, sémpl, oc'h, añ.—*Le
terre et le sapin sont fragiles*, ar guêzr hac
ar sap a so bresq *ou* brusq. — *La femme
est fragile comme le roseau , faible comme
du fil d'étoupe*, ar c'hreeq a so bresq evel
ar c'hors, sémpl ec'hiz an neud stoup.
— *L'esprit est prompt, mais la chair est
fragile*, *dit l'écriture*, ar spered a so prount , hoguen ar c'hicq a so sémpl ; ar
spered a so prim *ou* buhan hac ar c'horf
a so lént *ou* gorrécq —*Les biens fragiles
et perissables de ce monde,* ar madou bresq
ha collidicq eus ar bed mâ.
  FRAGILITÉ, *qualité fragile*, bresqadurez, bresqded, brusqded.—*Fragilité,
faiblesse* , sémpladurez, sémplidiguez,
fillidiguez,sémplded.— *Fragilité de l'esprit*, sémplidiguez.—*Fragilité du cœur,*
fillidiguez, sémplded. — *Fragilité du
corps,* sémpladurez. — *Fragilité de la
chair*, sémpladurez, bresqadurez, sémplded. *v. faiblesse.*
  FRAGMENT, darn, *pl.* you; dargn,
*pl.* eu; pèz, *pl.* you. *Van.* darn , *pl.* ou.
— *Petit fragment*, darnicq , *pl.* darnyouïgou; rannicq, *pl.* rannouïgou. *Van.*
bruhunen, *pl.* bruhun. — *Fragment de
pot*, darbod, *pl.* ou, id est, darn-pod.—
*Un fragment d'histoire*, un darn histor.
  FRAI, *les œufs des poissons et le menu
poisson*, had pesqed, greun pesqed, pesqedigou, névez furm t, munus.—*Frai,
action de frayer*, greunidiguez ar pesqed,
amser ar pesqed da c'hreunya, paridiguez ar pesqed. — *Le poisson est molasse
pendant le temps de frai*, ar pesqed a so
boug *ou* a so stoubecq è amser o greunidiguez *ou* èn amser ma c'hreûnyont

*ou é qéhyd ma vezont o leurel o had ou o greun ou pa vezont o parat.*

FRAICHEMENT, ez fresq, fresq.— *Fraîchement, récemment,* fresq-beo, a névez-so, névez-so.

FRAICHEUR, *frais,* fresqadurez, gouyender.—*Pendant la fraicheur,*é pad an amser fresq, a docq ar fresqadurez. — *Tantôt à la fraicheur,* e verr pa vezo trémenet an domder ha deuët ar gouyender *ou* ar fresqadurez, bremij à d'ar gouyender. *Ce mot de gouyender.qui est usité dans le H.-Léon,et peut-être ailleurs, semble venir de goude enderv, après la vêprée; ou de gouzyen-enderv, le serein de la vêprée; parce que c'est alors le véritable temps de la fraicheur ; ou de guiender, froideur.* — *Les zéphirs sont pleins de fraicheur, rafraichissent beaucoup,* an œzen a so leun a fresqadurez.

FRAICHIR, *t. de marine,* fresqaat *pr.* fresqëet.—*Le vent vient d fraichir de l'est d Ouest,* an avel a zeuas da fresqât divar ar reter d'ar c'hornauc.

FRAIRIE, breuryez.*pl.* ou. *Van.* breryah, bredyah, *ppl.* eü. r. *confrairie.*

FRAIS, *fraiche, un peu froid,* fresq, oc'h, à. *Van.* id. — *Un peu frais,* fresqicq.*Van.*id.— *Les matinées sont fraiches,* fresq eo *ou* fresqicq eo ar mintinvezou. —*Un air frais, un ear* fresq, avel fresq. —*Le temps est frais,* fresq eo an amser. fresqicq eo an amser. — *Vent frais à la mer,* avel fresq, avel grê , avel vad. *Quand le vent manque aux mariniers, ils disent,* fresqa-fresqa , Saint Anton. — *De l'eau fraiche,* dour fresq. — *Du vin frais,* guin fresq.— *Une chambre froide en ete et chaude en hiver,* ur gampr fresq èn haû ha tom er goañ. — *Frais, parlant du teint, des forces,* fresq, oc'h, t, añ. *Van.* id.—*Tout frais,* fresq-beo. —*Prendre le frais,* refresqi, *pr.* refresqet; hem fresqât, *pr.* hem fresqet; *ter* an avel, *pr* id; monnet èn avel fresq, *pr.* eët, ruflañ an avel *ou* an ear fresq. *pr.* ruflet --*Frais, nouveau,* nevez, oc'h, á, añ, nevez bet. *Van.* neüe, oh, añ, aoñ.— *Vos nouvelles ne sont pas trop fraiches,* oz qéhézlaou ne dint qet re nevez. —*J'ai encore la mémoire toute fraiche de*

*cette histoire,* fresq-beo eo choax èm penu ar sonch eus an histor-ze, me am eus sonc'h a ze evel pa vez oc'h aruout.

FRAIS, *dépens,* mis, *pl.* ou, mijou. *Van.* mis, *pl.* eü ; fré, *pl.* yeü. — *A peu de frais,* gand neubeud a visou, e vit bihan dra, gand bihan dra, gand neubeud a dra.—*A grands frais,* gand misou bras. *Faire de grands frais,* ober misou bras.—*Payer les frais,* paëa ar mijou, *pr.* paëët. — *Frais, dépense,* coust, *pl.* ou; mis, *pl.* ou. *Van.* id. *pl.* eü.—*Se mettre en frais,* hem lacqât é cou-t hac è misou, *pr.* hem lecqeat. —*Il y a eu de grands frais,* coustou bras a'so bet. --*Sans frais,* digoust, divis, *Van.*id.--*Sans nul frais,* digoust ha divis. *v. fressure de veau.*

FRAISE, *fruit du fraisier,* sivyen,*pl.* sivy. *Van.* frésen , *pl.* frés, fras. - *Fraise, collet plissé que les hommes portaient,et que les Espagnols ont conservé,* gouzougueun , *pl.* ou ; fresenn , *pl.* ou ; fresen-gouzoucq , *pl.* fresennou.—*Fraise de veau, membrane qui enveloppe les boyaux d'un veau,* frésenn-lue, *pl.* frésennou. *Van.* frasenn-lé, *pl.* frasenneü-lé. *v. fressure de veau.*

FRAISIL. ludu glaou doûar, frasilh.

FRAISIER, *plante qui porte les fraises,* sivyenn, *pl* ou; plante.in-sivy,*pl.* plantennou; bod-sivy, *pl* bodou-sivy.

FRAMBOISE, *petit fruit.* flamboëzen, *pl.* flamboëz

FRAMBOISIER, *arbrisseau,* plantenn-flamboëz, *pl* plantennou ; bod flamboëz, *pl.* bodou.

FRANC, *franche, sincère,* francq, leal, guiryon , êm, rount, oc'h, à, añ. *Van.* francq, oh, añ.—*S'obliger de son bon gre et de sa franche volonté,* hem obligi a ind é c'hrad vad haca voul vad. —*Une franche coquette,* ur guir gadales, ur orgues lès guirion. — *Franc, entier,* fournicz, francq.-- *Huit jours francs,* eiz dez francq, eiz dez fourniçz. — *Franc, libre, exempt de charge,* quyt, libr, lipr, oc'h, à, añ. *Al.* leud, *de là,* al-leu, *franc-allou. v. lot.—Foire franche,* foar quyt,*pl.* foaryou quyt; foar quyt a bep guir.

FRANC, *pièce de monnaie,* pévar real,

ul liffr, ul livr. — *Quatre francs*, c'huëzecq real.—*Quinze francs*, pemzecq livr, pemp scoëd.

**FRANÇAIS**, *qui est de France* , Gall , *pl.* Gallaoüëd. *Van.* Gall. *pl.* Gallëued. *Le mot de* Gall, *signifie propı ement* Gaulois, *et vient de* cal, calet, *dur, fort.* — *Les Français*, ar Gallaoüëd, ar C'hallaouëd, Franci»yen, Gallis.

**FRANÇAISE**, ۹*ui est de France ou du pays français*, gallès, *pl.* ed. *Van.* id.. — *La langue française*, gallecq, ar gallecq, al langaich. *Van.* id. — *Parler français*, gallegat, *pr.* galleguet; gomps gallecq, *pr.* compsét. — *Je né sais guère de français.* ne oun *ou* ne ouzon nemeur a c'hallecq,ne oun qel terrup al langaich. — *Prêcher en français et en breton.* prezecq eû gallecq hac eû brezonuecq, *pr.* prezeguel. — *En bon français.* franchement, e gallecq ma'l. è langalch freaz, ez francq, a-grenn.—*A la française, à la mode de France*,é qizGall.è,qız broC'hall, è qiz ar C'hallaouëd. è qiz Francz.

**FRANCE**, *royaume*, Gall. bro Gall. bro C'hall, Francz, ar l'ouantelez a Francz. *v. Français. Gaule.*

**FRANC-FIEF.** dalc'h quyt. *r. fief*

**FRANCHEMENT.** *avec franchise.* neat. næt, ez francq, berr-ha-crenn, berrha-grouçz, di-tacq, è guïryouez, gand guiryonez.

**FRANCHE-LIPPÉE**, *repue franche.* *v. écornifilerie.*

**FRANCHIR**, trémen dreist, *pr.* et ; moñnet dreist, *pr.* ëet; lammet dreist, *pr.* id.; treuzi, *pr.* et.—*Franchir le mot*, comps freaz, *pr.* compsét; lavaret ar guér divezà, *pr.* et.

**FRANCHISE**, *sincérité*, francqiçz. *Van* id. — *Il parle avec franchise et à cœur ouvert*, parlant a ra gaud francqiçz hac hep diguisamand, beza ez parlant francq ha diçzumul. — *Franchise, asile libre.* minic'hy. *Al.* leud. *Le mot de* minihy *semble tenir de* meneh-ty. *maison de moines, ou de* menehy, *terre de moines, lieux servant jadis d'asile.*

**FRANCISCAIN.** *religieux*, San-Franecsad, *pl.* San-Francesis; un tad Sant-Francès, *pl.* tadou Sant-Francès.

**FRANÇOIS**, *nom d'homme*, Francès, Fainch. Fainçz. — *Petit François*, Francillon, Fainchicq, Faincicq, Francesicq, Francisicq, Cisicq. — *Saint François*, sant Francès. *v. instituer.*

**FRANÇOISE**, *nom de femme*, Francesa. Fantaou, Fant.--*Petite Françoise*, Fanchon, Francesaicq, Saicq, Francesaïgou, Saïgou, Fantaouïcq, Faisicq.--*Sainte Françoise*, sântès Françésa.

**FRANGE**, *ornement*, flainch, frainch, fraïnçz, got. — *Frange d'or*, orfeil, fraınch aour

**FRANGER**, *garnir de frange*, goarniçza gad flainch, *pr.* goarniçzet.

**FRANGIER**, *marchand de franges*, fraincher, *pl.* yen; flaincher, *pl.* yen.

**FRAPPEMENT** ( des mains ). stlacqérez au daouarn, *ou* an daou zourn. *Al.* cur.

**FRAPPER**, *donner quelque coup*, sqei *pr.* sqoeiñ. *Van.* sqoeiñ , *pr.* sqoët. — *Frapper quelqu'un*, sqei ur re-beunac , *pr.* sqoët ; d'arc'haff *ou* darc'hao gand ur re, *pr.* darc'havet. — *Frappe le bien serré*, darc'ha stard gandhå , sqo crè gandhå *ou* varneza, dɛo dezà qen na fun *ou* qen na straqlo e æsqern. *Van.* lah ar nehoun.—*Frappe donc*, sqo eta. c'hoari eta.—*Frapper des mains*, stlacqa an daouarn, *pr.* stlacqet. *Al.* curo, *de là le nom de* Curetes, *anciens peuples.* --*Frapper des pieds, donner des coups de pieds*, rei tauliou treid da ur re, *pr.* roët. — *Qui frappe souvent des pieds sans sujet*, disvincqer , *pl.* yen. — *Frapper le fer chaud sur l'enclume*, sqei var an tom, sqei var an aneu. *Van.* sqoeiñ ar'en tuëm *ou* ar èn anneü *ou* ar èn auneañ. —*Frapper à la porte*, sqei var au or.— *Il frappe comme un sourd*, sqei a ra evel un dal. — *La sœur de Moïse et Giesi furent frappés de la lèpre*, c'hoar Moysès ha Giesy, servicher ar prophed Flisez, a voa sqoët gand al lovrentez. — *Cela m'a frappé l'esprit*, qemeñ-ze èn deus sqoët èm penn, au dra -ze èn deus piguet èm penn.

**FRATER**, *garçon barbier*, dibenncrbléau, ur barbericq, dalc'h-plad.

**FRATERNEL**, *elle*, a vreusr. — *Une*

*amilié fraternelle*, ur garantez a vreuzr, *Van.* ur garanté a vredér.

**FRATERNELLEMENT**, *en frère*, e-vel breuzdeur, è c'hiz daou vreuzr. — *Ils vivent fraternellement*, beva a reont ével breuzdeur *ou* ec'hiz daou vreuzr.

**FRATERNITÉ**, carantez eûtre daou vreuzr, pe eûtre daou vignoun, pe eûtre daou dyéguez, etc.

**FRATRICIDE**, muntr eus a ûr breuzr. *Van.* multrereah ag ur brér. — *Faire un fratricide*, muntra e vreuzr, *pr.* muntret; laza e vreuzr, *pr.* lazet. *Van.* multreiñ *ou* laheiñ e vrér. — *Cain fut le premier des fratricides, ou a commis le premier fratricide.* Cayn eo bet ar c'hentâ èn deus muntret e vreuzr ha græt ar c'hentâ muntr èr-bed.

**FRAUDE**, *tromperie*, triñchéréz, fallagryez, tromplerez fin, *ppl.* ou. *Van.* trompereh soutil. *Al.* doll, duyll. — *Fraude, l'action de frustrer le roi de son droit sur les marchandises*, flaudérez, *pl.* ou; flaud. *pl.* ou. — *Vendre en fraude*, guèrza è flaud, guèrza eñdan ar vantell, *pr.* guèrzet; flauda marc'hadourez, *pr.* et. — *Faire la fraude*, ober flaudérez, *pr.* græt: flauda, *pr.* et. — *Etre pris en fraude*, beza qemeret è flaud, *pr.* bet. — *Marchandise de fraude*, marc'hadourez flaud, fagod, logodennou. — *Le lieu où l'on vend de la marchandise en fraude*, ar fagodiry, toull al logodenn. *Si c'est du vin*, ostalliry vorn, tinell, guin cuz.

**FRAUDER**, *tromper*, trompla ur re, *pr.* tromplet; ober triñchérez *ou* fallagryez è qèver ur re, *pr.* græt. *Van.* trompeiñ gued soutilted. — *Frauder, frustrer quelqu'un de son dû*, flauda ur rebennac, *pr.* flaudet. *Van.* flaudeiñ. *v. fraude.* — *Frauder du vin, du tabac, des etoffes*, flauda guin, butum, mezer; guèrza è cuz, *pr.* guèrzet.

**FRAUDEUR**, flauder, *pl.* yen. *Van.* flauder, *pl.* yon. yau.

**FRAUDEUSE**, flauderès, *pl.* ed. *Van.* id.

**FRAUDULEUX**, *euse, fait avec fraude*, tromplus, flaudus, oc'h, â, añ.

**FRAUDULEUSEMENT**, gaud tromplérez, dre droumplérez, gand fallagryez, gand flaud.

**FRAXINELLE**, *plante*, dittaya.

**FRAYER**, *tracer un chemin*, fraèa an hend. fraèa, *pr.* et; pilat an hend, *pr.* et. — *Suivez toujours le chemin frayé*, heulyit atau an hend fraèet, iit atau gad an hend pilet *ou* gad an hend guènn. — *Les saints nous ont frayé le chemin de la vertu*, ar sént o deus fraèet deomp *ou* pilet deomp *ou* disquezet deomp an hend eus ar vertuz, an hend eus ar ver. tuz a so bet fraèet deomp gand ar sént. — *Frayer, frotter*, frota oud, *pr.* et ; touich oud, *pr.* et. — *La balle a frayé son chapeau et frôlé ses cheveux*, ar bouled èn deus trémenet a reze vléan ha toui. chet oud e docq. *v. friser.* — *Il a frayé son habit d cette muraille*, frotet èn deus e abid oud ar voguer-hont. — *Frayer, parlant du poisson, au temps de la génération*, parat, *pr.* et; coubla, *pr.* et; greu. nya, *pr.* et ; teurel e c'hreun, teurel e had, *pr.* taulet. *Van.* parat. *v. frai.*

**FRAYEUR**, *peur*, strabuilh, stravilh, stravilhamand, *ppl.* ou. — *Etre saisi de frayeur*, beza stravilhet, beza sèzyet gand strabuilh *ou* gad stravilh, beza stabuilhet. — *Donner de la frayeur*, stravilha ur re, strabuilha, *ppr.* et; rei stra. vilh da ur re, *pr.* roèt. *Van.* sqonteiñ.

**FREDAINE.** *v. folie, libertinage.*

**FREDON**, *roulade*, fringol, *pl.* ou; fringolérez, *pl.* ou; fringotérez. *pl.* ou.

**FREDONNER**, *faire des fredons*, fringoli. *pr.* et; fringoli, *pr.* et. — *Une voix qui fredonne*, ur vouèz fringolus *ou* fringotus, *pl.* mouèzyou fringolus, etc.

* **FREDONNEUR**, *qui fredonne*, fringoler, fringoter. *ppl.* yen. *v. musicien.*

**FREGATE**, *vaisseau léger*, fourgadeñ, *pl.* ou. — *Frégate de trente canons*, fourgadeñ a dregont. — *Frégate légère*, fourgadenn scañ; caravellenn, *pl.* ou; fust scañ, *pl.* fustou; fust bihan, *pl.* ou. — *Capitaine de frégate*, cabitan a fourgadenn, *pl.* cabitaned a fourgadennou.

**FREIN**, *fer qui se met dans la bouche du cheval*, mors, *pl.* you. *Al.* ffruyn. — *Mâcher son frein, ronger son mors*, suna e vors, crignat e vors. — *Mettre un frein à sa langue*, lacqaat ur mors var e dèaud, lacqât moder èn e gompsyou, *pr.* loe.

qĕet; poĕsa'e gompsyou, *pr.* poĕset; der-e'hele dĕaud, *pr.* dalc'het. — *Sans frein, sans arrĕt,* diboĕll, distrop. *Al.* diffruyn.

. FRELATER, *falsifier,* farloti, *pr.* et. *Van.* qeigeiñ, *pr.* et. — *Vin frelatĕ,* guiñ farlotet, guiñ falset, guiñ qemesqet. — *Un cabaretier se pendrait plutôt que de ne pas frelater son vin,* un tavarnyerēu hem groucqĕ qent eguit ma vançqĕ da far-loti e vin *ou* da falsa e vin *ou* da gue-mesq e vin.

FRÊLE, *fragile.* bresq, goan, oc'h, añ.

FRÊLON, *grosse mouche,* sardoñueñ, *pl.* ed, sardoûn.

FREMIR, *être ému, agité,* fremi, *pr.* et; trefremi, *pr.* et; frommi, scrigea, *ppr.* et; scrigea g..d oun ; crena rag aoun, crena gad aoun, crena evel an delyou, crena è c'hiz barr-delyou, *pr.* crenet. — *Qui fait frĕmir,* scrijus, frommus, trefremus.

FREMISSEMENT, *tremblement,* daz-grēn, scrigeadur. *Van.* creiñnadur, scrich. *v.* frisson.

. FRENAIE, *lieu abondant en frĕnes,* oun-neg, *pl.* ou. *Van.* ouneg, *pl.* eū.

. FRÊNE, *arbre,* ounneū, *pl.* ou, ouñ. — *Du frĕne,* ounn, coad ouñ. *Van.* coĕd onn. — *De frĕne,* a ōunn, great a ouñ. — *Bâton de frĕne,* bizyer-ounn. — É-cuelle de frĕne, scudell ounn, *pl.* scudel-lou, scudilly oun.

FRENESIE, *fureur,* frenesy.

FRENETIQUE, frenesyet, *pl.* tud fre-nesyet. — *Etre frĕnetique,* frenesya, *pr.* et; beza frenesyet, *pr.* bet.

. FREQUEMMENT, alyès a reach, alyès meurbcd.

FREQUENT. *e,* ordinal, paut. puilh. oc'h, à, añ; ar pez a rear ordinal, ar pez a c'hoare alyès a reach *ou* peurlyeçzĭ.

FREQUENTATION, *hantise,* henta-durez, darempred, *ppl.* ou.

. FREQUENTER, henti. *pr.* et; darem-prezi, *pr.* et; darempredi, *pr.* et. *Van.* darempleiñ, hanteiñ. — *Fréquenter les gens de bien,* henti au dud onest, da-remprezi an dud onest. — *Fréquenter les sacremens,* tauslaat, alyès ouc'h ar sa-cramanchou, *pr.* tauslĕet; recco alyès ar sacramanchou, *pr.* recevet. — *Fré-*

*quenter les danses et les ebats de nuit,* da-rempredi *ou* heuti ar festou-nos.

FRÈRE, breuzr, *pl.* breuzdeur. *Le z ne se prononce pas, et est presque equipol-lent à un e. Van.* brézr, *pl.* bredér. — *Frères germains ou frĕres de pĕre et de mĕre,* breuzdeur, compĕs. — *Frères consan-guins,* breuzdeur a aberz tad. *Van.* bre-dér a dad. — *Frères uterins,* breuzdeur aberz mamm. *Van.* bredér a vamm. — *Frère naturel,* breuzr bastard. — *Frères jumeaux,* breuzdeur guevell, *id est,* ge-melli: breuzdeur eus a ur memès cof-lad. *Van.* bredér agur hoffad — *Frère de lait,* breuzr-leaz, breuzr-læz. — *Beau-frère,* breuzr-caër. *v.* beau. — *Tous les hommes sont frĕres en Adam,* ar bed-oll a so breuzdeur aberz an tad Adam. — *Les catholiques sont nos frĕres en J. C.,* ar gatolicqed a so hon breuzdeur è Je-sus-Crist. — *Les hĕrĕtiques sont no.. pauvres frĕres enfants,* an hugunoded a so hon breuzdeur qeiz fazyet, sioûaz dezo. — *Frĕres, religieux,* breuzdeur, religiu-sed. — *Frère laïc, frère convers,* breuzr licq, *pl.* breuzdeur licq.

FRESAIE, *oiseau,* garmelod, *pl.* ed, de garmi, *crier;* caoûēunnès, *pl.* ed. *Van.* garmeled, *pl.* eū; chevéch, *pl.* eū.

FRESSURE, *le cœur, le foie, etc,* cou-raillou. — *Fressure de veau,* couraillh lue, corailhou lue, coreēn lue, calouen lue. *v. fraise.*

FRET, *louage d'un vaisseau,* frèt. *Van.* id

FRETER, *louer un vaisseau,* frèta ul lestr, *pr.* fretet; qemerzt à fret, *pr.* id. *Van.* freteiñ ul lestr.

FRETILLANT, fiûver, *pl.* yen ; fi-cher, *pl.* yen; qculusqer, qeillusqer, *ppl.* yen; finv-finv, fich-fich, fich-e-lost, boulgeanticq. *Van.* boulch-munud — *Frĕtillant de la langue, batard,* fistil-her, *pl.* yen.

FRETILLANTE, fiûverès, *pl.* ed; fi-cherès, *pl.* ed; fiûv-finv, fich-fich; fis-tilherès, *pl.* ed.

FRETILLEMENT, *état frĕtillant,* qĕf-flusq, qculusq, fiûvérez, fichérez. — *Frĕtillement de langue,* fistilhérez, fistilh.

FRETILLER, *s'agiter vitement,* qef-flusq, *pr.* et; fichal hepceçz, *pr.* fichet;

Énval mumudicq, *pr.* et; boulgoa da pep mure, *pr.* boulget. —*Frétiller de la langue,* fistilha, *pr.* et

FRETIN, *rebut,* an amrevus, an amrëus, an dilès. *Van.* en damourant, en distérañ, en deles.

FRETTE, *lien du moyeu,* frett, *pl.* ou; frøtt houarn, *pl.* frettou houarn.

FRIAND, *e, qui aime la chère fine,* fryant, pitouilh, blisicq, lichezr, lipous; lip sucr, *pl.* yen. *fém.* lichezrès, liponsès, fryanticq. *Van.* morcér, lichér, *ppl.* yon. yan. —*Devenir friand. faire le friand,* fryantaat, *pr.* et. *Van.* id. *v.* affriander.

FRIANDISE, *goût de friand .* fryantaich, lipousérez, lichézrez , *ppl.* ou. *Van.* lichereah.

FRICASSÉE, fritadenn, *pl.* ou. *Van.* fritadenn, fritadell, *ppl.* eû. — *Une fricassée de poulets,* ur fritadenn poñeiued, ur giblotenn, ur jubelotenn, *ppl.* ou.

FRICASSER, *cuire en morceaux,* frita, *pr.* et; ober ur fritadenn, *pr.* græt. *Van.* friteiñ, gober ur fritaden.

FRICASSEUR, *qui fait des fricassées,* frigaçzer, friter, *ppl.* yen. *Ces deux mots se disent aussi de celui qui dépense mal-à-propos son bien. v. dépenser.*

FRICHE, *terre inculte,* tiryenn, *pl.* ou. *de* tir, *terre,* et *de* yen, *froid;* doüarcoz, doüar distu, doüar yen, doüar fraust, *pl.* doüarou; fraustaich, *pl.* ou; léton, *pl.* ou ; doüar coundon· *Van.* berle, brelle, doüar coh , doüar pauëz, havrecq. *v. terre,* jachère.

FRICTION, *frottement du corps,* frotadur, frotadurez. *Van.* frotadur. —*Il faut lui faire une friction,* redd eo ober ur frotadurez dezà; *mieux :* redd eo ober ur frot *ou* froticq dezà, redd eo e frota un neubeud.

FRILEUX, *euse, fort sensible au froid,* rividicq, annoëdicq, oc'h, à. *Van.* aneouëdecq, oh. añ. —*Une personne frileuse,* un dèn rividicq *ou* annoëdicq, *pl.* tud rividicq, etc.--*Un temps frileux, qui donne du froid,* un amser rivus *ou* annoëdus.

FRIMAS, gresil, frimm. *Van.* id. *v. glaçon.*

FRINGANT, *e, fort éveillé,* feul, fringùts, oc'h, añ. —*Cheval fringant, marc'h*

friugus. — *Un fringant, un alerte,* un dèn feul, ur pautr feuloufringus, *pl* pautred. *v. frétillant.* — *Un jeune fringant, qui se donne du bon temps,* ur fringuer, *pl.* fringuéryen; ur pautr disourey *ou* disoucy, *pl.* pautred, etc.

FRINGUER, *danser,* fringal, *pr.* net. *Van.* id. *v. frétiller.*—*Il ne fait autre chose tous les jours que fringuer,* gambader, *se promener, se donner du bon temps,* ne ra bemdez netra nemed bale ha fringal.— *L'action de fringuer ainsi,* fringuérez.— *Fringuer un verre, le rincer,* rinsa ur verren, rinsal guëzr, *ppr.* et.

FRIPER, *chiffonner,* usa, *pr.* et; sautra, *pr.* et; concheza, *pr.* et. *Van.* couchieiñ, couçxyeiñ. — *Cet habit est déjà fripé,* uset *ou* sautret *ou* conchezet eo dija an abyd-mâ gaudhâ. — *Friper , manger goulument,* frippal, *pr.* et. *v.* briffer, brisseur. — *Friper, dissiper son bien. v.* dépenser follement. — *Friper , prendre dans les écrits des autres des pensées , des vers, etc.,* flippa, fripa, fripal , *ppr.* et.

FRIPERIE, *commerce de vieilles hardes,* taconnérez, traficq an taconnéryen.— *Friperie, lieu où se tient le négoce,* frippérez, flippérez, fripery , flippery. — *Se jeter sur la friperie de quelqu'un, le tirailler,* sacha ha disacha ur re-bennac, *ppr.* et; mellat ha divellat ur re, *ppr.* et.

FRIPIER , *marchand de vieux habits,* tacouner, *pl.* yen ; taconn , *pl.* ed. — *Fripier, celui qui pille les écrits des autres,* fripper, flipper, *ppl* yen.

FRIPIÈRE, taconnerès, *p'.* ed.

FRIPON, *voleur adroit,* fripoñner, *pl.* yen; fripoñ, *pl.* ed. *Van.* fripon, *pl.* ed.

FRIPONNE, fripoñnerès, *pl.* ed. *Van.* friponnnell, *pl.* ed.

FRIPONNER, *escroquer,* fripôni, fripoñnat, *ppr.* et. *Van.* fripponueiñ.

FRIPONNERIE, friponnérez, *pl.* ou. *Van.* friponnereh, friponnach.

* FRIQUET, *ustensile de cuisine,* friqetès, *pl.* ou. *v. écumoire.*

FRIRE, frita, *pr.* et; ober ur fritadenn, *pr.* græt. *Van.* friteiñ. —*Frire du poisson,* frita pesqed, ober ur fritadenn besqed. — *Rire et frire, se divertir et dissiper son bien,* frica ha frita, *ppr.* et. —

L'action de frire, fritérez, fritadur, fritadurez. Van. fritadell.

PRISE, étoffe. friz, mezer friz.

FRISER, rendre crépu, faire cotonner un drap, groignoñni, groignoñna, ppr. et. — Drap frisé comme il faut, mézer groignoñnet mad, mézer groignoñnecq — Friser, plier du linge en manière de petites ondées, poulonneza, pr. et. — Des serviettes bien frisées, selvyedou poulounezet coandt. — Friser, parlant des cheveux, rodella ar bléau, pr. et; goffri an bléau. pr. et; frisa ar bléau, pr. friset. Van. friseiñ ou frisoteiñ er bléû. — Des cheveux frisés par artifice, bléau rodellet ou goffret ou friset. — Cheveux naturellement frisés, bléau rodellecq. — Friser, frôler, trémen ê rez, trémen a rez, pr. et; moñnet ê biou un dra pe ê biou ur re. pr. ëet, eat. Van. trémen e biaou. r. frayer. — Il a frisé la côte, trémenet èn deus a rez ou ê rez an aud, eat eo e biou an aud, eat eo ê rez an oad ou ê rezzed an oad. — Il a frisé la corde, dare eo bet dezañ beza crouguet, da eo bet dezâ beza lancet ou beza heget.

FRISSON, tremblement de la fièvre, cridyenn, id est, crezu-yen. — Frisson, tremblement du froid, crezuyenn, crezu, crezuadur. Le z se prononce comme un e.

FRISSONNEMENT, léger frisson, dazgrezn, dazcrezni,

FRISSONNER, avoir le frisson, crezna, pr. et; cahout cridyenn, cahout crezuyenn, pr. bet. Van. crenciñ. — Frissonner, avoir un frissonnement, dazgrena, dazcrezna, ppr. et. — Sa seule vue le faisait f isonner, dazgrezna a rea ou crezna a rea rentre ma er guëllé.

FRISURE, frisëur. Parlant des frisures sur le front, on dit burl. neizyou logod.

FRIT, e, fritet. — Poissons frits, pesqed fritet. v. frire.

FRITURE, action et manière de ce qui est frit. fritëur.

FRIVOLE, vean, væn, dibrofid, distor, disneuz, oc'h, añ. Van. vaën. — Excuse frivole, iscus vean, digarez. — Un procès pour des choses frivoles, ur procès evit traou distær.

FROC, habit monacal, cougoull, pl.

you. On écrivait cugull. — Froc, ce qui couvre la tête d'un moine. frocq, pl ou. Froc, id est, grosse étoffe dont les moines s'habillaient. — Celui qui a quitté le froc, difrooqet, discougoullyet. v. defroquer. — Il a pris le froc, froqet eo, cougoulyet eo eat eo da vanac'h.

FROID, e. corps privé de chaleur, guien. yen, oc'h, añ. Van. yeiñ, oh. añ. — Fort froid, yen bras, yen sclaçz, yen meurbed, guien scourn. — Un vent froid, un avel yen ou guien. — Froid, e. mortiri, pose, lént, parfedd, oc'h, à. añ; yen. — Un ami froid, ur-mignoun lént. — Un style froid, ur fæçzoun disaou ou yen da parlant ou du scriva. — Faire froid à quelqu'un, être froid à son egard, beza lént ên andred ur re. — Faire froid à quelqu'un, lui faire un accueil froid, diguemeret lént ur re, pr. id.; ober un diguemeret lént ou yen da ur re-bennac, pr. græt. — Froid, froidure, guienyeû, yeuyenn, yenigeñ, guienigeñ, yender, guiender. Tous ces mots signifient f. oid, en tant qu'on se le représente comme adhérant à un corps. à l'air. à l'eau, etc.; mais en tant que le froid saisit le corps de l'homme, il s'appelle, en Leon, riou. Ait. annœd. Van. ancoëd. Burlesq miñtard, mitard. Al. riff, oërr, addoër, oëdd, addoëdd. Burlesq. ar goubyon. — J'ai amasse du froid, riou am eus destumet ou goumezet, dastumet êu eus annœd, annoëd êm eus serret ou gouneët. serret êm eus ar goubyon. Van. serret em eus anoëd, serret êm eus ar goubyon. — Faire froid, riva, pr. et. r. froidir. — Il fera froid riva a rayo, riva a ray, riou a vezo. — Il fait froid, riva a ra, riou a ra, annoëd a ra, yen ou guien eo anezy; yen eo an amser, rivus eo an amser, yenyen a so, yender a ra. — Qui donne du froid, rivus, annoëdecq, oc'h, à, añ. r. froidir. — Le marbre donne du froid, ar mæn-marpr so rivus dre natur, natur eo d'ar mæn-marpr beza annoëdecq ou rivus. — Pendant la rigueur du froid, e pad ar braçzà riou, a-doecq ar braçza guienyenn, è calouu ar riou, è creiz an amser yen, dre an amser ar yenâ ou ar guienâ. — Avoir froid, cahout riou, cahout annoëd, beza rivet, *ppr.* bet. r. *froidir.* — *Avoir grand froid,* cahout riou bras, cahout un annoëd terrupl, *pr.* bet; scarnila gad ar riou, *pr.* et, beza seyzet gad ar riou; frita gad ar riou *ou* gad an annoëd, *pr.* et. *Van.* en devout un aueoëd bras, en devout er milard. *pr.* bet. — *Se garantir du froid,* hem zifenn ouc'h ar riou, *pr.* et. *H.-Leon,* èn hem zëfferi, *pr.* et. — *Froid, morfondure,* morfont.

FROIDEMENT, *sans s'émouvoir,* ez lént, gad lentéguez.

FROIDEUR, *qualité de ce qui est froid,* guienyenn, yenyen, yender, yenigen. — *La froideur du marbre, de l'eau, etc.,* ar yenyen eus ar marpr, eus an dour. — *La froideur de l'hiver,* ar yenigenn *ou* ar guienyenn eus an goañ, ar yenyen *ou* ar yender eus ar goañ. — *Froideur, indifference,* lentéguez, yenyenn. — *Avec froideur,* gad ienteguez, èn ur fæçzoun lent *ou* yen.

FROIDIR, *perdre sa chaleur,* yenaat. *pr.* yenëet; guienaat *pr.* guienëet. *Van.* yenyeiñ. *pr.* et. — *Froidir, causer du froid,* yena *pr.* yenet; riva, *pr.* rivet; annoëdi, *pr.* annoëdet. *Van.* yenyeiñ, aneoëdeiñ, *pr.* et. — *Froidir, amasser du froid,* riva, annoëdi. *pr.* et. *Van.* aneoëdeiñ. *Froidir, refroidir après avoir eu chaud.* morfonti, *pr.* et.

FROIDURE. *froid,* yenyenn. riou, annoëd. *Van.* yeynadur, anoëdadur.

FROISSEMENT, *action de froisser,* broustérez, broustadur. frieqérez, frieqadur, freuzérez, brevérez, brevadur, freuzadur. *Van.* flastrereh.

FROISSER, brévi, bréva, *ppr.* et; brousta, *pr.* et; frieqa, freuza, *pr.* et. *Van.* freheiñ, breuheiñ. — *Froisse, contre quelque chose,* flastra, *pr.* et; frieqa oud, etc.; freuzi oud, etc. *Van.* flastriah, dah, etc. *Froisser, briser menu,* bruzuna, *pr.* et. *Van.* brehonueiñ.

FROMAGE, fourmaich, ou. *Al.* caûs. — *Fromage d'Angleterre,* fourmaich Saus. — *Fromage de Hollande,* fourmaich Hollandès. — *Marchand de fromage,* fourmaicher, *pl.* yen.

FROMENT, *blé,* guïniz. *Van.* guneh, guneh, gunih, gunih. — *De froment,* 

a viniz. — *Grain de froment,* guïnizen, *pl.* guïniz. *Van.* guneheu, *pl.* guneh. — *Pain de froment,* bara guïniz. — *Pâte de froment,* toaz guïniz. — *Farine de froment,* bleud guïniz. — *Crêpes de froment,* crampoës guïniz. — *Terre à froment,* doüar guïniz. — *Terre ensemencée de froment,* guïnizecg, *pl.* guïnizegou. — *Froment blanc,* guïniz guénu, guïniz scandilh. t. *blé noir.* — *Froment rouge ou locar,* guïniz ruz. *Près Quimper,* guïniz scandilh. — *Froment d'Inde, ou maïs,* guïniz l'urrucqy. ed Indes.

FRONCER, *faire des plis,* fronçza; *pr.* et, cuilha, *pr.* et; rida, *pr.* et. *Van.* ruleiñ, fronceiñ. — *Froncer une jupe,* fronçza ul lostenn, rida ur vros. — *Froncer une jupe trop longue, la raccourcir.,* poulouneza ul lostenn, etc., *pr.* poulounezet; criza ur vros, etc., *pr.* et. — *Froncer le front,* fronçza an tal, rida e dal, criza e dal *ou* an tal; ridenna. *pr.* et. — *Froncer le sourcil,* sevel ar gouriñou, sevel e c'hourinou, *pr.* savet.

FRONCIS, *plis qu'on fait à une robe,* etc., fronçz. *pl.* ou; rid, *pl.* ou; poulounez, *pl.* ou; criz, *pl.* ou.

FRONDE, *instrument de corde pour lancer des pierres,* baltramm, *pl.* ou; talm, *pl.* ou; batalm. *pl.* ou. *Van.* talm, *pl.* eü. — *Une fronde,* ur valtramm, un dalm, ur vealm, ur vedalm. — *David tua Goliath avec une fronde,* David pa ne edu c'hoaz nemed ur c'hrounbautrieq, a laz is arg am Goly.h gand un taol a dramm.

FRONDER, *lancer des pierres avec une fronde.* talmat. *pr.* talmet; ... ..... gad ar vadramm a. *pr.* ... yet; .... qa ... ñ gad ar ve ..... ... ... i seqet.

FRONDE ..... ... ..... *pl.* yen; ... ..... *pl.* yen.

FRONT, *le haut du visage,* tal. *pl.* ou; an tal. *Van.* id., *pl.* eü. — *Celui qui a un grand front,* talecq. *pl.* talegued; talfaçzecq, *ppl.* talfaçzegued, talfaçzëyen. — *Blesser quelqu'un au front,* bleçza ur re bennac èn tal, *pr.* bleçzet. *Burlesq.* bailha, *pr.* bailhet; oberbail, *pr.* græt. — *Front ridé,* tal ridennet. r. *froncer.* — *Front-à-front, tête-à-tête,* tal-ouc'h-tal,-penn-ouc'h-penn, façz-ouc'h-façz. — *De front, par derant*, a dal, rac tal, a ziarancq.—*Front, imprudence*, divergontiz, tal divès, harzidiguez.—*Auriez-vous le front de le soutenir?* ha c'huy oz péz an divergontiz *ou* an hardiréguez d'e soutein? ha c'huy oz péz un tal divès aoualc'h *ou* qer divès evit soutein qemeñ-ze? ha c'huy a gred té hep méz e soutein?

FRONTAL, *fronteau*, talgueñ, *pl.* ou; taledenn, *pl.* ou.

FRONTIÈRE, *limite*, marz, *pl.* you; bord, *pl.* ou. r. *limites.*—*La frontière de Bretagne*, marz *ou* bord Breys. ar bord *ou* ar marz eus a Vreiz.—*Ville frontière*, kær var marz ar rouantélez *ou* ar brovinçz, kær var bord an rouantélez.

FRONTISPICE, *face d'un bâtiment*, talier, *pl.* talierou; talbenn, *pl.* ou; an portal, *pl.* you; diarancq. *Van.* id.

FROTTER, frota.*pr.* et. *Van.* froteiñ. —*Frotter le plancher*, *le nettoyer*, frota ar plainch.—*Frotter ses dents*, frota e zéñt *ou* an déñt.—*Frotter du blé arec des sabols dans une auge*, amblodi, *pr.* amblodet, *de* blend, *farine.* frota ed, frota guïniz-du.—*Se frotter comme les gueux*, tala-qa, *pr.* talasqet; ober dansicq añ ospitall. —*Frotter quelqu'un*, *le battre*, frota ur re, frota caër ur re, frota ur re qen na fu *ou* qen na strécql. r. *repasser.*—*Se frotter contre quelqu'un*, en hem frota oud ur re,attacqi ur re,*ppr.*et

FROTTEUR, *qui frotte*, froter, *pl.* yen. *Van.* frotour, *pl.* yon.

FROTTEUSE, frotérès, *pl.* ou.

FROTTOIR, *ce qui sert à frotter*, frotuër, *pl.* ou.

FRUCTIFIER, *porter du fruit*, frouēza, *pr.* frouēzet; douguen frouēz, *pr.* douguet; profita, *pr.* profitet.

FRUCTUEUX, *euse*, frouēzus, frouēzus, sperius, strujus, oh, añ.—*Terroir fructueux*, cartell *ou* doūar froēzus *ou* strujus. —*Arbre fructueux*, *qui produit abondamment*, guēzen sperius *ou* frouēzus. *B.-Léon*, guēzen strujus.

FRUCTUEUSEMENT, *utilement*, gand frouēz, èn ur fæçzoun frouēzus.

FRUGAL, *ale*, moderet, témperant,

oc'h, añ —*Une vie frugale aide beaucoup à conserver la santé*, ur vuēz temperant *ou* moderet a astenn buezéguez an dèn.

FRUGALEMENT, gand moder, è moder, gad témperauçz.

FRUGALITÉ, temperançz, moder èn dibri hac èn eva.

FRUIT, frouēzen, *pl.* frouēzou, frouēz. *Van.* froēhen, *pl.* froēh; frehen, *pl.* freh.—*Un petit fruit*, ur frouēzennicq. —*La queue des fruits*, losticq an frouēr. —*Fruits d'été*, frouēz hañvecq, froēz hañ.—*Fruits d'hiver*, frouēz goanvecq, froēz da viret.—*Fruits précoces*, frouēz abred, froēz prim, frouēz hastif-mēur. *Van.* freh qentrat, qentrat.—*Porter du fruit*, douguen frouēz, *pl.* douguet; frouēza, *pr.* et.—*Le fruit défendu du paradis terrestre*, ar frouēz divennet eus ar barados térés. — *Qui ne porte pas de fruits*, difrouēz. *B.-Léon*, distruich.— *Fruit*, *utilité*, tal-oudéguez, profid.— *Tirer du fruit de quelque chose*, ober e brofid eus a un dra *ou* gad un dra, *pr.* græt; lacqât un dra da dalvezout *ou* da dalvout.

FRUITAGE, *toutes sortes de fruits*, frouēzaich, ar frouēz. *Van.* er froch, er freh.—*Vivre de laitage et de fruitage*, beva gand læzaich ha frouēzaich, beva divar al leaz ha divar ar frouēz, *pr.* et.

FRUITERIE, frouēzérez, froēz-lec'h.

FRUITIER, *ère*, *qui porte des fruits*, frouēzus, oc'h, à. v. *fructueux.*—*Arbre fruitier*, guēzen frouēz, *pl.* guēz frouēz. —*Marchand fruitier*, frouēzaër, *pl.* yen; marc'hadour froēz, *pl.* marc'hadourycn froēz.

FRUITIERE, frouēzaērès, *pl.* ed; marc'hadourès frouēz.

FRUSTRATOIRE, *qui frustre*, *vain*, inutile, vean, dieffed, dibrofid, oc'h, à. —*Rendre un arrêt frustratoire*, *ou une loi*, renta vean *ou* dibrofid *ou* dieffed un arrēt, pa ul lésenn, *pr.* rentet.

FRUSTRER, troumpla ur re-bennac oud e lacqât da goll e vir, ober da ur re dioucri e dra *ou* e vir. — *Ils ont été frustres de leur espérance*, troumplet int bet èn o sp[?] *ou* èn o esper, dioucri a rencqmt ar pez a esperént da gahont.

FUGITIF, *ite*, *qui fuit, qui se cache*, dindan cuz, nep so êñdan cuz. *Van.* ê teh.—*Il est depuis long-temps fugitif*, ez ma pell-so êñdan cuz *ou* dindan cuz, pell-so abaoué ma èn deus qemeret au teac'h, pell amserxo a ba èn deus tea- c'het *ou* a ba ze cuzet.—*Cain devint fu- gitif après le meurtre de son frère*, Cayn ayoa baleand goude ma êu devoa lazet e vreuzr.

FUIE, *petit colombier*, bolyer, *pl.* bo- lyerou; campr ar c'houlmed.

FUIR, *prendre la fuite*, tec'het, te- c'hel, *pr.* tec'het; qemer an teïc'h, *pr.* qemeret; achap quyt, *pr.* achapet; didec'het, *pr.* id. *Van.* teh, teheiñ, *ppr.* tehet. *Phrase bretonne proverbiale* : igz gaudhâ, marteac'h; hamanna deac'h, dideac'h; *poursuis-le s'il fuit*; *et s'il ne fuit, fuis toi-même*.—*Fuir une chose*, *l'é- viter*, *s'en garder*, teac'het dioud un dra, *pr.* id.; dihoall oud un dra, hem dihoall oud un dra *ou* dioud un dra, *pr.* hem dihoallet.—*Fuir le vice et suivre la vertu*, teac'het dioud ar viçz ha pra- ticqa ar vertuz, dihoall ouc'h pep viçz *ou* hem zihoall ouc'h pep viçz ha heu- lya ar vertuz.

FUITE, *action de fuir*, teac'h, tec'h, teac'hidiguez. *Van.* teh —*Mettre quel- qu'un en fuite*, lacqaat ur re-beunic da deac'het. *pr.* lecqéet; ober da ur re teac'het *ou* qem;ret an teac'h, *pr.* gre- at, græt. *r.* fuir.—*La fuite du vice*, an teac'h dioud ar viçz.

FULMINANT, *ante*, *qui fulmine*, foultrus, fouldrus, garmus, trousus, oc'h, à, añ. *Van.* foeldrus.

FULMINATION, *exécution d'une sen- tence d'anathème*, dilançzadur an escu- munuguenn.

FULMINER, *tempêter*, *faire du bruit*, ober un trous bras, ober minaçzou bras, *pr.* græt; gourdrous cals, *pr.* et. —*Fulminer. v. excommunier.*

FUMANT, *ante*, moguedus, mogue- decq, oc'h, à, añ. *Van.* id.

FUMÉE, *vapeur du feu*, moguod, mouguod. *Van.* id. *de là*, mouga, étouf- fer.—*v.* feu.—*Noirci de fumée*, duet gad

ar moguod.—*Fumée*, *vapeur qui sort des viandes chaudes*, moguedenn, *pl* ou, moguod; c'huêzenn ar c'hicq, ar mo- lu.—*La fumée du vin*, moguod ar guin, moguedenn ar guin, ar moguod eus ar guin.—*Il n'y a point de fumée sans feu*, ne deus qet a voguod hep tan *ou*
    Dibaud ciminal a voguod
    A-nèz na véz tan èn oaled;
    Dibaud den èn deus goal renom,
    Na véz cloûar, ma na de tom.

FUMER. *jeter de la fumée*, mogue- di, *pr.* et; mouguedi, *pr.* et. *Van.* mo- guedeiñ, mouguedeiñ, *ppr.* et. —*Cette cheminée fume*, *la fumée rentre dans la chambre*, moguedi a ra ar ciminal-mâ, moguedus eo ar ciminal-mañ. — *Fu- mer*, *parlant d'une cheminée dont on voit de dehors sortir la fumée*, divoguedi, *pr.* et. — *On n'a pas dîné*, *la cheminée fume encore*, ne de qet gonde lein, divogue- di a ra c'hoaz ar ciminal. —*Fumer du tabac*, butumi, *pr.* et; butunat, butun, *pr.* butunet; moguedi butun, *pr.* et. *Van.* butumeiñ, butuneiñ, butunat.—
   *Fumer*, *exposer des viandes*, *etc.*, *à la fumée*, moguedi. *pr.* et; moguedi qicq.—*Fumer*, *flamber*, suilha. *pr.* et — *Fu- mer*. *mettre du fumier sur les terres*, téy- la, téylat, *ppr.* téylet; témpsi an douar, *pr.* témpset. *Van.* téylieiñ, téylat en doar.

FUMET, *vapeur agréable du vin*, mo- guedenniq c'huéçq, moguedicq sa- ourus.

FUMETERRE, *plante médicinale*, flémin-doûar, flémmeter. *Van.* mo- gueden-doûar.

FUMEUR, *qui fume du tabac*, butu- ner, *pl.* yen; butumer, *pl.* yen; mo- gueder-butum, *pl.* yen *Van.* butumour, butumour, *ppl.* you yan.

FUMEUX, *euse*, *qui jette de la fumée*, moguedus, moguedecq, oc'h, à, añ. *Van.* id. —*Du vin fumeux*, guin mogue- dus.

FUMIER *pour fumer la terre*, téyl, *pl.* téylou. *Van.* téyl, *pl.* télyeü. *v.* engrais, marne.—*Monceau de fumier*, brélugueñ, *pl.* ou; bern téyl, *pl.* bernou-téyl; bur- inguenn, *pl.* ou. *Van.* bern-téyl, *pl.*

berneû téyl; andévreeg, *pl.* andévré-
gui; téylceg, *pl.* eû. — *Menu fumier*, téyl,
manou , téyl yen. —*Fumier chaud*, téyl
tomm. — *Amasser du fumier*. destumi
téyl, destumi manou, *pr.* et.—*Mettre
le fumier par petits monceaux dans le champ*,
*Van.* cardelat, *pr.* cardelet. *Ce mot*
*semble tenir de* cardenn, *litière*. ou de
carriqeilat. brouetter. *Léon et ailleurs*,
iûgala téyl. *pr.* et ; squilha téyl. *pr.* et

FUNÈBRE. *qui regarde les funeroilles*.
a aparchant ouc'h a. enfem auarchon.
—*Pompe funèbre*. Car c'h, nv. ar solénnyez eus a cuterremud a personnaich a
remereq. — *Oraison funèbre*.
meolidiguez un dén a reme eq a vez
maro.

FUSÉRAILLES, eû.erramund. obsèques.

FUNÉRAIRE, a aparch ant ood au
enterramand. *Les frais funeraires*, ar
misou eus an eûte ramand

FUNESTE. disêur.disên en.droueq-
êurus.truezus.oc'h.â.añ. *Van.* trahêns.
*Une mort funeste*, e marved eên ur marv
truezus. — *Ce jour lui fut funeste*, an deiz
ze a voué disêurus eû droueqêurus e-
vithañ.

FURET. *petit animal*. fured. *pl.* fureded. furedeu —*Fu. et homme curieux*.
feurcher. *pl.* yen; furcher, *pl.* yen; fured, *pl.* fureded.

FURETER. *chasser avec un furet*. furedi, *pr.* et. —*Fureter, chercher p rtout*
*comme un furet*, furcha. *pr.* furchet ;
feurchiall. *pr.* feurchet ; furedi.

FURETEUR, furcher, *pl.* yen.

FUREUR, *furie. emportement violent*.
fulor, *pl.* you; diboëll, *pl.* ou: cahou-
ad-fulor. *pl.* cahouajou-fulor. — *Avec*
*fureur* avec fuiie, gand fulor, gad diboëll, èn ur sæçzoun diboëllet ou fu-
loret, gand ur gahouad fulor. èn ur
gahouad fulor. — *Se mettre en fureur*,
fulori. *pr.* et ; hem lacqaal é fulor, pr.
hem lacqeal, hem lecqêet.

FURIE, *colère*, diboëll, *pl.* ou. *v.* arrêt au mot écheveau. — *Fu-ie d'enfer*, la
rage d'enfer, an diboëll eus an isern. *v.*
fureur, rage.

FURIEUX, *euse*, fulorus, diboëllet,

oc'h, â, añ. *v. s'emporter*. — *Furieux*
*d'habitude, qui se met souvent en fureur*,
diboëllus, oc'h, añ. — *C'est le plus fu-*
*rieux de tous les hommes*, ne fulorueză
dén a ouffët da vellet eo, hiseonz dibo-
ëlluçzoc'h dèn ne velzoc'h. — *Devenir*
*furieux*, fulori, *pr.* et; diboëllu, *pr.* et.

FURIEUSEMENT, èn ur sæçzoun
fulorus, gand fulor.

FURONCLE, *clou*, hesqed, *pl.* ou,
hesq'dy.; droueq sant Kiryo. *v. clou*.
Kiryo. — *Le furoncle x rentre au lieu de*
*suppurer*. qizet eo an hesqed.—*Furon-*
*cle qui suppure*. gor. *pl.* you. ou; hesqed breñ, hesqed breinet. hesqed go-
roh b sqed a daul lin. — *Qui est sujet*
*à avoir des furoncles*, hesqedus. gorus,
suged d ' ; besqidy.

FURTIVEMENT, *à la dérobée*, è cuz,
hep rat dèn, hep gouzout da zèn, evel
ul laër.

FUSAIN, *arbrisseau dont le fruit s'ap*
*elle bonnet-carre*. plantenn guërzidy,
coad guërzidy, planten bonedou qor.

FUSEAU, *instrument pour filer*, guërzid. *pl.* y. *Van.* gourhed. *pl.* y; guërhid,
*pl.* guërhedy. — *Un fuseau*, ur verzid.
*Van.* ur ourhed. ur ûerhid. — *Faiseur*
*de fuseaux*, guerzider. *pl.* yen. *Van.* gour-
hedour. guërhidour. *ppl.* yon. yan.

FUSÉE. *fil sur le fuseau*, guërzidad,
*pl.* ou; guërzyad neud. *pl* guërzyadou.
*Van.* gourhejad. guërhyad. *ppl.* eû. —
*Une pelite fusée*. ur verzidadirq.—*Croi-*
*ser le fil sur la fusée afin qu'elle ne se brouil-*
*le point*, croazaan neud var ar verzidad
evit ne reustlo qet *Van.* brudenneiñ
ur currejad eit na vourouilho qet. —
*Fusée, artifice*, fusenn, *pl.* ou. — *Jeter*
*des fusées*, teurel fusennou èn ear, *jr.*
taulet.

FUSIBLE, *qui peut se fondre*, teuzapl.
*Van.* téabl. — *Tous les métaux sont fu-*
*sibles*, an oll metallou a so teuzapl, pep
seurd metall a alleur da deuzi.

FUSIL, *arme d feu*, fusuilh, *pl.* ou.
*Van.* aqebutt, fusilh. — *Canon de fusil*,
canol fusuilh. *v. fût*. — *Pierre d fusil*,
mæn fusuilh, *pl.* mæin fusuilh.—*Deux*
*trois fusils*, diou, téyr fusuilh. —*Tir*

*dn coup de fusil*, ober un tenn fusuilh , *pr.* grœt ; leusqel un tenn fusuilh, *pr.* lausqet : tenna ur fusuilh , *pr.* tennet. *Van.* tenneiñ *ou* losqeiñ un aqebutt.— *Fusil, briquet*, direnn, *pl.* ou; un tenntan. *Van.* delin, *pl.* eü.

FUSILIER, *soldat armé d'un fusil*, fusuilher, *pl.* yen.

FUSION , *fonte des métaux* , tenzidiguez au metallou, teuzadur ar metall.

FUSTIGATION , scourgérez; scourgezidiguez, foëdtérez.

FUSTIGER. *fouetter*, scourgeza caër, *pr.* et; foëdta stardd, *pr.* et; fusta caër. *pr.* et.

FUT , *bois de fusil*, fust, *pl.* ou; fust fusuilh ; guële fusuilh , *pl.* guëleou. *v. affût*. — *Fût ou hampe de pique, de lance,* fust goaff, fust goao, fust impyod, *pl.* fustou. — *Fût ou futaille, tonneau,* fust, *pl.* ou; fustailh, *pl.* ou. *Van.* id., *ppl.* eü. — *Fûts neufs ,* fust névez, *pl.* fustou; fustailh névez, *pl.* ou.—*Vieux fûts,* fustou.coz, fustailhou coz, fustailh coz. — *Mauvais fûts ,* coz fustailh. — *Goût de fût, goût de bois,* blas ar fust, c'huëz ar fust. — *Ce vin sent le fût,* blas ar fust ou c'huëz ar fust a so gand ar guïn-mañ.

FUTAIE , *bois de grands arbres,* coad uhel *ou* discoultr *ou* divarrann, *id est, bois non émondé ni à émonder.*

FUTAILLE, mui aide. *v. fût.*

FUTAINE, *étoffe de coton*, fusteñ. — *Brassière de futaine,* rocqedeñ fusteñ, *pl.* roqedennou; manchaou fustenn.

FUTAINIER, fustenner, *pl.* yen; fustennour, *pl.* yen; guyader fusteñ; marc'hadour fustenn, *ppl.* yen.

FUTÉ, *parlant du vin*, fustet, guïn fustet. — *Futé,* fin, soutil, oc'h , â. — *C'est un futé,* ur pautr fin eo , fiñâ pautr, fiñâ map, soutilâ map.

FUTILITÉ. *v. bagatelle.*

FUTUR, *qui est à venir,* da zoûnet, a so da zoûnet. *Van.* id. — *Le temps futur,* an amser da zoûnet. *Van.* en amsér de zonnet. — *Dieu seul connait certainement le futur,* ne deus nemed Doüe hep-qen a guemenñ a ene ê guiryonez ar pez a so da zoûnet. — *Les futurs époux,* t. *de notaire,* ar pryedou dâ zoûnet, ar pryedou goude-hen.

FUYARD, *e, sujet à s'enfuir,* tec'hus, oustum da dec'het. — *Fuyard, qui fuit effectivement,* tec'her, *pl.* yen; reder, *pl.* yen; ac'haper, *pl.* yen. —*Poursuivre les soldats fuyards ,* poursu an dec'heryen, pourchu ar redéryen, *ppl.* et.—*Pigeons fuyards,* coulmed gouëz, coulmed a ziaveas.

## G

* GAB, *raillerie, moquerie,* goap, goab, goapérez, guap. — *Se divertir à des gabs ou à gaber,* goapaat, *pr.* ëet; cafout ebat o goupât, *pr.* cafet. *v. moquer.*

GABARE, cobar , *pl.* cobiry ; gobar, *pl.* gobiry. *Van.* cobal, *pl.* eü.—*Grande gabare,* gobar vras , cobar vras. — *Gabare de roi,* cobar roüe, *pl.* cobiry roüe.

GABARIER, *batelier de gabare,* gobarer, *pl.* gobaridy; cobarer, *pl.* cobaridy. *Van.* cobalour, *pl.* cobaleryon. — *Gabarier, celui qui charge et décharge les navires,* portezer, *pl.* portezidy; douguer, *pl.* yen. *fém.* portezerès, douguerès, *ppl.* ed.

GABARI, *modèle de vaisseau ,* taulenn-lest, *pl.* taulennou-listry; mempraich-lestr, *pl.* mémpraichou-listry; gobary.

GABATINE; goapérez, *pl.* ou; goapadurez, *pl.* ou; bourd, *pl.* ou. *v. tromperie.* — *Donner des gabatines,* ober bourdou *ou* goapérez *ou* goapadurez, *pr.* græt.

GABELEUR, gabelour, *pl.* yen.

GABELLE, *impôt sur le sel,* gabell, ar gabell, guïr ar roüe var an haulenn.— *Gabelle, grenier à sel,* grignol haulenn.

GABER, *railler, se moquer. v. gab.*

GABRIEL, *nom d'homme ,* Gabryel , Grabyel. — *Petit Gabriel,* Gabicq, Gabryelicq. — *Saint Gabriel,* an arc'hæl sant Gabryel.

GABRIELLE, *nom de femme,* Gabryela —*Petite Gabrielle,* Gabryelaïcq, Gabicq.

GACHE, *vieux mot qui signifiait gâteau, aujourd'hui, pain plat,* gacheü, *pl.* ou. *v. échaudé, gâteau.* — *Une gâche d'avoine,* gachenn qerc'h; *pl.* ou. *Van.* cuïgu qerh, *pl.* cuïgneü qerh.

GADOUARD, *vidangeur,* scarzer ar privejou, *pl.* scarzéryen. *Gadouard semble venir de* cador-doul , *chaise-percée.*

55

GAFFE, *perche armée de croc*, ur bidéau, ur c'haff.

GAGE, *nantissement*, goëstl, *pl.* aou, ou. *Van.* gloëstr, *pl.* eü. — *Rendez-moi mon argent et venez retirer vos gages*, digaçzit din va arc'hand prestet ha deuit da denna ho coëstl *ou* ho coëstlou. — *Gages, salaire de serviteurs*, coumananta gopr.—*Servir à gages*, coumananta, *pr.* et. — *Etre aux gages de quelqu'un en qualité de domestique*, beza é coumanand gad ur re, *pr.* bet; coumananta gaud ur re-bennac. — *Faire ses gages*, ober coumanand, ober e goumanand, ober gopr, ober e c'hopr, *pr.* græt. — *J'ai sept écus de gages, deux chemises et deux paires de sabots par an*, seiz scoëd coumanaud èr bloas diou roched *ou* diou hivis ha daou re voutou prenn am eus. — *Gages, salaire de journalier*, gopr.— *Prendre des ouvriers à gages, louer des gens à la journée*, gopra tud, *pr.* gopret; gopraat devezouryen, *pr.* gopréet. *Van.* gopra gounidyou, gopreiñ devehouryan — *J'ai cinq sous de gages par jour*, pemp guĕnecq gopr èm eus bep dez *ou* bep dervez, evit va dervez-gopr ambez pemp guĕnnecq bemdez. — *Gages, ce que l'on parie*, goëstl, *pl.* ou. *v. gageure*. — *Il faut mettre les gages en main tierce*, redd eo laeqât ar goëslou é tredeocq.—*J'ai gagné le pari, donnez-moi les gages*, gounezet am eus ar glaustre, deuit ar goëstlou dign. — *Gage, marque, témoignage*, mercq, *pl.* ou; testeny, *pl.* ou. — *En gage d'amitié*, evit mercq a garantez, é testeny a garantez.

GAGER, *donner des appointements à des officiers*, rei apoëntamand, rei apoëntamanchou, *pr.* reĕt. — *Gager des serviteurs*, rei coumanand *ou* rei gopr da servicheuryen. — *A combien avez-vous gagé ce valet?* peguement a goumanand *ou* a c'hopr a roit-hu bep bloaz d'ar mevel-hont? — *Gager des journaliers*, gopra gounidéyen. *pr.* gopret. *r. gage*. — *Gager, parier*, lacqât claustle *ou* claustre, *pr.* lecqĕet. *Trég.* couchan, *pr.* et. *Van.* laoqeiñ coustcle, *pr.* lacqet. — *Je gage que oui*, me a lacqa claustle ez co, me laoqa ez co, me gouch ez eo.◄—

*Je gage dix écus que non*, me a lacqa decq scoëd é claustle ne deo qet, me lacqa decq scoëd ne deo, me gouch decq scoëd ne de.

GAGEURE, *pari*, claustle, claustre, *ppl.* ou. *Van.* coustele, coustle, *ppl.* eü. — *Une gageure*, ur glaustle, ur glaustre. *Van.* ur goustle, ur oustele.

GAGNAGES, *terre labourées ou à labou*rer, doüar gounid, doüar gounidec, *pl.* douarou gounid *ou* gounidecq.

GAGNANT, *e, qui gagne au jeu*, gounidecq, *pl.* gounidéyen; nep a c'houni.

GAGNER, *faire quelque gain*, gounit, *pr.* gounezet. *Van.* gounit, *pr.* gounyet. *v. profiter*. — *Il gagnait sa vie à travailler*, gounit a rea e vuez o labourat, e vuezéguez a c'hounezé o labourat, e vividiguez èn devoa diouc'h e labour *ou* divar boës e zivreac'h. — *Gagner son procès*, gounit e brocès. — *Gagner un lieu, y atteindre*, tizout, *pr.* et; gounit, *pr.* gounezet. — *Gagner un mal, une maladie*, gounit un droucq, ur c'hlèved; destumi un droucq, ur c'hlefñved, *pr.* destumet. — *Gagner, attirer, fléchir*, gounit. — *Gagner par argent*, gounit gad arc'hand. — *Gagner l'affection de quelqu'un*, gounit grad-vad *ou* caloun ur re *ou* graçzou-mad ur re. — *Gagner, t. de guerre, emporter par violence*, qemeret èn desped d'ar perc'hen, *pr.* id.; gounit, *pr.* et. — *De quoi sert à l'homme de gagner tous les biens de la terre, s'il perd son âme?* pe tra dal da un dèn doñnet a-benn da chounit oll vadou ar bed-mâ, mar deu goudeze da goll e eue?

GAGUI, *grosse réjouie*, plac'h yaouancq lard ha teo onestamand, ur plac'h coandt ha cuilh. *v. dondon*.

GAI, *e, joyeux*, gouyou, laouĕnn, drilhant, drant, gaë, oc'h, à, añ, *ppl.* tud guyou, etc.; lirin. — *Un peu gai*, guyouïcq, gaëicq, dranticq, drilhanticq, dréau, dred, lirinicq.

GAIEMENT, ez gaë, ez guyou, ez laouĕnn, gad laouĕnder, a galoun vad.

GAIETÉ, guyouder, gaëder, laouĕnder, drévidiguez, dréauded, dretançz, joaüsded. *Van.* joeyusted. — *De gaieté* de cœur, de propos délibéré, sans sujet ; a zévry-beo, a ratoz oaër, hep nep abecg.

GAILLARD, *gai*, gailhard, fryant, oc'h, â, añ. *Gaillard vient de* gaë, gai, *et de* ard, *nature*, naturel. — *C'est un* gaillarde, *une* enjouée, *un peu amoureuse*, fryant eo, fryantiz *ou* fryantaich a so gandby *ou* a so ennhy. — *Gaillard*, *e*, alègre, dispos, gailhard, mao, bagos, dispos, seder yalc'h, gardis, oc'h, â, añ. — *Un peu gaillard*, maoïq, gailhardicq. — *Gaillard de corps et d'esprit*, dispos a gorf hac a spered, gailhard *ou* seder ê pep sæçzoun. — *Un temps gaillard*, amser gardis, amser fresq.

GAILLARDEMENT, gaiement, ez scañ, gand gardisded, gand hardizded. — *Gaillardement, de bonne volonté*, gad joa, gad joaüsted, a galoun vad.

GAILLARDISE, gaieté, gailhardiz, ébat, *ppl.* ou; gardisded, bourd coadt, farçz, *ppl.* ou. *v.* gaieté.

GAIN, profit, succès, gounid, *pl.* ou; gounidéguez. *Al.* budd, maël. — *C'est un gain que vous pouvez faire*, gounidéguez eo deoc'h, gounid eo evidoc'h. *Apportez ici vos gains*, deuīt amâ ho counid ou, digaçit amañ ho counidéguez.

GAINE, *étui*, gouhin, *pl.* ou; gouyn, *pl.* eu; feur, *pl.* you. *Van.* goubin, *pl.* eü.—*Mettre dans la gaine*, engaīner, gouyna, *pr.* et; feura, feurya, *ppr.* et; lacqât èn ur gouyn, *pr.* lecqëet. *Van.* gouhineiñ, *pr.* et.

GAINIER, *marchand de gaines*, gouyner, *pl.* yen; feuryer, *pl.* yen. *Van.* gouhinour, *pl.* yon.

* GALAIS, *ou* Galot, *t. de la Basse-Bretagne, pour désigner une personne du pays français, de la Haute-Bretagne*, Gall, *pl.* Gallaoüed. *En t. d'injure*, Gall-Brein, *pl.* Gallaoüed-Vrein.

*GALAISE, Gallès, *pl.* ed; Coz-Gallès, *pl.* Coz-Gallèsed.

GALAMMENT, èn ur sæçzoun deread, gad dereadéguez, gaud onesticz.

GALANT, *e*. civil, agréable, seven, detead, onest, oc'h, â, añ; nep èn hem gomport gand sevenuidiguez *ou* gaud dereadéguez *ou* gand graciusded. — *C'est un galant homme*, un dèn brao eo mar deus, un dèn a sæçzoun eó mar boa biscoaz, un dèn eo an dereadtâ, un dèn eo evīt an dereadtâ, un dèn seveñ eo mcurbed.—*Galant*, amoureux, douçz *pl.* ed; amourous, *pl.* ed. — *C'est mon galant*, va douçz eo, va amourous eo. — *Galant, qui aime une dame et qui en est aimé*, gadal, *pl.* ed; merc'hetaër, *pl.* yen; pautr joliff, *pl.* ed. *Van.* galant, *pl.* ed.

GALANTERIE, qualité galante, sevenidiguez, dereadéguez. — *Galanterie*, amour, gadélez, joliffded, jolisded. *Van.* alantereh.

GALANTISER. *v.* cajoler.

GALE, maladie de peau, gal. *Van.* roign. *v.* gratelle.—*Grosse gale*, rouign, droucq sant Mæn. *v.* regne.—*Gale, noix de gale*, craoun-galès. *v.* noix.

GALER, frota c gnein galus da urre.

GALÈRE, vaisseau, gale, *pl.* ou. *Van.* id, *pl.* eü. — *Galère, rabot de menuisier*, ur gale, *pl.* galeou.

GALERIE, chambre longue, palyer, *pl.* ou; trepas, *pl.* you; pondalez, *pl.* you. — *Petite galerie, corridor*, trepas, *pl.* you; palyericq; *pl.* palyerouïgou.

GALERIEN, forçat, galeour, *pl.* yen. *Van.* id., *pl.* yon, yan.

GALERNE, vent de nord-ouest, goalern, goalorn, avel goalern, avel voalorn.

GALETAS, logement pauvre, trancql, *pl.* ou; trancq an ty; galatas, *pl.* you; suler, *pl.* you; solyer, *pl.* you. *Van.* suler, *pl.* yeû.

GALETTE, crêpe épaisse, galetesen, *pl.* galetès. *Van.* id. — *Galettes de froment*, galetès guīniz. — *Galettes de sarrasin*, galetès guīniz-du. — *Grandes et grosses galettes*, fistoc'h, c'huistoc'h. *Ces mots sont de la H.-Corn.*

* GALETTOIRE, instrument pour faire les galettes et les crêpes, pilicq-crampoës, *pl.* pilyou-crampoës. *Treg.* gleurc'h, *pl.* o. *Van.* pillicq crampoëh *ou* crampah *ou* crapal *ou* crepah, *pl.* piligueû. — *Faire des crêpes ou des galettes sur la galettoire*, ober crampoës pe galetès var ar bilicq, *pr.* græl. — *Petit instrument de bois pour étendre la pâte sur la galettoire*, rosell-grampoës, *pl.* ro ellou. — *Sorte de grande espatule de bois pour tour-*

ser les crèpes et les galettes sur la galettoire, spanell; pl. ou; sclicçzon ou astell
grampoës.

GALEUX, euse, qui a la gale, galus,
galous, oo'h, â, añ, ppl. galuséd, galou-
sed, tud galus, tud galous. v. gale. —
Galeux, euse, qui a la grosse gale, rouignous, rouignous, ppl. ed. Van. roignous,
pl. ed. v. rogne. — Devenir galeux, ga-
lusa, pr. et; doûnet da veza galus, pr.
deuët. Van. galenneiñ, roigneiñ.

GALIMAFRÉE, fricassée de restes de
viande, qeusteurenn, pl. ou; qustern, pl.
ou. Qeusteurenn semble venir de meus,
mets, et de teurenn, panse. Van. boëd-
qeich, de qeigeiñ, mélanger.

GALIMATHIAS, discours obscur, luhaich, gregaich. Galimathias, qui de-
rive de polymathie, qui signifie, diversité
de sciences, semble plutôt venir du cellique
ou breton : de gallecq, signifiant langue
française, et de Mathias, qui est le nom qu'on
donne à un niais ou à celui qui fait une bévue. A-han'-ta Mathias? hé bien, mon niais?
ainsi galimathias serait gallecq-Mathias,
le français de Mathias ; c'est-à-dire, français embrouillé et obscur.

GALION, navire espagnol, galyoun,
pl. ed, ou.

GALIOTE, galère, galeïcg, pl gale-
ouïgou; gale scañ, pl. galeou.—Galiote
à bombes, vaisseau fort en bois, galyoteñ,
pl. ou.

GALLICANE, a aparchant ouc'h
Gall ou Françz. — L'église Gallicane,
l'assemblée des prélats de France, an ili-
Gall, an ilis a C'hall, an ilis a Françz ;
nñ açzamble ens an esqeb a Françz.—
Les libertés de l'église gallicane, priviléjou an ilis a Françz, priviléjou Françz.

GALLICO (de), à l'improviste, sur-le-
champ, hep gouzout, hep e ouzout, hep
rat, var an tem, èn un taul-count.

GALOCHES, sortes de chaussures,
galochou; galochenn, pl. ou, galochou.

GALON, ruban fort, galonçz. v. frange.

GALONNER, galonçza, pr. et.—Un
habit galonné, un abyd galonçzet.

GALOP, galoup, galomp, an dau-
lamm. — Aller le grand galop, moûnet
d'argaloup, moûnet d'an daou-lamm.

—Aller le petit galop, moûnet d'ar ga-
loupicq ou d'ar galompicq, pr. ëet.

GALOPADE . galoupadenn, pl. ou;
galompadenn, pl. ou.

GALOPER, galoupat, pr. et; galom-
pat, pr. et.—Nous avons bien galopé, ga-
loupet caër hon eus.

GAMACHES, guêtres de drap, gamai-
chenn, pl. ou, gamaichou. Van. ga-
macheü, tricqouzeü. v. boltines, guêtres, triquehouses.— Une paire de gamaches, ur gamaichou, ur re c'hamaichou.

GAMBADE, lammérez, sailhérez,
fringuérez, trypérez, ppl. ou. v. cabriole.

GAMBADER, sauter, lammet, pr. id.
sailha, pr. et ; fringal, pr. fringuet ;
tripal, pr. tripet.—Celui qui gambade ,
lammer, pl. yen; lammericq, sailher,
sailhericq, fringuer, fringuericq.-Celle
qui gambade , lammericq, lammerès,
pl. ed; sailheresicq, fringueresicq.

GAMBILLER, remuer les jambes, fichall, pr. fichet; guincqal ha disvinc-
qal, pr. guincqet ha divincqet. Van.
torrimellat, corvellat. ppr. et. v. fretiller.

GAMELLE, jatte de bois, camell. pl.
ou; ur gamell. — Manger à la gamelle,
dibri èr gamell.—Gamelle, rade d'Audierne, en la Basse-Cornouaille, Cambro, ar Gambro. Ce mot vient, par corruption, de campr-vor, qui signifie rade.

GAMME, table des notes de musique,
inventée par le moine Gui d'Arezo, en Tos-
cane, ar gamm.—Apprendre sa gamme,
disqi e c'hamm. — Savoir la gamme,
gouzout ar gamm. — Gamme, verve ,
boutade, accès de rage, cahouad, pl. cahouajou. Van. cohad, pl. eü. — Il est
dans sa gamme, ez ma e gaouad gandhâ. Pour le fem. gandhy.

GANACHE, machoire inférieure du
cheval, bacqoll, pl. you. Van. bajoll,
bacholl.

GANGRÈNE, maladie, ar gangren,
tan sant Marcell, tan sant Antou, crign
bco. breinaduréz-crign.

GANGRENER, se gangrener, breina,
pr. breinet.—Il a le bras gangrené, breinet eo e vreac'h, ez ma ar brein-crign
èr è vreac'h.

GANSE, petit cordon qui tient lieu de

boutonnière, ganęz. *Van.* id.—*Ganse de
soie, d'argent,* gançx seyz, arc'hand.
GANT, manuecg, *pl.* mannegon.
*Van.* maúnecg, *pl.* mañnegucú,—*Il est
souple comme un gant,* qer soubl eo evel
ur vaúnecg.—*Sans gants,* divaneog.—
*Gants Notre-Dame, ancolie ou digitale,
fleur,* burlu, bualüenn, *pl.* burlüennou;
besqennou an Iutroun Varya.
* GANTELÉE, *plante,* maneguenn,
ar vaneguenn, violetès au Itroun Varya.
GANTELET, *gant de fer, autrefois
d'usage à la guerre,* mañnecg houarn,
*pl.* maúnegou houarn. *Van.* mañnecg
hoarn, *pl.* eû.
GANTER, *mettre des gants,* mañne-
ga, *pr.* mañneguet. *Van.* mañnegueiñ.
—*Se ganter,* hem vañnega, guïscqa e
vaúnegou. *pr.* guiscqet. *Van.* him van-
negueiñ, gusqeiñ e vannegueú.—*Oter
ses gants,* divaunega, hem zivannega,
*ppr.* et. *Van.* divannegueiñ.
GANTERIE, *métier du gantier,* mañ-
neguérez,
GANTIER, *qui fait des gants,* mañ-
neguer, *pl.* yen. *Van.* mañnegour, *pl.*
you.
GANTIÈRE, manneguerès, *pl.* ed.
*Van.* mannegoures, *pl.* ed.
GARANCE, *plante dont la racine teint
en rouge,* garançza, lousaouenu au li-
véryenn.
GARANCER, *teindre avec de la garance,*
liva gand garançza, pa et.
GARANT, *caution,* goarand, *pl.* ed.
*Van.* id. *v. caution.* — *Se porter caution
pour ou de,* èu hem zouguen goarand
evit ou eus a.
GARANTS, *titres, contrats,* goarand,
*pl.* goaranchou *Van.* cred, *pl.* eû.
GARANTIE, goarantaich, goarantiçz. *Van.* credaich, goarantach.
GARANTIR, *être garant.* goaranti,
*pr.* et: beza goarand, *pr.* bet. *Van.* goa-
ranteiñ, cretât. — *Garantir, défendre,*
goaranti, *pr.* et; dihoall oud, *pr.* dihoallet; divenn, *pr.* et; goarantiçza,
*pr.* et.—*Se garantir de mal,* hem dihoall diouc'h droueq ou ouc'h droueq,
*pr.* hem dihoallet, hem voaranti oud
drouc'q, *pr.* hem voarantet.

GARCE, pautrès, *pl.* ed. *v. bergère.*
* GARCÉE, *mesure de blé en Léon,* goarçzad, *pl.* ou; garçzad, *pl.* ou.— *Une
garcce de froment,* ur goarçzad guïniz.
*v. boisseau.*
GARÇON, pautr, *pl.* ed. *Van.* id.—
*Jeune garçon,* pautr yaouancq, *pl.* pautred yaouancq.—*Garçon dispos, fort et
agile,* ur pautr distacq, ur pautr mad,
ur mailh, ur pautr voüescq. — *Petit
garçon,* pautricq, *pl.* pautredigon; pautr
bihan, *pl.* pautred bihan.—*Garçon,
celui qui n'est pas encore marié,* dèn yaouancq, *pl.* tud yaouancq, pautr yaouancq, *pl.* pautred. — *Garçon, celui
qui ne se mariera point,* dèn disemez, *pl.*
tud disemez. *Al.* lèn, *pl.* lened.—*Garçon, serviteur,* pautr, *pl.* ed. *v. serviteur,
valet.*—*C'est le garçon du recteur ou du
curé,* pautr ar person pe pautr ar e'hure
eo.—*Les gens de guerre font les bons garçons, les prêtres font des égaux, et les religieux font des maitres. Proverbe très-vé-
ritable, rendu par ces deux vers latins :
Servos serviles facit omni tempore miles;
Præsbiter æquales, monàchus facit impe-
riales.*
Pautred ar bresilidi a so guir serviché-
ryen, rag sevel a rear coad oulo; pautred ar veiléyen a so o c'hamaraded ;
ha pautred ar venæc'h a so mistry dézo.
—*Garçon, apprenti,* pautr, *pl.* ed; compaignun, *pl.* ed. *Par injure, on dit :*
courtaud, *pl.* ed.—*Un garçon maréchal,*
ur pautr marichal.—*Un garçon tailleur,*
ur pautr qemeneur.
* GARÇONNET, pautricq bihan,
*pl.* pautredigon vihan.
GARÇONNIÈRE, *petite fille qui hante
les garçons,* penn-pautr, rederès ar
bautred.
GARDE, *conservation, réserve,* miridiguez, goard. — *Donner quelque chose
en garde à quelqu'un,* rei un dra da viret da ur re-bennac: lacqât un dra
bennac è goard ou è miridiguez ur re.
*pr.* lecqëet; rei un dra da zivoall da ur
re-bennac, rei carg da ur re evcus a
un dra-bennac, *pr.* roët. — *Garde, action de garder,* goardunyez, evezadur,
evez. *Van.* tüeh. — *Qui est de garde, qui*

*se peut garder*, mirapl, a ell beza miret,
a ellér da viret. — *Vin de garde*, guin
mirapl, guïn a ell beza miret, guin a
ellér da viret. — *Garde, protection, conservation*, patrounyalch, goard, miridiguez. — *Être sous la garde de quelqu'un*,
beza dindan goard ur re, beza dindan
patrounyaich ur re, cahout patrounyaich, *ppr.* bet. — *Garde, ceux qui font
la garde*, goard, *pl.* ou; güeder, *pl.* yen;
guedour, *pl.* yen; evezyand, *pl.* ed; e-
vezyad, *pl.* evezidy. — *Les gardes du roi,
les gardes-du-corps*, goardou ar roûe. —
*Soldat aux gardes*, soudard èr goard,
soudard á goardou ar roûe. — *Garde,
corps-de-garde, sentinelle*, goard, *pl.* ou;
gued, *pl.* ou. *v. corps.* — *Garde de nuit*,
gued-nos, *pl.* guedou. — *Faire garde*,
fairi la garde, ober goard, ober ar goard,
ober gued, ober ar gued; gueda , guedal, *pr.* et. — *Monter la garde*, moñnet
da ober goard *ou* gued, *pr.* ëet. — *Relever la garde*, sevel ar goard, *pr.* savel;
cheiñch ar goard, *pr.* et. — *Garde de
soi-même*, evez. *Van.* eûeh. — *Être sur
ses gardes, prendre garde à soi, d autrui ou
d quelque chose*, beza var e evez, beza var
evez, lacqát evez; erezzaat, *pr.* ëet; dihoall, *pr.* et. — *Prenez garde d vous*, bézit var evez, bézit var o hevez, evezzaït,
licqit cvez, dihoallit. *Van.* eüeheit, dihoallet. — *Donnez-vous de garde de lui*,
dihoallit ountá, evezzaït oudhañ, licqit evez oudhá, licqit ez razañ.—*Cela
s'est fait sans que j'y aie pris garde*, great
eo bet qemeñ-ze hep ma am béz taulet
evez *ou* lecqeat evez *ou* hep gouzout
dign *ou* hep rat dign *ou* hep ma songéan
*ou* èm disonch 'ou dre va disonch *ou*
hep sonch din. — *Il n'a garde de faire
cela*, ne deo qet qer dievez hac ober qemenze, ne de qet dievez ahoalo'h evit
za, ne deo qet dèn da ober ze *ou* da o-
ber qemen-ze. *En riant, on dit :* ne deo
qet qer dall e saoud, ne dc qet penn-
moc'h e lue.

GARDE-BOIS , goard-coad. *Van.*
goard-coëd.

GARDE-BOUTIQUE , *marchandise
dont on a de la peine á se défaire*, an am-
reus, an dilès, goard-stal.

GARDE-COTE, *vaisseau armé pour
garder la côte*, lestr evit dihoall an aud,
*pl.* listry; lestr goard an aud. — *Capitaine garde-côte*, cabitan goard an aud,
*pl.* cabitaned goard an aud.

GARDE-FEU, *grille que l'on met devant le feu*, goard-tan, goard-an-tan.

GARDE-FOU, *petit parapet pour empêcher de tomber*, bardell, *pl.* ou. *Van.*
goardeü , barryelleû.

GARDE - CHASSE , goard-chaçze.
*Van.* goard-giboes.

GARDE-MANGER, armeler, *pl.* you.

GARDE-NOBLE, *la tutelle de quelque
énfant noble*, goardounyez nobl. *Van.*
goardach nobl.

GARDE-NOTE, *qualité des notaires*,
notéraich.

GARDE-ROBE , *lieu pour serrer les
habits*, campr an dilhad , cabined an
dilhad , armel an dilhad, lec'h da
c'houarn an guïsqamanchou sul. —
*Garde-robe, lieu d'aisance*, cac'h-lec'h,
an lec'hyou, au gac'h-lec'h, campr-
æz, ar gampr-æz, an discarg-qeguin,
poull-an-brenn.

GARDER, *conserver quelque chose*, miret un dra-bennac, *pr.* id.; gouarn un
dra-bennac, *pr.* et. *Van.* mirct, mireiñ.—*Gardez-moi cela*, gouarnit au dra-
ze din, mirit ô din.—*Gardes-le pour un
autre temps*, mirit ê bede un amser all.
*Qui peut ou doit se garder*, mirapl, gou-
arnapl.—*L'action de garder*, miridiguez,
goarnediguez. *v. gardien.*—*Garder, préserver de*, miret ouc'h , miret diouc'h ,
*pr.* id; divenn oud *ou* dioud, *pr.* et; di-
hoal ouz *ou* diouz, *pr.* dihoallet, dihoall, *id est* , miret ouz goall. —*Dieu nous
garde de malheur*, Doûe r'hon miro oud
droucq,Doûe r'ha bellaï droucq fortun
diouzomp *ou* goall fortun divarnomp.
—*Garder le bétail*, miret ar chatal, dihoall ar chatal , evezzaat oud ar cha-
tál.—*Garder les bêtes à cornes*, miret ar
saud, dihoall ar saud, buguelya ar
saoud, *pr.* et.—*Garder les lois*, miret al
lézennou.—*Garder sa parole*, derc'hell
e c'her, *pr.* dalc'het. *Van.* dalheiû c
yer.—*Garder le lit*, beza dalc'het var
ar guële, *pr.* bet.—*Se garder de* , hem

viret, hem dihoall. *Van.* him vireiñ.—

— *Gardez-vous de faire folie,* hem virit oud pep folléntez, hem dihoallit ouc'h folléntez, dihoallit da ober folléntez.— *Gardez-vous bien de parler,* dihoallit da brezecq, dihoallit da lavaret guer *ou* ne lavarac'h guer, licqit evez ne gompsac'h.— *En donner d garder,* rei da blouma, rei qélyen da blouma *ou* da louncqa rei da gridi, *pr.* roët ; leusqeul gadon da redecq, *pr.* làusqet. *Van.* reiñ bourdeü, gobér bourdeü, distaguciñ qerheneü. — *Celui qui en donne d garder,* nep a ro traou faos da gridi ; un dèn bourdus, *pl.* tud ; ur goaz comndt.

GARDEUR, *qui garde des troupeaux,* mæçzaër, *pl.* yen. *v.* berger.— *Gardeur de vaches,* pautr ar saud, *pl.* pautred. *v.* boutier. — *Gardeur de cochons,* pautr an moc'h.

GARDEUSE, *qui garde des troupeaux,* mæçzaërès,*pl.* ed. *v.* bergère, vachère. — *Gardeuse de poulets, etc.,* plac'h ar yer, *pl.* plac'hed.

GARDIEN, *qui garde,* mirer, *pl.* yen; evezyad, *pl.* evezidy. *Van.* mirour, *pl.* yan, mireryon. — *Gardien, celui en la garde duquel on a mis des biens saisis de justice,* abyenner, *pl.* yen; abyenneur, ambyenner, ambyonner, *ppl.* yen. *Van.* goard, *pl.* ed. — *Gardien de vaisseau,* gardyan, *pl.* ed. — *Gardien, supérieur d'un couvent de saint Francois,* gardyan, *pl.* ed. — *Le père gardien est un homme de mérite,* un dèn a vilid eo an tad gardyau.—*L'ange gardien,* an eal mad, an æl mad.

GARDIENNE, *celle qui garde des objets ou un malade,* mirerès, *pl.* ed; dihoallerès, *pl.* ed. *Van.* goardès. *pl.* ed.

GARDON,*poisson de rivière,*mandocq, *pl.* mandogued; gargadenn, *pl.* ed. *Van.* guénuicq, *pl.* guennigued.

GARE,*interj.*teac'h,teac'hit, dihoall, dihoallit, evez, eveçzaît, liqit evez. — *Voleur, gare la corde,* laër, dihoallit oud ar gorden, dihoallit oud ar groueg. — *Gare de là,* teéc'hit, teac'hit a-leçzo. — *Gare-gare, retirez-vous vite,* evez-evez, teac'hit affo.

GARENNE, *bois où l'on entretient des*

lapins, goaremm, *pl.* ou. *Van.* id., *pl.* eû.

GARENNIER, goaremmer, *pl.* yen. *Van.* goaremmour, *pl.* yon, yan.

GARGARISER, *nettoyer,* goëlc'hi e c'henou, *pr.* goëlc'het. *Van.* golheiñ er gouch a ziabarh. — *Gargariser la gorge,* gargouilhat, *pr.* et. — *L'action de gargariser,* gargouilhérez.

GARGARISME, lousou evit ar guenou, gargouil, *pl.* ou.

GARGOTE, *mauvais cabaret,* ostalliry-vorn, *pl.* ostalliryou-vorn ; tavargnicq, *pl.* tavargnouïgou; cox-tavargn, *pl.* coz-tavargnou.

GARGOTER, moñnet da eva da un ostalliry-vorn *ou* da ur goz-tavargn, *ppr.* ëet.

GARGOTIER, *ère,* ostiz *ou* ostisès ur goz-tavargn, *ppl.* ostisyen, ostisesed.

GARGOUILLE, *goutière de pierre ornée d'une tête de serpent, de lion, etc.,* gargoul, *pl.* you. *v.* gouttière.

GARNEMENT. *v.* libertin.

GARNIR, *pourvoir,* goarniçza, *pr.* et; fourniçza, *pr.* et. *Van.* goarniçzeiñ, fourniçzeiñ.—*Garnir une maison de meubles,* aunéza un ty,*pr.*annezet; meubli un ty, *pr.* meublet; goarniçza un ty.— *Une chambre garnie,* ur gampr auczet *ou* meublet *ou* goarniçzet. — *Garnir des chaises,* gorniçza cadoryou. — *Il a la bourse bien garnie,* fourniçz eo e ya!c'h, fourniçzet mad eo e yalc'h.

GARNISON,goarnison,*pl.*ou.*Van.*id *pl.* eû. —*Mettre garnison en quelque ville ou quelque maison,* lacqat goarnison èn ur guær-bennac, èn un ty-bennac.

GARNISSEUR,*qui garnit des chapeaux,* goarniçzer, *pl.* yen.

GARNISSEUSE, goarniçzerès,*pl.*ed.

GARNITURE,goarnitur,*pl.*you.*Van.* goarniçzadur, *pl.* eû.—*Garniture de lit, de rubans,* goarnitur guële, goarnitur rubannou. — *Sans garniture, qui n'est pas garni,* divoarniçz, difourniçz.

GAROU, *ou loup-garou,*bleiz-garv,*pl.* bleizy-garv; bleiz, *loup,* garv, *âpre;* dènvleiz, *pl.* tud; dèn, *homme,* bleiz, *loup.*

GAROUAGE, bordell, *pl.* ou.

GARROT; *bâton pour serrer,* tortiçz, *pl.* ou; sparl-berr, sparl-treuz,*pl.* ou.

GARROTTER, *lier fortement*, amarra ferm, amarra gand un tortiçz, *pr.* amarret; erēeu stardt, *pr.* erēet.

GARS, *garçon*, pautr, *pl.* ed.

* GARSAILLES, bugale, pautredigou, pautred. *Van.* haras.

CASCOGNE, *province ou partie de la Guyenne*, Goascoïgn. *Van.* id.

GASCON, *qui est de Gascogne*, Goasqonn, *pl.* ed, goasqonnis. *Van.* id.— *Les Gascons*, Goasqônis, ar Voasqôned.

GASCONNADE, *fanfaronnade*, goasqonnéres, *pl.* ou. *Van.* goasqonereb.

GASCONNER, *faire le fanfaron*, goasqoñuat, *pr.* et.— *Gasconner*, *voler adroitement*, laēres è soutil, laēres gad soutilded, *pr.* laēret.

GASCONISME, *locution gasconne*, goasconnaich, langaich ar Voasqoñned.— *Il parle gascon, ou le gasconisme, d charmer*, un ebad Doûe eu e glévet o parlant goasqoñuaich.

GASPILLER, *v. dépenser follement.*

GATEAU, goastell, *pl.* güestell. *Van.* goastell, goëstell, *ppl.* eü; gatéücun, *pl.* gatéüenneü, gateü. *r. échaudé, gâche.* — *Gâteau des rois*, goastell ar roûanez. — *Rompre un gâteau*, terri ur voastell açzumblès, *pr.* torret; qenderri ur voastell, *pr.* qendorret. — *Petit gâteau*, goastellicg, *pl.* güestelligou.— *Gâteau cuit sous la cendre*, goastell oaled, *pl.* güestell-oaled.— *Gâteau d'enfants, petit tourteau*, cuygn, *pl.* cuygnou; cuygnicg, *pl.* cuygnouigou. — *S'il reste de la pâte contre la pelle du four, on vous fera un gâteau*, marchom toaz ouc'h an iffourn, oz pezo cuygn.— *Amasser des gâteaux, comme font les jeunes enfants, au jour des Innocents, pour leurs étrennes*, cuygnaoüa, *pr.* et. — *Faiseur de gâteaux*, goasteller, *pl.* yen. *Van.* goastellour, gatéüour, *ppl.* yon, yan.

GATER, *ruiner, détruire*, goasta, *pr.* et. *Van.* goasteiñ.—*Les soldats ont gâté tout le pays*, goastet eo oll ar vro gand ur soudarded.—*Gâter, faire tort, nuire*, noazout, noaza, *ppr.* noazet; ober gaou, *pr.* græl; coll, *pr.* collet.—*Le grand chaud a gâté les blés*, re vras tomder èn deus noazet oud an edou *ou* èn deus

collet an ydon.—*Gâter, souiller, tacher*, souilha, *pr.* et; sautra, *pr.* et; concheza, *pr.* et; hacrât, *pr.* hacrēet. *Trég.* mastarañ, *pr.* mastaret; sautrañ, *pr.* et. *Van.* couçzi, couçzyeiñ, couchyeiñ. —*Mon habit est gâté*, souilhet co *ou* sautret eo va abyd, conchezet eo va guiqamand. *Van.* couçzyet cü m'abyd.— *Il s'est tout gâté dans cette mare*, hacrēet eo oll *ou* mastaret eo tout cbarz èl laguenn-hont.—*Gâter, rendre mauvais*, goaçzaat, *pr.* ēet; fallaat, *pr.* ēet; coll, *pr.* collet. *Al.* malln. — *La fortune gâte plusieurs personnes*, fortun vras a goll meur a bipy, re vras fortun a ra goaçzaat cals tud.—*Ils ont gâté cet enfant*, collet eo ar c'hrouadur-hont gandho, fallēet co ar bugnel-hont gadho, eat eo ar c'hrouadur-hont da fall gandhé.—*L'enfant gâte*, ar c'hrouadur collet, ar map collet, ar mabicq collet.—*Se gâter, se corrompre*, bouta, *pr.* et; breina, *pr.* et; cahout c'huēz.— *Cette viande est gâtée*, boulet eo ar c'hicq-mañ, c'huēza so gand ar c'hicqmâ, breiñ eo ar c'hicq-mâ *ou* ar pesqed-mâ.—*Se gâter par-dedans, parlant des arbres et des fruits*, teza, *pr.* et. *v. piquer.*

GATE-METIER, *ouvrier ignorant, ou qui travaille d vil prix*, coll-micher, coll-labour, ur c'holl-micher, ur c'holllabour, lieñtent, luguder. *Van.* ur gouçzi-mechér.

GATEUR, *barbouilleur de papier*, ur barbouilher-paper, *pl.* barbouilhéryen baper. *Van.* bastrouilher, *pl.* yon, yan.

GAVACHE, *homme sans cœur et mal vêtu*, hailhoñ ha digaloun, *pl.* hailhoñned ha digaloun. *Van.* cañard, *pl.* ed; couhyon, *pl.* ed.

GAUCHE, cleiz. *Van. et Trég.* cley. — *La gauche*, an tu cleiz, an dourn cleiz, ar c'hostez cleiz. — *A gauche*, a gleiz, a zourn cleiz, var an tu cleiz, var an dôrn cleiz.—*Au côté gauche*, eñ tu cleiz, èn dourn cleiz.—*Du côté gauche*, dioud an tu cleiz.—*Le pied gauche*, an troad cleiz. — *Un esprit gauche*, ur spered treuz, — *Une taille gauche*, ur vèud disaçzoun.

GAUCHER, *qui se sert de la main gauche au lieu de la main droite*, cleizyad, *pl.* oleizidy; cleizard, *pl.* ed. *Van.* cleyad, cleyard, *ppl.* ed.

GAUCHÈRE, cleizyadès, *pl.* ed; cleizardès, *pl.* ed.

GAUCHIR, *biaiser. v.-y.*

GAUFRE, *rayon de miel. v. rayon.* — *Gaufre*, *oublie*, galfrezen, *pl.* galfrez; gaulfrezen, *pl.* gaulfrez. *Van.* goastelleñ, *pl.* goastell, goastell-moēn.

GAUFRIER, *fer pour faire des gaufres*, houarn galfrez. *Van.* hoarn-goastelleñ-plad.

GAULE, *royaume de France*, Gall, bro-Gall, bro-C'hall. *v. France.* — *Il a les armes du roi des Gaules sur les épaules*, fourdiliset eo *ou* eo bet, armoryou Gall a zoug var e zion scoaz. — *Gaule, perche d gauler des noix*, *des pommes*, perchenn, *pl.* ou; perch, peirch. — *Gaule, bâton grêle pour s'appuyer*, goalenn, *pl.* goaleigner. *Van.* goalenn, *pl.* eū. *v. baguette.* — *Gaule, houssine propre à corriger un enfant*, quylastrenn, qelastrenn, *ppl.* ou. *v. verge.* — *Gaule, verge*, guyalenn, *pl.* ou, guyal. — *Gaule, vergette pliée en arc*, croumelleñ, croumell, *ppl.* ou. — *Gaule d piquer des bœufs*, garzou, *pl.* garzéyer.

GAULER, *battre les arbres fruitiers pour en faire tomber le fruit*, bazata guéz, *pr.* et; discarr frouēz gand peirch, *pr.* et.

GAULOIS, *habitants des Gaules, ancien nom de la France*, Gall, *pl.* Gallaouēd. *Van.* id. — *Un Gaulois, un Français*, ur Gall. — *Les Gaulois, les Français*, arC'hallaouēd. *Van.* er Galleūed. — *Gaulois, langage gaulois*, gallecq coz, ar gallecq coz. *Van.* er gallecq-coh. — *Parler gaulois*, comps gallecq-coz. — *Gaulois, antique, barbare, grossier*, coz, barbar. — *Cet homme a les manières un peu gauloises*, ar c'hompartamand eus an dēn-hont a dansta un neubeud oud hiny ar c'hallaouēd aucian, coz eo terrupl ar fæczounyou eus an dēn-hont.

GAULOISE, *qui est des Gaules*, Gallès, *pl.* ed. *Van* id. — *Une Gauloise, une Française*, ur C'hallès. *Van.* ur Gallès, ur Hallès. — *Les Gauloises*, ar C'hallesed.

GAUSSER, *se moquer*, godiçza, godiçzal, *ppr.* et; nodal, *pr.* et; ryotal, *pr.* et. *Van.* gaüdiçzal, gaudiçzeiñ, ryotal, goapeiñ, goapat, riqeçzal.

GAUSSERIE, *raillerie*, godiçzérez; riot, nédérez, *ppl.* ou. *Van.* gaudiçzadur, gaudiçzereh, goapereh.

GAUSSEUR, godiçzer, noder, ryotér, *ppl.* yen. *Van.* goudiçzour, goapour, *ppl.* yon; dejandus.

GAUSSEUSE, godiçzerès, ryoterès, *ppl.* ed. *Van.* gaudiçzoures, goapourès, *ppl.* ed.

GAVOTTE, *danse gaie*, gavotteñ, *pl.* ou. — *Danser une gavotte*, dançzal ur c'havottenn, *pr.* dançzet.

GAYAC, *bois des Indes, dur et pesant*, gayaoq, coad gayacq.

GAZE, *étoffe très-claire*, gazen. — *Une gaze jaune*, ur gazen velen. — *Une gaze noire*, ur c'hazen du, ur gazen du.

GAZETIER, gazottenner, *pl.* yen.

GAZETTE, gazetenn, *pl.* ed.

GAZON, *terre couverte d'herbe*, moudenu glas, *pl.* moudennou, mouded glas. *Van.* motenn glas, *pl.* mottad.

GAZONNER, goarniçza gand mouded glas.

GAZOUILLEMENT, gueyz *ou* gueyd an labouçzad, can al labouçzed.

GAZOUILLER, *parlant des oiseaux*, gueyza, guyda, cana, *ppr.* et. — *Gazouiller, parlant des petits enfants qui commencent à parler*, gagouilhat, *pr.* et; begueilyat, *pr.* et.

GEAI, *oiseau*, qéguin, *pl.* ed. *Van.* id. *Burlesq.* richard, richardicq. *v. pie, renard.* — *Foireux comme un geai*, foérus ou foérous evel ur guéguin.

GÉANT, *personne de grandeur colossale*, gigant, *pl.* ed; geant, *pl.* ed. *Van.* id. *Al.* giand, gigās, *ppl.* ed. — *Le géant Goliath, ar gigant Golyath. — David, lorsqu'il n'était encore que d'une taille fort médiocre, et un nain en comparaison de Goliath, vint à bout de tuer ce géant d'un coup de fronde*, David petra bennac n'e. do nemed ur c'hrenn-bautricq c'hoaz, ha memesamand ur c'hornandounicq è-scoaz ar geant Golyath, a zeuas cous. coude a benn da laza gand un taul battramm ar picqol-felpeū-laqqepod bras-ze. — *Og , roi de Basan , était un géant qui avait neuf coudées de haut,* Og, roūe a Vasan, a yoa ur geant pehiny èn de-voa nao ilinad ubelded, pe trizecq troa-dad-hanter a uhelded ; ennez voa ar peulvan, va Doūe.

GÉANTE, gigantès, geantès, peulvan, *ppl.* oụ. Pelvan *se dit aussi des hommes extraordinairement grands. v. pilier.*

GELÉE, *froid qui glace,* réau; réveñ, *pl.* oụ. *Van.* réau, reū. *v. glace.* — *Petite gelée,* révennicg, *pl.* révennouïgou. — *Il a fait une petite gelée,* ur révennicg a so bet, un tammicq réau a so bet. — *Gelée blanche, première et médiocre gelée, qui blanchit les herbes et les arbres,* réau guënn; révenn-venn, *pl.* révennou. *Van.* reū guënn. *On dit proverbialement en français et en breton :*

Gelée blanche au croissant,
Marque de beau temps ;
Gelée blanche au decours ,
De la pluie sous trois jours.

Réau guën èr c'hresq;
Amser gaër ha fresq;
'Réau guënn èn discarr,
Amser gleb hep mar.

— *Gelée forte,* réau caled, scourn, scôrn. — *La gelée est si forte que la rivière est prise, que les pierres en sont gelées,* qer ca-led eo ar réau, ma zeo sclaçzet ar staer ha scournet ar væin gandbâ. — *Etre sujet à la gelée,* beza révus, beza suged da révi. — *Temps propre à donner de la gelée,* amser révus. — *La gelée n'est bonne que pour les choux,* ne deo mad ar réau nemed evit ar c'haul *ou* nemed evit te-neraat ar c'haul. — *Gelée, sucs de vian-des,* jun caledet, suzn caledet, jun qicq coazet ha caledet. *Van.* chugoụqicq ca-ledet *ou* yeinet. *v. consommé.*

GELER, *glacer,* revi, *pr.* et; scourna, scôrni, sclaçza, *ppr.* et. *Van.* réaoụeiñ, reūciñ, sclaçzeiñ, scorneiñ, sorneiñ. — *Les blés et les vignes sont gelés,* révet eo an ydou hac ar guinyennou. — *La su-perficie de l'eau est gelée,* sclaçzet *ou* clez-ret eo an dour. — *L'eau est profondé-ment gelée,* scournet *ou* scôrnet eo an dour. — *Le bois et les pierres sont gelés,*

scournet eo ar c'hoad hac ar væin. — *Les herbes et les feuillages sont gelés,* revet eo ar guéaud hac an delyaichou. *Il faut prendre dans les mêmes sens que dessus, les substantifs* scourn, scôrn, sclaçz, réaụ; *et les adj.* scournus, scôrnus, sclaçzus, révus. — *Qui peut geler et qui est sujet a geler,* révus, scournus, scôrnus, sclaç-zus. — *L'action de geler,* révadur, scourn-der, sclaçzadurez, scôrnidiguez. — *Il gèle et il gélera,* révi a ra ha révi a rayo, scourna a ra ha scourna a rayo, beza ez sclaçz, beza ez sclaçzo. — *On dirait qu'il a l'âme gelée, tant il parle d'un froid pé-nétrant,* qer yen e teu ar c'hompsyou èr meas eus e gorf, ma lavarac'h ez eo scournet o ene èn e greiz.

GELIF, *gercé par la gelée,* coad ge-lecq, coad gêl. *Van.* coëd gelecq.

GELINE, *poule,* yar, *pl.* yaresed, yer.

GELINOTTE, *jeune poule tendre et grasse,* eznès lard, *pl.* ed; polés lard, *pl.* ed. — *Gelinotte, poule sauvage,* eznès gouëz, *pl.* eznesed. *Van.* yar gonë, yar guiff, *ppl.* yer, etc.

GÉMIR, *se plaindre par des cris,* hir-vouda, hirvoudi, *ppr.* et. *Van.* hirvou-deiñ, caūveiñ, gober caūveū. *v. lamen-ter, sanglotter, soupirer.* — *Gémir comme une tourterelle,* hirvoudi evel un dur-zunell. — *Ce qui mérite d'être gémi,* hir-voudus, hirvoudecq, din a hirvoud, oh, añ. — *Celui qui gémit,* hirvouder, *pl.* yen. — *Celle qui gémit,* hirvouderès, *pl.* ed.

GÉMISSEMENT, *plainte douloureuse,* hirvoud, *pl.* oụ; siouadenn, *pl.* oụ; *de* siouaz, hélas. *Van.* hirvoud, *pl.* eū; caū-veū; hirvoudenn, *pl.* eū. — *Pousser de longs gémissements,* ober hirvoudoụ bras, *pr.* græt; hirvoudi meurbed, *pr.* et.

GÊNANT, e, *qui gêne,* encresus, po-annius, anqeannius, tourmantus, oc'h, à, añ. *Van.* poënius.

GENCIVE, carvan, *pl.* oụ; carven, *pl.* oụ; qicq-dént, qic an dént, ar c'hicq-dént. *Van.* qicq-dént. — *Gencives des pe-tits enfants qui n'ont point encore de dents ou des vieillards qui n'en ont plus,* munç-zun, *pl.* oụ. — *Les gencives ne lui per-mettent pas de manger, il est contraint de sucer*, ne **ra** nemed suzna gad e vunç-zunou.

**GENDARME**, *soldat de police*, mare-guer armet penn-da-benn, *pl.* maré-guéryen, etc. *v. lance.*

**GENDARMERIE**, *corps de gendarmes*, ar varreguéryen armet penn-da-benn *ou* armet penn-qilh-ha-troad.

**GENDRE**, map-caër, *pl.* mibyen-gaër; deuñ, *pl.* ed. *Van.* mabecq, *pl.* mabrgued; deañ, *pl.* ed; dañ, *pl.* ed.

**GÊNE**, *torture*, question, jayn, jahyn, tourmand. *Van.* jahyn. — *Gêne, la question du feu*, an touich-tan, qistion an tan, ar guistion-dan. *Al.* tanar, *id est*, tan-ardant. — *Donner la gêne d'un criminel*, jayna ur c'hriminal, *pr.* jaynet. *v. questionnaire.* — *Donner la gêne ou la question du feu d'un criminel*, tana e dreid da un torfetour, *pr.* tanet; rei an touich-tan *ou* rei touichou-tan da un torfetour, *pr.* roët. — *Gêne, fatigue, peine*, encrès, trubuilh. *Van.* poën, tribuilh. — *Donner la gêne à son esprit*, encresi e spered, *pr.* et; trubuilha e spered, *pr.* et; tourmanti e benn *ou* e spered, *pr.* et.

**GENEALOGIE**, *suite d'aïeux*, an his-tor eus a vouěnn ur re-bennac, an his-tor eus a lignez ur re-bennac.

**GENEALOGIQUE**, *table ou arbre généalogique*, taulenn-gouěnn, *pl.* taulen-nou; taulenn-lignez. *v. arbre.*

**GENEALOGISTE**, nep a ra taulen-nou-gouěnn *ou* taulennou-lignez.

**GÊNER**, *donner la gêne*, *v.-y.* — *Gê-ner, violenter*, jayna, *pr.* et. *Van.* jahy-nciñ, contraigueiñ. — *Se gêner*, hem jayna. *Van.* him jabinciñ.

**GENERAL**, *e*, *universel*, general, ge-renal. *Van.* id. — *En général*, e general, eñ gerenal. — *Général, qui commande en chef l'armée*, general a arme, general var un arme. — *Les généraux d'armée*, ar generaled eus an arméou. — *Général d'un ordre religieux*, general *ou* tad ge-neral vès a un urz. — *Les généraux d'or-dres*, ar generaled *ou* an tadou genera-led vès an urzou religiused. — *Dans l'ordre de S. François il y a trois généraux: le premier, celui des Conventuels ou Cor-deliers à la grande manche, qui est la pre-*mière branche de l'ordre; le deuxième, celui des Observantins ou Cordeliers, des Récol-lets, desSoccolants, Arabides, desPénitents, etc.; le troisième, celui des Capucins, èn urz sant Francès ez eus try zad genc-ral; ar c'hentá eo hiny an tadou Cou-véntualed, an eil eo hiny san-France-sis; an drede eo hiny ar gabucined.

**GENERALAT**, *dignité d'un général*, generalaich.

**GENERALEMENT**, e general.

**GENERALISSIME**, general ar gene-raled.

**GENERALITÉ**, *qualité générale*, ge-neralded.

**GENERATION**, *action d'engendrer*, eñgueheñtadur. — *Génération, filiation*, lignez, *pl.* ou; gouěnn, pobl. — *Le titre de la génération de J.-C.*, al levr saér eus a lignez Jesus-Christ. — *Une génération méchante et illégitime demande des mira-cles, on ne lui en fera point voir*, ur gou-ěnn milliguet *ou* ur bobl fall ha bastard a g'houlenn burzudou ha ne vello ne-cun, eme Jesus-Christ. — *Les biens mal acquis ne passent pas à la troisième géné-ration*, ar madou goall-acquysitet na drémenont qet é daouarn an douare-ned, ar madou droucq-acquysitet ne dcont qet bede an drede gouěnn *ou* be-de an drede lignez. — *Génération, per-sonnes qui vivent en même temps*, rnm tud, popl. — *Une génération passe et l'autre vient*, ur bobl a drémen hac un all a zeu, ur rum a drémen hac ur rum all a zeu, ur rum tud a dremen ha re all a zeu ho goude. — *De génération en gé-nération*, a rum-é-rum, a bobl-é-popl, a oad-é-oad, a amser-é-amser, a gant-ved-é-cant-ved.

**GENEREUX**, *euse*, *qui a l'âme grande*, nobl a galoun; nep èn deus ur galoun vras *ou* nobl.—*Généreux*, *euse*, *brave*, vailhant, calounecq, oc'h, á, añ. — *Généreux*, *euse*, *libéral*, larg, oc'h, á.

**GENEREUSEMENT**, gand vailhan-ticz, gad larguéntez, èn ur fæçzoun nobl, ez calounecq.

**GENEROSITÉ**, *grandeur d'âme*, libé-ralité, vailhandiçz, vailhan! çz, caloun, larguéntez.

GÉNESE, *premier livre de la bible*, levr ar genes ; ar c'hentâ levr eus ar vibl, pe èn hiny ez eo discrivet an histor eus a grouïdiguez ar bed, hac eus a vuhez ar batryarched.

GENET, *arbrisseau*, bazlan, baëlan, balan, bañnal. *Van.* bonal, benal, belan. — *Jeunes brins de genêt*, B.-*Léon*, scodou baëlan. *Al.* brinçzou bazlan, bazlannigou yaouancq.—*Des troncs de genêt*, scodou bazlan, grizyou baëlan. — *Une verge de genêt*, ur vyalenn vaëlan. *Van.* ur vonalenn.—*Une branche de genêt*, ur bar *ou* ur bod baëlan.— *Un balai de genêt*, ur valaènn, *pl.* balaënnou.—*Genêt d'Espagne*, bazlan Spaign.

* GENETAI, *lieu semé de genêts*, bazlanecg, *pl.* bazlanegou, bazlanéyer. *Van.* bonalecg, belanecg, *ppl.* ucü.—*Le genêtai*, ar vaëlanecg, ar bazlanou.

GENEVIEVE, *nom de femme*, Genovefa.—*Petite Geneviève*, *ou Javote ;* Genovefaïcq, Nofaïo. Faïcq.—*Sainte Geneviève*, santès Genovefa.

GENEVRIER, genévreg, juniperecg, *ppl.* ou.

GENIE, *bon ange*, ealmad. *pl.* ælez mad ; æl mad, *pl.* ælez mad, æled mad. — *Mauvais génie*, ar goall æl , *pl.* goall ælez ; grippy. — *Génie qui, suivant l'opinion du peuple, accompagne chaque homme*, au arc'houère. — *Génie familier, démon privé*, an diaul priñvet, an arc'houère. *Je ne suis d'où peut venir ce mot* arc'houère, *fort commun parmi les anciens du peuple, si ce n'est de* arc'hautour, *apporte-argent ; parce qu'ils disent que celui qui a cet* arc'houère *ne manque point d'argent.*—*Génie, naturel*, natur, spered.—*Il a un génie heureux*, natur vad a so ennâ. — *Il a un mauvais génie, de mauvaises inclinations*, droucq-natur a so ennañ.—*Un génie vif*, ur spered beo, ur spered bouilhus , ur spered birvidicq, beo a natur, bouilhus dre natur.—*Un petit genie, un esprit borné*, ur speredicq bihan a zèn, ur spered berr meurbed. — *Un beau génie*, ur spered caër a zèn.—*Il ne faut point violenter son génie*, arabad eo forza natur.—*Génie, adresse pour les arts et pour les sciences*,

iñgin, igin, igign.—*Il a du génie*, iñgin *ou* igin en deveus, iginuseo, igignuseo.

GENIEVRE, *fruit du genevrier*, genevra, greun genevra, had genevra.

GENISSE, *jeune vache*, ounner , *pl.* ed ; enoar, *pl.* ed ; annoard, *pl.* ed ; bieuc'h yaouancq. *Van.* anoër, *pl.* ed. —*La génisse chasse, ou cherche l'approche du taureau*, hemolc'h a ra an ounner. —*La génisse a eu le taureau*, hemolc'het eo an ounner. — *La génisse est pleine*, dalc'het he deus an ounner, qeulé *ou* qeufle eo an ounner. *τ. présure*, *junent.*

GENITURE, *enfants*, buguel, *pl.* bugale. — *Voilà votre belle géniture, votre belle production*, cetu aze ho taul-micher, cetu aze ho puguel coandt *ou* ho puguel didailh *ou* dibalamour *ou* difæçzoun *ou* disforc'h.

GENOU, glin. *Van.* clin-gar. —*Les genoux*, daoulin, an daoulin, an naoulin. *Van.* en deülin.—*Il a mal au genou, aux genoux*, droucq èn deus *ou* poañ èn deus èn e c'hlin, èn e zaoulin. — *J'ai mal à un genou, à mes genoux*, poan am eus èn ur c'hlin *ou* èm glin , èm daoulin.—*Etre à genoux*, beza daoulinet, beza var an daoulin, beza var benaou e zaoulin. *pr.* bet.— *Qui a un genou à terre*, glinet, var un c'hlin.— *A genoux, vite*, dan naoulin, affo ; yt affo d'an daoulin.—*Le gros os du genou*, croguenn an glin *ou* ar c'hlin. — *L'éminence du genou, des genoux*, penn ar c'hlin, pennou an daoulin.

GENOUILLÈRE, *ce qui couvre les genoux*, morzetenn, *pl.* ou. *Van.* morñettenn, *pl.* eü.—*Genouillères de bottes*, morzetennou heuzou.

GENRE, *t. de grammaire*, gener. — *Le genre et l'espèce*, ar gener hac ar spès. —*Genre masculin*, ar c'hentâ gener, ar gener mâl. — *Le genre féminin*, an eil gener, ar gener feuncll. —*Le breton n'a pas de genre neutre*, eü brezounccq ne deus gener e-bed nemed ar mâl, ar femell hac an hiny cummun.--*Le genre humain*, al liguaïch humen, an oll-dud, ar bed-oll.--*Genre, sorte, manière, seurd*, mauyel, fæçzoun , spès. — *Il y a un genre de personnes qui sont, etc.*, beza ex eus un seurd tod *ou* ur fæçzoun tud *ou* ur spès tud pere a so, etc.—*Prendre un genre de vie*, qemeret un seurd buhezé-guex, qemeret ur stad a vuhez, *pr.* id.

GENS, *personnes*, tud, personnai-chou. *Van.* tud, tudeû.—*Gens, domestiques*, tud an ty, ar servichèryen. — *Mes gens, tes gens*, va tud, da dud, daz tud.—*Ses gens, nos gens*, e dud, hon tud.—*Vos gens, leurs gens*, ho tud, ho zud.—*Gens de pied*, tud var droad.—*de cheval*, tud var varc'h, mareguéryen, marecaouryen.—*de mer*, moraër, yen, moraïdi.—*Tous les gens de bien*, an oll re-vad, ar re vad oll.—*Tous les gens de bien sans en excepter un seul*, ar re-vad oll guytibunan. guytibunan, *id est*, bete-unan.—*Gens de lettres*, tud a study, tud gouïzyecq.—*d'église*, tud a ilis. —*de justice*, tud a justiçz, tud a yustiçz.—*du roi*, tud ar roüe.—*de métier*, mercherouryen. —*de rien*, tud distér. *Van.* id. *v. canaille.*—*Quelques gens*, ur re, ur re-bennac.

GENTIANE, *plante médicinale*, geanciff, ar geàuciff, lousaouën ar geanciff.

GENTIL, *païen*, payan, *pl.* ed; dèn divadex, tud divadez. *v. païen.* — *Les gentils*, an dud divadez, ar bayaned. —*Gentil, joli, mignon*, coandticq, propicq, mistricq, gentil, oc'h, añ. *v. joli.* — *Vous êtes un gentil personnage*, ur pautr gèntil oc'h, ur pautr gentil so ac'hanoc'h.

GENTILLATRE, *petit gentilhomme de noblesse douteuse*, briz-digentil, *pl.* briz-tud-digentil; cracq-digentil, *pl.* cracq-tu-chentil; coz-digentil, *pl.* coz-digentil, coz-tuchentil; digentil couëzet eus a lost ar c'harr, *pl.* tuchentil. etc

GENTILHOMME, *qui est noble d'extraction*, digentil. *pl.* tuchentil; digentil-nobl, *pl.* tuchentil-nobl. *Van.* digentil, *pl.* tuchentil, tuchentiled. digentil, *id est*, dèn gentil; et tuchentil. tud gentil.—*Gentilhomme de la chambre du roi*, digentil a gimpr ar roüe.— *à littre.* digentil paour.

GENTILHOMMIÈRE, manericq, *pl.* maneryouïgou; coz-manericq, *pl.* coz-maueryouïgou.—*Une jolie gentilhom-*mière, ur manericq coandt.—*Une pauvre gentilhommière*, ur c'hoz-vanericq.

GENTILISME, *religion des païens*, fah-credeü an dud divadez, fals-léseü ar bayaned.

GENTILITÉ, *les païens*, ar bayaned, au tud divadez.

GENTILLESSE, *amabilité*, géntilded. *Van.* coëntiz, coantiz. — *Cette femme a beaucoup de gentillesse*, ur géntilded vras he deus ar c'hrecg-hont, ur c'hrecg géntil eo terrupl.—*Il nous a fait mille gentillesses*, cant géntilded oti cant tro géntil *ou* cant tro goandt èn dousgræt dirazomp, cant bourd coandt èn deveus great dirazomp.

GENTIMENT, *joliment*, eoanticq, probicq, mistricq, brao, gad géntilded.

GENUFLEXION, *action de fléchir le genou*, ur stou-glin, ur plecq-glin. — *Des génuflexions*, stou-daoulin, plecg-daoulin.—*Faire une génuflexion*, plega ur c'hlin.—*Faire des génuflexions*, plega an naoulin, *pr.* pleguet.

GEOFROI, *nom d'homme*, Jaffrez, Jaffre.

GEOGRAPHE, nepa ene pe a zesq ar sqyand da anaout an oll broëzyou eus ar bed.

GEOGRAPHIE, *description du globe terrestre*, taulenn eus an oll broëzyou, sqyand pehiny a zesq da aznaout an oll broëzyou eus ar bed.

GEOGRAPHIQUE, *carte géographique*, taulenn pehiny a zisqñéz lod eus ar bed, pe an oll broyou eus ar bed.

GEOLAGE, *droit dû au geôlier*, geolaich. guir ar geolyer.

GEOLE, *prison*, ar sol, ar geol, ar iol. *ppl.* you. *Van.* id. *pl.* yeü.

GEOLIER, solyer. geolyer, *ppl.* yen. *Van.* id .*pl.* yon, yan. *Al.* cheper, *pl.* yeu.

GEOLIÈRE, grecg ar geolyer, ar geolyerès.

GEOMETRE, nep a voar, pe a zesq ar fæçzoun da vusula an doüar, ha pep matery all.

GEOMETRIE, sqyand pehiny a zesq ar fæçzoun da vusula an doüar, ha pep matery, hervez e uhelded, e zounder, e hed, hac e ledander.

GEOMETRIQUE, a aparchant ouc'h ar musulaich evès an doüar, etc.—*Un pas géométrique est composé de cinq pieds,* ur gamed musulaich a gompren pemp troadad.

GEORGES, *nom d'homme,* Jorch.— *Saint Georges,* sant Jorch.

GEORGIQUE, *les géorgiques de Virgile,* pévar levr Virgila eveus ar gouni-déguez *ou* eus al labouraich.

GERBE, *faisceau de blé coupé et lié,* malan, *pl.* ou; malan ed, *pl.* malanou ed; stuc'henn, stuc'henn yd, *pl.* stuc'hennoü. *Van.* fesqen, fesqad.

GERBER. *τ. engerber.*

GERBIER, *tas de gerbes,* Léon, semenn, *pl.* ou; caquad, *pl.* ou. *Trég.* calboru, *pl.* yo. *B.-Corn.* croasell, *pl.* ou. *H.-Corn.* pempenn, *pl.* au; bern-ed, *pl.* yau. *Van.* menal, *pl.* eü.

GERCER, *causer des crevasses aux mains,* spinac'ha, *pr.* et; scarra gand ar riou, *pr.* scarret; trouc'ha *ou* fauta gad ar riou, *ppr.* et. *Van.* spinaheiñ, scarreiñ, feüleiñ gued en acoueñd. Léon, sqalfa, *pr.* et.—*Gercer, parlant du bois qui se fend, d'un mur qui se crevasse,* scarniña, *pr.* et; fauta, *pr.* et; scarra, *pr.* et.

GERCURE, *crevasse sur la peau,* spinac'henn, *pl.* ou, spinach; scarr, *pl.* ou; trouc'h, faut, *ppl.* ou. *Van.* spinah. Léon, sqalf, *pl.* ou. — *Gerçure, crevasse,* scarniñ, scarrou, fautou.

GERMAIN, *nom d'homme,* Germen. —*Germain, né, frère ou sœur de père et de mère,* compès. *Van.* campoes.—*Ils sont frères germains,* breuzdeur compès int, daou vreuzr compès int. *v. frère.* —*Ce sont deux sœurs germaines,* c'hoaresed compès int, diou c'hoar compès int.—*Cousins germains, enfants de frère ou de sœur,* qendirvy compès. *Van.* can-derüed campoes.—*Issus de germains,* qevendirvy. *τ. cousin.*

GERMAINE, *nom de femme,* Germena.

GERMANDRÉE, *plante amère,* betanieq, betoëna, lousaouëñ an derzyeñ.

GERME, *embryon de graine,* qellid, héguin, germin, boëdenn, braguez. *τ. germer.* — *Le germe du blé,* qellid an

---

ed, germin an yd, boëdenn an ed, héguin an yd. Léon, braguez an ed.— *Le germe d'un œuf,* cluy, qilhéguez, germin vy, boëdenn vy.—*Faux-germe; masse informe de chair,* aümas, *pl.* aü-masyou. *τ. amas, môle.*

GERMER, *pousser un germe,* higuida, *pr.* et; dihoañ, *pr.* dihoañnet; divoann, *pr.* et; germinañ, *pr.* germi-net; didiñvi, *pr.* et; *de tenv, sève.* qellida, *pr.* et; *de qjell, testicule.* bronçza, *de bronçz, pousse. Al.* tardol, *pr.* et; *de ard, naturel, et de taul ou tol, jet, pousse;*bragueza,braguezi,sautra,*ppr.*et

GERONDIF, *t. de grammaire.* Il *s'exprime en Breton par l'infinitif précédé de l'art.* o *ou* ên ur. — *En courant,* o redecq, ên ur redecq. — *En aimant,* o caret, ên ur garet.

GERVAIS, *nom d'homme,* Gelvès. — *Petit Gervais,* Gelvesicq.

GESIER,*deuxième ventricule d'oiseaux,* clas. *Van.* sablér.

GESTE, *action du corps,* gestr, *pl.* ou. *Van.* id., *pl.* eü. — *Faire quelque geste,* ober ur gestr bennac, *pr.* græt.—*Faire des gestes,* ober gestrou; gestral, *pr.* et. — *Un beau geste,* ur gestr caër, *pl.* ou. — *Gestes, belles actions,* oberyou caër, oberyou enorus.

GESTICULATEUR, *qui gesticule,* gestraouër, *pl.* yen. *Van.* gestrour, *pl.* yon, yan; grimaçzus.

GESTICULER, *faire des gestes,* gestraouï, *pr.* et; gestral, *pr.* et. — *Gesticuler, faire trop de gestes,* re gestraouï; ober re a gestrou,ober gestrou dic'hraçz, *pr.* græt.

GESTION, *action de gérer,* compor-tamand. — *Rendre compte de la gestion d'une tutelle,* renta cound eus e gom-portamand ên ur voardounyez, renta cound eus a ur voardounyez,*pr.*rentet.

GIBECIÈRE, *bourse de chasseur,* gibi-cerenn, *pl.* ou. — *Des tours de gibecière,* troyou gibicerenn, bourdou coandt. *Van.* bourdeü brañ.

GIBELET,*petit foret,*guymeled,*pl.*ou.

GIBET, *patence,* potançz, *pl.* ou; ar groueg, ar groueg-lec'h. *Al.* gibel, cro-ug-prenn, a-t prenn-croaz. — *Le Nor-*

*mand fut mené et pendu au gibet*, an Or-mand a yoa caçzet dar potançz ha erou-guet outâ siouaz dezâ. — *Reste de gibet.*

*reste de corde, injure*, bouĕd ar groucg, bouĕd ar gordenn, lançz ar groucg. *Van.* boĕd er groug, bouïd er groug.

GIBIER, *animaux pris à la chasse pour manger*, giber, qicq goëz, qicq chaçzè. *Van.* gibér, qicq giboëçz.

GIBOULÉE, *ondée de pluie*, cabouad-glao, *pl.* cahouageou ; barr-glao. *pl.* barrou; mor-glao, *pl.*mor-glavyou.*Van.* bodad, *pl.* eŭ.

GIBOYER, *giboyeur. v. chasse, chasseur.*

GIGOT, *éclanche*, gigod, *pl.* ou; ur gi-god-vaoud. *pl.* gigodou; morzed vaoud, *pl.* ou. — *Un gigot de veau*, ur gigod-lue.

GILDAS, *nom d'homme*, Guĕltas. — *S* Gildas, sant Guĕltas, sant Veltas.

GILLES, *nom d'homme*, Gily, Gilès. — *S.* Gilles, sant Gily, sant Gilès. — *Terme jusqu'à la Saint-Gilles*, termen bedo gouël Sant-Gily ou bede San-Gi-ly. — *S.* Gilles, près Hennebon, San-Gi-ly Hennbord. — *S.-Gilles-Pligeau*, en *la H.-Corn.*, Sant-Gily-Plézou, *id est*, *Saint Gilles des peuples, du grand peuple, de* ploëz, *pl.* ou. — *Gilles le niais*, Gilès al lue, Gilès an diot.

GILLETTE, *nom de femme*, Geletta. — *Petite Gillette*, Geletlaïcq.

GINGEMBRE, *plante*, giñgébr.

GINGUER, *donner des coups de pied*, guyncqal, *pr.* et. *Van.* hegeiñ en divar. *v. ruer, frétiller.*

GINGUET, *mauvais petit vin*,guïnicq. *pl.*guïnouïgou.*Van.*guin distér,guïnicq

GIRASOL *ou tourne-sol, fleur*, tro-héaul; bofed tro-héaul, *pl.* boqedou.

GIROFLE, *arbre aromatique*, geno-flenn, güezen genofl. —*Clou de girofle, fruit de l'arbre de ce nom*, taich genofl, *pl.* taichou.

GIROFLÉE, *fleur*, genoflès.

GIROFLIER *ou œillet,fleur*,genoflen, *pl.* genofl.

GIRON, barlenn, *pl.* ou. *Van.* id.,*pl.* eŭ. — *Le giron*, ar varlenn. — *Dans mon giron*, èm barlenn, var va barlenn. — *Plein le giron*, barlennad, *pl.* ou. *Van.* id,, *pl.* eŭ.

GIROUETTE , gilouëtenn , *pl.* ou ; guïblenn, *pl.* ou. — *Girouette qui a des armes peintes*, scobytell, *pl.*ou; *de* scoĕd, *écusson.* — *Il va comme une girouette, parlant d'un homme inconstant*, trei a ra e-c'hiz ur gilouëtteñ *ou* ec'hiz ur vibleñ, trei a ra evel an avel, ur barboëllicq eo.

GISANT , *e, couché*, claŭ èn e vele. *fém.* claŭ èn he guéle.

GIT ( ci- ), amâ ez eo eûterret *ou* bez-hyct N, hen-a-hen; amâ ez repos hen-a-hen. *r. reposer.*

GITE, *où le lièvre couche*,toull ar c'had. — *Gite, où l'on couche en voyageant*, lo-geiz, herberc'h.

GITER, *coucher en voyageant*, logea, *pr.* et; herberc'hya, *pr.* et.

GLACE , *eau gelée*, scourn , scôrn , sôrn , sclaçz. *Al.* crou, grou. — *Glace qui couvre la superficie de l'eau*, clezreñ, sclaçzenn ,*ppl.* ou. *Van.* id. *ppl.* eŭ.— *Glace fort épaisse*, scourn, scôrn.— *De la glace*, sclaçz, scourn , scôrn, sôrn. *Van.* id. *v.* gelée, verglas.—*La mer était calme , unie , et paraissait comme une glace*, ar mor a yoa compès evel ur planc-qenn, hac heñvel ouc'h ur glezrenn *ou* ur sclaçzenn. — *Glace de miroir ,* guĕzrenn ur mellezour , *pl.* guĕzreig-ner mellezourou. *Al.* drich.

GLACER, *fixer les liqueurs par le froid*, scourna, *pr.* scournet; scôrni, *pr.* et ; sclaçza, *pr.* sclaçzet ; sorno , *pr.* sor-net. *Van.* scourneiñ , sclaçzeiñ , scor-neiñ , sorneiñ , *ppr.* et. — *Glacer, se glacer, parlant des liquides*, clezru, sclaçza , *ppr.* et.—*L'esprit de vin ne glace jamais*, nepred na zeu ar guïn-ardant strilhet da glezra *ou* da sclaçza. —*Son sérieux glace les gens*, scourna a ra au dud gaudhañ qer leut ma zeo.

GLACIAL, *ale*, *la mer glaciale qui est toujours glacée*, ar mor scournet , ar mor sclaçzet.

GLACIERE , *lieu où l'on conserve de la glace*, sclaçzèrez , *pl.* ou ; scourn-lech; *pl.* scourn-lec'hyou. *Van.* sclaç-zereh , *pl.* eŭ. —*Alexandre le Grand fut l'inventeur des glacières pour rafraichir son vin*, an impalazr Alexandr ar brâs a eureu ar c'heutâ sclaçzèrez evit lacqaat e vin da fresqaut.

GLACIS, *esplanade*, plaçzenn var naou, *pl.* plaçzennou ; pleanenn var naou, *pl.* pleanennou.

GLAÇON, *morceau de glace*, pez scourn, *pl.* pezion ; tamm scourn *ou* clezr, *pl.* lammou. — *Glaçon*, *frimas*, frim, sclaçzenn, *pl.* ou.—*Glaçon pendant au toit*, hinqin , *pl.* you.

GLADIATEUR , *homme d'épée* , qui combat sur l'arène, clezéyad, *pl.* clezéidy. *Van.* cleanour, *pl.* yon, yan.

GLAIEUL , *plante*, helcstren , *pl* helestr. *Van.* corsen *pl.* cors. *v. roseau.*

GLAIRE, *humeur visqueuse* , glaourenn, *pl.* ou, glaour ; roncqenn , *pl.* ou. *v. flegme.* — *Glaire d'œuf*, guën-vy. *Van.* sclerenn-ûy.

GLAIREUX, *euse*, glaourus, glaourecq, gludennecq, oc'h, à, aû.

GLAISE, *terre propre à faire de la poterie*, pry, doûar pryeucq *ou* pryecq. *Van.* id.

GLAIVE, *arme tranchante* , *Al.* glaif, id est, gléff, glév.

GLAND, *fruit du chêne*, mésenn, *pl.* mès. *Van.* id.—*Petit gland*, mesennicg, *pl.* mesigou.—*Du gland* , mès.—*Année abondante en gland*, bloazvez mesecq.— *Pepinière ou semis de glands*, meseeg, *pl.* mesegou ; ur vezecg, ur vaguerès mès, ur vammeun déro.—*Du gland de chêne vert*, mès déro-spaign, mès taous. — *La calotte du gland*, besqenn ur vesen , *pl.* besqennou mès.—*Amasser du gland*, déstumi mès, *pr.* et.

GLANDE, *partie du corps molle et spongieuse*, goagrenn, *pl.* ou; *de* goagg, *mou.* guërblenn, *pl.* ou; guëtbl. *Van.* cangrenn, *pl.* eû; gouagrenn, *pl.* eû. — *Glandes qui s'enflent dans l'aine*, ar guërbl. ar verbl. *v. aine.*—*Petite glande*, guërblennicq, *pl.* guërblennouïgou; goagrennicq, *pl.* goagrennouïgou. — *Se former en glandes*, goagrenna, *pr.* et ; guërblenna, *pr.* et.—*Plein de glandes*, guërblennus, goagrennus, goagrennecq, oc'h, aû.—*Glande de pourceaux*, *excroissance de chair qui leur vient à la gorge*, nozelenn, *pl.* ou.

GLANDULEUX , *euse*, *composé de*

*glandes* , guërblennûs, goagrennûs, oc'h, à, — *Les mamelles sont des corps glanduleux*, an divron a so guërblennus *ou* goagrennus.

GLANE, *poignée d'épis*, tescaoûenn, *pl.* tescaou; dournad tescaou, dournad lannuvennou, douruad pennou-ed , *pl.* dournadou.

GLANER, *ramasser les épis après la moisson*, pennaoui, *pr.* pennaouët; tamoëza, *pr.* et. *Trég.* tescaouiû , *pr.* tescacuët. *H.-Corn.* tohato , *pr.* tohatet. *Van.* tescanneiû , toësatat, tohatat, *ppr.* et.—*L'action de glaner* , tescaoûérez , pennaoûérez.

GLANEUR, tescaouer, *pl.* yen; pennaouer, tohater, tohatour, *ppl.* yen.

GLANEUSE, pennaouërès, *pl.* ed tescaouërès , tohaterès, *ppl.* ed.

GLAPIR, *crier comme le renard*, speuñyal, *pl.* speuñyet. *v. crier.*—*Le renard glapit*, speuñyal a ra al louarn.

GLAPISSEMENT, cri. *des renards*, speuñyadur, garm al leërn.

GLAS, *son funèbre de cloche* , léson ; *de* lésel, *laisser la vie*, *etc.* glas. *Ce dernier mot veut dire douleur au corps. v. mort.* —*Sonner le glas*, senni glas, senní lésou, *pi.* sennet ;' soûn glas, `soûn lésou, *pr.* soûnet.

GLISSADE, ricqladenn, *pl.* ou; risqladenn, rampadenn, *ppl.* ou. *Ce dernier se dit lorsqu'on écarte une jambe de l'autre. Van.* risqladeen, *pl.* eû.

GLISSANT, *ante*, ricqlus , risqlus, leacqr, lampr, rampus, oc'h, aû. *Van.* risqlus. — *Glissant comme une anguille* , ricqlus evel ur silyenn. —*Le chemin du Ciel est étroit et glissant*, heud ar barados a so striz *ou* encq, ha ricqlus *ou* lampr.

GLISSER, ricqla, *pr.* ricqlet; risqla, *pr.* risqlet ; lampra, *pr.* lampret. *Van.* risqlein. — *Glisser en écartant les jambes*, rampa, *pr.* rampet.—*Se glisser dans une maison*, ou *hors une maison*, hem ricqla èn un ty *ou* ar meas ens a un ty, *pr.* hem ricqlet. — *L'action de glisser*, ricqladur , ricqladurez. *Van.* risqladur. *r. glissade.*

GLISSOIRE, *lieu où l'on glisse*, ric-

qlouër, *pl.* ou.—*Faire une glissoire*, o-
ber ur ricqlouër.

GLOBE, *corps sphérique, corps rond,*
boul, *Al.* globyn, *pl.* au.—*Le globe du
monde,* boul ar bed, ar voul eus ar bed,
ar rounder eus ar bed. —*Le globe terrestre, figure sphérique où sont décrites
les diverses régions de la terre et de la mer,*
boul an doüar, ar voul evès an doüar.
*Al.* au globyn ez an tir.—*Le globe céleste, sphère où sont décrites les étoiles du
firmament,* boul an oabl, ar voul eus
an oabl *ou* steredus.

GLOIRE, *majesté de Dieu, l'honneur
qui lui est dû et qu'on lui rend,* gloar Doüe,
ar c'hloar eus a Zoüe. — *Dieu a paru
dans sa gloire sur le Thabor,* Doüe a so
bet guëllet èn e c'hloar var menezTha-
bor, try abostol a vellas an autrouDoüe
èn e c'hloar var menez Thabor.—*Dieu
est jaloux de sa gloire et dit qu'il ne la donnera à personne, dit l'écriture,* an autrou
Doüe a so oazus eus e c'hloar hac a laver n'he roï da necun. — *Gloire, béatitude,* gloar,gloar ar barados,ar c'hloar
eus ar barados, ar c'hloar eternal, ar
guenvidiguez eternal.—*Dieu a promis sa
gloire à ceux qui, aidés de sa grâce, la mé-
riteront par la pratique des bonnes œuvres,*
ar c'hloar eus ar barados a so prometet gand Doüe d'ar re pere gand sicour
e c'hraçz,he milito dre o œuvryou mad.
— *Gloire, réputation illustre,* gloar, un
hano caër. —*Acquérir de la gloire par ses
beaux exploits,* militout gloar *ou* gounit
cals a c'hloar *ou* gounit un hano caër
dre e oberyou caër *ou* gaud e oberyou
caër. — *Gloire, orgueil,* gloar, gloriusded. *Van.* gloar, gloër. *Al.* boçsac'h, *id
est, enflure de poche ou poche enflée. v. vanité.* — *La gloire se perd,* collet eo gand
ar c'hloar *ou* gand gloriusded, moünet
a ra dreist penn gad ar c'hloar *ou* gad
gloriusded.

GLORIEUX, *euse, qui est dans la gloire
céleste,* guenvidieq, ëurus, glorius, *ppl.*
ar guenvidyen, ar re-guenvidicq, ar re
ëurus, ar re c'hlorius. — *Avoir une mort
glorieuse, bienheureuse,* cahout ur maro
guenvidicq *ou* ëurus *ou* santel, *pr.* bet;
finveza evel ur sant,*pr.*finvezet.—*Glo-*

*rieux, qui a acquis de la gloire par son mé-
rite,* enorus, nep èn deus militet un hano caër *ou* cals a c'hloar. —*Rendre son
nom glorieux par ses beaux exploits,* renta
e hano enorus dre e oberyou caër, *pr.*
rentet; brudi mad e hano dre e oberyou
enerus. — *Une mort glorieuse,* ur maro
enorus.ur maro leun a enor hac a c'hloar. — *Glorieux, euse, superbe,* glorius,
leun a c'hloriusded, oo'h, à. *Van.* glorius. — *Glorieux comme un paon,* mondyen, glorius evel ur paün.

GLORIEUSEMENT, *avec gloire,* gand
enor, gand enor ha gloar, èn ur fæçzon enorus.

GLORIFIER, *admettre à la gloire éternelle,* lacqat èr guenvidiguez *ou* èr barados, *pr.* leeqëet; receo èr barados, *pr.*
recevet; rei ar barados da, rei gloar ar
barados da, *pr.* roët. — *Dieu glorifie ses
élus après leur mort,* Doüe a ro e c'hloar
*ou* e varados d'ar re choaset goude o
maro, an autrou Doüe a receo èr guenvidiguez ar re o deus cunduet bede ar
fin ur vuhez santel, Doüe dre a vadelez
a lacqa èn e c'hloar ar re o deus bevet
hac a so maro ê stad vad. — *Glorifier,
honorer, louer,* enori, *pr.* et; meuli, *pr.*
et. *Van.* inourciñ, meleiñ. —*Dieu soit
glorifié en toutes choses,* Doüe raz vezo
meulet a pep tra.—*Glorifier, tirer vanité
de quelque chose, se vanter de son bien, etc.;*
tenna gloar eus a un dra-bennac, eus o
binvidiguez, etc., *pr.* tennet; beza glorius gad e vadou, etc., pompadi dre an
abecg d'e binvidiguezou, hem vugadi
gand e vadou, etc., *ppr.* et, — *Il se glorifie de son vice,* tenna a ra gloar eus o
viçz, e viçz a so farçz gandhâ *ou* ebat
gaudhâ. poumpad eo gandhâ qemen-
ze,ar viçz ze. —*Se glorifier dans quelque
chose,* lacqaat e c'hloar èn un dra-ben,
nac, *pr.* lecqëet. — *Un véritable chrétien
ne doit se glorifier que dans la croix de J.-
C., comme l'apôtre saint Paul,* ur gnïr
gristen ne dle lacqât e enor hac e c'hloar
nemed ê croaz hon Salver, ur guïr gristen a dle evel an abostol santPaul,lacqât
e oll c'hloar hac e oll joâ o souffr evit
Jesus-Christ.

GLOSE, *interprétation, traduction; es-*

plicacion, troydigues, *ppl.* ou.—*Glose,* commentaire, disclæraciones a un test-bennao, *pl.* ou. — *Glose, addition, critique,* broudeür, cresqançz,countreroll.

GLOSER, *expliquer,* esplicqa, *pr.* et; trei guer-e-c'her *ou* trei guer-evit-guer un autor-bennao èn ul langaich all, *pr.* troët. — *Gloser, commenter,* disclærya un test bennac, *pr.* et. — *Plusieurs docteurs ont glosé la bibl.,* meur a Zoctor o deus disclærvet ar Vibl *ou* ar scrituryou sacr. — *Gloser, ajouter à une histoire qu'on raconte,* brouda un histor, crisqi un histor, c'huëza un histor, *ppr.* et.

.GLOSEÜR, *qui critique,* countreroller, *pl.* yen; cresqer, brouder, c'huëzer, *ppl.* yen.

GLOSSAIRE, un diccionner evit disclærva ar gueryon diæz da eûtent eus a ul langaich a so èr meas a usaich.

GLOSSATEUR, disclæryer eus a un tés diæz-bennac, *pl.* yen; nep a zisclæry ul levr-bennac.

GLOUGLOU, *bruit d'un liquide verse d'un goulet,* gloncq-gloucq, *id est,* goucgoucq, *le gosier-gosier.*

GLOUSSEMENT, *action de glousser,* sclacqérez, sclocqadur, clochérez.

GLOUSSER, *crier, parlant de la poule,* clocchat, *pr.* et; sclocqat, *pr.* et.—*Poule qui glousse,* yar clocherès, yar glocherès, yar sclocqerès.

GLOUTON, *gourmand,* glout, *pl.* ed; gleust, *pl.* ed; gloutonnius, *pl.* tud gloutonnjus. *Van.* francq a houq, loncqér. *v. goulu, gourmand.* —*Faire le glouton,* glousta, *pr.* et; gloutonnya, *pr.* et.

GLOUTONNERIE, *vice du glouton,* gloutoûny, *pl.* ou; lontréguez.

GLU, glud. *Van.* id.

GLUANT, *e,* gludennecq, gludecq, oc'h. à, añ. *Van.* id.

GLUAU,*branche frottée de glu,*guyalennicg gludet, *pl.* guyalennigou; gludeñ. *pl.* ou. — *Tendre des gluaus,* antell gludennou, *pr.* et.

GLUER, *rendre gluant,* gludenna, *pr.* et; gluda, *pr.* et. *Van.* glunenneiñ, *pr.* et.

GOBE, *attrape, tiens,* ploumm, dal, louncq, dal-pautr, crign.

GOBELET, *tasse pour boire,* gob, *pl.* you; gobeled, *pl.* ou.

GOBELIN,*esprit familier serviable,* gobylin, *pl.* ed.*v.esprit-follet, génie familier.*

GOBER, *saisir,* ploumma, *pr.* et. — *Gober, avaler avidement,* louncqa èn un taul, louncqa prèst, *pr.* et. *v. gobe.* — *Gober, croire ce qu'on entend dire de faux,* ploumma, *pr.* et.

GOBERGER ( se ), *se réjouir, se moquer. v. gab.*

* GOBET, *t. du Vannetais, signifiant la sixième partie d'un quart,* gobed. *pl.* cü.

* GOBETÉE, *plein un gobet,* gobedad, *pl.* cü.

GOBRIEN, *nom d'homme,* Gobryan.

GODELUREAU, *damoiseau. v. galant.*

GODENOT, *marionnette,* marionnètès; marmous, *pl.* ed.

GODET, *gobelet,* gob, *pl.* you. *Un plaisant rebus sur ce mot :*

Natura diverso gaudet.

*Nature a dit : verse au godet.*

GOELAND, *oiseau de mer,* goulen, *pl.* gouleny.

GOELO, *comté,* Goëlo, bro Goëlo. *v. forge.*

GOEMON, *ou sart, ou tarçch, herbe marine qui sert d'engrais,* bézin, lentilhvor, felu-mor, *Van.* béhin. — *Brin de goëmon,* bézinen, *pl.* bézin. — *Cueillir du goëmon sur les rochers ou sur le bord de la mer,* bézina, *pl.* et. *Van.* béhineiû. *pr.* et. — *Goëmon cueilli sur les rochers,* bézin-troo'h. — *Goëmon que la mer jette sur la côte,* bézin-ton. — *Celui qui va cueillir du goëmon,* béziner, *pl.* yen. *fem.* bézinerès, *pl.* ed *Van.* behinour , *pl.* béhineryon. *Van.* béhinoures, *pl.* ed.— *L'action de cueillir le goëmon,* bézinérez. *Van.* béhinerch. — *Engrais de goëmon,* téyl bezin, bézin-téyl.- *Goëmon lavé dans l'eau douce et seché pour faire du feu,* bèzin, bézin-tan , qeuneud-bezin, qeuneud-vor.

GOENAU, *nom d'homme,* Goëznou.— *Petit Goënau,* Goëznouïcq, Nouïcq. — *S. Goenau, év. de Léon,* sant Goënou.

GOET, *gros raisin blanc,* résin goëz, verjus; goëz, *sauvage.*

GOGAILLE, *repas joyeux,* gogailhès,

cher vad, gougailhès, *de* goug, *gosier.*
— *Faire gogaille,* ober gogailhos, ober gougailhès, *pr.* græt.

GOGO (à.), a foun, é foun, diouc'h c'hoandt, a goalh, a voalh; gogo, *de* goalh, *soul.*

GOGUENARD. *v.* gausseur, gausser.

GOINFRE, goulu, lichezr, louncqer, *ppl.* yen; teuzer, lipper, *ppl.* yen. *Van.* lichèr, loncqour, *ppl.* yon.

GOINFRER, louncqâ e dra, lippat o dra, teuzi e dra, gloutonnya, *ppr.* et; ober lichezry, *pr.* græt. *Van.* loncqeiñ.

GOINFRERIE, lichezry, louncqèrez, lippérez, gloutoñny, *ppl.* ou.

GOLFE, *mer avancée dans les terres,* golf, *pl.* ou; pleeg-vor, *pl.* plegou-vor. *Van.* breh-mor. — *Le golfe de Vénise,* golf Venisa, ur golf eus ar Venisa.

GOLVIN, *nom d'homme,* Goulven, Goulc'hen, Goulyen.—*S. Golvin, év. de Léon,* sant Goulven, sant Goulc'hen.

GOMME, *suc qui découle de certains arbres,* gouma. *Van.* goum.

GOMMER, goumma, *pr.* et; iûdua gand gouma ou gad goum.

GOMMEUX, *euse, qui jette de la gomme,* goummus, oc'h, à, añ. *Van.* id.— *Un arbre fort gommeux,* ur vezen forz goummus.

GOND, *fer qui soutient la penture,* mudurun, *pl.* ou; mudurenn, *pl.* ou; marc'h-dor. — *Sans gond,* divudurun, divarc'h. — *Mettre des gonds d'une porte,* muduruna un or, *pr.* et; marc'ha un or, *pr.* et. — *Oter les gonds, faire sauter les gonds,* divarc'ha, *pr.* et; divuduruna, *pr.* et.—*Il est sorti des gonds, parlant d'un homme fort en colère,* divarc'het eo, ez ma var e varc'h, divudurunet eo.

GONDOLE, *petit bateau plat et long,* condolenn, *pl.* ou. — *Une jolie gondole,* ur gondolen goaudt. — *Gondole, tasse longue et étroite,* condolenn, *pl.* ou.—*Une gondole d'argent,* ur gondolen arc'hand.

GONFLANT, *parlant de certains aliments,* stambouchus, cargus, oc'h, à, añ.

GONFLEMENT, stambouc'h, stambolh, cargadur.

GONFLER, *enfler,* stambouc'ha, *pr.* et. *[*enfler.* — *Le millet gonfle,* ar yed]

mell a stambouc'h, *ar* mell a so bôcd stanbouc'hus *ou* cargus. — *Se gonfler, s'enfler,* c'huéza, *pr.* et. — *La rate se gonflant, envoie des vapeurs au cerveau,* pa zeu ar felc'h da c'huéza, e caçz mogued da benn un dèn.

GORD, *pêcherie de rivière,* gored, *pl.* ou. *Van.* id., *pl.* eü; gored, *de* gorroet, *élevé dans l'eau.* — *Un vieux gord,* cor-gored, *pl.* coz-goredou; ur c'hoz-gored, ur gored torret.

* GORE, *truie qui a de petits cochons,* vano, *pl.* êd; groll, *pl.* ed. On appelle aussi groll, *une fille ou femme qui a beaucoup de gorge et qu'elle ne couvre pas modestement.*

GORET, *petit porc,* porc'hellieg-lez, *pl.* porc'helligou-lez.

GORGE, couzoucq, gouzoucq, cornailhenn. *Van.* coucq, goucq. —*Tenir quelqu'un à la gorge,* dero'hel ur re dre ar gouzoucq *ou* dre'r gouzoucq, *pr.* dalc'het.—*Mettre le pied sur la gorge d'quelqu'un,* lacqât e droad var gouzoucq ur re, lacqât an troad var e c'houzoucq da ur re, *pr.* lecqêet. — *Couper la gorge à quelqu'un,* trouc'ha e o'houzoucq da ur re, *pr.* trouc'het.—*Mal à la gorge,* poan en e c'houzoucq, poan gouzoucq, drouq gouzoucq, drouq cornailheñ, drouq en e gornailhenn. *Van.* gougad, poërgoucq. — *Rendre gorge, vomir ce qu'on a pris de trop,* dislouncqa, *pr.* et; restitui, *pr.* et; renta ar pez a véz treac'h d'ar gamloun, otrircqa divar e galoun, *ppr.* et; teurel divar e galoun, *pr.* taulet. *Van.* diorgeiñ. — *Gorge, le sein d'une femme,* poul-galoun. asgre, ascre, ascle, brennid. r. mamelles, sein.—*Gorge découverte immodestement.* nsgre dispaibuilh, brennid difarle. *Van.* bruched diferlincu. *v. débraillée.*

GORGÉE, *plein la gorge,* guenaouad, *pl.* ou; guenouad, gouzougad, *ppl.* ou.

GORGER, *se gorger de viandes,* dibri hac eva bede ar gornailhenn *ou* bede ar c'hourlanc'heñ *ou* bede toull ar c'hargadenn, hem garga a voéd, *ppr.* et.

GORGERETTE, mouchouër-gouzoucq, *pl.* mouchouërou.

GORGE-ROUGE, *oiseau,* richodeñ,

*pl.* ed; bohruz, *pl.* ed; bohicqruz, *pl.* bohruzigued, bohedigou ruz. *Van.* boruïcq, *pl.* boruïgued.

GOSIER, gargadenn, *pl.* ou; goulanchenn, *pl.* ou. *Van.* gargatcenn, garguçzeen, *ppl.* cü. — *Grand-gosier, qui a une belle avaloire,* gourlanchennecq, gourlanchennéyen; gargadennecq, *pl.* gargadennéyen; lontrecq, *pl.* loutréyeu. — *Grand-gosier était le père de Gargantua, dit Rabelais,* ar C'hourlanchen vras a yoa tad daC'hargantuas; ar roüeFrancès qentâ èn hano a yoa mapd'arc'hont evès a Angoulém, eme Rabelais, è termenyou goloët.

GOTHIQUE, a aparchand oud Goth *ou* oud Gothis.—*L'architecture gothique,* maçzounyaich Goth, achitédur Goth, fæçzoun gothis da vatiçza. — *Caractères gothiques,* moulou goth.— *Lettre gothique,* lezerenn goth, *pl.* lizerennou.— *Ecriture gothique,* scritur goth *ou* coz.

GOUDRON, tér. *Van.* couiltron.— *Plein ou pénétré de goudron,* térecq, térus, leun a dér, leun eus a dér.

GOUDRONNER, *enduire de goudron,* téra, *pr.* et; endua *ou* indua gand ter, *pr.* et. *Van.* couiltronneiû, frisoteiû. — *Guipon pour goudronner un vaisseau,* an torch-tér, *pl.* torchou-tér. — *Vaisseau goudronné,* lestr téret, lestr iñduet gad tér. — *Un habit goudronné,* un abyd térecq, un abyd térus, un abyd téret.

GOUFFRE, *trou profond,* pouldroëñ, *pl.* ou; poultru, *pl.* you; isfond, *pl.* isfouchou; loucq, *pl.* ou. *Al.* duyn, golf, *ppl.* au.

GOUGE, *gouine,* soudardes, *pl.* ed; goujardès, *pl.* ed; gast soudarded, *pl.* guisty. — *Gouge, ciseau,* gonic'h, *pl.* ou; ur c'houich.

GOUINE, *prostituée,* goubin, *pl.* ou, ed. *v. gaine.*

GOUJAT, *valet de soldat,* coujard, *pl.* goujarded.

GOUJON, *poisson,* gargadeñ, *pl.* ed *v. gurlon.* — *Goujon, cheville de fer,* hibil-hoüarn, *pl.* hibilyen : goujunn, *pl.* ou. — *Goujon, cheville de bois qui joint les jantes d'une roue,* tarval, *pl.* ou.

GOULÉE, *grosse bouchée,* guéolad, *pl.* ou; guenaouad, *pl.* ou. *Ces deux mots*

*veulent dire aussi : coup de langue donné au prochain.*

GOULET, *entrée étroite d'un port,* mulgul, ar mulgul. — *Le vaisseau a passé le goulet pour aller en pleine mer,* eat co al lestr èn mulgul.

*GOULIER, *chair du cou du porc,* bron. Un morceau de goulier grillé est bon,* uu tam bron grilhet a so mad.

GOULOT, *cou étroit d'un vase,* gouzoucq ur voutailh, gougouzicq ur voutailh. — *Rompre le goulot d'une bouteille,* dic'houzouga ur voutailh, *pr.* dic'houzouguet; terri gourgouzicq ur voutailh, *pr.* torret.

GOULU, *glouton,* lontrecq, *pl.* lontregued, lontréyen. *Van.* lontecq, gloutonnecq, gourhambl, *ppl.* ed. *v. glouton,* goinfre, gourmand.

GOULUE, lontregnès. *pl.* ed.

GOULUMENT, e lontrecq, evel ul lontrecq, gad lontréguez, èn ur fæçzon lontrus

*GOUPIL, *petit renard,* louarnicq, *pl.* leernigou. — Ancien prov. A goupil endormi, rien ne lui chet en la gueule :*

   Da louarn cousqet
   Ne zeu tamm bouéd.

Nep ne lacqa qet e boan hao e acqed, N'en devezo na madou, na bouéd.

GOUPILLE, *clingue d'essieu. v. charrette.* — *Goupille ou cheville pour l'horlogerie.* guennicq-houarn, *pl.* guennouïgou-houarn.

GOUPILLON, *brosse à manche,* sparf, ou; au asperges. *Van.* esperch, *pl.* espergeü.

GOURD, e, *perclus,* gourd. *v. engourdir.* — *Cet homme n'est point gourd,* ne deo qet gourd nebaoun.

GOURDE. *v. calebasse.*

GOURDIN, *gros bâton court,* peñ-baz, *pl.* peñ-bizyer. *Van.* peen-bah. *v. bâton.*

GOURIN, *petite ville du Finistère,* Gourin, kear rocyal.

GOURMADE, taul-dourn, *pl.* taulyou dourn.

GOURMAND, e, gourmant, oc'h, â. *Van.* id. *Al.* gourmod, gormod. *v. glouton,* goulu, *grand-gosier,* gorger.

GOURMANDER, *réprimander dure-*

*ment*, dibri ur re, *pr.* débret. *Van.* gour-
mxcheiñ. — *Il gourmande les uns et les
autres*, débretoutaguet eo an dud gandhâ.

GOURMANDISE, gourmantiz, gourmandiz. *Van.* gourmandiz, gloutonni-
guch. τ. *gloutonnerie.* — *La gourmandise est un des sept péchés capitaux*, ar gourmandiz a so uuau eus ar seiz pec'hed
marvel.

GOURME, *maladie des jeunes chevaux.*
groum, concoez. *v. étranguillon.* — *Ce
poulain*, *cet enfant*, *ce jeune homme n'a
pas encore jeté sa gourme*, ne deo qet
taulet c'hoaz e c'hroum gandhâ.

GOURMER, dournata, *pr.* dourna-
tet ; canna a daoulyou dourn, *pr.* cannet. — *Gourmer un cheval, lui attacher
la gourmette*, gromma ur marc'h, *pr.*
grommet.

GOURMET, *elle*, *qui connaît le vin*,
grommed, *pl.* ed ; aep so cûteñtet mad
o taûva guin.

GOURMETTE, *chaînette attachée d la
bride et que l'on attache sous la barbe du
cheval*, grom, jadenn grom. *v. gourmer.*

COUSSE, *enveloppe des légumes. v. cosse.* — *Une gousse d'ail*, ur penn qignen,
*pl.* pennou ; un torchad qignen , *pl.*
torchadou. — *Gousse de lin, enveloppe qui
renferme la graine de lin*, bolc'heu, *pl.*
bolc'h. — *Danser sur le lin pour l'écosser*,
dançzal var ar bolc'h, *pr.* dançzet.

GOUSSET, *l'aisselle*, cazell, *pl.* ou ;
diou-gazell. *Van.* id. — *L'odeur du gousset*, c'huëz cazell , c'huez bouc'h. —
*Voilà qui sent le gousset* , *qui sent maurais*, c'huëz cazell a so gand an
dra mañ, c'huez ar bouc'h a so gand,
etc. — *Gousset puant* , caxell-bouc'h *ou*
vouc'h.

GOUSSET, *petite bourse du haut-de-
chausse*, boursicod, *pl.* ou ; *Van.* id. ,
*pl.* cû. — *Il a toujours le gousset garni* ,
nepred an vez divoarnis ê voursicod.

GOUT, *sens des saveurs*, blas, ar blas,
ar vlas. — *L'organe du goût réside plutôt
à la pointe de la langue qu'au palais de la
bouche*, ar vlas èn deus a sich qent è
peunicq an téaud eguit èr stan. — *Le
sens du goût est naturellement délicat*, ar
sayand eus ar vlas a so pitouil *ou* bli-

ficq dre natur. — *Cela est d mon goût* ,
an dra-ze a so èm blas , qemen-ze a
gafañ mad *ou* a blich din. — *Mangez* ,
*si vous trouvez quelque chose d votre goût,*
débrit , mar qivit un dra bennac d'o
plas *ou* diouc'h ho plas *ou* d'ho erad
*ou* d'ho c'hoand *ou* dioud ho c'hoand.
— *Goût, saveur*, saour. — *Sans goût* ,
*mets qui n'a point de goût* , divlas , disaour , oc'h , añ ; boëd , disaour. — *Cette viande n'a point de goût, elle en a un
maurais*, divlas *ou* disaour eo ar c'hicq-
mâ , ne deus na blas na saour gad ar
c'hicq mâ, goal vlaset *ou* boutet eo ar
c'hicq-mañ. — *Goût, jugement, fantaisie*, divis , dihus. — *Je ferai les choses d
votre goût*, me a rayo pep tra d'ho tivis *ou* dioue'h ho tivis *ou* d'oz tihus.

GOUTÉ , *le repas qu'on fait entre le
diner et le souper*, merenn, *pl.* ou; merenn vihan , *pl.* merennou vihan ; gor-
tozenn , *pl.* ou. *Ce dernier mot n'est u-
sité , de ma connaissance , qu'en Corn.*,
*cependant , en Léon on le dit quelquefois
en riant.* — *Prendre le goûté , la collation,*
merenna , merenni , *ppr.* merennet;
dibri é verenn *ou* é o'hortozenn, *pr.* débret.

GOUTER , *juger par le goût*, blasha-
at , taûva, taûvât , *ppr.* ëet. *Van.* blas-
hein , taûnoûciñ , taûoûat. *v. savourer.*
— *Goûtez-y , voyez ce que c'est* , blashayt
*ou* taûvayt , guëllit petra eo ? — *Ceci est
bien goûté* , blashëet mad eo qement
mañ , blas vas a so gad an dra mañ ,
c'huëcq *ou* saourecq *ou* saouret mad
eo an dra-mañ. — *Goûter , approuver*,
aprouï , *pr.* aprouët; grataat , *pr.* gra-
tëet ; qemer plijadur èn , etc. *pr.* qemeret; hem blijout èn, *pr.* hem bliget.

GOUTTE, *partie d'un liquide*, banne,
*pl.* bannëou; bannec'h, *pl.* ou; ban-
nao'h, *pl.* au. *Trég.* taqenn, *pl.* o. *Van.*
bauch, tapenn, *ppl.* eü. — *Petite goutte*,
loumm, *rl.* ou; lommicq, *pl.* lommouï-
gou; baûnecq, bannec'hicq, banna-
c'hicq, *ppl.* ou. *Van.* graûnen, graineu,
lommicq, tapennicq, banehicq, *ppl.* eü.
— *Goutte qui tombe* , bèradenu , *pl.* ou;
bèrad , *pl.* ou; strill, *pl.* ou. *Van.* ta-
padenu, *pl.* eü. — *Petite goutte qui tombe,*

bèradennicq, *pl.* bèradennouïgou; bè-
radicq, *pl.* bèradouïgou; strilhicq, *pl.*
strilhouïgou. *Trég.* taqennicq, taqen-
noïgo. *Van.* grannennicq, tapadennicq,
tapadicq, *ppl.* eū. — *Goutte à goutte,*
banne-ê-vanne, bannec'h-da-van-
nec'h, a vannac'h-da-vannac'h, ta-
qenn-a-taqenn.—*Mère-goutte, première
goutte d'une chose que l'on presse,* ar
vamm-flour, ar vamm, ar flour.—*Mère-
goutte, parlant du vin,* ar vamm vin,
gruīn flour, ar flour eus ar guīn.—*Mère-goutte de cidre,* ar vamm sistr, sistr
flour. — *Mère-goutte d'huile,* ar vamm
eol, eol flour, ar flour eus an eol. —
*Goutte, point du tout,* banne strilh, taqenn, loumm, tapad, tra, netra,
tamm. — *Je ne vois goutte,* ne vellañ
banne, ne vellañ taqenn *ou* tapad. —
*Tu ne vois goutte,* ne vellès banne, ne
vellès man *ou* tra *ou* tamm. — *Il n'entend goutte,* ne gléo banne *ou* tamm,
ne gléo man.—*Elle n'a pas une goutte
de bon sens,* n'he deus qet un tamm
sqyand-vad.—*Goutte, douleur, maladie,*
ar goutou, an urlou, droucq sant Urlou. *Van.* er goutcū.—*Avoir la goutte,*
cahoutar goutou *ou* an urlou *ou* droucq
sant Urlou, beza goutaoučcq, beza ur-
laoučcq.—*Il a la goutte aux pieds et aux
mains,* ez ma ar goutou *ou* an urlou
gandhā, èn e dreid hac èn zaouzourn.
— *Goutte sciatique,* mavy-camm, ar
mavy-gamm, mamm-camm, ar vamm-
gamm.—*Il a la goutte sciatique,* dalc'-
het eo gad ar mavy-gamm *ou* gad ar
vamm-gamm.—*Goutte-crampe,* glisyen,
*pl.* glisy; glas, glasicq.—*J'ai la goutte-
crampe,* glisyen am eus, ar glisy a so
gueně, ez ma ar c'hlas *ou* ar c'hlasicq
gueneū. r. *crampe.* — *Goutte remontée,*
ar goutou savet bete *ou* piquet bete ar
galoun, goutou marvel.

GOUTTEUX, goutaoučcq, urlaou-
ēcq, oc'h, à, añ, *ppl.* goutaonēgued,
goutaouēyen, urlaonēgued, urlaouē-
yen.-*Archi-goutteux,* goutaoučcq dreist
penn, goutaoučcq-orrupl, goutaoučcq-
um orrupcion, débret gand ar goutou.

GOUTTEUSE, goutaouēgués, *pl.* ed.

GOUTTIÈRE, can, *pl.* you; caōn, *pl.*

caōnyou; sæn, *pl.* sænion. *Van.* can,
*pl.* canyeū. *v. canal.*—*Gouttière faite de
bois,* can prenn, can coad.—*Gouttière
de plomb,* can ploum. — *Gouttière de
pierre,* can mæn, can væn. *v. gargouille.*—*Une belle gouttière,* ur c'han
caēr.-*Gouttière située à la jointure de deux
toits,* nouěd, *pl.* nouějou.

GOUVERNAIL, stur, *pl.* you. *Van.*
id., *pl.* eū.—*Il faut bien se servir du gouvernail, ou briser contre les rochers, proverbe breton,*

    Nep na sént qet oud ar stur,
    Oud ar garceq a ray sur.

— *Tenir le gouvernail,* sturya, *pr.* et;
cundui ar stur, *pr.* cunduět; derc'hel
ar varreun, *pr.* dalc'het.—*C'est lui qui
tient le gouvernail de toutes les affaires,*
gandhā ez ma ar stur, gandhā e m'ar
stur, eñ a c'houarn tout.

GOUVERNANTE, *qui gouverne,* gou-
arneurès, *pl.* ed; gouarnerès, *pl.* ed.
*Van.* gouarneres, *pl.* ed.

GOUVERNEMENT, gouarnamand,
*pl.* gouarnamanchou. *Van.* goarne-
mant, *pl.* eū.

GOUVERNER, gouarn, *pr.* et; cundui, *pr.* et. *Van.* goarneiñ, *pr.* et. —
*Gouverner une province,* gouarn ur bro-
vincz.—*Elle gouverne le ménage à charmer,* un ebat Douē eo guēllet penaus
he c'houarn an tyéguez *ou* penaus ez eo
gouarnet *ou* cunduet an tyéguez gand-
hy.—*Gouverner un vaisseau,* sturya, *pr.*
et; gouarn ul lestr, cundui ar stur *ou*
al lestr. *v. louvoyer.*—*Comment gouver-
nez-vous Pierre?* penaus e c'houarnit-
hu Pezr tu-ze? penaus e cunduit-hu
Pezrès? penaus a ra Pezrès gueneoc'h-
hu?—*Se gouverner bien, en honnête homme,* hem c'houarn èr-vad, hem c'houarn è dēn onest *ou* evel un dēn onest,
èn hem gomportiñ èr-vad *ou* è dēn onest

GOUVERNEUR, gouarneur, *pl.* yen;
gouarner, *pl.* yen. *Van.* gouarnour, *pl.*
gouarneryou, gouarnouryan.

GRABAT, *méchant lit,* fledt, *pl.* flē-
jou, fledtou; guēle-ræz, *pl.* guēlēou-
ræz.—*Il fait la méridienne sur un grabat,*
èn hem daulet eo var e fledt da gousqet un neubeud goude e lein. —*Il est tī

*tristement sur son pauvre grabat*, cx ma-
e-hont ar c'heaz var e fledt, truèz a
gouēz gandhâ.

GRABUGE, *différend, débat domesti-*
*que*, daël, *pl.* ou; arguz, *pl.* ou; chabous, *pl.* ou; dichabous, *pl.* ou. *Van.*
tabut, brouilh, qestion, *ppl.* eü.

GRACE, *agrèment*, graçz-vad, neuz-
vad, fæçzoùn-vad. — *Un homme qui a*
*bonne grâce*, un dèn a c'hraçz vad, un
dèn èm deus graçz vad, un dèn a fæçzoun, un dèn a dailh. *v. façon, air.* —
*Mauvaise grâce*, *sans grâce*, droucq-neuz,
disc'hraçz. — *Une homme qui a mauvaise*
*grâce*, un dèn dic'hraçz *ou* disneuz *ou*
difurçzoun, *pl.* tud. *v. air, façon.* — *Une*
*chose qui n'a pas de grâce*, un dra di-
c'hraçz, un dra a sodroucq-neuz gandhâ. — *Grâce, faveur, bienfait*, graçz, *pl.*
ou; faver, *pl.* you; mad-ober, *pl.* mad-
oberyou. — *La grâce, les grâces de Dieu*,
graçz Doūe, ar c'hraçz eus a Zoūe, *pl.*
graçzou Doūe, ar graçzou a Zoūe, ar
c'hraçzou eus a Zoūe *ou* a Zoūe. *v. at-*
*trait.* — *La grâce efficace*, ar o'hraçz effedus, ar c'hraçz he deus he effed. r.
*justifiant.* — *La grâce suffisante*, ar c'hraçz
soufisant, ar c'hraçz a allé cahout he
effed, ar c'hraçz sufisus. — *Grâce ex-*
*traordinaire*, graçz dreistordinal, *pl.* ou.
— *Grâce ordinaire, commune*, graçz ordinal, graçz coumun. — *La grâce ha-*
*bituelle*, ar c'hraçz habitual. — *La grâce*
*actuelle*, ar c'hraçz actual. — *La grâce*
*finale*, ar c'hraçz a berseverançz, ar
c'hraçz da finveza èr-vad, ar c'hraçz
da vervel ê stad vad, ar c'hraçz a finvez vad. — *La grâce ne nous manque ja-*
*mais, mais nous manquons souvent à la*
*grâce*, ne pred ne vancq d comp ar c'hraçz
eus a Zoūe, hoguen ny a vancq alyès
dézy, siouaz deomp. — *Dieu nous fasse la*
*grâce de vouloir et de pouvoir*, Doūe dre c
vadélez ra autreo deomp ar c'hraçz da
vennout ha da allout. — *Par la grâce de*
*Dieu*, dre c'hraçz Doūe, dre sicour Doūe.
— *Par la grâce de Dieu, dieu-merci*, a
drugarez Doūe, a drugare Doūe, pa zeo
pliget gand Doūe. — *Par la grâce de*
*Dieu, avec l'aide de la grâce*, Doūe a raucq,
gand graçz Doūe, gad sicour Doūe.

mar plich gand Doūe. — *La loi de*
*grâce, et la loi de rigueur*, al lésenn a
e'hraçz hac al lésenn a rigol, lésenn an
avyel *ou* lésenn Jesus-Christ ha hiny
Moysès. — *De grâce, je vous prie*, me oz
ped, dre c'hraçz; èn hàuv-Doūe, me
oz ped. — *Grâce, pardon*, graçz, pardoun. — *Faire grâce à quelqu'un*, autren graçz *ou* pardoun da ur re, autren
e c'hraçz *ou* e pardoun da ur re, *pr.*
autrēet; pardouni da ur re-bennac, *pr.*
pardounet.

GRACES, *reconnaissance d'un bien-*
*fait*, aznaoudéguez-vad, trugaréz. —
*Rend-e grâces à quelqu'un*, disqnëz e
aznaoudéguez vad da ur re, *pr.* dis-
quēzet; trugarecqaat ur re, *pr.* trugarecqēet. — *Action de grâces*, meuleudiguez, meulidiguez, trugarez. — *En*
*action de grâces, è trugarez*, evit meulidiguez. — *Grâces, après le repas*, graçz,
*pl.* ou; graçz an daul. — *Dire les grâces*,
lavaret ar graçzou *ou* graçz *ou* graçzou
an daul, *pr.* id.; trugarecqaat Doūe
eus e vadou, *pr.* trugarecqēet. — *Bon-*
*nes-grâces, bienveillance*, graçzou-vad,
grad-vad, carantez. — *Gagner les bonnes-*
*grâces de quelqu'un*, gounit carantez
ur re *ou* graçzou-vad ur re *ou* grad-
vad ur re; gounit caloun ur re, gounit nr re-bennac, *pr.* gounezet. *v. bien-*
*veillance.* — *Je ne demande que l'honneur*
*de vos bonnes grâces, de votre bienveillance*,
ne oulennau nemed an enor eus ho
carantez *ou* eus ho craçzou-vad.

GRACIEUX, *euse*, gracius, oc'h, à,
aū. *v. civil, doux, honnête.* — *Qui n'est*
*pas gracieux*, dic'hraçz, dic'hracius.

GRACIEUSEMENT, èn ur fæçzoun
gracius, gand graciusded.

GRACIEUSER, *bien accueillir quel-*
*qu'un*, graciusi ur re, *pr.* graciuset;
beza graciui è qèver ur re, *pr.* bet; o-
ber graciusded da ur re, *pr.* græt. *Van.*
graciusciñ.

GRACIEUSETÉ, graciusded. *pl.*
ou. *Van.* id., *pl.* eū. — *J'ai reçu beau-*
*coup de gracieusetés*, cant graciusded
èn deus græt din, gracius-bras eo bet
èm andred.

GRACILITÉ, *qualité d'une voix grê-*

te, moander.

GRADE, *élévation à un degré d'honneur*, derez a enor, *pl.* derezyou. — *Grade d'un gradué*, derez, *pl.* you.

GRADIN, *degré d'un autel*, dez., *pl.* you.— *Gradins dorés*, dézyou alaouret.

GRADUÉ, *celui qui a des degrés dans quelque faculté, comme Maître-ès-Arts, Bachelier, etc.*, grazuëd, *pl.* ed, grazuïdy; raddued, *pl.* radduïdy.

GRADUEL, *verset qu'on chante après l'Épitre*; id., *livre noté*, grazal, *pl.* you. — *Les psaumes graduels*, ar salmon grazual, ar pemzecq salm grazual.

GRADUER, *conférer des degrés dans une université*, grazua, *pr.* grazuët.

*GRAFIGNER, *egratigner*, crafignat, *pr.* crafignët. *Van.* id. *v.* égratigner.

GRAILLON, *restes de viandes*, restadou, restadou-qicq.—*Marie graillon, injure*, groihenn, grailhenn.

GRAIN, *parcelle d'un corps pulvérisé*, greunen, *pl.* greun. *Van.* graiuen, grannen.—*Grain de sable*, treazen, *pl.* tréaz; træren, *pl.* træz. *v.* gravier.—*Grain de sel*, greunen holen.—*Grain d'encens*, greunen ezénçz, *pl.* greun.—*Grain de raisin*, résinenu, *pl.* ou; greunen résin, *pl.* greun. *Van.* graun, *pl.* ëu. — *Grain de laurier*, greun lore. — *Grain de lierre*, greun hilyo. — *Grain de blé*, greunen ed; ydenn, *pl.* ou; eden, *pl.* ou. — *Grain de froment*, guïnizen, ur vinizen, ur greunen guïnis. — *Se former en grain, parlant du blé*, boëda, *pr.* boëdet; greunya, *pr.* greunyet. — *Le blé se forme en grain*, boëda a ra an ed, boëdecq eo an yd, greunya a ra an ed.—*Le grain est formé*, boëdet eo an ed, furmet eo ar grun.

GRAINS, *toutes sortes de blés*, ar greun, ar greunyou, an ed, an edou, an ydou. — *Les grains sont beaux cette année*, caër eo an edou ou ar greunyou èr bloaz-man. — *Petit grain*, greunnennicq, *pl.* greunennigou.—*Grain, parlant de drap cotonné*, groignoñnen, *pl.* groignon.—*Drap couvert de grains, comme la futaine, la ratine*, mezer groignonnecq.—*Grains de gratelle, de vérole*, groignon-raich, groignon naplès.

groignon ar vreac'h.—*Grain de vent, tempête subite et de peu de durée*, courventenn, *pl.* ou; greun-avel *pl.* greunyou: barr-amser, *pl.* barron.—*Grain, point du tout*, tamm. *Van.* grauen. *v.* brin—*Il n'est grain niais*, ne deo tamm sot nebaoun. *Van.* n'en de grauenn sot a nehoñ ou a nehou.

GRAINE, *semence*, had, *pl.* ou. *Van.* id., *pl.* eü.—*Graine de laurier*, had lore.—*Monter en graine, grainer*, greunya, *pr.* greunyet; moñnet è had, *pr.* čet; douguen had, *pr.* douguet. *Van.* monet èn had, *pr.* oueit.

GRAINER. *v. le mot précédent.*

GRAINIER, marc'hadour had, *pl.* marc'hadouryen. *Van.* id., *pl.* yon.

*GRAINETIER, marc'hadour ed, *pl.* marc'hadouryen ed ou yd.

GRAISSE, *substance animale fusible*, lardt. *Van.* id.—*Cet homme, cet animal est chargé de graisse*, lardt meurbed eo an dèn-ze, lardt eo terrupl an aneval ze, ne deo nemed lardt an aneval-ze.—*De la graisse fondue ou à fondre*, lardt teuz. *Van.* lardt tee, saynell.—*Graisse de viande, de soupe, d'huile*, druzony. *Van.* druhonny, durionny, druny. *Ces mêmes mots se disent aussi de la graisse de la terre.*—*Cette soupe, ce potage est couvert de graisse*, leun eo ar soubenn-mâ eus a zrazony, druz eo terrupl ar soubenn-mâ.—*Il m'est tombé de la graisse sur l'habit*, druzony a so couëzet var va abyd.—*La graisse des montagnes tombe dans les vallées*, couëza a ra an druzony eus ar menezyou ebars èn traoura yennou.

GRAISSER, *frotter avec de la graisse*, larda, *pr.* lardet; frota gand lardt, *pr.* frotet. *Van.* lardeiñ.—*Graisser les roues d'une charrette*, larda rodou qarr.—*L'action de graisser*, lardadur, lardidiguez.—*Graisser, gâter, salir de graisse*, druza, *pr.* druzet; lacqât druzony ouc'h, *pr.* lecqëet. *Van.* druhat, druhciñ.—*Vous avez graissé mon habit*, druzet oc'h eus va abyd, lecqeat oc'h eus druzony ouc'h va guïsqamand.

GRAISSET, *grenouille verte*, guêsqle, *pl.* ved; gouësqle, *pl.* ved; glesqer, *pl.*

glesqèrèd; glnësqer, *pl. ed. Van.* glo-
ësqer, *pl. ed.*
GRAMEN *ou chiendent,* plante, tren-
zyaut.*idest,*yéaud-treuz,*herbe entrelacée.*
GRAMMAIRE, *art de parler et d'écrire
correctement.* grammell, *pl.* ou.
GRAMMAIRIEN, *qui sait ou enseigne
la grammaire.* grammellyau, *pl. ed.*
GRAMMATICAL, *e*, a aparc'hant
ouc'h ar grammell. grammel
lecq,oh,a.
GRAND, *e*, bras, meur, oc'h, à, an.
*Van.* bras, braus, mar, mér. *Al.* maur.
— *Un grand homme, une grande femme,*
un dèn bras, ur c'hrecg vras. — *Grand
chemin,* heud bras, heud meur. — *La
grand'église, la principale d'un lieu,* an
ilis meur, an ilis veur, an ilis vras, ar
penn-ilis. — *La Grande-Bretagne,* Breiz
Veur. — *Grand, outre mesure,* picol, *pl.*
ou, ed. —*Un grand homme,* ur picol dèn,
un dèn bras meurbed. — *Quels grands
hommes!* picolan tud! pe picoled tud!
— *De fort grandes et grosses pierres,* picolou mæin. — *Devenir grand, rendre
grand,* braçzaat, *pr. ëet. Van.* id. *v.* croître.
—*Depuis qu'il est devenu grand,* aba ez
eo braçzèet, aba ez eus deut corf deza.
— *Le mal devient plus grand,* bras-oc'h
yras ez a an droucq, var gresq ez a an
droucq. — *Ce n'est pas grand'chose,* bihan dra eo, ne det qet calsfra. — *Les
grands du royaume, d'une ville,* pennou
ar roüantélez, pennou kær, ar re vras
eus ar roüantélez pe a guear, ar re u-
hel. — *C'est un grand génie que cet homme
là,* ur spered bras a zèn eo. — *Il a une
grande âme,* un ene nobl èn deus. —
*C'était un grand saint,* ur saut bras a
voa. — *La grand'messe,* an ovéren bred.
*A grande peine,* a-boan vras.
GRANDELET, *te*, brasicq, brasicq-
mad, bras ouestamand.
GRANDEMENT, *avec grandeur,* meurbed, forz.—*Il est grandement riche,* pinvidicq eo meurbed, forz pinvidicq eo.
GRANDESSE, *qualité d'un grand d'Espagne*, brazounyez. — *Sa grand'sse,* e
vrazounyez.
GRANDEUR, *grande étendue,* brasder, meurded. *Van.* brasded.—*La grandeur de la chambre,* ar vrasder eus ar

gampr. — *Grandeur, taille,* mendd, ar
vendd. —*Sa grandeur n'est pas considérable,* ne déo qet bras àr vendd anexa.
— *Grandeur, énormité,* grevusder, grevusded. — *Dieu seul connaît la grandeur
du péché,* né deus nemed Doüe a guemend a ene ar grevusded eus ar pec'hed
— *Grandeur, puissance,* galloud, poës.
— *Flatter les grandeurs humaines,* rei
lorc'h d'ar re vras *ou* d'ar re gallodus,
rei lorc'h d'an dud a boës. — *Les grandeurs humaines,* ar brasderyou vean eus
ar bed, pompou ar bed, an enoryou
hac ar pinvidiguezou eus ar bed.
GRAND-MERCI, trogarez, truga-
reqad, bennos Doüe deoc'h. *Van.* trou.
gareqat, trougare, truguére.
GRANGE, grainch, *pl.* ou. *Van.* id.,
*pl.* eü. *B.-Léon,* log, *pl.* ou. — *Battre du
blé dans une grange,* dourna ed ebarz àr
c'hrainch *ou* ebarz èl log, *pr.* dournet.
GRAPPE *de raisin,* brancq-résin, *pl.*
brancqou; bod-résin, *pl.* bodou; bloc-
qad-résin, *pl.* blocadou. *Van.* barr-résin, *pl.* barreü. — *Grappe de verjus,* bod-
verjus, *pl.* bodou.
GRAPPILLER, *cueillir les restes,* bodaoüa résin, *pr.* et; cutuilha restadou
résin, *pr.* et; bodaoüa guiny.
GRAPILLEUR, bodaoüèr-résin, bo-
daoüèr guiny, *pl.* yen; cutuilher résin,
*pl.* yen.
GRAPPILLON, brancqicq-résin, *pl.*
brancqouïgou; bodicq résin, *pl.* bo-
douïgou. *Van.* barricq.
GRAPPIN, *croc,* crampinell, *pl.* ou.
— *Grappin, ancre à 4 ou 5 becs pour accrocher un vaisseau ennemi,* crapin, *pl.* ou;
ur grapin; crampinell, *pl.* ou; ur gram-
pinell; griped-vor, *pl.* gripedou-vor.
*Van.* crapin, *pl.* eü.
GRAS, *grasse, parlant des hommes et
des animaux,* lardt, oc'h, à, an. *Van.* id.
—*Fort gras, fort grasse,* lardt meurbed,
lardt puilh, lardt terrupl. *Van.* lardt tee,
lardt pilh. — *Le veau gras a été tué,* lazet eo bet al lue lardt. — *Devenir gras,*
lardtaat, *pr. ëet. Van.* lardein.— *Gras,
grasse, parlant de la terre, de la chair et
de choses onctueuses,* druz, oc'h, an. *Van.*
dru, oh, an. — *Cette terre est trop grasse*

,ou n'est pas assez grasse, re zruz eo an
doñar-mâ pe ne deo qet druz aboalo'h.

— Ne me donnez pas de gras, de viande grasse, ne roït qet a guicq druz
din. —Faire gras, dibri qicq d'an deizyou vigel. — Les jours gras, auxquels
on fait gras, deiz qicq, pl. deizyou. —
Les jours gras, le carnatal, meurlargez,
al lardt deizyou al'lardt, ezued. Van.
malarde, deyeü ellardt.—Un pays gras,
ur vor druz. — Dormir la grasse matinée,
cousqet hed ar mintinvez ou hed ar
miutin, cousqed bede pell an deiz ou
bede uhel an deiz, pr. id. — Gras de
jambe, coff an gâr, coff ar c'har.—Gras
fondu, chetal gras-fondu, maro'h stambouc'het gad al lardt, marc'hlardtclañ
evit beza bet re voall gaçzet.

GRASSEMENT, à son aise, gad larguéntez, é larcq, è druz, larcq, druz.

GRASSET, ette, lardicq, cuilh, cuilhicq. — Il est grasset, elle est grassette,
lardicq eo, cuilhicq eo, lardt eo onestamand, cuilh avoalc'h eo.

GRASSEYEMENT, action de grasseyer,
bestéaudaich.

GRASSEYER, prononcer mal les r,
bestéaudi, pr. et. Bestéaudi, de besq,
court, et de téaud, langue. v. begayer.

* GRATERON, plante, ar sereguezn,
ar straguerès-vihan, ar saraguezrès yi-
han. v. bardane, parelle. — Le fruit du
grateron, carantez, serjanted, specq.

GRATIFICATION, donéson, pl. ou;
larguéntez, pl. ou; mad-ober, pl. you;
plij-durez, pl. ou.

GRATIFIER, dònésouni un dra da
ur re, pr. dònésounet; ober ul larguéntez bennac da ur re, pr. græt; autren
ur faver-bennao da ur re, pr. autreet.

GRATIN, créyenen, pl. créyen; cry-
nou, pl. cryen. Van. craüaden, craouï-
deu, crihauneu.—Détacher le gratin du
bassin, distaga ar c'hréyen diouc'h ar
billicq.

GRATIS, evit netra. Van. cit netra.
— Il me l'a donné gratis ou gratuitement,
evit netra èn deus e roët din, n'en deus
coustet netra din, dre larguentez èn
deus e roët din, n'am eus paëct netra
cvinthâ.

GRATITUDE, reconnaissance, ana-
oudéguez-vad.

GRATTE-CUL, fruit de l'églantier,
amgroaz, añgroaz.—Chapelet de gratte-
cul comme font les enfants, chapelet ou
amgroaz ou añgroaz.

GRATTELLE, petite gale, raich. Va.
id. — Grain de grattelle, groignonnen,
pl. grognoñ.—Qui a de la grattelle, chu
gad ar raich, nep èn deus raich, nep
so ar raich gandhâ ou gandhy. — Qui
est sujet à la grattelle, raichus.

GRATTER, crafat, pr. et; cravat, pr.
et. Van. craoüeiñ, craoñat, ppr. et. —
Se gratter, èn hem gravat. Van. him
graoüeiñ, hum graoüat.—Gratter, parlant des poules, des chats, etc., scrabat an
doüar, pr. scrabet; discrabat, pr. et;
dispac'hat, pr. et. — L'action de gratter,
scrab; discrab, distac'h, scrabérez,
discrabérez, dispac'hérez, discrabadur,
dispac'hadur, scrabadur.

GRATUIT, tte, ar pez a rear evit netra, ar pez a rear hep profid. — Don
gratuit du clergé ou décimes extraordinaires
tous les cinq ans, ou des provinces d'état,
Bretagne et Languedoc, tous les deux ans,
dònésoun eus a ur somm arc'hand d'ar
roüe.

GRATUITEMENT, hep profid, evit
netra. v. gratis.

GRAVE, sérieux, parfedd, lént, oc'h,
añ. v. majestueux. — Grave, qui est d'une
grande autorité, a-boües, a-boües-vras.
— Un auteur grave, un autor a boües.
— Grave, qui est de conséquence, grevus
important, pouner, poësus, oc'h, à.—
Une matière grave, ur malery grevus et
pouner ou poësus. v. grief. — Du tin à
Grave, guin Graff ou Graoü.

GRAVELEUX, euse, qui a la gravelle,
grevellecq, pl. grevelléyen; gravellecq
pl. gravelléyen; nep so tourmantet gà
ar grevell ou gad ar mean-gravell. —
Graveleux, euse, plein de gravier, grouaü
necq, grouannicq, oc'h, añ. Van. gro
solecq, groselecq, oh, añ, aoñ. — Terr
gravel* euse, doüar grouaünecqougrouaü
uiecq, pl. doüarou, etc. Van. doargro
solecq, pl. doareü, etc.

GRAVELLE, maladie, ar grevell, r

mæn-gravell, ar mean-gravell. *Van.*
mæn-gravell.

GRAVEMENT, gand parfededd, gad lentéguez,èn ur fæçzoun par;ĕddos lént

GRAVER, eñgraſſi, *pr.* et; engravi, *pr.* et. *r. sculpter.* — *Graver de la vaisselle,* eñgravi veçzell. — *Graver quelque chose dans son cœur,* scriva un dra doun èn e galoun, *pr.* scrivel; lacqàt un dra-bennac doun èn e beun *ou* èn e galoun, *pr.* lecqĕet.

GRAVEUR, eñgraver, *pl.* yen; eñgraſſour, *pl.* yen.

GRAVIER, *sable mêlé de cailloux,* groüan. *Van.* grosol, grosel. *r. grèce.* — *Grain de gravier,* groüanen, *pl.* ou, groüan. *Van.* grosoleu, groselen, *ppl.* grosol, grosel.

GRAVITÉ, *importance,* parfededd, léntéguez. — *Gravité qui tient de la fierté,* roguéntez. — *Avec gravité,* gand parfededd, gand léntéguez, gand roguéntez. — *Gravité, pesanteur,* poûes, pounerder. *Van.* poës.

GRAVOIS, *débris de mur,* dar, gregaih. *De* dar, *vient* laou-dar, *cloporte.*

GRAVURE, *art et ouvrage du graveur,* eñgravadur, eñgraſſ, eñgraſſadur. — *Une belle gravure,* un eñgravadur gaër.

GRE, *bonne volonté,* grad. *Van.* id. — *Bon gré, de bon gré,* grad vad, a c'hrad vad; meno, a veno. *v. volonté.* — *De mon bon gré, de mon plein gré,* gar.d va grad vad, gand va meno, d'am meno; a youl francq. — *A leur gré,* d'o grad, èn o grad, d'o meno, èn o meno, d'o youl. — *A mon gré,* d'am grad, d'am youl, d'am meno, èm meno. — *Contre mon gré,* aenep d'am grad, aenep dam meno, aenep d'am youl,èn desped din. — *De gré à gre,* a c'hrad-è-grad, gand grad pep hiny, gad grad vad an oll, din-lan grad vad an oll. — *Bon gré, mal gré,* dre gaër, pe dre hacq; arruĕt da irruo; carént, pe ne garént qet; arruet pe arruĕt *ou* pe arruo. — *Au gré des vents et des flots,* a youl mor hac avel. — *Prendre un gré,* agrĕer, grataat, *pr.* ĕet; asfout-mad, *pr.* caſet. — *Trouver à gré le,* caſout da. — *Je trouve à gré que vous eniez,* da ez cafañ ez teuae'h. .

GREC, *homme qui est de Grèce,* Grecyan, *pl.* ed; ur Grecyan. *Van.* id. — *Une Grecque, une femme grecque,* Grecyanès, *pl.* ed; ur C'hrecyanès. — *Les Grecs et les Latins,* ar C'hrecyaned hac ar Romaned. — *Le rit de l'église grecque,* qiz an ilis grĕcz. *v. église, pain.* — *A la grecque, à qiz grĕez, è guiz ou è c'hiz grecyaned.* — *Grec, la langue,* grecin, gregaieh, langaich grĕez. *Van.* gregaich. — *Parler grec,* grecima, *pr.* et; gregaichi, *pr.* et; *parlant* grecim *ou* gregaich *ou* langaich grĕez, *pr.* parlantet. *Van.* gregageiñ. — *Les langues grecque et latine ont pris beaucoup de mots de la langue des anciens Celtes, lorsqu'ils s'appelaient encore Gomariens et Titans, selon le R. P. Dom Paul Pezron, bernardin, dans son livre de l'* ANTIQUITÉ DE LA NATION ET DE LA LANGUE DES CELTES OU ANCIENS GAULOIS, ar grecim hac al latin o deus ſlypet un niver brâs a c'hèryou eveus al langaich a brezec ar vretonned eû Breiz-Arvoricq hac eû Breiz-veur. — *Un livre grec,* ur levr scrivet è grecim *ou* è gregaich, ul levr grĕez, *pl.* levryou. — *Passez, c'est du gred; et en latin, transeat, gracum est; ou bien, gracum est, non legitur,* iit è-byou, gregaich eo; trémenit dreist ar grecimze, pehioy na èûteñtit qet ha lénnit èn tu all dezâ.

GREDIN, *gueux,* gardin, *pl.* ed. *Van.* truhecq, *pl.* truhigued. *v. Normand.*

GREDINE, gardinès, *pl.* ed; corcqès, *pl.* ed.

GREDINERIE, *mesquinerie,* gardinaich, gardinérez.

GREFFE, *bureau de tribunal,* greſſ, ar c'hreſſ. *Van.* greſſ, er greſſ. — *L'arrêt est au greffe,* ez ma an arred èr c'hreſſ. — *Le roi a vendu ses greffes,* guĕrzet eo e c'hreſſou gad ar roüe.

GREFFE, ente, grĕſſ, *pl.* ou. *Van.* id., *pl.* cû. *v. ente.*

GREFFER, grĕſſi, *pr.* et. *Van.* greſſeiñ. *v. enter.* — *Arbre à greffer,* guĕzen da c'hreſſi. — *Celui qui greffe,* greſſer, *pl.* yen; greſſour, *pl.* yen. *Van.* greſſour, *pl.* you. *v. ente.*

GREFFIER, *officier qui tient un greffe,* greſſior, *pl.* yen, ed. *Van.* greſſour, *pl.*

yon ; greffyer, *pl.* yon. — *Greffier en*
*chef*, ar mæstr-greffyer, ar c'hentá greffyer, ar mæstr eus ar c'hroll.

GREFFOIR, *instrument pour greffer*,
greffouer, *pl.* ou; contell-greff, *pl.* ou.

GRÉGOIRE, *nom d'homme*, Gregor,
Glegor. — *Petit Grégoire*, Gregoricq,
Glegoricq. — *S. Grégoire le grand, pape*,
sant Gregor pap leshenvet arbras, hon
tad santel ar pap sant Gregor ar bras.

GREGORIEN, gregoryan.—*Le chant*
*grégorien, ou le chant romain, ou le chant*
*de l'église, ou le plain-chant, est le chant*
*ambroisien corrigé par S. Grégoire, pape,*
*premier du nom,* ar c'han gregoryán, pe
ar c'han roman, pe ar c'han eus an
ilis, pe ar c'han plean a so ar c'han am-
brosyan pe oan sant Ambroaz, courriget, cresqet ha rentet publicq dre'n ilis
gand sant Gregor pap qentá èn hano.
— *Le calendrier grégorien, le calendrier*
*réformé par les ordres et les soins du pape*
*Grégoire XIII, en* 1583, ar c'hompod
gregoryan, ar c'halander gregoryan.

GRÊLE, *eau congelée,* cazarc'h, ca-
zærc'h, *id est,* craz-earc'h, *neige cuite,*
*neige durcie;* crisilh. *Van.* gresilh. *v. grê-*
*ler.* — *Grain de grêle*, grisilhen, *pl.* grisilh. — *Temps sujet à donner de la grêle,*
amser cazarc'hus, amser grisilhus. —
*Une grêle de coups de bâton,* ul lod taulyou baz, ul lod bras a daulyou biz, ur
grisilhad taulyou baz. — *Grêle, menu,*
*faible,* moan, oc'h, á, añ. *Van.* moën,
oh, añ, aoñ.—*Un corps grêle,* ur c'horf
moan, un dailh voan. *Van.* ur horf
moën.—*Une voix grêle,* ur vouëz moan.
— *Qualité de ce qui est grêle,* moander.
*Van.* moënder, moënded.—*Devenir ou*
*rendre grêle,* moannaat, *pr.* ëet. *Van.*
moënnat, *pr.* eit.

GRÊLER, *frapper de la grêle,* cazar-
c'hi, *pr.* et; grisilha, *pr.* et; ober cazarc'h,
ober grisilh, *pr.* græt. *Van.* gober grisilh, gresilheiñ. — *Il grêle, il tombe de*
*la grêle,* cazarc'h a ra, grisilh a ra, ober
grisilh *ou* cazare'h a ra. — *Les blés sont*
*grêlés,* cazarc'het *ou* grisilliet eo an e-
dou, collet eo an ydou gand ar c'ha-
zarc'h *ou* gad grisilh.—*Une personne grê-*
*lée,* un dèn a so eat c'hadou gand

ar réau, un dèn a so ruinet *ou* révinc'

GRELIN, *petit cable,* greling, *pl.* ou
ouçzer. *pl.* you.

GRÊLON, *gros grain de grêle,* grisil
heñ, *pl.* ou. — *On a vu des grêlons pese*
*une livre,* bez' ez eus bet guëllet grisil·
hennou a boësé pep hiny anézo ul lil
pe c'huëzecq onçz.

GRELOT, *sonnette sphérique,* grisil·
hon, *pl.* ou.

GRELOTTER, crena gad ar riou,
crena gad ar riou qen na stlacq an dént,
*pr.* crenet; stlacqa an déut gad an riou.

GREMIL, *petite plante, autrement ap-*
*pelée l'herbe aux perles ou semence pierreuse,*
grilhicq-væn, pirisilh-væn.

GRENADE, *fruit du grenadier,* greunadès; aval greunadès, *pl.* avalou. —
*Grenade, boule de metal remplie de poudre,*
greunadesen. *pl.* greunadès.

GRENADIER, *arbre,* guëzen greunadès, *pl.* guëz; plantenn greunadès,
*pl.* plantennou. — *Grenadier, soldat,*
greunader, *pl.* yen.

GRENIER, *lieu où l'on sert les grains,*
grignol, *pl.* you. *Van.* grannyel, *pl.* cü.
— *Mettre les grains dans le grenier,* gri-
lya, grignolya au edou, *pr.* et; serra au
èd èr c'hrignolyou, *pr.* serret. — *Gre-*
*nier de vaisseau, où l'on ramasse les grains,*
grignolaich, *pl.* ou. *v.* natte.—*Grenier,*
*fenil. v. goletas.*

GRENOUILLE, *animal aquatique,* ran,
*pl.* ed. *Van.* id *v.* graisset. — *Petite gre-*
*nouille,* ranicq, *pl.* ranedigou. — *Le cro-*
*assement des grenouilles,* can ar raned,
rocg *ou* roccg ar raned, racqérez ar
raned, racqaich ar raned. — *Faire le*
*cri des grenouilles,* racqat, *pr.* et; cana,
*pr.* et; rogg, roëga, *ppr.* et.— *Grenouille*
*de haie,* glesqer, *pl.* ed.—*Grenouille, fer*
*creux dans lequel le fer d'une porte tourne,*
gaypp, *pl.* ou.

GRENOUILLETTE, *plante,* paubran,
*id est,* pate de corbeau.

GRENOUILLERE, poull-ran, *pl.* poull·
iou-ran, poull-raned; poull-ranecq, *pl.*
poullou-ranecg, poull-rancgou; ranecg,
*pl.* ou. *Van.* poull-raued.

GRENU, *ue, plein de grains,* greu-
necg, oc'h, á, añ.—*Les épis d'orge sont*

*plus grenus que les autres*, al lannvénnou
heiz a, so greuuceqóc'h eguit ar re all.

GRÈS, *pierre dure et grise, qui se réduit aisément en poudre*, cragg , mæncragg. *Van.* bily.—*Pavé de grés*, pavez great gand'cragg. — *Pot de grés*, pod cragg, *pl.* polou. *Van.* pod bily, *pl.* podeü bily.

GRESIL, *petite grêle*, grisilhicq, grisilh munud.

GRESSET, *lampion de cheminée*, creuzeul, *pl.* you.—*Mettez de l'huile dans le gresset*, licqit eol pe lardt ebars èr c'hreuzeul.

GRÈVE,*rivage plat et sablonneux de la mer et des rivières*, croa, groa, craë, graë. *v.* sable, côte, rivage.—*Etendre la buée à sécher sur la grève*, astenn ar c'houëz var ar c'hroa da sec'ha, sec'ha ar c'houëz var ar c'hroa *ou* var ar c'hraë. —*La lieue de grève*, al léau dræz, træz *ou* treaz. *Ces mots signifient proprement menu sable ou grève couverte de menu sable* : *et groa du croa ou graë et craë , signifient une grève pleine de gros gravier. De-là vient* groaneu, *pl.* groau, *gravier*

GRÈVER, *léser*, *tourmenter*, greva, grevout, *pr.* grevet ; grefa, grefout, *ppr.* grefet.

GREVURE , *lesion*, grevançz, grevéntez, grevidiguez, grevadurez.

GRIÈCHE , *rude*, *piquant*, *impor-tun*, grizyaz, grizyez. — *Ortie grièche*. linad grizyaz.—*Pie grièche*, picq grizyas, picq spern, *pl.* pigued. *Ces mots se disent aussi d'une femme criarde, importune.*

GRIEF, *plainte* , *tort* , gaou, doumaich, cleimm. *Van.* cleimmadur.— *Mes griefs sont que* , *etc.* , va c'hlemm eo penaus, etc.—*J'ai un grief contre lui pour un tort qu'il m'a fait*, ur c'hlemm am eus da ober aneza evit un doumaich èn deus græt, din *ou* evit ur gaou èn deus great ouzon. — *Grief*. *douloureux*, *dangereux*, grizyez, gryez, grevus, dangerus, oc'h , añ.—*Une maladie griéve* , ur c'hlèved grizyez *ou* gryez *ou* dangerus, *pl.* clèvejou.—*Les peines grièves de l'enfer*, ar poanniou grizyez eus au isern, ar poanvou gryez *ou* grevus eus an ivern. — *Grief*, *énorme*, grave,,

grevus, grofus, oc'h, à, añ. *v.* grave.— *L'adultère est un péche bien grief*, an a-voultryaic'h a so ur pec'hed grevus meurbed.--*L'assassinat est un crime trop grief pour être graciable*, re c'hrevus eo ou re vras crim eo ur muntr great a vetepançz evit dleout beza pardounet *ou* evit militont lizerou a o'hraçz.— *Ma très-griève faute*, va braçzà faot.

GRIÈVEMENT, èn ur sæçzoun grevus. — *Il est grièvement malade* , goall glañ eo, dangerus *ou* grevus eo è glèñved.—*Grièvement blessé*, goall vleçzet, goulyet dangerus, bleçzet orrupl.

GRIÈVETÉ, *énormité*, grevusded , grevusder, grefusder, brasder, grizyezded.--*Un confesseur doit proportionner la pénitence à la grièveté du péché* , ur c'honveçzor a dle rei ur binigenn qevatal d'ar pec'hed *ou* ur binigenn diouc'h ar grevusder eus ar pec'hed.

GRIFFADE, *coup de griffe*, sqilfadeñ, *pl.* ou.

GRIFFE , *ongles de bêtes*, *d'oiseaux*, sqilf , *pl.* ou. *Van.* craban , *pl.* eü. — *Les griffes du lion*, *du chat*, sqilfou al leon, sqilfou ar c'haz.—*Griffe, parlant d'un homme qui ravit le bien d'autrui*, sqilf, *pl.* ou; craban , *pl.* ou. — *Plein les griffes*, sqilfad , *pl.* ou ; crabanad, *pl.* ou. — *Qui a de grandes griffes* , sqilfecq , crabanecq, oc'h , à. *Van.* crabanecq

GRIFFER, *prendre avec la griffe*, sqilfa, *pr.* sqilfet ; crabanata, *pr.* crabanatet.

GRIFFON, *animal fabuleux*, grippy, griffouu.—*Griffon*, *oiseau de proie*, griffonn, *pl.* ed. *Van.* id.

GRIFFONNAGE, scritur treid-qellyen , scritur diæz da leenn , scritur sllabezereçz.sllabezérez, barbouilhaich.

GRIFFONNER , goall scriva , barbouilla , *ppr.* et ; sllabeza-paper, *pr.* sllabeçzet.

GRIGNOTER , crignal, *pr.* crignet. —*Tiens garçon*, *grignote*, dit le Gascon, crigu pautr.—*Celui qui grignote*, crignaçzorn.

GRIGNOUX, réc'hus, araous, craignous, grignous, oc'h , à. *v. hargneux*, *rechigné.*

GRIGOU, *gredin*, corcq, *pl.* ed.

GRIL, *ustensile de cuisine*, grilh, *pl.* ou—*Faire griller sur le gril*, lacqât da c'hrilha var ar c'hril.

GRILLADE, grilhadenn, *pl.* ou; grilhadecg, *pl.* grilhadegou. *Van.* grilhadenn, *pl.* eü:

GRILLE, *treillis de fer*, treilh-houarn, *pl.* treilhou; kaël, *pl.* kaëlyou. *Van.* treilheriçz, treilheu. *Al.* goulyéau. *r. parloir.*

GRILLER, *faire rôtir sur un gril*, grilha, *pr.* grilhet; rosta var ar c'hrilh, *pr.*rostet. *Van.* gtilheiñ.—*Griller, chauffer trop*, suilha. *pr.* suilhet; sulya,*pr.* sulyet; craza, *pr.* crazet. *Van.* sulyeiñ. —*Griller, fermer avec une grille*, speurrya, *pr.* et; closa gand speuryou ou gand treilhou, *pr.* closet.

GRILLON, *petit insecte*, scrilh, *pl.* ed, igou; gril, *pl.* grilhed; grilhicq, *pl.* grilhedigou. *Van.* id., *ppl.* eü.

GRIMACE, *laide contorsion du visage*, néuz-fall, *pl.* neuziou; goall fæçzoun, *pl.* goall fæçzounyou. *Van.* orbid, *pl.* eü; ormid, *pl.* eü.—*Grimace, hypocrisie, feinte*, feiñtançz, *pl.* ou. *Van.* feënt , *pl.* eü.

GRIMACER, *faire des grimaces*, ober neuzyou fall ou goall fæçzonyou ou feiñtançzou, *pr.* græt. *Van.* orbideiñ, ormideiñ, *ppr.* et.

GRIMACIER, *ère*, leun a fæçzounyou, leun a neuzyou fall, leun a feiñtançz, fæçzounyus, oc'h, â, añ. *Van.* grimaçzus, orbidour, ormidour, *ppl.* yon. *fém.* orbidoures, ormidoures, *ppl.* ed. mil-fæçzoun.

GRIMAUD, *petit écolier, t. injurieux*, beuz; *pl.* ed; beuzicq, *pl.* heuzedigou. —*Petit grimaud, petit écolier qui ne va pas encore en classe*, licq, *pl.* ed. *S'il ne compose pas encore*, cauc'h-licq, *pl.* ed.

GRIMPER, *gravir*, grimpa, grimpal var. etc.. *pr.* grimpet; scrimpa, scrimpal, *pr.* scrimpet. *Van.* grimpeiñ, crappeiñ, *ppr.* et.

GRINCEMENT, grigonçz, grigonçz an dént, grigoncérez an dént, stlacqérez an dént, grincérezan dént. *Van*

chouricqereh, obaronchereah, grincereh en dént.—*Dans l'enfer il y aura des pleurs et des grincements de dents, dit S. Mathieu*, en ivera ez vezo goëlvan ha grigonçz an dént, hervez avyel sant Vaze.

GRINCER *des dents*, grinçzal an dént, *pr.* grincet; grigouçzat an dént, *pr.* et; grignoçza an dént, *pr.* et; stlacqa au dént, *pr.* et. *Van.* chourricqeiñ, charonchat, grinçzal en dént.

GRIPPER, *ravir subtilement*, flippa, *pr.* et; scraba, *pr.* et. *Van.* scrapeiñ, frippeiñ.

GRIS, *grise, couleur mêlée de blanc et de noir*, gris, oc'h, â; liou gris. *r. couleur et gritelé.*—*Robe grise*, saë gris,*pl.* saëou gris. — *Gris d'eau, ou gris vert*, glas, oc'h, â; liou glas, glas-dour.—*Tête grise, barbe grise*, bléau glas, baro glas.—*Gris pommelé*, glas marellet. — *Un cheval gris pommelé*, ur marc'h glas marellet.—*Du vin gris*, guïn sclær. —*Du vin gris, qui coule en la cuve avant le pressurage*, guïn flour.— *Gris, presque ivre*, drèau. — *Faire grise mine à quelqu'un*, droucq-diguemeret ur re, *pr.* id; diguemeret lént ur re-bennac, *pr.* id.

GRISATRE, *qui tire sur le gris*, grisard, louët, azgris.—*Etoffe grisâtre*, mezer grisard ou azgris.—*Un bœuf grisâtre*, un egen louët.

GRISER *quelqu'un*, lacqat ur re da veza drèau.

GRISON, *celui dont les cheveux commencent à blanchir*, glasard, *pl.* ed. et; louëdi, *pr.* et. *Van.* guénneiñ, louëdeiñ. — *Les cheveux lui ont grisonné de bonne heure*, abred eo glaset e vléau.

GRISONNER, *devenir gris*, glasa, *pr.* et; louëdi, *pr.* et. *Van.* guénneiñ, louëdeiñ. — *Les cheveux lui ont grisonné de bonne heure*, abred eo glaset e vléau.

GRIVE, *oiseau*, borzevellecg, *pl.* borzevellegued; drasql. *pl.* drasqled. *Van.* drasql. *pl.* ed. borzevellecg *se dit de la grosse grive qui mange du cheneri*, *dont on a fait cette phrase moitié latine et moitié bretonne :*

Quid quæris. borzevellecg,
In nostro caûnabecg. *r. mautis.*

GRIVELÉ, *tacheté de gris*, briz, oc'h, â, añ. *Van.* briñ, breh.

GRIVELER, *faire des profits secrets et illicites dans une commission*, touza e væstr, *pr.* touzet ; friponat divar goust e væstr, *pr.* friponet. *Van.* friponeiû è cuh. *v. ferrer la mule.*

GRIVELEUR, touzer, *pl.* yen ; laër-cuz, *pl.* laëron-cuzet.

GRIVOIS, *un bon drôle*, ur pautr fryol, *pl.* pautred fryol ; un aplicqant mad, *pl.* aplicqantéd vad.

GRIVOISE, *rape d tabac*, racqlerès, *pl.* ou. —*Grivoïse*, *bergère. v.--y.*

* GROBIS, *gros seigneur*, grobis, *pl.* ed. *v. seigneur.*

GROGNEMENT, *cri des pourceaux*, doc'hérez, greunnérez, urzérez.

GROGNER, *parlant des pourceaux*, do-c'hal,*pr.*doc'het;urza,*pr* et;greunna,*pr.* et; groignal, *pr.* et; grumuzat, *pr.* et ; eurc'hat, *pr.* et. —*Grogner*, *gronder, crier*, grozvolat, *pr.* et; grommellät,*pr.* et; grumuzat, groignal, *ppr.* et. *Van.* groignonnat.

GROGNEUR, gromeller, *pl.* yen; groigner, grumuser, *ppl.* yen.

GROGNEUSE, groignerès, *pl.* ed; grumuserès,*pl.* ed.

GROIN, *museau du porc*, grouinch,*pl.* ou; fry,*pl.* ou; fry an houc'h, *pl.* fryou moc'h, grouinch ar penn-moc'h, *pl.* grouinchou moc'h. *v. bajoue.*

GROMMELER, grommelaat,*pr.*ëet; *v. grogner.*

GRONDEMENT, *bruit sourd*, grond, soroc'h. *Van.* gronderch.

GRONDER, *gourmander*, grondal,*pr.* et; grondtal,*pr.*et; argui ur re-bennac, *pr.*arguët. *Van.*grondal, grondeiñ, noë-seiñ. — *Gronder, murmurer*, groignal, *pr.* et. *v. grogner.*

GRONDERIE, *criaillerie*, grondérez, *pl.* ou; grondamand, *pl.* grondaman-chou. *Van.* grondercah, noësercah.

GRONDEUR, gronder,*pl.* yen; gron-ter, *pl.* yen; trouzer, tabuter, tagner, *ppl.* yen. *Van.* grondour, tabutour, ta-gour, noësour, *ppl.* yon. *fém.* gronde-rès, *pl.* ed, etc.

GRONDIN, *poisson de mer*, qorn, *pl* ed,pesqed-qorn; goguès,*pl.*ed; coguès, *pl.* ed. — *Il est rouge comme un grondin*,

qer ruz eo evel ar goguès, ruspin eo.

GROS, *grosse*, *volúmineux, épais*, teo, tev, oc'h, â, añ. *Van.* teû. *On écrivait* teff. —*Un gros homme*, un dèn teo, *pl.* tud teo;un tolzennecq,*pl.*tolzennegued — *Un homme gros et gras*, un dèn teo ha lardt. *Al.* calb, galb, *de là Galba, empe-reur.* — *Gros*, *grosse, grand*, bras,oc'h, añ. *Van.* bras, braus, oh, añ. — *Un gros marchand*, ur marc'hadour bras.— *Un gros péché*, ur pec'hed bras, — *Gros et menu par différents endroits*, picq-mo-an. — *Un gros monsieur, un gros milord*, ur grobis, *pl.* ed; un digentil bras. — *Une grosse femme*,ur c'hrecg teo hâlardt. — *Une femme grosse*, grecg vrasès. — *Une grosse armée*, ur arme vras.—*Gres*, *huitième partie d'une once*, dram, *pl.* ou. *v. dragme.* — *En gros*, ê groçz.—*Vendre en gros*, guërza ê groçz, *pr.*et. — *Mar-chand en gros*, marc'hadour groçzer, marc'hadour ne verz qet ê detailh. — *Tout en gros, sommairement*, èn oll. — *Il ne s'en trouva que dix tout en gros*,n'en hem gavas anézo nemed decq èn oll.

GROSEILLE, *fruit*, spezad.*Van.* spe-had. — *Une groseille*, spezadeñ, *pl.*spe-zad. — *Groseille rouge, appelle en Bre-tagne, castille*, castilhès. — *Un grain de groseille rouge*, castilhesen,*pl.*castilhès.

GROSEILLIER, *arbrisseau*, planteñ spezad, *pl.* plantennou; bod spezad,*pl.* bodou. — *Groseillier rouge*, plantenn castilhès, *pl.* plantennou; bod castil-hès, *pl.* bodou.

GROSSE, *expédition d'un acte en forme exécutoire*, groçz, ur groçz, *pl.* ou. — *Grosse, douze douzaines*,groçz, *pl.*oú; da-ouzecq douçzenn. — *Une grosse d'ai-guillettes*,ur groçz acuilhetou,daouzecq douçzeñ acuilhetou. — *Des grosses de boutons*, groçzou boutônou.

GROSSERIE, *besogne faite grossière-ment*, groçzérez, groçzery, groçziry, la-bour groçz.

GROSSESSE, brasesded, stad ur c'hrecg vrasès.

GROSSEUR, teoder, tevder. *Van.* teûded. — *La grosseur d'un arbre, d'un homme*, teoder ur vezen, teoder un dèn.

* GROSSIER, *qui vend en gros*, groç-

zer, *pl.* yen. — *C'est un marchand gros-*
*sier,* ur groçzer eo, ur marc'hadour
groçzer eo.

**GROSSIER,** *ère, épais,* tevard, groçz.
— *Un homme d'une taille grossière,* un
tevard a zèn, *pl.* tevarded, un dèn re
dev, *pl.* tud re dev. — *Un air grossier,*
un ear teo *ou* re deo.—*Ce drap est gros-*
*sier et trop grossier,* groçz ha re c'hroçz
eo ar mezer mâ. — *Grossier, ère, mal*
*poli,* rust, garo, garv, dibouliçz, oc'h,
â, añ.—*L'architecture gothique était bien*
*plus grossière que la grecque,* an archi-
tédur goth a yoa cals rustoc'h eguit hiny ar c'hrecyaned.—*Grossier, ère, par-*
*lant d'une personne impolie,* dic'hraçz,
lourt, pouner, oc'h, â, añ, *pl.* tud di-
c'hraçz, etc.—*Avoir des manières gros-*
*sières,* cahout fæçzounyou dic'hraçz ou
lourt *ou* pouner, cahout ur c'hompor-
tamaud dibouliçz *ou* dic'hraçz, beza
dibouliçz, *ppr.* bet.—*Un esprit grossier,*
ur spered lourt, nep so lourt a benn.

**GROSSIÈREMENT,** gand dibarfeded, gand lourdòny, èn ur fæçzoun dibarfedd *ou* lourt *ou* rust *ou* dic'hraçz.

**GROSSIÈRETÉ,** *qualité de ce qui est*
grossièrement travaillé, rustòny, garvéntez.—*Grossièreté, impolitesse,* lourdòny,
rustòny, pouneder. — *Grossièreté du*
*langage, des mœurs,* rustòny al langaich
hag ar bividiguez, etc.

**GROSSIR,** *croître en grosseur,* tevaat, *pr.* ëet. *Van.* teûeiñ, teûat.—*Cet*
*homme a beaucoup grossi,* terrupl ez eo
tevëet an dèn-hont. — *Grossir, faire*
*voir plus gros,* crisqi an traou, *pr.* cresqet; c'hueza, *pr.* et.—*Lunettes qui gros-*
*sissent les objets,* lunedou pere a zeu da
grisqi ar pez a selleur gandho *ou* dreizo.
—*Il grossit les vertus et il deguise les vi-*
*ces,* c'hueza a ra *ou* crisqi a ra ar vertuzyou, ê-qéhyd ma teu da ziguiza ar
vicrou.

**GROSSOYER,** *faire la grosse d'un acte,*
groçza, *pr.* et.—*Grossoyer un contrat,*
groçza ur c'hountrad.

**GROTESQUE,** *mélange capricieux de*
*diverses peintures,* peintadur faltazyus.
—*Grotesque, plaisamment ridicule,* c'hoarzus, farçzus, bourdus, oc'h, â, añ.

*v.* bouffon; *extravagant.*

**GROTESQUEMENT,** èn ur fæçzoun
c'hoarzus *ou* farzus.

**GROTTE,** *antre, caverne,* cavargn,
*pl.* ou. *Van.* groh, *pl.* eü; grog, *gua-*
rem, *ppl.* eü.—*Grotte artificielle faite de*
coquillage, *etc.,* grottenn, *pl.* ou. *Van.*
ur groh groeit gued croguenneü.

**GRUAU,** *farine d'avoine séchée au four*
*et moulue,* brignen, gruël. *Van.* groel,
gourel.—*Gruau, pain bis dont on n'a pas*
ôté le son, bara bras-ed; bara brennecq.

**GRUE,** *gros oiseau de passage,* garau,
*pl.* ed; gru, *pl.* gruëd. *Van.* gru, *pl.*
grued.—*Petite grue,* garanioq, *pl.* ga-
ranedigou.—*Grue, machine à élever des*
*pierres,* gru, *pl.* gruyou; ur c'hru.

**GRUMEAU,** *partie caillée d'une chose*
*liquide,* pouloudenn, *pl.* ou; cauledeü,
*pl.* ou.—*Grumeau de sang,* pouloudenn
goad, *pl.* pouloudennou, etc.; cauledenn goad. *v. sang.* — *Les pulmoniques*
*crachent souvent des grumeaux de sang,* nep
o deus droucq-sqèvend a grainch alyès
pouloudennou goad *ou* cauledennou
goad.—*Grumeaux de lait, duretés aux*
*seins des nouvelles accouchées,* cauledennou leaz. — *Grumeaux de bouillie mal*
*délayée,* pouloudennou yod, pouloud
youd.

**GUENIN,** *nom d'homme,* Guên.—
*Saint Guenen, évêque de Vannes,* sant
Guên, sant Guînis, sant Guînih.

**GUÉ,** *lieu où l'on passe une rivière,*
güe, *pl.* güeou; guevded, gueffded. *Van.*
gue, *pl.* gueeü. *Al.* rodoeul, *id est,* rou-
douët, *frayé, où l'on passe.* v *passage,*
*Guemené,* Guéodet. On a dit : rhyd, *id*
*est,* rhed, dour-rhed.

**GUÉABLE,** *qu'on passe à gué,* gueapl,
oc'h, â, añ.—*Plusieurs rivières sont guéa-*
*bles en été,* cals a stæryou *ou* meur a
stær a so gueapl èn hañ.—*Le Trieux est*
*plus guéable que l'Aune,* stær an Treo so
gueaploc'h eguel stær Aon, gueaploc'h
eo rifyer Pont-Treo eguit hiny ar C'hastellin.

**GUEAUDET** ( Notre-Dame du ), *an-*
*cienne église au milieu de Quimper,* ar Gue-
auded, ar Guevded; an intron Varya
ar Guevded; *id est, gué des deux rivières*

d'*O* : *et de Tryr*, *v. gue*, *Lexobie*.

GUÉER, *passer à gué*, guéa, *pr.* ët.

GUEMENÉ-PENFAU *ou Penn-Faö*, *passage sur la route de Rennes à Nantes*, Gue-Menez-Penn-Fao, *id est, le gué de la montagne aux hêtres.* — *Guemené-Guégan*, *petite ville et ancienne principauté du diocèse de Vannes*, Gue-Menez, ar Gue-Menez, Gue-Menez-Guégan, *id est, le gué de la montagne Guégan.*

GUENNÆL, *nom d'homme*, Guënn-æl, Guënal, *id est, ange blanc.* — *Petit* Guennæl, Guënn-ælicq, Guënalicq. — S. Gurnnæl, *abbé de Landevenecq*, *après* S. Guenolé, *en* 449, sant Guënnæl, sant Guënnal, sant Venal.

GUENILLE, pilhenn, *pl.* ou, pilhou; truilhenn, *pl.* ou, truilhou. *Van.* drail bach; pilheñ, *pl.* pilheü. *v. lambeau.*

GUENILLON, *petite guenille*, pilheun-icg, *pl.* pilhennigou, pilhouïgou; truil-hennicg, *pl.* truilhénnigou, truilhouï-gou; coz-pilheñ, coz-truilheñ. — *Jean* Guenillon a épousé Jeanne Guenille, *pour dire deux pauvres personnes mariées ensemble*, demezet eo Yan bilhenn da Janned truilhenn. — *Il n'en est pas de si couvert de guenilles qui ne trouve à se marier*, ne deus pilhenn na guef truilheñ, ne deus coz-voutès ua guef he pharès. *Van.* n'en dès coz-votès ne gaf he phares. — *Couvert de guenillons ou de guenilles*, pil-haouëcq, pilhecq, truilhennecq, truil-hecq, oc'h, à, *ppl.* pilhaouëgued, pil-héyen, truilheñegued, truilhéyen. *Van.* pilbotecq, *pl.* ed; *de là*, pilhaoüa, *amas-ser des guenilles pour faire du papier*, pil-haouër, etc.

GUENOLE, *nom d'homme*, Guënn-oll-e, *id est, il est tout blanc.* — S. Gue-nole, *premier abbé de Landevenecq*, *mort en* 448, sant Guënole, sant Venole, sant Wenole.

GUENON, *singe femelle*, mounica, *pl.* ed; marmousès, *pl.* ed. *Van.* marmou-sès, *pl.* ed.

GUENUCHE, *petite guenon*, mounic-qaicq, marmousesicq.

GUÊPE, *grosse mouche*, guëspeden, *pl.* guëspeď. *Van.* guispeden, *pl.* ed.

GUÊPIER, *oiseau*, guëspetaër, *pl.* ed.

*Van.* guispeier, *pl.* yon ; ur huïspeter.

GUERDON, *salaire*, garredon. *v. ré-compense.*

GUERDONNER, *récompenser*, garre-doñni, *pr.* et.

GUERE *ou* guères, *peu*, nëmeur, ne-meur-dra, nemad, pas cals. — *Il n'a* guère d'argent, n'en deus nemeur a ar-c'hand, n'en deus qet cals a arc'hand ou forz arc'hand. — *Il n'a guère de biens*, n'en deus nemeur a dra *ou* neméur dra, n'en deus qet cals a dra, n'en deus ne-mad a dra *ou* nemad tra, bihan dra èn deus. — *Guère souvent*, pas alyès , nemeur a veac'h.

GUERET , *terre fraîchement ouverte*, havrecg, *pl.* havregou, havreou, havreyou. — *Lever des guérets* , ouvrir des guérets au mois de mars, hàvreya *pr.* et; ober havrecg, *pr.* græt.

GUERIDON, gueridon, *pl.* ou; gari-don, *pl.* ou. *Van.* id., *ppl.* eü.

GUERIR, *rendre la santé à quelqu'un*, parea ur re, *pr.* paréet; guëllaat da ur re, *pr.* guëlléet; renta ar yec'hed da ur re-bennac, renta pare *ou* salo *ou* yac'h *ou* gailhard ur re-bennac, *pr.* rentet. *Van.* guëllât d'unan-benac. — *Guérir*, *recou-vrer sa santé*, parea, guëllaat; yac'haat, *pr.* ëet; francqaat, *pr.* ëet; selvel, *pr.* selvet, salvet; cavout e yec'hed, *pr.* cavet. — *Il guérira dans peu*, yac'haat a rayo abarz nemeur amser, francqaat a rayo dezà *ou* varnezà abarz nemeur, selvel a rayo abarz nemeur, guellaat a ray *ou* guëllaat a ray dezà abarz neu-beud amzer, parea a ray abarz neubeud, yac'h a vezo a-benn neubeud amser, e yec'hed èn devezo abenn nebeud, pa-re vezo souden, salo a vezo souden, ca-vout a rayo *ou* a ray e yec'hed bep dalc. — *Etre guéri*, beza pare, beza salo, be-za guëlléet dezañ, *pr.* bet. *v. sain.* — *Guérir par des oraisons*, rendre la santé par des oraisons, *en vertu d'un pacte*, bi-nizyen *ou* binigal gand orésouou. *ppr.* biniguet; croaza ur're, croaza un anc-val, *pr.* croazet; discountà. *pr.* et; di-guech ar bater, etc.. *pr.* diguegat. *Van.* disconteiñ, croëzeiñ, bevigal, beni-gueiñ. *v. sucer une plaie.*

59

GUERISON, guëlladecg, pàrediguez. *v. santé.* — *Je ne l'ai pas vu depuis sa guérison*, n'am eus qet e vellet a-ba ma et eo guëllet dezâ, n'em eus qet guëllet anezañ a-ba zeo parēet. — *La guérison de l'âme et du corps*, parediguez ar c'horf hao an ene.

GUERISSABLE, parespl, yac'hapl, guëllaapl, ob, à, añ.

GUERITE, *échauguette*, guedicg, *pl.* guedouïgou; spy, *pl.* ou; tour-gued, *pl.* touryou; garid, *pl.* ou. — *Guérite d'un clocher*, garid, *pl.* ou.

GUERRANDE, *ville de la Loire-Inférieure*, Guērrand.

GUERRANDOIS, *qui est de Guerrande*, Guērrandad, *pl.* Guērrandis. *Van.* Guērrandicq, *pl.* guërrandigued.

GUERRE, *lutte à main armée*, bresell, *pl.* you. *Van.* id., *pl.* yeü. — On dit partout *que nous allons avoir la guerre*, kehezlyou bresell a so a bep tu, ne gompaèr a bep hend nemed a vresell, ar bed oll a lavar ez comp da gahout bresell. — *La guerre est un art de s'égorger et de se détruire réciproquement*, ar bresell a so ur sqyand evit èn hem laza hac èn hem zistruija au eil stad eguile. — *Exciter une guerre*, accâusioni bresell, *pr.* et; élumi bresell, *pr.* et; allya ou attisa bresell, *ppr.* et. — *Déclarer la guerre*, disclærya ou intima *ou* nota ar bresell, *ppr.* et. — *Aller à la guerre*, moûnet d'ar bresell. — *Ils sont allés à la guerre*, eat int d'ar bresell. — *Faire la guerre*, bresellecqât, *pr.* ēet; ober ar bresell, *pr.* great. — *Faire la petite guerre, aller en maraude*, moûnet a vandennou da breyza; preyza, *pr.* et. — *Quand la guerre est plus animée on est plus près de la paix*, pa vèz creâ ar bresell, e véz tausiâ ar pecc'h. — *Guerre civile, guerre entre les citoyens de deux villes*, bresell eôtre diou guær, bresell èntre boure'hisyan diou guear. — *Guerre civile ou intestine*, bresell èntre sugidy ur memès roûantélez, bresell a ziabarz d'ar roûantélez. — *Guerre de religion*, bresell divar beñ ar seiz ou divar benn ar gredenn. — *Guerre sainte, les croisades*, ar bresell santell, bresell evit conequeuri an deñ̄ar

santell. — *Homme de guerre*, dèn a vresell. *v. guerrier.* — *Gens de guerre*, tuda vresell. *v. soldat.* — *Le ter des gens de guerre*, sevel sourdarded, *pr.* savet. — *Plat de guerre*, kæra vresell. — *Faire la guerre aux vices*, disclærya ar bresell d'ar viçzou, *pr.* disclæryct; ober ar bresell d'ar viçzou, *pr.* græt; bresellecqât ar viçzou, *pr.* ēet; distruija ar viçzou, *pr.* et.

GUERRIER, *qui fait la guerre*, bresellyad, *pl.* bresellidy; bresellecqaèr, *pl.* yen. *Van.* breselour, *pl.* yon, yan. *Al.* kimper. kimber, sadorn. — *Un fameux guerrier*, ur bresellyad bras, *pl.* bresellidy vras; ur bresellyad vailhant, *pl.* bresellidy vailhant. *Al.* kelt, gall, *ppl.* ed.

GUERROYER, *faire la guerre*, bresellecqât, *pr.* ēet.

GUET, *sentinelle, action d'épier. v. garde.* — *Le mot du guet*, azrouèz ar gued, ar guere a vresell.

GUET-APENS, *avec délibération, après y avoir bien pensé*, setepanqz. *Van.* id. — *De guet-apens, exprès pour surprendre, a-vetepanqz*, a fetepanqz. *v. à bon escient.*

GUĒTRE, *sorte de chaussures*, guēltrezen, *pl.* ou; guëltren, *pl.* guëltrou. *Van.* guetren, *pl.* guetreü. *v. gamache*, triquehouses. — *Tirez vos guêtres au plus tôt*, iit affo èn ho roud, tee'hit prêst a-c'hanen.

GUETTER, *épier, être au guet. v. garde, épier.* — *Guetter, attendre*, guedal, *pr.* et. — *Il y a long-temps que je vous guette ici, que je vous attends ici*, ez'ma oun amañ pell so oud ho qedal. — *Je suis ici à les guetter*, o c'hedal anézo ezma oun amâ, e ma oun amâ ouo'h o guedal.

GUETTEUR, *qui guette*, guedour, *pl.* yeu; spyour, *pl.* yen; nep so è par ou è spy evit laëres an dremenidy. *v. larron.*

GUEULE, gueaul, *pl.* you. *Van.* beeg, *pl.* beguêu. — *Gueule du chien, du bœuf, de l'âne, du loup, du renard, du lion, des grands poissons*, gueaul ar c'hy, an egeñ, an ascn, ar bleiz, al louarn, al leon, gueaulyon ar pesqed bras. — *Samson trouva du miel dans la gueule d'un lion*, Samson a gavac mèl ebarz eñ gueaul ul leon. — *Gueule béante,* guéaul digor ou fourn, guéaul dare da louncqa, deus em guenou hae me tébró eme ar bleiz d'an dañvad. *Van.* becg digor *ou* fôrn. — *Gueule torte, bouche torte,* mingam, min-dreuz. gueuou-dreuz.

GUEULÉE, guéaulad, *pl.* ou ; gue-naouad, *pl.* ou. *Van.* begad, *pl.* eü.

GUEUSE, *nécessiteuse,* paourès , *pl.* ed; paour, *pl.* yen.—*Gueuse, mendiante,* clasqerès, *pl.* ed. *Van.* clasqoures, *pl.* e ¹.—*Gueuse, mendiante qui est friponne,* corcqès, *pl.* ed ; truandès, *pl.* ed ; cay-mandès, *pl.* ed. — *Gueuse de fer,* sol houarn, *pl.* solyoü houarn.—*Fendre des gueuses,* fauta solyou houarn , *pr.* et. — *Couler la gueuse du fourneau dans le sable,* redecq an houarn, *pr.* redet ; o-ber solyou houarn , *pr.* græt.

GUEUSER, *mendier,* clasq an aluseñ, *pr.* clasqet; moânet d'an aluseñn, moñuet a zor-é-dor, *pr.* ēet; corcqa, *pr.* et; caymandi, truandi, *ppr.* et. *v. truander.*

GUEUSERIE, *indigence. misère,* paou-réntez , tavantéguez, dienez. *Van.* pēu-rante, diannoh, dicunah.—*Gueuserie, mendicité,* clasqèrez, corcqèrez , coy-mandérez , truandérez.

GUEUX, *nécessiteux,* paour , *pl.* yen; yzommecq, *pl.* yzomméyen. *Van.* peur, *pl.* yon, yan. — *Gueux, mendiant,* clas-qer, *pl.* yen, *Van.* clasqour, *pl.* yon, yan.—*Gueux, mendiant fripon ,* corcq, *pl.* ed ; truandt, *pl.* truandted ; cay-mandt, *pl.* ed.—*Les gueux de Flandre,* an Hollandisyen guentâ èn hem ra-voltas a enep ar roüe a Spaign , pere a yoa leshenvet neuse corcqed, corcqed Flandrès.

GUI, *excroissance du chêne, etc.,* an uhel-varr, dour-déro. *Van.* en isel-varr, déur-derv. — *Le gui est bon pour plusieurs maux,* an uhel-varr a so mad oud meur a zroug.

GUICHET ; *petite fenêtre grillée dans la porte d'une prison.* draff, *pl.* dralfou, drivenn. — *Guichet de parloir,* draff al lcaudy.—*Guichet, petite porte placée dans une grande porte de ville, de château,* draff kær, draff ar c'hastoll.

GUICHETIER, *qui a soin de la porte*

*d'une prison ,* porzyer ar prisoun, draf-fer, *pl.* yen.

GUIDE, *conducteur,* reër , *pl.* yen ; hincher, *pl.* yen. *Van.* conduour, *pl.* yon. *Al.* lomen. *v. pilote.*

* GUIDEAU, *filet pour prendre des an-guilles, etc.,* qidell, *pl.* ou.—*Un guideau mal attaché,* ur guidell ne deoqet staguet mad ouc'h ar postouqouc'h ar peulyou

GUIDER, *conduire. mener,* rèn , *pr.* rēet; hincha , *pr.* hinchet ; cundui , *pr.* cunduēt. *Van.* conduciñ.—*Guider, me-ner un peu au-delà de la maison,* harlua, *pr.* ēt; ambroucq, *pr.* ambrouguet.

GUIDON, *drapeau de cavalerie,* gui-ton , *pl.* ou.—*Guidon, officier qui porte le guidon ,* guiton, *pl.* ed.

GUIGNE, *cerise douce,* qignezen , *pl.* qignez; babuen, *pl.* babu. *Van.* id.— *Guignes rouges ,* qignez ruz.— *Guignes blanches ,* qignez guēnn.—*Guignes noi-res ,* qignez du. *v. bigarreau.* — *Manger des guignes ,* dibri qignez. — *Lieu abon-dant en guigniers,* qiguezecg , *pl.* ou ; ur guignezecg.

GUIGNER, *regarder du coin de l'œil,* guigual, *pr.* guiguet; guilgat, *pr.* guilguet

GUIGNIER, *arbre ,* guēzēn qignez , *pl.* guez qignez; qignezen , *pl.* ed.

GUIGNON. *v. accident , malheur.*

GUILLAUME, *nom d'homme,* Guil-herm, Guilhaou, Guilhou.—*Petit Guil-laume,* Guilhaouīcq.—*Guillaume est le nom burlesque du loup, et vieux Guillaume celui du diable,* Guilhaou ha Guilhaou-icq a rear eus ar bleiz, hao an diaul a c'halvér Guilhou-goz.—*Saint Guillau-me,* saut Guilherm. saut Vilherm, sant Wilherm , sant Vilhou, sant Wilhou. —*Guillaume, espèce de rabot ,* ur guil-hom, ur guilherm, *ppl.* guilhomou, guilhermou.

GUILLEMETTE , *nom de femme ,* Guilhammed.

* GUILLOU, *oiseau de mer,* guil-haou, *pl.* guilhaouëd.

GUIMAUVE, *plante,* malo, *pl.* ma-loēnn, ar valoēnn, ar malo. *v. mauve.*

GUIMPE, guynipl, *pl.* ou. *Van.* id., *pl.* eü.

GUINCLAN, *prophète breton, ou plu-*

tôt astrologue , très-renommé en B.-Bretagne, Guincqlan , ar prophed Guincqlan , brudet bras ê touêz ar Vretoned. —*Gainclan, dont j'ai vu les prédictions en rimes bretonnes, d l'abbaye de Landetenecq , entre les mains du R. P. Dom Louis le Pelletier, était natif du comté de Goëlo, en Bretagne Armorique, et prédit environ l'an de grâce 450, comme il le dit lui-même, ce qui est arrivé depuis dans les deux Bretagnes,* ar prophed Guïncqlan guinidicq vès a gontaich Goëlo, èn devoa diouganet é-tro, evel ma lavar e-unan, ar bloaz pévar c'hant ha hanter-cant goude guinivélez hon Salver, qement cheiñchamand ha qement tra a so bet hoarvezet abaoué, è breiz Arvoricq hao è Breiz-Veur.

GUINDAGE, *droit dû pour la charge et décharge des marchandises d'un vaisseau,* guintaich , guindaich. *Van.* id.

GUINDER, *élever,* guïntal, *pr.* guïntet; gorren, *pr.* gorroët. *Van.* guïntal, guïnteiñ , goreiñ ehuél.

GUINGAMP , *sous-préfecture des Côtes-du-Nord ,* Guëngamp, Goëngamp. *Ce nom paraît venir de* gucun, *blanc , et de* camp', *champ.—Il est de Guingamp ,* eus a Vengamp eo, eus a Oëngamp eo.

GUINGOIS, *travers,* treuz, cleiz, camm , besqell.—*Qui est de guingois,* ar pez a so cleiz *ou* camm *ou* a-dreuz *ou* besqellecq. *r. biais, champ.*

GUIPON , *gros pinceau pour goudronner un vaisseau,* guispon, *pl.* ou; torchtér, *pl.* torchou-tér; torch-soa, *pl.* tor-

chou-soa. *Van.* guisqon, *pl.* eü. *r. sui-ter.* — *Guipon pour blanchir un paroi,* guïspon , *pl.* ou.

GUIRLANDE, *feston de fleurs ,* garlantez, *pl.* ou.

GUISE, *manière, façon d'agir ,* qiz. *pl.* qizyou; guiz, *pl.* guizyou, guizou: yez, *pl.* yezou. *Van.* qiz, guis, *ppl.* eü. —*A ma guise,* èm yez, èm c'hiz.—*A sa guise,* èn e guiz, hervez *ou* diouc'h e guiz, èn e yez.—*Vivre à sa guise ,* beva dioud e guiz, *pr.* et.—*En guise de ,* e-guiz, e-guiz da, è qiz, è-c'hiz, è-c'hiz da, evel, evel da. *Van.* è guiz de, el de. *v. comme.—Il a préparé ce mets en guise de poisson , et c'est de la viande,* antset *ou* aveet èn deus, ar meus-boëd hont è-guiz pesqed *ou* è-guiz da besqed ha pa dal ez eo qicq eo.

GUITARE, *instrument de musique,* qitarr, *pl.* ou; ur guitarr. *v. harpe, luth.* —*Pincer de la guitare ,* c'hoari gand ar guytarr, *pr.* c'hoaryet. *On écrivait autrefois* kytharr *et* kyttarrp.

GUTTURAL, *ale,* qui se prononce du gosier, lizerenn rust, *pl.* lizerennou rust; lizerenn a brononcer gand ar gouzoucq. — *La langue bretonne a une double lettre gutturale* kh *, que l'on remplace maintenant par* c'h *,* ar brezounecq n'en deus deus lizerenn rust e-bed *ou* lizerenn e-bed a brononcér gand ar gouzoucq, nemed ar c'h.

* GYP , *pierre transparente ,* mæn syp, *pl.* mein gyp.

# DICTIONNAIRE

## FRANÇAIS - CELTIQUE,

ou

## FRANÇAIS - BRETON,

Nécessaire à tous ceux qui veulent apprendre à traduire le français en celtique, ou en langage breton, pour prêcher, catéchiser et confesser, selon les différents dialectes de chaque diocèse ; utile et curieux pour s'instruire à fond de la langue bretonne, et pour trouver l'étymologie de plusieurs mots français et bretons, de noms propres de villes et de maisons, etc.

PAR LE P. F. GRÉGOIRE DE ROSTRENEN,

*Prêtre et Prédicateur Capucin.*

TOME SECOND.

A GUINGAMP,

HEZ BENJAMIN JOLLIVET, IMPRIMEUR ET LIBRAIRE-ÉDITEUR.

1834.

# DICTIONNAIRE

## FRANÇAIS - CELTIQUE,

### ou

## FRANÇAIS-BRETON.

———————◁▷◁———————

## H

HA, *interj.*, ah. *v. hélas.* — *Ha, mon père, étiez-vous là?* ah, va zad, hao eno ex oac'h-hu? — *Ah, je me meurs!* ah, mervel a raû.

HABILE, *capable,* abyl, oc'h, â, aû. *En riant, on dit :* ul latiner bras hao a oar de Tertullyan dre an evor, *pl.* latinéryen vraa hao a oar, etc. *v. savant.* — *Devenir habile,* abylaat, *pr.* ëel; doûnel davezaabyl, *pr.* deuët.—*Habile, adroit,* cûtentct-mad, soûtil, fin, abyl, oc'h, â, aû.—*Habile, expéditif,* diligent, disræus, ampart, esquvt. oc'h, â, aû.

HABILEMENT, èn ur sæçzoun abyl ou gouîzyecq ou fin ou ampart, gand abylded, gad prontidiguez, gad spered, gad soutilded.

HABILETÉ, *capacité,* abylded, capablded. — *Habileté, adresse,* soutilded, fineçza, finder, finded, abylded. *Habileté, diligence,* prountidiguez.

HABILISSIME, abyl bras *ou* meurbed. forz abyl.

HABILLEMENT, *vêtement,* guisqamand, *pl.* guisqamanchou. — *Habillement de tête,* helm, *pl.* ou. *Van.* casqed, *pl.* eù.

HABILLER, *vêtir,* guisqa, *pr.* et; abylha, *pr.* et. *Van.* gusqeiû.— *S'habiller,* hem visqa, *pr.* et. *Van.* him husqeiû *ou* abylheiû. — *Bien habillé,* guisqet mad, abylhet mad. — *Mal habillé,* goall-vis-

qet. *Ouëssant,* drouyanez, *id est,* droucq lianaich, *mauvais habits de toile.* — *Habillé de noir, de blanc, etc.,* guisqet ê du, ê guënn, etc. — *Habillé en femme,* goaz diguizet, goaz guisqet ê maouës, *pl.* goazed. — *Habillé en fou,* guisqet ê foll, guisqet evel ur foll, guisqet evel da ur foll. — *Qui n'est pas habillé,* disabylh, divisq, diabylh. *Van.* dihusq.

HABIT, *vêtement,* guisqamand, *pl.* guisqamanchou; habyd, *pl.* habychou; abyd, *pl.* abyohou. *Van.* guisqemant, abyd, *ppl.* eù. *v. hardes.* — *Habit, robe,* habit long, saë, *pl.* ou. *Van.* sæ, *pl.* yeû, eù. — *Habit de femme,* abyd grecg, guisqamand grecg. — *Habit de femme à longue queue, habit traînant,* abyd lostennecq; hust, *pl.* ou. — *Habit court,* abyd verr, *pl.* abychou; saë verr, *pl.* saëou. — *Habit de soie,* abyd seyz, guisqamand seyz. — *Habit de drap,* abyd mezer. — *Habit de toile,* abyd lyen, guisqamand lyen, qerece-lyoñ. *v. carisé.*—*Habit long de toile,* saë lyen, *pl.* saëou.—*Partie d'un habit de toile,* crès lyen, *pl.* crèsyou. — *Partie d'un habit, de quoi se couvrir,* crès, ur c'hrès, pourc'h, ur pourc'h. — *Habit à manches,* abyd mancheeq, saë manchecq, saë manchocq. — *Habit sans manches,* abyd divainch, saë divainch. —*Habit de deuil,* abyd caûv, *pl.* abychou. — *Prendre ses habits, ses hardes,* guisqa e zilhad, *pr.* guisqet. — *Quitter ses habits,* divisqa, divisqa e zilhad, *pr.* et.—

*Habit religieux*, habit de l'ordre, saë, saë
an urz. — Les habits sacerdotaux, guïsqamanchou an auter, guïsqamanchou
an oférenn. — Les habits pontificaux ,
guïsqamanchou ar babed, an esqeb
hao an abaded è reiz, pa oviçzont. —
Les habits royaux, guïsqamanchou ar
roüe pa vez é cerimony.

HABITANT, e, qui habite, abytand;
pl. ed.—Les habitants de la province, abytanded ar brovinçz. — Habitant d'une
ville, abytand, pl. ed; abytand a guear,
pl. abytanded Kær où a guar; bourc'his,
pl. yan, yen. Van. bourhis, pl. yon, yan.
Al. guycqad, pl. ed, is. — Habitant de
village ou manant, commananter. pl. yen;
manal, pl. ed; plouësyad, pl. plouïsis,
plouïsyen. — Il n'y a pas assez d'habitants en Bretagne, eu égard à la grandeur
et à l'étendue de la province, ne deus qet
avoalo'h a abytanded ou avoalo'h a dud
eñ Breiz, hervez an doüar à so ènhy.
— Il y a dans Paris neuf cent mille habitants, bez' ez eus é tre nao cant mil
dèn ebarz èr guear a Baris. — MM. les
habitants, an autrounez an abytanded.

HABITATION, demeure, ty, pl. tyès,
tyèr; demeurançz, pl. ou. Al. ham, de
ti, ham-an, joi. — Avoir habitation avec
une fille, cahout da ober oud ur plac'h,
pr. bet.

HABITER, faire sa demeure, chomm
èn ul leac'h, pr. chommet; chemmel
èn ul leo'h-bennac, pr. chemmet; ober
e remeurançz èn ul leac'h-bennac, pr.
great. — Habiter les bois, chomm ebarz
er c'hoageou, chemmel èr c'hoageou.

HABITUDE, facilité de faire quelque
chose, reizded, reizder, tech. — Habitude,
coutume, acoustumançz, pl. acoustu-
manchou; tec'h, pl. ou; boaz, pl. you.
Van. accoustumançz, boëz, teich, ppl
où. v. coutume, pli. — Habitude, fréquentation, familiarité, hènladurez, darem-
red, ppl. ou.

HABITUEL, elle, passé en habitude, accustum, trémenet è custum, ordinal,
oc'h, à, añ. — Maladie habituelle, clefi-
ved ordinal. — Péché habituel, pec'hed
ordinal, pec'hed accustum, pec'hed
tremenet è custum, pec'hed dre accus-

tumançz, leçh ordinal. v. coutume. -
La grâce habituelle, at c'hraçz abytua

HABITUER, accoutumer, accustum
pr. et; boaza, pr. et. Van. accourseiñ
accoustumeiñ. — Habituer de bonne heur
vos enfants à prier Dieu, accustumit e
boazit abred ho bugale da bidi Doüe.
— S'habituer, prendre une habitude, hen
accustumi da ou diouc'h, pr. hem accustumet; èn hem boaza, boaza dioul
un drà, pr. boazet; bourra dioud , etc.,
pr. bourret; hem ober diouc'h, etc., pr.
hem c'hræt. Van. him accoustumeiñ
da. — S'habituer à prier Dieu, hem accustumi da bidi Doüe, hem voaza da
bidi Doüe. — S'habituer à boire, hem
rei d'ar guïn, hem accustumi da eva;
hem deurel da eva, pr. hem daulet.—
S'habituer, s'établir en un lieu, qemeret
e zemeurançz èn ul leac'h, pr. id; ober
e zemeurançz è, etc.. pr. græt. — S'habituer, se plaire en un lieu, boaza èn ul
lec'h. bourra èn ul lec'h, ppr. et. —
Vous habituez-vous ici, vous plaisez-vous
avec nous? u bau'-ta, boaza a rit-hu a-
mañ? añ. bourra a rit-hu gueucomp-ny?

HABITUÉ, custum, accustum, boar,
accoustumet, boaret, oc'h, à, añ. — Eur
habitué à pratiquer la vertu, beza custum ou accoustumet ou boaz ou accustumet ou boazet da braticqa ar vertuz.
— Etre habitué au vice, beza techet d'ar
viçz, beza roët d'ar viçz. — Qui n'est
pas habitué, digustum, divoaz.—N'être
pas habitué à marcher, beza digustum ou
divoaz da guerzet.

HABLER, exagérer, marvailha, pr. et;
stracqla, pr. et; distaga, distaga guévyer,
pr. distaguet; leusqeul gadon, leusqeul
gadon da redecq, pr. lausqet. Van. ha-
bleiñ, marvailheiñ. — Qui est sujet à
hâbler, marvailhus, stracqlus, oc'h, añ.
v. hâbleur. — Empêcher quelqu'un de hâbler, miret oud ur re ne varvailhé, pr.
id.; leusqel leu riny da redecq var-lerc'h
gadon ur re-bennac, pr. lausqet.

HÂBLERIE, ostentation, marvailhérez, stracqlérez, gadon, fagodeñ, pl. ou,
fagod; coud'born, pl. conchou born.
Van. hablac'h, marvailh, ppl. cù.

HÂBLEUR, marvailher, pl. yen; gadonnaër, *pl.* yen; straoqler, distaguer, fagoder, *ppl.* yen.

HABLEUSE, marvailherès, strácqlerìs, *ppl.* ed.

HACHE, *outil tranchant,* baich, *pl.* ou. *Van.* hach. *pl.* eū. *r. cognée.* — *Petite hache. v. hachereau.* — *Hache d'arme,* haich a vresell, *pl.* haichou.

HACHER, *couper en petits morceaux,* haicha, *pr.* et; drailha munud, *pr.* et. *Van.* troheiñ munud, hachéiñ. — *Hacher fort menu,* haicha munudicq, troucha munudicq, drailha munudicq, munudi, *ppr.* et.

HACHEREAU, *petite hache,* haichicg, *pl.* haichouïgou; haich vihan, *pl.* haichou. *Van.* hachicg. *pl.* hachiguēū.

HACHIS, *viande hachée,* acéys, *pl.* ou; haichéys, *pl.* ou; qieq mincct. *Van.* hacheris, *pl.* eū.

HACHOIR, *table et couteau pour hacher,* haichouër, *pl.* ou. *v.* billot.

HAGARD, *e, égaré, farouche,* hézr, séro, oc'h, à, añ. — *Il a l'air si hagard,* qer séro *ou* qen hézr eo an dremm aneza, qer rust eo da vellet, un hézrder èn deus qer bras *ou* qer bras ha tra.

HA-HA, *interj. admirative,* ho-ho. — *Ha-ha, vous voilà donc de retour?* ho-ho, eetu o'huy distro eta? — *Vieille ha-ha,* grac'h coz *ou* ratous. — *Ha-Ha, rue de Ha-Ha, cul-de-sac,* gourstread, *pl.* ou; ru vorn, *pl.* ruyou; henddall, *pl.* hinchou

HAIE, *interj.,* ay, ayou, ayou-doūe, ayou-doūe-'ta.

HAIE, *clôture de branches entrelacées,* qaë, *pl.* ou. — *Faire une haie,* ober ur c'haë. — *Haie, clôture de ronces, Léon,* qaë, *pl.* ou; ar c'haë. *Aill.* garz, *pl.* guirzyer. *Van.* garh, *pl.* eū; blehénn, *pl.* eū. *r. fossé.* — *Faire des haies,* qaëa, *pr.* et; garza, *pr.* et; ober qaëou, ober garzou, *pr.* græt. *Van.* qæëiñ, qæat. *Faire quelque passage dans une haie,* disqaëa, *pr.*et. *Van.* disqæëiñ, disqæat, *ppr.* et. — *Couper une haie,* discuda, *pr.* et. — *Haie, rang de soldats,* rencqad, *pl.* ou. — *Mettre les soldats en haie,* lacqât soudarded a rencqadou, rencqa soudarded

HAILLON, *guenillon,* pilhou. truilhou. *v. guenille, chiff n.* — *Celui qui est*

couvert *de haillons,* haillioñ, *pl.* ed; hailhebod, *pl.* ed. *fem.* bailhoûnès, *pl.* ed; hailhebodès, *pl.* ed. *v. guenillon.*

HAINE, *passion qui nous fait vouloir du mal à autrui,* caçzòuy, cas. *Van.* id. — *La haine est une fille de l'envie,* an avy a zigaçz ar gaçzòuy. — *Haine, malice,* drouguiez. — *Haine, froid entre les personnes,* glaséntez, yenyenn, tærigeun. — *Haine, aversion,* herès. — *Avoir une haine mortelle contre quelqu'un,* cahout ur gaçzòuy marvel *ou* ur gaçzòuy vras oud ur re-bennac. — *Encourir la haine de quelqu'un,* tenna caçzòny ur re-beunac var e benn, *pr.* tennet. — *En haine de,* gad oas oud, gad caçzòny oud, dre gaçzouny ouc'h.

HAINEUX, caçzaūs, caçzēus, oc'h, à, añ.

HAIR, *avoir de la haine pour quelqu'un,* caçzaat ur re-bennac, *pr.* caçzéet; cahout droucq *ou* cas *ou* caçzouny ouc'h ur re-bennac, *pr.* bet. *Van.* maliçzeiñ doh, caçzât. — *Hair mortellement quelqu'un,* caçzaat ur re evel ar marô douguèn ur gaçzouny vras *ou* un droucq bras meurbed da ur re, *pr.* douguet. — *Hair, avoir du froid pour quelqu'un,* glasa oud ur re, *pr.* glaset; tæri oud ur re, *pr.* tæret; cahout yenyenn *ou* glaséntez ouc'h ur re, *pr.* bet. — *Hair, avoir de l'antipathie contre quelqu'an,* herèsi ur re, *pr.* herèset; cahout herès *ou* erès ouc'h ur re. — *Faire hair quelqu'un,* lacqât caçzaat ur re, *pr.* lacqëet; ober caçzât ur re-bennac, *pr.* græt. — *Se faire hair des autres,* tenna var e benn caçzouny ar re all.

HAIRE, *chemise de crin,* porpand reun, *pl.* porpanchou; roched reun, *pl.* rochedou; saë reun, *pl.* saëou. *v. cilice.* — *Porter la haire,* douguen ar saë reun, douguen ar roched reun, douguen ar porpand reun, *pr.* douguet.

HAISSABLE, caçzaūs, cazounyus, caçzēus, din da veza caçzéet, eresus, oc'h, à. — *Il n'y a pas de rice plus haissable que l'ingratitude,* eñtre an oll viçzou ne deus necnn caçzaūzoc'h eguid an ingratery.

• HAIT, *vieux mot français qui signi-*

*fiait, santé, souhait, bonne volonté,* hedt, hedtançz. *v. désir.*

HALAGE , *action de haler* , halaich , halérez, halidiguez. — *Halage, droit de halle,* cohûaich, guïr ar hoc'huy. *Al.* hallaich.

HALBRAN, *jeune canard sauvage,* houadicq goëz , *pl.* houïdiigou goëz.

HALE, *impression de l'air,* avel seac'h, scarnil. *Van.* aûél spelh, aûél spelhus.

— *Hâle, ardeur de l'air pendant les chaleurs de l'été,* groës, ar vroës. — *Hâle du visage,* duder, rousded, rousder. — *Hâle, lieu où l'on sèche la buée,* sec'horecg, ar sec'horecg, *pl.* sec'horegou.

⸰ \* HALECRET, *corselet,* halacred, *pl.* ou. *v. armure.*

HALEINE, alan, anal, *ppl.* ou. *Van.* hanal, *pl.* eü. *v. respiration, respirer.* — *Haleine puante,* alan flæryus, alan vrein, alan trencq. — *Des haleines douces,* alanou doùçz, alanou c'huëcq *ou* yac'h. — *Courte haleine,* berr alan *ou* anal. *Van.* berr henal. — *Bonne haleine,* alan vad, alan grê. — *Mettre hors d'haleine,* renta *ou* lacqât *ou* ober dialan, lacqât da diel c'hat. — *Perdre haleine,* dialanat, *pr.* et; coll e alan, *pr.* collet; dielo'hat, *pr.* et. *Van.* debuigueiñ, dibuigueiñ. — *Etre hors d'haleine,* beza dialan *ou* dianal. — *Courir à perte d'haleine,* redecq bete beza dialan, redecq qen na goller an a lan, *pr.* redet. — *Tout d'une haleine,* hep ehana, èn un alanad. — *Prendre haleine,* ehana, *pr.* et; tenna e alan, *pr.* tennet; alanat, *pr.* et. — *Retenir son haleine,* derc'hel e alan, *pr.* dalc'het. — *Tenir quelqu'un en haleine,* derc'hel ur re var e crez; rei esperançzou vean da ur re-bennac, *pr.* roët. — *Travail de longue haleine,* labour a hirr-amser *ou* a bell amser.

HALENÉE, alanad, *pl.* ou; analad, *pl.* ou. *Van.* henalad, *pl.* eü. — *De mauvaises halenées,* groll alanadou.

HALENER, tenna e alan, *pr.* tennet; alanat. *pr.* et.

HALER, *sécher,* sec'hat, disec'ha, scarnila, *ppr.* et. — *Hâler ,noircir le teint,* dua, rosta, lerqï. suilha, *ppr.* et.

HALER, *tirer à soi,* hala, *pr.* et; sai-

cha gandhañ, *pr.* saichet. *Van.* haleiñ.

— *Haler les chiens, les faire courir après,* etc., iñçzal ar chaçz gand, etc., *pr.* et; içzal ar chaçz gad *ou* varleo'h, *pr.* et.

HALETANT, *e, qui halète,* berr-alanecq , berr-alanus , oc'h ; añ , *pl.* tud berr-alanecq, etc.

HALETER, *être hors d'haleine,* dizel c'hat, *pr.* et ; berr-alani, berr-alanat, *ppr.* berr-alanet.

HALEUR, *qui hale un bateau,* haler, *pl.* yen; saicher, *pl.* yen. *Van.* halour, *pl.* yon.

HALLE, *lieu public et couvert pour les marchés,* coc'huy, ar c'hoc'huy, cohu, ar c'hohu. *Van.* cohu, covu, er hohu, er hovu. *Al.* hall.

HALLEBARDE, halabardeñ, *pl.* ou. *Van.* halebardeñ, *pl.* aü. — *La hampe d'une hallebarde,* fust, *pl.* ou; fust an halabardenn.

HALLEBARDIER, *armé d'une hallebarde,* halabarder, *pl.* yen; halebarder, *pl.* yen. *Van.* halebardour, *pl.* yon, yan.

HALLIER, *buisson,* stouëz, stroëz ; bod, *pl.* ou; broust, *pl.* ou. — *Lieu plein de halliers,* stroëzecg, *pl.* stroëzegou ; leac'h strouëzecq, lec'h stroëzus *ou* bodecq *ou* garzus *ou* dreinecq, *pl.* lec'hyou. — *Sans halliers,* distroëz, ul lec'h distroëz. — *Couper les halliers,* distroëza, *pr.* et; distronëza, *pr.* et.

HALTE, *pause des troupes en leur marche,* chan, paouëz. *Van.* poëz. — *Halte là,* poauëzit aze, chanit aze, choumit aze. *Van.* poëzet añze.

HAMEAU, *petit village,* hamell , *pl.* ou; hamm, *pl.* ou; touinell, *pl.* ou. *v. village, cabane.*

HAMEÇON, *petit fer crochu où l'on met l'appât pour prendre du poisson,* higuenn, *pl.* ou. — *Faire mordre à l'hameçon,* higuenna, *pr.* et. — *Prendre du poisson à l'hameçon,* higuenna pesqed , *pr.* et ; qemeret pesqed gad an higueñ, *pr.* id.

HAMON, *nom d'homme,* Hamon. — *Petit Hamon,* Hamonicq. — *Saint Hamon, noble chevalier de la paroisse de Plouescop, près Vannes,* sant Hamon.

HAMPE, *manche de hallebarde,* etc. ,

fust, *pl.* ou ; troad, *pl.* treid.

HANAP, *grande tasse*, hanaff, *pl.* ou.

HANCHE, *le haut de la cuisse*, hoinch, *pl.* ou ; penn al lès, qorn al lès.—*Les hanches*, an hoinchou, an diou lès, pennou an diou lès, qornyou an diou lès.—*Qui est indisposé de la hanche*, lèspos. lèspos *est l'opposé de* dispos.

HANNETON, *insecte volant*, c'huyl-déro, *pl.* c'huyled déro. *Van.* huyl-derv, bioh-derv, bioh-déro, *Léon*, c'huyltann. *v. chêne.*—*Chercher et prendre des hannetons*, c'huyledta, *pr.* et; clasq c'huyled-tann *ou* c'huyled-déro, *pr.* et.

HANTER, *fréquenter*, henti, *pr.* et. *Van.* hanteiñ, darempredeiñ. *v. fréquenter.*—*Hanter compagnie*, henti compaignunez.

HANTISE, hentadurez, *pl.* ou. *Van.* hantiçz.—*Hantise que l'on a avec de malhonnêtes gens*, goall-hentadurez, *pl.* goall-hentaduresou.

HAPPELOURDE, fals-diamand, *pl.* fals-diamanchou.

HAPPER, happa, happal. *ppr.* happet.—*Les sergents l'ont happé*, happet eo bet gand ar serjanted, paeqet eo bet *ou* tappet eo bet gad ar serjanted.

HAQUENÉE, hinoqane, *pl.* ëed; briz-tracqanard, *pl.* briz-tracqanarded ; marc'h a ya d'ar pas-æz.

HARANGUE, harénog, *pl.* ou.

HARANGUER, haréngui, *pr.* et.

HARANGUEUR, harénguer, *pl.* yen.

HARAS, haraçz, *pl.* ou. haraçz *veut dire en Van. une troupe d'enfans.*

HARASSER, squyza, *pr.* et. *Van.* squyheiñ, squheiñ.

HARCELER, tourmanti, *pr.* et; trubuilha, *pr.* et. *Al.* harluaff.

HARDE, *troupe de bêtes fauves*, bandenn loësned gouëz, *pl.* bandennou.

HARDER, eceiñch, *pr.* et; trocqa, *pr.* et. *Van.* troqeiñ.

HARDES, dilhad. *v. habit, vêtement.*—*Hardes, habits, linge, coffres, etc*, dilhajou, bagaichou.—*Hardes de nuit*, dilhad-nos. *v. toilette.* — *Vieilles hardes*, coz-dilhad, coz-dilhajou. *Van.* cob dilhad. *v. chiffon, guenilles.*

HARDI, *ie, qui a de la hardiesse*, har-

diz, disauzan, oc'h, añ. *Van.* hardih, hardeh', fyer. *v. audacieux.*—*Devenir ou rendre hardi*, hardizzaat, *pr.* ëet ; disauzani, *pr.* et. *Van.* bardihat. — *Etre hardi*, beza hardiz *ou* disauzan.

HARDIESSE, hardizéguez, hardizded, hardizon. *Van.* hardehted, hardihted, hardibed. *v. audace, effronterie.*—*Prendre la hardiesse de faire*, qemeret an hardizéguez da ober, *pr.* id:

HARDIMENT, èn ur fæçzoun hardiz *ou* disauzan, è hardiz, gad hardizéguez.

HARENG, *poisson de mer*, harincq, *pl.* ed. —*Hareng frais*, harincq fresq, *pl.* harincqed fresq.—*Hareng salé*, harincq sall.—*Hareng saur*, harincq se-ac'h, harincq moguedet, harincq sol.—*Maigre et sec comme un hareng saur*, treudt ha seac'h evel un harincq sol.

HARENGERE, *vendeuse de harengs*, harincqerès, *pl.* ed.—*Harengère, poissarde*, ragacherès, *pl.* ed.

HARGNEUX, *euse, querelleur*, huernus, réc'hus, qintëus, araous, hegazus, oc'h, â, añ. *v. agacer, fâcheux.*

HARICOT, *feverole*, fa munud, fa rom. *Van,* piz ram.

HARIDELLE, *méchant cheval*, sprec'heon, *pl.* ed; harydell, *pl.* ed; marc'h treud-qy. *Van.* harydell, *pl.* eñ.

HARLEQUIN, *farceur*, harliqin, *pl.* harliqined.

* HARLOU, *t. de chasse*, harzar bleiz.

HARMONIE, melody, *pl.* you.

HARMONIEUX, *euse*, melodyus, oc'h, â.

HARMONIEUSEMENT, gand melody, èn ur fæçzoun melodyus. — *Le rossignol chante harmonieusement*, can an éausticq a so melodyus, an éausticq a gan gad melody *ou* èn ur fæçzoun melodyus.

HARNACHER, *mettre le harnois*, harnesi qescecq, *pr.* et; aven ar c'hesecq, *pr.* avëet.—*Harnacher les chevaux pour tirer*, stærna ar c'hesecq, *pr.* et ; starna ar c'hesecq, *pr.* el; staga ar c'hesecq, *pr.* staguet; stærneiñ er hesecq.

HARNACHEUR, *qui fait des harnois*,

harneser, *pl.* yen ; stærner, *pl.* yen.

HARNOIS, *armure d'un cavalier*, harnès, *pl.* you. *Van.* id., *pl.* eû.—*Endosser le harnois, embrasser la profession des armes*, harnesi, *pr.* et; qemer ar stad a vresell, *pr.* qemeret ; donguen an harnès. — *Blanchir sous le harnois*, guënna dindan an harnès, guënna èr bresell.—*Quitter le harnois*, diharnesi, *pr.* et ; dilesel ar stad a vresell, *pr.* dileset; quytaat ar bresell, *pr.* ëet.—*Harnois, équipage de chevaux*, harnès, *pl.* you, ou.—*Harnois, équipage de chevaux pour tirer*, stærn, *pl.* you, ou; stærn qesecq, stearn ar c'hesecq, starn qesecq, starn ar c'hesecq. — *Harnois de carrosse*, stævn carroncz.— *Harnois*, charrette, qarr, *pl.* qirry. — *Harnois, charrette avec tout son équipage*, tenn, *pl.* ou. *Van.* avey, *pl.* aveyeû.—*Un bon harnois*, un denn vad, un denn gaër. *Van.* un avay mad.—*Mener le harnois*, cacz an deun, *pr.* caçzet.

HARO. *cri tumultueux*, harao, hupp. — *Crier haro sur quelqu'un*, cryal harao var ur re, *pr.* cryet ; hupperi var lerc'h ur re, *pr.* hupperet; huchall var lerc'h ur re-bennac, *pr.* huchet.

HARPE, *instrument de musique*, herp, *pl.* ou; harp-qordenn, *pl.* harpon-qordenn; teleun, *pl.* ou. On dit *proverbialement :* goude an teleun e teu ar rebed, *après la harpe, le violon; pour exprimer que l'on va de plaisir en plaisir, que l'amour suit la bonne chère. — Jouer de la harpe*, herpa, *pr.* et; son gad an herp, son gad an teleun, *pr.* sonet.—*Joueur de harpe*, herper, *pl.* yen. *fém.* herperès, *pl.* ed.

HARPON, *dard pour prendre des baleines et des marsouins*, treant, *pl.* ou, evit pesqeta balened ha morouc'hed. *v. scie.*

HARPONNER, *darder, accrocher avec le harpon*, treanti balened, *pr.* treantet.

HART, *lien de fagot*, amarr, *pl.* ou; erc, *pl.* erëou; qevre, *pl.* qevrcou. *Van.* ary, *pl.* aryeû. *v. lien.*—*Hart, corde avec laquelle on étrangle une personne*, qordenn, *pl.* qerdin.—*Il sent la hart de cent pas à la ronde*, c'huëz ar gordenn a so

gandhâ dinâtur.

, HASARD, *péril, risque*, pirilh, *pl.* ou ; danger, *pl.* you; da y dare. — *Il a couru bien des hasards*, e meur a birilh ez eo bet; eû meur a ranger ez eo ta bem gafet.—*Il a couru hasard d'être pendu*, dare eo bet dezâ beza crouguet, da eo bet dezaû beza heiget ou hegel, bez'ez ma bet è tailh da veza crouguet ou da veza lancet.—*Hasard, cas fortuit*, chançz, avantur, fortun, balançz.— *Par hasard*, dre chançz, dre'n avantur, dre'r valançz.—*A tout hasard*, d'an avantur, diouc'h ar valançz, arruet po arruô.—*Jeu de hasard*, c'hoary chançz, c'hoary chançzus, *pl.* c'hoaryou. — *Jouer au hasard*, c'hoari d'ar valançz, c'hoari d'an avantur, *pr.* e'hoaryet ; ober c'hoaryou chançz, *pr.* græt.

HASARDER, *exposer au hasard*, avanturi, *pr.* et; balançzi, *pr.* et; c'hoari coll pe c'hounid, *pr.* c'hoaryet.— *Hasarder sa vie, hasarder toutes choses*, balançzi e vuëz, avanturi e vuhez ha pep tra, avanturi an oll.—*Se hasarder de*, èn hem avanturi da, èn hem lacqaat è tailh da.

HASARDEUX, *euse*, *qui dépend du hasard*, chançzus, balançzus, avanturus, oc'h, â, aû. — *Hasardeux, euse*, *dangereux*, pirilhus, dangerus, oc'h, â, aû

HASE, *femelle du lièvre ou du lapin*, gadès, *pl.* ed ; connicqlès, *pl.* ed. — *Vieille hase, parlant par mépris d'une vieille femme*, coz-sprec'henn, coz barydell.

HATE, *empressement, diligence*, hast, hastidiguez, hastisded, mall. *Van.* hast. —*Avoir hâte, être pressé*, cahout hast. —*J'ai hâte, je ne puis attendre*, hast am eus ou mall am eus ou mall eo din, ne allañ qet gortos; hastet oun na allañ qet deporti.—*A la hâte*, gand hast, gad hastidiguez.—*Trop à la hâte*, gaut re hast, gad re vras hastisded. — *Ouvrage fait à la hâte*, labour hastet, labour great gant hast, labour great dreist penn-bèz, *pl.* labourou.

HATER (se) hasta, *pr.* hastet; hem hasta, *pr.* hem hastet; difreaa, *pr.* et. *Van.* hasteiñ, hĩm hasteiñ. *v. dépêcher.* — *Hâtez-vous vite*, hastit affo ou buan *ou* prèst, grit affo *ou* prim, trum-trum, prim-prim, affo-affo, prest-prèst ; bu-an-buan.—*Hâtons-nous*, hastomp af-fo, hastomp-ny. — *Il est extrêmement hâté*, hastet bras eo.

HATIF, *qui vient de bonne heure*, has-tiz, hastiff, oc'h, à, añ, hastiz *ou* has-tiff-meûr. *v. précoce.*—*Des fruits hâtifs*, frouëz prim *ou* hastiff *ou* hastiz-meûr *ou* hastiff-meùr.

HATIVEAU, *poire précoce*, perenn-hastiz *ou* hastiff. *pl.* pér.

HATIVEMENT, *gand hast*, gand hastizded.

HATIVETÉ, *précocité*, hastizded, has-tifded. *v. hâte.*

HAUDE, *nem de femme*, Heauded, Heaudès. — *Ste Haude de Trémazan*, *sœur de S. Tanguy*, santès Heauded.

HAUSSE, *morceau de cuir qu'on met à un soulier qui est plus haut d'un côté que de l'autre*, qornel botès. *pl.* qernvel bo-tou; qornvel boutès, *pl.* qernyel bou-tou. — *Mettre des hausses à des souliers*, qornyella botou, *pr.* qornyellet.

HAUSSE-COU, peträll an oviçzer, *pl.* petrallyou. *Ironiq.* goacqoll, *pl.* you.

HAUSSEMENT, *action de hausser*, gor-roadur, uhellidiguez, gorroydiguez.

HAUSSER, *rendre plus haut*, uhéllaat, *pr.* ëet; huellaat, *pr.* ëet; sevel uhéloc'h, *pr.* savet; gourren, *pr.* gourroët; gor-ren, *pr.* gorroët. *Van.* huelât, saûeiû. — *Action de hausser*, gorroydiguez, gor-roadur. — *Hausser un mur*, huéllaat ur vur; sevel uhéloc'h ur voguer.—*Haus-ser un fardeau*, gourren ur beac'h, gor-ren ur beac'h, sevel ur beac'h.—*Haus-ser les bras*, gorren an divreac'h, sevel an divræc'h. — *Hausser la voix*, sevel e voûez. — *Hausser, jeter en haut*, banna, *pr.* et; guinta, *pr.* et. — *Hausser la gaule d'une charrette*, la mettant à cul, banna ar c'harr, bunta ur c'harr. — *Jeter la soule en haut*, banna ar vell.—*Hausser, enchérir*, crisqi, cresqi, *ppr.* cresqet.— *Le blé a haussé*, cresqet eo ar pris ens an ed. — *La rivière a haussé*, cresqet eo ar starr, donnéet eo an dour. — *Il se hausse sur le bout des pieds comme une bécasse*, se-vel a ra var e ellou è c'hiz da ur c'hef-

follecq. *v. ergot.* — *Pendant que le mate-lot déjeûne, le temps se hausse*, e qébyd ma véz ar verdaïdy o tijuni, e ten an amser da sevel, an avel da c'hueza.

HAUT, *te*, huel, uhel, oo'h, à, añ. *Van.* ihuél, ehuél. *Al.* tel, tal, bann ; de bann *vient* banna, baunyel, etc. — *Une haute montagne*, ur menez uhel. — *Un haut homme*, un dèn huel.—*Parler haut*, comps huel, *pr.* compset.—*Haut, profond*, doun, oc'h, à. — *Ce précipice est bien haut*, doun eo terrup an torrodd-zc. — *La haute mer*, an doun-vor. —*Ils sont allés en haute mer*, eat int èn donn-vor, da besqeta, etc.—*La haute mer, haute marée, pleine marée*, an uhel vor.—*Nous partirons à la haute mer*, moñnet a ra-ymp d'an huel-vor, beza ez aymp pa vezo huel ar mor. — *Haut, grand, il-lustre*, bras, nobl, oc'h, à. — *Une haute naissance*, ul lignez vras, ur gouèn nobl meurbed. — *Une haute folie*, ur follén-tez vras, ur follez vras. — *Le haut, la partie la plus haute*, lein, nein, al lein, an nein. *v. cîme.* — *Haut, le haut, au-dessus de nous*, laëz, laë, al laëz, al laë, neac'h, an neac'h, an nec'h, creac'h, crec'h. *Van.* lehue, el lehue, en dialhue. — *En haut*, d'an neac'h, var laëz, oud creac'h. *B.-Léon.* or laëz. *Trég.* oun crec'h. *Van.* derluë, de lehe, d'erlehue. — *D'en haut*, eus an neac'h, diouc'h an nec'h, diond creac'h, diouz crec'h, divar laëz, diouc'h al laëz, eus al laë. *Van.* a zialhue. — *Par le haut*, dre an neac'h, dre greac'h, dre al laëz. *Van.* dre lehue, dre lehe. — *Du haut en bas*, eus an neac'h d'an traoun, eus al laëz d'an traoun. *Van.* ag el lehue de nihas, a lehe d'en dias *ou* d'en dihas.—*Haut et bas*, creac'h ha traoun, neac'h ha traoun. *Al.* kueh ha tuou. — *Le haut mal*, an droucq-uhel. *v. caduc.*

HAUTAIN, *e*, huel, arabadus. glo-rius, morgandt, oo'h, à, añ. — *D'une manière hautaine*, èn ur fæçzoun mor-gandt *ou* arabadus *ou* glorius, gad glo-riusded.

HAUTBOIS, *instrument à vent*, bom-bard, *pl.* ou. *Van.* id., *pl.* eü. — *Haut-bois, joueur de hautbois*, bombarder, *pl.*

2

yen. — *Jouer du hautbois,* bombarda,
bombardi, *ppr.* et; *son ou* c'hoari gad
ar vombard, *ppr.* sonet, c'hoaryet. *Van.*
bombardeiñ, hoari gued er vombard.
*Hautbois ou vèze, espèce de cornemuse, ins-*
*trument champêtre fort commun en Bre-*
*tagne, qui est composé d'un sac de cuir, d'un*
*porte-vent, d'un chalumeau à anche et d'un*
*gros bourdon,* binyou, ur binyou. *Van.*
bényeü; binyou *est un pl. de* benvecq,
*instrument. v. ce mot.* — *Le sac du haut-*
*bois ou vèze,* ar sac'h-binyou. — *Le porte-*
*vent,* ar sutell. — *Le chalumeau,* ar levryad. — *Le gros bourdon,* ar c'horn-
boud, *de* boudal, bourdonner. — *Jouer*
*de la vèze,* binyaoua, *pr.* ět; son gad ar
binyou, *pr.* sonet; c'hoari gand ar binyou, *pr.* c'hoaryet. — *Joueur de vèze,*
binyaouër, *pl.* yen.

HAUT-DE-CHAUSSE. *v. chausses.*

HAUTEMENT. *v. hardiment, clairement*

. HAUTESSE, *titre du sultan,* brasou-
byez. — *Sa hautesse,* e vrazouñyez.

HAUTEUR, *étendue en haut,* huelded,
an huelded. *Van.* ihuelded. — *La hau-*
*teur d'un homme, d'une muraille,* huelded un dèn, ur voguer. — *Hauteur, pe-*
*tite colline,* ur sav, ur sao, *pl..* savyou.
*Van.* crac'h, *pl.* yeü. *v.* colline, tertre. —
*Une petite hauteur,* ur savicq, *pl.* savyouigou. *Van.* crahicq, *pl.* crahigueü. *v.*
tertre. — *Hauteur, grandeur d'âme,* brasder a galoun, ur galoun vras. — *Il avait*
*une hauteur d'âme admirable,* ur galoun
vras ên devoa, ur vrasded a galoun ên
devoa dreist pep hiny. — *Hauteur, ma-*
*nière absolue,* hrasouny, rogôny, roguéntez. *Ile de Bas,* arabad; *de là,* arabad
co, *il ne faut pas;* arabadus, hautain.

* HAVAGE, *droit qu'avait le bourreau*
*sur les denrées de la campagne apportées au*
*marché,* guir ar bourréau, habaich, ha-
vaich. *v.* droît.

HAVE, *pâle, maigre,* disfigur, dishevelchet, oc'h, á, añ.

HAVRE, *port de mer,* haur, *pl.* you.
*Al.* haffn, *pl.* au. *v.* confluent, embouchure. rade, port. — *Le hàrre de Morlaix,*
*entre le passage S.-Julien et le château du*
*Taureau,* hauter-al-lenn, haur Mon-
troulæs. — *Le Hàcre-de-Grâce, ville de*

*Normandie,* an Haur-Nevez. — *Allez à*
*Hàvre-de-Grâce,* moûnet d'an Haur-
Névez, *pr.* ēet.

HAYRESAC, bisac'h ur soudard var-
droad, *pl.* biséyer soudarded. *v. drouin.*

HÉ, *interj.* ah, hau, haup. — *Hi,*
*que vous êtes timide!* ah, c'huy a so sou-
uicq! — *Hé, venez ça,* haup, deut amañ;
deut amá hau.

HEAUME, *casque,* helm, *pl.* ou; tocq-
houarn, *pl.* tocqou; tocq marhecq. *pl.*
tocqou marhéyen. *Van.* casqed, *pl.* eü.

HEAUMIER, *armurier,* helmour, *pl.*
yen.

HEBDOMADIER *ou semainier, t. d'é-*
*glise,* sizuner, *pl.* yen; nep so e sizun
ou e dro da oviçza.

* HEBERGE, *logement,* herberc'h, *pl.*
you; logeyz, *pl.* you. *v.* auberge, abri.

HEBERGER, *loger,* herberp'hya, *pr.*
et; logea, *pr.* loget. *v.* auberge.

HEBETER, *rendre stupide,* abaffi, *pr.*
et; açzoti, *pr.* et.

HEBETÉ, *e, stupide,* abaffet, açzotet, oc'h, á, *pl.* tud abaffet *ou* açzotet;
beulqe, *pl.* ed, yen.

HEBRAIQUE, a aparchand oud an
hebre *ou ouar ar* bopl ebre. — *La langue*
*hébraïque, l'hébreu,* al langaich hebre,
al langaich santel, an hebraich. —

HEBREU, *qui est né Hébreu,* Hebre, *pl.*
ed; Ebre, *pl.* ed. *v. Juif.* — *Les Hébreux,*
an Hebreëd, ar bopl hebre. — *Ecrire en*
*hébreu,* scrifet ên hebre, scrivet eñ langaich ebre, scrivet ên hébraich. — *Le*
*texte hébreu,* an test hebre. — *L'épitre*
*de S. Paul aux Hébreux,* lizer an abostol sant Paul d'an Hebreëd *ou d'ar* bopl
hebre. — *C'est de l'hebreu pour moi, je*
*n'y comprends rien,* ne oun pe sinify, gregaich eo evidoun-me, hebraich pur eo.

* HEDEIN, *lande piquante,* laü, laü-
picq.

HELAS, *interj.,* allas, siouaz, sioaz.
ah, goa, allas-Doûe. — *Hélas, que je*
*suis misérable,* ah, peguer reuzeudicq
oun-me, siouaz; allas, peguer reuzeudicq oun-me; goa-me, siouaz din. *v.*
malheur. — *Hélas, que pourrons-nous dire*
*au grand jour du jugement?* goa-ny, petra a allimp-ny sioaz, da lavaret da zeü

_,ar varn? allas-Doûe pe hon bezo-ny
;!da lavaret d'an deiz divezâ ar bed, siouaz deomp! — *Hélas, soupir,* sioadeñ;
+sioûadenn, *pl.* ou. *v. soupir. — Pousser
des hélas, des soupirs,* leusqeul sioûa-
donnou, *pr.* lausqet.—*Les damnés pous-
seront continuellement des hélas inutiles,*
;,ar re-gollet sioaz dézo a lausqo da virvyqen sioûadennou cruel ha dibrofid.

HELENE, *nom de femme,* Helena.—
*Sainte Hélène,* santès Helena.

HELIOTROPE, *ou tourne-sol, ou herbe aux verrues,* tro-héaul, bocqed tro-
héaul, *pl.* bocqedou.

HEMINE, *mesure des anciens, demi-sep-
tier,* un hanter-chopinad.

HEMISPHÈRE, *moitié du globe,* an
hanter eus a voul ar bed.

HEMORRAGIE, *perte de sang,* an di-
veada, an divoad. *Van.* en divoëd, an
divoédadur, coll goéd, ur holl goéd.

HEMORROIDES, ar goaírudcz, an
rudher.

HEMORROISSE, *grecg* pchiny a so
an divoad gandby.

HENNEBONT, *ville du Morbihan,*
Hennbont, *id est,* hend-er-pont, *le chemin du pont pour passer le Blavet.*

HENNIR, gourrizyat, *pr.* et; gristil-
hat, *pr.* et; crisiñgat, *pr.* uet; c'huyri-
nat. *pr. et. Van.* scrimpal, serimpeiû,
huirhineiñ.

HENNISSEMENT, *action de hennir,*
gourrizyadenn, gristilhadenn, crisiñ-
gadenn, c'huyrinadenn, *ppl.* ou. *Van.*
scrimpereb, huirhinereh, *ppl.* eû.

HENRI, *nom d'homme,* Herry.—*Henri
IV,* ar roë Herry pevare, Herri ar fry
bras. — *Saint Henri,* sant Herry.

HENRIETTE, *nom de femme,* Herryed

HEPATIQUE, ar peza aparchant oud
an avu *ou* oud an elas.—*Flux hépatique,*
fluçz elas, droucq elas, droucq alfu,
fluçz avu. — *Hépatique, plante,* lousaouëñ an elas, lousaoûen a so mad oud
au droucq avu.

HERAUT, *officier qui proclame,* harod,
*pl.* ed; haroud, *pl.* ed. *Al.* herald, *pl.* ed.

HERBAGE, *pâturage,* guéaulaieh,
peurvau. *Van.* guiaut, gueaut, yaut.—
*Herbages, herbes bonnes à manger,* lousou
fin: *Van.* leseû.

HERBAUCHE, *ville submergée au lieu
où est à présent le lac du Grand-Lieu, Loire-
Inférieure,* Herbauch.

HERBE, *plante sans tige, que la terre
produit d'elle-même,* guéaut. Ouessant,
guëlt. *Van.* guiaut, guéaut, yaut. B.-
Léon, yéaut. *H--Corn.* yaut, yot. — *Un
brin d'herbe,* guéauteñ, *pl.* guéaut; yéau-
tenn, *pl.* yéaut. *H.-Corn.* yautenn, *pl.*
yaut.—*Petit brin d'herbe,* guéautenniog,
*pl.* guéautennigou; yéautenniog, *pl.* yé-
autennigou. — *Bonne herbe, herbe fine,*
guéaut mad, guéaut flour. — *Se couvrir d'herbe,* létonni, *pr.* et. *v. parc. —
Lieu abondant en herbe,* guéautecq, leac'h,
parcq, prad guéautecq *ou* yéautecq.—
*Mettre les chevaux à l'herbe,* guéauta, *pr.*
et; yéauta, *pr.* et. — *Donner de l'herbe
aux bestiaux,* guéauta an chatal, yéauta añ chatalou. — *Herbe potagère,* lousaouënn, *pl.* lousou; lousou jardin, lousou fin. *Van.* leseûenn, *pl.* leseû. — *Petite herbe,* lousaouënnicg, *pl.* lousouï-
gou. — *Mettre les herbes au pot,* lacqaat
al lousou er pod *ou* e barz èr pod. —
*Trier les herbes,* dibab lousou, *pr.* et.—
*Vendre des herbes potagères,* guerza lousou, *pr. et. Van.* guërheiñ leseû.—*Vendeur d'herbes de jardin,* lousaouër, *pl.*
yen. *Van.* leseûér, *pl.* yon. — *Vendeuse
d'herbes,* lousaouërès, *pl.* ed. *Van.* le-
seûoures, *pl.* ed. — *Herbes ou légumes
sauvages,* lousou gouëz. — *Mauvaise herbe qu'on sarcle,* droneq-lousaouënn, *pl.*
droucq-lousou; lastezenn, *pl.* lastez.—
*Arracher les mauvaises herbes d'entre les
bonnes,* dilasteza lousou, *pr.* et; c'huënnat al lousou. *Van.* dilasteiñ, huënneiñ.
—*Herbe, plante médicinale,* lousaouëñ,
*pl.* lousou. *Van.* léseûenn, *pl.* leseû. —
*L'herbe au catarrhe, en latin, flamula,* lousaouënn ar e'hatarr. — *L'herbe au charpentier et au cocher,* lousaouëñ ar c'halvez. *On l'appelle autrement mille-feuilles,
ou l'oreille du petit bon-homme,* scouarn
Yuzas, scouarn Malchus, scouarn añ
ozac'hicq-coz. *v. mille-feuilles.*—*L'herbe
au chat, l'o tie royale, au dain,* al lina-
denn real, lousaouëñ ar c'haz.—*L'herbe
au chien, chiendent,* treuzyaut.—*L'herbe*

à la couleuvre, fanouilh. — *L'herbe au*
*crapaud, plantin,* hed-ledan, stlaſſesq,
stlaſivesq.—*L'herbe aux dartres, l'éclair,*
ar sclæricq,lousaouënn an dervoëd.—
*L'herbe au lait, laiteron,* allæzéguès, lousaouënn al læz, al lousaouënn læzecq.
*v. chardon.* — *L'herbe à l'épine, du loiron,*
lousaouëñan dreau.—*L'herbe aux poux,*
*staphisaigre, et le bonnet-carré, fruit du*
*fusain,* lousaouënn al laou. — *L'herbe*
*aux puces, pouliot,* saurea, poulyet, poulyot, lousaouëou ar c'huënn.—*L'herbe*
*Saint-Jean,* lousaouënn sant Yan. —
*L'herbe Saint-Jean, herbe grasse qui ter-*
*doie suspendue au plancher,* faolodeñ, pl.
faolod, beverès, ar veverès, lousaouëñ
sant Jan. *v. orpin.* — *L'herbe aux tei-*
*gneux, bardane et grateron,* varleun, lousaouënn an tign, lousaouënn ar varleun. *v. bardane.* — *L'herbe aux verrues,*
*héliotrope,* tro-héaul. — *Lieu abondant en*
*herbes,* leac'h lousaouëcq. — *Jardin des*
*plantes, où l'on cultive des plantes médici-*
*nales,* lousaouëg, *pl. ou. Van.* léseüecg.
*pl.* gueü.—*Entretenir, cueillir des herbes,*
lousaoua, *pr. et. Van.* léseüeiü. —*Her-*
*be longue en forme d'aiguillettes, qui croît*
*sur la vase de mer,* goalas. — *Herbe lon-*
*gue qui coupe la main et qui croît dans les*
*lieux marécageux,* goë-hesq, hesq, *de*
*là semble venir* hesqenn, scie.

HERBETTE, *l'herbe courte,* guéant
flour, yéant flour. — *Dormir sur l'her-*
*bette,* cousqet var ar gnéant flour, pr.
id. —*Se coucher sur l'herbette,* gourvez
var ar guéant glas *ou* var ar guéaut
ſleur, *pr.* gourvezet.

HERBIER, *ère, qui vend des herbes,*
guéanter, *pl.* yen. *fem.* guéanterès, *pl.*
ed; nep a verz guéant fresq.

HERBLON, *nom d'homme,* Herbod
—*Saint Herblon, ou Hermeland, de l'or-*
*dre de saint Benoît,* sant Herbod.

HERBORISER, *chercher des plantes,*
lousaoua, *pr. ët. Van.* léseüciñ, lèseüa.
*ppr. et.*

HERBORISTE, *qui connaît les simples,*
lousaouër, *pl.* yen. *Van.* léseüour, *pl.*
léseüeryou.

HERBU, *couvert d'herbe,* guéantecq.
• HÈRE, *misérable, pauvre,* heër, heür

*p-l.* heëred, hæred. — *C'est un pauvr*
*hère, ce sont de pauvres hères,* ur paou
qeas hear eo, hæred paour int.

HÉRÉDITAIRE, ar pez a zeu dre
heritaich, heritapl.—*L'empire est élec-*
*tif, et le royaume de France est héréd..*
*taire,* an empalaërded a zeu dre chos,
hac ar rouantélez a Françz dre heritaich.-*Biens héréditaires,* madou heritap

HÉRÉSIARQUE, penn-heresy, *pl.*
pennou-heresy; penn-caus eus a ur
heresy-bennac, *pl.* pennou-caus; ur
penn-hereticq, ur penn-huguuod,
*ppl.* pennou-hugunod.

HÉRÉSIE, heresy, *pl.* ou; hugunodaich, *pl.* ou; fazy ostinet èr feiz, *pl.*
fazyou ostinet èr feiz. *Al.* diçzivoud,
*pl.* ou. *v. huguenotisme.*

HÉRÉTIQUE, hereticq, *pl.* ed; hugunod, *pl.* ed; parpailhod, *pl.* ed. *v.*
*huguenotisme.*

HÉRISSER, *se hérisser,* houpi, *pr.*
et; sevel, *pr.* savet. *Van.* saüciñ, *pr.* et.
—*Ce que je vois est si horrible, que mes*
*cheveux se hérissent sur ma tête,* ar pez a
vollau a so qen cuzicq, ma sao va bléau èm penn gandhâ, houpi a ra va bléau èm penn gad ar pez a vellau.—*Cet*
*oiseau se hérisse,* houpi a ra al labouçz
hont.

HÉRISSON, *animal armé de pointes.*
heureuchin, *pl.* ed.—*Hérisson de mer,*
*poisson,* heureuchin-vor, *pl.* heureu-
chined-vor.—*Hérisson, t. de menuisier.*
*v. egoutloire.*

HÉRITAGE, *succession,* heritaich,
*pl.* ou; tra. *Van.* id, *pl.* eü. *Al.* leud,
leuud,loud,*id est,*lod.—*C'est un héritage*
*qui m'est échu,* un heritaich eo a so digouëzet digu.—*C'est un héritage que je*
*tiens de mes ancêtres,* va zra eo, va zra
aberz tad ha mamm eo.

HÉRITER, herita, heritout, *ppr.*
heritet. *Van.* hiritout. *v. déshériter.*

HÉRITIER, heritour, *pl.* yen; hiritour, *pl.* yen; hear, hær, *ppl.* hæred.
*Van.* eritour, iritour, *ppl.* yon, yan. *v.*
*co-héritier, hoir.* — *Seul héritier,* penn-
hear, penn-hær, penn-ær, *ppl* penn-
æred; *de penn,* chef, *et de* hær, *héri-*
*tier.* - *Jeune héritier,* yaouaer, *pl.* ed;

*de* yaouaucq, *jeune* , *et de* **œr**, *héritier.*
*Héritier présomptif* , heritour taustaû.
*Van.* id.—*Se porter pour héritier de quel-*
*qu'un*, hem zouguen eritour da ur re-
- bennac.—*Héritier bénéficiaire*, heritour
dindan beneficz.

HERITIÈRE, heritourès,*pl.* ed *Van.*
id.—*Seule héritière*, penn-hærès, peu-
nærès, *ppl.* pennæresed. *Van.* id. —
*Jeune héritière*, yaouaærès , *pl.* ed. —
*Héritière présomptive* , an heritourès
tauștà.—*Héritière bénéficiaire*, heritourès dindan benevicz.

HERMAPHRODITE, un dèn a zuou
reiz; *id est*, *de deux ordres.* nep so ma-
ouês ha goaz, nep so merc'h ha map.
*Un hermaphrodite fait bien du dégât*, un
dèn a zaou reiz a ra cals a zroucq, èr
c'harter ma èn hem gueff un seurd am-
poêsoun.

HERMINE, *quadrupède* , *fourrure* ,
• erminicq, *pl.* erminigued. — *Blanc et*
*pur comme une hermine*, guênn ha glan
evel un erminicq.—*Fourré d'hermine* ,
feuret gaud erminicq, doublet gad
crec'hin erminicq.

HERMINETTE, *outil de charpentier*,
qeladur, *pl.* you; taladur, *pl.* you. —
*Travailler avec l'herminette*, qeladuryat,
*pr.* et; taladuryat, *pr.* et. .

HERNIE, *descente de boyaux*, aveleû,
*pl.* ou; toullgoff, tarz-colf.—*Celui qui*
*a une hernie*, avelennecg, *pl.* avelenne-
gued, avelenneyen; toull-golfecg, *pl.*
toull-golfegued; nep so tarzet.

HERNIN, *nom d'homme*, Hernin,
Heruen.—*Saint Hernin*, sant Hernin
ou Hernen ou Harn; *de là*, Lokarn.

HEROINE, *femme courageuse*, haro-
sès, *pl.* ed; grecg vaillant ha calounecq, *pl.* graguez vaillant ha calounecq.

HEROIQUE, a aparchant oud an
harosed, harosus.—*Une action héroïque*,
un acoûn harosus, ur vaillantiçz vras.

HERON , *grand oiseau qui vit de pois-*
*son*, qarc'hleyz, *pl.* ed; qerc'heyz, *pl.*
ed; herlegoû, *pl.* ed. *Van.* herlegoû, *pl.* ed.

HEROS, *illustre par sa valeur*, haros,
*pl.* ed; un dèn vaillant ha talvoudecq,
*pl.* tud vaillant ha talvoudecq.

HERSE, *instrument de laboureur*, ho-
gued, *pl.* hoguegeou; clouêdenn, *pl.*
ou; freuzell, *pl.* ou. *Van.* augued, *pl.*
eû. *Al.* og. — *Herse sarrasine*, contre-
*porte suspendue*, porz-guinteys, *pl.* per-
zyer-guinteyz.

HERSEMENT, *action de herser*, ho-
guedaich, clouêdérez, clouêdaich ,
freuzaich.

✓ HERSER, *passer la herst sur un champ*,
hoguedi, *pr.* et; clouêdat, *pr.* et; freuza doüar, *pr.* et. *Van.* cludat, angue-
deiû.—*Herser une personne, la ballotter*,
mellat ha divellat ur re-bennao , *pr.*
mellet ha divellet.

HERSEUR , *qui herse une terre* , ho-
gueder, *pl.* yeu. clouêder, freuzer-
doüar, *ppl.* yeu. *Van.* auguedour, clu-
dour, *ppl.* yon , yan.

HERVÉ, *nom d'homme*, Hoarve, Ho-
erve, Hærve.—*Saint Hervé, ermite*, sant
Hærve ou Hoarve ou Hoarne *Il a don-*
*né le nom d Mené-Bré.* **v.** Bré.

HESITER, *ne pas parler hardiment* ,
termal, *pr.* termet. *Van.* id. — *Hésiter*
*en prêchant*, termal, *pr.* termet.—*Il a*
*beaucoup hésité à son sermon*, termal a
rea caër gadhy, beac'h èn deus bet
gadhy, beac'h a so bet gadhy. **v.** *bour-*
*der.*—*Hésiter, être irrésolu*, balançzi,
*pr.* et; beza ê balançz; beza è douët ,
*pr.* bet.—*Hésiter, chercher ses mots*, hac-
qetal, *pr.* hacqetet. *Van.* hacqeiû, hac-
qal, *ppr.* hacqet.

HETEROCLITE, *irrégulier*, direiz,
ne heul qet ar reiz ordinal. — *Hétéro-*
*clite, bourru.* **v.** *bizarre.*

HETERODOXE, *qui suit une autre*
*doctrine*, nep èn deus ur gredenn dishêvel diouc'h hon hiny, hugunod, *pl.*
ed; hereticq, *pl.* heretigued.

HETEROGENE, *de différente nature*,
a veur a natur, a veur a seurd, eus a
un seurd all.

HETRE, *arbre.* **v.** *fau.*

HEUR, *bonheur*, cûr, eûr-vad. — *Il*
*n'y a qu'heur et malheur en ce monde*, ne
deus èr bed mâ nemed eûr ha diseûr,
ne deus nemed eûr-vad ha droucq-
eûr ebarz èr bed-mâ.

HEURE, *la vingt-quatrième partie du*.

jour, heur, *pl.* you; ar bévare lodenn
varnuguent eus a un deiz. *Van.* ér, *pl.*
éryeû. — *Un quart d'heure*, une demi-
heure, ur c'hard heur, un hanter-heur.
*Van.* ur hard-ér, un hantér-ér.— *Une
heure et demie*, un heur'-hanter.—*Deux,
trois heures*, diou, téyr heur. — *Quelle
heure est-il?* pet heur eo?— *Une heure
sonne*, cetu un heur o sqei, cetu un
heur, señni a ra un heur. — *La durée
d'une heure*, heurvez, un heurvez, un
heurvez-amser.— *Il écrivit deux heures
de suite*, diou heurvez amser *ou* adoc
diou heurvez amser e scrivas.—*Je re-
tiendrai dans une heure*, me a zistroy a-
benn un heur. — *Sous les trois heures*,
dindan téyr heur.—*Sur les trois heures*,
e tro téyr heur, var dro téyr heur, da
déyr heur pe var-dro.—*Sur l'heure du
diner*, e tro mare lein, var-dro cours
lein.—*A l'heure du diner*, da vare lein,
da gours lein, da bred lein.—*Sur l'heure, tout aussitôt*, qerqent qentiz, var an
tom.—*A cette heure, à présent*, brémà,
brémà-souden, bréma-touchant. bré-
maïcq. *Van.* presant, presanticq, touchant, touchanticq. *B.-Leon*, a bre-
santicq. — *Jusqu'à cette heure là*, bede
neuse, bede an heur-ze.—*Jusqu'à cette
heure-ci*, bede vrémà, bede an heur-
mà, bede an heur a vrémà. — *A toute
heure*, da bep heur, da bep mare, da
bep cours.—*De bonne heure*, abred ,
qentrad, è qentrad.—*De fort bonne heu
re*, abred mad.—*De trop bonne heure*,
trop tôt, re abred, re guentrad. — *De
meilleure heure*, abredtoc'h, qentoc'h.
— *A quelque heure que ce soit*, pe heur
bennac a véz, divis *ou* deûst pe da heur.
—*A quelque heure que vous véniez*, pe da
heur-bennac e teuac'h.—*A heures in-
dues*, da heuryou didleat, da heuryou
amzere, da heuryou disennet, da heuryou dijauch, d'an digouis.—*A heures
perdues*, da heuryou vacq.—*D'heure en
heure*, d'heure à autre, a heur-è-heur,
a heur-da-heur, a un heur d'he ben.
—*Il n'y a pas d'heure fixe*, ne deus heur
dious'h, heur.—*A toute heure*, da beb
heur, da bep cours, heure-ze.—*A la
bonne heure*, tout à propos, e qentell, è

poënt, a daill, mauivicq, evel ma.
fauté.—*A la bonne heure*, heureusement,
d'an eûr-vad, da vad.

HEURES *canoniales*, heuryou an ilis,
an heuryou diin, an oviçz diin, oviçz
an ilis.—*Les petites heures*, prime, tierce, sexte, none et complies, an heuryou
bihan —*Heures, livre de prières qui contient l'office ordinaire, l'office de la Vierge,
etc.*, heuryou, heuryou plad. *Van.* aô-
ryeû, æryeù.— *Heures dorées sur tranche*, heuryou alaouret. *Van.* æryeû a-
leûret.—*Dire ses heures, son bréciaire*,
ses prières, heuryaoua, *pr.* ët; lavaret
e-heuryou, *pr.* id.

HEUREUX, *euse*, eûrus, guenvidicq,
guinvidioq, oc'h, à, añ. *Van.* eûrus.
— *Un heureux succès*, un içzu eûrus *ou*
mad.—*Une vie heureuse*. ur vucz eûrus.
—*Une heureuse mort*, ur maro guenvidicq, ur maro eûrus. — *Heureux est
l'homme qui connaît sa fin; qui sait , par
révélation divine, qu'il doit mourir en état
de grâce*, guenvidicq ar c'horf a voar e
æchu hac e finvez.—*Devenir ou rendre
heureux*, güenvidicqât, *pr.* ëet. *v.* bienheureux.— *Etre heureux , être dans la
prospérité mondaine*, beza eûrus, cundui
ur vuhez eûrus, cahout pep tra diouc'h
e c'hoanñ.

HEUREUSEMENT, *à la bonne heure*,
d'an eûr vad. — *Heureusement, par un
bonheur*, dre un eûr vad.—*Vivre heureusement*, beva eûrus, beva èn eûr, beva
gand cûr, *pr.*. bevet.

HEURT, *choc de deux corps*, heurd ,
*pl.* ou; heurdt, *pl.* ou; stocq, *pl.* ou.
*Van.* id., *pl.* eû.

HEURTER, héurda, heurdti, stoc-
qa, stecqi, *ppr.* et. *Van.* heurteiñ, heur-
tal, heurtat, hurtat, stocqeiñ.—*Heurter à la porte*, sqei var an or; *pr.* sqoët;
stecqi var an or, *pr.* stocqet.—*Il a heur-
té de la tête contre la muraille*, stocqet
èn deus e benn *ou* sqoët èn deus e benn
ouc'h ar voguer.— *Se heurter*, èn hem
heurdta, *pr.* et. *v.* doguer.

HEURTOIR, *marteau de porte*, mor-
zoll-dor, *pl.* morzollyou.

HEXAGONE, *à six angles*, furm c'huec'h-coignecq, furm a c'huec'h coign.

HIBI, la Tourby; à Quimper, Tour-Hiby, an Tour-Hiby.

HIBOU, oiseau de nuit, caouënn, pl. ed. Van. cohan, pl. ed.

HIDEUX, euse, euzicq, estlamus, oc'h, à, añ. v. difforme.

HIE ou demoiselle, instrument pour enfoncer les pierres, pilou, pl. ou; piloich, pl. ou; demesell-preun, pl. ed.

HIER, enfoncer des parés av. c la hie, piloicha. pr. et; piloicha pavezyou; pilat, pr. et ; pilat gand ar piloich, pilat gad an demesell-brenn.

HIER, le jour d'avant celui-ci, deac'h, dec'h. Van. id. — D'hier, a zeac'h, a zec'h diverzà. — Hier au matin, deac'h viutin, dec'h ar beure, dec'h veure. Van. dec'h viutin, dec'h vetin. — Hier au soir, neizeur, neizour, deac'h d'an nos. Van. nihour. — Hier même, deac'h diverzà, dec'h an déou. — Avant-hier, an derc'hent, id est, an dervez qent; an dec'hent-dec'h.

HIERARCHIE, ordre et subordination qui est entre les neuf chœurs des anges, la hierarchie céleste, ar reiz eus a gueuryou an ælez. — Hierarchie ecclésiastique, subordination ecclésiastique, ar reiz asoeütre an urzou evens an ilis.

HIEROGLYPHE, figure ou symbole mysterieux, representadurez misteryus, ul limaich eus an traou sacr ha dreistnatur, azrouëz leun a visteryou. Al rhyn. — Hieroglyphe, figure qui, sans l'aide des paroles, marque quelque pensée, az roues evès a un dra goloët. pl. azrouëzyou; azrouëz natural, azrouëz eus a draou a so èr reiz eus an natur.

HIRONDELLE, oiseau, guimily. pl ed; guinily, p..ed; guëunély, pl. ed. Van guignel, pl. yed; guënuelieg, pl. guënueligued.

HISTOIRE, histor, pl. you; estoar, pl. you. Van. histoër, pl. yeü; guerzeen, pl. guerzenneü. — L'histoire sainte, an histoar sacr, ar scritur sacr ou santel. — L'histoire profane, an histor proffan, pl. historyou. — Composer une histoire, ober un histor, pr. græt; discriva un histor, pr. discrivet; composi un estoar, pr. composet. — Nous lisons

dans l'histoire que, bez'ez leenomp e-barz èn histor penaus, leenn a reomp penaus. — Faiseur d'histoires, de tours, historyer, pl. yen. — Quel faiseur d'histoires, quel historien! pebez historyer ! coandtâ historyer ! ooandtâ goaz.

HISTORIEN ou historiographe, historyan, estoryan, ppl. ed.

HISTORIER, embellir, orner un ouvrage, historya, pr. historyet.

HISTORIETTE, historicg, pl. historyouïgou; un tanmicq histor.

HISTORIQUE, a aparchant oud an histor.

HIVER, saison la plus froide de l'année, goañ, ar goañ. On écrirait goañ. Van.. gonyañ, èr gouyañv. — L'hiver n'est extrêmement froid, que depuis Noël jusqu'à la fin de février. Proverbe breton.

Han-goañ bede-Nedeleo :
Ac'hano goañ calet
Qen ne véz ar c'haz èn halecq
ou Ar bleuzû èn halecq.

— Il y eut un grand hiver en 1670, un deuxième en 1684, un troisième en 1709, ur goañ bras a yoa èr bloaz mil c'huec'h cant decq ha try-uguent, un eil a yoa èr bloaz mil c'huec'h cant pévar ha pevar-uguent, hac èr bloaz mil seiz cant ha nao ez oa un drede. — L'hiver s'adoucit, habasqât a ra ar goañ. — D'hiver, qui concerne l'hiver, goañvecq; on écrirait goaïïecq. — Fruits d'hiver, frouëz goañvecq. — Habits d'hiver, abychou goañvecq. — Un appartement d'hiver, un ty goañvecq, — Nourrir un homme ou une bête pendant l'hiver, goañva ou goañvi un dèn pe ul loëzu, ppr. goañvet; mézur ur re pe un aneval bennac è pad ar goañ, pr. mézuret. — Quartier d'hiver, goañvadur, goàvadur, qartier goáva. pl. qarteryou. — Ils sont en qua-tier d'hiver à Carhaix, ez ma int o c'hoâva eñ Ker-ahés, è Kerahéz ez ma int è goñvadur ou è qarter-goàva.

HIVERNER, passer l'hiver, goañva, goañvi, goáva. ppr. goañvet, goàvet; tremeu ar goañ èn un tu bennac ou èn ul leac'h bennac, pr. tremenet.

HO, interj. ho, hao.

HOARDON, nom d'homme, Hoardon.

— Saint *Hoardon* , *évêque de Léon* , sant Hoardon.

HOARNEAU , *nom d'homme* , Hou-arne. —*Saint Hoarneau* , *père de saint Hervé* , sant Houarné *ou* Houarniou.

HOBER , *bouger* , flaich , *pr.* et. *Al.* hobiff.—*Ne hobes point deld* , ne flaichit qet a leçze.

HOBÉREAU , *oiseau de proie* , hobe-rell , *pl.* ed.

HOCHE , *coche* , cran , eûtailh , *ppl.* cranou , eñtailhou.

HOCHEMENT , *action de hocher* , ho-rell , hech , orgell.—*Il a fait un hoche-ment de la tête* , great én deus bet un horell *ou* un orgell *ou* un heoh d'e beñ.

HOCHE-QUEUE , *oiseau. v. bergeron-nette.*

HOCHER , *secouer la tête* , orgellat e beun , *pr.* orgellet; horellat e beñ , *pr.* horellet; hegea e beun , *pr.* heget. *Van.* horellein e beenn. — *Hocher un arbre fruitier* , horellat *ou* hegea ur vezen-frouëz. *Van.* horellein ur uënn, horol-lat freh.

HOCHET , *jouet d'enfant* , c'hoary-ell , diduell. *ppl.* ou.

HOIR , *enfant* , *héritier* , hear , *pl.* hæred; hær, *pl.* hæred.—*Il a des hoirs* , des héritiers , hæred en deveus. —*Sans hoirs* , *qui n'a point d'hoirs* , dishear, dis-hær, nep a so dishear. —*Mourir sans hoirs* , mervel dishær.

HOLA , *adv.* hola.—*Il y a trois sortes de hola* , bez'ez eûz try seurd hola. — *Hola assez* , hola-avoalc'h.--*Hola encore* , hola-c'hoaz. ---*Hola trop* , hola-re. — *Hola* , *subs.* peoc'h , urz , reiz. --*Mettre le hola entre ceux qui se battent* , lacqât ar peoc'h *ou* urz *ou* reiz entre ar re en hemm gann , *pr.* lecqeët.

HOLLANDAIS , *la langue de Hollan-de* , langaich flamancq, flamancqaich. —*Hollandais* , *aise* , *qui est de Hollande* , Hollandès, *pl.* Hollandisyen; Flamancq, *pl.* ed. *Pour le fém.* Flamancqès, *pl.* ed.

HOLLANDE , *comté des Pays-Bas* . Holland.--*La Hollande est un pays aqua-tique* , an Holland a so ur vro dourecq *ou* dourecq.--*De la toile de Hollande* , ho-landès , lyen holland.

HOLLANDER , *dégraisser des plumes* , dilarda pluñ , *pr.* dilardet. *Van.* dilar-deiñ pluñ.

HOLOCAUSTE , ur sacriviçz èl lé-seun aneien pe èn hiny éz veze losqet oll an hostiff , *pl.* sacriviçzou pe èz re ez veze, etc. —*J.-C. s'est offert en holo-causte à son Père pour les pécheurs* , hon Salver èn deus èn em offret èu-oll-d'an oll da Zoüs an tad è sacriviçz evit silvidiguez ar bec'heuryen.--*Donner à Dieu son cœur en holocauste* , rei e ga-loun da Zouc èn-oll-d'an-oll.

HOMARD , *grosse écrevisse de mer* , le-guestr , *pl.* ed ; qiffnidenn-vor , *pl.* qiffnid; qemener-vor, *pl.* qemenéryeu. *v. écrevisse.*

HOMICIDE , *meurtre* , muntr , *pl.* ou. *Van.* multr, *pl.* eü ; multrereah , *pl.* eü. *v. massacre.*—*Homicide volontai-re* , muntr youlecq.---*Homicide involon-taire* , muntr a enep an ou e youl. —*Homicide* , *meurtrier* , muntrer, *pl.* yen. *Van.* multrér, *pl.* yon , yan.

HOMMAGE , *soumission qu'un vassal rend à son seigneur* , goazounyez , goa-zounyaich. *Ces mots viennent de goaz, homme* , *de même que hommage vient de* homme. *En Léon* , *où l'on francise tout* , *l'on dit* hommaich.—*Faire hommage* , faire foi et hommage, ober goazounyez, ober fez ha goazounyez.

HOMMAGER , *qui doit hommage* , goa-zounyer , *pl.* ed ; nep a dle goazounyez da un autrou-benuac.

HOMMASSE , greecq-ozac'h , *pl.* gra-guez; cracq-ozac'h , *pl.* cracq-ozac'h.

HOMME , *animal raisonnable* , dèn , dyn , *ppl.* tud. *Van.* deen, *pl.* tud, tudeñ. *Al.* ur, *il est* our , man , mon , *de là* mor-man , *homme de mer*; lo-man , *pilote*; nor-man , *homme du nord*; gour-man , *homme viril.* *r. téter* , *peuple.*—*L'homme en général* , an dèn, map dèn. *Van.* map deen. *Galles.* dyn , *pl.* ion. — *Les hommes* , an dud , ar bed.—*Les hommes du monde* , *les mor-dains* , ar bedis , tud ar bed , an dud mondyen. — *Tous les hommes* , an oll dud. ar bed oll. añ. oll.--*Tous les hom-mes sans en excepter un seul* , an oll guy-tibunan , id est bele-unan. --- *Chaque* homme., pep dèn, pep hiny: *H.-Cor* pep dèn, pep hany.—*Homme, parlant du sexe masculin,* goaz, *pl.* goazed. *Van. id. Al.* gour, gûr, or, ur; *de là* vir, *la-tin;* gars, *français; de* ur *vient* ourecg; *de* gour, gourecg. — *Homme fait,* goaz, *pl.* cd.—*C'est desormais un homme fait,* pelloc'h ez eus goaz anezà, pelloc'h eo goaz. — *Homme marié,* ozac'h, *pl.* ezac'h, o-zeac'h, *pl.* ezeac'h; ozæc'h, *pl.* ezæc'h. *Van.* oahah, ohah. *pl.* ehch.—*Homme marié qui a l'air d'une femme,* ozac'h grueguel. — *Le plus jeune de deux mariés d'une même maison,* an ozac'h yaouancq. *Le plus àgé,* au ozac'h coz. — *Des jeunes hommes mariés,* ezac'h yaouancq. — *Des hommes d'àge mariés,* ezæc'h coz.—*Homme veuf,* intàv, *pl.* yen; intàuv, *pl.* yen. On ecrivait intaff. — *Devenir veuf,* intà-vi, *pr.* et; intaùvi, *pr.* et. — *Homme non marié,* goaz yaouancq , *pl.* goazed. — *Homme qui ne veut pas se marier, qui veut garder le célibat,* goaz dizemez, *pl.* goa-zed; dèn dizemez, *pl.* tud.—*Jeune homme,* dèn yaouancq, *pl.* tud; pautr yaou-ancq, *pl.* pautred. — *Un homme de sœur,* un dèn a galoun, *pl.* tud; un dèn ca-lounecq, *pl.* tud. — *Homme sans cœur,* dèn digaloun, *pl.* tud. — *Homme d'es-prit,* dèn a spered, *pl.* tud.—*Un homme de bien, un honnète homme,* un dèn onest, *pl.* tud.—*Un grand homme de bien,* un dèn onest bras, un dèn onest meurbed. — *Un petit homme,* un dèn bihan, *pl.* tud; ur gour-zèn,*pl.* gour-dud. *Al.* man-goûr — *Un fort petit homme,* un dènic bihan, *pl.* tudigou vihan; un dèn bihan meur-bed; meudicq, *pl.* meudigued; ur gour-zenicq. — *Un grand homme,* un dèn bras, *pl.* tud vras; ur picol dèn. *pl.* picolou tud. — *Un bon homme,* un dèn mad, *pl.* tud vad. — *Un mauvais homme,* ur goall dèn, *pl.* goall dud; un dèn fall, *Al.* tud fall. — *Un bon-homme, un vieil-lard,* un dèn coz. — *Un gros homme,* un tolzennecg, *pl.* tolzenuegued, tolzen-néyen. — *Un homme d'une bonne pàte, bien formé, d'une bonne complexion,* ur palfad mad a zèn, un dèn tempset mad, ar guiguenn vad a zèn. *v. robuste.* — *Homme extraordinairement grand,* lan-

gouïnecq, *pl.* langoïnegued, langouï-nèyen; ramps, *pl.* ed. *v. géant.* — *Hom-me qui a de longues jambes,* scarinecq,*pl.* scarinegued, scarinéyen.—*Homme qui a une grande bouche,* güenaouècq,*pl.* gue-naouègued; raouën guénou. — *Homme fort gras,* dèn lardt meurbed.—*Homme fort maigre,* un dèn treud-qy, *pl.* tud; sac'had esqern, *pl.* sac'hadou.—*Homme de dehors,* diavæzyad, *pl.* diavæzídy; dia-væzour, *pl.* yen. — *Homme de mer,* dèn a vor, *pl.* tud; merdead, *pl.* y; mordead, *pl.* y; moaraeur, *pl.* y, yen. — *Homme de guerre,* bresellyad, *pl.* bresellidy; dèn a vresell, *pl.* tud. *Al.* kimber, kimper. — *Homme qui est prisonnier de guerre, pri-sounier* a vresell, *pl.* yen. *Al.* sergeant, *pl.* ed. — *Homme sujet, vàssal.* goas, *pl.* guisyen. — *L'homme propose et Dieu dis-pose,* c'hoandt Doùe ha c'hoaut dèn a so daou, ne réar qet pep tra diouo'h e c'hoandt. — *Il doit à Dieu et aux hom-mes,* dleour eo d'ar bed oll, dleout a ra d'an oll, beza e tle d'an oll. — *Devant Dieu et devant les hommes,* dirag Doùe ha dirag ar bed. — *Tout homme est menteur,* gaouyad eu pep dèn, pep dèn a so fa-zyus, pep hiny a all fazya ou obèr fazy. — *Face d'homme fait verla,* mad co be-za var al leac'h. lagad a dal téaud. — *Jamais bon cheval ni mauvais homme n'a-menda pour aller à Rome,* biscoaz béac'h a Roum marc'h na vellas n'a dèu croum na eûnas.

**HOMOGÈNE,** *de mème nalure,* a un natur, ens a ur memès natur, eus a un memès seurd. *v. hétérogène.*

**HOMOLOGATION,** *action d'homolo-guer,* aprouïdiguez eus a un acta & justiçz.

**HOMOLOGUER,** *coñfirmer,* lacqât amprouï è justiçz un acta, urc'hontrad-treuz, ur selançz-arbitraich. *pr.* lecçêot.

**HONGRE,** *cheval chàtré,* spazard; *pl.* ed; spaz, *pl.* spazéyen; marc'h spaz, *pl.* roncecz, marc'h spazet. *Van.* spaouard, *pl.* ed; marh spaouèt, marh spah.

**HONGRER,** spaza ur marc'h. *pr.* et. *V'an.* spaouciñ ur mar, spaheiñ ur jau.

**HONGRIE,** *royaume,* Hougry, Hon-

HONGROIS, *de Hongrie*, Hongr, *pl.*
ed.—*Hongrois*, *langue*, langaich hongr.

HONNÊTE, *vertueux*, *bon*, honnest,
onest, oc'h, â. *Van.* id. — *La vertu est*
*honnête*, ar vertuz. a so onest. — *Rendre*
*ou devenir honnête*, hoûnestaat, *pr.* ëet ;
onestât, *pr.* ëet. — *Honnête*, *civil*, hoûnest, sevenn, oc'h, â. — *Cet homme est*
*fort honnête*', hoûnest bras eo an dên-
hont, sevenn eo meurbed an dên-hònt.
— *Honnête*, *bienséant*, *convenable*; dereadt, oc'h, â, añ. — *Cela serait honnête*,
an dra-ze a véz deread.

HONNÊTEMENT, honestamant, èn
ur faeçzon onest, gand hoûnestis, èn o-
nestis. — *Honnêtement*, *civilement*, gad
sevennidiguez, gad dereadeguez, gad
onestedd.

HONNÊTETÊ, hoûnestis, honestedd
*Van.* honnestis. — *Il m'a fait mille hon-*
*nêtetés*, cant ha cant hoûnestis èn deus
græat dign, cant hoûnestis am eus recevet digand-hâ *ou* eus e bers. — *En*
*toute honnêteté*, gand pep hoûnestis, eñ
pep onestis.

HONNEUR, enor. *Van.* enor, inour.
— *Un homme d'honneur*, un dên a enor,
*pl.* tud.—*Femme d'honneur*, greeg a enor,
*pl.* gragnez. — *Avec honneur*, gad enor,
èn enor.—*Honneur*, *chasteté*, hoûnestis,
enor. —*Ravir l'honneur*, kémel he enor
digand ur c'hrecg, *pr.* lamet; disenori
ur c'hrecg, *pr.* disenoret. — *Voir une*
*femme en tout honneur*, guëllet ur c'hrech.
gand pep enor *ou* gand pep hoûnestis,
*pr.* id. —*Honneur*, *réputation*, enor, henor, hano mad.—*Offenser l'honneur de*
*quelqu'un*, ober gaou ouc'h enor ur re-
hennac, *pr.* græt; offanci ur re èn e e-
nor *ou* èn e hano-mad, *pr.* offancet.—
*Perdre quelqu'un d'honneur*, disenori ur
re-bennac, *pr.* disenoret; coll enor ur
ré, coll hano-mad ur re, *pr.* collet. —
*Faire réparation d'honneur à une personne*,
rapari enor ur re, restitui *ou* renta e e-
nor da ur re, ober restitucion a enor
da ur re-bennac. — *A honneur*, d son
*honneur*, da enor, evit enor, gand enor,
gand e enor. — *Il s'en est tiré d son hon-*
*neur*, èn hem dennet co ac'hano gand
enor *ou* gad e enor *ou* èn e enor.—*Pren-*

dre *ou* tenir à honneur de, èn hem gavout
enoret eus a. — *Dire beaucoup de chose*
*à l'honneur de quelqu'un*, lavaret cals a
draou è enor ur re *ou* èn enor da ur re.
—*Honneur*, *respect*, enor, resped.—*Por-*
ter *honneur à quelqu'un*, douguen resped
*ou* enor da ur re, respedi *ou* enori ur
re-bennac. —*Sauf l'honneur*, sal'-enor,
id est, salo an enor; resped.—*Sauf l'hon-*
neur *de*, sal-enor da, resped da.—*Sauf*
*votre honneur*, sal-oc'h enor, resped d'e-
oc'h. — *Honneurs*, *dignités*, enoryou, an
enoryou.—*Recevoir des honneurs*, recevo
enoryou, *pr.* recevet. — *Aimer passion-*
*nément les faux honneurs du monde*, beza
touëllet gand an enoryou eus ar bed,
beza abaffet *ou* açzotet gand ar enoryou
vean eus ar bed, monnet dreist-penn
gand ar mogued eus a enoryou ar bed,
*pr.* ëet.

HONNIR. *v. déshonorer*, *maudir*, *mé-*
*priser*. — *Honni soit qui mal y pense*, goloët a véz ra vezo nep piou-bennac a
sonch è droucq.

HONORABLE, enorapl, enorus, oc'h,
â, añ. -- *La vertu est toujours honorable*,
ar vertuz a so atau enorapl *ou* enorus.
— *Charge honorable*, carg enorapl, ut
gargenorapl, *pl.* cargou enorapl.

HONORABLEMENT, èn ur faeçzoun
enorapl, gand enor, èn enor. — *Très*
*honorablement*, gand enor bras.

HONORAIRE, *ce qu'on possède par hon-*
*neur et sans émolument*, enorus, dre enor.
-- *Chanoine honoraire*, chalony enorus
chalony dre enor. -- *Conseiller hono-*
*raire*, consailler enorus. — *Honorai-*
*d'un avocat*, *son salaire*, ar bæzaman
dleat da un alvocad. --*Honoraires d'un*
*messe*, guèrz un oféreñ. *v. rétribution*.

HONORÉ, *nom d'homme*, Enore, En-
rat. --*S. Honoré*, sant Enore *ou* Enora

HONORÉE, *nom de femme*, Henor
Enory. -- *Ste Honorée*, *femme de S. E*
*flam*, santès Hénory. *Quelques personnes*
confondent mal à propos *Ste Honorée et S*
*Azenor ou Eléonore*. *v. Azenor*.

HONORER, enori, *pr.* et: henori,
et. *Van.* enoureiñ, inoureiñ. --*Honor*
la Ste Vierge, *les Saints*, *père et mère*, *et*
enori ar Verc'hès sacr, ar Sent, an

don ha mammou, etc. *Al.* qéhéla an
Vero'hès, an Scant, an tadan ha mam-
niau, etc. --*Honores, respecter,* respedi,
pr. et. *Van.* respeteiñ. --*Honorer, gra-*
*tifier,* savéri, savori, *ppr.* et.

HONORIFIQUE, *droits honorifiques*
*des fondateurs d'église,* guïr enorus, *pl.*
guïryou. -- *Il a fait cession de ses droits*
*honorifiques,* diliset èn deus e viryou e-
norus.

HONTE, *confusion,* mez. *Van.* mèh.
--*Avoir honte,* mèza, pr. et; cahout mèz,
pr. bet. -- *J'ai honte de cela,* mez am eus
gad qemeñze, qemenze a ra mez diu.
*J'ai honte de le dire,* mez eo din ou ur
vez eo din e lavaret, mez eo guenê e
lavaret. -- *Couvrir quelqu'un de honte,*
meza ur re, *pr.* mezet; ober mez da
ur re-bennac, *pr.* græt. -- *On ne peut*
*faire honte d une effrontée,*

Ur c'hadalès ne oar qet mèza :
Mèz èn he zy ne all qet logea.

-- *Qui a perdu toute honte,* divèz, divergont, oc'h, à, añ. *Van.* diveh, divehus,
divergont. *Al.* gouræñ. --*Honte, dés-*
*honneur, affront,* d'smegançz, disenor.--
*Elle est la honte de sa maison,* an disenor
eus he lignez eo. -- *Il a reçu une terri-*
*ble honte,* un dismegançz vras a so erruët gandhá. -- *N'est-ce pas une honte?*
ha ne deo qet ur vèz livirit? gand ar
vèz daviaud?

HONTEUX, *euse,* mèzus, mezecq, oc'h,
à, añ. *Van.* mehus, mehecq. — *Etre*
*honteux,* beza mezus, beza mehecq.

HONTEUSEMENT, èn ur fæçzoun
mezus, gand mez. gand disenor, gaud
dismegançz. *Van.* gued meh.

HOPITAL, hospital, *pl.* you. *Van.* id..
*pl.* eû. *v.* hospice, hospitalier. — *Etre ré-*
*duit à l'hôpital,* beza countraign da voñnet d'an hospital, beza rentet èn ospital, *pl.* bet. -- *L'hôpital des insensés, les*
*Petites-Maisons,* hospital ar re foll, e Paris. -- *L'hôpital des enfants bleus, du S.-*
*Esprit, les enfants rouges,* hospital an
cruziñvaded. -- *L'hôpital des Quinze-*
*Vingts,* ospital an try c'hant dall. —
*L'hôpital du S.-Esprit,* ospital ar Spered,
Clan ou ar Spered-Santel. -- *S. Jacques*
*de l'hôpital,* ospital sant Jalm, ospital

sant Jacqès, ospital pirc'hirined sant
Jacqès ar bras. -- *Hôpital ambulant,* hôpital allant et venant, *t.* burlesques, pour
dire un mendiant, claqqer, *pl.* yen; ur
c'hlasqer.

HOQUET, hicq, an hicq. *Van.* en
hicq, en hicqed, en hacq. *v.* râle. -- *Il*
*a le hoquet,* ez ma an hicq gandhá.

*HOQUETER, avoir le hoquet,* hic-
qat, pr. et. *Van.* hicqeiñ, haeqeiñ.

HOQUETON, *casaque d'archer,* casacqenn un archer. *Al.* saô un goareguer.
— *Hoqueton, archer,* archer, *pl.* yen.*Al.*
goereguer, *pl.* yen.

HORIZON, *borne de la vue,* drèmvell, an dremvell, *id est, de* drem, visage, yeux, et de guèll, regard, vision, le
plus loin que les yeux peuvent voir.

HORIZONTAL, *parallèle à l'horizon,*
a so ê rez an drèmvell.

HORLOGE, *machine qui marque l'heure,*
horolaich, *pl.* ou. — *Horloge de sable,*
poudrier ou pulverin, rolaich, *pl.* ou; ur
rolaich. *Van.* sabrecq, ur sabrecq. —
*Horloge d'eau, clepsydre,* doulsizl, *pl.* ou,
id est, sizl douçz, *passoire douce ; parce*
qu'anciennement l'eau en découlait presqu'imperceptiblement par un petit trou dans
un autre vaisseau. — *Horloge solaire,* cadran, horolaich-héaul; cadran, *pl.* ou;
cadran-héaul, *pl.* cadranou-béaul. —
*Horloge de village,* qilhocq, *pl.* qilhéyen;
ur c'hilhocq, can ar c'hilhocq.

HORLOGER, horolaicher, *pl.* yen;
*Van.* horlogeour, *pl.* yon, yan.

HORLOGERIE, *art de l'horloger,* ho-
rolaichérez, horolachiry.

HORMIS, *hors,* nemed, nemerd. *Van.*
nemeid, nameid. *v. réserve.* — *Hormis*
*les petits,* nemed ar re vihan.— *Hormis*
*moi, toi,* nemed-oun, nemed-oud. —
*Hormis lui, elle,* nemed-há, nemed-hy.
*Hormis-nous, vous,* nemed-omp, nemed-
oc'h. — *Hormis eux, elles,* nemed-ho,
nemed-hé. — *Tout finit, hormis Dieu,*
pep tra, nemed Doûe, èn deus ê finvez.
— *Hormis que,* nemed una, pa-neved
ma.— *C'est celui qui vous ressemble, hor-*
mis que vous êtes plus beau, ho patrom a
vé, pa neved ma zoc'h caéroc'h egued-
há, evel doc'h eo nemed ma zoc'h co-

μnḍtoo'h evit hañ.

**HOROSCOPE**, *prédiction du destin*, an avantur, an avantur vad pe goall a-vantur.—*Faire l'horoscope de quelqu'un*, *dresser une nativité*, tenna avantur ur re, tenna avantur vad pe goall avantur ur re-bennac, *pr.* tennet.

**HORREUR**, cuz, *pl.* you; horroll. *pl.* you; horreull, *pl.* you.—*Etre saisi d'hor- reur*, beza sézyet gand euz.—*Avoir hor- reur de quelque chose, l'avoir en horreur*, euzi an dra-bennac, *pr.* euzet; cahout euz rag un dra, *pr.* bet. — *J'ai horreur de le voir*, euz am eus razañ, euz am eus oud o vellet ou pa èrguëllañ, euzi a rañ anezañ, e euzi a rañ. — *Avoir horreur de quelque chose, l'avoir en aversion*, he-rèsi ou eresi un dra, *pr.* crèset; cahout erès oud un dra. — *Avoir horreur d'une personne, l'avoir en exécration*, argarzi ur re, *pr.* et; ærgarzi ur re-bennac, *pr.* et. — *Je l'ai en horreur*, me èn argarz, m'en argarz, m'en ærgarz, me ærgarz anezañ. *fém.* me he argarz, me argarz anézy.— *Je t'ai en horreur*, me ez argarz, me'z argarz, me ærgarz ac'hanoud. — *Je les ai en horreur*, mé o ærgarz, me argarz a-nézo. — *Je vous gi en horreur*, me oz ær-garz, me ærgaz ac'hanoc'h.

**HORRIBLE**, *qui fait horreur*, euzicq, oc'h, á. *Van.* clius, oh, añ. — *Un crime horrible*, ur c'hrim euzicq, ur c'hrim a ra euz.—*Une action horrible*, un dra eu-zicq. — *Horrible, excessif, grand*, hor-rupl, oc'h, á, añ; un horrupcion.—*Une dépense horrible*, un dispign horrupl, un dispigu hac a so un horrupcion. — *Il y a chemin horrible d'ici là*, un heud hor-rupl a so ac'hañ d'y, un heud a so a-c'hañ d'y un horrupcion.

**HORRIBLEMENT**, èn ur fæçzoun euzicq ou horrupl. — *Il blasphème hor- riblement*, blasfemi a ra èn ur fæçzoun euzicq ou horrupl, eus eo eglévet o vlas-femi, un horrupeion ez vlasfem, hor-rupl eo ar blasfemoura ra. — *Ce garçon est horriblement grand*, horrupl eo bras ar pautr-ze, bras horrupleo ar pautr-ze.

**HORS**, *excepte. v. hormis.* — *Hors*, *prép. exclusive*, èr meas, è meas, èr mæs, è mæs. *Van.* èr mæs. — *Hors de*

la maison, èp meas ou è mæs eus an ty, èr mæs ou è mæs eus an ty. *Van.* èr mæs ag èn ty. — *Hors de la ville*, èr mæs e guær, èr mæs eus a gucar.—*Hors du canton*, è mæs-kær, èr meas eus ar c'hantoun.—*Hors de danger*, è meas a zanger.—*Hors de bon sens*, disqyantet. —*d'haleine*, dialanet, dielc'het. — *de raison*, dirésoun.

**HOSPICE**, *hôpital*, hospidty, *pl.* ou. —*Dans un hospice il n'y a ordinairement que deux ou trois religieux*, peurvuya ne véz nemed try pe bèvar religius o c'hom èn un hospidty.

**HOSPITALIER**, *qui exerce l'hospita- lité*, hospitalaër, *pl.* yen.—*Hospitaliers*, *religieux de S. Jean de Dieu*, hospita-ler, *pl.* yen; religius hospitaler, *pl.* religiusded hospitaléryen.

**HOSPITALIÈRES**, *religieuses qui ont soin des hospices*, hospitalerès, *pl.* ed.

**HOSPITALITÉ**, *action de loger les pauvres et les étrangers*, hospitalded.

**HOSTIE**, hostiñ, *pl.* ou. hostivou.— *Hostie consacrée*, hostiff sacr.

**HOSTILEMENT**, *en ennemi*, è ad-versour, evel un adversour ou adver-souryen.

**HOSTILITÉ**, accion a adversour, *pl.* acciñou a adversouryen.

**HOTE**, *qui tient auberge*, hostis, *pl.* yen. *Van.* id., *pl.* you, yan. *Al.* hos-pyd, osp, osb. *v. aubergiste.*—*Se faire des hôtes*, hostiza, ostiza, *ppr.* et. — *Hôte, qui boit et mange chez quelqu'un*, hostis, *pl.* yen.—*Hôte, qui loge chez quel- qu'un sans y manger*, loger, *pl.* yen.

**HOTEL**, *grande maison*, hostell, *pl.* ou.—*L'hôtel de Rohan*, hostell Rohan. —*Maître-d'hôtel*, mæstr a hostell, mæstr a dy, *pl.* mistry.—*Hôtel de ville*, mai-son de ville, hostell kær, ty kær.—*Il y a assemblée à l'hôtel de ville*, ty kær a se hizyau.—*Hôtel-Dieu*, hôpital, hospital ar re glañ.

**HOTELIER**, *qui tient hôtellerie*, hos-tis, *pl.* yen. *v. cabaretier.*

**HOTELIÈRE**, *maîtresse d'hôtellerie*, hostisès, *pl.* ed. *Van.* id.

**HOTELLERIE**, *auberge*, hostalliry, ostallery, *ppl.* ou.

HOTESSE , *celle qui loge* , hostisès,
*pl.* ed.

HOTTE , *panier qui se porte sur le dos*,
boulecg. *pl.* ou; mannqein, *pl.* man-
nouqein , mañeqinou. *Van.* manqin ,
*pl.* manqinyeü. Mañqein *vient de* mañ,
*pantes* ; *et de* qein, dos. *v.* mannequin.—
*Porter la hotte* , douguen ar boulecg,
*pr.* douguet.

HOTTÉE , boutegad, *pl.* ou; manneqinad , *pl.* ou.

HOTTEUR , *celui qui porte la hotte* ,
bouteguer, *pl.* yen.

HOUBLON , *plante qui entre dans la*
*composition de la bière* , houb, houpès,
hobilhon.

HOUBLONNIÈRE , houpesecg, *pl.*
ou ; houbecg, *pl.* houbegou.

HOUE , *hoyau , outil de laboureur qui*
*est mitoyen entre la marre et la tranche* ,
piguell, *pl.* ou. *Van.* id., *pl.* eü.

HOUER, *labourer avec la houe*, piguel-
lat , *pr.* piguellet; *Van.* piguelleiñ, pi-
guellat.

\* HOUEUR , *celui qui houe* , pigueller,
*pl.* yeu. *Van.* piguellour, *pl.* yon.—*Nous*
*semons aujourd'hui et nous avons plusieurs*
*houeursde dehors*, hiryau ez hadomp hac
ez euz oals piguelléryeu gueneomp.

\* HOUEUSE , piguellerès , *pl.* ed.—
*Action des houeurs et des houeuses*, pi-
guellérez, piguelladur. *Ce dernier mot*
*se dit aussi des marques que laisse la petite*
*vérole.*

HOULE , *vague de la mer encore agi-*
*tée d'un vent précédent*, houlenn, *pl.* ou;
houl, *pl.* you. *Van.* id., *pl.* eü. r. *vague.*
—*Grande houle*, toënn-vor , *pl.* toënou;
houlenn vras, *pl.* houlennou.

HOULETTE, *bâton de berger* , croçz
ur buguell-dèved, *pl.* croçzou buguell-
lyen-dèved. *Van.* croçz bugul, *pl.* croç
zeü buguelyon.

HOUPPE, *touffe*, huppen, *pl.* ou ;
hupp , *pl.* ou. *Van.* id. , *pl.* eü. *v.* flocon.— *Houppe de bonnet carré*, hupp ou
hupp peu ur boñned çornecq —*Houp-*
*pe d'aiguillette* , hupp un acquilbeleñ.

HOUPPELANDE, *casaque ou manteau*
*de campagne*, hoppelland, *pl.* ou; hopel-
Lan, *pl.* ou. *v.* surtout.

HOUPPER, *garnir de houppes*, hup-
pa , *pr.* et; huppenni, *pr.* et.—*Haupper*
*appeler quelqu'un de loin*, hoppal, *pr.* hoppet, houpellat, *pr.* houpellet.

HOUSSAIE, *lieu plein de houx*, qe-
lennecg, *pl.* qelennegou. *Van.* id. , *pl.*
eü. *De là le nom de l'ancienne maison* du
Quelennec ; *de même que celle* de Quelen *vient de* quelen ,*houx.*

HOUSSE , *couverture de serge*, goloo-
dur, *pl.* you.—*Housse de cheval*, paleü
varc'h, *pl.* palennou qesecq.

HOUSSER, *nettoyer avec un houssoir* ,
nætaat gand ur barr-scuber,*pr.*netëet.
*v. epousseter.—Housser quelqu'un*, *le bat-*
*tre*, torc'ha ur re-bennac, *pr.* torc'het;
scuba *ou* frota ur re-bennac, *ppr.* scubet, frotet.—*Housser un écolier*, *lui don-*
*ner le fouet*, scuba dindañá, *pr.* scubet.

HOUSSINE, *verge de houx*, qelastrenn , quylastrenn, *pl.* ou ; ur guc-
lastren ; ur guylastren ; goalenniecq qé-
lenn, *pl.* goaleignerigou. *v. baguette* ,
*gaule* , *verge.*

HOUSSOIR , barr scuber, *pl.* barrou. *v. brosse* , *epoussette.*

HOUX , *arbrisseau piquant* , qelenn.
*Van.* id. Treg. garguell. —*Branche de*
*houx* , barr qelenn , *pl.* barrou.—*Grai-*
*ne de houx* , coeçz.—*Un petit arbrisseau*
*de houx*, qelennenn, *pl.* ed ; ur guelennenn.—*Un buisson de houx*, ur bod
qelenn , *pl.* bodou. — *Bâton de houx* ,
baz qelenn, ur vaz qelenn, *pl.* bizyer;
ur guelennenn , *pl.* qelennennou; ur
vaz garguell. *Van.* ur vah qelenn.

HOUX-FRELON *ou housson* , *petit*
*houx* , buguelenn, goëguelenn. — *Lieu*
*plein de houssons*, buguelennecq, goë-
guelennecq.

HOYAU, piguell, *pl.* ou. *Van.* id.

HUCHE, *coffre pour pétrir le pain*, néau, *pl.* névyou; néau-doas,*pl.* névyou;
laouër-doas, *pl.* laouëryou. *Van.* loar,
*pl.* eü; lochér, *pl.* yeü. *v.* auge. — *Hu-*
*che*, *grand coffre où l'on met le pain*, *le*
*beurre et le lait*, arc'h, *pl.* you, aou, ou.
*Van.* arh, *pl.* eü.—*Huche de moulin*, *où*
*tombe la farine moulue*, an névicq, au
néau vihan.

\* HUCHÉE, *terme de la voix quand on*

huche, galvadenn, pl. ou; huchadenn, pl. ou. Van. galvidell, pl. eü.

HUCHER, appeler à haute voix, huchall, pr. huchet; guervel a-boës-peñ, pr. galvet; hoppal, pr. hoppet; youal, pr. youët. Van. huchal, hucheiñ. v. houpper.

— L'action de hucher, huchérez, youë-rez, hoppérez. Van. huchereh.—Celui qui huche, hucher, pl. yen; youër, hopper, ppl. yeu. fem. hucherès, pl. ed; hopperès, pl. ed.

HUCHET. v. cor.

HUE, t. de charretier, pour faire avancer leurs chevaux, guéau,'do.

HUÉE, cri d'une multitude après quelqu'un, huérez, huchérez, hupérez, hudérez.

HUER, faire des huées, hual ur re, pr. huet; hudal ur re, pr. hudet : huperi o varlec'h urre-bennac, pr.huperet. Van. hudeal, hudein, ppr. hudëet.

HUGUENOT, calviniste, hugunod, pl. ed; parpailhod, pl. ed; qy-du, pl. chaçz-du. v. huguenotisme.

HUGUENOTE, hugunodès, pl. ed; parpailhodès, pl. ed; qyès-du, pl. qyo-sed-du; qy-du et qyès-du, se disent par injure et en haine de la religion prétendue réformée.

HUGUENOTISME, la doctrine des huguenots, hugunodaich. Par le mot de hu-gunodaich, le peuple entend toutes sortes d'hérésies; et par celui de hugunod, toutes sortes d'hérétiques;avec cette exception qu'il les appelle hugunoded, en tant qu'ils sont gras aux jours défendus;et parpailhoded, en tant qu'ils ne vont point à la messe; et en ce sens il appelle aussi huguenotisme et hérésies, parpailhodaich.

HUILE, col, pl. you; eonl. Van. eul, ivl. Al. ely, oleü; oleü, id est, oleou. —Huile d'olive, eol oliff, eoul olivez.— de noix, col graouñ.—de lin, de chanvre, eol lin, eol canab.—d'amandes, eol a-lamandès.—de poisson, mor-lard, mor-c'houlou, coul besqed, eoul vor. — vierge, celle qui sort sans être chauffée, eol flour, eol guërc'h.—Les saintes hui-les, an oléau sacr, an oléau. —Huile, essence, col, pl. you; dourenn, pl. ou. v. essence.—Huile 'de pétrole, qui sort de

la terre par des fentes de rochers, très-in-flammable et qui brûle dans l'eau, col mæn, eol roc'h, eoul roc'h.—Huile de cotret, taulyou baz, qen na fu; eol garz.

HUILER, oindre d'huile, eoli, pr. et; eouli, pr. et; ouïgnamanti gad col, pr. et; eñdua gad eol, pr. et; frota gand eol, pr. et. Van. evleiñ, ivleiñ, ppr. et.

HUILEUX, euse; où il y a de l'huile, eolecq.—Huileux, euse, qui rend beaucoup d'huile, eolus, oc'h, à, añ.—L'o-live est le plus huileux de tous les fruits, an olivez a so colecqoc'h eu coluçzoc'h eguït an oll froñézyou all. —Huileux, euse, gras, druz, oc'h, à, añ; druz ô c'hiz eol.

HUILIER, marchand d'huile, eoler, pl. yen. Van. evlour, ivlour, ppl. yon. —Huilier, vase pour mettre de l'huile, eo-lyer, pl. ou; podicq-eol, pl. podouïgou.

HUIS, porte, dor, pl. doryou; or, pl. oryou.—A huis clos, an oryou sarret.

HUISSERIE, goarnitur dor, munu-zérez èn dro d'an or, dorlec'h, orlec'h, sourinou dor.

HUISSIER, qui garde la porte des princes, etc., officzer-porz, pl. officzé-ryen-borz; souîçz, pl. ed.—'Huissier, sergent, hucher, pl. yen. — Huissier, bedeau, bedell, pl. èd; sergeant a gu-eur, pl. sergeanted a gueur.

HUIT, nombre, eiz. Van. eih.—Huit cents, huit mille, eix cant, eiz mil. —Huit à la fois, eix var un dro, eiz èn un taul.—Huit fois, huit cent fois, eiz guë-ach, eiz cant guëach. — Huit fois au-tant, eiz qement, eiz qement all.—L'an huit cent dix, ar bloaz eiz eant ha decq, ebarz er bloaz eiz cant ha decq.

HUITAIN, stance de huit vers, un ciz-ved.

HUITAINE, eizved, eizdez. Van. cihuëd.—A la huitaine, a benn eiz dez, èn eizved, d'an eizved.--Huitaine pour les morts, services de huitaine, eizved, pl. eizvedou, eizvejou.

HUITIÈME, eizved. Van. eihuëd.— Le mois d'août est le huitième de l'année, miz eaust a so an eizved miz eus ar bloaz.--Tous les huitièmes, bep eizved.

HUITIÈMEMENT, d'an eizved.

**HUITRE**, histrenn, *pl.* histr; istreñ, *pl.* istr. *Van.* eistren , *pl.* eistr.—*Huîtres en écaille*, istr beo, istr èn ho c'hréguin, istr fresq.—*Ouvrir des huîtres*, digueri histr, *pr.* digoret.—*Huîtres en ragoût*, istr lecqëet è ragoud. -- *Lieu abondant en huîtres*, leac'h istrecq, bistrecg, *pl.* ou.—*Pêcher des huîtres*, bistra, *pr.* et ; istra, *pr.* et. *Van.* istreiñ, eistra. *v. draguer.*

**HUMAIN**, ar pez a aparchant oud an dèn, humen.—*Le genre humain*, al lignaich humen. *Al.* an gener human. --*Adam a perdu tout le genre humain*, hon tad Adam èn deus collet dre e bec'hed, an oll lignaich humen. — *Jésus-Christ a pris la nature humaine , et nous a tous rachetés par sa passion et par sa mort*, Jesus-Christ èn deveus qemèret an natur humen, hag èn deus hon prénet oll dre ar frouéz eus e baçzion hac e varo.—*Humain*, *ne*, *doux* , *bienfaisant* , hegarad, euñ , oñnest , oc'h , â.

**HUMAINS**, *les hommes*, an dud.

**HUMAINEMENT**, *comme les hommes*, evel an dud, è c'hiz an dud; è qiz an dud.--*Humainement, avec humanité*, gand hegaradded, gand oñnestis, gad douçzder.

**HUMANISER**, *s'humaniser* , habasqaat, *pr.* ëet; hegaraat, *pr.* ëet.

**HUMANISTE**, *qui sait les humanités*, humanist. *pl.* ed.

**HUMANITÉ**, *la nature humaine* , an natur humen, humenidiguez.—*L'humanité de Jésus-Christ* , humenidiguez hon Salver, an natur humén a Jesus-Christ.—*Humanité, douceur, bonté*, hegaradded, cuñvélez, hoñnestis, madélez. *Van.* madéricz, matericz.

**HUMANITÉS**, *études* , humaniteou. —*Il n'a fait que ses humanités* , n'en deus great nemed an humaniteou, e filosofy hac e deology a so c'hoaz da ober.

**HUMBLE** , *modeste* , *sans orgueil* , humbl, oc'h , añ. *Van.* id. *Al.* vuël. *Etre humble* , beza humbl, *pr.* bet. *Van.* bout humbl. *Al.* bezout vuël, *pr.* bèzet.—*Le plus humble de tous* , an humplâ anézo oll. *Al.* an vuëlañ anézeu oil. —*Une prière humble* , ur bedenn humbl.

*Al.* un pedenn vuël.—*Avoir des sentiments humbles de soi* , cabout santimanchou humbl eus e-unan , èn hem istimout bihan-dra.—*Les humbles seront élevés, et les superbes seront humiliés* , ar re humbl a vezo huellëet, hac ar re ourgouilhus a vezo iselëet.—*Votre très-humble serviteur* , oz servicher humbl meurbed, oz servicher humblamant.

**HUMBLEMENT**, humblamand, gand humblded. *Al.* ez vuël.—*Supplier humblement* , pidi humblamant, *pr.* pedet. *Al.* pediff ez vuël.

**HUMECTER** , *mouiller* , *rafraichir* , glibya un neubeud, *pr.* et. *Van.* glubeiñ , gloëbeiñ un uebed.—*Humecter* , *rendre humide* , delta , leiza , *ppr.* et.

**HUMER** , *avaler en retirant son haleine*, ruffla , *pr.* et.—*Humer un bouillon clair qui est un peu trop chaud* , ruffla bouilhonçz.—*Humer du café, du chocolat* , ruffla caffedd, ebocolat. — *Humer une pinte de bière* , lounçqa èn un taul ur pintad byer. — *Humer de l'air, du vent*, ruffla an ear, an avel.

**HUMEUR**, *qui hume*, ruffler, *pl.* yen. *fém.* rufflerès, *pl.* ed.

**HUMEUR**, *fluide du corps*, humor, *pl.* you. *Van.* imur, *pl.* yeû. — *Les quatre humeurs du corps : le flegme ou la pituite, le sang, la bile et la mélancolie*, ar pévar hnmor a zeu da leiza corf dèn a so : ar flum pe ar c'hraust, ar goad, an a-potum, ar velcony. — *Les plantes se nourissent de l'humeur de la terre*, ar planteyz an oll lousou hac ar guéaut a so maguet gand an humor eus an doûar. —*Humeur liquide*, humor tano outanau.—*Humeur fluide*, humor berus ou dourecq. — *Humeur qui a des parties solides*, humor fetiçz.—*Humeur entre cuir et chair, comme eau et vent, qui cause l'hydropisie*, rifedd. — *Humeur fixée sur une partie du corps*, catarremm, an draytourez.—*Humeur fixée sur une partie, qui vient à suppurer*, gor-remm. — *Humeur, le naturel, la disposition de l'esprit*, humor, *pl.* you; natur, ompinion, faltasy.—*C'est là son humeur*, cetu eno e humor, hennez co e humor, cetu eno an natur a-nezâ.—*Humeur flegmatique*, humor barfedd, humor yen, guien a humor *ou* dre natur. — *Humeur sanguine, gaie ,* humor laouènn, gaë dre natur. — *Humeur bilieuse,* humor buannec, humor domm, tomma humor *ou* dre natur. — *Humeur mélancolique,* humor melconyus, humor drist, trist dre natur, melconyus dre natur. — *Suivre son humeur,* heulya e humor, heul e ompinion, heul e fantasy, *ppr.* heulyet. — *Vaincre son humeur,* treac'hi d'e humor *ou* d'e ompinion, treac'hi d'e natur, *pr.* treac'het. — *Etre d'humeur à, être d'humeur de,* beza a humor da, beza èn humor da, *pr.* bet. — *Il est de bonne humeur,* a humor vad eo, ex ma èn humor vad, natur vad a so ennâ. — *Il est de mauvaise humeur,* a voall humor eo, ex ma eñ goall humor, droucq so ennâ, goall natur so ennâ, droucq natur a so ennâ, droucq ompinion èn deus.

HUMIDE, *aqueux,* gleborecq, latarus, leiz, gleb, delt, moëltr, oc'h, â, añ. *Van.* leih, mouest, oh, añ. — *Temps humide,* amser gleborecq, amser gleb , amser latarus. — *La terre est humide,* gleb eo an doüar. — *Linge humide,* lycnaich leiz *ou* delt *ou* moëltr. — *Devenir humide,* leiza, *pr.* et; delta, *pr.* et; latari, *pr.* et; glibya, *pr.* et. — *Etre humide,* beza delt, beza leiz, beza gleb, *pr.* bet. — *L'humide et le sec sont contraires,* ar glebor hac ar sec'hor a so countroll an cil da eguile. — *L'humide radical, le fondement de la vie,* penngrisyenn ar vnhez, ar penncaus eus ar vuhez, ar glebor natur eus a galoun an dèn, pe an aneval.

HUMIDITÉ, glebor, latar, leizder, leizded, deltouny. — *L'humidité du temps, de la terre,* glebor *ou* latar *ou* leizder an amser, ar glebor *ou* al leizded eus an doüar. — *L'humidité du linge, des hardes,* leizder *ou* deltôny an dilhad. — *Les aunes, les saules, les trembles et les ormes aiment l'humidité,* ar guërn, an halecq, an clo hac an evlec'h a gar ar glebor *ou* a gar al leac'hyou gleb *ou* leiz.

HUMILIANT, *ante, qui humilie,* humilyus, oc'h, â. *Al.* vnëius.

HUMILIATION, disprisançz eus e-

nnan, humblded a galoun. — *Humiliation, affliction,* disprisançz eus a berz ar re all. *v. affliction.*

HUMILIER, *rendre humble ,* humilya ur re, *pr.* humilyet; isclaät ur re. *pr.* iscleet; discarr orgouilh ur re-bennac, *pr.* discarret. *Al.* vnëlaff un rebennac, *pr.* vnëlaffet. — *S'humilier ,* èn hem humilya , *pr.* èn hem humilyet; èn hem zispriza e-unan, *pr.* èn hem zisprizet. *Al.* hèm vuëlaff. — *Qui s'humiliera, dit l'évangile ,* sera élevé, an aviel a disclæry deomp penans nep èn hem iselay a vezo huelëet; nep pioubennac, eme an aviel, èn hem zisprizo e-unan, hennez a vezo istimet gand Doüc ha gand ar bed.

HUMILITÉ, *vertu chrétienne qui est le fondement de toutes les autres,* humblded, humblded a galoun, humilite. *Al.* vulder , vulded. — *Demander avec humilité ,* goulenn gad humblded *ou* gad peb humblded, *pr.* goulennet. — *Humilité, chez les Païens,* iselder, iselded, distervez, bianez. *C'est à dire bassesse, petitesse.*

HUNE, *sorte de guérite au haut d'un mât de vaisseau ,* qastell lestr , *pl.* qestell lestr. *v. native, mât.* — *La hune du grand mât,* qastell ar vern vras. — *Hune du mât de misaine,* qastell ar vern visan. — *Hune du mât de beaupré ,* qastell ar valouin *ou* ar vern valouin. — *Hune du mât d'artimon,* qastell ar vern volosq.

HUNIER , *mât de hune ,* guërn qestell, *pl.* guërnyou. — *Le grand hunier , mât de hune au-dessus du grand mât,* qestell vras. — *Le petit hunier , mât porté par le mât de misaine,* qestell visan , misan qestell.

HUPPE, *oiseau,* houpericg, *pl.* houperigued. *Van.* coguenan, *pl.* ed ; ur hoguenan; coguenan, *id est* coq-èn-hañ, *coq qui annonce l'été, coq qui chante en été, coq d'été.* — *Huppe,* touffe de plumes, huppenn , *pl.* ou ; hupp, *pl.* ou; huppenn pluñ.

HUPPÉS, *considérables, rusés,* ar re vras, ar re fin. — *Les plus huppés de Morlaix,* ar re guentâ eus a Vontroülæs. — *Les plus huppés de Normandie ,* ar re finА eus an Ormanted.

HURE, *tête de sanglier*, etc. , penn , pl. ou. — *Une hure de sanglier*, penn un houc'h gouëz

HURHAUT, *t.de charretiers, pour faire tourner leurs chevaux à gauche*, tuçz. — *Il n'entend ni à dia ni à hurhaut*, ne gléo na diouc'h tuçz na diouc'h diha, n'eûlent qet résoun ne alleur qet e c'houarn.

HURLEMENT, yudérez, pl. ou. Van. hudereh, yuderch. — *Les hurlements des loups et des lions enragés ne sont pas à comparer à ceux des damnés*, ar yudérez eus ar vleizy hac eus al leoned arraget ne deo è nep fæçzonn da veza comparaget oud hiny ar re gollet eû goêled an ivern.

HURLER, yudal, pr. yudet. Van. hudeiñ, hudal. yudal, iudal.

HURLUBERLU, *étourdiment*, ruberubene, evel un abaffet.

HUTTE, *petite cabane*, logellieg, pl. logellouïgou; logleg, pl. logeouïgou. т. *cabane*.

HUTTER (se), èn hem logea è logeouïgou, pr. èn hem loget.

HYDRE, *serpent aquatique*, sarpant a veff èn dour. — *Hydre à sept têtes*, sarpant seiz-pennecq.

HYDROGRAPHIE, *description des mers*, sqyand a zesq da verdei.*v.pilotage*.

HYDROMANCIE, sqyand da divinout dre ar voyen eus an dour.

HYDROMEL, *boisson composée d'eau et de miel*, dour-vel, mez.

HYDROPIQUE,coënvet,coënvet gad ur sounder vras a zour pe a avel, nep so ar c'hoënv gandhâ, nep so clañ gad ar c'hoënv. — *Il est hydropique*, coënvet eo, clañ co gad ar c'hoënv *ou* gad droncq sañt Itrop.

HYDROPISIE, coënv, ar c'hoënv, droncq sant Itrop *ou* Eutrop.*v.humeur*.

HYMEN *ou hyménée, mariage. Van.* himen. *v. mariage*.

HYMNE, hym, pl. ou. Van. hymn, pl. eû. — *Chanter des hymnes*, cana hymou. *Van.* caneiñ hymneü.

HYPERBOLE, creaqançz vras pe diminnu notabl eus a un dra pe eus a hiny ezprezeguer,brodérez,broudérez,broudeûr. — *User d'hyperboles*, crisqi pe di-

miunul un dra, o'huéza pe bihannaat un dra dre e gompsyou.

HYPERBOLIQUE, compsyou o'huézet pere a lavar mugued-ne deus; pe compsyou divoëdet pere a lavar nebeudtoc'h egued ne deus.

HYPOCONDRE, *partie supérieure du bas-ventre*, lein ar c'hoff isélâ pehiny a gompren èn tu dehou an avu hac èn tu clez ar felo'h. — *Hypocondre ou hypocondriaque, qui est travaillé de la bile noire*, nep so clañ gand an apotum du *ou* gad ar veloony zu, nep a vés foll a amsoqè-amser.

HYPOCRAS,*liqueur*,guïn-hypocras.

HYPOCRISIE, impocrisy, pl. ou. *v. déguisement, dissimulation*.

HYPOCRITE, impocrid, pl. ed; un dén masqlet *ou* gôloët *ou* simulet *ou* impocrid, ppl. tud impocrid, etc.

HYPOGASTRE, *partie inférieure du bas-ventre*, goêled ar c'hoff isélâ.

HYPOTHÈQUE,*engagement d'un bien ou fond mis en gage*, doûar roët è goéstl, goêstladur a vadou evit un ainser, açzurançz evit un dle, plaçz pe var hiny ez eo diasezet un dle, augageamand a vadou evit dle.

HYPOTHÉQUER, *donner pour hypothèque*, goêstla un doûar *ou* ur plaçz, pr. goêstlet;angagi ur plaçz *ou* ur pez doûar pr. angaget;diaseza un dle var ul leac'hbennac, pr. diasezet. *Van.* augageiñ. *v. affecter*.

HYPOTHÈSE, *supposition*, qen-cas, eas. — *Faisons une hypothèse que , supposons que*, lecqcomp è qen-cas, penaus, lecqcomp eû cas penaus, lecqcomp penaus.— *Par hypothèse que*, é qen-cas ma.

HYPOTHÉTIQUE, *ce qu'on suppose*, ar pez a lecqear è divis *ou* è qen-cas *ou* è cas, ar pez a lecqear diudan divis.*v. conditionnel*.

HYSOPE, *plante odoriférante* , ezop , cicadès.

HYSTÉRIQUE, *de la matrice*, ar pez a aparchant oud ar mammou. — *Passion hystérique, mal de mère*, ar mammou, droucq ar mammou, droncq vamm.—*Suffocation hystérique, resserrement de la poitrine qui rend la respiration difficile*, mouguerez gand ar mammou, mougadur gand an-droucq yamm, mougadur.

## I

ICELUI. *pronom*, hennès, an hiny pe eus a hiny hon eus compset amañ diaraucq. *v. celui, celle.*

ICELLE, hounès, an hiny hon eus henvet.

ICI, *adv., en ce lieu-ci*, hamañ, amâ. *Van.* amann. *v. ci. — Ici même,* amañ èn-deun; amâ èn-déon, hamañ menèz. *— Ici dessus,* amâ a-zioc'h, amañ a-buz.—*Ici dessous*, amâ dindan, amañ a-hîz, amâ iseloc'h.--*Ici bas,* amâ èn traoun.-*Il est ici bas,*ez ma amâ èn traoun. —*Venez ici bas,* deuît amâ ouc'h traoun. *Par ici,* dre amañ, dre amâ.--*D'ici*, Rosc^ff.ac'halen.*H.-L. et S.-Pol,*ac'hanen. *B.-Léon,Trég. et Corn.*ac'hana, ahann. *Van.*avanan, avamâ, a-hauneman.*Approchez-vous d'ici,* taustaît amâ, taustaît ouzomp, taustaït ouzon, dineçzaît amâ ou hamañ.—*Sortez d'ici*, iit èr meas ac'hanenn, qiit èr meas ac'halenn, iit èr meas ac'henn, teac'hit a c'hann, teac'hit a kçze. — *D'ici aux Indes,* ahañ d'an Indès. — *D'ici à cent ans,* ahann da gant bloaz, a-beñ cant vioaz ac'hañ. -- *D'ici près,* ac'hann a daust, a-daust amañ. — *D'ici là,* ac'hann aze, ac'hañ tu-ze, ac'hañ d'y. — *De là ici,* aleç-ze aprañ, a zu-ze amâ, ac'hano amâ, a-hano amañ. — *D'ici et delà,* tu-mâ hat t i hont. — *Jusqu'ici, jusqu'à ce lieu-ci,* bedeç amâ, beta-henn, bete hamañ.— *Jusqu'ici, jusqu'à ce temps,* bede vrémâ, beta-henn.

IDÉE, *image d'un objet qui se forme en notre esprit,* ar sqeudenn vès a un dra èn hvan furm èn hon sperad, *pl.* sqeudennou eus a draou èn hem, etc. — *Idée, pensée, opinion,* song'éoun, *pl.* ou; oupinion, *pl.* ou. — *Idée, vision, etc.,* faltazy, *pl.* ou; fals-ompinion, fals-credenn, *pl.* ou.

IDENTIQUE, a so memès tra.

IDENTITÉ, ar pez a ra ma ez eo dan dra a vemès natur hac a vizyou ur memès tra.

IDIOME, *dialecte, langue,* yez, *pl.* on. — *L'idiome breton de Vannes est fort différent des autres,* yez guënnedis a so dishével bras diouc'h ar rest eus ar brezounecq. *v. dialecte. — Je ne sais pas l'idiome du B.-Poitou,* ne oun qet yez traoun-Poëtou. .

IDIOT, *stupide,* diot, oc'h, añ. *Van.* id, *pl.* ed, tud diot. — *C'est le plus idiot de tous les hommes,* an diotâ d'en a ouf. fét da vellet eo eyit unan.

IDIOTE, *stupide,* diodès, *pl.* ed. — *C'est une franche idiote,*ur guîr diodès eo.

IDOLATRE, idoler, idolour, *ppl.* idoléryen; azeuler ar fals-doüeêd, *pl.* azeuléryen; azeulour an idoulou; *adorer ar* fals divinitéou, *ppl.* yen. *v. païen.*

IDOLATRER, idoli, *pr.* et; azeuli ar fals-doüeêd, *pr.* azeulet; adori an idolou, *pr.* adoret.

IDOLATRIE, *culte des idoles,* idolerex, adorérez ar fals-doüeêd, azeulidiguez an idolou.

IDOLE, *figure qu'on adore*, idol, *pl.* ou; limaich ur fals-divinité, *pl.* limaichou. — *Les prêtres des idoles*, miu.stred an idolou.

IDULTE, *nom d'homme*, Ildud, Idult, Udult. —*Saint Idulte,* sant Idud. *Van.* sant Ulud.

IF, *arbre*, ivinenn, *pl.* ed, ou, ivin. *Van.* ivinenn, *pl.* eü, ivein, ivin. — *De l'if, du bois d'if,* ivin, coad ivin.—*D'if, fait d'if,*a ivin, great a ivin.—*Lieu planté d'if,* irinecg, *pl.* ivinegou.

IGNACE. *nom d'homme*, Ignéau, Igeau. — *Saint Ignace, martyr,* sant Igneau, merzer.—*Saint Ignace de Loyola,* sant Ignéau a Loyola.

IGNOMINIE, *infamie,* dismegançz, *pl.* ou. *Van.* dizinour. *v. déshonneur, infamie, honte.*

IGNOMINIEUX, *euse,* leun a zisme-gançz, dismegant. *Van.* dizinourapl. *v. infamant.*

IGNOMINIEUSEMENT, gand dismegançz, èn ur fæçzoun dismegant.—*On l'a chassé ignominieusement,* chaçzéet eo bet gad dismegançz *ou* èn ur fæçzoun dismegant.

IGNORANCE, inuorançz, innoranded, diouïzyéguez. — *Par ignorance*, gand *ou* dre innorançz, gad iunorançz, gad innoranded, dre diouïzyéguez, hep c ouzout, hep gouzout, hep rat. — *Ignorance intincible*, un innorançz ne alleur qet treac'hi dézy. *v. intincible.* — *Ignorance de droit*, an innorançz eus al lésenn. — *Ignorance de fait*, un innorançz eus ar feat *ou* eus ar fett.

IGNORANT, *e*, innorant, dic'houzvez, diouzvez, diouïzyecq, dieûtent, oc'h, à, añ. — *En ignorant*, evel da un innorant, evel un innorant, è innorant, gad innorançz. — *Des ignorants*, innoranted, tud innorant.

IGNORANTISSIME, innorantmeurbed, innorant lue, innorant go, *pel*.innoranted, etc.; qenneudenn, *pl.* ou; penn-baz, *pl.* penn-bizyer.

IGNORER, innori, *pr.* et; beza diouïzyecq, *pr.* bet. *Van.* ne out qet. — *Je n'ignore pas cela*, ne iñorañ qet an dra-ze, nè doun qet divouïzyeoq a guemen-ze, gouzout a rañ qemen-ze, **me** a oar an dra-ze.

IL, *pronom, dont le fém. est* elle, *et le pluriel de l'un et de l'autre*, ils *et* elles; *tous ces pronoms s'expriment, pour l'ordinaire, par les verbes auxiliaires* faire *et* être. *Il est*, ez ma, beza ez ma, bez' ez ma. — *Il est au logis*, ez ma èr guær, beza ez ma èr guær. *Par élision, on dit* bez' ez ma èr guær; *Le* z *dans* ez, *ne se prononce qu'en quelques endroits de Léon, mais partout il est équipollent à un demi* c. — *Il va, elle va*, beza ez a, moñnet a ra. — *Il nous dit, elle nous dit que*, lavaret a ra deomp penaus, beza ez lavnr deomp penaus, ¿eñ a lavar deomp hy a lavar deomp penaus. — *Il en a, elle en a*, beza èn dous, beza he deus, cahout a ra *ou* en devout a ra. — *Ils aiment, elles aiment*, caret a reont, beza ez caront. — *Ils vont, elles vont*, moñnet a reont, beza ez eont *ou* bez' ez eont. — *Il y a*, beza ez eus, bez' ez eus, be eus, beza a so, beza a ra. *H.-Corn.* bout a ra, bout so. — *Il y a ld une source*, beza ez eus ursourcenn aze, **er** vammenu a so aze, beza a ra ur vammenn aze. — *Il y en a un*, beza ez eus unan, nuan a so, beza a ra

unan. *H.-Corn.* bout a rñ anan, bout a so unan. — *Il, devant les verbes impersonnels, s'exprime aussi par les verbes* être *et* faire. — *Il faut*, redd eo, beza ez rencqear, beza eo redd, bez' ez eo redd, rencqout a ra. — *Il fait beau*, caër eo, beza ez eo caër, caër a ra, caër eo anezy. — *Il pleut*, glao a ra, beza ezra glao, glao a so, beza ez eus glao. — *Il et elle, après un verbe, dans les interrogations, s'exprime par les pronoms* lui *et* elle, e. eñ, hy. — *Que fait-il? que dit-il?* petra a ra eñ? petra a lavar a eñ? petra ra-é? pe lavar-é? — *Que fait-elle? que dit-elle?* petra a ra hy? petra a lavar-hy.—*Que font-ils ou elles*, petra a reont y. — *Il et elle, devant un verbe, sans interrogation, s'expriment par les pronoms* lui *et* elle, emezà, emezy, emezo.—*Dit-il, dit-elle*, emezà, emezy.—*Dirent-ils, dirent-elles*, emezo. *v. elle, lui.*

ILE, enesenn, *pl.* ou; enès, *H. y.* *Van.* enesenn, *pl.* enesegui; enes, *H.* ed, y. — *Ile dans la mer*, en-sen-vor; enèvor.—*Ile dans une rivière*, enesen-dour, enès-dour.—*L'île de Bez*, enès Vaz.— *L'île Dar*, a la côte de Vannes, enès Adar, id est, *l'île aux oiseaux.* — *L'île-Dieu*, enès Heuz. — *L'île de Noirmoutier*, enès Nermouster, enèvar Vouster-du.—*L'île de Glénan*, enès Glenan. — *Les îles de Glenan*, enesy Glenan.—*L'île au Moine*, enès Venac'h. — *L'île de Groé*, enès Groa, de croa, *caillou*; de grève.—*L'île de Molène*, Molenès, enès Volenes.— *L'île de Vaches*, Qemenez, enès an Saoud. — *L'île d'Ouessant*, Heüsa, enès Heüsa. — *L'île Longue*, au enès Hirr. — *L'île ronde, dans la rade de Brest*, au enès Creen.—*L'île de Sein*, enès Sizun.— *L'île Tudi*, enès Tudy, enès Tu ly v. — *L'île de Sire*, enès Syecq. — *Les Sept Iles*, ar Seiz-Enès.—*L'île-Verte*, Enès Glas, an Enès-Chlas. — *L'île S.-Maudé*, enès Vaudez. — *L'île Vierge*, enès Guerc'h, enès Vere'h.

ILLÉGITIME, *contre les lois divines ou humaines*, dilegitim, ne deo qet legitim, a so *ù*enep al breenñ. — *Moïen illégitime*, dimizy dilegitim, dimizy ne deo qet legitim, mls dimiry. — *H.*gi-

*tine, bâtard, bâtarde.* r.-y.

ILLEGITIMEMENT, èn ur fæçzoun dilegitim, aënep al lésenn.

ILLICITE, divennet, berzet, ne deo qet permetet.

ILLIMITÉ, *e*, didermenñ. — *Un congé illimité,* ur c'houngez didermenñ.

ILLUMINATIF, *ive*, sclæryus. — *La vie illuminative.*, *t. de dévotion*, ar vuez sclæryus. — *La vie purgative, illuminative et unitive,* ar vuez spurjus, ar vuez sclæryus hao ar vuez unvanus. *v. vie.*

ILLUMINATION, *action d'illuminer*, sclæridiguez, solæradurez.

ILLUMINER, sclæraat, *pr.* ëet; rei sclærigenn, *pr.* roët. *v. éclairer.*

ILLUSION, *apparence trompeuse,* fals aparançz, troumplérez, fals représentadurez, tasmand. — *Illusion, tromperie, erreur,* fazy, *pl.* ou; troumplérez, *pl.* ou. — *Illusion, fausse vision,* fals aparicion, *pl.* fals aparicionou; tasmand, *pl.* tasmanchou. *v. talisman.*

ILLUSOIRE, *simulé,* feiñtet, tromplus. — *Contrat illusoire,* fals countrad, countrad feiñtet, countrad troumplus, *pl.* countrajou. — *Illusoire, vain, inutile,* dieffeit, didalvez, vean, vaën. — *Un arrêt illusoire,* un arrest dieffedt.

ILLUSTRE, bruded-bras, illustr. *Al.* drud. *v. fameux.*

ILLUSTRER. *v. éclairer, élerer.*

ILLUSTRISSIME, illustr meurbed, bruded-bras meurbed. — *L'Illustrissime et Révérendissime Evêque de Quimper,* an Illustr ha Reverand meurbed an trou an Escop a Guemper ha count a Guerne.

IMAGE, limaich, *pl.* ou. *Léon,* i-maich, *pl.* on. *Al.*.llun. — *Une belle image,* un imaich oaër, ul limaich caëér. *v. portrait.* — *Manger les images,* reproche injurieux que l'on fait aux dévots, lippat an imaichou, *pr.* lippet; suzna imaichou ar séent, *pr.* et. — *Celui qui mange les images,* lipper an imaichou, *pl.* lipperyen. *fem.* lipperès an imaichou, *pl.* lipperesed; suznerès an imaichou, *pl.* suzneresed an imaichou.

IMAGER, *qui fait ou vend des images,* imaicher, *pl.* yeu; limaicher, *pl.* yeu.

IMAGINABLE, ar pez a aller da

sonnjal *ou* da gonceo. — *Il a fait toutes les méchancetés imaginables*, græt eu deus qement droueq a oufac'h da soungeall.

IMAGINAIRE, *qui n'existe que dans l'imagination,* faltazyus, ompinionus, vean, ac'h, à; ar pez ne ma nemed è sonch an dèn *ou* è faltazy an dèn. — *Des honneurs imaginaires,* enoryou vean *ou* væn *ou* vaen. — *Les espaces imaginaires,* ar spaçzou faltazyus, lec'hiou gouilo èn tu hont d'ar bed, pere ne ma int nemed è sonch an dèn *ou* è faltazy an dèn. — *L'hérésie imaginaire des Jansenistes n'est que trop réelle,* heresy ar Jansenisted pehiny emézo, ne doa nemed è sonch ar Gatolicqed, ne deo èn hem gavet, nemed re vir, siouaz! — *Imaginaire, personne imaginaire,* faltazyus, un dèn faltazyus, *pl.* tud faltazyus; un dèn ompinionus, *pl.* tud ompinionus. — *C'est un imaginaire de père en fils,* faltazyus eo dre natur, natur eo dezañ beza faltazyus *ou* ompinionus.

IMAGINATIF, *ive, qui imagine, qui conçoit de belles choses,* mad da songeall traou bras, mad da invénti secrejou iñginus, nep èn deus iñgin, nep èn deus ur spered iñginus, invéntor, *pl.* ed. *v. ingénieur.*

IMAGINATION, *la faculté imaginative,* an faltazy, ar faltazy. — *Imagination, pensée, invention,* faltazy, *pl.* faltazyou; sonch, *pl.* soujou; sonjéson, *pl.* ou. *Van.* fantazy, sonch, *ppl.* eü. — *Il m'est venu une imagination la plus plaisante du monde,* ur faltazy a so savet èm penn evit ar goaudtâ, ur sonch am éus great ar c'hoandtâ, ur songéson a so deuët din ar farçzuçzâ. — *Imagination vaine, chimère,* faltazy sot, *pl.* faltazyou sot; faltazy vean, ompinion sot, *pl.* ompinionou sot. *v. rêverie.*

IMAGINER, soungeall, *pr:* soungel; songeall, *pr.* et; conceo, *pr.* concevet. — *Peut-on rien imaginer de plus grand?* ha beza e haller songeall, pe gonceo netra vraçzoc'h? — *S'imaginer, se représenter dans l'esprit,* lacqât èn e benn, lacqât èn e spered, lacqât èn e sonch, *pr.* lecqëet; songeall dezâ e-unan, sougeall oud e-unan. *pr.* songet. — *Je m'i-*

magine *dija le voir*, me a sonch ñign e vellet dija, me a ra avis din *ou* dign e vellet
dija, var va meno 'èr guëllañ dija.—*Il s'i-
magine ètre un grand homme*, e a sonch de-
rañ beza un dèn bras.—*Il s'est imaginé que
tous l'aimez*, lecqëet èn deus ôn e benn
*ou* èn espered penaus ez qirit anezâ, lecqëet èn deus èn e sonch ez eo caret
gueneoc'h, èn a sonch dezâ oc'h eus
carantez ound tâ *ou* evinthâ

IMBECILE, *faible d'esprit*, sempl, sempl a spered', oc'h, â, añ. *Van.* açzotet, trelatet. *v. faible, innocent.*

IMBECILITÉ, *faiblesse d'esprit*, semplded, semplidiguez a spered. *Van.* açzotemant, fallidigueah.

IMBIBER, *boire l'humidité*, eva ; *pr.* et; suzna, *pr.* et.—*L'éponge imbibe aisément toutes liqueurs*, ar spouë a zeu eaz da eva *ou* da suzna pep licqor.—*S'imbiber, s'insinuer dans quelque chose*, iñtra, *pr.* et; treanti, *pr.* et.—*L'huile s'imbibe sur la toile, sur le drap, etc.*, au ed a zeu da dreanti al lyen, ar mezor, etc.; al lyen, ar mezor, etc., a zeu da veza intret gand an eol.

IMBIBÉ, *ée*, evet, suznet, intret, treanlet.

IMBU, *ue. Il est imbu d'une mauvaise doctrine*, suznet èn deus goall desqadurez, sqoët eo gand ur fals ompiniou.

IMITABLE, imitapl, oc'h, â; a alleur da imita *ou* da heulya, heulyapl.

IMITATEUR, imitator, *pl.* ed; nep a zeu da imita *ou* da heulya un all *ou* da qemeret squëzr dioud un all-bennac, heulyer, *pl.* yen.

IMITATION, imitacion.—*L'imitation de Jésus-Christ*, an imitacion a Jesus-Christ, levr ar imitacion a Jesus.—*A votre imitation*, d'oc'h imitacion', d'ho squëzr, dioud ho squëzr, d'oc'h heul, o heulya ac'hanoc'h, var ho lerc'h, o c'h-ober diouzoc'k, qemeret patrom *ou* qentell diouzoc'h.

IMITER, imita, *pr.* et; heulya, heul, *ppr.* heulyet; ober diouc'h, *pr.* græt.—*Imiter quelqu'un*, imita ur re, heulya ur re, heul ur're. heulya roudou ur re-bennac, ober dioc'h ur re, qemeret squezr *ou* patrom *ou* qentel dioud ur

re-bennac. — *Imiter une peinture, une écriture, copier*, doubla, copya, *ppr.* et.

IMMACULÉ, *ée, sans tache*, dinam, diantecq, glan, oc'h, â, añ.—*La très-sainte Vierge a eu seule le privilège de la Conception Immaculée, ou d'avoir été conçue sans le péché originel*, ar Vero'hès sacr hep qen ne deus bet ar faver digand Doüe da veza bet concevet dinam *ou* diantecq *ou* glan dioux pep pe-c'hed.

IMMANQUABLE, divaneq, ar pez ne all qet da vancqout.—*Nous mourrons une fois, cela est immanquable et certain*, mervell a raïmp oll ur veach, qemeñze a so divaneq hac açzur.

IMMANQUABLEMENT, hep faut, hep mancq, hep mancq e-bet. *v. certainement.*

IMMATERIEL, *elle*, hep matery, divateryal, spered oll.

IMMEDIAT, *e, sans intermédiaire*, ar c'hentâ goude eguile, ar c'hentâ goude-ze.

IMMEDIATEMENT, *d'une manière immédiate*, diouc'h-tu, qerqent. — *Le Sous-Prieur est celui qui suit immédiatement le Prieur*, ar Supryol a zeu qerqent goude ar Pryol, ar Supryoleo ar c'hentâ goude ar Pryol. — *Immédiatement après viennent tous les autres*, qerqent goude ez deu ar re all oll diouc'h-tu. — *Immédiatement après le roi*, qerqent goude ar roüe, ar c'hentâ goude ar roüe, un taustâ *ou* an neçzâ d'ar roüe.

IMMEMORIAL, *e*, dreist memor dèn. — *De temps immémorial*, a bep memor dèn, a bep amser.

IMMENSE, *très-grand*, imméns, èn deus ur vrasder divusul. *v. infini.* — *Le pouvoir et la bonté de Dieu sont immenses*, ar galloud hac ar vadélez a Zoüe a so imméns, an autrou Doüe a so galloudus ha maddreist vusur, galloud ha madélez hon Doüe a so divusul *ou* n'o deus na penn na termen.

IMMENSITÉ, immépsded, brasder divusul *ou* divusur, brasder hep musur *ou* hep musul. — *L'immensité de Dieu*, an imménsded eus a Zoüe. — *L'immensité des cieux passe notre imagina-*

tion, ar vrasder dreïstordinal eus an é-vou a ya èn tu hont d'hon souch, braç-zoc'h eo an èvou eguit na goncevomp.

IMMERSION, *action de plonger*, pluñ-gérez, plungeadur, pleungeadur eus a ur re-hennac èn dour. — *Autrefois on baptisait par immersion*, guëachall ez va-dezét dre blungeadur *ou* o pluñgeä èn dour nep a vadezèt.

IMMEUBLE, *biens qui ne peuvent se transporter*, diveubl, madou diveubl. — *Meubles et immeubles*, meñbl ha diveubl, madou meubl ha madou diveubl.

IMMINENT, *menaçant*, da, dare, è tailh da gouëza. — *Ce mur est en péril imminent*, da co ar voguer ze, dare eo ar voguer ze, ez ma ar voguer-ze è tailh da gouëza. — *Périlimminent.* v. *éminent.*

*IMMISERICORDIEUX, *euse*, di-druezus, didruez, oc'h, â, añ. *Van.* di druhe, didruheüs, oh, añ.

IMMOBILE, parfedt, postecq, oc'h, â; ne flaich qet, ne aller qet da flaich, diguculusq, digueflusq.

IMMOBILIÈRE, a aparchand oud an diveubl.—*Une succession immobilière*, ur succeçior diveubl *ou* a vadou diveubl

IMMODÉRATION, divoder.

IMMODÉRÉ, *ée*, divoder, oc'h, â, añ.

IMMODEREMENT, èn ur fæçzoun divoder, ez divoder, gaud divoder.

IMMODESTE, divodest, oc'h, â, añ.

IMMODESTEMENT, èn ur fæçzoun divodest, gaud divodesty.

IMMODESTIE, divodesty, *pl.* you; dishoûnestiz, *pl.* ou.—*Faire des immo-desties*, ober divodestyou, ober dishoû-nestizou, *pr.* græt.

IMMOLER, sacrifia un aneval, pe un dèn en enor da ur fals divinitez, *pr.* sacriöet; laza è sacrifiez un aneval, pe un dèn, *pr.* lazet.—*S'immoler*, rei è vuhez, *pr.* roët; sacrifia e vuez, *pr.* et. —*S'immoler pour sa pitrie*, rei e vuez evit souten e vro. — *Jesus-Christ s'est immole pour les péchés des hommes*, Jesus-Christ èn deveus roït e vuhez èn deus sa-crifiet e vuhez evit effaci hon pechejon hac hon dilivrya eus an ifern.

IMMONDE, lousdour, lous, oc'h,

á, añ. — *L'esprit immonde*, ar spéred lous, an droucq-spered a lousdòny.

IMMONDICES, *grosses ordures*, lous-dòny, *pl.* you; lousder, mardos.—*Un cloaque d'immondices*, ur mardos, *pl.* mardosyou, mard.—*Immondices, excré-ments des chiens*, caue'h qy.

IMMORTALISER, rénta eternel, lacqât da badout qéhyd hac ar bed. — *Immortaliser son nom*, lacqât e hano da rezn qéhyd ha ma bado ar bed, rénta e hano enorapl èudra bado ar bed, renta e hano hirr-badus.

IMMORTALITÉ, *perpétuité*, hirr-badélez.—*Immortalité, éternité*, padé-lez eternal, eternitez, eternite, immor-talded.—*L'immortalité de l'âme*, an pa-délez eternal eus an ene, ar vuez hep fin eus an ene, immortalded an ene.

IMMORTEL, *elle*, *éternel*, ne deo qet suget d'ar maro, a dle beva da visvy-qen, immortal.—*L'âme est immortelle*, an ene a vezo da visvyqen, an ene ne varv nepred, ha ne varvo bisvyqen, an ene a so immortal.—*Immortel, elle, perpétuel*, hirr-badus. — *S'acquérir une gloire immortelle*, gounit urc'hloar hirr-badus, gounit *ou* militout ur c'hloar a bado qéhyd hac ar bed.

IMMUABLE, ne ceinch qet.—*Dieu seul est par sa nature immuable*, ne deus nemed Doue péhiny na ne ceinch, ua ne all ceinch.—*Un esprit immuable, un homme ferme et constant*, un dèn ne ceinch qet, un dèn ne deo qet cein-chus, un dèn a so ferm *ou* stardt a spered, un dèn ne deo qet varyant *ou* barboëllicq *ou* berboëllicq.

IMMUABLEMENT, hep ceinch, hep ceinchamand.

IMMUNITÉ, *exemption*, discarg, *pl.* ou, privileich, *pl.* privileigeou. v. *ex-emption, franchise.* — *Les immunités de France.* privileigeou Françz.

IMMUTABILITÉ, stad parfedd pe-hiny ne deo è nep fæçzoun suged d'ar ceinchamand.

IMPAIR, dispar, disegal. *Van.* dis-par.—*Nombre impair*, niver dispar.

IMPALPABLE:disvancapl,divancapl

IMPARDONNABLE, dibardounapl.

— *Un crime impardonnable*, ur 'o'hrim dibardounapl, uu torfedd indin da vez<sub></sub>a pardounet.

IMPARFAIT, *qui n'est pas achevé*, diachiff, diachu, diæchu.—*Une église imparfaite*, un ilis diachiff, un ilis diæchu, un ilis ne deo qet peurachu *ou* peurachuët. — *Imparfait, qui a des imperfections*, dibarfedd, oc'h, à, añ. *Van.* id.—*Cet homme est fort imparfait*, dibarfedd-bras eo an dèn-hont.

· IMPARFAITEMENT, èn ur fæçzoun dibarfedd, gand dibarfededd.

IMPASSIBILITÉ, disouffridiguez, ar stad evès ar pez ne all souffr na poan, na ceinchamand, ôtad an ælez hac ar séent cürus.

IMPASSIBLE, disouffrus, nep ne all souff na poan, na ceinchamand. — *Les corps glorieux seront impass'bles*, ar c'horfou cürus a vezo è pep fæçzoun disouffrus, ar c'horfou guenvalicq ne c'houzâvint birviqen na poan, na ceinchidiguez.

IMPATIEMMENT, èn ur fæçzoun jalus, gand jalamand, èn urjala, ouc'h èn hem jala.

IMPATIENCE, jalamand, *pl.* jalamanchou; tènçz, *pl.* ou. *v. colère, promptitude.* — *Impatience, ardeur bouillante et précipitée de voir accomplir ce qu'on souhaite*, youl bras, c'hoandt bras. *H.-C.* hiræz. *Van.* hiræh. — *Il est dans l'impatience de vous voir*, un youl bras *ou* ur c'hoand bras èn deus d'o quèllet, mall bras eo gandhà ho quèllet. *Van.* pebeh hiræh en des-hon d'hou quèllet.

IMPATIENT, jalus, oc'h, añ; un dèn jalus, *pl.* tud; chilpus, *pl.* tud chilpus, chilpéryen.—*Impatient, qui desire ardemment*, youlus-bras, desirus-bras.

IMPATIENTER ( s' ), jala, *pr.* et; èn hem jala, *pr.* èn hem jalet: coll pacianded, *pr.* collet. — *S'impatienter de voir à chagriner les autres*, chilpat, *pr.* chilpet; craignousal, *pr.* craignouset; tènçzat. *pr.* tènçzet.—*S'impatienter d'attendre*, hem jala o deport, *pr.* hem jalet: dornya *ou* enouï o c'hortos, *ppr.* t...—*Faire impatienter les autres*, lacqât da jaia *ou* da goll pacianded, *pr.*

lecqèet.

IMPECCABILITÉ, an stad eus an nep a so dibec'h pe difaut, dibec'hidiguez.

IMPECCABLE, *qui ne peut pécher*, dibec'h. *Van.* dibeh. — *J.-C. était impeccable par nature, et les bienheureux le sont parce qu'ils sont confirmés dans la grâce*, hon Salver a yoa dibec'h dre natur, hac ar re cürus a so dibec'h dre c'hraçz.—*Impeccable, incapable de faillir*, difaot, dibec'h, oc'h, à. — *Je ne suis pas impeccable*, ne doun qet difaut, meur a faot a ran *ou* a allan da ober.

* IMPECUNIEUX, *euse*, diarc'hantus, diarc'hant, berr a arc'hand, berrecq èn arc'hand, oc'h, añ.

IMPENETRABLE, didreuzus, ar pez na allèr qet da dreüzi na da doulla. — *Les forêts du Canala sont si épaisses qu'elles sont impénétrables*, qer bras ha qer stancq eo coajo au Doüar-Nevez ne allèr è nep fæçzoun treuzi anézo. — *Un atôme est impénétrable, dit Gassendi*, ur boultrennicq munud a so didreuzus, hervez Gassendy. — *Les mystères de la foi sont impénétrables à l'esprit humain*, ar mystæriou eus ar feiz a so dreist au nerz eus hon spered *ou* a so dreist spered au dèn, spered map dèn na all qet compren an mystæriou eus an feiz.

IMPENITENCE, ostinaoion èr pec'hed, caleder à galoun pehiny a vir oud un dèn n'en deffé glac'har e-bed eus a bec'hejou, siouaz dezâ.'r. *coutume.* — *Impénitence finale*, ostinaoion èr pec'hed bede fin ar vuez.—*L'impénitence finale est un péché contre le S.-Esprit, qui ne se pardonne ni en ce monde ni en l'autre*, au ostinaoion èr pec'hed bede fin ar vuez a so ur pec'hed a enep ar Spered-Santel, pehiny a so dibardoun qen èr bed-mâ qen èr bed-hont.—*Par votre dureté et par l'impénitence de votre cœur, vous amassez un tresor de colère pour le jugement de Dieu*, gad ho caleder ha gad au ostinaoion eus ho caloun, ez destumit ur tenzor a vuanneguez a-benn ar varn eus a Zoüe, emo ar scritur-sacr.

IMPENITENT, *ente*, ostinet èr pec'hed *ou* ebarz ar pec'heud *ou* ebarz èr pec'heud, ealedet ebarz èr pec'heud *ou* èr pec'hed, ostinet. *Van.* ostinet e-barh er pihed.— *Celui qui meurt impénitent, est assurément damné,* nep piou bennac a zeu da vervel ostinet èr pec'hed, a so hép mar daunet; nep a verv ostinet, a so a drâ sur collet; nep a verv hep ober pinigenn, a so hep mar e-het collet.

**IMPERATIF**, *un des modes de conjuguer un verbe, dont la terminaison, au pluriel, est en il en Léon, et en et partout ailleurs. Ex. allez, venez, faites, dites, etc.,* Léon. jit, deuit, grit, livirit. *Ailleurs.* et, deuêt, gret, leveret, etc.

**IMPERATRICE**, impalaerès, empalaerès, *ppl.* ed.—*Impératrice douairière,* an empalaerés enebarzès.

**IMPERCEPTIBLE**, diverz, oc'h, añ, ar pez ne alleur qet da verzout, ar pez ne allér na guëllet na touich, ar pez ne digoüez qet *ou* a boan vras a digouez dindan hon sqyanchou. *v.* a-percevoir.

**IMPERCEPTIBLEMEMT**, èn ur sæçzoun diverz, hep ma hallér merzout, hep e ouzout, hep rat dèn.

**IMPERFECTION**, *défaut en quelque chose, ce qui manque pour la rendre parfaite,* dibarfededd. *Van.* dibarfeciou.— *Ce livre a des imperfections, il y manque des feuilles,* dibarfeded *ou* mancq a so èl levr-maû, dibarfedd eo *ou* diachiff eo al levr mâ.—*Imperfection, défaut,* sy, defaut, *ppl.* ou. *Van.* dibarfecionn, *pl.* eü.—*Il a bien des imperfections,* cals syou èn deus, meur a sy èn deus, meur a sy *ou* meur a zefaut a so énnâ, cals defautou èn deus. — *Imperfection habituelle,* tech, *pl.* ou. *Van.* teich, *pl.* eü.—*Il a une imperfection dont il ne se défait pas,* un tech *ou* un tech fall èn deus pe eus a hiny n'en hem disc'hra qet.

**IMPERIAL**, *ale, ce qui appartient à l'empire,* ar pez a aparchant oud ar s ad a impalazr.—*Sa majesté impériale,* an impalazr. — *La couronne impériale,* curun an empalazr.—*Trône impérial,* tron an empalaër. — *Villes impériales,* villes qui reconnaissent l'empereur pour leur

souverain, mais qui sont gouvernées par leurs magistrats, kæryou libr en quyl.

**IMPERIALE**, *le haut d'un carrosse,* lein *ou* stézl ur c'harrouçz, golo ur c'harroçz.

**IMPERIAUX** (les), sugeded *ou* sugidi an impalazr *ou* an empalaër.

**IMPERIEUX**, *euse,* reculus, absolud, imperyal, oc'h, â, añ. — *Parola impérieuses,* compsyou absoludt *ou* imperyal. — *Humeur impérieuse,* humor reculus *ou* imperyal *ou* absolut.

**IMPERIEUSEMENT**, èn ur sæçzoun reculus *ou* absolut *ou* imperyal, gand roguentez.

**IMPERTINEMMENT**, *mal-à-propos,* èn ur sæçzoun dibrepos *ou* diræsounoa diholen.

**IMPERTINENCE**, diavisded, disqyanded. *v. extravagance.*

**IMPERTINENT**, *ente, absurde, extravagant,* divésoun, dieves, diavis, dibrepos, disqyant, oc'h, añ. *Van.* disqyent.

**IMPETRER**, *t. de Palais,* cahout digand, *pr.* bet. *v. obtenir.*

**IMPETUEUX**, *euse,* erè-dinatur, buhannecq-terrupl, foll, tear, tær, fourradus, oc'h, â, añ. *Van.* diñvad.— *Vent impétueux,* avel grè-dinatur; avell foll, avell fourradus, *pl.* avelou. — *Fleuve impétueux,* risfyer buhannecq-terrupl, risfyer hézrus *ou* a red gand cals a hezr, *pl.* risfyerou.—*Un homme impétueux, un esprit impétueux,* un dèn fourradus, un dèn buhannecq-terrupl, un dèn tear, un dèn tær, *pl.* tud; ur peun foll, un dèn bouilhus.—*Un esprit impétueux et un esprit tranquille sont deux cals a so da lavaret entre un dèn tear* hac un dèn peoc'hus, un dèn tær a spered hac un all clouar a humor, a so dishével-bras *ou* a so daon.

**IMPETUEUSEMENT**, ribus, èn ur sæçzoun buhannecq *ou* tear, gad hézr gad tærigeñ, èn ur sæçzoun bouilhus.

**IMPETUOSITE**, crevder, buhander, tærigenn, culad. ribusder. *Van.* herr. *Al.* cyrch.

**IMPIE**, *sans religion,* disevot, disah-tel, oc'h, añ. — *Impie, libertin,* oryad

l. ed; hep na feiz na reiz. nep n'en deus a doujançz Doûe na doujançz ar bed.

IMPIÉTÉ, ober disevot, *pl.* oberyou; ccion direiz, accion disordren, *pl.* accionou; an disoujançx a Zoûe, disprianz evit ar feiz. — *Les sacriléges et les blasphèmes sont des impiétés,* ar sacrilaïhou hac ar blasfemoù a so pec'hejou lisordren *ou* direiz.

IMPITOYABLE, *sans pitié,* didruezus, lidruëz, digar, criz, oc'h, à. *Van.* dilruchus, didruhe, digar, cry, oh, añ, aoû

IMPITOYABLEMENT, èn ur fæçtoun didruezus *ou* digar *ou* criz, hep lruëz, gand crizder.

IMPLACABLE, discuñhapl, dibeoc'hapl, oc'h, à, añ; ne allér qet da guñhat *ou* da beoc'hat *ou* da habasqat. — *Un esprit implacable,* ur spered-dèn diguñhapl *ou* dibeoc'hapl, un dèn ne allèr qet da habasqát *ou* da guñhât *ou* da beoc'hat. — *Une haine implacable,* ur gaçzouny coñaret, ur gaçzouny ne deus moyen d'he mouga, ur gaçzouny hep distro, ur gaçzoúny ne alleuré nep fæçzoun he disc'hrizyenna.

IMPLORER, goulenn humblamant sicour èn yzom, goulenn azystançz ur re gand dazlou ha pedennou, *pr.* goulennet. — *Implorer la miséricorde de Dieu,* goulenn gand humblded hac a virgaloun azystançz an autrou Doûe.

IMPOLI, *e,* dibouliçz, diguempenn, amzereat, dic'hraçz, rust.

IMPOLITESSE, dic'hraciusted, rustoñy, diguempennidiguez, amzereadéguez.

IMPORTANCE, pris, poûes, dellid, couseqanz. — *Ce tableau est un meuble d'importance,* an daulen-ze a so eûs a ur pris bras, au daulen-ze a dell cals. — *C'est un homme d'importance, de grande autorité,* ur un grand merite, un dèn a boûes eo, un dèn a un dellid bras eo, un dèn a gouseqançz eo. — *Une affaire de grande importance,* un æffer cus a ur poûes bras ou eus a ur gouseqançz vras.

IMPORTANT, *e,* talvoudecq, poûesus, pouner, grevus. bras, oc'h, à, añ; a ûr geuseqançz vras. — *Nous n'avons point d'affaire aussi importante que celle de* notre salut, n'hoñ cus æffer ebet qer talvoudecq na qer poûesus, e-c'hiz an hiny cûs hon silvidiguez, an oll æfferyou eus ar bed ne dint qet da gomparagid'an æffer eus hon silvidiguez. — *C'est le point le plus important de l'affaire,* eno ez ma ar poûend ar pounéra hac ar grevuçzà eus an affer, cetu eno ar vndurun eveus an affer, eno e ma ar o'houlm.

IMPORTER, *être d'importance,* beza poûesus; beza talvoudecq, beza profitapl, beza pouner, beza grevus, beza cas, *pr.* bet; ober cas, *pr.* græt; lazout, *pr.* lazet; bernout, *id est,* barnout, barn. *Van.* berneiñ, *pr.* bernet; bout forh, *pr.* bet. — *Il importe d'être vertueux pour faire son salut,* talvoudecq bras eo *ou* profitabl bras eo beza vertuzus evit ober o silvidiguez, beza ez eus cas *ou* bernout a ra praticqa ar vertuz evit beza salvet. — *Cela importe,* poësus eo *ou* poësus bras eo qemeñze, cas cò qemeñze, cas a so var guemeñze, bernout a ra qemeñze, qemeñze a vern. — *Cela m'importe,* bernout a ra din, lazout a ra din, a so draze a vern din *ou* a laz din, cas a so evidoun, cas eò au draze din, a gouseqançz eo dign *ou* evidoun. — *Qu'importe,* pe vern, pe laz, pe cas a so, pe cas so, pe forz so. — *Que m'importe,* pe vern din-me, pe laz dir-me? pe forz a rañ-me, pe cas a rañ-me, pe cas a ra din-me. — *Que t'importe,* pe las dide, pe vern dide, pe vern ouidte *ou* ouzidte, pe cas a ra dide, pe cas so evidoute, pe cas *ou* pe forz a reas-te. — *Il n'importe,* ne vern qet, ne deus cas, ne deus forz, list da ober, list da friza; list, *id est,* lesit. *Van.* n'en des forh, en dra gaër. — *Il n'importe ce que vous ferez,* ne deus cas pe reot, ne deus forz pe reot *ou* petra a reot, ne vern qet petra reot, ne vern pe reot. *Van.* n'en des forh pe réhét, ha cals a vern petra e réhét, cals a vern pe réhet-hu.

IMPORTUN, *e,* importunus, direpos, oc'h, à, añ, re stryvant, re acqedus. — *Le bruit est importun aux malades,* direpos eo an trous d'arre-glañ. — *Cet homme est si importun,* qen importunus *ou* qer direpos eo an dèn-hont, hennont

a so qer tourmantus. — *On rejette sans
cesse l'idée importune de la mort et l'on en
est surpris avant que d'y avoir bien pensé,*
atau ez distaulomp pell diouzomp ar
sonch importunus eus ar maro hac e
c'hoare evelze e supren ac'hanomp a-
barz ma hon béz songet mad ènhy.

IMPORTUNER, importuni, *pr.* et.
*Van.* importuneiñ, *pr.*et. *v. ennuyer.*—
*Il m'importune sans cesse,* ez ma atau oud
va importuni, importunus bras eo digu,
ne ra nemed va zourmanti.

IMPORTUNITÉ, importunamand,*pl.*
importunamanchou, importunder,
importunded. importunançz, *ppl.* ou;
direposvan, *pl.* ou.*Van.*importunauçz,
importunded, *ppl.* eü.

IMPOSER, *enjoindre*, rei, *pr.* roël.
*Trég.* reiñ. *Van.* reiñ, reign. — *Imposer une pénitence à quelqu'un*, rei ur binigenn da ur re. — *Imposer silence à une
personne*, ober tevel ur re, *pr.* græt; lacqât ur re da devel, *pr.* lacqëet; serra e
c'hinou da ur re-bennac,*pr.*serret.*Van.*
gobér taoueiñ nnan-bennac, cherreiñ
e vecg de unon-benac. — *Imposer les
mains à quelqu'un, parlant d'un prélat qui
confère le caractère sacré*, sacri, *pr.* et.
*Van.* sacreiñ, *Trég.* sacriñ, sacrañ, sa-
grañ, *ppr.* et. — *M. de Guemadeu, évêque
de Saint-Malo, a imposé les mains à Frère
Grégoire*, an autrou'r Guemadeü, escop ê Sant-Malou èn deveus dre c
c'hraçz, sagret ar breuz Gregor. — *Imposer,tromper,enfaire accroire à quelqu'un,*
troumpla ur re, *pr.* troumplet; rei ur
falsentez da gridi da ur re-bennac, *pr.*
roët; lavaret affrontérez, *pr.* id. — *Imposer un crime à quelqu'un*, tamal ur fals
crim da ur re, tamal ê faos ur c'hrim
da ur re-bennac, *pr.* tamalet; accusi
ê faos ur re da veza couñsabl eus a un
torfed-bennac, *pr.* accuset. — *Imposer
une taxe*, sevel un taçz var an bopl, *pr.*
savet; lacqaat un tell, *pr.* lecqëet. —
*Imposer un nom à quelqu'un*, rei un hano
da ur re, *pr.* roët; henvel ur re, *pr.* et.
—*Adam imposa le nom à tous les animaux,*
Adam a roas e hano da bep aneval, hon
tad Adam a henvas an oll anevaled.

IMPOSITION, *imposition des mains*

d'un prélat, sagradur, sacradur, sacra
durez, sacrérez, sagrérez.—*Imposition*
impôt, tell, *pl.* ou; imposadur, *pl.* you
*v. établissement, subside.*

IMPOSSIBILITÉ, impoçzubilitez,
imposubded.

IMPOSSIBLE, impoçzub, oc'h, à
*Van.* id., ar pez ne deo qet poçzub. —
*Impossible physiquement*, ar pez ne deo
poçzub ê nep fæçzoun natural, impoç
zub naturalamant. — *Impossible moralement*, hogos impoçzub, ar pez a so à
boan-vras poçzub, ar pez a so diœr
bras da ober,ha dibaut ar veach ma èr
grear. — *Cela m'est impossible, de toute
impossibilité*, an dra-ze a so impoçzub
dign a oll impoçzubilitez ou a bep impoçzubilitez, impoçzub eo dign a-gren
ober an dra-ze, ne allan ê nep fæçzoun ober qemeûze. *Du côté de la montagne d'Aré, le peuple a un dicton abusif
signifiant qu'il est trois choses impossibles à
Dieu : la première, d'unir la paroisse de
Brasparz, qui est toute en butes ou montagnes; la seconde, d'arracher les roches de
celle de Berryen, qui en est pleine ; la
troisième, de déraciner la fougère de celle
de Plouyé, voisine des deux autres; parce,
disent-ils, qu'en ce cas Dieu les détruirait
ou ferait qu'elles ne seraient plus les mêmes.*

Compeza Brasparz,
Divæyna Béryen,
Ha diradenva Plouye,
A so try zra impoçzub da Zoüe.

IMPOSTEUR, affrounter, *pl.* yen
*Van.* id., *pl.* you, yan. — *Mahomet a été
un grand imposteur, il a trompé bien de
peuples,* un affrounter bras eo bet ar fal
profed Mahomed pehiny tra escu
munuguet ma cz co, èn deveu
troumplet ha collet ul lod bra
a dud, goa dezañ, ha goa dèzo.
*malheur.*

IMPOSTURE, troumplérez, *pl.* ou
affrountérez, *pl.* ou; fals accus, *pl.* ou
IMPOT, impod,*pl.*ou, impojou.*Va*
id., *pl.* eü. — *Lever les impôts*, sevel a
impojou varar bopl, *pr.* savet.

IMPOTENT, e, *perclus*, séyzet,
séyzidy; séyet, *pl.* séydy. *Van.* impo
tant, *pl.* ed, tud impotant.

· IMPRATICABLE, dipraticqabl, oc'h,
·tue allér qet da henti *ou* dá daremprezi
, IMPRECATION, *malédiction*, droucq-
pedenn , *pl.* ou ; goallbedenn, *pl.* ou ;
sulbedenn, *pl.* ou. *Van.* goallbedeenn,
*pl.* eû. *v. malédiction.* — *Faire des impré*
*cations contre quelqu'un*, droucpidi gand
ur re, *pr.* et; ober droucpedennou gand
ur re *ou* a enep da ur re, *pr.* græt. *Van.*
goalbedeiû gued ur re. — *Celui qui fait*
*des imprécations*, droucqpeder, *pl.* yen.
— *Qui est sujet à faire des imprécations,*
droucqpedus, oc'h, añ.

IMPRENABLE, ne allér qet da guemeret. — *Il n'y a plus de places imprena-*
*bles*, ne deus muy na kear na plaçz a
guement na allét da guemeret.

IMPRESSION , *marque*, mercq, *pl.*
ou; roudenn, *pl.* ou; treçz, *pl.* ou; lo-
c'hadur. — *Impression, ouvrage d'impri-*
*meur* , mouladur, èmpreçzyon. — *Ce*
*livre est d'une belle impression*, mouladur
caër a so èl levr-mâ. — *L'impression*
*d'Anvers a été très-belle*, ne deus bet mouladur e-bed par da hiny Anvers. — *Im-*
*pression. v. édition.* — *Les premières im-*
pressions restent ordinairement dans l'esprit,
*sur les mauvaises*, ar santimanchou qentâ
a so ordinal ar re goaçza, anompinionou
qentâ a vez peurvuyâ yvez ar re divezâ.

IMPREVU, *e*, subit, soubit. ar pez ne
voa qet bet songet diaguent *ou* guéllet
abarz arruout. *Van.* soubit.

IMPRIMER, *parlant de livres*, moula,
*pr.* et; moula ul levr, moula levryon ;
èmpryma, *pr.* et; eûpryma, *pr.* et. *Van.*
monleiû. — *Faire imprimer un livre*, ober
moula ul levr, *pr.* græl; lacqaat ul levr
è goulou, *pr.* lecqeat; lacqât èmpryma
ul levr. — *Imprimer un cachet sur la cire*,
tenna ur c'hached vargoar, *pr.* tennet;
èmpryma ur c'hached var coar. — *Im-*
*primer une chose dans l'esprit*, lacqât uñ
dra donn èr galoun *ou* èr penn.

IMPRIMÉ, *écrit imprimé*, scrid moulet, *pl.* scrijou; scrid lecqeat è goulou;
un èmprymed.

IMPRIMERIE, *art d'imprimer*, mou-
lérez, mouladurez, èmprimery, eûpri-
mery. — *L'imprimerie commença en Eu-*
*rope l'an* 1442 , *selon Mantel, ou* 1465,

selon *Volateran* , ar vouladurèz a gou-
mançzas eû Europa, èr bloaz pevarzecq
cant daou ha daouuguent, hervez Mantel, midicin a Baris, pe èr bloaz pevarzecq cant, pemp ha tryuguent, hervez
Volateran.

IMPRIMEUR, mouler, *pl.* yen; èm-
primer, *pl.* yen; eûprymer.

IMPROBABLE, dibrouffapl, oc'h,
â; ar pez ne deo qet guïr-hevel.

IMPROMPTU, un dra cavet var an
tomm , un taulad spered great èn uu
taul count, ur respount pront ha leun
a spered.

IMPROPRE, díjauch·, na dere qet,
treffoedd, amzere, oh, â. — *Ce mot est*
*impropre*, ar guer-ze a so dijauch *ou*
treffoedd, ar guer-ze na dere qet, ar
guer-ze a so amzere. — *Son parler est im-*
*propre, il se sert d'expressions impropres,*
treffoèdd eo e langaich.

IMPROUVER, disaprouî, *pr.* ēt; di-
amprouî, *pr.* ēt; diaprouff, *pr.* et. *Van.*
diaprouciû.

IMPROVISTE (à l'), pa songér bihanâ, pa vezer nebeutâ var evez, èn uu
taul , hep sonch. *Van.* hemp predér ,
hemp sonch. ·

IMPRUDEMMENT, èn ur fæçzoun
dievez *ou* diavis, gand dievezded, dre
disonch.

IMPRUDENCE, disonc'h, dievezded,
disqyantamand. *Van.* diavisted. *v. sot-*
*tise, étourderie.*

IMPRUDENT, *e*, disqyant. disonc'h,
dievez, droucq-aviset, oc'h, â, añ, hep
furnez. *Van.* diavis, hemp avisted. — *Im-*
*prudent en paroles*, téaudecq, *pl.* téaudéyen, prim a téaud, dievez èn e gompsyou

IMPUBERE, *t. de droit*, paotr dindan
an oad a bévarzecq vloaz , pe merc'h
dindan an oad a zaouzecq vloaz.

IMPUDEMMENT, èn ur fæçzoun
divez , è divez, hep mèz e-bed, èn ur
fæçzoun divergondt, e divergoud, gad
divergonticz.

IMPUDENCE, divergonticz, divez-
ded. *Van.* diuchted, divergonticz.

IMPUDENT, *e*, *sans honte*, divèzus ,
divez, oc'h, añ. *Van.* divehus, diveh·
ob, añ. *Al.* gourffeû. *v. effronte, honte.*

— *Devenir impudent, perdre la pudeur*, dimèza, divèza, pr. divezet; coll mèz, pr. collet; *de dimeza semble tenir* dimezy et dimezy, *mariage.*

IMPUDICITÉ, *luxure, lubricité en général*, luxur, lubricite, pailhardyez, pailhardiaich, gadélez, lousdòny, dishoñnestiz. *Van.* lubricite, pailhardiab, pailhar-yeh. v. *sensualité.* — *Impudicité, fornication*, pailhardyez simpl. — *défloration*, pailhardyez gand guërc'hès. v. *défloration, déflorer.* — *inceste*, pailhardyez, gand qar pe gand qares pe gand nès. v. *inceste.* — *adultère*, pailhardyez gand unan demezet, avoultryaich, avoultry-ez. v. *concubinage.* — *sacrilege*, pailhardyez gad un dèn sacr, pailhardyez sacrilaichus. — *bestialite*, chatalérez, loëznyaich. — *mollesse*, pailhardyez gad e-ainau, pec'hed a enep natur. — *Proposition déshonnête ou d'impudicité à une personne*, mennad pailhardyez, *pl.* mennadou; gouleñ dishoñnest, *pl.* goulennou. — *Vie pleine d'impudicité*, buhez leun a bailhardyaich, buhez leun a lousdòny, buhez lous, buhez dishoñnest, lor-vuhez, buhez lovr. — *Commettre des impudicités*, pailhardi, *pr.* et; ober pailhardyez ou pailhardyaich, *pr.* græt. *Van.* pailhardeiñ, *pr.* et. v. *déshonnête.*

IMPUDIQUE, *qui n'a pas de pudeur ni de chasteté*, luxuryus, lubricq, gadalus, gadal, pailhard, licq, oc'h, à, añ, *ppl.* tud luxuryus, etc., pailharded. *Par attribution*, poro'hel lovr, bouc'h, marmous. *fem.* gadalès, *pl.* ed; paillardès, *pl.* ed, etc. *Par attrib.* bleyzès, qyès lupr, qyès sautr, qyès-vleyz, heyzès, mouniecqa. *Van.* lubricq, *pl.* tud lubricq; paillhard, *pl.* ed; ribaud, *pl.* ed. *fém.* ribaudes, pailhardes, *ppl.* ed. v. *concubinaire, concubine, sensuel.* — *Pensée impudique*, songéson dishoñneat ou vil ou lubricq ou lous ou sot, *pl.* songesonou. *On dit largement :* goail songéson, *pl.* goall songesonou; droucq-songéson, *pl.* ou; songeson ar c'hicq, *pl.* ou. — *Paroles impudiques*, compsyou lubricq ou licq ou vil ou lous ou dishoñnest ou gadal, lousdònyou, villançou, gadélez, sotonyou, bavardyaich, bavardyez. *Abusi-*

, IMP
*rement*, an avyel savaich. *Van.* compès sot, vil, lubricq. — *Dire des paroles impudiques*, lavarel compsyou lubricq. dishoñnest, etc., *pr.* id. *Van.* lareiñ compseù sot, etc.

IMPUDIQUEMENT, èn ur fæçzoun dishoñnest, gand dishoñnestiz. gand dishoñnested, ez lubricq, ez dishoñnested.

IMPUISSANCE, dic'halloudez, dic'halloud, sempl ded. v. *faiblesse.*

IMPUISSANT, *ante*, dic'halloudus, dic'halloudecq, dic'halloud, oc'h, à, añ. *Van.* dihalloud. v. *faible.*

IMPULSION, poulz, ar poulz. — *L'impulsion d'un cric*, ar poulz ou ar sav eus a ur c'hrocq-crioq. — *L'impulsion du vent et de l'eau*, ar poulz eus an avel hac eus an dour, ar c'huëz eus an avel hac ar ruilh eveus an dour. — *L'impulsion de l'esprit divin*, an ispiracion eus ar spered santel. — *L'impulsion du malin esprit*, an ally eus a Sathanas, an altiz eus a Sathanas.

IMPUNÉMENT, dibunis, digoust, hep punicion, hep coust e-bed.

IMPUNI, *ie*, dibunis, digastiz, digoust. — *Laisser un crime impuni*, lesel un torfcd dibunis, *pr.* leset. — *Laisser les fautes d'un enfant impunies*, lesel ur c'hrouadur digastiz ou dibunis. — *La justice l'a renvoyé impuni*, ar justiçz he deus e gaçzet d'ar guear dibunis ha digoust.

IMPUNITÉ, dibuniz, digoust. — *L'impunité perpétue les crimes*, an dibuniz ha an digoust a guendalc'h an torfedou. IMPUR, *re*, dibur, cûtaichet, qemesqet, ar pez ne deo qet pur ou neat ou simpl. — *Métal impur*, metall dibur, metal qemesqet, metall ne deo qet bel spurget. — *Tous les éléments sont impurs et mélangés*, an oll elfennou a so dibut ha qemesqet. — *Impur, e, impudique.* v. *y*

IMPURETÉ, *qualité de ce qui est mélangé, plein d'ordure*, dibureñtez, qemesqadurez, villançz, loudouraich, lousdòny, souilheûr. — *La pénitence nettoie l'âme de toutes ses impuretés*, ar binigenn a zcu da zistaga pep souilheur dioud an ene. — *Le péché d'impureté*, at

pec'hed a lousdóny, ar pec'hed a lubricite, ar pec'hed vil, ar pec'hed lous.
*t. impudicité.--Des pensées d'impureté*, songesonou dishoñnest. *v. impudique.*

IMPUTATION, tamalidiguez.

IMPUTER, *attribuer une faute à quelqu'un*, tamal ur faut *ou* un dra-beunac da ur re, *pr.* tamalet. *Van.* tamaleiñ, temaleiñ un dra d'unan-benac,
*ppr.* et.—*On leur impute cela à blâme*, è
gaou ez tamalér qemeñ-ze dézo, a e-
nep justiçz ha résoun ez int tamalet
eus a guemeñ-ze.

INACCESSIBLE, didaustabl, ne allér qet taustât ountâ.— *Un lieu inaccessible*, ul leac'h didaustapl, ul leac'h ne
allér qet taustât ountâ.—*Une personne
inaccessible à tous*, un dèn a so didaustapl d'an oll, ur persounaich ne all
dèn taustaat ountâ.

INACCOSTABLE, *inabordable*, un
dèn a voall-digñeméred, un dèn a so
diæz taustaat ountâ, un dèn garo, un
dèn rogg, *pl.* tud.

INACCOUTUMÉ, *èe*, digustum.
*Van.* digoustum.

INADMISSIBLE, direcevapl.

INADVERTANCE, dievezted, di-
souch. *Van.* diavisemand. *v. mégarde.*—
*Par inadvertance*, dre dievezded, dre disouch.

INALIENABLE, ar pez ne allér na
gñerza, na rei.

INALTERABLE, ar pez na souffr
ccñchamand c-bed.

INANIMÉ, *èe*, *qui a perdu son âme.*
dienaonët, dileset gad e ene.— *Inanimé, qui n'a point d'âme,* ur c'horf dienc,
corf hep ene.—*Animez-vous si vous pouvez*, éverluez-vous, licqit un ene èr
c'horf-ze, enaouit ar c'horf maro ze mar
guillit.

INANITION, *épuisement*, goulloïdi-
guez. goañnidiguez, fillidiguez, diner-
ziliguez.

INCAPABLE, nep ne deo qet ca-
papl da, etc.—*Il est incapable de remplir
sa charge*, ne deo qet capapl da eçzerci
e garg.—*Il est incapable d'une bassesse*,
ne deo qet capapl da ober ul lausqén-
lez.

INCAPACITÉ, *ignorance*, *insuffisance*, disouffisançz, innorançz.

INCARNADIN, *beau rouge*, flamm,
cocq, liou ruz-beo.

INCARNAT, *couleur de chair*, ruz-
sclær, flammicq, flamm hoñnestä-
mand.

INCARNATION, *l'union du fils de
Dieu avec la nature humaine*, humenidiguez map Doûe, an incarnacion.—
—*L'incarnation est l'epoque des Chrétiens
pour compter leurs années*, ar Gristényen
a gount o bloazvezyou a dalecq an Incarnacion eus a vap Doûe. *v. époque.*

INCARNER (*s'*), hem ober dèu,
*pr.* hem c'hræt; qemeret ur c'horf dèn,
*pr.* id. ; hem inearni, *pr.* hem incar-
net.--*Dieu incarné*, Doûe èn hem c'hræt
dèn, ar verb incarnet, ar Furnez incarnet.—*S'incarner*, *parlant d'une plaie
où il vient une nouvelle chair*, qiga, *pr.*
qiguet. — *Votre plaie s'incarne*, qiga a
ra ho couly.

INCARTADE, bourd fall, *pl.* bourdou fall ; primder, affround, *ppl.* ou.

INCENDIAIRE, eñtaner, *pl.* yen ;
losqer, *pl.* yen. — *Incendiaire notoire*,
eñtaner aznad, losqer aznad.—*Les in-
cendiaires sont dignes des plus rigoureux
supplices*, an eñtanéryen a zimilit an
tourmanchou ar re vraçza.

INCENDIE, tan-goaïl, eñtan, eñtanadur, an tan-goall, an eñtan, an
eñtanadur.—*Faire un incendie*, *mettre
le feu à la maison de quelqu'un*, eñtana
ur re, *pr.* et; lacqât an tan var ur re,
lacqât an tan-goall é ty ur re-bennac,
*pr.* lecqëet.

INCERTAIN, *ne*, arvar, douëtus,
oc'h, añ; ar pez a so var var. ar pez
ne deo qet sur *ou* açzur, ar pez ne ouzeur qet, diaçzur.—*La mort est certaine, l'heure en est incertaine*, ar maro a
so sur, an eur anézy a so diaçzur *ou*
douëtus, ar maro a ouzér a erruo, hegon ne ouzér pe cur e teuïo *ou* pe eur
a vezo.

INCERTITUDE, arvar, douët, don-
ëlançz. *Van.* arvar, doulançz. — *Etre
dans l'incertitude*, beza ê douët, beza
êñ arvar, *pr.* bet.—*Il est dans l'incerti-

*tude si*, beza ex ma ê douët hac eû a, etc.

INCESSAMMENT, *sans cesse*, hep cecz, hep ehan, hep ehana.-*Incessamment, sans discontinuation*, hep paouëz, hep spanaënn, hep astal.—*Incessamment, sans délai*, hep dale, qerqent, affo, prèst, buhan, prim, trum, trum-trum, prim-prim.

INCESTE, *crime*, icest, *pl.* ou. *Van.* icest, *pl.* eü. *Le mot d'*inceste *et d'*icest, *semble venir de* cest, *qu'on écrivait* kest, *et a voulu dire, en breton*, ventre, *qu'on appelle maintenant* koff; pailhardyez gad qar pe gad nès, gad qarès pe gad nès. *v. impudicité.* — *Commettre un inceste*, ober un icest, pec'hi gad qar gand qarès pe gand nès.—*Inceste spirituel*, icest spiritual *ou* spirituel. *Van.* icest spirituél

INCESTUEUX, *euse*, icestus, *pl.* tud. —*Mariage incestueux*, dimizy icestus, *pl.* dimizyou.—*L'incestueux de Corynthe*, an icestus vès a Corintha, au icestus Corintyan.

INCESTUEUSEMENT, èn ur fæçzon icestus, gand icest.

INCHARITABLE, digar, nep ne deo qet carantezus è qéver e hentez, didrugaresus, criz.

INCIDENT, icidant, ecidant, *ppl.* ou.

INCISER, *t. de chirurgie*, sqeigea, *pr.* et; trouc'ha, *pr.* et. *Van.* sqeigeiñ, trouheiñ.

INCISION, sqeigeadur, trouc'h *Van.* id

INCISOIRES (dents), dént a ziaraueoq.

INCITATION, altizérez, allyadur.

INCITER, allyn, *pr.* et; attiza, *pr.* et. *Van.* astizeiñ. *v. exciter.*—*Celui qui incite*, aliyer, altizer, *ppl.* yen. *fém.* allyerès, *pl.* ed; altizerès. *pl.* ed.

INCIVIL, *lle*, dic'hraçz, rust, oc'h, â, añ. *pl.* tud, etc.; nep ne deo qet hoûnest, nep ne oar qet e gadauçz, hep hoûnesti-, amzeread. — *Il est fort incivil*, dic'hraçz co meurbed, ne deo qet hoûnest, ne oar qet petra eo hoûnestis, rust eo terrupl, amzeread *ou* amzere co orrupl.

INCIVILEMENT, èn ur sæçzoun dic'hraçz, ez dic'hraçz, hep hoûnestiz

INCIVILITÉ. dic'hraciusted, discreadéguez, tourdôny, rustôny, defaôt,

dishoûnestiz, amzereadeguez. *Van.* rustony, lourdiz.

INCLEMENCE, defaut a vadélez, defaut a zouçzder, rigol.

INCLINANT, *ante*, qui *penche*, qui *incline de quelque côté*, diribin, costezel, douguet da.

INCLINATION, *pente. v.-y.*—*Inclination, mouvement du corps, de la tête*, stouff, *pl.* stouvon; pleg, *pl.* ou. *fem.* soubl, *pl.* ou.—*Petite inclination de tête, de corps, révérence*, stouvicq, stouicq, daoubleguicq, pleguicq, *ppl.* gou.

INCLINATION, *affection de l'âme au bien ou au mal*, carantez evit ar mad pe evit an droucq, inclinacion d'ar mad pe d'an droucq, *pl.* inclinacionou. *Van.* inclinacion, *pl.* eü. — *Nos bonnes inclinations*, hon inclinacionou mad, hon c'harantez evit ar mad *ou* evit ar vertuz, ar pez hon doug d'ar mad *ou* d'ar praticq eus ar vertuz.--*Il a de bonnes inclinations*, douguet eo dre natur d'ar mad, caret a ra ar vertuz, inclinacionou mad èn deus, natur vad a so ènha. — *Nos mauvaises inclinations*, hon droucq-inclinacionou, hon goall-inclinacionou, ar pez hon doug d'an droucq, an droucq-natur *ou* ar goall-natur a so ènhomp.—*Il a de mauvaises inclinations*, droucq- natur a so ènha, goall-natur a so ènhá, douguet eo dre natur d'an droucq, goall inclinacionou èn deus.—*Inclination, affection*, carantez, c'hoandt.—*Il a de l'inclination pour l'étude*, carantez èn deus evit ar study, caret a ra ar study, c'hoant èn deus d'ar studya, ar study eo e c'hoandt, ar study eo e garantez. — *Il a de l'inclination pour elle*, carantez èn deus evit-hy, he c'haret a ra, caret a ra anezy, e c'hoandt eo, hy eo e c'hoandt *ou* e væsirès *ou* e rourcz.--*Donnez-moi quelque chose selon mon inclination*, deuit un dra-bennac din d'am c'hoandt *ou* dioudva c'hoandt —*Toutes ces choses sont contre mon inclination*, an traou ze oll a so countrol d'am c'hoandt *ou* a so ænep d'am c'hoandt *ou* ne dint qet d'am c'hoandt.

INCLINER, *pencher*, costezn, *pr.* et *Van.* acclineiñ.—*Ce mur incline de ce côté*

ld, costeza a ra ar voguer-mâ èn tu-ze.
— *Incliner, parlant de la tête, etc.*, stoua
e benn, stouï e benn; plega e gorf, *pr.*
pleguet; daou-blega, *pr.* daou-bleguet.
*Parlant d'une femme qui fait la rérérence*,
soubla, *pr.* et; ober ur soubl, ober ur
stouff, *pr.* græt. *Van.* acclineiñ, plegueiñ,
stoueiñ. — *Incliner, parlant des choses spi-*
*rituelles*, costeza, *pr.* et; beza douguet
da, *pr.* bet. *Van.* inclineiñ, acclineiñ. —
*Il inclinait à le renvoyer absous*, douguet
voa d'e venna *ou* d'e zisclærya guênn.
— *La victoire inclinait de notre côté*, costeza a rea ar victor èn tu diouromp *ou*
etrezeguedomp. — *Il incline à la vengean-*
*ce*, douguet eo d'ar veñjançz, costeza a
ra etrezeg ar veñjançz *ou* èn tu dioud
ar veñjançz.

INCLINÉ, *en pente*, diribin. — *Aire*
*inclinée*, leurr *ou* leurrenô diribin, plaçzenn var naou.

INCOGNITO, *sans être connu*, hep beza aznavezet, dianaff, dieneff. — *Incogni-*
*to, sans cérémonie*, hep trayn na pompad.

INCOMBUSTIBLE, dilosqus, dilosqabl

INCOMMODE, *fâcheux*, poanyus, grevus, diæz, oh, à. *Van.* poënyus. —
*Ce travail est incommode, pénible*, poan-
nyus co *ou* grevus co al labour-mâ. —
*Ce lit est incommode*, diæz eo ar guêle
mañ. — *Devenir incommode*, diæzzaat, go-
aczaat, *ppr.* ëct; dont da veza diæz.

INCOMMODÉMENT, èn ur sæczon
diæz, ez diæz, gand diæzamand. — *Vous*
*êtes logé incommodément*, ez diæzez ouc'h
loget, gand diæzamand ezma ouc'h a-
mañ.

INCOMMODER, *gêner*, jayna, *pr.* et;
importuni, *pr.* et. *Van.* jahyneiñ, importuneiñ. — *Incommoder, nuire*, noasa,
noasout, *ppr.* et. *Van.* noësciñ. — *Incom-*
*moder, causer de la peine, de l'inquiétude*,
poañnya, *pr.* et; trubuilha, *pr.* et; encqresi, *pr.* et. *Van.* poëuyciñ, tourmanteiñ. — *Incommoder, mettre hors d'aise*,
*rendre plus pauvre*, diæza, *pr.* et. *Van.*
diæzeiñ. — *Il s'est fort incommodé pour*
*marier ses enfants*, èn hem diæzet èn deus
evit dimizy e vugale, an dimizy eus e
vougale èn deus diæzet auezâ. — *Si*
*vous le pouvez sans vous incommoder*, mar

guillit e ober hep èn hem ziæza *ou* hep
diæzamand. — *Incommoder quelqu'un*,
lui faire mal, ober droucq da ur re, *pr.*
græt. — *S'incommoder, se faire mal*, cahout droucq, *pr.* bet; ober droucq d'e
unan. — *En voulant l'incommoder, vous*
*vous êtes incommodé vous-même*, o clasq o-
ber droucq dezâ, oc'h eus great deoc'h
oc'h-unan *ou* oc'h eus bet oc'h-unan.

INCOMMODÉ, *qui manque de biens*,
diæz, nep èn deus dienez. — *Incommo-*
*dé, indisposé*, nep ne deo qet yac'h. *v. ma-*
*lade*. — *Il est incommodé de la vue, de l'o-*
*reille, de la goutte ou des gouttes*, poan
èn deus èu e zremm, èn escouarn, poañnyet eo gand ar goutou *ou* gad an urlou. — *Le vaisseau est incommodé*, goallet
eo al lestr. — *Incommodé d'envie de dor-*
*mir*, maro gad ar c'hoandt-cousqet.

INCOMMODITÉ, *peine*, poan, diæzamand. *Van.* poën, diæzzemand. — *In-*
*commodité, pauvreté*, diæzamand, paourentez. *Van.* diæzemand, peürante, ha
coh dilhad. — *Incommodité, indisposition*,
briz-cleñved, manyel-cléved, nebeud
a yec'h. — *Incommodité ordinaire*, e zroucq
e-unan, e boan ordinal. — *Il a son in-*
*commodité ordinaire*, e zroucq e-unan a
so gandhâ, e boan ordinal èn deveus.

INCOMPARABLE, digomparaich,
dispar, disegal, oc'h, â; dibaraioh, n'en
deus qet e bar. *fem* n'he deus qet hep ha-
rès. — *C'est un homme incomparable*, un
dèn digomparaich co *ou* dispar co *ou*
disegal co *ou* co n'en deus qet e bar.

INCOMPARABLEMENT, hep comparésoun, hep comparaich.

INCOMPATIBLE, ar pez ne all qet
padout guevret gad un all *ou* açzamblès
gad un all. — *Le froid et le chaud sont in-*
*compatibles dans un même sujet*, ar yender
hac an domder ne allont qet padout guevret, rac ar c'hred a zistruich ar semplâ.

INCOMPETENT, *e, non compétent*,
digompetant.

INCOMPREHENSIBLE, digomprenapl, ar pez ne aller qet da gompren,
ar pez a drémen hon spered, digompre-
nus. — *Les mystères de la foi sont incom-*
*prehensibles*, ar mystæryou eus ar feiz a
so digomprenapl abalamour ma ez ma

int dreist spered an dèn. — *Les héréti-*
*ques incrédules, pour ne pas croire des mys-*
*tères incompréhensibles, suivent d'incompré-*
*sibles erreurs,* au hugunoded disoridicq
evit manoqout da gridi mystæryou a so
pell dreist hon spered a gouëz ę fazyou
digomprenapl.

INCONCÉVABLE, digoncevapl, ar
pez ne alleur qet da gonceo. ¯

INCONGRU, *e. v. impropre, impoli.*

INCONGRUITÉ, fazy bras.

INCONNU, *e,* dianaff, oc'h, â.

INCONSIDÉRATION, dievezted. *v.*
*imprudence.*

INCONSIDERÉ, *e,* dievez, bihan
gonsideret.

INCONSIDEREMENT, dre dievezted

INCONSOLABLE, disconfort, digonfort, disconsol, digonsolapl, nep ne allér qet da gonforti *ou* da gonsoli. *Van.*
disconfort.

INCONSTAMMENT, èn ur fæçzoun
varyant *ou* dibarfedd.

INCONSTANCE, berboëll, barboëll,
barboëllidiguez, dibarfidiguez, varyamand, varyadurez. *v. arrêt sur écheveau.*

INCONSTANT, *e,* barboëllicq, berboëllicq, dibarfedd, scaûvelard, oc'h,
aû, *ppl.* tud barboëllicq, etc.: scaûve-
larded; hedro, edro, *id est,* a dro da bep
avel. *v. léger.*

INCONTESTABLE, diagüapl, dise-
batapl. *v. assure, certain.*

INCONTESTABLEMENT, hep argu,
hep arguz, hep debat, èr meas a zebat.

INCONTINENCE, direzamand a vu-
hez, hep dalc'h. *v. désordre, impudicité.*

INCONTINENT, *e,* nep ne deo qet
chast. *Al.* didalc'hus. *v. déréglé, impu-*
*dique.* — Incontinent, *aussitôt,* qerqent,
qentiz. *v. aussitôt.*

INCONVENIENT, *difficulté,* diffecul,
cul, *pl.* ou. — *Inconvénient, accident fâ-*
*cheux,* goall, goall-avantur, drouc-eür.

INCORPOREL, *le,* ar pez n'en deus
qet a gorf, digorporal.- *L'âme de l'hom-*
*me est incorporelle,* enéan dèn n'en deus
qet a gorf hac a ell beva hep e gorf, e-
ne map dèn a so ur sustançz spiritual
*ou* spered oll.

INCORPORER, eus a veur a dra o-

ber nnan, *pp.* græt. — *Incorporer une*
*province à la couronne,* staga ur brovinçz
oud ar rouantélcz, *pr.* staguet.—*S'in-*
*corporer,* èn hem guemesq èn unan, *pr.*
èn hem guemesqet, ober ur memès tra.

INCORRIGIBLE, discourrich, di-
gourrich, ostinet, oc'h, aû.

INCORRUPTIBLE, divoastapl, divreinapl, na all qet goasta na breina.

INCREDULE, discridicq, discredicq,
discred, oc'h, â, aû. *Van.* discredicq.

INCREDULITÉ, discredançz, dis-
credenn.

INCRÉÉ, ne deo qet bet crouët, a
so a vizcoaz *ou* a bep eternité.—*La sa-*
*gesse incréée,* ar furnez eus a Zoüe, ar
furnez a bep eternité.

INCROYABLE, discredapl, discredus, oc'h, â, an; ar pez na aller qet da
gridi, ar pez a dremen peb credançz.

INCUBE, *oppression nocturne qui em-*
*pêche de dormir,* ar moustericq, ar ma-
chericq. *v. cauchemar.*—*Démon incube,* an
diaul mouster *ou* macher.

INCULPER, lacqât un dra èn e beû
dre e lavaret alyès, lavaret qen alyès
un dra ma c'hantre èr peun.

INCULTE, *terre non cultiée,* fraustaich, *pl.* ou; doüar fraust *ou* dileset
*ou* stroëzecq, *pl.* doüarou. *v. friche.*—
*Inculte, impoli, grossier. v.-y.*

INCURABE, diremed, droucq ne
allér qet guëllat deza *ou* ne allér qet
da barea. *Van.* diremed. — *Votre mal*
*est incurable,* diremed eo ho troucq, ho
troucq a so diremed, ez ma an diremed
gad ho troucq, ho clêved a so diremed.

INCURSION, *course des ennemis dans*
*un pays,* redérez a vrescll; argadeñ, al-
garadenn, *ppl.* ou. *Al.* cyrch. — *L'in-*
*cursion des barbares,* redérez an barba-
red, argadennou ar varbared.

INDE, *pays vaste,* an Indès, bro Indès.—*Les Indes Orientales,* Indès ar sevel-héaul *ou* ar sav-héaul. — *Les Indes*
*occidentales,* Indès ar c'huz-héaul, an
Doüar-Névez.—*Aller aux Indes,* monnet d'an Indès *ou* da vro Indès. — *Du*
*bois d'Inde,* coad Indès.

INDECEMMENT, èn ur fæçzon am-
zercad *ou* dishoûnest, gand amzerea-

dégüêł.

INDECENCE, amzereádéguëz, dishonneśded, *ppl.* ou.

INDECENT, *ènłe*, ámzere, amzcread, óo'h, â, añ. *Dé* deróout, *être bien séant. Van.* dijauch , oh , añ, aoñ.

INDECIS, *łse ; arvar ;* ne deo qet statuded:

INDEFINI, *iès t. indéterminéᵢ*

INDEMNISER, digoll, *pr.* et; digousta; digoustout, *ppr.* digoustet. *Van.* digoleiñ , digousteiñ. *v. dédommager.*

INDEMNITÉ, digoll, digoust; goarantiçz. *Van.* digoll, digoust.

INDEPENDANCE, disepandançz.— *Vivre dans l'indépendance,* beva disopant; beva è disependançz *ou* hep dependançz *ou* èn e roll *ou* diouc'h e roll *ou* è libertez, *pr.* bevet.

INDEPENDANT, *anté,* disepant, disependant, libr; oc'h, â, añ; nep na zepant eus a necun.—*Ils sont indépendants l'un et l'autre,* disepant int hac an eil hác eguile.

INDEPENDAMMENT, èn ur fæçzon disepant, gad disepandançz, ez disepand, hép depandançz.—*Indépendamment de tous,* hep zoc'h , hep doc'h, hep depandout ac'hanoc'h. —*Indépendamment de qui que soit,* hep depandançz a zèn e-bed, hep depandout a necun, hep necun na bras na bihan, gad disepandançz eus a pep hiny.

INDETERMINÉ, *e, indécis, indéfini,* ne deus qet statudet varnezâ; arvar.— *La chose est encore indéterminée,* ne deus qet statudet s'hoaz var guemen-ze, ne deo qet æchu c'hoaz an affer-ze, arvar eo c'hoaz an dra-ze. — *Cet homme est toujours indéterminé, irrésolu et flottant,* arvar eo atau an dèn-zè, heñez a so atau doûetus var ar pez a dle da ober, heññez ne oar nepred pe èn deus da ober.

INDEVOT, *e,* disevot, oc'h, â.

INDEVOTEMENT, èn ur fæçzoun disevot, gánd disevocioñ, ez disevot.

INDEVOTION, disevocion, defaut devocion, libertinaïch:

INDEX, an eil bis eus añ dourn, añ disculyer, ar bès disculyer, ar bès lipper, ar bis yod, besieq ar vagueurrès. —

*Index dès livres centurés;* ar roll eüs al levryou disennet gad ar c'honcil à Drañtâ.

INDICE, *signe apparènt,* sin , *pl.* ou ; mercq, *pl.* ou; arvezinty, *pl.* ou.

INDICIBLE, ne aller qet da esplicqa; ne oufet qet e lavaret, dilavarapl. — *Une joie indicible,* ur joa ñe oufét qet he esplicqa, ur joa dilavarapl.

INDICTION, *convocation d'un concile, d'un synode,* açzinacion vès a un açzamble eus an ilis, intimacion ur sened. — *L'indiction du synode,* an açzinacion eus ar sened.

INDIEN, *enne, des Indes,* Indesad, *pl.* Indesis; Indesyad, *pl.* Indesidy. *fém.* Indesès, *pl.* ed.

INDIENNE, *toile peinte,* indyan, eñtoff Indès, *pl.* eñtoffou.

INDIFFEREMMENT, èn ur fæçzon divanyell *ou* digas, ez divanyell, e digas, hep ober cas e-bed.

INDIFFERENCE, divanyellamand; digasder. *v. indolence.* —*Avoir de l'indifférence pour son salut,* beza digas è qèver e silvidiguez , beza divanyell è fed ar silvidiguez. — *Elle a une grande indifférence pour lui,* divanyell-bras eff-hy èn e andred-heñ, hy a so digas terrupl èn e andred.

INDIFFERENT, *e,* divanyell; digas; oc'h, â, añ; disourcy, *ppl.* tud, etc., nep ne ra cas e-bed, *pl.* tud ne reont cas e-bed. *v. indolent.* — *C'est un hômme fort indifférent,* un dèn eo hac a so divanyell terrupl *ou* digas terrupl.—*Il m'est indifférent ou aller demeurer,* disourcy-bras oun var al leac'h eus va demeurançz, nè rañ forz *ou* cas pe è leac'h moñnet da chommouyenell.—*Une chose indifférente,* un dra hepcas, un dra ne deo na mad na droucq, ar pez ne deo na du na guenn:

INDIGENCE, diezñez, diènez. *Van.* diaññez, diañueh. *vt pauvreté, disette ; besoin.* — *Ils sont dans l'indigence,* dicnez o deus, dienez a so gadho;

INDIGENT, *e, nécessiteux,* yzommiccq, tavañtécq, oc'h, añ; nep èn deus dicnez, dienecq.

INDIGESTE, calet d'ar stomocq, diæz da viri èr stomocq, criz da boull ar galoun.

INDIGESTION, crizder è poull ar galoun, caleder èr stomocq, calou-losq, droucq-ar-gor, *de* gori, guïri, *cuire.*

INDIGNATION, droucqc'hraçz, des- ped, faë. — *Encourir l'indignation de quel- qu'un,* cahout droucqc'hraçz ur re, *pr.* bet. — *Une juste indignation,* ur guïr des- ped, un displijadur lenn a résoun, ur vuhanéguez just. — *Par indignation,* di- var faë. — *Je ne vous écoute qu'avec indi- gnation,* faë eo guenen ho clevet. — *Je ne ne vous vois. qu'avec indignation,* faë eo guené ho cuëllet.

INDIGNE, indin, né deo qet din, ne vilit qet. *v. communion.* — *Il est indigne de cet honneur,* indin eo eus an enor-ze, ne vilit qet un hevelep enor, ne deo qet din eus an enor-ze. — *Nous sommes tous des serviteurs indignes et inutiles, dit J.-C.,* *en S. Math.,* bez'ez omp oll servicheu- ryen indin ha didalvez, eme hon Salver èn avyel, hervez sant Vaze. — *Faire des actions indignes, honteuses,* ober traou mèzus ha disenorapl.

INDIGNEMENT, èn ur fæçzon indin, gad indinded *ou* indinder *ou* disenor.

INDIGNER (s'), fachi a enep ar viéz pe a enep ar re vicius, *pr.* fachet. — *Il était indigné contre lui,* fachet bras a voa a enep dezañ.

INDIGNITÉ, indinded, indinder, *v.* *enormité, affront.* — *Faire des indignités,* ober traou indin evit un dèn honnest, ober traou a so mèzus evit un dèn a enor, ober acciou ou displet, *pr.* græt. — *Elle souffrit mille indignités,* cant ha cant outraich a souffras, cant affrount a rece- vas, cant dismeganz a yoa great dezy.

INDIQUER, *montrer au doigt,* disquëz aznad, *pr.* disquëzet. — *Indiquez-moi, je vous prie, où je trouverai ce que je cherche,* livirit *ou* disquëzit dign me oz ped pe è leac'h ez caffenn ar pez a glasqañ. — *Je vous l'indiquerai,* me èn disquèzo deoc'h aznad, me èl lavaro deoc'h, me a rayo deoc'h e douich gad penn ho pès. — *In- diquer, signifier l'assemblée du concile,* aç- zina deiz evit derc'hell ar sened oa ar c'houcil, *pr.* açzinet; intima deiz ar se- ned, *pr.* intimet.

INDIRECT, *e,* ne deo qet eun, a enep an usaich hac al lésennou, fobyès, a- dreuz. — *Ce bien est acquis par des voies in- directes,* ar madou-ze a so deuët a voall hend *ou* a dreuz *ou* a enep al lesenn.

INDIRECTEMENT, a enep an usaich, èn ur fæçzoun dreuz, èn ur fæçzoun countroll d'allésennou. — *Ni directement ni indirectement,* nac a ëun nac a dreuz, nac a dreuz nac a hed, nac a bell nac a daust, na càls na neubeud, è nep fæç- zoun a-grenn.

INDISCIPLINABLE, *indocile,* digu- empenn, diguelennus, ne allér qet da guempen *ou* da guelenn. *v. incorrigible.*

INDISCRET, *ete,* dievez, diavis, oc'h, â, añ.

INDISCRETEMENT, èn ur fæçzoun dievez *ou* diavis, ez dievez, gand dic- vezded, hep furnez.

INDISCRETION, dievezded, diavisded

INDISBENSABLE, disispéuçz. — *C'est un devoir indispensable,* hennez a so un dever disispéuçz.

INDISPENSABLEMENT, hep dis- péuçze-bed. *Van.* hemp dispançz er-bed

INDISPOSE, *e. v. incommodé.*

INDISSOLUBLE, *qui ne peut se dissou- dre,* disisolf, ar pez ne allér qet da disolvi *ou* da derriou da dispenn, disispennapl.

INDISTINCT, *e,* ar pez a so reustlet *ou* luzyet, ar pez ne deo qet diffarantet *ou* dispartyet; disistincq.

INDISTINCTEMENT, hep diffa- rançz, hep diffaranti, hep disparty.

INDIVIS, *e,* qui *ne peut être partagé,* dirann. — *Ces terres sont communes et in- divises,* an doüarou-ze a so boutin ha dirañ, diraü eo c'hoaz an doüarou-ze. — *Par indivis,* ez boutin, ez coumun, hep rann e-bed, è dirann.

INDIVISIBLE, dirañapl, dirañus, ar pez ne alleur qet da raña *ou* da dispartya

INDIVISIBLEMENT, hep disparty.

INDOCILE, amgestr, diguempeñ, ne deo qet desqapl *ou* séntus *ou* bégaradd. — *Un enfant indocile,* ur c'hrouadur di- guempen *ou* disént *ou* amsént. — *Un es- prit indocile,* ur spered amgestr.

INDOCILITÉ, digueramennidiguez, amgestraïch, amsentidiguez.

*INDOCTE, qui n'est pas docte, igno-

ant, divoniezyocq, dic'houzvez..

INDOLENCE, léntéguez, laugour.

INDOLENT, e, lént, langourus, oc'h, i, añ. v. indifférent.

INDOMPTABLE, disoëvapl, disoûtapl, amgestr, oc'h, à, añ. — Un cheval 'ndomptable, ur marc'h amgestr ou fouzuc üs ou culadus. — Peuple indomptable, popl disoûvapl. — Passions indomptables, lroucq yonlou diæz da voderi, goall-inclinacionou diæz da reiza ou da reolya.

INDOMPTÉ, e, disvoñv, disoëv, goubez, oc'h, añ. — Un taureau indompté, qui n'a pas encore été sous le joug, taro ne deo bet nep pred eûdan ar yéau, tarn n'en deus o'hoaz labouret nepred. — Un dompteur indompté, un trec'her dispar, ur fæzer dispar ou disegal, ur victorius ne gavas biscoaz e bar.

IN-DOUZE, levricq a so pep follenn lecqeat ê daouzecq plecg, levricq pe an hiny he deus pep follenu peder bagen varnuguent.

INDU, e, ar pez ne deo qet dleat, arpez ne aparchant qet. — Venir d'heure indue, doûnet da un eur ne deo qet dleat, doûnet da euryou ne aparchant qet, doûnet eû digours.

INDUBITABLE, disouët, açzur, oc'h, à, hep douët. Van. hem doutançz.

INDUBITABLEMENT, hep douët ou douêtançz e-bed, hep mar e-bed.

INDUCTION, conclusion, couseqançz. — Induction, indiction, ally, cusul, avis, ppl. ou. Van. solit, solitemant, ppl. eû. B.-Corn. solitamand, pl. solitamanchou.

INDUIRE, exciter, allya, pr. et; douguen, pr. et. Van. soliteû. B.-C. solita, pr. et. — Il l'a induit à mal faire, allyet ou solitet ou donguet eo bet gandhâ da voall ober ou da zroucq-ober.

INDULGEMMENT, gand douçzder, gad madélez, gad re vras madélez.

INDULGENCE, bonté, madélez, douçzder. — Trop d'indulgence, re vras madélez, re a zouçzder, re vras douçzder, re a zamand, re vras damand. — Indulgence, t. de théologie, indulgeançz, pl. ou; pardoun, pl. you. Van. id., pl. eû. — L'indulgence est une rémission de la peine temporelle due aux péchés déjà pardonnés,

an indulgeançz a so un dilaçz eus ar boan dleat èr bed-mâ pe èr purgator d'ar pec'héjou dija pardounet dre ar vertuz eus an absolven. — Indulgence plenière, indulgeançz plenyer, ur pardoun eus an oll boan dleat d'ar pechejou dija effacet. — Indulgence de cent jours ou cent jours d'indulgence, indulgeançz a gand dervez, cant dervez a indulgeançz, ur pardoun eus a gand dervez pinigen, an dilaçz eus ar pinigennou pere hervez ar rigol ancyan eus a lesenou an ilis a veze dleat d'ar pec'hejou coumetet petrabennac dija absolvet ha pardounet evit feadt eus an offançz a yoa bet great dreizo da Zoûe. — Gagner une indulgence, gounit un indulgeançz, pr. gounezet. — Gagner l'indulgence dans toute sa plénitude, gounit an indulgeançz hed-a-hed, gounit ar pardounyou eu oll d'an oll. — Il y a de grandes indulgences à gagner en tel lieu, beza ez eus èl lec'h-ma-lec'h pardounioa bras da c'hounit.

INDULGENT, e, mad, douçz, habasq, damantus, oc'h, à, añ. — Il est trop indulgent envers ses enfants, re vad eo ê qever e vugale, re zouçz ou re habasq eo èn andred e vougale.

INDULT, priviil. eccl., eûdut, pl. ou.

INDULTAIRE, qui a un indult, eûduter, pl. yen.

INDUSTRIE, lûgin, igin, soulilded, spered, sqyand, inibilyaïch. — Vivre d'industrie, de son métier, beva dioud e vécher ou dioud e draïcq, beva dioud e labour ou divar bouës e zivreac'h. — Chevalier d'industrie, siloutéryen, ezeñeéryen, cornilléryen, flatréryen, griffoned.

INDUSTRIEUX, euse, qui est fait avec industrie, great gad igin ou spered ou sqyand. — Industrieux, euse, qui a de l'industrie, îñginus, iginus, sqyantus, mybilyus, oc'h, à, añ. ppl. tud sqyantus, etc.

INEBRANLABLE, dignellusq, digneulusq, diflaichus, postecq, parfedd, oc'h, à. v. stable.

INEFFABLE, ne alleur nac esplieqa na compreni, dilavarus.

INEFFAÇABLE, ne allér qet da difaçza ou da effaci, diffaçus.

INEFFICACE, sans efficacité, dieffed

hep effed, dieffedus. — *La grâce est souvent inefficace par notre faute*, ar c'hraçr eus a Zoüe a so alyes dieffed èn lion andred dre hon faot hon-unan. — *Inefficace, faible*, dinerz. *Van.* dinerh.

INEFFICACITÉ, dinerzidiguez.

INEGAL, e, *qui n'est point égal*, disegal, dispar. oh, â, añ. —*Inégal en condicion, en âge, en biens*, disegal *ou* dispar a gondicion, a oad, a vadou. — *Inégal, e, raboteux*, digompès. — *Chemin inégal*, hend digompès. *v. bosse de terre*.

INEGALEMENT, èn ur fæçzoun disegal, gad disparaich, gand disegalded.

INEGALITÉ, disegalded, disegalder, disparaich, esqem.

INEPUISABLE, dihesq, dihesp, ne allér qet da lacqât da hesq *ou* hesp *ou* disec'ha. — *Une source inépuisable*, ur sourceñ dihesq *ou* dihesp, ur vammeñ na diseac'h nepred, ur sourceñ grè ha souñnus. — *Des biens inépuisables*, madou hep fin, pinvidiguezou dreist penn *ou* hep fin. *Van.* un enfin a vadeü. — *Un fond de science inépuisable*, ur youizyéguez dreistordinal, ur sqyand bras ineurbed, ur ouïzyéguez divusur.

INESPERÉ, e, ar pez na esperét qet.

INESTIMABLE, ar pez ne ouffét qet da istimont avoalc'h.

INEVIDENT, e, dishanad, ar pez ne deo qet hanad *ou* patant, teval. *Van.* teouël, tañhoual.

INEVITABLE, dioud pehiny ne alleur qet tec'het *ou* divoall, dideo'hapl.

INEXCUSABLE, diescusapl, diescus, ar pez ne allér qet da iscusi.

INEXORABLE, dibedennus, criz, nep a bedér ê-vean *ou* èn aner.

INEXPERIMENTÉ, e, dieñtent, hep usaic'h, diusaich, hep esperiancz.

INEXPIABLE, ne alleur qet da effaçi, ne deus moyeu da satisfya evitañ.

INEXPLICABLE, diesplicqapl, ne allér qet da esplicqa *ou* da lavaret.

INEXPRIMABLE, diesprimapl, ne allér qet da esprima.

INEXPUGNABLE, ne allér qet da goumeret dre nerz.

INEXTINGUIBLE, *parlant du feu*, ne alleur qet da vouga *ou* da laza. *Parlant*

*de la soif*, ne alleur qet da derri,

INFAILLIBITÉ, difazyusded. — *L'infaillibilité de l'église*, au difazyusded eus an ilis.

INFAILLIBLE, difazyus, didromplus, ne all qet fazya, ne all qet èn hem drompla *ou* beza tromplet, ne deo qet fazyus *ou* suget da fazy. *Van.* didrompus, difazyus. — *Infaillible, physiquement ou moralement assuré*, certen, açzur, divancq, difaut, oc'h, â, añ.

INFAILLIBLEMENT, hep fazy *ou* faut, hep fazy *ou* faut e-bed. *v. certainement*.

INFAMANT, e, *qui porte infamie*, iffamus, oc'h, â. *v. diffamant*.

INFAMATION, iffanérez, iffamadur.

INFAME, iffam, oc'h, añ. *Van.* id.

INFAMER, *rendre infame*, iffama, iffami, *ppr.* ct. *Van.* diffameiñ.

INFAMIE, iffammidiguez, iffamded, iffamitez.

INFANTERIE, soudarded var droad, infantiry.

INFATIGABLE, nep na squiz nepred, caled ouc'h ar faticq, græt diond ar faticq, difatigus, difatigapl.

INFATIGABLEMENT, hep squiza, hep ehana, hep disquiza tamm.

INFATUER (s') *de quelque chose*, beza touëllet gand un dra, beza açzotet gand un dra-bennao, *pr.* bet. — *Il est infatué des nouvelles opinions*, açzotet eo *ou* touëllet eo gad ar fals ompiniouou névez, moñnet a ra dreist peñ gad ar goall santimanchou a rèn a névez-so, folla a ra gad un erolyoua so névez-savet.

INFECOND, infécondit, *B.-Léon*, distrujus, distruich. *v. stérile, stérilité*.

INFECT, e, flæryus, brein, oc'h, añ. *Al.* discurlu,

INFECTER, ampoësonni gad ar flear, *pr.* ct. *v. empuantir, communiquer*.

INFECTION, flear, flær, c'huëz fall, goal c'huez.

INFEODER, *donner en fief*, reie dalc'h gand fez ha goazouuyez, *pr.* roët.

INFERER, *conclure*, déstumi, *pr.* et; tenna, *pr.* et; tenna ur gouseqançz.

INFERIEUR, *eure.* inferiol, nep so dindan un all, nep so iseloc'h eguit un all, ar pez a so eñdan un dra all. —*Un* ge *inférieur*, ur barner inferiol, *pl.* améryen inferiol *ou* inferioled.—*Vos istérieurs*, oc'h inferioled, ar re a so iéloc'h eguid oc'h, ar re a so diadan c'h, nep so a iseloe'h *ou* a zistærroe'h ondiciou egued oo'h.—*Vous lui êtes inférieur en tout*, è pep sæçzon ez ma dreist c'h, è pep sæçzoun ez ma ouc'h e choude *ou* ez ma ouc'h iseloc'h egued id, a bep heud ez maoo'h e oude.—*La portie inférieure de l'âme, l'appétit sensuel*, ar guevrenn isel eus an ene, ar quevrenn inferiol eus an ene.

INFÉRIORITÉ, inferiolaich, depanlançz, sugidiguez.—*Ils ont été contraints à reconnaître leur infériorité*, countraign nt het da aznaont ho sugidiguez *ou* ho depandançz,—*Il y a de l'infériorité même dans le Paradis*, èr baraдos èn déün ez euz inferiolaich.

INFERNAL, *ale*, eus an ifern, a aparchant ond an ifern, ifernus.—*Fureur infernale*, ar sulor eveus an ifern.— *Rive infernale*, ribl *ou* bord an ifern.

INFERTILE. *v. stérile.*

INFERTILITÉ. *v. stérilité.*

INFESTER, *incommoder*, tourmanti, trubuilha, *ppr.* tourmantet, trubuilhet. *v. incommoder.*—*Les sauterelles infestent souvent de grandes provinces; en Orient, elles les désolent entièrement*, ar c'hilheyen-radenn a drubuiih alyès meur a brovinçz ê bro ar sevel-héaul, hac a zeu d'o goastâ èn oll d'an oll.

INFIDELE, *qui n'a point de fidélité*, disléal, disleal, disidel, disvir, sals, oc'h, à, añ.—*Infidèle, qui ne croit pas à l'évangile de J.-C.*, disidel, *pl.* ed; ar re disidell. — *Les infidèles possèdent les lieux saints*, ar re disidell o deus, siouaz deomp, ar plaçzou sacr eus hon rédempciou, al lec'hvou santel a so èntre diaouarn an disideled, goa deomp-ny.—*Une copie infidele*, ur c'hopy disidel *ou* disvir *ou* disleal, un doubl pehiny ne deo qet fidel, ur sals copy.

INFIDELITÉ, *defaut de fidélité*, dislealded, difidelded, difealded. *v. trahison.* — *Infidélité, fausse créance des Mahométans, des idolâtres*, difidelded, fals credenn.

INFIDELEMENT, èn ur sæçzoun disleal *ou* difidel, gad dislealded, gad difidelded.

INFINI, *ie, qui n'a ni commencement ni fin*, infinit, hep dezrou na finvez.— *A proprement parler*, Dieu seul est infini, evit prezecq er-vad, ez eo redd lavarét penaus ne deus nemed Doüe hep qen a vez infinit; pa ne deus nemedhà a guement n'en devéz na dezrou na finvez.—*Infini, qui a eu un commencement et qui n'aura pas de fin*, infinit, hep fin, hep fin na difin, hep termén.—*Les élus auront une gloire infinie dans une éternité infinie*, ar re èurus o devezo ur c'hloar infinit *ou* hep musur è pad un éternitez hep fin na difin.—*Infini, ie, innombrable*, infinit, un niver infinit, dreist count, hep fin.—*Il y avait là du monde à l'infini*, bez'ez yoa tud eno hep fin *ou* dreist count, un niver infinit a dud a yoa eno, ul lod terrupl a dud *ou* ar bed a dud *ou* un taulad terrupl a dud a voüé eno. *Van.* un eñfin a dud a oüé enon. —*Presque infini*, hogos infinit, dreist musur.

INFINIMENT, hep fin, èn ur sæçzoun infinit.—*Infiniment, très-fort, beaucoup*, cals, meurbed, forz, terrupl. —*Infiniment savant*, abyl meurbed, forz abyl.—*Il a de l'esprit infiniment*, ur spered-terrupl *ou* orrupl èn deus, spered bras èn deus. — *Infiniment plus*, cals muyoc'h, muy cals, hep comparésoun.

INFINITÉ, infinitez. — *L'infinité de Dieu est incompréhensible à l'esprit humain*, spered an dèn ne all qet compreni an infinitez a Zoüe, an infinitez a Zoüe ne all qet beza comprenet gad spered map dèn.—*Infinité, multitude innombrable*, un niver infinit *ou* divreinapl. *Van.* un eñfin. *v. le dernier article d'infini.*

INFIRME, *malade*, clañvus, clañvidicq, cleñvidicq, oc'h, à; nep èn deus nebeud a yec'hed, nep so suget da gleñved. *Van.* clañüs, oc'h, añ, aoñ.—*L'esprit est prompt, mais la chair est infirme*, ar spered a so prount, hegon ar c'hicq a so sempl.

INFIRMERIE, *t. de communauté*, an infirmiry, iffirmeury, *ppl.* ou; camprou ar re glañ.—*Il est à l'infirmerie*, èz ma èn infirmiry, olañ eo.—*Le dortoir des infirmeries*, dortouër an infirmery ou an iffirmeury, dortouër ur re glañ.

INFIRMIER, infirmer, iffirmeur, *ppl.* yen, nep èn deus soucy eus ar re glañ.

INFIRMIERE, infirmeurès, *pl.* ed.

INFIRMITÉ, nebeud a yec'hed, clêvedicq, *pl.* clèvejouïgou; iffirmité, *pl.* ou.—*Infirmité d'esprit, du sexe, de l'âge*, sempided, semplidiguez, fillidiguez iffirmité. *v. maléfice.*

INFLAMMATION, *âcreté qui survient aux parties du corps*, tañnigenn, tomder, groës. — *Inflammation du poumon*, *péripneumonie*, tañnigenn èr sqevenñ.

INFLEXIBLE, *qui ne peut être fléchi*, tenn, criz, caledt', didreuz, oc'h, à, añ. *v. inexorable.*

INFLEXION, *changement de ton, de voix*, ar soubl *ou* ar plecg eus ar vouëz, an ceïnchamand a don.

INFLICTION, condaunacion da ur boan a gorf, *ou* da ur boan-gorf.

INFLIGER, *condamner à une peine*, condauni da ur boan gorf *ou* a gorf.

INFLUENCE, *action des astres sur les corps sublunaires*, an nerz eus ar stered var qement tra a so dindanno *ou* a is dézo, ar verturz eus ar stered.—*Les bonnes influences*, an nerz eûrus *ou* ar vertuz douçz *ou* an nerz favorapl eus ar stered. — *Les mauvaises influences*, an droucq-nerz eus ar stered, ar vertuz criz *ou* diñvad eus ar stered.—*L'homme sage vaincra toutes les influences des astres, dit la sainte écriture*, an dèn fur a vezo treach da oll nerz ar stered, eme ar scritur sacr.

INFLUER, *agir par influence*, ispirout hep rat dèn, a vad pe e zroucq da un all, *pr.* ispirçt ; operi var un all, *pr.* operet. *Van.* opereiñ ar un arall.—*Les astres ne peuvent pas influer sur la volonté de l'homme*, ar stered a ell operi var ar c'horf eus an dèn, hoguen nan pas var e volontez *ou* var e ene.—*La bonne ou la mauvaise éducation des jeunes gens influe sur tout le reste de leur vie*, eus an desqadurez vad pe vall a recever èr

yaouancqiz ez dèpand ar rest eus a vuhez.

INFORMATION, *enquête*, eñclasc *pl.* ou.—*Faire information*, ober eñclasq, *pr.* græt; eñclasq, *pr.* et. — *Faire information de vie et de mœurs*, ober un eñclasq eus a vuez un dèn.

INFORME, *sans forme*, difurm, heñ furm e-bed.—*Matière informe*, materi difurm.

* INFORMER, *donner la forme*, furmi, *pr.* et ; rei furm da un dra, lacqaat furm èn un dra, enaouï, *pr.* et. — *L'âme est ce qui informe le corps*, an c'horf a so enaouët gand an ene, an furm eus ar c'horf eo an ene.

INFORMER, *faire des informations*, eñclasq, *pr.* et ; ober eñclasqou, *pr.* græt. *Van.* informciñ.—*Informer quelqu'un de quelque chose*, rei un dra da ouzout da ur re, *pr.* roët; disculya un dra-bennac da ur re, *pr.* disculyet. *r. dire*, *rapporter.*—*S'informer, s'enquérir*, eñclasq, *pr.* et ; goulenn, *pr.* et ; lacqaat boan da ouzout un dra, *pr.* lecqeat ; qemer qentell digand ur re evit gouzout un dra-bennac, *pr.* qemeret. *Van.* iñclasqeiñ, aterseiñ, *ppr.* et.—*Il est ici pour s'informer de ce qui se passe*, èz ma amañ evit disqi an doareou *ou* evit gouzout an doareou.

INFORTUNE, *malheur, disgrâce*, diseur, fortun, difortun, droulançz, droulaçz, droucq fortun, goall fortun.

INFORTUNÉ, ée, diséur, oc'h, à, añ, un dèn a voall-fortun.—*Un roi infortuné disait un jour*, ur roüe a voall-fortun a lavare un deiz a yoa penaus.

INFRACTEUR, torrer, *pl.* yen; torrer al lesennou, nep a dor al lèsennou, ar marc'hajou, an divisou.

INFRACTION, an torradur eus al lèsennou, an terriduez eus al lèsenneu, eus au divisou, etc.

· INFRUGTUEUX, *euse*, *qui ne produit point de fruit*, difrouëzus, difrouëz, oc'h, à, añ. *Van.* difroehus, difroeh, difreh, oh, añ, aoñ. B.-*Leon*, distruñjus, oh, à.—*Terre infructueuse*, doüar difrouëzus, doüar difrouëz, doüar ne doucg qet, doüar distrujus, *pl.* doüa-

μ.—*Infructueux, euse, qui n'est point utile*, dibrofit, didalvoudecq, oc'h, â, â.—*Infructueux, euse, sans mérite*, dilididus, dimilitus, oc'h, â.

INFRUCTUEUSEMENT, *sans fruit*, ep frouëz. *Sans profit*, hep profid. *ans mérite*, hep milid, èn ur fæçzoun ifrouëz *ou* dibrofit *ou* dilividus.

INFUS, *infuse*, lecqeat an enc gad koüe, èn ur fæçzoun dreistnatur.—*La cience infuse*, ar vouïzyéguez dreistnatur, ar sqyand roët gad Doüe.—*Adam ut la science infuse*, Adam èn devoa ur voüïzyéguez dreistnatur eus a bep tra ecqeat ènhâ gad Doüe.—*Salomon avait une sagesse infuse*, ar roüe Salomon èn evoa digand Doüe, ur furnez dreistnatur.

INFUSER, *faire tremper, etc.*, distrempa remejou spurjus èn ul liqorbennac, *pr.* distrempet; lacqât lousou la dêmpra ê dour, hed ur zerten amzer, *pr.* lecqëet. *Van.* distrampeiû leseü.

INFUSER, *parlant des dons que Dieu répand dans les âmes*, lacqât èn hon ene ou squïlha èn hon ene, hep hon study hac hep hon milid, an dounésonou celestyel.

INFUSION, *t. de pharmacie*, distremp, un distremp a lousou spurjus. —*Infusion, parlant des dons de Dieu*, ar squïlhadur eus an dounésonou celestyel èn hon eneou.—*Infusion de l'âme dans un corps organisé, animation*, enaouïdiguez.

INGENIEUR, iûgigner, igigner, *pl.* yen. *Van.* igignour, *pl.* yon.—*Ingénieur du roi*, igigner ar roüe.

INGENIEUX, *euse*, iûgignus, igignus, oc'h. â; leun a igin *ou* a spered.

INGENIEUSEMENT, èn ur fæçzoun igignus meurbed, gad igin, gand calz a spered.

INGENU, *ue*, *naïf, candide*, francq, disoubl, simpl, oc'h, â, añ; nep a brezecq ec'hiz ma sonch *ou* hep diguisamand. *Van.* francq.

INGENUITÉ, francqiz, francqiz a galoun, simplded a galoun. *Van.* francqiz.

INGENUMENT, èn ur fæçzoun simpl, gad francqiz, hep doublded a galoun, hep diguisamand.

INGERER (s'), *se mêler de quelque chose*, hem emellout eus a un dra, *pr.* hem emellet; hem vellout, *pr.* hem vellet

INGRAT, *ate*, ingrat, oc'h, â. *Van.* id. *v. méconnaissant.*—*C'est le plus ingrat de tous les hommes*, an ingratâ dèn a velzoc'h biscoaz eo, biscoaz nac ingratoc'h, na qen ingrat ne velzoc'h, an ingratâ evit unan.

INGRATITUDE, ingratery, *pl.* your. *Van.* id., *pl.* eu.

INGREDIENT, ar pez a antre èn un oagand, èn ur saus, etc.

INHABILE, nep ne deo qet capabl eus a un dra-bennâc.—*Un bâtard est inhabile à tester, à hériter, à recevoir des bénéfices sans dispense*, ur bastard ne all na testamanti, nac heritout, ha cahout beneficz e-bed, nemed dispançz èn deffé

INHABITABLE, leac'h pe èn hiny ne allér qet chom.

INHABITÉ, *e*, leac'h ne chom necun.

INHUMAIN, *ne*, dinatur, divad, digar, criz, oc'h, añ; nep ne deus qet natur dèn ènhañ.

INHUMAINEMENT, èn ur fæçzoun dinatur *ou* divar *ou* digar *ou* criz, gand crizder.

INHUMANITÉ, crizder, cruelded, barbaryaich, barbaraich.

INHUMER. *v. enterrer.*

INJECTION, *action d'injecter*, strincqadur, strincqelladur, *Van.* id., flistradur.—*Faire une injection*, flistra, strincqellat, strincqa, *ppr.* et.

INIMAGINABLE, ar pez ne alleur qet da soñgeall, dreist qement a alleur da soñgeall.

INIMITABLE, disimitapl, ne allér qet da imita *ou* da heulya.

INIMITIÉ, drouguiez, caçzôny. *v. haine.*—*Il y a une inimitié naturelle entre les chats et les souris*, bez'ez eus a drouguiez natur èntre ar c'hizyer hac al logod.

INJONCTION, gourc'hemenn, *pl.* ou. *Van.* id. *pl.* eü.

INIQUE. *v. injuste.*

INIQUITÉ. *v. injustice, méchanceté.*

INITIAL, *als*, a aparchand oud ar ç'houmançzamand eus gueryou a lecqear dre scrid.—*Une lettre initiale, qui commence le mot*, ul lizerenn tal, *pl.* lizerennou tal.

INITIÉ, *admis dans la cléricature*, cloarecq, *pl.* cloer. *Van.* cloerecq, *pl.* cloer.

INJURE, injur, *pl.* you; psalmeñ, *pl.* ou. B.-Léon, cunugenn, *pl.* ou. *Van.* injur, *pl.* yeü. *v. algarade.* — *Injures atroces*, injuryou bras, cunugennou estreinch, salmennou cruel.—*Dire des injures*, lavaret injuryou, *pr.* id.; cana cunugennou, cana salmennou, *pr.* et. *v. injurier.*—*Celui qui dit des injures*, injurier, *pl.* yen; salmenner, *pl.* yen.

INJURIER, injurya, *pr.* et. *Van.* injuryeiñ.

INJURIEUX, *euse*, injuryus, oc'h, añ. *Van.* id. *v. offensant.*

INJURIEUSEMENT, èn ur fæçzonn injuryus, gad injur.

INJUSTE, *inique*, disleal, oc'h, â, añ. *Van.* id. ar pez a so a enep justiçz ou a enep ar guir hac al lésennou, ar pez ne deo qet just.—*Un juge injuste*, ur barnér disléal, *pl.* barnéryen disleal ; ur barneur pehiny ne deo qet just, *pl.* barneuryen pere ne dint qet.—*Sentence injuste*, setançz disleal, setançz ne deo qet just, setançz a enep justiçz, *pl.* setançzou.—*Une guerre injuste*, ur bresell a enep guir ou a enep justiçz ha résoun, ur bresell ne deo qet just ou hervez justiçz.

INJUSTEMENT, èn ur fæçzoun disleal, ez disleal , gand dislealded, a enep justiçz, a enep guïr ha résoun.

INJUSTICE, dislealded, *pl.* ou. En *Leon, ils disent* injustiçz *et* injust, *mais ces mots ne furent jamais bretons; plus que ceux où in tient lieu de négation.—Il m'a fait plusieurs injustices*, meur a zislealded èn deus græt din ou èn deus græt èm andred.

INNOCEMMENT , *sans mauvais dessein*, hep souch a zroncq, hep songeal è droucq, hep rat, hep souch. — *Innocemment, sans crime*, hep offanci na Doüe, nac ar bed ; hep pec'hi è nep fæçzon, hep pec'hed e-bed, è divlam.

INNOCENCE , *pureté de l'âme*, iï noçzançz, innoçzanded, ar stad a j d tiçz, ar stad a c'hraçz ; puréntoz a en —*L'innocence baptismale nous remet da la première pureté de l'homme*, ar c'hra eus ar vadizyand hon gra dinam ha gla evel Adam pa voüe crouét gad Doü —*Innocence, intégrité de mœurs*, bube innoçzant, innoçzançz, innoçzanded -*Il vit dans une grande innocence de mœuri* ur vuhez innoçzant meurbed a gundü beva a ra èn un innoçzançz vras ou è un innoçzanded vras. — *On a reconn votre innocence*, aznavezet eo bet h hinnoçzanded ou hoo'hinnoçzançz.

INNOCENT , *te*, *exempt de péchés*, di namm, diantecq, direbech, divlamm didamal, glan, oc'h, â, añ ; pur h neat a bec'hed. *Van.* dibeb, divlam glan.—*Innocent, qui ne nuit pas*, dinoas, oh, â. *Van.* dinoês.—*Innocent*; *insensé*, innoçzant, disqyant, oc'h, â, añ. *Van.* id.—*Innocent; te, qui n'a pa atteint l'âge de raison*, innoçzant, *pl.* ed innoçzanticq, *pl.* innoçzantedigou.— *Les saints Innocents*, ar seent innoç zanted.—*La fête des Innocents*, goüel ar Innoçzanted, an Innoçzanted.— *Le innocents patissent pour les coupables*, an innoçzanted a baé evit ar griminaled ou evit ar re goünfapl.

INNOMBRABLE , dinivérapl, oc'h â ; ne allér qet da nivéra.

INNOVATION, qiz névez, *pl.* qizyou névez ; custum névez , *pl.* custumou névez.

INNOVER , *introduire des nouveautés* digaçz qizyou névez, *pr.* digaçzet; lac qât custumou névez da rén, *pr.* êet.

INOBSERVATION, terridiguez, di viridiguez.—*L'inobservation des comman dements de Dieu, de la règle*, terridigue ar gourc'hemennou eus a Zoüe, au terridiguez eus ar reiz.

INONDATION, *débordement d'eaux* dic'hlann, *pl.* ou; linvad, *pl.* ou; livad *pl.* ou ; livad dour, *pl.* livadou dour.

INONDER, dic'lhanna , *pr.* et; beu zi ur c'hlanton gad an dic'hlann ou gad ul livad dour, *pr.* beuzet.—*Inonder sans que les eaux s'écoulent*, chaga, *pr.* chra

juet ; sac'ha , pr. sac'het.—Mon pré est
sondé par les eaux qui y restent , cha-
quet eo ou sac'het eo an dour var va
phrad, beuzet co ou collet eo va phrad
gad an dour.

INOPINÉ , te. imprévu. v-y.

INOPINÉMENT. v. à l'improviste.

INOUI. e, ne deus qet bet clévet prezeq anexañ, dreistordinal, oc'h, añ.

IN-PACE, prison des moines, prisoun
evit bepred, in-pace. — On l'a mis in-
pace, prisounyet co evit bepred ou mad,
prisounyet eo evit ar rèst eus e vuhez,
lecqeat eo in-pace ou èn dishéaul ou dis-
c'hlao ou herbec'h, gounezet eo e vuhez
zandhâ, renoncet èn deus d'ar chargou.

INQUIET, ete, morc'hedus, direpos,
oc'h, à. Van. brouilhet. v. inconstant, chagrin. — Inquiet, inquiétant, qui inquiète,
encrèsus, trubuilhus, tourmantus,
oc'h, à, añ. Van. brouilhus.

INQUIÉTER, rendre, devenir inquiet,
morc'hedi, pr. et; encqrèsi, pr. et; trubuilha, tourmanti, ppr. et. Van. brouil-
leiñ. — Son procès l'inquiète, morc'he-
let ou encqrèset ou trubuilhet ou tourmantet eo gad e brocès, morc'hedi a ra
gad e brocès, e brocès a zeu d'e vor-
c'hedi ou dourmanti, etc.

INQUIÉTUDE, morc'hed, encqrès,
. chagrin.—Sans inquiétude, dibreder,
disourcy, divorc'hed, didourmant, di-
trubuilh, oc'h, à, añ.

INQUISITEUR, juge ecclésiastique, in-
quisitor, pl. ed; enclasqer an hereticqed,
t. enclasqéryen.

INQUISITION, tribunal ecclésiastique,
an inqisicion, an officz santel.

INSATIABLE, divoalc'h, divoalc'hus,
oc'h, à, añ, ppl. tud. etc. ; Par attrib.,
'on dit : erancglès, pl. tud. qui au propre
e se dit que d'une bête; tud divoëd, tud
ancqlès. — Cet homme est insatiable, di-
oalc'h ou divoalc'hus ou erancglès eo
un dèn-ze, ne alleur qet goalc'ha an dèn
e. — Cheval insatiable, marh divoëd ou
rancglès.—Voilà un animal insatiable,
ancqlès eo an aneval-ze ou al loëzu-ze,
ivoëd ou erancglès eo al loëzu-ze.

INSÇU ( à ), clandestinement , e euz,
ep gouzout da zèn, hep rat da necun.

A l'insçu du père, hep rat ou gouzout
ou aznaoudéguez an tad, è cuz ouc'h an
tad. — A mon insçu, hep rat din, hep va
aznaoudéguez, hep gouzout din, è cuz
ouzon ou ouzin. — A leur insçu, hep rat
dézo, hep e aznaoudéguez, hep gouzout
dézo, hep zo da ouzout; rat vient de grat,
gré, et ratoz, ratouëz, a-ratoz, a-ratouëz,
d dessein, exprès, viennent de rat.

INSCRIPTION, tintr, pl. ou; scritur,
pl. you; titr, pl. ou.

INSCRIRE (s'), scriva e hano var ar
gistr, pr. et.—S'inscrire en faus, èn hem
zisclærya èr c'hreff a enep un acta faus,
pr. zisclæryet.

INSECTE, amprevan, pl. ed; prèvedeñ, pl. ed. Van. prañvicq, pl. pranve-
digueü. — Insecte terrestre, amprevan
doüar, prèvedeñ zoüar. — Insecte aquatique, amprevan dour. — Insecte marin,
amprevan vor. —volant, amprevan ou
prèvedeñ asqellecq.—Petit insecte, am-
prevanicg, pl. amprevanedigou; prève-
dennicg, pl. prèvedennedigou.—Insecte
vénimeux, amprevan binimus; prèvedoñ
binimus, pl. ed. Van. amprehou, pl. ed;
amprehan, pl. ed.

INSENSÉ, e, disqyant, disqyantet,
oc'h, à, añ; nep èn deus collet e sqyandou
sqyand vad. Van. disqyent. disqyentet,
oh, añ, v. innocent. fou, délire.

INSENSIBLE, disantidiguez. — In-
sensibilité de cœur, caleder ou disantidiguez a galoun.

INSENSIBLE, non sensible, disantus,
disant, oc'h, añ; nep ne sant qet, nep
n'en deus qet a santidiguez. — Insensible, parlant de l'esprit et du cœur, caled
a galoun, caled, caledet. v. endurcir.—
Insensible d son salut, disourcy eus e silvidiguez, pl. disourcy eus o silvidiguez.
— Insensible, imperceptible, diverz, oc'h,
añ. v. imperceptible et apercevoir.

INSENSIBLEMENT, peu d peu, hep
gouzout, hep ma songér. a neubeud-
é-neubeud, a nebeudigou. Van. hemp
goud, a nebedigueü.

INSÉPARABLE. dis²eparapl, oc'h, à.
— La montagne et la vallée sont inséparables, ar menez hac an draouyeñ a so di-
separapl, ne alleur qet distaga un dra-

suyenn dioud ar menez an eil ne all qet beza hep eguile *ou* hep qet eguile. — *Ces deux femmes sont inséparables*, dise-parapl eo an niou c'hreeg-hont, ne all qet an diou c'hréeg-hont beva an eil liep hebbn *ou* beza an eil hep heben.

INSÉPARABLEMENT, èn ur fæçzon dis parapl, hep allout beza dispartyet *ou* distaguet an eil dioud eguile.

INSERER, lacqât gad soutilded un dra-bennac ebarz èn un all, *pr.* lecqëet. — *Insérer ane faussété dans une histoire*, lac-tjât ur falséntez èn un histor guiryon.

INSIGNE, notapl, oc'h, añ. *Van.* id.

INSINUANT, *e*, lubau; *pl.* ed; guëzn.

INSINUER, ober antren goustadicq ha gad spered, ober èntent un dra da tir re gad soutilded. — *Insinuez lui cela doucement*, grit dezâ èntent pemphze liep ober seblant a netra. — *S'insinuer dans les maisons, dans les bonnes grâces des personnes*, cahout antre èn tyès ha graçzou mad an dud, o kobani hac o lava-ret comperou caër dézo. *v. douceur.* — *Insinuer, t. de palais*, angistra un acta èr c'hreff eus an insinuacionou.

INSIPIDE, *sans goût*, disaour, disa-onree, oc'h, â, añ. *v. fadet* — *Insipide, mal assaisonné*, disaçzun, divlas, oc'h, â, añ. *Van.* id.

INSIPIDITÉ, droucqsaour, disaour-ded, divlasder.

INSISTER, qeuderc'hell stardt, *pr.* qendalc'het; goulenn gand ardor, *pr.* goulennet; goulenn hep ceçz.

INSOCIABLE, dihentapl, ne deo qet da rempredapl *ou* hentapl, nep ne allér cahout hentadurez e-bed gandhâ.

INSOLEMMENT, èn ur fæçzoun di-solut *ou* disolit, gand disolançz.

INSOLENCE, disolançz, *pl.* ou; di-solitamand, *pl.* disolitamanchou. *Van.* divergondach.

INSOLENT, *e*, disolut, disolit, oc'h, añ. *Van.* divergond. *Al.* gug. — *Devenir insolent*, disolodi, *pr.* et; donnet da veza disolut *ou* disolit, *pr.* deuët. — *Rendre insolent*, renta disolut *ou* disolit, *pr.* et.

INSOLVABLE, dic'hallout da baëa. — *L'un est plus insolvable que l'autre*, dic'hal loutoc'h coan eil da baëa egued eguile.

INSOLUBLE, ne allér qet da resol *ou* da disolf. — *Lequel a été le premier de l'enclume ou du marteau? c'est une question insoluble*, pe an anneu pe an morzol a so bet ar c'hentâ great, a so ur guistion ne allér qet da resolf.

INSOMNIE, *privation de sommeil*, an digousq, droucq an digousq. — *Avoir une insomnie presque continuelle*, cahout an digousq. — *L'insomnie me tue*, mer-vel a rañ gad an digousq, lazet oun gand droucq an digousq.

INSOUTENABLE, disouten, disou-tenus, ne deo qet soutenus *ou* difennapl, ar pez ne allér qet da souten *ou* difenn.

INSPECTEUR, eveezyand, *pl.* ed; nep èn deus da vellet var un ouvraich.

INSPECTION, guëllidiguez var ur re *ou* var un ouvraich-bennac, evez var ur re pe var ul labour-bennac.

INSPIRATION, ispiracion, *pl.* ou; es-piracion, *pl.* ou. *Van.* id., *ppl.* eü. — *Inspiration du S. Esprit*, ispiracion *ou* espi-racion ar Spered Santel. — *Inspiration, respiration*, ruflérez, rufladur, an tenn-eus an alan. *v. expiration.*

INSPIRER, ispira, ispirout, *ppr.* et; espira, espirout, *ppr.* et. — *Prions Dieu, disait Paul V, qu'il inspire le cardinal Du Perron, car il nous persuadera tout ce qu'il coudra*, pedomp Doüe, e ma voa guei-chall ar pap Paul pempved èn hano, ina pliché gandhâ ispira e volontez da gardinal ar Perron, rac beza ez roy de-omp ar pez a garo da gridi. — *Inspirer, exciter à faire une chose*, espirout da obet un dra, douguen ur re da ober un dra-bennac, *pr.* douguet.

INSTABILITÉ, *défaut de stabilité*, dis-tabylded, stad ne deo qet stabyl. *v. in-constancé.*

INSTALLATION, lacqedignez è carg.

INSTALLER, lacqât ur re è posecziou eus a ur garg pe eus a ur benevicz bennac, *pr.* lecqëet.

INSTAMMENT, gand stryff, gand ar-dor, gand aecqed, gand près. — *Demander instamment*, goulenn gand ardor *ou* aec-qéd, goulenn aecqedus, *pr.* goulennet.

INSTANCE, poursu ardant, *pl.* pour-suou; goulenn ardant, *pl.* ou; pedent

51

acqedus, pedenn ardant, *pl.* pedeanou;
acqed, *pl.* ou; acqed bras; stryff, *pl.* strivou. — *A mon instance*, d'am gouleun ardant, d'am poursu *ou* pedeû *ou* acqed.
— *Le roi a accordé cette grâce à l'instance de sa mère, ou à l'instante prière de la reine mère*, ar roûe èn deveus autrêet ar faver zo d'ar reqed acqedus he deus great e vam dezà *ou* d'ar bedoû ardant he deus great dezà o vam ar roûanès.

INSTANT, *moment*, istand, *pl.* istanchou. *Van.* istaut, *pl.* eû. — *En un instant*, èn un istant. *Van.* èn ur rid *ou* reed, cu un istant. — *A l'instant que*, èn island ma, qentre-ma, qerqent-ma, qeniz-ma

INSTIGATEUR, *qui incite*, allyer, *pl.* yen; attiser, cusulyer, *ppl.* yen. — *Instigateur, dénonciateur*, disculyer, accuser, *ppl.* yen.

INSTIGATION, *suggestion*, ally sogred, cusul, attiz è cuz. — *Ils ont fait ce procès à l'instigation de leur voisin*, dre ally *ou* gusul *ou* attiz o ameacq o deus great ar procès-ze da hen-a-hen.

INSTIGUER, poulsa è cuz ur re da ober un drouc-bennac, *pr.* et; attiza droucq è cuz, *pr.* et; allya è segred ur re da ober un droueq-bennac, *pr.* et; cusulya è cuz un droucq-bennac, *pr.* cusulyet.

INSTINCT, istincq, aznaoudéguez natural o deveus al loëzned eveus ar pez a so mad pe noasus dezo.

INSTITUER, *ordonner*, gourc'hemen, *pr.* et. — *L'église a institué la célébration des fêtes*, an ilis he deus gourc'hemennet solenni ar goëlyou. — *Instituer quelqu'un son héritier*, ober ur re è heritour. — *Instituer, établir*, sevel, *pr.* savet; founta, *pr.* et. *r.* *fonder*. — *S. François d'Assise a institué l'ordre des Frères-Mineurs, en 1206*, S. Francès eus arguear a Açzi èn deus bet savet urz ar vreuzdeur galvet minored, ur bloaz c'hnec'h ha daouzecq cant.

INSTITUTEUR, *fondator*, *pl.* ed. — *S. Bruno est l'instituteur des Chartreux*, sant Brunean a so fondator eus a urz ar chartoused.

INSTITUTION, *établissement*, fondacion, *pl.* ou. — *Institution, éducation*, qelennadurez, desqadurez.

INSTRUCTIF, *ive, qui instruit*, qelen-

nus, scolyus, qentellyus; oc'h, à, añ. — *Discours instructifs*, divisou qelennus, etc. — *Les lettres instructives*, al lizerou qelennus *ou* leun a guelennadurez.

INSTRUCTION, *enseignement*, precepte, desqadurez, qelennadurez, *ppl.* ou; scol, *pl.* you; qentell, *pl.* you; istru, *pl.* ou. *Van.* qelenn, *pl.* eû; qentéll, *pl.* yeû; scol, *pl.* yeû. — *Qui suit les bonnes instructions*, dizolid, discol, diguelennus, oc'h, à, añ, *ppl.* tud diçzolid, discol, etc.

INSTRUIRE, qelenn, *pr.* et; disqi, *pr.* desqet. *Van.* qelenneiñ, scolyeiñ. *v.* *enseigner, élever*. — *S'instruire*, disqi, *pr.* et; qemeret qentell *ou* squezr, *pr.* id.

INSTRUMENT, benvecq, *pl.* benviou, binyou. *v.* *outil, tranchant*. — *Jouer des instruments*, binyaoui, *pr.* et. — *Joueur d'instruments*, binyaouër, *pl.* yen. *Les Bretons n'ayant guère d'instruments aussi communs que la vèze, leur ont attribué ces mots de binyou, binyaoui, binyaouër, quoique ce soient des termes génériques.* *r.* *hautbois*. — *Femme qui joue des instruments*, binyaouèrès, *pl.* ed. *Ces mots, quoique bretons, sont hors d'usage.* — *Son orgueil a été l'instrument de sa perte*, e ourgouil a so bet ar penncaus eus e gollidiguez, collet eo bet gad an ourgouilh. — *Les pêcheurs sont les instruments dont la providence se sert pour exercer les justes*, dit S. Aug., an autrou Doûe, emes S. Augustin, èn hemservich èr bed-mà eveus a rre fall evel eus a gueñ-alyes a venvecq evit eçzerci ar re vad ha puraat o vertuz.

INSTRUMENTER, *faire des actes publics*, eçzerci, *pr.* et; eçzerci e garg. — *On a défendu à ce sergent d'instrumenter désormais dans la juridiction*, difennet eo oud ar serjant-hont da eçzerci muy e garg ebarz èn dalc'h, èntredyet eo evit mad ar serjant-hont, difennet eus outañ an eçzercis eus e etal.

INSUFFISAMMENT, èn ur fæçzoun disoufisant, gand disoufisançz.

INSUFFISANCE, disoufisançz *V'an.* id

INSUFFISANT, *e*, disoufisant, oc'h, añ; ne deo qet suffisant *ou* bastant.

INSULAIRE, enesyad, *pl.* enesidi; enesad, *pl.* enesis; enesour, *pl.* yen. — *Les insulaires sont grossiers et impolis*, an enecsidy a so lourdt ha dîc'hraçz.

INSULTE, *injure*, insult, *pl.* ou; outraîch dre gomps *ou* ober, *pl.* ou.

INSULTER, insulti, *pr.* et; outrachi dre gomps *ou* ober, *pr.* et.

INSUPPORTABLE, disuportabl, diouzávus, oc'h, à; ne aller qet da suporti. —*Un homme, une douleur insupportable*, un dèn disuportapl, ur boan disouffrapl.

· INSUPPORTABLEMENT, èn ur fæçzoun disuportapl *ou* disouffrapl, etc.

INSURMONTABLE, didræc'hapl, ne allér qet da dræc'hi *ou* qet treac'hi dezâ.

INTARISSABLE. *v. inépuisable.*

INTEGRE, leal, nep ne alleur qet da o'hounit na gad arc'hand na gad faver, direbech è pep fæçzon, vertuzus meurbed, leal a bep hend. — *Un juge intègre*, ur barner leal *ou* pe da hiny ne deo treac'h nac an arc'hand nac ar faver. — *Il mène une vie intègre*, cundui a ra ur vuhez direbech è pep fæçzoun *ou* vertuzus meurbed, beva a ra gand cals a lealded.

INTEGRITÉ, *perfection*, anterinauçz. —*L'intégrité de la confession*, an anterinauçz eus ar gofeçzon.—*Intégrité, probité*, lealded, purentez a vuhez, buhez vertuzus.

· INTELLIGENCE, *être spirituel*, sustauçz spiritual *ou* spirituel. —*Les intelligences*, ar sustançzou spirituel. —*Intelligence, intellection*, eûteñtidiguez, aznaoudéguez, spered. *Van* anaûdigueh, antant. —*Il a l'intelligence fine*, un eûteñtidiguezsoutil èn deus, eûteñtelmad eo, ur spered fin a so gandhâ. — *L'intelligence des langues*, an aznaoudéguez eus al langaichou *ou* eus a bep langaich, an añteñtidiguez eus a veur a langaich —*Intelligence. union*, nuvanyez, peoc'h.—*Ils sont en tres-bonne intelligence*, èn unvanyez ez vevont, beva a reont è peoc'h, accord bras int, unvan int, urvan int, òn hem e'houzout a reont, hem glevet a reont mauvicq, mauvicq àn hem o'hreont.—*Rompre la bonne intelligence*, disunvani, *p*. et; terri an unvanyez *ou* ar peoc'h eñtre tud, *pr.* torret.—*Remettre en bonne intelligence*, unvani, *pr.* et; lacqât ar peoc'h eñtre, etc.,

*pr.* lecqêet.—*Mauvaise intelligence*, droucq-eñteud, disunvanyez, droucqraëçz —*Mettre des personnes en mauvaise intelligence*, disunvani ur re-bennac. *pr.* et; terri ar peoc'h eñtre ur re-bennac.*pr.* torret; lacqât droucqeñtend *ou* droucqrançz *ou* disunvanyez eñtre tud, *p*. lecqeat ; lacqaat droucq eñtre tud. — *Vivre en mauvaise intelligence*, beva è disunvanyez *ou* droucqrançz *ou* droucqeñtend ; beva disunvan *ou* disaccord, *pr.* bevet. — *Intelligence, correspondance avec le parti contraire*, eûteñtidiguez gad an adversouryen, etc. — *Intelligence, collusion*, 'mnée secrète, complod segred, *pl.* ou, complojou.—*Il a intelligence avec les ennemis*, eñteñtidiguez *ou* complod segred a so eñtre an adversouryen hac eñ, adversouryen ar sladou hac è a so a-unan *ou* èn hem eûtent *ou* gléo.

INTELLIGENT, *e*, *pénétrant*, *qui a du bon sens*, eûtentel-mad, sqyantel-mad, nep èn deus eûteñtidiguez *ou* sqyaudvad, leun a sqyaud-vad.

INTELLIGIBLE, *aisé à comprendre*, eûteñtus, conceñus, eñteñtapl, comprenus, conceyapl, comprenapl, oc'h, à, añ. — *Intelligible, sans obscurité*, sclær, aznad, patant, oc'h, añ, eaz da eûtent, æz da eñtent. *Al.* gnou.

INTELLIGIBLEMENT, èn ur fæçzoun eñteñtus *ou* sclear *ou* æz da eñtent, gad aznadurez *ou* patanted *ou* sclærded.

INTEMPERANCE, didemperançz, divoder.—*Avec intempérance*, èn ur fæçzoun didémperant *ou* divoder, gad didémperançz *ou* divoder. — *L'intempérance du vin et des femmes ruine la santé*, en didémperançz è feadt a vin hac o c'hraguez a zeu da goll yec'hed an dèn, gad a rear ar yec'hed gad an usançz divoder eus a vin hac eus a c'hrecg.

INTEMPERANT, *e*, didémperant, divoder, oc'h, à, añ.

INTEMPERIE, *déréglement dans l'air*, *dans les humeurs*, direizamand.

INTENDANCE, *conduite d'une maison*, cundu, gouarnamand, goarnediguez, mastrouy var un tyeguez. — *Intendance, administration*, intandàuçz, carg a iutandant, mastrouy var, etc.

INTENDANT *d'un grand seigneur*, e-ufyand, *pl.* ed;'gouarner, *pl.* yen. *v. écoûme.* — *Intendant de province*, intandant brovinçz, *pl.* ed. —*Intendant de marine*, ntandant a vor, *pl.* ed.

INTENDANTE, *femme d'intendant*, ntandantès, grecg an intandant.

INTENTER, *faire un procès*, inténti ur procès, *pr.* et; rei accion da ur re, *pr.* roët. — *Intenter une guerre*, coumançz bresell, *pr.* coumançzet.

INTENTION, *volonté*, o'hoandt, volontez, bolonte. *Van.* hoandt, bolante. — *C'est mon intention*, va c'hoant eo, va volontez eo qemeûze. *v. dessein.*—*Intention, dessein*, inténcion, *pl.* ou;eûténcion. *Diriger son intention pour la plus grande gloire de Dieu*, drecz i e inténcion evit ar vraçzà gloar eus a Zoûe, *pr.* et. — *A bonne intention*, èn inténcion *ou* eûtèncion vad. — *A mauvaise intention*, è droucq *ou* goall inténcion, è goall eûténcion.

INTENTIONNÉ, e, inténciounet. *Il y en a qui sont bien intentionnés pour vous et d'autres qui sont mal intentionnés*, beza ez ens hinyeunou hac a so inténcioûet mad evidoc'h hac hinyeunou all pere a so goall oudroucq-inténcioûet evidoc'h, bez'ez eus hac o deus inténcion vad evidoc'h ha-re all pere n'o deus qet, lod a so donguet evidoc'h ha lod all ne dint qet.

INTERCEDER, pidi evit ur re, *pr.* pedet; erbedi ur re, *pr.* et; mennal evit ur re, *pr.* et.— *Les Saints entendent nos prières et intercèdent pour nous auprès de Dieu, quoi qu'en disent les hérétiques*, certen eo hervez ar guïr deology hac hervez ar c'houcil a Dranta, petra-bennac a lavar an hugunoded, penaus ar Sænt a gléo hon pedennou hac a bed Doûe evidomp.

INTERCEPTER, surpren lizerou, pacqou, etc., *pr.* et; supren, *pr.* et.

INTERCEPTION, suprenidiguez, suprenadurez.

INTERCESSEUR, erbeder, *pl.* yen; peder, mennour, mennour. *ppl.* yen.

INTERCESSION, erbedenn, *pl.* ou; mennad, *pl.* ou.

INTERDICTION, *suspension des officiers* difeun great da un officzer eus a un dlc'h-bennac da eçzerci e garg, *pl.* di-fennou; eûtredi, *pl.* ou. — *Interdiction du commerce*, an difenn eus an traficq.

INTERDIRE, *défendre quelque chose à quelqu'un*, difenn un dra-bennao oud ur re, *pr.* et. — *Interdire un officier de justice*, difenn oud ur re da eçzerci e garg, eûtredya ur re, *pr.* et.—*Interdire un ecclésiastique, un chapitre, etc.*, eûtredya, *pr.* et.—*On l'a interdit de toutes fonctions*, eûtredyet eo bet èn oll d'an oll *ou* hed-a-hed, difennet eo bet ounta an eçzercis a bep oviçz.

INTERDIT, *déconcerté*, abaffet, souèzet, saouzanet.—*Marchandise interdite*, marc'hadou rez difennet *ou* condaunet.—*Interdit de l'usage de ses membres*, scyzet, seyet. — *Interdit, censure ecclésiastique*, eûtredid, *pl.* ou; eûtredy, *pl.* ou.—*Subir l'interdit général*, souffr an eûtredid general, *pr.* et.

INTERESSER, *engager par intérêt*, lacqât ur re èn un affer-bennac evit e brofid e-unan, douguên ur re da ober un dra, gad donésonou *ou* evit e brofid. —*Vous intéressez trop de personnes dans votre démêlé*, re a dud a licqit èn ho tebad.—*On a intéressé ce juge, par plusieurs présents, à rendre une sentence favorable*, douguet eo bet ar barneur-hont gad meur a zounéson da rei ur selançz favorapl.—*S'intéresser, prendre part, etc.*, èn hem emellout èn un affer-bennac, èn hem emellout evit ur re-bennac, *pr.* èn hem emellet.—*S'intéresser dans une ferme avec d'autres*, qemeret lod èn ur ferm, *pr.* id; beza cousort gad re all èn ur ferm-bennac, *pr.* het. *v. associer.* —*Intéresser, porter quelque avantage ou préjudice à quelqu'un*, digaçz profid *pe* doumaich da ur re, *pr.* digaçzet; ober profid *pe* gaou ur re-bennac, *pr.* græt. —*Cette affaire n'intéresse personne*, an dra-ze ne zigaçz na profid na doumaich da necun, an affer ze ne ra na profid na gaou oud dèn e-bed, qemeñ-ze ne ra na vad, na droucq da zèn.

INTERESSÉ, *ie. Je suis intéressé dans cette affaire*, me am eus da vellet eû qemeñ-ze, me a so comprenet èn affer-ze, an affer-ze a sell ac'hanoun *ou* ac'hanoun-me.—*Intéressé, attaché d* ses intérêts, taust, pàa, taust d'e brofld, ppl. tud taust, tud: taust d'o phrofld, tud piz. v. avare. — Les intéressés dans les fermes, nep o deus ul kol èr fermou, ar gonsorted ebarz èr fermou.

INTÉRÊT, utilité, avantage, profld, avantaich, talvoudéguez, eaaamand. —Chercher ses intérêts, clasq e brofid, clasq e æzamand ou o avantaich, pr. clasqet.—L'intérêt est le principal motif qui fait agir tous les hommes, e'hoandt da c'hounit hac aoun da goñ, c'hoandt da veva èn æs hac aoun da veza dinz, a ra pourvuyà d'an oll ober pep tra.— J'ai intérêt qu'il vienne, va phrofld eo e teué ou e touffé. — C'est son intérêt, e brofld eo, o affer eo, dezà eo da vellet.—Il est dans l'intérêt de son oncle, ez ma èn tu d'e contr, bezà ez ma evit e contr, douguet eo evit o contr ou evit profld e contr, ez ma èn tu gad e contr.—Intérêt, profit de l'argent prêté, interest, pl. ou. Van. id., pl. eū.—Emprunter de l'argent d'intérêt, emprosta arc'hand var gampy ou divar interest, pr. emprestet; qemeret arc'hand è prest var ou divar interest. pr. id. Van. quémér argand ar interest.—Prêter de l'argent à intérêt, rei arc'hand var interest, pr. roët; prêsta arc'hand var interest, pr. et; prêsta arc'hand var gampy.—Ce qu'on appelle intérêt est souvent une véritable usure, ar pez a c'halvèr interest, a so alyes ur guir usurérez. v. prêter.

INTÉRIEUR, e, qui ne paraît point au-dehors, an diabarz, ar pez a so a ziabarz. —L'intérieur du corps, de la terre, an diabarz eus ar c'horf, an diabarz eus an doūar ou caloun an doūar. — Les sens intérieurs et les sens extérieurs, ar sqyanchou a-ziabarz hac ar sqyanchou a-ziavæz.—Intérieur, parlant de la conscience, etc., an diabarz eus ar galoun, ar goustyançz, ar galon; an ene. an interior eus an ene. —Consultez votre intérieur, soundit ho caloun ou ho coustyançz, goulcñit eusul'digad ho caloun, antreit en diabarz eus ho caloun, antreit en oc'h interior, diblusqit un neubeud ho coustyançz, serlaouit mouëxhe coustyançz, intorrogit ho coustyançz.

ha serlaouit petra a lavaro deoc'h... La paix intérieure, ar peoc'h eus an ... ar peoc'h eus ar goustiançz, ar peoc'h interior, ar goustyançz vad.—Un homme intérieur, un dèn interior, pl. tud; un dèn a oréson ou dastumet èn e-unan ou dev... meurbed ou distaguet dioud traou ar bed, pl. tud.

INTÉRIEUREMENT, d'une manière secrète et intérieure; è cuz, è segred, a ziabarz deomp, è gouëled hon c'haloun, èn hor o'houstyançz. — La loi de la nature nous parle intérieurement, al lesen na nous parte intérieurement, al lesen na eus an natur a lavar deomp è segred ou è gouëled hor c'halonn ou èn hor o'halounou èn hon o'boustyançz penaus...

INTÉRIM, par intérim, etretant.— J'étudierai intérim, etretant ma e studyo. —Gouverneur par interim, gouarner etretant, gouarner etretant ma lacqaer un all.

INTERJECTION d'appel, galv, apell. INTERJETER un appel, teurel apell, pr. taulet; guervel eus a ur setançz, pr. galvet.

INTERLIGNE, eûtrelignenn, etrelineun, ppl. ou. Van. etre dèu lineun. —Interligne approuvé, eûtrelineun aprouët, an eûtrelignenn amprouët.

INTERLOCUTOIRE, ur setançz ne deo qet difinus.

INTERLOQUER, rei ur setançz pe un arret pehiny ne deo qet difinus.

INTERMINABLE, hep fin ou termen.

INTERMISSION, cessation, spanaēnn. v. relâche.—Sans intermission, hep spanaēnn ou astal.

INTERMITTENT, ante, ar pez èn deus spanaënn, disegal, amser-è-amser.—Fièvre intermittente, terzyenn a to spanaënn, terzyenn a amser-è-amser ou a spaçz-è-spaçz, terzyen disegal.—Pouls intermittent, goazyeñ meud disegal, pa ua sqo goazenn ar meud ou goazyenn ar meud nemed a royadou ou a dauladou.

INTERNE, ar pez a so ziabarz ha ne veller qet a ziavæs.—Le mal est interne, an droucq a so a-ziabarz, ne bare qet an droucq a-ziavæs, ne vellenr qet au droucq. —Elle a une fièvre inter-

ɥ, un derzyoñ lent *ou* yen a so gadhy.
— *Les opérations internes du Saint-Esprit*,
·n éffed cus a c'hraçzou Doûe èn hon
'halou, oberyou ar Spered-Santel var
ɥ on c'halon ou à goëled hou ene.

INTERPELLATION, soumacion, *pl.* ou
INTERPELLER, ober sonmacion da
ɪr re, *pr.* græt. — On l'a interpellé de payer,
græt ens soumacion dezañ da baëa.

INTERPOSER, beza eûtre, *pr.* bet;
ɪacqât eûtre, èn hem lacqât eûtre, eto.,
ɪr. lacqëet. *Van.* him lacqeiñ etre, etc.
ɪ. *s'entremettre.* — Une nuée épaisse s'est
interposée entre nous et le soleil, ur gouñabreuu
deo a so *ou* a so èu hem lecqëet
eñtre an héaul ha ny. — Cet homme a
mis tout son bien sous des noms interposes
pour frustrer ses créanciers, beza en deus
lecqëet e oll vadou dindan han vou ampreuet
evit lesel e greau céryen hop o
phaëa. — Il s'est interposé pour les raccommoder,
èn hem lecqëat èn ileus eñtrezo
evit o accordi. — Il a fallu que le roi ait
interposé son autorité pour régler ce différend,
redd eo bet d'ar roûe hem servichout
eus e autorite evit reoli an debat-ze.

INTERPRETATION, disclæracion,
esplicacion, *ppl.* ou. *Van.* id., *ppl.* eû.

INTERPRETE, disclæryer, *pl.* yen;
nep a zisclæri *ou* a esplicq ar scrijou na
eñtenteur qet. *r. derin.* — *Interprète, truchement*,
jubenn, *pl.* ed; latiner, *pl.* yen.

INTERPRETER, *expliquer*, disclærya,
*pr.* et; espliqa, *pr.* et. — *J.-C. fut trouvé
à 12 ans dans le temple, qui interprétait les
écritures*, hon Salver èn oad a zaouzecq
vloaz a yoa cavet èn templ o disclærya
*ou* esplicqa ar scrituryou saer d'ar bobl.
— *Joseph interpréta le songe de Pharaon et
Daniel celui de Nabuchodonosor*, Josep a
zisclæryos e sonch d'ar roûe Pharaon ha
Danyel a esplicqas e hiny d'ar roûe Nabucodonosor.
— *Interpréter, expliquer*,
jubenni, *pr.* et. *Ce mot signifie aussi : entremetteur
de mariage, ou truchement d'un
amant d'i'autre; de même que* jubeñ *signifie,
entremetteur; mais dans le propre,* jubenn *et* jubenni, *signifient interprète et
interpréter une langue d'un autre qui ne la
sait pas;* latinat, *pr.* et. *Ce mot est ancien.*
— *Interpréter en mauvaise part*, droucq-

songeal, *pr.* songet; droucq-qemeret *ou*
goalignemerot ar pez a glëver pe a vellér
INTERREGNE, etretant-roûe, an amser
ma vez ur roûantelez hop roûe goude
maro e guile, eñtre-rèn. — *Dans l'interrègne*,
è pad an eñtre-rèn.

INTERROGAT, *question faite en justice*,
goulenn, *pl.* ou; eûterooch, *pl.* ou;
eñtoroch, *pl.* ou.

INTERROGATEUR, eñtéroger, eñtoroger,
*ppl.* yen. — *Vous êtes un grand interrogateur*,
un eñtérroger bras a so a
c'hanoc'h.

INTERROGATION, *question*, eñtérogacion,
*pl.* ou; eñtorogacion, *pl.* ou.
*Van.* id. *pl.* eû. — *Une courte interrogation*,
un intérogacionicq verr.

INTERROGATOIRE, *acte judiciaire
d'un juge*, eûterogator, *pl.* you.

INTERROGER, eñtérogi, eñtérogea,
*ppr.* eñtéroget; eñtorogi, *pr.* et. *Van.*
interogeiñ, eaterogeiñ. *v. demander.*

INTERROMPRE *quelqu'un*, moûnet
var gomps un all, *pr.* ët, eat; trouc'ha
e gomps da ur re-bennac. *pr.* trouc'het.
— *Interrompre quelqu'un qui fait quelque
chose*, ampeich ur re, *pr.* ampeichet. —
*Interrompre un ouvrage*, dilesel un dra evit
un amzer, *pr.* dileset; discuntinui,
*pr.* discuntinuet.

INTERRUPTION, discuntinuacion,
chan, paouëz, ampoichamand.

INTERSTICE, eñterval *ou* amzer
mereqot èr gnir *ou* gand ar guir. — *Garder
les interstices*, mirot ou amzer mercqet qad ar guir.

INTERVALLE, *distance*, *espace entre
deux choses*, eñterval, *pl.* ou, hed, *spaçz.
v. distance.* — *Par intervalles*, a bennadou,
a royadou, a rabinadou, a amzerè-amzer.
*Van.* a gouradëu, a gouméu,
a huóbëu, guëbavë. — *Ce fou a de bons
intervalles*, eñtervalou mad èn deus, aroyadou
*ou* a amzer-è-amzer é vez parfedd
avoalc'h, a vizyou ne vez qet qér
foll.

INTERVENIR, *se rendre partie incidente
dans un procès*, doñnet è tredocq
var ur procès, *pr.* deuët. — *Intervenir,
s'entremettre, s'interposer. v.-y.* — *Intervenir, survenir*, doñnet var, *pr.* deuët;

56 **INT**

digouëzout var , *pr.* digouëzet var.

INTERVENU,*ue.--Arrêt est intervenu,*
un arret a sobet roët. — *La mort est in-*
*tervenue d la nouvelle mariée entre-temps,*
ar maro-a so deuët etretant d'ar plac'h-
névez, etretant ez eo digouëzet bet ar
maro gad ar plac'h-nevez.

INTESTAT, *e,* nep a verv hep testamanti, nep a varv hep ober testamand
e-bed. — *Heritier ab intestat ,* nep ne
deo qet heritour dre destamand mæs
dre ur guïr all bennac.

INTESTIN, *e, interne,* ar pez a so cuset *ou* a ziarbarz. *v. intérieur, interne.*

INTESTINS, *boyaux,* ar bouzellou.
*Trég.* ar boëllo. *H.-C.* boëllaou. *Van.*
er boëlleû.—*Les intestins ont en longueur*
*.sept fois la hauteur d'un homme, ou selon Hip-*
*pocrate treize coudées,* ar bouzellou o deus
seiz guëaich hed an dèn pe hervez ar
midicin Hipocratès tryzecq ilinad.

INTIMATION, *action d'intimer,* intimacion, *pl.* ou. *Van.* id., *pl.* eû.—*Inti-*
*mation, exploit d'appél ,* espled, *pl.* ou.
*Van.* id., *pl.* espleteû.

INTIME, *ami particulier,* mignoun ar
galoun, mignoun bras *ou* qer, *pl.* èd.
*Van.* id.—*C'est mon intime,* va mignoun
bras co.— *Intime, secret, particulier,* bras,
stardt, oc'h, añ. *Van.* id. — *L'union in-*
*time de l'âme dévote avec Dieu,* an union
stardt eus an ene devot gand Doûe.—
*S. François nous a explique les opérations*
*les plus intimes de la vie contemplative, sant*
François èn deveus disoloët deomp ar se-
grejou ar re vraçzaeusar gontemplacion.

INTIMEMENT , èn ur fæçzoun gré
*ou* stardt, stardt, crê.

INTIMER, intima, *pr.* et. *Van.* intimeiû.

INTIMIDER, ober aoun, *pr.* græt.
*v. épouvanter, menacer.*

INTITULATION, atitr, *pl.* ou.

INTITULER, *mettre le titre à un livre,*
atitra, *pr.* et.--*Un livre intitulé, etc.,* ul
levr atitret, etc.

INTOLÉRABLE, disuportapl, ne allér qet da c'houzàv.

INTONATION, eñtonnamand. *r. en-*
*tonner.*—*L'intonnation du* Te Deum, an
cñtoñnamand eus an *Te Deum.*

INTRAITABLE, diguempen, am-

gestr, dishegaradt, oc'h, à, añ.

INTREPIDE, disauzan, hardiz, oc'h,
añ ; hep aoun e-bed è creiz ar pirilla

INTREPIDITÉ , hardizéguez va
hardizéguez è creiz ar pirilhou ar n
vraçza.

INTRIGANT, *ante,* leun a soutilde
hac a fineçza evit ober e afferiou ha r
ar re all, nep a fourr e fry è pep leac'u

INTRIGUE, soutilded, fineçza, coi
plod segred, mic-ha-macq.—*Il y a*
*bien des intrigues pour,* meur a soutildec
a so bet græt evit doñvet a beñ eus a
etc., cant micq-ha-macq a so bet ta
guemeñze.—*Intrigue, négociation,* tre
tadurez, divis, *ppl.* ou.—*Intrigue am*
*reuse,* traficq cuz eus a amourousdec
traficqou amourus.

INTRIGUER, *cabaler. v.-y.*—*S'in*
*guer,* hem fourra partout evid e bro
fid *ou* evit ober pe disober un affer be
nac. *Van.* him voutziñ è mil affer.

INTRODUCTEUR, nep a guadu p
a bresant ur re èn ul leac'h-beunac
reër , *pl.* yen ; cunduer , *pl.* yen.

INTRODUCTION, *action d'introduin*
presentadurez, renadur, readur.—*I*
*troduction, nouveauté,* qiz-nevez, *pl.* q
zyou ; custum nevez, *pl.* custumou.
*Introduction , exorde ,* an antre eus a.-
*L'introduction d'un sermon,* an antre
a ur brezeguezu.—*L'introduction à l*
*dévote, par S. François de Sales,* an oe
ar vuhez devot, an antre eus ar vul
devot, composet gad sant Francis
Salès.

INTRODUIRE , *mener, faciliter l'*
*tree,* rèu, *pr.* reët; cunduï, *presa*
*ppr.* cunduet, presantet.--*Introduire*
*coutume,* digaçz ur guiz *ou* ur guiz
vez, *pr.* digaçzet ; digaçz ur gust
lacqât ur guiz *ou* ur gustum da
*pr.* lecqeët

INTRONISER, lacqât var an
lacqât un escob è poceçzion eus t
cobyaich, *pr.* lacqeët.

INTROIT, an introitè.—*Le pris*
*d'l'introit,* cz ma ar bælec o lavaro
introitè.

INTRUS, *use,* nep so antreel
guïr, pe da vihana guïr-hèvel, è

benefiçz pe èn un garg.

INTRUSION, jouïzçanz a enep guir eus a ur beneviçz , pe eus a ur garg.

INUSITÉ, ée, digustum, èr meas a gustum ou a tisaich. Van. digoustum.

INUTILE, dibrofidd, didalvez, didalvoudecq, didalvoud, vean, oc'h, á. Van. dibrofit.

INUTILEMENT, èn anef, è vean, è porneant, hep prolid , èn ur sæçzoun dibrofidd ou didalvez.

INUTILITÉ, didalvoudéguez. Van. dibro'd.

INVALIDE, nul, didalvez, divalo, oc'h , aû.—Acte invalidé, acta divalo ou didalvez, acta ne servich da netra. — Invalide, estropié à l'armée, soudard mahaignet èr bresel, pl. soudarded ; soudard stropet, pl. ed.

INVALIDEMENT, èn ur sæçzoun didalvez ou didalvoudecq, è vean, hep offed.

INVALIDITÉ. veandecq un acta pe ur c'hountrad, didalvoudéguez un acta.

INVARIABLE, ne ceinch qet, ne deo qet varyant.

INVARIABLEMENT, hep ceinch tamm, hep ceinch na cals na neubend.

INVASION, mahoméres, mahouméres.

INVECTIVE, comps depitus, pl. you; comps dichecq ou injurius, pl. you.

INVECTIVER, dire des invectives, d'cryal ur re-bennac, pr. et. v. décrier.

INVENTAIRE, invanlor, pl. you; in- véntor, pl. you. — Faire l'inventaire, invantorya, pr. et; invéntoriza, pr. et; ober invantòr, pr. græt.

INVENTER, trouver par son esprit, in- vénti, pr. et; forgea , pr. et; cafout, pr. et. — Inventer, controuver, droucq-songeall, pr. droucq-songet var ur re; solita, pr. et; forgea, pr. et; feiûta, fiñeba, ppr. et. v. fausseté.

INVENTEUR, qui invente, invéntor, pl. ed; forger, pl. yen. — Inventeur, qui controuve, droucq-songer, pl. droucq- songéryen; fiûcher, feiûter, soliter, for- ger, ppl. yen. v. calomniateur.

INVENTIF, ive, qui a le talent d'inven- ter, jigignous, mibilyus, invéntus, oc'h, à.

INVENTION, action d'inventer, invéu- tadurez, forgidiguez, igin da forgea, igin da invénti. — Invention, ruse, artifice, finecza, pl. ou; ard. pl. ou; arz, pl, ou. — Invention de la Sainte-Croix, par Ste Hélène, en 326, gouël ar groas è maé, gouël Christ è maé.

INVENTORIER, invantorya, pr. et; v. inventaire.

INVESTIR, installer, rei ur benefiçz, ur garg-bennac, etc., da ur re, pr. roët; lacqaat ur re-bennac e poseçzion eus a, etc., pr. lecqëet. — Investir. v. bloquer.

INVESTITURE, ar guïr da rei dal- c'hou, benefiçzou, pe cargou da ur re. — Le roi lui a donné l'investiture du duché de Penthièvre, bet èn deus digand ar roûe an dugaich ou ar boseçzion eus a ru- gaich Péntreou.

INVÉTÉRER, coza, pr. et; grizyenna, pr. et. Parlant des vices, qinvya, pr. et, qui dans le propre signifie, mousser, se cou- vrir de mousse.—Son mal est invétéré, coz eo e zroucq, grizyennet eo e sroucq, a bell-amser ez ma an droucq-ze gandhâ.

INVÉTÉRÉ, ée, dans le péché, cozet e- barz èr pec'hed, grizyennet èr pec'hed, nep so grizyennet ar pec'hed ènhâ, qin- vyet gand ar pec'hed ou gand ar viçz.

INVINCIBLE, didræc'hapl, didræ- c'hus, disæzapl, ne allér qet da dræc'hi ou da sæza, ne aller qet sæza anezañ, ne aller qet treac'hi dezâ ou beza treac'h dezâ ou e lacqât seaz, ar pez ne alleur qet træc'hi dezâ. — Un courage invincible, ur c'hourraich didræc'hapl ou disæzapl. ur c'hourraich n'eu deus qet e bar var an doûar. — Une ignorance invincible, un innorançz ne aller qet treac'hi dezy ou ne allér qet da dismanta ou ne deus moyeü e-bed d'en hem disober anezy.

INVINCIBLEMENT, èn ur sæçzoun didræc'hapl ou disæzapl.

INVIOLABLE, ar pez ne rezo qet torret, ar pez ne dleêr qet da derri, di- vancq. — Le serment doit être une chose inviolable à un chretien, ur c'hristen na dle nepred terri e le ou moûnet a enep e le. — Une fidélité inviolable, ur fidelded di- vaneq ou hep maucq hac hep fin.

INVISIBLE, qu'on ne peut voir, ar pez

8

ne alleur qet da vellet. ar pez ne all qet beza guëllet, ar pez ne digouëz qet dindan lagad an dèn, divellus. — *Les anges sont invisibles*, ne allér qet guëllet an œlez, an œlez ne allont qet beza guëllet, an œlez o veza ma'z int spered-ol ne zigouëzont qet dindan lagad an dèn, an œlez a so divëllus. — *Invisible, dont en ne peut pénétrer la cause*, dishanad, diaznad. — *Un charme invisible nous attache à notre patrie*, ur garantez dihazuad a stacq dre natur hou c'halonou oud ar vro eus hon guinivélez.

INVISIBLEMENT, hep beza guëllet, èn ur fæçzoun divellus *ou* dishaznad.

INVITATION, coufy, couvy, coûy, pedenn da zoûnet, pedenn d'en hem gavout èn ul lec'h-bennac. *Van.* coûy.

INVITATOIRE, *t. de bréviaire*, an in vitator.

INVITER, *prier d'assister*, pidi, *pr.* pedet; coufya, *pr.* coufet; couvya, *pr.* et. *Van.* coûyein, pedeiñ. — *Je l'ai invité à dîner*, pedet am eus ê da zoûnct da leina, couvyet am eus anezà da leina.

INVOCATION, pedeñ da Zoûe pe d'ar sænt.—*Commençons par l'invocation du S.-Esprit*, coumançzomp dre bidi ar Spered-Santel d'hon azysta, coumançzomp dre ouleñ sclærigeñ ou azystançz ar Spered-Santel.—*La chapelle est dédiée à Dieu sous l'invocation de S. Grégoire*, consacret eo ar chapell da Zoûe dindan ar patronyaich eus a sant Gregor.

INVOLONTAIRE, disyoullecq,ar pez ne deo qet youllecq *ou* coullecq.

INVOLONTAIREMENT, a enep an yonl, a enep an coul *ou* ar volonte, èn desped da galoun un dèn.

INVOQUER, *implorer le secours de Dieu ou des saints*, pidi Doûe pe ar sænt, pidi Doûe pe ar sænt a fæçzoun, *pr.* pedet; goulenn azystançz Doûe pe hiny ar sænt, *pr.* goulennet.

INVULNERABLE, divleçzapl, nep ne all qet beza bleçzet *ou* goulyet, dichoulyapl.

IRASCIBLE ( appélit ). *v. appétit.*

IRE, *colère*, buannéguez. *Van.* buhaniguech. *v. colère.*

IRIS, *arc-en-ciel*. *v.-y.*—*Iris, plante,* helestren-jardin, *pl.* helestr-jardin. — *Iris de marais*, helestr-laguenn, helestr palud, helestr dourocq. *v. nénuphar.*

IRLANDAIS, *qui est d'Irlande*, Islantr, *pl.* ed. Irlandaise, Islantrès, *pl.* ed.—*Irlandais, langue d'Irlande*, islantraich.—*Parler irlandais*, comps islantraich.

IRLANDE, *île*, Hislandr, Hirlandt.

IROISE ( l' ), *espace de mer*, canol is.

IRONIE, goapérez fin, godiçzérez great gad spered. *Van.* goapereh.

IRONIQUE, goapaüs, riotus. *Van.* goapus.

IRRAISONNABLE, dirésoun, dibourvez ar ésoun *ou* asqyant, disqyant. *Van.* id.-*Animal irraisonnable*, aneval dirésoun *ou* disqyant, aneval dibourvez a sqyand *ou* a résoun. *v. brute*, bête. — *C'est un homme irraisonnable*, un dèn dirésoun eo.

IRRECONCILIABLE, nep ne aller qet da difacha, nep ne fell qet dezà pardonni an offançzou recevet, nep na fell qet dezà accordi gand e adversour.

IRREFRAGABLE, *irrécusable*, aczur, certen, nep *ou* ar pez ne alleur qet disquëz e véz ar gaou gandhà. — *Une vérité irréfragable*, ur virionez açzur *ou* certen.—*Le P. Alexandre de Halès, docteur anglais, de l'ordre de S. François, a été appelé le docteur irréfragable*, an tad Alexandr a Halès a yoa bet leshenvet an doctor direbech èn e zottrin.

IRREGULARITÉ, direizamand, countrollyez d'ar rez *ou* reol, disreizded, direizded. — *Irrégularité, empêchement canonique pour recevoir ou exercer les saints ordres*, irregularitez.

IRREGULIER, *ère*, direiz, èr meas a reiz, countroll d'ar reiz *ou* reel, disreiz, oc'h, à, añ. *Van.* direih, èrmæs a reih, control d'er reih. *v. inégal.*—*Irrégulier, qui ne peut exercer ni recevoir les saints ordres*, irregulier, nep so irregulier.

IRRELIGIEUX, *euse, contraire à la religion*, disreligius, disantel, disevot, oc'h, añ.

IRRELIGION, *manque de religion*, disreligion, direligion.

\* IRRELIGIOSITÉ, *manquement de*

*religiosité, parlant de religieux*, disreligiusded, direligiusded.

IRREMEDIABLE, diremed, oc'h, añ. *Van.* id.

IRREMEDIABLEMENT, èn ur fæçzoun dirémed, hep espèr a remed.

IRREMISSIBLE, dibardoun, oc'h, á, añ. *Van.* dibardou, hem pardou.

IRREMISSIBLEMENT, hep pardoun e-bed.

IRREPARABLE, direparapl, oc'h, añ.

IRREPARABLEMENT, èn ur fæçzon direparapl, hep espèr da allout e reparl.

IRREPREHENSIBLE, difaut, direbech, direbechus, oh, á, añ. — *C'est un homme irrépréhensible*, un dèn eo a so direbech ha difaut é pep fæçzoun, un dèn direbechus a bep hend.

IRREPROCHABLE, direbech, oc'h, añ. — *Témoin irréprochable*, test direbech

IRRESISTIBLE, *t. d'hérétiques*, diresistus, pe da hiny ne allér qet resista. — *Les Calvinistes et les Jansénistes appellent la grâce efficace, irrésistible*, an Hugunoded hac o doûarened ar Jansénisted a henv ar c'hraçz effedus, diresistus *ou* a lavar ne allér qet resista d'ar c'hraçz qent ma he dévez he effed.

IRRESOLU, *e, indécis*, balançzus, arvar, douêtus, oc'h, á, añ. *Van.* arvar, oh, añ; pridiryus. — *Etre irrésolu*, beza balançzus *ou* arvar *ou* doûetus, *pr.* bet; balançzi, *pr.* bet; marc'hata, *pr.* et; pridirya, beza pridiryus.

IRRESOLUTION, balançz, douêtauçz, pridirydiguez.

IRREVEREMMENT, èn ur fæçzoun diresped, hep resped e-bed.

IRREVERENCE, diresped, *pl.* ou; défaut a resped. — *Faire des irrévérences*, ober direspedou èn ilis, etc.

IRREVERENT, *e*, direspedus, diresped, oc'h, á. *Van.* diresped, hemp resped. — *Irrévérent dans les églises*, direspedus èn ilisou, diresped èn ilis.

IRREVOCABLE, ar pez ne allér qet da zislavaret *ou* zisober *ou* lacqát da zistrei. — *Arrêt irrévocable*, arred hep galvnae apell, arred ne alleur qet da derri.

* IRRISION, goapérez, disprisançz. *Van.* goaperch, dispris.

IRRITER, offañel, *pr.* et; lacqát da vuannecqaat. *v. agacer.* — *Irriter le mal, la douleur*, crisqi an droucq, crisqi ar boan, crisqi an anqeun, *pr.* crusqet.

IRRUPTION. *v. incursion.*

IS, *grande ville qu'on dit avoir été à quatre ou cinq lieues de Quimper, dans le lieu où est la baie de Douarnenez, selon Pierre le Baud et les autres historiens de Bretagne, et qu'on suppose avoir été submergée vers la fin du quatrième siècle. Le peuple croit que le nom de Paris veut dire pareil à Is ou second Is, par-Is; et dit en proverbe breton que, depuis que cette ville a été submergée, Paris n'a pas trouvé de pareille au m. n. de en grandeur et en richesses,*

A ba-oûé bouzet ar guær a Is,
Ne deus qet cavet par da Baris. *v. Iroise.*

ISABEAU *et Isabelle, nom de femme*, Isabell, Isabellicq.

ISAIE, *nom d'homme*, Esaya. — *Le prophète Isaïe*, ar prophed Esaya, ar prophed Esayas.

ISRAELITE, Israëlad, *pl.* Israëlis. — *Le peuple d'Israël, le peuple chéri de Dieu*, ar bopl a Israël, ar bopl muyá caret gand Doûe. — *C'est un bon Israëlite*, un Israëlad mad eo, ur guir Israëlad eo, un dèn didrumplus eo, un dèn eo pehiny a so eûn dirag Doûe ha dirag ar bed.

ISSU, *e, descendu de, né de*, savet eus a, deuet eus a. — *Issu de bonne famille*, savet a guerend vad, savet a blaçz mad *ou* a dyéguez vad, savet eus a dud honest. — *Issu de bas lieu*, savet a le c'h isel, savet eus a dud bylen.

ISSUE, *sortie*, hend da voûnet *or* mæs, *pl.* hinchou; içzuênn, *pl.* ou. — *Issue, sortie d'un village, espace y attenant*, leur-guær, *pl.* leuryou; francqis, *pl.* you; içzuênn, *pl.* ou; guilar, *pl.* you; guilær, *pl.* you; ar vilar, ar vilær. *Van.* leurhé, lerhé, penhér, raguær, raguær, pratell, *pl.* pratellegui. *v. aire.* — *A l'issue du dîner*, en difin a lein, divar lein, divar fin lein. — *Issue, succès*, içzu, *pl.* ou. *Si vous avez une bonne issue de votre procès*, mar oz pèz un içzu mad d'ho procès, mar gounezit oz procès.

ISTHME, *langue de terre entre deux mers*,

stryz-doûar, *pl.* stryzou. *v. péninsule* —
*L'isthme de Rhuis,* stryz-doûar Rchuis,
stryz-doûar Sarzau.

ITALIE, *pays,* Italy, 'an Italy, bro-I-
taly. — *Faire le voyage d'Italie.* moûnet
d'an Italy, moûnet da vro Italy, *pr.* èet,

ITALIEN, *langue d'Italie,* laugaich I-
taly, italyaûnaich. — *Italien, qui est d'I-
talie,* Italyan, *pl.* ed.

ITALIENNE, Italyanès, *pl.* ed. — *A
l'italienne,* è qizItaly, è c'hiz au Italyaued

ITALIQUE, *lettres italiques,* lezereñ-
noû italyan. — *Tableau italique,* tau-
leñn italyan, *pl.* taulennou.

ITINÉRAIRE, *description d'un voyage,*
roudeñn, *pl.* ou. — *Voici mon itineraire,*
cetu amà va roudenn, cetu amañ va
roudenn dre scrid. — *Itinéraire, t. d'e-
glise,* pedeñn ar veach, pedennou au
ilis da lavaret pa ez ear ô beaich.

IVOIRE, *défense d'éléphant,* asqorn
olyfañdd, dent olyfaudd. — *Fait d'ivoire,*
græt a olyfaudd.

IVRE, *H.-Léon,* mézo. *B.-L.* mézeu.
*Burlesq.* bruzun, bruzun-vara. *Corn.*
mézv, méo, mév. *Van.* méev, méû, méau,
oh, aû, *ppl.* tud mézo, mézeu, mev, méo,
etc. — *Rendre ou devenir ivre, enivrer, s'enivrer,* mezvi, *pr.* et. *Trég.* méoüiñ, *pr.* et.
*Van.* méueiñ, méaüeiñ, *ppr.* et. — *Etre
ivre,* beza mézo. *Van.* bout méû ou méaü,
*ppr.* bet. — *Etre ivre mort,* beza mézo-
nicq; micq, *sans mouvements et sans paroles.* — *Ivre un peu, qui a une gaieté plus
qu'ordinaire,* dréau. *Van.* dréu. *Ce mot
vient de* dréauq *ou* dréeucq. — *Si je suis
gai, je ne suis pas ivre,* mar doun dréau,
ne doun qet méau. — *Femme ivre,* mez-
vès, *pl.* ed; grecg mézo, *pl.* graguèz.

IVRESSE, *l'état d'une personne ivre,*
mézvydiguez, mézvérez, mézvadur. *Van.*
méüreah. *v. ivrognerie,* — *La jeunesse est
une ivresse continuelle, c'est la fièvre de la
raison,* ur vézvydiguez hep fin eo ar jao-
uanctiz, terzyen eo d'ar sqyand vad ou
terzyenn a ro d'ar sqyand vad.

IVROGNE, mézvyèr, *pl.* yen; cëryer,
*pl.* yen. *Van.* méüér, meaüer, *pl.* yon, yan.

IVROGNER, *s'enivrer souvent,* eva a-
lyès bede mezvi, *pr.* evet; mezvi ha divezvi, mézvi dre accustumançz; beza

techet da eva re.

IVROGNERIE, *action de s'enivrer,*
mésvéuty, mézvinty. *Treg.* méoüinty.
*Van.* méücreh. *v. ivresse,*

IVROGNESSE, mézvyerès, *pl.* ed; mé-
zyerès, *pl.* ed. *Van.* méüerès, *pl.* ed;
maoüerès, *pl.* ed.

IVROIE, *mauvaise herbe qui croit parmi le blé,* dréaucq, dréeucq, elphesen;
*de* dréaucq, *vient l'adjectif* dréau, *sign.*
*fiant, un peu ivre; parce que l'ivroie se trou-
vant en quantité dans le pain ou dans la bière,
enivre ceux qui en prennent. Van.* uyeel. pi-
seel. *Au reste, l'ivroie est fort peu différente de l'épeautre, sorte de blé appelé en
Breton* yell, *v. épeautre.*

JABLE, *rainure dans les douves des tonneaux,* gapen, *pl.* ou; janabl, *pl.* ou.

JABLER, *faire des jables,* garaua, ja-
uabli, *ppr.* et; ober janabl, *pr.* græt.

JABLOIRE, *outil de tonnelier,* garar,
treusqin, *ppl.* ou.

JABOT, *poche d'oiseau, ornement, sac'h*
boëd, bruched.

JACHERE, *terre labourable qu'on laisse reposer un ou deux ans pour la rendre plus
fertile,* letoûn, *pl.* ou; doûar coundour
ou distu ou gueaüd, *pl.* doûarou. *v. friche, reposer.*

JACHERER, *donner le premier labour
à un champ,* diletoûni, *pr.* et; havréya,
*pr.* et. *v. guéret, défricher.*

JACOB, *nom d'homme,* Jacob, Yacob
— *Les douze fils du patriarche Jacob ont é-
té les chefs des douze tribus d'Israël,* daouzecq map ar patryarch Jacob a so bet
ar c'hefliou eus an daouzecq lignez
Israël.

JACOBÉE, *plante boiseuse dont les fleurs
sont blanches,* bocqeñou saut Jalm.

JACOBIN. *v. dominiçain.*

JACOT, *petit Jacques,* Jacqou, Jac-
qouicq, Jacqicq, Jaguicq.

JACQUE-DE-MAILLE, *armure en for-
me de maille qu'on portait sous ses habits,*
jacqoûn, *pl.* ou.

JACQUES, *nom d'homme,* Jalm, Jacqès, Jacob, Yacob, *v. Jacot.* — *Saint Jac-*

*ques*, sant Jalm, sant Jacqès.

JACQUETTE, *nom de femme*, Jacqet-ta , Jacqetan.—*Petite Jacquette* ou *Jacqueline*, Jacqettaïcq. .

JADIS , guëachall. *v. autrefois.*

JAGUT, *nom d'homme*, Jegu, Yegu, —— *L'ile saint Jagut*, enès sant Jegu ou Yégu.

JAILLIR. *v. rejaillir.*

JAIS,*pierre fossile fort noire*,mæu jedd *pl.* mein jedd.—*Noir comme jais*, du e-vel jedd, qen du evel dour déro.

JALAP *ou belle de nait*, jalap, bocqe-dou-nos.

JALOUX . *ouse* , oazus, oc'h à, añ. *r. envieux* , *zélé.*—*Etre jaloux de sa femme* , beza oazus eus e c'hrecg, cahout an' oaz eus e c'hrecg, oahout an oaz-crezn eus e c'hreçh, *ppr.* bet ; crezua an oaz. *pr.* creznet; *métaphoriquement*, cahout boutou berr *ou* marc'h hamon, beza var marc'h hamon ; *pour dire qu'un mari jaloux est furieux*, *on dit proverb.* Eat eo marc'h hamon da Vrèst, Hac eñ dishual, ha digabest. Hou-hou, marc'h hamon, Ne dorrit qet ho calon. *v. decherêtre,* —*Etre jalouse de son mari*, beza oazus eus he ozac'h, cahout an oaz *ou* an oaz-crezn eus he ozac'h, crezna an oaz, *methophoriquement*, cahout lostenn verr, cahout ar bided. bided , *veut dire deux choses en breton*, 1.° *un bidet ou cheval de petite taille*; 2.° *un pistolet de poche.*—*Il est jaloux de sa femme* , ez ma marc'h hamon gandhā. mon, *id est* homme.—*Elle est jalouse de son mari*, ez ma ar bi-ded gandhy.—*Dieu est jaloux de sa gloire*, an aútrou Doüe a so oazus evès e c'hloar ha ne fell dezañ he phartagi gand necun eus e grouaduryon.—*Jaloux*, *envieux*, *inquiet*, goazrizyus, avy-us, oc'h, à , nep èn deus goazrizy *ou* avy aënep ur re-bennac.—*Etre jaloux*, *avoir de la jalousie contre quelqu'un*, beza goarizyus *ou* avyus eus a ur re *ou* oud ur re , cahout goarizy *ou* avy aënep ur re-bennac. .

JALOUSIE, *parlant de maris et de femmes* , *az*, an oaz , an oaz-crezn, bou-tou-berr, marc'h hamjon. *fem*. losteñ-

verr,·ar bidéd, *v. zèle*, *zélé.*

JALOUSIE, *envie ou inquiétude du bonheur d'autrui*, goazrisy , avy.—*Jalousie*, *émulation* , qendamouëz.

JALOUSIE, *treillis de fenêtre*, treilh-coad, *pl.* treilhou, kaël,*pl.* you; treilh-prenest, *pl.* treilhou prenechou. *Van.* treilhericz.

JAMAIS , *par rapport au passé*, biz-coaz. *Van.* bizcoëh, bizooañ, bescoah. —*Jamais je ne fis cela*, bizcoaz ne riz qe-meñ-ze, bizcoaz n'er griz.—*Jamais,par rapport au présent*, nepred, nep-tro , jammès. *Van.* jamês. *H.-Corn.* diavlé. —*Jamais je ne le fais*, nep-tro *ou* nepred n'er grañ, è tro'n amser n'er grañ, ja-mès ne ran qemen-ze. nepred, *id est* , da nep pred. *r._d présent.*—*Jamais, par rapport au futur*, birvyqen , bizvyqen , biqen. *Van.* berhuíqeen, buqen. *Treg.* birouyqen.— *Jamais je ne le ferai*, biz-vyqen n'er griñ , birvyqen na riñ qe-meñ-ze.—*A jamais, pour jamais*, da viz-vyqen, da virviqen. *Trég.* da virouyqen. —*Je vous dis adieu à jamais, pour tout ja-mais*, oz qimyada a rañ evit mad *ou* e-vit bizvyqen, evit bizvyqen d'an oll viz-vyqen.

JAMBAGE , *pied droit de maçonnerie ou de bois*, costez , *pl.* you ; daou gos-tez.—*Jambage de cheminée,de porte, de fenêtre* , costez ciminal, costez dor , cos-tez prenest.—*Jambage* , *ligne droite des lettres*, post, *pl.* ou; post lizerenn.—*Les deux jambages de cette n ne sont pas droits*, an naou bost eus an n-ze ne dint qet éour·

JAMBE,garr,*pl.*diouc'harr,dive'harr, devesqer, divesqer. *Van.* garr,*pl.*divarr. —*Petite jambe* , garricq, *pl.* dive'har-ricq, devesqerigou.—*Un homme qui a de petites jambes*, meudicq, *pl.* meudi-gued ; meudad garr.—*Grande jambe*, garr vras, *pl.* diouc'harr vras, deves-qer hirr; devesqer *vient de divisqa, dé-poailler.*—*Homme qui a de grandes jam-bes*, ramps, *pl.* ed; sqarignecq, sqari-necq, *ppl.* sqarignéyen, sqarinèyen ; louanecq,*pl.*louanéyen.*Van.*sqarinecq *pl.* sqarinigued;fourc'hecq,*pl.* fourc'hi-gued. *B.-Léon.* gauloc'h, *pl.* ed.—*Jam-*

be de bois, garr-goad.—Jambe torte. garr-gamm, pl.diouc'harr gamm; gàrr dreuz, pl. divc'harr. — Homme qui a les jambes tortes, gaul-gamm, pl. gaul-gammed; gilgamm,pl gilgammed; treuz-camm, pl.treuz-cammed; treuzed,pl.treuzidy; v. boiteux.—L'os de la jambe, an azqôrn garr, an azqorn an garr, azqorn ar c'harr.—Le grand os de la jambe, guërzyd vras an garr.—Le petit os de la jambe, guërzyd vihan an garr; guërzyd, id est,fuseau, aussidit-on divc'harr guërzy-dy, des jambes grèles.—Le haut de la jambe, lein ar c'harr.—Le bas de la jambe, goëled ar c'harr.—Le devant de la jambe, cribenn an garr, clypenn ar c'harr.—Le gras de la jambe, coff an garr.— La cheville du pied, ufern, uvern, pl. annaou usfern.—Aller à cheval jambe deçà, jambe delà, marheguez a c'haulad. v. cali-feurchon.

JAMBETTE, couteau pliant. countell blecq, pl. countellou.—Jambette, croc en jambe. v.-y.

JAMBON, cuisse ou épaule de porc, jam-bon, pl. ou. Van. id., pl. eü.

JAN, espèce de bruyère piquante qui fleurit jaune. lan. v. hedein.—Jan à broyer pour les chevaux, lan pil.—Jan d faire de la litière, laun enz, gouzer.—Couper du jan pour faire de la litière, gouzerya, pr. gouzeryet.—Du jan sec, lann seac'h.—Le lieu où croit le jan, launecq, pl. lan-néyer; launell, pl. ou. Van. id., pl.eü.

JANSENISME, doctrine de Jansenius, évêque d'Ypre, et de ses sectaires, janse-nyaich.—L'église a condamné le jansénisme,ar jansenyaich a so bet condaunet, evel résoun, gad hon mam santel an ilis.

JANSENISTE, jansenyad, pl. janse-nydy; jansenist, pl. ed.

JANTE, ou courbe de roue, cammed, pl. ou, camejou. v. charrette.

JANTILLE, ais au tour des jantes de la roue d'un moulin, pour recevoir l'eau,pal, pl. you; pal-rod, pl. you-rod.

JANTILLER, palya ur rod milin, lac-qât palyou èn dro da ur rod milin.

JANVIER, le premier mois de l'année, par un édit de Charles IX, en l'an

1564, gueñveur, miz gueñveur, mi gueñver. v. mois.

JAOUA, nom d'homme, Jaoüa, Jaoüé, Jaoüénu.—Petit Jaoua, Jaoüicq. Jaoü ennicq.—Saint Jaoua, religieux de Dau-las, recteur de Brasparz et évêque de Leon, sant Jaoün, sant Jaoüe.

JAPPEMENT, action de japper, harz. Van. harh. v. aboi.

JAPPER, cri des petits chiens, harzal, pr. et. Van. harhal, harheiñ. v. aboyer.

JAQUETTE, robe d'enfant, sač, pl.ou; saë buguel, pl. saëou. Van. jacqedeur, pl. eü.—Jaquette. habit de paysans. petite casaque sans manches, jacqedenn, pl. ou; rocqedenn divainch, pl. rocqedennou. Van. jacqedenn,pl. eü. ti colletin, pour-point, brassières.—Jaquette, habit de pay-sans, galicelle ou casaque à manches qui ne se pouillent pas,flotanteñ,pl.ou.v.casaque.

JARDIN,jardin,pl.ou; jardrin,pl.ou. Van. id, pl. eü. Al. jard, gard, pl. au. — Petit jardin, jardinicq,pl. jardinoui-gou; jardrin vihan; lousaoüecg, pl. ou. — Jardin potager, jardin al lousou. — Jardin à fleurs, jardin ar bocqedou. — Le jardin des Olives, jardin an Olivès, jardin Olivès. Van. jardin Olived.

JARDINAGE, jardinérez, jardriné-rez, jardinaich, jardrinaich.

JARDINER, travailler au jardin, jar-dina, pr. et; jardrina, pr. et. Van. jar-dineiñ, jardinal.

JARDINET, jardinicq. v. petit jardin.

JARDINIER, jardiner, pl. yen; jar-dinour, pl. yen.

JARDINIERE, jardinerès, pl. ed; jardinourès, pl. ed.

JARGON, langage corrompu, luhaich, gregaich. Van. gregach.

JARGONNER, luhaichi, pr.et;comps luhaich, pr. compset; gregaichi, pr.et. Van. gregageiñ.

JARROSSE, plante assez semblable à la resse, charonez.

JARRE, grande cruche de vaisseau pour mettre de l'eau douce, jarl, pl. ou. — Pe-tite jarre, jarlicq, pl. jarlouïgou.

JARRET, jaritel,pl. ou; diou jaritell. Van. id., pl. eü. — Coupe-jarret, discol-per,pl. yen; lacqepod, pl. ed; muntrer,

!. yen. *Van.* lacqoupod, *pl.* ed.

: JARRETIÈRE, ere-loëzr, *pl.* ereou-
lëzr, ereou-lezrou. *Van.* ariguell lor,
ry lor. *Al.* garriguell *de* garr, garricq,
ambe, petite jambe. — Jarretière, ordre
*de chevalerie d'Angleterre, institué par le roi*
*Édouard III, en 1350,* marheguoicz an
re-loëzr.

; JARS, *mâle de l'oie,* gars, *pl.* guirzy.
*'an.* gars, *pl.* ed, garsy.

JASER, *jaserie, jaseur. v. babiller,* bail, babillard.

JASMIN, geçzemy. — *Jasmin blanc,*
eçzemy guünn. — *Jasmin rougeâtre ou*
*"Espagne,* geçzemy Spaign. — *Jasmin*
aune *ou des Indes,* geçzemy melen, geç-
emy-Indès.

JASPE, *espèce de marbre,* jalp.

JASPER, *bigarrer en jaspe,* jaspi, *pr.* et.

JASPURE, jalpadur.

JATTE, *vase rond sans rebord,* pezell,
*t.* you; bezell, *pl.* you; bezl, *pl.* you;
cudell, *pl.* ou, y; scudell-prenn, *pl.* ou.
*'an.* bedell, *pl.* yeü; coupeenn, *pl.* eü.
— *Jatte pour prendre du grain,* scudell-
d. — *Jatte à porter la pâte au four,* sou-
ell dorz, *pl.* scudellou. — *Jatte à tirer*
*les vaches.* scudell gozro.

JATTÉE, pezellyad, bezellyad, ber-
yad, scudellad, *ppl.* ou. *Van.* bedelly-
d, coupénnad, *ppl.* eü.

JAUGE, *compas de proportion pour fai-*
*re la réduction de la capacité de tous les*
*vaisseaux,* jauch, *pl.* jaujou. *De là* jau-
jut, *contenir,* jaujabl, *convenable,* di-
juch, *non contenable.—Cette tonne est*
*à jauge,* an doünel-ze a so a jauch.

JAUGEAGE, *action de jauger, droit de*
*jaugeur,* jaujaich.

JAUGER, *mesurer avec la jauge,* jau-
a, jauchi, *ppr.* jaujet, jauchet.

JAUGEUR, jauger, jaucher, *ppl.* yen.

JAUNATRE, melennard, peus-ve-
cnn, dem-velenn, a denn var ar me-
enn, azrelenn. *Van.* ar er melcenn. *v.*
*rougeâtre.*

JAUNE, melenn, oc'h, à, añ. *Van.*
melenn, mileeñ, oc'h, añ. *Al.* janus.
— *jaunisse,* veau. — *Fort jaune,* melen-
our, melenn-coar, melenn-safroun,
melenn meurbed. *Van.* melenn-caër,
melenn-coér. — *Couleur jaune,* liou

m enn. — *Faire des contes jaunes ou des*
*contes bleus,* lavaret couchon boru, *pr.* id.

JAUNIR, *teindre en jaune,* melenna,
*pr.* et; liva é melenn, *pr.* livet. *Van.* me-
lennein, milenneiñ. — *Jaunir, devenir*
*jaune,* melennaat, *pr.* éet. *Van.* melen-
neiñ, melennat.

JAUNISSE, *bile répandue,* terzyenn
janus, melennadur. *v. veau.* — *Elle a la*
*jaunisse,* ez ma an derzyenn janus gadhy, ez ma ar melennadur gandhy, cla
eo gad ar melennadur *ou* terzyeñ janus,
melenn-safroun eo gad an apotum.

\* JAURU, *benêt, sot,* janre, jaoure.
— *Eh bien, mon jauru?* a-han'-ta jaure?
*v. benêt.*

JAVELER, *mettre les poignées ou javel-*
*les de blé coupé sur la terre pour sécher,* astenn an drammou-od var an doüar da
sec'ha, *pr.* astennet. *v. javelle, engerber.*

JAVELINE, *sorte de demi-pique, arme*
*des anciens,* gavlin, *pl.* ou. *Van.* gavlein,
*pl.* eü. *v. javelot, épieu.*

JAVELLE, *poignée de blé scié,* dramm,
*pl.* ou.—*Il faut sept ou huit javelles pour*
*faire une gerbe,* soizpe eiz dramm a rens-
qèr evit ober ur valan.—*Javelle de sar-*
*ment,* fagodenn guïny, *pl.* fagod; trouçzad guïny, *pl.* tronzadou.

JAVELOT, *courte et grosse javeline,*
gavlod, *pl.* ou; specq, *pl.* spegou. *Van.*
gavlod, *pl.* eü.—*Lancer le javelot,* lançza gavlod, *pr.* lanzet; teurl ar specq,
*pr.* taulet.

JE, *pronom qui signifie moi,* mé. *Van.*
me, meeñ. — *Je me, je fais, je lis,* me a
ya, me a ra, me a loenn. *v. moi.* — *Je*
*ne sais,* ne oun qet, ne oun doare. —
*Je ne sais qui,* ne oun piou. —*Je ne sais*
*quoi,* ne oun petra.

JEAN, *nom n'homme,* Yan. *Van.* Jahan, Jehan, Yahan, Yehan, Ehan.—
*Petit Jean,* Jeannot, Yannicq, *Van.* Ye-
hanicq.—*Petit Jean, petit laquais,* pi-
ti-Jañ.—*Saint Jean,* sant Yan *ou* Jan.
—*Saint Jean-Baptiste,* sant Jan-Vadezour, sant Yan-Vadezour. *En Léon, on*
*dit:* sant Jan *Van.* sant Yehan. *Ail.* sant
Yan.—*A la Saint-Jean,* da vouél Jan.
*Jusqu'à la Saint-Jean,* bede gouél Yan.
—*Saint Jean l'évangéliste,* sant Jan avieleur *ou* avyélist, sant Yan avyeler.—

—*S. Jean Chrisostôme,* sant Jân Crisostom
—*S. Jean l'Aumônier,* sant Jan Aluseu-
ner.—*S. Jean le discalceat,* sant Jan an
diarc'henn.—*Jean ou jeannin, qui con-
nait et qui souffre le désordre de sa femme,*
Yan , Yannicq. — *Double-Jean* , Yan-
Yan, Yannicq-Yañ, Yannicq-countant,
Yan diou vech Yan.—*Jean le sec, nom
d'un avare,* Yan ar seac'h, seac'h e guein.
—*Jean de Nivelle. v. s'enfuir.*

JEANNE, *nom de femme,* Janned.—
*Petite Jeanne ou Jeanneton,* Jannedicq.

JEREMIE, *nom d'homme,* Jeremya.
— *Le prophète Jérémie,* ar prophèd Jere
mya, ar prophed Jeremyas. — *Faire le
Jérémie, faire le pleureur, le piteux,* ober
an truant, ober ar pitous, truanti, pitousal, jeremyal.

JERONIMITES, *ermites de S. Jérô-
me, sous la régle de S. Augustin,* religiusded *ou* ermided sant Jerom.

JERUSALEM, *capitale de la Judée,* Jerusalem, ar guer a Jerusalem.—*Les
mystères de notre rédemption ont été opérés
à la Jérusalem terrestre,* èn Jerusalem ez
eo bet great ar mystæriou eus hon dazprénadurez.—*La sainte Jérusalem, la Jérusalem céleste , la Jérusalem d'en haut ,
qui est notre mère,* ar Jerusalem santel
*ou* celesticl, pehiny evel a lavar sant
Paol , a so hon mamm.

* JESUATES, *ordre religieux fondé par
S. Jean Colombin, en 1367,* Jesuad, *pl. ed.*

JESUITES, *ordre fondé par S. Ignace
de Loyola, en* 1534, Jesuist, *pl. ed.*

JESUS, *Jesus,* Salver. — *L'enfant
Jesus,* ar mabicq Jesus.

JESUS-CHRIST, Jesus-Christ, Salver ar bed, hon Salver, hon Salver Jesus-Christ.

JET, *action de jeter,* taul. *Van.* id.—
*Jet de pierre,* taul-mean, taul-mæn. —
*l'espace que parcourt la chose lancée,* hed,
hed un taul.—*A deux jets de pierre de
la ville,* var hed daou daul mean dioud
kear.—*Jet d'une plante, d'un arbre,* taul,
cresq, taul-cresq, lamm gresq. *v. éteule.*
— *d'une fontaine,* taul. — *Le jet de cette
fontaine n'est pas considérable,* ne deo qet
crè au taul eus ar feunteun-mañ. —
*Jet d'eau, eau qui jaillit d'un tuyau,* plou-

menn, *pl.* ou.—*Jet d'abeilles,* hed güe
nan, *v.* essaim. — *Jet, alcul,* jedt. —
*Faire le jet d'une somme,* teureul d'ar jedt
*pr.* taulet.

JETÉE, *digue dans la mer,* chauçzer
*pl.* you; chauçzer-vor, *pl.* you.

JETER, *lancer,* teureul, teurel, s
taulet strincqa, *pr.* et; cinqla, stlapa
*ppr.* et. *Van.* taulein, turul, *ppr.* taulet.
— *Jeter dehors,* teureul èr meas, strinc
qa er mæs, stlapa èr mæs. — *de l'une
l'autre, jeter et rejeter,* teureul ha di
teureul, *ppr.* taulet ha distaulet: strinc
qa ha distrincqa, stlapa ha distlapa, *pr.*
et. — *par terre,* stlapa d'an douar; dis
carr d'an douar, *pr.* et; pilat d'an douar
*pr.* et. — *çd et ld,* teureul tu-hont h
tu mâ. *v. éparpiller, parsemer.* —*bien ha
en l'air,* guiuta, *pr.* et; banna, *pr.* et.—
*une pierre bien fort et bien loin,* cinql au
mean. — *la pierre pesante , exercice de
jeunes gens pour essayer leurs forces,* teu
relar mæn poués.—*pousser hors de terre,*
divoann, *pr.* et; didiñvi, *pr.* et. *v. germer.*
— *pousser des branches,* teureul branc
qou, delyou, bocqejou, etc. — *les yeux
sur quelqu'un,* teureul e zaou-lagad var
ur re-bennac. — *des larmes,* squilha
daëlou, *pr.* et. — *Se jeter,* èn hem deu
reul, *pr.* daulet; hem strincqa, hem
stlapa, *ppr.* et. *v. s'élancer.*

JETON, *pièce de métal,* gettouër, *pl.
ou. Van.* gettoër, *pl.* eü. *v. calculer.*

JEU, *divertissement,* c'hoary, *pl.* ou
ebat, *pl.* ou. *Van.* id., *ppl.* eü. —*Petit
jeu,* c'hoarycq, *pl.* c'hoaryouigou. —
*Jeu honnéte et modeste,* c'hoary ounest
—*immodeste,* c'hoary sot *ou* disoñnest
—*de paume,* c'hoary bolod.—*de paume
lieu où l'on joue à la paume,* tripod, *pl*
tripojou; c'hoary bolod.—*de petits pa
lets,* c'hoary mæn pal. — *d but arrêté
c'hoary pal, c'hoary dioud ar guéñu
—*de volant,* c'hoary scobytell.—*de bou
les,* c'hoary boulou.—*de quilles,* c'ho
ary c'hilhou.—*de hasard,* c'hoary chancz
c'hoary chauçzus. — *défendu,* c'hoar
divennet.—*de dés,* c'hoary'n diçzou.
*de cartes,* c'hoary'r c'harlou.—*avec gran
bruit et clameur,* jolory, *pl.* ou. — *pou
amuser des enfans,* c'hoaryell, *pl.* ou

*an. id. , pl. eū.—Plein de jeux*, c'hoaryus, tra c'hoaryus, traou c'hoaryus.
—*Jeux publics , spectacle pour divertir le
xeuple*, arvèst, pl. ou. — *Célébrer des
jeux publics*, ober arvèst , ober arvès-
ou, pr. græt.—*Jeu ; raillerie , farçz, pl.
farçzaou.—Par jeu*, dre farçz, evit farçzal , èn ur farçzal, o farçzal. — *Etre d
deux de jeu* , beza qèver-è-qèver, beza
quyt an eil dioud eguile, beza quyt ,
beza ingal.

JEUDI, yaū , you , ar yaou , dizya-
ou , dezyou, dizyou, diryaou, diryou.
*Van.* diryeū. id est , *le jour de Jupiter.
r. Jupiter.—Jeudi on le verra*, dizyou èr
guēllor. — *Jeudi, jour de l'Ascension* ,
yaou Basq , yaou Phasq, yau Basq ar
Pentecost. — *jour du Saint Sacrement* ,
yaou ar Sacramand. — *absolu* , yaou
guemblyt, yaou gamblyt, yaou emblyt,
yaou amblyt. *Van.* yeū gamblyt , yeū
amblyt. *de* cambr al lyd, *la chambre de
la solennité du Saint Sacrement. — gras* ,
yaou al lard, yaou ezned. — *de la mi-
carême* , yaou an hanter-c'horayz.

JEUN ( à ), var yun , divar yun. *Van.*
ar yun.—*J'étais à jeun*, var yun ez doan.
—*Les Sàcremens et les médecines se prennent ordinairement à jeun* , ar Sacramanchou hac ar breuvaichou a goumerеur
peurvuyā divar yun.

JBUNE, *abstinence commandée par l'é-
glise*, yun , pl. you , ou. *Van.* id. , pl.
eū.—*Observer les jeûnes de l'église*, miret ar yunyou , *pr.* id; ober yunyou an
ilis, *pr.* græt. —*Rompre son jeûne*, terry
e yun , *pr.* torret. — *C'est aujourd'hui
jeûne*, yun eo hiryo, yun eo anezy. —
*Un demi-jeûne*, un hanter yun.

JEUNE, *peu âgé*, yaouancq, oc'h, á,
añ. *Van.* yaouaucq, yēuancq. oh ; añ,
aoñ. *Al.* yaou, you, yau. *v. Jupiter.—
Un jeune homme*, un dēn yaouancq, pl.
tud. *v. garçon, homme. — Une jeune fille*,
ur plac'h yaouancq, *pl.* plac'hed ; ur
verc'h yaouancq, *pl.* mero'hed.—*Assez
jeune*, yaouancqicq, yaouancq hoūnes-
tamant. — *Fort jeune*, yaouancqicq,
yaouancq bras, yaouancq meurbed, forz
yaouancq, yaouancq flamm. —*Dès son
jeune âge*, a vibanicq. — *Devenir comme*

jeune, rajeunir, yaouancqaat, *pr.* ēet. *v.
fontaine;*

JEUNER, yun, yuni, *ppr.* ot. *Van.* yuneiñ. — *le carême*, yun arc'hoarayz.—
*au pain et à l'eau*, yun divar ar bara had
an dour.

JEUNESSE, yaouancqtiz, yaouanq-
ted, yaouanqtiz. *Van.* yēuanctiz, yao-
auctiz, yaouanqih. *v. âge.* — *Le libertinage de la jeunesse*, diboëll ar yaounqtiz,
diroll ar yaouanctiz.—*Jeunesse est forte
à passer*, yaouanqtiz a so tenu da drémen, poan so ousa yaouanqtiz, yauanc-
tiz a so crē.—*La jeunesse, les jeunes gens,*
an dud yaouancq.— *Il a un peu de jeunesse*, yaouancqtiz a so gandhā , yaouancqicq eo, yaouaucq eo.

JEUNET, *elle* , yaouancqicq.

JEUNEUR, yuner, pl. yen; yunour,
*pl.* yen; ur yuner-bras. *Van.* yunour.

JEUNEUSE, yunerès-vras, pl. ed.

JOACHIM, *nom d'homme*, Joacqim,
Joacim, Joacin.—*S. Joachim*, S. Joacin,
sant Joacim, au autrou sant Joacim.

JOAILLERIE, *art et marchandise du
joaillier*, joayusou.

JOAILLIER, marc'hadour joayusou,
*pl.* yen; joayuser, joayusour, *pl.* yen.

JOB, *nom d'homme*, Job. — *Le saint
homme Job*, an dēn santel Job. —*Pauvre
comme Job*, paour evel Job, qer paur ha
Job, paur-glez eo'hiz Job, paur-glad evel
Job.—*La patience de Job*, pacyanted Job.

JOIE, joa, joaē, joaūsded, levenez.
*Van.* joë , lchuine. *Al.* caouded, coui-
ded. *v. charme, liesse.* — *Avoir de la joie*,
cahout joaē ou levenez ou joaūsded, *pr.*
bet. — *Ressentir une grande joie*, saulout
ur joa vras èu e galoun, *pr.* saūtet; cahout ur galounad , *pr.* bet. — *Combler
quelqu'un de joie*, rei ur joa vras da ur
re, *pr.* roēt; carga caloun ur re a joa ou
a levenez , *pr.* carguet. — *Tressaillir de
joie*, tridal gand joa, *pr.* tridet ; dridal
gad ar joa ou al lid. —*Mourir de joie*, mervel gand ar joa ou re a joa, mervel gad
ur galounad joa, *pr.* marvet.—*L'abbaye
de la joie*, abaty ar joaē, abaty ar joa,
var harz Hennbont.

JOIGNANT, *contigu, tout auprès*, èn
harz, è harz, var harz, oar harz, or harz,

touich-è-tòuich, taust-è-daust, taust-ha-taust, hogos, hogosicq, è qicheñ, è tal, èqicheñicq. *Van.* harzaut. *v. attenant.*

**JOINDRE,** *approcher,* joënira, *pr.* et; joënta, *pr.* et; framma, *pr.* et; staga guevret, *pr.* staguet. *Van.* joënteiñ, jeûteiñ. *v. unir, réunir.* — *atteindre,* tizout, *pr.* et. *Van.* tihout, *pr.* et. — *Se joindre,* hem lacqât açzamblès, *pr.* hem lecqëet. *Van.* hiin joënteiñ.

**JOINT,** *point de jonction,* joëntr, ar joëntr, ar joënt.

**JOINTURE,** joentr, *pl.* ou; framm, *pl.* ou. *Van.* jeût, joënt, *ppl.* eû. *v. assemblage.* — *Les jointures des doigts,* joëntrou ar bisyad.

**JOLI,** *e, qui plaît à l'œil,* coandt, coënt, prop, prob, oc'h, à, añ. *Van.* coandt, coënt. *De là* Khoënt, *de* Coët-an-fau, *maison noble et ancienne.* — *gentil, agréable,* gentil, coanticq. coënticq, propicq, probicq, jolis, oc'h, à, añ. *Van.* coandticq, coënticq, añ, aoñ. — *leste, propre,* paré, qempeñ, mistr, propr, mistricq, oc'h, añ. — *Assez joli,* peus-coant, peus-jolis, peus qempenn, coandt aoalc'h, jolis ahoualc'h, prob ahoualc'h, qempenn aoualc'h, gentilahoualc'h. — *Vous êtes un joli monsieur,* un dën gentil oc'h. — *Vous êtes un joli homme, un joli garçon,* un dën coandt oc'h, ur pautr coandt oc'h. — *La jolie chose,* coandtâ tra.

**JOLIMENT,** èn ur sæçzoun coandt ou gèntil ou qempenn, coanticq, manivicq. — *Fort joliment,* manivicq-doùe, coandticq meurbed, forz coandt.

**JOLIVETÉ.** *gentillesse,* coantiz, coënliz. gentilded, coanted.

**JONAS,** *nom d'homme,* Jonas, ar prophed Jonas.

**JONC,** *herbe marécageuse,* broenn. *Van.* bien. — *Un tuyau de jonc, une tige de jonc,* broënneñ, *pl.* ou, broëñ. *Van.* brenneñ. *pl.* eû, breñ. — *Du jonc,* broëñ. *Van.* breñ. — *Panier de jonc,* paner vroëñ. — *Lieu plein de joncs,* broënnecq, broennecq, *ppl.* broueñéyen, broëñegou, broëñeou, broënnyou. *De là, le nom de la paroisse de* Broënnou, *en Léon.* — *Jonc marin,* broënn-vor, brouëñ-vor.

**JONCHÉE,** *herbes dont on jonche,* ma-relladur brouëñnyou, ha bocqedou vx ar pavez, goarniçzadur glas a sllapér vat ar pavezyou dre'r ruyou ha dre'n hiuchou, brouéñnaduryou glas, bleuvaduryou, glasyennou. — *Jonchée de lit,* jonchezeun, *pl.* jouchez.

**JONCHER,** *parsemer,* goarniçza golei ar ruyou pe an hinchou gad broëñnyou, gad bleuzu ha glasyeñou. *pr.* goarniçzet, goloët. *Van.* goleiñ en doûar gued breñ ha bleu. — *Les chemins étaient jonchés de morts après cette déroute,* goude an diroud-ze ez oa goloët an hinchou gad ar c'horfou maro ou ez eo leun an hinchou eus a gorfou maro.

**JONCTION,** joëntradur, joëntraduricz

**JONGLER,** *amuser par des tours,* furluqinat, *pr.* et. *v. bouffonner.*

**JONGLERIE,** furluqinaich, *pl.* ou.

**JONGLEUR,** *charlatan,* furluqin, *pl.* ed; farvell, *pl.* ed.

**JONQUILLE,** *fleur odoriférante,* jonqilhesen, *pl.* jonqilhès.

**JOSAPHAT.** *nom d'homme,* Josaphat.

**JOSEPH,** *nom d'homme,* Josep. — *Petit Joseph,* Josebic, Job, Jobic. — *Saint Joseph,* sant Josep, an autrou S. Josep.

**JOSSE,** *nom d'homme,* Jocz, Judocq. — *S. Josse,* sant Jocz, sant Judocq.

**JOSSELIN,** *nom d'homme,* Joçzelin.

**JOSSELIN,** *petite ville du Morbihan,* Joçzelin, Joçzilin. — *Le château de Josselin,* castell Joçzelin.

**JOUANT,** *e, qui joue,* c'hoaryus, oc'h, añ

**JOUBARBE,** *plante médicinale,* ecléau, egléau, an gléau.

**JOUE,** bouguenn, *pl.* ou, divouguen; boc'h, *pl.* divoc'h; jodt, *pl.* divjodt. *Van.* jodt, *pl.* dijodt. *Al.* güen, *pl.* diouguen, guenau; gen, *pl.* au. — *Joues potelées,* bouguen nou chuëzet, divouguen bouffet, divoc'h podelecq. *v. jouflu.* — *Donner sur la joue à quelqu'un. v. souffleter.*

**JOUER,** c'hoari, *pr.* c'hoaryet. *Van.* hoari, hoaryeiñ, *pr.* hoaryet. — *avec quelqu'un,* c'hoari gand ur re. — *à la paume,* c'hoari bolod, c'hoari'r bolod, c'hoari'n tripod. — *aux gobelets,* c'hoari berlicq-ha-berlecq *ou* bourlicq-ha-bourlocq. — *à la toupie,* fuëdta ar guerni-

'~uell,' foëdta ar gormiguell, pr. et. — au-
~nsier ou aux dames, c'hoari'n damèr;
'~améri, pr. et.—aux dés, c'hoari'n diç-
~ou.—d la boule, c'hoari'n boulou; bou-
~t., pr. et. — aux quilles, c'hoari'r c'hil-
ion; qilhaoùa, pr. et. — de la flûte, flaûta, fleùta, ppr. et.—de la rèze, binyaoua,
~r. et ; c'hoari'r binyou. — une partie,
~c'hoari ur barty, ob :r ur barty.— tout
~on argent,c'hoari e oll arc'hand.—pair
~u non pair, c'hoari par pe dispar.—bien
~son personnage, ober èrvad e roll, c'hoari èr-vad e roll, Van. hoari e bautr. ---
quelqu'un,ober goap eus a urre, pr. græt.
troumpla ur re-bennac, pr. troumpl :t.
-- un tour d quelqu'un, ober ur broud ou
un dro ou un affrond da ur re, pr. græt.
à tout perdre, hem lacqaat è tailh da goll
an oll ou da goll pep tra, pr. lecqëet. --
Se jouer, dire ou faire quelque chose par jeu,
farçzal, pr. et; ebata, pr. et; marvailha,
pr. et; godiçzal, pr. et. B.-Léon, fàrlo-
ta, pr. et. v. s'ébattre. — En se jouant, èn
ur c'hoari, èn ur ebata, èn ur farçzal,
o c'hoari.—Je me joue de lui, je m'en moque, je ne le crains pas, me a ra goap a-
nezà, ne rañ forz anezañ, n'en doujañ
qet. — Se jouer d quelqu'un, hem lacqât
oud ur re-bennac, pr. lecqëet; hem frota oud ur re, pr. hem frotet. — Si vous
m'en croyez, ne vous jouez point d lui, n'en
hem frotit qet ounta, mar èm c'hredi-
dit ou evit ho profid.

JOUET, ce qui sert d zmuser, choa-
ryell, pl. ou. Van. id., pl. eu. —Cet homme
est le jouet des autres, servichout a ra da
c'hoaryell d'ar re all, oll farçz ar re all
eo. — Il a été long-temps le jouet de la for-
ture, pell amser eo bet caçzet hadigaçz-
et ou alyès eo bet troët ha distroët gad
ar fortun.

JOUEUR, c'hoaryer, pl. yen. Van.
hoaryour, pl. hoaryerou. — Un grand
joueur, un terrible joueur, ur c'hoaryer
bras, ur c'hoaryer diboëllet.—Joueur de
cartes, c'hoaryer ar c'hartou.—de gobelets, c'hoaryer ar berlicq-ba-berlocq.—
d'instruments, nep a c'hoari gad meur a
vinyou.

JOUEUSE, c'hoaryerès, pl. ed. Van.
hoaryoures, pl. ed. — Maris ivrognes et

femmes joueuses se ruinent sans tarder,
Goaz mezyer ha grecg a c'hoari,
A sqarz prèst ar madou eus an ty.

JOUFLU, e, qui a de grosses joues, bouguennecq, pl. bouguenéyen; boc'hec'h,
pl. boc'héyen ; jodlecq, pl. jodleguied.
Metaph. façz-loar, cann al loar, etc. Van.
boucellecq, bouguennecq, jodlus, jodlecq. v. face, front, mouflard.

JOUG, pièce pour atteler les bœufs, yéau,
pl. yévyou ; guéau, pl. guévyou. Van.
yéü, yao. Al. jaug. — Petit joug pour mener les bœufs en foire, baz-yéau, pl. bi-
zyer-yéau; sparl oc'hen, pl. sparlou. —
Subi le joug, s'assujettir d quelqu'un, sugea da ur re-bennac, pr. suget; plega
dindan mæstrouny ou didan gouarnamand ur re-bennac, pr. pleguet. —Secouer le joug, disugea, pr. disuget; hem
dilaçza eus a eñdan mæstrony ou a zindan gouarnamand ur re-bennac, pr.
hem dilaçzet.—Mon joug est doux et mon
fardeau est léger, dit J.-C., va yéau a so
douçz ha va Beac'h a so scañ e me hon
Salver, va mæstrouny a so douçz ha va
gourc'hemennou caz da viret.

JOUIR, jouïçza, pr. et. Van. jouïçz-
reiñ. v. posséder. — Celui qui jouit de son
bien et de ses droits, nep a jouïçz eus e
dra hac eus e oll viryou ; dèn a dra, pl.
tud a dra; mæstr eus e dra hac eus a-
nezà e-unan, pl. mistry eus anézo o-u-
nau.—Les saints jouissent de la gloire éternelle, ar sænt a jouïçz eus ar c'hloar e-
ternal, ar sænt a so hac a vezo da-viz-
vyqen guenvidicq ou cürus.

JOUISSANCE, jouïçzancz. pl. ou.
Van. id., pl. eü.

JOUISSANT, te, qui jouit. nep a
jouïçz, jouïçzer, pl. yen. fem. jouïçze-
rès. pl. ed. r. jouir.

JOUR, deiz. pl. you; dez, pl. you.
Van. de, pl. deyeü, dyeü. Al. di, diz;
de là, disul, dilun.—de fête, deiz gouël,
pl. deizyou gouël. Van. de miret, de
gouarnet, goël berh, gouïl berhel. v.
fête. — ouvrable, deiz pemdez, pl. deizyou pemdez. Van. de oberad, pamde.
—Aux jours ouvrables, d'an deizyou
pemdez, d'ar pemdez, var ar pemdez.
Van. d'en dyeu obrrad, d'or pamde,

d'er pañounde, ar er pañounde.—*Jour gras*, deiz qieq. *Van.* de qioq.—*de vigile*, deiz vigel. *Van.* de vigil.—*Le premier jour de l'année ou du mois*, kal. — *Un beau jour*, un deiz caër. *Al.* hynon *tat.* sudum.—*Jour sans pluie*, deiz divanne, dez divannez. — *Avant jour*, qent an deiz, abarz an deiz, diracq an dez. — *Long-temps avant le jour*, pell-qent an deiz, pell-guent. *de là*, pell-guènt, *la nuit de Noël*.—*Hier avant jour*, hier long-temps avant jour, deac'h pell-guent. *Hors de Léon*, dea'h qent an dez, dea'h pell qent an dez. — *Avant qu'il fasse jour*, abarz ma vezo deiz.— *Le point du jour*, goulou-deiz, poënd an deiz, tarz an dez. *Van.* poend en de, goleü de, tarh en de.—*Au point ou à la pointe du jour*, da c'houlou deiz, da c'houlaouï deiz, da darz an deiz,—*Dès la pointe du jour*, qerqent ha goulaouï deiz, a-daleoq goulou deiz.--*Il fait jour*, deiz eo, deiz eo anezy, goulaouët eo an dez, tarzet eo an deiz.—*Il est grand jour*, braz eo an deiz, uhel eo dijaïcq an deiz.—*Il fait encore grand jour*, uhel eo ou uhélicq eo c'hoaz an deiz, dez avealc'h a zo c'hoaz.—*Avant que le jour se passe*, abarz ma tremeno an deiz, abarz an nos, fenos, feteiz, veteiz.— *L'espace du jour*, spaçz an diez, padélez an deiz, pad an deiz, docq an deiz, deucq an dez.—*Pendant le jour*, e pad an deiz, a docq an deiz, è docq an deiz, a doucq an deiz, è doug an deiz, a deucq an dez, è deucq an dez.—*Tout le long du jour*, hed an deiz, èn dra bad an deiz. *Van.* hinyouah.—*Sur jour*, var an deiz, var gorf an dez.—*Dormir sur jour*, cousqet var an deiz.—*En plein jour*, è creiz an dez, var greiz an dez, var gorf an deiz.—*En plein jour et devant tout le monde*, è façz an héaul hac è façz ar bed, eñ deiz haznad ,,*Le jour s'abaisse*, iselaat a ra an héaul ou an deiz, moñnet a ra an deiz.—*Entre jour et nuit*, entre nos ha deiz, entre deiz ha nos, du vare ar rouëjou.—*Jour et nuit*, deiz ha nos, deiz-nos.—*Tous les jours*, bemdèz, bemdiz, bemde c'houlou. — *Au jour la journée*, dioue'h an

deiz.—*Chaque jour*, bep deiz, bep devez, bep dez, bep devez.—*Deux jours de suite*, daou zez diouc'h tu, daou zervez diouc'h tu. — *De jour en jour*, zeiz-ő-deiz.—*De jour d'autre*, a zez da eguile, a zez da zez, a neubeudou, a neubeudigou.—*De deux en deux jours*, bep daou zez.—*En deux jours*, e daou zeiz, — *Sous deux jours*, a benn daou zez.—*Dans ou sous huit jours*, a-benn eiz dez.—*De ce jour en un an*, an deiz-mañ, penn-bloaz, an deiz-mañ penn lizenn, an dez-mañ penn-lyenn ou penn-lyan. *v.* année. — *Il est de retour depuis dix jours*, decq dez zo a ba ez eo distro ou disro, decq dez zo e distro, a-baouë decq dez eo distro.—*Le jour avant*, an deiz qent.—*Le jour avant la bataille*, an deiz qent ar c'houmbad, derc'hent ar c'houmbad.—*Le jour d'après, le lendemain*, antronos, id est, antro-nos, le tour de la nuit.—*Le jour d'après mon départ*, antronos va disparty, antronos ma dispartiis ou ma diblaçzis,—*Le jour précédent*, an derc'hent, an deiz qent.—*Le jour suivant*, an deiz varlero'h, antronos.—*A tel jour qu'aujourd'hui*, da guevar an deiz hizyau, da guevar an deiz-mâ, da guisin an deiz maû.—*Au jour assigné*, d'an deiz açzinet.—*De nos jours*, eus bon amser, èn hon amser.—*Sur la fin de ses jours*, var e fiuvez, var fin e vuhez.—*Les jours gras*, deizyou ezned, meurlargez.—*Les douze premiers jours de l'an*, ar gourdezyou.—*Jour, lumière*, goulou. *Trég.* golo, *Van.* goleü, —*Mettre un livre au jour, l'imprimer*, lacq'it ul levr é goulou.—*Vous m'ôtez le jour*, ez ma ouc'h èm goulou, qiryocq ouc'h digu da vezaamañ èn am-c'houlou, *v.* contre-jour. —*Se faire jour à travers des ennemis*, treuzi arme au adversouryen èn desped do fry ou èn desped d'o daoulagad ou èn desped dezo, moñnet a dreuz d'an adversouryen.—*Bonjour, salut*, demaleoc'h, *id est*, dez mad deoc'h; dematec'h, demalac'h.—*Je vous donne le bonjour*, demateoc'h, demateoc'h oll.

**JOURDAIN**, *fleuve*, Jourdan, Jordan, Jourdren, rifver Jourdan. — *Ceux qui* ziblent le long du Jourdain, Jordanis, ourdanis, Jourdrenis.

JOURNAL, récit de chaque jour, pa-pér pemdezyecq, pl. paperyou. Van. pér pamdyecq. —Journal, mesure de terre, dervez-arat, pl. dervezyou; devez-arat, pl. devezyou. Van. deüeh-arat, ever-doar. v. arpent.

JOURNALIER, ère, de chaque jour, pemdezyecq, pemdez, ordinal, oc'h, à, añ. Van. pamedyecq, pamdyecq, ob, añ. —L'exercice journalier du chrétien, an eç-ercis pemdez oupemdezyecq ouordinal us ar c'hristen. — Journalier, ère, qui change, ceiñchus, chançzus, oc'h, à, añ; a ya hac a deu. — Beauté journalière, qened ceiñchus, qened a ya hac a zeu. — Les armes sont journalières, an dißin eus ar c'houmbajou a so chançzus, ar victor a ya hac a zeu, hiryau deomp-ny, varc'hoaz deoc'h-hu. —Journalier, ouvrier à la journée, gopraër, pl. yen; gopr-devezour, pl. yen; devezyad, pl. dezvezidy; dezvezour, devezour, ppl. yen. Van. gounideocq, pl. gounidyon; deüe-hour, pl. yon. yan. v. gage.

JOURNALIÈRE, femme à la journée, gopraërès, pl. ed; devezourès, pl. ed; dezvezyadès, pl. ed; dezvezourès, pl. ed. Van. gounidiguès, deüehourès, ppl. ed.

JOURNEE, durée du jour, dervez, pl. you; devez, pl. you; dezvez, pl. you. Van. deñch, pl. eü. — travail d'un jour, dervez labour, pl. dervezyou; dezvez la-bour, devez-labour, ppl. you. Van. deüeh labour. — salaire du travail d'un jour, gopr-dervez, pl. gopr-dervezyou; dez-vez-gopr, devez-gopr, ppl. you.— Il me doit dix journées, decq gopr-dervez a dle din, decq dezvez-gopr a dle din, dleout a ra decq dervez din. —chemin fait en un jour, dervez-qerzed, pl. dervezyou; dezvez-hend, pl. dezvezyou. — Il de-meure à deux journées de chemin de Rome, ou deux journées de Rome, bez'ez chomm var hed daou zervez qerzed diouc'h Roum.— Petite journée, qui n'avance pas, difounr, difounnicq.

JOURNELLEMENT, bep dervez, bep deiz. bemdez, bemdiz. Van. bamde, pamde.

JOUTE, combat à cheval, joëntr, pl. ou; stourmérez, pl. ou. v. tournoi. — Carrière de joutes, grande place destinée pour les joutes et les tournois, camp-jo-éntr, camp-postal. De ce mot semble venir campostal, nom de la maison des MM. du Quelennec, agréablement située à la porte de Rostrenen; de camp, champ, et de postal, poster, courir la poste. v. lice. — Joute, parlant des coqs, des béliers, em-gañn, tourtérez. Van. ingann, turche-reh, meüterch.

JOUTER, faire des joutes, joëntra, pr. et; stourma, pr. et; tenna d'an armou, pr. tennet. — parlant des coqs, des cailles, etc., hem ganna, pr. et; parlant des bêtes à cornes, tourta, tourtal, pr. et. Van. turcheiñ, turchal, menteiñ. v. cosser, doguer.

JOUTEUR, qui joute, joëntrer, pl. yen; stourmer, pl. yen; joëntrour, stour-mour, ppl. yen. —Un grand jouteur avait été Pierre de Rostrenen, sire dudit lieu, ur joëntrer rust ha vaillant a voue bet an autrou Pezrès eus a Rostrezen, ur stour-mer terrupl a yoa bet an autrou eus a Rostrenen henvet Pezrès. v. Rostrenen.

JOUVENCE ou jeunesse, fontaine de Jouvence. v. fontaine.

JOVIAL, e, gai, laoüenu dre natur, drant, drilhant, nep so natur dezañ bera gaé ou laoüenn.

JOYAUX, bijoux, joayusou.

JOYEUSEMENT, èn ur fæçzoun joaüs. gad levenez.

JOYEUX, euse, joaüs, joaëus, laoü-enn, oc'h, à, añ. Van. joëyus. Al. aff, levenus, levenecq. —Etre joyeux, be-za joaüs ou joaëus. — Rendre ou devenir joyeux, joaüçzaat, pr. ëet. Van. Id. —Voilà la bande joyeuse, cetu a hont ar jotüs-ded. cetu an dud a joa.

JUBÉ, tribune d'église, chantelo an avyel. v. chanceau, chant, lutrin.— Faire venir quelqu'un à jubé, countraign ur re da sugea, countraign ur re da gana pé da discana, countraign ur re da dré-men dre an heud ma qarcur, pr. et.

JUBILÉ, indulgence plénière solennelle, jubile, pl. ou — Le jubilé universel, ar jubile hras. — Faire son jubilé, ober e

JUMENT, *cavale*, qasecg, pl. qesecg enbecg. *Ile de Batz et Van.* qasecg, pl. qesecg.
— *Jument poulinière*, qasecg a daul ou a zoug heubeulyen ou heubeulyou, qasecg haraçz, pl. qesecqenued. — *Jument pleine*, qasecg qeneb, cazecq a so heubeul ènhy, qasecq a so güenn match ènhy. *v. rache.* — *La jument est pleine*, qeneb ou leun eo ar gasecg, heubeul *ou* güenn marc'h a so èr gasecg. — *La jument a pouliné*, troët eo *ou* troët he deus ar gasecg, heubeulyet he deus ar gasecg. *Van.* hebelet *ou* troëit eü'er gasecg. *S.-Brieuc.* alet eo ar gasecg. — *Sous le règne de François I.er, la ville d'Etampes appartenait à la grande jument de Gargantua, selon Rabelais*, eñdan rèn ar roüe Francès qentà èn hano, ez haparchanté ar gùær a Estamp ond qasecg vras Gargantuas.

JUPE, lostenn, pl. ou; bros, pl. brosyou. *Van.* broh, pl. eü. — *Jupe de dessus*, goeledenn, pl. ou; bros èndan, pl. brosyou. — *Jupe d'entre deux*, losten-greiz, pl. lostennou.

JUPITER, *roi des Titans, mis au nombre des Dieux*, Yaou, Yau, You, ar roüe Yaou, ar fals-doüe Yau. *Van.* Yeü, èr fals-doë Yeü, *deld* yau, *jeudi*; yaoüancq, *jeune. v.-y.*

JUPON, *petite jupe de dessous fort courte*, lostenn vihann, pl. lostennou; goeledenn vihan; bros vihan. *Van.* broh vihan, bro vihaon. — *Jupon, reste d'été*, rocqedenn, pl. ou. *Van.* jacqedenn, pl. eü.

JURÉ, *qui a prêté serment*, ur jured, pl. ar re jured, ar jureded.

JUREMENT, *action de jurer*, touërez, touïdiguez. — *Jurment, affirmation d'une chose*, ledoüëd, pl. ou, leoudoüëd. *Van.* touadell, pl. eü. r. *serment.* — *Jurement faux*, fals ledoüëd, pl. ou; ledoüëd faos, pl. leoudoüëd faos. *Van.* touadell faus, pl. touadelleü. — *Jurements fréquents*, touërez. — *Jurements, exécrations qu'on prononce dans la colère*, foultradennou, jarneou, goallgompsyou. sacrérez, diaulérez, sacreou horrupl, fouldraçzérez.

JURER, *assurer avec serment*, touët, pr. id. *Van.* touciñ, touyciñ. *Al.* toëa. pr. toëct. *Toas ces mots viennent de* Doüe,

*Dieu, qu'on prend à témoin.* — *Jurer à* touët è guir, touët gad guiryonez. — *Jurer à faux*, touët è gaou, touët gad falséntez. *v. serment.* — *Faire jurer* qu'un, lacqât ur re da douët, ober è ur re-bennac touët. — *Cela sera, je l'ai juré*, græt vezo, rac touët eo güenei. — *Jurer Dieu, le prendre à témoin*, touiñ Doüe, qemeret Doüe da dèst, ppr. id. guervel Doüe da dèst, pr. galvet; di fenn Doüe da dèst, pr. et. v. *blasphémer.* — *Jurer Dieu, le renier*, renoucya Doüe, renoncyal Doüe, ppr. renoncyet; renoncz da Zoüe, pr. renoncet. *Van.* re noncyeiñ, renoncyal. — *Jurer, proférer des imprécations*, fouldraçzi, pr. et; la varet foultradennou *ou* sacreou, pr. id. sacreal, pr. sacrëet; jarneal, pr. jarnëet. *Van.* seaheiñ; *de* seah, *foudre.* — *Il jure comme un charretier embourbé ou comme un marinier engravé*, sacreal ha fouldraçzi a ra evel ur charreter a véz chommet e gar èl laguenn, pe è c'hiz da ul loumen a véz sqoët e lestr var ar treaz. — *Ennemi juré*, adversour touët; adversour marvel; adversour haznad.

JUREUR, *qui jure*, touër, pl. yen touër-Doüe, pl. touëryen-Doüe. *Van.* touër, touëour, touyour, ppl. yon, yan. *v. blasphèmateur.* — *Jureur, qui profère des exécrations dans la colère*, sacréer, pl. yen; sacreour, jarneour, fouldraçzer, touër horrupl, ppl. yen.

JUREUSE, touërès, pl. ed; touërès Doüe, pl. touëresed-Doüe. *Van.* touëoures, touyoures, ppl. ed.

JURIDICTION, *tribunal*, barn, pl. ou. *v. milieu.* — *Juridiction, ressort d'une juridiction*, dalc'h, pl. ou. — *Juridiction, autorité sur quelqu'un*, dalc'h, vellyguëlled. — *Il n'a aucune juridiction sur moi*, n'en deus dalc'h e-bed *ou* velly e bed var noun-me, n'en deus qet dalc'h vellet var'n-oun-me, ne zalc'han nep fæçzoun anezañ.

JURIDIQUE, ar pez a so hervez al léseñn *ou* hervez justiçz, ar pez a so hervez ar furm a justiçz, guiryus.

JURIDIQUEMENT, hervez ar furm a justiçz, èn ur fæçzoun guiryus.

JURISCONSULTE, *qui sait le droit*

-nal de justice, jùstiçz. --Poursuivre quel-
'un en jugement, poursu ur re ê jus-
z, (r. poursuët. —Jugement, sentence
idue, barn.barnediguez, barnidiguez.
baron. —Rendre un jugement injuste,
-tguenn ur varnediguez faos ou ur
rn disleal, pr. douguet; fals-varn, pr.
ls-varnet; goall-varn, pr. goall-var-
t. —Jugement équitable, barnidiguez
al ou just.—Jugement, parlant de Dieu,
irn, barnediguez.—Le jugement par-
-tlier, ar varn guentâ, barn poënd
maro. — Quand l'âme ira au jugement
Dieu, d l'heure de la mort, elle sera bien
ynnée, pa zay an eue ên eur ar maro
t varn an autrou Doûe, ez vezo souë-
t bras.

     l'a vezo renta ar gondt,
     Neuze a vezo ar spondt.

-Le jugement dernier, ar varn diverâ
r barn general. —Les jugements de Dieu
pt terribles et par conséquent fort à crain-
-e, barnou Doûe a so terrupl hac evel
ez tleomp meurbed o dougea.

   JUGER, barn, pr. et: douzuen bar-
ediguez, pr. douguet.--Juger un procès,
arn ur procès. —Le procès est jugé, baret eo bel ar procès, beza ez eus bel
arn ou barnediguez, barn a so bel græt
r procès. —Juger son prochain, barn é
entez. —Ne jugez pas, dit le Seigneur;
rous ne voulez pas être jugé, ne varnit
et ho c'hentez, eme hon Salver, mar
a fell qet deoc'h beza barnet gand Doûe
témerairement. —Juger, estimer, penser,
ongeal. pr. songet; istimout pr. isti-
net. --Que jugez-vous de telle chose? pera a songit-hu ou a gredid-hu eus au
lra-mau-dra? petra a islimit-hu varan
lra-m in-dra? — Je juge que cela ne vaut
-ien, me a istim ou me a gred ne dal
ra qemen-ze, me a souch din ne dal
mau au dra-ze. —Si vous le jugez à pro-
os, mar ér c'hivit mad, mar qivit e
yéz great mad, mar gratait.

   JUIF, Juzéau, pl. Juzévien; Yuzéau, pl. Yuzevyen. Van. Uzéau, pl. Uzé-
you; Judéu. pl. yan. On écrivait. Yu-
zeff et Juzeff. —Riche et usurier comme
un Juif, pinvidicq hac usurer evel ur
Yuzéau.--Le Juif errant, ar boudedéau.

—Les Juifs se convertiront avant la fin du
monde, ar Yuzèvyen a receo ar feiz hac
a zistroï ouc'h Doûe dre vir binigenn a-
barz ma finvezo ar bed.

   JUILLET, septième mois de l'année,
gouêzre, gouëro, goubere, mezeven-
nicq. Van. gourhenêuñ, gourhelin, me-
heüennicq.

   JUIN, sixième mois de l'année, mezevenn, miz mezevenn. Van. meheüenn.

   JUIVE, Juzévès, Yuzévès, ppl. ed.

   JUIVERIE, rue ou quartier des Juifs,
juzéverez, ar juzéauéry.

   JULEP, potion médicinale, giulepp, pl.
giuleppou.

   JULIEN, nom d'homme, Julyan, Sulyan.—Petit Julien, Julianicq, Julicq.
—Saint Julien., sant Julyan.

   JULIENNE, nom de femme, Julyanedd,
Julyan, Sulyan, Sulyanedd.—Julienne, poisson de mer, mor-lean, morlean-
nenn.--Julienne, fleur, Julyennès.

   JUMEAU, un des garçons nés d'une même couche, guevel, hanter coffad. Van.
hantér coffad. —C'est un jumeau, ur
guevell eo, un hanter coffad eo. Var.
un hantér covad êu.—Des jumeaux, bugale ou breuzdeur guevell, bugale eus
a ur memès coffad. Van. bugale ag ur
hoffad, bugale és ur memès covad.--
Esaü et Jacob étaient deux frères jumeaux,
Esaü ha Jacob a yoa guevell ou breuzdeur guevell ou eus a ur memès coffad.
--Le premier né de deux jumeaux jouit des
prérogatives de l'aînesse, quelque chose que
l'université de Montpellier ait décidé au contraire, au henour eo ôr c'hentâ-ganet,
daoust d'ar p: zo devès lavaret èr c'hou-
troll ar vidicined eus a Voñpellyer.—
Fruits jumeaux, cérises, etc., qui viennent
doubles et d la même queue, froueż guevell, qerès guevell, etc.

   JUMELLE, une des filles nées d'une même couche, hanter-coffad, guevellès,
c'hoar guevell Van. hanter-covad.—
Des jumelles, merc'hed eus a ur memès
coffad, guevellesed, c'hoaresed guevel.
c. jumeau.

   JUMELLES, deux pièces égales de bois
ou de métal, qui se trouvent dans plusieurs
machines, guevell, pl. ou.

JUMENT, *cavale*, qasecg, *pl.* qesecqenbecg. *Ile de Batz et Van.* qasecg, *pl.* qesecg. --- *Jument poulinière*, qasecg a daul ou a zoug heubeulyen ou heubeulyou, qasecg haraçz, *pl.* qesecqenued. ---*Jument pleine*, qasecg qeneb, cazecq a so heubeul ènhy, qasecq a so güenn match ènhy. *v. rache.* ---*La jument est pleine*, qeneb ou leun eo ar gasecg, heubeul *ou* güenn marc'h a so èr gasecg. ---*La jument a pouliné*, troët eo *ou* troët he deus ar gasecg, heubeulyet he deus ar gasecg. *Van.* hebelet *ou* troëit eü'er gasecg. *S.-Brieuc.* alet eo ar gasecg. ---*Sous le règne de François I.*", *la ville d'Etampes appartenait à la grande jument de Gargantua, selon Rabelais*, eûdan rèn ar roüe Francès qentâ èn hano, ez haparchanté ar guær a Estamp ond qasecg vras Gargantuas.

JUPE, losteun, *pl.* ou; bros, *pl.* brosyou. *Van.* broh, *pl.* eü. ---*Jupe de dessus*, goeledenn, *pl.* ou; bros èndan, *pl.* brosyou.---*Jupe d'entre deux*, losteñ-greiz, *pl.* lostennou.

JUPITER, *roi des Titans, mis au nombre des Dieux*, Yaou, Yau, Yoü, arroüe Yaou, ar fals-doüe Yau. *Van.* Yéü, èr fals-doē Yeü, *deld* yau, *jeudi*; yaoüancq, *jeune. v.-y.*

JUPON, *petite jupe de dessous fort courte*, lostenn vihaun, *pl.* lostennou; goëledenn vihan ; bros vihan. *Van.* broh vihan, bro vihaon.---*Jupon, reste d'été,* rocqedenn , *pl.* ou. *Van.* jacqedenn , *pl.* eü.

JURÉ, *qui a prêté serment*, ur jured, *pl.* ar re jured, ar jureded.

JUREMENT, *action de jurer*, touērez, touïdiguez.---*Jurement, affirmation d'une chose*, ledouēd, *pl.* ou, leoudouēd. *Van.* touadell, *pl.* eü. r. *serment.*---*Jurement faux*, fals ledouēd, *pl.* ou; ledouēd faos, *pl.* leoudouēd faos. *Van.* touadell faus, *pl.* touadelleü.---*Jurements fréquents*, touïrez.---*Jurements, exécrations qu'on prononce dans la colère*, foultradennou, jarneuū, goallgompsyou. sacrérez, diaulérez, sacreou horrupl, fouldraçzérez.

JURER, *assurer avec serment*, touēt, *pr.* id. *Van.* touciñ, touyeiñ. *Al.* toēa. *pr.* toēt. *Tous ces mots viennent de* Doüe,

Dieu, *qu'on prend à témoin.* ---*Jurer à* tri touēt ē guir, touēt gad guïryonez. *Jurer à faux*, touēt ē gaou, touēt fal-éntez. *v. serment.* ---*Faire jurer* qu'un, lacqât ur re da douēt, ober ur re-bennac touēt. ---*Cela sera, je jurė, græt vezo, rac touēt eo güen --*Jurer Dieu, le prendre à témoin, t Doüe, qemeret Doüe da dèst, *ppr.* id. guervel Doüe da dèst, *pr.* galvel; fenn Doüe da dèst, *pr.* et. *v. blasphème* ---*Jurer Dieu, le renier*, renoncya Doüe renoncyal Doüe, *ppr.* renoncyet; re nonçz da Zoüe, *pr.* renoncet. *Van.* re nonçyeiñ, renoncyal.---*Jurer, proféret des imprécations*, fouldraçzi, *pr.* et; la varet foultradennou *ou* sacreou, *pr.* id. sacreal, *pr.* sacrēet; jarneal, *pr.* jar nēet. *Van.* seaheiñ; *de* seah, *foudre.* ---*Il jure comme un charretier emboarbé* comme un marinier engravé, sacreal ha fouldraçzi a ra evel ur charreter a vē chommet e gar èl laguenn, pe ē c'hi da ul loumen a véz sqoēt e lestr var a treaz.---*Ennemi juré,* adversour touēt; adversour marvel, adversour haznad

JUREUR, *qui jure*, touēr, *pl.* yen touēr-Doüe, *pl.* touēryen-Doüe. *Van.* touēr, touēour, touyour, *ppl.* yon, yan *v. blasphémateur.* --- *Jureur, qui profèr des exécrations dans la colère*, sacrēer *pl.* yen; sacreour, jarneour, fouldrac zer, touēr horrupl, *ppl.* yen.

JUREUSE, touērès, *pl.* ed ; touērès Doüe, *pl.* touēresed-Doüe. *Van.* touē oures, touyoures, *ppl.* ed.

JURIDICTION, *tribunal*, barn , pl ou. *v. milieu.*---*Juridiction, ressort d'un juridiction*, dalc'h , *pl.* ou.---*Juridiction autorité sur quelqu'un*, dalc'h , velly guélled.---*Il n'a aucune juridiction su moi*, n'en deus dalc'h e-bed *ou* velly e bed var noun-me, n'en deus qet d vellet var'-n-oun-me, ne zalc'han nep fæçzoun anezañ.

JURIDIQUE, ar pez a so hervez a léseun *ou* hervez justiçz, ar pez a s hervez ar furm a justiçz, guïryus.

JURIDIQUEMENT, hervez ar furm a justiçz, èn ur fæçzoun guïryus.

JURISCONSULTE, *qui sait le droit*

iraonr, pl. yen. Al. fur èn guir, fut
: cusul.

JURISPRUDENCE, science du droit,
goirizyéguez cus ar guir, un aznadéguez parfed eus ar peé a so leal ha
-t. pe ne deo qét, doctoraich ar guir.

JURISTE, docteur en droit, doctor èr
iïr, pl doctored èr guir. v. jurisconsulte

JURON, serment ordinaire de quel-
l'un, lè ordinal ur re-bennac, dicnn ur re-bennac, pl. ou. — C'est là
n juron, e lè ordinal eo hénnez, hencz eo e zictonn.—Il a juré son grand
troñ que, fouët èn deus e lè dreistorinal penaus.

JUS, suc, liqueur, douren, dour,
aen, juzn. Van. chugon.—Le jus d'une
ymme, douren un aval, dour un aval,
uzn ou juzn un aval.—Qui a du jus,
ourecq, dourocq, oc'h, añ. —Du jus
e viànde, suzn qicq, juzn qicq. — Jus
e rôti, reçied, druzony lichefrid,—
)u jus de septembre, guin.— C'est jus
ert ou vert-jus, an eil a dal eguile, meuès tra int.

JUSANT, le reflux de la mer, trec'h,
re. Van. dichal. v. flux.

JUSQUES, jusque, bede, bete, béta.
Van. beta, betag. — Jusques à Paris,
bede Paris. bete Paris.—d moi, bede'g
énnoun-me. Van. bed'on, bed'hon-me.
—d toi, bede'g énnoud-te. Van. bed'oud, bed'out-te.—d lui, bede'g énnâ.
Van. bed'hoû. — d elle, bede'g énny.
Van. bed'hy.—d present, beta-heu, bede vrémâ, bete brémañ. — à ce jour,
bete an deiz hizyau.--alors, bede neuze.
—d quand? pe vete pe cur? pe guéhyd
amser?—d ce qu'il tienne, qen na zui.
—d ce que le terme soit expiré, qen na
vezo deuët an termen.—où irez-vous?
pe vete pe lec'h ez eot-hu? bede pe
leac'h ou pe guéhyd ez eot-hu?—d Rome, bete Roum.—ici, bedeg amâ, bete
amañ.—ld près, bedeg aze. bete aze.
—là plus loin, bedeg a-hont.—ld que,
bede ma, bete ma.—ld que j'ai été obligé de vendre des effets, bete ma ez oun
bet conntraign da ober guërzidiguez.
—Adieu jusqu'au revoir, qen na vezo ar
c'henta guelled, qen na vezo an dis-

ro ou an distro, qen na vezo. -

JUSQUIAME, lousaoùenn sántès Apollina, lousaouënn ar o'housqed.

JUSSION, gouro'hemennidiguez. pl.
ou.-Après plusieurs jussions réitérées, goude meur a c'hourc'hemennidiguez:

JUSTE-AU-CORPS, justacor, pl. justacorou. Van. jacqedenn, pl. eû.—Juste-
au-corps de velours, justacor voulous.

JUSTE, équitable, just, léal, oc'h,
â, aû. Van. id. v. équitable.—Cela est
juste, just eo qemen-ze.—Dieu est juste, Doûe a so just.—Juste, proportionné,
just, iñgal.—Des souliers fort justes, boutou-lezr a so just evel ma faot.—Il porte juste, prezecq a ra dereat, comps a
ra gand justed, just ez comps, manivicq ez parlant.—Au juste, au vrai, d'ar
just, d'ar guir.—Juste, sans péché, just.
v. innocent.—Juste, craignant Dieu, just,
oc'h, aû; nep èn deus doujançz Doûe;
nep a vev ê doujançz Doûe. v. saint.—
Job était un homme juste et craignant Dieu,
Job a yoa un dèn just hac a vevé ê doujançz Doûe. — Dieu éprouve le juste par
l'adversité, comme on éprouve l'or dans le
creuset, Doûe a zéu da amprouî an dèn
just gaud pep scurd countrolyez, ec'hiz
ma hamprouêr an aour ebarz èr c'hleuzeur.

JUSTEMENT, avec justice, èn ur fæçzoun just, ez just, gand juzliçz.—Justement, précisément, à point nommé, just,
d'ar just, justâmand, d'au ampoênd, ê
qéntéll. — Justement comme je partais,
d'ar just ec'hiz ma diblaçzen.— Justement, au plus juste, just, evit ar justâ,
qer just ha fry ar c'haz. — Justement,
vous y êtes, vous l'avez deviné ( en se moquant ), justamaqt hac a lacqañ-me
man na vez yvez, yo-brès, id est, ya-a-brès.

JUSTESSE, précision, justed, juzder.
iñgalder.—Avec beaucoup de justesse, gad
éals a jusder, gad ur justed vras, èn ur
fæçzoun leun a jusder ou a jusded.

JUSTICE, vertu morale qui fait rendre
à chacun ce qui lui appartient, justiçz.—
Justice, droit, guir. — Il a justice de son
côté, ar guir èn deveus, ar guir a so gaud-
bâ ou èn tu diountâ. — Faire justice à

10

chacun, *ſdre dtoit*, obet guïr dã **bep** hïuy, *pr*. græt; renta da bep hiny ar pez a aparchant oundhá, renta da bep hi ny e ʼvir. — *Justice. r. juridiction.* — *Jus tice, tribunal*, barn, justiçz. — *Apreter quelqu'un en justice*, guervel ur re dirag baʼruer *ou* è justiçz, *pr*. galvet. — *Pour suivre en justice*, poursu è justiçz, *pr*. et; poursu dirag barnéur. — *Justice, les ju gés*, an dud a justiçz, ar justiçz, ar jus tiçz, ar justiçzéryen. — *Justice, fourches patibulaires*; justiçzou, ar justiçzou, jus tiçzou. — *Haute justice*, uhel justiçz, guïr vâr ar-vuhez ha var ar maro. — *Moyenne justice*; crenn justiçz; guïr da briúounyar ha da gondauni d'an amand. — *Basse justice*, isel justiçz, guïr da gon daúni dâ un amand distær. — *Justice, innocence*, stad a justiçz, stad a c'hraçz. *r. innocence.*

JUSTICIABLE; eus an dalc'h, nep so eus an dalc'h, nep a dle beza bar net èn dalc'h ordinal eus al leac'h. — *Il est notre justiciable*, eus hon dalc'h eo, eus an dalc'h eo.

JUSTICIER, *qui rend bonne justice*, justiçzer; *pl*. yen; justiçzour, *pl*. yen; guïr-varnur, *pl*. guïr-varnéryen. — *Le roi S. Louis était un grand justicier*, ar roüe sant Loyz a yoa ur justiçzer bras ou justiçzour leal. — *Justicier, qui a droit de justice*, justiçzour, *pl*. yen. — *Haut jus ticier, moyen justicier*, uhel justicier, uhel justiçzour, cren justiçzour, isel justiçz zour. — *Justicier, qui a charge de judica ture*, justiçzer. — *Les justiciers, les offi ciers de justice*, ar justiçzéryen, an dud a justiçz, an oviçzéryen a justiçz. — *Justicier, punir en vertu d'une sentence*, justicya, *pr*. et.

JUSTIFIANT, *e, qui Justifie, qui a tout ce qu'il faut pour justifier*, justifyant, justifyus, oc'h, d. — *Un fait justifiant*, ur feadt justifyus, *pl*. feadtou. — *La grâce justifiante*, ar c'hraçz justifyant *ou* a zeu d'hon renta just dirag Doüe, ar c'hraçz sanctifyant *ou* a zeu d'hou renta santel dirag Doüe, ar c'hraçz pé dre hiny ez oump great bugale da Zoüe. ar c'hraçz justifyus *ou* santifyus.

JUSTIFICATIF, *ive, qui justifie*, jus-

tifyus, oc'h, añ. (*Van*. id.) ar pez a mad da venna ur re *ou* da justifya u re-bennac. — *Etre reçu à ses faits justi ficatifs*, beza recevet evit èn hem jus tifia *ou* d'en hem justifya. — *Pièces jus tificatives*, pezyou justifyus, litrou jus tifyus, paperyou justifyus, paperou pere a zisquëz ez eo just ar goulenn.

JUSTIFICATION, *action de justi ficacion*, guënnadur, guënnid guez. — *Cette quittance fait ta justifica tion*, è justificacion eo *ou* e venadur ed ar guitançz-ze. — *Justification, retabli sement d'un pécheur dans la grâce*, justi fyançz, justifyançz ar pec'heur, justi fyançz an cne.

JUSTIFIER, *prouver l'innocence*, jus tifya ur feadt, justifia ur goulenn. *pr*. justifyet. — *Justifier une personne, mon trer qu'elle n'est point coupable*, justifya ur re; guënna ur re, *pr*. guënnet; dis clærya ur re-bennac diviam *ou* dida mal *ou* guënn, *pr*. disclæryet. — *Se jus tifier*, èn hem justifya, *pr*. et; èn hem venna, *pr*. et. — *Justifier, mettre au nom bre des justes*, justifya ur pec'heur. *pr*. et; lacqaat un ene da drémen eus ar stad a bec'heud d'ar stad a c'hraçz, guënna un ene dirag Doüe.

JUVEIGNERIE, *partage de cadet ou de jeune seigneur*, rann ur yaouaër nobl.

JUVEIGNEUR, *frère puiné ou cadet*, yaouaër, *pl*. ed, yen; yaouaër nobl, *pl*. yen. *Van*. caded noblançz *ou* nobleçz, *pl*. cadeded, etc.

## K

Quoique nos anciens Bretons se soient beaucoup servi de la lettre K, presque bannie de la langue française, néan moins je m'en sers fort rarement dans mon orthographe, ou plutôt je ne m'en sers que dans les mots de *Kær*, fort communs dans notre langue, où la lettre K est seule naturelle, et qu'elle exprime même en abrégé, si l'on met une barre sur la dernière branche, de cette sorte Ҟ. Ma raison est que, lors que le K se trouve au milieu des mots, ce qui est assez ordinaire, il les défi-

... arre, et de plus il est inutile et superflu, puisque la lettre Q, qui, hors le
pays de Vannes et de la Haute-Cornouaille, se prononce en breton avec
la même force que le K, et la lettre C,
suppléent parfaitement à son défaut.
Ainsi on tronvera écrits dans ce Dictionnaire par les lettres C et Q, les mots
Bretons qu'on écrivait autrefois par la
lettre K, fort peu exceptés, qui suivent:
KÆR, ou Kaër, en B.-Léon, ou Kear,
en haut Léon, signifie ville, et est très-
commun dans les noms propres qu'il commence, de même que ville se trouve fréquemment à la fin des noms propres de
Normandie, et au commencement en d'autres lieux. v. ville.
KÉ, nom d'homme, Ke, Kenan. —
Saint Ké, sant Ke, sant Kenan.
KIRECQ, nom d'homme. Trég. Kirecq. Léon. Guevrocq. En Corn., vers
Quimperlé, Dilecq. A l'île de Grois, près
Port-Louis, où saint Kirecq est patron,
Geran. —Saint Kirecq, ou saint Guevrocq, ou saint Dilecq, ou saint Geran,
sant Kirecq, sant Guevrocq, sant Dilecq, sant Geran.
KYRIE-ELEISON, ar c'hirie-eleison. —A-t-on chanté le kyrie-eleison? ha
canet eo bet ar c'hirie-eleison?
KYRIELLE, prières de l'église compo-
sées de plusieurs invocations, letanyou.—
Kyrielle, liste, dénombrement d'une longue suite de choses, kyriellenn, pl. ou;
ur gniryellenn.
KYRIO, nom d'homme, Kyrio.--Saint
Kyrio, qui a une chapelle dans la paroisse
de Ploujan, près Morlaix : on l'invoque
pour les faroncles. sant Kyrio. v. furoncle.

## L

LA, article féminin, s'exprime en breton de la même manière que le, savoir :
par an, près de Quimper et dans le Bas-
Léon, devant les consonnes comme devant
les voyelles; partout ailleurs, par an devant les voyelles et devant les consonnes d,
h, n, t; par ar devant les autres lettres,
excepté devant l, où c'est al, el, ul, el
pour tous genres et nombres. Van. la et le

s'expriment par er, eu, ainsi que lui;
LA, note de musique, la; la, ar c'hu-
ëchved notenn-gan.—Mettre le chant en
la, lacqat ar c'han ê la.
LA LA. t. de menaces, nebaoun, list-
list, list nebaoun, list da ober, iit-ue-
baoun, iit-iit, qit-qit, ne gouëz damand deoc'h. Van. teüet nebon, nebon, nebon neoah.
LA, particule démonstrative, ze, hont,
aze. Van. ze, hont, vaze, aze, — Ce
maraud-là, an hailhebod-ze, an hail-
hebod-hont.—Que dites-vous là? petra
a liuirit-hu aze ? Van. petra laret-hu
vaze?—Celui-là, celle-là, hennès, hounès, hennont, hounnont. v. celui, celle.
LA, adverbe de temps, neuze, eno, a-
beun neuze, cûtretant. Van. neze, a-
been neze, enoñ.—En ce temps-là, nev-
ze, en amzer-ze.—Il sera bon d'y songer quand on sera là, pa vior eno, ez
vezo græt mad songeal eü qemeñze.—
Sous ce temps-là, abeun neuze, abeun
eno, entretant, etretant.
LA, adverbe de lieu, si c'est joignant,
aze, vaze, el lec'h-ze. Van. añze, vaze,
aze. Si c'est à une certaine distance, a-
hont, eno, el lec'h-hont, tu-ze, tu-
hont. Van. ahont, ahonteq, enoñ, du-
hont, du-ze. v. de là, ici. — Il est là,
tout auprès, ez ma aze ou vaze ou el
lec'h-ze.—Il est là, un peu éloigné, ez
ma ahont, ez ma el lec'h hont ou tu-
hont ou tuze.—Il est là, elle est là, loin,
ez ma eno.—Il est allé là, eat eo dy.—
J'irai là aussi tantôt, me a yello dy y-
vez everr. —Il reviendra de là ici, distrei a ray ao'hano amâ.—Là où je suis,
ici, amâ, amañ.—Par là, auprès, dre
aze, dre al lec'h-ze, dre leç-ze, èn
hend-ze, dre'n hen-ze.—Par là, unpeu
loin, dre ahont, dre tu-hont.—Par là,
loin, dre eno.—Par là, de ce côté-là,
dre tu-ze, dre zu-ze, dre'n tu-ze.—Par
là on connaît que, dre eno o vellér penaus, ao'hano ez vellour penaus.—Ça
et là, tu-hont ha tu-mâ.—Par-ci, par-
là, quelquefois, de temps en temps, a vizyou, a veichou, a vechou, a amser-
ô-amser, a amser da amser. —C'est-
là mon exercice, eçu eno eu ar pez a rañ.

— *Est-ce là ce qu'il prétend? quelque chose de beau,* ha qemen-ze eo a espèr é? ur pez caër. — *Là dessus, à ce sujet,* var guemeñ-ze. — *Là-dessus, sur ces entrefaites,* eñtretant, etretant. — *Qui va là,* piou a so'aze.—*Paix là,* peoc'h, peoc'h aze. — *De là, adv. de lieu et de temps, relatif d de ed,* tu-ze. *Van.* duze. — *Passez de-là,* tremenit tu-ze. — *Aller de-çà et de-là,* mônet tu-ze ha tu mâ, *ppr.* ëet, eat. —*De là, loin ou un peu loin,* tu-hont, pell tu-hont, pell tu-zè. *Van.* du-hont, pell du-hont. — *Aller de-là et de-çà,* mônet tu-hont ha tu-mâ, *pr.* ëet, eat. *v.* deçâ. — *De là, de ce lieu là,* a leçz-ze, a-hanecz-ze. *Van.* e hañ-ze. —*Tirez-vous de là,* téc'hit a leçz-ze. —*Allez de-là,* qiit ou iit a leçz-ze. — *De-là, suivi d'un nom,* tu-hónt da, èn tu-hont da, tu all da, èn tu all da. *Van.* èn tu-hont de. —*De-là les monts, au de-là des montagnes,* tu-hont d'ar menezyou, èn tu-hont d'ar menezyou, èn tu all d'armenezyou. *Van.* èn tu hont de'r manèeu. — *Au de-là de ce qu'il faut,* èn tu-hont d'ar pez a faut, dreist ar pez a faut. — *Au de-là de toute espérance,* pell èn tu-hont d'ar pez a esperét, cals èn tu-hont d'ar peza alleur da esperout *ou* a allét da espera, dreist pep esperançz. — *De là, de ce pays-là, de ce lieu-là loin,* ac'hano, ac'hano. *Van.* a enoñ, — *De là il tiendra ici,* ac'hano ez teuyo amâ, ac'hane e tui amañ. — *De là, par là,* ac'hano. — *De là il s'ensuit que,* ac'hano e teu *ou* c'herou penaus, ac'hano ez eo red lavaret penaus. — *Dès-là,* ac'hano, qerqent. — *Je jugeai bien dès-là,* ac'hano me a sonjas èr-vad, ac'hano me a vellas èr-vad penaus. — *Dès-là, je me défiai d'elle,* qerqont ez disfiziit auezy.

**LABEUR,** *travail,* labour, *pl.* ou, you. *Van.* id., *pl.* eû. — *Les anciens moines qui n'étudiaient, qui ne prêchaient ni ne confessaient, parce qu'ils étaient tous ou presque tous laïcs, vivaient du labeur, du travail de leurs mains,* ar væuac'h guëichal, è c'hiz ne studyént, ne brezeguént na na goveçzeant qel, dre'n abecg ma ez oant oll, pe hogos oll breuzdeur licq, a vevé diouc'h ou divar boues p labour *ou* di-

var boues o divreac'h.

**LABIALE,** *qui se fait de bouche,* a c'he nou. — *Faire des offres labiales,* ober offr a c'henou. — *Lettres labiales,* lizrennou doueçz.

**LABILE,** *mémoire labile, infidèle,* memor didalc'hus, memor ne dalc'h souch eus a netra, nevor ricqluxoudquill eugad.

**LABORATOIRE,** *lieu de travail,* ovrouër, *pl.* ou, *id est,* oberouër *de* ober, *faire;* labouradecg, *pl.* labouradegou.

**LABORIEUX,** *euse, qui travaille beaucoup,* oberyant, labourus, poëlladus, oc'h, â, añ, *ppl.* oberyanted; tud oberyant, tud labourus, tud poëlladus. — *Laborieux, pénible,* poannyus, calet d'ober, rust *ou* teuu da ober, a goust cals da ober, a vez cals poan ganhâ.

**LABOUR,** *façon donnée en labourant,* aradurez, aradur, gounidéguez, labour.

**LABOURABLE,** *a allér da c'hounit ou* labourat. — *Terre labourable,* douar gounidéguez, *pl.* douarou.

**LABOURAGE,** *art et action de labourer,* labouraich, labouradur, gounidéguez. *Van.* labour terryen, laboureü terryen. — *Dresser des taureaux au labourage,* pleustra tirvy, pleustri cozleou, *ppr.* et. *Trég.* pleustriñ, *Ces mots se disent dans le figuré, de deux personnes qui se recherchent pour le mariage.* v. rechercher.

**LABOURER,** *remuer la terre,* labourat, labourat añ doüar, *pr.* et; gounit, *pr.* gounezet. *Van.* laboureiñ, labourat, e. charruer. — *Labourer, parlant des cochois qui remuent et gâtent la terre,* turyat, *pr.* et; trei, *pr.* troët; turc'hat, *pr.* et, *Van.* tuhyellat, treiñ, troeiñ. v. tourner. — *Les pourceaux ont vilainement labouré ce champ,* turyel orrupl eo ar parcq mâ gad ar moc'h sañ-enor, turc'het eo orrup ar parcq mâ gad ar moc'h. — *Ce pré est presque tout labouré par les taupes,* ar gozed o deus hogosicq peurdroüet añ prad-mâ, turc'het eo ar prad mâ gad ar c'hozed.

**LABOUREUR,** *labourer, pl.* yen, laLouridy; labourer doüar; gounidecq, *pl.* gounidéyen; gounider, *pl.* yen. *Van.* labourer, gounidecq, *ppl.* you. — *C'est un bon laboureur que, ul labourer mad eo.*

labourer caër ou ampart eo, ur gou-
adecq vaillant eo, un oberyant mad
... *Van.* ul labourér apert eû.

LABYRINTHE, ty dedal, mil hend
ill. — *Labyrinthe, embarras,* reustl, *pl.*
ı; luzy, *pl.* yon. *Van.* luy, *pl.* eû.

LAC, laguenn, *pl.* ou. *Van.* laguenn,
oul-laguenn, *pl.* eû. — *Le luc de Géne-*
*sreth, en Galilce,* laguenn Genesareth
Galilea. — *Le lac de Genève,* laguenn
enéva. — *Le lac de Constance, en Suisse.*
aguen Constançza. — *Espèce de lac, ma-*
ais bouœux, laguenn, *pl.* ou; poull, *pl.*
au; poull-laguen, *pl.* poull-laguennou,
poullou-laguenn.

LACER, *serrer avec un lacet,* laçza, *pr.*
at; prenna, *pr.* et. *Van.* fermeiû, laceiû,
preunneiû, *ppr.* et.

LACEREît, *déchirer un écrit, un livre,*
reûga, roëga, *pr.* et; diroëga.

LACERON, *plante, v.* laiteron.

LACET, *cordon ferré,* laçz, *pl.* ou. —
Lacet rond, laçz round, *pl.* laçzou. —
Lacet plat de fil ou ruban de fil, lyetenn.
Ile de Bat et Roscoff. scyutès. *Van.* naheu.
r. ruban. tresse. — *Lacet de soie.* laçz seyz,
*pl.* laçzou; scyzenn, *pl.* ou. *Van.* séyeñ,
*pl.* eû. — *Locet, collet ou filet pour at-*
traper du gibier, laçz, *pl.* ou. v *filer.* —
Laçet coulant; laçz rincqt ou rincqter au
red ou reder.

LACHE, *non tendu,* lausq. disteign,
d atenn, och, aû. *Van.* id. — *Une corde*
lâche, ur gordenn lausq ou disteun ou
disteign. — *Lâche, paresseux,* lént, gorrecq, oc'h, â, añ, *ppl.* tul lént, etc. —
*Grand lâche,* laudreant, Maudread, *ppl.*
ed; labasqennecq, oc'h, â, añ, *pl.* labasqennéyen. — *Lâche, sans cœur,* digalon,
digalonnecq, digouraich, lausq, poëltron, oc'h, a, aû. *Van.* id. — *Lâche, sans*
honneur, nep n'eu deus qet a enor, hep
enor, lausq.

LACHEMENT, *d'une manière lâche et*
honteuse, èu ur façzoun lausq ou digouraich ou mezus ou disenorapl, hep couraich, hep enor, gad lausquentez. — *Lâ-*
chement, lentement, gad lentéguez, gad
léntery. ez lausq. ez lént, ez laudread.

LACHER, *rendre lâche,* lausqa. *pr.* et;
disvaula, distarda, *ppr.* et. *Van.* distcr-

deiñ, lausqeiñ, *ppr.* et. — *Lâcher, laisser*
aller, leusqeul, *pr.* leusqet, lausqet. *Van.*
lausqeiñ. — *Lâcher le ventre,* leusqeul
ar c'hoff, *pr.* leusqet; digaledi, *pr.* et;
diglosa ar c'hoff, *pr.* et. *Van.* digousti-
hueiñ. — *Les pruneaux lâchent le ventre,*
ar prunos a lausq ar c'hoff, ar prunos
a zeu da digaledi ar c'hoff ou da ziglosa
ar c'hoff. — *Lâcher le ventre, faire ses ai-*
ses, divoutoñua, *pr.* et; discoulma an
accuilhetenn, *pr.* et; ober e æzamant,
*pr.* græt; scanvât, *pr.* ëet. — *Lâcher le*
pied, qemer an tec'h, *pr.* qemeret.

LACHETÉ, lausqéntez, poëltrou-
nyez, léntéguez, léntery; lachéntez
et lachadurez *sont des mots francisés.*

LACRYMAL, *ale. v.* fistule.

LACS, *lacet, filet. v.-y.* — *Lacs d'amour,*
coulm a garautez. *Van.* clom a garanto.

LACTÉ, *ée, qui a la couleur ou la na-*
ture du lait, leazecq, læzecq. *Van.* le-
ahecq, læhecq. — *Les veines lactées,* ar
goazyed læzecq. *Van.* èr goëyad leah.
— *La voie lactée,* hend sant Jalm ou Jacqès.

LACUNE, *intervalle ou vide dans un li-*
vre, discuntinuacion èn ul levr, spaçz
goullo èn ul levr.

LADRE, *malade atteint de la lèpre,* le-
zvr, lovr, lozr, lor. *Van.* lor, loir, malord. *Al.* cacodd. r. *ladresse.* — *Ladre*
blanc, lépreux qui n'a au dehors aucun signe de la lèpre qu'il a intérieurement, lovr,
*pl.* lovréyen; lor, *pl.* loréyen, tud lor;
malord, *pl.* ed. *Van.* lor, *pl.* eyon; malord, *pl.* ed. — *Ladre vert ou confirmé,*
lépreux qui a au-dehors plusieurs boutons
blancs et durs, dont la base est verte ou
mière une grosse gale en forme d'écailles de
poissons, lovr-pezel, *pl.* lovréyen-pezel;
scantennecq, *pl.* scantennéyen; lozr-
brein. *pl.* lozreyen-vrein; cacous, *pl.* yen.
lor-brein, lor-breign. *Al.* cacodd.
*pl.* cacodedd, clañ-lorz. *De ce dernier mot*
on a fait clañvour, claûour et claffour,
qui veulent dire, maláde depuis long-temps.
v. cordier. — *Les ladres verts sont insensi-*
bles, al lovréyen-pezel a so disant, disantus eo ar scantennéyen. — *Pourceau*
ladre, penmoc'h lovr, *pl.* moc'h lovr. —
*Devenir ladre,* lovra, lovri, *ppr.* et; loz-

ri, *pr.* et; seantenna, *pr.* et; doñnet da veza lovr, *pr.* deuët. *Van.* loreiñ, loireiñ, doñnet de vout lor. — *Devenir ladre, parlant des cochons,* lovri, lozri, doñnet da veza lovr; gourhea, *pr.* ët. — *S. Ladre, ou Lazre, ou Lazare était ladre confirmé; les chiens, dit l'écriture, léchaient ses ulcères; le mauvais riche appelé Nincusis, lui refusait les miettes de pain qui tombaient sous sa table,* sant Lazar ou Lozr a yoa lovr-pezel; ar c'haçz, eme ar scritur sacr, a zouë da lypat al lin eus e c'hou you; ar fals pinvidicq henvet Nincusis, a revusé dezañ ar bryen bara a gouëzé dindan e daul. — *Ladre, avare fieffé,* avaricyus-lovr, avaricyus brein.

LADRERIE, *lèpre,* lovréntez. *Hors de Léon,* lornez, lorne. *Van.* lovrch, lorch. *La ladrerie était commune en Bretagne et en Gascogne, il y a environ trois cents ans,* brema ez eus ê trotry-c'hant vloaz edo paut meurbed al lovréntez ê Breyz hac ê Goascoign. — *Ladrerie, hôpital pour les ladres,* lovrez, *pl.* ou; clañdy, *pl.* ou; ty an loffryen, *pl.* tyès; ospital an lovréyen, *pl.* ospitalyou. — *Ladrerie des pourceaux,* gourhe, lovrez, lovréntez. *Les grains sous la langue,* greun. *Les grains dans la chair,* brignenn. — *Ladrerie, épargne sordide,* un avariçded-lovr.

LADRESSE, *femme ladre,* lovrès, *pl.* ed; scantenneguès, cacousès, malordès, *ppl.* ed.

LAI, *e, laie,* licq. *Van.* licq. — *Une cour laie, un conseiller lai,* ul lès licq, ur c'honsailher licq. — *Un religieux lai ou frère convers,* ur breuzr licq, *pl.* breuzdeur. — *Une sœur laie,* ur c'hoar licq, *pl.* c'hoaresed licq.

LAID, *e. v. difforme.*

LAIDEUR. *v. difformité.*

LAIDERON, *jeune fille laide,* vilgueñ, stroden, strotoñ.

LAIE, *femelle d'un sanglier,* guès-gouëz, *pl.* guisy-gouëz *Si elle est jeune,* por-c'hellès-gouëz, *pl.* perc'hellesed-gouëz.

LAINAGE, *marchandise de laine,* gloañuaich.

LAINE, gloan. *Van.* glouan, gloan. *v. toison.* — *Un poil de laine,* gloauenn, *pl.* ou, gloan. — *Qualité de la laine,* au

touich eus ar gloan. —*Laine blanche, noire,* gloan guënn, du. — *Qui est de laine,* a vloan, a c'hloan, græt a vloan. —*Qui a beaucoup de laine,* gloañuecq, gloañuecq meurbed. —*Celui qui travaille en laine,* gloañuer, *pl.* yen. — *L'action de travailler en laine,* gloañuéguez, gloañuery.

LAINIER, *marchand de laine,* marc'hadour gloan, *pl.* yen.

LAIQUE, *qui vit en personne du monde,* licq, den licq, *pl.* tud. *v. lai.*

LAISCHE *ou laîche, herbe qui croit dans les prairies et qui blesse,* hesq. *Van.* id. — *Couverture de maison faite de laische,* toëñ hesq, *pl.* toënnou. — *Motte de laische,* torchenn hesq.

LAISSE, *cordon de chapeau,* qordieñ tocq, *pl.* qordennou tocq ; qordouëñu tocq, *pl.* qordouëñnou. — *Laisse, corde pour accoupler les chiens de chasse,* lesenn, *pl.* ou; roll, *pl.* ou. — *Mener les chiens en laisse,* cundui ar chaçz gand al lésenn ou ar roll. — *Mettre des laisses aux chiens,* rolla chaçz, lésennui chaçz, *ppr.* et.

LAISSER, lesel, *pr.* leset. *Van.* id. — *Il a laissé son manteau ici,* lezet èn deus e vantell amâ, leset eo e vantell amâ gadhâ. — *Laisser à faire,* omettre, lesel da ober, lesel hep ober. — *Il a laissé perdre une belle occasion,* leset èn deus un occasion gaër da drémen, un occasion gaër èn deus collet dre e faut. — *Je ne le laisserai pas aller,* n'el lezin qet da voñnet, ne lezin qet anezañ da vont. —*Laissez-le faire comme il voudra,* lesit-ê ou lisitê da ober evel a garo, list e gabestr var e vouë gandhâ.—*Laissez-moi vivre à ma mode,* va lesit da veva èm c'hiz.—*Laisser, quitter, abandonner,* quytaat, *pr.* ëet; dilesel, *pr.* dilesel. *Van.* delesel, dilesel, *ppr.* et. — *Se laisser aller à ses anciens désordres,* èn hem lesel da vont d'e viçzou coz, distrei d'e zisurz, distrei d'e boull, distrei d'e lamm, *pr.* distroët; distrei d'e vuhez coz. — *Je ne laisserai pas que de l'aimer ni plus ni moins,* va muy na més èr c'hiriñ ou ez qiriñ anezañ, ez garet a riñ na muy na més.

LAIT, leaz, læz. *Van.* leah, læh. — *Lait de femme,* læz greeg, leaz maguerès. —*Femme qui n'a pas de lait,* greeg dilæz.

— *Faire perdre le lait à une nouvelle accouchée*, dilæza ur c'hrecg a so névezgañlyoudet, *pr.* dilæzet. — *Lait de vache*, eaz beoc'h, læz bioc'h. — *Le lait d'une vache noire est le lait le plus sain*, leaz ur reoc'h-zu eo ar yac'hâ leaz.—*Lait doux fraîchement tiré*, leaz livriz, leaz douçz. *Van.* leah livreh, leah douçz, lec'h livrih. — *Levain qu'on met dans le lait doux*, guëdenn, goëll-læz. — *Mettre le levain dans le lait doux*, goëlla allæz, *pr.* goëllet; guëdenna leaz, *pr.* et; lacqât goell *ou* guëdenn el læz, *pr.* lecqëet. — *Lait où l'on a mis du levain*, leaz guëdenn, læz guëdennecq, læz goëllet.—*avec sa crème*, leaz diennecq, læz dien. — *écrémé*, læz disien, læz diennet. — *baraté*, leaz ribod, læz ribotet. — *aigre*, læz trenoq. — *sucré*, leaz sucret, læz sunéret. — *échauffé*, leaz tommet.—*bouilli*, læz bervet. — *Petite peau qui se forme sur le lait avant qu'il soit bouilli*, orestenenn, ar grestenenn. — *Petit lait ou lait clair*, dour-læz, guypad. *H.-Corn.* guyınpad. *Van.* guytot, guytot-leah. — *Verser le petit lait d'un pot sans troubler le gros lait*, dilava læz, *pr.* et. — *Lait caillé*, cauled. — *caillé par la presure*, læz tro, lez cauled. *Van.* leah ceület *ou* cauled. — *caillé sur le feu*, læz tarzet. — *mari*, læz guëndard *ou* bourjou *ou* bourjoûnet *ou* bourjoûnecq.—*gras qui file*, læz neudennecq *ou* gludonnecq *ou* frontecq *ou* druz. — *Soupe de lait*, soubeü al leaz. — *Lait de brebis*, læz dàvadèv. — *de chèvre*, leaz gavr, læz gaour. — *de jument*, læz qasecq — *d'ânesse*, leaz asennès.—*Celui qui rend du lait*, læzaër, *pl.* yeu. *v. laitiàre.*

— *Vin sur lait, c'est souhait;*
*Lait sur vin, c'est venin.*
Eva guïn goude lez, a so mad pa véz æz,
Eva læz goude guin, hennez a so binim.
 — *Le vin est le lait des vieillards*,
Guïn a souten calon gos
Hac a ra d'e beun repos.
Guïn a noaz da yaouancq, a ra vad
da goz.

LAITAGE, *crème, beurre, fromage, lait*, læzaich, *pl.* ou. *Van.* læhach.— *Vitre de laitage*, beva gad læzcichou.

*LAITANCE, parlant de poissons. v. laits.*—*Laitance, chaux détrempée très-clairement*, lezenn-raz, raz sclær.

LAITE, *parlant de poissons*, lesenn, læsenn besq.

LAITÉ, *ée, poisson qui a de la laite*, læzecq, *pl.* læzegued; pesq læzecq, *pl.* pesqed læzecq.

LAITERIE, *lieu où l'on serre le lait*, læzérez, leazérez, arc'h al læz, an arc'h leaz, campr ar læz.

LAITERON, *ou laceron, plante*, al læzeguéz, al louaaouënn læzecq, lousaouënn al leaz.--*Laiteron ou palais de lièvre, plante*, slau-gad.

LAITEUX, *euse, tout ce qui rend du suc comme du lait*, læzecq, oc'h, à; plantenn læzecq, *pl.* plantennou.

LAITIÈRE, *vendeuse de lait*, læzaërès, *pl.* læzaëresed. *Van.* leahoures, *pl.* leahouresed.

LAITON, *cuivre jaune passé à la filière*, laton, alcan.

LAITUE, *lætuzenn*, *pl.* lætuz; læzeguéz, *pl.* ed. — *Manger une salade de laitue*, dibri ur saladenn lætuz.--*Laitue pommée*, lætuz podecq.--*Laitue sauvage*, lætuz gouëz.

LAMANAGE, *action du lamaneur*, lomaûnvaich, loumennidiguez, loumeunadur.

LAMANEUR, *pilote résidant qui introduit les vaisseaux dans un port dont l'entrée est difficile*, loman, *pl.* ed; loumen, *pl.* ed.

LAMBALLE, *ville des Côtes-du-Nord*, Lambal.—*Les Lamballais étaient les anciens pionniers de nos ducs de Bretagne*, Lambalis a yoa a bep amser goastadouryen an dugued eus a Vreyz pa vezé brescll.—*Un Lamballais fossoie en perfection*, ur mailh eo ul Lambalad evit ober cleuzyou névez.—*Abricots de Lamballe*, fa; id est, fèven.

LAMBEAU, *morceau d'étoffe vieille ou déchirée*, drailh, drailhenn, *ppl.* ou; tamm coz-mezer, *pl.* tammou. *Van.* drailheen, *pl.* eü, draïlhaich. *v. guenilles. guenillon.* — *Par lambeaux*, a zrailhou, a zrailheunou, a dammou, a bezyou, a bez-ê-bez; a damm-ê-damm.

LAMBIN, *ine*, *très-lent. v. lâche.*

- LAMBOURDE, *t. de charpentier,* guifleun, *pl.* ou.

LAMBRIS, lambrusq, *pl.* ou. *v. bois cassant, couverture.*

LAMBRISSAGE, *action de lambrisser,* lambrusqaich. *Van.* lambrusqadur.

LAMBRISSER, lambrusqa, *pr.* et. *Van.* lambrusqeiñ, *pr.* et.—*Eglise lambrissée*, ilis lambrusqet.

LAMBRUCHE, *vigne non cultivée,* goëz guïnyez, *pl.* goëz-guïny.—*Lambruche*, *raisin sauvage*, goëz-résin.—*Cette vigne au lieu de fruits, ne produit que des lambruches, (Isaï. ch. 5.)* ar vinyenn-ma ê leac'h résin mad, ne zoug netra nemed goëz-résin, eme Doûe dre chinou ar propfied Esaya, pempved jabist.

LAME, lamen, lavnenn, *ppl.* ou, lavn, laon. *On écrivait:* laffnenn, *pl.* laffu.—*Petite lame*, lamennicg, *pl.* lamennonïgou; lavnenn vihan, *pl.* lavnennou.—*Lame d'épée*, *de couteau, de rasoir*, lamenn glezè, lamenn gontell, lamenn autenn.—*Lame de cuivre*, lavvnenn guevr.—*Lame de plomb*, taulen *ou* lavnenn blom.—*Lame de tisserand*, laon, ul lavn, lamenn guyader, lavnenn guyader.—*La bonne lame! la fine personne!* lemma lavnenn! fina map! coanta maout! fina merc'h! etc.

LAMENTABLE, *déplorable, dolent,* goëlvanus, qeinvanus, oc'h, añ. *Van.* hirvoudus, oh, añ.

LAMENTATION, qeinvan, *pl.* ou; goëlvan, clemmadenn, *ppl.* ou. *v. gémissement.*—*Le port de Lamentation était le nom d'Abrevac, du temps du paganisme; parce que tous les mois on y sacrifiait un enfant à la mamelle, à une fausse divinité,* porzAber-vrac'h ê goëled Leon, a c'halvét tro all porz qeinvan ; dre'n a bech ma lazet eno bep miz ur buguell biban oud ar vroun, èn enor da un divinité faos a adorét èl lec'h-ma.

LAMENTER, *déplorer*, qeini, *pr.* et ; léva, *pr.* lèvet; cañvaoui, *pr.* ët. *Van.* cañveiñ. *v. gémir, sangloter, soupirer.*

LAMIES, *démons,* grecg-vleiz, *pl.* graguez; *sorceresed* pere dindan an hevelediguez a c'hraguézcaër, a zivem-

pré bac a zispenné pez-ê-bez ar vugaligou. *v. loup-garou.*

LAMPAS, *maladie dès chevaux,* favet varc'h, *pl.* fa varc'h.

LAMPE, lampr, *pl.* ou. *Van.* lampr, *pl.* eü. — *Lampe d'argent, de vermeil, de cuivre,* lampr archand, arc'hand-alaou ret, cuëvr. — *Petite lampe de cheminée,* où l'on brûle de l'huile de poissons, cleuzeur, *pl.* yon; creuzeul, *pl.* you.

LAMPÉE, *grand verre de vin.* lampad guin, *pl.* ou. — *Il a pris une terrible lampée,* ur picol lampad a so eat gandhâ.

LAMPER, *boire des lampées,* lampa, *pr.* et; eva a rez toupicq lyès taçzad. *pr.* et; louncqa guérennadou caër a vin pur, *pr.* louncqet.

LAMPION, lampricg, *pl.* lamprouïgou.

LAMPROIE, *poisson,* lamprezenn, *pl.* ed, lamprez.

LANCE, *arme,* goaff, *pl.* you, goëffyou; goao, *pl.* goavyou; lançz, *pl.* ou. — *Petite lance,* goafficg, *pl.* goaffyouïgou.—*Le manche d'une lance,* fust goao, *pl.* fustou. — *Le fer ou la pointe d'une lance,* houarn al lauçz, becg ar goao.

LANCER, *jeter avec violence,* lançza, *pr.* et; strincqa, *pr.* et; cincqla, *pr.* et. *Van.* turul, daredeiñ.--*Lancer des dards,* daredi, *pr.* et; lançza dared, *pr.* et. *Van.* daredeiñ, *pr.* daredet. — *Se lancer,* hem deureul var, *pr.* hem daulet; hem stric cqa var, *pr.* hem strincqet.

LANCETTE, lancetès, *pl.* ou.

LANCIER, *soldat armé d'une lance,* goaffer, *pl.* yen; lançzer, *pl.* yen.

LANÇON, *poisson de mer,* talarecg, *pl.* talaregu:d. *v. achie.*

LANDE, *étendue de terre qui ne produit que des bruyères,* lann, *pl.* ou, launéyer. *Van.* lann, *pl.* eü, launegui. *On s'imagine faussement que c'est de* lann *que sont composés plusieurs mots bretons qui tiennent de* Laudt *et* Lan.—*Lande de peu d'étendue,* lannecg, *pl.* lannéyer, lannegou; lannicg, *pl.* lannouïgou. *Van.* lannell, *pl.* eü.—*Lande, grosse bruyère piquante,* lann. *v. jan.*

LANDERNEAU, *qu'on écrivait* Landternok, *ville du Finistère, sur la rivière d'Élorn,* Landernoc, Lan-ternocq.

LANDEVENEC, *qu'on écrivait* Landt-eveuecq *et* Lan-tevenocq, *ancienne abzye de l'ordre de Saint-Benoît, située entre Quimper et Brest,* Landevennecq, bâtÿ Landevennecq. *v. côte.*

LANDIER, *grand chenèt de cuisine,* landier, *pl.* ou. *Van.* landre, *pl.* landrecû.

LANDIVIZIAU, *où Landt-tivisyau, petite ville du Finistère,* Landivizyau, id est, *église de saint Tivisyau, ou Turiau.*

LAN *ou* LANDT, *mot breton qui a signifié lieu consacré, comme église, monastère, cimetière. Il ne subsiste plus que dans ses composés, qui sont en très-grand nombre, quant aux noms propres, tant en Bretagne que dans le reste de la France; mais en Galles on dit toujours lan dans la même signification; de là vient Guér-lan, monastère de vierges; et chez nous Klan, tre-lan, loc-lan, et non de lan, lande.*

LANGAGE, *idiome, manière de parler,* langaich. *v. langue, jargon.* —*Langage impropre, ou langue que l'on parle mal,* langaich treffoët, langaich troët, langaich trevoët.

LANGE *pour emmaillotter. v. drapeau.*

LANGOUREUX, *eute,* languiçzus, languourus, oc'h, â, añ; languiçzer, *pl.* yen, languiçzidy; clañ gad languiçz, clañ gad langour. *en raillant, on dit* sant Languiçz.

LANGUE, *organe de la parole et du goût,* téaud, *pl.* ou. *Van.* tead, *pl.* eû. —*Langue grasse,* bestéaud, *pl.* ou; téaud besq, *pl.* téaudou besq.—*Langue qui parle avec précipitation,* téaud mibin, *pl.* téaudou mibin.—*Une langue bien pendue,* un téaud distaguellet mad. — *Le bout de la langue,* pennicq an téaud, becg an téaud.—*J'ai la langue liée, je ne puis tous dire telle chose,* staguellet eo va zéaud, closet eo va guinou dign.— *Mauvaise langue,* téaud fall; goall déaud.—*Qui a une mauvaise langue,* téaudecq, *pl.* téaudéyen; lanchennecq, *pl.* lanchennéyen. *v. détracteur.*—*Langue causeuse,* lanchenn, *pl.* ou. *de là,* gourlanchenn, *gosier.*—*Langue de serpent, langue médisante,* téaud sarpant; nadoz aër, flemm an aër, lancetês.—*Coup de langue,* téaudad, *pl.* ou; lanchen-

nad, *pl.* ou. *Van.* taul comps, taul téhad. *v. détraction.*—*Donner un coup de langue,* leusqeal un téaudad, *pr.* lausqet; lanchenna, *pr.* et; rei ul lanchennad, *pr.* roët. *v. détracter.*—*Un coup de langue est bientôt donné, mais non sitôt réparé,* un téaudad prèst a achap, ha cals amser a faut d'e atrap.—*Prendre langue de quelqu'un, s'enquérir,* qemeret qentell digand ur re, *pr.* id.

LANGUE, *langage,* langaich, *pl.* ou. *Van.* langach, *pl.* langageû. —*Langue vivante,* langaich veo, langaich pehiny a gompseur èn ur vro-bennao.—*Langue morte,* langaich bet, langaich trémenet, langaich pehiny ne gompseur muy é nep leac'h, ul langaich pehiny ne gaveur nemed ebarz èl levryou. —*Langue matrice ou langue mère,* langaich-vamm, *pl.* langaichou-vamm. —*La langue celtique est une langue mère,* langaich ar c'hallaoüéd ooz, pehiny a c'halvér brémâ ar brezonnecg, a so ul langaich-vamm.—*Langue maternelle, celle du pays où l'on est né,* langaich natur, langaich o vro.—*La langue bretonne est ma langue maternelle,* ar brezounecg a so va langaich natur ou a so langaich va bro, va langaich eo ar brezoûnecg.—*Langue étrangère,* langaich estren,—*Cette langue m'est étrangère,* al langaich-ze a so estren dign-me ou evidoun-me, al langaich-ze ne deo qet natur dîn-me.—*La langue hébraïque ou la langue sainte,* al langaich hebre, an ebre, al langaich santel, langaich ar bopl muya-caret güechall gad Doüe, an hebraich.—*La langue caldaïque,* caldeaich, langaich Caldea.— *La langue grecque,* ar grecim, gregaich. —*La langue latine,* al latin, latinaich. —*La langue bretonne,* ar brezonecg, langaich Breyz-Iséll èn Arvoricq, hac hiny Kernéau ha Walle traoun Breyz-Veur. *Al.* Breyzneck, Brythneck. —*Langue basque,* ar basnecg.—*allemande,* langaich Alamaign, tudaich, teutaich, flamancqaich.-*flamande,* flamanqaich. —*espagnole,* spaignolaich.—*italienne,* italyanaich.—*anglaise,* sausnecg, sausnecg, *id est, langue de Saxe.*--*française,* ar gallecg. *Par ·antonomase*, on dit al langaich, *id est, la langue noble.*—*Savez-vous le français! Hélas, non*, ha c'huy a oar al laugaich? allas, ue oun qet sur, siouas dln l ar gallecg a ouzoc'h-hu? ne oun qet, siouaz.— *Il n'y a proprement que trois langues différentes en France , quoiqu'il y ait une infinité de dialectes , savoir : le français, le breton et le basque*, ne deus evit lavaret guïr, ne )ned trÿ seurd langaich dishèvel è Françz, pere a so ar gallecq, ar brezounecq hac ar basnecq : hoguenn beza ez eus èr-vat un niver hep fin a yezou *ou* a laûgaichou trefToëd *ou* a langaichou troët *ou* cals a c'hallecq troët.

**LANGUE** *de terre, pointe de terre qui s'avance dans la mer ,* becg-doûar , *pl.* begou-doûar. *v. isthme, péninsule.*

**LANGUE DE CERF**, *plante ,* téaudqaro.—*Langue de chien, plante,* téaudqy.—*Langue de serpent, plante ,* téaudsarpant.

**LANGUETTE**, téaudenn , *pl.* ou; arpez a véz tailhet è fæçzoun da un téaudicq. *Van.* spleitteu, *pl.* eü.—*Languette de luth, d'orgue,* louichenn , *pl.* ou.—*Languette, la partie mince d'une planché qui entre dans la rainure,* rlenn, *pl.* ou.

**LANGUEUR**, languiçz , langour. *Van* id.

**LANGUEYER**, *regarder la langue d'un porc pour voir s'il est ladre ,* sellet piz oud téaud ur penn moc'h evit gouzout ha ne véz qet lovr.

**LANGUEYEUR**, *qui visite les langues des pourceaux,* quiguer-moc'h, *pl.* qigueryeu-moc'h ; spazer ar guïsy, *pl.* spazéryeu ar guïsy.

**LANGUIR**, languiçza, languiçzat , *ppr.* languiçzet. *Van.* languiçzeiñ, languiçzat, *ppr.* et.—*Il a long-temps langui,* pell-amser èn deus languiçzet.—*Il l'a fait languir ,* græt èn deus dezâ languiçza, leset èn deus-è da languiçza

**LANGUISSANT**, *te,* languiçzus, dinerz, toc'hor, oc'h, à, aû.

**LANIER**, *oiseau de proie,* laner, *pl.* ed.
**LANIÈRE**, *petite bande de cuir longue*

et étroite, corcêñu, *pl.* ou; storeênn, *pl* ou.—*Lanière pour attacher les chevaux l'écurie,* lezrenn, *pl.* ou.—*Lanière d'en fans, pour fouetter leur sobot,* scourge lezr, *pl.* scourgezou lezr.

**LANNION**, *sous-préfecture des Côtes du-Nord,* Lannuon , Lanvyou, *de lan, église, et de* duñ, *colline.* *En lat.* Landunum.

**LANTERNE**, lctern , *pl.* ou. *Van.* lantern, *pl.* eü.—*Petite lanterne ,* lcternicq, *pl.* leternouïgou.--*Faiseur de lanternes,* leterner , *pl.* yen. *Van.* lanternour, *pl.* yon, yan.

**LANTERNIER**, *qui allume les lantérnes,* leterner , *pl.* yen.

**LANTERNIÈRE**, leternerès, *pl.* ed.

**LAPER**, *boire comme les chiens,* lappa, *pr.* et. *Van.* lappeiñ.—*Fontaine où les chiens lapent , mauvaise fontaine,* feunteun lappicq. — *Ce qui se lape à chaque gueulée,* lappadenn, *pl.* ou. *Van.* id., *pl.* eü.

**LAPEREAU**, *petit lapin,* conniffell , *pl.* ed; conniqlicq, *pl.* conniqleddigou ; connifflicq, *pl.* conniffleddigou.

**LAPIDAIRE**, marc'hadour mæin precius. *pl.* marc'hadouryen, etc.

**LAPIDATION**, *action de lapider,* labezérez , labezadurez.

**LAPIDER**, *frapper à coups de pierres,* labeza, *pr.* et. *Van.* labeeiñ, *pr.* labeêt. --*Le Sauveur empêcha les Juifs de lapider la femme adultère,* hon Salver a viras oud ar Yuzévyen ne labezzént arc'hrecg a yoa bet surprenet én avoultryaich.

**LAPIN**, conniqcl , ed ; conniffl , *pl.* ed. *Van.* coulin, *pl.* ed.

**LAPINE**, *femelle du lapin,* conniqlès, conniffllès, *ppl.* ed.

**LAPS**, *espace de temps,* amser pehiny a ceiûch ur gustum.--*Par laps de temps,* gad an amser.—*Laps et relaps,* couëzet hac azcouëzet én hugunodaich, affeilhet ur veach, diou veach én hugunodaich,

**LAQUAIS**, lacqès, licqisyen. *injurieusement,* foët-faucq. *Van.* lacqés, *pl.* lacqesyon, lacqesyan. -- *Petit laquais,* lacqesicq, *pl.* licqisyennigou; lacqès bihau, *pl.* licqisyeu vihau. — *Les la-*

...cais *marchent par toutes sortes de temps
et de chemins*, micher ur paotr lacqès
'o foëtta fancq ha foëtta drez.

LAQUELLE, *pronom relatif*, pehiny,
...eïuy. *Van.* pehany. *v. lequel.—Laquelle
'es deux ?* pehiny anezo ho diou?

LARCIN, *ce qu'on prend furtivement*,
aëroncy, *pl.* you. *Van.* id., *vl.* eû. On
crivait lazroncy, scarzérez, carzérez.
—*Faire un larcin*, laëres, *pr.* laëret; la-
...res ê cuz, laëres èn disvel. *Van.* laë-
...cah, laëreiñ, laëreh ê cuh. *On écri-
...ait* lazrcs. *Au cap Sizun*, scarza, *pr.* et;
...arza, *pr.* et.—*Larcin manifeste*, laërou-
...y aznad, laëroncy patant. *Van.* laëroncy splan.—*Faire un larcin manifeste*,
laëres aznad, beza oavet o laëres, be-
...a qemeret var an tom, *pr.* bet. *Van.*
laëreah ê splañ.—*Larcin fait par force et
avec effraction*, dirobérez, robérez. *ppl.*
ou. *Van.* diroberch. — *Faire un larcin
avec effraction*, diroba, *pr.* et; roba, *pr.*
et. *Van.* dirobeiñ. roba *et* diroba *rien-
...nent de* rob *et* robau, *biens.—Larcin qui
...e fait par adresse*, scrab, scrabérez, *ppl.*
...ou. *Van.* scrap, scrapereh, *ppl.* eû.—
*Faire un larcin par adresse, comme les chi-
...caneurs*, scraba, *pr.* et. *Van.* scrapeiñ.
...r. *plumer, filouter.—Larcin, rapine*, rapinérez, *pl.* ou; grapinérez, *pl.* ou. *Van.*
grapinereh, rapinereah.—*Faire des larcins*, grapina, *pr.* et. *Van.* grapinat,
rapineiñ. *Trég.* tuiñ, *pr.* tuët. *v. rapiner.—Larcin d'une chose déjà volée par un
autre*, riblérez, *pl.* ou.—*Faire un larcin de choses déjà volées*, riblaëres, *pr.*
riblaëret. *v. larron.*

LARD, *graisse de porc*, qich-houc'h,
qicq-moc'h, qicq-sall. *Van.* qicq-moc'h.
—*Petit lard*, dazlard, trelardot, brai-
...qicq, qicq briz. *Van.* hantér-lard.—*Le
maigre du lard*, treud-lard, qicq trëudt.
—*Faire du lard*, cousqet pell-amser,
*pr.* id.; cousqet re bell-amser. *Van.* id.
—*Gras d lard*, lard-puilh, lard-pilh.
*Van.* lard-pilh, lard-tèe, lard.teil.

LARDER, *piquer de lard*, largeza, *pr.*
et. *Van.* lardeëiñ.—*L'action de larder*,
largezérez.—*Celui qui larde*, largezer,
'pl. yen. — *Celle qui larde*, largezerès,
...ed.—*Viande lardée*, qicq largezet.

LARDOIRE, *instrument d larder*, lar-
jouër, *pl.* ou. *Van.* larjouér, lardouer,
*ppl.* eû.

LARDON, *petit morceau de lard*, lar-
gezeu, *pl.* largez.

LARES, *dieux pénates. v. dieux.*

LARGE, *seconde dimension des corps*,
ledan, oc'h, à, añ. *Van.* id.—*En long
et en large*, a hed hac a drëuz.—*Il est
logé au large*, francq eo dezâ, francqiz
èn deus. *B.-Léon*, ec'hon eo dezañ,
larg eo dezañ.—*Le large, t. de marine*,
larg, al larg.—*Mettre au large, aller en
mer*, moñnet èr mæs, moñnet ê doun
vor, moñnet ê larg, *pr.* èct. *v. voguer.*
—*Etre au large*, beza ê larg, *pr.* bet.
*v. largeur.*

LARGEMENT, *abondamment*, ez larg,
gand larguéntez, hep espergn.—*Largement, pleinement, entiérement*, a-greñ,
èn oil d'an oll. *Van.* a grean.

LARGESSE, *libéralité*, larguèntez,
*pl.* ou. *Van.* largante, *pl.* eû. *r.* don.—
*Il m'a fait plusieurs largesses*, meur a
larguentez am eus bet digandhâ ou èn
deus bet èm andred.—*Donner avec largesse*, rei larg, rei gand larguéntez,*pr.*
roët. *Van.* reiñ gued largante, *pr.* reit.

LARGEUR, ledander, ledanded,led.
*Van.* id. — *La largeur d'un habit*, ledander un abyd. — *Largeur d'une étoffe,
d'une toile*, lec'hed. *Van.* lehed. —*Cette
étoffe n'a point de largeur*, an eñtoff-mâ
n'en deus qet a lec'hed, ne deus qet a
lec'hed gad ar mezer-mâ.—*La largeur
du chemin*, treuz an hend, ledander an
hend. —*La largeur d'un pouce*, treuz ur
meud.

LARGUE, *haute mer*, larg. —*Ils tiennent le largue*, èz ma iut èl larg.—*Vent
largue*, avel larg.

LARGUER, *lâcher une manœuvre*, larga, *pr.* larguet. *Van.* largueiñ. —*Lar-
guez*, larguit ar scoudt.

LARIGOT (tire-), *boire d tire-larigot*,
eva qen na fu. — *Ils burent d tire-larigot*, eva a rezont qen na fué ou qen
na stracqlé, eva a rejont a c'hoary
gaër; fu, fué, fuo, fui *de* funn *ou* fouñ.
*abondance.*

LARME, dazlaouën, *pl.* dazlaou; laë-

laouênn, *pl.* daëlou; daëraouëñ, *pl.* da-
êrou; daraouênn, *pl.* darou. *Van.* dar,
dareûen, *ppl.* dareû. *Al.* dalgr. — *Une
petite larme*, daëlaouënnicq, *pl.* daëlouï-
gou. — *Répandre des larmes*, dazlaouï, *pr.*
êt; daêraouï, *pr.* êt ; daëlaouñ, *pr.* êt ;
squïlha daëlou, *pr.* et. *Van.* dareûeñ,
dareiñ, *ppr.* et. *v. pleurer.* — *Il le dit les
larmes aux yeux*, é lavaret a eureu añ
daëlou èn e zaoulagad.—*Fondre en larmes*, daëlaouï druz, squïlha daëlou druz,
dazlaouï qen na véz añ naoulagad var
flodt beuzi gad an daëlou.—*Il faut noyer
ses péchés dans ses larmes*, redd eo effaci e
bec'hejou gad an daëlou eus ar binigeñ.
— *Larme, petite quantité de liquide*, loumicq, *pl.* loumouïgou; loum, *pl.* ou. —
*Donnez-m'en une larme*, jevous prie, deuit
ul loumicq diñ, mar plich.

**LARMOYER.** *v. fondre en larmes.*

**LARRON**, *qui vole*, laêr, *pl.* on. *Van.*
id. *On écrivait* : lazr, *pl.* ou. *On a dit*;
ladr, *pl.* on.—*Petit larron*. *v. larronneau.*
— *Larron de nuit*, goullh, *pl.* ed; laêr-
nos, laêr a-fedt-nos.—*Larron de chevaux*,
laêr qesecq. — *Larron manifeste*, laêr
azuad. — *Larron de grands chemins*, laêr
var añ binchou bras, brigand, *pl.* ed.—
*Larron qui prend par force, voleur*, dirober, *pl.* yen, dirobidy; rober, *pl.* robé-
ryen, robidy. *Van.* dirobour, *pl.* diro-
beryon. — *Larron qui prend par adresse*,
scraber, *pl.* yen, *Van.* scrapour, *pl.* scra-
peryon, scraperyau.—*Larron qui prend
çelil d petit, rapineur*, grapiner, *pl.* yen;
rapiner, *pl.* yen *Trég.* luer, *pl.* yeu. *Van.*
grapinour, rap'nour, *ppl.* you, yau.—
*Larron d'une chose volée*, riblaêr, *pl.* yen;
ribler, *pl.* yen. — *Larron d'inclination*,
*naturellement enclin au larcin*, laêr drc
natur.

**LARRONNEAU**, laêr bihan, *pl.* laê-
ron vihan; laêricq, *pl.* laêrounigon.

**LARRONNESSE**, laêrès, *pl.* ed. *Van.*
id. — *Petite larronnesse*, laêresicq, *pl.*
laêresedigou.

**LARYNX**, *la tête de la trachée-artère*,
b.eg au treuz-gouzonocq. *v. trachée-artère*

**LAS**, *interj. v. hélas.*

**LAS**, *lasse, fatigué*, squyz, faticq, oc'h,
á, añ. *Van.* squêh, squih, oh, añ. — *Je

*suis las de marcher, de chercher, d'écrire*
squyz ouñ *ou* faticq ouñ o qerzet,
clasq, o scr.va. — *Très-las, tout-à-fait
las*, squyz-maro, squyz-bras, goñz-squyz
squyz-staucq, fatic-bras. — *Las à n'en
pouvoir plus*, acicq, oh, á.

**LASCIF**, ive, *enclin à la luxure*, licq
luxurius, oc'h, á, añ. *v. impudique.*—O
*défend avec raison les tableaux lascifs, le
livres lascifs, les paroles et les postures las-ci
ves*, divenn a rear gand cals a résou
añ taulennou hac al levryou licq, a
c'homsyou licq hac ar sœçsoun amzen
ha dishonest d'en hem zerc'hell.—*Las
aif et puant comme un bouc*, luxnrius há
flœryus evel ur bouc'h. *v. impudique.*

**LASCIVEMENT**, èn nr sœçsoun licc
*ou* lichezr *ou* luxurius, gad lichezry.

**LASCIVETÉ**, *luxure*, licqaouëres
lichezry. *v. impudicité.*

**LASSANT**, *e*, squyzus, fatigus, dea
nyus, oc'h, á, añ. *Van.* squêhus, squi
hus, oh, añ.

**LASSÉ**, *e. v. las, lasse.* — *Qui n'es
pas lassé*, disquyz.

**LASSER**, *fatiguer*, squyza, *pr.* et
*Van.* squêheiñ, squiheiñ. — *Je ne me
lasse jamais de travailler*, ne squyañ ne
pret o labourat, nepred al labour n'am
squyz, nepred na squyz al labour ac'ha
nôn, pepred ne squyzañ gad al labour,
*v. ennuyer.*

**LASSITUDE**, *état de l'homme las*,
squyzder, squyzded, squyznez, squyz
vez. *Van.* squêhded, squihded. — *Las
situde, rupture à travers les cuisses*, qicq
tor, squyzder.—*Lassitude, pesanteur dan
les membres*, squyznez, pounerder, pou
nerder gorf.

**LATÉRAL**, *e*, *qui appartient au côté*
a dreuz, a gostez. — *Les mariniers ap
préhendent les vents latéraux*, ar verdaïd
a zouch au avel-gostez *ou* avel-dreuz

**LATÈRE** ( à ), *cardinal à latere, con
seiller ordinaire et assistant aux côtés di
pape*, cardinal, cusul ordinal ar pap caç
zet gandhâ da lès ur roûe-beunac. *r.
ligat.*

**LATIN**, *langue morte qu'on parlait au
trefois à Rome*, latin, al latin, latinaich.
— *Apprendre le latin, savoir le latin, par-

ᴈ *latin*, beza var al latin, gouzout al
atin, compá latin. — *Il apprend le latin*,
z ma var al latin, studya a ra var al
atin, éz ma o disqi al latin. — *Il sait*
*bien le latin*, manivicq e oar al latin, ul
latiner caër co. — *Il parle latin, c'est un*
*charme*, latiuat a ra evit ar guëllá, ur
mailh eo evit latinat, un ebad-doūe eo
e glévet o latinat *ou* o comps latin, ul
latiner eo evit ar c'haërá. — *Le jour*
*du jugement est près, les ânes parlent la-*
*tin*, dare eo ar bed, au æseu a
gomps latin. — *Les Grecs et les Latins*,
ar C'hrecyaned hac ar Romaned, ar
C'hrecyaned hac al Latined. — *Les pè.*
*res grecs et les pères latins*, an tadou grecyaned hac au tadou romaned, an tadou eus au ilis gréez hac au tadou eus
an ilis latin *ou* romæn. *v. église.*

✝ LATINEUR, *espèce de pedant qui ne*
*parle presque que latin*, latiner, *pl.* yen.
*v. interprète.*

LATINISER, *faire parade de son latin*,
latinat, *pr.* et. *v. interpréter.*

LATINISME, *expression latine*, latinaich.

LATINITÉ, al langaich latin, al latin, ar sæçzoun pe gand hiny ez comp-
sér latin, al latinaich. — *Les auteurs de*
*la basse-latinité*, au autored eus al latin
falset.

LATITUDE, *distance de l'équateur*, ar
spaçz a so êütre ul leac'h-bennac hac al
ligneü a lecqear ê creiz ar bed, ô voñnel
etreze an cil peü pe eguile eus ar bed.

LATRIE. *v. culte.*

LATRINE, *lieux prisés*, cac'hlec'h,
campr æz privezou. *Van.* garderob,
privoës, *ppl.* cú. *v. vidangeur.*

LATTE, *planchette*, goulazeñ, *pl.* ou,
goulazou, goulaz. *Van.* glouahenn, *pl.*
glouaheü, glouah; goulahenn, *pl.* gou-
lah. — *Des clous de lattes*, taichou goulaz.

LATTER, goulaza, *pr.* et. *Van.* gloua-
heiñ, goulaheiñ.

LAUDES, *office d'église*, laudès. — *J'ai*
*dit mes laudes*, lavaret am eus laudès.

LAURENT, *nom d'homme*, Laurens.
— *Petit Laurent*, Laurinsicq. — *Saint*
*Laurent*, Sant Laurans.

LAURENCE, *nom de femme*, Lauransa.

LAURIER, *arbre toujours verd*, loro-
ēnn, *pl.* ed, loreed, lore; gnēzen lore,
*pl.* guēz lore. — *Du laurier, du bois de*
*laurier*, lore, coad lore. — *Du laurier*
*commun*, loreoounmun. — *Laurier d'Es-*
*pagne*, lore Spaign. — *Laurier musqué*,
lore musq. — *Branche de laurier*, barr lore, *pl.* barrou; bod lore, *pl.* bodou. —
*Feuille de laurier*, delyen lore, *pl.* delyou.
*Couronne de laurier*, curun lore, *pl.* curunou lore. — *Etre couronné de laurier*,
beza ourunet gad lore.

LAVABO, *l. d'église*, al lavabo.

LAVAGE, *eau ramassée qui lave*, goël-
c'hadur. *Van.* golhadur. — *Lavage, ac-*
*tion de laver*, goëlc'hidiguez, goëlc'ha-
durez.

LAVANDE, *plante médicinale*, lavend,
lavand.

LAVANDIÈRE, *blanchisseuse*, guënoe-
rès, *pl.* ed; guëlc'herès, *pl.* ed. *Van.*
guënnoures, *pl.* ed. *v. buandière.*

LAVEMAIN, guëlc'houër, *pl.* ou ;
bouilhouër, *pl.* ou; piñcin, *pl.* ou. *Van.*
goloér, golheriçz, *ppl.* eü. *v. aiguière.*

LAVEMENT, *action de laver*, goëlc'h.
*Van.* golh. *v. lavage.* — *Faire un lavement*,
*un petit lavement d quelque chose*, ober ur
goëlc'h *ou* goëlc'hicq da un dra-bennac.
— *Le lavement des pieds se fait le Jeudi-*
*Saint*, ar goëlc'h eus an treid a rear gad
cerimony d'ar y tou guemblyd. — *La-*
*vement, clystère*, lavamand, *pl.* lavamanchou. *v. clystère, seringue.*

LAVER, *nettoyer avec de l'eau*, guël-
c'hi, *pr.* et; goëlc'hi, *pr.* et. *Van.* golheiñ, *pr.* et. — *Laver une seconde fois*, azgoëlc'hi, *pr.* et. *v. relaver.* — *Donnez-*
*moi à laver*, deuit din da voëlc'hi. — *La-*
*ver la vaisselle*, goëlc'hi *ou* scauta al listry. *Se laver les mains*, goëlc'hi ez aoüarn
— *Se laver*, èn hem voëlc'hi, *pr.* et; guël-
c'hi e gorf. — *d'un crime*, èn hem veñua
eus a un torfed tamalet. — *Laver la tête*
*d quelqu'un, lui faire une verte réprimande*,
ñivigea toñneñ e benn da ur re, *pr.* qiviget; couëzya e beñ da ur re, *pr.* et.

LAVETTE, *chiffon pour laver*, goël-
c'houricq, *pl.* goëlc'houerouïgou.

LAVEUR, *qui lave*, goëlc'her, *pl.* yen;
golhour, *pl.* yon.

LAVEUSE *d'écuelles*, goëlo'herès àr scudellou, *pl.* ed; scauterès al listry, *pl.* ed. *v. écureuse.*

LAVOIR, *lieu pour laver*, goëlo'hérez, *pl.* ou; poull, *pl.* ou; poull-canna, *pl.* poullou; styffell, styvéll, *pl.* styvellou; ienn, *pl.* ou; stan**o**q, *pl.* ou; st**æ**r, *pl.* you. *Ouessant*, styff. *Van.* golhoér, golheriçz, *ppl.* eü; qibell-er-fetan, *pl.* eü. — *La fontaine qui fournit l'eau au lavoir*, feunteun ar styvell, feunteun ar poull. — *Lavoir pour se laver les mains. v. lave-main.*

LAVURE, *eau qui a lavé*, guëllyen, guëllyen-mo͞c'h. *Van.* goulyon, goëlyan.

LAXATIF, *ice, qui lâche le ventre*, lausqus, spurjus, oc'h, añ. — *Un remède laxatif*, urremedlausqus *ou* spurjus, *pl.* ou.

LAYETTE, *tiroir d'armoire*, ctin, *pl.* ou; lirouër, *pl.* ou. *v. écrin.*

LE, *art. masc. v. la, notre.* — Le, *la*, *pron. relat.* Le *s'exprime par* è, eñ, èr, anezañ, *et la par* he, anezy, hy. — *Je le che*, è glasq a rañ, beza èr c'hlasqañ, beza ez clasqañ anezañ. — *Faites-le*, grit-è, grit-eñ, grit anezâ. — *Je la'cherche*, he c'hlasq a rañ, beza he c'hlasqañ, beza ez clasqañ anezy. — *Quel ellez-la*, scandalit-hy, arguï-hy, arguit-anczy, deuit da scandalat anezy, deuit d'he arguî.

LÉ, *largeur d'étoffe*, lec'hed. *Van.* lehed. *v. largeur.* — *Trois lés de drap*, try lec'hed mezer. *v. limites.*

LECHE, *tranche mince*, tammicq, *pl.* tammouïgou; pezicq, *pl.* pezyouïgou. *v. lopin.* — *Lèche de viande*, gelqeü-qicq, *pl.* gelqennou; tammicq-qicq, pezicq-qicq. *Van.* chalchenn qicq, *pl.* eü. — *Une lèche ou tranche de jambon*, ur gelqenn jambonn. — *Lèche de pain*, pastellicq vara, *pl.* pastellouïgou; tammicq bara, pezicq bara. *Van.* pastell, *pl.* eü. — *Lèche de beurre*, clochenn amanu, *pl.* clochennou; sclozrenn amann, *pl.* ou, sclozr. *Van.* pelicq amonen, *pl.* pehigueü. — *Faire des lèches de beurre, le mettre par lèches*, disclora *ou* disclorenna, *ppr.* et. — *Mettre quelque chose par lèches ou par tranches*, discloara, *pr.* et.

LECHEFRITE, *ustensile de cuisine*, lichefre, *pl.* ou. *Van.* caçz, *pl.* eü.

* LECHE-PLAT, lipous, *pl.* ed; Lipper, *pl.* yen; flip-saus. *v. friand.*

LECHER, *nettoyer avec la langue*, lipat, *pr.* et; leat, *pr.* et. *Van.* lipat, lipciñ, limpat. — *Action de lecher*, lipérez, lecrez. — *Celui qui lèche*, liper, leër, *ppl.* yen. *Van.* lipour, limpour, *ppl.* yon, yan. *fém.* liperès, leërès, *ppl.* ed. *Van.* lipe-res, *pl.* ed. — *Tableau lèché*, tauleü parfedd *ou* digabal *ou* clocq.

LEÇON, qentell, *pl.* you. *Van.* id., *pl.* eü. *v. école.* — *Etudier, apprendre, dire sa leçon*, studya, disqi, lavaret e quentell. — *Faire la leçon à quelqu'un, l'instruire, le corriger*, qentellya ur re-bennac, *pr.* et. *v. instruction, instruire.*

LECTEUR, lcenueur, lecnner, *ppl.* yen. *Van.* lceñour, leinour, *ppl.* yon, yar. — *Lecteur en philosophie, en théologie*, lcenneur èr filosofy, lenner èn deology.

LECTURE, lcenn, *pl.* ou; lennadur, *pl.* you. *Léon.* lectur, *pl.* you.

LEGAL, ale, *loyal, plein de probité*, lcal. — *Legal, ale, qui concerne les lois*, reizus, a aparchandt oud al lésennou, a so hervez al lésennou. — *Commandement légal ou de la loi de Moïse*, gourc'hemcñ, ar reiz, *pl.* gourc'hemennou. — *Cérémonies légales*, cèrimonyou ar reiz, cerimonyou reizus, cerimonyou ordrenet gad ar reiz *ou* gad al lésenn.

LEGALEMENT, hervez ar reiz, hervez al lesennou, èn ur façzonn reizus.

LEGALISATION, certenaich dre scrid aberz ur barneur pe un escop, *pl.* certenyaichou dre scrid aberz, etc.

LEGALISER, *certifier l'authenticité d'un acte*, testennyecqât dre scrid gand ar sycl eus ar varn, pe ouzpenn, gand sin ha syel an escop, *pr.* testenyecqéet.

LEGAT, *ambassadeur du pape*, cardinal legad, *pl.* cardinaled; legad, *pl.* ed, ambaçzadour ar pap, *pl.* ambaçzadoured. *v. latere.* — *Les légats apostoliques ou du S. Siège*, legaded ar pap *ou* a berz ar pap.

LEGATAIRE, *celui ou celle à qui on fait un legs par testament*, legadour, *pl.* yen; *fém.* legadourès, *pl.* ed.

LEGATION, *fonction d'un légat*, legadenn, *pl.* ou; carg ul legad, legadur, egadurez.

**LEGER**, *nom d'homme*, Legar, Léyer. —*Saint Léger*, sant Legard, sant Léler. *En latin*, leodegarius.

**LEGER**, *ère, qui ne pèse guères*, scañ, c'h, añ. *Van.* id. *On écrivait* scaff. — *L'huile est plus légère que l'eau*, scañvoc'h eo au eol egued an dour.—*Léger, agile, dispos*, scañ, esquyt, buhau, oc'h, à, añ.—*Un homme léger*, un dèn esquyt, ur pautr scañ.—*Léger, inconstant*, scañbeun, *pl.* ou; scanbennecq, *pl.* yen; scañvellard, *pl.* ed; peñscord, *pl.* ed. *Van.* scañ a béen. *v. inconstant.*—*Il est léger d'un grain*, scañbenn eo un neubeud, un neubeud ez eo pennfoll. — *Il est léger de deux grains*, tizocq eo, spaz eo.—*A la légère*, è scañ, scañ.—*Vetu, armé d la légère*, guisqet scarû, armet scañ ou è scañ.—*A la légère, facilement*, eaz.—*Il croit de léger*, cridi a ra eaz ar pez a lavareur dezâ, eaz e cred ar pez a glèo, credus eo terrupl.

**LEGEREMENT**, *très-peu*, bihan-dra, éu un dremen.—*Légèrement, imprudemment. v.-y.*

**LEGERETÉ**, *qualité de ce qui est léger*, scañvder, scanvded. *Van.* id. — *Légéreté, agilité*, scañder, buauder, soutilded, prountidiguez. — *Légéreté, imprudence. v.-y.*—*Légéreté d'esprit*, inconstance, scañvadurez, scañbennidiguez, scañbennadurez. *v. inconstance.*

**LEGION**, *t. de milice romaine*, regimand, *pl.* regimanchou; lheon, *pl.* lheonnaou. *v. romain.*—*Légion*, un grand *nombre*, ur rum bras, *pl.* rumou bras; un taulad *ou* un niver bras, *ppl.* ou. *Une légion de diables,*, un niver bras a ziaulou, 6826 diaul.

**LEGISLATEUR**, lézénnour, reizer, *ppl.* yen; nep a ra al léseñou ens a ur stad.

**LEGISTE**, doctor è lésénnou, *pl.* doctored. *v. jurisconsulte, juriste.*

**LEGITIMATION**, legitimadurez.

**LEGITIME**, *conforme aux lois*, just, guir, oc'h, añ; ar pez a so hervez al lésenn *ou* al lesennou.—*Légitime, qui n'est point bâtard*, legitim, *pl.* bugale legitim. *Van.* id.—*Part légitime, droit des enfants sur les biens des père et mère*,

guir.—*Avoir sa légitime*, cahout e vir.

**LEGITIMEMENT**, *è just, è legitim*, ez léal, gad justiçz *ou* lealded, hervez al lesenn, hervez pep lésénn.

**LEGITIMER**, legitima, *pr.* et; disclærya legitim, *pr.* disclæryet. *Van.* legitimeiñ.

**LEGS**, *ce qui est légué*, legad, *pl.* ou; laës, *pl.* you; madou testamautet.—*Faire des legs pieux*, ober legadou devot.

**LEGUER**, legadi, laësa, læsa, *ppr.* et; ober legadou, *pr.* græt; testamanti madou, *pr.* testamantet.

**LEGUME**, *herbes potagères*, lousou fin, lousou jardin, lousou. *Van.* leseù. — *Vivre de légumes cultivés ou de légumes sauvages*, beva divar lousou fin, pe divar lousou goëz, beva gad grizyou *ou* divar grizyou, *pr.* bevet.—*Lieu abondant en légumes*, lousaonécq. *Van.* leseüecq.— *Cueillir des légumes*, lousaoûa, *pr.* et; destumi lousou *ou* lousaou, *pr.* destumet. *Van.* leseüeiñ, daspun leseù, *pr.* daspunet.

**LEMURES**, *lutins. v. esprit-foll.t.*

**LENDEMAIN**, *le lendemain*, tro-nos, an-tro-nos. *Van.* antrenos, eüternos.— *Différer au lendemain*, deport antronos, deport bede an tro nos, *pr.* deportet.— *Il partit le lendemain au matin*, antronos vintiu ez tiblaçzas.—*Le lendemain des fêtes*, antronos ar gouëlyou.

**LENDORE**, *fainéant, lâche*, landreant, *pl.* ed; morgonsqet, *pl.* morgousqidy. *Van.* id, *pl.* morgousqeded. *v. fainéant*, *grand lâche et tortue.*

**LENITIF. v. correctif.**

**LENT**, *lente, peu actif*, lént, gorrecq, daleús, oc'h, à, añ. —*Il est naturellement si lent!* qer lént eo dre natur! qer natur eo dezan bezâ lént *ou* gorrecq.—*Lent, qui n'arance pas*, disonn, difonnicq, vautecq. *v. tortue.*—*La tortue marche d'un pas fort lent*, ar velvennn croguennecq a so gorrecq-bras èn he c'herzed, ar vaut a guerz gaud cals a léntéguez.—*Rendre ou devenir lent*, léntaat, *pr.* léntéet.

**LENTE**, *œuf d'où s'engendre le pou*, nizen, *pl.* niz; nezen, *pl.* nez. *Van.* naeñ, *pl.* ne; nehen, *pl.* neh.—*Qui est sujet aux lentes*, nizus, nezus, oc'h, añ. *Van.*

neûs, nehus. — *Tête pleine de lentes*, pen
nizus.

LENTEMENT, ez lént, èn ur fæçzon
lént *ou* gorrec, gad lentéguez. *Van.* coar. *Al.* cosqor. — *Allez lentement*, iit gad
lénléguez, iit var ho corréguez, iit var
ho pouës. *Van.* ouët ar hou coar.

LENTEUR, lénléguez, léntery, gor-
règuez. *Van.* goar, goareqeah, goreqeh.
— *La lenteur marque quelquefois de la pru-*
*dence, d'autresfoisde la pesanteur d'esprit,* al
lénléguez a vès merq a furnez a-vizy-
ou, a vizyou-all yvez e tisquès lourdôny a spered. — *Lenteur, défaut de vites-*
*se naturelle*, goursez — *La lenteur d'un â-*
*ne*, goursez un asen.

LENTILLE, *sorte de légume*, lentil,
piz rous, pisigou rous. *A Crozon, dans*
*la B.-C.* où on sème beaucoup de lentilles,
*de celles qu'on appelle en latin,* lens major, *on les homme*, fer. — *Lentille, rous-*
*seurs, taches qui viennent au visage et aux*
*mains,* brizenu, *pl.* ou; brenn Yuzas. *v.*
*rousseur.*

LENTISQUE, *arbre,* lentisq. *v. mastic.*

LEON, *ancien évêché de la B.-Bretagne,*
Leon escopty Leon. *v. romain, légion ro-*
*maine.* — *Léon ou S. Paul de Léon, autre-*
*fois Accismor, et Léon-doul, capitale du*
*pays léonnais,* Kastell-Paol, Kastell. *v.*
*l'étymologie de Léon, au mot romain.*

LEONNAIS, *qui est de Léon,* Leoñarsl,
*pl.* Leonnarded, Leonnis. *Les Cornouail-*
*lais appellent les Léonnais* laër ar pesq, *id*
*est,* voleur de poisson, *prétendant qu'un*
*Léonnais vola autrefois un poisson qu'avait*
*en une fontaine S. Corentin, premier évê-*
*que de Quimper.*

LEOPARD, *animal cruel et féroce,* leoñ-
pard, *pl.* ed.

LEPRE, *lépreux. v. ladre. ladrerie.*

LEQUEL, *laquelle, pronom relatif et*
*interrogatif;* pe-hiny, peiny. *Van.* pehany. — *Daquel, de laquelle,* pe eus a hiny, eus a be-hiny, pe digand hiny,
digand pe-hiny. *Van.* ès a behany, digued pehany. — *Auquel, à laquelle,* pe
da hiny, da be hiny, pe digand hiny,
digand pe hiny. *Van.* de be hany, de-
gued pe hany.

LESQUELS, *lesquelles,* pe-re. *Van.* id.

— *Desquels, desquelles,* pe eus a re; eu
a be re, pe digand re, digand pe re
*Van.* a be re, digued pe re. — *Auquels,*
*auxquelles,* pe da re; da be re, ar re p
digand re. *Van.* da be re; v. *les exempl*
*suivants.* — *Il a vu un homme ou une fem-*
*me, lequel ou laquelle dit que,* guëllel ès
deus ur persounaich, pe hiny a lavar
penaus. — *C'est une personne de laquelle ce*
un homme duquel je vous réponds, arc'hrég
eo pe eus a hiny ou ut goaz eo pe eus
a hiny ez respountañ deoc'h. — *Duquel,*
*de laquelle l'avez-vous eu?* pe digand hiny oc'h eus-hu è bet? digand pe hiny
oc'h eus-hu è bet? — *Celui auquel, cel-*
*le à laquelle vous donnerez,* an hiny pe
da hiny ez root. — *Celui auquel, celle à*
*laquelle vous demanderez,* an hiny pe digand hiny ez houlennot; an hiny digand pehiny ez c'houlennot. — *Auquel,*
*à laquelle donnerez-vous?* pe da hiny ez
root-hu? — *Il a vu des personnes, lesquelles*
disent que, guëllet èn deus persounaichou pere a lavar penaus. — *Ce sont les*
hommes desquels, des femmes desquelles je
vous réponds, persounaichou int pe eus
a re eus a bere ez respountañ deoc'h.
— *Desquels, desquelles l'avez-vous eu?* pe
digand re ou digand pe re oc'h eus-bu
è bet. — *Ceux auxquels, celles auxquelles*
vous donnerez, ar re pe da re ez reot, ar
re da be re è root. — *Ceux auxquels,*
celles auxquelles vous demanderez, ar re pe
digand re ou ar re digand pe re ez c'houlennot. — *Auxquels, auxquelles donne-*
rez-vous? pe da re ou da be re ez root-
hu. — *Qui est celui qui, quelle est celle*
qui! plou eo an hiny pehiny, etc. ? —
*Lequel de ces deux,* pehiny eus an daouze. — *Laquelle de ces deux,* pehiny eu
— *Lequel d'entr'eux, laquel-*
le d'entr'elles, pehiny anézo. — *Lesquel*
d'entr'eux, lesquelles d'entr'elles, pe re
anézo?

LES, *art. plur.,* an, ar. *Van.* èn, èr
v. *la, notre.* — *Les cieux,* an èvaou, ar
eèvou. — *Les terres, les murailles,* an
doüarou, ar moguéryou. — *Les hommes,*
les femmes, ar voazed, ar graguez. B.-
Léon. ar goazed, au graguez.

LESE, *lèse-majesté,* majestez offan-

t, ur vagestez offancét.—*Crime de lèse-*
*jesté,* crim aëuep.ar vagestez eus ar
-uë,,crim a aëuep ar röue,pl.crimou.—
*rimiñeldelèse-majesté,*criminal èrc'hen
.qeff,coùñfapleusa urc'hrim aëuep ar
röue ou aëuep ar vagestez eus a röue.

LESER; *offenser,* gôällá; gáoui, offan-
i, *ppr.*et; greva,grevout; *ppr.*et.*r.*grevèr.

LESION, gaou, goall, offançz, gre-
éntez, grevançz.—*Lésion, rupture, bles-*
*ure,* terridignez, flastrérez, grevadù-
ez, blóñçzadur, bléçz.

LESINE, pizòñy, re vras pixdèr. *v.*
*hichæté.*

LESINBR; beza re biz *ou* dalc'huz,
spergn re var.an dispign, *pr.* et.

LESNEVEN, *ville du Finistère,* Lès-
-èven, *id est,* lès-an-Even, *la cour et la*
*aridiction du comte* Even *ou* Yvès.

LESSIVE, ligeou, lichou. *v.* buée.—
*Faire la lessive,* ober lichou,*pr.* græt.

LEST, *poids au fond du navire ;* lastë.
*Van.* last.—*Mettre du lest en un vaisseau,*
astra úl lestr, *pr.* lastret. *Van.* lasteiñ.
— *Décharger le lest,* dilastra, *pr.* et.*Van.*
lilasteiû.

LESTAGE, *action de lester,* lastraich.
*Van.* lastach.

LESTE, *propre en habits;*qempeñ,brao,
miistr, oc'h, à. *Van.* brav, qampeëu, ob,
añ, aoñ. *On écrivait* braff *pour* brao *et*
brav *ou* frau,*parce que l'f valait un* v. —
*Assez leste,* miistricq, braouïcq, peus-
qempenn.

LESTEMENT, ez qempéñn, brao,
miistricq.

LESTER, *garnir de lest,* lastra, *pr.*et.

LETHARGIE,*maladie,*terzyeñ-gousq,
au derzyenn-gousq. *v.* catalepsie.

LÉTHARGIQUE, nep èn deus an
derzyenn-gousq.

LETTRE, *figure de l'alphabet,* lizereñ,
*pl.* où. *Van.* liberenn, *pl.* eü. — *Deux,*
*trois, quatre lettres,* diou, teyr, peder lizerenn. — *Petite lettre,* lizerenn vimud,
*pl.* on. — *Grosse lettre,* lizereñ vras, *pl.*
lizerennou bras.—*Grosse lettre,initiale,*
*majuscule,* penn-lizerenn. *pl.* penn-li-
zereñou. - *Lettre labiale,* lizereñ douçz,
lizérenn compès. — *Lettre gutturale,*
lizerenn rust. *v.* guttural. — *L'alpha-*

bet breton *d'23 lettres,* ar brezounecg èn
deveus teyr lizerenn varnuguend. *v.* al-
*phabet.—Lettre;missive,* lizer,*pl.*oü. *Van.*
lihér, *pl.* eü. — *Une, deux, trois, quatre*
*lettres,* ùñ, daou, try, pévar lizer. —
*Ecrire une lettre,* scriva ul lizer, *pr.* et.
—*Enroyer une lettre,* caçz ul lizer,*pr.*et.
*Lettre de change,* lizer ceiñoh. — *Lettre*
*du roi,* lizerou roüe. — *Lettres patentes*
*du roi,* lizerou patant ar roüe.—*Lettres*
*de grâces,* lizerou o'hraçz. — *Lettre de*
*cachet,*lizeroucached.—*Les lettres humai-*
*nes, les belles-lettrés,* gouïzyéguez, sqy-
and. — *Les belles-lettres consistent en la*
*connaissance des poètes, des orateurs, de la*
*philosophie, de la géométrie et des sciences*
*solides,* ar gouïzyeguez a so an aznaoudéguez eus ar gramell, eus ar filosofy,
eü a vusulaich an doüar pe eus an huelded,an dounder,ar gorre,al ledander,
añ hed ens a bep tra corporal hao eus,
sans lettres, un dén dio'houzves *ou* diouïzyecq, *pl.* tüd, etc.

LETTRÉ, *érudit,* gouïzyecq, oc'h,añ;
un dén gouïzyecq, *pl.* tüd.

LEUR, *pron. signifiant* à eux, à elles;
H.-Léon, dézo. B.-Léon, dézen. Treg.
*et* Corn. déze, outo. outeu, oudhé *Van.*
déhé, doité, doudhé. — *Je leur ai don-*
*né cela,* roët am eus an dra-ze dézo *ou*
dézeu ou dézé. *Van.* reit em es en dra-
ze déhé. — *Je leur ai parlé,* beza am eus
compset oudho *ou* oudhé. *Van.* coinp-
set em es doité *ou* doudhé.—*Leur, pron.*
*poss.*,ho; h ne se prononce presque pas. *Van.*
hou. — *Leur modestie est aimable,* o ou ho
modesty a vilit beza caret. — *J'admire*
*leur vertu,* o vertuz am gra souéz, soué-
zet ôuu gaud o vertuz. —*Ordinairement*
*les parents aiment trop leurs enfants,* ar
vuya an tadou hao ar mammou a gar
re o bugale.—*Ils ne connaissent pas leurs*
*amis,* ne aznavezont qet o mignouned.
*Le leur, ce qui leur appartient,* o hiny, ho
hiny, o aparchand. *Van.* hou hany. —
*S'ils font de la dépense, c'est le leur qu'ils*
*dépensent,* mar dispiguont eo ho hiny a
xispiguont. — *Les leurs,* ho re, ho re-y.
*Van.* hou re. — *Ce sont les leurs,* ho re
int. — *Ce sont les leurs et non les nôtres,*

12

ho re-y int ba nonpas hon rë-ny:
LEVAIN, *ce qui fait fermenter*, goëll.
*Van.* gonëll, gouill. — *Petit morceau de*
*levain*, tammicq goëll. *Van.* biouil. —
*Mettre du levain dans la pâte*, goëlla un
toas, *pr.* et; lacqaat ar goëll èn toaz, *pr.*
lecqëet. *Van.* goëlleiñ *ou* gouilleiñ en
toés. — *Pain fait avec du levain, pain le-*
*vé*, bara goëll. — *Pain bien levé*, bara go.
— *Pain mal levé*, bara panen. — *Sans le-*
*vain*, dívoëll, hep goëll. — *Pain fait sans*
*levain*, bara divoëll, bara hep goëll. —
*Levain pour faire durcir le lait*, guëden,
goëll-læz. *Van.* goëll leah. — *Mettre du*
*levain dans le pain*, guëdenna, guëdenna
leaz, *pr.* et; goëlla læz, pr. et. *Van.* goui-
leiñ leah, goëlleiñ læh, ppr. et. — *Le le-*
*vain du péché*, ar goëll eus ar pec'hed,
añ inclinaciou da voall-ober.
e'LEVANT, *l'Orient*, ar sevel-héaul,
ar-sav-héaul. *Van.* er sao-hiaul. — *Du*
*levant au couchant*, eus ar sevel-héaul
d'ar é'hüz-héaul. — *Depuis le levant jus-*
*qu'au couchant*, a-dalecq ar sevel-héaul
bede ar c'hüz-héaul. — *Le pays de le-*
*vant*, bro ar sevel-héaul *ou* sav-héaul.
·LEVANTIN, *les levantins*, guinidicq eus
a vro ar sevel-héaul, tud ar sevel-héaul.
·LEVÉE, *récolte*, leve, pl. ou. — *Levée*,
*terrasse*, savenn doüar, pl. savennou.
*v.* terrasse. — *Levée pour arrêter les eaux*,
sav-doüar, pl. savyou; tunyeñ, pl. ou.
*v.* chaussée.
LEVER, *hausser*, gorren, *pr.* gorroët;
sevel, pr savet. *Van.* seüél, saüeiñ. —
*Lever bien haut*, gorren oa sevel uhel. —
*Lever, dresser*, sevel; dreçza, pr. et. —
*Lever boutique*, sevel stal. *v.* étaler. —
*Lever des troupes*, sevel soudarded. —
*Lever un doute*, sevel *ou* lamet un douëdt.
— *Lever un obstacle*, lamet *ou* lemel un
ampeichamand, ppr. lamet. — *Lever le*
*siège d'une ville*, sevel ar sich a zirag ur
guær. — *Faire lever le siège*, ober sevel
ar sich. — *Lever, s'enfler*, c'hüëza, pr.
et. *Van.* hucheiñ, saüciñ. — *Lever, par-*
*lant de la pâte*, goï, pr. ët. *Van.* goeiñ.
*v.* pâte. — *Mettre à lever*, lacqât toaz è
go, *pr.* lecqëet. *Van.* lacqein toés è gu.
— *Pâte levée*, toas go. *Van.* toés go. —
*Lever un enfant du lit*, sevel ur buguel

eus e vêlé. — *Se lever de son lit*, se
eus e vele; disoucha, *pr.* et. *Van.* sa
eiñ ag e üelo; dichouqeiñ, disouchei
— *Se lever tard*, divenri, pr. et; *de* beur
matin. — *Se lever en son séant*, sevel è
e gavaze, sevel var e gavaze. *Van.* eü
èn e gnouahze. — *Se lever sur le coude*, se
vel var e ihin. — *Se lever de bon matin*
sevel beurë *ou* mintin mad. — *Se le*
*de dessus son siège*, sevel divar e scabel
— *Le soleil se lève*, sevel a ra an héau
ez ma an héaul o sevel. — *Le lever d*
*soleil*, sevel-héaul, ar sevel-héaul, a
saff-héaul, ar sav-héaul. *Van.* er saü
hyaul. — *Le lever de Monsieur*, au am
poëud ma savan autrou. — *A son lever*
pa sao, èn ampoend ma sao. — *A son*
*petit lever*, qentre ma sav, qerqent ma
saff *ou* ma sao. — *Demain à votre lever*
varc'hoaz pa savot.
LEVIER. *v.* barre. — *Levier pour arrê-*
*ter les roues d'une voiture dans une descent*
*trop rapide*, fichell, pl. ou; fichell da sco
lya ur c'harr, etc. *v.* charrette.
LEVIS, *qui se lève et se baisse*, guint,
guinteyz, guinteryz. — *Pont-levis*, pon
guint, *pl.* perzyer; porz guintez, pl per
zyer; pond guinteryz, pl. ponchou. *Van.*
pont guindër *ou* guiutus *ou* guinterys,
ppl. eü.
LEVITE, *prêtre juif*, levit, pl. ed; bæ
lecq pe azeuler è lésenn Moyses. — *Lé-*
*vite dans la primitive église*, diacre, dia.
goñ, pl. ed; avyeleur, pl. yen.
LEVITIQUE, levr al leviticq, an dre
de levr a Voysès.
LEVRAUT, gad yaouancq, pl. gad o
*ou* guedon. — *Petit levraut*, gadicq vi
han, pl. gadonnigou.
LEVRE, musell, *pl.* ou; guëus, *pl.* di
veus. *Van.* guës, pl. dives. — *Petite lè-*
*vre*, musellicq, pl. musellouïgou; musell vihan, pl. musellou; gueusicq, pl.
diveusigou; gueus vihan, pl. diveus. —
*Grosse lèvre*, musell vras, pl. musellou;
gueus vras, pl. diveus. *v.* lippu. — *Celui*
*qui a la lèvre entamée*, boulc'h, pl. éyen;
musell boulc'h. — *J'ai son nom sur le bord*,
*sur le bout des lèvres*, ez ma e hano var
beunicq va zéaud. — *Ce peuple m'honore*
*des lèvres, mais non du cœur, dit Dieu dans*

*ie*, ar bopl má, omo Zoüe, a enor a-
tanon a chenou, hoguen nonpas a
loun, pehiny a so pell diouzon ha
sonch qet èr c'hompsyou caër a la-
r an téaud.

**LEVRETTE**, levranès, *pl.* ed; levre-
 œ, *pl.* ed. *Van.* levreres, *pl.* ed.

**LEVRETTER**, *chasser au lièvre*, ga-
roûna, *pr.* et. — *Levretter, faire de pe-
tis lièvres, parlant de la femelle du lièvre*,
ıda, *pr.* et.

\* **LEVRICHE**, *petite levrette*, levrane-
t q, *pl.* levranesedigou. r. *lévron*.

**LEVRIER**, levran, *pl.* levriny; levren,
- levriny. *Van.* levrér, *pl.* yon.

**LEVRON**, *jeune lévrier*, levranicq, le-
renic, *ppl.* levrinigued.

**LEXOBIE**, *ville détruite dont tous les
anciens historiens parlent; elle était située
deux lieues de Lannion, et a été le premier
iége épiscopalis de Trég.Il y a eu en ce lieu
a evêques, c'est-à-dire, depuis le premier
iécle, auquel on le suppose établi, jusqu'au
cirième, où cette ville ayant été rasée par
es peuples du nord, le siège épiscopal fut
ransféré à Tréguier*, Lexovy, Coz-Gue-
auded. *v.* Coz-Guéauded.

**LEZ**, *d côté de*.—*Les la côte*,léz an and.
— *Les la mer*, lez ar mor. — *Les l'Ar-
norique*. joignant le pays voisin de la mer,
ez au Arvor, lez au Arvoricq, *De là, le
iom de l'ancienne maison de* Lez'-n-Arvor,
lans la B.-Corn. — *Les le bois*, lez an
r'hoad, lez coad, lez-coed. — *Les le marais*, lez an palud, lez an loc'h, lez an
reuzn. —, *Les la ville*, lez kær. *v. près.*—
*Les l'aunaie*, lez an veru, lez guérn, *noms
de maison nobles.*

**LEZARD**, *reptile*, glasard, *pl.*ed. *Van.*
id., *et* gurlaz, *pl.* ed, y. — *Il crie comme
un lézard dans une fourmilière*, lesva a ra
evel da ur glasard a véz ouézet èn ur
gruguell méryen.

**LIAISON**, *jonction de plusieurs choses*,
breadur, joëntradur.—*La liaison de l'or
et de l'argent*, an ereudur ou ar joëntradur eus an sour hac an arc'hand. *v.
soudure.* — *Ce qui n'a point de liaison*,
divere, amzere. — *Liaison, amitié*, un-
vaniyez, carantez, creedigiez.—*Il n'y a
pas grande liaison entre ces deux personnes*,

ne den qet oré an creedignez a so èntre an naou bersounaich-hont, no deo
qet bras ar garantez entrezo.

**LIANT**, *pliant, flexible*, guëan, oc'h,
añ. — *Un corps liant, parlant d'un homme qui se manie bien*, ur o'horf guëzn. *v.
flexible, dégagé.*

**LIARD**, *monnaie*, lyard, *pl.*ed, ou.-*Deux
liards*, daou lyard.—*Je n'ai que des liards*,
n'am eus nemed lyarded ou lyardou.

**LIASSE**, *papiers liés ensemble*, qorden-
nad scrijou *ou* paperyou, *pl.* qordennadou; paperyou eréet guevret; scrijou
stagnet açzamblès; fichellad paperyou,
*pl.* ou. — *Liasse, lien pour attacher des papiers*, ere, *pl.* ou; staguell, *pl.* ou; ficho-
lenn, *pl.* fichel.

**LIBELLE**, scrid offançzusouinjurius,
*pl.* scrijou. *v. diffamatoire.*

**LIBÉRAL**, e, larg, oc'h, añ. *Van.*id.
*Al.* haël. — *Devenir libéral*, larghaat,
*pr.*éet. — *Trop libéral*, re larg. *v.dissipateur*

**LIBÉRALEMENT**, ez larg, larg, gand
larguentez. *Van.* gued largante.

**LIBÉRALITÉ**, larguéntez, *pl.* ou;
meur a larguéntez. *Van.* largante, *pl.*
eû. — *Faire beaucoup de libéralités*, ober
meur a larguentez, ober larguentezou
bras, *pr.* græt.

**LIBÉRATEUR**, dilivrer, dilivrour,
dilacer, diboannyer, *ppl.* yen.

**LIBÉRATRICE**, dilivrerès, *pl.* ed;
diboannyerès, *pl.* ed.

**LIBÉRATION**, *action de libérer*, discarg, dilacz.

**LIBÉRER**, *décharger d'obligation*, dilaçza, *pr.* et; dilivrya, *pr.* et; diboan-
nya, *pr.* et; acquyta, *pr.* et. *Van.* dil-
vreiñ, diboennyeiou, acquyteiñ, discargueiñ, *pr.* et. — *Se libérer*, hem dilaçza, hem dilivrya.

**LIBERTÉ**, libertez, francqiz, galloud.
*La liberté de la volonté*, libertez ar volontez, libréntez an galon. — *Mettre quelqu'un en liberté*, leusqeul ur re, *pr.* lausqet. *v. libérer.* — *Il est en liberté*, ež ma
é francqiz, lausqet eo. — *Il a la liberté
d'aller ou de rester*, èn e libertez ez ma
da voñnet pe da chemel, ar galloud èn
deuz da vont pe da chomm. — *Liberté*,
licence, roll. *v. libertinage.*—*Vivre en li-*

lec'h, abecg.—*Donner lieu de douter*, rei leac'h da zouëti, *pr.* roët.—*Donner lieu de se plaindre*, rei abecg *ou* lec'h d'en hem glemm.—*En premier lieu*, da guentâ, evit ar c'hentâ.—*En second lieu, etc.*, d'au eil, evit an eil, etc. — *Au lieu de son compagnon*, ê leac'h d'e gompagnun, ê lec'h e gompagnun. — *Il joue au lieu d'étudier*, c'hoari a ra ê leac'h studya, ê lec'h da studya ez c'ho-ari.—*Au lieu que*, ê lec'h ma.—*Il rit au lieu qu'il devrait pleurer*, c'hoarziñ a ra, ê lec'h ma lleffé goëla.—*Lieu, poisson de mer*, levnecg, *pl.* levnegued; louañnecg, *pl.* louañnegued. *Cor.* leoñecg, *pl.* leoñnegued. On *écrivait*, leffnck.

**LIEUE**, *mesure des chemins*, lév, *pl.* you. *On prononce*, léan, léo. *Van.* léau; loû, *pl.* leûyeû. *Al.* lew.—*Petite lieue*, lévicq, *pl.* levyouigoû. *Trég.* léouicq, *pl.* léouyoïgo. *Van.* léuicq; *pl.* léuïgueû. —*Une grande lieue*, ul léau vras ou vad ou gaër.—*Il y a une grande lieue*, beza ez eus ul léau gaër. *Trég.* ma fe, beañ eus ul léo gaër, lerel.—*Une lieue mesu-rée*, ul lé au gorden, *pl.* lévyou. —*La lieue du moulin banal est réglée d deux mille pas géométriques, dont chacun est de cinq pieds*, al léau a goutraigu da voñet da vilin-autrou, a gompren daou vil cammed musulaïch, pe vara re, pep hi-ny a ra pemp troadad, ha pep troadad, daouzecq mendad.—*Je le voudrais d cent lieues d'ici*, m'er c'harré cant léau diou-zon ou pell dïouzon.

**LIEVRE**, gad, *pl.* gadon, guedon, *Van.* id. r. *hasg*, *levretter*.—*Pâté de liè-vre*, pastez gad, *pl.* pastezyou gad.

**LIEUTENANCE**, letànançz, *pl.* oú.

**LIEUTENANT**, letanand, *pl.* ed.— *Lieutenant général*, letanand braz.— *Lieutenant criminel*, letanand crim.

**LIGAMENT**, *ligature*. v *lien*, bande.

**LIGE**, *vassal*, *homme lige*, goaz, *pl.* guïzyen.—*Hommage lige*, goazouuyez parfedd.

**LIGNAGE**, *parenté issue d'une même souche*, lignaich. *Van.* id.

**LIGNAGER**, *ère*, *de la même parenté*, lignagèr, *pl.* yen. *fem* lignagerès, *pl.* ed. *Van.* lignajour, *pl.* yon, yan; li-

gnajoures, *pl.* edt v. *consanguinité*.

**LIGNE**, *trait de plume*, lignenn, *pl.* ou; linenn, *pl.* ou. *Van.* lineenn, li-nenn, *ppl.* eü.—*Ligne, dixième, dou-xième ligne de la page tant*, lignenn, dec-ved, daouzecved eus ar bageñ ma pageñ. —*Ligne, trace, vestige*, roudenn, *pl.* ou. —*Ligne d pêcher*, hyguenn, *pl.* ou.— *Pêcher à la ligne*, pesqeta gand an hy-guenn, *pr.* et.—*Prendre du poisson d la ligne*, hyguenna pesqed, *pr.* et; qemé-ret pesqed gad au hyguenn, *pr.* id.— *Ligne ou cordeau de maçon, etc.*, lignenn, linenn, *ppl.* ou.—*Ligne équinoxiale. r.* equateur.—*Ligne, en t de généalogie*, lignenn.—*La ligne directe*, al lignenn eün.—*La ligne directe, c'est l'ordre des ascendants et des descendants*, al lignenn eün a so ar reiz eus ar re a bign hac eus ar re a zisqenn. — *La ligne ascen-dante est du père, de l'aïeul, du bisaïeul et du trisaïeul*, al lignenn a bign, eo hi-ny an tad, an tad-coz, an tad-cuñ hac an tad-you. — *La ligne descendante est du fils, du petit-fils, de l'arrière-petit-fils, du petit-fils du petit-fils*, al lignenn a zizqenn eo hiny ar map, an douaren, map an douarenn, map bihan d'an douaren. v. *arbre de consanguinité*.—*La ligne collatérale*, al lignenn a goslez.— *La ligne collatérale est l'ordre de ceux qui tirent leur naissance de la même souche qui se sépare, comme oncles, tantes, cousins, neveux*, al lignenn a goslez eo ar reiz eus ar re pere a so eus ar momes qeff pehiny a rann, eo'hiz an contred, ar moërebed, ar guendirvy, an nized.

**LIGNEE**, *race, enfants et descendants*, lignez, goüenn. *Van.* ligne.—*Pour a-voir lignce*, evit cahout lignez ou buga-le, evit cahout goüenn.

**LIGNEUL**, lignolenn, *pl.* lignol; li-gnezen, *pl.* lignen; nignolen, *pl.* nignol; nigneleu, *pl.* nignel; lignenen, *pl.* li-gnel. *Van.* nignelecun, *pl.* eü.—*Du li-gneul*, lignol, lignen, lignel, ligneul, nignel.—*Il tire le ligneul, il est cordon-nier*, saicha a ra var al lignol.

**LIGUE**, *union. confédération*, ally-ançz. accord, divis, unvanyez, *ppl.* ou. —*Ligue offensive et défensive*, allyançz

y zyatr, ly byer.—*Plein de lie*, leun vès
i ly, carguet a ly.—*Vin sans lie*, guin
lilly *ou* hep ly.—*La lie du peuple*, ar
zoummun, ar bopl displet, nep n'o
deus nac honnestiz na magadurez, ar
racailh.—*Un homme de la lie du peuple*,
un dèn displed, *pl.* tud; gàrdin, *pl.* gar-
dined, un dèn eus ar racailh.

LIÉ, e, *qu'on a lié*, staguet, amarret, erëet.—*Lié, attaché*, stag.—*Qui n'est
pas attaché*, distag, diamar, disamar, disere, diere, dilgamm.

LIÉGE, lech, lich. *Van.* spouë, lich.
—*De Liége*, a lech, a lich.—*Pantoufles
qui ont des semelles de liége*, pantouflou
lech.—*Sorte de liége semblable à une éponge
durcie et qui vient au pied des arbres*, spouë.

LIÉGER, *garnir de liége*, licha rouëjou, lecha rouëdou, *ppr.* et.

LIEN, *ce qui sert à lier*, ere, amarr,
lyamm, *ppl.* ou. *Van.* ary, *pl.* eü; a-
marr, liamm, *pl.* eü.—*v.* attache.—*Lien de
gerbes de blé*, de bottes de foin, qèvre, liamm, *ppl.* ou.—*Lien de balais*, lourqed,
*pl.* ou; lourc'h, *pl.* ed.—*S. Pierre aux liens*,
S. Pezr er chadennou *ou* au ereou *ou* al
lyamou.—*De quoi faire des liens*, ereadur.

LIENTERIE, *maladie qui fait rendre
les aliments non digérés*, fluez-coff-bi-
hau, fluez stomoeq.

LIER, *attacher avec un lien*, erea, e-
reill, *ppr.* erëet; amarra, lyamma, *ppr.*
et. *Van.* aryeiñ, eryeiñ, amarreiñ, ly
ammeiñ, *ppr.* et.—*Lier amitié avec quelqu'un*, ober amiñtyaioh gad ur re, *pr.*
græt.—J.-C. a donné à son église le pouvoir de lier et de délier, hon salver èn
deveus roët d'e ilis ar galloud da erea
ha da dierea he vugale; da bardoni o
phec'hëjou dézo pe d'q lesel dibardoun.

LIERRE, *plante*. ilyau, *Van.*
delyau, delyau-rid *ou* red. — *Lierre,
arbre et arbrisseau*, ilyavenn, *pl.* ilyau;
ilyoenn, *pl.* ilyo. *Van.* delyaüen, *pl.* delyau.—*Du lierre*, coad ilyo, ilyo; *de ce
mot*, tiennent les noms de plusieurs maisons,
comme Coad-ilyo, Goaz-ilyo, Bod-ilyo,
etc.—*Branche de lierre*, bod ilyo, barr
ilyo.—*Feuille de lierre*, delyen ilyo, *pl.*
delyou.—*Lieu où il croit beaucoup de lierre*, ilyaveeg, *pl.* ou.—*Lierre terrestre*,

plante, yzar, ilyo douar.

LIESSE, *joie*, levenez. *Van.* leüene,
lehuine. Lid *qui signifie aussi solennité
d'une église*; lid an ilis, *et fêtes solennelles*, al lidou bras,—*Notre-Dame de Liesse*, au intron Varya a joa, an intron
Varya a lyd. *C'est la fête de la Visitation.*
—*Liesse, nom de fille*; en Latin, Lætitia.
Levenez. *Van.* Lehuine.

LIEU, *espace*, léan. leach. *pl.* iou. Aïl,
lec'h, *pl.* you; plaçz, *pl.* ou. *Van.* leh,
*pl.* yeü, eü. *Al.* sa, va, leoh, loh; *delà*
Lo-crist, Loc-maria, etc.—*En quel lieu
est-il?* pe è leach ez ma-è?—*Au lieu où
je suis*, èl lec'h-mâ, èr plaçz-mâ, èl
lec'h ma edoun,—*En quelque lieu*, èn
ul leac'h-bennac, èn ur plaçz bennac,
èn ul lac'h.—*En quelque lieu qu'il soit*,
èn ul leac'h-bennac ma vez, daoust oui
divis pe è lec'h ez vez.—*En aucun lieu*,
è nep leac'h, è lech e-bed, è nep tu,
—*En tout lieu*, è pep lec'h au qèver.—
*En ce lieu-ci*, èl lech ou èr plaçz-mâ.—
*En ce lieu-là près*, èl lec'h-ze.—*En ce lieu
là loin*, èl leac'h-hont, èr plaçz hont,
—*De quel lieu?* pe eus a leac'h? pe a
lec'h? pez a lec'h?—*De ce lieu-là*, eus
al lec'h-ze, a leçze, eus a leçze. *Van.*
a hano-ze.—*Par quel lieu passe-t-il?* pe
dre leac'h ez trémen-è? dre be lec'h q
trémen-hañ?—*Par ce lieu-ci*, dre al
leach-mâ, dre amañ,—*Par ce lieu-là*,
dre al lec'h-ze, dre aze, dre al lec'h-
hont, dre a-hont. *J'étais sur les lieux*,
me a yoa var al leac'h, me a yedo var
ar plaçz.—*En temps et lieu*, è qentell,
è poend, è cours, pa vezo redd *ou* cours,
gad an amser.—*Lieu bas et fertile*, dol;
*delà peut venir le nom de la ville de Dol*;
*delà, celui de la maison de* Güer-san-dol.
—*Lieu exposé au soleil*, tèvenn, *pl.* ou,
e. côte de la mer.—*Lieu, maison, naissance*, lec'h.—*Issu de tel lieu*, savet eus ul
lec'h-ma-lec'h.—*Issu de bas lieu*, savet
a lec'h isel.—*Lieu principal, maison principale*, penu-lec'h.—*Ils sont sortis de ce
lieu-ci*, hennes co ho phenn-lec'h, a
c'hano ez int savet.—*Lieu public pour le
commerce*, plaçzenn, tachenn, *ppl.* ou.
*Van.* id., *ppl.* eü. *Al.* feur, au feur. r.
*foire*, *marché*. —*Lieu*, *sujet*, *occasion*,

lec'h, abecg.—*Donner lieu de douter,* rei leac'h da zouëti, *pr.* roët.—*Donner lieu de se plaindre,* rei abecg *ou* lec'h d'en hem glemm.—*En premier lieu,* da guentâ, evit ar c'hentâ.—*En second lieu, etc.,* d'au eil , evit an eil, *etc.* — *Au lieu de son compagnon,* è leac'h d'e gompagnun, è lec'h e gompagnun. — *Il joue au lieu d'étudier,* c'hoari a ra è leaö'h studya, è lec'h da studya ez c'hoari.—*Au lieu que,* è lec'h ma.—*Il rit au lieu qu'il devrait pleurer,* c'hoarziñ a ra, è lec'h ma lleffé goëla.—*Lieu, poisson de mer,* levnecg, *pl.* levnegued; louañnecg, *pl.* louañnegued. *Cor.* leoñecg, *pl.* leoñnegued. On *écrivait,* leffnck.

LIEUE, *mesure des chemins,* lév, *pl.* you. On *prononce,* léan, léo. *Van.* léau; leû, *pl.* leûyeû. *Al.* lew.—*Petite lieue,* lévicq, *pl.* levyouigou. *Trég.* léouicq, *pl.* léouyoïgo. *Van.* léuicq; *pl.* léuïgueû. —*Une grande lieue,* ul léau vras *ou* vad *ou* gaër.—*Il y a une grande lieue,* beza ez eus ul léau gaër. *Trég.* ma fe, beaû eus uf léo gaër, leret.—*Une lieue mesurée,* ul lé iu gorden, *pl.* lévyou. —*La lieue du moulin banal est réglée d deux mille pas géométriques, dont chacun est de cinq pieds,* al léau a goutraigu da voñet da vilin-autrou, a gompren daou vil cammed musulaich, pe eusa re, pep hiny a ra pemp troadad, ha pep troadad, daouzecq mendad.—*Je le voudrais à cent lieues d'ici,* m'er c'harré cant léau diouzon *ou* pell dionzon.

LIEVRE, gad, *pl.* gadon, guedon. *Van.* id. *r.* hasg, *levretter.*—*Pâté de lièvre,* pastez gad, *pl.* pastezyou gad.

LIEUTENANCE, letanançz, *pl.* ou.

LIEUTENANT, letanand, *pl.* ed.— *Lieutenant général,* letanand general.— *Lieutenant criminel,* letanand crim.

LIGAMENT, *ligature.* v *lien, bande.*

LIGE, *vassal, homme lige,* goaz, *pl.* guizyen.—*Hommage lige,* goazouñyez parfedd.

LIGNAGE, *parenté issue d'une même souche,* lignaich. *Van.* id.

LIGNAGER, *ère, de la même parenté,* lignager, *pl.* yen. *fém* lignagerès, *pl.* ed. *Van.* lignajour, *pl.* you, yan; li-

gnajoures, *pl.* edi v. *consanguinité.*

LIGNE, *trait de plume,* lignenn , *pl.* ou; linenn, *pl.* ou. *Van.* lineeun, lineun, *ppl.* eü.—*Ligne, dixième, douzième ligne de la page tant,* lignenn, decved, daouzecved eus ar bagen ma pageü. —*Ligne, tracé, vestige,* roulenn, *pl.* ou. —*Ligne à pêcher,* hyguenn, *pl.* ou.— *Pêcher à la ligne,* pesqeta gand an hyguenn , *pr.* et.—*Prendre du poisson à la ligne,* hyguenna pesqed, *pr.* et; qemeret pesqed gad au hyguenn , *pr.* id.— *Ligne ou cordeau de maçon, etc.,* lignenn, linenn, *ppl.* ou.—*Ligne équinoxiale. r. equateur.*—*Ligne , en t de généalogie,* lignenn.—*La ligne directe,* al lignenn eun.—*La ligne directe, c'est l'ordre des ascendants et des descendants,* al lignenn eun a so ar reiz ous ar re a bign hae eus ar re a zisqenn. — *La ligne ascendante est du père, de l'aïeul, du bisaïeul et du trisaïeul,* al lignenn a bigu , eo hiny au tad, an tad-coz, an tad-cuñ hao an tad-you. — *La ligne descendante est du fils , du petit-fils, de l'arrière-petit-fils, du petit-fils du petit-fils,* al lignenn a zizqenn eo hiny ar map, an douaren, map an douarenn, map bihan d'an douaren. v. *arbre de consanguinité.*—*La ligne collatérale,* al lignenn a goslez.— *La ligne collatérale est l'ordre de ceux qui tirent leur naissance de la même souche qui se sépare, comme oncles, tantes, cousins, neveux,* al lignenn a goslez eo ar reiz eus ar re pere a so eus ar momes qeff pehiny a rann, eo'hiz an contred, ar moërebed, ar guendirvy, an nized.

LIGNÉE, *race , enfants et descendants,* lignez, goüenn. *Van.* ligne.—*Pour avoir lignée,* evit cahout lignez *ou* bugale, evit cahout goüenn.

LIGNEUL, lignolenn, *pl.* lignol; lignezen, *pl.* lignen; nignolen, *pl.* nignol; niguelen, *pl.* nignel; lignenen, *pl.* lignel. *Van.* nignelecun, *pl.* eü.—*Du ligneul,* lignol, lignen, lignel, nignel, nignol.—*Il tire le ligneul, il est cordonnier,* saicha a ra var al lignol.

LIGUE, *union, confédération,* allyançz. *accord, divis,* unvanyez, *ppl.* ou. —*Ligue offensive et défensive,* allyançz

tvit attaqi bas evit difenn *ou* qen evit
attaqi, qen evit difenn.—*Ligue, faction,*
complod, *pl.* complojou, complodou;
cabal, *pl.* ou. *Van.* complod. *pl.* cû.—
*La ligue, les confédérés, au alliançz,* ar
re allyet, ar re unvan.—*La ligue, les
factieux,* ar c'habal, ar c'habakéryen,
ar c'homplod, ar c'homploderyen.

LIGUER ( se ), *former une fédération,*
ober allyançz, *pr.* græt.—*Se liguer, cabaler. v.-y*—*Se liguer, se reunir plusieurs
contre une personne,* èn hem ober evit
ober poan da ur re, *pr.* èn hem c'hræt;
nevel açzamblès gad re all acuep ur re-
benmac, *pr.* savet.

LILAS, *arbrisseau,* lireu.—*Du lilas,
des fleurs de lilas,* lireu, coad lireu,
bocqedou lireu.

.. LIMAÇON, *escargot,* melc'huëden,
*pl.* melc'huëd; melc'huëden venn, *pl.*
melc'huëd venn; melseden, *pl.* melsed; melseden croguennecq. *pl.* melsed croguennecq. *Van.* melbuedeen,
*pl.* melhued, melhuld. *v. limas.*—*Chercher des limaçons,* melc'hota, melfeta,
melc'huëta, *ppr.* et.—*Limaçon de mer,*
bigorneu, *pl.* bigornou; melseden-vor,
*pl.* melsed-vor.

LIMAILLE, *ce qu'ôte la lime,* livna-
dur, limadur. *Van.* limur.

LIMANDE, *poisson de mer,* aynès,
*pl.* ed.—*Limande, pièce de bois de sciage,*
liveon, limandteun, *pl.* ou.

LIMAS, *limaçon sans coquille,* melc-
'huëden, *pl.* melc'hued; melseden,
*pl.* melsed.--*Limas noirs,* melc'hued du.
—*Limas jaunes,* melsed meleu.

LIMBES, *séjour des morts,* lym,
lymb, *ppl.* lymou, lymbou.

LIME, *outil,* lisu, livu, lim, *ppl.* ou.
*Van.* lim, *pl.* cû.—*Lime douce,* lim fin.
livn douçz.—*Lime bâtarde,* lim groçz.
—*Lime sourde,* lim syoul, lim hesqeñ.
*Van.* lim plombet.

LIMER, lisna, livna, lima, *pr.* et.
*Van.* limeiñ, *pr.* et.—*Limer, polir,* pouliçza, *pr.* et; distrémen, *pr.* et.

LIMIER, *gros chien de chasse,* lyamer,
*pl.* yen.

LIMITATION, termenidiguez, dimunu, eçzepcion.

LIMITER, *termina, pr.* et; lacqaat
termeu da un dra, *pr.* lecqeat; lezen-
ni, *pr.* et; bevenna, *pr.* et.

LIMITES, termen, *pl.* you; lezenn,
*pl.* ou; lez, *pl.* ou; mercq, *pl.* ou; marz,
*pl.* marzaou, marzyou. *De lez, limites,
tiennent les noms de plusieurs maisons, et
de* lès, *cour de justice ; parce qu'anciennement les gentilshommes administraient la
justice à leurs vassaux.*

LIMITROPHE, *attenant. v. joignant.*

LIMON, *fruit,* aval limès, *pl.* avalou limès; aval limous, *pl.* avalou, etc.
—*Limon, boue,* fancq, laguenn.—*Limon d'eau, qui croit au fond des fontaines, etc.,* linoch, dourc'hlau, glan-dour.
—*Limon, les deux bras d'une charrette,*
limon, *pl.* ou.

LIMONADE, *breutage,* limônadès,
beuvraich græt gand dour seunteun,
gad sucr ha gad dour avalou limons.

LIMONEUX, *euse,* fancqus, fanc-
qecqous'h, â, añ. *v. boueux, bourbeux.*

LIMONIER, *arbre qui produit le limon,*
limesenn, *pl.* ed ; guëzen limès *ou* limous. *pl.* guëz limons, etc.—*Limonier,
cheval de limon,* limon er, *pl.* yen; marc'h
limon, marc'h ambilh, *pl.* ronced limon, qesecq limou. *Van.* marh limon,
limonour.

LIMOUSIN, Limousin, *pl.* ed ; pil-
bara, *pl.* pilèryen-vara.

LIMURE, *action de limer,* limêur.

LIN, *plante,* lin, *pl.* ou. *Van.* id., *pl.*
cû. *v. serancer.*—*Champ de lin,* linecg,
*pl.* linegou. *Van.* id., *pl.* linegueû. *v.
linière.*—*Tirerie de lin, jour assigné pour
tirer le lin,* linadecg, *pl.* linadegou; ten-
undecg-lin, *pl.* tennadegou.--*Marchan t
de lin,* linader, *pl* yen.—*Poignée de lin,*
duilh *ou* dôrnad lin, *ppl.* duilhou, dôr-
nadou.—*Graine de lin,* had lin. *v. cosse.*
—*Fin lin,* lin moan, lin an touich fin.
—*Fil de lin,* neud lin.—*Toile de lin,* ly-
en lin, lyau lin.

LINCEUL, *drap de lit,* licer, *pl.* ou.
*Van.* lincell, *pl.* yeû.

LINEAMENT, *traits du visage,* lignenn, *pl.* ou ; ar façz.

LINGE, *toile mise en œuvre,* lyen, lyan, lyenaich, lyaûnaich. *Van.* lyen,

lyan.—*Linge blanc*, lyen fresq *ou* güën,
lyeneich fresq *ou* güënn.—*Linge sâle*,
lyen fancq, lyenaich fancq.—*Un petit*
*linge*, lyenicg, *pl.* ou.—*Menû linge*, ly-
enachigou ; lyénaïch munud, lyena-
choûigou.—*Gros linges*, lyenaich creü.
*Van.* id.—*Un linge*, lyeuenn, *pl.* ou.—
*Changer de linge*, fresqa, *pr.* et; rei pe
qemeret pe lacqât lyen *ou* lyenaich
fresq.

LINGÈRE, *religieuse qui a soin dû lin-*
*ge dâns les communautés*, lingerès, *pl.*
ed.—*Lingère femme qui travaille en linge*,
qemeneurès, qemenerès, *ppl.* ed. *Van.*
lingeres, qemenourès, *ppl.* ed.

LINGERIE, *toiles, etc.*, lyenaich.—
*Rue de la lingerie*, ru au lyenaich.—
*Lingerie, lieu où l'on met le linge*, campr
al lyenaich, armell al lyen fresq.

LINGOT, *pièce de métal en masse*, bar-
renu metal, *pl.* barreigner metal.—
*Lingot d'or*, barrenn aour.—*Lingot*
*d'argent*, barrenn arc'haud.

LINIERE, *terre semée de lin*, linencq,
lihocq, linècg, *pl.* linegued.

LINOT, *mâle de la linotte*, sidan, *pl.*
ed; ri coucou

LINOTTE, *oiseau*, sidanès, lineguès,
*pl.* ed.—*Tête de linotte, homme de peu de*
*sens*, pennglaouïcq.—*Ce mot, dans le*
*propre veut dire mésange.—Il a sifflé la*
*linotte*, evet eo dezañ.

LINTEAU, *pièce de bois qu'on met au-*
*dessus d'une porte*, gourin, *pl.* ou; raou-
lin, *pl.* ou; treusteul, *pl.* you.

LIOGAN, *ancien port de mer entre les*
*villes de Saint-Mathieu du bout du monde*
*et du Conquet en Bas-Léon*, Lyogann,
al Lyogann, porz Lyocann, porzal Lyocann. *Porza lyoganu, lyocann ou ly-*
*ogann, viennent de lyou cann, couleur*
*belle et brillante, à cause de la terre lui-*
*sante par le talc et le sable blanc qui s'y*
*trouvent; c'est le portus saliocanus, qu'on*
*a cru être le port de Morlaix, et qui veut*
*dire porz al lyo-cann.*

LION, *bête féroce*. leon, *pl.* leôned.
*Van.* id. *Al.* leu. *On prononçait* leou;
*de là*, lev, evi, *et* léva, *crier.—Une troupe*
*de lions*, ur vandenn leonned, ur bagad leonned. — *Courageux comme un*

lion, caloünecq ec'hiz da ul leon *ou* e-
c'hiz ul leon.

LIONCEAU, leoûnic, *pl.* leoûnedi-
goù.

LIONNE, léoûnès, *pl.* ed. *Van.* id.

LIPPE, *lèvre inférieure trop grosse*, musell astennet. *Al.* lapp, lipp; *de la lip-*
*pous, sensuel au boire et au manger.*

LIPPÉE, lippadeun, *pl.* ou.—*Lippé*
*franche; coffad a varc'had* mad. *pl.* cof-
fadou; lippérez, *pl.* ou. *t. écornifflerie.—*
*Un chercheur de franches lippées*, lipper, *pl.*
yen. *Van.* lippour, *pl.* yon, yuu. *v. écor-*
*niffleur.*

LIPPU, musellecq. *pl.* musellegued;
muselléyen, gueusecq. *Van.* guêsecq, *pl.*
guésigued. *fém.* muselleguès, *pl.* ed.
*Van.* guésiguès, *pl.* ed.

LIQUEFACTION, tanavadur; teuzidiguez.

LIQUEFIER, *rendre ou devenir liquide*,
tanaffaat; tanavaat, *pr.* ëet;teuzi, *pr.* et.

LIQUEUR, *substance liquide*, licqor,
*pl.* you.—*Boire des liqueurs*, èva licqo-
ryou.—*Liqueur, boisson qui a de la dou-*
*ceur*, benvraich douçz, *pl.* beuvraichou;
benvraich *ou* guïn èn deus douzder
vras *ou* a so cals douçzouy gandhâ.—
*Ce vin a trop de liqueur*, re a zouzder èn
deus ar guïn-mâ, re vras donçzôny a
so gad ar guïn-mañ.

LIQUIDE, *qui coule*. tano, tanav, ta-
naff, oc'h, â, añ. *Van.* id. *v.* fluide.—
*Confiture liquide*, confitur tauo.

LIQUIDER, *rendre un compte clair*,
taçza, *pr.* et; reolya, *pr.* et; lacqaat da
ur somm, *pr.* lecqëet.

LIQUIDITE, tanavder. *t.* fluidité.

LIRE, *faire la lecture de quelque chose*,
leenn, *pr.* et; lenn, *pr.* et. *Van.* leenn;
leennein.—*Il lit sans cesse les gros li-*
vres, leenu a ra hep ceçzal levryou bras,
ez ma atau vat al levryou bras.—*Je lis*
*et tu ne lis pas*, me a leen ha te ne len-
nès qet.—*Lire tout, lire entièrement*,
peurleenn, *pr.* et; lenn penn-da-benn.

LIS, *plante*, fourdilizen, *pl.* fourdiliz;
lilyen, *pl.* lily.—*Lis d'étang. v. nénuphar.*

LISBONNAIS, *qui est de Lisbonne*,
Lichbonad, *pl.* Lichbonis.

LISBONNE, *capitale du Portugal*, Lichson. — *Il est de retour de Lisbonne*, dis-o eo eus a Lichbon.

LISERON, *plante grimpante*, bezvoud.

LISET, *insecte verdâtre qui gâte les bourgeons*, rusyerus, *pl.* ed.

LISEUR, lenneur, *pl.* yen.

LISEUSE, lenneurès, *pl.* ed. — *C'est une grande liseuse de romans*, ul lenneurès a levryou romau eo.

LISIBLE, leenapl, oc'h, â; eaz da leen.

LISIBLEMENT, èn ur fæçzoun lennapl *ou* eaz da lenn.

LISIÈRE, *bord d'une étoffe*, bezvenn, *pl.* ou; bevenn, *pl.* ou; lezenn, *pl.* ou. *Van.* biuënn, *pl.* eü. — *Les lisières sont pires que le drap*, ar vevenn ne dall qet ar vezerenn, goaçz eo ar vevenn egued ar vezerenn. — *Lisière, bande d'étoffe attachée au derrière de la robe d'un enfant*, stolicqenn, *pl.* ou. — *Lisière, limite*, leseñ, *pl.* ou; beveñ, *pl.* ou. *v. limite, marche.*

LISSE, *uni et poli*, lintr, plean, pouliçz, oc'h, â, añ.

• LISSE, *chaîne*, steuënn, *pl.* ou. *v. chaîne.* — *Tapisserie de haute-lisse*, tapiçziry lintr, tapiçziry liçz.

LISSER, lintra, *pr.* et; cuvat, *pr.* et; pouliçza, *pr.* et.

LISSOIR, *instrument pour lisser*, pouliçzouër, *pl.* ou; lintrouër, *pl.* ou.

• LISSURE, *la partie du métier des lissutiers qui soutient les lisses ou la chaîne et qui aide à faire l'ouvrage*, ar bret. — *Lissure, polissure*, pouliçzéres, pouliçzadur, lintradur.

LISTE, *dénombrement*, roll, *pl.* ou; leist, leistenn ; *de là le mot* liste. *Van.* roll, *pl.* eü.

LIT, *meuble de repos*, guële, *pl.* ou. *Van.* guële, gule, *ppl.* guëleeü, guilyeü. *Trég.* goële. *pl.* o. — *Bois de lit*, guële, arc'h guële, coad guële. *Van.* coëd gule. — *Le ciel du lit*, stel guële, *pl.* stélyou. — *Le haut du lit, le chevet*, penn ar guële. *Van.* peënn er gule. — *Le bas, le pied du lit*, treid ar guële, lost ar guële. *Van.* treid er gule. — *Le devant du lit*, diaraucg ar guële, an tu mad *ou* en tu dehou eus ar guële. *Van.* diarag er gule, tre er gule. — *La ruelle du lit*, bannell ar guële, un tu dioud ar voguer.

*Van.* en toull plous, en tu doh er vangoér. — *Lit clos*, guële clos, arc'h guële. — *Lit à rideaux*, guële stign. — *Lit sans rideaux*, guële distign. — *Lit de repos*, guële rez, *pl.* guëleou. — *Petit lit, grabat*, fledt, *pl.* flejou. *v. grabat.* — *Lit à couette de plumes*, guële pluñ. — *Lit à couette de balle*, guële pell. — *Lit de noces*, guële eurend, guële ar pryedon nevez. — *Lit de parade*, guële pomp. — *Lit qu'on fait dans les loges des jardins*, godoër, *pl.* ou; guële loch, *pl.* guëleou. *v. roulette.* — *Lit de nature. v. branle.* — *Faire le lit*, ober ar guële, *pr.* græt. — *Couvrir le lit honnêtement*, qempen ar guële, *pr.* qempennet. — *Aller au lit*, moñnet d'e vele, *pr.* ëet. — *Se mettre au lit*, moñnet èn e vele, hem deureul var e vele, *pr.* hem daulet. — *Etre au lit*, beza èn e vele. — *Etre malade au lit*, beza clañ var e vele, *pr.* bet. — *Il est demeuré malade au lit*, chommet eo clañ var ar guële. — *Lit de rivière*, cañn ur stær, canol ur rifyer. — *Lit de ruisseau*, aos, *pl.* you; cañ ur gouër.

LITANIES, letanyou, al letanyou. — *Les litanies de Jésus*, letanyou Jesus. — *Les litanies de la Ste Vierge*, letanyou ar Vero'hès, letanyou an introun Varya. — *Les litanies des Saints*, letanyou an oll sænt. — *Réciter les litanies*, lavaret an letanyou.

LITIÈRE, *chaise couverte*, leter, *pl.* you. *Van.* léter, *pl.* yeü. — *Des chevaux de litière*, qesecq leter. — *Meneur de litière*, muletier, leteryer, *pl.* yen; leter rour, *pl.* yen. *v. meneur.* — *Litière, lit des bestiaux*, leter, gouzclyadeun, gouzyadenn, gouzell. — *Faire la litière, en mettre sous les bestiaux*, ober leter, ober gouzyadenn, *pr.* græt. — *Litière qu'on met dans la cour et dans les chemins pour faire du fumier*, B.-Léon, baus, *pl.* you; ur vaus. H.-Léon, cardenn, *pl.* ou; ur gardenn, ur c'hardenn. Aill. gouzyadenn, *pl.* ou; gouzclyadeñ, *pl.* ou; gouzer, *pl.* you; gouzell, *pl.* you. *Van.* streüed, *pl.* eü. *Landerneau*, qydell, *pl.* ou; ar guidell. — *Couper des bruyères pour faire de la litière*, gouzerya, *pr.* et; trouo'ha gouzer, *pr.* trouo'het; midi gouzell, *pr.* medet.—*Lecer la litière pourrie dane les chemins, dans la cour*, sevel ar vaûs, sevel ar c'harden̄, sevel ar c'houzyadenn, sevel ar c'houzelyadenn, sevel ar gouzell, *pr.* sàvet; carza, *pr.* et. *Van.* saüciû er streüed.

LITIGE, debat, *pl.* ou; debat ê justiçz. — *Toul leur bien est en litige*, o ollvad a ṣo ê debat. — *Qui aime le litige*, breutaûs, procedus, oe'h, à, aû. *v.* chicaneur.

LITIGIEUX, *euse, contesté*, debatns, divar benn pehiny ez eus debat ê justiçz *ou* procès.

LITRE, *ceinture noire d'une église*, gouriz cañv *ou* armoryet, *pl.* ou.

LITTERAL, *e*, diouc'h al lizerenn, hervez ar sinifyançz natur, pehiny èn hem bresant qentâ d'ar spered. — *Le sens littéral*, ar sinifyançz natur.

LITTERALEMENT, hervez ar signifyançz natur *ou* natural.

LITTERATURE, *belles-lettres*, gouîzyéguez vras. — *Des gens de grande littérature*, tud eus a ur vouîzyéguez vras, tud gouîzyecq bras.

LITURGIE, *ordre du service divin*, ar fæçzoun da layaret an offerên̄. — *Parmi les Latins on dit la liturgie de S. Pierre, et parmi les Grecs, la liturgie de S. Chrisostôme*, ar veléyen Romaned a lavar an offerenn hervez ar fæçzoun merqet gad S. Pezr; hac ar veléyen Grecyaned a heuly qiz sant Jan Crysostom.

LIVÈCHE, *plante médicinale*, maceroun.

LIVIDE, disliv, dislivet, distroncqet, plommet, oc'h, à, aû. — *Devenir livide*, disliva, *pr.* et; distroncqa, *pr.* et; plomma, *pr.* et; qemeret ul liou plomm.

LIVIDITÉ, distroncqadur, dislivadur, plommadur.

LIVRAISON, livradurez, livradur, roadur, roïdiguez.

LIVRE, *volume relié ou broché*, levr, *pl.* you. *B.-C.* leor, *pl.* you. *Van.* levr, *pl.* eü; leüer, *pl.* eü. On *écrivait* lyfyr, lefer. — *Petit livre*, levricq, *pl.* levryonigou, levr bihan, *pl.* levryou. — *Livre écrit à la main*, levr-scrid, *pl.* levryou.— *Livre imprimé*, levr moulet. *Van.* id. —

*Livre à épeler*, levr da blæna ul levr plad qemperyad, ur c'hemperyad; qemperyad, *id est*; qui s'achète à *Quimper.*—*Livres spirituels*, levryou spiritual. — *Livres profanes*, levryou prophan. — *Les livres sacrés et canoniques*, al levryou sacr, al levryou a enef hon mamm santel an ilis evit beza eus ar scritur sacr. — *Les livres apocryphes*, levryou douêtus. *v. apocryphes.* — *Les livres d'église sont l'Antiphonier, le Graduel, le Rituel, le Processionnel, le Missel*, levryou an oviçz dilu eo an Antifonal, ar Grazal, ar Ritual, ar Procesionnal, ar Miçzal. — *Livre de compte*, levr count. — *Livre de vie*, al levr a vûhez. — *Leur nom est écrit au livre de vie*, o hano a so scrivet èr levr a vubez. — *Livre, poids de seize onces*, livr, *pl.* ou. *Van.* liüér. On écrivait lifr, *pl.* lifraou. *Al.* punt. — *Une livre de cerises*, ul livr qerès. — *Deux livres de tabac*, daou livr butum.—*Une demi-livre*, un hanter-livr. — *Une livre et demie*, ul livr'-hanter. — *Une livre et quarteron*, ul livr ha qartouron, ul livr ha palevars. —*Livre, franc ou vingt sous*, pévar real.—*Une livre cinq*, pemp real. — *Une livre neuf*, c'huéc'h real nemed ur guênnecq. — *Une livre dix*; c'huec'h real. — *Deux livres*, eiz real. — *Deux livres dix*, decq real. — *Trois livres*, daouzecq real, ur scoed.— *Cinq livres*, uguent real. *Ainsi du reste jusqu'à* : *Neuf livres quinze*, nao real ha tregont. — *Dix livres*, try scoèd ha pévar real, ur pistol. — *Onze livres*, try scoèd hac eiz real. — *Douze livres*, pévar scoèd.—*Douze livres dix*, pévar scoèd ha daou real *ou* ha decq guênnecq. — *Douze livres quinze*, pévar scoèd ha pemzecq guênnecq. —*Douze livres dix-huit*, pévar scoèd ha pévar real nemed daou vennecq. — *Dix-huit livres*, c'huec'h scoèd. — *Dix-neuf livres*, huec'h scoèd ha pévar real. — *Vingt livres*, huec'h scoèd ha eiz real, seiz scoèd nemed pévar real. — *Cent livres*, try scoèd ha tregont ha pévar real, cant livr.— *Deux cents livres*, huec'h scoèd ha tryuguent hac eiz real, daou c'hant livr.— *Trois cents livres*, cant scoèd, try c'hant livr.—*Trois cent soixante livres*, huec'h

**u*gment** scoëd.— *Quatre cents livres*; pé-var o'hant livr.— *Cinq cents livres*, pemp cant livr.—*Six cents livres*, daou o'hant scoëd. — *Neuf cents livres*, try c'hant scoëd. — *Mille livres*, mil livr. — *Deux mille livres*, daou vil livr. — *Trois mille livres*, mil scoëd. *Quand on peut sans se gêner compter par réales et ensuite par écus, on ne se sert point de livres.* v. *réale.* — *Une livre monnaie contient vingt-quatre sous*, ul livr-mouneyz a so pemp real nemed ur guënnecq. — *Une livre parisis contient vingt-cinq sous*, ul livr parisis a so pemp real. — *Une livre tournois contient vingt sous*, ul livr tournès a so pé-var real.

LIVRÉE, *habits des valets*, liffræ, pl. ou; liffrae, pl. ou.—*Porter la livrée*, douguen al liffræ. — *Livrées rouges, jaunes*, liffreou ruz, liffræou melen.

LIVRER, livra, pr. et; rei, pr. roët; lacqât èntre daouarn urre, pr. lacqëet. — *Livrer une marchandise*, livra ur var-c'hadourez.— *Livrer les clefs de la maison louée*, rei alc'huezyou an ty fermet ou un ty qemeret è ferm. — *Livrer l'assaut*, rei an açzallh.

LIVRET, levricq, pl. levryouigou.

LOCAL, *e, qui concerne le lieu*, lec'ha-ër, eus al lec'h. — *Coutume locale*, custum lec'baër, custum ul lec'h ou ur c'hanton.—*Supérieur local*, ar superiol eus al lec'h ou eus a ul lec'h.

*LOCANTE, *petit louage, chambre qu'on loue*, pennty, pl. ès; campr, pl. aou, ou.

LOCATAIRE, *qui tient d louage*, fermeur, pl. yen; fermour, pl. yen; feurmour, pl. yen. — *Locataire, qui loue une portion de maison ou une petite maisonnette*, camprer pl. yen; campreur, campraour, camprour, ppl. yen; nep a ya è pennty.

* LOC-DIEU, *hôpital, la maison-Dieu, église d'un hôpital*, loc-Doüe, lo-Doüe, ly-Doüe.

LOCHE, *poisson*, blontecg, pl. blon-tegued; loc'h, pl. ed.—*Petite loche*, lochicq, pl. lochedigou. — *Loche, insecte*, prévedennn, pl. ed, ou; melc'huëdeunicq, pl. melc'huëdigou.

* LOC-MAN ou *lamaneur. Ce mot est breton. Il signifie* pilote, *comme en fran-*çais. *Il est composé de* loc'h, *barre*, *et de* man, *homme.* Loc-man, *homme qui tient la barre du gouvernail*, pilote.

LOC-MARIA, *église consacrée à Dieu sous l'invocation de la sainte Vierge*, Lommaria, *de* loh *ou* leh *; lieu, et de* Marya, *Marie.*

LOC-RENAN, *petite ville à trois lieues de Quimper*, Locornan, Locornan Coad-Neved. v. *Renan.*

LOCUTION, fæçzoun da barlant. v. *expression.*

LODS *et* ventes, *droit de seigneur*, laodou ha véntou, lodou ha ventou, lod an autrou var ar verzidiguez eus an doüar. v. *lot.*—*Payer les lods et ventes*, paëa al laodou ha véntou.

LOF, *t. de marine*, loff.—*Au lof*, da loff, aloff.—*Aller au loff, ou à la bouline*, loffi, pr. loffet; aloffi, pr. aloffet. v. *bouliner.*

LOGE, log, pl. lojou. *Van.* id., pl. eü. v. *logette.*

LOGEABLE, logeapl, oc'h, añ.

LOGEMENT, logeyz, pl. you. *Van.* logeriz, pl. eü.

LOGER, logea, pr. et. *Van.* logeiñ. --*Loger dans une auberge*, logea èn un ostaliry, herberc'hya, pr. et. *Ce dernier mot n'est plus d'usage.* v. *auberge.*--*Etre bien logé*, beza loget mad, pr. bet.--*Loger les pauvres*, logea ar béaryen.--*Celui qui loge et celui qui est logé*, logeèr, pl. yen. *Van.* logeour, pl. logeryou, logeryan.

LOGETTE, logicg, pl. logcouïgou; logell, pl. ou; logellicg, pl. logellouïgou. *Van.* id, ppl. eü.

LOGICIEN, *qui possède l'art de raisonner*, logicyan, pl. ed.

LOGIQUE, *art de conduire sa raison*, logicqa, al logicqa. — *Il fait sa logique*, ez ma el logicqa, el logicqa ez study.

LOGIS, *habitation*, ty, pl. tyès, tyèr; demeurançz, kær. — *Faites-moi l'honneur de venir au logis*, grit an enor din mar plich da zoñnet d'am zy. — *Venez au logis, petit garçon*, deut-hu d'ar guær, pautriçq. -— *Où est votre logis*, pe c le-ac'h ez ma oz ty ou ho temeurançz. — *Corps de logis*, corf ty, ur c'horf ty. —

*Il y a un grand corps-de-log:s entre deux pavillons,* ur o'horf bras a dy a so eñtre daou bavilhoun. — *Il a diné au logis,* leinet èn deus èn hon ty-ny, leinet (n' deus èr guær.

**LOI**, lésenn, *pl.* ou. *Van.* léseenn, *pl.* eû.—*Loi, ordonnance, commandement, reiz, pl.* you; rez, *pl.* you; ordrenançz, *pl.* ou. — *La loi de Dieu,* al lésenn eus a Zoûe, al lésenn a Zoûe, lésenn Doûe. *La loi naturelle,* an lésenn eus an natur, an lésenn merqet gand Doûe eû caloun an dèn. — *La loi de Moïse,* lésenn Moysès, al lésenn scrivet, an lesenn ancyan, decq gourc'hemenn ar reiz, an decq gourc'hemeñ eus an reiz. — *La loi de grâce,* al lésenn a c'hraçz, al lésenn eus an avyel, lésenn an avyel, lésenn hon Salver, al lésenn nevez. *La loi ecclésiastique,* lésenn an ilis. — *La loi salique,* an léseñ salik. *v. salique.* — *La loi civile,* an lésenn civil. — *La loi du talion,* lésenn an hével-boan. *v. talion.* — *La loi du talion ne doit être observée qu'à l'égard des faux témoins et des calomniateurs,* lésenn an hével-boan na dle beza miret nemed ê qèver ar fals testou hac èn andred nep a lavar traou faos ha disenorapl varbouës an hentez. — *Etablir une loi,* ober ul léseñ, *pr.* græt; dougnen ul lésenn, *pr.* douguet.—*Observer les lois,* miret al lésennou, *pr.* id. — *Qui est sujet aux lois,* reizus, rezus. — *Etre obligé de garder une loi,* beza dalc'het da ul lésenn ou da viret ul leseñ. beza reizus, *pr.* bet. — *Violer les lois,* terri an lesenou, *pr.* torret; trémen al lésennou, *pr.* et.—*Abolir une loi,* lamet ul lèsenn, *pr.* id.; desoula ou distruigea ul lésenn, *ppr.* et.—*Les hommes se croient dispensés des lois saintes, parce qu'ils sont presque tous d'accord de ne les pas suivre,* an dud a gred beza dispancet da viret lésennou Doûe ha re an ilis, dre'n alweeg ma ziut a-unan peurvuya evit ul lesel a-goslez. — *Sans foi ni loi,* hep na f'iz na reiz.

**LOIN**, *adv.,* pell, lareq. *Van.* pell. *Loin de la maison,* pell dioud an ty, pell dioue'n ar guær, lareq dioud : n guær. —*Fort loin,* pell bras, ur pellou bras,

pell pe belloo'h , diabell. — *Il est bien loin d'ici,* pell bras ou ur pell bras ou ur pellou bras ez ma ac'han.--*Loin, éloigné,* pell, pelloc'h , pellà. — *Il est ici loin de son pays,* pell ez ma amañ dioud e vro. —*Loin de vous,* pell diouzoc'h. — *Plus loin que vous,* pelloo'h eguedoc'h , lareqoc'h évidoc'h. — *Le plus loin que vous pouvez voir,* pellà ma hillit guëllet.—*Si loin!* qèr pell, pe bete qéhyd!—*Aussi loin que d'ici à Rome,* qer pell evel ac'han da Roum, qéhyd hac ac'han ou qéhyd evel ac'han da Roum.—*De loin,* a bell, a ziabell. *Van.* a beel.—*Venir de loin,* doûnet a ziabell ou a bell.—*Prévoir de loin,* sellet a-ziabell, guëllet a ziabell, *ppr.* id. —*De loin à loin,* a bell-ê-bell, a bell da bell.—*Loin de , bien loin de , ê* lec'h.—*Loin de vous blâmer, il vous loue,* ê lec'h ho tamal, ez teu d'oz meuli.—*Bien loin de l'apaiser, il l'irrite, ê* lec'h e habasqaat , êl lacqa da vuanecqaat.

**LOINTAIN**, *aine, qui est fort éloigné,* pell , pell bras ou meurbed.—*Il est allé en pays lointains ,* eat eo ê pel-bro, eat eo d'ar broezyou-pell.—*Les peuples lointains,* nep so ê pell-bro, ar re a c'hom èr broëzyou pell.

**LOIR**, *rat des Alpes qui dort tout l'hiver,* lyr, *pl.* ed.

**LOIRE**, *rivière,* al Loër, *stær ou rifyer* al Loër.

**LOISIBLE**, *licite,* permetet. —*Cela n'est pas loisible ,* ne deo qet permetet qemeñze.

**LOISIR**, vagder, spaçz, amser. *Van.* oûar, ouareguieh, arouarigueh.—*Etre de loisir, avoir du loisir ,* beza vacq ou vacq var un dèn, cahout spaçz ou amser, beza dibrès, *ppr.* bet; tizout; tizout da ur re, *pr.* tizet. *Van.* bout dibrès ou arouareeq, *pr.* bet.--*J'ai du loisir,* vacq eo varnoun, vacq oun, amser èm eus, spaçz èm eus, dibrès oun, dibrès eo varnoun , tizout a rañ , tizout a ra diu. —*A votre loisir ,* d'ho viot vacq, pa vezo vacq varnoc'h, pa oz pezo spaçz ou amser, pa viot dibrès , pa vezo dibrès varnoc'h, pa dizot, pa dizo deoc'h.

**LOMINÉ,** *gros bourg d quatre lieues de*

*Vannes*, Loc-meneh. *Van.* Logounéh , Loguenéh, Loguenah, *id est* loc-venah, *lieu de moines.*

LONDRES , *rillé capitale de l'Angleterre*, Londrès , Londen , London. — *Il y a plus de* 60000 *catholiques romains dans la ville de Londres*, ebars è Londres ez eus muy evit tryuguent mil c'hristen catolicq.

LONG , *longue , qui a de la longueur ,* hirr , oc'h , à , aû. *Van.* id. *Al.* lag. — *Un long chemin*, un hend hirr.--*Une longue barbe*,un varv birr.--*Long dîner plaît,* hirr lein a blich.--*Long et lé,* hirr ha ledan. — *Long, longue , qui tarde beaucoup à faire une chose ,* nep so pell amser oc'h-ober un dra, un dra a bad pell amser da ober. *v. lent.*—*Long, longue , qui dure long-temps ,* hirbadus , hirr. — *Une longue maladie ,* ur c'hléved hirr , ur c'hléved hirbadus,—*Une personne de long âge, d'un grand âge,* hirr-hoazlus , un dèn hirhoazlus.--*Si long-temps!* qéhyd amser ! qéhyd-ze ! qer pell amzer ze !—*Long-temps,* pell amser , hirr amser , è pad pell amser , ur maread bras a amser. *Van.* peel amsér , peel guërso.—*Plus long-temps ,* pelloc'h amser , hirroc'h amser.—*Très-long-temps!* pell amser vras, hirr amser meurbed, è pad un amser vras.—*Il y a long-temps ,* pell amser so, pell so, meur amser so, a-baouë hirr amser *ou* pell amser, qüerz so. *Van.* guerz so.—*Long-temps auparavant,* pell qent, pell diaguent, pell diaraucg, qüerz qent.—*Il n'y a pas long-temps ,* ne deus qet pell amser, ne deus qet pell, ne deus nemeur amser, ne deus nemeur, ne deus qüerz.--*De long-temps,* ac'han da bell amser, ac'han da bell, ar verz mañ. *Van.* er üerh-mañ, ar verz-mañ.—*De long-temps il ne viendra ,* ac'han da bell ne zuyo, ar verz mañ ne zuy.—*À la longue ,* da bell amser.—*De long et de travers,* a hed hac a dreuz.—*Il lui en a dit bien long,* cals traou èn deus lavaret bet dezañ, lavaret èu deus bet dezà a bep seurd, hac a dreuz hac a hed. —*Le long, hèd,* a hed. *Van.* id.—*Le long du chemin,* a hed au heud, hed an

bend.—*Le long du rivage ,* hed an aud. —*Le long du jour,* hed an deiz.—*Tout de son long,* a hed e gorf, a hed e groc'hen , a c'huen. *Van.* hag e hed.--*Il est tombé de son long,* couëzet eo a hed e gorf *ou* a hed e groc'hen, couëzet eo bet a c'hüen e groc'hen.--*Au long, tout au long,* hed-da-hed , peun-da-benn. --*Il l'a lu tout au long,* lennet èr deus è hed-da-hed, lennet eo gandhâ penn-da-benn.--*Il est rêtu de long,* un abyd hirr a so gandhâ , douguen a ra an abyd hirr.

LONGANIMITÉ , hir-baciandcd.-- *Méprises-tu les richesses de la bénignité, de la patience et de la longanimité de Dieu qui te convie à repentance ? aux Rom., ch.* 2, v. 4, ha disprizout a res-te ar vrasder eus a guñvélez, eus a vadélez hac eus a hirbaciandedan Autrou Doüe pehiny qéhyd amser so a gouvi ac'hanoud da ober pinigen, eme sant Paol d'ar Romaned.

LONGE, *lanié-e. v.-y.*—*Longe de veau,* loëuenn lue, *pl.* loënennou lue; lounez lue, *pl.* loünezy lue; loinch lue, *pl.* loinchou lue. *v. rognon.*

* LONGIS, *qui ne finit pas,* lént evel ar vaut; vaut, *tortue. v. lendore.* — *Un vrai longis , un saint longis,* longius an dall, mad da vont da glasq ar maro.

LONGUE, *note longue,* notenn hirr, notenn lostecq. *v. note.*

LONGUE-VUE, *lunette d'approche,* lunedenn , *pl.* ou.

LONGUET, *te, assez long,* hirricq, hirricq avoalc'h. *Van.* hirricq.--*Le sermon a été assez longuet,* hirricq eo bet *ou* hirricq avoalc'h eo bet ar brezeguęzn.

LONGUEUR, *la première dimension des corps,* hed, hirder, hirded. *Van.* id. - *La longueur et la largeur du drap,* an hed hac al ledander eus ar mezer.--*La longueur d'un homme ordinaire ,* hed un dèn a vént, an hed eus a un dèn a daill. *Al.* gour-hed, *qui signifie* brasse. --*Ils sont d'une même longueur,* eus a un hed int, qeu hirr eo an eil hac eguile, qéhyd ha qéhyd int.—*La longueur du chemin,* an hirder *ou* an hirded eus an heud.—*Longueur , temps que dure une*

*chose*, hed, hirder, hirnez. *v. durée.*—
*La longueur des jours et des nuits*, an hed eus an deizyou hac eus an nosyou.—
*La longueur du temps*, hirded an amser.
—*La longueur de l'éternité*, an hirnez ou an hirder eus an eternitez.—*Mesurer la longueur d'une chose*, heda un dra-bennac, *pr.* heded; musula un dra evit gouzout e hed, *pr.* musulet.—*Longueur, retardement, lenteur*, dale, léntéguez, hirnæz, hirræz. — *Tirer les choses en longueur*, dalea an traou, *pr.* dalcët; ober an traou gad léntéguez, *pr.* græt.
— *La longueur du temps que je ne vous avais vu, m'ennuyait beaucoup*, hirnez an amser n'oz quëllenn qet am euoé, hirræz bras am boa da o quëllet, nr près bras ëm baoa *ou* ëm boa da vellet ac'hanoc'h. *v. empressement.*

LOPIN, *morceau de pain, de viande, etc., qu'on prend à la hâte et avec avidité*, pez, *pl.* you; tamın, *pl.* ou. *v. lèche, morceau.* — *Un gros lopin*, felpenn, *pl.* ou; ur picqol pez, *pl.* picqolou pezyou; ur picqol felpenn, picqolou felpennou *ou* felpenn.—*Un gros lopin de beurre*, ur picqol pez *ou* tamm amann.—*Un gros lopin de pain*, ur felpenn bara, ur picqoll felpenn bara, ur bastell vara, ur picqol pastell vara. — *Un gros lopin de chair*, ur felpenn pez qicq, ur picqoll pez qicq.

LOQUET, dricqed, *pl.* ou; clicqed, *pl.* ou; licqedenn, *pl.* ou; licqed, *pl.* ou; potenn, *pl.* ou. — *Fermer avec le loquet*, licqeda, clicqeda, *ppr.* et.—*Loquet de bois pour fermer une porte, une fenêtre*, prenn dor, *pl.* prennou dor; prenn prnestr, *pl.* prennou penestr.—
*Fermer la porte avec un loquet de bois*, prenna an or, *pr.* prennet. *Si c'est avec une barre de bois*, sparla an or, *pr.* et. *r. fermer.*

LORGNER, *regarder du coin de l'œil avec mépris*, sellet a dreuz ond ur re, sellet a gorn lagad oud ur re, sellet gad freiz an lagad oud ur re-bennac, *pr.* it.—*Lorgner, regarder à la dérobée une personne qu'on aime*, sellet a goru lagad oud ë c'honndt, luguerni ouc'h ur re, stersdemni ouc'h ur re, ober ë cuz sel-

ladou tom da ur re, ober a gorn lagad sellaðou birvidio da ur re. *Van.* lorgueiü.

LORIOT, *oiseau*, glasaour, *pl.* ed.

LORS, *alors, en ce temps-là*, neuze; d'an ampoënd-ze, ën amser-ze. *Van.* ncze.—*Lors de son mariage*, d'an ampoënd ma dimezas, pa zimezas.—*Lorsque*, pa, d'an ampoënd ma, ën amser ına. *Van.* pe. — *Lorsque vous êtes chez lui*, pa veac'h ën e dy, d'an ampoënd ma veac'h ë e dy, ën amser ma veac'h ën e dy. *Van.* pe yéh ën e dy. —*Dès-lors*, a neuze, a dalecq neuze, a dal neuze, a dalecq an ampoënd-ze, a dalecq au amser-ze. *Van.* a neze. *v. aussitôt, depuis.*—*Dès-lors comme dès a-présent*, a neuze, ec'hiz a vrëmañ.

LOT, *héritage, portion d'une chose divisée*, lod; lodenn, raun, dargn, qevrenn, *ppl.* ou; darn, *pl.* you. *Van.* lod, lodenn, *ppl.* eü. *Al.* leudd; on prononçait leoudd. *de là probablement* alleu, allodes, etc. *v. part.*—*Celui qui a un lot dans la division*, qevranuecq, *pl.* qevranñeyen. *Van.* lodecq, *pl.* lodéyon. *v. cohéritier.*—*Celui qui fait les lots*, qevranner, qeffrannour, darnyer, dispartyer, ranner, rannour, loder, *ppl.* yen.—*Le gros lot, avoir le gros lot*, al lodenn vras, cahout al lodenu vras, cahout ar rann vras, an dargn bras, ar guevrenn vras, *pr.* bet.—*Donnez-moi mon lot*, deuït va lod din, deuït va aparchand din, roït va rann din, roït va lodenn digu, roït va c'hevrenn dign.

LOTERIE. *jeu*, lodiry, lodtiry, *ppl.* you.—*Tirer la loterie*, tenna ul lodiry, *pr.* et.

LOTIR, *partager*, lodenna, loda, rauna, *ppr.* et; darnaouï, *pr.* darnaouët; qeffranui, *pr.* et. *v. partager.*

LOUABLE, meulabl, meulus, din da veza meulet, oc'h, à, añ. *Van.* melabl; din de vout melet, oh, añ, aoñ. —*Qui n'est pas louable*, divculus.

LOUAGE, *la chose louée, le prix de la chose louée*, ferm, louaich.—*Maison de louage*, ty ferm, *pl.* tyès ferm.— *Il est en maison de louage*, e ty ferm ez ma.—*Il me coûte 360 livres en louage de maison*, c'hucc'h unguent scoéd a baëañ ëferm

·. —*Cheval de louage*, maro'h louaich,
·. qesecq louaich.—*Donner d louage*,
rœi da ur re, *pr.* fermet ; rei ê ferm
a ur re, *pr.* roët.— *Qui donne d loua-*
*ge*, fermour, *pl.* yen ; nep a ro ê ferm.
—*Prendre à louage*, fermi digand ur re,
emeret ê ferm, *pr.* id. *Van.* gopra,
opreiû, *ppr.* gopret.—*Celui qui prend*
*louage*, fermeur dindan ur re, *pr.*
ermeuryen; nep a guemer ê ferm.

LOUANGE, meuleudy, *pl.* ou; meu-
neuleudiguez. *Van.* mellach. — *Dire*
*quelque chose d la louange d'un autre*, la-
aret un dra ê menleudy un all.—*Chan-*
*er les louanges de Dieu*, cana meuleu-
lyou Doüe.

LOUCHE, *loucher. v.* bigle, bigler.

LOUER, *donner ou prendre d louage.*
:. *louage.—Maison d louer*, ty da fermi,
ty ferm.—*Louer quelqu'un d la journée*,
gopra ur re dioud au deiz, goprat un
devezour, *ppr.* gopret. *v. journalier.*

LOUER, *donner des louanges*, meuli,
*pr.* et. *Van.* melleiû. *Burlesquement*,
rei beus *ou* caul *ou* mel *ou* melaich da
ur re, *pr.* roët.—*Louer outre mesure*,
meulidreist peun, rei meuleudyou amzere, rei meuleudyou divusul, *pr.* roët;
meuli dreist musul. *Burlesquement*, rei
caul d'ar c'havr. *r. flatter.*—*L'action et*
*la manière de louer*, meulidiguez.—*Celui*
*qui loue, panégyriste*, meuler, meulour,
*ppl.* meuléryen. *Van.* mellour, *pi.* mel-
le ryon.—*Se louer de quelqu'un*, èn hem
veuli eus a ur re, beza countant bras
vès a ur re-bennac.

LOUEUR, *qui donne d louage*, fermeur, *pl.* yen. *v. louage.—Loueur de*
*chevaux*, louaicher, *pl.* yen.

LOUIS, *nom d'homme*, Loys. *Van.*
Loeyz.—*Saint Louis*, sant Loys. *Van.*
sant Loeyz.

LOUIS, *pièce d'or*, loüis-aour, *pl.*
loüised-aour.

LOUISE, *nom de femme*, Loysa. —
*Sainte Louise*, santès Loysa.

LOUISON, *ou Louisot, petit Louis*,
Loysicq.—*Louison, petite Louise*, Loysaïq.

LOUP, *animal féroce*, bleiz, *pl.* bleizy; guilhou, guilhaouicq. *Van.* bley,
*pl.* bleidy.—*Jeune loup*, bleiz yaouancq.

*v. loureteau. Burlesquement, on dit :* guil-
haoulcq ar bleiz.—*Loup ravissant*, bleiz
divorus, *pl.* bleizy divorus : *cela se dit*
*au figuré. Van.* bley divorus, bley car-
nager, *pl.* bleidy caruager.—*Loup en-*
*ragé*, bleiz claû, bleiz arraget, bleiz
connaret, bleiz a so croguet ar gonnar
enhaû.—*Loup cervier*, loup plus petit que
les autres, bleiz qarvecq, *pl.* bleizy qarvecq. *Van.* bley giboêçzour, bley giboêçz, *pl.* bleidy giboêçz.—*Loup-garou*,
bleiz-garv, bleiz-garo, *pl.* bleizy-garo.
garo, *âpre, cruel.* dèn-vleiz, *pl.* tud-
vleiz; gobylin, *pl.* ed. gobylin *veut dire*
*esprit-follet, nocturne. Van.* bleidet, un
deen bleidet, tud bleydet. *v. lamies.*

LOUPE, *tumeur*, louppenn, goagrenn, *ppl.* ou. *Van.* dorheil, gangreñ,
*ppl.* cû.—*Loupe qui vient d la gorge*, jo-
torell, *pl.* ou. *de* jot, joue.

LOURD, *e, pesant*, lourdt, oc'h, añ.
*Van.* id.—*Lourd d'esprit*, lourdt a spered, lourdt a benn.—*Lourd, lent*, lént,
daléus, oh, añ.

LOURDAUT, *grossier, maladroit*,
lourdod, *pl.* ed; luguder, *pl.* yen; ja-
vedecq, *pl.* javedéyen.

LOURDEMENT, èn ur fæçzoun
lourdt, ez lourdt, gad lourdôny.

LOURDISE, lourdôny, *pl.* you; lugudérez, *pl.* ou. *Van.* lourdis, *pl.* eû.—
*Il fait sans cesse des lourdises*, lourdôny-
ou a ra hep cecz.

LOUTRE, *animal amphibie*, dourgon,
*pl.* dourgoñned; *de* dour, *eau, et de* jou,
*pluriel de* qy, *chien.* dour-qy, *pl.* dour-
chaçz, dourgon; qy-dour, *pl.* chaçz-
dour. *Van.* qy-dêur, *pl.* chaçz-dêur.—
*La loutre vit d'herbes, de fruits, mais*
*principalement de poisson*, au dourgon a
vef gand guéand ha froüez, hac ispicyal gand pesqeud

LOUVE, *femelle du loup*, bleizès, *pl.*
ed. *Van.* bleyès, *pl.* ed.

LOUVET, crennvleiz, *pl.* crennvleizv.

LOUVETEAU, bleizicq, *pl.* bleizi-
gou; bleizicq-læz, *pl.* bleizigou-l rz.
*Van.* bleyicq, *pl.* bleigueû; colin bley,
*pl.* colineû bley.

LOUVETER, *parlant de la loutre quand*
*elle fait ses petits*, bleiza, *pl.* et. *Van.*

colineiñ, *pr.* et.

LOUVOYER, *courir plusieurs bordées ayant le vent contraire*, lévya, *pr.* et. *Van.* lévyeiñ, levyat, louvyadal, *ppr.* et. lé-vya *veut dire aussi mener un bateau avec une seule rame; et celui qui le mène se nomme* lévyer.

LOUVRE, palès ar roüe.

LOYAL, *e, selon les lois*, leal, oo'h, añ. *Van.* id *v. fidèle.* — *Marchandise lo-yale*, marc'hadourez leal.—*Dans les vallons le vent n'est pas loyal*, eñ traouyen-ñou ne deus qet a avel leal.

LOYALEMENT, èn ur fæçzou le-al, ez leal, gand lealded. *v. fidèlement.*

LOYAUTÉ, lealded, léalentez. *Van.* lealded.

LOYER, *prix de louage d'une maison*, ferm, feurm.—*On m'a payé le loyer de ma maison*, paëet eo din ar ferm eus va zy.—*Loyer d'un journalier*, gopr.—*Loyer de matelot*, gopr merdead. — *Loyer de navire*, gopr lestr, fret.

LUBRICITÉ, *impudicité*, lubricite.

LUBRIQUE, lubricq. *v. impudique.*

LUC, *nom d'homme*, Lucas.— *Petit Luc*, Lucqicq.—*Saint Luc*, sant Lucas. —*A la Saint-Luc on ouvre les classes*, da voël Lucas ez digorèr ar c'hlaçz.

LUCARNE, *petite fenêtre dans le toit*, lucan, lucarn, *ppl.* ou; lombèr, *pl.* you. *Van.* lucan, lucarn, *pl.* eü.

LUCE, *nom de femme*, Liçzenn. — *Petite Luce*, Liçzicq.

LUCEAIS, *menu fruit noir qui croit dans les forêts*, luçz. *Van.* id.—*Un grain de luceais*, ul luçzen, luçz.

LUCIFER, *prince des ténèbres*, Luci-fer, ar penn eus an oll ziaulou, an Diaul bras.

LUCRATIF, *ive*, gounidus, gouni-decq, profidus, talvoudecq, oc'h , à , añ.—*Une charge lucrative*, ur garg gou-nidus *ou* profidus , *pl.* cargou ,etc.

LUCRE, gounid, provid. *Al.* maël, budd.

LUETTE, huguenn, an huguenn, huqenn, huguès. *Van.* en huguedeen, eñ ancoé. — *Luette démise*, huguenn couëzet.—*Remettre la luette*, sevel an huguenn da ur re, *pr.* savet.—*Luette*

*enflammée*, ar gorou.—*Il a la luette en-flammée*, ar goru a so gandhâ.

LUEUR, *clarté faible*, sqleur, *pl.* you. *Van.* luguern, sqlérdér.—*Lueur, rayon, apparence*, sqleuricq, spès, manyel, briz.—*Je vois d présent quelque lueur d'es-pérance*, brémâ ez vellan ur sqleuricq a esperançzou *ou* maniel esperançz ou ur briz espér.—*Cette vertu qui éblouissait la yeux n'était qu'une fausse lueur*, ar vertuz-hont pehiny a souëze ar bedoll, n'edoun-med ur briz vertuz ou ur spès a vertuz.

LUGUBRE, glac'harus, trist, leun a'dristidiguez, cañvaoûvs, oh, añ. — *Chant lugubre*, can leun a dristidiguez, ur c'han cañvaoûvs. — *Une voix lugu-bre*, ur voüëz glac'harus.—*Un cri ou un son lugubre*, ur c'hry pe ur son trist. *Al.* lais, læs.

LUI, *pronom personnel dont le féminin est* elle *et le pluriel* eux, eñ, ê. *On écrit eff.* hañ, hâ. *Van.* ëuñ, eañ. *v. elle, elles, eux, il.*—*C'est lui qui me l'a don-né*, eñ eo *ou* ê eo èn deus e roët din, digand-hañ *ou* digand-hâ am eus ê bet.—*Lui seul*, e-uuan, e-unan penn, e-unan hep qen.—*Lui-même*, eñ e-unan, eñ èn déon. — *Approchez-vous de lui*, taustaït oud-hañ, dineçzaït oud-hâ.—*Écartez-vous de lui*, pellaït dioud hañ.—*De lui*, anez-añ, anez-â. *Van.* ane-hon.—*A lui*, dez-añ, dez-â. *Van.* de-hon.—*Par lui*, dreiz-añ, dreiz-â. *Van.* dre nehon. — *En lui*, èn-hañ, ènhâ. *Van.* en hon.—*Avec lui*, gand-hañ, gad-hañ, gand-hâ. *Van.* gued-hon, gued-hou.—*D'avec lui*, digand-hañ, digad-hañ, digand-hâ. *Van.* digued-hon, degued-hou.—*Sans lui*, hep-zañ, hep dañ. *Van.* hemp-doñ. — *Sans lui*, pa neved-hañ, pa neved-hâ. *Van.* pe ne veid-hoñ. — *Sans lui je l'aurais eu*, pa neved-hañ èm bezé bet anezañ.—*Hors de lui*, ê meaz anez-añ, èr mæs anez-â. *v. eux, elles.*

LUIRE, *jeter de la lumière*, éclairer, luya, *pr.* luyet, sclæraat, *pr.* sclæréet, goulaouï, *pr.* goulaouët. *Van.* sclæri-genneiñ, reiñ sclærder, turul sclærdér. —*Luire, jeter une faible lueur*, sclærya, sclæriçza, sclærigea, *ppr.* et.—*Luire,*

ar-lâné *des corps polis qui réfléchissent la*   evit sclærya èn nos.
*lumière qu'ils reçoivent,* luguerni, *pr.* lu-
gerruet; leuc'hi, luie'hat, luya, lintra,
nîfra, *ppr. et ; de* leuc'hi *et de* luya,
*fermant* luc'hedenn *et* luyadeñ, *éclair.*
*Van.* luguernzlñ, luhciñi

**LUMINEUX**, *euse, qui a de la lumière,*
sclæryus, oc'h, á, añ. *Van.* luguernus,
oh, añ.

**LUNAIRE**, a aparchant oud al loar.
— *L'année lunaire est de* 364 *jours ou de*
12 *mois synodiques,* ar bloasvez horvez
al loar a so eus a dry o'hant pévar hac
hanter-c'hant deiz ; po eus a zaouzecq
miz a nao dez varnuguent-hanter pep
hiny. r. solair.

**LUISANT**, *te, qui brille,* luguernus,
euzo'hus ; lue'hus, luyus, lufrus, lintr,
o'h, á, añ. *Van.* luguernus, oh, añ. —*Blanc,*
*reluisant et* luisant, cañ, oh, añ; guéñ-cañ.
*brillant.* *Luisant, qui jette quelque lueur,*
sclæryus, sclærijus, sclæriçzus, oh, añ. —
*Un ver* luisant, prèv-caul, prèv-glas,
prèv-aoz, pær-goulou, prèv-goulaou-
er, preñv-luguernus, *pl.* prèved. *Van.*
prcûñ lugnaæn, *pl.* preuñvod luguerñ.

**LUNAISON**, *durée d'une lune,* loaryad, *pl.* ou. *Van.* loërad, luërad, *pl.* eû.

**LUMIÈRE**, sclærigeañ, sclærder,
sclærded, goulou. *Van.* sclærdér, sclærigeañ, sclærizyou, splaudér. *Al.* di-
*Dis; de là,* Diane ; disul, dilun, *dimen-
che, lundi, etc.* — *Être entouré de lumière,* cahout sclærigenn a bep tu, beza sclæret a bep tu, beza goulaouët
a bep beñ eus a bep hend. — *La lumière du soleil,* sclærder eu sclærded eu
sclærigenn an héaul. — *Approcher la*
*lumière,* tanstaat an goulou eu ar goulou, *pr.* ëet. — *S'approcher de la lumière,*
tanstaat oud ar goulou. — *La lumière*
*d'un démon,* goulaou ur c'hanol, toull
an amors. — *Mettre un livre en lumière,*
lacqaat ul levr ê goulou. — *La lumière*
*de la foi,* ar sclærigeañ eus ar feiz. —*Les*
*lumières de la foi et de l'évangile ont dis-
sipé les ténèbres et l'aveuglement du genre*
*humain,* ar sclærigenn eus ar feiz hac
eus an avyel o deus diamantret an devalyenn hac an dalléntez eus a spered
an llgnaïch umen.

**LUNATIQUE**, *qui tient de la lune,* loa-
ryus, loaryecq, ceiñchus, stultennus,
oc'h, á, añ. *Van.* luërecq, loërecq.

**LUNDI**, *second jour de la semaine,* dilun, *de* di, *Al.* lumière, *jour ; et de* lun,
*Al.* lune. — *Le lundi,* al lun. *Van.* el
lun. — *Lundi gras,* dilun ezned, dilun
meurlargez. — *Lundi de Pâques,* dilun
Phasq, dilun Basq. — *Le premier lundi*
*de carême,* ar c'hentâ lun eus ar c'ho-
rays.

**LUMIGNON**, *mèche de la chandelle,*
mouchen élumet, goulaou eu sclærigeñ ur vouchen, sclærigeñ ur bourc'heñ

**LUNE**, *l'une des sept planètes et la plus*
*proche de la terre,* loar, al loar, *Van.* el
loër, loër. *Al.* llun; *on prononçait* lloun,
Lluu de loun, *plein, pleine; parce que les*
*Gaulois adoraient la pleine lune.* —*La lune est* 43 *fois plus petite que la terre,* teir
guéch ha daou-uguent eus o biannoo'h
al loar eguid an doüar. — *La lune ne*
*tourne qu'en un mois autour de la terre,*
al loar a véz ur miz o hober an dro d'an
doüar. — *Nouvelle lune,* loar névez. *Van.*
loër neûe, luér neûe. *Trég.* loar neoûe.
— *A toutes les nouvelles lunes,* da bep loar
névez, da bep loaryad névez. *Trég.* da
bep loar neoûe. — *Le croissant de la lune,* prim al loar, loar-brim, cresq al loar,
loar-gresq, ar prim, ar c'hresq; prim
*est de Lion.* — *Pleine lune,* cann al loar,
loar-gann, ar c'hann. *Van.* cann el luer,
cann el loër, er hann. *Trég.* an neoûe
bras. *v.* bidu. — *Le décours de la lune,*
discarr al loar, an discarr-loar, an discar. *Van.* discar el loer, discar el
luër.—*Dernier quartier de la lune,* *Trég.*
an neoûe bihan. *Aill.* an divezañ cartel. — *Proverbe breton pour trouver, au*
*moyen de la lune, le temps de carnaval :*

**LUMINAIRE**, *cierges,* élumaich, goulaou, goulou. — *Il faut payer le luminaire,* redd eo paëa an élumaich eu argoulou. — *Luminaire,* t. *de l'écriture sainte,*
an héaul hac al loar. — *Dieu créa deux*
*grands luminaires, etc.,* an autrou Doüé
a groûdas diou sclærigenn gaër eu diou
c'houlaoûeun gaër ; unan evit sclærât
an deiz an eil evit goulaoueñ eu sou eu

14

Ar prim neçzá d'ar Vadizyend ,
E c'houde, ne deo qet qent :
Lès hennez da vont d'e hend :
Ar meurz neçzá d'ar prim all ,
Meurlürgez è Breiz hac è Gall.

Ar Vardizyend reut dire ici *Epiphanie; id
est, qu'il faut laisser passer la première lunaison qui commencera après l'Epiphanie,
et puis le mardi qui sera le plus près du premier jour de la deuxième lunaison sera le
mardi-gras. v. Epiphanie.*

LUNETIER, *qui fait et vend des lunettes,* luneder, *pl.* yen.

LUNETTE *d longue vue, lunette d'approche;* luneden, *pl.* ou.—*Lunettes, deux
verres enchassés qu'on met sur le nez,* lunedou. *v. le prov. au mot blanc.* — *Etui
de lunettes ,* boëstl lunedou. — *Prenez
vos lunettes ,* qimirit oz lunedou, licqit
oz lunedou var ho fry.

LUPIN, *plante qui porte un fruit semblable d des pois ,* lupins, pis plad ha
c'huéro.—*Manger des lupins,* dibri lupins.

LUSTRALE, *eau lustrale,* dour benniguet.

LUSTRE, *éclat,* sqed; lufr, lustr. —
*Lustre, girandole de cristal.,* cantoler
strineq, *pl* cantoléryou. *v. cristal.*

LUSTRER, *donner du lustre d une étoffe, un chapeau, etc.,* rei lufr da un entoff, da un tocq, etc., rei sqed da, etc.,
*pr.* roët.

LUTH, *instrument de musique d cordes,*
lud-qordenn, *pl.* ludou.

LUTIN: *v. esprit-follet.*

LUTRIN, *pupitre d'église,* letrin , *pl.*
ou ; lutrin , *pl.* ou. *Van.* lutrin, *pl. eü.
v. chanceau, jubé.* — *Chanter au lutrin,*
cana èl lutrin.

LUTTE, *combat corps d corps,* gouren,
*pl.* ou. *Van.* gourenn, gourein, *pl.* gou-
renneü; goureinereah, *pl.* eü. *Al.* luydd.

LUTTER, gourenn, *pr.* et. *Van.* gou-
reneiñ, goureinn, *ppr.* et. — *Jacob lutta
contre l'ange,* Jacob ac'hourennas ouc'h
un eal, hed un nosves.

LUTTEUR, gourenner, *pl.* yen. *Van.*
gourennour, *pl.* gourennueryon, gou-
renneryan.

LUXE, *somptuosité,* re vras dispingn,
dispingn foll, dispingn vean, *pl.* dis-

pignou; lux, *pl.* ou. *De là vient* luxur *et*
luxurius.

LUXURE, luxur. *v. impudicité.* —
*Luxure dissolue,* luxur diçxolut.

LUXURIEUX , *euse ,* luxurius, oc'h,
à, añ. *Van.* id. *v. impudique.*

LYNX , *animal qui a la vue perçante,*
lins. — *Il a des yeux de lynx,* daoulagad
lins a so èn e benn, netra ne achap d'e
aznaoudégnez gouzout a ra an oll doareou.

LYRE, *instrument de musique,* lyrenn,
*pl.* lyrennou; lourenn, *pl.* ou.

—*Vers ou chants lyriques,* guérzou ly-
rennecq, ar pez a gauer var al lyrenn
ou var a lourenn.

## M

MA, MON, *pron. personnels qui s'expriment de la même manière en Breton, en
Léon,* va. *Aill.* ma. *Van.* ma, me; l'e
dans me est muet ou obscur. — *Ma maison, mon grenier,* va zy, va grignoll; ma
zy, ma griguoll. *Van.* ma zy, ma gra-
nyell; me zy, me'n grannyel. — *Ma
mère, mon père,* va mamm, va zad; ma
mamm, ma zad. *Trég.* ma momm, ma
zad. *Van.* me mamm, me zad; ma
mamm, ma zad.

MACARON, *pâtisserie,* macarounçz,
pastezérez great gad bleud, gad sucr,
alamandès ha guënn-vy.

MACERATION, castis youllecq, pinigenn eoullecq *ou* eorffus *ou* corvus.

MACERER, *macérer son corps,* castiza
e gorf gad pinigennou eoullecq, *pr.* castizet. *Van.* castigeiñ er horf.

MACERON, *plante,* an aich ledan.

MACHABÉ, *nom d'une famille illustre
dans l'ancien testament,* Macabean, *pl.*
ed, Macabeiz. — *Judas Machabé,* Judas
Macabean. — *Les Machabé,* Macabeiz
Macabeaned.

MACHEFER, *scorie du fer,* sqand *et*
qenn *ou* canc'h houarn.

MACHELIÈRE, *dent mâchelière. v. dent.*

MACHER, jaoga, *pr.* jaoguet; chauc
qat, *pr.* et. *Van.* chagueiñ, chaqelleiñ
chacqal, *ppr.* et.

MACHICATOIRE, *tabac en machica-toéré*, butun jaocq, butum chaucq. —*Prendre du tabac en machicatoire*, jaoga butum, qemeret butum jaocq.

MACHINE, *engin*, igin, *pl.* ou ; igi-grsou; iñgin, *pl.* ou. — *Machines. v.* automates.

MACHINER, *conspirer contre quelqu'un*, complodi aénep' ur re, *pr.* complodet; olasq an tu da noarout da ur re, *pr.* et. *Van.* complodteiñ. *v.* intenter.

MACHINISTE, iginer, *pl.* yen. *Van.* iñgignour, *pl.* you, yan. *v.* inventeur.

MACHOIRE, javed, *pl.* ou; gaved, *pl.* ou. *Ouessant*, carvan, *pl.* ou. *Burlsq.* manjouër, *pl.* ou. *Van.* chagell, cha-guel, *ppl.* eû. *Aill.* aven, *pl.* ou.—*Mâchoire d'âne*, javed asenn, carvan ou a-ven un asen. — *Coup donné sur la mâchoire*, javedad, *pl.* ou; gavedad, carvanad, avemad, *ppl.* ou. *Van.* chagellad, chaguellad, *ppl.* eû. — *Donner sur la mâchoire d*, rei ur javedad da, rei ur garvanad da, rei un avenad da, rei var e javed da, rei var e aven da, rei var e garvan da, *pr.* roët; diavena ur re, *pr. pr.* diavenet. *v. démentibuler.* — *Grosse mâchoire*, *lourd d'esprit*, javedeoq, javedocq, *ppl.* javedéyen; loc'horo, *pl.* yen. *v. face*, *joufflu.*

MACHURER, *salir de noir*, mastara, mastari, *ppr.* et.

MACLE, magl, *pl.* ou. *De là le mot* macle.

MAÇON, mañçonner, *pl.* yen; maçzoñner, *pl.* yen. *Van.* maçzonn, *pl.* ed. — *Aide de maçon*, daffarer, *pl.* yen; davarer, darbarer, *ppl.* yen. *Van.* darbarour, *ppl.* yon, yau. — *Aider ou servir un maçon*, daffar. *pr.* et; daffari ou darvari ur mañçzoñner; darbari, *pr.* et. *Van.* darbareiñ, darbarout. *ppr.* et.

MAÇONNAGE, *ouvrage de maçon*, maçzounaich.

MAÇONNER, maçzounat, *pr.* et; maçzounat, *pr.* et. *Van.* maçzounat, maçzounneiñ, *ppr.* et.

MAÇONNERIE, *art de maçonner*, maçzounyaich, maçzounyez. *v. architecture.*

MACREUSE, *oiseau de mer semblable au canard*, bailhès, *pl.* ed. *Van.* galdu,

*pl.* ed. *v.* brenache, judelle. — *Autre ma-creuse commune à la côte de Van.*, pennru, *pl.* pennrued.

MACULE, *souillure*, magl, *pl.* ou. *v.* tache.

MADAME, *titre des femmes*, introun, *pl.* ed; itroun, *pl.* ed. *Van.* itron, *pl.* ed; madam, *pl.* ed. — *Madame la douairière*, an iñtroun enebarzerès, an iñtroun goz. —*Madame la duchesse*, an iñtroun an duguès. — *Madame la marquise*, an itroun ar varqisès.

MADELEINE, *nom de femme*, Madalenn, Madal. *Van.* Madelenn. —*Sainte Madeleine*, santès Madalen, sautès Mary Madalenn. *v. Cordier.*

MADELON, Madalennicq, Madalicq, Dalicq.

*MADELONETTES, merc'hed ar va-dalenn.

MADEMOISELLE, vamèsell, mamèsell. *Van.* mammesell. *v. demoiselle.*

MADRÉ, *tacheté*, marellet. — *Madré*, *rusé*, leun a fineçzaou, fin. — *Un fin madré*, ur pautr fin, un apelland mad.

MADRURE, *taches de la peau*, *veines sur le bois*, marelladur.

MAGASIN, magasin, *pl.* ou. *Van.* id., *pl.* eû. *Al.* mac'hasin, *pl.* au; *de* mac'ha, *fouler des choses qui sont en abondance en une poche*, *en un grenier*, *etc.* — *Garde magasin*, magaziner, *pl.* yen. *Van.* magazinour, *pl.* you.

MAGE, *sage*, *roi chez les orientaux*, fur, philosoph, roûe. — *Les rois mages*, an try roûe a zeuas a vro ar sevel-héaul da adori hon Salver névez-ganet.

MAGICIEN, *qui professe la magie*, a-chanter, *pl.* yen; sorcer, *pl.* yen. *v. enchanteur*, *sorcier.*

MAGICIENNE, achantourès, *pl.* ed; sorcerès, *pl.* ed.

MAGIE, *art de produire des illusions*, sqyand dreistordinal ha burzudus. — *Magie naturelle*, sqyand pehiny a zesq ar segred da ober traou dreistordinal ha burzudus dre au aznaoudéguez eus an natur eus a veur a dra. — *Magie noire*, achantourez, sorcérez.

MAGISTRAL, e, *qui tient du maître*, a væstr. — *Un air magistral*, un dailh

a væstr. — *Il a un air magistral*, un dailh
a væstr a so gandhâ. — *Il parle d'un ton
magistral*, gad un ton a væstr ez prezocq.

· MAGISTRALEMENT, ê mæstr, evel
ur mæstr, gand mæstrôny.

MAGISTRAT, *officier de justice, de police*, ovicer a guær, *pl.* ovicéryeu; mæstr
a guær, *pl.* mæstry; penn u guær, *pl.*
pennou.—*C'est un magistrat*, ur mæstr
u guær eo, un ovicer a guær eo, unan
a væstry kæreo, unan a bennou kær eo.

MAGISTRATURE, carg un ovicer a
guær, mæstrounyez, mæstrounyaîou.
*Pendant sa magistrature*, ê qêhid una e-
do ê carg, ê pad e væstrounyez.

MAGLOIRE, *nom d'homme*, Maglor.
— *S. Magloire*, sant Maglor *ou* Magloar.

MAGNANIME, bras a galoun, nep
èn deveus ur galoun vras *ou* nobl. *v.
courageux, généreux.*

· MAGNANIMITÉ, vailhandiz a galoun.

MAGNIFICENCE, dispign larg ha
pompus a reer eus e vadou, superbded. *v. superbe.*

MAGNIFIQUE, larg hâ pompus, superb, oh, â. *Al*, hael.

MAGNIFIQUEMENT, gad larguéntez ha pompad, gand superbded. *v.
superbement.*

MAHOMET, *nom d'homme*, Muhomet.
— *Mahomet, le faux prophète*, Mahomet
ar fals prophed.

MAHOMETAN, e, mahometan, *pl.*
ed; nep a heul fals lésenn Mahomet *ou*
ar mahomedaich.

MAHOMETISME, mahomedaich,
fals lésenn Mahomet.

MAHYEUC, *nom d'homme*, Mæocq.
— *S. Mahyeuc*, sant Mæocq *ou* Væocq.

MAI, *cinquième mois de l'année*, maë,
miz maë. *Van.* may, mé, miz may, miz
mé. — *Le premier jour de mai*, kala maë.
— *La mi-mai*, hanter-vaë. — *La rosée
de mai*, glizenn vaë, gliza maë. — *Le
jour de Noël se trouve toujours le même
jour que le premier mai (proverbe breton),*

Digand kala-maë goulennet,
Fo da zez ez tui Nedelecq.

— *Mai, arbre qu'on plante le premier mai
à quelque porte*, maë, ur maë, ar maë.

MAIGRE, treudt, oc'h, añ. *Van.* tredt.
— *Maigre, faute de nourriture*, divag.
*Van.* id. — *Fort maigre*, treud meurbed, treudt bras, treudt qy. — *Rendre
maigre*, treudtaat, *pr.* ëet; castiza, *pr.*
et. *Van.* tredtâ. — *Devenir maigre*, treudi, *pr.* et; disseuzi, teuzi, *ppr.* et. *Van.*
tredteiñ. — *Maigre cuisine*, tinell dreudt,
qeguin baour, qeguin yen. — *Ils sont
maigre chère*, cher drist a reont, treudt
eo an dinell gandho, cher baour a so
gandho. — *Jour maigre*, deiz vigel, *pl.*
deizyou. — *Faire maigre*, ober vigel.

MAIGREMENT, treud avoalc'h, tris-
tieq avoalc'h.

MAIGRET, tte, treudieq, treudicq
avoalh.

MAIGREUR, treuder, treudôny. *Van.*
tredér.

MAIGRIR. *v. maigre.*

MAIGUE, *petit-lait. v. lait.*

MAIL, *allée d'arbres*, mailh, *pl.* ou;
baly, *pl.* ou. *Trég.* paramailh. *pl. u.—
Le jeu de mail*, c'hoary ar voul-bal.

MAILLE, *ancienne monnaie valant la
moitié d'un denier*, mezell, *pl.* ou; mell,
*pl.* ou. — *Demi-maille*, un hanter mell.
— *Je n'ai pas une maille*, n'am eus qet
ur mezell, n'em eus qet ur mell.—*Il n'a
ni denier ni mailles*, n'en deus na diner
na mell. — *Maille, trait de rets*, mailh,
*pl.* ou. — *Maille de cotte-d'armes*, mailhou jachoun. — *Cotte de maille*, jacqoun, *pl.* ou; hobregon, *pl.* ou.

MAILLER, *armer de mailles*, jacqou-
na, *pr.* et; hobreguni, *pr.* et.

MAILLET, *maillet de bois*, mailh, *pl.*
ou; mailhoich, *pl.* ou; mailh-coad, *pl.*
mailhou. — *Maillet, gros marteau de bois
pour battre du chanvre*, orz, *pl.* you. *Van.*
orh. *pl.* eü.

*MAILLETTE ou maille, tache qui vient
sur la prunelle de l'œil*, taich, *pl.* ou; co-
c'henn, *pl.* ou. *v. taie.*

MAILLOT, *langes d'un enfant*, mail-
hur, *pl.* ou. — *Mettre un enfant dans son
maillot*, mailhuri ur buguel bihan, *pr.*
maihuret.

MAIN, dourn, *pl.* daouzourn; dôrn,
*pl.* daouarn, daouzôrn. *Van.* dourn, *pl.*
eü, deüourn; dôrn, *pl.* deüarn. *Al*, la,

*el.* laan, llau. — *Le dessus de la main, le revers de la main,* gorre an dourn, lein an dôrn, qoin au dôrn, qil an dourn, qil dôrn. — *Le dedans de la main,* an diabarz eus an dourn. — *La paume de la main,* palv an dourn. — *Le creux de la main,* boçz an dourn, flao'h, flac'h an dôrn. — *Le côte de la main,* costez an dourn. — *La main droite,* an dourn dehou, an dôrn deou, an dôrn mâd. — *La main gauche,* an dourn cleiz, an dôrn cley. — *A la main droite ou à la main gauche,* a zehou pe a gleiz; var an dourn dehou, pe var an dourn cleiz,—*Un coup du revers de la main,* qildôrnad, urc'hildôrnad. — *Qui a la main empêchée,* pogamin, *pl.* ed; dourn pogamin. — *Qui n'a pas de main,* disourn, dizôrn. — *Couper la main ou les mains,* disourna, *pr.* et. — *Qui a de grandes mains,* dôrnecq. — *Qui a de bonnes mains, de bons bras, qui est fort,* un dôrnecq mad a zen, ur palsud mad a baule. — *Qui a de grosses mains,* crabanecq, *pl.* crabanéyen. — *Main ouverte et les doigts écartés,* craban, *pl.* ou. — *Plein la main ainsi ouverte,* crabanad, *pl.* ou. — *Plein la main, ce que la main peut contenir,* dournad, *pl.* ou. — *Plein le creux de la main,* palvad, boçzad, flac'had, *ppl.* ou.—*Main à main,* dôrn-ouc'h-dôrn. — *De main en main,* a zourn è douru, a zôrn da zôrn. — *Marcher sur les mains comme les culs-de-jatte,* moûnet var e varlochou, moûnet var e grabanou. — *Ecriture à la main,* scritur dourn. — *Fait de la main,* groat gad an dourn, — *Fait à la main,* grœt dioud an dourn. — *Mettre la dernière main à un ouvrage,* peur-achui un drabennac, distrémen un dra, pouliçza ou peur-bouliçza un dra-bennac, *ppr.* et. — *Mettre la main à l'épée,* tenna ar c'hlèze, leuna e gleze, dic'houiva, *ppr.* et. — *Mettre la main sur le collet à quelqu'un,* pega ou pegui èn ur re-bennac, *ppr.* peguet; ergui èn ur re-bennac, *pr.* croguet; teurell au dourn var ur re-bennac, *pr.* taulet. — *Donner les mains à, consentir à,* grataat un dra, *pr.* grateet. — *Demander à mains jointes,* goulen gad un daouzourn joêntret. — *Sous main,*

è cuz, è segred, hep rat dèn e-bed, hep gouzout da nicun. — *Faire sa main,* ober e zourn, scraba, qemeret è ouz tui, *pr.* tuet. — *Mettre quelque chose en main tierce,* lacqaat un dra-bennac è tredeocq ou è tredeecq, *pr.* lecqeat. — *Donner main-forte à quelqu'un,* sicour ur re, *pr.* et; roi sicour da ur re, *pr.* roët. *Van.* secoureiñ. — *Faire main-basse sur les ennemis,* sqei ha laza an advorsouryen. — *La main de Dieu est ici,* ez ma goalenn Doûe amañ. — *Main de papier,* menad paper, *pl.* menadou, *Van.* meu papér. — *Main-mise,* sézy. — *Main-levée,* disézy, jouiçzauz eus a vadou.

MAINTENANT, brémañ. brémâ. *Van.* presanticq, berman.—*Tout maintenant,* brémaycq, bréma-soudenn, bréma-touchant. *Van.* touchanticq.— *Dès maintenant,* a vrémâ, a vrémaycq.

MAINTENIR, *soutenir,* divenn, *pr.* et; derc'hel, *pr.* dalc'het. *Van.* dihuënneiñ.—*Maintenir, assurer,* affermi, *pr.* et. — *Maintenir, conserver,* qenderc'hel, *pr.* qendalc'het.

MAINTIEN, *affermissement,* soutanuuz.—*Pour le maintien des lois,* evit ar soutanauz eus al léseunou.—*Maintien, contenance,* ar fœçzoun eus a, an dailh eus a, countanançz, ar gountanançz eus a.

MAJOR, *officier,* majol, *pl.* ed.—*Le major,* ar majol, *pl.* ar vajoled.—*Sergent-major,* sergeant-majol, *pl.* sergeantet-majol.

MAJORITÉ, *office de major,* majolaleh, carg ar majol.

MAJORITÉ, *l'âge où l'on est majeur,* an oad da jouiçza eus è dra, eus è liberte.

MAIRE, *magistrat,* mear, *pl.* ed; mær, *pl.* mæred; mear a guer.

MAIRIE, mearery, mærery, carg ur mear.

MAIS, *conjonction,* hoguen, hegon, mæs, èr-vad. *Ce dernier mot se met toujours après quelque mot, comme autem et vero en latin.—Mais que dit l'autre?* hoguen petra a lavar eguile? *pour le fém.* hoguen ou hogon petra a lavar he-bèn? he-ben èr-vad petra a lavar-hy?—*Mais Barrabas était un voleur, dit l'évangile,*

Barrabas èr-vad a yoa ul laër, hegon ou hoguen Barrabas a voue ul laër, e-me an avýel.—*Mais toutefois*, hoguen gousgoude, hegon coulsgoude, mæs couscoude.—*Je n'rn puis mais*, divlam oun eus a guemen-ze, ne doun qet qi-ryocq d'au dra-ze,'ne deo qet arru qe-meñze èm c'hiryéguez.

MAISHUY, feteiz, yetelz.—*Il ne vien-dra pas maishuy*, veteiz ne zui, feteiz ne zuïo.

MAISON, ty, *pl.* tyez, tyèr. *Van.* ty, *pl.* tyér. *v. chapiteau, cime.*—*La maison du gouverneur*, ty gouarner.—*Maison de ville*, ty kær. *Van.* ty a guær.—*Il y a assemblée à la maison de ville, la cloche sonne pour cet effet*, beza ez eus ty kær, sénni a ra ar c'hloc'h. --*Une belle mai-son*, un ty caër, *pl.* tyez caër.--*Maison de noblesse, moison des champs*, maner, *pl.* you. *Van.* id. , *pl.* yeü. *Al.* sal, *pl.* ou, you.--*Maison de plaisance*, ty a bli-jadur, qeuqiz, *pl.* qeuqizyou. *v. plessis.* —*Maison principale d'une paroisse , d'un canton*, ty meur, an ty meur. *De là, la maison du ty-meur*, près Carhaix. *De là aussi le* Merdy, *maison noble.* Ty-mer *ou* meur.—*Petite maison*, ty bi-han, *pl.* tyez bihan. -- *Grande maison*, ty bras, *pl.* tyez bras.--*Vieille maison*, ty coz, *pl.* tyez coz.--*Mauvaise maison qui menace ruine*, coz ty, ur c'hoz ty , *pl.* coz tyez.—*Maison neure*, ty nevez. —*Maison ou pavillon qui consiste en une seule chambre avec galletas*, combout, ur c'hombout, *pl.* comboujou , combou-dou; cambout, *pl.* ou.—*Maison à deux chambres à feu, de plain-pied*, daou gom-bout, daou gambout.—*Maison à trois chambres à feu de plain-pied*,try combout. *De là, le nom de la maison du* Combout, *près Quimperlé, et celle du* Gambout. -- *Maison manale, où le paysan mange et couche*, ty annèz, *pl.* tyez annez. annèz ieut dire meubles. ty tan, *pl.* tyez tan.—*Maison où l'on devide le fil*, an ty neud. —*Maison où l'on fait la buée*, candy. *pl.* candyou, candyez. *de* canna, *blanchir, et de* ty, *maison.*--*Maison à four*, ty fourn, ty fôrn.—*Maison où l'on tanne le cuir*, ty palem, *pl.* tyez palem.—*Maison faite*

d'argile et de bois, ty doüar, ty 'pry.— *Maison d'un lépreux, séparée des autres*, ty ar c'hlañvour. clañvour, id est, clañ-lovr. ty-doüar. —*Maison couverte d'ar-doise*, ty glas, *pl.* tyez glas, ty mean, *pl.* tyez vean; ty mæn, *pl.* tyer mæn. *De là, les maisons du* Tymein *et du* Men-dy.—*Maison couverte de glé*, ty soul, ty plous, *ppl.* tyez, eio. --*Maison couverte de genêts*, ty balan. *De là,* Kbalan, *maison noble.*—*Maison couverte de roseaux*, ty cors. *De là,* Ęaucòrs, *maison noble.* —*Dans la maison*, èn ty, ebarz an ty.— *Plein la maison* , tyad , leiz an ty.—*De la maison*, eus an ty. *Van.* es en ty. *ag* en ty.--*Les gens de la maison, les domes-tiques*, tud an ty, an dud eus an ty.— *Il est à la maison*, ez ma èn ty.—*Il est à la maison, il n'est pas absent*, ez ma èr gnær.—*Il va à la maison*, moünet a ra d'an ty *ou* d'ar guær. — *De maison en maison*, a dy-è-dy , a dy da dy.--*Mai-son, famille*, ty, tyéguez, liguez.—*De quelle maison est-elle?* pe eus a dy eff-hy? pe a diéguez eff-hy? pe a liguez eff-hy? pe a lech eff-hy savet?—*Faire une bonne maison*, ober un tyéguez mad, destumi ur madou bras.—*Les petites-maisons, à Paris*, ospital ar re foll , è Paris.—*La maison de Dieu, le Loc-Dieu*, ty Doüe.—*La maison du Dieu de Paris*, ty Doüe Baris. *Le lieu qui s'appelle ain-si, est un reste d'un ancien monument qui existe à une lieue et demie de Guéméné, et que l'on dit avoir été bâti du temps du pa-ganisme, par un gentilhomme, pour ren-dre recommandable la déesse Isis , qu'on a-dorait à Paris, où il était allé. Quoi qu'il en soit, cette tour s'appelle encore* ty Doüe Baris, *maison du Dieu de Paris.*

MAISONNÉE, tyad, *pl.* ou; oll dud an ty. *Van.* tyad, eü.

MAISONNETTE, tyicq, *pl.* tyezi-gou. *v. cabane, hameau.*

MAITRE, meastr,*pl.* meastry; mæs-tr, mæstry, mistry; autrou, *pl.* nez.-- *Etre maître de tout*, beza meastr eus a bep tra, cahout pep tra èn e c'halloud. —*Etre maître en un lieu*, beza meastr ou autrou èn ul leac'h, cahout meas-trôny èn ul lec'h, beza an autrou eus

a ù leac'h.—*Mon doux maître*, ya-au-
trou douçz-ha c'huecq. *Van.* m'eûtru
crichan.—*Se rendre maître d'une ville*,
qemeret ur guear, *pr.* id.—*Etre maitre
de soi*, beza maestr auezã-e-unan, gouzout èu hem c'houarn.—*Qui a maitre
n'est pás d soi-même*, nep èu deus maestr, èu deus autrou.—*En maitre*, gand
meastrôuy è maestr.—*Maitre*, *artisan*,
*expert*, meastr mecherour, *pl.* mistry
mecherouryen.—*Etre reçu maitre*, beza trémenel meastr.—*Maitre*, *habile*,
mailh, *pl.* ed. *Van.* id. *v. expert.—C'est
un maître*, ur mailh eo.—*Petit-maitre*,
mailhard, *pl.* ed. *Van.* id. *C'est le diminutif de* mailh; *on ne dit point* mail-
hicq *en ce sens. v. fanfaron.—C'est un
petit-maitre*, ur mailhard eo.—*En maitre*, e mailh, gad mailhouny, è dèn a
sqyand.—*En petit-maitre*, e mailhard.
—*Maitre d'école*, scolaër, *pl.* yen; meastr
a scol, meastr-scol. *Van.* meastr-scol.
—*Maitre d'hôtel*, meastr a dy, dispancer, dispéncer, *ppl.* yen. — *Le maitre
autel d'une église*, an auter-veastr, an
auter vras.

MAITRESSE, *dame*, meastrès, *pl.*
ed; méastrès, *pl.* ed. *Van.* id. *v. dame.*
—*La maitresse roue*, ar rod vras, ar penn
rod.—*Maitresse*, *celle qui est aimée d'un
homme*, meastrès, *pl.* ed; coandtiz, *pl.*
ed; douçz, *pl.* ed. *Al.* berth. *v. amant.*

MAITRISE, meastrouny, meastrou-
nyez, meastrôny, mailhouny. *Van.*
maëstrony.

MAITRISER, meastrounya, *pr.* et;
ober e veastr, ober ar meastr, *pr.* gret.
*Van.* maëstronn:iû.—*Etre maitrisé par
quelqu'un*, beza meastrounyet gad ur
re-bennac. *pr.* bet.

MAJESTÉ, magestez. *Al.* magestad.
—*La majesté de Dieu*, ar vagestez eus a
Zoüe. *Al.* an magestad eus a Doë.—*Sa
majesté, le roi*, e vagestez, ar roüe. *v. lèse.*

MAJESTUEUX, *euse*, magestuus, *pr.*
leun a vagestez, oc'h, á, añ.

MAJESTUEUSEMENT, èn ur feçzoun magestuus, gand magestez.

MAJEUR, *eure*, *en âge de gérer son
bien*, dèn a dra, lecqeat èn e dra, majol, *pl.* ed.—*Déclarer quelqu'un majeur*,

disclærya ur re-bennac dèn a dra *ou*
majol, laoqaat ur re-bennac èu e dra,
majoli, *pr.* mojolet.— *Il est majeur*, e
oad èn deus, ez ma en oad, majol eo.
—*Saint Jacques le Majeur*, an abostol
sant Jacqès ar bras, an abostol sant
Jalm.—*Les causes majeures*, ar c'hau-
syou bras.

MAJUSCULE ( lettre ), penn-lizerenn, *pl.* pennlizerennou.

MAL, *douleur*, droucq, gloas, glas,
poan, anqenn. *Van.* droucq, poen,
gloés, anqenn.—*Faire mal à quelqu'un*,
ober droucq *ou* ober poan *ou* ober anqenn da ur re, *pr.* græt ; glasa ur re,
*pr.* glaset; gloasa ur re. pistiga ur re-
bennao, *ppr.* et.—*Se faire mal*, hem
c'hlasa, hem bistiga.—*Mal*, *maladie*,
droucq, cléved.—*Mal contagieux*,droucq
eaz da c'hounit.—*Contracter le mal*,
gounit an droucq, gounit ar c'hlèved,
*pr.* gounezet.—*Mal à ta tête*, poan-beñ,
droucq-penn.—*au cœur*, poan galoun,
droucq caloun.—*de mer*, droucq vor.
*Van.* clihuëd mor —*de terre*, d la mer,
droucq-doüar. *Van.* clihuëd doar. r.
scorbut.. — *de mère*, droucq-vamm,
droucq ar mammou, mougued vamm.
—*d'enfant*, travail d'une femme qui accou-
che, poan vug tle.—*de rate*, poan felc'h,
droucq felc'h. — *de côte*, al laëres, au,
droucq costez.—*au ventre*, droucq coff,
poan goff, tranchésoun. — *de Naples*,
*maladie vénérienne*, an Naplès. — *Celui
qui est atteint du mal de Naples*, naple-
senneçt, *pl.* naplesennéyen.—*de saint*,
droucq sant.—*Etre sujet au mal de saint*,
couëza-è droucq saut, *pr.* couëzet.—
*Mal ordinaire à une personne*, e zroucq
e-unan.—*Il a son mal ordinaire*, e zroucq
e-unan a so gandhâ.—*Mal*, *dommage*,
goall, gaou, doumaich.—*Faire du mal
à quelqu'un*, ober goall *ou* doumaich da
ur re, ober gaou ouc'h ur re, *pr.* græl;
goalla ur re, *pr.* goallet. — *Garder de
mal*, miret oud goall, *pr.* id, divoall,
*pr.* et; dic'hoalla, *pr.* et.—*Mal*, *faute*,
*crime*, goalléguez, goall, qiryéguez,
droucq. — *Vous êtes la cause de ce mal*,
ar goall ze a so deuët dreizoc'h, èn ho
coalléguez *ou* èn ho qiryéguez eoc'ho-

arvezet an droucq-ze.—*Vouloir du mal
à quelqu'un*, desirout droucq da ur re,
pr. desiret; c'hoantaat droucq da ur
re, pr. c'hoantëet; coulli droucq da ur
re, pr. coullet; youlla droucq *ou* goall
da ur re-bennâc, pr. youllet.—*Mal*, adverbe, fall, goall.—*Bien ou mal*, fall pe
vad, mad pe fall, mad pe voall.—*Faire
mal une chose*, goall-ober un dra, pr.
goall-c'hreat.—*L'affaire va mal*, an affer a guemer ur goall hend, ne dall
tra penaus ez a an affer, an affer ne
da qet er-vad.—*Ils sont mal ensemble*,
ne ma int qet er-vad açzamblès, beza
cu ma int, è droucqrancz, n'en èm
c'hremit qet er-vad.—*Parler mal de
quelqu'un*, droucq-prezecq ur re, pr.
droucq-prezeguet. v. *détracter*, *imprécation*.—*Sujet à dire du mal*, droucqpre-
zegus. oc'h, añ. v. *détracteur*.

MALADE, clañ, oc'h, à, añ. *Van.*
clañ, clañ; on écrivait claff.—*Des malades*,
tud clañ.—*Les malades*, ar re glañ.—
*Tomber malade*, cleñvel, clevel, pr. clevet; clañvaat, pr. ëet. *Van.* clañhueiñ,
clañhuat.—*Etre malade*, beza clañ, pr.
bet.—*Etre un peu malade*, beza un nen-
beud clañ.—*Qui est fort malade, dangereusement malade*, goall-glañ, clañ-
iañ, trist terrupl, sempl meurbed,
toc'hor, toc'hor-bras, goall-doc'hor.—
*Malade des gouttes*, clañ gand an urlou
*ou* gad ar goutou.—*Malade depuis long-
temps*, clañvour, pl. yen; fem. clañvou-
rés, pl. ed. v. *ladre-zert.* — *Malade par
maléfice*, sqoët ou clañ gad barr, strobinellet, strobet.

MALADIE, cleñved, cleved. ppl. jou.
*Van.* clihuëd; cleñhuëd; ppl. cü.—
*Maladie forte et subite*, cahouad cleved,
pl. cahouajou; barr cleved, pl. barrou;
barrad cleved, pl. bartadou; pore, pl.
bou.—*Maladie causée par maléfice*, barr,
goall avel, droucq avell, strobérez.—
*Maladie dangereuse*, ur c'hleved pirilhus,
ur goall glëved *ou* pore, ur pore dangerus. Ce mot pore est de la H.-Corn. et
du B.-Van.—*Maladie contagieuse*, cléved eaz da c'hounit *ou* da zentum; cléved boçzennus *ou* boçzus. *A l.* mernent,
cleñved mernentus. — *Relever de malad-*

dis, mañdt, pr. ëet; distaga dioud cléved, pr. distaguet; sevel divar ar guële, pr. savét. —*La maladie lui a passé*, trémenet eo ar c'hleved divar neza, eo ar
c'hleved digandhâ, quytëet co ar c'hléved digandhâ. *Van.* discret ëu er lihued
dehou *ou* dehon.

MALADIF, ive, clañvus, clañvidicq,
clévidicq, oc'h; à, añ. *Van.* clañus;
on écrivait, claffus, de même que cleffed
*pour* cleñved, cleved.

MALADRÉRIE, v. *ladrerie.*

MALADROIT, *oite*, dientent, luguder; hep iñgin, ppl. tud dieñtent; lu-
gudéryen, tud hep iñgin. *Van.* heut;
pl. ed; tud heut.

MALADROITEMENT, gad lourdony, è luguder, è dientent.

MALAISE, diœzamand. —*Vivre en
malaise*, beva è *ou* gad diœzamand. *Van.*
beüeiñ è diœzamand.

MALAISE, e, diœz, oc'h, añ. *Van.*
id. v. *difficile.*

MALAISEMENT, è diœz, gand-diœ-
zamand, diœz-bras.

MAL-A-PROPOS, dibrepos. v. *hors
de temps.*

MAL-AVENTURE, rencontre fâcheuse
par hasard, droucq-avantur, pl. droucq-
avanturyou; goall-avantur, goall-fortun
droucq-fortun, goall-c'hancz; droucq-
chancz, droucq-eür, goall-eür. diœur.

MALAVISÉ, *ée*, diever, diavis, goall
aviset, oc'h, añ. *Van.* diavis.

MALBATI, parlant d'un bâtiment, goall
c'hræt, droucq great. —*Malbati*, ie, parlant des personnes, diguempenn, difaçz-
zoun, oh, añ. B.-Léon. iuerouëtun, pl.
ed. *Van.* digampeen, difeñçzon.

MALCONTENT, ente, mecontent, ente,
droucq-content droucq-contant, digontant,
oh, à, añ. *Van.* goall-goutant. —*Je suis
malcontent de lui et d'elle*, droucq-countant oun aneza hac anezy *ou* anezeu ho
daou.

MÂLE, du sexe masculin, mal, pl. ed.
*Van.* id.—*Mâle et femelle, parlant en général*, mal ha femell, pl. maled ha femel-
leïed, maled ha femelled. *Van.* id.—
*Mâle et femelle, parlant des hommes*, mal
ha fettiell, goaz ha maoües. Barkrr.

icq ha coëff. *Van.* mal ha femell, go-
x ha monës. — *Les hermaphrodites ne
nt proprement ni mâles ni femelles,* nep
, a ziou reiz ne deo evit guir ña goaz
n maouës.—*Demander le mâle,* pdrlänt
*'une jument,* marc'ha, goulenn mar-
'ha; *d'une vache,* hemolo'h; *d'ane truie,*
ourc'ha.—*Mâle,* viril, vigoureux, mel-
cq, asqornecq, castret-mad. *Van.* id.
*It.* gour; *de là,* man-gour, *homme viril
! vigoureux; de là,* gourraich, *virilité,*
igueur, *dont on à fait* courraich, *et en
rançois,* courage. *v. homme.*

**MALEDICTION.** mallos, *pl.* you, ou;
ailligadenn, *pl.* ou. *Van.* maloh, *pl.*
ü; malнёh; *pl.* eü. *Aill.* mallas, *pl.* ou,
ou, au. — *La malédiction qu'un père
'onne à ses enfants est extrêmement redou-
able,* at vallos a ro un tad d'e vugale,
so terrup da zougea hae estraioh da
ouguen. — *Les maltôtiers et les usuriers
lisent qu'ils s'engraissent de malédictions,*
In impodéryen hac an usuréryen a zeu,
'ar a leveront, da larda gand ar malosyou a lausqear bemdez gandho. —
*Donner des malédictions,* rei mallosyou,
r. roët. *v. maudire.* — *Recevoir des ma-
'édictions,* cahout mallosyou, pr. bet.—
*Dès que J.-C. eût donné sa malédiction au
figuier stérile, incontinent il devint sec, dit
l'évangile,* qentre ma roas hon Salver
ã valloz d'ar fyezenn difrouës ez tuas
da sec'ha ha da vervel.

**MALEFICE,** *méchante action,* droucq-
ober, *pl.* droucq-oberyou. — *Maléfice,*
*infirmité qui rend estropié,* mahaign. —
*Maléfice, infirmité dont on ne connait pas
la cause,* namm. — *Maléfice, sortilège,*
sorcérez, barr, goall, avell, droucq-avell,
strobinell. *Van.* sorcereh, goall-aüël. —
*User de maléfices,* ober sorcérez, pr. græt;
leurel barr, pr. laulet; rei goall-avel, pr.
roët; strobinella, pr. et.

**MALEFICIÉ,** e, *ensorcelé,* sorcet, a-
chantet, strobinellet. *Van.* sorcet. *v.
sort.* — *Maléficié, e, qui a quelque infirmité interne,* nammet. *Externe,* strobet,
stropet, mahaignet.

*MALES-GRACES,* droucq-c'hraçz.
**MALEMORT,** *mort funeste,* drou-zivez, droucq-fiuvez. *De là,* boëd an

drouzivez, *injure.*
**MALENTENDU,** *méprise,* droucq-èn-
tent, fazy, goall-èntent.
**MALEPESTE,** *imprécation,* ar groucq,
ar boçz. ar voçzenn, an dag.
**MALFAIRE,** droue-ober, *pr.* droucq-
græt; goall-ober, *pr.* goall-c'hræt. —
*La nature corrompue est encline à malfaire,*
an dèn a so douguet dre natur da
z'oucq-ober oa da voall-ober.
**MALFAISANT,** e, *qui fait du mal,*
droucq-oberus, goall-oberus, goall-fæçz-
zoun, goall-ibil, nep so goall-ober en-
nã, nep so goall-natur ènnã. — *Malfaisant, nuisible à la santé,* droucq-oberus, noazus d'ar yec'hed.
**MALFAIT,** e, goall-c'hræt, difæçz-
zon. *v. difforme.*
**MALFAITEUR,** droucq-oberer, *pl.*
yen; meffetour, *pl.* yen. *Van.* droucq-
oberour, goall-oberour, torfetour, *ppl.*
yon.
**MALGRACIEUX,** euse, dic'hraçz.
**MALGRACIEUSEMENT,** èn ur fæçz-
zon dic'hraz.
**MALGRÉ,** *préposition,* a enep grad ur
re-bennac, èn desped da, èn despez da.
— *Malgré vous,* èn desped deoc'h, a e-
nep ho crad. *v. nonobstant.*—*Malgré lui,*
èn desped dezã, a enep e c'hrad, a e-
nep e c'hrad vad, èn despez dezã. —
*Bon gré, malgré,* dre gaër pe dre hecq,
dre gaër pe dre hacq, arruét pe arruo,
coustét pe gousto.
**MALHABILE,** dientent, dic'houzvez.
**MALHEUR,** reuz, *pl.* you; diséur, *pl.*
you; droucq-ëur, *pl.* you; goall, *pl.* ou;
goalléguez, *pl.* ou; droulaoçz, droulaçz,
droue-berz. — *Garder de malheur,* miret ond droucq, *pr.* id; divoall, *pr.* et;
miret ouz droucq-berz. — *Causer du
malheur,* diséuri, *pr.* et; droucq-ëuri,
*pr.* et; accasioni droucq-ëur, *pr.* et. —
*Il a toujours du malheur,* diséur èn heul .
bepred ou a beul bepred anezañ, droucq-ëur a so atau oud e beul, reuz a
so atau gandhã, droue-berz a so bepred
ouz e beul. — *Malheur,* interject. Goa.
siouaz, *signifiant* pitié. *Lat.* væ. — *Malheur à moi!* goa me! goa me, siouaz din!
— *Malheur à toi!* goa te! goa te, siouaz
15

untanançzou ; mainchoñn, *pl.* oñ. —
*Faiseur de manchons,* maincheunuour, *pl.*
yen. *v. fourreur.*

MANCHOT, *e, qui n'a qu'une main dont*
*il puisse s'aider,* moign, moncq, mancq,
*ppl.* ed; disourn, *pl.* disournéyen; dôrn-
mancq, *pl.* dôrn-mancqéyen. *Van.*
moign, *pl.* ed; mancqed, *pl.* ed. —*Man-*
*chot, qui a perdu une main,* disôrnet, *pl.*
disôrneguod; daurnnammet, *pl.* dourn-
namméyen; dôrn-mahaignet.

MANDAT *ou mandement,* mandad,
*pl.* ou.

MANDEMENT, *ordre, ordonnance,* qemenadurez, qimingadez, *ppl.* ou.

MANDER, *faire venir,* diguemenn,
*pr.* et; digaçz qemennadurez da, *pr.* et.
*Van.* dignemèneiñ. —*Mander, faire sa-*
*voir,* qemenn, *pr.* et; caçz qemennadurez da ur re, *pr.* et; discriva da ur re-
bennac, *pr.* et. *Van.* qemeneiñ, *pr.* et.

MANDILLE, *casaque de laquais,* man-
tellicq tryc'hornecq, *pl.* mentelligou.
*Van.* mandilhonn, *pl.* eü; mantell pilhecq, *pl* mentell, mantelleu.

MANDRAGORE, *plante sans tige,*
mandragoun, ar vandragoun.

MANEGE, *lieu où dresser les chevaux,*
plaçz an dreçz, dreçzouër. —*Manége,*
*l'exercice du cheval,* ar sæçzoun da zisqi ronoëed, an eocelsis eus ar o'hesecq.
—*Manége, certain savoir-faire,* an troçz.
—*Il entend le manège à ravir,* manivieq-
doño e oar au treçz.

MANES, *t. poétique,* an anaoun drémenet.

MANGEABLE, débrapl, oh, añ.

MANGEAILLE, boëd, *pl.* ou. —*Man-*
*geaille de pourceaux,* boëd moc'h. —*Man-*
*geaille de bêtes à cornes,* boëd saoudt.

MANGEOIRE, *auge pour les chevaux,*
manjouër, *pl.* ou. *Van.* id., *pl.* eü. *v. auge.*

MANGER, dibri, *pr.* débret. *Treg.*
dibriñ. On écrirait dibriff. *Van.* débreiñ,
*pr.* débret. —*Préparer à manger,* disposi boëd, *pr.* disposet; aveñ boëd, aveñ
da zibri, *pr.* avéet. —*Donner à manger,*
rei da zibri, *pr.* roet. — *L'endroit dont*
*on a mangé,* débradur. — *Ne manger ni*
*viande ni poisson,* dibri boëd seac'h. —
*Manger, ronger,* crignat, *pr.* crignet. *r.*

*pinocher.* —*Manger tout son bien,* leuzi
oll dra, *pr.* teuzet; dismantra e oll vadou, *pr.* dismantret; bèvezi é oll-dra
*pr.* et. *r. dépenser, dissipateur.* —*Manger*
*ses mots en parlant,* louncqa lod eus é
gompsyou. *v. bégayer.* —*Celui qui mange*
*ses mots,* uep a louncq lod eus o gompsyou, nep so stag e déaud oud e vouzellou, *v. bègue.* — *Se manger, parlant*
*d'une voyelle,* heza débret.

MANGERIE, débrérez.

MANGEUR, débrer, *pl.* yen. *Van.*
débronr, *pl.* eryon. —*Grand mangeur,*
débrer bras, *pl.* débréryen vras; dibryad,
*pl.* dibriidy; louncqer, *pl.* yen.

* MANGEONNEAU, *machine ancienne*
*pour lancer des pierres dans une ville assié-*
*gée,* mangoñnell, *pl.* ou.

MANIABLE, mancapl, oh, à, añ ;
eaz da vanea.

MANIAQUE, *à manie,* direizet, di-
hoëllet. *v. manie.*

MANICLES, menottou. *v.-y.*

MANIE, *emportement fougueux , fan-*
*taisie,* froudenn, *pl.* ou; faltasy *pl.* ou;
pennad, *pl.* ou. — *Il a de drôles de ma-*
*nies,* pennadou a grocq ennañ a vizyou,
certen faltasyou a so stag ountañ. *r.*
*marotte.* — *Qui est sujet à des manies,*
froudennus, faltasyus, diboellus, oc'h,
à, añ. *v. maniaque.*

MANIEMENT, *action de manier,* ma-
neamand, méradur, mérérez, embre-
guerez. — *Maniement, administation,*
cundu, gouarnamand. —*Avoir le ma-*
*niement des affaires publiques,* cahout ar
gundu *ou* ar goûarnamand eus a afferyou ar goumun, *pr.* bet.

MANIER, *toucher avec la main,* manea, *pr.* dôrnata, *pr.* et; loc'hat,
mérat, *ppr.* et; embreguer, *pr.* embre-
guet. *Van.* toucheiñ. —*Manier beaucoup,*
cabalat, *pr.* et; dorlo, *pr.* ët. *De là, le*
*mot français* dorloter, *et le breton* dorlota, *v.-y.* —*Manier, conduire, diriger,*
gouarn, *pr.* et; cundui, *pr.* et. *Van.*
cundueiñ. —*Manier le blé avec la pelle,*
palat au ed, *pr.* palet; trei an ed, *pr.*
troët. —*Manier la bouillie avec un bâton,*
mesqa ar yod, *pr.* mesqet. *v. mêler,*
*mêloire.*

* MAL-NOURRI, goall-vaguet, goall-sqet.

MALO, *nom d'homme*, Malou. *Van.* aleü, Malau. — *Saint Malo, évéque*, nt Malou, escop. — *Saint-Malo, ville*, int-Malou. *Van.* San-Maleü.

MALOIN, *qui est de Saint-Malo*, Maûin, *pl.* ed; ur Maloüin, *pl.* ar Valoüi-ed: Sant-Maload, *pl.*Sant-Malouîs.

MALOTRU, *e*, diguempen, difæç-ou, oh, añ, *pl.* tüd, etc.; hailhebod, *l.* ed; haïlhonn, *pl.* ed. *Van.* craçzous, *l.*ed; haïlhonn, *pl.*ed; haïlhonnecq, *pl.* aïlhonnigued; haïlhvaudecq, *pl.*haïlh-audigued; truhecq, *pl.* truhigued. Ma-otru *semble venir du breton, comme si l'on lisait* goal-otrou *ou* goal-otru, *mauvais monsieur, laid monsieur, et autres termes populaires.*

MALPROPRE, loudour, *pl.* yen; or-lous, *pl.* ed; haer, *pl.* éyen, tud haer; audur, *pl.* éyen, tud hudur; lous, *pl.* tud ous, oh, â, añ; strodenn, strodton. *v. antlope.* — *Femme malpropre*, hudurenn, *pl.* ed; loudourenn, *pl.* ed; ordoasès, *pl.* ed; stroton, trodenn, mammar moc'h. — *Viande malpropre*, qicq lous ou haer ou ordous ou hudur. — *Rendre on deve nir malpropre*, hacrât, *pr.* ēet; lonçzaat, *pr.* ēet; loudouraat, huduraat, *ppr.* ēet.

MALPROPREMENT, èn ur fæçzoun haer ou hudur ou ordous ou lous ou lou-dour, gad haerded, gad lousder.

MALPROPRETÉ, *saleté*, hudurnyaich, hudurnaïch, hudurez, hacrded, lous-der, lousdóny, loudouraich, sllabez, diguempennidiguez, diguempennadu-rez, *ppl.* ou; lousnez, *pl.* you. *Van.*lous-tery, *pl.* eü.

MALSAIN, *e*, olañvus, oh, â, añ.

MALSATISFAIT,droucq-countant.

MALSEANT, *qui sied mal*, amzere, ne dere qet, amzeread.

MALTAILLÉ, goall-dailhet.

MALTOTE, *exaction*, goall-vir, *pl.* you, ou; maltoutérez, *pl.* ou.*Van* mal-houterch. — *Maltôte, droit qui se leve au nom du roi pour les nécessités de l'état*, im-pod, *pl.* ou, impojou; guir, *pl.* ou, you; truaich,*pl.* truajou. *Ce dernier mot vient de* truez, *pitie.*

MALTOTIER; *qui leve une maltôte*, recevour ar goall-virou, *pl.* yen; mal-touter, *pl.* yen. — *Maltôtier, t. du peu-ple, pour dire celui qui leve les droits dûs au roi*, impoder, *pl.* yen; recevour ar gui-ryon, truager, *pl.* yen.

MALTRAITER, goall-dreti, *pr.* et; goall-ausa, *pr.* et; droucq-qempen, *pr.* et; baffoûa, *pr.* et. *Van.* goaldretteiñ.

MALVEILLANCE, droucq-eoul, droucq-youl, caçzouny.

MALVEILLANT, caçzounyus, nep èn deus droucq eoul *ou* caçzouny a e-nep ur re-bennac.

MALVERSATION, goall-gundu êu ur garg, *pl.* goall-gunduou; goall-gom-portamand.

MALVERSER, èn hem voall-gundui èn e garg; *pr.* gunduet; èn hem voall-gomporti, *pr.* et.

MALVOISIE, guin Greçz, guin Scyo, guin Candin, guin paredet.

MALVOULU, *e, haï*, droucq-caret.— *Malvoulu de tous*, drouq-caret gad an oll.

MAMAN, *mère, t. enfantin; ce mot est pur breton,et signifie ma mère,*ma mamm; *de* mamm *vient* mammeñ,*source,origine.*

MAMELLE, bronn, *pl.* ou; divroun. *Van.* id. *pl.* eü. *Al.* telh; *de là, le mot français* téter. *v.* pis, trayon.

MAMELON, peun ar vronn, *pl.* pen-nou an divronn. *Van.* becg er vronn.

MAMELU, bronnecq, *pl.* bronnéyen.

MAMELUE, divronneguès, *pl.* ed.

MANANT. *v.* habitant.

MANCHE, *vêtement du bras*, mainch, *pl.* ou; milguin, *pl.* ou. *Van.* manch, *pl.* eü. — *J'ai la manche étroite*, striz vo va mainch. — *Sans manches, qui n'a pas de manches*, divainch. *Van.* id. — *Robe sans manches*, saè divainch, *pl.* saëou. *Manche de couteau*, troad countell, *pl.* treid. — *Manche de pique, de lance, etc.*, troad, *pl.* treid; fust, *pl.* ou. — *Manches ou mancherons de charrue. v. charrue.* — *La Manche ou canal de la Bretagne*, ar Vainch. *Van.* èrVanch.—*Il a donné dans la Manche*, eat eo èr Vainch.

MANCHETTE, manchetés, *pl.* ou. *Van.* manchetescü.

MANCHON, dôrnell, *pl.* ou; ur c'ho-

untanançzou; maiuchoûn, pl. oq. —
Faiseur de manchons, maiuchennour, pl.
yen. v. fourreur.

MANCHOT, e, qui n'a qu'une main dont
il puisse s'aider, moïgn, moncq, mancq,
ppl. ed; disourn, pl. disournéyen; dôrn-
mancq, pl. dôrn-mancqéyen. Van.
moïgn, pl. ed; mancqed, pl. ed. — Manchot, qui a perdu une main, disôrnet, pl.
disôrnegued; daurnnammet, pl. dournn-
amméyen; dôrn-mahaignet.

MANDAT ou mandement, mandad,
pl. ou.

MANDEMENT, ordre, ordonnance, qemenadurez, qimingadez, ppl. ou.

MANDER, faire venir, diguemenn,
pr. et; digaçz qemennadurez da, pr. et.
Van. diguemèneiñ. — Mander, faire savoir, qemenn, pr. et; caçz qemennadurez da ur re, pr. et; discriva da ur re-
bennac, pr. et. Van. qemenein, pr. et.

MANDILLE, casaque de laquais, man-
tellicq tryc'hornecq, pl. mentelligou.
Van. mandilhonn, pl. eū; mantell pilhecq, pl mentell, mantelleu.

MANDRAGORE, plante sans tige,
mandragoun, ar vandragoun.

MANEGE, lieu où dresser les chevaux,
plaçz an dreçz, dreçzouër. — Manège,
l'exercice du cheval, ar sæçzoun da zisqi ronçed, an eocelsis eus ar c'hesecq.
— Manège, certain savoir-faire, an troçz.
— Il entend le manège à ravir, manivieq-
doûo e oar au treçz.

MANES, t. poétique, an anaçoñ dré-
nienet.

MANGEABLE, débrapl, oh, añ.

MANGEAILLE, boëd, pl. ou. — Mangeaille de pourceaux, boëd moc'h. — Mangeaille de bêtes à cornes, boëd saoudt.

MANGEOIRE, auge pour les chevaux,
manjouër, pl. ou. Van. id., pl. eū. v. auge.

MANGER, dibri, pr. débret. Treg.
dibriñ. On écrirait dibriff. Van. débreiñ,
pr. débret. — Préparer à manger, disposi boëd, pr. disposet; aveu boëd, aveu
da zibri, pr. aveēt. — Donner à manger,
rei da zibri, pr. roet. — L'endroit dont
on a mangé, débradur. — Ne manger ni
viande ni poisson, dibri boëd seac'h. —
Mauger, ronger, criguat, pr. crignet. v.

pinocher. — Manger tout son bien, teuzi
oll dra, pr. teuzet; dismantra e oll va
dou, pr. dismantret; bévezi é oll-dra
pr. et. v. dépenser, dissipateur. — Mange
ses mots en parlant, louncqa lod eus e
gompsyou. v. bégayer. — Celui qui mang
ses mots, uep a louncq lod eus e gompsyou, nep so stag e déaud oud e vouzellou, v. bégue. — Se manger, parlan
d'une volaille, beza débret.

MANGERIE, débrérez.

MANGEUR, débrer, pl. yen. Van.
débrour, pl. eryou. — Grand mangeur,
débrer bras, pl. débréryen vras; dibry ad,
pl. dibriidy; louncqer, pl. yen.

* MANGEONNEAU, machine ancienne
pour lancer des pierres dans une ville assié-
gée, mangoñnell, pl. ou.

MANIABLE, mancapl, oh, à, añ;
eaz da vanea.

MANIAQUE, à manie, direizet, di-
hoëllet. v. manie.

MANICLES, menottes. v.-y.

MANIE, emportement fougueux, fantaisie, froudenn, pl. ou; faltasy pl. ou;
pennad, pl. ou. — Il a de drôles de manies, pennadou a grocq ennâ a vizyou,
certen faltasyou a so stag ountañ. v.
marotte. — Qui est sujet à des manies,
froudennus, faltasyus, diboellus, oc'h,
à, añ. v. maniaque.

MANIEMENT, action de manier, ma-
neamand, méradur, mérérez, embre-
guerez. — Maniement, administration,
cundu, gouarnamand. — Avoir le maniement des affaires publiques, cahout ar
gundu ou ar goûarnamand eus a afferyou ar goumun, pr. bet.

MANIER, toucher avec la main, manea, pr. ēot; dôrnata, pr. et; loc'hat,
mérat, ppr. et; embreguer, pr. embre-
guet. Van. toucheiñ. — Manier beaucoup,
cabalat, pr. et; dorlo, pr. ēt. De là, le
mot français dorloter, et le breton dorlota, v.-y. — Manier, conduire, diriger,
gouarn, pr. et; cundui, pr. et. Van.
cundueiñ. — Manier le blé avec la pelle,
palat au ed, pr. palet; trei an ed, pr.
troēt. — Manier la bouillie avec un bâton,
mesqa ar yod, pr. mesqet. v. mêler,
mêloire.

MANIÈRE, *sorte*, **seurd**. *Van.* sord.
—*Cette manière de gens*, un seurd tud,
an seurd tud, an hevelep tud. — *Ma-*
*nière*, *guise*, qiz, *pl.* you. *Van.* guiz, *pl.*
eü ; qiz, *pl.* eü.—*Chacun dans ce mond-*
*rit à sa manière*, er bed ma pep hiny a vef
én e guiz.—*Manière*, *façon*, manyell,
*pl.* ou ; fæçzoun, *pl.* you. *Van.* fæçzon,
fænçzon, *ppl.* yeü.—*De quelle manière?*
pe è fæçzoun? pe è manyell? en pe manyell ?—*De cette manière*, er fæçzoun-
mâ, evel-hen, *v. façon.*—*En cent et cent*
*manières*, e cant ha cant manyell, ha
cantall.—*En toutes manières*, e pep hend,
pep hend, en pep fæçzoun, è pep qêver.
—*Manière de vivre*, bévidiguez, bividiguez, un seurd bevançz, fæçzoun da
vevu.—*Par manière d'acquit*, *négligem-*
*ment*, evit trémen, evit trémen dioud
an dud, dro gustum, dreist penn bis,
divar faë, divar goap, evit ober goap.
—*De manière que*, en hevelep fæçzoun
ma.—*De manière qu'il en pensa mourir*,
en hevelep fæçzoun ma zoa dare dezâ
mervel. — *Frapper de bonne manière*,
sqei a dr a vad, *pr.* sqoët.

MANIFESTATION, disoloadur, aznaoudéguez, disclaeracion, disculyadur

MANIFESTE, *clair*, *évident*, sclær,
haznad, palant, oo'h, â, añ. *Al.* gnou.
—*Manifeste*, *notoire*, haznad da bep u-
nan, aznavezet gad ar bed oll.—*Mani-*
*feste*, *déclaration*, disclæracion, *v. apologie.*

MANIFESTEMENT, en ur fæçzoun
sclear ou palant ou aznad, è sclær.

MANIFESTER, haznadtât; *pr.* ëet;
renta haznad, renta palant, *pr.* et;
disclærya, disculya, *ppr.* et; disquëz,
*pr.* et —*Le Sauveur s'est manifesté à ses*
*disciples plusieurs fois après sa résurrec-*
*tion*, bon Salver en deus bet en hem
zisquëzet d'e zisqebled alyos a veach
goude ma zoa resuscitet a varo da veo.

MANIGANCE, *intrigue. v. y.*

MANIPULE, *fanon de prêtre*, fanol,
*pl.* you ; manipul, *pl.* ou.

MANIQUE, *instrument de cordonnier*,
manecg, *pl.* ou. *v. gant.*

MANIVELLE, *instrument de marine*,
barrenn ar stur eus a ul lestr.

MANNE, *drogue médicinale*, man.—

*Manne*, *panier*, mann, *pl.* ou.—*Manne*,
*nourriture miraculeuse du désert*, mann,
ar mann eus an deserz.—*La manne*, *di-*
*sent les pères*, *était une viande céleste, qui*
*avait le goût de ce que chacun aimait le*
*plus*, ar mann eus an deserz a vouë ur
vagadurez celestiell , pehiny eme an
tadou, he devoa ar vlas eus ar boëd a
garro munyâ pep hiny eus ar bopl a Israël.

MANNEQUIN, *grand panier*, mann-
qeiu, *pl.* mannonqeiù ; manneqin, *pl.*
ou. *v. l'étymologie au mot* botte.—*Plein*
*un mannequin*, manneqinad, *pl.* ou.

MANŒUVRE, *homme de journée*, gopraër, *pl.* yen. *v. journalier.*

MANŒUVRES, *t. de marine*, ar o'herdin a servich evit manea ar goëlyou
eus a ul lestr.

MANŒUVRER, *faire des manœuvres*,
mordei, *pr.* mordeët; merdei, *pr.* ëet.

MANŒUVRIER, merdead, *pl.* merdaïdy ; mordead, *pl.* mordaïdy.

MANOIR, *maison noble située à la cam-*
*pagne*, maner, *pl.* you. *Van.* manér,
menér, *ppl.* yeü. *Al.* sal, *pl.* salyou ,
salou, saléü. *De là*, *les noms des maisons*
*de la Sale*, *des Sales.*—*Manoir principal*,
an ty meur, ar penn-lec'h. *v. Sale*, *aimé*,

MANQUE, *besoin*, *disette*, dienez,
yzomm-defaut.—*Manque d'argent*, dienez arc'hand, defaut arc'hand, yzomm
eus a arc'hand.—*Manque d'étudier*, defaut studya.—*Sans manque*, sans faute,
hep sy, hep fellel.

MANQUEMENT, *faute*, mancq, *pl.*
ou; mancqamand, *pl.* mancqaman-
c'hou. *Al.* faël. *v. faute*, *défaut.*

MANQUER, *avoir besoin*, yzommeqât,
*pr.* ëet; cahout yzomm ou dienez. *pr.* bet.
—*Ne manquer de rien*, cahout pep tra dioud ec'hoandt, *pr.* bet. *Al.* gour-fauteu-
qât, *pr.* ëet.—*Manquer*, *faire une faute*,
fazya, *pr.* et; maucqa, mancqout, *ppr.*
mancqet; fellol, *pr.* fellet, fallet. *Van.*
fayeiù, fari, faryeiù. — *Manquer à sa*
*parole*. mancqa d'e c'her, mancqout
d'e c'her. —*Je ne manquerai pas*, ne
vancqiù qet, ne faziiù qet, ne vezo faut
e-bed ou mancq e-bed, ne vezo fazy
e-bed, ne folliù qet.—*Elle a manqué à*

sra houneur, farret eo bet, feBet ra falli. levrronigou-dôrn.
let he deus.—Manquer de se brouer sa
tire exigue, desfailha, pr. et; mancqout d'en hem gafoot, feilel da en hem
gaffout. — Mencjuer une lettre secesin,
coll un occasion gaër, pr. collet.

**MANS** ( le ), riüe, ar Mans.—Qui
est du Mrs, Mansead, pl. ed.

**MANSARDE**, toit à comble plat, to-
ênn Vansard, pl. toênnou Vansard.

*** MANSE**, revenu d'un prelet ou d'une
communauté, leve, réud, madou, madou couman.—La manse épiscopale, leve an escop.—La manse abbatiale, leve
ou réud an abad, leve ou reud an abadès.—La manse contentieuse, madou ar
venec'h, leve ou rénd ar venec'h.—Cette
seigneurie appartient à la manse épiscopale ou abbatiale, an autrounyaich-ze a a-
parchant oud an escop.pe oud an abad.

**MANSEAU**, qui est du Maine. Man-
sod, pl. ed; Mansead, pl. Mauseaded,
Manseidy.

**MANTE**, grand voile de deuil, mantell-
gañv. v manteline.

**MANTEAU**, manteH, pl. mentell,
mentellou, mentilly. Van. mantell,
pl. mentell. mantelleü. v. cape, manteline.—Couvrir d'un manteau, mantella,
pr. et.--Petit manteau, mantelet, man-
telliog, pl. mentelligou. Van. id. , pl
eü.—Manteau court, mantell verr.—Il
était en manteau court, e vantell verr a
yoa gandhâ. — long, mantell birr. —
double de peau, mantell feuret.—contre
la pluie. mantell disc'hlav ou disc'hlao.
v. houppelande.—Manteau royal, mantell roëal.—Manteau de femme, longue
robe plissée que les femmes portaient autrefois, simareun, pl. ou. Van. id., pl.
eü. Al. manté, pl. mantéau. De là, le
mot français manteau.—Manteau de cheminée, mantell ciminal, pl. mentellou
ciminal. Van. mantell cheminal.

**MANTELET**, t. militaire, daës, pl.
you.

**MANTELINE**, petit manteau de femme, mantell,pl.mentell; mantell grecg,
pl. mentell gragnez. Si elle est à long
poil, frixenn, pl. ou.

**MANUEL**, petit livre, levriëq-dôrn,

**MANUELLEMENT**, de la main à la
main, dre zourn, a zourn ë dourn, hep
test na scrid, dre zindan an daul.

**MANUFACTURE**, fabrique, labouradecg, pl. labouradegou; ovrouër, pl.
ou.—Manufacture de tabac, labouradecg
butum, un ovroüer butum.—Manufacture de drap, eütofferez, pl. ou; mese-
rerez, pl. ou; labouradecg mezer, o-
vroüer mezer.

**MANUFACTURIER**, mæstr ën ul
labouradecg.nep a labour ëu ul labou-
radecg-bennoe.

**MANUSCRIT**, serid-dôrn, pl. scri-
jou-dôrn; scritur-dourn,pl. scriturjou
dourn; serid. pl. scrijou.

**MAPPEMONDE**, cartenn eus an oll
bed. un dhalenn eus an oll bed.

**MAQUEREAU**, poisson de mer, bresell. pl. bresily. brisilly.—Maquereau,
houlver, pl. yen.—Vieux maquereau,
coz houlyer.

**MAQUERELLE**, houlyerès, pl. ed.
v. appareilleuse.—Vieille maquerelle, coz
houlyerès.

**MAQUEREAUX**, taches aux jambes
pour s'être chauffé de trop près, brisilly,
brisennou tan.

**MAQUERELLAGE**. houlyeraich,
houlyérez.—Cette vieille maudite ne vit
que de maquerellage, ne deus nemed an
houlyeraich oc'h ober beva ar goz
grac'h milliguet-bont.

**MAQUIGNON**,marc'hadour qesecq,
pl. marc'hadouryen qeseeq. v. entremetteur.—Maquignon, courtier, cour-
rauter, courrater,courreter. ppl. yen.
Van. courretour, pl. yon, yan.

**MAQUIGNONNAGE**, métier de maquignon , courrauteraich, courrate-
raich. Van. courretaich.

**MAQUIGNONNER**. courrauterat,
pr. et;courrateryat, pr. yet. Van. cour-
retat, courreteiñ, ppr. et.

**MARAIS**, terres où l'eau séjourne,
palud, pl. ou; reuzu, pl. you. De là,
les maisons du Reuzyou, de Kreun,
Kan-reuu, Penn-au-reun, Les-an-
reun, Mes-an-reun. loc'h, pl. you;
loc'h-dour, pl. loc'hyou-dour. De là,

e *nom de la paroisse de* Roc'h-locàn; *rrès dit Faou*; *du village de* Loc'han, *paroisse d'Irvillac*; *de la maison noble de* _ogan, *paroisse de* Lababan, *parce que ous ces lieux sont situés près des marais.* *Van.* palud, *pl.* eü —*Marais desséchés*, palud diaæc'het.—*Marais salans*, holennuenn, *pl.* holenneigner; palud-holeun, *pl.* paludou-holenn; poull-holenn, *pl.* poullou-holenn. *Van.* palud, *pl.* eü; palud haloin, *pl.* paludeü, etc.

MARATRE, lesvamm, *pl.* ou; *id est,* lec'h-a-vamm, é lec'h-mamm. mammgaër, *pl.* mammou-gaër. *Van.* mammecq, *pl.* mammigued.—*Marâtre, mère cruelle.* mamm-criz, mamm dinatur, *pl.* mammou. etc.

MARAUD, masloqin, hailhebod, hailhevod, *ppl.* ed.

* MARAUDAILLE, canailhès, hailhevoded.

MARAUDE, *pillage,* preyz, pilhaich ar soudarded.--*Aller en maraude,* moñnet da bilha *ou* da breyza, *pr.* ëet, eat.

MARAUDEUR, preyzer, pilher, *ppl.* yeu; soudard a ya d'ar pilhaich er mèas eus ar c'hamp.

MARBRE, *pierre dure et luisante,* mæn-marpr. *Van.* id. — *De marbre,* a væn-marpr, a varpr —*Il y a là du marbre,* mæin marpr a so aze, bez'ez eus mapr aze.

MARBRER, marpra, marella, *pr.* et. — *Du bois marbré,* coad marpret, coad marellet.

MARBRIER, *ouvrier en marbre,* marprer, *pl.* yen. *Van.* marprour, *pl.* eryon.

MARBRURE, *imitation du marbre,* marprèrez, marenadur.

MARC, *nom d'homme,* Marcq. *Van.* id. — *Petit Marc,* Marcqicq —*Saint Marc,* sant Varcq, an avieleur sant Varcq.

MARC, *poids de huit onces* marcq, ur marcq, poës un hanter-liver.—*Un marc d'or,* ur marcq aour.--*Marc, le restant d'une chose,* mascl, *pl.* ou; goasqadur. *Van.* margach.—*Marc de pommes,* masclou avalou, goasqadur avalou. *Van.* margach aveü.—*Marc de raisin,* masclou résin, goasqadur résin.

MARCASSIN, porc'bellicq-goëz, *pl.* perc'helligou; houc'hicq-goëz, *pl.* houc'hedigou, pennuoc'hicq-goëz, *pl.* moc'higou goëz.

MARCHAND, marc'hadour, *pl.* yen. *Van.* marhadour, *vl.* you, yau.—*Marchand drapier,* marc'hadour mezer, trapèr, drapèr, *ppl.* yen. — *Marchand de bois,* marc'hadour coad.—*de vin,* marc'hadour güin. — *En gros ou grossier,* marc'hadour groçz; groçzer *pl.* yen.--*en magasin,* marc'hadour magazin; magaziner, *pl.* yen —*detailleur,* marc'hadour d'rer muuudt *ou* detailher *ou* é detailh.

MARCHANDE, marc'hadourès, *pl.* ed. *Van.* id.

MARCHAND, e, *adj.*, güerzapl, léal, oc'h, â, añ.—*Ce blé n'est pas marchand,* an ed ze ne deo qet güerzapl, ne deo qet leal ha güerzapl an ed ze. — *Vaisseau marchand,* ul lestr marc'hadour.

MARCHANDER, marc'hadta, *pr. et* *Van.* marhaleah, marhaleiü. — *Marchander, être irrésolu,* marc'hadta, *pr.* et. *v irresolu.*

MARCHANDISE, marc'hadourez, *pl.* ou. *Van.* marhadoureah, marhadourch. *Al.* merçz, *qui ne veut dire à présent que* merceerie.—*Marchandise loyale,* marc'hadourez leal.—*Marchandise de contrebande,* marc'hadourez divenet *ou* flaud. —*Mauvaise marchandise,* fals varc'hadourez.—*Il y a du déchet sur la marchandise,* raval a so var ar varc'hadourez — *La marchandise se vend bien,* reqedd a so var ar varc'hadourez.—*Moitié guerre, moitié marchandise;phrase prov.*; lod dre gaër, lod dre hacq, eñtre droucq ha vad, eñtre c'huëcq ha c'huëro.

MARCHÉ, marc'had, *pl.* marc'hajou. *Van.* marhad. *pl.* eü.—*Faire marché,* ober marc'had, *pr.* græt.—*Se tenir au marché fait,* derc'hell é varc'had, *pr.* dalc'het.— *Se dedire d'un marché,* terri é varc'had, *pr.* torret.—*Marché en bloc,* treuz-varc'had, au eil dre eguile. — *Marché, taux, prix contenu,* feur, priz.—*Selon le cours du marché,* diouc'h ar feur eus ar marc'had. — *A ....... marché,* var nep feur *ou* priz — *M....... le lieu du marché*, marc'hallac'h , *id est ,* marc'had-leac'h ; marhalla, marhallè, *id est ;* marc'had-læc'h. *Van.* marhalé, *id est ,* marchad-læc'h; martret, *id est ,* marhad–red, *marché courant.* — *Marché du poisson,* marc'had ar pesqed, plaçz ar pesqeud.—*Marché des légumes,* marc'had ou plaçz al lousou. — *Le marche des bêtes à cornes,* plaçz ou marc'had ar saoudt. — *Je l'ai vu au marché,* me am eus e vellet èr marc'halleac'h ou èr marhalla ou èr marhallè. — *Le vieux marché,* ar c'hoz varchad, ar goz varc'had, ar goàrc'had.

**MARCHE,** *frontière, limite,* marz , *pl.* you.—*La marche du Poitou attenante à la Bretagne,* marz ar Poëtou. *r. limite.* —*Marche, dégré d'autel, d'escalier,* pazenn, *pl.* ou, pazeigner; derez, *pl.* you. *Van.* pazeen, *pl.* eū.--*Petite marche, escabeau qu'on se met sous les pieds,* dez, *pl.* you; *de la derez, marche d'escalier.*-- *Marche, route, chemin,* hend, qerzet, beaich.— *Deux journées de marche,* daou zervez qerzet ou hend.--*Il est en marche,* ez ma è beaich.

**MARCHE-PIED,** scabell , *pl.* ou. *Van.* scabëu , scabéau.

**MARCHER,** *faire des pas en arant,* qerzet, qerzat, *ppr.* qerzet; bale, *pr.* baleet. *Van.* qerhet, qerheiñ. -- *Il faut pour cela bien marcher;* evit qemeñze ez eo redd bale caër ou ez rencqer qerzet caër. --- *Marcher à tâtons,* qerzet var e grabanou, moûnet var e balavenou *ou* var e caravellou, *pr.* ēet, eat.--*Marcher comme les culs de jatte,* moûnet var e parlochou. --- *Marcher sur les bras, les pieds en haut,* ober toulbennicq. *pr.* græt. -- *Marcher sur quelque chose, la fouler aux pieds ,* mac'ha un dra gad e dreid , *pr.* mac'het.--*Marcher en arrière, à reculons,* arguila, *pr.* et; querzet var e guil, moûnet var e guiz.--*Marcher à l'appui, comme font les petits enfants qui commencent à marcher,* moûnet var harp, qerzet var harp. *Van.* hatteiñ, harpeiñ ar è dreid, qerhet d'ar harp.---*Sur quelle herbe ave-tous marché aujourd'hui? partant d'un homme de mauvaise humeur,* pe var lousaoueñ oc'h eus-hu lecqeat ho troad hiryo?

**MARCHER ,** *action d'un homme qui marche ,* qerzed, ar c'herzed, qerzidiguez. *Van.* qerhed, èr herhed.--*Je l'ai cõnnu à son marcher ,* me am eus anavezet anézâ diouc'h e guerzed *ou* dioud e gamm *ou* dioud e erguerz. *v. pas.* — *Rendre le marcher à un paralytique,* renta ar c'herzed da un dèn seyzet *ou* seyet *ou* da un impotant.

*MARCHETTE, machine à prendre des oiseaux,* strapp, *pl.* ou. *Van.* trap *pl.* eū.

**MARCHEUR ,** qerzer , *pl.* yéu ; baleër, *pl.* yeu. *Van.* qerhour, baleour.

**MARCHEUSE,** qerzerès, rederès, *ppl.* ed.

**MARDELLE,** *grande pierre ronde et percée qui couvre le bord d'un puits ,* bardell, *pl.* ou.—*Une belle mardelle,* ur rardell gaër.

**MARDI ,** *troisième jour de la semaine,* meurz, dez meurz, de meurz, dimeurs. *Van.* merh , èr merh , dimerh. —*Mardi gras,* meurs-largez , dez meurs ezned. *Van.* malarde, dimerh el lard.

**MARE,** *eau dormante,* laguen, poull, *ppl.* ou ; poull-laguenn, *pl.* poullou-laguenn; poull-dour, *pl.* poullou ; loc'h, *pl.* you ; loc'h-dour, *pl.* loc'hyou; dour sac'h , *pl.* douryou ; poullenn , *pl.* ou. *Van.* poull-dêur , *pl.* poulleū-deur.

**MARECAGE,** *lieu marécageux,* palndenn , *pl.* ou; gueun, *pl.* you; ur yeun, ar yeunyou.

**MARÉCAGEUX,** *euse,* paludecq, paludennecq, gueunyecq, oc'h, á , añ.

**MARECHAL ,** *maréchal de France ,* marichall a Françz, *pl.* marichaled. — *Bâton de maréchal,* gō_lenn marichal.-- *Les maréchaux de France,* ar varichaled a Françz.--*Maréchal-de-camp,* marichal a gàmp *ou* ar c'hamp — *Maréchal-des-logis ,* marichal an logeiz. — *Maréchal ferrant,* marichal, *pl.* ed. *Van* go, *pl.* ēd, eū *Al.* goff, *pl.* ed; *de là,* goffel et govel, *forge;* Ros-goff, *dit communément* Roscoff, *id est, le tertre du maréchal ou le lieu inculte du maréchal. De là une infinité de surnoms.* Goff, *que les uns, ne prononçant pas les deux* ff *, ce qui est ordinaire en Léon surtout, prononcent* go : *et que les autres , changeant ces deux* ff *en un* ū, *ce qui est*

*mrmun en Tréguier*, *prononcent* goû ‘j
*même que de* efaff, dibriff, goascaff,
gardaff, etc, *ils font* efañ, dibriñ, go-
scañ, stardañ, etc.—*Maréchal qui pan-*
*les chevaux malades*, loûsaouër qeseq,
‘. loûsaouëryen.

**MARÉE**, *flux et reflux*, mare, ar ma-
e, *pl.* ou. *Van.* id., *pl.* eü. *v. flux*, re-
lux. — *La marée est six heures et douze*
*minutes à venir et autant à s'en retourner*,
ir mare ou ar mor a vez c'huec'h eur
na taust da balevara o loñnet ha qéhyd
all o voûnet quyt. — *Demi-marée*, hanter vare. *Van.* id. — *Haute marée, haute*
*mer*, gourleun, uhel-vor.—*Basse marée*,
dazre, daëre, iselt-vor. — *Grande ma-*
*rée comme en mars et en septembre*, rever-
ky, *pl.* ou; reverzi vras, *pl.* ou. — *Lors-*
*que les grandes marées commencent*, red a
so gad ar mor. — *Avoir vent et marée*,
cahout vadan avel hac ar mare, cahout
mor hac avel.—*Marée*, pesqed vor fresq.

**MARGE**, *blanc autour d'une page*, marz,
*pl.* you; marz ar bagenn. — *Il faut lais-*
*ser une belle marge*, redd eo lesel ur
marz caër.

**MARGINAL**, *e*, *qui est à la marge*,
marzal, er marz. — *Annotations mar-*
*ginales*, remercqou marzal, remercqou
eñ marz.

**MARGUERITE**, *nom de femme*, Mar-
c'harid, Mac'harid, Margarid.*Van.* Mar-
gueid. — *Petite Marguerite*, Margot, Go-
ton, Mac'haridicq, God, Godicq. —
*Sainte Marguerite*, santès Mac'harid.—
*Marguerite, fleur*, loûsaouëñ santès Ma-
c'harid, bocqedou santès Mac'harid.—
*Jeter des marguerites devant des pourceaux*,
rei flour guiniz d'ar moc'h.

**MARGUILLIER**, fablieg, *pl.* fabli-
gued. *Van.* id.

**MARI**, *homme uni par le mariage*, o-
zac'h, *pl.* ezac'h; ozeac'h, *pl.* ezeac'h;
ozrec'h, *pl.* ezrec'h. *Van.* oheah, olseh,
oheah, ohab, oabah, *ppl.* eheeh, eheah,
eheh. — *Le mari*, an ozeac'h, an ozac'h
eus an ty.—*Mon mari et moi*, va ozac'h
ha me. *Van.* m'oheah ha me, me c'hri-
chan ha meñ. *v. époux.* — *Maris, aimez*
*vos femmes, dit S. Paul*, ezeac'h, eme S.
Paol, qirit ho craguez.

**MARIABLE**, *nubile*, demezapl, nep so
èn oad dimizy.

**MARIAGE**, dimizy, *pl.* ou; pryedé-
lez, pryadeleaz, pryadélez, *ppl.* ou. *Van.*
hymenn, dimeign, dimenn, pryedereh,
*ppl.* eü. *De hymenn peut venir* dimeñ *et*
dimizy, *id est, rupture d'hymen, pris en*
*t. de médecine;* dimizy *peut venir aussi de*
di-mezy *ou* dimeza *; ôter la pudeur, qui*
*est en Breton* mez. *v. fiançailles.* — *Ma-*
*riage clandestin.* v. *clandestin.* — *Second*
*mariage*, azdimizy, *pl.* ou; haddimizy,
*pl.* ou. *v.* remarier. — *Demander une fille*
*en mariage*, goulen ur plac'h ou ur verc'h
è dimizy, *pr.* goulennet. — *Faire des ma-*
*riages, en qualité d'entremetteur*, Léon,
mbenni, *pr.* et. *Trég.* roulnellañ, *pr.* et.
*H.-Corn.* erignat an asqorn, *pr.* et; dar-
bodi, *pr.* et. *B.-Corn.* bazvalani, *pr.* et;
beza jubenn ou roulnell erigu-asqorn,
darboder, bazvalan, *pr.* bet. *v. entremet-*
*teur.* — *Le sacrement de mariage*, ar sacramand a bryedeléû. — *Rompre un ma-*
*riage*, terri un dimizy, *pr.* torret. — *Ma-*
*riage, dot*, argoulou, argourou, argobrou. *Van.* argouvreû. — *Elle a eu dix*
*mille livres en mariage*, decq mil livr ho
deus bet evit he argoulou.

**MARIE**, *nom de femme*, Mary. *Van.* id.
— *Petite Marie*, Marion, Maryicq.—*La*
*divine Marie, la vierge Marie*, an introun
Varya, ar verc'hès Vary, ar verc'hès
Varya, ar Verc'hès sacr.— *Marie Ma-*
*deleine*, Mary Madalen. — *Marie Grail-*
*lon, femme malpropre*, Mary Groilhenn.
*v. salope.*

**MARIER**, *joindre par mariage*, dimizi,
*pr.* dimezet, demezet. *Van.* dimezciñ,
dimeeiñ, dimeiñ. *v. l'étymologie de ma-*
*riage.* — *Il a marié sa fille*, demezet èn
deus e verc'h. — *Se marier*, dimizi, *pr.*
demezet; pryctaat, *pr.* eet; qemerat pryed,
*pr.* id. *v. le prov. sur guenilles. v. s'établir.*

**MARIÉ**, *e.* — *Qui a l'âge d'être marié*,
nep so èn oad da zimizi. — *Le nouveau*
*marié*, ar goaz névez, goaz an eured.—
*La nouvelle mariée*, ar plac'h névez, plac'h
an eured. — *Les nouveaux mariés*, an
dud névez. — *Marié deux fois*, azdemezet, had demezet, diou veac'h demezet.
— *Marié et dont le mariage a été rompu*,

16

dizemèz-t, nep so torret e zimizy.—*Qui n'est point marié*, nep ne deo qet demezet. — *Qui n'est point marié et n'a point dessein de l'être*, disemez, *pl.* tud. *Al. masc.* lèn; *fém.* lenès. *v. religieuse.*

MARIEUR, *euse. v. entremetteur.*

MARIN, *e*, a vor, eus ar mor, eus a vor, a aparchand oud ar mor. — *Marin*, dèn a vor, *pl.* tud; moraeur, *pl.* yen, moracudy; moraër, *pl.* yen. — *Loup marin*, mor-vleiz, *pl.* mor-vleizy; bleiz-vor, *pl.* bleizy-vor. — *Chien marin*, mor-c'hy, *pl.* mor-c'haçz; qy-vor, *pl.* c'haçz-vor. — *Cheval marin*, morvarc'h, *pl.* mor-c'hesecq; marc'h-vor, *pl.* qesecq-vor. — *Veau marin*, lue-vor, *pl.* lueou-vor —*Trompette marine*, trompilh-vor, *pl.* trompilhou.

MARINE, *navigation sur mer*, merdeadurez, mordeadurez.—*Il entend bien la marine*, manivicq e voar ar verdeadurez. — *Marine, plage, côte de la mer*, arvor, *pl.* you. — *Marine, le corps de la marine*, au dud a vor, ar moraeudy.— *Officier de marine*, oviçzer a vor. —*Intendant de marine*, intandant a vor.

MARINÉ, *e*, *imbu d'eau de mer*, tréantet gad dour-vor, têmpret èn dourvor; collet gad an dour-vor.

MARINIER, *officier-marinier, qui commande aux matelots*, oviçzer-vor, *pl.* yen.

MARIONNETTE, marionnetesenn, *pl.* marionnetès.

MARITIME, a aparchont oud ar mor, a daust d'ar mor, taust d'ar mor. — *Ville maritime*, kær a daust d'ar mor, kær var bord an mor.—*Côte maritime*, ar-vor, an ar-vor, *pl.* yon; an aud eus ar mor, *pl.* an aujou eus ar mor.

MARJOLAINE, *plante à odeur forte*, marjol. *v. origan.*—*Marjolaine d'outremer*, marjol bro-Sauz, ar varjolen Saus. — *Marjolaine sauvage*, marjol qy, marjolen goëz.

MARMAILLE, *petits enfants*, bugaligou, bandenn bugale. *Van.* haras.

MARMELADE, yod frouëz.

MARMITE, marmid, *pl.* ou; pod houarn, *pl.* podou. *Van. id.*, *ppl.* eü.

MARMITON, marmitoun, *pl.* ed; fouilhemard. *Van.* goaz qeguinour,

pautr qeguinour. *v. fouille-merde.*

MARMOT, *petit écolier. v. grimaud.*— *Marmot, singe*, marmous, *pl.* ed.

MARMOTTE, *animal qui dort six mois de l'année*, hunegan, *pl.* ed.

MARMOTTER. *v. barboter, grogner.*

MARMOUSET, marmousicq, *pl.* marmousedigou.

MARNE, *engrais*, marg, marga, marl, mærl, creiz-guënn, man, *pl.* ou; manguënn, *pl.* manou.

MARNER, *répandre de la marne*, marga ar parqou, *pr.* marguet; mana ar gouuidéguez, *pr.* manet; lacqât marg ou marga ou marl ou manou-guënn èn doüarou. *v. fumer, fumier.*

MARNIÈRE, mængleuz marg, mængleuz marl-guënn, mængleuz creizguënn, *pl.* mængleuzyou.

MAROQUIN, *peau de bouc apprêtée*, maroqin, lezr maroqin, lezr marocq. — *Maroquin rouge*, maroqin ruz, lezr ruz maroqin.—*Maroquin noir*, maroqin du, lezr du maroqin.—*Maroquin du levant*, maroqin ar sevel-héaul.

MAROQUINIER, *qui travaille en maroquin*, maroqiner, *pl.* yen.

MAROTTE, *manie, fantaisie*, stulteñ, *pl.* ou; faltasy foll, *pl.* ou. *Van.* fuleh, *pl.* eü. *v. manie.*

MARQUE, *signe*, merq, *pl.* ou; azrouëz; arouëz, *pl.* ou. *H.-Corn.* merc'h, *pl.* au. *Van.* merch. *pl.* eü. *Al.* nod, *pl.* au. *v. enseigne.* — *Marque naturelle au visage*, arouëz, *pl.* Ou.—*Marque naturelle au corps, noir ou noirâtre*, plustreñ, *pl.* ou. —*Marque blanche au front, parlant des animaux*, bailhaich, baïlhadur. *v.* marqué. — *Marque, trace*, roudenn, *pl.* ou; roud, *pl.* ou. — *Marque, tache*, eñtaichadur; merq.—*Marque, témoignage*, testenabez, testenadurez.—*Marque d'une plaie, cicatrice*, cleyzeü, ar gleyzeñ, ar c'hleyzenn. — *Un homme de marque*, un dèn notet bras, un dèn a boës.

MARQUER, *mettre une marque*, mercqa, merçqi, *ppr.* et. *H.-Corn.* mercho, *pr.* et. *Van.* mercheiñ, *pr.* et. *Al.* nodi, *pr.* et, — *Marquer, désigner*, destina, *pr.* et. *Van.* destineiñ, *pr.* et. — *Marquer, rendre témoignage*, testenya, *pr.* et; dis-

guëz, *pr. et.* — *Marquer, imprimer; lo-*
o'hat, *pr. et.*

MARQUÉ *au corps de quelque marque*
*naturelle,* plu-trennet.—*Marqué de blanc*
*au front,* bailh. — *Marqué, taché, entai-*
chet, loc'het.

MARQUETER, marella, *pr. et.*

MARQUETERIE, *ouvrage de diverses*
*couleurs,* marelladur, marelladurez.

MARQUEUR, mercqeur, mercqour,
mercher, *ppl.* yen. *Van.* merchour, *pl.*
yon, yan.

MARQUIS, marqis, *pl.* ed; ar marqis, *pl.* ed. *Van.* id.

MARQUISAT , marqisaich , *pl. ou ;*
doüar marqis, *pl.* doüarou; marqise-
guiez, *pl. ou.* — *Le marquisat de la Ro-*
*che,* marqisaich ar Roc'h, doüar marqis ar Roc'h. — *Nous sommes ici dans le*
*marquisat,* beza ez ma omp amâ ebarz
è doüar ar marqis, èr marqisaich ez
ma omp amañ.

MARQUISE, marqisès, *pl.* ed ; ar
varqisès, *pl.* ed.

MARRAINE, maërounès, *pl.* ed ;
mamm-maëron , *pl.* mammou *Van.*
maërein, *pl.* ed. —*Sainte Catherine, ma*
*marraine,* santès Cathel, va maërounès.

* MARRE, *grande houe,* marr, *pl.* mir-
ry. *Van.* marr, *pl.* eü. *De là,* tintamarre.
— *Petite marre,* marr-biguell, *pl.* marr-
biguellou. *v.* étrape.

* MARRER , *écobuer , peler la terre ,*
marra, marrat, *ppr. et.* *Van.* marreiñ,
*pr.* marret.

* MARRERIE, *l'action de marrer, jour*
*de réjouissance après la besogne finie,* mar-
radecg, *pl.* marradegou. *Van.* id., *pl.* eü.

* MARREUR, marrer, *pl.* yen.

MARRI, *e. v.* fâché, repentant.

MARRON, qistinen , *pl.* qistin; qis-
tin-bourdell. — *Marrons d'Inde;* qistin
Indès.

MARRONNIER, *arbre,* qistinenn. *pl.*
ed; guëzen qistin, *pl.* guëz. — *Marron-*
*nier d'Inde,* qistinenn Indès, *pl.* qisti-
neuned.

MARS, *dieu de la guerre, selon les païens,*
Meurs, an doüe Meurs, doë an bell,
doë an belly. — *Mars , planete ,* Meurs,
an bemped planedeñ. — *Mars, troisième*

mois de l'année, meurs, mis meurs. *Van.*
meurh, merh, miz merh. —*Le premier*
*mars ,* kala meurs, kal-a-veurs. *Van.*
kal-e-merh, kal-e-meurh. — *Je vous*
*paierai à la mi-mars,* da hauter veurs me
o paëo.

MARSOUIN, morouc'h, *pl.* ed. *Van.*
morob, *pl.* ed; *marsouin semble venir du*
*breton,* mar , *qui veut dire , mer, et de*
souin, *jeune pourceau. v. mer, jeune porc.*

MARTAGON, *espèce de lis,* teaudcaz.

MARTEAU, morzoll, *pl.* you; mour-
zoull, *pl.* you, *Van.* morhol, *pl.* eü. —
*Gens de marteau, ceux qui battent l'enclu-*
*me, comme marechaus, chaudronniers, ser-*
*ruriers, etc.,* morzoller , *pl.* yen. *Van.*
morholér, *pl.* yon.—*Gros marteau,* morzoll bras, *pl.* morzollyou.--*Marteau d'hor-*
*loge,* morzoll an horolaich. —*Marteau*
*de porte,* morzoll dor. *Van.* morholl en
or. — *Graisser le marteau, donner quelq te*
*chose au portier pour avoir entrée,* larda
au morzoll, *pr.* lardet.

MARTEL, morzoll. — *Il a martel en*
*tête ,* sqoët eo gand ar morzoll, maritell èn deveus , ne ma qet hep poan.
*Burlesq.* c erbedi a dleffèt da sant Diboan.

MARTELER, morzollya, *pr.* yet.*Van.*
morholeiñ, *pr. et.*

MARTELET, *petit marteau,* morzol-
licq, *pl.* morzollyouïgou. *Van.* morho-
licg, *pl.* morholigueü.

MARTHE, *nom de femme ,* Marta. —
*Petite Marthe,* Marton, Martalcg. — *Ste*
*Marthe,* santès Marta.

MARTIAL, *e,* bresellyus, calounecq,
oc'h, â , añ. — *Il a l'âme martiale ,* un
dèn bresellyus eo, un dèu eo a schlant
bexa ganet evit ar bresell , calounecq
eo terrupl.

MARTIN, *nom d'homme,* Martin, Marzin. — *Saint Martin,* sant Martin.—*La*
*Saint-Martin ,* goël Sant-Martin, goël
Marzin. — *L'estafier de saint Martin,* an
diaul. — *Le mal Saint-Martin,* an vez-
venty, droucq Sant-Martin. — *Il a le*
*mal Saint-Martin, il est ivre,* droucq sant
Martin a so gandhâ, mézo eo.

MARTINET, *oiseau,* laboucicq sant
Martin, laboucicq sant Nicolas.

MARTRE, *espèce de fouine*, mart, *pl.* ed; martr, *pl.* ed. *Van.* malti, *pl.* ed.

MARTYR, *qui meurt pour la religion*, merzeur, *pl.* yen; merzer, *pl.* yen. *Van.* martyr, *pl.* et; merhér, *pl.* yan. — *Les saints martyrs*, ar sænt merzéryen, ar sænt o deus scuilhét o goad evît Jesus-Christ hac e feiz.—*La cause fait le martyr et la martyre, et non le supplice*, an a-becg pe eyit hiny e c'houzavér, há non pas ar boan, eo a ra ar merceur hao ar verzeufès; souffr evit ar feiz a Jesus-Christ hao evit guiryou e ilis a rá ar verzéryen ha nan pas hemyqen souffr cals a dourmanchouhac armaro mémt.

MARTYRE, merzerès, *pl.* ed. *Van.* martyres, *pl.* ed, B-*Van.* merherès, *pl.* ed.

MARTYRE, *mort de martyr*, merze-rinty, *pl.* ou. *Abusivem.* merzer, *pl.* ou. — *Martyre, peine, tourment*, merzerinty, tourmend, *pl.* tourmanchou; trubuilh, *pl.* ou. — *Ils ont souffert mille martyres*, merzerintyou o deus souffret dreist peñ, capt ba cant tourmand o deus goudvet, cant trubuilh ha cant all o deus bet.

MARTYRISER, *faire souffrir le martyre*, merzerya, *pr.* et, *Van.* martyreiñ, *pr.* et. — *Martyriser, tourmenter, maltraiter*, merzerya, tourmanti, trubuilha, *fpr.* et. *Van.* tourmanteiñ.

MARTYROLOGE, ar roll euis ar sænt merzéryen. — *Martyrologe, livre dont on lit chaque jour une leçon d prime, dans les chœurs*, martirolaich, *pl.* ou; histor ar sænt merzéryen.

MASCARADE, mascaradeñn, *pl.* ou. *Van.* farcereah.

MASCULIN, *e, du mâle*, a aparchant oud mal pe oud maled. — *Ligne masculine, génération de mâle en mâle*, liguenn val, lignenn ar valed.

MASQUE, mascl, *pl.* ou; guëeñ. *pl.* ou. — *Celui qui fait des masques*, mascler, *pl.* yen; guëenner, *pl.* yen.

MASQUER, mascla, *pr.* et; moucha, *pr.* et. — *Se masquer*, hem vascla, hem vou ha, — *L'action de se masquer*, masclidiguez, mascladur.

MASSACRE, muntrérez, *pl.* ou; la-zérez, *pl.* ou. *Van.* maçzaer.—*Faire ur grand massacre*, ober ur vuntrérez vras,

ober ul lazérez orrupl, *pr.* græt. — *Le massacre des saints Innocents*, ar vuntrérez eus ar sænt Innoçzanded. — *Le massacre de la S. Barthélemy*, an lazérez eu an hugunoded da e'hoël sant Berteie

MASSACRER, muntra, *pr.* et; laza, *pr.* et. *Van.* maçzaerieñ, *pr.* et.

MASSACREUR, muntrer, *pl.* yen. *Van.* maçzaerour, *pl.* yon, yan.

MASSE, tra fetiçz, *pl.* traou; pez fetiçz, *pl.* pezyou; tra pouner, blocq. ur blocq. — *Masse de chair, parlant d'une femme fort grasse*, pez qicq, pez toaz, ur blocq qicq. — *La masse du monde*, ar blocq eus ar bed. — *Une grosse masse de pierres*, ur picqol blocq mæin, ur blocq bras a væin. — *Masse du sang*, an oll goad eus ar c'horf. — *Masse, gros morceau de carriers, etc.*, horz, *pl.* you, ou; un orz houarn. — *Masse de bedeau, bas cœur*, ur vaz cœur, *pl.* bizyer.

MASSEPAIN, bara-sac'h, pastezé-rez great gad alamandès ha sucr.

MASSIER, *porte-masse, bedeau*, bedell, *pl.* ed.

MASSIF, *ive, épais, sans creux*, fetiçz, postecq, teo, oc'h, â, añ. *Van.* añcombrus, teü, oh, añ. — *Un corps massif*, un dèn postecq, ur c'horf teo a zèn, ur c'horfiguellus a zèn. — *De l'or massif*, aour fetiçz. — *Massif, pesant*, pouner, lourdt, poësus, oc'h, â, añ. — *Esprit massif, stupide*, spered lourdt, pouper a benn.

*MASSIVETÉ, qualité d'une chose massive*, fetiçzder, fetiçzded, pounerder. *Van.* teüded.

MASSUE, *sorte de gros bâton noueux*, battaras, *pl.* ou. — *Massue d'Hercule*, battaras Herculès.

MASTIC, *gomme qui sort du lentisque, arbre semblable au sapin*, goumm lentisq, roueiu léntisq. — *Mastic, composition*, masticq, eiment.

MASTIQUER, *coller avec du mastic*, cimania, *pr.* et; masticqa, *pr.* et.

MASURE, cozty, *pl.* ès; coz voguer, *pl.* you; dar. *Van.* ur hoh ty, ur goh vangoër. *v.* grarois.

MAT, *l'arbre d'un navire*, guërn, *pl.* you, *e*. *Van.* guërn, *pl.* y. — *Le grand* mât, guërn vras, ar vern vras. *Van.* er uërn vras. — *Le deuxième mât, mât de misaine, mât d'avant,* guërn visan, ar vern visan. *Van.* en eil guërn. — *Le troisième mat, mât d'artimon, entre le grand mât et la poupe,* ar vern volosq, ar vern vorsq. *Van.* er uërn ardrañ. — *Le quatrième mât, mât de beaupré, qui est penché sur l'éperon à la proue ou sur l'avant du vaisseau,* balouin, ar vern valouin, ar vern gorn. *Van.* guërn gorn, guërn vecg. — *La partie la plus basse du mât,* haus ar vern, hans an guërn. — *Ton du mât, la partie qui est entre la hune et le chouquet,* tenon ar vern. — *Mât de hune, brisure ou hunier,* guërn qestell. *v.* hune *et* hunier. — *Mât de perroquet,* ar perroqed, guëru ar perroqed. *v.* navire.

MAT, *mate, qui n'est ni clair, ni bruni,* teval, garo, dibouliçz. — *Or mat.* aour garo, aour teval. — *Argent mat,* arc'hand dibouliçz.

MATELAS, matalaçenn, *pl.* ou; matalaçz, *pl.* ou.

MATELASSIER, matalaçzenner, matalaçzer, *ppl.* yen.

MATELOT, merdead, *pl.* merdaïdy, merdeïdy; mordead, *pl.* mordeïdy; martolod, *pl.* ed.

MATELOTAGE, *salaire des matelots,* martolod ticli, paë ar vartoloded.

MATER, *mettre ses mâts à un vaisseau,* guërnya, *pr.* et; guërnya ul lestr. *Van.* guërneiñ ul lestr, *pr.* et. — *Mater, mortifier,* castiza, *pr.* et; trec'hi, *pr.* et.

MATEREAU, *petit mât,* guernicq, *pl.* guernyonigou.

MATERIAUX, *ce qui sert à bâtir,* matery, danvez, *sans pluriel.*

MATERIEL, *elle, composé de matière,* materyal, oc'h, à, añ. — *Substance matérielle,* sustançz materyal, *pl.* sustançzou materyal. — *Matériel, elle, massif, grossier,* corsiguellus, oc'h, à. *v.* massif. — *Matériel et sans jugement,* corsiguellus ha disqyand.

MATERIELLEMENT, e materyal, èn ur sæçzoun materyal.

MATERNEL, *elle,* a aparchant oud ar vamm, a berz mamm. — *Oncle maternel,* eontr a berz mamm. — *Langue*

maternelle, langaich ar vro, ar c'houtâ langaich a gomsér, langaich e vro.

MATERNITÉ, ar galitez a vamm. — *La très-sainte Vierge a seule possédé ensemble la virginité avec la maternité,* ne deus bet biscoaz nemed ar Verc'hes sacr a guement e deffe bet ar galitez a verc'hès hac a vamm açzamblès, añ Itroun Varya hep qen a so bet mamm ha guerc'hès ê memes-amser.

MATEUR, *ouvrier qui fait des mâts,* guërnyer, *pl.* yen *Van.* guërnour, *pl.* yon.

MATHEMATICIEN, matematicyan, *pl.* ed.

MATHEMATIQUES, ar matematicqou, ar sqvand eus ar matematinqou.

MATHIAS, *nom d'homme,* Mathias. *v.* galimatias. — *L'apôtre saint Mathias,* an abostol sant Mathias. — *A la saint Mathias, la pie cherche à faire son nid, suivant le proverbe breton :*
Da voël Mathias,
E choas ar bicg he phlaçz.

MATHIEU, *nom d'homme,* Mazev, Mazéo, Maze, Mahe, Mao. *Van.* Mahe, Mazhe. *On écrivait* Mazheff. *De là,* Mazhe, Mazev, Maze, Mao. — *Saint Mathieu était apôtre et évangéliste,* sant Vaze a yoa abostol hac avyeler. *v.* fesse-mathieu. — *Saint Mathieu du bout du monde, abbaye de l'ordre de saint Benoît, près du Conquet,* Lommaze traoun, Lommaze penn-ar-bed.

MATHURIN, *nom d'homme,* Maturin, Matelin. — *Saint Mathurin,* sant Maturin. — *Tranchées de saint Mathurin, accès de folie,* stultennou, cahouajou follentez, drouçz sant Maturin.

MATHURINS, *ou Trinitaires, religieux de la rédemption des Captifs,* Maturined, ar Vaturined.

MATIERE, *principe dont les êtres naturels sont composés,* matery, ar matery. — *La matière et la forme,* ar matery hac ar furm. *v.* forme. — *La matière première,* ar penn-matery. — *Matière, ce dont une chose est composée,* matery, danvez. — *Le salpêtre est la matière de la poudre,* ar salpetra a so ar matery cus ar poultr. — *Fait de mauvaise matière,* forget a zrouc metal. — *Matière, chose, su-*

jet, matery. — *Une matière fort impor-*
*tante*, ur matery eus a wr gouseqançz
vras.—*Matière fécale*, failhançz. — *En*
*matière de*, ê fead a, ê oas a, ê qen-cas
a, evit fed a.—*En matière de guerre, de*
*procès*, ê fead a vresell, ê fed a brocès.
—*En matière de théologie*, ê fead a deology.

MATIN, *gros chien*, mastin, *pl.* ed ;
gy mastin, ur c'hy mastin.—*Un grand*
*vilain mâtin*, un gros mâtin, ur mastin
bras, ur picqol qy mastin. *v. mâtiner.*

· MATIN, *le commencement du jour*,
mintin, ar mintin. *Trég.*, beure, ar
beure. *Van.* mitin, er mitin. — *Bien*
*matin*, mintin mad, beure mad.—*De*
*grand matin*, mintin-goulou, mintin-
c'houlou, mintin c'houlou deiz.—*D'as-*
*sez bon matin*, mintinicq, mintin avu-
alc'h.—*Au matin*, da vintin, da veure.
—*Ce matin*, èr mintin-mâ, èr beure-
mañ.—*Tous les matins*, bep mintin, da
bep mintin, da bep beure.—*Depuis le*
*matin jusqu'au soir*, a daleeq ar mintin
bede an nos. —*Demain matin*, varc'hoaz
vintin.—*Le lendemain au matin*, an-tro-
nos vintin, en-tro-nos veure.

MATINAL, *ale. v. matineux.*

MATINEE, *le temps du matin*, mintinvéz, *pl.* ou. *Van.* mitinyad, *pl.* eu
—*Pendant toute la matinée*, hed ar ou
ê pad ar mintinvéz, hed ar mintin.—
*Plusieurs matinées*, meur a vintinvez,
cals a vintinvezou.

MATINER, mastina, *pr.* et.—*Cette*
*chienne a été mâtinée*, mastinet eo bet ar
gu'ès-hont. ·

MATINES, *t. de breviaire*, matinezou. — *Chanter matines d miuuit*, cana
matinezou d'an hanter-nos.

MATINEUX, *euse*, mintinal, oe'h,
añ. *Van.* mintinal.—*L'un est plus ma-*
*tineux que l'autre* . mitinaloc'h eo an
cil egued eguile, mintinoc'h e sav an
cil evit eguile.

MATOIS, *oise. r. madré.*

MATOU, *mâle de la chatte*, targuaz,
*pr.* targuizyer. targaz, *id est*, taro-caz.
tarv-caz, *chat mâle. Van.* targuih, *pl.* ér.

* MATRICAIRE, *plante*, matricla,
maron, lousaouëou ar mammou.

MATRICE, ar vamm, ar marmou
*Van.* er vamm. *v. hystérique.*

MATRONE, *femme vertueuse*, grecq
fur ha vertuzus, grecg a don, *pl.* graguez, etc.

MATURE, *qualité des mâts*, guërni-
diguez, guërnyadur, guërnyaich.—*Mâ-*
*ture, machine pour mâter*, igyn da ver-
nya al listry, guërnyérez.

MATURITÉ, *état de ce qui est mûr*,
mëurded, havder. *Van.* añûedigueh.

MAUDÉ, *nom d'homme*, Maudez. *Van.*
Maude. — *Saint Maudé*, sant Vaudez.
*Van.* sant Maude.--*Le mal saint Maudé*,
droucq sant Vaudez, coênv èn glin.

MAUDIRE, milizyen ur re pe un
dra-bennac, *pr.* milliguet; rei e vallos
da ur re, rei mallosyou da ur re, *pr.*
roët; leusqueul mallosyon gad ur re-
bennac, *pr.* lausqet. *Van.* maloeiñ, ma-
lüeheiñ, milligueiñ, reiñ maloheû ou
malûcheû, *pr.* reit.—*Les demons et les*
*damnés ne font que maudire Dieu et l'heure*
*d laquelle ils ont été créés*, au diaoulou hac
ar re gollet a ro hep cecz cant mil vallos da Zoüe ha d'an cur ma ez int bet
crouët. — *Maudire*, *souhaiter du mal à*
*quelqu'un*, droucq-pidi gad ur re, *pr.*
droucq-pedet; pidi malosyou gand ur
re, *pr.* pedet; ober sulpedennou ou
droucq-pedennou gad ur re-bennac,
*pr.* græt.

MAUDIT, *méchant, scélérat*, argarzus, *pl.* tud argarzus; milligadenn, *pl.*
ou; tra milliguet, *pl.* traou milliguet.

MAUGRÉER, *pester, jurer*, argarzi,
touët, millizyen, maugreal, *pr.* mau-
greet.—*Maugréer sa vie*, argarzi e vuez,
*pr.* argarzet, millizyen e vuez.

MAURICE. *nom d'homme*, Morvan,
Mauriçz. *Van.* Mauriçz.--*Petit Maurice*,
Morvannicq, Mauricicq.—*Saint Mau-*
*rice*, sant Vauriç. — *La ville Maurice*,
kær Morvan.

MAUSOLÉE, *tombeau orné*, bols caër, *pl.* bolsyou caër; ur vols caër, e-
chiz hiny ar roë Mausola.

MAUSSADE, *désagréable*, dibrop,
dic'hraçz *Van.* dibrop.

MAUVAIS, *se*, droucq, goall, fall,
fals, oh, à, añ. *Van.* id. *Al.* mall

naullu. *Le comparatif de* droucg *est* goaç; *superlatif*, goaçzaû.—*C'est un mauvais homme*, droucg eo terrupl an dèn hont. *r goall* dèu eo, un dèn fall eo.—*C'est un mauvais chrétien*, ur fals christen eo. *—Le mauvais riche*, ar fals pinvidicq. *v. saint Ladre.—Mauvaise marchandise*, fals marc'hadourez, marc'hadourez fall.— *Une mauvaise affaire*, ur goall affer, un affer fall. — *Mauvais temps*, amser gardiz, goall amser.—*Il a trouvé mauvais que vous soyez venu*, droucq eo bet gandhâ ez vezec'h deuët.—*Vous trouvez mauvais que je ne boite pas?* penaus droucq eo gueucoo'h na effen qet?

**MAUVE**, *plante*, malv, caul, malo, malu. *On écrivait* malff. *Van.* maul. r. guimaure.—*mauve cultivée*, malv gallecq, malo gall.

**MAUVIS**, *espèce de grive*, milfid, *pl.* ed; milvid, *pl.* ed. *Van.* milhuid, *pl.* ed. r. *grive.—Nid de mauvis*, neiz milvid.

**MAXIME**, *règle*, *principe*, reiz, *pl.* you; lésenn, *pl.* ou: qiz, *pl.* you; reol, *pl.* you.—*C'est une maxime d'état de ne pas souffrir qu'un sujet soit trop puissant*, ur reiz eo *ou* ul lésenn eo *ou* ur reol eo ê pep stad, da viret na vèz suged e-bed a zeuê da veza re c'halloudus. — *Les maximes de Jésus-Christ et celles du monde sont tout-à-fait opposées*, lésennou Jesus-Christ ha re ar bed a so countroll beo an eil da heben, *ou* a so countroll èn oll d'an oll.—*Les mauvaises maximes du monde*, fals lézennou ar bed, goall lésennou ar bed, goall guizyou ar bed, fals qizyou ar bed, ar c'hizyou fall eus ar bed.

**MAZETTE**, *cheval ruiné*, sprec'heñ, *pl.* ed; ooz-vare'h, *pl.* coz-qesecq. *Par ironie, on appelle une mazette* fry.uticq.

**MÉCANIQUE**, *science des machines* sqyund a zesq da ober iginou.—*Les arts mécaniques*, ar mecheryou.—*Un ouvrier mécanicien*, ur mecherour, *pl.* yen.

**MÉCHANCETÉ**, *malice*, drouguiez, dragonnyaich, *ppl.* ou.—*méchante action*, fallagryez, *pl.* ou; fallony, *pl.* you; falléntez, *pl.* ou. *Van.* fallante, didalvediguech.

**MÉCHANT**, *malicieux*, droucq, drou-

goberus, malicius, oo'h, â, añ. *Van.* id.—*Méchant*, *mauvais*, *parlant des personnes*, fall, droucq, diséur, didalvez, oh, à, añ. *Van.* didalve, digampeen.— *Enfant méchant*, pautr bejan, *pl.* pautred bejan; ur goall bautr, ur goall grouadur.—*scélérat*, fallacr, oh, â, *pl.* fallagred; lançz ar groug, crougadenn, boëd ar groucq, boëd ar gordenn.— *parlant des choses*, fall, didalvez, dister, coz, goall, oc'h,â, añ.--*Un méchant habit*, ur guisqamand fall, un abyd dister, ur c'hoz abyd.--*Un méchant meuble*, ur meubl didalvez.--*Un méchant livre*, *dont la lecture est dangereuse*, ur goall levr, ul levr milliguet, ul levr dangerus.

**MÈCHE**, *d'armes à feu*, mechenn, *pl.* ou, mech --*de chandelle*, ponlc'henu,*pl.* ou; pourc'henn, *pl.* pourc'had. -- *de chandelle allumée*, mouchenn, *pl.* ou.

**MÉCOMPTE**, *erreur de calcul*, mescound, *pl.* mescounchou. -- *Il y a ici un compte*, mescound a so amâ.

**MÉCOMPTER** (se), *se tromper*, mescounta, *pr.* et; ober mescound, *pr.* græt; èn hem droumpla var e gound, *pr.* èn hem droumplet. *Van.* mescounteiñ.

**MÉCONNAISSABLE**, dieneff, disanaff, dianaff, oc'h, â, añ. *Van.* dianaû.

**MÉCONNAISSANCE**, disanaudeguez, dianaoudeguez. *Van.* dianaûdigueh

**MÉCONNAISSANT**, *ante*, diaznaoudecq, oc'h, â. *Van.* dianoulecq.

**MÉCONNAITRE**, disaznaout, diaznaout, *pr.* dianavezet. *Van.* dianaoûciñ.--*Le verbe s'est incarné pour le salut du monde, et il l'a méconnu*, ar verb a so hem c'hreat dèn evit savetei ar bed, pehiny ingrat ma zeo, èn deus diaznavezet aurza.--*Se méconnaître*, èn hem ziaznaout, *pr.* èn hem ziaznavezet; encoumre'hat e gondicion, *pr.* êet. *Van.* him ancoahat.

**MÉCONTENT**, *ente*, droucq-countant.

**MÉCONTENTEMENT**, droucq -countantamand, displijadur, fachentez.--*Avoir du mécontentement*, cahout droucq-countantamand, cahout dis-

plijadur,cahoqt fachéntez,beza droucq
countant, *ppr.* bet. *Van.* bout droucq-
countant, *pr.* bet. -- *Donner du mécon-*
*tentement,* rei displijadur , rei droucq
countantamand, *pr.* roet ; ober displijadur, *pr.* græt.

MECONTENTER, droucq-eountan-
ti, *pr.* droucq-countantet. *Van.* drouq-
countanteiñ. *v. offenser.*

MECRÉANT, *ante* , discredus, discred, discridicq, oh, â.

MECROIRE, discridi, *pr.* et ; beza
discredns. *Van.* discredeiñ.

MEDAILLE , medalenn, metalenn,
*ppl.* ou. *Van.* id. . *pl.* eü.--*Une médaille*
*d'argent,* ur vedalenn arc'hand.

MEDECIN, *docteur en medecine,* midicin , *pl.* ed. *Van* id. *Al.* meddyg.---
*Médecin qui travaille de la main,* mezecq,
*pl.* mezegued. *v. chirurgien.*--*Médecin de*
*campagne, celui qui guérit par le moyen*
*des simples,* lousaouer, *pl.* yen. *Van.* le-
seüer, *pl.* yon. --- *Médecin des chevaux,*
lousaouër qæsecq.

MEDECINE, *a t des médecins,* midicinérez, medecnyez, mezecniez, mezeguiez, lousaouërez--*Exercer la médecine,*
eçzerci ar vidicinérez, ober mezeguiez
*ou* louzaouërez, rei midicinérez,meze-
ga, midicina, mezeya, lousaoüa , *ppr.*
et. -- *Médecine, potion purgative,* beuvraich, *pl.* ou ; lousou ; dour-lousou ;
midicinérez. *Van.* brevach, dram-le-
seü.-- *Médecine, t. populaire pour signi-*
*fier la femme d'un médecin,* midicinès ,
*pl.* midicinesed; greeg ar midicin, *pl.*
graguez ar vidicñed.

MEDECINER ( se ) , èn hem vidi-
cina, qemeret alyès midicinérez , qé-
meret re a veuvraichou *ou* a lousou.

MEDIAT, *ate,* an eil, an hing creiz.
--*La cause médiate ,* an eil gaus.

MEDIATEMENT, evel un eil gaos ,
evel ur moyen.

MEDIATEUR . hanterour, *pl.* yen.
*Van.*id.,*pl.*yon,yan.*v.entremetteur*--*Un*
*prince infidèle est quelquefois le médiateur*
*de la paix entre deux princes fidèles,* ur roüe
disidel a vez a vizyou an hanterour eus
ar peoc'h èñtre daou roüe gatolicq.--
*J.-C. est notre médiateur auprès de Dieu*

*son père,* Jesus-Christ a so hanteroür
evidomp dirag Doüe an tad, evit ober
hon peoc'h gaudhâ.

MEDIATION, *entremise,* hanterouranz, moyen, sicour , hanterouraich.
--*J'espère que par votre médiation,* esper
am eus penaus gand oc'h hanterouranz,
*ou* gad ho moyeu *ou* gad ho sicour.--
*Employer sa médiation , faire l'office de*
*médiateur,* hantera, *pr.* et. --*Employz*
*votre médiation pour nous accorder ,* hau-,
terit eñtrezomp, mar plich; bezit hau-
terour èñtrezomp, me oz ped.

MEDIATRICE, hanterourès, *pl.* ed.
-- *La sainte Vierge est notre médiatrice*
*auprès de Dieu son fils,* ar Verc'hès sacr
a so hanterourès evidomp dirag e map
hon salver.

MEDICAMENT, lousou; remed,*pl.*
remejou.--*L'ellébore est aliment à la cail-*
*le , et medicament aux hommes ,* an evor
a so magadur d'ar c'hoailled, ha lousou d'an dud.

MEDICAMENTER , lousaoui , *pr.*,
èt ; mezeya, midicina, *ppr.* et; lousaoui un dèn clañ, ur gouly. *Van.* leseüeiñ, perdereiñ ur gouly.-- *L'action*
*de médicamenter,* lousaouërez, midicinérez. *Van.* perderac'h.

MEDICAMENTEUX , *euse* , midicinus.--*Aliment médicamenteux,* boëd *ou*
magadurez midicinus.

MEDICINAL , *ale* , midicinus. --
*Herbe médicinale,* lousaouènn medici-
nus, *pl.* lousou, lousaou.

MEDIOCRE , crenn , oh , â , èñtre
daou, ar pez ne deo na bras na bihan.
--*Une taille médiocre,* méud crenn , ur
véud crenn , ur vénd eôtre daou , ur
vend ne deo na bras na bihan , ur
c'hrennard , crennard.--*Il a une scien-*
*ce médiocre,* e vouizyégnez a so èñtre
daou, mar ne deô bihan ar pez a voar
evit bras ne deo qet.

MEDIOCREMENT, eñtre daou, ho
nestamand. - *Est-il courageux? médio*
*crement,* ha calounecq eff-èñ?eñtre daou
-- *Il est médiocrement dévot ,* devot eo
honestamand.

MEDIOCRITÉ, crennder, na re na
re neubeud.

MEDIRE. *v. détracter.*

MEDISANCE. *v. détraction.*

MEDISANT, *e. v. détracteur.*

MEDITATIF, *rêveur, songer, pl.* yen: nger-bras ; pridiryus, oh , aû, *pl.* d pridiryus.

MEDITATION, *action de méditer,* son-adurez, songeadûr, pridirydiguez.—*méditation ,* t. *de dévotion,* pedenn , pe-ñ a galoun, orésoun a galoun.

MEDITER, *penser, considérer avec at-*ntion, pridirya, *pr.* et; songeal a zé-y , songeal a-barfededd au a fæçzon a vetepanz, *pr.* songet. — *Méditer, de dévotion ,* pidi , pidi a galoun, *pr.* adet ; ober orésou a galoun, *pr.* græt.

MEDITERRANÈE, *la mer méditer-*née , mor ar sével-béaul, mor ar sav kaul, mor Provanza.

MEEN, *nom d'homme,* Meven, Meen. -Saint *Méen,* sant Mean *ou* Meven *ou* leen *ou* Mæn.—*Le mal de Saint Méen,* roucq sant Meven, ar gall, roign.

MEFAIT, *meffed, pl.* ou. *v.* *malfai*-tur.

MEFIANCE. *v.* *défiance.*

MEFIANT. *v.* *defiant.*

MEFIER. *v.* *se defier.*

MEGARDE, *inadvertance,* dievezded. lisonch , dievez , fazy. *Van.* diavisted, diavisamand. — *Par mégarde ,* dre zie-ezded, dre zisonch , dre fazy , dre ievez, hep sonch, hep rat, hep e ou-out.—*Je l'ai fait par mégarde,* hep rat lin am euse e c'hreat. *r. escient, réflexion.*

MEGISSERIE, *mégissier. v. pelleterie,* nlletier.

*MEGUE. petit lait,* dour-læz, guym-pad, guypad. *Van.* guytod, guytod-leah.

MEILLEUR, *e*, guéll, guélloc'h. *Il devient meilleur,* doûnet a ra da vell, guéllat a ra. — *Un peu meilleur,* guéll un neubeud, un nebeud vell.—*Le meilleur,* ar guéllâ, ar guéllañ. — *Le meilleur des deux,* ar guéllâ anezo o daon. — *C'est le meilleur pour vous ,* ar guéllâ eo evi-doc'h, evit ar guéllâ e deoc'h. — *La meilleure,* ur vellâ, ar vellañ. — *La meil-leure des deux,* ar vellâ anézo o diou.— *Les meilleurs, les meilleures ,* ar re vellâ.

MELAINE, *nom d'homme,* Melany,

Melan, Malany. — *Saint Mélaine,* sant Malany *ou* Valany. *Van.* sant Melan *ou* Velan.

MELAIRE, *nom d'homme,* Melar. — *Saint Mélaire,* sant Melar *ou* Velar.

MELANCOLIE, melcony, *pl.* ou. *Van.* melcony. — *La mélancolie fait mourir bien des personnes,* ar velcony a lax cals a dud.

MELANCOLIQUE, melconyus, oh, aû. *Van.* id. *v.* *méditatif, pensif.*

MELANGE, qemesqadur. *Van.* qei-gereh, qeigeadur. — *Mélange qui rend un chose mauvaise au goût, mélange de mau-vaises choses avec des bonnes,* qemesqail-hès. — *Mélange de plusieurs choses,* he-guenn. — *Mélange de bouillie et de lait en une écuelle,* youd patrous. — *Bouillie et lait sans mélange,* youd dibatrous. *Cela est du B.-Van.*

MELANGER, *faire un mélange,* qemes-qa, qemesq, *ppr.* et. *Van.* qeigeiñ. — *Mélanger d'une manière confuse,* qeigra, *pr.* et; patrousa, *pr.* et. *Van.* patrouseiñ.

MELE. *v.* *nèfle.*

MÊLE ( Pêle-), mesq-qemesq, touèz-é-touèz. *Van.* qeich-meich.

MÊLÉE, foul, ingros. *v.* *combat, sou-lerie, émeute, foule.* — *Il était au plus fort de la mêlée,* bez'edo é creiz ar foul *ou* é caloun au ingros *ou* é criz ar goasq.

MÊLER, *mélanger,* qemesqa. *v.* *mé*-langer. — *Mêler de l'eau et du vin,* qe-mesqa dour ha guin açzamblès. — *Mê-ler, brouiller, embarrasser,* qemesqa, lu-zya, reustla, *ppr.* et. — *Mêler la bouillie qui est sur le feu,* mesqa ar youd, *pr.* et. — *Se mêler, parlant des animaux qui s'ac-couplent,* parat, coubla, *ppr.* et; hem ba-rat, hem goubla, —. *Se mêler de quelque chose,* hemella, *pr.* et; èn hem emellout eus a un dra, *pr.* emellet; èn hem vel-lout eus a un dra-bennac, *pr.* vellet ; sourcya *ou* sourcyall eus a un dra, *ppr.* sourcyet. *Van.* him velleiñ ez a un dra.

*MELILOT, plante,* melaouènn, ar velaouènn.

MELISSE, *plante,* begar, lousaouèñ ar galoun, citronnella.

MELODIE, *agrément du chant,* melo-dy, *pl.* ou. *Van.* id., *pl.* eū.

*ou ar pévar urz pero a veo pe a dle be-*
*va divar an alusenn ; Carmesis, San-*
*Dominiguis, San-Francesis ha Sant-*
*Augustinis.* — *Les quatre mendiants de*
*carême, t. abusifs, les avelines, les aman-*
*des, les figues et les raisins,* ar pévar frouëz
*seac'h, craouñ-qelvez, alamandès, ré-*
*sin ha fyès.*

**MENDIANTE,** clasqerès, *pl.* ed. *Van.*
clasqoures, *pl.* ed.

**MENDICITÉ,** clasqérez. *Van.* clasqereh. — *Les procès ont réduit plusieurs*
*personnes à la mendicité,* ar procesou o
deus caçzet meur a hiny d'an alusenn
*ou* da glasq ho boëd.

**MENDIER,** *demander l'aumône,* clasq
an aluseñ, clas e voëd, clas e dammicq
boëd, *pr.* et; goulen an aluseñ, *pr.* et.

**MENÉE,** *intrigue,* complod, complod
disvél, *pl.* complojou.

**MENER,** *conduire,* rèn, *pr.* rëet; caçz,
*pr.* et; cundui, *pr.* et. *Van.* caçz, conduseiñ, *ppr.* et. — *Mener la charrette, la*
*chartue,* bleyna ar c'harr, caçz an deū,
bleyna an alazr, caçz an alazr; *ppr.* et.
—*Celui qui mène la charrette,* bleyner, caçzer an deū, *ppl.* yen.—*Mener, conduire par*
*honnêteté une personne qui s'enva,* harlua,
*pr.* et; hembroucq. *pr.* hembrougdet;
hambroucq. *pr.* hambrouguet.—*Mener*
*et ramener,* rèu ha dirèu, *ppr.* rëet ha
dirëet; caçz ha digaçz, *ppr.* et; leuzri
ha dileuzri, *ppr.* leuzret ha dileuzret.
— *Mener une vie tranquille,* cundui ur vuez douçz, cundui ur vuez peo-
c'hus ha didrous.— *Mener mal.* r. *mal-*
*mener, maltraiter.*

**MENEUR,** reër, caçzer, cunduer,
leuzrer, *ppl.* yen. — *Les dames de robes*
*ont des meneurs, les princesses des écuyers,*
*pour leur aider à marcher,* itrounesed au
dud a lès o devéz rëeryen, hac ar brincesed floc'hed evit o c'haçz dre'r ga-
zell. — *Meneur de litières,* muleter, leterer, leterour, *ppl.* yen.

**MENGANT,** *fort considérable sur le gou-*
*let ou l'entrée de la rade de Brest, qui tire*
*son nom d'un rocher qui est dans le milieu*
*du goulet d fleur d'eau, dit en breton* mæn-
camm, *entre le château de Beaufort et ce-*
*lui de Mengant,* Kastell Laugad. *Le nom*

*breton.vient de celui d'un petit port qu*
*jadis était là, appellé* Porz-Lau-Gad, *ù*
*est, port de Pouz de Lièvre. r. Bertaume.*

**MENOLOGE,** *martyrologe des Grecs.*
marlyrolaich ar C'hreçyaned, ar roll
eus ar sæut merzeryen, lecqeat herves
bep miz eus ar bloaz gad ar C'hreçyaned

**MENOTTE,** *petite main,* dournicq,
dôrnicq, *pl.* douarnigou.—*Donnez-moi*
*votre menotte,* deuit amâ ho tournicq
*din.*

**MENOTTES,** *fers qu'on met aux main.*
*des criminels,* grisilhonn, *pl.* ou; geff-
dourn, *pl.* qeffyou-dourn; qiryou ar
droucq-oberéryen, grisilhonnou ar
dorfetéryen. *Van.* mafineguëu-hoarn.

**MENSOLE,** *clef de voûte.* r. *clef.*

**MENSONGE,** gaou, *pl.* guévyer; af-
froulérez, guévyérez. *Van.* gueū, *pl.*
gueüyer.—*Un petit mensonge,* ur gaouicq, ur gaouïcq distér, *pl.* guevyeri-
gou.—*Mensonge qui ne porte pas de préju-*
*dice,* gaou diuoaz, *pl.* guévyer diuoaz.
—*nuisible,* gaou noazus, *pl.* guévye
noazus; affrountérez.—*fait de propo.*
*délibéré,* gaou lavaret a zévry-beo, gaou
lavaret a-ratoz-caër. — *pour s'excuser,*
gaou evit èn hem digarezi, *pl.* guévyer
etc. — *officieux,* guévyer evit iscusi ar
re all, guévyer evit difenn an benteur
—*pour rire et pour faire rire,* guévyer dr
farçz, guévyer evit farçzal, guévye
farçzus. — *Le démon est le père du men*
*songe et des menteurs,* an diaul me'n ar
garz a so tad ar guévyer hac ar gaou
yaded.

**MENSTRUEL,** *elle,* ar pez a c'hoa
re bep miz.

**MENSTRUES,** *purgations.* v. *fleurs*

**MENTAL,** *e,* a spered, a galoun.-
*Oraison mentale,* pedenn a-galoun, o
résou a-galoun. r. *méditer.*—*Restrictic*
*mentale,* dalc'hidiguez a spered. mi
ridiguez a galoun.

**MENTERIE,** guévyérez. v. *mensong*

**MENTEUR.** gaouyad, *pl.* ed, gaou
idy, gaouïdyen; gaouyer, *pl.* yen. *Va*
gueūyard, gueūyad, *ppl.* ed.

**MENTEUSE,** gaouyadès, *pl.* ed; gao
yerès, *pl.* et. *Van.* gueūyadès, gueū
yard s, *ppl.* ed.

is sonch, eus an hirrâ ma am eusoôuñ
· *Mémoire, instruction par écrit,* roll evit
gaçx da gouñ, *pl.* rollou; scrid evit
gaçx da sonch, *pl.* scridou; compod
it digaçz, etc. — *Voild le mémoire de*
*dépense,* cetu aze ar roll eus an oll
spign, cetu ar c'hompod eus an dis-
ign græt.

MEMORABLE, ar pez a vilit ma véz
alc'het sonch anezâ.

MENAÇANT, *e,* manançzus, gour-
rousus, oc'h, â, añ. — *Un regard me-*
*nçant,* ur sell manançzus, *pl.* sellou.—
*es lettres menaçantes,* lizerou gourdrou-
us.

MENACE, goudrous, *pl.* ou; mananç,
*l.* ou. *Van.* gourdrous, *pl.* eû. *v. petit.*
— *Je ne crains point vos menaces,* ne zou-
eañ qet ho manan,zou, ho courdrou-
ou n'em spountont qet. — *Mena-*
*es fréquentes,* gourdrousérez. *Van.* gour-
lousereah.

MENACER, gourdrous, gourdrou-
al, *ppr.* et; mananç, *pr.* et. *Van.* gour-
louseiñ, gourdous, *pr.* et. *Ces mots vien-*
*ent de* gour, *petit; et de* trous, *bruit; de*
rousal, *faire du bruit.* — *En menaçant,*
n ur c'hourdrous, èn ur vananç, dre
'hourdrous, gand mananç, dre vananç. — *Celui qui menace,* gourdrou-
er, *pl.* yeu; mananer, *pl.* yen. — *Me-*
nacer, pronostiquer,* diougani, *pr.* et. —
*Les guerres civiles menacent un etat de ruine,*
ur bresell a sao ô caloun ur roüantélez
t ziougan e zistruich. — *Son horoscope*
*e menace d'une fin tragique,* ê avantor a
tiougan dezâ drouzives. *v. mauvaise*
*fin, au mot fin.*

MENAGE, *les personnes d'une maison,*
tyad tud, *pl.* tyadou; tud au ty. — *Il y*
*a là deux, trois ménages,* daou pe dry zyad
tud int ahont. — *Ménage, meubles d'une*
*maison,* annèz, an annèz, armeubl, ar
meublaich, au arrebeury. — *Ménage,*
*le bien d'une maison, l'administration de la*
*famille,* tyéguez, *pl.* ou. *Van.* tyégueach.
— *Ils ont un beau ménage,* un tyeguez
caër a so gandho. *Ils se nourrissent bien,*
tynell vad a so gandho. — *Le mari et la*
*femme sont en mauvais ménage,* an ozac'h
hae ar c'hrecg ne reont qet tyéguez vad

açzamblès, ne deus qet re a garantez
êñtre au ozao'h hac ar c'hrecg, an na-
on bryèd a veo ô drouqrançz.—*Ména-*
*ge, épargne du bien acquis,* espern, espergn. *Van.* armerh, espern.

MENAGEMENT, *manière circonspecte,*
*retenue, etc..* evez, evez mad, evez bras,
furnez, study.

MENAGER, *dépenser peu,* tyeoñaat a
fæçzoun, *pr.* êet; ober un implich vad
eus e vadou, *pr.* græt; impligea èr-vad
e dra, *pr.* et. — *Ménager, user avec ré-*
*serve,* espern, *pr.* et. *Van.* arboüilheiñ,
arbouilh, *ppr.* et. — *Ménager pour l'ave-*
*nir,* destumi *ou* espern a-benn an amser da zoûnet. *Van.* arbeeuneiñ, *pr.* et.
— *Ménager sa santé,* espergn e yec'hed,
*pr.* et; cahout soucy eus e yec'hed, *pr.*
bet. — *Ménager les intérêts de quelqu'un,*
clasq mad ur re, clasq profid ur re, *pr.*
et; labourat evit proèd ur re, *pr.* et.—
*Ménager les esprits pour les gagner,* studya himoryou an eil hac eguile evit gounit o c'harantez, *pr.* studyet; èn hem
gundui gand study ha gand furnez e-
vit gounit graçz-vad an dud. — *Se mé-*
*nager avec quelqu'un,* èn hem zerc'hel
èr-vad gad ur re-bennac, *pr.* zalc'het.

MENAGER, *qui épargne,* tyecq, *pl.* tye-
yen, tyeguéd. *Van.* tyecq, *pl.* tyeyon,
tyeryon. — *Un bon ménager, qui travaille*
*bien, qui est économe,* un tyecq mad, *pl.*
tyéyen vad; un tyecq a fæçzoun, un tyecq a dailh, *ppl.* tyéyen. — *Un mauvais*
*ménager,* un tyecq fall, un tyecq paour,
*pl.* tyéyen. — *Ménager, qui épargne,* piz,
laust, pervez, oc'h, â, añ, *ppl.* tud. —
*Trop ménager,* re bis, re daust, re bérvez.

MENAGÈRE, *qui conduit le ménage,*
tyegnès, *pl.* ed. *Van.* id. — *Une bonne*
*ménagère,* un dyeguès vad, *pl.* tyegueseï

MENAGERIE, *loges d'animaux,* logeiz al loëzned hac al laboeuzed è lyès
ar brinced, un dastum a loëzned, etc.

MENDIANT, *qui mendie,* clasqer, *pl.*
yen. *Van.* clasqour, *pl.* yon, yan.— *Les*
*religieux mendiants,* ar religiused qesteu-
ryen, religiused a veo divar boës an
aluseun. — *Les quatre ordres mendiants:*
*les Carmes, les Jacobins, les Franciscains et*
*les Augustins,* ar pévar urz qesteuryeu

ou ar pévar urz pere a veo pe a die beva divar an alusenn ; Carmesis, San-Dominiguis, San-Francesis ha Sant-Augustinis. — *Les quatre mendiants de carême, t. abusifs, leñ avelines, les emandes, les figues et les raisins,* ar pévar frouëz seac'h, craoüñ-qelvez, alamandès, résin ha fyès.

**MENDIANTE,** clasqerès, *pl.* ed. *Van.* clasqoures, *pl.* ed.

**MENDICITÉ,** clasqérez. *Van.* clasqereh. — *Les procès ont réduit plusieurs personnes à la mendicité,* ar procesou o deus caçzet meur a hiny d'an alusenn ou da glasq ho boëd.

**MENDIER,** *demander l'aumône,* clasq an alusen, clas e voëd, clas e dammicq boëd, *pr.* et; goulen an aluseñ, *pr.* et.

**MENÉE,** *intrigue,* complod, complod disvël, *pl.* complojou.

**MENER,** *conduire,* rèn, *pr.* rëet; caçz, *pr.* et; cundui, *pr.* et. *Van.* caçz, conduseiñ, *ppr.* et. — *Mener la charrette, la charrue,* bleyna ar c'harr, caçz an deñ, bleyna an alazr, caçz an alazr, *ppr.* et. —*Celui qui mène la charrette,* bleyner, caçzer an deñ, *ppl.* yen.—*Mener, conduire par honnêteté une personne qui s'en va,* harlua, *pr.* et; hembroucq. *pr.* hembrougdet; hambroucq. *pr.* hambrouguet. —*Mener et ramener,* rèu ha dirèu, *ppr.* rëet ha dirëet; caçz ha digaçz, *ppr.* et; leuzri ha dileuzri, *ppr.* leuzret ha dileuzret. — *Mener une vie tranquille,* cundui ur vuez douçz, cundui ur vuez peoc'hus ha didrous. — *Mener mal. v. malmener,* maltraiter.

**MENEUR,** reër, caçzer, cunduer, leuzrer, *ppl.* yen. — *Les dames de robes ont des meneurs, les princesses des écuyers, pour leur aider à marcher,* itrounesed au dud a lès o devéz rëeryen, hac ar brincesed floc'hed evit o c'haçz dre'r gasell. — *Meneur de litières,* muleter, leterer, leterour, *ppl.* yen.

**MÉNGANT,** *fort considérable sur le goulet ou l'entrée de la rade de Brest, qui tire son nom d'un rocher qui est dans le milieu du goulet à fleur d'eau, dit en breton* mæncaum, *entre le château de Beaufort et celui de Mengant,* kastell Laugad. *Le nom*

breton vient de celui d'un petit port qu jadis était là, appellé Porz-Lau-Gad, il est, port de Poux de Liève. v. *Bertaume.*

**MÉNOLOGE,** *martyrologe des Grecs,* martyrolaich ar C'hrecyaned, ar roll eus ar sæut merzeryen, lecqeat hervez bep miz eus ar bloaz gad ar C'hrecyaned

**MENOTTE,** *petite main,* dournicq, dôrnicq, *pl.* douarnigou. —*Donnez-moi votre menotte,* deuit amañ ho tournicq din.

**MENOTTES,** *fers qu'on met aux mains des criminels,* grisilhonn, *pl.* ou; gefl-dourn, *pl.* qeffyou-dourn; qiryou ar droucq-oberéryen, grisilhonnou ar dorsetéryen. *Van.* mañneguëu-hoarn.

**MENSOLE,** *clef de voûte.* v. *clef.*

**MENSONGE,** gaou, *pl.* guévyer; afsroutérez, guévyérez. *Van.* gueü, *pl.* gueüyer.—*Un petit mensonge,* ur gaouicq, ur gaouicq distér, *pl.* gueuyerigou.—*Mensonge qui ne porte pas de préjudice,* gaou dinoaz, *pl.* guévyer dinoaz. —*nuisible,* gaou noazus, *pl.* guévyer noazus; affrountérez.—*fait de propos délibéré,* gaou lavaret a sévry-beo, gaou lavaret a-ratoz-caër. —*pour s'excuser,* gaou evit èn hem digarezi, *pl.* guévyer etc. —*officieux,* guévyer evit iscusi ar re all, guévyer evit difenn an hentez —*pour rire et pour faire rire,* guévyer drol farçz, guévyer evit farçzal, guévyer farçzus. — *Le démon est le père du mensonge et des menteurs,* an diaul me'n a garz a so tad ar guévyer hac ar gaou yaded.

**MENSTRUEL,** *elle,* ar pez a c'hoar re bep miz.

**MENSTRUES,** *purgations.* v. *fleurs*

**MENTAL,** *e,* a spered, a galoun.-*Oraison mentale,* pedenn a-galoun, o résou a-galoun. v. *méditer.—Restrictie mentale,* dale'hidiguez a spered, mi ridiguez a galoun.

**MENTERIE,** guévyérez. v. *mensonge*

**MENTEUR,** gaouyad, *pl.* ed, gaouidy, gaouidyen; gaouyer, *pl.* yen. *Van* gueüyard, gueüyad, *ppl.* ed.

**MENTEUSE,** gaouyadès, *pl.* ed; gaou-yerès, *pl.* et. *Van.* gueüyadès, gueü-yard s, *ppl.* ed.

MENTHE . *plante odoriférente*, béndt, méndt. *Van.* id. *Al.* mintys.—*Menthe sauvage* . béndt-qy.

MENTION . testeny, couñ, sonch. —*Faire mention de quelqu'un*, renta testeny eus a ur re, cahout counn *ou* sonch eus a ur re. parlant eusa urre-bennac.

MENTIONNÉ, *ée*, pe eus a hiny ez eus bet parlantel.

MENTIR, ober ur gaou, *pr.* græt ; lavaret gaou, lavaret guèvyer, lavaret guevyérez, *pr.* id. *Van:* lareiñ gueü,*pr.* laret.—*Sans mentir* , hepgaou, hep lavaret gaou, éguïryonez, evit anzaou *ou* evit lavaret ar viryonez, evit guïr, evit lavaret guïr.

MENTON, helguez, *pl.* you ; chicq, groiñch , *pl.* ou. *Van.* bailhocq, mailhocq.—*Al.* mant , gen, guen. — *Petit menton*, efguezicq. elguez vihan. *Van.* mailhoguicq, bailhoguicq.—*Qui a un grand menton* , helguezecq, *pl.* helguezéyen; chicqecq. groiñchecq, *ppl.* éyen.

MENTONNIÈRE, goarnitur helguez.

MENU, *délié*, moan, munud. oo'h, à, añ. *Van.* moën , munut.—*Avoir la jambe menue* , cahout ur char voan.—*Menu de taille* , moan , corf moan . ur véut munud.—*Le menu peuple* . ar goumon.—*Du menu bois* , qeuneud ; brinsad.—*Rend e menu* . munudi, *pr.* et ; moañnaat, *pr.* ëet ; bihaunaat, *pr.* ëet. *Van.* munudeiñ. *v. amenuiser.*—*Menu* , *etc.* mound , é munud.—*Hacher menu*, trouc'ha munud, *pr.* et. *Van.* trouheiñ munut.—*Fort menu* , munudicq.—*Par le menu* , munu, munud, é munud, è munud, à neubeudou, a hiny da hiny.—*Il pleut dru et menu* , glao a ra druz ha munud, glao a ra staucq ha munud. *v.* d*r*u.

MENUET, *danse* , munued, *pl.* ou. —*Danser un menuet* , ober ur menued, dansal ur munued.

MENUISER . *travailler en menuiserie* , manusat . *pr.* et; manusya , *pr.* et.

MENUISERIE , munusérez. *Van.* menuserch.

MENUISIER , munuser, *pl.* yen. *Van.* menusér, *pl.* you, yau.

MEPRENDRE ( se ) , fazya, *pr.* et ; hem drompla, *pr.* hem dromplet; fa-

zya var un dra, qemeret an eil dra evit eguile, qemeret e vöned evit e docq, *pr.* id. *v. se fourcher.*

MEPRIS, dispris, disprisançz , disprisadurez , disprisadur. *Van.* disprisançz.—*Par mépris*, dre sispris, gad dispris , gad disprisançz, èn ur fæçzoun disprisus.

MEPRISABLE, disprisapl, din da veza dispriset, despezus, displet, dister, disneuz, oc'h, à, añ. *Van.* disprisapl, oh, añ. *v. s'avilir.*

MEPRISANT, *te*, disprisus, mombris, oc'h , à. *Van.* disprisus. *v. dédaigneux.*

MEPRISE, *faute, erreur*, fazy.—*Par méprise*, dre fazy, gand fazy. *v. mégarde.*

MEPRISER, disprisa, disprisout,*ppr.* dispriset; despita, *pr.* et; cahout disprisançz, *pr.* bet; ober dispris, *pr.* græt. *Van.* dispriseiñ, disprisout.—*Faire mépriser*, lacqât disprisa, lacqaat da zisprisa , *pr.* lecqëet ; ober disprisout. —*Etre méprisé* , beza dispriset, beza è disprisançz, beza eñ dispris, *pr.* bet.

MER, mor, ar mor, an mor, mour. *En quelques endroits, on dit aussi* mær ; *et de là la marée et mar souin. Van.* mor, er mor. *v. marsouin.*—*Petite mer*, mor bihan , *pl.* moryou bihan ; moricq, *pl.* moryouïgou. *De là*, morbihau, *rade de Vannes.*—*La grande mer*, ar mor bras. *Burlesq.* ar gasecq glas.—*Mer du Sud* , mor ar c'hrezdeiz. —*du Nord*, mor an hanter-nos, mor an Nord, mor ar sterenu, —*du Levant*, mor ar sevel-héaul. *v. Méditerrané.*—*La mer du Couchant* , mor ar c'huz héaul, ar mor bras , ar mor glas.—*La mer rouge*, ar mor ru.— *Pharaon et toute son armée, poursuivant le peuple d'Israël, furent submergés dans la mer Rouge,* Pharaon, roüe eus a Egyp,o poursu ar bopl a Israël, a yoa beuzet gad e oll arme ebarz èr mor Ruz.— *Pleine mer*, doun-vor, an doun-vor; an mor bras.--*Ils ont vogué en pleine mer* , eat int eñ doun-vor, eat int èl larcg —*Haute mer, quand la marée est pleine* , gourlenn, ar gourlenn, uhel-vor. *Van.* gourlau, gourlain.--*Morte mer, quand les marées sont petites* , marvor, *id est* ,

marv-mor.—*Basse mer, quand elle s'est
retirée,* dazre, daëre, isel-vor.—*Aller d
la mer; naviguer,* merdei, mordei, monnet var vor, monnet èr mor.—*Par mer
et par terre,* divar vor ha divar zoûar
—*Aller au gré du vent et de la mer,* monnet a youl vor hae avel. — *La mer est
grosse,* rust eo ar mor, lourdt eo ar mor.
*Léon:* ratre a so gad ar mor, racqadd
eu courronçz a so èr mor, racqall *ou*
courronci a ra ar mor.—*La mer est calm-
me,* douçz *ou* habasq *ou* calm eo ar
mor.—*La mer est calme, il ne vente pas,*
syoul eo ar mor.—*Port de mer,* porz-
vor, *pl.* perzyer-vor. *Van.* porh-mor.
*v. bras de mer, marée, flux, port.*—*Homme
de mer,* moraeur, *pl.* yen, moraendy ;
merdead, *pl.* merdaïdy ; mordead, *pl.*
mordeady, mordaïdy ; dèn a vor, *pl.*
tud a vor. *Van.* merdead, *pl.* merdei-
dy. *Al.* morman, *pl.* ed; *de* man, *homme, et de* mor, *mer. On appelle encore aujourd'hui les paroissiens de Plougoff, dans
le cap Sizun,* mormaned plougoû, *parce qu'ils sont tous classés. v. homme.*

**MERCENAIRE**, *qui travaille pour de
l'argent,* gopraër, *pl.* yen. *v. journalier.*
—*Mercènaire, qui fait tout pour de l'argent,*
intereçzet, nep a so tausi d'e brofid,
nep a ra pea raé pep tra evit arc'hand.

**MERCERIE**, meroérez, merçz, *ppl.*
*ou. Van.* mercereah.

**MERCI**, *miséricorde, grâce,* trugarez,
graçz, truez. — *Crier merci,* goulenn
graçz, reqeti trugarez, *ppr.* et.—*Prendre à merci,* qemeret a druez, *pr.* id. ;
cahout truez *ou* trugarez ouc'h ur re,
*pr.* bet --*Se rendre à la merci de quelqu'un,*
èn hem reuta *ou* èn hem lacqât à trugarez ur re-bennac.--*Dieu merci,* a drugarez Doûe, dre c'hraçz Doûe. -- *Dire
grand merci à quelqu'un,* trugarecqât ur
re-bennac, *pr.* ëet ; lavaret trugarez da
ur re, *pr.* id. *Van.* trougarecqat.--*Grand
merci,* trugarez, hac ho trugarez, tru-
garegad, ne veao'h qet vell evit ho
trugarecqât.

**MERCIER**, mercer, *pl.* yen. *Van.*
id., *pl.* yon, yan.--*Un marchand mercier,*
ur mercer bras, *pl.* mercéryen vras.--
*Petit mercier,* mercerioq, *pl.* mercéry-

ennigoû.—*A petit mercier, petit panier,*
panericq da vereericq, paner diouc'h
mercer.

**MERCREDI**, merc'her; *dez* merc'-
her, dimerc'her, ar merc'her. *Van.*
èr mehér, dimerhèr.—*Le mercredi des
Cendres,* merc'her ar meur, dez-mer-
c'her ar meur, merc'her al ludu, demerc'her al ludu. *Van.* merher el ludn.
-*Au mercredi,* da verc'her, d'ar mer-
c'her.

**MERCURE**, *faux dieu qui présidait au
négoce,* Merc'her, an Doûe Merçz. *v.
marchandise.*—*Mercure, planète,* Merçz,
sterenn Merçz ; sterenn Merc'her.--
*Mercure, vif-argent,* vivergeand, liver-
geant. *Van.* livargant.

**MERCURIALE**, *réprimande,* tenza-
durez. *Van.* grond.—*Mercuriale, plante,*
penneguès, ar benneguès, staffesqz.

**MERDE**, *excrément d'homme,* cauc'h.
*En t. honnêtes, on dit* fell, eac'h ; failhançz, breun, mon. *Burlesq.* réoraich.
*Van.* coh, mours. *Al.* mard. *De là,*
mardos, *saleté d'argile qui, au temps de
pluie, coule le long d'un parois blanchi ;
de là encore,* fouilh-mard, *escarbot ou
fouille-merde.* — *Il y a de l'ordure là, ex*
ma an eac'h aze, fell *ou* failhançz *ou*
brenn a so aze.—*Salir de merde,* mar-
dosi, *pr.* et.

**MERDEUX**, *euse,* couc'hecq, mar-
dosus, brennecq, oc'h, añ.

**MÈRE**, mamm, *pl. ou. Trég.* momm,
*pl:* o. *Van.* mamm, *pl.* eü. *Al.* nna.—
*Mère nourrice,* mamm-vaguerès, *pl.*
maguerès. *Al.* ana. *De là,* Diana, *fausse
divinité ; de* di, *lumière, et de* ana, *mère
nourrice. v. lumière.*—*Petite mère,* mam-
micg, *pl.* mammonigou.—*Grand'mère,*
aieule, mamm-goz. *Van.* mamm-goh.
*Al.* nain, næn.—*La mère de la grand'-
mère, bisaïeule,* mamm-guñ. cuñ *ou*
cuñ, *doux, douce.*—*La mère de la mère
de la grand'mère, trisaïeule,* mamm-you;
*id est,* mamm a youl, *mère de désir,
qu'on désir devenir.*--*Marie, mère de Dieu,
a été seule vierge et mère,* ne deus nemed
an Introun Varya, mamm da Zoûe,
a guement a véz bet var un dro mamm
ha guerc'hès.—*La reine mère,* mamm

ar roûe, ar rouanès-vamm, ar rouanès eneberséres. *Van.* mamm er roûe.
—*Telle mère, telle fille,* hevelep mamm,
hevelep merc'h, merc'h he mamm eo
Cathel. —*Notre mère sainte église,* hòn
mamm santel an ilis.—*Celui-là n'aura
pas Dieu pour père, qui ne voudra pas a-
voir l'église pour mère,* nep n'en devezo
qet an ilis santel evit mamm, n'en devezo yvez birvyqen Doûe evit tad, eme
sant Cipryan.—*Mère église, dont d'autres relèvent,* ilis-vamm, *pl.* jlisyou-
vamm; mamm-ilis, *pl.* mammou-ilis.
*La mère prieure,* ar vamm bryolès.—*La
mère procureuse,* ar vamm broculerès.
—*Mère-goutte,* ar vamm-flour. *v. goutte.*
—*La méfiance est mère de sûreté,* au disfizyançz a zo mamm d'an açzûrançz.
—*L'oisiveté est mère de tous les vices,* ar
feneantiçz a so mamm da bep viçz.

MERELLE, *jeu,* marell, c'hoary ar
varell.

MERIADEC, *nom d'homme,* Merya-
docq, Meriadecq. *Van.* Maryadecq.—
*Saint Mériadec, évèque de Vannes,* sant
Meryadocq, escob ê Guëned.—*La vallée
de Saint-Mériadec, près Saint-Jean-du-
Doigt,* traoun Meryadecq.

MERIDIENNE, *repos après dîné,* cous-
qicq goude lein, huu ar c'hrezdeiz.—
*Faire la méridienne,* ober ur c'housqicq
goude lein.

MERITANT, *te. qui a du mérite,* mi
lidus, militus, militecq, oh, á, aû;
nep a vilit.

MERITE, milid, dellid, gounid, *ppl.*
ou. *Al.* melidur.—*Le mérite des bonnes
œuvres,* ar milid eus an œuvryou mad.
an dellid eus ar mad-oberyou, ar milid
eus an oberou mad *ou* an oberyou mad.
—*Dieu nous récompensera selon nos mérites, ou nous punira selon nos démérites,*
an autrou Doûe a recompanso ac'hanomp hervez hon milid, pe hon pu-
niçzo hervez hon dimilid; Doûe a reuto
deomp oll hervez hon milid, pe hon
dimilid.—*Les mérites de Jésus-Christ et
des saints,* milidou Jesus-Christ ha re
ar sænt.—*Mérite de congruité, t. de théologie,* milid deread, milid a zereadé-
guez, milid a zere.—*Mérite de condigni-
té, t. de théologie,* milid dleat, milid
just, milid din.—*Mérité, bonnes qualités,* milid, dellid, vertuz.—*Un homme
d'un grand mérite,* un dèn eus a ur milid bras, ur persounaieh a un dellid
bras, un dèn milidus bras *ou* militecq
bras, ur persounaich vertuzus meurbed.—*Sans mérite,* dimilitus.-*Penitence
sans mérite,* pinigenu dimilitus, pinigenu dibrofid.

MERITER, *être digne de bien,* milita,
militout, *ppr.* militet; dellexa, dellezout, *ppr.* dellezet; gounit, *pr.* gounezet.—*Mériter le Paradis,* milita *ou* militout ar Barados.—*Mériter d'être loué
ou d'être blâmé,* militout meuleudy pe
vlam.—*Mériter, être digne de mal,* dimilita, dimilitout, *ppr.* dimilitet.—*Le
moindre péché mortel mérite les peines éternelles de l'enfer,* ar bihaná pec'hed marvell a zimilit ar poannyou eternal eus
an ifern.

MERITOIRE, milidus, militus, oc'h,
á; a vilit recompançz digad Doûe. —
*L'aumône est fort méritoire,* an alusenn
a so milidus bras *ou* dellezus meurbed.
—*D'une manière méritoire,* èn ur fæçzoun militus, gand milid.—*Qui n'est
pas méritoire,* dimilidus, dimilitus, ar
péz ne deo qet militus, ar pez ne vilit
qet a recompançz dirag Doûe.

MERLAN, *poisson de mer,* marlancq,
*pl.* ed; marloüan, *pl.* ed. *Van.* guënnecq, *pl.* guënnigued.

MERLE, *oiseau,* moualc'h, *pl.* mou-
ilc'hy. *Van.* mouyalh, *pl.* mouilhy.—
*Femelle du merle,* moualc'hès, *pl.* ed;
ur vamm voualc'h, *pl.* mammou, etc.—
*Merle, sable et coquillage de mer. v. engrais.*

MERLIN, *Ambroise Merlin, prophète
ou sorcier anglais, tirait vers la fin du cinquième siècle,* Amgroas Merlin, prophed
pe sorcer, guinidicq a Vreiz-Veul, a
vevé ê-tro pévar c'hant ha pévar uguent vloaz goude guinivélez hon Salver
Jesus-Christ.

MERLUCHE, *lieux desséchés,* pesqed
seac'h, merlus seac'h, levenecq seac'h,
bacailhot. — *Merluche, morue sèche,*
moru seac'h, *pl.* morued seac'h.

MERLUE, *poisson de mer,* merlus,

*pl. ed. Van.* id.—*Pêcher la merlue,* mer-
lusetà, *pr. et.* — *Ils sont allés à la pêche
de la merlus,* eat int da verluseta.

MERRAIN, *bois à bâtir, bois d'ouvrage,*
coad-matery, *pl.* coajou, sourin, *pl.*
ou, ed. Sourin *signifie particulièrement
solive,* chevron. — *Merrain, bois à-faire
des douves de tonneaux,* cond *ou* danvez
fustailh.

* MERRONNIER, *faiseur de douves,*
fustailher. *pl.* yen.

· MERVEILLE, marz, burzud, *ppl.* ou;
souëz. *Van.* berhud, *pl.* eü; souëh. *Al.*
marvailh *qui signifie d présent hablerie; on
a dit aussi,* berzud *, pl* au. — *Les sept
merveilles du monde ou les chefs-d'œuvre
de l'art sont* 1. *Les murailles et les jardins
de Babylone faits par la reine Sémiramis;*
2. *les pyramides d'Egypte;* 3. *le phare
d'Alexandrie;*4.*le mansolée qu'Arthemise
fit élever pour le roi Mausole, son mari;* 5.
*le temple de Diane, à Ephèse;* 6. *celui de
Jupiter Olympien à Pise;* 7. *le colosse de
Rhodes,* ar seiz burzud eus ar bed pe ar
seiz peon-œuvr eus ar sqyand a so: da
guenta, muryou ha jardinou ar guær
a Vabylona great gad ar rouanès Semi-
ramis;d'an eil, coulounennou an Egyp;
d'an drede tour Alexandrya, benvet
Pharos ; d'ar bevare, ar vols caër a
eureuArtemisa d'e phryed ar roüe Mau-
sol; d'ar bemped, templ ar fals Doueës
Diana èn Ephesa; d'ar c'huehvet, templ
ar fals Doüe Yaou ê Pisa; d'ar seizvet,
ar picqol limaich cuëvr a yoa èn ene-
seu Rhodès. — *C'est merveille que vous
soyez venu,* marz eo cz veuc'h Jeuët,
souëz eo ho cuëllet. — *C'est merveille
que la terre n'engloutisse les jureurs du S.
nom. de Dieu,* trede marz eo na zigor an
doüar didan treid an douëryen Doüe,
evit o loucqa beo-buezocq.Trede marz,
*en cette phrase,veut dire trois fois merveille,
id est, c'est une infinité de fois merveille
que, etc.—Ce n'est pas merveille que,* ne
deo qet souëz ma.—*C'est merveille qu'il
ne soit allé à,* souëz ou marz eo na vez
eat da.—*O merveille inouie!* ô burzud !
ô burzud n'en deus qet e bar na n'en
devoa biscoaz! — *A merveille,* merveil-
*leusement,* manivicq, eçzeland, evit ar

guellà, èñ ur fæçzou burzudus *ou* souëzus, gad marz èn déün, diouz an dibab.

MERVEILLEUX,*euse,admirable,*souëzus, burzudus, dreistordinal, dispar,
oh, añ. *Van.* soüëhus, berhudus. *Al.*
marväilhus, *qui veut dire maintenant hableur, hâbleuse.—Merveilleux, surprenant,*
estinus, estlamus, surprenus, oh, à.—
*Merveilleux, excellent,* eçzellant, manivicq, oc'h, à, añ.--*Vous êtes un homme
merveilleux, un maître par excellence,* ur
mail oc'h, un dèn dreistordinal oc'h,
un dèn dispar oc'h, un dèn oc'h ne
gueff qet e bar, n'oc'h eus qet ho pa:
var an doüar.—*Ses actions sont merveil-
leuses,* burzudus eo e accioñnou, traou
burzudus *ou* souëzus *ou* dreistordinal
èn deus græt hac a ra c'hoaz bemde.
--*Le vin est merveilleux cette année,* eçz:
lant eo ar guin èr bloaz-mà.

MERVEILLEUSEMENT. *v. A merveille.*

MES, *pl. de mon ma, Léon.* va. *Van.*
ma, men. *Ail.* ma. -- *Mes enfants,* ma
bugale. *Léon.* va bugale, va bougale.
*Van.* ma *ou* men bugale. — *Mes, particule indéclinable qui entre en la composition de plusieurs noms et verbes, et change
leur signification en* pis, *s'exprime par les
particules indéclinables* di *et* dis.

MESAISE, diæz amand. *v. malaise.*

MESALLIANCE, dimizy amzere,
neçzanded dijauch. *Van.* allyançz dijauch. *v. jauge.*

MESALLIER ( se ), ober un dimizy
amzere *ou* dijauch, *pr.* græt.

MESANGE, *oiseau,* peñ-glau, *pl.*
peñ-glauëd; penn-glaoulcq, *pl.* peñ-
glaouïgued.

MESAVENTURE, *v. malaventure.*

*MESHUI, d'aujourd'hui,* feunos.--
*M'shui, desormais,* hivizyqen, pelloc'h.

MESINTELLIGENCE, droucq-eñ-
tend, disunvanyez, drouqranzç, yeu
yeu, glaséntez, brouilheyz.

MESQUIN, *ine,* piz, pervez, scarz
oc'h, à. *Burlesq.* seac'h e guein, sta
e groc'hen oud e guein. *Van.* peruch
pih, peh, seh a guein. *Léon.*bindeder
*pl.* yen. *v. trebucher.*

MESQUINERIE, scarzder, pizony

ærder. *Van.* pehded. *Léon.* bindérez.
MESSAGE, cannadur, *pl.* you; gef-
uidy, qévridy, *ppl.* you. *Van.* qeverily,
æ.eü.—*Faire un message*, ober ur gan-
ndur ou ur guévridy, *pr.* græt.
MESSAGER, *qui a un bureau public*,
æeçæager, *pl.* yen. *Van.* mesajour, me-
majour, *ppl.* yon.—*Messager. qui fait
un message*, cannad, *pl.* ou, ed.—*L'ar-
ange Gabriel fut le messager que la Ste
drinité envoya à Marie pour lui annoncer
le mystère de l'Incarnation*, an arc'heal
ant Gabriel a voue ar gannad a zigaç-
as an dreindet adorabl d'annonç d'ar-
erc'hès sacr doñuedéguez-vad hou saler èr bed-mâ dre e moyen.
MESSAGERIE, *les messagers publics*,
ar veçzageryen, ar veçzagiry.—*Messa-
erie, bureau d'un messager*, meçzagérès,
neçzagiry.
MESSE, oférenn, *pl.* ou; ovéreñ, *pl.*
ou. *Van.* oferenn, overéenn, *ppl.* eü.—
*Messe du Saint-Esprit*, ovérenn an enor
l'ar Spered-Santel.—*Messe de la Vierge*,
vverenn èn enor d'an Itroun Varya.—
*Messe des morts*, oférenn evit an anaon,
oferenn ar requiem.—*Messe haute*, ové
enñ var gan. — *Basse messe*, oférenn
ylean. — *Messe solennelle, à chant*, ofé-
enn soleñ. — *Le grand'messe*, an ofé-
enn-bred, *id est*, oférenn ar pred-boëd,
æ messe qui devance immédiatement la reas oudìner*; oféreñ-pred, *messe d'un temps
églé.* — *La messe matinale*, an oférenn-
iutin, an oférenn veure. — *La deuxiè-
ne messe ou celle qui se dit entre la messe
la matin et la grand'messe*, an oférenn-
greiz, oférenn eiz eur. — *La messe d'a-
rès le prône*, oférenn ar pron.—*La messe
te minuit ou de la nuit de Noël*, oférenn
an hanter-nos, ovérenn ar pelguent ;
it est, pell qent au deiz. — *La messe de
l'aurore*, oféreñ ar goulou-deiz.—*Nou-
elle messe*, ovérenn névez. — *Celui qui
lit sa nouvelle ou sa première messe*,
ar bælecq névez. — *Dire la messe*, ofe-
enni, ofèrenna. *pr.* et; lavaret an oferenn, *pr.* id.; oférenn *veut dire* oblation,
et oferenna, *faire une oblation.* — *Chan-
er la messe*, cana an oféreñ, *pr.* canet.
— *Entendre la messe*, clévot an oférenn,

*pr.* id. — *Pendant la messe*, ê pad an o-
vérenn. — *A l'issue de la messe*, e fin an
ovérenn, divar sav an overeñ, divar an
oférenn. — *Celui qui ne va point à la messe*,
qy-du; parpailhod, *pl.* ed.
MESSEANCE, amæreadéguez, di-
c'hraciusded.
MESSEANT, e, amzere, amzeread,
dio'hraçz, oc'h, à, añ. *Van.* dijauch.—
*Cela est messéant*, amzeread eo an dra-
ze, amzere ou dio'hraça eo qemeñ-ze.
MESSIE, meçzya, ar meçzya.—*Les
chrétiens ont reconnu J.-C. pour le vrai
Messie ; les Juifs attendent encore inutilement leur Messie*, ar gristényen o deus
amavezet Jesus-Christ evit ar guir meçzya; egon ar Yuzévyen a zeport o'hoaz
èn aner o meçzya.
MESSIEURS, autrounez. *Van.* éü-
troûne. — *Voilà messieurs qui arrivent*,
cetu arru an autrounez.—*Voilà vos messieurs qui arrivent*, cetu oc'h autrounez
o toûnet.
MESSIRE, *titre d'honneur, signifiant
mon sire, autrefois, mon sire*, an autrou.
— *Messire tel, président, an autrou hen-
a-hen, president ou prisidant. — *Mes-
sirè Pierre de Chamilly, abbé de Beaulieu*,
an autrou Pezr a Chamilly, abbad eus
ar Plaçz-caër.
MESSIRE-JEAN, *poire*, pèr miqzir-
jan.
MESTRE-DE-CAMP, mæstra Gamp,
*pl.* mæstry; coronal a gavalîry.
MESURABLE, musulapl, a alleur da
vusula.
MESURAGE, musulaich, musuraich.
*Van.* mesuraeh.
MESURE, musul, *pl.* you; musur, *pl.*
you. *Van.* mesur, *pl.* yeü. — *Petite mesure*, musulicq, *pl.* musulyouigou; musul bihan, *pl.* musulyou. — *Faire bonne mesure*, rei musul mad, lacqât musul mad, ober musur mad. — *Mesure
pour mesure*, qem-ouc'h-qem, musur
evit musur. *Al.* erlecguez. — *Mesure
comble*, bar, musur bar. *Van.* id.—*Mesure rase*, raz, musur raz. *Van.* rah, mesur rah. *v. racloire.* — *Demi-mesure*,
hanter-musur. — *Une mesure et demie*,
ur musul-hanter. —*Prendre la mesure*

18

de quelqu'un, de quelque chose, qemeret-
musul ur re, musul un dra-bennac,
pr. id. v. mesurer. — Mesure, médiocrité,
na re, na re-nebeud. — Outre mesure,
dreist musur, dreist résoun. — Avec
mesure et justesse, gad musul, gad résoun,
diouc'h tailh, gand poës ha musur,
gand musur ha résoun. — Dieu a créé
toutes choses, en nombre, poids et mesure,
an autrou Doûe èn deves græt pep tra
gad niver, gad poës, ha musur. — Sans
mesure, divusul, divusur, hep musur.
Van. divesur, hemp mesur. — La miséricorde de Dieu est sans mesure, un drugarez eus a Zoûe a so hep musur ou a
so divusul ha divusulapl. — Prendre bien
ses mesures, qemeret-èr-vad e vusulyou,
lacqaat evez mad, evezzât-èr-vad. —
Prendre mal ses mesures, droucqemeret
e vusuryou, goallguemeret e vusulyou,
ppr. id. — Il ne garde aucune mesure, ou,
comme dit la phrase proverbiale, il va de
cul et de tête, ne guemer, ou ne heul musur e-bed, ne deus peñ diouc'h lost ènhañ. — Sa mesure était pleine, parlant d'un
scélérat puni de ses crimes, leun voa e voe-
vell. — Battre la mesure pour régler le
chant, bomma ar musur evit cundui ar
c'han ou evit styla ar c'han, pr. bom-
met; lacqât styl var gan, pr. leeqëet. —
A mesure que, selon que, à proportion que,
en même temps que, seul ma, diouc'h ma,
evel ma, a feur ma, a feur, diouc'h feur.
— A mesure qu'ils venaient, on les tuait,
seul ma teuënt, o lazet; evel ma teuënt
eu diouc'h ma teuënt, ez lazet anézo.
— On vous paiera à mesure que vous tra-
vaillerez, diouc'h ma labourot, o paëor;
a feur ma labourot, ez viot paëet. —
A mesure que les blés se vendront, a feur
ma verzor an edou, diouc'h feur ar mar-
c'had eus an ed. — A mesure et à proportion du prix des blés à la Chandeleur,
diouc'h ar feur eus a varc'had an ed
d'ar C'handelour.

MESURER, musula, pr. et; musura,
pr. et. Van. mesureiñ, pr. et. — Mesurer du drap, du blé, du sel, musura mezer, ed, hoalenn. — Mesurer les autres à
son aune, musula ar re all diouc'h e-
unan, musura ar re all gad e vusur e-

tinan. — Selon que vous mesurerez les
tres, vous seres mesuré de Dieu, diouc
ma vusurot ar re all, e viot musuret
Doûe, ar pez ez viot é qéver oc'h he
tez, a vezo Doûe èn ho qéver; ar gara
tez, pe ar gaçzouny o pezo evit ar re al
a vezo ar musul hac ar squèar eus a
garantez pe eus ar gaçzouny a zouf
Doûe deoc'h. — Se mesurer avec un
tré, s'y comparer, èn hem vusula gad u
all, èn hem iñgali da un all, èn he
gomparagi gad un all.

MESUREUR, musurer, pl. yen; mt
suler, pl. yen. Van. mesurour, pl. yon, ya

MESUSER, abusi eus a, pr. et; goal
lusa, pr. et; droucqusa, pr. et; ober goa
usaich ou droucqusaich eus a, pr. græt

METAIRIE, mérery, pl. ou; mérury
méroury, ppl. ou. Van. meintyoury, pl. e

METAL, metal, pl. ou. Van. id, pl. eü

METALLIQUE, a aparchant oud a
metal.

METAMORPHOSE, ceinchidigue
a sæçzoun da ur re-bennac, ceincha
mand a furm.

METAMORPHOSER, ceiñch sæçzo
ou ceiñch furm da ur re, pr. ceiñchet
— Le roi Nabuchodonosor fut métamor
phosé en bête à cause de son orgueil, ar roû
Nabucodonosor a yoa ceiñchet èn u
loëzn, evit e buniçza eus e ourgouilh
an autrou Doûe hoy ceiñch furm d
Nabucodonosor, a ceiñchas sæçzou
dezañ, oud e renta hêvel ouc'h uu an
val mud.

METAPHRASTE, nep a dro ul l
guer-e-guer èn ul langaich all.

MATAPHYSIQUE, science des id
metaphysicq, sqyand pehiny a dret é
ar sperejou hac eus ar sustançzou p
n'o deus qet a gorf, an deology natu

METAYER, fermier, mérer, pl. y
mérour, pl. yen. Van. meintyour,
yon. v. partiaire.

METAYÈRE, mérerès, pl. ed; mé
rès, pl. ed. Van. meintyoures, pl. e

METEIL, blés mêlés, mistilhon, s
viniz.

METEMPSYCOSE, trémenedi
un ene eus a ur c'horf èn eguile.

METEORE, ur c'horf furmet èn

ad ar mognedennou a sav vès an loûar pe vès an dour.

METHODE, reiz evit ober eaz un tra, reol eaz.

METHODIQUEMENT, avec méthode, ça nd reol, great gand reis.

METIER, profession, mocher, pl. ou; mioher, pl. ou, you. Van. id., ppl. yeû. — Exercer un métier, ober ur veoher, beza eus a nr vicher. — Homme de métier, mecherour; mioherour, pl. yen. Van. id., ppl. yon, yan. — Apprendre un métier, disqi ur veoher, pr. desqet. — Oublier un métier, ancounec'hât ur vicher, pr. ëet. — Métier, chassis de tisserants, etc., stearn, starn, ppl. ou; stærn, pl. ou. Van. stærn, pl. eû. — Mettre dans le métier, stærna, pr. et; lacqât èr stærn, pr. leeqëet. — Ma toile est dans le métier, ez ma va guyad èr stærn.

METIS, métisse, né d'un mâle et d'une femelle de différente espèce, hiron, pl. ed. — Ce garçon est métis, il est venu d'un Français et d'une Indienne, hiron eo ar paulr xe. — Le mulet, qui vient d'un âne et d'une cavale, est d'une nature métisse, ar mul a so un aneval hiron ou hiron dre natur.

METIVIER, moissonneur. v. métayer.

METROPOLE, ville capitale d'une province, kær-veur ur brovinçz, ar guenlâ kær eus a ur brovinçz. — Métropole, église métropolitaine, ilis-veur un arc'hescopty, ilis-vamm un arc'hescopty.

METROPOLITAIN, arc'hescob, pl. arc'hesqeb. — L'archevêque de Tours est métropolitain de Bretagne, arc'hescob Tour a so dreist an oll esqeb a Vreiz.

METS, ce qu'on sert pour manger, meus, pl. ou, meujou; meus-boëd, pl. meujou. — Mets qui ne rassasient pas, meujou disoun, boëd disoun, boëd divoalc'h.

METTABLE, qu'on peut mettre, mad avoalc'h. H.-Corn. ne huyt qet. — Cela est assez mettable, mad avoalc'h co, trémen a rayo, ne huyt qel.

METTRE, lacqaat, pr. lacqëet, lacqeat, lecqëet, lecqeat; plaçza, pr. et. Van. lacqât, lacqeiñ, ppr. et. — Qu'on peut mettre, lacqapl, lacqeûs. — Mettre quelqu'un à la place d'un autre, lacqât urre ê plaçe un all. — Il a dit qu'il le met-

trait à l'étude; lavaret èn dens el lacqazé da studya oa e lacqazé anezâ var ar study. — Dieu a mis les étoiles au ciel et les animaux sur la terre, Doûe ên deus plaçzet ar stered èn eê hae an aneval-ed var an doûar. — Mettre quelque chose à part, dispartya un dra-bennac, pr. et. lacqât un dra a gostez. — Mettre furtivement quelque chose à part pour soi, tui nn dra, pr. tuet; qemer un dra ên e du ouên ta dionntâ, pr. qemeret. Trig.tuiñ. — Mettre en pièces, dispeñ, druilha, ppr. et; druilha a bezyou. — Mettre à feu et à sang, lusa hao eñtaua, ppr. et. — Mettre bas, parlant des truies, des chiennes, des chattes, cahout he pherc'hel munud, he ohaçzigou munud, he c'hizyer bihan pr. bet. Van. nodeiñ, pr. et. — Mettre en lumière, lacqât ê goulou, tenna eus an amc'houlou, pr. tennet. — Il a mis plusieurs livres en lumière, meur a levr èn deus lecqeet ê goulou. — Il a mis en lumière plusieurs anciens et curieux manuscrits, meur a sorijou eoz ha eaêr meurbod èn doveus bet tennet eus an amc'houlou. — Se mettre en chemin par un mauvais temps, èn hent lacqât èn hend dre voall-amzer, pr. lecqëet. — Se mettre à l'étude, ou négoce, s'y appliquer, èn hem rei d'ar study, d'au traficq, pr. roët.

MEUBLE, ce qui meuble, annèz, meubl, meubl. Van. mourbl, merbl. — Les meubles d'une maison, ar arrebeury. — Un meuble, une pièce de meuble, ur pez meubl. — Menus meubles, meublaich, pl. ou, ouîgou. Van. meurblagicgucû. — Sans meubles, diannèz. — Il paraît qu'il n'est pas trop bien meublé, trop à l'aise, c'hñèz au diannèz a so gandhâ. — Meuble et immeuble, meubl ha diveubl, madou meubl ha madou diveubl.

MEUBLER, garnir du nécessaire, meubla, meubli, ppr. et; aunèza, pr. et. Van. merbleiñ, meurbleiñ, ppr. et. — Cette maison est bien meublée, annèzet mad co an ty-hont, un ty meublet mad co hennont.

MEULE, tas de foin sur le pré, bern foënn, pl. bernyou. Van. id., pl. berneû. v. monceau. — Meule de foin dans l'aire, foënnecg, pl. foënnejou; grac'hell foëñ, *pl.* grac'hellou. — *Meule de paille*, bèra colo, *pl.* bernyou; graguell colo; gra-a'hell golo, *pl.* grac'hellou; bern plous, *pl.* bernou, *Van.* bern plous. — *Faire des meules*, *v.* entasser. — *Meule de moulin*, *meule courante*, mæn milin, *pl.* mæin. *Van.* id, *Al.* meul, *pl.* au. — *Meule gisante*, mæn-sur, mæn-aze, mæn diazez. — *Il vaudrait mieux*, *dit le Fils de Dieu*, *être jeté à la mer avec une meule de moulin au cou*, *que de scandaliser son frère*, *Math.* 18, *Marc* 9, guëll vèz da un dèn ou guëll varc'had a vèz dan un dèn, eme hon Salver, beza stlapet é creiz ar mor gad ur mæn-milin stag oud e o'houzoucq, e-gued ne deo doûnet da rei goall squèr d'e hentez. — *Meule à bras pour moudre du grain*, breou, *pl.* bréyer. — *Meule de coutelliers*, breolym, *pl.* ou; blérym, *pl.* au; ur vreolym, ur vlérym. *Van.* berlim, *pl.* eü : ur verlim.

**MEUNIER**, milineur; miliner, *pl.* yen; meillhèr, *pl.* yen, *Van.* melinèr, *pl.* yau, yan. — *On dit proverbialement et injurieusement qu'il n'y a rien de si hardi que la chemise d'un meunier*, *parce qu'elle prend tous les matins un larron au collet*, ne deus qet ar diczoc'h eguet roched ur miliner, rag bep miutin ez pacq ul lhèr,

**MEUNIÈRE**, milineurès. *Hors Leon*, milinéres, *pl.* ed; meilheres, *pl.* ed. *Van.* melinéres, *pl.* ed.

· **MEURTRE**, *homicide*, muntr, *pl.* ou. *Van.* multrereah, *pl.* multrereaheü. *v.* *massacre*.

**MEURTRIER**, muntrer, *pl.* yen. *Van.* multrer, *pl.* you, yau. — *Cain a été le premier meurtrier du monde*, Caïn, map henâ Adam, a so bet ar c'hentâ muntrer eus ar bed.

**MEURTRIÈRE**, *ouverture dans les tours pour tirer sur les assiégeants*, tarzell, *pl.* ou; tarzellou evit tenna var ar sichéryen, cranell, *pl.* ou.

**MEURTRIR**, *tuer*, *faire mourir*, muntra, *pe. et. Van.* multreiñ. — *Meurtrir*, *faire des contusions*, blonçza, brondua, bronzua, *ppr. et. Van.* blonceiñ, bloceiñ, chiqeiñ. — *Un corps meurtri de coups*, ur c'horf blonçzet ha bronzuet gad an taulyou. — *Des fruits meurtris*,

Crouéz blonçzet. *Van.* frehblocet.

**MEURTRISSURE**, *blessure non entamée*, bronzuadur, goad blonçzet. *Van.* chiqerch. — *Meurtrissure de fruits*, blonçzadur, dour-blonçzet. *Van.* blocereh.

**MEUTE**, *compagnie de chiens courants*, bandenn chaçz-red, *pl.* bandennou chaçz-red; bagad chaçz-red, *pl.* bagadou, etc.; ur vandenn, ur bagad, etc.

**MI**, *note de musique*, mi, mi, noteñ gan. — *Mi*, *part. signifiant milieu*, creiz, hanter, *Van.* creih. — *Mi*, *demi*, hanter. — *La mi-août*, hanter-eaust. — *La mi-avril*, hanter-ebrel. — *La mi-carême*, hanter-c'horayz.

**MIAULANT**, *e*, *parlant*, *au propre*, *d'un chat*, *et*, *au figuré*, *d'un enfant qui se plaint doucement*, myaouèr, qax myaoèr, huguel myaouèr. *Van.* myañour, *pl.* eü.

**MIAULEMENT**, *cri d'un chat ou d'un enfant malade*, myaouèrez. *Van.* myañnereah.

**MIAULER**, myaoûal, myaoui, *ppr. et. Van.* myanneiñ.

**MICHAUD**, *petit Michel*, Micqælicq.

**MICHE**, *petit pain*, cuiñ, *pl.* ou. *Van.* id, *pl.* eü. — *Miche de pain*, choanenn, *pl.* ou; michouñ vara, *pl.* ou; bara mich, bara mech. *Van.* choënenn, *pl.* eü.

**MICHEL**, *nom d'homme*, Micqeal, Micqël. *Van.* Michel. — *Saint Michel*, sant Micqeal, au arc'heal sant Micqeal. *H.-Corn.* an autrou Miqæl. — *Le Mont Saint-Michel*, Jommicqæl an træz.

**MICHELLE**, *nom de femme*, Michela. *Van.* Michelin.

**MIC-MAC**, mic-ha-macq. — *Il y a là dedans je ne sais quel mic-mac*, bez'ez eus ne oun pe micq-ha-macq eñ qemeñ-ze.

**MICROSCOPE**, lunedeñ evit guëllet sclær au bihaneñ bihanañ. *pl.* lunedou, etc.

**MIDI**, orezdeiz, creizdez. *Van.* creizte, creihte. — *Avant midi*, abarz creizdeiz, diaraug ou qent crezdeiz. — *Environ midi*, e tro ou var-dro creizdez. — *A midi*, da grezdeiz, da vare crezdeiz. — *Après midi*, goude crezdeiz, goude ar c'hrez-deiz.

**MIDI** ( *le* ), *pays*, ar C'hrezdeiz, bro ar C'hrezdeiz, *pl.* broëzyou, etc. —

Les gens du pays du midi, an dud eus a vroezyouar C'hrezdeiz.—Depuis le Nord jusqu'au Midi, a dalecq an Hanter-nos bede ar C'hrezdeiz.—Les vents du Midi amenent la pluie, avel ar C'hrezdeiz a zigaçr glao è lelz.—Chercher midi à 14 heures, clasq an dra el leac'h ne vez qet, clasq pemp troad d'ar maoud.

MIE de pain, min guenn, minvicq. Van. mirhuiguen, mirhuieq.—J'aime la mie, ar vinviguen ou ar 'minvieq a garañ.—Mie, mon amie, va c'halounicq, va mignounès, ma migoûnès, va c'harantiz.

MIEL, mèl. Van. meel, melach, mil. —Miel sauvage, mèl goëz, mèl coajou. —De miel, a vèl, melaich.—Rayon de miel, follenn coar, follenn mèl, pl follennou coar; direnn coar, pl. dirennou. coar. Van. direnn coér, dirennil, direnn mel, pl. direnneū.—L'écriture nous décrit la terre de promission coulante de lait et de miel, ar scritur sacr a lavar penaus an doûar a bromeçza a yoa leun a leaz hac a vèl.—Doux comme miel et sucre candi, qer douçz evel ar mèl hac ar suō cantin.

MIEN, ne, pronom possessif, va hiny, va hiny-me, ma hiny. Van. me hany. —Le mien et le vôtre, va hiny hac oc'h hiny, va hiny-me hac oc'h hiny-hu. v. ma.—Vous avez acheté votre charge, et moi j'ai acheté la mienne, prénet oc'h e us ho carg, ha me va hiny.

MIENS, miennes, les miens, les miennes, va re, va re, ma re, ma re-me. —Je n'abandonnerai jamais les miens, dit Jésus-Christ, bizviqen ne zilesiñ va re. eme Jesus-Christ.—Les miennes ne sont pas les vôtres, va re ne diut qet ho re. va re-me ne diut qet ho re-hu. v. nôtre.

MIETTE, petite mie de pain, bryenenn, pl. oa, bryena; brusunenn, pl. ou, brusun; brusunadenn, pl. ou. brusunadou. Van. berhonen, pl. berhon.—La Chananée demandait seulement au Seigneur les miettes qui tombaient de sa table, ar Cananean ne oulenné digad hor Salver nemed ar bryenn bara ou ar brusun bara a gouézé divar e daul. —Une miette de viande, de pain, ur vryenenn guicq, ur vrusunenn vara.

MIEUX, t. comparatif, guëll. En plusieurs endroits, on dit guëlloc'h; de même que qentoc'h pour qent, plutôt; quoique guëll et qent soient comparatifs.— J'aime mieux mourir, dit le veritable Chrétien, que de pécher mortellement, guëll eo guenê mervel, a lavar nep so guir gristen, egued ne deo pec'hi ur veach marvellamant.—J'aime mieux le poisson que les légumes, guëll ez cavan ar pesqed evit al lousou.—Il vaut mieux que je me taise que de parler mal, guëll eo cals diu tevel eguet ne deo droncq prezecq.— Un peu mieux, guëll un ueubaud.— Beaucoup mieux, guëll cals.— Tant mieux, guëll a ze. Van. guëll ar ze.— Se porter mieux, èn hem gahout guëll, beza guëll, beza yac'hoc'h.—J'ai fait pour le mieux, great am eus évit ar guëllā.—Il a fait de son mieux, great én deus guellā hag allé. — C'est le mieux d'aller, ar guëllā eo moûnet, moûnet eo deomp.—De mieux en mieux, guëll ouc'h vell, guëll pevell ou pe velloc'h.

MIGNARD, de, joli, mignon, coanticq, probicq, mixtricq, oc'h, à, añ. Van. coënticq, propieq.—Mignard, qui flatte, qui chérit, dorloter, pl. yen. v. flatteur.

MIGNARDER, flatter, dorloter, cherciçza, dorlota, ppr. et; uber stad vras eus a ur re. Van. dorlotecū.

MIGNARDISE, délicatesse, gentillesse d'une chose, coandtiz, coanded,—La mignardise de cette taille, de cette statue, charme tout le monde, ar goandtiz eus ar véndt-hont, pe eus al limaich-hont, a ra un ebad bras da guemeut òr guëll. - Mignardise, flatterie, caresse, dorlotérez, lorc'h, miguounyaich, mignouuaich, cher. Van. mignoûuaich, mclach.

MIGNON, joli, bien fait, coandt, coandticq, gentil, prob, probicq, oc'h, à. —Mignon, favori, miguoun, pl. ed; lorlodt, pl. ed, ou; calounicq. Van. mignonn, pl. ed.—Venez ici, mon mignon, deuit amā, va mignoun; deuit unañ, calounicq ou va c'halounicq.

MIGNONNE, miguounès, pl. ed.

rouanez a so lntandanted Doûe vaf au doûar evit lacqât o sugidy d'e servichout. —*Les prêtres sont les ministres des autels*, ar væléyen a so destinet evit servicha Doûe ouc'h an auter.'—*Ministre des hérétiques*, ministr, *pl.* edz ministr an hugunoded.

MINOIS, *mine en t. burlesques*, façz, min.— *Regardez son minois*, sellit e vin, 'sellit e façz, sell e façz gand ar poultr

MINON *ou minette*, *chqt*, mitouïcq, mitou, mitau, mitauïcq.

MINORITÉ, *dge de mineur*, minoraich. *Van.* minourach.

. MINOT, *mesure de grain*, *de sel*, minod. *pl* minodou. *Van.* id, *pl.* eû. — *Un minot de froment*, *un minot et demi de froment*, ur minot guïniz, ur minod hanter a vniz.

MINUIT, hanter-nos. *Van.* id. et erei-nos.—*Sur le minuit*, ê-tro ou vardro-an hanter nos. —*A minuit*, *précisément*, da hanter-nos just. —*La messe de minuit.* v. *messe.*

. MINUSCULE, *lettre minuscule*, lizerenn vurut, *pl.* lizerennou vunut.

MINUTE, *partie de l'heure*, minud, *pl.* où.—*L'heure est divisée en 60 minutes*, èn un eur ez eus tryuguent minud. — *Minute*, *écriture fort menue*, scritur munud *ou* munudicq. — *Ecrire en minute*, scriva munudicq, *pr.* scrivet ; ober scritur munud, *pr.* græt. — *Minute*, *original des actes*, original eus a un acta *ou* eus a actayou, acta sinet ha goarantet.

MINUTER, *t. de notaire*, ober an original eus a un acta po eus a ur c'hontrad, *pr.* græt e great.

. MINUTIE, *bagatelle*, mibilyaich, disteraich, *ppl.* ou. *v.* *babiole.*

· MI-PARTIR, daouhantera, daouhanteri, *ppr.* daouhanteret. *Van.* dêuhantereiñ.

MI-PARTI, *ie*, daouhanteret, è daouhanter.

MIRACLE, *effet surnaturel*, miraql, *pl.* ou. *Van.* minaql, *pl.* eû.—*Faire des miracles*, ober miraqlou. *Van.* gober minaqleû.— *Avoir le don des miracles*, cahout digand Doûe ar galloud da ober

miraqlou, *pr.* bet.—*Miracle*, *merveille*, burzud, *pl.* ou. v. *merveille*

MIRACULEUX, *euse*, *qui se fait par miracle*, miraqlus, oh. â. *Van.* miuaqlus, ob, añ, añ.—*Miraculeux*, *merveilleux*, burzudus, oc'h, à. v. *merveilleux.*

MIRACULEUSEMENT, dre ur miraql, èn ur fæçzon miraqlus añburzudus

MIRE, *point de mire*, biz, ur viz. *Van.* mir.

MIRER, *viser*, biza, *pr.* bizet. *Van.* mireiñ, viseiñ.

MIRER ( se ), *se regarder dans un miroir*, mellezouta, *pr.* et ; èn hem sellet èn ur mellezour. *pr.* id.

MIROIR, mellezour, meilhoûer, *ppl.* ou. *Van.* miroûer. *pl.* eû. *Al.* drich.— *Petit miroir*, mellezouricq, *pl.* mellezourouïgou ; ur mellezour bihan ; ur milhoûer godell ; meilhoûericq, *pl.* meilhoûĕrouigou-*Glace de miroir*, guêzrenn mellezour. — *Miroir ardent*, melezour ardant, guezrenn ardant — *Job était un miroir de patience*, Job a voa ur squêzr ou ur mellezour a baciandet.

MIROITIER, *qui fait ou vend des miroirs*, mellezourer, *pl.* yen.

· MISAINE, *t. de marine.* v. *mât.*

MISANTHROPE, un dèn èn deus errès oud an dud dre e velcony zu.

MISE, *dépense d'un compte*, mis, *pl.* ou. *Van.* id., *pl.* eû. — *Mise*, *action de mettre*, lacqedignez. — *Mise*, *enchère*, cresq, cresqadur a bris.

MISÉRABLE, *qui est dans la misère*, reuzeudicq, qæz, qeaz. *Van.* pêur, pêur qæh.—*Misérable*, *digne de compassion*, qæz, din a druez, oc'h, â, añ. *Oh! que je suis misérable*, goa me reuzeudicq qæz!—*Misérable*, *méchant*, loûod, oc'h, â, *pl.* loûoded. — *Misérable*, *vil*, *méprisable*, disprisapl, displet, oc'h, â, añ.

MISÉRABLEMENT, èn ur fæçzoun reuzeudicq, gad reuseudiguez.

MISÈRE, reuzeudiguez, qæznez. *r.* *malheur.* — *Vivre dans la misère*, beva é qæznez, beva gand reuseudiguez, trémen trist ê vuez, cundui ur vuhêz reuzeudicq ou trist.

MISÉRICORDE, *compassion*, truhez,

·ant mil milyoun a gantvejou.

MILORD, mot anglais qui signifie, mon Seigneur, milord, pl. ed.—Milord, gros ·ichard, pinard, pl. ed; pinvidieq-bras, >l. pinvidyen vras; grobis, pl. ed.

MINAUDER, faire des minauderies, ober fæçionnyou, ober neuzyou, ober gentrou, ober minaou, ober miuou, pr. græt. Van. gober feinteû, gobér miueû, pr. groeit, greit. -- Celui qui minaude, mil-fæçoun, fæçaonnyer. v. grimacer.

MINAUDERIE. v. grimace.

MINCE, tano, moan, scañ, distér, oc'h, à, añ. Van. tenaû, moên.—Taffetas fort mince, taffias scan ou tano meurbed.—Un diner mince, ul lein scan ou distér. -- Devenir mince, tanoât, pr. ëet; moannaat, pr. ëet; scanvât, pr. ëet; distôraat, pr. ëet.—Qualité de ce qui est mince, tanavder, scanvder, moander, distervez.

MINE, physionomie, fæçoun, drémm, tailh, neuz. Van. min, pl. eû.—Une personne de bonne mine, un dèn a fæçzoun, un dèn a fæçzoun vad, un drémm vad a zèn, un dèn drémmet mad, un dèn a dailh, un dèn a neuz vad, pl. tud a fæçzoun, etc.—Il a la mine d'un honnête homme, an drémm ou an dailh ou ar fæçzoun a zèn honest a so varnezâ, an neuz ou ar fæçzoun a zèn honest a so gandhâ. -- Faire bonne mine à quelqu'un, diguemeret èr-vad ur re, pr. id. ; ober un diguemered mad da ur re, pr. græt; disquéz carantez da ur re, disquéz caret ur re-bennac, pr. disquëzet.—Mauvaise mine, goall fæçzoun, goall-neuz, goall-drémm, un dailh fall.—Une personne de mauvaise mine, ur persounzich difæçzoun ou disneuz ou didailh, un dèn a voall fæçzoun, un dèn a voall neuz, un dèn a voall drémm. --Faire mauvaise mine à quelqu'un, disquëz guienyenn ou glasentez da ur re, pr. disquëzet; goall ziguemeret ur rebennac, pr. id.—Faire des mines. v. minauder.

MINE, semblant, man, neuz, fæçzoun, seblant.—Faire mine d'être fâché, ober van ou neuz ou fæçzoun ou seblant da veza vachet, disquéz beza fa-

chet. — Mine, cavité souterraine d'où l'on tire le métal, mæugleuz, pl. you; meingleuz métal, pl. you métal. Van. mengié, pl. yeû.--Mine d'or, mine d'argent, mæugleuz aur, mæugleuz arc'hand.—d'étain, de plomb, de cuivre, mæugleuz stæn, ur vængleuz ploum, cuëvr.—Mine, chambre souterraine remplie de poudre pour faire sauter un bastion, etc., myn, pl. ou. Van. myn, pl. eû.--Faire jouer la mine, lacqaat an tan èr myn, pr. lecqeet.

MINER, faire une mine, myna, clenza, ppr. et. Van. myneiû, claouëiû.--Miner un fort, myna ur c'hrê ou creou,kastellâ.--Contre-miner, contremyna, pr. et.

MINERAL, ale, u aparchant ouc'h metal pe ouc'h mæugleuzyou metal. —Eau minérale, dour meal ou metal ou mêlar ou houarn ou goular ou hâv. — Boire des eaux minérales, eva'dour meal, pr. evet; eva hivy. Hivy est le pluriel de dour hâv. v. pourri, Quimper.

MINEUR, qui mine, myner, pl. yen. Van. mynour, pl. you, yan. — Mineur, celui qui est en tutelle, ainor, pl. ed. Van. minour, pl. ed.

MINEURE, celle qui est en tutelle, minores, pl. ed. Van. miuourès, pl. ed. —Les mineurs et les mineures, ar vinored hac ar vinoresed.

MINEURS, les quatres ordres mineurs, minoraich. Van. minouraich.--Prendre les quatres mineurs, qemeret minoraich, pr. id.

MINIATURE, minyadur, pentadurieq fin.

MINIÉRE. v. mine.

MINIME, religieux de S. François de Paule, minim, pl. ed.—L'ordre des RR. PP. minimes, urz sant Francès a Baula, urz un tadou minimed, urz ar vinimed.

* MINIME, étoffe, minim, entoff minim, mezer minim.

MINISTÈRE, fonction, carg, stad, implich, dever, servich.

MINISTRE, parlant de royaumes, ruinistr ar roûe, pl. ministred.—Le premier ministre, ar c'henta ministr.—Les rois sont les ministres de Dieu sur la terre, ar rouanez a so Intandanted Doûe vaf an doûar evit lacqât o sugidy d'e servichout.—*Les prêtres sont les ministres des autels*, ar væléyen a so destinet evit servicha Doûe ouc'h an auter.—*Ministre des hérétiques*, ministr, *pl.* ed; ministr an hugunoded.

MINOIS, *mine en t. burlesques*, façz, min.—*Regardez son minois*, sellit e vin, 'sellit e façz, sell e façz gand ar poultr

MINON ou *minette*, *chat*, mitoûicq, mitou, mitau, mitaûicq.

MINORITÉ, *âge de mineur*, minoraich. *Van.* minourach.

. MINOT, *mesure de grain*, *de sel*, minod. *pl.* minodou. *Van.* id, *pl.* eû.—*Un minot de froment*, *un minot et demi de froment*, ur minot guïnis, ur minod hanter a vinis.

MINUIT, hanter-nos. *Van.* id. et erei-nos.—*Sur le minuit*, ê-tro ou var-dro-an hanter nos.—*A minuit*, *précisément*, da hanter-nos just.—*La messe de minuit. v. messe.*

. MINUSCULE, *lettre minuscule*, lizerenn vumut, *pl.* lizerennou vunut.

MINUTE, *partie de l'heure*, minud, *pl.* ou.—*L'heure est divisée en 60 minutes*, èn un eur ez eus tryuguent minud.—*Minute*, *écriture fort menue*, scritur munud ou munudicq.—*Ecrire en minute*, scriva munudicq, *pr.* scrivet; ober scritur munud, *pr.* græt.—*Minute*, *original des actes*, original eus a un acta ou eus a actayou, acta sinet ha goarantet.

MINUTER, *t. de notaire*, ober an original eus a un acta po'eus a ur c'hontrad, *pr.* græt e great.

. MINUTIE, *bagatelle*, mibilyaich, disteraich, *ppl.* ou. *v. babiole.*

. MI-PARTIR, daouhantera, daouhanteri, *ppr.* daouhanteret. *Van.* dêuhantereiñ.

. MI-PARTI, *ie*, daouhanteret, è daouhanter.

MIRACLE, *effet surnaturel*, miraql, *pl.* ou. *Van.* minaql, *pl.* eû.—*Faire des miracles*, ober miraqlou. *Van.* gober minaqleû.—*Avoir le don des miracles*, cahout digand Doûe ar galloud da ober

miraqlou, *pr.* bet.—*Miracle*, *merveilli*; burzud, *pl.* ou. *v. merveille*

MIRACULEUX, *euse*, *qui se fait par miracle*, miraqlus; oh, â. *Van.* miunaqlus, oh, añ, aoñ.—*Miraculeur*, *merveilleux*, burzudus, oc'h, à. *v. merveilleux.*

MIRACULEUSEMENT, dre ur miraql, èn ur fæçzon miraqlusonburzudus

MIRE, *point de mire*, biz, ar viz. *Van.* mir.

MIRER, *viser*, biza, *pr.* bizet. *Van.* mireiñ, viseiñ.

MIRER (se), *se regarder dans un miroir*, mellezoura, *pr.* et; èn hem sellet èn ur mellezour, *pr.* id.

MIROIR, mellezour, meilhouër, *ppl.* ou. *Van.* miroûér. *pl.* eû. *Al.* drich.—*Petit miroir*, mellezouricq, *pl.* mellezourouïgou; ur mellezour bihan; ur milhouër godell; meilhouëricq, *pl.* meilhouërouigou-*Glace de miroir*, guêzrenn mellezour. — *Miroir ardent*, mellezour ardant, guezrenn ardant —*Job était un miroir de patience*, Job a voa ur squêzr ou ur mellezour a baciañded.

MIROITIER, *qui fait ou vend des miroirs*, mellezourer; *pl.* yen.

MISAINE, *t. de marine. v. mât.*

MISANTHROPE, un dèn èn deus errès oud an dud dre e velcony zif.

MISE, *dépense d'un compte*, mis, *pl.* ou. *Van.* id., *pl.* eû. — *Mise*, *action de mettre*, lacqediguez. — *Mise*, *enchère*, cresq, cresqadur a bris.

MISÉRABLE, *qui est dans la misère*, reuzeudicq, qæz, qeaz. *Van.* pêur, pêur qæh.—*Miserable*, *digne de compassion*, qæz, din a druez, oc'h, â, añ. *Oh! que je suis misérable*, goa me reuzeudicq qæz!—*Misérable*, *méchant*, loûod, oc'h, â, *pl.* loûoded. — *Misérable*, *vil*, *méprisable*, disprisapl, displet, oc'h, à, añ.

MISÉRABLEMENT, èn ur fæçzoun reuzeudicq, gad reuseudiguez.

MISÈRE, reuzeudiguez, qæznez. *r. malheur.* — *Vivre dans la misère*, beva è qæznez, beva gand reuseudiguez, trémen trist è vuez, cundui ur vuhèz reuzeudicq ou trist.

MISÉRICORDE, *compassion*, truhez,

ʾan. trulie, misericord. — *Miséricorde*, omlé, *grâce, pardon,* trugarez, pardoun, rra çz. — *La terre est remplie de la miséricorde di Dieu*, Jeun co an doūar eus an rugarez a Zoūe. — *Faire miséricorde d uelqu'un*, praticqa an drugaréz ou an euvryou a drugarez ê qêver ur re, *pr.* rraticqet; cahout trues oud ur re', *pr.* iet; ober graçz da ur re, *pr.* græt; parlouni urre, pardouni da urrc-bennac. *ir.* pardounet. — *Les œuvres de miséricorde*, an œuvryou a drugarez. — *Qui n'a point de miséricorde*, didruenus, diͥfruëz, didrugarezus, dibardoun, oc'h, i, añ. — *Sans miséricorde*, hep pardoun ou truez *ou* trugaréẽ. — *A tous péchés miséricorde*, ne deus pec'hed qer bras oa vez parʌlounet da nep ên devèz ur guïr glac'har anezañ. — *Miséricorde! où suis-je et qu'est-ce que je vois?* sicour, ô va Doūe, pe ê leac'h ou ma oūn-me ha petra a vellañ-me?

MISERICORDIEUX, *euse*, trugarezus, trugarecq, truezus, oc'h, ā, añ. *Van.* truheūs, misericordius, oh, añ. — *Soyez miséricordieux comme l'est le Père céleste*, dit Jésus-Christ, bèsit trugarezus, eme Jesus-Christ, evel ma zeo Doūe ho tad pehiny a so ên eñ.

MISERICORDIEUSEMENT, ên ur fæçzoun trugarezus, gad truhez, gand trugarez.

MISSEL, miçzal, *pl.* ou; levr an ofêreun, *pl.* levryou.

MISSION, *exercices extraordinaires des missionnaires*, miçzionn, *pl.* ou; meçzionn, *pl.* ou. *Van.* id, *pl.* eū.

MISSIONNAIRE, miçzionner, *pl.* yen; tadou, miçzyonnéryen.

MITAINES, *gants sans doigts*, manegou feuret *ou* meurdeeq *ou* cez tyecq.

MITE, *petit insecte*, maint, *pl.* ed; mintr, *pl.* ed. *Van.* miltr, *pl.* ed. — *Rongé par les mites*, crignetoudébret gad ar minted.

MITIGER, moderi, *pr.* et; douçzaat, *pr.* ëet.

MITON-MITAINE, *onguent miton-mitaine*, oun gand ne ra ma droucq na vad, oungand cloūarieq.

MITONNER, *cuire à petit-feu*, mitouni, *pr.* et. — *Mitonner, r. caresser.*

MITOYEN, *enne*, daouhanter, ê daouhanter. *Van.* hanterecq. — *Un mur mitoyen*, ur voguer daouhanter, ur vur greiz. *Van.* ur vangoër hanterecq.

MITRAILLE, coz-hernaich. — *Le canon était chargé à mitraille*, carguet voa ar c'hanol a goz-hérnaich. — *On trouvera à cette vieille bien de la mitraille, de l'argent*, cals arc'hanchou a gavor goude ar c'hrac'h hont.

MITRE, *coiffure de prélat*, mintr, *pl.* ou. — *Fanon d'une mitre, les deux pendants*, stolicqeñ mintr, *pl.* stolicqeñou.

MITRÉ, *qui porte la mitre*, mintret. — *Abbé crossé et mitré*, abad croçzet ha mintret, abad-escop.

MITRON, *garçon boulanger*, pautr boulanger.

MIXTE, qemesqet, un dra guemesqet. *Van.* qeiget, un dra qeiget.

MIXTION, *mélange*, qemesqadur. *Van.* qoigereh, qeigeadur. — *Mixtion mauvaise*, qemesqailhez.

MIXTIONNER, *mélanger*, frilater, qemesqa, *pr.* et; farloti, *pr.* et. *Van.* qeigeiñ, *pr.* et.

MOBILE, *qui peut se mouvoir*, qefflusqapl, qefflusqus, qeulusqapl. — *Mobile, qui se meut*, dibarsedt, doūetus, a guefflusq, ne deo qet parfedt *ou* stabyl *ou* açzur. — *Êtes mobiles*, goëlyou a eeiūch deiz bep bloaz, goëlyou ne diñt qet stabyl, goëlyou mont-dont.

MOBILIAIRE, *biens mobiliaires*, arrebehry, madou meubl. — *Succession mobiliaire*, suceçzyon a veubl, digoirez a veubl.

MODE, *t. de philosophie*, fæçzoun da veza. — *Mode, t. de grammaire*, fæçzoun da gonjugui ar verbou *ou* ar vervou. — *Mode, manière de vivre ou de faire les choses*, coutume, usage, fæçzoun, *pl.* you; manyell, *pl.* ou; qiz, *pl.* you. *Van.* fæeçzonn, guiz, *pl.* yeū. — *Vivre à la mode*, beva êr c'hiz, beva hervez ar c'hiz, beva hervez ar guiz *ou* diouc'h ar guiz, *pr.* bevet; ober dioud ar guiz. — *Un habit à la mode*, un abyd êr c'hiz. — *Habillé à la mode*, guisqet êr c'hiz. — *A la nouvelle mode*, êr c'hiz névez, êr guiz névez. — *A la mode de France*, ê qiz Françz, ê

c'hiz Françz, è qiz Gall. — *A la vieille*
*mode;* èr c'hiz coz, èr guiz coz.— *C'est*
*la mode,* ar c'hiz eo, ar guiz eo, ar fæç-
zoun-brémá eo, ar vanyel a vréman eo,
evelzé a rear brémá. — *Qui n'est plus à*
*la mode,* isqiz, diguiz, èr mæs à guiz.—
*Faire à sa mode, d sa fantaisie,* ober e guiz,
ober e qiz ou èr c'hiz ma carér. — *Cha-*
*que pays, châque mode,* caut bro, cant
qiz; caut parrès, cant ilis; un Doûe è
pep ilis, ha pep hiny a ra e guiz.

MODELE, *exemple,* patromni. *pl.* ou;
squèze, *pl.* you. — *Travaillez sur ce mo-*
*dèle,* lŭaliit ar squèzr mañ, grit diouc'h
àr patromn-mâ.tennit patrom diouc'h
hemâ, qemirit patromm *ou* squèzr diouc'h hemâ. — *Jesus-Christ est le modèle*
*que nous devons imiter,* Jesus-Christ a
so hor patromm hac hor squèzr, Jesus-
Christ è oar patromm a dleomp da heulya, Jesus-Christ a dle beza bon squèzr.

MODERATEUR, goûarner, nep a
c'hoûarn, nep a gundu. — *Dieu est le*
*seul modérateur de l'univers,* an antrou
Doûe hemyçen a c'houarn ar bed-mañ
ha pep tra.

MODERATION, moder. *Van.* modér.
— *Avec modération,* gand moder, dre
voder. —*Sans modération,* divoder, hep
moder, dreist voder. — *Un homme sans*
*modération,* un dèn divoder. — *C'est la*
*personne du monde qui a le moins de mo-*
*dération,* ur persounaich eo an divoderâ, un dèn eo evit an divoderâ.

MODEREMENT, gand moder.

MODERER, *adoucir,* témperi, *pr.* et;
moderi. *pr.* et. — *Modérer, retenir,* moderi. *pr.* el; goûarn, *pr.* et; derc'hel, *pr.*
dalc'het — *Modérer les impôts,* moderi
an impojou. —*Modérer ses passions,* moderi *ou* goûarn e voall inclinacionou,
treac'hi d'e voall inclinacionou, reolya
e inclinacionnou disordrenn, *ppr.* et.
— *Se modérer,* èn hem voderi, hem
c'hoûarn. — *C'est un homme fort modéré*
*en toutes choses,* un dèn moderet bras eo
è pep poènd, un dèn eo evit ar mode-
retâ a bep hend, un dèn eo hac a so
moder meurbed a bep hend.

MODERNE, névez. — *A la moderne,*
hervez ar c'hiz névez, èr c'hiz.

MODESTE, modest, parfedt, gentil,
oh, à, añ. *Van.* id. — *Etre modeste à*
*l'église,* beza modest èn ilis.

MODESTEMENT, èn ur fæçzoun
modest, gand modesty.

MODESTIE, modesty, parfediguez.

MODICITÉ, bihander, distérvez,
bihan dra, dister dra, an neubeud, an
neubeud a dra. — *La modicité de son re-*
*venu,* ar bihander eus a leve, an distervez eus e rénd, ar bihan dra èn deus,
an neubeud èn deveus, an neubeud a
dra èn deus. — *La modicité de la ma-*
*tiere,* ar bihander eus au dra, an distérvez eus an matery.

MODIFICATION, *restriction,* dimnnu, raval, eçzepcion, termen.

MODIFIER, moderi, *pr.* et; termina,
*pr.* et; lacqât termen, *pr.* lecqèet.

MODIQUE, bihannicq, distér, scañ,
oc'h, â. *Une somme modique,* ur somm distér, ur somm bihannicq, ur sommicq
bihan, ur somm scañ.

MOELLE, *la moelle des os,* mèl, mèl
asqorn. *Van.* id. — *Moelle de l'épine du*
*dos,* mèl ar velchadenn.—*La moelle lui*
*bouera dans les os,* birvi a rayo ar mèl
ène æsqern.—*Moelle de bœuf,* mèl egen.
— *Moelle, parlant des arbres et de quelques*
*plantes,* boëll, boêdenn, calounenn, ar
boëll, ar voëdenn, ar galounenn.

MOELLEUX, *euse,* mèlecq, melus,
leun a vèl, oc'h, â. *Van.* melus. — *Il*
*a les os bien moelleux,* mèlecq eo terrup
c æsqern. — *L'os moelleux, le savouret,*
*gros os de bœuf,* an asqorn mèlecq. —
*Un livre moelleux,* ul levr sustancyus,
ul levr prontapl bras.

MOELLON, *pierre à bâtir,* pasturaich,
boëd. mein pastur *ou* boëd *ou* matery.

MOEURS, *habitudes, vertus,* bividiguez, buhezéguez vad pe fall. —*Bonnes*
*mœurs,* bividiguez vad, buezéguez vad.
— *Un homme de bonnes mœurs,* un dèn a
vividiguez vad, un dèn a gundu ur vuc-
zéguez vad, un dèn a vez èr-vad.—*Mau-*
*vaises mœurs,* goall vividiguez, goall vuc-
zéguez. -*Les honneurs changent les mœurs,*
an enoryou a ccinch an humoryou, an
enoryou alyes a ceiîch ur vuhezéguez.

MOI, *pron. pers.,* me. *Van.* me, meâ,

mi. *En Galles,* my. — *Moi, toi, lui,* me,
te, ê ou eû. *Nous, vous, eux,* ny, c'huy,
y *ou* int. *En Galles,* my, ly, ef, ny, c'houy,
houynt. — *Moi-même, toi-même, lui-mê-*
*me,* me va-unan *ou* me èn-deon, te da-
unan *ou* te èn-deon, en e-unan *ou* eû
èn-deon. *Nous-mêmes, vous-mêmes, eux,*
*ou elles-mêmes,* ny hon-unan *ou* èn-deon,
c'huy oc'h-unan *ou* c'huy èn deon, y
o-unan *ou* y èn-deon. — *C'est moi qui*
*vous le dit,* me eo èl lavar deoc'h. — *Je*
*ne puis rien de moi-même,* ac'hanon va-
unan ne allañ netra. — *C'est à moi d*
*faire cela,* din-me eo da ober an dra-ze,
me a dle ober an dra-ze, ouzon-me ez
aparchant ober qemeñ-ze. — *Il a eu ce*
*livre de moi,* diguenê-me èn deus bet al
levr-ze. — *Il est venu d moi,* deut eo d'am
c'havout, deuêt eo da vedonn-me.
*Est-ce à moi que vous parlez?* hac ouzon-
me *ou* hac ouzin-me ez compsit-hu?—
*Par moi,* dreizon, dreizon-me, dre va
moyen, gaud va sicour-me.—*Pour moi,*
evidon, evidon-me. — *Menez-y moi,*
va c'haçzit dy, caçzit ac'hanon dy, va
c'haçzit-me dy. — *Moi, me,* me, livirit.
—*Sur moi,* varnon, varnon-me.—*Sous*
*moi,* didan-hon, dindan hon-me.—
*Derrière moi,* a drê va c'heìn.—*Devant*
*moi,* dirazon, dirazoun-me. — *A côté de*
*moi,* èm c'hostez, èmí c'hostez-me. —
*Au-dessus de moi,* dreist ounn, dreist ounn
me, a zioc'h din, a zioc'h din-me. —
*Auprès de moi,* èm harz, èm c'hichen,
èm c'hichen-me, èm harz me. — *Loin*
*de moi,* pell diouzon *au* diouzin *ou* diouzin-me.—*O moi, misérable!* oh me, reuzeudicq! goa, m, reuzeudicq! siouaz
din-me, reuzeudicq!

MOIGNON, *reste d'un membre coupé,*
dourn monç, breac'h monç, gar monç,
morzed vonç. *Van.* dorn moign.—*Celui*
*qui a un moignon,* moign, *pl.* ed. r,
*manchot.*

MOINDRE, *plus petit,* bihannoc'h,
distéroc'h. — *La pinte du roi est moindre*
*que celle de Lavardin,* pintad musul-roùe
a xo bihannoc'h eguet pintad musul-
Lavardin.—*Il est moindre que l'autre,* distéroc'h *ou* bihannoc'h eo evit eguile. —
*Le moindre, la moindre,* ar bihanná, an

distérá. *fém.* ar vihaná. — *Le moindre*
*de tous,* ar bihanná an oll, ar bihanná
anézo oll. — *La moindre étoffe suffira,* an
distérá cûtoff a vezo mad avoalc'h. —
*De deux maux il faut choisir le moindre,*
eus a zaou droucq ez eo rêdd choas ar
bihaná, eus a zaou droucq ar bihanañ
atau. — *Quand de deux maux, le moindre*
*est arrivé,* on dit *proverbialement :* bede
ma voûe arru goall, ez voûe guêll beza
born, eguet beza dall.

MOINE, *religieux solitaire, religieux*
*renté,* maûnac'h, *pl.* meneo'h, menac'h,
meneac'h. *Van.* monac'h, *pl.* menah,
mench. *Al.* lean, *pl.* ed; lead, *pl.* ed. *De*
*là,* leañneiñ, *qui, dans la presqu'île de*
*Rhuis,* signifie pleurer; *de là encore* mor-
lean, *julienne, poisson de mer. v. religieuse,*
*maison de religieuses.—. Maison de moines,*
maûnah-ty, manna-ty. *v. monastère.*

MOINEAU, *oiseau,* colvan, *pl.* ed;
golvan, *pl.* guelvin; golven, *pl.* guelven;
filip, *pl.* ed. *Van.* golvan, *pl.* y, ygued.

MOINERIE, *état monastique,* mene-
a'hérez. — *Moinerie, maison de moines,*
manac'h-ty, *pl.* ou; mana-ty, *pl.* ou.—
*Moinerie, terres amorties et autres dépen-*
*dances de la maison des moines,* minic'hy,
*pl.* ou; menchy, *pl.* ou. *Ces deux mots*
*viennent de* ty, *maison, et de* mench, *moi-*
*nes; id est,* mench-ty. *De là* menchy-
leon *ou* minihy *simplement, d Saint-Po-*
*de-Léon et une lieue d la ronde; la petite*
*place de Saint-Pol, où est la maison de M.*
*le Chantre, etc., s'appelle encore en Breton,*
ar c'hloastr bihan, *le. petit cloître; la*
*grande place,* ar c'hloastr, *le cloître ou le*
*grand cloître; la rue qui vient droit au mi-*
*lieu du cloître ou grande place, s'appelle*
porz-meur, *i-l est, la grande porte du cloî-*
*tre. De là encore,* mihiny guisseny, mihiny plouguin *et autres en Léon et ail-*
*leurs. De là,* menehy Landreguer, *le*
*Menihy de Tréguier ; parce que dans tous*
*ces endrois il y a eu des moines. v. fran-*
*chises, monastères.*

MOINESSE, *t. de mépris, pour dire*
*religieuse,* manac'hès, *pl.* ed. *v. religi-*
*euse.*

MOINS, *adv.* neubeudloc'h.—*Beau-*
*coup moins,* neubeudloc'h cals.—*Un peu*

moins, nebeudtoc'h un tammleq.—Encore moins, nebeudtoc'h c'hoaz.—Moins
d'argent, neubendtoo'h a are'band. —
Il y a moins de vingt ans, ne deus qet u-
guent vloaz. — Il n'y a guère moins de
trente ans, neubeud a faut a dregont
vloaz, bihan dra a faot ne deus tregont
vloaz, bee'ez eus taust da dregont vloaz.—Le moins, an neubeudtañ, an nebeudtá, ar bihanná.—Le moins de retardement qu'on y apportera sera le mieux,
au nebeutá a zale eu ar bihaná dale a
vezo ar guélla, seul vihannoo'h vezo
an dale seul vell a vezo, seul guentoc'h
ma reor seul velloc'h vezo.—Le moins
que, an nebeudtá má. — Le moins de
gens qu'il se pourrra, an neubeudtá a
allor a dud.—Plus ou moins, muy pe
vihannoc'h: — Dix fois plus ou moins,
decq guéach muy pe vihannoc'h, étro
decq guéch.—Du moins, au moins, da
neubeudtá, da nebeudtá, da yianá.
—A tout le moins, da yianá oll, da neubeudtá tout, da nebeudtañ oll.—En
moins de rien, qèrqènt, èn un taul, cont,
èn un dzo zoürn, prim, truin.—Ni plus
ni moins, na muy na mæs, na muy na
mens, na muy na neubeud, na muy
pa qèn, na muy na qèt. Van. na muy
pa qin, na muy na bihaûnoc'h.—A
moins, d moins que, anex, nemed,—A
moins d'aller, d moins qu'on aille, anex
moûnet, nemed moûnet a raët.

MOIRE, étoffe legere de soie, eñtoff
mohera.

MOIS, espace de trente jours, miz, pl.
you. Van. miz, mizeü, mih, pl. eü.—
Les douze mois de l'année, an daouzecq
miz eus ar bloaz. — Janvier, fevrier,
guenveür, chuëvrez. Van. guenveür,
hnavrér.—Mars, avril, meurs, ebrel.
Van. merh, embril.—Mai, juin, maë,
mezeven. Van. mé, may; mehcüen,
mehehûein.—Juillet, août, gonhere,
mezeventicq, eanst. Van. gourhelein,
mehehennicq; est.—Septembre, octobre,
guëngolo, hezre. Van. guëuolon, mendem; here. gouil-miqél.—Novembre,
décembre, du, qerzu. Van. miz du, ka-
langonyañ, qeverdu. — Les douze premiers jours de janvier, ar gourdezyou,

ar gourdizyou.' de gour, mâle, et de dezyou, jours; id est, les jours mâles; sur
l'opinion qu'a le peuple que la qualité de
ces douze premiers jours de l'an dénote celle
des douze mois.—Les mois noirs, ar mizyou du, id est, hezre du. qerzu. s,
octobre.—Un enfant d'un mois, de deux
mois, ur buguel eus a ur miz, eus a
zaou yiz.—Six mois, neuf mois, huëc'h
miz, nao miz.—Mois, t. de médecine. r.
fleurs.

MOISE, législateur des Juifs, ar prophed Moysés; Moysés, ar prophed burzudus; an dèu sautel Moysés, mignouu
bras da Zoüe.—Moise le miraculeux dé-
liera le peuple de Dieu de la captivité d'E-
gypte, Moysés, ar prophed burzudus,
a zilivryas ar bopl a Israël, muyá caret gand Doüe, eus a sclavaich hac a
foulauçz an Egypeyaned. — La loi de
Moise, lésenn Moysés, lésenn ar prophed Moysés, al lésenu scrivet, al lésenn a rigol.

MOISIR, se moisir, loüedi, pr. et,
Van. loüedeiñ, luaûneiñ, ppr. et.—Il
sent le moisi, c'hüez al loüed a so gandhá.—Ce fil, cette toile est moisie, loüedet eu añ neud-ze, al lyen-ze.

MOISISSURE, loüed, loüëdadur.
Van. loüéd, loüaûnadur.

MOISSON, récolte, añ éaust; trévad,
bloaz-vez. Van. on est, er bléad.—Une
bonne moisson, un éaust mad, ur bloazvez mad.—Faire la moisson, éausti,
pr. et; qentelya an éaust, pr. et; ober
an éaust, pr. græt. Van. esteiñ.—Le
temps a été fort propre cette année pour faire
la moisson, an amser a so bet deread
èr bloaz má evit qentelya an éaust ou
evit ober an éaust, amsergaer a so bet
da éausti èr bloaz-mañ.—La moisson
été faite à temps, au éaust a sobet great
é qentell.—Jérémie fait dire aux damnés
chap. 8, v. 20: le temps de la moisson est
passé, l'été est fini, et nous ne sommes pas
sauvés, hélas! allas, allas, eme ar re
gollet, trémenet eo evidomp an amser
vad eus an éaust, eat eo an bañ ô-by-
ou, ha ne doump qet salvet, sioüaz
deomp-ny!

MOISSONNER, couper les blés, etc,

trouc'ha an edou, *pr.* et, midi *ou* medi
au ed, *ppr.* medet ; destumi an ydou,
*pr.* et ; éausti, *pr.* et. *Van,* trouheiñ en
ed, medeiñ en edeû, esteiñ.—*L'hom-*
*me moissonnera ce qu'il aura semé,* dit saint
*Paul,* an dèn a éausto ar pez èn devezo hadet, emo an abostol sant Paol ;
pep hiny a zéstumo ar frouëz eus eo-
beryou ; ar c'hristen a gavo èn heur
eus e. varo , ar recompançz, pe ar bunicion eveus ar pez èn devezo great
hed e vuhez.

MOISSONNEUR, éauster, *pl.* yen ;
meder, *pl.* yen. *Van.* æstour, *pl.* yon ;
medour, *pl.* yon, yan.

MOISSONNEUSE, éausterès, *pl.* ed ;
mederès, *pl.* ed.

MOITE, *un peu humide,* moëltr, oc'h ;
à, añ. *Van.* mouëst, oh, añ, aoñ. *v.*
*humide.*—*Etre moite,* beza moëltr. *Van.*
bout mouëst.—*Devenir moite,* moëltra,
*pr.* et. *Van.* mouësteiñ, *pr.* et,

MOITEUR, *petite humidité,* moël-
traich, moëltradur. *Van.* mouëstrach.

MOITIÉ, *la moitié,* hauter, an hanter. *Van.* en hantér,—*Etre deux à moi-*
*tié,* beza daou hanter, beza yar hanter, beza var guelfrenu hanter. — *Par*
*moitié,* dre'n hanter, dre an hanter,—
*Mettre par moitié,* daouhanteri, *pr.* et ;
lacqát é daouhanter, *pr.* lecqéet. *Van.*
hantereiñ, deñhantereiñ.—*Moitié par*
*moitié,* hanter ouc'h hanter.

MOITIÉ, *épouse,* hanter-tyeguez.—
*Ma moitié,* va hanter-dyeguez.

MOLAIRES ( dents ). *v.* dents.

MOLASSE, dem-boucg, goacgard,
dem-goacq, azboug, azgoacg.

MOLE, *t. de médecine,* caledenn-
guicq, *pl.* caledennou-qicq ; guisqou
goad caledet.

* MOLENE, *plante,* ar c'horo veun.

MOLÉNE, *petite ile à trois lieues du*
*Conquet,* Molenès, enès Moleuès,

MOLESTER, éncrési, *pr.* et ; néc'hi,
*pr.* et ; trubuilha, *pr.* et,

MOLIERE, *fondrière,* goacgrenu,
*pl.* ou. *v.* fondrière,

MOLINISME, santimand an tad Loys Molina var suged ar c'hraçz effedus
ha dieffedus, ar molinism.

MOLINISTE, *t. injurieux dont se ser-*
*vent les Jansénistes en parlant des théolo-*
*giens orthodoxes,* molinist, *pl.* ed.

MOLLETTE, *petite pierre pour broyer*
*les couleurs,* mæn-maler, moletenn, ur
voleteñ, *pl.* ou, — *d'éperon,* rod-qentr.

MOLLEMENT, *doucement,* èn ur
fæçzoun boucg, ez boucg.—*Mollement,*
*lâchement,* èn ur fæçzoun lausq, ez
lausq, gand lausqéntez, gand disho-
nested.

MOLLESSE, *qualité des corps mous,*
bougder, goacder, goacded.—*Mollesse,*
*lâcheté,* lausqéntez, lachéntez, languiçr,
—*Mollesse, t. de casuistes,* lousdôny gad
e-man, dishonestiz gad e-unan.

MOLLET, *ette,* bouguicq, goaguicq,
blodicq.—*Un lit mollet,* ur guële bouguicq, ur guëleicq boucg.—*Chair mol-*
*lette,* qicq blot.—*Œuf mollet,* vy tano,
*pl.* vyou tano. *v. œufs.*—*Pain mollet,*
bara fresq ha boucg.

MOLLIR, *rendre ou devenir mou. v.*
*mou.*—*Mollir,* *manquer de fermeté,* guéz-
naat, *pr.* éet ; plega, *pr.* pleguet. *Van.*
dinerheiñ. — *Vous mollissez, vous n'êtes*
*pas ferme,* guëzo ouc'h, plega a rit,
guëznát a rit.

MOMENT, mouménd, *pl.* moumén-
chou.—*En un moment,* èn ur mouménd,

MOMERIE, bouffonnérez, diguisamand, diguisadur, impocrisy.

MOMIE *d'Egypte, corps embaumé,*
corf-maro baumet ha disec'het.—*Mo-*
*mie de France,* blonneguenn ou blonnecq tud varo dre violançz.

MON, *pronom possessif,* va, ma. *v. ma.*

MONACAL, *ale,* u aparchand oud
ar maûnac'h *ou* oud ar venac'h.—*La*
*tonsure monacale,* qern ar maûnac'h,
curun ur manah.

MONACHISME, *état des moines,*
menec'herez.

MONARCHIE, stadou ur roûe absolut. *v. royaume,*

MONARQUE, roûe absolut, *pl.* rou-
auez absolut.

MONASTÈRE, *maison de religieux,*
moustér, *pl.* you. *De là, le nom de mous-*
*toir, la maison du Moustoir, l'église, la*
*trèce, le village, la fontaine du Moustoir,*

*si commun partout, parce qu'anciennement il y avait en ces endroits des monastères dont les noms ont seuls restés, les guerres les ayant détruits, et les seigneurs particuliers s'étant saisis des débris de leurs biens.* v. *moinerie, couvent.* — *Monastère de filles.* leandy, *pl.* yon.

· MONASTIQUE, a aparchant ond ar venec'h.--*L'état monastique,* menec'hérez, stad ar venec'h, buhez ar religieused hac al leannesed.

· MONCEAU, *amas de plusieurs choses en un tas,* bern, *pl.* yon, ou; grac'hell, *pl.* ou. *Van.* yoh, leçz, solenn, *ppl.* eü.--*d* l.pentuvr.v·tas.-*de pierres,*bern mein, *pl.* bernyou mein; gruguell vein, grug vein. *Van.*yoh mein,*pl.*eü mein.-*de gros bois de chauffage,* bern coad, bern qeuneud calet, grug coad. -- *de fagots et de menu bois à brûler,* bern qenneud, grac'hell gueuneud. bern fagod, grug qeuneud, cruguell qenneud.--*Monceau de blé dans l'aire.* grac'hell ed, graguell yd, bern ed.--*Monceau de blé sur l'aire, fait en globe,* bern-tro, *pl.* bernyou-tro, bernou-tro. v. *meule.*

· MONDAIN, *ne,* mondyen, oc'h, à, añ, *pl.* tud mondyen, nep a heul sals lésennou ar bed, nep a vev diouc'h ar c'hizyou vean ha milliguet eus ar bed, map an bed, merc'h ar bed, *ppl.* tud ar bed.--*Les mondains,* an dud mondyen, tud ar bed, ar bedis.--*Mondain, glorieux, fastueux,* vean, glorius, pompus, leun a boumpad, oc'h, à, añ, *ppl.* tud vean, tud glorius, etc.

MONDANITÉ, gloriusded, veanded ar bed, re vras caranteç eviç ar plijaduryou foll eus ar bed.

· MONDE, *l'univers,* ar bèd. *Van.* id. --*Dieu créa le monde en six jours et se reposa le septième,* an autrou Doüe a grouëas ar bed e c'huec'h deiz hac a reposas d'ar scizvet. — *Copernic dit que la terre tourne et non les cieux; Ptolomée dit le contraire; Copernicq a layar penaus an doüar a dro bemdez dindan hon treid, ha non pas an evou. an héaul, al loar, ar stered dreist hon penn: Ptolomea souten ar c'hontroll-beod a gnequen -ze.--*Le nouveau monde, t'.Amérique,*

an doüar nevez.--*Habitant du nouveau monde,* doüar-névezyad, *pl.* doüar-névevesis.--*Il est allé à l'autre monde,* mareo, marv eo, ar c'heaz! trémenet eo eus ar bed mâ; eat eo d'ar bed -hont, ëet eo diracg Doüe. — *Depuis que je suis au monde,* a ba z'oun ganet, a ba edoun var an doüar, a ba èm euz lecqeat troad var zoüar.-*Depuis que je suis au monde, depuis que j'ai de la connaissance,* a ba ez eus dèn ao'hanon; a ba voüe ma èm eus aznaoudéguez. — *Jésus-Christ est le Sauveur du monde,* Jesus-Christ a so Salver ar bed --*Les maximes du monde,* lesennou ar bed, sals lésennou ar bed, al lésennou vean eus ar bed, q'-·;ou ar bed. goall guizyou ar bed, ar c'hizyou milliguet eus ar bed.--*Les trois ennemis du monde chrétien, sont la chair, le monde et le démon,* an try adversour èn deveus ar c'hristen, eo ar c'hicq, ar bed hao an aërouand.--*Les plaisirs de ce monde sont vains et ·trompeurs,* ar· blijadurezou eus ar bed mâ a so veau ha troumplus.--*Les tourmens de l'autre monde sont réels,cruels elé ternels,*an tourmanchou eus ar bed-hout a so guiryon, cruel hac eternal.--*Le monde est renversé hémisphère pour hémisphère, pôle pour pôle,* troët eo ar bed vare guement all, troët eo ar bed tu evit tu.--*Depuis que le monde est monde,* a viscoaz, a bep amser; aba ez eo·crouëet ar bed gand Doüe.--*Quitter le monde,* quytaat ar bed, pr. ëet; renonç d'ar bed, pr. et.--*Rien du monde;* netra oll, netra-netra, tra-tra.

MONDE, *les hommes,* ar bed, an dud. —*Tout le monde l'aime,* ar bed oll èr c'har, ar bed oll a gar anezà. caret eo gad an oll.--*Beaucoup de monde,* cals a dud, ur rum bras a dud, meur a zen, meur a hiny, --*Ainsi va le monde,* cetu penaus ez a ar bed, èr c'hizze ez a ar bed, cetu qiz ar bed.

MONDER, *ôter la peau des grains,* discoultra, pr. et·; escauta, pr. et. — *De l'orge mondé,* heiz doüe. — *De l'avoine mondée,* qerc'h discouttret ou escautet, escaut.

MONITOIRE, aznavoë, *pl.* ou; un asnaoüë, *pl.* ou; *id est,* cvit aznaout, pour

connaître, pour découvrir ; un ammonitor', pl. you. v. anathème — Publier un
monitoire, leeū un aznavoë, pr. leennet ; lenn un ammonitor, pr. leūet.—
Aggrave ou aggravation de monitoire, censure ecclésiastique qui menace qu'après trois
monitions on fulminera l'excommunication,
crisançz.—Faire une aggrave, publier une
aggrave de monitoire, crisa, pr. et. —
Réaggrave. ce mot se dit du dernier monitoire qu'on publie apres trois monitions, la
dernière excommunication, gregeançz,
grigeançz, eūcresançz, eūcrigeançz.—
Réaggraver, aggraver de nouveau, augmenter une peine ; réaggrater une sentence d'excommunication, gregea, grigea, ppr. et ;
eūcresanci un ammonitor, pr. eūcre-
sancet. v. excommunication.

**MONNAIE**, mouneyz, mounez. Van.
mouney. — Battre monnaie, sqei mouneyz, pr. sqoēt. Al. sqeiff ou cannaff
mounez. — Fausse monnaie, fals mouneyz.—Faire de la fausse monnaie, ober
fals mouneyz, pr. græt —Monnaie, lieu où
l'on fabrique les monnaies, mounez-lec'h,
ty ar mouneyz.—Monnaie, petites espèces
pour des pièces blanches, ceūchou. — On
vous paiera en même mohnaie, paēet viol
à mémès mouneyz.

**MONNAYAGE**, action du monnayeur,
droit du prince, mounesyaich.

**MONNAYER**, faire de la monnaie, mou-
neyza, mouneza, ppr. et ; ober mouneyz, pr. great.

**MONNAYEUR**, mouneyzer, pl. yen.
Van. mounéyour, pl. yon, van.—Faux
monnayeur, fals mouneyzer, pl. fals-mou-
néyzeryen. Van. fals mouneour, pl. yon.

**MONOPOLE**, traficq difennet ha caçzaūs. — Monopole d'un particulier, traficq un dēn pehiny a zeu da veza ē-
unan meastr absolut var ur varc'hadourez, evit e guērza dionc'h e c'hoandt
d'ar re pere ne allont qet èn èm dremen anézy, pl. traficqou. — Monopole
des marchands d'un même corps, complod
milligued entre ar varc'hadouryen e-
vit guērza da ur pris dreist résoun ar
varc'hadouirez d'ar public, pehiny ne
all qet tremen hep zy, pl. complodou,
complojou.

**MONOPOLER**, ober complodou ;
complodi evit guērza dreist résoun.

**MONOPOLEUR**, fals varc'hadour,
pl. fals varc'hadouryen ; comploder,
pl. yeu.

**MONOSYLLABE**, ur guer a ur syllabenn hep qen, guer a ur syllabenn.

**MONOTONIE**, ur mémès ton atau.
—La monotonie endort les auditeurs, ur
mémès ton pehiny ne deo nac uhéloc'h
nac izeloc'h, a ra cousqet au auditored ; ur mémès ton atau a vouēz a zigaçz ar c'housqed d'an dud.

**MONSEIGNEUR**, autrou, pl. nez. —
Monseigneur le Dauphin, an autrou an
Daofin, an aoutrou'n daofin. — Monseigneur l'évêque de, an autrou'n escop
a ou eus a.

**MONSIEUR**, autrou, pl. nez. Van.
autrou, autru, ēutru, pl. nè. Al. dom,
pl. domed ; dam, pl. damed ; de là le
peuple dit : dam oui, dam non ; en Van.
en dam ya, en do ya, pour en dom ya.
—- Monsieur le marquis, an autrou ar
marqis, an autrou-'r marqis.—Monsieur
le recteur, an autrou-'r person. Van. èn
ēutru person. -- Monsieur le curé, an
autrou-'r c'hure. v. messieurs.

**MONSTRE**, qui est contre nature,
mounstr, pl. ou. Van. monstr, pl. cū.
—Monstre de nature, mounstr dre natur.
—Petit monstre, mounstricq, pl. mounst-
trouigou.—Monstre marin, mor-vounstr
pl. mor-vounstrou. — Monstre, animal
devorant. v. ogre.

**MONSTRUEUX**, euse, mounstrus,
direiz. dreistordinal, oh, à, añ.

**MONSTRUEUSEMENT**, èn ur fæçzoun mounstrus.

**MONT**, montagn. v.-y.

**MONTAGE**, action de monter, pigna-
dur, piguadurez, piguidiguez.—Faciliter le montage des bateaux, renta eaç-
zoc'h ar piguadur eus ar bagou.

**MONTAGNARD**, menezad, pl. me-
nezis.—Les montagnards d'Ar-
ré, de Menehom, menezidy Are, menezi-
Menehom.

**MONTAGNE**, mont, en Léon. menez,
pl. you. B.-Cor. mene, pl. ou ; de là
l'ancienne maison du Mené. H.-Corn. et

*Trég.* myne, *pl.* au, mene, *pl.* ó. *Al.*
maëne, *pl.* au; *d'oû l'on a fait en Van.*,
mane, *pl.* eü, yeü; *et ailleurs,* mæne,
mene. *Tous ces mots viennent de* maen,
mæn, men, myn, *qui signifient* pierre.
*On disait encore autrefois ,* bryn , breu,
mon, mont, mened, mynyd. — *Petite
montagne,*menezicq, *pl.* menezyouïgou.
*Van.* maneig ; *pl.* eü. *v.* colline. — *La
montagne d'Aré ,* menez Are. *L'on dit
burlesquement:* qein Breiz, id est, dos de
la Bretagne, *parce que cette montagne
qui est au milieu de la province, et qui règne
presque d'un bout à l'autre, est assez élevée.* — *La montagne de* Menchon *ou de* S.
Côme, menez-Com, menec'hom, menehom.*Il est probable que cette montagne,
située en la paroisse de S. Nic ou Nicaise,
tire son nom d'une ancienne chapelle de S
Côme, qui s'y trouve.* — *La montagne de
Brée,* mene Bré, id est, mene breur.—
*Le sommet d'une montagne,* barr ur menez, lein ur menez. *v.* cime. — *La pente
d'une montagne,* an dinaoueus ar menez,
naou ar menez.—*La descente d'une montagne,* an disqennadur ou an disqenn
vès a ur menez.— *Le pied d'une montagne,* goëled ur menez, traoun ur menez, troad ur menez.—*Il n'y a point de
montagne sans vallée,* ne deus qet a venez n'en deffé e draouyenn.

**MONTAGNEUX**, *ou montueux, euse,*
menezyecq, tunyecq, olr, à. *Van.* digampeen.—*Un pays montagneux,* ur vro
menezyecq *ou* menezyus *ou* boçzecq,
*pl.* broëzyou menezyecq, etc.

**MONTANT**, *te, qui monte,* a bign,
nep a bign. ar pez a bign, pignus.—
*Montant, pièces de bois, etc.* coad lia-
muich, *pl.* coajou liamaich.

**MONTÉE**, *tertre, lieu qui va en montant,* pignadecg, *pl.* ou; sao, *pl.* savou,
savyou; creac'h, *pl.* you. *Van.* crah,
*pl.* eü. *Al.* kueh, yau.—*Petite montée,*
savicq, *pl.* savyouigou; creac'hicq, *pl.*
creac'hyouïgou; crazicq, *pl.* crazyouïgou. *Van.* crahie, *pl.* guéü.—*Montée et
descente,* pignadecg ha disqenn, creac'h
ha traoun. *Al.* kneh ha tnou.

**MONTER**, pignat, *pr.* et. *Van.* pigueiñ, pigual.—*Monter, aller à cheval,*

pignat var vare'h, moñnet var varc'h.
—*Monter la garde,* sevel ar goard , *pr.*
savet.—*Monter,* renchirir, qernat ; *pr.*
ëet; uhellaat, *pr.* ëet; crisqi a bris, *pr.*
cresqet. *Van.* qerât, cresqeiñ a bris.—
*Le prix du blé monte ou hausse à chaque
jour de marché ;* qernat a ra au ed *ou* u-
hellaat a ra an ed *ou* crisqi a ra ar pris
eus an ed, da bep dervez marhad.—*Se
monter, parlant d'une somme, d'un nombre,* moñnet, *pr.* ëet; beza, *pr.* bet; pignat.—*Tout l'argent monte à cent livres,*
an arc'hand èn oll a. ya da dry sqoed
ha trégont ha pévar real.—*Leur nombre
se montait à cinq cents ;* pemp cant a yoa
anézeu, bez'ez oant pemp cant.

**MONTOIR**, *ce qui sert à monter à cheval,* pignouër, montouër, *pl.* ou.

**MONTRE**, *apparence ,* fæçzoun , ar
fæçzoun, an dailh.—*Montre d'une chose,*
an disquëz, ar guëlled.—*Montre, parade, ostentation,* pompad.—*Faire montre
ou parade de quelque chose,* ober pompad
gad un dra.—*Montre, échantillon,* stau-
dilhoun, *pl.* ou.—*La montre d'une horo-
loge ;* cadran horolaich.—*Montre de poche ,* horolaich dôrn, *pl.* horolaichou
dôrn; montr, *pl.* ou.—*Montre, revue de
troupes,* moustr, *pl.* ou; guëll, *pl.* eü.—
*Montre générale, revue générale,* moustrou bras, ar moustrou bras ; ar guël-
lou bras.

**MONTRER,** *faire voir ,* disquëz , *pr.*
et; disquz, *pr.* et. *Van.* disqoeiñ , *pr.*
disqoeil.—*L'action de montrer ,* disquëzadur; an disquëz.—*Celui qui montre ,*
disquëzer, *pl.* yen.—*Montrer au doigt,*
disquëz gad ar bès.—*Montrer le chemin
à quelqu'un,* disquëz an hend da ur re,
hincha ur re, *pr.* hinchet.—*Montrer ,
faire connaître, découvrir,* disculya, *pr.*
et; disclærya , *pr.* et ; disoloï , disolei,
*ppr.* disoloët; rei da aznaout, *pr.* roët.
—*Montrer, enseigner,* disqi, *pr.* disqet;
desqet; disquëz, *pr.* et. — *Ce maître
montre fort bien,* mæuivicq ez desq ar
mæstr-hont ou ez tisquëz ar mæstr-
hont.—*Se montrer,* èn hem zisquëz,
*pr.* èn hem zisquëzet.—*Il n'osait se montrer,* ne grede qet èn hem zisquëz, ca-
zet èn hem zalc'hé.

**MONTUEUX**, *euse. v. montagneux.*

**MONTURE**, *bête de charge*, marc'h, *M.* ronceed, qesecq. *Van.* jau.—*Je n'ai point de monture*, ne'm eus qet a varo'h, na'm eus na marh na mul. *Van.* ne'm es qet e jau, ne'm es jau er bed, en dam.

**MONUMENT**, *tombeau*, bez, *pl.* you; be, *pl.* beyou.—*Monument, marque de souvenir*, azrouëz eus a un dra dréme-net, azrouëz a zigaçz sounch eus án traou trèmenet pell-amser so.

**MOQUER**, *se moquer de quelqu'un*, goapaat ur re, *pr.* ëet; ober goap eus a ur re, *pr.* græt; c'hoarzin goap var ur re-bennac, *pr.* c'hoarzet. *Van.* go-apeiñ, goapat, gobér goap, dijaneiñ, dijandeiñ. *v. gab, gaber.*—*Etre moqué*, bez'a goapëet, *pr.* bet. —*On se moque de tous*, ho coapaat a rear, goap a rear a-c'hanoc'h, goap a c'hoarzér varnoc'h, c'hoarzin a rear goap varnoc'h. — *Se faire moquer*, lacqaat ober goap anezá e-unan, *pr.* lecqëet.—*Il se fait moquer par tout le monde*, lacqât a ra an oll da ober goap anezá, ar bed oll a ra goap anezá, dre e faut.—*Sans se moquer*, hep ober goap, hep qet a o'hoap, hep go-ap e-bet.—*Se moquer, railler quelqu'un*, gaudiçzal ur re, *pr.* gaudiçzet; farçzal divar boës *ou* divar goust ur re, *pr.* farcet. *Van.* dejaneiñ unan-bennac.—*Se moquer, mépriser*, disprisa, disprisout, *pr.* dispriset.

**MOQUERIE**, goap, goapérez, goapadur. *Van.* goap, goapéreh. *Al.* gaës. *r. dérision.*—*Par moquerie*, dre c'hoap, gand goap, gand goapérez, dre c'haudiçzérez, evit gandiçzal, evit farçzal.—*C'est une moquerie que de vouloir*, ober goap eo falvezout, etc.—*Celui ou celle qui est sujet à faire des moqueries*, goa-paûs, oc'h, á, añ. *Van.* goapus.

**MOQUEUR**, goapaer, *pl.* you. *Van.* goapour, *pl.* you, yau. *v. gausseur.*

**MOQUEUSE**, goapaërès, *pl.* ed. *Van.* goapoures. *pl.* goaperesed. *v. gausseuse.*

**MORAILLES**, *espèces de tenailles pour serrer le nez du cheval*, minvoasq, min-voasq evit ur marh amgestr, pincedou.

**MORAILLON**, *fer qui entre dans la serrure d'un coffre pour le fermer*, mo-

rail-dorzell,*pl.* morailhou-dorzell. *Van.* ur morailh dorhell.

**MORAL**, *ale, qui concerne les mœurs*, a aparchant oud ar gundu eus a vuez an dèn.—*Le sens moral de l'écriture sainte*, ar sinifiançz moral eus ar scritur sacr, sinifiançz qelennus evit oundui ur vu-ez vad.—*La morale chrétienne*, ar bivi-diguez c'hristen, ar fæçzoun da veva é guïr gristen *ou* da gundui ur vuez vad. —*Assurance morale*, açzurançz guirhe-vel, un dra a so credapl.—*La morale, traité des vertus et des vices*, ar moral.

**MORALEMENT**, *vraisemblablement*, hervez fæçzoun, var a greder, var a gredeur peurvuyâ. — *Moralement bien*, er-vad.—*Plusieurs Paiens ont vécu mora-lement bien*, cals tud divadez o deus be-vet êr-vad, hac hervez al lésenn eus an natur.

**MORALISER**, *dire des choses morales*, ober qentellyou e vuhez vad, *pr.* græt; disqi da veva êr-vad, *pr.* desqet.—*Mo-raliser quelqu'un, le reprendre certement*, psalmenni ur re, *pr.* et. — *On l'a bien moralisé*, salmennet mad eo bet, tén-cet mad eo bet, goëlchet mad eo bete benn dezañ, qentellyet mad eo bet.

**MORALISTE**, *qui fait de la morale*, qentellyer, nep a gueff atau abceg èn eil pe èn eguile.

**MORALITÉ**, *instruction, réflexion mo-rale*, qelennadurez vad, *pl.* qelennadu-rezou vad, desqadurez da veva êr-vad *ou* evit cundui vuhez vad, *pl.* desqadu-rezou, etc.—*Moralité, sens moral*, sini-fiançz moral.

**MORCEAU**, *pièce ou partie*, tamm, *pl.* ou; esqenn, drailhenn, gelqenn, *ppl.* ou. *Van.* tamm, *pl.* eû.—*Un mor-ceau de pain, de beurre*, un tamm bara, un tamm amann. *r. lèche.*—*Un morceau de viande*, un tamm qicq, ur gelqenn qicq, un drailhenn qicq, ur pez qicq. *Van.* chalqenn qicq. *pl.* chalqenncú-qicq.—*Un gros morceau*, ur felpenn, *pl.* ou. *v. lopin, bouchée.* — *Par morceaux*, a damm-ê-damm, tamm-ê-tamm, a damm-da-damm, pèz-ê-bez, a bez-ê-bez, a dammou. a bezyou, a zrailhen-nou, a guchennou. — *Petit morceau*,

20

tammicq; *pl.* tammouïgou ; golqen-nicq, *pl.* gelqenuouïgou; drailhennicq, *pl.*drailhennouïgou; pezicq, *pl.* pezy-ouïgou ; cuchennieq, *pl.* cuchennouï-gou. — *A petits morceaux*, a dammouï-gou, a gelqennouïgou, a zrailhennou-îgou, etc. —*Il n'a pas un morceau*, n'en deus qet un efqen *ou* un tamm.

MORDACHE, *baillon que l'on met aux novices pour avoir parlé sans nécessité*, mors-prenn, *pl.* morsyou-prenn; mor-daieh, *pl.* ou.

MORDANT, *te*, *qui mord*, dantus , crogus, a grocq.—*Bêtes mordantes*, lo-ëzued crogus *ou* dantus, loëzned a grocq.—*Mordant, te, piquant, satyrique,* dantus, flemmus, oc'h, á, añ. — *Cet homme est bien mordant*, dantus co ter-rupl an dén hont, flemmus eo horrupl ar persounaich hont.

MORDICANT, *te, piquant, âcre*, dé-brounus, picqotus, oc'h, á, añ.—*Hu-meur mordicante*, humor débrounus *ou* picqotus.

MORDRE, crégui, *pr.* croguet; dan-ta, *pr.* et. *Van.* crogueiñ, danteiñ.—*Mordre à belles dents*, creguy evel ur c'hy, danta ec'hiz ar c'hy.—*Cette pièce de bois ne mord pas assez avant dans le mur,* ne deo qet crocq avoalc'h, ar pez co-ad-hont ebarz èr voguer, ar pez coad-hont n'en deus qet crocq avoalc'h.

MORDU, *ue*, croguet, dantet.

MORE, *qui est de Mauritanie*, Maour, *pl.* yen ; Mauryan, Mauryan du, *pl.* ed. —*More, langage des Mores*, mauraich. -—*Sates-vous le more?* ha c'huy a oar au mauraich *ou* langaich an Vauryaned?

MORELLE, *plante*, sanab, téauleñ, ar froünt.

MORESQUE, *peinture grotesque ou danse à la manière des Mores*, peintadur é qiz ar Vauryaned; dançz ar Vauryaned

* MORESSE, Maourès, *pl.* ed; Mau-ryanès du, *pl.* ed.

MORFONDRE (se), *endurer du froid,* morfounti, *pr.* et; destum sifern, *pr.* et.

MORFONDURE, *froid*, morfount.

. * MORGANT, *te*, *fier*, *dédaigneux*, morgant, oc'h, á, añ, *pl.* ed, tud mor-gant. *Van.* randonnus, *pl.* tud, etc.

MORGUE, *fierté*, morg, fæçzou morgant, sell morgant.—*Il tient bien* morgue, caër ez talc'h e vorg ou e garr MORGUER *quelqu'un*, morga ur re, morgui ur re, *ppr.* morguet ; sellet u re divar faē *ou* gad dispriz, *pr.* id.

* MORGUEUR , morguer, *pl.* yen; morgour, *pl.* yen ; un dén morgant, *pl.* tud morgant. *De là*, mary morgant, *sirène*.

MORIBOND, *e*, marv-dare, *pl.* mar-vou-dare; dare da vervel, nep ne all muy beva pell-amser, nep so ê tailh da vervell.

MORICAUD, Duard, *pl.* ed; Many-ell-Mauryan, *pl.* Manyell-Mauryaned.

MORICAUDE, Duardès, *pl.* ed; Ma-nyell-Mauryanès, *pl.* Manyell-Maury-auesed.

MORIGÉNER, lésenna, *pr.* et; dis-qi, *pr.* desqet; qelenn, *pr.* et. — *Bien morigéné*, desqet mad, qelennet mad, lésennet mad.—*Mal morigéné*, drouc-qelennet, droucqlésennet, goalldesqet.

MORILLE, *espèce de champignon*, mo-rucqleu, *pl.* moruql.

MORION, *armure de tête*, mauryoñ, *pl.* ou.

MORITANIE, *pays des Mores*, bro ar Vauryaned, Maouryar

MORLAIX, *ville de Bretagne*, Mon-troulès. *Dans le dictionnaire gothique,* Mont-trolaēs. *v. Liogan.—Les trois égli-ses paroissiales de Morlaix sont trois prieu-res où il y avait autrefois des Bénedictins,* an teyr ilis parrès eus ar guær a Von-troulès a so try pryelaich, pe ê re ez oa guéchall religiused eus a urz sant Benead.—*La rade de Morlaix, au-dessous du passage S. Julien,* hauter-al-lenn.

MORNE, *sombre, pensif*, trist, pridi-ryus, oc'h, á, añ. *Van.* hurenuecq, cudennecq. *v. songeur.*

MORPION, *vermine*, laouën parfilet, *pl.* laou parfilet; laouën paffalecq, la-ouën parfalecq, *pl.* laou parfalecq.

MORS, *fer de bride*, morz, *pl.* you, ou. *Van.* morh, *pl.* eū.

MORSURE, crog, *pl.* ou. *Van.* dan-tadur.—*Morsure de chien*, crog qy, ur c'hrog qy.—*Légère morsure*, croguicq,

'c'hroguicq, *pl.* crogouïgou; crog-
-tér, *pl.* crogou distér.

MORT, *trépas*, marv, maro, ar marv,
maro. *Van.* marv, marû. *Al.* mart,
th, læth.—*Mort subite*, maro prim,
rv soubit, *pl.* marvou, etc.—*Mort
turelle*, maro natur, marv natural,
marvou natur, marvou natural.—
*mort te raidisse*, ar maro ra'z souno,
marv ra os astenno. *Van.* er marv
s reudo.—*Mort civile*, maro civil,
arv d'ar bed.—*Mort fâcheuse*, ur ma-
trist, ur maro reuscudicq, ur maro
ahezus, *pl.* marvou trist, etc. ur goall
ro.—*Mort violente*, marv rust, maro
iz, maro cruel.—*La mort n'épargne
rsonne, et enlève tout le monde*, ar mane espern dèn e-bet, egon a guemer
r bed oll; ar maro yen na espern na
ras na bihan, na coz na yaouancq,
o nobl na bilen, na dèn a ilis na dèn
cq, hegon a zeu, didruezus ma'z co,
a zistroada an oll divar an doüar.—
*Quand je serai une fois mort, vous verres
s train que prendront vos affaires*, pa ve-
o ur veach sarret va daoulagad-me.
z vellot penaus e ceiñchou ar bed guc-
ococ'h. — *Blessé à mort*, bleçzet d'ar
maro.—*Jugé et exécuté à mort*, barnet
sa leoqent d'ar maro.—*On trouve remède
à tout, excepté à la mort*, oud pep tra ez
cavèr remed nemed oud ar maro, pep
tra èn deus e remod, ar maro hepqen
a so diremed. —*Avoir une bonne mort*,
cahout ur maro mad, *pr.* bet.—*Etre à
l'article de la mort*, beza dare, beza dare de vervel, beza èn e drémenvan, cahout an cncqou, beza èr mouich. *Van.*
bout e tenneiñ doh er marv.—*Mort, e,
qui n'a plus de vie*, trémenet; maro,
marv, marvet —*Hélas! il est mort, allas!
tremenet eo; allas, marv eo, siouaz!
—Arbre mort*, ur séc'henn, *pl.* ed, ou;
guézen varo, *pl.* guéz maro.—*Les morts*,
morte, cicq maro.—*Les morts*, an anaoun, an anaoun drémenet, nep so eat
d'an anaon, ar re varo. — *La fête des
morts*, goël an anaoun—*A demi-mort*,
hanter-varo.—*Tout-à-fait mort*, micq,
maro-micq.—*Mort aux chiens, plante*,
an esflout, an igouuar. *r. corne de cerf.*

—*Mort aux rats, arsenic, orpiment* guènn.—*Mort aux vers, la barbotine*, lousou qést, lousou ouc'h ar c'hést, lousou oud ar preñved, lousou prèved.

MORT-NÉ ( enfant ), buguel maro
é coffe vamm; qroundur maro abarz
beza ganet.

MORTAISE, *entaille pour un tenon*,
mortez, *pl.* you; mortez steudeñ, *pl.*
mortezyou steudenn. *Van.* ingoch, *pl.* eû

MORTALITÉ, mervénty, mervént,
mortinauz. *Van.* meruent, meluent,
meruenn.

MORTEL, *elle, sujet à la mort*, redd
dezà mervel, suget d'ar maro, marvus.
—*L'âme des brutes est mortelle*, ene an
loëzned a verv gandho ou a so marvus.
—*Nous sommes tous mortels*, mervel a
rencqomp oll, mervel a reomp oll, bez
ez omp oll suged d'ar maro, marvus
omp oll.—*Mortel, homme*, dèn, *pl.* tud.
—*Les mortels, les hommes*, an dud.—*Mortel, qui cause la mort*, marvell.—*Il a reçu un coup mortel*, marvell eo e daul,
un taol marvell èn deus bet.—*Maladie
mortelle*, clêved marvell.—*Il déclara dans
sa maladie mortelle que*, èn e glêved marvell ez disclæryas penaus.—*Le péché
mortel donne la mort à l'âme et au fils de
Dieu, dit la sainte écriture*, ar pec'hed
marvell, eme ar scritur saer, a ro ar
maro da ene nep a seu de ober ha da
Jesus-Christ, è memès amser.—*Haine
mortelle*, caçzouny marvell, caçzouny
dreistordinal, caçzouny diremed.—*Ennemi mortel*, adversour marvell, adversour caledet, adversour hep distro.

MORTELLEMENT, marvellamant,
ez marvell.—*Pécher mortellement*, pec'hi
marvellamant, *pr.* et.—*Offenser mortellement quelqu'un*, offanci grevus ur re-
bennac, *pr.* et.

MORTIER, *vaisseau propre à piler*,
mortez, *pl.* you; groçzmortez, *pl.* you.
—*Le mortier et le pilon*, ar mortez hac
ar piloun, ar groçzmortez hac ar pilou-
èr.—*Mortier, chaux et sable détrempés*,
pryraz.—*Mortier, marque de dignité*, casqenn, *pl.* ou.—*Mortier à bombes, pièce
d'artillerie*, mortez, *pl.* you; mortez-
boumbès, *pl.* mortezyou-boumbès.

MORTIFÈRE, maroel alyes, àr pez a so capapl da rei ar maro.

MORTIFICATION, castiz cus ar c'horf evit treac'hi ha sujal ar goall inclinacionou natur.—*Mortification*, hont, mez, poan, displijadur.—*Ce sont des mortifications que Dieu nous envoie*, poannyou pere a zigaçz Doûe deomp int.

MORTIFIER quelqu'un, ober poan da ur re-bennac, *pr.* græt; rei displijadur da ur re, *pr.* roët; castiza ur re, *pr.* et; morc'hedi ur re, *pr.* et.—*Je suis mortifié, chagrin*, morc'het oun, etc.—*Mortifier son corps, ses sens, ses passions*, castiza e gorf, suia e sqyanchou, plega e voall inclinacionou, *ppr.* et.

MORTUAIRE, *qui concerne les morts*, mortuaich, *pl.* ou. *Van.* mortuach, *pl.* mortuageû.—*Droits mortuaires*, ar mortuaichou. —*Drap mortuaire*, al lyenn mortuaich.—*Extrait mortuaire*, certenyaich a vortuaich. *Van.* ur papér mortuach.— *Mortuaire ou obituaire*, levr mortuaich, *pl.* levryou mortuaich.

MORUE, *poisson de mer*, moru, *pl.* ed; molu, *pl.* ed. *Van.* id. — *Pécher la morue*, moruëta, *pr.* et.—*Aller à la pêche de la morue*, moûnet da voruëta, *pr.* ëo', eat.—*Morue fraiche*, moru fresq.—*blanche*, moru glas. —*séche ou parée*, moru seac'h. *v.* merluche.

MORVE, *humeur du nez*, mec'hyeû, *pl.* ou, mec'hy; sterveûn, *pl.* ou. *Van.* mihyenn, *pl.* mihy; melhuêun, *pl.* melv.—*De la morve*, mec'hy. *Van.* mihy, melv.—*Morve, maladie du cheval*, marf, morv, morin.

MORVEUX, *euse*, mec'hyocq, mec'hyecq, stervennocq, oc'h, à, añ, *ppl.* mec'hyéyen, stervennéyen, tud mec'hyocq, tud mec'hyecq. tud stervennecq. *Van.* mihyecq, melhuênnecq, *ppl.* tud mihyecq, tud melhuênnecq, morous, *pl.* ed.—*Cheval morveux*, marc'h morus, marc'h mormous, marc'h morfus, marc'h morvoûs. *Van.* marh morus, jau morous.

MOSAIQUE, *ouvrage fait de différentes pièces*, marelladur, ouvraich marellet.

MOSQUÉE, témpl an Turcqed, témpl ar Mahometaned, *pl.* témplou.

MOT, *parole*, gûer, *pl.*-you *Van.* guegnir, *ppl.* yeû.—*Deux ou trois mots*, d. on pe dry guer.—*Un petit mot*, ur guiricq. —*De petits mots*, gueryouïgou. — *Certains mots*, guerennou, certen gueryou, compsennou.—*Former ses mots*, épeler, plena, *pr.* et.—*Mot à mot*, guer evit guer, guer-ê-guer; guer-ê-c'her.-*En un mot*, èn ur guer. — *En peu de mots*, e berr gompsyou, é neubeud. c'heryou.—*Je n'ai qu'un mot à vous dire*, n'em eus nemed ur guer da lavaret deoc'h. — *C'est son mot ordinaire*, c'her eo, e c'her e-unan eo.—*Un demi mot*, un hanter guer.—*Entendre à de mi-mot*, eûleut taust-da-vad, *pr.* et. - *Ne dire mot*, beza dizon, *pr.* bet; tevel *pr.* tavet. *Van.* taoûeiñ, *pr.* et. —*Ne dire mot d'une chose*, beza dizon var un dra, tevel var un dra,--*Qui ne dit mot*, dison nep so dison, nep ne lavar guer, nep ne lavar na guer, na gricq.—*Tranche le mot*, distaga ar guer.—*Il a tranché le mot*, distaguet eo ar guer gan thà.—*Mot pour rire*, guer evit farçzal, gue farçzus, *pl.* gueryou farçzus, compsen nou farçzus.—*Dire un bon mot*, distag ur guer mad, *pr.* distaguet.—*Diseur de bons mots*, distaguer mad, *pl.* distague ryeu vad; temmér vad, *pl.* temméryeu vad. *r. disert*.—*Prendre quelqu'un au mot* qemeret ur re dioud e c'her, *pr.* id.-*Mot du guet*, ar guer a vresell, azroué ar gued.--*Donner le mot du guet*, lavare ar guer a vresell, rei an azrouëz eu ar gued.

MOTET, *composition de musique*, bom musicq, *pl.* bommou imusicq --*Chanter un motet*, cana ur bom musicq, *p* canet; bomma è musicq, *pr.* et.

MOTEUR, peuncaus, *pl.* you --*Vous êtes le premier moteur de ces choses*, c'hui eo ar peuncaus eus an traou-ze oll.

MOTIF, *cause, raison*, abecg, *pl.* or résoun, *pl.* you. r. *interêt*.—*Quel motif a-t-il donc eu de dire cela?* pebez abecg èn deus-è bet ou pebez résoun èn deu è da lavaret qemeñze? dre'n abec da beira ou pe dre'n abecg ou pe ev résoun ou pe evit fin èn deus-è lavart an dra-ze ? — *Il a eu plusieurs motifs* meur a abceg *ou* meur a résoun èn deus bet, cals abegou *ou* cals résounyou èu deveus bet.

MOTTE, *morceau de terre*, glén.—*Je n'ai pas seulement une motte de terre*, ne meus glén, n'am eus qet a glén.—*Motte de terre labourée et non rompue*, bomm doüar, *pl.* bommou; moudenn, *pl.* ou. *Van.* mottenn. *pl.* eü.--*Petite motte*, bommicq doüar,*pl.*bommoüïgou;moudennicq, *pl.* moudennoüïgou.—*Motte de terre marée*, moudenn, *pl.* mouded, moudad; moudenn-marr, *pl.* mouded. —*Petite motte de terre marée*, moudennicq marr.—*Motte de terre marécageuse propre à brûler*, taoüarc'heü, *pl.* taoüarc'h. *v. leche.* — *Petite motte de terre marécageuse*, taoüarc'hennicg, *pl.* taoüarc'heunigou.—*Motte, tertre, élévation, s. colline, bosse de terre.* -- *Motte, maison noble*, ar Voudeñ, maner ar Voudenn, tuchentil ar Voudeñ, noblançz ar Voudell. *Van.* er Voteenn, meder èr Vottenn.—*Al. et Mr. de la Motte*, an autrou hac an introun ar Voudeñ —-*Motte de taneur*, moudenn-brisy , *pl.* mou.led.

. MOTUS, *interj.*, *ne dites mot*, gricq.

MOU, *molle*, *qui cede facilement au toucher*, boub, goacq, youst blot, oc'h, à, au. *Van.* blot, foësq, foëst, oh, añ. — *Lit mou*, ur guële boug. *Hors de Léon*, ur guële goacq *ou* blot,—*Poires molles*, per boucq *ou* goacq *ou* youst *ou* blot. *Van.* pèr foest *ou* foësq *ou* blot. *De blot semble venir le mot français* blet, blette, *qui se trouve dans Pomey et ailleurs.* — *Cire molle*, coar boug *ou* goacq. *Van.* coër tenañ. — *Rendre ou devenir mou ou molle*, boucqaat, *pr.* ëet; goacqaat, *pr.* ëet; bloda, *pr.* et; blotaat, *pr.* ëet. *Van.* bloteiü, blotät. —*Mou, molle, efféminé, lâche*,lausq-digalon,'evel ur vaoües *Van.* id. *Al.* tizocq. *pl.* tizogued. — *Les personnes molles ne possèderont jamais le royaume des cieux*, dit *S. Paul*, ar re pere a ra iousdòny gad o-unan na antreiñt birvyqen èr barados, eme ar Spered Santel dre c'hinou Sant Paul. — *Mou, sans vigueur*, guëzñ, lausq, oc'h. à, añ.

MOUCHARD, *espion*, spyer, spyour,

ppl. spyéryen; guedeur, *pl.* yen. ·

MOUCHE, *insecte*, qellyeneñ,*pl.* qellyenn. *Van.* qellyoneu, *pl.* qellyon;qelhyanen, *pl.* qelhyan. — *Petite mouche*, qellyenennicg.*pl.*qellyennigou.—*Mouche à miel, abeille*, guënanen,*pl.*guënan. — *Mouche-guêpe ou bourdon*, guëspeden, *pl.* guësped. *Van.* guispeden, *pl.* guïsped. — *Mouche de bestiaux*, qellyenenn dall, *pl.* qellyenn. *v. taon.* — *Sujet aux mouches*, qellyennecq. — *Lieu plein de mouches*, leac'h qellyennecq.—*Chasser les mouches*, diguellyenna,*pr.* et.—*Mouches que les femmes se mettaient au visage*, tellenicq seyzou taftas,*pl.* telleñoüïgou.

MOUCHER *le nez d'un enfant*, sëc'ha e fry da ur c'hrouadur,*pr.*sec'het;c'huëza e fry da urbuguel, *pr.* c'huëzet; torcha e fry da, etc., *pr.* torchet —*Se moucher*, sec'ha e fry, c'hnëza e fry, nettaat e fry, torcha e fry, *ppr.* et. — *Moucher la chandelle*, moucha au goulou, *pr.* et; divoucha au goulou, *pr.* et. *Van.* divoucheiñ er goleü. — *Moucher, parlant des bestiaux que les mouches font courir*, bresqigu, bresqenn, *ppr.* bresqennet. *Van.* id. — *Moucher, parlant d'un homme qui paraît fort affairé et qui court çd et là*, bresqigu; drasqal, *p* . et; bale stancq *ou* munudicq *ou* bibiu, *pr.* balëet.—*Moucher, faire le mouchard*, spya, *pr.* et; guedal, *pr.* guedet.

MOUCHERON,*petite mouche*,fubueü, *pl.* ou, fubu; c'huybeden, *pl.* c'huybed. *Van.*huybedcen,*pl.*huybed, huyb, huibë.—*Moucheron, le bout de la mèche d'une chandelle qui brûle*, mouchenn, *pl.* ou; ar vouchen, mouch.*pl.* ou; ar mouch, mouch-goulou. *Van.* moucheñ, *pl.* eü.

* MOUCHET *ou* tiercelet, *mâle de l'épervier*, logataër, *pl.* yen. —

MOUCHETER, *parsemer de petites taches*, brizella, *pr.* et; brizenna, *pr.* et. *Van.* brihennat, brehat, brihat,*ppr.* et.

MOUCHETTES, *instrument pour moucher la chandelle*, mouchettès, *pl.* ou *Van.* mouchett, *pl.* eü. ·

MOUCHETURE.*façon d'une étoffe mouchetée*, brizennidiguez, brizelladur, brizadurez. brizadur.

MOUCHOIR, *linge pour se moucher*,

mouchouĕr, *pl.* ou. *Van.* mouched, *pl.*
eü. — *Mouchoir blanc*, **ur** mouchouĕr
fresq. — *Mouchoir de cou*, mouchouĕr-
gouzoucq, *pl.* mouchouĕrou: gouzouguenn, *pl.* ou. *Van.* daleteenn, *pl.* eü.

· MOUDRE *du blé, etc.*, mala, *pr.* et.
*Van.* maleiñ, *pr.* et. *v. mounée, moute,
mouture*. — *Moudre du blé blanc*, mala
ed guënn.—*Moudre du blé noir, du sarrasin*, mala ed du, mala güïnyz-du **ou**
yd du.—*Moudre quelqu'un de coups*, flastra ur re a daulyou, *pr.* flastret; blonçza ur re-bennac a daolyou, *pr.* et. —
*Ils l'ont moulu de coups*, fustet eo bed gadho qen na fué, blomcet *ou* duet eo gad
an taulyou, flastred eo gadho a daolyou.

MOUE, *grimace*, mouzadur, mouzérez. *Van.* mouhereh. — *Faire la moue,
être fâché, mécontent*, mouzu, mouâ, *pr.*
et. *Van.* mouheiñ, mouëiñ, *ppr.* et.

MOUFLARD, *joufflu*, talfaçzecq, *pl.*
talfaçzegued, talfaçzéyen. *Van.* mor-
zeell, *pl.* ed. *v. joufflu.*

MOUFLARDE, talfaçzeguès, *pl.* ed.

MOUILLAGE, *ancrage pour les vaisseaux*, euraich. — *Il y a là bon mouillage*, euraich mad a so ahont.

MOUILLE-BOUCHE, *poire*, pèr
moul-bouch.

MOUILLER, glibya, *pr.* et; gleba, *pr.*
et; glueba, gloëba, *ppr.* et. *On écrivait*
glibyaff, glebaff, *d'où on prononce en Trég.*
glybyan, glebañ. *Van.* glebeiñ, glubeiñ,
gloebeiñ. — *Sujet à mouiller*, glibyus,
glebus, oh, à. — *Temps sujet à mouiller*,
amser glibyus.—*Mouiller, arroser*, doura, *pr.* et.—*Mouiller, jeter l'ancre*, cau-
ri, paouës, *ppr.* et.

MOUILLÉ, e, *qui n'est pas sec*, gleb,
glyb, glueb, gloëb, oc'h, à, añ. *Van.*
glub, gloeb, gleb.

MOUILLETTE, *tranche de pain menue*,
stuhenn vara, *pl.* stuhennou; drailheñ
vara, *pl.* drailhennou vara, evit tempra
è vrou tano.

MOUILLURE, *état de ce qui est mouillé*,
glebor. *v. moiteur, humidité.*

· * MOULANT, *garçon meunier attaché
à faire moudre le grain*, maler, *pl.* yen;
pautr maler, pautr miliner.

MOULE, *en quoi on forme une chose*,

moul, *pl.* ou. *Van.* id, *pl.* eü. *v. modèle.* —
*Moule, coquillage*, mesqlen, *pl.* mesqled,
mesql. — *Petite moule*, mesqlennic q,
*pl.* mesqledigou.

MOULER, *jeter en moule*, moula, *pr.*
et; teureul eñ moul, *pr.* taulet. *Van.*
mouleiñ, tauleiñ è moul. — *Il tit bien
le moulé*, lenn a ra brao ar scritur moul.

MOULIN, milin, *pl.* ou, you; melin,
*pl.* ou; meil, *pl.* ou; mèll, *pl.* ou. *Van.*
melin, *pl.* yeü. — *Moulin banal*, milin
banal, milin boutin; *on prononce* milin
vañnal, milin voutin. — *Moulin à bras*,
milin vreac'h; bréou, *pl.* bréyer. — *Petit moulin à bras pour moudre des épiceries*,
malouĕr, *pl.* ou — *Moulin qui se tourne
par le moyen des chevaux*, milin varc'h.
—*à vent*, milin avel.—*d'eau*, milin dour.
—*de mer*, milin vor.—*à blé blanc*, milin
ed guënn. — *à blé noir*, milin ed du.—
*d'huile*, milin eol. — *à papier*, milin baper. — *à poudre*, milin boultr. — *à foulon*, milin coumm.—*à tan*, milin couës.
— *Les noms des choses qui composent ou
qui regardent un moulin à eau*, an hanvou eus an traou a aparchant ouc'h ur
vilin zour, qèn a ziaveas, qèn a ziabarz.
—*L'écluse ou l'étang*, ar stancq, al lenn.
—*La décharge de l'eau superflue de l'étang*,
can foll, ar c'han foll, ar poull-scorf.
— *La bonde pour retenir ou laisser couler
l'eau de l'étang*, ar sclotur, sclutor, sclo-
touër, al laëres. — *La vanne qui est dans
la bonde, qu'on lève pour laisser couler l'eau*,
pal, *pl.* you; ar bal. — *Le biez par où l'eau
tombe sur la roue du dehors*, can, ar c'han.
— *La roue de dehors*, ar rod vras, ar rod
milin, ar rod a ziaveas. — *Les jantilles
de la roue*, palyou ar rod. r *jantille, jantiller.*—*L'eau blanche qui tombe de la roue
ou qui se trouve à la décharge de l'étang*,
bervenn, ar verven, de birvi, *pr.* bervet,
*bouillir, bouilli.* — *La trémie où l'on met
le blé*, kern, kern ar vilin, ar guern.—
*L'auge où le blé tombe de la trémie*, an né-
vicg, an néau vihan. — *Le traquet qui
remue l'auge pour en faire tomber le blé*,
cañnell, ar gannell, ar straqlerès, ar
sthaqerès.—*Le chapeau* an tocq, an tocq
milin. — *La meule de dessus ou meule courante*, ar mæn milin. — *La meule d'em-*

*bas ou la meule gisante,* mæn diasez ou aze ou sur. — *Les sarcens qui entourent les meules,* earc'haryou, ar c'har-c'haryou. — *Les brides,* ar bridou. — *L'auge de la farine,* au néau, néau ar bleud. — *La croix de fer,* ar groaz. — *Le fer du ploquier qui fait tourner la meule de dessus,* an hoüarn bras. — *Le ploquier,* ar paignônou. — *Les bâtons du ploquier,* guërzidy ar paignônou. — *La coquille qui sert de gond au fer du ploquier,* crogueñ, ar grogueñ. — *Poutreau ou la coquille est enchassée,* ar gasecq. — *Les deux traversiers qui soutiennent le poutreau de la coquille,* ur guêntle, ar guêntleyer. — *Les deux bois qui lient les deux traversiers,* ur pluñecq, ar pluñêyen — *La fosse,* ar pourod, ar poull-rod.— *La petite roue ou la roue du dedans,* ar rod vihan. — *Les chevilles qui bordent la petite roue,* an arançzonou. — *L'essieu des deux roues,* ar marbr. — *Les tourillons sur lesquels tourne l'essieu,* ar guiberou. — *Le grand et le petit charriot pour lever la meule,* ar c'harr bras hac ar c'harr bihan. — *Le câble des charriots,* ar c̄habl. — *Lever la meule pour la piquer,* sevel ar vilin, *pr.* savet; lémma ar vilin, *pr.* et ; convocq ar vilin, *pr.* convocqet; couga ar vilin. *pr.* couguet.

MOULINET, *instrument pour chasser les oiseaux,* trabell, *pl.* ou. *On appelle par métaphore* trabell, *une femme qui parle beaucoup et qui criaille.* — *Moulinet petit moulin de carte pour les enfants,* milin avel, milinicq avel, *ppl.* milinou, milinouïgou. — *Faire le moulinet en dansant sur la corde; avec une gaule, de manière à parer tous les coups de pierres,* trei ar viliu var ar gordenn, trei ar vilin gad ur vaz a zaou-benn, *pr.* troët.

MOULT, *beaucoup,* meurbed.

MOULURE, *chose moulée,* mouladur. — *Moulure, t. d'architecture.* mouladur.

*MOUNÉE, la provision ordinaire qu'on porte à moudre au moulin,* arreval, *pl.* ou; maladenn, *pl.* ou. *v.* moute, mouture. *Pour dire burlesquement d'un pécheur qu'on croit avoir des cas réservés et peut-être des censures, qu'on n'a pas le pouvoir de l'absoudre, et ainsi qu'il ne se présente pas,* on dit:

ne deus qet dour avoalc'h èm miliu evit mala oc'h-arreval.

MOURANT, *e,* dare, nep so dare, dare da vervel, nep so réntet èr mouich.

MOURIR, mervel, *pr. et part. passé,* marvel; *pr. et adj.* marv, maro. *B.-Léon,* mclver; *de même que* malver *pour* marvel, *qui signifie mortel, mortelle.* decedi, *pr.* et; trémen, *pr.* et ; moûnet d'an a-naoun, *pr.* ëet, eat. *Van.* marüeiñ, merüel, *ppr.* marüet. — *Mourir de sa belle mort,* cahout ur maro natur *ou* natural *ou* ordinal, *pr.* bet; mervel dre natur. *v.* mort. — *Il se meurt,* mervel a ra, dare eo, ez ma o vervel, ez ma èr mouich. — *Il a été sur le point de mourir, il a été à l'extrémité,* dare-dare eo bet, dare eo bet de-zañ mervel, bet eo bed e ar mouich. *v. extinction.* — *Je me meurs, c'est fait de moi,* mervel a ran, great eo ac'hanoun, marv oun, pacqet oun. — *Mourir de douleur ou d'ennui,* mervel gad anqenn pe gad enoë. — *Mourir de faim ou de peur,* mervel gad naoun pe gad aoun, mervel gand an naoun pe gand an aoun. — *Faire mourir,* lacqaat d'ar maro, *pr.* lecqëet. — *La Justice la fait mourir,* lecqëat eo bet d'ar maro dre ordrenançz Justiçz. — *Faire mourir, parlant hyperboliquement,* ober mervel, laza, *pr.* et.— *Cette affliction me fait mourir,* ar boanze a ra din mervel, an encqres-ze am laz, lazet oun gad an encqrès-ze *ou* gad ar boan-ze *ou* gad an nec'hamand-ze.

MOURON, *plante propre contre la morsure des chiens enragés, contre la manie, le délire, la peste, etc.,* cleyz, ar c'hleyz, lousaoüeñ ar c'hleyz, gleyz, gley, ar c'hley. *Latin,* anagallis.

MOUSQUET, *arme d feu,* mousqed, *pl.* ou, mousqidy.

MOUSQUETADE, tenn mousqed, *pl.* tennou.

MOUSQUETAIRE, mousqeder, *pl.* yen.—*Les mousquetaires noirs,* ar mousqedéryen du.

MOUSQUETERIE, mousqcderez, mousqedliry.

MOUSQUETON, mousqetoun, *pl.* mousqetonnou.

MOUSSE, *jeune garçon qui sert dans*

un vaisseau, goazieg, pl. goazigued. — Mousse, plante. — Mousse d'arbre, qifñy, qinvy, qinvy an guëz, qeony, baró-guëz, barvou guëz. Van. qinivy, qinvy, barv èr gue.—Mousse terrestre, mousse rampante, ar sec'hicq. Trég. tousqañ, sponë. H.-Corn. et Van. man.—Se couvrir de mousse, qinvya, pr. et. Van. qivinyeiñ, pr. qivinyet. v. émousser. — Mousse marine, mousse de rocher. v. goémon. — Mousse de bière, etc., les petits bouillons qui surnagent sur une liqueur, ar berv, ar bouil.

MOUSSELINE, toile fine faite de coton, mouçzeliña, mouçzilina.

MOUSSER, parlant du vin, de la bière, etc., rei bouilh d'ar guïu, d'ar byer.

MOUSSU, e, couvert de mousse, qinvyet, carguet a guifñy ou a guinvy, goloët gad ar c'hinvy ou gad an sec'hicq, goloët gad ar sponë ou gad an tousqañ, carguet a van. Van. qivinyet, carguet a van. v. face.

MOUSTACHE, moustaich. pl. ou. —Longue moustache, moustachenn, pl. ou ; moustaichou hirr. — Celui qui a une longue moustache, moustachenecq, pl. moustachenneyen.

* MOUT, vin qui n'a pas encore bouilli, moust, qu'on écrivait must; guïn héol ou douçz ou diverv.—Du moût de Dijon, de Bordeaux, cézo-ruz, ceün-ru.

MOUTARDE, cézo, c'o, céün, céon, moustard, mustard. Van. mustard, céün — Après dîner, moutarde, goude leiñ, mens-boëd.

* MOUTARDIER, podicq ar cézo ou ar moustard.

* MOUTE, droit de moute, arval, an arval, maoulour, ar maoulour, madalecg, ar vadalecg, guïr an miliner. v. mounée, mouture.

MOUTIER, moustér, pl. you. v. monastère.

MOUTON, agneau châtré, maoud, pl. méaud; ur peun maoud, pl. méaud; maud. Van. mëud, pl. ed; ur peü mëud, pl. mëuder, mëuded.—Un quartier de mouton, cartell maud, ur c'hartell ou ur c'harter maud. v. éclanche, épaule. — Côtelette de mouton, costouïgou mé-

aud.—Peau de mouton, croc'henn maud, pl. crec'hin méaud; maudteñ, pl. ou. Al. maud-qenn, pl. maud-qennau.—Mouton marin, mor-vaoud, pl. morvéaud. Van. mëud-mor, pl. mëuded. — Le mouton d'une cloche, maoud ur c'hloch.

* MOUTON, vin, etc., qu'on donne aux maçons à l'achèvement d'un édifice, ar maoud, ar guïn-æchu.

*MOUTONNAGE, t. de coûtume et droit seigneurial, méaudaich, mennad. — Tête moutonnée, cheveux frisés et touffus, peñad bléau foutouilhecq, peñ barbed.

MOUTURE, façon ou action de moudre, maladur, malérez. Van. méutur, malerah, malerch. v. moute, mounée.

* MOUVANCE, supériorité d'un fief dominant à l'égard d'un qui en relève, moüançz, depandançz.

MOUVANT, ante, depandant, moñant. — Fief mouvant d'un autre, dalc'h depandant vès a un all, dalc'h a zepant eus a un all, dalc'h pehiny a zalc'h eus a un dalc'h all, dalc'h moüant. — Mourant, e, qui n'est pas ferme, dibarfedt, fiñvus, oh, añ.—Table mouvante, taul dibarfedd ou fiñvus.—Sable mouvant, louncq-træz, boug-treaz.—Mouvant, ante, remuant, qefflusqus, fiñvus, fich-fich, pl. tud qefflusqus, etc. — Ce garçon est toujours mouvant, terrup eo qefflusqus ar pautr-hont, fich-fich eo ar pautr-hont. — Du mouvant, de la marchandise, de l'argent pour le commerce, marc'hadourez, arc'hand mont-dont, arc'hand moüant.—Il n'a pas de terre, mais il a du mouvant, n'en deus qet a zoüar, hegon arc'hand èr-vad, ha marc'hadourez èn deus.

MOUVEMENT, action de mouvoir, qefflusqy, qeulusq, flaich, diblaçz, dispac'h, qeulusqadur, caçz-ha-digaçz. —Le mouvement du soleil, des planètes, ar flaich eus an héaul, eus ar stered. —Le mouvement du cœur, ar c'heulusq eus ar galoun. Van. èr boulg ag èr galon. — Le mouvement du sang, ar c'haçz hac an digaçz eus ar goad, ar moñnet hac an doñnet eus ar goad dre ar goazyed, ar red eus ar goad. — Laissez-là

:os mouvemenls et vous tenez en repos,
10 fourgaçz, list ho qneſllusq, list
ispac'h hac èn em zelohit é penc'h.
. leset ho poulg, ne voulget qet --.
t mouvement, parſedt, digueulusq,
sich. -- Un premier mouvement, ar
:nt à sonch ou froudenn.--De son pro-
mouvement, de son gré, anezà e-unan,
nep redy. -- De mon propre mouve-
it, ac'hanoun va-unan.

MOUVOIR, exciter quelqu'un d quel-
chose, douguen ur ré da un dra ou
ober un dra bennac, pr. douguet.
:xciter, pousser.--Se mouvoir, se remuer,
ſllusq, pr. et ; qenlusq, pr. et; fiñ-
il, pr. et ; ſlaich, pr. et. Van. boul-
iſr, pr. et.--Se mouvoir, se démener, oa-
ilat, pr. et ; dispac'hat, pr. et.

MOYEN, milieu entre deux extrémités,
-enn, creiz, èntre daou, crennard.
- De moyenne taille, crenn, eus a ur
énd crenn, crennard, na bras na bian, entre daou. -- La moyenne région
e l'air, an oabl creis, an oabl yeu. v.
égion. -- Moyen, expédient, moyen, pl.
u.--Le moyen de venir d bout d'une chose,
'est, etc., ar voyenn da zoûnet a beñ
:us a un dra, eo, etc.--Il n'y a pas moyen
le, ne deus qet a voyenn da, etc., ne
deus moyenn e-bet da. -- Il y a mille
et mille moyens de, bez'ez eus mil ha mil
moyeñ da, bez'ez eus mil moyenn ha
mil all, etc. -- Quel moyen de souffrir
eela? ar voyenn da c'houzav qemen-ze?
penaus souſſr an dra-ze ? -- Par toutes
sortes de moyens, dre bep moyeñn, dre
pep scurd moyennou, dre pep hend,
dre bep ſrçzoun. -- Par le moyen de la
grâce de Dieu, gand sicour ar c'hraçz
eus a Zoûe, Doûe arauaq.

MOYENS, richesses, pe-a-dra, danvez, moyenn. -- Il a quelques moyens,
quelques biens, beza èn deus pe-a-dra,
moyenn ou danvez èn deus.

MOYENNANT, gand, gand sicour.
--Moyennant la grâce de Dieu, gad graçz
Doûe, gand sicour ar c'hraçz-Moyennant
qu'il tienne, gand ma, nemed ma.--Moyennant
qu'il tienne, gand ma tuy, gad ma tuyo,
nemed ma tuy.

MOYENNER, moyenni, pr. et; ober,

pr. græt. v. s'entremettre.--Moyennier un
accord, moyenni un accord, ober un
accord.

MOYENNEUR, moyennour. v. médiateur, entremetteur.

MOYEU, jaune d'œuf, melen vy. --
Moyeu, noyau d'une roue, pendell, pl. ou;
pendell qarr, ur bendell qarr, ur ben-
del rod; moëll, pl. oü; moëll qarr, pl.
moëllou. Van. mouyéll rod, pl. mou-
yelleû rod.

MUABLE, ceñehus, suget da ceñchi;
oc'h, à. -- Les esprits sont plus muables
que les corps, ar sperejou a so ceñchuç-
zoc'h eguet ar c'horſou, spered àn dèn
a so sugetoc'h da ceñch eguit e gorſ.

MUE, action de muer, muzadur, lau-
ladur. -- Mue, cage pour engraisser les
poulets, muz, pl. you, ou. -- Mettre des
poulets, des chapons en mue, lacqât poun-
cined, cabouned èr muz da larda, pr.
lacqéet.

MUER, changer de plumage, de peau,
de poll, de roiz, muza, pr. et; teureul,
pr. taulet; discarr, pr. et.

MUET, mud, simudet, ppl. tud. v.
fermer. -- Puisse-tu devenir muet? boëd
an droucq simud.

MUETTE, mudès, pl. ed. -- Les filles
ne sont pas communément muettes, dibaut
ar verc'h a so mudès, mudadur ou ar
simud ne dausta nemeur oue'h maouès
-- Etat d'une personne muette, simud, si-
mudadur, muderez, mudadur. -- Devenir ou rendre muet, simuda, pr. et;
muda, pr. et.

MUGIR. v. beugler.

MUGISSEMENT. v. beuglement.

MUID, mesure de vin, de blé, buucz,
pl. ou; meuy, pl. ou. Van. mæs, pl. eû.
--Muidplein, buncz̧ad, pl. ou; meuyad,
pl. ou. -- Un muid de vin, ur buñcz̧ad
guin. -- Des muids de grains, de sel, meu-
yadou grenn, menyadou hoalen. Van;
mæyeû graoun. mæyeû halein.

MULE, femelle du mulet, mulès, pl. ed.
-- Mule, pantoufle, muletès, pl. ou. --
Donne moi mes mules, deus va mulete-
sou din. -- Baiser la mule du pape, pocqet da dreid hon tad santel ar pap, vi;
qel da Jesus-Christ var an doûar. --

*Mules, engelures aux talons,* goüavenn èr seuzlyon treid, *pl.* goüavennou. *Van. et H.-Corn.* muled.

MULET, *animal métis,* mul', *pl.* ed. *Van.* id. —*Il était chargé comme un mulet,* carguet voa evel ur mul, qèr sammet voa hac ur mul. —*Mulet, poisson de mer,* meilh, *pl.* y, ed; moullecg, *pl.* moullegued. *Van.* meilh, *pl.* y, ed.

MULETIER, *qui conduit et panse les mulets,* muleter, *pl.* yen. *Van.* muletour, *pl.* muletéryon.

* MULIÈBRE, *t. de médecine,* bleuzñ guënn.

MULON. *v.* meuls.

MULOT, *souris champêtre,* morsenn, *pl.* ed; logoden-mors, *pl.* logod-mors; mulodenn, *pl.* ed, muloded.

MULTIPLIABLE, cresqabl, a ailleur da grisqi.

MULTIPLICATION, cresq, cresqançz, cresqadurez.

MULTIPLICITÉ, niver bras, niver cresqet. — *La multiplicité des lois et des ordonnances différentes fait en partie la multiplication des procès,* an niver bras eus al lésennou hac eus an ordrenançzou differant a sicour oals da grisqi an niver eus ar procesou.

MULTIPLIER, crisqi ê niver, crisqi, *pr.* cresqet. *Van.* cresqeiñ, *pr.* cresqet. — *Croissez et multipliez, dit le Seigneur d'Adam et d'Eve, Gén.* 1, 28, cresqit ê nombr, ha carguit an doüar a dud, a lavaras Doüe da Adam ha da Eva. — *Le vice se multiplie sans cesse,* ar viçz a gresq atau, ar viçzou a ya bemdez var grisqi.

MULTITUDE, *grand nombre de personnes,* un niver bras a dud, ur rum bras a dud, un taulad bras a dud, ul lod terrupl a dud, tud hep fin. *Van.* un eüñn a dud; eüñn, *id. est,* hep fin. — *Multitude, le vulgaire,* ar bopl, ar goumun. — *Multitude de choses,* ur rum bras a draou, un taulad bras a draou, ul lod bras a draou, ul lod draou, traou hep fin. *Van.* un eüñin a dreü.

MUNICIPAL, *e, droit coutumier,* custum ur brovinçz pe ur guær, guir ur brovinçz, pe ur guær-bennac. — *Offi-*

*ciers municipaux,* offiçéryen choasetet difenn guiryou ha privilaichou kær.

MUNIFICENCE, larguentéz ar re vræ

MUNIR, *fortifier, garnir,* creaat, ñ ëet; fourniçza, *pr.* et. — *Se munir d hem voarniçza eus a, hem fourniçza ppr.* et. *Van.* him oarniçzeiñ es a. — *S munir des choses nécessaires,* hem fourniçza an traou neceçzér, hem voarniq za eus ar pez a ra yzom. — *Se munir d patience,* ober pourvizion a baoianded *pr.* græt.

MUNITION, *provision de guerre et d bouche,* mounicioñ, *pl.* ou; pourvizioñ, *pl.* ou. —*Le pain de munition doit peser trois livres,* ar bara mounicionn a dle poësa try livr.

MUNITIONNAIRE, mounicionner, *pl.* yen; pourvezer, *pl.* yen.

MUR *ou muraille,* mur, *pl.* yoñ; moguer, *pl.* you. *Van.* mur, *pl.* yeü; mangoër, *pl.* yeü. — *Murs de ville ou de clôture,* muryou kær ouselotur. —*Mur d'u ne maison, d'un jardin,* mogueryou un ty, mogueryou *ou* muryou ur jardin.

MUR, *e, qui est en sa maturité,* meür, eaug, hazo, hao, bav. *Trég.*daro, pañvrecq, oh, à, añ. *Van.* añv, blod, oh, añ, aoñ. — *Fruits mûrs avant la saison,* froüèz hastif, froüëz hastif-meür. — *Mûr par artifice, avant la saison,* hastet da veüra. —*Pommes mûres,* avalou meür *ou* azo *ou* hao. *Trég.*avalo daro *ou* pañvrecq. *Van.* avaleü añv *ou* michodet *ou* michod. —*Qui n'est pas mûr,* diveür. — *Mûr, parlant du lin et du chanvre roui dans l'eau,* eaug. — *Un esprit mûr,* ur spered diasez *ou* parfedd, parfedd a spered.

MURAILLE *de refend,* moguer a zisparty, moguer-dreuz. *Van.*mangoër *ou* magoër a zisparty. — *Mur de face,* moguer façzecq. — *Ventre que fait un mur,* bolsenn, *pl.* ou.*v.* crevasser. —*Vieille muraille,* coz-voguer, *pl.* vogueryou. *Van.* ur gob vangoër, *pl.* coh mangoëcyeü.

MURE, *fruit du mûrier,* moüarbren, *id. est,* moüar-prenn, *mûres de bois. Van.* mouyar-brenn. —*Mûres de haies,* moüaren, *pl.* moüar, moüar-garz, moüarloüarn, moüar-drez. *Van.* mouyardrein, moar-garh.

URÈMENT, *avec circonspection*, ez r, e parfedd, gand parfodedd, gad rded, gand evez, gad furnez.

URER, murya, *pr. et*; moguerya, t. *Van.* mureiñ, gobér ur vangoër r vagoër *ou* ur vur. — *Murer une* , murya ur guær. — *Murer un parc,* -ya *ou* moguerya ur parc, ober mu-a èn dro da ur paroq. — *Murer une* s, *la boucher,* mançzouni un er, *pr.* nçzounet; stanoqa un or, *pr.* stanc-. *Van.* mâçzonneiñ un or.

LURIER, *arbre,* guëzen voñar *ou* arbrenn, *pl.* guëz. etc. *Van.* mou-enn, *pl.* mouyaregul.

LURIR, *parlant du fruit,* meûra, *pr.* havi, *pr. et*; haoui, *pr.ët*; darevi, *pr.* *Van.* añûeeiñ, añvedeiñ, michodeiñ, *Mûrir, parlant des pois, des fèves, etc.,* .L don, eaugui, *pr. et. Le même verbe* t *pour le lin et le chanvre assez roui, par-*t *ailleurs.* — *Avec le temps et la paille nefles mûrissent :*

    Gad oolo hao amzer
    E veûra ar mesper.

est, e pep tra ez renoqér cahout pa--anded.

MURMURATEUR, murmuler, *pl.* :n. *Van.* murmurour, *pl.* murmure-ron.

MURMURE, *bruit sourd,* tençz, *pl.* eñ. - *Murmure, plainte,* murmul, *pl.* ou; iboudérez, boudérérez, *ppl.* ou; groñdt.

MURMURER, *faire un murmure,* mur-nuli, *pr. et*; boudal, *pr. et. v. grogner.* — *Murmurer, s'impatienter contre quel-*tu'un, tençzal gad ur re, *pr.* tençzet.

MUSARD, *qui muse,* barguoder, mu-çet, chuchoer, luguder, *ppl.* yen.

MUSARDE, museròs, chuchueñ, *ppl.* ed; chuchueñicq, *pl.* chuchueñedigou.

MUSC, musq. *Van.* id. — *Parfumer de musc,* musqa, *pr. et. Van.* musqeiñ, *pr.* musqet.

MUSCADE, *fruit du muscadier,* crao-uènn, vusqadès, *pl.* craoun.

MUSCADELLE, *poire,* pèren mus-qet, *pl.* pèr musqet, pèr musq.

MUSCADIER, *arbre,* guëzen vusqa-dès. *pl.* guëz.

MUSCADIN, *tablette musquée,* table-lesen musqet, *pl.* tabletès.

MUSCAT, résin *ou* guïn musqad.

MUSCLE, *partie charnue du corps,* qy-guenn, *pl.* ou.

MUSCULEUX, *euse, plein de muscles,* qyguennecq, qyguennus, oc'h, á, añ. — *La peau du visage est toute musculeuse,* ar e'hroc'henn eus a visaich an dèn e so qyguennecq meurbed.

MUSEAU, *la gueule et le nez de quel-ques animaux,* musell, *pl.* ou. *Van.*mor-zoell, *pl.* eû. *v. grouin.* — *On lui a don-né sur le museau,* roët eus dezañ var e vusell *ou* vusellou.

MUSELIÈRE, *ce qu'on met à quelques animaux pour les empêcher de mordre, de paître,* musalyer, *pl.* ou. musalyer *et* muselière, *semblent venir de* musell, *lèvre.*

MUSER. *v. s'amuser.*

MUSETTE, *instrument champêtre,* mu-setès, *pl.* ou. — *Jouer de la musette,* soun gad ar musetesou, *pr. et.* — *Joueur de musette,* musetour; museter, *pl.* yen.

MUSICAL, *e,* melodyus, musioqus, oh, á, añ.

MUSICALEMENT, èn ur fæçzoun melodyus, gand melody, èn ur fæç-zoun musicqus.

MUSICIEN, musicyan, *pl.* ed; nep a voar hao a gan ar musicq.

MUSICIENNE; musicyanès, *pl.* ed.

MUSIQUE, musicq, ar musicq. — *Chanter la musique,* cana ar musicq. — *Concert de musique,* un accord-musicq, *pl.* accordou. *v. motet.* — *Chanter sa partie dans un concert de musique,* cana e lod èn un accord-musicq, *pr.* canet. — *Une bonne musique,* ur musicq eçzelant. — *Une musique enragée,* ur musicq ar-raget.

MUSQUER, musqa, *pr. et*; musqla, *pr. et.*

MUSQUÉ, *e,* musqet, musqlet.

MUSSER (se) *en quelque coin, se ta-pir,* coacha, scoacha, *ppr. et.*

MUTANDE, *t. de religieux,* calçounou.

MUTATION. *v. changement.*

MUTILATION, muturnyez, mahai-gnamand, mahaign.

MUTILER, *retrancher, estropier,* mu-turnya, mahaigna, trouc'ha ur mémpr-

bennac, *ppr.* et. *Van.* mahagneiñ, ma-
heigneiñ. — *Mutiler, châtrer, spaza, pr.*
et. *Van.* spaheiñ, *pr.* et.

**MUTIN,** *f, opiniâtre, séditieux,* rebell,
*pl.* ed, tud rebell; un dèn ours, *pl.* tud
ours; culadus, *pl.* tud; hutin, *pl.* ed.
*v. opiniâtre.*

**MUTINER ( se ),** *se révolter contre son
maître, son devoir,* rebelli a enep, etc.,
*pr.* rebellet; derc'hel penn da, etc., *pr.*
dalc'het; ober penn da, *pr.* græt; controlya, *pr.* et; mouça ouc'h, eto., *pr.* et;
hutina, *pr.* et.

. **MUTINERIE,** *révolte, obstination,* rebell, culad, *ppl.* ou; aheurtamand, *pl.*
aheurtamanchou. *Van.* aheutançz, hu-
tinançz.

**MUTIR,** *flenter.,* oac'het, *pr.* id, *Van.*
çahein, *pr.* cahet.

**MUTUEL,** *elle, réciproque,* qen eûtre
an eil hac eguile, boutin eûtre an eil
· hac eguile, an eil è qèver eguile. — *Un
amour mutuel,* ur guên carantez, carantez an eil evit eguile, carantez eûtre
an eil hac eguile, carantez an eil é qèver eguile. — *Il y a des obligations mutu-
elles, des devoirs réciproques entre les pères
et leurs enfants,* bez'ez eus qendeveryou
eûtre an tadou hac ho bugale, dre natur eu em gueñ deveryou boutin eûtre
an tadou hac ho bougale.

**MUTUELLEMENT,** *réciproquement,*
a-unan. an eil da eguile, an eil é qèver eguile, èn ur fæçzoun qen d'an eil
h c da eguile, èn ur fæçzoun boutin eû-
tézo ou commun dezo, boutin a-unan.
— *Ils s'aiment mutuellement,* èn hem garet a reont an eil eguile, bez'èn hem
gueront èn eil tu hac èn eguile ou qeu
en un tu, qen èu eguile.

**MYRMIDON,** *nain. v., y.*

**MYRRHE,** *gomme odorifrante,* myrra, goyan myrrha. — *Les Mages apportèrent au Seigneur de l'or, de l'encens et de
la myrrhe,* an try roūe eus a vro ar Se-
vel-Heaula zigaçzas è donnéson hac é
Mercq a adoracion, da hor Salver,
aour, o enez ha myrra.

. **MYRTE,** *arbrisseau odorifrant,* meur-
ta, myrta. — *Branche de myrte,* bod
mentra, bod myrta, *pl.* boden, etc.

---

**MYSTÈRE,** mystear, mystær,
you. *Van.* mystær, *pl.* yeū. *Al.* rhy
et de ld, rhynyau, *enchantement.* — L
*mystères de la foi,* ar mytæryou eus
feiz, ar sacredou-saer. *Van.* er mystæ
ryeū ag er fe. *Al.* an rhynyau ez an fe
— *Les mystères de Notre Seigneur et de
sainte Mère,* ar mystæryou eus hor Sal
ver, hac euse vamm benniguet. — *Quan
on récite le rosaire, on doit méditer les my
tères joyeux, douloureux et glorieux.* pa la
varer chapeled ar rosera, ez tleèr con
templi ar mystæryou a joa, a gueuz lu
ar mystæryou a c'hloar. — *Les fêtes et l
mystères de l'année,* ar goêlyou hac a
sacredou-saer eus ar bloaz. — *Faire u
mystère de quelque chose,* ober mystær
vihan dra, tevel var un dra-bennac
ec'hiz var ur mystær, *pr.* tavet. *v. façon*

**MYSTERIEUX,** *euse,* mystæryus
leun a vistær, leun a yistæryou, oh, â, añ

**MYSTERIEUSEMENT,** èn ur fæçzou
mystæryus, gand mystear, gad mystæ

**MYSTIQUE,** *allégorique, mysterieux*
mystæryus, oc'h, â, añ. — *Le sens mys
tique de la sainte écriture,* ar sinifianç
mystæryus ou spiritual eus ar scritu
sacr. — *Mystique, contemplatif,* contém
pler, *pl.* yeu. *Van.* contamplour, *pl*
yen. — *Les pères de la vie mystique disen
que,* an tadou contémpléryen eus a
guiryonezou eternal a Lavardeomp pe
naus. etc.

**MYSTIQUEMENT,** èn ur fæçzou
mystæryus ou spiritual.

**NABOT,** *te, petit, presque nain,* tor
rogoçz, *pl.* ed; torrogoçzieg, *pl.* ued
pendoçg, *pl.* ued; briz-cornandoun
*pl.* briz-cornandouned. *Van.* rabouç
zeg, *pl.* rabouçzigued ; grabetenni
deēn. *pl.* graboteñnigued ; raouénu
vragou. r. *nain.*

**NACELLE,** *petit bateau,* bagnicq, *pl*
bagoüigou; lestrieg, *pl.* lestriigon. *Ven*
id., *pl.* eū. — *La nacelle de saint Pierre*
lestrieg sant Pezr, an ilis catolicq, a
bostolieq ha roman.

**NACRE,** *coquille,* croguen-perlés

créguin-perlès. *v. perle.*—*Fait de na-*
*gre at* gad créguin-perlès, græt a
guin-perlès.

NAGE, *action de nager*, neuñ, neu.
—*A la nage*, divar neuñ, divar neu.—
*asser une rivière à la nage*, trémen ur
er divar neuñ, *pr.* trémenet.

NAGEOIRE, *aileron de poisson. v.*-y.
—*Nageoire, lieu où l'on nage*, neuñya-
lecg, neuyadecg, *pl.* ou. *v. bain.*

NAGER, neuñvi, *pr.* et; neuñi, *pr.*
Et; neuī, *pr.* ëet; neuñyal, *pr.* neuñ-
viet. *Van.* neañ, neañneiñ, nañvyal.

NAGEUR, neuñvyer, *pl.* yen; neu-
ñyer, *pl.* yen. *Van.*neannér, nanvyour,
*ppl.* yon, yan.

NAGUERES, ne deus qet pell, a
névez-so.

NAIF, *naîs*, francq, guiryon, natural, disolo, didraficq, oc'h, à, añ, *pl.*
tud francq, tud, etc. *v. ingénu.*—*Trop*
*naif*, re francq, re natural, simpl.

NAIN, *entraordinairement petit*, corr,
cornandoun, *ppl.* ed; corricq, *id est*,
corficq, *petit corps, pl.* corrigued. *Van.*
corrigand, corrigant, *ppl.* ed. *v.Corlay,*
*nabot, géant.*—*Arbre nain*, guëzen isel,
*pl.* guëz; guëz a chomm atau iselicq.

NAINE,*fort petite*,corrès,cornandou-
nès,corriguès, *ppl.* ed. *Van.* corriganès,
*pl.* ed.—*Fête naine*, fa ou pès munud

NAISSANCE, *venue au monde*, guinivélez, guinidiguez. *II.-Corn.* guenc-
lyez. *Van.* ganedigueah.—*Célébrer le*
*jour de sa naissance*, enori ou celebri au
deiz eus e c'hinivélez *ou* eus e vinivélez, ober fest *ou* ober banvez da zez e
c'hinidiguez.—*Naissance*, *extraction*,
lignez, gouëun.—*Une personne de nais-*
*sance*, un dèn a lignez-vad, un dèn a
c'houënn-vad, ur persounaich savet a
dyéguez-vad. *v. extraction.*—*Il est ou*
*elle est de basse naissance*, a lignez distér
eo, savet eo a lec'h isel, displet eo, bihan dra eo.

NAISSANT, *e. qui nait*, névez, flam,
fresq, oc'h, à, añ. *Van.* neüe-flam.—
*Tout naissant, tout nouveau*, fresq-beo,
névez-flam, névez-flam-flim, névez-
flam-flimin, flam-flim.

NAITRE, *venir au monde*, beza ganet,

doñnet ër bed, doñuet var an doüar,
*pr.* deuët. *v. enfanter.*—*Il naquit ce jour-*
*là même*, ën deiz-ze ën-déon ez voüe
ganet,ën deize-ze mémès ez tuas ër bed
*ou* ex tuas var an doüar.—*Qui ne fait*
*que de naître*, névez-ganet, névez-deuët,
*v. naissant.*—*Avant que je fusse né*, abarz
ma ez oan ganet.—*Ceux qui naîtront*
*après nous*, nep a zui hon goude, nep a
zui hon goude-ny *ou* var hon lerc'h.

NAIVEMENT, ë francq, ë guiryou,
gad francqiz, hep diguisamand.

NAIVETÉ, francqiz, cünder. *Van.*
francqiz. *v. ingénuité.*

NANTES, *chef-lieu de la Loire-Infé-*
*rieure*, Nauned. *On écrivait* Naffnet. *v.*
*affamer.*—*Nantes la jolie*, Nauned ar
goandt.—*Aller à Nantes*, moñnet da
Naouned.—*Qui est de Nantes*, Naunc-
dad, *pl.* Naunedis.

NANTIR, rei goëstl etrelant paëamand.—*Se nantir de quelque chose*, ën
hem pourvezi da dalvezout, ën hem sézisa eus a un dra evit goëstl eus a un dle.

NANTISSEMENT, surëntez, goëstl
evit un dra prëstet.

NAPPE, touzyer, *pl.* ou. *Trég.* tou-
byer, *pl.* o. *Cor.* toüal, *pl.* you; toxl,
*pl.* you. *Van.* tuell.—*Mettre la nappe*,
lacqât an douzyer *ou* au doubyer *ou* an
doüal *ou* an doxl, lacqât *ou* drecza an
daul. *Van.* lacqeiñ en duell.—*Quand*
*Adam fut créé dans le paradis terrestre, il*
*trouva la nappe mise*, pa voüé crouet A-
dam ër barados terrès, ez cavas pep tra
ë reiz ha pep tra dioud ë c'hoandt.—
*Oter la nappe*, lamet an douzyer, *pr.* id.;
lemmel an doubyer *ou* doüal, *pr.* lamet;
sével an daul, *pr.* savet; diservicha an
daol. *pr.* et. *Van.* lameiñ en duell.—
*Nappe d'autel*, touzyer auter.—*Nappe*
*de communion*, touzyer *ou* lyen ar goumunion.—*Nappe d'eau, eau qui coule*
*sur un terrain uni*, stanquennad dour,*pl.*
stanquennadou; ur goumpesenn dour,
*pl.* coumpesennou dour. *Bat-Leon,*
froud, *pl.* froujou, froudou.—*Nappe*
*de blé, plaine de blé*, coumpesenn gaër
a ed, *pl.* coumpesennou caër a ed;
mæzyad caëra ed, *pl.* mæzyadou caër
a ed.

* NAQUETER, *contester pour des choses légères*, naguenni, *pr.* et; ober an naguenn, *pr.* græt.— *Celui qui naquete, contester.*

NARCISSE, *plante qui porte une fleur odoriférante,* nerciçzenn, *pl.* nerciçz.

NARD *mâle ou aspic, plante ,* nardy, nardy-italy, lavénd vras. — *Nard femelle ou petite lavande,* nardicq, lavénd vihan. — *Nard celtique,* nardy gall. — *Nard des Indes ou spica-nard,* spicqanardenn , spicqanardy. — *Nard sauvage,* nardy goëz.—*Nard, parfum,* nardy precius, nardy fin, ouignamad precius.— *La Madelaine oignit les pieds du Sauveur avec du nard non-falsifié,* ar Vadalen a frotas treid hon Salver gad nardy fin ha precius.

NARGUE, *t. de mépris et de dépit,* foy, ac'hamen, ar groucq, ar gounnicq. — *Nargue de vous,* foy deoc'h , ac'hamen gueneoch, ar groucq deoc'h ac'hamen.

NARINE, frounell, *pl.* ou ; frounn, *pl.* difroun; frenn, *pl.* difrenn; toull fry, *pl.* toullou ar fry. *Van.* frenn, *pl.* difrenn. — *Le poil des narines,* bléau an difrounn, bléau an toullou fry.

NARQUOIS, *jargon des gueux,* luhaich. — *Narquois, filou adroit,* filouter, *pl.* yen. — *C'est un fin narquois,* ur filouter soutil eo, ur pautr fin eo.

NARRATION, divis, coumladen, *ppl.* ou; comsidignez.

NASARDE,*chiquenaude sur le nez.v.-y.*

NASEAU, toullou fry un aneval. *v. narine.*--*Fendeur de naseaux.* r. fanfaron.

NASILLARD, safrouner, frouneller, *ppl.* yen ; safroun, monclus, *ppl.* ed; monclous. *pl.* ed, tud monclous, tud monclus. *Van.* mannous, *pl.* ed.

NASILLARDE,zafrounerès, monclusès, *ppl.* ed. *Van.* manouses, *pl.* ed.

NASILLER, *parler du nez,* safrouni, safrounella. frounella, *ppr.* et ; comps dre ar fry, *pr.* comset. *Van.* mannousein. -- *Actin de na iller,* safrounérez, frounadur. *Van.* mannousereah.

NASSE, *espèce de mannequin pour prendre le poisson,* bnouieg, *pl.* baonigou.— *Nasse, piège pour tromper quelqu'un,* trapedl, *pl.* ou. -- *Les trois nasses où presque*

*tout le monde tombe sont* : *le jeu, femmes et le vin,* ar c'hoary, ar c'hre hac ar guin a so trapedou milliguet dèn ; re vras carantez evit ar c'hoa evit ar graguez hac evit ar guin a go au darnvuya eus ar bed.

NATAL, *e, pays natal,* bro natur, bro e c'hinivélez.—*C'est son pays, son air natal,* bro e vinivélez eo, e vro natur eo.

NATIF,*ive,*guinidicq.*Van.* ganedicq. — *Il est natif de la Grande-Bretagne et elle est de la petite Bretagne,* eû a so guinidicq a Vreiz-Veur ha hy eus a Vreiz-vihan *ou* eus a Vreiz Arvoricq.

NATION, pobl, *pl.* you. —*La nation française,* ar bobl a Françz, ar francisyen,ar c'hallaouëd.—*Les nations étrangères,* ar boblyou estren, an estranjouryen. — *Chaque nation a son caractère particulier; on dit : léger et inconstant comme un Français, fou et badin comme un Italien,grave et méprisant comme un Espagnol, méchant comme un Anglais, fier comme un Ecossais,ivrogne comme un Allemand,fourbe comme un Grec ,* pep pobl èn deus e himeur spicyal; lavaret a rear : scañ ha varyand evel ur Gall , ebater ha briz foll evel un Italyan, lént ha disprizus evel ur Spaignol, droucqoberus ha criz evel ur Saus, raucq ha morgant evel ur Scoz, mézver evel un Flamancq, deoeyus ha traytour evel ur Grecyan.

NATIONAL, *e,* a aparchant ond ar bobl eus a ur roüantélez. — *Concile national,* an açzamble eus a esqeb ur roüantélez dindan grad vad hon tad santel ar pap. — *Il y a des vices nationaux,* pep bro èn deus e viçz specyal.

NATIVITÉ, *naissance,* guinivélez. r. *naissance.* — *La fête de la nativité de la Sainte Vierge,* goël guinivélez ar Verc'hès, goël guenelyez an Introun Varya, goël Marya guëngolo.—*La nativité de Notre-Seigneur.* v. *Noël.*

NATTE, *tissu de paille ou de jonc,* courtincnn, *pl.* ou; tapiçz broënn, *pl.* tapiçzou broënn; colocnn broënn, *pl.* colocnnou broën ; clouëdenn colo, clouëdenn baëlan, *pl.* clouëdennou, etc. *Van.* courtinenn, *pl.* eû, courtin. —*Arrimer les nattes dans un navire pour*

mettre le grain, diaseza ar c'hourti-
ennou èr griguoleich. Van. courti-
eiñ. v. grenier.
NATTER, courtina ur gampr, pr.
:t. Van. courtineiñ.
NATTIER, qui fait des nattes, cour-
äner, pl. yen; tapiçzer broënn, tapiçzer colo, pl. tapiçzéryen. Van. courti-
nour, pl. courtineryon.
NATURALISER, uaturi un estranjour, pr. et; accordi da un estren guiryou ar sugidy natur, pr. et. Van. ma-
tureiñ un dèn estran.— Un mot naturalisé par l'usage, ur guer naturet, ur
guer deuët da veza natur.
NATURALISTE, naturer, pl. yen;
nep a ene èr-vad an traou eus a reiz
an natur.—Pline le vieux est un fameux
naturaliste, Plina a so un naturer bras.
NATURALITÉ (lettres de), naturaich, lizerou naturaich, lizerou roüe
evit naturi an estrangéryen.--Les Ecossais, les Suisses, les Savoyards n'ont pas
besoin de lettres de naturalité, ar Scoç-
zed, ar Souiçzed hac ar Saoyarded n'o
deus qet yzom eus a lizerou naturaich;
rac trémen a reont è Françz evit sugeded natur.
NATURE, natur, an natur, ar penn-
caus (Doüe arauc) eus a guement tra
a so èr bed. Van. natur, en natur. Al.
ard.—La nature publie qu'il y a un Dieu
et un seul Dieu, pep tra eus ar stad a
natur a zisquëz deomp ez un Doüe, hac
un Doüe hep qen.—Le soleil est l'œil de
la nature, an héaul a so lagad ar bed,
an héaul a sclæra peptra èr stad a natur.
—Dieu est l'auteur de la nature, an autrou Doüe èn deveus great pep tra.—
La nature angélique, an natur eus an
ælez, an ælez.—La nature humaine, an
natur eus an dèn, natur map-dèn, an
dud.—La nature humaine et la nature divine de Jésus-Christ, humenidiguez ha
divinite hon Salver.—L'ordre de la nature demande que, ar reiz eus an natur
a oulenn penaus.—La loi de nature, al
lésenn a natur, an lésenn eus an natur.
—Par nature, dre natur. — L'eau est
froide et humide de sa nature, an dour a
so gleb a yen dre natur.—Le feu est de

nature sèche et chaude, an tan a so seac'h
ha tom dre natur.--Ignorant, âne de nature, inorant, asenn dre natur.--L'état
de pure nature, ar stad eus an natur pur.
--La nature corrompue, an natur disordren. Van. en natur corrompet gued er
pehed. — Les inclinations déréglées de la
nature, an inclinacioñnou disordren
eus an dèn, an inclinacioñnou direiz
eus ar bed, ar goall inclinacioñnou
natur.--Ne consulter que la nature, s'y
abandonner, heulya an oll-d'an-oll an
inclinacioñnou natur, pr. heulyet; èn
hem rei d'e natur, pr. èn hem roët.—
Nature, sorte, espèce, seurd, speçz.--Les
deux sont de différente nature, dishével eo
an natur anézeu, dishével int o daou
ou o diou, ne dint qet o daou eus a ur
mêmes speçz.--Et plusieurs autres choses de cette nature, ha eals traou all an
seurd-ze.--Chaque chose participe d'sa nature, pep tra a denn d'e natur ha d'e
had. v. tirer.--Seconde nature, natur all,
eil natur.—L'habitude est une seconde nature, an accustumançz a so un eil natur ou a ceiñch è natur, an accustumançz e teu un dra da veza natur ou
natural d'an dèn.--Tiré d'après nature,
tennet goude natur.
NATUREL, elle, natur, natural, oo'h,
à, añ. Van. id. Al. ard; de là, gaillard,
paillard, id est, de nature gaie.—On a une
affection naturelle pour ses enfants, pour
son pays, dre natur ez carer e vugale,
e vro, natur eo caret e vugale, e vro.
--Fils naturel, map natural. v. bâtard.--
Le sens naturel d'une chose, ar.sinifiançz
natural ou natur eus a un dra.--Natu-
rel, complexion, humeur, natur, natural.-- Il est d'un bon naturel, natur vad
a so ènhâ, un himeur vad èn deus.—
Elle est d'un mauvais naturel, goall natur ou droucq natur a so ènhy, ur goall
himeur he deus, urgoall benn a so stag
oudhy.—Cet enfant n'a point de naturel,
ar c'hrouadur-hont ne deo qet tener a
galoun ou n'en deus qet ur galoun vad,
ur goall galoun a so èn e greiz, ur galoun griz a so ènhâ.--Au naturel, diouc'h natur. — On la peint au naturel,
tennet eo ou peiñtet eo diouc'h natur

168    **NAV**

ou gonde natur.

**NATURELLEMENT**, dre natur. --
*Nous désirons naturellement de vivre long-*
*temps*, dre natur ez desiromp *ou* natur
eo deomp desirout, beva pell-amser
var an doüar.--*Naturellement, selon le*
*cours ordinaire de la nature*, hervez ar
reiz natur *ou* natural.--*Un père doit mou-*
*rir avant son fils*, naturellement parlant,
hervez ar reiz natur *ou* hervez ar reiz
eus an natur, e tle an tad mervel a-
raueg ar map.

**NAVAL**, *le*, a aparchant oud ar mor.
--*Armée navale*, arme vor, *pl.* armeou
vor. *Al.* ost vour, *pl.* ostou vour.--*Com-*
*bat naval*, coumbad vor, *pl.* coumba-
jou vor; coumbad var vor.

· **NAVÉE**, *chorge d'un bateau*, bagad,
*pl.* ou. *Van.* id., *pl.* eü.

· **NAVET**, *racine bonne à manger*, hir-
vineu, irvinen, *pl.* irvin; irvinen seac'h,
*pl.* irvin seac'h; brouscouneu, *pl.* brous-
coun. *Van.* irüinen, *pl.* iruin.--*Soupe*
*de navets*, soubenn an irvin.--*Gros na-*
*vets pour les bestiaux*, irvin gall, irvin
dourocq *ou* dourecq.--*Lieu planté de na-*
*vets*, hirvinecg, *pl.* hirvinegou. *B.-L.*
irvinocg, *pl.* irvinogou. *Van.* irviñecg,
*pl.* irvinegui.--*Graine de navets*, had irvin seac'h, had irvin dourocq.

**NAVETTE**; *graine de navets*, had-irvin.--*Huile de navette*, eol had-irvin.--
*Navette, outil de tisserand*, bulsun, *pl.*
ou; bulsul, *pl.* you. *Van.* burzun, gur-
zun *ppl.* yeü.--*Une navette, deux navet-*
*tes*, ur vulsun, diou vulsun, ur vulsul,
diou vulsul.--*Navette à encens*, boëstl e-
zeñcz, *pl.* boëstlou ezeñcz.--*La navette*,
ar voëstl ezeñcz, boëstl an ezeñcz.

**NAUFRAGE**, peuce, *pl.* penceou,
pace, *pl.* ou; coll, *pl.* ou.--*Faire nau-*
*frage*, peuca, *pr.* ēet; ober peuce, o-
ber pace, *pr.* græt; èn hem goll, *pr.*
èn hem gollet.

**NAVIGABLE**, merdeabl, mordeapl,
oh, à.

**NAVIGATEUR**, merdoeur, mordē-
er, naviguer, *ppl.* yen.

**NAVIGATION**, merdeadurez, mor-
deadur, naviguérez.

· **NAVIGUANT**, *qui navigue actuelle-*

*ment*, merdead, *pl.* merdaïdy; mordead, *pl.* mordeady. *Van.* merdead,
*pl.* merdeïdy.

. **NAVIGUER**, merdei, *pr.* ēet, mordei, *pr.* ēet. *On écrivait* mordeiff. naviga, *pr.* naviguet. *Van.* merdeeiñ.

**NAVIRE**, *vaisseau de haut bord*, lestr,
*pl.* lestry, listry. *Van.* id.--*Petit navire*,
lestricg, *pl.* lestriigou, lestr bihau, *pl.*
listry bihan.--*Grand navire*, lestr bras,
*pl.* listry bras.--*Navire ou vaisseau mar-*
*chand*, lestr marc'hadour, *pl.* listry....
*Navire de guerre*, lestr a vresell, lestr
bresell.--*Navire de roi*, lestr roüe.--*Na-*
*vires de ligne*, listry a liguenn.--*Navire*
*de trois ponts*, lestr a dry bound.--*Na-*
*vire de deux ponts*, lestr a zaou bound.
--*Navire de deux ponts et demi*, lestr a
zaou bound-hanter.--*Les noms des prin-*
*cipales pièces d'un navire*, an hanvou eus
ar pezyou principalâ eus a ul lestr. *La*
*quille du navire*, qein al lestr, ar c'hein.
*Brion*, ar boçzard. *Estrave*, staon. *Con-*
*tre-estrave*, courstaon, coustaon. *Four-*
*cas*, forc'h. *Varangue*, cambon. *Genou*,
esqel, esqer. *Genou de fond*, esqel doun.
*Courbe*, gourivin. *Bau*, treust, treustyer.
*Lisse*, liçvenn. *Estambot*, tambod. *Gou-*
*vernail*, stur, steur. *L'anse du gouver-*
*nail*, forlocq. *Safran de gouvernail*, bâ-
renn stur, ar varrenn, bol, *ar* vol.
*Serre-bauticre*, lauguidd. *Montant d'ar-*
*rière*, barrenn-lambod. *Caquets*, an
treid chaçz. *Le linguet*, an hinguedd.
*Dalots*, dalogeon. *Préceinte*, guēgr, carroçz. *Carlingue ou carène*, guirlincq,
garlincq, guerlincq. *Le fond de cale*, ar
strad, al lastr-plaçz. *Le ventre du navi-*
*re*, coff al lestr, ar c'hoff. *Courbe d'ar-*
*casse*, gourivin ar c'has. *Cabestan*, cabestan, ar c'habestan. *Etains ou cor-*
*nières*, ar prennyer-corn. *Hiloire pour le*
*pont*, lyeçzon evit ar pound. *Le pont*,
ar pound. *Le tillac*, an tillrer. *La pom-*
*pe*, ar riboul, ar scob. *L'écoutille*, ar
scontilh. *La sentine*, an toull distour, al
loçzéau. *L'office ou le garde-manger*, ar
bannetiry. *Les jointures*, ar bareigner.
*La boussole*, coumpas, ar c'houmpas.
*Les sabords*, lambourzou, fuucedarou.
*L'éperon*, ar becg. *Flèche de l'éperon*, al

igorn. *La proue*, añ diaraucg. *La poupe*, ñ diadre. *La vergue*, an delez. *Le mât*, uern, ar vern. *Etambrai*, tambred ar ern. *La hune*, qestel. *La cage*, ar bit-racq. *Voile*, goël. *Boulettes pour élever a voile*, ar raqlennou, ar paterennou aql. *Câble*, chabl. *La grande drisse*, an triçz vras. *Sep de la grande drisse*, archo-nard. *Cordelette*, rabaucqeñ, arrabanc-jennou. *Ancre*, héaur, éaufr. *Le croc de ancre*, crocq-héaur. *Jas d'ancre, le bois*, ouël-héaur, chouël éaufr. *Grapin*, crampiuell. *Croc*, ar bidéau. *Le pli des câbles en cercles*, ar boucz-pole. *Poulie*, ofle, ar pole, ar poleou. — *Pomper l'eau du navire*, riboulat, vangounellat. — *Calfater*, calafeti. — *Une sonde*, ur soun-terès. — *Munition du navire*, mounielou al leatr. — *Maître du navire*, loman, lou-men. — *Aller au navire, aller à bord*, moñnet d'ar bourz.

NAVRER. *v. blesser.* — *Navrer le cœur*, mantra, goana, ppr. et. — *Il a le cœur navré de douleur*, goanet *ou* mantret eo e galoun gand ar glac'har *ou* c'hlad'har.

NAULAGE, *le louage d'un vaisseau*, fredt. *Van.* id. — *Naulage, ce que paie un passager pour passer l'eau*, pæaich, brëou.

NAUSÉE, donger; regred, heug, euz. — *J'ai une nausée*, donger *ou* regred am eus qemeret, euz *ou* reqed *ou* heug am eus, hengui a ra va c'haloun èm c'hreiz.

NAUTONNIER, dèñ a vor, *pl.* tud. *Van.* id. *v.* matelot, marinier.

NAZARETH. *petite ville de Syrie où est né et a été élevé N. S. J.-C.*, Nazareth.

NAZAREEN, Nazarcan, *pl.* ed.

NÉ, *particule négative*, ne, ne deo qet, ne de qet, ne qet. *v.* ni. — *N'aimer pas*, ne garet qet. *Ce tour de phrase n'est bon qu'en Van.* — *Je ne l'aime pas*, ne garañ qet anezañ, *ou* si c'est un *féminin*, ane-xy; ne'r c'harañ qet ou n'he c'harañ qet. — *Il ne vient pas*, ne zeu qet. — *Cela n'est point*, an dra-ze ne deo qet, ne de qet. ne qet, ne qet nac, ne qet laouëñ. — *Je ne le crains ni ne le redoute*, na n'en doujañ na n'em eus aoun razañ. — *Ne, dans une interrogation*, ne, ha-ne. — *Ne voyez-vous pas?* he vellit-hu qet? ha ne vellit-hu qet? — *Ne vois-tu pas?* ne velles-

te qet? ha ne velles-te qet? — *N'ont-ils pas fait?* n'o deus-y qet great; ha ne deo qet great gadho? — *N'y a-t'il que cela?* ne deus qen? ha ne deus qet? — *N'y a-t'il personne ici?* ne deus gour amañ? ha ne deus dèn amâ? — *Ne, joint d'personne, à rien, à jamais*, ne. — *Personne ne parle*, dèn e-bed ne gomps, gour ne barlant, dèn ne lavar guer. — *Rien ne bouge*, netra ne flaich. — *Jamais il né croira*, birvyqen ne gredo.

NÉ, *née, part. de naître*, ganet, deñet er bed.

NÉANMOINS, gouscoude, couscou-de, coulsgoude *Van.* clouscoude, neoah, neoah-heû, naoah, nahoah-ho.

NÉANT, *rien*, nep tra, netra, neant, an neant. *Van.* netra, en neant. — *Dieu a tiré toutes choses du néant*, an autrou Douë èn deus great pep tra eus a netra ou gand netra, Douë èn deus tennet pep tra eus un néant. — *Réduire au néant*, neanta, *pr.* et; caçz da netra, *pr.* et; laeqaat da netra, *pr.* leeqèet. — *Etre réduit au néant*, beza neantet, beza lec-qèet da netra. — *Notre néant, notre mi-sère*, hon distervez, hon reuzeudiguez. — *Un homme de néant*, un dèn distèr, un dèn disphdt, *ppl.* tud. — *Une chose de néant*, un dra distèr, *pl.* traou distèr, un netra.

NÉBULEUX, *euse, couvert de nuages*, couñabrus, coumoulecq, coabrecq, noabrecq, oh, â, añ. *Van.* hurennecq, cudennecq, oh, añ. — *Il fait un temps nébuleux*, amser couñabrus a ra, cou-moulecq eo an amser, noabrecq *ou* coabrecq eo an amser.

NÉCESSAIRE. neoeçzer, reqis, oc'h, â, añ; redd. — *Il est nécessaire de dormir*, redd eo cousqet, ar c'housqed a so ne-ceçzer d'an dèn *ou* a so redd d'an dèn. — *Le nécessaire*, an neceçzer, ar pez a so redd e gahout, ar pez ne alleur qet trémen hep zañ. — *Il faut peu de chose pour le nécessaire, et une infinité pour le superflu*, bihan dra a faot evit an ne-ceçzer ha cant tra evit an dreist-neceç-zer *ou* evit an divoder. — *Nécessaire, utile*, talvoudecq, profitapl, oc'h, â, añ. *Nécessaire, dû, convenable*, dleat, dereadt.

NÉCESSAIREMENT, hep dispenç

e-bed, a neceçzite, dre neceçzite, hep faot, dre redd.

NÉCESSITANT, e, ar pez a gountraign, ueceçzitant. — Les hérétiques admettent une grâce nécessitante, au heretiqed a lavar ez eus ur c'hraçz neceçzitant ou ur o'hraçz pehiny he deus he effed, carét pe ne garét qet an dèn.

NÉCESSITÉ, contrainte, neceçzite, redy, forz. — Nécessité, besoin, yzom, ezom, ppl. ou. — Nécessité, disette, dienez, paourentez, tavantéguez. — Faire de nécessité vertu, ober a galoun vad ar pez a so redd e ober.

NÉCESSITER, countraign, pr. et; forza, pr. et. — Il est nécessité d'aller, forz eo dezâ mont.

NÉCESSITEUX, euse, indigent, yzomecq, ezomecq, paour, oh, à, aû; didra, nep èn deus dienez ou tavantéguez, tavantecq. Van. ehomecq.

NÉCROMANCIE, art d'évoquer les morts, ygromanz. — La Pythonisse fit paraître l'âme de Samuel à Saül par l'art de la nécromancie, ur goz sorcerès ou un ygromancerès, eme ar scritur saor, a eureu gad he ygromanz distrei Samuel à douèz ar re-varo, evit prezecq ouc'h ar roûe Saül ha disolærya dezañ e zrouzivez.

NÉCROMANCIEN, ygromancer, pl. ygromancéryen.

NÉCROMANCIENNE, ygromancéres, pl. ed.

NECTAR, beuvraich ar fals douéed.

NEF, navire, néau, pl. névyou. v. auge, navire. — Nef, partie d'une église, néauflik, corf-ilis.

NÉFLE, fruit du néflier, mesperen, pl. mespèr. Van. guisperen, pl. guisper. — Manger des nèfles, dibri mespèr.

NÉFLIER, arbre, guézen mespèr, pl. guéz; mesperen, pl. mespèr. Van. guisperen, pl. guisper.

NÉGATIF, ive, qui nie, dinac'hus. — Terme négatif, verbe négatif, termen dinac'hus, verb dinac'hus. — Précepte négatif, gourc'hemenn a zifenn da ober un dra-bennac. — Négative, se tenir sur la négative. dinac'ha, pr. et. v. nier.

NÉGATION, nac'hidiguez.

NÉGLIGEMMENT, èn ur fæçoun lezirecq, gad leziréguez, dre neglich, gad neglich, dreist penn bès.

NÉGLIGENCE, nonchalance, manqu de soin, leziréguez, neglich, goalléguez. — Cela est arrivé par votre négligence, an dra-ze a so arru èn ho coallégues, qemeûze a so arruèt dre ho leziréguez ou dre ho neglich. v. faute.

NÉGLIGENT, e, lezirecq, lezirecq, lezourecq, negligeant, goallecq, oh, à. — Devenir négligent, lezirecqât, pr. éet.

NÉGLIGER, ne se point soucier, goallecqat, pr. éet; uegligea, pr. et. — Négliger, oublier, mépriser, ancounechât, pr. éet; lesel a gostez, pr. leset; disprisa, pr. et.

NÉGOCE, traficq. — Il fait un grand négoce, un traficq bras a ra, un traficq terrupl a so gandhâ.

NÉGOCIANT, marc'hadour, pl. yen; traficqer, pl. yen. Van. traficqour, pl. yon, yan. v. banquier.

NÉGOCIATEUR, hanterour, pl. yen; nep a gundu èr vad un affer-bennac a importanz.

NÉGOCIATION, change et rechange de billets, trafiqérez. — Négociation, intrigue, tretadurez.

NÉGOCIER, traficqa, pr. et. — Négocier une affaire, treti un affer, pr. et; cundui un affer da benn, pr. cunduèt.

NÈGRE, homme noir, indesad, pl. indesis; indesyad, pl. indesidy. v. more. — Aller faire le commerce des nègres en Guinée, moûnet da C'hinea da drafeqa indesis ou indesidy.

NEIGE, earc'h, ærc'h. Van. êêrh, irh. v. flocon. — Neige fondue, souberc'h, earc'h teuz. — De la neige au commencement de l'hiver fait du bian aux blés,
　　Earc'h qent Nedelecq,
　　Teil èr segalecq.

— Notre-Dame des neiges, goël Marya an earc'h. — Blanc comme neige, qer guéñ hao an earc'h, guéñn evel an ærc'h. — Neige fine, erc'h-fu.

NEIGER, oberearc'h, pr. great, græt. — Il neige, earc'h a ra. — Il a neigé, earc'h èn deus great. — Il neigera, earc'h a rayo, ærc'h a vezo. — Lorsqu'il neige

*ait froid,*

Pa véz an æro'h var an doüar,
Ne véz na tom na cloüar.

*Il a neigé sur sa tête,* guênn canne eo
enn.

NEIGEUX,*euse, couvert de neige,* leun
arc'h, goloët gad an earc'h.—*Neigeux,
e, temps à la neige,* earc'hus, æro'hus,
iser earc'hus. *Van.* amzer ecrhus.

NENNI, *non,* nan-pas, non-pas, ne
qet, ne de qet, ne qet. *Van.* ne pas,
iv, na vo, ne guezan.—*Nenni, point
tout,* bar, soucy, ne de qet nac, tra-
, tam-tam. — *Nenni, pardonnez-moi,*
ocraçz, *id est,* salo ho craçz. *Latin,*
ad vestrâ gratiâ. gaad ho craçz. va is-
ni a reot *ou* a reoo'h. *Van.* salecrés,
ecroês.

NENNOC, *nom de femme,* Nennocq,
nnecq. — *Ste Nennoc était abbesse en
'meur, près Lorient,* santès Nennocq a
aabadès éLand-nanecq èn parrès Ple-
ar pe Plaûneur, è escopty Guénned.

NÉNUPHAR, *plante aquatique,* lugus-
in, *pl.* lugustr. *v. iris, cotylédon.* —
*nuphar blanc,* lugustr guénn.—*Nénu-
ar jaune,* lugustr mèlen.

NÉOPHYTE, *névez* grat christen,
vez convertiçzet.

NEPHRETIQUE, poan a ziabarz ar
oazell. — *Colique néphrétique,* poan
all gad ar mæn-gravel.

NEPTUNE. *v. dieus.*

NERF, nervenn, *pl.* ou; *on écrivait*
rffenn; elf, *pl.* ou, elvon. *Quelques
s confondent les nerfs avec les veines, les
pellent du même nom,* goazyen, *pl.* goa-
ed. — *Petit nerf,* nervenniog, *pl.* ner-
nouïgou; elvicg, *pl.* elvouïgou. —
*ouleur de nerfs,* guêntr. — *Nerf de bœuf,*
irqenn, *pl.* ou; castregenn, *pl.* ed;
strenn, *pl.* ed, ou.

NERPRUN, *arbrisseau,* spern mèlen.
-*Du sirop de nerprun,* syros spern vèlen.

NERVEUX, *euse,* nervenus, uervenn-
ecq, nelvecq, mellocq, mellecq, oo'h,
, añ.

NET, *rette, qui n'est point souillé,* neat,
æt, oc'h, à, añ. *Van.* neet. — *Net, nette,
ns tache,* glan, *pl.* ed, pur, oh, à. — *Une âme
elle,* un ene glan. — *Net, nette, sans*

<br>

*défaut,* dinam, divlam, oc'h, añ. — *Net,
tout net, franchement, sans détour,* neat,
distacq, gronçz, a-grenn. *Van.* neet, a
grean.

NETTEMENT, èn ur fæçzoun neat,
é næt, é neat, gad nættadurez, piz. —
*Manger nettement,* dibri ez neat, dibri gad
nættadurez, *pr.* débret. — *Balayer nettement,* scuba piz, *pr.* soubet.

NETTETÉ, nættety, nættadurez,
nættadur, neadred, nædted.

NETTOYER, *rendre net,* nættaat, næt-
tât, *ppr.* ëet. *Van.* netteiñ, nettat, pro-
pât, honestein, purat, *ppr.* et.—*Nettoyer
en essuyant,* sec'ha, *pr.* et; torcha, *pr.*
et; rinsal, *pr.* et.

NEUF, *neuve,* névez, flam, oc'h, à,
añ. *Van.* neûe, oh, añ. *Trég.* neoûe,
*Al.* neu. — *Robe neuve,* ur saé flam *ou*
uévez. — *Habillé de neuf,* guisqet a névez. — *Tout neuf,* nevez-flam, flam-
flim, flam-flimin, nævez-flam-flim.
*Van.* neûe-flam, neu-flam; flam *veut
proprement dire* vermeil.—*La ville neuve,*
kær névez, ar guær névez. — *Château
neuf,* castel névez, ar o'hastell névez.—
*Terre neuve, l'Amérique,* an doüar névez.

NEUF, *nombre,* nao. *Van.* naü. *On
écrivait* naff. — *Neuf mois, neuf ans,* nao
miz, nao bloaz. — *Neuf de rang,* nao ha
nao. — *Neuf fois,* nao guéach. — *Neuf
cents, neuf cents fois,* nao c'hant, nao
c'hant guéach. — *Neuf mille,* nao mil.

NEUTRE, *qui n'est d'aucun parti,* nep
ne deo nac evit an eil nac evit eguile,
ne deo na mignoun nao adversour.

NEUVAINE, *t. d'église,* naved, *pl.*
navejou. *Van.* naüod, *pl.* eü. — *Faire
une neuvaine,* ober un naved.

NEUVIÈME, *nombre d'ordre,* navet.
— *Le neuvième mois,* an navet miz.

NEUVIÈMEMENT, d'an navet.

NEVENTER, *nom d'homme,* Névénter.
— *S. Neventer était frère de S. Derien,*
sant Névénter a yoa breuz da sant De-
iyen.

NEVEU, *fils du frère ou de la sœur,*
niz, *pl.* ed. *Van.* ny, *pl.* ed, er. — *C'est
mon neveu,* va niz eo, niz eo dign. —
*Petit neveu, fils du neveu ou de la nièce,*
gourniz, *pl.* ed. *Van.* gourny, *pl.* ed;

*de goar, petit, et de niz ou ny, neveü. v.
petit.* — *Arrière-petit-neveu, fils du petit-
neveu,* trede gourniz.*pl.* trede gournized.

NEZ, *organe de l'odorat,* fry, *pl.* ou.
*Van.* fry, *pl.* eü. *Trég.* fry, *pl.* o. — *Qui
a un bon nez,* fryet mad, nep èn deus ur
fry mad. — *Qui n'a point de nez,* difry.
— *Qui a perdu le nez ou d qui on l'a coupe,*
difryet. — *Qui a un grand nez,* fryecq,
fryocq, *ppl.* fryéyen. — *Nez aquilin,* fry
croguacq, fry perroqed, fry ær; ær, *aigle.* — *Nez de travers ou en virgule,* fry
tort *ou* tors. — *Nez camus,* fry touign,
fry plad, fry turcq, fry marmous.—*Nez
retroussé,* fry guinteiz, fry var-varc'h.
*v. bouton.* — *Le bout du nez,* peñ ar fry.
*Le petit bout du nez,* pennicq an fry. —
*La partie allongée du nez,* goaleñ an fry
*ou* ar fry. *v. narines.* — *Plein le nez de
tabac,* ur fryad butum. — *Coup sur le
nez,* fryad, *pl.* ou; meur a fryad.—*Donner sur le nez à quelqu'un,* fryata ur re,
*pr.* ëet; rei vare fry da ur ro-bennac, *pr.*
roët. — *Se moucher le nez,* sec'ha e fry,
et; c'huëza e fry, *pr.* et. *Van.* torcheiñ
e fry, *pr.* torchet.

. NI, *disjonctive, devant une consonne,* na;
*devant une voyelle,* nao. *Van.* id. *v. ne.*
— *Ni bien ni mal,* da droucq na vad. —
*Ni vous ni moi,* na c'huy na me. — *Ni
avant ni après,* na qent na goude. — *Ni
e lui-ci, ni celui-là,* nac hemmâ,nac heu-
mont. — *Ni l'un, ni l'autre,* nac an eil,
nac eguile. — *Ni de cette façon, ni de
l'autre,* nac èn hend mâ, nac èn hend
hont. — *Ni plus, ni moins,* na muy, na
meas. *v. moins.*

. NIAIS, loüad, *pl.* ed; diod, *pl.* ed;
abaff, *pl.* ed; luguder, *pl.* yen. *v. badaud,
etourdi.* — *Franc niais,* loüad-tre, diod
dreist peñ. *Burlesq.* luguder-yan-joch.

NIAISER, loüadi, *pr.* et; abaffi, *pr.*
et; lugudi, *pr.* et; diodi, *pr.* et; ober an
diot. *v. déniaiser.*

NIAISERIE, loüaderez, lugudérez,
diotaich,*ppl.* ou.*H.-C.* belbyaich,*pl.* au.

NICHE, *tour, petite malice,* bourd,
*pl.* ou; gestr, *pl.* ou; tro, *pl.* troyou;
taul, *p z, ppl.* you.—*Faire des niches à
quelqu'un.* ober trouyou *ou* bourdou *ou*
gestrou *ou* taulyou *ou* pezyou da ur re-

bennac, *pr.* great, græt.—*Niche,* enil
*pour mettre une statue,* custod, *pl.* ou
custod ur saut, *pl.* custodou saut.—*N*
*che de bois à deux battants,* custod, *pl.* ou
arc'h, *pl.* you, ou; arc'h sant Micqæl,
arc'h sant Arzel, arc'h sant Gregor.

NICHÉE, neizyad, *pl.* ou; neizad,
*pl.* ou. *Van.* nehyad, *pl.* eü.—*Niche*
*d'oiseaux,* neizyad labouczed.—*Une n*
*chée de souris,* un neizyad logod, ur
toullad logod. *pl.* toulladou logod. —
*Une nichée de petits serpents,* un toulla
sarpantedigou *ou* sarpanted munud.

NICHER, *faire son nid,* neiza, *pr.* et
neizya, *pr.* et. *Van.* neheiñ, nehyeiñ
*ppr.* et.—*Nicher, cacher,* nacqat, *pr.* et
—*Nicher, placer bien haut,* neizya, nei
za. *v. dénicher, nid.*—*Se nicher en quel*
*que lieu avantageux,* èn hem blaçza èr
vad, hem blaçza ê leac'h uhel, *pr.* èr
hem blaçzet; hem blanta ê plaçz mad.
*pr.* et.

NICOLAS, *nom d'homme,* Nicolas
Colas. *v. galimatias.* —*Petit Nicolas,* Ni
colasicq, Colasicq, Colaïcq.—*Saint N*
colas, sant Nicolas.

NICOLE, *ou Colette,* Coleta, Nicola
NICOTIANE, butum, butum ar gou
ly; *id est,* tabac bon pour les plaies.

NID, neiz, *pl.* you. *Van.* nch, *pl*
yeü. *Al.* nith.—*Nid de souris, etc.,* toull
*pl.* ou *Van.* id., *pl.* eü. *v. nichée.*—*Pe*
*tit nid,* neizycq, *pl.* neizyouigou.—
*Quand vous seriez aussi élevé qu'un aigle*
*auriez-vous placé votre nid au milieu de*
*étoiles du ciel même, je vous dénicherai, d*
*le Seigneur,* hac ez veac'h eat qen uh(
evel un ærer; hac ez veac'h neizet
loüéz ar stered mémès, me o tibouñ
hac o tiframmo ac'hano, eme Zoüe d
bopl Idumea, dre c'hinou ar prophe
Abdia. —*Ils m'ont logé dans un nid à ra*
va loget o deus ê toull ur razed.

NIÈCE, *fille du frère ou de la sœu*
nizès, *pl.* ed. *Vun.* nyes, *pl.* ed. *A*
nith, nid; *et de là viennent niz,* ny
nyzes et nyhes, *qu'on dit à-présent.*—*P*
*tite nièce,* gournizès, *pl.* ed. *Van.* gou
nyhes, *pl.* ed.—*Arrière petite nièce,* tre
gournizès, *pl.* trede gournizesed. *v.*
*veu.*—*Elle est ma nièce,* va nizès eo,

**As co din.**

NIELLE, *rosée maligne, ou espèce de ouaille qui gâte les blés prêts à mûrir*, mergl, nerel. *Van.* glaū-fŏët, glaū-mnnud. ', *nuage.* —*Nielle*, *plante*, pebr guéun.

NIER, nac'h, *pr.* et; diuac'ha, *pr.* et. *Van.* naheiñ.—*Il nie cela*, nac'h a ra quemen-ze, an dra-ze a ziuac'h.—*Nier*, *cacher*, nac'h, cuza, nacqa,*ppr.* et.—*Nier*, *désavouer*, nac'h, diansav, dianzavout, dianzaff, *ppr.* dianzavet. *Van.* dianzaūeiñ.

NIGAUD, *sot*, luguenn, luegueuñ, lue.

NIGAUDE, sodès, diodès, *ppl.* ed.

NIGAUDER. *v. n'aiser.*

NIPPES.attiferezou,guisqamanchou, pezyou meubl.—*De vieilles nippes*, coz dithajou, attiferezou goz, coz veubl.

NITRE, salpetra.

NITREUX, euse, salpetrecq.

NIVEAU, *instrument de géometrie*, live, *pl.* livcou. *Van.* liuenn, *pl.* eū. —*Au niveau*, *selon le niveau*, a live, diouc'h al live,—*Au niveau*, *de plain pied*, rez , ê rez , a rez, reçzod, ê reçzod, raz ê raz. —*Au niveau de la cour*, rez ou ê rez ou a rez ar porz, reçzed ar porz, raz ou ê raz ar porz.

NIVELER, *prendre le niveau*, livea, *pr.* ẽet; ober un taul live, *pr.* græt. *Van.* linenneiñ. —*Niveler*, *mettre au niveau*, compesi, *pr.* et; reoleuna, squëz-rya, ligneuna, *ppr.* et; lacqât rez ou ê rez, *pr.* lecqéet. *Van.* campouiseiñ.

NIVELEUR, liveeur, *pl.* yen; squëz-ryer, lignenner, reoleuner, reolyer, *ppl.* yeu. *Van.* linennour, *pl.* yon, yan.

NIVELLEMENT, *action de niveler*, liveadur, reoladur, compesadurez, compesadur.

NOBILIAIRE, histor eus an lyegue-seu nobl.

NOBLE, nobl, nopl, oh, â. *Van.* id. *v. gentilhomme.*—*Il est noble*, nobl eo, digentil nobl eo.— *Les nobles*; an dud nobl, ar re nobl, an dud-gentil nobl, an noblauçz.— *L'un est plus noble que l'autre*, nuploc'h eo an eil evit eguile.—*Terre noble*, douar nobl, *pl.* douarou nobl.—*Rendre noble*, nobla, *pr.* et. *Van.*

noblat, *pr.* noblet, noblett. — *Devenir noble*, noblaat, nobliçzaat, *pr.* ẽet.

NOBLEMENT, èn ur fæçzoun nobl, ez nobl.

NOBLESSE, roblauçz, nobided. *Van.* noblançz.—*Ancienne noblesse*, no-blançz aueyau, nep so nobl a bell-am-ser. *Pour dire une très-ancienne noblesse*, *le peuple dit* : nobl a-viscoaz, *id est*, *en latin*, nobilis ab æterno.—*Maison de noblesse*, noblançz, *pl.* ou; ty nopl , *pl.* tyès uopl; mauer, maner nobl, *pl.* ma-ueryou. —*Noblesse vient de vertu*, ar vertuz a ra ar guir noblançz.

NOCE, *cérémonies du mariage*, eu-reud, *pl.* oureujou; eured, *pl.* ou. eu-red *semble venir de* ēurded, *bonheur*. *Van.* eredd, *pl.* ereddoü.—*Faire noce*, *épouser*, eureugi, *pr.* et. *Van.* ereddeiñ,*pr.* ereddet.—*Consoler d de secondes noces*, azdimizi, *pr.* et; azeureugi, *pr.* et. *hors de Léon*, haddimizi, haddimi, hadeu-reugi, *ppr.*et. *Van.* haddimeiñ, *pr.* had-demet.—*Noces*, *festin des noces*, fesi au eureud, loin au eureud. *Van.* fest en eredd.—*Jésus-Christ fit son premier miracle aux noces de Cana*, ar c'hentâ mi-racl a eureu hon Salver, a . yoa èn eureud Gana, eñ Galilea.

NOCTAMBULE, nep a vale, nep a labour dre e gousq.

NOCTURNE, *qui se fait de nuit*, ar pez a rear a-fedt-nos, labour nos, *pl.* labourou nos.—*Les assemblées nocturnes sont défendues*, disc:unet eo ar festou nos.—*Nocturne*, *t. de breviaire*, nocturn, nos.—*Le premier*, *le second*, *le troi-sième nocturne de matines*, ar c'hentâ noc-turn, an eil nocturn, an drede noo-turn eus a vatinesou.

NOÉ, *nom d'homme*, Noë, ar patry-arch Noë.

NOEL , *fête de la nativité de Notre Sei-gneur*, goël ar mabicq bihan, nedelecq. *Van.* nendelecq. uandelecq. *v. nouceau*, —*La nuit de noël*, nos nedelecq, nos vez ar pelguent, uosvez ar mabicq bi-han. — *L'office et la messe de la nuit de Noël*, pelguent, ar pelguent , oviçz ar pelguent, oféreun ar pelguent, ofe-reun au hanter-nos. pel-guent, *id est*,

pell-qent an deiz. *Van.* ofereen enhan-
ter-nos. *v. mal.*

NOEL, *nom d'homme.* Nedeleoq. *Van.*
Nouël, Nendelecq.—*Un noël, des noëls,
cantiques,* guêrsyou pere a ganeur èn
enor da c'hinivélez hon Salver.

NŒUD, coulm, scoulm, *ppl.* ou;
olav, *pl.* you. *on écrivait* claff. *Van.*
elom, *pl.* eü; ur hlom.—*Nœud coulant,*
coulm red, ur c'houlm lagadecq *ou* la-
gadennecq. *Van.* claü. — *Nœud serré,*
coulm dall, scoulm dall.—*Nœud de tisserand,* coulm guïadeur. —*Défaire un
nœud,* discoulma, *pr.* et; digueri ur
c'houlm, *pr.* digoret.—*Naud gordien,
qu'on ne peut défaire,* coulm gordyus,
coulm ne alleur qet da digueri; egou
a reneqear da droucqa, ec'hiz a cureu
ar roüe Alexandr d'ar c'houlm èn devoa bet græt arroüe Gordius.—*Le nœud
d'une affaire,* ar straguell *ou* ar peun
eus a un æffer.—*Nœud d'arbre,* coulm,
scod, *pl.* ou. *Trég.* ulmeun, *pl.* o. *Van.*
scod, *pl.* eü.—*Plein de nœuds,* scodecq,
coulmecq, ulmennecq, oc'h, añ *Van.*
scodecq.—*Nœud de tuyau de blé, etc.,*
coulm, *pl.* ou; coumband, *pl.* coum-
banchou.

NOIR, re, du, oh, añ. *Van.* id.—
*Noir à l'excès,* du-pod. *Van.* du-pecq.
—*La nuit est très-noire,* du-pod eo anezy, qer du co anezy evel ar sac'h.—*Couleur noire,* lyou du.—*Noir et blanc,* du
ha guëun, briz. *de* briz *vient* briz-devot,
briz-cristen, etc., *faux-devot, faux-
chrétien, etc.*—*Rendre noir,* dua, *pr.* et.
*Van.* duñ̈iñ. - *Devenir noir,* duât, *pr.*
ëet. *Van.* dubât. —*Noir, du noir, du,*
lyou du.—*Noir de fumée,* duad.—*Noir
de fumée détrempée,* lybouçq, lybiçz.—
*Le noir des peintres,* duad al liveryeun.
—*Noirâtre, qui tire sur le noir,* duard,
lyou duard, demzu, peus-du, azdu.—
*Les Espagnols ont le teint noirâtre,* ar
Spaignoled a so duarded, ar Spaignoled a so dem-zu *ou* o deus ul lyou duard *ou* ul lyou dem-zu *ou* ul lyou peus-du

NOIRAUD, duard. *pl.* ed; ur bléau
du. *Van.* duardell. duard, *ppl.* ed.—
— *C'est un noiraud,* un duard eo, un
duard a zeu eo, ur bléau-du eo, bléau

du èn deus, bléau du a so gandhâ. *r.*
*rougeâtre.*

NOIRAUDE, *basanée,* duardès, *pl.*
ed. *Van.* id., *et* duardell, *pl.* ed.

NOIRCEUR, *qualité de ce qui est noir,*
duder. *Van.* dudèr. — *La noirceur du
teint,* an duder eus a lyou an dèn.—
*Noirceur, tache, salissure,* duadur. *Van.*
id.—*Oter la noirceur,* disua, *pr.* disuet;
lamet an duadur, *pr.* id. *Van.* disueiñ,
lameiñ eu duadur, *pr.* lamet.—*La noirceur du crime,* ar grevusder eus ar c'hrim

NOIRCIR, dua, *pr.* ēt. *Van.* dueiñ.
—*Noircir de suie,* huzilya, huzelya, *ppr.*
et. *Van.* huḷereiñ, huilereiñ.—*Noircir,
calomnier. v.-y.*

NOIRCISSURE, duadur.

NOIRMOUTIER, *ile du Poitou où il
y avait un monastère de Cisterciens, qui
lui a donné ce nom,* Ner-Mouster, enès
Ner-Mouster, enès ar Vouster-du.

NOISE, *démêlé, querelle,* noës, *pl.*
yoñu; cavailh, *pl.* ou; ryot, *pl.* ou. *Van.*
jahyn, atahyn, *ppl.* eü.—*Chercher noise,*
clasq cavailh, clasq noës, *pr.* clasqet;
ryotal, *pr.* ryotet. *Van.* jahyneiñ, ata-
hyneiñ, clasq aḟér. — *Celui qui cherche
noise,* cavailher, ryoter, noëser, *ppl.*
yen, *Van.* jahynour, atahynour, *ppl.*
you, yan.

NOISETIER, *arbrisseau,* qelvezenn,
*pl.* qelvez; guézen-qelvez, *pl.* guéz-qel-
vez. *Van.* qelhuñ̈hen, *pl.* qelhuë. *v. noyer.*

NOISETTE, *fruit du noisetier,* cra-
ouñ̈en-qelvez, *pl.* craouñ-qelvez; cra-
ouën-garz, *pl.* craouñ-garz; craouën-
coad, *pl.* craouñ-coad. *Van.* qoëuen-
garh, *pl.* quëu-garh.

NOIX, *fruit du noyer,* craouën, *pl.*
craouñ; craouënn-gall. *pl.* craouñ-gall;
canaouën, *pl.* canaou. *De là, ces noms
de maisons et de villages,* Kganan, Tre-
ganan, Res-canau, Bod-canau, etc.
*Van.* quëuen, qaueüen, *pl.* qaueü. *Tous
ces mots viennent de l'ancien mot* knouën,
*pl.* knou, knan.—*La coque de la noix,*
croguen, *pl.* créguin.—*Des coques de
noix,* créguin craouñ.—*Couverture verte
de la noix,* plusqenn glas ar graouënn.
*v. brou.*—*La petite écorce intérieure de la
noix,* plusqeunicq tano ar graouën,

croc'henenn yhan ar graouën. — Le noyau de la noix, boëdenn ar graouën, ar voëdenn.—Le zest d'une noix, pelli-oule dure qui est entre ses quatre cuisses, beguel ar graouën, àr beguel.—Noix de galle, excroissance du chêne, craouën-galès, pl. craouñ-galès; craouën galecq, aval-déro, pl. avalou-déro. Van. qne-üen-gal, pl. queü-gal; avaleü derv. Léon, aval tan, pl. avalou tan. v. chêne.—Noix muscade, craouën vusqadès, pl. craouñ vusqadès.—Noix-confites, craouñ con-fizet, craouñ confitet. Van. queü con-fitet.--Noix d'Inde, craouñ Indès, cocos.

* NOLI ME TANGERE, espèce de chancre qui vient au visage, et qui empire quand on y touche, ar male touich. Van. id.

NOM, hany, pl. ou; hanô, pl. you. Van. hanv, pl. haünuëu; han, pl. ha-nuëu; harv, pl. harrñëu.—Nom de bap-tême, hanobadez.—Grégoire est son nom de baptême, Gregor eo e hano badez.— Elle a nom Cécile, Azyliç eo he hano, Cecilya a réar anezy.—Chercher un nom qu'on ne trouve pas, pehauvi, pr. et.—Nom qu'on supplée pour celui qu'on ne trouve pas, pe-haño, pe-treffé. H.-Cor. pennime, id est, petra a lariñ-me.--En mon nom, de ma part, em hano, eus va pherz, eus va c'hevrenn.—Au nom de Dieu, èn hau-Doüe, abalamour da Zoüe, drebep carantez a Zoüe.--Après le nom de Jesus, celui de Marie est le plus grand, et le plus saint, goude an hano sacr a Jesus, né deus necun qer bras, neccum qer santel na qer burzudus, e-c'hiz an hano henniguet a Vary.--Sur-nom, leshanv, pl. ou; leshano, pl. you. Van. leshan, pl. ueü. v. surnom.—Nom de religion, hano à religius. -- Son nom de baptême est Tangui, et son nom de re-ligion est Grégoire, è hano badez eo Tan-gui, hac e hauô à religius eo Gregor.

NOMBRE, niver, pl. ou. Van. niñ-iér, pl. eü.—Ils sont en grand nombre, m niver braz a so anezeu.—Un nombre nfini, un niver hep fin, un niver in-inid.—Le nombre des élus est très-petit, o niver eus àr re a dle beza salvet, a o bihan meurbed, è-scoaz ar re à dle

beza daunet.—Nombre pair ou impair, niver par pe dispar.--Sans nombre, in-nombrable, hepniver, na ouz pet hiny, dinivérapl.

NOMBRES, le livre des nombres, levr au nombr.

NOMBRER, nivera, pr. et. Van. niñ-oërein. v. compter. -- Qu'on peut nombrer, niverapl, niverus. — Qui l'on ne peut nombrer, diniverapl.

NOMBREUX, euse, è niver bras.— L'assemblée était nombreuse, è niver bras ez oant, un niver bras a yoa anézeu.

NOMBRIL, beguell, pl. you. Van. beguil coff. — Nombril de Vénus, plante bonne pour les inflammations, tuleen, pl. tule; duleen, pl. dule

NOMMEMENT, ispicyal. H.-Léon. peurguedqet. Van. è specyal.

NOMMER, donner un nom, hênvel, pr. hênvet; hanval, pr. hanvet. Van. hannüeiñ, harüeiñ. v. surnommer.— On l'a nommé Jean, Yan eo bet henvet, an hamo a Yan a so roët dezañ. --Nom-mer d'une charge, d'un bénéfice, hênvel, pr. et. — Nommer, instituer pour son hé-ritier, lacqât, pr. lecqëet; choas, pr. choaset.

NOMPAREIL, le, dispar, disegal, nep ne gaff qet e bar, ar pez n'eu deus qet e bar.

NON, t. négatif, naren, nan. Van. id. v. nenni.—Si on lui dit oui, il dira non, mar lavarèr dezañ ya, èñ a respount uaren.—Non seulement, etc., mais même, etc. , nan pas hepqen, etc., hegon mè-mes, etc. — Oh! que non, il n'est pas ainsi, ne deo qet nebaoun! — Non pas même, nan pas èn déou, nou pas mé-mès.

NONAGÉNAIRE, naget a zecq vloaз ha pévar-uguent, decqveder ha pévar-uguent, an niver a zecq ha pévar-u-guent.

NONANTE, decq ha pévar-uguent.
NONANTIÈME, an decq ha pévar-ugentvet.

NONCE, ambaçador at pap, pl. am-baçadored; nonç, pl. ed.

NONCHALAMMENT, gad leziréguez
NONCHALANCE, dieugui, leziré-

guez.

NONCHALANT, *e*, lezirecq, oc'h,
â. *v.* *négligent*, *négligence*.

NONCIATURE, carg un nonç, non-
cyadurez , noncyadur

NONE, *t.* *de bréviaire*, Nona.—*Dire*
*None ;* havaret Nona.

NONNAIN , *Nonne ou Nonnette, mots*
*burlesques pour dire Religieuses, qui dans*
*le sens propre veulent dire : aïeule, péni-*
*tente. v. religieuse.*

NONOBSTANT, *prép.*, deûst *ou* divis
da, daoust da, dioust da, èn desped
da, èn droücq-esped da, en drou-zesped da. *Van.* deûston , deûst de. —
*Nonobstant le vent*, deûst d'an avel,
daoust *ou* divis d'an avel, èn desped
d'an avel, èn drou-zesped d'an avel.
*Van.* deûst de'n aüel.—*Nonobstant que*,
petra-bennac ma, peguement-bennac
ma. — *Nonobstant qu'il soit présent*, petra-bennac ma vez var al leac'h, peguement-bennac ma vez amañ.

NORD, *le pays du Nord*, bro an Hanter nos, bro an Nord, an Nord. *Van.*
id. — *Le pays du Nord, les gens du Nord*,
broëzyou an Hanter-nos *ou* an Nord,
tud an Nord, an Nordis, an Nordidy
— *L'étoile du Nord*, stereñ an Nord,
stereñn an Nord *ou* an Hanter-nos. —
*Vent du Nord*, avel Nord *ou* dioud un
Hanter-nos, avel stereñ.—*Nord et Sud*,
Nord ha Su.—*Nord-est, vent*; bis, avel
vis. — *Nord-nord-ouest*, goalorn-stereñ.
*v.* boussole. — *Nord-ouest*, goalorn, goalern.—*Perdre son nord*, dihincha , *pr.*
et. — *Notre pilote a perdu son Nord*, dihinchet eo al lonmen.

NORMAND; ormand, *pl* ed. *Barlesq.*
gardin , *pl.* ed; *c'est ainsi qu'on les ap-*
*pelle à Roscoff, lorsqu'ils y viennent d la*
*pêche du maquereau. v. homme.* — *Un Nor-*
*mand a son dit et son dédit*, un Ormand
èn deus he lavar hac e zislavar.

NORMANDE, Ormandès , *pl.* ed.

NORMANDIE, *province de France au-*
*trefois Neustrie*, Ormandy, an Ormandy; *ceux qui savent le français, disent :*
Normandy, Normand, Normanded;
*mais ceux qui ne savent que le breton, disent*
*tous :* Ormandy, Ormaud, Otmanded,

Ormandès , etc. — *Les habitants de la*
*Normandie ,* Ormanded, Ormandis.

NOS, *pronom*, hon. *Van.* id., hor.-
*Nos gens , nos maisons*, hon tud , hon
tyès. — *Nos maîtres ; nos seigneurs*, hon
ou hor mistry, hon autrounez.

NOTA , *remarque*, remercq , *pl.* ou.
— *Faire ses nota*, ober e remercqou. --
*Nota, remarquez*, remerqit.—*Nota qu'il*
*était deux heures sonnées*, remercqit, mar
plich , ez oa sonnet diou eur.

NOTABLE, notabl bras, oc'h, â, añ.
-- *Une somme notable* , ur soum notabl
*ou* bras. -- *Les notables d'une ville* , ar re
notabl a guear, ar peñou a guær, bourgmistry kear.

NOTABLEMENT, èn ur fæçzoun notabl . cals, ez notabl.

NOTAIRE, noter, *pl.* ed, yen. *Van.*
notér, *pl.* yon, yan. — *Notaire par les*
*Régaires*, noter dre ar racqer. — *No-*
*taire royal, notaire apostolique*, noter real
*ou* royal , noter abostolicq.

NOTAMMENT, ispicyal', dreist pep
tra, peurguedqet.

NOTARIAT, *office de notaire*, notéraich , *pl.* ou.

NOTE, *remarque. v.* nota.—*Note d'in-*
*famie*, marcqa iffamded --*Note de chant*,
notenn . *pl.* ou; notenn-gan, *pl.* notennou gan.--*Note longue*, notenn hirr,
notenn lostecq. -- *Note brève*, notenn
verr, notenn vesq. -- *Note noire*, notd
*blanche.* notenn du, notenn venn.--*No-*
*te crochue*, notenn groguecq.--*Etre as-*
*suré de la note*, gouzout èr-vad ar c'har
*ou* e gan.

NOTER, *remarquer*, remerqi, *pr.* et.
—*Noter d'infamie par sentence*, disclæry:
iffam , *pr.* et.—*Noter, écrire la musique*,
notenna , notenni, *ppr.* et.

NOTIFICATION, *déclaration authen-*
*tique*, notadur, notadurez.

NOTIFIER, *faire savoir*, nota, di:
clærya , *ppr.* et; rei da ouzout, *pr.* roet
*Van.* disclæryeiñ.

NOTION, *idée d'une chose*, aznaou
déguez verr, un hanter anaoudéguez

NOTOIRE, aznad, patant, oc'h, â
añ. *Van.* splauñ, oh, añ.—*Cela est no-*
*toire, tout le monde le sait*, qemeñ-ze

so aznadt d'ar bed-oll.—*Rendre et detenir notoire*, aznatât, *pr.* ëet..

NOTOIREMENT, èn ur fæçzoun aznadt.

NOTORIÉTÉ, *évidence*, aznadurez, patanded. *Van.* splandér, splanded.

NOTRE. *pronom possessif et relatif*, hon, hor. *Van.* id —*Notre père qui est aux cieux*, hon tad pehiny a so eu eê.—*Notre-Dame*, hon introun, an introun Varya. *v. fête.*—*Il est de notre famille*, eus hon lignez eo, car eo deomp, qerend oump.—*C'est un de nos plus grands capitaines*, unan eus hor c'henlâ cabitaned eo.—*Le nôtre, ce qui nous appartient*, hon hiny, hon hiny-ny. *Van.* hon hany.—*Nous y mettons du nôtre*, ne c'hounezomp netra, coll a reomp lod eus hon hiny.—*Notre fils*, hon map, hor map-ny.—*Le nôtre, le vôtre, le leur, le mien, le tien, le sien*, hon hiny, ho c'hiny, o iny, va hiny, da hiny, e-hiny eu hon hiny-ny, ho c'hiny-hu, o iny-y, va hiny-me, da hiny-de. e hiny-ê.—*Les nôtres*, hon re, hon re-ny, hor re-ny.—*Les nôtres ont battu les autres*, hon re-ny o deus qiviget ar re all.—*Les nôtres, les vôtres, les leurs, les miens, les tiens, les siens*, hon re, hor re-ny, ho re, ho re-hu; ó re, o re-y; va re, va re-me; da re, da re-de; e re, e re-añ.—*C'est un des nôtres*, unan eus hor re-ny eo.

NOUE, *tuile courbe. v. faîtière.*—*Noue cornière, lieu où se joignent les couvertures de deux corps de logis*, nouëd, *pl.* ou. —*Noue de plomb*, nouëd-ploum, *pl.* nouëdou-ploum.

NOUER, *faire un nœud*, coulma, scoulma, clavya, *pr.* et. *Van.* clomeiñ.

NOUEUX, *euse, plein de nœuds*, coulmus, coad coulmus, leun a goulmou, scodecq, ulmennus, ulmennecq.

NOUNE. *nom de femme*, Nouna, Noun.—*Petite Noune*, Nounicq.—*Sainte Noune*, santes Nouna.

NOURRAIN, *minus. v. alevin.*

NOURRICE, magueurès, maguerès, *ppl.* ed. *Van.* maguerès, *pl.* ed.— *Mettre un enfant en nourrice*, lacqât ur buguel gad magueureus, *pr.* lecqëet; rei magueurès dâ ur c'hrouaduricq,

*pr.* roët.—*Retirer un enfant de nourrice*, disoûña ur buguel, *pr.* et. disoûna, id est, disoûva, *désappritoiser de la mamelle.*—*Mère nourrice*, mamm vaguerès. *v. mère.*

NOURRICIER, magueur, *pl.* yen; maguer, *pl.* yen. *Van.* maguer, *pl.* yon, yan.—*Père nourricier*, tad magueur. *Van.* tad maguér.—*B-Van.* tad-maguer, tad maguér.—*Saint Joseph a été le père nourricier du Sauveur*, an autrou sant Josep a so bed tad magueur da hon Salver.

NOURRIR, *alimenter*, maga, mézur, *ppr.* maguet, mézuret; boëdta, boëdtât, *ppr.* boëdtëet; beva, *pr.* et; meazur, *pr.* maguet, meazuret. *Van.* magueiñ, boëti, boëteiñ, bouïta, bouïteiñ.—*Nourrir, se nourrir d'herbes*, beva gand lousou, beva divar al lousou hac ar grizyou.—*Qui n'est point nourri, qui est maigre faute de nourriture*, divag.*Van.* id.—*Nourrir, élever, instruire*, maga, *pr.* maguet; disqi, *pr.* desqet; rei magadurez, rei desqadurez, *pr.* roët; diorren, *pr.* diorroët.

NOURRISSANT, *ante*, magus, boëdecq, oc'h, à; boëd magus.—*Il y a des viandes plus nourrissantes les unes que les autres*, bex'ex eus boëd a so maguézoo'h an eil evit eguile.

NOURRISSON, magadenn, *pl.* ou. *Van.* id. *pl.* eû.

NOUS, *pronom*, ny, n'ynt. *Van.* ny. —*Nous deux*, ny hon daou, n'on daou. — *Entre nous*, eñtrezomp-ny, eñtrezomp, qen-eñtrezomp. omp, *id est*, sumus, *sommes.* — *Avec nous*, gueneomp-ny, gueneomp, ganeomp, ganeomp-ny.—*Par nous*, dreizomp-ny, dreizomp.—*Sans nous*, hep zomp-ny, hep zomp, hep domp-ny, hep domp. —*Pour nous*, evidomp-ny, evidomp.-- *Nous seuls*, ny hon-unan, hon-unan hep qen, ny hon unan penn, hon unan, id est, notre seul, nos seuls.—*Il n'y avait que nous deux*, ne yoa gour ou nicun, uemedomp, ne voûe penn nemedomp-ny hon daou, hon unan ez vamp hon daou, hon unan penn edomp.--*Nous mêmes*, ny hon-unan, ny èn-déon. *Van.*

ny hun-unan.—*De nous-mêmes*, ac'hanomp hon-unan. *Van.* ahanamp kun-
unan.--*Nous avons fait*, great hon eus,
beza hon eus great; græt eo gueneomp.
--*Nous fîmes*, ny a cureu, ny a reas,
beza ez reromp, ober a resomp.--*Nous
dirons*, ny a lavaro, lavaret a raymp,
hez'ez livirimp.--*Que dirons-nous? que
ferons-nous?* petra a livirimp ny? petra a
raymp-ny?--*Prier Dieu pour nous*, pe-
dit Doûe evidomp *ou* ac'hanomp.

NOUVEAU, *elle, récent*, névez, oc'h,
añ. *Van.* neûe, oh, añ. *Trig.* neoûe.
*Al.* nedel; *de là*, nedelecq, noël. *item*,
neu.--*Tout nouveau*, névez-flamm. *v.
tout neuf.--Le nouvel an*, ar bloaz névez.
--*N'y a-t-il rien de nouveau?* ne deus netra a pévez? ne deus tra névez?--*La
nouvelle église*, an ilis névez.--*De nouveau, de rechef*, a névez, a darré, un
eil guéach, a benn an eil guéach. *Van.*
a neûe.--*De nouveau, depuis peu*, a névez so, a névez amser, a ba oñe neubeud a amser, ne deus qet pell amser, ne deus qet pell.--*Le Nouveau-
Monde, l'Amérique*, an Doûar-Névez, ar
bévare qeffrenn eus ar bed.--*Nouveau-
né, enfant nouveau-né*, névez-ganet, ur
buguel névez-ganet. -- *Nouveau-venu*,
névez-deuět, névez arrú, névez-arru-
ět.--*Nouveaux convertis*, ân hugunoded
distroět.

NOUVEAUTÉ, névezinty, *pl.* you;
néventy, *pl.* you. *Van.* neûeted, neû-
ented, *pl.* eû. *v. innovation.--C'est nouveauté que de tous voir*, nevénty eo ho
cuêllet, un névezinty eo ho cuêllet.--
*Toutes les nouveautés sont dangereuses en
matière de religion*, pep néventy è feadt
eus ar feiz, a so dangerus bras; ompi-
nyounou névez var ar feiz, a so pirilhus meurbed.--*Faire des nouveautés dans
une tenue*, ober traoñ névez èn ur gou-
manant hepgouzout d'an autrou. *Van.*
gobér neûyêû, neûeeiñ. *v. améliorer.*

NOUVEAUTÉS, *troubles*, brouilheyz.
NOUVELLE, qéhezl, *pl.* aou. ou.
B.-*Léon*, menecq. *Van.* qevell; doêre,
*pl.* eû. *Al.* koel; *de là, le nom de* kohel,
koel, *id est, ville nouvelle.--Nouvelles in-
certaines*, qéhezlaichou, qéhezlou dou-

---

ětus.--*Nouvelles de la basse-cour*, fals qé-
qezlou, qéhezlaichou ar goumun, qéhezlaichou vean.--*Bonnes nouvelles*, qéhezlou mad, qéhezlaou vad. *Van.* qé-
velleñ mad. *Al.* koel fain. On prona-
çait kel væn.--*Mauvaises nouvelles*, goal
guehezlou. droucq qéhezlou, qéhezlou
triat . qéhezlaou nec'hus. — *Nouvelles,
conduite que tient quelqu'un*, doare, *pl.*
ou. *Van.* doére, *pl.* doéreeū.--*Je sais
de vos nouvelles*, mea oar ho toare, me
am eus clévet ho toaréou.--*J'ai appris
de leurs nouvelles sans qu'ils le sachent*,
me a oar o doare *ou* o doaréou hep
gouzout dézeu.

NOUVELLEMENT, *depuis peu*, a névez so. *v. de nouveau.*

NOUVELLISTE, qéhezlaouêr, *pl.*
yen; nép a gar ar c'héhezlaou.--*C'est
un grand nouvelliste*, ur c'héhezlaouêr
bras eo, mar deus èr vro.

NOVALE, *terre nouvellement défrichie
etensemencée*, doûar-névez, *pl.* doûarou-
névez; doûar névez-digoret, *pl.* doûarou névez-digoret; nevezenn, *pl.* ou;
neoûeenn, *pl.* aou.

NOVATEUR, nevezour è feadt eus
ar feiz, *pl.* yen. *Al.* diezivouder. *pl.* yen.

NOVEMBRE, *mois de l'année*, du,
miz du.

NOVICE, *qui n'est pas encore profés
dans une religion*, noviç, *pl.* ed. — *Novice, non expérimenté*, névez, oh, à, *pl.*
tud névez èn, etc. *v. apprenti.*

NOVICIAT, noviçyad, *pl.* ou.

NUAGE, *vapeur condensée*, coûûa-
brenn, *pl.* ou, couñabr; coumoulenn,
*pl.* ou, coumoul. *Improprement*, on dit
oabl, *qui signifie ciel. v. ciel. Al.* neff,
*pl.* au. ( noabrenn, coabrenn, *ppl.* ou.
-- *Les nuages courent*, redecq a ra ar
c'houmoul *ou* ar c'houñabr *ou* an oabl
*ou* an noabr *ou* ar c'hoabr.--*Nuage sur
le soleil*, barguedenn, *pl.* ou.--*Il paraît
un nuage sur le soleil*, ur vaguedenn a
so var an héaul. -- *Nuage, brouillard*,
luçzenn, *pl.* ou; mor-lucenn, *pl.* mor-
lucennou; morenn, *pl.* ou; mor-glao,
*pl.* mor-glavyou. *Van.* coguçzenn, *pl.*
eû, coguçz. *Al.* niñul, niul.

NUANCE, *degré d'une couleur*, au

dimunu eus a ul lyou-bennac.

NUANCER, *assortir*, ober ur qemes-qadur agreapl eus a livyou dishèvel.

NUBILE, *mariable*, demezapl, oh, â.
—*L'âge nubile ou la puberté*, an oad di-mizy.—*Les filles sont nubiles à 12 ans, les garçons à 14*, ar merc'hed a zo en oad-dimizy da zaouzecq vloaz, hac ar bau-tred da bévarzecq vloaz.

NU, *nue*, noaz, oc'h, â. *Van.* nuah, noéh, oh, an, aoñ. *Al.* noeth.—*A de-mi-nu*, hanter-noaz.—*Nu somme on est sorti du sein de sa mère*, noaz-beo, no-az-ganet, noaz-pilh, noaz pilh-dibi-tilh, noaz-pourh, noaz pilh pourc'h. *Van.* nuah pilh, noéh-pilh.—*Nu, point retu*, divisq, ê noaz.—*Mettre à nu, dé-pouiller*, divisqa, *pr.* et.—*Qui a la tête nue*, discabell.—*Qui va pieds nus*, diar-e'heu, en aztroad.—*Nu, en corps de che-mise*, var gorf e roched. *parlant d'une femme*, va gorf he hiviz.—*Vêtir les nus*, guisqa ar re noaz, guisqa ar re a zo ê noaz.—*J'étais nu, et vous m'avez habillé*, dira un jour Jésus-Christ à ses élus, me a yoa divisq ha c'huy oc'h eus va guis-qet, me a voüé ê noaz, ha c'huy oc'h eus goloët ac'hanon, a lavaro hon Sal-ver d'an deiz divezâ ar bed, d'ar re salvet.

NUDITÉ, noazder, noazded, noaz-dur, corf noaz. *Adam et Eve couvrirent leur nudité avec des feuilles de figuier, Gen. c. 3, v. 7*, Adam hac Eva a c'holoas o noazder gand delyou fiez.

NUE, *nuée*, couñabrenn, *pl.* ou, cou-ñabr. *Van.* hurenn, *pl.* eü; hudenn, *pl.* eü; qanibelen, *pl.* qanibl; qanu-blen, *pl.* qanubl. *v. nuage.*—*Petite nuée*, couñabrennicq, *pl.* couñabrenuouïgou, couñabrigou.—*Il est si étonné que s'il tenait de tomber des nues*, qer souëzet eo ec'hiz un dèn a véz couëzet eus an oabl var an doüar.

NUEMENT, *sans détour*, hep digui-samand, hep trei na distrei, hep cris-qi an traou nac o dimunui.

NUIRE, noasa da ur re, noasout da ur re, *ppr.* noaset; ober gaou ouc'h un re-bennac; *pr.* græt. *Van.* noésout, noéséiù, gober gueü doh.—*L'action de*

nuire, noasdur, noasadur, noasançz.
—*Qui ne nuit pas*, dinoas, oc'h, â.—*Dire des mensonges qui ne nuisent pas au prochain*, lavaret gueyer dinoas.—*Ne nuire pas*, beza dinoas.

NUISIBLE, noasus, oh, añ. *Van.* noésus, oh.—*Dire des mensonges nuisi-bles au prochain*, lavaret gueyer noasus. *pr.* id.

NUIT, nôs, *pl.* you. *Van.* nos, *pl.* yeû. — *Nuit fermante*, serr-nôs. *Van.* cherr-nos.—*Nuit close*, nôs du, nôs serret. *Van.* nos du.—*Il se fait nuit*, sou-den eo nôs, tanst eo an nôs. — *Il est nuit*, nôs eo. *Van.* nos eü.—*Il est tout nuit*, nôs du eo, nôs du ou nôs dall eo anezy.—*Cette nuit*, he nos, henoas, fe-nos, èn nôs-mâ. *Van.* henoah, en nos man.—*Toute la nuit*, hed an nôs, a docq an nôs, ê pad an nôs.—*Chaque nuit*, bemr os, bep nôs. — *La nuit est très-sombre*, du-pod eo an nôs, qer du eo an nôs evel ar sao'h.—*La nuit pas-sée*, neizeur, èn nos trémenet.—*Passer la nuit en prières*, trémen an nôs o pidi Doüe, *pr.* et. — *Courir la nuit ça et là*, redecq an nôs, *pr.* redet; ribla, *pr.* et.—*Coureur de nuit*, ribler, *pl.* yen; re-der nôs, *pl.* rederyen nôs.—*Larron de nuit*, gouilh, *pl.* ed; ribler, *pl.* yen; laër-nôs, laër a fedt-nôs, *pl.* laëron, ete.—*Aller de nuit aux veillées, de village en village*, est un cas reservé, moñuet a guær-ê-qær da nosvezya, a zo cas re-servet.—*Celui qui va aux veillées de nuit*, nosvezyer, *pl.* yen; reder-nôs, reder an nosvezyou, *pl.* rederyen-nôs, etc. *fém.* nosvezyerès, *pl.* ed; rederès-nôs, rede-rès an nosvezyou, *pl.* rederesed, etc. *A Roscoff*, on dit nep a ya d'an dihu-nou.—*De jour et de nuit*, en nôs hac èn deiz, qen èn nôs, qen èn deiz; ê pad an deiz hac ê pad an nôs; hed an deiz ha hed an nôs.—*La nuit de Noël*, ar pelguent, nôs Nedelecq.—*Minuit*, han-ter-nôs. *Van.* creih-nos.—*A minuit il faut aller à matines*, d'an hanter-nôs ou da hanter-nôs ez reneqear sevel evit moñuet da gana matinezou.—*Environ la mi-nuit, il frappa à la porte*, e tro an hauter-nôs ou var-dro an hanter-nôs ez sqoaz var an or.

**NUITAMMENT**, *de nuit*, ar fedt nôs. *Van.* a noseh, a nosoh.—*Vol fait nuitamment*, laëroncy great a fedt-nôs, laëroncy-nôs.

**NUITÉE**, nosvez, *pl.* you. *Van.* noseh, nosoh. — *Il a employé la nuitée à jouer*, trémenet èn deus an nosvez o c'hoari un nosvez c'hoari èn deus græt.

**NUL**, *le*, *qui que se soit*, nicun, necun, nep dèn, hiny e-bed, gour. gour *ne se dit qu'en B.-Léon et en Corn. Van.* nicun, hany-bed, hauy, hañouny.— *Nul homme*, gour, dèn e-bed, hiny e-bed, nep den.—*Nulle affaire*, affer e-bed.—*Nulle autre chose*, tra all e-bed.— *Nul de vous deux*, gour ou necun ac'hanoc'h ho taou. *fém.* gour ou necun a-c'hanoc'h ho tiou.—*Nul autre*, hiny all e-bed, necun a hend-all.—*Nulle part*, e nep leac'h, è nep lec'h.—*En nul aut e iru*, e leac'h all e-bed, è nep lec'h all e-bed.—*Nul*, *le*, *inutile*, didalvez, vean, divalo.—*Rendre nul*, rénta didalvez. rénta divalo, rénta vean, *pr.* et. —*Céler volontairement un péché mortel, ou n'avoir pas de douleur de ses péchés, rend une confession nulle*, pa nac'hér ur pec'hed marvel oud ar c'honveçzor, keotramand, pa ne véz qet a c'hlac'har eus ar pec'hejou a goveçzear, ez véz didalvez ar goveçzion.

**NULLEMENT**, e nep sæçzoun, è nep moyen, è nep tro, var nep tro.

**NULLITÉ**, didalloudéguez, veanded, ay pehiny a rént un dra didalvez, defaut ebarz èr furm ordrenet.

**NUMERO**, nombr.—*Voyez le numéro dix*, sellit au nombr decq.

**NUPTIAL**, *ale*, a aparchant ouc'h an eureud ou ouc'h an eureujou. — *Le lit nuptial*, guële an dud-névez, guële an daou bryed-névez.—*La robe nuptiale*, saë a eureud, *pl.* saëou a eureud ; abyd eured, *pl.* abychou eured.—*Un père doit fournir à sa fille ses habits nuptiaux*, un tad a dle fournieza d'e verc'h he abyd eureud ou he dilhad eured.— *Comment avez vous osé entrer ici sans avoir la robe nuptiale*, *Math. c.* 22, *r.* 12, penaus oc'h eus-hu antreat èr sal-mâ

hep cahout an abyd eureud.

**NUQUE**, *creux derrière le cou*, poull ar mellou eus ar gouzoucq, ar poull eus a choucq ar c'hyl. *Van.* choucq er goucq, soucq er goucq.

**NUTRITIF**, *ive.* r. *nourrissant.*

**NYMPHE**, *divinité fabuleuse*, nymphla, nymphlenn, nymplenn.— *Les nymphes*, an nymphlou, an nymphleuned, an nymphled, doueësed an douryou.

## O

**O**, *sorte d'interjection peu usitée en Breton*, o, ah. — *O mon Dieu !* o va Doüe ! ah va Doüe ! — *O mon cher ami !* ah va mignon qeaz! — *O moi misérable!* goa-me ! goa me reuzeudicq ! ah me a so reuzeudicq, siouas din ! — *O qu'il est abusé!* peguen abuset eff'ô! — *O le bel homme !* ah caërâ dèn ! — *O l'homme disert !* brava téaud !

**OBÉDIENCE**, *lettre signée d'un supérieur pour aller à la campagne*, oboïçzauçz — *Vœu d'obédience*, vœu a oboïçzauçz. *v. vœu.* — *Obédience par écrit pour changer de monastère*, oboïçzauçz, lizèr-ceüch.

**OBEIR**, *se soumettre à la volonté de quelqu'un*, sénti *ou* sinti oud ur re, séntout ouc'h ur re-bennac, *ppr.* sentét ; oboïçza da ur re, *pr.* oboïçzet ; sugea da ur re, *pr.* suget ; aboïçza, *pr.* aboïçzet. *Van.* sentiñ doh, oboïçzeiñ de, *ppr.* et. — *Obéissez-moi*, séntit *ou* sentet ouzon *ou* ouzin, aboïçzit din. *Van.* séntet doh-eiñ.—*Refuser d'obéir*, réusi da sugea dar, éusi da senti ouo'h, *pr.* réuset.—*Il faut en tout état obéir à ses supérieurs*, redd eo èn pep stad sénti oud an nep a so lecqeat gand Doüe dreistomp, è pep stad hac è pep oad ez reucqear sugea d'an superyoled.

**OBEIR**, *céder à la force*, plier, plega dindan nerz, *pr.* pleguet ; sugea d'au amser, *pr.* suget.

**OBEISSANCE**, séntidiguez, sugidiguez, oboïçzauçz, aboïçzauçz. — *Faire vœu d'obéissance*, goëstla oboïçzauçz, ober vœu a oboïçzauçz. — *Les religieux de S. Benoît font vœu d'obéissance et de conversion de mœurs*, religiused sant Be-

reat a voëstl oboïçzançz ha ceñcha-
nand a vuhez. — *Se ranger sous l'obéis-*
*ance de quelqu'un,* èn hem lacqât'è sugi-
liguez ur re-bennac. — *Obéissance taut*
*nieux que sacrifice,* guell eo aboïçzançz
eguet sacriviçz.

OBÉISSANT, *ante*, *qui fait ce qu'on*
*lui commande*, séntus, séntecq, aboïç-
zau.t, oc'h, à, añ —*Qui n'est pas obéis-*
*sant,*disént,aimxént,disaboiçz,diaboiçz,
ob,à,añ.—*Obéissant, pliant.*guëzu, plegus, oh, à.

OBELISQUE, *pyramide*, coulouneu
begueecq.*pl.* culóunennou.

OBÉRÉ, *és*, carguet a zle.

OBIT, *t. d'église*, obid, *pl.* obijou.
*Van.* aubid, *pl.* eü.

OBITUAIRE, *mortuaire*, levr mortuaich, *pl.* levryou.

OBJECTER, *opposer d*, opposa, op-
posi, *ppr.* et; respount, *pr.* et. — *Vous*
*m'objecterez que,* c'huy a respounto diñ
penaus, c'huy a lavaro digu penaus,
c'huy a opposo digu penaus. — *Objec-*
*ter, blâmer, reprocher.* tamal, rebech,
*ppr.* et. — *On ne peut rien objecter à ce*
*témoin,* ne alleur tamal an tèst-ze var
nep tra, ne allér rebech netra d'au
tèst-ze.

OBJECTION, oposicion, *pl.* ou; ar
ez a opposér.

OBJET, ar pez èn hem bresant d'ar
sqyanchou. *Léon.* objed, *pl.* ou.—*L'objet*
*de la vue,* ar pez a velleur, ar pez a zigouëz dindan ar guëlled *ou* dindan al
lagad. — *L'objet de l'esprit,* ar pez a
zigouëz èndan spered an dèn.—*L'objet*
*de la volonté,* ar pez a garér, ar pez a
gar calouu an dèn. — *C'est l'objet de*
*mon amour,* ar pez a garañ eo, va c'ha-
rantès eo ; nep a garañ eo. — *L'objet*
*ordinaire de mes pensées,* ar pez a son-
geañ ènnañ peur-lyesâ. — *Les objets des*
*sens,* ar pez a zigouëz dindan ar sqyanchou.—*Un vil objet,* uu dra displet,
*pl.* traou.

OBLATION, *offrande*, proff, *pl.* ou,
prouvou. *Van.* id., *pl.* eü. v. *messe.* —
*Mettre de l'argent d part pour être donne*
*en oblation,* dispartya proff, *pr.* dispartyet.—*Donner quelque oblation,* rei proff,

pr. roët ; profa, *pr.* profet. — *A l'obla-*
*tion, qui a dévotion ; t. de marguilliers.*
proff, nep èn deus devocion.

OBLIGATION, *ce qui oblige à faire*
*quelque chose,* èndalc'h, *pl.* ou.—*Obli-*
*gation, acte civil par lequel on s'oblige de*
*faire ou de payer quelque chose,* oblich,
*pl.* oblijou. *Van* aublich, *pl.* aublijéü.
—*Je lui ai passé une obligation,* græt am
eus un oblich dezañ. — *Obligation, t.*
*de civilité,* obligacionn, *pl.* ou; trugarez. — *Je vous ai mille obligations,* cant
ha cant obligacion am eus dec'h, cant
trugarez a dlean deoc'h.

OBLIGATOIRE, oblijus, a oblich.
—*Lettres obligatoires,* lizerou oblijus.—
*Loi obligatoire en conscience,* léseü pe-
hiny a oblich è coustyauçz.

OBLIGEAMMENT, *officieusement,* èu
ur fæçzouu servijus, gaud un honestis
vras.

OBLIGEANT, *ante*, *qui engage*, *qui*
*oblige,* oblijus, oc'h, à, añ. — *Obligeant,*
*officieux,* servichus, servijus,onest,priu
da renta servich *ou* da ober plijadur,da
ur re, oc'h, à, añ.

OBLIGER, *contraindre*, obliga, *pr.*
et ; countraigu, *pr.* et.—*Etre obligé de,*
beza obliget *ou* countraign ouèndalc'het
*ou* dalc'het da, pr.bet-*Obliger quelqu'un,*
*lui faire plaisir,* renta servich da ur re,
*pr.* rentet; ober plijadur da ur re-bennac, *pr.* græt. — *S'obliger, s'engager*
*pour quelqu'un,* èn hem obliga *ou* èu
hem oblich evit ur re, *ppr.* èn hem o-
bliget ; ober un oblich evit ur re-ben-
uac. *pr.* græt.

OBLIQUE, *obliquement* v. *biais.*

OBOLE, *monnaie qui a valu tantôt une*
*demi-maille,* tantôt une maille, et tantôt
*sept deniers,* obolenn, *pl.* ed, eu.

OBSCÈNE.v. *indécent,impudique,sale.*

OBSCÉNITÉ. v. *indécence, saleté.*

OBSCUR, *e, sombre,* teval, oc'h, à,
añ. *Van.* tañhoüal, tehoüel, oh, añ,
roñ.—*Lieu obscur,* leac'h teval—*Temps*
*obscur,* amser deval *ou* goloët, amseu
latarus. v. *nebuleux.*—*Il fait obscur,* teval eo, teval eo auëzy. — *Obscur, qui*
*n'est pas connu,* dianaff, dister, oh, añ.
— *Une naissance obscure,* ul liguez dis-

ter *ou* displet, nep a·sao a lec'h isel.—
*Obscur, peu intelligible*, dieûtent, oc'h,
à; ar pez a so dieûtent *ou* diæz da eûtent.

OBSCURCIR,*rendre ou devenir obscur.*
tevalaat, *pr.* tevaleët. *Van.* teoûēléiñ.
—*Obscurcir, ternir la gloire de quelqu'un*,
dua ur re-bennac dirag ar re all, *pr.*
duet; dimuuui an Istîm vad a rear eus
a ur re,*pr.* diminuet.—*Obscurcir, rendre
moins intelligible*, renta dièûtent *ou* renta dieûtentoc'h un dra bennac, *ppr.*
rentet.

OBSCURCISSEMENT, tevalder.

OBSCUREMENT, *ambiguement*, èn
ur fæçzoun dièntent *ou* diæz da èntent.

OBSCURITÉ, *privation de la lumière*,
*ténèbres*, tevalyenn, tevaligenn, disvél,
amc'uoulou, dise'houlou, tevalder, tevalded. *Van.* teoûaligeñ, teoûaliguch,
teo.lelded. — *L'obscurité d'une caverne*.
an devaligenn eus a ur c'havargn. —
*Dissiper l'obscurité*, dismantra an devalyenn, *pr.* dismantret. — *On fait bien
des choses dans l'obscurité, où Dieu voit
clair, qu'on n'oserait pas faire devant la
moindre personne*, èn disvel *ou* èn am-
c'houlou ez rear meur a dra ne gretét
qet o ober dirac au distera dèn.—*Obscurité, parlant d'un temps sombre*, tevalded,
latar.

OBSÉDER,*tourmenter, parlant des démons à l'egard des hommes*, peus-poçze-
di, *pr.* peus-poçzedet; hauter-boçzedi,
*pr.* et; dem-poçzedi, *pr.* et.—*Une personne obsédée*, ur persounaich peus-poçzedet, un dèn hauter-boçzedet gand
an droueq-speret, un dèn tourmautet
gad an droueq-spered. — *Obséder une
personne, s'en rendre le maître, être assidûment autour d'elle*, cahout oll c'hallout var un dèn, *pr.* bet; ober a garér
eus a ur re, *pr.* graęt, beza atao var
seuzlyou treid ur re bennac, sicha un
dèn, *pr.* sichet. — *Obséder, importuner*,
fatiga ur re gad e c'houleunou, *pr.* fatiguet.

OBSÈQUES, an enoryou diveza a
reutear da un dèn a enor goude e varo, mortuaieñ. *Al.* marffaich, mar-
vaich.

OBSERVANCE, *observation d'une loi*,
miridiguęz ul lésenn, aboïçzançz da ul
léseñ. — *L'inobservance d'une loi*, terridiguez ul léseñ, an derridiguez eus a ul
lésenn.

OBSERVANTINS *ou les Pères de l'Observance. Cordeliers*, san-Françesis, religiused S. Françès, tadou S. Françès.

OBSERVATEUR,mirer,*pl.*yen;eveç-
zaër, *pl.* yen. — *Observateur, qui épie,
critique*, spyer, controller, *ppl.* yen.

OBSERVATION,*observance. v.-y.* —
*Observation, note*, remercq, *pl.* ou.

OBSERVATOIRE, leac'h deread da
gontémpli ar stered; vere, *pl.* ou; guç-
re, *pl.* ou. — *L'observatoire de Paris*, an
observatoar a Baris, ar vere a Baris.

OBSERVER, *garder une loi*, miret,*pr.*
id.; lacqaat èn cffed, *pr.* lecqëet.—*Observer, prendre garde, épier*, spya, *pr.* et;
divoall, *pr.* et; evèçzaat, *pr.* ēet; lacqaat evez, *pr.* lecqëet. *Van.* cüeheiñ,
eüehat, lacqat eüeh.

OBSESSION, *action d'être obsédé par
les démons*, peus-poseçzion, dem-poseç-
ziou, hauter-boseçzion. — *Obsession,
assiduité, pouvoir sur l'esprit d'une personne*, galloud var un dèn, hentaduręz
vras gad un dèn.

OBSTACLE,ampeichamand, *pl.*ampeichamanchou. — *Mettre obstacle à
quelque chose, l'empêcher*, digaçz ampeichamand da un dra-bennac, *pr.* et.—
*Mettre obstacle à*, herzel ouc'h,*pr.* harzel.

OBSTINATION, ostinamand, *pl.* os-
tinamanchou; ostinadur, *pl.* you; ostinacion, *pl.* ou. *Van.* ostiuaciou, *pl.* eü
*v.* opiniâtreté.

OBSTINEMENT, èn ur fæçzoun oç
tinet,gad ostinamand, gand ostinacion

OBSTINER, *s'obstiner*, ostiua, *pr.* el
*Van.* ostineiñ, him obstineiñ. *v.* s'op
niâtrer. — *Il s'obstine à vaincre ou à mc
rir*, ostinet eo da dreac'hi pe da verve

OBSTINÉ, *e*, *adj.* ostinet, *pl.* tud es
tinet. *Al.* gourdt, oc'h, à, añ. *Van.* os
tinet, obstinet, oh, añ. — *Les pécher
obstines*, ar bec'heuryen obstinet, ar s
a so ostinet èu o pechejou siouaz derç̧

OBSTRUCTION,*t. de médecine*,stat
qadur èr goazyed. — *Résoudre les o*

**etions**, distanoqa ar goazyed, dis-
**tra au** humoryou vicius, *ppr.* et.
**OBTENIR**, cahout digand, etc., *pr.*
obteni, *pr.* et. — *Obtenir des grâces*
*ciel*, cahout graçzou digand Doüe.
*Il a obtenu sa grâce du roi*, beza èn deus
t lizerou a c'hraçz digad ar roüe. —
*tenir quelque chose avec peine*, *par im-*
*tunité*, tizout un dra gad poan digad
re, *pr.* tizet.
**OBTUS**, *un esprit obtus*, *émoussé*, ur
ered mouçzet, ur spcréd stancçet,
spered lourd.
**OBVIER**, *prévenir*, dialbenna, *pr.* et;
oñnet a-raucg da, *pr.* ëet; miret na,
id.
**OCCASION**, occasioun, *pl.* ou; dar-
oud, *pl.* ou; tu, lançz.—*Chercher, épier,*
*outer, prendre, perdre l'occasion*, clasq,
udya, cavout, qemer, coll an occa-
oun ou an darvoud ou an tu ou al lançz,
*pr.* et. — *Ayant trouvé l'occasion*, o veza
igouëzet an darvoud, o veza darvezet
euaus, etc., o veza cavet lançz ou an
a da, etc. — *En cette occasion, en ce cas*
d, èn occasioun-ze. — *J'ai bien soupé*
*votre occasion, par votre moyen, à cause*
*de vous*, coañnyet mad am eus divar ho
oueŝ, ur goan vad am eus græt dre'n
abecg deoc'h. — *Occasion, sujet, cause*
*occasionnelle*, acausion, caus, qiryéguez,
abecg, leac'h, qiryocq. *Van.* caus, abecg.
— *J'ai eu querelle d votre occasion*, èn a-
becg deoc'h ou dre'n abecq deoc'h ou
èu acausioun deoc'h ou èn ho qiryéguez am eus bet scandal, eausou qiryocq
oc'h bet din d'am beza bet scandal.
**OCCASIONNER**, *causer*, acausiouni
un dra, *pr.* et; beza caus da un dra,
*pr.* bet; beza qiryocq ma c'hoare un dra;
rei leac'h un dra-bennac, *pr.* roët.
**OCCIDENT**, *côté où le soleil se couche*,
ar C'huz-Héaul, Cuz-Héaul, bro ar
C'huz-Héaul, doüar Cuz-héaul. *Van.*
Cuh-Hyaul. — *Vers l'Occident*, etreze
ar C'huz-Héaul, varzu ar C'huz-Héaul.
— *Depuis l'Orient jusqu'à l'Occident*, a
dalecq ar Sevel-Héaul bede'r C'huz-
Héaul. — *L'empire d'Occident*, empalaërded ar C'huz-Héaul, stadou an em-
laze eux a vre ar C'huz-Héaul.

**OCCULTE**, cuzet, segret.—*Les scien-*
*ces occultes sont la plupart vaines ou défen-*
*dues*, an darnvuyâ eus a sqyanchou cuzet ou segret a so pe vean pe divennet.
**OCCUPATION**, *action de s'emparer de*,
ocupançz, sézy. — *Occupation, emploi,*
*exercice, travail*, ooupamand, *pl.* ocupamanchou; labour, implich, pe-a-dra
da ober. — *J'ai asses d'occupations*, me
am eus ocupamanchou avoalc'h, me
am eus labour avoalc'h ou implich a-
voalc'h ou traou avoalc'h da ober, me
ne doun qet hep labour ou ocupamand.
—. *Malgré toutes ses occupations*, en despez de oll ocupamanchou. — *Sans oc-*
*cupation*, disocup, diocup, diober, dilabour, dibreder, oësus.
**OCCUPER**, *tenir, s'emparer de*, ocupí,
*pr.* et; derc'hel, *pr.* dalc'het; sézysa, *pr.*
et; sézya, *pr.* et. *Van.* ocupeiñ, sézyeiñ.
— *Occuper, employer quelqu'un*, ocupi ur
re-bennac, rei implich ou labour da ur
re, rei pe-a-dra da ober da ur re-bennac, *pr.* roët.—*S'occuper à quelque chose,*
hem ocupi da un dra, hem rei da ober
un dra, hem lacqât da un dra-bennac.
**OCCURRENCE**, darvoud, *pl.* ou.—
*Selon les occurrences*, diouc'h an darvoudou, dioud an dro eus an traou, hervez ma digouëz ar bed. *r.* conjoncture,
*occasion*.
**OCEAN**, *la grande mer*, ar mor bras,
ar mor glas. *Van.* id. — *L'océan occi-*
*dental*, mor ar C'huz-Héaul.
**OCRE**, *minéral*, boulyerminy, *id est*,
*bol d'Arménie*. — *Ocre jaune, rouge, etc.*,
boulyerminy mèlen, ruz, etc.
**OCTANTE**, *t. numéral*, pévar uguent.
**OCTANTIÈME**, pévar-uguentvet.
**OCTAVE**, *huitaine*, eizved. — *L'octa-*
*ve du Saint-Sacrement*, eizved ar Sacramand. — *Octave pour quelque mort*, eizved an anaoun, *pl.* eizvejou, eizvedou;
selvichou è pad ciz dez gad an anaoun
ou evit an nep so eat d'an anaoun.
**OCTOBRE**, *dixième mois*, hezre, here, miz here. *Van.* ezre, miz ezre, miz
gouil-mikél. — *Octobre, novembre et dé-*
*cembre sont les mois noirs,*

Hezre, du ha qerzu,
A c'halveur ar mizyou du.

OCTOGÉNAIRE, pévar-uguent-vloazyad, oaget'a bévar-uguent vloaz, pévar-uguent-veder, an niver a bévar-uguent.

OCTOGONE, furm eiz-coignecq, furm eiz-cornecq, *pl.* furmou.

OCTROI, *concession*, autre, *pl.* ou, autreadur, autrenadur. — *Les deniers d'octroi*, an autreou, arc'haud an autreou.

OCTROYER, autren, *pr.* autrēet; autrezi, *pr.* et; accordi, *pr.* et. — *Dieu nous octroie ce que nous lui demandons de bon cœur et avec une fervente prière*, au autrou Doûe a autre deomp ar pez a oulennomp digandhâ, gad ur galoun bur hac ur bedenn ardant.

OCULAIRE, nep a vel gad e zaoulagad. — *Temoin oculaire*, tēst pehiny èn deus guēllet gad e zaoulagad, test peiny èn devens guēllet e-unan.

OCULISTE, midicin a drém, *pl.* midicined an drémm.

ODET, *rivière de Quimper*, Odet, Audet, stærAudet; *de là* Bennodet *ou* Penn-Odet, *rade foraine; de là* Qemper-Odet, ancien nom de la ville de Quimper, avant qu'elle s'appelât Quimper-Corentin, et que l'on nomme à présent Quimper, sans aucune addition. *v.* Guéaudet.

ODEUR, senteur, c'hueçz, *pl.* you. *Van.* hueh, *pl.* yeû. *Al.* guendt, ur souffle. — *Bonne odeur*, c'hueçz vad. *Van.* huch vad. — *Cela répand une bonne odeur*, c'hueçz vad a so gad an dra-ze. — *Mauvaise odeur*, flear, flær, goall c'hueçz, c'huez fall. *Van.* goall hueh, hueh fall. — *Qui a une mauvaise odeur*, ar pez a so goall c'huez gandhâ, flæryus. — *Odeur forte, aigre*, c'huez crê, trēncq. — *Odeur douce et agréable*, c'huez douçz ha c'hueq. — *Odeur de musc*, c'huez musq *ou* musqet. — *A une odeur de moisi*, c'huez ar boulet a so gandhâ. — *Odeurs, bonnes odeurs, senteurs*, c'huezyou-mad, c'hoëzyou-mad. — *Odeur.* v. estime, réputation. — *Mourir en odeur de sainteté*, mervel ec'hiz da ur sant, cahout maro ur sant, cahout ur maro santel, mervel èn istim a santélez.

ODIEUX, *euse*, caçzatis, caçzeüs, oh,

â, aû. — *Rendre quelqu'un odieux*, lacqaat da gaçzaat ur re, *pr.* lecqēet; obecaçzaat ur re-bennac *pr.* græt. — *Devenir odieux*, donnet da veza ca çzaûs d'ar re all, donnet da veza caçzēet gad'arr all. — *Dans le droit on étend les grâces et restreint les choses odieuses*, ar guîr a zeu da astenn al lēsennou favorus ha da verraat ar re gaçzaûs.

ODIEUSEMENT, èn ur fæçzoun caçzaûs.

ODORANT, *s. v.* odoriférant.

ODORAT, *sens qui perçoit les odeurs*, ar c'hueçza. *Van.* er flét, er freno.

ODORER, *flairer*, c'hueçza, *pr.* et ; c'hueçzâl; *pr.* ēet; muçzât. *pr.* ēet. *Van.* muçzeiñ, muçzâl, *ppr.* et.

ODORIFÉRANT, *s.* ar pez a so c'huez vad gandhâ. — *Des fleurs odoriférantes*, bocqedou a so c'huez vad gandho.

ŒCUMÉNIQUE, general, gereual. — *Concile œcuménique*, açzamble general, concil general. — *Les conciles œcuméniques*, an açzambleou general eus an ilis, ar c'honcilyou general.

ŒIL, lagad, *pl.* daoulagad ; an dremm. *Van.* lagad, *pl.* deûlagad. *Al.* spu, spy; *de là* spya, *épier;* spyou, *espion.* — *Le creux de l'œil*, cleuz an lagad. — *Le coin de l'œil*, freih al lagad, qorn al lagad, couign an lagad. — *La prunelle de l'œil*, map an lagad, hibyl an lagad. — *Le blanc de l'œil*, guēnn al lagad. — *L'humeur aqueuse de l'œil*, douréan al lagad. — *L'humeur cristalline de l'œil*, strincqenn al lagad. — *L'humeur vitrée de l'œil*, guēzrenn al lagad. — *La paupière de l'œil*, croc'hen al lagad. — *Le cil de l'œil, le poil de la paupière*, malvenn al lagad, *pl.* malvennou an daoulagad. *Van.* malüenn, *pl* divalüenn. — *Qui n'a qu'un œil*, born, *pl.* ēyen. burleq, lagad. — *Regarder quelqu'un de bon œil*, sellet ur re a du vad, *pr.* id; guēllet ur re-bennac a galoun vad, *pr.* id. — *Regarder de mauvais œil*, sellet a dreuz, sellet a gorn, sellet a gorn-lagad, sellet a gleiz oud ur re, guēllet gad poan ur re-bennac. v. *regarder.* — *D'un coup d'œil*, èn un taul lagad, èn ur serr-lagad. — *Avoir l'œil sur quelqu'un*, lacqât evez oud

ra , pr. lecqëet; tenreul evez oud ür  |  nou-houarn.
, pr. taulet.—Avoir l'œil sur tout, re-  |  **ŒILLETERIE**, lieu plàntà d'œillets ,
marquer tout , laeqât evez oüd pep tra,  |  genaflecq, pl. genaflegou.
a reul evez ouc'h pep tra.—Qui a de  |  **ŒSOPHAGE**, le conduit qui s'étend
os yeux, lagadëcq, pl. lagadéyen; bour-  |  de la bouche d l'estomac, gourlânchenn,
il , pl. éyen.—Dè gros yeux, daoula-  |  ar o'hourlânchenu , ga·gadenn , ar
ad dispourbelleeq. — Ouvrir beaucoup  |  c'hargadenn, ppl. ou. Van. gargâdgën.
yeux , dispourbella an daoulagad ,  |  **ŒUF** ; vy, pl. vyoü. Trég. ü, pl. ñoú
. et.—Qui a les yeux ardents, nep en  |  Van. u , úy, pl. úyëu.—Coque d'œuf,
us daoulagad hëtr oü daoulagad bir-  |  cloçzen vy, pl. cloça vyou; clozrenn
licq , dremm élumet.—Des yeux é-  |  vy, pl. clozr vyou; plusqenn vy, pl.
acelents , daoulagad meredennus. in-  |  plusq vyou.—Pellicule qui enveloppe l'œuf,
réveusement, daoulagad lugtern.—Des  |  plusqennicg ar vy, pl. plusqennigou
eux vifs , daoulagad beö oü lemm, dad-  |  vyou.—Le blanc de l'œuf, guënn vy;
gad cracq.—Des yeux bleus, daulagad  |  Van. guënn üy ; solérënn üy.—Jaune
lax.—Des yeux d'un bleu céliste; dau-  |  d'œuf, melen vy. Van. meleen ü, mi-
lagad-pers ou glas-pers.—Des yeux noirs;  |  leiñ üy.—Le germe de l'œuf, qillïéguez;
daulagad du; dremm-su. — Des yeux  |  cluy.—Œuf de poule, vy yar, pl. vyou
oirs et petits , daulagad polos. injurieu-  |  yar.—couvé, azdo, an azdo, had-dö,
sment, daulagad grippy, grippy, diable.  |  an hâd-do, vy hânter-goret. Trég. had-
—Des yeux roux, daulagad guell, dau-  |  déo: Van. hadtd.—de cane, vy hoüa-
lagad guër , daulagad cas.—Des yeux  |  dés.—frais, vy fresq, pl. vyöu fresq:
ouges comme ceux du cochon , dremm  |  Van. üy fresq, pl. üyëu fresq.—durs,
riz , daulagad moc'h.—Mal aux yeux;  |  vyou caled. Van. üyëu caled.—presque
poan an daulagad , drouoq an dremm.  |  durs, vyou crenn.—d la coque, vyou
Van. aouidd.—J'ai mal aux yeux, poan  |  tand, vyou crenn, vyou bihan boar;
am eus èm daulagad; drouoq am eus  |  vyou fry-poar.—en omelette, alumenn
èm dremm.  |  vyou, pl. alumennou vyou; vyou frylet.
**ŒIL-DE-BŒUF**, t. de maçonnerie,  |  Van. üyëu fritet.—d l'oseille, vyou glas.
prenest round, pl. prenénchou round.  |  Van. üyëu gued trenchou.—de pâques,
—Œil-de-bœuf, plante ; en latin, boaria.  |  vyou pasq.—Houtaine d'œufs, douçzen
boënn.—Œil-de-bœuf d fleur jaune, bö-  |  vyou ; id est, dause·genn vyou.—E-
ënn velen.—Œil de bœuf d fleur blanche,  |  tendre des œufs sur , etc., vyaoüa, pr. et.
boënn venn.  |  Van. üyëuëiñ.—Etendre des œufs sur des
**ŒILLADE**, taül-lagad, pl. taülyou-  |  crêpes , vyaoüa érampoës.
lagad ; lagad, pl. oü; sellad, pl. ou;  |  **ŒUVRE**, ober, pl. yon; euffr, pl.
sell, pl. oü. Van. id., et dramsell, ppl.  |  euffryou, eurvryou.—Œuvre de main,
eü.—Donner des œillades d quelqu'un,  |  euffr dörn: t. servile.—Mettre la main d
teureul e lagad var ür re; pr. taulet; o-  |  l'œuvre, labourat e-unan, pr. et.—Met-
ber selladou da ür re, pr. grët; fei la-  |  tre quelqu'un en œuvre, laeqaat ar re-
gadou ou rei taulyou lagad da ür re,  |  bennac da labourat, pr. lecqéet.—Met-
bennac, pr. roët.  |  tre une chose en œuvre, la façonner, la-
**ŒILLÈRE**, dent taxine, dant an la-  |  bourat un dra, laeqaat un dra en euffr,
gad, dént an lagad.  |  façzouni un dra.—Dit se mis en œuvre,
**ŒILLET**, fleur odorante, genofren,  |  houarn labouret, houarn façzounet.
pl. genoñ.—Œillet d'Inde, rosen Indès,  |  —L'œuvre de la création, croüidiguez ar
pl. ros Indès.—Œillet, trou d'un corset,  |  bed.—L'œuvre de nôtre rédemption, hon
toüil-laçz, pl. toullou-laçz.—Œillet,  |  dazprénadurez, prénaduraz ar bed. —
torte de boucle au bout d'une corde, laga-  |  Vous avez fait une bonne œuvre, un euffr
denn, pl. ou.—Œillet de fer d une mu-  |  mad oc'h ers grët , un dra vad oc'h
raille, lagadenn-houarn, pl. lagaden-  |  eus grët.—De mauvaises œuvres, droueg

oberyou, goall euvryou.—*De bonnes au-tres*, oberyou mad, euvryou vad.—*La foi est morte sans les bonnes œuvres*, ar feiz hep an euvryou mad, a so didalvez.—*Les œuvres de miséricorde*, an euvryou a drugarez.

OFFENSANT, *te*, offançzus, oc'h, à ; añ.—*Des paroles offensantes*, comsyou offançzus.

OFFENSE, offançz, *pl.* ou. *Van.* id., *pl.* eü. *v. injure*, *affront*, *péché*.

OFFENSER, offanci, *pr.* et. *Van.* offancciñ.—*Je ne l'ai pas offensé*, n'am eus qet offancet anezà, n'em eus qet e offancet.—*S'offenser de quelque chose*, èn hem offanci divar beuu uu dra, hem gavout offancet gad uu dra-ben-nac, *pr.* hem gavet.

OFFENSEUR, *qui offense*, offançer, offançour, *pl.* offancéryen.—*L'offen-seur et l'offensé*, an offancer hac au hi-ny offancet.

OFFENSIF, *ire*, offançzus, a offançz.—*Armes offensives*, armou da at-taqi.—*Armes offensives et défensives*, ar-mou da açzailh ha da zifenu.

OFFERT, *te*, offret, qenniguet, qi-nizyet, offret, mennet.

OFFERTOIRE, *l'offertoire de la messe*, an offertor.

OFFICE, *service*, plaisir, sicour, ser-vich, *pl.* ou; plijadur, *pl.* you. *Al.* of-fiçz.—*Office*, *charge*, carg, *pl.* ou. —*L'office de l'église*, an oviçz, oviçz an ilis, euryou an ilis. *Van.* offiçz en ilis, en offiçz hag en ilis, eu offiçz es en i-lis.—*L'office divin*, an oviçz diiu —*Dire son office*, lavaret e offiçz, lavaret e cu-ryou, *pr.* id.—*L'office des morts*, oviçz au anaoun.—*Celui qui fait bien l'office et les cérémonies de l'église*, uu oviçzer caër, *pl.* oviçzeryen gaër.

OFFICIAL, *juge ecclésiastique*, an oviçzyal, *pl.* ed.

OFFICIALITÉ, *justice de l'église*, o-viçyalded, lès an ilis, lès an escop.—*Officialité*, *charge de l'official*, oviçzya-laich.

OFFICIANT, *qui officie*, oviçzer, *pl.* yen; an oviçzer, an oviçzand.

OFFICIER, *faire le service divin avec*

cérémonies, oviçza, *pr.* et.

OFFICIER, *qui a une charge*, oviçzer *pl.* yen. *Van.* offiçzour, *pl.* eryon.—*O-ficier du roi*, oviçzer, ar roüe, *pl.* oviç séryen ar roüe. *Van.* offiçzour er roüe, *pl.* offiçzeryon.—*Officier, maître d'hôtel*, oviçzer, *pl.* yen.

\* OFFICIÈRE, *t. de religieuses*, oviç zerès, *pl.* ed.

OFFICIEUX, *euse*, obligeant ; servi-jus, offnet, oh, à ; *v.* obligeant.

OFFICIEUSEMENT. *v.* obligeamment.

OFFRANDE, *don fait à l'église*, of-françz, *pl.* ou, proff. *Van.* proff, *pl.* proveü.—*Aller à l'offrande*, moñnet d'au offrauçz, moñnet d'ar proff, *pr.* éet, eat. *Van.* monnet de broveiñ ou d'er proff.—*Donner en offrande*, profa, *pr.* et; rei en offrançz, *pr.* roët. *Van.* proveiñ.—*Il y a eu beaucoup d'offrandes à la chapelle neuve*, meur a offrançza ou cals a offrançzou a so couëset èr cha-pel névez, ur proff terrup a so couëset èr chapel névez. *v.* oblation.

OFFRANT ( le plus ), *t. de pratique*; nep a lacqa uhélà. —*Adjuger au plus offrant*, rei da nep a lacqa uhélà, *pr.* roët.

OFFRE, offr, menaad, *ppl.* ou. *Van.* offr; *pl.* eü. — *Une belle offre*, un offr caër, ur mennad caër. *par ironie*, un offr caër, un offr eoandt, Doüe a oar.—*Faire offre de service*, ober offr a ser-vich da ur re-bennac, *pr.* græt.

OFFRIR, *faire offre*, qinizyen, *pr.* qinizyet; qinniguen, *pr.* qinniguet; of-fri, *pr.* et; ober offr, *pr.* græt; græt. *Van.* qennigueiñ, offreiñ.—*Offrir quel-que chose à quelqu'un*, meunout, *pr.* mennet; mennout rei un dra da ur re, meunat. *pr.* mennet.—*Offrir du secours à quelqu'un*, mennout sicour da ur re, mennout sicour ur re.—*Je lui offre un habit neuf*, me a gueñig dezà ou mennout a ran dezà un abyd névez.—*S'offrir à faire quelque chose*, èn hem offri da ober un dra

OFFUSQUER, *empêcher de voir*, am-peich ar guëlled eus a un dra, *pr.* et, tevalaat ar guëlled, *pr.* tevaléet.

OGRE, *monstre fabuleux*, avide de chair humaine, rouñphl, *pl.* ed.

OIE, *oiseau domestique*, goazyen, *pl.*

ry ; goaz, *pl.* goazy, goay. *Van.* oay,
ay, *pl.* gouëy. *Al.* gauz. — *Petite*
goazennieg, goazieg, *pl.* goazigned.
Sée grasse, goazyen lardt, *pl.* goazy
Lt. —*Le mâle de l'oie, le jars* , garz ,
guirzy.—*Oie sauvage,* goazyen goëz,
goazy goëz; goaz goëz, *pl,* goazy, etc.
  OIGNEMENT, frotadur.
OIGNON, oûignoun. — *Un oignon,*
n-ouïgnoun.—*Des oignons,* pennou
ïgnoun,ouïgnoun.—*Oignons de fleurs,*
ïgnoun boqedou,ouïguoun flouraich
OIGNONIÈRE, ouïguounneeg, *pl.* ou.
OINDRE, *frotter avec des choses on-*
*euses,* ouïgnamanti, *pr.* et; frota gad,
o-, *pr.* frotet; larda, *pr.* et. *Van.* œi-
remanteiñ.—*Oindre quelque partie ma-*
*de* , ouïgnamanti ar o'horf, frota ur
remprbennao gand eol, gad oungand,
to. — *Oindre les roues et l'essieu d'une*
*harrette,* larda ar o'barr, larda ar c'har-
onça.—*Oindre, sacrer,* sagri, sagra ,
*pr.* sagret.—*J'ai trouvé David, mon ser-*
*iteur,* je l'ai oint *de mon huile sainte,*
David am eus cavet, guir servicheur
dim, hac am eus sagret anezañ gand
va col sagr.
  OINT (l') *du Seigneur, les oints de*
*Dieu,* dèn sacr, *pl.* tud sacr.—*Les pro-*
*phètes, les prêtres, les rois, sont les oints*
*du Seigneur,* ar brofeded, ar væléyen,
ar rouanez, a so tud sacr ou a so sagret
gad an col sagr.—*Ne touchez pas mes oints,*
dit *Dieu,* divoallit da douich nac a
zourn, nac a déaud oud va zud sacr,
na da noasout déseu è nep fæçzoun,
eme Zoûe. — *Jésus-Christ est l'oint du*
*Seigneur par excellence,* hoñ Salver eo
an dèn sacr dre eçzelançz.
  OING, *graisse de porc,* blounneguen,
blounnecq. *Van.* bronnecq, bronniguen.
*v. saindoux.*—*Frotter avec du l'oing,* frota
gad blonnecq. *Du vieil oing,* lard-coz,
lard-qarr. *Van.* lart coh, cambouis.—
*On frotte les essieux avec du vieil oing,* gad
lard coz ez lardér an aëlyou qarr.
  OISEAU, biptde allé, labous, *pl.* ed ;
ezn, *pl.* ezned; eûn , *pl.* eûned. *on é-*
*crivait* eûñ, *pl.* effued. *Van.* ein, cëu ,
eïr, ir, pichon, *ppl.* ed. *Al.* afais, a-
fes, avais, adar.—*Petit oiseau,* labou-

sieq, *pl.* labousedigou; eznicq, *pl.* eznedigou --*Oiseau apprivoisé,* labous doñ.
—*Oiseau de chasse,* labouçzchaçze. *Van,*
cëu giboeçzour. — *Oiseau de proie,* labous preyz.—*Les petits des oiseaux,* pichoñned. *sing.* pichonn.—*Chasser aux*
*oiseaux ,* labouseta, ezneta, *ppr.* et. *Van,*
eneteiñ, enetat. — *Chercher les oiseaux*
*dans les toits de glé, en hiver,* falaouëta,
*pr.* et. *Ce verbe s'emploie aussi en parlant*
*de ceux qui perdent le temps à des baga-*
*telles.—L'île aux oiseaux,* enès Adar,
*l'île d'Ar.—Voilà un bel oiseau,* t. *inju-*
*rieux,* coandtâ pabaour! pabaour, *char-*
*donneret. -- Oiseau,* t. *de Maçonnerie,*
sparfell, *pl.* ou.
  OISELEUR, *qui prend ou élève des oi-*
*seaux,* exnetaër, *pl.* yen; labousetaër,
*pl.* yeu. *Van.* enetour, *pl.* yon ; a verz
laboused doñ.
  OISELLERIE, *métier d'oiseleur,* ez-
netaërez.
  OISEUX, *euse,* oesus, vean, oh, à,
añ. *v.* oisif.—*On rendra compte à Dieu de*
*toutes les paroles oiseuses,* eus a guement
comps vean hor beso lavaret hed hon
buez ez riaqeimp renta cound da Zoûe
da zeiz ar varn, eme an avyel.
  OISIF, *ive,* oësus , disocup, vacq,
dilabour, oh , à , añ, *Van.* goûarecq,
aroûarecq, oh, añ, aoñ.—*Être oisif,*
beza oëzus, beza dilabour, beza disocup, beza vacq varnezañ.
  OISIVETÉ, oësder, vagder, didal-
loudégues, didalvoudéguez. *Van.* goû-
arigueh, arouarigueah.—*La sainte écri-*
*ture dit que de tout temps l'oisiveté a appris*
*beaucoup de malice aux hommes, et le pro-*
*verbe dit qu'elle est la mère de tous les vi-*
*ces,* ar scritur sacr a zasq deomp penaus a bep amser an didalloudéguez ho
deus desqet d'an dud meur a zrougniez,
hao an dicton ordinal a lavar ez deû da
vezur an oll viçzou — *Vivre dans l'oisi-*
*veté,* trémen e vuez o didalvoudecqat,
*pr.* trémenet ; beva oësus, *pr.* bevet.
  OISON, goazicq, *pl.* goaziigued; ezn
goaz, *pl.* ezned goaz; labous goaz, *pl,*
laboused goaz; pichon goaz,*pl.* pichoñned goazy. *Van.* pichon gouëy.
  OLEAGINEUX, *euse,* eolecq, oe'h,

A, aû.r—*Fruits oléagineux*, frouëz éo-
leeq. -- *Bois oléagineux*, piñ, etc., coad
eolecq, guëz eolecq.

OLIVATRE, olifiard, a lyou oliff,
a lyou olivès,

OLIVE. *fruit à noyau*, oliyesen, *pl.*
olivès, oliff, olived.--*Manger des olives*,
dibri oliff, dibri olivès.--*Huile d'olive*,
eol oliff, eol olivès.—*Le Jardin des Olives*, Jardin an Olivès, Jardin Olivès.—
*Le Mont des Olives*, Menez Olivès, Menez Olived.--*Qui tient de l'olivier*, oli-
vus, oh, à, añ.

* OLIVET, *lieu planté d'oliviers*, oli-
vezecg, *pl.* olivezegou; olived, *pl.* ou.

OLIVETTES, *sorte de danse*, bal an
olivetès.--*Danser les olivettes*, ober bal
au olivetès, *pr.* great, græt.

OLIVIER, *arbre*, olivesenn, *pl.* ou,
ed, olivès; guëzen olivès, *pl.* guëz olivès.--*Olivier sauvage*, olivesenn gouëz,
olifsenn goëz, *pl.* olifsennou guëz.—
*Bois d'olivier*, coad olivès.

OLIVIER, *nom d'homme*, Olyer. --
*Petit Olivier*, Olyericq.--*Saint Olivier*,
sant Olyer.

OLYMPIADE, *espace de quatre ans
chez les anciens Grecs*, c'hoaryou a rea
tro-all ar C'hrecyaned bep pevar bloaz.

OLYMPIQUES ( jeux ) c'hoaryou
ha c'hombajou Olympya, joëntrou ha
stourmou ar gucar a Olympya pe Pisa.

OMBRAGE, *ombre des arbres*, dishéaul
*Van.* diohaul. v. *abri.* — *Ombrage, défiance, suspicion*, disfizyanz.

OMBRAGER, *donner de l'ombre*, dishéaulya, *pr.* et, *Van.* dichauleiñ.

OMBRAGEUX, *euse, lieu ombrageux*,
dishéaulyecq, leac'h dishéaulyecq,
leac'h pe eu hiny ez eus dishéaul.
*Ombrageux, parlant d'un cheval*, spoun-
tícq, squbrus, cablus, oh, à, añ. *Van.*
squntus. — *Ombrageux, euse, soupçonneux*, suspicioñnus, disfizyus, discridicq
oc'h. à. *Van.* disflus, disfyus, oh, añ.

OMBRE, *ombrage*, dishéaul. — *A
l'ombre*, èn dishéaul. — *L'ombre d'un
corps*, sqeud. *pl.* ou. *Van.* sqed, hesqed,
*pl.* eu. — *Mon ombre*, va sqeud. *Van.*
me hesqed, me sqed. — *On en voit l'ombre*, guëllet a rear e sqeud, — *On re-

marque leurs ombres*, beza ea vellener ar
sqeudou. — *Plusieurs prennent l'ombre
pour le corps, l'apparence pour la réalité*,
cals a goumer ar sqeud evit ar c'horf,
ar spez evit ar viryoneg. — *L'écriture
dit que la vie de l'homme passe comme une
ombre*, buez an dèn a drémen ec'hiz ur
sqeud ou ec'hiz ur sqeudenn, emè ar
scritur saer. — *Avoir peur de son ombre*,
lamet rag e sqeud. — *L'ombre éternelle,
les ténèbres de l'enfer*, an devalyen
eternal eus an ifern. — *L'ombre d'un
mort qui se présente sous la figure qu'il
avait pendant sa vie*, spez, *pl.* you. *Van.*
id., *pl.* eû. — *La Pythonisse fit revenir
l'ombre de Samuel*, an ygromancéres a
eureu guëllet ar spez eus ar profed Samuël. — *Ombre, couleur, prétexte*, digarez. —*Sous ombre de les assister*, digarez
rei sicour dézo ou dézen. — *Sous ombre
de dévotion, de justice*, digarez devocion,
digarez justiçz. — *Sous ombre de faire
le niais*, digarez ober al lue. — *Ombre
dans un tableau*, tevalder, dudcr, sqeuden

OMBRER, *faire des ombres dans un tableau*, sqeudenna un daulenn, ober ar
sqeudennou ou an tevalderyou èn un
daulenn.

OMELETTE, alumenn, *pl.* ou; un
alumenn vyou, fritadenn vyou, *pl.* fri-
tadennou vyou. *Van.* fritadeen ûyeû,
ûyeû fritet.

OMETTRE, *ne pas faire*, lesel da ober,
*pr.* leset; mancqout da ober, *pr.* mancqet. *Van.* ne ober qet.

OMISSION, mancqamand, *pl.*
mancqamanchou.—*C'est une omission
considérable*, ur mancqamand bras eo
gemeñ-ze. —*Péché d'omission*, pec'hed
defaut ober un dra gourc'hemennet.
—*Péchés d'omission et de commission*, pe-
c'hejou defaut ober an traou a so gour-
c'hemennet hac evit ober an traou a
so divennet, —*Manquer d'aller à la messe, de jeûner, de dire son bréviaire*, sont
*des péchés d'omission*, mancqout d'an
overenn, d'ar yunyou, da lavaret euryou an ilis, a so mancqout d'ar gour-
c'hemennou ou a so pec'hed, defaut
ober ar pez a so gourc'hemennet.

OMOPLATE, planeqenn ar scoaz,

asqotn ar scoaz. Van. er planqeñ sooé.

ON ou l'on, particule qui s'exprime diversement, comme on verra par les exemples suivants et plus au long sur le verbe dire. v. la Grammaire. — On aime, caret a rear, beza ez careur. — On vivait ainsi, beva a reat evel-ze, eo'hiz-ze ez vevét. — L'on a enseigné, desqet aus bet, beza ez eus bet desqet. — On fera, ober a reor, beza ez reor. — Que dira-t-on! petra a leverqr. — Qui ira-t-on? pe ô leac'h ez eor?

ONC, oncques, jamais. v. y.

ONCE, seizi'me partie d'une livre, oncz, pl. on. Van. id., pl. eü. — Mesurer par onces, musura diouc'h an oncz. — Peser à l'once, poësa diquo'h an oncz. — Une once de rif-argent, un oncz viverjand. — Demi-once, un hanter oncz. — Une demi-once de tabac, un hanter oncz butum.

ONCLE, contr, pl. ed. Van. yontr, yondr, ppl. ed. — Oncle paternel, contr a berz tad. — Oncle maternel, contr a berz mamm. — Oncle propre, frère du père ou de la mère, contr compès, pl. contred. — Oncle, celui qui a le germain sur un autre, contr, pl. ed. — Grand oncle, frère du grand-père ou de la grand'mère, contr coz, pl. contred. — Jeune oncle, contr bibau, contr yaouancq.

ONCTION, action d'oindre, frotadur, larderez. — Onction, impression de caractère, en oignant d'huile, sacradur, segradur. — L'onction sacrée des rois, des prophètes, des prêtres, ar sacradur eus ar rouanez, ar propheded, ar valéyen.

ONCTUEUX, euse, dreuz, soleqq, ouignamantus, oc'h, añ, à.

ONCTUOSITÉ, druzoñny, humor druz.

ONDE, soulèvement de l'eau agitée, houleunicg, pl. houlennoüigou; ar sao eus au dour, ar fourgacz eus au dour.

ONDÉ, e, fait en onde, eütof great èn ouñdès.

ONDÉE, barrglao, pl. barrou; barrad glao, pl. barradou; cahoüad glao, pl. cahoüajou. Van. barad ou cobad glaü, ppl. eü. v. pluie. — Faire pleuvoir une ondée de coups de bâton sur le corps de quel-

qu'un, laeqât ur grisilhad oa gruguellad tañlyou bas da goüéza var guein undèn. — Il ne travaille que par ondées, que par reprises, ne labohr pemed a dauladou.

ONDOYANT, e, goaguennus.

ONDOYER, faire des vagues, goaguenna, pl. et. — Ondoyer, baptiser sans faire les cérémonies, christena ou christeni, ppr. et; gour-yadezi ur huguelicq, pr. gour-yadezet; rei badizyañdan ty da ur c'hrouaduricq, rei ar gour-yadez da ur c'hrouaduricq bihan, pr. roët; gour-vadez, id est, petit baptême. Van. chrichenyeiñ.

ONDULATION, mouvement par ondes, lagadenn dour, pl. lagadennou. Van. rontenn, pl. eü.

ONÉREUX, euse, grevus, despitus, oh, à; ar rez a zigacz muy a goll eguet a brofid. Van. dibrofit, cargus, oh, añ.

ONGLE, ivin, pl. ou. Van. ivin, pl. eü, ed; evin, pl. eü. — Les ongles des mains, iviuou au daoüarn. — Ongles des pieds, iviuou au treid. — Ongles de couloirs, ivinou lous. — Ongles jaunes, comme ceux des tanneurs, ivinou mèlen ou beuz. — Qui a de grands ongles, ivinecq, ivinocq. — Couper ses ongles, crenna e iviuou, pr. crennet.

ONGLÉE, ivin-réau, au ivin-réau. J'ai l'onglée aux mains et aux pieds, erocg eo au ivin-réau èm daoüaru hae èm zreid, révet eo va zreid ha va daou zourn gad ar riou calet.

ONGUENT, parfum liquide, oüignamand precius, pl. oüignamanehou. Van. oeiguemant, pl. eü. v. nord. — Onguent pour les plaies, trast, treat, lousou. Van. attret. — Cet onguent vaut mieux que l'autre, guéll eo au trèt mâ eguet ennez, guéll lousou eo hemâ evit henuez. — De l'onguent miton-mitaine, lousou ne ra ua droucq na vad. — Onguent pour la brûlure, lousou da ziatana.

ONZE, t. numéral, unnecq. Van. uënnecq. — Il est onze heures, unnecq eur eo. — Onze fois, uunecq guéach. — Le roi Louis XI, ar roüe Loys unnecvet èn hano.

ONZIEME, unnecved. — Il s'est trouvé le onzième, au unnecved eo bet èn hem gavet.

ONZISMEMENT, d'an unneoved.

OPACITÉ, teoder, tevalder. v. *diaphanité*.

OPAQUE, teval, a dreuz pehiny ne vellenr hanne,teo, *Van.* teoüel, teü.— *Un corps opaque et un corps diaphane,* un dra a dreuz pehiny ne vellér qet hac un all a dreuz pehiny ez vellér, un dra teo ha teval evel ar mæn hac un all solær evel an dour.

OPERA, *drame lyrique,* opèra, an o-péra. — *Aller à l'opéra,* moûnet d'an opera.

OPERATEUR, *médecin qui opère,* operater, *pl.* yen. v. *empirique.*

OPERATION, *action,* ober, *pl.* you; euffr, *pl.* you, euvryou.—*Les operations de la nature,* an oberyou natural,an eu-vryou eus an natur. — *Operation de chirurgie,* euffr-dôrn ar surgyan. — *Il faut lui payer tant pour son opération,* qement ha qement a renqeur da baeä dezañ evit e euvr-dourn. — *La Très-Sainte Vierge a conçu par l'opération du S.-Esprit,* ar Verc'hès Sacr he deus bet concevet dre ar vertuz eus a Spered-Santel. —*Les operations de la grâce sur le cœur de l'homme,* ar pez a ra graçz Doüe var galoun ar c'hristen.

* OPERATRICE, *celle qui fait l'office d'operateur,* operaterès, *pl.* ed.

OPERER, *agir, travailler,* operi, *pr.* et; ober, *pr.* græt. — *Le remède opère,* operi a ra ar remed. — *La vertu divine a opéré ce miracle,* Doüe en deus græt ar miraql-ze.

OPIAT, *électuaire,* opyat.

OPILATION, *obstruction,* stancqa-dnr èr goazyed. *Van.* stancqadur.

OPILER, stancqa, *pr.* et. *Van.* stan-qeiñ, sleüeiñ.

OPINANT, e, *aviser,* *pl.* yen; delibe-rant, *pl.* ed.

OPINER, deliberi, *pr.* et; avisa, *pr.* et; lavaret e avis àar un dra-bennac, *pr.* id.

OPINIATRE, aheurtet, qilvers, peñ-vers, oh, à, añ, *ppl.* tud, etc. *Van.* aheur-tet. v. *obstiné,* *idem.* — *Un homme opiniâtre,* ur pennecq, un aheurtet, ur penn-

vers, ur c'hilvers.—*Un combat opiniâtre,* ur c'hombad stardt hac hirr.

OPINIATREMENT, èn ur fæçzoun aheurtet, gad aheurtamand.

OPINIATRER (s'), aheurti, *pr.* et; en hem aheurti, *pr.* et. *Van.* aberteiñ, hum aheurteiñ. r. *s'obstiner.*

OPINIATRETÉ, aheurtançz, aheur-tamand. *Van.* ahertançz, aheurtauçz. v. *entêtement, obstination.*

OPINION, *sentiment, pensée, avis,* om-pinionn, *pl.* ou; avis, *pl.* ou; souch. *Van.* opinion, *pl.* eü.— *C'est mon opinion,* va ompinion eo, va souch eo.—*Selon mon opinion,* hervez va ompinion, var a gre-dañ, var a soujañ. — *Opinion, estime,* ompinion, istim. — *J'ai bonne opinion de lui,* ompinion vad *ou* istim vad am eus anezà, e istimout a rañ, bez'e isti-mañ anezañ. — *Je n'ai pas bonne opinion d'elle,* n'am eus qet ompinion *ou* istim vad anezi, n'he istimañ qet, n'istimañ qet anezy. — *Opinion, fantaisie,* falta-sy, *pl.* ou; stultenn, *pl.* ou. *Van.* fanta-sy, *pl.* eü — *Opinion, dogmes d'une secte hérétique,* fals-ompinion, *pl.* fals-ompi-nionnou, fals-creden, *pl.* fals credennou,

OPPORTUNITÉ, r. *commodité, occasion.*

OPPOSANT, oposer, *pl.* yen; nep a zeu d'en hem oposida, etc.; nep a lacqa opo-sicion da *ou* empeichamand da, etc.

OPPOSER, *s'opposer, mettre obstacle,* oposa, oposi, *ppr.* et; lacqât oposition, lacqât ampeichamand, *pr.* lecqéet; di-gaçz ampeichamand, *pr.* et. *Van.* opo-seiñ. — *Opposer, objecter,* oposa, oposi, *ppr.* et. — *Opposer, mettre vis-à-vis,* lao-qât rag talda, etc., lacqât rag-enep da. —*Opposer, être contraire, être opposé,* coun-trollya, *pr.* et; beza countroll, *pr.* bet. — *Les uns sont opposes aux autres,* an eil a gountrollya eguile,an eila zeu da goun-trollya eguile, lod a gountrolly al lod all, an eil rum a so countroll d'ar rum all. — *Le blanc est opposé au noir, la lumière aux ténèbres, la vertu au vice,* ar gueñ a so countroll d'an du, ar sclærder d'an devalyenn, ar vertuz d'ar viçz.

OPPOSITE, *l'opposé,* ar pez a so rag-tal *ou* rag-enep *ou* èn tu all. — *La rive opposite,* ar ribl èn tu all, ar ribl rag-

tal, ar ribl all rag-enep. — *L'opposite du*
*drap, l'envers*, an tu enep, an tu erep,
an tu guin.

OPPOSITION, *obstacle*, ampeichamand, *pl.* ampeichamanchou; oposicion, *pl.* ou. — *Opposition, contrariété*,
countrollyez; *pl.* ou.

OPPRESSER, *presser fort*, **narga**, *pr.*
carguet; greva; *pr. et.* Van. eneqeiñ, enec-
qat, *ppr. et.* — *Il a l'estomac oppressé*,
grevet eo e stomocq, carguet *ou* goall
garguet eo poull e galoun. Van. eneqet
eû poull e galon.

OPPRESSION, *mal qui accable la poitrine*, grevauz, grevadur.—*Il a une oppression d'estomac*, grevanza so èn e stomocq,
dalc'het eo e stomocq gand grevadur.—
*Oppression, action d'opprimer*, grevanz,
goasqadur, foulauz, èneqted, mac'hérez
moustradur; moustrérez. Va. eneqadur,
eneq.—*A l'oppression du peuple*, è grevauçz
*ou* foulanz ar bopl. *v. fouler le peuple*.
*Oppression, misère, disette*, dienez, eneqted

OPPRIMER, *accabler*; **vexer**, greva,
foula, mac'ha, moustra, peus-laza,
goasqa, *ppr. et.* Van. eneqeiñ, eneqat,
*ppr.* eneqet.

OPPROBRE, *deshonor*, dismegançz,
iffamitez.—*Il est l'opprobre de sa famille*,
disenor e lignez eo. — *Les Juifs firent
souffrir mille opprobres à notre seigneur*,
ar Yuzévyen a eureu cant ha cant dis-
megauçz da hor Salver benniguet.—
*Judas est l'opprobre du genre humain*, Yuzas a so an iffamitez eus an oll lignez
humen.

. OPTER, *choas, pr. et. v. choisir.*

. OPTION, choas.

. OPTIQUE, *science qui traite de la vue
en général*, sqyand pehiny a brezecq
eus ar guelled, sqyand an dremm.

OPULENCE, pinvidiguez vras.—
*Vitre dans la gloire et dans l'opulence*, beva leun a c'hloar hac a vadou, beza
var floñt è creiz an enoryou hac ar
pinvidiguezou.

OPULENT, *inté*, pinvidicq, pinvidicq bras. Van. pinhüicq bras. — *Un
royaume opulent*, ur rouantélez pinvidicq bras.—*Des personnes fort opulentes*,
pinvidyen vras, tud pinvidicq bras.

OPUSCULE, eüvricq, *pl.* **euvryou-**
**ïgou**.—*Les opuscules de S. Bonaventure*,
euvryouïgou sant Bonavantura.

OR, *le plus précieux de tous les métaux*,
aur, aour. *On prononce* aur *et non* a-our;
—*Or vierge, tel qu'il sort des mines*, aur
guerch. — *Or pur*, aour pur *ou* fin.—
*de coupelle*, aur spurget, aur ar fina.—
bruni, aour pouliçzet.—*battu*, feilh
aour.—*de rapport ou haché*, lameñ aur:
—moulu, *pour faire du vermeil doré*, aour
malet.—*trait*, aour nezet.—*en lingots*,
aur setiçz *ou* è barreñ, bareigner aour.
— *Petite masse de pur or*, pailheteseun
aour, *pl.* pailhetesennou. — *Or mis en
œuvre*, aour cannet *ou* labouret.— *Or
monnayé*, aour mouneyzet. — *Marc d'or*,
marcq aour, *pl.* marcqou. — *Le marc
d'or est un poids de 8 onces d'or, qui vaut
d'ordinaire 360 livres*, ur marcq aour a
boès eiz onçz aour pere a dal peurvuyâ
c'huëc'h uguent scoëd. — *Louis d'or*,
loys aour, *pl.* loysed. — *Tonne d'or*, tou-
nell aour, un donnell aour. — *D'or*,
a aour, gæt a aour. — *Calice d'or massif*, caliz a aour setiçz. — *Couvert d'or*,
goloët gad aour. — *Bourse pleine d'or*,
ur yalc'h ad aour.—*Veau d'or*, lue aour.
— *Les Hébreux, dans l'absence de Moise*,
firent un veau d'or; ils l'adorèrent et ensuite ils dansèrent autour de lui; ar bopl
Ebre, èn ezvezauçz Moysès, a eureu
ul luc aour, a zenas d'e azeuli ha da
zansal èn dro deza, var a lavar ar scritur sacr.

OR, *particule*, hoguen, egon. — *Or,
est-il que l'homme est un animal?* hoguen
*ou* hegon an dèn a soun aneval. — *Or*,
*adverbe, excitatif*, eta. *Ce mot ne se met
jamais le premier.* — *Or, dites-nous un peu?*
livirit deomp eta?— *Or çd, commençons*,
tracaillons, o ça, coumançzomp, deomp
gadhy.—*Or ça*, o ça, o ça'-la, o ça-ça.

ORACLE, oracl, *pl.* ou; respouñ hou
an diaul d'an duid divadez dre c'hinou
an idolou.—*Les paroles de l'Ecriture sont
les oracles divins*, ar guervou eus ar scritur sacr a so oraclou diin.

ORAGE. *tempête*, tourmand.— *Ora-
ge, chaleur d'orage*, arneu. broutac'h, tou-
four. Van. boüillard, barad harnau—

Orage, trouble, désordre, arnen, distrz.

ORAGEUX; euz, plein d'orage, sujet aux orages, arneüüs, brontac'hus; tourmantus, oh, à, añ. Van. boçilhardus, harnanus; òh; añ; doñ. — Temps orageux, amzer tourmantus. — Temps orageux, chaleur d'orage, qui menace de tonnerre, amzer arneuüs ou brontac'hus.

ORAISON, discours public, devis public; pl. devisou. — Oraison, prière vocale, pedeñ, pedenn a c'henou, pl. ou. Van. pedeñ, pl. eü: — Ordison mentall, pedenn a galoun; oréżoun a galoun.— Guérir par des oraisons. v. bénir.

ORANGE, fruit, aval orangès; pl. avalou. — Des oranges, orangès, avalou orangès. — Fleurs d'orange, bleuzñ orangès.

ORANGER, arbrisseau, orangerenn, pl. orangès; guézen orangès, pl. guéz.

ORANGERIE, orangeog, pl. orangegou.

ORATEUR, orator, pl. ed.

ORATOIRE, orator, pl. yoü.

ORD, ordt, salt, oudour, loudour, hudur, oc'h, à, añ. Hudur se prononçait autrefois Houdour.

ORDINAIRE, commun, ordinal, arpez à c'hoare peurvuya ou peurliezza. Van. ordinal, ordinér. — Ordinaire, dépense journalière de la table, an dispign ordinal, an daul. — Ordinaire, coutume, custum, qiz ordinal. — C'est son ordinaire de dormir, e gustum eo consqet, ordinal eo dezá consqét, consqet a ra ordinal. — L'ordinaire, l'evêque d'un lieu, an autrou'n escop; an escop. — L'ordinaire, le courrier, ar post ordinal. — L'ordinaire du courrier, tro. — Jd n'ai point de lettres d cet ordinaire, n'am eus qet a lizerou èn drp mañ. D'ordinaire, pour l'ordinaire, d l'ordinaire, d'une manière ordinaire, ordinairement, peurvuyañ; peurlyeçzañ, peurvuyá, peurlyeçzá; ordinal, èn ordinal, evit du ordinal; èr sæçzoun ordinal.

ORDINANT, celui qui confère les ordres, nep à ro an urzou.—Ordinant qui reçoit les ordres, nep a receo an urzou.

ORDINATION, urzidiguez, urzou. v. diaconat.—Monseigneur l'évêque va bien-

tôt faire l'ordination, an autrou'd escop a yelo souden da rei añ urzou ou da ober an urzidiguez.

ORDONNANCE; ordrenançt; pl. oü. Van. id.; pl. eü: — Les ordonnances royales, ordrenançzou ar roüe. — Ordonnance du médecin, ordrenançt ar midicin.

ORDONNATEUR, ordrener; pl. yen. — Commissaire ordonnateur; commiçzer drdrenner, ar c'honmiçzer ordrenneur.

ORDONNER, commandir, prescrire; régler, gourchemenn, pr. et; ordreni; pr. ordrennet. Van. ordreneiñ.—Qu'on peut ordonner, ordrenapl, gourc'hemennapl. — Ordonner, mettre en ordre, arranger, qempenn; pr. et; reiza; pr. et; lacqât à reiz, pr. lecqêet. Van. campen; ordreneiñ. — Ordonner; t. d'église, rei an urzou sacr; pr. roêt. — Etre ordonné, recevoir les ordres, qemeret an urzou, pr. id.; cahout an urzou, pr. bet.

ORDRE, commandement, gourc'hemenn, urz, ppl. ou. Van. urh; pl. eü: — Ordre, commission, qemennadurez: — Donner ordre de, qemenn, pr. et; caçz qemennadurez; pr. caçzet. — Ordre, arrangement, reiz, qempennadurez, reizded, tenapl. v. milieu. — Avec ordre, gad reiz, qempen, è qempen. — Avec assez d'ordre, gad reiz avoalc'h; peuz-qempen.—Qui est en ordre, arrangé, qempen, oh, à.—Qui est sans ordre; digempenn, direiz, disordreñ, oc'h, à, añ. — Ordre, sacrément, urz, an urz; sacrémand an urz. Van. urh.-Les ordres, an urzou. Van. èn urheü. — Les moindres des ordres, les ordres mineurs ou séculiers, minoraich, minonraich.—Donner les ordres, ordonner, rei an urzou. — Aller aux ordres, moünet d'an urzou. — Prendre les ordres ecclésiastiques ou majeurs ou sacrés, qemeret an urzou saer, pr. id. Van. qemet en urheü. — Qui est dans les ordres sacrés; a so dindan an urzou. Van. domm, demmet. — Il a les ordres sacrés, ez ma dindan an urzou sacr. Van. domm eü, dommet eü. — L'abbé de Citeaux peut conférer les ordres mineurs d ses religieux, an abad Cisto a ell rei minoraich d'e vennec'h.

Ordre , congrégation religieuse , urz ; ou. — Les ordres, parlant de solitaires; venech. — Les ordres religieux , les ligieux mendiants , ar religiused, an zou a religiused. — L'ordre de saint envit , urz sant Beneat. — L'ordre de Dominique , l'ordre de S. François , urz sant Dominicq, urz sant Francès. — L'ordre du Mont Carmel, urz an iñ-ount Varya a Garmès. — Ordre mili-zire , un urz a vresell , un urz brosi-raud. — Tiers ordre, an trede urz. — le mettre dans le tiers ordre, mofinet var urz , pr. eêt ; mofinet en drede urz ; nofinet var an drede urz ; proveçzi an trede urz , pr. proveçzet. Van. monet n drihuet urh. v. cordon. — Les sœurs du tiers ordre, ar c'hoaresed eus an dre-le urz , ar seürensed.

ORDURE , saleté , ourdousded , our-lousder , hudurnaich , huduret, lou-louraich ; vilianç , lousdofiny , ppl. u, huder : Van. loustery , pl. eü. — Ordure , boue , fancq. Van. id. v. bout. — Ordure des oreilles , des ongles , fancq u div-scoüarn ; fancq añ ivinou. — Ordure de la peau , crasse, vil-güen ; id et , vil-qenn. vilaine peau. v. excrément.

ORDURIER, petite machine de bois pour ôter les balayures d'un couvent, an diattra-kouer. 

OREILLE, organe de l'ouie, scoüarn; pl. diouscoüarn, divscoüarn. Van. scö-arn, pl. discoarn; scoaharn, pl. discoa-harn. — Le conduit de l'ouie, le trou de l'oreille , toull an scoüarn. — L'aile de l'oreille, sa partie supérieure ; penn an scoüarn. — Le lobe de l'oreille, sa partie inférieure , qicq an scoüarn ; tener ar scoüarn, lost ar scoüarn. — Le suif des oreilles, fancq an divscoüarn. — Percer les oreilles, toulla an divscoüarn, pr. et Van. toulleiff en discoarn. — Sans oreil-les; qui n'a pas d'oreilles, discoüarn. — Couper les oreilles , discoüarna, pr. et. Van. discouarneiñ. — A qui on a coupé les oreilles, discoüarnet. — Petite oreille, scoüarnicq , pl. divscoüarnicq. — Qui a de petites oreilles , scoüarneguicq. — Grandes oreilles, oreilles pendantes , div-scoüarn bodek ; divscoüarn diñacqet ,

divscoüarn adivilh. — Celui qui a de grandes oreilles, scoüarnecq; pl. scoüar-néyeu. — Qui a l'oreille pesante, l'ouie dure, poüner-gléau, calet-cléau. Van. scoaen-calet. — Avoir l'oreille bonne, beza sclær; a scoüarn; clévet sclær, cléñet spez ou ér-vad; pr. id. Van. cleüelh-splan, cleüet spez. — Les oreilles me tintent, boudal a ra va.discoüarn, pr. boudet. — Il m'a dit à l'oreille, lavaret en deüs dir'em scoüarn ou è cuculi — J'ai les oreilles battues de vos discours, torret eo va phean, gad ho caüsyou; borrodet oun guenec-oc'h. — Prêter l'oreille à la médisance , rei scoüarn da seslaou droucq-prezecq. — Pendant d'oreilles. v. pendant. — Bonnet à oreilles, bofined scoüarneeq, pl. bofinedou. — Les oreilles d'un chaudron, divscoüarn ur gauter. v. orillon. — Avoir l'oreille du roi, beza deuêt mad è qichenn ar roüe. — Oreille de souris, plante, brignen logod. Je crois que c'est la même qu'on appelle grilhio-vœn. — Oreille de lièvre, plante, scoüarn-gad. — Oreille d'âne ou grande consoude, scoüaru asenn. v. consolide.

OREILLER, penvele, pl. ou. v. chevet. ORFÈVRE, orfebret , pl. yen; orfe-ber, pl. yen. Van. orfebour, pl. yon. ORFÈVRERIE, orfebrérez, pl. ou; or-feberez; pl. ou. Van. orfebereah, pl. eü. ORFROI, parement de chape, orfeilh. ORGANE, sqyand, pl. sqyanchou. — Les muscles sont les organes du mouvement. L'œilest l'organe de la vue, l'oreille de l'ouie; le nez de l'odorat ; la langue du goût, ar c'higuenou a so ar sqyand eus ar c'heu-tusq, al lagad a so ar sqyand eus ar güel-led, at scoüarn a so ar sqyand eus ar c'hléved, ar fry a so ar sqyand eus ar c'huecza, an téaud a so ar sqyand eus ar vlas; dre voyen ar c'higuennou ez flaicher, gad al lagad ez vellér, gad ar scoüarn ez clévér; gad ar fry ez c'hneç-zaér, gad an téaud oz tañvaér.

ORGANISTE, ograouér, pl. yen. Van. orglésour, orglesér, ppl. yon, yan. ORGE, menu blé, heyz. Hors du Léon, stey. — Pain d'orge, bara heyz. — Orge mondé, heyz Doüe.

ORGUE, ograou, ógroü. Van. orgès,

25

varvas qerqeut var ar placx.

OSERAIE, *lieu planté d'osiers*, oeil-hecg, *pl.* osilhegou; ausilecg, *pl.* gou.

OSIER, *arbrisseau*, ausilhen, *pl.* au-silh. *Van.* id. — *D'osier*, a ausilh, græt gad ausilh. — *Panier d'osier*, ur mann ausilh.

OSSEC, *égout au fond d'un navire*, al loczéau, an toull disour.

OSSELET, *petit os*, azqourniou, *pl.* æxqernigou, *Van.* id. ; *pl.* eü. — *Osselet d'jouer*, æxqernigou méaud.

OSSEMENTS *de morts*, æxqern tud varo, relegou tud maro.

OSSEUX, *euse*, *de la nature des os*, æxqornuus, oh, â, aû. *Van.* id.

OSSU, *ue*, *qui a de gros os*, uzqôr-necq, *pl.* azqôrnéyēn; tud azqôrnecq. — *Les paysans du pays de Carhaix sont communément trapus et ossus*, pautred Kærnés a vo peurvuyâ crenu hac az-qôrnecq.

OSTENTATION, pompad, fougæç-pérez, fouguéroz.

OST, *armée*, *hrince*, *pl.* arméon. *AL.* host, ost.

OTAGE, ostaich, *pl.* on. *Ce mot vient de* ost, *ancien mot breton*. — *Otage*, *caution*, *gage*, cred, *pl.* ou; rauçxoun, go-ēstl. *Van.* cred, *pl.* eü. — *Donner des otages*, rei ostaich, rei ored, rei rauç-zoun, rei goëstl, *pr.* roēt.

OTER, lamet, *pr.* id. *Hors de Léon*, lēmel, *pr.* lamet. *Van.* lamein, *pr.* la-met. — *Pour punir le serpent de sa malice*, *Dieu lui ôta l'usage de la parole*, evit pu-niçza ar sarpaud divarbenn an droucq én devoa great ē qēvor hon mamm E-va, Dñéd a reut as ancza simudet. — *O-ter quelque soupçon*, lamet ur suspicion, sevel un douéd, *pr.* savet. — *S'ôter d'un lieu*, tec'hel eus a ul loc'h, *pr.* tec'het. — *Ote-toi de là*, leac'h a le-ze.

ÔTÉ, *excepté*, nemed, nemerd. — *Ôté un ordeur*, nemed unan pe zaou.

OU, *conjonction disjonctive*, pe, peo-tramant. — *Faire l'un ou l'autre*, ober au eil pe eguile. — *Sortir ou demeurer*, moû-net pe chom.

OU, *adv. de lieu*, *avec un accent grave*, pe lec'h, pe é leac'h, pe-leac'h ma,

men. — *Où allez-vous?* pe é leac'h ez it hu? ma zit-hu? pour ma ez jit-hu. *Hors de Léon*, pe lec'h et-hu? *Van.* men é het-hu? — *Où est-il?* pe é leac'h ez ma ê? ma'z eff-é? *Hors de Léon*, pe lec'h e ma-haû? *Van.* men e ma-hou? men e ma-hou? — *Où je suis, où tu es, é* le-ac'h ma ex, oun ou leac'h ma edoun; é lec'h ma ex oud. — *Dans la ville où nous sommes*, ebarz òr guoar pe êu hiny ez ma oump. — *Jusqu'où*, pe vete leac'h é pe guéhyd? — *D'où, de quel lieu*, pe é leac'h? pe eus a leac'h? pe a lec'h? a be lec'h? *H.-Corn. et Treg.* pe a ban? a be ban? *Van.* a be leh? a be bau? — *D'où est-il?* pe a leac'h eff-é? pe a bau eff haû? *Van.* a ban e-hou ou e-hon? — *Par où?* pedre leac'h pe dre'n heud? — *Par où avez-vous passé?* pe dre leac'h ou pe dre'n hend oc'h eus-hu trême-net? — *Par où? de quelle manière?* pe d fæçzoun? penaus? *Par où saurai-je que?* penaus ex c'houvezin-me ez co? pe é læçzoun ex c'houvezin-me, etc.

OUAILLE, *brebis*, davad, *pl.* dēved, *n. troupeau*. — *Les ouailles connaissent la voix de leur pasteur, dit l'écriture*, an dé-ved, eme'n avyel, a gléo hec a enc mouêz ho phastor; a beul e guelennaç durex hac a ra ho phroûd eus e gom-syeu mad.

OUAIS, *sorte d'interjection*, oa, goay, goa.

OUBLI, *manque de souvenir*, ancouñ-ha, ancouña, ancounah, anc'hounc-c'hamaud, ancouñchamaud, ancou-nac'hæenn, anconnec'ha. *id est*, de-faut couñ disounch. *Van.* dijonch. — *Par oubli*, dre xisounch, dre ancoune c'ha, dre ancounec'hamaud. — *Mettre en oubli*, call sounch eus a, cull couñ eus a, *pr.* collet. *v.* oublier.

OUBLIE, *plante rampante qui*, *dit-on*, *égare ceux qui marchent dessus*, ar saoû-zauenn, ar savanenn, ar savaue.

OUBLIE, *sorte de pâtisserie*, oubli-enn, *pl.* oubiyennou, oubly. *v.* gauffre. — *Vendre des oublies*, guëtza oubly, *pr.* et. *v.* oublier.

OUBLIER, *mettre en oubli*, ancou-nec'haat, *pr.* ēet; ancouñhât, *pr.* ēet;

disoungeal var un dra , *pp.* disounget.
*Van.* aûcoat, aûcouëat.—*Oublier toutes choses*, añcouñeo'hât pep tra, disoungeal var pep tra,—*S'oublier á dormir, trop tard*, èn hem ancouñec'hât da gousqet re zivezad. — *S'oublier de son devoir* , disoungeal var e zever.—*S'oublier, se méconnaître*, hem zisañaout , pr . hem zisañaouzet,

OUBLIETTE, prisoun evit ar rest eus e vuez,—*Être condamné aux oubliettes*, beza condaunet d'ar prisoun evit ar rest eus e vuhez, pr. bet.

OUBLIEUR, *marchand d'oublies*, oublyer , *pl.* yen.

OUBLIEUX, *euse, qui oublie aisement*, añcouñeo'haüs , disonch , dievor , oh , á , añ, *Van,* ancoëhus , oh , añ , añ.

OUEST, *vent d'occident*, cornaucq , avel gornaucq, cornaouëcq. *Van,* corpocq-izél. *v.* boussole.

OUF, *sorte d'interjection, quand on souffre*, aoûf, aoû.

OUI, *particule affirmative*, si, ya. *Van* ya , guezan. *v.* nenni.—*Oui-da*, si da , ya da, da, bon, bien.-*Oui, certes*, ya sur, ya a-dra-sur, ya me o c'haczur, ya hep mar, ya da, si co, si a-dra-sur. *Van.* eñ dâm ya. *v. monsieur.*—*Il dit tantôt oui, tantôt non*, a vizyou ez lavar ya, a vizyou nan pas; a vechou ez lavar si, a vechou ne qet.

OUI, *entendu*, clévet. *Van.* clêuet,—*Le sermon oui*, ar sarmon o veza clévet.

OUIE, *un des cinq sens*, ar c'hléved, an cléved. *Van.* er hléued.—*Il a l'ouie dure*, calet co a scoûarn, calet-cléau co, pouñer-gléau eo, *Van.* scoarn calet. r. *oreille.*- -*Ouie, partie de la tête des poissons, qui s'outre*, scoûarn pesq , *pl.* scoûarnou pesq. *Quelques-uns disent* brencq , *pl.* ou; *de même que* divreucqa pesqed, *pour dire, arracher les ouies mais á tort, car* brencq , *pl,* ou, *veut dire, nageoire de poisson.*

OUIR, *entendre*, clévet, clévout, ppr. clévet. *Van.* olëüeiñ, pr. clêuet. r. *entendre.*—*Oui, ouie*, part. clévet. *Van.* olêuet.

OUI-DIRE, cléved , ur c'hléved, ur c'hléved-lavaret.—*C'est un oui-dire*, ur

c'hléved eo , ur c'hléved-lavaret eo.--*On n'ajoute point de foi à un oui-dire comme à ce que l'on a vu*, ne gredér qet ar pez a gléver èguiz ar pez a vellér, *proverbialement, on dit ; caut* c*léved ne dellont qet ur guëlled.

OURAGAN, *tempête*, courventeim, *pl.* ou; tarz-avel, *pl.* tarzou-avel. *Van.* tarh-aûél, *pl.* tarhéü aûél. *v. tempête.*

OURDIR, *disposer les fils pour le tissu*, steuâvi, pr. et; steuñi, pr. et; steuñvi ar vyad *ou* ar vyadeun. *Van.* steuëiñ, pr. steuët.--*L'instrument à ourdir*, steuñlac'h . *pl.* you.--*Chevalet pour ourdir la toile*, marc'h caneller.--*La chaîne ourdie* , steuñenn, *pl.* ou; steuënn, *pl.* ou. *Van.* id, *pl.* eü. *v. trame.* — *Mettre la chaîne ourdie au métier*, sterna ar steuëun, pr. sternet; lacqât ar vyad *ou* ar vyadeun èr stern, pr. lecqëet. *Van.* sterneiñ. — *Oter la pièce de toile du métier*, disterna ar vyadeun pr. et. *Van.* disterneiñ.

OURDISSOIR. *v.* sur *ourdir.*

OURDISSURE, *action d'ourdir*, steuñaadur, steuérez. steuñidigvez.--*Lieu où se fait l'ourdissure*, cabaled, *pl.* ou; ur gabaled.

OURLET, *rebord d du linge, etc.*, ourl, *pl.* ou; gourem, *pl.* ou. *Van.* ourl, *pl.* eü.

OURLER *du linge, de l'étoffe*, ourla, pr. et ; gouremi, gouremenui, ppr. et.

OURS, *bête féroce*, ourz, *pl.* ed. *Van.* id. *Al.* arth, *pl.* ed ; *de là*, pol arcticq.

OURSE, *femelle de l'ours*, ourzès, *pl,* ed *Van.* id.

OUTIL, ostilh , *pl.* ou. *Van.* bennhuëcq , *pl.* eü.--*Donnez-moi mes outils*, deuit va ostilhou din.--*Voilà un bel outil, parlant avec mépris*, cetu ur pez caër.

OUTRAGE, outraich, *pl* ou, outrajou ; dismeganç z , *pl.* ou; offañçz greus. *Van.* outrach, *pl.* outrageü.

OUTRAGEANT, *te*, outraichus, outrajus, oc'h . á , añ.

OUTRAGER, outrachi , outragi , ppr. et. *Van.* outragoiñ.

OUTRAGEUX, *euse*, outraichus , outrajus, offañçzus, oc'h, á , añ.

OUTRAGEUSEMENT, *èn* ur fæç-

poun outraichus, gand eutraich.—*A
putrance, d toute outrance, gand rigol,
dreist penn, dreist qement a alleur da
lavaret..

OUTRE, deçd ou delà, è byou. *Van.*
è byaou.—*Passez outre, en-deçà,* deuît
è byou.—*Il a passé outre, au-delà,* eat
eo è byou.—*Outre, au-delà,* èn tu-hont
da, ouc'hpenn, ouzpenn. *Van.* opeen,
è-peen.—*Faire des voyages d'outre-mer,*
moñnet èn tu-hont d'ar mor, treuzi ar
mor.—*Qutre qu'il ne le veut pas, il ne le
peut pas même,* que'hpenn ne fell qet
dezañ, ne all qet èn déon.—*Outre, par-
dessus cela,* estr'-egued qemeñ-ze, estr'-evit añ dra-ze, ouc'hpeun qemeñ-
ze, dreist qemeñ-ze. *Van.* è peen qe-
met-ze.—*Outre raison,* dreist résoun,
èn tu-hout da résoun.—*Outre mesure,*
dreist musur.—*En outre, de plus,* ouch'-
penn.—*D'outre en outre, de part en part.*
treuz-didreus, treu-didreu.—*Il est percé
d'outre en outre,* toullet eo treuz-didreur.

OUTRECUIDANCE, re vras hardizéguez, dievezded. *v. insolence.*

OUTREMER, *bleu d'azur,* pers, glas-
pers.

OUTRE-PASSER, moñnet èn tu-
hont d'ar pez a so permetet *ou* dleat,
trémen an urz recevet, ober mu'guet
ne allér, na ne dléér.—*Outre-passer la
loi, la transgresser,* trémeu dreist al lésenn, trémen al lésenn, *pr.* et; terri al
lésenn, *pr.* terret.

OUTRER, *pousser les choses trop loin,*
moñnet dreist penn *ou* dreist résoun,
moñnet re bell, *pr.* ëet; caçz an traou
re bell, *pr.* et.—*Outrer, piquer au vif,*
flémma, danta, mantra, *ppr.* et; offanci grevus, *pr.* et.

OUVERT, *te,* digor, oh, añ. *Van.* id.
—*Ma maison vous sera toujours ouverte,*
va dor a vezo atan digor deoc'h.—*A
cœur ouvert,* a galoun francq.—*A demi-
ouvert,* hanter-digor. *Van.* id.

OUVERTEMENT, *publiquement,* èn
ur fæçzoun aznad, dirag an oll, è façz
an oll.—*Ouvertement, franchement,* hep
diguisamand, ez francq.

OUVERTURE, *action d'ourir,* digo-
radnr, digoridiguez. *Van.* digoradur,

digor. — *Ouverture, endroit ouvert,* digor, lec'h digor. *Van.* id. *v. brèche.*—*A
l'ouverture de votre lettre,* èn digor eu
ho lizer, o tigueri ho lizer.

OUVRABLE, *jour ouvrable,* dei
pemdez, *pl.* deizyou pemdez,

OUVRAGE, euvraich, *pl.* ou; ur pe
mecher, ur pez labour. *Al.* oberaich,
*pl.* ou.—*Petit ouvrage,* euvrachicg, *pl.*
euvrachigou.

OUVRAGE, *te, façonné,* euvret, lecqëet èn euvr, fæçzounet.

OUVRIER, mecherour, micherour,
*ppl.* yen.

OUVRIR, digueri, *pr.* digoret. *Van.*
digoreiñ, difermeiñ.—*Ouvrir la porte,
la bouche, la main,* digueri an or, ar
guinou, an dourn. — *Ouvrir une porte
fermée à clef,* dialc'huëza an or, *pr.* et,
*Van.* dialhñëeiñ.—*La terre s'ouvrit sous
les pieds de Coré, Dathan et Abiron, et
les engloutit vifs,* an doüar a zigoras
dindan treid Core, Dathan hac Abiron, hac o louncqas béo-buézocq.—
*S'ouvrir à quelqu'un,* lavaret da ur re ar
pez a so var è galoun, *pr.* id. discarga e
galoun dà ur re-bennac, *pr.* discarguet.

OUVROIR, *salle où travaillent les religieuses,* labouradecg, *pl.* labouradegou; ovrouër, *pl.* ou.

OVALE, furm hirr ha rond dre an
naou benn, *pl.* furmou hirr, etc.

OXYCRAT, *sirop de vinaigre,* oçzicrad.

# P

PACAGE, peurvan, *pl.* ou. *v. pâturage.*

PACIFICATEUR, *qui procure la paix,*
peoc'haër, peoc'hær, *ppl.* yen; nep a
lacqa ar peoc'h èntre, nep a zigaçz ar
peoc'h è touëz.

PACIFICATION, peoc'hadur, peo-
c'hidiguez.

PACIFIER, peoc'hat, *pr.* et; lacqaat ar peoc'h, *pr.* lecqëet; digaçz ar
peoc'h. *pr.* diguezet.

PACIFIQUE, *paisible,* peoc'haüs,
peoc'hus, didrous, divoas, sioul, oc'h,
à, añ.—*Bienheureux les pacifiques, parce qu'ils seront appeles enfants de Dieu,*
gueüvidicq eo a vreuzañ ar re heur'huz

**ême hon Salver**, rac galvet visint bu-
galo Doüe.

PACIFIQUEMENT, *paisiblement*, èn
ur fæçzouu peoc'hus, ex peoc'hus, é
peóo'h, gaud peoc'h, didrous, hep
trous.

PACTE, *accord*, *convention*, aecord,
pl. ou, marc'had, pl. ou. *Van.* id. ppl.
eü.—*Faire pacte avec quelqu'un*, ober un
accord ou ober marc'had gad ur re.—
*Les sorciers font pacte avec le diable*, ar
sorcéryen a ra marc'had gad an diaül,
ar sorcéryen a drémeu accord ou a drémen marc'had gad an diaul.—*Il a pacte
avec le diable*, trémenet èn deus mar-
c'had ou græt èn deus marc'had gad
an diaul. *En t. honnêtes*, on dit : ne ma
qet e unan.; *sous-entendant* an diaul a
so gandhâ.

PADOU, *sorte de ruban*, padoü. *Roscoff*, seintès. *Van.* roléau.

PAGANISME, fals léseun an dud divadez..fals oredenn ar bayaned, pa-
ganaich, payanaich, payffaich.

PAGE, paich, pl. ed. — *Page chez le
roi*, paich è ty ar roüe.—*Effronté comme un page de cour*, hardiz evel paich
ar roüe.

PAGE, *la moitié d'un feuillet*, costez,
pl. you; costez ur folleun, pageñ, pl.
ou. — *La première ou la seconde colonne
d'une page*, ar bann qenta pe an eil baü
eus a ur bagenn, ar c'heutâ bann pe
an eil bann eus a gostez ur follenn.

PAGNOTÉ, *lâche*, digaloun, oc'h, â,
añ.

PAGODE, *temple des Indiens*, templ
an Indésis eus a vro ar Sevel-héaul,
pl. templou. —*Pagode*, *Idole*, idol, pl.
ou. — *Des pagodes d'or*, idolou aour.

PAIE, *chose due pour avoir servi le roi*,
goëstl, pl. ou. — *La paie des gens du roi*,
paë, ar paë, pl. ou. *Van.* pée, pl. ü.

PAIEMENT, *somme due pour une dette*,
paëamand, pl.paëamanchou. *Van* péc-
mant, pl. eü. — *Faire un paiement*, o-
berut baëamand. —*Jusqu'à parfait paiement*, bede peurbaëamand.—*Paiement*,
*salaire*, gopr, pl. aou.

PAIEN, *adorateur des faux dieux*, pa-
yff, pl. ed; pagan, pl. ed; payan, pl.

ed; dèn divadès, pl. tud.— *Les païens*,
an dud divadez, ar bayaned, ar baga-
ued, ar bayffed.

PAIENNE, payffès, payanès, paga-
nès, ppl. ed.

PAILLARD, e, pailhard, pl. ed. *fém.*
pailhardès, pl. ed. *Van.* id. *v. impudique.*

PAILLARDER, pailhardi, pr. pail-
hardet. *Van.* pailhardeiñ.

PAILLARDISE, pailhardyaich, pailhardyez, *Van.* pailhardyah, pailhar-
dyeh. *v. impudique*, *impudicité.*

PAILLASSE, pailhaçsenn, pl. ou;
golc'hed colo, pl. golc'hedou.

PAILLASSON, cloëdenn colo, cloëdenn ausilh, ppl. cloëdeñnou.

PAILLE, *le tuyau du blé*, coloen,
pl. colo; plousenh, pl. plous. *Van.* plousen, pl. plous; colo *signifie proprement
le tuyau de la paille*, et plous qui se dit
partout hors de Léon, *est l'enveloppe qui
couvre le tuyau depuis un nœud jusqu'à
l'autre. C'est prendre la partie pour le tout.*
— *De paille*, a golo, a blous. — *Paillé
de froment, de seigle, d'avoine*, colo guiniz, plous guïnis, colo ou plous ségal,
colo ou plous qerc'h.—*Chapeau de paille*, tocq colo ou plous.—*Brin de paille*,
pailhëur, plauseuuicg. *v. fétu.*—*Paille
longue qu'on trie sur l'aire*, pour couvrir
*les maisons*, colo ou plous to, colo da
dei. — *Couvrir une maison de paille*, teï
gand colo ou plous, pr. toët; plousa ari
ty, pr. plouset.—*Mettre de la paille pour
litière sous les bestiaux*, plousa dindan
ar saoud. *v. litière.* — *Courte paille*,
plouseun verr. *Van.* bilh, pl. eü. — *Tirer à la courte paille*, teña d'ar blouseu
ou d'ar blouseu verr. *Van.* teenneiñ d'er
bilh, bilheiñ. — *Le seigneur dit qu'il
séparera la paille du bon grain, et qu'il
brûlera la paille*, hon Salver a zisclæry
deomp èn avyel, penaus è fin ar hed
ez tuïó da dibab ar c'holo dioud ar
greun, hac ez stlapo ar c'holo ebarz
an tan da zêvi. r. fétu.

PAILLER, *mulon de paille*, bern colo ou plous, pl. bernou; coloëcg, pl.
coloëgou; plouseeg. pl. plousegou. *Van.*
plouseeg, coloveeg, ppl. gueü —*Aller
se coucher au pailler*, moñnet da gousqet

d'ar goloecg *ou* d'ar blouaecg.

**PAILLET**, *tin paillet*, guin ruzard, guin ruz sclær.

**PAILLETTE**, *très-petite partie d'or ou d'argent*, pailhetesenn aour *ou* arc'hand *pl.* pailhetesennou.

**PAIN**, bara, *pl.* ou. *Van.* id., *pl.* eü. --*Pain blanc*, bara guënn.--*de froment*, bara guinis. *Van.* bara guneh, bara gunih, bara chuënn.--*noir*, bara brun. --*de seigle*, bara ségal. *Van.* id --*d'orge*, d'avoine, bara heiz, bara qerc'h.--*de fleur de farine*, bara flour.--*métis ou bis blanc*, bara gris *ou* bris *ou* droucq-ha mad. *Van.* bara qeiget *ou* blein-oh-vlein.--*bis, fait de son et de seigle*, bara biased, *id est*, bras ed, gros blé --*plein de son*, bara brennecq.--*de son pour les chiens*, bara brenn *ou* kon. *v. chien.*--*sec, sans beurre*, bara seac'h--*beurre*, amannennet.--*du pain et du beurre, une beurrée*, bara'-c-aman, bara bac amañ. --*Pain frais*, bara fresq. -- *rassis*, bara diasez.--*rond*, doublenn vara.--*long*, baraënn, *pl.* baraënnou.--*de ménage*, bara lyéguez.--*cuit sous la cendre*, paneun, *pl.* ou; solugueun, *pl.* ou. *Ce dernier vient de* sulya, *rôtir, flamber*, goastell oaled, bara oaled, goastell ludu, *pl.* goëstell.--*moisi*, bara louët *ou* lou edet.--*rôti*, taustenn, *pl.* ou ; bara taustenn.--*dont la croûte est brûlée*, bara stillhet *ou* sulyet.-*L'entamure du pain*, boulc'h ar bara. -- *Entamer le pain*, boulc'ha ar bara, *pr.* boulc'het -- *Un reste de pain*, arvara, *pl.* ou. Arvara, *id est*, darn-bara. -- *Pain qui n'est pas cuit*, bara toas *ou* toasecq *ou* bihan-boaz. *Van.* bara bourr.--*levé*, bara go.--*fait avec du levain de bière*, bara lagadeñecq, bara c'huëzet.--*qui n'est pas assez levé*, bara criz. *Van.* bara cri *ou* crè.--*sans levain*, bara divoëll *ou* hep goëll. *Van.* bara hemp goëll. — *Les Grecs consacrent en pain levé, et les Latins en pain sans levain ou azime*, ar C'hrecyaned a overeñ gand bara go, hac ar Romaned gand bara divoëll. — *Pain à chanter*, bara can. --*béni*, bara benniguet.--*de proposition*, bara ar sacriviçz è lesenn Moyzès.--*de munition*, bara mounicion.--*de cire*,

storz edaf, *pl.* torzyou; coardon, *pl.* id. *Van.* torh coër, *pl.* torbëü coër.--*de cire*, mæn sucr, *pl.* mein.--*d'oiseau en pain sauvage*, bara an ezn, becg an ezn. --*de coeu ou alleluya, plante qui se mange en salade*, bara *ou* amann coscoucq trinchin coad *ou* concou.

**PAIR**, *titre de dignité*, par, *pl.* ed.--*Pair de France*, par a Francz, *pl.* pared; ar bared a Francz. -- *Duc et pair*, ducq ha par.--*Les ducs et pairs*, an dugued ha pared. -- *Comte et pair*, count ha par. -- *Les comtes et pairs*, ar gountèd ha pared. -- *Pair, nombre pair*, par, iñgal. -- *Nombre pair ou impair*, niver iñgal pe disegal. --*Jouer à pair ou non*, c'hoari par pe dispar. -- *Pair, parlant des oiseaux qui s'apparient*, par, *fem.* parès.--*La tourterelle mène une vie languissante lorsqu'elle a perdu son pair, au durzunell ne ra nemed languicza hac o-ber truez da guement he c'hilio*, pa he devez ur veach collet è phar *ou* pa eür devez ur veach collet e barès.--*Un boeuf sans pair*, un egen dispar. -- *Pair, pareil, égal*, par, *pl.* ed; iñgal, *pl.* re iñgal.--*Vouloir aller de pair avec quelqu'un*, falvezout bezá iñgal da ur re, falvezout eü hem iñgali gad ur re. — *Du consentement de nos pairs*, dindan grad vad hon re-iñgal, gaud autreadur hon pared *ou* hon phared.

**PAIRE**, *parlant des animaux*, coubl, ur c'houbl. *Van.* coupl, ur houpl. — *Une paire de boeufs*, ur c'houbl egened. *Van.* ur houpl ohin, ur houpl eckrein. --*Une paire de pigeons*, ur c'houbl coulmed. — *Paire, parlant des choses inanimées*, ur re, ur, un.--*Une paire de souliers*, ur re voutou lezr, ur boutou lezr. *Van.* ur re vottëu, ur bottëu. — *Une paire de sabots*, ur re voutou prenn, ur boutou prenn *ou* coad. --*Une paire de chausses*, ur re lerou, ul lerou. --*Une paire d'heures*, un heuryou. — *C'est une autre paire de manches, c'est une affaire différente*, un æffer all eo hounèz, bennez èr-vad a so'n all.

**PAIRÉE**, *mesure de Vannes pesant de 235 livres à 240*, menad, ur menad, *pl.* menadeü.

AIRIE ; *dignité, domaines d'un pair,* aich. — *Duché pairie ; comté pairie,* aich paraich , countaich paraich. 'AISIBLE. *v. paelfique.* — *Paisible,* iquille, qui ne *remne* pas, didrous, di-ulusq, diguefllusq, parfedd, oc'h, iñ.
'AISIBLEMENT. *v. pacifiquement.*
PAISSEAU *ou braisse, instrument* r *paisseler le lin, le chanvre.* paluc'heū, ou. *Van.* paluh, paleoh, *ppl.* eū.
' PAISSELER; *préparer le lin, le chan-* paluc'hat, *pr.* et.*Van.*paluhat,*pr.*et.
PAITRE, *manger l'herbe,* peuri, peu-pr. et. *Van.* pereiñ, peureiñ. — *Pai-* un *pré*, peuri ur prad: — *Mener les* tiaux *paitre,* caçs ar saoud da *væx,* et. — *Je vous enverrai paitre,* me o çzo da drichina *ou* da vale. — *Pai-* , *donner d manger aux bêtes,* boëta al izned, boëta ar saud, boëta ul labous, boëtëet; pasturi an chatal , *pr.* et, ш. boëtciñ er seūd , el loñned. — titre un *enfant, un paralytique,* pasqa, . et. *Van.* pasqeiñ. — *Celui qui pait* i *enfant, etc.,* pasqer, *pl.* yen. *Van.* isqour, *pl.* pasqéryon. — *L'action de* ltre ainsi, pasqérez, pasqadur. — *Le* iuteur dit d *S. Pierre ; paisses mes brebis,* ou Salver a lavaras d'e abostol Pezr : oëta va dêved *ou* pastur va dêved ou isq va dêved.
PAIX, peoc'h, puoc'h, peuc'h, pioc'h. 'an: peah, pioh. — *Faire la paix,* ober r peoc'h. — *Rompre la paix,* terri ar eoc'h — *Mettre la paix. v. pacifier, pa-* 'ficateur. — *Vivre dans la paix et l'amour* r *Dieu,* bevu ê peoc'h hac ê carantez loūe. — *Dieu vous donne sa paix,* peoc'h loūe raz vezo gueneoc'h. — *La paix* oit avec vous, dit le Sauveur à ses apôtres, .r peoc'h raz vezo gueneoc'h, eme Je-us-Christ d'e ebestel. — *Paix, paix-là,* orte d'ado, peoc'h, peoc'h aze, peoc'h-ieoc'h, grioq, *paciand), tivit , tivit* out, tivit a grenn, roit peoc'h.
PALAIS, palèu, *pl.* you. *Van.* id., *pl.* !ū. Al dinaa! — *Le palais royal,* palès ir roūe. — *Le palais des cardinaux,* pa-'esyou ar gardinaled. — *Le palais épis-* iopal , palès an escob, an escūpty. —

Palaû, *maison où l'on rend la justice,* lès, *pl.* you. *Van.* id., *pl.* yeū. — *Aller au* palais, moūnet d'al lès.—*Jours de palais,* deizyou lès, deizyou breniou *ou* an roll. — *Fêtes de palais, jours de vacance,* deizyou vacq, deizyou pe ê re ne deus qet a lès. *v. vacations.* — *Palais, maison magnifique,* palès, *pl.* you; hostell , *pl.* ou; ty caër, *pl.* tyès. — *Palais, le haut de la bouche,* stau, ar stan. *Van.* er stan, er san. *On* écrirait staffn.
PALAN, *t. de marine,* palanoq, *pl.* ou. *Van.* id, *pl.* eū.
PALATINE, *ornement de cou,* peliç-zenn, *pl.* ou.
PALE, *blême,* dislivet, drouoq-livet, oe'h, à, añ. *v. blême.*
PALE, *ce qui sert d boucher le bief d'un* moulin, pal, *pl.* you; ar bal. — *Pale, là* plat *de la rame,* ar palmès, palmès an roueff.
PALES-COULEURS, melennadur, terzyenn janus.
PALEFRENIER, palafraigner,*pl.*yen
PALET, *pierre à jouer,* mæn-pal, *pl.* mein-pal. *Van.* id. — *Lieu où l'on jette* son *palet vers le maître,* pal, ar pal. — *Jouer au palet,* c'hoari mæn-pal.
PALETTE, *sorte de raquette pour jouer* au *volant,* palicg, *pl.* paligou; palicg seobytell. — *Palette d'apothicaire, espa-* tule, palicg, *pl.* paligou; spatur.*pl.* you. — *Palette pour la saignée,* pladieq, *pl.* pladeuigou. — *Palette de peintre,* pla-dennicg, *pl.* pladennigou. — *Palette,* petite polls, pallicg, *pl.* palligou.
PALEUR, dislivadur, gluséutez.
PALIER, *repos d'escalier,* pond-alez. — *Palier de communication, corridor,* tre-pas, *pl.* you.
PALINODIE, *rétractation,* dislavar, discan. — *Chanter la palinodie,* diseana, *pr.* et; dislavaret, *pr.* id.; en hem disla-varet. *Van.* discañneiñ, him zislareiñ. —
PALIR, glasa, *pr.* et; eeūch iyou, *pr.* eeūchet.
PALIS, *séparation faite de pais,* gar-marv, *pl.* guirzyer-varv.
PALISSADE, *rempart palissadé,* var tur peulyou.
PALISSADER, ober scloitur peulyou,

26

ober erćoü peül, oberur e'hrć gad peul-
lyon, *pr.* ·great, græt.

PALLIER, diguiza, *pr.* et; digarezi,
*pr.* ćt. *Van.* digareeiñ.

PALMA-CHRISTI, *plante*, palma-
christ.

· *PALMAGE ou cheptel*, saoud pe déved var an hanter *ou* var hanter, rei
saud var hanter profid ha var hanter
goll; rei saud var hanter groaz, *pr.* roët.
*Cheptel rient de* chatal, troupeau *de bête*,
*et non de* capitale. palmaich, *pl.* ou,
palmajou.

·· PALME, *rameau de palmier*, bod palmès, *pl.* bodou; barr palmès, *pl.* barrou.

—·· Palme, *victoire*, victor, ar victor. —
*Palme, pan ou empan,* raoüenn, palvad;
palv.—*Une palme, deux palmes*, ur palv,
daou balv, urraoüenn, diou raoüenn.

·PALMIER, *arbre des pays chauds*, pal-
mesenn, *pl.* ou, palmès. *v.* datte.

*PALOURDE, coquillage*, peton, *pl.*
ed; treid-contilly. ·

PALPABLE, *maniable*, maneapl, oh,
à, añ; ar pes a allér da vanea.

· PALPITATION, *battement de cœur*,
lamm; *pl.* ou; *Van.* id., *pl.* eü. — J'ai
*des palpitations*, va e'haloun a ra lammou
*ou* lammet a ra va c'haloun èm'c'hreiz.

PALPITER, lammet, *pr.* id. *Van.* id.

PAMER, *défaillir*, Léon, sebeza, *pr.*
et. *Trég.* mezaveli, mézavenni, *ppr.* et.
*Corn.* sempla; fata, fato, *ppr.* et. *Van.*
bameiñ, vaganneiñ, *ppr.* et. *v. défaillance.*

PAMOISON, sebezadur. *v. défaillance.*

PAMPRE,· delyen'guïny, ·*pl.* delyou.

PAN, *faux dieu*, Pan, doüe ar mæç-
raëryen. — *Pan, partie d'un mur*, pennad moguer, *pl.* pennadou; costezad
moguer, *pl.* costezadou.

PANACHE, plumaichenn, *pl.* ou,
plumaich. *v. empanacher.*

PANADER (se), *marcher avec un air
d'ostentation*, rodal, *pr.* rodet; paüni,
*pr.* paünet.

PANAIS, *plante*, paneseñ, *pl.* panès;
pastounadezen, *pl.* pastounadez.—*Panais sauvage*, panès moc'h, pastounadez
goëz. *On appelle burlesquement un Léonnais ou Léonnaise* panesenn, *parce qu'ils
mangent beaucoup de panais.*

ANARIS, *tumeur au doigt*, bizoül,
ar vizcoul, prèv-caul, ar raoüenes.

PANCARTE, *affiche*, fiñehen, *pl.* fich.

— *Pancartes, vieux écrits*, cor parich u
scrijou *ou* paperyou. *Van.* parchens, *pl.*
parcheñ.

PANÉ, *ée*, panet.—*Il ne veut point de
tisane, il faut lui donner de l'eau panée*,
pa ne sell qet dezà tisan, roït dour pañ-
net dezañ.

PANEGYRIQUE, meulendi, meuleudiguez, meulidiguez. *Van.* melody.

—*Faire le panégyrique d'un saint*, ober
meuleudiguez *ou* meuleudi ur sant,
*pr.* græt,

PANEGYRISTE, meuleur, *pl.* yen,
meuler, *pl.* yen. *Van.* mélour, *pl.* mé-
leryon.

PANERÉE, *plein un panier*, panerad,
*pl.* ou. *Van.* id., *pl.* eü.—*Une panerée
de pommes*, ur banerad avalou.

PANETERIE, *l'office de panetier*, pa-
netiry, ar banetiry. .

PANETIER, *officier qui a soin du pain*,
paneter, *pl.* yen.

PANIER, paner, *pl.* you, ou; mañ,
*pl.* ou. *Van.* panér, *pl.* yeü, eü.—*Petit
panier*, panericq, *pl.* panerouïgou; paner vihan, ur baner vihan, mannicq.
*pl.* mannouïgou. *v. mercier, vannier.*

PANIQUE ( terreur ), ur spound
prim, *pl.* spounchou prim.

* PANIS, *plante*, goëz-mell.

PANNE, *étoffe velue d'un côté*, voulous blévocq, voulous frizet.

PANNEAU, *sorte de selle rembourée*,
golo'hedenn, *pl.* ou. *Van.* poëntoell,
*pl.* poëntelleü. —*Mettre le panneau sur le
cheval*, golc'hedenna ar marc'h, *pr.* et.
—*Panneau, t. de menuisier*, panell, pastell, *ppl.* ou.—*Un panneau de fenêtre*, ur
banell prenest.—*Des panneaux de vitre*,
panellou guêzr, pastellou guêzr.—*Panneau, filet pour prendre du gibier*, rouëd,
*pl.* ou, rouëjou; laçz, *pl.* ou.—*Il a donné
dans le panneau*, sqoët èn deus èl laçz,
couëzet eo ebarz èl laçzou, reustlet eo
e dreid èr rouëd a yoa steignet evit e
dizout.

PANSARD, teurennecq, *pl.* teurén-
néyen; coffecq; *pl.* coffegued, bigof-

i , *pl.* bigoffegued ; beguelyeeq, *pl.*
uelyéyen; onff yod, coff ar braouëd,
;offou yod, coffou an braouëd.
ANSARDE, teurenneguès, *pl.* ed ;
eguès, bigoffeguès, *ppl.* ed.
ANSE, *ventre gros.et gras*, teureñ.
>u ; bigoff, *pl.* ou ; coff bras. *v.* be-
te.—*Remplir sa panse*, carga e don-
n.—*Aprés la panse*, *vient la danse*,
'adou guin a gundu d'al lousdôny.
'ANSEMENT, *soin d'une plaie*, pan-
ur , lóusaoüérez. *Van.* perderac'h
r gouly.
'ANSER *une plaie*, pansi, pr. et; lou-
uī, *pr.* ët; ausa ur gouly, *pr.* auset.
t. perdereiñ ur gouly, leséüeiñ ur
tly, auseiñ ur bleçz. *v. médicamenter.*
*Se faire panser*, lacqât èn hem bansi
lousaouï, *pr.* lecqëet. *v. plaie.*
'ANTALON, *qui danse des pantalon-*
*es*, pantaloun, *pl.* ed. *Van.* furluqin.
ed. *v. bouffon.*
'ANTHEON, *temple de l'axeienne Ro-*
*dddié d tous les Dieux, aujourd'hui d*
*s les Saints*, ilis an oll sænt è Roum,
ilis Round.
'ANTHÈRE, *bête farouche et cruelle*,
pantera.
'ANTIÈRE, rouëd qeffelegued , *pl.*
iëjou. etc.; panzous, panjous.
'ANTOUFLE, pantouñeun, *pl.* ou,
atouñou. *v. mule.*
'AON, *oiseau*, paûn, *pl.* ed. *Van.* id.
pronençait, paoun, d'où vient l'ortho-
*phe française* paon *pour dire* pan. *Al.*
yn , paën. *v. panaler.* — *La femelle du*
n , paunès, *pl.* ed. *Van.* id. *v.* paonneau.
PAONNE, paûnès, *pl.* ed.
PAONNEAU, paunicq , *pl.* paûne-
;ou.
PAPA, *t. enfantin*, tata. *Van.* id.
PAPAL, *e.*, a aparchant oud ar pap,
PAPAUTÉ, pabaich, ar garg a bab,
g ur pap.
'APE, pap, *pl.* pabed. —*Notre Saint*
re le Pape, hon Tad Santel ar Pap.—
t papes, ar babed, hon tadou santel
babed. — *Le pape est sur la terre le vi-*
re de J.-C.*, hon tad santel ar Pap a
ar viqël a Jesus-Christ var an doüar.
PAPEGAI, ar papecod, ar papicod.

ar. papicodou.
PAPERASSES, eos parichou. *v.* pan-
sartes.
PAPETERIE,milin baper,*pl.*milinou
PAPETIER, paperaër, paperèr, pa-
perour, *ppl.* yen. — *Chiffonnier qui porte*
*des chiffons aux papetiers pour faire du pa-*
*pier*, pilhaoüaër, *pl.* yen.
PAPIER, papèr. *Van.* papér. —*Pa-*
*pier blanc*, papèr guënn. — *fin*, papèr
fin. — *doré*, papèr alaouret. — *marbré*,
papèr marellet. — *qui boit l'encre*, papèr stoup *ou* splnyus. — *timbré*, papèr
timbret.— *Feuille de papier*, sollen bapèr, *pl.* solennuou. *Van.* seilhenn bupér.
— *Main de papier*, mened papèr, *pl.* menadou; men bapèr, *pl.* menou. — *Pa-*
*pier journal*, papèr pémdezyecq. *Van.*
papèr pamdyecq.—*Papiers, écrits*, paperyou, scrijou, tiñtrou, goaranchou.
*Van.* papéryeü, papereü.
PAPILLON, *petit insecte volant*, bala-
venn, *pl.* ou; balavennicq-Doüe; mel-
venn, *pl.* ou. — *Papillon allongé, qui a*
*quatre ailes violettes et qui vole sur l'eau*,
nadoz-aër, *pl.* nadozyou. — *Voler le*
*papillon*, beza scañ-beñ *ou* peus-soll *ou*
girfoll.
PAPILLOTE, frisenn bléau, *pl.* fri-
sennou; boueqlenn vléau, *pl.* ou.
PAPILLOTER, boucqloüa an bleau,
frisa an bléau, *ppr.* et.
PAQUE *ou* pâques, pasq. *Van.* id. —
*Le dimanche de pâques*, dizzul basq. diçzul phasq, sul phasq. — *Les fêtes de pâ-*
*ques*, goëlyou basq *ou* phasq. *Van.* goë-
lyeü pasq.—*Le temps de Pâques, le temps*
*pascal*, an amser santel a basq, pasq.—
*Le concile de Nicée a réglé que l'on célé-*
*brerait la pâque le premier dimanche d'aprés*
*le quatorze de la lune de mars*, an ilis ho
deus statudet bet ebarz èr c'honcil a
Nicea, ez vezé dizzul basq ar c'hentà
sul a c'hoarvez-ze goude ar bévarzec-
ved deiz eus a loar vours.—*Pâque fleu-*
*rie*, dizzul bleuñvyou. *Van.* sul bléyeü,
sul el laure. — *Pâques closes*, dizzul ar
c'hasimodo,dizzul ar e'hoz-podou.—*La*
*pâque de l'ascension*, yaou basq.—*La*
*pâque de la pentecôte*, ar pentecost, pasq
ar pantecost. .

PAQUERETTE ou *paquette*, *plante qui porte des fleurs blanches ou purpurines*, bocqedou hañ, bocqedou an hañ, bocqedou an névez-amser.

PAQUET, pacq, *pl.* ou; pacqad, *pl.* pacqajou. *Van.* gronnad, pacqed, *ppl.* eñ.—*Petit paquet*, pacqicq, *pl.* pacqouïgou; pacqadieq, *pl.* pacqadouïgou. *Paquet de lettres*, pacqad lizerou.—*Paquet de hardes*, ur pacq dilhad, ur pacqad dilhad, ur pacqad dilhajou.—*Porte-paquet*, *rapporteur*, pacqager, *pl.* yen.

PAR, *prépos.*, dre. *Van.* id.—*Par ici*, dre amâ, èn hend mañ. *Van.* dré ma, dré man.—*Par li près*, dre aze, èn hend-ze. *Van.* dré ze, dre añze.—*Par id, un peu écarté*, dre a-hont.—*Par ld, loin*, dre tu-hont, dre zu-hont.—*Par la France*, dre Françz, dre C'hall.—*Par mer et par terre*, dre vor ha dre zoüar, divar vor ha divar zoüar.—*Par de mauvais chemins*, dre voall hinchou.—*Par où?* dre be lec'h, pe dre leac'h?—*Par ci, par ld*, dre amâ ha dre ahont, tu-hont ha tu-ma, a bep tu, a vizyou.—*Par fois*, a vizyou, a dauladou, a droyadou.—*Par an*, dioue'h ar bloaz, bep bloaz.—*Par accident*, dre chançz, dre zarvond.—*Par bonheur*, dre un cûr vad.—*Par malheur*, dre zroucq-eûr. Par, *par le moyen de*, gand, gad. *Van.* gued.—*Ils sont incommodés par les soldats*, trubuilhet int gañd *ou* gad ar soudarded.—*Par moi*, dreizoun, dreizoun-me, guene-me, gañé.—*Par toi*, ganez-te, ganez, dreiz-oud, dreizoud-te.—*Par lui*, gand-hâ, gadhañ, dreizañ, dreizâ.—*Par elle*, g idhy, gandhy, dreizy.—*Par nous*, guencoump, ganeoomp-ny, dreizoump, dreizomp-ny.—*Par vous*, ganeoc'h, guenec'h-hu, dreizoc'h, dreizoc'h-hu.—*Par eux*, *par elles*, gandho, gadho y, dreizêu, dreizcu-y, dreizo-y.—*Par devant et par-derrière*, a ziaraucq hac a ziadré, dre an diaraucq ha dre au diadré.—*Par là on voit que*, ac'hano ou dre ono *ex* vellour èr-vad penaus.—*De par, de la part*, *prép.*, a-bez, a-beurz, a-guevren. *Van.* a-berh.—*De par le roi*, a-berz ar roue. *Van.* a-berh er roë. Berz, id est, perz. *En lat.* pars.

PARABOLE, *similitude*, parabolenn, *pl.* ou. *Le peuple dit communément* paribolenn, *pour parabole et pour quelque conte feint.*

PARACHÈVEMENT, peuræchu, au dibenn eus a un dra, au diloct.

PARACHEVER, peuræchui, *pr.* et; peur-ober, *pr.* peurc'hræt.

PARADE. r, *faste*, montre.

PARADIS, *jardin de délices*, le *paradis terrestre*, ar barados térez, parados téryen, ar barados téryon. r. *terre.* —*Paradis, le séjour des bienheureux*, B.-Léon, paradas, au baradas. H.-Léon, *etc.*, parados, ar barados. *Van.* baraoüis, baradoës, baraoës, er baraoüis, er baraoés. — *Les anges et les saints du paradis*, au ælez venniguet hac ar sænt eürus ous ar barados. — *Le chemin du paradis est étroit et glissant*, hend ar barados a so striz ha ricqlus, au hend eus ar barados a so èncq ha lampr.—*Paradis gagné, tout est gagné*; paradis *perdu, tout est perdu*, ar barados ur veach gounezet, pep tra a so gounezet; hegon ar barados ur veach collet, pep tra a so collet.—*Paris est le paradis des femmes, le purgatoire des hommes et l'enfer des chevaux*, Paris a so barados ar graguez, purgator ar voazed hac ifern ar c'hesecq.

PARADOXE, *sentiment contraire à l'opinion commune*, un dra supremus ha diæz da gridi.

PARAFE ou *paraphe*, *traits de plume après une signature*, paraff, *pl.* ou.

PARAFER ou *mettre son parafe*, paraffi, *pr.* paraffet.

PARAGRAPHE, paraff, *pl.* ou.—*Paragraphe premier*, §. 1, paraff qentâ.

PARAÎTRE, *se montrer*, èn hem disquz, èn hem disquéz, *pr.* èn hem dis quèzal; haznataat, *pr.* ëet. *Al.* gueni de là, gnou, *évident*, *parlan* du soleil, para, *pr.* et.—*Le soleil commence à paraître*, conmanç a ra an héanl du bara.—*Paroître, sembler*, heva lout, *pr.* hevelet; seblanti, *pr.* et.—*Il paraît honnête homme*, dèn honest ez se blant beza *ou* da veza, hevelout a r ou seblanti a ra dèu honest.—*Il paraît* bien que vous n'êtes pas sage, hannad eo au sclær ou patant.eo penaus ne doc'h qet fur.—*Faire paraître*, *montrer*, disqnz, pr. et; disquêz, pr. et. *Van.* disqoeiñ, disqeiñ.

PARALIPOMENES, *deux livres de la sainte écriture*, levryou pere a gompren, ar rest eus a levryou ar rouanez.

PARALLELE, a so e paraich.—*Deux lignes parallèles, deux murailles parallèles*, diou ligneun, diou voguer, pere a so ê paraich; diou ligneun, diou vur a so qehyd ha qéhyd an eil diouc'h he beu. —*Parallèle*, *comparaison*, paraich, iñgalder.—*Faire le parallèle de deux choses*, comparagi un dra gad un all, pr. et; lacqaat daou dra ê paraich.—*Vouloir entrer en parallèle avec quelqu'un*, méunout beza iñgal da ur re, pr. ménnet; falvezout en hem iñgali da ur re, pr. falvezet.

PARALYSIE, séizy, séizadur, séyadur.

. PARALYTIQUE, séyzet, séyet, impotant, ppl. tud séyzet, etc.; peleuset ½. perclus.—*Il est paralytique du côté droit*, séyzet eo e goulez dehou. — *Il est paralytique de tout le corps*, séyzet eo oll, séyzet eo e gorf oll; séyet eo tout, peleuset eo en oll d'an oll.

. PARANGON, v. *comparaison, parallèle*.

- PARANGONNER. v. *comparer*

. PARAPHRASE, disclæracion hir oc'h ha sclæroc'h eus a un tèst-bennac, pl. disclæracionou hirroc'h.

PARAPHRASER, disclærya mayoc'h un tèst-bennac eus ar scritur sacr.pr.et.

PARAPHRASTE, nep a esplicq hac a zisclæry un tèst-bennac.v. *métaphraste*

PARAPLUIE, disc'hlavyer, pl. ou.

PARASITE, v. *écornifleur*,

PARASOL, dishéaulyer, pl. ou.

PARATRE, *beau-père*, lestad, pl. ou. lestad, *id est*, ê leh tad, *au lieu de père.*

PARAVENT, *contre-fenêtre*, paravel, pl. ou.

PARBOUILLIR, t. *de pharmacien*, peur-birvi, pr. peur-bervet; rediçza, pr. et. r. *refaire.*

PARC, *grande enceinte de murailles*, parcq, pl. ou. *Van.* id, pl. eü.—*Le parc*

au duc, parcqan ducg.—*Le parc Duault*, en Quimper, *était le parc du haras du duc de Bretagne*, parc Duault; *de là, le nom de* qasecg parcq Duault, *jument du parc Duault*, *que l'on donne injurieusement à une grande femme.*—*Parc, champ clos de fosses*, parcq, pl. ou. *Van.* parcq, pl. eü.— *Parc ou terre réservée pour donner de l'herbe*, Léon, parcq léon. *Ail.* parcq guehaut. *H.-Corn. et Van.* parcq yot. v. *clos. champ.*—*Petit parc*, parcqicq, pl. parcqouigou; parcq bihan, pl. parcqou bihan.

. PARCELLE, *petite partie*, lodennicg, pl. lodennouïgou; lodicq, pl. lodouïgou; qefrennicg,pl. qefrennouïgou.— *Parcelle, frairie, portion d'une paroisse*, lodenn, cordennad, breuryez, ppl. ou. *Van.* bréryah, pl. eü.

. PARCE QUE, à cause que, racq, racq ma, en abecq, ma, dre an abecq ma, abalamour ma, o veza ma. — *Parce qu'il fait tard*, o veza ma ez eo divezat, rag ma ez eo divezat, en abecg ou dre'n abecq ma ou abalamour ma ez eo divezat. *Au lieu de* ma ez eo. on prononce ma'z eo.—*Parce que je suis bon*, racg ma ez oun ou racg ma'z oun mad.

PARCHASSER, t. *de chasse*, peurchaçzeal. pr. peurohaçzeët,

PARCHEMIN, *peau préparée*, parich, parichimin.—*Parchemin vierge*, parich, guërc'h. — *Parchemin timbré*, parich timbret.—*Allonger le parchemin*, asteü ar mixou, pr. et; astenn ar parich.

PARCHEMINERIE, parichérez.—*La rue de la parcheminerie*, ru ar barichérez.

PARCHEMINIER. paricher, pl. yen.

PAR CONSEQUENT, racg-ze, ha racg-ze.

PARCOURIR, *voyager*, redecq. pr. redet; peur-redecq,pr. peur-redet.*Van.* redecq.—*Il a parcouru toute la France*, redet en deus dre an oll Françz. tuhont ha tu-ma, peurredet en deus Françz. — *Parcourir un livre*, trémen dreist ul levr, pr. et; leen ul levr en un dremen, pr. leennet.

PAR-DERRIERE, a dre qein, a dre e guein, a adreff, a ziadrê, dre au diadrê.—*Il t'a pris par-derrière*, a dre qein **eu a dre e guein -eu a ziadre** en deus e gnemeret.—*Betsa par-devant et par-derrière*, boçzet a ziaraucq hac a ziadré, boçzecq èn naou dn.—*Par-dessous*, dre zidàn, a zindan.—*Par-dessus*, dreist, èn tu-hont da —*Par-dessus tout cela*, dreist qemeñ-ze oll.—*Par-dessus le prix ordinaire*, dreist *ou* èn tu-hònt d'ar pris ordinal.—*Par-dessus le bord*, dreist ar bord.—*Par-devant*, dre an diaraue, a ziaraucq.—*Il est aussi sot par-devant que par-derrière*, qer sot eo èn eil tu evel èn eguile.—*Par-devant, en présence de*, diracg —*Par-devant notaire*, diracg noter.—*Par-devant nous notaires*, dirazomp ny notéred *ou* notéryen.—*Par devers*, èn tu diouc'h.—*Par-devers moi*, en tu diouzon, èn tu diouzin, èn tu diouzin-me. — *Par-devers toi, lui, elle, nous, vous, eux ou elles*, èn tu diouzond *ou* diouzid, diouudhá *ou* dioudhá, dioundhy *ou* dioudhy, diouzomp *ou* diouzimp *ou* diouzomp-ny, diouzoc'h *eu* diouzoc'h-hu, dioud-ho. dioud-ho-y.—*Prendre par-devers soi une chose non due*, qemeret èn tu dioudhá e-unan; lui, *pr.* ēt. *Trég.*tuiñ, *pr.*tuet.

**PARDON**, pardoun. *Van.* pardou.— *Sans pardon, sans rémission*, dibardoun. —*Accorder le pardon d'une faute*, rei e bardoun da ur re, *pr.* roēt; pardouni. *pr.* et. *v lier.*—*Refuser le pardon*, lesel hep pardoun, *pr.* lexet; reûsi ar pardoun, *pr.* reûset; lesel dibardoun.—*En enfer, il n'y a ni rémission, ni pardon*, e-barz èn ifern ne deus nepred pardoun e-bed, au ifern a zo ul leac'h dibardoun.—*C'est un homme sans pitié, sans pardon, sans miséricorde*, un dèn didrñēz ha dibardoun co, un dèn criz ha cruel eo.—*Pardon, indulgence*, pardoun, *pl.* you.—*Pardon, assemblée d'une église où il y a indulgence*, pardoun. *pl.* you. *S'il y a danse*, lest, *pl.* ou. — *La veille d'un pardon ou assemblée*, ar gousper, gousper ar pardoun. — *Courir les pardons pour se divertir*, redecq ar pardouuyou, *pr.* redet.—*Aller gagner les pardons en quelque lieu*, moñnet èn ul lac'h da bardouna, *pr.* eat, ēet.—*Celui qui va au pardon*, pardouner, *pl.* you.—*Celle qui*

*va au pardon*, pardounerès, *pl.* ed.

**PARDONNABLE**, pardoûnapl, oh, á; nep a zellez pardoun, a vilit pardoun, din a bardoun, din da veza pardounet.

**PARDONNER**, pardouni, *pr.* et. *Van.* pardoûneiñ.—*Pardonnez-moi, si je vous dis cela*, pardounit din *ou* va phardounit a reot *ou* va iscusi a reot mar lavaraû qemeñ-ze deoc'h.—*Je te pardonne*, me az pardoun, me ez pardoun, me a bardoun ac'hanoud, me a bardoun did.—*Dieu te pardonne*, Doûe r'az pardouno, Doûe r'ez pardouno.—*Dieu leur pardonne*, Doûe r'ho phardouno. *S'ils sont morts*, Doûe r'a bardouno an anaouñ.

**PAREIL**, *ille, égal*, par. *v.* pair.—*Ils sont pareils en grandeur*, eus a ur vénd int, ur vénd int.—*Sans pareil*, di par, hep e bar.—*C'est un homme sans pareil*, un dèn dispar eo, un dèn eo n'en deus qet e bar *ou* ne gaff qet e bar.—*La pareille, même plaisir*, un hevelep plijadur, ar memès plijadur, plijadur én esqem, plijadur evit plijadur, servioh evit servich.—*Rendre la pareille, soit en bien, soit en mal*, renta qēm ouc'h qēm, *pr.* rentet; rei qēm ouc'h qēm, rei trocq evit trocq, reiñ musul evit musul, rei liu evit lin, ha stoup evit stoup, *pr.* roēt.

**PAREILLEMENT**, *aussi*, yvez, yve, eve. —*Pareillement, semblablement*, hevelep, èn hevelep fæçzoun, è mémès fæçzoun.

*PARELLE ou patience, plante*, teol, teal, tæl, lousaouëun an tign.

**PAREMENT**, *ornement d'église*, ornamand, *pl.* ornamanchou; ornamanchou ilis. — *Parement d'autel*, diaraucg-auter, *pl.* diaraugou-auter. *Van.* un dirag-auĺér.—*Mettre des parements à l'autel*, paramanti an auter.—*Parement d'habit*, paramand, *pl.* paramanchou. —*Mettre des parements*, paramanti, *pr.* et.—*Parement d'une pierre*, paramand ur mean, ar façzeus a ur mæn.—*Parement de menuiserie*, paramand.

**PARENT**, *qar, pl.* qerend ; aparchaud, *pl.* aparcheñtid. *Van.* qar, *pl.* qereud.—*Proche parent*, qar neçz, *pl.* qerend neçz.—*Parent éloigné*, qar pell, æqerend pell; qar a-beil, qar é pell leenn.—*Parent paternel*, qar a berz-..—*Parent maternel*, qar a berzmamm. *Les parents, le père et la mère*, an tad ar vamm, an tadou. *Trég.* an ta-, an tadhac ai voinm.—*Les parents, ceux qui sont joints par le sang*, ar gue-..ad, an aparchanted.

PARENTE, qarès, *pl. ed. Van.* id. *Proche parente*, qarès neçz.

PARENTAGE *ou parenté*, qirintyaich, guirintyaich, qirintyez, aparchau-ich. *Van.* qerentach.—*Proche parenté*, qirintyez neçz, qirintyaich neçz.—*Parenté éloignée*, qirintyaich a bell, pell qirintyez. *v. arbre généalogique.*—*Sor-r de parenté*, moûnet èr meas a gui-ntyaich. *Van.* diligneeiû.

PARER, *orner*, para, pari, *ppr.* et. *embellir, orner.*—*Se parer. v. attifer.* —*Parer un coup, s'en défendre*, para, arat, *ppr.* paret. *Van.* pareiû, parat.—*Je parai promptement le coup*, me a baras jerqent an taul.—*Ecriture parée*, scri-ur paret.

PARESSE, dieugui, diegui. *Van.* reuach.—*La paresse est un des sept péchés capitaux*, an diegui a so unan eus ar eiz pecheud marvel.—*Paresse, lenteur, négligence*, leziréguez, lezoréguez, ẓoalléguez.—*H.-Corn.* lure.—*Paresse, idr.* gand diegui, defaut.—*Il a perdu son procès, paresse de le défendre*, collet èn deus e broces gand diegui *ou* gand leziréguez èn-hem zifenn *ou* defaut èn hem zifenn.

PARESSEUX, *euse*, dyegns, dyeucq, dyecq, lezireucq, lezirocq, lezirecq, lezourecq, lézow, oc'h, à, añ. *Van.* yeucq, oh, añ. *H.-Corn.* luréus, oh, añ; lure. — *Devenir paresseux*, dyeucqaat, *pr.* ëet; dyecqât, *pr.* ëet; leziréccqaat, *pr.* ëet. *Van.* yeueiñ, lureeiñ, dont de vout lureûs.

PARFAIRE, peur-ober, *pr.* peur-c'hræt.

PARFAIT, *te*, *complet*, peurc'hreat, peurc'hræt, achu, peurræchu.—*Parfait, te, accompli*, parfedt, digabal, oc'h, à, añ. *v. accompli.*—*Devenir parfait*, parfedtaat, *pr.* ëet; parfodi, *pr.* et.

PARFAITEMENT, èn ur. fæçzoun clocq *ou* parfedt, ez parfedt, a dailh, a fæçzoun. d'an touich, d'an touich fin, diouz an dibab, d'an dibab.

PARFOIS, a vizyou.

PARFOURNIR, peurfourniçza, *pr. et.*

PARFOURNI, *accompli*, peurfourniçz

PARFUM, parfum, c'hoëzyou vad. —*Brûler des parfums*, lesqi parfum, *pr.* losqet.

PARFUMER, parfumi, *pr.* et.

PARFUMEUR, parfumer, parfu-mour, *ppl.* yen.

* PARGOI *ou pardi*, *serment burlesque*, pardinac'h, pardistac'h, par-goay.

PARI, *gageure*. claustre, *pl. ou. Van.* claustre, cloustre, *ppl.* eû.—*Pari, gage qu'on dépose*, goëstl, *pl. ou. v. gage.*

PARIER, lacqât claustre, *pr.* lec-qëet. *Trég.* couchañ. *Van.* lacqeiñ coustele. *v. gager.*

PARIETAIRE, *plante*, an aparitoër.

PARIS, *capitale de France*, Paris, ur guear a Baris. en lat. *Lutetia*. Selon le R. P. Pezron, il faudrait dire, non Lu-tætia, de luto, boue, mais, Leuco-titia, terre blanche ou brillante; de leuch, leuchi, éclat. éclater, et de tit, terre, par-ce qu'en effet Paris est bâti de plâtre, qui se trouve dans son voisinage. *v. maison.*

PARISIEN, *qui est de Paris*, Pari-syan, *pl.* ed, Parisyanis.

PARISIENNE, Parisyanès, *pl.* ed.

PARISIS, *monnaie*, parisis, mou-neiz parisis.—*Le sou parisis valait 15 de-niers, et le sou tournois en valait 12*, ur guënnecq parisis a dalyé pemzecq di-uer, hac ur guënnecq tournès ne da-lyé nemed daouzecq. *v. livre.*

PARITÉ, paraich, hevelediguez.

PARJURE, fals ledouëd, *pl.* fals le-ondouëd; le faox, *pl.* leon faox.—*Ce-lui qui se parjure*, nep a dor e le, nep a ra le faox, nep a ra fals ledouëd *ou* fals leoudouëd.

PARJURER ( se ), ober ul le faox, ober ur fals le *ou* ledouëd, *pr.* græt; touëi è faox, touët è gaou,touët è fals, *pr.* touëet; fals-touët, *pr.* fals-touëet; terri e le, *pr.* torret; mancqout d'e le, *pr.* mancqet. *Al.* fals-toëa,*pr.* fals-toëet.

PAR-LA, *par cet endroit*, èn hend-ze, èn hend-hont, dre aze, dre ahont.—
*Par-là, par ces choses*, ac'hano, dre eno.
— *Je vois par là que*, ac'hano *ou* dre eno me a vell penaus.

PARLEMENT, *cour souveraine*, parlamand, *pl* parlamxnchou. *Van.* parlemant, *pl.* eü.

PARLEMENTAIRE, parlamanter, *pl.* yen.

PARLEMENTER, hem barlant, *pr.* barlantet. *Van.* parlanteiñ, parlandal.

PARLER, *proférer des mots*, parlant, *pr.* et; comps, *pr.* et, presecq, *pr.* preseguet. *Van.* comps, compseiñ, *ppr.* et.
— *Parler à quelqu'un*, comps oud ur re, prezecq oud ur re, parlant ouc'h ur re.
— *Parler haut*, comps crê, prezecq uhel. — *Parler bas*, comps goêstad, parlant goêstadiq q. prezecq isel *ou* iselicq —*en cachette*, comps é cuzi, *Van.* comps é euh. — *à l'oreille*, comps è cusulicq; cusuln, cusalat, *ppr.* et. — *bien*, comps èr vad, prezecq evit ar guéllâ, parlant caêr. *Van.* comps reih. — *français, parler latin*, comps gallecq, comps latin. — *rudement et hors du respect*, parlant dichecq; lavaret comps you dichecq, prezecq rust, parlant diresped. — *beaucoup*, *javr.* cacqetal, *pr.* et. — *mal de quelqu'un*, drouc-prezecq ur re-bennac, *pr.* droucprezeguet. *v. détracter.* — *Entendre parler de*, clévet comps hano eus a, clévet hano eus a, clévet comps eus a, *pr.* id. — *Se parler*, èn hem gomps, *pr.* gompsel; comps an eil oud eguile. — *Ils ne se parlent pas*, n'en hem gompsont qet, ne gomps qet an eil oud eguile, ne lavar guer au eil da eguile.

PARLER, *langage*, ar gomps, ar prezecq, ar parland, *an* devis, *an* divis.—
*Je le connais à son parler*, me èn eneff diouc'h e gomps *ou* diouc'h e brezecq *ou* dioud e barland *ou* dioud an divis anezâ.

PARLEUR, *grand parleur*, cacqeteur, *pl.* yen; cacqeter, *pl.* yen; langager, *pl.* yèu; fistilher, *pl.* yen; parlanter bras, *pl.* parlantéryen vras; trabelocq, *pl.* trabelléyen; lanchennecq, *pl.* lanchennéyen. — *Un beau parleur*, ur parlanter caêr, un téaud caêr. *Van.* compsour

caêr. *v. disert, éloquent.* — *Un triste parleur*, ur parlanter paour.

PARLEUSE, *grande parleuse*, cacqeterès, *pl.* ed; fistilherès, *pl.* ed; téaud disvrid, *pl.* téaudou; trabell, *pl.* ou. *v. moulinet.*

PARLOIR *de religieuses*, parlouër, *pl.* ou. *Burl.* cacqetouër, fistilhouër, *ppl.* ou.

PARMI, *prép. qui signifie entre, au milieu*, è touëz, è mesq, èntre, metou, è metou. *Van.* è mesq, è touéh, è touésq.
— *Parmi nous*, èn hon touëz, èn hon mesq, èntrezomp, èn hon metou. — *Parmi vous*, èn ho touëz, èn ho mesq, èntrezoc'h, èn ho metou.—*Parmi eux*, parmi elles, èn o zouëz, èn ho mesq, èn ho metou, èntrezo. — *Parmi les Anglais*, è touëz Sauson, è mesq Sauson, è metou ar Sauson.

PAROI, *mur*, maraille, moguer, *pl.* you. *Van.* mangoër, magoër, *ppl.* eü.

PAROIR, *boutoir, instrument de maréchal*, parouër, *pl.* ou; racqlouër, *pl.* racqlouérou.

PAROISSE, parrès, *pl.* you. *Trig.* paros, *pl.* parojo. *Van.* parés, paroès, *pl.* yeü. *v. rectorerie.* — *L'église de la paroisse*, an ilis parrès *ou* eus ar barrès. — *Les églises de paroisses*, an ilysou parrès. — *Coq de la paroisse*, qilhocq ar barrès, *pl.* qilhéyen.

PAROISSIAL, *ale*, eüs ar barrès, a ap irehant oud ar barrès.

PAROISSIEN, paresyau, *pl.* ed; parosyan, *pl.* is, ed.

PAROISSIENNE, paresyanès, *pl.* ed, PAROLE, comps, *pl.* you. *Van.* id., *pl.* eü.—*Etre arrêté de la parole*, gagouilha, *pr.* et; beza gagouilh; beza dalc'het èn e gomps. — *Avoir perdu la parole*, ètre prit à mourir, beza dilavar *ou* dare. — *La parole de Dieu*, compsyou Doûe. — *Aimer d'entendre la parole de Dieu est une marque de prédestination*, caret clévet compsyou Doûe a so un arrouëz *ou* ur mercq a silvidignez.—*Dire des paroles inutiles*, lavaret compsyou vean, *pr.* id. — *Des paroles rudes et hors du respect*, compsyou dichecq, seac'h, rust ha diresped. — *Des paroles obscènes, deshonnêtes et à double entente*, compsyou lous; dishonest ha goloët.—*Parole, mot,* guer, *pl.* you. *Van.* id. , *pl.* eü. *Trég.* guer, *pl.* yo. — *Il n'a pas dit une seule parole* , n'en deus qet lavaret ur guer hep qen ou an disterâ guer. — *Tenir sa parole, sa promesse* , derc'hel e c'her ou e bromeçza, *pr.* dalchet. — *Manquer de parole* , mancqout da zerchell e c'her, mancqout d'e c'her , *pr.* maneqet.

PARPAILLOT , *huguenot,* parpail-hod , *pl.* ed.

PARPAILLOTE, *huguenote,* parpail-hodès , *pl.* ed.

PARPAING , *pierre qui traverse toute l'épaisseur d'un mur, et qui fait face des deux côtés* , parpaign, *pl.* ou; ur maen parpaign. *pl.* mein parpaign.

PARQUE *ou parques, déesse que les païens supposaient présider à la vie des hommes,* an ancqou, *de* encqou, *détresse, agonie, ou* de ancqouñ, *oubli.* — *Les ciseaux de la parque pour couper le fil de notre vie,* falc'h an ancqou evit eaçz d'ar mouich. *v. extrémité.* — *La parque veuille couper le fil auquel tient ta vie,* an ancqou ra drouc'ho da c'housoucqdid ou daz gouzoucq. — *Le charriot de la parque,* qarr au ancqou, qarricq an ancqou.

PARQUET, parqed, *pl.* ou. parqejou.

PARQUETAGE, parqedaich.

PARQUETER, parqedi, *pr.* et.

PARQUETÉ, *e, part. et adj.,* parqedet. —*Une chambre parquetée,* ur gampr parq'det.

PAR QUOI, *donc,* rag-ze, dre-ze.

PARRAIN, paëroun, *pl.* ed; tad paëron, *pl.* tadou. — *S. Grégoire mon parrain,* sant Gregor va phaëroun. — *Les parrain et marraine,* ar paëroun hac ar vaërounès.

PARRICIDE, *crime,* muntrérez ê qêver e dad. è qever e vamm, etc., muntrérez *ou* lazérez criz ha dinatur. — *Parricide, qui a commis le crime,* muntrer e dad pe e vamm; ur muntrer orrupl, *pl.* muntréryen orrupl.

PARSEMER, hada a bep tu, hada tu-hont ha tu-mâ. *pr.* et; striucqa a bep tu, feltra tu-hont ha tu-mâ, *ppr.* et.

PART, *portion, lot,* darn, lod, lodeñ. *Van.* darn; parth, *de la* disparthya, *lotir,*

diviser. *v. lot.* — *Part, côté,* perz, peurz, costez, tu, qevrenn, parth *Van.* perh.

—*Mettre quelque chose à part,* trier, séparer, tui, *pr.* tuët; lacqât a gostez, *pr.* lecqêet; dispartya, *pr.* et; lacqât a barth. *Van.* disforheiñ. — *Mettre des meubles à part,* tui meubl, lacqât meubl a gostez oa a barth. — *Mettre à part des offrandes pour un besoin pressant,* dispartya proff, lacqaat proff ê parth ou a barth.—*Prendre quelque chose en bonne part,* qemeret un dra a berz vad, qemer un dra-bennae a beurz vad, *pr.* qemeret; receo èr-vad un dra, *pr.* recevet. *Van.* qemér un dra a berh vad. — *Prendre une chose en mauvaise part,* qemeret un dra a voall berz, goall-guemeret un dra, *pr.* id.— *Je sais cela de bonne part,* me a oar an dra-ze a berz vad ou a hend vad ou a barth vad.—*De la part de Dieu,* a berz Doñe. a guevrenn Doüe, a beurz Doüe. *Van.* a berh Doüe, a berh Düe. — *De ma part,* eus va pherz, eus va e'hevreñ. *Van.* ez me pherh. — *Les deux parts,* an naou pherz, an daou pharz. *Van.* en deü pherh, en deü pharth.—*Part, endroit, lieu,* tu, leac'h. — *Quelque part ,* èn un tu-bennac, èn ul leac'h-bennac, èn ul-leac'h.—*Quelque part qu'il aille,* pe ê leac'h-bennac ez aê ou ay, deüst ou daoust ou divis pe ê leac'h ez ay. — *De quelque part qu'il vienne,* pe eus a leac'h-bennac ez teuê , deüst ou divis pe a leac'h ez tuï, daoust pe a du ez tuï. —*Autre part,* ê leac'h all, a hend all. —*D'autre part,* eus a leac'h all, a leac'h all, a hend all. — *Nulle part,* ê nep tu, ê nep leae'h.—*Nulle autre part,* e leac'h all e-bed, ê nep tu all e-bed. — *De toutes parts,* a bep tu, a bep leac'h , a bep hend. — *De part et d'autre,* eus an eil tu hac eguile, eus an eil tu hac eus e-guile. — *De part en part,* treuz-didreuz, treu didreu. *v. trajet.* — *A part, séparément,* a gostez, a barth, ê parth.

PARTAGE, rann , *pl.* ou; partaich, *pl.* partajou. *Van.* id., *pl.* eü. *v. lot.*

PARTAGER, *diviser,* ranna, *pr.* et. — *Partager un héritage* , lodenna, *pr.* et; rauna, *pr.* et; partagi, *pr.* et. *Van.* ranneiñ. *v. lotir.* — *Partager noblement*

27

ranna é nebl.—*Partager volurièrement,* ranna é bilenn, ranna é partapl. — *Partager, distribuer quelque chose entre des personnes,* dispartya, *pr.* et; ranna; darnaouï, *pr.* ët. *Van.* ranneiñ, darneiñ. — *Partager la peine avec les autres,* qemeret e lod eus ar boan, *pr.* id.

PARTANCE, *départ, t. de marine,* disparty, partançz.— *Le coup de partance,* teñ canol an disparty, an teñ a bartan ça.

PARTANT, *c'est pourquoi,* evel-se, rag-ze.

* PARTEMENT, *action de partir,* diblaçz, disparty; partamand.

PARTERRE, partér, *pl.* ou, you; qarre, *pl.* ou.

PARTI, *faction, complod, pl.* ou, complojou; cabal, *pl.* ou, you. *Van.* id., *ppl.* eü. — *Entrer dans un parti formé,* moûnet èn ur c'homplod *ou* èn ur e'ha bal, *pr.* eat, ëet. — *Parti, côté,* tu. *Van.* id. — *Il est du parti de Paul,* ez ma èñ tu gad Paol, èn tu gad Paol *ou* èñ tu Paol ez ma. — *Il n'est d'aucun parti, d'aucun côté,* ne deo a du e-bed, ne ma é tu e-bed. n'en hem zoug nae evit an eil nac evit eguile *ou* nae evit an eil tu nac evit eguile. — *Prendre parti pour quelqu'un,* sevel gand ur re, sevel èn tu gad ur re, *pr.* sävet. *Van.* seüël eveit, etc.— *Prendre parti contre quelqu'un,* sevel a enep da ur re-bennac, *pr.* savet. *Van.* seüël enep. — *Il a pris parti contre moi,* savet èn deus a enep dinme.—*Parti, dessein, résolution,* sounch. déso. — *Quel parti prenez-vous, quelle résolution?* petra eo ho sounch-hu? petra eo ho téso-hu? pebez déso eo oc'h-hiny? — *Parti, condition, emploi,* implich, *pl.* implijou; stad, *pl.* ou; condicion, *pl.* ou. *Van.* id., *ppl.* eü. — *Il a pris le parti de l'église, le parti des devoirs,* qemeret èn deus ar stad a zèn a ilis, an implich a impoder. — *Parti, établissement,* fortun, *pl.* you. — *Cette fille a trouvé de bons partis,* fortunyou vad he deus cavet a plac'h-hont. — *Ce jeune homme n'a pas pris un parti sortable,* au dèn yaoüancq hont n'eu deus qet græt ur fortun deread *ou* ur fortun evel ma dereé *ou* ur fortun jaugeapl, ur fortun amzere èn

deus græt an dèn yaoüancq hont. — *Faire en mauvais parti à quelqu'un, un mauvais traitement,* ober goall-c'hoary da ur re-bennac, *pr.* græt; goall-ausa ur re, *pr.* göall-auset; goall-guempeñ ur re, *pr.* goall-guempeunet. — *Parti, traité pour lever des subsides,* divis, *pl.* ou; marc'had, *pl.* ou; tretadur, *pl.* you.— *Parti, troupe de gens de guerre,* rum souodarded, *pl.* rumou.

PARTIAIRE, *fermier ou métayer partiaire,* fermour *ou* méreur divar an banter, *ppl.* fermenryen *ou* méreuryen.

PARTIAL, *e, qui se déclare pour un parti,* qeffranus, qevrennus, oc'h, à; nep a so gad ur re, nep a sav èn tu gad ur rum, nep a zeu da faveri ur re.

PARTIALITÉ, *attache à un parti,* qeffrannidiguez, qevrennidiguez, faver evit ur rum *ou* é qêver ur rum. — *Partialité, singularité,* specyalded, *pl.* eu.

PARTICIPANT, *e,* lodecq, nep èn deus lod èn un dra-bennac *ou* eus a un dra-bennac. *Van.* lodecq.—*Faites-moi, je vous prie, participant à vos bonnes prieres et vos saints sacrifices,* un neubendicq lod me oz ped èn ho pedennou mad hac èn ho hoferennou.

PARTICIPATION, *part en quelque chose,* lod èn un dra, lod eus a un dra. — *Participation, emprunt, reflexion,* distro, prèst, amprèst. — *Participation, communication,* aznaoudéguez.—*Sans la participation de personne,* hep aznaoudégues dèn e-bed, hep rad dèn e-bed. *Il a fait cela sans ma participation,* qemen-ze èn deus græt hep rat din *ou* hep rei an distéra aznaoudéguez din, great èu deus-é anezã e-unan.

PARTICIPER, cahout lod è, etc., cahout lod eus a, etc., *pr.* bet. — *Une femme participe à tous les acquêts du mari,* ur c'hrecg he deus he lod èn oll acquyjou *ou* eus a oll acquyjou an ozae'h.

PARTICULARISER, *circonstancier,* lavaret pep tra é detailh, lavaret bede an distera tra eus a un æffer, *pr.* id.

PARTICULARITÉ, an detail eus a un æffer.

PARTICULE, *petite partie d'un tout,* lodennicq, *pl.* lodennouïgou; lodieq, *pl.*

ou; darnicq, *pl.* darnyouîgou,
,*pl.* tammouîgou. *Van.* lodicq,
*pl.* eû.

.ILIER, *ère,* particuler, oe'h,
public est préférable à l'inar profid eommun a ya
particuler. — *Parti-*
*er,* specyal, oe'h, à
*particulière,* ur garan-
-*Particulier, personne pri-*
er, *pl.* yen. — *Quelque par-*
p**a**rticuler-benn**a**e, ur per-
.**a**-yennao. — *Quelques particu-*
nin**y**eunou, xerten persounaf-
.u. — *Plusieurs particuliers,* meur a
.iny, lyès hiny.—*Chacun en particulier,*
pep hiny, guytibunan. — *Tous en géné-*
*ral et chacun en particulier,* oll guytibunan. — *En public et en particulier,* dirag
an oll h**a** dre qein ar re all *ou* a gostez
—*En particulier,* é particuler. —*En par-*
*ticulier, par le menu,* a detailh.—*Le lieu-*
*tenant particulier,* al letanaud particuler.

P**A**RTICULIÈREMENT, ispicyal, èn
ur fæçzoun particuler *ou* specyal, dreist
pep tra. *Van.* ê specyal, èn ur fæçzoun
specyal.

PARTIE, *portion d'un tout divisé,* lod,
*pl.* ou; loden, *pl.* ou; raû, *pl.* ou; darn,
*pl.* you; dargn, *pl.* ou; qevrenn, *pl.* ou.
*Van.* lodeenn, darn, lod, *ppl.* eû.—*Di-*
*visé en deux parties,* daouhanteret *ou* dispartyet ê dion lodenn. — *Une partie des*
*biens,* lod eus ar madou, un darn eus
ar madou. — *La première partie du livre,*
ar c'hentâ qevrenn eus al levr. — *Une*
*petite partie,* lodicq, *pl.* lodouîgou; lodennicq, *pl.* lodennouîgou; darnicq,
rannicq, qevrennicq, *ppl.* ouîgou. *Van.*
lodennicq, lodicq, darnicq, *ppl.* eû. —
*Un partie, une grande partie, parlant des*
*hommes,* ur rum, ur rum bras, nl lod,
ul lod bras, ul lodad, ur rumad, un
taulad. — *La partie supérieure de l'âme,*
*la raison,* ar guevrenn uhel *ou* superiel
eus an ene, ar résoun. — *La partie in-*
*férieure de l'âme, l'appétit sensuel,* ar guevrenn inferiol *ou* iséla eus an ene, ar
c'hoandt disordren. — *Partie, partie ad-*
*verse,* qevrennu, *pl.* ou; an eil guevren,
ar c'hevrenn ænep *ou* controll.—*Par-*

*tie, parlant du jeu,* party, *pl.* ou. *Van.*
id., *pl.* eû. — *Jouer une partie, deux par-*
*ties,* c'hoari ur barty, diou barty, *pr.*
c'hoaryet.

PARTIR, *s'en aller,* diblaçza, *pr.* et;
dispartya, *pr.* et. *Van.* diblaçzeiñ. —*Il*
*est parti de Rostrenen,* diblaçzet èn deus
eveus a Rostreen. — *Partir, le départ,*
disparty, diblaçz.

PARTISAN, qui *épouse les intérêts de*
quelqu'un, nep so evit ur re, nep so douguet evit ur re, nep a sav gad ur re-
bennao.—*Partisan, financier,* diviseur,
*pl.* yen; publican, *pl.* ed. *v. traitant.*

PARTOUT, *en tout lieu,* ê pep leac'h,
eñ pep tu, ê pep hend, ê pep qêver. *Trég.*
dre oll. *Van.* eû pep lec'h. — *Partout*
*où il passe,* dre guement *ou* ê qement
leac'h ma trémen.

PARURE, *ajustement, ornement,* paridiguez, *pl.* ou. — *Parures, retailles de*
*cuir,* paradur, ar belostou.

PARVENIR, *arriver,* arruout, *pr.* arruet; erruout èl leac'h ma fell, *pr.* er-
ruêt; peur-erruout, *pr.* peur-erruêt. —
*Parvenir à la perfection,* peur-erruout èr
berfeccion; doñnet da veza parfedd, *pr.*
deuêt. — *Parvenir, faire fortune,* ober
fortun, *pr.* græt; doñnet da veza un dra,
doñnet da vad.

PARVIS, diaraug an or-dal, plaçzenn an or-dal, antre an or-dal.

PAS, *point du tout,* qet. *Le mot* qet
*n'est jamais sans la négation* ne. — *Je ne*
*sais pas,* ne ouzon qet, ne oun qet *Van.*
ne ouîañ qet, ne ouêrañ qet, en-do ne
ouêrañ qet héû. — *Je n'ai pas reçu le*
*moindre denier,* n'am eus qet touichet an
disterâ dinér *ou* ur mezell, n'em eus qet
bet an dinér ruz. *v. point.* — *Pas un,*
*aucun, nul,* necun, nicun, gour, hiny
e-bed. — *Il n'y en a pas un,* ne deus necun *ou* gour *ou* hiny e-bed.

PAS, *mouvement pour marcher,* cam,
erguerz; camed, *pl.* camejou; pas, *pl.*
you; cam *signifie proprement* jambe, *et*
camed, *jambée. Van.* pas, *pl.* eû. — *A*
*son pas, sans se presser,* a deucq e gam,
a docq e gam, a doucq e gam, a zoucq
e gam. — *A votre pas,* a docq ho cam.
—*A mon pas,* a zoucq va c'ham. —

*Marcher à pas précipités*, ober eamelou riïbin. —*Marcher à petits pas, tout à l'aise*, moñnet var e boués, qerzet gorreeq, moñnet gorreeq, moñnet var e c'horréguez. *Van.* monnet ar e horreqeah ou naouñ. — *Marcher à petits pas de larron*, qerzet gouëstadicq, moñnet sioulycq, sezlaou e basyou, counta e gamejou. — *Grands pas*, camejou bras. — *Grand pas de géant*, stamp, *pl.* ou; stamp bras, *pl.* stampou. — *Marcher à pas de géant* stampa caër, *pr.* et; ober stampou bras, *pr.* græt. —*Retourner sur ses pas*, distrei var e guiz, *pr.* distroët. —*Selon son pas*, dioud an erguez anezâ, diouc'h e guerzed, diouc'h e gam. *v. marcher.* — *A chaque pas*, dà bep camed *ou* pas *ou* tro *ou* taul. — *Pas à pas*; eamed-à-camed, pas-ha-pas, a bas-è-bas. — *Le petit pas, parlant du pas d'un cheval*, ar pas bihan. —*Un faux-pas*, ar fals-varchadeñ, *pl.* ou. — *Faire un faux-pas*, fals-varcha, *pr.* et; ober ur fals-varchadenn, *pr.* græt. — *Faire les cent pas, se promener*, cantren, cantreal, *ppr.* ëet. — *Céder le pas à un autre*, lesel un all da voñnet èn e rañcq, *pr.* leset. — *Un mauvais pas, un passage dangereux*, ur goall bas, ur goall leac'h, un toull fall, ul lec'h fall. —*Pas d'une plante*, pau-marh, troad-marc'h, la isaoënn ar bas, triñchin bro-Saus.

PASCAL, *ale, a appartient oud pasq.* —*Manger l'agneau pascal*, dibri an oan a basq.

PASQUINADE, goapérez malicius.

PASSABLE, mad avoalc'h, honest avoalc'h, a ell trémen, a drémeno, eñtre-daou, ar pez ne c'huyt qet.

PASSABLEMENT, honestamant, mad avoalc'h, peus-mad, eñtre-daou.

PASSADE, *la traversée d'un endroit*, trémen, *pl.* you.—*Faire une simple passade dans une ville*, ober un trémen hep qen dre guær, *pr.* græt.—*Passade, charité à un voyageur*, an trémen-hend, al isennd d'an tremenidy.—*Demander la passade*, goulenn an trémen-hend, goulenn an aluxenn *ou* un dra-beunnac ouz trémen hend.

PASSAGE; *lieu par où l'on passe*, hend, *pl.* hinchou. *Van.* hent, *pl.* eü. —*Pas-*

*sage ordinaire*, trepas, *pl.* you. —*Le passage est bouché*, stanoqet *ou* stévyet eo an hend.—*Tous les passages sont bien gardés*, an oll hinchou a so divezet mad.—*Il est là dans le passage ordinaire*, ex ma abont eñ trepas.—*Passage, ouverture*, digor.—*Il y a passage*, bez'ex eus digor. — *Passage, action de passer*, trémenadur, trémenidiguez.—*Donner passage*, lesel da drémen, *pr.* leset.—*A son passage, quand il passera*, pa drémeno, èn e drémenadur.—*A son passage, lorsqu'il repassera*, pa zistrémeno, èn e zistrémenadur.—*Passage, chemin de servitude*, darempred, hend darempredet, hend a vepred.—*Passage pour l'eau à travers un champ ensemencé*, rigol, *pl.* you. *Van.* dresqin, *pl.* eü; *id est*, dreist qin.—*Passage, trajet par eau*, treu. *pl.* you; tre, *pl.* treou; treu, *pl.* treuou. *Van.* treih, *pl.* eü. *v. trajet.*—*Passage, droit qu'on paie pour soi ou pour ses marchandises sur mer*, péaich. *pl.* ou; breou.—*Oiseau de passage*, labous a drémen hac a zistrémen ar mor bras. *pl.* laboused. *v. passager.*—*Passage, endroit, texte de l'écriture*, tést, *pl.* ou; lec'h, *pl.* you; andred, *pl.* andrejou.—*Passage de cette vie à l'autre*, trépas, trémenvan, trémenvoë.

PASSAGER, *batelier*, treizeur, *pl.* yen; treizer, *pl.* yen; treizour, *pl.* yen; treour, *pl.* yen. *Van.* treihour, trehour, *ppl.* yon. —*Passager, voyageur sur mer*, pæager, *pl.* yen.—*Passager, ère, qui ne dure pas*, vean, bresq, oc'h, à; ar pez ne deo qet padus, ar pez a drémen buan.—*Les biens passagers et périssables de ce monde*, ar madou vean ha bresq eus ar bed-mâ, ar madou eus ar bed-mâ, ar madou eus ar bed-mâ pere ne dint qet padus *ou* pere a drémen buan.—*Oiseau passager*, labous trémenyad, *pl.* laboused trémenidy.—*Poissons passagers*, pesqued red.

PASSANT, *qui passe*, trèmeny id, *pl.* trémenidy. *Van.* trémenour, *pl.* trémeneryon, trémenouryan. *fém.* trémenyadès, *pl.* ed, trémeneurès, *pl.* ed. *Van.* tremenoures, *pl.* ed.—*En passant*, o trémen, èn un drémen, var drémen.

PASSAVANT, *t. de régie*, un tremen-hend, ur mont-ê-byou, ur breou.

PASSE, *en passe*, tailh, ê tailh.—
*Nous sommes en passe de nous accommo-*
*der* . ez ma omp ê tailh da accordi.—
*Passe, cela peut passer*, trémenet, pacyau-
ded, bézét.—*Pour cela, passe,* evit hennez
trémenet , evit qemeñ-ze pacyan.led.

PASSE-DROIT, ur dreist-guïr, dreist
ar guïr, èu tû-hont d'ar guïr *ou* d'al
léseun. — *Le juge a fait là un passe-droit,*
un dreist-guïr èn deux great ar barneur
eno, ar barnea a so eat èr poënd-ze
dreist ar guïr *ou* èn tu-hont d'ar guïr
*ou* d'al lésenn, ar barneur èu deus trémenet eno al lésenn.

PASSÉE , *passage de gens de guerre,*
trémeuadur ar. vresellidy. —*Passée* , *t.*
*de chasse*, roadou ul loëzu gouëz. —
*Passée, grand échalier de pierre*, trémenvan , *pl.* ou; un odu.vean, *pl.* odeou
vean. *v. échalier.*

PASSEMENT , *ornement d'habits ,*
pasamand, *pl.* pasamanchou.

PASSEMEN.Er, pasamanti. *pr.* et;
goarniçza gad pasamanchou.

PASSE-PARTOUT, *sorte de clef*, licqed, *pl.* ou; potenn . *pl.* ou.

PASSE-PASSE, *tour d'adresse* , bourdou coandt, troyou farçzus *ou* paspas.

PASSE-PIED, *danse*, ar paçzpic.

PASSE-PORT, goaraulaich, paçze-
port

PASSER, *aller d'un lieu dans un autre,*
trémen. *pr.* et. *Van.* id., *et* trémeiû.—
*Passer la mer* , trémen ar mor, treuzi
ar mor, *pr.* treuzet.—*Passer au-delà*,
trémen èn tu hont, moûnet èn tu hont,
moûnet èu tu all. treuzi.—*Passer de-*
*vant*, trémen araucq.—*Passer outre*,
moûuet ê byou, *pr.* eat, êet.—*Passer*
*le temps à*, trémen au auuser o , diverrât au amser, *pr.* êet.—*Passer sous si-*
*lence*, trémen hep lavaret guer, tevel
var, etc. , *pr.* tavet.—*Ils ont passe légé-*
*rement la-dessus*, n'o deus græt nemed
trémeñ var guemeñ-ze.—*Passer quel-*
*qu'un à un trajet d'eau*, treiza, *pr.* et;
trémen, *pr.* et. *Van.* treheiñ.—*Passer*
*du lait avec un couloir*, sizla, sizla leaz,
*pr.* et. *Van.* scileiñ, scileiñ leah. —*Pas-*
*ser, traverser*, treuzi, *pr.* et.—*Passer*

*l'épée à travers le corps de quelqu'un*, treuzi ur re-bennao gad e gleze.—*Passer*,
*surpasser*, trémen ar re all, trémen
dreist ar re all, beza araueg *ou* dreist
ar re all.—*Il passe pour savant*, trémen
a ra evit beza guïzyecq.—*J'en passerai*
*par où vous coudrez*, me a ray diouc'h
ho tivis, me a rayo evel a blijo gueneoc'h.—*Passer, mourir*, trémen, *pr.* et.
*o. mourir.*—*Cela me passe*, ne gompre-
nañ qet an · dra-ze , qemeñ-ze a so
dreist va sqyaud.—*Se passer de.* diouë-.
ri, *pr.* et; èu hem drémen hep. *pr.* èn
hem drémenet. *Van.* diouër. diouëreiñ.
—*Au temps passé on faisait*, èn .amser
drémenet ez reat *ou* ê reët.—*La mode en*
*est passée* , trémenet eo ar c'hiz, ne ma
muy ar c'hiz-ze *ou* a c'hiz *ou* ar guïz-ze.

PASSERAGE, *plante*, an digounuar.

PASSEREAU , *moineau. v.-y.*

PASSE-TEMPS, trémen-auuser, *pl.*
trémeuyou-auuser; ebat, *pl.* ou; diver-
raminand , *pl.* diverrammuchou. .

PASSE-VELOURS, *fleur*, pasvoul ous.

PASSIBLE . *qui peut souffrir* , souffrus. *v. impassible.*

PASSIBILITÉ. souffridiguez, gou-
závidiguez. *v. impassibilité.*

PASSION, *souffrance* , souffrançz.
*Van.* id.—*La passion de N.-S. Jésus-*
*Christ*, passion hou salver Jesus-Christ.
*Van.* id.—*La semaine de la passion* . sizun
ar baçzion.—*Prêcher la passion*, disclærya ar baçzion, *pr.* et.—*Passion de l'âme,*
*inclination*. inclinacion an déu, *pl.* ou.
*Van.* id., *pl.* eû; ymur, *pl.* yeû. *v. do-*
*minante. réprimer* .—*Passion de l'appétit.*
*concupiscible*. youl, *pl.* ou.—*Passion dé-*
*réglée*, youl disordren, iuelinacion disordren. *Van.* goall inclinacion, *pl.* eû.
*v. réprimer. Passion pour les plaisirs dé-*
*f.dus*, droucq-youl, *pl.* droucq-you-
lou; youl.licq. *pl.* youlou licq.—*Se lais-*
*ser aller à ses passions*, heulya e zroucq-
youlou *ou* e voall inclinaciouou , *pr.* et.
— *Il a une étrange passion pour le*
*vin*, terrup eo douguet d'ar guïu, hor-
rup eo roët d'ar guïu, douguet eo d'ar
guïn uu horrupcion, terrup eo gad ar
guïn.—*Vaincre ses passions*, treac'hi e *ou*
d'e voall inclinaciouou *ou* d'e zroucq-.

youlou, *pr:* treac'het.—*Régler ses pas-*
*sions,* moderi e youlou *ou* e inclinacionou, *pr.* et.—*Passion irascible,* froudeñ,
*pl.* ou. *v. colère.*—*Il n'agit que par passion,*
ne ra'netra nemed dre froudenn, atau
ez ma é froudenn, froudennus co è pep
qever.—*Un homme sans passions,* un dèn
peoc'hus bras, un dèn parfedd meurbed, *pl.* tud, etc.

PASSIONNÉ, *ée,* *entraîné par quel-*
*que passion,* douguet gad e inclinacion
da, douguet terrup da un dra, touëllet gad un dra.—*Passionné, ée, qui agit*
*avec passion,* froudeñnus, oh, añ, nep
a heul e natur disordren *ou* e frouden-
nou *ou* e voall inclinacion, nep ne deu
qet mæstr dezà e-unan.—*Etre passionné*
*pour quelque chose,* èn hem zougnen es-
trainoh da un dra, *pr.* èn hem zouguet; caret dreist ordinal *ou* dreist-
penn un dra-bennac, *pr.* id.; beza
touëllet gad un dra-bennac, *pr.* bet.

PASSIONNEMENT, estrainch, èn
ur fæçzoun estrainch, gad un youl terrup, gand ur garantez vras meurbed

PASSIONNER (se) *pour quelque cho-*
*se,* caret dreist musur un dra-bennac,
*pr.* id.

• PASSOIR, *ou* *couloir,* sizl, *pl.* ou.
*On prononce* sijl. *Van.* scil, *pl.* eü.

• PASTEL, pastez Languedocq.

PASTENADE, *plante,* pastounadezen, *pl.* pastounadez. *v. panais.*

• PASTEUR, *berger,* mæçzaer, *pl.*
yen. *v. berger.*—*Pasteur, t. de l'église,*
pastor, *pl.* ed.—*Les pasteurs vinrent ado-*
*rer Jésus-Christ nouveau-né,* ar bastored a zuas d'ar c'hraouïcq eus a Veth-
leem evit adori hon Salver névez-ganet.—*Depuis le chef de la tribu de Judas,*
*jusqu'au dernier cadet de Benjamin, ils*
*étaient tous laboureurs et pasteurs,* a-
dalecq ar c'henta eus a vouëñ Juda,
map da Jacob, bede an divezà yaouaër
eus a lignez Benjamin e\reozr, ez oant
oll labouridy ha mæçzaëryen.—*Jésus-*
*Christ s'est nommé le bon pasteur; saint*
*Paul le nomme le grand pasteur des bre-*
*bis, et saint Pierre, le pasteur et l'évêque*
*de nos âmes,* Jesus-Christ èn deveus èn
hem heuvel ar pastor n af; sant Paol

er galv pastor bras an dêved; ha sant
Pezr a lavar anezà ez eo ar pastor, an
escop hac ar maguer eus hon enëou.—
*Les brebis doivent connaître la voix de leur*
*pasteur,* an dêved a dle aznaout mouès
ho phastor.

PASTILLE, pastilhès.

PASTORAL, *ale,* a aparchant oud
ar bastored.—*Le soin pastoral,* ar soucy
vès a ur pastor. — *Le bâton pastoral,*
croçz an escop, baz sant Yan.

PATACHE, *sorte de vaisseau à l'entrée*
*d'un port,* galyotenn, ar c'halyotenn,
ar partaich.—*Il est capitaine de la pata-*
*che,* cabitan eo var ar partaich.

PATE, *farine pétrie,* toas. *Van.* toés,
toéh.—*Ma pâte est levée,* go eo va zoas.
—*Pâte pour faire des crêpes,* toas crampoës, baçz. *Van.* toés crapah.—*Faire*
*la pâte pour les crêpes,* distempra toas
crampoës, *pr.* et. *H.-Corn.* ober ar
baçz, *pr.* græt.—*Pâte, colle,* eodt. *Van.*
coll. — *Pâte, complexion,* qiguenn,
témps. *v. petri.*

PATE, *pied de quelques animaux,* pau.
*v. griffe, pied.*—*La pate du chien, du re-*
*nard, du singe, du chat, de la taupe,* pau
ar c'hy, pau al loüarn, pau ar marmous, pau ar c'haz, pau ar c'hoz: *v.*
chat.—*Pate, la main de l'homme,* craban,
*pl.* ou; pau, pao.—*Un homme qui a de*
*grandes pates,* crabanecq, *pl.* craban-
yen; paouëcq, *pl.* paoéyen. *v. marcher.*
—*Il aura de la peine à se tirer des pates de*
*ce procureur,* poan èn devezo oud èn
hem dilaçza eus a grabanou ar proculer tenu hont.—*Pate, parlant de vases,*
sicheñu, chicheuu, *ppl.* ou.—*Mettre*
*le verre droit sur sa pate,* lacqaat ar ve-
reun dreçz var he sicheun, *pr.* lecqëet.
—*Rompre la pate d'un calice,* terri sichenn *ou* chichenn ur c'haliær, *pr.* torret.—*Pate-de-lion, plante,* troad-leon.

PATÉ, *sorte de pâtisserie,* pastez, *pl.*
vou. *Van.* paste, *pl.* pasteeü.—*Pâté de*
*lièvre,* pastez gad.—*désossé,* pastez di-
asqorn.—*en pot, du hachis,* pastez-pod,
juypod, quylpod, farçz-pod.—*Faire*
*les pâtés,* pasteza, *pr.* et; ober pastez
ober pastezyou, *pr.* græt. *Van.* paste-
iñ, gobér pasteeü.

PATENE, *couverture du calice*, pla-denn, platiuenn, *pl.* ou. *Van.* id *ppl.* eû.

PATENOTRE, *grain de chapelet*, pa-terenn, *pl.* ou. *Van.* id., *pl.* eû. grenneu chapeled, *pl.* greun chapeled.—*Dire des patenôtres*, paterat, *pr.* et. *Van.* patereiñ, *pr.* pateret.

PATENT, *te*, *manifeste*, patant, hazuad, oc'h, à, añ. *Van.* sclær, oh, añ.— *Cette vérité est patente*, ar virionezze a so patant ou hazuad. on prononce Anad.—*Lettres patentes*, lizerou patant, lizerou roüe.—*Obtenir des lettres patentes du roi*, cahout lizerou patant, cahout lizerou roüe, *pr.* bet.

PATER, *l'oraison dominicale*, pater, ar bater.—*Dire le pater*, lavaret ar bater, *pr.* id.—*Des pater, des prières, des chapelets*, paterou. *Van.* patereû.—*Il ne sait ni le pater, ni autre prière*, ne oar na pater, na noster.

PATERNE, *nom d'homme*, Padern, Patern.—*Saint Paterne, évêque de Vannes*, sant Padern, escop a Venet ou è Guênet.

PATERNEL, *elle*, a aparchant oud an tad, a-berz tad, a-berz an tad.—*L'amour paternel*, ar garantez a dad.—*Les biens paternels*, ar madou a-berz tad.

PATERNELLEMENT, gand ur galoun a dad, èn ur fæçzoun meurbed caraniezus.

PATERNITÉ, *titre de père*, tadélez. —*Paternité spirituelle, alliance spirituelle qui se contracte entre celui qui baptise ou confirme, et celui est baptisé ou confirmé*, fizyolded, qirintyaich ou nesanded spiritual.

PATEUX, *euse*, toasecq, gludennecq, oc'h, à, añ. *Van.* toasecq, gludecq, oh, añ.—*Pain pâteux*, bara toasecq.—*J'avais la bouche si pâteuse*, qer toasecq ou qer gludennecq voa va gui nou, sioüaz din.—*Les chemins sont pâteux*, an hinchou a so libystrus ou frigaçzus, ou. burlesq. lipous.

PATHETIQUE, erê ha touichus, mad da douch.—*Ce sermon est bien pathetique*, ar brezeguez a-hout a so crê ha touichus meurbed.

PATIBULAIRE, justiçzou.

PATIEMMENT, èn ur fæçzoun paciand, gad pacianded, ez paciand, èñ pacianded.

PATIENCE, pacianded. *Van.* pacianted.—*Job a été un beau modèle de patience*, Job a so bet ur sqüèr ou un eqsémpl a bacianded, mar boa biscoaz. —*Prendre patience*, qemeret pacianded, *pr.* id; cahout pacianded, *pr.* bet. *v.* patienter, attendre. — *Perdre patience*, coll pacianded, *pr.* collet. *v.* paix.—*Je vous prie par la patience de Dieu*, me oz ped dre bep pacianded Doüe ou drebep paciandet a Zoüe.—*Patience, chacun aura son tour*, paciand *d* ou list da ober ou peoc'h peoc'h pep hiny èn devezo e dro.

PATIENCE, *plante*, ar bacyantès, caul moc'h. *v.* parelle.

PATIENT, *ente*, paciandt, gouzávus, oc'h, à, añ. *Van.* paciandt.

PATIENTER, paciandtát, *pr.* éet. *Van.* paciandteiñ. *v.* prendre patience.— *Patienter, temporiser*, amseri, *pr.* amseryet.

PATINER, *manier, tâter*, teula, *pr.* et. *Van.* dramouilheiñ. *v. chiffonner, manier.*

PATINEUR, *qui manie indiscrètement*, teutér, *pl.* yen.

PATIR, *endurer, souffrir. v.-y.*

PATIS, *pâturage, varenne. v.-y.*

PATISSERIE, pastezérez, *pl.* ou. *Van.* pastezereah.

PATISSIER, pastezer, *pl.* yen. *Van.* pasteour, *pl.* yon, yan.

PATISSIERE, pastezerès, *pl.* ed. *Van.* pasteources, *pl.* ed.

PATOIS, langaich ar goumun, ur parland rust ha dibouliçz.

PATON, *t. de cordonniers*, paton, *pl.* m. *Van.* id., *pl.* eü.

PATRE, mæçzaër, *pl.* yen. *v. berger.*

PATRIARCAL, *ale*, a aparchant oud ir patryarch, eus ar patryarch. — *Siège patriarcal*, sich ou ilis ur patryarch.

PATRIARCAT, *dignité de patriarche*, patriarcuich, carg ur patryarch.

PATRIARCHE, *mot grec qui veut dire le premier des pères*, patryarch, *pl.* ed. *Van.* id. — *Abraham, Isaac, Jacob et ses* douse *fils ont été les patriarches du vieux testament*, Abraham, Isaac, Jacob hac e zaouzecq map a yoa ar batryarched ebarz èl lésenn ancyan. -- *Le patriarche de Jérusalem, d'Alexandrie ,* ar patryarch a Jerusalem, ar patryarch vès a Alexandria. — *Le pape est le patriarche d'Occident, et l'église de S. Jean de Latran est son église patriarcale,* ar pap eus a Roum a so ar patryarch ens a vro ar C'huz-héaul *ou* vès au ilis Latin hac èn deuxevil e sich, ilis saut Jau a Lateran.

PATRICE, *nom d'homme*, Patriç. — *Saint Patrice ,* sant Patriç abostol an Islantred.

PATRIE, *pays natal,* bro ar c'hinivélez. *Al.* goûadh. --*Il est naturel d'aimer sa patrie,* natur eo caret bro e c'hinivélez, natur eo caret e vro.

PATRIMOINE , tra a berz tad ha mamm, eritaich digad tad ha mamu. — *Dis'iper son patrimoine ,* dismautra è eritaich, foedtq *ou* teuzi e dra.

PATRON , patromm, *pl.* ed ; patram, *pl.* ed. *Van.* id. — *Le S. patron de la paroisse,* ar sant patroum eus ar barrès, patroum ar barrès. — *Le saint patron dont on porte le nom ,* paëroun , *pl.* ed. -- *S. Grégoire, mon patron ,* sant Gregor, va phaëroun. --*S. Tangui et S. Grégoire sont mes patrons,* sant Tangui ha sant Gregor a so va phaërouned -- *Patron d'un bénéfice. collateur,* patroum. *pl.* ou, ed. *v.* collateur. — *Patron laïque,* patroum licq, *pl.* patroumed licq. — *Patron de navire , de canot. pilote.* loman, *pl.* ed. -- *Patron. protecteur,* patroum, *pl.* ou; ed. — *J'ai, Dieu merci, de bons patrons,* patrouned mad am eus a druga- z Doûe *ou* dre c'hraçz Doûe. *v. avocat.*-- *Après Dieu M. un tel est mon patron,* Doûe araucq, an autrou hen-a-heu a so va phatroum. -- *Patron , modèle,* patroum, *pl.* ou; squèzr, *pl* pl. you. *v. modèle.*

PATRONAGE, *droit de présenter un bénéfice,* patrounyaich, *pl.* ou.

PATRONNE. patroumnès, *pl.* ed. -- *Ste Geneviève est la patronne de Paris,* santès Genovefa a so ar batrounès eus ar guear a Baris.

PATROUILLE , gued-nos. *v. ronde.* — *La ronde de la patrouille,* tro ar gued-nos , tro nos, an dro-nos. — *Faire la patrouille ,* ober ar gued-nos, ober an dro-nos, *pr.* græt.

PATROUILLER, *marcher dans la boue,* patouilha, *pr.* et.

PATURAGE, *ou pacage, lieu où l'on fait paître le bétail,* mæs, *pl.* mæzyou ; trest, *pl.* ou. *Van.* pasturaich.—*Mener le bétail au pâturage,* caçz ar chatal *ou* ar saoudt da væs, *pr.* caçzet. — *Pâturage, ce que les bestiaux paissent ,* peurvan, *pl.* ou; peury, *pl.* ou. *Van* perach. — *Il y a ici un bon pâturage,* peurvan vad a so amâ, peury mad a so èr mæs mâ.

PATURE, *terre laissée sous herbe, pour y faire paître le bétail,* léton; pareq léton *ou* guéaud, *ppl.* parcqou léton *ou* guéaud; parcq yéaud.—*Pâture. nourriture propre à chaque animal,* pasqadur, boëdt. *v. pâturage.*

PATURER. *v. paître.*

PATURON, *le bas de la jambe d'un cheval,* bibil garr ar marc'h, bibil troad ur marc'h.

PAUL, *nom d'homme,* Paul; *en Léon on prononce ce mot comme si l'on écrirait* Paul, *la pénultième longue et la dernière brève. Il en est de même des mots* atau , caul, pautr, diaul, *où il se trouve a et u conjoints.* — *Petit Paul,* Paulicq. Paolicq. — *S. Paul, apôtre,* sant Paul, an abostol sant Paul. — *Les épîtres de St Paul,* lizerou an abostol sant Paul. — *S. Paul Aurélien, premier évêque de Léon,* sant Paul Aurelyan. *de là,* Kastell-Paul, *la ville de Léon, château donné à S. Paul.*

PAULETER, *payer la paulette,* paëa ar paolet, *pr.* paëet.

PAULETTE, *ou comme on dit en Anjou et en Bretagne, le paulet, droit annuel,* ar paolet, ar guir bloazyecq divar ur garg. *v. annuel.*

PAUME. *le dedans de la main,* palf, palv, palf *ou* palv an dôrn *ou* an dourn. *Van.* pal en dôrn, *Al.* dou, dor; *d'où, probablement* dourn el dôrn, *la main. De* palv, *vient* palvad, *soufflet.* — *Paume, mesure ,* palv, palvad. *v. palme, empan.*

— *Paume, jeu de paume*, triped, *pl.* ou; c'hoary bolod, *pl.* c'hoaryou. *v. tripot.* — *Jouer à la paume*, c'hoary bolod, *pr.* c'hoaryet.

PAUMIER, *tripotier*, poloter, tripodér, *ppl.* yen.

PAUPIÈRE, croc'henn an lagad. *v. œil.*

PAUSE, paouéz, tenn-alan, ehan. *Van.* poéz. — *Petite pause*, paouézicq, *pl.* paouézouïgou; ehanicq, un tennicq alan. — *Faire une pause, se reposer un peu*, paouéza, paouéz, *ppr.* et; ehana, tenna e alan, ober ur paourz. *Van.* poë-zeiñ. — *Faire des pauses en chantant*, ober paouézigou é creiz cana, crenna e vouéz a greiz cana.

PAUVRE, *qui est sans biens*, paour, oc'h, à. *ou*, *pl.* tud paour, péauryen; hep gladt. *pl.* tud hep gladt. *Van.* péür, oh, añ, *pl.* you, yan, tud péür. *On doit prononcer* paur *et non* paour. — *Pauvre, nécessiteux, qui souffre*, yzommecq, e-zoummecq, tavantecq, oc'h, à; nep èn dous dieuz. *Van.* ehommecq, ehammecq. — *Pauvre, qui n'a rien*, didanvez, disanvez, didra, dizra. — *Pauvre comme Job*, paour glez ou gladt, paur evel Job, qer paur ha Job. — *Pauvre, mendiant*, clasqer, *pl.* yeur; paour, *pl.* péauryen. *frm.* paourèn, *pl.* ed; clasqerèn, *pl.* ed. — *Pauvre, coir, gueux des foires et pardons*, corcq, *pl.* ed. *frm.* corcqès, *pl.* ed. — *Un pauvre homme, qui est digne de compassion*, ur paur qeaz, ur paur qæz, *pl.* péauryen gueiz ou guæz. *Van.* decu qeah, péür qeah, qeah, ur heuh. — *Les pauvres gens*, ar gueiz. *Van.* er gueih. — *Un pauvre habit*, ur guïscamand paour, un abyd displet. — *Devenir pauvre*, pauraat. *pr.* ëet. *Van.* péürat, *pr.* ëet. — *Pauvre qui est devenu riche devient insolent et insupportable, proverbe:*

Pauricq pa binvidicq᷄,
Gad au diaul ez a ; *ou*
Goaçz evit ar gounar ez za.

PAUVREMENT, én ur fæçzon baour, èn ur stad paur, ez paour, é paourentez, gad paurentez.

PAUVRET, *qui est à plaindre*, pauricq qeaz ou qæz, *pl.* péauryen gueiz.

PAUVRETÉ, paurentez. *Van.* péürante. — *La pauvreté évangélique, d'esprit, volontaire*, ar baourentez cusulyet gad an avyel, ar baourentez eoullecq; paurentez ar re-barsedd. — *Faire vœu de pauvreté*, goëstla ar baourentez, *pr.* et. *v. vœu.* — *Pauvreté, mendicité*, clasqérez. *Van.* clasqereah, clasqereh. — *Pauvreté, besoin, nécessité*, yzoum, ezomm, diezoez, diozez. *Van.* diaûnez. — *Pauvreté, misère*, paourentez, tavantéguez. — *Proverbe : Contracter de la pauvreté en se mariant à aussi pauvre que soi*,

Frita laouën paurentez,
Var ar billieg a garantez.

— *Pauvreté n'est pas vice, mais c'est une espèce de ladrerie, tout le monde la fuit.* ( *Phrase proverbiale.* )

Paourentez ne deo qet vicz,
Mæs pep hiny he dispris. *Ou*,
Beza paur ne deo qet pec'hed,
Guëll eo couscoude téa'het.

PAVAGE, *ouvrage du paveur*, pavezaich.

PAVÉ, pavez, *pl.* you, ou; pave, *pl.* ou. *Van.* pave, *pl.* eü. — *Petit pavé*, pavezicq, *pl.* pavezyouïgou; pavez biban, *pl.* pavezyou. — *Battre le pavé*, redecq ar ruyou, foëdta ar pavezyou, ober coz volou.

PAVER, paveza, *pr.* et; pavea, *pr.* ët. *Van.* paüeiñ, *pr.* et. — *L'action de paver*, pavadurez, pavamand. *v. pavage.*

PAVEUR, pavezour, *pl.* yen; paveer, *pl.* yen. *Van.* paüeour, *pl.* paüeryon, paüeryan.

PAVILLON *de maison*, pavilhon, *pl.* ou. — *Pavillon, tente de camp*, tiuell, *pl.* ou; sleign, *pl.* ou. — *Pavillon de vaisseau*, banyel, banyel lestr, *pl.* banyelou. — *Bâton de pavillon*, baz vanyel, ar vaz banyel, *pl.* bizyer vanyel. — *Arborer le pavillon*, hinçza ar banyel, *pr.* hinçzet. — *Amener le pavillon*, amena ar vanyel.

PAVOIS, *grand bouclier*, daës, *pl.* you; pavez, *pl.* ou. *De dræs, vient probablement le mot français* dais.

PAVOT *double, plante*, rosen-qy, *pl.* ros-qy. *r.* coquelicot. — *Pavot simple*, ros-ny disoubl.

PAYABLE, *t. de négoce*, paeabl. —

*Somme payable à la S.-Michel prochaine,* ur soum paEapl da voël-Miqeal qenta.

PAYER, *acquitter une dette.* paëa, pr. et, *Van.* péciñ.—*ses dettes,* paëa e zleou.

— *argent comptant,* paëa èn arc'hand countant, paëa èn arc'hand presant.— *Il n'a pas de quoi payer,* n'en deus qet pe a dra da baëa. — *Vous paierez en ce monde ou en l'autre,* paëa a reneqot pe èr bed mâ pe èr bed hont, paëa a reol diyar boës ho hyalc'h pe divar boës ho croc'hen. — *Finir de payer,* peur baëa, pr. peur-baëet. — *Payer des gens de guerre,* *les soudoyer,* goëstlaöüa, pr. et; paëa ar soudarded.

PAYEUR, paëeur, paëer, pl. paëëryen; paëamantour, paëamanter, pl. paëamantéryen. *Van.* péour, péamantour, ppl. you, yan. — *Un mauvais payeur,* ur paëeur fall, ur goall baëer, ur paëamanter fall.

PAYS, bro, pl. you, broezyou. *Van.* bro, pl. yeü. *Al.* poü; *on prononçait* poou; *de là, le peuple dit* le poüay, *au lieu de dire* le pays. v. côte, région. — *Du pays, qui est du pays,* eus ar vro. *Van.* ag er vro, ez er vro. — *Qui est de mon pays,* a so eus va bro, va bro. — *Il est de mon pays,* eus va bro co, va bro eo. — *Personnes qui sont de mon pays,* va broys, tud va bro. — *Ceux de mon pays,* ar vroys, tud ar vro. — *De quel pays est-il?* pe eus a vro eff-é? pe a vro eff-añ? — *De quel pays est-elle?* pe eus a vro ou pe a vro eff-hy? — *Du rin de mon pays, phrase d'un paysan breton qui hors de son pays trouve de gros vin rouge, tel qu'ils l'aiment en Bretagne,* guin va brogoad an houc'h lard. — *Qui n'est pas du pays, parlant des personnes,* divroët, divroad, pl. divroïdy; un divroad, un divroët. — *Courir le pays,* redecq ar vro, pr. redet. *Van.* id. — *Aller hors du pays,* moñnet èr mæs eus ar vro, pr. ëet, eat. — *Pays lointain,* pell-bro. — *Aller aux pays lointains,* moñnet è pell-bro, moñnet d'ar broezyou pell. — *Envoyer hors du pays, faire voir du pays, dépayser,* divroï, pr. ët. — *Chaque pays fournit son monde,* a bep bro bep seurd tud. — *Autant de pays, autant de modes,* eant bro, cant qiz; cant parrès, cant ilis,

un Doüe è pep ilis.

PAYSAGE, cantoun caëra veilëurès un taul-lagad, pl. cantounyou caër peüre a veilëur èn uu taul-lagad.

PAYSAN, *villageois,* paësant, pl. ed. *H.-Corn.* poüeisant, pl. ed. v. pays. plouisyad, pl. plouïsis, plouïsyen; dèn divar meas ou plouë, pl. tud, etc. *En t. injúrieux,* pagau, pl. ed; couër, pl. yeu; couër de gour, *homme robuste.* v. *robuste, campagne.*

PAYSANNE, *villageoise,* paësantès, pl. ed; grecg divar ar mæs ou plouë, pl. graguez, etc. — *A la paysanne,* è c'hiz plouïsys, evel plouïsyen, è guiz ar baësanted.

PÉAGE, *droit pour un passage,* pavaich, custum, ar c'hustum. *Van.* custum, coustum. *Al.* tol, toll.

PÉAGER, *fermier de péage,* custumer, ar c'hustumer, ar pavager, ppl. yen. *Van.* custumour, pl. yon, yan.

PEAU, croc'hen, pl. crec'hin, crec'hen, ur c'hroc'hen. *Van.* crouheen, ur ourheen. *Al.* qen, *qui n'a plus d'usage que dans ses composés. De là,* croc'hen, *id est,* croc-qen; vil-guen, corf-qen, etc. — *La peau ou le cuir de l'homme,* croc'hen an dèn. — *La peau de la tête de l'homme,* toñnen ar penn, croc'henn ar penn. — *Peau qui a encore son poil,* eroc'hen ne deo qet divlévet, lezr glas, lezr criz. *Al.* malle. — *Peau de cerf,* carvqen, qarqen, croc'hen qaro ou qarv. — *Peau de bœuf,* croc'hen egeu, lezr egeu; buguenn, pl. ou. — *Peau de taureau,* tarvqen, croc'hen un taro ou un tarv. — *Peau dessous la gorge du taureau,* goulltenn. — *Peau de vache,* buguenn, lezr beoc'h. — *Peau de veau,* luëguen, luguen, pl. ou; croc'hen luë, lezr luë. — *Peau de chèvre,* gaour-qen, croc'hen gavr. — *de mouton,* maou-qen, croc'hen ou lezr maoud. — *d'agneau,* feur, croc'hen oan, lezrein. — *Petite peau,* croc'hennicg, pl. erec'hennigou. — *Qui n'a que la peau et les os,* treudt-qy, ur sac'had æsqern. v. os. — *La peau lui démange fort,* terrupl an débrou èn deus ine groc'heu, c'hoandt bras èn deus da veza torchet ou qïviget'ou canet. — *Je ne vendrais pas être dans sa peau*, ne gáren qet beza èn e groc'hon ou blaçz. —*Dans sa peau mourra le renard*, èn e groc'hen ex varvo al loüarn nemed e guignat a reat ez boo, ne cencho bixvyqen.

PEAUSSIER, *qui tend ou prépare des peaux*, pelleter, *pl.* yen.

PECCADILLE, pee'hedicq, *pl.* pee'hejonigou; ur pec'hedieq bihan. *Van.* pchedicq. *pl.* pehedigueü.

PECCANT, e, *humeur peccante ou maligne*, goall humor, *pl.* goall humoryou.

PECCAVI, peccavi, ur peccavi, glac'har eus ar pee'heud, pinigeü. — *Un bon peccavi suffit pour être sauvé*, ur peccavi mad a so avoalc'h evit beza salvet, ne faot nemed ur guïr glac'har da veza offancet Doüe evit beza salvet. — *Le bon peccari dépend plus de la grâce que de nous-mêmes*, ar peccavi mad ou ar guïr beccavi a xepand muy eus a sicour ar c'hraça egued ac'hanomp-ny. —*Esaü, Saül, Anthiocus, David, Judas, etc.*, ont dit *peccavi, mais Dieu ne trouva bon que celui de David*, Esaü, Saül, Antiocus, David, Yuzas ha re all o deus lavaret peccavi da Zoüe, o deus goulennet divezat pardoun digandhá, hegon ne lennomp qet er scritur sacr èn devéx pliget da Zoüe necun eus ar peccavyouze, nemed an hiny a lavaras ar roüe David. *v. différer.* — *Il est fort dangereux de différer jusqu'à la fin de la vie le peccavi ou la pénitence*, pirilhus bras eo pe guentoc'h ne deus tra qer dangerus e-c'hiz deport bede ar fuñvez eus e vuez da ober pinigenn.

PECHÉ, *faute contre Dieu*, pec'hed, *pl.* ou, pec'hejou. *B.-Léon*, pec'heud, pec'hod, *ppl.* pechejou. *Trég.* pec'hed, *pl.* o, pec'hejo. *Van.* pehed, *pl.* eü; pihed, *pl.* eü. *v. faute, offense.* — *Le péché originel*, ar pee'hed original, ar pec'heud a zigaçzomp guenecomp eus a goff hon mamm. *v. originel.* — *Le péché actuel*, ar pec'hed actual, ar pec'hed a goulmelomp gad hon volontez hon-unan. — *Péché d'omission*. *v. omission.* — *Péché véniel*, pec'hed venyal, *pl.* pee'hejon venyal ou venyel. —*Péché mortel*, pec'hed

marvel, *pl.* pee'hejou. *Van.* pehed marüel, — *Les sept péchés capitaux*, ar seiz pec'hed marvel. *Ceci se dit par antonomase.*—*Péché d'habitude*, pec'hed a accustumança.—*Une infinité de péchés*, un niver infinid a pec'héjou, pec'héjou hep fin su dreist penn, pec'héjou güisq-var-güisq.—*d'ignorance*, pee'hed dre innoranz, pec'heud dre diouïzyéguez, terridiguez eus a ul lésenn a alsét hac a dléyét da ouxout, pec'hed a innorançz. — *Péché de fragilité*, pec'hed a eü dre sempladurez. — *Péché contre nature*, ur pec'hed a enep natur. —*Péché de malice*, pec'hed dre valiçz, pec'hed pehiny a rear gad un aznaoudéguez parfedd ha gad ur volontes francq. — *La malice du péché*, an drouguiez ou ar valiçz eus ar pec'heud. — *Le péché contre le S.-Esprit ne se remet ni en ce monde ni en l'autre*, ar pec'hed a enep ar Spered Santel a so dibardoün qen èr bed-mâ, qen èr bed-hont, eme ar scritur sacr. *v. crucifier.* — *Adonné au péché d'impureté*, roët d'ar pec'hed a lousdoüny. *v. impudicité.*—*Invétéré dans le péché*, coxet èr pec'hed, qinvyet gad ar pec'hed, breinet e ene gand ar pec'hejou.

PÊCHE, *fruit du pêcher*, pechesen, *pl.* pechès; aval pechès, *pl.* avalou.—*Noyau de pêche*, mæn pechès, *pl.* mein pechès. *Van.* mæn pechen, *pl.* mein pech.

PÊCHE, *action de pêcher*, pesqeterez, pesqérea. *Van.* pesqereah.

PÉCHER, *faire un péché*, pec'hi, *pr.* et; ober ur pec'hed, *pr.* græt. *Van.* peheiñ, *pr.* et. —*Pécher contre Dieu, contre son prochain et contre soi-même*, pec'hi a enep Doüe, a enep an hentez hac a enep e-unan.—*Autant pèche celui qui tient le sac que celui qui y met*, qer bras laër co nep a zalc'h ar sac'h evel nep a lacqa ebarz.

PÊCHER, *arbre fruitier*, pechesen, *pl.* ou, pechès; guëzen bechès, *pl.* guëz pechès. *Van.* pecheñ, *pl.* eü. — *Fleurs de pêcher*, bleuzü pechès. — *Lieu abondant en pêchers*, peehesecg, *pl.* pechesegou, *Van.* pechenuecg, *pl.* pechennegueü.

PÊCHER, *prendre du poisson*, pesqetâ,

pr. et. *Van.* pesqeteiû, pesqetal. —*Pêcher à la ligne*, higuenna, higuenna pesqed, *pr.* et; pesqeta gad an higuenn.
— *Pêcher aux filets*, roüeda, *pr.* et; pesqeta gand roüejou.—*Pêcher des maquereaux*, brisilya, *pr.* et; pesqeta brisily.
— *Pêcher des merlus*, merluneta, *pr.* et.
— *Pêcher le lieu*, levnegueta, *pr.* et.
*Pêcher le mulet*, meilheta, *pr.* et. —*Pêcher la morue*, morueta, inolueta, *ppr.*
et. — *Pêcher ou prendre des lançons*, tale regueta, *pr.* et. — *Pêcher la sardine*,
sardineta, *pr.* et; et ainsi des autres pê-
ches. — *Celui qui pêche en mer à l'abri des
rochers ou qui se bat à la mer par-derrière
les rochers*, marigand, *pl.* ed.

PÊCHERESSE, *qui fait des péchés*,
pec'heurès, peo'herès, *ppl.* ed. *Van.* pe-
houres, *pl.* ed. — *Je suis une grande pé-
cheresse*, ur pec'herès vras oun sioüax, ur
bec'heurès vras suac'hanon, sioüax din.

PÊCHERIE, *lieu où l'on pêche*, pesqe-
rez, *pl.* ou. *Van.* pesqereh, *pl.* eû.

PÊCHEUR, *sujet au péché*, pec'heur,
pec'her, *ppr.* yen. *Van.* pehour, *pl.* yon,
yan.—*Les pécheurs endurcis*, ar bec'heuryen caledet oua so caledet e c'halounou

PÊCHEUR, *qui pêche*, pesqetaër, pesqer, *ppl.* yen. *Van.* pesqetaour, pesqe-
tour, pesqatour, pesqour, *ppl.* yon, yan.

PÉCORE, *stupide*, qeuneudenn, *pl.*
ou; penn-baz, *pl.* pennou-bizyer.

PÉCULAT, *crime*, laëroncy great eus
a arc'hand ar roüe pe ens a archand ar
publicq. — *Celui qui est coupable de péculat*, laër haznad, laër publicq, laër
arc'hand ar roüe, laër an arc'hanchou
publicq, *pl.* laëron; publican, *pl.* ed.

PÉCULE, *profit d'industria*, gounide-
guez, gounidou.

PÉCUNIAIRE (peine), ur somm arc'-
c'hand a vezér condamnet da baëa.

PÉCUNIEUX, *euse*, arc'hantus, oc'h,
à, añ. — *Ce marchand est fort pécunieux*,
arc'hantus bras eoar marc'hadour hont

PÉDAGOGUE *ou pédant*, mæstr, *pl.*
mistry; mæstr-scolaër, foëdt-lost.

PÉDANTERIE, *profession de pédant*,
mæstrouny, roguentez, grobisded.

PÉDANTISER, *ober ar mæstr ou*
grobis, ober e c'hrobis, *pr.* græt.

---

PEIGNE, crib, *pl.* ou. *Van.* id. *pl.* eu.
—*Peigne de buis*, crib beus, ur grib bes,
*pl.* cribou. — *de corne*, crib az jorn.
*d'ivoire*, ur grib olyfand. — *de cardis*,
*v.* seran.

PEIGNER, *se peigner la tête*, cribat,
*pr.* et; cribat e benn. *Van.* cribat, cr-
beiñ. — *Peigner quelqu'un*, cribat ur re,
cribat e benn da ur re. —*Peigner du lis,
etc. v. serancer.* — *Ce qui sort de ce qu'on
peigne*, cribadur. —*L'action de peigner,
cribérez.*

PEIGNURES, cribadur.

PEINDRE, liva, *pr.* et; peñta, *pr.* et
peiñta, *pr.* et. *Van.* peeiñteiñ, *pr.* et. *Al*
brytho, *pr.* et. — *L'action de peindre*, livadurez, peñtadurez —*Peindre un homme au naturel*, peñta un dén evil ar guëllâ. ober mânivicq patrom un dèn. —
*A peindre, tres-bien*, evit ar bravâ, evit
ar guëllâ.

PEINE, *travail, tourment*, poan, *pl.*
you. *Van.* poén, *pl.* yeû. *Al.* molest.
*v. rêve importan.*—*Porter la peine de ses
débauches*, douguen ar boan eus e ze-
bochou, *pr.* douguet. — *Avec beaucoup
de peine, à grand'peine*, gand cals a boan, a boan vras.—*Sous peine de la vie*,
diudan boan a varo, èndan boan da
veza lecqeat d'ar maro.—*Sans peine*,
hep poan, hep poan e-bed.—*Qui n'a
pas, qui ne souffre pas de peine*, diboan,
diboânyus, diboaën, diboën.—*Mettre
sa peine à travailler pour gagner sa vie*,
lacqat poan ou e boan da labourat evit
gounit e vuhez, stryva evit, etc., lacqât e striff ou e boellad evit gounit e
vuhez, *pr.* lecqeat; poëllât evit gounit
e vuhez, *pr.* poëllôet; poanya da c'hounit e vuhez, *pr.* poanyet. *Van.* poëny-
eiñ evit gounit e vuhe.—*Qui met sa
peine*, poëlladus, oh, à, añ.—*Perdre
sa peine*, coll e boan, *pr.* collet; coll e
boaën, coll e boën.—*Peine d'esprit*, encrès, *pl.* you. encrès, *id est*, encq-crès,
*drap étroit et gênant.* pridiry, *pl.* you. *H.-
Corn.* balecq. *B.-Léon*, maritell, *pl.*
ou. ( *Al.* pened. ) gloasou, encqou.—
*Mettre quelqu'un en peine*, eu cqresi ur
re-bennac, *pr.* et.—*Avoir des peines d'esprit*, beza encqreset, beza balboës, *pr.*

bet ; maritella, pr. et; beza èn gleasou
ou èn eucqou.—*Qui a des peines d'esprit*,
maritellus. balboës, oc'h, â, añ.—*Je
ne suis pas en peine de cette personne, de
cette chose*, ne doun qet balboës ou è
poan gandhà, gand qemeñ-ze. — *Se
mettre en peine de quelqu'un, de quelque
chose*, sourcyal, pr. sourcyet; soucya,
pr. et ; beza è soucy, eahout soucy ou
soucy, ppr. bet.—*Qui est en peine*, penedour, pl. yen. — *Je suis fort en peine de
Pierre*, ez ma oun è soucy bras ou è
sourcy bras gand Perr, balboëa oun
gand Pezrèn. Balboës, *qui est adj.*, *ne
se trouve qu'en Leon.—Je ne me mets pas
en peine de lui*, ne soucyañ qet anezà,
ne sourcyañ qet aneañ, n'am eus soucy e-beil gandhà, n'edoun qet balboës gandha, nedoun qet penedour gand-
hañ. — *Peine, douleur*, ancqenn, pl.
you. ancqenn. *id est*, encq-qen, enoq-
croc'henn, *peau étroite, resserrée, qui
fait peine.* —*Tirer de peine*, diboanya,
pr. et; tenna a boan, tenna èr mèz a
boan, pr. tennet. *Van.* diboêuyeiñ.—
*A peine, à grand'peine*, a boan, a boan
vras. *Van.* a buëñ.—*A peine vous écou-
te-t-il*, a boan oz sezlaou, a boan vras
ez sezlaou ac'hanoc'h.—*A peine peut-il
se lever*, a boan vras e all sevel, da eo
deza sevel. —*A peine peut-il parler*, a
boan e all presecq, acicq eo, bréau eo.
—*A peine de*, dindan boan da. *Van.* e-
dan boën de.—*A peine de la corde*, dindan boan da veza crouguet.

**PEINER**, *faire de la peine, se peiner*,
encqrèsi, poanya, trubuilha, poñllat,
ppr. et; rei encqrès. pr. roët; ober poan, pr. græt; lacqât e boan ou e buël-
lad, pr. lecqëet. *Van.* poëuyeiñ.

**PEINT**, *te*, liñet, livet, peintet,
peiñtet.—*Peint de diverses couleurs*, briz,
peiñtet è briz. *Van.* brih, breh, bre-
het, brihennet. *Al.* britt, brith. *De là*,
Breiz. *Van.* Breih, *Bretagne*.

**PEINTRE**, peiñtèr, pl. yen; peuñtèr,
pl. yen; livèr, pl. yeñ. liver, liva, livet, veulent dire proprement, *teinturier*,
*teindre.* et largement, *peintre, peindre*,
peiñt. *Van.* poeutour; pl. poeuteryou,
poeutouryañ.

**PEINTURE**, peñtadur, peiñtadur,
peiñtadures, poiñtérez, livadur. *Van.*
peentadur.

**PELAGE**, *couleur du poil d'un animal*,
bléven, lyou.—*De tout poil, bonne bête*,
a bep lyou, marc'h mad.

**PELARD**, *bois dont on a ôté l'écorce*,
coad qign.

**PELAUDER**, *se pelauder*, dournata
ur re, pr et; canna a daulyou dourn,
pr. et; èu hem zournata, èu hem ganna
a daulyou dourn. *Van.* mèûteiñ.

**PELE-MELE**, *confusément*, mesq-è-
mesq. touëz-è-touëz, èn un duylhad.
*Van.* qeich-meich, eu un druylhad.

**PELER**, *ôter le poil*, pèlya, pèlyat,
ppr. pèlyet; diavlévi, divlévi, ppr. et;
tousa, pr. et. *Van.* divléûciñ. pr. et.
—*Celui qui pèle*, pelyer, pl. yen; touzer, pl. yeu.—*L'action de peler*, pèlva-
dur, touzadur. — *Peler, ôter la peau*,
divcroc'henna, pr. et; pelya. v. *écorcher*.
—*Celui qui pèle ainsi*, divcroc'henner,
pl. yen —*Peler, ôter l'écorce du bois*, qi-
gna, qignat, ppr. et.—*Celui qui pèle le
bois*, qigner, pl. yeu.—*L'action de peler
le bois*, qignèrez, qiguadurez, qigua-
dur.—*Peler du fruit*, diblusqa, pr. et;
qignat frouëz —*Celui qui pèle le fruit*;
diblusqer, pl. yen. — *L'action de peler
ainsi*, diblusqérez, diblusqadur. — *Se
peler*, pèlya, pèlyat.

**PELE**, *ée, sans poil*, pèl, divléau.—
*Tête pelée*, penn-pèl, penn pèlyet, peñ
touz.—*Pelé, ée, sans peau*, divcroc'heñ.
—*Fruit pelé*, frouëz diblusq.—*Bois pelé, sans écorce*, coad qign.

**PELERIN**, pirc'hiriu, pl. ed. *Van.*
perhindour, pl. perhinderyon.—*Les pé-
lerins de saint Jacques*, pirc'hirined sant
Jacqès, pirhirined sant Jalm.

**PELERINAGE**, pirc'hirinded, pl.
ou ; pirc'hirinaioh, pl. ou. *Van.* per-
heinded, pl. eü.—*Aller en pélerinage*,
moñnet è pirc'hirinaich, moñnet da
ober ur pirc'hirinded, moñnet da bar-
douña, pr. ëet.

**PELICAN**, *oiseau de rivière*, pilicant,
pl. pilicunted, pilicanded.

**PELISSE**, *sorte de manteau fourré*,
peliçcan, foulineau, foulineñ, pl. ou.

**PELLE** *à bécher la terre*, pall, *pl.*
you ; roëv, *pl.* you. *Van.* pal, *pl.* eû. *v.*
pelleron.—*Pelle à feu*, pall dan , *pl.* pal-
lyou dan ; palmès tan. — *Petite pelle à*
*feu*, pallicqed , *pl.* ou ; palmès an tan,
ar balmès tan. *Van.* paliguell, *pl.* eû.
--*Pelle de bois*, pall breun , pall goad.
*Al.* fust, *pl.* au. esqob, *pl.* esqeb ; ur
ball preun.--*Pelle de four*, ifourn , *pl.*
you ; ifôrn, *pl.* you ; pall fôrn. *Van.*
pal fourn.

PELLÉE , *plein une pelle*, palad, *pl.*
ou. *Van.* id. , *pl.* eû.--*Une pellée de feu*,
*de blé*, ur balad tan , ur balad ed.

PELLERON , *petite pelle*, pallicq, *pl.*
pallyouïgou ; palliguell, *pl.* ou.

PELLETERIE , *commerce de peaux*,
pelletérez, pelletiry, meguinaich, me-
guinérez.

PELLETIER , *qui prépare et vend des*
*peaux*, pelleter, *pl.* yen ; meguiner, *pl.*
yen. *Van.* pelletour, *pl.* you, yan.

PELLICULE , croc'hennicq, cro-
c'henenn tanо, plusqennicq tano, *pl.*
plusqennigou tano. *Van.* clorennicq,
*pl.* clorennigнеü ; clorenn tenaû.

PELOTE , polotenn , *pl.* ou ; poulon-
tenn, *pl.* ou ; polod, *pl.* oü.--*Une pelote*,
ur bolotenn, ur bouloutenn , ur bolod.
--*Une pelote de neige*, ur bolotenn earc'h,
quign earc'h , *pl.* quignou ; ur guïgn
erc'h.

PELOTER , *jouer à la paume*, c'hoari
bolod , *pr.* c'hoaryet. — *Peloter, jeter*
*des pelotes de neige*, polota gad quïgnou
earc'h , *pr.* polotet ; èn hem gannet a
daulyou earc'h , *pr.* èn hem gannet.--
*Peloter, battre*, frotta, *pr.* et. — *Il l'a*
*peloté comme il faut*, frottet eo bet gandhâ a-daillь ou a farçzoun ou qen na fué
ou qen na stracqlé.

PELOTON , *fil devidé en rond*, plouč,
*pl.* ploučou ; pellenn , *pl.* ou.--*Peloton*
*defil*, ur blouč neud, ur bellenn neud.
--*Peloton de soie , de laine*, plouč neud
gloan , plouč neud sevz; pellenn neud
gloan, pellenn neud sevz.--*Peloton de*
*laine non filée*, duylh gloan , *pl.* duylhou gloan ; torchad gloan , *pl.* torchadou gloan ; un duylhicq ou torchadicq
**gloan.**--*Peloton à mettre des épingles*,

carreledenn, *pl.* ou ; carreled , *pl.* ou.
--*Un peloton de monde*, un duylhad tud.
un druylhad tud , un dournad tud.—
*Un peloton de soldats*, ur vandenn soudarded , un duylhad soudarded.

PELOUSE , glasenn, *pl.* ou ; tacheen
glas, *pl.* tacheunou glas. *Van.* pradell,
*pl.* pradellegui. *v. verdure.*

PELU , *ue, velu*, blèvecq, oc'h, â, aû.

PELURE *d'un fruit, etc.*, plusqenn ,
*pl.* plusqennou, plusq. *Van.* clorea ,
*pl.* clorad; pluchecn, plusqen, *pl.* plusqad.--*Pelure de pommes*, plusq avālou.

PENAL, *ale*, ur pez a ordren ur buan-bennac.--*Une loi pénale*, ul lesen a
boan, ul léscu a so stag ur boan-ben-
nac oud an derridiguez anezy.

PENARD ( vieux ), crepou , *pl.* ed ;
coz crepon, coz cripor.

PENATES , *Dieux domestiques* , doeëd an ty, an doeed dôn.

PENAUD , souëzet, sodt.

PENCHANT , *te, incliné*, costezet ,
eil gostezet , pleguet, croum.—*Un mur*
*penchant*, ur vur costezet, ur voguer eil-
gostezet. —*Une croix penchante*, ur groaz
croum , ur groaz costezet —*Penchant ,*
*pente. v. y.*—*Penchant, inclination*, pleg,
*pl.* plegou ; inclinacion , *pl.* ou. *Van.*
id., *pl.* eû.—*Il a un très-grand penchant*
*pour la bouteille*, ur pleg terrup èn deus
èn tu diouc'h ar guïn, un inclinacioun
vras èn deus evit ar guïn, douguet eo
terrup d'ar guïn, orrupl ez car ar guïn.
—*Penchant, décadence,* discarr.—*Il est*
*sur le penchant de sa ruine*, ez ma var e
ziscarr, dare eo da veza révinet.

PENCHEMENT , pleg, costezadur.
—*Le penchement du corps d'un mur*, ar
pleg eus ar c'horf, ar pleg eus a ur vor,
costezadur ur voguer.

PENCHER , *incliner*, costeza, *pr.* et;
eilgosteza , *pr.* et ; plega , *pr.* pleguet.
*Van.* brallcïa, brellcïâ, *ppr.* et.--*Une*
*chose qui penche* , un dra pehiny a zeu da
gosteza ou da eilgosteza ou da blega ,
un dra diribin. — *Pencher de la tête*, pen-
gammi, *pr.* et.— *Pencher la tête*, *ja baïs-*
ser, stoûa e benn , *pr.* stouet.— *Pencher*
*à, se porter à*, èn hem zouguen da, beza douguet d'a, cahout ur pleg è trезц

le. *Van.* inclineiñ.

**PENDABLE**, crougapl, oc'h, à, añ. *Van.* id.—*C'est un cas pendable*, ur c'hrim bcrougapl eo, un dra eo hac a ximilit ar groug.

**PENDANT**, *durant.* v.-y.—*Pendant, ante*, scourret; ar pez a so ê scourr ou ê croug ou a ispilh ou a divilh ou a istribilh. *Van.* è pigu, ê scour.—*Le procès est encore pendant*, ez ma c'hoaz ar procès ê croug ou a ispilh ê scourr.—*Des bras pendants*, divreac'h couëzet ou a zivilh. — *Des oreilles pendantes*, divscoüarn bodès. divscoüarn diflacqet, divscoüarn a divilh.

**PENDANTS** *d'oreille*, bezou scoüarn, *pl.* bezuyer divscoüarn; bouqlou divscoüarn, cleyerrigou divscoüarn.

**PENDARD**, crongadenn, *pl.* ou; discrouguet, *pl.* tud discrouguet; boëd ar groug, *pl.* boëdou ar groug; lançz ar groug, *pl.* lançzou ar groug. *Van.* boëd er groug, boëed er gordeeu, *pl.* boëdeü er, etc.

**PENDERIE**, crouguérez. *Van.* crougnereh.—*Il y aura de la penderie en cette affaire.* crouguérez a vezo goude qemen-mâ.

**PENDILLER**, brancellat a, ispilh.

**PENDOIR**, *barre courbe pour suspendre un cochon tué*, pantouër, *pl.* ou; goarecg, *pl.* goaregou; urvoarecg-moc'h.

**PENDRE**, *suspendre*, scourra, *pr.* et; crouga, *pr.* crouguet; lacqaat ê scourr ou ê croug, lacqaat a zivilh ou a ispilh ou a zistribilh ou a istribilh ou a zispilh, *pr.* lecqêet. *Van.* scourreiñ, lacqat ê scourr, lacqeiñ ê pigu.—*Pendre à une potence*, crouga, *pr.* crouguet. *Van.* crougueiñ.—*Pendre à un arbre*, crouga onc'h ur vezen. — *Se pendre*, èn hem grouga, *pr.* et. *Van.* him grougueiñ, hum grougueiñ. — *Etre pendu*, beza crouguet, *pr.* bet.—*Un pendu*, un dèn crouguet. *Van.* id.—*Les pendus*, ar re crouguet. *Van.* id.

**PENETRABLE**, treantabl, oc'h, añ.

**PENETRANT**, *te, qui entre bien avant*, iñtrus; treantus, oc'h, añ; ar pez a ya doun ebarz.—*L'action du feu est pénétrante*, an tan a so iñtrus ou treantus.

—*Pénétrant, tô, subtil, intelligent*, beo, soutil, lémm, oc'h, à, añ.—*Le mercure est fort pénétrant*, ar vivergeand a so soutil meurbed.—*Un esprit pénétrant*, ur spered soutil, ur spered lémm, ur spered bras a zèn, *pl.* sperejou soutil ou bras ou lémm.

**PENETRATION**, treander, treant, iñtradur, iñtr.—*La pénétration de l'eau dans les pores de l'éponge, en chasse l'air*, an treañt eus an dour èr spouë, a gaçz èr meas anezâ an ear a yoa ebarz.—*Pénétration, intelligence*, eñteñtidiguez, sqyand, soutilded a spered.

**PENETRER**, *entrer bien avant*, treanti, *pr.* et; iñtra, *pr.* et; treuzi, *pr.* et. *Van.* trezeiñ.—*La pluie m'a pénétré*, treantol oun ou treuzet oun gad ar glao.—*Ce linge est si pénétré d'humidité, qu'il en est moisi*, qen iñtret eo al lyen-mâ gad ar glébor, m'az eo louëdet.—*Pénétré d'amour*, touëllet gad un amour-rounded.

**PENIBLE**, poanyus, diñvadt, rust, criz, lem. oc'h, à, añ. *Van.* poënieus, oh.—*Un ouvrage pénible*, ul labour poanyus ou rust ou lenn ou diñvadt ou criz.

**PENIBLEMENT**, gad poan, gad poan vras.

**PENINSULE**, *presqu'île*, gour-enès, *pl.* gour-enesy. *Van.* id. v. *isthme.*—*La presqu'île ou péninsule de Rhuis*, ar gour-enès eus a Rhuys.

**PENITENCE**, pinigenn. *Van.* penigeun.—*Faire pénitence de ses péchés*, ober pinigenn eus a bec'hejou, *pr.* græt. *Al.* pinigeaff, *pr.* piniget. v. *peccati.*—*Le sacrement de pénitence*, ar sacramand a binigeun. — *Pénitence ordonnée par le confesseur*, pinigenn, *pl.* ou. *Van.* penigenn. *pl.* eü.—*Faire sa pénitence*, ober e binigenn.—*Petite pénitence*, pinigennicg. *pl.* pinigennouïgou.—*Une pénitence légère*, ur binigeun disterou añ.—*Pénitence rude, austère*, pinigenn rust, garo, caled.—*Pénitence médiocre*, pinigenn evit miret oud an effeilh ha lacqaat da acquysita verduzou. *Al.* urzeguyez glan. il est. *medecine* ju e. —*Lieu ou maison de pénitence*, ty. ou; ce mot, qui est composé de pinigenn et doty, *est très-ancien dans la langue bretonne et de la penity sant Guido, penity sant Goëznou, et plusieurs autres.*

PENITENCERIE, penitancérez, carg ur penitancèr. — *La penitencerie du pape,* ar benitanciry eus a Roum.

PÉNITENTIAUX, *les psaumes pénitentiaux ,* salmou ar binigenn , ar seiz salm eus ar binigenn , ar seiz salm.

PÉNITENCIER, *le grand pénitencier,* penitancèr, *pl.* yen; ar benitancèr. *Al.* an pinigennour.

PÉNITENT, *ente, qui est repentant,* nep èn deus ur guir gueuz da veza offancet Doüe. — *Pénitent, ente, qui fait pénitence,* nep a ra pinigenn. *Al.* penigeour, *pl.* yen. — *Mener une vie pénitente,* cundui ur vuez pinigennus , *pr.* cunduet — *Pénitent ou pénitente d'un confesseur ,* penitant pe penitantès hen-a-hen, *pl.* penitanded pe penitantesed hen-a-hen.

— PÉNITENS *ou Piques-puces , religieux eloignés du tiers ordre de saint François d'Assises,* penitanted sant Francès, religinnsed eus a drede urz saul Francès.

PENPOL, *maintenant Paimpol, petite ville des Côtes-du-Nord ,* Pennpoull , *id est,* penn-poull , penn-ar-poul , *le bout de la rade ou du port.*

PENSANT, *ante,* soñjus, pridiryus, oh , añ. — *Pensant, malpensant, malpensante,* droucq-soñjus, oh , añ.

PENSÉE, soñgéson, *pl.* ou ; soñch, *pl.* soñjou ; preder, *pl.* you , pridiryou. *Van.* chonch , *pl.* chongeü ; predér , *pl.* yeü. — *Découvrir ses pensées à quelqu'un,* lavaret e soñjou da ur re bennac, *pr.* id. — *Certaine pensée,* soñgeü , *pl.* soñgennou , soñgennaou. — *J'ai eu de certaines pensées,* soñgennou am eus bet. — *Il m'est venu une pensée qu'il fallait, etc.,* great am eus ur soñch ez reneq̃at, etc.. deuët eo èm soñch ou èm spered ez oa redd. etc. — *Porter sa pensée ailleurs.* soñŋgeall é leac'h all ou é traou all , *pr.* soñŋget; lacqât e sounch é traou all. — *Cela ne tombe pas dans la pensée,* an dra-ze ne all qet digouëzout é soñc'h ou spered *ou* é penn un dèn *ou* dindan sqyand un dèn. — *Bonne pensée,* soñgé- soun vad, *pl.* soñgésounou vad, soñch

tuad, *pl.* soñjou. — *Mauvaise pensée,* soñgéson , *pl.* ou ; droucq soñch , *pl.* droucq soñjou. — *Avoir de mauvaises pensées , des pensées de la chair ,* cahout goall soñgesonou, soñgesonou ar c'hicq. *pr.* bet. v *impudique.* — *Avoir de mauvaises pensées du prochain,* droucq-soñg-al var an hentez, *pr.* droucq-soñget. — *Pensée, fantaisie ,* faltasy , *pl.* ou. *Van.* fantasy. *pl.* eü. v. quinte. — *Pensée , sentiment,* ompinion, *pl.* ou. *Van.* chonch. *pl.* eü. — *Pensée , jugement , estime,* menos , meno. — *Pensée, petite plante qui porte une fleur de trois couleurs ,* pacyanded , bocqedou ar bacianded , lousaouenn *ou* bocqedou an dreindet.

PENSER , soñgeall, *pr.* soñget. *Van.* chongeiñ, soñgeiñ. — *Penser mûrement,* soñgeal a zévry *ou* a barfededd. pridirya , *pr.* et. *Van.* predereiñ, perdereiñ. — *Pensez-y bien ,* soñgit èr vad *ou* a zevry ou a barfededd èn qemeû-ze, pridiryit an dra-ze. — *Il ne pense plus à la guerre,* ne'ma muy e soûch èr bresell, ne soûch muy èr bresell — *Je vous laisse à penser,* soungit un ueubeud. — *Sans y penser ,* sans réflexion , hep rat, hep souñch, dre disoñch. — *Sans que j'y pensasse ,* hep rat din, hep souñch din *ou* din-me, hep ma pridiryén. *Van.* hemp me perdereeñ. — *Penser, estimer, juger, croire,* crëdi , *pr.* credet ; mennat , *pr.* et ; istimout , *pr.* istimet. *Van.* credeiñ. — *Comme je pense ,* evel a gredañ, è c'his a vennañ, var a gredañ, var a veñañ, var va meno. — *A ce qu'il pense,* var a gred-hañ, var a gred-é, var a veñ hañ *ou* é, var e venô. — *A ce qu'ils pensent,* var a gredout, evel a istimont, var a vennont, var bo meno. — *Ce qu'on ne penserait pas devoir arriver,* un dra diopinyus, *pl.* traou diopinyus. — *Penser faire, être près de faire une chose,* menat ober un dra, beza da *ou* dare da ober un dra , beza é tailh da ober un drabennac , *pr.* bet. — *Il a pensé tomber,* mennet èn deus couëza, da eo bet dezañ *ou* dare eo bet dezañ couëza, beza eo bet é tailh da gouëza, couëza eo veñet dezañ. — *J'ai pensé mourir,* mennet am eus mervel, da *ou* dare eo bet din mer-

al, è taith oun bet da vervel, hogos où
gosicq bet eo din mervel, trede marz
ø ne doun maro, — *S'il ne dit mot, il
'en pense pas moins*, ma ne lavar guer,
e soñch qet neubeutoc'h evit qemeñze

PENSIF, *ive, méditatif, songe-ereux*,
*mélancolique*, soñgeard, *pl.* ed; soôjas,
oñgēus, pridiryus, oc'h, à, aû, *ppl.*
ud soujns, elec *Van.* ahongēus, soñ-
us, prederyus, perderyus, oh, aû,
.oñ.

PENSION, pancyon, péncyon, *ppl.*
iu. *Van.* id., *ppl.* eû. *v. dépense.*—*Payer
pension*, paéa pancyon, *pr.* paéet.

PENSIONNAIRE. péncioñner, *pl.*
réñ; pancyoñner, *pl.* yen. *Van.* pan-
cyonuour, *pl.* you, yañ.

PENTAGONE, *figure d cinq angles*,
furm pempcornecq, furm pempcoig-
neôq, *pl.* furmou.

PENTATEUQUE, levryou ar prophed
Moyses, a² pemp qentâ levr eus ar
scritur sacr.

PENTE, *le penchant d'un lieu*, naou,
dinaou, costez, diribin, *ce dernier est un
adjectif.* — *La pente d'une colline*, an
dinaou eus a un dunyen, eoules ur
grao'henn. — *La pente d'un chemin*, an
naou ou an dinaou eus an hend. *De
tnaon, ancien mot, on a fait naou, pente,
et traou ou traoun, bas, en bas.* — *Un
chemin en pente*, un hend var naou, un
hend diribin. — *Mettre un chemin escarpé
en pente douce*, dinaoñi un hend, renta
un hend diribin. — *Chambre en pente,
aire en pente*, campr diribin, leur diribin. — *Pente, inclination. v. penchant.*

PENTECOTE. *v. Pâque, fête.*

PENTHIEVRE, *duché*, Penn-trew,
an dugaich eus a Bentrew. — *Le fils
de M. le comte de Toulouse est duc de Penthièvre*, map an autrou'r c'hondt a
Daulous a so ducg a Bentrew.

PENTURE, bareun dor, *pl.* bareigner dor.

PENULTIEME, an divezâ nemed u-
nan, ar belost, *id est*, becq-lost.

PEPIE, *maladie des oiseaux*, pifñd,
ur bifñd, pibid, ar bibid, tieicq-yen,
*Van.* èr birhüidieq. — *Cette petite fille
n'a pas la pépie*, ne ma qet ar bifñd gad

ar plac'hicq-ze, distaguellet mad eo ar
verc'hieq-ze.

PEPIER, *imiter le cri du moineau*, fi-
lipat, *pr.* et.

PEPIN, spusen, splusen, *ppl.* spus;
splus. — *Pépins de poires, de pommes*,
splus pêr, splus avalou. — *Pépins de
raisin*, spus résin.

PEPINIERE, *semil*, splusecg, *pl.*
splusegou; spusecg, *pl.* spusegou. —
*Pépinière, jeunes plants propres d greffer*,
maguerès, ur vaguerès, *pl.* maguere-
zou; mamenn guéz, *pl.* mamennou;
treñcqesennuecg, *pl.* treneqesennaegou;
avoultresonnecg, *pl.* ou. *v. bâtardière,
gland.* — *L'Angleterre était autrefois une
pépinière de saints*, Bro-Saus a yoa tro-
all ur splusecq a santèlez, ur vaguerès
a sænt uno a santesed; guëashall edo
qer stuncq ar sænt è Breiz-Veur è c'hiz
ma es eo ar guëzigou yaoûancq èn ur
splusecg ou en un dreñcq qesennecg.

PERÇANT, *instrument perçant, com-
me foret, etc.*, ostilh da doulla, *pl.* ostilhou da doulla. — *Perçant, aigu, vif*,
lémm, soutil, sqiltr, oc'h, à, añ. *Van.*
lémm. — *Un esprit perçant*, ur spered
soutil. *v. pénétrant.* — *Des yeux perçants*,
daulagad lémm *ou* cracq evel re ar
goulm.—*Une voix perçante*, ur voüéz sqiltr
ou sqleûtin. — *Un froid perçant*, ur riou
lémm ou broudus.

PERCE-OREILLE, *petit insecte*, car-
losteun, *pl.* ed; ur garlosten, ur c'har-
losteun. *Van.* id., carlocheun.

PERCER, toulla, *pr.* et. *Van.* toulleiñ.
— *Percer une barrique de vin*, toulla ur
varricqennad vin.—*Percer à jour*, toulla
treuz-didreuz. — *Les os lui percent la
peau, è sæqern a ya a dreuz d'e groc'hen,
treuzet eo a groc'hen gad e æsqern, ne
deo nemed ur sac'had æsqern.—*Celui
qui perce*, touller, *pl.* yen. — *L'action de
percer*, toulladur, toullérez. — *Le rôti
est en perce*, toullet eo ar guñit.

PERCÉ, *e, ou percee*, toull, oc'h, à, añ.

PERCEVOIR, *recevoir*, touich, *pr.* et.
—*Il a perçu par avance tous les fruits de
ce te année*, touichet èn deus ar bloazven
mâ dre avanç.

PERCHE, *longue gaule*, perchenn, *pl.*

eu, pereh. *Van:* perchenn, *pl.* perehad.
— *Perche, poisson d'eau douce,* peirch,*pl.* ed; breill, *pl.* ed.

PERCHER, percha, *pr. et. Van.* percheiñ.—*Percher la vigne,* percha guiny. *Van.* paluhat, *pr. et.* —*Percher des pois,* percha pès *ou* pis. —*Se percher, parlant des oiseaux,* percha. —*Se percher, parlant de la volaille. v. jucher.*

· PERCLUS, *e,* séyzet, seyet, peleuset, *ppl.* tud, etc. *Van.* impotant. —*Devenir perclus,* peleusi, séyza, séya, *ppr. et.*

PERDANT, *e,* nep a goll.

. PERDITION, *dégât, dissipation,* dismantr, dismand, drouzivez. drouzivez, *id est,* drouq fiñvez, *mauvaise fin ;* disheryadur, dishilyadur. — *Tout son bien s'en va en perdition,* è oll dra a ya è drouzivez *ou* dismeñt, disherya a ra e vadou. — *Perdition, damnation,* collidiguez eternal, daunacion. — *Les hérétiques sont dans la voie de perdition,* an heretieqed a guerz èn heñd eus an ifern, sioñaz dézo.

PERDRE, *souffrir quelque dommage,* coll, *pr. et. Van.* col, coleiñ, *pr.* colet. — *Perdre la vue, l'ouie, le marcher,* coll ar guëlled, ar c'hléved, ar c'herzed. *Perdre le temps, la vie,* coll añ amser, coll e vuhez. — *Perdre le temps, le passer dans l'oisiveté* laères an amser, *pr.* laëret; trémen an amser oc'h-ober netra. — *Perdre le temps à des bagatelles,* falaouëta, *pr. et. v. oiseau.*—*Perdre sa peine, son procès,* coll e boan, coll e brocès. — *Vous n'y perdrez rien,* ne gollot netra e-vit qemeñ-ze. — *Faire perdre la vie à quelqu'un,* lacqaat ur re da goll e vuhez, *pr.* ëet; ober da ur re-bennac coll e vu hez, *pr.* great, græt.—*Perdre un enfant, parlant d'une femme grosse,* ober ur c'hullad, ober goall vloazvez, coll bugale; diforc'h divar bugale, *pr.* diforc'het.— *Perdre, cesser d'avoir,* dioueri, *pr. et.*— *Mon mari, que j'ai perdu depuis peu, disait autrefois, etc.,* nep am eus dioueret a-néves-so, sioñaz din, a lavare guezchall, etc. — *Se perdre, périr,* èn hem goll, *pr. et.* — *Se perdre, se damner,* èn hem zauni, *pr.* zaunet, ober e zaunacieu. — *Le bien se perd,* an traou a ya

da goll *ou* à ya è drouzivez. *v. perdition.*

PERDREAU, clujaricq, *pl.* clugiriigou; clujaryaouancq, *pl.* clugiry. *Van.* clugiaricq, clugearicq, *pl.* igneü.

PERDRIX, *oiseau,* clujar, *pl.* clugiry. *Van.* clugyar, *pl.* clugery ; cluyar, *pl.* cluhery. *Al.* perdris, petris. —*Chasser à la perdrix,* clugerya, *pr. et.*

* PERDURABLE, peur-badus, ar pez a dle padout atau.

PÈRE, tad, *pl.* ou. *Trég.* tad, *pl.* o. *Van.* tad, *pl.* eü. — *Grand-père,* aieul, tad coz. *Van.* tad coh. *v. aieul.* — *Père de l'aieul,* bisaieul, tad cuñ, *id est,* père douz. *v. bisaieul.* —*Père du bisaieul,* trisaieul, tad you, *id est,* père de désir, père désiré, de* youl, *désir.* — *Nos grands pères, nos aieux,* hon tadou coz. *Van.* hon gourdadeü. — *Beau-père. r. beau* —*Tel père, tel fils..v. tel.* — *Père de famille,* penn ty, *pl.* pennou tyès; ar penn eus an tyéguez. — *naturel,* tad natural.—*putatif,* nep a drémen evit beza an tad.—*adoptif,* tad mad-oberer, nep a guemer bugale ar re all evit e re. — *C'est mon père adoptif,* va zad mad-oberer eo. — *Père nourricier,* tad magueur.—*Le père prieur,* an tad pryol. — *Le père procureur, an* tad proculer. — *Les pères de l'église,* an tadon eus an ilis, an tadou santel eus an ilis. — *Les pères du concile,* an tadon eus ar c'honcil.

PERFECTION, *qualité parfaite,* peurzec'hn, ar peur-zechu eus a un dra, an dibenn, an dihost, parfededd, ar barfededd eus a un ouvraich-bennao. — *Ce livre est à sa dernière perfection.* ez ma al levr-mâ èn e barfededd. — *Perfection, le dernier degré de bonté,* parfededd. perfeccion. *Van.* parfeccion. — *La perfection de la vie chrétienne est difficile à acquérir,* ar berfcecion dleat da ur c'hristen a so diæz da gahout *ou* a goust cals da acquysita. — *Arriver à la perfection,* doñnet da veza parfedt *ou* vertuzus a bep hend.

PERFECTIONNER, *rendre plus parfait, rendre ou devenir meilleur,* guëllaat, *pr.* ëet; parfetaat, *pr.* ëet; doñuet da re-za parfedd. — *Perfectionner, rendre parfait,* parfedi, *pr.* et; renta parfedd, *pr.*

restot.. *Van.* parfecoicâneû, *pr. et.*

**PERFIDE**, disleal, oc'h, â; hep na Qa iz na reiz. *v. infidèle, traître.*

**PERFIDIE**, disleålén'ez, dislealded, traytourez. *Van.* dislealded.

**PERIL**, pirilh, danger, *ppl.* ou, you. — *Etre en péril,* pirilha, *pr. et;* beza è pirilh, *pr. bet.*—*Au péril de ma vie,* var va buhez, pa dleffen mervel, pa gousté din va buhez.—*Sans péril,* dibirilh, disauger. — *Vous arriverez sans péril,* dibirilh *ou* disauger o harruot.

**PERILLEUX**, *euse,* pirilhus, oc'h, â, aû.

**PERIODE**, *la fin d'une chose,* an difin eus a un dra, ar ûnvez eus a un dra. — *Etre à la dernière période de sa vie,* beza èr finvez ou eû difin eus e vuhez.— *Période, t. de physique,* tro. — *La période du soleil est de 365 jours, 5 heures. 49 minutes,* an héaul a véz try c'hant pemp ha tryguent deiz pemp eur ha nao minud ha daou-uguent, oc'h-ober e dro ou o c'huber tro an oabl eu tro ar bed.

**PERIPHRASE.** *v. circonlocution.*

**PERIPNEUMONIE**, *inflammation du poumon,* tañnigean èr sqevend.

**PERIR**, *cesser d'être,* finveza, *pr. et;* droucq-finveza, *pr.* droucq-finvezet; ober goall fin, *pr.* græt; èn hem goll, *pr.* gollet. — *Le monde périra par le feu,* ar bed-man a finvezo dre'n tan, *id est,* dre an tan. — *Les méchants et les scélérats périssent tôt ou tard malheureusement,* ar fallagred, an droucq-oberéryen a zeu abred pe zivezat da zroucq-finveza *ou* du ober goall fin. —*Périr, faire naufrage,* peucea, *pr.* èt; ober pence,*pr.* græt. *Corn.* pacea, *pr.* èt; ober pace, èn hem goll, *pr.* gollet; beuzi, *pr. et.* — *Plusieurs âmes périssent tous les jours,* beindez èu hem goll *ou* ez a da goll un niver bras a eneou. — *Périr, tomber en décadence. v. décadence.*

**PERISSABLE**,collidieq,bresq,vean, oh, â, aû. — *Une vie périssable,* ur vuez collidicq, ur vuez a rencqear da goll ur veach.— *Les biens périssables de ce monde,* ar madou collidieq, bresq ha vean eus ar bed-mâ.

**PERLE**, perlezenn, *pl.* ou, perlez.

*Perlesine,*perlezeuûn,*pl.*perlez.—*Grain de perles,* patereun perlez, *pl.* patereunou. — *Tour de perles,* chapeled perlez, *pl.* chapeledou. — *La coquille de la perle,* eroguen perlez, *pl.* créguin. — *Nacre de perle, le nœud qui est à l'extrémité de la coquille des perles,* loupenn perlez, *pl.* loupeunou; croguen perlez,*pl.*creguin.

**PERMANENT**, *durable,* padus, oh, aû. — *Permanent, e, stable, assuré,* parfedt, stabil, digueudnsq, oh, aû. — *Permanent, e. v. immuable.*

**PERMETTRE**, permetti, *pr. et. Van.* permeteiû, *pr. et.* — *Je vous le permets,* me a bermet qemen-ze guenooc'h *ou* deoc'h. — *Le temps ne me permet pas de,* an amser ne bermet qet guené da.

**PERMIS**, *e, part. et adj.* permetet.— *Une chose permise,* un dra bermetet. — *Qui n'est pas permis,* ne deo qet permetet, difennet.

**PERMISSION**, permlęsion, *pl.* ou.

**PERMUTATION**, eceûch, *pl.* ou.

**PERMUTER**, eceiûch, *pr. et.* — *Il a permuté sa paroisse,* eceiûchet èn deus e barres gad, etc.

**PERNICIEUX**, *euse,* argarzus, dangerus, noasus, collus, oc'h, aû.

**PERORAISON.** *v. épilogue.*

**PERPENDICULAIRE**, ploum, sonû, ar pez a so è ploum *ou* sonnn.

**PERPENDICULAIREMENT**,a souû, a bloum. *Van.* id.

**PERPETUEL**, *elle,* hirbadus, peurbadus, ar pez a bad atau, ar pez ne ba-ouès nepred.

**PERPETUELLEMENT**, hep paouëz, atau.

**PERPETUER**, *rendre perpétuel,* lacqât da badont bepred; dineveza, *pr. et.*

**PERPETUITÉ**, hirbad, hirbadélez.—*A perpétuité,*evit bepred,bede fin ar bed.

**PERPLEXE**, pridiryus, oh, â. *v. irrésolu.*

**PERPLEXITÉ**, pridirydiguez. *v. irrésolution.* — *Etre en perplexité, être perplexe,* pridirya, *pr. et;* beza pridiryus, beza è pridirydiguez, *pr. bet.*

**PERQUISITION**, eûqlasq, *pl.* ou.

**PERRON**, mencq-ty, *pl.* mencqou tyèr; derez a-ziaveasan ty,*pl.* derezyou;

menocq est le t. des maçons.

PERROQUET, oiseau, perroqed, pl. ed.—Perroquet, t. de marine, perroqed.

PERRUQUE, perruqen, pl. ou. Van. id., pl. eü.—Sorte de perruque du petit peuple, en peau de mouton avec sa laine, mautenn, pl. ou; ur vaoutenn.

PERRUQUIER, perruqenner, pl. yen.

PERSAN, de Perse, persyan, pl. ed.—Les Persans et les Médes, ar Bersyaned.hac ar Medyaned.

PERSE, royaume, Perz, roüantélez Pers ou Persya.

PERSECUTER, tourmanti, tyranda, trubuilha, ppr. et; poursu gad rigol, pr. poursuet. v. importuner.

PERSECUTEUR, tourmanter, pl. yen; trubuilher, pl. yen.—Persécuteur, tyran, tyrand, pl. ed. Al. jacqer, pl. yen.—L'empereur Neron a été le premier persécuteur des chrétiens, an impalar Neroua eo bet ar c'hentâ tyraud e qever ar gristènyeu.

PERSECUTION, trubuilh, pl. ou; tourmand, pl. tourmanchou.—Persécution, tyrannie, tyraudérez, pl. ou.—L'église a souffert dix persécutions, decq yrandérez o deus gourávet ar gristéyen a-berz an impalazred divadez.

PERSEVERANCE, fidelded bede'r fin, perseverancz.—Nous devons demander à Dieu tous les jours de notre vie la grâce de la persévérance, hemdez-c'houlon ez tleomp goulenn oue'h Doüe ar c'hraçz berseverançz eu a fidelded deză d'e lésenn bede'r c'huanad divezá eus hon buhez.—Avec persévérance, gand fidelded bede'r fin.

PERSEVERER, perseveri, pr. et; qendere'bel bed'er fin, pr. qendalo'het.—Le Seigneur a dit que qui persévérera jusqu'à la fin sera sauvé, au A. Doüe èn deus lavaret penaus, nep piou-bennac a guendelc'ho bed'er fin eus e vuhez, eharx er foiz, èn esperançz hac èr garantez, henuez a vezo salvet.

PERSICAIRE, plante. troazur.

PERSIL, plante, parichilh, parichilh, piricilh, perichil, perieilh.—Un brin de persil, parichilhen, parieilhen, piriçulhen, perichilen, perieilhen. v. e-che, séleri, macerou.—Persil sauvage, parichilh gy.

PERSISTER, qenderc'hel, pr. qeudalc'het; derc'hel mad da, derc'hel stardt da, pr. dalc'het.

PERSONNAGE, persoñnaich, pl. ou.—Un certain personnage, ur zerten persounaich.—Un grand personnage, ur personnaich eozelandt.—Faire le personnage d'un prince en une comédie, ober ar personnaich eus a ur prinç, pr. great, grat.

PERSONNE, homme ou femme, dèn, pl. tud; penn. Van. deen, pl. tud.—Une personne qu'on ne nomme pas, ur zerten dèn, ur zerten persoñnaich, ppl. zerten tud, zerten persoñnaichou.—Une infinité de personnes, un niver infinid a dud, un taulad terrupl a dud.—Quelque personne que ce soit. nep piou-bennac bézét, nep piou-bennacavez, deüst piou bézét, daoust piou, divis piou.—Une personne privée, ur particuler, pl. yen.—Ma personne, me, me va-unan.—En personne, en propre personne, a-benn persoun, e-unau, e-unan caër, e-unan penn.—Personne, nul, necun, nicun, gour, dèn e-bed, hiuy e-bed, penn. Van. deen, deen e-bed, hany bed.—Il n'y a personne, ne deus necun eu gour, ne deus dèn e-bed eu hiuy e-bed, ne deus penn, n'eu deus penn ou cristenu. Van. n'en des deen ou hauy-bed.

PERSONNEL, elle, personnal.—Un verbe personnel, ur verb persounal.—Les fautes sont personnelles, ar fazyou a so persounal.

PERSONNELLEMENT, en personne, a-benn persoun.

PERSPICUITE, clarté du style, sclærded.

PERSUADER, rei un dra-bennac da gridi da ur re, pr. roët. Van. soliteiñ.—Il est persuadé que, cridi a ra penaus. v. convaincre.—Je suis fortement persuadé que, me a gred ferm penaus; cridi a rañ ferm penaus, beza ez ma doun èn penn penaus.

PERSUASIF, ice, a ro un dra da gridi, a so mad evit rei un dra da gridi.

PERSUASION , *conviction*, prouff-
diguez haznad, amprouidiguez.—*Persuasion , croyance , credenn.* — *Il est en
cette persuasion.* ar gredenn-ze èn deus,
eridi a ra qemeñ-ze. — *Fausse persuasion, fals credenn.*—*Persuasion, conseil,*
cusul, aly, atis, solit. solitamand.
*Van.* solit.—*Je l'ai fait à votre persuasion ,* gad ho cusul am eus e c'hreat ,
dre ho c'haly *ou* dre o c'hatis èm eus
e c'hræt, gaud ho solitamand am eus
e c'hreat.

PERTE, *dammage*, coll. *pl.* ou; col-
yez , *pl.* you; collidiguez , *pl.* ou. *Van.*
col , eû — *Faire quelque perte ,* ober ur
c'holl-bennac, *pr.* græt. *Van.* id .—*Causer de la perte aux autres ,* accaursionni
coll *ou* dommaich d'ar reall, *pr.* et; beza caus *ou* beza qiryoc d'ar re all da
gahout coll. —*Vendre à perte*, guërza var
goll. guërza gant coll, *pr.* et. *Van.*
guërheiñ ar gol *ou* gued col, *pr.* guërhet.—*La perte éternelle*, collidiguez e-
ternal, daunacion. *Van.* daunacion.—
*Perte , parlant d'une femme enceinte*, collad , ur c'hollad , *pl.* colladou ; coll, ur
c'holl , *pl.* collou; ur c'holl bugale, diforc'hidiguez divar bugale. *v. perdre.—
A perte d'haleine ,* bede dielc'hat , qen
na goll e alan.—*A perte de vue.* q'hyd
ha ma alleur guëllet , bede penniçq an
dremyell.—*Une plaine à perte de vue.* ur
gompezenn gaër ha hirr meurbed, ur
bleuenn qenn hirr ha tra, ur bleuenn a
diz qéhyd ha ma hallér guëllet, ur blea-
peñ qen hirr ha ma tizal lagad. *Discourir
à perte de vue,* parlant hep fin, na difin;
lavaret hep cecz qement tra q zeu èn
e c'hinou.

PERTINEMMENT . gand sqyand,
gand dereadéguez.

PERTINENT, dereadt, résounapl,
oh, a.

PERTUISANE, *espèce de hallebarde,*
partizapenn, *pl.* ou.

PERTURBATEUR, troubler, *pl.* yen;
nep a lacqa troubl *ou* drouqrançz.

PERTURBATRICE, troublerès,*pl.*ed

PERVENCHE, *plante* , ar roüauès.

PERVERS, *se , méchant.* r.-y.

PERVERSITÉ, *méchanceté.* v.-y.

PERVERTIR, *corrompre*, troll ur re-
bennac gad goall gounpayou , pe gad
goall ezemal, *pr.* collet ; rentt vicyus,
*pr.* rentet.—*Pervertir quelqu'un en matière de religion.* lacqat ur re da drei divar al léseuu vad. *Van.* lorbeiñ. *v. séduire.*
—*Se pervertir*, èn hem goll, *pr.* èu hem
gollet. *Vun* him golleiñ.—*Se pervertir
en matière de religion*, trei divar al léseun vad. *pr.* troët. *v. apostasier.*

PESAMMENT. èn ar fæçzoun lourdt
*ou* léut.—*Cavalier pesamment armé* , armé de toutes pièces , marbecq armet peñ-
qilh ha lruad.

PESANT, *te*, poësus, pouner; lourdt,
oh, a , añ. *Van.* ponér, oh , añ.—*L'or
est le plus pesant des métaux,* ne deus metall e-bed qer poësus ec'hiz au aour.—*
Ce fardeau est pesant,* pouner eo ar beac'h-mañ, lourdt eo ar fardell-mâ.—
*Rendre pesant,* lacqaat da bouneraat ,
lacqaat da boësa , *pr.* lecqéet; pouue-
raat , *pr.* ēet.—*Devenir pesant ,* pouue-
raat, *pr.* ēet. *Van.* ponérat, *pr.* et.—
*Je me sens la tête pesante ,* pouner ez cavan va phenn.—*Un esprit pesant*; ur
spered lourdt, ur spéred léut, pouuer
q benn, léut *ou* lourdt a benn.

PESANTEUR, *charge lourde , poids ,*
pouuerder, poës, pouës. *Van.* pouuer-
ded.—*La pesanteur de l'air,* ar bouës
eus au ear —*Pesanteur de tête ,* pouuerder a beun, gréventez penn, gréventez a benn.—*d'esprit,* léutéguez a spered , lourdôuy a spered *ou* a benn.

PESÉE, poësad , poësadeñ , *ppl.* ou.

PESER, *examiner la pesanteur ,* poësa , pouësa , *ppr.* et. *Van.* poëseiñ.—
*Peser à la balance ,* balanci , *pr.* et ; po-
ēsa gand ar balançz.—*L'action de peser,*
pouësadur , poësidiguez , poëséroz.—
*Peser de l'or ,* bindeda , *pr.* et. *v. trébuchet.—Peser, être lourd ,* poësa . pouësa, *ppr.* et ; cahont pouës, *pr.* bet; beza poësus, beza pouner, beza lourdt,
*pr.* bet. *Van.* poëseiñ, pouiseiñ, *ppr.* et.
—*Peser, examiner,* pouësa, balanci ,
*ppr.* et ; sellet piz, scilet er-vad, *pr.* id.

PESEUR, *qui pèse,* pouëser, *pl.* yen;
poësour, *pl.* yen. *Van.* pouisour, poësour, *pl.* you, yan.

PESON , *romaine*, *grande balance* , erooq-pouëser, *pl.* créyer - pouëser ; crocq, *pl.* créyer, ereguer. — *Le peson des marchands de fil*, ar c'hrocg-neud. — *Peson de fuseou*, poëx, *pl.* poëjou, poësou ; poüêx-ploum, *pl* ponëjou-ploum; troëll, *pl.* ou ; un droëll bloum, *pl.* troëllou ploum. ·

· * PESSEAU *ou braisse*, *instrument pour préparer le lin*, *le chanvre*, paluc'henn , *pl. ou. Van.* paluhenn , *pl.* eü.

PESSELER *ou braisser*, *préparer le lin*, *etc.*, paluc'hat, *pr.* et. *Van.* paluhat. *S.-Brieuc*, spadoulat, breuzat, *ppr.* et. — *L'action de pesseler*, paluhadur, spadoulérez, breuzadur.

PESTE , *maladie contagieuse* , boçz, ar boçz, boçzenn , ar voçzenn. *Van.* boçzenn, er voçzenu , er voçzenn. *Al.* mernent.— *Le charbon ou le bubon de la peste*, burbuenn ar boçz, ar vurbuënn. — *La peste a paru à Marseille en 1720*, didarzet eo bet ar boçz ebarz èr guear a Varxeilha *ou* 'ar voçzen a so bet è Marseilla , er bloaz seitecq cant hac u-guent. *r. fléau.* — *Il a la peste*, ez ma ar boçz gandhâ. — *Il a apporté la peste dans le pays*, digaçzet èn deusar boçz èr vro. — *Peste*, *exclamation admirative*, vertuz. — *Peste*, *voilà qui est doux!* vertuz, peguer douçz eo au dra-mañ. — *Peste*, *imprécation*, ac'h-amen. — *Peste d'eux et de vous*, ac'h-amen dézo ha deoc'h-hu. ac'h-amen d'ar chaqz ha deoc h-hu y-vez. — *Malepeste*, ac'h-ac'hamen.— *Reste de peste*, bouëd ar voçzenn, boëd ar boçz.

PESTER *contre quelqu'un*, *l'invectiver*, ténçzal gand ur re *ou* gand un dra-bennac, *pr.* et ; jarneal gad ur re, pe gad un dra-bennac, *pr.* jarnëet.

PESTIFÉRÉ , *ée*, *qui a la peste*, clañ gand ar boçz, nep èn deus ar boçz. nep so ar voçzenn gandhâ. — *Assister les pestiférés*, aïzsta ar re glañ gâd ar boçz. *pr.* azyszet.

PESTILENCE, *corruption de l'air*, pistinanz.— *Dans le temps de la pestilence*, èn amser ar histinanz.

· PESTILENTIEL , *elle*, *qui tient de la peste*, boçzus, boçzennus, oc'h, à, añ. — *Maladie pestilentielle*, cléved boçzus, cléved boçzennus, *pl.* clévejou, etc.— *Fièvre pestilentielle*, terzyeun boçzennus, *pl* terzyennou. etc.

PET, *vent qui sort du corps avec bruit*, bramm, *pl.* ou. *Trég.* bromm, *pl.* o. *Van.* bramm, *pl.* eü ; tarh , *pl.* eü. *Es t honnêtes*, on dit : stracql, *pl.* ou ; ar pas, ar baz.— *Un petit pet*, brammic t, *pl.* brammouïgou; stracqlicq, *pl.* stracqlouïgou.

PÉTARD , tarz, *pl.* ou. *Van.* tarh , *pl.* eü.

PÉTASITE, *plante*, alan. *v. tussilage*.

PÉTER , brammet , bramma, *ppr.* brammet. *En t. honnêtes*, stracqla, *pr.* et. *Trég.* brommañ, *pr.* et. *Van.* brammeiñ, tarheiñ, *ppr.* et.

* PÉTERIE, brammérez. *Van.* brammereah.

PÉTEUR. brammer , *pl.* yen. *Van.* id·, *pl.* yon.— *Vieux peteur*, *injure* , brammer coz, coz brammer.

PÉTEUSE, brammerès, *pl.* ed.

PÉTILLANT, *te*, *qui pétille*, birvidieq, uh à, añ. *v éclatant*, *étincelant*. — *Du vin pétillant*, guïn birvidieq.— *Des yeux noirs, vifs et pétillants*, daulagad du, hac y beo ha birvidicq.— *Pétillant*, *te*, *qui fait du bruit en brûlant*, stracqlus, oh, à, añ. — *Le sapin et le chât ignier sont pétillants au feu*, ar sap hac ar c'hiatin a so stracqlus èn tan.

PÉTILLEMENT, *parlant des yeux*, du vin, etc., birvidiguez. *parlant du bois*, des ardoises, etc., au feu, stracqlérez, stracql.

PÉTILLER, *étinceler*, birvi, *pr.* bervet ; draxqla, *pr.* et. *Van.* berüeiñ, drasqal. *v. étinceler*, *éclater*.— *Pétiller*, *éclater comme fait le bois en brûlant*, stracqla, *pr.* et. *Van.* stracqal, *pr.* stracqet. — *Pétiller d'impatience*, *d'émotion*, drasqla, *pr.* et *v. fretiller*, *moucher*.

PETIT, *te*, *qui n'est pas grand*, bihan , stum, oc'h , à , añ. *Dans le mot de* bihan. *l'h ne s'aspire que dans Van. Al.* gour, *qui ne se dit qu'en ses composés*, *dont on verra ci-après des exemples*. man, llai, lay, lê. *v. Corlay*.— *Un petit lieu*, ul le-ac'h bihan , ul lec'h stum, ur stum, ur plaçza stum.— *Fort petit*, bihanicq, bihan meurbed, bihanicq meurbed, stum meurbed. --*Quelque petit qu'il soit,* peguer bihan *ou* bihanicq beñac a vez, deust peguer stum a allé daveza. *Un petit enfant,* ur buguelicq, *pl* bugaligou; ur bugúe l bihan, *pl.* bugale vihan; crouadúricq, ur c'hrouadúricq, *pl.* crouaduryennigou; crouadur bihan, ur c'hrouadur bian, *pl.* crouaduryen viñn. --*Le petit Jésus, l'enfant Jésus,* ar mabicq Jesus.--*Une petite fille,* merc'hicq, ur verc'hicq, *pl.* merc'hedigou; merc'h vian, ur verc'h vihan, *pl* merc'h-ed bihan; merc'hicq vihan, ur verc'hicq vihan, *pl.* merc'hedigou bihan. --*Un petit garçon,* pautricq, ur pautricq, *pl* pautredigou; pautr bihan, *pl.* pautred vihan; pautricq bihan, *pl.* pautredigou vihan.--*De petits enfants,* bugale vihan, bougale vihan, bugale vinnud --*Un petit homme,* un dénicq, *pl.* tudigou; un dén bihan, un den stum, *pl.* tud vian, tnd stum; gour-zèn, *pl.* gour-dud. *Al*man-gour, *pl.* maned-gour. --*Un fort petit homme,* un dénicq bian meurbed, *pl.* tudigou vihan; ur gour-zénicq, *pl* gour-dudigou. *De même que icq, ajoute au primitif, fait le diminutif dans presque tous les mots b etons, gour aussi dans la composition a la force d'un diminutif, et fait le même sens. Ex. Petits poutre,* gour-dreust, *pl.* gour-dreustou. --*Petit ne-teu,* gour-niz, *pl.* gour-nized. -- *Petit baptême, donné en cas de nécessité,* gour-vadez, *pl.* gour-vadezyou.--*Petit bruit,* gour drous, *pl.* gour drousou. -- *Peti vol d'oiseau, action de voltiger,* gour-nich, gour-nigeal. -- *Petit ongle, entir qui se lève à la racine de l'angle,* gour-ivin, *pl.* gour-ivinou; *et ainsi de plusieurs autres mots. Gour est aussi adjectif et substantif: gour, adjectif, signifie petit, nul, nulle. Il n'y a aucun* ld. ne deus gour aze. Je n'ai vu personne, n'aụŋ eus guèl let gour.--Gour, *substantif, signifie mâle, virile. De là,* gouraich, *dont on a fait* couraich, *courage: de là, l'ancien mot* gour-man, *qui signifiait, homme coura-geux, viril, robuste* -- *Petit oiseau,* la-bouçzicq, *pl.* laboucedigou; labous bi-han, *pl.* laboused bihan; eznicq, *pl.*

eznedigou ; eúnicq, *pl.* eônedigou. *Van.* laponsicq, *pl.* lapousedigueû.— *De petits oiseaux,* laboused minnud.

**PETIT** *de* tout *oiseau domestique.* pichou, *pl.* pichouned. -- *Petit de toutes femelles à quatre pieds, excepté de la ruche, de la truie et de la chatte,* menn, *pl.* ed, mennicq, *pl.* mennedigou; qole n. *pl.* qelin. *Van.* qolin, *pl.* qeleñ *Entre le Port-Louis et Sarzeau, ils disent:* lapous qy, *pour petit chien,* lapous gad, *pour petit lièvre,* lapous aseen *pour petit ânon,* etc., *pl.* lapoused ; *on dit encore cochon* qy *ou* gad *ou* aseu *ou* qab, *etc.,* *pl.* cochoned.

 -- *Faire ses petits, parlant des femelles des animaux,* qelina, qoleñi, *ppr.* et. *On dit aussi* dozvi, *pr.* dozvet; doi, *pr.* doet. *v.* chienner, etc. *Van.* qolineiñ, cochoneiñ, nodeiñ, *ppr.* et. --*Un petit, tant soit peu,* un neubeud, un neubeudicq, un tam-micq. *Van* un nebed, un nebedicq, un tamicq, un tamic-bihan.

**PETIT-A-PETIT,** a neubeud-é-neubeud, a neubeudou, a neubeudigou. *Van.* a nebed-de-nebed, a nebedigueû.

**PETITEMENT,** pauricq, bihanicq, distéricq, èn ur fæçzoun baur, gand bihanez.

**PETITESSE,** peu d'étendue, modicité, biander, distérvez, bihanez.--*La petitesse de sa taille et de son esprit,* ar bihander eus e vend hac an distérvez eus e spe-red.--*Petitesse, faiblesse, bassesse, sem-* pled, distérvez, irelded

 **PÉTREAU,** saucageon *qui repousse du pied de quelque arbre qui se sont, ...* coultrenn, *pl.* ou, ed, *...* saurageuu....

**PÉTRIFIER,** ceiñch é mean, ceiñch eñ mæu.

**PÉTRIFIER** (se), ès ... ceiñch é mæu, *pr.* ceiñchet.

**PÉTRIFIÉ,** ... ceiñchet é mean, ceiñchet eñ mæu.

**PÉTRIN,** ... ryon; ... uell, *pl.* ... *Van.* ...

**PÉTRIR,** ...

d'où **dorlota**, dorloter. *Van.* **miéat, mé-yat, méyeiñ, méeiñ,** lacqât *ou* lacqeiñ **ê gô.** *Ail.* **méza,** *pr.* mezet. *v.* tâtonner. — *Cet homme a été bien pétri, fait de bonne pâte,* ar personnaich-hont a so ur guiguenn vad a zèn *ou* a so témps vad éuhâ.

·· **PETROLE.** *huile minérale qui sort d'un rocher,* col-mæn.

**PETUN;** *tabac,* butum, butun. *Van.* id. *v. tabac.*

**PEU,** *guères,* neubeud, nebeud, *ppl.* ou;un neubeud. *Van.* nebed, un neubed *ppl.* neubedeü — *Fort peu, très-peu,* bihan-dra, nemeur-dra, neubeud u dra, forz vian-dra, neubeudicq a dra, qen neubeud ha tra. *Van.* nebed a dra, nebedicq, nebedicq a dra. — *Un petit peu,* un neubeudicq, un nebeudicq, un draîcq. *Van.* un nebedicq. — *Un peu de vin, de pain,* un neubeud guin, un neubeud bara. — *Peu de vin, de pain,* nebeud a viu, a vara. — *Pour peu de choses, pour un léger sujet,* evit neubeud a dra, evit neubeud, evit bihan dra, evit dister dra, evit nemeur dra, evit nemad, evit un netra. — *Pour peu que,* gaud neubeud ma, evit neubeud ma. — *Pour peu qu'on m'en priât,* gad neubeud, evit neubeud ma êm pedtét... *Trop peu,* re neubeud, re nebeud. *Van.* re nebed. — *Un peu moins,* un draîcq nebeutoc'h. *Un peu plus grand,* braçzoc'h un neubeud. — *En peu de paroles, gad neubeud a gompsyou, ê berr gompsyou. — *En peu de temps,* ê berr amser, èn ur royadicq amser, èn ur royadicq. — *Un peu de temps,* un neubeud amser, un nebeudicq amser, ur royad amser, ur royadicq amser, ur royadicq, ur poulsad, ur poulsadicq amser, ur poulsad amser, ur poulsicq amser, un poulsicq. — *Il y a déjà un peu de temps,* ur royadicq mad a so dija, pellicq so dija, poulsicq so. — *Depuis peu de temps,* ne deuz qot pell *ou* pell amser, a névez so, a ba ouë neubeud amser. — *A peu de frais,* gad bian dra, evit *ou* gad nebeud a dra. — *A peu près,* tanst da vad. — *Peu à peu,* a neubeud-è-ncubeud, a nebeud-da-nebeud, a neubeudigou. *Van.* a

nebedeñ, a nebedigueñ, a nebed-de nebed. — *Le peu de nourriture,* an nebeud a vagadurez, an nebeud a voëd. — *Le peu de soin que vous prenez* an nebeud a soucy a guemerit eus a, etc. — *Faite part aux pauvres du peu que vous avez,* ret lod d'ar paur eus an neubeud oc'h eus. — *Tant soit peu,* honestamant, un neubeud.

**PEUPLADE,** *colonie,* poblad. *pl.* ou.

**PEUPLE,** *habitans d'un pays ou d'une ville,* pobl, *pl.* you. *Van.* pobl, *pl.* eü. *Al.* leut; de là Teutad, *Mercure,* il est, père des peuples; de là encore, Teutons, *Allemand,* et tud, *pl.* de dèn. — *Le petit peuple, la populace,* ar goumun, ar gumun. *Van.* er bobl munud. — *Le peuple d'Israël, le peuple de Dieu,* ar bobl a Israël, ar bobl muyâ caret gand Doûe. — *Le peuple Juif,* ar Yuzévyen, ar Judévyen. — *Un peuple diabolique,* ur bobl diaulecq *ou* arraget, ur bobl poçzedet gad an diaul. — *Peuples récoltés,* poblyou reballet. — *Peuple, alevin,* had pesqed, pesqedigou munud, munus.

**PEUPLER,** pobla, *pr.* poblet. *Van.* pobleiñ. — *Adam et Eve ont peuplé le monde,* Adam hac Eva, hon tadou qentà, o deus poblet an oll bed. — *Une ville fort peuplée,* ur guear poblet caër, ur gaer forz poblet, ur guear a so stancq ar bopl éuhâ.

**PEUPLIER,** *arbre,* efflen, efll, élo. — *Peuplier blanc,* efflen veñ, *pl.* efll, elo guenn. — *Peuplier noir,* efflen du, *pl.* efll *ou* elo du. *H.-Corn.* coët crenerès. *Van.* coët crêen. *v. tremble.*

**PEUR,** *appréhension,* aoun. *Van.* éun. — *Avoir peur, être peureux,* cahout aoun, *pr.* bet, beza aounicq, *pr.* bet. — *Avoir peur de quelque chose, de quelqu'un,* cahout aoun rag un dra — bennac *ou* rag ur re bennac. *pr.* bet. — *J'ai peur de lui, de toi, de vous, d'eux, d'elle,* aoun am eus raz'añ, raz'oud, raz'oc'h, raz'o. — *Peur, crainte,* dougeanz. *Van.* id. — *J'ai peur de lui, je le crains,* dougea a rañ anezà, e zougea a rañ. — *Peur, frayeur,* fourm. *v. frayeur, effroi, épouvante.* — *Peur subite et de peu de durée,* cahoüad aoun, *pl.* cahoüajou. — *Mourir de peur,* morvel

gad aoun, beza stravillet gad aonu. —
*Il tremble de peur*, crèna a ra gad aonn
ou gad an aoun. — *C'est du péché que*
*j'ai peur*, rag ar pecheud'ain eus aoun.
— *Avoir peur de son ombre*, lammet rag
e sqeud pr. id. — *N'ayez pas de peur*,
*laissez faire, il viendra*, nep aoun, dônet
a ruyo. — *N'avoir point de peur*, beza
disaouzan ou hardiz. — *Qui n'a point*
*de peur*, nep ne deo qet aounicq, disaouzan, hardiz, oh, à. — *Sans peur*,
hep aoun. *Van.* hempéûn. — *Jean sans*
*peur mourut de peur*. Yannicq hep aoun
a varvas gand an aoun. — *Faire peur à*
*quelqu'un*, ober aoun da ur re-benac,
pr. græt. *Ven.* éûneiñ unan-benac, pr.
éûnet, v. *effrayer*. — *De peur que*, gad
aoun ne ou na, rag aoun ne ou na. *Van.*
gued éûn ne. — *De peur qu'il ne vienne*,
gad aoun na zué, rag aoun ne zué,
*Van.* gued éûn ne zéhé.

PEUREUX, *euse*, aoûnus, aoûnicq,
oc'h à, añ. *Van.* éûnus, éûnicq, oh.
— *Les femmes sont naturellement peureuses*,
ar graguez a so aoûnicq *ou* aoûnus dre
natur. — *Cheval peureux ou ombrageux*,
marh sponticq *ou* spontus.

PEUT-ETRE, marteze, e hallé, ez
hallé beza. *Van.* marteze, marteze,
marze. v. *en apparence.*—*Peut-être qu'oui*,
*peut-être que non*, marteze ya, marteze
nann pas. — *Peut-être empêche les gens de*
*mentir*, nep a lacqa mar, ne fazy nepred.

PHAETON, *fils du Soleil*. Faëton. Si
Titan tient du Celtique ty tan, maison de
feu, comme veut le R. P. D. Paul Pezron,
Phaeton ou Faëton, peut également tenir
de fayet-oun, j'ai fait faute; ou de faëet-
on. je suis vaincu. v. *Titan*.

PHARE, *lieu élevé près de la mer où l'on*
*allume du feu pour servir de guide la nuit*
*aux vaisseaux*, tour, pl. you; tan-lec'h,
pl. tan-lec'hyou; tan, pl. yon.

PHARMACIE, stal allouson, campr
ar remejou.

PHARYNX, *orifice du gosier*, penn ar
c'hargadenn, lein ar c'hourlanchenn.

PHENIX, *oiseau fabuleux qui, assure-*
*t-on, renaît de ses cendres*, phenix, phenis. — *Le phénix vit plusieurs siècles*, ar
phenis a vev meur a gant vloaz.

PHILIPPE, *nom d'homme*, Philip,
Phelep. *Trég.* Phulup. — *Petit Philippe*
ou *Philippot*, Philipicq, Lipicq. — *Phi-*
*lippe, nom de femme*, Philipa, Phelepa.
— *Petite Philippe ou Philippote*, Phili-
païcq, Lipaïcq. — *S. Philippe*, *apôtre*,
an abostol sant Phelep. — *S. Philippe*
*de Néri*, sant Phelep a Nery.

PHILOSOPHALE, *la pierre philoso-*
*phale*, ur sqyand da cheñch an metalou
èn aour.

PHILOSOPHE, philosof, pl. ed.

PHILOSOPHER, philosofa, pr. et.

PHILOSOPHIE, philosofy, ar phi-
lesofy.

PHILTRE, beuvraich amourous, pl.
beuvraichou.

PHRASE, phraseñ, pl. ou. *Ven.* phra-
seen, pl. eû. — *Quelle phrase!* hounès
eo ar phrasen! hounès a so phrasenn!
hounès ar phrasenn! — *Deux phrases*
*latines*, diou phrasenn latin.

PHTHISIE, *amaigrissement*, tysicq-
yen. v. *étique*.

PHYSICIEN, physicyan, pl. ed.

PHYSIONOMIE, drémm, an drémm
eus an dèn. v. *air, mine*. — *Un homme*
*qui a un bonne physionomie*, un dèn èn
devens un drémm vad, un dèn drémm-
met vad, un dèn sevenn. — *Qui a une*
*mauvaise physionomie*, un dèn goall drémm-
met, nep èn deus un dremm fall *ou* ur
goall drémm.

PHYSIONOMISTE, nep a èhtend'diouc'h an drémm, nep a enef, o vellet un
dèn pe da dra ez eo douguet dre natur.

PHYSIQUE, ar physica.

PHYSIQUEMENT, èn ur fæçzon real

PIAILLER *ou piauler, parlant des petits*
*poulets*, pipyal, pipya, ppr. et; quichat,
pr. et; sqloeqat, pr. et; chiñtal, pr. et;
chital, pr. et. — *Piailler, parlant des en-*
*fants*, chiñtal, pr. et; lêuva, pr. et; garmi, pr. et. *Van.* garmeiñ. — *Piailler*,
*parlant des femmes*, gragaîlhat, pr. et.
*Van.* huchal hemp eccz.

PIAILLERIE, *criaillerie*, brailhadur,
gragailhérez, garmérez. *Van.* cryereh,
garmerch, huchereah.

PIAILLEUR, brailher, chiñter, pl.
yen.

PIAILLEUSE, brailherès, gragail-herès, ppl. ed; picq-speru, pl. pigued.

PIASTRE, monnaie d'Espagne, piast, pl. ou, piastrou.

PIC, pic de Ténériffe, pica, menez pica, èn enèsTencrilla.— Pie ou pizert, oiseau, qasecq-coad. H.-C., heubeul-coëd. Van. hebél-coët. Al. picq. Dans quelques endroits, builh coad, pl. builhed. — Pic, croc de fer, py, pl. ou; pig, pl. ou; picq, pl. ou. Py, est le mot de Léon.

PICORÉE. v. maraude.

PICOREUR. v. maraudeur.

PICOTÉ, e, marqué de la petite vérole, merqet gand ar vreac'h.

PICOTEMENT, douleur piquante, pic-qadurez, débrou piegns.

PICOTER, becqueter, parlant des oiseaux, becqetal, pr. et; pigoçzal, pr. et. Van. pigoçzeiñ, pigoçzat.—Picoter, parlant de l'acrimonie des humeurs, picqat, pr. et. Van. pigoçzeiñ.—Picoter, agacer quelqu'un, hegaci ur re, pr. et; hegal oud ur re-bennac, pr. heguet; pinçzal, pinçzal, ppr. et.

PICOTERIE, légers reproches, hegacé-rez, pl. ou; rebechicq, pl. ouigou.

PIE, oiseau, picq, pl. pigued; agaçz, pl. ed. Burlesq. margod, margodicq ar bicg. Van. picg, pl. picqet.—Crier comme une pie, gragailhat, pr. et. — Pie grièche, picg-sparn, pl. pigned-spern. On le dit aussi d'une femme criarde. v. piailleuse. — Pie de mer, oiseau, mor-bicg, pl. mor-bigned. — Cheval pie, noir et blanc, marc'h picg, pl. qesecq-pieg. — Pie, œuvre pie, autres pies, œuvryou devot, œuvryou devot testamantet. v. legs. — Pie-mère, membrane immédiate du cerveau, q inta lyenen au èmpeñ, al lyenen dausta d'au èmpenn.

PIECE, partie d'un tout, pez, pl. you; darn, pl. you. Van. peh, pl. eü, yeü.— Petite pièce, pezicg, pl. pezyouïgou; dar-uicg, pl. darnyouïgou. Van. pehicg, pl. pehigueü. — Grosse pièce, pez bras, pl. pezyou; felpenn, pl. ou. v. lopin. — Par pièce, a bezyou, dre bezyou.—Pièce-d-pièce, pez-è-hez, pez-da-bez.— Couper, mettre en pièces, lacqaat a bezyou, pr. lecqëet; dispenn, pr. et. Van. dispeen-

neiñ a behyeü. — Couper par grandes pièces, pastella, pr. et; ober pastellou bras ous a, etc., pr. græt; trouc'ha a bastellou ou a bezyou bras, pr. trouc'het. — Pièce qu'on met d un habit déchiré, d un bassin percé, etc., peñcel, pl. you. Van. pecell, picell, ppl. yeu. — Mettre des pièces d, peñcelya, pr. et. Van. picelyeiñ, pecelyeiñ. — Mettre pièce sur pièces, lacqât peñcell var beñcell, pr. lecqëet. — Une pièce de monnaie, ur pez mouneiz. — Une pièce de bois, ur pez coad, pl. pezyou. — Une pièce de terre, ur pez doüar, pl. pezyou. — Faire une pièce, un tour à quelqu'un, ober ur bourd ou un dro ou ur pez da ur re, pr. græt. Van. gobér ur baueh ou baueheü de unon benac.

PIED, membre pour marcher, troad, pl. treid. Van. troed, pl. treid. Al. pedd, pl. ou.— Le cou-de-pied, choucq au tro-ad. — Les cou-de-pieds, choucqou an treid. — Talon du pied, seuzl an troad, pl. seuzlyou an treid; ar seuzl troad, pl. ar seuzlyou treid.— Le bout du pied, penn au troad, becg au troad. — Le petit bout du pied, pennicq au troad, beguicg au troad. — Les doigts du pied, bisyad an troad, v. doigt. — Les articles des doigts des pieds, ellou an treid, mellou ar bisyad treid. — Le devant du pied, diarauag an troad. — La cheville du pied, an uferu, an hibyl troad, hibyl an troad, Van. eu hebyl troed. — De grands pieds, treid bras. Van. id. — Qui a de grands pieds, troadecq, pl troadéyen; botesen-necq, pl. botesennegued. Van. troedecq, pl. troedigued.—Petit pied, troadicg, pl. treidigou. Van. troedicq, pl. treidigueü. — Qui a des pieds, dau-droadecq, pl. daudroadéyen. — Qui a trois pieds, trizroadecq. — Qui a quatre pieds, pevarzroadecq, pl. pevarzroadéyen. — Des animaux d quatre pieps, aneuuled pévarzroadecq. — Qui n'a point de pieds, didroad, distroad. — Qui a le pied empêche, pogam, troad pogam. — Pied bot, troad-boul. — A pied, var droad. Van. ar droed. — Aller d pied, moûnet var droad. — Aller d beau pied, moûnet var droad eaër ou var e dro

caër, pr. eat, ëet. — *Aller à cloche-pied,*
anont var garicg-camm.—*Valet de pied,*
pautr var droad. — *Passer une rivière à
pied sec,* trémed ur stær hep glibya e
dreid. — *Se tenir sur ses pieds,* hem zer-
c'hel var e dreid, pr. zalc'het. — *Se tenir ferme et droit sur ses pieds, sur ses ergots,* òn hem zerc'hel dreçz var e ellou;
*De là,* qeff-ellecq, *bécasse.* — *Se jeter aux
pieds de quelqu'un ,* èu hem striucqa da
dreid ur re bennac. — *Fouler aux pieds,*
mac'ha gad an treid. — *Donner un coup
de pied,* rei un taul-troad. — *Donner des
coups de pied,* rei taulyou treid da ur re-
bennac, pr. roët. — *Perdre pied ,* coli
plaut, pr. collet. — *Faire perdre pied à
à quelqu'un,* distroada ur re, pr. et. —
*Notre Sauveur était couvert de plaies depuis
les pieds jusqu'à la tête,* hon Salver a yoa
goulyet e gorf sacr a daleçz lein ar peñ
bede plantou e dreid. — *Mettre une armée sur pied,* sevel un arme, pr. savet.
*Al.* sevel un host. — *Pied-à-pied,* a neu-
beud-è-neubeud, a dammicq-è-tam-
micq, a dammouïgou, a neubeudou.
*Van.* a damuiguëü. — *Pied d'une croix
de procession,* troad ar groaz, fust ar groaz.
— *Pied d'une croix qui repose sur une cré-
dance,* sicheun ar groaz. — *Pied ou manche d'un instrument, d'un outil,* troad, pl.
treid; fust, pl. ou. — *De petits pieds, oiseaux excellents à manger,* treidigou munud, daudradéyen, labousedigou munud. — *J'en aurai pied ou aile,* me am
bezo qicq pe groc'hen anezà, abarz ma
ehanin. — *Pied, mesure de douze pouces,*
troadad, pl. ou. *Van.* troedad, médad
réglet, ppl. eü. —- *Un pied de haut et de
large,* un troadad nheledà ha qement
all a ledander.—*Long de dix pieds,* decq
troadad hed.—*Un pied et demi,* un troadad-hanter. — *Un demi-pied,* un hanter
troadad. — *Pied d'Alexandre, plante,* py-
retta.— *Pied d'alouette, plante,* delphin.
—*Pied de coq, plante,* pobran, idest, paubran, *pied de corbeau.* — *Pied de lièvre,
espèce de trèfle,* troad gad.—*Pied ou patte
de lion, plante,* troad-leon, pau-leon. —
*Pied de veau, plante,* troad-lue.

PIEDESTAL, troad ur goulounenn,
un diazez eus a ur goulounenn. — *Pie-*

destaux, treid'couloumennou.

PIÉGE, *machine pour attraper des animaux,* griped, pl. ou; peich, pl. ou; pich,
pl. ou. *Van.* pich, pl. eü. *v. chausse-trape.*
— *Tendre des pièges ,* diaçza peichou;
antel gripedou, pr. et; steigna pichou
ou laçzou, pr. steignet. *Van.* steigneiñ
picheü ou pecheü. *v. embûches, filet,
nasse.*

PIERRE, *corps dur formé dans la terre,*
*Léon,* maeu, mean, ppl. mein. *Aill.*
mæn, pl. mein. *Van.* mæen, pl. mein,
meinyeü, moeign. *H.-Corn.* min, pl.
mein. *On a dit aussi* crag.— *Petite pierre,*
meanicg, maenicg, mænicg, ppl. mei-
nigou. *Van.* meenicg, pl. meinigueü.—
*Pierre de taille,* mean béuérès, pl. mein
béuérès. *Van.* meen bin, mæn beiñ ou
ben, mæn tailh, pl. mein, etc. *H.-C.*
myn tailh, pl. mein.—*Tailler de la pierre,*
bena mein, pr. benet. *Van.* bineiñ ou
béneiñ mein. — *Gros copeau qu'on dé-
tache de la pierre en la taillant,* ulmenn
væn, pl. ulmennou. — *Petit copeau de
pierre de taille et de pierre d'ardoise,* scol-
peun, pl. scolp. — *Pierre dure,* mæn calet. *Van.* id.—*molle,* mæn goacq. *Van.*
id.—*mean boucg.* — *de tuf,* mæn
tuff, pl. mein-tuff. — *de grain,* mæn
groñan, pl. mein.—*de grès,* cragg, mæn
cragg, pl. mein. *Van.* bily. v. *grès.* —
*bornale,* mæn-harz, pl. mein; mæn-fiñ,
mæn-boun, ppl. mein, etc.; harz,
pl. ou. *Van.* boun, pl. eü. — *Mettre
des pierres bornales,* planta harzou, planta
mein harz ou mein fiñ; bonna, pr. et.
*Van.* bonneiñ, planteiñ bonneü. —
*Pierre à fusil,* mæn fusuilh ou tan. —
*d'éponge,* mæn spoinch. —*ponce,* mæn
punçz, mean poëuçz, mæn poliçzouër.
— *à feu,* mæn-tan, pl. mein-tan. *Al.*
flynt, vlynt. —*à chaux,* mæn raz. *Van.*
mæn ra.—*à touche,* mæn-touich. *Van.*
id.—*à aiguiser les outils tranchants,* hi-
golen, pl. ou; *à h'ne s'aspire pas;* mæn
higolenn, pl. mein. *Van.* higolenn, pl.
eü; mean lemmer, pl. mein.—*d'attente,* dantenn, pl. ou; streilh, pl. ou. —
*d'autel,* mean auter, mæn auter. *Van.*
mean bénignet. — *tombale,* mæn b...
pl. mein. — *Coup de pierre,* tau...

*pl.* taulyou mein. *Van.* taul mæm , *pl.*
iaulyeû mein. — *Assommer d coups de*
*de pierres,* labeza, *pr.* et; lazu a daulyou
mein, *pr.* lazet, *Van.* labeeiñ, laheiû a
daulyeü mein. — *Un jet de pierre,* un
tanl mæn. — *A la distance d'un jet de*
*pierre,* var hed un tanl mean.—*Pierre*
*précieuse,* mean-precius, mæn pricius.
—*philosophale. v. philosophale.* — *Faire*
*d'une pierre deux coups ,* ober daou èn
unan, ober daou dra var un dro, *pr.*
græt. — *Pierre, caillou ou gravelle,* ar grevell, ar mæn grevell, ar mean gravell,
*Van.* ar mæn gravell.—*Avoir la pierre,*
cahout ar grevell, beza tourmantet gad
a · mean gravell.—*Tirer la pierre d qual-*
*qu'un ,* bena ur re-bennac, *pr.* benet.

**PIERRE,** *nom d'homme,* Pezr, Pezrès,
Pezron. *Les z susdils ne se prononcent pas.*
— *Petit Pierre, Pierrot,* Pezrzeicq, Pe-
rounic. — *S. Pierre, prince des apôtres,*
au abostol sant Pezr, ur penn eus an oll
abostol. — *S. Pierre-des-Liens,* sant Pezr
èn ereou, goël Pezr en eaut, sant Pezr
èl lyammou. — *Les épîtres de S. Pierre,*
liserou an abostol sant Pezr.

**PIERRERIES,** joayusou, mein pricius

**PIERREUX,** *euse,* mænecq, meinecq,
oh, â. *Van.* id. — *Lieu pierreux,* meinecq, *pl.* meinegou; leac'h meinecq.
*Van.* leh meinecq; meinecg, *pl.* meine
gui, mengui. *De là,* Ker-menguy, ancienne et illustre maison en Léon.

**PIERRIER,** *petit canon d jeter des pier-*
*res,* perryer, *pl.* ou.

**PIERROT,** *nom de petit garçon,* Pipy,
Pezrzeicq, Pezroûniuq, Pezresocq.

**PIÉTÉ,** *devocion.* *Van.* id. — *Avec*
*piété,* gand devocion.— *Sans piété,* hep
devocion e-bed. — *Avoir de la piété,* cahout devocion, beza devot, *ppr.* bet.—
*N'avoir ni piété, ni vertu,* beza disantel ha
d'sevot, beza hep na devocion na vertuz.

**PIÉTON,** *qui va d pied,* nep a ya var
droad; dèn var droad, *pl.* tud. *v.* fantassin. — *Les femmes sont de mauvaises*
*piétonnes,* an graguez a zo disneuz ou
fall da guerzet.

**PIEU,** *pièce de bois pointue,* pal, peul,
*ppl.* you; post, *pl.* ou. *Van.* post, pel,
*ppl.* eü, yeü. *Al.* pilk r. *pilotis,* bille, bilbot,

elais. — *Pieu pour la chasse. v. épieu.*

**PIEUX,** *euse,* devot, oh, añ. *Van.* id.
— *Une personne pieuse,* ur persounaich
dévot.

**PIEUSEMENT,** èn ur farçzoun devot, gand devocion.

**PIFFRE,** *gros piffre,* teurennocq, *pl.*
teurennéyen. *Van.* terrecq, *pl.* torri-
gued. *Al.* galb, calb. *v. pansard.*

**PIGEON,** *oiseau de colombier,* coulm,
*pl.* ed. *Van.* coulm, colom, clom, *ppl.*
ed.— *Pigeon patu, pigeon domestique qui*
*a des plumes sur les jambes,* dube, *pl.* ed.
— *Faire comme les pigeons,* roucouler,
grougeuçzat, *pr.* et.— *Pigeon ramier,*
eudon, *pl.* eudoûned. *Van.* id ; *de là,*
*Notre-Dame de* Roscoudon, *église de Pont-*
croix *en Cor.*; *id est, le tertre du ramier,*

**PIGEONNEAU,** pichoû, *pl.* ed. *Van.*
id. — *Tourte de pigeonneaux,* pastet
pichoûned.

**PIGMÉE,** *nain, nabot. v.-y.*

**PIGNON,** *noyau de pomme de pin,*
mæu-pin, *pl.* meir.; pin; had pin. —
*Pignon de maison,* piguoûn, *pl.* ou. *Van.*
id., *pl.* eü; *ce mot vient de* pignal, *monter,*
*ou de* pign , *monté* ; *parce qu'en effet le*
*pignon est le plus haut de l'édifice.*

**PILASTRE,** pilèr qare, *pl.* pilerou;
coulounenn gare, *pl.* coulouneunou.

**PILE,** *gros pilier massif,* pilèr téo,
*pl.* pilerou.—*Pile, tas. v. monceau, meule.*
— *Pile, revers de la monnaie,* pil. *Van.*
id. — *Pile ou croix ? t. de jeu,* pil pe
groaz ? *Van.* pil pe groëz ?

**PILER,** *battre dans un mortier,* pilat,
*pr.* pilet. *Van.* pilat, pileiñ, *ppr.* pilet.
*v. battre, briser,* — *Piler, bien manger,*
pilat, *pr.* pilet; pilat boëd a c'hoary
gaêr.

**PILEUR,** *qui pile,* pilér, *pl.* yen. *Van.*
pilour, *pl.* piléryou.—*Pileur, celui qui*
*mange bien,* piler boëd, *pl.* piléryen.

**PILIER,** *étaie,* tint, *pl.* ou; stançzoun,
*pl.* ou. *v. étançonner* — *Pilier d'église ou*
*d'édifice voûté,* pilèr, *pl.* ou ; coulouneñ
roun, *pl.* coulounennou round—*Pilier*
*ou pierre longue et haute, élevée dans les*
*landes et sur les grands chemins par les*
*païens, nos ancêtres,* peulvan, *pl.* ou;
mæn-hirr, *pl.* mein-hir; mæu sao, *pl.*

mein-eao; *on en a abattu une près de Castre,*
*paroisse à quatre lieus de Quimper , sous*
*laquelle on trouva onze têtes de mort dans*
*un grand bassin, qui se changèrent en cen-*
*dre dès qu'on y toucha.*

PILLAGE, pilhaich, preiz, goastadur.
*Van.* pilhach.

PILLER, *emporter tout ce qu'on trouve,*
pilha , pilhal, *ppr.* pilhet ; preyza , *pr.*
preyzet ; goasta, *pr.* goastet. *Van.* pilheiñ, pilhal, *ppr.* pilhet. — *Qui aime à*
*piller*, pilhard , *pl.* ed. *Van.* id.

PILLERIE, pilherez. *Van.* pilheroh.

PILLEUR, *qui pille*, pilhèr, *pl.* yen;
préyzer, goastaèr, divisqer, *ppl.* yen.
*Van.* pilhour, *pl.* eryou.

PILON, *instrument à piler*, pilouêr,
*pl.* pilouërou; piloñ, pilonou. *v.* maillet.

PILORI, *poteau d'un seigneur, haut-*
*justicier.* post an autrou eu an dalc'h,
post ar c'holyer ou au trougouzoucq, *ppl.*
postou; brouilhouêr, *pl.* ou

PILORIER, laoqat ér c'holyer, laoqat eñ tro-gouzoucq, staga oud post
an dalch .staga oud ar bouilhouêr.

PILOTAGE, sqyand pebiny a zesq
da verdei, lommanaich. — *Apprendre le*
*pilotage, l'art de la navigation,* disqi au
lommanaich, *pr.* desqet. — *Pilotage, ou-*
*vrage de fondation sur lequel on bâtit dans*
*l'eau*, pilochadur, pilochérez.

PILOTE, loman, *pl.* ed. r. *locman.—*
*Pilote côtier*, lomm aucher; —*routier* ,
loman rouder.

PILOTER, *enfoncer des pilotis pour*
*bâtir dessus*, pilocha, *pr.* pilochet.

PILOTÉ, *ée, part. et adj.*, pilochet

PILOTIS, *gros pieux brûlés et ferrés,*
fichis de force en terre pour bâtir dessus
piloich, *pl.* ou; *on appuie légèrement sur*
*l'i*; de même qu'en touich, refuich, diluich, etc. — *Une partie de l'église ca-*
*thédrale de Quimper est bâtie sur pilotis*.
ur c'hostez eus an ilis-veur a Guemper
a so diasezet var biloiohon.

PILULE, piluleñn, *pl.* ou, pilulès;
boledigou loussou.

PIMENT, *plante*, pivoëna.

PIMPANT, *s. v.* fanfaron.

PIMPRENELLE, *plante*, pimpinel-
la, primpinella.

PIN, *arbre*, pinenn, *pl.* ed; pin, gu-
ēzeun pin, *pl.* guēz. — *Du pin.* coad
pin, pin. — *Pomme de pin*, aval pin , *pl.*
avalou.. — *Lieu planté de pin*, pinoeg,
*pl.* pinegou.

PINACLE, lein un ty, lein un ilis. —
*Le demon transporta notre sauveur sur le*
pinacle du temple, an diaul a zougas hon
salver var lein an templ a Jerusalem.

PINASSE, *sorte de brigantin ou de fré-*
gate, pinacenn, *pl.* ou; lestr scañ grañt,
gad pléoch pin.

*PINASTRE, pinenu goēz, *pl.* pin.

PINCES, *outil d'artisans*, piñcedon.

PINCEAU, fiçzell, *pl.* ou. — *Petit*
*pinceau*, fiçzellicg, *pl.* fiçzellouigou.

PINCÉE, *ce que l'on peut prendre avec*
*l'extrémité des doigts*, pinsadeñ, *pl.* ou.

PINCER, pinçza, pinçzal, pinçzat,
*ppr.* pinçzet. *Van.* pinçzal, pinçzeiñ.

PINCETTE, pincetes, *pl.* ou.

PINÇON, *oiseau*, piutèr, *pl.* pintéred;
pint, *pl.* pintol.

*PINOCHER, *manger par petits mor-*
*ceaux et avec dégoût*, pismigal, pismigat,
*ppr.* pismiguet. *Van.* id.

PINOCHEUR, pismigner, *pl.* yen.

PINTE. *mesure*, pint, *pl.* ou. *Van.*
id., *pl.* eũ.-*Pinte pleine*, piutad, *pl.* ou. *Van.*
id., *pl.* eũ. — *Une pinte de vin*. ur piutad
guin. — *Dix pintes font cinq pots ,* decq
piutad a ra ou a dal pemp podad.

PINTER, *faire débauche*, piutal, pr-
pintel; punçzal ar pinzou, *pr.* punçzet;
lipat ar guēr. *pr.* lipet.

PIOCHE, *outil de fer en forme de pic*,
pyoch, *pl.* ou. *Van.* id., *pl.* eũ.

PIOCHER, *creuser la terre avec une*
*pioche*, piochal, *pr.* et. *Van.* id.

PIONNIER, *celui qui à l'armée creuse*
*les tranchées, applanit les chemins, etc.*,
goastadour, *pl.* yen. r. *Lamballe.*

PIPE, *mesure de choses liquides*, pip ,
*pl.* ou. *Van.* pimp, *pl.* eũ. - *Pipe pleine,*
pipad, *pl.* ou. *Van.* id., *pl.* eũ. — *Une*
*ripe de vin, dix pipes de vin*, ur bipad viu,
decq pipad viu. — *Pipe à tabac.* qorn
butum, *pl.* qernyel, qornou butum. --
*Pipe pleine de tabac, une pipe de tabac,* ur
c'hornad butum, *pl.* cornadou butum;
qornad butum.--*Fumer une pipe de tabac*,

moguèdi ur c'hornad butum, *pr.* moguedet. — *Piper, tromper, filouter. v.-y.*
PIPERIE, *fourberie, tromperie. v.-y.*
PIPEUR, *filou, trompeur, fourbe. v.-y.*
PIQUANT, *ante, qui pique,* picqus.
sancqus, broudus, oh, à, añ. *Van.*
broudus, oh, añ, aoñ. — *Piquant au
goût,* crogus, scaulus, oh, à. *Van.* id.
— *Piquant, piquante, pointu,* beguecq,
lemm, oc'h, añ. *Van.* id. — *Piquant,
choquant, offançzus,* flemmus, oc'h,
añ. *Van.* id. — *Des paroles piquantes,*
comp-you offançzus *ou* flemmus.
PIQUE, *brouillerie,* noës, *pl.* you.
brouilheys. *v. débat.*--*Pique, arme,* picq,
*pl.* ou. *Van.* picq, *pl.* eü.--*Le bois d'une
pique,* fust picq. — *Le fer d'une pique,*
hoüarn ar picq, becg ar picq. -- *Pique,
hauteur,* picqad, uhelded ur picq. —
*Il y a là plus de dix piques d'eau,* mugued
decq piqad doura soaze.--*Pique,marque
du jeu de cartes,* picq, picqès. — *Pique,
trèfle, carreau, cœur,* picqès, trefflés,
caro, ha cœur.
PIQUE-PUCE, *pénitent du tiers ordre
de S. François. v. pénitents.*
PIQUER, *faire une piqûre,* picqat, *pr.*
picqet; brouda, *pr.* broudet; flemma,
*pr.* flemmet. *Van.* picqeiñ, broudeiñ.
— *Piquer bien avant,* sancqa, *pr.* et. --
*Piquer avec une épingle,* picqat gand ur
spilhenn. — *Piquer les bœufs* brouda
an egened.--*Piquer le chetal avec l'eperon,*
qentraoui ur marc'h, *pr.* qentraouët;
rei qentr *ou* qentraou *ou* rei ar c'heu-
tron d'ar marc'h. *pr.* rvët.—*Etre pique
d'une coulœuvre,* beza flemmet gad un
aër. — *Piquer de la vian.te,* largeza, *pr.*
largezet. — *Piquer, commencer d pourrir,
parlant du fruit,* tèza, tec'ha, *pr.* et. *v.
vicier.* — *Piquer, parlant des mets qui
piquent le goût,* brouda, scaula, *ppr.* et.
—*Piquer, marquer les absents d'un chopi-
tre, d'un atelier,* picqa, *pr.* picqet.
*Piquer, offancer de paroles,* offançzi dre
gomps, *pr.* offançzet.--*Piquer quelqu'un
de paroles jusqu'au vif,* flemma ur re;
danta ur re-bennac, *pr.* et. *v. brocarder*
— *Piquer quelqu'un d'honneur,* laeqqat
enor è corf ur re-bennac, *pr.* leeqqat.
— *Se piquer, se faire une piqûre;* èn hem
bicqat, *pr.* èm hem bicqet. —*Se piquer,
s'offenser,* èn hem offanci, *pr.* èn hem
offancet.
PIQUERON, *pointe qui pique,* broud,
flemm, *ppl.* ou; drean, *pl.* drein.
PIQUET, *bâton pointu qu'on fiche en
terre pour marquer le terrain,* picqed, *pl.*
ou, piqejou.
PIQUETTE, *vin fait de marc de raisin
et d'eau,* goëz-guin, picqetès-guin. —
*Piquette de cidre faite de marc de pommes
et d'eau,* picqetès, goëz sistr.
PIQUEUR, *chasseur à cheval qui fait
courir les chiens,* guênaêzr, *pl.* yen; gui-
naezr. guïnezr, *ppl.* yen. *Van.* picqour,
*pl.* eryon, ouryan. — *Piqueur, qui fait
la pique des absents,* picqer, mercqour,
*ppl.* yen. *Van.* merchour, *pl.* yon, yan.
PIQUIER, *soldat armé d'une pique,*
picqer, *pl.* yen.
PIRATE, *corsaire. v-y.*
PIRATER, préyza var vor, *pr.* et;
laèrès var vor, *pr.* laèret.
PIRATERIE, préyzèrez, laêroncy
var vor.
PIRE, *plus mauvais,* goaçz, goaç-
zoc'h. *Ces deux mots ont pour positif* goall,
droug, *et pour superlatif* goaçzañ *ou* goaçzà. *Van.* goah, *dont le superlatif est*
goahañ. — *Celui-ci est pire que l'Antechrist,* hemmâ a so goaçz *ou* goaçzoc'h
egued an Antichrist. — *Le pire de tous,*
ar goaçzâ an oll. ar goaçzâ anezeu oll.
*Van.* er goahañ anéhé blob, ar goaçzañ
anezé oll.—*Devenir pire,* goaçzaat, *pr.*
êet *Van.* goaheiñ, goahat.—*A coir du
pire,* cahout coll, *pr.* bet; coll, *pr.* et.
PIROGUE, baeg græt gad ul pilpren,
bacg eus a ur pez hep qen, bacg savaged, *pl.* bagou, picq.
PIROLE, *plante bonne pour les plaies,*
pyrola, lousaoucu ar gouly.
PIROUETTE, *tour,* corniguelladeü,
*pl.* ou.
PIROUETTER, *t. de danse,* ober un
dro grenn var pennigou, pe var seus-
lyou, au troad, hep ceñch plaçz.—*Pirouetter, tournoyer,* corniguellat, *pr.* et.
*Van.* corniguelleiñ, tourniqelleiñ,
*ppr.* et,
PIS, *tétine,* tèz, *pl.* you, ou; tèz ar

veoc'h, tèz ar c'havr, tèz an davadès.
*Van.* teeh, *pl.* teheü; ieh er *z*eüt, teeh
er guïvr, ieeh en dêved. *v. trayon.*

PIS, *plus fâcheux,* goaçz, goaçzoc'h.
*Van.* goah. *v. pire.—Il n'y a rien de pis
que cela,* ne deus tra goaçz evit qemeû-
ze, n'eus tra goaçzoh.—*Le pis qui puisse
arriver,* ar goaçzà hac a ell da erruout.
—*Le pis que j'y trouve,* ar goaçzà a gavañ. *Van.* er goahañ e gavañ. —*De
crainte de pis,* rag aoun a voaçz.—*Tant
pis pour moi,* hennez ar goaçzà din.—
*Van.* en talvét deiñ *v. tant.—Tout va de
mal en pis,* pep tra a ya a zroucq da
voaçz.—*Tout va de pis en pis,* goaçz, pe
voaçzoc'h ez a an traou. goaçz-oc'h-
voaçz ez a pep tra.—*Au pis aller,* d'ar
goaçzà oll, d'ar muyâ oll, evit ar goaçzà, evit ar muyâ.

PISCINE, *piscine probatique, le lavoir
des brebis et autre animaux destinés aux
sacrifices,* piñcin an dêved, piñcin pe
èn hiny e voëlchét ê qichen au témpl.
an anevaled abarz a offri da Zoüe ê
sacrifiçz, èl lésenn ancyan : piñcin loezned an sacriviçz.

PISSAT, *urine,* staut, stautiguenn.
*Van.* staut, frougadell, frugadell, fri-
gadell. *Ces mots se disent improprement
de l'urine de l'homme.—Pissat, urine des
personnes,* troazz. *Van.* troéh treah. dê-
ur-treah.—*Creux plein de pissat,* staut-
tiguell.

PISSENLIT, *ou dent de lion,* plante
purgative, c'huervison. *Léon.* lousaou-
en-stauter. *Sa fleur,* boqedou stauter

PISSER, *parlant des animaux,* stautet, stauta, *ppr.* stautet. *Van.* stautein,
piçzet, frougueiñ, frongueiñ —*Pisser.
parlant des personnes,* troaza, *pr.* et. *Van.*
treaheiñ, troeheiñ.

PISSEUR, *qui ne retient pas son urine*
stauter, *pl.* yen. *Van* id., *pl.* yon.

PISSEUSE, stauterès. *pl.* ed. *Van.* id.

PISSOIR, *lieu pour pisser,* stautlec'h.
*pl.* stautlec'hyou; stautoüér. *pl.* ou.

PISSOTER, *uriner peu et souvent,* tro-
aziguellat, stautiguellat.

PISTE, *trace,* restige, roud, *pl.* ou.
*Van.* roud, *pl.* eü; treçz, *pl.* eü.—*Suivre quelqu'un à la piste,* henlya roudou

nr re-bennac, heulya nr re diouc'h e
roudou, *pr.* heulyet.—*Il suit la piste de
ses aieux,* qerzet a ra var roudou e da-
dou coz.

PISTOLE, *monnaie d'or,* pistol, *pl.*
ed, ou. you.

PISTOLET, *arme à feu,* pistolenn,
*pl.* ou; scloped, *pl.* ou.—*Pistolet de poche,* bided, *pl.* ou. *v. ce mot à jaloux.*

PITANCE, *t. de religieux,* lodeun-
voëd. pladad nr religius, pitançz nr
religius, *pl.* pitançzou.

PITANCIER, *officier claustral,* pi-
tancer, *pl.* yen.

PITE, *monnaie qui valait le quart d'un
denier,* hanter-mezell, hanter mell.—
*Pite, plante d'Amérique,* pita, pitra.—
*Une corde de pite,* nr gordenn pita, nr
gordenn pitra.

PITEUX, *euse, qui excite la compassion,* tristidicq, din a druëz, oc'h. à,
an; truezus. *Van.* truhëus. — *Piteux,
euse, qui fait le piteux,* pitous, truant,
oh, à, añ.—*Faire le piteux,* pitousal,
*pr.* pitouset; truanti, *pr.* et; ober ar pitous, ober an truant, *pr.* græt.

PITEUSEMENT, en ur fæçzoun tristidicq ou truezus.

PITIÉ, truhez, truez. *Van.* truhe.—
*Avoir pitié de quelqu'un,* cahout truhez
oud nr re-bennac. — *C'est pitié que de
lui ( tour de phrase breton ),* truez eo a-
nezà, siouaz dezà.—*Qui fait pitié,* din
a druez, tristidicq. *v. plainte.* — *Qui a
pitié des pauvres,* truezus oud ar beau-
ryen, nep èn deus truhez ouc'h ar béauryen.—*Qui n'a point de pitié,* didruezus, didruez, oc'h, à, añ; hep truhez. *Van.* didruhéus, didrue, oh, añ.
—*Faire pitié à quelqu'un,* ober truhez
da nr re-bennac. *pr.* great, græt.—
*C'est pitié que de le voir,* truhez eo ou
un druhez eo e vellet. *Notre-Dame de
pitié,* an Itroun Varya a druez.—*Il est
elle à Notre-Dame de pitié,* eat eo da dy
an Introun Varya a druhez, eat eo da
lruhez.

PITON, *clou à anneau,* piton, *pl.* ou.

PITOYABLE. *digne de pitie,* tristidicq,
trist, din a druhez. oc'h, à; truëzus.
*Van.* truhëus, oh, añ, aoñ; — *Il est

*dans un état pitoyable*, ez ma èn ur stad truezus; ez ma èn ur stad tristidicq ou din a druez.—*Pitoyable, qui a de la pitié*, truhezus, truezus, oh, à; nep èn deus truhez oud ar re all. *Van.* truhëus, oh, aô.

**PITOYABLEMENT**, *èn ur fæçoun tirnézus ou din a druez*, è truezus, gad truez.

**PITUITE**, *humeur visqueuse*, craust, apotum. *v. flegme.* — *Une abondance de pituite me tue*, ar c'hraust am laz, lazet oun gand ar c'hraust ou gad an apotum.

**PITUITER**, crausta, apotumi, *ppr.* et; crainchat craust ou apotum, *pr.* et.

**PITUITEUX**, *euse*, craustus; apotumus, lenn a graust, oh, à; suget d'ar c'hraust, suget d'an apotum. *Van.* catarus, oh, aû, aoñ.

**PIVOINE**, *plante*, pivoëna.

**PIVOT**, *fer sur lequel tourne quelque chose* ïn dureou. *pl.* ou; marc'h dor *Van.* dreô. *pl.* dreueû. dre ñ; sell un or. *pl.* selleû dor. *v. gond.*

**PLACAGE**, *ouvrage fait de morceaux, etc.*, placqaïch.

**PLACARD**, *affiche*, placqard, *pl.* ou. *Van.* id., *pl.* eû.

**PLACARDER**, *afficher*, placqarda, placqardi, *ppr.* placqardet. *Van.* placqardeiñ. *v. afficher.*

**PLACE**, *lieu*, plaçz, *pl.* ou. *Van.* plaçz, *pl.* eû; leh. *pl.* lehyeû, leheû.— *Faire place*, rei plaçz, pr roët. *Van.* reiñ plaçz. gobér leh. — *Faites place*, roit plaçz *Van.* groët leh, reit leh, reit plaçz. —*Si j'étais à votre place*, ma vémn-un èo ho plaçz ou eu ho leac'h. ma venn me te'hanoc'h, me a raé, etc. — *Place vide au milieu de la maison, l'aire*, leur an ty, leureun an ty. *v. aire.*— *Place un peu grande*, tachenn, *pl.* ou. *Van.* tacheeû. tarch — *Mourir sur la place*, mervel var ar plaçz, mervel eno var an dacheun. *Van.* marneiñ ar el leh. mervel enou ar en tarch.—*Place couverte de verdure*, tachenn glas, tachenn c'hlas, *pl.* tachennou c'hlas.— *Place publique*, plaçzenn, *pl.* ou. *v. aire.* —*La place Saint-Corentin, à Quimper*, plaçzenn Sant-Caurintin.—*La place de*

la terre au Duc, plaçzenn doüar an Ducq. —*Place forte*, plaçz crê, *pl.* plaçzou crê. —*Place, t. de collège*, plaçz, *pl.* on. — *Donner les places*, rei ar plaçzou.—*Avoir une bonne place*, cahout ur plaçz mad, beza plaçzet mad, *ppr.* bet.

**PLACER**, plaçza, *pr.* et. *v. mettre.*

**PLACÉ**, *ée*, *par. et adj.*, plaçzet.

**PLACET**, *tabouret de femme, d'enfant*, scabell feuret, *pl.* scabellou. — *Placet, prière par écrit*, placed, *pl.* ou; reqed, *pl.* reqejou.

**PLAGE**, *rivage de la mer*, aud, *pl.* auchou, aujeu; armor; an arvoricq, an arvor. *v. côte.*

**PLAIDANT**, *avocat plaidant*, alvocad breutaër. *pl.* alvocaded. *v. avocat.*

**PLAIDER**, *être en procès*, breudtaat, *pr.* breudtéet; procesi, *pr.* et; procedi, *pr.* et. *Van.* bout è procès. — *Plaider une cause*, breudtaat, *pr.* breuteët. *Van.* hertât, brentât, breutaal, *ppr.* ëet. — *Plaider pour quelqu'un*, breudtaat evit ur re bennac.

**PLAIDEUR**, *parlant d'un avocat plaidant*, breutaër, *pl.* yen. *Van.* breutér, bertér, *ppl.* yon. — *Plaideur, homme de procès*, cicaner, *pl.* yen. *Van.* cicanour, chicanour, *ppl.* yon. yan.

**PLAIDEUSE**, breutaërès, cicanerès, *ppl.* ed. *Van.* cicanourès, chicanourès, *ppl.* ed.

**PLAIDOIRIE**, *action de plaider*, breudtaërz. *Van.* breuterch. bertercah.

**PLAIDOYER**, *discours pour défendre la cause d'une partie*. breutât, *pl.* breujou *Van.* brent, bert, *ppl.* eû.

**PLAIDS**, *l'audience*, breujou. — *Outre les plaids le lendemain de la S. Martin*, añtronou goël Martin ea digorér ar breujou. — *Les généraux plaids*, ar brejou bras.

**PLAIE**, gouly, *pl.* ou; bleçz, *pl.* ou. *Van.* id, *ppl.* eû. *Cap Sizun*, bleñçz. — *Il a reçu une plaie mortelle*, ur gouly marvel èn deus, ur bleñçz marvel èn deus. —*Une plaie profonde*, ur c'houly doeu. — *Plaie universelle*, ur c'houly-gouly, ur gouly diouch-tu, ur gouly general. — *Faire une plaie à quelqu'un*, goulya ur re, pr. goulyet; ober ur gouly

rda ur re-bennac, *pr.* græt; pistiga ur
.re, *pr.* pistiguet. —*Recevoir une plaie*, be-
z.a goulyet, *pr.* bel; beza blençzet, bout
bleçzet.-*La chair commence à tenir à votre*
·*plaie*, qiga *ou* tinva a ra ho couly, oou-
mançz a ra oz couly da diñva *ou* da gui-
ga. *v. refermer.* —*Ce qui est sujet à donner*
*des plaies*, goulyus, pistigus, un dra
goulyus, ul labour pistigus, bleçzus,
bleñçzus, oc'h, á, añ.—*Renouveller une*
*plaie*, dineveza ur gouly, *pr.* et; digueri a névez ur gouly, *pr.* digoret.

PLAIN, ne, *uni*, plean, plæn, oh,
á, añ. *Van.* pleen, oh, añ. — *Un pays*
*plain*, ur vro blean, *pl.* broczyouplean.

PLAIN-CHANT, *le chant grégorien*,
can plean, can plæn. *Van.* can pleen.
—*Apprendre le plain-chant*, disqi ar c'han
plean, disqi ar c'han plæn, *pr.* desqet.
*Van.* desqeiñ er han pleen.

PLAIN, *fosse de tanneur*, poull-lezr,
*pl.* poullou-lezr. *v. tan.* — *Plain rempli*
*de cuirs*, poullad-lezr, *pl.* poulladou-
lezr.— *Chaque plain rempli de cuirs vaut*
*cent écus*, pep poullad lezr a dal cant
scoëd.

PLAINDRE *quelqu'un*, clemm ur re-
bennac, *pr.* et. *H.-Corn.* damant ur
re, *pr.* et. *Van.* demanteiñ, clemeiñ,
*ppr.* et.—*Je le plains à coup sûr*, e glém
a rañ *ou* clém a rañ anezañ, a dra-sur;
truez âm eus oundhâ ê guiryonez. —
*Se plaindre*, èn hem glém, *pr.* èn hem
glémmet; damanti, *pr.* et; qeinat, qei-
nal, *ppr.* qeinet. *Van.* him glemeiñ,
demanteiñ. *v. lamenter.*—*On se plaint de*
*tous*, èn hem glém a rear eus a *ou* a
rear penaus. — *Il se plaint beaucoup de*
*son mal*, terrup ez clémm gad a zroucq,
terrup a ra o qcinat *ou* o qcinal, gand
e zroucq *ou* gand e boau ar c'heaz. —
*Qui est à plaindre*, clémvanus, qeinvanus, a so da glémm.

PLAINE, *campagne unie*, pleanenn,
plænenn, eompesenn. *ppl.* ou; saou-
nenn . *pl.* aou.--*Une belle plaine de blé*,
ur gompesennad caër a ed, ur blea-
nennad caër a ed, ur mésyad caër a
. ed, *rpl.* compesennadou caër, pleanen-
nadou caër, mésyadou caër a ed. *H.-*
*Corn.* ur saounennad caër a ed, *pl.* sa-

ouennadau caër a ed.

PLAINTE, *action de se plaindre*, clémm,
*pl.* ou; damant, *pl.* ou. *Van.* clém, clé-
madur, *ppl.* eü.—*Plainte, lamentation*,
clémvan, *pl.* oü; qeiuvan, *pl.* oú. —
*Plainte dolente*, clémmadenn, *pl.* ou ;
sioüadenn, *pl.* ou.—*Plainte en justice*,
clémm, *pl.* ou. — *Faire ou dresser une*
*plainte*, ober ur glémm, *pr.* græt; lacqaat ur glémm, *pr.* lecqëet. *Van.* gober ur glém.

PLAINTIF, *ive*, *qui se plaint*, clémmus, damantus, oh, añ. *Van.* id. —
*Voix plaintive*, mouëz clémmus *ou* damantus, *pl.* mouëzyou clémmus, etc.—
*Un homme plaintif, qui se plaint toujours*.
clémmer, *pl.* yen; olémmicher, *pl.* yen.
*Léon*, qivyoul.

PLAIRE, pligea, pligeout, *ppr.* pliget; heta, *pr.* hetet. *Van.* pligeiñ, hetout.—*Cela me plairait bien*, un dra-ze
a bliché èr-vad din *ou* d'am c'halon.—
*Cet homme plaît à tout le monde*, an dèn-
hont a blich d'an oll, heta a ra *ou* pligeout a ra au dèn-hont d'ar bed-oll.—
*Se plaire à*, èn hem bligeout ê, èn hem
bligeout o, *pr.* èn hem bliget; hetaat
o, *pr.* hetëet. — *Comme il vous plaira*,
evel a bligeo gueneoc'h, evel a hetot,
evel a guerot. — *S'il plaît à Dieu*, mar
plich gad Doüe, mar béz volontez
Doüe, gad sicour Doüe.—*Plût à Dieu!*
a youl ! pligé gad Doüe.—*Plût à Dieu*
*que je sois sauvé!* a youl ez vezén salvet!
pligé gand Doüe ez aën d'ar baradosl
—*S'il vous plaît*, mar het deoc'h, mar
plich gueneoc'h, mar plich.—*A Dieu*
*ne plaise*, Doüe raz viro, Doüe ra bello
ou ra bellaî fortun.

PLAISAMMENT, èn ur fæçzoun hetus *ou* agreapl, gand pligeadur.

PLAISANCE, *maison de plaisance*,
qenqiz, *pl.* qenqizyou. *v. plessis.*

PLAISANT, *ante*, hetus, plijus, oh,
á.—*Plaisant en compagnie*, farçzus, a-
greapl. *Van.* bourdus.

PLAISANTER, farçzal, *pr.* farçzet.
*Van.* id.—*Plaisanter aux dépens d'autrui*,
farçzal divar goust *ou* divar bouëz re
all. *pr.* farçzet.

PLAISANTERIE, farçz, *pl.* farçzou.

Van. farçz, bourd, *ppl.* eû. *v. bouffônnerie.*
**PLAISIR**, pligeadur, *pl.* you; plijadurez, *pl.* ou; hetançz, *pl.* ou. *Van.*
pligeadur, pligeadureh.—*Les faux plai-*
*sirs du siècle,* ar pligeaduryou vean ha
tromplus cus ar bed.—*Plaisir sensuel,*
lichezry, *pl.* ou; lichezrez, *pl.* ou.
*Prendre plaisir à quelque chose,* qemeret
plijadur èn un dra, lacqaat e blijadur
èn un dra, cavout pligeadur èn un dra-
bennac.—*Faire plaisir à quelqu'un,* o-
ber pligeadur da ur re-bennac, *pr.*
græt.—*Qui aime son plaisir,* pligeadus,
nep a gâr e blijadur.

**PLAN**, *le plan d'un édifice,* diçzin, *pl.*
ou; diçzin un ediviçz, an diçzin eus a
un ediviçz-bennac.—*Donner ou prendre*
*le plan d'un édifice,* diçzina un ediviçz,
*pr.* et; lignenna un ediviçz, *pr.* et.

**PLANCHE**, *pièce de bois de sciage,*
plancqeñ, *pl.* pleñch, pleñcqod, planc-
qoad. *Van.* plancqenn, *pl.* plancqed,
plancqoêd.—*Planche de châtaignier,*
plancqenn qistin.—*de chêne,* pleñch
dero, pleñch tau.—*de chêne vert,* pleñch
glastenenn. *Trég.* pleñch taous.—*de*
*sapin,* pleñch sap.—*de jardin,* airette,
peñguenn, *pl.* ou; ervenn, *pl.* ou. *Trég.*
guélead. *Ils prononcent* gouélead, *pl.* ou.
*Van.* planchenn, *pl.* eû. *v.* airette.—
*Planche, feuille de cuivre gravée pour en*
*tirer des estampes,* patrom, *pl.* ou; moul,
*pl.* ou.

**PLANCHÉIER**, *faire un plancher,*
doubla; doubla un ty, ur gampr, ur
sazl, *pr.* doublet; pleñcha, *pr.* et; pleñ-
chesa, *pr.* et. *Van.* doubleiñ, plan-
cheiñ, *ppr.* et.

**PLANCHER**, plainch, *pl.* ou; doubl,
*pl.* ou. *Van.* doubl, plancheriçz, *ppl.*
eû.—*Un plancher bien fait,* ur plainch
great mad, un doubl græt mad.—*Le*
*plancher des vaches, la terre,* chaffaud ar
vioc'h.

**PLANCHETTE**, plancqennaïcq, *pl.*
pleñchigou.

**PLANE**, *outil de charron, de sabotier,*
parouër, *pl.* ou.

**PLANER**, *polir avec la plane,* para.
*pr.* paret.

**PLANÈTE**, *astre,* planedenn, *pl.* ou;

sterenn red, *pl.* stered-red.—*Les sept*
*planètes,* ar seiz planedenn : *le soleil,*
an héaul. *Al.* soul. *la lune,* al loär. *Al.*
llun. *mars,* meurs. *mercure,* merçz.
merc'her. *jupiter,* yaou, you, jau, jov.
*venus,* wenner, guêner. *saturne,* satorn, sadorn.

**PLAN**, *lieu où l'on élève des arbres,*
planteiz, *pl.* ou. *Van.* planteriçz, *pl.*
eû.—*Plan, jeune arbre pour planter,*
plantenn, *pl.* ou, plantenned, plant.
—*Plants d'arbres, plants de vigne,* plant
guéz, plant guïny, plantennou guez,
plantennou guïny.—*Jeune arbre qu'on a*
*planté,* plançzouuenn, *pl.* ou, ed. *Van.*
id., *pl.* eû, ed.

**PLANTAGE**, *action de planter,* plan-
tadurez, plantérez, plantaich. *Van.*
plantereah, planterereh.

**PLANTAIN**, *le grand plantain,* hed
ledau, ethledan.—*Petit plantain,* stlañ-
vesq, stlañvés. *on écrivait* stlañfesq.

**PLANTE**, *corps à racines,* plantenn,
*pl.* ou. *Van.* planteen, *pl.* eû.—*Plante*
*médicinale,* lousaouenn, *pl.* lousaou,
louzou. *Van.* leséuenn, *pl.* leséu.—*Jar-*
*din des plantes,* lousaouecg, *pl.* ou. *Van.*
leséuecg, *pl.* gueû.—*Plante du pied,* plant
an troad, *pl.* plantou an treid. *Van.*
id., *pl.* eû.—*Faire perdre plante à quel-*
*qu'un, l'abattre,* distroada ur re-bennac, *pr.* distroadet; displanta, *pr.* et.
—*Perdre plante dans l'eau,* coll plant,
*pr.* collet. *Van.* diçzonteiñ, *pr.* et.

**PLANTER**, planta, *pr.* et. *Van.* planteiñ, *pr.* plantet.—*Planter des arbres,*
*des vignes,* planta guéz, planta guïny.
—*Planter des choux, des poireaux,* planta caul, planta pour.

**PLANTÉ**, *ée,* plantet.—*Un homme*
*bien planté, qui a de bonnes jambes,* un
dèn postecq, *pl.* tud postecq.

**PLANTEUR**, *qui plante,* plantér, *pl.*
yeu. *Van.* plantour, *pl.* yon, yan.—
*Planteur de choux,* plantér caul.

**PLAQUE**, placq, *pl.* ou.

**PLAQUER**, placqa, *pr.* et. *Van.* plac-
qeiñ.

**PLAQUÉ**, *ée,* placqet.

**PLASTRON**, *armure qui couvre l'es-*
*tomac,* petral, *pl.* petralyou. *Van.* cu-

la çz, pl. culaçzeü.
PLAT, e, uni, pladt, oh, aû. Van.
id. — A plat, a blad. Van. a blad. — A
plate terre, a blad var an doüar yen. —
Nez plat, fry pladt, fry turcq. — Plat
comme une sole, plad evel ar spanell.—
Tout d plat, ù plate couture, a blad caër.
— Mettre d plat, plada, pr. pladet. Van.
pladeiñ.
PLAT, ustensile, plad, pl. pladou,
plajoü. Van. id.,pl. eü.—Plat d'argent,
piad arc'hand. — de vermeil, plad ar-
c'hand alauret. — d'étain, plad stean,
plad stæn. — de terre, pla i pry. Van.
plad doar. — de bois, plad prenn, plad
coad. — Grand plat, plad bras. — Petit
plat, plat bihan. v. plateau.
PLAT-BORD, garde-fou d'un vaisseau,
ar portelof.
PLATEAU, petit plat de bois, pladicq
coad, pl. plajoñigou coad; pladicq
prenn, pl. pladoüigou prenn.—Plateau
de balance, pladenn, pladenn valançz,
pl. pládeñnou balançz.
PLATE-FORME, manière de terrasse,
pladenn doüar, pl. pladennou doüar.
PLATINE, pladinenn, pl. ou.
PLATRAS, morceau de plâtre qui avait
été employé, plastraich, nar.
PLACRE, plastr. Van. id.
PLATRER, enduire de plâtre, plastra,
pr. et; iüdua gad plastr, pr. et. Van.
plastreiñ. —L'action de plâtrer, plastré-
rez, plastradur. Van. plastrereah.
PLATRIER, qui travaille en plâtre,
plastrèr, pl. yen. Van. plastrour,pl.yon.
PLATRIERE, carrière de plâtre, plas-
trery, plastriguell, ppl. ou.
PLAUSIBLE, a alleur da amprouï,
din da veza amprouët.
PLEIGE, caution, cautionner. u-y.
PLEIN, e, rempli, leun, oc'h, â,
aû. Van. lau, leen, lein, leih, oh, aû.
— Plein de vin, leun ens a vin, leun a
vin. — Plein d demi, hanter-leun. Van.
hantér leih.—Le sac est plein, la mesure
est comble, leun eo ar boësell, bar eo
ar musur.—Tout plein, leun feaz. Van.
lan fæh, leih-sclocq.—Tout plein, beaucoup, presque sans nombre, è leiz, leiz.
Van. è leih, leih, hileih. — Plein le cha-

peau, leiz an tocq. Van. leih en tocq.—
Plein l'église, leiz an ilis. Van. leih en
ilis. — Il a du vent plein la tête, avel a so
gand-hâ, leiz e benn.—Des arbres pleins
de fruit, guëz hac o leiz a frouëz èn ho
guëz carguet a frouëz. — Tout plein de
monde, de bêtes, d'insectes, è leiz a dud,
è leiz a anevaled, è leiz a amprevaned
ou a brèvedenned. Van. è leih a dud,
hileih a enevaled, è leih ou hileih a
brañhuedigueü.—En plein jour, è creiz
au deiz, var greiz an deiz. — En plein
midi, da grezleiz fourniçz, da greizdez
pa véz uhclà an héaul. — En plein marché, è creiz ar marc'had. — Plein, né,
replet, carguet, re lardt. — Plein pouvoir, pleine puissance, oll c'halloud.
PLEINEMENT, an oll d'an oll, leun
evit al leunâ.
PLENIPOTENTIAIRE, nep o deus
digand ar roüe, oll c'halloud evit e
æfferyou.
PLENITUDE, leunder, è leiz. Van.
leended.—La très-sainte Vierge a eu une
plénitude de grâces, ar Verc'hès sacr he
deus bet ul leunder a c'hraçzou ou a
so bet leun a c'hraçz. — Une plénitude
d'humeurs, ul leunder ou è leiz a humoryou.
PLESSIS, en quelques endroits Plesse,
maison de plaisance qui a ordinairement un
bois, et qui sert de décoration à la maison,
qenqiz, pl. ou, you. Une infinité de maisons portent ce nom en français, et en breton celui de Qenqiz, ar Guenqiz. Excepté un village près de Rostrenen, qui, par
métathèse, se nomme Qinqez-an-Lès, il
est, le Plessis de la cour seigneuriale, il
en existe d'autres où il y a plusieurs bois,
et qui se nomment Qenqizou, ar Guen-
qizou. Les Français font venir le mot Plessis de Plaxitium, Plesseicium, ou d pla-
cendo. Quoi qu'il en soit du mot français,
je crois que Qenqiz, qu'on écrivait Ken-
qiz, vient de qen simplement, ou de qen
et de qiz. De qen, adject., qui signifie
beau, belle, dont on aurait fait le subst.
qenqiz, et voudrait dire beauté; de même
que de l'adj. yaoüancq, jeune, on a fait
yaoüancqiz, jeunesse : ou enfin de qiz,
mode, qui, joint d qen, signifierait belle.

*mode, belle décoration. v. beau, décoration.*
—*La maison du Plessis,* maner ar Guenqiz. *Van.* manèr er Guenqiz, mener er
Guenqih. —*Monsieur du Plessis,* an autrou'r Guenqiz.

PLEURER, goëla, *pr.* et; dazlaouï,
daëlaouï, *ppr.* dazlaouët, daëlaouët ;
daëraouï, daraouï, *ppr.* et ; disolfi, *pr.*
et; scuilha dazlou *ou* daëlou *ou* daërou
*ou* darou, *pr.* scuilhet. *Van.* goëlciñ,
gouïleiñ, ouïleiñ, *A Rhuis,* leañneiñ,
*qui semble tenir de* lean, *religieux.*—*Pleurer ses péchés,* goëla e bec'hejou.—*Pleurer à chaudes larmes,* goëla druz, goëla
stancq, goëla dourecq, scuilha daëlou
druz *ou* founnus *ou* garo.—*Pleurer long-
temps,* cañvaouï, cavaouï, *ppr.* et.—
*Pleurer de joie,* goëla gad ar joa, scuilha daëlou a joa. —*Faire pleurer,* lacqât da voëla, *pr.* lecqëet. —*Ce qui mérite d'être pleuré,* un dra goëlus, un dra
goëlvanus, un dra daelaouûs, ar pez
a vilit bezn goëlet.

PLÉURÉSIE, *maladie,* pleurcsy,
droucq-costez gad bèr hac un derzyen
grë. — *Fausse pleurésie,* fals pleuresy,
droucq-costez hcp terzyenn, hep se-
c'hed, an pas.

PLEURÉUR, goëlë, cañvaouër, *ppl.*
yen.

PLEUREUSE, goëlerès, cañvaouë-
rès, *ppl.* ed.

PLEURS, *larmes,* goëlvañ, daëlou.

PLEUVOIR, glava, *pr.* et; ober glao,
*p'.* græt. *Van.* glaû, glaüeiñ. On écrirait glaffaff, glaff. — *Il pleut,* glava'ra,
glao a ra. — *Il pleut à verse,* glao a ra
qen na fu, glao a ra endr'all, glao pil
a ra, poulladi a ra ar glao. — *S'il ne
pleut pas tantôt,* marbéz divanne e-verr,
m'n na vez qet a c'hlao e-verr, mar
béz divanne't an amser eñ berr. —
*Dieu fait pleuvoir ses grâces sur tous,* an
autrou Doue a scu.lh sounus e c'hraçzou var an oll.

PLI, plecg, *pl.* plegou. *Van.* id., *pl*
eû. — *Le pli du bras,* plecg ar vreac'h.
— *Pli dans une robe pour la raccourcir,*
poulaunezen, *pl.* poulounez. — *Faire
des plis à des vêtements,* poulouneza, *pr.*
et. *r.* froncer. — *Prendre un bon pli, de*

---

*bonnes habitudes,* qemer ur pleg mad,
qemer un accustumançz vad, *pr.* et.—
*Prendre un mauvais pli,* qemeret ur goall
plecg *ou* ur plecg fall *ou* ur goall dech
*ou* un tech fall, *pr.* id. *v. coutume*— *Les
plis et les replis du cœur,* plegou, eil blegou ha displegou ar goustiançz.—*Au
jugement dernier, on verra tous les plis et
replis du cœur du pécheur,* d'an deiz divezâ ar bed ez vezo scleréët, discoublet
ha disoloét patant dirag ar bed oll, an
oll blegou eus a goustiançz ar pec'heur.

PLIABLE, *qui se plie,* plegapl, oh, â.

PLIANT, e, *qui plie,* guëzn, oh, añ.
— *L'osier et le bouleau sont des bois pli-
ants,* an ausilh hac ar bézo a so guëzn
*ou* plegus.

PLIE, *petit poisson plat,* leizen, *pl.*
leized; lizen, *pl.* lized.

PLIER, plega. *pr.* pleguet: soubla,
*pr.* et. *Van.* plegueiñ. *Al.* plethu. —
*Plier sous sa charge,* plega dindan e vc-
ac'h, soubla didan e garg. *Van.* plegueiñ edau er boës.—*Il vaut mieux plier
que rompre,* guëll eo plega egued terri.
— *Qui ne peut plier, diblegus, reudt,*
calet, disoupl, gourt, oc'h, â, añ. —
*Plier bagage,* ober e bacq, ober e drouçzad. *ppr.* great, græt. — *Faire plier,*
lacqât da blega *ou* da soubla, *pr.* lecqëet; soublaat, *pr.* ëet.

PLIÉ, *ée,* plecq, oh, â, añ. *Van.*
id.— *Qui n'est pas plié,* displecq. *Van.*
id.

PLIEUR, pleguer, *pl.* yen.

PLIEUSE, pleguerès, *pl.* ed.

PLISSER, *faire plusieurs petits plis,*
fronçza, *pr.* fronçzet; rida, *pr.* ridet. *v.*
froncer.

PLISSURE, fronçz, *pl.* ou. *v. froncis.*

PLOERMEL, *sous-préfecture du Mor-
bihan,* Pleu-Armell, *id est, campagne de
S.* Armel, *qui en est le patron.*—*Les habitants de Ploërmel,* Plouarmellis.

PLOMB, *métal,* ploum. *Van.* plom.
— *Gouttière de plomb,* can ploum, *pl.*
canyou ploum. — *Lame de plomb,* lau-
venn bloum, *pl.* lanvennou bloum; lau-
lenn bloum, *pl.* taulennou bloum.—
*Mine de plomb,* mængleuz ploum, *pl.*
mænglenzyou ploum.—*Plomb pour el-*

ligner, ur plonm, *pl.* ploumou. — *A
plomb, perpendiculairement,* a bloum, è
ploum, a sounn,é souon.—*Lever quelque chose à plomb,* sevel un dra a bloum,
sevel sonn un dra-bennac, *pr.* savet ;
lacqàt un dra ê ploum, *pr.* ëet. — *Le
soleil donnait à plomb sur sa tête,* an héaul a sqoé a bloum var e benn. — *En
plomb, mort,* sounn, reud. — *Le pauvre
homme est en plomb,* reud eo ê sounn
eo ar c'heaz, reuded *ou* sounnet eo ar
paur qæz.

PLOMBÉ, *ée,* ploumet. — *De couleur
plombée,* a lyou ploum.

PLOMBER, *appliquer le plomb,* plou-
ma, *pr. et. Van.* ploumciñ.

PLOMBIER, *marchand de plomb ,*
ploumer, *pl.* yen.

PLONGEON, *oiseau aquatique,* po-
c'han, *pl* ed; ploumericg, *pl.* ploume-
rigued; pluñgericg, *pl.* pluñgerigued.

PLONGER, *enfoncer quelque chose dans
l'eau,* pluñgea un dra-bennac, *pr. et.
Van.* plugeiñ, soubeiñ.—*Plonger légèrement quelque chose dans l'eau,* soubilha, *pr. et.* — *Plonger, aller sous l'eau,*
pluñgea, *pr.* pluñget. *Van.* plugeiñ,
*pr.* pluget.

PLONGEUR, *homme qui plonge,* po-
c'han, *pl.* ed ; ploumèr, *pl.* yen;pluñ
ger, *pl.* yen. *Van.* plügeour, *pl.* plu-
geryon.

PLUIE, glao, *rl.* glaouyou ; glav,
*pl.* glavyou. *Van.* glaü; *on écrirait* glaff.
— *Petite pluie,* glaouïcq, glavicq, *ppl.*
glavigou. *Van.* glaü munud, glaü foëdt. *v. rosée.* --*Petite ondée de pluie,* ca-
hoüadicgglao, *pl.* cahouajouïgou glao;
barricg glao, *pl.* barrouïgou glao. *v.
ondée.* — *Grosse pluie,* glao bras, glao
stancq, glao pil. — *Petite pluie froide ac-
compagnée de brouillards ,* luçzenn, *pl.*
ou ; luguenn, *pl.* ou. — *Pluie subite qui
tient de la mer,* mor-luçzeñ, *pl.* mor-luç-
zennou; mor-c'hlao, *pl.* mor-c'hlavy-
ou. — *Sans pluie,* hep glao, divanne,
divannec'h. -- *Si le temps est sans pluie,*
mar béz an amser divanné, mau na
véz qet a c'hlao, m'ar be divannec'h.

PLUMAGE, plumaich, pluñaich,
pluñ.

PLUME, pluven, pluenn, *ppl.* pluñ.
*Van.* plumen,pluen, *ppl.* pluñ, plu. *Al.*
calaf. — *Petite plume,* pluvennicq,plue-
nicg, *ppl.* pluñïgou--*Couvert de plumes,*
pluñvecq, pluñecq. *v. empanacher.* —
*Qui n'a point de plumes,* distuc'h, dibluñ.
— *Oter la plume,* dibluñva, dibluña,*ppr.
et.* — *Faire tenir la plume à un oiseau ,*
stuc'hya, *pr. et.* — *Tailler une plume,*
tailha ur bluenn, *pr. et.* — *Mettre la
main à la plume,* qemeret ar bluen cvit
scriva, *pr.* id.

PLUMÉE,*plein la plume d'encre,* pluen-
nad lyou, *pl.* pluennadou.

PLUMER, *arracher les plumes,* dibluñva, dibluña, *ppr. et. Van.* dibluciñ, di-
blual, *ppr. et.* —*Plumer les parties plai-
dantes,* dibluña ar c'hevrennou cvel cabouned.

PLUMET, plumaich, plumaichenn,
*ppl.* ou.

PLUPART ( la ), an darn-vuya, an
darn-vuyan. *Van.* èn darn-vuihan. —
*La plupart des hommes ,* an darn-vuya
eus ar bed;an darn-vuyâ'n dud.--*Laplu-
part du temps,* an darn-vuyâ'n amser,
peur-vuyâ, peur-lyeçzâ. —*La plupart
du monde,* an darn vuyâ eus an dud ,
ar foun eus an dud, ar foun vuya eus
ar bed.

PLURALITÉ, niver résounñapl, niver
bras, an niver braçzâ. — *La pluralité
des dieux,* an niver eus an douëed, an
niver bras eus ar fals-douëed. — *A la
pluralité des voix,* hervez an niver braçzâ eus ar mouëzyou, diouc'h ar muyâ
a vouëzyou.

PLURIEL, pluryel, ar pluryel. ---
*Pluriel, nombre pluriel,* an niver eus a
gals, niver eus a ur rum. *v. plusieurs.*

PLUS, *t. comparatif,* muy, muyoc'h.
*Van.* muy, mu, estroh. —*Plus d'argent,*
muy a arc'hand, muyoc'h a arc'hand.
— *Plus de vingt ans,* muy evit uguent
vloaz, guëll evit uguent vloaz, ouc'h-
penñ uguent vloaz. —*Plus grand,* braçzoc'h. — *Plus petit ,* bibanoc'h, —*Plus
sàge que Pierre,* furoc'h evit Pezr. —*Le
plus, t. superlatif,* muyâ, ar muyâ. *Van.*
muyhañ, muhañ, mihañ. *Trég. et H.-
Corn.* muyañ. — *Le plus qu'il m'est pos-*

sible, muyâ ma allañ, muyâ ma ez eo
poçzub din. — *Le plus qu'il savait*, ar
muyâ a oñïé. — *Le plus grand, le plus
petit*, ar braçzâ, ar bihanâ. — *Le plus
sage d'eux*, ar furâ auézo. --*Le plus promptement que j'ai pu*, ar c'hentâ ma êm eus
gallet. — *Plus vîte que je ne voudrais*,
qent evit ne garréñ, qentoc'h eguod ne
garréñ, buanoc'h eguit ne falfe diñ.—
*Plus qu'il ne faut*, mugued ne faut, muy
evit ne faut. —*Tout au plus*, d'ar muyâ,
evit ar muyâ, d'an hirrâ. *Van.* d'er
muyhañ, d'er mihañ. — *Plus ou moins*,
muy pe vihanoc'h. — *Ni plus, ni moins*,
na muy, na bihanoc'h; na muy, na
neubeutoc'h; na muy, na meas;na muy
na mæs; na muy, na méul; na muy, na
qet. — *De plus en plus*, muy-oc'h-muy.
*Van.* muhob-mu, mihoh-mi, muyoh-
muy. — *De plus, outre cela*, ouc'hpenn,
ouzpenn. *Van.* doh pcen. ê peen qemet-
ze. -- *Rien plus*, netra qen, tra qen. --
*Le plus souvent*, peurlyeçzâ. -- *Tant plus
que* . seul vuy ma. *Van.* sell muy me.
— *Plus il est savant, plus il est modeste*,
seul vuy ma ez eo abyl, seul vuy ez eo
modest; sul vraçzoc'h eo e vouïzyéguez,
sul vraçzoc'h eo yvez e vodesty. --*Plus
on en a. plus on en retat avoir*, seul vuy hon
béz, seul vuy a fell deomp da gahout.—
*Non plus que s'il était mort*, qen neubeud
mugued na vez maro *ou* pa vé maro --
*Je ne m'étonne plus*, n'edoun muy souëzet. — *Je ne dirai plus rien* . ne liviriñ
muy netra. — *Je n'en puis plus*, ne allañ
muy, acicq oun, bréau oun. — *Il était
rendu plus tôt que les autres*, abretoc'h
ez oa rentet *ou* qent ez oa deuët egued
ar re all. — *Le plus tôt*, qentañ, qentâ,
ar c'hentañ, ar c'hentâ. *On écrivait* qen-
taff. — *Le plus tôt rendu*, ar c'hentâ rentet. — *Le plus tôt que*, qentañ ma, ar
c'hentañ ma, ar c'hentâ ma illiñ. —
*Le plus tôt que je pourrai*, qentâ ma hilliñ, ar c'hentâ ma illiñ. — *Pour le plus
tôt*, evit ar c'her tâ.—*Il ne fut pas plus
tôt rendu qu'il fut pendu*, a boan vras edo
arru ma ez oñé crouguet næt, a boan
ez oa rentet ma zoa crouguet gronçz.

**PLUSIEURS**, *un grand nombre*. meur
a hiny; meur a zèn, forz, cals, calsou.

*Van.* mér e hany, cals, forh, heleih,hi-
leih. — *Plusieurs s'y sont trouvés*, meur
a hiny a so èn hem gavet eno,forz tud
*ou* cals a dud a so bet eno. *Van.* mer
hany *ou* forh tud a so him gafet enou.
-- *Plusieurs particuliers*, lyès hiny, lyès
dèn, meur a hiny, meur a zèn,cals persounaichou. -- *Plusieurs choses*, meur a
dra, lyès tra, forz traou, cals traou *ou*
a draou. --*Plusieurs fois*, meur a veac'h,
alyès, alyès a veac'h, lyès guëach. --
*Plusieurs jours*, meur a zeiz. -- *De plusieurs*, digad meur a hiny.--*A plusieurs*,
da veur a hiny, da gals.

**PLUTON.** *faux dieu*, Ploudon, Pluton,
doë au ivern, an doë Di *ou* Diñ.

**PLUTOT**, qent, qentoc'h, abretoc'h.
*Van.* id. -- *Plutôt l'un que l'autre*, qent
an eil evit eguile,qentoc'h an eil eguid
*ou* egued eguile. — *Plutôt mourir que de
pécher mortellement* , qent mervel eguid
pec'hi *ou* egued pec'hi marvellamant.
-- *Tant plutôt tant mieux*, sul gwent sul
vell, seul guéntoc'h seul velloc'h, seul
guentâ seul vellâ.

**PLUVIAL**, *chappe d'évêques et de prêtres*,
chapp, *pl.* ou. *Van.* cap,ur hap,*pl.* eü.
--- *De l'eau pluviale*, dour-glao. *Van.*
déür-glaü.

**PLUVIER** *de lande ou chevalier d'eau
douce, oiseau*, moullecg,*pl.* moullegued.
--*Pluvier de mer ou petit chevalier*,iñgued,
*pl.* ed. -- *Pluvier de mer ou grand chevalier*, clugear-vor, *pl.* clugiry.

**PLUVIEUX**, *euse*, glavus, glavecq,
oh, à. -- *Temps pluvieux*, amser glavus
*ou* glavecq. -- *L'automne est pluvieuse*,
an discar-amser a so glavus *ou* glavecq.
-- *Temps qui n'est pas pluvieux*,amser di-
c'hlavus *ou* divanne *ou* seac'h.

**POCHE**, *sac*, sac'h, *pl.*sec'hyer,syer,
seyer. *Van.* sab, *pl.* eü, sihèr.--*Longue
poche*, sac'h hirr, *pl.* seyer hirr.--*Poche
courte*, sac'h berr, *pl.* seyer verr.--*Remplir les poches*, caga ar seyer. *Van.* cargueiñ er saheü *ou* er siher. -- *Qui tient
la poche est aussi grand voleur que celui qui l'emplit*, qer bras laër eo nep a
zalc'h ar sac'h evelnep a lacqa ebarz.--
*Poche d'habit.* godell,*pl.* ou; sac'h.*pl.*seyer. *Van.* flehed, *pl.* eü.--*Mettre en poche,*

sac'ha, pr. et; lacqaat èn e sac'h ou èn
e c'hodell, pr. lecqeat, lecqëet.

POCHÉE, plein une poche, sac'had,pl.
ou; godellad, pl. ou. Van. sahad.--Pe-
tite pochée, sac'hadicq, pl. sac'hadouïgou. Van. sáhadicg, pl. sahadigueū;fi-
c'hedadicg, pl, fichedadigueū.

POCHER, meurtrir les yeux à quelqu'un, pocha daulagad ur re-bennac,
pocha e zaulagad èn e benn da ur re-
beñac, pr. pochet; tarza e zaulagad èn
e benn dí ur re-beñac, pr. tarzet. Van.
pocheiñ ou tarheiñ e zeūlagad èn e been
d'unon-bennac, ppr. pochet, tarhet..

POCHETTE, petite poche, sac'hicg,
pl. seyerigou; godellicg, pl. godellouï-
gou; sacod, pl. ou. Van. jacod, pl. ëū.

PODAGRE. r. goutteux.

POELE, pilicg, pl. pilyou; pillicg,
pl. piligou. Van. id., ppl. eū v. bassin.
-- Grande poéle, pillicq vras, ar billicq
vras. -- La petite potle, ar billicq vihan.
-- Poéle de cuivre, de fer, pillicg cuēvr,
houarn,pl. pilyou, etc. -- dfrire, pilicq
friteres, pl pilyou. -- dmanche, palareñ,
pl. ou; pilicq lostecq, pl pilyou; paē-
lonn,pl. ou. Van.paëron,pairon,paron,
ppl eū. -- Plein la poéle, pilyad, pl ou;
paëlonnad,palarennad,ppl. ou.--Poéle.
dais pour porter le Saint-Sacrement, tabarlancq, pl. ou; dæz, pl. you. --Poéle,
drap mortuaire de relours noir, ar voulous mortuaich..

POELON, paëloun vihan, pl. paē-
lonnou; paëlonnicg, pl. paëlonnouï-
gou. Van. paronned, paronnicg,ppl eū.

POELONNÉE, paëlonnad, pl. ou;
leiz ar baëlon vihan.

POEME, ourrage en vers,carm,pl. ou.
Al. bardonnecg. -- Un beau poéme, ur
c'harm caër, pl. carmou.

POESIE, poësy, poëtiry, ar sqyand
da ober guērson.

POETE, poëtryan, pl. ed. Al. bardd,
pl. bardded.

POETEREAU, mauvais poëte, poëtry-
anicq, coz poëtryan.

POETESSE,femme poële, poëtryanès;
pl. ed.

POETIQUE,a aparchant oud ar poësy ou oud an poëtiry.

PÒIDS, masse pour peser, poës, pl.
you; pouës, pl. pouējou. Van. pouis,
poës, pl. eū. -- Le poids d'une livre, ul
livr,ar paouëseus a ul livr. Al. pundd.
-- Les poids du roi, poëjou ar roüe. --
Mettre les poids dans la balance, lacqât ar
poëjou eharz èr balançz. -- Par poids
et par mesures, gand pouesha musur. --
Poids, pesanteur, pouës. -- Poids, autorité, pouës, galloud. -- Une personne de
poids, un dèn a bouës.

POIGNANT,e,lémm,sancqus,flém-
mus, bèrus, bèryus, oh, à, añ. -- Les
douleurs de la goutte sont poignantes, an
ancqenn a souffrér gand ar goutaou a
so sancqus ou lémm. -- Injures poignantes, injuryou sauoqus ou flémmus ou
bèryus.

POIGNARD, arme courte et pointue,
goustilh,pl. ou.v. dague.--Petitpoignard,
goustilhicg, pl. goustilhouïgou.

POIGNARDE, ée, goustilhet, con-
tellet.

POIGNARDER, goustilha, pr. et. --
Poignarder du couteau, contella, pr. et.
--Celui qui poignarde, goustilher, contel-
ler, p l. yen.

POIGNÉE, plein la main, boçzad,
dournad, dôrnad, flac'had, crabanad,
ppl. ou. Van. dournad, dôrnad,ppl. eū.
--Petite poignée, dournadicq, pl. dournadouïgou; boçzadicq, pl. boçzadouï-
gou; flac'hadicq, pl. flac'hadouïgou.
--Une poignée de terges, un dournad guyal.--Une poignce de soldats, ur vanden-
nicq soudarded, pl. bandennouïgou. -
Une poigne de gens, ur dournadicq tud.
--Une poignée de lin, de chantre; de laine,
un duylh lin ou canab ou gloan, pl.
duylhou. -- Une grande poignce de lin,
un duylhad lin, pl. duylhadou.

POIGNET, la jointure qui lie la main
arec l'os du bras, azôrn, harzôrn, aldôrn.
Van. azourn, aourn.--Les deux poignets,
an naou azôrn, an eil azôrn hac eguile,
au azôrnyou. Van. aourneū, azourneū.

POIL, blévenn, pl. bléau. Van. id.
On ecrivait blessenn, pl. bleff. -- Petit
poil, blévennicq, pl. bléouigou. -- Se
prendre l'un et l'autre au poil, èn hem
bléota, pr. èn hem bléotet. -- Couvert

de poil, *velu,* blevecq, oh, añ. — *Sans*
*poil, qui n'a pas de poil,* divléau. — *Qui*
*n'a point de poil nulle part,* barbouron,
*pl.* ed. — *Oter le poil du beurre en le pé-*
*trissant,* divléva amann, divlévi amañ,
*ppr.* divlévet. *Van.* divléueiñ amoueun.
— *Poil follet,* marbléau, bléoïgou-fuilh,
qæzour, qæzour. *Van.* barv gluan,
marbléñ. — *Qui commence à avoir du poil*
*follet, de la barbe au menton,* qæzourecq.
*pl.* qæzouréyen. *v. pubère.* — *De tout poil*
*bonne bête; de tous pays, bonnes gens,* a bep
lyou, marc'h mad; a bep bro, tud vad.

POINÇON, poëuçzoun, *pl.* ou. *Van.*
id., *pl.* eü.

POINDRE, *piquer, causer une douleur*
*aiguë,* sancqa, *pr.* sancqet. *v. piquer.* —
*Poindre, commencer à paraître,* tarza, *pr.*
tarzet; goulaoui, *pr.* goulaouet; didarza, *pr.* et. *Les deux premiers mots se*
*disent proprement du jour qui commence*
*à paraître; le troisième se dit d'un abcès ou*
*autre mal interne qui se déclare au-dehors.*
*Van.* tarhein.

FOING, *main fermée,* meilh añ dôrn,
ar meilh, dourn serret. *Van.* dôrn serret, meilh dôrn. — *Un coup de poing,* un
taul dourn, *pl.* taulyou dourn. *Van.* id.,
*pl.* eü. — *Se battre à coups de poings,* èn
hem dôrnata, *pr.* èn hem dôrnaïet.

POINT, poënd, *pl.* poënchou. *Van.*
pòent, *pl.* eu. — *Un point indivisible,* ur
poënd dirannapl. — *Un point de sermon,*
ur poënd a brezeguen ou ar sarmon. —
*Le point du jour,* tarz an deiz, goulou-
deiz. *Van.* tarh èn de, poënt èn de,
goleü-dè. — *Point, moment précis,* tailh,
ampoënd, poënd. — *Il est sur le point de*
*mourir,* ez ma var ar poënd da drémen,
ez ma èn ampoënd da vervell, dare eo,
ez ma è tailh da vervell, ez ma var nez
mervel, ez ma nez d'ar maro, èz ma
ogos rentet èr mouich. — *Il était sur le*
*point de partir,* edo var ar poënd da
ou è tailh da ou èn ampoënd da zi-
blaçza, dare eo da zispartya, edo var
nez moünet quyt. — *A point, à point*
*nommé,* d'an ampoënd, èn ampoënd,
d'ar poënd just, è qentell. — *Il est ar-*
*rivé à point nommé,* deuèt eo è qentell,
deuèt eo èn ampoënd *ou* d'an ampo-

ënd *ou* d'ar poënd just. — *De point en*
*point,* a boënd-è-poënd, a boënd-da-
boënd.

POINT, *t. de cordonniers et de tailleurs,*
craff, *pl.* cravou, crefeun; gry, *pl.* ou.
*Van.* craff, *pl.* eü; ur hraf. — *Un point*
*ou deux,* ur c'hraff pe zaou, ur c'hraf-
ficq pe zaou, ur gry pe zaou. — *Point*
*d'aiguille,* craff'nados, ur gry. — *Le point*
*d'honneur,* ar poënd a euor, an euor,
hervez ompinion ar bed. — *Le point d'hon-*
*neur cause bien des malheurs,* ar poënd a
euor a stlech var e lec'h meur a zroucq-
eür.

POINT *ou pas, particule négative,*
qet; qet a toujours la négation ne. *Van.*
qet. *v. pas.* — *Il n'a point d'argent,* n'en
deus qet a arc'hand. *Van.* n'en des qet
a argand. — *Il n'y en a point,* n'en deus
qet. — *Il n'y en a point trop,* ne deus qet
re. — *Point du tout,* netra, tra, esqenn,
bryeueun è nep fæçzoun, a nep hend.
— *Ne voyez-vous point ?* ha ne vellit-hu
qet? ne vellit-hu qet? — *Pour ne point*
*mentir,* hep lavaret gaou, evit lavaret
guir, evit lavaret ar viryouez. — *Il est*
*tenu de deux à un, d'un à point,* eus a zaou
eo deuèt da unan, eus a unan da guet.

POINTE, *bout aigu,* becg, *pl.* begou;
becg lémm, *pl.* begou lémm. *Van.* id.,
*pl.* eü. — *La pointe d'un couteau,* becg ur
goutell. — *La pointe du fer d'une lance,*
becg ur goao, becg un impyod. — *Pointe*
*d'un rocher,* becg ur garrecg, ur becg
carrecg. — *Pointe de terre,* becg douar,
*pl.* begou douar. *v. isthme.* — *La pointe*
*du Rat de Fontenay,* becg ar Raz. — *Al-*
*ler à la pointe,* moünet d'ar becg. — *La*
*pointe d'un fouet,* becg ur foëdt. — *Petite*
*pointe mince sur-ajoutée à un fouet, pour*
*le faire claquer,* touc'henn, *pl.* ou. *Van.*
toucheenn, un doucheen foedt. — *Pointe*
*de fuseau,* hineqinu, heneqinu, *ppl.* you;
*de encq, étroit, et de qein, dos. Van.* id.,
*pl.* yeü. — *Pointe de douleur,* bèr, *pl.* you.
*H.-Corn. et Léon,* pisticg, *pl.* pistigou.
*Treg.* fricqer, *pl.* fricqeryo. — *Causer*
*des pointes,* bérya, *pr.* et. *H.-Corn.* pis-
tigo, *pr.* pistiguet; rei pisticq, rei pis-
tigau, *pr.* reit. *Léon,* pistiga, *pr.* et. —
*Une pointe d'esprit,* ur guer mad, un

b crïm mad, ppl. gueryou mad, them-
nou mad. -- Un homme qui a de bonnes
intes, un themmer nad, pl. them-
néryen vad. — Poursuivre sa pointe, qen-
ler c'hel, pr qendalc'het; dero'hel mad,
pr. dalc'het. Metaph. caçz an ero da beñ.
pr. caçzet — Pointe, l'extrémite des clous
dont on a ferré les chetau, broud, pl.
ou. Van. id., pl. eû.

POINTER, piquer de la pointe, brouda, pr. et. Van. broudeiñ, pr. et. — Pointer le canon, le mettre en mire, poênta, pr.
et; poênta arc'hanol etrese. Van. poên-
teiñ er hanon etrosac.

POINTILLER, ærguï, pr. ët; cicana,
pr. et. Van. ergoteiñ, carelleiñ.

POINTILLES, ærguou, cicanérez,
daël. Van. ergotereh, carelligueû.

POINTILLEUX, euse, hinqinus, daê-
lus, rendaëlus, campaignus, oh, à, añ.
Van ergolus, carellus, oh, añ.

POINTU, e, beguecq, lêmm, oh, añ.
Van. id. — Lame trop pointue, lameun
re veguecq. — Tête pointue, peun beguecq. peun hirr.

POIRE, fruit, pèrenn, pl. pèr. Van
pereen, pl. pèr; pireen, pl. pir. — Poires d'été, poires d'hiver, pèr hañ ou hañvecq, pèr goañ ou goañv ecq. — jaunes,
pèr mêleu. — de garde, pèr mir. — molles ou blettes, pèr pezell. — de sergent.
pèr tryloncq. pèr tagus, per tag. — sauvages, coz-pèr, col pèr. Van. per gou-
dasq, per goudesq.—artificielles, pèr coar.

POIRE, cidre de poire, sistr pèr.

POIRIER, arbre fruitier, pèrenn, pl.
ou, ed, yer; guézen pèr, pl. guéz per.
Van. pèreenn, pl. perenned; pireenn,
pl. piregui. De là, la maison du Perennou.
—M. des Poiriers, an Autrou'r Perennou.

POIS, legume, pèsen, pl. pès; pisen,
pl. pis. Van. id. v. coutume. — Pois communs, pis commun, pès cumun. — Pois
chiches ou pois gris, pès cicès, pis cicès.
— Semer des pois, liada pès, pr. hadet.
— Ramer des pois, percha pis, pr. et.

POISON, ampoësoun, pl. ou. Van.
pouison, ampouison, ppl. eû. — Poison
lent, ampoèsoun lent. — Poison subtil,
ampoèsoun hastif, un ampoèsoun prim
— Donner du poison à quelqu'un, rei na

ampoësenn da ur re, pr. roët; ampoësouni ur re, pr. ampoèsounet. — Prendre du poison, louseqa ampoèsoun, pr.
ouncqêt; hem ampoèsouni.

POISSER, enduire de poix, pega, pr.
peguet; frota gad pecg, pr. frotet. Van.
peegueiñ.

POISSON, pesq, pl. ed. B.-Léon, pesq,
pl. pesqeud, pesqod, peusqod. Van. pesq,
pl. ed. pisqed. — Petit poisson, pesqicq,
pl. pesqedigou, pesqedigou ragot, pesqedigou munud. Van. pesqicq, pl. pes-
qedigueû. — Poissons d'eau douce, pes-
qed dour donçz. — Poissons de mer, pes-
qed mor. — Coquille de poissons, gro-
guen pesq, pl. créguin pesqed. — Poissons à coquilles, pesqed créguin. — sans
coquilles et sans écailles, pesqed ricqlus
ou risqlus ou rincqlus. — salés, pesqed
sal. — non salés, pesqed disal. — Prendre du poisson, qemeret pesqed, pr. id.;
pacqa pesqed, pr. pacqet; atrap pesqed,
pr. atrapet. — Arrête de poisson, drean
pesq. pl. drein pesq ou pesqed. — Les
entrailles du poisson, fañt pesq. v. alleron,
outs. — Eventrer le poisson, digueri pesqed dre'r e'hoff, pr. digoret. — Effondrer du poisson, ligueri pesqed dre'r
c'hein, pr. digoret. —Ecailler le poisson,
disqanta pesqed, pr. disqantet. —Ecaille de poissons, sqant, squant pesqed. —
Dessaler du poisson, disalla pesqed, pr. et;

POISSONNERIE, pesqetérez, mar-
c'had ar pesqed.

POISSONNEUX, euse, pesqedus,
pesqus. — Rivière poissonneuse, stær pesqedus, rifyer pesqus.

POISSONNIER, pesqer, pl. yen. Van.
pesqour, pl. pesqeryon. v. pêcheur.

POISSONNIÈRE, marchande de poissons, pesqerès, pl. ed. Van. pesqourès,
pl. ed.

POITRAIL, poitrine du cheval, diaraucg ar marc'h, bruched ar marh.
Van. brusq er jau, bruched er jau. —
Poitrail, armure pour conserver la poitrine
d'un cheval, petral marc'h, pl. petralyou.

POITRINE, peultrin, pl. ou. Ce mot
est de Léon et ne se dit guère ailleurs que
d'une poitrine de veau, de bœuf, de veau; on
peull-galon, pl. pöull-galonou; pöull

ar galoun. *Van.* bruzq, bruched. *v. sein.*
— *J'ai mal à la poitrine,* poan am eus é
poull va c'haloun *ou* èm peutrin. — *Se*
*frapper la poitrine en signe de pénitence,*
stecqi var boull e galoun gad qeuz *ou*
sqeї var boull e galoun gad qeuz rag
bеza offancet Doüe, *ppr.* stocqet, sqoёl.
— *Poitrine de bœuf, de veau,* bruched *ou*
peutrin bévin, bruched *ou* peutrin lue.

POIVRADE, meus pebret mad, *pl.*
méusyou; saus great gad pebr ha gui-
négr.

POIVRE, pebr. *Van.* pebr, pibr. —
*Poivre blanc,* pebr, pebr guёñ. — *d'eau,*
*ou curage, plante qui est une espèce de per-*
*sicaire,* troazur.

POIVRER, pebra, *pr.* et. *Van.* pe-
breiñ, pibreiñ.

POIVRÉ, *e, part. et adj.* pebret, pibret.

POIVRETTE *ou nigelle, plante,* pebr
guёnn. — *Poivrette ou herbe de coq, plan-*
*te,* pebr indès.

POIVRIER, *arbrisseau,* pebrenn, *pl.*
ed; planteñ bebr, *pl.* planteunou. *Van.*
pibrenn, *pl.* ed, cû.

POIVRIER, *vase au poivre,* pebrouёr,
*pl.* ou; boёstl pebr, *pl.* boёstlou.

POIX, *gomme de pins,* pecg. *Van.* pe-
ecg. — *Poix blanche, noire,* pecg guёnn,
du — *de Bourgogne,* peeg Bourgoign.
*Poix-résine,* roucin. *v. résine.*

POL-DAVID, *gros bourg à quat*'*e lieues*
*de Quimper,* Poull-Dahuth. *Ce nom, dit*
*le peuple, vient de* poull, *mare, et de* Da-
huth, *nom de la fille du roi Grallon, qui*
*se sautant de la submersion de la ville d'Is,*
*périt en cet endroit et lui donna son nom.*

POLE, peun ar bed, unan eus a zaou
benn ar bed. — *Les pôles du monde,* daou
benn ar bed, an diou vuduru var berc ez feiñteur e tro ar bed.

POLI, *e, uni et luisant,* poulicz, pou-
licze̦t, oc'h, à, añ. — *Outrage poli,* ouvraich poulicz, euvraich poulicze̦t. —
*Un blanc poli,* ur guёnn poulicz. — *Un*
*homme poli,* un dèn poulicz, un dèn deread, un dèn gracius, *pl.* tud. — *Lan-*
*gage poli,* langaich poulicz *ou* qempeñ
*ou* coaudt; langaich mistr *ou* trémenet
dre ar vrutell.

POLICE, *ordre d'une ville,* reiz-qær,

renapl-qær, lésеñ, ar pouliçz, pouliçzadur. — *Il n'y a pas de police en cette ville,*
ne deus reiz e-bed èr guær-má, ebar
èr guær-má ne deus qet an dí térà renapl *ou* pouliçz *ou* pouliçzadur.

POLICER, *établir la police,* lésеnna,
*pr.* et; rei lésеnnou da ur guær, da ur
bobl, da ur roüañtélez evit lacqát et
qendero'hel ar peoc'h, *pr.* roёt; lacqát
renap é touёz ar bobl. — *Une ville bien*
*policée,* ur guear lésеnnet mad, ur guær
reizet a dailh, ur guær a so cals renapl
ènhy, ur guær pouliçzet mad.

POLIMENT, èn ur fæçzoun qempeñ
*ou* deread *ou* pouliçz, gand dereadéguez, gand graciusdedd.

POLIR, *dégrossir une chose qui est brut,*
digoc'henna, *pr.* et. — *Polir, rendre uni*
*et luisant,* pouliçza, *pr.* et; lacqaat da
lufra, *pr.* lecqeat, lecqёet.

POLISSOIR, poliçzouёr, *pl.* ou; pou-
liçzouёr, *pl.* ou.

POLISSON, *petit vagabond,* hailhebod, *pl.* ed; hailhoun, *pl.* ed; hailhevod, *pl.* ed. *Van.* id.

POLISSURE, *action de polir,* pouliçzadur, pouliçzérez.

POLITESSE, *civilité,* dereadéguez,
graciusded. — *Politesse d'une langue,*
dereadéguez ul langaich.

POLITIQUE, *art de gouverner,* ar
sqyand da c'houarn ha da lésеnna stadou. — *Politique, qui sait gouverner,* nep
so eñteutet mad èr goüarnamand. —
*Politique, qui sait s'accommoder au temps*
*et aux personnes,* disumul, fin, guёzu,
oc'h, à, añ. — *C'est un bon politique,* un
dèn disumul meurbed, un dèn evit ar
guёzná, ur paoür fin, ur mapsoubl mar
boa bизcoaz.

POLTRON, poultroun, *pl.* ed; poёl-
troun, *pl.* ed; digaloun, *pl.* tud. *Van.*
coûhard, *pl.* ed; couhyon, *pl.* ed; poёl-
tronn, *pl.* ed.

POLTRONNERIE, poultronnérez,
lausqéntez. *Van.* poёltrounereh, coû-
hardiz, couhyonnereah.

POLYPE, *excroissance de chair qui vient*
*dans le nez,* trousqen fry, *pl.* trousq fry.

POMMADE. *composition,* pommadès.

POMME, *fruit,* aval, *pl.* ou. *Van.* a-

mal, aoûal, ppl. eŭ. — *Pommes d'été, a-*
*ralou* hañvecq. —*d'hiver,* avalou goañ-
recq. — *mâ·es de belle heure,* avalou has-
:if, avalou prim. — *pourries,* avalou
oreiñ. — *piquées,* avalou texet, avalou
rechet. —*sujettes aux vers,* avalou stoup,
avalou laoûs. —*verreuses,* avalou preñ-
veôq. — *mûres,* avalou meûr. *v. mûr.*—
*crues,* avalou criz ou glas.— *de francatu,*
avalou frouçz. — *de paradis,* avalou ar
barados, avalou Adam.—*de hernes,* avalou red. — *de capendu,* avalou coupandu. — *de rouveau,* avalou pourpr. —
*rouges,* avalou rux. — *de fil,* avalou neu-
decq.—*calvile,* avalou puñsecq. —*de lo-*
*card,* avalou lagadecq, avalou mac'harid
coz.-*poires,* avalou per.—*douces,* avalou
douçz.--*aigres ou de beau,*avalou trencq,
avalou put, goëz-avalou. *Van.* avaleŭ
coudasq *ou* coudesq *ou* coëdesq. —*Le*
*cœur de la pomme,* calounenn an aval.

**POMMÉ**, sistr avalou. *v. poiré.*

**POMMEAU** *de selle,* poumell an dibr,
poumellenn dibr. — *Pommeau d'épée,*
poumellenn cleze, *pl.* poumellennou.

**POMMELÉ**, *parlant d'un cheval,* marc'h
glas marellet. — *Le ciel est pommelé ,*
*plein de petits nuages clairs et séparés,* leaz
caulled a so èn oabl.

**POMMER**, *parlant des choux et de la*
*laitue.* pouma, *pr.* et.

**POMMERAIE,** *lieu planté de pommiers,*
avalennecg, *pl.* avalennegou.

**POMMETTE** *d'une canne,* poumell ur
ganenn. — *Pommette d'une croix,* poumell ar groaz, *pl.* poumellou croaz.

**POMMIER**, *arbre,* avalenn, *pl.* ou ;
guëzen avalou, *pl.* guëz avalou.

**POMPE,** *somptuosité,* pomp, *pl.* ou.—
*Pompe, ostentation, vanité,* pompad, *pl.*
u. — *Avec pompe,* gad pomp ou pompad. — *Les pompes du monde,* pompou
r bed. — *Le monde et toutes ses pompes,*
r bed hac e oll bompou, ar bed gad
oll bompou.

**POMPE,** *machine à pomper l'eau du fond*
*un vaisseau,* riboul, *pl.* ou ; bangou-
ell; vangounell, *pl.* ou. — *Pompe, jet*
*eau,* ploumeñ, *pl.* ou. *Van.* id., *pl.* eü.

**POMPER**, riboulat, *pr.* et; bangou-
ellat, vangounellat, *ppr.* et.

**POMPEUX**, *euse,* pompus, oh, â, añ.
*Van.* pompus, oh, añ. *Al.* hael.

**POMPEUSEMENT**, èn ur fæçzoun
pompus, gand pomp, gad pompad bras.

**PONANT**, *l'opposite du levant,* bro ar
c'hux·héaul. *Van.* bro er hiuh-hiaul.

**PONANTINS** *ou ponantais ,* pobl ar
c'huz-héaul.

**PONCE**, *pierre-ponce,* mæn puñçz,
mæn poëñç.

**PONCEAU**, *coquelicot qui croît dans*
*les blés,* rosen aër, *pl.* ros aër. — *Ru-*
*bans ponceau,* rubanou rnz-glaou.

**PONCTION**, *t. de chirurgie,* toull.—
*Faire la ponction à un hydropique,* toulla
coff un dèn coênvet evit tenna an dour
auezâ , *pr.* toullet. — *On lui a fait la*
*ponction,* toullet eo bet.

**PONCTUALITÉ**, *exactitude ,* stryff,
aqed.

**PONCTUEL**, *elle,* acqedus, stryvaut,
oh, â, nep a ra an traou è qentell.

**PONCTUELLEMENT**, èn ur fæçzon
acqedus *ou* stryvant, gand acqed.

**PONCTUER**, *distinguer par des points*
*et virgules,* poëncha, *pr.* et.

**PONDRE**, *faire des œufs ,* dozvi , *pr.*
et; dezvi, *pr.* et; dévi, *pr.* et; doi,*pr.* ēt,
*Van.* doëiñ, deŭeiñ.

**PONT**, pond,*pl.* ponchou. *Van.* pont,
*pl.* eü. — *Pont de pierre,* pond mæn,*pl.*
ponchou mæn. — *de bois,* pond prenn,
*pl.* ponchou preñ; pond-coad, *pl.* ponchou coad. — *sur bateaux,* pond bacg.
— *Petit pont de bois, arbre équarri sur le-*
*quel on passe un ruisseau,* coadeñ, *pl.* ou,
ed; lateñ, *pl.* ou; treuzell, *pl.* ou; pond-
ticq-prenn, *pl.* ponchouigou-prenn ;
pontenn, *pl.* ou. — *Pont-levis.* v. *levis.*
— *Pont de vaisseau,* pont lestr, *pl.* ponchou. — *Il était sur le second pont,* bez'
edo var an eil bond ens al lestr.—*Faire*
*un pont,* ober ur pond, *pr.* græt; sevel
ur pond, *pr.* savet. — *Rompre un pont,*
difreuza ur pond, *pr.* et. *Van.* freheiñ
ur pont. — *Pont aux ânes ,* pound au
asenn, pont an æsen. — *Le Pont-de-*
*Buis, passage entre Châteaulin et le Faou,*
Pond-ar-Veuzenn, ar Vilin-Boultr. —
*Pont-l'Abbé , petite ville du département*
*du Finistère,* Ponnabad, *id est,* pond-an-

abad, *le pont de l'abbé*. — *Le château de* Pont-l'Abbé *est très-ancien*, qastell Pon-nabad a so anoyan meürbed.

PONTIFE, *souverain pontife*, *chez les* palens *de la Gaule il s'appelait :* an dru bras; *chez les Juifs*, *c'était :* ar bælecq bras; *chez les chrétiens :* ar pap. — *Les souverains pontifes sont les vicaires de J.-C.*, ar babed a so vicqèlyen Jesus-Christ var an doüar.

PONTIFICAL, *livre des cérémonies*, an levr eus a cerimonyou an babed haa an esqeb, ar pontifical.

PONTIFICALEMENT ; è fæçzoun d'an babed ha d'un esqeb.

PONTIFICAT, earg ur pap, rèn ur pap, pabaich. *v. épiscopat.*

PONTIVY , *petite ville du Morbihan*, Pondivy *Van.* Poudy.

PONTON, *t. de guerre et de mer*, pon-toun, *pl.* ou.

PONTRIEUX, *petite ville des Côtes-du-Nord*, Pond-Treou, Pont-Tréo.

PONTSCORF, *passage et bourgade sur la rivière de Scorf*, *département du Finis-tère*, Pondscorf. — *Le Haut-Pontscorf*, Pontscorf, Poutscorf-Huélañ. — *Le Bas-Pontscorf*, Poudscorf-Iséláñ, Pont-scorf-bidré. *Comme ils ont beaucoup de chèvres*, *on suppose qu'ils en mangent aussi beaucoup*, *ce qui a donné lieu de leur dire :* Poudscorf Bidré :

Qieq gaour, bée.

POPULACE, argoumun, argumun.

POPULAIRE, *du peuple*, a aparchant eud ar bobl. — *Populaire*, *qui s'humanise*, hegaradt, honest, humbl, simpl, oh, a, aü,

PORC , *pourceau* , pènn-moc'h , *pl.* moc'h; porc'hell, *pl.* perc'hell. *Van.* id. *Al.* porcq, porc'h; sicq. *On dit pour chas-ser les porcs*, sieq, sicq-sicq.— *Porc mâ-le*, hemo'h, *pl.* ed. *v.* truie. — *Porc ver-rat*, toure'h, *pl.* ed; houc'h, toure'h, hou-c'hed toure'h. — *Jeune porc*, porc'hell yaouaneq, *pl.* perc'hell. *B.-Léon*, souyn. *pl.* ed. — *Porc engraissé*, penn-moc'h lardt. —*châtré*, porc'hell spaz, perc'hell spaz. —*laïe*, peñ-moc'hlovr, *pl.* moc'h lovr. — *Petit porc*, porc'hellicq, *pl.* per-c'helligou, perc'hell bihan, perc'hell

munud. — *Du porc. de la chair de porc*, qicq moc'h, qicq sall. — *Du porc frais et non encore salé*, qilhevardoun. — *Le goulier du porc*, brou. — *Marchand de porc*, moc'haër. *pl.* yen. — *Porc-san-glier*, penn-moc'h gouëz, *pl.* moc'h gou-ëz. — *Porc-épic*, *espèce de hérisson*, heu-reuchin reuñecq, *pl.* heureuchined.

PORCELAINE, pourcelineñ. *pl.* ou.

PORCHE, *portique*. porched, *pl.* ou.

PORCHER, moc'her, *pl.* yen; paütr armoc'h,*pl.* paütred. *Van.* bugul moc'h, *pl.* bugulyou moh.

PORE,toullouïgou munud ha staneq a soèr c'broc'hen;toullouïgou arc'hoad.

POREUX, *euse*, toulleeq , spoueus, leun a doullouïgou munud.

PORPHYRE, porphyr. mæn-marbr precius.

PORREAU ou poireau, *plante potagè-re*, pourenn, *pl.* pour. — *Un potage de porreaux*, soubenn ar pour. — *Certains porreaux*, pourennou. — *Lieu planté de porreaux*, pourecq , *pl.* pouregou.

PORT , *lieu pour recevoir les navires*, porz, *pl.* perzyer; porz-mor. *pl.* perzyer mor. *Van.* porh-mor. *pl.* perhyér. *Al.* porh, *pl.* au; cal, *pl.* au; cale. *pl.* au. *D'là peut venir* Calais, *port ancien*. — *Petit port de mer*, porzicq , *pl.* perzycrigou poull. *pl.* ou. *De* porzicq, *vient* Porzic, *près* Brest, *et* Pordicq. *en S.-Brieuc : c'* poull, *vient* Penn-Poull, *port de S.-Pol-de-Leon et* Peñ-Poull. *en Goëlo*, *le* Poull *d'*Audierne, *etc. Van.* porhicq, porhicq mor, *pl.* perhérigueü-mor, porhigueü mor. — *L'embouchure d'un port*, au au-tre eus a ur porz mor. — *Aborder d'un port*, doüara ên ur porz, *pr.* doüaret — *Relâcher dans un port*, paoüëz ên ur porz.paoüëza.*ppr.*et.—*Sortir d'un port* disoüara, *pr.* et; sevel an héaur.

PORT-LOUIS, *citadelle et ville du Mor-bihan*, Porz-Loyz. *Van.* Porh-Loëyz.

PORT. *salaire d'une chose portée*, vitu-raich. *Al.* porth. — *Le port des har-des matelots*, qintelaich.—*Payer le port* paëz ar vituraich.

PORT, *air. v. façon*, *maintien*. — *Un port majestueux*, un dailh leun a vagest

PORTAGE, *action de porter*, dougue

rez, dougadur, doug. v. rapport: — Le portage du blé, du magasin dans le vaisseau, an douguerez cus an ed, an doug ou an dougadur cus au ed.

PORTAIL, face d'une église, portal, pl. you; por-tal, id est, porz tal, de porz, porte, et de tal, front; porte qui fait front. — La porte du portail ou du frontispice, dor-dal, an or dal.

PORTANT, l'un portant l'autre, an eil dre eguile.

PORTATIF, ive, dougapl, dougus, a all r da zouguen. eaz da zouguen.

PORTE, entrée d'une ville, la porte, porz, pl. perzyer; porz kær, pl. perzyer kær. Van. porh, pl. perhér. Al. porth. — Porte cochère, porz, pl. perzyer; porz br. s. pl. perzyer; dor borz. pl. doryou. Van. porh, pl. perhér. — Porte d'une maison, d'une chambre, dor, pl. you; or. pl. you. Van. or, pl. yeü; dor, pl. yeü, eü, doreleü. — La porte, an or. Van. eu or. — Les portes, an doryou, an oryou. — Porte de derrière, dor a dré, an or a dré. Van. dor a ziadrañ, dor a draoñ. — Porte cache, fausse porte, dor cuz, pl. doryou; deaïf, pl. dréffeu, dréveu. Van. dor euhet. —, Petite porte, demi-porte, contre-porte, doriguell. pl. ou; origuell. pl. ou. Van. id, pl. eü. — Porte sur la rue et porte sur l'aire, dor ar vaush a dor al leur. dor ar c'hardenn ha dor al leur. — Porte a deux battants, dor a ziou stalap a. — Battant de porte, stalaph dor, pl. stalaphou. Van. pastell dor, pl. pastelleü dor. — Porte d'une église, dor an ilis, pl. doryou, v. portail. — La petite porte, an or vihan, an or a gostez, an or-gostez. — La porte du porche ou portique, dor ar porched, dor ar vadyzyaud. — Porte d porte, dor ouc'h dor. B.-L. or harz dor harz. — De porte en porte, a zor-è-dor, a zor da zor, a dy è ty, a dy da dy. — La Porte-Ottomane, lès an Turcq bras, lès an impalazr turucq.

PORTÉ, enclin, douguet da. v. enclin.

PORTÉE, ce qu'on peut atteindre, hed un tenn. — A la portée d'un coup de canon, var hed un tenn canol. — La portée d'un coup de mousquet, hed un tenn mousqed, qéhyd ha ma ell douguen un

tenn mousqed. — Portée, parlant des femelles des animaux. portezad, pl. ou. — Portée, parlant des femmes, bloazvez ur c'hreeg. coffad. — Portée, capacité, eûteûtamand, eûtend. — Selon ma portée, hervez va eûtend ou eûteûtamand, qement ha ma hallañ eûtend ou coaceo.

PORTE-FAIX, portezer, pl. portezidj. Van. porteour, pl. yàn, portizyon.

PORTE-NOUVELLES, qéhézl, qéhéz-laoüer.

PORTER, douguen, pr. douguet. Van. doug, douguein, ppr. douguet. Al. porthiñ, pr. porthet; doën, pr. doët. — Porter sur ses épaules, douguen var e zivscoaz, douguen var e choucq. — rapporter, douguen ha disouguen, ppr. douguet ha disouguet. — dès lettres, douguen lizerou; caçz lizerou, pr. caçzet. — par quelque voiture, vitura, pr. et. — la main à la bouche, caçz an dourn ou douguen, an dôrn da guinou — un coup d'épée à quelqu'un, rei un taul ciezé daur re, pr. roët. — produire, douguen. Al. doën. — du fruit, douguen frouez. — quelqu'un, le protéger, soutenn ur re, pr. et; dienn ur re-bennac, pr. et. — Porter, quelqu'un par terre, stlappa ur re d'an doüar, strincqa ur re d'an doüar, ppr. et; teurel ur re d'an doüar, pr. tatlet; doüara ur re-bennac, pr. doüaret; discar ur re, pr. discarret. — Porter honneur, amitié à quelqu'un, douguen enor carantez da ur re. — Il ne le portera pas loin, nep aoun ne chomo qet pell dibunis. — La loi porte que, douguet eo gad ou dre al lésen penaus. — Etre naturellement porté au bien, beza douguet dre natur da ober èr-vad, pr. bet. — Se porter avec ardeur au service de Dieu, èn hem zouguen gaud ardor da servicha Doüe, pr. èn hem zouguet. — Se porter bien, beza salo ou yac'h ou dispos ou seder ou gailhard. — Se porter mieux, beza güell, èn hem gavout vell, guëllaat, francqaat. Van. guëlhát, francqát. — Il commence à se mieux porter, guëllaat a ra dezañ, coumañç a ra da vellaat dezã, francqaat a ra dezã ou varnezã. — Se porter héritier de, èn hem zouguen hiritour da.

PORTEUR, qui porte, douguer, pl.

yen. *Van.* douguer, *pl.* you. —*Porteur*
*de blé. d'eau,* douguer ed, dour, *pl.* yen.
PORTEUSE, douguerès, *pl.* ed.
PORTIER, porzyèr, porzer, *ppl.* yen.
*Van.* porher, *pl.* yon, yan.
· PORTIÈRE, *qui garde une porte,* por-
zyerés, porzerès, *ppl.* ed. — *Portière*
*d'un carrosse,* stalaph ur c'harronçz, *pl.*
stalaphou carronçz.
· PORTION, lodenn, *pl.* ou; parth. *v.*
*lot.* — *Portion monacale. v. pitance.* —*con-*
*grue,* pancion ur vicqæl perpetuel.
· PORTIQUE, *galerie,* porch, *pl.* ou.
· PORTOIR, porthouĕr, *pl.* ou. — *Des*
*portoirs d'vin ou cotrets,* porthouĕrou guïn
— *Portoir d fumier,* caravell, *pl.* ou. —
*Les portoirs sont rompat,* torret eo ar
c'haravellou.
PORTRAIRE, pourtrezi, patromi,
*ppr.* et; tenna patrom, *pr.* tennet.
· PORTRAIT, patrom, pourtrez, *ppl.*
ou; patram, *pl.* au. *Van.* patrom, *pl.*
eû. *Al.* llun. *v. ressemblance.*
POSÉ, *ée,* modéré, parfedt, solenn,
gorrecq, oc'h, á, añ. *Van.* parfedt.
POSÉMENT, *sans précipitation,* var
e beuës, gouĕstad, gorrecq, vare c'hor-
recq, var e c'horréguez, gand parfededd. *H.-Corn.* oar e naoñ. *Van.* ar e
oûar, ar e oûarigueh.--*Parlez, marchez,*
*agissez posément,* iit var o pouĕs, iit
gouĕstad, iit gorrecq, iit var o correcq,
iit var ho corréguez, iit gand parfed-
ded, et oar ho naoñ. *Van.* ouĕt ar hou
coûar, ouĕt ar hou oûarigueh.
POSER, *mettre, placer,* lacqaat, *pr.*
lecqĕet; plaçza, *pr.* et; diaseza, *pr.* et.
*Van.* diaseiñ, lacqàt.—*Poser une pierre*
*sur un mur,* lacqaat ur mæñ, plaçza ur
mæn, diaseza ur meañ. — *Poser une*
*poutre,* diaseza un treust.--*Poser ses ar-*
*mes d terre,* lacqaat e armou d'an doûar
ou var an doûar.—*Poser que, supposer.*
lacqât ê qen cas penans, lacqât èr
c'has penans, lacqât penans.
POSEUR, *celui qui pose,* plaçzèr, *pl.*
yen; diasezer, *pl.* yen.
POSITIF, *ive,* real, sur, açznr, oc'h,
á, añ. *Van.* sur, oh, añ. — *Positif, t.*
*de grammaire,* qenlâ derez, an hano
qenlâ.

POSITIVEMENT, sur, è sur, evit
açzur, è guiryonez. *Van.* açzuret.
POSSÉDER, poçzedi, *pr.* et; ca hout,
cahout èn tu dioudhâ, *pr.* bet; beza
perc'henn da un dra, *pr.* bet; piaout,
piaouat, *pr.* piaouĕt. *Ce mot vient de*
piou, *qui,* pe da biou, *d qui. Van.* endevout; poçzediñ, qéhut.—*Qui possé-*
*dait cette terre auparavant?* piou èn devoa an doûar-mâ diagnent? piou a
boçzedé qent an doûar-hont? piou a
biaoûé an doûar maû diaraucg?—*Qui*
*possède ceci, d qui est ceci?* pe da biou
eo an dra-mâ? piou a biaou an dra-
maû? — *Je le possède, il est d moi,*
din-me eo, me a biaou anezañ,
me eo e berc'henn, ouzon-me e
aparchant.—*Les gens de bien posséderont*
*le ciel en récompense de leurs bonnes œuvres,*
an dud honest oz devezo ar baradoz evit
o oberyou mad. — *Se posséder,* beza
mæstr d'e-unan — *Possédez-vous, si vous*
*le pouvez,* bézit mæstr deoc'h oc'h-unan, mar deus moyen; èn hem beo-
c'hit da vihanâ, qimirit ha roit peoc'h
da vianâ.
POSSÉDÉ *du malin esprit,* poçzedet
gad an diaul *ou* gad an droucq spered.
—*Possédé de l'avarice,* poçzedet gad an
avariçzded.
POSSESSEUR, poçzeçzor, *pl.* ed;
perc'henn, *pl.* ed, ou. *Van.* posisour,
posidour, *ppl.* yon.--*Possesseur de bonne*
*foi,* poçzeçzor leal *ou* feal, perc'henn
feal *ou* leal.—*Possesseur de mauvaise foi,*
poçzeçzor disfeal *ou* disleal, perc'henn
disleal *ou* disfeal.
POSSESSION, *action de posséder,* poçzeçzion, qers. *Van.* posicion. — *Avoir*
*quelque chose en sa possession,* cahout un
dra-bennaó èn e guers, *pr.* bet. *v. pos-*
*séder.*—*Possession, fonds de terre,* per-
c'héntyez, perc'héntyaich, tra. *Van.*
posicion, tra, *ppl.* eû. — *Se mettre en*
*possession de,* qemeret poçzeçzion eus
a, *pr.* id.; perc'hénta, *pr.* et. *Van.* qemér posicion, *pr.* qemeret; posicion-
neiñ, *pr.* et. — *Etre en possession de ses*
*biens,* poçzedi e dra, beza mæstr ens
e dra, beza dòn a dra.—*C'est sa pos-*
*session,* e dra eo, e aparchaud co, e

berc'héntyaich eo. *Si c'est au féminin,* he zra eo, he aparchand eo, e pher-c'héntyaich eo.

**POSSESSOIRE**, *récréance. v.-y.*

**POSSIBILITÉ**, possubded.—*La possibilité et l'impossibilité des choses*, ar posubded hac an imposubded eus a traou.

**POSSIBLE**, *qui peut arriver*, poçzupl, oh, â, añ.—*Cela est possible*, qemeü-ze a so posupl.—*Autant qu'il m'est possible*, qement ha ma ez eo posupl din, hervez va phosupl, hervez va galloud. — *Est-il possible que*, ha posupl véz penaus. — *Il n'est pas possible*, ne véz qet posupl, ne qet posupl.—*Si, il est possible*, eo posupl aoalh.—*Possible*, *peut-être*, posupl, marteze.

**POSTE**, *course d cheval*, post.—*Courir la poste*, redecg ar post, *pr.* redet. —*Il est venu en poste*, deut eo ê post.—*Chaise de poste*, rhedeuricg, *pl.* rhedeurigou; cador bost, *pl.* cadoryou bost. —*Poste*, *lieu où sont les chevaux de poste*, post, ar post.—*Poste*, *courrier*, post, *pl.* ed.—*Poste d cheval*, post var varc'h, *pl.* posted var varc'h. — *Poste d pied*, post var droad, *pl.* posted var droad. —*Poste*, *lieu où l'on se poste*, plaçz, *pl.* ou.—*Il est en un bon poste*, ez ma èn ur plaçz mad.

**POSTER**, *aller vite*, postal, *pr.* postet; moünet d'ar post, *pr.* êet. *Van.* postal, posteiñ. *v. joûte.* — *Se poster avantageusement*, èn hem blaçza er-vad, *pr.* èn hem blaçzet.—*On l'a bien posté*, plaçzet mad eo.

**POSTERIEUR**, *eure*, a so a drê, a so varlerc'h.

**POSTÉRIEUREMENT**, goude, goude-ze, goude re all.

**POSTERITÉ**, *nos descendants*, hon nized da zont. — *La postérité, ceux qui viendront après nous*, ar re hon-goude, nep a zni hon-goude *ou* var hon lerc'h.

**POSTHUME**, nep so ganet goude maro e dad, daliff. — *C'est un ou une posthume*, ganet eo bet goude maro e dad *ou* he zad, un daliff eo.

**POSTILLON**, *courrier*, post, *pl.* ed. *Van.* id. — *Postillon de carrosse*, palafraiguer, *pl.* yeu.

**POST-POSER**, ober nebeutoc'h a gas *ou* a istim eus a unan eguid eus a un all; eus a un dra 'egued eus a un all, *pr.* græt.

**POSTULANT**, *ante*, nep a oulenn an abyd eus a un urz-bennac.

**POSTULER**, goulenn da veza recevet èn un urz-bennac, goulenn an abyd a religius, pe an abyd a leaûnès, *pr.* goulennet.

**POSTURE**, an dro eus an dèn, ar fæçzon pe èn hiuy èn hem zalc'hér, an dailh d'en hem zero'hell.—*Changer de posture*, ceiûch tro, *pr.* et; hem lacqaat èn ur fæçzoun all *ou* èn un dailh all, *pr.* hem lacqeat, hem lecqêet.

**POT**, *vase*, pod, *pl.* podou. *Van.* pod, *pl.* eü.—*Petit pot*, podicg, *pl.* podouïgou. *Van.* podicg, *pl.* podigueü.—*Pot d'étain*, pod stean, pod stæn.—*Pot de fer, de fonte*, pod bouarn, pod teuz *ou* pod fount.—*Pot d eau*, pod dour. *v.* broc. — *Pot de faïence ou aiguière*, podtéau, *pl.* potévyou. *On écrivait* podteff, *pl.* pod teffyau. bouilhouër, *pl.* ou.—*Petit pot de faïence tenant moins d'une pinte*, picher, *pl.* you, ou.—*S'il ne tient qu'une chopine ou au-dessous*, pichericq, *pl.* picherouïgou, pichèrigou.—*Pot de terre*, pod pry, *pl.* podou pry. *Van.* pod doar.—*Pot de grès*, pod crag. *Van.* pod bily.—*Pot de grès contenant deux pintes*, pod qart, *pl.* podou qart; qart, *pl.* ou. *Van.* id., *ppl.* eü.—*Pot de chambre*, pod campr, *pl.* podou campr. *Van.* id., *pl.* eü. offioyal, *pl.* aou.—*Pot d trois pieds*, pod trizroadecq, *pl.* podou trizroadecq.—*Anse d'un pot*, dourgueun, *pl.* ou; crommellenn, *pl.* ou. — *Oreille d'un pot*, *ou anse de côté*, scoüarn, *pl.* ou.—*Le goulet d'un pot*, lein ar pod, gueaul ar pod. —*Le milieu du pot*, coff, creiz.- *Le fond du pot*, strad, goêled, lost.—*Les pieds du pot*, troad, *pl.* treid.—*La couverture du pot*, golo pod, *pl.* goloveü; genlo'her, *pl.* you. *Ce dernier mot se dit plus proprement des couvercles de beurrier et autres petits vases.—Un pot plein ou plein le pot*, podad, *pl.* ou. *Van.* id., *pl.* eü.—*Un pot de vin, de cidre, de bière, mesure de roi*, ur podad guin, ur podad sistr, ur

podad byer.--*Plein un pot de grès de vin*
*ou de cidre*, ur c'hartad guîn pe sistr.
*Van:* ur hartad guîn, ur hartad gistr.
—*Deux pots d'huile*, daou bodad eol.--
*Il est d pot et d écuelle avec lui*, ez ma èu
e guers, èn e guers ez ma.

POTABLE, *liquide*, efapl. evapl.--
*De l'or potable*, aour evapl, aour a allét
da eva.

POTAGE, podaich, *pl.* ou. *Al.* is-
gell. *v. soupé.*

POTAGER, *ère*, a aparchant oud ar
gueguin. — *Jardin potager*, jardin al
lousou-qèguin.— *Herbes potagères*, lousou qeguin, lousou pod.

POTAGER, *fourneau à plusieurs ré-
chauds*, fournesicq glaou, *pl.* fournè-
syouïgou glaou; podachèr, *pl.* ou.

POTEAU, bouilhouèr, *pl.* ou. v pilori.

POTÉE, podad, *pl* ou. *Van.* id., *pl.*
éû. -- *Une potée de bouillon, de lait*, ur
podad soubenn, ur podad leaz.

POTELÉ, *gras et plein*, cuilh, oc'h.
â, añ.--*Bras potelé, main potelée*, breac'h
cuilh, dourn cuilh.--*Un enfant potelé*,
ur buguel cuilh.

POTENCE, *gibet*, potançz, *pl.* ou.
*Van.* id., *pl.* eû. *Al.* gibel. v. *gibet.--*
*Potençe, béquille. v.-y.*

POTENTAT, *qui a une puissance souveraine*, prinçz galloudus, *pl.* prinçed
galloudus.

POTERIE, podérez, *pl.* ou; podery.
*pl.* ou. *Van.* poderch, *pl.* eû.

POTERNE, *fausse porte d'une ville*,
fals-dor, *pl.* fals-doryou; draff, *pl.* dref-
fenn. *Van.* dor cuh, dor cuhet, *pl.* do-
ryeû.

POTIER, podèr, *pl.* yen. *Van.* podèr, podour, *ppl.* yon, yan.

POTION, beuvraich, *pl.* ou. *Van.*
evach, *pl.* evageû. v. *breuvage.*

POTIRON, *sorte de citrouille*, ci-
trouilhès vriz.--*Potiron, champignon*,
qabell-touçzecq, *pl.* qebell-touçzecq.

POU, *vermine*, laouën, *pl.* laou. *Burlesquement, on dit*: c'hoënenn vailh,
*pl.* c'hoën bailh. *Van.* léuen, *pl.* léû;
huên milinér.--*Pleinde poux*, laouécq,
*pl.* laouéyen. *Van.* léuecq. *pl.* léuigued.
tud e very gued el léû ou gued amstu.

--*Oter les poux*, épouiller, dilaouï, *pr.*
et. *Van.* diléuciñ. *v. épouiller.--Pou de*
*pourceau*, laouën voc'h, *pl.* laou moc'h.
laou ruz.

POUCE, meud, *pl.* ou; bes-meud,
bezyad-meud. *Van.* medt, *pl.* eû.--*Les*
*pouces des mains*, meudou au daouarn.
--*Qui est sans pouces*, divend. divem-
decq.--*Qui a perdu le ou les pouces*, diveudet.--*Pouce, la douzième partie d'un*
*pied de roi*, meudad, *pl.* ou. *Van.* med-
tad, *pl.* eû.

POUDRE, *poussière*, *composition*,
poultr. *H.-Corn* paut. *Van.* péûtr.
paut.--*Reduire en poudre*, lacqât è poultr.
*pr.* lecqêt. -- *Poudre à canon*, poultr
canol. --*Poudre fine*, poultr fiñ. *Van.*
péûtr fiñ.

POUDRER, poultra. *pr.* et. *Van.* pé-
ûdreiñ, pauto, pauteiñ.--*Cheveux pou-
drés*, bléau poultret.--*Celui qui met de*
la poudre, poultrer, *pl.* yen. -- *L'action*
*de poudrer*, poultrérez. *Van.* péûtereh.

POUDREUX, *euse*, poultrecq, goloët gad ar poultr. *Van.* péûdrecq.

POUDRIER, *qui fait ou rend de la pou-*
dre, poultrèr, *pl.* yen. *Van.* péûdrér,
*pl.* yon, yan. — *Poudrier, horloge de sa-*
*ble*, rolaich; *pl.* ou. *Van.* ur péûdrér,
ur sablecq.

POUDRIÈRE, *boîte à poudre*, boëstl
poultr, *pl.* boëstlou. *Van.* péûdrouèr,
*pl.* eû.

* POUILLER, *vêtir un habit*, guisqa.
*pr.* et; pourc'ha, *pr.* et. *De là*, dibour-
c'ha, *dépouiller.*

POUILLERIE, *lieu dans un hôpital où*
*l'on met les habits des pauvres*, lastérez

POUILLES, *injures*, pouilh. *Van.* id.
— *Dire des pouilles*, cana pouilh, *pr.* et.

POUILLEUX, *euse. v. poux.*

POULAILLER, *qui vend des volailles*,
marc'hadour yèr, nep a verz yèr. —
*Poulailler. v. juchoir.*

*POULAILLERIE, marc'had ar yer.*

POULAIN, heubeul, *pl.* you, yen
*Van.* hebél, *pl.* yon, yan. *Al.* peull. pull
v. *pouliche.* — *Petit poulain*, heubeulicq
*pl.* heubeuliouïgou; heubeul bihan, *pl.*
heubeulyon. *Van.* hébélicq, *pl.* hébéli
gueû. *S.-Br.* eal, *pl.* ed, aou. — *P...*

l *de Pontrieux, injure en breton à dire*
*n jeune garçon mal élevé et maladroit,*
abeul Pontréau.

POULARDE, *jeune poule grasse*, enès,
dt. *pl.* encsed; poles lardt, *pl.* po-
ed lardt.

POULE, yar, *pl.* ed, yèr. *Van.* id.
r *veut aussi dire* volaille. *v. caqueter.—*
*ule qui couve,* yar gorerès; yar é gor,
yaresed è gor.—*Poule qui a des pous-*
s, yar sclocqerès, yar clocherès. —
*une poule qui ne pond pas encore,* yar
ouancq, *pl.* yaresed. — *Poule d'Inde.*
r Indès, *pl.* yaresed. *Van.* id.—*Poule*
*aix,* dour-yar, *pl.* dout-yèr; yar-zour,
yèr-zour. *Van.* yar-deür, *pl.* yèr-deür.
*Poule mouillée, injure,* coz-yar, coz-
bonn. *v. poltron.*

POULET, *le petit de la poule,* ponèin,
ed. *B.-Léon,* labous yar, *pl.* labou-
d yar. *Van.* poncin, pichon, *ppl.* ed;
bous *ou* cochon yar, *ppl.* ed. — *Petit*
*ulet,* poucinicq, *pl.* poncinedigoujla-
ousicq yar, *pl.* labousedigou yar.

POULETTE, eznès, *pl.* ed. *On pronon-*
cenès, *pl.* ed. *Van.* poles, *pl.* ed, y.-
oulette, *jeune fille, en t. abusifs,* yaricg,
yaresedigon.

POULICHE, heubeulès vihan, *pl.*
enbelesed; heubeulesio, *pl.* heubeule-
sdigou. *Van.* hebeles, *pl.* ed.

POULIE, *machine en forme de roue,*
ole, *pl.* ou. *Van.* id.; *pl.* poleü.—*Faire*
*es poulies,* polea, *pr.* ët; ober poleou,
r. grët.

POULIEUR, *celui qui fait des poulies,*
oléeur, *pl.* yen. *Van.* poleour; *pl.*
on.

* POULIER, *élever des fardeaux à force*
*le poulies,* poleat, *pr.* ët. *Van.* poleeiñ.

POULINER, heubeulya, *pr.* et; trei,
r. troët. *S.-Br.* culañ, *pr.* et; alo, *pr.*
ilet. *Van.* hebeleiñ. — *La jument a pou-*
*liné,* heubeulyet ho deus ar gasecq, troët eo ar gasecq. *Van.* hebelet eü er gasecq. *S.-Br.* alet eo ar gasecq; alet *ne*
*se dit d'ailleurs que de la vache quand elle a*
*fait son veau.*

POULINIÈRE, *jument poulinière,* qasecq a ro heubeulyou; qasecq haras,
*pl.* qesecqenned; *Ile de Bas, pl.* qesecq.

qasecq douguerès.

POULIOT, *plante odoriférante,* poulyot, pulyot, saourea, lousaouen aa
sqevend.

POULS, *battement des artères,* pouls,
ar pouls, oaçz ha digaçz ar galoun, ar
pouls eus a voazyen ar meud, taulyou
goazyen ar meud. — *Tâter le pouls,* teuta ar pouls, *pr.* teutet; teuta azourn ur
re, touich goazyen ar meud, *pr.* touichet. — *Il n'a point de pouls,* é azourn
n'en deus qet a bouls *ou* deus pouls o-
bed, goazyen e veud ne sqo taul.

POUMON, *organe de la respiration,*
sqèvèad. *Van.* sqend. — *Maladie du pou-*
*mon,* droucq sqevend. — *Qui a les pou-*
*mons ulcérés,* nep so goullet é sqevend.
— *Qui a mal aux poumons,* nep èn deus
poan èn e sqevend. — *Les lobes du pou-*
*mon,* c'huiziguellou ar sqevend. — *S'é-*
*puiser les poumons à prêcher la parole de*
*Dieu aux pécheurs,* diséc'ha e sqevend
o disclærya compsyou Doüe d'ar bé-
ö'heuryen', *pr.* diséc'het.

POUPE, *t. de mer,* an diadrè eus al
lestr. *Van.* en aros, en aros ag ul lestr.
diardran ul lestr.—*Sa poupe est trop étroi-*
*te,* re striz eo e ziadrè. *Van.* re streh eü
e aros. — *Avoir le vent en poupe,* cahout
avel drè. *Van.* qèhut aüel en aros.

POUPÉE, *portion de filasse dont on gar-*
*nit une quenouille,* stéc'henn lin *ou* canab, *pl.* stéchennou; cnchenn lin *ou* canab, *pl.* cuchennou; yarenn, *pl.* ou.—
*Poupée, jouet de petite fille,* merchodeñ,
*pl.* ou. — *Fort petite poupée,* merc'ho-
deunicg, *pl.* merc'hodennouigou. *Ces*
*mots sont des diminutifs de* merc'h, *fille,*
*et de* merc'hicq, *fillette. —Faire des pou-*
*pées d'enfants,* merc'hodenna, *pr.* et.

POUPIN, mistricq, coantieq, problecq,
oc'h, à, añ, *ppl.* pautred mistricq, etc.;
popin. *pl.* ed, tud popin.

POUPON, mabicq coandt *ou* cuilh.

POUPONNE, merc'hicq coaudt *ou*
gentil *ou* cuilh.

POUR, *prep.* evit, ivit. *Van.* eüit, eit,
eüeit, avèit. — *Pour dix mille livres,* e-
vit decq mill livr. — *Chacun pour sa part,*
pep hiny evit e lod. — *Pour ses fautes,*
*à cause de ses fautes,* evit e fautou, dre a

33

abecq d'e fautou. — *Pour quelle raison?*
o evit tra? pe rag tra? pe evit résoun?
re evit abeeg? peracq. —*Pour rien,* evit
ietra, hep abecg e-bed. — *Pour un rien,*
evit un netra. — *Pour abreger,* evit diverràt. — *Pour ce temps-là,* parlant du
passé, evit an amser-ze, c'vit neuze. —
*Pour ce temps-là, sous ce temps-là,* a beñ
neuze, a beñn an amser-ze. —*Pour un
moment seulement,* evit ur moumend hemyqen. — *Pour toujours,* evit bepred,
evit atau, evit mad. —*Pour moi,* quant
à moi, evidoun-me , evit feadt ac'hanoun-me. — *Pour vous,* evidoc'h ou
evidoc'h-hu. —*Pour lui, pour elle,* evit-
hà, evit-hy. —*Pour ce qui est des richesses,*
evit feadt eus ar piñvidiguezou.—*Pour
cela,* evit qement-ze, evit-ze, abalamour
d'an dra-ze, dre'n abecg da guement-
ze; dre-ze. —*Pour le plus,* evit ar muyà,
d'ar muyà. —*Pour le moins,* da nebeudtà, da vihanà. — *Pour ne pas dire pis,*
evit ne lavaret qet goaçz. — *Pour et
contre,* evit an eil hac eguile, èn eil tu
hac èn eguile. —*Pour peu que,* evit neubeud ma. —*Pour peu qu'on m'en priât,* e-
vit neubeud ma èm pedtét.

POURCEAU, *animal. v. porc.*

POURPARLER, ur parland, qenbar-
land, ur c'heubarland, *pl.* qenbarlan-
chou.

POURRIER, *plante,* pourpy.

POURPOINT, porpaud, *pl.* porpan-
chou; iupeñ, *pl.* ou. *Van.* id, *pl.* cü. *v.*
rolet.—*Pourpoint sans manche. v. colletin.*

POURPRE, moucq, pourpr. *Van.* id.
*Al.* porfor. — *De pourpre,* a bourpr, a
boubr, a voucq. —*Un robe de poupre,* un
saë boubr ou moucq. — *Le ma'trais riche était vêtu de pourpre et d'écarlate,* ar fals
piñvidicq a yoa guisqet a bourpr hac a
scarlecq ou a voucq hac a scarlecq.—
*Pourpre, fièvre maligne,* terzyeñ pourpr,
ar poi rpr, ar poubr.

POURPRÉ, pourpret, ar lyou pourpr.

POURPRIS, *enceinte d'une maison noble,* pourpry, ar pourpry. *Van.* id.

POURQUOI, pe evit tra, pe evit, pe
rag tra, pe rag, pe da beñ. *Van.* pe rag,
perecq. — *Pourquoi est-ce que,* pe evit tra
ma, pe tra na, pe da beñn ma.—*Pour-*

quoi non, perag nau, pe-rag naren, pe
da benn nan. — *Le pourquoi, la cause,*
ar racg, an abecg, au accausion. —
*C'est pourquoi,* rag-ze, qent-ze, dre-ze.
*Van.* rag-zo. *v. ainsi, conséquemment.*

POURRI, e, *gâté,* brein, oh, à. *Va.*
brein, breign, oh, añ. *Al.* mall , haff,
hàv, *pl.* hivy.—*Tout-à-fait pourrie,* brein
pezel ou lovr ou puzul ou tuff.

POURRIE, *parlant d'une femme en t.
injurieux,* coutroñnenn, *pl.* ed ; *id est,*
*pourrie jusqu'à être remplie de vers.*

POURRIR, *se pourrir,* breina, *pr. et.*
*Van.* breineiñ. *Al.* mallu. — *Faire pourrir,* lacqàt da vreina.

POURRITURE, breinadur, brein-
durez, breinder, breinaich. *De ce dernier*
*mot vient* Brenache, *espèce d'un macreuse, en*
*de prénaich, qui appartient au bois. Van.*
breinadur.

POURSUITE, poursu, *pl.* ou; poñr-
chu, *pl.* ou. — *Il est à Rennes à la poursuite d'un procès,* ez ma è Roazon èr poursu eus a ur procès *ou* o pourchu ur procès *ou* var dro ur procès.

POURSUIVRE, poursu, *pr. et;* pourchu, *pr. et.* — *Poursuivre une affaire,*
poursu uñ dra *ou* æffer, pourchu uñ
æffer. —*Poursuivre pour atteindre,* poursu ur re-bennac evit e disout, redecq
var lerc'h ur re, *pr.* redet. *Van.* redecq
eüeit attrapeiñ unan-benac.—*Poursuivre, continuer,* qendrec'hel, *pr.* qendal-
c'het,

POURTANT. *v. néanmoins, cependant.*

POURVOIR, pourvezi, *pr.* et; pourvei, *pr.* ëet; fourniçza, *pr. et. Van.* pou-
veciñ, *pr.* et. —*Se pourvoir,* hem bourvezi, hem fourniçza.

POURVOYEUR, pourvezer, *pl.* yen;
fourniçzer, *pl.* yen. *Van.* pourvëour, *p'.*
eryon, ouryan.

POURVOYEUSE, pourvezeres , *pl.*
ed. *Van.* pourveoures, *pl.* ed.

POURVU, nemed, nèmerd , gand,
gad. *Van.* meid. — *Pourvu que,* gand
ma, nemed ma. *Van.* nameid me, nemeid me, meid me. — *Pourvu qu'il
tienne,* nemed ma tui, nemerd ma tuio.
*Van.* meid me tei.

POUSSE, *maladie des chevaux,* pouçz.

Le *cheval noir a la pousse*, en mâ ar muçz gad ar marc'h du. — *Pousse*, le bois que jettent les arbres, pouls, ar puls eus ar guëz. r. *bourgeon, jet, sève*. — *Pousse*, ce qui sort de terre, an divoan, a didiñv. v. *germe*.

POUSSÉ, du *vin poussé*, guiñ pouçet, guiñ goastet. *Van.* guiñ peûcet.

POUSSÉE, poulsad, pl. ou.

POUSSE-PIED, *menu coquillage*, puntelleguéd.

POUSSER, poulsa, pr. et. *Van.* péûciñ. — *L'action de pousser*, poulsérez. *Van.* péûcereh. — *Pousser à faire tomber*, bunta, pr. et. — *Pousser, exciter*, llya, attisa, ppr. et. — *Pousser, parlant de la taupe*, turyat, pr. et; turc'hat, pr. et. v. *tourner*. — *Pousser, parlant des arbres, des fleurs*, poulsa, pr. et; sevel, pr. savet. *Van.* péûcciñ, pr. peûcet. v. *germer*. — *Pousser sa voix*, sevel e vouéz, r. savet; gorren e vouéz, pr. gorret. — *Pousser quelqu'un d bout*, poursu cruel ur re-bennac, pr. poursuét; caçz ur re sede ar pal, caçz ur re qéhyd ha ma alleur e gaçz, caçz ur re-bennac da scun, pr. caçzet.

• POUSSEUR, *qui pousse*, poulsèr, pl. ien. — *Pousseur, qui excite*, attisèr, pl. ien; allyer, pl. yen.

• POUSSEUSE, *celle qui excite*, attiserès, pl. ed; allyerès, pl. ed.

POUSSIERE, poultr. *Van.* houé, péûdr. — *Secouer la poussière, l'ôter*, diboultra, pr. et. *Van.* dihouëciñ.

POUSSIF, ive, *parlant d'un cheval qui a la pousse*, marc'h pouçzet, marh a so ar pouçz gaudhâ. — *Poussif, ive, parlant d'une personne qui a la courte haleine*, berr-alanus, berr-alanecq, oh, â, ppl. tud; pouçzet, nep so ar berr-alan gand-hâ.

POUSSIN, *petit poulet*, poñciniq, pl. poñcinedigou; eznicq, pl. eznedigou; labousicq-yar, pl. labousedigou-yar. *Van.* poñciniq, pl. poñcinigueû — *Les poussins sont éclos*, savet eo ar poñcinedigou.

POUTRE, treust, pl. ou. *Van.* trest, pl. eû. yér. *H.-Corn.* sol, pl. yau. — *Petite poutre ou poutre médiocre*, sommier, gour-dreust, pl. gour-dreustou; sol, pl. you.

POUVOIR, *puissance, autorité*, galloud, galloudez, bély, vély. *Van.* galloud, bíly. *Selon mon pouvoir*, hervez va galloud, diouc'h va galloud. — *Avoir quelque chose en son pouvoir*, cahout un dra én e c'halloud. pr. bet. — *Il a le pouvoir en main*, ar galloud èn deus èn tu dioundhâ. — *Pouvoir sur un autre*, vély var un all. — *Vous n'avez point de pouvoir sur moi*, n'oc'h eus qet a vély varnouñ-me, n'oc'h eus qet da vellet varnouñ-me. — *Celui qui a beaucoup de pouvoir*, galloudus, nep so galloudus, nep èn deus cals a c'halloud ou ur galloud bras. — *Pouvoir absolu*, oll c'halloud.

POUVOIR, *avoir le pouvoir*, gallout, pr. gallet; allout, pr. allet; tizout, pr. et. *Van.* gallout, hallout, tihout. — *Vous pouvez le faire*, gallout a rit e ober, e ober a allit, e ober a illit. — *On peut voir cela*, an dra-ze a allér da vellet. — *Il ne peut pas, il ne pourrait pas, il ne pourra pas*, ne all qet, ne allé qet, ne allo qet. — *Je ne puis, je ne pourrais pas, je ne pourrai pas*, ne allañ qet, ne allén qet, ne alliñ ou illin qet. — *Je ne puis pas, faute de temps; il ne le pourrait pas, faute de temps*, ne dizañ qet, ne dizzé qet. — *Je pourrais m'y trouver; si le temps me le permet, je m'y trouverai*, me a dizzé èn hem gavout eno. — *N'en pouvoir plus de faiblesse, de fatigue*, beza acicq, beza bréau. — *Je n'en puis plus*, acicq oun, ne allañ muy, bréau oun. — *Je l'ai pu, je ne le puis plus*, gallet èm eus ou allet am eus ne allañ muy siouaz din.

PRAIRIE, *une grande étendue de pré*, pradenn, pl. ou; pragéyer, foënnéyer.

PRATICIEN, t. *de palais*, scrivaigner, pl. yen. *Van.* scrivaignour, pl. eryon, ouryan. — *Praticien, qui entend bien les diverses sortes de procédure*, praticyan, pl. ed. *Van.* id.

PRATIQUE, t. *de palais*, ar praticq, praticq. — *S'adonner à la pratique*, èn hem rei d'ar praticq, pr. èn hem roët; diwqi ar praticq, pr. desqet. — *Pratique, usage*, custum, pl. ou; ar c'hustum, ar c'hustumou. — *Pratique, fréquentation*, hentadurez, darempred, ppl. ou. — *Pratique de la vertu*, ar praticq eus ar vertuz. — *De mauvaises pratiques, de bon-*

.*nes pratiques*, praticqou fall *ou* goall gus- **tumou**, praticqou *ou* oustumou mad.
—*Pratique d'un domestique, profit*, pra-tioq, *pl.* praticqou.—*Maison où le domes-tique n'a pas de pratique*, ty dibraticq. *On dit aussi d'un avocat sans causes*, di-braticq eq.

**PRATIQUER**, *mettre en pratique*, pra-tieqa, *pr.* et; lacqaat é praticq, *pr.* lecqéet; ober, *pr.* græt. *Van.* pratic-qeiñ, *pr.* et.—*Pratiquer la vertu*, pra-tioqa ar vertuz, lacqât ar vertuzé pra-ticq, — *Pratiquer*, *hanter*, henti, *pr.* et.—*Cela se pratique tous les jours*, bem-dez ez roar au dra-ze.

**PRÉ**, prad, *pl.* pragéyer, prageou; foënnecq, foënneucq, foënnocq, *ppl.* foënuéyer. *Van.* prad, *pl.* eü, prageü. —*Petit pré*, pradicq, *pl.* prageouïgou. —*Petit pré où l'on coupe de l'herbe fine pour les bestiaux*, flourenn, *pl.* ou. —*Mettre l'eau sur les prés*, doura ar prageou, *pr.* douret.—*Ôter l'eau*, *l'empêcher de couler sur les prés*, distrei au dour divar ar prageou, *pr.* distroët.—*Faucher le pré*, falc'hat ar prad, *pr.* et.—*Espèce de pré*, pradell, *pl.* ou; pradenn, *pl.* ou. *Van.* pradell, *pradell*, *ppl.* eü.

**PRÉALABLEMENT**, *ou préalable*, abárz pep tra, da guentá paë.

**PRÉ-ALLÉGUÉ**, amá diaraucg, la-varet diarang.

**PRÉAMBULE**, un autre vaog eus a un devis.

**PRÉAU**, pradicq, *pl.* prageouïgou.

**PRÉBENDE**, *droit de percevoir un re-venu ecclésiastique dans une église où l'on dessert*, leve ur dén a ilis, evit a asis-tauçz ôn oviñz.—*Prébende, chanoinie*, chalounyaich, *pl.* ou.

**PRÉBENDÉ**, nep a douich ur zerten leve evit asizta ên oviçz diin, *v. chanoine*.

**PRÉCAUTION**, suréntez, musul, *pl.* musulyou; evez abredt. *Van.* eüeh. — *Prendre ses précautions pour se garantir de quelque mal imminent*, qemeret e vu-suiyou *ou* e suréntez evit pellaat un droucq-bennac, *pr.* id. *v. circonspection*.

**PRÉCAUTIONNER** (se), qemeret e suréntez, qemeret evusulyou, *pr.* id.; evuzzaat êr-vad, *pr.* ëet; lacqaat evez **mad**, *pr.* lecqeat, lecqéet.

**PRÉCÉDEMMENT**, diaguent, a zi-araucg.

**PRÉCÉDENT**, *ente*, diaraucg, ar pez a so bet a ziaraucg, diaguent. — *Le précédent*, añ hiny a ziaraucg. — *L'année précédente*, ar bloaz diaraucg, ar bloaz diaguent.—*Dans les siècles pré-cédents*, ebarz êr c'handvejou trémc-net, ên amseryou diaraucg.

**PRÉCÉDER**, *aller devant*, moñnet araucg, *pr.* ëet; beza araucg, *pr.* bet; diaraugui, *pr.* diarauguet. *v. devancer*. —*Le plus ancien doit précéder les autres*, ar c'hozzá a ya atau araucg hac ez eus d'ar groucg a véz, *proverbe breton*. — *Ceux qui nous ont précédé et ceux qui viendront après nous*, nep so bet ên hou raucg, ha nep a zui var hon lerc'h, ar re o deus hon diarauguet h-ic ar re a heulyo ac'hanomp.

**PRÉCEPTE**, *instruction*, *règle*, qe-lennadurez, desqadurez, *ppl.* ou; reol evit disqi un sqyand-bennac, *pl.* you. — *Savoir ses préceptes*, gouzout e reo-lyou.—*Précepte*, *commandement*, gour-c'hemenn, *pl.* ou. *r. commandement*.— *Un précepte à la janséniste*, ur gourc'he-menn ne aller é nep faeçzoun c viret ou du viret.

**PRÉCEPTEUR**, mæstr, *pl.* mistry; mæstr a scol, *pl.* mistry a scol.

**PRÊCHE**, témpl au huguenoded, *pl.* témplou.

**PRÊCHER**, prezecq, *pr.* prezegnet; parlant, *pr.* et. *Van.* pregueiñ, pred-gueiñ, *ppr.* et.—*Qui est-ce qui vous prê-che le carème?* piou a brezecq deoc'h-hu ar c'horayz? piou a-so o parlant guenoec'h-hu êr c'horayz-má?—*Prê-cher la passion*, disclærya ar baçzion, *pr.* disclæryet.

**PRÉCIEUSEMENT**, gand istim ha sourcy bras.

**PRÉCIEUX**, *euse*, precius, pricius, oo'h, á, añ. *Van.* precius, oh, añ, aoñ. —*Le précieux sang et le sacré corps de Jé-sus-Christ*, goad precius ha corf sacr ha santel hon Salver Jesus-Christ.— *Pierre précieuse*, mean precius, mæn pricius, *ppl.* mein precius *ou* pricius.

*Van.* meen precius, *pl.* main·preeius.
—*Une précieuse ridicule*, ur vaouës fæçzounyus, *pl.* maouë_sed fæçzounyus ;
ur flæryadeun faëus, *pl.* flæryàdeunou
faëus.

PRECIPICE, *gouffre*, torrod , *pl.*
torrojou; torr-gouzoucg, *pl.* torrou-
gouzoucg.—*Tomber dans un précipice*,
couëza èn un torrod *ou* èn un torr-gouzoucg , *pr.* et.

PRÉCIPITAMMENT, mibin, ribus,
rebus, gand hastizded ha dievezded.

PRÉCIPITATION, hastizded, buhander, re vras hastisded, dievezded.

PRÉCIPITÉ, *fait avec précipitation*,
hastet, græt gad re vras hastizded. —
*Precipité, ée, qui agit précipitamment*,
prim, buhan , hastif, mibin, dievez ,
oc'h, â, añ.—*Precipité dans ses discours*,
téaud mibin.

PRECIPITER, *jeter du haut en bas*,
strincqa ar traoun penn-evit-penn,
*pr.* strincqet. — *Précipiter une affaire*,
hasta re un affer, *pr.* hastet; ober un
dra gad re a hast *ou* gad re vras hast,
*pr.* græt. — *Se précipiter du haut en bas*,
èn hem strincqa eus a greac'h d'an
traqun , *pr.* èn hem strincqet; terri e
c'houzoug, *pr.* torret. — *Se précipiter*,
*aller à fond*, *parlant du thé bouilli, etc.*,
goëledi , *pr.* et. *Van.* soleiñ.

PRÉCIPUT, preoipud, *pl.* ou; he-
nañded.

PRECIS, *ise, déterminé, marqué*, statudet, merçqet, açzinet, exprès, just.
—*Au jour précis*, d'an deiz merqet. —
*Précis, sommaire*, ar sustançz pa an a-
breich eus a un dra-bennao.

PRÉCISÉMENT, just, d'ar just. —
*Dans huit jours précisément*, a benn eiz
dez just.—*Dites précisément quand*, liyi-
rit d'ar just peeur.

PRÉCOCE, *fruits précoces*, hastif,
prim, fronëz prim, fronëzhastif, frouëz
hastif-mëur. *Van.* qeutrat. freh qentrat, froeh abret.—*Arbre précoce*, guëzen hastif, guëzen prim, guëzen hastif-mëur, *pl.* guëz prim, etc. *Van.* guën
qeutrat, *pl.* guë qeutrat.

PRÉCONISER, meuli meurbed, *pr.*
meulet.—*On préconise partout la vertu*

de ce saint homme, e pep leac'h ez veu-
lér meurbed an dèn santel-hont, abalamour d'e vertuz.

PRÉCURSEUR, nep a zeu diaraücg
un all.—*Saint Jean-Baptiste a été le pré-*
*curseur du Messie*, sant Jan-Vadézour a
zo bet deuët diaraucg ar Meçzya, evit
anouçz e zoñnedigues vad.

PRÉDÉCESSEUR, an hiny diaguent,
*pl.* ar re diagueut; an hiny qent, *pl.*
ar re guent; diarauguer, *pl.* yen.—
*Nos prédécesseurs*, hoa re guent, ar re
diarauzomp, ar re qent evidomp. *v.*
*aïeux, devanciers, précédes*.

PRÉDESTINATION, destinadurez
a viscoaz, destinadur a bep eternitez.
*v. destinée, fatalité*.

PRÉDESTINER, *destiner à la gloire*
*du paradis*, destina a bep eternitez da
c'hloar ar barados, *pr.* destinet.—*Dieu*
*prédestine à la gloire ceux qu'il prévoit de-*
*voir coopérer à sa grâce jusqu'à la fin*, an
autrou Doüe èn deveus a viscoaz destinet d'ar c'hloar nep èn deus guëllet
a dleyë gand sicour e c'hraçz ober èr-
vad bede ar finvez eus o buhez.

PRÉDESTINÉS (les), ar re choaset
gad Doüe evit ar c'hloar, ar re destinet evit ar barados, ar re destinet da
veza guenvidicq *ou* eürus hed an eternitez.

PRÉDÉTERMINATION *physique*,
toucqadur.

PRÉDÉTERMINER, toucqa , *pr.* et.
—*Il était prédéterminé à faire cela*, touc-
qet voa dezañ ober qemen-ze. *v. destin*.

PRÉDICABLE, *qui est propre à être*
*prêché*, prezegapl, prezegus, oc'h, añ,
a alleur da brezecq.

PRÉDICANT, *t. de mépris*, ur pre-
zegueuricq paour.

PRÉDICATEUR, prezegueur, *pl.*
yen. *Van.* predegour, pregour, *ppl.*
yoñ, yan.—*Un bon prédicateur*, ur prezegueur mad, purlanter mad *ou* caër.
—*Un prédicateur qui prêche avec beaucoup*
*de feu et de zèle*, ur prezegueur elumet.
—*Un prédicateur qui parle trop vite*, ur
prezegueur mibin.—*Un homme qui a les*
*dispositions requises pour être bon prédi-*
*cateur et confesseur, et qui ne veut être ni*

l'un'ni l'autre, fauter qeuneud, pl. faut-téryen gueuneud.

PRÉDICATION, prezeguezna, pl. ou; prezeeg, pl. ou. Van. predecg, pl. predegüeu.—Faire des prédications, o-ber prezeguezznnou. On prononce pre-zeguennou. Van. gobér predegueü.

PRÉDICTION, diougan, pl. ou; id est, diaraucg-can, annoncé par avance. Al. armès. v. Guinclan.

PRÉDILECTION, muy a garantez evit añ eil, egued evit eguile.

PRÉDIRE, diougani, pr. et.—Cela vous avait été prédit depuis long-temps, pell so a baoüé bet diouganct qemôñ-ze deoc'h.—Celui qui prédit, diouga-ner, pl. yen.

PRÉDOMINANT, ante, an uhélâ, ar c'hreâ, ar gallouduçzâ.

PRÉDOMINER, beza treac'h da un âll ou da re all.

PRÉÉMINENCE, souperyolaich, pl. ou; rencq dreist ar re all, ar guïryou, anenoryou, prevoudy, pl. ou.

PRÉÉMINENT, ente, dreist' ar re all, uhéloc'h egued ar re all.

PRÉFACE, avant-propos, avis, pl. ou; avis evit êñtent êr-vad un dra. — La préface de la messe, ar prefaçz.

PRÉFÉRABLE, 'a dle beza lecqeat dreist un all, a dleeur ober muy a stad anezañ.

PRÉFÉRABLEMENT à tout autre, dreist'pep hiny a hend all, dre choas.

PRÉFÉRENCE, choas, braçzoo'h istim a rear eus an eil, egued eus eguile.

PRÉFÉRER, ober muy a istim eus a unan eguid eus a un all, istima muy an eil egued eguile, istimout un dra mugued un all; rei ar c'hentâ rencq da unan dreist ar re all.

PRÉFET, prefed, pl. prefeded.—Le père préfet, an tad prefed.

PRÉFINIR, mercqi un amser, laç-qât un termen.

PRÉFIX, mercqet, lecqeat, ordre-net.

PRÉJUDICE, gaou, dommaich. no-a'dur.--A mon préjudice, êm dommaich, gand va dommaich, gad va c'holl.

PRÉJUDICIABLE, noasus, dou-

maichus, eollus, oc'h, â, añ.

PRÉJUDICIER, digaçz dommaich ou coll, pr. digaçzet; noasout, pr. noaset.

PRÉJUGÉ, fæçzoun, ompinion fa-zyus, fals ompinion lecqeat èr penn.

PRÉLAT, prelad, pl. ed.

PRÉLATURE, preladaich, earg ur prelad.

PRÊLE, plante, lost marh.

PRÉLUDE, ar c'honmançzamand eus a un dra-bennac.

PRÉMATURÉ, hastif-mêur, re guen-trat. v. precoce.

* PRÊME, retrait lignager, neçzañ-ded. v. retrait. — Retirer une terre par droit de prême, tenna un doüar guerzet, dre neçzañded. pr. tennet.

PRÉMÉDITER, songeall pell dia-guent, songeall èr-vad êu un dra abarz e ober, pr. songet.—A dessein prémé-dité, a ratoz mad.

PRÉMICES, prevedy, pl. ou; ar previdy, ar priñvidy, ppl. previdyou, priñvidyou. Van. premedy, permedy, ppl. eü.—Payer les dîmes et les prémices, paëa an deaugou hac ar prividyou.

PRÉMIER, le premier, qentañ, qenlâ, ar c'hentañ, ar c'heutâ, an qentâ. Van. qetañ, er hetañ, er hyetaür. — La première, ar guentañ, ar guentâ. Van. er guetañ.—Les premiers, les pre-mières, ar re guentañ, ar re guentâ. Van. er re guetañ.—Etre le premier, be-za ar c'heutâ, derc'hel ar c'hentâ rencq, ppr. bet, dalc'het.—A qui sera le premier ou la première, à qui sera le premier rendu ou qui aura le premier fait, qenty-qentâ. Van. qety-qetaü. — La première fois, qentâ gueach, ar c'hentâ gueach. —La tête la première, ar penn araucg, ar peñ da guentâ.—Le premier né, qentâ ganet, henaour. v. aîné.

PREMIÈREMENT, da guentañ, da guentâ, da guentâ paë, da guentâ oll. Van. de guetañ.

PRÉMONTRÉS, urz Premontrez, chalounyed Premontrez, religiused sant Norbeid.

PRENDRE, qemeret, pr. id Hors de Léon, on dit qemer, pr. qemeret; qou-

.er, qoumeret, *ppr.* et. *Van.* qemo-|bras, nès bras.--*Près-à-près*, taust-à-
lhiû; qemer, *ppr.* et.—*Prendre le bien*|taust, taust-a-daust, nès-a-nès; barz-
*x autrui*, qemer madou ar re all, qe-|é-harz, barz-ouc'h-harz, qichen-ê-qi-
leret tra au hentez.—*Prendre brusque-*|chen. *B.-Léon.* or harz dor harz.--*De*
*ent*, happa, *pr.* et; ampoigu, *pr.* et.|*près*, a daust.--*Regarder de près*, avoir
*t Action de prendre*, qemeridiguez, hap-|la rue courte, sellet a daust, lenn a
*brez.--Celui qui prend*, qemercur, hap-|daust.--*Regarder de près*, examiner avec
*cr*, ampoigner, *ppl.* yen. *Van.* qeme-|soin, sellet piz, *pr.* id. -- *Près de deux*
*our*, happour, *ppl.* yon, yan.—*Pren-*|cents, taust da zaou c'hant, daou c'hant
*re d témoin*, qemcr da dèst, divenn da|dija *ou* dijaïcq. -- *A peu près*, taust da
*dèst*, *pr.* et.—*Pour qui me prenez-vous?*|vad, var-dro, ê tro.--*De trop près*, re a
*e* evit piou èm c'himirit-hu?— *Pren-*|daust, a re daust.--*Trop près*, re daust,
*re d merci*, qemeret è trugarez, cahout|re nès. *v.* proche.--*Ni près, ni loin*, nao
*quez oud*, etc., *pr.* bet. — *A le bien*|a daust, nao a bell.
*rendre*, pep tra songet mad, pep tra|**PRESAGE**, sin eus ar pez a dle da
*vezzeat mad*, o pouêsa èr-vad pep tra.|arruout, *pl.* sinou eus a, etc. *Van.*
—*Nous sommes pris de tous côtés*, dal-|droucq-sant. *v.* augure. — *Mauvais pré-*
'het omp a bep tu. — *Prendre congé*,|*sage*, goall sin. *Van.* goal droucq-sant.
imyada, qimyady, *ppr.* et; *id. est*, qe-|**PRESAGER**, augurer. *v.-y.*--*Présa-*
mer-adeo.—*Prendre, parlant des arbres*|*ger*, pronostiquer, diouganî, *pr.* et; reî
*u'on plante*, crégui, *pr.* croguet; sevel,|sinou ou mercqou, *pr.* roët. --*Présager*,
*r.* savet.—*Tous nos plans sont pris*, cro-|pressentir, santout a bred, *pr.* santet.
*quet o deus hon oll blantennou*, savet|*Van.* droucq santeiñ.
o hon oll blant.|**PRESBYTERE**, presbital, *pl.* you;
   **PREOCCUPATION**, fals ompinion,|prespital, *pl.* you. *Van.* prespytoér,
ouelladur. *Van.* peennad.|*pl.* yéü.
   **PREOCCUPER**, *se préoccuper*, tou-|   **PRESCIENCE**, *prévision de Dieu*, an
illa divarbenn un dra *ou* ur re, *pr.* et.|aznaoudéguez èu deus Doué a viscoaz
*Van.* peennadeiñ, him beennadeiñ.|eus an oll draou da zoñnet.
   **PREPARATIF**, *appareil*, apresta-|   **PRESCRIPTION**, *termen ou* aïnsor
nand, *pl.* aprestamanchou.|merqet gad ar guir, prescripcion.
   **PREPARATION**, *disposicion*, *pl.* ou;|   **PRESCRIRE**, *régler, ordonner. v.-y.*
ardamand, *pl.* fardamanchou.|— *Prescrire, t. de palais*, acquysita dre
   **PREPARER**, apresta, *pr.* et; farda,|ar guir a brescription, *pr.* acquysitet.
*r.* et; ausa, *pr.* et; disposi, *pr.* et;|   **PRESEANCE**, *droit de séance avant un*
*iven*, *pr.* avêet.--*Preparer le diner*, far-|*autre*, ar plaçz arauég, ar plaçz qentâ.
la lein, aprèsta lein, ausa lein, aven-|--*Préséance pour la marche*, ar paz araueg.
eiñ. -- *Préparer du blé pour porter au*|   **PRESENCE**, presançz.--*En presence*,
*moulin*, farda ed da vont d'ar vilin. --|ê presançz. — *En ma présence*, èm pre-
*Se préparer*, èn hem zisposi, èn hem|sançz, dirazoun, dirag va façz, èm façz,
iprèsta, *ppr.* èn hem zisposet, etc.|èm daoulagad. — *Ne tenez pas en ma pré-*
   **PREPOSER**, *mettre devant*, lacqât|*sence, pour votre interêt*, ne zuit qet èm
iraueg.--*Préposer, commettre*, rei urz|daulagad, evit ho profid. — *Avoir une*
la galloud da ur re var, etc., *pr.* roët.|*grande présence d'esprit*, beza attentif bras
   **PREROGATION**, guir profitapl, *pl.*|ou meurbed var e evez, *pr.* bet.
quiryou profitapl. *v.* *préeminence*.|   **PRESENT**, *ente*, presant, besant. *v.*
   **PRES**, taust, nèz, harz, qichen,|*absent*. — *Etre présent*, beza presant ou
jichau,lez.*r. auprès. Près de la ville*,taust|var ar plaçz, *pr.* bet.— *Present d'esprit,*
izèr, taust, taust da guær.--*Plus près*|*et absent de corps*, presant a spered hao
*de la ville*, tausfoc'h da guær, nesoc'h|ezvezant a gorf, bezant ê spered, ez-
la *ville*.--*Fort près*, tausticq, taust|vezant a gorf. — *A present*, brémañ,

bremâ, bremañ. *Van.* touchanticq, |parlemañd.

touchant,bremanie,bremañ,bre-mañ, | **PRESIDENTE,** presidántès, ar bre-
id est, d'an pred-mañ.—*Dès-d-présent,* | sidantès.

a vrémañ, a vréma. — *Présent, don,* | **PRESIDER,**ober ar garg a hresidant,

dounésoûn, pl. ou. *Van.* id., pl. eû. -- | beza presidant èn un occasion beñac;

*Petit présent,*dounésoñicg,pl.dounésoña | derc'hel ar c'hentâ plaçz.

nouïgou. — *En présent,* è dounésoûn. | **PRESIDIAL,** presidyal, pl. presidy-

**PRESENTATION,**t.de droit canoniqae, | alon.

presentadurez. — *Le patron laïque d* | **PRÉSOMPTIF,** héritier présomptif,

quatre mois, et le patron ecclesiastique six | heritour tarmtâ. *Van.* heritour toustañ.

pour faire ses présentations, ar patrom | **PRESOMPTION,** orgueil ridicule, or-

licq eus a ur béneviçz èn deux pevar | gouilh lu, gloar lu, gloar hep abecg;

miz evit ober e bresentadurez, hac ur | gloriusted sot. — *Présomption, conjec-*

patrom a so dèn a ilis èn deveus c'huech | ture raisonnable, suspicion foun tet mad;

miz evit ober e hiny.—*Présentation d'un* | pl. suspicionou. — *Présomption, trop*

procureur; acte de comparution en justice | grande confiance, re vras flzyançz. —

pour défendre sa partie, preséntadurez | *Présomption, trop d'amour-propre,* re

ar proculer. —*La présentation de la Ste* | vras carantez evit es unan.

Vierge, gouël Maria è mis du. | **PRESOMPTUEUX,** euse, glorius, oh;

**PRESENTEMENT,** è presant, bré- | añ; re fizyus èn e-unan.

mañ. *Ouessant.* a bresanticq. *Van.* ber- | **PRESQUE,** hogos, hogosicq, gosicq,

man', présántïcq. | peus, qasimant. — *Il est presque mort,*

**PRESENTER,** presanti, pr. presan- | peus maro eo, hogos maro eo, gosieq

tet. *Van.* presanteiñ. — *Se présenter,* èn | marv e, qasimant eo maro. —*Presque*

hem bresanti; pr. èn hem bresantet. | rien, nemeur, nemeur dra.

*Van.* him bresanteiñ. — *L'occasion se* | **PRESQU'ILE,** gour-enès, pl. gour-

présente, an occasion èn hem bresant | enesy. *Van.* id.

ou èn hem gaff.—*Oseriez-vous vous pré-* | **PRESSANT,** ante, prèçzet, oh; añ;

senter devant lui en cet état?* ha c'huy oz | — *Une affaire pressante,* uu affer brèçz-

péz an hardizéguez d'en hem bresanti | zet. — *Un homme pressant,* un dèn bir-

dirazañ èr stad-ze? ha c'huy a greilté | vidicq ou prèçzus, pl. tud.

mounèt èr stad-ze è n e façz ou dirazañ? | **PRESSE,** foule de gens qui se pressent,

**PRESENTIALITÉ,** t. d'école, pre- | ingros, eñgroès, goasq, goasqadecg.—

sanfélez. | Presse, *empressement,* près; hastidiguez,

**PRESERVATIF,** ice, remed evit di- | hast. *Van.* près.—*Qui n'a point de presse,*

voall oud ur c'hléved-bennac, remed | dibrès. *Van.* id. — *Presse, machine d'im-*

evit pellaat un droucq-bennac, pl. re- | primeur, preçzoüer ur mouler, pl. preç-

mejou. | zoücrou. —*Mettre un livre sous presse,*

**PRESERVER,** garder de mal, divoall | lacqaat ul levr è gonlou, pr. lecqèet.

ouc'h droucq, pr. divoallet; miret oud | **PRESSENTIMENT,** santidiguez, un

droucq, pr. id. *Van.* mireiñ doh droucq. | seurd aznaoudéguez. *Van.* drouq-sant.

—*Dieu nous preserve de ce malheur!* Doüe | — *J'avais déjà quelque pressentiment de*

r'hon divoallo diouc'h an diséûr-ze! | cela, me a sante taust-da-vad qemeñ xc.

Doüe r'hon miro ouc'h un hevelep | **PRESSENTIR,** santout an traou a4

drouqéûr! Doüe dre e c'hraçz ra bel- | barz ma harruont, pr. santet; santout a

laï diouzomp ou ra zistroï divarnomp | ziabell. *Van.* drouqsanteiñ, souspeteiñ;

an droucq-éûr-ze! | ppr. el.

**PRESIDENCE,** presidanz. | **PRESSER,** serrer, starda, pr. et; goas-

**PRESIDENT,** presidant, pl. ar pre- | qa, pr. et. *Van.* goasqeiñ, sterdeiñ. —

sidanted. — *Le premier president du par-* | *Presser la main,* goasqa an dourn. —

lement,* ar c'hentâ presidant eus ar | *Presser un linge mouillé,* guès qel ul lyen leb, pr. goasqet. — *Presser quelqu'un* breland.

*à faire quelque chose,* hasta ur re, pr. et.
*Van.* hasteiñ. —*Presser, embarrasser quel-*
*qu'un ,* encqrèsi ur re-bennao , pr. et.
*Van.* trubuilheiñ. — *Presser l'ennemi,*
ancqaat an adversouryen , pr. ēet. —
*Se presser , se mettre plus près les uns des*
*autres,* dinesaat an eil oud eguile , pr.
et; hem serra, pr. et. *Van.* him oasqeiñ.
—*Se presser, se hâter,* hasta, pr. et; èn hem
brèçza *ou* brèçzi, ppr. et. *Van.* hum brèç-
eiñ, him brèçzeiñ. *Trég.* hem brèçzañ,
em hastañ.

PRESSOIR, preçzouër, *pl.* ou. *Van.*
d., *pl.* eü. —*Petit pressoir fait en forme*
*l'auge, dont le fond est troué,* goasq, ur
oasq, *pl.* goasqou; goasqell, ur voas-
qell, *pl.* goasqellou. *Van.* goasq, *pl.* eü.

PRESSURER, *fouler le raisin, les pom-*
*mes, etc.,* goasqa, pr. et; goasqa ar vén-
laich, goasqa frouëz. v. *fouler.*

PRESTANCE, *bonne mine,* sæçzoun
iad. v. *façon.*

PRESTE, *qui se fait vite,* prèst, ar
rez a véz great prèst.

PRESTEMENT, prèst, trum, ez prim.
— *Faites prestement,* grit prest ou trum.

PRESTIGE, *illusion,* fals burzud, *pl.*
als burzudou ; tromplérez dre voyen
in droug-spered, *pl.* tromplerezou.

PRESTIGIATEUR , achantour, *pl.*
en; abuser, *pl.* yen.

PRESUMER, *avoir bonne opinion de soi,*
en hem istimout re, èn hem fizyout re
ar e-unan, beza glorius. — *Présume-*
*le la miséricorde de Dieu,* èn hem fisyout
nugued ne deo dleat var an drugarez
e Zoüe. — *Présumer, conjecturer,* ompi-
nioñni, pr. et; cahout ompinion, pr. bet.

PRESURE, *ce qui fait cailler le lait,*
qeule, tro. *Van.* tro. *De qeule vient bioc'h*
qeule, *vache pleine , et* qeule *vient proba-*
*lement de* qel, *testicule.*

PRET, *prêle,* prèst, disposet, dare da,
i tailh da ober, etc. — *Prêt , action de*
*rêter,* prèst, *pl.* ou. *Van.* id., *pl.* eü. *Al.*
rlecg ses. v. *emprunt.*--*Demander en prêt,*
goulen ē prèst, pr. goulennet. *Van.* id. v.
*emprunter.*--*Donner en prêt, prêter,* pres-
a, pr. et; rei ē prèst, pr. roët.

PRETENDANT, pretaudant, nep a

PRETENDRE, pretandi, pr. et; esperout, pr. et; cahout déso da, etc., pr. bet;
cridi, pr. et.—*Il prétend qu'on ne peut rien*
*lui reprocher là-dessus,* beza ez pretand ez
eo direbech èr poënd-ze, cridi a ra, etc.-
*Prétendre à une charge,* esperout ur garg,
esperout cahout ur garg, cahout déso
var ur garg. — *Que prétendez-vous?* petra a esperit-hu? petra eo oc'h esper ?
petra eo ho téso ?

PRETENDU, e, *incertain, contesté,* dou-
ētus, debatet, pretandet ē faus. — *Il a*
*cidé un prétendu droit,* great èn deus dilès eus a ur guir fals-pretandet *ou* douē-
tus *ou* debatet.

PRETENTION, pretandançz, *pl.* ou.
v. *dessein, espérance.* — *Il a bien des pré-*
*tentions,* cals pretandançzou èn deveus.

PRETER, *donner pour être rendu,* presta, pr. et; rei ē prèst, prroët. *Van.* presteiñ,
pr. et; reiü en prest, pr. reit.—*Prêter gra-*
*tuitement, dit l'évangile,* prèstit d'oc'h
hentez hep sevel interest divar bouës ho
prèst *ou* dre'n abecg hepqen d'o prèst;
eme an avyel; prèstit hep campy.—*d in-*
*térêt,* prèsta arc'hand var gampy, rei ar-
c'hand var gampy *ou* interest, pr. roët.
*Van.* rei argand ar campy *ou* interest, pr.
roeit, reit. — *Prêter l'oreille à de mauvais*
*discours,* rei scoüarn da glévet goall
gompsyou, pr. roët. — *Prêter l'oreille*
*pour écouter ce qu'on dit en secret,* lacqāt
e scoüarn ē par evit sezlaou ar pez a
lavar o syoul re all.

PRETERIT, *t. de grammaire,* ar preterit. *Comme le participe passé est le même*
*que le prétérit parfait, et que ce part. sert d*
*former plusieurs temps des verbes avec les*
*trois auxiliaires bretons* avoir, *être et*
faire, *il faut bien faire attention aux pré-*
*térits des verbes que je mets en abrégé :* pr.

PRETEUR, *magistrat romain,* pretor,
*pl.* ed.

PRETEXTE, digarèz, *pl.* you; diga-
e, *pl.* ou. *Van.* digare, *pl.* digareü; sigur, *pl.* eü. — *Un prétexte honnête,* un
digarez honest. — *Sous prétexte d'aller*
*à la messe,* digarez mont d'an ovéreun.
*Van.* a sigur moñuet d'en oferu. —
*Sous préte...te de faire l'innocent,* digarez

34

ober al lue. — *Jamais méchant n'a man-*
*qué de prétextes,* biscoaz digarez ne vancqas da didalvez, biscoaz digare da fall
ne vancqas. — *Qui cherche oa trouve des*
*prétextes,* digarezus, ou'h, â, añ.

'PRÉTEXTER, digarezi, *pr.* ët; diga-
roi, *pr.* ët; qemeret digarez evit, etc.
qemeret au digarez da, etc., *pr.* id. *Van.*
digareciñ, sigureiñ.

'PRÉTOIRE, *hôtel du préteur,* ty ou
palès ar pretor, pretoar. — *Les Scribes*
*et les Pharisiens ne voulurent pas entrer*
*dans le prétoire, dit l'évangile,* ar scribed
hac ar Pharisyaned ne fellas qet dézo,
eme au avyel, autren ebarz ër pretoar
rag aoun ne lacqzè au autre-ze anézeu,
ër meas a slad da allout ober ur pasq
mad ; chatall fall.

PRÊTRE, bælecq, *pl.* bæléyen. *B.-*
*Corn. pl.* bælégen. *Van.* bælecq, *pl.* bæ-
lyon, bælean, bælyan. — *Le grand-prê-*
*tre de la loi,* ar bælecq bras.— *Prêtre de*
*petite stature,* bæleguicq, *pl.* bæléyen-
nigou. *C'est le surnom de quelques famil-*
*les.* — *Le prêtre qui dit la première messe*
*le dimanche et fêtes,* bælecq an ovérenn
viutiñ. — *Le prêtre qui fait le catéchisme,*
bælecq ar c'hatecis. — *Petit prêtre, pois-*
*son,* bælecq, *pl.* bæléyen. — *Prêtre des*
*idoles,* ministr au idolou, *pl.* ministred.

PRÊTRESSE, *femme vouée au culte des*
*idoles,* ministrès an idolou, *pl.* ed.

'PRÊTRISE, *sacerdoce chrétien,* bæleguiaich, bæleguiez, an urz a væleguiaich. *Van.* bæleguiah, bælediguch, eu
urh a væleguiah. — *Prendre la prêtrise,*
se faire prêtre, bælegui, *pr.* et. *Van.* bæ-
legueiñ, *pr.* et; bæligueiñ, *pr.* et.

PREUVE, prouïdiguez, *pl.* ou; prouñ,
*pl.* you; mercq aznadt, *pl.* merqou.—
*Faire preuve de sa valeur, donner des preu-*
*ves de sa bravoure,* ober prouff eus e vail-
hançz ha talvoudéguez. *Cette phrase*
*bretonne est très-ancienne, mais elle ne l'est*
*pas tant, que les filles du commun ne la sa-*
*vent bien appliquer à leurs amants lorsqu'ils*
*sont bons luteurs ou qu'ils jouent bien du*
*tricot,* disquëz e ntrz hac e vailhautiz, *pr.*
disquëzet.— *Fournissez-en moi donc quel-*
*que preuve,* roit din eta ur prouïdiguez
benuac. *Une preuve qu'il ne lui est rien dû,*

c'est que, ur mercq aznadt ne deus diat
netra dezañ, eo ma. — *Demi-preuve,*
hanter-brouff, *pl.* hanter-brouffyou.

PREUX, hardiz ha vailhandt, hardiz ha talvoudecq, *pl.* tud, etc. — *Un*
*preux chevalier,* un marhecq hardiz ha
vailhandt, *pl.* marhéyen, etc.

PRÉVALOIR, *l'emporter sur,* treac'hi
da, *pr.* et; beza treac'h da, *pr.* bet.—
*Se prévaloir de,* tenna avautaich eus a,
*pr.* tennet; qemer gloar rag, *pr.* et.

PRÉVARICATEUR, *qui prévarique,*
affronter, *pl.* yen. *Van.* affrontour, *pl.*
yon.—*Prévaricateur de la loi,* nep a
dorr al lésenn, nep a drémen al lésoñ.

PRÉVARICATION, *abus commis dans*
*l'exercice d'une charge,* affrontërez. *t.*
forfait.—*Prévarication,* *transgression de*
*la loi,* terridiguez al lésenn, trémenidiguez al lésenn, an derridiguez eu an
drémenidiguez eus al lésenn.

PRÉVARIQUER, *manquer aux devoirs*
*de sa charge,* affronti ar bed, *pr.* et.
*v.* forfaire.

PRÉVENIR, *devancer quelqu'un en*
*quelque chose,* diaraugui ur re èn un
dra-bennac, *pr.* diarauguet. *Van.* mont
e raucg un arall, *pr.* oëit, eit.—*Préve-*
*nir, aller au-devant de quelqu'un,* dial-
béua ur re, dialbeu ur re, *ppr.* dial-
benet ; diarbenu ur re, *pr.* et. *Ven.* di-
arbenneiñ, *pr.* et.—*Prévenons par notre*
*pénitence la rigueur des jugements de Dieu,*
diarbennomp dre hon pinigenn ou diarbennomp abred ar rigol eus a justiçz
Doué ou ar rigol eus a varnou Doué.—
*Prévenir, préoccuper l'esprit de quelqu'un*
*au désavantage d'un autre,* goall disposi
ur re-bennac a euep da un all, *pr.* goall-
disposet; ispira da ur re gaall sautiman-
chou evit un all, *pr.* ispiret ; rei goall
ompinion eus a ur re-bennac, *pr.* roët.
*v.* préoccuper.

PRÉVENTION, *préoccupation,* fals ompinion, aheurtamand. *Van.* peennad.
— *Prévention, droit d'un supérieur de pré-*
*venir l'inférieur,* ar guir èn deus ur superiol da ziaraugui un inferiol, é feadt
da hênvel d'ar beneficzou pe da broce-
di a enep criminaled.

PRÉVISION *de Dieu. v. prescience.*

PREVOIR, *voir l'avenir*, guëllet did-
auecg, *pr.* id; sellet piz a ziaraucg, *pr.*
.. ; soñgeall eû traou abarz ma c'har-
ront, *pr.* soñget; santout a bell *ou* a
abell, *pr.* santet.

PREVOT, provost, *pl.* ed. *Van.* id.—
*e grand prévôt*, ar provost bras.—*Pri-
*t des marchands*, provost ar vare'hadou-
yen.

PREVOTAL, *e*, a aparchant onc'h ar
provost, prevostal. — *C'est un cas pré-
tal*, ur c'has provostal eo, un affer eo
ac a aparchant oud ar provost.

PREVOTALEMENT, *sans appel*, gand
r provost.—*Il a été jugé prévotalement*,
barnet eo bet gand ar provost, hac evel
: hep galv. *Van.* barnet eû bet gued
r provost, barnet eû bet hemp apell.

PREVOTÉ, provostyaich, provostyez.

PREVOYANCE, furnez prim, evez
bred, musul. — *Il faut avoir de la pré-
voyance*, redd eo cahout ur furnez prim,
:dd eo qemeret abred e vusulyou, redd
o lacqaat evez abred-mad.

PREVOYANT, *e*, nep a soñch *ou* nep
sell abred pep tra, nep a guemer a-
red e vusulyou.

PRIE-DIEU, *pupitre avec agenouilloir*,
clmouër, *pl.* ou; bancq ilinocq, *pl.*
ancqou ilinocq.

PRIER, pidi, pedi, *ppr.* et. *Van.* pe-
ciñ, *pr.* et. — *Prier Dieu de l'aider*, pi-
i Doûe d'e sicour. — *Prier instamment*,
idi stardt. — *Prier Dieu par manière
'acquit*, paterat, *pr.*et. *Van.*id.—*Prier,
emander*, pidi; mennat, *pr.* et; reqedi,
·. et; goulenn, *pr.* et.

PRIERE, pedenn, *pl.* ou. *Van.* pe-
cenn, *pl.* pedenneû.—*Petite prière*, pe-
ennicg, *pl.* pedennouigou. — *Dire ses
rières*, lavaret e bedennou, *pr.* id. —
'*rière vocale*, pedenn a c'henou, *pl.* pe-
enuou; orésonn a chinou, *pl.* oréso-
ou.—*Prière mentale*, pedenn a galoun,
r bedenn a galoun, *pl.* pedennou a
aloun; oréson a galon, *pl.* orésonou ;
a oréson a galon. *v. méditer.* — *Prière,
emande*, mennad, *pl.* ou ; goulenn, *pl.*
u; reqed, *pl.*ou, reqejou; pedeñ, *pl.*oû.

PRIEUR, pryol, *pl.* ed. *Van.* id. —
*.. le prieur*, au autrou'r pryol. — *Le

*père prieur*, an tad pryol.

PRIEURE, pryolès, *pl.* ed; mamm
bryolès. — *La prieure, la mère prieure*,
ar bryolès, ar mamm bryolès. *Van.* id.

PRIEURÉ, *couvent sous un prieur*, pryq-
ly, *pl.* ou; pryolaich, *pl.* ou. — *Prieuré*,
*maison du prieur ou de la prieure*, pryol-
dy, *pl.* priol-dyou.

PRIMAT, primad, *pl.* ed. *Van.* id.

PRIMATIE, primadaioh, dinite ar
primad.

PRIMAUTÉ, qentâ rencq, an diuâ
rencq, ar c'hentâ rencq, prevendy. —
*Avoir la primauté*, cahout ar chentâ
rencq, cahout an diuâ rencq, beza ar
c'hentâ, cahout ar prevendy.

PRIME, *heure canoniale*, prima. —
*Dire prime*, lavaret prima, *pr.* id.— *On
est à dire prime*, ez ma eur gad prima.—
*De prime abord, de prime face*, prima, ez
prim, qerqent, èn un taul.

PRIMEL, *nom d'homme*, Premal, Prevel. — *S. Primel, anachorète à Saintois*,
*près de Châteauneuf du Faou*, sant Pri-
maël *ou* Premal *ou* Premel *ou* Prevel.

PRIMER, beza ar c'hentâ, *pr.* bet;
trémen er re all, *pr.* trémenet.

PRIMEVÈRE, *plante*, bocqedou névez. *Van.* bocqedeû a-hoûé.

PRIMITIF, *ive, premier*, qentâ, ar
c'hentâ. — *Curé primitif*, nep èn deus
an deaucg cus a ur barrès.—*Mot primitif*, guer simpl, grizyeñ da c'heryou all.

PRIMOGÉNITURE. *v. aînesse.*

PRIMORDIAL, *e, titre primordial*, an
tintr qentâ, *pl.* tintrou; an original, *pl.*
originalou ; an tintr original.

PRINCE, *souverain*, prinç, *pl.* ed. *Al.*
tyern, *pl.* ed. — *Le prince, les princes*,
ar prinç, ar brinced. — *Prince du sang
royal*, prinç eus ar goad roëïal, *pl.* ar
brinced, etc. — *Fils de prince*, map da
brinç. *Al.* map tyern. — *Le prince de
Léon*, ar prinç eus a Leon, prinç Leon.
— *Saint Pierre est le prince des apôtres*,
sant Pezr a so ar peñ eus an oll cbestel.
— *Les évêques sont les princes de l'église*,
an esqeb a so ar brinced eveus an ilis.

PRINCESSE, princès, *pl.* ed. *Van.*id.

PRINCIPAL, *e, ce qui est plus solide*,
principal, qentâ.—*Notre principale étu-

de doit être de bien vivre, hon c'hentâ étu-
dy ou hon study principal a dle beza an
hiny da-vova èr-vad. — Principal, personne notable, qentâ, pl. ar re guentâ;
peũn, pl. ou; principal, pl. ar re brincipal. — Les principaux de la ville, pennou
kær, ar pennou eus a guær, ar reguentâ
eus a guear, ar re brincipal eus a guær.
— Principal, la somme principale, ar principal, ar soumm principal. — Principal d'un collège, principal, pl. ed; ar brin-
cipaled; pricipal, pl. ed.

PRINCIPALEMENT, ispicyal, ez specyal, ez principal, dreist pep tra. Van.
è speeyal, dres pep tra. H.-Léon, peur-
guedqed.

PRINCIPALITÉ, charge d'un principal
de collège, principalaich, pricipalaich.
— Il a eu la principalité du collège de Léon,
roët eo bet dezâ ar principalaich eus
a goallaich Leon.

PRINCIPAUTÉ, souveraineté, princélez, pl. ou. — La principauté d'Orange,
du Guémené, de Léon, princélez Orainch,
ar Guemenez, Leon.

PRINCIPE, source, origine, penn-
caus. — Le principe de cette affaire,
ar penn-caus eus an affer-ze.
— Principe, règle, maxime, reol, pl. you;
qentell, pl. you; lésenn, pl. ou.

PRINTANIÈRE, bocqedou an névez-
amser.

PRINTEMPS, saison, an névez-amser. Van. en neûe-amsér, en amsér neûe.
Trig. an ncoë amser. — Le printemps
est bien opposé à l'automne, an névez-amser a so controll-bras d'an discar-amser. — Le monde fut créé au printemps,
ar bed a-voa crouët d'an névez-amser.

PRISAGE, estimation des terres, prisaich, pl. ou. Van. prisach, pl. prisageû.
— Faire un prisage, ober prisaich, pr.
graet. v. prise.

PRISE, capture, qemer, ur c'hemer,
qemeridiguez. ur qnemeridiguez, dalc'h.
Van. qemer. — Faire une prise, pacqa,
pr. et. Van. qemerein, gobér ur hemer.
— Lâcher prise, leusqeul e zalc'h ou da
vont, pr. lausqet; quytaat croeq, pr. ëet.
— Prise, batterie, frodtérez, èmgañ, ppl.
ou. Van. frodtereah, oann, ppl. eû. —

Ils en sont aux prises, ez ma int oud èn
hemganna ou frodta. — Prise légère, petite attaque, scrabadenn, pl. ou. — Prise
de tabac. v. tabac.

PRISÉE, estimation, prisadur, istimadur, prisaich.

PRISER, mettre le prix, prisat, prisout, ppr. et; istimout, istima, ppr. et.
Van. estimeiñ. — Priser une tenue, ober
prisaich var ur goumanand ou var ur
plaçz. Van. lacqât er voaleen. — Priser,
faire cas, ober istim eus a ur re, ober
eas eus a ur re. v. estimer.

PRISEUR, priser, pl. yen; iñgalèr, pl.
yen. — Priseur royal, prisaicher, pl. yen;
prisachour-roûe, prisageour real.

PRISON, prisoun, pl. you. Van. id.,
pl. yeû, eû. Al. caro'har. — Mettre en
prison, prisounya, pr. et; lacqât ur re èr
prisoun ou e barz èr prisoun, pr. lacqëet; planta èr prisoun, pr. plantet. —
Mettre hors de prison, dibrisounya, pr.
et; dibrisouna, pr. et; tenna èr meas
eus ar prisoun, pr. tennet; dilaçza eus
ar prisoun, pr. dilaçzet.

PRISONNIER, prisounner, pl. yen.
— Prisonnier d'état, prisonner roûe, prisouner a-berz arroûe, pl. prisounéryen
roûe. — Prisonnier de guerre, prisouner
a vresell. pl. prisounèryen a vresell. Al.
goas bresell, pl. guisyen bresell; sergeant, pl. ed.

PRISONNIÈRE, prisounnerès, pl. ed.

PRIVATION, diouër, dionëridiguez.
Van. diovér. Al. estren. — La privation
des biens et des honneurs, an diouër ou
an diouëridiguez eus ar madou hac
eus an enoryou. — Le plus grand tourment des damnés, c'est la privation de la
vision de Dieu, ar braçza tourmand a
souffr ar re gollet, eo diouëri da vellet
Doûe ou deffaut guëllet Doûe. v. dam.

PRIVATIVEMENT, à l'exclusion des
autres, hep qet ar re all, evit e-unan,
è specyal.

PRIVAUTÉ, camaradéguez, re a
vignounaich, re vras libertez. — Les
grands n'approuvent pas qu'on se donne
des privautés avec eux, ar re vras ne fell
dézo souffr na camaradéguez, na re a
vignounaich, o veza ma soñgeont ez

PRIVÉ, *le conseil privé du roi*, ar c'honsail specyal, ar c'honsailh priñved.—*Privé, particulier*, particuler, *pl.* yen.—*Vivre en homme privé*, cundui ur vuhes particuler, beva hep èn èm emellout a netra, beva é particuler—*Privé, lieux privés*, ar privezou. *v. latrine.*—*Privé de quelque chose*, nep a ziouĕr un dra, nep a reneq diouĕri un dra-beñac.—*Privé, apprivoisé*, dôu, oh, añ. *Van.* id.

. . PRIVER, *retrancher, ôter*, lamet un dra digand ur re, *pr.* id; ober da ur re diouĕri un dra *ou* èn hem drémen eus a un dra beñnac, *pr.* græt. *Van.* forheiñ. *Al.* estreniff, *pl.* estrènet. — *Etre privé de pain*, diouĕri bara, *pr.* diouĕret. *Van* diovereiñ bara.—*Se priver de parler*, diouĕri ar presecq, hem drémen a bresecq, *pr.* hem drémenet. *Van.* diover, dioveriñ, him forheiñ ez a, etc.

PRIVILÉGE, privilaich, *pl.* ou; favyer specyal, *pl.* faveryou specyal; guir specyal, *pl.* guiryou specyal.

. PRIVILÉGIER *quelqu'un*, privilaichi ur re-beñnac, accordi faveryou special *ou* guiryou specyal da ur re, *ppr.* et.

. PRIVILEGIÉ, *ée*, nep so privilaichet, nep èn deus ur faver specyalbeñnac, nep èn deus guīryou specyal. —*Les privilégiés*, ar brivilaichet, ar re o deus privilaichou, nep o deus privilaichou *ou* guīryou specyal.

. PRIX, *valeur*, priz, talvoudéguez. *Van.* pris. — *Qui est de prix, qui vaut beaucoup*, prisus, talvondecq, oc'h, ã. a so a bris. — *A prix fait*, diouc'h ar pris great.—*A haut prix*, a bris uhel, qèr.—*A bas prix*, a varc'had mad.—*A vil prix*, a bris distér.—*A quelque prix que ce soit*, coustét pe gousto, coustét pe goustet.—*Prix, recompense*, pris, *pl.* ou. *Van.* pris, *pl.* eũ.—*Gagner le prix*, gounit ar pris, *pr.* gounezet ; cahout ar pris, cahout ar prisou, *pr.* bet. — *Au prix de, en comparaison de*, è scoaz, è resped da.—*La pénitence n'est rien au prix de la gloire qui lui est promise pour récompense*, ar binigenn a rear ès bedmã ne deo netra é scoaz ar c'hloar ou

lé resped d'ar c'hloar a brometeur dezy èr bed hont, evit recompans; oll binigenneu ar bed-mã ne diut é nep fæçzoun din da vesa comparaichet gad ar c'hlear hor bezo evit recompans ebarz èr barados, eme an abostol sant Paul.

PROBABILITÉ, *vraisemblance*, guirhevelediguez, fæçzoun a viryones.

PROBABLE, credapl, prouffapl, guir-hevel, oc'h, ã, añ. *Van.* credabl.—*Cela est probable*, an dra-ze a so credapl *ou* guir-hével.

. PROBABLEMENT, hervez fæçzoun, mechançz. *id est*, hemed chançz. *Van.* merhad.

PROBATIQUE. *v. piscine.*

PROBITÉ, honested, lealéntez, vertuz natur po dre hiny ez tivoalleur da noasout d'ar re all. *Van.* lealded.—*Un homme de probité*, un dèn leun a loaléntez, un dèn leal meurbed, un dèn honest-bras, un dèn diaosa a bep hend, *pl.* tud leun a loaléntez. *Van.* un deen leal. *pl.* tud leal.

PROBLEMATIQUE, douĕtus, disputabl, oh, ã.—*Question problématique*, qistion douĕtus, qistiou disputapl, qistion a alleur da souten èn naou du, *pl.* qistionou, etc.

PROBLEME. *v. question problématique.*

PROCEDÉ, *manière d'agir*, cundu, comportamand.

PROCEDER, *provenir de*, doñnet eus a, *pr.* deuet; sevel vès a, *pr.* savet. — *Procéder, agir d'une certaine manière*, hem gundui, hem gomporti, *ppr.* et. —*Procéder, en fait de procès*, procedi, *pr.* et; procesi. *pr.* et.

PROCEDURE. *instruction d'un procès*, procedy, *pl.* procedyou.

PROCES, *procès, pl.* ou. *Van.* id., *pl.* eũ.—*Avoir procès*, cahout procès, *pr.* bet. — *Gagner son procès*, gounit e brocès, *pr.* gounezet. *v. litigieux, litige.*—*Perdre son procès*, coll e brocès, *pr.* collet.—*Faire procès à quelqu'un*, ober procès da ur re-beñnac, *pr.* græt. *v.* intenter, *chicaner.*—*Procès-verbal*, procès-verbal, *pl.* procesou-verbal.—*Procès criminel*, procès crim, *pl.* procesou crim. — *Faire et parfaire le procès à quel-* qa'*un*, ober ha pour-ober e broeès da ur ra, *ppr;* græt ha peuro'hræt.

PROCESSION, *prière publique autour d'une église,* tro-vered. — *Faire la procession,* ober tro-vered, ober an dro-vézred. — *Procession hors du cimetière, dans la ville ou dans la campagne,* prozé-cion, *pl.* ou. — *Aller en procession avec les croix et les bannières,* moûnet è pro-zecion gad an armou ou gad an oll armou ou gad armou an ilis, *ur.* ëet, eat. — *Aller à la procession,* mont d'ar pro-zécion. — *Procession générale,* prozecion general.

PROCHAIN, *ne, qui n'est pas loin,* taust, aès, oc'h, à, añ. *Van.* id. *Al.* meiou, è meiqu. v. *près.* — *La ville prochaine,* ar guear daustá, an ñeustá qe-ar, an guær nèsañ. — *Maison prochaine, qui est près,* ty nèa, ty taust, *pl.* tyès nès, tyès taust. — *La maison prochaine, la plus proche,* an ty tauztá, an ty nèsá. — *Dimanche prochain,* disul guentá. — *L'année prochaine,* ar bloaz qentá a so o toñnet, èr bloaz a zeu.

PROCHAIN, *le prochain,* henlez, an henlez, n̄êsañ, nèsá, an nèsá. *Van.* nesan, an nesan. — *Il ne faut nuire au prochain en aucune manière,* a rabad eo noasout è'nep fæçzoun d'an hentez ou d'an nèsá. — *Il faut aimer le prochain comme soi-même,* redd eò caret an hen-tez èvel e-unan.

PROCHE, *qui est proche par parenté ou par alliance,* nès, nèsoc'h, nèsañ, nèsá, *pl.* tud nès, re nès. *Van.* id. v. *prochain.* — *Mon proche parent,* va c'har nès. — *Il m'est plus proche que l'autre,* nesoc'h eo din egue-l eguile. — *Mon plus proche parent,* va c'har nèsá. *Van.* me har nèsañ, me nèsan. — *Mes proches,* va re nès. *Van.* me re nès, me zud nès. — *Mes proches parents,* va c'herend nès. — *Mes plus proches,* va re nèsá, va c'he-rend nèsá. — *Proche, près,* ez nez, è nès, nès. — *Proche la maison, proche la ville,* è nès an ty ou nès an ty, è nès kær ou nès kær. r. *près.*

PROCLAMATION, embann, *pl.* ou; disclæracion solenn, *pl.* disclæracio-

nou solenn.

PROCLAMER, *publier,* embann, *p.* et. *Van.* id.

PROCLAMÉ, *ée,* embannet.

PROCURATION, *pouvoir d'agir pour un autre,* procuracion, plocuracion, plocur, plocuraich. — *Donner procuration à quelqu'un,* rei plocuracion da ur re-bennac, *pr.* roët.

PROCURER, *faire obtenir,* procûri vad *ou* proculi vad da ur re-bennac, *ppr.* et; ober vad ur re, *pr.* græt.

PROCUREUR, proculèr, *pl.* yen; proculour, *pl.* yen. *Van.* procurour, proculour, *ppl.* eryon, ouryan. — *Procureur du roi,* proculèr ar roûe. — *Procureur au parlement,* proculèr èr par-lamand. — *Procureur adverse,* proculèr ænep. — *Procureur fiscal,* proculèr fis-cal, proculèr ar fiscq, proculèr an dalc'h. — *Procureur d'un monastère,* pro-culèr, an tad proculèr, an tad èn deus ar broeulaich ou ar blocuraich.

PROCUREUSE, *femme de procureur,* proculerès, *pl.* ed. *Van.* proculourès, *pl.* ed. — *Procureuse de monastère de filles,* proculerès, ar broculerès, ar vamm broculerès.

PRODIGALITÉ, prodigançz, pro-digalded, trezennérez, re largueutez, drouçq-distribu, foll largueutez. *Van.* prodigalded, dismant.

PRODIGE, *effet extraordinaire,* sin souèzus, *pl.* sinou souèzus; sin spoun-tus, *pl.* sinou spountus; tra suprenus, *pl.* traou suprenus; mounstr, *pl.* ou. — *Prodige, merveille,* burzud, *pl.* ou. *Van.* burhud, berhud, *ppl.* eü.

PRODIGIEUSEMENT, èn ur fæç-zoun dreistordinal *ou* orrupl, un or-rupcion.

PRODIGIEUX, *euse,* mounstrus, dreistordinal, burzudus, oc'h, à, añ. — *Des choses prodigieuses,* traou mouns-trus, traou burzudus, mouûstrou, bur-zudou, horrupciouou.

PRODIGUE, prodicq, *pl.* tud pro-dicq, prodigued; trezenner, *pl.* yen; trezer, *pl.* trezered. v. *entonnoir.* drouçq-distribuer, *pl.* yen; re larg. r. *dissipa-teur.* — *L'enfant prodigue,* ar map prodicq. — *Les avares vivent comme s'ils ne devaient jamais mourir, et les prodigues comme s'ils avaient peu de temps à vivre,* an dud avaricius a vef é c'hiz pa ne dleffént bizvyqen mervel, hao ar re brodicq a vev evel pa o deffé neubeud amser da veva. — *Jamais prodigue n'a été sans repentir, puisque la pauvreté suit la prodigalité. prov. bret.*

Biscoaz dèn ne cureu re,
Ne raze neubeud goude-ze.
Goûarnamand a re-larguentez
A vir bepred oud paourentez.

PRODIGUER, prodiga, *pr.* prodiguet; treza, *pr.* et; trezenna, *pr.* et; droucq-distribui, *pr.* droucq-distribuet; beza re-larg, *pr.* bet; squilha, *pr.* et. *Van.* pradigueiñ, dismanteiñ. — *Prodiguer son bien,* prodiga e vadou. *v. dissiper.* — *Etre déclaré prodigue ou interdit,* beza prodiguet, *pr.* bet.

PRODUCTION, *génération,* eûguehentadur, an doug eus an natur, ar frouëzou eus au natur, ar struich eus au natur. — *Production d'esprit,* frouëzyou ar spered, onvraich ar spered, *pl.* ouvraichou ar spered; struich ar spered. — *Production de titres en justice,* fou: nimand ar paperyou evit souten e vir.

PRODUIRE, *donner naissance à quelque chose,* eûguehentâ, *pr.* et; dou-guen, *pr.* douguet; frouëza, *pr.* et; produi, *pr.* produet; strugea, struigea, *pr.* et. *v. fécond.* — *Produire, faire connaître,* rei da aznaout, *pr.* roët; disolei, *pr.* disoloët; disquëz, *pr.* et; digaçz a raucg, *pr.* digaçzet; lacqaat é goulou, *pr.* ëet. — *Produire, parlant des outrages d'esprit,* ober, *pr.* græt; composi, *pr.* et; lacqât é goulou, *pr.* lecqëet; struigea, *pr.* et. — *Produire en justice,* fourniçza e baperyou, *pr.* et; produi e voaranchou, *pr.* produet. — *Se produire,* èn hem rei da aznaout, èn hem zisquëz, *ppr.* et. — *Il se produit partout,* èn hem fourra a ra é pep leac'h.

PROFANATEUR, profaner, *pl.* yen. *Van.* profanour, *pol.* yon, yau.

PROFANATION, profanadur, profanidiguez. *Van.* profanadur.

PROFANE, profan, disacr, oc'h, â, añ. *Van.* id.

PROFANER, profani, *pr.* et; beza diresped é qêver an traou sacr, *pr.* bet. *Van.* profaneiñ.

PROFERER, lavaret, *pr.* id. *v.* diré; prononcer. — *Il ne proféra jamais mot,* biscoaz guer ne lavaras, biscoaz comps ne lausqas, biscoaz gricq ne lavaras, dison ez chomas, ec'hiz un dèn mud.

PROFÈS, *qui a fait profession dans un ordre,* proveçz, *pl.* ed; nep èn deus, great proveçzion, nep so proveçzet, nep èn deus, *pl.* nep o deus, græt ar vœuou solenn.

PROFESSE, *religieuse qui a fait profession,* proveçzès, *pl.* ed; leanès he deus great proveçzion, *pl.* leanesed o deus great proveçzion.

PROFESSER, *faire un aveu public de quelque chose,* anzaff un dra-bennac dirag ar bed oll, *pr.* anzavet; disclærya é façz au héaul, *pr.* et. — *Professer un art, un métier, l'exercer,* eçzerci un ard, ur vecher, *pr.* et. — *Professer la théologie, l'enseigner,* lenn an deology, *pr.* lennet; disqi an deology d'ar re all, *pr.* desqet; regeanti an deology, *pr.* et; proveçzi an deology, *pr.* et.

PROFESSEUR, *qui enseigne,* proveçzor, *pl.* ed; lenneur, *pl.* yen.

PROFESSION, *aveu public de sa religion,* disclæracion haznad eus e grenu, proveçzion a feiz. — *Profession, prononciation solennelle des vœux de religion,* proveçzion. — *Faire profession d'une règle,* proveçzi, *pr.* et; ober proveçzion, *pr.* græt. *v. profès.*

PROFESSION, *art ou métier qu'on professe,* stad, *pl.* ou; mecher, *pl.* you. — *De quelle profession est-il?* pe a stad eff eñ, pe mecher a ra-é? pe ar dèn deus-è?

PROFIL, *objet vu de côté,* hanter-batrom, patrom medalenn. — *Une tête de profil,* un hanter-beun. — *Voir de profil,* guëllet var hanter, guëllet ur c'hostez, guëllet a gostez, *pr.* id. *Van.* guëllet a hantér.

PROFIT, *avantage, utilité,* mad, talvoudéguez. *Van.* talvedigueah, talvoudigueh, spleidd. — *C'est votre profit*, ho mad eo, talvoudéguez eo deoch *ou* evid oc'h. *Van.* spleidd cû doh. — *Profit, gain*, profid, *pl.* ou; gounidéguez, *pl.* on; gounjd. *pl.* ou. *Van.* profid, spleidd, *pl.* teû. *Al.* mael, budd. — *Faire un grand profit*, ober ur profid bras, ober ur gounid bras, profidta *ou* gounidcals, ober ur gounidéguez vras. — *C'est votre profit*, ho profid eo, ho counid eo, profid eo deoc'h, gounidéguez eo evid oc'h. — *A son profit*, èn e brofid, evit e brofid. — *Sans profit*, dibrofid, hep profid. *Van.* spleidd èr-bed, hemp spleidd. — *Profit, ce que les domestiques gagnent en une maison outre leurs gages*, praticq, *pl.* ou. *Van.* id., *pl.* éû. — *Maison sans profit pour les domestiques*, ty dibraticq, *pl.* tyès dibraticq.

PROFITABLE, profitapl, gounidecq, talvoudecq, oc'h, à, añ. *Van.* profitabl, oh, añ.

PROFITER, profidta, *pr.* et; gounit, *pr.* gounezet. *Van.* profidteiñ, *pr.* profitet; goñnil, *pr.* goñnyet; spleidteiñ, *pr.* et. — *Profiter des bons exemples qu'on voit*, ober e brofid eus an eçzemplou mad a velleur.

PROFOND, e, *qui a de la profondeur*, doun, óc'h, à. *Van.* doun, déûn, don, oh. — *Ce puits est profond*, doun eo ar puncz-må. — *Aimez Dieu du profond de votre cœur*, qirit Doûe eus a voëled o caloun. — *Lucifer fut précipité jusqu'au plus profond de l'enfer*, Lucifer a yoa stlappet gand Doûe eus a lein an evou ebarz èr parfinfond eus an isern. — *Un profond sommeil*, ur c'honsq caledt, ur c'housq saçzun ha c'huëcq, un hun stard. — *Une profonde science*, ur vouïxyéguez vras. — *Un profond silence*, ur peoc'h bras, ur segred bras, ur syoul dreistordinal.

PROFONDEUR, doundèr. *Van.* défuded, dounded, doudér. *v. dimension.*

PROFUSION, re larguentez, re vras larguentez.

PROGRÈS, *avancement. v.-y.*

PROIE, preyz. *Van.* preih, pilhach. — *Le loup emporte sa proie*, è breyz a ya gad ar bleyz. — *L'âme du pécheur est la* proie du démon, an diaul, bénedioit pater †, a ra e breyz eus a ene ur pe-o'heur paur.

PROJET, *dessein. v.-y.*

PROJETER, *préméditer. v.-y.*

PROLIXE, *diffus*, re hirr, enoûus.

PROLIXITÉ, hirded, enoë.

PROLONGATION, asteñ a dermen, astennidiguez a dermen.

PROLONGER, *étendre davantage*, astenn, *pr.* et; hirraat, *pr.* hirréet. *Van.* daveëiñ, *pr.* daveët. — *Prolonger le terme*, astenn an termen. — *Prolonger sa vie*, hirraat e vuezéguez, astenn e vuhez.

PROMENADE, bale, *pl.* ou; pourmenadenn, *pl.* ou. *Van.* id, *pl.* eû. — *Petite promenade*, baleïcg, pourmenadennicg, *ppl.* ou; baleadenn, *pl.* ou. — *Faire une promenade*, ober ur bale *ou* ur bourmenadenn, *pr.* græt — *Allons faire une promenade*, deomp da ober ur bale.

PROMENER, pourmenn, *pr.* pourmennet, bale, *pr.* baleët. — *Promener un cheval*, pourmenn ur mare'h — *Se promener*, bale, *pr.* baleët, pourmeñ, *pr.* pourmennet.

PROMENOIR, *lieu où l'on se promène*, pourmenadenn, *pl.* ou.

PROMESSE, promeçza, *pl.* aou. *Van.* promeçz, *pl.* eû. — *Tenir sa promesse*, derc'hell e bromeçza, *pr.* dalc'het. *Van.* dalheiñ e bromeçz, ou e bremeçz. — *Promesse de mariage à futur*, promeçza a bryedelez ou a zimizy. — *Il y a promesse de mariage entre N. et N.*, hez'ez eus promeçza a briedélez eûtre N. hac N. — *Promesse de mariage, de present*, dimizy. *pl.* ou.

PROMETTEUR, *prometteur*, prometèr, *pl.* yen. *Van.* premetour, prometour, *ppl.* yon, yan. *fém.* prometerès, *pl.* ed.

PROMETTRE, prometi, *pr.* et; diougani, *pr.* et. *Van.* prometeiñ, prometeiñ, prometont, *ppr.* et. — *Je vous promets que*, me a bromet deoc'h penaus, me a ziougan dec'h penaus.

PROMIS, e, *part. et adj.*, prometet. — *Elle est promise à N.*, prometet eo da N.

PROMISSION, *la terre de promission, qui était le pays de Chanaan*, au doûar a meçza, ar vro a bromeçza, ar vro anaan prometet d'ar patryarch Abham ha da guement a zisqeansé zaû.

'ROMONTQIRE ou *cap, pointe de e qui atancé dans la mer*, becg, pl. becg-doûar, pl. begou-doûar; ćap, cabou. *Al.* gardth.

'ROMOTEUR, promotèr, pl. ed.

'ROMOTION, avançr, amand, choas

'ROMOUVOIR, *élever,* avanci, pr. ucel; sevel da ur stad bénnac nbélh, pr. savet; lacqaat, pr. lecqēet. — *imouvoir aux ordres,* avanci d'an uri. *Van.* avanceiû d'en urheû.—*Promouvoir à l'épiscopat, au cardinalat,* sevel r stad a escop, d'ar stad a gardinal; qaat da escop, lacqât da gardinal.

'ROMPT, *e, prét, expéditif,* prcount, m, prèst, hastiff, buban, oc'h, â, aû. *m.* prónt, hastiû, oh, aû. — *Prompt, qui se met aisément en colère,* buhazq, beo, prim, hasticq, oc'h, â, aû.— *ompt, e, brouillon,* brell, oc'h, â.

PROMPTEMENT, affo, prèst, truin, m, buan, tiz, tiz-mad, gand prountizuez. *Van.* prèst, hastiv, timad, biou. *feu.*

PROMPTITUDE, prountidiguez, bunder, hastidiguez, primder, prèstizuez.

PRONE, pron, pl. you. *En quelques 'roits on dit* proû, ar proû. *Van.* pron, yeû, eû. — *Faire le prône,* ober ar in *ou* proû; prona, *pr* et. — *Qui fait prénes,* pronër, pl. yen. — *Il fait de t beaux prônes,* pronyou caër a ra, ana caër a ra, ur pronèr terrupl co.

PRONER, tantér, prona, pr. et.

PRONEUR, *qui prône,* prouer, pl. yen. n. pronour, pl. yon, yan.

PRONOM, *t. de grammaire,* rhagnv. pl. rhag-hanvou.

PRONONCER, prononci, pr. et; la-et freaz ou sclær un dra-bennac. pr. *Van.* prononceiû, larciû reih.—*Proxcer une sentence,* douguen ur setançz, dougueł.

PRONOSTIC, *présage, prédiction,* sin, ou; diougan, pl. ou.

PRONOSTIQUER, *prédire quelque tré-*

*nement futur,* diougani, diouguna, ppr. et; *id est,* diaraucq-cana, *prophétiser, chanter avant, annoncer par avance. v. Quinclan.* — *Les corbeaux par leur croassement et les hirondelles par leur vol bas, nous pronostiquent la pluie,* ar briny gad o goac'hérez hac ar guîmilyed pa nigeont iséllieq a ziougan glao deomp.

PRONOSTIQUEUR, diouganèr, pl. yen.

PROPHÈTE, prophed, pl. ed. *Van.* id. *Al.* caner, canour, ppl. yeu. — *Les quatre grands prophètes et les douze petits prophètes,* ar pévar prophed bras hac an daouzecq prophed vihan. — *Le roi prophète,* ar prophed David ; ar prophed David, roûe èn Israël hac è Juda.

PROPHETESSE, prophedès, pl. ed.

PROPHETIE, prophecya, pl. ou; prupheçyou. *Al.* can, pl. au.

PROPHETIQUE, *de prophète,* prophedûs. — *Par un esprit prophétique,* gand ur spered prophedus, dre brophecya, o prophedi.

PROPHETISER, prophedi, propheda, ppr. et; prophecya, pr. et. *Al.* canaff, pr. canet. *Dans la poésie bretonne on dit encore* cana, *pour prophétiser et prédire.*

PROPICE, favorus, favorapl, autreûs, oh, â. — *Dieu vous soit propice,* Doûe ra vezo autreûs èn oc'h andred, bennos Doûe r'oc'h heulyo.

PROPORTION, *convenance et rapport,* hevelédiguez, dereadéguez, jauch, justèr, ingalded. *Van.* jauch.— *A proportion, diouc'h, hervez. Van.* doh, hervé. — *A proportion des mérites et des démérites,* diouc'h *ou* hervez ar milid pe an dimilid. — *A proportion des forces de chacun,* hervez an nerz ëus a bep hiny, diouc'h an nerz a bep hiny.—*A proportion, à mesure que,* a feur ma, diouc'h ma, seul ma, sul ma.

PROPORTIONNER, *garder la proportion,* reiza daou dra, pr. reizet; affæçzouni un dra dioud un all, pr. et; lacqaat un dra diouc'h un all; ingali au traou, ppr. et.

PROPORTIONNÉ, *e, qu'on proportionne,* affæçzounet diouc'h un all, leezēēt

35    .   *t*

dioud un all, reizet, iûgalet. — *Propor-*
*tionné, e, qui est proportionné, parlant des*
*parties d'un tout,* qevatal, oh, â, *id est,*
qemend-a-dal. — *Un corps proportionné,*
ur c'horf qevatal, *pl.* corfou qevatal. —
*Tout est proportionné dans cette maison,*
pep tra a so qevatal ebarz èn ty-hont.
— *Qui n'est pas proportionné,* diguevatal,
disegal, disiñgal. *v. disproportionné.* —
*On lui a donné une pénitence qui n'est pas
proportionnée à son péché,* ar biuigen èn
deus bet ne deo qet qevatal d'e bec'hed,
e binigenn a so diguevatal *ou* disegal
d'e bec'hed.

PROPOS.*conversation,*prepos.*pl.* you;
divis, *pl.* ou. *Van.* prepos, *pl.* eü. — *Ferme propos,* prepos mad, *pl.* preposyou;
prepos ferm,*pl.* preposyou. — *C'est faute
de douleur de nos péchés et de ferme propos que nous y retombons; mais les Jansénistes y retombent faute de grâce, disent-
ils,* defaut ur guir glac'har eus hor pe-
c'hejou hac ur prepos ferm d'o c'huy-
taat, ez distreomp dézo atau; hegon ar
Jansenistet a zistro dézo, defaut ( var
a leveront ) cahout graçou effedus digad Doüe. — *A propos , comme il faut,*
a dailh, a sæçzon. — *A propos, à temps,*
è qentell, è poëud, è cours. — *A propos, à ce propos,* a brepos, pa em eus
souxnch, è qéhyd ma em eus sounch. —
*Hors de propos,* dirésoun, èrmeas a brepos, èr mæs a résoun. *Van.* dibropos,
dirésoun. — *A propos, convenable,* bon,
mad, deread. — *Le roi a trouvé à propos
d'ordonner que,* ar roüe èn deus cavet
mad da ordreni penaus. — *A propos ,
nécessaire, expédient,* mad, redd. — *Il est
à propos que vous sachiez que,* redd eo ma
ouffac'h penaus, mad eo ez houffac'h
penaus. — *A propos , à propos de bottes,*
a brepos, pa zeu souch din , è qéhyd
ma, èm eus sonch. — *A propos de cela,
ce qui vient à propos,* a-brepos, pa zeus
deut da gomps eus a. — *A tout propos,*
da bep prepos, hep ceçz, da bep eur,
da bep mouméud. — *De propos délibéré,*
a zévry, a ratoz, a benn-vez, a benn-
fest, a benn-qeffridy, a barfededd.

PROPOSER, *mettre en avant,* preposi,
*pr.* et. *Van.* proposciñ. — *Proposer un*
cas, preposi ur c'has. — *Proposer, promettre,* preposi, prometi, *ppr.* et. *Van.*
proposciñ, prometeiñ. — *Il a proposé à
s'amender,* preposet *ou* promeset èn deus
ceûch cundu. — *Se proposer de faire quelque chose,* preposi ober un dra-benuac,
counta ober un dra, *pr.* countet ; qemeret au deso da ober un dra, *pr.* id.

PROPOSITION, preposicion,*pl.* ou.
— *Proposition fausse,* fals preposition. —
*Proposition erronée,* preposicion fazyus.
— *Pains de proposition,* t. *d'écriture sain-
te,* bara ar sacriviçz è lésenn Moysès,
an daouzecq bara hep goëll a offret da
Zoüe ebarz èl lésenn ancyan.

PROPRE, *qui appartient,* a aparchant
oud ur particulèr-bennac, a so un dèn
e-unan. — *Les religieux n'ont rien en propre,* ar religiused n'oz deus neira dézo
ho-unan *ou* ne dint perc'hen da neira.
— *C'est le propre d'un homme sage de bien
regarder à ce qu'il fait,* oud ou dèn fur
ez aparchand sellet èr-vad petra a ra.
— *L'amour propre,* ar garantez evit e-
unan, ar garantez milliguet evite-unan,
re vras carantez evit e-unan, carantez
disordren evit e-unan. — *En son propre
et privé nom,* èn e hano e-unan.— *Propre pour quelque chose,* mad da, mad evit,
deread da, deread evit. — *Il est propre
pour la guerre,* mad eo da vont da selvicha ar roüe, mad eo evit ar bresell.
— *Un temps propre pour marcher,* un amser deread evit qerzet *ou* deread da guerzet. — *Propre, net, neat, næt, oh. â.
Van.* prop, neet, oh. aü, aõñ. — *Propre, bien ajusté,* qempeun, coujourn,
mistr, oh, â, aü. — *Assez propre,* peus
qempeun, coujourn avoalc'h.

PROPREMENT, *avec propreté,* gad
qempennadurez, ez qempeun. — *Proprement, nettement,* gad nætoûny. — *Proprement, bien,* èr vad, deread. — *Il parle
proprement.* èr-vad ez comps, dereade ez
prezecq, manivicq *ou* qer soandticq hâ
ira e parlant.

PROPRET, *tte,* coandticq, brobicq,
mistricq.

PROPRETÉ, *justesse,* qempennadurez,'qempennidiguez, qempended, dereadéguez, coujournded, coandtiçz

*n.* coëntiçz. — *Propreté, netteté,* næ-iny, nætadurez, nætadur.

PROPRIETAIRE, perc'henn. *pl.* ed, . *De là* perc'henta, *s'approprier, pos-ter. v. dominer, domaine.*

PROPRIÉTÉ, *domaine,* perc'henny-:h, mæstroñny, domany. *v. doma-*-r. — *Propriété, qualité propre à chaque* use, vertuz, natur. — *Chaque chose a propriété,* pep tra èn deus e natur *ou* vertuz. — *Salomon savait la propriété* toutes les plantes, depuis le cèdre jusqu'à ysope. Salomon ar fur a aznayé an na-r eus an oll blantennou hac ens an oll usou, a dalecq ar cedrès bete ar ci-dès.

PRORATA, *au prorata. v. à proportion.*

PROROGATION. r. *prolongation.*

PROROGER. *v. prolonger.*

PROSCRIPTION, *action de proscrire,* compauçz promelet hac èmbannet it cahout ponn un adversour.

PROSCRIRE, *mettre les têtes de ses en-mis à prix,* lacqaat pennou e adver-uryen èn ecan, *r.* lecqéet.

PROSCRIT, *e,* nep so lecqeat e benn i ecau.

PROSE, *discours non assujetti à la me-re,* pros. — *Ecrire en prose,* scriva è vos, *r.* scrivet.

PROSELYTE, névez - convertiçzet ar feiz christen.

PROSPERE, *propice,* favorapl.

PROSPERER, *avoir du succès,* moñ-et guëll-oc'h-vell, *pr.* éet, eat; beza my-oc'h-muy chançrus *ou* cûrus, ca-out chançz vad, cahout içzu vad d'e ffervou, *ppr.* bet.

PROSPERITÉ, eûr-vad, avantur-vad. - *Dieu vous donne prospérité,* eûr-vad c'h digand Doûe.

PROSTERNER(se), èn hem strincqa an douar, *pr.* et. — *Se prosterner aux pieds* quelqu'un, èn hem deurel d'an daulin iraeg ur re, *pr.* èn hem daulet, hem rincqa da dreid ur re-bennac, *pr.* et.

PROSTITUÉE (une), ur gouhin, *pl.* u, ed; botès-lezr, *pl.* botou-lezr. *Ce* mots sont métaphoriques. plac'h èn hem o da guemend a zeu.

PROSTITUER (se), èn hem rei da

guemend a zeu evit goall-ober, *pr.* èn hem roët.

PROSTITUTION, cundu disordren, ar gundu eus a ur ploc'h fall, ar vuhez disordren eus a ur c'hrocg fall.

PROTECTEUR, patrom, *pl.* ed; df-fenner, *pl.* yen. *Van.* dihuénnaour, *pl.* yan, eryon. *Al.* diougueller.

PROTECTION, patrounyaich. *Van.* dihuénn. *Al.* diouguelroëz. — *Etre sous la protection de la Ste Vierge,* beza din-dan patrounyaich an itroun Varya, ea-hout ar Verc'hès sacr evit patrounès *ou* evit avoſcadès.

PROTECTRICE, patroñnès, patroz:-nès, *pl.* ed; alvocadès, *pl.* ed.

PROTEGER, difenn, *pr.* difennet ouc'h; divoall, *pr.* divoallet ouc'h; pa-troñni, *pr.* et. *Van.* dihuénneiñ, *pr.* et. *Al.* diongueliat, *pr.* et.

PROTESTATION, protest, *pl.* ou.— *Il m'a fait assez de protestations d'amitié,* protestou a garantez èn deus græt din avoalc'h, carantez avoalc'h èn deus pro-testet din, me oc'h açzur.

PROTESTER, *promettre,* protesti, *pr.* et; prometi un dra var e le, *pr.* prome-tet; açzuri stard un dra-bennac, *pr.* et. — *Protester, t. de négociant,* protesti ul lizer ceiñch, *pr.* protestet; ober e brotest

PROTET, *t. de négociant,* protest.

PROTONOTAIRE, ar penn noter, ar c'hentà noter.

PROTOTYPE. *v. modèle.*

PROUE, *tête du navire,* diaraeg ul lestr. *Van.* fringalion ul lestr, en dia-rang ag ul lestr.

PROUESSE, *action de valeur,* vaillan-diz, *pl.* ou; talvoudéguez, *pl.* ou. *Van.* vailhantiz, talvoudegneah.

PROUVER, prouï, *pr.* ët; amprouï, *pr.* ët; prouff, *pr.* ët. *Van.* prouëiñ, *pr.* prouët.

PROVENIR, *émaner,* sevel eus a, *pr.* savet; tenna e c'houënn eus a, *pr.* ten-net; dont eus a, *pr.* deut. — *Tous ces fruits sont provenus de cet arbre,* an oll frouëz-mâ a so deut eus ar vezen-ze.

PROVERBE, *maxime,* proverb, *pl.* ou; setançz, *pl.* ou. — *Le livre des proverbes,* levr ar proverbou. — *Les proverbes de* Salomon, setançzou *ou* paraboleunou

Salomon ar fur. — *Proverbe, façon de parler triviale et vulgaire*, dicton, *pl.* ou; lavar, *pl.* ou, you; la \ar coumun *ou* ordinal. — *C'est un ancien proverbe*, un dicton coz eo, ul lavar eoz eo.

PROVERBIAL, *e*, a aparchant oud an dictoñnou *ou* al lavarou coumun.

PROVIDENCE, *Dieu, sagesse éternelle*, providançz, ar brovidançz eus a Zoùe, ar gundu a zalc'h an autrou Doûe é qèver an oll groùaduryou.

PROVIN, brancq guiny pleguet èn doùar evit qemeret grizyeñ, *pl.* brancqou, etc.

PROVINCE, provinçz, *pl.* ou. — *La province de Bretagne*, ar brovinçz eus a Vreiz-Arvoricq, provinçz Breiz.

PROVINCIAL, *e*, *de province*, brovinçz, *pl.* tud. — *Provincial, qui gouverne une province de religieux*, provincyal *pl.* ed; an tad provincyal.

PROVINCIALAT, provincyalaich. — *Il a fait bien des choses pendant son provincialat*, cals traou èn deus græt adocq e brovincyalaich *ou* èn dra eo bet provincyal.

PROVISEUR, patrom ur c'hollaich, pourvezeur ur c'hollaioh.

PROVISION, *amas de subsistances*, pourvisyon, *pl.* ou ; pourvez, *pl.* you. *Van.* pourve, *pl.* eù. — *Faire ses provisions*, ober e bourvezyou *ou* bourvisyonou. *Van.* gobér e bourveeû. — *Faire provision de vertu*, ober pourvez *ou* pourvision a vezluz; èn hem bourvezi a vertuz, *pr.* bourvezet; pourvezi vertuz abenn an yzom. — *Par provision*, etrelaut. — *Celui qui a soin de faire les provisions*, ur pourvezur, *pl.* yen. — *Provision, t. de palais*, pourvisyon, *pl.* ou.

PROVOQUER, *exciter, défier*, sailhet ouc'h ur re, *pr.* id.; hegasi ur re, *pr.* et; difyal, *pr.* et; attahyna, *pr.* et; stourma oud ur re, *pr.* et. *Al.* breutaat, *pr.* et.

PROXIMITÉ, taustidiguez, hogosder. — *La proximité du lieu*, an daustidiguez eus al leac'h. — *La proximité du sang*, an nésanded, ar guiriutyez nès.

PRUDE, *sage*, fur, gentil, oh, añ. *Van.* id.

PRUDEMMENT, gad furnez, ez fur.

PRUDERIE, furnez simulet *ou* feintet.

PRUDENCE, furnez. *Van.* furné. — *La vertu de prudence*, ar vertuz a furna.

PRUDENT, *e*, fur, oh, â; avisct-mad. *Van.* id.

PRUD'HOMIE. *v. probité.*

PRUD'HOMME, un dèn fur hac e tentet mad, *pl.* tud fur, etc.

PRUNE, *fruit d noyau*, prunen, *pl.* prun. *Van.* id. — *Prune sauvage*, polosen, *pl.* polos. *Trég.* grégoñneu, *pl.* grégon. — *Des prunes sauvages*, polos, grégon, polotès, polotrès.

PRUNEAU, prunosen, *pl.* prunos.

PRUNELAIE, *lieu planté de pruniers*, prunecg, *pl.* prunegou. *Van.* id., *pl.* cû.

PRUNELLE, *fruit du prunellier*, hirynen, *pl.* hiryn. *Van.* id. *L'h ne s'aspire pas.* — *Boisson faite de prunelles*, dourhiryn. — *Prunelle de l'œil*, map an lagad. *v. œil.*

PRUNELLIER, *arbrisseau*, hirynenn, *pl.* ed; coad hiryn; spernen du, *pl.* spern du. — *Lieu abondant en prunelliers*, hirynecg; hirynecg, *pl.* hirynegou.

PRUNIER, *arbre*, prunenn, *pl.* ed, ou; guezen brun, *pl.* guëz prun. *r.* prunelaie. — *Prunier sauvage*, poloscnn, *pl.* ed; guëzen polos, *pl.* guëz polos.

\* PRUSSIER, *arbre semblable et inférieur au pin*, pruñseñ, *pl.* ed, ou, pruñs. — *Du prussier*, pruñs, coad pruñs.

PSALMISTE, psalmèr, ar salmèr.

PSALMODIE, ar c'hau eus ar salmou, can hep notenu e-bed, can eûn.

PSALMODIER, cana salmou, cava an oviz diin hep notene-bed, *pr.* canet; salmi, *pr.* et. *On a dit* salmenni, *pr.* et; *mais ce mot, aussi bien que* cana salmennou, *n'a plus d'usage que pour dire* chanter des injures de harangères.

PSAUME, salm, *pl.* ou. *Van.* id., *pl.* eû. — *Les sept psaumes pénitenciaux*, ar seiz salm, ar seiz salm a binigenn, sa mou ar binigenn. — *Dire les sept psaumes pénitenciaux*, lavaret ar seiz salm, *pr.* id.

PSAUTIER, *le livre des* 150 *psaumes de David*, ar saltér, levr ar salmou — *Psautier, le chapelet du rosaire*, ur rosera, chapeled ar rosera.

\* PSEUDOBUNIUM, *plante*, lousaoueñ santès Barba.

PUAMMENT, èn ur fæçzoun flæry-
:— Il a menti bien puamment, gaou èn
as lavaret è creiz é façz ou è creiz é

PUANT, ante, flæryus, oc'h, â. --
re puant, beza flæryus. v. puer.
PUANTE, mauvaise fille, fleryadeñ,
ed.
PUANTEUR, flear, flær. Van. goall
ih.
PUBERE, qui a atteint l'âge de puberté,
courecq, pl. qæzouréyen. fém. qæ-
reguez, pl. qæzoureguesed.
PUBERTÉ, âge de douze ans pour les
s et de quatorze pour les garçons, oad
sixy, quæzour, qæzour, an oad da
ut dimizi.
PUBLIC, publique, le gros de la mulde, ar goumun, ar gumun. Van. id.
Parler en public, parlant dirag au oll,
parlantet. — En public, diracg ar
diracg ar bed oll, è mouëz au oll
Public, publique, commun, cummun,
mun. Van. id. — Le bien public dede que. ar mad coumun a oblich da.
Publique, connu, manifeste, aznadt,
avezet gad an oll, aznadt d'an oll.
PUBLICAIN, fermier des impôts et des
nus publics chez les anciens romains,
lican, pl. ed. — Le publicain fut jas
, dit le sauveur, mais le pharisien non,
ublican, eme hon salver, n recevas
ardoun d'he bec'hejou digand Doùe
ar parisian ne reas qet ou ne eureu

PUBLICATION, èmbañ, notadur,
èmbannou, notaduryou.
PUBLIER, rendre public, èmbann.
èmbanet. Van. id.--Publier, divulr, brudi, nota, disculya, ppr. et.
i. brudelû, pr. brüdet.
PUBLIQUEMENT, diracg an oll, è
nèz an oll.
PUCE, petit insecte qui mord et qui
e 200 fois la hauteur de son corps par
rtu élastique, c'hoëneñ, c'hoaneñ,
c'hoëun. Van. huénenn, pl. huéñ.
jet aux puces, c'hoanennus, c'hois, oh, añ. Van. hucünus, oh, añ.
langé de puces,c'hoëunnecq,pl.c'houoyeu.Van. huënnecq, pl. hucnni-

gued. — L'herbe aux puces, poulyot, delyou craouû gall, mogued poulyot.
PUCEAU, jeune garçon vierge, guërc'h.
Van. gouërh. Trég. gouerc'h, glan.
PUCELAGE, virginité, guërc'hted,
glanded. Van. guërhted. Trég. gouërc'hted.
PUCELLE, jeune fille vierge, merc'h
glan, pl. merc'hed glan a gorf, guërc'hès, pl. ed. Burlesq. merc'h divoulc'h.
Van. guërhès, guirhyéz, ppl. ed.
PUCERON, petit insecte, c'hoënennguëz, pl. c'hoëun. — Puceron de mer,
petit insecte qui saute aux jambes, quand
on marche sur le goëmon, etc., moc'hicg,
pl. moc'hedigou; mor-c'hoënenn, pl.
mor-c'huënn. v. cloporte.
PUDEUR, honte sage et honnête, honte
naturelle des choses déshonnêtes, honestiz,
honested. mez-natur, d'où vient dimeza,
perdre la pudeur, et dimezi ou dimizi,
se marier. -- Qui a de la pudeur, honest
meurbed, mezus dre natur, mezus.
PUDICITÉ, honestiz, honested.
PUDIQUE, honest, oc'h, â, añ. Van.
honest.
PUER, flærya, pr. et. Van. bout goall
huëh guedhoñû, pr. bet.
PUERIL, ile, diot, a aparchant oud
bugale. Van. sot, diot. — Des jeux puérils, c'hoaryou bugale.-Des amusements
puérils, diducllou, diotaichou.
PUERILEMENT, evel ar bugale, è
fæçzon d'ar bugale.
PUERILITÉ, bugaleaich, diotaich,
pl. ou; diotiz, pl. ou; bugaleéres.
PUINÉ, yaouaër, pl. yen. Van. caded, pl. ed. v. cadet.
PUIS, ensuite, goude, goude-ze. --
Et puis vous prirez Dieu, ha goude ou
ha goude-ze ou a neuze ez pedot Doùe.
PUISQUE, parceque, pa. Van. pe. —
Puisque vous voulez y aller, allez-y, pa
fell deoc'h mounet d'y, iit. — Puisque
vous ne voulez pas y aller, pa na fell qet
dec'h mont d'y.—Puisqu'il est vrai que,
pa ez eo guir penans.
PUISER, tirer d'un puits, d'un creux,
puñçza, puñçzal, pr. puñçzet. -- Puiser
de l'eau, puñçzal ou puñçza dour, teña
d'ur eus ar feunteun ou eus ar punçz,

*pr.* tennet. *Van.* teenneiû déûr ag èr puôçz ou ag er feteeu.

**PUISSAMMENT**, oré; stard.

**PUISSANCE**, galloudéguez, galloudez, galloud; *Van.* galloudigueh. *v.* pouvoir; — *Je n'ai pas grande puissance*, ne deo qet bras va galloudéguez, n'am eus qet cals a c'halloudez *ou* cals a c'halloud. — *La toute puissance de Dieu*, oll-c'halloudez Doûe, oll-c'halloud an antrou Doûe. — *Les puissances de l'âme*, facultéou an ene. — *Les puissances*, les états souverains, ar stadou absolut. — *Les puissances de l'Europe sont toutes brouillées*, brouilheiz a so èntre au oll stadou eus an Europa.—*Les pui sances*, ceux qui sont les premiers dans un état, ar re vrasou ar pennou ens ar rouantélez.

**PUISSANT**, ante, *qui a du pouvoir*, du crédit, galloudus, gailoudecq, oc'h, á, añ. *Van.* id. *Al.* azdorn, *id est* Satu ue. *v.* guerrier. — *Puissant*, ante, *grand et gras*, mentecq, *pl.* tud mentecq. — *Puissant*, *vigoureux*, castret-mad, *pl.* tud castret-mad. *Al.* gour, *d'où* gouraich, couraich. *Item.* Sadorn, *id est*, azdorn cré, *poignet vigoureux pour combattre.* — *Tout puissant*, oll-c'halloudus, oll-c'halloudecq.—*Il n'y a que Dieu qui soit tout-puissant*, Doûe hep muyqen a so oll c'halloudus, ne deus nemed Doûe hep-qen a guemend a vez oll c'halloudecq.

**PUISSE**, *optatif*, *plût au ciel*, a youl! raë! ra! —*Puisse arriver que*, a youl ez hoaruezzé penaus, raz arruffe penaus. — *Puissiez-vous être sauvé!* a youl ê vé-ac'h salvet! raz viot salvet !

**PUITS**, *creux pour avoir de l'eau*, puñçz, *pl.* ou. *Van.* id., *pl.* eû. — *De l'eau de puits*, dour puñçz. —*Le puits est profond*, doun eo ar puñçz.

**PULLULER**, *pousser*, *multiplier*, didarza, *pr.* didarzet; divoan, *pr.* et; dididiûvi, *pr.* didiûvet; didarza puilh, divoan stancq, didinvi paut *ou* puilh, crisqi cals,*pr.*cresqet.—*Les dernières graines pullulent à merveille*, an hadou divezá leqeat eû doûar a zidras eaër *ou* a zivoan stancq *ou* a zidinv puilh.—*Les vices pullulent beaucoup*, ar viçzou a didarz

---

puilh hac a gresq un horrupcion.

**PULMONAIRE**, *plante*, lousaouên it sqevend.

**PULMONIQUE**, nep èn deus poan è sqevend, nep èn deus droucq sqevel

**PULVÉRISER**, poultra, *j.r.* poultre; laeqât è poultr, *pr.* lecqeat. *s.* briser.

**PUNAIS**, *qui a le nez puant*, fry firius *ou* brein, *pl.* fryou.

**PUNAISE**, *petit insecte plat et puant*, puignesen, *pl.* piguès. — *Le sapin engendre beaucoup de punaises*, ar sap a ègaçz cals a buignès.

**PUNIR**, puniçza, *pr.* et; castiza, *pr.* et. *Van.* puniçzeiñ, *pr.* et.

**PUNISSABLE**, puniçzapl, castizapl, din a bunicion, din a gastiz, oc'h, á, añ.

**PUNITION**, punicion, castiz, *pl.* ou. — *Punition corporelle*, punicion a gorf. — *Punition exemplaire*, punicion squèzryus. — *Sans punition*, *impuni*, dibunis, digastiz.—*Crime sans punition*, torfed dibunis.

**PUPILLAIRE**, a aparchand ood ar minorou minored.—*Deniers pupillaires*, archand ár vinored.

**PUPILLE**, minor, *pl.* ed. *Van.* minour, *pl.* ed.

**PUPITRE**, *instrument pour soutenir un livre*, letrin, *pl.* ou. — *Petit pupitre*, letrinicg, *pl.* letrinouigou. — *Mettez ce livre sur le pupitre*, licqit al levr-ze vat al letrin.

**PUR**, e, *simple*, *sans mélange*, pur, diguemesq, oc'h, á, añ. *Van.* diguich. — *Pur*, *net*, neadt, nædt, oh, á, añ. — *Pur*, *exempt de péché*, saint, glan, oc'h, á, añ; *de là* ar Spered glan, *pour dire le S.-Esprit*, id est, *l'esprit pur par excellence et la source de toute pureté*. — *Pur*, *sans souillure*, pur, oh, á. — Il est pur, elle est pure comme un ange, qel pur eo hac uu eal ou evel un ael — C'est une pure calomnie, ur falséntez pur co ur guir gaou eo, gaou eo ha netra qen falscntez eo mar boa biscoaz. —A pur et à plein, hep distro, an oll d'an oll.

**PURÉE**, piz sizlet, pu è-pis. — Potage de purée, une purée, souben ar pi sizlet, souben ar purè-pis.

PUREMENT, *sans mélange*, hep qefmescadur, hep qemesqailhès, *èr* pur.
— *Purement, simplement*, simplamant, hep divis e-bed. — *Purement, chaste*, net, *sans sôuillure*, èn ur fæçzoun pur ha glan, gand nædtoñny, gand glanded, gad purélntez. *Léon.* gad purétez.

PURETÉ, *vertu*, puréntez, glanded. *Léon*, purete. —*La vertu de pureté nous rend semblables aux anges*, ar verluz a buréntez a rend a hanomp hêrel oud an ælez. — *Pureté*, netleté, nædtery, næ ltuñny. — *Pureté de langage*, nædtery a langaich.

PURGATIF, *ive, qui purge*, spurgéus. — *Remède purgatif*, remed spurgéus, *pl.* remejou; lousou spurgéus.

PURGATION, *potion qui purge*, purgaciou, *pl.* ou. *v.* potion. — *Purgation, action de ce qui purge*, spurgeadur, purgeadurez. — *L'éternuement est une purgation du cerveau*, ar strévyadur a so spurgeadur ar penn.

PURGATOIRE, purgator, ar purgator. *Van.* èr purgatoër, èr plicatoér. — *Les âmes du purgatoire*, au eneou vad; au eneou vad a so èr purgator, ar gueiz l — *Le feu, les peines du purgatoire*, an tan eux ar purgator, poanyou ar purgator. — *Faire son purgatoire en ce monde*, ober e burgatoar var an doûar, *pr.* græt; satisfya èr bed-mâ da justiçz Doûe evit e bec'hejou, *pr.* satisgræt, satisfyet.

PURGER, *ôter les mauvaises humeurs d'un corps*, spurgea, purgea, *ppr.* et. *Van.* purgeiñ. — *Purger, justifier*, guenna, *pr.* et.—*Se purger par des remèdes*, èn hem burgea, qemeret beuvraich ou lousou. — *Se purger de quelque crime*, èn hem venna, *pr.* èn hem vennet.

PURIFICATION, *fête*, goël Marya ar Chandelour. *v.* fête.

PURIFICATOIRE. *petit linge pour essuyer le calice*, purificator, *pl.* you.

PURIFIER, *nettoyer*, puraat, nædtaat, *pr.* puréet, nædtéet. *Van.* purat. — *Un cœur contrit et purifié est une agréable offrande à Dieu*, ur galoun qeuzyet ha puréet gad guir binigenn a blich meurbed da Zoûe, ur galoun né* vez a so agreapl bras da Zoûe.

PURISME, *pureté affectée en parlant*, purentez studyet èl langaich, langaich studyet *ou* affæçzounet.

PURISTE, nep èn deus ul langaich re studyet.

PURULENT, *ente, mêlé de pus*, brein, linecq. — *Crachats purulents*, crainch linecq *ou* brein, crainch qemesqet a lin.

PUS, *sang corrompu*, lin, lin brein. *Van.* id. — *Il jette le pus par la bouche*, crainchat a ra al lin, *pr.* orainchet; teureul a ra allin-brein dre'r gminou, *pr.* taulet.

PUSILLANIME, digouraich, aounicq, oc'h, à. *Van.* digourach, éunicq, oh.

PUSILLANIMITÉ, digouraich, digouraichded.

PUSTULE, porbolenn, *pl.* ou. *Van.* brubeenn, *pl.* eû. *v.* ébullition.

PUTAIN, gast, *pl.* guisty; *Van.* id.; puteen, *pl.* puteened; gast-puteen *Tr.* sero'h, *pl.* serc'hed, serc'ho. *Da. ld*, Coët-Serho, *près Morlaix*. — *Double putain*, mil-gast, rebeutenn. *Van.* gast-puteen. *Trég.* gouis, *pl.* gouïsy. *Ce mot, au propre, signifie truie*.

PUTASSIER, gastaouër, *pl.* yen ; merc'hetaër, *pl.* yen. *Van.* gastaour, *pl.* yoïn, yan. *Trég.* gouïsaër, *pl.* yen. — *Putassier par excès*, touro'h an barrès.

PUTATIF, *père putatif*, a drémen evit beza tad da ur re-bennac. — *Saint Joseph était le père putatif de Jésus-Christ*, an autrou sant Joseph a drémené evit beza tad da Jesus-Christ *ou* a grédét tad da hon Salver.

PUTREFACTION, flœr, breinadurez. *Van.* breinadureh.

PUTREFIER, breina, *pr.* et. *Van.* breineiñ. — *Putréfié*, breinet.

PUTRIDE, brein, oh, añ. *Van.* id. — *Fièvre putride*, terzyenn vrein. — *Membre putride*, mémpr brein.

PYRAMIDE, coulounenn qarre ha beguecg, *pl.* coulounennou qarre ha beguecg. —*Les pyramides d'Egypte*, coulounennou au Egyp, coulounennou ar Gypcianed.

PYTHONISSE, *devineresse. Ce mot vient de Python*, *qui, en grec, veut dire esprits qui aident à prédire le futur*. achan-

tourès, sorcerès, divineurès, divinquⁱ-
rès, ar sorcerès millignet pe eus a hiny ez eo parlantet ebars ar scritur sacr,
èr c'hentà levr eus ar rouanes, jabist
eiz varnuguend. v, évoquer, nécromancie.

# Q

La lettre Q se prononce en breton
comme la lettre K, *id est*, Ku, excepté
dans l'évèché de Vannes et dans la
Haute-Cornouaille, où elle se prononce
comme *cu*. C'est là ce qui me fait m'en
servir dans mon orthographe bretonne,
au lieu du K, sans l'accompagner d'un
*u*; parce qu'il est plus aisé à écrire et
qu'il défigure moins les mots. *v*. K.

QUADRAGENAIRE, daouuguent-
vcder.

QUADRAGESIMAL, *ale*, a aparchant
oud ar c'horayz. —*Le jeûne quadragési-
mal*, ar yun eus ar c'horayz. v. *carème.*
—*Viandes quadragesimales*, boëd seac'h,
boëd vigel, boëd corayz.

QUADRAGESIME, *le carème*, corayz,
ar c'horayz. *Van.* en hoarèih, en hoareiz. —*Le dimanche de la quadragésime*,
ar c'hentà sul eus ar c'horayz.

QUADRANGULAIRE, furm pévar-
c'hornecq, furm pévar-c'hoignecq, *pl.*
furmou, etc. *Van.* feurm péūar-hor-
necq, *pl.* feurmèū, etc.

QUADRIENNAL, bep pévar bloaz,
a bad pévar bloaz.

QUADRUPLE, *quatre fois autant*, pévar c'hémend, pévar-doupl. — *Il vaut
son quadruple*, e bévar qemend a dal.—
*Quadruple, monnaie*, pévar hanter-pis-
tol, daou bistol. — *Double quadruple*,
pévar phistol.

QUADRUPLER, *multiplier par quatre*,
pévar-doubla, pr. pévar-doublet.

QUAI, *levée le long de la mer, d'une
rivière*, qaē, *pl.* qaēou; qéa, *pl.* qéaou.
*Van.* qæ, *pl.* qæèū. — *Sur le quai*, var
ar c'haē, var ar c'héa. *Van.* ar er hæ.

QUALIFIER, guervel, *pr.* galvet;
heñvel, *pr.* heñvet, hañvet; lesheñvel,
*pr.* lesheūvet, leshañvet. *Van.* haūnu-
èiñ, galueiñ.—*Les plus qualifiés*, ar re
gueñtà, ar re noplà.

QUALITÉ, *propriété*, vertuz, natur,
ar pez a aparchant oud ur re ou oud
un dra-bennac.—*Qualité, naissance noble et illustre*, noblançz. *Van.* noblançz,
noblded.—*Un homme de qualité*, un é-
gentil nopl.—*En qualité de*, o veza, etc.
evel, etc.—*En qualité d'échevin, de maire*, o veza schuyn, o veza mear. —*Ei
qualité de son petit-fils*, evel e zoūaren,
o veza doūaren dezañ.

QUAND, *lorsque*, pa.*Van.* pe.—*Quand
je vois*, pa vellañ. *Van.* pe üelañ. —
*Quand je vais à la messe*, pa ez an d'an
ovérenn. —*Quand, en quel temps*, pe eur?
pe èn amser? pe gours? pe gouls? *Van.*
pibér? pe gours? —*Quand sera-ce* pe
eur ez vezo? pè eur vezo? — *D'ici à
quand, dès quand?* pé vete pe eur? pe
a-benn peur? a-beun pe guéhyd a-
c'han?—*Quand bien, quand même*, peguement-bennac, petra-beunac, hac
ez.—*Quand même la porte serait fermée*,
hac ez vét serret an or.—*Quand même
j'aurais dit*, petra-bennac ma èm bê
lavaret, hac èm béz lavaret.

QUANT à, *pour ce qui est de*, evit feadt eus a; évit fedt a; è qement ha,
evit qement ha ou hac, var, è qèver.
—*Quant à cela*, evit feadt a guemeū-
ze, var guemeū-ze, è qèver qemeū-ze.
— *Quant à celui-là*, evit hênner, evit
fedt a hennez, evit feadt eus a hennez.
—*Quant à moi*, evidoun-me, evit feadt
ac'hanoun-me.— *Faire le quant à moi*,
mæstrounya, pr. et; ober o væstr, o-
ber e c'hrobis, pr. græt.

QUANTES, *toutes fois et quantes*, qen
alyès gueach ma.—*Toutes fois et quantes il voudra*, qen alyès gueach ma caro ou ha ma caro.

QUANTIÈME, petved. *Van.* id.—
*Le quantième du mois*, ar petved eus ar
miz.—*Quel quantième est-il*, pe petved
eff-è? pet so èn e raucg?

QUANTITÉ, *t. de philosophie*, mêndt,
musul, qement.—*Quantité, abondance*,
cals, è leiz, ar bed, avoalc'h, niver
bras, evit ar muyà. *Van.* heleih, cals,
—*Une grande quantité de blé*, cals a ed,
è leiz a yd, ar bed a yd, avoalc'h a
ed, ed evit ar muyà, ed dreist penu.—

ẽn *grande quantité*, un niver bras, ul od bras, ur rum bras, un taulad teropl, un taul bras.

QUARANTAINE , daou-uguent. — *Ine quarantaine d'écus*, un daou-uguent coëd. —*Elle a quelque quarantaine d'années*, un daou-uguent vloaz-bennac he leveus. —*La quarantaine, le carême*, an laou-uguent deiz eus ar c'horayz.

QUARANTE , *nombre*, dau-uguent. *Van.* deü-uguéent, déü-iguent.

QUARANTIÈME, daou-üguentved. *Van.* déüi-guentved.

QUART, *le quatrième d'un tout*, pale-'ars, *id est;* pevare-pars *ou* parth , *quatrième partie;* pévare-raun , pévarearn, ẽvẽre-renn , pévarenn. *Van.* pérann , ur pérain, ur palevarh. — *Des quarts*, ialevarsyou, pevarennou. — *Un quart*, *rois quarts*, ur palevars, try palevars; r bévarenn, teir phévarenn. — *Troi unes et un quart*, teir goalonnad ha palevars, teir goallad ha palefars. — *Le uart de l'héritage*, ar bevare-rañ *ou* be-'arearn *ou* bevare-renn *ou* palevars eus n heritaich. —*Un demi-quart*, un hanter lalefars, un hanter-palevars.—*Un quart le lieue*, ur palevars léau, ur c'hart-léau. — *Un quart de papier*, ur c'hart paper.— *In quart-d'heure*, ur c'hurt eur. — *Un 'uart de vent*, un hanter palevars avel. — *Un demi-quart de vent*, un hanter palevars avel. — *Ils sont parents au tiers ou u quart*, èu drede pe èr bévare pazeü z int qerend, beza ez ma int èn drede e èr bevare. — *Au tiers et au quart*,'d ous *indifféremment*, d'an eil ha de egnile, l'ar rè-ma ha d'ar re-hont.

QUARTE , *la fièvre quarte*, an derzyenn bep try dez, an derzyenn gartell. — *Quarte, mesure contenant deux pintes*, art, *pl.* ou; pod-cart, *pl.* podou-cart. *Van.* id., *ppl.* eü. — *Quarte pleine*, qur-ad, *pl.* ou.—*Une quarte de vin*, ur c'har-ad guïn, ur podad guïn. *Van.* id.

QUARTERON , *le quart d'une chose*, palevars, cartouroun. — *Un quarteron de cent, le quart de cent*, pemp varnuguent, ur c'hartouroun, ar palevars a gant.—*Un quarteron d'abricots*, ur c'har ouronn brieqès. — *Un quarteron de li-*

cré, *le quart d'une livre de sucre*, 'de tabac, cartouronn, *pl.* ou; pévar ounçr.—*Demi-quarteron*, un hanter-cartouson.

QUARTIER, quart, palevars, cartel, *ppl.* you. — *Un quartier de mouton*, ur palevars maud, ur c'hartel maud *ou* maoud. — *Des quartiers de veau*, palevarsyou lue, cartelyou lue.—*Quartier, partie d'une ville, d'un pays*, carter, *pl.* you; cantoun, *pl.* you. *Van.* id., *ppl.* yeü. — *De quel quartier est-il?* pe a garter eff é? pe eus a ganton eff añ?—*Quartier d'hiver, t. de guerre*, goaûvadurez, goâvadurez, al leao'h ma véz ar vresellidy o trémen ar goañ.—*Quartier, t. de la cour*, try miz, palevars bloaz. — *Il est de quartier chez le roi*, ez ma o servicha é pad e dry miz , ez ma oc'h ober e balevars bloaz è ty ar roûe. — *Quartier de pension*, palevars péncionn, pevarearn an bancion. — *Demander quartier d son ennemi*, goulenn e *ou* ar vuhez , *pr.* goulennet. — *Donner quartier*, rei ar vuhez, *pr.* roët.—*On ne fit point de quartier*, ne voa roët *ou* accordet ar vuhez da zen e-bed *ou* da necun, ne voa espernet gour. — *Quartier de soulier*, cartel , *pl.* you ; cartel botès, *pl.* cartelyou botou. — *A quartier, d part*, a gostez, a parth.

QUARTO, in-4.°, levr pe èn hiny èn hem gaff pep follenn é pévar phlecg, un in-quarto. — *Un grand in-4.°*, un in-quarto bras. — *Un petit in-4.°*, un in-quarto' vihan.

QUASI , *presque*, qasyamaut , qasimaut, laust-da-vad. *v. presque.*

QUASIMODO, diçzul ar c'hasimodo. *Burl.* sul ar c'haoz-podou. *Proverbe:*

> Da sul bleuñvyou, conta'r vyou;
> Da sul basq, terri o phennou;
> Da sul ar c'hasimodo frioqa ar c'hozpodou.

*id est , au dimanche des rameaux, il faut compter les œufs; au dimanche de Pâques, les manger; au dimanche de la quasimodo, briser les vieux pots au jeu qui s'appelle coz-podicq.*

QUARTENAIRE, pevarvedes, au niver a bévar.

QUATORZE , *nombre* , pévarzecq. *Van.* id.

56

QUATORZIÈME, pévarzeoqved. *Van.* id.

QUATRAIN, *stance de quatre vers,* pévar guêr.

QUATRE, *nombre, pour le masc.* pévar. *fémin.* peder, pedir, pider. *Van.* peũar, *fem.* pedeir, padeir. *Trég.* péoar. *Al.* peloar, pelor ; *de là, le* petorrotum *des anciens latins , charriot à quatre roues, de* pelor, quatre, *et de* rot *ou* rod, roue. — *Quatre-vingt,* pévar uguent. — *Quatre cents,* pévar c'haut. — *Quatre mille hommes,* pévar mil dèn. — *Quatre femmes,* peder gueacli.—*Quatre fois,* peder gueach. QUATRE-TEMPS, *t. d'église,* Léon, qotuērou, ar c'hotuērou. *Ce mot semble formé de* quatuor. *Hors* Léon, *on da-* ouzecq dezyou. *Van.* qoartualeũ, en ho- artualeũ, *probablement de* quatuor, *latin.*

QUATRE-VINGTIÈME, ar pévar-u- guentved. — *La quatre-vingtième partie,* ar bévar - uguentved lodenn.

QUATRIÈME, pévare, pévarded. *Van.* peũarved. *Trég.* péoarved, péoaroed.— *La quatrième,* ar bévare, ar bévarved.— *Pour la quatrième fois,* evit ar bévare guē- ach, evit ar bedorved guēch. *Van.* evit er badeirũed guēh. — *En quatrième lieu ou quatrièmement,* d'ar bévare. *Van.* d'er beũarũed.

\* QUAYAGE, *droit de quai,* qaēaich. *Van.* qæach.—*Payer le quayage, ou le droit d'occuper le quai par ses marchandi- ses,* paëa ar c'haēaich. *Van.* péveiñ er hæach.

QUE, *particule qui a un grand nombre d'usages qui méritent attention,* pehiny, peùaus, ma, evit eguet, nemed, a, hac, a-bed, ar-bed, ez, qen, pebez, peguer, peguen, pe evit tra. — *Le livre que j'ai composé,* al levr pehiny am eus compo- set, an levr am eus græt, *id est,* a èm eus græt. — *Les amis que je favorise,* ar vignouned pere a favorañ, ar vignou- ned a favorañ. — *Je sais que cela est de même,* me a oar penaus ez ma an dra- ze evel-hen. — *J'apprends que,* me a glèo penaus. — *Je crois que vous feriez bien de venir,* me a gred penaus e raéc'h èr-vad doñnet amá, me a gred penaus ma teuf- fec'h ez raffec'h èr-vad, me a gred ez raëc'h èr-vad doñnet amá. — *Il m'a per- suadé d'aller à Rome,* lecqeat èn deus èm penn ez azenn da Roum , lecqeat èn deus èm penn da vont da Roum. — *Il n'a demandé que trois jours,* n'en deus goulennet nemed try dez. — *Je n'aime que cela,* ne garañ nemed an dra-ze, ne garañ netra qen. — *Il est plus vaillant que l'autre,* vaillhantoc'h eo egued eguile ou evit eguile. — *Il est plus vaillant que vous, que lui,* vaillhantoc'h eo eguedoc'h, egued-há ou evidoc'h, evitañ. *Remar- quez que* evit *veut proprement dire* pour *et* non que; *cependant hors de* Léon, *evit est usité abusivement pour dire* que, *de même que pour dire* pour. — *Pour moi je vous dis que,* evidon-me a lavar deoc'h pe- naus. — *Non que je veuille lui nuire,* nan pas ma carréñ noasout dezañ. — *Quoi, que je crois cela?* me, ma credtenn an dra-ze? me, ez credteũ qemeñ-ze? bir- vyqen. — *Que de personnes!* hac a hiny! a bed hiny! hac a dud! — *Qu'il prend de choses!* hac a draou a bromet-é! a-bed traou a bromet-eñl ar-bed traou a bro- met-haũ ! pebez traou a bromet-é! — *Qué d'argent !* pebez arc'hand ! pebez founder arc'hand! hac a arc'hand! — *Que cela est beau!* peguer caër eo qemeñ- ze! — *Que cela est admirable!* peguen ad- mirapl eo qemeñ-ze!—*Tout brave qu'il est,* peguer vaillhant-hac a vez. — *Que ne vous hâtiez-vous?* pe evit tra ne hastac'h-hu qel? — *Que ne servez-vous mieux Dieu?* pe evit tra ou pe rac-tra ne servichit-hu véll Doũe.—*Bien que, quoi- que,* petra-bennac, peguement-bennac. — *Bien qu'il soit vieux,* petra-bennac ma véz hir-hoazlet, peguement-bennac ma véz coz.—*Que si, que non,* ez eo, ne deo qel; ez vezo, n'ez vezo qet; eo. ne deo.

QUEL, *quelle, pronom,* pe, pebez, ped, piou, ped, pe a seurd, pe seurd. *Van.* ped, peh, piu. *v. lequel, laquelle.* — *Quel homme est-ce là?* pe dèn eo hennez? pe- bez ou pe seurd dèn eo hennez?—*Quel nom avez-vous?* pe hano oc'h eus-hu?— *Quel est l'homme qui osât?* pioue an hi- ny pehiny a gredhé. — *Quelle hardiesse, quelle effronterie!* pebez hardizéguez! pe- bez divergontiçz!—*Quel homme!* pebez dên! pebez persounaich! coandtâ goaz! — Quel qu'il soit, bézet pe vézét, bézét evel a garét, bézét ec'hiz ma carét. — Quelle heure est-il? trois heures ont sonné à Saint-Pierre, ped eur eo, va breuzr? ez leal a goët eo teir eur ê ilis Pezr. Van. ped hér eü, men brér? én-do, fichet eü try ou teir hér ê ty Pér. — En quel lieu? pe ê leao'h? pe ê lec'h? pe lec'h? pe lac'h. — De quel lieu? pe eus a leao'h? pe a leao'h, pe a lec'h? a belec'h? a be ban? — Par quel endroit? pe dre leac'h? pe dre lec'h, dre pe lec'h? pe dre'n hend? — Tel quel, telle quelle, tellement quellement, evel-evel, hêvel-hêvel, hêvelephêvelep.

QUELCONQUE, pronom, dèn e-bed, pep netra. — Personne quelconque, dèn e-bed, gour nicun. — Il n'a chose quelconque, n'en deus netra, n'en deus qet an distérà-tra. — Nonobstant opposition ou appellation quelconque, èn desped ou èn esped da bep galv pe apell.

QUELQUE, pronom, bennac. Van. bemas. Cette particule bennac est comme les enclitiques; elle s'unit et s'appuie sur le mot qui la précède, et est toujours elle-même précédée de l'article ur ou ün; quelquefois même on la sous-entend par abréviation. — Si quelque personne est présente, mar béz uu dèn-bennac var ar plaç, mar béz ur re-bennac var al lec'h ou ur re var al lec'h. — Si je fais quelque chose de bon, mar grañ un dra-bennac a vad, mar grañ un dra vad-bennac. — Quelque chose, un dra-bennac, un dra. — En quelque façon, èn ur sæçzoun-bennac. — De quelque manière que vous ayez fait, penausbennac o bep great. — Il y a quelques douze ans depuis, un dauzecq vloaz-bennac a so abaouê, è tro un dauzecq vloazbennac a so a oudevez. — Cela se saura quelque jour, un deiz bénnac ez ouvezor an dra-ze, un deiz ez ouïor qemen-ze. — Quelque peu, un neubeudicq-bennac, un neubeudicq, un draïcq-bennac. — Quelque goutte d'eau, ur banneïcg-bennac a zour. — En quelque lieu, èn ulac'h-bennac, èn ul lac'h. — Il est en quelque lieu, ez ma èn ul leac'h-bennac, ez

ma èn ul lao'h. — En quelque lieu, s'il y a mouvement, da ul leac'h-bennac. — De quelque lieu, eus a ul leao'h-bennac, eus an ul lac'h, vès a un tu-bennac, eus a un tu. — Par quelque lieu, dre ul lec'h-bennac, dre'n ul lac'h. — Quelque chose qu'il en arrive, arruét pe arruo, arruét pe arruét. — A quelque prix que ce soit, coustét pe gousto, coustét pe goustét. — Quelque grande qu'elle soit, peguer bras bennac a véz, divis peguer bras ou déüst peguer bras a véz. — Quelque savant qu'il soit, peguén abyl bennac a vez, deust peguer gouïzyecq a hallé da veza. — Il y avait là quelques cinq cents hommes, ur pemp cant dèn-bennac a yoaeno, êtro ur pemp cant dèn-bennac a voûe eno. — Quelques petites fois, a vizyouïgou, a vechouïgou. Van. a üehigueü. v. fois.

QUELQUEFOIS, a vizyou, a veichou, a vechou. Van. guë-a-vé, guhavé. Trég. a oeche.

QUELQU'UN, e, pronom, ur re-bennac, un hiny-bennac, unan-bennac, Par abrev. ur re. Van. unañ-benac, unon benac, un hany-benac. — Quelqu'un de vos gens, ur re-bennac eus ho ty, unan-bennac eus ho tud, un hiny bennac eus ho re. Van. unon-benac ag hou tud. — Quelqu'une de ces filles, un an-bennac eus ar merc'hed-ze. Van. un hanybenac ag er merhéd-ze. — S'il vient ici quelqu'un, mar deu ur re amañ, mar deu ur re-bennac amâ. — Quelques-uns, quelques-unes, hinyeñnou, ur re-bennac, ur re, ul lod, ur rum, un darn. — Quelques-uns, quelques-unes de vous autres, hinyennou ac'hanoc'h, hinyennou ac'hanoc'h qen-eñtrezoc'h, ur re ou re-bennac ahanoh, lod ou ul lod ahanoh, ur rum ou un darn ahanoh.

QUENOUILLE, qeiguel, pl. you. Van. qeguil, pl. yeü; qiguel, pl. ycü. — Une jolie quenouille, ur queiguel goandt. Van. ur gueguil vraü. — Quenouille de lit, post-guële, pl. postou. Van. id., ppl. eü.

QUENOUILLÉE, filasse de la quenouille, qeiguelyad, pl. ou. Van. qeguilyad, pl. eü; qeved, pl. eü. v. poupée.

QUENOUILLETTE, petite quenouille, qeiguelicg, pl. qeiguelyouïgou.

QUERELLE, scandal, *pl.* ou; tabudt, *pl.* ou, tabudou. *Van.* qarell, *pl.* eü; gourdous, *pl.* éü; qestion, *pl.* eü. *v. menace, dispute.* — *Une grande querelle,* ur scandal bras, un tabut orrupl. *Van.* ur garell vras, ur ĥarell bras, ur gourdous bras, ur guestion vras. — *Querelles fréquentes,* scandalou ordinal, scandaléres, tabudtérez. *Van.* gourdousereah, noëscreah, scandalereah. — *Faire une querelle d'Allemand à quelqu'un,* scandalat ur re-bennac evit netra *ou* evit bihan dra *ou* evit distér abecg.

QUERELLER, scandalat, *pr.* et; tabuptal, *pr.* et. *Van.* scandaleiñ, gourdouseiñ, qestionneiñ, debateiñ, qarelleiñ. — *Quereller à pleine tête,* orozal,*pr.* crozet; scandalat a boës-penn. — *Se quereller,* èn hem scandalat, èn hem dabutal, cahout scandal *ou* tabudt.—*Etre querellé mal-à-propos,* beza scandalet a ĉnep résoun *ou* hrep abecg.

QUERELLEUR, *qui querelle,* scandaler, *pl.* yen; tabudter, *pl.* yen. *Van.* qestiounour, gourdouser, noésour, qarellour, *ppl.* yan, eryon. — *Grand quereleur,* crozer, *pl.* yen, crosidy; débrér, *pl.* yen, debridy; taguer, *pl.* yen.

QUERELLEUSE, scandalerès, *pl.* ed; crozerès, taguerès, *ppl.* ed.

\* QUERELLEUX, *ouse, qui aime à quereller,* scandalus, tabudtus, tabudus, campaignus, cablus, çavaihus, oh, à, añ. *Van.* qarellus, qestiounus, gourdousus, noésus, oh, añ, aoñ.

QUERIR, qerc'hat, *pr.* et. — *Aller querir,* moñnet da guerc'hat; mont da vil *ou* davit un dra-bennac.*pr.* ĉet.*Van.* monnet devit un dra.—*Envoyer quérir une chose,* lacqât qerc'hat un dra, ober qerc'hat un dra, caçz da guerc'hat un dra, caçz da vit *ou* d'avit *ou* davit un dra.*Van.* caçzeiñ devit un dra. — *Je vais le quérir,* ez añ d'e guerc'hat, bez' ez añ david-hâ. *Van.* e hañ deveit-hou *ou* hon.

QUESTEUR, *trésorier de l'ancienne Rome,* quèstor, *pl.* ed

QUESTION, *demande,* goulenn, *pl.* ou. *Van.* id., *pl.* eü. — *Faire des questions,* ober goulennou, *pr.* græl, great.

— *Question, proposition,* qistioñ, *pl.* ou. *Van.* id., *pl.* eü. — *Une belle question,* ur guistionn gaër. — *Petite question, question qui ne mérite pas d'attention,* qistioun nicg, ur guistionnicg, *pl.* qistionnoeigou. — *Il n'est pas question de cela, il ne s'agit pas de cela,* ne deo qet qistionnou a guemeñ-ze. — *Question, torture,* jayn, jahyn. *Van.* jahyn. *v. gêne.*

QUESTIONNAIRE, *qui donne la question,* jahynèr, *pl.* yen; nep a ro ar jahyn *ou* an touich-tan, etc., da ur c'hriminal.

QUESTIONNER, *interroger quelqu'un,* ober meur a c'houlenn digand ur re-bennac, *pr.* græl; goulenn meur a dra digand ur re *ou* cals traou digand ur re, *pr.* goulennet; qistionni ur re-bennac, *pr.* et. — *On l'a fort questionné,* qistionnet caër eo bet, meur a c'houlenn a so bet græt dezã, forz traou a so bet goulennet digand-hâ.

QUÊTE, *action de chercher,* clasqérez, clasq. — *Aller en quête,* moñnet da glasq. — *Quête, t. de religieux mendiants,* qèst, *pl.* ou. *Van.* id., *pl.* eü. — *Quête d'argent, de blé,* qèst arc'haud, qèst ed; ur guèst arc'hand, ur guèst ed.

QUÊTER, *aller en quête d'une bête pour la lancer,* clasq, *pr.* et; moñnet da glasq, *pr.* ĉet. — *Quêter, t. de religieux mendiants,* qèstal, *pr.* et. *Van.* id. — *Quêter du beurre,* qèstal amann. — *de porte en porte,* qèstal a dy-é-ty, qestal a-dy-da-dy, qestal a-zor-é-dor *ou* a-zor-da-zor. — *pour les pauvres honteux,* qèstal *ou* ober ar guèst evit ar béauryen mezus.

QUÊTEUR, qester, *pl.* yen. *Van.* qestour, *pl.* yon, yan. *v. mendiant.* — *Le quêteur, le frère quêteur,* ar c'hèstcur, an breuzr qèteur.

QUÊTEUSE, *celle qui quête pour les pauvres,* qèstcurès, *pl.* ed; qèstourès, *pl.* qèstouresed.

\* QUEVAISE, *coutume de certains lieux,* qævæs, goir qævæs, custum ar c'hævæs. *Ce mot de qævæs, qui a voulu dire originairement champ clos, semble tenir de kaé êr-mæs, qui signifie clôture hors des villes et des maisons; et de la on a fait kaé-vaës, kævæs; il peut auss tenir de kever, arpent de terre. — Dan

l'usement de queraise, la tenus bet au mineur ; et, au defaut d'enfant mâle, la tenue va au seigneur, e doûar qavres ar
goumananda aparchant ouc'h ar map
yaouaucqd ; ha defaut map. ez a d'an
Autrou.

QUEUE, partie du corps des animaux
pendante par derrière, lost, pl. ou. Van.
id., pl. eû.—Petite queue, losticg, pl.
lostouïgou.—Qui a une queue, lostecq.
oh, à. Van. id. — Qui n'a pas de queue
naturellement, dilost, besq dre natur,
golf.—Qui a la queue coupee, dilostet,
besq. — Queue d'un fruit, losticg an
frouëz. — Queue trainante d'une robe,
lostenn hirr, pl. lostennou hirr; hirr-
lost, pl. hirr-lostou.—Queue de charrue,
lost an alazr, gaul an alazr. v. charrue.
—La queue de l'armée, lost an arme, ar
penn a drè cus an arme. — Queue de
l'étang, lost ar stancq, penn an stancq,
lost ân lenn , lost âl lenn. — Queue de
pourceau, plante, lost-houc'h.—de cheval, plante, lost-marc'h. — de renard,
plante, lost-loûarn, fanoilh goëz.—
Queue d queue, lost-ê-lost, lost-ha-lost,
lost-houc'h-lost.

QUI, pronom personnel, signifiant lequel, laquelle, lesquels, lesquelles, piou,
pehiny, pl. pere. Van. piû, pere. v lequel, etc.—Qui, par interrogation? piou?
pehiny ? Van. pehany ? piû ? — Qui de
vous deux? pehiny ac'hanoc'h ho taou?
Van. pehany ou piû, e hanoui hou teû?
—Qui de vous tous? pehiny ou piou a-
c'hanoc'h-hu oll? — Qui, lesquels de
vous tous? pere ac'hanoc'h-hu oll ?—
Qui que ce soit, nul, gour, nicun, ki-
ny ebed, hiny, dèn, christen. Van. hany-bed.

QUIA (à), dilavar, besq-téaud, feaz,
fæz.—Il est d quia, besq-téaud eo, feaz
eo. fæz eo. dilavar eo

QUICONQUE, pronom, nep piou-
bennac nep, piou-bennac, qement hiny, qement dèn. Van. neemp, nemp,
nep, en neemp, en nemp, en nep,
nep-piû-benac. —Quiconque de tous sera
ozez hardi pour, nep piou-bennac a-
c'hanoc'h a vezo qen hardiz ha.—Quiconque veut vivre content, doit aimer et

serair Dieu, nep piou-bennac a foll da-
zá ou piou-bennac a foll dezi ou nep a
foll dezi beva countant, hennez a répoq
caret ha servichout Doûe.

QUIDAM, un certen personnaich.
—Des quidam, certen personnaichou,
tud pere ne henveur qet.

QUIET, te, pacifique, tranquille. v.-y.

QUIETISME, système des quiétistes,
qietism, ar c'hietism, ar c'huietism.

QUIETUDE, diaszded, peoc'h, reposvan, peoc'h a spered.

QUIGNON, gros morceau de pain, ur
felpenn vara, ur felpenn pez bara, pl.
felpennou. Van. felpeen peh bara, ur
horn bara. Quignon peut venir de quign,
tourteau, plutôt que de quinie, comme
dit Ménage.

QUILLE, bois d jouer, qilh, pl. ou.
Van. id., pl. eû. — Jouer aux quilles,
c'hoari'r c'hilhou. — Lever les quilles,
sevel ar c'hilhou, pr. savet.—Abattre
les quilles, discarr ar c'hilhou.—Boule
pour jouer aux quilles, boul-guilh, ar
voul-guilh. Van. id.—Quille de vaisseau,
qeiu al lestr, ar c'hein eus aû lestr. v.
navire.

QUIMPER, qu il s'écrivait Kimper, ou
plutôt Kemper, ville épiscopale, Qemper, Qemper-Odet, du nom de sa principale rivière. Qemper-Caurintin, du
nom de son premier évêque. Van. Qempér,
Qampér. Kemper, appelé par quelques
auteurs Civitas aquilæ et Civitas aqui-
lonia, peut venir de kemp ou kamp, qui
signifie champ de bataille, et de er, aigle;
et ainsi ce serait champ de l'aigle, campus
aquilæ, au lieu de Ville de l'aigle, civitas aquilæ. J'ai aussi trouvé que Kimper,
et non Kemper, est un ancien mot celtique qui signifiait guerrier. Il y a deux
autres endroits qui se nomment ainsi :
Kemper-Ellé et Kemper-Guëzennecq.
—Quimper est situé au confluent des rivières d'Odet et de Théyr, Kemper ou ar
guær a Guemper a so diaszet èn aber
eus an diou stær Odet ha Theyr.—Habitant de Quimper, natif de Quimper,
Qemperyad, pl. Qemperidy, Qemperis.
v. livre.—Le château de Quimper, au Tour-
kiby; au Tour-hivy. hivy, pl. de hâv,

dour-hâv, *eau de fumier; eau pourrie.*

QUIMPER-ELLÉ, *par abréviation, Quimperlé, ville du diocèse de Quimper,* Qemper-elle. *Al.* Avantot.—*Aller à Quimperlé,* moûnet da Guemper-elle, *pr.* ēet. *On appelle burlesquement les habitants de Quimperlé,* Beeq-meilh, *id est, bec de rouget, parce qu'ils mangent souvent de ce poisson.*

QUINCAILLE, *menue marchandise de fer ou de cuivre,* qincqailhès.

QUINCAILLERIE, *marchandise de quincaille,* qincqailhérez.

QUINCAILLIER, *marchand de quincaille,* qincqailhèr, *pl.* yen.

QUINQUAGÉSIME, diçzul ezned, sul al lardt.

QUINQUAGENAIRE, hanter o'hant-veder.

QUINQUINA, *écorce fébrifuge du Pérou,* qinqina.

QUINT, *la cinquième partie d'un tout,* pempved, pemped. ar pempved eus a, etc., ar bemped.

QUINTAL, ar boës eus a gand liffr. — *Un quintal, deux quintaux de morue sèche,* cant liffr molu, daoüc'hant livr molu.

QUINTAMBER, *petite ville du Morbihan,* Quèstambér.

QUINTE, *caprice,* froudenn. *pl.* ou; stultenn, *pl.* ou. *Van.* peennad, *pl.* eü. *v. caprice, bizarrerie.*

QUINTEFEUILLE, *plante,* lousaoüenn ar pemp-delyen, ar bempès.

QUINTEUX, *euse,* froudennus, cüladus, stultennus, oh, â. *v. bizarre.*

QUINTIN, *ville des Côtes-du-Nord,* Qiutin.—*Toile de Quintin,* lyen qintin.

QUINTINAIS, *qui est de Quintin,* Qintinad, *pl.* Qintinis. *On dit d'eux:*

Pain d'avoine, et beurre frais,
C'est la vie des Quintinais.

Bara qerc'h fresq amannennet,
A blich da Guintinis meurbet.

QUINZAINE, pemzeeq.—*Une quinzaine d'écus,* ur pemzeeq scoëd.—*Sous la quinzaine,* a benu pemzeeq dez.

QUINZE, *nombre,* pemzeeq. *Van.* peemzeeq.—*Les Quinze-vingts de Paris,* ar Pemzeeq-uguent eus a Baris, au

try eant dall a Baris. — *Quinze cent hommes, quinze mille hommes,* pemzeeq cant dèn, pemzeeq mil dèn.

QUINZIÈME, *nombre d'ordre,* pemzeeqved. *Van.* poemzeeqved.—*Au quinzième jour,* d'ar bemzeeqved deiz.

QUIPROQUO, *méprise, mal-entendu,* du evit guënn, an eil evit eguile, an eil é lec'h eguile, fazy, droucq-èntendt.

QUITTANCE, quytançz, *pl.* ou; ô-fazy, *pl.* you; acquyd, *pl.* ou, acqujou. *Van.* quytançz, acquyt, *ppl.* eü. — *Quittance générale,* quytançz erit mad, quytançz diveza, quytançz general, quytançz hep distro. — *Donner quittance,* rei quytauçz da ur re-bennac, rei e acquyd da ur re, *pr.* roët.—*J'ai eu quittance et un bon repos,* va dizzy hac ur pred disaut am eus bet. *On dit proverbialement que les lunettes et les cheveux gris sont des quittances d'amour,*

Bléau guënn ha lunedou
Ne blijont qet d'ar merhedon.

QUITTE, *qui ne doit rien, exempt, hors de péril,* quyt, pare. *Van.* quyt.— *Quitte à quitte,* quyt-ha-quyt.—*Quitte ou double, un quitte ou double, remède violent,* quyt pe zoubl, lousou tu pe du.—*Jouer à quitte ou à double,* c'hoariquyt pe zoubl, *pr.* c'hoaryet.

QUITTER, *céder, laisser,* quytaat, *pr.* ēet; dilesel, *pr.* dileset; ober dilès, *pr.* græt. *Van.* quytat, delesel, dilesel.—*Quitter son droit, s'en désister,* dilesel e vir, ober dilès eus e vir. — *Ne rien quitter de ses droits,* derc'hel mad d'e vir, *pr.* dalc'het mad.—*Quitter son pays,* quytât e vro, moûnet er meas eus e vro, dilesel e vro. — *Quitter le chemin de la vertu,* quytaat an hend eus ar vertuz, dilesel ar praticq eus ar vertuz, trei e guein d'ar vertuz, *pr.* troët.

QUOI, *signifiant lequel, laquelle,* tra, petra, pehiny, perc. *Van.* petra, pehany, perc.—*C'est de quoi on parle,* cetu eno a be tra ou pe eus a dia, ez prezeguér.—*C'est une condition sans quoi la chose n'eût pas été faite,* uu divis eo hep pehiny ne vezé græt netra.—*Ce sont des choses à quoi vous ne prenez pas garde,* traou

uo'h pere ou pe ouc'h re ae licqit
e-bed.--*Quoi, substantif*, tra, pea-
Van. id.--*Le quoi, le comment*, ar
a, ar penaus.--*Il a de quoi, il a du*
bez'èn deus peadra, peadra ou
ra èn deus.--*De quoi, interrogation*,
tra, a be tra, pe eus a dra. Van. a
ra, ag e be tra, ea a be tra. — *De
parlez-vous?* pe ens a dra ou peadra
be tra e parlantit-hu?--*De quoi*,
ien, peadra, danvez. Van. pédra,
huë.--*Qui n'a pas de quoi*, un dèn
a ou dizra.--*Il n'a point de quoi*, n'en
s qet peadra, n'en deus qet e bea-
dizra co.--*Il n'y a pas de quoi foust-
an chal*, ne deus qet eno peadra da
ta ur c'haz. — *Il n'y a pas de quoi*,
ne mérite pas de remerciement, ne
pe evit tra, ne deus p'evit, ne deus
dra. — *Je ne sais quoi*, ne oun pe
ne oun doare pe tra.--*Un je ne sais*
, un ne oun petra. — *Ni quoi*, ni
st-ce, nep tra, netra. — *Il ne dit ni*
i, ni qu'est-ce, ne lavaras nep tra ou
ra, biscoaz tra ne lavaras, ne
aras na guer, na gricq. —
o, exclamation et interrogation, pe-
a, petra, pe tra. Van. id. — *Quoi*,
serez si oad que de, penaus, bac e
dtac'h.--*Eh quoi! faut-il vous meitre*
coltre? penaus! ba redd eo deoc'h-
buhanecqaat?--*A quoi penses-vous?*
petra ez soñgit-hu? pe è tra ez soñ-
hu? pe è lec'hez licqit-hu ho soñch?
*A quoi tient-il qu'il ne vienne?* petra
ir ound-ha da zoñet? pe evit tra ne
u en qet? — *A quoi bon cela?* pe da
a ou pe evit tra qemeû-ze?
QUOIQUE, petra-bennac, pegue-
ent-beunac, petra-bennac ma, pe-
uement-beunac ma. Van. id.--*Quoi-
e vous disiez cela*, petra-bennac ma
irit qemeû-ze.--*Quoique vous me de-
*, peguement-bennac ma tleffac'h
n.--*Quoi qu'il en dise*, petra-bennac
lavarë ou a lavaré.--*Quoi qu'il en soit*,
tra-bennac a vez, bézet pe vezo, bé-
t pe vézèt.--*Quoi qu'il arrive*, arruét
arruo, arruét pe arruét, deuét ar
d evel ma hallo.
QUOLIBET, guer goapaûs, pl. gue-

ryou goapaûs; guer godiçz, pl. gueryou
godiçz.
QUOTIDIEN, ne, pemdezíecq. Van.
pamdiecq.--*Pain quotidien*, bara pem-
dezycoq.--*Fièvre quotidienne*, terzyenn
pemdezyecq.

## R

RABAIS, diminution de quantité, de
valeur, de prix, rabadt, raval. Van. rabadt, deval.--*Avoir du rabais*, cahout
rabadt.--*Il y a du rabais sur la monnaie*,
raval a so var ar moñueiz. — *Il y a du
rabais sur la somme sur laquelle je faisais
fond*, raval so ou discount a so var ar
somm.
RABAISSEMENT, diminution. v. rabais.--*Rabaissement, abaissement, parlant
des personnes*, raval.
RABAISSER, diminuer en valeur ou en
quantité, ravali, pr. ravalet. Van. devaleiñ. v. abaisser, humilier, diminuer.
* RABANER, t. de marine, rabancqi,
pr. rabancqet.
RABANS, menues cordes pour ferler les
voiles d'un vaisseau, rabancq, pl. ra-
bancqou.
RABAT, collet, rabad, pl. rabajou;
rabas, pl. ou. Van. id., ppl. éû. rambras, pl ou. — *Rabat blanc*, rabad ou,
rambras fresq ou frescq.
RABAT-JOIE, trouble-fête, trompler-
c'hoary, troubler fest, dismanter joa,
ppl. yen. Van. un deen dibrepos.
RABATTRE, abattre une seconde ou
plusieurs fois, discarr un cil gueach ou
alyès, pr. discarret. — *Rabattre, diminuer d'une somme*, rabadti, pr. et; rei
rabadt, pr. roët. Van. rabadteiñ. —
*Rabattre, humilier*, ravali, pr. ravalet.
RABBIN, docter Juzéau, pl. doctored Juzévyen; docter è lesenn Moysès;
mæstr, pl. mistry; rabin, pl. ed.
RABBINISME, empinioñou a doctored coz é louéz ar Juzévyen, sorchennou ar rabined, rabiniaich.
RABBINISTE, qui suit l'opinion des anciens Juifs, rabinist, pl. ed.
* RABILLAGE, rabillement, raccommodage, tacouñaich, tacouñérez, peûço-

lyaleh, peñcelyadur, aüsadurez', âu-
sadur. *Van.* picelyadur.

*\*RABILLER, *habiller de nouveau*, guïsqa a névez, guïsqa an eil guëach , *pr.*
güïsqet; azvisqa, *pr.* azvisqet.*Van.*gusqeiñ a neüe. — *Rabiller, raccommoder,*
ausa a nevez, *pr.* auset. *Van.* auseiñ a
neûe, aligeiñ. —*Rabiller de vieux habits,
de vieux souliers,* tacouna, tacouni,*ppr.*
tacounet; peñcelya,*pr.* peñcelyet.*Van.*
picelyeiñ, picelyat , *ppr.* et; aligeiñ.

*\*RABILLEUR, *rapetaiseur*, tacounèr',
*pl.* yen ; tacoun , *pl.* tacouned; peñ-
celyèr,*pl.* pencelyéryen. *Van.* aligeour,
picelyour, *ppl.* yon , yan.

RABLE *ou* rouable, *instrument de four,*
camellenn-fourn , *pl.* camellennou ;
rôseli-gamm, *pl.* rosellou.

RABOT, *outil de menuisier,* rabod, *pl.*
ou. *Van.* id., *pl.* eü. — *Petit rabot,* ar
rabod bihan. *v.* galère*, guillaume, var-
lope.* — *Rabot rond,* añseñ, *pl.* ou.

RABOTER, *unir avec le rabot,* rabod-
ta, *pr.* et. *Van:* rabodteiñ, rabodtat.—
*Raboter, passer le rabot sur une planche
pour la première fois,* guënna, *pr.* et.

RABOTEUX, *euse,* turumellecq, do-
rocennus, dorocennecq, digompès, disegal, coc'hennecq, oc'h, â, añ. — *Un
pays raboteur,* urvro digompès *ou* doro-
cennus *ou* turumellecq, etc.

RABROUER, tredta ur re-bennac gad
rusdony, *pr.* tredtet; parland rust ond
ur re-bennac , *pr.* parlantet.

\* RABROUEUR, amzere, rust, oh, â,
añ, *ppl.* tud amzere *ou* rust. *Van.* rust.

RACAGES, *t. de marine,* raqlennou,
paterennou raql. *v.* navire.

RACAILLE, *rebut, lie du peuple ,* livastred, hailheboded, hailhoñued, ca-
naïlhès , racailh, ar racailh.—*Racaille,
chose de rebut ,* an amrevus. rataïlh,
bagaichou, traou distér, racaich.

RACCOMMODAGE. *v.* rabillage.

RACCOMMODEMENT, *réconcilia-
tion,* accord, *pl.* ou. *Van.* id., *pl.* eü.

RACCOMMODER , *remettre en état,*
ausa, *pr.* et; ausa a névez; qempenni a
névez, *pr.* qempennet. *Van.* auseiñ, aligeiñ. *v.* rabiller. — *Raccommoder le feu,*
ausa an tan. *Van.* aligeiñ en tan , au-

seiñ en 'tan. — *Raccommoder les outils à
la forge. v.* rafraîchir.

RACCORDER, accordi a névez, accordi un eil guëach, *pr.* accordet.

RACCOURCIR,*rendre plus court,* be-
raat, *pr.* ëet; diverrât, *pr.* ëet; crenna,
*pr.* et; crisa,*pr.* et. *Van.* berrât,berreiñ.
— *Raccourcir une robe par des plis qu'on
y fait,* poulounera ur saë, *pr.* et; crisa
ur saë. — *Raccourcir une voile tendue,*
crisa ur goël.

RACCOURCISSEMENT,diverradur,
diverradurez, berradur, berradurez,
crennadurez,crennadur, cris,crisadur.

RACCOUTREMENT. *v.* rabillage.

RACCOUTRER. *v.* rabiller.

RACCOUTREUR. *v.* rabilleur.

RACCOUTUMER , boasa a névez
diouc'h un dra, *pr.* boaset; boazra a
névez dioud un drâ, *pr.* et ; hem ac-
eustumi un eil guëach *ou* a névez dioud un dra-bennac, *pr.* hem accustumet. *Van.* him accoustumeiñ a neüe.

RACCROCHER, crégui un eil guëach eñ, crégui a-névez é , etc., crégui
c'hoaz ur veach é , etc. , *pr.* croguet.
*Van.* crogueiñ hoah en , etc:, *pr.* croguet. — *Se raccrocher* *Yse raccommoder,* hem accordi a nevez,*pr.* hem accordet; èn liem lacqaat adarre èr-vad
açzamblès , *pr.* èn hem lacqëet.

RACE, *extraction,* uoëanz, gouënn,
goad, lignaich, lignez. *v.* souche. —Qui
est de race noble, a noëanz nopl,'a voüen
nopl, a voad uopl, a lignaich nopl. a
lignez nobl, digentil uobl. — *De très-
ancienne et noble race,* digentil a viscoz.
—*D'ancienne race,* a ancyan noëanz.—
*Les rois de France de la première, de la se-
conde et de la troisième race,* ar roüanez
Françz eus àr c'hentâ, eus an eil hac
eus au drede gouën. — *Ce garçon chasse
de race,* map e dad co cadiou, diond e
voüen è ra. — *Cette fille chasse de race,*
merc'h he mamm eo Cathel, diond e
gouënn a ra. — *Race de vipère,* noëanz
an azred viber, gorad an aëred-viber,
gouënn an azred viber, tud goall-abe-
rus, tud droucq-oberus. *v.* engeance.—
*Race de chiens,* noëançz chaçz, gouënn
chaçz, gouënn milliguet. — *Race pel-*

re, lânçz ar groucq, boëd ar groucq; ar groucq, noëançz ar groucq.

ACHAT, *action de racheter*, racquyt. unt, *revenu d'une terre qu'il faut payer* igneur, etc., rataich.—*Payer le ra-*, paëa rataich. — *Rachat*, rançon, zonn, pl. ou.—*Le rachat des hommes* lté la vie d Jésus-Christ, hou rançjen deus coustet e vuhez da hor cr. v. *rédemption*.

ACHETABLE, raquytabl. Van. id.

ACHETER, dazpréna, pr. et.—*Ra-r ; retirer une chose vendue*, racquy-br. et. Van. racquyteiñ. — *Racheler* ptifs, paëa rançzonn ar sclaved, rena ar sclaffed ou ar sclaved, di-a eus a sclavaich, pr. et.—*Rache-z vie d prix d'argent*, dazprena e vu-gand arc'hand, prena e vuhez di-boës e yalc'h.

ACINE, *partie terrestre de la plante*, yenn, pl. grizyennou, grizyou. *Hors* éon ; gryenn, pl. gryennou, gryou; enn, pl. gruyennou, gruyou. Van. iyen, gouryen, ppl. grouyad; gou-l.—*Une racine*, ur c'hrizyenn, ur yenn, ur c'hruyeud. Van. ur ou-in.—*Certaines racines*, grizyennou, rennou.—*Petite racine*, grizyennieg, rizyennouigou; gryenniog, pl. gry-ouigou. Van. gourienuieg, pl. gon-nigeû.—*Prendre racine*, grizyenna, et; gruyenna, gryenna, grizya, ppr. Van. gouryenneiû, grouhyenneiñ. *Plein de racines*, grizyennus, gru-s, grizyus, oh, añ. Van. gourien-, grouyennus, grouyus, oh, añ, aoñ. acher une plante jusqu'aux racines, dé-ner, disc'hrizyennu ur blanteñ, dis-uizya, disc'brienna, discrizya, ppr. Van. diouryenneiû, dihrouyenneiñ. *Ce vice a jeté de profondes racines dans* iys, grizyennet terrupl eu ar viçz-harz èr vro. — *Racine, mot primitif* a des composés et des dérivés, grizyeñ, r, penn, mammenn, ar c'hrizyenn enn ou c'heff ou vammenn eveus a quer.

ACLER, ratisser, racla, pr. et. Van. leiñ. — *Racler de la corne de cerf*, ra-corn caro.—*Action de racler*, raclé-

rez, racladur. — *Racler ou couper, t. de mesureur de grains*, raza, pr. et; racla; sclezrenna, pr. et. Van. raheiñ. — *Ac-tion de racler*, razerez. Van. rahereh.

RACLEUR *de boyaux*, coz-rebetér, pl. yen. Van. coh-rebetour. pl. you.

RACLOIR, *instrument pour racler*, ra-clouër, pl. ou. Van. id., pl. eû.

RACLOIRE, *instrument pour racler ou d couper une mesure de blé*, sclezrenn, pl. ou; raclerôs, pl. ou.

RACLURES, *ce qu'on ôte en raclant*, racléûr, racladurez.

RACONTER, dianevel, pr. et; dane-vel, pr. et; disnevel, pr. et; disrevel, ez-révél, counta un dra, un histor, ppr. et v. *contrefaire*.

RACONTEUR, danevelér, countèr, ppl. yen.

RACQUITTER, *se racquitter*, rac-quyta, pr. et. Van. racqnyteiñ.

RADE, *lieu d'ancrage abrité*, rad, pl. ou; rand, pl. ou; campr-vor, pl. camprou-vor. Van. rad, pl. eû. — *La rade de Brest*, rad Brest, ar rad eus a Vrest, rand Brest.—*de Morlaix*, han-ter-al-leun.—*de Roscof, le canal dé Bas*, canol vaz, canol vras, ar ganol vras.— *La petite rade de Roscof, le petit canal*, ar ganol vihan. — *La rade d'Audierne*, autrement dite la Gamelle, cambro, ar gambro; id est, campr-vor, ar gambr-vor. — *La rade de Vannes*, mor-bihan. *de Quimperlé*, poull-du.—*de Poulaven*, poull-guin. — *de Saint-Pol-de-Léon*, penn-poull.

RADEAU, *plancher mobile sur l'eau*, radell, pl. ou ; razell, pl. ou.—*Radeau, train de bois que l'on conduit par eau*, traynell, pl. ou.

RADICAL, *ale, qui sert de base*, penn-grizyenn, penn-caus.—*L'humide radi-cal, t. de médecine. v. humide.*—*Un vice radicol*, ur viçz natur, ur viçz grizyen-uet, un tec'h natur, un tec'h-coz.

RADOTER, rambreal, pr. rambrëet, sorc'henui, pr. et.—*Sujet à radoter*, rambreûs, sorc'hennus, oh, á, añ.

RADOTERIE, rambre, pl. rambreou; sorc'heun, pl ou; taryell, pl. ou. Van. sorheenu, pl. eû.

RADOTEUR, rambreèr, *pl.* yen ;
rambreour, *pl.* yeu; sorc'hennèr, *pl.*
yen. *Van.* sorhennour, *pl.* yan, eryon.
—*Vieux radoteur,* toubaod coz, *pl.* tou-
baoded coz ; coz rambreèr.

. RADOTEUSE, rambrerès, *pl.* ed ;
sorc'hennerès, *pl.* ed. *Van.* sorhen-
noures, *pl.* ed.

. RADOUB, *réparation d'un vaisseau,*
calafelaich, calafetadur.*Van.*calfetach.

RADOUBER un *vaisseau,* calafeti,
*pr.* et. *Van.* calfeteiñ, auseiñ ul lestr.

RADOUBEUR, calafctèr, *pl.* yeu.
*Van.* calfetour, *pl.* calfeteryon.

. RADOUCIR, douçzaat,*pr.* ëet. *Van.*
douçzàt.

RAFALE, *coup de vent de terre,* rafale,
*pl.* rafaleou. *Van.* reclom, *pl.* eû.

. RAFFERMIR, renta stabyloç'h.

RAFFERMISSEMENT, stardadur
névez.

. RAFFINAGE, *action de raffiner le sucre,* puraich.

. RAFFINEMENT, *qualité qui rend une
chose plus fine,* purérez, puradur.—*Raffinement, manière subtile d'agir,* fineçza
vras, fineçza studyet.

. RAFFINER, *affiner de rechef,* puraat
a névez, puraat muy-oc'h-muy, *pr.*
purëet. *Van.* purat a neüe.—*Raffiner,
se raffiner, rendre ou devenir plus adroit,*
finaat muy-oh-muy, *pr.* finëet. *Van.*
finât. *v. deniniser.*

RAFFINÉ, *ée,* adroit, rusé, fin-pe-
finoc'h.

RAFLER, *enlever,* falc'hat næt.—*Ils
ont tout raflé,* falc'hæt eo næt pep tra
gandho.

RAFRAICHIR, *rendre plus frais,* distana, *pr.* et; refresqi, *pr.* et.—*Rafraîchir, renouveller,* fresquat, *pr.* ëet; névezi, *pr.* et. *Van.* fresqeiñ, neüeeiñ,
neüehat. — *Rafraîchir un instrument
tranchant,* guëllaat, *pr.* ëet; lémma,
*pr.* et; goulaza, *pr.* et. *Van.* goulaheiñ,
lèmmeiñ, arleueiñ. *Ce dernier mot tient
de* ar-lehuë, *qui signifie en haut ; ainsi*
arlehueiñ, *c'est rehausser, relever un
instrument.*

RAFRAICHIR (se), refresqi, *pr.* et.

RAFRAICHISSANT, *te,* fresqus,

refresqus, oc'h, à, añ.

RAFRAICHISSEMENT, *modération
de chaleur,* fresqadurez, fresqadur, di-
tanidiguez. — *Rafraîchissement, repas,
nourriture,* respovan, bitailh. *Van.* bitailh, vitailh.—*Rafraîchissement, frais
pour rafraîchir,* frescadurez, *pl.* ou.

RAGE, *maladie,* counnar, arraich,
diboëll, droucq sant Veltas, droucq sant
Hubert, droucq sant Tujan. *Van.* connar.—*Rage blanche, quand l'animal é-
cume et mord,* ar gounnar-red. — *La
rage mue, quand l'animal écume et ne
mord pas,* ar gounnard vud, an droucq
simud. — *La rage qui fait trembler,* ar
gounnar astenn. — *Contracter la rage,*
counnari, *pr.* et; arragi, *pr.* et. *Van.*
connareiñ, arrageiñ.—*La rage et la furie des damnés,* an diboëll hac an arraich eus an ifern.

RAGOT, *ragote,* grabotennic, *pl.*
grabotennigued. *Van.* id.

RAGOUT, ragoud, *pl.* ou.

RAGOUTANT, *e,* ragoudus, oc'h, añ.

RAGOUTER, ragoudi,*pr.* et; digaçz
c'hoandt dibri, rei c'hoandt dibri.

RAIE, *ligne,* marque, lignenn, *pl.*
ou; roudenn, *pl.* ou.—*Raie que fait la
charrue en labourant,* band, *pl.* banchou. l'h ne s'aspire pas. *Van.* and, *pl.*
eû.—*Raie, poisson,* rea, raë, ræ, pes-
qed-raë.—*Raie bouclée,* raë lagadecq,
raë fin, raë boucqlet.—*Grosse raie,* tra-
vancq; raë bras, raë calet. *burleq.* turbodenn lostecq, turbodenn Roscoou,
turbodenn Poullan.

RAIFORT, *plante,* riforzenn, *pl.* riforz. *v. race.* — *Manger des raiforts,* dibri riforz, *pr.* debret.

RAILLER, farçzal, *pr.* farçzet; caqetal, *pr.* caqetet. *v. gausser.*—*Celui qui
aime à railler,* farçzus, caqetus, oc'h, à, añ.

RAILLERIE, farçz, *pl.* ou; caqeté-
vez, *pl.* ou. *v. gausserie, moquerie.*—*Il
n'entend pas raillerie,* ne oar qet farçzal,
ne oar qet petra eo farçz.—*Il n'entend
pas raillerie, il y va tout de bon,* a séver
bco eo, a barfeded eo, a barfeded ez
a gadhy, da vad ez a, da vad ha caérez
a.—*Par raillerie,* dre farçz, evit farçz eu
farçzal.—*Raillerie à part,* pep farçz é

neas, hep farçz, hep farçze-bed. *Van.*
iemp farçzal, farçz a goste.

RAILLEUR, farçzèr, *pl.* yen; caqe-
èr, *pl.* yen. *Van.* farçzour, *pl.* yon,
f an. *v. gausseur, moqueur.*

RAILLEUSE, farcerès, *pl.* ed; ca-
qeterès, *pl.* ed.

RAINURE, t. *de menuisier*, garan,
*pl.* ou. *v. languette.*

RAIPONCE, *plante*, respounès, saladenn respouncès.

RAIS, *rayon.* r.-y.

RAISIN, raësiu, résin. *Van.* résin.
—*Grappe de raisin*, bod raësin, bod résin, *pl.* bodou résin; barr résin, *pl.*
barrou résin. — *Grain de raisin*, raësi-
nenn, *pl.* ou, raësin, résin. — *Raisin
prématuré*, resin hastiz-méür. *Van.* résin qentrad. —*Raisin muscat*, résin
musq, résin musqad.—*Raisin de Corynthe*, Coryntès, résin Coryntès. —
*confit*, raësin cabaçz, résin counfitet.

RAISINÉ, guiu douçz coazet.

RAISON, *faculté de l'âme*, ar sqyand,
ar sqyand vad, ar résoun. *Van.* id.—
*Cet enfant n'a pas encore de raison*, ne deo
qet deuët ar sqyand d'ar buguel-ze
c'hoaz, n'en deus qet a sqyand c'hoaz,
disqyand eo c'hoaz. — *La raison nous
dicte que*, ar sqyand vad a zisquès deomp penaus.—*L'âge de raison*, an oad
a résoun, an oad a sqyand vad.--*Doué
de raison*, sqyandtus, résounapl, oc'h,
à, añ. — *Avant que je fusse doué de raison*, abarz ma voué dèn ac'hanoun, a-
barz ma ouyen aznaout droucq diouc'h
vad. — *Dépourvu de raison*, disqyand,
dirésoun, dibourvez a sqyand, oh, à,
añ. *Van.* id.—*Perdre la raison*, coll e
sqyand, coll ar sqyand vad, *pr.* collet;
disqyandta, *pr.* et. *Van.* disqyendteiñ.
*v. affoler.*—*Raison, sujet, cause*, résoun,
*pl.* you; abecg, *pl.* abegou. *Van.* id.,
*ppl.* eü.—*Avec raison*, gand résoun, e-
vel résoun, résoun eo, résoun véz; just
ha résoun eo, just eo, dleat eo.—*Sans
raison*, hep résoun, hep abecg, a cnep
résoun. — *Pour quelle raison?* pe dre'n
abecg? pe evit résoun? pe evit abecg?
pe divar benn tra? divar benn pe tra?
peevit tra? pe rac tra?--*Pour de justes*

raisons, gand guïr résoun, gand guïr,
evit resounyou vad, gand guïr abecg.
—*J'ai raison de me plaindre*, résoun am
eus d'en em glemm.—*Dire ses raisons*,
lavaret e résounyou, *pr.* id.—*Rendre
raison de*, renta cound eus a, *pr.* et;
ober résoun var, *pr.* græt.—*A plus forte
raison*, qent-ze, qent-ze en déon, qen-
too'h, culs qentoc'h.

RAISONNABLE, *qui a de la raison*,
résounapl, sqyandtus, leun a résoun,
leun a sqyand, oc'h, à, añ. *Van.* ré-
sonnapl, oh, añ, aoñ.—*Elle est très-
raisonnable*, résounapl eo meurbed, résounapl bras eo, leun eo a résoun.—
*Raisonnable, juste*, just, résouu.—*Cela
est raisonnable*, just eo qemeñ-ze, résoun eo qemeñ-ze.

RAISONNABLEMENT, hervez résoun, hervez guïr, hervez guïr ha résoun. *Van.* herue reson.

RAISONNEMENT, *acte de l'entendement, discours raisonné*, résounamand,
*pl.* résounamanchou; divis fur, divis
résounapl, *pl.* divisou.—*Raisonnement,
réplique, contrariété*, errol, *pl.* you; daël,
*pl.* you.

RAISONNER, *discourir*, résouni,
*pr.* et; comps résouu, *pr.* compset. *Van.*
résonneiñ.—*Il raisonne juste*, résouni
a ra just, comps a ra résoun. — *Il ne
raisonne pas bien*, ne gomps qet résoun-
a dreuz ez résoun.—*Raisonner, contrarier*, respont dichecq, *pr.* et; comps
dichecq, *pr.* compset. rendaël, *id est*,
rei daël, *pr.* rendaët; ober au daël,
*pr.* græt; cahout errol, *pr.* bet.—*Raisonner à ses parents*, cahout errol gad e
dad hac e vamm, respount dichecq
d'e dad ha d'e vamm, comps dichecq
oud e dad hac oud e vamm, rendaël
ouo'h e dad hac e vamm, ober an daël
d'e dad ha d'e vamm.

* RAISONNETTE, *raison frivole*, ré-
sounicg, *pl.* résounyouïgou; briz-ré-
soun, *pl.* briz-résounyouïgou; peus-
résoun, dem-résoun, *ppl.* peus-résou-
nyou, dem-résounyou.

RAISONNEUR, *qui réplique, qui obéit
à regret*, rendaër, *pl.* yen; errolèr, *pl.*
yen; résounèr, *pl.* yen.

RAISONNEUSE, rendaërès, *pl.* ed;
errolerès, résouncrès, *ppl.* ed.

RAJEUNIR, yaoüaucqaat, *pr.* ëet;
rugaignat, *pr.* et. *Van.* yéüaucqeiñ. *v.*
revivre.—*Se rajeunir, se dire plus jeune
que l'on est*, hem yaouaucqât, hem
ober yaouaucqoo'h. *Van.* hum yëüanc-
qeiñ. *v. requinquer.*

RAJUSTER, ajusta a néves, ajusta
un eil guëaoh, *pr.* ajustet. *v. rabiller.*

RALE, *oiseau aquatique*, yarieq-dour,
*pl.* yaresedigou-dour; ral-dour, *pl.* ra-
led-dour; savellecq, *pl.* savellegued;
ral-valan, *pl.* raled-valan.

RALE, *bruit qui se fait dans la gorge
d'un mourant*, roconell, ar ronqell, ar
roc'h. ar sach eus ar maro. *Van.* roh-
qen, hioqed er marv.—*Il a le râle de la
mort*, en ma ar ronqell *ou* ar rocouell
*ou* ar roc'h gandba, es ma eu e saich
diveza, es ma er mouch.—*Râle, difficulté de respirer*, roc'h, roc'hell, diroc'h.

RALENTIR, lentaat, *pr.* ëet; yenaat, *pr.* ëet; guïenaat, *pr.* ëet. *Van.*
yeineiñ.

RALENTISSEMENT, lentadurez,
yenadur, guienycu. *Van.* yeinadur.

RALER, *ronfler*, roc'hellat, *pr.* et;
roc'hat, *pr.* et; diroc'hat, *pr.* et.—*Râ-
ler, avoir le râle de la mort*, ronqellat,
*pr.* et; ronqat, *pr.* et; roc'hellat, *pr.* et.
*Van.* rohqeuneiñ.

RALLIEMENT, dastum, atropad.

RALLIER, destumi, *pr.* et.—*Il ral-
lia ses troupes qui prenaient la fuite*, destumi a gueureu e arme pebioy a yoa
distropat *ou* dirollet.—*Rallier, rejoindre
plusieurs choses ensemble*, atropa, *pr.* et;
rolla, *pr.* et.

RALLONGER, hirraat c'hoaz, *pr.* ëet.

RALLUMER, élumi a néves, élumi
un eil guëach, *pr.* élumet.—*Rallumer
du feu*, daçzorc'h, *pr.* et; daçzorc'h an
tau. *Ce mot est d'usage à Croxon et en
quelques autres endroits: c'est l'assurgere
des Latins. v. ressusciter.*

RAMAGE, *chant des oiseaux*, gueyz,
guéyd, guéyz *ou* guéyd *ou* can al laboused.

RAMAGER, *chanter, parlant des oiseaux*, guézya, *pr.* et; guéyda, cañna,

*ppr.* et; gazouilhat. *Van.* câneiñ.

RAMAIGRIR, treudi, *pr.* et; treudtaat, *pr.* ëet. *Van.* treudeiñ, tredciñ;
*ppr.* et.

RAMAS, *assemblage de plusieurs choses*, turubailhou, un dastum, *pl.* dastumou; hoguenn, *pl.* ou.

RAMASSER *ce qui est à terre*, das-
mi un dra, sevel un dra divar an dou-
ar, *pr.* savet; gorreu, *pr.* gorroët. *v. ram-
ser.*—*Ramasser, faire un ramas*, ober
un dastum, *pr.* græt; dastumi cals traou
açzamblès, *pr.* dastumet. — *Ramass-
et serrer entre les bras*, gronna, *pr.* et;
brehadta; bryadta, *ppr.* ëet.

RAME, *aviron. v.-y.*—*Rame de papier*,
ram paper, *pl.* ramou paper, ugent
menad paper.

RAMEAU, *branche*, barr, *pl.* ou;
brancq, *pl.* ou; scoultr, *pl.* ou; scoarr,
*pl.* ou. *Van.* id., *pl.* eü.—*Petit rameau*,
barrieg, *pl.* barrouigou; brancqicg,
*pl.* brancqouigou; scoultricg, scour-
ricg, *ppl.* ouigou. — *Dimanche des rameaux*, sul bleuzvyou, disul bluñvyou.
*Van.* sul bléüéü, sul el laure, sul laure.
—*Rameau, petite branche des artères*, goa-
zyennicq, *pl.* goazyedigou; pennicq
goazyenn, *pl.* pennouigou goazyed.

RAMENDER, *diminuer de prix*, isélaat, *pr.* ëet; ravali, *pr.* et.

RAMENER, digaçz, digaçz a névez,
digaçz c'hoaz, digaçz adarre, *pr.* et.
—*Ramener, reconduire*, diren, *pr.* ëet.
— *Mener et ramener*, caçz ha digaçz,
ren ha diren.—*L'action de ramener*, di-
rènadur.—*Celui qui ramène*, digaçzèr,
*pl.* yes; direër, *pl.* yen.

RAMER, *tirer à la rame. v. aviron.*—
*Ramer des pois*, perchu pis, percha pès,
*pr.* perchet. *Van.* percheiñ pès.—*Balli-
ramée*, boled pennecq, boled sparlet,
*pl.* boledou.

RAMEREAU, *jeune ramier*, cudoñ-
nicg, *pl.* cudonnedigou; cudon yaouancq, *pl.* cudoñued yaouancq.

RAMEUR, révyér, *pl.* yen; roëvér,
roñér, *ppl.* yen. *Van.* roüannour, ru-
eryou.—*Les bancs des rameurs*, au tu-
tou. *v. aviron.*

RAMIER, *pigeon sauvage*, cudonn,

d. *Van.* id. r. *ramereau.*

AMINAGROBIS, grobis, ur gro-
: *pl.* grobised.—*Faire le raminagro-*
ober ar grobis, ober e c'hrobis,
græt. v. *seigneur.*

AMOLLIR, bouoqaat muy-oc'h-
r, *pr.* ëet; goacqaat muy-oc'h-muy.
ëet.

AMONER, scarza ar ciminal, *pr.*
*Van.* scarheiñ er cheminal.

AMONEUR, scarzer ar ciminalyou.
.. scarbour.

AMPANT, *te*, ruzus, scrimpus,
zm, soupl, oc'h, à, añ. — *Insect*
*pant*, prévedenn ruzus, amprevan
rmpus. v. *reptile.*—*Homme rampant*,
dèn scrimpus, un dèn guëzn ou
pl, *pl.* tud.

AMPE, *t*, *d'architecture*, scrimp,
ou; scramp, *pl.* ou. — *Rampe trop*
*-te*, *trop droite*, scramp re verr, re
u. — *Petite rampe*, scrimpicg, *pl.*
inpouïgou; scrampicg, *pl.* scram-
ïgou.

AMPEMENT, *action de ramper*,
impérez, scrampérez, scrampadur.
AMPER, *marcher comme les serpents*,
a, *pr.* et; scrampa, *pr.* et; scrim-
, *pr.* scrimpet; ën hem stlegea, *pr.*
hem stleget.-*Ramper devant les grands*,
ampa diracg ar re vras, beza guëzn
soupl diracg ar re vrax, *pr.* bet.

AMURE, *bois du cerf*, qernyel qa-
, qernyou qirvy.

ANCE, *viande rance*, boulet, cou-
acet da vreina.—*Devenir rance*, bou-
, *pr.* et.—*Etre rance*, beza boulet,
bet. v. *chancir.*—*Ce lard sent le rance*,
aëz ar boulet ou blas ar boulet a so
l ar c'hicq moc'h-mañ.

RANCIR, bouta, *pr.* et. v. *chancir.*

RANCISSURE, boutadur.

RANÇON, *prix pour racheter d'escla-*
*ve*, ranczou, *pl.* ranczoñnou. *Van.* id.
cü.—*Payer sa rançon*, paëa e ranczon.

RANÇONNER, ranczouna, *pr.* et.
n. ranczonneiñ.

RANÇONNEUR, *qui exige plus qu'il*
*faut*, ur ranczouner, *pl.* yen; pil-
rd, *pl.* ed.

RANCUNE, recun, rëñcun, caçzou-

my cuset.. *Van.* rancu, rancun.

RANG, rëncq, *pl.* ou. *Van.* rancq,
ppl. eü.—*Marcher de rang*, qerzet diouc'h
rencq.—*Chacun à son rang*, peh-piny
ën e rëncq, pep.hiny d'e dro, pep hiny an e dro.—*De rang en rang*, a rëncq-
é-rëncq, a rëncq da rëncq.—*On le met*
*au rang des bons*, el lacqaat a reat é
rëncq ar re vad ou è touëz ar re vad.--
*Il le met au rang de ses ennemis*, qemeret
a ra anezañ evit e adversour, e sellet
a ra evel unan eus e adversouryen,
rëncq a ro dezañ é touëz é adversouryor.

RANGÉE, rëncqad, *pl.* ou. *Van.*
rëncqad, rancqad, ppl. eü.—*Une ran-*
*gée de soldats*, ur rëncqad soudarded,
*pl.* rëncqadou soudarded.—*Par rangées*,
a rëncqadou.

RANGER, rëncqa, *pr.* et; reiza, *pr.*
et. *Van.* ranqeiñ, rëngueiñ, oaspe-
enneiñ, ppr. et.—*Se ranger*, hem rëncq-
qa, hem reiza, hem drei. *Van.* hum
ranqeiñ, him droeiñ.

RANIMER, enaoui un eil guëch,
enaoui a névez, *pr.* enaouët; qemeret
un eil guëch e vuhez, *pr.* id; reïzta ar
vuhez da ur re, *pr.* et.

RAOUL, *nom d'homme*, Raoul, Rioüal.

RAPAISER, peoc'hat, *pr.* et; digaez
ar pooc'h, *pr.* et; distaua, *pr.* et. *Van.*
distaoueiñ.

RAPE, *ustensile pour raper*, raclerès,
*pl.* ou.—*Rape à tabac*, raclouër, *pl.* ou;
milin-vutum, *pl.* milinou-vutum. —
*Rape*, *sorte de lime*, livu-racl, *pl.* liv-
nou-racl.

RAPER, racla, *pr.* raclet. *Van.* re-
cleiñ.—*Raper de la muscade*, racla craoun
visqadès. — *Raper du tabac*, racla butum, mala butun, ppr. et.

RAPETASSER. r. *rabiller.*

RAPETASSEUR. v. *rabilleur.*

RAPETISSER, bihañaat, *pr.* bihan-
nëet. *Van.* id.

RAPIDE, hezrus. *L'h ne s'aspire pas.*
buan, crë, oh, à, añ. *Al.* gar, *pl.*
garau; gare, *pl.* au.—*Une rivière rapide*,
ur stær grë, ur stëar a red buhan ou
a red ribus. *Al.* ur stær garo ou gar. --
*Le vol des aigles est fort rapide*, an nich
eus au ëred a so hezrus meurbed ou a

so buan terrupl, au éred a nieh.ribus
meurbed.

**RAPIDEMENT**, èn ur sæçzoun hezrus *ou* buhan, gand hezr *ou* buhandèr,
ê buan, ribus, rebus.

**RAPIDITÉ,** hezr, hezr-bras, buan-
dèr, ribusdèr, rebusdèr. *Al.* garded,
gareder.

**RAPIECER,** peñcelya, *pr.* et. *Van.*
picelyeiñ. *v. rabiller.*

**RAPINE,** rapinérez, grapinérez; *ppl.*
ou. *Van.* grapinéreh, rapineréah. *v. larcin.* — *Vivre de rapine,* bevà divar boës
e ivinou, bevà divar rapinérez, *pr.* bevet.

**RAPINER,** grapina, rapina, *ppr.* et.
*Van.* grapinat, rapineiñ. *Trég.* tuiñ,
rapinañ. laëres a neubeud-ê-ueubeud;
cribat *ou* rastellat madou ô neçzau, di-
c'hloana an hentez, *pr.* et.

**RAPPEL,** *seçond appel d'une chose,* eil
galv. — *Rappel,* *pour faire revenir,* galv
evit distrei, urz da zistrei.

**RAPPELER,** *appeler une seconde fois,*
faire rentrer en grâce, guervel adarre,
guelver un eil guêach, *pl.* galvet; rei
urz da zistrei, *pr.* röêt. — *Rappeler en
mémoire,* digaçz da gouñ. *v. ressouvenir.*

**RAPPORT,** *action de rapporter une chose en son lieu,* disoug, disouguérez. *v.
portage.* — *Rapport,* *vapeur qui revient à
la bouche,* heug. — *Avoir des rapports de
ce qu'on a mangé,* heugui, *pr.* heuguel;
cahout heng, *pr.* bet. — *Donner des rapports,* lacqât da heugui, *pr.* lecqeat;
rei heug, *pr.* röêt. — *Rapport,* *revenus
fruits,* goumideguez, gounid, founi. —
*Terre d'un bon rapport,* douar gouuid,
douar a ur gounidéguez vad, uu douar
a foun vad, douar strujus. — *Rapport,
récit,* danevel, *pl.* ou. — *Mauvais rapport,* goall danevel, *pl.* goall danevel-
ou; flatrérez, *pl.* ou; hiboudérez, *pl.*
ou. *v. détraction.* — *Faire de mauvais rapports,* aber goall danevellou, *pr.* græt;
flatra, *pr.* flatret; hiboudal, *pr.* et. —
*Rapport, ressemblance,* heveledíguez. *v.
Rapport,* *contenance,* dereadéguez. *v.
proportion, comparaison.*

**RAPPORTER,** *d'un lieu à un autre,*
dizouguen, *pr.* disouguet. — *Rapporter*

ce que font les autres, flatra, *pr.* flatret;
hiboudal, *pr.* hibeudet; lavaret ar c'he-
hezlaou. — *A ce que Pline rapporte,* var
a lavar Plina, var a glèvomp gad Plina,
ec'hiz a zesqomp gand Plina. — *Ra-
porter tout à Dieu, toutes ses actions à le
tentu,* rei an enor eus a bep tra da Zoüe,
ober pep tra ê guëll-Doüe, ober pep tra
èn ur sæçzoun vertuzus, *pr.* græt. —
*Rapporter un procès,* guervel ur gaus;
*pr.* galvet. *Van.* galūeiñ ur gaus. — *S'en
rapporter à quelqu'un,* fizya *ou* fizyout èn
ur re bennao, *pr.* fizyet; cridi ur re
va e-oher, *pr.* credet. — *Je m'en rapporte à vous,* me oz cred var ho qer, me
a fizy ennoc'h.

**RAPPORTER,** *ressembler à,* hèvelout
oud, *pr.* hèvelet; beza hèvel oud, *pr.*
bet.

**RAPPORTEUR,** *conseiller qui est chargé du sapport d'un procès,* raportèr, *pl.*
yen. — *Rapporteur de ce que font les autres, porte-paquet,* flatrer, *pl.* yen; hi-
bouder, disculyer, accuser, pacqager,
*ppl.* yen. *Van.* flagornér, *pl.* yon, yan
*v. porte-nouvelles.* — *Qui n'est point rapporteur,* diflatr.

**RAPPORTEUSE,** flatrerès, *pl.* fla-
trerezed; hibouderès, pacqagerès, *ppl.*
ed. *Van.* flagornetes, *pl.* ed.

**RAPPRENDRE,** disqi a névez, *pr.*
desqet.

**RAPPROCHER,** taustaat a névez *ou*
an eil guêch, taustât muy-oc'h-muy,
*ppr.* taustêet.

**RAPSODIE,** *ouvrage où il n'y a rien
de l'invention de l'auteur,* rabadyez, *pl.*
ou; pilhérez, rabadyaieh, *ppl.* ou.

**RAPT,** *action de ravir,* raviçzamand,
raviçzérez, raviçzadurez, scraperez,
*Van.* semp. *v. enlèvement, enlever.*

**RAQUETTE,** *instrument pour les jeu
de paume et de volant,* palicqed, *pl.* ou;
spauell-doul, *pl.* spanellou doul, palicqed bolod, palicqed scobytell.

**RARE,** *extraordinaire,* dibaut, oh, à,
añ. *Van.* id., ral, oh, à. — *Le vice est
commun, la vertu est rare,* ar viçz a so
paut hac ar vertuz a so dibaut, siouaz!
— *Rare, précieux.* r.-y.

**RAREFACTION.** *v. dilatation.*

ur veach èa amɛcr. *Van.* a Ûe-
u , gŭëh-a-vé.
RETÉ, ralɛ́htɛz, tra dibaut, un
ibaut, un dra a ɛe ral, ralded.--
*retɛ́ de l'or fait son prix,* ar ralɛ́n-
ɪɛ an aour a ra prisoút qɛ̈ment
ɪ, ar ralded eus an aur a ra e bris.
*ɪɛt rareté que de vous voir,* ralɛ́ntez
quëllet amâ. — *Rareté, t. dog-*
*ue,* ralɛ́ntcz, ralded. — *La rareté*
*lɛnsité,* ar ralɛ́ntez bac ar festidi-
ar ralded, bac ar fctisded. —*Ra-*
*curiosité,* ralɛ́ntez, *pl.* ou.
RISSIME, ral meurbed, evit an
ɪtâ, dibaut meurbed, cvit ar ralâ.
S, *rase, uni,* rez, blouh, compɛ̀s.
rah, campouïà.—*Rase campagne,*
ɪesenn, *pl.* ou; ur mæs compɛ̀s.
ûne. — *Un ɛpi ras, sans barbe,* ta-
enn blouc'h, tescaouënn raz. —
*-e rase,* mɛsul raz. — *Ras, rase,*
fort prɛ̀s, raz, oh , â. — *Il avait la*
ɪɛɛ , raz voa e benu. *Van.* rah oû é
nn.
ɪSADE, *plein un terre de ɪin,* raz ar
ɪɪɪ a viu, rez ar verenu a vin, rez
icq, guërennad goïn leun-teñ. *v.*
*ɪe , lamper, niɪɛau.*
ɪSER , *couper le poil,* raza, *pr.* ra-
*Van.* raheiñ.—*Raser la barbe à quel-*
ɪ , raza ur re, ober e varo da ur
*ɪr.* græt. *Van.* raheiñ unan-bcñac.
*raser,* èu hem raza. *Van.* him ra-
. — *Raser, effleurer,* trɛmen ê rez,
en ê reçzed, trɛmen reçzed , *pr.*
ɪcnet. *Van.* raheiñ. — *La balle a rasɛ́*
*rde ,* trɛmenet eo bet ar boled ê
ɪu ê reçzed ar gordenn. — *Raser la*
, *voguant sur mer,* trɛmen rez an
ɪr ou è rez an doûar, merdcĩ rez
oûar, *pr.* merdëet. *Van.* raheiñ èn
ɪr. —*Raser, démolir de fond en com-*
discarr ur guær rez au doûar, *pr*
ɪrret ; lacqât ur c'hastell, etc. ê
ɪn doûar, *id est, mettre au niveau de*
*ɪre , pr.* lecqëet.
ASIBUS , *t. populaire qui signifie*
, *tout prɛ̀s,* touich-ê-touich , just-
ɪt, just-ba-just, ê biou da. —*Basi-*

just d'ar ɪcoûarn.
RASOIR, autehn, *pl.* ou ; razouɛr,
*pl.* ou. *Van.* raɪoɛr, *pl.* éû. Autenn *qui*
*dans Léon signifie rasoir, veut dire couteau*
*en Van.* — *Rasoir d'Angleterre,* autenn
Saus.
RASSASIANT,*ante,*goalc'hus,leuny-
ns, oc'h, â, añ. *Van.* goalhus.--*Viandes*
*rassasiantes ;* bouëd goalc'hus, bouëd
leunyus *ou* fouɪnus.
RASSASIEMENT, leundèr, goalc'h,
goalc'hded. *De* goalc'h, *vient* a-voalc'h
*qui signifie assez, suffisamment. v. saoul.*
RASSASIER, *appaiser la faim,* goal-
c'ha, *pr.* goalc'het. *Van.* goalheiñ. —
*Rassasier, remplir,* leunya, *pr.* leunyet.
*Van.* laûnyein, carguoiñ. — *Rassasier,*
*contenter,* countanti, *pr.* ountantet,
*Van.* coutanteiñ. — *Mets qui ne rassa-*
*sient pas,* bouëd difoun *ou* divoalc'h.—
*Qu'on ne peut rassasier,* divoalc'hus, e-
raglɛ̀s, raucqlɛ̀s, divoâd, oc'h, â, añ.
—*Se rassasier,* hem voalc'hi, hem goun.
tanti, *ppr.* et. *Van.* him oalheiñ.—*Sans*
*pouvoir se rassasier,* hep allout hem voalc'hi.
RASSEMBLER, açzamblì adarre,
açzambli un eil gûeach, *ppr.* açzamblet; lacqaat guevret adarre, joëntra a-
darre, *pr.* joëntret.-*Se rassembler,* hem
açzambli adarre.
RASSEOIR, *se remettre sur son séant,*
aseza adarre, *pr.* aɪezet. *Van.* aɪeeiñ
hoah. — *Se rasseoir, se remettre sur son*
*siège,* aseza adarre, *pr* aɪezet. *Van.* a-
seeiñ hoah.— *Rasseoir, se rasseoir, s'é-*
*purer,* diaɪeza, *pr.* et. *Van.* diaɪeeiñ.—
*Ce vin ne se rassiet pas,* ar guïn-ɪe ne
ziaɪez qet c'hoaz. — *Il faut laisser ras-*
*seoir sa bile,* redd eo lesel e apotum da
ziaɪeza, redd eo lesel e froudenn da
drémen.—*Du pain rassis,* bara diaɪezet,
bara diaɪez.—*Une personne rassise, pai-*
*sible,* un dèn peoc'hus, un dèn parfedt.—*D'un sens rassis,* gaud parɪeded
vras.
RASSIÉGER , ɪicha adarre, *pr.* et ;
lacqât ar ɪich a nèɪcz. *pr.* ɛet.
RASSURER,*affermir le courage,* ɛou-

rachi a névez, *pr.* et ; rei couraich a-
darre, *pr.* roët ; nerza a névez, *pr.* et ;
disaouzani ur re-bennac, *pr.* et. — *Se
rassurer*, hem gourachi a névez, disaouzani , *pr.* et.

RASURE, *coupe de la barbe, des cheveux*, razérez , razadur.

RAT, *quadrupède*, raz , *pl.* ed. *Van.*
rah, *pl.* ed. — *Rat d'eau*, raz dour , *pl.*
razed dour. *Van.* rah dëur, *pl.* rahed.
— *Rat d'Inde*, raz-Indès, *pl.* razed. —
*Rat de fusil, etc, quand le coup ne part pas,*
raf, *pl.* ou. *Van.* rah, *pl.* rahéü — *Faire
un rat*, rater, rata, *pr.* ratet. *Van.* ra-
heü, *pr.* et. — *Rat, courant d'eau ou con-
tre-marée très-dangereuse qui se trouve où
les mers sont serrées*, raz, *pl.* ou, razyou.
*Al.* sirun, *pl.* aou; sizun *signifie proprement détroit, sein, ouverture de la terre qui
reçoit la mer dans sa capacité, le sein Arabique ou la mer rouge, le sein Persique, etc.
De là peut venir les noms français et breton
de l'île de Sein, en breton enes Sizun,
qui borde d'un côté le rat de Fontenay, près
d'Audierne, et qui a de l'autre côté un cap
ou promontoire nommé cap Sizun. — Le
rat de Fontenai, détroit de mer d 3 lieues
d'Audierne, situé entre l'île de Sein et le cap
Sizun*; raz, ar raz, ar raz a Fontene,
raz Plougoñ. — *La pointe du rat*, becg
ar raz. — *Passer le rat*, trémen ar raz,
*pr.* tremenet. *Proverb.*

Biscoaz dèn ne drémenas ar raz.
N'en deveze aoun pe glas. *Id est,
personne ne passa le rat qui n'eut peur ou
mal, parceque dit un autre proverbe :*

Nep ne sent eel ouc'h ar stur,
Ouc'h ar garrecq a ra sur. *Id est,
si l'on ne gouverne pas bien son vaisseau dans
le rat, il brisera infailliblement contre les
rochers qui y sont en grand nombre. De là
cette prière des mariniers du pays,*

Va Doûe, va sicourit da drémen ar
raz ;
Rac va lestr a so bihan hac ar mor
a so bras.

RATAFIA, *liqueur composée*, ratafia.
— *Boire du ratafia*, eva ratafia.

RATE, *partie interne de l'animal*, felc'h,
ar felc'h. *Van.* id'. — *Mal de rate*, poan
felc'h ; droucq felc'h.

RATEAU, *outil à dents*, rastell. *pl.* ou;
restell. *Van* id. , *pl.* éü. — *Petit râteau,*
rastellicg, *pl.* restelligou; rastell vihan.
*pl.* restell.

RATELÉE, rastellad, *pl.* ou. *Van.* id,
*pl.* éü. — *Une ratelée de foin*, ur rastellad
foënn.

RATELER, rastella, rastellat, *ppr.* ras-
tellet. *Van.* rastellat ; rastelleiñ.

RATELIER, rastell, *pl.* ou. *H.-Cor.*
preseb, *pl.* presebaou. *Van.* garzell, *pl.*
éü. — *Manger du foin au rátelier*, dibri
foënn diouc'h ar rastell *ou* eus ar preseb. *Van.* débreiñ foënn ag er garzell
*ou* es èr garzell.

RATIERE, *trappe à rats*, razuoell,
*pl.* ou; ratoüer, stocqerès, *ppl.* ou. *Van.*
ratoüér, rahuér; *ppl.* éü.

RATIFICATION, ratification.

RATIFIER un contrat, *etc.*, ratifia ur
c'hontrad, *pr.* ratifiet.

RATINE, *étoffe de laine*, ratin.

RATION, *portion de soldats, de matte-
lots*, racion, *pl.* ou.

RATISSER, racla, para, *ppr.* et. *Va.*
raheiñ, pareiñ, parat.

RATISSOIRE, *instrument*, raclouër,
*pl.* ou.

RATISSURES, racladur, racladurez,
rinçzadur.

RATON, *petit rat*, razicg. *pl.* razedi-
gou. *Van.* rahicq, *pl.* rahiguéü.

RATTACHER, aztaga, *pr.* aztaguet;
staga un eil guëach, *pr.* staguet.

RATTRAPER, atrap, *pr.* atrapet. *Van.*
id. — *Rattraper, reprendre*, pacqa a nè-
vez, *pr.* pacqet.

RATURE, *biffure*, razadur, difaczi-
dur, *ppl.* you, croazadur. *Van.* diverc'h.

RATURER, *effacer*, difaeza, croaza,
*ppr.* et. *Van.* croëzein, divercheiñ.

RAUQUE, *son de voix altérée*, rauk.
— *Une voix rauque*, ur vouëz raukt.

RAVAGE, goastadur. v. *dégât.*

RAVAGER, goasta. *pr.* et. v. *dégát*

RAVALEMENT, *rabaissement*, raval.

RAVALER, *avaler de nouveau*, azlonc-
qa, *pr.* et. *Van.* hadloncqeiñ. — *Ravaler, rabaisser*, ravali, *pr.* et.

RAVAUDER. v. *rabiller.*

RAVAUDERIES, rabadyczou, trar.

RAVAUDEUR. *v. rabilleur.*

RAVE, *plante*, rabesan, *pl.* rabès. *v. rt.—Manger des raves*, dibri rabès.

RAVENELLE, *plante*, raffnell, raoñell.

RAVIÈRE, *terre plantée de raves*, racg, *pl.* rabesegou.

RAVILIR, ravili, *pr.* ravalet; renta et, *pr.* rentet.

RAVINE, liñvad dour, *pl.* liñvadou.

RAVIR, raviça, *pr.* et. *v. charmer, er, extasier. — Ravir brusquement,* na, *pr.* et. *Van.* happeiñ.—*A ravir,* lant, manivicq, evit ar guéllà.— : *d ravir*, caër evit ar c'haërà. : *d ravir*, caër evit ar gaërà.

RAVISER (se), ceñch avis, *pr.* et ; visa, *pr.* eil-avlset.

RAVISSANT, *te*, ravizçus.

RAVISSEMENT, *enlèvement*, happ, çzamand. *v. enlèvement, rapt.—Ravment, grande joie*, raviçzamand.

RAVISSEUR, raviçzèr, *pl.* yen ; ·, *pl.* laëron.

RAVITAILLEMENT, bitailh, mouon.

RAVITAILLER, *mettre des vivres dans place de guerre*, bitailha ur guear, jàt bitailh *ou* mounicionou èn ur jr, mounioni ur guær, *pr.* et.

RAVOIR, cahout a névez *ou* adarre, bet; atrap adarre, *pr.* atrapet.—*Se ir*, èn hem gahout. — *Il commence ravoir*, coumançz a ra d'èn hem out, doñuet a ra *ou* distrei a ra e · dezañ.

RAYER, *effacer ce qui est écrit*, croapr. et. *Van.* croëseiñ.—*Rayer, trales raies*, lignenna, roulenna, *ppr.* et.

RAYON, *lueur qui part du corps du jl*, sæzen, *pl.* sæzyou; sæzen héaul, sæzyou héaul; stuhenn an héaul, stuhennou an héaul; goazenn an ul, *pl.* goazennou an héaul; sqyn héaul, *pl.* sqynou an héaul; baun ul, *pl.* bannou-héaul. *Van.* lagan en hyaul, *pl.* lagadenneù en hy-; ur baun hyaul, *pl.* banneù hyaul, neù en hyaul.—*Un rayon de lumiè-* scleur, *pl.* you; sclærigennicg, *pl.* erigennouigou; ur beradicg sclæ-

rigenn, *pl.* beradouïgou sclærigenn.— *Rayon ou rais, bâton d'une roue de charrette*, emprenn, *pl.* empronnou, emprou; squîn, *pl.* squînou; sqyn, *pl.* ou. *Van.* rayen, *pl.* rayad. d'emprenn, *la* maison de coët-'n-emprenn, *id est, bois d faire des rais.—Rayon de miel*, folleun coar, *pl.* follennou coar; follenn mèl, *pl.* follenou mèl; dirçnn goar, *pl.* dirennou coar. *Van.* direnn mèl, direen mil, direen coér, *ppl.* eû.

RAYONNANT, *te, environné de rayons,* lagadennus, luguernus, steredennus, sqynus, stubeunus, goazennus, sæzyus. *Van.* luguernus, sclærigennus, oc'h, añ.—*Le soleil rayonnant*, lagadeù an héaul. — *Le soleil rayonnant par intervalle*, barr héaul, *pl.* barrou héaul; cahoùad héaul, *pl.* cahoùajou héaul.

RAYONNER, lagadenna, *pr.* et; sqeda, *pr.* et; steredenni, *pr.* et; guelevi, *pr.* et; luguerni, *pr.* et. *Van.* sclæryeiñ, luguerneiñ.

RB, *note de musique*, re, noten gan.

REAJOURNEMENT, açzinacion névez

REAJOURNER, açzina a névez, *pr.* et.

REALE, *monnaie d'Espagne*, real, *pl.* realyou. *Le réal vaut 5 sous parmi les Bretons, qui comptent par réal jusqu'à* 100. *v. écu, livre, sou.—Demi réal*, 'z sous et demi en Basse-Bretagne, un hanter-real.

REALISER, reali, *pr.* et; renta real, lacqât da veza real. — *Réaliser des offres labiales*, reali an offrou græt a c'henou.

REALITÉ, *qualité de ce qui est réel*, realded.—*La réalité du corps de Jésus-Christ en l'eucharistie*, ar realded eus a gorf hou Salver ebarz èr sacramand eus an auter, corf Jesus-Christ ô guiryonez èr sacramand eus an auter.

REBAPTISER, azbadeza, azbadezi, *ppr.* et; badeza un eil guëach, *pr.* et.

REBATIR, batiçza un eil guëach, batiçza a névez, *pr.* et.

REBATTRE, *battre une deuxième fois,* azcauna, *pr.* et; canna c'hoaz, *pr.* et. —*Rebattre, redire plusieurs fois la même chose*, ezrevel, *pr.* errevelet; lavaret alyès ar memès tra, *pr.* id.

REBEC, *vieux mot qui signifiait un*

58

violon à trois cordes. *On appelle en breton* rebed , *un méchant violon.*

REBELLE , rebell, oh, à , *pl.* rebelled ; ravoltet , *pl.* tud ravoltet ; rebellandt , *pl.* rebellandted.—*Rebelle ,* opi*niâtre ,* aheurtet.

REBELLER (se), *ne pas obéir à son souverain,* rebelli aēnep ar roüe, *fr.* et; èn hem ravolti oud, *pr.* èn hem ravoltet; sevel ouc'h, sevel aēnep, *pr,* savet.

REBELLION, rebelled, ravolt,*ppl.* ou.

. REBENIR, azbinnîzyen, *pr.* azbenniguet ; binnizyenn un eil guéch, *pr.* binniguet.

REBLANCHIR, azguēnna, *pr.* et ; guēnna adarre, *pr.* et. *Van.* guënneiñ hoah.

REBOIRE, eva alvès, dazeva, *ppr.*et.

REBONDIR, bonda alyès a veach, *pr.* et; lammet ha dilammet a soun,*ppr.* id.

REBORD, bord a ziavæz, *pl.* ou.—*Rebord d'une muraille ,* ribl , *pl.* ou; rezenn , rizenn , *ppl.* ou.—*Rebord d'une rivière,* ribl, *pl.* ou; glann,*pl.* ou.*v.* bord.

REBOUCHER, *boucher de nouveau ,* stancqa a névez, stephya adarre,*ppr.*et.

REBOUILLIR, azbirvi, *pr.* azbervet; birvi c'hoaz, *pr.* bervet.

REBOURS, *revêche,* discombert, ourz, amgestr, oc'h, à , añ.—*Cet homme est si rebours,* qer discombert eo au dènze, qen ourz eo , qen amgestr eo ar persounaich-ze.—*Ce cheval est rebours,* amgestr eo terrupl ar marc'h-ze , diæz bras eo ar marc'h-ze da c'hoüarn. — *Rebours. le contre-poil, l'opposite,* ar c'hontroll , an tu enep, an tu erep, an tu guïn , a enep, a c'hin.—*Il dit le rebours de ce qu'il pense,* arc'hontroll d ar pez a'souch a lavar, a ēnep e soñgésou ez prezecq.—*Le rebours de l'étoffe, de la toile, de l'habit,* an tu guin ou an tu erep ou an tu enep eus an mezer, eus an lien, eus an abyd. — *Mettre les choses à rebours,* lacqaat an traou a-c'hin ou var an tu guin ou var an tu enep ou var an tu erep, *pr.* lecqēet. — *Tout à rebours.* er c'hontroll-beo , ar c'hontroll-beo. *Van.* er hontrell.—*Vous faites tout au rebours de ce que je vous demande,* beza ez rit ar c'hontroll-beo d'ar

pez a oulennañ diguéneoc'h.

REBROUSSER, *partant des cheveux,* sevel, *pr.* savet.—*Rebrousser sur ses pas.* distrei var e guiz, *pr.* distroët ; doñnet var e guiz, *pr.* deuët; moûnet var e guiz, *pr.* ēet , eat.

REBUFFADE, disprisançz morgant. *pl.* disprisançzou morgant; rusdony , *pl.* rusdonyou.—*Il m'a fait une rebuffade terrible,* un disprisançz en deus grat ac'hanoun qer morçant ha tra, va distellet èn deus diountā qéhyd ha tra, gat ur rusdony vias èn deus èn hem gomportet èm andred.

REBUT, *fretin,* an amrevus, an amreüs. *Van.* eu distéraû. *v.* fretin.—*Cet homme est le rebut du genre humain,* an amrevus a bep hiny eo an dèn hont , hennont a so an hudurez eus ar bed ou a so an disprisançz eus ar bed-oll , an racailh eus ar bed eo hennont. — *Vous ne me donnez là que le rebut de votre marchandise,* ne roit amañ din nemed an amrevus ou nemed an dilès ou nemed ar pez ne bris qet ar re all da guemeret. *Van.* en delès eü e reit deiñ.

REBUTANT, *te,* morgant , displijus, divlas , disprisus, rust , oc'h , â , añ.

REBUTER, *rejeter avec mépris,* disprisa, *pr.* et; disteurl gand dispris, *pr.* distaulet. *Van.* dispriseiñ , digouzvyeiñ. *v.* renvoyer.—*Rebuter, décourager, dégoûter,* digourachi, *pr.* et ; lacqât da goll couraich, *pr.* lecqēet.—*Se rebuter,* coll couraich, *pr.* collet.

RECACHETER, cachedi un eil guéach, *pr.* cachedet; cachedi ul lizer digachedet.

RECAPITULATION. *v.* épilogue.

RECAPITULER; lavaret è berr ar pez a voa bet lavaret a hed diaguent, *pr.* id.

RECELER, tui, *pr.* tuet; lacqât en e du e-unau ou èn tu dioud e-unan, *pr.* lecqēet; cuza evit e brofid e-unan. *pr.* cuzet. *v,* soustraction, soustraire. — *Receler , garder les choses volées,* riblaēres, *pr.* riblaēret.—*Receler , cacher,* nac'h. *pr.* nac'het; dinac'ha, *pr,* et ; cuza, *pr:* et.—*Receler un voleur,* cuza ul laēr, nac'h ul laēr, dinac'ha ul laēr, rei diguemered da ul laër, rei bodenn da ul laër, *pr.* roët.

RECELEUR, *complice de voleur*, riblaër, *pl.* ou. *v. soustraire.* —*Receleur,* celui qui détourne quelque chose d'une succession, etc., tuér, *pl.* yen ; nep a zeu da dui, nep a lacqa ê cuz èn tu dioudhâ e-unan.

RECELEUSE, *complice de voleurs,* riblaërès, *pl.* ed.

RECEMMENT, a névez so, névez so, fresq beo.

RECENT, *le,* néves bet, c'hoarvezet a névez so, névez flam.

RECEPTACLE, diguemer.

RECEPTION, diguemered, diguemeridiguez, diguemeradur, diguemer.

RECETTE, *action de recevoir de l'argent,* recevidiguez a arc'hand, ar receo eus an arc'hand, an touich eus an arc'hand. —*Recette, manière de faire une chose,* segred evit ober ur rémed.

RECEVABLE, recevus, reeevapl, oh, aû, a allér da receo, a so mad da receo.

RECEVEUR, recevèr, *pl.* yen ; receyour, *pl.* yen.

RECEVOIR, receff, receo, recevi, *pr.* recevet ; touich, *pr.* et. *Van.* receüeiñ, receü, *ppr.* receüet. —*J'ai reçu de l'argent,* arc'hand am eus recevet, touichet am eus arc'hand. —*Recevoir quelqu'un chez soi,* diguemér ur re ou diguemeret ur re-bennac èn e dy, *ppr.* diguemeret. *Van.* diguemér, diguemereiñ. *v. accueillir.* — *Recevoir un affront,* receff un dismegançz, cahout un affrond, *pr.* bet.

REÇU, *quittance. v.-y.*

RECHANGER, ceñch, *pr.* et. *Van.* chanch, changeiñ.—*Il n'a pas un habit à changer, pas une chemise de rechange,* n'èn deus qet un eil abyd da ceiñch, nac ur roched qen neubeud.

RECHANTER, azcana, *pr.* et.—*Rechanter, répéter souvent la même chose,* cana hac azcana, cana ha discana, laŭaret atau ar memès canaouënn.

RECHAPPER, *se sauver de quelque danger,* diachap, *pr.* et. *Van.* id.—*Réchapper d'une maladie,* sevel eus a ur

c'hléved, *pr.* savet ; hem denna eus a ur c'hléved, *pr.* hem dennet.

RECHARGER, carga adarre, *pr.* carguet.

RECHASSER, dichaçzeall, *pr.* dichaçzëet.

RECHAUD, chaufferette, brasouër, *pl.* brasouërou.

RECHAUFFER, aztoma, *pr.* et. *Van.* hadtuémeiñ. — *Soupe réchauffée ;* soubenn aztom. *Van.* subeen hadtuém.— *Du poisson réchauffé,* pesqed aztom.

RECHERCHE, *perquisition,* eñclasq, *pl.* ou ; poursu, pourchu, *ppl.* ou. *Van.* inclasq; *pl.* éü.—*Recherche d'une fille en mariage,* lès, pleustrérez.

RECHERCHER, *faire des perquisitions,* eñclasq, *pr.* et ; clasq gad acqed, clasq gad sourcy bras, *pr.* et, *Van.* inclasqeiñ.—*Rechercher une fille en mariage,* ober al lès da ur plac'h, *pr.* græt. *En S.-Brieuc et H.-Trég.* pleustraû *et* pleustriñ ur verc'h, *ppr.* pleustret. *Van.* gobér el lès d'ur plah yéüancq. *v. labourage.*—*Celui qui recherche en mariage,* nep a ra al lès da ur verc'h. *S.-Br. et Treg.* pleustrèr, *pl.* yen.

RECHIGNER, *être de mauvaise humeur,* recignat, ricignat, rinqinat, *ppr.* et ; beza araous, beza rec'hus, beza rinqin, *pr.* bet. *Van.* bout scrignous, bout grignous, *pr.* bet. *v. refrogner.*— *Rechigner, parlant des plantes qui ne poussent pas bien,* reeignat, languiçza, *pr.* et.—*En rechignant,* èn ur recignat, èn ur fæçzoun dic'hraçz *ou* araous, gand droucq c'hraçz.

RECHIN, *ine, de mauvaise humeur,* réc'hus, araous, recign, ricign, oh, à, aû, *ppl.* tud réc'hus ; rinqin, *pl.* ed; naguenn, *pl.* ed. *Van.* scrignous, grignous, oh, aû.

RECHOIR, azcouëza, *pr.* et.

RECHUTE, azcouëz, affeilh. *Van.* acouëh, en eil couëh.—*La rechute dans une maladie,* an affeilh èr c'hleüved, an azcouëz èr c'hléved. *Van.* en acouëh er hliuëd.—*Les fréquentes rechutes dans le péhé mènent à l'endurcissement,* ne deus tra par evit caledi calouû ur pec'her, evel affeilha alyès *ou* evel azcouëza alyès èr pec'hed.

RECIDIVE, *réciditer. v. rechute*, *retomber.*

\* RECINE, *ou recion, collation des ouvriers*, merenn, *pl.* ou; gortosenn, *pl.* ou. *Van.* id., *pl.* eü. r. *collation.*

\* RECINER *ou recionner*, merenni, *pr.* et. *Van.* mereuneiñ, mernciñ, mirenuciñ. r. *collationner.*

RECIPROQUE. v. *mutuel.*

RECIPROQUEMENT. *v. mutuellement.*

RECIT, *narration, divis*, countadenn, *ppl.* ou.

RECITER, counta un dra, *pr.* et. *v. raconter.*—*Réciter, dire par cœur*, lavaret dre'n enor *ou* dian euor, *pr.* id.

RECLAMER, *invoquer l'aide de quelqu'un*, goulenn sicour oud ur re *ou* digand ur re, *pr.* et. — *Réclamer contre quelque acte*, doñnet aënep un drahennac, *pr.* deuët.—*Reclamer, revendiquer*, goulenn diraeg tèstou, *pr.* et; anzaff diraeg an dud, *pr.* anzavet.

RECLUS, *solitaire*, eumid, *pl.* ed.

RECOIN, qornicg, *pl.* qornyouïgou; coignieg, *pl.* coiguouïgou; qorn, coign.—*Dans le recoin d'une chambre*, e qor-i leg ur gampr.—*On l'a cherché dans tous les coins et recoins de la maison*, bez'eo bet clasqet ê qement coign a so èn ty, ne deus qorn, na digorn èn ty pe èn hiny ne vèz bet clasqet.—*On l'a trouvé dans un petit recoin obscur*, cavet eo bet èn un toulliog du *ou* èn ur c'hoignicg du *ou* èn ur c'hornicg tèval.

RECOLLET, *religieux de l'ordre de Saint-François d'Assises*, Recolès, *pl.* ed, an tadou Recolesed; ur san-Francesad, *pl.* San-Francesis.

RECOLTE, *moisson. v.-y.*

RECOMMANDABLE, meulapl, istimapl, oh, à, añ. — *Se rendre recommandable*, èn hem renta istimapl *ou* meulapl, militout istim 'an dud, *pr.* militet; dellezout meuleudy ar bed, *pr.* dellezet. — *Recommandation, prière de faire quelque chose*, erded, *pl.* ou; erbedenn, *pl.* ou.—*Lettres de recommandation*, lizerou erbed, lizerou èvit erbedi.—*Recommandation, estime*, estim. r. *estime.* — *Recommandation pour les â-*

mes *des agonisants*, pedenn an anaoñ.—*Dire les prières de la recommandation de l'âme agonisante*, ober pedeun au r naoun, *pr.* græt.

RECOMMANDATIONS, *boise-mat*, gourc'hemennou.

RECOMMANDER, erbedi, *pr.* et.—*Il a été recommandé au prône*, erbedet eo bet èr pron. — *Je vous recommande cet affaire*, me a erbed qemeñze deoc'h, me oz ped da gahout soucy cus an dra-ze.—*Se recommander d quelqu'un*, èn hem erbedi da ur re, *pr.* èn hem erbedet; ober e c'houre'hemeunou da ur re-bennac, *pr.* great, græt.

RECOMMENCER, coumançz adarre *ou* a névez, *pr.* coumancet. *Al.* azderaouï, azdeçrou, *ppr.* et.

RECOMPENSE, *don pour quelque bon office rendu*, garredou, *pl.* ou; recompans, *pl.* ou.—*Récompense, salaire*, gopr, *pl.* gopraou, goprou; coumanand, *pl.* coumanauchou. *Van.* gobr, *pl.* eü; couvenant, commenant, *ppl.* eü.—*En récompense, en revanche*, èn esqem, èvit qemeñ-ze, a-hend-all.

RECOMPENSER, *reconnaître un bon office*, garredouni, *pr.* et; recompansi, *pr.* et.—*Récompenser, donner le salaire*, gopraat, *pr.* ëet; rei ar gopr dleat, *pr.* roët. v. *salarier.*—*Récompenser, dédommager*, dic'haouï, *pr.* ët.—*Récompenser le temps perdu*, rapari an amser gollet, *pr.* raparet.

RECOMPTER, counta un eil gueach, *pr.* countet; azconta, *pr.* et.

RECONCILIATION, *accord*, *pl.* ou; unvanyez, unvanidiguez. — *Faire une ou des réconciliations*, ober un accord, ober accordou eñtre tud, accordi tud, lacqât tud èr-vad.

RECONCILIER, *raccommoder des personnes*, accordi tud, *pr.* accordet; unvana tud, *pr.* et; unani tud, *pr.* et; lacqât adversouryen a-unan; renta ur van, *pr.* rentet; lacqât ar peoc'h eñtre tud disunvan, lacqât èrvad nep a vel è droucqrançz, *pr.* lecqëet. *Van.* accordeiñ tud, *pr.* accordet.—*Réconcilier une église polluée*, binnizyenn a névez un ilis, *pr.* binnizyet, binniguet, benni-

guet.—*Se réconcilier avec quelqu'un* , èn
hem unani gad ur re , *pr.* èn hem u-
nanet ; èn·hem urvana gad ur re, *pr.*
èn hem urvanet; èn hem unvana gad
ur re, èn hem accordi gad ur re, ober
e beoc'h, ober e accord gand ur re-
bennac, *pr.* græt; èn hem lacqaat èr-
vad gad ur re, *pr.*, èn hem lecqëet. *Van.*
accordeiñ gued, etc. ; him accordeiñ
gued unan-benac. —*Se réconcilier*, *se*
*confesser*, coveçz e bec'hejou ha cahout
ar pardon dézo, *pr.* coveçzëet.

RECONDUIRE , harlua , *pr.* et. *Ce*
*mot ne se dit qu'en Léon.* hambrouc, *pr.*
hambrouguet ; ober un hambrouc d
ur re-bennac, *pr.* græt. *Van.* condueiñ.
*Conduire et reconduire*, hambrouc ha
diambrouc , *ppr.* ambrouguet ha diam-
brouguet ; rèn ha dirèn , *ppr.* rëet ha
dirëel ; caçz ha digaçz , *ppr.* caçzet ha
digaçzet.

RECONFORT, *consolation*, conforz,
çonfordt. *Van.* confordt, confortançz.

RECONFORTER. *consoler*, conforzi,
*pr.* et ; confordti, *pr.* et. *Van.* conford-
teiñ.

RECONNAISSABLE, aznaff, oh, á,
añ, eaz da azñaout, a allér da aznaout.

RECONNAISSANCE, aznaoudéguez,
aznaoudéguez-vad. *Van.* anaüdigueh.
—*En reconnaissance de tous vos bienfaits*,
èn aznaoudéguez-vad eus o c'holl vad
oberyou èm audred.—*En reconnaissan-*
*ce de sa faute*, èn aznaoudéguez eus e
faut, è remiçzion e faut.—*Donner une*
*reconnaissance par écrit*, rei un aznaon-
déguez dre scrid.

RECONNAISSANT, *te*, aznaoudecq,
oh, á, *pl.* tud aznaoudecg. *Van.* ana-
üdecq, oh, añ.

RECONNAITRE, aznaout, *pr.* aznavezet. *Van.* anaüeiñ, anaoüeiñ. *v.*
*remercier*.—*Se reconnaître*, *rentrer en soi-*
*même, se repentir*, èn hem aznaout, *pr.*
èn hem aznavezet.-*Antiochus commençad*
*se reconnaître en sa dernière maladie*, *dit l'é-*
*criture, mais il n'eut pas le bonheur de finir*
*dese reconnaître*, ar roüe Antiochus o'vcza
èn e glëved divezàagoumançzas d'en cm
aznaout, eme ar seritur sacr; hegon
allas evit e boan da veza coumancet re

ziveзat, n'en devoa qet àn eür-vad da
èn hem beur-azaaout, sloüaz dezɑ
reuzeudicq.

RECONQUERIR, couqeuri a névez
ou un eɟ gůëach , *pr.* concqeuret.

RECONQUIS, *ise*, *part.*, conoqeu-
ret un oil guëach.

RECOPIER, doubla un eil guëch, *pr.*
doublet; discriva a névez, *pr.* discrivet.

RECOQUILLER, tortiçza, rodella,
*pr.* et.

RECORS, *aide de sergents*, *assistant*,
record, *pl.* ed. *Van.* id.

RECOUCHER, lacqât un eil guëch
èn e vele, lacqât un eil guëach du gousqed *ou* da c'hourvez. — *Se recoucher*,
mont un eil guëch d'e vele, mout un
eil guëach da c'hourvez, *pr.* ëet.

RECOUDRE, gryat un eil guëach, *pr.*
gryet ; gruyat adarre, *pr.* gruyet.

RECOURBER, cromma c'hoaz, *pr.*
crommet.

RECOURIR, *courir une seconde fois*,
redecq un eil guëch, *pr* redet.—*Courir*
*et recourir*, redecq ha diredecq. — *Re-*
*courir*, *avoir recours à quelqu'un*, clasq
sicour digand ur re, *pr.* clasqet; cahout
recour da ur re, *pr.* bet; reour da ur
re-beñac èn e yzom, *pr.* recouret.

RECOURS, *asile*, minichy. *v. refuge.*
—*Recours, secours qu'on implore*, sicour.
—*Recours, garantie*, goarantaich, di-
c'haou. — *Sauf à vous d'avoir recours à*
*vos consorts*, ha deoc'h da gahout goarantaich digand ho qensourded , ha
deoc'h-hu da lacqaat èn hem zic'haouï
gand ho qensorted, ha deoc'h-hu da
gahout ho recour var ho consorted.

RECOUVRÉ, *ée*, *part. et adj.*, cavet,
bet.

RECOUVRER, *ravoir ce qu'on avait per-*
*du*, cahout un eil guëac'h , *pr.* bet ; cavout adarre ar péz a gredét collet, *pr.*
cavet.

RECOUVRIR, golci adarre, golo un
eil guëch, *ppr.* goluet. *Van.* goleiñ, *pr.*
golet.

RÉCRÉANCE, jouïçzançz cus a ur
beneviçz etretant difin brocès.

RÉCRÉATIF, *ive*, farçzus, plijus, oh,
añ , a ro plijadur, a ra plijadurez. *v.*

*divertissant.*

RÉCRÉATION, plijadurez honest, *pl.* plijadurezou. *v. divertissement.*

RÉCRÉER, rei ur blijadur honest, *pr.* roët. *v. se divertir.* — *Se récréer*, qemeret ur blijadur honest.

RECREUSER, cleuza a-névez, ol enza dounoc'h, *pr.* cleuzel.

RECRIBLER, croëzrat alyès, *pr.* croezret.

RÉCRIER (se). *v. crier.*

RÉCRIMINATION, *t. de palais*, an accuseus an accuset a ënep e accuser.

RECRIRE, scriva un eil guëach *ou* adarre, *pr.* scrivet.

RECROITRE, crisqi a nevez, crisqi c'hoaz, *pr.* cresqet.

RECRU, *ue, las, lasse*, faticq, squyz.

RECRUE, *levée de gens de guerre*, soudarded névez savet. — *Faire des recrues*, sevel soudarded nevez, *pr.* savet.

RECTEUR, *prêtre desservant*, persoñ, *pl.* ed. *Van.* id. — *Monsieur le recteur*, an autrou'r persoun. *Van.* en éütru person. — *MM. les recteurs*, an autrounez ar bersoñned.

RECTIFIER, eüna, reiza, *ppr.* et; lacqaat eün *ou* reiz, *pr.* lecqëet.

RECTITUDE, *droiture*, léalentez, eünder, reizded. *Van.* reihted, lealded.

RECTORAT, carg ur personn.

RECTORERIE, *paroisse gouvernée par un recteur et non par un vicaire perpétuel*, personnyaich, *pl.* ou. *Van.* përsoñyach. — *Il a eu une rectorerie*, ur bersonnyaich én deus bet, eat eo da bersonn.

RECUEIL, un dastum eus a gals traou curius ha mad da ouzout, un dastum a scrijou curius.

RECUEILLEMENT, *action de se recueillir*, un dastum èn e-unan evit clévet guëll mouëz, ar spered santel o parlant d'an ene.

RECUEILLIR, *faire la récolte des biens de la terre*, destumi ar madou terryen. *pr.* destumet; daspuign ar frouëzyou eus an doüar, *pr.* daspuignet. *Van.* dastumeiñ èr madëu. — *Recueillir bien net*, peur-gutuilha, *pr.* peur gutuilhet, azcutuilha, *pr.* et. — *Recueillir les aumônes*, destumi an alusennou roët evit Doüe, evit an ilis, evit an hospital, etc. — *Aller en campagne pour recueillir de l'argent en plusieurs endroits*, moñnet da arc'hant, *pr.* ëet, eat. — *Recueillir plusieurs choses, compiler*, ober un dastum eus a scrijou hac eus a gals traou curius. — *Se recueillir*, antren èn diabarz eus e galon, *pr.* antrëet; ober un dastum èn e unan evit sezlaou mouëz e goustiancz, ha clëvet hiny ar spered santel, *pr.* græt.

RECUIRE, azpoaza, adpoaza, *ppr.* et; poaza un eil guëach, poazat adarre, *pr.* poazet. *Si c'est dans l'eau*, azparedi, *pr.* azparedet; paredi un eil guëch, *pr.* paredet.

RECUL, *mouvement en arrière*, arguil. — *Le recul du canon quand il tire*, an arguil eus ar c'hanol.

REGULER, arguila, *pr.* arguilet. *Van.* arguileiñ. *Ce mot vient de* qil, *arrière, dos, revers*, ar guil, *id est*, var ar c'hil, moñnet var e guiz; qila, *pr.* qilet. — *Reculer au lieu d'avancer*, diavançz è lec'h avançz. *Van.* diavanceiñ. — *Reculer, parlant des bœufs et des chevaux attelés*, hougea, cula, *ppr.* et. *Van.* culeiñ.

REÇULONS (à), a-guil, var guil, var e guil, ac'hin. *Van.* a guil *ou* gul, ar guil, a reqin. A reqin, *id est*, ar e c'hein, *sur son revers.* — *Marcher à reculons*, arguila, *pr.* et; moñnet a guil, *pr.* ëet; qerzet var e guil, qerzet a guil, *pr.* id. *Van.* arguileiñ, qerhet a gul.

REÇUSABLE, rëusapl. *Van.* id. — *Il est recusable pour juge en cet affaire*, èn affer-ze ez eo rëusapl da varneur.

RECUSATION, *t. de palais*, rëusadur.

RECUSER, recusa da varneur, *pr.* recuset; rëusi barnidiguez ur barner ordinal abalamour da guiryntiaich, da guevrennadur pe gaçzouny vras, *pr.* rëuset.

REDDITION *de compte*, réntidiguez ou rentadurez a gount.

REDEFAIRE, disober adarre, *pr.* disc'hræt; dispenn a névez, *pr.* et.

REDEJEUNER, ober un eil dijuny, *pr.* græt.

REDEMANDER, goulenn c'hoas *ou* a névez, goulenn alyès a veich, *pr.* goulennet.

EMPTEUR, dazpréner ar bed,
ar bed, redemptor. — *J.-C. est*
*dempteur, notre sauteur*, Jesus-
ı so hon dazpréner, hon salver.

EMPTION, *le mystère de notre*
*ion*, dazprénadurez, redémp-
r mistear eus a zazprénadurez
ignaich humen. — *Rédemption*
*ifs*, an dasprénadurez eus a nep
clavaich. v. rançon.

ESCENDRE, disqeū un eil gu-
ɔr. disʼqennet.

EVABLE, *reliquataire*, dleonr a
ı, *pl.* dléouryen. nep a dle res-
— *Etre redevable de cent écus pour*
*nat de compte*, beza dleour eus
scoëd restalou, beza c'hommet
ıı all eus ar somm a gand scoëd,
cant scoëd a restalou. — *Rede-*
*bligé*, dleūs, obliget. — *Je vous*
*rrable*, dleūs oun deocʼh, obliget
oc'h. — *Je vous suis très-redevable*,
bras oun deoc'h, obligacion vras
ı dec'h, cant obligacion ê leac'h
ım eus deoc'h.

EVANCE, carg bloazyad, *pl.* ou;
ıd, rendt bloazyad *ou* bep bloaz,
hou; deveryou ê qèver an autrou.

EVANCIER, *qui doit payer des*
*ces*, goaz, *pl.* guïzyen. *Van* id.,
zed, guïzyou.

DEVOIR, dleout restalou, *pr.*

IGER, lacqaat dresctid, *pr.* lec-

IRE, *répéter*, lavâret alyès, la-
n eil guêach, lavaret alyès a ve-
. c'hoas *ou* adarre, *ppr.* id ; ezre-
. et ; disrevel, *pr.* et. — *Il ne fait*
*e et redire*, ne ra nemed lavaret
ıvaret. — *Redire*, *divulguer*, dis-
*pr.* et. *Van.* diambrezciñ, dam-
ñ. — *Trouver à redire à quelque*
casout abceg èn un dra, casout
ıret var un dra, *pr.* cafet.

ITE, *répétition*, tra dija lavaret,
ou ; an eil lavar eus a un dra-
.e. — *User de redites*, lavaret aly-
memès tra *ou* ar memès traou,
. — *Redite*, *rapport*. v.-y.

DORER, dazalaouri, *pr.* et ; a-

laouti a névez, *pr.* alaouret. *Van.* a-
léûrein un eil guêh *ou* a neûe.

REDOUBLEMENT, *augmentation*,
cresq, cresqançz. — *Un redoublement*
*de fièvre*, ur c'hresq a derzyenn, terzyenn creoc'h.

REDOUBLER, *doubler une seconde fois*,
eil doubla, *pr.* eil doublet ; doubla un
eil guêach, *pr.* doublet. — *Redoubler*,
*augmenter*, crisqi, *pr.* eresqet ; creaat,
*pr.* crēēet.

REDOUTABLE, doujapl, dangerus,
oh, à ; a so da zouja, a dleomp da zougea.

REDOUTE, creïeq qarre, ur o'hreïcq
qarre, *pl.* creouïgou qarre.

REDOUTER, *craindre avec raison*,
dougea. *pr.* douget. *Van.* dougeiñ. —
*Celui qui redoute*, donjus, oh, añ. *Van.*
id. — *Il est fort redouté*, douget terrupl
co, horrupl ez dougèr anezã.

REDRESSER, *remettre droit*, cûna,
*pr.* et. *Van.* cûneiñ. — *Redresser*, *rele-*
*ser*, sevel, *pr.* savel. *Van.* saoueiñ, saûeiñ.
— *Redresser*, *remettre dans le droit che-*
*min*, hincha, *pr.* et ; lacqaat cün var an
hend mad, *pr.* lecqêet ; disaouzana var
an hend, *pr.* et ; disazya ur re, *pr.* disa-
zyet. *Van.* disauteiñ, disfayeiñ. — *Se re-*
*dresser*, *se tenir droit sur ses pieds*, èn hem
zelc'hel cün var e ellou, beza qer sonn
evel ar guilh-nao. — *Se redresser*, *tenir*
*sa morgue*, *sa gratité*, ober e vorgant, o-
ber e c'hrobis, *pr.* græt ; lacqât qeïguell
e vamm èn e guein.

REDUCTION, réntidiguez. — *Réduc-*
*tion au néant*, neantadus.

REDUIRE, *dompter*, coutraign da sugea, *pr.* contraignet ; lacqât didau e a-
hoïçzançz. *pt.* lecqêet. *Van.* sugetteiñ. —
*Réduire à l'aumône*, caçz d'un aluseñ, *pr.*
caçzet ; lacqât da vont da glasq e vuéd,
*pr.* lecqêet. — *Réduire à la raison*, ranger d son devoir, planta sqyand ê penn
un dèn, *pr.* plantet. — *Réduire au néant*,
néanta, *pr.* et ; caçz da netra, lacqât da
netra.

REDUIT, *sorte de petit retranchement*,
logeizicq vihan, *pl.* logeizyouïgou. —
*Il est dans un triste réduit, il fait pitié*, din
eo a druez, truez co e vellet.

REEDIFIER, *rebâtir*, edifiçza un eil guëach, *pr.* edifiçzet.

REEL, *réelle*, real, guïr, guïryon, oh, à, añ. *Van.* guïr, guïr-mad.—*Une offre réelle*, offr real, *pl.* offrou real; arc'hand disolo, arc'hand coulant. — *Une saisie réelle*, ur sézy real. — *Rendre un service réel,* rénta ur guïr servich, rénta ur servich guïryon, *pr.* rentet.

REELLEMENT, èn ur sæçzoun real ou guïryon. *v. réalité.*

REFACHER, facha ou fachi a-névez, *ppr.* fachet. *Van.* fachëiñ a-neûc.

REFAIRE, ober adarre, ober a-névez. — *Refaire la viande dans l'eau bouillante*, rediçza, *pr.* et; rondiçza, *pr.* et.

REFAUCHER, falc'hat un eil guëach, *pr.* falc'het. *Van.* falheiñ, falhat.

REFECTION, *rétablissement d'un édifice*, eil-oberidignez, raparacion.—*Réfection, repas sobre*, pred, *pl.* prejou; predboëd, *pl.* predou-boëd; pred moder, *pl.* prejou moder. *De* refection *est venu le mot populaire* retion; retionner, reciner *de* refectionner.

REFECTOIRE. *t. de religieux*, refector, *pl.* you. — *Aller au refectoire*, mont d'ar refector.

REFEND, *mur de refend*, moguer dreuz, *pl.* mogueryou. — *Cloison de refend*, speur, *pl.* you; speur dreuz, *pl.* speuryou.

REFENDRE, dazfauta, *pr.* et; fauta adarre, *pr.* fautet. *Van.* fëûteiñ hoah, *pr.* feütet.

REFENDRE, *scier de long*, hesqennat a benn, hesqennat a hed, *pr.* hesqennet.

REFERER. *v. rapporter, attribuer.*

REFERMER, *fermer une seconde fois*, serra un eil guëch, *pr.* serret. — *Fermer et refermer*, serra ha diserra, serra alyès a veach.—*Refermer, parlant d'une plaie qui se guérit*, qiza, *pr.* et; qiga, *pr.* qiguet; tiñva, *pr.* et. — *Sa plaie se guérit et se referme*, qiga ha qiza a ra e c'houly, tiñva a ra e c'houly.

REFERRER, houarna adarre, *pr.* et.

REFLECHIR, *renvoyer, repousser*, disteurl, *pr.* distaulet. — *Une muraille fait réfléchir la balle*, ar voguer a zistaul ar bolod a véz stlappet crè oud-hy. — *Un* corps opaque et poli *réfléchit la lumière*, ta dra teo ha pouliçz a zistaul ar sclærgenn. — *Réfléchir, méditer, examiner sérieusement une chose*, songeal a-zévri eñ a barfeded *ou* èr-vad èn un dra *pr.* songet.

REFLEURIR, bleuzvya a-névez, *pr.* bleuzvyet.

REFLEXION, *rejaillissement*, distro-lidiguez, distaul, dilamm, dilammidiguez.—*Réflexion, attention mûre*, songh parfedd, rat, ratos, dévry, ratoues. — *Faire ses réflexions*, ober e sonch, èn hem songeall var, etc., *pr.* songet. *Van.* hem songeiñ, gobér e sonch. — *Faites tes réflexions là-dessus*, grit ho sonch var guemeñ-ze, èn hem songit èr-vad var guemeñ-ze, songit èr-vad èn qemeñ-ze. — *J'ai fait mes réflexions*, great eo va sonch guenè, græt am eus va sonch, èn hem songet am eus. — *A tes peu de réflexion*, bihan-gousideret. — *A tes réflexion*, gand sonch, goude beza songet mad, gand meürded, gand rat, a-ratos, a-zévry, a-barfededd, a-ratoues. — *Sans réflexion*, hep sonch, hep rat, dre disonch, dre dievezded. *v. étourdi, mégarde.*

REFLUX. *v. flux, marée.*

REFONDRE, azteuzi, *pr.* et; teuzi an eil guëch *ou* alyès a vech. *pr.* teuzet. *Van.* teeiñ un eil guëh, *pr.* tëet.

REFORMATEUR, reformèr, *pl.* yen. *Van.* refurmour, *pl.* yon, yan. *v. critique, censeur.*

REFORMATION, correccion eus an abusou.

REFORME, *rétablissement dans l'ordre*, refurm. — *Reforme de soldats*, reforma.

REFORMER, *rétablir la discipline dans un ordre religieux*, reformi un urz, *pr.* refurmet; lacqaat un urz èn e stad qentà, lacqât ar religiused vès a un urz bennac da veva diouc'h o reol, *pr.* lecqëet. — *Reformer, retrancher les abus*, courrigea an abusou, *pr.* courriget. — *Reformer un régiment*, reformi ur regimand, *pr.* reformet; terri ur regimand, *pr.* torret.

REFORME, e, *soldat réformé*, soudard reformet *ou* torret, *pl.* soudarded. — *Prétendu réformé*, calviniste, hugunod,

la rpailliod, *pl.* ed.

FURBIR, pura adarre, pura uñ clu, *pr.* puret.

ACTAIRE, amsént, rebell, oh, *v.* tad, etc.

APPER, sqci adarre, sqel c'hoaz, t.

AENER, derc'hel ar brid ouc'h, dalc'het. *v.* *réprimer.*

RIGERANT, *e*, fresqus, refres-, à, añ. — *Remède réfrigérant*, fresqus, oungand refresqus.

AIRE, frita un eil guëch, frita *pr.* fritet. *Van.* friteiñ hoah.

RISER, frisa a-névez, *pr.* friset.

ROGNER (se), *faire une mine re-* calrida, *pr.* et. *Ce mot semble dit* nent *pour* tal-rida, *rider le front;* zremm, *pr.* criset; moulbenni, penbouñi, *pr.* et. *Van.* crisciñ,

ROIDIR, *rendre froid*, guiena. *pr.* ja, *pr.* et, *Van.* yeineiñ. *v.* *ralen-* Se refroidir, *devenir froid*, guie-r. ëet; yennat, *pr.* ëet. — *Le temps* judit, guienaat a ra an amser.

ROIDISSEMENT, *action de re-* guienadur, yennadur. *Van.* yei-— *Refroidissement*, *diminution* té, *de* zèle, léntadurez, glasëntez, un.

FROTTER, *frotter de nouveau*, bat-rodta a-névez, frodta qen na fu, a c'hoary-gaër, *pr.* frodtet. *Van.* iñ qen ne stracq.

FUGE, *lieu où l'on cherche sa sûreté*, minihy. *v.* *franchise.* — *Refuge*, *protecteur, protectrice*, patrom, *pl.* trounès, *pl.* ed. — *Refuge, excuse*, rte, digarez, *pl.* you; digare. *pl.* ou.

FUGIER (se) hem dénna eñ yzom n tu-bennac, *pr.* hem dennet.

FUS, *dénégation*, réûs, *pl.* ou; di-iidiguez.

FUSER, réûsi, *pr.* et. *Van.* réû-refuseiñ. — *Etre refusé de quelque* beza réûsel gad ur re evens a un bennac.

FUTER, respount d'ar pez a so oposet, *pr.* respountet; distruigea d résounyou mad re an adversour,

---

pñ distruiget.

REGAGNER, gounit ar pez a yoa bet collet diarancg, *pr.* gonnezet.

REGAIN, *deuxième foin*, ragaign. *Van.* guïm. *v.* *revivre.*

* REGAIRE, *juridiction des regaires où* *de l'évêque*, lès an escop, dalc'h an ilis. *Le mot* regaire *est celtique, composé de* reiz *et de* kær; *de* reiz, *qui signifie* règle, discipline, *et de* kær, *ville; parce que les* évêques, *avant leurs officiaux, rendaient la* justice, *comme avaient fait avant eux les* Druides; *et leur juridiction s'appelait* reiz-kær *et* dalc'h reiz-kær, *v.* *milieu.* — *Re-* gaires, *fief de l'évêque, terres qui en re-* lèvent, racqer, ar rac-kær, doûar ar racqer, doûar an escop, dalc'h an es-cop, dalc'h ar racqer; racqer *de* reiz-kær. *Van.* dalh en escop, doar en escop.

REGAL, *festin*, fest, *pl.* ou; cher vad; pred difant, *pl.* predou, prejou. *Van.* fest, *pl.* eü. *v.* *banquet, festin, bombance.*

REGALE, *droit du roi*, guïr ar roûe var ar beneviçzon.

REGALER, festa, *pr.* et; ober fest, *pr.* græt; tredta manivicq, *pr.* tredtet; rei ur pred difant, rei prejou, *pr.* roët; rei cher vad da ur re-bennac. *v.* *bombance.* — *Régaler, répartir une taxe proportion-* nellement, iñgali, *pr.* et. *r.* *asseoir.*

REGARD, *action de regarder*, sellad, *pl.* ou; sell, *pl.* ou. *Van.* sellad, sell, la-gadad, dramsell, *ppl.* eü. *v.* *œillade.* — *Un regard* benin, ur sell cun *ou* douçz. — *Un regard affreux*, ur sell téval *ou* rust *ou* garo *ou* terrupl. — *Au regard, sorte* *de prép.*, evit feadt eus a, evit fædt eus a, evit. — *Au regard de Pierre*, evit fe-adt eus a Bezr, evit Pezr. — *Pour mon* regard, *à mon égard*, evit fædt ac'hanoun-me, evid oun-m *.*

REGARDANT, *e*, *qui observe de près*, *qui est un peu avare*, sellus, sellus-bras, pizicq, tausticq, taust; bindeder, *pl.* yen. — *Il est fort* regardant, pizicq eo, sellus bras eo, sellet a ra terrupl, tausticq eo, terrupl eo taust, bindeda a ra terrupl. *v.* *trébuchet, barguigneur.* — *Regardant, e,* spectateur, arvestyad, *pl.* arvestidy.

REGARDER, sellet, *pr.* id. *Van.* sel-leiñ. — *Regarder une personne, une chose,* sellet oud un dèn, oud un dra. — *Re-garder en haut*, sellet oud an neac'h, sellet ouc'h creac'h, sellet oud al laëz. *Van.* selleiñ *ou* sellet de lehê. — *Regarder en bás*, sellet ouc'h traoun, sellet a bouës traoun. *Van.* selleiñ d'enjhas, sellet d'en dîhas. — *Regarder au-dessus de soi*, sellet a zioc'h, sellet a hus. *Van.* sellet dreist hon. — *Regarder au-dessous de soi*, sellet diudannâ, sellet a his *ou* is. *Van.* selleiñ a ziauéû. — *Regarder quelqu'un de travers, de mauvais œil*, sellet a dreuz *ou* gorn ouc'h ur re, sellet du oud ur re, sellet a gorn-lagad *ou* a gleiz oud ur re, ober sellou treuz *ou* têval *ou* du *ou* goall sellou da ur re, *pr.* græt; guëllet gad poan ur re-bennac, *pr.* id. *Van.* selleiñ a drez, selleiñ a gorn doh unon-benac. — *Regarder quelque spectacle*, arvest, *pr.* vesti, *ppr.* et; sellet oud arvestou.— *Regarder de près, barguigner*, bindeda, *pr.* et. — *Une maison qui regarde le midi*, un ty a so troët e façz oud ar c'hrezteiz, un ty a so e façz etreze ar c'hrezdeiz. — *Cela ne me regarde pas*, an dra-ze ne ra netra diñ-me, me ne raû forz a gueme ñ-ze, ne raû cas a ze, ne deo qet va æffer qemeñ-ze.

REGARNIR, goarnicza a névez, *pr.* et.

REGELER, scourna c'hoaz, scôrni muy-oc'h-muy, *ppr.* scournet, scôrnet.

REGENCE, *puissance souveraine pendant la minorité du roi*, goûarnamand ur roüantélez evit ar roüe. — *Regence, qualité de régent de collége*, plaçz ur regeant, carg ur regeant.

REGENERATION. *renaissance en Jésus-Christ*, eil buhez, eil vuhez, eil guinivélez, guinivélez ê Jesus-Christ.

REGENERER, *faire renaître en Jésus-Christ*, rei un eil guinivélez *ou* un eil buez da ur re, rei guinivélez ê Jesus-Christ da ur re-bennac, rei bugale névez da Zoüe, *pr.* roët.— *Etre régeneré*, cahout un eil guinivélez dre ar sacramand a vadizyand, *pr.* bet; beza great buguel *ou* crouadur da Zoüe, dre'r sacramand a vadizyand, *pr.* bet; dont da veza bugale da Zoüe, dre ar voyen eus ar vadizyand sacr, *pr.* deut.

REGENT *d'un royaume*, goüarner ar roüantélez evit ar roüe. — *Régent d'u manitéz*, regeant, *pl.* ed; mæstr, mæstry, mystry.

REGENTER, *enseigner une classe*, r geanti, *pr.* et; qentellya, *pr.* et.

REGIE, *administration*, goüar mand, cundu.—*Faire la régie d'un b* goüarn madou, *pr.* goüarnet; caud madou, *pr.* cunduet.

REGIMBEMENT, disvincq, guincq

REGIMBER, *ruer*, disvincq, vincqal, *ppr.* disvincqet; guincqal, guincqet.—*Regimber, refuser d'ob* rebecqi, rebecqat, *ppr.* rebecqet.— *regimbe souvent*, rebecqat a ra alyes alyès a véach ez rebecq.—*Il est fach de regimber contre l'eperon*, dit l'écritur cals eo rebecqi oud ar c'hentrou, cal eo resista da c'hraçz Doüe, pehiny h poursu qéhyd amser so.

REGIME, *manière de vivre réglée*, zoun moder da veva evit conservi e c'hed.—*Si l'on veut vivre long-temps, faut user de régime*, nepa sell dezâ guê let cozny, a rencq cundui ur vuhez moder; a nez ez trémeno abred an b aul divar e dreuzou.

REGIMENT, *corps de troupes*, reg mand, *pl.* regimanchou.

REGION, *étendue de pays*, cantou *pl.* you. *Van.* cantonn, *pl.* eû, yeû. A tau, stan.—*Région de l'air, étendue* *l'air*, oabl, qevrenn ear.—*La suprê* *région de l'air*, an oabl uhélâ, ar gue tâ qevrenn eus an ear, an ear tom. *La moyenne région de l'air*, an oabl cre oabl ar c'houñabr, an eil guevrenn an ear, an ear yen.—*La basse région* *l'air*, an oabl isclâ, an dredo qèvre eus an ear hac an dausta deomp, ear pehiny a ruflomp, an ear cloûa

REGIR, cundui, *pr.* et; goüarn, et. *Van.* condueiñ, goarn.

REGISTRE, *livre où l'on inscrit, d* ell, *pl.* ou; marilh, *pl.* ou; gistr, ou. *Van.* registr, *pl.* eû.—*Les regist* *du greffe*, dyellou ar c'hreff, ar mari hou eus ar c'hreff.

REGLE, reol, *pl.* you, reolenn, ou; reulenn, *pl.* ou; reul, *pl.* you reulenn, *pl.* ou. *Van.* rivleenn, r

pl. eû. v. milieu.—Rêgls, ordre,
d'agir ordinaire, reiz, pl. you, ou.
lh, pl. eû.—Règle, modéle, exem-
ère, pl. you; patromm, pl. ou.
, pl. eû. v. exemple, modéle. —
tatuts particuliers d'un fondateur
religieux, reol, pl. you.—Lard
Benoit, de S. François, reol sant
reol sant Francès.—Le meilleur
e est celui qui observe mieux la rè-
en ordre, au hiny a vev ar insta
ar reol eus e urs hennez ee ar
religius. — Transgresser sa régle,
e reol, pr. tremenet; terri e reol,
et.

LEMENT, ordre établi, ordre
urz, reizded. —Réglement, régu-
é, èu ur sæçoun reiz, ordinal,
iz. — Il étudie réglement cinq hau-
iour, bemdez ez study pemp eur
, ordinal ez study pemp eur bep

LER, reolya, pr. et; reolennñ, pr.
rivilenneiñ, réûleiñ. — Régler,
r, preserire, ordreni, pr. et; ur-
et. Van. ordreneiñ. — Règler
dans l'ordre, reiza, pr. et; lacqaat
pr. lecqeet. Van. reiheiñ, lacqeiñ
— Action de régler, selon les diffé-
ns ci-dessus, reoladur, ordrena-
izidiguez, reizadur. — Se régler
lqu'un, qemeret sqær ou pa-
diouc'h ur re-bennac, pr. id.
he.

LÉ, e, qui est dans l'ordre, reiz
, oh, à. — Un homme qui méne une
fe, nep a gundu ur vuhez reiz ou
, nep a vev gad reiz ha gad mo-
Une ville bien réglée, ur guear rei-
éscnnet mad, ur guær goûarnet
et mad. — Réglé, e, ordinaire, or-
reiz. — Fiévre réglée, terzyein
ordinal. — Fiévre qui n'est point
terzyenn direiz, terzyeñ ne deo
linal, terzyeua mont-dont.
LISSE, plante, regalis. Trég. bran-
id est, pren c'huëcq, bois doux.
oëd regalis. v. suc.

NANT, e, qui régne actuellement,
so ou nep so brémâ o reèn. —
t alors en France le roi Louis le

Gros; ar roûe Loys an teurenneoq o veza o reèn neuse ô Gall.

REGNE, rezn. Le z ne se prononce pas,
il vaut hi un second e servant d'allonger la
prononciation de la lettre e, presque comme
si on écrivait roèn, au lieu de rezn. Van.
goarnacion, reen. — Sous le régne de Benoit XIII, dindan reen hon tad sautet
ar pap Beneat trizecved èn hano. —
Dieu veuille bénir le régne du roi Louis XV,
pliget gand Doûe rénta ê pep sæçoun
eûrus ar rezn eus ar roûe Loys pem-
zeoved èn hano.

REGNER, rezn, pr. et. Van. goarneiñ,
reeneiñ. En Gallez, teyrnasu. v. royaume,
roi. — Le roi Louis XIV a régné heureusement pendant 72 ans, ar roûe Loys pévarzecved èn hano.èn deus bet digad
Doûe ur rezn caër, hirr hae eûrus pehiny èn deus padet daouzeccq vloaz ha
tryuguent. — Le vice régne plus que jamais, biscoaz ne reznas muy ar viça e-
gued a za brémâ, ne voa biscoaz pau-
toc'h ur viçz var an doûar eguid ma ez
eo èn amser-mâ. — Régner, environner,
ober an dro da, etc. — La galerie régne
tout au tour du château, ar poudalez a ra
an dro d'ar c'hastell.

REGORGER, déborder, scûilha dreist
ou dreist ar bordou; fenna, pr. et. Van.
scûilheiñ dreist ou drest. — Regorger,
parlant de choses solides, comme grains, cendre, feltra, pr. et; scûilha dreist. — L'action de regorger, regorgement, scûilha-
dur, fennadur, fennadurez, feltradurez,
feltradur, discargadur. — Regorger de
biens, cahout founder a bep tra, cahout
madou dreist penn, pr. bet.

REGOUTER, aztanva, pr. et; tañva
ou tañvât ua eil guëch, ppr. tañvoet.

REGRAT, marchandise de peu de valeur,
ragaich, pl. ou; racaich, pl. ou.

REGRATTER, faire le regrat, ragui-
cha, ragata, ppr. et. Van. ragateiñ, re-
gateiñ, ppr. et.

REGRATTERIE, marchandise de regrat,
ragachérez , pl. ou ; ragatérez, pl. ou.
Van. regatereah, ragatereh.

REGRATTIER , ragachèr, pl. yen ;
ragatèr, pl. yen. Van. ragatour, regatér,
ppl. eryon.

**RECRATTIÈRE**, *rabilleuse et revendeuse*, ragacherès, *pl.* ed; ragaterès, *pl.* ed. *Van.* ragatourès, *pl.* ed.

**REGREFFER**, iñbouda a-névez, *pr.* iñboudet.

**REGRÈS**, *droit de rentrer dans un bénéfice*, distro. — *Il a signifié son regrès*, sinifvet èn deveus e zistro.

**REGRET**, *deplaisir*, displijadur, displijadurez. *Van.* displijadureh. — *Regret, douleur, repentir*, aucqenn, encqrès, qeuz, glac'har. *Van.* qé, glahar. —*Avoir du regret*, cahout qeuz, cahout glac'har, cahout displijadur, cahout nec'h, cahout nec'hamand, cahout chiñ. *S.-Brieuc*, cahout niûv, *pr.* bet. *Van.* qéhut qe, *pr.* bet. **v.** *regretter*.— *Causer du regret*, qeuzya, *pr.* et; gla-c'hari, *pr.* et.—*Mes péchés passés me causent bien du regret*, va phec'hejou tréumenet a zeu dam c'heuzya meurbed, terrupl oun glac'haret *ou* qeuzyet gad va phec'hejou trémenel,—*A regret*, gad displijadur, gad poan, gand qeuz, gand glac'har. *Van.* gned qe.

**REGRETTABLE**, din da veza qeuzyet, din a gueuz,

**REGRETTANT**, *te*, qeuzyus, qeuzedicqus, qenzus, glac'harus, oh, añ. **v.** *contrit*.

**REGRETTER**, qeuzedicqât, *pr.* éet; qeuzya, *pr.* et, qeuzi da, *pr.* et; beza qeuzedicqéet, beza qeuzyet, beza qeuzet, *pr.* bet.—*Les Israélites étant dans le desert, regrettaient les oignons et les viandes d'Égypte*, cals a Israélided pa edont èn deserz, a gueuzyé d'an oignou *ou* o devoa qenz d'an oignou ha d'ar c'hicq o devoa da zibri èn Egyp.

**REGULARITÉ**, *observation exacte des règles*, fidelded vras d'ar replyon eus ar stad a religius.—*Régularité, t. d'architecture*, reiz vad, reizded.—*Il n'y a nulle régularité dans ce bâtiment*, ne deus reiz vad e-hed èn ediviçz-mâ, ne deus qet a reizded èn qement a so græt amâ.

**REGULIER**, *ère, qui vit selon ses règles*, fidel da viret gand acqed ar reolyou eus e stad. **v.** *bénéfice, chanoine*.— *Régulier, ère, conforme aux regles*, reizus, reolyus, oh, añ; græt diouc'h ar

reol, græt gand ponés ha musur.—*Régulier, ère, égal*, iñgal, oh, à, ai-.—*Régulier, ère, exact*, acqedus, ob.—*Régulier, les réguliers, religieux*, zad, *pl.* reizidy; nep a vev diouc'h ar ou diouc'h reol *ou* diudan reol. —réguliers, ar reizidy; ar religiused. venec'h, ar venec'h. **v.** *clerge, vrai*.

**REGULIEREMENT**, *d'une manière réglée*, gand reiz, evit an ordinal.—*Régulièrement, selon les régles de l'art*, ur sæçzoun reizus.

**REHABILITER**, reiza nep a reizet, *pr.* reizet; lacqât ur re-é stad da guemeret an urzou, pe eçzerçi c urz.—*Rehabiliter un..*, reiza ur bæleoq, reiza ur religi..—*Rehabiliter un gentilhomme degra..* blesse, un marchant qui a manqué.. créanciers, reiza un digentil nop.. ur marc'hadour manecqet, *pr...*

**REHABITUER**, accustumi *pr.* et. *Van.* accusiumeiñ a nevé-.—*Rehabituer au bien ou au mal*, accustumi a névez d'ar mad, pe.. droncq; qemer a-névez accustum.. chou mad, pe goall dechou, *pr. e.*

**REHANTER** (se), èn hem.. névez, *pr.* en hem hentet.

**REHAUSSER**, uhellaat muy.. muy, *pr.* uhellëet; gorren c'hoa.. gorroët.—*Rehausser le prix des me..* disçz, qèraat ar varc'hadourez,.. —*Rehausser, donner un nouveau lu..* crisqi, *pr.* cresqet; crisqi ar sqe.. luffr eus a un dra.

**REIMPRESSION**, eil moul.. mouladur evit an eil guéch.

**REIMPRIMER**, moula a neve.. moulet; lacqaat un eil guéch da.. goulou, *pr.* lecqeat.

**REIN**, *les reins, le dos*, croaz.. azell ar c'hein, *pl.* an diou gr.. croaz-lez, au dargreiz. *Van.* e.. lecun, croëzell, *pl.* en digre.. rognon.—*J'ai les reins rompus*, .. va c'hroazell, torret eo croaz.. c'hein, torret eo va dieu greaz.. ret eo va dargreiz, torret eo va c.. eo va c'hroazlès.— *J'ai mal aux..* poan am eus èn dieu greazell, ..

as èm c'hroazlès, dalc'het on ném
reiz.—*Il a les reins forts,* nerz èu
ẻu e zion groazell, crê eo a zar-
, ur groazles nerzus èu deus, cas-
nad eo.—*Dieu, dit l'écriture, est le*
*ateur des cœurs et des reins,* ao au-
Doũe, hervez ar scritur saer, a
eurcha bede è creiz ar galoun hac
ered eus au dèn.

.:INE, *souveraine,* roũanès, *pl.* ed.
. id.— *La reine régnante,* greeg ar
:, ar roũanès a so brẻmả o reuu.—
.ine *douairière,* intảvès ar roũc, ar
mès coz.—*La reine mère,* ar roũa-
mamm d'ar roũe, mamm ar roũe,
a *reine régente,* ar roũanès a c'hoũ-
ar roũautélez.—*La très-sainte Vierge*
*a reine des cieux,* au introun Varya
roũanès an eế.

.EINETTE, *pomme,* renetès, rene-
aval renetès, *pl.* avalou renetès.

.EINFECTER, ampoẻsounia névez.

.EINTERROGER, eûterrogi a né-
, *r.* et.

.EITERER, ober un dra un eil gu-
ou alyès a vech, *pr.* græt.

.EJAILLIR, *sortir avec violence,* di-
umet, *pr.* id. *Van.* striuçqeiũ. *v.* ré-
*hir.* — *Sujet à rejaillir,* dilammus,
, aũ. *Van.* strinqus, oh, aũ.—*Qui*
*aillit,* a zilamm gad. —*Faire rejaillir*
*l'eau sur quelqu'un,* flistra dour oud
all, *pr.* et; lacqảt dour da zilam-
t gad un all *ou* oud un all.

REJAILLISSEMENT, . dilammidi-
ez, dilammadur, flistradenu, *pl.* ou.
a. stringadur. *v. réflexion.*

REJAUNIR, mèlèua muy-oc'h-muy,
et.

REJETER, *jeter de nouveau,* distaurl,
distaulet; teurl a névez, *pr.* taulet.
n. distauleiũ, *r.* distaulet. — *Jeter*
*rejeter une balle,* teurl ha distaurl ur
lod —*Rejeter la balle d'où elle vient,*
unda xnep boře, *pr.* et.—*Rejeter lo*
*de sur un autre,* teurl ar blamm *ou*
tazy var un all, *pr.* taulet; taual un
, *pr.* taulet.

REJOINDRE, joẻutra un eil guẻach,
:uta a névez, *ppr.* et. — *Rejoindre ,*
*draper,* tizout, *pr.* tizet.

REJOUIR, *donner de la joie,* joaũç-
zaat, *pr.* ẻet. *v. divertir.*—*Se réjouir du bon-*
*heur d'autrui,* joaũçzaat o vellet vad ,
pe zroucq d'ar re all; cahout joa o vellet éũr-vad, pe droucq-éũr d'an heutez.

REJOUISSANCE, *joie,* joaũsded ,
levenez.

REJOUISSANT, *te,* nep a zigaça
joaũsded *ou* levenez, nep a ro joa, jo-
aũçzus, oh, à

RELACHE, *cessation de travail,* de
*peine,* paoũez, chau. *Trég.* span, spanaẻuu. discuïz. *Ouessant et B.-Léon,*
astal. *Van.* disouẻh, discuih.—*Sans au-*
*cun relâche,* heb paoũez è nep farçzon,
hep astal e-bed, hep tam chau, hep
span e-bed, hep ar bihaũả spanaẻuu.
—*En enfer il n'y a ni consolation, ni re-*
*lâche,* ebarz èn infern u'eu deus na conforz, na spanaẻun a berz au tourmanchou. —*Donner quelque relâche, cesser*
*pour quelque temps,* spanaat, *pr.* aẻt ;
paoũez, *pr.* et.—*La pluie donne quelque*
*relâche,* spanaat a ra ar glao, paoũez a
ra un nehend ar glao, un neubend astal hon eus digad ar glao.

RELACHEMENT, *diminution de for-*
*ce, de fermeur,* fillidiguez, léntery, laus-
qéutez.

RELACHER, *débander, lâcher,* leusqeul, *pr.* lausqet. *Van.* lausqeiũ, *pr.*
lausqet. *v. débander, lâcher.* —*Relâcher*
*ce qui est trop serré,* distarda, *pr.* et.
*Van.* dirterdeiũ.--*Relâcher un prisonnier,*
leusqeul ur prisouẻr. *v. élargir.* —*Re-*
*lâcher de son droit,* ober dilès cveus a
lod eus e vir, *pr.* græt.—*Se relâcher ,*
lausqaat, *pr.* ẻet; léutaat, *pr.* ẻet; cloũ-
araat, *pr.* ẻet; dieueqảt, *pr.* ẻet.

RELACHÉ, *ée,* lausq, lẻut, oc'h, à, aũ.

RELAIS, *cheval de relais,* maro'h
eciũch, *pl.* qesecq eciũch; marc'h fresq,
*pl.* qesecq fresq. *Van.* marh discũch,
marh fresq, *pl.* roueed fresq *ou* discũch.

RELANCER, *faire sortir la bête,* di-
foureqa ul loẻzn gouẻz eus e doull, *pr.*
difoureqet; lauçza a névez ul loẻzn
gouẻz, *pr.* lauçzet. —*Relancer, repasser*
*quelqu'un vivement,* qivigea ur re, *pr.*
qiviget; sevel coreeu da ur re, *pr.* savet; teuua coreeuu da ur re, *pr.* et. *v.*

rabrouer, tanner, repasser.

**RELAPS**, *retombé dans l'hérésie*, az-couëzet èn hugunodaich, affeilhet èn heresy.—*Laps et relaps*, couëzet hac az-couëzet èn hugunodaich.

**RELATION**, *narration, histoire*. v.-y.
—*Relation, menée secrète*, complod, *pl.* complojou, complodou.—*Relation, intelligence*, aznaoudéguez, raport.

**RELAVER**, azgoëlc'hi, *pr.* et; goël-o'hi un eil guêch, *pr.* guëlc'het.

**RELAYER**, *se servir de relais*, qemer qesecq ceiñch, qemer qesecq fresq ou qesecq discuiz evit postal, *pr.* qemeret.
— *Se relayer*, labourat ha paoüez bep eil vech *ou* an eil gonde eguile, *ppr.* et.

**RELEC**, *abbaye de l'ordre de Citeaux, qui dans le neuvième siècle eut ce nom d cause du grand nombre de morts qu'on y enterra après le sanglant combat que les Bretons avaient eu, dit-on, avec les Barbares du Nord, dans la montagne d'Arré, près de cette abbaye*, ar Relecg, abaty ar Relecg. *En lat. abbatia sanctæ Mariæ de reliquis.*

**RELEGUER**, eaçz a-bell, eaçz da ul leac'h açzinet, *pr.* caçzet.—*Se reléguer dans un désert*, moñnet da chom èn un deserz *ou* èn ul leac'h distro, *pr.* ëet.

**RELEVÉE**, *l'après-midi*, goude crez-deiz.—*A deux heures, à trois heures de relevée*, da ziv heur, da déyr heur gou-de crezdeiz *ou* goude creizdez.

**RELEVER**, *lever de nouveau*, sevel a névez, sevel adarre, *pr.* savet. *Van.* sa-veiñ, señel, *ppr.* sañet.—*Relever, lever de terre une chose tombée*, sevel divar an doüar, *pr.* savet. — *Relever, élever plus haut*, sevel uhéloc'h, gorren c'hoaz, *pr.* gorroët.—*Relever de maladie*, sevel divar ar guële.—*Relever de couche*, se-vel a vilyoud, mont d'an ilis, *pr.* ëet.
—*Relever quand on est tombé*, sevel èn e sa. *On écrivait* seffell èn e saff. *Van.* him seüel.—*Relever de, dépendre de*, bezz dindan, beza dindan dalc'h, boza è dalc'h, *pr.* bet; dero'hell eus a, *pr.* dalc'het.—*De qui relevez-vous?* pe eus a biou ez dalc'hit-hu? è dalc'h piou ez ma oc'h-hu? dindan piou *ou* dindan pe dalc'h ez ma ou'h-hu? — *Nous rele-*

*vons ici de la duchesse de Rohan, de madame la marquise de*, ez ma oump ami è dalc'h Rohan *ou* è doüar Rohan, au ty-mâ a so dindan ar varqisès; hon doüar a so è dalc'h ar varqisès.

**RELIEF**, *figure en bosse, etc.*, bolb. v. bosse.—*Figures en bas-relief*, limaich both, *pl.* limaichou both; imaich græt gand ar guisell, pe teuzet, pe taulet moul, *pl.* imaichou græt, etc.

**RELIER**, *lier de nouveau*, erèn un eil guëoh, *pr.* erëet; amarra a névez, *pr.* et. *Van.* amareiñ a-neüe. — *Relier un livre, des cahiers*, eoubla ul levr, *pr.*et; qeyna ul levr, *pr.* et; golei ul levr un eil guëch, *pr.* goloët. — *Relier un livre en veau*, golei ul levr gand luguenn.—*Relier des tonneaux, des cuves*, qelc'hia fustailh a-névez, *pr.* et.

**RELIEUR**, *qui relie les livres*, eoublèr levryou, ur o'houblèr-levryou, ur c'heynèr-levryou, *ppl.* yen; nep a goubl ou nep a gueyn *ou* nep a c'holo levryou. v. *reliure*.

**RELIGIEUX**, *euse, pieux*, devot, oh, à; nep èn deus doujançz Doüe, nep èn deus ur resped bras evit ar feiz chris-ten, *ppl.* tud, etc. *Van.* devot. — *Religieus, qui est de quelque ordre régulier*, religius, *pl.* ed. *Van.* id. *Al.* lèan, *pl.* lèaued; lèad, *pl.* lèaded. *De là, qui signifie serment, væu*. v. *religieuse, moine, pleurer*.—*Se faire religieux*, mont da re-ligius, mont d'ar goüénd, *pr.* ëet; an-treu èn un urz, *pr.* antrëet; qemeret un urz, *pr.* id; qemeret au abyd.—*Re-ligieux rentés*, religiused rèntet, reli-giused o deus rénd *ou* leve, religiused o deus madou commun, meneah, mo-noh, menah.—*Religieux mendiants*, re-ligiused a vev divar an alusenn, reli-giused n'oz deus qet a vadou nac è particulèr, nac è commun. — *Les trois vœux solennels constituent le religieux, et l'observation exacte des vœux fait le bon religieux*, nep a ra ar væuou solen a so religius, ha nep ho mir èr-vad hennez a so ur religius mad *ou* guïr religius; qemen hiny a zeu da voëstla da Zoüe, èntre daoüara ur superiol aboïçzançz, paoüreutez ha castetez, a so hep mar e-bed religius ; hegon nep piou-bennac a zeu d'èn hem acquyta èr-vad enno a so a·dra-sur ur religius mad. — Un *religieux*, *des religieux*, ur religius, religiused.

RELIGIEUSE , leanès, *pl.* ed. *Van.* id. *Al.* lèadès, *pl.* ed. *v. marié.* — Mo*nastere de religieuses* , lean-dy , *pl.* leaudyou. *id est*, lean-ty *ou* leanès-ty. *v. religieux, monastère.* — *Il y a en ce monastere plusieurs saintes religieuses*, meur a leanès santel a so ebarz èl leandy-hont

RELIGIEUSEMENT, èn ur fæçzoun religius *ou* devot, gad devocion, è doujançz Doûe. — *Religieusement*, *exactement*, èn ur fæçzoun acqedus, gand acqed bras.

RELIGION , *culte envers Dieu*, vertuz pe dre hiny ez rentomp da Zoûe an cior a so dleat d'é vagestez.—*La religion chrétienne* , ar feiz christen, al lésenn ;risten. *Van.* èl léseenn gristen. — *Religion* , *ordre religieux*, un urz a leancsed pe a religiused . *pl.* urzou. *Van.* urh a ·eligiused. — *Entrer en religion*, mont da religius pe da leanès. *v. religieux.* — *Religion prétendue réformée* , hugunolaich.—*Calvin a été l'auteur de la religion prétendue réformée*,Calvin a so bet ar pen us an hugunoded, Calvin eo bet antor eus an hugunodaich , pe eus a e a lavar beza christényen refurmet.

RELIGIONNAIRE, hugunod, *pl.* ed ; arpailhod, *pl.* ed.

RELIGIOSITÉ, *t. de religieux*, réliiusded, cundu devot ec'hiz ma dere ud ur religius pe oud ul leanès.

RELIMER, livna a névez, *pr.* livnet.

RELIQUAT, *reste d'un paiement*, *d'un* ompte, restalou, restádou, restou coz. — *Payer des reliquats* , paëa restalou , r. paëet; restauli, *pr.* et.

RELIQUAIRE , boëst relegou , *pl.* oëstlou. *Van.* boëst releguéú.— *Petit ·liquaire*, boëstlicq relegou.

RELIQUATAIRE , *débiteur d'un reliat de compte*, dleeur a restalou, *pl.* leeuryen, nep a dle restalou.

RELIQUE, *parcelle du corps d'un saint*, ·lecg, *pl.* ou ; telecg sacr, relecg ur sant, . relegou sænt. — *La procession des*

reliques, tro ar relego. — *Avoir de la vénération pour les reliques des SS.*, douguenn resped da relegou ar sænt, *pr.* douguet.

RELIQUES, *restes des corps morts*, relegou tud varo , esqern tud varv. — *Reliques* , *restes* , ar rèst , ar rèst eus a, etc. ; restou. *v. relec*, *squelette.*

RELIRE , dazlenn , *pr.* dazleennet , lenn un eil guêch pe meur a vec'h , *pr.* lennet.

RELIURE, ar fæçzoun da goubla levryou *ou* da gueyna *ou* da c'holei levryou , goloadur *ou* coubladur levryou.

RELUIRE. *v. briller.*

RELUISANT , *te. v. luisant*, *éclatant.*

REMACHER , *parlant des bêtes* , dazqiryat, *pr.* et. *Van.* tacqeneeiñ. *v. ruminer.* — *Remâcher en mangeant comme font les personnes édentées*, moignat, *pr.* et.

REMAÇONNER, maçzouna un eil guêach , maçzounat a névez , *ppr.* et.

REMANDER, qemenn a névez , *pr.* et; caçz un eil guemennadurez, *pr.* et.

REMARCHANDER, marc'hadta a névez. *pr.* marc'hatet.

REMARIER (se), azdimizi, *pr.* azdemezet ; ober un eil dimizy, *pr.* græt ; haddimiiñ, *pr.* haddimēet. *-Il est défendu par le droit de se remarier dans l'année de viduité*, divennet eo gaud ar guïr, doûnet da azdimizy è pad ar bloas qentá a intàvælez.

REMARQUABLE, remerqapl , notapl , oh , añ , din da veza remerqet *ou* notet. *v. signalé.*

REMARQUE, remercq , *pl.* ou.

REMARQUER, *observer*, remercqi, *pr.* remerqet; eveçzaat, *pr.* eveçzēet. — *Remarquer*, *voir*, *considérer*, guëllet, *pr.* id. ; diffaranti, *pr.* et.

REMBARQUER, ambareqi a névez, *pr.* ambarqet.

REMBARRER*quelqu'un de paroles*,respount da ur re evel ma vilit, *pr.* respountet: caçz ur re da vale, caçz ur re da driñchina, *pr.* caçzet.

REMBOÎTER, *remettre un os disloqué dans sa boîte naturelle*, joêntra an esqern dijoentret , *pr.* joêntret ; lec'ha *ou* lec'hi an esqern dislec'het *ou* dilec'het, ppr. lec'het ; lacqaat un asqorn dile-c'het èn e blaçz *ou* èn e lec'h ; plaçza an esqern dîblaçzet ; ausa un asqorn diauset, *pr.* anset ; boëstla an esqern divoëstlet, *pr.* boëstlet. *Van.* hampreiñ an esqern dihampret, lehciñ an esqern, auseiñ an asqorn diauset. *v. démettre.*

REMBOITEUR, nep so mad oud an dijoëntrou; joëntrer, *pl.* yen; joëntrour an esqerñ dislec'het. *Van.* ausour an esqern, *pl.* auseryon.

REMBOURRER, *remplir de bourre*, bourrella, *pr.* et; lacqaat bourell é, etc, *pr.* lecqëet.—*Rembourrer son pourpoint*, *t. burlesques pour dire bien manger*, bourella èr-yad e borpand, carga caër e goff.

REMBOURSEMENT, ramboursamand, rombours. *Van.* acquyt.

REMBOURSER, remboursi, *pr.* et. *Van.* acquyteiñ. *v. bourse.* — *On m'a remboursé*, rambourset ounn bét.

REMBRASER, eñtana a-névez, *pr.* et; lesqi a-névez, *pr.* losqet.

REMBRASSER, èn hem vryala a-névez.

REMBROCHER, bèrya qicq un eil guëach.

REMÈDE, remed, *pl.* remejou. *Van.* remed, *pl.* éü. — *Remède, médicament.* lousou, remed. — *Prendre des remèdes*, qemeret lousou *ou* remejou, qemeret ur remed bennac, *pr.* id.

REMEDIER, remedi, *pr.* et; digaçz remed, *pr.* digaçzet, clasq remed oud an droucq. *pr.* clasqet. *v. médicamenter.*

REMÊLER, qemesqa a névez, *pr.* et.

REMENER, caçz ur re d'ar guær, *pr.* caçzet; cundui ur re d'ar guær, *pr.* cunduët. *v. reconduire.*

REMERCIER, trugarecqaat, *pr.* trugarecqëet. *Van.* trugarecqât, trougarecqât, *ppr.* éit. — *Il faut remercier Dieu de tous ses bienfaits*, redd eo trugarecqât Doue eveus e oll vadou *ou* vadelezyou. — *Je vous remercie de vos biens, de votre bonne chère*, hac ho trugarez evit oc'h oll madelézyou, cant ha cant trugarez evit o c'hoill vadou, mad ! ne veac'h qet vell evit ho trugarecqât; qen na vezo; enor; yec'hed hac eür vad deoc'h

ha da guemént a vaguit ! — *En tad remerciant*, hac ho trugarez.

REMERCIMENT, trugare, trugarez. *Van.* trugare, trougare, trouguére.— *Faire un remerciment à quelqu'un*, laret trugarez da ur re, *pr.* id. ; trugarecqât ur re-bennac.

REMESURER, musura un eil guëach, *pr.* musuret; musula adarre, *pr.* musulet.

REMETTRE, *mettre une seconde fü*. lacqât a-névez *ou* adarre, *pr.* lecqëet. — *Remettre dans le bon chemin*, lacqat var an hendmad.—*Remettre une ancien coutume*, digaçz ur guiz coz èn dro, digaçz ur guiz coz da névez, *pr.* digaçzet. — *Remettre un esprit abattu*, frealsi un dèn melconyet, *pr.* frealset. — *Remettre à un autre temps*, lesel bede un amser all, lesel qen na vezo un amserall, *pr.* leset; gortos un amser all, *pr.* gortoset; deport bede un amser all *ou* bede ur veach all, *pr.* deportet. — *Remettre, remboiter. v.-y.* — *redonner*, rei adarre, *pr.* roët ; lacqaat un dra èntre daoūorn ur re bennac, *pr.* lecqëet.—*pardonner*, pardouni, *pr.* et. *Van.* pardouneiñ. — *Remettre, reconcilier. v.-y.* — *Se remettre, se replacer*, qement e blaçz qentâ, qemeret e blaçz diaraucz; hem blaçza evel diaguent, *pr.* hem blaçzet. — *Se remettre, se rappliquer à*, èn hem rei a névez da, etc, d'ar studi, *pr.* èn hem roët. —*Se remettre bien avec quelqu'un. v. se reconcilier.*—*Se remettre, s'en rapporter au jugement de quelqu'un*, trémen dre al lec'h ma lavaro un all, *pr.* tremenet; ober lavar un all, ober dioue'h divis un all, *ppr.* graët. — *Se mettre, se ressouvenir*, cahout couñ, souch, *pr.* het. — *Se remettre, retenir, quelque trouble*, hem beoc'hat, *pr.* hem beoc'het ; diaseza e humor, *pr.* diasezet, diaouzani, *pr.* et. — *Se remettre, retenir en santé*, francqaat, *pr.* francqëet ; guëllaat, yac'haat, *ppr.* éet; cn trei è yec'hed, *pr.* distroët.

REMISE, *délai*, dale, *pl.* ou.—*Lieu de remise*, asteñ an termeñ, *pr.* asteñet. —*Sans remise*, hep dale, hep dale pet loc'h. —*Remisé, abandon d'une partie*

son dâ, dò son droit, dilès ens à lod ètals
e vir, dilès a lod eus an dle. — *Remiss
de carrosse*, lap ur c'harroucz, *pl.* ou.
REMISSIBLE, pardounapl, oc'h, â, añ
REMISSION, *t. de chancellerie*, graçz.
—*Obtenir des lettres de rémission*, cahout
lizeroù a c'hraçz evit ur chrim grat. —
*Rémission, pardon*, pardoun. — *En rémission de mes péchés*, evit cahout digand Doûe ar pardoun d'am pec'héjou,
ên pardoun d'am pec'héjou.
REMONTER, *monter de nouveau*, pignat adarre, pignat c'hoaz, *pr.* pignet.
*:. élever, remettre.* — *Remonter une paire
de souliers*, doupsolya ur re voutoû, *pr.*
loupsolyet. *v. semelle.*
REMONTRANCE, *avis, conseil*, cusul,
*ivis*, qentell, *ppl.* ou, you; *représenta-
lurez.* — *Remontrance, supplication*, pe-
leñ humbl, *pl.* pedeñou; suply, *pl.* ou.
REMONTRER, *montrer de nouveau*,
lisquëz adarre, *pr.* disquëzet. — *Re-
nontrer, avertir, conseiller, représenter*,
ei un avis da ur re, rei ur c'husul da
ir re, *pr.* toët; disquëz gad honested,
r. disquëzet.—*Remontrer, faire une sup-
lication*, suplya, *pr.* et.
REMORA, *petit poisson que les anciens
nt dit avoir la force et la propriété d'arrê-
:r un vaisseau allant à pleines voiles*, re-
nora, ur remora.
REMORDRE, crégui un eil guëch, *pr.*
roguet; pegui a névez, *pr.* peguet. —
*emordre, donner des remords*, rebechat,
ebech, *ppr.* et. *v. reprocher.* — *Il sait as-
:z que sa conscience lui remord*, gouzout
voalc'h a ra penaus e goustiançz a re-
ech qemeñ-ze dezâ, santout a ra avo-
lc'h ar rebechou eus e goustiançz var
r poëñd-ze.
REMORDS, *reproches que fait la cons-
ence*, rebech a-berz ar goustiançz, *pl.*
:beichou; mouëz ar goustiançz. *Van.*
roudeü er goustiançz. — *Etre pressé
r remords*, beza criguet beo-buezocq
1d e goustiançz. — *Quand la conscience
: donne point de remords à un pécheur*,
*est qu'il est endurci*, pa ne rebech qet
goustiançz da nepa zeuda voall-ober
emeñ-ze a zirquëz ez eo caledet o ga-
usa, peoc'h a goustiançz ên ur pe-

c'hour a so caledèr a galoun.
REMORQUER, *action d'un navire qui
en tire un autre*, ramocqa, ramocqi, *ppr.* et
REMOUILLER, dazglibya, *pr.* et;
glibya c'hoaz, *pr.* glibyet.
REMPARER (se), *se fortifier*, ramparzi ul leac'h *ou* ur plaçz, *pr.* et. — *Se
remparer contre les attaques du démon*,
ramparzi e ene a ênep açzailbou an
droucq-spered.
REMPART, *t. de fortification*, ramparz, *pl.* you. — *Les remparts de la ville*,
ramparzyou kear. *v. boulevart.* — *Rempart fait de pieux*, gûall, oûal, *ppl.* aoû. —
*La crainte de Dieu est un rempart assuré
contre les tentations*, an doujançz e Zoûe
a so ur ramparz açzur hao ur guir remed ouc'h pep témptacion.
REMPLACER, *remettre en la place*,
laoqaat ên e blaçz, *pr.* lecqëet.
REMPLIR, *emplir*, leunya, *pr.* et; carga, *pr.* carguet; farsa, *pr.* et. — *Remplir,
combler*, barra, *pr.* et; laoqât barr, *pr.*
lecqëet. — *Remplir à demi*, hanter-gar-
ga, *pr.* hanter-garguet. — *Remplir bien
sa charge, ses devoirs*, ober èr-vad e garg,
ober èr-vad o zever, *pr.* grat; hem acquyta èr-vad ên e garg ên e zever, *pr.*
hem acquytet. — *Se remplir de viande*,
hem garga a voëd.
REMPLI, e, *plein*, leun, carguet, oh,
â. *Van.* lan, leih. — *Une vie remplie de
délices*, ur vuhez leun a bep seurd plijadurezou. — *Rempli de chagrin*, carguet
a velcony, leun a dristidigues.
REMPLOYER, impligea un eil guëach, implijout adarre, *ppr.* impliget.
REMPLUMER (se), *reprendre de nouvelles plumes*, ober pluñ névez, *pr.* great.
— *Se remplumer, redevenir riche*, hem zi-
c'haoni eus e gollou, *pr.* ët; hem voarniçza gad créguin arc'hand, *pr.* et.
REMPORTER, *emporter de nouveau*,
caçz a névez gandhâ, *pr.* et; digaçz adarre d'ar guær, *pr.* et. — *Remporter, emporter, gagner*, cahout, *pr.* bet; gounit,
*pr.* gounezet. — *la victoire*, cahout *ou*
gounit ar victor, beza treac'h.—*le prix*,
gounit *ou* cahout ar pris.
REMPRISONNER, prisounya : dar-
re, *pr.* et; lacqât a névez èr prisoun.

40

REMPRUNTER ; ompresta a névez, pr. et.

REMUANT, *vif*, beo, boulgeant, oh, a; boulgeanticq, qefflusqus, qeulusqus, flàvus. — *Remuant, e, séditieux*, cabalus, cavailhus, qefflusqus, oh, añ.

REMUE-MENAGE, dispach, troubl, distrz.

REMUEMENT, qefflusq, qeulusqadur, boulgérez, fiñvérez, firbourchérez, boulch. *Van.* boulch. — *de terre avec quelque outil*, dispac'h. — *trouble, sédition*, brouilheiz; troubl, qefflusq, cavailh.

REMUER, mouvoir, qeulus, fiñval, flàic'h, dispac'hat, ppr. et. *Van.* boulgeiñ, fichal, ppr. et. — *Remuer la terre*, dispac'hat añ doûar. — *Ne remuez pas la table*, ne fiñvit qet an daul, ne flachit qet an daul. — *Ne remuez pas de là, ne* flàichit qet a lec'-ze. — *Ne remuez pas de là, tenez-vous sans bouger*, ne fiñvit qet aze, ne flachit qet aze, ne guefflusqit qet. *Van.* ne vonlget qet, ne fichet qet. — *Remuer souvent les tisons du feu*, firboucha, pr. et. — *la bouillie sur le feu, la mêler*, mesqa ar yod ou youd, pr. et. — *se soulever*, cavailha, pr. et. *v. se rebeller*. — *ciel et terre pour venir à bout de*, ober avoalc'h evit dont a-beñ dâ ou eus a, lacqât e oll study hac e oll nerz evit dont a-beñ eus a. — *Celui qui remue selon les différents sens ci-dessus*, qefflusqer, fiñver, flaicher, dispacher, firboucher, mesqer, cavailher, ppl. yen, *Van.* boulgér, ficher, ppl. yon, yan. — *Celui qui remue sans cesse ne pouvant se tenir en repos*, fich-fich.

RENAISSANCE. *v. régénération*.

RENAITRE, beza ganet un eil guéach; distrei var an doûar pr. distroët. — *S. René, mort sans baptême, renaquit par les prières de S. Maurille, au bout de sept ans, saut Rene seiz vloaz goude e varo, a zistroaz è buhez dre'r voyen eus a bedenñou mad an autrou S. Vaurilh, escop èn Anger*. — *Les feuilles et les fleurs renaissent au printemps*, da bep névez-amser ez distro an delyou hac ar blenzñ, bep bloaz d'an névez-amser ez vellomp an delyou o vrousta hac ar boeqejou o divona a-névez. — *Renaître, être régénéré*, cahout un eil buez dre'r sacramand a

Vadizyand. — *J.-C. dit à Nicodème qu'il faut renaitre pour entrer au royaume de Dieu*, hon Salver a lavaras da Nicodemus et oa redd cahout un eil buhez abarz allout antren é roüantélez an cê. *v. régénérer, être régénéré*.

RENAN ou Ronan, *nom d'homme*, Rennan, Renan. *Plusieurs prennent mal-àpropos ce nom de* Reunan *pour* Renè; *l'ets est en lat.* Romanus, *et l'autre* Renatus. René. — *S. Renan ou Ronan, en lat. sanctus* Ronanus, *patron de* S.-Renan, *en Léon, et de* Loc-Ronan *en Corn., où il a été abbé de deux monastères*, saut Rennan ou Ronan. — *S.-Renan, petite ville près Brest*, Locornan-ar-Fancq. *v. Loc-Renan*.

RENARD, *animal sauvage*, loüarn, pl. leern. *Van.* loarn, luern. *Burlesq.* ahnicq al loüarn, alanicq. *v. loup.* — *Un renard femelle*, loüarnès, pl. ed. — *Renard, homme fin et rusé*, loüarnicq, pl. leernigou. — *Queue de renard, plante*, lost-loüarn, fànouilh-goëz. — *Queue de renard, certains amas de racines qui se forment dans les tuyaux des fontaines et qui les bouchent*, lost-loüarn.

RENARDEAU, *petit renard*, loüarnicq, pl. leernigou; loüarn bihan, pl. leernigou bihan ou munud.

RENARDIERE, *tanière du renard*, toull loüarn, pl. toullou-leern.

RENCHAINER, chadeña un eil guéch, pr. et; jadenna a-névez, pr. et.

RENCHERIR, enchérir, qeraat, pr. ëët. — *Renchérir, faire une enchère sur un autre*, teurl dreist uu all, pr. taulet; lacqât dreist un all, pr. lecqëet. *v. enchère*. — *Renchérir, exagérer*, crisqi, pr. cresqet.

RENCONTRE, recontr, reücontr, darvoud, ppl. ou. *Van.* id., ppl. eü.

RENCONTRER, recontri, reüncontri cafout, ppr. et; qigeont ouc'h, pr. qigeot; arruout gand, pr. arruet. — *J'ai rencontré celui que je cherchais*, recontret a reñcontret am eus ou cafet èm eus a hiny a glasqeñ, qiget am eus ouc'h an hiny a glasqeñ, arru oan gand an hiny a glasqeau, an hiny a glasqeñ a so at ruet guené. — *Ils se sont rencontrés, it hem gafet int. — *Il se rencontre plusieurs choses*, meur a dra èn hem gaff ou gaff mênr a drâ a c'hoarve. RENCOURAGER, digaçs conraich da ur re, pr. digaçzet. v. *encourager.*

RENDERIE *de fil, jour auquel un grand nombre de filles viennent rendre à une personne le fil qu'elles ont filépour elle,* rentadecg, pl. rentadegou. *Van.* filuch, pl. eü. v. *filerie.* — *Aller à la renderie,* mont d'ar rentadecg.

RENDEZ-VOUS, leo'h-açzinet, pl. leo'hyou, açzinacioñ, pl. ou. *Van.* id., ppl. eü. — *Donner un rendez-vous,* rei un açzinacion da ur re, pr. roët; açzina ul leo'h evit èn hem gafout, pr. açzinet. — *Se trouver au rendez-vous,* hem gavout èl leo'h açzinet, hem gavout d'e açzinacion, pr. hem gavet.

RENDORMIR, lacqât da gousqet un eil guêch, ober cousqet adarre. — *Se rendormir,* cousqet adarre, pr. id. *Van.* id. — *Se rendormir contre son gré,* hem ancounea'haat da gousqet, pr. ëet; bezañ tizet ou ploumet gad ar c'housqed.

RENDRE, renta, pr. et; dazcor, pr. et. *Van.* dacoreiñ, ranteiñ, réateut, rantout — *L'action de rendre,* réntidiguez, réntadurez. — *Il faut rendre ses vœux à Dieu,* redd eo rénia da Zoüe ar pez a so goëstlet dezâ, redd eo dascor da Zoüe e c'hoyunes ou vuëstlaou. v. *vœu.* — *Rendez obéissance à vos supérieurs,* réntit a boïçzançr da bo superioled, séntit oud ar re a so lecqeat gand Doüe dreist-oc'h. — *Rendre foi et hommage à son seigneur,* ober goazounyez d'e autrou, pr. grëet. — *Il faut rendre honneur à qui il appartient,* redd eo douguen enor da nep ma ca eo dleat, respet da nep ma c'hapatchant. — *Rendre la pareille.* v. *pareille.* — *Dieu rend le centuple de ce qu'on donne en son nôm,* un autrou Doüe a zeu da réala ay c'handoubl evit ar pez a roêr èn e hano peguor-distêr bennac a vêz. — *Rendre le surplus,* restank; pr. et. — *Rendre, restituer le bien,* rénta e dra d'ar perc'hen. v. *restituer.* — *Rendre quelque chose lui-*anta, lacqât un dra da lufra ou leuc'hi ue lintra. — *Se rendre, se transporter,* èn hem gavout èn ul lac'h, pr. gavet. — *Se rendre, céder,* èn hem rénta, pr. et. — *Se rendre religieux,* mobnet da religius, pr.

ëet. v. *religieux.* — *Se rendre vertueux,* donnet da veza vertuzus, pr. deuët.

RENDUIRE, lñduia ou eñdna a-nével, ppr. et.

RENDURCIR, caledi a-nével, caledi muy-oc'h-muy, pr. ealedet. v. *endurcir.*

RENÉ, *nom d'homme,* René *et non* Renan *ni* Reunan. v. *Renan.* — *Petit René,* Reneocq, Reneicq. — *St. René, évêque d'Angers,* saut Rene, escop èu Anger. *En lat.* Renatus. v. *renaître, Renan.*

RENÉE, *nom de femme,* Renea. — *Petite Renée,* Reneaocq, Reneaïcq, Nochicq; Reneaocq *et* Reneocq, *de même que* Anaocq, Perezocq *et semblables diminutifs en* ocq, *sont du B.-L., et ne se trouvent dans le H.-L., que dans la seule parroisse de Guymiliau, que je sache.*

RÊNE, *courroie d'une bride,* reñgenn, pl. ou, diou reñgenn, an niou reñgenn; rañgenn, pl. ou, an niou rañgeñ. *Van.* rañgeeñ, pl. eü. — *Petite rêne,* rañgennicg, pl. rangennouigou. — *Tenir de court les rênes à un cheval, le réprimer, le modérer,* reñgeña ou rañgeña ur marc'h, ppr. et. — *Lorsque Charlemagne tenait les rênes de l'empire,* èn-dra edo au impalazr Charlamaign o c'houarn an impulaërded, pa edo Charlamaign impalazr, dindan rezn an empalaër Charlamaign ou Charles ar bras.

RENEGAT, *qui a renoncé à la foi pour le mahométisme,* renegad, pl. ed; nep èn deus renonçet d'ar feiz-christen evit fals-lésenn Mahomet ou evit qemeret ar mahomedaich.

RENEIGER, ober earc'h ou erc'h a-nével, pr. grëet; grët.

RENFERMER, serra ou sarra ebarz, ppr. et. *Van.* cherreiñ ebarh. — *Les princes de l'Orient renfermaient leurs trésors dans leurs sépulcres,* custum ar roüanez eus a Seve Héaul voa serra o zénsoryou èn o bezyou. — *Se renfermer dans sa maison,* sarra dor e dy var e gueyñ, mont èn o dy ha sarra clos an or var e gueyñ, pr. ëet. — *Renfermer, clore,* closa, pr. et. *Van.* closciñ. — *Renfermer, tenir enfermé,* dero'hel clos, pr. dalc'het. — *Renfermé,* dero'hel clos, pr. dalc'het; eahout, pr.

.bet. — *La terre renferme bien des trésors dans son sein*, an doüar èn deus meur a zénzor èn e galoun. — *Ces paroles de l'écriture renferment un grand mystère*, ur mystèr bras a so comprenet dindan ar c'hompsyou-mâ eus ar scritur sacr.

RENFILER, stropa un eil guëach, *pr.* stropet.

RENFLAMMER, eñflammi a-névez, *pr.* et.

RENFLER, coëñvi adarre, *pr.* et. — *Renfler, se bouffir*, c'huëza muy-oc'h-muy, *pr.* c'huëzet.

RENFONCER, *pousser vers le fond*, donnaat, *pr.* ëet. — *Renfoncer des tonneaux*, fouñcza a-névez fustaillh, *pr.* et.

RENFORCEMENT, cresqançza nerz, si.our.

RENFORCER, crosat, *pr.* ëet; ner-za, *pr.* et.

RENFORT, sicour, sourdaded névez.

RENGAGER, guëstla a névez. *Ajoutez à tous les mots qui sont sur engager* un eil guëac'h oua-névez ouadarre ouc'hoaz.

RENGAINER, gouhina, *pr.* et; lacqât en e feur *ou* èr gouhin, *pr.* lecqëet.

RENGORGER (se). èn hem ambri-da, *pr.* èn hem ambridet. *Van.* hum ambreideiñ.

RENGRAISSER, larda a-névez, *pr.* lardet; larda *ou* lardtaat muy-oc'h-muy.

RENGREGER, crigea, *pr.* et. *Van.* goahât. *v. augmenter.*

RENIABLE, dianzavapl, oh, à. — *Tous vilains cas sont reniables*, pep goall-ober a so dianzavapl *ou* a vilit bezan dianzavet.

RENIEMENT, renoncy, *pl.* ou. *Van.* id., *pl.* yéü. jarnel, *pl.* jarnëou.

RENIER Dieu, renoncya Doüe, *pr.* renoncyet; renouç da Zoüe, *pr.* renou-cet; dinac'h Doüe, *pr.* dinac'het. *Van.* renoncyeiñ Doüe. — *Renier la foi*, re-noncya ar feiz, *pr.* et; renouç d'ar feiz, *pr.* et. *Van.* renoncyeiñ d er fée. — *Renier, désavouer*, dianzaff, dianzavout, *pr.* dianzavet; dinac'h, *pr.* et.

RENIEUR de Dieu, renoncyèr a Zoüe, *pl.* renoncyeryen; jarneeur, *pl.* yen. *Van.* renoncyour Doüe, *pl.* yon.

RENIFLER, *faire remonter la morve*

dans les narines, rufla mec'hi, *pr.* ruflet; soubenna, *pr.* et. — *Renifler du tabac poudre*, rufla caër butum, tenna cñ var ar fryadou-butum, *pr.* tennet.

RENIFLERIE, ruflérez gand ar fry.

RENIFLEUR, renifleuse, ruflèr, *pl.* yen. *fém.* ruflerès, *pl.* ed. — *Nez de renifleur*, fry soubenner, *pl.* fryou soubennéryen.

RENNES, *préfecture d'Ille-et-Vilaine*, Roazoun, Roazou, Roëzon, Roazo, Roëon. — *Rennes fut presque toute consumée par le feu, l'an de grâce* 1720, Roazoun a yoa peus losqet oll var an dfin eus ar bloaz ugueut ha seitecq cant. — *Qui est de Rennes*, Rennais, Roazou-nad, *pl.* Roazounin. *Van.* Roëonad, *pl.* Roëonis. — *Les Rennais communément sont d'un bon naturel*, natur vad a so Roazounis evit an daru-vuyâ.

RENOIRCIR, dua un eil guëch, *pr.* et.

RENOM, *réputation*, brud, hano. *Fa.* brud. — *Bon renom*, brud mad, hano mad. — *Bon renom vaut mieux que beaucoup de biens, dit l'écriture.* (*Latin*) Melius est nomen bonum quam divitiæ multæ. Proverb. cap. 22. v. 1.

Guëll eo brud vad da bep hini,
Egued cahont madou leiz an ly.

— *Grand renom*, brud bras hac enorapl. — *Mauvais renom*, goall vrud, droucq-hano. *Van.* goall vrud. *v. réputation d'le proverbe au mot fumée. — Il a le renom*, *phrase populaire pour dire que quelqu'un passe pour être sorcier*, t. qu'on n'en pa prononcer, ar brud a so gandhâ, n'en ma qet e-unan.

RENOMMÉ, *célèbre*, qui a du renom, brudet, oh, añ. *Van.* id.

RENOMMÉE, *réputation*, renom. *v.* fy.

RENOMMER, *donner du renom*, bru-da, *pr.* brudet. *Van.* brudeiñ.

RENONCEMENT, renoncy, *pl.* ou. *Van.* id., *pl.* eü. *v.* reniement.

RENONCER, *renier, désavouer.* *v.* — *Renoncer, abandonner*, dilesel, *pr.* di-leset; quytaat, *pr.* quytëet; ober di-lès cus a, *pr.* græt; renouç da, *pr.* re-noucet. *Van.* id.

RENONCIATION. t. de palais, re-noncy da un heritaloh, dilès cus d'ur ur un heritaich.

RENONCULE, *plante qui fleurit en mai,* inoncull.

RENOUER, coulma un eil guêch, -. coulmet; dazcoulma, pr. dazcoul-iet. *Van.* clomeiñ un eil guêh. —*Re-ouer, se réconcilier.* r.-y.

RENOUEMENT, coulmadur. —*Re-ourment, réconciliation.* v.-y.

RENOUVELLER, névezi, pr. et; di-éveza, pr. et. *Van.* neüeheiñ, neüe-at, neüeat, ppr. et. v. *rafraîchir.*

RENOUVELLEMENT, nevezadurez, inevezadur.

RENTE, *revenu,* rénd, pl. rénchou; eve, pl. ou; *ces pluriels ont peu d'usage.* 'an. rént, rant. — *Vivre de ses rentes,* eva dioud e dra, beva dioud e leve *ou* iiouc'h e rénd, pr. bevet. *Van.* beüeiñ loh e rént. — *Rente constituée.* v. *cons-itut.* — *Chef-rente,* penn-vir, pl. peñ-'iryou, pennvirou ; pinuvir, pl. ou. l'rig. perrend, pl. perencho. perrend, d est, penn-roud, *de même que* pinvir, ennvir, penn-guîr. *Van.* peennûir. — *Payer des chef-rentes.* paêa pennvi-you, pæa pennvirou. *Trig.* pæañ per-encho. *Van.* pæciñ peennûirêü.

RENTER, réndta, pr. réndtet; le-'êa,pr.leveêt;lacqaat rénd *ou* leve ouc'h ir. lecqêet;staga rénd *ou* leve oud, etc., ir. staguet. *Van.* réuteiñ, ranteiñ.

REMTÉ, ée. —*Religieux rentés.* v. *re-'igieux.* — *Qui est bien renté,* réntus, oh, à, rénlet mad. —*Maison bien rentée,* ty réndtus, ty réndtet mad, ty leveêt mad, ly a so cals a rend oudhañ, ty a so stag il leve bras oudhâ, ppl. tyès rendtus.

RENTIER, *celui à qui il est dû une rente,* réndtaêr, pl. yeu. —*Rentier, qui doit une rente foncière,* rénchour, pl. yen; paêour réndt, pl. paêouryeu réndt; nep a dle paêa leve *au* réndt. — *Rentier, le liti e des rentes d'une maison,* levr réndt, ol. levryou; levr léryeu, pl. levryou.

RENTORTILLER, guêa adarre, pr. guêet : tortiçza a-névez, pr. tortiçzet.

— *Draps rentrayés,* mezer a so grat ur gry plad ennâ, *Van.* miher sourgellet.

RENTRER, antren un eil guêach *ou* adarre, pr. antrêet; distrei ebarz, pr. distroêt; mont var e guiz ebarz, pr. êet. *Van.* antren un eil gueh, monet ebarh un eil gueh. — *Il rentra aussitôt dans la maison,* qerqent e c'hantreas un eil guêch ebarz ên ty. — *Rentrer, parlant d'un abcès,* qisa, pr. et ; mont var e guiz ebarz. —*Rentrer dans les bonnes grâ-ces de quelqu'un,* distrei ê graçz-vad ur re; cahout adarre graçzou mad ur re, pr. bet. — *Rentrer en soi-même,* distrei d'e-unan.—*Rentrez en vous-même,je vous en prie,* distroît d'och-unan, me oz ped. — *Pour rentrer dans mon sujet,* evit dis-trei d'ar pez a lavarén.

RENVAHIR, mahomi a-névez, pr. mahomet.

RENVENIMER, binima a-névez, pr. binimet.

RENVERSE ( à la ), *sur le dos,* var e guil, var e guil-penn, a-c'huezn, var e ilpenn. *Van.* ên tu ein — *Tomber à la renverse,* couêza var e guil *ou* var e guil-penn *ou* var e ilpenn, couêza a c'huezn *ou* a c'huezn *ou* a c'huez e gro-c'henn *ou* a c'huezn e gorf, pr. couêzet. *Van.* coêheiñ ên tu ein, *id est,* ên tu guin ; coêhel ên tu hueiñ.

RENVERSEMENT, distruich, diroll, dirollamand, disurz.

RENVERSER, *jeter par terre,* discarr, a nerz caêr, pr. discarret; teurl d'an doûar, pr. taulet; pilat d'an doûar, pr. pilet. *Van.* discarr d'en doar, pr. et. — *Renverser un homme,* c'huezna un dên, pr. c'huenyet; discarr un dên *ù* c'huezn e groc'henn *ou* e gorf *ou* var e guil *ou* var choucq e guil *ou* var guil e beun *ou* var e ilpenn, pr discarret ; astenn e groc'henn da ur re var an doûar, pr. astennet; ober da ur re coll ar guêlled cus an doûar, evit sellet oud an cê, pr. græt. —*Renverser, tourner à l'envers,* trei tu evit tu d'an traou, trei

ober da ur're trei'a spered; *pr.* græt ;
lacqât urro-bennac da vont dreist pen,
*pr.* lecqẽet.

RENVOYER, *envoyer souvent*, caçz
alyès, caçz adarre, *pr.* caçzet. — *Ren-*
*voyer au lieu d'où l'on vient*, caçz var e
guiz, dileuzri, *pr. et. v. envoyer.*—*Ren-*
*voyer, chasser d'une maison*, caçz èr mæs,
caçz èu e roud. — *Renvoyer, rebuter ,*
disteurl, *pr.* distaulet. — *Renvoyer par*
*ses manières dégoutantes*, discouvyá, *pr.*
et ; digouffya, *pr. et.* — *Renvoyer par*
*devant d'autres juges*, caçz ur gaus dâ ul
lès all.

REPAIRE , *retraite de bêtes farouches,*
toull al loëzned gouëz , *pl.* toullou. —
*Repaire de voleurs* , toull al laëron.

REPAITRE, *manger*, dibri e voëd, *pr.*
débrèt; qemer e bred boëd , *pr.* qemeret. — *Repaitre , donner à manger* , rei
da xibri, rei boëd ; *ppr.* roët. — *Se re-*
*paitre de vent et de fumée* , ruffla au avel
hac ar mogued , *pr.* rufflet ; caret ar
mogued ens au enor, *pr.* id.

REPANDRE , *verser des choses liquides,*
sénna , *pr.* sennet ; squilha, *pr.* squilhet.
*Van.* squilheiù , squlbeiù. — *Répandre*
*des choses solides*, seltra , sautra, *ppr. et.*
*Van.* sautreiù. — *Répandre , disperser ,*
sqigna , *pr.* et; sqigna a bep tu , sautra
tu-hont ha tu-mâ. *Van.* stréueiù. — *Se*
*répandre subtilement*, sui , *pr.* fuet; *de là,*
qen na fu, qen na'fué, *fortement, beau-*
*coup*. —*Se répandre, s'étendre, se disper-*
*ser*, redecq, *pr.* redet; leda , *pr.* ledet ;
èn hem leda, *pr.* èn hem ledet. *Van.*
redecq; him lédeiù.—*Une goutte d'huile*
*tombée sur l'etoffe se répand bien au la ge,*
ur berad eol squilhet var eñtoff a zeu
d'en hem leda onèr varnezañ.—*Le bruit*
*se répand que*, ar bruid a red penaus, redecq a ra ar brud penaus. — *Le sang se*
*répand par les veines*, ar goad a zeu da redecq dre ar goazyéd.

REPARABLE, reparabl, ausapl, oh,
â, añ; a aller da ausa *ou* rapari.

REPARAITRE, para a-nèvez, *pr.* et;
hem zisquẽz un eil gueêh, *pr.* et.

REPARATION, raparacioun, *pl.* ou;
ausadur, *pl.* you. — *Faire les réparations*
*d'une métairie ; ober ar raparacioũ ou*

ver ur vérury, *pr.* græt. - *Réparation d'un*
*neur*, raparacion *ou* restitucion a en...

REPARER, *raccommoder*, ausa, ra...
ri, *ppr. et. Van.* auseiñ. — *Réparer u...*
*maison*, ausa ur rapari un ty. *Van. ...*
seiñ un ty. — *une perte*, rapari ur e'ho...
c. *dédommager.* — *l'honneur*, rapari u...
enor, réstitui an enor d'an hentez, *pr...*
et.— *ses forces*, qemeret e nerz.

REPARLER, *comp c'hoas* ouc'h...
*pr.* compset.

REPARTIE, *réplique*, respond, ...
respoñchou. — *Sans répartie*, bep respond, direspond, dison.

REPARTIR, *répliquer*, respont, ...
et. — *Répartir, partager une seconde f...*
ranna a névez, *pr.* rannet. — *Répar...*
*partir une seconde fois*, diblaçza un eil
guẽch *ou* evit an eil guẽch, *pr. et.*

REPARTITION *des impôts*, iñgalh.
*Van.* id.

REPAS, repas, *pl.* you ; prèd, *pl.*
ou, préjou ; pred-boëd, *pl.* prejou-
boëd. *Van.* id., *ppl.* eũ. — *Prendre s...*
*repas*, dibri e bred, qomer e bred, ober
e bred, ober e bred-bouëd. *Van.* pre-
deiũ , *pr.* predet. H.-Corn. predo, ...
predet.— *Un bon repas*, ur pred mad ...
vouëd , ur pred difaut. —*Faire ses qu...*
*tre repas par jour*, ober e bévar phred
bemdez. *v. recine.*—*Durant le repas ,*
pad ar pred, adocq ar repas. — *Apr...*
*le repas*, il *faut rendre grâce à Dieu*, gou...
de ar pred ez rencqear lavaret gra...
zou an daul, pa véz æchu ar pred...
bouëd, ez eo redd trugarecqaat Doũe...
*v. rigal, festin.*

REPASSER, *passer une seconde fo...*
distrémen, *pr.* et; disremen, *pr.* e...
*Van.* distremeiñ , *pr.* et. — *Repasser ...*
*ouvrage, le retoucher*, distrémen un ow...
vraich, courrigea ar fazyou eus a u...
ouvraich, *pr.* courriget.—*Repasser qu...*
*que chose en sa mémoire*, distrémen u...
dra-bennac èn e spered.—*Repasser u...*
*compte*, distrémen var ur gonud, cound...
ta a névez, *pr.* et; teurl d'ar jedt, ...
taulet.—*Repasser le buffle à quelqu'un,*
distrémen ur re a daulyou baz, distr...
men ur re a c'hoary guër, distrém...
hettu ur re-bennac , qivigea a dai...

re-bennac, *pr.* qiviget; rei e gaul-
ur da ur rè, *pr.* roët; frodta ur re-
nnac gand eol-garz, *pr.* et. *Van.* frod-
ñ unau-benac a hoary gaer *ou* qeu
stracq. *v. bâtonner, rosser.*

REPAVER, ausa ar pavez, *pr.* et;
veza uu eil guëach, *pr.* et.

REPAYER, paëa un eil guëch, *pr.*
ëet; dazpaëa, *pr.* ëet.

REPEIGNER, cribat un eil guëch,
et.

REPEINDRE, liva un eil guëch, *pr.*
et; peiñta a-névez, *pr.* et.

REPENDRE, *suspendre de nouveau,*
urra adarre, *pr.* et; lacqaat ê scourr
ê croucq a névez.

REPENSER *d une chose*, songeall a-
s èu un dra, *pr.* songel.—*Penser et*
*mser*, songeall ha disongeall, *ppr.*
iget ha disonget.

REPENTANCE, qeuz, glac'har. *Van.*
—*Avoir de la repentance de ses péchés,*
iout qeuz *ou* glac'har eus e bec'he-
, *pr.* bet. *v. regret, regretter.*

REPENTANT, *aute*, qeuzedicqëet,
uzyet, qeuzet, glac'haret, nec'het,
uzendicq, qeuzedicq, oh, añ. *v. re-*
*llant.*

REPENTIES, *filles de joie converties.*
rc'hed ar vadalen, merc'hed o deus
ylëet o goall vubez evit ober pini-
n.—*On l'a mise aux repenties,* plan-
eo èr vadalen, lecqeat eo èr vada-
ou lecqeat eo gad merc'hed ar va-
len.

REPENTIR. *v. repentance.*

REPENTIR (se). cahout qeuz, caut glac'har, *pr.* bet; beza qeuzyet,
ta glac'haret, beza qeuzeudicq, *pr.*
t.—*Il se repent bien de ses péchés,* qeuz
as èn deus se ur c'heuz bras èn deo
us e bec'hejou, ur glac'har bras èn
us da veza offancet Doue, qeuzyet
as eo *ou* glac'haret bras eo d'é veza
ancet Doue; grazeudicq eo meur-
d eus e se rac e bec'hejou. *Van.* eu
vout a ra ur bê bras de veut offancei
üe, ur glahar bras en des ag e be-
dëu.

REPERCER, ....lla ...e eil guëch
et; cleuza adarre, *pr.* et. *Van.* ...

kciñ a neŭe, teulleiñ hoah.

REPERCUSSION. *v. réflexion.*

REPERCUTER. *v. réfléchir.*

REPERDRE, coll un eil guëch, coll
ar pez a yoa bet gounezet, *pr.* collet.

REPERTOIRE, leao'h pe èn hiny ez
cavenr an traou a véz yzom anézo, caflec'h, ur caflec'h.

REPESER, azpouesa, *pr.* et; poesa
un eil guëch, *pr.* poëset.

REPETER, *redire. v.-y.*

REPETITION. *v. redite.*

REPETRIR, merat a-névez, *pr.*
meret.

REPEUPLER, pobla a-névez, *pr.* et.
—*Repeupler une ville, un pays,* pobla a
névez ur guær, ur vro. *Van.* pobleiñ a
neŭe.—*Repeupler un étang,* pobla a névez ur staucq redet ha pesqetëet, lacqât munus èn ur staucq, *pr.* lecqëet.

REPILER, pilat adarre, *pr.* et.—*Pi-*
*ler et repiler,* pilat alyès, pilat ha dibilat.

REPIQUER, picqat un eil guëch,
*pr.* picqet; brouda *ou* flémma *ou* sancqa adarre, *ppr.* et.—*Piquer et repiquer,*
picqat alyès, picqat ha dibicqat, brouda ha divrouda.

REPIT, *délai,* termen evit paëa. *Van.*
termeina.—*Lettres de répit,* lizerou
termen.

REPLACER, lacqât un dra èn e
blacz diaraucq.

REPLAIDER, breudtaat a névez, *pr.*
ëet; distrei ê procès, *pr.* distroët.

REPLANTER, planta adarre, *pr.* et.

REPLATRER, plastra a névez, *pr.* et;
endua un eil guëch gad plâstr, *pr.* et.

REPLET, *ette*, carguet lardt, ..h..
ñ, añ.—*Il est si replet, tant cargnet wa*
qer lardt eo.—*Une femme ....*
tuasenn, un ...... , ur ...... , ......
c'hreez lard ....

REPLETION, ...................
a lard, re a ...................—....
maladie ......................
re a lard ...................
......................
......................
......................
......................

—*A voir une réplétion, un gonflement d'es-*
*tomac* ; beza stambouc'het , cahout
stambop'h, beza re gargueta voëd, ppr.
bet ; beza farzet.

REPLEUVOIR, glava adarre, pr. et;
ober giao adarre , pr. græt.

REPLI, eil-blecg, pl. eil-blegou. Van.
id. v. pli.—*Les plis et les replis du cœur de*
*l'homme* ; eil-blegou ha displegou ar
galoun. Van. troyéū ha distroyéū er
galona. v. pli.

REPLIER, eil-blega, pr. eil-bleguet;
plega adarre , pr. pleguet.

REPLIQUE , respond , pl. respoñchou. — *Réplique réilérée* , eil respond.

REPLIQUER, *répondre de rechef,* respont adarre, pr. respontet. —*Répliquer,*
*faire difficulté d'obéir, ne pas demeurer d'ac-*
*cord*, rebecqi , pr. et; reudaël , pr. rendaët.

REPLISSER, fronçza adarre ou muy-
oc'h-muy, pr. fronçzet.

REPLONGER , pluñgea adarre , pr.
pluñget. —*Se replonger dans le vice,* distrei a névez flam d'e viçzou, pr. distroët;èn hem deurl adarre d'un droucq.
pr. èn hem daulet.

REPOLIR, pouliçza a-névez, pr. et.

REPONDANT, *ante, qui répond, qui*
*cautionne*, ucp a respount dre scrid e-
vit ur mevell.

REPONDRE, *satisfaire à une demande,*
respont, pr. et; respount, pr. et. Van.
id. — *Que répondez-vous à cela?* petra a
respountit-hu da guemeñ-ze? petra a
livirit-hu var guemeñ-ze? — *Répondre*
*d celui qui nous écrit,* ober respound d'al
lizerou hou eus bet, pr. græt. — *Ré-*
*pondre pour quelqu'un, le cautionner,* res
pount evit ur re , credtaat evit ur re-
bennac, pr. credteët.

REPONSE, respound, pl. respouñ-
chou; respond, pl. responchou. Van.
respont, pl. respontéū. — *Réponse qui*
*n'est pas claire ou qui ne parait pas sin-*
*cère*, respoñtadur, pl. you.—*Bonne ré-*
*ponse*, respound vad.—*Faire une mau-*
*vaise réponse,* ober ur goall respound ,
pr. græt; rei ur respound dic'hraçz,
pr. roët.

REPORTER, douguen adarre, dou-

guen un eil guëch , pr. douguet; ca
èn dro, pr. et.—*Reportez cela au log[?]*
caçzit an draze èn dro.—*Je l'ai rep[?]*
*sur les épaules*, douguet am eus é[?]
eil guëach var va divscoaz.

REPOS, *t. de philosophie,* repos.—[?]
*corps qui est dans le repos,* un dra pe h[?]
ny a so è repos, un dra diguefflusq—
*Repos, cessation de travail, de peine, pi*
ouëz, dibaouëz, ehan , reposvu.[?].
*relâche.*—*Qui n'a point, ou qui ne k—*
*pas de repos,* direpos. — *Repos, laie,*
spaçz.—*Repos, paix, tranquillité, p-*
oc'h, repos. — *Vivre en repos, ben è*
peoc'h, pr. bevet.—*Tenez-vous en repos,*
*vivez tranquille,* bevit è peoc'h, èn bea
zalchit è repos.—*Repos, sommeil, re-*
pos, hun, cousq.—*Prendre son repos,*
qemeret è repos, pr. id ; ober un has.
ober ur c'housq, pr. græt.—*Petit à de*
*repos*, guèle rez, pl. guëleou rea.—*Le*
*repos des bêtes d midi, en été,* ehoaz, e-
hoa, aë. Van. ahé, ahoé. — *Mener un*
*bêtes à cornes d leur repos, d midi,* caçz
ar saoud da ehoaza ou d'an ehoa re
d'an aé, pr. et. Van. caçzeiñ er kud
d'èn ahé, caçz er séūd d'en aboé.—*[?]*
*repos des morts,* repos, repos an an-
oun, reposan nep so eat d'an anaoun.
—*Ne troubles point le repos des morts, là*
è peoc'h an anaoun. list è repos nep s[?]
eat d'an anaoun.—*Repos aux vivants* [?]
*aux morts,* peoc'h d'ar re-veo ha rep[?]
d'ar re-varo.—*Le repos éternel, ar re*
posvan eternal, ar guenvidiguez e[?]
ar barados.

REPOSÉE, *lieu où les bêtes fauve*[?]
*reposent*, reposvan al loëzned goue[?]
pl. reposvanou.

REPOSER, *cesser un travail,* eha[?]
pr. et; paouëza, pr. et; dibaouëz[?]
et. Van. ehaneiñ, poëzeiñ, repos[?]
—*Reposer, dormir,* hunya , pr. et; co[?]
qet, pr. id ; reposi, pr. et. Van. re[?]
seiñ, huneiñ, hunyeiñ, cousqeiñ.[?]
*Reposer, être dans le tombeau,* reposi,[?]
et. Van. reposeiñ.—*Ici repose qui je*[?]
ne se reposa, amā ez repos nep n'en[?]
biscoaz repos, amañ ez repos un [?]
direpos. — *Reposer, se reposer, par*[?]
*de la terre qu'on laisse inculte,* létou[?]

paoëza, paouëz, ppr. et. — Re-
asseoir, parlant des liqueurs, dia-
r. et. Van. diaaeciñ. — Se repo-
rndre du repos, reposi, qemer re-
mer un neubeud a repos, ppr. et.
it se fatigue par l'étude et a besoin de
ter, ar spered fatieq gad ar study
is yzom a repos. — Se reposer sur
'un, fizya ên ur re, pr. et; coundta
rantez ur re-bennac, pr. countan. him ficiñ ên unon benao.

POSOIR, lieu où l'on se repose, reër, pl. ou. — Reposoir, autel dans
e pour le S. Sacrement, reposouër,
. parados, pl. youj ur barados.

POUSER, epouser de nouveau, azeu-
pr. et; eureugi un eil guëach, pr.
in. eredeiñ un eil guëh.

POUSSER, pousser de nouveaux jets,
a ou brousta a-névez, ppr. et. —
sser, faire retirer, pelaat dioudhâ,
t gand couraich, pr. ëet; caçz a
caçz pell, pr. et. — Repousser, par-
rs fusils, arguila, pr. et.

POUSSOIR, outil pour faire sortir
i-tille, poulsouër, pl. ou.

PREHENSIBLE, tumulus, rebo-
oh, â, uñ.

PREHENSION, rebech, tamal,
n.

PRENDRE, prendre de nouveau, qe-
t ou qemer a-névez, pr. qemeret;
i a-névez, pr. distroët.—Ils ont re-
ville, qemeret eo kær gand-ho a-
t.—La fièvre le reprit et l'emporta en
jours, an derzyeñ a zistroas dezâ
r plantas ër bez ê daou zervezam-
t a-benu daou zez. — Reprendre ses
, qemer e nerz un eil guëch; cref-
pr. ëet. — haleine, tenna o alan,
t. — ses esprits, diñempla, pr. et; dis-
l'e-unan, pr. distroët; parfetât, pr
— courage, qemeret couraich a né-
pr. id.; lacqaat pebr var e galoun.
It brignen ên e zivreac'h, pr. lec-
.— ses études, hem lacqât adarre var
udy, pr. lacqëet. — Reprendre, cor-
en paroles, teñçza, pr. et; tamal, pr.
pren, pr. et.—doucement quelqu'un
telque faute, difazya ur re dre gaër,
lifazyet; teñçza gofstad. — dure-

ment, tohçza caër, difazya gad rusdôny, tamal orrupl. — Sa mère l'a repris
rudement, tençzet eo bet oaër gad e vam,
ya caër ên déün.—Reprendre, critiquer,
trouver à redire, tamal, pr. et; caffout da
lavaret êñ; caffout abecg eñ, pr. caffet.
— Il trouve à reprendre sur tout, tamal a
ra an oll, an oll a so tamalet gand-hâ,
cavout a ra da lavaret ên oll, abecg a
gaff ên pep hiny.

REPRENEUR, teñçzer, tamaler, rebecher. ppl. yen.

REPRESENTATION, action de représenter, represéntadurez, spès, ar spès eus
a un dra, tailb, an dailh eus a un dra,
ar spès an dailh eus a ur re-bennac.
Al. llun.

REPRESENTER, faire voir, disquëz,
pr. et. — un criminel, ober comparissa
ur c'hriminal, ober compari un turfe-
tour. — un spectacle, rei un arvest d'ar
bopl, pr. roët. — quelqu'un, en faire la
personnage, ober ur personnaich-ben-
bennac, pr. græt; represanti ur personnaich, pr. et. — quelqu'un au vif, pourtrezi un dên evel pa vèz êñ e-unan a
vêz, pr. et; pourtrezi un dên goude natur ou diouc'h natur. — un autre, tenir
sa place, derc'hel plaçz un all, pr. dal-
c'het; represanti un all, pr. et. —Se représenter, ên hem bresanti adarre, pr.
bresantet; lacqât ên espered pr. lecqëet.

REPRÊTER, presta a-névez, pr. et.

REPRIER, pidi un eil guëch ou alyès,
pidi an eil goude eguile, pr. pedet.

REPRIMANDE, teñçradurez, rebech,
ppl. ou. Van. grond. pl. eü. v. répréhension.
— Je lui ferai une bonne réprimande, me
ên teñçzo ou me a deñçzo anezañ evel
ma faut. v. repreneur.

REPRIMANDER, teñçza, pr. et; tamal,
repren, ppr. et. Van grondeiñ, groudal.
v. quereller.

REPRIMER, miret na, pr. miret; derc'-
hel, derc'hel ar brid da, pr. dalc'het.
v. empêcher. — sa langue, brida e deaud,
pr. et; derc'hel ar brid oud e déaud, miret ne achapo re hell an téaud. — ses
passions, lacqât ar goal inclinacionou
da sugea, pr. lecqeat; mouga e voall inclinacionou, pr. mouguet; herzell oud

41

e zroucq-youlou, *pr.* harzet. — *la colère*, mouga ar vuanégues èn e galoun pa fell dézy sevel enhâ, mouga e frouden, herzell oud ar vuanéguez, lacqât ar vuhannéguez da sugea d'an douæder d'ar bacyauded, d'an humblded.

REPRISE, *recommencement de procès*, instançz evit coumaneç a névez ur procès. — *Reprise, fois*, guêach, guêch. — *A diverses reprises*, a veach-da-veach, meur a veach, alyès a veach, a veichou, a vizyou. a dauladou, a roïadou. — *Reprise, plante*, ar veverès. *En quelques endroits*, lousaouën sant Jan. *En lat.* semper viva, *parce qu'elle repousse partout.*

REPROBATION, distaulidiguez a zirac façz au autrou Doüe, collidiguez, daunacïon. — *Nous sommes la seule cause de notre réprobation, perditio tua, Israël, et selon la version,perditio tua ex te, Israël,* ny hon-unan a ra hon c'hollidiguez eternal; ny hon-unan ha nau pas Doüe, a so ar penncaus ens hon daunacion; ny hon-unan a gountraign au autrou Doüe da disteurl ac'hanomp a ziracg e façz evit un eternitez, var a zisquèz ar scritur sacr deomp eñ meur a andred.

REPROCHABLE, rebechapl, din a rebech. oc'h, à, añ. *Van.* id. *r.* réprèhensible. — *Vice sale et réprochable*, viçz lous ha rebechapl *ou* tamalapl *ou* din a rebech *ou* din da veza rebechet *ou* tamalet.

REPROCHE, rebech, *pl.* ou. *Van.* rebech, tamalacionn, *ppl.* eü. — *Petits reproches*, rebechérez, rebechouïgou. — *Faire de sanglants reproches à quelqu'un*, ober rebechou bras da ur re, *pr.* græt; rebechat traou pouner ha mezus da ur re, *pr.* rebechet; rebech traou grevus ha disenorapl da ur re-bennac, *pr.* et. *v.* remordre, remords. — *Faiseurs de reproches*, rebecher, rebeehour, *ppl.* yen. *Sans reproches, irréprochable*, direbech, direbechapl, oh, à, añ.— *Un homme sans reproche*, un dèn direbech, *pl.* tud. — *Ils mènent une vie sans reproche*, ur vuhez direbech a gunduout, cundui a reont ur vuhez direbech.

REPROCHER, rebechat, rebech, *ppr.* et; tamal, tamalat, *ppr.* et. *Van.* tamaleiñ, temaleiñ. — *Reprocher à quelqu'un*

*sa mauvaise vie afin qu'il l'amende*, rebechat da ur re e voall vuhez evit ell ho qaat da ceñch. — *La conscience ne reproche rien sur ce que tous me dira,* tï c'houstiançz ne rebech netra din ïi guemend a livirit, n'am eus rebech bed a-berz va c'houstiançz èr pouïnti ze. *v.* remordre, remords. — *Qui est sujet à reprocher aux autres*, rebechus, tamalus ob, à, añ.

REPRODUIRE, ober a névez, pooïsa a névez, douguen a névez, digaçz a névez; struigea a névez, *pr.* struiget.

REPROMETTRE, prometi a-névez, *pr.* et; prometont adarre, *pr.* et.

REPROUVER, *prouver de nouveau*, azprouï, *pr.* ët; prouï un eil guêch, *pr.* et. — *On a prouvé et reprouvé par bons tites que*, prouët hac azprouët eo bet gað ti-trou ha goaranchou mad penaus. — *Reprouver, desapprouver*, disaprouï, *pr.* et; diaprouff, *pr.* diaprouët. — *rejeter, distearl, pr.* distaulet. *Van.* distauleiñ.

REPROUVÉ, *les réprouvés, qui doit, qui doivent mourir impénitents*, nep a die marvel é goall stad *ou* é stad a bec'hed marvel, nep a die beza collet, a re a die beza collet. *v.* réprobation.

REPTILE, *animal qui rampe*, loëzn stlech *ou* ruzus *ou* scrimpus, *pl.* loëzned; prëveden stlech *ou* ruzus *ou* scrimpus, *pl.* prevedennou; loëznidigou vil pe prëvedenou a zeu da ruzavar o c'hoff *ou* d'en hem stlegea var o c'hoff.

REPUBLICAIN, nep a gaçza ar goüarnamand absolut, nep ne fell qet dezañ roüe, nep a gar dreist pep tra liberté e vro, nep so eus a ur stad goüarnet gad ar bopl.

REPUBLIQUE, *état populaire*, stad goüarnet gad lod eus ar bobl, *pl.* stadou, etc. *v.* aristocratie, démocratie.

REPUDIATION, an dilès a rear eur a ur c'hrecg. *v.* divorce.

REPUDIER *une femme, divorcer*, chaç eur un c'hrecg legitim, caçz ur c'hrecg èn e roud ha qemeret un all. — *Répudier une femme, s'en séparer*, dispartya diç oud e c'hrecg, *pr.* et; dilesel e c'hrecg, *pr.* dileset; dispartya a gorf hac a vï dou diouc'h ur c'hrecg. *v.* divorce.

REPUGNANCE, sorte d'aversion, poan. li.-Corn. balecg, pridiry. — J'ai de la répugnance d'aller, poan am eus o voûnet, H.-Corn. balecg am eus o vont. H.-Corn. balecg a pridiry em eus e vont, balecg so gueaû e vont. — Répugnance, dégoût, hehu; enz, heug, eac'h. — J'ai de la répugnance d manger de cela, hèrès ou poan am us o tibri eus aü dra-ze, euz eu heug a ro r boëd-ze din, eac'h eo an dra-ze din.

REPUGNER, avoir de la répugnance, bea controll da, etc., beza controll an eil a eguile, rei poan ou erès, pr. roët. — 'ette viande me répugne, ar boëd-ze a ro rès din ou a ra poan din. — Cela répugne a bon sens, an dra-ze a so controll d'ar jyand vad. — Rien ne répugne que cela ne lit, ne tra ne vir na c'hoarfé qemeû-ze. REPULLULER, divoân stancq ou paul dare, pr. divoanet. v. repousser.

REPURGER, spurgea a névez, pr. et. REPUTATION, estime publique, brudad, hano-mad. Van. brud-mad, mouëh. — Avoir la réputation d'être une personne vertueuse, cahout ar brud da véz a vertuus, pr. bet; trémen evit beza vertuzus, . et. v. renom. — Perdre sa réputation, oll e hano mad, coll istim an dud, pr. t. v. honneur. — Qui a perdu sa réputation, nep èn deus collet e hano mad ou enor ou istim vad ar bopl, un dèu disnoret ou iffamet. — Mauvaise réputation, oall vrud, droucq-hano. Van. mouëh, oall vrud. — Etre en mauvaise réputation, ahout goall-vrud ou droncq-hano, pr. et; beza en goall vrudet, pr. bet. Van. en evout goall vrud ou mouëh full, pr. bet. — Mettre quelqu'un en mauvaise réputation, oall vrudi ur re, pr. et ; ober gaou oud nor ur re, pr. græt. Van. rein goall vrud u mouëh full d'unau-benac, pr. roeit, it. — Perdre quelqu'un de réputation, lacaat ur re da goll e enor, pr. lecqëet; ober à ur re coll istim vad ar bopl, pr. græt; imet e hano mad digad ur re, pr. id. ; ifimi ar re benac, pr. et; falc'hat e brad a ur re èn desped dezaû, pr. et. Van. coiñ inour unan-benac, pr. colet.

REPUTER, présumer, cridi beza, pr. redet; istimout beza, pr. istimet; tréacu evit beza, etc. — Celle maison est réputée noble, et elle ne l'est pas, an ty-hont a istimér ou gredér beza nopl, ha pa dal ne deo qet; cridi a rear aëuep guir, ez eo nopl an dugentil hont. — Etre réputé savant, trémen evit beza gouizyecq, trémen evit un dèn gouizyecq, pr. et; beza credet ou istimet abyl. — Réputé fils d'un tel, map credapl da hen-a-hen, a drémen evit beza map da hen-a-hen.

REQUERANT, e, nep a oulenn. — Le requérant, ar goulenner, ar goulenneur. fém. goulenneurès.

REQUERIR, quérir de nouveau, qosc'hat a névez, pr. et. — Il faut aller réquérir le médecin, redd eo mont da guerc'hat a névez ar midicin. — Requérir, prier, demander, reqedi, goulenn, ménnout, ppr. et. — Je requiers que, me a reqed ou oulenn ou vénn penaus. — La vertu est requise pour être véritable chrétien, redd eo beza vertuzus evit beza christen ê guiryonez, ne deus qet a vir gristen hep qet a vertuz.

REQUETE, reqed, pl. ou, reqejou. Van. reqed, pl. eû. — Présenter une requite, presanti ur reqed, pr. et. — Entériner une requéte, anteriña ur reqed, pr. et; accordi e reqed da ur re, pr. et.

REQUIN, poisson de mer, mor-gui, pl. mor-chaçz; qy-vor, pl. chaçz-vor.

REQUINQUER (se), parlant des vieilles qui se parent, èn hem-qinqla, pr. et. Van. him yeûancqeiû.

REQUISITION, ur goulenn a rear é justiçz.

RESACRER, sacri a névez, pr. et.

RESAIGNER, goada a-névez, pr. et.

RESAISIR, sézisa a-névez, pr. et.

RESALUER, saludi alyès, saludi nep a salud ac'hanomp, pr. saludet.

RESERVE, garde, miridiguez, tiôny. — Mettre quelque chose en réserve, lacqât un dra-bennac a gostez, lacqât un dra èn tu ne ouzér qet, pr. lecqëet; ober tuofiny, pr. græt; miret un dra a gostez, pr. id. — Fruits de réserve, frouëz mirapl, frouëz da viret. — A la réserve d'un ou de deux, nemed ou nemert unan pe zaou. fém. nemert unan pe ziou; nemert, excepté, id est, nep-miret, nulle réserve; nemed, est un adoucissement de nemert ou id

RES

est, ne-ma-id. —*Sans réserve*, *sans ex-* | **RESIPISCENCE,** *t. d'église*, an dis
*cepter aucun ou rien*, hep miret uecnn pe | eus a ur pec'heur ouc'h Doûe. —*Vrai*
netra. —hep eçzepti nicun pe netra. — | *resipiscence*, distrei ouc'h Doûe dre virb
*Réserve, circonspection*, evez bras. —*Avec* | nigeñ, distrei ouc'h Doûe gand ur gab
*réserte*, gand *ou* var evez. —*Sans réserve*, | mantret d'ez veza offancet, *pr*. distrœf
hep evez, hep furnez, gad dievezded. | **RESISTANCE,** divennadurez, diva
—*Un homme sans réserve, sans retenue*, di- | controlyez, striff, æneb. —*dure*, padci
'voder, dievez. | **RESISTER,** *ne pas céder*, ober peñ di

**RESERVER,** *garder*, miret, *pr*.id. *Van*. | ur re, *pr*. græt; ænebi oud ur re, *pr*. ei
m reiñ. —*Il faut le réserter pour demain*, | stryva oud ur re, *pr*. et; hem diven œi
redd eo e viret a-benn varc'hoaz. —*Il* | ur re, *pr*. et; controlya ur re, *pr*. et. *Fa*
*se réserte pour une autre fois*, hem viret | gobér peen de. —*Résister, soutenir*, pa
a ra var benu ur vec'h all. | dout pell-amser, *pr*. et; derc'hel ouc'h

**RESERVÉ,** *e*, *circonspect*, a so var evez, | *pr*. dalc'het. *Van*. padout, dalheiñ doh
fur a bep beud, moderet. — *Cas réservé*. | —*Resister à l'eau, aller contre*, xnch
cas reservel, *pl*. casyou. *Burl*. cas du, *pl*. | ouc'h an dour. *pr*. et. —*Il faut résist*
casyou. *v. mounis et le dicton de e sujet*. | fortement aux tentations du démon, redc

**RESERVOIR,** reservouér, *pl*. ou. *Van*, | eo ænebi stard ouc'h témptaciounou ar
qiberll er fetau. *v. citerne, lavoir*. | droucq-spered, redd eo ober peua gud

**RESIDANT,** *e*, *qui reside*, manand, *pl*. ed | cals a striff d'au oll démplacionnou a
**RESIDENCE,** *demeure*, demeuranz.— | da oll démplacionnou au adversour.
*Le roi Louis XIV faisait sa résidence à Ver-* | **RESOLU,** *e*, *arrêté*, statudet, græt.—
*sailles*, ar roûe Loyz pévarzecved èn ha- | *C'est une chose résolue*, un dra c'hratet,
no a rea e zemeurauç é Versailh. —*Les* | statudet eo. —*Je suis résolu de partir*, lec
*bénéficiers qui ont charge d'âmes sont tenus* | qeat am eus èm peñ ez raucqañ diblap
*par le droit canon à la résidence, sous peine de* | za, statudet am eus dispartya ou mon
*perte de leurs bénéfices*, ar beneficéryen | èm roud. —*Résolu, e, ferme en ses résolu-*
pere ô deus carg eus an eneou, so dal- | *tions*, stardt èn e ompinion *ou* vézo, oh,
c'het dre ar guir eus an ilis, da ober o de- | â. —*hardi, déterminé*, distacq, disaou-
meuranz èn o beneviçou, didan boan | zan, seac'h, oh, â, aû. — *C'est un droit*
d'o diouér et ou dindan boan d'o c'holl, | *bien résolu*, ur pautr disaouzan *ou* distacg
**RESIDER,** mana, menel, *ppr*. manet; | *ou* seac'h eo, ur pautr eo evit an har-
ober e zemeuranez èn ul lgac'h, *pr*. græt, | diçzâ. — *C'est une fille résolue*, ur plac'h
**RESIDU** *v. reliquat*. | eo a so distacq evel ur pautr. *Burleq*.

**RESIGNANT,** *e*, nep a zeu d'èn hem | courachiq eo he hano,
disober eus a ur garg pe eus a ur be- | **RESOLUMENT,** groncz, distacq, ab
neviçz é saver un all; resineur, *pl*. yeu; | soluamant.
resiuour, *pl*. yeu. | **RESOLUTIF,** *ive*, *remède résolutif*, ga

**RESIGNATAIRE,** nep so resinet ur | *résout*, diczolvus, remed diczolvus, re
garg pe ur beneviçz èn e saver. | mejou evit diczolviau droucq humoryes

**RESIGNATION,** resignacion, *pl*. ou. | dre ar c'huès. —*décisif*, resolvus, oh,
**RESIGNER,** resina, *pr*. et; èn hem di- | nep a resolf buan an difficulteou,
sober eus a ur beneviçz, *pr*. disc'hræt. | **RESOLUTION,** *decision*, sclæridigua
— *Se résigner à la volonté de Dieu*, beza | yar un douèt, resolucion da un disteut
soumetant cus ar pez a blich gad Doûe, *pr*, | resolucion d'un difeicuteou. —*dessein*
bet; caret ar pez a so caret gand Doûe. | déso. *pl*. meur a vézo; deczen, souch

**RESINE,** rouçzin. *Van*. id. —*Chan-* | c'hoandt. —*Je suis dans la résolution de*
*delle de resine*, goulaouén rouçzin, *pl*. gou- | *faire*, ez ma oun è déso d'e ober. — *La*
louu. *Van*. goléuen rouçzin, *pl*. goléu | *résolution en est prise*, qemeret an déf
**RESINEUX,** *euse*, *bois résineux*, rouç- | zen, græt an déso, eat eo èm peua
ziuseq, coad *ou* guéz rouçzinceq. | græt eo ar gra. — *Etre ferme dans sa res*

ution, beza siardt èn compinfon *ou* ré-
o. — *Résolution, hardiesse*, hardiré-
;uez vras, couraich.—*Il a, elle a de la
résolution*, couraich èn deus *ou* he deus.

RESONNANT, *te, qui retentit*, sqiltr,
sclentin, oh, añ. sclentin *de* sclent, ar-
loise. v. *sonore.* — *Corps résonnant*, un
lra pehiny èn deveus ur son sqiltr *ou*
ar son sqlentin, un dra sqiltr, un dra
sclentin *ou* daçzonnus.

RESONNEMENT, *retentissement*, daç-
:on. *Van.* daçzon, reçzon.—*Cette corde
'ait un agréable résonnement*, un daçzon
:oër a so gad ar gorden-hont *ou* gad al
lud qorden-hont. v. *luth.*

RESONNER, *être résonnant*, daçzèn-
qi, *pr.* et; daçzonn, *pr.* et; beza sqiltr,
beza sqiltrus, beza sclentin, *pr.* bet.
*Van.* daçzonneiñ, reçzonneiñ

RESOUDRE, *arrêter, conclure*, sta-
ludi, *pr.* et; ober, *pr.* græt. v. *résolu.*—
*Résoudre, décider*, resolf, resolvi, *ppr.*
et. *Van.* resolveiñ.—*Résoudre une difficulté*, resolf un difcleut, resolvi ur guistion. v. *résolutif, résolution.*—*Résoudre,
dissiper, dissoudre*, dismantra, *pr.* et;
dismanta, dismanti, *ppr.* dismantet;
diçzolvi, *pr.* et. *Van.* dismanteiñ.—*Se
résoudre en pluie*, ceñch è glao, *pr.* et;
treï è glao, *pr.* troët. — *Se résoudre,
prendre une résolution*, furmi an déso,
*pr.* furmet; cahout an déso, *pr.* bet;
qemeret an deçzen, *pr.* id.; lacqaat èn
e beun, *pr.* ëet; lacqaat èn e sonch da,
lacqat e sonch da. *v résolution.*— *Je ne
sais à quoi me résoudre*, ne oun pe deçzen da guemeret, ne oun pe è tu trei,
ne oun pe am eus da ober.—*Je suis résolu de me taire*, va sonch eo tevel, græt
eo va sonch guené, tevel a riñ.

RESPECT, *vénération*, resped. *Van.*
id.—*Avoir du respect pour*, cahout resped evit, dougueu resped da, *pr.* douguet.—*Digne de respect*, din a resped,
diu dâ veza respedet, a vilit resped.
*Avec respect*, gand resped.—*Sans respect*,
hep resped, direspedus, diresped, oh,
à, añ. *Van.* id.—*Qui a du respect*, respedus, oh, añ. *Van.* id. — *Sauf votre
respect*, resped deoc'h, resped da nep
im c'hléo.—*Sauf le respect de la compa-*

gnie, resped dar gompaignunez èm
c'hleo, salo resped nep so presant. —
*Sans le respect de votre père*, pa nevét resped ho tad, man na vez resped oz tad,
— *Respect de sa femme*, resped d'e c'hrecg
pehiny a so grecg honest.—*Respect humain*, resped ar bed. — *Il n'a point de
respect humain*, n'eu deus qet a resped
evit ar bed, resped ar bed n'el lacqa
qet è poan, n'ez ma qet è poan gad
resped ar bed. —*Au respect de, à l'égard
de*, è resped, è scoaz. — *La terre n'est
qu'un point au respect du ciel.*, ne deo netra an doüar è scoaz au eè *ou* è resped
an eè *ou* è resped d'an eè, an doüar ne
deo nemed ur poënticq a raët gad beguicg ur bluenn, è scoaz au eè.

RESPECTABLE, respedapl, din a
resped, oh, â.—*C'est une personne respectable*, ur persounaich din a resped
*ou* respedapl eo.

RESPECTER, resped, *pr.* et. *Van.*
respedeiñ, respedeiñ. v. *respect.*

RESPECTIF, *ive, mutuel.* v.-y.

RESPECTIVEMENT *v. mutuellement*

RESPECTUEUX, *euse*, respedus, oh,
à. *Van.* respetus, respedus, oh, añ, aoñ.

RESPECTUEUSEMENT, èn ur fæç-
çoun respedus, gand resped, è resped,

RESPIRATION, an tenu hacar pouls
eus au alan, alanad. *Van.* heñalad.

RESPIRER, *attirer et repousser l'air*,
tenna ha pousa e alan, alanat, *pr.* et.
*Van.* dianaleiñ. v. *haleine.* — *Respirer
fortement, comme quand on est essoufflé*,
ruña an avel *ou* an ear, *pr.* et. — *Respirer doucement*, dic'hueza, *pr.* et.—*Empêcher de respirer*, trouc'ha an alan,
stancqa an treuz-gouzoucg, *ppr.* et.—
*Respirer, prendre un peu de relâche*, ehana, *pr.* et; spanaat, *pr.* ëet.—*Ne respirer que les richesses, que les plaisirs*, cahout e galoun èn oll d'an oll èr ma-
don, èr plijaduryou, *pr.* bet; lacqaat
e oll sonch hac e oll youl ebarz èr piu-
vidiguezou, ebarz èr plijadurezou veañ
eus ar bed, *pr.* lecqëet.

RESPONSABLE, respountapl, goarand evit. *Van.* respontapl.

RESSASSER, tamoëzat un eil güech
eu alyès a veach, *or.* et.

**RESSAUTER**, dilammet, lammet adarre, *ppr.* id.

**RESSECHER**, dassec'ha, *pr.* et; se-c'ha un eil guëch, *pr.* et.

**RESSEMER**, bada un eil guëach, *pr.* et; dazhada, *pr.* et.

**RESSEMBLANCE**, hévelediguez, hévelebediguez, hévelepded. *Van.* han-valedigueah. *Al.* llun, *parce que la pleine lune représente un visage.*

**RESSEMBLANT**, *te*, hêvel ouc'h, haval ouc'h. *Van.* hañval doh, hañou-al doh. *On écrivait* heffel, haffal.

**RESSEMBLER**, hévelebecqat, *pr.* ëet; hévelout ouc'h, *pr.* hêvelet; beza hêvel ouc'h, beza hañval *ou* baval ouc'h, *Van.* hañvaleiñ, hañvalout, bout hañval, bout hañoüal doh. — *Il ressemble entièrement à son père*, qen hêvel eo ouc'h e dad, evel pa véz èn e-unan a véz hévelout a ra èn oll d'an oll ouc'h e dad.

**RESSENTIMENT**, *reste de douleur*, santidiguez, un neubeud droucq a am-ser-ê-amser.—*Ressentiment d'une injure*, displijadur eus a un outraich, souch vèz a un injur.—*Ressentiment d'un bien-fait*, aznaoudéguez vad eus a urvadélez.

**RESSENTIR**, *sentir fortement*, san-tout stardt, *pr.* santet; santout a am-ser-ê-amser.—*Je ressens encore cette dou-leur*, a amser-ê-amser ez santañ c'ho-az ar boan-ze *ou* ur restad eus ar boan-ze.—*Ressentir un bienfait reçu*, cahout souch hac aznaoudéguez vad eus a ur mad-ober *ou* eus a ur plijadur recevet, *pr.* bet. — *Se ressentir d'une injure*, ca-hout souch eus a un injur drémenet, *pr.* bet; santout èn e galoun ar boan vèz a un affrond recevet, *pr.* santet.

**RESSERRER**, *serrer, conserver*, serra un eil guëch, **serra** startoc'h, *pr.* et; miret, *pr.* id.—*Resserrer, rétrécir*, stryza, *pr.* et; serra c'hoaz, starda c'hoaz, *pr.* et.

**RESSORT** *pour faire agir une machine*, reçzord, *pl.* ou. *Van.* id., *pl.* eü.—*Un bon ressort*, ur reçzord mad.—*Le ressort ne joue pas*, ne da qet *ou* ne flaich qet ou ne dro tam ar reçzord. — *Ressort*, *moyen*, musul, *pl.* you; moyen, *pl.* ou. —*Faire jouer toutes sortes de ressorts pour venir à bout d'une affaire*, lacqaat pep

tra èn implic'h evit, qemeret a b... seurd musulyou evit doñnet a be... eus a un dra. — *Ressort*, *juridiction*... son étendue, dalc'h, *pl.* ou; bann, *p...* ou. bann *vient de* barn, *et de* bann *vient le mot de Van. et de la H.-Corn. pour si-gnifier lieu, canton.* pe a bann oc'h-hu... a be bann oc'h-hu? pe bann ouhuy!

**RESSORTIR**, *être du ressort*, *sevel...* eus a un dalc'h, beza countraign d... voñnet da un dalc'h uhéloc'h da vrutaat, é cas a appel. *v. ressortir.*

**RESSOURCE**, moyen da raparie golñou trémenet, *pl.* moyenou.—*Il est perdu sans ressource*, collet eo ne deus muy moyen e-bed.

**RESSOUVENIR**, *mémoire qu'on a d'une chose*, souch, chouch. *Van.* souch.—*J'ai quelque ressouvenir de cela*, ur souch bennac am eus eves à guemeñ-ze.

**RESSOUVENIR (se)**, cahout couñ, cahout souch, cahout eñvor, cahout évor, *pr.* bet; eñvori, *pr.* et; évori, *pr.* et. *Van.* endevout chonch *ou* souch, *pr.* bet.—*Faire ressouvenir*, digaçz souch, digaçz couñ, digaçz eñvor da ur reeos. a un dra-bennac, digaçz da souch ea da gouñ *ou* da eñvor eus a un dra, *pr.* et. *Van.* digaçzeiñ chonch ag un dra-bennac.

**RESSUSCITER**, resuçzita, *pr.* et; distrei *ou* ober distrei a varo da veo. *Van.* resuçziteiñ. *Al.* daçzorh. *v. ral-lumer.* — *Jésus-Christ est ressuscité*, re-suçzitet eo Jesus-Christ, Jesus-Christ a so distroët a varo da veo, abeau an drede deiz. — *Jésus-Christ a ressuscité plusieurs morts*, meur a hiny a so bet resuçzitet gad Jesus-Christ, hen Sal-ver èn deus græt distrei cals tud a va-ro da veo.—*Ce médecin l'a ressuscité*, at midicin-hont èn deus tenuet auezi eus a grabauou an ancqou, ar midicin-hont èn deus roët ba digaçzet ar ye-c'hed dezañ.

**RESSUYER**, sec'ha un eil guëch, *pr.* et; dazsec'ha, *pr.* et.

**RESTANT**, *te*, *qui reste*, demorad, nemorand, an demorand, an nemo-rand. *Van.* en dàmourand.

**RESTAURANT**, *remède pour réparer*

, forces, remed magus evit nerz a un ên aicq ou bréau. — *Restaurant*, jus rôti, reçzed, druzoûny lichefrid.

RESTAURATEUR, raparèr, nep èn eus lecqeat un dra ê stad.

RESTAURATION, aüsadur, rapaïcion.

REPARER, rapari, pr. et; lacqât un ra ê reiz ou ê trayn vad ou ê stad vad, . lecqret; rénta e nerz, renta e yehed da ur re, pr. réntet.

RESTE, *ce qui est de reste*, an nelorand, rèst, pl. ou; restad, pl. ou. v. *rérages*, *restant*. — *Écrives le reste*, scriit an nemorand. *Van.* scruyüet en dalourand. — *Le reste de l'argent*, an nelorand *ou* ar rèst eus an arc'hand. *Van.* : rest ag en argand, ar restad arc'hand. -*Les restes des autres*, rèstou ar re all. an. restéü er re arall. v. *fretin*. — *Reste* : *viande*, etc., dont un autre a mangé, imaign, ar ramaign, ramaignand. — : ne *veux point de ce reste*, ne fell qet in ar ramaign-ze, ne brisêü qet cahout : ramaign-ze. — *Je ne veux point de* n reste, j'aime mieux ne pas manger de ut, ne fell qet din e ramaign ou e raiaignand, qent ez chommèn hep diri tamm ou hep dibri esqen. — *Demeur en reste*, rèsta, rèstout, ppr. restet. -*Il est en reste de plus de cént écus*, rèsta ra ou rèslout a ra dezañ da baêa muy it cant scoêd, guell evit cant scoêd ou ic'h penn cant scoêd a ehomm gandl da baêa. — *Jouer de son reste*, ayaniri an oll, c'hoari e roll, ppr. et. — *Au* ste , du reste, a-hend-all, pep tra conderet mad. — *De reste*, *suffisamment*, voalc'h, mugued ne faut, muy evit a fant. — *Il a des forces de reste*, nerz /oalc'h èn deveus, nez èn deus qeient hac a faut; bez en deus muy evit e faut a nerz.

RESTER, *être de surplus, de reste*, resut, pr. restet; beza a rèst, pr. bet; ţomm ê dilerc'h, chomm a zilerc'h, . chommet. — *Il ne reste que*, etc., ne st netra nemed, etc.; ne chomm need, etc ; n'en deus a rèst nemed, c. — *Il n'est rien resté après eux*, n'en jus restêt netra a zilèrc'h dézo, ne

deus chommet netra èn e dilerc'h. — *Rester*, *demeurer*, rèsta, chomm, ppr. et. v. *demeurer*. — *Restes ici*, rèstit amaū, chommit gancomp. — *Il est resté après nous*, rèstet eo hon dilereb, chommet eo var hon lerc'h.

RESTITUER, rèstitui, pr. rèstituet; rentout, renta, ppr. rentet; dazcor, pr. et. *Van.* restitueiū, dacoreiū, pr. et. — *Le voleur, l'usurpateur, l'usurier doivent restituer le bien mal acquis*, al laër, ar mahomèr, an usurer a dle rèstitui ar madou goall acquysitet *ou* droucq-acquysitet. — *Restituer son bien au propriétaire*, renta e dra d'ar perc'hen, dazcor e dra d'an perhen. — *Restituer en entier ou en partie*, renta an oll pe lod da viana.

RESTITUTION, rèstitucion, pl. ou. *Van.* id., pl. êü. — *Etre obligé d restitution*, beza dalc'het da ober rèstitucion *ou* da rèstitui, pr. bet. — *Beaucoup de personnes se plaignent qu'on leur fait tort et peu disent qu'on leur fait des restitutions*, cals a dud èn hem glemm ez rear gaou oudho, ha dibaut an hiny a lavar èn deveus bet ur restitucion bennac.

RESTREINDRE, *étreindre une seconde fois ou plus fortement*, starda a-nêvez, starda un eil guêach *ou* stardtoc'h *ou* creoc'h , pr. stardet. *Van.* stardeiū hoah. — *Restreindre, resserrer*, serra closoc'h *ou* startoch, pr. serret; closa, pr. et. *Van.* cherreiū sterdt, serreiū clos, pr. serret. — *Restreindre le ventre*, serra ar c'hoff; pr. serret; closa ar c'hoff, pr. closet. — *Il y a des remèdes pour restreindre et d'autres pour lâcher le ventre*, bez ez eus remejou evit serra *ou* closa gad moder ar c'hoff, ha re all evit leusqeul *ou* diglosa anezan. v. *constiper*, *lâcher*.

RESTRICTION, *action de restreindre*, stardadur, serradur, serradiguez, termenidiguez, eçzepcion. — *Restriction mentale*, serridiguez a spered.

RESTRIGENT, *ente*, *t. de médecine*, serrus, caledus, closus, oh, à, añ ; remed serrus, pl. remejou.

RESURE, *appât fait d'œufs de morue*, etc., greun morn, had-morn-brein, roguès; boêd. *Si c'est du menu peuple*, munus.

RESURRECTION, resurreccion, distro è buhez. *Van.* resurreccion, distro è buhe. *Al.* daçzorchidiguez. — *La résurrection de N.-S.*, resurreccion hou Salver.— *La resurrection du Lazare*, ar resurreccion eus al Lazar, an distro eus al Lazar èn buhez. — *La résurrection générale*, ar resurreccion general. *Le peuple dit :* gerenal.

RETABLE, stærn-auter, *pl.* stærnou.

RETABLIR, lacqaat èr stad qentâ, lacqaat é stad vad adarre, lacqaat a daïlh a-beñ un èil guêch, *pr.* lecqĕet. — *Rétablir un malade*, guĕllaat da un dèn clañ, *pr.* guĕllĕet; renta ar ye-c'hed da un dèn clañ, *pr.* rentet. — *Il commence d se rétablir*, coumançz a ra da vellaat dezan, doñnet a ra e ye-c'hed dezâ.

RETABLISSEMENT, guĕlladurez, ansadur.

RETAILLE, *rognure*, ratailheñ, *pl.* ou; ratail, drailheun, *pl.* ou, drailh. *Van.* id., *pl.* eü. — *Petite retaille*, ra-tailhennicg, *pl.* ratailhennigou. — *Re-tailles, rebut*, ratailh, bagaichou. *Van* draillhich. — *Retailles que l'on taxe les tailleurs d'emporter*, filocheñ, *pl.* ou.

RETAILLER, tailha a névez *ou* un èil guêch, *pr.* tailhet. *Van.* tailheiñ a neûe.

RETARDEMENT, daleïdiguez, dale, *ppl.* ou. *Van.* dalh, *pl.* éü; tardemant, tardésoun.

RETARDER, *différer*, dalea, dale, *ppr.* ĕet. *Van.* daleeiñ, dalheiñ, tardeiñ.

RETATER, teuta alyès, *pr.* teutet; cabalat, *pr.* cabalet. *v. tâter* — *Retater, regouter*, lanva un èil guêch, *pr.* ĕet. — *Il n'y veut plus retâter*, ne fell muy dezañ tañva.

RETAXER, taçza a-névez, *pr.* et.

RETEINDRE, liva un èil guêch, *pr.* et.

RETENIR, *tenir encore*, derc'hel c'hoaz ur veac'h, *pr.* dalc'het; cahout c'hoaz ur vec'h, *pr.* bet. — *Retenir, arrêter*, derc'hel, *pr.* dalc'het. *Van.* dalheiñ. — *Retenir son haleine*, derc'hel e alan. — *Retenir le bien du prochain*, miret tra e hentez, *pr.* id.; miret èn tu dioudhâ madou ar re all. — *Retenir ce que l'on apprend*, derc'hel *ou* cahout sonch.

RETENTER, *faire une seconde tentative*, guĕllet c'hoaz ur veac'h, *pr.* id; açzi o'hoaz, *pr.* æçzĕet.

RETENTIF, *ive, t. dogmatique*, di c'hus, closus, oh, añ. — *La verta rétentive*, ar facultez dalc'hus, ar galloud da zero'hell. — *Muscles retentifs*, qigueunou dalc'hus *ou* closus.

RETENTION, *réserve*, miridiguez. — *Retentions d'excréments, t. de méde-cine*, caledîguez. *v. constipation.* — *Ré-tention d'urine*, ampeichamand da dro-aza, stancqadur troaz.

RETENTIR, daçzoñn, *pr:* et. *r. ré-sonner.* — *Les monts et les vallées retentissaient des voix de tant d'hommes*, daç-zonn a rea ar menezyou hac an troûñyennou gand mouĕzyou qèn alyès a zèn.

RETENTISSANT, *ante*, sqiltr, sqiltrus, daçzoñnus, oc'h, â, añ.

RETENTISSEMENT, daçzonn, *N.* you. *Van.* daçzoñ, *pl.* éü. ur sca sqiltr *ou* sqiltrus.

RETENU, *ue, modéré*, moderet, moder, oh, â.

RETENUE, *modestie*, parfedíguez, furnez, evez bras, moder, dalc'h, poĕll, arest, arestamand. *Van.* dalh. — *Avec retenue*, gand parfediguez *ou* furnez *ou* moder. — *Sans retenue*, divoder, gad divoder, gand diboĕll, hep dalc'h e-bed, hep arest. — *Il n'a point de retenue*, divoder eo, dievez eo, diboĕll eo, n'en deus qet à zalc'h ènhâ, ne deus poĕll e-bet enhañ, n'èn deus qet a arestamant.

RETIF, *ive*, reculus, arguilus, oh, â. — *Cheval retif*, marc'h reculus *ou* ar-guilus, marc'h a so recul *ou* arguil èn hâ, *pl.* qesecq reculus, etc. *r. reculer, recul.* — *Un homme rétif, qui fait les chose de mauvaise grâce, d contre-cœur, etc.*, u dèn reculus *ou* amsènt *ou* arguilbus *ou* amgestr *ou* aheurtet *ou* dic'hraçz, *pl.* tud reculus, etc.

RETIREMENT *de nerfs. v contradiction.*

RETIRER, *tirer de nouveau*, teña adar-re. *pr.* tennet. *Van.* teennein boeh. — *Retirer, tirer en arrière*, teña a-dre. — *Retirer la main*, teña e zourn gandhâ.

*rtirer sa parole*, dislavaret e cher, èa in dislavaret, ppr. id. — *Retirer une ·re. v. evincer.* — *Rxtirer, donner re-·uts*, rei diguemered da ur re, pr.. ro-·. — *Retirer un voleur. v. receler.* — *Se ·lirer, s'en aller,* mont quyt, pr. eat; c'hel, pr. tec'het. — *Se retirer en quel-e lieu,* èn hem denna èn ul leac'h-inuac, mont èn ul-lac'h.—*Se retirer arrière,* èn hem denna a-drè.—*Se re-·er, se retreir,* èn hem denna, pr. et. ·n. him deeñeiñ. — *Se retirer de son dé-·dre.*distreidiouc'h ar viçz.pr.distroët RETIRÉ,*qui aime la retraite,*nepa gar ·za e-unan. v. *solitaire.*—*qui ne voit per-·ne,* un dèn goëz, pl. tud.—*Un lieu're-é,* ul leac'h distro *ou* goêz.pl.lec'hyou. RETOMBER,azcouëza,couëza un eil ·ëach *ou* adarre,pr.et;distreid'elamni ·distroët. Van. acouëheiñ, couëheiñ e. — *en la puissance de ses ennemis,* az-·ñeza eütre daoüarn e adversouryen. *malade,* affeilha è cleved , *pr.* et; az-·ñeza clañ, azcouëza è cleved.—*dans le hé,* affeilha ebarz ar pec'hed, affeil-·èr pec'hed, azcouëza èr pec'heud, ·trei d'ar pec'hed *ou* d'e bec'hed. — *La ne de cette faute retombera sur lui,* ar ·añ eus a guemeñ-ze a vezo evit-hâ, a zóñgo ar boau evens e fazy. — *Il retombé dans ses anciens désordres,*dis-·ët eo d'e lam. ·RETONDRE,*parlant du buis des parter-*, creñna *ou* trouc'ha a névez, ppr. et. ··arlant des brebis,*touza a-névez,pr.èt. ·RETORDRE, *parlant du linge mouillé,* ·ësqell adarre *ou* uu ell guêch, pr.et. ·n. goasqeiñare.—*du fil,de la soie,etc.,* ·i neud, trei seys, gloan, pr. troët. ·RETORQUER *l'argument contre l'ad-·aire,*hem servichout eveus ar memès ·naina nep a añnep an arguër,pr.et;bou-·aënep bole. *pr.* et. v. *éteuf.* ·RETORS (fil),neud ry *ou* tro *ou* troët. ·RETOUCHER, touich a-névez,pr.et. ·xn *ouvrage,* distrémen un ouvraich, ·et; courrigea a-névez, pr. et; pouliç-·'hoaz, pr. et. ·RETOUR,*action de retenir,*distro,dis-·l. Van. id. — *Il y a là plusieurs tours ·etours,* meur a dro hac a zistro a so

a-hout, dré a-hout ex eus troyou ha dis-trojou ê leiz. — *De retour, qui est de re-tour,* distro, disro.—*Il est de retour,* dis-tro eo,ez ma disro.—*A mon retour,quand,* je reviendrai, èm distro *ou* distaul, pa zis-troyu, pa veziñ disro. — *A mon retour, quand je repasserai,*èm distrémen,pa zis-trémeuiñ. — *Au retour je vous le donne-rai,*èn distro *ou* distaul me èr royodéc'h. *Jusqu'au retour,* d'an distro, qen na ve-zo au distro. — *Retour, ce qu'on donne de plus dans un échange,* distro, eñ distro. —*Il m'a donné dix écus de retour dans cet échange,* decq scoëd èn deus roët diñ ê distro var an trocq, decq scoëd distro. èn deus roët digñ. — *Retour, parlant de ce qui commence à dépérir,* distro,discarr. —*Cette femme est sur le retour,*elle a désor-mais 40 ans, ar c'hrecg-hont a so pel-loc'h var hediscarr*ou*distro da·r,ugent vloaz he deus.—*Il faut vendre le bois avant qu'il soit sur le retour,* redd eo guërza ar c'hoajou abarz ma vezént var o distro *ou* an distro *ou* discarr.—*Retour de vent,* rafale,ravale,ppl.ou.Van.reclom,pl.eü. RETOURNER,*aller ou venir de rechef,* distrei, pr. distroët. Van. distrociñ, dis-treiñ.—*Tourner et retourner,*trei ha dis-trei, ppr. troët ha distroët. — *Retourner sur ses pas,* distrei var é guiz. — *à cheval, à pied,* distrei var e varc'h *ou* droad *ou* var e droad caër. — *au péché,* distrei d'e bec'heud *ou* da bec'hi *ou* da offanci Doüe. v. *retomber.* RETRACER, treçza *ou* roudenna *ou* ligna a-uévez, ppr. et. RETRACTATION ; discaûn, disla-var. pl. ou. RETRACTER *ce qu'on a dit, se rétrac-ter,* discaua, pr. et; dislavaret, èn hem dislavaret, ppr. id. RETRACTION. v. *contraction de nerfs.* RETRAIRE, *retirer un bien vendu,* ra-quyta, pr. et. Van. raquyteiñ. v. *evincer.* RETRAIT,*action de retraire,*racquydt, pl. ou. Van. id. , pl. eü. — *Demander le retrait,* goulenu ar racquyd, pr. et. → *Retrait lignager,* racquyd dre ar guir.x uesanded. RETRAITE, *t. de guerre,*retred. — *Battre la retraite,* sqei ar retred var au

42

daboulin, pr. sqoët. — *Retraite, lieu so-*
*litaire,* lec'h distro, *pl.* lec'hyou. *Van,*
id., *pl.* leheü. —*asile,* diguemered, logeiz. — *Donner retraite à quelqu'un,* rei
diguemered da ur re-bennac, *pr.* roët.
—*Retraite de bêtes sauvages, repaire,* toullou al loëzned gouëz. — *lieu de piété,* retred, *pl.* retrejou. *Van.* retred, *pl.* eü.
*Aller en retraite une fois l'an, ce n'est pas*
*trop à qui veut se sauver,* moûnet d'ar retred ur veach èr bloaz *ou* ober ur retred
bep bloaz ne deo qet re da nep èn deus
ur guir c'hoandt da veza salvet.

RETRANCHEMENT, *suppression,* la-
mediguez, sqeiçeadur, trouc'hadur eus
a lodl. —*séparation,* disparty. — On a pra-
tiqué *un retranchement dans cette chambre,*
un disparty a so bet græt ebarz èr gam-
pr-hont. —*Retranchement dans une étable*
*pour des veaux,* kæl, *pl.* you, kily. *v.* étable.
— *t.* guerre, fortificacion ur c'hamp.

RETRANCHER, ôter en coupant, sqeigea, trouc'ha, *ppr.* et. *Van.* sqeigeiñ,
trouheiñ, troheiñ. — *diminuer,* diminuï,
*pr.* ët; lémel eus a, *pr.* lamet. *Van.* lameiñ, diminueiñ. —*diviser, séparer,* dispartya, *pr.* et. *Van.* dispartyeiñ. —*un*
*camp,* fortifya ur c'hamp, *pr.* et. *Van.*
fortifyeiñ ur c'hamp.

RETRAYANT, *e, qui exerce le retrait,*
racquytèr, *pl.* yen.

RETRECIR, *rendre plus étroit,* serra
muy, stryza c'hoaz, *ppr.* et; ober encqoc'h
ober stryzzoc'h, *pr.* græt. *Van.* stryheiñ,
streheiñ; stryza *ou* plutôt stryzo *et* stry-
ho, *sont pris dans un sens obcène dans la*
*H.-Corn.; de même que* streheiñ *et* stryheiñ, *dans le B.-Van.* —Se retrécir, encqaat, *pr.* ëet; èn hem serra, *pr.* et. *Van.*
encqeiñ.

RETRECISSEMENT, encqded, stry-
sadur, encqadur, serradur. *Van.* stre-
hadur

RETREMPER, *parlant du linge,* az-
trémpa, dazglibya, *ppr.* et. — *donner une*
*nouvelle trempe,* trémpa a-névez, *pr.* et;
témpra c'hoaz, *pr.* et; rei un témps névez, *pr.* roët; témpsi adarre, *pr.* et.

RETRIBUTION, *honoraire pour une*
*messe,* guërz un oféreñ. *Van.* guërh un
oférenn. — *Il a reçu la retribution de trente*

messes, bet èn deus guërz tregont ou
renn, recevet èn deus an arc'hand
dregont oférenn, bet èn deus arc'ha
evit tregont overenn. — *Dieu ne m*
quera pas de rendre à chacun la jus
tribution de ses œuvres, an autrou ke
a roï da bep hiny hep mar e-bed, ke
vez e vilid pe e zimilid.

RETROGRADER, arguila, qila.
ot. *v.* reculer.

RETROUSSER, tronçza c'hoaz.
et; sevel adarre, *pr.* savet. *Van.* tro
zeiñ hoah. — *Il avait les bras retrou*
*jusqu'aux épaules,* tronçzet voa e za
ac'h gandhâ bede an niouscoaz.

RETROUVER, cavout a-névez, cave
ar pez a gredét collet, *pr.* cavet.

RETS, *filet,* rouëd, *pl.* ou, rouëd
*v.* filet.

REUNION *de diverses parties dé*
brées, frammadur, stagadurez.

REUNIR, *rejoindre,* framma adarr
*pr.* et; açzambli a-névez, *pr.* et; sta
un eil guëch, *pr.* staguet. — *Réuni*
cœurs, unani ar re a yoa e droulas
*pr.* unanet. *v.* réconcilier. — *Les nouv*
réunis, ar gatolicqed névez, an he
noded névez-distroët d'an ilis catoli
abostolicq ba romen.

REUSSIR, cahout içzu-mad, *pr.* be
*v.* prospérer. — *L'affaire n'a pas réus*
an affer-ze n'he deus qet bet un içz
mad. *Burl.* eat eo ar ribodtadena
fall. *v.* succéder.

REUSSITE, *succès,* içzu-vad.

REVANCHE, ravanch. — *A ta*
retanche, cahout e ravainch, *pr.* bet; te
na o ravainch, *pr.* et. — *J'aurai ma re*
tanche, coûte que coûte, coustet pe gou
va ravainch am bezo. — *En reva*
ravainch, èn esqem. — *Il m'a f*
*d'une épée, je lui ai donné en retanche un c*
reau, ur c'hleze èn deus roët din è d
néson ha me am eus roët dezâ èn e
qem ou è ravainch un tocq caër.

REVANCHER (se), *se ressentir d'*
injure reçue, cahout souch eus a un in
drémenel evit tenna veñjanz anezâ.

REVASSER, morc'hedi, *pr.* et; c
hout morc'hedou *ou* moustrou. *v.* rê

REVE, *songe,* huuvré, huvre, *pl.* a

xn. **huvre, hunvre, érrein, hûne, *ppl.* i. — *Rêve importun et incommode, rêve cheux, *morc'hed, monstre, mousir, *ppl.* ; modestou, molestou ; goall huvré, goall huvréon. — *Avoir des rêes fâ-eux, cahout morc'hedou *ou* mous-zouou* moustrouou*modestou*oumoles-ti *ou* goall-huvréou, *pr.* bet; morc'he-, *pr.* et; monstrei, *pr.* et. *v.* rêver.

REVÊCHE, amgestr, ourz. *Van.* dis-imbert, oh, añ. *v.* rebours.

REVEIL, dishun, dihun. *Van.* dihun. — *A mon réveil,* d'am dishun *ou* dihun, zishunañ, pa zihunañ. — *Réveil-ma-t,* dibunouër, *pl.* ou. *Van.* digous-vér, *pl.* eü.

REVEILLER, dishuna, *pr.* et; dihu-i, *pr.* et. *Van.* dihuneiñ, digousqeiñ, housqeiñ.

REVEILLEUR, t. *de couvent,* dishu-er, *pl.* yen; dibunèr, *pl.* yeu. *Van.* di-inour, dihousqour, *ppl.* eryon.

REVEILLON, azcoañ, *pl.* you; had-añn, *pl.* you. — *Faire réveillon,* az-annya, *pr.* et; ober azcoañ. *pr.* gret.

REVELATION, disculyadur, disclæ-adur, disclæoracion, *ppl.* ou, you. — *réélation divine,* revelacioñ, *pl.* ou. *Van.* , *pl.* eü. — *Les révélations de Ste Bri-te,* revelacionnou santés Berc'hed.

REVELER, disrevel, disculya, *ppr.* et.

REVENANT, *parlant des esprits,* speçz, ou. *Van.* semeilh, *pl.* eü. *v.* esprit fo-, *fantôme.*

REVENDEUR, euse. *v.* regrattier, ère.

REVENDRE, azverza, *pr.* et. *Van.* ar-ierhein. *v.* regratter.

REVENIR, distrei, *pr.* distroët; doû-t c'hoaz *ou* adarre, *pr.* douët. *v.* se mettre. — *Je ne reviendrai plus vous voir,* zistroiñ *ou* zuiñ muy d'oz cuëlet. — *re revenir quelqu'un,* ober da ur re drei, *pr.* grœt; lacqât ur re da zistrei, lecqëet. — *Revenir en santé,* cahout arre e yec'hed, *pr.* bet; distrei.ê ye-ieh. — *d, coûter tant,* cousta *ou* cous-t qement-ha-qement, *ppr.* coustet. *Revenir, plaire,* pligea, pligeout, *ppr.* get. — *Il me revient beaucoup,* terrupl plich din.

REVENTE, *seconde vente,* azverzidi-

guez, azverz. *Van.* arhuërhedigueah.

REVENU, *produit annuel,* leve, rend. *v.* rente.

REVER, *faire un rêve.,* hunvréal, *pr.* hunvréët; huvréi, *pr.* ët; cahout nn hun-vré, cahout hunvréou, *pr.* bet. *Van.* hu-neal, huneeiñ, évreyneiñ, éivreyneiñ. *v.* rêvasser. — *Rêver. v.* radoter. — *Rêver d quelque chose,* y penser fortement, son-geall a-zévry *ou* a-barfededd ên un dra-bennac, *pr.* songet.

REVERBERATION, *v.* réflexion.

REVERBERER. *v.* réfléchir.

REVERDIR, glasa a-névez., *pr.* et. *Van.* glaseiñ, glasciñ a neüe. — *Tout reverdit au printemps,* pep tra a zeu da c'hlasa ên ou d'an névez-amser.

REVERDISSEMENT, glasadurez, glasadur. *Van.* glasadur.

REVEREMMENT, ên ur fæçzoun res-pedus, gand resped. *Van.* gued.resped.

REVERENCE, *respect,* resped. *Van.* id. — *Révérence, salut,* salud, discrab, *ppl.* ou. *Parlant d'une femme,* stoû, stouv, *ppl.* ou; stouïcg, *pl.* stouvouïgou, stouï-gou. *Van.* soupl, *pl.* eü. — *Faire la ré-cérence,* saludi, *pr.* et; rei ar salud, *pr.* roët; discrabat, *pr.* et. *Pour les femmes,* stouï, *pr.* ët. *Van.* acclineiñ, soubleiñ.

REVEREND, e, *respectable,* coorus, respedapl, diñ a resped. — *Le révérend père,* an tad revèrand, *pl.* tadou. — *La révérende mère,* ar vamm revèrand.

REVERENDISSIME, reverand meur-bed. *v. illustrissime.*

REVERENTIEUX, euse, un discra-bèr.bras, *pl.* yen vras. contanancèr, *pl.* yen vras. *fém.* stouèrès, contanacorès, *ppl.* ed.

REVERER, respedi, *pr.* et; enori, *pr.* et. *Van.* respedein, inoureiñ.

REVERIE. *v.* délire, radoterie.

REVERS, *sens opposé,* qil. *Van.* diar-drañ. — *Le revers de la main,* qil en dourn. — *Coup du revers de la main,* qil-dournad, *pl.* qil-dournadou. — *Un coup de revers,* un taul a guil. — *Revers d'une pièce de monnaie,* pil, qil, an tu ænep, an tu guin. — *Le revers d'un pièce de trente sous,* pil ur pez a c'huec'h real. — *Le revers d'une médaille,* pil *ou* qil ur vedalenn, an tu

uenep *ou* guïn eus a ur vadelenn. —
*Revers de fortune*, diseür, *pl.* you.

REVESTIAIRE. *v. sacristie.*

REVETIR, *habiller*, guïsqa, *pr. et.*
golo, golei, *pr.* goloët. *Van.* gusqeiñ.

—*Se revêtir, s'habiller,* hem visqa, *pr.* et;
qemeret e zilhad adarre, *pr.* id.

REVEUR, *qui rêve*, hunvréeur, *pl.*
yen; huvréër, *pl.* yen. *Van.* hunvréour,
éivreynour, *pl.* éryou, ouryan. — *Rêveur. v. radoteur.*

REVIRER, *t. de mer*, disvira, *pr.* et.
*Van.* divireiñ, distroeiñ.

REVISION, *parlant d'un livre, d'un
compte*, eil eçzamiñ, correccion, touich,
un distrémou.

REVISITER, biaita a-névez, *pr.* et.

REVIVRE, distrei ê buhez, *pr.* dis-
troël; beva a-névez, cahout un eil buhez.

— *Les pères croient revivre en leurs petits
enfants*, an tadou coz a gred beva a-névez èn o bugale vihan *ou* cahout un eil
buhez èn o doûarened. — *Revivre, se
remettre en vigueur*, ragaignat, *pr.* et.—

— *Ce vieillard revit et rajeunit depuis que
nous sommes au printemps*, ragaignet tout
ou an dèu hout peguer coz-bennac véz
a-ba ez eo deuët au névez-amzer.

REVOCABLE, *qu'on peut révoquer*, de-
foulapl, foirapl.

REVOCATION *d'une loi, d'un acte*,
teiridiguez, defoulauçz.

REVOIR, guéllet a-névez, *pr.* id. —
*Revoir un livre, un ouvrage*, distrémen,
*p* et. *v. retoucher.* — *Au revoir, adieu.*
« *la prem ere entrevue*, qen na vezo ar
c'henta guélled, qen na vezo. *Van.* qen
ne vo.

REVOLTE, *insurrection*, ravolt, *pl.* ou.

— *Il y eut une espèce de révolte de paysans
contre la noblesse, l'an 1675, et il y en avait
eu une semblable au commencement du onzième siècle*, ur mauyell ravolt ayoa eñ
Breyz a-berz an baësanted aënep an
noblançz, èr bloaz mil c'huec'h cant
peuupzecq ha try nguent, ha qement
all laust da vad a voa bet c'hoarvezet,
c'huec'h cant vloaz dinguent.

REVOLTER, *se révolter. v. rebeller.*

REVOLTÉ, *e. v. rebelle.*

REVOLU, *e, fini*, achu, trémenet. —

*Avant l'an révolu, avant le siècle révolu.* x
barz ma c'hachuo ar bloaz, diaguent
ma vezo trémenet *ou* deuët ar c'hant
ved.

REVOLUTION, *tour et retour*, cournt
*suite*, tro ha distro, hed ha padélez. —
*Révolution, trouble et changement*, diserg
diseür ha ceñchamand bras.

REVOQUER, *annuller*, terri, *pr.* te
ret. — *Il a révoqué son testament*, torn
èn deus e destamand. — *Revoquer a ps
l'on a dit*, v. *rétracter.* — *Revoquer*, re
peler près de soi, rei urz da zistrei, *r*
roët. — *Le roi a révoqué son ambassad*
ar roüe èñ deus roët urz d'e ambas
dor da zistrei.

REVU, *part.* — *Revu, corrigé et aug-
menté*, guellet *ou* distrémenet a-œz
corriget ha cresqet.

REVUE, *t. de guerre*, ar gnéllon, a
moustrou. — *Revue générale*, ar mous
trou *ou* guéllon bras. — *Faire la rev
des troupes*, moustra, *pr.* et; ober gñé
*ou* moustr, *pr.* græt.

REVULSION, *t. de médecine*, abœ
dançz a humoryou direizet.

REZ, *superficie rase*, rez, reçzed. —
*Rez-de-chaussée, le sol de la terre*, rez u
doüar, reçzed an doüar. — *L'étage dœ
de-chaussée*, an astaich rez an astaich
e rez oü e reçzed an doüar, an asta
iselâ. — *Rez pied, rez terre*, rez an doü
e rez ou ô reçzed an doüar. — *Dérs
une ville rez pied, rez terre*, discar
guær rez an doüar, *pr.* discarret;
qaat ur guær ê rez ar sol *ou* ê reç
an doüar, *pr.* lecqéet. *De là, le v*
Rezai, *près les ponts de Nantes; parce*
prétend que l'ancienne ville de Nantes
tait et fut rasée.

RHABILLER ( se ). *v. revêtir.*

RHEDON, *mieux Redon*, ville d'
el-Vilaine, Redon, Rezon, Reon.

RHETEUR, *maître d'éloquence*, re
*pl.* ed.

RHETORICIEN, *rhéteur*, orat
oratored.

RHETORIQUE, *éloquence*, art.
aud peliny a zès ( dn barlant rée
da zivisa dirag pep seurd tud, kr
rei da gridi ar pez a lavarér, loc

*—Figure de rhétorique. v. figure.* —Rhé-
*orique, classe où l'on enseigne l'art ora-*
*oire,* ar retolicq. — *Il étudie en rhéto-*
*ique,* ès ma èr retolicq, ebarz èr reto-
icq ez study.

RHUBARBE, *plante qui vient de la*
*Chine,* rubar, grizyou rubar.

RHUMATISME, *douleur et difficulté*
*e se mouvoir,* rhem. — *Rhumatisme fixé*
*ur une partie,* catarrhemm. —*Rhumatis-*
*te, rupture de membres, difficulté extrê-*
*te de se mouvoir que le peuple croit venir*
*ar maléfice,* terriduguez, arouës, an
rouës. — *Il a le rhumatisme,* dalc'het
o gand ar rhemm *ou* gand ar e'hatar-
hemm, terriduguez èn deus, sqoët eo
ad au arouës, au arouës a so gaudhâ.

RHUME, sifern. *Van.* añoedadur. *v.*
torfondure. — *Gagner un rhume,* des-
ami sifern, *pr.* destumet. *v.* morfondre,
'enrhumer. — *Disposition au rhume,* si-
ernadur. — *Qui a un rhume,* sifernet.
ep so sifernet, nep a so sifern gand-
â. *Van.* añoedet, nep a so añoedadur
uedhou *ou* guedhou. *v.* enrhumer. —
*thume qui tombe sur la poitrine, qui fait*
*raucoup tousser,* goasqeñ, ar voasqeñ.
*'an.* èr pas, — *Avoir un rhume de poi-*
*rine,* cahout ar voasqenn, *pr.* bet. —
*e rhume le fait beaucoup tousser,* terrupl
ra o paçzat gand ar voasqenn.

RIANT, *ante, gai, plaisant,* farçzus,
)añs, gaë, oh, â, añ. *v.* gai.

RIBAUD, *luxurieux. v. impudique.*
ibaud *est entièrement breton, et signifie*
oncubinaire; *de même que* ribaudès,
oncubine *et* ribaudérez, concubinage,
*upudicité notoire.*

RIBLER, *courir la nuit,* ribla, *pr.* et.
*'an.* riblciñ.

RIBLEUR, *coureur de nuit,* riblèr.
*l.* yeu. *Van.* riblour, riblèr, *ppl.* yon,
in.

RIC-A-RIC, *adv.,* ricq-è-racq, ricq-
a-racq. just-à-just, d'ar just, qer just
a fry ar c'haz.

RICANER, *rire avec éclat,* richanat.
*.* et; ober ur c'hoarz gadal, *pr.* grat,
'an. scrignal. *pr.* et. Richinat *se dit*
*oprement du cri des taureaux, etc.,* et
*dit par métaphore des hommes qui rient*

immodestement. *v.* beugler.

RICANERIE, *ris immodéré,* richan,
*pl.* ou; c'hoarz gadal, *pl.* c'hoarzyou.
*Van.* scrignadur. *v.* beuglement.

RICANEUR, *ricaneuse,* richanèr, *pl.*
yen; c'hoarzèr divodèr, *pl.* c'hoarzé-
ryen. *Van.* scrignour, *pl.* yon, yau.
*fém.* richanerès, gadalès, *ppl.* ed. *Van.*
scrignourès, scrignerès, *ppl.* ed.

RICHARD, *homme riche,* pinard, *pl.*
ed. *Van.* id. *B.-Van.* id., et crocqaut,
*pl.* ed; crocqant vras ou bras; *termes qui*
*ailleurs sont injurieux.* — *Les richards,* ar
binvidyen vras, ar binarded.

RICHE, pinvidicq, pinvizicq, pinvicq,
oc'h, â, añ, *ppl.* pinvidyen, pinvizyen,
pinvyen *ou* tud pinvidicq, tud pinvizicq, tud pinvicq. *Le premier mot est de*
*Léon et de la B.-Corn., le second de Trég.,*
*le troisième de la H.-Corn. Van.* pinhuïcq,
pihuicq, oh, â, añ, aoñ, *pl.* tud pin-
huicq *ou* pihuïcq. *Al.* ryk. — *Devenir*
*ou rendre riche,* pinvidicqât, *pr.* pinvi-
dicqéet; pinvizicqât, *pr.* éet. *Van.* pin-
huicqat, pihuicqat. — *Etre puissamment*
*riche,* beza pinvidicq bras. *Trég.* beañ
pinvizicq bras. *H.-Corn.* bout pinvicq
bras. *Van.* bout pihuïcq bras, *pr.* bet.
— *Le mauvais riche,* ar fals pinvidicq.
*v.* ladre. — *Il y a bien des mauvais riches,*
bez'ez eus cals a fals pinvidyen, meur
a fals pinvidicq a so. *Proverbe.*

　　Paouricq pa binvidicqa,
　　Goaçz evit an diaul ez a. 　*id est,*
*qui de pauvre parvient à être riche, devient*
*ordinairement pire que le démon.*

RICHEMENT, èn ur feçzoun pompus, gad pompad, gad larguéntez.

RICHESSE, pinvidiguez, *pl.* ou. *Trég.*
pinviziguez, *pl.* o. *Van.* pinhuïdiguez,
pinhuïdigueh. *Le singulier* pinvidiguez,
*se dit plus communément que le pluriel* pinvidiguezou, *à la place duquel l'on dit* madou, *qui veut dire biens.* — *Acquérir des*
*richesses,* destumi madou, *pr.* destumet.
— *Avoir de grandes richesses,* cahout pinvidiguez vras, cahout ur madou bras,
cahout cals a vadou, beza pinvidicq
bras, *pr.* bet. *v.* richard. -*Plein de richesses,*
leun a binvidiguez, leun a vadou. On
a dit pinvidigaëz et pinvidigueaz pour

pinvidiguez.

RIDE, rouffyenn, rouffeñ, ridenn, ppl. ou. Van. rideen, pl. ridat; groüahenn, pl. éû; rideen, pl. ridat. — Qui a des rides, rouffyennet, rouffennet, ridennet Van. groüahenet, rideenet.— Front ridé, tal rouffyennet.— Front sans rides, tal dirideñ ou dirouffeñ. — Ride ou pli qui se trouve dans un habit, rouffyenn, pl. ou. Van. rideen, pl. ridad.

RIDEAU, voile de fenêtre, de tableau, goël, pl. you; goël prenest, goël uu daulenn; ridos, pl. you. — Rideau de lit, courtin, pl. ou, courtinon guële; stigu guële, pl. stignou; sqign guële, pl. sqignou guële; ridos, pl. you. Ce dernier, usité dans le H.-Léon, est récent et français. Van. courtin, pl. éû.

RIDER, parlant de la peau, rouffyenna, pr. et; rouffenna, ridenna, ppr. et. Van. groüahenneiû, ridenneiû, rideennat.

RIDICULE, sodt, diot, goapaûs, diréson, lu, oc'h, â, añ. Van. sodt, diot. v. risible. — Rendre ridicule, renta sodt, disquëz soñ ou ur re, pr. disquëzet.

RIDICULITÉ, chose ridicule, un dra lu ou sodt, pl. traou.

RIEBLE, du rieble, plante. v. grateron.

RIEN, netra, id est, nep tra, nulle chose: Par syncope on dit souvent tra, et quelquefois tra-tra, neuz. Van. netra. — Rien autre chose, netra qen, tra qen. Van. qen, qin, netra qin.—N'y a-t-il rien de plus? ha ne deus nétra qen? ne deus tra qen? Van. ha n'en dès qin heû? Rien, rien du tout, tra-tra. — Pour rien, pour un rien, evit netra, evit un netra, hep abocg. — Il ne dit jamais rien, netra ne lavaras, ne lavaras na guer na gricq. — J'estime cela rien, astut eo qemeñze din. — Dieu m'a créé de rien, Doûe èn deus va c'hrat eus a netra, Doûe èn deus va c'hrouët pa ne deo qet ac'hanon. — Mettre à rien, lacqât da netra, caçz da netra, caçz da neuz. Van caçz da qet. — Il ne m'est rien, ne deo qet qar din, ne deo netra diu ou diu-me. — De rien ou ne fait rien, gad netra ne rear mad, gon't netra ne rear tra. — Il faut de esut sous 4 livres, et de 4 livres

rien, caçz a oar ur scoëd da c'huel real, ha c'huec'h real da guet, braoël oar disconta ar verbl. v. aine.

RIEUR, qui rit aisément, c'hoarer pl. yen. Van. hoarhour, pl. eryon. ricaneur. — Rieur, moqueur, goapaer, pl. yen. v. gausseur.

RIEUSE, hoarzorès, goapaërès, p ed. v. ricaneuse, gausseuse.

RIFLER, manger tout et goulûmt', frippal, pr. et. v. briffer. — Ils ont tout riflé, frippet eo tout gadho.

RIGIDE, garv, garo, caledt, sou dus o viretar reolyou, oh, â. Al. gour.

RIGIDITÉ, garvéntez, aoqed o ñ ret ar reolyou.

RIGOLE, rigol, pl. ou, you. Tra id. , pl éû; riolenn, pl. éû.

RIGOUREUX, euse, rigolyus, riolus, tenn, oh, â, añ. Van. rigoaru, oh, añ.

RIGOUREUSEMENT, èn ur façom rigolius, gand rigol.

RIGUEUR, rigol, rigolyez. Van. rigour. — A la rigueur, gand rigolyer rigol. — En rigueur, è rigol. — A rr en rigueur ou rigoureussánent, rigolal, et. — Rigueur, âpreté, garventez. — La rigueur de la saison, les rigueurs de l'an ter, ar garvéntez eus an amser, ar gar véntez eus ar goañ.

RIMAILLE, méchants vers, rimis, madell, pl. ou. Van. id. , pl. éû.

RIMAILLER, faire de mechants vers, rymadella, pr. et.

RIMAILLEUR, méchant poète, rymadellèr, pl. yen. Van. rimadellour, yon, yan.

RIME, même son de deux mots, rym, pl. aou, ou. Van. rym, pl. éû. Les mol rym et rimadell sont très-anciens dans langue, de même que rymaff et rimadell laff.

RIMER, rymal, ryma, ppr. rymch Van. rymal, rymeiñ. Trég. rymaû. A rymaff, rymadellaff.

RIMEUR, rymèr, pl. yen. Van. rymour, pl. yon, yan.

RINCER, rinsa, rinsal, ppr. et. Va rinseiû.

RINÇURE, rinsadur. Van. id.

**RINSTRUIRE**, qelenn a-névez, pr. ieunet; desqi a-névez, pr. desqet.

**RIOC**, nom d'homme, Ryocq, Ryecq, yeucq. — Saint Rioc, sant Ryocq ou yecq, ermidé qichen camered èn goel Qerne.

**RIOTE**, petite querelle, ryot, pl. ou.

**RIOTEUX**, pointilleux, ryotus, oh, , añ. v. gausseur.

**RIPOPÉ**, guïn farlopet, sistr qemes-et, qemesqailhès, farlopaich.

**RIPOSTE**, respound proundt, pl. spounchou proundt.

**RIRE**, c'hoarziu, pr. c'hoarzet. Van. barheiñ. — Rire à pleine gorge, c'hoar-n a boës-penn. v. ricaner. — L'action srire, c'hoarzérez. Van. hoarhereh. — ire du bout des dents, faire semblant de re, c'hoarziu guënn, c'hoarziu mèlen. Rire, sourire, muzhoarziu, pr. muz-barzet. Van. minhoarheiñ. — Faire rire ses dépens, lacqât an dud da c'hoar-n var e goust, pr. lecqeet; rei abecg a farçz, pr. roët. — Pour rire, divar rçz, evit farçzal, èn ur c'hoarzin. — ins rire, hep farçz, ne deur c'hoarz bed èn qement-mâ, pep farçz a gos-z. — Se rire de quelqu'un, ober goap is a ur re, pr. græt. — Je me ris de vos enaces, me a ra goap eus ho cour-rouzou, ne rañ forz ac'hanoc'h. — Il t jaune comme farine, prov. c'hoarziu iénn a ra, c'hoarziu a ra guën, guën c'hoarz, evel bleud flour.

**RIS**, ris de veau, toason, toason lue. -Ris, plante, rizenn, pl. ed. — Graine t ris, nourriture, riz. Van. ry. — Bo ïl t de ris, yod riz. Van. youd ry. — Ris, accourcissement de voiles de navire, ris. ris. Van. id. — Prendre un ris, crisa ar oëlyou, pr. criset; diverrât ar goëlyou, r. ëel; lacqât ur ris, pr. lecqëet; ober r c'hris. — Ris, rire, c'hoarz, an hoarz, r c'hoarz. Van. hoarh. — Ris immodes-, scrign, pl. ou; scrignérez. Van. scri-nereah. v. ricanerie. — Ris forcé, ur 'hoarz forzet, c'hoarz traytour. Van. sinhoarh, hoarh treytour. — Ris mo-este, ur c'hoarz dereed.

**RISÉE**, éclat de rire, c'hoarzérez, ennad c'hoarziñ, pl. peunadou c'ho-

arzin, pennad e'hoarz. Van. hoarhe-reh, ur peennad hoarh. — Risée, mo-querie, goapérez, farcérez, dispris. Van. goapereah, goapereh.

**RISIBLE**, propre à faire rire, c'hoar-zus, farçzus, oh, à. Van. hoarhus. — Risible, ridicule, sodt, oh, à, añ. Van. id. — Une chose risible, un dra lu ou sodt.

**RISQUE**, péril, hasard, risql. Van. id. — Courir risque d'être châtié, hem lao-qât è risql da veza castizet. — A ses ris-que, péril et fortune, èn e risql, pirilh, ha fortun.

**RISQUER**, exposer, risqla, pr. et. Van. risqleiñ. — Risquer son salut, ris-qla e silvidiguez, lacqât e silvidiguez è risql. Van. risqleiñ e salvedigueah.

**RISSOLER**, rouza, pr. et. — Rôti bien rissolé, qicq rost a so rouzet mad. — Cette sole frite n'est pas assez rissolé, ne deo qet rouzet a voalc'h ar c'har-lizenn fritet-mâ.

**RIT**, cérémonies religieuses, qiz, pl. you; qiz da ober an oviçz diin. — Le rit grec, qiz greçz, qiz ar Grecyaned. — Selon le rit romain, hervez ar guis cus a Roum, hervez qiz ar Romaned.

**RITUEL**, livre d'église, ritual, pl. you; retual, pl. ou; levr ar c'hizyou sacr, levr ar cerimonyou santel eveus, au Ilis.

**RIVAGE**, bord de la mer, aud, pl. au-chou; ribl ar mor. Van. bordeen an aud. — Je l'ai trouvé sur le rivage, eavet am eus-è èn ribl ar mor ou var bord an aud ou var bord ar mor.

**RIVAL**, concurrent en amour, qeve-rèr, pl. yen; qevezèr, pl. yen; qen-amourous, pl. qen-amouroused; qen-oazus, pl. qen-oazused. Van. qeuve-rour, pl. you, yan. v. concurrent.

**RIVALE**, qevezerès, pl. ed; qeve-rerès, pl. ed. Van. qenveroures, pl. ed. — C'est ma rivale, c'est mon rival, va c'hevezerès co, va c'hen-amourous eo ou va c'heverèr eo. — Voilà les deux ri-vales et les deux rivanx, cetu a hont an diou gueverèès hac an daou guen-a-mourous.

**RIVE**, bord d'une rivière, ribl, pl. ou; ribl ar stær, ribl ar rifier. v. bord.

RIVER, *rabattre un clou*, riûva, *pr.* et; riva, *pr.* et. *Van.* riñhûeiñ, riûeiñ, *ppr.* et.

RIVERAIN, nep a chomm a daust da ur c'hoad, pe da ur ryfier. — *Les riverains des rivières sont tenus de laisser 18 pieds sur les bords de la rivière pour faciliter la navigation*, nep a chomm a daust da ur rifyer vat be hiny ec'h alleur naviga, a so dalc'het dre an ordrenançz da lesel distu *ou* da lesel ê tiryen, trivec'h troadad doûar hed ar riblou eus an rifyer.

RIVET, *clou rivé*, riñved, *pl.* ou; rived, *pl.* ou.

RIVIÈRE, *Léon*, et *partie de Trég.*, rifyer, *pl.* ou. *Aill.* quelquefois rifler, communément, stear, *pl.* you; stær, *pl.* you. On a dit staër, *pl.* yau. *Al.* et hors d'usage, avonn, aveuñ, *ppl.* au. De là, Avenn, *rivière depuis l'étang de Rosporden jusqu'à la mer*; de là, Pond-Avenn, *petite ville située sur la rivière d'Avenn*; de là, Aon, *rivière de Châteaulin.* — *Le lit d'une rivière*, cauol ur stær. — *Le courant d'une rivière*, can an dour, ar red ou an dinaou *ou* an disqenn eves an dour. — *Une rivière rapide*, ur stærr grê, ur rifyer a red buhan *ou* a red ribus.

ROBE, *vêtement*, saë, *pl.* ou. *Par syncope*, saë, *pl.* sæyou. *Van.* sæ, *pl.* yéû. — *Robe longue*, saë hirr, *pl.* saëou hirr. — *Il a pris la robe longue; il s'est fait prêtre, il s'est fait religieux, bénédictin, capucin*, qemeret èn deus ar saë hirr *ou* eat eo da zouguen ar saë hirr, eat eo da vælecq, eat eo da vanac'h, da gapucin; *ou* qemeret èn deus ar saë du a sant Benead, ar saë rous a sant Françès. etc. — *Robe de juge*, saë, *pl.* saëou; saë barneur. — *Voild M. le juge en robe*, cétu'an actrou'r barneur gad é saë, cétu ar barneur hac e saë gandhâ. — *Robe de femme*, saë, saë grecg, droguod, *pl.* ou, droguejou. — *Robe de chambre*, saë gampr, *pl.* saëou gampr. — *Petite robe*, saëig, *pl.* saëouigou; sæleg, *pl.* sæyouigou. — *Robe d'enfant*, saë buguel, *pl.* saëou bugale. — *Les deux attaches qui sont au dos de la robe d'un enfant*, stolicqenn, *pl.* ou; staguellenn, *pl.* ou. — *Il fut chassé du festin, parce qu'il*

n'avait pas la robe nuptiale, dit l'écrit, caçzet voa gand hezr lia gaud disqi èr meas eus a sal an banvez, dre'n hebecq n'en devoa qet ur saë é c'hizrancqét evit èn hem gavout èn un ereud *ou* abalamour n'en doa qet a guisqamand dread da ur c'houïg qer caër *ou* palamour ma voa guisqet ed da un hailhevod, è leac'h cahout eu abyd a. dailli; è c'hiz ma dereé.

ROBERT, *nom d'homme*, Robert, Robart.

ROBINET, *clef d'une cannelle*, pinen, *pl.* ou; touichenn, *pl.* ou. *Van.* toecheenn, *pl.* eû. *v.* connelle.

ROBUSTE, postecq, nerzus. *B.-Léon*, rust, oc'h, â, añ, *ppl.* tud, etc. *Fænerhus*, oh, añ. *Al.* gour, *pl.* ed. *Avad*, en Angleterre, on dit gour, *pl.* gwyr. *v. mâle, courageux.*

ROC, *rocher*; roc'h, *pl.* rehyer, reber, qarrecq, *pl.* qerrecq. *Van.* roh, *pl.* eû, reber. *v. rocher.*

ROCAILLE, *cailloux incrustés*, roc'qailhès, roc'hellaich.

ROCAMBOLE, rocambolès; *êtablès-Spaign*, qignen douçz.

ROCHE, roc'hell, *pl.* ou; mæn-roc'hell, *pl.* mein-roc'hell. *Van.* roheil, *pl.* eû. *De là le* Rohello, kær-rohell. etc. *maisons nobles.* — *La Roche-Derrien*, *petite ville près Tréguier*, qui a été très-forte et a soutenu une infinité de sièges, ar Roc'h, ar Roc'h-Derven. ar Roc'h-Dryen.

ROCHELLE (la), *ville*, Roc'hell, at Roc'hell, boulouard an hugunoded. — *Il est allé sur sa barque à la Rochelle*, eat eo gad e varcq d'ar Roc'hell. — *La Rochelle fut prise et démantelée par le roi Louis XIII, en 1628*, ar guear eus a Roc'hell a yoa sichet, qemeret var an hugunoded, ha disvuryet, gad ar roue Loyz trysec'-ved èn hano, èr bloaz c'huëzecq cant hac eiz varnuguent.

ROCHELLOIS, *habitant de la Rochelle*, Roc'hellad, *pl.* Roc'hellis. Roc'hellidy.

ROCHER, *dans la mer ou auprès*, qarrecq. *pl.* qerrecq. — *Donner sur le rocher, parlant d'un vaisseau*, sqei var ar garrecq, *pr.* sqoët. — *Qui ne gouverne pas*

en sen vaissenl, heurte ou brisé infail-
lement contre le rocher,
   Nep na sént qet oud ar stur,
   Oud ar garecq:a ray sur..

es rochers qui ne se montrent pas, sont
les-dangereux, dangerus bras eo ar
herrecq pere na velleur qet.—Rocher
terre, roc'h, pl. rehyer, rec'her. On a
: commhnément et on dit encore en quel-
es endroits pour le pl. de roc'h, roc'hou.
c'hau, roc'haou; et de ld la seigneurie de
Térentes maisons, aussi bien que de roc'h,
roc'hell et de roc'hellou; maner ar
c'h, coad ar roc'h,an autrou ar roc'h,
robou, ar rohell, ar robellou, etc.
roc, roche. — Cet homme a un cœur de
fer, ur galoùn væn a so ê creiz an
n-hont, ur gàlon èn deus qet calet
c ur mæn, ur mæn-roc'hell ne deo
t caletoc'h evit ma ez eo càloun ar
rsounaich-hout.
ROCHET, sorte de surplis, rocqed, pl.
, rocqejou. v. chemise.
RODER, cantreal, cantren,ppr. canol; rodal, pr. rodet; redecq tu-hont
tu-mâ, pr. redet. Van. cantreiñ.
RODEUR, cantrèer, ròdèr,ppl. yen.
n. cantreour, pl. yon, yan.
RODOLPHE, nom d'homme, Rioüal,
oul. v. Raoul.
RODOMONT. v. fanfaron.
RODOMONTADE. v. fanfaronnade.
ROGATIONS, prière pour les biens de
terre, àvecabstinence, autrefois avecjeû-
   ar rogacionnou, ar c'horayz bihan.
rlesq.corayz ar bleyz, le loup ne faisant
tinence de chair que lorsqu'il en manque.
Les rogations doivent leur commence-
t à S. Mamert, écêque de Vienne, en
uphiné, environ l'an 452, sant Mamet-
, escop ê Vienna, a sò bet ar c'heulâ
deus great ha lecqeat da ober ar ro-
:ionnou ou c'horayz bihan hac ar
cesionou, etro arbloaz pévar c'hant
u hac hanter c'haut. — La semaine
rogations, ar sizunn venn, id est, se-
ne blanche; elle est nommée ainsi par le
ole d cause des surplis que portent les ec-
iastiques aux processions de cette semaine
Du beurre de la semaine des rogations,
anri ar sizunn venn. On prétend que

ce beurre est médicinal, non à cause des rogations, mais à cause de la vertu qu'ont en-
ciron ce temps-là les herbes et certains simples que les vaches mangent alors.
ROGER,nom d'homme,Roger,Rogear.
—Roger-bontemps, Roger-disoucy, nep
a ra cher-vad hac èn deus pep tra dioud
e c'hoandt. Van. disourcy, dîbredér.
ROGNE, rougnen, pl. rougn;droucq
sant Mæn. — Qui a la rogne ou gale, rou-
gnus, rouignus. Van. rougnous, oc'h,
añ, ppl. rougnoused, rougnoused. v.gale,
galeux.—Avoir la rogne, cahout rougn,
cahout droucq sant Mæn, beza rou-
gnus, ppr. bet.
ROGNER, crénna,pr. et. Van.crénneñ,
neiñ, crennat, ppr. et. — Rogner un livre,crenpa ul levr.—les ailes à un oiseau,
crenna é ziouasqell da ul abouçz.—
les ongles à quelqu'un, crenna berr e ivinou da ur re-bennac.
ROGNEUR, creuner, pl. yen. Van.
crennour, pl. yon, yan.
ROGNON, les reins des animaux, lounez, lonnec'h, ppl. y; lounezy, id est,
loëñyaich. v. reins. — Rognon de veau,
la partie antérieure de la longe où est le rognon, lounezéñ lue, pl. lounezy,loune-
zeñou.v.longe de veau.—Rognon de belier,
de coq, etc., testicules, qellon maud, qilhocq.—Mettre les mains sur les rognons ou
faire le pot à deux anses, lacqât an daou
zourn var gorn e lès ou var e zioù lès,
pr. lecqëet.
ROGNONER, grommeler, groignal
ênître e zént, pr. groignet. Van. id.
ROGNURE, crennadur, tailhadur,
ppl. you. Van. crennadur.
ROGUE, fier, superbe, rocg, oh, añ.
Van.id.—Rôgue,resure,roguês.v.resure.
ROHAN, nom d'une maison illustre et
des plus anciennes du royaume, descendue
de Conan Meriadec, premier roide la Bretagne Armorique, Roc'han. Van. Rohan.
Le nom de Rohan, selon un ancien manus-
c-il sur les antiquités de Bretagne, que j'ai
cu en notre bibliothèque de Morlaix,en 1700
ou 1701, vient de roc'h-Yan, id est, rocher
de Jean. Il rapportait qu'un sire de Meriadec dònna pour lot et apandge à Jahan, son
juveigneur, un lieu à trois lieues de Ponti-

43

RIVER, *rabattre un clou*, riñva, *pr.* et; riva, *pr.* et. *Van.* riñhüeiñ, riñueiñ, *ppr.* et.

RIVERAIN, nep a chomm a daust da ur c'hoad, pe da ur ryfier. — *Les riverains des rivières sont tenus de laisser* 18 *pieds sur les bords de la rivière pour faciliter la navigation,* nep a chomm a daust da ur rifyer vat be hiny ec'h alleur naviga, a so dalc'het dre an ordrenançz da lesel distu *ou* da lesel è tiryen, trivec'h troadad doûar hed ar riblou eus an rifyer.

RIVET, *clou rivé*, riñved, *pl.* ou; rived, *pl.* ou.

RIVIÈRE, *Léon,* *et partie de* *Trég.*, rifyer, *pl.* ou. *Aill. quelquefois* rifier, *communément,* stear, *pl.* you; stær. *pl.* you. On a dit staêr. *pl.* yau. *Al. et hors d'usage,* avonn, aveuñ, *ppl.* au. *De là,* Aveñu, *rivière depuis l'étang de Rosporden jusqu'à la mer; de là,* Pond-Aveñn, *petite ville située sur la rivière d'*Aveñn ; *de là,* Aon, *rivière de Châteaulin.* — *Le lit d'une rivière,* canol ur stær. — *Le courant d'une rivière,* càn an dour, ar red oû an dinaou *ou* an disqenn evès au dour. — *Une rivière rapide,* ur stær grê, ur rifyer a red buhañ *ou* a red ribus.

ROBE, *vêtement,* saë, *pl.* ou. *Par syncope,* saë, *pl.* sæyou. *Van.* sæ, *pl.* yéû. — *Robe longue,* saë hirr, *pl.* saëou hirr. — *Il a pris la robe longue; il s'est fait prêtre, il s'est fait religieux, bénédictin, capucin,* qemeret èn deus ar saë hirr *ou* èat eo da zouguen ar saë hirr, eat eo da vælecq, eat eo da vanac'h, da gapucin ; *ou* qemeret èn deus ar saë du a sant Benead, ar saë rous a sant Francès, etc. — *Robe de juge,* saë, *pl.* saëou; saë barneur. — *Voilà M. le juge en robe,* cétu'an autrou'r barneur gad é saë, cétu ar barneur hac é saë gandhâ. — *Robe de femme,* saë, saë grecg, *pl.* ou, drognejou. — *Robe de chambre,* saë gampr, *pl.* saëou gampr. — *Petite robe,* saeig, *pl.* saëouigou; sæeig, *pl.* sæyouigou. — *Robe d'enfant,* saë buguel, *pl.* saëou bugale. — *Les deux attaches qui sont au dos de la robe d'un enfant,* stolicqenn, *pl.* ou; staguellenn. *pl.* ou. — *Il fut chassé du festin, parce qu'il* *n'avait pas la robe nuptiale,* dit l'écritur, caçzet voa gand hezr ha gaud diqa èr meas eus a sal an banvez, dre'n becq n'en devoa qet ur saë è c'hiz rancqét evit èn hrem gavout èn an creud *ou* abalamour n'en doa qet a guisqamand dread da ur c'honny cr caèr *ou* palamour ma voa guisqet ad da un hailhevod, è leac'h cabout ta abyd a. daillt ; è c'hiz ma dereé.

ROBERT, *nom d'homme,* Robert, Robart.

ROBINET, *clef d'une cannelle,* pinen, *pl.* ou ; touichenn, *pl.* ou. *Van.* toecheenn, *pl.* eü. *v.* cannelle.

ROBUSTE, postecq, nerzus. B.-Léon, rust, oc'h, à, añ, *ppl.* tud, etc. *Ex.* nerhus, oh, añ. *Al.* gour, *pl.* ed. *D'où,* en Angleterre, *on dit* gour, *pl.* gwyr. *mâle, courageux.*

ROC, *rocher,* roc'h, *pl.* rehyer. reber, qarrecq, *pl.* qertecq. *Van.* roh, *pl.* eü. reber. *v.* rocher.

ROCAILLE, *cailloux inerustés,* roc qailhès, roc'hellaich.

ROCAMBOLE, rocambolès; ehalotès-Spaign, qignen doucz.

ROCHE, roc'hell, *pl.* oü; mæn-roc'hell, *pl.* mein-roc'hell. *Van.* rohell, *pl.* eü. *De là le* Rohello, kær-rohell. etc. *maisons nobles.* — *La Roche-Derrien, petite ville près Tréguier, qui a été très-forte et a soutenu une infinité de siéges,* ar Roc'h, ar Roc'h-Deryen, ar Roc'h-Dryen.

ROCHELLE (la), *ville,* Roc'hell, ar Roc'hell, boulouard an hugunoded. — *Il est allé sur sa barque à la Rochelle,* eat eo gad e varcq d'ar Roc'hell. — *La Rochelle fut prise et démantelée par le roi Louis XIII, en* 1628, ar guear eus a Roc'hell a yoa sichet, qemeret var an hugunoded, ha disvuryet, gad ar roué Loyz trysec-ved èn hano, èr bloaz c'huêzecq cant hac eiz varnuguent.

ROCHELLOIS, *habitant de la Rochelle,* Roc'hellad, *pl.* Roc'hellis. Roc'hellidy.

ROCHER, *dans la mer ou auprès,* qarrecq. *pl.* qerrecq. — *Donner sur le rocher parlant d'un vaisseau,* sqei var ar garrecq, *pr.* sqoët. — *Qui ne gouverne pas*

, *légion commandée par un tribun ou con-*
*l nommé Tullius, nom commun chez les*
*romains; de* Leon, *légion, et* ard, *nature,*
*int* Leounard, *Léonnais, pl.* Leonnar-
:d. — *Roi des Romains, élu pour succé-*
*r d l'empire,* roûe ar Romaned.—*L'é-*
*ise romaine,* an ilis romén, an ilis ca-
licq, abostolicq ha romén. — *Le pon-*
*'e romain,* ar pap a Rom.—*Le bréviaire*
*main,* ar brevyel romén, ar brevyel é
z Rom. — *L'épitre aux Romains,* lizer
a abostol sant Paul d'ar Romaned. —
*e droit romain,* ar guîr romen.

ROMAINE, *balance,* crog, *pl.* creyer,
·eguer; crocg-poëser, *pl.* créyer.

ROMAN, *langage composé de latin et*
*gaulois, en usage en France jusqu'à Fran-*
*is I.er,* roumanecq, romanaich, lan-
aich roman. — *Parler roman,* comps
·umanecq *ou* romanaich, comps lan-
aich roman. — *Roman, livre fabuleux,*
·uman, *pl.* ou; levr roumau, *pl.* levryou
·uman, levryou romançz. — *Lire des*
·mans, lenn romanou *ou* romançzou,
·un levryou romançz.

ROMANCIER, *auteur de romans,* rou-
·ançzer, romancer, *ppl.* romanecryen.

ROMANESQUE, *qui tient du roman,*
·so c'huëz ar romançz gandhâ, ar pez
·e deo qet guir-hével.

ROMARIN, *arbrisseau,* roumarin. —
·'ssence de romarin, *dour roumarin.*

ROME, *ville célèbre,* Rom, Roum. *En*
··eton *de* Wal, *ils écrivent* Rhufain, *et*
·ononcent Rouvén *et* Rouvaën. — *Qui*
·t *de* Rome, *habitant de* Rome, Roman,
·. ed, is. — *Aller à Rome,* moñnet da
·om, *pr.* ëet. — *Jamais bon cheval ni mau-*
·is *homme n'amenda pour aller à* Rome,
·iscoaz béac'h da Roum marc'h mad
·e véllas na dèn cromm ne éünas.

ROMPEMENT *de tête,* terridiguez a
·enn, borrodérez.

ROMPRE, terri, *pr.* torret. *Van.* tor-
·eiñ, *pr.* torret. — *en plusieurs pièces,*
·icq·, *pr.* et; frenza, *pr.* et; difreuza,
·oëza, difroëza, *pr.* et. *Van.* difreheiñ,
·cheiñ. — *en très-menues pièces,* brusu-
a, *pr.* et. *Van.* berhonneiñ. — *ruiner,*
·udroyer, fiuultra, *pr.* et. *Trég.* foëltriñ,
·'an. foëltreiñ. *H.-Corn.* fueltro, *pr.* et.

— *défaire,* dispenn, *pr.* et. *Van.* dispeenneiñ. — *par lambeaux,* drailha, *pr.* et;
roga, *pr.* roguet; reuga, *pr.* et. — *quel-*
*qu'un de coups,* bréva, *pr.* et. — *rouer un*
*criminel,* terri var ar rod. *Van.* torreiñ
ar er rod.—*la tête d quelqu'un par ses im-*
*portunités,* terri penn ur re, borrodi ur
re, *pr.* borrodet. — *Se rompre le*
*cou, le bras, la jambe, etc.,* terri e c'hou-
zoucg, e vreac'h, e c'har, etc., *pr.* torret. — *Se rompre, se procurer une hernie,*
destumi un avelenn, *pr.* et; roga al lyeuenn guicq a so dindan ar bouzellou,
*pr.* roguet. *v. hernie.* — *Il m'a rompu la*
*tête de ses contes,* torret eo va phenn
gand-hâ, borrodet tout oua gad e gau-
syou. — *Rompu, qui a une hernie,* ave-
leunecg, *pl.* avelennéyen. *v. hernie.*

RONAN, *nom d'homme,* Reunan, Renan. *v. Renan.*

RONCE, drezeñ, *pl.* drez. *Van.* dreizen, *pl.* drez; dreinen, drenen, *pl.* dreu,
drein. — *Lieu plein de ronces,* drezocg,
*pl.* drezegou; stroëzocg, *pl.* stroëzegou.
— *Sans ronces ni épines,* distroëz, disrez,
hep stroëz. — *Arracher d'un lieu les ron-*
*ces,* distroëza, *pr.* et; disreza, disreina,
*ppr.* et. *Van.* dihosqaleiñ.

RONCIÈRE, *lieu plein de ronces,* drezecq. *v. ronce.* — *M. de la Roncière,* an
autrou an drezecq.

ROND, *e, figure circulaire,* roundt,
oh, añ. *Van.* id.—*Un globe rond,* ur voul
rondt.—*Rond, e, qui est de taille grosse et*
*courte,* crenn, rondt, oh, añ. *Van.* id.—
*Ils sont ronds l'un et l'autre,* creñ int ho
daou, crenn eo an eil hac eguile anézo,
ront int ho daou.—*Un homme rond, franc,*
un dèn francq ha rondt.—*Un mot rond,*
ur guer crenn. — *Un rond,* ur cern, ur
rond, un dro. — *Le rond de la terre a*
8,800 *lieues de tour ou environ,* ar rounder eus an doûar èn deus oz mil hac eiz
·eant léau dro pe taust da vad: — *En*
*rond,* è rond, è tro, èñ dro, è cern. —

RONDACHE, rondachenn, *pl.* ou;
bouqler crenn, *pl.* bouqlerou.

RONDE, *visite de sentinelles,* ar gued-
nos, ar rounde. *v. patrouille.* — *Ceux qui*
*font la ronde,* ar rond. — *La ronde passe,*
éétu ar rond e trémen.—*Ronde, tournée,*

tro, *pl.* you. — *Il vient de faire sa ronde,*
célu é o roûnet eus e dro, célu great e
dro gand-hâ. — *Boire ou faire une ronde,*
eva un dro, eva èn dro d'an cil ha da
eguile. — *J'ai fait ma ronde,* me am eus
great va zro, evet am eus d'an oll gui-
tibunan. — *A la ronde, au tour, aux environs,* èn dro, var dro, tro-var-dro.

RONDEMENT, *en rond,* èn ur fæçzoun roudt. — *Rondement, uniment,* èn
ur fæçzoun iñgal. — *Rondement, sincerement,* hep diguisamand, èz roundt. *v.
franchement.*

RONDEUR, rounder, ronder. *Van.*
rondted. — *parlant de la taille,* crender.

RONDIN, *bûche ronde à brûler,* bilhe-
teseun, *pl.* bilhetès. *Van.* bilhonn, *pl.*
éû. — *Rondin, bâton gros et court,* peñ
baz.-*Donner du rondin à quelqu'un,* frodta ur re gand eol garz. *v. repasser.*

RONFLEMENT, *respiration qui se fait
avec bruit,* diroc'h, roc'h. *Van.* diroh.
— *Ronflement des vagues, du vent,* trous,
tourny, trôus an avel, tourny ar mor.

RONFLER, *respirer avec bruit en dormant,* roc'hal, diroc'hat, *ppr.* et. *Van.*
diroheiñ. — *Ronfler, parlant de la mer,
du vent, etc.,* grondal, c'hueza, *ppr.* et;
trousal, *pr.* et.

RONFLERIE, roc'hérez, diroc'hérez, grondérez, trousidiguez.

RONFLEUR, diroc'hèr, *pl.* yen ; ro-
c'hér, *pl.* yen. *Van.* dirohour, *pl.* yon.

RONFLEUSE, diroc'hereès, *pl.* ed.
*Van.* dirohourès, diroheres, *ppl.* ed.

RONGER, crignal, crignat, *ppr.* et;
crenna, *pr.* et. — *Ronger les os,* crignat
an æsqern. — *La mer ronge ses bords insensiblement,* ar mor a zeu a benn da grig-
nat e riblou a neubend-è-neubeud. —
*Ronger ses ongles,* creña e ivinou gand
e zënd, crignat e ivinou. — *La
conscience ronge a eternellement le cœur des
damnès,* caloun ar re gollet a vezo da viz-
viqen crignet gad ar prèv eus ho c'houst-
t auçz. — *Celui qui ronge,* crignèr, *pl.*
yen ; crennèr, *pl.* yen. *Van.* crignour.
crennour, *ppl.* yon, yan. — *L'action de
ronger,* criguérez, crennérez. *Van.* crig-
néreh, crennereah. — *Ce qu'on ronge,*
criguadur.

ROQUILLE, *mesure,* glac'harieç.

ROSAIRE, *trois chapelets de cinq dizaines,* rosèra. *Van.* èr rosèr, ar sant...
— *La confrérie du rosaire,* breuryez a
roséra, *pr.* id. *v. mystère.*

ROSAT, great gand dour ros.

ROSCOFF, *petit port de mer près S.*
Pol de Léon. Rosgoñ. Quicqur, ...
de Roscoff. l'appelle en Latin *dans ses é-
loques bretoñs-français,* Ruperia; mais
tort, car Roscoff *ne vient pas de* roc'h c...
*en Latin* rupes vetus, *comme il y a apparence qu'il l'a cru, mais bien de* ro-
goff, qui voudrait dire à la lettre, tête
du maréchal. Ainsi l'ont écrit tous les anciens. v. maréchal ferrant. — Qui est de
Roscoff, Rosgonad, *pl.* Rosgoñis. — A
Roscoff on sert Dieu avec édification, en
ebad-Doûe eo guëllet pena us ez eo servichet mad an autrou Doûe dans t...
Rosgoñ.

ROSE, *fleur odoriférante,* rosen, *pl.*
ros. *Van.* roseen, rosen, *ppl.* ros. — *Un
bouquet de roses,* ur bocqed ros, *pl.* boqedou, bocqejou. — *Eau rose,* dour ro...
ou strilhet. — *Couleur de roses,* a ly...
ros. — *Rose sauvage,* rosen-qy, *pl.* ros;
rosen-goës, *pl.* ros-goez. *v. coqurit...*

ROSEAU, *plante,* rausqlen, *pl.* rausq-
*Van.* corseen, *pl.* eû, cors. *v. canne.* — *Un
plein de roseaux,* rausqlecg, corsecq, ...
rausqegou, corsegou. *Van.* corset...
*pl.* corseguëû.

ROSÉE, glizenn, *pl.* gliz; glu...
gluiz, *Van.* gluiheenn, *pl.* gluih; g...
heen, *pl.* glih; gluëhen, glouëhen,...
glueh, glouëh. — *Petite rosée,* gliz...
nicg, *pl.* glizigou. *Van.* gliheñi cg, glu...
hennicg, *ppl.* éû. — *Temps qui donne...*
*nairement de la rosée,* amzer gluizus...
glizus. — *La rosée de mai,* gluiz ea g...
maë. — *Tendre comme rosée,* tener-g...
— *Rosée, petite pluie douce qui rafra...*
*le temps,* glizenn fresq, *pl.* glizyenn...
glibyadenn, dourenn, *pl.* ou; glibyade...
nicg, dourennicg, *ppl.* ouïgou.

ROSERAIE, *lieu planté de rosiers,* rosecg, *pl.* rosegou. *Van.* id., *pl.* eû. bo-
tenn ros, *pl.* bodennou. — *M. de la Ro-
s aie,* an autrou Rosecg.

ROSETTE, *petite plaque en formé de lite rose qui soutient le rivet d'un rasoir,* c., rosenn ar riûved. — *Rosette, encre uge,* lyou ruz.

ROSIER, *arbrisseau,* plantenn ros, . plantennou; bod ros, *pl.* bodon. *an.* bod ros, *pl.* bodéû.

ROSSE, *cheval use,* coz-varc'h, *p'.* coz-:sccq; gaigu, *pl.* ou; coz-ronce. *pl.* ed.

ROSSER, *battre,* frodta caër ur re-:nnac, *pr.* frodtet; scrivella mad un :u, *pr.* scrivellet; diboultra piz dilhad : re, *pr.* diboultret; sevel coad dreist : re, *pr.* savet. *v. repasser.* — *Il a rosse femme, parlant d'un crocheteur,* lecqe-èn deus coad anty da gouëza var gu-n e c'hrecg.

ROSSIGNOL, *petit oiseau,* éausticg, idan, *ppl.* ed. *Van.* esticq, *pl.* esti-ied. — *Rossignol de muraille, petit oiseau ú a une marque blanche à la tête,* éaus-cg bail, *pl.* éaustigued vailh, hadan-r, *pl.* hadaned. *Van.* esticg bailh, *pl.* .tigued.

ROSSIGNOLER, cana evel un éaus-cg, *pr.* canet; ober ur c'hau melody-s evel da hiny an éausticg, *pr.* græt.

ROSSOLIS, *liqueur douce et agréable,* sansolys.

ROSTRENEN, *petite ville des Côtes-*-*Nord,* Rostrenen, Rostreen, Rostren. *an.* Rostrenan, Rostranen. On *devrait* re Ros-drenen *ou* Ros-drezen, *id est,* se cueillie entre les ronces, parce que la *sole image de Notre-Dame, qui y est en* *ande vénération, fut trouvée parmi des* *nces qui portaient de belles roses au cœur* *l'hiver.* — *L'an 683, Rivallon de Ros-en était chamberllan d'Allain II, dit le ng, onzième roi de Bretagne Armorique,* r bloaz c'huec'h cant try ha pévar-u-sent, Rioûallon, autrou eus a Ros-renen a yoa cambrelan pe an eil offi-r dindan Alan an hirr, roûe a Vreyz-tvorioq. *v. ronce.*

ROT, rost, qicq-rost. *Van.* id. — *Rot,* nluosité *de l'estomac qui sort par la bou-*u, breugueus, *pl.* ou. *Van.* bregas, *pl.* éû.

ROTE, *la principale juridiction de Ro-* *e composée de douze docteurs qu'on appelle* luditeure *de rote. Il y en a trois Romains,*

un Toscan, un Milanais, un Bolonais, un Ferrarais, un Vénitien, un Français, un Allemand et deux Espagnols, ar rota, ar parlamand eus a Rom. — *Auditeur de rote,* consailhèr èr rota, *pl.* yen.

ROTER, *faire des rots,* breugueudi, *pr.* breuguendet; breugueusat, *pr.* et; beurleugeusat, *pr.* et. *Van.* berguesat, bregaseiû, *ppr.* et.

ROTI, *rôt, viande rôtie,* rost, qicq-rost; *du rôti et du bouilli,* rost ha béro, qicq-rost ha qicq-béro, bér ha bero.

ROTIE, *tranche de pain rôti,* tostenn, *pl* ou; bara tostenn. *Van.* tosteoun, *pl.* éû; bara tosteen *ou* rostet. Tostenn, *id est,* taust d'an tan, *près du feu.* — *Faire des rôties,* tosteaña bara, *pr.* testennet; ober tostennou, *pr.* græt.

ROTIR, rosta, *pr.* et. *Van.* rosteiû. — *Un aloyau bien rôti,* ur graoueun vé-vin rostet a-dailh. — *S. Laurent fut rô-ti à petit feu, sant Laurans a yoa rostet a-nenbeudou.* — *Rôtir un peu, brûler un peu à l'extérieur la peau, i'écorce, etc.,* suilha, tana, *ppr.* et. *Van.* suilyeiû, ta-neiû. — *Rôtir un bâton pour le redresser,* suilha ur vaz evit e eûna. — *Rôtir les pieds à un criminel, lui donner une ou plu-sieurs touches de feu,* tana ur c'hriminal, rei an touich tan da un torfetour, *pr.* roët. *v. gêne.* — *Action de rôtir,* ransta-dur, suilhadur, taûnadur.

ROTISSERIE, rostérez, lech pe èn hiny èz roster qicq da verza.

ROTISSEUR, *qui apprête et vend les viandes toutes rôties,* rostèr, *pl.* rostéry-en; marchadour qicq-rost, *pl.* yen.

ROTONDE, ilis rond, *pl.* ilisyou.

ROTULE, *palette du genou,* crogueñ au glin *ou* ar c'hlin.

ROTURE, *héritage qui n'est pas noble,* doûar bilenn *ou* partapl, *pl.* doûarou. — *Roture, condition roturière,* stad ar re bilen *ou* bartapl.

ROTURIER, *ère, qui n'est pas noble,* bilen, partapl, tailhapl, *pl.* tud. *Van.* partabl, tud partabl.

ROUCOULER, *faire le bruit des pigeons,* grougouczat.

ROUE, rod, *pl.* ou. *Van.* id., *pl.* éû. r. charrette. — *Petite roue,* rodieg, *pl.* ro-

douïgou. *Van.* rodicg, *pl.* rodéüïgueü, *pl.* yéü.
rodiguéü. — *Faire la roue, parlant du paon,* rodal, *pr.* rodet. *v. panader.*

ROUELLE, *tranche de viande,* rouël-lenn, *pl* ou; gelqenn, *pl.* ou. *v. lèche.*

ROUER, *rompre un criminel,* terri var ar rod, *pr.* torret. *Van.* torreiñ ar èr rod. — *Rouer de coups,* bréva, *pr.* et.

ROUET, *instrument d roue pour filer,* qarr, *pl.* qirry, qarr da neza. — *Filer au rouet,* neza gand ar c'harr, *pr.* nezet.

ROUGE, ruz. *Hors de Léon,* ru, oh, añ. *Al.* cok, coch. — *Ruban rouge,* ruban ruz *ou* ru, *pl.* rubanou — *Rouge, parlant d'une personne qui est naturellement vermeille, et qui est haute en couleur,* *Léon.* ruspin, oh, â, *pl.* ruspined, ruz a visaich. *Ail.* ru a façz, ru evel ur c'hocq livet mad; flam, *pl.* tud flam — *Etre rouge de visage, avoir l'air de se bien porter,* beza ruspin *ou* flam *ou* ru dre natur *ou* ruz a visaich *ou* livet mad, cahout liou vad. — *Devenir rouge,* ruzya, *pr.* ruzyet; roya, *pr.* ruyet. *Van.* rueiñ, *pr.* ruët. — *Poil rouge,* bléau ruz. L'on dit mieux bléven, mais ce mot est choquant ainsi que brun, qu'on dit en Leon. — *Le rouge, la couleur rouge,* ar ruz, al lyou ruz.

ROUGEATRE, ruzard, azruz, demruz, oc'h, â, añ; a denn var ar ruz. Ruzard, *de même que* guënnard, duard, glasard, melennard, *qui signifient* blanchâtre, noirâtre, verdâtre, jaunâtre, *etc,* *et une infinité de mots bretons, et peut-être français terminés en ard, tiennent tous de ard, ancien mot celtique qui signifiait nature. Van.* ruard. — *Etre rougeâtre,* beza ruzard *ou* azrus *ou* dem-ruz, beza azruz, *pr.* bet; tenna var ar ruz. *Van.* bout ruard.

ROUGEOLE; *maladie,* ar ruzell, ar ruell. *Van.* èr ruell, èr rouëll.

ROUGET, *poisson de mer,* arlicon, *pl.* ed; meilh-ruz, *pl.* meilhed. meilhy.

ROUGEUR, *qualité de ce qui est rouge,* ruzder, ruzded, ruder. *Van.* ruded. — *Rougeur qui tient au visage par pudeur ou surprise,* ruz, ar ruz, ar ru. — *Rougeur, pustules rouges qui tiennent au visage,* ruzyadur; ruadur, *ppl.* you. *Van.* ruadur,

ROUGIR, *rendre rouge,* ruzya, *p* et; liva è ruz, *pr.* livet; laoqaat è ru è ru, *pr.* lecqëet. *Trég.* ruañ, *pr.* ruñ lifañ è ru. *Van.* rueiñ, liüeiñ *ou* la qeiñ è ru. — *Rougir un livre,* ruzya ul le liva coff *ou* lacqát ur levr è ruz. — *devenir rouge,* ruzya, *pr.* et; doñet t veza ruz, *pr.* deuët; dont ru, *pr.* de *Van.* rueiñ, donnet ru. — *Rougir de ho te,* ruzya gaud mèz *ou* gand ar vez. *Va* rueiñ guch meh *ou* ar veh. — *Faire ro gir quelqu'un,* lacqát ur re da ruz digaçz ar ruz da ur re-bennac, *pr.* e *Van.* gobér de unan beuac rueiñ, *p* greit, groeit.

ROUILLE, mergl. *Van.* mergl, merl, melgr.

ROUILLER, mergla, *pr.* merg destumi mergl, *pr.* destumet. — *Fa* rouiller, lacqát da vergla, ober mer gla, ober destumi mergl, *pr.* græt. — *Se rouiller,* mergla, *pr.* et. *Van.* me gleiñ, melgreiñ, mercleiñ.

ROUILLURE, mergladur. *Van.* il.

ROUIR, *s'altérer en demeurant d l'eau,* eangui, *pr.* et. — *Cette viande roui pour avoir été long-temps dans l'ea* eanguet eo ar c'hicq ma, blas au c'h a so gand ar c'hicq mâ. — *Mettre du l* ou du chantre d rouir, lacqát lin pe e nab da éangui, *pr.* lecqëet; doura li ou canab, *pr.* douret. *Van.* laqat lin coüarh d'angueiñ. — *Le lieu où on r le chantre d rouir,* eanguen, *pl.* ou; po lin, poull canab, *ppl.* poullou. *Van. a gueun, angleeuu, pl.* éü. — *Ce lin d assez roui, eang avoalc'h ou dourel ave alc'h eo al lin bout.

ROULANT, *ante, qui roule,* ruilher ruilhecq, oh, â, añ.

ROULEAU, *bois rond pour faire roule des fardeaux,* ruilherès, *pl.* ou. — *R leau de pâtissier,* ruilheün, *pl.* ou. — *Rouleau, tout ce qui est roulé,* rolled, *p* ou; rollad, roll, *pl.* ou. — *Rouleau d plomb, d'étoffe,* ur rolled plomm, ur led mezer, ur rollad ploum, ur r lad éntoff. — *Rouleau de tabac,* rollbe tuun, *pl.* rollou hutum. — *Un roulea cinq sous en liards ou en deniers, ur ta

d pemp guēnneoq, *pl.* rolledou pemp
uennec *ou* pemp guēnnéyen. —*Rou-
au de ruban*, rolled ruban.

ROULEMENT, ruilh, ruilhadeū, *ppl.*
u; tro, *pl.* you.—*Roulement d'yeux*, u
uilh lagad, ar ruilh ens an daoulagad,
ro lagad, troyou lagad, un dro lagad.
— *Un roulement de voix*, ur ruilhadenn
an, ur ruil mouēz. — *Faire des roule-
ments de voix*, ober ruilhadennou can.
ber ruilhou *ou* ruilhadénnou gad é
ouēz, *pr.* grœt. *v.* rossignoler.

ROULER, *faire mouvoir ou se mouvoir
circulairement*, ruilha, ruilhat, *ppr.* et.
*an.* trueilhat, ruilhal.--*Celui qui roule*,
auilhèr, *pl.* yen. — *Action de rouler*,
ruilhérez, ruilhadur. — *Rouler, plier
en rond*, rolla, *pr.* et. *Van.* rolleiñ, *pr.*
t. — *Celui qui roule ainsi*, rollèr, *pl.*
en. — *Action de rouler ainsi*, rolladur.
— *Rouler quelque chose dans son esprit*,
ongeal a zevry èn un dra bennac, *pr.*
onget. — *Rouler une vie misérable*, cun-
lui ur vuhez trist *ou* paour *ou* reuzeu-
licq, *pr.* cunduët; trémen trist e vuez.
r. trémenet. — *Se rouler*, hem ruilha,
r. ruilhet. *Van.* torrimellat, him din-
ilhat. *v. se vautrer*.

ROULETTE, *petite roue*, rodieg, *pl.*
odouigou. *Van.* rod bihan, rodieg. *pl.*
u. — *Couchette sur roulettes*, guēle-
jarr, guèle red, *pl.* guēleou.

ROULIER, *voiturier par terre*, c'ha-
atèr, *pl.* c'haratéryen; viturer gad qarr,
l. vituréryen gad qirry.

ROULIS, *le roulis d'un vaisseau*, ar
ruilh eus a ul lestr, ruilhérez, ruilha-
deeg ul lestr.

ROUPIE, hurudieg, ar vnrudieg, *pl.*
hurudigou; buredenn, ar vuredeū, *pl.*
ou. *Van.* ervurutieg. èr vorutieg.—*Vous
avez la roupie au bout du nez*, ar vuru-
dieg *ou* ar vuredenn a so guenoc'h,
ez ma ar vuredenn oud penn ho fry.

ROUPIEUX, *euse*, suget d'ar vure-
dieg, custum da gahout ar vuredenn.

ROUSSATRE, *qui tire sur le roux*,
rouzard, *pl.* ed; azrouz, demrouz. *Van.*
rouzard. *v. rougeâtre*.

ROUSSELET, *petite poire roussâtre*,
rouzieg, pèr rouzieg.

ROUSSETTE, touil, *pl.* ed; bleyz-
vor, *pl.* bleizy.

ROUSSEUR, *couleur rousse*, rouzdèr,
lyou rouz.

ROUSSEURS, *taches rousses sur le visage*, brizenn, *pl.* ou; didremenadurez,
léntilieg, *pl.* léntiligou; brenn Yudas,
dluzaich. *Van.* brihenn, *pl.* brihen-
neū; burbuenn, *pl.* burbuad.—*Sujet
aux rousseurs*, brizennus, léntilus, ob,
añ; goloët a zidrémenadurez *ou* a vreñ
Yudas peur vuyá, façz dluz. — *Avoir
des rousseurs*, cahout brizennou, cahout
didrémenadurez *ou* léntiligou, cahout
brenn Yuzas, cahout ur façz dluz, *pr.* bet

ROUSSI, *odeur de ce qui brûle*, c'huēz
ar suilh, c'huēz al losq. *Van.* huēh el
losqet.—*Je sens le roussi*, c'huēz ar suilh
*ou* c'huēz al losq *ou* losqet a glévañ.

ROUSSIN, roncè, ronç *ppl.* ced, ed.

ROUSSIR, *rendre roux*, rouza, *pr.*
et. *Van.* rouzeiñ.-*Faire roussir du beurre*,
rouza amann.—*Roussir, devenir roux*,
rouçzaat, *pr.* ēet. — *Les cheveux blonds
roussissent avec l'âge*, rouçzaat a ra ar
blēau mēlen gad an amser. *v. roux*.

ROUTE, *chemin*, roud, *pl.* ou. *Van.*
roud, *pl.* eū. *v. chemin*. — *Prendre sa
route pour aller à*, qemeret e roud evit
mont da.—*Route, sentier*, roudenn, *pl.*
ou. *Van.* roudeenn, rontenn, *ppl.* eū.
*v. sentier*.—*Route, le cours d'un vaisseau*,
roud.—*Faire route*, ober roud, *pr.* grœt;
naviga, *pr.* naviguet.—*Route, exemple*,
roud, *pl.* ou. — *Suivez la route que les
saints ont tenue*, heuliit roudou ar sént.

ROUTIER, *qui sait bien les routes*,
roudèr, *pl.* yen.—*Pilote routier*, loman
roudèr, *pl.* lomaned roudéryen.--*Vieux
routier, qui a de l'expérience*, roudèr
coz, *pl.* roudéryen goz.

ROUTINE, *capacité par habitude*, roud-
tin, roudtinérez. — *Il a appris le latin,
le plain-chant par routine*, desqet èn deveus al latin, ar o'han plean, dre roud-
tin, hep reol e-bed.—*Il n'a qu'une simple routine*, ne deus nemed roudtinérez

goret. *Van.* digoreiñ a neŭe, pr. digoret.—*Sa plaie s'est rouverte*, digoret eo e c'houly a-névez.

ROUX, *rousse*, guell, rouz, qh, â, añ. *Van.* id.—*Poil roux*, bléau rouz, bléau guell.—*Les bonnes fritures se font au beurre roux*, gad amann rouzet ez rear ar fridtéŭr mad. *v. roussir.*

_ ROYAL, *ale*, roëal, real. *Van.* id., oh, añ; ar pez a aparchant oud ar roŭe.—*La famille royale*, al lignez ou ar goad roëal, ar roŭe hac e lignez. — *Le palais royal*, palès ar roë.—*Le trésor royal*, ténsor ar roë.—*Lettres royales*, lizerou roŭe. — *C'est un royal homme*, un dèn roë-l eo, un dèn rëal eo, un dèn digabal eo.—*Un'siége royal*, ur varn roëal, barn roŭe.—*Bailliage royal*, bellyaich roëal, ur vellyaich roëal.—*Une abbaye royale*, un abaty fountet gad ar roŭe.—*A la royale*, è qiz ar roŭe, evel d'ar roë.—*Royalement*, èu ur fæçzoun nopl, ez roëal, gand enor bras ha larguéntez.

. ROYALISTE, roëalist, *pl.* ed; nep a souten guir ar roë, nep so èn tu gad ar roŭe, nep a goumbat evit ar roŭe.

ROYAUME, roŭantélez, *pl.* you, ou. *Van.* roantelch, *pl.* eŭ. *Al.* teyrnas. *v, régner.*—*Le royaume de France*, ar roŭantélez eus a Françz, ar rouantélez a Françz, roantélez Gall, ar roantélez a C'hall. — *Le royaume des cieux est pour ceux qui feront violence à leurs passions*, nep a drec'ho d'e voall inclinacioñou, hennez en devezo roŭantelez an eê.

ROYAUTÉ, dignitez ar roŭe, carg ar roë, ar stad a roŭe, roëlez.

.RUADE, disvyncqadenn, *pl.* ou; quyncqadenn, *pl.* ou. *Van.* guyncqadeenn, *pl.* éŭ. *v. ruer.*

RUBAN, rubañ, *pl.* ou. *Van.* id., *pl.* éŭ. — *Rubans d'or, d'argent*, rubanou aour, rubanou arc'hand. — *Garniture de rubans*, goarnitur rubanou.—*Orner de rubans*, rubana, *pr.* et. *Van.* rubaneiñ.

. RUBANIER, *qui fait toutes sortes de rubans*, rubanèr, *pl.* yen. *Van.* rubanour. *pl.* yon, yau; seyénnour, *pl.* yon.

RUBICOND, *onde*, ruspin, *pl.* ed ; un dèn flamm, *pl.* tud flammi.

RUBIS, *pierre précieuse*, rubis, ou.—*Payer rubis sur l'ongle*, paêa an dinér ruz *ou* bede an divezâ

RUBRIQUE, rubricq, *pl.* ou.

RUCHE, *panier fait de paille*, colo *pl.* ou; qèst, *pl.* ou. *Van* colovens. venn, *ppl.* eŭ.—*Ruche d miel*, qèst uan, *pl.* qéstou-guëuan ; colo ou ; rusqenn, *pl.* ou ; coc'henn, *pl.* *Van.* rus en gurciñ.

RUCHÉE, rusqennad, *pl.* ou; tad guënad, *pl.* qéstadou; colo coc'hennad, *ppl.* ou. *Van.* rusqen *pl.* eŭ.

RUDE, *dur*, rust, tear, tær, oh. añ. *Van.* rust.—*Qui est rude en* dichecq, seac'h, *ppl.* tud, etc. — *homme rude*, un dèn rust *ou* tear *pl.* tud rust.—*Un homme rude*, di gouverner, un dèn amgestr. *Va.* deen discombert.—*Chemin rude*, rust. *v. raboteux* —*Temps rude*, rust. *Van.* amsér divalaŭ. — *Re devenir rude*, rustaat, *pr.* êet. *Van.* tât, rusteiñ, *ppr.* et.—*Rude au* garo, garv, rust, oh, â, añ. — *R* oŭir, caledi, oh, â; caledt da glévet.

RUDEMENT, èu ur fæçzoun ru tear, gand rusdóny, gand tærigenn.

RUDESSE, *qualité de ce qui est* sévérité, rusdóny, rustóny, rustér. genn. *Van.* rustoñny, rustér.—*R* âpreté. garventez, garvder. — *R* dareté, caleder. *Van.* caleded.

RUDIMENT, *principes du latin*, ro mand, *pl.* rudimanchou.

RUDOYER, tredta ur re-bennac rusdóny, *pr.* tredtet; parlant rust ur re-bennac, *pr.* parlantet.

RUE. *plante*, ar ruz, ar ru, loussao ar ru. *Van.* er ru, léséŭeñ er ru.—*R chemin de ville*, ru, *pl.* ruyou; stread. ru, *pl.* ruyéŭ. — *En pleine rue*, è ru, diracg an oll.—*Rue neuve*, ar vez, ar stread névez. — *La grand'rue*, ru vras.—*La rue de traverse*, ar ru dr ar ru dreverz. *Van.* ru trèz. — *Rue* ar stread, ar ru tryz. — *Rue de h rue fermée par un bout*, ru dall, *pl.* ru ha-ha, *pl.* ruyou; ru vorn. — *D en rue*, à ru-ê-ru, a ru-da-ru.

t-de-ru.

RUELLE, *petite rue*, rulcg, *pl.* ruy-gou; ru vihan. *pl.* ruyou; banell,*pl.* ; ur vanell. *Van.* vanell, *pl.* eü. — *elle de lit*, banell ar guële, ar vanell ar guële, an tu dioud ar voguer. *Van.* tu doh er vangoër, en toull plous.

RUER, *parlant des chevaux*, disvyncqa, vyncqal, *ppr.* et; rual, *pr.* ruët. *Van.* *J.-Corn.* guyncqal, *pr.* et; distal-iñ, *pr.* et. — *Cheval qui rue*, marc'h vyncqer *ou* ruër *ou* guyncqèr. *Van.* rh distalmér, jau guynqour. — *Ruer dqu'un par terre*, discarr ur re d'an lâr, *pr.* et; pilat ur re d'an doüar, *pr.* et; stlapa ur re bennac d'an doüar, stlapet. *Van.* tauleiñ d'en doar u-n-benac, *pr.* taulet. — *Se ruer sur quel-'un*, rual ouc'h ur re, *pr.* ruet; hem irl var ur re bennac, *pr.* daulet. *Van.* n dauleiñ ar unan-benac, *pr.* dau-; royal doh unan-benac, *pr.* ruyet.

RUGIR, yudal, *pr.* yudet, leva, *pr.* et; lcu, *lion.* *Van.* brunellat, burhellat, igeal, bleigeiñ. — *Ils rugiront comme lions, dit le prophète Jérémie, parlant des nnés*, yudal a rayo da vizvyqen ar re llet, eme ar prophed, goaçz egued na reu biscoaz al lconñed; leva a raynt el al lconñed.

RUGISSEMENT, yndérez. *Van.* bru-llereh, burhellereah.

RUINE, *misère, chute*, rhévyn; *ce mot très-ancien, mais en Léon on dit* ruyn. n. ruyn. — *Ruine, perte*, rhévyn, coll. *Ruine, destruction*, distruich. — *Rui-,débris d'édifice*, dar, coz-vogueryou. dar, *vient* laoudar, *cloportes, que l'on ure dans les ruines.* — *Bâtir sa lune sur les ruines des autres*, ober e tun divar goust ar re all, distruigea re all evit ober e fortune-unan, gou-oc'h ober coll ar re all.

RUINER, *ôter les biens d quelqu'un*, vyna, *pr.* et; lacqât ur re d'an alu-in, *pr.* lecqéet. *Van.* caçz d'er sol, *pr.* zet; ruyneiñ, *pr.* et. — *détruire*, dis-igea, *pr.* distruiget. *Van.* beciñ, *pr.* et; distrugeiñ. — *ravager*, goasta, *pr.* *Van.* goasteiñ. — *renverser un édifice*, carr, *pr.* et; discarr penn evit penn;

lacqât penn var lost, *pr.* lecqéet. *Van.* distrugeiñ nu ty-benac. — *le commerce*, coll an traficq, *pr.* et; caçz an traficq da netra, *pr.* et. — *sa santé*, coll e yec'hed, *pr.* et. — *Se ruiner*, èn hem rhévyna, *pr.* et; coll e dra, coll e vadou.

RUINEUX, *euse, qui menace ruine*, a denn da e zistruich *ou* d'e zistruich. — *Ruineux, euse, qui ruine*, rhévynus, dou-maichus, collus, oc'h, â, añ.

BUISSEAU, gouër. *pl.* ou, you; ur gouër, ur c'houër; gouëreñ, *pl.* ou; ur gouëreñ, ur c'houërenn; goaz, *pl.* you; goëz, *pl.* you; goaz-dour, *pl.* goazyou; goaz-redenn, *pl.* goaz redennou; goaz-réd, *pl.* goazyou-red. *Van.* goaratenn, gouërenn, goér, goëh, *ppl.* eü; gouér, *pl.* goéryeü. *v. canal.* — *Petit ruisseau*, gouërennieg,*pl.* gouërennouigou; gouë-ricg, *pl.* gouëryonigou; goazicg, goüë-zicg, *pl.* gouézyouigou. *Van.* ryoleenn, *pl.* ryolenneü; goéhicg, *pl.* goéhiguñ; goaratenicg, *pl.* goaratenigueü.

RUISSELER, redecq evel ur voaz-dour, *pr.* redet. — *Le sang ruisselait de tous côtés*, ar goad a redé qer stancq a bep tu evel an dour.

RUMB *de vent, aire de vent*, an andred etreze pehiny ez ma ar penn araugeus a ul leñr. — *Rumb entier, vent principal*, avel fournis. — *Rumb, quart de vent*, palevarz avel. — *Demi-rumb, demi vent*, hanter palevarz avel.

RUMEUR, *bruit*, brud, soroc'hérez. — *trouble*, trous bras è touëz ar bopl.

RUMINER, *remâcher*, dazqiryat, *pr.* et; dazqilyat, *pr.* et; dazercignat, *pr.* et. *Van.* tacqenceiñ. — *Ruminer quel-que chose*, songeal a-barfededd èn un dra-bennac, *pr.* songet; eñvori var un dra, *pr.* et; èvori un dra-bennac, *pr.* et.

RUPTURE, *état d'une chose rompue*, terridiguez. — *Rupture des membres par la fatigue ou par une prochaine disposition d la maladie*, torradur, terridiguez dre ar c'horf, torradur var an isily. *Van.* dihampradur, torradur. — *Rupture dans les cuisses causée par la lassitude*, torradur èn divorsed, qicq-torr. — *Rupture, brouil-lerie*, brouilhey, drouqrançz, droulançz.

RURAL, *e, a aparchant oud ar mæs.*

—*Doyen rural*, dean var ar meas *ou* var ar mæs.—*Biens ruraux*, madou var ar mæs.

RUSE, *adresse*, fineçza, *pl.* aou.—*Il a un sac tout plein de ruses*, leun eo a fineçzaou, ur sac'had *ou* ur c'harrad fineçzaou a so gandhâ. — *Contre-ruse*, fineçza ænep.

RUSER, *user d'artifice*, fineçzât, *pr.* ëet. *Van.* fineçzeiñ.

RUSÉ, *te*, *adroit*, fin, oh, añ. *Van.* id.— *C'est un rusé matois*, ur pautr fin eo, mardeus; ur pautr eo evit ar fiñd.

RUSTAUD, rustaud, *pl.* ed. r. *incivil.*

RUSTAUDE, rustaudès, *pl.* ed.

. RUSTICITÉ, *grossièrete*, rustoñny, rustoñnyaich.

RUSTIQUE, *champêtre*, a aparchant oud ar meas *ou* ouc'h ar mæs. — *Aimer la vie rustique*, caret beva var ar meas, caret ar vuhez divar ar mæs.—*Rustique*, *peu poli*, *grossier*, goëz, savaich, dibouliçz, rust, oc'h, â, añ, *ppl.* savaged, tud savaich, tud rust, tud goçz, tud dibouliçz.

RUSTRE, rustaud meurbed, savaich mar boa biscoaz; boufflare, *pl.* éyen.

· RUT, *l'amour des bêtes*, rut, ruch.—*Les biches sont en rut*, ez ma an héyzesed è rut *ou* è ruch.—*Etre en rut*, rudal, *pr.* rudet. *Van.* ruteiñ, *pr.* rutet.

RUTH, *livre de l'ancien Testament*, rutha, levr rutha.

## S

SA, *pronon personnel*, *féminin de son*, e *pour le masculin*, he *pour le fém. Van.* id. *Ex. Sa maison, sa sagesse, sa femme*, e dy, e furnez, e c'hreeg.—*Sa maison*, *sa sagesse*, son mari, he zy, he furnéz, he ozach. — *Son épée, son habit*, e gleze, e visqamand, — *Sa quenouille*, *ses habits*, he c'héyguell, he dilhad. v. *son*.

SABBAT, *jour fêté par les Juifs*, sadoru. — *Le jour du sabbat était le jour du repos*, an sadorn a yoa an deiz a reposvan, un Yuzévyen a baouëzé dioud pep labour d'an sadorn. — *Sabbat, grand bruit*, safar, trous bras. *Van.* id.—*Sabbat*, *assemblée supposce des sorciers*, sa-

bat. *Van.* id. — *Aller au sabbat*, mont net d'ar sabat. — *Ceux qui vont au sabat*, boudicg, *pl.* boudigued; jodouiz, *pl.* ed; sorcèr, *pl.* yen ; nep a ya d'ar sabat.

SABBATINE, *petite thèse du soir*, sabatinenn, *pl.* ou; tésen sadorn, *pl.* tésennou.

SABINE, *plante*, savigné, un seurt lorn. v. *tamaris*.

SABLE, treaz, træz, traëz, sabr. *Fa* sabl, treh. — *Grain de sable*, treazen, *pl.* treaz, traëzen, *pl.* traëz; træzen, *pl.* træz. *Van.* sableen, *pl.* sabl, trehen, *pl.* treh. — *Sable vif ou arrosé par l'eau*, træz *ou* sabr beo. — *Sable sec et mouvant*, træz maro, sabr maro. *Van.* sablec, *pl.* sabléguéú. — *Sable mouvant où l'on abîme*, boug-treaz, louncq-træz.— *Gros sable*, gravier, groüan, groan. — *Grain de gros sable*, groüanen, granen, *ppl.* groüan, groan. — *Terre pleine de gros sable*, groüanecg, *pl.* groüangou; groanecg, *pl.* groanegou.—*Dieu promit à Abraham qu'il multiplierait sa postérité comme les étoiles du Ciel, et comme le sable de la mer*, an autrou Doué a brometas d'ar patryarch Abraham e réntzé e lignez qer paut evel ar stere eus an oabl, ha qer staucq è c'hu a treaz eus ar mor. — *Sable*, *horloge à sable*, rolaich, *pl.* ou. *Van.* péüdrèn, *pl.* yéü ; sablecg, *pl.* sableguéü.

SABLER, *couvrir de sable*, træza, *pr.* et; sabra, *pr.* et. *Van.* sableiñ, *p. é* — *Il a sablé les allées de son jardin*, trazet *ou* sabret èn deus e deus alezyou.

SABLIÈRE, *lieu d'où se tire le sable*, trezecq, *pl.* træzegou; sabrecg, *pl.* sabregou. *Van.* sablecg, *pl.* sableguéü.

SABLON, *sable fin*, sabron, sabr.— *Grain de sablon*, sabronen, *pl.* sabronennigou, *pl.* sabrennoüigou; groanennicg treaz, *pl.* groanennoüigou treazen venn, *pl.* treaz.

SABLONNEUX, *euse*, sabronned trezecq, oh, â, añ. *Van.* sablecq, oh.—*Terre sablonneuse*, doüar sabroünecq træzecq *ou* groüanecq, *pl.* doüarou.

SABLONNIÈRE, sabroünecg, *pl.* sabronnegou. r. *sablière*.

ISABORD, lambourz, faucedar, *ppl.*
t. — *Les sabords*, al lambourzou, an
ucedarou.

SABOT, *chaussure de bois*, botès-preñ,
botou preuñ; botès coad, *pl.* botou;
outès, *pl.* boutou. *Van.* botez-coëd, *pl.*
oteü-coëd; botes, *qui devrait faire au pl.*
otesou, *est comme le fém. de* bot, *pl.* au.
ti signiflait trou en terre.*— Sabots à ta-*
*ns hauts et ourragés dessus*, botou lich
t lichet ou leoh ou lechet ou Bourdell
t Limoch. — *Sabot de cheval*, qarn ar
arh, moul troad ar marh. — *Sabot,*
*èce de toupie qu'on fait tourner au fouet*,
erniguell, qorniguell, trompilh, *ppl.*
a. *Van.* qorniguell, *pl.* eü. *v. toupie.—*
*ner du sabot*, foëdta ar guerniguell,
ëdta au drompilh, *pr.* foëdtet. *C'est*
*trement* saboter.

SABOTIER, *qui fait ou vend des sabots,*
otaouër prenn ou coad, *pl.* yeu.

SABRE, *épée très-large*, sabrenn, *pl.*
1. *v.* cimeterre, coutelas.

SABRER, *frapper d'un sabre,*sabrénna,
·. et; rei taulyou sabreun, *pr.* roët.

SAC, *poche*, sac'h, *pl.* seyer. *v. poche.*
— *Plein le sac*, pochée, sac'had, *pl.* ou;
eiz ar sac'h. — *Sac, habit de pénitence,*
ac'h, *pl.* seyer. — *Sac, dépôt d'humeurs,*
eñ-sac'h, *pl.* peñou-sac'h, peñ-sayou.
sinus. — *Sac-à-vin, ivrogne,* pochard,
l. ed. *Van.* id. — *Cul-de-sac, impasse,*
u dall, ru vorn. — *Sac, pillage, ruine*
*'une maison*, sacq.

SACCAGER, *mettre au pillage*, sacqa,
r. et; sacqa ur guær.

SACERDOCE, *dignité de prêtre*, bæ-
guiaich.— *Le sacerdoce de Melchisedech*
*t d'Aaron n'était que la figure du vrai sa-*
*erdoce de J.-C.*, bæleguiaich Melchise-
ecq hao hiny Aaron ne doaut nemed
ur sqeudenn pe ul limaichicg eus a vir
væleguiaich Jesus-Christ. — *L'épisco-*
*at est le grand sacerdoce*, an escobyaich
so ar væleguiaich dre eçzelanez.

SACERDOTAL, e, a aparchant oud
æ væleguiaich ou vælléyen.— *Les fonc-*
*ions sacerdotales*, oviçz ou carg ar v
éyen. — *Les habits sacerdotaux*, gu
nanchou ar vælléyen pa oviçout,
amanchou ar vælléyen, ornam

an ilis. — *De la race sacerdotale*, t. de la
sainte écriture, eus a lignez ar vælleguiaich, eus a vouënn ar vælléyen.

SACHÉE, *plein un sac*, sac'had, *pl.*
ou. *Van.* sahad, *pl.* eü.

SACHET, *petit sac*, sac'hicg, *pl.* seyerigou. — *Sachet plein*, sac'hadicg, *pl.*sac'hadouïgou. *Van.* sahadicq, *pl.* igueü.

SACRAMENTAIRE, *qui ne croit point*
*à la réalité*, hugunod, *pl.* ed.

SACRAMENTAL, e, ou sacramentel,
elle, a aparchant ouc'h ar sacramanchou.—*Les paroles sacramentales*, compsyou ar sacramand, ar c'hompsyou pe
dre se ez deu ar bælecq da gonsaori ou
da ober ur sacramand eu da rei ur sacramand. — *Les espèces sacramentelles*,
ar speçzou eus ar sacramand, ar speçz
a vara hac a vin. — *L'absolution sacramentelle*, an absolvenn obarz ar sacramand a binigenn.

SACRE, *consécration d'un roi, d'un*
*prélat*, sacradurez ar roüe, un escob.—
*Sacre, fête et procession du S. Sacrement*,
gouël ou tro ar sacramand.

SACRÉ, e, qui est oint, béni, saint, sacr,
sagr, oc'h, á, añ.(*Van.*id.)sacr-ha-santel.—*Les rois, les prélats, les prêtres sont*
*des personnes sacrées*, ar roüanoz ou roüeëd, an esqeb, ar vælléyen a so tud sacr
ou sagr. — *Les ordres sacrés*, an urzou
sagr. — *La* sacrée Vierge, ar Verc'hès
sacr. — *La* sacrée faculté de théologie, an
deology sacr.—Le sacré concile de Trente,
ar c'honcil sagr a Drenta. — *Le sacré*
collège, ar gompaignunez saer eus ar
gardinaled. — *Les choses sacrées, tout ce*
qui appartient à Dieu et à l'église, an traou
sacr, ar sagrou. *Van.* en treü sacr ou
sacret. — *Jurement par ce qu'il y a de plus*
sacré, *fort ordinaire entre Morlaix et Cha-*
telleaudi en, entre Carhaix et Quintin, sacr-
sic-sacr, sac-sic-sac, id est, sacr-seiz-
sacr. v. les sept sacrements. — *Jurer par*
les choses sacrées, sacreal, pr. sacréet.
*Van.* séaheñ, sacreiñ. — *Celui qui jure*
sacr, saoreur, pl. yen. Van. sacrour,
aour, ppl. eryon. — *L'action de jurer*
sacrérez. Van. sacrereah. — *Qui*
sacré, disacr, disagr.

CREMENT, sacramand, pl. sacra-

manchon; sécramand, *pl.* sécraman-
chou; sacr, *pl.* aou. *Van.* sacremant, *pl.*
eü. — *Le très-saint-sacrement*, sacramand an autèr, ar sacramand adorap
eus au autèr, ar sacramand benniguet.
— *Les sept sacrements*, ar seiz sacr ou
sagr ou sacramand. — *Recevoir ses der-*
*niers sacrements*, beza coveçzëet, sacramantet ha nouënet *ou* nouët, cabout
e oñ sacramanchou, *ppr.* bet. *Van.* bout
sacramantet. — *Se mettre dans le sacre-*
*ment, se marier*, qemer ar saçramand a
bryedélez, *pr.* qemeret.

SACRER, sacri, *pr.* et; sagra, sagri,
*ppr.* et. *Van.* sacreiñ. *v.* bénir, dédier. —
*Sacrer un roi, un évêque*, sacri ou sagra
ur roûe, un escob.

SACRIFICATEUR, azeuler, *pl.* yen;
sacrifier, *pl.* yen; nep a offr da Zoûe
sacrifiçzou evit hâ hae evit ar bopl.

SACRIFICATURE, azeulaich, sacri-
fyadur, carg ar sacrifyèr, oviçz au a-
zeulèr.

SACRIFICE, sacriviçz, *pl.* ou; azeu-
ladur, *pl.* you; azeuleudiguez, *pl.* ou.
*Van.* sacrifiçz, *pl.* eü. — *Obéissance vaut*
*mieux que sacrifice*, guëll eo seulidiguez
eguit azeulidiguez, guëll eo senti oud
nep ma aparchaut egued ne deo o-
ber e c'houndt.

SACRIFIER, sacrifya, *pr.* et; azeuli,
*pr.* et; offri sacriviçz, *pr.* offret; ober
sacrifiçz, *pr.* græt. *Van.* sacrifyeiñ, *pr.*
et. *r.* lamentation.

SACRILÈGE. *crime*, sacrilaich, *pl.*
ou, *Van.* sacrilech, *pl.* eü. — *Sacrilège*,
*qui commet un sacrilège*, sacrilaichèr,
*pl.* yen; nep a ra ur sacrilaich; ur sacrilaichus, *pl.* tud. *Van.* sacriléjour, *pl.*
sacriléjeryou, yan.

SACRILEGEMENT, èn ur fæçzoun
sacrilaichus, gand sacrilaich.

SACRISTAIN, *qui a soin de la sacris-*
*tie*, sagrist, *pl.* ed. *Van.* segreslenour,
*pl.* you, yan; sacr'stin, *pl.* ed.

SACRISTAINE *ou sacristine*, sagris-
tès, *pl.* ed. *Van.* sacristenes, *pl.* ed. —
*La mère sacristine*, ar vamm sagristès —
*Les sacristines*, ar sagristesed.

SACRISTIE, segretery, *pl.* ou. *B.-*
*Leon*, counbould, *pl.* ou. *S.-Brieuc*, pe-

nity, *pl.* ou. *Van.* segrestenery, *pl.*
SACRO-SAINT, sacr-ha-santel
SAFRAN, zafrou, zafraon. *Van.*
frann. — *Jaune comme le safran*, ...
leu evel zaffron, qer mëleu ha zaffra...
SAFRANER, *peindre en jaune*, ...
frôni, *pr.* et.
SAGE, fur, oh, â, añ, avisei mat
*Van.* id. — *Devenir ou rendre sage*, fur...
at, *pr.* ëet. *Van.* furât, *pr.* fureit. -
*Etre sage*, beza fur, *pr.* bet. — *Un*...
sage, furioq. — *Sage, posé*, parfedt, ...
â. — *Elle est sage comme une image*, pa...
fed eo evel un imaich. — *Sage, qui*...
se ressent nullement de folie, fin, for.-
*Cette personne n'est pas trop sage, trop*...
sensée, ne deo qet re fin ou re fur.-*Le*
*sept sages de la Grèce*, ar seiz fur eus...
C'hreez. — *Le sage*, ar fur, Salomon...
fur.
SAGE-FEMME, *accoucheuse*, amy-
guès, *pl.* amyeguesed; emyeguez...
ed. *Burlesq.* grac'h an guichedou. *Van.*
mamdyegues, *pl.* ed; *de* tyegues, ...
nagère, *et de* mam, *mère*.
SAGEMENT, èu ur fæçzoun fat...
gand furnez.
SAGESSE, furnez. *Van.* furne.—*La*
*sagesse de Dieu*, ar furnez eus a Zou...
— *La sagesse incarnée*, ar verb incarn...
— *La sagesse de l'homme*, furnez m...
dèn, furnez an dèn. — *La sagesse d'*...
*femme*, furnez ou parfediguez ur vaoû...
SAIGNANT, *qui dégoutte de sang*...
adecq. *Van.* goëdecq. — *La plaie*...
*toute saignante*, goadecq eo c'hoaz...
gouly, fresq-beo eo c'hoaz ar gouly.
SAIGNÉ, *part. et adj.*, goadet, ...
voadèt. *Van.* goédet, dioedet.
SAIGNÉE, ar goada, au divoad. *Van.*
goëdereah. — *Saignée, rigole*, rigol...
*pl.* rigolyouïgou.
SAIGNEMENT, *écoulement de sang*...
an divoada, au divoad dre ar fry.
SAIGNER, *tirer du sang d'une personne*,
goada, *pr.* et. *Van.* goédeiñ, *pr.* et. —
*On a saigné monsieur*, goadet eo bet...
autrou. — *Saigner du nez*, divoada, ...
divoadet; goada dre ar fry, *pr.* goad...
*Van.* divoédein, *pr.* divoédet; goéd...
dre er fry, *pr.* goëdet. — *Vous saign*...

e, goada a ra ho fry.—*Saigner sans ir arrêter le sang*, divoada bede ar u bede'r fin, coll e oll voad. — st sujet à saigner, goadus, divoa-*Saigner un cheval*, goada ur marc'h. aigner un animal pour le faire mou-ivoada. *Van.* dioédeiñ.

.I'GNEUR, médecin qui aime à faire er. goadèr. *Odieusement*, divoader, :en.

.IGNEUX, euse, goudet, leun a . v. saignant. — *Voilà un mouchoir* saigneux, celu aze ur mouchouër et ou leun a voad.

.ILLIE, avance d'un bâtiment, ba-alecg, ppl. ou.

.ILLIR, sailha. *Van.* sailheiñ, pr. et.

.IN, saine, salo, dispos, yac'h, oh, 'I.-Léon. jourdoul, seder. *Landivi-etc.* mao. *Landerneau, etc.* bagol. 'on. rust. *Ouessant et B.-Léon.* bly-"rég. seder. *B.-Corn.* salo, salf. *H.-. et Van.* yah, gaillar1, oc'h, añ. rois premiers mots sont propres à tous tlecte. — *Qui est sain, qui jouit d'une* ite santé, yac'h-pesq ou cloc'h. — st habituellement sain, yec'hedus, tus, oh, à, añ. — *Être sain*, beza ou dispos ou jourdoul ou seder, pr. bet. — *Detenir ou rendre sain*, taat, pr. ëet; guëllaat, pr. guellëet; t, sclvel, pr. salvel.—*Detenir plus* yac'haat ouguëllaat muy-oc'h-muy in et sauf, dispos ha salo, yac'h añ.f. — *Avoir le jugement sain*, ca-e sqyand vad ou ur sqyand vad, be-e sqyand vad, beza yac'h a spered, bet.—*Sain de corps et d'esprit*, yac'h f hac a spered. — *Sain, propre à* ite, yac'hus, yec'hedus, oh, à, añ. n air sain, un ear yac'hus ou ye-us. — *Des mets sains*, bouëd ya-s ou yec'hedus.

.INDOUX. graisse de porc, saynell, -teuz. *Van.* lardt-tee, larat-douçz, .ll.

.INEMENT, judicieusement, èn ur sqyandius, gad sqyand ha fur.

.INFOIN, plante, guéaud gall, fo-

ënn-gall ou terryen. — *Le sainfoin se sème dans les champs pour engraisser le bé-tail*, hada a rear ar guéaud-gall ebarz ër parcqou evit larda ar chatal ou ar chatalou. — *Faucher le sainfoin*, falc'hat ar soënn gall. — *Sainfoin sauvage*, mel-chen. *Van.* melchou.

SAINT, sainte, santel. *Van.* santél, oh, an. — *Un saint homme*, un dèn san-tel, pl. tud santel.—*Une sainte femme*, ur c'hreeg santel, pl. graguez. *Le S. évan-gile*, an avyel santel ou sacr, an avyel sagr-ba-santel. — *L'écriture sainte*, ar scritur santel. *L'en dit plus souvent* ar scritur sacr. — *Un lieu saint*, ul leac'h santel, plaçz devot. — *Visiter les lieux saints*, bisita al lec'hyou santel, moû-net d'ar plaçzou devot, moûnet da bar-doñna. — *Les SS. Anges*, an ælez san-tel ou benniguet, an ælez eus ar ba-rados. — *Les SS. pères, les pères de l'É-glise*, an tadou santel eus au ilis. — *Les SS. pères de la vie mystique*, au ta-dou santel contempléryen. — *Le saint père le pape*, hou tad santel ar pap, vic-qæl da Jesus-Christ var an doüar. — *Les saintes huiles*, an oléau sacr. — *La terre sainte*, an doüar santel. — *Faire de saintes œuvres*, ober œuffryou santel, pr. græt. — *Mener une sainte vie est le secret pour avoir une sainte mort ; puis-qu'ordinairement parlant, telle vie, telle mort*, ar segred evit cahout ur maro santel, eo condui ur vuhez santel; rag peurvuyâ ez varveur è c'hiz ma veveur. —*Le Saint Esprit*, ar Spered Santel ou glan ou santifyus.—*Saint, celui qui est canonisé*, sant, pl. sænt. *Van.* id.—*Les saints du Paradis*, ar sænt ou ar scaut eus ar Barados, ar scant guenvidicq, ar sænt evurusou éurus. *Van.* er sænt eurus, nuag er barconis. *Les saints sont les amis de Dieu*, ar scant a so mignoñned da Zoüe.

SAINT-BRIEUC, chef-lieu des Côtes-du-Nord, San-Brieeq. *Al.* Bidous an traoüyou.--*Qui est de Saint-Brieuc*, Sau-Bryegad, pl. San-Bryeguis, nep so a Sau-Bryec. *Burl.* marc'hadour caul, pl. marc'hadouryeu caul, id est, mar-chand de choux. vadlaër, pl. yen, id est, mangeur de bouillie.

**SAINTE**, *qui est canonisée*, santès, *pl.* ed. *Van.* id. — *Les saints et les saintes jouissent de la gloire que nous espérons un jour par la miséricorde de Dieu*, ar sænt hac ar santesed a so dre un éûr-vad ê poseçzion eus a c'hloar ar Barados pe-hiny a esperomp un deiz dre an drn-garez eus a Zoûc, ha dre vilidou hon Salver Jesus-Christ.

**SAINTEMENT**, èn ur fæçzoun santel, gad santelez. *Van.* gued santeléh.

**SAINTETÉ**, santélez. *Van.* sauteleh. —*La sainteté de sa vie*, ar santélez eus e vuhez: — *Mourir en odeur de sainteté*, mervel ê stad a santélez, mervel ê sant hèrvez ompinion an dud fur, mervel evel da ur sant, cahout ur marc santel — *Sa sainteté, parlant du pape*, un tad santel ar pap, e santélez.

**SAINT-MALO**, *ville célèbre, autrefois nommée Aleth et Guicq-Aleth*, Sant-Malou, San-Malou. *Van.* San-Maléû. *H.-Corn.* San-Malau.—*Qui est de St.-Malo*, Maloûan, *pl.* ed; malouîn, *pl.* ed. *Bur.* ur grobis Malouan, *pl.* grobised Maloûan, grobised San-Malou. *id est, seigneurs malouins, milords de Saint-Malo.*

**SAINT-POL-DE-LEON**, *ville, autrefois appelée Occismor, Legion, Leon et Leon-Doul*, Kastel-Paul. *v.* Léon, *Légion romaine.*—*Qui est de Saint-Pol-de-Léon*, Kastellad, *pl.* Kastellis. *v.* Léonnais.

**SAISIE**, sésy. *Van.* id.

**SAISIR**, sésiza, *pr.* et; sésya, *pr.* et. *Van.* sésyieñ.—*Etre saisi de crainte*, beza sésyzet gad aoun, cahout aoun e voalc'h, *ppr.* bet.—*La maladie l'a saisi à contre temps*, croguet eo ar c'hléved èn ha e goal amser.—*Se saisir de, prendre violemment*, crégui ê, *pr.* croguet, pega ê, *pr.* peguet; hem sésyza eus a *pr.* hem sésyzet. *Van.* hm sésyeiñ es a, crogueiû ê. *v. s'approprier, usurper.*—*Se saisir d'un voleur*, cregui èu ul laër, hem sésya eus a ul laër, sésya ul laër.—*Les archers le saisirent*, an archéryen a grogas ènhañ *ou* a begas ènhañ, an archéryen èn hem lançzas *ou* èn hem strincqas varnezâ, an goareguéryen a sailhas oudhâ hac a grogas èn e chouq.

**SAISISSEMENT** *de cœur*, sésiza-

mand, sésyamand, ur spound  

**SAISON**, amsèr, *pl.* you; sèe *pl.* you; conrs, couls, *ppl.* you. saçzun, *pl.* yéû; cours, *pl.* éû; co *pl.* éû. — *Dans la saison*, èn amser saësonn, èr c'hours, èr c'houls, p ar c'hours *ou* an amser *ou* ar sæe —*Hors de saison*, ê mæs a amser. gours, pa ne dere qet. *Van.* dibre digours.—*Chaque chose a sa saison*, tra èn deus e natur hac e amser *L'arrière-saison*, an discorr, ar se divezâ, an difin eus ar saësonn. er sæsonn doûehad, en diûehaô s: —*A l'arrière-saison*, var an dixe tro an difin eus ar saësonn.—*Les tre saisons*, ar pévar-amser, ar pe saësonn. *Van.* er padeir saçzun, ûar hours ag er blé *ou* es er blé.—*Le commencements des saisons ont été différents des nôtres, comme le pro ces deux vers :*

Dat Clemens hyemem, dat Petro cathedratus.
Æstuat Urbanus, autumnat Bart lomæus.

Ar pévar amser a goumancé gued qent egued brémâ : an névez-ans gontet a goumancé da voël Pere eil dez var nuguent a viz c'hoévn hañ, da voël sant Urban, d'arbeq varnuguent a viz maë; an discanser, da voël sant Bartheleme, d' vare varnuguent a viz éaust; b goûñ, da vouël sant Clemès, d'u de varnuguent eus a viz du.

**SALADE**, saladenn, *pl.* ou. saladenn, *pl.* éû.—*Salade cuite* saladenn poaz pe griz.—*Faire la l'assaisonner*, saçzuni ur saladenn el; témpsi ar saladenn, *pr.* et; o saladenn, *pr.* græt.

**SALADIER**, plad saladenn, p jou saladenn; saladennouêr, *pl.* *Saladier plein de salade*, ur pladad denn, *pl.* pladadou saladenn.

**SALAGE**, *action de saler*, sallid salladurez, sallidiguez, sallèrez.

**SALAIRE**, gopr, paëamand, re pans. *v. récompense.*

**SALAISON**, *temps où l'on'a s*

ler , amser ar salladurez, cours ar
rez, marc ar sallidiguez.

SALAMANDRE, *reptile qui vit dans le*
salamandra.

SALANT , *marais salant. v. marais.*

SALARIER, rei hervez ar milid pe
imilid , *pr.* roët.

SALE , *malpropre*, hacr, hudur, oc'h,
ñ. *v. malpropre.—Cela est sale*, hacr
e hudur eo an dra-ze.—*Linge sale*,
aich-fancq *ou* du. *Parlant du linge*
porte, dilhad-fancq, cresyoufancq
u. —*Paroles sales*, compsyou hacr
udur. *v. impudique.—Rendre ou de-*
sale , hacrât, *pr.* ëet; huduraat,
et. *v. malpropre.*

SALÉ, *ée, qui a goût de sel*, sall, oh,
aoñ.—*Fort salé*, sall-picq, sall evel
ily broud.—*Salé, ée, assaisonné avec*
el , sallet.—*Salé, ée, chair salée*, qicq
*Van.* id.—*Salé, du salé, du porc salé*,
sall, qicq moc'h sall *ou* sallet *Van.*
—*Du bœuf salé*, bévin sall. *Trég.* bé-
sall, biouin sall. *Van.* béuiñ sal
*Du bœuf salé et fumé à la mode de Léon,*
in saësonn. *burl.* moru menez Arc
alé, pourvizyon a hoalenn.—*Franc*
, hoalenn quyt, hoalenn quyt a
bod, holenn hep impod.

SALEMENT, , èn ur fæçzoun hacr
hudur, gand hacrded , gad hudu-
, gand lousder.

SALER, salla, *pr.* et. *Van.* salciñ.—
er du poisson, de la chair, salla pesqed.
la qicq. — *Celui qui sale*, sallèr. *pl.*
. *Van.* salour, *pl.* yan, eryou.—*Celle*
sale, sallerès, *pl.* ed.

SALETÉ, *ordure*, hacrded, hudurez.
*Saleté que la pluie fait couler le long*
in parois blanchi, mardos. *v. merde.*

SALIÈRE, saignell , *pl.* ou; sanyer,
ou. — *Salière d'argent* , ur saignell
c'hand.

SALIGNON, *pain de sel blanc*, mæn-
alenn. *pl.* mein hoalenn.

SALINE, *lieu où l'on fait le sel*, poull-
denn, *pl.* poullou holenn.

SALIQUE, *loi qui exclut les femmes du*
ine, salik, al lésenn salik.

SALIR, *gâter, souiller*, hacrât, *pr.* ëet;
astari, mastara, *ppr.* et; saliçza, *pr.* et;

sourbouilha, *pr.* et. *Van.* difameiñ, couchyeiñ, coucyeiñ, conci, *ppr.* et.

SALISSURE, hacrded, sourbouilh,
mastaradur, saliçzadur, mastaraich.

SALIVATION, *crachement*, crainchadur continu *ou* continual digaçzet da
ur re gad viverjand.

SALIVE, hal, halo. *Van.* hal, scopitell. *On écrivait* half.

SALLE, *pièce d'appartement*, sal , *pl.*
salyou , salou. *Van.* sal, *pl.* yéû , éû. *Le*
*mot de sal et ses pl. est très-ancien, et si-*
*gnifie maison noble ou manoir. De là , les*
*noms de la* Salle , *des* Salles.—
*Manger dans la salle* , dibri cbarz èr sal.
—*Salle à danser* , ur sal dans , ur sal da
zansal—*Salle d'escrime* , sal a iscrym ,
sal iscrym.—*Grande salle* , sal vras.—
*Petite salle* , sal vihan.—*Monsieur de la*
*Salle*, an autrou'r Salou.—*Les Salles de*
*Rohan* , *maison ancienne à trois lieues de*
*Pontivy* , ar Salou, maner ar Salou.
*Van.* er Salcû.

SALLETTE, salicg, *pl.* salyou igou ;
saleta, *pl.* ou.

SALOIR, *petit vaisseau à mettre du sel*,
salouér, holennouër, *ppl.* ou. *v. saunier.*
—*Saloir, vaisseau à saler les viandes*, char
nell. *pl.* ou. *H.-Corn.* charleun, *pl.* au.
*Van.* carnél, *pl.* éû; ur harnél.

SALOMON, *n m d'homme*, Salaûn, .
Salomon. Salaûn, *qu'on prononçait* Sa-
aoun , *de* Salomon. — *Le sage Salomon*,
Salomon ar fur. — *S. Salomon, troisiè-*
*me nom , quatorzième et dernier roi de*
*la Bretagne Armorique*, *mort l'an* 874,
*et canonisé l'an* 910 *par le pape Anastase*
*III*, s nt Salaûn , roüe eus a Vreiz
Arvoricq. — *Salomon, le son prétendu du*
*Folgoët , église collégiale près Lesneven* ,
Salaûn ar foll , sant Salaûn.

SALON , *grande salle* , sal vras , *pl.*
salyou; sal è qiz an Italy.

SALOPE, *strodeen*, strodton, *pl.* ed. *Vr.*
libous. *pl.* ed. *Tous ces mots s'emploient*
*aussi bien pour le fém. que pour le masc. ;*
*cependant on dit fort communément pour le*
*fém.* loudourenn , *pl.* ed ; *d'où vient le*
*proverb.* peploudourenn a gueff mad he
c'heusteurenn *en he* c'hustern, *id est* ,
*qu'il n'est pas si grande salope qui ne trouve*

*b* ns *et propres les mets qu'elle prépare.* r. *malpropre.*

SALOPERIE, londouraich, *pl.* ou; lonsdery, *pl.* ou; strodenyaich, *pl.* ou. strodroñny.

SALPÊTRE, salpestra, salpetra.

SALPÊTRIER, *celui qui fait du salpêtre*, salpestrèr, *pl.* yen.

SALPÊTRIÈRE, *lieu où l'on fait ou d'où l'on tire le salpêtre*, salpestrérez, *pl.* salpestreiezou.

SALSIFIS, *plante*, sarsify, sersify. — *Manger des salsifis*, dibri sarsify.

SALUADE, discrab, *pl.* ou; *parlant d'une femme*, stouïcg, *pl.* stouïgou. — *Il me fit une grande saluade*, ur picqol discrab a eureu din. — *Elle m'a fait une grande saluade*, ur stouïcg he deus great din qen iscl ha tra.

SALUER, saludi, *pr.* et. Van. salueiñ, saluteiñ. — *Je vous salue, ô pleine de grâces*, me oz salud, leun a c'hraçz; çme an eul d'ar Vero'hès sacr-ha-santel. — *Saluez-le de ma part*, saludit é eus va pherz, me oz ped; gril va gourc'hemennou dezâ, mar plich. — *Se saluer l'un l'autre*, hem saludi an eil eguile, hem saludi, *pr.* hem saludet. Van. him saluein, hum saluteiñ.

SALURE, *qualité de la chose salée*, salder. Van. salded. r. *salage.* — *La salure de la chair*, ar salder eus arc'hicq. — *Les philosophes n'ont pas encore pu découvrir la cause de la salure de la mer*, ar philosophed n'o deus qet cavet beta-hen ar pençaus eus ar salder vès an dour mor.

SALUT, *conservation de la vie, etc.*, salvidiguez, selvediguez, *de* selvel, *rendre sain, de même que* silvidiguez. — *Salut, félicité éternelle*, silvidiguez. Van. salvidigueah. — *Le Sauveur est mort pour le salut des hommes*, hou salver èn deus bet gouzâvet ar maro evit silvidiguez ar bed. — *Le chemin du salut*, hend ar salvidiguez, an hend a silvidiguez, an hend eus ar silvidiguez. — *Le port du salut*, porz ar silvidiguez. — *Le soin du salut*, ar soucy *ou* ar sourcy eus ar silvidiguez. ar study eus ar silvidiguez. — *La négligence du salut*, an leziréguez ê qèver ar silvidiguez. — *Penser sérieusement à l'af-*

*faire du salut*, songeal a zérry en zivry-beo *ou* a-barfededd èn e silvidiguez, *pr.* songet. — *Travailler sérieusement à l'affaire de son salut*, lacqât e oil evit da ober e silvidiguez, lacqât pounia veza salvet, *pr.* lecqêet; pounia evit e boçzupl gad sicour Doue da saludenc. — *Désespérer de son salut*, disespra eus e silvidiguez, *pr.* disesperi cus a silvidiguez e euc, *pr.* disesperet. — *Le zèle du salut des âmes*, an oaz eus a silvidiguez an eneou. ardor evit savetei an eneou, ur soucy birvidicq eus a silvidiguez an enez, ur garantez lisqidicq *ou* ur c'hoant guez ardant da saveti an oll dud mad poçzubl. r. *zèle.* — *Salut, prières vesprales du soir, la bénédiction du saçt c ement*, ar bedenn, ar salud, cod saoramand, salud ar sacramand. — *Salut, bonjour*, salud, demateoc'h. èn mad. — *Salut et bénédiction apostolique*, salud ha bennos; salud deoc'h har vennos abostolicq; eme ar pap. — *Salut en notre seigneur*, salud è Doue; eme escop. — *Hors l'église il n'y a point salut, èr meas eus an ilis ne deus a silvidiguez.

SALUTAIRE, *utile, nécessaire*, salvus, saluder, mad. Al salik. — *Avis salutaire, un avis mad*, ur c'husul fur, avis saluder. — *Salutaire pour le corps*, salvus, yac'hus, yec'hedus, oc'h, añ. — *Salutaire pour l'âme*, salvus, saluder.

SALUTATION *angélique*, saludcal, salud an æl Gabriel d'ar Verc'a au Ave Maria. r. *angelus.*

SALVE, *salut militaire*, salud, pl. salujou. — *Faire une salve à une autorité*, ur salud da ur c'hastell, *pr.* saludi ur c'hastel gad teñou canol.

SAMEDI, sadorn, dez-sadorn, id jour de Saturne. Van. id. — *Au samedi da sadorn, d'ar sadorn. — *Le samedi Pâques*, dez-sadorn Basq, ar sad Phasq, ar sadorn Basq. — *Ce part est né un samedi, il aime besogne fa d'an deiz a repos *ou* da un deiz sade eo bet ganet, labour c'hrat a so th gandhâ.

AISON, *nóm d'homme*, Samson,
n.—*S. Samson, premier archevêque*
..., *en Bretagne Armorique*, S. San-
tenta arc'hescop eñ Dol.

MUEL, *nom d'homme, Juif ou Pro-*
t, Samuël, Samuël a so an hano
éau pe hiny un Hugunod. — *Le*
te Samuel, ar prophed Samuël,
ophed bras Samuël.

NCTIFIANT, *e, qui sanctifie*, san-
s, santifyant.—*L'esprit sanctifiant,*
ered santifyus, ar Spered Santel,
ered glan; glan, *id est, pur.* — *La*
*sanctifiante,* ar c'hráçz santifyant.

NCTIFICATION, santelediguez,
fyauçz. *Van.* santeledigueh, santi-
z. — *La sanctification du dimanche,*
lediguez ar sul, ar santifyauçzeus
l, ar santelediguez eus an deiz sul.
t *sanctification des âmes,* ar santele-
ez eus an encou.

NCTIFIER, *rendre saint,* santifya,
t; santelât, *pr.* ëet; renta santel, *pr.*
t; rei santélez, *pr* roët. *Van.* san-
iñ. — *Sanctifier son âme par la prati-*
*es vertus chrétiennes,* santifya a ene
ntelât e ene gad ar vertuzyou de-
da ur c'hristen.—*S. Jean-Baptiste*
anctifié *dès le ventre de sa mère,* sant
Vadezour a yoa sautifyet è coll e
m.—*Sanctifier, bénir, célébrer,* san-
. *Van.* santifyciñ. — *Votre nom soit*
ifié, ho c'hano bézét santifyet. —
t sanctifier le dimanche, redd eo san-
ar sul, ordrenet eo miret ar sulgad
lez ou èn ur sæçzoun santel.

NCTUAIRE, ar santual, ar c'hœur,
liabarz eus ar balustr.

NDALE, *chaussure,* sandalenn, *pl.*
sandalyou. *Van.* botteñ eap eined.
aire des sandales, ober sandalyou.

NDALIER, *qui fait les sandales,*
lalyer.

ANG, *liqueur dans les veines,* goad,
oad. *Van.* goéd, er goéd.—*De sang,*
ad, a c'hoad. *Van.* a oëd. -- *Sang*
e, goad cabalet ou pouloudennet.
goéd coailheton caoialet ou ceulet.
rumeau de sang, pouloudenn goad,
ouloudennou; cauledenn goad, *pl.*
ledennou; caledenn goad, *pl.* cale-

dennou.—*Bouillon de sang,* bouilh goad,
*pl.* bouilhou; berv goad, *pl.* bervou. —
*Sang corrompu,* goad brein ou dourecq.
—*Sang humain,* goad dèn. — *Répandre*
*le sang humain,* scuilha goad dèn.—*Per-*
*dre son sang,* divoada, *pr.* et; coll e voad,
*pr.* et. *Van.* dioédeiñ. — *Perte de sang,*
*hémorragie,* an divoad, an divoada. *Van.*
en divoéd, en dioédadur, coll-goéd, ur
holl-goéd. — *Arrêter le sang,* stancqa
ar goad, *pr.* et. *Van.* stancqeiñ er goéd.
— *Tirer du sang, saigner,* goada, *pr.* et.
*Van.* goédeiñ. — *Qui n'a point de sang,*
divoad, hep goad, dibourvez a c'hoad.
— *Fouetter jusqu'au sang,* scourgeza ou
foédta bede'r goad, *ppr.* et. — *Mettre*
*tout à feu et à sang,* cintaua ha laza, *ppr.*
et. —*Sang, race, famille. v. race.*—*Sang-*
*froid, tranquillité d'esprit,* dibresded,
presançza spered. — *De sang-froid, sans*
*emportement,* a vetepançz, divar yun, a
zévry, è dibrès. —*Sang de dragon, plante,*
ar ruvoad, lousaouen ar baçzion, lou-
saoucun an itroun Varya.

SANGLADE, *coup de sangle,* cenclen-
nad, *pl.* ou; foédtad, *pl.* ou.

SANGLANT, *e,* goadecq, leun a voad,
goloët gand goad, taichet gand goad,
oh, à, añ. *Van.* goédecq, goleit a oëd. —
*Une robe sanglante,* ur saé goadecq. —
*Un sanglant affront,* un affront bras ou
horrupl, *pl.* affronchou.

SANGLE, cenclèn, *pl.* ou. *Van.* san-
glenn, *pl.* eû. — *Petite sangle,* cenclen-
nicg, *pl.* cenclennouïgou; ar cenclenn
vihan ou verr. — *Grosse sangle qui se met*
*par-dessus la charge du cheval,* siveleü, *pl.*
ou; baffouér, *pl.* ou.

SANGLER, cenclenna, *pr.* et. *Van*
anglenciñ, *pr.* et — *Sangler un cheval*
e enclenna ur marc'h. *Van.* sanglenciñ
ur jiñ. — *Sangler la charge du cheval,* sivellenna, *pr.* et; sivellenna ar samm ou
marc'h; baffouéri, *pr.* et. — *Sangler,*
*fouetter, battre,* cenclenna, foédta, *ppr.*
et; rei cenclennadou, tei foédtadou da
ur re, *pr.* roët. *v. repasser.*

SANGLIER, *porc sauvage,* houc'h
gouéz, penn-moc'h gouéz, *ppl.* moc'h
gouéz. *Van.* huh goé, *pl* moh goé. *v.*
*laie, marcassin.*

SANGLOT, *soupir redoublé*, difrounc-qamand, *pl.* difrouncqamanchou; difroncq, *pl.* ou. *Van.* difroncq, huanad creañ, *pl.* eû. *v. soupir, gémissement, lamentation.*

SANGLOTER, difrouncqa, *pr.* et. *Van.* difrouncqal, difroncqeiñ, huanadeiñ creañ, *ppr.* et. — *Action de sangloter,* difroncqérez, difroncqadur.—*Celui qui sanglote,* difroucqèr, *pl.* yen. — *Celle qui sanglote,* difroncqerès, *pl.* ed. *Tous ces mots viennent de* fronn, narine.

SANGSUE, *ver aquatique,* guelaouéû, *pl.* ed, on, guelaouëd. *Van.* gueléûeû, guenehüénn, *ppl.* ed, eû.—*Sangsues du peuple,* guelaouëd milliguet pere a zeu da zuzna goad ar bobl.

SANGUIN, *e, abondant en sang,* goadus. *Van.* goëdus, goedecq, oh, añ; témps dèn pe èn hiny ez eo creoc'h ar goad egued an humoryou all. — *Les sanguins sont haut en couleur et joyeux,* ar re a so goadus dre natur ou a so eus a un témps goadus a véz flamm ha laouën ou a véz ruspin ha gaë.

SANGUINAIRE, criz, dinatur, cruel, oh, â, añ; nep a gar la cqât scuilha goad, nep so douguet da ober mervel an dud. *Van.* cry, cruel, oh, añ.

SANGUINE, *plante, dont le jus humé par le nez étanche le sang,* ar voad, louraonénn an goad *ou* divoad.

SANGUINOLENT, *nte, teint de sang,* goadecq. *Van.* goëdecq.

SANHEDRIN, *grand conseil des Juifs, où se décidaient, par* 70 *vieillards ou conseillers, les affaires d'état et de religion ,* ar sanedrin, consailh-bras *ou* parlamand ar Yuzévyen.

SANS, *préposition exclusive,* hep, hep qet. *Van.* hemp, hep.—*Sans doute,* hep douët, hep douëtancz.—*Sans nul doute,* hep douët e-bed. — *Sans droit,* hep qet a vir, hep guïr. — *Sans nul droit,* hep guïr e-bed. — *Sans raison,* hep résoun. — *Sans raison, privé de raison,* dirésoun, oh, añ. *Van.* id. — *Sans jugement,* hep sqyaud, disqyaudt, diavis, oh, añ. *Van.* id. — *Sans conseil,* hep cusul, digusul, diavis, oh, añ. *Van.* id. — *Sans sujet,* hep abceg, hep qet a abceg.—*Sans tout*

cela, hep qemeñ-ze oll, hep qet en traou-ze oll, hep qet an traou-z □ *Sans dire mot,* hep lavaret guer.—*dire le moindre mot,* hep lavaret □ terâ guer, hep na guer na gricq. □ oh, â, añ. — *Sans dire adieu á* □ hep qimyada dèu er bed *ou* dèn e □ — *Sans y penser,* hep souch, di □ oh, â. — *Sans mon gré,* hep va g □ va grad vad. — *Sans moi, indépen*-ment *de moi,* hep zoun hep doun, □ zoun-me, hep qet ac'hanoun, h □ ac'hanoun-me. — *Sans toi,* hep □ hep zoud-te, hep doud, hep dod □ hep qet ac'hanoud *ou* achanoud □ zoud, *id est,* hep ez oud.—*Sans l* □ zañ, hep dañ, hep qet anezañ.—*S* □ elle, hep zy, *id est,* hep ez zy; h □ hep qet anézy. — *Sans nous,* hep □ hep zomp-ny, hep qet ac'hano □ ac'hanomp-ny. — *Sans vous,* hep □ *ou* zoc'h-hu, hep doc'h *ou* doc'h ha □ qet ac'hanoc'h *ou* ac'hanoc'h-hu □ c'hanoc'h-huy. — *Sans eux,* sans □ hep zo, hep zo-y, hep zeu *ou* zeu-y □ do *ou* do-y, hep dé, hep y, hep ir □ hep qet anézo *ou* anézo-y, hep qet □ zeu *ou* anézeu-y, hep qet anézé *ou* a □ zé-y. *v. l'opposite sur* avec. — *Sans,* □ *font à moins que, si, etc.* , pa ne vé □ ne vezé-ze, pa ne verd. *Van.* qen a □ pa nemeid, pe nemed. — *Sans moi,* □ mon entremise, pa ne ved oun, pa n □ zé-me, pa ne verd on, pa ne verd □ me. — *Sans toi,* pa ne véd oud, p □ ved-de oud, pa ne vezé-de *ou* vezé-t □ *Sans lui,* pa ne ved-hañ ou véd-eû, p □ vezé-ê. — *Sans elle,* pa ne ved-hy □ ne vezé-hy. — *Sans nous,* pa ne ved □ pa ne ved omp-ny. — *Sans vous,* p □ ved oc'h *ou* oc'h-hu, pa ne verd v □ huy. — *Sans eux, sans elles,* pa ne □ o *ou* o-y, pa ne ved eu *ou* eu-y, p □ ved hé *ou* hé-é. — *Sans cela,* pa ne □ ze, pa ne ved an dra-ze, pa ne verd □ meñ-ze, pa ne vezé qemeñ-ze, pa ne □ zé-ze. — *Sans cela, à moins de cela,* □ qemeñ-ze, a nez, pa ne ved-ze.—*S* □ *cela il n'y avait rien de fait,* a nèz qeme □ ze ne voa great netra, a nèz ne ve □ netra c'hreat, pa nevéd-ze ne voüe □

xt. —*Sans que, sorte de conjonc-*
*p ma. Van.* hemp ma, bep me.
s *furent tués, sans qu'il s'en sauvât*
, oll ez oant lazet, hep ma ha-
, an distérâ. —*Sans que j'y pen-*
iep ma ouïgén *ou* ouffzéu, hep
it din, hep va gouïzyéguez, hep
, hep rat din-me. — *Sans que* ,
véd ma, pa nemerd *ou* neméd *ou*
. ma. —*Sans qu'il arrivât, j'étais*
*du lieu,* pa nemed *ou* nevéd ma
is ez oan mæstr eus ar plaçz næt.
s *plus, sans rien autre chose,* hep-
jeu, he-my-qen, hep qeu. *Van.*
qin, hemp qeu, hep qin.—*Don-*
*cent écus, sans un écu de plus,* roït
:oëd dezâ hep-muy-qen *ou* he-
n *ou* hep-qen.

|ΓÉ, *état sain,* yeo'hed. *Van.* ye-
— *Etre en santé,* beza é yec'hed,
ac'h, *pr.* bet; cahout yec'hed, *pr.*
an. bout é yehed, bout yah, *pr.*
*sain.* —*Ruiner sa santé,* coll e ye-
*pr.* collet. — *Recourrer sa santé* ,
. e yec'hed, *pr.* cavet; selvel, *pr.*
— *Lieu de santé, lieu sain, bon air,*
*ou* porz salo. — *Santé ou lieu de*
*hôpital,* clañ-dy, *pl.* clañ-dyou;
il ar glanouryen, *pl.* hospitalyou.
*rie.* — *Il est allé du côté de la santé,*
*santé,* eal eo da vale var su ar
ly *ou* être-ze ar e'hlañdy.—*Santé,*
yec'hed, *pl.* ou ; graçz-mad, *pl.*
u-mad..—*Boire à la santé de quel-*
eva da yec'hed- ur ro, ova da
tou mad ur re-bennac, *pr.* evet.
i but ld *bien des santés* , cals ye-
u a yoa evet eno, evet voûz eno
'hed meur a hiny. -- *A votre san*
yec'hed, d'o craçzou mad, d'oz
. *Van.* d'hou hyehed, d'hou craç-
ad. -- *A votre santé, à votre cœur,*
etie la plus intime de votre cœur,
n ho calouu, a galoun c'huëcq;
n ho calouu gaud ur galoun te-
z. v. *écrin.* — *Quoique.vous m'en*
ulu mal-à-prepos, à votre santé ni
mvins, d'ho argarizy.; argarizy,
ion. — *A sa santé,* da e yec'hed,
'hed, d'e c'hraçzou mad. *Sic'est*
ite *d'une femme absente*, d'he ye-

o'hed, d'he graçzou mad.—*A leur santé,*
d'o yec'hed, d'o graçzou mad.

SAPE, *action de saper,* sapp, *pl.* ou ;
disfond, *pl.* disfonchou. *Van.* sapp, *pl.*
éü.

SAPER, sappa, disfondta, disfondti,
*ppr.* et. *Van.* sappeiñ, *pr.* et. — *Celui*
*qui sape,* sappèr, disfountèr, *ppl.* yen.
*Van.* sappour, *pl.* yon, yan.

SAPHIR, *pierre précieuse de couleur d'a-*
*zur,* saphyra, ur saphyra.

SAPIENCE *de Salomon, le livre de la*
*sagesse,* levr ar furnez. — *Sapience, sa-*
*gesse,* furnez. *Van.* furne. — *Dans la*
*province de Normandie , la coûtume établit*
*la majorité à 20 ans, parceque, dit-on, c'est*
*le pays de la sapience,* ènNormandy ez lecqear anézo mæstr eus ho dra d'an oad
a uguent vloaz, palamour ma ez eo o.
bro ar vro.a furnez pe a fineçza, var a
lavarér.

SAPIN, *arbre,* saprenn, *pl.* ed , ou ;
guëzen sapr, *pl.* guëz. —*Du sapin,* sapr,
coad sapr *ou* sap. — *Planches de sapin* ,
pleiñch sapr.

SAPINIÈRE, *bois de sapin,* ur sabreeg,
*pl.* sabregou ; ur.c'hoad sapr, *pl.* coa-
géou sapr.

SARBACANE, *tuyau pour lancer quel-*
*que chose en soufflant,* strincqell, corseü,
*ppl.* ou ; corsenu doul, *pl.* corsennou.
*Van.* canol, ur hanol, *pl.* yëü.

SARCELLE, *oiseau aquatique,* grec'-
hoûad, *pl.* grec'heüidy ; cracq·hoûad,
*pl.* cracq-hoüidy. *Le premier mot veut*
*dire ciron au canard, et le second presque*
*canard, faux canard.*

SARCLER, c'huënnat, *pr.* et ; dilasteza , *pr.* et. *Van.* huënneiñ, huënuat,
dilasteiñ, *ppr.* et.

SARCLEUR, c'huënnèr, dilastezér,
*ppl.* yen. *Van.* huënnour, dilastour,
*ppl.* yon, yan. — *Une journée de sarcleurs,*
un dervez c'huënnat. —*Jour assigné aux*
*sarcleurs de blé,* c'huënnadecg, *pl.* c'hu-
ënnadegou. *Van.* huënnadecg, *pl.* hu-
ënnadeguéü.

SARCLEUSE, c'huënnerès, *pl.* ed.
*Van.* huënnourès , *pl.* ed.

SARCLOIR, c'huëngl, *pl.* ou. *Van.*
cravell, ur gravell, *pl.* éü.

SARDINE , *petit poisson de mer*, **sar-**
dinen , *pl.* sardined. *Van.* id. — *Pêcher*
*la sardine*, **sardineta**, *pr.* sardinetet. —
*Sardines fraîches*, sardined fresq. — *sa-*
*lées* , sardined sall *ou* sallet.

SARMENT, guïny, coad guïny. *Van*
coëd guïuhyecg, sermant. — *Fagot de*
*sarment.*, fagodenn güïny , *pl.* fagod.
*Van.* fagod guïnyecg. — *Cendre de sar-*
*ment*, ludu guïny. *Van.* ludu sermant.

SARRASIN, *blé noir*, guïnis du, cd
du. *Van.* guneh *ou* gunuh *ou* guïnih du.
— *Sarrasin*, *Sarrasine*, *Maure Mahomé-*
*tant*, Sarrazin ,*pl.* ed. *Van.* id. bugale
Ismaël, pobl Ismaël *ou* disqennet eus
a Ismaël. *fém.* Sarrazinès , *pl.* ed. —
*Les Sarrasins*,ar Sarrasined, an Ismaë-
lided:

· SARRASINE, *herse de porte de ville*,
porz guïntéyz , *pl.* perzyer.

SARRIETTE , *plante de jardin*, san-
turicg, séuturicg, seinturicg. *Van.* sa-
voury.

SART. r. *goémon*.

SAS, *tamis*, tamoës, *pl.* you , ou.
*Van.* tamoës, *pl.* éü; tañoüés, *pl.* éü.
— *Petit sas*, tamoës vihan , *pl.* tamoë-
sou vihan. *v. sasset.* — *Gros sas*, ridell,
*pl.* ou; tamoës-ridell , *pl.* tamoësyou-
ridell. *Van.* ridell, *pl.* éü. *v. crible.* —
*Sas clair*, tamoës rouëz *ou* sclær. — *Sas*
*fin*, *bluteau*, burutell , *pl.* ou; tamoës
fin *ou* stancq. — *Faiseur de sas* , canty-
èr, tamoësaër. *pl.* yen. — *Tourner le*
*sas* , *faire tourner le sas*, *t. de magicien*,
treï an tamoës, *pr.* troët; lecqaat treï
an tamoës,*pr.* lecqëet. *Van.* lacqat tro-
eiû *ou* treiñ en tamoés.

SASSER, tamoësat, *pr.* et. *Van.* ta-
ñoüesciû. — *Sasser avec le gros sas*, ridellat, *pr.*ridellet. *H.-Corn.* gournat,
*pr.* gournet. *Van.* ridellat, gournciñ,
*ppr.* et. — *Action de sasser*, tamoëserez,
ridelladur. *H.-Corn.* gournadeg.—*Ce-*
*lui qui sasse*, tamoëser, *pl.* yen.— *Celle*
*qui sasse*, tamoëscrès, *pl.* ed.

SASSET , *petit sas* , tamoësieg , *pl.*
ouïgou. *Van.* tañoüesieg. *pl.* guéü.

SATAN, Satanas, ar penn eus an oll
diaulou, an azroüand. *Van.* Satanas,
èn aërevand. r. *adversaire.* — *J.-C fut*

tenté par *Satan*, Satan s a çoaïet
o témpti hou Salver, hou Salver
templet gad Satanas.

SATELLITE,*coupe-jarret*,lacqe
*pl.* et. *Van.* lacqoupaud,*pl.* ed.(-
tiennent de lacqès , *laquais* , et il ¡
garçon.

SATIN , *étoffe de soie*, poliz d...
satin. *Van.* id. *Al.* zatouïu.—l
*bleu*, *blanc*, *rouge*, satin glaz, s..
ënn , satin ruz.

SATIRE, *pièce de poé*. *ie piqua*..
apérez maliçius , *pl.* goaperæ-
cius; guërzou flemmus evit n...
viçzou; guërzou offançzus.

SATIRIQUE , a aparchant ·
goapérez maliçyus *ou* oud a... ?
flemmus. — *Poète satirique*, p...
flemmus, *pl.* poëtryaned.

SATISFACTION, satisfyan...
faccion.

SATISFACTOIRE , *qui satis*·
tisfyus. — *Des œuvres satisfa*...
heryou satisfyus, cuffryou satis..
*Des pénitences satisfactoires*, pin...
satisfyus.

SATISFAIRE, satisfya, *rr.* s...
satisgræt. *v. contenter*, délam...
*Satisfaire à Dieu et au prochain*, ..
da Zoüe ha d'an hentez, oher..
ançz *ou* satisfaccion da Zoüe h...
hentez, *pr.* græt. — *Se satisfaire*,..
gontanti, *pr.* èn hem gontantet..
e c'hoandt, *pr.* torret; qemere..
dur, *pr.* qemeret.

SATURNE, *dieu des païens*, S...
Sadorn, an doé Sadorn. Sadon...
guerrier. r. *puissant.* — *Saturne*...
*sept planètes*, Satorn, Satorn,tad..
père de Jupiter.

SATURNIEN, enne, *qui n'est*...
*tial*, melconyus, teval a humo...
an . *ppl.* tud melconyus, tud t...

SATYRE, *monstre fabuleux*, h...
dèn hac hanter-bouc'h, doug...
d'ar bailhardyez , *pl.* hanter-d...
hanter-bouc'hed o devoa qer...
ho phenn.

SAUCE. *assaisonnement liq*...
en, *pl.*.hily: saus, *pl.* you. Hil...
*de holen*, sel, *de même que le m*...

t du lat. salsa. Sauce est pris du fran-
;. — Faire une sauce, ober un hilyen
air saus, pr. græt. — Sauce de haut
't - saupiquet, soubicqa, hily - bicq,
y—broud. — Sauces d'ail, saus ou hi-
lignen.--Sauce pour manger de la bouil-
. soubinell, soubinell yod.

SAUCER, tremper dans la sauce, sou-
. pr. soubet; soubilha, pr. et; on dit
= communement sausi, pr. et.

SAUCISSE, silziguenn, pl. ou, sil-
z.Van. selzyguenn, pl. selzyg.

SAUCISSON, grosse saucisse, silzy-
enn deo, pl. silzyg teo, silzyguenn
as, pl. silzyeg bras.

SAUF, saure, salo, salf.—Sain et sauf,
sp os ha salo, yac'h ha salf. — Vies et
gages saures, t. de capitulation, salo
vuhez ha salo ar pez a alleur da gaçz
nd-ha, salo an dud hac ho beac'hiou.
Sauf, excepte, à l'aréserte, salo, nemed,
-ped, gad resped, gand. -- Sauf mon
.it, salo va guir, nemed ma èm bezo
. guir, gand m'am bezo va guir. --
unre votre grâce, sal'o craçz. Van. sale-
oéz. -- Sauf votre respect, gad resped
-c'h, resped deoc'h.--Sauf votre hon-
-ur, salv oc'h enor, resped d'och e-
ir. -- Sauf le respect de la compagnie,
sp-d d'ar gompaignanez.

SAUF-CONDUIT, salf-cundu, pl.
1; goarantaich, pl. ou; ur scrid-go-
-and, pl. scrijou; açzurançz dre scrid
t allout mont ha dont diampeich.
'an. franqçiçz, goarantach, goarant,
st. eñ.

SAUGE, plante, saoch. Van. soch.
- Sauge commune, saoch commun ou
ras.-- Petite sauge, saoch munud. --
auge d'outre-mer, saoch Bro-Saus. --
auge sauvage, saoch gouëz.

SAULE, espèce d'arbre, halegueñ, pl.
d, halegued, halecg. Van. halecg, pl.
alegui. H.-Corn. haliguenn, pl. au,
al'gued.-- Du saule, halecg, coad ha-
-cg. -- Saule blanc, saule noir, halecg
-eñn, halecg du. -- Saule sauvage qui
-oit dans les lieux marécageux, et qui sent
-e-bon, red, goëz-halecg.

SAUMON, poisson, eucq, caucq, ppl.
-igued, eaugued; samon, pl. ed. De-

ld, Penn-caucg, maison noble en Guiscriff,
diocèse de Quimper, qui a pour armes trois
hures de saumon; de ld, Kereaucq. v. bécard. -- Un saumon, ur penn-éaucq, un
éaucq, ur penn-eucq, un eucq, ur
penn samon, ur samon.--Saumon blanc,
guënnicg, pl. guënnigued -- Saumon
coureur, qeureucg, pl. qeureugued. —
Petit saumon, jeune saumon, glisicg, pl.
glizigued.—Saumon, masse de plomb, barrenn stean ou bloum, pl. bareigner.

SAUMURE, hily. — Saumure forte,
hily-broud. v. sauce.—Salé comme la saumure, sal evel an hily, qer sal e c'hiz
an hily-broud.

SAUNER, faire du sel, ober c'hoaleñ
ou holenn.

SAUNERIE, lieu où se fait le sel, poull-
holenn. pl. poullou. v. marais.

SAUNIER, hoalenner, holeñer, ppl.
éryen; halonner, pl. yen. Van. saugar-
naër, pl. yon; halinaour, haléinaour,
ppl. halenaryon; halenér, pl. éryan;
trocqom, pl. yan, trocqeryon. — Saunier près de Guérande, Guërrandicg, pl.
guërrandigued. — Faux saunier, celui
qui débite du sel en fraude, fals-holéner,
pl. yen; flauder-holeñ, pl. flaudéryen.

SAUNIÈRE, c'hoalennouër, pl. ou;
caçz-holenn. pl. caçzou. v. saloir.

SAUPIQUET, soubicqa. v. sauce.

SAUPOUDRER. jeter du sel égrugé sur
quelque chose, saboultra, pr. saboultret.

SAUSSAIE, lieu planté de saules, ha-
leguecg, pl. haleguegou.

SAUT, lamm, sailh, ppl. ou. Van.
id, pl. eñ.—Faire le saut de breton, cahout ul lamm caër è plaçz ar gouren-
nou, pr. bet.—Faire le saut d'Allemand,
cahout ul lamm Flamancq, pr. bet;
moñnet da gousqet gad e gorfad guin,
pr. ēet.

SAUTELER, aller par bonds et par petits
sauts, lammedicqât, pr. et; sailha ha
disailha. pr. sailhet ha disailhet.

SAUTER, lammet, pr. id; sailha, pr.
et. Van. lemmeiñ, sailheiñ. — Sauter
du haut en bas, Lammet eus an neac'h
d'an traoun. — Sauter par-dessus, lammet ou sailha dreist. — Sauter, aller à
grands pas, stampa, pr. et; mont a stam-

pou bras. — *Faire sauter ou couvrir une jument*, lacqât marc'ha ur gasecg evit cahout argouênn.—*Sauter de joie*, lammet gand ar joa. — *Sauter, omettre quelque chose*, trémen dreist un dra, pr. trémenet.

SAUTERELLE, *petit insecte à 6 pieds*, qilhocq-radenn, *pl.* qllhéyen-radenn; qarv-radenn, *pl.* qirvy. *Van.* carvecg, *pl.* carvedéû, carviguéú.

SAUTEUR, lammèr, sailhèr, *ppl.* éryen. *Van.* sailhour, *pl.* yon, yan.

SAUTEUSE, lammeres, sailherès, *ppl.* ed. *Méthaph.* héyzès, *pl.* héyzescd *id est*, biche. *Van.* sailhoures, *pl.* sailhourésed; héyes, *pl.* ed.

SAUTILLER, lammet ha dilammet, *ppr.* id; sailha ha disailha, *ppr.* sailhet ha disailhet; lammedicqat, tripal, *ppr.* et. — *Oiseau qui ne fait que sautiller*, lammiericg, *pl.* lammerigued. *On le dit aussi d'un petit garçon alerte; de même que d'une petite fille éceillée*, on dit: lammeresicg, sailheresicg.

SAUTOIR, *t. de blason*, croas sant Andre.

SAUVAGE, *qui n'est point apprivoisé*, gouëz, goëz. *Van.* goué, guiñ.—*Bête sauvage*, loëzn gouëz, *pl.* loëzned gouëz. *Van.* lon goué, lon guiñ, *pl.* loued, etc. *v. farouche*.—*Sauvage, non cultivé*, gouëz, lousou goëz, guëz gouëz. *v. sauvageon*.—*Sauvage, impoli*, savaich, *pl.* ed, savaged; gouëz, *pl.* tud gouëz.—*Air sauvage*, goëzder. *Ce mot se dit aussi du goût de venaison* : goëzder et hlas goëz.—*Les sauvages, peuples non policés*, ur savaich, *pl.* ed; ar savaiched, ar savaged.—*Devenir ou rendre sauvage*, goëçzaat, *pr.* ëet.—*Sauvage, action de sauter, t. de marine*, savetaich, salvetaich.—*Le droit de sauvage, le tiers des marchandises qu'on sauve du naufrage, ou la valeur du tiers en argent*, ar guîr a savetaich, ar guîr a salvetaich. *v. sauveur*.

SAUVAGEON, *arbre qui vient naturellement et sans culture*, avoultreun, *pl.* ou; avoultrezenn guëz, *pl.* avoultrezennou; trencqezenn, *pl.* ou; trencqezenn, *id est*, trencq guëzen, *arbre aigre*; égras. *Van.* avoultrenn guëu, *pl.*

avoultrennéû gùe. *v. petreau, aigr.*

SAUVE-GARDE, *protection de la justice*, patronyaich. — *Etre sa la sauve-garde du roi*, beza dindan p tronyaich ar roûe, pr. bet. —*Avoir lettres de sauve-garde*, cahout lizerou batronyaich, pr. bet.

SAUVER, *délivrer*, savetei, *pr.* ët; selvel, pr. salvet. En t. *de mer*, para,*pl.* paret. *Van.* teenneiñ ag e zanger bu boën. — *Sauver la vie d quelqu'un*, savetei buhez ur re, savetei e vuez da re.—*Sauver, épargner*, espern, *pr.* ë. talvezout, *pr.* talvezet. —*Je lui ai sau bien des peines et bien de la dépense*, me eus espernet meur a boan ha cals a dispign dezañ, me am'eûs talvezet me a dra dezañ. — *Se sauter, s'échapper*, chap, *pr.* et; moûnet quyt, *pr.* ëet. — *Se sauver, faire son salut*, èn hem savetei, *pr.* èn hem saveteët; selvel ou salvi e ene, *ppr.* salvet; ober e silvidiguez silvidiguez e ene, *pr.* graët *Van.* hin salveiñ, salveiñ e inean, gobér e silvidigueah.

SAUVÉ, *part. et adj.* — *Les saurés les damnés*, ar re salvet hac ar re goñet.

SAUVETÉ, leac'h sur, açzurançz. —*Il est hors de péril et en lieu de sauveté*, ez ma èr meas a zanger hac é lec'h sur ou hac èn açzurançz.

SAUVEUR, *le Sauveur du monde*, Salver, Salver ar bed. *Van.* id. — *Notre Sauveur a donné sa vie pour nous*, hon Salver èn deus roët e vuhez evidomp ou evit hon préna.—*Saint Sauveur*, sant Salver. *Van.* id.—*Mon Dieu, mon Sauveur*, va Doûe, va Salver. *Van.* mañ Doûe, mañ Salver. — *Sauveur, t. de marine*, saveteer, *pl.* yen; nep a ra ar savetaich eus ar marc'hadourezou a véz é pirilh; salveter, *pl.* yen.

SAVANT, e, gouîzyecq, guîzyecq, sqvandius, oc'h, â, añ. *Van.* gouyecq, habyl, oh, añ, aoñ. —*Devenir savant*, doûnet da veza gouîzyecq, *pr.* deuët. *v. savoir*.—*Etre savant*, beza gouîzyecq. — *Des personnes savantes*, persounaichou gouîzyecq meurbed ou sqyandius bras.—*Demi-savant*, dem-guîzyecq, bruguîzyecq.—*peus-guizyecq, ppl.* dem-gui-

:n, etc.

ιVAMMENΓ, *doctement*, ez gouï-
], gad guīzyéguez.

ιVATE, coz botès-lezr, *pl.* coz bo-
ezr, coz boutéyer-lezr. *Van.* coh
s, *pl.* coh boteû. *v. savetir.*

ιVATERIE, tacounérez, savatérez.
*a rue de la savaterie,* ru an dacou-
z, ru ar savatérez, ru an savatiry.

ιVETER, *faire mal un ouvrage,* maç-
, *pr.* et. *Van.* maçzacreiû, *pr.* et.

ιVETIER, tacoûner, *pl.* yen; coz-
ouër, *pl.* yeù. — *Savetier, artisan
ravaille mal,* maçzacrer, *pl.* yen;
ter, *pl.* yen. *Van.* maçzacrour, *pl.*
eryon.

ιVEUR, saour. *Van.* savour, saour.
*ns saveur ou qui n'a pas de saveur,* di-
r, oh, à; hep saour. *Van.* id.

ιVOIR, *science, érudition,* guizyé-
, gouïzyéguez. *Van.* goudigueh,
hegueh. *v. savant, science.* — *C'est
savoir,* da ouzout eo, douètus eo.

ιVOIR, *avoir de la science,* gouzout,
ouvezet; gouzvez, *pr.* gouzvezet.
gout, *pr.* gouïet. *Al.* eduyn. — *Sa-
'a théologie, le droit, l'histoire,* gou-
an deology, ar guïr, an histor,
vez an deology, ar guïr. — *Savoir
rè d quelqu'un d'avoir,* gouzout grad
da ur re da veza. — *Je sais, tu sais,
't que,* me a voar, te a voar, eû a
ou a oar penaus; *ou* gouzoùt a raû,
s, a ra. — *Nous savons que, vous save:*
etc., ny a voar *ou* oar penaus,
y a voar *ou* oar penaus. — *Je savais
que,* me a vouyé *ou* ouyé èr-vad pe-
s. — *J'ai su, tu as su, nous avons su
me am eus gouvezet, te az c'heuz
vezet,* gouvezet hon eus penaus *ou*
vezet am eus, az c'hus hon eus pe-
s. — *Je saurai, ils sauront,* me a c'hou-
ou ouvezo, y a c'houvezo *ou* ouve-
t gouzout a rin, gouzout a raînt.
*ache que, sachez que,* gouvez *ou* gouëz
ιus, gouvezit penaus, desq penaus,
jit penaus. — *Sache mon âme qu'il faut
u sois éternellement heureuse ou éter-
ment malheureuse,* gouvez va ene pe-
s *ou* desq va ene penaus ez rencqèt
ι da vizvyqen cùrus pe da vizvyqen

maleûrus. — *Afin que je sache que, ou
que vous sachiez que,* evit ma houffeau,
pe ma houffeac'h penaus. — *Sachant
que,* o c'houzout *ou* ouzout *ou* c'houzvez
penaus. — *Je ne sais qui,* ne c'houzon
ou ouzou *ou* oun piou, ne oun doare *ou*
dare piou. *Van.* ne gouzaû *ou* ouyaû *ou*
ouëraû piu, ne ouïaoû doéro piu. —
*C'est un homme qui ne sait ni latin, ni
grec, ni anglais, ni français, ni breton,
mais uniquement l'argot,* un dèn eo pehiny ne voar na latin, na gregaich, na
saasnecq, na gallecq, na brezounecq,
hegon gouzout a ra hep-muy-qen al
lnhaich. — *A savoir,* da ouzout. — *C'est
d savoir,* da ouzout eo. *v. su.*

SAVON, *pâte pour nettoyer,* savann,
soavon, saon. *Van.* suann, soévenn. *Al.*
sebon.

SAVONNAGE, savaûnaich, soavoû-
naich. *Van.* suannach, soëvennach.

SAVONNER, savaûni, *pr.* et; soavoû-
ni, *pr.* et. *Van.* suaûneiû.

SAVONNETTE, saonetès.

SAVOUREMENT, *action de savourer,*
saouraich.

SAVOURER, *goûter avec plaisir,* saou-
ri, *pr.* et. *Van.* saoureiû. *Trég.* saouriû.

SAVOURET, an asqorn mèl *ou* mèlecq.

SAVOUREUX, *euse,* saourus, oh, à.
*Van.* saurus, huecq, oh, aû. *v. assaisonné.*

SAXIFRAGE, *plante bonne pour la gravelle,* mæn-larz, tor-væn. *v. casse-pierre.*

SAXON, *qui est de Saxe,* Sauz, *pl.*
Sauzon. *v. Anglais.*

SCABIEUSE, *plante médicinale,* sca-
byès, lousaouën an berr-alan, an vro-
ac'h hac an gal.

SCABREUX, *euse, parlant des chemins
rudes,* dizz, rust, discgal, oh, à. *v. raboteux.* — *Scabreux, euse, périlleux,* cablus, pirilhus, amgestr, mibilyus, oh.
à, aû. — *Une affaire scabreuse,* un æffer
cablus, un æffer pirilhus *ou* mibilyus.
— *Un esprit scabreux,* un dèn cablus *ou*
amgestr, *pl.* tud cablus, tud amgestr.

SCANDALE, *éclat honteux, mauvais
exemple,* goall cçzémpl, droucq cçzémpl.
*Van.* scandal. — *Donner du scandale,* reī
goall-cçzémpl, *pr.* roët. *l'an.* scandaleiû

**SCANDALEUX**, *eûse*, **a so a voall** eçzémpl. *Van.* scandalus. **v.** *exemplaire*, *exemple.* — *Une personne scandaleuse*, ur persóunaich a voall eçzémpl, *pl.* persounaichou a voall eçzémpl. *Van.* un deen scandalus, *pl.* tud scandalus.

**SCANDALEUSEMENT,** gad goall-eçzémpl. *v. exemple.*

**SCANDALISER**, rei goall-eçzémpl, *pr.* roët. *Van.* scandaleiñ.—*Se scandaliser de*, èn hem offanci eus a, *pr.* èn hem offancet ; qemeret evit un droucq ar pez ne deo qet, *pr.* id.

**SCANDER** *des vers*, musula guêrsou, *pr.* et.

**SCAPULAIRE**, scapular, *pl.* you. *Le peuple dit communément* scorpular, ar scorpular. *Van.* scarpuler.—*Scapulaire noir*, scapular du.— *Scapulaire blanc*, scapular guënn.

**SCARABÉ**, *insecte. v. fouille-merde.*

**SCEAU,** *cachet*, syell, *pl.* ou. *Van.* syell, *pl.* éü. *Al.* sel.—*Le grand sceau*, *le sceau de la* chancellerie, syell vras ar roüe, ar syell vras.—*Le petit sceau*, syell vihan, syell vihan ar roüe. — *Le garde des sceaux*, nep a vir syell ar roë, ar syeller bras.—*Le sceau du greffe*, syell ar c'hreff.—*Mettre les sceaux*, lacqât ar syell. *Van.* id. *v sceller.*—*Lever les sceaux*, lamet ar syell, *pr.* id. ; sevel ar syell, *pr.* savet ; disyella, *pr.* et. *Van.* disyelleiñ, lameiñ er syell. — *Le sceau de la confession*, ur segred vac ar goveçzion, ar syell eus ar goveçzion.

**SCELERAT**, torfétour dre natur, *pl.* torfetouryen *ou* torfetéryen dre natur. *Van.* id., *pl.* yon; fallaer, *pl.* fallagred. —*Petit scélérat*, briganticq, *pl.* brigantedigou; fallagricq, *pl.* fallagredigou. — *Un franc scélérat*, ur fallaer evit ar braçzâ. *v. méchant.* — *Une scélérate*, ur fallagrès, *pl.* ed.

**SCELERATESSE**, fallagryez vras meurbed, *pl.* fallagryezou vras; etc.

**SCELLÉ**, *apposition du sceau*, syella-durez, syelladur.

**SCELLER**, *opposer le sceau*, syella, *pr.* et ; lacqât ar syell, *pr.* lecqêct. *Van.* syelleiñ, lacqeiñ er syell. — *Notre rédemption a été scellée par le sang de Jésus-*

Christ, hon dazprénadurez a so syellet gand goad Jesus-Christ.

**SCELLEUR**, *celui qui appose le sceau*, syeller, *pl.* yen. *Van.* syellour, *pl.* yan.

**SCEPTRE**, goalenn roêal, goal : au roë, goalenn ar roüe.

**SCHISMATIQUE**, sysmaticq. sysmatigued ; nep na enef qet mamm an ilis catolicq, abostolicq romen.

**SCHISME**, sysm, *pl.* ou ; disorc-diguez dioud ar guïr feiz, disparti oud an ilis romen, pehiny a so hep ar guïr ilis. *on a dit* sysma. *pl.* sysm.— *Le schisme d'Orient*, sysm ar Sev Héaul, sysm ar c'hrecyaned.—*Le schisme d'Angleterre*, sysm Bro-Saus.

**SCIAGE**, *action de scier*, hesqenn durez, hesqénnadur. — *Bois de sciage* coad hesqenn, coad da hesqénna-Bois de sciage, *bois scié de long*, coad hesqénnet.

**SCIATIQUE**, *sorte de goutte*, mar camm, ar mavy-gamm, ar gamm. — *Il a la sciatique*, dalc'het gand ar mavy-gamm *ou* gad ar gamm.

**SCIE**, *instrument*, hesqenn, *pl.* Van. hesqeen, *pl.* éü.—*Une scie à deux* hesqénnu-dourn. — *Longue scie à mains*, harponn, *pl.* ou. *Van.* id., *pl.* —*Une scie à scier de long*, hesqenn stærn, *pl.* hesqennou var stærn.

**SCIEMMENT**, gand aznaoudeguez èn e ouïzyéguez, gad e ouïzyéguez.

**SCIENCE**, *connaissance*, aznaoudeguez. *Van.* anoudiguez, anaoudiguez. — *Science, doctrine*, guïzyéguez. *Van.* déütrin, habylded. *Sci* infuse, gouïzyéguez dreist-natur, guïzyéguez hep study. — *Science acquise* gouïzyéguez *ou* dottrin acquisitet gad study. *v. experience.* — *Avoir de la science*, cahout gouïzyéguez, beza goui ryecq, beza abyl, *ppr.* bet. *Van.* bet habyl, *pr.* bet. *v. savant.*—*Science*, sqyand, *pl.* sqyanchou. — *Qui a de la science*, sqyandus, oh, añ.—*Science naturelle*, sqyand natur, sqyand natur. *On dit en proc. breton que la science est*

t bonne ; mais que l'acquise le vaul
Sqyand natural a so mad ;
Sqyand prenet e dal èr-vad.

ENTIFIQUE, *des hautes sciences*,
t vouïzyeguez, leun eus a sqyand,
t sqyand , gocïzyccq meurbed,
dtus bras.

ENTIFIQUEMENT. èn ur fæç-
guïzyccq *ou* sqyandtus, gand cals
md.

HER, *couper avec la scie*, hesqénnat,
*Van.* hesqeñ, hesqeneiñ. — *Scier*
g, -hesqénuat a-benn ar c'hoad ,
nnad a hed. — *Scie le bois de tra-*
hesqennat a dreuz. *Si c'est avec la*
*scie à deux mains*, harpoñna, har-
t. *ppr.* et. *Van.* hesqeneiñ a drez,
sôneiñ. — *Scier le marbre*, hesqén-
marpr. — *Scier ou scyer le blé*, mi-
edi, *ppr.* medet; midi ed, medi ed;
ha yd, *pr.* et. *Van.* trouheiñ ed ,
iñ ed. — *Scier le blé à brassées et non*
*ves*, midi a strop, *pr.* medet. —
*le blé à poignées*. midi a zôrnadou.
IEUR *de bois*, hesqénner, *pl.* yen.
hesqennour, *pl.* yon, yan. — *Scieur*
g. hesqénner a-benn, *pl.* hesqen-
n. *v. sciage*. — *Scieur de blé*, aoûte-
nedér, *pl.* yen. *Van.* medour, *pl.*
yan. — *Une scieuse*, mederès, *pl.*
an. medoures, *pl.* ed. *v. moissonneur.*
IURE, *action de scier les blés*, me-
, med. *Van.* mederch. — *La sciure*
*re des blés*, ar peur-vèd, fést ar
vèd, coûy ar peur-vèd. — *Sciure*
is, *ce qui tombe du bois scie*, brenn
run, bleud-preun. *Van.* hesqenna-
limer-coïd.

OLASTIQUE. *de l'école*, a apar-
t ouc'h ar scol. *v. théologie.*

OLOPENDRE, *plante*, téand qaro.

ORBUT, *maladie du sang* élèved-
droueq-Joûar. *Van.* cleañned-

ORPION, *insecte venimeux*, crueg.
rugued ; ur grueg. ur c'hrueg. ar
gued . ar c'hrugued.

ORSONÉAE, *plante dont le suc est*
*sour les yeux , contre la morsure des*
*s , contre le vertige , l'epilepsie , etc..*
*racine très-bonne à manger*, scor-

zennera . lousaoûenn ar.viber. .

SCOTE, *Jean-Duns, Ecossais,religieux*.
*de S. François, surnommé le docteur subtil,*
*qui l'an* 1304 *soutint à Paris contre les en-*
*nemis de l'honneur de la Vierge, qu'elle é-*
*toit immaculée et sans aucune souillure du*
*péché originel,* Scot, an doctor Scot, an .
doctor subtil , Scot guïr servicher da
Zoüe ha dar Verc'hès sacr e vamm benniguet.

SCOTISTE, *qui suit les sentiments du*
*docteur Scot*, scotist, *pl.* ed.

SCRIBE, *copiste*, scrivaigner, *pl.* yen.
*Van.* scruivaguour, *pl.* eryon. — *Scribe*,
*scribe de la loi, docteur juif*, scryb, *pl.* ed.
— *Les scribes et pharisiens ,* ar scrybed
hac ar pharisyaned.

SCROFULAIRE, *plante*, lousaoûen
droueq ar Roüe, lousaoûen droueq sant
Cadou. — *La grande scrofulaire, plante,*
malflær. — *La petite scrofulaire, plante,*
basqicg.

SCRUPULE, *doute , inquiétude*, enqrès, *pl.* you ; douét, *pl.* ou. — *Scrupule,*
*peine de la conscience ,* squrpul , *pl.* ou ;
poan-spered, *pl.* poanyou-spered; poan
goustiançz, fazy a goustyançz. — *Il a*
*des scrupules*, squrpulou a so gandhâ ,
poanyou spered èn deus , poañnyet
ou enqreset co e goustyançz. — *Sans*
*scrupule*, hep douét, hep douét e-bed,
hep squrpul, hep scurpul e-bed.

SCRUPULEUX, *euse*, douétus, squrpulus, oc'h, â, añ; re stryvant ouacqedus.

SCRUPULEUSEMENT , èn ur fæç-
zoun douétus *ou* squrpulus, gad douét,
gad squrpul.

SCRUTATEUR , *parlant de Dieu qui*
*sonde les cœurs*, feurcher; feurcher se dit
*aussi d'un homme qui cherche dans tous les*
*endroits d'une maison*, *pl.* yen. *v. rein.* —
*Scrutateur, vérificateur de scrutin*, scru-
tinér, *pl.* yen.

SCRUTIN, *opération par suffrages se-*
*crets*, scrutin. *pl.* ou.

SCULPTER , *graver une figure sur la*
*pierre, etc* . sculta, *pr.* et; eñgravi, *pr.* et.

SCULPTEUR , sculter, *pl.* yen. *v. sta-*
*tuaire.*

SCULPTURE, scultérz. *v. gravure*,
*statue.*

6

SE, *pron. récipr.* èn hem. *Par syncope,*
*on dit* hem. *Van.* him, hum, bem.—*Se*
*rétracter,* èn hem dislavaret, hem dislavaret. *Van.* him *ou* hum dislareiñ, hem
dislaret. — *Ils s'aiment l'un l'autre,* èn
hem garet a reont.—*Ils se battront,* hem
ganna a raint, beza èn hem gannint.

SEANCE, *place,* plaçz. *Van.* id.—*On*
*lui a fait prendre séance dans le chapitre pour,*
great eus bet dezañ qemeret plaçz èr
jabistr evit. — *Avoir droit de séance au*
*parlement, aux états,* cahout a plaçz èr
parlamand, er stadou; cahout guir d'en
hem gavout, ha da guemeret plaçz èr
parlamand, èr stadou. — *Séance, durée*
*d'une assemblée,* dalc'h. — *Durant la sé-*
*ance des états à Blois,* è pad au dalc'h
eus ar stadou ê Bloës. — *La première sé-*
*ance se fit le troisième du mois,* la seconde
*le huitième,* ar c'hentá dalc'h a voüé d'an
tirede deiz, hac an eil, d'au eizved deiz
eus ar miz.

SEANT, *e, qui sied,* dereadt, oh, à,
añ. *v.* bienséant. — *Séant, e, qui tient ses*
*séances,* osezet. — *Le roi séant en son lit*
*de justice,* ar roë gourvezet ou ar roüe o
veza asezet var e dron a justiçz. — *Du*
*temps que le pape était séant à Avignon,*
èn dra zalc'hé ar pap e sich èn Avignon,
è qéhyd ma edo ar sich eus ar pap èn
Avignon.—*Séant, posture d'un homme as-*
*sis dans son lit,* cavasez, cavase, coasez,
coase. *Van.* coañse, *id est, siège.* — *Etre*
*en son séant,* beza èn e gavasez, beza èn
e goasez *ou* goase, beza èn e asez. *Van.*
bout èñ e goüañse *ou* goaûse *ou* choucg,
*pr.* bet.

SEAU, *vaisseau pour puiser de l'eau,*
sailh, *pl.* ou; seilh, *pl.* ou. *Van.* seilh,
*pl.* eü. — *Plein le seau,* le seau plein, leiz
ar sailh; sailhad, *pl.* ou; seilhad, *pl.* ou.
— *Un seau d'eau,* ur sailhad *ou* seilhad
dour. *Van.* ur seilhad deür.—*Des seaux*
*d'eaux,* seilhadou dour. *Van.* seilhadeü
deür.

SEC, *sèche,* seac'h, secc'h, sec'h, oc'h,
à, añ. J*an.* seh, oh, añ, aoû. — *Sec,*
*sèche,* très-sec, cras, seac'h cras, sec'h-
corn. *Van.* seh-corn. — *Sec, sèche, mai-*
*gre, décharné,* scarn, oh, añ. — *Un corps*
*sec, très-sec,* ur c'horf scarn, evit ar scar-

naû, seac'h evel ur baluc'heñ. —*
*le sec, épithète d'un homme chiche,* ]
seac'h, Yan sec'h-e-guein.—*Ar*
ar seac'h, oar ar sec'h. —*Mettre à*
*seau à sec,* lacqât ul lestr var ar sea
*pr.* lecqeat. — *Mettre une rivière à*
*en détourner le cours,* disec'ha ur riñ
lacqât ur stær da hexq.

SÈCHE, *poisson de mer,* morgad.
*pl.* ed. morgad.

SÉCHEMENT, èn ur fæçzouñ sec
gand sec'h or ou seac'h ded.—*Séch*
*tertement, rudement,* èn ur fæçzouñ
*ou* dichecq. — *Répliquer sèchement,*
pont seac'h. B.-Léon, respont èn ur
zoün dichecq, *pr.* respontet; lac
compsyou dichecq, *pr.* id.

SÉCHER, seac'ha, secc'ha, *pr.*
c'het; sec'ha, sec'hi, *ppr.* et. *Var*
heiñ, *pr.* et.—*Sécher, presque rôti,*
za, *pr.* et.—*Sécher, faire exhaler l'hu-*
*dité,* disec'ha, *pr.* et. — *Mettre à*
*à sécher,* sec'ha ar c'houëz, sec'ha ar
had, sec'hi ar c'hrèxyou. — *L'on*
*l'on sèche la buée,* ur sec'horecq, ur
c'horegou; sec'hérez, *pl.* ou.—*Sé-*
*Sécher de tristesse,* disec'ha gad ar
c'hamand, disec'ha var an treid, *pr.*
— *Sécher, devenir maigre, décharné*
nilha, *pr.* et; scarnila, *pr.* et. —*Sé-*
*cher,* èn hem sec'ha, *pr.* sec'het,
him *ou* hum *ou* hem seheiñ.

SÉCHERESSE, *état de ce qui est sec*
c'hor, seac'hder, sec'hded. *Van.*
schded. — *Sécheresse, état d'une chose*
*est sèche comme si elle était rôtie, crân*
— *Sécheresse, parlant de la température*
*l'air,* sec'hor, amser sec'horecq. *Van.*
*Van.* sehour.—*Il fait une grande séche-*
*resse depuis deux mois,* daou vis sé-
eus ur sec'hor vras. — *Sécheresse,*
*lant d'un corps décharné,* scarnilb.

SÉCHOIR, *instrument pour sé-*
sec'houêr. *pl.* ou.

SECOND, *e,* eil, an eil. *Van.* eil
eil. — *La seconde personne du règne,*
an eil *ou* an eil dèn eus ar roüan-
an c'hentá goude ar roüe. — *Ce*
*second Alexandre,* un eil Alexandr
*Seconde, t. de collège,* ar secoud, *ar*
goud. — *C'est un second, un se-*

*te*, ur second eo, ur segond eo.

:CONDEMENT, *en second lieu*, d'an

:CONDER, ober an eil, *pr.* græt;
an eil, *pr.* bet. — *Seconder, aider
u'un*, scoazya ur re-bennac, *pr.*
:vet; *id. est. épauler.*

:COUEMENT, *action de secouer*, he-
:, hegeadur, bralladurez, bralla-
*Van.* heigereh, hegeroah.

:COUER, hegea, *pr.* heget; bralla,
t; discoguella, *pr. et. Van.* hegeiñ.
niñ. — *Secouer le joug*, disugea, *pr.*
get; hem dilaçza eus a èndan mæs-
y *ou* eus a zindan goûarnamand ur
ennao, *pr.* dilaçzet.

:COURABLE, *qui secourt*, sicourus.
id., oh, añ.

:COURIR, sicour, *pr.* et; rei sicour,
oët. *Van.* secoureiñ, reiñ secour.
amuyn, *pr.* amuyet.

:COURU, *e, part. et adj.*, sicouret,
eus bet sicour.

:COURS, sicour. *Van.* secour, si-
-. — *Qui est sans secours*, disicour.
. disconfort, hemp secour, hep si-
-. — *Notre-Dame de vrai secours*, an
i Varia a vir sicour. *Van.* id.

:COUSSE, *ébranlement*, brall. *pl.* ou;
i, *pl.* begoui. *Van.* hoch, *pl.* hegeû.

:CRET, *ète, caché, inconnu*, segredt,
cuzet, oh, â, añ. *Van.* cuhet, se-
lt. — *Secret, ète, politique*, diçzumul,
añ. — *Secret, ète, discret*, segredt,
il. — *Secret, un secret*, segred, *pl.* ou,
ejou. *Van.* segret, *pl.* eü. — *Garder
secret*, miret ur segred, *pr.* id.—*Qui
sçut garder un secret*, ne oar qet tevel,
n disere, *pl.* néyer; un dèn rouëz, *pl.*
rouëz; ridell, *pl.* ou. — *Un lieu se-
, caché*, ul leac'h diçzumul. — *En
cachette*, è cuz, èn disvel, èn
c'houlou, è segred. *Van.* e cuh. —
*secret, en confidence*, è segred. *Van.*
— *En secret, d l'oreille, tout bas*, è cu-
è syoul, ez syoulyeq.

:CRETAIRE, segretor, *pl.* yen; se-
tour, *pl.* yen; segrejour. *pl.* yen.*Van.*
edtour, *pl.* éryon. *On appelle aussi
edtour et segrejour, celui qui fait des
ts de rien et des my titres de bagatelles.*

SECRÉTARIAT, *emploi de secrétaire*,
segretéraich, carg ur segretér. — *Secrétariat, bureau du secrétaire*, segredtiry,
camp ar segredter.

SECRÈTEMENT, èn ur fæçzoun se-
gred *ou* syoul *ou* diçzumul *ou* cuzet, è
segred,

SECTAIRE, *qui est d'une secte*, hugunod, *pl.* ed; hereticq, *pl.* ed.

SECTATEUR, nep a heul ompinion
ur re-bennac. — *Sectateur d'Aristote,
de Descartes*, nep a heul ompinioñnou
Aristot, nep a heul ompinioñnou Des-
cart. — *Les sectateurs de Mahomet sont
bien aveuglés*, un dalléutez vras o deus
ar re a heul ompinioñnou *ou* fals léseñ
Mahomet, sioûaz dézo.

SECTE, *personnes de même doctrine*,
ur rum tud a zalc'h ur memès ompinioñ. *Al.* diçzivoud, *pl.* aou. —*Secte de
philosophes*, scol, *pl.* you. — *La secte des
platoniciens*, scol Platon, scol ar klato-
nicyaned. — *Toutes les sectes des philosophes*, oll scolyou ar philosophed. — *La
secte des calvinistes*, ur rum bras a dud
a zalc'h ompinioñnou *ou* fals lésenn ar
reuzeudicq Calvin, en hugunoded. —
*Toutes les sectes hérétiques*, an oll rumou
hereticqed, an oll hugunoded. *v. ithé-
rodoxe.*

SECULIER, *ère, laïque*, lieq, *pl.* ed,
tud licq; nep ne deo na dèn a ilis, na
leanès; nep ne dint na tud a ilis, na leanesed; dèn eus ar bed, *pl.* tud, etc. —
*Le clergé séculier et régulier est mandé à
cette cérémonie*, ordrenet eo d'an dud a
ilis, qen d'ar re a vef è particuler, qen
d'ar re a vef dindan reol, d'en hem gavout ebarz èr cerimony ze; ordrenet eo
d'ar væleyen ha d'ar religiused doûnet
d'ar cerimony-ze. *v. clergé, régulier —
Seculier, qui vit dans le monde*, dèn eus
ar bed, *pl.* an dud eus ar bed, ar bedis.
*v. mondain.*

SECURITÉ, *assurance*, fizyançz açzur,
oreden ferm ez ma eur èn açzurançz.

SEDENTAIRE, *reposus*, nep ne flaich
nemeur eveus a ul lec'h. *Van.* cho-
mapl, oh, añ.

SEDITIEUX, *euse, rebellus*, oh, â, añ;
nep a zoug *ou* ar pez a zoug da rebelli.

— *Séditieux, qui excite quelque sédition,* rebeller, *pl.* yen ; nep èn deus lecqeat da rebelli. nep èn deus attiset ar ìevolt. *v. factieux, mutin.* .

SEDITIEUSEMENT, èn ur fæçzonn robellus.

SEDITION, rebell, *pl.* ou; direol, *pl.* yon; diroll, *pl.* ou. *v. faction.*

SEDUCTEUR, trompier ô feadt eus ar feiz pe eus ar vuhezéguez vad, *pl.* tromplèryen, etc. ; nep a ra couëza è fazy è qèver ar feiz pe a lacqa da gouëza è pec'hed. *Van.* lorbour, *pl.* eryon. *fem.* lorberes, *pl.* ed. *v. suborneur.*

SEDUCTION, tromplèrez è fedt eus ar feiz pe eus ar vuhezéguez vad, accausioì da bec'hed pe da fazy èr feiz. *Van.* lorbereah *v. subornation.*

SEDUIRE, trompla è feadt eus ar feiz po è feadt eus ar vuhezéguez vad. *pr.* tromplet; accausioni pec'hed pe fazy èr feiz, *pr.* et. *Van.* lorbeiñ, *pr.* et. *v. suborner.* — *Séduire, attirer par dol.* troumpla gand artivìçz. — *Séduire une fille sous promesse de mariage,* trompla ur plac'h digarez dimizy, douguen ur vero'h da bec'ni dindan promeçza a briedèlez, *pr.* douguet. *Van.* lorbeiñ ur vero'h. *pr.* et. *v. suborner.*

SEIGLE, segal, *pl.* ou. *Van.* id., *pl.* eü. — *Les seigles sont beaux,* caër eo ar segalou. *Treg.* cuëë c ar segalo. — *Champ semé de seigle,* segalecg, *pl.* segalegou; parcqad segal, *pl.* parcqadou. *Van.* id., *pl.* eü. — *Seigle et froment mêlés,* ségal-viniz.

SEIGNEUR, *qui est maître,* autrou. *pl.* autrounez. *Van.* autrou, autru, eütru, *pl.* autrone, autrune, eütrune. *Al.* em.cunyad, heer. herr. rhy, dom, dam. — *Le roi est notre souverain seigneur et maître,* ar roüe a so hoü autrou hac hon mæir è pep fæçzoun. — *On doit foi et hommage à son seigneur,* feiz ha goazouuyèz a dleeur d'e autrou. — *Notre Seigneur Jésus-Christ,* Jesus-Christ hon autrou. *Treg.* Jesus-Christ hon autro. — *Notre seigneur, nosseigneurs,* hou autrou, hon autrounez. *Treg.* hon autro, hon autrône. — *Nosseigneurs les prélats,* an autrounez ar breladed , an autrounez

an esqeb. — *Nosseigneurs du pays,* an autrounez eus ar parlamaid. *principaux seigneurs du pays,* an au nez qentà eus ar vro, an penuoüs eus ar vro. — *Le Grand-Seigneur,* fereur ottoman, an turcq bras, an r lazr turucq. —*Un grand seigneur,* un trou bras ha galloudus , *pl.* autu, vras, etc. — *Un grand seigneur,* ur monsieur, ur grobis, *pl.* grobised. —*un le grand seigneur,* ober ar grobis, è c'hrobis, *pr.* græt.

SEIGNEURIAL, a aparchant eus autrou ou oud autrou. — *Droitseig rial.* guir autron. — *Terre seignet mauer a so stag guiryou caër ous mauer a so nopl meurbed.*

SEIGNEURIE, autrounyaich trounyez, domany, damany. *Van.* trunyach. *v. domaine.* — *Seign portenante à une abbesse,* ytrouyaich many.

SEIN, *la partie éminente et se de la poitrine,* prennyd, breüjd, asgre, ascle, bruched, crubuilh c'hen, *ppl.* ou. *Van.* bruched, bru *ppl.* eü. *v. debrailler , mamelle.* — *le sein,* brennydad, asgread, bre dad, crubuilh d, qerc'hennad, p — *Le sein d'Abraham ,* asgre Abrah — *Le sein de l'église,* asgro ou ascle cle an ilis. — *Le bienheureux se le sein de la gloire,* ar re guinid è creiz ar c'hloar evès ar baraoï Sein, *ventre,* creiz, coff, entre ai gostez. — *La Ste Vierge a conçu et l'a formé dans son sein par l'op du S.-Esprit,* ar Verc'hès sacr-ba tel he deus concevet het Jesus-Cli hac è furmet èn he c'hreiz, dre a luz eus ar Spered glan. glan, ie'sa — *Etant encore dans le sein de sa m* èn dra edo c'hoaz è coff e vamm sein de la terre, calonn au doüar—s *espèce de terrue, marque naturelle, a* née, *pl.* you; plustrenn, *pl.* ou. th *dire signe et non sein.* — *Sein, golfe* le petite étendue, golf, *pl.* ou. *Al.* c. rat. — *La mer enferme bien des d dans son sein, è creiz ar mor et ch feiz a dreou ou euls pìividiguez.*

INE. *long fûet qui se trat ie sur les*
*.* seulenn. *pl. ou. Al. s*·igne.

ING, *signature*, syn, sygn, *ppl.*
*an.* syn. *pl.* eû.

IZE, *nombre*, c'huezecq. *Van.* hu-

IZIEME. c'huezecved.

IZIEMEMENT. d'arp'huezecved.

JOU. demeurançz. — *Paris est un*
*ment séjour*, un demeurançz eo h-
*aris* evit ar gaëra — *Le paradis est*
*our les bienheureux*, ar barados a
*medrançz* ar re guenvidicq.

JOURNER, chomm un neubeud
*aser* èn ul leac'h bennac, *pr.* et;
ell un neubeud, *pr.* manet.

EL, c'hoalen, holen, halou. *Van.*
in, haleen. *H.-Corn.* halenn, ha-
. — *Sel gemme ou fossile*, c'hoalenn
I-gleuz. — *En Pologne, en Hongri*
*Catalogue il y a des montagnes de sel*,
*ez eus* menezyou c'hoalennecq é
igu, èn Hongry hac è Cataloign.
iz ma ez eus menezyou mænecq
ro-má. — *Sel blanc*, c'hoalenn ou
nu guenn. — *Sel noir, sel gris, gros*
*u sel marin*, holen bras, c'hoalenn
. — *Meule de sel*, grac'hell holenn.
rac'hellou, bern c'hoalen, *pl.* ber-
, hernyou. *Van.* bern haleen. —
nier d sel. grignol hoalenn, *pl.* grigou hoalenn. — *Faux sel ou sel de*
*de*, hoalenn flaud. — *Les apôtres é-*
*nt le sel de la terre*, au chestel a yoa
holenn eus ar bed. — *Luther disait*
*le diable et lui avaient mangé plus d'un*
*d de sel ensemble*, au hugunod Lu-
r a lavare èn devoa debret açzam-
s gand an hiny ne deo qet mad
ips auezá, muy evit oiz muynod ha
uuguent a c'hoalenn. ar fallacr !

ELLE. *siege où l'on s'assied*, scabell.
ou. *Van.* scabén. r. siège. — *Selle d*
*in de chambre, selle percée*, cador, ca-
doul, *pl.* cadoryou. — *Aller à la*
*s. mónnet* var ar gador, mónnet var
cador-doull. — *Selle de cheval*, dybr,
ou. *Van.* dybr. *pl.* eû.

SELLER. *mettre la selle sur un che-*
. dybra. *pr.* et: dybra ar marc'h:
*gat* an dybr var guein ar marc'h *eu*

SELLETTE, scabellicg, *pl.* scabel-
louigou; scabell au dorfetéryen. *Van.*
scabeñicg, *pl.* scabéñiguéú.

SELLIER, dybrér, *pl.* éryen. *Van.*
dybrour, dybrér, *ppl* yon, yau.

SELON, *prép.* hèrvéz, hèrvè, diouc'h.
*Van.* herve. — *Selon les loix*, hervez ou
diouc'h al lésénnou. — *Selon le temps*,
selon la coûtume, hervez ou diouc'h an
amser; hervez ou diouc'h ar guiz, èr
c'hiz. — *Selon Dieu et raison*, hervez
Doûe hac hervez résoun. — *Selon moi*,
*à mon acis*, diouc'h a gredañ, var va
meno, hervez oun-me. — *Selon que*,
*sorte de conjonction*, hervez ou diouc'h
ma ou a, var. — *Selon que vous ferrez*,
diouc'h ou hervez ou var a vellot. — *Selon*
*qu'il fera*, diouc'h a rayo ou ma rayo,
hervez ma èn hem gomporto, hervez
a ray, var a rayo.

SEMAILLES, *temps de semer les grands*
*blés*, an hadérez, amser ou marcoucours
an hadérez, ar mare da hada *Van.* èn
hadereh, amsèr èn hadereah, seçzun ou
cours de hadeiñ. — *Faire les semailles*,
hada an ydou bras.

SEMAINE, sizun, *pl.* you. *Par cor-*
*ruption et par syncope on dit :* suzun, *pl.*
you; suun; sun. *Van.* suhun, *pl.* yeú.
Sizun, qui est le véritable mot, est de Leon,
et vient de seiz-hun, id est, sept sommeils
ou sept nuits destinées pour le repos, pour
le sommeil; pareeque c'était l'usage des anciens Celtes ou Gaulois, dont nous parlons
la langue, de compter le temps par nuits.
*v.* anuit. — *L'année a 52 semaines*, diou
sizun hac hanter-cant a so èu ur bloaz.
— *La semaine de la passion*, sizun ar bàç-
zion. — *La semaine sainte*, sizun ar binigenn. — *La semaine de Pâque*, sizun
basq. — *La semaine des Rogations*, ar sizun venn. r. rogations. — *L'on compte*
des semaines d'années au lieu de semaines
de jours pour trouver l'accomplissement de
la prophétie de Daniel. r. ch. 9. de Dan.
counta a rear seiz vloaz ô leac'h seiz
dez dre b ep hiny eus a sizunyou ar prophed Danyel, evit cavout d'ar just an
amser eus a zoúnodiguez rad ar Meç-
sya var an doûar.

SEMAINIER, *t. de cœur*, sizunèr, *pl.* éryou; nep a so e sizun *ou* e dro da ovlçza. *Van.* suhunour, *pl.* you, yan.

SEMAINIÈRE, *parlant des religieuses*, sizunerès, *pl.* ed.

SEMBLABLE, heñvel, hével, hañval, hàval, oh, à. aû. *Van.* hañoûal, hañûal, hàval, oh. añ, aoñ.—*Semblable d son père*, hével *ou* heñvel ouc'h e dad. hañval ouze dad, hàval oc'h e dad. *Van.* hañûal doh e dad, hoñoûal douh e dad. —*Semblable, qui a une grande conformité avec un autre*, qen-seurd, par. —*Mon semblabe, votre semblable*, ma c'hen-seurd, ho *ou* oz qenseurd. — *Qu'il aille avec ses semblables*, eat gad e guenseurd *ou* gad e guenseurded.—*Chacun aime son semblable, dit le prov.* pep hiny a gar e bar. —*Il n'a pas son semblable*, n'en deus qet e bar, ne gaff qet e bar, ne deo qet ganet e bar. — *Rien de semblable*, ne deus tra bar. — *Rendre semblable*, hévelecqaat, *pr.* éet. — *Etre semblable*, hévelout, *pr.* hévelet. *Van.* hañvaleiñ, *pr.* hañvalet,

SEMBLABLEMENT, hévelep, é memès fæçzoun.

SEMBLANCE, hévelediguez, hévelepded. *Van.* hañvalediguéah.

SEMBLANT, *feinte, apparence*, seblant, man, fæçzoun, neuz, peñcas, *Van.* neu, ne. — *Faire semblant d'étudier*, ober man *ou* neuz *ou* van *ou* fæçzeou *ou* seblant da studya, *pr.* græt; seblanti studya, *pr.* seblantet *Van.* gober neu *ou* nz de studyeiñ, gober èn ne *ou* seblañt de studyeiñ, seblanteiñ studyeiñ. — *Il n'en fait aucun semblant*, ne ra van e-bed eus a guemeñ-ze, ne zalc'h cound e-bed a guemeñ-ze, ne ra seblant e-bed *ou* penn-cas e-bed eus a guemeñ-ze. — *S'informer mieux de quelque chose qu'on à fait, en faisant semblant de l'ignorer*, lacqaat e study da ouzout un dra, diçarez ober al lue, *pr.* lecqéet.

SEMBLER, *paraître d'une certaine manière*, seblanti, simula, *pr.* et. *Van.* seblanteiñ. —*Sembler faire d bien, lors qu'on fait du mal*, seblanti *ou* simula ober vad, é qéhyd ma rear drouez. ---

*Cela semble beau*, seblanti a ra an d a beza caër, caër ez seblant qenze da veza. --*Il me semble que*, seblu a ra din penaus, etc., songeal a ra din penaus, avis a ra din penaus, me sonch din penaus, var va mea.—*Tous en semble?* pe seblant deoc'h bi pe tra eo ho sonch-hu var guemes d'o c'havis? var oz meno? -- *Il able bon et à propos que*, mad ez tra penaus, pliqeout a ra, etc. —*Il me bon au S.-Esprit et à nous*, act. ch. v. 28., pliget èn deus gad ar Spe Santel ha gueneomp-ny, eme an che tel; ar Spered Santel ha ny ho s cavet mad, etc.

SEMELLE, sol, *pl.* you; soledr *pl.* ou; coazrell, *pl.* ou. *Van.* sol, solyéû; samell, *pl.* éû. — *Mettre i melles*, doupsolya, *pr.* et; solya, soledenni, *pr.* et; coazrella, *pr.* fa solyat, *pr.* et; samelleiñ, *pr.* et.—*battre la semelle, portant des compagn*—mont da foëdta ar sol, mont da d dro Françz.

SEMENCE, had, *pl.* ou. *Van.* h *pl.* eû. *Trég.* had, *pl.* hado.

SEMER, hada, *pr.* et. *Van.* had Trég. hadañ, hadiñ.—*Semer du blé légumes*, hada ed, hada lousou. mailles.—*Semer des bruits*, lacqat eus a, lacqát brud ou brudou da red *pr.* lecqéet.—*Semer des dissentions* qát droueqraucz.

SEMESTRE, an amser a c'hu miz.

SEMEUR, hadèr, *pl.* yen. *Van.* dour, *pl.* you, yan. *fém.* haderès, ed. *Van.* hadoûres, *pl.* ed.

SEMI-BRÈVE (note), notenn n notenn qær, *pl.* notennou scañ, q

SEMI-DOUBLE, *office semi-d* hanter-zoupl. un oviçz hanter-zoupl

SEMIL, hadaich, *pl.* ou. *v. pr*

SEMINAIRE, seminera, *pl.* aou.

SEMINARISTE, seminérist, *pl.*

SENAT, *le sénat de Rome*, ar pa nant eus a Roum, ar senat.

SENATEUR *romain*, senator, *pl.* mémpr eus a barlamand Roum, *pl.* consailler é parlamand Rom, *pl.* y

ÉNÉ, *plante médicinale*, séne, sénn.

ENECHAL, seneçzal, *pl.* ed. *Van.* nechal, *pl.* ed. —*Monsieur le sénéchal*, autrou'r seneçzal.—*Charge de séné-* !, seneçzalded.

SENECHALE, seneçzalès, *pl.* ed. l. chenechales, *pl.* ed.

SENECHAUSSÉE, seneçzalaich, *pl.* , dalc'h ar seneçzal. *Van.* chene- lach . *pl.* eü.

SENEÇON, *plante*, bazre, baudre. *l'appelle aussi, mais à tort*, an aure- , *qui signifie orvale ou toute bonne.*

SENELLES, *fruit de l'épine*, hogan. !g. hogro.

SENER, *châtrer*, spaza, *pr.* et. *Van.* heiñ.--*Sener le porc*, spaza an houc'h. *Sener la truie*, spaza ar vès. *Van.* spa- ñ er ües, *pr.* spahet.—*Celui qui sène* lices . spazer ar guisy, *pl.* spazéryen çuïsy ; pautred fryol. *Van.* spahour guésy , *pl.* sp theryon er guésv.

SENEVÉ, *plante à moutarde*, lousa- ñn ar cézo, cézo, had cézo. *Van.* cé- .—*Si nous avions de la foi gros comme grain de sénevé*, *nous commanderions* : *montagnes de se jeter dans la mer, et* s *obéiraient*, *dit le Sauveur*, ma hon : qement a feiz hepqen evel ur c'hreu- an cézo, ez hourc'heménnémp d'ar nezyou èn hem strincqa è creiz ar r bras, hac ez sénteènt ouzomp, e hon Salver.

SENI , *nom d'homme*, Sezny , Sény. *Saint Seni, abbé de Guic-Seny, en Léon*, urut âgé de 127 ans, saut Sezny, a- d è Guisezny, el leac'h ma cz i.ly brè- t minic'hy sant Sezny , èn deus be- : cant vloaz ha seiz vatnuguent.

SENS, *faculté de sentir*, sqyand, *pl.* fanchou. *Van.* sqend, sqyend , *ppl.* l. —*Les sens intérieurs et les sens exté- urs*, ar sqyanchou a ziabars hac ar fanchou a ziuvæs. *Van.* èr sqyend- ı a ziabarh hac er sqyendtéü a ziaô- s.—*Les cinq sens sont la vue, l'ouïe* , mat, *l'odorat et le toucher*, ar guélled, c'hlèved, ar blaçza, ar c'huéçza hac touich, a so ar pemp sqyand natur. a. er guéled, er hléüed , er vlas, en eh hac en touch, e so er peamp

sqend natuël.—*Sens, jugement, enten-* dement, sqyand. *Van.* sqend, sqyend.

—*Un homme d'un grand sens*, ur sqyand vad a zèu, un dèu sqyandtet mad, *pl.* tud, etc. *Van.* un deen a sqyend vad.

— *Un homme de petit sens*, ur sqyand verr a zèu, un dèn berr-sqyandtet.—

—*Qui n'a pas le sens commun*, disqyand, oh, à, aû, *pl.* disqyandted, tud dis- qyandt. *Van.* disqyendt, *pl.* tud dis- qyent.—*Le bon sens*, ar sqyand vad.—

*Perdre le bon sens*, coll ar sqyand vad , coll e sqyandt vad, *pr.* collet; disqy- au ıta, *pr.* et. — *Recouvrer le sens*, caf- fout un eil guéach e sqyand vad, *pr.* caffet ou cavet; distrei d'e sqyand vad, *pr.* distroèt.—*Sens, pensée, sentiment*, credenn, sonch, ompinionn.—*Donner dans le sens d'une personne*, heul ompi- nion un all, *pr.* et ; açzanti gad ur re- beunac, *pr.* et; ober van da garet ar pez a gar un all, ober van da vénnout ar pez a vénn un all, *pr.* græt.—*A bon- der en son sens*, founna èn e gredenn ou èn e ompinion, derc'hel mad d'e om- pinion, hep nepred discrégui.—*Sens , signification d'un discours*, sinifiançz, *pl.* ou. *Van.* id. , *pl.* eü.—*Donner un bon ou mauvais sens à un passage, à un texte de l'Ecriture sainte*, rei da un tèst eus ar Scritur sacr ur sinifyançz vad, pe ur fals sinifyançz. r. *forçé.* — *Le sens litté- ral*, ar sinifyançz natur.—*Un mot à dou- ble sens*, ur guer èn deus diou sinifiançz.

—*Sens, situation, biais, manière d'être*, tu, *pl.* tuyou. *Van.* tu, *pl.* tuyéü. — *En tout sens*, var ou a pep tu , è pep fæçzoun.

—*Sur le bon sens*, var au tu mad, à dailh, a fæçzonn, è fæçzonn vad.—*Sens des- sus dessous, à contre-sens*, var an tu guin, var an tu ænep, var an tu crep, tu evit tu , penn evit penn. — *Mettre tout sens dessus dessous*, lacqât tu evit tu, lacqât tu var du, lacqat pep tra penn evit penn, lacqât an traou èn ur stad, ne véz penn dioua'h lost ènho, *pr.* lecqêet.

SENSÉ, *re*, *judicieux*, sqyandtus. sqyandtecq, sqyandtet mad, oh, à, añ.

SENSÉMENT. *judicieusement*, gad sqyand ha furnez.

SENSIBILITÉ, *sentiment*, santidiguez, **sæntidiguez.** *Van.* **santedigueah.**

—*Sensibilité, délicatesse,* guïridiguez, qisidiguez. *Van.* guïridigueh, tinérdéd.

SENSIBLE, *qui tombe sous le sens,* ar pez a zigouëz dindan ar sqyand, car da gompren, sclear, sclær.—*Une comparaison sensible,* ur gomparésonn a zigouëz èndan ar sqyand *ou* a so eaz da gompren *ou* a so sclear.—*Sensible, qui sent,* santus, oh, à. *Van.* santiü, oh, añ.
—*Les dents, les os, les ongles, ne sont pas sensibles par eux-mêmes;* an dént, an æsqern hac an ivinou, ne dint qet santus à nézo o-unan.—*Sensible, fâcheux, douloureux,* grizyez, gryez, garo, anqennyus, oc'h, à, añ. *Van.* santiü, oh, añ.
—*La gravelle est un mal bien sensible,* ar mæn gravel a rour boan grizyezougryez, ar mæu gravel a so uu droucq garo *ou* auqennius meurbéd.—*Une joie sensible, un plaisir sensible,* ur joa vras, ur guir blijadur.—*Sensible à la douleur,* guïridicq, qisidicq, oc'h, à, añ. *Van.* santiü, oh, añ. — *Il ne peut pas souffrir le moindre mal, tant il est sensible,* ne all qet souffr an distéra poan ; qement ma ez'eo guïridicq *ou* qer guïridicq ma ez eo *ou* qer qisidicq ma zeo. — *Sensible à la moindre parole, point souffrant,* qisidicq, guïridicq, diribyn. *Van.* santiü, damantus.—*Pour peu qu'on le choque, il est sensible,* evit nebeud ma èn touchèr, ez eo qisidicq bras; né ouffét qet e offanci qen neubeud ne santé, qer guïridicq ma zeo; arabad eo lavaret an distéra tra dezañ, qèr diribyn eo *ou* qer diribyn ma ez eo. *par abrév.* ma zeo.—*Le sensible d'un homme,* an andred damantus *ou* guïridicq *ou* qisidicq evès a un dèn, hesqed un dèn, gor un dèn. — *Vous l'avez pris par son sensible,* qemeret oc'h eus-è dre'n andred guiridicq *ou* qisidicq *ou* damantus, lecqeal oc'h eus ho tourn var e hesqed *ou* var e c'hor.

SENSIBLEMENT, *d'une manière sensible,* èn hevelep fæçzoún ma tigouëz uñ dra èndau ar sqyand.—*Sensiblement, beaucoup, avec une douleur sensible,* cals, meurbed, gand gryezder, gad un anqenn vras, èn ur fæçzoun anqennyus

*ou* poaunyus.

SENSITIF, *ive, qui a la faculté de sentir,* santus, sæntus. *Van.* santiü.—*L'appétit sensitif, subordonné à la raison,* an apetit santus *ou* saentus, an youl santus. *v. appétit.*—*L'âme sensitive,* an ene santus, an ene a sant, buhez an auevaled. *v. âme.*

SENSUALITÉ, *pente au plaisir des sens,* pleg etreze al lichezry. inclinacion d'an lichezry, inclinacion vras da gontanti e sqyanchou. — *Sensualité, plaisir sensuel,* lichezry, *pl.* you; lichézrez, *pl.* ou. *La z au milieu de ces mots ne se prononce pas s'il equicaut à un second c. v. volupté.*—*Le péché le plus ordinaire, c'est la sensualité,* al lichezry eo ar pec'hed an ordinalà.

SENSUEL, *elle, attaché au plaisir des sens,* lichezr, licq, oc'h, à, añ. *v. voluptueux.*—*Sensuel au manger,* lippous, lichezr, oh, à.

SENSUELLEMENT, *èn ur fæçzoun* lichezr, gad lichezry.

SENTENCE, setançz, *pl.* ou.—*Prononcer une sentence,* douguen ur setançz, *pr.* douguet. *v. sentencieux.* — *Sentence d'excommunication,* selançz a escumunuguenn.

SENTENCIER, setançi ur re-bennac, *pr.* et: douguen setançz aënep ur re.

SENTENTIEUX, *euse, qui renferme quelque beau sentiment,* setançzus, oh, à.—*Proverbe sentenlieux,* lavar setançzus, *pl.* lavaryou setançzus. *v. proverbe.*

SENTEUR, c'huëz, *pl.* you; c'hoëz, *pl.* you. *Van.* huch, *pl.* yeü. *v. odeur.*

SENTEURS, c'huezyou mad, *pl.* c'hoëzyou mad. *v. souffle.*

SENTIER, *petit chemin battu,* ravénd, *pl.* ravénchou; guënogenn, *pl.* ou; guënnog-en, *id est,* guennoh-heud, *chemin plus blanc;* guënodenn, *pl.* ou: menodenn, *pl.* ou, *id est* guen-ode, *voie blanche, passage blanc. Van.* minodten, *pl.* éü. ravend, *id est,* brav-hend, *beau chemin.* — *Petit sentier,* ravénticq, *pl.* ravénchouïgou; guënodenicq, *pl.* guénodennoudigou. — *Prendre le sentier,* mont drc ar ravénd *ou* ar venogenn *ou* gad ar venogenn.

SENTIMENT, *faculté de sentir*, sqy-
l. *Van.* sqvend, sqend.—*Sentiment.*
*ction*, caraütez. — *J'ai pour lui des*
*iments tels que je n'en ai jamais eu pour*
*onne*, ur garantez am eus evit ha bis-
z hé phar n'am eus douguet da gris-
.—*Des sentiments de tendresse*, ur ga-
tez tener.—*Sentiment. pensée*, souch,
soujou. — *Trahir son sentiment*, lava-
ar c'hontroll-beo d'e souch.—*Sen-*
*nt, opinion*, credeñ, ompinioñ, *ppl.*
santimand, *pl.* santimanchou. —
*uis de ce sentiment*, va c'hredeñ co ,
impinionn *ou* santimand eo qemeñ-
hennez eo va santimand, houuez eo
impinionn. — *Sentiment, sensibilité*,
tidiguez.

ENTINE; *fond du navire où sont les*
*tres*, loçzéau, an toull disour.

ENTINELLE, *soldat qui fait le guet*,
rd, gued, *ppl.* ou. *Van.* id., *pl.* eü.

ENTIR, santout, *pr.* santet; sæntout,
sæntet, *id est*, saëntout. — *Sentir de*
*ouleur*, santout poan ou anqenu.—
'ir, *flairer*, c'huëcza, *pr.* et; c'huëç-
*pr.* et. *r. flairer.* — *Il sent le vieux*,
*l'odeur qu'ont les vieillards*, c'huez ar
iz a só gand-hâ. — *Qui sent le bouc*
ui sent le gousset , boucqin, *pl.* ed ;
so c'huëz ar bouc'h gand-hâ.—*Se*
*ir de la goutte*, santout ar goüttaou
int dezañ. — *Se sentir de la misère du*
is, santout ar baourentez eus an am-

EOIR, *se seoir*, aseza , *pr.* et. *Van.*
iñ. *pr.* aseët. *v* s'asseoir. — *Seoir*
enir, *être convenable*, dercout, *pr.* de-
*v. sied.*

EPARATION, disparty, *pl.* ou. *Van.*
*pl.* yeü. — *Une fâcheuse séparation*,
lisparty calet ou rust *ou* garo *ou* an-
niu. — *Séparation de biens*, dispar-
vadou entre daou bryed. — *Sépa-*
*n de corps et de biens*, disparty a gorf
a vadou, disparty entre an ozac'h
ar c'hrecg qen evit ar c'horf, qen evit
nadou *ou* qen a gorf qen a vadou.
EPAREMENT. *àpart*, abarth, a gos-
a parth. — *Séparément*, *l'un après*
tre. an eil goude eguile.

EPARER, *diviser*, dispartya, *pr.* et.

*Van.* dispartyeiñ. *Galles*, ysear. — *La*
*Manche sépare la France de l'Angleterre*, ar
Vainch a zisparty Françz diouc'h Bro-
Sauz, ar Vainch a lacqa disparty entre
Gall ha Bro-Sauz. — *Séparer un héritage*
*en deux*, dispartya ur plaçz é diou lodenn; ranna ur plaçz é diou lodeñ, *pr.*
rannet. — *Séparer, détacher*, distaga, *pr.*
distaguet. — *Il lui sépara la tête des épau-*
*les d'un coup d'épée*, distaga a eureü e-
benn dezañ diouc'h e zivscoaz gad un
taul cleze. — *Séparer des gens qui se bat-*
*tent*, dispartya tud a vez oud en hem
gauna. —.*Séparer des gens mariés de corps*
*et de biens;* dispartya tud demezet, lao-
qât disparty a gorf hac a vadou entre
daou bryed, *pr.* lacqeet. *Van.* diforheiñ
tud demet. — *Se séparer*, dispartya an
eil diouc'h eguile, pellaat au eil diouc'h.
eguile, *pr.* pelleet.

SEPT, *nombre*, seiz. *Van.* seih.—*Des*
*vers de sept pieds*, guersou seizveder. *v.*
*septénaire.*

SEPTANTE, *nombre*, decq ha try-uguent.—*Les septantes semaines de Daniel*,
on decq sizun ha try-uguent pe eus a
re ez prezecq ar prophed Danyel. *v.*
*semaine.* — *Les septantes*, an decq doctor
ha try-uguent o deus bet troët ar Vibl
saer eus a hebre au grecim dre an urz
eus ar roüe Ptolomè Philadelph.

SEPTEMBRE, *neuvième mois*, guen-
golo, *id est*, gueeu-colo, *paille blanche*.
*Van.* guënhole; miz mendem, miz ben-
dem, *id est*, *mois de la vendange*.

SEPTENAIRE, *nombre de sept* , seizveder, seizveder. — *Des vers septénaires*,
*des vers de sept pieds*, guersou seizveder.

SEPTENTRION. *pôle arctique*, an ourz
vihan, an ourz vras, an ourz. — *Sep-*
*tentrion, le nord*, an hanter-nos, an nord.
— *Les pays du septentrion*, broëzyou an
nord, broyou an hanter-nos. —*Le vent*
*du septentrion*, avel nord, avel an hanter nos, avel steren.

SEPTENTRIONAL, e, dioud an nord,
diouc'h an hanter-nos, dioud an steren!
—*L'Amérique septen rionale*, an doüar-
uévez dioud au nord *ou* diouc'h an hau-
ter-nos. — *Les peuples septentrionau : ar*
bobl dioud au nord, poblvou au hau-

ter-nez, peblyou an nord.

SEPTIÈME, *nombre ordinal*, seizved. *Van.* seihvet.

SEPTIÈMEMENT, d'ar seizved.

SEPTUAGENAIRE, oaget a secq vloaz ha try-uguent, nep èn deus decq vloaz ha try-uguent.

SEPTUAGÉSIME, *troisième dimanche avant le carême*, sul tad-coz al lard, sul ar puc'h. *v.* dimanche.

SEPULCRE, bez, *pl.* you. *Trég.* be, *pl.* yo. *Corn.* bo, *pl.* you. *Van.* be, *pl.* yeü. — *Le saint sépulcre*, ar bez sacr'eus hon Salver. — *J.-C. appelait les pharisiens des sépulcres blanchis, beaux au dehors et pleins de pourriture au dedans.* Jesus-Christ a c'halvé ar pharisyaued bezyou lyvet è guënn, caër a-ziaveas ha leun a vreynadurez a-ziabarz.

SEPULTURE, bezhad, *pl.* ou. *v.* enterrement.

SEQUELLE, *suite, train*, lostennad. *pl.* ou; lostad-hirr, *pl.* lostadou hirr. — *Je n'ai que faire de cet homme ni de toute sa séquelle*, n'am eus qet æffer a hennez nac eus e lostennadou. — *Il a cité fort inutilement une longue séquelle d'auteurs*, raportet èn deus è vean ul lostennad autored.

SEQUESTRE, *état séquestré*, depos a lecqear è tredeocq. — *Séquestre, dépositaire du séquestre*, tredebcq, tredeecq. *Ces deux mots sont dérivés de* trede, *qui signifie* tiers, troisième. — *Mettre en séquestre ou séquestrer, mettre en main tierce*, lacqaat è tredeocq, lacqaat è tredeecq, *pr.* lecqëet.

SEQUESTRER, *mettre à part*, tui, *pr.* tuet; lacqât a gostez. — *Cette veuve a séquestré bien des choses à la mort de son mari, au préjudice des mineurs*, an intáves-hont he deus tuet meur a dra ou tennet a gostez meur a d: a ou forz traou è doumaich ar vinored.

SERAIL, *palais du grand-seigneur*, palès au turq br.s, palès an impalazr turocq. — *Sérail, concubines enfermées*, tyad merc'hed fall, tyad guisly.

SERAN, *outil pour préparer le lin*, etc., eribyn, *pl.* ou. *Van.* id., *pl.* eü. *Trég.* id., *pl.* o. — *Seran de fer, de cuivre*, eribyn

hoüarn, cuëvr. — *Le gros seran*, ar gribyn rouëz ou gros. — *Le seran étanch*, ar gribyn fin ou flour ou stancq.

SERANCER, *préparer le lin* avec la seran, cribat, *pr.* et: *Van.* cribat, cribeü. — *Seranoer du lin, du chanvre, du cris*, cribat lin, canab, reun.

SERAPHIN, *ange*, seraphin, *pl.* ed.

SERAPHIQUE, a aparchant oud ar seraphined, seraphicq. — *Le séraphique père S. François d'Assises*, au tad seraphicq sant Francès a Açzis. — *Le docteur seraphique S. Bonaventure*, au doctor seraphicq sant Bouaventura.

SEREIN, *rosée du soir*, ar gouzyenn, ar glizyeü-nos. *Van.* gluih, glouëh-nos, glueh. — *Serein, clair, calme, parlant de l'air*, sclær ha caër. — *Temps serein*, amser gaër. *Al.* hynon. *Lat.* sudum. — *Jour serein*, un deiz sclær ha caër, un deiz hep na glao, na ci uñabr, nac avel. — *Un visage serein*, un drémm rouëz, ar visaich rouëz, un tal laouën, ur visaich peoc'hus ha laouëu, drémm seveun, visaich sevenn.

SERENADE, hobadenn-nos, *pl.* hobadennou nos.

SERENITÉ, caërder, caërded. — *Sérénité du visage*, ul laouënder honest ha poec'hus.

SERGE, *étoffe légère*, serch.

SERGENT, *huissier, sous-officier*, serjant, *pl.* ed. — *Envoyer des sergents*, cacz serjant da ur re-bennac, *pr.* caczet. — *Sergent-major*, serjant majol, *pl.* ed.

SERGENTERIE, *charge de sergent*, serjantaich.

SERGIER, *qui fait de la serge*, serger, *pl.* yen.

SERIEUSEMENT, *d'une manière sérieuse*, a-barfededd, gad léntégues, dr vad ha caër.

SERIEUX, *euse, grave*, solém. solé lént, parfedt, oh, á, añ. — *Il est toujours sérieux, c'est son naturel*, solém ou soleun eo atau, natur eo dezâ; drc natur ez eo lént ha parfedt. — *Sérieux, important*, pouësus, a vilit bera pouëset. — *C'est ici une affaire sérieuse*, un æffer pouësut eo houmâ, un æffer hae a vilit bezi pouëset eo houmâ. *v.* important. — *Se*

eux d'une personne, air grave, sage, tivre. léntéguez, parfededd.

**SERIN**, *oiseau*, seran, *pl.* ed; seraicg, *pl.* seranigued.

**SERINE**, *femelle du serin*, seranès, ed.

**SERINGUE**, *instrument à donner des* ystères, strincqell, *pl* ou. *Van.* strincq. eü.

**SERINGUER**, strincqellat, *pr. et. Van.* trincqeiñ, *pr. et.* — *Action de seringuer*, trincqelladur. *Van.* strincqadur.—*Celui qui seringue*, strincqeller, *pl.* yen. *Van.* s'rincqour, *pl.* yon, yan.

**SERIOSITÉ**, parfededd.

**SERMENT**, *affirmation, promesse solennelle.* lè, *pl.* lèou Deld, le-an, le-anès, *religieux, religieuse. v. jurement.*—*Faire serment*, ober lè, *pr.* græt. — *Faire des serments exécrables*, ober lèou horrupl. *jurer.* — *Garder son serment*, miret e l', *pr.* id. — *Fausser son serment*, terri lè, *pr.* torret; mancqout d'el è, *pr. et. se parjurer.* — *Faux serment*, lè faus. lèou faus; fals le, *pl* fals leou. *v.parture.* — *Faire un faux serment*, ober ul faos, ober ur fals lè, *pr.* great, græt. — *Sur mon serment*, var va lè, dre va lè. r'am lè, ez leal. — *Serment de fidélité.* salded, fealded, lè eus a fidelded, lè a veza fidel. — *Prêter le serment de fidélité*, touèt fealded ou fidelded, *pr.* id. On a dit leaff fealded, *pr.* lèot.

**SERMON**, prezeguezn, *pl.* ou; preecg, *pl.* prezegou; precg, *pl.* pregou. *En Leon, où on francise beaucoup, on dit* armoun, *pl.* you. *Van.* predecg, perlecg, *ppl.* predegueü, perdegueü. — *Faire un sermon*, ober ur brezeguezñ, *r.* græt. — *Entendre le sermon*, clévet ar rez guèzn, *pr.* id. — *Le démon fait souvent dormir au sermon*, an diaul cousqer ra ou ar c'housqericq a ra alyès d'au lud cousqet ebarz èr brezeguean. *v. liable.*

**SERPE**, *instrument tranchant*, strep. l. ou; strap, *pl.* ou; chalp, *pl.* ou; sarp. l. ou. — *Petite serpe*, strepicg, *pl.* strepouigou; strapicg, *pl.* strapouigou; chaliog, *pl.* chalpouigou.

**SERPENT**, sarpant, *pl.* ed. *L'ancien* mot est aër, *pl.* ed. *v. couleuvre.*—*Le trou du serpent*, di'ile de Bas, toull an sarpant. *v. tortueux.* — *Langue de serpent, personne maligne et médisante*, téaud sarpant, *pl.* téaudou sarpant.

**SERPENTAIRE** *ou grande serpentine, plante*, louzaouën an aër.

**SERPENTEAU**, sarpanticq, *pl.* sapantedigou; aëricq, *pl.* aëredigou.

**SERPENTINE** *ou langue de serpent, herbe sans couture*, sarpatinenn, téaud sarpant.—*Serpentine de jardins*, sarpantinenn.

**SERPETTE**, *petite serpe*, sarpicg, *pl.* sarpouigou.

**SERPILLIÈRE**, léyen. *v. canevas.*

**SERPOLET**, munudicq, saoureas. — *Serpolet sauvage*, munudicq goëz, louzaoüen an deñved.

**SERRE**, *pied d'oiseau de proie*, sqilf, *pl.* ou; craban, *pl.* ou; yvin, *pl.* ou.

**SERRÉ** e, *serré bien fort*, stardt, crè, oo'h, â, añ. *Van.* sterdt, creañ, oh. — *Lier bien serré*, erèn stardt, *pr.* erèet.— *Frapper bien serré*, sqei crè, *pr.* sqoèt.

**SERRER**, *étreindre*, starda, *pr.et*; goasqa, *pr. et. Van.* sterdeiñ. — *Serrer un homme de près*, goasqa un dèn. *Van.* derhèl taust un deen, *pr.* dalhet.—*Serrer, amasser, enfermer*, dastumi, *pr. et*; serri, *pr.* et; goüarn, *pr.* goüarnet. *Van.* serreiñ, *pr. et.*—*Se serrer, se presser un peu*, hem serra ou serri, *pr.* et. *H.-Van.* him ou hum streheiñ. *Ce mot est très-obscène dans le B.-Van. et dans la H.-Corn.*

**SERRURE**, potailh, *pl.* ou; potenn, *pl.* ou; dorzell, *pl.*ou; croguen-alo'huez, *pl.* crèguen alo'huez. *Van.* dor-alhuë, *pl.* doryeü alhuë; dorhell, *pl.* eü. *Al.* yeuavez. *v. loquet.* — *Pêne d'une serrure*, cleyzenu, *pl.* ou; ar c'hleyzenn; dleyzenn, *pl.* ou.—*Serrure anglaise*, potai h Saus. — *Petite serrure*, potailh ou dorzell viban.

**SERRURERIE**, *art du serrurier*, alo'huèzérez, alo'huèziry.

**SERRURIER**, alo'huèzer, *pl.* yen; alo'huèzyer, alféer, *ppl.* yen. *Van.* alhuëour, alffeour, *ppl.* yon, yan. — *Quand les serruriers ménagers ne manquent pas de besogne ils sont à leur aise*, an alo'huèzou...

ryeu ou alc'huèzidy pere o deůs un neu-beud a gundu a véz èn o eaz pa ne vancq qet al labour dézo.

SERVANTE, servicheurès, pl. ed; ser-vicherès, pl. ed; selvicherès, pl. ed. Van. servitoures, pl. od: — Servante à bras, matès, pl. mitisyen. Van. matéh, ma-tah, ppl. miitihon.—Petite servante. ma-tesicg, pl. mitisyennigou; matès vihan, pl. mitisyen. Van. matehicq, pl. mate-higueů; er vateh vihan, pl. er mitihon bihan.

SERVIABLE, servijus, servichus, oh. &. Van. servijus, oh, añ, aoñ. v. obligeant.

SERVICE, servich, pl. ou, servijou, selvich, pl. ou. Van. servich, pl.eů; ger-vich, chervieh, ppl. eů.—Aller au service du roi, mont da servicha ar roůe, mont d'ar bresell, pr. eat, ëet. — Rendre ser-vice, renta servich, pr. et. — Comment vous portez-vous? à votre service, penaus ac'hanoc'h? èn oz servich ou courc'he-menn. — Le service divin, an oviez ou servich dijn. — Le service est dit, a chill eo ou achu eo ar servich ou an oviez.— Faire faire un service ou des services pour ses parens et amis défunts, lacqaat ober servich pe servijou, gad e guerend hac e vignouned a so eat d'an anaoun. — Grand service ou service pour un mort à la commodité de la famille, servich bras, an eizved. A Sizun, etc., en Léon, ár goë-hiëan. — Un service chanté avec pause, mo-destie et attention est agréable à Dieu et édifiant aux hommes, ůr servich pehiny a ganeur gad paouez, gad modesty hac attancion a so agreapl meurbed da Zoůe ha squëzrus bras d'an oll azystanded.

SERVIETTE, servyedeů, pl. ou; sel-xyedeů, pl. ou. Van. servyet, pl. eů.— Faire faire des serviettes fines, lacqât o-ber servyedou moan ou an touich fin pr. lecqêet ober. — Grosses serviettes. servyedou léyen, servyedou lyeñ crenn. — Grosse serviette de cuisine pour s'essuyer les mains, touailh, touailhonn, ppl. ou.

SERVILE, a aparchant oud ar stad a servicaeur. — Les œuvres serviles, an labourou, an oll labourou, pep servid labour diond pehiny ex c'houuezeur e vuhéz. — Ame basse et servile, un dèn

hep enor ou disenorus ou displedt, pl. tud; nep èn deus un eue displedt ha greiz.

SERVILEMENT, èn ur faeçzoun d senorus ou displedt.

SERVIR, servicha, selvicha, ppr. t. Van. servicheiñ, servigeiñ, pr. et. — Servir Dieu, servicha ou servichout Doů. — le roi, servicha ar roůe. — fidelmet son maitre, servicha èr-vad e vestr, ser-vichout e vestr gand fidelded ou lē-ded ou lealentez. — Servir à table, di-seza var an daul, pr. diasezet; senicha var an daul; lacqaat var au daul. — Servir, être en service, beza o servich, pr. bezet, bet. — Servir, être en service pour loyer, commânanta, pr. commâ-nantet; gopraat, goprât, ppr. ëet. — Aller servir, moůnet da goumânana au e'hoprât, pr. eat, cet. — Serra, être utile, servichout, selvichout, talvezout, pr. talvezet, r. talout. — Il sert d'étudier, servichout e ra studya, talvezout a ra studya, ar study a dalvez ou a servich da un dèn. — Cela ne vous sert de rien, an dra-ze ne servich da netra deoc'h, qemeñ-ze ne dalvez netra deoc'h pe d dal netra dec'h. — Que sert-il de? pe-tra a servich da? petr'-a dalvez da? pe-tr'-a dal da? pe dal da? — Servir de pere d Pierre, servichout da dad da Bezres, talvezout tad da Bezrès, derc'hel kent a dad da Bezron, pr. dalc'het; dew lès-tad, beau-père, id est, lec'h-tad. — Se servir, èn hem servichout eus a, en hem servicha eus a, etc.

SERVITES, ou Serviteurs de la Vierge, ordre religieux d'Italie qui suit règle de St. Augustin, ar Servited; ůr Servit, pl. ed. — Fra Paolo, vénitien était de l'ordre des Servites, Fra Paolo pe ar breuz Paul a yoa vès a urz ar Ser-vited, ůr paůtr fryol, ůr goaz couen

SERVITEUR, servicheur, selvich servicher, ppl. yen. Van. servijour, ser-vichour, chervijour, ppl. youn. A la bac't, pl. ed. — Je suis votre très-humble serviteur, me a so oz servicher humble meurbed, oz servicheur humblamet ho selvicher a galonn vad. — Serva cafet à bras, mevell, pl. ou, yen. Ia

neüél, *pl.* yon. — *Le salaire des serviteurs*
*t serrantes*, goor, coumanand.

SERVITUDE, *esclavage, captivité*, scla-
raich, sclaffaich. —*Servitude, sujétion,*
ugidiguez. —*Servitude, redevance*, carg
do.azyad, *pl.* eargou; aner, *pl.* ou. —
*Chemin de servitude*, trepas, *pl.* trepas-
rou; hend evit diservicha an doüarou,
*d.* hinchou.

SES, *pron., masc.* e, *fem.* he. *Van.* id.
— *Ses fermes, ses terres, ses enfants, par-*
*ant d'un homme*, e fermou, e zouarou,
i vugale. — *Ses fermes, ses terres, ses en-*
*fants, parlant d'une femme*, he fermou,
re doüarou, he bugale. *v.* son.

SESSION, *séance des pères d'un con-*
*ile*, dalc'h. — *Le concile de Trente dé-*
*lare dans la session cinquième où il traite*
*du péché originel, qu'il n'a nulle intention*
*l'y comprendre la bienheureuse et immacu-*
*te Vierge Marie, mère de Dieu*, ar c'hon-
sil sacr eus a Tranta ebarz èr bempet
dalc'h, pe èn hiny ez parlant eus ar
sec'heud original gad pehiny ez deu oll
ougale Adam èr-bed, a zisclæry eno è
in eus an decred, penaus ne entent è
sep fæçzou compren èr poënd-ze ar
fero'hès Varya, eürus, glan ha dinam,
nam da Zoüe. *v. séance.*

SETIER, *mesure*, ur chopinad —*Un*
*emi setier*, un hanter chopinad.

SETON, cauter var qil ar gouzoucq,
*d.* canteryou.

SEUIL, treuzou, an treuzou. *Van.*
rezéü. — *Les seuils des portes*, au treu-
éyer, treuzéyer an doryou. — *On l'a*
*té sur le seuil de sa porte*, lazet eo bet
ar e dreuzou, lazet eo bet var dreu-
ou e zor.

SEUL, *seule*, unan hep qen, e-unan
ep-qen, e unan; *fem.* he-unan, he u-
an-penn, he unan hep—jen. *Van.* u-
an hemp qin, e-hunan, e-hunon. —
*n seul Dieu, une seule foi, un seul bap-*
*me*, un Doüe hep qen, ur feiz hep qen.
r vadizyant hep qe r. — *Un seul, une*
*ule personne*, unan hep qen, un dèn
ep qen. — *Il était seul*, e-unan edo, e-
an ez oa, e-unan ez voüé, e-unan
nn ez voüé, ne yoa neme l-hâ, ne
üé penn nemed hañ, ne voüé gour

nemed hañ, ne yoa c'hristen nemed-
hâ. — *Elle est seule*, he-unan ez ma,
he-unan penn, ne deus nemed-hy, ne
deus gour nemed-hy, ne deus penn
nemed-hy. —*A moi seul*, din-me va-
unan, din-me hep qen. *Van.* din-me
me-hunan. —*A lui seul*, dezâ e unan,
dezañ hep qen. *Van.* dehou e-hunan,
dehon he-hunou. — *A elle seule*, dézy
he-unan, dézy hepqen, dezy he unan-
penn. *Van.* dihy hemp qin, dihy he-u-
non ou he-unan. — *Pas un seul, pas la*
*moindre personne*, necun, nicun, gour,
cristen. — *Il n'y en avait pas un seul là*,
ne yoa necun anézo eno; ne yoa gour
anezen eno, ne voüe penn anézé eno.

SEULEMENT, hep-muy-qen, hemy-
qen, hepqen, so muy qen, so qen. *Van.*
hemp qeiñ ou qin, hep qeen. — *Non*
*seulement, mais aussi*, nan pas hep muy
qen, hoguenn yvez.

SEULET, e-unanicq, e-unan'cq-peñ.

SEULETTE, he-unanicq, he una-
nicq-penn.

SEVE, *suc ou graisse de la terre qui de*
*la racine des plantes monte en mars, et en*
*août; jusqu'à leur extremité, en Léon :*
ar séau, *de* sevel, *monter, s'élever.* *En*
*Treg.* sabr. *B.-Cor.* teon, teñon. *H.-*
*Corn.* teñv, mèl. *Van.* meel. *v.* germer.
— *La sève commence à monter dans les ar-*
*bres*, coumanç a ra ar seau da zont èr
guëz, seoël a ra ar sabr èr goüe, sevel
a ra an teñon *ou* an teon *ou* an teñv èr
guë. *Van.* donnet a ra ar meel er guë.

SEVERE, *exact, rigide*, garo, acqedus, gardiz, caledt, oh, à, añ. *Al.*
gourt. *v. impitoyable.* — *Il est sévère à ré-*
*primer le vice*, acqedus bras eo o courrigea ar re vicyus.—*Il a un gouvernement*
*fort sévère*, garo eo meurbed *ou* caledt
eo terrupl e c'houarnamaud, gardiz eo
terrupl e c'houarnamand. — *Il a l'air*
*bien sévère*, garo eo da vellet, calet ez
seblant da veza, rust eo an dremm
anezâ, ur bod spern a so é creiz e dal,
gardiz eo da vellet. — *Une vertu sévère*,
ur vertuz garo.

SEVEREMENT, èn ur fæçzon garo
ou rust, gand garvéntez ou rusdóny.—
*On ne peut punir trop sévèrement les em-*

poisonneurs, ne deus qet a c'harténtez pe a dourmand braz avoalc'h, nac a varo oriz avoalc'h evit puniçza an ampoësounéryen.

SÉVÉRITÉ, garvéntez, rustôny, rusdôny, acqed braz, rigol, ur gundu caledt *ou* rust *ou* rigolyus *ou* gardiz. - *La sévérité des lois*, ar rigol eus al lexeñou.

SÉVRER, disôna, pr. et. *Van.* disôneiñ, forbeiñ. disôna, *id est*, di-sena. di-dena, *de* dena, têter. — *L'action de sevrer*, disônidiguez, disônadur, disôn.

SEXAGÉNAIRE, nep èn deus tryugnent vloaz, try uguent vloazyad, an niver a dry-uguent, try-uguentveder. — *La loi* Pappia Poppæa *defend le mariage aux hommes sexagénaires*, al leseñ pehiny ebars èr guir Romen a zoug evit tit r : Pappia Poppæa, a zifeñ oud ar voased o'deus an oad a dry-uguent vloaz, da zimizi; doumaich eo u'he mirer muy.

SEXAGÉSIME, *dimanche qui arrive toujours soixante jours avant l'octave de Pâques*, sul tad al lardt, disul an dibuch.

SEXE, sex. *Van.* sex. — *Le sexe masculin*, ar sex mâl, ar sex noplâ, ar sex crê, sex ar mâlod. — *Le sexe feminin*, ar sex femell, sex ar femelled, an eil sex, ar sex sempl. — *Les deux sexes*, an daou sex, an naou sex. — *S' Augustin ap elle le sexe féminin, le dévot sexe*, sant Augustin a c'halv an graguez ar sex devot

SEXTE, *petite heure canoniale*, sesta. — *Dire sexte*, lavaret sesta, pr. id.

SI, prép., ina, mar. *Van.* id. — *Si son père était de retour*, ma vèz distro *ou* disro e dad. ma vezé distroèt e dad. — *Si son père revient*, mar vezé distro e dad. — *Si tu le fais*, mar èr gres, mar gres ze *ou* anezan. — *Si je puis*, mar gallañ, mar allañ. — *(Que si vous ne venez pas*, mar ne zeuët qet, ma ne zeuit qet evit-ze. ya hegon ma ne zeuit qet, ma ne zeuit qet èr vad, *id est*, mais si vous ne, etc. — *Les uns disent que si, les autres disent que non*, ur re a lavar ya, ha re all a lavar nan pas; ur rum a lavar ez eo, ur rum all a lavar ne deo qet; lod a açzur, ha lod all a nac'h. — *Si, après les verbes de doute*, ha, hac. *Van.* id. — *Je ne sais s'il écrit, ou non*, ne oun doare hac è a

scriff, pe ne ra qet. — *Juget si elle viendra*, sougit ha hy u zuy. — *Si, tellement, tant, devant une voyelle*, qen. *devant sa consonne*, qer. *Van.* id. — *Il est si étrange qu'il jure nuit et jour*, qer terrupl ou qa isqiz eo ma tou deiz ha nos. — *Il est savant qu'il n'ignore rien*. qen abyl eo qer gouizyeeg eo ma oar pep tra. — *Si bien que, de sorte que*, èu hévelep façzoun ma. *Van.* è feñzon ma. — *Je marchais sans penser à mon chemin, si bien que je m'égarai*, qerzet a reau atau h·p s·eall èm hend *ou* he p·ellet ond va head ·u hévelep façzoñ ma faziis var nezi — *Si tant est vrai que, s'il est vrai que*, mar deo guir penaus, è qen cas ma. -- *Si tant est qu'il doive venir*, mar deo guir ez dle doñnet, è qen cas ma teusfe. -- *Si fait, par honneur-moi*, eo, gueu, pardounit diñ. *Van.* gueû. guiv, gues. guezan. -- *Si fait cela sera*, bezo. *Van.* bo. — *Si, note de musique*, sy. sy, notenn gan. — *Si, substantif qui signifie défaut*, sy, pl. ou. *Van.* sy, pl. eû. — *Ce chrtel a bien des si*, cals a syou *ou* meur a sy èn deus ar marc'h-ze.

SIBYLLE, *la première des prophetesses paiennes*, Sibyila. — *Sibylle, prophetesse paienne appelée ainsi du nom de la première*, Sibyllenn, pl. ed. — *Les dix livres des dix premières Sibylles*, an decq levr eus an decq Sibyllenn vras, levryou ar Sibyllennêd vras.

SICCITÉ, *qualité sèche*. seac'hded.

SICLE, *monnaie des Hébreux, d'argent pur, fabriquée dans le désert, qu'on crid la première du monde*, sicla, pl. siclaou; monneiz a dalyé hervez hiuyeunou, pevar diner; hac hervez hiuyeunou all, è tre c'huec'h real. — *La sainte Ecriture dit que la pesanteur des cheveux d'Absalon l'incommodant, il en coupait une fois l'an le poids de 200 sicles, pesé aux poids publics*, ar Scritur sacr o prezecq eus ar pennad bléau dreistordinal èn devoa Absalon, map d'ar roüe David, a lavar penaus jaynet gad qement a réau, ez rea bep bloaz trouc'ha eus anéza ar boüès eus a zaou c'hant sicla, diouch ar poueñjou publicq; *id est*, ar boües a dryzecq real hac uguent diñer, a dinérou.

SIÈCLE, *espace de cent ans*, cantved, . cantvejou ; an amser a gant vloaz. -*Dans les siècles passés*, er e'hautvejou émenet, èu amseryou dremenet, èu nser goz.—*De siècle en siècle*, a gaut- :d-è-cantved, a gautved da gautved, i bep cantved.—*Dans les premiers siè- :s de l'église*, ebarz èr c'hautvejou :ntâ eus al lésenn gristenn, èn oad :ntâ eus a ilis Jesus-Christ , èn oad :ntâ eus an ilis. — *Dans les septième*, *itième et neuvième siècles de l'église*, e- irz èr seizved, èn eizved hac èn na- d cantved eus an ilis, ebarzèn eil oad s an ilis christen.—*Nous sommes au* :-*neuvième siècle depuis la naissance de* sus-*Christ*, ez ma omp ebarz èu na- itecved a-ba-oué guinivélez hon Sal- r.—*Dans le dernier siècle*, er c'hautved vezâ trémenet.—*Quitter le siècle pour ire pénitence*, quylât ar bed evit ober nigenn.—*Les gens du siècle*, ar bedis. d ar bed.

SIED (il), *il convient*, beza ez dere. reout a ra, dereâdteo. *Van.* jangeiñ ra.—*Cet habit vous sied bien*, dereout a an abyd-ze ouzoc'h, an abyd-ze a re ouzoc'h, ar guisqamand-ze a so readt deoc'h.—*Il vous sied bien de par- , ouzoc'h-hu èu déûn ez dere par- it*, ebal so ho elevet-hu o prezecq *Qui ne sied pas*, *non convenable*, ain- :-, aincereadt, disortapl. *Van.* dijaucg. sortapl *v. séant, convenable.*

SIÈGE, *ce sur quoi on s'assied*, sichen, ou ; sich, *pl.* ou.—*Siège, chaise, ca- r*, *pl.* you. *Van.* cadoér, *pl.* yéû. *Al* darn , sustarn ; cadarn *ou* sustarn an p, an barper.—*Siège, escabeau*, sca- ll , *pl.* ou ; scañv, *pl.* you. On écrivait ilr, *pl.* au. *Van.* scabéû. *pl.* yéû.— *saint siège*, ar sich abostolicq, ar si- cnn abostolicq.—*Le pape Clément V nsfera le saint siège d'Avignon*, ar pap :mençz peupved èn hano a zizaçeas sich abostolicq da Avignon; hac ar p Gregor unecved èu hano èn dis- as da Rom, decq vloaz ha tryugnent ade.—*Siège, t. de guerre*, sich. — *ttre le siège devant une place*, laeqât

ar sich var ar güær, *pr.* leoqéet.—*Le- ver le siège*, sevel ar sich , sevel ar sich divar ur plaçz, *pr.* savet.

SIÉGER, *occuper un siège*, sicha, *pr.* et; sigea , *pr.* siget ; rezn, *pr.* reznet.— *Le pape Clément XI a siégé 20 ans*, ar pap Clemençz unecved èn hano èn deus bet sichet *ou* siget *ou* reznet è spaçz a uguent vloaz.

SIEN, *pronom possessif*, hiny, heny, hauy. *Van.* hany. — *Le sien*, e hiny, e heny. *Hors de Léon*, e heny, e hany. *B.-Corn.* e huny. — *Le sien, son bien*, e hiny, e dra, e c'hlad.—*Chacun a soin du sien*, pep hiny èn deus soucy eus e hiny, pep heny èn deus sourcy eus e dra.

SIENNE, hiny, heny, hauy, huny. —*La sienne, parlant d'un homme*, e hi- ny.—*La sienne, parlant d'une femme*, he- hiny, he heny, he hauy, he huny.

SIENS, *siennes*, re. *Van.* id. — *Les siens, les siennes, parlant d'un homme*, e re, e aparchant. *parlant d'une femme*, he re, he aparchand.—*A lui et aux siens*, dezañ ha de re, dezâ ha de aparchand. —*A elle et aux siens*, dézy ha d'he re, dézy ha d'he aparchand.

SIEUR, *diminutif de monsieur*, au- trou, *pl.* autrounez. *v. seignur*. — *Le s'eur d'Epinaie*, un autrou Garz-Spern.

SIFFLEMENT, sutérez, sutelladeñ, c'huytelladenn, *ppl.* ou. *Van.* huytel- lereañ, huytelladeen, *ppl.* eû.—*Siffle- ment qui se fait avec la bouche seule*, c'huyb- binadenn, *pl.* ou; c'huybauérez, *pl.* ou. *Van.* huybauereh, *pl.* eû.

SIFFLER *avec un sifflet*, sutal, *pr.* su- tel; c'huytellat, *pr.* et. *Van.* huytellat, huytelleiñ, *ppr.* huytellet. —*Siffler de la bouche seule*, c'huybana, e'huybanat, *pr.* e'huybanet. *Van.* huybanat, *pr.* et. —*Siffler quelqu'un par dérision*, goapaat ur re, *pr.* goapaët, goapeët ; choarzin goap var bonez ur re *ou* var ur re-ben- nac, *rr.* c'hoarzet.

SIFFLET, e'huytell, *pl.* ou; sutell, *pl.* ou. *Van.* huytell, *pl.* eû.—*Un coup de sifflet*, un taul sutell, un taul c'huy- tell, *pl.* taulyeu sutell, etc. ; ur sutel- ladenn, ur c'huytelladenn, *ppl.* ou. *Van.* un taul huytell, ur huytelladeeñ.

—*Un coup de sifflet de la bouche seule*, ur c'huybanad, *pl.* ou; un taul c'huyban, *pl.* taulyou c'huyban. *Van.* ur huybau. un taul huyban, ur huybanad, *ppl.* eû.

SIFFLEUR, *celui qui siffle avec un sifflet*, sutèr, *pl.* yen; c'huytellèr, *pl.* yen. *Van.* huytellour, *pl.* yon, yan. —*Siffleur, qui siffle de la bouche seule*, c'huybanèr, *pl.* yen. *Van.* huybanour, *pl.* yen, yan.

SIGNAL, azrouëz, *pl.* you; syn, *pl.* ou. *Van.* sign, syn, *ppl.* eû.—*Donner ou faire un signal*, rei un azrouëz, *pr.* roët; ober ur sign, ober ur syn, *pr.* græt; signa, syna, *ppr.* et.

. SIGNALER, *faire le signalement d'un soldat*, azrouëzi ur soudard, *pr.* et. —*Signaler, rendre illustre*, brudi, *pr.* et. —*Se signaler, se rendre remarquable par une belle action*, ober prouff eus e dalloudéguez hac eus e vailhantiçz, *pr.* græt. *v. exploit*.

. SIGNALÉ, *ée, remarquable*, brudet mad, vaillant, notapl. oh, á, añ.

. SIGNATURE, syn, *pl.* ou; sygn, *pl.* ou. *Van.* syn, *pl.* eû. *r.* seing.

SIGNE, syn, *pl.* ou; sygn, *pl.* ou. —*Faire signe de l'œil, de la tête, de la main, à quelqu'un*, syna ur re ou sygna ur re ou ober sygu da ur re gand an lagad, gand ar penu, gand an dourn. *ppr.* seynet, signel, græt. *r.* signal. —*Signe, marque*, mercq, *pl.* ou; azroüez, *pl.* you. — *A tel signe que*, èn azroüez ma. —*Signe, marque naturelle ou autre*, azroüez, *pl.* you; plustrenn, *pl.* ou. — *Il a apporté ce signe au monde*, an azroüez-ze ou ar blustrenn-ze a so deüet gadhá èr bed. — *Dieu mit un signe au front de Caïn*, an autrou Doûe a lecqeas un azroües ô creiz tal Cayn, evit na zeuzyé dèn d'e laza. — *Le signe de la croix*, syn ar groaz. —*Faire le signe de la croix*, grit syn ar groaz, grit-hu sin ar groaz.

SIGNER, *mettre son seing*, syna, *pr.* et, signa, *pr.* et. *Van.* syneiñ. — *Ils ont signé l'acte*, sygnet oz deus an acq, synet co an acta gandhé.

SIGNIFIANT, *ante, expressif*, sinifyus. — *Il y a des mots bien plus significants les uns que les autres*, bez'ez eus gu-

eryennou hac a so synifyuçroc'h el au eil egued eguile.

SIGNIFICATIF, *ice, signifiant*, sinifyus.

SIGNIFICATION, *sens d'un mot*, synifyançz. *Van.* id. —*Signification d'les sier*, synifycaciou, *pl.* significaciounou. *Van.* id., *pl.* eü; intimacion, *pl.* eü.—*Faire des significations par* lesus la kü, ober synifycacioûnou dreist ar c'hac. *r. intimation*.

SIGNIFIER, *contenir quelque sens*, synifyout, beza da lavaret. *Van.* synifyout, synifyeiñ, *ppr.* et. — *Que signifie ce mot?* petra synify ar guer-ze? petra eo qemeñ-ze da lavaret?—*Qu'est-ce que cela signifie, que veut dire cela*, petra eo qemeñ-ze, da vihana?—*Signifier, t. de palais*, synifya, *pr.* et; eûtima, *pr.* eûtimet. *Van.* synifyeiñ, intimeiñ, *ppr.* et.—*Je vous signifie que je m'en vais*, me a ziselæry deoc'h ez han em roud.

SILENCE, syoulançz, syoulded, peoc'h, syoulder. — *Tout y était tranquille, et un profond silence y régnait*, pep tra a voüé èu peoc'h, hac ur syoulded vras a yoa, eu oz zoüez.—*Garder le silence*, tevel, *pr.* tavet. *Van.* taoüeiñ, teüel, *ppr.* taoüet.—*Garder le silence, t. de religieux et de religieuses*, miret ar syoulançz, *pr.* id. — *Rompre le silence*, terri ar syoulançz, *pr.* torret.—*Ex silence, ez syoul, syoulicq, ez syoulicq.*—*Silence, taisez-vous*, peoc'h, roit peoc'h.—*Silence, mot*, gricq, gri-q-gricq, s't-st, chut, tivit tout, tivit a-grenn, level gronçz. *Van.* gricq, cricq, teüel a grean.—*Silence à Molac, devise de la maison de Molac*, gricq da Voulac.

SILENCIEUX, *euse, qui parle peu*, syoul, syoulicq, syoulant, peoc'hus, oc'h, á, añ. *r. taciturne*.

SILLAGE, *la trace du cours d'un vaisseau*, roudeun ul lestr, au treçz cus ad lestr.

SILLON, *t. de laboureur*, peñgucz, *pl.* ou. *Hors de Léon*, èrvenu, *pl.* ou; éro, *pl.* ivvy. *Van.* èrv, *pl.* èrvy, èrüy, érüeü. *On écrirait* èrffeun *et* erff, *que nous prononçons* èrvenn, éro, èrv. *r. raie.*—*Sillon plus court dans le guingois à'sl*

smp, besqell, pl. ou. Van. id. pl. ëä.
-Sillon de tracers aux deux bouts d'un
ump charrué, talaer, pl. ou ; id est,
1-alazr, front de charrue, parce que ces
rtes de sillons presentent le côté aux sil-
ns droits. v. carème.

SILLONNER, faire des sillons, ober
vy, pr. græt; ober peñguennou.— Un
sage sillonné, bisaïch rouffyeñet.v.ride.

SIMAGRÉE. v. grimace.

SIMARRE, simareñ, pl. ou; paltocq,
. ou. ,

SIMILAIRE, t. de médecine, qevreun
ïr-hèvel, qevrènnou a seblaut beza
vémès spez hac a vémès natur. v. dis-
nilaire.

SIMILITUDE, hèvelediguez, pl. ou.
comparaison. parabole

SIMON, nom d'homme, Simon. —
:tit Simon, Simonic. — S. Simon l'a-
lre, an abostol sant Simon. — Simon
magicien, Simon an achantour.

SIMONIAQUE, symonyacq, pl. ed ;
:p so counfapl eus a bec'hed Simon
i ac'hantour, nep a bréu ur beneficz
i a verz anezañ.

SIMONIE, symonyaich, pec'hed Sion au ac'hantour, ar pec'hed a ra nep
:erz pe a breu beueviçzou.

SIMPLE, non composé, simpl, pur, ar
z ne deo qet qemesqet. — Notre âme
une`substance simple, ur sustançz
npl hep qemesqadurez eu hon ene.
Simple, non double, disoubl. — Fleurs
iples, bocqdou disoubl. — Simple,
is ornement, simpl, hep qempennadu-
:, disaorn.- Un habit fort simple, un
yd simpl meurbed, ha disaorn. —
nple, naif, sincère. francq, didraficq.
sans finesse, simpl, ne deo qet fin.

SIMPLEMENT, èn ur faeçzoun simpl
didraficq, gad simpldêd, hep digui-
naud, hep fineçza, hep qempenna
rez. — Surplement, seulement, hep
y qeu, hep qeu.

SIMPLES, herbes et plantes medicinales,
saou, lousou. Van. leséü. —Salomon
naissait la certu de tous les simples, Sa-
1om ar fur a ouyé pe da drao ez you
il pep lousaouéu; Salomon ar fur a
uyé ar vertuz eus an oll lousou hac

eus an oll bleutennou, a daleeñ an ezop
bode ar cedrès hac au deva serivet anéz
zo oll èn ul levr, pehiny ec'hiz ma èn
deus bet pliget gad Doüe a so bet collet.

SIMPLICITÉ, simpldêd. Van. id.

SINCÈRE, francq, eün, guïryon, oh,
à, añ. Van. id.

SINCEREMENT, gad francqiçz, gad
eünder.

SINCERITÉ, francqiçz, eünder
guïryonez.

SINGE, animal, marmous, pl. ed.
Van. id.—Petit singe, marmousicg;pl.
marmousedigou.

SINGERIE, grimace, malice, mar-
mousérez, pl. ou.

SINGULARITÉ, specyaldéd, pl. ou.

SINGULIER,ère,unique,rare, dibaut,
ral, oh, à, añ, — Voilà un cas singulier,
cétu aze ur c'has hac a so ral ou dibaut.
—Singulier, ère, particulier, bizarre, specyal. dreistordinal, oh, à, añ.

SINGULIÈREMENT, èn ur faeçzoun
ral ou specyal ou dreistordinal, dreist
pep tra, è specyal, ispicyal. .

SINISTRE. v. fâcheux, malheureux.

SINON, si ce n'est, nemerd, nemed.
Van. nameit. v. sur a, à la réserte.
Sinon que, si ce n'est que, nemerd ma,
nemed ma. Van. nameit ma. — Il n'y
a rien d y redire, sinon qu'il est borgne,
ne deus tra da lavaret var e stad ou lavaret anezà, nemed ma ez eo born.—
Sinon, autrement, a nez, pe. Van. pe.—
Faites cela, sinon, je ne veux plus vous voir,
grit qemeñ-ze, a-nez ne fell muy diñ
oz cuèllet; grit ar pez am eus lavaret
deoc'h , pe ne zuit muy èm daulagad
ou diracg va daulagad.

SINOPLE, verd, t. de blason, guêzr,
liyou guêzr

SINUEUX, euse, troydellus, guéus,
oc'h.à.añ. Van. plegus, distroüs, oh, añ.

SINUOSITÉ,detour tortueux,troyou
ha distroyou, troydellou. Van. plegueü,
distroyeü.

SINUS, carité, t. de chirurgie, ur peñsac'h.

SIRE, titre de roi, syr. —Sire, parlant
au roi, syr, majestez; syr. tnorus-bras
ha galioudus meurbed, permettit mar

48

plieh, d'an distérd eüs e sugidy, etc.

**SIRÈNE**, *monstre marin*, mary-mor-gand , *id est* , *femelle fière et arrogante*, morvrecg, *pl.* morvraguez.

**SIROP**, syrop, *pl.* ou; syros, *pl.* you-
.— *Prendre un peu de sirop*, qemeret un neubeud syrop *ou* syros, *pr.* id.

**SIROTER**, *boire du vin*, eva guïn, p·. evet. — *Il a siroté*, evet eo dez û. — *Il aime à siroter*, ar banne a gar, caret a ra ar banne, ar banne-ze a gar. — *Il si-rote joliment*, braoez a e vanne gand-ha

**SITOT QUE**, *conj.*, qentre ma, qer-qent ma. *v. aussitôt que*.

**SITUATION**, *position*, diasez, siche̅ — *La situation de la ville de Brest*, ar si-che̅n eus a Vrest, an diasez eus ar gnær a Vrest. — *Situation, état*, stad. — *Cet homme est dans une triste situation*, ar per sonnaich-hont a so e̅n nr stad truhezus.

**SITUER**, *placer, poser*, diaseza, *pr.* et; plaça, *pr.* et. — *Château situé près de la mer*, kastell diasezet var bord ar mor.

**SIX**, *nombre primitif*, c'hue̅c'h. *Van.* huch. *Trég.* boue̅h.

**SIXIÈME**, *nombre ordinal*, c'hne̅c'h-ved. *Van.* huehved.

**SIXIEMEMENT**, d'ar c'hue̅c'hved. *Van.* d'en hochved.

**SOBRE**, *qui a de la sobriété*, sobr, mo-der, oh, añ. *Van.* sobr, moderet, oh, añ, aoñ.

**SOBREMENT**, e̅n ur fæçzoun sobr, gand sobre̅ntez, gand moder.

**SOBRIÉTÉ**, sobre̅ntez, moder.

**SOBRIQUET**, leshanv *ou* leshano goapañs, *pl.* leshanvou goapaüs; lesba-no godiçz, *pl.* leshanvou godiçz.—*Don-ner des sobriquets*, leshenvel, *pr.* leshen-vel. leshanvel; rei leshanvou godiçz *ou* goapaüs. *pr.* roët.—*Celui qui donne habi-tuellement des sobriquets aux autres*, les-henver, *pl.* yen; leshanvèr, *pl.* yen.

**SOC**, *fer de charrue*, souc'h, *pl.* ou , soc'hyou. *Van.* soh, *pl.* eü. — *Charrue sans soc*, alazr disoc'h; *de là*, lisoq.—*Soc, chaussure des récolets*, scloçz, *pl.* ou. *Van.* botteü recolleded, botteü tadeü sant Frànçès.

**SOCIABLE**, *fait pour la société*, com-paignonecaüs, he̅utapl, oh, añ; dereat

evit bera e compaignoune̅z dereade̅ mad da bénti. — *L'un est plus socie̅ que l'autre*, he̅utaploc'h eo an eil egue̅l eguile, compaignoune̅caüçzoc'h eo a eil evit eguile.

**SOCIÉTÉ**, compaignoune̅z, *pl.* ou *Van.* compaignouneh, *pl.* e̅ü. — *Socie̅ amitié, liaison*, aminte̅yaich. *pl.* ou; ho̅ ladore̅z, *pl.* ou. *Al* cyveithas. — *Co̅ trat de société*, *contrat de bonne fo̅ i p̅ lequel on met quelque chose en comun̅ p ur en profiter honne̅tement* , *co̅ tra̅ leal evit traficqa ë boutin*. — *S̅ cie̅té commune*, traficq boutin *ou* tre̅ mun. — *Société ou compagnie de Jesu̅,̅ a Jésuites* , compaignoune̅z Jesus, ar gon̅ paignoune̅z a Jesus, an tadou eus a gen̅ paignoune̅z Jesus; Jesuist, *pl.* ed.

**SODOMIE** *ou pe̅de̅rastie, péché de na̅ conformite*, pec'hed Sodoma; peched se̅ nep natur pe evit hiny ez lusqeur a̅ dud beobue̅zocq, sodomyaich.

**SODOMITE**, sodomad. *pl.* sodomi̅dr, nep a rsé pec'heud Sodoma, nep a r̅ sodomyaich.

**SŒUR**, c'hoar, *pl.* hoaresed. *l'en̅ hoér, *pl* hoére̅sed. — *Petite sœur*, hoa̅ ricg, *pl.* hoaresedigou ; hoar viban, *pl̅ hoaresed. *Van.* hoe̅ricg. *pl* hoe̅rigue̅ —*Sœurs germaines, sœurs de père et de m̅ re*, c'hoaresed compe̅s.—*Sœur de père d̅ non de mère, ou de mère et non de père*, hu̅ ter-hoar, *pl.*hante̅r-hoa res ed. *Van.*hoe̅ reg, *pl.* hoe̅regued. Ea *un quartie̅ d̅ Léon*, lès-hoar, *pl.* lès-c'hoa re̅sed. — *Sœur jumelle*, hoar guevell, hoar eus l̅ **Sœur nature̅lle**, *Sœur naturelle*, bu̅ d̅ vastard, hoar natural. — *Belle-sœ̅ r̅ c'hoar-gae̅r. *pl.* c'hoare̅sed-cae̅r. *Va̅ hoe̅reg, *pl.* hoe̅regued. — *Sœur de la̅ t̅ hoar-leaz, hoar-læz, hoar-vague̅. *Vo̅ hoe̅r-leah, hoe̅r-læh. — *Sœur laïe, xe̅ d̅ converse*. hoar-licq. *pl.* hoa resed-licq.—̅ *Sœur du tiers-ordre*, hoar, *pl.* hoare̅se̅d̅ hoar eus an drede urz, *pl.* hoare̅sd. ·

**SOFA**, *lit de repos*, sofa, *pl.* ou; s̅ sofa.

**SOI**, *pron. personnel*, *pl.* eux, elle̅s, e̅ unan. *Van.* e-hunan, e-hunon. *v. e̅as̅ elles. — *De soi, de sa nature*, ane̅rd e̅ unan, dre natur. — *Chacun pour s̅ d̅

pour tous, pep heny evit e-unan
,t—hâ e-unan ha Doûe evit an oll.
est juste que chacun soit maitre chez
ıst eo ez vèz pep heny mæstr èn
ıe èn e dy e-unan. — Il ne porte pas
ge sur soi, ne zoug qet a lyenaich
yem var e groc'hen.—Se hair soi-mê-
em gaçzaal e-unan, pr. ëet. — Faire
ne chose de soi-même, ober un dra-
ıac anezà e-unan ou diouc'h e beñ
a n, pr. grst.
)IE, fil de ver, seyz, séy. Van. sey.
il de soie, neud seyz. Van. ned séy.
uban de soie, séyzeñ, pl. ou. — Fait
ie, a séyz, great a séyz. — Un orne-
de soie, paramand seyz, pl. para-
chou seyz. — Vêtu de soie, guisqet
séyz, guisqet a séyz ou séy. —
d soie, prèv seyz, pl. prêved. —Soie
tits chiens, les grands poils des bichons
comme la soie, bléau séyzecq. bléan
çz evel ar séyz. — Soie de pourceaux,
moc'h. — Un brin de soie de pour-
, reuneun moc'h, pl. reunennou,
u.
OIF, sec'hed. Van. sehed, sihed. —
ir soif, avoir grand soif, cahout se-
ed, cahout sec'hed bras, pr. bet. —
rt de soif, maro gand ar sec'hed. —
ıncher sa soif, terri e séc'hed, pr. tor.
. — Sujet à la soif, sec'hidicq, oh, à.
Qui donne la soif, qui altère, sec'he-
s, oh, añ. — Les viandes salées donnent
ıoif, altèrent, ar bouëdou sall a so se-
ıedus.
SOIGNER, soucya, pr. et; sourcyal,
el; pridirya, pr. et; cahout soucy ou
ırcy ou pridiry, pr. bet. Van. sour-
al, sourcyeiñ, ppr. sourcyet. Al. cu-
pr. curet. — Seigner un malade, caut soucy eus a un dèn clañ, prede-
a un dèn clañ. — Soigner, élever les
fants, cahout sourcy eus ar vugale;
ıuàrn ar vugale, pr. goûarnet. Al.
helaff an bougalez, pr. qéhélet.
SOIGNEUX, euse, sourcyus, soucyus,
qedus, pridiryus, prederyus, oc'h, à,
. Van. sourcyus, oh, añ.
SOIGNEUSEMENT, èn ur fæçaou
qedus, gand acqed, gand sourey, gad
idiry, d'ar piz.

SOIN, sourey, soucy, pl. ou; acqed,
pl. ou, acqeiou; preder, pl. you; pridiry, pl. ou. Van. sourcy, pl. eû. Al. cur.
— Avoir soin, cahout soucy ou sourcy
ou pridiry, pr. bet. Van. endevout sourcy, pr. bet, en des bet. Al. caffout cur,
curaff, curo.—Avoir soin du lendemain, penser au lendemain, cahout sourey ou pridiry eus an tro-nos, beza pridiryus eus
an tro-nos, songeal èn an tro-nos. —
N'avoir point soin du lendemain, beza disourcy ou divelouny ou dibreder gad an
tro-nos, pr. bet. —Employer tous ses soins
à, lacqât e oll sourcy ou study da, pr.
lecqëet; pridirya eus e oll o'balloud da,.
— Avec grand soin, gand ur sourcy bras,
gad ur soucy bras, gand cals a breder,
gad cals a acqed, d'ar piz.—Sans soin,
hep sourey, hep preder, hep pridiry,
hep acqed. — Qui n'a pas de soin, qui
est sans soin, disoucy, disourcy, dibreder, divelcouy, oc'h, à, añ. Van. disourcy, magadell, oh, añ, aoû.
SOIR, la dernière partie du jour, pardaëz, id est, paré-an-dez, le jour presque fini; èñ derv, un eûderv. èn-derv, id
est, rest añ-dervez, dilost an dervez,
le reste du jour, la fin du jour; ènderv
se dit à Ouessant, en B.-Léon, en Corn,
en Trég. ; par daëz dans le H.-Léon, la
B.-Corn., en Trég. et du côté de Morlaix. Van. anderv, anderû, enderu.
Sur le soir, du soir, diouc'h ar pardaëz, d'ar purdaëz, è tro an abardaëz,
é tro an eûderv, é tro'n eûderv, da èñ-
derv, diouc'h an nos, è tro nos. — Ce
soir avant la nuit, fen-nos, fenos, fedte,
tro-nos; fedte, id est, fed-dez. — Il ne
viendra pas ce soir, tronos ne zuî, ne zuî
fenos, fennos ne zeuyo, fedte ne zeuî.
Van. bete ne zeî. — Elle viendra ce soir,
tro nos ea duî, fenos e luî, fennos ea
teuyo, dont a ray fedte. Van. donnet
a rei bete.—Ce soir, cette nuit, au commencement de cette nuit, henos, henoas.
Van. hineah, henoah. — Hier au soir,
neizeur, neizour. Van. nihour. — Le
soir ou la veille d'une foire, d'une assemblée
ou d'un pardon, gosper, gousper, ar gosper, ar gousper. Ce dernier est le sing.
de gousperou, vêpres. — Au soir de la foire,

re *de la martyre, au pardon de S. Jean du*
*doigt*, da c'honsper foar ar merzer, da
e'honsper pardon sant Jan ar his. *v.*
*veille.* — *Bon soir, comment vous portez-*
*vous tous?* nosvez vad deoc'h penaus a-
chanoc'h oll? — *Bon soir, à demain*,
nos vad déc'h, a deo, qen na vezo var.
e'hoar.

**SOIRÉE**, *durée du soir, au nosvez*, a
ende cpz-héaul, ur pennad ens an nos,
ur poulsad eus au nos. *Van.* hinesoûah.
— *Où allez-vous passer la soirée?* ma er
it-hu (on mange l'e, et on prononce ma'z-
it-hu) da drémen an nosvez? *Van.* men
e heét-huy hinesoûah?

. **SOIT**, *adv. portant consentement ou in-*
*différence.* bézet, béét. *Van.* béét, bet.
— *Soit, j'y consens*, bézét, me a so countant. — *Soit, que m'importe?* bézet, pe
baz diñ-me? bezet, pe vern diñ-me?
nézel. pe forza rañ-me? — *Soit, soit que*,
*conjonction disjonctive*, pe, divis, déúst.
daoust. *Van.* déúst. — *Soit bon*, soit
*mauvais*, pe vad, pe fall, divis pe vad,
pe fall, déúst pe vad. pe zroucq. —
*Soit qu'il parle, soit qu'il écrive*, divis pe
en deú pe éñ a gomps pe éñ a scriv,
pe compret, pe scrivet.

**SOIXANTAINE**, tryuguentveder, an
niver a dryuguent.

**SOIXANTE**, tryuguent. *Van.* tryn-
guent. — *Le roi David mourut âgé de 70*
*ans*, ar roûe David a varvas d'an oad a
eec vloaz ha tryuguent. — *Lamec eut de*
*ses deux femmes Sella et Ada 77 enfants.*
Lamech én devoa seitecq buguel ha tryguent eveus eziou c'hreeg henvet Sella hac Ada.

**SOIXANTIÈME**, try-uguentved.

**SOL**, *note de musique*, sol, sol, notenn-gan. — *Sol, l'aire, la superficie de*
*la terre*, leur. leurenn, sol. *Van.* sol.
*Resol. viennent ces phrases*: caçz ul lestr
d'ar sol. *Van.* soleiñ, *couler un navire à*
*fond*, asteun un dén var ar sol, *jeter*
*un homme par terre le long de son corps.*

**SOLAIRE**, a aparchant oud au héaul.
— *L'année solaire est de 565 jours, cinq*
*heures et quarante-neuf minutes*, ur blo-
avéz hervez au héaul a so eus a dryu-
c'hant pemp dez ha tryuguent, pemp

heur. nao minud hâ daou-uguent
lunaire. bissexte.

\* **SOLANUM** *furiosum, plante*, al la-
saouenn foll.

**SOLDAT**, soudard, *pl.* ed. *Van.* z.
*Al.* soldat, qu'on prononçait soldom
solde. — *Soldat de terre*, soudard dar
zoûar, *pl.* soudarded. z. *recrue.* — *Sol*
*de marine*, soudarded vor ou diver te

**SOLDE**, *paye journalière des solda*
pae ur soudard. *Al.* sould, sold; sou

**SOLE**, *poisson de mer*, garlizenn, *d.*
ed, garlized, garliz; solenn, soll. z.
ed. — *Sole de cheval, espèce de corne*
*de corne beaucoup plus tendre que*
*l'autre corne qui l'environne*, ivyn ou can
biban ar marc'h.

**SOLECISME**, *t. de grammaire*, sol-
eism. *pl.* ou.

**SOLEIL**, *planète ronde et lumineuse*
héaul, an héaul. *Van.* et **H.-Corn.** hi-
aul. *Galles.* haul, houl. *Al.* sul, qui
prononçait soul; de là, di-sul, *jour de*
*dimanche*; *de là*, soule, soulerie, jeu
*institué en l'honneur du soleil tert héqui*
on jette la soule, et qui subsiste encore en
Basse-Bretagne. *v.* souls, rayon. — Il fait
*du soleil*, héaul a ra, héaul a so, par
ou barra a ra an héaul. — *Eclipse de so-*
*leil*, fallacñn, mougadeñ, guasqadeñ
héaul. *v. éclipse.* — *Lieu exposé au soleil*
lec'h tom, barados an grac'hed. — *Lieu*
*exposé au soleil sous un quart de lieue de la*
*mer ou environ*, tévenn, *pl.* ou; *de là*
tévénnecq ou tévénnocq, Landtévé-
necq. *v. côte.* — *S'échauffer au soleil près*
*de la mer*, tévenna, *pr.* et; héanha ta
tévenn, *pr.* héaulyet. — *Exposer quelque*
*chose au soleil pour sécher*, héaulya, *pr.*
et. — *Le lever du soleil*, ar sav-héaul,
ar sao-héaul. *Léon.* ar sevel-héaul. *Van.*
saú-hyaul. — *Le coucher du soleil*, cuz
héaul, ar c'huz-héaul. *Van.* cuh hyaul.
— *Au soleil couchant, lorsqu'il se couche*,
da guz héaul. *Van.* de guh hyaul. —
*Le soleil se lève*, sevel a ra an héaul, a
ma au héaul o sevel, saludi a ra an héaul. — *Le soleil se couche*, mont a ra an
héaul da guz, cusa a ra an héaul, b-
nizyen a ra an héaul. id est, binizyen
ar hud. — *Depuis le soleil levant jusqu'à*

*il couchant*, a dalecq ar sevel-héaul
de ar c'huz-héaul, eus ar sav-héaul
ir c'huz-héaul. -- *Se mettre à l'ombre*
*ir eviter l'ardeur du soleil*, dishéaulya,
et ; hem lacqât èn dishéaul. *Van*
n lacqeiñ èn diohaul *ou* èn dishyaul.
·*C. est le soleil de justice*, hou salver a
an héaul a justiçz. -- *J'ai vu plus de*
*quante soleils*, ez ma ouñ pell èn til-
i da hanter c'hant vloaz.--*Soleil, fleur*
*ine en forme de soleil*, bocqed-héaul,
bocqedon. *v.* **tournesol**

SOLENNEL, *elle*, solénn, oh, à, añ
Un *mariage solennel*, un dimizy soin *ou* un dimizy aznad ha nan pas
dimizy cuz.--*Les fêtes solennelles*, ar
łyou soleun, ar solénnyezou, al ly-
u bras.

SOLENNELLEMENT. èn urfæçzoun
énu , ez solénn, gad pompad.

SOLENNISER. *célébrer* , solénni, pr.
lyda , pr. et.--*Solenniser une fête*, so-
nir urgouël, miret ez solénn ur gouël,
id ; miret ur goël èn ur fæçzoun so-
n *ou* gand devocion , lyda ur gouel,
lydet.

SOLENNITÉ, *célébrité*, solénnyez,
ou ; solénnyaich, *pl.* ou ; poumpad,
ou ; lyd, *pl.* ou. -- *Tout s'est passé*
*beaucoup de solennité*, pep tra a so
great gand ur solénnyaich vras, ur
impad bras a so bet, bras eo bet al
. --*Solennité de l'église paroissiale*, la
de *la délicace*, lyd au ilys , pardoun
yd ilys, pardoun an dedy, gouël ar
rès , fest ar barrès. -- *Solennités*
ndes fêtes, al lydou bras.

·OLFIER, *t. de musique*, cntouñi,
et ; soifya, *p.* et.

·OLIDAIRE, solider, respounsapl
ar re all ec'hiz evit e-unan.

OLIDAIREMENT, èn ur fæçzoun
dér, au eil dre eguile, dre un oblich
tiu.

OLIDE. *massif, épais*, posteeq, fe-
. tco, oh, à, añ. *Van.* fetiçz.--*So-*
*dur, ferme*. caledt, stardt, parfedt,
iñ. *Van.* soñ, caledt, parfedt, sterdt,
añ. -- *Un esprit solide*, ur spered
edt a zèn, ur persounaich parfedt.
perèd divarbuell.--*Le solide*, let re

*ferme*, sol, ar sol. *Van.* ar sol.--*Creuser*
*jusqu'au solide*, cleuza bede ar sol, eleu-
za qen na gaver ar sol, pr. cleuzet.

SOLIDEMENT, gand parfededd.

SOLIDITÉ, *épaisseur*, teoder, fetiçz
der.--*Solidité, dureté*, caleder. -- *Soli-*
*dité. fermeté*, fermder , starder.

SOLITAIRE, nep a vef e-unan a
gostcz, nep a vef èr meas eus a drafie-
qou ar bed ; hermyd, *pl.* ed.--*Les an-*
*ciens solitaires*, au hermyded guêchall,
ar re a vevé èr meas eus a draficqou
ar bed. -- *Lieu solitaire*, leac'h distro,
*pl.* leac'hyou distro; hermydaich , *pl.*
ou ; hermydtaich, *pl.* ou.

SOLITAIREMENT , pell diond ar
bed, èr mæs eus ar bed.

SOLITUDE, distro, *pl.* jon; deserz.
*pl.* you; lec'h gouëz, *pl.* lec'hyou gouëz.

SOLIVE, *pièce de bois pour soutenir*
*les planchers*, sourin. *pl.* ou ; qebr, *pl.*
ou ; guiñ, *pl.* ou. *Van.* guivrageun.
*pl.* guivrageunneñ. *v.* **chevron**, *mer-*
*rain*. -- *Solives de chêne*, guiñlou déro, sourinou déro, sourined déro , qe-
brou déro. *Van.* guiyragenneñ déru.--
*Pleind e solives*, qebrecq, guiñecq, sou-
rinecq.--*Faire des solives ou les mettre en*
*œutre*, sourina, pr. et ; qebra, pr. et.

SOLIVEAU, *petite solive*, sourinieg.
*pl.* sourinouïgou; qebriog, *pl.* qebroui-
gou ; sourin verr, qebr berr.

SOLLICITATION. *instance*, aly, *pl.*
ou ; atis, *pl.* ou ; preçz, solitamand.
*Van.* solit, solitemand, *ppl.* eü.-- *Solli-*
*citation. empressement à faire réussir une*
*affaire*, poursu, *pl.* poursuou; pourchu,
*pl.* ou; solitamand. *pl.* solitamanchou
·
SOLLICITER. *presser, engager*, alya
da, pr. alyet ; atisa, pr. douguea
da, pr. douguet; preçzi da . pr. et; solita da.--*Il ne faut ait pas beaucoup me*
*solliciter pour me porter à vous donner un*
*soufflet*, gand neubeud a atis, me a
ziavelé ur javedad gueneoc'h *ou* diouzoc'h, hep cals va atisa me u zistacqé-
ur bouguennad diouzoc'h. *v.* **induire**.--
*Solliciter la réussite d'un procès*, poursu
*ou* pourchu gounidiguez ur procès, pr.
poursuet *ou* pourchuet.

SOLLICITEUR *de procès*, pourchuer,

*pl.* yen ; nép a bourchu gounidéguez ur procès-bennac.—*Solliciteur pour un autre*, patromm, *pl.* ed.

SOLLICITEUSE, pourchuerès, *pl.* ed ; cicanerès, *pl.* ed.

—SOLLICITUDE, *soin*, *inquiétude*, so_ourcy, soucy, enqrès.— *La sollicitude pastorale*, ar sourcy bras ha carantezus èn deveus ur pastor eus e zéved.

• SOLVABLE, goëstl, *pl.* tud goëstl ; nep èn deus pe a dra da baëa. -- *Vous n'y perdres rien, il est solvable*, neb aoun ne gollet netra, beza èn deus peadra da baëa *ou* goëstl'eo.

SOLUTION de *continuité*, *division contre nature*, disparty aenep natur, un trouc'h great èr c'horf, un taul Lancetès.—*Solution, résolution d'une difficulté*, discoulm, *pl.* ou ; an discoulm evès a un difficult.

• SOMBRE, teval, du, oh, à ; tevalus. *Van.* hurennecq.—*Cette chambre est sombre*, du eo ar gampr mâ, teval eo ar gampr mâ.—*Il fait sombre*, teval eo anézy, amser latarus a ra, coumoulecq eo an amser, tevalus eo an amsermâ. *Van.* hurennecq eü en amser. — *Un esprit sombre*, ur songer a zèu, *pl.* yen ; sonjard, *pl.* ed ; un humor du a zèu. *Van.* un deeu cudennecq, ur spered hurennecq.

SOMBRER, *être renversé par le vent*, susombri, *pr.* et. *v. couler à fond.*

SOMMAIRE, un diverr, diverradur.

• SOMMAIREMENT, è berr, è berr-gompsvon. *Treg.* èn berr-gompso.

• SOMMATION, sommacionn, *pl.* ou. — *Faire une sommation*, ober ur sommacionn.

SOMME d'*argent*, somm, *pl.* ou. — *La somme est de cent écus*, ar somm a ya da gant scoëd. *Van.* er somm a so ag e gand sqoëd *ou* a gant sqoëd.—*Somme, charge*, samm, *pl.* ou. *Van.* id., *pl.* eü. *Al.* summ.—*Somme de blé*, ur samm ed, *pl.* sammou ed.—*Mettre une somme de pommes sur un cheval*, samma ur samm avalou var guein ur marc'h. — *Bête de somme*, un aneval a samm, un aneval samm, *pl.* anevaled ; ur marh samm, *pl.* ronceed samm. — *Charger un cheval*

de *somme*, samma ur marh, *pr.* et ; bi-qât ar samm var gueyn ar marc'h. *f* lecqëet. *Van.* sameiñ ur jau.—*En somme*, èn oll, èn ur guer.

SOMMEIL, *envie de dormir*, hoand-cousqet, dargud, morgoust, morred. *Van.* morgousqed, morgousq.—*Le som-meil m'accable*, lazet oun *ou* marc ou gad ar c'hoandt cousqet, dallet ou gad ar morgousq, ne oun pe ras pi ar morred.—*Sommeil, le dormir, sur-vitellérez*. cousq, *pl.* ou, mieur a goas hun, *pl.* you; cousqed ar c'housqed. *Van.* cousq, hune, hun, *ppl.* eü.—*Un profond sommeil*. morvitellérez, ur c'housq let, ur c'housq micq, un hun caled, *ur* o'housqed calet. —*Un léger sommeil*, m hunicq, ur c'housqicq, ur morred, m dargud, ur morgousq. —*Mets qui pro-voquent le sommeil* bouëd cousqus, bou-ëd morrèdus, bouëd dargudus. *Van.* bouëd cousqedicq, boëd cousqedou.—*Pendant mon sommeil*, èm hunoüc'housq, dre va hun *ou* c'housq *ou* c'housqed.

SOMMEILLER, *dormir. v.-y.*

SOMMELIER, oviçzér, dispancèr, *ppl.* yen.

SOMMELIÈRE, dispancerès, *pl.* eü, oviçzerès, *pl.* ed.

SOMMELLERIE, dispancz, oviçz

SOMMER, somma, *pr.* et; ober som-maciou, *pr.* græt. *Van.* sommeiñ, *pr.*

SOMMET, kýn, néyn. *Van.* kýn.

SOMMIER, *cheval de somme*, marh samm, *pl.* ronced samm. — *Sommier, pièce de bois*, sol, *pl.* you ; gour-dreut, *pl.* gour-dreustou.

SOMPTUEUX, *euse*, *magnifique*, pom-pus, oh, añ. *Van.* id. *v. superbe.*—*Sump-tueux, euse, qui se fait avec dépense*, pignus, misus bras, coustus meurbd

SOMPTUEUSEMENT, èn ur fæ-zoun pompus, èn ur fæçzoun misus coustus, gad mis.

SOMPTUOSITÉ, *excès superflus*, pigu vras ; misou bras, coust bras.—*Somptuosité, magnificence*, pomp, ou ; superbded.

SON, *pronom possessif*. Comme se s'exprime de la même manière que sa, pour le masc., et he pour le fém. *Va*

— *Son père, sa mère, ses enfants*, par-
t *d'un homme*, e dad, e vamm, e
gale; *parlant d'une femme*, he zad, he
nm, he bugale. — *Son corps, sa tête,
pieds, parlant d'un cheval*, e gorff, e
an, e dreid. *parlant d'une jument*, he
orff, he phenn, e zreid — *Se feuil-
, parlant d'un liore*, e fulennou, etc.
*ant d'un arbre, ( arbre est féminin en
ton )* he delyou, he brancqou, he gri-
u.etc.—*Son, ce qui frappe l'ouie*, soñn.
you. *Van* id., *pl.* éü. seing, sezn .
d, sezni, venni, et sini, *sonner; de id.
-sin*, toc-seiñ, *son d coup, de* toc.
o *brusque, et de* sin ou seing, son. r.
in. — *Le son de cette cloche est bien
r.* ur soñn sqiltr ou sclær èn deus
:'hloc'h-honl. — *Les sons des trom-
es. des tambours animent les soldats*,
ofinyou eus an trompilhou, eus an
oulinou a ro couraich d'ar soudar-
. — *Son, ce qui reste de la farine blutée.
ñ. Van.* id.—*Un brin de* son, breñ n
ou; brenn, ur vrennenn. — *Un petit
de* son, brennenuieg, ur vrennen-
z, *pl.* breunennouïgou.—*Son de fro-
t*, breunguïñt.—*Son de seigle*, breñ
al, brenn bleud segal.
ONDE, *instrument de chirurgie*, un
oüetès, *pl.* ou. — *Sonde, t. de mer*,
uderès. *pl.* ou *Van.* sonteres. *pl.*
— *Sonde pour eprouver si le beurre est
semblable dans un pot, etc.*, flaüt
t, *pl. ou. Van.* fléût, *pl.* éü.
ONDER, *partant d'une plaie*, aproüi
ouly, *pr.* aproüet. — *Sonder la mer*,
rivière, souuda, *pr.* soundet. *Van.*
eiñ, *pr.* soutet — *Sonder du beurre*,
ncr *la sonde dans une potée de beurre.*
ata ur podad amann, *pr.* fléütet.
. fléüteiñ ur podad amonenn, *vr.*
tet. — *Action de sonder dans les sens
ssus*, aproüamand, soundérez, flé-
lur.
ONDEUR, soundèr, aproüèr, flé-
, *pl.* yen.
ONGE, *rêve, mouvement de l'imagi-
n d'une personne en dormie*, hunvré,
u ; *de bun sommeil*, soñch; *pl.* soñ-
v. rêve. — *Dieu a souvent apparu en
e aux prophètes et aux saints*, an au-

trou Doüe èn deux alyes a véñch compi-
set oud ar brofeded hau oud ar sént,
dre o c'housq ou è pad o c'housq ou dre
soñch.—*L'ange apparut en songe à saint
Joseph*, an eal a gompsas oud an autrou
sant Josep dre e gousq ou è soñch ou
dre è soñch.—*Notre vie passe comme un
songe*, hon buhez a drémen è byou è
c'hiz da un hunvré, evel ur soñch.
SONGER, *rêver*, hunvréal, *pr.* hun-
vréet. *v. rêver, rêvasser.—Songer, avoir
des songes pendant le sommeil*, cabout
soñjou dre e gousq, *pr.* bet; guëllet è
soñeh, guëllet dre soñch, *pr.* id. —*Ce
que Joseph, fils de Jacob, avait songé dans
le sommeil, se trouva très véritable, ar
pez an deva guëllet Josép è soñch ou
dre è soñch, èn hem gafas guïr gad an
amser; ar pez èn devoa soñget Josep,
map da Jacob, dre è gous, èn hem gafas guïryon gad an amser. — Songer,
penser, soñgeall, *pr.* soñget. *Van.* songeiñ, *pr.* songet. *v. penser.* — *Vous ne
songez pas à ce que vous faites*, ne soñgit
qet petra a rit. ne soñjit pe rit.—*Songer à soi, prendre garde à soi*, beza vat
e eves, soñgeall èn e-unañ.
SONGEUR, *qui fait des songes*, soñ-
gèr, *pl.* yen; nepen devez soñjou. *Van.*
soñjour, *pl.* yon, yan.—*Les enfants de
Jacob voyant venir leur frère Joseph*, di-
rent : voici notre songeur, bugalez ar patryarch Jacob o vellet arru ho breur
Josep, a lavaras an eil da eguile : cétu
ur songer o tont. —*Songeur, mélancolique*, soñgeard, *pl.* ed; songèr, *pl.* yen;
soñjus, soñgeüs, pri-liryus, *ppl.* tud,
etc. *Van.* soñjour, *pl.* yon, yan; soñjus, choñgeüs, perderyus, *p.pl.* tud, etc.
SONNANT, *ante, qui rend un son
clair*, sqiltr, sqiltrus, soñnus.—*Etain
sonnant*, stean sqiltrus, stæn sqiltr,
stæn soñnus.—*J'arrivai à midi sonnant*,
beza ez arruis da greiz leiz just, arruout
a rann pa edo crezdeiz o sénni ou o sqel.
SONNER, *rendre quelque son*, sénni,
*pr.* et; saeni, *pr.* et; sini, *pr.* et; son, *pr.*
soüñet. *Van.* soñn, soñneiñ, *ppr.* et.—
*Sonner les cloches*, sénni ou sini ou soñni
ar c'hleyer. *Treg.* sonn ar c'hlec'hy. *H.-
Corn.* soñu ar c'hlec'h. *Van.* soñueiñ er

hleh *ou* hlobeü ou hleher. — *Sonner en*
*branle*, bolei, boleai, *ppr.* bolÜet; bralla
ar c'hléyer, *pr.* brallet; soñ èn naou du.
*v. tocsin.* — *Sonner les cloches avec impor-*
*tunité*, brinbálat, *pr.* et; brinbalat ar
c'hléyer. — *Sonner à coups*, tinter, diñ-
*sal*, *pr.* et; gobedi, *pr.* et; sénui divar-
benn, *pr.* séunet. *Van.* diuseiñ. —*Son-*
ner, *parlant de l'horloge*, sqei, *pr.* sqoët;
séuni, soûn, *ppr.* et.—*Sonner de la trom-*
*pette*, trompilha, *pr.* et; soûn gad an
trompilh, c'hoari gadau drompilh, *ppr.*
et;—*Sonner de la tête*, binyaoüa, *pr.* et;
soûn gand ar binyou, hoari gad ar binyou. — *Sonner la retraite*, t. *de guerre*,
sqeî ar retiedt. *pr.* sqoët.—*Sonner, par-*
*ler*, *en t. populaires*, comps, *pr.* et; lavarel su dra-bennac, *pr.* id. — *Il n'a sonné*
*mot*, disonn eo chommet, n'en deus lavaret na guer, na gricq. — *Qui ne sonne*
*mot, qui ne dit rien*, disonn.

. SONNERIE, *le son des cloches*, ar c'hlé
yer, ar soñn eus ar c'hléyer, soñnerez,
soñnery. *Van.* er hléhér, er son ag er
hléhér. — *La grosse sonnerie*, ar c'hléyer
bras, ar soñnérez vras, ar soñnery vras.
ar soñniry vras. — *La petite sonnerie*, ar
c'hléyer creun, ar c'hléyer munud, ar
soñnerez vihan, ar soñniry vihan.

SONNET, *poème de quatorze vers*, ur
sonnicg a bévarzecq guërz.

. SONNETTE, *clochette*, cloc'hieg, *pl.*
cleyerigou; cloc'h bihan, *pl.* cleyer.

SONNEUR, *celui qui sonne les cloches*,
cloc'hèr, *pl.* éryen; ar cloc'her, soñ-
ner ar c'hléyer. *Van.* clohèr, èr hloher
— *Sonneur, joueur d'instruments*, soñ-
nèr. *pl.* éryen, barz, *pl.* ed; *de là*, porz
an-barz, *la porte au sonneur*, *à Quimperlé*;
Ros-an-barz, *l' tertre au sonneur*; Lañ
an barz, *la lande au sonneur*; Kan-barz,
*la ville au sonneur.* — *Sonneur de tête*, *de*
*haut bois*, *de tambour*, binyaoüer, bombarder, taboulinèr. *ppl.* binyaoüéryen,
bombardéryen. taboulinéryen.

SONORE, *qui rend un son agréable*,
sqiltr, sqiltrus, sclentin, oh, á, añ.
— *Un son sonore*, ur son sqiltr *ou* sqil-
tros *ou* sclentin. — *Une voix sonore*, ur
voüez sqiltr ha raviçrus, *pl.* moüéey-
ou sqiltr ha raviçtus.

SOPHI, *roi de Perse*, ur Sophy a ta
ar roüe a Berz, roüe, ar Bersyaned.

SOPHISME, arguamat d trompi
*pl.* argüamanchou, fats subtiilitez.

SOPHISTE, nep a ra argüamanchi
tromplus. nep a ra fals arguamanche
SOPHISTIQUER, *falsifier*, falsu:
et. *Van.* falseiñ. *v.* frelater.

SORBE, *fruit.* *v.* corme.

SORBIER, *arbre.* *v.* cormier.

SORBONNE, *maison de la faculté*
théologie de l'université de Paris, *fut*
en 1252 par Robert de Sorbonne, chapel
de Paris, confesseur et aumônier du roi S.
Louis, Sorbonn, ar Sorbona.—*Docteur*
*de Sorbonne*, doctor eus ar Sorbona,
*pl.* doctored.

SORCELLERIE, sorcérez. sorcar-
rez, sourdourez. *ppl.* ou.*Van.* sorcerch
*nl.* eü. — *Faire des sorcelleries*, ober ar
céresou.

SORCIER, sorcèr, sordour, sourdour,
*ppl.* yen. *Van.* soreèr, *pl.* yon, yan. *On*
*a dit* sorhel *et* sorher.— *L'église excom-*
*munie les sorciers et les sorcières*, an iliz
santel a zeu bep sul da escumunuga ar
sorceryen ha sorcerezed.

SORCIERE, sorcerès, *pl.* ed; sourdourès, sourdourès, *ppl.* ed; grac'h an
diaul, *pl.* grac'hed an diaul. *Van.* sor-
ceres, *pl.* ed. — *Vieille sorcière*, sorcerès coz. *v.* fée.

SORDIDE, displet, iñam, *mem.*
oh, á. — *Avarice sordide*, avariczded displet *ou* iñam.

SORDIDEMENT, èn ur façzun
displet.

SORNETTE, rambrérez, *pl.* ou;c
tadell. *pl.* ou; pariboleun, *pl.* ou. *Van.*
sorhenn, *pl.* eü.

SORT, *sortilège*, sorcerez. *pl.* et;
strobinell, barr, goall-avel, namet
ar viltançz, au traou fall. *Van.* sor-
reh. goall-aüél, barr. —*Jeter un sort à*
quelqu'un, *sur le bétail*, strobinella
ra *ou* anevaled, *pr.* et; teureul barr
ur re, *pr.* taulet; rei goall-avel da te
re, *pr.* roët; namma ur re-benn x.*v.*
et.— *Sa maladie ne vient que d'un sort*,
strobinellet eo, goall-avel èn deus x
nammet eü; barr a so gaudkà, ar

all a so gandha, ne deus tra oud e
ba nemed ar villançz. *Presque tous*
*nots sont figurés, le peuple n'osant pro-*
*er le mot propre qui est sorcérez, de*
*ute que le sort qu'il nommerait par son*
*re nom, ne tombât sur lui.* — *Lever le*
, diavela, pr. et. — *Lever le sort par*
*bénédictions, des prières, des croix, bin-*
en. binuigal, pr. binniguet gad oré-
iou; croaza, pr. et; diguech ar bater,
*le pater à rebours,* pr. digueget; dis-
la. pr. et.—*Sort, hasard, fortune, des-*
iordd.—*Jeter au sort,* teureul sordd,
anlet. — *Tirer au sort,* tenna d'ar
ld, pr. tennet. — *Sort, t. de palais,*
omm principal.
ORTABLE, *convenable,* sortapl, oh,
*'an. et* H.-Corn jaugeapl, oh, añ;
t *qui est de jauge.* — *Un mariage sor-*
:, un dimizy sortapl *ou* jaugeapl,
limizy evel a jauch.
ORTÉ, *espèce,* seurd, pl. ou *Van. et*
*Corn.* sord. — *Il y a bien des sortes*
*imaux sur la terre,* cals a seurdou a-
iied a so var au doñar, meur a
'd anevaled èn deus lecqeat Doûe
ed. — *Une certaine sorte de gens,* ur
en seurd tud. — *Des gens de cette*
, tud ez seurd-ze, an seurd tud-ze.
:urd tud-ze.—*Toutes sortes de maux,*
p seurd droucq. — *Sorte, manière,*
:oun, manyel. — *De la sorte, de cette*
:ère ld , èr fæçzoñ-ze, evel-ze. èr
t-ze.—*De cette sorte, en cette manière*
r fæçzoun-mâ, evel-hen, èr c'hiz-
. — *De sorte que, de telle sorte que,*
ièvelep fæçzoun ma.— *On l'abattu*
*lle sorte, qu'il est en grand danger,*
net eo bet èn hèvelep fæçzoun ma
us danger evit hà. — *Faire en sorte*
ober èn hèvelep fæçzoun ma, ober
pr. græt. — *En quelque sorte que ce*
en u fæçzoun-bennac a vez *ou* ma
divis *ou* deûst pe è fæçzoun, èn ur
:oun pe èn he-bèn, èn eil fæçzoun
n he-bèn.
ORTIE, *action de sortir,* sorty, bale.
*Depuis ma maladie, voild ma première*
*c,* a ba ez oun bet clañ, cétu amâ
c'heñtâ sorty *ou* bale.—*Les assiégés*
*t plusieurs sorlies sur nous ,* ar re si-

èhet a gueureu meur à sorty varnomp
ar re a sichèmp a gueureu cals sortyou
varnomp-ny. — *Sorlie, la fin de,* au difin eveus a. — *Il meurt bien du monde à*
*la sortie de l'automne, de l'hiver,* cals tud
a verv var an difin eveus an discar-amser, var au difin eus ar goañ. — *Sortie,*
*évènement,* içzu. — *Avant que d'entrepren-*
*dre une affaire, il faut en prévoir la sortie,*
abarz coumançun affer, ez dleeur sellet
èr-vad pe seurd içzu a alhé da gahout.
SORTILÈGE, sorcérez, pl. ou. *Van.*
sorcereh, pl. eû. r. sort.
SORTIR, *aller au dehors,* sortyal, pr.
sortyet; moñuel èr mæs, pr. ēet.—*Il est*
*sorti,* sortyet eo, ēet eo èr mæs.— *Sor-*
*tir, quitter,* quytaat, pr. ēet. — *Il est sor-*
*ti du royaume,* quytēet èn deus ar roû-
antēlez. — *Sortir, parlant du venin, d'un*
*abcès,* didarza, pr. et. *Van.* didarheiñ.—
*Le venin est sorti, l'abcès se decharge ou*
*parait au dehors,* didarzet eo ar binim,
didarzet eo an apotum.—*Sortir, se ti-*
*rer d'une affaire,* èn hem denna èr meas
a æffer, pr. et. — *Faire sortir,* digaçz èr
mæs, pr. digaçzet; caçz èr mæs, pr. et;
lacquat èr meas, pr. lecqēet. — *Faites*
*sortir mon cheval de l'écurie, que je parte,*
digaçzit va marc'h ê meas eus ar marchauçzy ma ez in èm roud. — *Faites*
*sortir ce coquin,* licqit ar c'hoqin ze à
meas, caçzit añ hailhevod-ze èr mæs.
SOT, sotte. sodt, dyodt, oh, â, añ.
*Van.* id. r. bénêt, jauru, niais. — *Il n'est*
*pas si sot,* ne deo qet qer sodt *ou* qet dall
e sandt.
SOTTEMENT, èn ur fæçzon sodt ou
dyodt, ez sodt, ez dyodt, gad sodtoñy.
SOTTISE, sodtoñy, pl. ou; dyodtaich,
pl. ou; luñaich, pl. ou. *Van.* dyodtis,
sudtis, ppl. eû. — *Dire des sottises,* lavaret sodtoñnyou *ou* dyodtaichou *ou* luñ-
aichou.
SOU *ou* sol, *monnaie de cuivre,* ur guēnnecq, pl. guēnnéyen; guēnecq de guēñ,
*blanc. Van.* saut, pl. eû. — *Sou parisis,*
*sou marqué ou lapé, valant quinze deniers*
*tournois,* guēnnecq mercqet ou merchet,
pl. guēnneyen. *Van.* blancq, pl. ed. *v.*
*soulet.* — *Cinq sous,* pemp guēnnecq,
pévar guēnnecq merchet. *Van.* pemp

56

saul, peoac blaneq. — *Dix sous, daeq* guënneeq, daou real. — *Quinze sous,* try rea', pemprecq guënneeq. — *Vingt sous,* pévar real. *Van.* id. — *Trente sous,* huec'h real. — *Trente-cinq sous,* seiz real. — *Quarante sous,* ciz real. — *Quarante-cinq sous,* n to real. — *Quarante-si sous,* nao real la nr guën·cq — *Cinquante sous,* decq real. — *Soixante sous,* daouzecq real, tr scoëd. — *Cent sous,* üguent real, et ainsi du reste jusqu'à douze livres cinq sous. r. real, livre, écu.

**SOUBASSEMENT**, *ce qu'en met au dessous du piédestal d'une colonne pour la rendre plus élevée*, sou baçz, *pl.* en.

**SOUCHE.***troncet racines.* qeff. *pl.* you. qivyou; pen-qeff, *pl.* pen-qivyou; p-geçz, *pl.* ou — *Souche, grosse buche à brûler*, peun-scod, *pl.* pennou-seed, peun-scodou; scod, *pl.* ou. *Van.* scod. *pl.* eü. — *Vieille souche*, scodenn, *pl.* ed, ou; coz scodeñ, *pl.* coz scodenneú; coz qeff, *el.* coz qivyou. *Van.* coh scodeñ. *pl.* coh scodenneü, coh scodeü — *Lieu plein de souches*, scodennecq. scodecq — *Souche, personne stupide et insensible*, qeu neuden, *pl.* ou. *B.-Léon.* canuchenn. *pl.* ou. — *Souche, premier aïeul*, qeff, peñ-qeff. *Quelques-uns disent d tort* gouënn, *car de même que la souche ou le tronc est sensé précéder l'arbre, la souche aussi ou le tronc d'une famille devance tous ses descendants.* Qeff, *c'est chef, tronc, souche;* penn qeff, *premier chef, premier tronc, première souche*, et gouënn, *c'est l'arbre avec ses branches; aussi arbre dans le dialecte de T.* c'est gouënn. *Van.* gouryenn, *pl.* gouryad, *id est racine*.

**SOUCI**, *plante à fleur jaune radiée, cordiale, sudorifique, propre contre le venin et pour faire sortir la petite vérole*, roucin, rouc ng. rosinyl, souci. — *Souci aquatique*, sourcy dour. — *Souci, inquiétude,* sourcy. *pl.* ou; soucy, *pl.* ou. *Van.* sourcy. *pl.* eü. — *Qui a du souci*, sourcyus, soucyus, oh, à, añ. *Van.* sourcyus. — *Qui est sans souci*, disourcyus, disourcy, disoucyus, disoucy, oh, à; dibredèr. *Van.* disourcy, magadell.

**SOUCIER** (se) *de*, sourcyal eus a, *pr.* sourcyet; soucya, *pr.* et; prederya eus

a, *pr.* prederyet. *Van.* sourcyelû, cyal, perdereiñ, *ppr.* et. — *Je ne m'en embarrasse, ne soucye* qelance, ne ran cas a neau, ne rañ forz an... ma oun qet e poan gadl.à. ne me qel e sourcy ou é soucy gad-hañ. — *Il se soucie de personne*, ne ra forz a c'h ne ra forz a necun ou a zen e-be.

**SOUCIEUX**, *euse*, sourcyus, soucy pridiryus, damantus, oh, à, añ.

**SOUDAIN**, *e*, soudën, prest, pr — *Une mort soudaine ou subite*, ur ma prim ou subit, *pl.* marvou. — *Lz il soudain*, ur c'husul tom, *pl.* cos lyou tom; ur c'husul prim ou pr...

**SOUDAINEMENT**, ez souden, p z prim.

**SOUDAN**, *prince mahometan*, soudan *pl.* ed. — *Le soudan d'Egypte*, ar soul dan eus an Egyp.

**SOUDART**, sondardès, *pl.* ed

**SOUDER**, soudta, *pr.* et; soudta *el.* *Van.* jeütein, soudtein, *ppr.* et. *Souder l'or, souder l'argent*, soudta aour, soudta an arc'hand.

**SOUDOYER**, *donner la paye aux dats*, goëstlaoûa, *pr.* et; paëa an dud resell, *pr.* paëet; rei ar pré d'an darded, *pr.* roët. *Al.* soudaff an te ellidy. *pr.* souldel. r. solde. — *C. soudoie les gens de guerre, qui les entretiennent d ses frais*, goëstlaoûer, *pl.* yen a vresell. *Al.* souldour an bresch.

**SOUDURE**, soudeür, soudt. — dure d'or*, soudt ou soudeür aur.

*** SOUE**, *l'étable des pourceaux*, c moc'h. *pl.* crevyer moc'h. *Le mot de* peut venir de soudt qui signifie d'établi bis, ou de soul, chaume, et enfin de sou qui en *B.-Léon* veut dire, petit cochon.

**SOUFFLANT**, *e*, *qui souffle*, c'hut

**SOUFFLE**, c'huéz, *pl.* you; c'hut denn, *pl.* ou. *Van.* hueh, huehad *ppl.* eü. *Le mot c'huéz signifie* odeur, souffle et sueur; *mais il se prend et doit s'écrire différemment. id est*, c'hut souffle; c'huéçz, senteur, odeur; c'uez sueur. — *Petit souffle*, c'huëzic, c'hut zadennieg. — *Il est si faible qu'on rait le renverser d'un souffle*, qer fat eu sémpl eu, ma en diskarret gad

.nëz *ou* c'huëzadenn. — *Le dernier ſfle de la vie*, ar c'huezadenn divezâ.

SOUFFLER, *parlant du vent*, c'huëza, et. *Van.* huehein , huehal, *ppr.* et. *Souffler le feu*, c'huëza au tan. — *Le it souffle bien fort*, c'huëza caër a ra avel, crè ez c'huëz an avel, crê eo avel. — *Souffler du nez*, dic'huëza, *pr.* difroucqa. *pr.* et; *de* froun , *narine.* Il n'*ose souffler ni du nez ni de la bouche*, n'*ose dire mot ni remuer*, ne gred qet c'huëza, ne gred qet difroucqa, ne *:*d qet ober ur c'huëzadenn.—*Souf-r les canons*, teuna ar c'hanolyou gad ul tr bepqen evit o phura, *pr.* teuuel; ra ar c'hanolyou, *pr.* puret.

SOUFFLERIE, *les souflets de l'orgue*, meguinou, meguinou an ograou.

SOUFFLET, *instrument pour souffler feu*, huëzerès, *pl.* ou; ar c'huëzerès. *in.* huëheres, *pl.* eü. — *Souflet de fors*, meguin. *pl.* ou; meguin govell, *pl.* eguinou. *Van.* beguin, *pl.* eü. v. *pel-eri:.* — *Souflet d'orgues*, meguin -o-aou, *pl.* meguinou. —*Souflet, coup sur joue*, javedad,*pl.*ou; boc'had, *pl.* ou ; iuguennad, *pl.*ou; boucellad, jodtad, czad. palvad, avenad, *ppl.* ou. *Van.* dt.ad.fiçzad.*ppl.*eü.-*Donner ur soufflet*, i ur b iuguenn.ado *t* palvad *ou* voc'had : boucellad da ur re,*pr.*roët;diaveli ur vedad dionc'h ur re *ou* gad ur re, *pr.* avelet; distaga ur façzad *ou* un ave-id dioud ur re-bennac, *pr.* distaguet. *an.* reiñ ur jodtad *ou* façzad d'unan-:nac, *pr.* reit. — *Donner un soufflet au* i, *vieux prov.* ober fals mouueyz, *pr.* :æt; sqei var benn Loys, *pr.* sqoët.

SOUFFLETER, boc'hadenna ur ro, *.* et; boc'hata, *pr.* et, ëet; façzata, *pr.* :t. *Van.* façzateiñ.

SOUFFLÉTEUR, boc'hataër,*pl.*yen; çzataër.*pl.*yen.*Van.*façzadour.*pl.*yon

SOUFFLEUR, *qui souffle*, c'huezër, *.* yen. *Van.* huëhour, *pl.* yon, yàn.— *ouffleur, qui souffle du nez en dormant*, ic'huëzer, *pl.* yen. — *Souffl ur, cher-teur de pierre philosophale*, c'huëzèr, *pl.* en; nep o clasq ceiûch an metalou èn our, a ceiûch e vadou è glaou.

SOUFFRABLE, gouzivapl, soufrapl,

---

oh, añ. — *Cela n'est pas souffrable*, ne deo qet soüffrapl qemeñ-ze.

SOUFFRANCE,soufrançz,*pl.*ou.*Van.* id., *pl.* eü. *v. peine, tourment, travail.*

SOUFFRANT, *e*, gouzâvus, soufrus; oh, añ; ac'houzañv,ac'houzâv,a souˣ. — *Qui n'est point souffrant*, *qui est fort sensible*, diribyu , disoufrus , dic'hou-zañvus.

SOUFFRETEUX,*euse*,misérable, yze-mecq, oh, â. *v. disetteux.*—*Les souffre-teux, les misérables*, ar re yzomecq, ar re tavantecq.

SOUFFRIR, *endurer*, soufri, soufr, *ppr.*et; gouzañv, *pr.* et; gouzañ, *pr.* gou-zavet. *Van.* soufreiñ, gouhañveiñ, *ppr.* et.—*Souffrir, être dans la misère*, beza y-zomecq *ou* tavantecq, cahout dyenez.

SOUFRE, *minéral inflammable*, souñ, soufr. *Van.* id.

SOUFRER, *enduire de soufre, ou expo-ser à sa vapeur*, soufla, soufra, *ppr.* et ; frodta gand soufr, *pl.* et. *Van.* soufleiñ, soufreiñ.

SOUFRÉ, *e*, souflet, soufret, frodtet gad soufl.

SOUHAIT, hoandt, *pl.* hoanchou; hedt, hedtançz, *ppl.* ou. *Van.* hoandt, hedt. — *Il fait des souhaits les plus plai-sants*. c'hoanchou èn devez ar re goand-tâ. — *Avoir tout à souhait*, cahout pep tra dioud'h e c'hoandt *ou* a hetançz *ou* a hedt. *pr.* bet.

SOUHAITABLE, c'hoantapl, hetus, het.pl, heteüs, oh. â.

SOUHAITER, c'hoandta, c'hoand-taal, *ppr.* ëet; hedta. *pr.* et. *Van.* hoan-teiñ, hoantât, hedteiñ,*ppr.*et. *v. désirer.* — *On souhaite de vivre*, c'hoandtaat a rear beva, bez' ex c'hoanteaˣ dre natur beva p.lf-amser, natur eo c'hoandtât beva. — *Je vous souhaite la bonne année*, bloazvez mad a reqedtau déc'h di-gand Doüe. — *Souhaiter une mauvaise chose*, droucq hoandta.

SOUILLER, soüilha, *pr.* et. *Van.* soüilheiñ. *v. salir, tacher, gâter.* — *Il a souillé son bel habit*, soüilhet èn deus è abyd caër, e abyd caër a se soüilhet gand-hâ *ou* mastaret gand-hañ. — *Se souiller, èn hem soüilha*, *pr.* et. *Van.*

him soüilheiñ.

**SOUILLON**, *salope*, loudourenn, p'. éd, ou. *Van.* craçzousell, *pl.ed. v. salope.*

**SOUILLURE**, soüilhadurez, soüilhadur, soüilheür. *Van.* soüilhadur. — *La soüillure du péché, la souillure de l'âme,* ar soüilhadur eus ar pec'hed, ar soüilhadur eus an ene; soüilheür ar pec'hed, ar soüilheür eus an ene..

**SOUL**, *rassasiement parfait*, goalc'h. *Van.* id. — *Tout mon soul*, va goalc'h. *Van.* men goalh.—*Tout ton soul*, da voalc'h, daz goalc'h. *Van.* te oalh.—*Tout son soul*, e voalc'h. *fém.* he goalc'h. *Van.* e oalc'h, hi goalh. — *Tout notre soul*, hou goalc'h. *Van.* id.—*Tout votre soul*, oz goalc'h. *Van.* hou coalc'h. — *Tout leur soul*, ho goalc'h. *Van.* hou goalc'h. —*A demi votre soul*, hanter oz coalc'h —*Soul, le, rassasié pleinement*, goüalc'het, goalc'het.—*Soul, e, ivre, pour le masculin*, mézo, mézeu, méo. *Van.* méü. *pour le fém.* mézvés, mévès. *Van* méües. méü.

**SOULAGEMENT**, *diminution de peine, de mal*, soulaich. *Van.* dibuès. — *Sans soulagement*, disoulaich.—*Qui donne du soulagement*, soulaichus, soulajus, oh, â, añ.—*Hors d'état de donner du soulagement*, disoulaichus, disoulajus.—*Soulagement, consolation*, supordd, frealsidiguez, conforz, confordd. *Van.* confortancz.—*Sans soulagement, sans consolation, sans aide*, disupordd, disou-Laich, digonforz.

**SOULAGER**, *adoucir*, soulaichj, pr. et; soulagi, pr. et, *Van.* diboëseiñ, pr. diboëset.—*Soulager, fortifier, consoler*, frealsi. pr. et; rei supordd, pr. roët; conforzi, pr, et. *Van.* conforteiñ, pr. confortet.

**SOULANT**, *ante, rassasiant*. goalc'hus.—*Des mets soulants*, boued goalc'hus.

**SOULAS**, *vieux mot*, soulaich.

‡ **SOULE**, *boule de foin couverte de cuir, etc.*, meil, *pl.* ou. *Al.* soul. — *Jeter la soule*, teureul ar vell, *pr.* taület. *Van.* taüleiñ er vell. *Al.* soulaff, souliff.

**SOULÉE**, *rentrée excessive*, goalc'hadenn, *pl.* ou. *v. rentrée.*

**SOULER**, *rassasier*, goüalc'ha, et; goalc'ha, pr. et. *Van.* goalhei. *Souler de viandes*, goalc'ha gad qic. *Souler, se souler, s'enivrer*, mézvi, et; mévi, pr. et. *Van.* inéaoueiñ, meü. —*Souler, se divertir à la soule*, meü, pr. mellet. *Van.* id. — *Celui qui se mellèr, pl.* yen. *Van.* mellour, pl. yan. *Al.* soulour, *pl.* yen. Ou sulur, *pl.* yen.

**SOULERIE**, *action de souler, établissement de la soule*, mellad, *pl.* ou. mellad, *pl.* éü. *Al.* soulad, *pl.* sul ou soul, soleil. *v. sol. il.*

**SOULEVEMENT**, *revolte, rebelliou*; rebelded, *pl.* ou.—*Soulèvement de cœur, d'estomac*, heng.—*L'aversion a pour quelque viande. cau e le soulève de cœur*, an heres ou an dougér a rag an heug ou a ra heugui caloun.

**SOULEVER**, *lever de terre*, sevel var an doüar. *pr.* savet. — *Soulever presque romir*, heugui, pr. et; sevel, savet; cahout heug, cahout dougér, re qed. *Van.* endevout regred. – *Cela me fait soulever le cœur*, heugui ou heugal ou sevel a ra va c'haloun gad dra-ze.—*Qui fait soulever le cœur, parlant de viandes, etc.*, heugus, dongerus, recqedus, oh, â, añ. *Van.* regretus. —*Soulever, faire récolter*, ober rebell bobl, pr. græt; lacqât ar bobl da rebelli, pr. lecqéet; lacqât ar bobl da hem ravolti.—*Se soulever*, rebelli, et; hem ravolti, pr. hem ravoltet.

**SOULEUR**, *crainte subite*. zouñhat.

**SOULIER**, botès-lezr, *pl.* botou-lezr, boutou-lezr. *Van.* id. *pl.*, eü. les botes vient de both, qui signifie trou faite à terre avec la main.—*Empeigne de soulier*, eneb botes, *pl.* enebou. — *Quartier de soulier*, qartell, *pl.* ou.—*Oreille de soulier*, stolicqenn, *pl.* ou.—*Semelle de soulier*, sol, *pl.* you. *v. semelle.*—*Tel soulier*, seuzl, *pl.* you. — *De mechants souliers*, coz botou, coz votou, coz voutou. *Van.* coh botéü.

**SOUMETTRE**, *réduire sous la puissance, rendre soumis, contraindre*, gea, *pr.* contraignet; lacqât da mgea, lecqéet. *Van.* sugeteiñ, sugetigueiñ.

*soumettre à quelqu'un, sugea dâ ur -bennac, pr. sugol. — Qu'on ne peut umettre, désobéissant, diguempeun, daill, oh, añ; disuclñ.

SOUMIS, ise, suge'. — Il est fort sou- ls, suget eo meurbed, sugea a ra qe- ient hac a garér, hegarad bras eo. ntus eo, respedus bras eo. — Il n'est is soumis, disuch eo terrupl. diguem- enn eo, didaill eo. diforch eo.

SOUMISSION, sugidiguer. — Une ande soumission, ur sugidiguez vras.

SOUPÇON, discred, pl. ou; suspi- onn, pl. ou; suspéndt, pl. ou; sus- d, pl. ou. Van. sousped, pl. éñ.

SOUPÇONNER. avoir du soupçon, scridi, pr. discredet; suspédi, pr. et spenti; pr. et; suspicioñni, pr. et. an. discre.leiñ, souspedteiñ, ppr. et. On l'a soupçonné de vol, discredet eo t laëroncy varnezâ, suspéntet eus t, etc. — Je soupçonne qu'il a roulu dire 'le chose, suspedi a raû ez eo bet fal- zet dezâ lavaret an dra-man-dra, me susped ez eo bet salvezet dezañ la- rel, etc. — Elle est soupçonnée d'avoir poisonné son mari, suspedi a rear cu spénti a rear ou suspicioñni a reér, deus ampoësouuet he ozac'h; beza discredér varnezy da veza ampoë- unet he phryed.

SOUPÇONNEUX, euse, discredus, scredicq, discridicq, suspedus, sus- ntus, suspicioñnus, oh, á, añ. Van. nspetus, discredicq, oh, añ, aoñ.

SOUPE, potage, soubenn, pl. ou; qe- lenn. pl. ou. Van. soubeenn, suben- n, ppl. éñ. En quelques endroits, qe- lenn. qavalenn, ppl. ou. — Soupe, le n qu'on met dans le potege, soupp. upp. Van. id. — Couper la soupe, trou- a zoupp, pr. et. Van. trouheiñ zoupp, heiñ soupp. — Tremper la soupe, trém- ar soubenn, trémpa ar zoubenn, et. — Manger de la soupe, du potage, ibenna, zoubenna, ppr. et; dibri ibenn, dibri poaich. pr. debret. n. subeennciñ, debreiñ soubeen ou eenn. ppr. et. v. soupier. — Soupe de , soubenn al leaz, zoubenn al læz u.soubeen dre læh. — Soupe réchauffée,

zoubenn aztom, soubenn hadtom. Van. subeenn hadtuem. — Soupe d l'oignon, soubenn an oüignon. A Quimper et dans la B.-Corn. zoubenn ar jaudell; mais mal, car jaudell ou soubenn ar jaudel, n'est proprement ni soupe ou beurre roux, ni soupe d l'oignon, mais une soupe de pauvres gens, où il n'entre rien que de l'eau, du sel et du gruau. — Soupe d'avare, soupe maigre, zoubenn dreudt, qevalenn dreudt, tynellyen, tyuell dreudt, pl. ou. subeenn tredt. — Il est icre com- me une soupe. qer mézo eo evel ar soupp, mézeu micq eo.

SOUPER, repas du soir, coan, pl. you. H.-Corn et Van. coën, pl. coënyau, coënyéñ. — Pour faire un bon souper, il faut fuirz un maigre dîner, evit coanya ér-vad, re leynaa so arabad. — On nous a donné un grand souper, ur goan gaër hon heus bet.

SOUPER, prendre le repas du soir, coanya. pr. et; dibri c goan, pr. débret. Van. coënyeiñ; débreiñ e goën. — En soupant, o coanya, éu ur goanya, é pad coan, a doc coan, è toc coan.

SOUPESER, empoesa, pr. et. Van. samedeiñ.

SOUPIER, qui aime beaucoup la sou- pe, zoubennér, pl. yen; sac'h-zoubenn, pl. seyer-zoubenn. Van. soubennour. pl. yon, yan. fém. zoubennerès, pl. ed. - Plat soupier, zoubennoüér, pl ou; plad zoubenn, pl. plajou zoubenn. Van. soubennecg, pl. guéñ.

SOUPIR, respiration pénible, c'hua- nad, pl. ou; c'huanadeiñ, pl ou. Van. huanad. pl. éñ. v. hélas.

SOUPIRAIL, tarzell. pl. ou; lom- ber, pl. you. Van. tarhell, pl. éñ; de tarheiñ. de même que tarzell, de tarza.

SOUPIRER, c'huanada, c'huanadi, ppr. et. Van. huanadeiñ. — Sujet à sou- pirer, ou qui soupire pour quelque chose, c'huanadus.

SOUPIREUR, qui soupire, c'huana- dér. pl. yen. Van. huanadour.

SOUPIREUSE, c'huanaderès, pl. ed. Van. huanaderes, pl. ed.

SOUPLE, pliant, docile, soupl, soubl, guézu, oh. Van. id. — Osier souple, au-

silh soupl, ausilh guēzn.--*Etre souple
comme un gant*, beza soubl evel ur va-
neeg, beza qer soubl hac ur vauecg.
*pr.* bet.

SOUPLESSE , soublded , *pl.* ou :
guēzdor, guēzuded, souplidiguez , *pl.*
ou.--*La souplesse, l'agilité, le maniement
du corps*, ar soublded ou ar guēzudei
eus ar c'horf. -- *Faire des tours de souplesse*, ober soubldedou, ober soupli-
diguezou.

SOURCE , *endroit d'où l'eau sort , o-
rigine, principe,* sourcenn, *pl.* ou; mammenn, *pl.* ou. *Van.* id. , *d.* éü.--*Source
d'une rivière*, ar sourcenn eus a ur rifyer, ar vaminenn eus a ur stær. *Van.*
er vamenn ag ur rivér. -- *Pe it source
qui sort de terre après les grosses pluies*,
eyeneu, *pl.* éyen ; éryenenn. *pl.* ou.
éryeu. *v. terre.*--*Il faut tarir la source de
tous ces désordres*, redd eo disec'ha ar
vaminenn eus an oll disurzou-ze, redd
eo disc'hrizyenna an sourcenn eus an
oll direizamanchou-zé.

SOURCIL, moarenn, *pl.* ou; gou-
rin, *pl.* ou; gouren, *pl.* ou; abrant, *pl.*
au diou abrant. *Van.* maluénn, *pl.* di-
valuénn. *Al grann. v cil.*--*Les sourcils
du cheval*, mourennou au marc'h.

SOURD, *e, qui n'entend pas*, bouzar,
oh, añ. *S.-Br.* bouhar. *Van.* bouhar,
boüar, bohar, boar, oh, añ, aoñ.--*Des
sourds*, bouzaréyen , tud bouzar --*Rendre sourd*, bouzara , *pr* et. *Van.* boua-
reiñ.--*Devenir sourd*, bouzarât, *pr.* ëet
*Van.* boüareiñ. boharat, *ppr.* et.--*Sourd
d'une oreille*, nep eu deus ur scoüarn
vouzar, nep ne gléau nemed eus a un
tu, nep ne gléau nemed gad ur scouarn.
-- *Un son sourd.* ur son teval , ur son
ne deo qet sclær ou sqiltr. -- *Un bruit
sourd*, soroc'h. soroc'hérez, hybondé-
rez, un bous teval , ur brud segred. *v.
bruit.* -- *Des pratiques sourdes*, complojou segred.--*Sourd, qui n'écoute pas les
demandes qu'on lui fait,* bouzard pa gar.
bouzar coulecq. *pl.* bouzaréyen coulecq, cam qy pa gar. --*Faire la sourde
oreille*, ober ur scoüarn vouzar, *pr.*
græt. *Van.* gober er scoüarn voüar.--
*Frapper comme un sourd,* sqei evel un

bouzar.--*Sourde, femme sourde*, bou
rès , ur vouzarès, *pl.* bouzaresed.

SOURD, *petit serpent*, sourdt, sei
*pl.* ed.

SOURDAUT,*qui entend avec peine*,p
nér-gléau, caledt-cléau, nep so p
ner-gléau.--*Il est sourdaut.* ella pirs
daude, caledt-cléau eo , pouuer-gk
eo, bouzar eo un ueubeud, hauler-ra
zar eo.

SOURDEMENT, *sans bruit.* a
t ment. didrous, xyoulicq, ez syouli
hep trous. hep lavaret guer , dixois
cuz, dre zindau douru , ez syoul.

SOURICEAU.*petit de souris,* logot
uicg, *pl.* logodennigou , logodigou.

SOURICIÈRE.*piège de prendre des
ris, logodtoüer, *pl.* ou ; stocqeru, k
ou. *Van.* rat üér, *pl.* éü. *v. ratièr.*

SOURIRE , musc'hoarziu , *pr.* mi
c'hoarzei ; moushoarziu. *pr.* mous
arzet. *Van.* mushoarheiñ, blashoarh
iñ, *ppr.* et. -- *Il a souri.* murc'loirui
eu deveus. -- *Sourire, le souris n'm
personne, ris modeste et léger,*musc'hoar
*pl.* you ; mousc'hoarz , *pl.* you. *Va*
mushoarh , blashoarh. *v. ris, rin.*--0
*petit sourire*, ur mushoarzicg, *pl.* m
hoarzyouïgou.

SOURIS. *petit animal,* logodenn, p
logod. *Van.* id. -- *Sujet aux souris,* l
godecq. oh. añ. -- *Maison , grenier qu
se trouve beaucoup de souris,* ty logod
grignol logodécq; ty ou grignol logot
logod ou carguet a logod. -- *Sans so
diiogod. -- Maison où il n'y a pas de so
ty dilogod, tyéguez dilogod. Pour
hoitir la bonne année à quelqu'un qui se
coue de grains dans ses greniers,* an
bloazvez vad deoc'h ha tyéguez dil
-- *Chercher à prendre des souris,* log
*pr.* et. *Van.* logodtat, *pr.* et. -- *D
les souris dans une maison* , dilogodta,
logodta un ty , *pr.* dilogodtet. -- *S
sauvage ou de terre,* mulot , morse-
ed; logodenn mors,*pl.* logod.--*Ch
souris* , iogodeñ dail , *pl.* logod ; a
groc'heu, *pl.* asiqell groc'heu. *l'ez*
godenn penn-dail, *pl.* logod.

SOURNOIS, *ise. v. sombre.*

SOUS, *dessus, prép.* diñdan, di

dan. *Van.* didan, édan. — *Tout ce qui sous-le ciel*, qement tra a so dindan évou. — *Sous terre, sous ma main*, lan an doüar, êûdan va dourn. — *us le bon plaisir du roi*, endan grad d ar roüe. — *Le curé est sous le recteur*, c'hure a so dindan ar personñ ou var c'a ar personn. id est, après le rec- tr. — *Sou*, *signifiant en, a t*, dindan, dan, èn. — *Il a mis son bien sous le nom si femme*, lecqeat èn deus c oll dra ndan háno ou en hano e c'hrecg. — us, *pour signifier le temps passé et pré- t*, dind in, êûdan. — *Sous le règne de uis XIV*, dindan rezu ar roë Loyz varz:eved èn hano. — *Sous le règne sent*, êûdan ar rezñ-mâ. — *Sous, dé- nant le temps d venir*, da beñ, a-beñ. r.beun. *Van.* ar beenn. — *Sous trois irs, sous trois ans il tiendra*, donnel a to da benn try dez,var benn try bloaz. *Sous que vous veniez*, var benn ma ot. *Roscoffit Au hie ne*, var benn ma je'h. dindan ma tuoc'h. — *Sous, sig- iant avec*, gand, gad. *Van.* gued. — rrut sous un habi t d'emprunt, dont a eureugad un abyd ampréstet.--*Sous, nfiant dans*, ebarz eñ, d vir, var ls travaillent sous espérance d'être payés ourat az reont en esper beza paée divar esper beza paêet. — *Sous pre- te d'honnéteté*, digarez honestis, èn garez honestis, var digarez honestis *Sous, signifiant sur*, dind.in. êûdan. So ts peine de la vie, u être pun lu, din- n boan eus ar inaro, êndan boan d i ca crouguet. — *Sous peine de damna- a*, êud n boan da veza da met. — us moi, *sous toi*, dindan oun ou oun- :, dindan oud ou oud-te. — *Sous lui*, is elles, dindan ê. dindan-hà ou hy. *Sous nous, sous vous*, eñ lan omp ou ipuy. êñd in oc'h ou oc'h-hu. -*Sous r. sous elles*. eûdanno ou dindanno. SOUSCRIPTION. sousyn, susyn . ou. SOUSCRIRE. *signer au bas de quelque r*.sousyna, *pr.* et; susyua, *pr.* et; na iseloc'h, *pr.* synet. SOUS- DIACONAT, *ordre sacré*, su- agenaich. — *Prendre le sous-diaconat,*

abostoll, *pr.* et. *ô épitre.* — *Il a pris le sous-diaconat*, abostolet co. SOUS-DIACRE, abostol, *pl.* ed; su- dyagon, *pl.* ed. SOUS-DOYEN, sudean, *pl.* ed. SOUS-ENTENDRE, clévet hep e la- varet, *pr.* id. — *Cela est sous-entendu*, an dra-ze a glével ou a eûteûter hep e lavaret. SOUS-FERME, suferm, *pl.* ou; eil ferm, *pl.* eil fermou. SOUS-FERMER, sufermi, *pr.* sufer- met; eil-fermi, *pr.* eil-fermet. SOUS-FERMIER,sufermeur.*pl.*yen; eil-fermeur. *pl.* yen. *r.* métayer. SOUS-LIEUTENANCE,souletanancz. SOUS-LIEUTENANT, souletanant, *pl.* ed. SOUS-MAITRE, sumæstr,*pl.* y; nep ra ê plaçe ar mæstr, an eil mæstr. SOUS-PENITENCIER. supenitan- cèr,*pl.* yen:n vpa all ab elffeus ar c'ha- you reservet. SOUS-PRIEUR,*officier claustral qui est après le prieur*, sup yol, *pl.* ed. SOUS-PRIEURE, *officière claustrale*, suprvoles. *pl.* ed. SOUS SACRISTAIN, susagrist, eil- sagrist, *npl.* ed. SOUS-SIGNER, susyna, *pr.* et; sy- ta iseloc'h. *pr.* synet. — *Je soussigné atteste que, etc*, me peheny a sucyn a- nâ ou me pehiny a sin amâ seloc'h az ziselæry hac a destenyecqa da guement ma aparchant pe ma aparchanto pe- naus, etc. SOUSTRACTION. *enlèvem nt, recéle- ment de papiers, de meubles*, t ièrez, dis- tro, flatrennerez. trufl rez, trut'rez. SOUSTRAIRE.*enlèver, détourner, dé- rober*. tui. *pr.* tuel; distrei fod eus ar meubl. eus ar paporyou, *pr.* distroët; flatrénni, trufl.t, tr -tal. *ppr.* et. *r.* recé- ler. — *Celui qui soustrait des papiers, de meubles*, flatrenn, *pl.* ed; trufler, tru- têr. truèr. *pl.* éryen; nep a zistro meubl pe paporyou. *v.* recéleur. — *Celle qui soustrait*, tuérès, flutrennès, truflerès, *ppl.* ed; trutell, *pl.* ed. *Ce dernier signifie aussi affronteuse. v. recéleuse.* SOUSTRAIRE ( se ) à, hem deñua eus a , *pr.* hem dennet.

SOUTANE, soutanenn , *pl.* ou. *Van.*
id. , *pl.* éû.

SOUTANELLE , soutanell , *pl.* ou;
soutanenu verr , *pl.* soutanennou.

· * SOUTÉR , *une soute de pain,* guënnegad , *pl.* ou; ur guënnegad bara.

SOUTENABLE , *qui se peut soutenir,*
soutenapl , difennapl , oh , aû; a alleur
da soaten *ou* zifenu.

SOUTENANT , *qui soutient,* soutenus, dalc'hus, harpus, harzus, difen-
nus.—*Soutenant, qui soutient une thèse,*
soutenèr , *pl* yen ; sontanant , *pl* ed.

SOUTENEMENT , *t. de palais,* sou-
tanançz.

SOUTENIR, *supporter,* derc'hel , *pr.*
dalc'het. *Van.* dalheiñ. —*Soutenir, ap-*
*puyer,* harpa, herzel, *ppr.* et. *Van.* harzeiñ, harpriñ. — *Soutenir une opinion.*
difenn , souten, *pr.* et. *Van.* dihuënneiñ , *pr.* et. —*Soutenir en face,* derc'hel
èr façz , *pr.* dalc'het. *Van.* id. — *Son-*
*tenir, résister,* ober penn da, *pr.* græt ;
herzel onc'h. *pr.* harzet.—*Le vin soutient,*
ar guïn a ro couraich da un dèn. ar
guïn a soutenu caloun au dèn. —*Sou-*
*tenir sa voix,* souten e vouëz. —*Se sou-*
*tenir, ne point chanceler,* èn hem zer-
c'hell sonu èn e sa , èn hem zerc'hel
éûn var e dreid, *pr.* hem zalc'het.

ʳ SOUTERRAIN, *aine,* un didan-doü-
ar, *pl.* didanou; doüarenn , *pl.* ou ; ar
pez a so didan an doüar *ou* è calon an
doüar.

SOUTIEN, *appui,* harp , *pl.* ou; scoazell, *pl.* ou.

SOUTIRER , *soustraire.* v.-y.—*Soati-*
*rer du vin,* soutira guïn , *pr.* et.

SOUVENIR, *mémoire,* soñc'h , couñ.
*Van.* soñc'h , choñch. —*Vous serez tou-*
*jours dans mon cœur et dans mon souvenir.*
atau am bezo soñch ac'hanoc'h *ou* couñ
ac'hanoc'h , èn dra vévfñ cz vezo atau
ar soñch ac'hanoc'h èm spered hac èm
c'haloun ; bysvyqen n'oc'h ancoune-
c'hayñ.—*Le souvenir de la mort doit être*
*sans cesse devant nos yeux,* ar soñch eus
ar maro ne dle nep pred mont èr maes
eus hon penn.—*Faire souvenir,* digaçz
soñch *ou* couñ, *pr.* digaçzet. v. *ressou-*

*venir.*—*Se souvenir,* cahout soñch , c
hout couñ, *pr.* bet. v. *se ressouvenir.*
*Je me soutiens que, il me souvient* q
me am eus soñch *ou* couñ penaus. i
a gouñha penaus. — *Autant que* je m
*m'en souvenir,* qemeut ha ma èu d
soñch.—*Souviens-toi, mon ami,* qo t
pêt soñch, camarad, penaus.—(M
*se souvient pas,* disoñch , disoñjo, ñ
gonñ. digoñhus, oh , à , aû.

SOUVENT, *plusieurs fois,* d'ordi
lyès, a-lyès, a-lyès a veach, lyi
vec'h, lyès guëch , meur a veach. mr
a vc'ich. alyeus. *Van.* lyes , lyes a ue
—*Plus souvent,* lyeçzoh , a-lyeçzo.
lyeçzoh. — *Très souvent,* lyès-bra
lyès meurbed, na *ou* r ped guëich. li
lyès mad. —*Le plus souvent,* peur-hy
zà , peur-lyeçzañ.—*Le plus souvent.*
plupart du temps, peur-vuyà, peur-va
yañ , evit ar peur-vuyâ.

SOUVERAIN, *tout-puissant,* qui
*rien au-dessus de lui,* Doüe , ar
a Zoüe, an oll-c'halloudus.—*D*
*le souverain* bien , an autrou Doüe
ar mad dreist pep mad. — *Souve*
*indépendant, absolu,* roüe , *pl.* roñaue
princz pe heuy a so maesir absolud
e stadou, *pl.* princzed pe re a so m
try absolud èn ho stadou.—*Cour*
*veraine, qui juge en dernier ressort,*
uhel , *pl.* lèzyou uhel; lès absolud.
lèzyou absolud —*Jugé souverain,* ba
ner uhel , barneur absolud , *pl.* bar
ryen.—*Le feu est chaud au souverain*
*gré,* an tan a so tom è uhélà derez
*Un remède souverain,* ur remed
lant , *pl.* remejou eçzelant.—*L'usa*
le souverain dans les langues vivantes.
c'hustum co ar guir reol eus al lang
a gomsér èr ur stad.

SOUVERAINEMENT , *d'une ma*
*absolue,* gand ur c'halloudez ah-oh
hep depandançz eus a zèn e-bed,
ur fæçzoun absolud. —*Regner souve*
*nement,* rezn gad ur c'halloudez ab
lud , étc., *pr.* reznet.—*Souverain*
*en dernier ressort,* hep apell. —*Les*
*supérieures jugent souverainement,* al
syoul uhel a varu hep apell *ou* gad
c'halloudez absolud. —*Souverain*

érement, en oll d'an oll. —Etre sou-
tinement heureux, beza guenvidicq an
d'an oll, beza eürus èn oll d'an oll.
.OUVERAINETÉ, autorité d'un prince
erain, galloudez absolud. —Souve-
ieté, état d'un prince souverain, stad
pand, pl. stadou; stad a ra dioud e
nnon e-unan. — Souveraineté, ma-
e d'agir ou de décider, manyel abso-
èn e oberyou pe e gompsyou, pl.
nyelou.
OYEUX, euse, seyzus, séyzecq, leun
yz. douçz evel ar séyz, oc'h, à, añ.
PACIEUSEMENT, ez spaçzus, ez
ocq.
PACIEUX, euse, de grandé étendue,
czus, ec'hou, oh, à. v. étendue.
PATULE, instrument de chirurgie,
tur, pl. ou; palicq, pl. paligou; spa-
licq. pl. spanelligou.
PECIAL, e, particulier, specyal, spi-
il, oh. à añ. Van. id.
PECIALEMENT, ez specyál, ez spi-
l, ispicyal.
PECIALITÉ, specyalded, spicyal-
l. — Sans que la spécialité déroge à la
iralité, t. de notaire, hep ma vèz ar
cyaldeda yaé a ènep d'argeneralded
PECIEUX, euse, guir-hèvel, digare-
, oh, à.
PECIFICATION, désignation spécia-
detailh, an det..ilh eus a un dra-
mac.
PECIFIER, detailha, pr. et; disquëz
tailh, pr. dizquëzet. —Dans l'inven-
e on spécifie par le menu tous les meu-
, pe rear un invén!or ez detaillér
ià an ollar rebeury. —Spécifier, mar-
r l'espèce, la distinguer d'une autre, dis-
iz ar spès eus a un dra, pr. disque-
; diffaranti un dra dioud un all, pr.
arantet. — L'âme raisonnable spécifie
mme, le distingue des autres animaux,
ene résounapl a so ar spès ous an
i hac azeu da ziffaranti anezà dioud
anevaled oll.
PECIFIQUE, a so specyal da bep.a
iy ou tra, specyal da un dra èn hê-
ep sæçroun ma teu da diffaranti el
s diond spès un dra all. specifyus.
C'est une chose spécifique, un dra sp.-

eyal eo, un dra specifyus eo. —Un remède spécifique, ur remed specyal, ur
remed pehiny a so specyal ouc'h un
droucq, ur remed specifyus.
SPECIFIQUEMENT, èn ur sæçzoun
specyal ou specifyus.
SPECTACLE, ce qui attire la vue, arvest, pl. ou. — Aller aux spectacles, redecq d'an arvestou, pr. redet.
SPECTATEUR, spectatrice, arvestyad, pl. arvestidy.
SPECTRE, fantôme, spèçz, pl. ou. Van.
spès, pl. eü. v. fantôme. — Un spectre hideux, ur speçz euzicq.
SPERMATIQUE, a aparchand oud
had eus an aneval.
SPERME, t. de médecine, an had pe
eus a hiny ez véz furmet an aneval.
SPHÈRE, boul. Al. globyn. v. globe.
SPHERIQUE, rondt ec'hiz boul.
SPHERIQUEMENT, ez rond.
SPICA NARD, racine qui fortifie l'estomac et fait uriner, spicqa-nardy, ar
spicqa-nardeu.
SPIRITUEL, elle, incorporel, spered,
spered oll. (Van. id.) spiritual. —Une
substance spirituelle, ur sustançz spiritual, pl. sustançzou; ur spered, pl. ou,
sperejou. — Les anges sont des substances
spirituelles, an œlez a so sustançzou spiritual, an œlez a so sperejou oll ha n'oz
deus eat a gorf. — Spirituel, elle, qui a
de l'esprit, speredus. — Il est assez spirituel pour son âge, speredus avoalc'h eo
evit an oad èn deus, spered avoalc'h
èn deus evit e oad. — Spirituel, elle, dévot, spiritual. pl. ed, tud spiritual; ur
spiritual. — Les spirituels, les dévots, ar
spiritualed, an dud spiritual, ar gon-
témpléryen, ar gontémplidy. — Être
spirituel, levr spiritual ou spirituel. —
Vaquer aux exercices spirituels, ober an
eçzerciçzou spiritual, pr. græt. —Spirituel d'une église, ar spirituel, spiritual-
ded. — Le spirituel et le temporel d'une
église, ar spirituel hac an témporel eus
an temporalded vès a un ilis-bennac.
SPIRITUELLEMENT, avec esprit, èn
ur sæçzon speredus, gand spered. —
Dit e les choses spirituellement, parlant gad

spered, *pr.* parlantel. — *Cet endroit de
la sainte écriture se prend spirituellement et
non au pied de la lettre,* an andred-ze eus
ar scritur sacr a so redd da èntent hervez ar sinifyançz spiritual ha nan pas
diouc'h al lizerenn.

SPIRITUEUX, *euse, volatil,* speredus.
— *Du ria spiritueux,* guïa speredus.

SPLENDEUR, sqed, lufr, caü, ar chañ

SPLENDIDE, *magnifique,* pompus,
oh. á.

SPLENDIDEMENT, èn ur sæçzoun
pompus, gad pomp.

SPONGIEUX, *euse,* spoüeüs, spoüe-
ecq, oh, á, añ.

SPONTON *ou esponton, demi-pique,*
spontoün, *pl.* ou.

SQUELETTE, *carcasse,* releguezñ, *pl.*
ou. *Ce mot se dit aussi d'une personne fort
décharnée.*

SQUIRRE, *tumeur indolente,* caledenn, ur galedenn. *Van.* id.

ST, *interj., silence,* peoc'h, st, st.

STABILITÉ, stabylded, parfededd,
fermder.

STABLE, stabyl, postecq, parfedt,
fermn, oh, á, añ. *Van* parfedt, sterdt.
— *Les pyramides d'Egypte, quelqu'anciennes qu'elles soient, sont encore stables,*
ar c'houloumeñou eus an Egyp, peguer
coz-grat hennac vezént, a so stabyl a-
tau ou a so parfet c'hoaz. — *Il n'y a rien
de stable ni d'assuré dans le monde,* ne deus
tra stabyl na ferm èr bed-má, pep tra
a ceñch hac a drémen var an doüar.

STADE, *mesure grecque, longueur d'environ 125 pas géométriques, ou 625 pieds
de roi,* ur stad, *pl.* ou ; ul liçz a yoa é
Grécz evit redecq ar pris, pehiny èn devoa c'heüch cant ha pemp troadad varnuguent a hed. — *Vingt-quatre stades
font trois mille pas géométriques,* pévar stad
varnuguent a ra ul léau ordial.

STANCE, *strophe de poésie. v. strophe.*

STAPHISAIGRE, *plante,* lousaoüeu
oud an laou, staphysagr.

STATHOUDER, goüarner a brovinçz èn Hollandès.

STATION, *petite pause,* paoüez, *pl.*
ou; ehan, *pl.* ou. *Van.* poëz, ehan, *ppl.*
eü. — *Station, visite des églises,* staeyoñ,

pl. ou. *Van.*.id , *pl.* eü. — *Station, ñ
res assignées par les prelats aux prê-
teurs,* slacyoi , *pl.* ou. — *Il a prêché...
huit stations,* eiz stacyon varnu...
èn deus prezeguet. — *Celui qui...
une station,* stacyonnèr, *pl.* yen.

STATUAIRE, *sculpteur de statue,*
maicher, *pl.* yen; limaicher-both...
yen-both; sculter, *pl.* yen. *v. relief*

STATUE, limaich-both, *pl.* ...
chou-both; imaich, *pl.* ou. — *Statue...
pierre, de bois, etc.,* imaich-mæn...
maich-prenn, *etc.* -- *Statue de N...
Dame de pitié,* imaich ou limaich...
ti ou Varya a druhez — *Faire des...
thes,* sculti limaichou, *pr.* scultet...
imaichou both, *pr.* græt.

STATUER, *t. de palais,* statoû...
et. — *Les lois ont statue, l'églis...
là-dessus,* al lésénnou o deus statud...
ilis he deveus statudet var guemed...

STATURE, *taille,* ment, tailh...
*Van.* id. — *Sa stature est assez jolie...*
andticq avoalc'h co ar vént anezañ...
an dailh anezañ. — *Qui est de gr...
stature,* méntecq. — *Goliath était...
haute stature,* Goliath a yoa meu...
meurbed, Goliath a yoa aus a ur...
dreist musur.

STATUT, *règlement, ordonnance...*
tud, *pl.* ou, statujou. *Van.* id., *pl.*...
*Chaque état a ses statuts particuliers...*
stad èn deveus e stadudou special...
*Les statuts synodaux,* ar statudou...
ar sened, ar statujou great èr sened...
græt gad ar sened.

STERILE, *qui ne produit rien,* di...
uëzus, difrouëz, oh, á, añ. — *Terre...
rile,* difrouëzus ou difrouëz. — *Cette...
née est fort stérile,* difrouëz bras e...
bloaz-má, goall vloazvez hon cu...
*Sterile, parlant des femmes et des fer...
des animaux,* difrouëz; brehaign, *pl.*...
l'h s'aspire dans brehaign. *Van.* brehai...
marhaign. — *Femme stérile,* greç...
frouëz, *pl.* graguez; greeg brec'ha...
*pl.* graguez. — *Femme stérile d'un...
son âge,* séc'henn, *pl.* ed. — *Sainte E...
sabeth était stérile,* santes Elisabeth a...
ur séc'henn, santes Elisabeth a yoa...
séc'h he e'herf evel ur balüe'heñ, ...

Elisabeth a voüé eat èr mæs a oad
allout cahout bugale pell amser a
.. — *Vache. jument, brebis qui ne por-*
*plus,* bioc'h brehaign, qasecq bre-
gn, davadès brehaign. — *Les mules*
*t naturellement stériles,* ar vulesed a
brehaign dre natur.

STERILITÉ, *partant des terres, des*
*ées,* difrouëzidiguez, bihanded a ed.
*Stérilité, partant des femelles des ani-*
*ux,* difroüezidiguez, brehaynder.
n. brehayndér, marhayndér.

STERLING, *monnaie d'Angleterre,*
rling. — *Denier sterling,* decq diuer.
*Un sou sterling,* decq guënnecq. —
e *livre sterling,* decq livr, ur pystol.
*Cent livres sterling,* cant pystol.
ois *cents livres sterling,* mil scoëd. —
r *cents livres sterling,* daou vil scoëd.
*Douze cents livres sterling,* pévar mil
)ëd.

STERNUM, *t. d'anatomie,* asqorn ar
uched. *v. xiphoïde.*

STIPULATION, *t. de palais,* eontrad
dre hiny èn hem oblich ur re-ben-
c da ober pe da rei da un all un dra
heny a so bet diviset qen-èntrezo;
ntrad eus a dra diviset diaraucg.

STIPULER, ober ur c'hontrad evit
hem oblich da ober pe da rei un
a diviset, *pr.* great, græt.

STOICIEN, stoycyan, *pl.* ed; disqebl
Zenon ar phylosoph bras, *pl.* dis-
bled Zenon.

STOKFICHE, *poisson salé et séché,*
rgadell. — *Manger du stokfiche,* dibri
rgadell.

STOMACAL, e, stomacal, a so mad
it creat ar stomocq *ou* poull ar ga-
un, stemocqus, oh, añ. — *Le bon rin*
stomacal, ar guïn mad a so stomoc-
l, ar guïn pa vez mad a so stomoc-
s ou a gréa ar stomocq mat béz qe-
eret gad mo ter.

STRAPONTIN, *lit suspendu,* gucle
our, *pl.* guëleou scour.

STRATAGÈME, *ruse de guerre.* ard
arz a vresell, *pl.* arzou vresell; fineç-
a vresell, *pl.* fineçzaou a vresell.

STRIBORD, strybourz, an tu dehon
s al lestr. *Van.* strybourh. — *Stribord*

et basbord, strybourh ha babourh.

STROPHE, *stance. couplet,* coublad
guërsou, *pl.* coubladou guërsou. *Van.*
coblenad guerhéü, *pl.* coblenadéü, etc.

STRUCTURE, *construction,* fablyc-
qaður, fablycqérez.

STUC, *ciment de marbre,* stouc, stucq.

STUCATEUR, *qui travaille en stuc,*
stoucqer, *pl.* yen; stucqer, *pl.* yen.
*Van.* stucqour, *pl.* stucqeryon.

STUDIEUX, *euse,* studyus. *Van.* id.
oh, añ. — *Il est fort studieux,* studyus
bras eo, terrup ez car ar study, terrupl
eo gad ar study, terrup a ra o studya.

STUPIDE, abaffet, açzotet, oh, añ.
*Cap Sizun et Audierne,* beulqe, *pl.* eed,
éyen. *v. étourdi.* — *Il agit en stupide,* mont
a ra gadhy evel da un abaffet.

STUPIDITÉ, abaff, açzotamand,
beulqeaich.

STYLE, *poinçon pour écrire,* styl. *pl.*
ou; touchenn, *pl.* ou. — *Style le cadran,*
styl, *v.* cadran. — *Style, t. de chronologie,*
*manière de supputer,* styl. — *Le nouveau*
*style, depuis la réformation,* ar styl névez, ar fæczonn névez da gounta ar
bloazyou. — *Le vieux style,* ar styl goz.
— *Style, manière dont chacun s'exprime,*
styl. pep hiny, fæczoun pep hiny da
brezecq pe da lacqât dre scryd. — *Style*
relevé, styl caër, styl var gan. — *Parler*
*ou prêcher d'un style relevé ou sublime,* cahout ur styl caër da brezecq, lacqât styl
var gau. lacqât styl var cau, *dans le*
*propre, signifie avoir une méthode sûre de*
*chant, et la suivre.* — *Style de palais,* styl
al lès, trayn an lès. — *Il sait fort bien le*
*style du palais,* manivicq ez oar styl al
lès, gouzout a ra brao trayn al lès *ou*
as styl eus al lès.

STYLER, *instruire, dresser,* disqi,
*pr.* disqet, desqet; dreçza. *pr.* et; furmi, *pr.* et; styla, *pr.* et. *Van.* formeiñ,
dreçzeiñ, *ppr.* et. — *Styler à faire une*
*chose, habituer d,* styla ur re-bennac
diouc'h ul labour, *pr.* et; boasa ur re
da, *pr.* boaset.

SU, *sue, part. du v. savoir,* gouzvezet, gouvezet. *Van.* gouïet. — *Su, con-*
*naissance,* gouïzyëguez, rat. — *De son su;*
*avec sa connaissance,* gand e rat, gand

*à* vouïzyéguez.—*Sans le su de mon père,* son insu, hep rat d'am zad, hep gou-zout d'am zad, hep gouzvez da va zad.

SUAIRE, *drap où l'on ensevelit les morts,* al lyen mortuaich, lyen gorf. lyen mortual. *Al.* an trap mortual.

SUANT, *te,* leun a c'huës, carguel a c'huës.—*Il est arrivé tout suant,* arruet *o* carguet a c'huës.—*Il a les mains tou-jours suantes,* leun eo bepred e zaoüorn a c'huïs.

SUAVE, *doux, agréable,* c'huëcq, cun ha clouar, oh, añ.

SUAVITÉ, *qualité suave,* c'huëcded, cunfder, c'huecder.

SUBALTERNE, enferyol, a so endan un all.—*Officier subalterne,* officier èn-feryol.—*Juge, juridiction subalterne,* bar-ner ènferyol, barn ènferyol ou barn isel.

SUBDIVISER, azranna, *pr.* et; az-lodenna, *pr.* et; ober un eil bartaich, *pr.* græt.

SUBDIVISION, azraun, *pl.* ou; eil-bartaich, *pl.* eil bartajou.

SUBIR, souffr, *pr.* et; douguen, *pr.* douguet; sugea, *pr.* suget. — *Il faudr. qu'il subisse l'interrogatoire,* redd vezo dezâ soulfr au enterrogator.—*Il a subi les peines qu'il avait méritées,* douguet èn deus ar boan a voüe dleat dezâ.—*Su-bir les lois d'un conquérant,* sugea die gaër pe dre hecq da lésennou ur c'houc-queurer *ou* ur victoryus.

SUBIT, *ite,* prim, soubit, oh, â, añ. *Van.* soubit. *v. soudain.*

SUBITEMENT, ez prim, ez soubit. —*Mourir subitement,* cahout ur maro prim *ou* ur marv soubit, *pr.* bet.

SUBJUGUER, contraign da sugea, *pr.* et; lacqaat didan e aboëzanez, *pr.* lecqëet. *Van.* sugetiçzeiñ, sugeteiñ.

SUBLIME, *élevé,* uhél, caër, oh, â.—*Esprit sublime,* ur spered uhél, ur spered caër a rên. *v. style.*

SUBLIMITÉ, uhélded. *Van.* id.—*La sublimité d'une science en rend l'intelli-gence plus difficile,* au uhélded eus a ur sqyand a rênt anezâ diæçzoc'h da èn-tent, seul uhéloc'h ma ez eo ur sqyand brennac, seul diæçzoc'h eo da gompren.

SUBLUNAIRE; qement tra a so èn-

dan al loar —*Toutes les choses sublu-sont sujettes aux changements,* qu tra a so var an doüar a so sujet dad

SUBMERGER, beuzi, *pr.* et; d'ar sol, *pr.* et; mont da voëled ar *pr.* eet, eat.

SUBORDINATION, enferyol s-gidiguez. --*Il faut qu'il y ait de l bordination partout,* èn pep leac'h redd ez vez inferyolaich *ou* sugidi

SUBORDONNÉ, *ée,* didan ur suget, ènferyol.

SUBORNATEUR, *qui suborne,* ti-qer ar fals tèstou, nep a zeu da fi qa *ou* da c'hounit fals tèstou.

SUBORNATION, fablyeqéret tèstou, solytamand da zroucq, b eraich. -- *Suborner des témoins,* tèstou faus, *pr.* gounezet; fablco tèstou, *pr.* et. --*Suborner des fi bauch merc'hed, *pr.* et; tromph c'hed yaoüancq, *pr.* et; houha,

SUBORNEUR, dibauchér merc *pl.* yen; trompler ar merc'hed, *pl.* houlyèr, *pl.* yen.

SUBORNEUSE, dibaucherès, *pl.* houlyerès, *pl.* ed.

SUBREPTICE, faver bet digad peryol dre dromplérez pe dre *Lettres subreptices,* lizerou bel drompléréz.

SUBREPTICEMENT, dre dro rez. *Van.* dre drompereh.

SUBREPTION, trompléres gr ur superyol evit cahout digad c'hracz-bennac didan fals espé *Van.* trompereh.

SUBROGATION, *t. de palais,* gacion.

SUBROGER, *substituer,* suro re èn e blaçz, *pr.* et; lacqaat ur lec'h un all, *pr.* lecqëet.

SUBSIDE, *impôt,* truhaich, truhajou. *l'h ne s'aspire point.* tient detruhez, *ou* truhezus, *pilis,*

SUBSISTANCE, bevançz. *V* gadur.--*Je n'ai que cela pour ma tance,* n'am eus netra qen evit a be

SUBSISTER, *exister, durer,* padout. -- *Il n'y a rien en ce *subsisté éternellement,* ne deus

l—mā a gueineut a all ·bezh bopred
padout da vyzvyqeu, nep tra ebarz
bed-maū ne deo eternal.—*Subsister*,
*s'retenir, avoir de quoi vivre*, cahout
a dra da veva.—*Je n'ai que mon travail
ir subsister et pour faire subsister mes
šants*, n'em eus nemed va labour evit
va, ha me, ha va bugale; divar boués
labour *ou* divar boués an divreac'h-
i, ez vēf va bugale ha me. —*Faire
sister un pauvre homme*, sicour ur
reuz da veva, rei pe a dra da ur paur
az da veva, *ppr.* sicouret, roēt.

SUBSTANCE, *être qui subsiste par soi-
me, etc.*. sustauçz, *pl.* ou. *Van.* id.,
éū.—*La substance d'un discours*, ar
stançz eus a un divis.—*Substance, bien
'on possède*, sustançz, oll glad ur re,
l vad un dēn, oll dra ur re-bennac.
*Il a dévoré toute sa substance*, louncqet
deus e oll sustançz, teuzet eo e oll
ad gand-hā, foēdtet eo *ou* dispignet
e oll vad gand-hañ.

SUBSTANTIEL, *elle, qui tient de la
bstance*, sustançzus, a aparchant oud
natur eus ar sustançz.—*On demande
ns l'école s'il y a des formes substantiel-
s*, goulenn a rear ebarz èr physicq,
bez'ez eus furmou sustançzus, pe
deus qet. —*Substantiel, succulent,
urrissant*, sustançzus, magus, fon-
s, boēdus, boēdecq, oh, à, añ.—
*perdrix est une viande fort substantielle*,
glujar a so ur boēd sustançzus *ou*
agus meurbed, ar glujar a so boēdus.

SUBSTANCIELLEMENT, èn ur fæçun sustançzus, è sustançz.

SUBSTANTER, *nourrir*, sustanta,
stanti, *ppr.* et; maga, *pr.* maguet;
ēdta, *pr.* ēet. *Van.* sustanteiñ.

SUBSTANTIF, *t de grammaire*, sus-
atiff, *pl.* vou; hano stabyl, *pl.* han-
u stabyl.

SUBSTITUER, *subroger*, surogi ur
èn e leac'h, *pr.* et.—*Substituer un au-
pour faire ses fonctions*, sustitui, *pr.*
—*Substituer une chose à la place d'une
tre*, lacqāt un dra evit un all *ou* è
'h un all, *pr.* lccqēet. — *Il a pris un
re et en a substitué un autre en la place*,
leyrēu deus gemeret, hae un all èn

deus leecqeat evit-hā *ou* èn deus leeqeat èn e leac'h.

SUBSTITUT, *qui remplace un autre*,
substitud, *pl.* ed; nep a ra evit un all.
—*Le substitut d'un procureur, d'un avocat*,
sustitud ur proculer, sustitud un alvocad.—*Substitut du procureur général*,
sustitud ar proculer general, nep a ra
evit ar proculer general.—*Substitut de
monseigneur l'intendant*, sustitud an in-
taudant.

SUBTERFUGE, *échappatoire*, disober,
*pl.* you; digarez, *pl.* you, ou. *Van.* digare, *pl.* digareéū. *v. défaite.*

SUBTIL, *ile*, soutil, sutil, oh, à, añ,
*Van.* soutil, soūtil, oh, añ, aoñ.—*Un
docteur subtile*, un doctor sutil.—*La matière subtile*, ar matery sutil.—*Un esprit
subtil*, nr spered sutil *ou* léinm. — *Un
corps subtil, léger*, ur c'horf soutil, ur
c'horf soupl, un dēn esquyt.—*Ce tour
est subtil*, au dro-ze a so soutil.

SUBTILEMENT, ez sutil, ez soutil,
gad soutilded, èn ur fæçzoun soutil *ou*
esquyt.

SUBTILISER, *rendre subtil*. divrasa,
*pr.* et; lémina, *pr.* et; soutilât, *pr.* ēet,

SUBTILITÉ, *qualité subtile*, sutilded,
lémder a spered.—*Subtilité, tour d'a-
dresse*, soutilded, *pl.* ou; tro soutil, p'-
troyou soutil; troydell, *pl.* ou; sutilded, *pl.* ou.

SUBVENIR, *aider*, sicouri, sicour,
*ppr.* et. *Van.* sicour, *pr.* et.—*Subvenir,
pourvoir*, pourvezi, *pr.* et; pourvei, *pr.*
pourvēet.

SUBVERSION, *renversement*, distruich.—*La subversion des lois*, au distruich eus al lésennou.

SUC, *substance liquide des plantes*, sug,
dourenn. *Van.* déuren. *Al* nodd.—*Suc
des fleurs de chèvrefeuille*, læz-gavr.—*Suc
de réglisse*, sug regalis.—*Suc des viandes*,
sug, suzn. *Van.* chugon. *v. sucer.*

SUCCÉDER, *donnet'diouc'h tu, dont
an* eil goude eguile, *ppr.* deuēt; suçze-,
di. *pr.* et. *Van.* donet leih ar lerh.—
*Les siècles, les années, les jours, se succè-*
dent, ar c'handvejou, an deizyou azeū dionc'h-,
tu *ou* a zeu an eil goude eguile. —*Le roi*

*Louis XV a succédé à Louis XIV*, *son bi-saïeul*, ar roüe Loyz pemzecved èn hano èn deus suçzedet d'ar roë Loyz pévarzecved, e dad cuñ.—*En ce monde*, *les biens et les maux se succèdent sans cesse*, ebarz èr bed-mâ ez vellomp o toûnet da bep mare ar mad hac au droucq an eil goude eguile *ou* an eil var lerc'h e-guile.—*Succéder*, *hériter des biens d'un défunt*, herita, heritout, *ppr*. heritet.—*Le fils succède aux biens et au nom de son père*, ur map a herit da vadou ha da hano e dad.—*Succéder*, *réussir*, cahout içzu vad d'e afferyou, *pr*. bet.—*Tout lui succède à souhait*, un içzu vad èn deus da bep tra, pep tra a c'hoare dezâ dioud e c'hoandt *ou* hervez e galon, basta a' ra mad pep tra evit hañ.

SUCCES, *événement d'une affaire*, içzu.— *Le succes le fera voir*, diouc'h an içzu auezâ ez velon.

SUCCESSEUR, *qui succède*, an hiny-goude, *pl*. ar re-goude; suceçzor, *pl*. ed.—*Mon successeur*, ar c'hentâ a zui va goude. — *Son successeur actuel*, nep so deüet e c'houde. — *Son successeur à venir*, an hiny a zui e c'houde; nep a zui var e lerc'h, e suceçzor.—*Ses successeurs*, ar re e c'houde, e suceçzored. —*Nos successeurs*, ar re hon goude, ar re a zuyo hon goude, nep a zuyo var hon lerc'h, hon suceçzored.

SUCCESSIF, *ive*, *qui suit*, *qui vient après*, a zeu diouc'h-tu, suçredus.

SUCCESSION, *suite de temps*, an eil amser goude eguile.— *Cela se fera par succession de temps*, àn dra-ze a reor gad àn amser, an dra-ze a vezo græt èn eil amser pe èn eguile.—*Succession*, *ce dont on hérite*, disheranç, *pl*. ou; dishèr, *pl*. ou, you. *L'h ne s'aspire pas dans ces deux mots*. *Ceux qui francisent disent*, suceçzyoñn, *pl*. ou, *de même que* suçzedi, suceçzor. un digoüez. *pl*. digoüezou.

SUCCESSIVEMENT. *de suite*, diouc'h-tu, goude-è-goude. *Van*. lerh-oh-lerh. — *Successivement*. *l'un après l'autre*, *tour à tour*, an eil goude eguile. *L'une après l'autre*, an eil goude heben. *Van*. lerh-ar-lerh. *r*. *tour à tour*.

SUCCINCT, *inte*, *en peu de paroles*,

berr, oh, â; græt *ou* lavaret è b gompsyou.

SUCCINCTEMENT, ez berr, è b gompsyou.

SUCCOMBER, *ne pouvoir souteni long-temps un fardeau*, couëza èñdan beac'h, couëza èñdan e veac'h, beza acieq, *pr*. bet.—*Succomber*, *le dessous*, beza treac'het, beza beza faezet, beza feaz, beza faez, fæz, beza lecqeat feaz, *pr*. bet. *Faëton*, *fils de Titan*.

SUCCULENT, *ente*, *magnus*, sug, oh, â.

SUCCURSALE, *église aidant roisse*, treff, *pl*. treffou, trevou; trëou. *Van*. trè, *pl*. trééü; trëü, trëu, treau.—*L'église succursale*, trè, an ilis treñval *ou* trevyal, ilis.—*Ceux qui dépendent d'une sale*, nep so eus an drè; treñyan, ed; trevyan, *pl*. ed, trevyanis, an drevyanis, an drevys. —*A u teritou e de la succursale*. e creiz eñtre an daou benn eus an drè.

SUCEMENT, *action de sucer*, dur, susnérez. *Van*. sunereh.

SUCER, *tirer le suc de quelque cho la bouche*, suzna. *pr*. et. *On pron na*, *la pénultième longe*, *comme s'il y* suna. *Van* chugueiñ, suneiñ, *Sucer ses doigts*, *comme font le* ciles, suzna e vizyad. —*un os*, suzna asqurn.—*une plaie*, *la guerir par un* en la suçant, spyna, *pr*. et.—*une* ne, *en tirer tout ce qu'on peut*, *l'ép* suzna ur re beñac. *Sa famille*, *ses su* sucent jusqu'aux os, suznel eo ha crignbede au resqern gad e guerend, g nyzed. — *Sucer l'erreur avec le lait*, ur fals credenn, *pr*. denet; beza g pe magued è touëz au languoded. bet. —*Celui qui suce dans les sens c* sus, suzner, spyner, *ppl*. éryen.—*L' tion de sucer*. suznérez, suznadur, nérez, spynadurez, denadur.

SUCRE, sucr.suñer, *on écrivait* c *Van*. id. — *Pain de sucre*, mæn-so *pl*. meiñ-sucr. — *Sucre candi*, sus suñcantin.

S.CRER, suçra, *pr*. et. *Van*. sue

SUCRÉ, ée, part. et adj., sucret.

SUCRERIE, lieu où l'on prépare le sucre, sucrérez. Van. sucrereah.

SUCRERIES, choses sucrées, sucreou.

SUCRIER, vase pour mettre le sucre, suüer, pl. ou.

SUD. tent, su, avel su, avel ar c'hrezz. —Sud-est, guevred, avel guevred. Sud ouest, sulvest, mervent, ayel vest ou mervend. Sulvest se dit en Léon; c'est mervent.

SUDORIFIQUE, lousou evit ober uesi.

SUÉE, soudaine inquiétude mêlée de inte, c'huëseñ, c'huësadeü, ppl. ou.

SUER, c'huesi, or. et. Van. huëseiñ. Suer à grosses goutes, c'huesi qen zivèr an dour dioud-hañ, c'huesi rruːl. — Celui qui sue souvent et vite, uëser. —Travail qui fait suer, labour n, labour c'huesus. —Faire suer, lact da huësi, pr. lecqëet; ober c'huë- pr. græt. — Ce malade a sué un peu, ueset èn deus un neubeud, ur c'hu- cɥ èn deus græt, ur c'huescnuicɥ èn us bet. —Il sue sitôt qu'il marche un peu t, evit nebeud ez aé buhan, ëz diver dour dioud-hâ ou dioud-hañ.

SUEUR, c'huëz, qu'on prononce communément c'hoës. Van. huës. v. souffle. La sueur lui coulait du front, ar c'huëz ivère dionc'h e dal. Van. èn hues edé doh e dal. —Sueur chaude, c'hu-nn-domm, pl c'huësennou. — Il a une forte sueur aujourd'hui, ur c'ho-enn derrupt èn deùs bet hizyau, c'ho-t èn deus hizyau un horrupcion. eur froide, c'huësenu yen, pl. c'huë-nnou. Van. huiseenn yen, hueseen in. — Petite sueur, c'huësicg, c'huë-an cɥ — La sueur de la mort, c'huë-un ar maro, c'huësenn yen ar sac'h vezà; c'huësenn yen ar maro, c'huë-un ar maro yen, c'hoeseñ ar monich.

SUFFIRE, avoir assez pour le besoin, za avoalc'h, cabout avoalc'h; basta, stout, pr. et; soufisa, soufisout, ppr. Van. bout aoalh. èndevout ahoalh, bet; basteiñ, soufiseiñ. —Cela suffit, reild assez, avealc'h eo, avoale'h eo

qemeñ-ze. -- Cela suffit, il n'en faut pas dire davantage, avoalc'h ar guer. —Le peu que j'ai me suffit, an neubeud am eus a so a voalc'h din, basta a ra din ou soufysa a ra din an neubeudam eus.

— Cet homme ne peut suffire d tous, ne all qet an dèu-hont basta da bep tra ou bastout da bep tra ou soufysout d'an oll, an dèu hont ne all qet tizout ê pep leac'h.

SUFFISAMMENT, a voalch. Van. id. — Ces chevaux ont travaillé suffisamment. a-voalc'h o deus labouret ar e'he-secq-hont.

SUFFISANCE, ce qui suffit pour le besoin, soufysanç, bastançz. —Suffisance, pouvoir suffisant, soufysançz —La suffisance de la grâce. ar soufysançz eus ar c'hraçz ou eus a c'hraçz Doûe. — Suffisance, présomption, soufysançz, ur cer-teu roguéntez sodt.

SUFFISANT, ante. qui suffit, soufysant, bastant, oh, añ; a so avoalch; sufysus, v. grâce. — Suffisant, présomptueux, soufysant, rog, sufysus, oh, à, añ. --Un suffisant, ur soufysant, pl. sou-fysanted. --Une suffisante, ur soufysan-tès, pl. ed.

SUFFOCATION, étouffement, mou-gadur, moug, tag, an dag. -- La suffocition t'etouffe, imprécation, ar moug az mougo, an tag r'az tago. -- Suffocation hysterique, mougadur, droncq ar mammou, droucq-vamm. Van. mou-gadur, droncq-vam. v. hysterique.

SUFFOCANT, ante, mougus, oh, añ. Van. id. -- Les plus dangereuses malalies sont les suffocantes, ar c'hlêvejou mougus a so ar re dangeruçza eus an oll glêvejou.

SUFFOQUER, perdre la respiration, mouga, pr. mouguet; taga, pr. taguet. Van mougueiñ, tagueiñ.

SUFFRAGANT, evêque particulier à l'égard de son archevêque duquel il dépend en certaines choses, suffragant, pl. ed.— Tous les evêques de Bretagne sont suffragants de l'archevêque de Tours, depuis que Jean de la Mouche, trente-neuvième archevêque de Dol, perdit la qualité de metropolitain de Bretagne par la sentence du pape

*Innocent III, et l'acquiescement du roi de
France, du duc et de la duchesse de Bretagne, l'an* 1199, an oll esqeb a Vreyz-Arvoricq a so suffraganted dâ arc'hescop
Tours, a baoûé ar bloazvez unecq cant
naoñtecq ha pévar-uguent pe èn hiny
*Jean de la Mouche*, henvet evit beza an
nao-ha-tregontvet arc'hescop è Dol, a
gollas ar c'hallltez-ze, dre ar setançz
difinus eus ar pap Innoçant trede èn
hano, gand grad ar roûe a Françz, ha
gand açzaud an ducg bac an duguès a
Vreyz.

SUFFRAGE, *voix, avis dans une élection*, moüëz, *pl.* ou. — *Donner son suffrage*, rei e voüëz, *pr.* roët. — *Recueillir
les suffrages*, destu.ni monëzyou an dyuséryen, *pr.* destumet. — *Suffrages des
saints*, ar pedennou a offr ar sænt da
Zoûe evidomp oll. — *Suffrages ou les menus suffrages des saints*, memor a rear
èus ar sænt é gousperou hac é landês.

SUGGERER, *dire, souffler à quelqu'un*,
eñspira, ispira un dra-bennac da urre, *ppr.* eñspiret, ispiret; alya, atisa,
*ppr.* alyet, atiset; solita, *pr.* et. *Van.* soliteiñ.

SUGGESTION, eñspiramand, atis,
aly, solitamand, *ppl.* ou. *Van.* solyt. —
*C'est par la suggestion du démon qu'il a
commis ce parricide*, dre atis an diaul, m'en
àrgarz, eo èn deveus lazet e dad.

SUIE, *matière noire qui est produite par
la fumée*, huzil, huzel, huel. *Van.* hulèr, huylèr, huhel. — *Noircir de suie*.
huzylha, huzelya, *ppr.* et. — *La cheminée
est pleine de suie, il faut la ramoner*, leun
eo ar cimynal a uzyl. redd vez escarza.

SUIF, soa, soao. *Van.* sûaü, soéû.
*Al.* snaff. — *Suif de mouton, de bœuf.*
soa vaoud, soa egenn. — *Chandelle de
suif*, goulaoüen soa, *pl.* goulou. *Van.*
goléüen sûaü *ou* soéû, *pl.* goleü. — *Pain
de suif*, soavenn. *pl.* ou. *Van.* suaüeenn,
soeüenn, *ppl.* eü. *v. suiter.* — *Suif de
oreilles, ordure de la ruche ou cavité de l'oreille*, fancq an divscoûarn, mèl ar
scoûarn.

SUISSE, *pays*, Suiçza, Souiçza. —
*Suisse*, ur Souiçz, *pl.* ed. — *Une Suisse*,
ur Souiçzès, *pl.* ed. — *A la suisse*, è qh

ou è c'hiz ar Souiçzed

SUITE, *cortège*, heul, *pl.* you; le
trayn. — *Il est à la suite du prince*, ez
o heulya ar Prinçz, ez ma o hel
prinçz. — *Il y a des grands qui ont
suites très-considérables*, bez'ez eus
vras pere o deus un trayn dreistord
ou un heul caër meurbed ou lac
divusur. — *Qui est-ce qui est à sa s*
qui est-ce qui la suit? piou a so ên e h
ou lerc'h, piou a so var e lerc'h. —
gue suite, long train*, lostad hirr, ru.
la dou; lostennad vras, *pl.* lostennad
trayn bras, *pl.* traynou. — *Suit
qui suit, tu*, lerc'h; lerc'h, reut pr
*ment dire* vestige, trace. *Ainsi* que
dit, venir à la suite d'un autre ou sur
autre*, dont var lerc'h un all, dont
lerc'h, c'est tenir sur les traces d'un au
marcher sur ses vestiges, suivre ses tr
— *Qui est de suite*, a so diouc'h ta
*Dix jours de suite*, decq deiz diouc'h
— *Tout de suite*, diouc'h tu caër, dioch
tu, lerc'h-é-lerc'h, lerc'h var kel
*Van.* lerh ar lerh, doh tu, doh tu ta
— *Cela aura de fâcheuses suites*, ur ma
effer-bennac a zeuyo da heul qen
ze, an dra-ze èn devezo goall iget
*Dans la suite du temps*, gad an amse
èn amser da zoñnet.

SUIVANT, *e, qui suit, qui accompg*
a heuly, a heul, a so var lerc'h. — l
*vivant, celui qui suit*, nep a heulz.
heny a heul, an hiny var lerc'b. la
en hany ar lerh. — *Le suivant, le m*
eguile, an eil. — *Le jour suivant*, an d
var lerc'h, an deiz goude. — *L'an*
*suivante*, ar bloaz var lerc'h, ar bla
goude. — *Demoiselle suivante*, dem
a-heul, plac'h a-heul; heul *est ici* r
— *Suivant, selon*, hervez, diouc'h. la
herûe, doh. — *Suivant l'ordre du*
rieur*, hervez an urz evès ar superi
— *Suivant le travail qu'il y aura*, diouc
al laboura vêzo. — *Suivant que*, diouc'
a, diouc'h ma. — *Suivant ce que je*
rai*, diouc'h a velliñ. — *Suivant qu*
*volonté se porte à*, diouc'h ma dee
c'hoandt da.

SUIVER, *enduire de suif*, soai. r
et. *Van.* suaveiñ, soéüciñ, *p.* et. -

...avire, soavi nl lesir. On dit mieux, pl: ed rèza ul lèsir. *pr. et. Van.* suaveiñ str. *v. courée.* — *Guipon pour suiver azire,* torch-soa. torch-courrèz, »on-courrèz. — *Calfat pour suiver zvire,* courrèzer, *pl.* yen. JLVRE, *aller après, accompagner,* heu-»ar abrége, heul, *pr.* heulyet; mont erc'h, mont da heul. *Van.* helyeiñ, yéiñ, hely, *ppr.et.* — *Les laquais sui-leur maitre,* an licqisyen a heuly o ry ou a ya da heul o mistry.—*Sui-e près qualqu'un, le suivre partout,* ya a daust ur re-bennac e heulya p leac'h. *v. épier.* — *La vieillesse suit inesse,* cozny a zeu varlero'h yaoü-iz *ou* goude yaoüanclicz, cozny a la heul yaoüanoliz.—*Il suit ses con-*, heulya *ou* henl a ra e gusulyou. *»e les volontés d'un autre,* ober evel u in all, ober dioud'h a fell da un all, ;ræt; sénti oud um all, *pr.* séntet. JJET, *elle, qui dépend,* suged, *pl* ugidy. *v. vaisal* —*Le rei de France es-aimé de sés sujets.* arroüe a Françz t an oll roüanez alla so caret gand ;eded *ou* sugidy muy evit ne allét varet.—*Sujet d un mal,* suged da roucq, dalc'het gand un droucq, iez èn un droucg. — *Sujet au vin, pudicité,* roët d'ar vézvénty, d'an lôny, tec'het d'ar guïn ha d'ar 'heil. —*Sujet, matière dont on trai-*iged, *pl.* ou; matery, *pl.* ou.— *jet qu'il a d traiter est beau,* ur ma-:aër èn deus da dreti, var ur su-aër ez labour. — *Sujet, occasion,* ;, *pl.* abegou; suged, *pl.* ou.— *er sujet de plainte,* rei abecg da èn n glémm, rei suged da glémm.-- *sujet, sans nul sujet,* nep abecg e-

JETION, *servitude,* sugidiguez.--- *la sujetion,* caçzat ar sugidiguez. *emploi demande une grande sujetion.* ;o ar sugidiguez a rencqear da ga-èr stad *ou* èn implich-ze. LIAU, *nom d'homme,* Sulyav, Su-— *S. Suliau, abbé,* saut Sulyau *ou* v *ou* Sulyen. LTAN, *prince mahométan;* sultan,

SULTANE, *femme du sultan,* ar sulta-nès, *pl.* ed. — *Sultan, navire du sultan;* lestr turucq, *pl:* listry-turucq; lestr a-myral an turucq bras.

SUPERBE, *orgueilleux,* superbus; oc'h, à, añ. *Je ne sais si les mots,* superb, superbus, suberbitez *et* superbded, *viennent du latin, ou s'ils sont celtiques, mais je sais qu'ils sont très-anciens dans notre langue. Al.* gug. *v. orgueilleux.*—*Superbe, magnifique, somptueux,* superb, oc'h, añ. *v. magnificence.*

SUPERBE, *orgueil,* suberbitez; su-perbitez *et* superbus, *n'ont guère d'usage que dans les matières de dévotion.* — *C'est la superbe qui a perdu les mauvais anges,* gad ar superbitez ez eo bet collet Lu-cyfer hac e gueûseurted ar goall ælez. — *Le christianisme est ennemi de l'esprit de superbe,* ar spered a superbitez a so con-troll-beo da spered ar guïr gristenyen, all lésenn gristenn ne all qet suporti ar sperejou superbus.

SUPERBEMENT, *avec orgueil,* gand superbitez, gad roguéntez, èn ur sæç-zoun superbus. — *Il a répondu superbe-ment,* ur réspond superbus èn deus roët, respontet èn deus gand roguentez *ou* èn ur sæçzoun superbus *ou* gad superb-ded. — *Superbement, d'une manière ma-gnifique,* gand superbded, èn ur sæç-zouñ superb. *v. magnifiquement.*

SUPERCHERIE, triûchérez, troum-plérez. *Van.* trompereh, trichereh.

SUPERFICIE, coc'henn, gorre. *r. surface.*—*Superficie, teinture légère d'une science,* aznaoudéguez verr eus a ur sqy-and, coc'henn, ar goc'henn eûs a un dra. — *C'est un docte ignorant qui ne sait que la superficie des choses,* ur bris-doctor hag ur guïr-innorant eo pehiny n'en deus nemed un aznaoudéguez-verr eus an traou *ou* eus a bep tra. — *Il s'arrête à la superficie et n'approfondit rien,* ne du qet èn tu-hont d'ar goc'heñ, ar goc'heñ eus a bep tra èn dalc'h ha ne all qet mont pelloc'h.

SUPERFICIEL, *elle, qui n'est qu'à la superficie,* a so èr goc'henn hemyqen.— *Superficiel, elle, qui ne sait rien à fond;* ne

env hefra èr vad; manyel-savant, *pl.ed.*
lyes, eb, añ. *Van.* id.

SUPERFICIELLEMENT, èn un drémen. *Van.* id.

SUPERSTITION, supersticyoc,
ou; devocyou divoder. *Van.* id., *p.*

SUPERFLU, *e,* ar pez a so a re, ar pez
a so re, at pez a so dreist an yzom, ar
pez a alleur trémen hep'z añ ou hep dañ,
ar pez a allér da dioüeri, divusul, divoder, dibrofidt, oh, á, añ; au demorant,
ar pez a so dreist an neceçzer. *Van.* en
diovér, en damourant. — *Les grands ne
sont riches que de choses superflues,* ar re
vras eus ar bed ne dint pinvidicq nemed gand ar pez o deus re ou ar re ou
nemed gand ar pez o deus dreist musul ou dreist an yzom. — *Si on ne sait se
passer quelquefois des choses superflues, elles
deviennent nécessaires,* ma na oueeur èn
hem drémen a vizyou ens an traoü-di-
voder ou eus an traou dibrofid, ez cre-
dor èr fin ez eo redd o c'haout. — *Le superflu du riche est le patrimoine des pauvres,
disent tous les pères de l'église,* ar pez a all
ar binvidyeu da drémen hep zañ ou da
riotteret a so dleat d'ar béauryen, qement a drémen yzom ar re-binvidicq a
so tra ar béauryen, goude ma èn devez
ar pinvidicq qemeret e neceçzer eus è
dra an demorant a so tra an paour.

SUPERFLUITÉ, traou dreist yzom.

SUPÉRIEUR, qui est au-dessus, a so
dreist. — *Supérieur, e,* qui est au-dessus de
nos têtes, a so a-zioc'h, a so a huz deomp.
— *Tout ce qui nous est supérieur,* qement
tra a so dreistomp ou a zioc'h deomp
ou a huz deomp. — *Supérieur de communauté,* superyol, *pl.* ed; souperyol, *pl.* ed.
— *Nos supérieurs ecclésiastiques ou laïcs,*
ceux qui sont au-dessus de nous et dont nous
dépendons, hor superyoled, hou mistry.

SUPÉRIEURE, superyolès, *pl.* ed.

SUPÉRIORITÉ, préeminence, élévation,
avantage, reucq dreist ar re all, souperyolaich, prevendy. — *Supériorité, dignité, place,* superyolaich, souperyolaich.
— *Il s'est démis de la supériorité,* great èn
deus dilès eus ar superyolaich.

SUPERLATIF, *t. de grammaire,* an
ubelà derez.

SUPERSTITIEUSEMENT, èn ur
façzoun superticyus, gand superticyon

SUPERSTITIEUX, *euse,* supersti-

SUPPLANTER, *donner le croc,*
d'quelqu'un, le terrasser, displanta
*pr.* et; rei lamm caër da ur re,
lamm gaër da ur re-beunac, *p.* et,
—*Supplanter quelqu'un, tâcher de
perdre son crédit, sa faveur, etc.,* di-
tà ur re-beunac, *pr.* et; diblaçza
*pr.* et; lacqât ur re da goll graçz
ar re all, *pr.* lecqëet. *Van.* divou,
nan-benac, distrugeiñ ê cuh. — *Q
planté un autre,* displanter, *pl.* yen
a zisplant un all-benuac. — *Jac*
planta son frère Esaü. *Gen.* ch 19,
Jacob a zisplantas e vreuzr Esaü
recevas digad e dad ar vennoz
dleat dezañ, dre un disposicion
aberz Doue.

SUPPLÉER, *ajouter ce qui ma*
lacqât ar peçz vancq; fourniçza
a faut, fourniçza an nemorand, *p.*
— *Suppléer pour un absent,* ober e
all, ober e leac'h un all, *pr.* gr.
*Celui qui supplée souvent pour un *
nep a ra evit un all, nep a ra t
un all. *Burl.* stéphyer an toullo
tès an defaulou.

SUPPLÉMENT, fourniçzadu
nemorand. — *Supplément pour u*
oberidiguez evit un all, labour
un all.

SUPPLIANT, *e,* qui supplie,
suplyant, nep a suply, suplyer.

SUPPLICATION, *humble pri*
ply. *pl.* ou; pedeñ humbl hac
*pl.* ou. — *Il lui fallut faire mille *
cations, caut ha cant suply a
da ober. — *Ce n'est pas faute de *
tions, ne deo qet defaut a supli-

SUPPLICE, tourmand, *pl.* loc
chou; supliçz, *pl.* ou.

SUPPLICIER, suplicya, *pr.* et;
menter. — *On ra aujourd'hui *
une empoisonneuse, bez'ez car da
cya hyzyeu un ampoësouner.

SUPPLIER, suplya, *pr.* et; p
humblded, *pr.* pedet.

SUPPLIQUE, reqed, *pl.* ou, r

SUPPORT, *appui,* supard, *pl.*

-oavè *de support que parmi eus*, n'am-
supord e-bed nemed eus ho pherz,
ipordt vézén pa neved hoou eu ou y.
UPPORTABLE, suportapl, gouzà-
, oh, â.

UPPORTER, suporti, *pr. et*; herzel
'h, *pr.* harzet. *v. soutenir.* — *Il m'a*
*fallu supporter la diminution dans mon*
*boursement*, redd mad eo bet din her-
ouc'h au dimunu èm rambours. —
*charité supporte tout, dit S Paul*, ar
antez ( nep èn deus hy ) a suport pep
, eme an abostol sant Paol.

UPPORTER, *donner appui, secours*,
suport da ur re, *pr.* roët.

UPPOSER, *avancer une chose, poser*
r *fondement*, suposi, *pr. et.* — *Il sup-*
qu'il t'a appris de l'auteur même, su-
i a ra ez veza clévet gad an hiny pe
y èn deus great anezañ. — *Supposer*,
*tre par fraude une chose à la place d'une*
re, rei *ou* lacqât dre dromplérez un
 è leac'h un all, *ppr.* . . èt, lecqëet. —
poser un enfant d son mari, rei dre a-
iltryaich ur buguel d'he ozac'h evel
véz-èñ e dad ; lacqaat ur bastard e
iez bugale legitim hep gouzout d'an
c'h. — *Une femme quia supposé un en-*
t *doit perdre son douaire*, ur c'hreg pe-
y he-deus lecqeat he bastard *ou* bas-
dès da drémen evit legitim adle coll
encbarz. — *Supposer, controuver, im-*
er *faussement*, forgea, *pr. et*; tamal è
u, *pr. et*; solyta, *pr. et.* — *Il a sup-*
i un testament au défunt, forget èn deus
voa great ur testamand gad an hiny
edet. — *Il a supposé un faux crime à*
roixin, tamalet èn deus é gaou ur
rim d'è amesoc'q *ou* amesecq. — *Sous*
nom *supposé*, èndan un hano forget
feiñtet *ou* èmprestet.

UPPOSITION, *action de supposer*,
osicion, peñcaus a zalc'her evit guir.
*Supposition frauduleuse*, falséntez, fal-
ryez, fallôny. — *La supposition de ce*
tament est manifeste, haznadt eo ar fal-
tez eus an testamand-ze.

SUPPOSITOIRE, *t. d'apothicaire*, qil-
nn, *pl.* oü.

SUPPOT, *ce qui sert de base et de fon-*
ment à quelque chose, ar supord. — Sup-

pôt, *personne subordonnée à une autre*,
nep so dindan-ordrenet, nep so dindan
un all *ou* dindan re all. — *Suppôt, qui*
*appuie quelqu'un, favorer*, *pl.* yen; nep
a suport un all *ou* re all. — *Satan et ses*
*suppôts*, Sathanas hac e favoréryen. —
*Suppôt de Satan, scélérat*, fallacr, *pl.* ed;
fall-acr, *vient de* fall, *méchant, et de* haer,
*sale.*

SUPPRESSION, *extinction de charge*,
*de droits*, defoulançz, terridiguez vez a-
ur garg. eus a druhaichou. — *Suppres-*
sion *d'urine*, ampeichamand da droaza.

SUPPRIMER, *abolir*, terri; *pr.* torret;
terri cargou; lemel guiryou, *pr.* lamet.
— *Supprimer, ne pas faire voir*, ouza ua
dra difennet, *pr.* cuzet. — *Supprimer de*
*mauvais livres*, difenn ne véz imprimet
pe guërzet levryou fall, *pr.* difennet; lemel a dre daoüorn ar publicq levryou
fall, *pr.* lamot.

SUPPURATIF, *ive*, lousou evit lacqát,
ar gor da viri, lousou gorus.

SUPPURATION, *action de suppurer*,
an tarz eus a ur gor, divèr eus al lya-
brein.

SUPPURER, *jeter du pus*, discarga lya-
ou lyn brein, *pr.* discarguet. — *Sa plaie*
*commence à suppurer*, coumançz a ra e
c'houly da ziscarga.

SUPPUTATION, *calcul*, compod, *pl.*
ou, compojou.

SUPPUTER, *calculer*, compodi, *pr. et*;
teureul d'ar jedt, *pr.* taulet.

SUPRÊME, an huelá, ar braçzá. *v.*
*souverain.*

SUR, *prép. signifiant dessus*, var, oar.
Oar. c'est l'u de var prononcé en ou. *Léon*
et *B.-Corn.* or. *Van.* ar. — *Sur la chemi-*
née, *B.-Léon*, or ar ciminal. *H.-Léon* et
*B.-Corn.* var ar cimynal. *Van.* ar er che-
mynal. *Trég., S.-Br., H.-Corn.*, oar ar
olimynal *ou* cimynal. — *Sur l'autel, sur*
*les marches de l'autel*, var an autor, var
ar pazeigner eus an autér. — *Sur le grand*
*chemin*, var an hend braz. — *Sur terre et*
*sur mer*, var zoüar ha var vor, orzoüar
hac or vor. *Van.* ar en doar hao ar er
mor. — *Sur, prép. signifiant environ*, var-
dro, è-tro, diouc'h, oar-dro, ur-dro.
*Van.* ar-dro. — *Sur le soir*, diou'h ar

nos, var dro'n nos, è tro an abardaëz,
è tro au nos. *On mange l'a dans tous ces
mots, et on prononce* è tro'n nos, *etc. B.-
Léon,* or dro ar pardaëz, or dro'n nos,
è trou'n nos. *Van.* doh en nos, ar dro'
'nos. — *Sur la fin de l'année,* var ou or ar
finvez eus ar bloaz, oar ar fin eus ar
bloa, oar au difin eus ar bla. *Van.* ar
er fin ag erblé *ou* ez erblé. — *Sur ces entrefaites,* etrelant, var guomeñ-ze.

. . SUR, *sûre, acide. Le mot* sur *est pur
celtique;* sur, trencqicq, oc'h, à, añ. *Van.*
sur, un nebedicq trencq *ou* treancq. —
*L'oseille est sûre,* an trinchin a so sur. —
*Ces pommes sont sûres, ce fruit est sûr,* sur
eo un avalou-mâ, sur eo ar frouëz,
trencqiq eo an avalou mâ, trencqiq eo
ar frouëz-mañ. — *Cette poire n'est ni
douce ni sûre,* ar berenn-mâ ne deo
na doucz na sur.

SUR, *sûr, certain,* sur, açzur, oh, à,
añ. *Van.* sur. *Al.* diouguel. *v. Al. d proteger.* — *Je suis sûr que,* me a so sur penaus, me a so açzur penaus. — *Jouer à
coup sûr,* c'hoari d'ar sur. *pr.* c'hoaryet;
hoary èn açzuraucz. — *Sûr, sure, fidèle,
fidel, feal,* oh, à, añ.

SURABONDANCE, dreist founder,
dreist foun.

SURABONDANT, *e,* dreist founnus,
divoder.

SURABONDER, founa dreist musul,
founna dreist penn, *pr.* founnet; cahout founder vras, *pr.* bet;trémen dreist
moder.

SURACHETER, prèna un dra mu-
gued ne dal, *pr.* prénet. *Van.* préneiñ
ze guer.

SURANNÉ, *e, qui a plus d'un an,*
dreist bloaz. — *Suranné, vieux,* cozicq,
re goz. trémenet. *Van.* cohicq, re goh
*Une fille surannée,* ur plac'h cozicq, ur
plac'h coz-yaoûancq, ur vero'h deuët
var an oad, ur vero'h trémenet. *Dans
les deux locutions suivantes on suppose qu'elle est vielle,* ur vero'h a so trémenet
yaoûancliz è byou dézy, ur plac'h a so
trémenet pellicq-so an héaul divar he
zreuzou.

SURCHARGE, *e* garg, re vras carg,
*re* a 'v_ac'h. *e, surcroît.*

SURCHARGER, re gargs; *pr.* re
guet; rei re a veac'h, *pr.* roët.

SURCROIT, cresq, cresqancz, 1
gresq.

SURCROITRE, crisqi dreist, *pr.*
qei dreist.

SURDENT, dreist–dant, *pl.* dr
déñt; un dant a zeu dreist daou *pl.*
daou all, *pl.* déñt a zeu, etc.

SURDITÉ, bouzarder, bouzar
*Van.* boüarded, sourdadur.

SUREAU, *arbre,* scavenn, *pl.* eu
guëzen scao, *pl.* guës scao. *Van.*
eun, *pl.* eü On *écrivait* scaff, scaf
— *Du sureau,* scao, coad scao,
scau. — *Fait de sureau, a* scao,
scao, great gad scao. *v. calonière.*—
son de sureau, bod scao, *pl.* bodou
scaoüeg, *pl.* eü. *De* scao *et de* scau
*vient* Kscau *et* Kseo. *v. maisons.*

SUREMENT, a-dra-sur, ez sur.
*Van.* sur, açzuret, açzuremant.

SUREROGATION, dreist an ée
— *Des œuvres de surérogation* ou
vres surérogatoires, œuffryou dreist
dever. œuffryou mad pe re ned
gourc'hemennet.

SURET, *tte, un peu acide,* suricq
*Il a l'haleine surette,* suricq eo e ha
goall c'hnecz a so gad e halan.

SURETÉ, surentez, açzurancz
sureté, é suréntez, gad suréntez,
zurancz. — *Lieu de sûreté,* leac'h
réntez, lec'h sur. — *Prendre sa s*
èn hem açzurieus a, qemeret e
téz *ou* vusullyou, beza var e eve.

SURFACE, *extérieur d'un corps*
c'henn, ar goc'heñ, gore. *Van.*
er gorre, en dialhve, en diahve
caëñ. — *La surface de la terre,* ar
c'henn an doûar, ar goc'henn e
doûar, gore an doûar, ar gorre
doûar. — *Surface unie, leur,* leura
La surface de la mer, gorre er mor.—
surface d'une affaire, ar gorre eus
affer, au diaveas eus a un z
superficie.

SURFAIRE, re istima *ou* re ist
e varc'hadourcz, *pr.* re istimet; r
 za...

SURFRAIS, *grosse sangle,* such

floüer, *ppl.* ou. *v.* sanglé.

SURGEON, accoultreun, *pl.* ou.

SURMENER *un cheval*, re gaça ur 're'h, *pr.* regaçzet; goaña ur marc'h, goanet.

SURMESURE, dreist-musul *ou* mur.

SURMONTER, trémen ar reall, trémen dreist, *pr.* trémpnet; tréc'hi un *ou* ar re all, *pr.* tréc'het; bezu tré-'h da, *pr.* bet. r. vaincre.

SURNAGER, neuï var c'horre. *pr.* uët. — *L'eau-de-vie surnage dans l'eau nmune*, ar guïu-ardant a neu var lorre au dour.

SURNATUREL, *lle.* dreist natur.

SURNATURELLEMENT, èn ur fæçun dreist natur

SURNOM, leshanv, *pl.* ou, you; lesno, *pl.* you. *Van.* leshan, *pl.* veü; lesno, *id est, près du nom. c. lez.* — *On ne u ce point de surnom avant l'an* 987, ne inomp leshanv e-bet abarz au bloaz o c'hant seiz ha pévar-uguent. — *Sous troisième race de nos rois, les seigneurs nmencèrent à prendre le nom de leurs terres ; le peuple, à leur exemple, prit des surnoms tiu lieu de sa naissance, de sa qualité, son âge, de son métier : ceux qui n'en prenient pas ( qui étaient en grand nombre ). leur en donnait par sobriquets, et de là surnoms de roi, l'etêque, le bossu, le alu, le borgne, le taureau, le coq, l'oiu, le pourceau, le fol, le sage, etc.*, diûn an' drede ligoez eus ar roüanez a auçz ez coumauçzas an autrounez guemeret an hano eus o maneryou, s o c'hestell, eus o doüarou; ar bobl »uc'h sqüezr ar re nobl, a guemeras hanvou yvez, lod eus a leac'h o guirélez, lod eus o c'halitez; hinyennou s a oad, hinyennou all eus ar vecher çunduënt; hegon au darn-vuyà pere guemerent qet a leshano a voüé roët co leshauvou godiçz hac a so chomit a oudevez gad nep so disqennet azeu, ac'hauo al leshanyou ar roüe, l priuç, au escob, ar pap, cardinal, alouç, persoü, belecg, manah, crom, rn, dal, cam, penuecq, scoüaruecq, adecq, mendecq, yvinecq, qeinecq.

---

taro, cecq, eognicq, lapous, porc'hell, fur, furicq, foll, follicq, etc.

SURNOMMER, leshenvel, *pr.* leshben vet, leshanvét. *Van.* leshauueiñ, leshanval.

SURNUMERAIRE, dreist-niver.

SURPASSER, trémeñ dreist, *pl.* trémenet. *v.* surmonter.

SURPLIS, *vétement ecclésiastique*, sourpilis, *pl.* ou.--*L'aile ou manche volante d'un surplis*, stolicqeñ, *pl.* ou. *Van.* id., *pl.* eü.

SURPLUS, *le surplus*, ar peza so ouc'h penn, an nemoraud, an demorand.—*Payer le surplus*, paëa an demorand. —, *Au surplus*, evit fead eus an nemorand.

SURPRENANT, *e*, suprenus, souprenus, oc'h, á, añ. — *Nouvelle surprenante*, qéhézl suprenus. B.-*Léon*, menecq souprenus.

SURPRENDRE, supreni, *pr.* el; souri. preni, soupren, *ppr.* el ; souëza, *pr.* el; lacqaat da sonëza, *pr.* lecqëet.—*Ils furent sur le point de surprendre la tille*, dare à voa dézo supreni kear, dare voa dé-, zeu soupren kær. — *Je suis surpris que.,* souëza a gañ, souëz oun — *Vous serez surpris quand vous apprendrez que ,* soëza a reot ou soüez vihot pa glévot penaus.

SURPRISE, *tromperie*, tromplérez, triñchérez, *ppl.* ou. — *Se garder des surprise*, divoall ouc'h triñcherez, divoall, ouc'h tromplérez, *pr.* divoallet.—*Surprise, étonnement*, soüez.--*Sa surprise fut, extrême me voyant entrer, fem.* he souëz, *masc.* e soüez a voüé bras pa vellus a-, c'hanon oc'h-antren. — *Surprise, méprise*, disouch.—*Par surprise, sans y penser*, dre disoñch, hep souch, hep rat.—*Revenir d'une surprise*, divanega e spe-, red, *pr.* divaneguet; digueri au naou-la-gad, *pr.* digoret.

SURSAUT, *réveil subit*, dishun prondt, dihun èn un taul-count.—*En sursaut*, èu un taul, èu un taul-count, èn ui lanm.

SURSEANCE, termen, spanaënn.— *Il a obtenu une surséance de deux mois ,* daou viz termen èn deus bet digad ar barneur. — *Donnez un peu de sursiance , à votre tristesse*, roït un nebeud astal ou spanaënn d'o tristidignez.

· SURSEOIR, *t. de pratique*, rei termen, rei amser, *pr.* roët; dibaoüez da boursu ur procès, *pr.* dibaoüezet; reculi ar varnediguez eus a un æffer, accordi un dale, *pr.* et; deporti un amser, *pr.* et. *Van.* daveeiñ, *pr.* davēel; dalheiñ, *pr.* dalhet.

· SURTOUT, *grosse casaque qui se met par-dessus les habits*, flodtanteü, *pl.* ou. *v.* houpelande. — *Otez ce surtout de plâtre que je vois sur vos joues*, lamit ou distaguit an drusqenn plastr-ze divar o livoc'h.

· SURTOUT, *H.-Leon*, pourguedqed, ispicyal. *Aill.* e-spicyal, e-specyal. — *Sur toutes choses*, dreist pep tra ou tra oll. *Van.* dres pep tra, dreis pep tra.

SURVEILLANT, *e*, evezyand, *pl.* ed; evezyad, *pl.* evezidy; nep èn deus al lagad var ar re all, nep a daul evez ouc'h ar re all, nep a dle teureul evez oud an re all.

SURVEILLE, *avant-veille*, derc'heut déac'h, *id est*, dervez-qent deac'h; daou zez qent. — *La surveille de Noël*, an derc'heut deac'h diaraucg Nedelecq, daou dez diognent Nedelecq.

SURVEILLER, evezzant oud ar re all, *pr.* ēet; teureul evez oud ar re al!, *pr.* taulet; cahout an lagad ou al lagad var re all, *pr* bet. *Van.* eüeheiñ doh er re arall ou doh er re all ou doh er reéreli ou doh er re' rall.

· SURVENANT, *e*, a arru hep soñch, a zigüez pa n'en esperet qet.

· SURVENDRE, re verza, *pr.* et. *Van.* re üerheiñ., güerheiñ re guer, *ppr.* et.

· SURVENIR, arrüout hep soñch, *pr.* arrüet; digoüezout pa ne soügér qet ou pa soügér bihaua; doñnet var, etc., *pr.* deüēt.

· SURVENTE, re guer guērzidiguez.

SURVIVANCE. faver autrēet gad ar roüe da ur re-bennac, da boçzedi ur garg ha d'e eçzerci goude maro nep èn deus-hy.

SURVIVANCIER, nep so pourvezet eus a ur garg èn qen cas ma veffé goude nep èn deus-hy.

· SURVIVANT, *e*, an hiny eus an daou a veff pellâ ou a varv au divez â.

SURVIVRE, beva goude eguile, beva var lerc'h un all; *pr.* bevet. — *Elle a*

survécu d son mari, bevet be den lerc'h he ozac'h *ou* goude he ph

— *Il a survéü d son bien et elle d neur*, bevet èn dens è var lec'h t ha by goude he enor, sioüaz.

SUS, *sorte d'interjection*, orsus sus, traraillons tous ensemble, boüromp oll var an dro. — *Sus*, nyme de sur, *prép.*, dreist, var, penn. — *Le quart en sus ou le peri*, palevars dreist, ar bévarè rann penn. — *Un vieil impot qu'on a re* un impod coz a so lecqeat a-név ar bopl.

SUSCEPTIBLE, disposet da capapl da receff *ou* da receo, oh,

SUSCITATION, solytamand, *Van.* solytemand.

SUSCITER, *produire*, *faire pri* dideunu, *pr.* dideunet; ober ap *pr.* græt; digaçz, *pr.* digaçzet; roët — *Dieu a suscité de temps n* des prophètes, des martyrs, des *a* pour etc., Doüe dre e vadélez, è roët ou digaçzet d'e bopl a amserser propheded, merzeu ryen, doe evit, etc. — *Susciter, exciter d faire* chose, solyta, *pr.* et; alya, *pr.* et solyteiñ.

SUSCRIPTION, titr un acta, ul lizer.

SUSPECT, *ecle*, souspedt, su doüetus, oh, â; pe eus an heny leac'h da disfizya.

SUSPENDRE, *attacher en haut*, ga, *pr.* çrouguet; scourra, *pr.* rel; lacqāt è crouceq ou è scour vilh ou a ispilh, etc., *pr.* lecqēet. scoureiñ, lacqeiñ è pign. — *Le fer* suspendu contre une pierre d'aiman, houarn a chom a zivilh èn ear voyen hac an nerz eus a ur mæ ich a véz a zyoc'h dezâ. — *Su* surseoir. *v.-y.* — *Suspendre l'espri* péuta ar spered, *pr.* suspentet. nous a suspendu agréablement l'e dant quelque temps, è spaçz un ne amser èn dens dalc'het hon s vel è crouceq èn ur freçzou meurbed, suspéntet èn dens hon spered. — *Suspendez votre ju*

varnit dèn e-bet; n'en hem hastit da zouguen setançz a euep oc'h-itez, ne zroucq-songit qet eus ho zâ, ne boüezit qet var ar pez a glé-na var guement a allac'h da vellet ho c'hentez, dalc'hit ho spered è d var fæd eus ho neçzau, ne jugil, suspentit ho spéred. — *Suspendre*, *irer*, dale evit un amser, *pr.* dale-o. *surseoir.* — *Suspendre, interdire à lqu'un les fonctions de sa charge*, sus-ti ur re bennac, *pr.* suspentet. *v. in-ire.* — *Nos juges sont suspendus*, sus-tet eo hor barneuryen, suspént eo barnéryen. — *L'evéque l'a suspendu 'a fait suspendre pour trois mois*, sus-tet eo gad au escop evit try miz am-, great eo suspént gad an escop a-in da dry miz.

SUSPENDU, *ue*, pendant, dispilh, a dilh, ispilh, a ispilh, divilh, a zivilh, ribilh, a zistribilh, ètribilh, a is-dilh, croucq, è croucq, scourr, è urr.

SUSPENS, *interdit pour un temps*, pént. — *Il est déclaré suspens de fait 'e droit*, disclæryet eo suspént hac edt hac hervez ar guir.—*En suspens*, s *l'incertitude*, è doüedt ou balançz *Tenir quelqu'un en suspends*, lesel ur ê doüet, *pr.* leset. — *Il est en suspens*, e sait ce qu'il doit faire, èz ma è ba-çz ou è doüet ha ne oar pe dle da o-

SUSPENSE, *censure de l'église*, sus-içz. — *Etre en suspense*, beza didau péuçz, *pr.* bet.

SUSPENSION, *action de suspendre le ement, l'esprit*, suspéntadur, dale. SUSPENSION *d'armes, trêve courte et ticulière entre deux partis*, trevers e-neubend a amser, *pl.* treversou.— *Suspension, interdiction*, suspéntidi-èz. — *A peine de suspension de leurs rges*, didan boan a suspéntidignez t ho c'harg.

SUSPICION, *soupçon en t. de palais*, ipicyon.

SUSTENTER, *sustanta, sustanti*, *. sustantet. v. substanter.*

SUTURE, *t. d'anatomie*, joëntradur

an esquern. *Van.* joëutadur an esqern.

— *Les sutures du crâne*, ar joëntradur eus a groguenn ar penn. *Van.* er joeu-tradur ag e gloren er peenn. — *Suture*, *t. de chirurgie*, ar gruyadur eus a ur gouly. — *Suture, cicatrice d'une plaie*, cleyzenn, ar c'hleyzenn. *Van.* èr gle-yzeenn.

SUZANNE, *nom de femme*, Suzaña. — *Suzanne dont parle le prophète Daniel fut soluitée et calomniée par deux vieil-lards*, ar c'hrecg chast Suzanna pe eus a hiny ez lennomp ar venleudy ebarz è levr ar prophed Danyel, tryzecqved jabist, a yoa solytet da bec'hi, ha defaut e ober, a voüé fals — accuset gand daou zen coz iffam, luxurius evel bou-c'hed. — *PetiteSuzanne ou Suzon*, Suzicg.

SUZERAIN, autrou uhel ha gallou-dus a so dreist an uhel-justicéryen ha ne zale'n nemed eus ar roüe, souze-renn, autrou souzerenn, *pl.* nez.

SUZERAINETÉ, *droit de ressort que quelques grands seigneurs ont conservé en vertu de quelques titres*, souzérainaich. *M. un tel, duc et pair de France, a une suzeraineté*, an autrou hen-a-hen dueg ha par a Françz, èn deus ur souzeré-ñaich, pe mar deo güel gueneoc'h, ur autrounyaich souz'renu.

SYCOMORE, *arbre*, sycamorenn, *pl.* ed.

SYLLABE, *partie d'un mot*, syllabeñ, *pl.* ou. — *Un mot d'une syllabe ou mono-syllabe*, ur guer eus a ur syllabenn hep qen, ur guer trouc'h ou besq.—*Mot de deux syllabes*, ur guer eus a ziou sil-labenn, ur guer berr.—*Mot de trois syl-labes*, trysyllabenn, *pl.* ou; ur guer a deyr syllabenn.

SYLLOGISER, *faire des arguments*, ober arguamanchou. *pr.* græt.

SYLLOGISME, *argument composé de trois propositions, la majeure, la mineure et la conclusion*, arguamaud, *pl.* argua-manchou. — *Mettre un syllogisme en for-me*, furmi ur arguamand, *pr.* furmet; lacqât furm èn un arguamand.

SYLVESTRE, *nom d'homme*, Silvest, Selvest.

SYMBOLE, *type, figure*, arroüez, *pl.*

you. — *Le chien est le symbole de la fidé-lité*, ar c'hy a so an azrouëz eus ar fi-delded. — *Symbole, mémoire des articles de la foi*, ar gredenu gristenn, credeñ an æbéstel, an abrich eus ar feiz chris-tenn hervez an æbestel, ar gredo. — *Le symbole du concile de Nicée*, ar gredo eus an ovérenn, ar gredo vras. — *Le sym-bole de S. Athanase*, an abreich eus an articiou eus ar feiz, hervez sant Atanaz.

**SYMBOLISER**, héveloul. *pr.* hévelet.

**SYMETRIE**, musulyou iñgal, an iñ-galder eus ar musulyou.

**SYMPATHIE**, hévelidiguez a humor, eñclinaciouñou hével.

**SYMPATHIQUE**, hével a humor oud un all. — *Poudre sympathique*, poultr sympaty

**SYMPATHISER**, hévelout a humor, cahout eñclinaciouñou hével, cahout ür mémés humor.

**SYMPHONIE**, melody, *pl.* ou; ac-córd agreapl a voëzyou pe a vinyou.

**SYMPTOME**, mercq én ur c'hléved, syn evit aznaout an natur eus a ur c'hléved. — *Le délire est un symptôme de fièvre*, an alfo a so ur mercq.hazuad a derzyenu.

**SYNAGOGUE**, *assemblée des Juifs*, sy-nagoga, un seurd chapell evit pidi Doüe hac evit esplicqa al lésenu. — *Dans la seule ville de Jérusalem on comptait 480 sy-nagogues*, è Jerusalem hemyqen, hep compseus ar c'hæryou all. ez countét bede pevar c'hant ha pevar-uguent sy-nagoga. — *Enterrer la synagogue avec honneur*, bede distruigea. distruigea gand honestiz, peue achui un dra gand euor, *pr.* peur-achuët.

**SYNCOPE**, *t. de grammaire*, diver-radur eus al lizerennou pesyilabeñou. — *Syncope, t. de médecine, soudaine dé-faillance de cœur*, fallaënn, goasqadeñ, *ppl.* ou. *Van.* vagannereh.

**SYNDÉRÈSE**, *reproche secret que fait la conscience*, rebeich, *pl.* ou, a-berz ar gonstyauçz. *v. remords.*

**SYNDIC**, sindicq, *pl.* ed. *Van.* id.

**SYNDICAT**, sindicaich, carg ar syn-dicq. — *Il s'est comporté dans le syndicat avec honnear*, gand euor èn deus tré-

meuet e syndicaich.

**SYNDIQUER**, *censurer*, coñtañ *pr.* contrerollet; tamal, *pr.* tam.

**SYNODAL**, *ale*, a aparchant oud sened. — *Statuts synodaux*, statou sened.

**SYNODE**, *concile*, sened. *pl.* ou nejou. *v. concile* — *Synode d'un sened, sened an escoply.

**SYNONYME**, ur gner èn de memès sinifyançz gad ur guer eü. *Crainte et peur sont des mots syno-spond hac aoun a so daou c'berg oz deus ur mémès sinifyançz, pe un da vad.

**SYNTAXE**, *construction du dis-creadur a c'heryou hac a phrasñ hervez ar gramell. — *Une syntax, ur syntax, ur levr a gompren ar lyou eus ar gramel.

**SYSTÈME**, *supposition d'un certain arrangement des parties de l'univers accord eus ar pez a gompos ar bed. *Système, état, situation*, stad. — *L tème des affaires de la cour*, ar stad a afferyou al lès.

### T

**TA**, *pron. fém.*, daz, da, ta. *Va te. Il faut rendre ton et tes par les mots*. — *Ta raison, ta femme*, daz squ daz greeg; da ou ta sqyand, da c'hrecg. — *Ta maison, ta fille*, daz ou ta dy, d'az merc'h, da ou ta ty. — *Ton esprit, ton mari*, daz spered ozac'h, da ou ta spered, da ou ta cu. — *Ton père, ta mère, tes enfants*, tad, daz mam, d'az bougale, da da vam, da vougale, ta dad, ta ta vugale. — *Ta cause, ton procès, juges*, daz caoz, daz procès, d'a neuryen; da gaos, da brocès, da neuryen, ta gaus, ta brocès, ta ryen — *Tes champs, tes biens*, tes filles, daz parcou, daz gladou. mibyen, d'az merc'hed; da c'hl da barcou, da vibyen, da verc'he barcou, ta c'hladou, ta vibyen, b c'hed

**TABAC**, *plante dont on use fort*

'ment, butum, butun. *Van.* id. –
ne de tabac, had batum. *Van.* id.
*Tabac en feuilles*, butum-feill- –
lle de tabac, delyenn butum, *pl.* de-
. — *Côte de tabac*, costou butum,
jou butum.—*Tabae en poudre*, bu-
malet *ou* poultr, poultr-butum.
butun malet. — *Tabac en fumée,*
u mogueil. *Van.* id. — *Une prise de*
·, ur banue butum, ur fryad bu-
. *ppl.* banneou, fryadou. *Leon.* pri-
, *pl.* ou; ur brisenn vutum. *Van.*
i vutum, ur üeh vutum, ur bañah
m, *ppl.* güeñéü, baunañéü. - *Tabac*
cher, butin chaocq. *Van.* butum
. — *Un morceau de tabac d mâcher,*
nenaouad *ou* un tam butum jaocq.
ur begad butum. — *User de tabac,*
mi, *pr.* butumet; butuni, *pr.* et.
butumeiñ, butumeiñ, butunat,
qt. — *User de tabac en fumée*, mo-
li, moguedi butum, *pr.* moguedet;
er butum é megued, qemer bu-
qorn, *pr.* qemeret. — *User de tabac*
oudre, qemeret butum malet *ou* bu-
·poultr *ou* poultr-butum, *pr.* id.—
r du tabac, jaucqat butum, qe-
butum jaucq. — *User de tabac en*
ositoire, lacqât butum a ziañ naou
zioc'h trauun, *pr.* leoqéet. — *Celui*
se de tabac, butuner, butumer,
yen. *Van.* butumour, butumour,
yon, yan. — *Celle qui use de tabac,*
merès, *pl.* ed. *Van.* butumoures,
moures, *ppl.* ed.
BATIÈRE, boëstl butum, *pl.* boëstl-
butumoüer, *pl.* ou. *Van.* boëst bu-
*pl.* boëstéü.
ABELLION, *notaire dans une seigneu-*
l justice subalterne, tablezer, *pl.*
—*Tabellions royaux,* notered rocal.
ABERNACLE, tabernacl, *pl.* ou
id., *pl.* éü. — *La fête des tabernacles,*
scénopégie, fête des Juifs étant en pos-
rn de la terre de Chanaan, instituée en
oire de ce que les Israélites avaient ha-
ous des tentes dans le désert, goël ar
Ennou, a vezé miret da hanter-
golo gad ar Yuzévyen.
ABIS, *étoffe de soie ondée,* taftas bras
t en oundès.

TABLE, taul, *pl.* you. *Van.* taul, *pl.*
yeü. *Trég.* taul, *pl.* yo. — *Une table, lu*
table, un daul, au daul. *Van.* id.—*Des*
tables, les tables, taulyou, an daulyou.—
*Petite table*, tauliog, *pl.* taulyouïgou;
taul vihan, *pl.* taulyou. — *Se mettre à*
table, hem lacqaat ouc'h taul, *pr.* lacqéet. — *S'asseoir à table,* aseza ouc'h
taul, asçza oud an daul, *pr.* asezet. —
*Couvrir la table, y mettre les viandes,* servicha an daul, *pr.* servichet; lacqât ar
boëd var an daul. *v. mettre le couvert.*—
*Se lever de table,* sevel dioue'h an daul.
sevel dioue'h taul, *pr.* savet. — *Lever le*
service de table, sevel ar boëd divar an
daul, *pr.* savet; diservicha an daul, *pr.*
diservichet. — *Bonne table,* tynell vad,
*pl.* tynellou vad. — *Il tient bonne table,*
tynell vad a so gand-hà.— *Tenir table;*
beza pell ouc'h taul, *pr.* bet. — *Tenir*
table ouverte, derc'hel taul evit qement
a gar doñnet, *pr.* dalc'het. — *Manger à*
table d'hôte, dibri dioue'h pris greut, *pr.*
débret. — *Table de livre,* taulen, *pl.* ou.
*Van.* id., *pl.* eü. — *Les tables d'un livre*
sont d'un grand secours, sicourus bras eo
an daulenn-eus a ul levr. — *La table de*
marbre, le siège du connétable et des maréchaux de France, an daul marpr. — *La*
table de la communion, an daul sacr, an
daul basq.

TABLEAU, taulen, *pl.* ou. *Van.* tau-
leenn, *pl.* eü. — *Un beau tableau,* un
daulenn gaër. — *Petit tableau,* taulen-
nieg. *pl.* taulennouïgou; un daulen vihan. — *Un très-petit tableau,* un daulen-
nicg vihan, qer bihan ha tra. — *Carré*
de tableau, stærn taulen, stearn, stearn
un daulenn, *pl.* stærnou taulenn.

TABLETTE, *planche pour recevoir quel-*
que chose, tauliog, *pl.* taulyouïgou. —
*Tablette, électuaire solide,* tabletescon,
*pl.* tabletès. *v. muscadin.* — *Tablettes à*
ecrire avec un stylet. tablesennou.

TABLIER, *etoffe qu'on met devant soi,*
diarauguenn, *pl.* ou. — *Tablier de fem-*
me, tavauger. *pl.* ou; un davanger. *Van.*.
danter, *pl.* eü. — *Tablier, échiquier, ta-*
blez, *pl.* ou.

TABOURET, tabouled, *pl.* ou. *Van.*
tabouréau, *pl.* tabouréyeü.

52

TACHE, *souillé*, tachenn, *pl.* ou; tachadur, *pl.* ou, you; êñtaich, *pl.* ou;
tarch, *pl.* ou. *Van.* tachadur, tach, *ppl.*
eü. — *Otez ces taches de votre habit*, lamit
un tachadur-ze eus oc'h-abyd, didai-
ebit oc'h-abyd. — *Tache naturelle en quel-*
*que partie du corps*, azroüez, *pl.* you; plustrenn, *pl.* ou; mercq a zeu gad un dèn
ar bed, *pl.* mercqou. — *Tache, déshon-*
*neur*, tachadur, êñtaich, direnor. —
*C'est un tache à sa réputation*, un êñtaich
eu taichadur eo qe neñ-ze dezañ, disenor eo evit-hâ. — *Tache, macule, défaut*,
êñtaich, *pl.* ou; sy, *pl.* ou; namm, *pl.*
ou. *Van.* tach, *pl.* eü. — *Sans tache*, dinamm, didaich, dientaich, diantecq,
hep sy, hep êñtaich, hep namm. —
*La très-sainte Vierge a été conçue sans la*
*tache du péché originel*, ar Verc'hès sacr
a so bet concevet dinamm *ou* diantecq
*ou* dieûtaich *ou* didaich *ou* hep an eû-
taich eus ar peched original.—*L'agneau*
*sans tache*, an oan didaich, an oan dinamm *ou* dieûtaich *ou* glan, an oan hep
sy. — *Oter les taches, effacer une tache*,
didaicha, *pr.* et; deiûtaicha, *pr.* et; di-
darcha, *pr.* et. *Van.* dilacheiñ, *pr.* et.

TACHE, *ouvrage à faire*, poëllad, *pl.*
ou; rabynad labour, *pl.* rabinadou; pennad labour, *pl.* pennadou; pez labour,
*pl.* pezyou; taulad labour. *pl.* tauladou.
*Van.* peh labour, *pl.* peheü; peennad
labour, *pl.* pennadeü. — *Faire sa tâche*,
ober e boëllad, ober e bez labour, etc.,
*pr.* græt.

TACHER, *s'efforcer de*, poëlladi, *pr.*
et; lacqât poëllad da zont a-benn eus
a, etc., lacqât poan evit dont a benn
eus a un dra-bennac, *pr.* lecqêet.

TACHETER, brizella, *pr* et; marella, *pr.* et. *Van.* breheiñ, briheiñ, marel-
leiñ. — *Les tigres sont tachetés*, an tigred
a su brizellet *ou* marellet ho c'hroc'hen.

TACITE, *sous-entendu*, a glêver hep

le lavarêt, segred.—*Consentement*
un açzandt segred. — *Condition*
un divis secréd, un divis a tâ[...]
da lacqât hep e lavaret.

TACITEMENT, hep lavarel
secred.

TACITURNE, *qui parle peu*, [...]
syoul, syoulicq, oc'h, â, añ; ta[...]
— *Taciturne, qui ne mène pas à* [...]
peoc'hus, disafar, disâvar, [...]
oc'h, â, añ.

TACITURNITÉ, syoulder, pe[...]

TACT, *t. de philosophie*, an to[...]
santidignez eus an touich.

TADEC (saint), *abbé*, fut te[...]
*Judulus par le seigneur du Faou*, [...]
*mencement du 6.ᵉ siècle, au lieu* [...]
en réparation de son double meur[...]
baye de Daou-gloas *ou* Dau-gloa[...]
pelle à présent l'abbaye et le bourg [...]
las, id est, l'abbaye des deux pl[...]
Tadecq, an abad sant Tadecq p[...]
yoa lazet èn dra edo o cana a[...]
renn-bred.

TAFFETAS, *étoffe de soie*, ta[...]
Taffetas blanc, noir, rouge, te[...]
gris, taftas guêñ, du, ruz, gla[...]
gris.

TAIE, *enveloppe d'oreiller*, g[...]
ñec, *pl.* goloou-pluñuecq. — T[...]
*licule sur l'œil*, taich, *pl.* ou; b[...]
ou; banne, *pl.* ou; coe'henn s[...]
hibyl *ou* var map au lagad, gl[...]
vet var al lagad, *ppl.* ou. *Van.* g[...]
*pl.* eü; ur üenneun. — *Grain* [...]
d'ambre, pour le mal aux yeux, [...]
siper les taies, patereñ ar banne,
terennou.

TAILLABLE, tellapl, teilha[...]
hapl, suget dan dell, suget d'a[...]

TAILLADE, *coupure*, tailha[...]
you. — *Taillade, balafre*, tailha[...]
you.

TAILLADER, *t. de tailleur*, [...]
porpanchou, *pr.* et; didrouc'ha [...]
*pr.* didrouc'het. *v. déchiqueter.* —
*tarder, couper du taillant, faire de* [...]
des, des estafilades, didailha, *pr.* [...]
drouc'ha, *pr.* et *v. balafrer.*

TAILLANDIER, *qui fait des* [...]
tailhander, *pl.* yen.

ILLANT, *tranchant d'épée*, al lémm
drémm *ou* ar barven *ou* an neudeñ
un ostilh a drouc'h. *Van.* en tu
a, eu tu luemm, el luemm.

ILLE, *coupe de bois*, tailh, trouc'h.
*cheler la taille d'un bois*, prena au
*ou* an trouc'h eu. a ur c'hoad. *Van.*
eiñ en tailh *ou* troh ag ur hoëd,
réneł. — *Taille. v. taillis.* — *Tail-*
*de chirurgie*, tailh. *Van.* id. — *Il a*
rt *la taille*, et on lui a tiré la pierre
*vessie*, græt eo bet au tailh dozâ *ou*
t eo bet ha tennet eus e vezeguell
en-gravell. — *Frapper d'estoc et de*
, sqei gad ar becg ha gad al lémm,
t ët. — *Pierre de taille, pierre propre*
*taillée*, mæn bénérès, *pl.* mæin
rès; mæin da.vena; mæn tailh, *pl.*
tailh. — *La taille des vignes , des*
t, *des plumes*, tailh, an tailh eus a,
— *Taille de bois, estampe gravée sur*
*lanche de bois*, stamp, *pl.* ou.—*Tail-*
*ice, estampe gratée sur cuivre*, stamp
t. stampou; furm douçz, *pl.* fur-
—*Taille, stature*, tailh, mænt. *Van.*
- *Il est d'une belle taille*, eus a un
vras eo, eus a ur vént caër eo. *v.*
*e.*—*Et de grande taille*, beza meu-
— *Taille, impôt*, tell, *pl.* ou; toilh,
; tailh, *pl.* ou. *Van.* tailh; *pl.* eû.
*tre la taille*, lacqât an dell, *pr.* lec-
diaseza an dailh, *pr.* et; iñgali au
, *pr.* iñgalet. — *Celui qui met la taille*,
tér au dailh, *pl.* yon; iñgaler, *pl.* yen.
*yer la taille*, paëa an dell, *pr.* paëet.
ILLER, *couper*, tailha, *pr.* et. *Van.*
iñ. — *Tailler un habit, un manteau,*
t un abyd, ur vantell. — *Tailler*
*bres*, tailha ar guëz. — *Tailler de*
*re*, bena mein, *pr.* et; tailha mein.
tailheiñ meiñ. — *Tailler la vigne*,
guiny. *Van.* beineiñ er huîniecq,
inet.—*Tailler quelque figure, sculp-*
ulti, *pr.* et; êñgravi, *pr.* et.—*Tail-*
*e personne, tirer la pierre de la vessie*,
un dén. — *Tailler des plumes*, tail-
añ. — *Tailler en pièces, battre et dé-*
*plate couture l'armée ennemie*, tail-
 blad *ou* tailha a blad-caër adver-
en ar stadou.

ILLEUR, *qui taille des habits*, tail-

hèr, *pl.* yen; mæstr-qemeneur, *pl.* mis-
try-qemeneu:yen. *Van.* tailhour, *pl.*
eryon; qemenour, gouryer, *ppl.* yon ;
yan. *v. tailleuse.* — *Tailleur pour homme*,
tailhèr goaz, tailhèr evit goazed.—*Tail-*
*leur pour femme*, tailhèr greog, tailhèr
evit merc'hed.—*Tailleur de pierres*, be-
ner mæin, *pl.* beneryen væin; tailhèr-
mæn; picqèr mæu, *pl.* picqéryen væin.
*Van.* binour ou picqour mæin, *ppl.* yon.
yan. — *Tailleur qui ajuste, façonne, taîl-*
hér, *pl.* yen. *Van.* tailhour, *pl.* yon.

TAILLEUSE, qemeneurès, *pl.* ed ;
qemenerès, *pl.* ed. *Van.* qemenoures ,
qemenéres, gouryeres, *ppl.* ed.

TAILLIS, *bois en coupe réglée*, coad-
tailb, *pl.* coajou-tailh ; coad-med , *pl.*
coajou-med; *de medi , scier ;* tailhiryz,
*pl.* ou; coad tailhiryz. *Van.* coëd tailh,
*pl.* coëdeü; tailheriz, *pl.* eù.—*Taillis qui*
*n'est que d'un ou deux journaux de terre*,
bruscoad, *pl.* bruscoajou.

TAILLOIR, *assiette de bois*, tailhoüer,
*pl.* ou. *v.* tranchoir.

TAIRE, tevel, *pr.* tavet. *On écrivait*
teñel, *pr.* tañet , teñet. *Van.* taoüeiñ,
teüél, *pr.* taoüet. *Trég.* teoüel, *pr.* tae-
üet.—*Taire une chose*, tevel var un dra.
— *Faire taire*, ober tevel, lacqât da devel. *v. Al. sur fermer.* — *Se taire*, tevel.
*Van.* taoüeiñ, teüel.—*Se taire tout court*,
tevel næt ou gronç ou a grên. *Van.* taoüeiñ a grean. — *Taisez-vous*, tivit, te-
vet. *Van.* taoüet, teüet. — *Tais-toi*, tao,
tav-diñ , peoc'h , peoc'h-diñ , peoc'h
diñ-me, peoc'h diñ-me pe me he phré-
no diguenoc'h.

*TALASPIS, fleur, talaspicq.

TALC, *pierre transparente*, scant mæn,
scant mean, scant saut Vyac.

TALENT, *poids et monnaie des anciens*
Orientaux, taland, *pl.* talanchou.— *Le*
*petit ou commun talent attique d'argent va-*
*lait environ* 2,800 *livres de notre monnaie*,
an taland biban are'hand pe un taland
coumun èn Athena, a dalyo hervez hon
mouneiz ny, étro eiz çaut, huec'h scoëd
ha try-uguent hac un eiz real-bounac.
— *Le grand talent d'argent valait* 3,250
*livres*, an taland bras are'haud a dalyò
mil try scoëd ha pevar-uguent ha an-

ec'h real.—*Un talent d'or valait environ 36
mille livres,* un taland aour a dalyé è tro
dauzecq mil scoëd'en hou mouneyz-oy.
—*Le talent attique, selon quelques auteurs,
était la moitié de celui des Hebreux et des
Romains,* an taland è broAthena, a voüe
hervez hinyennou, an hanter eus a hiny an Hebreed hac a biny ar Romaned
*Talent, aptitude,* taland, dounéson natur, dounéson aberz an natur, *ppl.* ta-
mauchou, dounesonou. — *Il a du talent,
il est né avec de grands talents,* taland èn
deus, meur a daland ha talanchou bras
èn deveus bet a-berz an natur, spered
èn deus, ha spered évit meur a dra,
dounesouou natur évit ar re gaerà
èn deus bet digand Doüe, oud-hà
ez aparchant o lacqà da brofidta. —
*Il ne faut point enfouir le talent, comme
le mauvais serviteur de l'évangile,* arabad
eo cuza e daland èn doüar, evel a gueureu an servicher fall pe eus a hiny ez
comps an avyel; a-rabad eo lesel an
dounesouou natur, dibrofid, vean, pe
da vont da goll, redd eo èr c'hontroll,
ober un implich mad anezeu hac o
lacqaat da dalveza pe da brofidta. —
**TALION,** *punition pareille à l'offense,*
hével-boan. — *La peine du talion,* dent
*pour dent, œil pour œil,* un hével-boan
d'ar c'houñsapl, dant evit dant, lagad
evit lagad. — *La loi du talion,* léscun
au hével-boan. *v. loi.*
**TALISMAN,** *t. d'astrologue,* tasmand,
*pl.* tasmauchou; tasmand *signifie aussi
fantôme, illusion, et il y a lieu de croire
que les talismans sont de pures illusions.*
**TALMUD,** *livre saint des Juifs,* an talmud, levr an talmud; qizyon, lésennou,
guïryou ha cerimonyou an Yuzévyen
merqet èn ul levr henvet talmud pe hiny a salenna rambreon, a sorchennou
hac a falséntez. — *Le talmud Jérosolimi-
tain,* levr an talmud græt gand àr rabyned è collaich Jerusalem è tro try
c'hant vloaz goude guinivélez Jesus-
Christ. — *Le talmud babylonien ou simplement le talmud que les Juifs lisent et suivent ordinairement,* an talmud composet
gad ar rabyned coz charz èr c'hollaich
eus a Vahylona, è tro pemp cant vloaz

goude amser hon Sälver tar an iü
**TALMUDISTE,** nep a henïz de
durez an talmud, ar Yuzévyen.
**TALON,** *derrière du pied,* seul, iü
seul an troad, *pl.* seulyou an treïd.
id., *pl.* yeü. — *Talon de pain,* s-å
ou seulguenn vara, *ppl.* ou. — *Ta*
*fromage,* seuzlonn fourmaich, ï-å
lennou. — *Il est toujours à su* è
ez ma atau var e seuzlyou.
**TALONNER,** *poursuivre de pr*å
atau var seuzlyou treid ur re bese
bet; heulya a daust, *pr.* heulye,å
chu, *pr.* pourchuet.
**TALONNIÈRES,** *courroie p* è
*au pied les sandales ou les secs,* sëå
*pl.* ou. Burlesq. qentrou.
**TALUS,** *pente, biseau,* talud.å
taluiou. *Van.* id, *pl.* eü; *de* tal.
**TALUTER,** *élever en talus,* tal-å
et; rei tal ou coff da ur vogser, re
da ur voguer, *pr.* roët. *Van.* t-å
*pr.* et; talya ur voguer, *pr.* bï-
*Muraille bien talutée,* moguer â-
mad ou talyet-mad.
**TAMARIS** ou *tamarisc,* arbre è-å
*ne hauteur, dont les feuilles* app-å
*de celles du cyprès, sont d'un* t-å
lorn. *v. sabine.*
**TAMBOUR,** taboulin. *pl.* oñ'å
rin. *pl.* oñ. *Van.* id., *ppl.* eü. —å
*le tambour, la caisse,* sqei an d-å
*pr.* sqoët. — *Battre du tambour.* å
lina, *pr.* et; tabourina, *pr.* et;å
gad an daboulin, *pr.* et. — *T-*
*celui qui bat le tambour,* taboulå
yen; tabourinèr. *pl.* yen. *Van* å
nour, *pl.* yon, yan.
**TAMIS,** *sac,* tamonér, *pl.* oñ'
**TAMISER,** *passer par le tamis,* å
üeza. *pr.* et. *v. sasser.*
**TAMPON,** *bouchon,* tapon, *pl.*å
id., *pl.* eü. *v. bouchon.*
**TAMPONNER,** tapoñni, *pr.* å
qát un tapon, *pr.* lecqéet. *Van.* tap-å
**TAN,** *poudre d'écorce de chêne* å
*taner le cuir,* qivyg, bleud-co-å
*tient de* tann, *chêne.* — *Tan,* må
*poudre d'écorce de chêne, de* må
*chaux qu'on met dans le plain* p-å
*les chiés.* palem. — *Tan usé* å

des fossés et dont on fait des mottes à
-r. brizy. r. motte.

ANCER, reprendre, réprimander, tençer. tençret. Van. groudeiñ, gron- — Celui qui tance, tençzer, pl. yen.

ANCÉ, ée, part. passé et adj., tençzet.

ANCHE, poisson d'eau douce, tainch, ou ; plus communément, traincli, pl.

ANDIS. pendant, èndra, è qéhyd, -ad. — Tandis que, è qéhyd ma, èn-ou audra ma.

ANÉ, couleur de tan, guel, lyou qi-ou guel, lyou bleud coüez. — Ta-part. et adj. — Cuir bien tané, lezr yget mad.

TANÉE, tan usé, brizy.

TANER, préparer le cuir, qivigea, pr. Van. taueiñ r. corroyer. Taner, tan, eur riennent de tan. chêne.

TANIÈRE, toull, pl. ou. r. terrier. — tanière du renard, toull al loüarn. — ire sortir quelqu'un de sa tanière, di-zz ur re er meas eus e doull, pr. di-çzet : dibouffa ur re eus e doull, pr. soufflet.

TANNERIE, lieu pour taner les cuirs, palem, pl. tyes-palem ; qivygérez. v. iin. — Porter les cuirs à la tannerie, çz ar c'hrec'hyn d'an ty-palem, caçz lézr-criz d'an ty-palem, pr. caçzet; çz d'ar guivygérez ou d'ar guivygéry.

TANNEUR, qivygeur, pl. yen ; qivy-r, pl. éryen. Van. taneour, pl. yon, n. — Tanneur qui vend du cuir en détail, roller, pl. yen, coroilidy.

TANGUI, nom d'homme, Tangui. — n'appellais Tangui, Tangui voa va ha-b-hadez, Tangui a rent ac'hanoun. - Petit Tangui, Tanguiicq, Tangui-cq. — S. Tangui du Châtel, religieux Gerber, près du lieu où est à présent l'ab-re du Relecq, bâtit l'abbaye de S. Ma-iieu du bout d'i monde, en fut le premier bbé et y fut enterré ; on y conserve ses re-ques; c'est un très-dévot pélerinage, sant angui, breuzr da santès Heauded, a oa guinidicq eus a Kastell Tremazan n parres Landunvez var bord an and goëled Leon, hac a savas ab ity Loc-azhe penn-ar-bed, pe è leac'h ez o...

abad, ez varvas er bloaz pemp cant, pévar zecqhu pévar-uguent, eno ez ma e relegou santel.

TANT, si fort, tellement, qer crè. qe-ment. — Il l'aime tant, qement ez car anezâ, e garet a ra qer crè ou qer tom. — Tant que, si fort que, qement ma. qer crè ma. — Il l'aime tant qu'il ne peut s'en passer un moment, qement ez car a-nezañ ma rencq e gahout da bep mo-ménd. — Tant, autant, qement, qe-ment-ze, qement-mâ. — Il vous coû-tera tant, qement-ze ou qement-mâ a goustj déc'h. — Vous le paierez tant et tant, qement ha qement a bacot ane-zâ. — Tant pis, goaçz a ze, hennex ar goaçzâ. — Tant pis pour moi, goaçz a ze diñ, hennez ar goaçza diñ. Van. èn talvét dein. — Tant mieux, güell a we, hennez ar güellâ. — Tant mieux pour lui, güell a ze evitañ, güell a ze dezâ, hennez ar güellâ dezañ. — Tant plus, seul-vuy. Van. sel muy. — Tant plus il boit, tant plus il a soif; plus il boit, plus il a soif. seul vuy ma c'hef, seul vuy a sec'hed èn deus. — Tant, si grand, qement, qer, qen. — Tant de peine, si grande peine, qement a boan, qer bras poan. — Il a tant de richesses! qement a binvidiguezau èn deus! qer pinvidicq eo! — Tant que, autant que, qement ha ma, muyâ ma, qen alyès ha ma. — Il ne ra pas tant qu'il souhaiterait, ne da qet qement ha ma carré ou qen a-lyès ha ma carré. — Tant que je puis, qe-ment ha ma hallan, muyâ ma hallañ. — Tant de, qement ha on hac ou evel. — Il n'a pas tant d'or que d'argent, tant de blé que de foin, n'en deus qet qement a aour evel a arc'hand, qement a ed evel a foenn. n'en deus qet qement a aur hac a arc'hand, qement a ed hac a foënn. — Tant de, un si grand nombre, qement eus a, qement a. — Il y a tant de monde que je ne puis passer, qement a dud a so, ne allan qet trémen. — Il n'y a pas tant de fruits que à fleurs, ne deus qet qement a frouez ec'hiz a vleuñ. — Tant, si long-temps, qéhyd. — Tant et si long-temps, qement ha qéhyd. — Tant que, si long-temps que, qéhyd ha ma.

qéhyd ma. — *Tant que vous voudrez, si long-temps que vous voudrez,* qéhyd ha ma qerot, qéhyd ha ma qeroc'h. — *Il alla tant qu'il me lassa,* qéhyd èz eas ma èm scuyzas. — *Tant que je viorai,* qéhyd ha ma veviñ, ô qéhyd ma veviñ. — *Tant, adv. relatif et conj.,* qen. — *Tant petits que grands, tant les petits que les grands,* qen re vihan qen re vras, qen ar re vihan qen ar re vras.-- *Tant par mer que par terre,* qen dre vor qen dre zoüar, qen divar vor qen divar zoüar. — *Tant il est hardi,* qen hardi m'az eo, qement ez eo hardiz. *Van.* mar hardeh éü. — *Tant s'en faut, cals* a faut, èr c'hontroll-beo. — *Tant soit oeu,* un neubeudieg, un tammieg. — *Tant plus tôt,* seul qeut ou qentâ. - *Tant plus tôt ils viendront, tant mieux,* seul guent ez tuint seul vela vezo.-*Il y a du bien tant que terre,* madou èn deus qement h c a gar, madou èn deus dreist pên. — *Tant plutôt, tant mieux,* seul guentâ, seul vella. -. *En tant que,* evel, èn qement ha, — *Jesus, en tant que Dieu et en tant qu'homme,* Jesus-Christ, èn qement ha ma èz eo Doüe, hac èn qement ha ma èz eo dèn. — *L'homme, en tant qu'homme,* an dèn èn qement ha m'az eo dèn; an dèn evel dèn, an dèn sellet evel dèn.

TANTE, moëreb, *pl.* ed; moëzreb, *pl.* ed. *Ouessant,* moigna *Van.* moëreb, *pl.* ed. — *Tante paternelle,* moëreb a-berz tad — *Tante maternelle,* moëreb a-berz mamm. — *Propre tante, sœur du père ou de la mere,* moëreb compès, *pl.* moëreb ed; moigna compès, *pl.* moi-gnaëd.—*Tante, cousine germaine du père ou de la mère,* moëreb, moigna, *ppl.* ed. — *Grande tante,* moëreb coz. *pl.* moë-rebed; moigna gox. *Jeune tante,* moë-reb vihan *ou* yaoüancq. *Ouessant et B.-Léon,* moignaïeg, *pl* moignaïgou.

TANTOT, *parlant d'un temps passé il y a peu d'heures,* èr guentaon, ne deus ne-meur, ne deus qet pell. *Van.* er gue-téü. — *Il était ici tantôt, il n'y a que peu d'heures,* èr guentaou ez voüé amañ, e-do amañ ne deus nemeur, n'eus qet pell a-ha-oüé amañ. — *Tantôt, dans peu, par-*

lant d'un temps postérieur, ô berr, è abarz nemeur, bremija ; *ce dernier* le bremâ-dija, *à présent déjà*; va le pred-mañ-dija. *Van.* acoubicq — *Il viendra tantôt,* ê verr ez tuy, èz tuyo, bremija e tuy, abarz nemeur e tuyo. *Van.* acoubicq e tey, èz téy.—*Tantôt, tout à l'heure,* presan-a-bresantieq, bremaïcq, bremaïcq, den ou touchant. *Van.* touchantieq, maïcq, presantieq. — *Tantôt,* disjonctive, a-vizyou. — *Tantôt l'u tôt l'autre,* a vizyou unan, a vizyou all; a vizyou hemâ, ha vizyou egile unan bremâ, eguile goude ; è-ver eil, ê verr eguile; bremañ unan, de-ze eguile. --*Tantôt froid, tantôt* a vizyou guier, a vizyou tom. *Van.* chavé yeiu, güehavé tuem.

TAON, *grosse mouche,* sardoneü.l, ou. sardou.

TAPE, *coup de la main,* tap, *pl.* o TAPER, *donner des tapes,* tapa, tapei. *Trég.* tapañ. *H -Corn.* tapein, *ppr.* tapet. **v.** *frapper,* tape.

TAPINOIS (en), ê scoach, ê t ê coac'h.

TAPIR (se), *se blottir,* scoacha, s acho, *ppr.* et; coac'ha, *pr.* coac' èn hem blada ouc'h, *pr.* èn hem del. *Van.* scoacheiñ, scoache, et.

TAPIS, tapiçz, *pl.* ou. *Van.* id. eü. — *Tapis de Turquie,* tapiçz — *Des tapis de Perse,* tapiçzou Per *Tapis verd, tapis de verdure unie ex* de tapis, tachenn glas, *pl.* tachen glaseun, *pl.* ou; glasvez plean, *pl.* vezou; glaseun blaen, *pl.* glaseu

TAPISSER, tapiçza, *pr.* et. *Va* piçzeiñ, *pr.* et.

TAPISSERIE, tapiçziry. *Van.* zery.

TAPISSIER, tapiçzèr, *pl.* yen. tapiçzour, *pl.* tapiçzeryon

TAPISSIÈRE, tapiçzerès, *pl.* ed.

TAPON, *paquet pressé,* pacqadieç pacqadoüigou. — *Ils n'était tapis* qadieg. — *Tapon, plaque de liège* bouche l'âme du canon pour empêch

nirer, tapon, pl. ou. Van. id, pl. eû.
APOTER, se tapoter, dôrnata, pr. ëct;
iem dôrnata, pr. et. — Ces écoliers
ont bien tapotés, se sont bien battus à
is de poings, ar scolaëryen-hont o
s èn hem dôrnatëet caër.
AQUIN, personne peu honnête, tac-
n, pl. ed; fem. lacqoûnnès, pl. ed.—
nin, ladre, arare et fuquin, crez, oc'h,
r. arare.
AQUINERIE, avarice sordide, creçz-
crezny iffam. v. avarice. — Taquine-
malhonnété, tacqonnérez, pl. ou. —
le borgnesse nous fit mille taquineries,
t ha cant lacqonnérez a eureu ar
vornés hont deomp.
ARABAT, instrument pour réveil'er
noines, tarabaz, pl. ou; tarabizyer;
qeterès, pl. ou. — Mener le tarabal,
bazi, pr. et. — Celui qui a soin du ta-
t, le réteilleur, an dishunër, an di-
èr. Burlesq, an adversour.
ARABUSTER, importuner quelqu'un,
bazi ur re, pr. et; tarabuzi ur re,
t. — Il m'étourdit à force de me ta-
ister, borrodet oun oll gandhâ qent a ra oud va zarabazi ou oud va
ibusi ou o tarabuzi ac'hanoun.
'ARARE, mot burl. pour se moquer de
u'on dit, lara, baca lacqañ me amâ,
na véz yvez.
:ARD, divèzât, oc'h, â. Van. divëat.
ehat, oh. añ, aoñ. — Il se fait tard,
ezaleo. Van. diñehat eû —Trop tard,
tivezat. — Plus tard qu'hier, diveza-
'h evit dec'h. — Fort tard, divezat
s ou meurbeḍ. — D'aujourd'hui en
in pour le plus tard, èn deiz-ma peñn
:enn evil an divezatâ, d'an divezata
enn an deiz-mâ peñ blizeñ ou peñ
un ou penn bloaz.
:ARDER, dalea, dalco, daleout, da-
pr. dalëet. Van. daleciñ, pr. dalëet.
Où avez-vous tant tardé? pe ê teac'h
iihanâ oc'h eus-hu dalëet qélydam-
? — Qui fait tarder. daleüs, oh, añ.
Cette besogne ne se fait pas si vite qu'une
re, on y tarde quelque diligence qu'on
porte, daleûs bras eo al labour-hont.
Celui qui est habitué à tarder à tout ce
il fait, dalœur, pl. yen; hualet, H-

fret, lifrëct, ppl. tud, etc. v. entrâtes. —
Sans tarder, hep dale.- Tarder, presser,
despailha, pr, et; beza despailh, pr. bet.
Ces mots sont de Léon. — Elle tarde à être
mariée, il lui tarde qu'elle ne soit mariée,
despailha a ra he dimizi, despailh eo he
dimizi var he meno, dibenn gourset eo
he dimizi; de cours, temps. — Rien ne
tarde, rien ne tarde de la marier, n'-eus
tra despailh, ne zespailh qet he dimizi, ne dro qet c'hoaz despailh he dimizi;
ne qet di benn-gourset. — Il me tardait
qu'il s'en allât. despailh bras a voa gue-
uè ez azé èn e roud.
TARDIF, ive, qui tarde trop à venir,
daléûs, lént. goriecq, divezat, oc'h,
â. añ. Van. daléûs, deûehat. — Le secours a ète trop tardif, la ville était prise,
re zaléûs eo bel ar sicour, amser a so
bet da guemeret kær abarz ma voa deuët. — Les bœufs et les ânes sont naturellement tardifs, an egenned bac an æsen
a so lent dre natur ou a so gorrecq dre
natur. — Des fruits tardifs, frouëz divezat. — Une pénitence trop tardive est
souvent inutile, ar binigeñ a rear re zi-
vézat a so peurlyeçzâ dibrofid.—Tardif
d'esprit, loud, grossier, pesant, pouner,
lént, lént ou pouuér a spered, caled a
benn.
TARDIVETÉ, lenteur du mouvement,
léntèry. léntéguez, gorréguez.
TARENTULE, araignée fort commune
d Tarente, d'où elle tire son nom, turrén-
tolenn, pl. ed; qifnyden vras pe eus a
hiny ar binim èn deus effejou dreistordinal.
TARGE, bouclier des anciens, tarjam
pl. au; tarjan, pl. au; targad, pl. au ;
tyrenn, pl. aou. r. bouclier, patois.
TARGETTE, moraillh plad, pl. mo-
raillhou plad. Van. courouilh, pl. eû.
TARIERE, talazr, pl. ou; tarazr, pl.
ou ; talaër, ppl. ou. Van. tarér, pl. eû ;
terér. pl. eû.
TARIF, taryff, pl. ou.
TARIN, petit oiseau, tharin, pl. ed.
TARIR, disec'ha, pr. et; lacqât da
hesq ou da hesp, pr. lecqëet; mont da
hesq ou da hesp, pr. ëet. H.-Corn. hespo,
pr. herpet; mont da hesp. Van. disec-

heiñ, hesqelñ, hespeiñ, ppr. et.

TARISSEMENT, hesq, hesp, disc-c'hadur. *Van.* hesqadur, hespadur, disebercah.

TARTARIE. *pays*, Tartarya, Tartary.—*Les habitants de la Tartarie, les Tartares*, an Tartared, an Dartared.

TARTE, *pâtisserie*, taltaseñ, *pl.* taltas.

TARTUFE, ympocrid, *pl.* ed; brizdevod, *pl.* ed; falsdevod, *pl.* ed; pilpous, caûfard, *ppl.* ed.

TARTUFIER, *faire le tartufe*, ober an ympocrid, *pr.* gr et; pilpousa, *pr.* et. *v. tissu.*

TAS, *amas de plusieurs choses*, tas, *pl.* ou; das, *pl.* ou; taçzad, *pl.* ou; daçzad, *pl.* ou; blocqad, *pl.* ou. *Van.* teçz, *pl.* éû. — *Il y a là un grand tas de vilainies*, un tas brás a vyltaucz a so a hont, un daçzad orrup a draou vyl a so a hont. —*Un tas de foin, de pierres, de fagots*, nn tas foënn, un tas mæin, un tas faged; un taçzad foënn, un taçzad mæin, un taçrad fagod. *v. meule, monceau.* — *Faire des tas*, taçza, *pr.* et; eûtaçzu, *pr.* et. *Var.* teçzciñ, *pr.* teçzet.

TASSE, *vase*, taçz, *pl.* ou. *Van.* id., *pl.* taçzéû.

TASSÉE, *plein une tasse*, taçzad, *pl.* ou. *Van.* id., *pl.* éû. —*Une tassée de vin*, un taçzad guin.

TASSER, *entasser*, taçza, *pr.* et; daçza, *pr.* et; eûtaçza, *pr.* et. *Van.* teçzeiû, *pr.* teçzet.

TATA, *t. enfantin*, tata, tadta. *Ces mots viennent de* tat, tad, *père; de même que* tataïcq, *cher père, vient de* tata.

TATER, *toucher avec la main*, teuta. *pr.* teutet. *Van.* tastourneiû.—*Tâter le pouls à quelqu'un*, teuta ar pouls da ur re-bennac, teuta gouzyen ar meud da ur re. *Cela se dit aussi au figuré.*—*Tâter, goûter*, tañva, tañvàt, *ppr.* tanvèct. *Van.* tañoûeiû, tañoû̀t, *ppr.* eit.—*Qui tâte des dattes, jamais n'en tâte,*

Nep a blaut ur vezen palmès,
Byqen na dañva he frouèz.

TATEUR, teuter, tañvêer, *ppl.* yen.

TATINER, teuta alyes a véach, *pr.* et.

TATONNER, *aller en tâtant*, tastoñnat, *pr.* et; juont a dastonn, *pr.* êet;

|olasq a dastoun, *pr.* claçqet. *Va.* tourneiñ, monet a dastouru. — *Ê ner avec la main*, tastoûni. tastoñnet, tastounel. *Van.* tastou. — *Action de tâtonner*, tastoûñtérez. *Van.* tastoucreah. — *Ceu tonne*, tastouner, *pl.* yeu. *Van.* nér, *pl.* yon, yan. — *Tâtonn suvalité*, mérat, *pr.* méret; em *pr.* embreguet; dorlota, *pr. Van.* dorloteiñ, *pr.* dorlotet. *semble être composé de* dourn, loc'hat, *toucher de la main; ou manier beaucoup; ou bien encore mignon.* — *Action de tâtonner lité*, méradur, embreguerez. rez. —*Celui qui tâtonne ainsi*, embreguer, *ppl.* yen.

TATONS (à), *en tâtonnat.* tonn, a dastoun, o teuta, toûnat. *Van.* a dastouru.

TAUDIS, coz-ty, *pl.* ès, c *pl.* ou.

TAUPE, goz, *pl.* ed. *Van.* --*La taupe pousse*, turc'hat a r *v. tourner.* — *Prendre des taupes*, *pr.* gozed; pacqa gozed, *pr. Aller prendre des taupes*, mont mont da bacqa gozed.

TAUPIER, *qui prend des taupes* zèr, *pl.* yen.

TAUPIÈRE, *petite machine des taupes*, gozunell, *pl.* ou.

TAUPIN, *qui a le teint et les noirs*, du evel ur c'hoz, qer c'hoz, gozard, *pl.* ed.

TAUPINE, *du pod*, qer du c'hoz, gozardès, *pl.* ed.

TAUPINIÈRE, *petite butte de la taupe a poussée*, turyadeñ ryadennou. *Van.* bern go, *pl.*

TAURE, *génisse*, ounner, *pl.* anoèr. *pl.* anoérea l, anoèreû. *t.*

TAUREAU, taro, tarv, terv, vy. *On écrivait* tarff. cozle tarv, leou-tarv. *Treg.* coele, *pl.* o. 'e, *pl.* éû; cohle, *pl.* coh-leêû; tcrüy. *Al.* taur, *pl.* au. *v.—enlais mot* rautrer. — *Taureau* goëz, *pl.* tirvy; cogenn gouéz, genned. Cogenn est du bas Léon, os-egenn , *presque bœuf.* —*Tau-cnal , taureau d'un seigneur pour les le la seigneurie , taro banal, pl.* tir-a d.

*IX. prix établi par ordre de justice* oris græt, taçz. —*Selon le taux du* ioue'h feur ar roë , diond an —*Au taux du blé , à la Chandeleur,* feur au ed *ou* dioud pris au ed, handelour.

/ ELÉ , *ée* , brizellet, brizennet , . *v. rousseurs.*

/ ELURE , brizennadur, brizella-Iluzaich, brenn Yuzas.

VERNE, tavargn, *pl. ou;* tavarn . t. *Van* id., *ppl.* eû.

VERNIER, tavargnèr, *pl.* yeu. *Van.* gnour, tavarnour, *(pl.* yoù, yan.

VERNIERE , tavargnerès , *pl.* ed.

VE. r. *taux.*—*Taxe, ce que les comp loicent payer,* taçz, *pl.ou. Van.*id., . *Al* tasg, *pl.* au. — *La taxe des d'un procès,* taçz ar misou, an taçz misou.

XER, *mettre le prix,* feura, feur i c'hadourez. *pr.* feuret; lacqât ur ar varc'hadourez, ober ur pris ar c'hadourez; laçza an traou gu *pr.* taçzet. — *Taxer, imposer quel-re,* taçza. *pr.* et; lacqât un taçz, qêet; digaçz un taçz , *pr.* digaç-*Taxer, régler les frais de justice,* ar misou, *pr.* taçzet; ober an taçz misou, *pr.* græt. *Van.* taçzeiñ er . — *Taxer, blâmer,* taçza. *p.* et ; , *pr.* tamalet. *Van.* temaleiñ. *pr.* On le taxe *d'un peu d'avarice,* taç-da veza un nebeud avaricius.

DEUM, *hymne d'église ,* le deum. inter le te deum,cana an te deum.

GNASSE, *mauvaise perruque ,* ti-enn, *pl.* ou. — *Il avait une mechan-tace,* ur goz tiguouwen a yoa var a ou a yoa gand-hâ.

GNE, *ver qui ronge les étoffes,* har-ol. ed. — *Rongé par la teigne,* crei-ad an hartoused. t. *mite.* — *Tei-al qui vient à la tête,* tign, taign. d.

GNEUSE, tignousès, *pl.* ed ; tai-\a, *pl.* ed. *Van.* id

TEIGNEUX, tignus, tignous, tai-gnous. *Van.* id., oh, añ.

TEILLER *du chanvre ,* tilha , *pr.* et ; tilha canap; didilha, *pr.* et. *Van.* tilheiñ, tilheiñ coüarh.—*Celui qui teille,* tilhèr, *pl.* yen. — *Celle qui teille ,* tilherès, *pl.* ed. — *Action de teiller,* tilhérez. tilha-dur. — *Le lieu où l'on teille,* tilhadeg, *pl.* tilhadegou.

TEINDRE , liva, *pr.* et. *Van.* liüeiñ. — *Teindre en noir, en bleu, en verd,* liva ê du, ê glas, ê güezr. —*Etoffe bien tein-te,* eñtoff lyvet mad.

TEINT, *coloris du visage,* lyou, allyou eus an dêñ. *Van.* lyû. — *Un beau teint,* ul lyou caër. *Van.* lyû caër. — *Un teint fleuri,* ul lyou flour. — *Un teint vermeil,* ul lyou flamm, bisaich livriu, bisaich ruspin. — *Un teint basanné,* ul lyou rous, ul lyou azdu.

TEINTURE, *action ou façon de teindre,* lyvaich, lyvérez, lyvadurez, lyvadur. *Van.* lyürein. — *Teinture, la couleur que prend la laine, l'etoffe,* al lyou a guemer an eñtoff ebarz ér véaul *ou* èl lyvérez. — *Teinture, légère connaissance,* aznaoü-déguez verr, neubeud a vouïzyéguez, briz-aznaoudéguez. — *Il avait quelque teinture des sciences,* un draëq-bennac a vouïé, ur briz-aznaoudéguez èn deva eus ar sqyanchou. — *Il n'avait aucune teinture de théologie,* n'en devoa aznaou-déguez e-bed eus au deology, ne ouïé guer teology.

TEINTURIER, lyver, *pl.* yen. *Van.* lyüour, *pl.* lyüeryon. On *écrivait* lyffer, lyffour.

TEINTURIERE, lyverès, *pl.* ed.

TEL, *telle,* par, kevelep. evel. — *Il n'est rien tel que d'aimer et de servir bien Dieu,* ne deus tra bar ec'hiz caret Doüe hac servicha êr-vad. — *Dieu me garde d'avoir une telle pensée,* Doüe ra'm dioñ-lo ouc'h un hevelep songésonn, Do.e raz viro na goüeczé un hevelep songé-sonn êm penn. — *J'ai trouvé un homme tel que j'en cherchais ,* cavet am eus ûn dèn evel a c'hoaulenn *ou* evel a gla-qeen *ou* hervez va c'haloura *ou* dioñe'h va c'hoandt. — *Il n'est rien tel que Pas-cal pour débiter des calomnies,* Pascal n'en

deus qet e bâr evit tamal è gzou. — *Il*
*y avait une telle presse que je n'ai pu passer,*
bez 'ez yoa un hevelep faoul *ou* un hevelep ingros n'am eus, qel aliet trémen.
— *Tel père, tel fils,* hevelep tad, hevelep map, map dioue'h tad. *Proc.* map
e dad eo Cadyou, nemed a vamm a lavaré gaou. — *Telle mère, telle fille,* hevelep mamm. Hevelep mere'h; mere'h
dioue'h mamm. *Proc.* mere'h he mamm
eo Cathel. — *Tel maître, tel valet,* hevelep mæstr, hevelep mevel. *Proc.* mevel
Youen co Jaoüen. — *Telle maîtresse, telle*
*servante,* hevelep mæstrès, hevelep matès; matès dioue'h mæstrès. *Proc.* Janed eo matès Janed, Anna hac he mæstrès a ribodt açzamblès. — *Tel commen-*
*cement, telle fin,* ar goumançz a mand vad
a r'ar fin vad, dioue'h an dezrou ar fin
vez, ec'hiz ma counnancér peurvuyâ ez
c'hachuér. — *Telle et telle affaire,* an af-
fer-ma-affer, an dra-ma-dra. — *A*
*telle et telle condition,* en divis-ma-divis,
gand an divis-ma-divis. — *En tel lieu,*
ebarz èl leac'h-ma-leac'h. — *Un tel.*
hen-a-hen, hen-ma-hen. — *Tel est bien*
*ce qu'il paraît,* hen-a-hen a so ar pez a
seblant da veza. — *Une telle,* hen-a hen.
*H.-Corn.* hou-a-hou. — *Une telle pa-*
*raît honnête fille et elle l'est,* hen-a-hen
*ou* hou-a-hou a seblant beza plac'h honest hac ez eo è guiryonez. — *Je ne suis*
*pas tel que vous pensez,* ne doun qet ar pez
a soñch deoc'h. — *Tel quel, aussi mau-*
*vais que bon,* hevelep-hevelep, hével-hé-
vel, evél-evél. — *Ses habits sont tels quels.*
è abychou a so evél-evél, hevelep-hevelep eo e zillad.

**TELLEMENT.** *de telle sorte,* en hevelep fæçzoun. — *Tellement que,* en hevelep fæçzou ma *ou* na. — *Tellement que*
*vous voulez plaider,* en hevelep fæçzoun
ma fell déc'h breutât. — *Tellement que*
*vous n'y voulez plus retourner,* en hevelep fæçzoun na fell mny déc'h distrei
d'y *ou* daviten *ou* daveteu. — *Tellement,*
*si fort,* qen, qer. *Van.* id. — *Il était tel-*
*lement pressé que,* qen hastet voa ma,
qer preçzet voué ma. — *Il est tellement*
*habile qu'il ne trouve point son semblable,*
qen abyl eo ne goff qet e bâr, qer gui-

*Il zyeeh eo ha gnell qet e bar.* —
ment quellement, mediocrement, en
hevelep-hevelep, honestamant
tamat tic q.

**TEMERAIRE,** *hardi par im-*
re vaillant, re hardis, die vez ed
*Il a fait une action bien téméraire.*
en de us græt a yoa re hardis. *en*
vaillant èn deus græt — *Il a*
*lement téméraire,* dievez eo dreist
hardiz eo dre natur, natur eu
za re vaillant *ou* hardis *ou* re
*Jugement téméraire,* jugement q'
*d'autrui sans fondement légitime,* en
gu-z dievez a rear eus an hent
nidiguez eus an hentez hep bc
ryon. *Léon,* jujamand temer.
manchou temeral.

**TEMERAIREMENT,** en uri
dievez *ou* re hardiz, gand div
gad re vras hardizeguez, hep gar-
t *Parler témérairement,* comps-
diz, comps èn ur fæçzou dievez
gad dievezded, comps gad re
dizéguez, pr. compset. — *Juger*
rement,* baru e hentez hep dec
tin. *pr.* barnet. *r. juger.* — *Ta-*
*ment, au hasard,* d'ar c'hançz,
vantur.

**TEMERITÉ,** *hardiesse, imp-*
vras hardizéguez. — *Tem-rit-*
*considerie,* dievezded, dievisted

**TEMOIGNAGE,** testeny, pr
tenidiguez, pl *ou;* testenyega.
tester abez, pl. ou. *l'an.* testor-
ny, ppl. eü. — *Porter témoign-*
nya. *pr.* et; testenyecqat. *pr.*
guen testeny. *pr.* douguet, *la-*
nyeü, *pr.* et; douguen testan-
ter fau temoignage, douguen
teny, fals-testenyecqat, tet
séntez, fals-testennya. *pr.* c

**TEMOIGNER.** *r. porter tèm-*
*Témoigner, faire connaître,* dis-
et; rei da aznaout. *pr.* roît —
gner de l'amitié à quelqu'un, di
rei ur re, rei mercqou a gar
ur re-bennac.

**TEMOIN,** tést, pl. ou. *Van.* é
— *Temoin oculaire,* tést èn deus
tèst evit beza, guellet e-unan

'réprochable, test direbech, pl. tès-
— E'aux témoin, fals test, pl fals
l; test faos, pl. testou faos ou faus.
rendre quelqu'un d témoin, difenn ur
dest, pr. et; guervel ur re da dest,
lvet; gemer da dèst, pr. qemeret.
re p ix i témoin, beza difennet ou
ore qemeret da dest, pr. bet. —
quer de faux témoins, gouuit testou
pr. gouneze't; sevel fals testou, pr.
; diveu fals testou, pr divennet.
gouuit tèsteū faus.

MPE, partie de la tête entre l'oreille
ront, ivydicq, an ivydicq, pl. an
ivydicq. Van. ividicq, pl. ividi-
— La tempe droite, an ivydicq de-
— La tempe gauche, an ivydicq cleyz
MPERAMENT, complexion, temps,
rèun. — C'est un homme d'un bon
rament, ur guiguen vad a zeu eu,
s-vad a so èn dèn-ze,
MP.ERANCE, tèmperançz. r. mo-
on, sobriété. — La vertu de tempé-
, ar vertuza démperançz.
MPERANT, e, tèmperant, oh, â.
- C'est un homme fort temperant, un
:o. evit an tèmperantâ, tèmperant
eo.
MPERATURE, disposition de l'air,
mps eus an ear. — La temperature
ir contribue beaucoup à la santé, an
s eus a un ear mad a so yac'hus,
c'hedus.
MPERER, diminuer l'excès, tèmpe-
:. et; modéri, pr. et. — L'eau tem-
e rin, an dour a zeu da dèmperi ou
ri an domder eus ar guin. — Il est
humeur fort, tempérée, moderet bras
eun eo a voder.
MPÊTE, vent impétueux, tourmand,
urmanchou; tèmpést, pl. ou. Van.
mant, bouilhard, teumpést, ppl. eū.
'empête de peu de durée, barr-amser,
arrou-amser. — Tempête, bruit, tin-
re, safar, savar, touenx, tèmpest.
'empête, trouble, sédition, tèmpest,
rz. — Sujet aux tempêtes, à former,
iser la tempête, tourmandus, tour-
lus, tèmpestus, oh. i Van. leum-
as, tourmautus, bouilhardus, oh,
aoñ.

**TEMPÊTER**, faire grand bruit, criailler, tèmpesti, pr. et; safari, pr. et; brailhat, pr. et; braëllat, pr. et. Van. trou-
syal. sa'areũ, gobér safar.

**TEMPLE**, église de catholiques, tèmpl,
pl. ou; ilis, pl. ou, you. Al. landt, lan,
ppl. au. — Temple des idoles, tèmpl au
idolou, pl. tèmplou, etc.; tèmplou au
dud divadez. — Temple des hérétiques,
tèmpl au hugunoded, pl. tèmplou. —
Le tem le de Salomon fut rebâti par Zorobabel en quatre ans, au tèmpl caër ha superb èn deva batisçzet ar roüe Salomon
ar fur d'ar guir Doüe, a yo savet un eil
guëach gad Zorobabel è pévar bloaz
amser.

**TEMPLIERS**, chevaliers religieux éta-
blis en 1118, à Jérusalem, près du Temple,
pour défendre les pèlerins de la terre sainte
des insultes des Turcs et des Arabes; ils re-
curent leur règle de S. Bernard; ils étaient
habillés en cavaliers et portaient un manteau
blanc avec une croix rouge dessus. Leur ordre fut aboli au concile général de Vienne,
en Dauphiné, sous le pape Clément V et
Philippe-le-Bel, roi de France, en 1311,
tèmpler, pl. yen; urz au tèmpleryen,
marhéyen au tèmpl. — Ils boivent comme des templiers, eva a reont ec'hiz tèmpleryen, id est, qeu na fu ou a c'houry
gaër.

**TEMPORALITÉ**, juridiction temporelle, tèmporalded.

**TEMPOREL**, lle, périssable, qui regarde le temps, tèmporal, tèmporel, tèrès,
tèryen, a bad un amser, ne deo qet hirr-
badus, Van. tamporél, teryen, a dré-
meen. — Les biens temporels, ar madou
tèryen ou tèmporal ou tèmporel. Van.
er madeū tèryen ou tamporel. — La
prospérité temporelle, au eūr-vad eus ar-
bed-mâ, an eūr-vad pehiny a bad un
amser. — Temporel, revenu d'une cure,
d'un convent, tèmporel, an tèmporel,
an tèmporaldod. — Le temporel de sa
cure vaut 3,000 livres, an tèmporel eus
e barrès a dal mil sqoëd, an temporalded eus e barrès a ya hardiz da vil sëoèd,
mil scoëd a dalvez deza e barrès. v. spirituel. — Temporel, autorité absolue sur
le temporel, guir absolud var an tèmpor

ral, témporalded.

**TEMPORELLEMENT**, evit un amser, ê pad un amser, urguéhyd-amser.

**TEMPORISER**, *gagner du temps*, trei
za diouc'h an amser, *pr.* treizet; gounit amser, *pr.* gounezet; astenn an termen, *pr.* et; amséri, *pr.* et. *Van.* gounit amsér.

**TEMPORISEUR**, *qui temporise* treizeur, *pl.* yen; nep a oar treiza an amser; amseryer, *pl.* yen.

**TEMPS**, amser, *pl.* you. *Van.* amsér, *pl.* yéû. cours, pred. — *Le temps*
*passé*, an amser drémenet, ar c'hours
trémenet. — *Le temps présent*, an amser
bresaut, an amser a-vremañ, *id est*, an
amser-ar-pred-mañ ; ar c'hours-ma,
an pred-mañ, *de la* bréman, *à présent.*
*Van.* èr hours man. — *Le temps à venir*,
an amser da zonnet, ar c'hours a zeu.
— *Au temps que tu mourras*, d'an amser ma varvy, d'an pred ma ez decedy.
— *Employer le temps*, impligea au amser, *pr.* impliget. — *Mal employer*, *bien*
*employer son temps*, goall impligea, impligea èr-vad au ámser, *ppr.* goall impliget, impliget èr-vad; ober goall implich vad eus an amser, *pr.* græt. —
*Perdre le temps*, coll an amser, *pr.* collet; laëres an amser, *pr.* laëret. *v. perdre.*
— *Passer le temps, se désennuyer*, trémen
an amser, *pr.* trémenet; diverrat an amser, *pr.* diverréet. — *Avec le temps*, gad
au amser, pa vezo pred, pa vezo cours,
pa vezo ar c'hours. — *Avant le temps*,
qent au amser, qent an ampoënd, qent
evit ar c'hours, qent ma véz pred, abarz
ma véz pred, qent cours.— *Hors de temps*,
ê meas a amser, èr mæs a gours, ne
'den qet ê qentell, ê goall amser. *Van.*
ê digours. digours, dibropos —*A temps*,
au temps qu'il faut, ê qentell, ê termen,
ê pred, da dermen, ê poënd, d'an ampoënd ma faut., ê cours. — *Arriver à*
*temps*, arruout ê qentell, *pr.* arruet;
dond't d'an ampoënd ma faut, *pr.* deuêt; arruout ê cours ou ê pred. — *Il é-*
*tait temps d'arriver*, pred a voüe arruet,
mavil a voüé arruout. — *En temps et lieu*,
ê qentell, pa dere : *parlant du futur*, ê
qentell, pa dereo. *Van.* pe jan geo, pe

vo redd. — *Chaque chose a son*
pep tra èn deus e amser, pe
èn deus e bred *ou* e gours. —
*même temps que je l'aperçus, è*
meus amser ma èr grellis, m
ma èr güilis. — *Tout d'un*
var un dro, var ur pred, ê c
amser. — *En temps d'été*, èn ha
haû. — *De temps immémorial*, abe
ser, a vyzcoaz, èn tu hont d
map dèn. — *De temps en tems*, m
ser ê-amser, a amser da am-
a goursadeû, a goursiû, a üel..
a üehéû. — *La plupart du temps*, az
vuya au amser, peur-vuyâ, pes
zâ. — *Il y a quelque temps*, ur
amsera so, un neubeud amser a
deus qet pell-amser, ne deus q
— *Il y a déjà quelque temps*, pe
dija, pellicq so, ur poulsicq se
so, poulsicq so —*Il y a longtemps*
amsera so, pellso, qüerz su. *Van.* z
so. *v. long-temps.* — *Dans peu de*
ê berr amser, abarz neubeud a
abarz neubeud, èn berr. — *Si le*
qèhyd amser, ur guéhyd amser
guéhyd-ze. qéhyd. — *Il est tem*
*le temps presse de*, mall eo, mall bre
poënd *ou* pred *ou* pred bras eo,
eo, cours bras eo. — *Il est temps*
*dier*, mall eo studya, pred eo st
poënd eo studya, cours eo stu
*Le temps presse d'aller*, mall bras eo
net, pred bras eo mont, cours b
mont. — *Je voudrais trouver me*
*pour m'enfuir*, me a garre ca
lançz da dec'het. — *A quelque te*
*vous veniez*, pe eur bennac ez tea
èu un amser beunac ez tuach. —
*sombre et pourri*, amser lataris es
— *Temps beau et serein*, amser sé
caër, amser gaër. *Al.* hynon. —
*beau temps*, amser gaër a ra. — *T*
*calme*, amser syoul. — *couvert*, a
goloët. — *Mauvais temps*, goall a
droucq amser, amser controli. *Va*
sér divalau. — *Se donner du bon*
se promener, se divertir, fryngal, a
fryngner, *pl.* yen; frynguericq. *p*
ueryenaigou. — *Temps, loisir*, q

'ENABLE, a so ê stad d'en hem zi-
ı oud. — *La place est encore tenable,*
*lle peut encore tenir contre les attaques*
*unemis*, ez ma ar plaçz c'hoaz è
ı d'en hem zifenn. — *La partie n'est*
*tenable,* sue deŭ moyen da zero'hell
o·'h-amaer, ne deo qet poçzubl pa-
t davantaich.

ENACE, *risqueux comme de la glu*,
·ı poix, slagus, pegus *Van.* id.,
añ — *Tenace, avare.* d dc'hus, oh,
ıep a so stage roched oud e guein,
·so s ag e groc'hen ouc'h e guein,
·s·ac'h e guein.

'ENAILLES, tureqès, *pl.* oŭ. —
*Donnez-moi ces tenailles*, an dureqès
lin, deut an dureqès-ze dign. —
*s·es tenailles de forgeron*, guevell, *pl.*
·. *jumeaŭ.*

ENAILLER, *tourmenter avec des te-*
*les ardentes,*tureqèsa, pr tureqeset.
*vois Ravaillac fut tenaillé aux mamel·les*
*x bras, et aux cuisses,* an torfedour
ıcès Ravailhacq a yoa tureqesèt e
·ıı, he zivreach hac e zivorzed, e-
·ıeza laret a daulyou contell ar roê
ry pevare.ar guella eus ar roñanez.

ENANCIER,*metayer dans une tenue.*
ımananter, *pl.* yen. *On appelle aussi*
ımananter *celui qui est à l'année chez*
*qu'un.*

ENANT, *part. présent,* a zalc'h. —
*epresente la justice comme une femme*
*nt une balance à la main,* pourtrezi
ar ar justiçz e c'hiz da ur c'hreeg
·ny a zalc'h ur balançz èn he dourn.
*'enant, e, qui est attaché,* stag, stag-
·h-stag, dalc'h, dalc'h-ouc'h-dalch
·stag, dalh, harzant. — *Une armoire*
·t d fer et à clou, un armel dalc'h,
·rmel stag, un armel a so stag ouc'h
·y ha nê deo qet meubl.—*Ces deux*
*ons sont tenantes l'une à l'autre,* an
·t dy-hout a so stag-ouc'h-stag. —
*·leux metairies sont tenantes ou atte-*
·ıs, an dyou vérury-hont a so dalc'h-
·h-dalc'h. doñar-ouc'h-doñar. —
·nt, *qui ne veut rien relâcher,* dira-
·dalc'hus, oh, añ. — *Il est tenant,*
·, dalc'hus eo terrupl.—*Ce marchand*
*nant,* il ne rabat rien de son *premier*

*prix,* ar marchadour ma a so dalc'hus
ha dirabat.

TENDANT, *ante*, a den da. —*Deux*
*requêtes tendantes à même fin,* dyou rec·
qed a denn da ur mêmès fin.

TENDRE, *bander a ec effort,* steigna,
*r. et.* — *Tendre des pièges ( au propre et*
*au figuré ).* steigna laçzou ou gripedou;
·antel pe'chou, *vr.* autelet. *v. piège —*
*de la tapisseri-,* steigna ou stygna tapiç·
ziry. — *l'eglise en noir,* steigna an ilis ê
·du. — *étendre,* astenn, *pr.* astennet. —
*la main d,* astenn e zourn da, rei ê zòrn
·da, *pr.* roët.--*viser à,* tenna da, *pr.* tennet. — *Tous ses desseins tendent ld,* e oll
déso a denn dy, eoll deçzen eo qemeñ·
ze. *v. tendu.*

TENDRE, *mou, qui n'est pas dur,* tener. — *Pain tendre,* bara tener ou bong.
— *Bois tendre, pierre tendre,* coad te·
ner, mæn tener. — *Tend e aux larmes,*
tausl d'an daêlou, eaz da lacqât da voê·
la. — *Tendre comme rosée,* tener-glyz·
— *Voilà de l'agneau qui est tendre à char-*
*mer,* an oan-mâ a so tener-glyz. — *Un*
*cœur tendre,* caloun tener, ur galoun te·
ner.-*Un cœur très-tendre,*ur galon tener.
— *Dès sa plus tendre jeunesse,*a vihauicq,
·a yaoüancqicq. — *Tendre, tendresse,*
*penchant,* eûclinacionn tener, tenèri·
dig·ıuez. — *Elle a du tendre pour les hom-*
*mes d'épée,* un eûclinacionn dener èn
deus evit ar glezeffidy, terrupl eo dou·
gued evit an dud a glezeff.

TENDREMENT, èn ur fæçzonn te-
ner, gad teneridiguez, stardt.--*Aimer*
*tendrement ,* caret stardt *ou* èn ur fæç·
zonn tener-glyz *ou* gad teneridiguez.

TENDRESSE, tenerd·ır, teneridiguez.
*Van.* tenérded, tinerded, tinerigueah.

TENDRETÉ, *de la pierre, du bois,* tenerded ar mæn, tenerded ar c'hoad.
— *Tendreté de la viande,des fruits,* tenerded ar c'hicq. ar fruñez.

*TENDRON,partie fort tendre de quelque*
*chose,* tenericg, *pl.* tenerigou; an tener·
eus a un dra.

TENDU, *ue, part.* — *Qui est tendu ,*
*adj..* stenn, steign, â. añ. *Van.* id. —
*Qui n'est pas tendu ,* distenn. *Van.* id.,
oh, añ.

TÉNÈBRES, *privation de lumière, obs-*
*curité*, tevalygenn, tevalyenn. *Van.* te-
oüalygenn, teoüalygueh, teoüelded. o
*obscurité.* — *Plein de ténèbres*, leun a devalyenn. v *ténébreux.* — *Ténèbres de l'es-*
*prit*, tevalyeñ ar spered; an devalyen
a spered. — *Ténèbres extérieures.* t. *de la*
*sainte écriture*, an tenebröou eternal,
au yvern, an yvern é creiz calonn au
doüar. — *Le prince des ténèbres*, Satanas,
prinç an teuebröou. — *Ténèbres*, *t. d'é-*
*glise*, an teuebreou, oviçz an tenebreou. *Van.* tenebréu.—*Allerauxténèbres*,
mont d'an tenebrou. *Van.* monet d'en
tenebréu.—*Dire ténèbres*, lavaret oviçz
au ténébreou. *pr.* id.—*Aïout que J.-C.*
*expirât sur la croix, les ténèbres couvrirent*
*toute la terre dit S. Mathieu*, ch. 27. v.
45., endra edo Jesus-Christ stag èr
groaz evit paea die e varo hor rañ-
zoun ez tuas an tenebreou, un devaligenn genéral da c'holei au doüar a bep
tu, hervez a zesçomp gad an avyeleur
sant Vazhe.

TÉNÉBREUX, *euse*, tevalus, teval,
oh, à *Van.* teoüel, tañhoüal, oh, añ,
aoñ. — *Lieux ténébreux*, leac'hyou tevalus ou teval. *Van.* lehéu tañhoüal ou
teoüel. — *Auteurs ténébreux et difficiles*,
autored tevalus ha dizez da êñtent, autored tevaügennus.

TÉNÉSIE, *plante qu'on prétend être*
*bonne pour purifier le sang*, ar oaz, lou-
saoüeñn ar oaz, tenesy, an tenesy.
*Van.* tenesy, er oéz, leséüenn en tenesy, leseüen er oéz. — *Ceux qui boivent*
*du lait de ténésie, au dimanche de Pâques*,
*en santé, n'ont point la fièvre*, nep a eff
da sul Basq leaz tenesy, é yec'hed mad,
n'e deus qet a derzyenn gad-han.

TÉNEUR, tenor. *Van.* id.—*La teneur*
*de cet écrit*, an tenor eus ar scryd-mâ.
— *Selon leur forme et teneur*, hervez o
furm ha tenor.

TENIR, *empoigner, serrer avec la main*,
derc'hel, delc'her, *ppr.* dalc'het. *Van.*
derhêl, dalhciñ, *ppr.* dalhet. — *Tenir*
*bon, tenir ferme*, derc'hel mad, st rdlt.
— *Tenir bon à son sentiment*, derc'hel
mad d'e oupiuioun.—*Je te tiens*, m'en
dalc'h, dalc'het eo gueneñ, *pacqet* çò

gueneñ, ez ma ganeñ, me am eus
am eus hañ. — *Il ne tient rien*,
gagnera rien, ne deus tra evit ka
un enfant sur les fonts du baptême
c'hel ur buguel oue'h vadez. — T
*boutique, tenir auberge*, derc'hel s
derc'hel tavargu. — *Faire tenir*,
lacqât renta d. — *Ne tenez pa*
*gage*, ne zale'hit qet un seurd lus
ou un hevelep langaïch, ne gou
evel-ze. — *Tenir, empêcher*, mac
*pr.* id. — *Je ne sais qui me tient qu*
*vous fende la tête*, ne oun pe vi
n'ez dorrañ oz penn deoc'h. — T
*garder*, miret, *pr.* id. *Van.* mir
*Tenez votre promesse*, *votre parol*
c'hit oz prom çez, oz guerr.
*chemin tenez vous?* pe heul a zi
hu? pebez heul a heuliit-hu? p
heul ez it-hu? pe roud a rit-h
*Tenir, dépendre*, depandta, *pr*
ne tiru en rien de lui, me n'ez
tañ a nep heul anezañ. — T
*ressembler à*, hèvelout oud ur r
za hèvel oud ur re. — *Il tiend*
hevelout a ra oud e vam, i
eo hével. — *Tenir, estimer, crid*
det. — *Il tient cela à honneur*, q
ze a gred ou a guell énorapl,
èn hem guell eus a gurmeñ-z
le tient pour un saint, e griti a
sant, tremen a ra evit ur sant
ez trémen, evit ur sant ez qe
anezâ — *Tenir, avoir, posséde*
*pr.* bel; pyaoüt, *rr.* pyaoüel.
est de la H. Corn. et de Vas.
encore pyeüñt, *pr.* pyeühel.
*le premier rang*, cahout ar chent
— *Il tient un grand pays*, ur ch
bras a byañ ou ét deus. — *Fea*
tenir, derc'hel evit güir. *pr.*
—*Les Scotistes tiennent plusieurs*
*opposés à ceux des Thomistes*, ar S
a zale'h meur a oupinion co
da re an Domisted. — *Tenir, t*
*attache*, beza staguet mad, der
ze a zale'h èr-vad, stardt ez d
ne tient pas pinte, ar voul ailb

le zalc'h qet piutad.—*En tenir, être* pr. açzantet.

. *dupe*, beza attrapet *ou* pacq't. —
i tient à ce coup, en taul-iñâ ez eu
qp't, attrapet eo èr vech-iñâ.

'ENIR (se), *s'attacher*, *s'arrêter à*
*que chose*, en'hem derc'hel ouc'h,
eu hem zalc'hel. *Van.* hûn dalheiñ
. — *Je me tenais à une branche*, oud
irancq êa hem zalc'hean. —*Se te-*
*demeurer en quelque lieu*, choum
d leac'h, pr chommet.—*Comment*
-*vous vous tenir ici?* penaus ez y'redit-
-hommama?—*Se tenir, se retenir*, hem
t. pr. id. ; hem zerc'hel, pr. hem
'het; hem divoall, pr. hem divoal-
.-*Se tenir de bout*, herzel eù e sa. pr.
-el; hem zerc'herêñ es ou eù e sao.
ne peut tenir en pud, ne harz troad.
' *peine se tient-il de bout*, a boan vras
larz eù e sa.—*Se tenir sur un pied*.
i zerc'hel var ûn troad, herzel var
'har, bez ggrrieg-camm, pr. bet;
r garrieg-camm, pr. græt.—*Il ne se*
t *pas bien à cheval*, n'en hem zalc'h
a daill var varc'h. — *Se tenir, être*
ché l'un à l'autre, beza stag-ouc'h-
-, beza stag au eil oud eguile. — Ils
iennent *tous*, stag-ouc'h-stag ez ma
oll, hem zerc'hel az eront oll.—*I*.
i tient *pas à moi*, ne doun qet qyry-
ou caus da gemeñ-ze, ne d'o qet
'hiñ yéguez-me.—*A quoi tient-il qui*
ie te batte? petra a vir ouzon-me daz
aa? pe vir ouziñ-me n'ez cannañ?
*Tenez, voyez*, sellit ûn nebeud, sellit
oz ped, sellit êñ han-Doûe.

TENON, *ce qui entre dans la mortaise*,
udenn, pl. ou; studenn. pl. ou.

TENSION, *manière dont une chose est*
*due*, steignadur, stennadur.

TENTATEUR, *qui tente*, témpter.
yen; témptour, pl. yen.

TENTATIF, *ice*, *tentant*, témptus,
, â.

TENTATION, témptacyonn, pl. ou.
*Résister aux tentations*, ænebi ouc'h
témpcioñou, pr. et; ober p ouu
in témpt cyoñou, pr. græt.—*Con-*
*to à la tentation*, sugea d'au démp-
cyonn, sugea gad an démptacyonn,
' et; açzanti gad au **démptacyonn**

TENTATIVE, *effort pour tenir à bout*,
etc., eçzaë. pl. eçzaëou; poëllad, pl. ou;
siryll, pl ou. *Van.* açzal, pl. ëu.—*Ten-*
*tative, thèse*, eçzaë evit ar bachelaich.
—*Faire la tentative*, ober an eçzaë.

TENTE, *pavillon de guerre*, tynell, plz.
ou; tynell vresell, pl tynellou vresell;
gol dêun, pl ou; téñnouër, pl. ou.—
*Tente, charpie roulée*, téns. pl. ou; téns
urgouy, pl. téñsou gouly; leltr. pl. ou.

TENTER, *exciter à*, témpti, pr. et.—
*Le diable tente les hommes*, au diaul a
zeu da démpti ar bed. an dud a so
témptet gad au drouq-spered.—*L'ac-*
*tion de tenter*, témptidiguez, témptadu-
rez, témptadur. — *Tenter, risquer, en-*
*treprendre une chose hardie*, avanturi.pr.
et. — *Tenter, essayer divers moyens pour*
*venir à bout d'une affaire*, æçza meur a
voyen da zont a-benn eus a un dra. pr.
eçzëet. — *Tenter, éprouver la fidélité de*
*quelqu'un*, témpti fidelded ur re. pr. et;
eçzat da vellet ha fidel a véz ur re-
bennac, pr. æçzëet.—*I' ne faut pas ten-*
*ter Dieu, il ne faut pas demander qu'il*
*fasse à chaque instant des choses miracu-*
*leuses*, arabad eo témpti Doûe, arabad
eo amprou ar c'hallou dez eus a Zoue.

TENTURE, *la isserie*, steignadur,
stygnadur, goarniçzadur.

TENU; *ue, pris*, dalc'het, pacqet,
qemeret.—*Tenu, e, estimé, reputé*, credet, a gredér, a drémen evit.—*Tenu,*
*e, obligé*, dalc'het, êñdalc'het.—*Etre*
*tenu de faire*, beza dâlc'het ou beza êñdalc'het da ober un dra bennac.

TENUE, *etat d'une chose, d'une per-*
*sonne*, dalc'h. — *Ce fond, cette rade n'a*
*point de tenue, d'ancrage,* ar rad mâ n'he
deus qet a zalc'h. ar ganol mâ n'he
deus dalc'h e-bed. — *Cet homme n'a au-*
*cune tenue*, ne deus dalc'h e-bed êñ
dên-hont. ur bârboëllicq eo an dên-
hont. — *Tenue, parlant d'assemblées gé-*
*nérales*, dalc'h. — *Pendant la tenue des*
*états de Bretagne*, e pad au dalc'h eus
ir stadou a Vreyz-Arvoricq — *Tenue,*
*t de coutume*, commanand, pl. com-
mananchou; plaçz didan autrou. pl.
plaçzou didan autrou.—*Tenue, mince,*

délié, t. *de physique* , tanaū, tanav, tano, oh, à, añ. *Van.* tanaū, teūaū. oh,
añ. aoñ.—*Les parties de l'air et des choses
liquides sont tenues*, an ear hac an dour
a so tano.

**TEREBENTHINE**, *espèce de résine*.
tourmantyn.—*Térébenthine, arbre,* tour-
mantyneun, *pl.* ed, ou.

**TERGIVERSATEUR**, t. *de pratique*,
troydeller. *pl.* yen.

**TERGIVERSATION**, troydell. *pl.* ou.

**TERGIVERSER** , *chicaner* , *biaiser*,
troydellat, *pr.* et.

**TERME**, *mot d'une langue*, guer, *pl.*
you. *Van.* id. , *pl.* yeū.—*Terme propre*,
*terme naturel*, guer mad, guer natu a .
—*Terme équivoque*, guer en deus meur
a sinifyançz.—*En propres termes* , mot
pour. mol . gner evit guer.'—*Termes*,
*parlant de la disposition des choses*, termen,
poënd, tailh.—*Il est sur les termes de*
*faire banqueroute*, ez ma è termen da
ober bancq.—*Il est sur les termes de se*
*marier*, bez'ez ma è tailh ou var an
poënd da zimizi.— *Votre procès est en*
*bons termes*, ez ma ho proces è tailh
vad ou è stad vad.—*Terme, temps réglé*
*et prescrit*, termen, *pl.* you ; amser lecqéet. *Van.* termein, *pl.* yeū.—*Donner*
*terme*, rei termen, *pr.* roët.—*Assigner*
*le terme*, lacqât an termen, açzina termen.—*On a mis le terme de Pâques pour*
*payer.* lecqeat eo an termen da Basq
evit paëa, açzinet eus termen da Basq
evit paëa.—*Prolonger le terme*, astenn
an termen, *pr.* et. — *Le terme est échu.*
deuēt eo an termen, digoueēzet eo an
termen.—*Il n'y a point de terme fixe*, ne
deus amserdiouc'h amser, vac eur diouc'h eur, ne deus amser açzur e-bed,
pa soñgér bihanâ.—*Terme, parlant des*
*femmes enceintes*, termen, amser.— *Cet*
*enfant est venu justement à terme*. deut
eo ar huguél ze d'e amser ou d'e dermen just.—*Il est né avant terme*, deuēt
eo qent evit termen, ne deo qet deuēt
d'e dermen ou d'e amser, deuēt eo qent
evit n'er gortoēt ou qet evit ne c'hor-
toēt anezañ.—*Terme, borne*, termen ,
*pl.* you. *Van.* termein, *pl.* yeū; termin.
eū. ter-men *est pur celtique, et il paraît*

qué le mot français en vient. terme
composé de ter, terre, et de men.p
parce que les anciens, pour borner
propriétés, se servaient de longues p
qu'ils plantaient de bo it en terre, e
appelaient termen ; de li le nom du
Terme, que les Païens croyaient p
aux limites, et que l'on appelait en
Doë an Termen, an Doë Ter-
terre, pierre, dieux.—Les colonnes
cule furent le terme de ses voyages. c
tonnennou Hercules a voué au
eus e véajou.

**TERMINER**, *borner*, termynet
*Van.* termineiñ, *pr.* et.—*L'Angl*
est de tous côtés termin e par la mer.
Saus a so terminet a beptu gad a
bras.—*Terminer, achever*, termine
et; finveza, *pr.* et. *Van.* terminu
et.— *Il a terminé son procès et sa p*
même temps, termynet èn deus e
amser e brocès hac e vuhez, tra
dro èn deveus termynet e br
finvezet e vuez.—*Se terminer*, ben
mynet, *pr.* bet.—*Cela s'est e fi-tra*
né, an dra-ze a so bet èr fin terme

**TERNAIRE**, *nombre de trois*, t
der, au niver a dry.

**TERNIR**, *faire perdre l'éclat*, d
ri, *pr.* et; lacqât da goll e sqedañ
ou e lyou, *pr.* lecqéet ; dislyva. *r*
*Van.* dislyūeiñ.—*Ternir la réputa*
quelqu'un, ober gaou oud hano
re-bennac, *pr.* græt. *r.* réputée
*Se ternir*, dinaturi, *pr.* et; colle
sufr ou lyou, *pr.* collet ; beza d
ret, *pr.* bet

**TERRAGE**, *droit seigneurial*, ev
*pl.* you, ou. *r.* champart.

**TERRAIN**. *nature d'une terre*, a
tnr eus an doūar; an nature
pez doūar. an doūaraich.—*Bu*
doūaraich. mad, nature vad a zoū
*Terrain, place*. *espace de terre*, de
placzenn, doūaraich. pez brazo
—*Ils se promènent sur le terrain*
int o vale var ar blaçzeñ ou er bla
—*Ces religieuses ont un grand terr*
pez bras a zoūar, ou ul lod bras a r
ou un taulad bras a zoūar, o d
feanesed-hont.—*Les assiégeants s*

agner un pouce de terrain, ar sy-|continent, an doüar bras. — Prendre ter-
r. n'oz deus qet allet beta-hen|re, aborder, doüara, pr. et. — La pleine
ur meudad doüar varnomp.|terre, le pays sous bois, qui est loin de la
RASSE, levée de terre, savenn|mer, an argoëd, id est, var coëd. Van.
pl. savennou; téreñ, pl. ou. Al.|ar coëd, sur bois. — Habitant de la pleine
pl. au. v. terre. — Il se promène sur|terre, argoëder, pl. yen; argoder, pl. yen.
ssé, ez ma o vale var e dèreñ. —|— Terre voisine de la mer, ar-vor, an ar-
e, cloison d'argile, pryeü, pl. ou.|vor, pl. ar-voryou; ar-voricq, an ar-vo-
on.|ricq, id est, sur mer, près de la mer. Var-
.RASSER, jeter par terre, displan-|vor, ar vor; arvoricq, diminutif d'ar-
i doüar, pr. et; pilat d'an doüar,|vor. — Habitant de la terre voisine de la
discarr d'an doüar, pr. et; asteñ|mer, arverad, pl. arvoris; arvoryad, pl.
rsour var ar sol, pr. et. Van. dis-|arvoridy. De là Breyz arvoricq, Breta-
:n doüar, pr. et; turul d'en doar,|gne Armorique. — Terre, pays, bro, pl.
llet. Ces mots se disent figurément.|you, broëzyou; doüar. Van bro, pl. yeü.
:RE, élément, globe, doüar, an|— La terre de Chanaan, la terre de pro-
. Van. en doüar, en doar. Al. ter,|mission, bro Canaan, ar vro abromeç-
, at, ar, cr. Ces mots ne subsistent|za; an doüar a Canaan, an doüar a bro-
ins l'Armorique que dans leurs déri-|meçza. — La terre de France, Bro-Gall,
:omposés. De ter vient terenn, ter-|Bro-C'hall, an doüar a Françz. — La
téryen, terrien, terrestre; parados|Terre-Neuve, l'Amérique, an doüar-né-
1, parados lérès, paradis terrestre;|vez. Van. en doüar-neüe. — Marinier
téryen, bon foin qui vient en des|raisseau qui va en Terre-Neuve, doüar-
qui ne sont arrosis par aucun ruisseau;|névezad, pl. doüar-nevezis; doüar-né-
ller téryen, qui est responsable des|vezyad, pl. doüar-nevezidy. — Terre,
d'une paroisse; termen, terme; ters-|héritage, possession, doüar, pl. ou; plaçz-
t, tersqizyat, terser; cüterri, eñter-|doüar, pl. plaçzou-doüar; plaçz, pl. ou.
nd, enterrer, enterrement; terrèr,|— Terre, maison de plaisance, qenqiz, pl.
u; teroüer. terroir; terra, tero, mots|on, you. v. plessis. — Terre ou lieu prin-
. De tir vient tiryeun, pl. ou, terre|cipal, penn-lec'h, pl. penn-lec'hyou. —
qu'on laisse sous herbe; on dit aussi|Terre noble, doüar nobl, pl. doüarou. —
u, pl. au; roüe an tir, roi de terre,|Terre roturière, doüar byleñ ou partapl
'e tit vient titan et ti-tèu ou tit-dèu,|ou rann. — Terre amortie, doüar quyt.
i nom des Celtes, id est, homme de la|— Terre à titre de cens, doüar zéns. —
ou né de la terre. D'al vient at-trap,|Terre en friche, tiryeñ, pl. ou; teryeñ,
dre de dessus la terre ce qui est élevé;|pl. on; doüar franst, pl. doüarou. v
d, pl. at-eidy, atkée; at-taich, alla-|friche. — Terre froide, doüar guien ou
nt à la terre, aux créatures, etc. D'ar,|yen ou distu. — Terre qui se repose depuis
ar-azr, charrue; ar-at, charruer la|long-temps, jachère, doüar-coz, pl. doüa-
etc. D'er, vient er-yeun, pl. ou,|rou coz. v. jachère. — Ouvrir et fumer
t à fleur de terre après les pluies d'o-|une jachère, digueri doüar-coz, pr. digo-
er-fenn, er-venn, sillon; er-myd,|stui doüar, pr. stuet. v. jachère, de-
e, id est, quasi solus super terram; et|fricher. — Terre marte ou écobuée, doüar
urs autres. v. terroir. — La terre a|marr ou marret. — Terre chaude qui est
i lieues de circonférence, de diamètre|en valeur. doüar gounidéguez ou tom ou
, an doüar én deus nao mil léau|stu ou teil. — Grande pièce de terre chaude,
, a donnder treu-didreu, daon mil|mas, pl. you, maezayér; trest, pl. ou. —
ant, peder léau ha try-ugnent. hac|Terre à froment, doüar guiniz. — Te re
ir gorre d'ar galoun, pé e leac'h ez|à orge, doüar heiz. — Terre, une pièce de
u isern, pevarzecq cant diou léau|terre, un champ, ur pez-doüar, pl. pe-
regont. v. monde. — Terre ferme, le|zyou. Al. acre. v. champs, clos. — Arpent

54

*de terre*, qever, *pl.* yóu; qever doûar, ur c'hever, ur c'hever doûar, *pl.* qeveryou; pengueun, *pl.* ou; ur penguenn doûar. *Van.* qevér doûar, ur bevér doûar — *Qui est riche en terre*, doûarus, doûarecq, oh, à; nep èu deus ul lod bras a zoûar, ploëecq. ploeucq. *De là, la maison de Ploeuc.* — *Terre-à-terre*, doûar-oh-doûar, toujch-c-touich. — *Terre bénie*, doûar benniguet. *Van.* id. — *La Terre-Sainte, la Palestine*, an Doûar-Santel. *Van.* id. *Par ironie,* on appelle un certain canton de la B.-Bretagne, la Terre-Sainte, an Doûar-Santel pe è lec'h ez santifyér a doulyou baz an dud pacyandt — *Terre glaise*, courrez, doûar courrez, doûar pryeucq *ou* pryocq *ou* pryecq *ou* gludennecq. *Van.* doûar biv. — *Terre franche*, doûar francq, doûar beo ha dic'broüan. *Van.* doàr biù. —*Fait de terre*, eusa zoûar, a zoûar, great a zoûar, græt gad doûar. —*Un pot de terre*, ur pod pry, *pl.* podou. *Van.* pod doar, *pl.* podeü.— *Une ecuelle de terre*, ur scudell bry, *pl.* scudellou; *id est*, *écuelle d'argile. Van.* scudell doar, *pl.* scudelleü.— *Soutiens-toi, ô homme, que tu n'es que terre et poussière, et que tu retourneras en terre et en poussière*, t'ez pêt sonch, map dèn, penaus n'edoud nemed un tammicq doûar hac ur vi yeneñ boultr hac ez distroy ut eil güeac'h è doûar hac è poultr. r. *toi.* —*Mettre un homme en terre, le couvrir, de terre*), lacqât un dèn èn doûar, golei auezañ a zoûar. *v. enterrer.* — *Couvrir de terre les habits, le visage de quelqu'un*, doûara ur re, *pr.* et; golei ur re a zoûar, *pr.* goloët; carga dilhad ur re-bennac a zoûar, *pr.* cargnet. *Van.* doûareiñ.

TERREAU, *terre mêlée de fumier*, doûar-teil. *Van.* teil-doûar, teirèr, *de terre.*

TERRER (se), *parlant des lapins, des renards*, hem fourra èn doûar, *pr.* et; doûara, *pr.* et. — *Le renard s'est terré.* doûaret èn deus al loûarn, hem fourret eo al louarn èn doûar, alanicq ar fin ma ez eo a so eat èn doûar.

TERRESTRE, térryen, tórès, a aparchant oud an doûar. *v. terre.* —*Le globe terrestre*, ar voul eus an doûar. *r. globe.* —*Le paradis terrestre*, ar barados téryen,

an baradoz téres. *Van.* er barzi ryen. *r. terre.* — *Les plaisirs ter.* sont qu'ombre et fumée, ar pli téres *ou* téryen ne dint nemed denn. hac ur mogued.

TERREUR, spound bras, *pl.* spound terrupl, *pl.* sponcho.—reur panique, spond prim ha d... TERREUX, *euse*, doûarecq. a zoûar. — *Vous avez les mains* carguet eo ho taoûorn a zoû... recq eo oz taou zourn. — *Les moribonds ont le visage terr eux,* dy *ou* c'hosidy dare da fin... doûarecq o bisaich.

TERRIBLE, *effrayant*, terrupl mus, spondtus, oh, à, añ. — *T* surprenant, terrupl, suprenus nus, oh, à, añ. — *Une chose terr* rubded, *pl.* ou; un dra derrupl.

TERRIBLEMENT, èn ur fr... derrupl.

TERRIEN, *nne*, téryen, ter... terrestre.

TERRIER, *trou de lapin, etc...* ar c'honicqled, etc., *pl.* goarém... Terrier, rentier, levr rénd, *pl.* levr téryen, *pl.* levryou.

TERRINE, podès, *pl.* ou; p... *pl.* podesou. — *Une belle terr...* dès caër.

TERRINÉE, podesad, *pl.* ou.

TERRIR, prendre terre, t. d... doûara, *pr.* et. *Van.* doûareiñ.—terri à la Rochelle à leur retour... èn ho distro eusan Indès, oz de... ret èr Roc'hell.

TERRITOIRE, *ressort*, dalc'h... *Van.* id., *pl.* dalheü. *r. ressort.*

TERROIR, *qualité de la terre*, *pl.* ou. *Van.* id., *pl.* eü. *Ce m...* ter. *v. terre.* — *Un terroir qui r...* rapport, un téroür mad, un téroür... ha froüezus. —*Ce vin a un goût de...* blas an téroüer a so gad an gu...

TERSER *mieux Tercer*, *donner* sitme labour, térsqizyat, *pr.* et; ryat. *pr.* et; disarat, *pr.* et; sogea... get. *v. terre.* — *Pour mettre un...* valeur, il faut 1.° jachérer *ou*... premier labour; 2.° biner *ou* derr...

'bour; 3° tercer ou donner le troisième
:, evit lacqât ur pez doûar ê gou-
~lez ez renoqear da gueulâ, e ha-
. d'an eil, poênta, trancha, serri,
ha, hoguedi, teila, hac aral; d'an
, disarat, pe fogea, pe tersqiryat.
RTRE, colline, sao, pl. savyou.On
:t saff, pl. you; craz, pl. ou, you;
nn, pl. ou; creac'h, pl. you; crec'h,
u; crec'henn, pl. ou. Van. crah,
. Al. kneh, knec'heñ. De la Kkueh,
!le-au-Tertre, maison noble. — Pe-
·tre, savieg, pl. savyouïgou ; era-
pl. crazyouïgou; crazennicg, crea-
g, crec'hicg, crec'heñicg, ppl. igou.
crahicg, pl. crahigueū. Al. kne-
, kuehennicg. — Petit tertre coule fougère ou de bruyère, ros, pl. you.
ES, pron. v. ta.
'EST ou têt, morceaux de pots cassés,
od; pl. ou; darn-bod, pl. darnyou
Van. id., ppl. eū.
ESTAMENT, témoignage de dernière
té, testamand, pl. testamanchou.
. testamant, pl. eū. — Faire un tes-
nt, ober testamand. v. tester. — Tes-
nt olographe, testamand scrivet oll
ynet gad an testamanter e-unan.
Testament, alliance, t. de théologie; les
s saints de l'ancienne et de la nouvelle
lésenn. — L'ancien testament, al lé-
1. ancyan. — Le nouveau testament,
lsenn névez, al lésenn a o'hracz,
nn Jesus-Christ.
ESTAMENTAIRE, t. de palais, a a-
chant oud an testamand. — Héri-
testamentaire, heritour dre desta-
1d, pl. heritouryen, etc. — Exécu-
testamentaire, sicuter ou eçzecuter
testamand, ppl. yen.
ESTATEUR, testamantèr, pl. yen;
amantour, pl. yen.
ESTATRICE, testamantérès, pl. ed;
amantourès, pl. ed.
ESTER, faire son testament, testa-
uti, pr. et. Van. testamanteiñ. r.
ament.
ESTICULE, qell, pl. ou, deuguell.
Qui n'a qu'un testicule, rangouilh,
ed. — Cheval qui a de gros testicu-
.terat, etc., marc'h qellecq ou qel-

locq, tourc'h qellecq ou qellocq, etc.
De la marc'h qalloo'h, cheval entier.
TESTON, monnaie, qui sous François
I°ʳ valait 10 sous, sous Charles IX 14, et
sous Louis XIII, qui l'abolit, 19 s. 6 den.,
un testoûn, pl. testoñnou.
TETARD, insecte noir qui vit dans l'eau,
penn-dolog, pl. penn-dologued. Van.
penn-dolecg, pl. penn-doiigued.
TÊTE, penn, pl. ou. Van. peeñ, pl.
eū, penneū. — Qui est sans tête, dibenn.
Van. dibeeun. — Le devant de la tête, an
diaraug eus ar penn, diaraug ar penn.
v. front. — La fontaine de la tête, mell
ar penn. v. fontaine. — Le sommet de la
tête, qern ou gorre ou barr ou leinn ar
penn. — Le derrière de la tête, an ilpeñ,
qil ar penn, qilpenn, ar c'hilpenn. —
Qui a une grosse tête, peñdocg, pl. peñ-
dogued; peñ-doloq, pl. peñ-dologued.
— Qui a une petite tête, penn-glaüicq,
pl. penn-glaoüihued. v. tête légère.
Qui a une tête pointue, penn-beguecq, pl.
peunou beguecq. — Tête chauve, penn
moal, pl. peunou; peñbeuz, pl. pennou.
— Qui n'a que le devant de la tête chauve,
tarvoal, pl. ed; tar-voal, id est, tal-moal,
front chauve. — Qui a la tête découverte,
discabell. — Décoiffer quelqu'un, discabella ur re, pr. et. — Se découvrir la tête, disolei e benn, pr. disoloët; lamet
e docq, pr. id. — Se couvrir la tête, mettre son chapeau, golei e benn, pr. goloët;
lacqât e docq var e beñ, pr. lecqëet. —
Mettre à quelqu'un la tête sur le dos, dialbenna, pr. et. — Si je vous prends, je vous
mettrai la tête à l'envers, mar gan-me
deoc'h, me oz dial-henno. — Faire tête,
résister, ober penn da, pr. gret. — Je
ne sais où donner de la tête, ne oun pe ê
tu trei, ne oun pe da ober. — Qui a bonne
tête, qui a du sens, ur sqyand vâd a zèn,
un dèn spvandtet mad. — Tête légère,
strantal, oh, à, pl. e l, tud strantal; scañbenn, scañ-bennecq, ppl. scañ-benné-
yen; penn-glaoüicq, pl. peup-glaoüï-
gued. Van. scan a beenn, pl. tud, etc.
v. évente. — Tête dure, esprit lourd, penn
caledt, pl. pennou; caledt a benn. —
Tête à tête, penn ouc'h penn, fry ouc'h.
fry. Van. pecun-oh-peenn, beccg-oh-

beeeg. ur gomps beeg-oh-veeg. — *Mal à la tête,* poan-benn, droucg-penn. — *Instrument à deux têtes,* ostilh daou-beunecq. — *Qui a trois têtes,* try-bennecq. — *Hydre à sept têtes,* sarpant seiz-pennecq.

\* TETE, trayon, tez, *pl.* ou. *v.* troyon, *tetin.*

TETER, *sucer le lait de la mamelle,* dena, *pr.* denet. *Van.* deneiñ, dineiñ. *Ces trois verbes, dont on ne se sert que par divette de mots en parlant des petits des animaux, viennent de dèn et din, homme, hic et hæo homo; et dena, deneiñ, dineiñ, tirer d'un homme ou commencer à devenir homme.* — *Donner à teter à un enfant,* rei bronn *ou* rei da zena da ur buguel, *pr.* roët. — *Cet enfant ne tète presque pas,* ne zèn qet nemeur ar buguel-ze. *Van.* ne zèn qet ou ne zin qet cals er hrocdur-ze. — *Veau qui tète sa mère, poulain, chat, etc.,* lue pebiny a zèn e vamm, heubeul a zèn, cazicg bihan a zèp e vamm, etc.

TETIN, penn ar vronn, *pl.* pennou au divroñ. *Van.* beg er vrou, *pl.* begueñ en divroñ. *Al.* téth. *v. mamelon, mamelle.*

TETINE. qicq tez.

TETIERE, *partie de la bride,* penn ar bryd. — *Tétière de petit enfant,* béguin, cabell. — *Tetiere, garniture de tête des anciens guerriers,* boned-hoüarn, *pl.* bouedaou-hoüarn. *v. heaume, morion.*

TETU, e, pennecq, clopennecq, qilbennecq, oh, à, añ, *ppl.* pennéyen, pennegued, clopennéyen, clopennegued, qilbennéyen, qilbennegued, tud pennecq, tud clopennecq, tud qilbennecq. *Par antonomase,* on dit penn. *Van.* peennecq, *pl.* peennigued. — *Têtu, sorte de marteau pour démolir,* morzoll pennecq, *pl.* morzellyou.

TEUTONS, *les Allemands,* Teuted, Flamancqed. *v. Allemand.* — *La langue teutone,* teutaich, langaich teut, flamancqaich.

TEXTE. *sujet de discours,* test, *pl.* ou. — *La bible est le texte sacré,* ar vybl a so an tést saer, an tést saor eo ar vybl. — *Texte, passage,* tést, *pl.* ou; lec'h, *pl.* lec'hyou.

THÉ. *arbrisseau,* the, thy. — *Prendre*

*une prise de thé,* qemeret the, q ur banne the, *pr.* id.

THÉATINS, *religieux,* te__

THEATRE, teatr, *pl.* ou — . *sur le théâtre,* dansal var un __danset.

THEI, *nom d'homme,* Teacq_ Te — *S. They, qui se retira à Lu-* Tre *Châteaulin, pour y vivre en sar__* They, ermyd è Lo-They hac é __raz. patrom èñ parres Lo-They_ da Pléybenn hac è hiny Lo-Thee_ Theacq, è qichen Kemperle, et

THEME, *traduction d'reolier__ pl.* ou. *Van.* id., *pl.* eü. — *Férme, corriger un thème,* ober na __courrigea un témm — *Thème__ d'un sermon,* tést, *pl.* ou.

THEOLOGAL, *professeur de*__teologan, *pl.* ed. *Par abrégé,* __tologan, an tologan.

THEOLOGALE, *prébende d'une_ cathédrale,* teologanaich, tologa__ — *Qui est-ce qui est pourvu de la__le de Léon?* piou èñ dens bet an__ganaich ou tologanaich eus a Le__ *Vertu théologale,* vertuz teologal__*vertus théologales,* foi, esperance et__ ar vertuzyou teologal, feiz, es__ha carantez; an teyr vertuz te__feiz. esperancz ha carantez.

THEOLOGIE, teology, an de__ — *Théologie naturelle, connaissa__ acquise par la contemplation de la__* teology natur, an deology natur__tural. — *Théologie surnaturelle, q__ enseigne les vérités révélées et surna__* teology dreist-natur, an d'ology__natur. — *Théologie positive, istit__des pères, des conciles, etc.,* an deolog__sitif, an aznaoudéguez eus ar S__saer. eus a scrijou an tadou, e__c'honcilyou, etc. — *Théologie scol__science qui tire des principes de la__* l'écriture et de la tradition, des con__certaines de Dieu et des choses divine__deology scolasticq ou arguñs. — T__logie morale, connaissance des lois d__et naturelles pour régler les mœu__deology moral. an aznaoudégue__al lésennou a Zoüe hac eus an cal__

: a aparchant oud ar gundu eus a
aïhezéguez vad. — *Théologie mys-*
*:*, au deology mysticq, teology ar
: émpléryen. — *Théologié, classe où*
*enseigne,* au deology, claçz au deo-
- — *Professeur de théologie,* provèç-
=u deology. — *La sacrée faculté de*
*ogie,* ar facultez sacr eus au deo-
-. — *Docteur en théologie,* doctor èn
ogy. —*Bachelier en théologie,* bache-
u deology.

HÉOLOGIEN, teologyan, *pl.* ed.

HÉOLOGIQUE, a aparchand oud
Ieology. — *Question théologique,* ur
tyonn a deology, *pl.* ou.

IIÉORIE, *science d'un art sans la pra-*
*e,* contemplacion.

HÉRIAQUE, *composition de médecine,*
cql, tryaeq, remed oud an ampoë-
n hac oud an picqadur eus al loëz-
binymus. — *Vendeur de thériaque,*
cqlèr, *pl.* yen. v. *charlatan.*

'HERME, *bains des anciens,* tyès cvit
ellat. *Al.* penn-boyl.

'HÉSAURISER, tènsorya, *pr.* et ;
r tensor, *pr.* græt ; destumi ténso-
u, *pr.* destumet. *Van.* dastum daû-
ar daûne, *pr.* dastumet.

HÈSE, tésenn, *pl.* ou. — *Soutenir*
*thèse,* souten un dèsen, *pr.* et ; di-
u un désenu, *pr.* disennct.

HOMAS, *nom d'homme,* Thomas.
*Petit Thomas,* Thomasïcq, Tho-
sicq. — *S. Thomas, l'apôtre,* au a-
!ol sant Thomas. — *S. Thomas ne*
*: pas à la résurrection du sauveur qu'il*
*'eut vu,* Thomas ne gredas qen na
!as. —*S. Thomas d'Aquin,* an doctor
t Thomas.

HON, *poisson de mer,* toun.

HONINE, qicq toun sallet.

HYM, *plante,* turcantym, theym, tyn
IARE, *la triple couronne du pape,* cu-
ar pap, curun try-zoubl. —*La tiare*
*es clefs sont les marques de la dignité*
*ale,* ar gurun hac au ale'huezvou eo

card, tarracg, *ppl.* ed.

TIÈDE, *entre le chaud et le froid,* cloûar,
oh, à ; tomicq. *Van.* miñgl, clouhar,
oh, aû, aoû.—*Rendre tiède,* cloûara,
*pr.* et.—*Devenir tiède,* clouaraat, *pr.* ëet.
*v.* tiédir.—*De l'eau tiède,* dour cloûar.
*Van.* deûr miñgl, deûr clouhar.

TIÈDEUR, cloûarder, cloûarded,
*Van.* miñgladur, clouharded.—*La tié-*
*deur de l'eau,* cloûarded an dour, ar
gloûarder eus au dour. *Van.* miñgladur en deûr.—*La tiédeur rend nos priè-*
*res inutiles,* ar yender eus hon devocion
a rént hon pedennou vean, dibroûd
ha dieffed.

TIEDI, i*, cloûarëet, miûglet.

TIEDIR, cloûaraat, *pr.* ëet. *Van.*
miûgleiû, *pr.* miûglet.

TIEN, *ne,* *pron poss.,* da, da heny ou hiuy, da hiny-de, daz, a so did *ou* did-e, a
aparchant onzoudou ouzid, ouzoud-eou
ouz-id-e. *Van.* de, de hany. — *Un tien*
*frère, ton frère,* da *ou* daz breuzr, da
vreuzr de, ur vreuzr did *ou* did-e. —
*Ma maison est la tienne,* va zy a so da heny, va zy a so da hiny de.—*Au tien,*
*pour te tien,* daz hiny, d'ez hiny de, e-
vit da hiny.—*Le tien et le mien,* da hiny ha va hiny. — *Les tiens et les tiennes,*
da re, d'az re, da re-de. — *Des tiens ou*
*des tiennes,* eus da re, eus da re-de.

TIERÇAIRE, *qui est du tiers-ordre de*
*S. François,* breuzrouc'hoar eus an drede
urz, nep so var an drede urz, nep so
èn drede urz. — *Il s'est fait ou elle s'est*
*faite tierçaire,* eat co var au drede urz.

TIERCE, *petite heure canoniale,* tyer-
sa. — *Tierce, troisieme,* trede. tryved,
tryde *de* tryved, tryveder, tervez ——
*Tierce personne,* un trede, un tryved,
un dryde. — *Tierce* mau, tredeecer,
tredeeecq, tredeecq, tredeec, tervez
*une chose en main,* tier ... ...
c tredeeucq *ou* tredeec ...
*pr.* keqëet. — *Fxr* ...
brn ril dez.—*L* ...

ranna, *pr.* et. *Van.* trederanneiñ, 'ter-deranneiñ.

TIERCIAIRE, *qui partage au tiers*, trede-ranner, trede-rannour, *ppl.* yen; *fém.* trede-rannerès, trede-rannourès, *ppl.* ed. *Van.* terderannour, *pl.* yon. *fém.* terderannoures, *pl.* ed.

TIERS, *troisième*, trede, iryved, an 'drede, an dryved. *Van.* tryûed, èn dry-ûed, èn dryde. — *Il est le tiers*, an drede eo , an dryved eo. *Van.* èn dryûed éû. — *Le tiers-état, les bourgeois, le peu-ple*, an drede stad. *v. état.* — *Le tiers-ordre, le troisième des ordres que S. Fran-çois d'Assises a institué en faveur de ceux qui ne peuvent se faire religieux*, an tre-de *ou* drede urz , trede urz saut Fran-cès a Açzisa. — *Tiers, troisième partie de quelque chose*, trede-rañ, an drede-rañ, trederenn, an drederenn, tredearn, an drederarn. *Van.* terderañ. an derderañ. —*Il passe le tiers de l'année à la campagne* an dredearn eus ar bloaz a drémen var ar meas — *Le tiers de l'héritage lui est acquis*, au drede-rann a so dleat dezâ, an drederenn *ou* an dredearnn a apar-ehant oud-hañ, trederanner *ou* trede-rannour eo, trederanna a dle. — *Les deux tiers de son bien sont mal acquis*, an daou phars eus e vadou a so drouçq-acquysitet *ou* goall-acquysitet, an naou phers eus e madou a so deuêt a voall hend, an daou phart eus, etc. — *Une aune et tiers de ruban*, ur voalennad ha trederenn a ruban. —*Le tiers et le quart*, *les uns et les autres*, an eil hac eguile, ar ré-mâ hac ar re-hont — *Il parle du tiers et du quart*, parlant a ra eus an eil hac eguile, prezecq a ra qen eus ar re-mâ, qen eus ar re-hont.

TIGE, *parlant d'herbes*, an taulpenn, *pl.* taul-pennou; cresq an lousaouenn, ar c'hresq eus an lousaouen. — *La tige d'une jeune plante*, goalenn ur blantenn yaoüancq, troñich ur blantenn, taul-penn ur blantenn yaoüancq.—*La tige d'un arbre*, chauçz ur vezenn, troñg *ou* troñgenn ur vezenn. — *Tige de botte*, corf an heuz. — *de flambeau*, goalenn ur flambez. — *de gueridon*, goalenn ar garidon. —*race, lignée*, qeff, penn-qeff,

ar c'heff *ou* penn-qeff eus a ul lignez. *Van.* gouryen.

TIGRE, *animal carnassier*, tygr, *pl.* ed. — *Il est aussi cruel qu'un tigre*, cruël eo evel *ou* hac'un tygr.

TIGRESSE, tygrès, *pl.* ed.

TILLAC *d'un vaisseau*, an tilhet.

TILLE, *écorce de jeune tilleul*, plus:

TILLEUL, *arbre*, tilheonn, *pl.* ou, tilh.

TIMBALE, *instrument militaire*, balenn, *pl.* ou.

TIMBALIER, *qui joue des timbales*, tymbalenner, *pl.* tymbalenneryen.

TIMBRE, cloc'h divazoul, *pl.* clocl'h an horolaich. — *Timbre*, *ce qu'on imprime sur le papier*, an tymbr.

TIMBRER, *apposer le timbre*, tymbra, *pr.* et; lacqât an tymbr var, et, *pr.* lecqëet,—*Papier timbré*, paper timbret. — *Parchemin timbré*, parich timbret.

TIMBREUR, tymbrèr, *pl.* éryen, a lacqa an tymbr.

TIMIDE, aounicq, lént, abaff, baff, oh, â, añ. *Van.* eünicq. mehat

TIMIDITÉ, lénteguez, aoun, baff, abaff. *Van.* eün, meh.

TIMON, *portant de carrosse*, etc. moûn, *pl.* ou; goalenn garr, *pl.* gou-ner; goal garr, *pl.* goalou; leur qef, *pl.* leuryou. — *Timon, t. de mer*, renñ, barrenn ar stur, ar varreat bareigner.

TIMONIER, *cheval de timon*, marl lymon, lymoûner.—*Timonier, t. de mer*, lévyer, *pl.* yen.

TIMORÉ, *ée, craintif, scrupuleux*, èn deus aoun bras da offanci Doûe, d'e goustyançz.

*TIMPANISER, *diculguer hautement*, brudi, *pr.* et; tamal diraeg an oll, tamalet; taboulina ur re-bennac rag an oll, *pr.* et. — *Il nous a timpanisés partout*, taboulinet oump gandhâ é pep leac'h, a bep tu èn deus brudet ar re pez na onyé hac ar pez na onyé qet açzn

TINEL, *salle à manger*, tinel. Ext guier, tinéllo *signifie une tente quelque*

tiers font dans une assemblée, àne
ine, une cuisine, et nous disons jour-
ment tinell vad, pour bonne cuisine,
ie table, de même que tinell dreut,
Il baoûr, pour mauvaise chere, etc.
INTAMARRE, grand bruit, tynta-
·r, pl. ou.
INTEMENT, action d'une cloche qui
:, diñserez, gobedérez. Van. diñse-
.---Tintement d'oreille, maladie d'o-
e, boudérez ar scoüarn. Van. cor-
ch er scobarn, bourdonnereb en
:oharn.
INTER, frapper une cloche d'un seul
, diñsal, pr. diñset; gobedi, pr. et;
ni divar beun, pr. et. Van diñseiñ,
diñset. v. copter.—La cloche a tinté,
sel, etc., èn deus ar c'hloc'h. —Tin
, parlant de l'oreille, boudal, pr. bou-
; cornal, pr. coruet. Van. cornal.
neiñ, bourdonneiñ. — Les oreilles
nt tinté toute la nuit, boudet o deu-
:ornel o deus va div-scoüarn hed an
s.—Je crois que cette fâcheuse nouvelle
fera bien tinter les oreilles, lui donnera
s de l'inquiétude, ar goall guehezlaou
deus bet a rayo boudal caër ou co-
caër e zivscoüarn a gredañ.
l'INTOUIN. v. tintement, inquiétude.
TIR, tenn, pl. ou. — Le canonnier a
l un excellent tir, un tenn caër èn
as græt ar c'hanolyer.
TIRADE, longue suite de paroles, u
tennad compsyou, ur silejad comp-
ou.— Tirade, hablerie, tenn, pl. ou.
Quelle tirade! pebez tenn! héma'n
in! coandtâ tenn!
TIRAGE, action de tirer, tennadur.
TIRAILLER, tirer deça et delà, tenna
didénna, ppr. et; saicha ha disai-
a ppr. et. Van. stlegeiñ hadistlegeiñ,
·. et.
TIRE, traite de chemin faite sans se re-
ser, un tennad hend, pl. tennadou
nd.—Tout d'une tire, èn un tennad,
i un halanad, diouc'h tu caër, èn
· red, hep ehana. -- A tire d'ailes, a
:nu æsqeil, èn ur bomm nig.--Tire-
:r-dents, cartillage jaune dans la viande
ite, bléau-meleu, grigonçz.
TIRE-BOUCHON, tenn-stouff.

TIRE-FEU, batterie d'acier, pierre à
feu, etc., delyn, pl. ou. Van. id. pl. éü.
TIRE-FOND, un tenn-fonçz.
TIRE-LAISSE, leurre, goaperez,
tromplerez, digarez, etc.--A tire-larigot, qen na fu. v. larigot.
TIRELIRE, petit tronc, byonenn, pl.
ou; boëll-espergn, pl. boëstlou-es-
pergn. v. esquipot.--Une jolie tirelire, ur
vyouenn goandt.
TIREPIED, ustensile de cordonnier,
stleug, pl. ou. stlévyou, stlévyou qere-
TIRER, tenna, pr. et. Van. teenneiñ.
--Tirer l'épée, tenna ar c'hleze, tenna
e glezeff. -- Tirer les canons, tenna ar
c'hanolyou. -- J'ai oui tirer du canon,
clévet am eus tennou canok.--Tirer au
blanc, tenna d'ar guënn; — en volant,
tenna divar nig. — de l'arc, tenna gad
ar voarecg.— L'action de tirer, tennadur, tennadecg, tennérez. — Tirer de
l'eau d'un puits, tenna dour eus a ur
punçz, punçza dour, vr. et. — Je n'ai
pu tirer une parole d'eux, n'am eus byz-
coaz gallet tenna ur guer evès o c'horf
ou evès o guenou, n'am eus qet allet
cahout ur guer digaud-ho. — Tirer de
peine, diboanya, dilaçza a boan, ppr.
et. -- Tirer quelqu'un d part, tenna ur
re-bennac a gostez. — Tirer l'oreille d
quelqu'un, saicha e scoüarn da ur re,
p... saichet.--Tirer fort sur quelque chose,
saicha cré var un dra, disaicho cré,
pr. disaichet. — Tirer, gagner ou vouloir
gagner qdelqu'un, hoalat, pr. et. — Tirer
par force, arracher, tenna dre forz; diframma, dichafranti, distrapa, ppr.
et. v. deraciner. —L'action de tirer, sai-
chérez, saichadecg, disaichadecg, tennadecg, hoaladur, diframmadur, dis-
trapadur, dichafrantadur, tennérez.
Van. tennereah. —Celui qui tire, ten-
nèr, saichèr, disaichèr, hoalèr, diffram-
mèr, dichafrantèr, distrapèr, ppl. yen.
— Tirer quelqu'un à 4 chevaux, disvem-
pra, divempra ur re entre pévar marc'h
ppr. et. v. écarteler. — Tirer quelqu'un,
en faire le portrait, tenna ou pourtrezi
ou peinta ur re, tenna patrom ur re-
bennac, ppr. et.—Tirer, aller vers quelque
lieu, moûnet être-ze un tu-bennac, moû-

net var zu ul lec'h-bennac, *pr.* ëet. —
*Tirer à sa fin*, tenna d'e fin *ou* da e fin,
tenna var e fin *ou* var e finvez. — *Tirer*
*à conséquence*, tenna da gousequaçz. —
*Tirer tout à soi*, *mettre tout de son côté*,
tui pep tra, *pr.* tuet; tenna an oll én
tu diond-hâ e-unan. —*Tirer sur le noir*
*ou sur le blanc*, tenna var an du pe var
arguënn, beza duard pe guënnard, beza azdu pe azgüenn, beza demzu pe
demveun.—*Chaque chose tire à sa source,*
*à sa nature,*

> Ha droucq ha mad è pep statur,
> A denn d'e had ha d'e natur.

TIRÉ *d'après nature*, furm, patrom,
etc., tennet goude *ou* dionc'h natur. —
*Tiré de peine*, diboanyet, diluczet *ou* tennet a boan, dilivryet a boan.

TIRET, *petite barre pour joindre une*
*syllabe avec un mot*, tirèd, *pl.* ou.

TIRETAINE, tyrtena, drogued bras,
eñtoff hanter neud hanter gloën.

TIRERIE, *t. factice pour exprimer cer-*
*taines assemblées et journées ordinaires en*
*B.-Bretagne*, tennadecg, *pl.* ou. *Van.*
teennadecg, tennercah, *ppl.* guéü, éü.
— *Tirerie de lin, de chanvre*, tennadecg
lin, canab.

TIREUR, *bon tireur, qui tire bien un*
*coup de fusil*, téunèr, *pl.* yen; un tenner mad, *pl.* tennéryen vad. *Van.* ten-
neryon, yan. — *Tireur d'or, qui réduit*
*l'or en filets*, tenner aur, distrémenèr
aour.

TIROIR, *caisse dans une armoire*, arched, scryn, tyroüer, *ppl.* ou.

TISANE, tysann, *pl.* ou.—*Faire de*
*la tisane*, ober tysann.

TISON; etéau, *pl.* etévyou, etivy;
qeff-tan, *pl.* qeffyou-tan, qivyou-tan;
scod-tan, *pl.* scodou-tan. *Van.* scod
tan, *pl.* scodéü tan.—*Le gros tison, le*
*tison de Noël*, ar penn-qeff, ar penn-
etéau, etéau Nedelecg.

TISONNER, *arranger le feu avec des*
*pincettes*, aüsa an tan, *pr.* et; qempen
an etivy, *pr.* et.—*Cet homme ne fait que*
*tisonner*, al luduecq coz-ze ne ra nemed
firboucha an tan, e ziausa pa véz èr vad.

TISONNEUR, firboucher an tan, *pl.*
yen. *Par antonomase;* firbouch.

TISSERAND, *qui fait de la toi*
yader, guyader lyén. *pl.* guyad
*Van.* id., *pl.* guyaderyon; teien
yon.—*Tisseranden lainc*, guyader
—*C'est un fort bon tisserand*, ur ga
mad eo,—*Tisserande, la femme* t
serand ou celle qui travaille à tisser
aderès, *pl.* ed.—*Le métier d'un tis*
starn guyader, ar stearn, ar stærn
*Les jumelles*, an diou ga
*chapelles*, ar chapelou. *Les* l
*tant*, ar feacz, ar fæcz. *Les trein*
*bles*, an teyr charvan. *Les deux*
an diou senl. *Les poulies*, ar pou
nou, ar poleou. *Les marches*, ar
chou. *Les traversiers*, an treut
*Les templons*, canveou, ar c'han
*La navette et la rotue*, ar vulan
veuy. *La lame*, al laenn. *Les pe*
*mes*, an enbroüed. *Les porte-ca*
enfeacz. *Les rateaux*, ar restell. *L*
*et le crochet*, ar poës hac ar c'hro
tortoir, an escop. *Le chas*, co
c'hodt. *Les parois*, codteuryea, a
teuryen. *Le renard*, ar mastye. *L*
sure, ar broüed. *Une peine*, an
iryen. *Les cordes*, ar c'herdin. *L*
chet, an usqoru.—*Le lieu où* tr
tisserand, guyadérez, ar vyadéra
lée ou morceau de toile que coupe a
rand d'une pièce finie, ilyanena.

TISSU *de fil*, guëadenn, *pl.* e
*Tissu de fil et de laine effilée*, p
pilhous, drogue.—*Tissu, liaison*,
gement, reiz, urz, rénq.—*Le tis*
*discours*, ar reiz ou an urz ou ar t
ou ar rénqadur vès a un divis.

TISTRE ou *tisser, faire de la toi*
*étoffes sur un métier*, güea, *pr.* ëet
guyadenneiñ, guyadeiñ. — (*h*) d
tistre, güeapl. — *Tistre de la toi*
*étoffes*, guëa lyen, mezer. — *A*
tistre, güeadurez, güëadur, güyi
guaderez.

TITAN, *nom des Celtes. r.* la
*terre.—Titan, épithète du soleil*, T
mot semble composé de deux mots d
de ti, maison; et de tan. feu: en
Ti-tan serait maison de feu, r
remarqué D. P. Pezron.

TITHYMALE, *plante dont les*

c comme du lait, flammoad, id est, flamm-
d, sang vermeil.

ITRE, inscription, titl, pl. ou; tiltr,
— Titre, droit, guïr, pl. ou, you. —
uel titre, en quelle qualité? pe dre vir?
vit tra? — A juste titre, gand guïr,
d résoun , gad résoun guïr ha ré-
n, gad guïr résoun.— Titre, pièce ou
' faisant foi ou servant à prouver, tiltr,
ou; teuzl, pl. you; goarand, pl. goa-
chou. v. cartulaire, charte. — Titre,
t sur une lettre ou sur un mot pour mar-
· une abréviation ou un redoublement
:ttre. Ex. ñ pour nn; parmi les Bre-
le mot ker, signifiant ville , est très-
nun, et lorsqu'il fait la première sylla-
'un nom propre, on emploie la seule lettre
'ec un titre de la sorte K, pour dire ker-
, ker-hervez, Kavaj, Khervez, etc.;
' de cette sorte s'exprime ainsi en bret.
'barrennieg. — Titre clérical, tiltr,
'tintr, titl ou tiltr ou tintr ur c'hloa-
r.

ITULAIRE, titlet, tiltret. —Evêque
aire de Césarée , excob tillet ou tiltr
a Cesarea. — Abbé titulaire, abad
t ou tiltret.

OBIE, nom d'homme, Tobyas, Tobya.
' ancien Tobie dont parle la sainte écri-
. Tobyas, ar patryarch Tobyas, To-
goz. — Le jeune Tobie, map ar pa-
rch Tobyas, Tobyas ar map, To-
yaouancq.

OCSIN, cloche d'alarme , Tocqsin.
not vient de tocq, coup brusque, et de
, sonner, ou de seing ou sexn, son. n.
— Sonner le tocsin, l'alarme, tocqa
'hleyer. pr. tocqet; tocqsini, pr. et;
ti an tocqsin, pr. sénnet; son an tocq-
pr. sônnet.

OI, pron. de la prem. pers., té. Van.
i. r. moi. — Entre toi et moi, èntre
a mé, èntre ez omp hon daou. —
rès de toi, èn da güichen-de, èn da
:te, èn da guichan, èn da harz.—
toi, dindan-oud, dindan-oud-te.
'ur toi, var'n-ou l, var'n-oud-te. —
·toi, guenez, guenez-te, guenid-te.
'errière toi, a dré did, a dré did-te.
è da guzin. — Devant toi, dira-'z-
, dirazoud-te, èn daz raug, èn da

raug. — Après toi, da c'houde, daz goude, da oude, da oude-tè, var da lerc'h,
var daz lerc'h. — Loin de toi, pell diou-
zoud, pell diouzoud-te, pell diouzid,
pell diouzid-te. — Près de toi, a daust
did, taust did-te, èn da harz, èn da gui-
cheu. — Par toi, dreizoud, dreizoud-
te. — Sans toi, hep'z-oud, hep zoud-te.
— A toi, did, did-te, did-e. — De'toi,
eus ac'hanoud, ac'hanoud, a hanoud-
te, diguenez-te. — Pour toi, evidoud-
te, evidoud. — Toi-même, daz unan, te
daz unan, da unan, te da unan, da u-
uan-penn, ta unan, ta unan-pen. Van.
te hunan, te hunon, te hunon peenn.
— Tu ne peux rien de toi-même, ne allès
netra ac'hanoud da unan. — Toi seul
da unan hep qen, te da unan hep-muy.
qen.—Toi et les autres, te hac ar re all.
—Ote-toi de mes yeux, teao'h a zirazoun,
èn hem denn a zirag va daulagad, teac'h eus va daulagad, èn hem denn cus
a zirazoun, èn hem denn a'z-ira-'z-oun,
id est, a-ez-dirag-ez-oun. — Souviens-
toi que, az ou ez ou ta'z ou ta ou te'z ou
te pèt soûch penaus.

TOILE, tissu de fil, lyen, lyan. Van.
id. — Qualité de la toile, an touich ens
al lyen, an touich eus al lyen lin pe ens
al lyan canab.—Toile fine, lyen stancq,
lyen an touich fin , lyan stancq ou fin
ou moan.—Toile qui n'est ni fine ni grosse,
mais bonne, lyen fetis. Van. id. — Toile
claire et non pressée , lyen roüez, lyan
sclær. — Grosse toile, léven, lyen creñ,
lyen kergloc'h, toûailh. Van. lyan creñ,
lyen creañ. v. grosse serviette. — Toile
d'emballage, serpillère, canavas, léyen,
toûailh. — Pièce de toile, guyadenn, p'.
ou; guyad, pl. ou. guyajou. Van. id.,
opl. eü. — Demi-pièce de toile, cinquante
aunes, un hanter-guyad, pl. hanter-guy-
ajou.—Un lé de toile, la largeur de la toile
tendue sur le métier, lec'hed, lec'hed tyan
— Toile jaune, lyen mêlen. — Toile de
Hollande, lyan Hollandès.—Toile de Pontivy, de Quintin, de Léon, lyen Pontivy,
Quintin, Leon. — Toile crue, lyen criz,
lyan ne deo qet bet glibyet. — Toile peinte, toile cirée, lyen lyvel, lyen coarel.—
Toile de coton, de soie, lyen cotonz, seyz.

55

—*Toile d'orties,*lyan lynad.—*Toile d'or,
d'argent,* lyen aour, arc'hand. — *Marchand de toile,* lyenèr, *pl.* yen; marc'hadour lyen, *ol.* marc'hadouryen. *Van*
lyennaoùr, *pl.* yon, yau. — *Marchande
de toile,* lyeuucrès, *pl.* ed. *Van.* lyen-
uaourès, *pl.* ed. — *Toile d'araignée,* guyad qivnyd, lyen qiffnyd. *Van.* guyad
ganived *ou* qaoünyed.

TOILERIE,marc'badourez lyen,lye-
naich, lyanaich.

TOILETTE,*enveloppe des pièces d'étoffe,*
lyenènn-golo, *pl.* lyenennou-golo. —
*Toilette, meuble,* lyenenu-nos, *pl.* lye-
uenuou-nos; tapiçz, etc., evit au divi-
qa hac ar guïsqa, *pl.* tapiçzou, etc.

TOINETTE, *Antoinette,* Antouaïcq,
Tonaïcq.

TOINON, *petit Antoine,* Antonicq,
Tonicq.

TOISE, *mesure de six pieds,* tés,*pl.* ou;
gourhed,*pl.* ou.*Van.*téz, *pl.*eû; gourhed
*qu'on prononce* gourred, *signifie proprement* brasse, *et vient de* hed, *longueur, et
de* gour,*l'homme viril. Cependant les maçons
s'en servent communement pour dire* toise
*de muraille.* — *Toise mesurée,* tésad, *pl.*
ou. *Van.* tézad, *pl.* eû. — *Une toise de
lois,* un tés qeuneud, *pl.* tésou; un tésad qeuneud.—*Une toise de muraille,*ur
gourhed moguer, *pl.* gourhedou.

TOISER, *mesurer à la toise,* tésa, *pr.*
et; gourheda, gourhedi, *ppr.* et; *l'h ne
s'aspire pas.* musula gad an tés, musura
diouc'h ar gourhed,*ppr.* et. *Van.* tézeiñ,
*pr.* et.

TOISÉ, *e,* tésct, gourhedet, musuret
gad an tés *ou* ar gourhed *Van.* tézet.

TOISEUR, tésèr, *pl.* yen; gourhedèr,
*pl.* yen. *Van.* tézour, *pl.* you, yan.

TOISON, *la laine d'un mouton,* qreou,
ar c'hreou eus an dêved, knéau. *Van.*
Lanéau,urhanéau,touzadur en deñued

TOIT, *couverture de bâtiment,* toëun.
*pl.* ou. *Van.* id., *pl.* eû. *Al.* tec, *pl.* au;
[riccau. *v. couverture.* — *Le toit de la
maison,* toënn an ty, anđoënn eus an ty.
*Van.* en doeuu ug en ty, toecnn eu ty.
— *Ces deux familles habitent sous un même
toit,* an daou rum tud-hont a choimm
didau ur mêmès toënn *ou* mêmès ty.—

*Toit à cochons,* craoüicq moc'h.

TOLE, *fer en feuilles,* feil-bos
hoüarn cannet. *Van.* hoarn tecxi

TOLERABLE, suportapl, a aler
suporti.

TOLERANCE, suportamaxd,...
tidiguez, diçzimulded, pacyan...
TOLERÉ, *e,* suportet, soufie..
zumulet.

TOLERER, suporti, suporti p...
zümulded,*pr.* suportet; souffr ar...
allér pe ne dleér da ampeich, r...

TOMBE, *pierre tombale,* mxu-...
meiu-bez.*Audierne,*anaoun,ou...
bea. — *Retirez-vous de dessus* m...
*s'il vous plait,* leac'hit,mar plic...
va bez *ou* divar va maen bez,...
ar boan da déo'het divar ma...

TOMBEAU, bez, *pl.* you. T...
*pl.* yo. *Van.* be, *pl.* eu. *Al.* tan...
au. On prononçait toumbe. De...
*tique, tiennent les mots français...*
tombeau. — *Tombeau ou* tomk...
bols, *pl.* you; ur vols, ur vols...

TOMBELIER, *qui mène an...*
tumporeller, *pl.* yen.

TOMBER, *choir,* cuëza, *p...*
*munement on prononce* couëza,...
coüehañ. *H.-Corn.* coëhel,*pr...*
*Van.* coëheiñ. — *Tomber tout...
à terre,* coüeza a c'hüen e groc...
an doüar;astèn e groc'hen var...
*pr.* astennet. — *Tomber malade,...*
clañ. — *Tomber roide mort...*
coüeza maro-micq var ar plaç...
tomber, lacqaat da goüeza, *pr...*
*o abattre.*—*Tomber, terser, par...*
charrette, lumpa; *pr.* et *De li...
bablement le mot* tomber. — *T...
choir,* digoüeza, digoüezout,...
*Van.* digoëheiñ, digoëhout,...
*Tomber, parlant du vent,* gouzi...
gouziza, *idest,* gour-isellaat, r...
bas. — *Le vent a tombé,* a bais...
zet eo an avel. *Loin des côtes,...*
coüezet *ou* coüehet eo an avel.

TOMBEREAU,*charrette...*
tumporell, *pl.* ou; tumborell,...
rell, *pl.* ou. — *Plein un tombr...*
un tomborell; un tumporellad...
TOME, *livre,* tom, *pl.* ou.—...

*est divisée en cinq tomes*, ê histor a
spartyet ô pemp tom.
)N , *pron. poss.* , daz, da , ta. *Van.*
:. — *Ton livre*, ton bien , daz levr,
;lad; da levr, da c'hlad.*Van.* ta leûér,
a; te leûér, te dra. *v. ta.*
)N, *degré du son*, ton. *Van.* ton. —
on *doux et agréable*, un ton douçz
oaudt. — *Parler d'un ton résolu* ,
ps hardiz ha ferm, comps gad har-
guez ha fermder, *pr.* compset; par-
var an noteun vras , qemeret an
:nn uhelâ, comps grouçz. — *Ton*,
tnt *du chant et du son des instrumens*,
*pl.* you. *Van.* id., *pl.* eû. — *Un ton*
:, un ton just, un ton mad, un ton
·a dere. — *Ne pas bien suivre le ton*,
>ûni, *pr.* et; discana, *pr.* et. — *Il y*
*it tons ou huit modes ou manières de*
*:ter*, eiz ton a so, an ilis he deus
ïæęzoun da gana. — *Il a mis le Lau-*
*sur le huitième ton*, ent oûuet èn deus
,audate *ou* lecqeat èn deus ar Lau-
> var an eizved ton, an eizved ton
leus roët d'ar Laudate. -
'ONDEUR, touzèr, *pl.* yen ; guîl-
:r, *pl.* yen. *Van.* touzèr, touzour, *ppl.*
·, yan. — *Tondeur de draps* , touzer
guiloher mezer, divléver êñtoff, *pl.*
.. — *Tondeur de moutons*, touzer an
ed, krévyèr, *pl.* yen ; knevyèr, *pl.*
ı. *v. toison.* — *Tondeur de chiens bar-*
·, touzèr chaça.
ΓΟNDRE, touza, *pr.* et; guilc'hat, *pr.*
*Van.* touzeiñ. *v. tonture.* — *Tondre*
*draps*, touza mezer, divlévi êñtoff,
divlévet.—*Tondre les brebis, les mou-*
*s*, touza an dêved; krévya, *pr.* et ;
ıvva an dêved; knevya, *pr.* et.—*Ton-*
*des buissons, des buis de jardins*, dive-
*pr.* diveguet; tailha, *pr.* et.—*Tondre*
*cheveux tout ras*, touza ar penn. —
*ndre le poil superflu*, trouc'ha ar bléau.
*Tondre l'herbe des prés*, guilc'hat ar
ćaud, guilc'hat ar prajou, *v. faucher.*
TONDU, *e, qui est ras*, touz; *parlant*
*in homme*, touz, penn-touz.
TONNANT, *e*, curunus. *Van.* tarhus,
rûnus. — *Dieu tonnant*, an Doûe cu-
nus, Doûe pehiny a zigaçz ar c'hurun
ar c'hudurun *ou* ar gurun. — *Une*

*vois tonnante*, ur voûez crê ha lemm.
TONNE, *muid*, tonnell vras, *pl.* ton ·
nellou; tonnenn, *pl.* ou. — *Plein une*
*tonne*, tonnennad, *pl.* ou.
TONNEAU, tonnell, *pl.* oŭ. *Van.* id.,
*pl.* eû. — *Le tonneau de Bordeaux et de*
*Nantes est de quatre barriques*, un donnell
vin ê Bourdell hac ê Naunet a so peder
barricqennad.—*Tonneau plein*, tonnel-
lad, *pl.* ou. —*vide*, tonnell goullo.
TONNELIER , tonnellèr , *pl.* yen. ·
*Van.* tonnellour, *pl.* yon, yan.
TONNELLE, *treille*, pratè , *pl.* on;
pratell, *pl.* ou.—*M. est dans la tonnelle*,
ez ma an autrou èr bratell *ou* brate.
TONNELLERIE, *lieu où travaillent les*
*tonneliers*, tonnellérez, tonnelliry,
TONNER, curuni, *pr.* et; ober curun,
ober cudurun , ober gurun, *pr.* græt.
*Van.* tarheiñ, curuneiñ, guruneiñ; gobér curun, gober curon. — *Il tonne*, *il*
*a tonné*, *il tonnera*, curuni a ra *ou* curun
a ra , curunet èn deus *ou* curun a so
bet, curuni a rayo *ou* curun a vezo.
TONNERRE, curun, curon, gurun.
B.-*Léon*, cudurun. *Van.* curun, curon,
gurun , tarh. *Al.* tàran. *v. foudre.* —
*Coup de tonnerre*, taul curun *ou* gurun,
*pl.* taulyou; talm cudurun, *pl.* talmou;
tarzgurun, *pl.* tarzou. *Van.* tarh gurun,
*pl.* tarheû guron.
TONSURE, *action de couper les cheveux*,
an trouc'h *ou* trouc'hadur eus ar bléau,
touzérez.—*Tonsure de clerc*, tonsuraich,
ar bazenn guentâ evit beza dèn a ilis.—·
*Il a pris la tonsure* , qemeret èñ deus an
tonsuraich, trouc'het eo c vléau gad an
escob. — *Tonsure, couronne d'ecclésias-*
*tique*, qÿrn, *il* est , *sommet de la tête.*
*On est à lui faire la tonsure*, ez ma eur
oc'h-ober ê guerir dezâ.
TONSURER, tonsuri, *pr.* et; rei ton-
suraic'h, *pr.* roët.—*Clerc tonsuré*, cloarecq tonsuret *ou* èn deus bet tonsuraich
TONTURE, *ce qu'on tond*, touzérez ,
touzadur. — *des draps*, touzadur, divlé-
vadur — *des brebis*, touzérez, krévyadur.
—*des buis*, tailh, divegadur.—*des cheveux*,
touzérez au bléau. — *des herbes d'un pré*,
güilo'hadur.
TOPE, top, bézêt, countaut oun.

TOPINAMBOUR, avalou-doüar.

TOQUE, tocqicg, *pl.* tocqóüigou; boû-rcd, *pl.* ou.

TOQUER, *heurter*, stocqa, stecqi, *ppr.* stocqet: — *Toque dans la main d'un autre*, tocqa, *pr.* et; tocqla, *pr.* et. *Van.* tocqeiñ, *pr.* et.

TORCHÉ, *flambeau*, torch, *pl.* ou; toirch, *pl.* ou. *Van.* torch, *pl.* eū.

TORCHER, *nettoyer*, torc'ha, *pr.* et. *Van.* torcheiñ, *pr.* et.

TORCHIS, *mortier mêlé de paille*, torticzenn, *pl.* torticz; barraçz, *pl.* ou; tilheu. *pl.* tilh. — *Faire du torchis*, ober torticz *ou* tilh *ou* barraçz, *pr.* græt.

TORCHON, *linge pour torcher*, toailhoñn, *pl.* ou; torchoüer, *pl.* ou. *Van.* id., *ppl.* eū. — *Torchon de paille ou de foin*, torchenn, *pl.* ou. *Van.* id., *pl.* eū.

TORDEUR, torticzèr, *pl.* yen; güeèr, *pl.* yen.

TORDEUSE, güeerès, *pl.* ed; torticzerès, *pl.* ed.

TORDRE, torticza, *pr.* et; neza, *pr.* et; trei, *pr.* troët, güea, *pr.* et. *Van.* güeeiñ, neeiñ, troeiñ, *ppr.* et. — *Tordre des branches en forme de chaine*, torticza *ou* güea *ou* trei *ou* neza briuçzad, neza drez, etc.; ober gnygadeñ *ou* guygadennou, ober ur vygadenn, *pr.* græt. — *Tordre le bras ou le pied*, güea ar vreac'h pe au troad. *v. jambe.* — *Tordre le cou*, güea e c'houzoucq da ur re, divella e c'houzoucq da ur re, *pr.* et; terric'houzoucq da ur re, *pr.* torret. — *Tordre la bouche*, treuza e c'hinou *ou* ar guinou, *pr.* et.

TORMENTILLE, *plante*, ar seiz-delyen.

TORQUETTE, torticzenu, guygadenn, *ppl.* ou.

TORRENT, livad *ou* liñvad dour, *ppl.* ou dour.

TORSE, *bois serpentant*, teurs, *pl.* ou, you. — *Faire de la torse*, ober teursou.

TORT, *dommage*, gaou. *Van.* güeū. — *Faire tort à quelqu'un*, ober gaou oud ur re-bennac, *pr.* græt. *Van.* gobér güeū oud unon-bennac, *pr.* groeit, greit. — *Vous me faites grand tort*, gaou bras a c'hrii ouzon. — *Donner le tort à un autre*, teureul ar gaou var un all, *pr.* taulet;

lacçât un all e gaou, *pr.* lecqêt. *a tort*, gaou éu deus, ez ma ar gandhâ, ez ma ar gaou, èn tu d... ez ma èn e c'baou. — *A tort*, ment, é gaou, gaud gaou, a ... ticz ha résoun. — *On l'accus...* gaou e c'hacusér au ezi ... *tort et à travers*, a dreuz hac... guir hac é gaou.

TORTELLE, *plante*, güéerès...

TORTICOLIS, penn-gamm... torgamet, torticg. — *C'est un...* ur penngamma zèn eo, un to... — *J'ai depuis deux jours une fluxion...* rend torticolis, ezma ar peü-gamm... zez so gueueñ.

TORTILLER, torticza, tortu... et. *Van.* tortilheiñ, tortuilheiñ.

TORTIS, *couronne de fleurs*, ... tez, *pl.* ou. *Van.* id., *pl.* eū.

TORTU, *ue, qui n'est pas droit*... tort, cromm, oh, à, añ. — *Bat...* coad cammou cromm *ou* tort. *Fe...* cam, coëd crom. — *Homme tort...* tort, *pl.* torted; un dèn tort, *pl.* té... *Femme tortue*, torlès, un dorlès... crommès, *pl.* ed. *Burlesq.* qey... *Cuisse tortue*, morzed camm *ou*... *Qui a la cuisse tortue*, gaul-g... gaul-gamméyen. — *Jambe tortu...* gamin, gar dort. — *Pieds torlu...* tort *ou* camm *ou* treuz.

TORTUE, *animal amphibie*, v... ed; baut, *pl.* ed. *Van.* véût, *pl.* el... *a apparence que le mot de voute vi...* *mots celtiques.* melven croguenn... melved. — *Marcher à pas de tortu...* lentement, baüta, vaüta, *pr.* et; ... evel ur vaut, *pr.* id. — *Celui qui m...* *d pas de tortue*, bautecq, *pl.* gued... vautecq, *pl.* yen; melvenne... melvenneugued. *v. lent.* — *Lieu...* où sont les tortues, ur ou ar vaut...

TORTUEUX, *euse, qui va en to...* troydellus, distroüs, güeüs, guñ... *Van.* plegus, distroüs, oh, añ. — *... ritière tortueuse*, ur rifyer troyd... ur stœr distroüs. — *Le serpent le...* oùplein de replis dont parle l'écritu... ar sarpant tortuillet, au diaul guy... ou güeūs. *v. diable.*

ORTURE, *question*, gêne des crimi-
. jabyn, jayn. *Van.* jabyn. *v.* gêne.
*Tortaré de l'esprit*, jayn. — *Mettre*
*rit à la torture*, jayna e spered, *pr.*
— *Il a l'esprit à la torture*, jaynet eo
upl e spered, n'ez ma qet e benn
poan *ou* hep jayn.

'OSTE, *banc des rameurs d'une cha-*
*e*, un tost, *pl.* an tostou.

'OT, *promptement*, *sans tarder*, prest,
san, affo, a-bred, qentrad.—*Venez,*
*urez tôt*, deut affo, diredit affo, di-
it mibin *ou* prim *ou* trum *ou* prèst,
it prèst *ou* buhan. — *Venez tôt*, de
*s heure*, deut a-bred *ou* qentrat. —
*ez tôt*, abred avoalc'h, qentrad açz.
*Bientôt*, *dans peu de temps*, souden,
dennicq, abarz nemeur, a benn neur a amser, a benn nemeur. *Van.*
chanticq, soudeen. —*Bientôt après,*
sticq goude, soudennicq goude-ze,
abeud goude. — *Sitôt*, *aussitôt*, qer
it. — *Ce ne sera pas sitôt*, ne vezo qet
qèn'. — *Il est venu aussitôt que moi,*
qent eo deuet ha me. — *Sitôt que,*
*sitôt que*, qer qent ma, qer qent ha
, qentre *ou* qentra ma, qen-tiz ma.
*Sitôt qu'il me vit il vint à moi*, qentre-
. vellas ac'hanon *ou* qentre ma èm
ellas * extenas* divadon. — *Trop tôt,*
abred *ou* qneutrad *ou* vuhan *ou* prim
brèst. — *Plus tôt*, qentoc'h, qent,
stoc'h, buanoc'h, primoc'h, abred-
h, trumoc'h. -- *Plus tôt que Paul,*
it egued Paol, qentoc'h evit Paol,
buanoc'h evit Paul.

TOTAL, *entier*, fournicz, parfedt,
terin. -- *Ma totale destruction*, va dis-
ichantérin, va c'holl parfedt, va dis-
nich èn oll d'an oll. — *Il est condamné*
*ayer le total*, coudaunet eo da baëa
oll.

TOTALEMENT. èn oll d'an oll. ---
*st totalement perdu*, collet eo èn oll
n oll,

TOUAGE, *t. de marine*, ramocqaich

*affaire*, *je vous dirai que*, var guemen-ze
me a lavaro deoc'h, ê feadt eus a guemeñ-ze *ou* è qèver qemeñ-ze, ez liviriñ
déc'h. -- *Touchant*, *e*, *adj.*, touichus,
oh, à, añ. -- *Un sermon très-touchant,*
ur brezeguezn touichus incurbed, ur
brezeguezn an touichanta, ur brezecg
a douic'h cals. -- *Touchant*, *part. pres,*
*de toucher*, a douich, a so touich-è-touich

TOUCHE, *ce qui sert à montrer les let-*
*tres aux enfants, ou pour écrire sur des*
*tablettes*, touchenn, *pl.* ou. — *Une jolie*
*touche*, un douchenn vrao. — *Touche*
*d'orgues, d'instruments de musique*, touichenn, *pl.* ou. — *Touche ou pierre de*
*touche, pierre qui sert à éprouver l'or, etc.*,
mæn-touich. — *Touche, l'action de frap-*
*per*, an touich. -- *Il craint la touche,*
aoun èn deus rag an touich, dougea a
ra an touich.

TOUCHER, touicha, touich, *ppr.*
et. *Trég.* touchañ. *Van.* touicheiñ, *ppr.*
et. -- *Toucher de la main*, touich gad an
dourn, manca, *pr.* manëet. *r, manier.*
--*Toucher du bout du doigt*, touich gand
penn ar bès *ou* gad pennicg ar bis. --
*Toucher l'orgue*, touich an ograou. --
*légèrement*, touich èn un drëmen. --
*de l'argent, en recevoir*, touich arc'haud.
-- *les chevaux avec un fouet*, foëdta ar
c'hesecq, *pr.* foëdtet; touich ar c'hesecq gad ur foëdt. -- *un enfant, lui don-*
*ner la touche*, touich ur buguel, rei an
touich da ur buguel, *pr.* roët. --*émou-*
*voir*, touich, *pr.* et. -- *Toucher, le tou-*
*cher*, an touich, ar sqyaud eus an touich.
-- *Le sens du toucher est répandu par tout*
*le corps*, ar sqyaud eus an touich a so
è pep andred eus ar c'horf.

TOUE, *bateau de passage*, bacg, bacg
un treiz.--*Toue ou louage*, ramocqaich,
ramocqérez.

TOUER, *remorquer un vaisseau*, ramocqa, ramocqi, *ppr.* et.

TOUFFE, *petit bosquet*, brusqoadicq,
*pl.* brusqoaïouïgou; bodad güez, *pl.*

chennou ; torc'had, dórnad bléau, *ppl.* dou. *Van.* torchad bléau, *pl.* torchadéû bleau.

TOUFFU, *parlant des arbres*, bochennecq, stancq, teo, delyecq, oh, à. — *Arbre touffu*,guezen bochennecq *ou* bodennecq *ou* brancqecq, *pl.* guëz, etc. — *Cheveux touffus*, bléau stancq. — *Cheveux touffus comme le poil d'un barbet*, bléau foutouilbecq.

TOUJOURS, atau, ato, bep-pred, pebred, pa-pred, bo-pred, atau, *id est*, a bep taul, *à chaque coup*; bepred,*id est*, bep pred, *à chaque temps.* *Van.* atau, berped. — *Qui dure toujours*, a bad atau, a bad bepred. *v. perdurable.* — *Les peines de l'enfer dureront toujours*, an tourmanchou eus an Ifern a bado atau *ou* bepred hep birvyqen-fin na difin, sioüas ! — *Pour toujours*, evit atau, evit bepred *ou* mad.

TOUPET, *petite touffe de cheveux*, cuchennicq bléau , *pl.* cuchennouïgou, hupp bléau, *pl.* ou; huppicq bléau,*pl.* huppouïgou.

TOUPIE, *sabot à jouer*, qerniguell,.*pl.* ou. *Van.* corniguell, *pl.* éû. *Al.* top, *pl.* au. *v. sabot.*

TOUR, *bâtiment rond et élevé*, tour, *pl.* you. *Van.* tur, tour, *ppl.* yéû. — *Château fortifié de tours*, kastel goarniçet a douryou. — *Tour marine, tour à guet près la mer*, güerè, *pl.* ou. *v. échauguette.* — *Tour d'église*, tour, *pl.* you. *Les tours de Notre-Dame de Paris ont* 34 *toises ou* 204 *pieds de haut*, touryou an Itron Varya a Baris o deus pévar gourred ha tregout, pe mar deo guëll guenoc'h pévar zroadad ha daou c'hant a uhélded. — *Tour, circonference*, tro, au dro. *Van.* id.—*Le tour de Paris, y compris les faubourgs,est d'environ* 7 *lieues*,an dro cus ar güear a Baris gad he fabourzyou o so a seiz léau pe var dro, Paris gad e fabourzyou èn deus seiz leau dro pe tanstavad. — *Tour d'une roue*, un dro garr, tro ur rod qarr. — *Tour de lit*, housse *qui entoure le lit*,tro güele, un dro vel.. — *Tour, mouvement circulaire*, tro. —*Le soleil fait son tour en un an*, an héaul a ra e dro èn ur bloaz. — *Tour, petite*

promenade, tro, *pl.* you ; bale, lc, *ppl.* ou. *Van.* tro, tron,*pl.* y *Faire un tour de ville, une promenade*, ober un dro guær, ober *la ville*, ober un dro guær, ober èn kær, ober ur bale dre guær un tour de ville, ober un dro guær hout ar foëdt digand ar bourrès da guær, *pr.* bet. — *Autour*, tr *Van.* ar dro. — *Autour de moi*, zro, oar ma zro. *Van.* ar me zro. *tour de toi*, var da dro. *Van.* ar —*Autour de lui*, vare dro. *Van.* —*Autour d'elle*, var he zro. *Van.* zro.—*Autour de nous*, var hou tro. — *Autour de vous*, ar hun tro. —*Autour d'eux, d'elles*, var. ho tro, var o zro. *A* hou tro, ar hou zro — *Tout ma maison*, tro var dro d'am ty, d'am zy *ou* da va zy. *Van.* tro d'em zy. — *Tour à fil, instrument à devider le fil*, æstel. *v. tournette.* —*instrument de tourneur*,tui-gan, teurgn,*pl.* ou. *Van.* turn. *pl.* éû. *religieuses*, draff, *pl.* dréven ; andy, *pl.* drévenu. — *Aller au* d'au draff.—*Tour à tour*,tro-è-tro tro-ha-tro. — *Chacun à son tour*, hiny èn e dro, an eil goude eguile eil var sigur *ou* sigour eguile. réneq. —*En un tour de main*, èn ur zörn, èn un hanter tro, èn ur count. — *A tour de bras*, a boès vreac'h, a boès breac'h. — *Tour à action*, taul, *pl.* you. — *Un tour tre*, un taul a vaïlh *ou* a vestr. — *Tour de souplesse*, taul , tro, *ppl.* you; un taul bourd, cornardiz , *ppl.* ou. *Van.* — *Jouer à quelqu'un*, ober un dro *ou* un taul ur bourd da ur re, hoari un dro re. *Van.* gober ur peh *ou* un dro non-benac, hoari un dro d'unan

TOURBE, *motte de terre pour brûler*, taoñarc'hen, *pl.* taoñarc'h.

TOURBILLON, courvéuteñ, *pl.* avel-dro. *Van.* aüclenn, *pl.* éû; dro; harnan a dro; terboneen, *pl.* hou. — *Tourbillon ou dragon de vent de mer*, courvéuteñ, brouillard,*pl.* u

)URELLE, tourell , *pl.* ou. *Van.*
*pl.* éû. — *La maison des tourelles,*
er an tourellou. —*Petite tourelle,*
ellicg, *pl.* tourellouïgou.

)URET, *cheville qui arrête la rame,*
ed , *pl.* ou.

)URIERE, *religieuse qui répond au*
, porzyerès, ar borzyerès, ar bor-
s. — *Tourière de dehors, t. de reli-*
es , plac'h al leauesed, touryerès,
ncrès, *ppl.* ed.

OURMENT, tourmand, *pl.* chou.
id. , *pl.* tourmantéü. *v. douleur.*

)URMENTE, *tempête,* tourmand,
hou. *Van.* broüilhard, *pl.* éü.

OURMENTANT, *ante,* tourmantus,
à. *v. importun, incommode.*

OURMENTER, tourmanti, *pr.* et.
tourmanteiñ. — *Etre tourmenté,*
tourmantet,*pr.*bet.—*Se tourmenter,*
tiguer , hem dourmanti. *Van.* him
rmanteiñ.

OURNANT,*endroit de la mer où l'eau*
ne , troëñ-vor, un droëñ, un droëñ
, *pl.* troënnou. — *Tournant, lieu de*
ue où l'on tourne, distro, *pl.* you, jou.
*Tournant, ante, qui tourne,* a dro. —
te tournante, rod a dro, rod pe hiny
ro.

TOURNE, *la carte qui retourne sur le*
n, ar pod, cartenu ar pod, an dry-
phl.—*Tourne-broche, petit marmiton,*
rmitoûnicq; fouilhemard, *pl.* ed.

TOURNEE, tr», *pl.* you; baleadenn,
ou. *Van.* troad, *pl.* éü. — *Il est alle*
r sa tournée, eat eo da ober e dro.
n. oeit eü d'ober e droad.

TOURNELLE, *chambre de tournelle,*
mpr an dro, campr crim. — *Tour-*
le, mauvaise plante, troëll.

TOURNER, *faire un ouvrage au tour,*
irgna, tuirgnat, *ppr.* et; teurgnal,
teurguet.*Van.*lurneiñ.—*Une colonne*
lit bien tournée, ur post güele tuirgnet
ad. — *Tourner, mouvoir, se mouvoir.*
ti, *pr.* troël. S.-Brieuc et Treg. treiñ.
an. trociñ, treiñ, *ppr.* troët.—fd et ld,
urner et retourner, trei tu-hout ha tu-
à; trei ha distrei. — *d l'envers,* trei var
i tu guiñ ou an tu œnep. — *d droite,*
ci a zehou ou var au tu dehon ou var

an dourn dehou. *Trég.* treiû oar an dórn
mad. —*d gauche,* trei a gleiz ou var ün
tu cleiz ou var an dourn cleiz. — *le dos*
d l'autel, trei e gueiñ d'an auter. — *Il*
ne sait de quel côté toarner, ne oar pe var
du trei.— *Tourner le feuillet,* trei ar fol-
leon. — *le sas, t. de devin,* trei an tamoës, *pr.* troët. — *la terre, parlant des*
porcs, houchellat, turc'hat.*ppr.* et. *Van.*
turbyellat. *pr.* et. *v. monde.* — *La terre*
*que les taupes et les cochons ont tournée,*
houc'helladeñ, turchadeñ, turyadeñ,
*pl.* ou. *v. taupière.* —*Se tourner, se mou-*
*voir,* trei, *pr.* troët. — *Tourner la terre,*
gozellat, turchat, turyat, *ppr.* et.

TOURNESOL, *plante à fleurs jaunes,*
tro-héaul, bocqedou tro-héaul ou tro'n-
héaul, lousaoüen an güenaenou hao
an chancr. *Van.* tro-hyaul.

TOURNETTE, *sorte de dévidoir,* di-
bunoüer rondt, *pl.* dibunoüerou rondt:
*v. dévidoir.*—*Tournette de crêpière,* scliç-
zeun, *pl.* ou; spanell, *pl.* ou; astell
grampoës, *pl.* æstell grampoës.

TOURNEUR, *qui façonne du bois au*
tour, tuirgnèr, *pl.* yen; teurgnèr, *pl.*
yen. *Van.* turnour, *pl.* yon.

TOURNIQUET, *sorte de moulinet que*
*l'on place sur les maisons,* barryell-dro,
*pl.* barryellou-dro.—*Tourniquet, jeu de*
hasard, branell, *pl.* ou.—*Jouer au tour-*
niquet, branellat, *pr.* branellet; c'hoari'-r vranell, *pr.* c'hoaryet.

TOURNOI, *ancien exercice militaire,*
stourmérez gand al lançzou diveguet ,
*pl.* stourmerezou gand, etc. ; redérez
au lançzou, *pl.* rederezou, etc. *v. joute.*

TOURNOIEMENT, *action de tourner,*
troydellérez, troydeïladur.—*Tournoie-*
ment de tête, corniguelladur, troadur.

TOURNOIS , *monnaie,* tournès,
mouneyz tournès.

TOURNOYER,*faire divers tours,* troydellat , *pr.* troydellet. *v. pirouetter.*

*TOURNURE, art et ouvrage du tour-*
neur, tuirgnérez, teurgnérez. *Van.* tur-
nereah, turnadur.—*Tournure, presure,*
tro qeule. *v. presure.*

TOURTE, *pâtisserie,* tourtenn,*pl.* ou;
pastezérez, *pl.* ou. — *Tourte de pigeon-*
neau, tourtenn pichoûned. pastezérez

dube.—*de pommes, de framboises*, tour-tenn avalou, un dourtenn flamboez.—*de pain*, torz, *pl.* you; torz vara, *pl.* tor-zyou bara; tourtell, *pl.* ou; un dour-tell vara, *pl.* tourtellou bara. *Van.* torh, *pl.* éû.—*de pain de seigle*, un dorz vara ségal, un dourtell vara ségal. *Van.* un dorh vara segal.—*de moyenne grandeur*, torz crenn, *pl.* torzyou crenn; tourtell grenn. *Van.* torh crean. — *L'entamure d'une tourte de pain*, ar boulc'h. *Van.* er boulc'h.—*Reste de tourte*, ar-vara, darn-vara. — *Tourte de résine, de braie*, torz rousin, torz braë, tourtell rousin, tour-tell vraë.—*Ce qui est épais et rond comme une tourte*, torzecq, tourtellecq, oh, añ; avaléû torhecq. *Van.* torhecq.

**TOURTEAU.** *petite tourte ronde*, cuygn *pl.* aou, ou. *Van.* id., *pl.* eû —*Vous aurez un tourteau s'il y a quelque reste de pâte attaché à la pelle du four*, mar bez toaz oud an yfourn oz pezo cuygn.—*Tourteau plat, gâteau*, goastell. *Van.* goastell, pla-deenn. *pl.* eû.--*Petit tourteau*, cuignicg, goastellicg, *pl.* igou. *Van.* goastellicg, cuygnicg, pladennicg, *pl.* igneû.--*Petit tourteau de la grosseur du poing, qu'on cuit à la gueule du four pour les enfants*, craz-zunell, *pl.* ou. —*Aller chercher des tourteaux pour étrennes, comme font les enfants*, cuygnaoûa, mont da guygnaoûa. *pr.* eët.

**TOURTEREAU**, turzunellicg; *pl.* turzunelledigou.

**TOURTERELLE**, *oiseau*, turzunell *pl.* ed, ou. *Van.* turhunell, truhunell, *ppl.* ed, eû. — *Une tourterelle toute blanche*, un durzunell venn can.

**TOURTIÈRE**, *ustensile de cuisine*, tourtyerenn, *pl.* ou.

**TOUSSAINT** *ou Tugein, nom d'hom-me*, Tujan, Tujen. — *Petit Toussaint*, Tujanicq, Tugenicq. — *S. Toussaint ou Tugein, abbé à Primelen, près Audierne; on l'invoque pour la rage, ainsi que S. Gil-das et S. Hubert*, Sant Tujan ou Tugen. — *L'église de S. Tugein*, sant Tujan an alc'huez, ilis sant Tugen an alfe.—*Al-ler au pardon de S. Tugein*, monnet da bardon an alfe *ou* da bardon S. Tugen. — *Toussaint, nom d'homme*, Oll-Sént.—*Petit Toussaint*, Oll-Senticq, Senticq.

—*La Toussaint. fête de l'église*, an Oll-Sént. goël an Oll-Sént, kal ar goañ. hêzl ar goañ. *Van.* en Oll-Sént. en Oll-Sént, kal-e-goñiañ; kal argoañ id est, les calendes de l'hiver; kehzl goañ, id est, porte-nouvelle de l'hiver. *A la Toussaint, sous la Toussaint*, goël au Oll-Sént, didan goël an Sént, a-benn kal ar goañ. — *A la Toussaint précisément*, da voël an Oll-Sént, da gal ar goañ, da guéhêzl ar goañ.

**TOUSSER**, *avoir la toux*, pasaat, ét; cahout ar pas *ou* bas cahout, voasqenn, *pr.* bet. *Van.* paseiñ, *ppr.* et. *v. rhume.* — *Il tousse toute la nuit*, a hed an nos ez pasa, hed an nos baoûez o pasât.

**TOUSSEUR**, paseèr, *pl.* yen. r. — **TOUSSEUSE**, pasecrès, *pl.* ed.

**TOUT**, *toute, tous*, holl, tout. oll. bloh. — *Toute la terre*, an oll doûar, an doûar holl, an doûar tout. — *Tout et un chacun*, guytibunan, *id est*, unan. *Van.* rah. *v. chaque.* — *Tout exception*, oll guytibunan. *Van.* tout — er bed oll. — *Tout le monde*, ar bed, an oll. *Van.* id. — *Tout le corps*, ar c'horf oll. — *Pendant toute la journée*, hed an deiz penn-da-benn, è pad an oll derz. — *Tous les hommes*, an oll dud. — *De toutes leurs forces*, eus o oll nerz, gand oll nerz. — *Tout seul*, e-unan penn, e-unan christen, e-unan hep qen.—*Toute seule*, he-unan penn, he unan hep qen. — *Tous deux, toutes deux*, ho daou, ho diou. — *A toute heure*, da bep eur.—*Tous les jours*, bemdez, bèmdiz.—*Toutes les semaines*, bep sizun, bep sun. — *Tout le mois*, bep miz.—*Tous les ans*, bep bloaz *ou* bloa *ou* bla.—*Tous les siècles*, bep cantved. — *De tout ce*, a bep tu, a bep hend. —*Toute la que vous voulez*, an alyès guéach a qirit. — *Partout*, è pep leac'h, eû tu. *Trég.* dre oll. — *Partout où il va*, qement leac'h ma ez a, eñ qement ma ha. — *De partout*, a bep leac'h. bep tu, a bep hend.—*Sur tout, dei* pep tra, ispicial. *H.-Léon.* bep qet. — *En tout*, èn oll. — *De dessus tout*, divar an oll. — *Le tout*, an oll.

!out, eus an oll. — *Du tout point, point
out*, enep sæçzon. — *Tout-à-fait*,
ıll d'án oll. — *Tout-d-coup*, èu ùn
, qerqènt. — *Tout' à propos*, ê qen-
ê tailh, a dailh. — *Tout-à-l'heure*,
ná-souden. — *Tout de bon*, a zévry,
ırſeded, da vad ha caër. — *Tout
plus*, d'ar muyà, d'ar muyà
— *Tout au moins*, d'an nebeudtà,
ıihanà. — *Tout autant*, qement all.
*Tout autant que nous sommes*, qe-
ıt hiny a so achanomp. — *Tout de
ıe*, mémès tra. — *Tout différent*, dis-
el bras. — *C'est tout un*, mémès tra
ne vern qet. — *Ils sont tout étonnes*,
ızet bras int. — *Tout riche qu'il est*,
ıer pinvidicq bennac a véz, divis
ıer pinvidic vés. — *Tout beau, n'al-
as si vite*, goüestad, goüestadicq var
ıoüès.

OUTEFOIS, gousgoude, coulscou-
— *Encore qu'il soit bon, toutefois il
se donner garde de l'offenser*, petra-
ıao ma véz mad, ez eo gousgoude
ı divoall da zont d'é oiſanci.

OUTE-PRESENCE, an oll bre-
ız. a Zoüé.

OUTE-PUISSANCE, oll c'hallou-
oll c'halloud.

OUT-PUISSANT, oll-c'halloudus,
ç'halloudecq. *Van.* id., oh, aû.

OUX, pas, ar pas, ar bas. *Van.* er
— *A voir là toux*, cahont àr pas. *v.*
ıer. — *La toux sèche*, ar pas seac'h.
*[oux sèche qui fait mourir les brebis
ı vaches*, ar peudd. — *Ce cheval a la
, ez ma ar pouçz gad ar marc'h-ze,
ızet eo ar marc'h-mà.

ۣACAS, tregaçz, *pl.* ou; fourgaçz,
u.

ۣACASSER, *tourmenter*, tregaçzi,
t. — *Tracasser, être dans un grand
ısement*, fourgaçzi, *pr.* et.

ۣACASSERIE, tregaçzérez, four-
érez.

ۣACASSIER, tregaçzér, *pl.* yen.

ۣACE, *empreinte*, restige, treçz,
h; roûd, *pl.* ou. *v. suite.* — *Suivre
ıaces de quelqu'un*, mont va dreçz
ı, mont var lerc'h urre, *pr.* èet; qer-
ıar roudou ur re-beünac, *pr.* id.—

*Les traces de son crime sont encore toutes
fraiches*, fresq-beo eo c'hoaz an treçz
eus e dorfedt. — *Trace, ligne qui marque le dessein d'un ouvrage*, treçz; roudenn, *pl.* ou. — *Il connait les traces qu'il
faut suivre, les mesures qu'il faut prendre*,
eû a ene an treçz, hac a oar an doare.

TRACEMENT, *action de tracer*, treçzadur, treçzidiguez, roudennadur.

TRACÉ, *e*, treçzet, roudennet, græt,
pilet, disqüëzet.

TRACER, *marquer, dessiner*, treçzu,
*pr.* et; roudenna, *pr.* et. — *Tracer le chemin aux autres*, ober ou treçza ou pilat
an hend, disqüëz an hend d'ar rçal.

TRACHÉE-ARTÈRE, *canal des poumons*, sutell ar gouzoucq, an treuz-gou-
zoucq, an toull gouzoucq ou controll.

TRADITION, *livraison*, livradurez.—
*Tradition, ce que nous avons appris de siècle
en siècle*, qelennadurez a c'henou-é-c'he-
ou hac hep scrid eveus an amser goz,
desqadurez dre ar c'hléved eveus a draou ne dint bet biscoaz lecqeat drescrid.
— *Traditions apostoliques*, qelennadurez
hep scrid a-berz an æbestel, eus ar pe z
o deus desqet gad hon Sulver, pe eus ar
pez en deus êñspiret ar Spered Santel
dézo, pehiny o dens desqet gandho ar
re a vevé èu o amser hac a so deüet a
c'hinou-é-c'hinou bedeg ênnomp-ny;
qelennadurezou an æbestel hep scrid.
— *Le concile de Trente a défini au commencement de la quatrième Session qu'il fai-
lait recevoir les traditions apostoliques comme règle de la foi et des mœurs, aussi bien
que l'écriture sainte*, disclæryet en
deomp ha statudet gad ar c'honcil a
Draula penaus ez rèncqomp recou ha
derc hel evit rool eus ar feiz hac eus ar
vuhezéguez vâd, qelennadurezou an æ-
bestel grèat a c'hinou hep beza lecqeat
gad ho dre scrid, qer couls evel ar scritur sacr. — *Les protestants ne reçoivent
pas les traditions apostoliques et ecclésia-
tiques, mais seulement l'écriture sainte
qu'ils ont tronquée*, au hugunoded a receo hemyen ar scritur sacr goude ho
beza falset, darguet ha discolpet ha necun eus a guelennadurezou an æbestel
hacau ilis pere ne dint qet mercqet eba z

èr pez o deus miret eus ar scritur sacr.

TRADITIVE, *chose traditionnelle*, tra-ou desqet evit ho beza hep-muy-qen clévet gand ar re goz.

TRADUCTEUR, nep a dro ul levr eus au eil langaich èn eguile.

TRADUCTION, *version*, troydiguez eus an eil langaich èn eguile. *v. vulgate.*

TRADUIRE, trei an eil langaich èn eguile, trei ul levr pe ur scrid eus an ail langaich èn eguile, *pr.* troët. — *Traduire le latin en français*, trei al latin è gallecq.—*mot pour mot*, trei guer evit guer.

TRAFIC, *négoce*, traficq, *pl.* cu. *Van.* id., *pl.* eû. *v. commerce.*

TRAFIQUANT, *trafiqueur*, traficqèr, *pl.* yen. *Van.* traficqour, *pl.* yon.

TRAFIQUER, traficqa, *pr.* et. *Van.* traficqeiñ. *v. commercer.*

TRAGEDIE, tragedyenn, *pl.* ou. — *Faire des tragedies*, ober tragedyennou.

TRAGIQUE, a aparchant oud an dragedyenn, tragedyennus, oh, â. — *Tragique, funeste, sanglant, diseür*, truezns, oh, â, añ. *Van.* trist, truheûs, oh, añ, noñ. — *L'an* 1720 *il se passa en Bretagne deux choses bien tragiques*, l'une d *Rennes*, l'autre d *Nantes*, er bloaz uguent ha seiteeq cant ez harruaz è Breiz daou dra truezus meurbed, unan è Roazoun, e guile è Naffuet. *v. Rennes.*

TRAHIR, trayçza, *pr.* et. *Van.* trahyçzeiñ, *pr.* et. — *On l'a trahi*, trayçzet eo bet, güerzet eo bet.

TRAHISON, traytourez, *pl.* ou. *Van.* trahytoureah, treytoureh, *ppl.* eû.

* TRAIE, *oiseau*, tred, *pl.* tridy; dred, *pl.* dridy. *De* dridy *et* tridy, *viennent* drydal *et* trydal, *tressaillir, sautiller comme une traie.*

TRAIN, trayn, *pl.* ou. *Van.* id., *pl.* eû. — *Long train*, un trayn hirr *ou* bras. *v. suite.* — *Train de bois flottant*, traynell, *pl.* ou. *v. radeau.* — *Se mettre en train de*, hem lacqât è trayn da, *pr.* lecqëet. — *Tout d'un train*, dioue'h tu, var un dro, d'ouz tu caër, è memès amser.

TRAINANT, *e.* stlejus, hirr, traynus, oh, â, añ. — *Queue trainante*, losten hirr, saë traynus, *ppl.* lostennou, saëou.

TRAINEAU, *voiture sans roues*, traë-

nell, *pl.* ou.

TRAINÉE, *choses répandues* traynad, stlejad, lostennad, *ppl.* o Une trainée de poudre, un draynad lançz ar groug.

TRAINER, trayna, *pr.* et; stle et. *Van.* stlegeal, stlegeiñ, *ppr.* et. tion de trainer, trayněrez, stlejad Trainer, agir lentement, trayna; l za, *pr.* et. *Van.* dereineiñ, dereiñ —Se trainer, èn hem drayna, hem

TRAINEUR d'épée, un doueg — Traineur, trainard, qui reste stleger, *pl.* yen; vautecg, *pl.* éyen.

TRAIRE, gozro, *pr.* ët; goëro goro, *pr.* ët. *Van.* goéreiñ. — *Tr* vaches, les chèvres, goéro ar saoud ar guevr. *Van.* goéreiñ er seüd, er güivr.—Ce que l'on trait à ch goroadenn, *pl.* ou. *Van.* goera — Celle qui a coutume de traire la gororeès ar saoud, *pl.* goroeres

TRAIT, guide d'attelage, ar H.-Corn. ar suyau. *Van.* er su Trait, dard, sæz, *pl.* you; dared, *Van.* dard, *pl.* eû — Trait de pl pluñenn, *pl.* taulyou. — Les tra sage et du corps, an dailh eus ar eus ar c'horf, an lignennou eus saich bac eus an c'horf. — Trait, d'avaler, louncqad, *pl.* on; tau *pl.* taulyou; ar pez a evur èn un — Il buvait une pinte de vin, me tout d'un trait, ur pintad guir, roûe, a eve èn ul louncqad lonçq ou halanad. — Le trail jourç, pour dire que si on ne pe ger, on ne laisse pas de boire, a red atau, alloumm a drémen — Trait d'histoire, un penn tamm histor. — Un petit trait ur pennicq ou guericq histor, mieq histor. — Trait, action, bourd, ac, accion. — C'est un de prudence que de savoir se retir d propos, un ac a furnez eo ou quytaat ar c'hoary è qentell. un trait d'ami, ober un accion — Il lui a fait un trait de ma ou ur bourd èn deus græt dezâ.

prit, ur guer *ou* un dro speredus.—
trait *de folie*, un ac a folléntez, ur
intez, ur follez, un accion foll.
'RAITABLE, *doux*, trètapl, oh, à.
ı. tretabl, oh, añ.
'RAITANT, *qui traite avec le fisc*,
and, *pl.* ed. *v. partisan.*
'RAITE, *étendue de chemin*, treu, *pl.*
— *La traite est longue*, hirr eo an
ı.—*Faire de grandes traites*,ober treu
bras. — *Traite, commerce entre des*
*seaux et les Indiens*,traficq gad an In-
is. — *Aller à la traite des nègres*, mont
iraficqa mauryaned, mont da bré-
ha da verza mauryaned.
'RAITÉ, *convention, accord*, *pl.* ou;
·c'had,*pl.* marc'hajou; divis, *pl.* ou.
Fraité, *convention entre rois, princes*,
. trètadurez, *pl.* ou. -- *Traité, disser*-
ın, trèted, *pl.* ou. — *Les traités de la*
·e *et des sacrements*,tretedou ar c'hraçz
ar sacramanchou, an trèle deus ar
·açz hahiny ar sacramanchou,trèted
·'hraçz ha trèted ar sacramanchou.
RAITEMENT,*manière de traiter*, trè-
iand, *pl.* tretamanchou; diguemer,
ançz, *ppl.* ou. -- *Bon traitement*, dimer *ou* diguemered *ou* trètamand
rètançz vad. — *Mauvais traitement*,
.l drètamand *ou* drètançz *ou* digue-
·. --*Traitement d'un mal*, trètamand.
RAITER, *convenir de certaines condi*-
·, divisa, *pr.* et; trèta, *pr.* et ; ober
aadurez, *pr.* græt.— *Traiter de la paix*,
e trète,etc.,ober trétadurez,*r.*græt;
sa var ar peoc'h, etc. ; treta eus ar
·'h, etc., *pr.* tretet.—*négocier*, mar-
dta, *pr.* et; traficqa, *pr.* et. — *agir*
e *certaine manière à l'égard des person*-
irèta, trèti, *pr.* et. — *doucement quel*-
·n, trèti.èr-vad ur re-bennac, trèta
e gad douçzder. — *rudement quel*-
·n, goall-drèta, goall-drèti, *ppr.* et;
l-ausa urre,*pr.* goall-anset. — *une*
ïre, trèta ur matery beñac,trèta eus
suged beñac.—*un malade*,trèta uu
·lañ. — *Bien ses amis, les bien recevoir*,
· èr-vad e vignouned, ober cher vad
igouned, ober un diguemèred vad
ignouned,*pr.* great, græt.—*Il se trai*-
·n,cundo vad a so gandhâ, cundui a

e gorfra a fæçzon *ou* dailh, cher vad avoalc'h'ara d'e gorf.-*Traiter son frère de fou*,
guervell foll e hentez, *pr.* galvet.— *On*
traite le pape de sainteté, les rois de majesté,
les princes d'altesse, ar pap a c'halvér e
santélez, ar roüanez o magestèz, ar brinced o uhelded.
TRAITEUR, *qui donne à manger*, trè-
teur, *pl.* yen; trètour, *pl.* yeu.
TRAITRE,traytour,*pl.*yen.*Van.*treytour, trahitour, *pl.* yon, yan. — *Un coup*
*de traitre*, un taul traytourez, uu dro a
draytour. — *En traitre*, è draytour, dre
draytourez.
TRAITRESSE, traytourès, *pl.* ed.
TRAJET, *passage d'une rivière*, treiz,
*pl.* you; treu, *pl.* ou; tre, *pl.* ou. *Van.*
treih, *pl.* eū. *v. traversée.* — *Faire le tra*-
*jet d'une rivière, la traverser*,mont didre u,
*pr.* ēet; trémen un treu *ou* tre *ou* treiz,
*pr.*trémenet.— *Trajet, espace de chemin*,
treu, *pl.* ou; hend da dreuzi. *De* treu,
treuzi, *traverser; de même que* treuz-didreuz, *tout en outre, de* treu *et de* didreu.
— *Il y a un long trajet de Brest à Paris*,
hirr eo an treu èntre Brèst ha Paris, ur
pennad terrupl a hend a so da dreuzi
adalecq Brest bede Paris.
TRAMAIL, *filet de pêche à trois rangs*
*de mailles*, tramailh, *pl.* ou. *Ce mot vient*
*de* try *et de* mailh;*de* try,*trois,et de* mailh,
*maille; try*-maïlh, *id est* , try-mailh *ou*
try-rencq-mailh, *trois rangs de mailles.*
TRAME, *fils ourdis*, anneuēñ. *pl.* ou;
anneu, *pl.* ou; iryenn, *p'.* ou. *Van.* anneu. ɔ. *chaîne.* — *Trame, complot*, complod, *pl.* ou. complojou; iryen , *pl.* ou.
·TRAMER, *parlant de la toile*, anneui,
*pr.* ēt. *Van.* auncueiñ. *v. ourdir.—Tra*-
mer, *conspirer contre quelqu'un*, complodi aēnep ur re-bennac, *pr.* complodet.
TRAMONTANE, *le Nord*, avel Nord,
avel an hanter-nos, avel steren.— *Tra*-
montane, *l'étoile du nord*, steredenn an
nord, sterēn an hanter-nos. — *Perdre*
la tramontane,coll e sterenn.—*Il a perdu*
la tramontane, *il est déconcerté*, collet èn
deus e sterēñ, collet èn deus e sqyand
vad, ne oar pe lavar na pe ra.
TRANCHANT, e, *qui tranche*, sqeijus,
trouc'hus, a sqeich, a drouc'h. — *Ins*-

*trument tranchant*, bénvecg sqeljus ou trouc'hus, bénvecg a drouo'h ousqeloh, *pl.* bénvijou, blnyou. — *Tronchant, fil d'épée*, al lémm, an drémm, an direnn. — *Frapper du tranchant*, sqei gad an direnn *ou* gand al lemm, *pr.* sqoët —*L'opposé du tranchant*, qyl, ar c'hyl.

TRANCHE, *instrument de labourage*, raïnch, *pl.* ou.—*Un coup de tranche*, un taol traïnch. — *Tranche, morceau coupé*, tamm, *pl.* ou; pez, *pl.* yeu. *v. tèche.* — *Tranche d'un livre*, coff ul levr. — *Livre doré sur tranche*, levr èn deus ur c'hoff a'aouret.

TRANCHÉE, *t. de guerre*, cleuz, *pl.* you. *Van.* cleuù, *pl.* yeû. — *Ouvrir la tranchée*, coumanç da gleuza, coumanç da sevel doûar, *pr.* coumancet. — *Tranchée, la fouille des fondements*, fos, *pl.* you; cleuz, *pl.* yoù.—*Tranchée pour faire écouler les eaux*, fos, *pl.* you; fosell, *pl.* ou. — *Petite tranchée pour faire écouler les eaux*, fosieg, *pl.* fosyouïgou; fosellïog, *pl.* fosellonïgou. *v. rigole.*

TRANCHÉES, *coliques*, droucq-coff, güentl. *v. nerf.* — *Tranchées de femme prête d'accoucher*, güentlou. — *Elle a les tranch e del'enfantement*, ez ma èr güent lou, ez ma ar güentlou gad-hy. —*Tranchées de chetal ou tranchees rouges*, tranchéson. *De là, on dit par injure, aux hommes comme aux bêtes*, boëd an tranchéson.

TRANCHER, *couper*, trouc'ha, *pr.* et; traïnc'l a. *p.* et. *Van.* trouhein. —*Herennius trancha la tête à Cicéron*, Herennius arreu. eudicq a draïnchas ou drou c'has e benn da Ciceroua. — *Trancher, séparer en deux*, daouhanteri, *pr.* et; trouc'ha è daouhanter. — *couper par morceaux*, sqeigea, *pr.* sqeiget; discolpa, *pr.* et. *Van.* sqeigeù, discolpeiñ, *pr.* et,—*abréger*, ppr. et; diverrat, *pr.* ëet, berraat, *pr.* ëet. — *Pour trancher court*, evit traïncha ou ra var e gorf saer-hi-sautel, di. *trouc'ha berr*, evit lavarat deoc'h è berr gampsyou, evit berraat *ou* diverraat.— *Il a tranche le mot*, lavaret ou distaguet c'hoarguer gandhâ.—*Trancher du grand*, ober ar grobis, ober e c'hrobis, *pr.* great, græt.

TRANCHET, *outil de cordonnier*, traïn-

---

ched, *pl.* traïnchedou.

TRANCHOIR, *tailloir*, traïnchoir, *pl.* ou; açzyed coad, *pl.* açzyedou

TRANQUILLE, peoc'hus, diasez, fedt, dibrès, calmygennus, oh. à

TRANQUILLEMENT, èn ucb diasez *ou* parfedt. ê peoc'hus, ê hep près, gad parfededd *ou* calmu

TRANQUILLITÉ, parfededd ded, dibrès, dibròsded, calmyg

TRANSACTION, transac, breu treuz-contrad.

TRANSCENDANT, *e*, uhelmen a so cals dreist ar re all.—*Les étran cendants*, an traou a so uhel merch ar pez a so cals dreist ar re all ecrz ez eo Doûe hac an ælez. — *La transcendant*, ur spered dreistordi *v. pénétrant.*

TRANSCRIRE, discriva, *pr.* et; crilTa, *pr.* et. *v. copier.*

TRANSE, *angoisse*, tréand, dèr, gloasou.—*Il est dans des transes continuelles*, èz ma atau èr gloasou, ou treand er a so atau gaudhâ, tel a véz bepret, ê spounl ez vez deux mots, treand *et* treauder, *proprement, pénétration et pénétr le sens figuré. transe et transi: ils de trè. part en part, et de autres,*

TRANSFÉRER, caçz. *pr.* et; transporter. — *Transfer sonnier d'une prison dans une autre*, ur prisonnèr evès a ur prisoun da —*Dieu a transféré le royaume d'Juda infidèles*, an autrou Doûe èn deer roüautélez ar Yuz'vyen d'ar w

TRANSFIGURATION, ceïnché a furm. — *La fête de la transfigura notre seigneur*, goüel an Thabor, pe da hiny hon salve r var leiu ar sel arc'hioareus e eu e benniguet Pezr, Yan ha Jacqi eus e chestel

TRANSFIGURER (se), ceïnchein *pr.* ceïnchet.

TRANSFORMER, rei ur furm all un dra, rei ur furm nevez da un du *pr.* roët. — *Etre transformé en loup*, ceïnchet è bleiz, *pr.* het. — *Le*

*n forme en ange de lumiere*, an diaul du,
*n* argarz, a oar qemeret a vizyou ar
.n vès a un æl güenu.

RANSFUGE, traytbur d'c stadou,
: a guyta e brinçz evit èn hem lac-
t èñ tu d'e adversouryen.

RANSGRESSER, trémeu, *pr.* et ;
i, *pr.* torret. — *Transgresser la loi de*
*u*, trémen al lésenn cus a Zoüe, ter-
ésenn Doüe.

RANSGRESSION, trémenidiguez,
idiguez.—*La transgression des lois de*
*u*, an derridiguez *ou* an drémenidi-
z eus a lésennou Doüe.

RANSIGER, *t. de pratique*, ober un
nsac *ou* un treuzac *ou* treuz-contrad,
græî ; treuz-countradi, *pr.* et.

RANSIR, tréanti, *pr.* et. *v..transe.*
*Ce vent m'a transi de froid*, tréantet
u gad an avel yen-mâ *ou* gad ar riou,
murnet oun gad an avel rivus-mâ. —
st *transi de peur*, tréantet eo e galoun
l an aoun *ou* gad ar spond.—*Un amant*
nsi, un amourous yeu *ou* révet.

TRANSITION, *liaison, passage d'une*
*tière dans une autre*, ereadurez, sta-
dur, trémenidiguez.

TRANSITOIRE, a drémen prim, ne
d qet pell umser.

TRANSLATION, *action de transférer*,
ougadur, treuzporth.—*La translation*
*n êcêque d un autre évêché*, an treuz-
rth eus a un escop da un escopty all.

TRANSMETTRE, lacqât da drémen,
er trémen, rei.

TRANSMIS, *ise*, lecqëet da drémen,
æt.roët.

TRANSMUABLE, a alleur cheñch
tur dezâ.

TRANSMUER, cheñch natur da un
a, *pr.* cheñchet.

TRANSMUTATION, cheñchidiguez
s a un natur èn he-bèn.

TRANSPARENCE, splandèr, sclear-
r.

TRANSPARENT, *ente*, splan, sclear
el an tlour. *v.* opaque.

TRANSPERCER, toullà treuz-di-
euz *ou* treu-didreu, *pr.* toullet; treuzi
greun , *pr.* treuzet. — *Qui est trans-*
rcé, toul treu-didreu.

TRANSPIRER, doûnet èr mæs d'e
ar c'huèz, doûnet èr meas dré an toullouïgou munnt ha diaznat a so èr c'hro-
c'hen.

TRANSPLANTEMENT, treuzplant,
an treuzplant, an treusplantadur.

TRANSPLANTER, treuzplanti, *pr.* et.
—*Choux transplantés*, caul treuzplante!.

TRANSPORT, *action de porter d'un lieu*
*d un autre*, dougadur, douguérez, dou-
guidiguez, dizougadur, treuzporth, di-
zouguérez.—*Le transport des marchandises*
*hors le royaume*, an treuzporth eus ar var-
chadourezou èr meas eus ar roüantëler.
—*Transport au cerveau*, *parlant de maladie*,
treuzport d'ar penn. — *Transport de joie*,
treuzport a joa, *pl.* treuzporchou ; ca-
boüad joa, *pl.* cahoüajou joa ; ûr barrad joa. — *de colère*, barrad buanéguez,
*pl.* ou; boüilh coler, *pl.* boüilhou. —
*cession d'une chose d une personne*, treuzport eus a un dra da ur re-bennac.

TRANSPORTER, *porter ailleurs*, treuzporti, *pr.* et, *de* porthiff, *porter* ; di-
zonguen, *p\*.* et; douguen eus an eil
léc'h da eguile, *pr.* douguet. — *Trans-*
*porter un droit*, *une rente d un autre*,
treuzporti e vir, ur rend da un all. —
*Se transporter*, *aller sur les lieux*, mont
var al leac'h, *pr.* eat, ëet. — *Se trans-*
*porter de colère*, èn hem dreuzporti è
coler, trélati gad ar goler, touella gaud
coler, *pp\*.* et.

TRANSPORTÉ, *ée*, *d'amour*, toüéllet
gad an amourousded, trelatet gad au
orgued.

TRANSPOSER, tréuzposi, *pr.* et ;
lacqaat è meas a blaçz, *pr.* lecqëet.

TRANSPOSITION *de mots*, treuzpo-
sicion a c'heriou, gueriou è mæs a blaçz.

TRANSSUBSTANTIATION, *terme de*
*théologie*, ar guïr ceiñchamand eus a
sustançz ar barâ hac ar guïn èn corf
ha goad Jesus-Christ dre ar vertuz eus
ar c'hompsyou saor a lavar ar bælecq.

TRANTRAN, *t. populaire*, trayn; tailli.
— *Pour réussir dans une affaire*, *il faut en*
*savoir le trantran*, evit dont a bèñ eus
a un dra eo redd gouzout an trayn *ou*
an dailh anezâ.

TRAPPE, trap, strap, *ppl.* ou; toulstrap, *pl.* tonllou. *Van.* trap, *pl.* éŭ.

TRAPU, *court et gros,* trapard, torogoçz, *ppl.* ed. *Van.* téŭ ha berr. -- *Petit trapu,* torrogosicq, *pl.* torrogoçzedigou; trapardicq, *pl.* trapardedigou.

TRAPUE, trapardès, *pl.* ed ; trouçzad, *pl.* ou.

TRAQUENARD, *cheval qui va l'amble rompu,* tracqanard, *pl.* ed ; ur marc'h tracqanard.--*Traquenard, sorte de danse gaie qu'on danse seul,* an tracqanard.

TRAQUET, *moulinet pour écarter les oiseaux des champs ensemencés,* trabell, *pl.* trabellou. -- *Traquet de moulin,* ar stracqleurès, ar ganell. *Van.* èr ganell, èr straqell.

TRAVAIL, travell, trevell, *pl.* ou; labour, *pl.* ou, you. *Van.* labour, *pl.* éŭ. *v. labeur.* -- *Travail d'esprit,* poan, trevell. *Van.* poen. -- *Avec beaucoup de travail,* gand cals a drevell ou boan --*Adonné au travail,* poëlladus, trevellus, oh, añ. -- *Travail d'enfants,* poan vugale. -- *Elle est en travail d'enfants,* èz ma é poan vugale, ez ma èr guéntlou.

TRAVAILLER, travelli, labourat, *ppr.* et. *Van.* laboureiñ, labourat. -- *Travailler assidûment,* labourat gand acqed *ou* acqedus, poanya èaër, *pr.* poanyet; trevelli ato.--*Se reposer sur sa bêche, sur sa tranche, etc., au lieu de travailler,* coll au amser, laërès an amser. rei broü d'ar bal, d'an traiñeh, etc. -- *Travailler d'esprit,* trevelli, poanya, *ppr.* et. -- *La goutte le travaille extrêmement,* terrupl eo poanyet gad ar gouttou, tourmantet horrupl eo gaud ar gouttaou.

TRAVAILLEUR, *qui travaille,* traveller, *pl.* yen, travellidy. *v. laboureur.*

TRAVERS, *le travers,* an treuz. *Van.* èn trez, èn trezell.--*Le travers d'un doigt,* treuz ur bès. -- *La France a 300 lieues de travers,* ar roüantélez a Françz èn deus try cant léau a dreuz *ou* a ledander. -- *De travers, d travers, au travers,* a dreuz. *Van.* a drez. --*Regarder de travers,* sellet a dreuz, ober sellou treuz. --*Qui est de travers,* trenz, oh, à. *Van.* trez. --*Aller d travers les champs, à travers les champs,* mont a dreuz ar parcqou, mont a dreuz d'ar parcqou. -- *Tout au travers,*

a dreuz-penn, treuz-didreuz, treu dreu. -- *A tort et à travers,* a drez a hed, a dreuz penn, è gaou hac t qên è gaou qen è guir.

TRAVERSE, *chemin qui coupe, a* trez, *pl.* hinchou. -- *Le milieu d'au terse, l'endroit où un chemin en traver autre,* croaz-hend, *pl.* croaz hie hend-croaz, *pl.* henchou. -- T sentier, hendlicg-treuz, *pl.* heiz igou treuz. *v. sentier.* -- *Aller à la terse,* mont a dreuz-hend, *pr.* è *Traverse, barre de fer, pièce de ba* en travers, treuzell, treuzellen, *pl.* *Van.* trezell, *pl.* eŭ. --*Traverse, ar* ampeichamand,*pl.*ampeicham controlyez, *pl.* ou. -- *A la tra* a dreuz hend. --*Un ennemi est trav traverse et qui a renversé toutes les m que nous avions prises,* deuët eus u versour a dreuz hend pehiny èn é collet qement hon boa graet.

TRAVERSÉE, *trajet d'un lieu à* autre, treu, treug, *ppl.* ou.

TRAVERSER, treuzi, treuza, *V* *Van.* trezeiñ, treuzeiñ. -- *Trever rivière,* treuzi ar rifyer. --*Le métier est traversé,* treuzet eo ar métier gand-hâ. -- *Traverser, pénétrer,* treuz intra, *ppr.* et. *v. transe.* -- *entièr* treuzi èn oll d'an oll, moñnet treu dreuz, moñnet treu-didreu, *pr.* e ëet. -- *s'opposer à, mettre obstacle à,* peich, *pr.* ampeichet; controlya,*pr.* et.

TRAVERSIER *ou* tartane, *petit vaisse de cours et de pêche qui va à voiles et à rames,* trèversèr, *pl.* tréversidy. -- *Traver vent qui vient d'un cap à l'autre, qui vient en droiture dans un port,* avel a vers *ou* drèvers.

TRAVERSIER*enchassés dans un certain* *mire pour soutenir du bois à sécher,*tra *pl.* ed; an trancqled; crazunell *x* minal; treuzelleun, *pl.* ou.

TRAVERSIN, *chevet de lit,* penna le, *pl.* penn-velcou. *v. chevet.*

TRAVESTIR, diguiza ur re. *pr.* guizet; mascla ur re beunac, *pr.* et *Se travestir,* hem ziguiza, ceiñch hâd, *pr.* ceiñchet. *Van.* him digui

TRAVESTI *en Turc,* diguizet è Tu

guïšqet è Turcq.

.YON, *bout du pis*, broū , *pl.* ou; ä-., *pl.* éū. *Al.*teth.—*Trayons d'une cl'une chèvre*, broñou ar veoc'h, ou ar c'havr. *v. pis.*

ZBUCHER , trabucha , fals -var-çzoupa, *ppr.* et.*Van.*strebaunteiñ. *icher.* — *Action de trébucher* , tra-irnand,trabuchérez.*v.bronchement bucher, tomber*, couëza,*pr.* et.*Van.* *Al.*, coëheiñ, *ppr.* oëchet.

EBUCHET,*petite balance d peser l'or gent*, binded, *pl.* ou. *Le singulier* :*ièr es usité.* —*Peser avec le trébuchet,* :da, *pr.* et; *figurément, regarder de* — *Trébuchet d prendre des oiseaux,* èr , *pl.* you.

ÈFLE, *plante d trois feuilles*, mel-enn, melchen, ar velchenen, ar ien, lousaoūenn ar velehen.—*Des* s , melched. —*Trèfle, carte d jouer,* , treflès. — *J'ai le roi de trèfle*, èz r roūe dreflès guenè.

.EGUIER, *ville des Côtes-du-Nord,* .Dreguer. *Ce nom est composé de lan.* :, *et de Tréguer, formé sur le mot de or ou val de Trecor, nom de l'abbaye tait en ce lieu avant que dans le* 9.— : on y eût tranferé le siège episcopal de *le de Lexobit, détruite et appelée depuis* -guaudet. *v.* Landt, Lexobie , Coz-:udet. — *Le diocèse de Tréguier, es-* *ly* Treguer. — *Qui est du diocèse de guier,* Tregueryad, *pl.* Tregueris.

REILLE, *berceau fait de perches, etc*, *soutient des ceps de raisins,* dreilh, *pl* .trilh, *pl.* ou.

:REILLIS, treilb, kaël, *pl.* ou.*Van.* ilheriçt. *v.* grille.

:REIZE, *nombre*, tryzecq. *Van.* id.

:REIZIÈME , tryzecved. *Van.* id.

:REIZIÈMEMENT, d'an dryzecved.

:REMBLAIE, *lieu planté de trembles ,* nedecg, ar greuedecg, efllecg, an lecg.

:REMBLANT, *ante , qui tremble,* a :n , crènus, oh , à , añ. *Van.* id. — *emblant, ante, timide*, aoūnicq. *Van.* nicq, oh, añ. — *En tremblant*, èa ur :na, o crèua, divar grèna, gand un un vras.

TREMBLE, *peuplier noir* , ezlen, *pl.* ezl; efllen, *pl.* efll, elo, efllec'h; *de là,* Kanflec'h , *maison noble en B.-Léon, id est*, kær-an-efllec'h. *Corn.* coad elo *ou* crèn *ou* crènerès. *Van.* coed crèn; *de là la maison de* Coed-Crèn, *en H.-Léon.*

TREMBLEMENT, crezna, crezn, *ppl.* ou. *Dans ces mots on ne prononce pas le z qui équivaut à un second e. Van.* crezn, crcin , creinadur, creinereh. — *Trem- blement de terre*, crezn doūar, ur c'hrezn doūar,*pl.* creznou doūar. *Van.* ur breiñ doar, crein doūar.

TREMBLER , crezna , *pr.* et. *Van.* crcenciñ, creineiñ. *v. tremblement.* — *de peur,*crezna gad aoun.—*de froid,*crez-na gad ar riou.—*de tout son corps,*crezna gad eol isily. — *la fièvre*, crezna an derzyeṅ. *Van.* creineiñ en darhyaṅ.— *Faire trembler de peur,*ober da ur re crez-nagad aoün,*pr.* græt;spounta ur re-ben-nac qen na grezn, *pr.* spountet.

TREMBLEUR, crezner, *pl.* yen. *Van.* creinour, *pl.* creineryon. *v. tremblement.* —*Les trembleurs d'Angleterre, secte*, rum ar Grezneuryen a Vro-Saus, Crezné-ryen Bro-Saus.

TREMBLOTANT, *ante*, dazcrènus , oh , añ.

TREMBLOTER,*frissonner,*dazcrèna, *pr.* dascrènet.

TREMIE, *t. de meunier*, qern, qern ar vilin, ar guern. *Van.* id.

TREMOUSSEMENT, qefllusq, char-.è , ficbérez.

TREMOUSSER ( *se* ), fichal, *pr.* et; qefllusq, *pr.* et. *v. frétiller, se démener.*

TREMPE, *action de tremper quelque chose dans l'eau*, trémp, témpr, trempa-dur,soub,soubilh,sourbouilh.*v.détrem-per.* — *J'ai eu une bonne trempe, une forte pluie,* un trémp mad am eus bet, trem-pet mad oun bet. —*Mettre en trempe pour amollir, pour dessaler* , lacqât è témpr ou trémp, lacqât da drémpa *ou* distrém-pa.*v.détremper.*—*Trempe, action de trem-per le fer,* trémp, témpr, témps.—*Sans trempe*, distrémp, distémpr.

TREMPER, *mouiller dans l'eau*, trém-pa, *pr.* et; témpra, *pr.* et. *v baigner.* — *Tremper, mouiller,* glibya, *pr.* et. *Van.*

glubeiñ, glinebeiñ. *v. imbiber.* — *Trem-*
*per la soupe,* trémpa ar soubenn *ou* podaich. — *son vin,* lacqât dour èn e vin.
— *le vin qu'on donne aux autres,* trémpa
ar guïn. *Burl.* badeza ar guin, *pr.* et. —
*le fer, l'acier, leur donner la trempe,* trémpa *ou* témpra *ou* témpsi an houarn, an
dir, *ppr.* et ; rei an trèmp *ou* témpr *ou*
témps d'an houarn, d'an dir. *pr.* roët.
*Van.* trampëiñ en hoarn, an dir, *pr.* et.

TRENTAIN, *nombre de trente messes*
*pour un mort,* tretena. — *Le trentain gre-*
*gorien,* tretena sant Gregor, pap. —
*Faire dire un trentain,* lacqât lavaret un
dretena *ou* tregont overenn.

TRENTAINE, an niver a dregont. —
*Une trentaine,* un tregont, un tregont
bennac.

TRENTE, *nombre,* tregont, *id est,* try
cont á decg. — *Trente écus, trente fois,*
tregont scoëd, a tregont güech. — *Trente,*
*ville du Tyrol,* Tranta, ar guear e Dranta. — *Le concile de Trente,* ar e'honcil
*ou* sened a Dranta.

TRENTIÈME, tregondved. *Van* id.

TREPAN, *t. de chirurgie,* trepan. *Ce*
*mot semble être dit pour* tre-penn *ou* tre-
é-penn, *id est, entièrement dans la tête.*

TREPANER, trepani, *pr.* et. *Van.*
trepaneiñ, *pr.* et.

TREPAS, *décès,* trémenvan, trémenvoë. *Van.* termein-varv. — *Le trépas de*
*la Ste Vierge,* trémenvan ar Verc'hès
sacr, trémenvoë an itrou Varya.

TREPASSER, *mourir,* tremen, *pr.* et.
*Van.* termineiñ, *pr.* et.

TREPASSÉS ( les ), ar re drémenet,
an anaoun, nep so eat d'an anaoun. —
*La fête des trépassés,* goël an anaoun. —
*La confrairie des trépassés,* breuryez an
anaoun.

TREPIED, *ustensile de cuisine,* trebez,
*pl.* ou, you. *Van.* trepe, *pl.* yeü. *Trég.*
trebe, *pl.* trebeo.

TREPIGNEMENT, *action de trépigner,*
trépadurez, trèpamand.

TREPIGNER, *battre des pieds contre*
*terre,* trépal, *pr.* trèpet. *De là vient* tripal, *danser, sauter, sautiller.*

TRÈS, *particule,* meurbed, bras, cals.
— *Très-savant,* goüizyecq meurbed, a-

byl bras. — *Très-bon,* mad meu-
mad bras. — *Très-petit,* bihan mer-
cals bihan. — *Très-souvent,* alyès bn
*Tres-grand,* bras meurbed, cals b
ser. — *Le tresor du roi ou l'éparg-*
sor ar roüe.

TRESOR, ténsor, *pl.* you.

TRESORERIE, *dignité de cath-*
ténsoryaich, ténsoryez.

TRESORIER, ténsoryer, *pl.* yès ; t
sorily.

TRESSAILLEMENT, *émotion*
trivlyadeñ, *pl.* ou ; scrijadur, trè-
deñ. — *cause par une joie subite,* r
térez, trydtérez, dryd. *v. traie.*

TRESSAILLIR, *être agité par q-*
*mouvement violent et subit,* trivl-
et ; trefremi, scrigea, *ppr.* et. — *-*
*saillir de joie,* drydal, trydal, *pr.*
drydal gand ar joa. *Van.* trydtal, *r.*
*v. traie.* — *Il tressaillit à la vue de l'-*
*ce,* trefremi *ou* trivella a eureu e-
gea a gueureu o vellet ar potanç-
*La sainte Vierge tressaillit de joie -*
*ne la Visitation,* an ytron Varya -
da drydal gad ar joa *ou* a zuas he -
lon da lommet èn he c'hreiz gad -
pa vellas he c'hinidery santès Eliz-
— *Un nerf tressailli,* un nerveñ di-
zet. ur voazyen diblaçzet.

TRESSE, treçzen, *pl.* ou, tre-
*Tresse de soie,* treçzenn seyz. — *-*
treçzenn neud, lyelenn. *Roscof -*
*de Bats,* seyñtès. *H.-Corn. et Van.*
ben. — *de paille, pour faire des chap-*
*etc.,* treçzenn blous *ou* colo, *pl.* tr-
— *de cheveux,* treçzenn bléau, *pl.* tr-

TRESSER, treçzenna, treçza, *r-*
et ; ober treçzenn *ou* treçz, *pr.* -
*Van.* nahenneiñ.

TRESSEUR, treçzennèr. treç-
trèçzer, *ppl.* treçzéryen. *Van.* n-
nour, *pl.* yon.

TRETEAU, *chevalet d 4 pieds,* tr-
teuil, *pl.* ou ; treuzteul, *pl.* you. *-*
tryqed, *pl.* éü.

TREVE, *suspension d'armes,* trè-
*ol.* ou ; treff, *pl.* ou , trevou. *Al.* b-
feus. — *Faire une trève,* ober trè-
treff, *pr.* græt. — *Rompre la trèv-*
an drévers *ou* an dreff, *pr.* torret

RIAGE, *choix*, dibab. *v. trier.*
RIANGLE, tric'hoign, tric'horn.
RIANGULAIRE,tryc'hoignecq,try-
c'necq. — *Une figure triangulaire*, ur
tryc'hoignecq ou tryc'hornecq, *pl.*
iou, etc.
IBARD, *ce qu'on met au cou d'un*
*n pour l'empêcher de monter les fosses,*
*l moc'h, pl.* sparlou; tribar, *id est,*
*baz, trois bâtons, ou* try barrenn,
*barres.*
RIBORD, strybourz. *v. stribord.*
RIBU, *partie du peuple,* lignez, *pl.*
pobl, *pl.* you. — *Le peuple Juif était*
*é en douze tribus, qui étaient les des-*
*ints des douze enfants de Jacob,* ar Yu-
en a yoa dispartyet ê daouzecq li-
: pe ê daouzecq lodenn, pere a zis-
né eus a zaouzecq map Jacob.
RIBULATION, trubuilh, *pl.* ou.
. tribuilh, *pl.* eû. — *Donner de la*
*ilation,* trubuilha, *pr. et. Van.* tri-
heiû.*pr.et.—Etre dans la tribulation,*
i trubuilhet, beza ê trubuilh,*pr.*bet.
RIBUN, *magistrat,* trybun, *pl.* ed;
cad ar bobl, *pl.* alvocaded.
RIBUNAL, *juridiction,* sich ur bar-
r, sichen ur barner, cador ur bar-
r, argador ar varnidiguez. *Al.*feur.
*Le tribunal de la pénitence,* cador ar
genn, ar gador eur ar binigenn.
RIBUNE, letrin, *pl.* ou.
RIBUT, truhaich, *pl.* ou; *de* truhez.
. *Al.* tol, toll. —*Payer le tribut,* paëa
ruhaich.—*Payer le tribut à la nature,*
a e zle d'an ancqou, *pr.* paëet.
RIBUTAIRE, *qui paie le tribut,* truèr,*pl.* yen; *l'h ne s'aspire pas, non plus*
n truhaich.
RICHER, *tromper au jeu,* triûcha.*pr*
tricha, *pr. et;* ober triûchezrez ou
hezry,*pr.*græt. *Van.* tricheiû.— *Qui*
*ujet à tricher,* trinçherus, trichus,
à.
RICHERIE, *tromperie,* triûchezrez,
u; trichezry, *pl.* ou. *Van.* triche-
h, *pl.* tricheréheû.
RICHEUR, triûchezr, *pl.* yen; tri-
zr, *Van.* trichour, *pl.* you.
RICHEUSE, trichezrès. *pl.* ed.
RICOT, penngod, *pl.* ou; pennbaz,

*pl.* pennoubizyer. *Van.* pennbah, peñ-
god, *pl.* eû; penn-god, *id est,* peñ-scod,
*rejeton de vieille souche.*
TRICOTAGE, *action de tricoter,*broe-
chadur, stam.
TRICOTER, *brocher, faire du tissu,*
broechat, *pr. et;* ober stam,*pr.* græt.
TRICOTEUR, *qui tricote,* broec'hèr,
*pl.* yen.
TRICOTEUSE, broec'herès, *pl.* ed.
TRICTRAC, *jeu,* tryqtacq, ar c'hoary tryqtacq.-*Trictrac, table pour le jouer,*
tablez tryqtacq, *pl.* tablezou.
TRIDENT,*fourche à trois dents,* un try-
dant, un trezant, an treant, ur vaz try-
bezecq.
TRIENNAL, *e, de trois ans,* trybloazyad.-*Une supériorité triennale,* ur souperyolaich trybloazyad ou a drybloaz.
TRIÉ, *e, choisi,* diouc'h an dibab.
TRIER, *choisir,* dibab,*pr. et;* dilenn,
*pr. et;* digueoh, *pr.* digueget. *Van.* di-
forheiû.
TRINGLE, *verge de fer ou de bois,* tri-
qlenn, *pl.* ou; un driqlenn.
TRINITÉ, *Dieu en trois personnes,*
Treinded, an Dreinded, Trinded, an
Drinded adorap. *Van.* id.
TRINQUER, tricqa,*pr.et;* dricqa,*pr.*
*et;* triñqa, *pr. et. Van.* triñcqeiû, *pr. et;*
eüeiñ èn ur stocqeiû er guêr, *pr.* eûet.
TRIOMPHANT, *e,* tryomphus. *Van.*
tryomphus, oh, añ.
TRIOMPHATEUR,*victorieux,*tryom-
phler, *pl.* yen. *Van.* tryomphour, *pl.*
eryon, eryan.
TRIOMPHE, tryomphl, *pl.* ou. *Van.*
tryomph, *pl.* eû. — *En triomphe,* gad
tryomphl, ê tryomphl.
TRIOMPHER,tryomphla,*pr.et.Van.*
tryompheiñ, tryomphal, *pr. et.*
TRIPAILLE, stripou, stlipou. *Van.*
stripeû.
TRIPE, stripenn,*pl.* stripou; stlipeñ,
*pl.* stlipou.*Van.* striñpeen, *pl.*striñpeû.
— *Certaines tripes,* stripennou, stlipen-
nou. *Van.* striñpenneû.—*Des tripes fri-*
*cassées,* stripou fritet. — *Rendre tripes et*
*boyaux, vomir beaucoup,* rénta stlipou
ha bouzellou. — *Tripes de latin,* gue-
ryennou latin.

TRIPERIE, stripérez, stlipérez.

TRIPHINE, *nom de femme*, Trephyn, Triphyna. — *Ste Triphine, comtesse de Vannes, mère de S. Tréneur et enfin religieuse,patronne d'une succursale de Rothoa, sant ès Triphyna ou* Trephyn, resuscitet gand sant Veltas, contès a Vened, ha léanès èr memès kær.

TRIPIÈRE, *vendeuse de tripes*, striperès, *pl.* cd; stliperès, *pl.* ed. — *Tripière, grosse tripière, injure*, striperès, *pl.* ed.

TRIPLE, try-doubl, try-zoubl. *Van.* id. — *Fil triple*, neud try-zoubl.

TRIPLEMENT, e teir fæçzoun.

TRIPLER, trydoubla, tryzoubla, *ppr.* et. — *Doublé et triplé*, doublet ha tryzoublet.

TRIPLICITÉ, tryzoublder.

TRIPOLI, *espèce d'argile*, tripoly, un seurd cleyz.

TRIPOT, trypod, *pl.* ou, tripojou. *v. paume.*

TRIPOTAGE, qemesqailhès, trypodaich. *Van.* qcigereh.

TRIPOTER, *mêler plusieurs choses ensemble*, trypody, *pr.* et; *De try, trois, et de pod,pot.* ober qemesqailhès,*pr.*græt. *Van.* qeigeiñ,gobèr qeigereh,tripodeiñ.

TRIPOTIER, *maitre d'un tripot*, trypodèr, *pl.* yen. *v. paumier.*

TRIPOTIÈRE, trypodèrès, *pl.* ed.

TRIQUE, *gros bâton*, qeuneudeñ, *pl.* ou; sqeltrenn, *pl.* ou. *v. tricot.* — *Donner des coups de trique à quelqu'un*, sqeltrenna ur re-bennac, *pr.* et; sevel coad var ur re, *pr.* savet.

* TRIQUEHOUSE, *guêtre de toile des paysans*, tricqheuzou, triñcqheuzou. *Van.* tricqhouzeû.

TRISAIEUL, *père du bisaieul*, tadyou, *id est*, tad a youl, *père de désir.*

TRISAIEULE, mamm you.

TRISECTION, *division en trois, t. de géometrie*, try-zrouc'h, try-rann.

TRISTE, trist, oh, añ. *Van.* id. — *Triste, mélancolique*, melconyus, oh, â, añ. — *digne de pitié*, tristidicq, oh, â. — *Un peu triste*, tristicq un neubeud. — *Rendre ou devenir triste*, tristaat, *pr.* ëet. — *Etre triste*, beza trist. *Van.* bout trist, *pr.* bet.

TRISTEMENT, èn ur fæçzon es trist, gad tristidiguez.

TRISTESSE,tristidiguez,trister, tristidigueah, tristéh, tristè. *Al.* — *rues*, hend forc'hecq, *pl.* hinchou

TRIVIAIRE, *place où aboutissent*

TRIVIAL, e, paul, commun, ccl añ. *Van.* commun gued en oll.

TROC, *échange*, trocq, *pl.* ou;tr pl. ou. *Van.* trocq, *pl.* eû. — *Tu gentilhomme, troc sans donner d'argent retour*, trocq evit trocq, trocql di

TROENE, *arbrisseau*, lugustr.

TROGNE, *visage plein et gai*, tall façz bombard, façz scarlecq. — (une grosse et loide trogne, talfaçcce talfaçzéyen.

TROGNON *de chou*, treugen gad treugeou caul; trongeñ caul, *pl.* tr — *Trognon de pomme*, calouneon debret.

TROIS, *nombre, masc.* try. *fem.*te *Van.* try, téyr, tér. — *Trois homme,* ou goaz. — *Trois femmes*, tér g ou maoües. — *Trois maisons*, try ty zy. — *Trois fois*, téyr gueach ou gue — *Trois cents*, try c'hant. — *Trois fois*, try c'hant gueach. — *Trois ci et trois chiennes*, try c'hy ha téyr c'hy — *Trois à trois*, *masc.* try ha try. téyr ha téyr. — *Trois semaines, trois trois ans*, téyr sizun, try miz, try bl — *Qui est de trois jours, qui a trois jour* trydezyad. — *Qui a trois semains,* sizunyad. — *Qui a trois mois,* try-miz — *Qui a trois ans*, try-bloazyad. — *les trois ans*, bep try bloaz. *Van.* p blé. — *Maison à trois chambres de pl pied et à trois cheminées*, try-combec *Qui a trois dents*, try-dantecq. — *Ce trois dents*, crocq trydantecq, ua bac'h. — *Qui a trois pieds*, try-zrou — *Escabeau à trois pieds*,sqabell try decq. *pl.* sqebell. — *Qui a trois fem,* furm. *v. triangulaire.* — *Qui a trois tes*, try-beguecq, try-beseq. — *F à trois pointes*,forc'h try beseqoubeque

TROISIÈME, *nombre ordinal*, tr tryde, tryved. *fem.* trede, téyrved. — *troisième*,an drede,an dryde, an dry — *La troisième*, an drede, an dry

ROISIÈMEMENT, d'an drede, d'an
de, d'an dryved.

'ROMPE ou trompette, trompilh. v.
npette. — Publier d son de trompe, em-
in gad an drompilh. —Trompe ou cor
hasse, qorn, trompilh. v. cor.—Trom-
le taiton ou d'acier qu'on met entre les
ts et que l'on touche du pouce, trom-
a, trompilhicg. — Trompe, museau de
éphant, trompilh un elyphant.

TROMPER, trompla, pr. et. Van.
mpeiñ. Al. fallat, pr. et. v. décevoir,
strer, tricher. — Se tromper, èn hem
)mpla, pr. et; fazya, pr. et. Van. hum
ompeiñ, fayeiñ, faryeiñ.

TROMPERIE, tromplérez, pl. ou. Van.
)mperch, pl. eû. Al. barat. v. triche-
. — Tromperie, erreur, fazy, pl. ou.
in. fay, pl. eû.

TROMPETER, publier d son de trompe,
abann ou brudi ou nota gad an drom-
lh, ppr. embannet, brudet, notet.

TROMPETTE. instrument, trompilh,
. ou. Van. trompilh, trompet, ppl. eû.
· Moïse fit faire deux trompettes d'argent
ur les prêtres, et Salomon deux cent mille,
·prophed Moysès a lecqeas ober diou
rompilh arc'hand evit ar væléyen, hac
· roüe Salomon à reas fablicqa daou
hant mil evit-ho. — Trompette marine,
ompilh vor, pl. trompilhou. — Son de
i trompette, trompilhérez. Van. trom-
illhereah. — Sonner de la trompette, son
ad an drompilh, pr. soñnet; c'hoari gad
rompilh, pr. c'hoaryet; trompilha, pr.
t. —Trompette, celui qui en sonne, trom-
iilher, pl. yen.

TROMPEUR, qui trompe, tromplèr,
l. yen; affronter, pl. yeu. Van. trom-
)our; pl. eryon, eryen. v. séducteur.
Trompeur, sujet à tromper, tromplus,
lecevus, oh, à. Van. trompus. — Les
)laisirs de ce monde sont trompeurs et déce-
:ants, ar blijaduryou eus ar bed-mâ a
io tromplus ha decevus.

TROMPEUSE, tromplerès, affron-
lerès, ppl. ed.

TRONC, tigé de l'arbre, chauçz, pl. ou;
chauçz güezen, pl. chauçaou güez; trongeñ güezen, pl. trongenuou guez, trong
güez; qeff ur vezen, pl. qeffyou, qiffyou,

qivyou. Van. trogen ur ûen, sol ur ûen.
Trég. trogenn ur oën. — Tronc, ce qui
reste en terre d'un arbre abattu, qeff, pl.
qivyou. v. souche.—Tronc d'église, d'hôpital, qeff, pl. you. Van. guiffr, pl. eû;
qeff, pl. eû. — Voler un tronc, laëres ur
c'heff. — Tronc, partie du squelette, an
troinch, troinch, au troinch eus aç
c'horf. — Tronc, race, famille, qeff, pl.
you. v. souche. — Tronc-Joli, maison noble, Treujoliff, de treujon, bûches.

TRONÇON, morceau d'une lance rompue, sqeltrenn, pl. sqeltrou; sqiryenn,
pl. ou, sqiryou. — Tronçon, pièce rompue
de quelque chose, un darn, pl. you; ur pez,
pl. you.-Un tronçon de boudin, un troinch
goadeguenn, pl. troinchou.

TRONÇONNER, couper en travers,
troincha, pr. et; treugea, pr. treuget;
trouc'ha a bezyou bras, pr. trouc'het.

TRONE, siége royal, tron, pl. you. Van.
tron, pl. eû. — Etre sur le trône, régner,
beza var an tron, rezn. v. régner. — Il
était assis sur son trône, asezet voa var e
dron.

TRONQUER, retrancher une partie,
muturnya, pret; distagadiouc'h, pr. guet.

TROP, re, reûver, dreist voder. Van.
re. — Trop de gens, re a dud. — Un peu
trop, re un neubeud. — Trop peu, re
neubeud. — Trop grand soin, re vras
soucy. — Trop long, trop court, re hirr,
re verr. — Vous en dites trop, re a livirit re a draou az livirit.

Trop grater cuit, Re grafat a boax,
Trop parler nuit, Re brezecqa noax.

TROPHÉE, armou ha dibouilhouan
adversouryen stalyet ha savet evit
mercq eus a ur victor gounezet. — Trophée, victoire, ostentation, victor, poumpad, ebad, farçz, lyd. —Tous les trophées
de ce conquérant, oll victoryou ar c'honc-
quereur-ze. — Loin d'avoir honte de ses
vices, il en fait trophée, è lec'h cahont
mèz eus e vuhez disordren, ez eo èr
c'hont roll-beo poumpad gand-hâ ou ea
eo c'hoaz farçz gand-hâ ou lyd gandhâ.

TROQUER, trocqa, pr. et; trocqla,
pr. et; ober trocq, ober un trocql, pr.
graet; rei qem ouc'h qem, rei ên e qem,
pr. roët. Van. trocqein.

TROQUEUR, trocqèr, *pl.* yen; trocq-ler; *pl.* yen. *Van.* trocqour, *pl.* yon, yah.

TROT, *allure d'un cheval entre le pas et le galop*, trot, an trot. — *Aller le trot*, mont d'an trot.

TROTTER, trotal, *pr.* et. *Van.* id. et troteiñ.

TROTTEUR, trotèr, *pl.* yen. *Van.* trotour, *pl.* eryon, eryañ. — *Cheval trotteur*, marc'h trot ou troter.

TROTTEUSE, *femme qui aime à coutir çà et là*, troterès, *pl.* ed.

TROTTIN, *petit laquais*, trotericq.

TROTTINER, *faire de petits voyages*, trotinal, trotellat, *ppr.* et.

TROU, toull, *pl.* ou, an. *Van.* id., *pl.* éü. — *Trou en terre*, toull éñ doüar, toull doüar. *Al.* bot, both. v. *sabot.* — *Trou plein*, toullad, *pl.* toulladou. *Van.* id., *pl.* éü. — *Plein un trou de crapaux*, un toullad toucçegued.

TROUBLE, *obscur*, du, teval, ne deo qet sclær, troubl. — *Temps trouble*, amser du où teval. — *Eau trouble*, dour teval ou troubl ou troublet, dour ne deo qet sclær. — *Du vin trouble*, guin teval ou troubl. — *Trouble, confusion*, direizamand broüilhèys, disurz. — *Trouble, inquiétude*, troublamand, troublidiguez, poan spered.

TROUBLES, *brouilleries dans un état*, broüilbéyz. v. *guerre civile*. — *Trouble-fête*, un dèn dibrepos, *pl.* tud. *Van.* un deen dibropos, *pl.* tud.

TROUBLER, *rendre trouble*, troubla, troubli, *pr.* et; tevalaat, *pr.* eet. — *Ils ont troublé la fontaine*, troublet eo ar feunteun gad-ho. — *L'air s'est troublé tout d'un coup*, tevaleet eo bet an oabl èn un taul count. — *Troubler, empêcher*, troubla, troubli, *ppr.* et, v. *traverser* — *Il a troublé notre joie*, troublet èn deus hon joa, troublet eo hon joa gand-hà. — *Troubler, causer du désordre*, accausioni disurz, *pr.* accausioñnet; troubla, troubli, *ppr.* et; làcqaat droucq, *pr.* lecqeet. — *Troubler les consciences*, troubli ar goustiancz, *pr.* troublet. — *Troubler une personne occupée*, brella spered un dèn, *pr.* brellet; borrodi ou badaoüi ur re, *pr.* et. — *Vous me troublez si fort que*

*je ne sais ce que je fais*, ne oun pe qer borrodet ou badaoüet ma en gueneoc'h.

TROUE, ép, percé, toull. — *Tr..* qu'on a percé, toullet. — *Votre p...* est troué, toull eo ho porpand.

TROUER, toulla. *Van.* toulle... toullet.

TROUPE, *multitude*, bandenn, gad, *ppl.* ou. — *Les canards vont p... pes*, an houïdy a ya a vanden...  *Une troupe de bandits*, ur vanden... qepoded ou vrygauded.

TROUPES, *les gens de guerre* ral, ar vreseilidy, an dud a v... *Lever des troupes*, sevel soudardet...

TROUPEAU, tropell, *pl.* trop... *Troupeau, troupe d'animaux*, trope... vandenn ou bagad chatal. — de ... cornes, tropell saoud, bandeñ o... saoud. *Van.* bandeenn seüd. — *de b...* un tropell déved. — *les sujets d'...* teur, tropell ou déved ur pastor. — *paître son troupeau*, mésur e drop... maguet; rei ar yagudurez spiritu... zéved, *pr.* roët.

TROUSSE, *carquois plein de fl...* tronçad biron. *Van.* troucçad bir... *Trousse, faisceau de quelque chose* retroussé, tronçad, *pl.* ou. *Van.* tr... zad, *pl.* éü. — *Trousse, aller en tr...* mont à dre qein gad ur re var var...

TROUSSES, *sortes de haut-de-...* braguez tronçet. — *Il est toujours trousses*, ez ma atau var va sen... treñ.

TROUSSEAU, *nippes qu'on donne* mariée, troucçell, tronçell. — *Tr...* de clefs attachés d'un clavier, ur str... alc'huezyou, *pl.* stropadou.

TROUSSER, troncça, tronçal, et; sevel, *pr.* savet. *Van.* troucçal, tro... zeiñ. — *Trousser sa robe, sa queue*, tr... zaou sevel e saë e lostenn; sevel e... had. — *Trousser sa robe, la racco...* crisa ou pouloluneza e saë, *ppr.* et.

TROUSSIS, *pli d'une jupe*, poulou... crizadur. *Van.* un trouez.

TROUVAILLE, cafadenn, cafad... *ppl.* ou.

TROUVER, *rencontrer*, cafout, caf...

on prononce cavout en *Léon*, *ppr*,
t, cafet, cavet. *Van.* cafeiñ, caveiñ.
*herchez et vous trouverez*, dit *J.-C.,*
tit hac ez cavot, eme hor Salver.
*or hasard, j'ai trouvé une bourse*, ca-
m'eus ur yalo'h dre chançz. — On
*e ou il se trouve des gens*, beza. èz
r tud, tud a g iveur. — *Trouver bon*,
juter, cafont mad, *pr.* cafet mad. —
*tver mauvais , désapprouver*, beza
icq gand, etc., *pr.* bet. — *Je ne trouve*
*nautais que vous y alliez*, ne deo qét
icq gueñé ez aëc'hdy. — *Il l'a trouvé*
*va s*, bez'eo bet droucq gand-hâ,
icq eo bet gand-hañ. — *Trouver à*
*e à quelque chose*, cavout da lavaret
in dra-beñnac. — *Se trouver en quel*
*lieu*, ènhem gafout èn ul lac'h, èn
i gavout, èn ul leac'h-bennac. —
*trouve mal*, clañ èn heingaff *ou*
ou gueff, èn hem gavout a ra claõ.
*e me trouve mieux aujourd'hui*, guell
em gavan hiryo.

RUAND, *qui mendie par paresse*, tru-
, *pl.* ed. *v.* gueux.

RUANDE, *gueuse*, truandès, *pl.* ed,

RUANDER, *mandier*, truandi, corc-
caymandi, *pr.* et. *r.* gueuserie.

RUCHEMAN , *interprète d'une lan-*
, trucheman , jubenn , *pl.* ed. *Les*
*urs cherchent l'étymologie de Truche-*
n *dans les langues arâbe, chaldaïque,*
*urque, pendant que ce mot est celtique*
*ent de* trucher, *gueux, trucheur; et*
*ian, homme; ainsi* truche-man *, c'est*
*me trucheur: aussi s'est-on servi d'abord*
*ueux et de ragabons pour interprètes.*

RUCHER, *gueuser*, truchal, trucho,
et. *Van.* trucheiñ, truchal, *ppr.* et.

RUCHEUR, *gueux*, truchèr, *pl.* yen.
i. truchér, truchour, *ppl.* yon, yan.

RUCHEUSE, trucherès, *pl.* ed. *Van.*
cherès, *pl.* ed,

RUELLE, loa vaçzon, *pl.* loayou.
i. loy vaçzon.

RUELLÉE, loyad, *pl.* ou. — *Une*
*llée de mortier*, ul loyad pry-raz.
i. ul loyad pry-ra.

RUFFE, aval-doûar, *pl.* avalou; aris-
ioh.

RUIE, *femelle du porc*, guès, gûis,

*ppl.* gûlsy. *Van.* id. *Trég.* gouïs, *pl.* y,
— *La truie cherche le verrat*, touro'ha a
ra ar vès *ou* ar vis. — *La truie est pleine*,
leun eo ar vès. — *La truie a cochonné*,
dozvet *ou* doët eo ar vis. — *Truie qui a*
*de petits cochons*, *Léon*, hano , ur vano,
arvano, *pl.* banved. *Ail.* groll, urc'hroll,
ar c'hroll, *pl.* grolled.

TRUITE, *poisson d'eau douce*, dluzen,
*pl.* dluz, dluzed. *Van.* dluhen , dluh,
*pl.* dluhed. *v.* rousseur. — *Truite saumonée*,
becqed, beguécg, *ppl.* ed.

TRUSQUIN, *petit outil de menuisier*,
trusqin, trousqin, *pl.* ou.

TU, pron. person. *de la seconde personne*,
te, az, a, èz, e. — *Tu iras tantôt, è* verr
ez y , mont az ry *ou* mont a ry è berr.
— *Que dis-tu?* petra a leveres-te? — *Si*
*tu branles, je te tue*, mar flaichès, me
az laz *ou* me ez laz. — *Que feras-tu?* pe
tra ry-de? de pour te — *Que diras-tu?*
petra a liviry-de ? — *Tu me l'as dit*,
te ez eus e lavaret din. — *Si tu t'adonnes à*
*la boisson*, mar èn hem roes da eva *ou*
d'ar guïn. — *Si tu parles*, mar compsès,
— *Où te cacheras-tu?* ma ez y da guza ?
pe è lec'h ez cuzy-de?

TUABLE, *digne de mort*, lazapl, a zimilit beza lazet *ou* lecqeat d'ar maro.

TUAGE, *action de tuer*, lazérez. *Van.*
lahereh.

TUANT, ante, *qui tue*, lazus, calet,
diñvad, oh, à, añ. *Van.* lahus, cry, caledt, oh, añ. — *Travail tuant*, trevel *ou* labour lazuz, labour caledt *ou* diñvadouqy.

TUBE, *tuyau*, corseñ, *pl.* ou; canol,
*pl.* canolyou. *Van.* canol, *pl.* yéü, éü.

TUBEREUSE, *plante qui porte une fleur*
*blanche*, tuberosenn , un duberosenn.

TUDESQUE, *l'ancien allemand ou la*
*langue celle*, langaich teut.

TUDUAL, *nom d'homme*, Tudal, Tual,
Tuzoual, Tudel. — *Saint Tudual*, sant
Tuzoûal *ou* Tudel *ou* Pabu. *De* pab-V,
oupape V.°, *viennent plusieurs noms d'églises*
*et de maisons, comme* Trebabu, *paroisse ;*
Kbabu, *maison noble; de plusieurs*
*chapelles, comme* Pabu, sant Pabu, cha-
pell Pabu, ty Babu, Kbabu, *etc.* — *S.*
*Tudual ou Tugducal a été le 65° évêque de*
*Léxobie, et est le premier patron du diocèse*

de Tréguier, sant Tuzoûal a so bet ar
bempved ha fry-uguent escop ebarz ê
Lexovy, hac a so ar c'heutâ patrom eus
a Dreguer.

TUDY, nom d'homme, Tudyn, Tudy.
— Petit Tudy, Tudynicq, Tudicq. —
S. Tudy, abbé d'l'ile Tudy et d Loc-Tudy,
près le Pont l'Abbé, sant Tudy, saut
Tudyn, abad.

TUER, ôter la vie, laza, pr. et. Trég.
lahaû. H.-Corn. laho. Van. laheiñ, ppr.
lahet. Al. ladd. — Neron pilla l'empire,
ruina le Senat et tua sa mère après l'avoir
violée, an empalazr Neron, mounstr dre
natur, a billias an empalaërded, a rhé-
vynas ar senat vès a Roum hac a lazas
e vam goude beza vyolet anézy. —
Tuer de dessein premédité, laza a zévry-
beo, laza a velepançz. — Tuer des porcs,
des bêtes à cornes, boçza, pr. et; laza
moc'h ou saoud. — Se tuer, èn hem laza, pr. èn hem lazet.

TUERIE, boucherie, lieu où l'on tue,
boçzérez. — Tuerie, grand carnage de
personnes, lazérez, muntrérez. Van. lahereh, multrereah. — Faire une grande
tuerie, ober ul laxéres vras, ober ur vuntrérez horrupl, pr. græt.

TUEUR, celui qui tue les bestiaux, la-
xér, boçzèr. pl. yen.

TUF, pierre blanche et tendre, tuff, tuféau, mæn tuff ou tuféau, pl. mein.

TUILE, teolenn, pl. ou, teol; teuleñ,
pl. ou, teul; teoulenn, pl. ou, teoul; de
la différente prononciation de l'u qui se trouve en teulenn, ont été fermés teoulen et
teolenn, de même que tevlenn qui est le
mot de Van. et qui fait tevl au pluriel. —
Tuiles plates, teol pladt. — Tuiles fai-
tières ou creuses, teol gleuz ou blecg ou
gromm. — Couvrir ou carreler de tuiles,
teolya, teulya, ppr. et. Van. tevleiñ, pr.
tevlet.

TUILEAU, morceau de tuile cassée qui
sert à faire du ciment, dar-deolenn, pl.
dardeol, id est, darn tcolenn; dara-
teoleun. pl. darnyou teol.

TUILERIE, li u où l'on fait des tuiles,
tcolérez, teuxérez, ppl. ou.

TUILIER, ouvrier qui fait de la tuile,
teoler, teuler, ppl. yen Van. tevlour,

ppl. yon, yau.

TULIPE, plante, tulbenn, tu..
ppl. tulbenned, tulipès.

TUMEUR, enflure, coênra..
ou; gor, pl. ou, you. Van. fou..

TUMULTE, disurz, diroll, ..
rauçz, dispac'h, savar, trous.

TUMULTUAIREMENT ou tu..
sçment, en foule, gad hast ou ..
ur fæçzoun disordreu.

TUNIQUE, tunicq, pl. aou, ..
TURBAN, tulbénd, tulbaa, tar..
pl. ou.

TURBOT, poisson de mer, tu..
pl. tulboz; turbodenn, pl. ed.

TURBOTIN, tulbozennicq, ..
bozigou.

TURBULENT, ente, fourrad..
foll, oc'll, à, añ.

TURC, mahométan, Turc, pl...
rucq, pl. ed; Turqyar, pl. ed...
çu.. — Turc, la langue turque, tur..
langaich turcq.

TURLUPINADE, plaisanteri..
turlupinaich, pl. ou. Van. da..

TURLUPINER, faire des tu..
turlupina, pr. et; goapaat. pr...

TURLUPINS, secte impie..
durlupined, un turlupin. pl. ed

TURPITUDE, discnor, iff..
TURQUE, fille ou femme turq..
qès, pl. ed; Turqyanès, pl. ed..
turque, e qiz an Durqed, ê ..
Durqyan'ed.

TURQUIE, Turcqy. bro ..
qyaued, stadou an Turcq bra..
TURIEN, ou Thurian, nom..
Turyan, Turyav. — Saint Thu..
chevêque de Dol, sant Turyen; ..
ryan, sant Tivizyan, sant Tu..
TUSSILLAGE, plante, alao..
ouëñ ar pas.

TUTOYER, parler par tu et ..
pr. tëet. Van. teal, teciñ, pr...
Il n'est pas honnête de lutoyer ..
soit, ne deo na deread nac her..
dèn e-bed ou comps dre te ..
ê bed.

TUTÉLAIRE, qui garde, ..
vir. — L'ange tutélaire ou l'ang..
an ael mirèr, an ael a vir ..

mad, an æl mad.—*Les royaumes,*
*vinces et chaque homme, ont leur*
*:télaire,* pep roüantélez, pep pro-
hu pep dèu, èn deus e eal mad.
:ELLE, goardounyez, *pl.* ou.
oardag, *pl.* goardagéû.
'EUR, goard, *pl.* ed. *Van.* id.
:RICE, goard, *pl.* ed.— *Sa mère*
*utrice,* e vamm a so goard evit-
*il s'agit d'une fille,* he mamm a
rd evit-hy.
:AU, *conduit de l'eau, de l'air, du*
an, *pl.* you. *Van.* canol, *pl.* yéû.
*au de cheminée,* tuellenn ciminal,
llennou; corsenn ciminal, *pl.* ou.
*au de blé,* coloën, *pl.* colo; cor-
d, *pl.* corsennou ed, corsennou
*v. paille.—Tuyau de plume,* cor-
luñ, *pl.* corsennou pluñ.—*Tuyau*
*vre, de lin,* corsenn canab, cor-
in, *pl.* ou.—*Tuyau d'orgues,* cor-
graou, *pl.* corsennou ograou.
YÈRE, *trou pour les soufflets,* toull
guinou.
RAN, *qui gouverne d'une manière*
*et cruelle,* tyrand, *pl.* ed. *Van.*
. jacqer, *pl.* yen.
:ANNE, tyrandès, *pl.* ed.
:ANNEAU, tyrandicg, *pl.* tyran-
ou.
:ANNIE, tyrandérez, tyrandiçz.
:ANNIQUÉ, leun a dyrandiçz,
a injusticz hac a grueldéd, ty-
s, oh, añ.
:ANNIQUEMENT, èn urfæçzoun
lus, ez tyrand, gad tyrandiçz.
:ANNISER, tyranda, *pr. et.*

U

CÈRE, gouly lynecq, *pl.* goulyou
q. *Van.* gouly, *pl.* goulyéû.—*Plein*
*res,* leun à c'houlyou hac a lyn
.—*Ulcère dangereux qui vient ordi-*
*vent au fondement,* ficq, *pl.* ficqou;
*pl.* fic'hyou; droucq sant Fiacr.
CERÉ, *ée,* goulyet, toullet e
hen è meur a leac'h.
, une, *le premier nombre,* unan.
man, unon.—*A un, d'une,* da unan.
*un ou deux,* da unan pe zaou.—*A*

une ou deux, da unan pe zion.—*D'un*
d six, a upan da c'huec'h.—*D'avec un,*
d'un, digand unan.—*Un d un,* a unan
da unan, an eil goude eguile, unan
da unan. — *Il compte ses écus un d un,*
bemdez ez count e scoéjou a unan da
unan.—*Ils marchent un d un,* bezu ez
qerzout unan da unan, qerzet a reont
an eil goude eguile.—*Un de vous,* unan
ac'hanoc'h.—*Un seul, une seule,* unan
hep qen.—*Pas un, pas une,* necun, nicun, gour, hiny e-bed, christen.—
*C'est tout un,* memès tra eo, ur van eo,
ur van int.—*Ce m'est tout un,* ur van
eo diñ-me, memès tra eo diñ, iñgal
eo diñ. — *Tantôt l'un, tantôt l'autre,*
a vizyou unan, a vizyou un all, a veichou hémâ, a veichou-all eguile.—*L'une*
*et l'autre,* an eil hac he-ben.—*L'un ou*
*l'autre,* an eil pe eguile. — *L'une ou*
*l'autre,* an eil pe heben.—*L'un et l'au-*
*tre,* an eil hac eguile. *Van.* en eil hac
en arall. *fém.* an eil hac heben. — *Et*
*l'un et l'autre,* hac an eil hac eguile.
—*Ni l'un, ni l'autre,* nac an eil, nac
eguile.—*De l'un et de l'autre,* eus an eil
hac eus eguile, digand an eil ha digand
eguile.—*L'un à côté de l'autre,* an eil è
costez eguile, costez-è-costez, an eil
è harz eguile. *frm.* an eil è harz hebén.
—*L'un portant l'autre,* an eil dre eguile, an eil var sicour eguile. — *L'un a-*
*près l'autre,* an eil goude eguile, a hiny da hiny.—*L'un portant l'autre,* an
eil dre hebèn, an eil var sicour hebèn.
—*Les uns et les autres, les unes et les au-*
*tres,* an eil re hac ar re guentâ, an eil
re hac ar re all; ar re-mâ hac ar re-
hont. *On exprime assez communément ces*
*pronoms pluriels par le singulier,* an eil
hac eguile. — *Ni les uns, ni les autres,*
nac an eil re, nac ar re guentâ; nao
ar re-mâ, nac ar re-hont; nac an eil,
nac eguile.—*Et les uns, ou les unes, et*
*les autres,* hac an eil re, hac ar re all;
hac ar re-mâ, hac ar re-hont; hac an
eil, hac eguile.—*Un, une, servant d'a-*
*ticle,* un, eur ou ur. *Devant un* l, ul.
*Van.* id. *B.-Léon,* èn, èr, el.—*Un hom-*
*me, une femme,* un dèn, ur c'hrecg.
*B.-Léon.* èn dèn, èr c'hrecg.—*Un Dieu,*

une foi, un baptême, un Doùe, eur feiz, ur vadizyand.—*Un lieu, un travail, un levier*, ul leac'h, ul labonr. ul loc'h, eul leac'h, eul labour, eul loc'h. *B.- Léon.* èl lec'h, èl labour, èl loc'h. — *Une sorte de poissons*, un seurd peqeud. — *Une centaine*, ur c'hant, ur c'hant-bennac.

UNANIME, *qui réunit les suffrages*, unvan, uryan, oh, à, añ. — *Ils sont unanimes*, unvan int, urvan int.

UNANIMEMENT, a-unan, grad-è-grad.

UNANIMITÉ, unvanyez, unvanded, qen-accord, ur c'heu-accord, grad unvan, ur c had unvan *ou* urvan.

UNI, *ie, égal*, compès, plean, plæn, iñgal, oh, à. *Van.* campoüis.—*Uni, e, qui est bien joint*, joëntr, joënt, ob, à. *Van.* joëut, juent.—*Uni, ie, joint d'a-mitié*, unvan, urvan, accord gad ur re, mignoun da, etc. *v. unir.*

UNIFORME, hével, par, iñgal, eus a. vemès natur, eus a un furm.

UNIFORMEMENT, èn ur fæçzonn iñgal, eus a ur memès fæçzonn, eus a ur jauch.

UNIFORMITÉ, hévelediguez, iñgal-dèr, jauch, un memès natur *ou* furm.

UNIMENT, èn ur fæçzonn plean *ou* iñgal; plæn, hep fæçzonnyou.

UNION, *assemblage, jonction*, joën-tradur, açzamblaich.—*La plus étroite union qu'il y ait est celle de l'âme et du corps*, ar stardta joëntradur a el da ve-za èntre daou dra, eo an hiny èn hem gueff èntre ar c'horf hac e ene.—*U-nion, amitié, concorde*, carantez vras, qen-garantez, unvanyez, unvanded. —*Ils vivent tous deux dans une grande u-nion*, qen-garantez vras a so èntrezo o daou; beva za reont açzamblès gad ur guir garantez. — *Rompre l'union entre mari et femme*, terri ar garantez èntre un ozac'h hac e c'hrecg, *pr.* torret; di-sunvani daou bryed, *pr.* et; laeqât droucq *ou* droncqrançz èntre daou hryed, *pr.* lecqëet.

UNIQUE, *qui est seul*, ne deus ne-med-hâ.--*Unique, qui est seule*, ne deus nqmed-hy.--*Un fils unique*, ur mapne

deus nemed-hâ.--*Une fille qui...* que, ur verc'h ne voa nemed-hi

UNIQUEMENT, èn ur fæçzonn cyal, hep qen, hep muyqen, he — *Il faut aimer Dieu uniquement*, eo caret Doùe hep muy qen, a mour dezâ e unan, ha d'e bera nou infiuid.—*Il a une femme qu' uniquement*, ur c'hrecg èn deus gar èn ur fæçzonn specyal gar dreist pep tra *ou* evel d'an ...

UNIR, *assembler deux choses*, tra, *pr.* et; joënta, *pr.* et; *fra pr.* et. *Van.* joënteiñ, juenteü. —*Unir, applanir*, compèsi, *pr.* naat. *pr.* ëet; iñgali, *pr.* et. *Va* poüiseiñ, campeeunceiñ, *pr.* ... nir, *mettre la paix entre des pe* unvana, unvani, *ppr.* et; lacq nan au dud, *pr.* lecqëet; ... re, *pr.* et.—*S'unir à quelqu'un* hem glevet gad ur re-bennac ...

UNITÉ, *qualité de ce qui est* vez.—*L'unité de Dieu*, an ... Zoùe.—*L'unité de l'église*, an ... an ilis. — *L'unité de la foi*, ... eus ar feiz.

UNITIF, *ive, t.. de devotin*, nus.—*La vie unitive*, ar vuhez ... nus. *v. vie.*

UNIVERS, *le monde entier*, ... oll, un oll c'hroüaduryou.

UNIVERSAUX, *t. de logique*, niversalou.

UNIVERSEL, *elle, général*, ... sal, oc'h, à, añ. — *Science un...* sqyand universal —*Un esprit ...* ur spered universal, un dèn ... tra.

UNIVERSELLEMENT, e ...

UNIVERSITÉ, *corps enseig...* demya, pe èn hiny ez dèsqeu... logy, ar guir, ar vedicyuére... arzou.—*Recteur de l'université*... an academya.

URINAL, *vase pour uriner*, cyal, *pl.* officyalou.

URINE, troaz. *Van.* treah. treah, troéh. *v. pissat.*—*Urine* troaz ruz.

URINER, troaza, *pr.* et. *Va*

, troéheiñ.—

LAU, *nom d'homme*, Urlaou, Ur-
—*Petit Urlau*, Urlaouïcq, Louïcq.
ñt Urlau, *religieux et abbé de Ste-*
*z de Quimperlé, qui s'appelle en la-*
urlasius *et* Corbasius; saut Urlau.
pelle en breton la *goutte* an urlaou,
t *S. Urlan pour en être guéri.*
ÑE, *vase antique,* jarl, *pl.* ou.
SULE, *nom de femme.* Ursula. *Van.*
l. — Ste Ursule, *patronne des Ursuli-*
santès Ursula guerc'hès ha mèr-
ñ.

SULINES, *religieuses,* an urseli-
l, leanesed santès Ursula.

; *et coutume, t. de pratique,* usançz,
; usançz ha custum, *ppl.* ou.—*Les*
*coutumes de Bretagne sont différents*
*x du comté nantais,* Breyz he deus
ançz ha contad Naffned o hiny.—
les us *et coutumes de Rohan et du*
q, hervez usançz doñar Rohan ha
r ar Relecg. *v.* quevaise.—*Les us et*
mes *de la mer,* usançz ha custum
or.

AGE, *coutume,* qiz, *pl.* you; cus-
· *pl.* ou; usançz, *pl.* ou. *Van.* cous-
*pl.* eü. — *Usage, manière de se ser-*
quelque chose, usaich. — *Faire un*
*sage d'une chose,* ober un usaich
evès un dra, *pr.* græt; usa èr-vad
a un dra, *pr.* uset.—*Faire un mau-*
tsage *d'une chose,* ober goall usaich
un dra; goall-usa *ou* droucq-usa
un dra, *ppr.* goall-uset, droucq-
abusi eus a un dra, *pr.* abuset.
SANCE, *usage,* usançz, *pl.* ou.—*Les*
es sont différents selon le pays, dishè-
an usançzou hervez ar bröézyou.
ER, usa, *pr.* et. *Van.* useiñ, *pr.* et.
a habit usé, un abyd uset, *pl.* aby-
. — *User de vin,* ober usaïch a vin,
æt. — *En user bien avec les autres,*
èr-vad ê qèver ar re all, mad-ober
er ar re all. — *En user mal envers*
u'un, goall-ober ê qèver ur re, *pr.*
c'hræt; droucq-ober èn andred
bennac, *pr.* droug-græt.—*S'user,*
usumer à force de servir, usa, *pr.* et.
r useiñ, *pr.* et. — *Les corps s'usent,* le
use, tout s'use, ar c'horfou, au hoù-

arn mémòs, pep tra òn ur guèr a zeu
da usa ha da vont gad an amser da netra. —*L'action d'user,* usadur. *Van.* id.

USITÉ, ée, *qui est en usage,* a so èn u-
saich, pe eus a hiny èn hem servicheur.
— *Qui n'est plus usité,* ne ma muy èn
usaich, èr meas a usaich.

USTENSILE, *meuble de cuisine,* veçzell
qeguin, *pl.* veçzellyou; listry qeguin.—
*Ustensiles de soldats,* ustancilou. ·

USUFRUIT, ar jouïçzançz hep muy
qen eus e vadou.

USUFRUITIER, *ière,* nep èn deus
ar jouïçzançz hep qet ar perc'henyaich
eus a ur madou bennac.

USURAIRE, usuryus, oh, à. — *Con-*
trat usuraire, ur c'hontrad usuryus, *pl.*
contrajou.

· USURE, *profit injuste qu'on retire du*
*prêt de son argent,* usurérez; usulyérez,
campy. *Van.* usurereah.--*Prêter d'usure,*
rei var gampy, *pr.* roët; prèsta gad u-
surerez, *pr.* et. — *La banque et l'usure*
sont sœurs, an eceiñch hac an usurérez
a so diou c'hoar gompès. *v.* intérêt.

USURIER, usurèr, *pl.* yen. *Van.* u-
surour, *pl.* yon, yan. — *Vieux usurier,*
usurèr crepon, coz usureur *ou* Yuzéau.

USURPATEUR, mahomèr, aloubèr,
*ppl.* yen.

USURPATION, mahomérez, aloubérez.

USURPATRICE, aloubérez, maho-
merès, *ppl.* ed.

USURPER, *s'emparer injustement,* mahomi. aloubi.*ppr.* et.—*Il a usurpé presque*
tout le bien de son voisin, dija èn deus a-
loubet *ou* mahomet oll dra c amezeucq.

UT, *note de musique,* ut; ut, noteñ cau.

UTILE. *utilité. v profitable, profit.*

UTILEMENT, gad profi l, var brofid.

## V

VA, *troisième personne du verbe aller,*
a ya. a ea, ez ea, e ha. *Van.* e ha. — *Il*
va à la messe, d'ad ovérenn ez a *ou* c ya
ou e ha. — *Qui va là?* piou a ya e biou?
piou a so aze? — *La chose va bien,* mad
ez a an affer, mad ez ea ou c ya ou e ha
pep tra, ez usa an æffer c siad vad;—

*Va, impératif du verbe aller,* qea, qe. *Van,* qe. *v.* aller. — *Va-t'en vite à vêpres.*, qea affo ou qe prim dâ c'housperou. — *Va te promener,* qea da vale.

VACANCE, *le temps que vaque un bénéfice,* vacançz.

VACANCES, *suspension d'affaires, d'études,* vacqançz, *pl.* ou.

VACANT, ante, *qui n'est ni rempli, ni occupé,* vacq. — *Place vacante,* lec'h vacq, *pl.* lec'hyou. — *Bénéfice vacant,* benefiçz vacq.

VACARME, safar, garm, *ppl.* ou. *Van.* id., *pl.* éü. — *Faire un vacarme,* ober safar, *pr.* græt; safari, garmi, *ppr.* græt. *Van.* gober safar.

VACATION, *état, profession,* stad, *pl.* ou; mecher, *pl.* you. *v.* profession. — *Vacation, salaire des gens de pratique,* paçamard., taryff.

VACATIONS, *cessations de juridictions,* vacqançz; *sans pluriel.* dezyou vacq pe è re ne deus qet a lès.

VACHE, beoc'h, *pl.* enned, byou; byoc'h, buoc'h, beuc'h, *ppl.* beuc'hen-ned, byou. *Van.* buoh, *pl.* buhezed. *La vache blanche,* ar veoc'h véun. — *La vache noire,* ar vyoc'h zu. — *Vache noire et blanche,* beuc'h vriz, ar veuc'h vriz. — *La vache cherche le taureau,* hemolc'h a ra ar vyoc'h, güen taro a so èr vyoc'h ou èr vyeuc'h ou èr veoc'h. — *Vache pleine,* beuc'h hemolc'het, beoc'h a so lue énhy, byoc'h qeule, byeuc'h qeufle. *v. présure, jument.* — *La vache a vêlé,* alet he deus ar veoc'h, ar vyoc'h he deus bet e lue. — *Vache à lait,* byeuc'h læz, mam byoc'h; *ces deux mots se disent aussi au figuré.* — *Vache sans lait,* byoc'h oat da hesq ou da hesp. — *Vache sans lait et sans veau,* hañvesqeñ, hávesqeñ, *ppl.* ed; hesqenn, hespenn, *ppl.* ed. — *Vache qui passe un an sans donner de veau,* glyseun, *pl.* ed. — *Vache qui ne porte plus de veaux,* gaunec'heun, *pl.* ed; gau-nac'h, *pl.* gaunéyeu. — *Vache qui a perdu ses deux cornes,* byoc'h disqorn. — *Vache qui a perdu une corne,* byeuc'h besqorn, beuc'h bescornet, beoc'h disqornet. — *Queue de vache,* lost byoc'h ou ar veuc'h. — *Peau de vache,* buqenn, ur vuqenn,

*ppl.* buqennou; croc'henn byo'h c'hroc'hen byoc'h , *pl.* crec'hin.

VACHER, *celui qui garde les* paulr ar saoud, *pl.* pautred ar saoud guel saoud, *pl.* buguelyen. *Van.* séüd, *pl.* yan, yon. *v.* boutier.

VACHÈRE, *celle qui garde les* paulrès ar saoud, *pl.* pautresed elès saoud, *pl.* buguelesed.

VACIET, *plante,* lusen, ouignbyl, arvar, oh, â, añ.

VACILLANT, ante, dibarfe.

VACILLATION, *branlement.*

VACILLER, orgellat, *pr. et. r.*

VAGABOND, *errant,* baleand redèr, *pl.* yen; divroad, *pl.* divroët, *pl.* lud divroët. *Van.* redour, *ppl.* yon, yan.

VAGUE, *flot de la mer,* goaguer ou; goag, *pl.* ou. *Van.* id., *et* houl, *ppl.* éü. — *Vague étendue non cultivée,* doûar vacq, doûra c'hounid ou vean.

VAGUER, *aller çà et là,* bal lëct; redecq tu-hont ha tu mi redet.

VAILLAMMENT, èz vailhand vailhandiz. *Van.* gued vailhand.

VAILLANCE, vailhandiz. *Va.* hantiçz.

VAILLANT, ante, *courageux,* handt, talvoudecq. *Van.* vailhan añ. *Al.* gall, kelt. *v. guerrier.* — lant, *le bien que possède une person* voud, talvoudéguez. — *Il a tant écus vaillant,* talvoudéguez ugu scoëd èn deveus. — *Il n'a pas un lant,* n'en deus qet talvoudéguez voud ur güennecq.

VAIN, aine, *qui a de la vanité,* vean, oh, â, añ. *Van.* væn, gloc ëñ. — *Vain, inutile frivole,* vean, væn, oh, añ. *Van.* vacu, væu cain, *inutilement,* èz veau, èn porneant, è vaen.

VAINCRE, feaza, faeza, fæz el; lacqaat feaz, *pr.* lecqëet; az, *pr.* rentet. *Van.* feaheiñ, *ppr.* feahet, fæhet. *v.* surmonter. *confesser vaincu,* hem anzaff fæzavet. *v. Phaëton.*

NQUEUR, nep a feaz un all **en**
all, nep a lacqa fæz un all; fea-
zezer, treac'her, *ppl.* yen; nep so
h da. *v. victorieux.* — *Le sage est*
*rs vainqueur de ses passions*, an dèn
ho atau trèac'h d'e voall-ènelina-
ou. — *Le vainqueur des vainqueurs,*
ec'há.

ISSEAU, *navire*, lestr, *pl.* aou, ou,
. *v. navire.* — *Petit vaisseau*, lestricq,
strouïgou. — *Plein un vaisseau*, les-
*pl.* ou. — *Vaisseau, vase,* lestr, *pl.*
. *Van.* gloîstr. *v. vaisselle.* — *Vais-*
veine, goazyen, *pl.* goazyed. *v. veine.*
AISSELLE, veçzell. *pl.* you; allistry.
*aisselle d'argent,* veçzell ou listry ar-
ad, arc'handtiry. — *Vaisselle d'étain,*
stæn, veçzell steau, steeñnaich.
* arer la vaisselle,* goëlc'hi al listry ou
çzell, *pr.* goëlc'het. — *Fourbir la*
*elle,* pura al listry ou ar veçzell ou
rc'hantiry ou ar stean, *pr.* puret.

VAISSELIER, *lieu pour ramasser la*
*elle,* pallyer, parailher, listryer, ca-
ell, *ppl.* ou. *v. buffet.*

AL, *vallée,* traoun, *pl.* you. *Van.* de-
*pl.* eū. *Al.* tnou. — *Le val de Méria-*
, *lieu où est S.-Jean-du-doigt, en Plou-*
*rou,* traoun Meryadocq. — *Val entre*
r *montagnes,* can, *pl.* you; ur c'han.
*A val et dvau,* èn ur disqenn, o vont
l traoun.

ALABLE, *bon et recevable,* mad; tal-
idecq, valo, valant. — *Excuse va-*
iseus vad. — *Valable, t. de palais,*
t mad. — *Acte valable, fait dans les*
nes, acta vad, acta græt mad.

ALABLEMENT, è fæçzoun vad, èn
fæçzoun talvoudecd.

ALANT, *qui vaut,* a dal, a dalyé. —
at *tableaux valant cent pistoles la pièce,*
at taulen a dal cant pystol ar pez ou
pez anézo. — *Je lui ai donné un che-*
*val valant cinquante écus,* ur marc'h am
roēt dezā hac a dalyé hardiz han-
-cant seoēd.

VALERIENNE, *plante propre pour*
ithme et *l'épilepsie,* valeryana.

VALET, mevell, *pl.* ou, mevelyen.
n. meūēl, *pl.* eū, yon; goaz, *pl.* ed.
*urviteur.* — *Valet de chambre,* dèn a

gampr. — *Valet à pied,* mevell var droad.
*v.* trotin. — *Valet d'écurie,* pautr ar marchauçzy. *Van.* meūēl er marchauçzy. —
*Valet des chiens,* pautr archaçz ou c'hon,
*v. chien.* — *Valet de cuisine,* fouïlhmard,
*pl.* ed. *Van.* goaz qeguinour. — *Maître*
*valet, domestique qui commande aux autres,*
mevell emperyal. — *Faire le bon valet,*
ober e vevell mad. — *Valet, outil de me-*
*nuisier,* varled, *pl.* ou; crocq-bancq, *pl.*
creyer-bancq.

VALETAILLE, ar mevellou, ur vau-
denn mevellou.

VALETUDINAIRE, *maladif,* claūvus,
ne deo qet yac'hus *ou* yec'hedus; landreand, *pl.* ed. *Ce dernier mot veut dire*
*aussi dans le figure fainéant.* trainard, *etc.*

VALEUR, *prix,* talvoudéguez, prix.
*Van.* talvoudiguez, talloudigueah. —
*Il a des meubles de valeur,* meubl a bris
èn deveus. — *La valeur de cent écus,* talvoudéguez *ou* talloudéguez cant scoēd.
— *La valeur de trois palettes de sang.* talloudéguez try phladadicq goad. — *Va-*
*leur, parlant d'une terre qu'on répare,* gounidéguez. — *On a remis cette terre en va-*
*leur,* lecqeat eo an doūar-hoult è gounidéguez. — *Valeur, bravoure,* talvoudéguez, vailhandiz. *Van.* vailhantiçz.

VALEUREUSEMENT, gad vailhandiz.

VALEUREUX, *euse,* talvoudecq, vailhandt. *Van.* vailhant, oh, añ. *v. guerrier.*

VALIDE. *v. valable.*

VALIDEMENT. *v. valablement.*

VALIDER, *rendre valide,* rénta mad,
rénta valant *ou* valo, *pr.* réntet; lacqāt
da dalvezout, *pr.* lecqeat.

VALIDITÉ, madélez, talvoudéguez,
valançz.

VALISE, balisenn, maliseñ, *ppl.* ou.

VALLÉE, *espace entre deux monts,* tra-
ouñyeū, staucqeñ, saoūneū, *ppl.* ou. *Van.*
flondreū. *pl.* eū. — *Une belle vallée pleine de*
*blé,* un draouyoñad caēr a ed, ur stanc-
qennad caēr a ed, un taulad caēr a ed;
ur saoūnennad caēr a yd. *v. plaine.*

VALLON, *petite vallée,* can, *pl.* you;
traoūyennicg, *pl.* igou; stancqennicg,
igou; saoūnennicg, *pl.* igou. *Van.* dis-
qeno, *pl.* eū. — *Plein un vallon de bêtes*
*fauves,* leic un draouyennicg a loēzned.

aziouz. *v. fauve.*

VALOIR, talveza, talvezout, *ppr.* et; talveout, *pr.* ëet; talvout, *pr.* et; tallout, *pr.* et; delleza, dellezout, *pr.* et. *Van.* talveiñ, taleiñ, *ppr.* et. — *Ce livre vaut un écu,* ur scoëd a dal al levr-ze. — *Cette maison valait* 300 *écus,* try c'haut scoëd a daljé au ty-ze. — *Ce blé vaudra de l'argent,* an ed-mâ a dalvezo arc'hand gad au amser. — *A valoir,* da dalveza, da dalvout. — *Faire valoir son bien,* lacqat e dra da dalveza, ober profita e dra. — *Il vaut autant jouer que de boire,* couls eo c'hoari ec'hiz eva. — *Il vaut mieux,* gûell eo. — *Il vaut mieux mourir que de faire un péché mortel,* gûell eo mervel ha mervel mil gûeich eged ne deo ober ur pec'hed marvel. — *Valoir peu,* talveza bihan dra. — *Ces fruits ne valent rien,* ne dal tra ar froüezyou-mâ. — *Se faire valoir,* lacqât èn hem istima, èn hem lacqât é pris, èn hem rei da brisout.

VAN, *instrument pour vanner,* candt, *pl.* canchou; croëzr dourgueñ, *pl.* croezryou dourguenn.

VANITÉ, *vaine apparence,* veanded, vaëuded, vænded, avelaich, distervez, avel. — *Vanité des vanités, et tout est vanité,* dit Salomon, avel avelou ha pep tra so avel, eme ar Speied Santel dre c'hinou Salomon, ar fur; *id est,* qemeut tra a velleur var an doüar a so dre natur ceinchus evel an avel baca dre'men prim è c'hiz da ur voguedenn. — *Vanité, orgueil,* veau-glour, veauded, vaëuded, gloar, gloryusded, avel, mogued. *Van.* gloér, gloryusted. *v. gloire.* — *Il a de la vanité plein la tête,* leun eo e benn a c'hloryusded, avel a so gand-hâ leiz e benn *ou* eudra all e benn da zerc'hel, peunbouffet eo gad au avel, carguet eo a veanded. — *Vanité, ostentation,* pompad, fougaçérez.

VANNE, *t. de meûnier,* pal, ar bal. *v. moulin.*

VANNEAU, *oiseau,* qerniguell, *pl.* ed, queraiguell, *pl.* ed. *Van.* id.

VANNER, *nettoyer le grain,* nedttal ed gad ar c'handt, *pr.* ëet; hegea edja ar c'hroezr dourgueu evit e nedtal, pr begel.

VANNERIE, *métier de vannier,* tennyaich, cantennyérez, *ppl.* ou.

VANNES, *chef-lieu du Morbihan,* ned, Guënned, *id est, blanc ble,* pu ed, *dont ce pays abonde;* ar guerzel ned. — *Qui est de Vannes,* Güenn pl. Guennedis; Güennedour, *pl.* r i est, qui recueillent du ble blanc de la res. *Burl.* blohig, *pl.* ued. *Pr.* quoique commun : sod evel ur Gen dad, brusq evel ur C'hernevad; vel ul Leonard, traytour evel un gueryad, — *Aller d'Vannes,* mont da ued. *Trég.* mont da Wenned. *Trég.* net de Uened *ou* Uyued. *L'ancien* lle de Vannes détruite par Cé... de Morbihan, *au lieu où est à présent* Marya-Kær, *id est. Notre Dame de la mer,* avec les ruines des murs, des tours, qu... lomé l'appelle, Venetiæ *et* Darioritum Venetorum. Ar guerzguenna la pehiny a voüé distruiget gad Cesar yoa èl leac'h ma ez idy brémil rya-Kær, hag ar rèst eus ar mor touryou Cesar, etc.; he hauorel edau, *blancs blés;* ha daryoriea... edouryen, *id est,* dare-moricg, daricg, *près la petite mer,* presqu... *petite mer; car* moricg, *diminutif de* mer, *et* mor-bihan, *mer petite,* même chose; et dare signifie proche gnant. — *Le dialecte de Vannes,* breizh necg Güenned. *Burl.* blohaich, *ou* du mot bloh, *tout, qui est particulier à Vannetais.*

VANNIER, *qui travaille en osier,* tenner, *pl.* yen; candtyer, *pl.* yen.

VANTER, *louer,* meuli meuli re-bennac, *cr.* meulet. — *Se vanter,* veuli, *pr.* et; brabauci, brabanc... brabancet; èn hem bugadi, *pr.* et... him vanteiñ. *pr.* et.

VANTERIE, brabancérez. *pl.* ou gacérez, *pl.* ou. *Van.* vanterez...

VANTEUR, brabancer, *pl.* yen. *Van.* vanteur, *pl.* vanteuse.

VANTEUSE, brabancieres, zerez, *rpl.* ed. *v. fanfaron.*

VAPEUR, moreñ, mogued... *ou. v. exhalaison.* — *Elle a des vapeurs,* tourmantet bras eo gad ar...

u, morennus eo terrupl.

ᵣOREUX, *euse*, moguedus, mo-
s.

ꝶUER, *parlant des charges, des bé-*
, vacqi, *pr.* et; beza vacq, *pr.*
— *Vaquer à*, *s'appliquer à*, èn
rei da, *pr.* roët; hemi lacqaat
dra, *pr.* hem lerqëet.

RECH, goémon. *v.-y.*

RENNE, goaremm, *pl.* ou. —
*varenne.*goaremmieg, *pl.* goarem-
ꝫou; goaremm vihan, *pl.* goarem-
— *Les bestiaux passent dans la varen-*
ꞇz ma ar chatal o peuri ebarz èr
imm, — *Varenne*, *humide et aqua-*
. güeru, ar veru, *ppl.* güernyou;
.a, ar ycun, *ppl.* gueunyou; *de ces*
*mots viennent plusieurs seigneuries et*
*le maisons, comme* Lez-gueun, Lez-
ı, Lezvern; *de* lez, *près, limites; et*
ıu-vern; Peñ-vern, Peñ-anyeun,
un, bout. — *Petite varenne humide.*
ıieg , *pl.* güernyouigou, güerni-
ꝫueunieg, ur yueunieg, *ppl.* gueu-
igou,gueunigou; *le ld plusieurs mots*
*inguliers que pluriels.*

RIABLE. *inconstant,* varyant. *Van.*
ıant, oh, à. r. *inconstant.*

RIATION,varyamand,varyadurez.

RICE, *veines dilatées,* goazyed di-
ꞇt.

ıRIER, *diversifier, être inconstant,*
ı, *pr.* et; beza varyant. — *Varier en*
*ponses,* varya èn e gompsyou,mont
s rapord.

ıRIÉTÉ, *diversité,*varyanded, vary-
, lyèsseurd. — *Variété, inconstance,*
ıdurez, varyamand.

ıRLOPE, rabod-hirr, *pl.* rabodou;
ıl bras. — *Passer la tarlope sur une*
*ʰe pour la première fois.*güena, *pr.* et.

ıSE, *vaisseau.* v.-y. — *Vose, limon,*
ıc, leac'hyd, lec'hyd. *Van.* léhyd.—
*plein de vase,* lec'hydeeg, *pl.* gou.
léydeeg, *pl.* léydegni. — *Enfoncer*
*la vase,* mont doun èl léc'hyd, *ʝr.*
et.

ıSSAL, *ale.* goas,*pl.* guisyen. *Van.*
*pl.* yon, yan.

ıSSELAGE, goasounyez.

ıSTE, francq; bras, spıcyus, *B.-*

*Léon*, eo'hon, oh, à, uñ.

VAU-DE-ROUTE, *fuite en désordre,*
*parlant d'une armée défaite et mise en dé-*
*route,* droug, atred; drou-zyvez, *id est,*
droucq-fiuvez.—*Mettre en rat-de-route,*
caçz è droug atred, caçz è drouzyvez,
*pr.* caçzet. — *A-vau-l'eau,* a ruilh caër
gad an dour.

VAUDEVILLE, canaouennou *ou* ry-
madellou kær.

VAURIEN, didalvez, *pl.* idy, tud didalvez; divalo,*pl.* tud divalo; invalant,
*pl.* invalanded. *Van.* didalve, *pl.* tud
didalve; magadell, *pl.* éü. *H.-Corn.* didalvoud , *pl.* ed , tud didalyoud.
— *Devenir vaurien, faire le vaurien,* didalveza, *pr.* et; didalvoudecqät; *pr.*
ëet. *Van.* mont de vout didalve, bout
didalve, gobér er magadell.

VAUTOUR, *oiseau de proie,* bultur,
*pl.* ed; gup, vautour, *ppl.* ed.

VAUTRER,èn hem ruilha evel ul lue,
*pr.* èn hem ruilhet. *Van.* gourveeiñ èu
e hed; laureeiñ, taureal, taurimellat,
*ppr.* et; *ces trois derniers tiennent de* taur,
*taureau.* — *Il se vautre comme un pourceau*
*dans les ordures du péché,* èn hem ruilha ra ra ec'hiz, sal'enor, ur porc'uell
lovr. charzèr voü'lhenn eusar pec'hed.

VAUX, *pl. de* ral, traouyou. — *Aller*
*par monts et par vaux,* mont gad ar c'hreac'hyou hac an traouyou.

VEAU, *animal,* lue, *pl.* ou, you. *Tr.*
loüc, *pl.* yo. *Van.* le, *pl.* lèyéü. — *Veau*
*venu avant le terme, qui a les pieds jaunes*
*et sans poil,* lue janus, *pl.* lueyou janus.
*v. jaunisse.* — *Du veau,* qicq lue. *v. ris,*
*longe.* — *Peau de veau,* lugueñ, luegueñ,
*ppl.* ou ; croc'hen lue, *pl.* crec'hin. *v.*
*peau.* — *Vieux veau,* cozle, *pl.* ou. —
*Veau marin, poisson,* lue vor, *pl.* lueyou.
— *Veau d'or,* al lue aour. *v. or.*

VEDETTE , *sentinelle à cheval,* gued
vad varc'h, *pl.* guedou. *Van.* santinell
ar varh, *pl.* santinellëü ar varh.

VÉGÉTANT, *ante,* èn hem vag hac a
gresq, a deun magadurez ha cresqançz
eus a zruzoñny añ doüar. — *L'âme vé-*
*gétative ou végétante,* buhez an güéz
hac an lousou. *v. âme.* — *Les végétaux,*
qemeut tra a denn e vagadurez hac e

gresqançz eus à zruzder an doñar, ar
guez hac al lousaou.

VEGETER, qemeret gad ar grizyou
magadurez ha cresqançz, *pr.* id.

VEHEMENCE. *v. impetuosité.*

VEHEMENT, *ente. v. impétheux.*

VEHICULE, dougadur, a zoug. —
*L'air est le véhicule de la lumière*, an ear
a zoug *ou* a zigaçz ar sclærigen.

VEILLANT, *ante*, *qui ne dort point*,
dishun, dihun. *Van.* dihun. digousq.
— *En veillant*, èz dishun, è d.hun, o
veza dihun.

VEILLE, beilh, *pl.* ou. *Van.* id., *pl.*
éü. *v. veillee.* — *Les jeûnes et les veilles*,
ar yunyou hac ar beilhou. — *Les veilles
altèrent beaucoup la santé*, ar beilhou a
goll yeo'hed an dèn. — *Veille, jour d'auparavant*, derc'hent, *id est*, dervez-qent,
*jour précédent.* — *La veille de la S. Jean*,
derc'hent goël'l Yan. — *La veille des Rois*,
derc'hent *ou* dec'hent goëlarRoüanez.
— *Veille d'une foire ou d'une assemblée*,
gousper, ar gousper. *v. soir.* — *de la nuit*,
*selon que les anciens divisaient la nuit*, téyr
eur nos. — *La première veille de la nuit*,
an tèyr eur qentâ eus an nos. — *La
quatrième veille*, an téyr eur divez'l eus
an nos, an tèyr eur taustâ da c'hou-
laou-deiz. — *A la veille de se marier*, dare da zimizi, près't da zimizi, è tailh *ou*
var ar poñend da zimizi.

VEILLÉE, *assemblée de nuit pour travailler ou se divertir*, beilhadecg nos,
beilhadecg, *pl.* beilhadegou; *à Roscoff*,
dihun, *pl.* dihunou. — *Aller aux veillées*,
mont d'an beilhadegou. *Roscoff.* mont
d'an dihunou. *Van.* mont d'èr beilha-
deguéü *ou* d'er beilhéü nos. *v. nuit.*

VEILLER, beilha, *pr.* et. *Roscoff.* dihuna, *pr.* dihunet. *Van.* beilheiñ, *r.* et.
— *Veiller toute la nuit*, beilha hed an
nos. — *Veiller un malade*, beilha un
dèn clañ. — *Veiller, observer*, evezya,
*pr.* et; eveçzaat, *pr.* ëet: teureul evez.
*pr.* taulet. *Van.* eüeheiñ, lacqaat cüch.

VEILLEUR, beilhèr, *pl.* éryen. *Roscoff*, dihunèr, *pl.* yen. *Van.* beilhour,
*pl.* yon.

VEILLEUSE, beilhérès, dihunerès,
*ppl.* ed.

VEILLOIR, *petite table pour la*
beilhoüer, *pl.* ou ; sqabell ar z
— *Apportez le veilloir*, deut amâ ar
hoüer.

VEINE, *vaisseau qui contient le*
goazyenu, *pl.* ou, goazyed. *Van.*
yen, *pl.* goayed; goëhyen, *pl.* go
goëhyad.--*Le sang me glace dans le*
scourna a ra va goad èm voaze.
songean è, etc. — *La veine lactée*,
azyenu leaz. — *Veine d'or*, goazeñ
*pl.* goazennou. — *La veine de la*
azenn ar c'hoad, guyadenn ar c
— *La veine du roc*, goazenn ar
tarz ar garrecq. — *Veine d'assiette*,
*qui passe entre les nues*, goazenn
*pl.* goazenneu. *v. rayon.* — *Petite*
goazyennicg, *pl.* goazyedigou; 
uicg, *pl.* goazennouïgou.

VEINEUX, *euse, ou veiné, e.* g
nus. goazennecq, oc'h. â, añ.

VELER, *faire un veau*, ala, *r.*
eala, *pr.* et. *Van.* aleiñ. — *La vache*
*le*, alet he deus ar vyoc'h. ar vyoc'h
deus bet he loe. *Van.* alet eü er v

VELIN, *peau de veau préparée*, le
fin, parich fin, parich lue.

VELLEITÉ, *volonté faible*, brã-
and, *pl.* brizc'hoanchou; hant
and, hoand dihoand.

VELOCITÉ, buhander, pro
guez.

VELOURS, *étoffe de soie*, *de* co
lous. *Van.* velous. — *Doux comme*
*lours*, qer douçz hac ar voulous,
evel ar voulous.

VELOUTER, vonlousa. *pr.* et.

VELOUTÉ, *e*, voulouset. *Van.*

VELU, *e*, blévecq. *Van.* bleüec
añ. *On écrirait* blessecq.

VENAISON, *chair de bête féro*
goëz, gybèr. *Van.* gybér. — *Cet*
*sent la venaison*, blas ar c'hicq
blas ar goüez a so gad ar sonbé
— *Goût de venaison*, goëzder, blas

VENAL, *e*, *qui se vend*, a re
biéneur, a verzèr hac a brenér —
*se vénale*, carg a verzeur *ou* br
*Une âme vénale*, *un esprit vénal*, ua
pehiny evit arc'h.nd, a la
Lar gaou evel ar guir...

ALITÉ, gŭa;zidiguez.

DANGE, véndaich. *Van.* bén-
éndém, mendém. *De la* miz bén-
*eptembre.* — *La* vendange *a été bon-*
*d* eo bet ar véndaich. *v. fouler.*

DANGER, véndachi, *pr.* et. *Van.*
meiñ, méndemeiñ, *ppr.* et.

DANGÉ, *e,* véndachet. *Van.*
met, etc.

DANGEUR, véndaicher, *pl.* yen.
méndemour, *pl.* you, yañ.

DEUR, guerzer, *pl.* yen; nep a
ep a ra gŭerzidiguez, nep a ra
. *Van.* guerhour, *pl.* yon.

DEUSE, gŭerzerès, *pl.* ed; ur
ès. *Van.* gŭerhoures, *pl.* ed.

DRE, gŭerza, *pr.* et. *Van.* gŭer-
*pr.* et.—*Vendre d'éteinte chandelle,*
a diouh ar goulou *ou* mouich.
e bien cher, gŭerza qezr.—*Vendre*
her, gŭerza re guèzr. — *Etre ven-*
beza gŭerzet, *pr.* bet. — *Cela est*
, gŭerzet eo un dra-ze. — *Vendu*
iandelle, gŭerzet diouh ar mouich.

DREDI, gŭener. *Van.* gŭiuér.gu-
le wener, vent. *v.*-y. — *Le vendre-*
ir gŭener. — *Le jour de vendredi,*
gŭener, an dez a vener. — *J'irai*
edi prochain, me a yélo de'r gŭe-
lenlà. —*Vendredi-saint,* gŭener ar
z. — *Au vendredi-saint,* da véner ar
z, de'r gŭener ar groaz.

ENELLE, *petite rue,* banell, *pl.* ou.
nfiler la venelle, s'enfuir, happa ar
ll, *p-.* et; achap, *pr.* et; qemeret
eac'h, *pr.* id.

ENENEUX, *euse,* binymus.

ENERABLE, *digne de vénération,*
rus, din da veza enoret, din a res-
, enorapl, oc'h, à, añ.—*Un véné-*
e vieillard, un dèn coz enorus *ou*
rapl, un dèn coz din eus a resped.

ENERATION. resped bras. *Van.* id.

ENERER, respedi, *pr.* et; respedi
urbed, enori meurbed, *pr.* et.

ENERIE, chaçze ar c'haro, guy-
ry.

ENERIEN, *enne, mal vénérien,* an
plès.—*Celui qui a la maladie vénérienne,*
plesennocq, *pl.* naplesennéyen.

VENEUR, chaçzèr, *pl.* yen; nep a
chaçze d'ar c'haro ha d'ar yourc'h,
guyuaër, *pl.* yen. *v. chasseur, piqueur.*

VENGEANCE, veñgeançz, *pl.* ou.—
*Tirer vengeance d'un affront reçu,* ténna
veñgeançz eus a un affrond recevet,
*pr.* tennet.—*Laisser un crime sans en ti-*
*rer aucune vengeance,* lesel ur c'hrim dibunis. *pr.* leset.

VENGER, vengi, *pr.* venget. *Van.*
vañgeiñ. *v. vengeance.* — *Se venger,* èn
hem veñgi, *pr.* èn hem veñget; tenna
veñgeançz, *pr.* et. *Van.* him vañgeiñ,
hum vangeiñ.

VENGERESSE, *la déesse vengeresse,*
an doëes veñgerès.

VENGEUR, veñger, *pl.* yen. *v. vin-*
*dicatif.*

VENIEL, *elle,* din eus a bardoun,
din da veza pardounet. — *Péché véniel,*
pec'heud venyel, *pl.* pec'heujou venyel;
pec'hed din da veza pardounet, pec'hed
din da gahout pardoun.

VENIMEUX, *euse,* binymus, viny-
mus, velymus. *Van.* id., oh, añ.

VENIN, binym, benym, vinym, ve-
nym, velyn, binymadur, contam. *Van.*
velym, velymadur.—*Venin contracté par*
*attouchement de quelque saleté,* binym,
contam.—*Venin provenant d'une brûlure,*
tanigenn, scautadur.

VENIR, doñnet, dont, *ppr.* denét,
deut. *Van.* donnet, *pr.* deit.--*Je viens,*
doñnet a rañ, dont a rañ, beza ez
deuan, me a deu, me a zeu.--*Il venait,*
dont a rea, beza ez deué, èn a zeué.--
--*Ils sont venus,* deuét int, bez'ez int
deuét *ou* deut. -- *Il viendra,* doñnet a
rayo, dont a ray, bez'ez teuyo, ê a
zeuy.--*Qu'il vienne, qu'elle vienne,* deuét.
--*Viens,* deus.--*Venez,* deñt, deut.--
--*S'il vient,* mar deu. -- *Il vient d'arri-*
*ver,* ez ma oc'h arruout, ne ra nemed
arruout.--*D'où vient que?* pe evit tra?
—*Soyez le bien-venu,* deuét mad raz vihot *ou* raz vilioc'h. — *Venir à bout de,*
doñnet a benn eus a. *Van.* dont de beenn *ou* a beenn es a.

VENT, avel, *pl.* ou; aël, *pl.* ou;
*Trég.* avüel. *Van.* aüél. *Al.* vynt.—*Il*
*ne fait point de vent,* ne deus qet a avel,
ne ra qet a avel, ne c'huez qet an avel,

ayoul oo terrupl au amser. — *Le vent souffle*, avel a ra, avel a so, c'hueza a ra, fresqi a ra.— *Vent d'orient, d'à mont,* avel ar sevel-héaul, avel uhel. — *d'occident, d'aval,* avel ar c'huz-éaul *ou* isel. — *de midi,* avel ur c'hrezdeiz. —*de septentrion,* avel an hanter-nos. — *de bise,* avel vis. — *brûlant qui vient du sud-ouest,* morzilh. — *contraire, debout,* avel controll, avel a-benn caër. — *en poupe, en arrière,* avel vad, avel a dré, avel dré. — *largue,* avel larg. — *chartier, bon pour aller et retenir,* avel daou-hanter.—*uni.* avel bleau *ou* plean.—*faible,* avel sémpl *ou* lausq.—*fort,* avel crê *ou* grê. — *impétueux,* avel foll. *Al.* cyreq. — *froid,* avel guien ouven *ou* fresq. — *chaud,* avel scant, avel dom, avel vor.—*Bouffée de vent,* cahouad avel, *pl.* cahouaiou avel; fourrad avel, *pl.* fourradou. -- *Coup de vent,* barr avel, *pl.* barrou.--*Empêcher le vent d'incommoder,* diavela, diaveli, *ppr.* et.-- *Mauvais vent, malefice,* barr, ar villançz. -- *Il a eu de mauvais vents,* sqoët eo bet gad barr *ou* gad ar villançz, strobinellet eo.

VENTE, güerzidiguez, güerz, foar, for. *Van.* güerh, güerhedigueah; *v.* encan.--*Faire vente sur les meubles de quelqu'un,* ober foar var draou ur re-bennac, ober güerzidiguez *ou* ober güerz var draou ur re-bennac, *pr.* gret.--*La vente a été bonne,* mad eo bet ar foar, mad eo bet ar verzidiguez, mad e bet ar verz, güerzet mad eo bet an traou, for vad so bet var an traou. — *Lods et ventes,* laodou ha véntou. *v.* lods.

VENTER, *faire du vent,* aveli, *pr.* et; ober avel. *pr.* gret. *Van.* añéleiñ.—*Il vente,* aveli a ra, avel a ra, fresqât a ra, fresqi a ra, chuesa a ra an avel.-- *Il a beaucoup venté toute la nuit,* cruel an avel a so bet evit au nos, avel derrupl a so bet hed au nos.

VENTEUX, *euse,* avelecq, avelocq, avelus, oc'h, à, añ.

VENTOSITÉ, *fatuosité, rots.* r.-y.

VENTOUSE, *instrument de chirurgien,* mandoz, ventoz. *pl.* you.— *Ventouse, t. de maçon. v. barioacane.*

VENTOUSER, *appliquer les ventouses,*

mandozi, *pr.* et; véntozi, *pr.* et. rei à dozyou *ou* véntozy ou da ur re-bennac, *pr.* roët.

VENTOUSÉ, *e,* mandozet. v.—acp en deus bet ar mandozy.

VENTRE, coff, *pl.* ou, vou. *Van.* coff, *pl.* eü. *Al.* cest. Det.—*Mal au ventre,* poan goff, drouc.—*Flux de ventre,* flus coff. r.—*Tension du ventre, ventre tendu,* tean; Sorte de *prov. qui se dit le jour de* goude an tenn-goff ez eu red you, *jeûner après la bonne chère.* — *Ben et ventre,* bazata èn naou du. — *canna ur re-bennac qen na fa.* — *S'efforcer de soutenir quelque; sentre,* coffa, *pr.* et; ober coff, *pr.* — *Ventre, parlant de l'endroit ou case,* coff, ar c'hoff eus a, etc.—*que fait un mur,* bolsen, *pl.* ou. r.

VENTRÉE, coffad, *pl.* ou; coul ou; ur c'hovad. *Van.* id, *pl.* eü.

VENTRICULE, *l'estomac,* coffic ar c'hoff bihan. r. *estomac.*—*Ventre d'une bête,* sac'h, *pl.* séyer. r. *bol.* -- *de pourceau,* sac'h mabyl celope des excréments des animaux, beuzeul.

VENTRU, *ue,* coffecq, *pl.* coffer; cofféyen; bigoffecq, *pl.* bigofféyen; reecq. *pl.* tauréyen, taureguéd.

VENU, *part. de tenir,* deuet, arru.—*Il est venu depuis peu,* nevez ruet eo. névez deuët eo.

VENUE, *arrivée,* doñnedigoc. donnedigueah. — *Les Juifs attendent encore la venue du Messie,* ar Yuzevien so qer dalbet ma hesperont c'hoas nediguez ar Meçya, syouaz deu Bien venue, donnediguez vad.-Tati venue. uni. égal partout. è rived rived-è-rived, dioue'h tu, un deul ec'hiz garr ur c'hy.

VENUS, *fausse divinité,* Wener. ner, Guener; *formés probablement* celtique wen ou güen, *lumineux,* blanc, belle. v. *beau.*—*L'étoile de Vénus,* sters Wener

VÊPRE, *le soir,* gosper, pardaez. abardaez, énderv, au énderv, an der dervez. *Van.* en anderv.

.ES, *heure canoniale*, gousperou.

speréû. — *Aller à vêpres*, moñ-
s'housperon. — *Les vêpres Sici-
cr u-l massacre que firent les Sici-
,as les Français, au signal du premier
pres, le jour de Pâques, l'an* 282,
rou Sicilya.

.*insecte*, preñv, prêv, ppl. ed. *Van.*
, pl. ed. — *Ver de terre*, ach'e, bu-
in , pl. buzug. *Van.* buhiguen,
,igued. -- *luisant*, prêv nos, pl.
. *Van.* preañ luguern. v. luisant.
:e , prêv seyz, pl. préved. -- *qui
dre dans le bois, artison*, prêv coad,
,ved. -- *Qui s'engendre dans la chair
,isson*, coñtroñnenn, pl. controñ,
,nenn, pl. couronn. --*Il s'engendre
,s dans ces chairs cuites*, controñni
: c'hicq má, pr. controñnet; cou-
, ra, etc. --*Vers qu'ont les enfants,
preñved. — Il a une fièvre de vers,
,nn qèst a so gand-hâ, clañ eo gad
èst. — Poudre à vers*, louson qest,
,on préved — *Ver long qui s'engendre
,le corps humain, et dans les intes-
,es animaux*, léñcqernenn, pl. léñc-
,n. — *Celui ou celle qui est sujet à ces
léncqernus. — Tirer les vers du nez
à qu'un en contrefaisant le simple*, dis-
,, doareou digarez ober al lue , pr.
,et.

ERBAL, *ale, de bouche*, græt a c'he-
. — *Promesse verbale*, promeçra græt
,nenou , pl promeçaon. — *Procès*
,l, *procès verbal*, pl. procèsou.

ERBALEMENT, a c'l.enou, hep qen
,eryd.

ERBALISER, droçzi ur procès ver-
, , pr. dreç●●●.

'ERBE, *Jésus-Christ, an eil berson
an dreindet, ar verb eternal. — Le
●i fait chair, an eil berson ên hem
æt dèn , ar verb iñcarnet. --Verbe,
'e grammaire*, verb, verv, pl. ou. —
,' iliaire, qui sert à conjuguer les autr ●,
v ou verb a sicour , ppl. verbou, ver-
,u. — Le breton ou le celtique a 3 verbes
,iliaires: être, avoir et faire*, ur breson-
,cq ên deu-try verb a sicour: cahou',
,za , hac ober.

VERBIAGE, compsyou vean, eals a

gompsyou dibrofid.

VERCOQUIN ou *liset*, rusyorus, pl.
ed. r. liset.

VERDATRE, glasard, azglas, dem-
c'hlas, a denn var ar glas. *Van.* glasard.
v. rougeâtre. — *Une chose verdâtre*, un dra
azglas ou dem-c'hlas, pl. traou azglaz.
— *Homme qui a une couleur verdâtre*, ur
glasard, ur glasard a zèn, pl. glasarded.

VERDAUD, glasicg. *Van.* id. — *Ce
vin est un peu verdaud*, glasicg eo ar guin-
mâ , glas eo un neubeud ar guin-mâ.

VERDELET, verdaud , glasicq.

VERDET, *vert-de-gris*, mergl-cüevr.
*Van.* melgr coüyvr.

VERDEUR, glasdèr, glaséntez. *Van.*
glasadur, glasded.

VERDIER, *oiseau*, melenecg, pl. me-
lenegued.

VERDIR, *devenir ou rendre vert*, glasa,
pr. et. *Van.* glaseiñ , pr. et.

VERDOYANT, glasvezus , glas , o
c'hlasa, a goumanç da c'hlasa. — *Des
arbres verdoyants*, güez glasvezus ou o
c'hlasa ou glas.

VERDOYER, glasvezi, glasa, ppr.
et. *Van.* glaseiñ.

VERDURE, *plantes et feuilles vertes*,
glasenn, pl. ou; glasyenn, pl. ou, glasvez. *Van.* glasadur. v. pelouse.

VERGE, guyalenn, pl. ou, guyal —
—*Une poignée de verges pour fouetter*, bod
guyal, dournad, torchad guyal, ppl. ou.
*Van.* id., ppl. éü.

VERGER, bergez, bergyez , berge ,
ppl. ou. *Van.* berge, pl. éü. *Al.* gard.—
*Un beau verger*, ur vergez caër.

VERGETTE, *brosse tringle.* v.-y.

VERGETTER, *brosser.* r.-y.

VERGLACÉ, *ée*, frymet, sclaçzet.

VERGLACER, fryma, sclaçza, ppr.
et. *Van.* frymciñ, sclaçzeiñ.

VERGLAS, frym, sclaçz. *Van.* frym,
spyl.

VERGOGNE, *honte*, mez. *Al.* vergon-
dix qui ne se dit plus que dans ses composés
divergondiz, effronterie, impudence; et
divergoud , effronté , impudent.

VERGOGNEUSE, ou *pudique, plante
qui se retire et se ferme dès que certaines
personnes la touchent*, honestiz, lousaoueñ

an honestiz *ou* ar vcrc'hès.

VERGUE, *t. de mer*, delez, dele, *ppl.*
ou , you. — *Vergue du grand mât ,* an
delez vras. — *de misaine,* an delez visan.

VERIDIQUE, guïryou, oh , à, añ.

VERIFIÉ, *ée, part. et adj.,* guïryet.

. VERIFIER, *examiner la vérité d'une*
*écriture,* etc. , eçzamyna ar viryonez ,
pe ar falséntez eus a ur scritur, evit o-
ber e rapord ê justiçz., pr. eçzaminet.
— *Vérifier, prouver la vérité d'une alle-*
*gation* , disqüez ez eo guïr un dra, *pr.*
disqüezet; amproüi un dra vir, *pr.* am-
proüet; guïrya , *pr.* et.

VERITABLE, *vrai*, guïr, oh, à. —
*Cela est véritable,* guïr eo an dra ze. —
*Véritable , qui dit vrai,* guïryon, guïry-
ecq, oh, añ. *Van.* id. — *Pierre est plus*
*véritable que Paul,* guïryoñnoc'h eo Pezr
eguit Paol , guïryecqoc'h eo Pezr eguet
Paol.

VERITABLEMENT, ê guïryonez, gad
guïryonez, êz guïr, êz lcal; *en t. familiers,*
ê licous, ê fec'h.

VERITÉ, guïryonez, *pl.* ou. *Van.* guïr-
hyonne, *pl.* eü. — *La vérité déplait,* ar
viryonez a so caçzaüs. — *En vérité, à ne*
*point mentir,* evit lavaret ar viryonez,
evit guïr.

VERJUS, égraich, verjus. *Van.* id.
— *Cueillir des grappes de raisin pour faire*
*du verjus,* diégra, *pr.* diégret.

VERMEIL, *ille, d'un beau rouge*, ruz,
ruz-glaou, oh, añ. — *Du sang vermeil,*
goad ruz-glaou. — *Vermeil, eille, rouge*
*un peu pâle ,* ruz-sclær, ruz-flamm, li-
vryu, oh, à, añ. — *Teint vermeil,* lyou
flamm *ou* flymm, divoc'h ruz *ou* flamm
*ou* livryn. *v.* teint. — *Un peu vermeil,* fly-
min, flammicq, livrynicq, 1uz hones-
tamañd. — *Tout vermeil,* flamm-flym.
ruz-glaou, livryn-oll — *Devenir vermeil,*
flamma, ruzya, *ppr.* et; livrynat, *pr.* ēct.
— *Vermeil doré,* arc'haud, cnevr alaouret. *Van.* ru-éüret, soul aléüret.

VERMILLON, *couleur d'un beau rouge,*
vermuylhoun, flammaich. — *Vermillon*
*ou graine d'écarlate,* tane. — *Vermillon,*
*rouge que la pudeur fait monter au visage,*
flamdèr, rusdèr.

VERMINE, lastez, astu, astut. *Van.*

*Sujet à la vermine,* laste-
tuzus, suget d'an astu, oh, añ. Fi
tuus , suget d'en anstu. — *En*
*vermine,* lasteza, *pr.* et; astuzi, añ
et. — *Etre rempli de vermine,* b.
an astu, beza leun a lastez ou as-
berüeñ gued anstu. — *Purgeu*
*mine,* dilasteza, *pr.* et; diastuñ, p

VERMISSEAU, prévicg, *pl.* pl
gou. *Van.* preañvicq, *pl.* preañve-

VERMOULER ( se ), prèved
*Van.* prehüedeiû, *pr.* et. — *Bou*
*lu,* coad prèvedet. *Van.* coëd prē

VERMOULURE, prèvedigue
nadurez, bleud coëd prèvedet.

VERNIR *ou vernisser*, vernicz
frodta gand verniçz, *pr.* et.

VERNIS, *enduit liquide*, vern

VERNISSURE, *application de*
verniçzadur.

VEROLE, an naplès.
*Petite vérole ou verette, maladie, b*
ar vreac'h, brec'h, ar vrec'h. F.
vrec'h. — *Il a la petite vérole, e*
vreac'h gand-hâ, ez ma cha g
vrec'h. — *Mourir de la petite véro,*
vel gad ar vreac'h, *pr.* marvel.

VERONIQUE, *nom de femme,*
nicqa. —*Ste Véronique,*
qa. — *Veronique, plante bonne p*
rifier le sang, ar veronicqa.

VERRAT, *porc non châtre,* toor
ed; houc'h tourc'h, *pl.* houc'hed

VERRE, *corps transparent,* g—
terroterie. — *Bouteille de verre,*
güezr, ur voutailh vezr. — *Ven*
*à boire,* güezreon, *pl.* ou, güern
güezr. *Van.* güezren, *pl.* guez
*grand verre,* ur vezrenn vrs. —
*de cristal,* güezren strincq, *pl.* 
güezren crystal, *pl* güezr. — *Ve*
re, güezreunicq, *pl.* güezrigou ;
vihan, *pl.* guez.

VERRÉE, güezrennad. *pl.* ou
*verrée de vin. de titane,* ur veréua
ur veréunad tysan. *v. lampve,* rus

VERRERIE, güezrérez, *pl.* ou

VERREUX, *euse,* prèvedus, pe
Jecq, leun a brèved, oh, à.
*fruits verreux,* froüez prèvedus.

VERRIER, güezreur, *pl.* yeu; p

yen. *Van.* güezrour, *pl.* yon.

RRIÈRE, *fille ou femme de verrier*, arès , *pl.* ed. — *Verrière, fenêtre* prenest güezret, *pl.* prenechou.

ROTERIE *ou verrerie, marchandire* , güezraich, *pl.* ou. *Dans tous* s *de* güezren, *de* güezr, *de* güezetc., *le z ne se prononce pas, et est ent d un second* e.

ROU, morailh, *pl.* ou. *Van.* mocourouilh, crouilh, *ppl.* eü. — *plat,* morailh plat, *pl.* morailhou.

ROUILLER, *fermer au verrou,* mo, *pr.* et. *Van.* couroüilbeiû, moû. — *La porte est verrouillée,* mot eo an or.

RUE , güennaëû, *pl.* ou. *Van.* anzen, *pl.* eü. — *Plein de verrues,* aëunus, güennaënnecq, oh, aû. S, *mots mesurés et cadencés,* güers, , carm, *pl.* ou. *Van.* güerh, *pl.* eü. irddoneg. *v. rimaille,* rime. — *Un* ers, ur vers caër. — *Un vers de six* güers o'huëchveder. — *Faire des* ber güersou *ou* carmou, *pr.* grœt. er, rimailler.

RS, *prépos.* eûtreze, étreze, eûtre, treze, varzu. *Van.* tremañ, treremâ ha. — *Vers S.-Pol-de-Léon,* ze Castell, eûtreze ha Castell-Paol. irs *Quimper,* étreze Qemper, varzu per. — *Vers tous,* eûtreze hao en, varzu hao eûnoc'h, eûtreze-'g c'h. — *Vers lui,* eûtreze hac eueûtreze-'g ennâ. — *Vers elle,* eûhac eûny. *Par syncope,* eûtreze-'g . — *Vers, environ,* ê-tro, étreze, a— *Vers la S.-Jean,* ê-tro gnêl Yan, un goël Yan. — *Vers la mi-janvier,* eze hanter-gueuveur, ê-tro hauterveur.

ERSE (à), *en abondance,* horrupl, a lh. — *Il pleut à verse,* ur glau horl a ra, glao a ra a souylh, ur glao a er terrupl eo'hiz pa erscuylhêt gad eilh, ur glao pil a ra.

ERSER, *répandre quelque chose de lile,* scuylha, *pr.* et; feuna, *pr.* et. *Ce* ier mot est d'Audierne et du cap Sizun, êine que feltra, *ci-après.* Dinaoüi, *pr.* dinoüi, dineü, *ppr.* et. *Ces trois der*

niers verbes viennent de naoü et de dinou, que signifient pente. *Van.* sculheiû, *pr.* et. — *Verser une cruche de vin, la répandre,* scuylha *ou* fenna ur brocqad guin; coll ur brocqad guin, *pr.* et. — *Versez de* de l'eau, du vin, discarguit dour, guin, daeva; dinouit dour, guin, daeva. *Van.* tapet de ivet. — *Verser le clair du lait ou* l'eau de dessus ce qui y est en trempe sans troubler le fond, dilava , *pr.* et; dislévi, *pr.* et. *Van.* dileüeiû leah, youd silet, etc. — *Verser des larmes,* scuylha daëlou. — *Verser, répandre quelque chose de* solide, feltra, *pr.* et; sautra, *pr.* et. — *Il verse de la cendre, du grain,* fekra a ra ludu, greun, sautra a ra ludu, greun. —*Verser, tomber, parlant des grains,* flea, *pr.* flec't; coüeza, *pr.* et. — *Ces grandes* pluies font verser les blés, flea a ra an edou gad ar glavyou bras-mâ. —*Verser,* parlant d'une charrette, tumpa, *pr.* et; banna, *pr.* et; coüeza, *pr.* et

VERSÉ, *expérimenté,* eûteûtet mad.

VERSET, *t. d'église,* versed, *pl.* ou.

VERSIFICATEUR, *qui fait des vers,* carmèr, *pl.* yen: güersaër, *pl.* yen; güersour, *pl.* yen. *v. poëte.*

VERSIFICATION, güersadurez, carmérez, an ard da ober güersou *ou* carmou *ou* güersaou.

VERSIFIER, carmi, *pr.* et; güersi, *pr.* et. *v. vers.*

VERSION, *traduction,* troaduron troydiguez eus au eillangaich eguile. — *Version littérale,* troydiguez hervez al lizerenn.

VERT, e, glas, oh, à, aû. *Van.* id.— *Rendre ou devenir vert,* glasa. *Van.* glaseiû, *ppr.* et. —*Etre vert, de couleur verte,* beza glas, beza a lyou glas, *pr.* bet. — *Vert, couleur de fougère,* güezr, oh, à: lyou güezr. *Van.* id.— *Vert d'étain,* glas stæn. — *Vert de mer,* glas-vor. — *Vert de poireau,* glas-pour.—*Vert brun,* glasrous. — *Vert-de-gris,* mergl-cüevr. — *Vert, e, qui n'est point sec,* glas. — *Du* bois vert, coad . — *Du bois de chauffage qui est vert,* qeuneud glas. *Van.* qaned glas. — *Bois tout-à-fait vert,* coad glas-dour, qeuneud glas-dour. *Van.* coëd *ou* baned glas-deûr. —*Vert, e, qui*

n'est point mûr, glas. — Des pommes vertes, toutes vertes, avalon glas, avalou glas-
dour. — Il a une verte vieillesse, glas eo
c'hoaz evit e                    glasicq eo a-
tau evit-hâ da veza var an oad.

VERTÈBRE, ôs de l'épine du dos, mell,
pl. ou. De ld mel-chadenn, épine du dos,
id est, chaîne de vertèbres, chadeñ mellou.

VERTEMENT, gand glaséntez, gad
oouraich.

VERTICAL, point vertical. v. zénith.

VERTIGE, étourdissement, troadur
penn, goall disposicion eus an èmpenn
pe dre hiny ez sonch da un dèn ez tro
qemont a so èn dro dezâ hac ez tro y-
vez e-unan. Van. bamyzoun.

VERTIGO, maladie des chevaux, ar peñ-
foll. — Vertigo, caprice, pycq, penn-foll.
— Il a du vertigo, croguet eo ar penn-
foll èn-hâ ou ar bycq èn e scoüarn.

VERTU, vertuz, pl. you. Van. vertu,
pl. eû, yeû. — Aimer la vertu, caret ar
vertuz, pr. id. — Vertu, force, propriété,
nerz, vertuz, natur. — La vertu du feu,
an nerz eus an tan, ar vertuz ou an natur eus an tan. — La vertu des herbes,
an natur ou nerz eus an ou eus allousou.

VERTUEUX, euse, vertuzuñ, vertuus,
oh, â. — Etre vertueux, elle est très-vertueuse,
Il est très-vertueux, elle est très-vertueuse,
vêriuzus bras eo ou eo meurbed.

VERTUEUSEMENT, gand vertuz, èn
ur fæçzoun vertuzus.

VERVE, imagination, froudenn, ca-
holad.

VERVEINE, plante, lousaoüenn ar
groaz, varlenn. Van. leséüen er groéz.

VESICAIRE, plante, alcangès.

a ra c'huezeguellou var ar c'hroc'hen.

VESICULE, petite tessie, c'huezeguel-
licg, güezeguellicq. — Vesicule du fiel,
c'huezeguelliog ar vestl, güezeguell an
güestl.

VESSE, plante, bénçz, beçz. — Vesse-
de-loup, champignon, puffericq an doüar,
flluericq an doüar. — Vesse, ventuosité
sans bruit, louff, pl. ou. v. flatuosité.

VESSER, lâcher une vesse, louffét, louvet, ppr. id. Van. loüeiñ, mousseiñ.

* VESSERON, tesse sauvage qui croit

dans les blés, pis ou pez logod. b
VESSEUR, loufféir, louvér. :
Van. loñér. mousér, ppl. yon. :
VESSEUSE, loufferes, pl. e
loüerès, pl. ed; mousserès. pl. t
VESSIE, sac de l'urine. güe—
troaz. Van. huizyguenn . ho :
huehqenn, ppl. eû. — Vessie de f
zèguell an güèstl, c'huezeguel.
— Vessiè de porc, soroc'hell.
zeguell, c'huezeguell, c'buiziŋ—
ou. — Remplir de vent ane ress.
za ur soroc'hell ou c'huezeguel.
— Vessie, empoule pleine de sér—
gorenn, c'huezeguell, ppl. ou—
tessie, c'huezeguellieg, pl. c'ho—
louïgou; güezeguellieg, pl. gü—
louïgou; clogorennieg, pl. c:
nouïgou.

VESTALE, prêtresse de la dies
chez les Romains, vestalès, pl. e
VESTE, güest, pl. ou; jus—
güèst de guisqa, vétir. — Ma r—
trop courte, reverr eo va güest m—
VESTIBULE, antre, pl. ou.
VESTIGE, roud, pl. ou; roud—
pl. roudou au treyd. v. trace.
VETEMENT, guisqamand, r—
qamanchou.
VETILLE, distéraich,            —
ou. Van. distérac'h, pl. eû. r—
VETILLER, s'amuser à la bag—
galchi, pr. et. — Vétiller, contes—
bagatelles, chypotal, pr. et; r—
neira, pr. id.; ober trous evit r—
græt. Van chypotal,            —
VETILLEUR, bagaicher, ch—
ppl. yen. Van. chypotour. pl. y—
VETIR, guisqa, pr. et. Van.—
pr. et. v 'nud. — Se vétir, èn hou—
pr. èn hem visqet. — Le vicre—
ar bevanç hac ar guïsqamand. r—
hac an dilhad, guïscadur ha bc—
VETU, ue, part. et adj. guïsq—
guisqet. — Bien vétu, guïsqet m—
Mal vét . goall ou droucq visqet—
de deuil, guïsqet è du. — A d—
hauter visqet.
VETURE, guïsqadur. — Va—
religieuse, guïsqadur a leanès.
VEUF, intâv, pl. yeu, ed; inlaï—

*Van.* intán, *pl.* yon. *On écrivait* in-
— *Il est veuf de trois femmes,* intáv
'var téyr greeg,téyr guech intáveo.
*UVAGE, viduité,* intañvaich, in-
ich, intañvaëlez.
EUVE, iñtávès, inlañvès, *pl.* ed.
intanûes, *pl.* ed. — *Veuve de cinq*
s, intávès divar bemp.goas.—*De-*
*veufou reuve,* intávi, intañvi, *ppr.*
vet, intañvet.
EXATION, grevançz, preyzérez.
EXER, greva, goasqa, prèyza, *ppr.*
*).* *opprimer.*
IAGER, *viagère,* hed-buhez, hed ar
ez, evit ar vuhez. — *Pension viagère.*
cyon hed-buhez. — *On doit aux en-*
*s naturels une pension viagère,* pan-
— a dleeur da vugale vesterd hed o
tez.
IANDE, *chair,*qicq,*pl.*qigou.—*Re-*
*e la viande dans l'eau bouillante,* ron-
ta, reḍiçza,*ppr.* et.—*Viande rechauf-*
qicq aztom. *Van.* qicq haduèm.
*Grosse viande,* qigou bras, luc, maud
bevin.--*Menue viande,*qigou moñud,
q yer ha gyber. — *Jours de viandes,*
rs gras, deizyou qicq. — *Viande,*
*rriture,* boëd, *pl.* boëjou, magadu-
. — *de carème,* boëd vigel *ou* corayz
*ac'h* —*creuse,*boëjouscaòoufryand.
n. boëd scañ.
VIATIQUE, *provision pour un voyage,*
ajadurez, pourvisyon evit ur véaich,
adra evit ober hend, gúéajadur. —
*viatique, t. d'eglise,* ar sacramand eus
auter a gaçzer da nep zo dare, bé-
nt pe ne vezent qet var yun.
VICAIRE, viqél, *pl.* ed, yen.-*Grand*
*aire,* viqél vras, *pl.* viqéled, viqélyen.
*Vicaire perpétuel,* viqél perpetuel.
*teur.* — *Vicaire, t. de Franciscains,*
qél, an tad viqél.--*général,t deplusieurs*
*dres,*viqél general,an tad viqél general
VICAIRIE, *cure desservie par un vicaire*
*rpétuel,* viqélyaich,*pl.* ou.*v.rectorerie.*
VICARIAT, *fontion de vicaire,* viqél-
d, viqélaich. — *Pendant son vicariat,*è
d e viqélaich, è pad e viqélded.
VICE, *imperfection du corps ou de*
*ime,* sy. defant, *ppl.* ou. — *Vice,*
*bitude vicieuse,* viçz, *pl.* ou ; tech fall,

*pl.* techou;goall dech, *pl.* goall dechou.
*Van.* teich fall, *pl.* teichéü.
VICE-AMIRAL, viç-amynal,*pl.* viç-
amynaled.
VICE-ROI,vice-roüe,*pl.*vice-roüed.
VICIER, *rendre vicieux,* técha, *pr.* et;
rénta fautus, *pr.* réntet.
VICIEUX, *euse,* syus,fautus,vicyus,
oc'h, à, añ; nep èn deus techou fall. --
*Cheval vicieux,* marc'h syus *ou* fautus.
— *Homme vicieux,* dèn vicyus, *pl.* tud ;
ur persounaich èn deus techou fall*ou*
goall dechou.
VICISSITUDE, ceñchamend.
VICOMTE, bescond, *pl.* ed. — *M. le*
*ticomte,* an autrou ar vescond, an autrou'r vescond.
VICOMTÉ, *seigneurie;*bescondtaich,
*pl.* bescondtaichou.
VICOMTESSE, bescondtès, *pl.* ed.
— *Madame la vicomtesse,* an ytrouu ar
vescondtès.
VICTIME, n dèn pe un aneval a a lec-
qead d'ar maro èn enor da ur fals divinité bennac.—*Immoler un victime,* sacrifya ur re pe un aneval bennaö da
ur fals Doüe, *pr* sacrifiet. —
*Pierre a été la victime de la vengeance*
*de Paul,* Paol èn deus bet sacrifyet
Pezr d'e vénjançr.
VICTOIRE, victor, *pl.* you. — *Rem-*
*porter la victoire sur l'ennemi,* gounit ar
victor, *pr.* gounezet; cahout ar victor
var an adversouryen, *pr.* bet; beza treac'h d'an adversouryen, *pr.* bet.
VICTORIEUX, *euse,* treac'h da, victoryus. *v. triomphateur.*
VICTUAILLES,*vivrès,* bytailh. *Van.*
vytailh.
VICTUAILLER, bytailhér, *pl.* yen.
VIDAME, *seigneur qui avait ancienne-*
*ment soin du temporel d'un évêque ou d'une*
*abbaye,* vidam, *pl.* ed ; *de là,* Évidam,
*anc en château en Glomel. v. monsieur.*
VIDANGES, *ce qu'on tire en vidant,*
goulloadur, scarzadur, *ppl.* ou. *Van.*
gouliñadur, scarhadur, *ppl.* yéu.--*Oter*
*es vidanges,* scarza, diattreda, *ppr.* et ;
diattredi, *pr.* et. *Van* scarheiñ, *pr.* et.
VIDANGEUR, *qui nettoie,* diattreter,
scarzèr, *ppl.* yeu. *Van.* scarhour, *pl.*

yon, yan. — *Vidangeur, maître des basses œuvres*, scarzeür ar privejou. *Van.* scarhoura brivoës; caû-caû, *id est*, cacac'h.

VIDE, goullo. *Van.* goule, goliü. — *Vide d'eau*, hesp, hesq. v. *vomir.*—*Bourse vide*, yalc'h goullo *ou* scarz.

VIDER, *désemplir*, goulloï. *pr.* et; goullonder, *pr.* et. *Van.* gouliücin. — *Vider un puits, un étang*, scarza, hesqa, hes- . . . . . . et; lacqaat da hesq *ou* hesp, *pr.* lecqëet. *Van.* scarheiñ. — *Vider, purger*, rinsal, diattredi, *ppr.* et. *Van.* scarheiñ.—*Vider, s'en aller*, scarza ar plaçz, quydtaat, *pr.* ëet.

VIE, *union de l'âme avec le corps*, buez. buhez, buhézéguez. *Van.* buhe. --*Etre en vie*, beza ê buhez, beza beo, *pr.* bët. — *Perdre la vie, sa vie*, coll ar vuhez *ou* e vuez, *pr.* collet. — *Sous peine de vie* dindan boan o varo, èndan boan da vez lecqeat d'ar maro, didan boan da goll e vuhez. — *En vie, vif*, è buez. ez beo. v. *vif.* —*Longue vie ;* buhez hirr-heazlus, buez hirr, hirr-vuhez, hirr-hoazl. — *Courte vie*, berr-hoazlus *ou* hoazl *ou* vuhez.—*Pend. nt ma vie et après ma mort*, hac êm beo, hac êm maro; è pad va buez hagoude va maro.--*La vie, le temps de la vie*, ar vuhezeguez, an amser eus ar vuhez. — *Passer sa vie à étudier*, trémen e vuhez o studya, *pr.* trémenet. — *Mener une sainte vie*, cundui ur vuez santel, *tr.* cunduet. — *La vie purgative, illuminative et unitive*, ar vuhez spurjus, ar vuhez sclæryus hac ar vuhez unvanus. —*La vie bienheureuse*, ar vuez guenvidicq, ar vuhez eürus. —*Le moyen de gagner sa vie*, bividiguez. — *Il n'y a plus à présent de moyen de gagner sa vie*, èn amser-mã ne deus bividiguez e bed *ou* moyen e-bed da veva. — *Vivres*, bytailh. — *Celui qui fournit des vivres*, tictuailleur, bytailhèr, *pl.* yen.-- *Vie, plaisir*, plijadur, ebat. — *C'est sa vie d'être à la campagne*, e ebat eo beza var ar meas, èn e grocq es véz pa ell beza var ar mæs.

VIEDASE, *injure qui signifie visage d'âne*, drëmm-asen, façz asen.

VIEIL, *vieux.* v.-y.

· VIEILLARD, . . . . *pl.* cozidy; dèn

coz, *pl.* tud coz. — *C'est un paillard*, ur c'hosyad paour eo, ur c'hqeaz a zèn eo, un dèn coz paour. *Vieillard décrépit*, coz crepon, . creponed. v. *décrépit.*

VIEILLE, *femme âgée*, grecg cozed, *pl.* — *Vieille décrépite*, grac'h, gra'h *ppl.* grac'hed; groac'h, *pl.* ed. *Van.* coh, groah al luduecg. *pl.* groahed . . . tient de grecg ; et groah, de grec . . . *Manger comme une vieille*, moign... *Vieille, poisson*, grac'h, *pl.* ed. — L. de la vieille, coguès, ur goguès, . —*Rouge comme une vieille maie, qui* eve ar goguès.

VIEILLERIES, *choses vieilles et* cozqailhès, coz traou.

VIEILLESSE, cozny. *Van.* cohr... *Extrême vieillesse*, cozny crepon... cripon *ou* disin. — *Cassé, courbé* l.sse, disqaret gad cozny, . . . . da spilhou. Spilhou, *dans le prope.* dire chercher et lever des épingles d . la terre; mais dans le figuré il sig . . . courbé de vieillesse, comme si l'on . ramasser des épingles.

VIEILLIR, coza, *pr.* et; comm . . ëet. *Parlant d'une femme*, on dit . . grac'hat, *pr.* et. *Van.* cohat, cohel . . . . et; groaheiñ, *pr.* et. v. *flétrir.*

VIEILLOT, *un peu vieux*, . . . . ed; cozicg, *pl.* cozigued; dazcou, . . . *ppl.* ed; croçzed . *pl.* croçzéjen . . . cohicg, coard, *ppl.* ed.

VIEILLOTTE, cozardès, *pl.* . . . zicq; grac'hicq, *pl.* grac'higued; . . . zenn, *pl.* ed.

VIELLE, *instrument de musique*, . . *pl.* ou; rebedt, *pl.* ou; rebedt sig . . . *un méchant violon.*

VIELLER, hyella, rebedta, . . .

VIELLEUR, hyeller, rebedter . .

· VIERGE, *la vierge par excellence* . mère de Dieu, ar verc'hès, ar ver . . haer, ar verc'hès Varya. *Van.* erücin . . henniguet. v. *Notre-Dame.*—*qui s'a* aucun commerce avec le sexe différ . . erc'h. *Trég.* et *Van.* goüerh, oh . . . de cœur et de corps, güerc'h a beg . . guerc'h . . . glan a gorf hac . . .

rg**e**, g**ü**erc'hès, *pl.* ed ; merc'h
h, *pl.* merc'hed. *Van.* güerhes,
s, *ppl.* ed. *Trég.* goërc'hès, *pl.* ed.
*ierge*, ur verc'hès. *Van.* ur üir-
*Trég.* ur oërc'hès. — *De la cire*
*coar* güerc'h. — *Huile vierge, qui*
*nt été pressurée*, eol güerc'h. —
*ierge, qui n'a ni tué ni blessé*, clezc
, *pl.* clezeyer. ·
*UX, vieille*, coz. *Van.* coh, oh, aû.
*n*, hen. *De là* heuaff, *l'aîné, com-*
*f.* — *Il est plus vieux que l'autre*, coz-
eo egued eguile. *Van.* cohoh eû
all. — *Le plus vieux de tous*, ar
à anézeu oll. *Van.* er hohaû a né-
oh. — *Un vieil habit*, un abyd coz.
oz abyd. — *Vieux soldat*, soudard
ol. soudarded. — *Vieux soldat cassé*,
oudard, ur c'hoz soudard, *pl.* coz
arded. — *Vieux proverbe*, ul lavar
*pl.* lavarou. — *Du vieux temps*, èn
r goz ou ancyan *ou* güechall. —
*ieux*, ar re goz, ar re ancyan, an
coz ou ancyan. — *Notre vieux*, hon
coz, hou c'hoz-uy. — *Nos vieux*,
z, hon tud ancyan *ou* coz ou coz-
— *Vieux oing*, lard coz, cambouis
lard coh.
IF, *vive, vivant*, beo. *Van.* beû, biv.
aû. On écrivait beff. — *plein de vie*,
buezocq, beo-buhesecq, leun a
. *Van.* bihue-qel, beü-bühecq. —
*mort que vif*, haulter-varo, heveloc'h
un dèn maro, eguid oud un dèn be-
*Vif, vive, partie vive*, beo, ar beo. —
*per jusqu'au vif*, troucha bede ar
. — *Piquer quelqu'un de parole jus-*
*u vif*, flemma ur re, danta ur re,
eqa ur re-bennac, *pp.* et. — *Vif de*
*rament*, beo, bouilhus, birvidicq,
m, buhan, lemm, tear, oc'h, à, aû.
. biv, beü, prim. — *Des yeux vifs*,
lagad lemm *ou* craq. — *De l'eau vive*,
*de source*, dour beo *ou* sao *ou* sav.
IF-ARGENT, *metal liquide*, viver-
mt. liv-ergeant. *Van.* liû-argant.
VIGILANCE, evez bras, soucy bras,
sa acqed. *Van.* c.ieh.
VIGILANT, *e*, evezyand, *pl.* ed, tud
ezyand; acqedus, *pl.* tud. *Van.* cüe-
t, *pl.* yon, yan.

VIGILE, *veille d'une fête*, derc'hend,
derc'hend ur goüel, dec'hend. *v. veille.*
— *Il y a aujourd'hui jeûne et vigile*, hiryau ez eus yun ha vygel, deiz vygel a
so hiryau. — *Vigiles, l'office des morts*,
vygelès. *Van.* vigilès. — *Chanter les vi-*
*giles*, cana vygelès. *Van.* caneiñ vigilès.

VIGNE, *plante du raisin*, guînyez. *pl.*
guîny. *Van.* guinyenn, *pl.* guinvegui.
— *Vigne de muscat*, guînyez muscad, *pl.*
guîny. — *Mauvaise vigne*, droucq-guî-
nyez, *pl.* droucq-guîny. — *Planter de*
*la vigne*, planta guîny. — *Tailler la*
*vigne*, tailha ar guîny. — *Bois de vigne*,
sarmant, guîny, coad guîny. *Van.* coëd
guînyhecq. — *Vigne soutenue par des e'ho-*
*las*, guînyez sqeulyet, *pl.* guîny. — *Vi-*
*gne, clos de vigne*, guînyenn, *pl.* ou. *Van.*
guînyhenn, *pl.* eû. — *Petite vigne, petit*
*clos de vigne*, guînyennicg, *pl.* guînyen-
nouigou.

VIGNERON, guînyennèr, guînyer,
*ppl.* yen. *Van.* guînyegour, *pl.* yon.

VIGNOBLE, guîny, cantonn guîny-
ecq, *pl.* cantonnyou.

VIGOUREUX, *euse*, vigurus. *B.-Léon*
rust, oh, à, aû. *v. courageux, fort.*

VIGOUREUSEMENT, èn ur fæçzoñ
vigurus, gand vigour.

VIGUEUR. vigour. — *Des gens sans*
*vigueur*, tud divigour, tud dinerz, tud
digalon *ou* lausq.

VIL, *e, bas. méprisable*, displedt, distér, disneuz, oh, à, aû. — *C'est une âme*
*vile et basse*, ur spered displot eo. — *Vil*
*prix*, pris distér, pris isel, marc'had mad.
— *Tout y est à vil prix*, pep tra euo a so
a varc'had vad *ou* diouc'h ur pris distér
*ou* a isel bris.

VILAIN, *e, malhonnête*, vil, oc'h, à.
*Van.* id. — *Vilain*, paësant, *pl.* ed. —
*Riche vilain vaut mieux que pauvre gentil-*
*homme, dit le* leo paësant pinvidicq, egued digentil paour, eme al
lavar coz.

VILAINE, *fille de mauvaise vie*, vilguenn, *pl.* ed, ou; *id. est.* vilaine
veau, pour dire *chairs sullée et infâme.*
*Voyez un peu les manières de cette vilaine*,
sellit ar vilguenn.

VILEBREQUIN, *outil pour percer*, talazr tro, *pl.* talazrou tro; mouched, liz bricqyn, libricqyn , guilbricqyn , ppl. ou. *Van.* larer tro. *v.* trillette.

**VILENIE**, villançz, *pl.* ou. *Van.* id. *pl.* éü. *v. malpropreté, impudicité.*

**VILETÉ.** *bassesse*, displedôuy, displedadur. — *Vileté, vil prix*, iselded , pris isel. *v. vil.*

**VILIPANDER**, bàffoüi, *pr.* baffoüet.

**VILLAGE**, kær-vras difæçzonn. — *Village, Léon.* villagenn, kær, *pl.* you. *Trég.* willagenn , *pl.* willagenno; kær, *pl.* kæryo. *B.-Léon*, kaër, *pl.* you.*Van.* kær, *pl.* yéü. *Corn.* kær, *pl.* you, yau. 

**VILLAGEOIS**, *e. v. paysan, paysanne.*

**VILLE**, —*Léon.* kear, *pl.* you. *B.-Léon.* kaër, *pl.* you, kæryou.*Trég.* kær, *pl.* yo. *B.-Corn.* kær, *pl.* you. —*Corn.* kær, *pl.* yau. *Van.* kær, *pl.* yéü. *Al.*tre, *pl.* au, aou, ou; de 'une *infinité de noms de familles, de maisons , de parroisses, etc., qui commencent par* tre *ou* kær. *A Van.,* outre kær, *pl.* yéü, on dit encore kær-varhad, *pl.*kæryéü; id est. *ville de marché.* — *Petite ville*, kæricg , *pl.* kæryouïgou; kær vihan,*pl.*kæryou.—*Grande ville*, kær vras . *pl.* kæryou. *Van.* kær varhad. — *Le cœur, le milieu de la ville*, creiz kær; de ld, *N.-D de Creiz-kær, S. Pol de Leon, parce qu'alors c'était ld le milieu de la ville d'*Occismor *ou* Leondoul. — *Ville murée*, kær glos ou muryet. — *Les habitants d'une ville*, kæris, tud kær.— *Plein une ville de monde*, ur guæryad tud, kæryad, ppl. kæryadou — *Pays où il y a beaucoup de villes*, bro kæryus, ur vro kæryus ou leun a guæryou.— *Aller de villes en villes*, mont a guear-è-kear, mont a guær-da-guær.

**VIN**, *partout* guïn, *excepte en Trég.*, où l'on prononce presque toujours l'u en ou; ainsi, au lieu de guïn, ils disent gouïn. *De là* bara-gouïn *ou* bara-guin, pain-vin. *qui est un jargon pour ceux qui ne l'entendent pas.*—*Vin pur*, guïn pur, guïn hep dour, guïn disour, guïn divadez. —*trempé*, guïn ne deo qet pur, guïn trempet gad dour. *bu lesq.*guïn badezet. —*vieux*, vin nouveau, guïn coz , guïn névez.—*fort*, guïn crè. —*faible ou sans feu*, guinicg, *pl.* guinouïgou; guïn di-

nerz, simpl , digalonn ; guïa qet calonnecq.—*qui a beaucou...* guïn speredus.—*fumeux*, guïn... dus. — *épais et gros* , guïn teo. drouc'hét gad ar gout. **ll.** guïn houc'h. — *Bon vin*, guïn mad. guïn penn, *parce qu'on baisse l...* le butant. —*qui n'est pas bon*, gui... guïn fall. *burlesq.* guïn scoüarn. *qu'on secoue la tête.*—*Boire différ...* eva guïnou disbével. — *Aimer le...* carel ar guïn mad. —*Vin...* miel, guïn-vêl. *Al.* meddy.—... velet; *poussé ou gâté*, pourzet, ... pourri , brein.—*Du petit vin*, gu... *pl.* guïnouïgou.— *Vin rouge*, ti... guïn ruz, guïn güeñ.—*gris*, guïn... guïn gris.—*Cuter son vin*, ... près avoir bu, cousqet var e vin, ... —*Vin de ville*, guïn kær, ar guïn... nor. — *de fraude*, guïn flaud,... flaud.—*d'équipage*, ar guïn dis... evaich.—*aigre*, guïn égr.—qui... guïn trèncq.—*de ménage*, guïn tr... —*d'absinthe*, guïn c'huéro.—*d'... de fil*, guïn cudenn. *v. échoteas.*— *de vin*, guinus, oh, à. — *Pays...* vin, bro guinus, bro léun a vin.—... année est abondante en vin, ar blo... a so guinus bras.

*La femme, l'argent et le vin,* *Ont leur bien et leur venin.*

Ar c'hrecg, an arc'hand hac... O deus ho mad hac ho binim.

**VINAIGRE**, guïn égr ou eagr,... **VINAIGRIER**, podicg ar guïn... *Van.* id.

**VINCENT**, *nom d'homme*, Vi... *Saint Vincent Ferrier de l'ordre de S...* Dominique, sant Viçant Ferrer.... a Vrevz-Arvoricq, ha patroun eus ... copti Güéne-l.

**VINDICATIF**, ice, *qui aim...* geance, veñjus, oh, à , *pl.* tud ve... *Van.* vañjus.

**VINÉE**, *ce qu'on recueille de vin.*... nyadecg. — *Pleine vinée*, guïnja... fourniçz.—*Demi-vinée*,hanter-vin...

**VINEUX**, *euse*, guïnus, *Van.* id.

**VINGT**, *nombre*, uguent. *Van.* id. guent. — *Ving-un*, unan...

-deux, daou var-n'uguent. fém.
—n'uguent.—Vingt fois,uguent
. — Vingt lieues,uguent léau. —
ies, uguent scoéd.

TAINE,uguent.—Une vingtaine
nes, un uguent dèn. —Quelques
es de pistoles,un uguent pystol-
.

;TIÈME, uguentved. Van. ûi-
ed.

;T-UNIÈME,qentâ varnuguent-

GT-DEUXIÈME, an eil var-nu-
ed.

)K,nom d'homme, Winok,Venek.
'inok, sant Winok ou Wenek ou
ou Denek.

' d'une femme, forzidiguez, vyo-
Van. vyolereh.

'LATEUR, qui viole une femme,vy-
yen,Van. vyolour,pl.vyoleryou-
ne toi, nep a dorr ul lésenn.

E. instrument de musique,vyol,pl.ou
)LEMENT, viol.v.-y. —Violement,
tion, an terridiguez eus a ul léseû.

)LEMMENT, dre forz ou nerz ou
aign, gad cruelded.

O ENCE,grande force;forzidiguez,
— Violence, exaction, préyzétez,ty-
içz. — contrainte,contraign — Se
violence, èn hem gountraign,pr.èn
gonntraignet. — Violence, ri-
r, rigol, rigolyez. — La violence de
nal, ar rigol eus e boan, ar rigol
e zroucq.—Violence, cruauté, cru-
d, crizder.

IOLENT, te, pénible , ténn, rust,
;us, oh, â, añ. — Travail ou exer-
violent,trevell fatigus, labour téñ,
our rust. — Violent, te, véhément,
vad, dinatur, cruel, oh, â, añ.—
applicadu feu est très-violent, ar jayn
au tan a so diñvad ou dinatur ou
iel.—Violent, te, emporté, ardent,bu-
accq, tear meurbed.—Vent violent,
A gré meurbed, un avel gruel, un
el horrupl.

VIOLENTER, faire violence, forza,
. et. Van. parforçzeiñ.

VIOLENTÉ, te; forzet. Van. par-
rçeet.

VIOLER, forcer une fille, une femme,
vyoly, pr. et; forza, pr. et. Van. vio-
leiñ. v. violateur.—On l'a violée, vyolet
eo bet, forzet eo bet.

VIOLET, ette, glas, oc'h, â; ar pez
a sô.a lyon ar violetès.—Ruban violet,
ruban glas, pl. rubanou.—Drap violet,
dont les paysans de Léon font des habits de
deuil, lymæstra. proverb. a-rabad eo
lacqat ur peñcel burell oud lymæstra,
pour dire qu'il ne faut pas réunir deux choses, dont l'une est precieuse. l'autre vile;
et en Trég. nòn bene concordant bra-
go neoue ouz coz porpand. — Pourpre
violette, étoffe précieuse, tane, mezer
tane, lymæstra. tane signifie aussi cochenille.

VIOLETTE, plante qui porte une petite fleur, ar vyoletenn.—De la violette,
des fleurs de violette, vyoletès.—Violettes
de mars, vyoletès ar c'hoad.—d'automn-
ne, vyoletès ar goañ.

* VIOLIER, ou giroflier, plante, vyoletès, genoff.—blanc, vyoletès güenn.
—jaune, vyoletès meleñ.—rouge, vyc-
letès ruz, vyoletès roz.—marbré, vyoletès marellet.

VIOLON, instrument de musique, rebed, pl. ou, rebejou; vyolons, pl. ou.
c. harp.—Jouer du violon, rebetal, pr.
rebetet, c'hoari gad ar vyolons.—Joueur
de violon, rebedtèr, pl. yen; vyoloncèr,
pl. yen.—Méchant joueur de violon, coz-
rebedtèr. pl. yen.

VIORNE, arbrisseau qui s'entortille
autour des arbres, vyb urna, byourna.

VIPÈRE, petit serpent très-venimeux,
vyber, pl. ed; aër-vyber, pl. aëred-vyber.—Engeance de vipères, disait Jésus-
Christ aux Pharisiens, goüenn an aëred
vyber, a lavaré alyes hon Salver d'ar
Pharisyaned.—Langue de vipère, langue
médisante, an aër-vyber, pl. téaudou an aëred-vyber.

VIPEREAUX, aëredigou-vyber.

VIRER, tourner, t. de mer, vira, pr.
et.—Virer de bord, vira ar bourz.—Virer de grosses pièces de bois dans un port,
vira, ripa. ppr. et.

VIRGILE, poète fameux, né à Man-
toue, mourut à Brindes, 19 ans avant la

Go

*naissance de J.-C.*, Virgilia, poëtryan bras a yoa guinidieq eus a Vantoûa, hac a varvas è Brindès, naontecq vloas diaraucg guinyvélez hon Salver.

VIRGINAL, *ale*, a aparchant ouc'h ar güerc'hded. — *Jesus-Christ a été neuf mois dans le ventre virginal de la divine Marie* hor Salver a so bet a docq nao miz è cofl güerc'h e vamm benniguet. — *Virginité, pureté virginale*, güerc'hded. *Van.* güerhded, goüerhded. *Trég.* goërhted.

VIRGULE, tiréd, *pl.* ou.

VIRIL, *e*, a aparchant ouc'h goaz. — *A ge viril*, barr an oad, an oad furm. an oad gour. — *Homme viril, fort, robuste*, ur goaz furmet mad, ur goaz mellecq. *Al.* gour. *v. mâle.*

VIRILITÉ, *le temps de l'âge viril*, barr an oad, creiz an oad, creiz an nerz. *Al.* gouraich.

VIROLE, qelc'hicg houarn, *pl.* qelc'hyouïgou.

VIS, *pièce cannelée en spirale*, viçz, *pl.* ou. — *Une bonne vis*, ur viçz vad. — *Vis, escalier en rond*, biñs. *pl.* ou; ur viñs, ar viñsou. — *de pressoir*, güerzid goasqell, ur verzid goasqell, *pl.* güerzidy.

VIS-A-VIS, *en face*, dirag, rag-tal, rag-ænep, è qèver. — *Vis-à-vis l'église*, dirag an ilis, rag-ænep d'an ilis, rag-tal d'an ilis, è qèver an ilis. — *Vis-à-vis l'un de l'autre*, qèver-è-qèver.

VISAGE, bisaich, ar visaich, *pl.* bisaichou: diemm, *pl.* ou. — *Visage termeil*, bisaich flamm, ur visaich flamm. ur visaich livrya. — *L'air du visage*, drémm, an drémm eus a un den. — *Visage blême*, bisaich glas, ur visaich glas. *v. face.*

VISÉE. *action de viser*, bisadur, visadur. — *Visée, dessein*, dézo, deçzenn.

VISER, bisa, *pr.* et; visa, *pr.* et. et ndre d.

VISIBILITÉ, güellediguez, güellidiguez.

VISIBLE, güellapl, güellus a alleur da vell't. — *Visible, evident, manifeste*, haznad, patant, oh, à, añ.

VISIBLEMENT, *d'une manière visible*, a vell-dremm. — *Visiblement, ma-*

*nifestement*, en ur fæçzon patant.

VISION, *l'action de voir*, ar güellediguez, ar güelladur. sell. ar selled. — *Vision béatifi.* *théologie*, ar güellèd eus a güellidiguez eus a Zoüe, ar rag Doüe. — *Jouir de la vision* güellet Doüe façz-a façz, Doüe. — *Dieu le fasse jouir de vision, parlant d'une personne* rag Doüe raz vezo e ene! — *A parition*, güelladurez, *pl.* ou rition. — *Vision, chimère*, faltazyou. -- *Il a souvent de sortes* faltazyou sot a véz alyès èn e.

VISIONNAIRE, faltazyus, onus, oc'h, à, añ; nep a gre ar pez ne vell qet. — *Femme* grecg faltazyus, grecg ompin

VISITATION, *fête de Nostre* goüel an Ytron Varya a joa, rya è gouhezre.

VISITE, bisyd, *pl.* ou. *Van.* *pl.* éü. — *Visite épiscopale*, bisyd cob. — *Citer quelqu'un à la visite* vel ur re-bennac èr visyd, *pr.*

VISITER, bisydta, *pr.* et. *Van.* syteiñ, visiteiñ, *ppr.* et.

VISITEUR, bisydter, *pl.* ryen; bisydtour, *pl.* yen.

VISQUEUX, *euse*, gluant, stagus, gludennecq, oh, à, añ.

VITAL, *le*, *ce qui sert à la* zus, buhezocq, buhezecq. — *Le foie, le poumon et le cerveau, parties vitales*, ar galoun, an sqevend hac an empenn, a so vrennou buhezus eus ar c'horf. esprits vitaux sont la partie la plus du sang, ar spercjou buhezecq sperejou a vuhez, eo ar guevre và ha subtilà eus ar goad.

VITE, *qui a de la vitesse*, buan prim. *Van.* bean, buon, oh, añ. han, *vient* buhauecq, *colérique* néguez, *colère;* buhan ecqât, en colère. — *Cheval vite*, marc'h buhan marc'h a ya buhan, march a prim. — *Vite, adv., avec vitesse*, prount, prèst, affo, mibyn, timat

par, buhan.—*Aller vite*, mont
mont prim, mont prèst,
trum, mont tear, mont
ober camejou mibyn.—*Vite,
, promptement*, prèst-prèst, af-
prim-prim, trum-trum, tear-
· *Parler vite, être précipité dans ses
parlant* mibyn, *pr.* et. — *Parler
. comps* re vibyn *ou* vuhan, *pr.* et.
·MENT. r. *vite.* — *Hâtez-vous* ti-
hastid affo, *id est, hâtez-vous com-
·ra. Ce mot ne se dit qu'en Léon.*
·ESSE, buhander, prountidiguez,
led, primded.
·RAGE, *les vitres d'un bâtiment*, ar
ch, ar güeraichou.
·R ·, *vitres d'église*, ar güerei-
·ras.
·RE, güezrenn, *pl.* güezreigner.
·üirern, *pl.*
·REN, ·, *pr.* et; güezra,
*Van.* güerenneiñ, *pr.* et. — *Fenêtres*, prenechou güezreunet *ou*
et.
·RIE, *art et commerce de vitrier*,
ichérez, güezradur.
·RIER, güezraër, *pl.* yen. *Léon.*
·aour, *pl.* yen. *Van.* güeraour, *pl.*
güeraeryou. *v. verrier.*
·RIOL, *sel minéral*, couperosa.
couperos.
·ACITÉ, béoder, buhanded, lém-
tærigenn.
·ANDIER, bevander, *pl.* yen; vi-
lèr, *pl.* · *v. victuailleur.*
·ANDIÈRE, bevanderès, *pl.* ed;
iderès, *pl.* ed.
·ANT, *part. du verbe vivre*, o veva.
·*vivant ainsi, vous ne pourez jamais être
·*, o veva evel-ze, n'ez vellot bivvy-
harados Doûe. — *Vivant, e, qui vit,
· On écrirait* beff — *De son vivant*,
du beo, èn dra vévé, pa ez edo var
loûar èn e veo. — *Les vivants et les
ts*, ar re-veo hac ar re-varo.
·IVE, *poisson de mer*, beverès, *pl.* ed;
·everès; dragon vor, *pl.* de goûned;
nyden vor, *pl.* qiffnyd.
·IVEMENT, gad lémder *ou* flemm.
·IVIER, stancq pesqcd, *pl.* stancqou.
·IVIFIANT, e, are ar vuhez, bivitisq

VIVIFIER, rei ar vuez, *pr.* roët; renta ar vuhez, *pr.* rentet; enaoûi, *pr.* et;
*de ene, âme.*
VIVOTER, *vivre petitement*, da zbeva,
*pr.* et; azbeva, *pr.* et.
VIVRE, beva, *pr.* et. *Van.* beüeiñ, *pr.*
beüet. *On écrivait* beffaff. — *Si je vis encore*, mar bevaû pelloc'h. — *Tant que
je vivrai*, èn dra vevin, è qéhyd ma veviñ, èndra vezo dèn ac'hanoun.—*Il vivra cent ans*, beva a rayo cant vloaz, beza a vevo cant vloaz, cant vloaz ez vé-
vo. — *Que ne vit-il en honnête homme?* pe
rag tra ne vef ··· qet è dèn honest?—*Il
ne vit que de ·égumes*, ne zébr nemed grizyou ha lousou, beva a ra divar al lousaou, ne zebr nemed boëd seac'h. —
*Vivre saintement*, cundui ur vuhez santel, *pr.* cunduet; beva gad santélez. —
*Vivre à sa guise*, beva diouc'h e roll *ou*
c'hoand, beva dioud e faltazy, *pr.* bevet.
— *Qui vive?* t. *de guerre*, evit piou oc'h-
hu? piou a rèn. — *Être au qui vive*, beza cals var evez an eil gad eguile.
VIVRES, *aliments*, bytailh, ar beva.—
*Les vivres sont chers à Rennes*, ar beva a so
qezr è Roazon, qezr eo beva è Roazon.
— *Manquer de vivres*, cahout defaut a
vytailh, *pr.* bet.—*Le vivre, la nourriture*, ar bevançz, ar beva, ar boëd, au dibri hac an eva. — *Le vivre et le vêtir*, ar
beva hac ar guisqa. v. *vêtir.*
VOCATION, *destination d'un état*, ispiracion a berz Doûe da guemeret ur
stad, destinadurez a berz Doûe da ur
stad-bennac. — *Il a de la vocation pour
l'état ecclésiastique*, galvet eo gand Doûe
d'ar stad santel eus an ilis, ··· eo
gand Doue da veza dèn a Ilis.
VOEU, *promesse qu'on fait à Dieu ou à
un saint*, goëstl, *pl.* ou. *Van.* gloëstr, *pl.*
éü. — *Faire vœu d'aller en pèlerinage à
Lorette*, goëstla *ou* ober goëstl da voûnet è pirc'hirynaich da Loretta, *pr.* et.
— *Rompre son vœu*, divoëstla, *pr.* et;
terri e voëstl, *pr.* torret. — *Vœu, parlant
des religieux; c'est une promesse solennelle
qu'on fait à Dieu de sa personne*, veu, *pl.*
on. *Van.* gloëstr, *pl.* éü; ro. *pl.* yeu; ro,
*idest, don, donation. Al.* goyunez, *pl.* ou;
*ce mot paraît avoir été fait de voëu, idest,*

voëurez, voyunez. goyunez. *Al.* la, *pl.* au, *id est serment; de la* le-an, le-ad, *ppl.* ed, *religieux ou faiseurs de serments;* le-auès, le-adès, *ppl.* ed, *religieuse;* leanès-ty, lean-dy, *de* lean, leanès, lèn *et* lenès, *garçon et fille qui ne se marient pas; on dit maintenant* dizemez; *et enfin,* le-an-dy, *monastère de filles; de* ty, maison. — *Les religieux et religieuses font vœu d'obédience ou obéissance, de chasteté et de pauvreté,* ar religiused hac al leanesed a ra veu a aboïçzançz, a chastetez hac a baurentez, ar religiused hac al leanesed a zeu da voëstla da Zoûe, èntre daouorn o superyoled, o spered dre an abaïçzançz; o c'horf, dre ar c'hastetez;o madou, dre ar baurentez. *v. volonté.* —*Vœu solennel, vœu qu'on fait dans une religion approuvée par le Saint-Siège,* veu solen, *pl.* ar veuou solénn. — *Les trois vœux de religion ou solennels,* an try veu solén. — *Vœu simple, qui n'est pas fait dans une religion approuvée par le Saint-Siège,* veu simpl, *pl.* veuou. —*Demander et obten r dispense de son vœu,* goulenn ha cahout dispénçz eus e veu. *Le mot de* veu, *pl.* ou *ne se dit en breton que depuis environ* ans; *avant lui on disait* goyunez *et* goëstl, *substitués eux-mêmes à* lè. — *Vœu, désir,* youl, c'hoandt, recqed digand Doûe.

**VOGUE,** *crédit, estime,* brud, istim. — *Cet avocat a la vogue,* an alvocad-hout èn deus ar brud bras eu. a se èn. istim dreist ar re all.

**VOGUER,** *aller en mer d force de rames.* mont d'ar morgad ar roëvyou, *pr.* ëet; merdei gad ar roëvyou, *pr.* merdeet — *Voguer en pleine mer,* merdei èn dounvoir, mônuet èl larg. — *Voguer au désirents de la mer,* mordei a youl mor hac avel, *pr.* mordeet

**VOICI,** *prép.,* chétu, chétu amañ. *Léon* cétu, cétu amã. *Van.* chétu,chè. cheteu. — *Me voici,* cétu me, cétu ine amã. ché me amañ. — *Le voici,* cétu è, cétu amã. — *La voici,* cétu hy, cétuhy amã. — *Les voici,* cétu y, cétu y amã.

**VOIE,** *ch min,* hend, *pl.* hiñchou, henchou. —*La voie d'Appius Claudius,* hend Appiu. ,—*Remettre un pecheur dans la voie*

*du salut, distrei ur pec'heur b qât èn hend a silvidiguez, pr.* —*Voie, vestige, piste,* roudou. — *moyenn, manyel, ppl.* ou.—*t. d'astronomie,* hend sant Jacq sant Jacqès é Spaign, hend —

**VOILA,** cétu eno, chétu — *Le voilà,* cétu è, cétu a-lez voilà hi loin, cétu hy tu-hont. — *qui ra bien,* cétu hac a so mad. — *ce que c'est que de s'en fier à lui.* no petra eo fizya ènhà. — *F un plaisant homme?* ha ne deo qu hont ur goaz coandt ?

**VOILE** *pour couvrir quelque ch pl.* you. *Van.* gouyl, *pl.* yeu. — *religieuse,* goël ul leanès. — *voile,* qemeret ar goël, guisqa mont da leanès. —*Voile, prête* digarez. — *de navire,* goël, *pl. L a grande voile,* ar goël bras. —L *d'artimon,* misan cornecq, go cornecq. — *Voile de beaupré, m* louin. — *de misaine,* misan, gou —*de perroquet,* an perroqed,au — *carrie,* goël quarre. — *latar,* cornecq, tellou. — *Tente ou voile q le vaisseau lorsqu'il ne tente pr,* m etudincq. — *Mettre à la voile, pr.* et; mont d'ar goelvou, p. *Aller à la voile,* mont dindan goël dindan goëlyou displeguet. —A *les voiles,* amena. *pr.* et. — *Carg voiles,* carga ar goëlyou, *pr.* carg *Van.* carguein ar gouilyeu. — *Fe voiles, les plier sous l'antenne ou lar.* farlea, *pr.* ëet; farlea an goëlyou qa an goëlyou, *pr.* et. *Van.* farli — *Déserler les voiles, les deploye aller à la voile,* disarlea, *pr.* ëet. *Va* serlinequeiñ. — *Voile, vaisseau,* le lestry, listry, —*Une flotte de* ur flodt eus a zaouc'hant lestr. —l *des voiles,* goëlya, *pr.* et; ober goël *pr.* gra t.

**VOILER,** *couvrir d'un voile, goë pr.* et; goël t. *pr.* goloët.

**VOILIER,** *faiseur et visiteur de voi* goëlyer, *pl.* yen; meastr goël *ont des maîtres voiliers,* mistry go ryeun int. — *Vaisseau voilier, qui va*

*île*, ur goëlyèr mad, ul lestr a ya
liudan e voëlyou.

**...URE**, *manière de porter les voiles*,
a ich. goëlyadur.

*..at, découvrir par le moyen de la vue,*
el. *pr.* id. *Van.* güellet, güelleiñ.
*..ir clair*, güelet sclær. *Van.* güel-
..iu. — *à demi*, hanter-vellet, *pr.*
- *Ne voir qu'à demi*, hanter-vellet
jen. — *Ne voir que depiis*, berr-vel-
r. iet — *Qui ne voit que de près*, berr-
..t. berr-vèlléyen. --*Qui ne voit goutte,*
..ll banne. — *Qu'on ne voit pas*, dis-
ne vèlleur qet. — *En lieu où on ne*
..as, èn disvèll, èn ame'houlou. —
. *regarder*, sellet. *pr.* id. *Van.* sellet,
iñ . *ppr.* et. — *Voyez un peu ce que*
*faites?*sellit un neubeud petra a rit?
.. pe rit ? — *C'est à tous d'y voir;* vo-
*comme tous voudrez*, dihus ou divis
..'h , déüst déc'h, daoust d'oc'h ou
— *Faire voir quelque chose à quel-*
.. disqüez un dra da ur re, *pr.* dis-
zet. — *Se faire voir*, èn hem zisqüez.
èn hem zisqüezet; hem rei da vel-
*pr.* hèm roët da vellet.

..IRE, *t. populaire et ironique*, ya da,
na véz yvez, y'-o brès. — *Avez-vous*
? *voire vraiment non*, leyuat oc'h eus
ma n'am bez yvez. — *Faites-moi un*
.. *voire, voire, point du tout*, grit ur
le diñ ? ma ne raén yvez, nac az
qan-me amâ.

..OIRIE, *lieu pour les immondices*, ur
rdos, laeuenu, plaçz ar c'haignou,
..çz ar gaignou. — *Jeter quelqu'un à la*
-ie, teurl ur re-bennac goude e varo
daçz ar gaignou, *pr.* taulet.

**VOISIN**, amezecq, amezeneq, ame-
cq, *ppl.* amezéyen; nesaour, *pl.* yen;
saêr, *pl.* yen; nès, *pl.* tud nès; nès si-
*fie* proche. *Van.* amesecq, *pl.* ami-
ou, amixyan. *v. voisine.* — *C'est mon*
sin, va amezencq eo, va neçzaër eo,
a nesaour e.

**VOISINAGE**, amezéguez, *pl.* ou.
an. amesigneah, *pl.* eü.

**VOISINE**, amezeguès, *pl.* ed. *Van.*
nesiguès, *pl.* ed. — *Terres voisines*,
oüarou nès.

**VOISINER**, *fréquenter ses voisins*, a-
mezéya,*pr.* et; henta ea mezéyen,*pr.* hentet. *Van.* hauteiñ e amezyon.

**VOITURE**, vytur, *pl.* you; vyturaich,
*pl.* ou.

**VOITURER** *par terre ou par eau*, vy-
.. *pr.* et; vyturaichi, *pr.* et.

**VOITURIER**, vyturèr, *pl.* yen; vitu-
raicher, *pl.* yen.

**VOIX**, *son de la bouche*, moüez. *pl.*
you. *Van.* moëh. *pl.* yeü; boñeh, *pl.* yeü.
—*Une belle voix*, ur voüez caër. *pl.* moüezyou caër. *Van.* ur voëh caër. — *Voix*
*claire*, moüez sclear *ou* sclær. — *Voix*
*claire et sonore*, moüez sqiltr. — *Voix*
*haute*, moüez uhel. — *Grosse voix*, picol
moüez. grond. — *Il a une grosse voix*,
ur picol moüez èn deus, groga so gadhâ. — *Voix rauque*, moüez raoulet. —
*Voix féminine*, moüez spaz ou tisocq.—
*Voix de femme*, moües vaoües.— *Voix,*
*suffrage*,moüez,ompinyon.—*A voir voix*
*en chapitre*, cahout güir da rei e voüez,
cahout güir da lavaret e ompinion. —
*Voix active et passive*,-moüez da rei ha
moüez da receo. *r. actif.*

**VOL**, *larcin. v. larcin.* — *Vol, le vol des*
*oiseaux*, nich, niñch. *Van.* neich, nech.
— *Prendre son vol, s'élancer en l'air*, qemeret e nich, *pr.* id. — *Petit vol de l'oi-*
*seau* , gournich, darnich, scournich ,
*pl.* ou.

**VOLAGE**, scañ, oh, â. *v.* inconstant.

**VOLAILLE**,*oiseaux de basse-cour*, yèr.
— *Il ne mange que de la volaille*, ne zébr
nemed cicq yèr.

**VOLANT**, *qui vole*, a nich, asqellecq.
— *Insecte volant*, amprevan asqellecq,
prévedenn a nich *ou* nig. — *Poissons vo-*
*lants*, pesqed æsqellecq. pesqed a nich,
pesqed a nig. — *En volant*, divar nig.
—*Volant, jouet à raquette*, scobytell, *pl.*
ou. — *Jouer au volant*, c'hoary scobytell,
*pr.* et. — *Volant, t. de meunier*, breâc'h,
*pl.* you ur vilin avel; qorn, *pl.* qernyel;
bann, *pl.* ou, ur vilin.— *Le vent a abattu*
*un volant*, au evel èn deus torret unan
eus e vreaichyou ar vilin-avel.

**VOLATILE**, *animal qui vole*, a nich.

**VOLÉE**, *bande d'oiseaux*, bandeñ ezned, *pl.* bandennou. — *Une bande de cail-*
*les*, ur vandenn cuailhed. —*Volée, vol*

*d'oiseau*, taul nich, bomm nig. — *Les hirondelles ne passent pas la mer d'une volée*, ar güimilyed ne drémeuout qet ar mor-bras gad ur bomm nig hep qen *ou* èu un taul nig hemyqen. — *Volée de pigeons éclos ou sortis du nid dans un même mois*, gorad, *pl.* ou; taulad, *pl.* ou. — *Les volées de mars et d'août sont les meilleurs pour les pigeons*, ar goradou pichoñned ouan taùladoucoulmedigoù a viz meurs hac a viz éaust co ar re vellâ. — *Volée, branle des cloches*, bole, bolead, *ppl.* ou. — *Sonner à la volée*, bolci, boleat, *ppr.* et. — *Voilà la troisieme volée pour la grand'-messe*, cetu an drede bole evit an oféreiñ bred. — *Volée de canon, decharge de canons*, bolead tennou canol, *pl.* boleadou; bolead canolyou, *pl.* boleadou. — *Volée de coups de bâtons*, ur grysilhad taulyou baz, *pl.* grysilhadou; ur grysilhad fustadou. — *A la volée, étourdiment*, dre dievezded, evel ul lochore, ez dyot.

VOLER, *se soutenir en l'air*, nigeal, *pr.* niget. *Van.* nigiñ. neigeal negeiñ. *ppr.* et. — *Voler à tire-d'ailes*, nigeal a deñ-æsqell, mont a deñ-asqell *ou* æs-qell, *pr.* ëet. — *Voler haut*, nigeal uhel. — *Voler bas*, darnigeal, *pr.* darniget — *Quand les hirondelles volent bas elles nous pronostiquent la pluie*, ⸱ ⸱ zeu ar güimilyed da zarnigeal ez diouganont glao deomp. — *Voler par dessus*, nigeal dreist, *pr.* niget. — *En volant*, divar nig. — *Tirer une hirondelle en volant*, tenna ur güimily divar nig, *pr.* tennet — *Venir en volant*, dinigeal, *pr.* diniget. — *Voler, faire des larcins*, laërès, *pr.* laëret.

VOLERIE, *vol, pillage*, brygandaich, pilhaich. *v. larcin.*

VOLET, *ais, panneau*, panell, *pl.* ou. — *Volet de croisée*, panell prenestr, ur banell prenestr.

VOLEU⸱, laër, *pl.* on; scarzer, carzer, *pl.* yen. *Al fur. v. larron.*

VOLEUSE, laërès, carzerès, *ppl.* ed.

VOLIÈRE, *où l'on nourrit des oiseaux*, bolyer. volyer, *ppl.* ou.

VOLONTAIRE, *qui se fait volontairement*, eoullecq, oc'h, â, añ. *La pauvreté volontaire*, ar baourentez eoullecq. — *Volontaire, opiniâtre, faineant*, nep a vef

hervez e eonl e-unan, pennada valo, eoullecq. — *Volontaire*, ⸱ *le roi volontairement*, volonté, p.

VOLONTAIREMENT, a c'hra⸱⸱ a volontez vad, gand grad ⸱ ⸱ ⸱ — *J'y suis allé volontairement*, ⸱ ⸱ tez vad *ou* a c'hrad vad ez eu⸱⸱⸱ eun a eoull. ⸱et oun gand ⸱⸱ gr⸱⸱

VOLONTÉ, *puissance de l'âme*, ⸱ tez, bolonté, ar galoñ. *Van.* ve⸱⸱⸱ lanté. — *Quiconque fait tou d'⸱⸱⸱ renonce à toute propre volonté*, ⸱ep ⸱ bennac èn deus great veu e⸱⸱ a ⸱⸱ zanz. èn deus dre eno renonce ⸱ e v⸱⸱ d'e volontez e unan. — *Vol⸱⸱ ⸱ desir*, menu, c'hoand, youl. — *H⸱⸱ volonté*, c'hoand avoa.c'h èn de⸱⸱ deo qet ar c'hoand a vancq de⸱⸱ — *la mienne volonté! plit d Dieu! a yo⸱* véz! pligé gand Doûe. — *pour quelqu'un*, droueq-c'hoa⸱⸱ aënep ur re-bennac.

VOLONTIERS, a galoun vad, a ⸱⸱ francq. — *Je serais allé plus volontiers⸱⸱ vous que chez lui*, a vell galoun *ou* a fra⸱⸱ qoc'h youl ez vezéno eat d'ho ty. e⸱⸱ d'he hiuy, güell vizé guené bez eat ⸱⸱ ty egued da e dy-é.

VOLTE, *t. de manége*, un ⸱rocre⸱⸱ — *Faire faire une volte d un cheval*, la⸱⸱ qât ur marc'h da ober un dro gr⸱⸱ èn ur cern, *pr.* lecqëet

VOLTE-FACE, *quart de conversio⸱⸱ faire face à l'ennemi*, un hanter tro⸱⸱ distrei oud an adversouryen. *Faire⸱⸱ face*, ober un hanter tro a gleiz p⸱⸱ hou evit ober penn d'an adver⸱⸱ distrei a grenu oud an adversou⸱⸱ *pr.* distroët. *Van.* distrocin e faç⸱⸱

VOLTIGER, *faire des voltes*, ⸱⸱ distrei var varc'h èn dro⸱⸱ un ⸱⸱ *ppr.* troët ha distroët. — *Voltig⸱⸱ toujours en action*, mont ha dont, ⸱⸱ met ha dilammet; trypal, *pr.* t⸱⸱ redecq ha direcq.

VOLUBILITÉ, *facilité de se m⸱⸱* scañvder, avoñy da drei ha da dist⸱⸱ *Volubilité de langue*, æzôny da bar⸱⸱

VOLUE, *fusée de tisserand*, beny, ⸱ ny, *ppl.* ou. — *Volue couverte de fil*, ⸱⸱ nyad, *pl.* ou; binyad neud, *pl.* beny⸱⸱

_UME, _litre_, tom, pl. **ou**. — *Vo-*
_de papelier_, hed ar paper. — *Grand*
_:_ . paper bras *ou* hirr. — *Petit vo-*
**paper** bihan *ou* berr.
_UPTÉ, plaisir_, plijadurez. pl. **ou**.
plijadurcli, pl. eu. — *Volupté, plai*
_se ns_. plijadurez ar c'horfou c'hicq,
lurezou ar c'horf, ar c'hicq. *Al.*
:derouëz. _v. sensualité._
_LUPTUEUX, euse, qui aime la ro-_
plijadus, nep so roët da blijadu-
a ar c'horf. _v. sensuel._
_LUPTUEUSEMENT_, èn ur fæç-
plijadus, gad plijadurez.
OMIR, _rejeter par la bouche_, lançza,
:t; lançza divar e galoun; strincqa
te c galoun, _pr._ et; teureul divar e
un, _pr._ taulet; difloucqa, difloutra,
itui, c'hüeda, c'huedi, huyda, _ppr._
De huyda, _semble tenir_ vider. _Parlant_
_chien et du chat_, c'hüeda. _Parlant des_
_res bêtes_, difloucqa, difloutra. _B.-L._
onç, _pr._ et. _Van._ dacoreiñ. diorgeiñ,
elheiñ er galon, _ppr._ et. _Al._ dazcor,
et. — _Avoir envie de vomir_, cahout
toand da lançza divare galoun. — _I._
omi tout le rin qu'il avait bu, lançzet ou
aoucet èn deus ar guiñ èn devoa evet.
VOMISSEMENT, lançzadur, renouç
dur, c'hucleun, c'huydenn, c'hueda-
:nn, _ppl._ ou. _Al._ huyd. .
VOMITIF, lousou lançzus, remed e-
t lacqât da lançza divar ar galoun ;
:med c'huydus, _pl._ remejou.
VORACE, _qui dévore_, divorus, lonc-
èr. _Van._ id.,
VOS _et votre, pron. poss._. ho, oz, hoz.
_an._ hou, ho. — _Vos parents_, ho tadou
iac ho mammou, ho ou hoz ou oz qe-
end. — _Votre parent_, ho ou hoz ou oz
jar. ho c'haparchand. _Van._ hou ou ho
jar. — _Votre maison, votre terre_, hoz ou
oz ou ho ty, hoz ou oz ou ho touar. —
_Vos maisons, vos terres_, hoz ou ho ou oz
tyès, hoz ou ho ou oz touaroñ. — _Le vô-_
tre, _la vôtre_, hoz hiny, hoz hiny-hu; ho
c'hiny, ho c'hiny-hu. _Van._ hou hauy.
— _Les vôtres_, hoz re, ho re, ho re-hu.
_Van._ hou re.
VOUER, _faire vœu_, ober veu, _pr._ græt.
_Van._ glouëtroiñ. _Al._ leañ, _pr._ lcñët. _v._

_vœu._ — _Vouer quelque chose à Dieu ou à_
_ses saints_, goëstla, _pr._ et; testamanti, _pr._
et. _Van._ glocstreiñ — *Samuël avait été*
_voué à Dieu par sa mère avant qu'il fût_
_conçu_, ar prophed Samuël a voa bet goës-,
tlet da Zoüe gad e vamm abarz ma voüe
furmet — _Elle a voué six cierges d S. Coren-_
_tin_, c'hüec'h piled coar he deus goëst-
lct ou testam intet da S. Caurintin.
VOULOIR, _avoir la volonté_, eoulli,
deurvezout, _ppr._ et; deurvout, deurve-
out, _ppr._ deurvëet; méunout, _pr._ mennet; caret, _pr._ id.; c'hoandtaat, _pr._ ëet.
_Van._ fallout, falleiñ, caroul, careiñ. _v._
_daigner._ — _Je veux aller_, eoulli a rañ
mont, me a eoull mont, deurvezout a
rañ mont, mont a deurvezañ, mennout
a rañ mont, me a vénn mont, mont a
vennañ, c'hoandtât a rañ mont, mont
a c'hoandtaañ, me a c'hoandta mont.
— _Je ne veux pas_, ne deurvezañ qei, ne
deurvañ qet, n'em deur qet, ne vénnañ
qet, ne c'hoandtaañ qet. — _Nous ne vou-_
_lons pas_, ne vénnomp qet, ne deurve-
zomp qet, ne deurvomp qet, n'hou denr
qet. — _Voulez-vous?_ ha c'huy a deurvez
ne enteur ou vénn, ha c'huy deurv ou
deur. — _Tous voudraient savoir s'ils se-_
_ront bienheureux un jour_, pep hiny a garré gouzout a vrèmâ hac èñ a vezo un
deiz salvet. — _Vouloir absolument_, falvezout ou fallout dezañ, falveout dezâ, _ppr._
falvezet, falvëet, fallet. — _Je veux absolu-_
_ment aller_, me a fell diñ mont, me a fal-
vez diñ mont, me fall diñ mont. — _Vous_
_le voulez_, c'huy a fell deoc'h, falvezout
a ra deoc'h. bez'ez fell deoc'h. — _Dieu_
_le veuille_, pliget gand Doüe, ra bliged gad
Doüe. — _Vouloir du bien à quelqu'un_, caret vad da ur re-bennac, _pr._ id _v. désirer._
— _Vouloir du mal à quelqu'un_, caret
droucg da ur re-bennac. _v. hair._ — _Vou-_
_loir dire, signifier_, siguifya, sinifyout,
_ppr._ et; beza, _pr._ bet. — _Que veut dire ce-_
_la?_ petra a sinify an dra-ze, petra co
qemen-ze? — _Cela veut dire que_, an dra
mañ a sinify penaus, qement-iñ a so
ou a sisqüez penaus. — _Le vouloir, la vo-_
_lonté_, ar c'hoand, ar volontez. _v. désir._
VOUS, _pron. pers._, c'huy, c'houy. _A-_
_près le mot_, hu. _Van._ huy. — _Vous aimez_

Dieu, c'huy a gar Doûe. — *Vous serez*
*sauvé,*c'huy a yello d'ar barados.—*Vous-*
*même,* c'huy oc'h-unan c'huy eñ deiñ.
— *Que faites-vous?* petra a rid-hu ? —
*Comme vous,* evel doc'h-hu. — *De vous,*
digueneoc'h-hu, digueneoc'h.— *A vous.*
deoc'h-hu, deoc'h, déc'h, doc'h, dac'h,
déc'h-hu, doc'h-hu, dac'h-hu. *A birchat.*
dyc'h, dychu. *Van.* dihuy .— *Par vous,*
dreizoc'h, dreizoc'h-hu. — *Pour vous,*
evidoc'h-hu, evidoc'h. — *De vous à moi,*
eñtre e'huy ha me, eñtrezomp-ny hon
daou.

**VOUTE,** *outrage de maçonnerie fait en*
*arc,* bols, vols. *ppl* you; baut, vaut. *ppl.*
ou. *Van.* veut, *pl.* eü. *v. tortue. arcade.*

**VOUTÉ,** *ée, courbé,* cr mm, spil-
haouer, *pl.* yen. *v. vieillesse. — Une église*
*voûtée,* un ilis bolset *ou* volset, un ilis
bautet *ou* vautet.

**VOUTER,** *faire une voûte,* bolsa. vol-
sa, bauta, vauta, *pr.* et. *Van.* veüteiñ,
pr. et. — *Se voûter, se courber,* cromma, *pr.* et. *Burl.* spilhaouâ. v *vieillesse.*
*Van.* plegueiñ er héyn, *pr.* pleguet.

**VOYAGE,** béaich, *pl.* ou. B -Léon.
gueaich. *pl.* ou. *Van.* brch, béich, *ppl.*
eü. — *J'étais en voyage,* è gueaich ez-
oan, beza ez oan ê béaich. — *Dans son*
*voyage,* en e véaich. — *Dans mon voyage,*
èm béaich, èm gueaich. — *Dans vos*
*royages,* èn ho péaichou *ou* eñcaichou
*Notre-Dame-de-Bon Voyage,* an ytrouu
Varya a Veaich-vad. — *Voyage à pied.*
erguerz, *pl.* you; *id est,* var guerz, *en*
*marchant.*

**VOYAGER,** béagi, gueaichi, *ppr.* et.
*Van.* bégeiñ, *pr.* et.

**VOYAGEUR,** gueaicheur, beagèr,
*pl.* yen. *Van.* bééjour, *pl.* you, yan.

**VOYANT,** *part. de voir,* o vellet. —
*Voyant que,* o vellet penaus. — *Voyant*
*le jour,* o vellet an deiz. — *Voyant que*
*le jour n'était pas beau,* o vellet penaus
ne voa qet caër an deiz.

**VOYELLE,** *lettre qui seule forme un*
*son,* vogalenn, *pl.* ou.

**VRAI,** *vérité,* ar guîr. *Van.* er guîr.
— *Distinguer le vrai du faux,* diffaranti
ar guîr dioc'h ar faos. — *Vrai, vraie,*
*véritable,* guîr, oh, â, añ. *Van.* id. *v.*

*véritable.*— *Le vrai n'est que ce qu'on*
*acquért,* ar guîr vad on ar ma...
pep mad, n'em hem gueff ne...
barados, redd co e gahour. — u
*moyen de,* ar guîr voyen da. — eñ
*nom est Pierre,* Pezr co e vir ...
*Est-il vrai que,* ha guîr eo peu...
*A dire le vrai.* evit lavaret guîr

**VRAIMENT,** *véritablement,* è vi...
onez. — *Vraiment, en vérité, ez* lo...
ya sur avoalc'h, ya certen, ya su...
açzuret, ya açzuret.

**VRAISEMBLABLE,** guîr-hêvel...
dapl. oc'h, â, añ. *Van.* guîr-ha...

**VRAISEMBLABLEMENT,** h...
fæçzoun.

**VRAISEMBLANCE,** *apparence d...*
guîr-hêvelediguez, fæçzon a vir...
*Van.* guîrhaoûaledigueah.

**VRILLE,** *vilebrequin.* v.-y. — F...
*plante.* troel.

**VRILLETTE,** *forêt,* guymeled...
VU *que, ou attendu que, conj.* e ra...
ma, rag ma, dre ma, dre an abeg...
— *Vu que nous avons appris, o* ven...
lion eus cievet penaus, rag ma bou...
clévet penaus, dre ma hou eus cl...
penaus, dre'n abecg ma hou eus c...
vet. — *Vu, vue, qui a été vu,* guell...
so bet guellet.

**VUE,** *la faculté de voir,* ar guell...
guell. *Van.* er guel, êr guled. — *P...*
*la vue,* coll ar guelled, *pr.* collet. —
*couvrir sa vue,* cavout ar guelled, *pr.*
— *Vue, œil, regard,* drèm, lagad...
lagad. — *Bonne vue,* drèmm *ou* d...
gad vad. — *Vue courte,* drèmm...
berr-velled. daoulag d berr-velk...
*Détourner la vue de quelque chose, di...*
e lagad *ou* o zaoulagad divar...
pr. distroët. — *A perte de vue,* a...
vell. hirrâ ma halleur guellet.—*L...*
*de Dieu,* ê guell Doûe. — *Faire...*
*actions en vue de Dieu,* ober pep tra...
Doûe. — *A la vue de tout le monde,* di...
ar bed oll. — *A vue d'œil,* a vell-drem...
*d'où* drém vell. *horizon.* — *Il cr...*
*l'œil,* crisqi a ra a vell-dremm.—*F...*
*lumière,* goulon. *Van.* goléü.—*Rete...*
*rous de ma vue,* teac'hit cus ra g...

**VULGAIRE,** *commun,* *commun, c...*

rdinal. -- *Le vulgaire des hommes,*
ar gumun, ar goumun.

GAIREMENT, *communément*, or-
vit an ordinal, peurvuya, peur-

GATE, *traduction de la bible vul-*
*ent ou généralement reçue*, troydi-
us ar vibl-sacr recevet gad an ilis.
*ncienne vulgate ou la vulgate italique,*
*version dont on ne connaissait pas l'au-*
un droydiguez coz eus ar vibl, ar
r sacr hervez an decq doctor ha
guent. troël güechal eus a C'hre-
è Latin gad na ouzeur piou, ha
et gad an ilis. -- *La vulgate*, *nou-*
*version faite par S. Jerôme, et declarée*
*ntique par le concile de Trente*, an drouez névez eus ar vybl sacr great gad
loctor saut Jerom, approuet ha
vet gand hon mamm santel an ilis.

## X

a lettre X se prononce en breton
is toute sa force, comme dans le mot
*xandre*, sans qu'on y apporte jamais
un adoucissement.

XÉNÉLAZIE, *inhospitalité*, mancq
mancqamand a hospitalded.

XÈNIE, *présent*, *étrenne*, dounésoûn,
ou.

XÉNOGRAPHE, *qui possède la xéno-*
*aphie*, nep a eneñ al langaichou ou sqy-
ud al langaichou, aznaoudecq al lan-
uichou. *Van.* aznaüdecq el laugageû.

XÉNOGRAPHIE, *science des langues*,
qyand ou aznaoudéguez al langaichou.
*Van.* anaüdigueh el langageû.

XÉROPHTHALMIE, *rougeur, inflam-*
*nation des yeux*, rusder ou rusded ou ruder ou tañnigenn an daulagad. *Van.* ruded en deûlagad.

XIPHOIDE. *ensi-forme ou fourchette*.
*cartilage à la pointe du sternum, qui dans*
*les grandes personnes tient de la nature des*
*os*, an leich, al leich, toull al leich.
*v. os.*

XOARCAM, *paradis des Indiens*, barados an Indesis.

XYLOPHORIE, *fête des Hebreux*, fest
ar Juzéau *ou* Yuzéau.

## Z

Cette lettre est fort usitée dans la langue celtique, où elle termine tous les
substantifs en *i*, ou plutôt tous les
mots, excepté les infinitifs en *i*. Elle en
commence aussi plusieurs et se met é-
galement au milieu des mots, particulièrement devant une voyelle, pour faciliter la prononciation.

Y, *adv. relatif marquant le lieu, s'ex-*
*prime par* eno *et par* d'y, *qui se dit par syn-*
*cope pour* da-y. —*Allons* y *tous*, deomp oll
d'y. —*Il y fait bon*, caër eo beza eno, ebat
eo beza eno, un ebat Doüc eo beza eno.
-*Je m'y trouverai*, me a dizze hem givout
eno. —*Y*, *pron.*, *s'exprime par les pron. et*
*les verbes faire et être*, —*Il y pense, il pense*
*à cela*, soñgeal a ra èn qemeñ-ze. —*Il y*
*pense, il pense à lui ou à elle*, soñgeal a ra
èn-há ou èn-hy. —*Je verrai ce qu'il y a*,
me a vello petra a so. —*Il y a 20 hommes*,
uguent dèn a so, beza ez eus uguent
dèn. —*Il y en a qui*, bez'ez eus hinyeñou
pere, beza eus lod pere, beza eus hac a.
— *Il n'y a que lui*, ne deus nemed-há. --
*Ils y sont tous*, beza ez ma int oll, y a so
oll eno. — *Il y en avait*, bez'ez y oa, beza e voüé. — *Il y eut eu*, bez'ez vezé bet,
bet a vizé. —*Il y aura*, beza ez vezo, bez.-
ez vezo.

YÈBLE, *plante qui ressemble au sureau*,
boulscavenn, ar voulscaveñ, boulscav,
boulscao, hubl, an hubl.

YEUSE, *chêne vert*, glastenneñ, *pl.* ed;
id est, glas stæn, vert d'étain, dero-Spaign.
*Trég.* taousenn, *pl.* taous.

YVES, *nom d'homme*. *Léon*, Éuzen, Eu-
zen, Éauzen. *Trég.* Eroüan, Yoüen. *H.-*
*Corn.* Even, Eoüan, Ezan, Ezen, Een. *B.-*
*Corn.* Yoüen, Yeun. *Van.* Eoüan. —*S.*
*Yves, recteur, patron de Trég. et des capu-*
*cins de Bretagne*, sant Eroüan a Viryone.

YZOL, *nom d'une des deux rivières de*
*Quimperlé*, Yzol, stær Yzol. -

## Z

La lettre Z est fort commune dans le
dialecte de Léon, surtout dans les sub-

stantifs, qui ailleurs se terminent en *é*, et que les Léonnais font terminer en *ez*. Ex. *caranté*, *guiryoné*, etc., qu'ils prononcent *carantez*, *guiryonez*, etc. Cette lettre, à la vérité, adoucit beaucoup les mots, quand on la sait bien prononcer, ce qui se fait en collant l'extrémité de la langue aux dents d'en-bas, mais en même temps elle les allonge, ce qui fait que le breton de Léon est moins court que les autres. Les Vannetais, loin d'aimer la lettre Z, semblent en être les ennemis déclarés, puisque presque partout ils lui substituent une H, tant à la fin qu'au milieu des mots, ce qui rend leur dialecte plus rude que celui des autres. Lorsque le Z se trouve dans un mot, immédiatement devant une R, il ne se prononce pas, mais il est équipollent à la voyelle qui le devance immédiatement. Ex. *impalazr*, *talazr*, *alazr*, *Pezr*, *güezr*, etc., on prononce presque comme s'il y avait *impalaar*, *talaar*, *alaar*, *Peer*, *güeer*, etc.; ou plutôt, ce qui est plus ordinaire, ce Z, devant une R, est équivalent à un E, et se prononce ainsi : *impalaer*, *talaer*, *alaer*, *Peer*, *güeer*, etc. De même, pour dire *larron*, *beau*, on écrivait *lazr*, *cazr*, et on prononce *laër*, *caër*, etc.

ZACHARIE, *nom d'homme*, Zacarya. — *Le prophète Zacharie*, ar prophed Zacarya.

ZELATEUR, *zélé pour une personne*, douguet evit ur re, nep so evit ur re, nep a sav gad ur re-bennac. *On a dit et on devrait dire* : oazer, *pl.* yen.

ZÈLE, *affection ardente*, oaz, carantez vras, carantez birvydicq, fervor, ardor, fervol, ardol. Oaz, *dans le propre*, *signifie* zèle, *et*, *dans le figuré*, jalousie. *Pour exprimer la jalousie d'un*

mari ou d'une *femme*, on dit plus nément an oaz-crezn, *que* an oaz. *plutôt que* cahout an Un *zèle discret*, oaz leun a furrantez fur, ardor fur, fervor ar dall, fervor dievez, ardor liqé. — *Zèle indiscret*, oaz dievez, en dall, fervor dievez, ardor liqé. *Le zèle de la gloire de Dieu*, an oz gloar Doüe, carantez ardant da gloar da Zoüe, soucy acqedus eus Doüe. — *Le zèle du salut des âmes*, eus a silvidiguez an eneou, un soucy evit silvidiguez an eneou, un birvydicq eus a silvidiguez an eu ur garantez lisqidicq da savetei neou, ur c'hoandtég nez ardant da velei an oll dud, ma vez pocret. *Brûler d'un saint zèle pour*, cahout oaz santel evit, cahout un ardor dicq ha santel evit, *pr.* bet.

ZÉLÉ, *ée*, oazus, ardant, fervor, carantezus-bras, leun a fervor, leun ardor, oh, à, añ. — *Etre zélé*, beza oazus, beza ardant, etc.

ZENITH, *t. d'astronomie*, ur poent a lecqear ebarz èn oabl èun dres pep dèn.

ZEPHYR, *vent doux et agréable*, an æzenn, an æzennicq, avel leun a doux qadurez ha savorapl da bep tra.

ZERO, *t. d'arithmétique*, un o pe na nezañ e-unan ne sinify netra è chif a nezañ e-unan ne sinify netra è chif.

ZEST, tammicq plusq orangès, tammouïgou plusq orangès. — *Le zest d'une noix*, beguel ar graoüenn, pl. beguelyou craoüñ. *t. noix*. — *Zest*, netra.

ZIZANIE, *division*, *dissention*, drouc, drougrançz. — *Semer de la zizanie ses confrères*. lacqaat droucq etre e drougrançz èntre e guenvreuder. lecqéet.

ND - #0177 - 230123 - C0 - 229/152/52 - PB - 9780666522078 - Gloss Lamination